AF512897

आर. गुप्ता® कृत

पॉपुलर मास्टर गाइड

नेशनल टेस्टिंग एजेंसी (NTA)

UGC-NET/JRF

Junior Research Fellowship & Assistant Professor Eligibility Exam

हिन्दी

प्रश्न-पत्र II

लेखकः

अनिल कुमार सोलंकी

2026
EDITION

रमेश पब्लिशिंग हाउस, नई दिल्ली

इस परीक्षा हेतु उपयोगी पुस्तक

UGC NET/JRF

हिन्दी

Paper-II

पिछले प्रश्न-पत्र (उत्तर सहित)

(जून 2012 से जून 2025)

Book Code : R-2698 ● Price : ₹ 530 ● ISBN : 978-93-5477-826-1

Email : order@rameshpublishinghouse.com

प्रकाशकः ओ.पी. गुप्ता, **रमेश पब्लिशिंग हाउस**

प्रशासनिक कार्यालय

12-H, न्यू दरियागंज रोड, आफिसर्स मेस के सामने,
नई दिल्ली-110002 ✆ 23275224, 23245124

E-mail: info@rameshpublishinghouse.com
For Online Shopping: www.rameshpublishinghouse.com

विक्रय केन्द्र

- बालाजी मार्किट, नई सड़क, दिल्ली-110006 ✆ 23282525 📱 9354373464
- 4457, नई सड़क, दिल्ली-110006

Book Code: R-570

ISBN: 978-93-87604-74-2

मूल्यः ₹ 640

मुद्रकः दीपक ऑफसैट, दिल्ली

अनुक्रमणिका

भाग-C

परिशिष्ट

REVISED SCHEME

As per the revised Scheme, the test will consist of two papers as below:

Paper	Marks	Number of Questions
I	100	50 questions. All are compulsory
II	200	100 questions. All are compulsory

- **Paper-I** shall consist of 50 objective type compulsory questions, each question carrying 2 marks. The questions which will be of general nature, intended to assess the teaching/research aptitude of the candidate. It will primarily be designed to test reasoning ability, comprehension, divergent thinking and general awareness of the candidate.
- **Paper-II** shall consist of 100 objective type compulsory questions, each question carrying 2 marks which will be based on the subject selected by the candidate.
- The Test will be conducted in Computer Based Test (CBT) Mode only.

पिछले प्रश्न-पत्र

National Testing Agency (NTA)

UGC-NET जूनियर रिसर्च फैलोशिप तथा सहायक प्राध्यापक पात्रता परीक्षा

हिन्दी, जून-2025

(Exam held on 29-06-2025)

प्रश्न-पत्र-II

1. विष्णु प्रभाकर द्वारा रचित 'आवारा मसीहा' के संदर्भ में कौन-सा एक कथन असत्य है?

1. यह शरतचंद्र चटर्जी की जीवनी है।
2. आवारा मसीहा के प्रथम संस्करण का प्रकाशन 1974 में हुआ था।
3. विष्णु प्रभाकर को आवारा मसीहा के लेखन में 14 वर्ष लगे थे।
4. पर्वों का क्रम–'दिशा की खोज' - 'दिशाहारा' - 'दिशांत', है।

2. निम्नलिखित काव्य-कृतियों को प्रकाशन वर्ष के अनुसार पहले से बाद के क्रम में व्यवस्थित कीजिए :

A. परिमल
B. भारत-भारती
C. अकाल में सारस
D. पहाड़ पर लालटेन
E. उर्वशी

नीचे दिए गए विकल्पों में से **सही** उत्तर चुनें :

1. A, E, D, B, C
2. B, C, E, A, D
3. D, C, E, A, B
4. B, A, E, C, D

3. 'यह सारस्वत देश तुम्हारा तुम हो रानी' इड़ा को संबोधित यह पंक्ति कामायनी के किस सर्ग में किसने कही है?

1. स्वप्न सर्ग में मनु ने
2. स्वप्न सर्ग में श्रद्धा ने
3. संघर्ष सर्ग में श्रद्धा ने
4. संघर्ष सर्ग में मनु ने

4. सूची-I को सूची-II से सुमेलित करें :

सूची-I (रचनाकार)	सूची-II (रचना)
A. अयोध्या सिंह उपाध्याय हरिऔध	I. प्रह्लाद चरित्र
B. लाला श्रीनिवास दास	II. प्रद्युम्न विजय
C. राधाचरण गोस्वामी	III. दमयंती स्वयंवर
D. बालकृष्ण भट्ट	IV. अमरसिंह राठौर

नीचे दिए गए विकल्पों में से **सही** उत्तर चुनें :

1. A-II, B-I, C-IV, D-III
2. A-III, B-IV, C-I, D-II
3. A-IV, B-II, C-I, D-III
4. A-II, B-III, C-I, D-IV

5. भाषा की विशेषताओं के संबंध में निम्नलिखित में से कौन-से कथन सत्य हैं?

A. भाषा पैतृक सम्पदा है।
B. भाषा परम्परा है, व्यक्ति उसका अर्जन कर सकता है, उसे उत्पन्न नहीं कर सकता।

C. भाषा सूक्ष्मता से स्थूलता और प्रौढ़ता से अप्रौढ़ता की ओर जाती है।

D. प्रत्येक भाषा की एक भौगोलिक सीमा होती है।

E. प्रत्येक भाषा की व्याकरणिक संरचना समान होती है।

नीचे दिए गए विकल्पों में से **सही** उत्तर चुनिए :

1. केवल E, C और A
2. केवल C और A
3. केवल B और D
4. केवल B, E और D

6. सूची-I को सूची-II से सुमेलित करें :

सूची-I	सूची-II
A. देह दुलहिया की बढ़े	I. हाँसी-बिनु मुसकानि
B. कानन-चारी नैन-मृग	II. नैननु ही सब बात
C. भरे भौंन में करत हैं	III. ज्यों ज्यों जोबन-जोति
D. चितवनि रूखे दृगन की	IV. नागर नरनु सिकार

नीचे दिए गए विकल्पों में से **सही** उत्तर चुनें :

1. A-III, B-II, C-I, D-IV
2. A-III, B-IV, C-II, D-I
3. A-IV, B-III, C-I, D-II
4. A-IV, B-III, C-II, D-I

7. किस छायावादी रचनाकार ने अपनी कविता के सन्दर्भ में यह कहा है—'फूलों को खिला देना तो मेरे हाथ में नहीं था, न मैं उन्हें मुरझाने से रोक सकती थी, किन्तु दीपकों को बुझाना जलाना तो मेरे हाथ में था।'?

1. महादेवी वर्मा
2. जयशंकर प्रसाद
3. सुमित्रानंदन पन्त
4. सूर्यकांत त्रिपाठी 'निराला'

8. निम्नलिखित में से कौन-सा कथन मनोविश्लेषण से संबंधित है?

A. मनोविश्लेषण शब्द अंग्रेजी के Psyho-analysis का हिंदी पर्याय है।

B. इडीपस कॉम्प्लेक्स ग्रीक नायक इलेक्ट्रा के नाम पर है।

C. फ्रायड का मानना है कि मानव का छोटा-से-छोटा व्यवहार भी सप्रयोजन होता है।

D. एडलर के अनुसार लिबिडो अथवा कामवृत्ति क उतना महत्व नहीं है जितना 'अहम' का।

E. युंग ने इड, इगो और सुपर इगो की परिकल्पन प्रस्तुत की।

नीचे दिए गए विकल्पों में से **सही** उत्तर चुनिए :

1. केवल A और B
2. केवल B, C और D
3. केवल A, C और D
4. केवल C और E

9. 'मैला आँचल' के अनुसार मेरीगंज गाँव से संबंधित निम्नलिखित में से कौन-सा कथन **सत्य** है?

A. मेरीगंज गाँव का नाम अंग्रेज अधिकारी ने अपनी बहन के नाम पर रखा था।

B. मेरीगंज गाँव में सोलह बरन के लोग रहते हैं।

C. गाँव में तीन प्रमुख दल हैं : कायस्थ, राजपूत और यादव।

D. उपन्यास के अनुसार ब्राह्मण लोग तृतीय शक्ति हैं।

E. गाँव के अन्य जाति के लोगों का अपना पृथक दल है।

नीचे दिए गए विकल्पों में से **सही** उत्तर चुनिए :

1. केवल A, B और D
2. केवल A, B और E
3. केवल C और D
4. केवल C और E

10. निम्नलिखित में से कौन-सी काव्य पंक्तियाँ अमीर खुसरो द्वारा रचित हैं?

A. एक नार पिया को भानी। तन वाको सगरा ज्यों पानी।।

B. सूनि सेज पिय सालइ रे, पिय बिनु घर मोए आजि।

C. एक नार ने अचरज किया। सांप मार पिंजरे में दिया।।

D. अगिन जो लागी नीर में कंदो जलिया झारि।

E. चाम मांस वाके नहीं नेक। हाड़-हाड़ में वाके छेद।।

नीचे दिए गए विकल्पों में से **सही** उत्तर चुनिए :

1. केवल B, D
2. केवल B, C, E
3. केवल A, C, E
4. केवल A, B, D

11. निम्नलिखित काव्य-सिद्धांतों को पहले से बाद के काल-क्रम में व्यवस्थित कीजिए :

A. काव्यभाषा का सिद्धांत

B. अभिव्यंजनावाद

C. उदात्तता का सिद्धांत

D. विरेचन सिद्धांत

E. मूल्य सिद्धांत

नीचे दिए गए विकल्पों में से **सही** उत्तर चुनें :

1. D, A, B, C, E
2. C, B, A, D, E
3. D, C, A, B, E
4. A, B, E, C, D

12. प्रेरणार्थक क्रिया का उदाहरण नहीं है?

1. माँ बच्चे को खिलाती है।
2. पिताजी अपने पुत्र को अध्यापक से पढ़वाते हैं।
3. आइसक्रीम देखते ही बच्चे उस पर टूट पड़ते हैं।
4. लड़के ने कपड़ा सिलवाया।

13. साहित्य अकादमी पुरस्कार से सम्मानित निम्नलिखित कृतियों को पहले से बाद के क्रम में व्यवस्थित कीजिए :

A. दो पंक्तियों के बीच

B. मुझे चाँद चाहिए

C. आँगन के पार द्वार

D. टोकरी में दिगंत

E. कविता के नए प्रतिमान

नीचे दिए गए विकल्पों में से **सही** उत्तर चुनें :

1. C, E, B, A, D
2. B, A, E, D, C
3. C, A, E, B, D
4. A, E, C, D, B

14. बिहारी के सन्दर्भ में यह कथन किसने कहा है–'बिहारी का काव्य हृदय में किसी ऐसी लय या संगीत का संचार नहीं करता जिसकी स्वरधारा कुछ काल तक गूंजती रहे।'?

1. डॉ. नगेन्द्र
2. विश्वनाथ प्रसाद मिश्र
3. आचार्य रामचंद्र शुक्ल
4. गणपति चन्द्र गुप्त

15. निम्नलिखित में से कौन-सा कथन उत्तर आधुनिकता से संबंधित है?

A. उत्तर आधुनिकता महावृत्तांत के विरुद्ध है।

B. उत्तर आधुनिकता के चिंतन में ईश्वर सर्वोपरि है।

C. इसमें समतावादी सार्वभौमिक सत्यों का नकार है।

D. उत्तर आधुनिकता स्वच्छंदतावाद की एक शाखा है।

E. इसमें आधुनिकतावाद की सक्षमता का नकार है।

नीचे दिए गए विकल्पों में से **सही** उत्तर चुनिए :

1. केवल A और B
2. केवल B और D
3. केवल C, D और E
4. केवल A, C और E

16. "एक तरफ देखा जाए तो 'परिंदे' की लतिका की समस्या स्वतन्त्रता या मुक्ति की समस्या है! अतीत से मुक्ति, स्मृति से मुक्ति, उस चीज से मुक्ति जो हमें चलाए चलती है और अपने रेले में हमें घसीट ले जाती है।"–यह कथन किस आलोचक का है?

1. राजेंद्र यादव
2. सुरेन्द्र चौधरी
3. देवीशंकर अवस्थी
4. नामवर सिंह

17. सूची-I को सूची-II से सुमेलित करें :

सूची-I	सूची-II
A. प्राप्तोदक	I. व्यधिकरण बहुव्रीहि
B. वीणापाणि	II. समानाधिकरण बहुव्रीहि
C. मारामारी	III. तुल्ययोग बहुव्रीहि
D. सचेत	IV. व्यतिहार बहुव्रीहि

नीचे दिए गए विकल्पों में से **सही** उत्तर चुनें :

1. A-IV, B-I, C-II, D-III
2. A-II, B-IV, C-III, D-I
3. A-II, B-I, C-IV, D-III
4. A-III, B-II, C-I, D-IV

18. नन्द किशोर आचार्य निम्नलिखित में से किस सप्तक के कवि हैं?

1. चौथा सप्तक
2. दूसरा सप्तक
3. तीसरा सप्तक
4. तार सप्तक

19. 'आत्मा का धरातल मनुष्य को ऊपर खींचता है और जैव धरातल का आकर्षण नीचे की ओर' यह पंक्ति रामधारी सिंह 'दिनकर' ने अपनी किस कृति की भूमिका में लिखी है?

1. संस्कृति के चार अध्याय
2. रश्मिरथी
3. उर्वशी
4. वेणुवन

20. 'मुर्दहिया' आत्मकथा को तुलसीराम ने विभिन्न उपशीर्षकों में विभाजित किया है। इन उपशीर्षकों का सही क्रम क्या है?

A. मुर्दहिया के गिद्ध तथा लोकजीवन
B. भुतही पारिवारिक पृष्ठभूमि
C. भुतनिया नागिन
D. मुर्दहिया तथा स्कूली जीवन
E. अकाल में अंधविश्वास

नीचे दिए गए विकल्पों में से **सही** उत्तर चुनें :

1. A, B, C, D, E
2. B, C, A, D, E
3. B, D, E, A, C
4. A, D, C, B, E

21. निम्नलिखित में से कौन-कौन से शब्द स्त्रीलिंग हैं?

A. भिड़ंत
B. धनिया
C. रेणु
D. बुझौवल
E. रज्जु

नीचे दिए गए विकल्पों में से **सही** उत्तर चुनिए :

1. केवल A, C, E
2. केवल B, D
3. केवल A, D, E
4. केवल B, C

22. निम्नलिखित में से कौन-सा कथन अस्तित्ववाद से संबंधित है?

A. अस्तित्ववाद का मूलाधार ही वैयक्तिक स्वच्छंदता है।
B. नीत्शे ने कहा था–'ईश्वर की मृत्यु हो चुकी है'।
C. 'अस्तित्ववाद' शब्द को 1940 के दशक में कीर्केगार्द ने गढ़ा था।
D. युद्ध और शांति एक अस्तित्ववादी कृति है।
E. सार्त्र अस्तित्ववादी लेखक और चिंतक दोनों हैं।

नीचे दिए गए विकल्पों में से **सही** उत्तर चुनिए :

1. केवल A, B और D
2. केवल A, B और E
3. केवल C और D
4. केवल C और E

23. ''भारत समग्र विश्व का है और सम्पूर्ण वसुंधरा इसके प्रेमपाश में आबद्ध है। अनादि काल से ज्ञान की, मानवता की ज्योति यह विकीर्ण कर रहा है।''

उपर्युक्त कथन किसका है?

1. मातृगुप्त
2. प्रख्यातकीर्ति
3. भिक्षु
4. धातुसेन

24. सूची-I को सूची-II से सुमेलित करें :

सूची-I (निबंध)	सूची-II (पंक्ति)
A. उठ जाग मुसाफिर	I. हल चलाने वाले और भेड़ चराने वाले स्वभाव से साधु होते हैं।
B. उत्तराफाल्गुनी के आस-पास	II. जवानी की आँखों में ज्वाला होती है, बुढ़ापे की आँखों में प्रकाश होता है।
C. मजदूरी और प्रेम	III. अल्पज्ञ पिता बड़ा दयनीय जीव होता है।
D. नाखून क्यों बढ़ते हैं	IV. जवानी एक चमाचम धारदार खड्ग है।

नीचे दिए गए विकल्पों में से **सही** उत्तर चुनें :

1. A-II, B-IV, C-I, D-III
2. A-IV, B-I, C-II, D-III
3. A-II, B-IV, C-I, D-III
4. A-III, B-IV, C-II, D-I

25. निम्नलिखित संस्थाओं को उनके स्थापना वर्ष के अनुसार पहले से बाद के क्रम में व्यवस्थित कीजिए :

A. भारतीय ज्ञानपीठ
B. हिन्दुस्तानी एकेडमी, इलाहाबाद
C. फोर्ट विलियम कॉलेज
D. दक्षिण भारत हिंदी प्रचार सभा
E. संगीत नाटक अकादमी

नीचे दिए गए विकल्पों में से **सही** उत्तर चुनें :

1. B, A, D, E, C
2. C, D, E, B, A
3. D, B, E, C, A
4. C, D, B, E, A

26. सूची-I को सूची-II से सुमेलित करें :

सूची-I (स्थापना/प्रकाशन)	सूची-II (वर्ष)
A. उदंत मार्तंड का प्रकाशन	I. 1910
B. सरस्वती पत्रिका का प्रकाशन	II. 1893
C. हिंदी साहित्य सम्मेलन, प्रयाग की स्थापना	III. 1826
D. नागरी प्रचारिणी सभा की स्थापना	IV. 1900

नीचे दिए गए विकल्पों में से **सही** उत्तर चुनें :

1. A-III, B-IV, C-I, D-II
2. A-III, B-IV, C-II, D-I
3. A-IV, B-III, C-I, D-II
4. A-IV, B-III, C-II, D-I

27. निम्नलिखित पत्रिकाओं को प्रकाशन वर्ष के अनुसार पहले से बाद के क्रम में व्यवस्थित कीजिए :

A. आलोचना
B. तद्भव
C. बालाबोधिनी
D. इंदु
E. धर्मयुग

नीचे दिए गए विकल्पों में से **सही** उत्तर चुनें :

1. C, A, D, B, E
2. C, D, E, A, B
3. A, B, D, C, E
4. B, A, C, D, E

28. पं. उदयशंकर भट्ट विरचित 'कमला' के संबंध में कौन-सा तथ्य सही नहीं है?

1. 'कमला' भट्ट जी की प्रथम प्रकाशित काव्यकृति है।
2. यह एक सामाजिक नाटक है।
3. इसमें किसान आंदोलन का वर्णन किया गया है।
4. इसमें सामाजिक असामंजस्य का मार्मिक चित्रण है।

29. 'स्त्री आन्दोलन' से संबंधित निम्नलिखित में से कौन-से **सत्य** कथन हैं?

A. संयुक्त राज्य अमेरिका ने 1848 ई. में ही नारी मताधिकार को वैधता प्रदान की।
B. 1946 में नारी की दशा पर संयुक्त राष्ट्र संघ ने विश्व भर की महिलाओं के लिए समान राजनीतिक, आर्थिक और शैक्षिक अधिकार दिलाने के लिए एक आयोग का गठन किया।
C. बेट्टी फ्राइडन कृत 'द फेमिनिन मिस्टिक' अमेरिकी नारीवाद की महत्वपूर्ण पुस्तक है।
D. केट मिलट की पुस्तक 'द फिमेल यूनक' स्त्री आन्दोलन का लैंगिक पाठ है।
E. सुशान बेसनेट की पुस्तक 'सेक्सुअल पॉलिटिक्स' ने स्त्री आन्दोलन को अतिवादी रूप दिया।

नीचे दिए गए विकल्पों में से **सही** उत्तर चुनिए :

1. केवल A, B और C
2. केवल A, D और E
3. केवल D और E
4. केवल C और B

30. 'पदमावत' के सन्दर्भ में आचार्य रामचंद्र शुक्ल की निम्नलिखित टिप्पणी को सही क्रम में व्यवस्थित कीजिए :

A. ईश्वर न्याय करने बैठेगा और अपने अपराधों के कारण सारे प्राणी थरथर कापेंगे
B. इसमें इस्लाम की मजहबी किताबों के अनुसार कयामत के दिनों का लंबा चौड़ा वर्णन है
C. सारे जीव जंतु और फरिश्ते भी अपना जीवन समाप्त करेंगे
D. जायसी के दो ग्रंथों की अपेक्षा इसकी रचना बहुत निम्न कोटि की है
E. किस प्रकार जल प्रलय होगा, सूर्य बहुत निकट आकर पृथ्वी को तपाएगा

नीचे दिए गए विकल्पों में से **सही** उत्तर चुनें :

1. B, E, A, D, C
2. C, B, E, A, D
3. D, A, B, E, C
4. D, B, E, C, A

31. सूची-I को सूची-II से सुमेलित करें :

सूची-I	सूची-II
A. शब्दार्थो सहितो काव्यं	I. आनंदवर्धन
B. पद संघटना रीतिः	II. अभिनव गुप्त
C. ध्वन्यालोक लोचन	III. रामचंद्र शुक्ल
D. रस मीमांसा	IV. भामह

नीचे दिए गए विकल्पों में से **सही** उत्तर चुनें :

1. A-II, B-IV, C-I, D-III
2. A-III, B-I, C-II, D-IV
3. A-IV, B-I, C-II, D-III
4. A-II, B-III, C-IV, D-I

32. 'तमस' से संबंधित निम्नलिखित में से कौन-सा कथन **सत्य** है?

A. तमस की रचना रावलपिंडी शहर से जुड़ी भीष्म साहनी की स्मृतियों के आधार पर हुई है।

B. तमस की ज्यादातर घटनाएँ और उनसे जुड़े चरित्र वास्तविक हैं।

C. इस उपन्यास में नत्थू और उसकी पत्नी दोनों वास्तविक पात्र हैं।

D. अंग्रेज अधिकारी रिचर्ड फसाद रुकवाने का हरसंभव प्रयास करता है।

E. तमस प्रथम विश्व युद्ध के समय की कथा है।

नीचे दिए गए विकल्पों में से **सही** उत्तर चुनिए :

1. केवल A और B
2. केवल A, B और C
3. केवल B, C और E
4. केवल C, D और E

33. सूची-I को सूची-II से सुमेलित करें :

सूची-I (कवि)	सूची-II (कृति)
A. मोहनलाल महतो 'वियोगी'	I. मधुकण
B. रामेश्वर शुक्ल 'अंचल'	II. शूलफूल
C. भगवतीचरण वर्मा	III. निर्माल्य
D. नरेन्द्र शर्मा	IV. अपराजिता

नीचे दिए गए विकल्पों में से **सही** उत्तर चुनें :

1. A-I, B-III, C-IV, D-II
2. A-III, B-IV, C-I, D-II
3. A-II, B-IV, C-III, D-I
4. A-I, B-II, C-IV, D-III

34. ''योग्यता एक चौथाई व्यक्तित्व का निर्माण करती है। शेष पूर्ति प्रतिष्ठा द्वारा होती है।'' उपर्युक्त कथन किसका है?

1. मल्लिका
2. कालिदास
3. विलोम
4. निक्षेप

35. 'हिंदी निबंध' से संदर्भित निम्नलिखित मंतव्यों में से कौन-से कथन आचार्य रामचन्द्र शुक्ल के हैं?

A. आधुनिक पाश्चात्य लक्षणों के अनुसार निबंध उसी को कहना चाहिए जिसमें व्यक्तित्व अर्थात् व्यक्तिगत विशेषता हो।

B. निबंध के विभिन्न रूपाकारों का विकास विशेष ऐतिहासिक संदर्भ में होता है।

C. संसार की हर बात और सब बातों से संबद्ध है। अपने मानसिक संघटन के अनुसार किसी का मन किसी संबंधसूत्र पर दौड़ता है, किसी का किसी पर।

D. तत्वचिन्तक या वैज्ञानिक से निबंधलेखक की भिन्नता इस बात से भी कि निबंधलेखक जिधर चलता है उधर अपनी सम्पूर्ण मानसिक सत्ता के साथ अर्थात् बुद्धि और भावात्मक हृदय दोनों लिए हुए।

E. निबंधों में गद्य माध्यम मात्र नहीं रहता, वरन एक विशेष रचना-सौष्ठव लेकर आता है।

नीचे दिए गए विकल्पों में से **सही** उत्तर चुनिए :

1. केवल A, B और E
2. केवल D और E
3. केवल C और B
4. केवल A, C और D

36. सूची-I को सूची-II से सुमेलित करें :

सूची-I	सूची-II
A. जले ठूंठ पर बैठकर गयी कोकिला कूक	I. महादेवी वर्मा
B. सिंधुसेज पर धरावधू अब तनिक संकुचित बैठी-सी	II. गजानन माधव 'मुक्तिबोध'
C. ऐसा तेरा लोक वेदना नहीं नहीं जिसमें तेरा अवसाद	III. जयशंकर प्रसाद
D. चमकते हैं खड़े हथियार उसके दूर तक आँखें चिलकती हैं नुकीले तेज पत्थर-सी	IV. नागार्जुन

नीचे दिए गए विकल्पों में से **सही** उत्तर चुनें :

1. A-III, B-II, C-I, D-IV
2. A-IV, B-III, C-I, D-II
3. A-I, B-IV, C-III, D-II
4. A-IV, B-I, C-II, D-III

37. 'कीर्ति के द्वार सब के लिए नहीं खुले हैं परन्तु भलाई करने का अवसर सब किसी को जो उसकी खोज रखता हो मिल सकता है।'' यह कथन भारतेंदु के किस निबंध से लिया गया है?

1. भारतवर्षोन्नति कैसे हो सकती है
2. दिल्ली दरबार दर्पण
3. सरयूपार की यात्रा
4. स्त्री सेवा पद्धति

38. सूची-I को सूची-II से सुमेलित करें :

सूची-I (रचना)	**सूची-II (समीक्षा)**
A. चारू चन्द्रलेख	I. हिंदी उपन्यास की एक नई दिशा—नेमिचन्द्र जैन
B. मैला आँचल	II. कवि दृष्टि का अभाव—कुँवर नारायण
C. अँधेरे बंद कमरे	III. एक टूटा दर्पण—देवी शंकर अवस्थी
D. झूठा सच	IV. दूसरों का नरक—श्रीकांत वर्मा

नीचे दिए गए विकल्पों में से **सही** उत्तर चुनें :

1. A-IV, B-III, C-II, D-I
2. A-I, B-III, C-II, D-IV
3. A-III, B-II, C-IV, D-I
4. A-III, B-I, C-IV, D-II

39. रामधारी सिंह 'दिनकर' की पुस्तक 'संस्कृति के चार अध्याय' के संदर्भ में कौन-सा एक तथ्य असत्य है?

1. इसकी भूमिका जवाहरलाल नेहरू ने लिखी है।
2. तीसरे अध्याय का शीर्षक 'भारतीय संस्कृति और यूरोप' है।
3. पुस्तक का समर्पण डॉ. राजेंद्र प्रसाद के नाम है।
4. पहला संस्करण 1956 में प्रकाशित हुआ।

40. 'अंधेर नगरी' नाटक के अंकों के स्थान का सही क्रम क्या है?

A. बाजार B. जंगल
C. राज्यसभा D. अरण्य
E. बाह्य प्रान्त

नीचे दिए गए विकल्पों में से **सही** उत्तर चुनें :

1. B, C, E, A, D 2. B, A, C, D, E
3. E, B, A, D, C 4. E, A, B, C, D

41. 'कामायनी' की निम्नलिखित पंक्तियों को सही क्रम में व्यवस्थित कीजिए :

A. यही त्रिपुर है देखा तुमने
B. शास्त्र शस्त्र-रक्षा में पलते
C. क्षण क्षण परिवर्तन में ढलते
D. ये विज्ञान भरे अनुशासन
E. स्वयं व्यस्त पर शांत बने से

नीचे दिए गए विकल्पों में से **सही** उत्तर चुनें :

1. A, B, E, C, D
2. A, D, C, B, E
3. E, B, D, C, A
4. E, D, B, A, C

42. 'ऐतिहासिक भौतिकवाद' से संबंधित निम्नलिखित में से कौन-से **सत्य** कथन हैं?

A. मार्क्स के अनुसार समाज का आर्थिक ढांचा ही इतिहास का मूलभूत निर्धारक तत्व है।
B. उत्पादन के साधनों का स्वरूप सामाजिक संबंधों को निर्धारित नहीं करता है।
C. द्वंद्वात्मक भौतिकवाद यह बतलाता है कि समाज की उत्पादक शक्तियां निरंतर स्थिर रहती हैं।
D. मार्क्स के अनुसार अब तक का सारा मानव इतिहास वर्ग संघर्ष का इतिहास है।
E. मार्क्स के अनुसार सामंतवाद, पूंजीवाद की चरम अवस्था होती है।

नीचे दिए गए विकल्पों में से **सही** उत्तर चुनिए :

1. केवल A, B और C
2. केवल B, D और E
3. केवल A और D
4. केवल C और E

43. लेखक की मृत्यु की घोषणा किसने की?

1. नीत्शे
2. डेनियल बेल
3. देरिदा
4. रोलां बार्थ

44. निम्नलिखित में से कौन-सा कथन डॉ. शम्भुनाथ के अनुसार भारतीय नवजागरण के विभिन्न रूपों से संबंधित है?

A. बांग्ला नवजागरण का केन्द्रीय सारतत्व बुद्धिवाद है।

B. हिंदी नवजागरण का केन्द्रीय सारतत्व राष्ट्रवाद है (1857 का स्वाधीनता संग्राम)

C. महाराष्ट्र नवजागरण का केन्द्रीय सारतत्व ब्रिटिश राज विरोध है।

D. तमिल नवजागरण का केन्द्रीय सारतत्व सुधारवाद है।

E. केरल नवजागरण का केन्द्रीय सारतत्व बुद्धिवाद है।

नीचे दिए गए विकल्पों में से **सही** उत्तर चुनिए :

1. केवल A और B
2. केवल C और E
3. केवल B, D और E
4. केवल A, C और D

45. 'इन्स्पेक्टर मातादीन चाँद पर' से संदर्भित निम्नलिखित पंक्तियों में से कौन-से कथन इन्स्पेक्टर मातादीन के हैं?

A. मैं समझ गया कि आपकी पुलिस मुस्तैद क्यों नहीं है?

B. मैं जीवन भर इन श्रीचरणों में पड़ा रहना चाहता हूँ।

C. आप बाकी टर्म का वेतन ले जाइये–डबल ले जाइये, तिबल ले जाइये।

D. हमारा सिद्धांत है : हमें पैसा नहीं काम प्यारा है।

E. आप बेफिक्र रहें पेक्टसा! मैं अपने मकान (पत्नी) को भी भेज दूंगा खिदमत के लिए।

नीचे दिए गए विकल्पों में से **सही** उत्तर चुनें :

1. केवल C, D और E
2. केवल B और C
3. केवल A और D
4. केवल A, B और E

46. ''उसमें भीतर से प्रेम का एक स्वर्गीय स्वरूप झाँक रहा है–केवल झाँक रहा है निर्लज्जता के साथ पुकार या कराह नहीं रहा है'', कहानी 'उसने कहा था' के संबंध में यह टिप्पणी किसकी है?

1. मधुरेश
2. नामवर सिंह
3. विजयदेव नारायण साही
4. रामचंद्र शुक्ल

47. सूची-I को सूची-II से सुमेलित करें :

सूची-I (स्त्री पात्र)	**सूची-II (कहानी)**
A. सीता	I. राही
B. किरन	II. दुलाईवाली
C. चंदा	III. कानों में कंगना
D. अनीता	IV. राजा निरबंसिया

नीचे दिए गए विकल्पों में से **सही** उत्तर चुनें :

1. A-II, B-III, C-IV, D-I
2. A-III, B-II, C-I, D-IV
3. A-I, B-II, C-IV, D-III
4. A-I, B-III, C-II, D-IV

48. 'चीफ की दावत' कहानी से दिए गए निम्नलिखित संवादों में से कौन-से संवाद शामनाथ की पत्नी के हैं?

A. इन्हें पिछवाड़े इनकी सहेली के घर भेज दो, रात-भर बेशक वहीं रहें, कल आ जाएँ।

B. तो इन्हें कह देंगे कि अंदर से दरवाजा बंद कर लें।

C. कोई ढंग की बात हो, तो भी कोई कहे, अगर कोई उलटी-सीधी बात हो गई, चीफ को बुरा लगा, तो सारा मजा जाता रहेगा।

D. वाह कोई बढ़िया टप्पे सुना दो, दो पत्तर अनाराँ दे।

E. जो वह सो गयीं और नींद में खर्राटे लेने लगी तो? साथ ही बरामदा है, जहाँ लोग खाना खाएँगे।

नीचे दिए गए विकल्पों में से **सही** उत्तर चुनें :

1. केवल A, B और C
2. केवल A और E
3. केवल E और D
4. केवल C, D और B

49. ''भीख माँगो तुम जो भिखमंगे की जात हो। हम तो मजूर ठहरे, जहाँ काम करेंगे, वहीं चार पैसे पाएंगे।'' गोदान में दातादीन के प्रति यह उद्‌गार किसके हैं?

1. होरी
2. धनिया
3. गोबर
4. सिलिया

50. 'मेरे राम का मुकुट भीग रहा है'—निबंध के संबंध में कौन-सा एक कथन असत्य है?

1. निबंध का शीर्षक लोकगीत से प्रेरित है।
2. भारतीय सांस्कृतिक जीवन मूल्यों के उदात्त एवं मार्मिक स्वरों की अभिव्यक्ति है।
3. निबंधकार ने निबंध में जिस मेहमान कन्या का उल्लेख किया है, उसका नाम कृष्णा है।
4. यह विद्यानिवास मिश्र का पहला ललित निबंध है।

51. बालमुकुन्द गुप्त द्वारा रचित 'शिवशम्भू के चिट्ठे' में उल्लिखित निम्नलिखित चिट्ठों का सही क्रम क्या है?

A. बनाम लॉर्ड कर्जन
B. बंग विच्छेद
C. बैसराय का कर्तव्य
D. सर सैय्यद अहमद का खत
E. लॉर्ड मिन्टो का स्वागत

नीचे दिए गए विकल्पों में से **सही** उत्तर चुनें :

1. B, A, C, D, E
2. A, C, B, E, D
3. C, B, E, A, D
4. A, D, C, B, E

52. निम्नलिखित में से कौन-सी पत्रिका/रचना माधव प्रसाद मिश्र से संबंधित नहीं है?

1. सुदर्शन
2. एक टोकरी भर मिट्टी
3. सब मिट्टी हो गया
4. वैश्योपकारक

53. सूची-I को सूची-II से सुमेलित करें :

सूची-I (कवि)	सूची-II (काव्य-पंक्तियाँ)
A. ठाकुर	I. रैन दिना घुटिबो करैं प्रान झरैं दुखिया अंखियाँ झरना सी
B. मतिराम	II. अति छीन मृनाल की तारहुतें तिहि ऊपर पाँव दै आवनो है
C. घनानंद	III. हम तौ परनारि भईं सो भई तुम तो सुधरौ सखियाँ सिगरीं
D. बोधा	IV. ज्यों-ज्यों निहारिये है नैननि त्यों-त्यों खरी निखरै सी निकाई

नीचे दिए गए विकल्पों में से **सही** उत्तर चुनें :

1. A-IV, B-II, C-III, D-I
2. A-III, B-IV, C-I, D-II
3. A-III, B-I, C-II, D-IV
4. A-I, B-II, C-III, D-IV

54. निम्नलिखित कविता-अंश को सही क्रम में व्यवस्थित कीजिए :

A. तब कहीं देखने मिलेंगी बाँहें
B. तोड़ने होंगे ही मठ और गढ़ सब
C. जिनमें कि प्रतिपल कांपता रहता अरुण कमल एक
D. अब अभिव्यक्ति के सारे खतरे उठाने ही होंगे
E. पहुँचना होगा दुर्गम पहाड़ों के उस पार

नीचे दिए गए विकल्पों में से **सही** उत्तर चुनें :

1. D, C, E, B, A
2. C, B, E, A, D
3. D, B, E, A, C
4. A, B, C, D, E

55. 'तीसरी कसम' कहानी से उद्‌धृत इन पंक्तियों को पहले से बाद के क्रम में व्यवस्थित कीजिए :

A. चलो भैयन, जान बचेगी तो ऐसी-ऐसी सग्गड़ गाड़ी बहुत मिलेगी।
B. इस्स! हिरामन को परतीत नहीं, मर्द और औरत के नाम में फर्क होता है।
C. तुम मेरे उस्ताद हो। हमारे शास्तर में लिखा हुआ है, एक अच्छर सिखानेवाला भी गुरु और एक राग सिखानेवाला भी उस्ताद।
D. और इस बार जनानी सवारी। औरत है या चंपा का फूल! जब से गाड़ी मह-मह महक रहा है।
E. इस्स! हरदम रुपैया पैसा! रखिये रुपैया! क्या करेंगे चादर?

नीचे दिए गए विकल्पों में से **सही** उत्तर चुनें :

1. A, B, D, E, C
2. A, B, C, D, E
3. B, D, E, A, C
4. A, D, B, C, E

56. सूची-I को सूची-II से सुमेलित करें :

सूची-I (कृति)	**सूची-II (पंक्ति)**
A. आवारा मसीहा	I. जब मैं तीन साल का हुआ, गाँव में चेचक की महामारी आई। मेरे ऊपर गहरा प्रकोप पड़ा।
B. क्या भूलूँ क्या याद करूँ	II. लेखन एक अनवरत यात्रा-जिसका न कोई अंत है, न मंजिल। बस, निरंतर चलते जाना ही जिसकी अनिवार्यता है, शायद नियति भी।
C. मुर्दहिया	III. बाग में पहुँचकर पेड़ों के पास घूमते-घूमते वह मानो मन ही मन उनसे विदा लेने लगा। शायद वह सोच रहा था कि अब वापस आना हो या न हो।
D. एक कहानी यह भी	IV. लेखन द्वारा अपने को अभिव्यक्त करते हुए मुझे चालीस वर्षों से ऊपर हो चुके हैं। इतने दिनों में मैं अपने हृदय पर हाथ रखकर कह सकता हूँ–और कलाकार के लिए इससे बड़ी सौगंध नहीं–कि मैंने कुछ भी ऐसा नहीं लिखा जो मेरे अंतर से नहीं उठा, जो उसमें नहीं उमड़ा-घुमड़ा–अनुवादों के मामलों में भी।

नीचे दिए गए विकल्पों में से **सही** उत्तर चुनें :

1. A-II, B-IV, C-III, D-I
2. A-IV, B-I, C-III, D-II
3. A-II, B-III, C-I, D-IV
4. A-III, B-IV, C-I, D-II

57. मोहन राकेश का नाटक 'आधे-अधूरे' सबसे पहले किस पत्रिका के तीन अंकों में छपा था?

1. दिनमान
2. सारिका
3. धर्मयुग
4. साप्ताहिक हिन्दुस्तान

58. ''प्रेम ने मनुष्य को मनुष्य बनाया!
भय ने उसे समाज का रूप दिया!
अहंकार ने उसे राष्ट्र में संगठित कर दिया।''
उपर्युक्त उद्धरण 'शेखर : एक जीवनी', भाग एक के किस खंड से उद्धृत है?

1. उषा और ईश्वर
2. बीज और अंकुर
3. प्रकृति और पुरुष
4. पुरुष और परिस्थिति

59. ''लोभ पाप को मूल है, लोभ मिटावत मान।
लोभ कभी नहिं कीजिए, या मैं नरक निदान।।''
'अंधेर नगरी' नाटक में उपर्युक्त कथन किसका है?

1. नारायणदास
2. गोबरधनदास
3. महंत
4. राजा

60. दलित आन्दोलन से संबंधित निम्नलिखित में से कौन-सा तथ्य सत्य है?

A. महात्मा फुले ने 1863 में सत्य शोधक समाज की स्थापना की थी।
B. 1913 में गुजरात विधानसभा ने दलितों के लिए सार्वजनिक सुविधाओं और संस्थाओं के उपयोग का समान अधिकार दिलाने के लिए प्रस्ताव पारित किया।
C. डॉ. अंबेडकर के नेतृत्व में दलितों ने साइमन कमीशन का समर्थन किया।
D. गोलमेज सम्मेलन में अंबेडकर ने दलितों के लिए पृथक निर्वाचक मंडल की मांग की थी।
E. गाँधी जी सिद्धान्ततः पृथक निर्वाचक मंडल के समर्थक थे।

नीचे दिए गए विकल्पों में से **सही** उत्तर चुनिए :

1. केवल A और B
2. केवल B और E
3. केवल C और E
4. केवल C और D

61. सूची-I को सूची-II से सुमेलित करें :

सूची-I (रचनाकार)	**सूची-II (रचना)**
A. महामहोपाध्याय हर प्रसाद शास्त्री	I. दोहा कोश
B. राहुल सांकृत्यायन	II. ले शा मिस्तोक्स
C. प्रबोधचंद्र बागची	III. हिंदी काव्यधारा
D. डॉ. मुहम्मद शहीदुल्ला	IV. बौद्धगान ओ दूहा

नीचे दिए गए विकल्पों में से **सही** उत्तर चुनें :

1. A-III, B-IV, C-II, D-I
2. A-I, B-II, C-III, D-IV
3. A-IV, B-III, C-I, D-II
4. A-II, B-III, C-IV, D-I

62. खड़ी बोली की निम्नलिखित रचनाओं के संबंध में कौन-सा एक कथन असत्य है?

1. अकबर के समय में गंग कवि ने 'छंद छंद बरनन की कीर्ति' नामक एक काव्य पुस्तक खड़ी बोली में लिखी थी।
2. संवत् 1798 में रामप्रसाद निरंजनी ने 'भाषा योग वाशिष्ठ' नामक ग्रन्थ खड़ी बोली में लिखा।
3. खड़ी बोली में लिखित पहला महाकाव्य हरिऔध कृत 'प्रिय प्रवास' है।
4. लल्लूलाल विरचित प्रेमसागर खड़ी बोली की आरम्भिक रचनाओं में परिगणित है।

63. 'तुम सभ्य हो 'मार्केट' जिनका सात सागर पार है, पर ग्राम की वह हाट ही उनका बड़ा बाजार है।'

ये काव्य-पंक्तियाँ 'भारत भारती' के निम्नलिखित में से किस भाग से हैं?

1. दारिद्रय
2. दुर्भिक्ष
3. व्यापार
4. कृषि और कृषक

64. 'पृथ्वीराज रासो' के संदर्भ में कौन-सा तथ्य सही नहीं है?

A. ढाई हजार पृष्ठों का बहुत बड़ा ग्रन्थ है।

B. मुख्य छंद–कवित्त (छप्पय), दूहा, तोमर, त्रोटक, गाहा, और आर्या हैं।

C. 69 समय (सर्ग या अध्याय) हैं।

D. पृथ्वीराज रासो को चंद बरदाई के पुत्र कल्हड़ ने पूरा किया था।

E. पंडित गौरीशंकर हीराचंद ओझा रासो में वर्णित घटनाओं तथा संवतों को भाटों की कल्पना नहीं मानते हैं।

नीचे दिए गए विकल्पों में से **सही** उत्तर चुनिए :

1. केवल A, C और E
2. केवल B और C
3. केवल B, D और A
4. केवल D और E

65. निम्नलिखित में से कौन-सी पंक्तियाँ प्रताप नारायण मिश्र के निबंध 'शिव मूर्ति' से संबंधित हैं?

A. चारों ओर आँख उठाकर देखिये तो बिना काम करने वालों की ही चारों ओर बढ़ती है।

B. यह मूर्तियाँ किस प्रकार के स्मृति-चिह्न हैं? इस दरिद्र देश के बहुत-से धन की एक ढेरी है, जो किसी काम नहीं आ सकती।

C. उनके साथ जिस प्रकार का जितना सम्बन्ध हम रख सकें उतना ही हमारा मन बुद्धि शरीर संसार परमारथ के लिए मंगल है।

D. पश्चिमी सभ्यता मुख मोड़ रही है, वह एक नया आदर्श देख रही है, अब उसकी चाल बदलने लगी हैं।

E. मूर्ति बहुधा पाषाण की होती है, जिसका प्रयोजन यह है कि उनसे हमारा दृढ़ सम्बन्ध है।

नीचे दिए गए विकल्पों में से **सही** उत्तर चुनिए :

1. केवल C और E
2. केवल D, B और A
3. केवल B और E
4. केवल A, C और D

66. निम्नलिखित रचनाओं को कालक्रम के अनुसार पहले से बाद के क्रम में व्यवस्थित कीजिए :

A. कविप्रिया – केशवदास

B. प्रेम वाटिका – रसखान

C. हरिचरित्र – लालच दास

D. प्रेमसागर – लल्लूलाल

E. सुदामा चरित – नरोत्तम दास

नीचे दिए गए विकल्पों में से **सही** उत्तर चुनें :

1. B, A, E, D, C
2. C, E, A, B, D
3. D, C, A, E, B
4. C, A, D, B, E

67. सूची-I को सूची-II से सुमेलित करें :

सूची-I (मैला आँचल में प्रयुक्त शब्द)	सूची-II (आशय)
A. हँसेरी	I. डम्मी कैंडिडेट
B. डोलडाल	II. नित्यक्रिया
C. कमसल	III. आजीवन कारावास
D. दामुल हौज	IV. बलवा करने वाला दल

नीचे दिए गए विकल्पों में से **सही** उत्तर चुनें :

1. A-IV, B-II, C-III, D-I
2. A-II, B-IV, C-I, D-III
3. A-IV, B-II, C-I, D-III
4. A-II, B-IV, C-III, D-I

68. ''बालदेव'' ने बावनदास की गाँधी जी वाली चिट्ठियों वाला बस्ता क्यों जला दिया?

1. ताकि बावनदास मिनिस्टर न बन जाएँ
2. ताकि बावनदास गाँव का मुखिया न बन जाएँ
3. ताकि बावनदास लक्ष्मी के चित्त से उतर जाएँ
4. ताकि गांगुली जी उससे सवाल-जवाब न करें

69. ''भई, सरकारी पैसे का मामला है, पेंशन का केस बीसों दफ्तरों में जाता है, देर लग जाती है, बीसों बार एक ही बात को बीस जगह लिखना पड़ता है, तब पक्की होती है, जितनी पेंशन मिलती है, उतनी ही स्टेशनरी लग जाती है।''– 'भोलाराम का जीव' में यह वार्तालाप किन चरित्रों के मध्य हुआ है?

1. भोलाराम का जीव और चपरासी
2. नारद और चपरासी
3. नारद और साहब
4. भोलाराम की पत्नी और साहब

70. 'पिउ सौं कहेउ संदेसड़ा, हे भौंरा! हे काग!' किस कवि की पंक्ति है?

1. मीराबाई
2. मलिक मुहम्मद जायसी
3. तुलसीदास
4. सूरदास

71. 'मानस का हंस' के आमुख के अनुसार, इस उपन्यास को लिखने से पहले नागर जी ने निम्नलिखित में से किस रचना को खास तौर से पढ़ा था?

1. रामचरितमानस
2. दोहावली
3. विनयपत्रिका
4. हनुमानबाहुक

72. 'हिन्दुस्तानी ग्रामर' से संबंधित निम्नलिखित में से कौन-सा कथन सत्य है?

A. 'हिन्दुस्तानी ग्रामर' जोहन जोसुआ केटेलर द्वारा डच भाषा में लिखित हिन्दुस्तानी व्याकरण की पुस्तक है।

B. 'हिन्दुस्तानी ग्रामर' पुस्तक 1689 में लिखी गई।

C. 'हिन्दुस्तानी ग्रामर' पुस्तक डच ईस्ट इंडिया कंपनी के कर्मचारियों के स्थानीय भाषा के ज्ञान हेतु लिखी गई थी।

D. यह पुस्तक देवनागरी लिपि में लिखी गई है।

E. इसमें ब्राह्मणों द्वारा व्यवहृत लिपि का नाम उन्होंने अक्षर नागरी बताया है।

नीचे दिए गए विकल्पों में से **सही** उत्तर चुनें :

1. केवल A और B
2. केवल A और C
3. केवल B, D और E
4. केवल C, D और E

73. अज्ञेय की निम्नलिखित कहानियों को उनके प्रकाशन वर्ष के अनुसार पहले से बाद के क्रम में व्यवस्थित करें :

A. गैंग्रीन

B. जयदोल

C. हीली बोन की बत्तखें

D. कलाकार की मुक्ति

E. विपथगा

नीचे दिए गए विकल्पों में से **सही** उत्तर चुनें :

1. E, A, C, B, D
2. A, C, B, E, D
3. B, C, E, D, A
4. B, A, C, D, E

74. 'बीजक' में संकलित रमैनियाँ किस छंद में लिखी गयी हैं?

1. कड़वक
2. सोरठा
3. चौपाई
4. दोहा

75. ''भिन्न-भिन्न शाखाओं के हजारों कवियों की केवल कालक्रम से गुँथी उपर्युक्त वृत्त मालाएँ साहित्य के इतिहास के अध्ययन में कहाँ तक सहायता पहुँचा सकती थीं? सारे रचनाकाल को केवल आदि, मध्य, पूर्व, उत्तर इत्यादि खण्डों में आँख मूँदकर बाँट देना-यह भी न देखना कि किस खंड के भीतर क्या आता है, क्या नहीं, किसी वृत्त-संग्रह को इतिहास नहीं बना सकता।'' उपर्युक्त पंक्तियाँ हिंदी साहित्य के किस इतिहास लेखक की हैं?

1. रामचन्द्र शुक्ल
2. रामस्वरूप चतुर्वेदी
3. बच्चन सिंह
4. हजारीप्रसाद द्विवेदी

76. ''अमिय हलाहल, मदभरे, स्वेत, स्याम रतनार,
जियत, मरत, झुकि झुकि परत, जेहि चितवत इक बार।''

उपर्युक्त दोहा किस कृति में संकलित है?

1. बिहारी सतसई
2. अंगदर्पण
3. रस प्रबोध
4. काव्य कलाधर

77. हिंदी ध्वनियों के संबंध में कौन-सा तथ्य सही नहीं है?

1. ध्वनियों का सबसे प्रचलित और प्राचीन वर्गीकरण 'स्वर' और 'व्यंजन' रूप में मिलता है।
2. स्वर ध्वनि है, जिसके उच्चारण में हवा अबाध गति से मुख-विवर से निकल जाती है।
3. व्यंजन वह ध्वनि, जिसके उच्चारण में हवा अबाध गति से नहीं निकल पाती।
4. जो दीर्घ से कुछ ह्रस्व हो, उसे प्लुत स्वर कहते हैं।

78. किस विचारक का सम्बन्ध रूसी रूपवाद से नहीं है?

1. एफ.आर. लेविस
2. रोमन जेकोब्सन
3. विक्टर श्लोवस्की
4. बोरिस एकेनबाम

79. ''जैसे वीरकर्म से पृथक वीरत्व कोई पदार्थ नहीं, वैसे ही सुन्दर वस्तु से पृथक सौन्दर्य कोई पदार्थ नहीं''–यह स्थापना रामचन्द्र शुक्ल ने अपने निबंध 'कविता क्या है'–के किस उप शीर्षक के अंतर्गत दी है?

1. मार्मिक तथ्य
2. सभ्यता के आवरण और कविता
3. सौन्दर्य
4. मनुष्यता की उच्च भूमि

80. नागरी प्रचारिणी सभा के संदर्भ में आचार्य रामचंद्र शुक्ल का अभिमत नहीं है?

1. संवत् 1950 में कई उत्साही छात्रों के उद्योग से काशी नागरी प्रचारिणी सभा की स्थापना हुई।
2. इस सभा की सारी समृद्धि और कीर्ति बाबू श्यामसुन्दर जी के त्याग और सतत परिश्रम का फल है।
3. इसके प्रथम सभापति भारतेंदु के फुफेरे भाई बाबू राधा कृष्णदास हुए।
4. नागरी प्रचारिणी पत्रिका की प्रारम्भिक संख्याओं को यदि हम निकाल कर देखें तो उसमें अनेक विषयों के लेखों के अतिरिक्त कहीं भी कविताएँ नहीं मिलती।

81. सूची-I को सूची-II से सुमेलित करें :

सूची-I ('भारत दुर्दशा' के अंक)	**सूची-II (स्थान)**
A. पहला अंक	I. मैदान
B. दूसरा अंक	II. बीथी
C. तीसरा अंक	III. किताबखाना
D. पाँचवां अंक	IV. श्मशान, टूटे फूटे मंदिर

नीचे दिए गए विकल्पों में से **सही** उत्तर चुनें :

1. A-II, B-IV, C-III, D-I
2. A-II, B-IV, C-I, D-III
3. A-IV, B-III, C-I, D-II
4. A-IV, B-II, C-I, D-III

82. निम्नलिखित में से किस पत्रिका का सम्पादन बदरीनारायण चौधरी 'प्रेमघन' ने किया था?

1. सरस्वती
2. सुदर्शन
3. जासूस
4. आनंद कादम्बिनी

83. सूची-I को सूची-II से सुमेलित करें :

सूची-I	सूची-II
A. जातिवाचक से भाववाचक संज्ञा	I. राष्ट्र-राष्ट्रीय
B. विशेषण से भाववाचक संज्ञा	II. कुरु-कौरव
C. संज्ञा से विशेषण	III. मुनि-मौन
D. व्यक्तिवाचक से अपत्यवाचक संज्ञा	IV. रक्त-रक्तिमा

नीचे दिए गए विकल्पों में से **सही** उत्तर चुनें :

1. A-IV, B-III, C-II, D-I
2. A-III, B-IV, C-I, D-II
3. A-I, B-III, C-IV, D-II
4. A-II, B-III, C-I, D-IV

84. निम्नलिखित में से कौन-सी कृतियाँ आदिवासी विमर्श से संबंधित हैं?

A. जंगली फूल
B. नगाड़े की तरह बजते शब्द
C. मन मांजने की जरूरत
D. मन मरंग गोड़ा नीलकंठ हुआ
E. प्रमथ्यु गाथा

नीचे दिए गए विकल्पों में से **सही** उत्तर चुनें :

1. केवल B, D 2. केवल B, C, E
3. केवल A, C 4. केवल A, B, D

85. ''छायावादी कवियों की कल्पना-लोक की उड़ान अपनी अक्षमता की पूर्ति का प्रयास है।'' यह किसका कथन है?

1. जैनेन्द्र 2. अज्ञेय
3. देवराज 4. इलाचंद्र जोशी

86. दुखी मन में उतर आती है पिता की छवि
अभी तक जिन्हें कष्टों से नहीं निष्कृति
उन्हीं अपने पिता की मैं अनुकृति हूँ
यही मैं हूँ।

उपर्युक्त पंक्तियों के रचयिता हैं :

1. धर्मवीर भारती
2. रघुवीर सहाय
3. नरेश मेहता
4. हरिनारायण व्यास

87. निम्नलिखित काव्यान्दोलनों को पहले से बाद के क्रम में व्यवस्थित कीजिए :

A. नयी कविता B. हालावाद
C. प्रगतिवाद D. प्रयोगवाद
E. अकविता

नीचे दिए गए विकल्पों में से **सही** उत्तर चुनें :

1. B, E, C, A, D 2. B, C, D, A, E
3. D, C, A, B, E 4. C, A, E, D, B

88. 'सिक्का बदल गया' कहानी का पात्र नहीं है?

1. शेरे 2. दाउद खां
3. शाहनी 4. ददन मियां

89. ''जिसके आगे-पीछे भाई-बहिन, माई-बाप नहीं, परदेश में बन्दूक की नोंक पर जान रखने वाले को छोकरी कैसे दे दें।'' कहानी 'कोसी का घटवार' का यह कथन किस पात्र का है?

1. गोसाईं 2. लछमा का बाप
3. हवलदार धरमसिंह 4. लछमा

90. निम्नलिखित में से किस नाटक में 'झंडा ऊँचा रहे हमारा' तथा 'रघुपति राघव राजाराम' आदि का सृजनात्मक व्यंग्यपरक अर्थ दिया गया है?

1. महाभोज 2. अंजो दीदी
3. सिन्दूर की होली 4. बकरी

निर्देश (प्र. सं. 91 से 95 तक): *निम्नलिखित अवतरण को ध्यानपूर्वक पढ़कर संबंधित प्रश्नों के उत्तर दीजिए :*

आख्यान को कैसे आगे ले जाया जाए, ऐसे प्रश्नों के नैरन्तर्य से ही कोई आख्यान बुना जाता है। किसी सभ्यता में, बल्कि किसी भी भाषिक संस्कृति में, आख्यान को आगे बढ़ाने के कितने और कैसे विकल्प उत्पन्न हो सकते हैं, इसी से उस सभ्यता की सृजनात्मक समृद्धि आंकी जा सकती है। जब भी कोई लेखक ऐसे किसी प्रश्न पर आ ठिठकता है तब उसकी कल्पनाशीलता कहाँ कहाँ तक और किस तरह से जा सकती है, वह कितनी उड़ान भर सकती हैं इसकी एक अदृश्य मर्यादा हर भाषा के रेशों के भीतर ही स्पन्दित होती रहती है। उस मर्यादा की बहुलता ही किसी भाषिक संस्कृति की शक्ति होती है। तभी वाल्मीकि ने नल नामक वानर

सैनिक को शिल्पकर्ता विश्वकर्मा के वरदान से युक्त किया होगा। और यह देखा होगा कि उसके बनाये सेतु बन सकता है। पहले वाल्मीकि इस पर रुके होंगे लेकिन फिर इस रास्ते उन्होंने समुद्र पर सेतुबन्ध करने का निश्चय किया होगा। यही निश्चय रामायण के पन्नों पर फैल गया है। इस तरह राम, वानर सेना और रामकथा को आगे ले जाने के लिए नल के दैवीय कौशल के सहारे वाल्मीकि ने समुद्र की विराट जलराशि पर सौ योजन का सेतु बनाकर तैयार किया होगा। संयोग से यही पुल गोस्वामी तुलसीदास को ऐसा मालूम दिया होगा, मानो वह तैर रहा हो।

91. गद्यांश के अनुसार आख्यान को कैसे बुना जाता है?

1. सभ्यता की सृजनात्मक समृद्धि से
2. साहित्य को डूबकर रचने या पढ़ने से
3. आख्यान को कैसे आगे ले जाया जाए, ऐसे प्रश्नों के नैरन्तर्य से
4. किसी प्रश्न पर लेखक के ठिठकने से

92. भाषिक संस्कृति की शक्ति से क्या आशय है?

1. एक ही भाषा को अधिकाधिक बोलने वाले लोग
2. मिथकीय कथा को मर्यादित भाषा में कल्पना और यथार्थ के बहुमेल से प्रस्तुत करना
3. भाषा का एकीकरण और दृढ़ीकरण
4. लयात्मक भाषा की खोज

93. इस गद्यांश का मुख्य उद्देश्य है :

1. यह स्पष्ट करना कि आख्यान केवल कथा-कहानी नहीं, बल्कि कल्पना से बुना परिष्कृत जीवन यथार्थ है, जिसमें किसी सभ्यता की सृजनात्मक समृद्धि फलीभूत होती है
2. वाल्मीकि रामायण का धार्मिक महत्व बताना
3. भाषिक संस्कृति में मर्यादा को स्थापित करना
4. संस्कृति के बनिस्पत सभ्यता को सूक्ष्म बताना

94. गद्यांश में लेखक ने वाल्मीकि को किस रूप में देखा है?

1. दैवीय शक्तिसम्पन्न कवि के रूप में
2. एक अपूर्व कल्पनाशील कवि के रूप में जिसने रामकथा को आगे ले जाने हेतु समुद्र पर सौ योजन का सेतु तैयार किया होगा
3. तुलसीदास के सहयोगी कवि के रूप में
4. नल नामक वानर सैनिक को वरदान देने वाले के रूप में

95. लेखक के अनुसार किसी सभ्यता की सृजनात्मक समृद्धि कैसे आंकी जा सकती है?

1. आख्यानों को आगे बढ़ाने वाली बहुवैकल्पिक संभावनाओं की मौजूदगी से
2. भाषा के स्पन्दित अदृश्य मर्यादा के रेशों से
3. दैवीय कौशल के सहारे
4. समुद्र पर सेतुबंध के निश्चय से

निर्देश (प्र. सं. 96 से 100 तक): *निम्नलिखित अवतरण को ध्यानपूर्वक पढ़कर संबंधित प्रश्नों के उत्तर दीजिए :*

रचना का सच रचना के भीतरी पाठ में वास करता है, जिसे जोराबरी ऊपर से खींच कर नहीं पाया जा सकता। इसलिए औसत आलोचक रचना की प्रशंसा या निंदा करके ही ठहर जाता है। वह रचना का वास्तविक यथार्थ मूल्य बताने में असमर्थ रहता है। मर्मज्ञ आलोचक एक खास तरह से रचना की पुनर्रचना करता है। इससे पाठक की रसानुभूति और सौंदर्यानुभूति का परिष्करण के साथ सर्जनात्मक विस्तार होता है। अच्छा पाठक और आलोचक वही है जो कविता को पहले बिना किसी दुराग्रह के 'क्लोज रीडिंग' करता है। उसके बाद कला-वस्तु के कथ्य और रूप का विश्लेषण करता है—रचना-संवाद के साथ। रचना-संवाद से रचना की धातु का पता चल जाता है और रचना की प्रभाव क्षमता की पकड़ भी बढ़ जाती है। इस क्रिया से रचना के मूल्य निर्धारण में सुगमता हो जाती है। कई बार रचना इतनी जटिल, दुरूह और संश्लिष्ट होती है कि रचना के रागदीप्त सच से साक्षात्कार एक चुनौती होती है। कविता का कार्य है भावों का परिष्करण, उदात्तीकरण। कविता को 'पद्य का पर्याय न मानना'। कविता तो पद्य का एक प्रकार विशेष है। कविता की अनेक परिभाषाएँ आलोचक गढ़ते रहते हैं। वे प्रायः आयातित होती हैं। तुक और लय के विश्राम का भी कविता में अलग-अलग तरह का सृजन संदर्भ रहता है। ध्यान रहे कि आलोचना सिद्धांत अटल धर्म नहीं है, उसमें निरंतर परिवर्तन की अपेक्षा रहती है।

96. रचना के राग-दीप्त सच से साक्षात्कार एक चुनौती कैसे है?

1. क्योंकि प्रत्येक रचना राग-बद्ध होती है और रागों का सटीक ज्ञान सबको नहीं होता
2. साक्षात्कार एक जटिल विधा है, जिसमें अपना सच लोग कम बताते हैं
3. प्रायः रचना जटिल, दुरूह और संश्लिष्ट होती है, इसीलिए रचना के राग-दीप्त सच से साक्षात्कार एक चुनौती है
4. आज के अधिकांश आलोचक चुनौतियों का सामना करने से कतराने लगे हैं

97. 'आलोचना का सिद्धांत अटल धर्म नहीं है', इस पंक्ति के आलोक में आलोचना का आदर्श है?

1. यह तय कर लेना कि रचना निंदा करने योग्य है
2. बिना किसी दुराग्रह के पाठ की 'क्लोज रीडिंग' और रचना-संवाद के साथ कला-वस्तु के कथ्य और रूप का विश्लेषण
3. कृति की प्रशंसा का पूर्व निर्धारण कर मानदंड बनाना
4. बिक्री के आधार पर कृति के संबंध में अपना फैसला सुनाना

98. गद्यांश के अनुसार कविता के संबंध में असत्य कथन है?

1. कविता का कार्य है भावों का परिष्करण, उदात्तीकरण
2. कविता पद्य का एक प्रकार विशेष है
3. आलोचक कविता की अनेक आयातित परिभाषाएँ गढ़ते रहते हैं
4. तुक और लय की गतिशीलता का भी कविता में अलग तरह का सृजन संदर्भ रहता है

99. गद्यांश के अनुसार रचना के सच को कैसे पाया जा सकता है?

1. रचना के भीतरी पाठ में प्रवेश कर
2. जोराबरी ऊपर से खींच कर
3. आलोचक की नजर से देखकर
4. पाठालोचन के सहारे

100. मर्मज्ञ आलोचक द्वारा रचना की पुनर्रचना से पाठक कैसे लाभान्वित होता है?

1. पाठक में आलोचक की प्रतिभा जाग उठती है
2. पाठक की पढ़ने की भूख बढ़ जाती है
3. पाठक की रसानुभूति और सौंदर्यानुभूति के परिष्करण के साथ उसका सर्जनात्मक विस्तार हो जाता है
4. पाठक बहुधा बहुआयामी लेखक बन जाता है

व्याख्यात्मक उत्तर

1. (4): पर्वों का क्रम–'दिशा की खोज' - 'दिशाहारा' - 'दिशांत', है। यह कथन असत्य है।

'आवारा मसीहा' विष्णु प्रभाकर द्वारा लिखित शरतचंद्र चट्टोपाध्याय की प्रसिद्ध जीवनी है, जो वास्तव में 14 वर्षों के शोध व परिश्रम से लिखी गई थी और इसका प्रथम प्रकाशन 1974 में हुआ था–ये सभी कथन सत्य हैं। लेकिन, 'पर्वों का क्रम' जो यहाँ दिया गया है–'दिशा की खोज', 'दिशाहारा', 'दिशांत'–यह सही क्रम नहीं है, क्योंकि 'आवारा मसीहा' में इस तरह का कोई औपचारिक पर्व-विभाजन नहीं मिलता।

यह जीवनी एक रचनात्मक शैली में लिखी गई है जिसमें जीवन-क्रमानुसार घटनाओं को व्यक्त किया गया है, न कि किसी निश्चित नाम वाले पर्वों के रूप में। अतः यह कथन असत्य है।

2. (4): सही क्रम प्रकाशन वर्ष के अनुसार निम्न है :

B. भारत-भारती (1912)–मैथिलीशरण गुप्त द्वारा रचित यह राष्ट्रवादी काव्य सबसे पहले प्रकाशित हुआ।

A. परिमल (1930)–यह रामचंद्र शुक्ल द्वारा संपादित एक काव्य-संकलन है।

E. उर्वशी (1961)–यह हरिवंश राय बच्चन की काव्यकृति है, जिसे साहित्य अकादमी पुरस्कार प्राप्त हुआ।

C. अकाल में सारस (1980)–कुंवर नारायण की यह कविता संग्रह नई कविता धारा की प्रमुख रचना है।

D. पहाड़ पर लालटेन (1986)–शेखर जोशी द्वारा रचित यह कहानी-संग्रह है।

इस प्रकार, सही कालक्रमिक क्रम है : B, A, E, C, D।

3. (4): 'यह सारस्वत देश तुम्हारा तुम हो रानी'—यह पंक्ति 'कामायनी' के संघर्ष सर्ग में मनु द्वारा इड़ा को संबोधित करते हुए कही गई है।

- 'कामायनी' जयशंकर प्रसाद की प्रसिद्ध मनोवैज्ञानिक काव्यकृति है, जिसमें मनु, श्रद्धा और इड़ा के माध्यम से बौद्धिकता, भावना और कर्म के द्वंद्व को प्रस्तुत किया गया है।
- संघर्ष सर्ग में इड़ा का प्रभाव बढ़ता है और मनु कर्म की ओर प्रेरित होते हैं।
- इसी भावभूमि में मनु इड़ा को संबोधित करते हुए यह पंक्ति कहते हैं, जो कर्म और ज्ञान के प्रति जागरूकता का सूचक है।

4. (1): सही सुमेलन इस प्रकार है :

A. अयोध्या सिंह उपाध्याय 'हरिऔध'–II. प्रद्युम्न विजय : यह संस्कृतनिष्ठ काव्य है, जिसे हरिऔध जी ने रचा था।

B. लाला श्रीनिवास दास–I. प्रेमसागर / प्रह्लाद चरित्र : यह हिंदी उपन्यासकार थे और उनकी कृति 'प्रह्लाद चरित्र' उल्लेखनीय है।

C. राधाचरण गोस्वामी–IV. अमरसिंह राठौर : यह एक ऐतिहासिक काव्य-नाट्य रचना है।

D. बालकृष्ण भट्ट–III. दमयंती स्वयंवर : यह एक काव्य-कृति है जिसमें 'दमयंती' और 'नल' की कथा वर्णित है।

अतः सही मिलान है : A-II, B-I, C-IV, D-III.

5. (3): सही कथन हैं :

B. भाषा परम्परा है, व्यक्ति उसका अर्जन कर सकता है, उसे उत्पन्न नहीं कर सकता : यह भाषाविज्ञान का एक मूलभूत सिद्धांत है कि व्यक्ति भाषा को सामाजिक रूप से अर्जित करता है। भाषा जैविक नहीं, बल्कि सांस्कृतिक परम्परा का हिस्सा होती है।

D. प्रत्येक भाषा की एक भौगोलिक सीमा होती है : यह सत्य है, भाषाएं एक विशिष्ट क्षेत्र या समुदाय में ही विकसित होती हैं और वहीं पर प्रचलन में रहती हैं। जैसे हिंदी भारत के उत्तरी भागों में, तमिल दक्षिण भारत में।

अन्य कथन असत्य हैं :

A. भाषा पैतृक सम्पदा है–असत्यय क्योंकि भाषा अर्जन की वस्तु है, यह आनुवंशिक नहीं होती।

C. भाषा सूक्ष्मता से स्थूलता और प्रौढ़ता से अप्रौढ़ता की ओर जाती है–यह कथन तार्किक नहीं है; भाषा आमतौर पर विकास की दिशा में चलती है।

E. प्रत्येक भाषा की व्याकरणिक संरचना समान होती है–असत्य; विभिन्न भाषाओं की व्याकरणिक संरचनाएं एक-दूसरे से काफी भिन्न होती हैं (उदाहरण : अंग्रेजी और संस्कृत)।

इसलिए, केवल B और D सही कथन हैं।

6. (2): सही सुमेलन इस प्रकार है :

A. देह दुलहिया की बढ़े–III. ज्यों-ज्यों जोबन-जोति : यह पंक्ति शरीर को दुल्हन के रूप में प्रस्तुत करती है, जो यौवन रूपी ज्योति के साथ खिलता है। यह संयोग शृंगार का सुंदर उदाहरण है, जो 'ज्यों-ज्यों जोबन-जोति' पंक्ति से मेल खाती है।

B. कानन-चारी नैन-मृग–IV. नागर नरनु सिकार : 'नैन-मृग' का तात्पर्य नेत्रों के हिरण से है और 'कानन-चारी' यानी वन में विचरण करने वाला। यहाँ नेत्र रूपी मृग प्रेमी पुरुष (नागर नर) के शिकार बनते हैं, अतः 'नागर नरनु सिकार' सबसे उपयुक्त है।

C. भरे भौंन में करत हैं–II. नैननु ही सब बात : 'भौंन' का अर्थ है भवें, और आँखों के माध्यम से जो क्रिया-कलाप होते हैं, वह सब 'नैननु ही सब बात' से जुड़ता है। यह आँखों की भाषा और संकेतों को सूचित करता है।

D. चितवनि रूखे दृगन की–I. हाँसी-बिनु मुसकानि : यहाँ 'चितवनि' यानी दृष्टि और 'रूखे दृग' (रूखी आंखें) की बात हो रही है। बिना मुस्कान के ऐसी दृष्टि केवल सूक्ष्म हास्य (हाँसी-बिनु मुसकानि) का प्रतीक बनती है।

7. (1): यह कथन महादेवी वर्मा ने अपनी रचनात्मक दृष्टि के संबंध में कहा था। वह कहती हैं कि फूलों को खिलाना या मुरझाना प्रकृति के हाथ में है, लेकिन दीपकों को जलाना या बुझाना उनके नियंत्रण में था।

इसका तात्पर्य यह है कि वह परिस्थितियों को नियंत्रित नहीं कर सकती थीं, लेकिन अपनी प्रतिक्रिया या उत्तरदायित्व का निर्वहन उनके नियंत्रण में था।

यह कथन उनके आत्मविश्वास, नैतिक जिम्मेदारी और सृजनात्मक चेतना को दर्शाता है।

8. (3): सही कथन निम्नलिखित हैं :

A. मनोविश्लेषण शब्द अंग्रेजी के Psycho-analysis का हिंदी पर्याय है : बिल्कुल सही। Sigmund Freud द्वारा विकसित Psycho-analysis का हिंदी रूप 'मनोविश्लेषण' है।

C. फ्रायड का मानना है कि मानव का छोटा-से-छोटा व्यवहार भी सप्रयोजन होता है : फ्रायड के अनुसार कोई भी कार्य आकस्मिक नहीं होता—सभी कार्यों के पीछे अचेतन मन की कोई-न-कोई इच्छा होती है।

D. एडलर के अनुसार लिबिडो अथवा कामवृत्ति का उतना महत्व नहीं है जितना 'अहम' का : एडलर ने फ्रायड के लिबिडो सिद्धांत से हटकर 'सामाजिक रूझान', 'संपूर्णता की भावना', और 'अहम् की भावना' को ज्यादा महत्व दिया।

गलत कथन :

B. इडीपस कॉम्प्लेक्स ग्रीक नायक इलेक्ट्रा के नाम पर है—गलत; इलेक्ट्रा कॉम्प्लेक्स स्त्रियों के संदर्भ में होता है जबकि ओडिपस कॉम्प्लेक्स लड़कों के संदर्भ में।

E. युंग ने इड, इगो और सुपर इगो की परिकल्पना प्रस्तुत की—यह परिकल्पना फ्रायड ने दी थी, युंग ने 'कॉलेक्टिव अनकॉन्शस' (सामूहिक अचेतन) और 'आर्कटाइप्स' की संकल्पना दी।

9. (3):

C. गाँव में तीन प्रमुख दल हैं : कायस्थ, राजपूत और यादव : 'मैला आँचल' में फणीश्वरनाथ 'रेणु' ने सामाजिक संरचना को बहुत बारीकी से चित्रित किया है। गाँव के तीन प्रमुख प्रभावशाली दल यही बताए गए हैं—कायस्थ, राजपूत, यादव।

D. उपन्यास के अनुसार ब्राह्मण लोग तृतीय शक्ति हैं : ब्राह्मणों को उपन्यास में स्वतंत्र शक्ति के रूप में दर्शाया गया है, जो सीधे किसी दल में नहीं आते लेकिन उनके पास धार्मिक-सांस्कृतिक प्रभुत्व है।

गलत कथन :

A. मेरीगंज गाँव का नाम अंग्रेज अधिकारी ने अपनी बहन के नाम पर रखा था—उपन्यास में ऐसा कोई स्पष्ट उल्लेख नहीं है।

B. मेरीगंज गाँव में सोलह बरन के लोग रहते हैं—यह कथन अतिशयोक्तिपूर्ण या अस्पष्ट है।

E. गाँव के अन्य जाति के लोगों का अपना पृथक दल है—उपन्यास में ऐसा विभाजन स्पष्ट रूप से निर्दिष्ट नहीं किया गया है।

10. (3):

A. एक नार पिया को भानी। तन वाको सगरा ज्यों पानी।।

C. एक नार ने अचरज किया। सांप मार पिंजरे में दिया।।

E. चाम मांस वाके नहीं नेक। हाड़-हाड़ में वाके छेद।।

ये तीनों पंक्तियाँ अमीर खुसरो की रचनाओं में से मानी जाती हैं।

- अमीर खुसरो ने लोकभाषा, फारसी और हिंदी के मिश्रण से रचनाएँ दीं।
- उनकी शैली में रहस्यवाद, प्रेम, और बिंबात्मकता होती है।

गलत पंक्तियाँ :

B. सूनि सेज पिय सालइ रे, पिय बिनु घर मोए आजि

D. अगिन जो लागी नीर में कंदो जलिया झारि

ये पंक्तियाँ लोककाव्य या अन्य संत काव्य से ली गई प्रतीत होती हैं, परन्तु इन्हें खुसरो से प्रमाणिक रूप से नहीं जोड़ा जाता।

11. (3): इन काव्य-सिद्धांतों का कालक्रम इस प्रकार है :

D. विरेचन सिद्धांत (Catharsis) : यह सबसे प्राचीन सिद्धांत है। इसकी स्थापना यूनानी चिंतक अरस्तू (Aristotle) ने की थी (4वीं शताब्दी ई.पू.)। इसके अनुसार, त्रासदी (tragedy) के माध्यम से दर्शकों के हृदय में करुणा और भय उत्पन्न होकर उनका विरेचन होता है।

C. उदात्तता का सिद्धांत (Sublimity) : यह सिद्धांत यूनानी आलोचक लौंगिनस (Longinus) द्वारा प्रतिपादित है। इसमें साहित्य की महानता, ऊँचाई और प्रभावशीलता को आधार माना गया। इसका काल 1वीं-3वीं शताब्दी के मध्य माना जाता है।

A. काव्यभाषा का सिद्धांत : यह सिद्धांत विशेष रूप से आचार्य भामह और वामन के समय (6वीं-8वीं शताब्दी) में स्थापित हुआ। इसमें यह विचार प्रमुख था कि काव्य की भाषा अलंकृत, विशेष और साधारण भाषा से अलग होनी चाहिए।

B. अभिव्यंजनावाद : यह सिद्धांत आनंदवर्धन द्वारा प्रस्तुत किया गया, जिन्होंने ध्वनि सिद्धांत का प्रतिपादन किया। इसके अनुसार काव्य की सार्थकता अभिव्यंजना (suggestion) में निहित होती है। यह 9वीं शताब्दी के आसपास का सिद्धांत है।

E. मूल्य सिद्धांत (Value Theory) : यह आधुनिक कालीन सिद्धांत है, जो 20वीं शताब्दी में साहित्य के मूल्यों–नैतिक, सामाजिक, सांस्कृतिक–की स्थापना पर केंद्रित है।

इस प्रकार, सही कालक्रम है : D → C → A → B → E.

12. (3): आइसक्रीम देखते ही बच्चे उस पर टूट पड़ते हैं।

- यह वाक्य प्रेरणार्थक क्रिया का उदाहरण नहीं है।
- प्रेरणार्थक क्रिया वह होती है जिसमें कोई कार्य दूसरे से करवाया जाता है, जैसे :
  - 'माँ बच्चे को खिलाती है'–माँ खुद नहीं खा रही, बच्चे को खिला रही है।
  - 'पिताजी पुत्र को पढ़वाते हैं'–अध्यापक से पढ़वा रहे हैं।
  - 'लड़के ने कपड़ा सिलवाया'–सिलाई खुद नहीं की, किसी से करवाई।
- जबकि 'बच्चे आइसक्रीम पर टूट पड़े'–इसमें बच्चे स्वयं कार्य कर रहे हैं, किसी प्रेरणा या करवाने का भाव नहीं है।

13. (1): साहित्य अकादमी पुरस्कार प्राप्त कृतियों का सही कालक्रम इस प्रकार है :

C. आँगन के पार द्वार (कृष्णा सोबती)–1981, स्त्री संवेदना पर आधारित उपन्यास।

E. कविता के नए प्रतिमान (नामवर सिंह)–1983, आधुनिक काव्यालोचना पर केंद्रित ग्रंथ।

B. मुझे चाँद चाहिए (सुरेन्द्र वर्मा)–1994, चर्चित नाटक जिसमें स्त्री-पुरुष संबंधों की गहराई है।

A. दो पंक्तियों के बीच (मंगलेश डबराल)–2005, संवेदनशील कविताओं का संग्रह।

D. टोकरी में दिगंत (केदारनाथ सिंह)–2010, आधुनिक जीवन और प्रकृति से जुड़ी कविताएँ।

इसलिए, सही क्रम है : C, E, B, A, D.

14. (3): यह कथन आचार्य रामचंद्र शुक्ल ने बिहारीलाल के काव्य के संदर्भ में कहा था।

शुक्ल जी ने बिहारी के दोहों की लाक्षणिकता और सूक्ष्मता की सराहना तो की, पर आलोचना की कि उसका काव्य संगीतात्मक प्रभाव छोड़ने में असमर्थ है। उन्होंने कहा कि यह काव्य हृदय में वैसा आनंद या संगीतात्मक कंपन उत्पन्न नहीं करता, जो श्रोताओं के मन में देर तक गूंजे। उनका यह मत 'रस' की अनुपस्थिति की ओर संकेत करता है।

15. (4): सही उत्तर हैं :

A. उत्तर आधुनिकता महावृत्तांत के विरुद्ध है : यह उत्तर आधुनिक विमर्श का मूल आधार है–यह सार्वभौमिक या 'ग्रैंड नैरेटिव्स' का विरोध करता है, जैसे : प्रगति, एकता, इतिहास, धर्म, आदि की सर्वमान्यता।

C. इसमें समतावादी सार्वभौमिक सत्यों का नकार है : उत्तर आधुनिकता 'सत्य' को एकवाचक नहीं मानती। यह कहती है कि सत्य अनेक हो सकते हैं–यह सापेक्षतावादी दृष्टिकोण रखती है।

E. इसमें आधुनिकतावाद की सक्षमता का नकार है : यह भी सही है–उत्तर आधुनिकता, आधुनिकता के उन सभी विश्वासों को खंडित करती है जो वैज्ञानिक, तर्कवादी और प्रगतिशील भविष्य की अवधारणा को परम सत्य मानते थे।

गलत कथन :

B. उत्तर आधुनिकता के चिंतन में ईश्वर सर्वोपरि है–उत्तर आधुनिकता में कोई 'एक परम सत्ता' की अवधारणा स्वीकार्य नहीं है।

D. उत्तर आधुनिकता स्वच्छंदतावाद की एक शाखा है–यह गलत है। स्वच्छंदतावाद साहित्यिक आंदोलन था जबकि उत्तर आधुनिकता सामाजिक-सांस्कृतिक विमर्श है।

इसलिए, सही उत्तर है : केवल A, C और E.

16. (4): यह कथन नामवर सिंह द्वारा दिया गया है।

उन्होंने कहानी 'परिंदे' की लतिका को एक प्रतीक के रूप में देखा है, जो मुक्ति की आकांक्षा से जुड़ी है–अतीत, स्मृति और मानसिक बंधनों से छुटकारे की तलाश।
लतिका की यह समस्या केवल व्यक्तिगत नहीं, बल्कि एक आंतरिक चेतना की जटिल प्रक्रिया को दर्शाती है, जिसे नामवर सिंह ने सुस्पष्ट रूप से आलोचनात्मक विवेचन में प्रस्तुत किया है।

17. (3): सही सुमेलन इस प्रकार है :

A. प्राप्तोदक–II. समानाधिकरण बहुब्रीहि : 'प्राप्त' और 'उदक' दोनों समान पद हैं, इसलिए यह समानाधिकरण बहुब्रीहि है।

B. वीणापाणि–I. व्यधिकरण बहुब्रीहि : वीणा का पाणि = वह जिसके हाथ में वीणा है; दोनों पदों में कार्य/संबंध भिन्न हैं–व्यधिकरण बहुब्रीहि।

C. **मारामारी–IV. व्यतिहार बहुब्रीहि :** इसमें दोनों पक्षों की मार शामिल है–व्यतिहार (पारस्परिक) बहुब्रीहि।

D. **सचेत–III. तुल्ययोग बहुब्रीहि :** 'स+चेत' में समन्वय है–इस कारण तुल्ययोग बहुब्रीहि है।

18. **(1):** नन्दकिशोर आचार्य हिंदी कविता के प्रमुख आधुनिक कवि हैं और वे 'चौथा सप्तक' के कवि के रूप में जाने जाते हैं।

- 'चौथा सप्तक' का संपादन अज्ञेय द्वारा वर्ष 1991 में किया गया था।
- यह सप्तक श्रृंखला की अंतिम कड़ी है, जिसमें सात कवियों को सम्मिलित किया गया था।
- नन्दकिशोर आचार्य के साथ इस सप्तक में राजेश जोशी, कुंवर नारायण, कृष्ण कल्पित आदि कवि भी शामिल थे।
- उनकी कविताओं में दार्शनिकता, सामाजिक विवेक, सांस्कृतिक चेतना और मानवीय संघर्ष की गहरी अभिव्यक्ति मिलती है।
- वे केवल कवि ही नहीं, नाटककार, अनुवादक और चिंतक के रूप में भी साहित्य को समृद्ध करते हैं।

इस प्रकार, नन्दकिशोर आचार्य का संबंध स्पष्ट रूप से 'चौथा सप्तक' से है।

19. **(3):** यह पंक्ति–'आत्मा का धरातल मनुष्य को ऊपर खींचता है और जैव धरातल का आकर्षण नीचे की ओर'–रामधारी सिंह 'दिनकर' ने अपनी काव्यकृति 'उर्वशी' की भूमिका में लिखी है। यह पंक्ति आत्मा और शरीर, आदर्श और वासना के द्वंद्व को स्पष्ट करती है।

'उर्वशी' एक मनोवैज्ञानिक और दार्शनिक खंडकाव्य है, जिसमें काम और मोक्ष के द्वंद्व को दर्शाया गया है।

20. **(3):** 'मुर्दहिया' डॉ. तुलसीराम की आत्मकथा है, जिसे उन्होंने पाँच उपशीर्षकों में विभाजित किया है।

सही क्रम है :

B. **भुतही पारिवारिक पृष्ठभूमि**–दलित परिवार और सामाजिक स्थिति की चर्चा।

D. **मुर्दहिया तथा स्कूली जीवन**–शिक्षा के लिए संघर्ष और सामाजिक भेदभाव।

E. **अकाल में अंधविश्वास**–ग्रामीण जीवन में व्याप्त रूढ़ियाँ और कुप्रथाएँ।

A. **मुर्दहिया के गिद्ध तथा लोकजीवन**–जातीय शोषण और सामाजिक हिंसा का चित्रण।

C. **भुतनिया नागिन**–भय, प्रतीकात्मकता और अंधविश्वास से जुड़ी घटनाएँ।

यह क्रम लेखक के जीवन अनुभवों की क्रमिक प्रस्तुति को दर्शाता है।

इसलिए, सही उत्तर है : B, D, E, A, C.

21. **(1):** सही स्त्रीलिंग शब्द निम्न हैं :

A. **भिड़ंत**–यह शब्द स्त्रीलिंग है; जैसे 'दो सेनाओं की भिड़ंत हुई।'

C. **रेणु**–यह स्त्रीलिंग शब्द है; इसका अर्थ होता है धूल या कण, जैसे 'रेणु उड़ती रही।'

E. **रज्जु**–यह भी स्त्रीलिंग शब्द है, का अर्थ होता है रस्सी।

गलत विकल्प :

B. **धनिया**–यद्यपि यह नाम स्त्री का हो सकता है (जैसे गोदान में), परंतु शब्द 'धनिया' एक पौधे/मसाले का नाम है, जो पुल्लिंग होता है।

D. **बुझौवल**–यह क्रिया विशेष रूप से लोक भाषा में प्रयुक्त होता है, और पुल्लिंग माना जाता है।

22. **(2):** सही अस्तित्ववादी कथन :

A. **अस्तित्ववाद का मूलाधार वैयक्तिक स्वच्छंदता है :** यह अस्तित्ववाद का मूल दर्शन है–व्यक्ति स्वयं अपने अस्तित्व, निर्णय और उत्तरदायित्व के लिए स्वतंत्र है।

B. **नीत्शे ने कहा था–'ईश्वर की मृत्यु हो चुकी है' :** यह नीत्शे का प्रसिद्ध कथन है, जो अस्तित्ववाद की धर्म विरोधी प्रवृत्ति को दर्शाता है।

E. **सार्त्र अस्तित्ववादी लेखक और चिंतक दोनों हैं :** जॉं-पॉल सार्त्र (Jean-Paul Sartre) अस्तित्ववाद के प्रमुख विचारक और साहित्यकार थे।

गलत कथन :

C. **कीर्केगार्द ने 1940 के दशक में 'अस्तित्ववाद' शब्द गढ़ा :** गलत, कीर्केगार्द को भले ही अस्तित्ववाद का जनक माना जाता हो, पर शब्द 1940 में प्रचार में आया, गढ़ा नहीं गया।

D. **युद्ध और शांति एक अस्तित्ववादी कृति है :** गलत, यह टॉलस्टॉय की कृति है, अस्तित्ववाद से संबद्ध नहीं।

23. (4): यह कथन धातुसेन का है।

- वह संस्कृत नाटक 'मालविकाग्निमित्रम्' का पात्र है।
- कथन में भारतीय सांस्कृतिक गौरव और विश्वबंधुत्व की भावना व्यक्त की गई है—'भारत समग्र विश्व का है और सम्पूर्ण वसुंधरा इसके प्रेमपाश में आबद्ध है'
- यह विचार भारत के ज्ञान, करुणा और मानवता के वैश्विक प्रभाव को दर्शाता है।

24. (1, 3): सही सुमेलन इस प्रकार है :

A. **उठ जाग मुसाफिर–II. जवानी की आँखों में ज्वाला होती है, बुढ़ापे की आँखों में प्रकाश होता है** : यह निबंध आत्मबोध और जीवन की गति का संदेश देता है। पंक्ति जीवन के दो पड़ावों—जवानी और बुढ़ापे—के बीच की अंतरात्मा को दर्शाती है।

B. **उत्तराफाल्गुनी के आसपास–IV. जवानी एक चमाचम धारदार खड्ग है** : यह निबंध यौवन के जोश, शक्ति और ऊर्जा को दर्शाता है। पंक्ति उस ऊर्जा और साहस का प्रतीक है जो यौवन में होता है।

C. **मजदूरी और प्रेम–I. हल चलाने वाले और भेड़ चराने वाले स्वभाव से साधु होते हैं** : यह निबंध श्रम और करुणा की महत्ता को रेखांकित करता है। पंक्ति श्रमिक वर्ग की सहजता और उनकी सच्चाई की ओर संकेत करती है।

D. **नाखून क्यों बढ़ते हैं–III. अल्पज्ञ पिता बड़ा दयनीय जीव होता है** : यह निबंध जीवन के सूक्ष्म निरीक्षण और व्यंग्यात्मक दृष्टिकोण से जुड़ा है। पंक्ति अनुभवहीनता और जिम्मेदारी के टकराव को व्यक्त करती है।

इस प्रकार, सही उत्तर है : A-II, B-IV, C-I, D-III.

25. (*): सही क्रम इन संस्थाओं की स्थापना वर्ष के अनुसार है :

C. फोर्ट विलियम कॉलेज–1800

D. दक्षिण भारत हिंदी प्रचार सभा–1918

B. हिन्दुस्तानी एकेडमी, इलाहाबाद–1927

A. भारतीय ज्ञानपीठ–1944

E. संगीत नाटक अकादमी–1953

इसका सही कालक्रमिक क्रम होगा :

$C \rightarrow D \rightarrow B \rightarrow A \rightarrow E$

जो किसी भी विकल्प में नहीं है, इसलिए उत्तर है : NONE.

26. (1): सही सुमेलन है :

A. **उदंत मार्तंड का प्रकाशन–III. 1826** : यह पहला हिंदी समाचार पत्र था, प्रकाशित 30 मई 1826 को।

B. **सरस्वती पत्रिका का प्रकाशन–IV. 1900** : हिंदी की पहली साहित्यिक मासिक पत्रिका, संपादक : महावीर प्रसाद द्विवेदी।

C. **हिंदी साहित्य सम्मेलन, प्रयाग–I. 1910** : हिंदी प्रचार-प्रसार हेतु स्थापित संस्था।

D. **नागरी प्रचारिणी सभा की स्थापना–II. 1893** : काशी में स्थापित, देवनागरी लिपि और हिंदी भाषा के विकास हेतु कार्यरत।

27. (2): पत्रिकाओं के प्रकाशन वर्ष के अनुसार क्रम :

C. **बालाबोधिनी–1850 के आसपास** : बालकों के लिए प्रारंभिक हिंदी पत्रिकाओं में से एक।

D. **इंदु–1900** : बंग महिला द्वारा संपादित स्त्री पत्रिका।

E. **धर्मयुग–1949** : साप्ताहिक समसामयिक पत्रिका।

A. **आलोचना–1953** : प्रमुख साहित्यिक आलोचना पत्रिका, रामविलास शर्मा द्वारा संपादित।

B. **तद्भव–1996** : समकालीन साहित्य की महत्वपूर्ण पत्रिका।

इसलिए, सही क्रम : C, D, E, A, B.

28. (1): 'कमला' भट्ट जी की प्रथम प्रकाशित काव्यकृति है—यह कथन सही नहीं है।

- 'कमला' पं. उदयशंकर भट्ट द्वारा रचित एक नाटक है, न कि काव्यकृति।
- यह एक सामाजिक नाटक है जिसमें उस समय के किसान आंदोलन, स्त्री जीवन, सामाजिक असमानता और शोषण को मार्मिक रूप से चित्रित किया गया है।
- इसमें नारी के स्वत्व, संघर्ष और सामाजिक विसंगतियों को अत्यंत प्रभावी ढंग से उजागर किया गया है।
- भट्ट जी की आरंभिक रचनाएं मुख्यतः काव्य के क्षेत्र में थीं, किंतु 'कमला' उनकी प्रथम प्रकाशित नाटक कृति है, न कि काव्यकृति।

इसलिए, विकल्प 1 का कथन असत्य है।

29. (4): सही कथन :

B. **1946 में संयुक्त राष्ट्र संघ ने महिलाओं के अधिकारों के लिए आयोग गठित किया** : यह 'Commission on the Status of Women' (CSW) था।

C. 'The Feminine Mystique'–बेट्टी फ्राइडन : 1963 में प्रकाशित, यह दूसरी लहर नारीवाद की आधारशिला मानी जाती है।

गलत कथन :

A. अमेरिका ने 1848 में नारी मताधिकार नहीं दिया, बल्कि 1920 में 19वें संशोधन द्वारा वैध किया गया।

D. 'The Female Eunuch' (फीमेल यूनक)–गेरमाइन ग्रीर की पुस्तक है, केट मिलट की नहीं।

E. 'Sexual Politics'–केट मिलट की पुस्तक है, सुशान बेसनेट की नहीं।

30. (*): आचार्य रामचंद्र शुक्ल ने 'पद्मावत' के संबंध में आलोचनात्मक टिप्पणी करते हुए इसकी तुलना मलिक मोहम्मद जायसी की अन्य काव्य रचनाओं से की और इसे निम्न कोटि की रचना माना।

उनकी टिप्पणियों का सही क्रम इस प्रकार है :

D. 'जायसी के दो ग्रंथों की अपेक्षा इसकी रचना बहुत निम्न कोटि की है'–शुक्ल ने स्पष्ट कहा कि 'पद्मावत' काव्य गुणवत्ता की दृष्टि से जायसी की अन्य रचनाओं से कमजोर है।

B. 'इसमें इस्लाम की मजहबी किताबों के अनुसार कयामत के दिनों का लंबा चौड़ा वर्णन है'–शुक्ल ने इस पर टिप्पणी की कि रचना में धार्मिक कथाओं की भरमार है।

E. 'किस प्रकार जल प्रलय होगा, सूर्य बहुत निकट आकर पृथ्वी को तपाएगा'–यह वर्णन प्रतीकात्मक है, जो संसार के अंत को दिखाता है।

A. 'ईश्वर न्याय करने बैठेगा और अपने अपराधों के कारण सारे प्राणी थरथर कापेंगे'–कयामत के दिन का धार्मिक और भयावह चित्रण।

C. 'सारे जीव-जंतु और फरिश्ते भी अपना जीवन समाप्त करेंगे'–यह कयामत के पूर्ण विनाश का दृश्य है।

यह सही क्रम किसी भी विकल्प में नहीं है, इसलिए उत्तर है : NONE.

31. (3): सही सुमेलन इस प्रकार है :

A. 'शब्दार्थो सहितौ काव्यं'–IV. भामह : यह भामह द्वारा प्रतिपादित काव्य की परिभाषा है, जो काव्यालंकार सूत्र में मिलती है।

B. 'पद संघटना रीतिः'–I. आनंदवर्धन : रीति को पदों की सुंदर रचना बताया गया है, यह आनंदवर्धन के विचारों के अनुरूप है।

C. 'ध्वन्यालोक लोचन'–II. अभिनवगुप्त : अभिनवगुप्त ने आनंदवर्धन की 'ध्वन्यालोक' पर 'लोचन' नामक टीका लिखी थी।

D. 'रस मीमांसा'–III. रामचंद्र शुक्ल : यह शुक्ल जी का प्रसिद्ध निबंध है जिसमें उन्होंने रस सिद्धांत पर आधुनिक दृष्टिकोण से विचार किया।

32. (1): सत्य कथन :

A. तमस की रचना रावलपिंडी से जुड़ी स्मृतियों पर आधारित है : भीष्म साहनी ने विभाजन के समय रावलपिंडी में देखे गए सांप्रदायिक दंगों के अनुभव पर यह उपन्यास लिखा।

B. तमस की ज्यादातर घटनाएँ और पात्र वास्तविक हैं : उपन्यास ऐतिहासिक यथार्थ से प्रेरित है, जिसमें चरित्र और घटनाएँ सजीव सामाजिक परिस्थितियों पर आधारित हैं।

गलत कथन :

C. नत्थू और उसकी पत्नी पूर्णतः वास्तविक पात्र नहीं हैं, बल्कि ये प्रतीकात्मक हैं।

D. अंग्रेज अधिकारी रिचर्ड दिखावटी कोशिश करता है, वह निष्क्रिय है।

E. यह कथा प्रथम नहीं, द्वितीय विश्व युद्ध के बाद 1947 के विभाजन की पृष्ठभूमि पर आधारित है।

33. (2): सही सुमेलनों का थोड़ा विस्तृत विवरण :

A. मोहनलाल महतो 'वियोगी'–III. निर्माल्य : वियोगी जी हिन्दी के प्रतिष्ठित कवियों में माने जाते हैं। 'निर्माल्य' उनका प्रसिद्ध काव्य-संग्रह है, जिसमें सामाजिक चेतना और मानवीय संवेदना प्रमुखता से उभरी है।

B. रामेश्वर शुक्ल 'अंचल'–IV. अपराजिता : 'अंचल' जी की रचनाएं राष्ट्रीय चेतना और देशभक्ति से ओतप्रोत हैं। 'अपराजिता' उनकी काव्य-कृति है, जिसमें स्त्री-शक्ति और आत्मबल की भावभूमि को प्रतिष्ठित किया गया है।

C. भगवतीचरण वर्मा–I. मधुकण : वर्मा जी उपन्यासों के लिए अधिक प्रसिद्ध हैं, लेकिन 'मधुकण' उनकी काव्य-कृति है, जिसमें भावुकता, प्रेम और जीवनदर्शन की छाया है।

D. नरेंद्र शर्मा–II. शूलफूल : नरेंद्र शर्मा का काव्य सौंदर्य और सांस्कृतिक चेतना से परिपूर्ण होता है। 'शूलफूल' उनके कविता संग्रहों में से एक है, जिसमें जीवन की कटुता (शूल) और मधुरता (फूल) दोनों को प्रतीकात्मक रूप में दर्शाया गया है।

34. (4): यह कथन–'योग्यता एक चौथाई व्यक्तित्व का निर्माण करती है। शेष पूर्ति प्रतिष्ठा द्वारा होती है।'–नीति संबंधी ग्रंथ 'निक्षेप' से लिया गया है।

यह कथन इस बात की ओर संकेत करता है कि केवल विद्वता या प्रतिभा ही व्यक्ति को पूर्ण नहीं बनाती, बल्कि सामाजिक प्रतिष्ठा, व्यवहार, चरित्र और मान-सम्मान भी उसके व्यक्तित्व का निर्माण करते हैं।

यह विचार भारतीय सांस्कृतिक दृष्टिकोण का प्रतिनिधि है, जिसमें कर्म, योग्यता और सामाजिक मूल्य सभी को मिलाकर पूर्ण व्यक्तित्व की कल्पना की जाती है।

इसमें यह भी निहित है कि एक व्यक्ति चाहे जितना योग्य हो, यदि समाज में उसका मान या प्रतिष्ठा नहीं है, तो वह प्रभावी व्यक्तित्व नहीं माना जाता।

35. (4): आचार्य रामचंद्र शुक्ल के मंतव्य :

A. निबंध में व्यक्तित्व की विशेषता होनी चाहिए : शुक्ल जी ने निबंध को व्यक्तित्व की अभिव्यक्ति का माध्यम माना।

C. हर व्यक्ति अपने मानसिक संगठन के अनुसार सोचता है : निबंध को उन्होंने मानसिक प्रवृत्ति से जुड़ा माना।

D. निबंध लेखक केवल बुद्धि से नहीं, भावना से भी लिखता है : उनके अनुसार निबंधकार का चिंतन पूर्ण मानसिक सत्ता से होता है।

गलत कथन :

B. निबंध के रूपाकारों का विकास ऐतिहासिक संदर्भ में होता है : यह शुक्ल जी के बजाय आधुनिक निबंध सिद्धांतकारों का दृष्टिकोण है।

E. गद्य का सौष्ठव लाने का कथन–यह शुक्ल जी की शैली से थोड़ा भिन्न है, यह नवीन आलोचकों की दृष्टि है।

36. (2): सही सुमेलन :

A. 'जले ठूंठ पर बैठकर गई कोकिला कूक'–IV. नागार्जुन : नागार्जुन की ये पंक्तियाँ उनकी प्रगतिशील और विद्रोही चेतना को दर्शाती हैं, जिनमें समाज के जले-सुले हिस्सों पर कोकिला (संवेदना) की पुकार है।

B. 'सिंधुसेज पर धरावधू अब तनिक संकुचित बैठी-सी'–III. जयशंकर प्रसाद : यह पंक्ति प्रसाद की छायावादी कल्पना और सांस्कृतिक बिंबों का परिचायक है। स्त्रीत्व, संकोच और प्रकृति की सुंदर अभिव्यक्ति है।

C. 'ऐसा तेरा लोक वेदना नहीं, नहीं जिसमें तेरा अवसाद'–I. महादेवी वर्मा : महादेवी वर्मा की यह पंक्ति उनकी वेदना और विरह की अनुभूतिपरक चेतना को प्रकट करती है, जो छायावाद की विशिष्ट विशेषता है।

D. 'चमकते हैं खड़े हथियार... नुकीले तेज पत्थर-सी'–II. गजानन माधव मुक्तिबोध : मुक्तिबोध की यह पंक्ति उनके अस्तित्ववादी और क्रांतिकारी विचारों को दिखाती है। यह यथार्थ और असुरक्षा की प्रतीकात्मक छवि है।

37. (2): यह कथन–''कीर्ति के द्वार सब के लिए नहीं खुले हैं, परन्तु भलाई करने का अवसर सब किसी को जो उसकी खोज रखता हो मिल सकता है।'' भारतेंदु हरिश्चंद्र के प्रसिद्ध निबंध 'दिल्ली दरबार दर्पण' से लिया गया है।

इस निबंध में भारतेंदु ने मानव सेवा, सामाजिक उत्तरदायित्व और भलाई की भावना को महत्त्व दिया है। उनका मानना था कि भले ही हर व्यक्ति को प्रसिद्धि (कीर्ति) न मिले, लेकिन सच्ची सेवा और भलाई का अवसर हर किसी के लिए उपलब्ध है, यदि वह इसे ढूंढ़ने की इच्छा रखता हो।

यह कथन जनकल्याण और निःस्वार्थ सेवा के भारतीय मूल्यों को उजागर करता है। भारतेंदु जी ने इसे दिल्ली दरबार (1877) के सन्दर्भ में लिखा, जब अंग्रेज सत्ता की चकाचौंध के बीच भी उन्होंने जनसरोकारों को प्राथमिकता दी। यह कथन उनकी सुधारवादी, यथार्थवादी और नैतिक दृष्टि का परिचायक है।

38. (4): सही सुमेलन :

A. चारू चन्द्रलेख–III. एक टूटा दर्पण (देवीशंकर अवस्थी) : यह समीक्षा इस रचना की सौंदर्यवादी विशेषताओं का आलोचनात्मक विवेचन करती है।

B. मैला आँचल–I. हिंदी उपन्यास की एक नई दिशा (नेमिचन्द्र जैन) : यह समीक्षा फणीश्वरनाथ रेणु के इस उपन्यास को नई कहानी आंदोलन की दिशा में अग्रणी मानती है।

C. अँधेरे बंद कमरे–IV. दूसरों का नरक (श्रीकांत वर्मा) : समीक्षा में आत्मसंघर्ष, बंद मानसिकता और सामाजिक द्वंद्वों पर आलोचना की गई है।

D. झूठा सच–II. कवि दृष्टि का अभाव (कुँवर नारायण) : आलोचक ने इस महत्त्वपूर्ण उपन्यास में काव्य-दृष्टि और संवेदनशीलता की कमी की ओर संकेत किया।

39. (2): तीसरे अध्याय का शीर्षक 'भारतीय संस्कृति और यूरोप' है–यह असत्य है।

रामधारी सिंह 'दिनकर' की कृति 'संस्कृति के चार अध्याय' का तीसरा अध्याय 'संस्कृति और सांस्कृतिक समन्वय' है, न कि 'भारतीय संस्कृति और यूरोप'।

अन्य तथ्य सही हैं :

→ भूमिका जवाहरलाल नेहरू ने लिखी,

→ समर्पण डॉ. राजेंद्र प्रसाद को किया गया,

→ प्रथम संस्करण 1956 में प्रकाशित हुआ था।

40. (4): 'अंधेर नगरी' (लेखक : भारतेन्दु हरिश्चंद्र) नाटक के स्थानों का सही क्रम :

E. **बाह्य प्रांत**–नाटक की शुरुआत बाहरी क्षेत्र से होती है।

A. **बाजार**–राजा के राज्य में बाजार का दृश्य, जिसमें मूल्यहीनता का चित्रण होता है।

B. **जंगल**–जंगल में गुरु और शिष्य की बातचीत होती है।

C. **राज्यसभा**–राजा और न्याय व्यवस्था का मजाक उड़ाया गया है।

D. **अरण्य**–अंत में गुरु शिष्य को बचाते हुए अरण्य में जाते हैं।

यह स्थानिक क्रम राज्य की अव्यवस्था और गुरु के विवेक की ओर संकेत करता है।

41. (3): पंक्तियों का सही क्रम इस प्रकार है :

E. स्वयं व्यस्त पर शांत बने से

B. शास्त्र शस्त्र-रक्षा में पलते

D. ये विज्ञान भरे अनुशासन

C. क्षण क्षण परिवर्तन में ढलते

A. यही त्रिपुर है देखा तुमने

यह क्रम जयशंकर प्रसाद की काव्यकृति 'कामायनी' के यथार्थ सर्ग से है, जिसमें त्रिपुर नगरी का चित्रण है–एक ऐसा नगर जो विज्ञान, अनुशासन और शक्ति से सुसज्जित है, फिर भी परिवर्तनशील है।

→ क्रम में दृश्य का वर्णन → संरचना → प्रवृत्ति → परिवर्तन → पहचान के रूप में निरूपित हुआ है।

42. (3): सत्य कथन :

A. **मार्क्स के अनुसार समाज का आर्थिक ढांचा ही इतिहास का मूलभूत निर्धारक तत्व है :** ऐतिहासिक भौतिकवाद के अनुसार अर्थव्यवस्था ही समाज के विकास और परिवर्तन का मूल आधार है।

D. **मार्क्स के अनुसार अब तक का सारा मानव इतिहास वर्ग संघर्ष का इतिहास है :** यह ऐतिहासिक भौतिकवाद की केन्द्रीय धुरी है–शोषक और शोषित वर्गों के बीच सतत संघर्ष।

गलत कथन :

B. **उत्पादन के साधनों का स्वरूप सामाजिक संबंधों को निर्धारित नहीं करता है**–गलत; इसी आधार पर सामाजिक ढांचा बनता है।

C. द्वंद्वात्मक भौतिकवाद कहता है कि उत्पादक शक्तियाँ स्थिर नहीं रहतीं, वे सतत परिवर्तनशील होती हैं।

E. मार्क्स के अनुसार पूंजीवाद सामंतवाद की चरम अवस्था नहीं, बल्कि पूंजीवाद सामंतवाद के बाद आता है और अंततः समाजवाद/साम्यवाद में बदलता है।

43. (4): 'लेखक की मृत्यु' (The Death of the Author) का विचार फ्रांसीसी आलोचक रोलां बार्थ ने 1967 में प्रस्तुत किया। उन्होंने कहा कि किसी रचना की व्याख्या लेखक के इरादों से नहीं, बल्कि पाठक की दृष्टि और पाठ के आधार पर की जानी चाहिए।

बार्थ के अनुसार लेखक की भूमिका रचना के प्रकाशित होते ही समाप्त हो जाती है। इस विचार ने पाठ-केंद्रित आलोचना और उत्तर-संरचनावाद को बल दिया। यह सिद्धांत साहित्य में पाठक की स्वतंत्र व्याख्या की अवधारणा को स्थापित करता है।

44. (1): डॉ. शंभुनाथ के अनुसार :

A. **बांग्ला नवजागरण का केन्द्रीय सारतत्व बुद्धिवाद है :** राजा राममोहन राय, ईश्वरचंद्र विद्यासागर जैसे विचारकों के माध्यम से तर्कवाद, शिक्षा और सुधारवाद को बल मिला।

B. **हिंदी नवजागरण का केन्द्रीय सारतत्व राष्ट्रवाद है :** विशेषकर 1857 के स्वतंत्रता संग्राम से यह भावना और तेज हुई।

गलत कथन :

C. महाराष्ट्र नवजागरण का केन्द्रीय तत्व ब्रिटिश विरोध नहीं, बल्कि सामाजिक सुधार (जैसे–ज्योतिबा फुले) है।

D. तमिल नवजागरण सुधारवाद से अधिक भाषायी पुनर्जागरण पर केंद्रित था।

E. केरल नवजागरण का केंद्र बिंदु सामाजिक समानता और आत्म-सुधार था, न कि विशुद्ध बुद्धिवाद।

45. **(3):** सत्य कथन (इंस्पेक्टर मातादीन के) :

A. **'मैं समझ गया कि आपकी पुलिस मुस्तैद क्यों नहीं है?'** यह कथन चांद पर की पुलिस व्यवस्था देखकर व्यंग्यपूर्वक कहा गया।

D. **'हमारा सिद्धांत है : हमें पैसा नहीं, काम प्यारा है।'** यह कथन व्यंग्यात्मक है, जिसमें भ्रष्टाचार और लोभ पर कटाक्ष है।

गलत कथन :

- B, C, E जैसे कथनों में या तो मातादीन की शैली नहीं झलकती, या अन्य पात्रों से संबद्ध हैं।
- विशेषतः C और E हास्य की चरम सीमा को दर्शाते हैं, परंतु वे मातादीन के नहीं माने गए।

46. **(4):** यह टिप्पणी आचार्य रामचंद्र शुक्ल द्वारा चंद्रधर शर्मा 'गुलेरी' की कहानी 'उसने कहा था' के संबंध में की गई है। शुक्ल जी ने इस कहानी को हिंदी की पहली पूर्ण संरचना वाली सफल कहानी माना है। उन्होंने लहना सिंह के प्रेम को संयमित, मौन और आत्मत्यागमयी बताया है—ऐसा प्रेम जो दिखावे या करुणा की चीत्कार नहीं करता, बल्कि 'भीतर से प्रेम का स्वर्गीय स्वरूप' बनकर झाँकता है। उनके अनुसार यह प्रेम कर्तव्यबोध और मानवीय संवेदना से जुड़ा हुआ है।

यह कहानी प्रेम के आदर्शवादी रूप, आत्म-नियंत्रण और बलिदान को चित्रित करती है। इसमें प्रेम की निःशब्दता और गरिमा को केंद्र में रखा गया है, जो सामान्य प्रेमकथाओं से अलग है।

47. **(1):** यह सुमेलन हिंदी की प्रमुख कहानियों की स्त्री पात्रों से संबंधित है :

A. **सीता–'दुलाईवाली' (उदयप्रकाश) :** सीता एक दलित स्त्री है, जो सामाजिक शोषण और वर्ग-भेद की पीड़ा का प्रतिनिधित्व करती है।

B. **किरण–'कानों में कंगना' (मृदुला गर्ग) :** एक आधुनिक स्त्री पात्र जो आत्मनिर्भर और वैचारिक रूप से स्वतंत्र है।

C. **चंदा–'राजा निरबंसिया' (फणीश्वरनाथ रेणु) :** चंदा एक सामाजिक यथार्थ की मार्मिक छवि है, जो गरीबी और बेबसी से जूझती है।

D. **अनीता–'राही' (मन्नू भंडारी) :** अनीता स्त्री भावनाओं, प्रेम, निर्णय और आत्मसम्मान की सशक्त प्रतीक है।

ये सभी पात्र स्त्री विमर्श, सामाजिक यथार्थ और आत्म-संघर्ष को उजागर करते हैं।

48. **(2):** भीष्म साहनी की कहानी 'चीफ की दावत' में शामनाथ की पत्नी निम्नलिखित दो संवाद बोलती है :

A. **'इन्हें पिछवाड़े इनकी सहेली के घर भेज दो...'**–यह संवाद उनकी माँ के प्रति संकोच और अस्वीकृति को दिखाता है।

E. **'जो वह सो गईं और नींद में खर्राटे लेने लगीं तो?'**–यह संवाद सामाजिक प्रतिष्ठा को लेकर असुरक्षा और शर्म को दर्शाता है।

कहानी में पत्नी सामाजिक बनावट, दिखावे और आधुनिक मानसिकता की प्रतीक है, जो सादगी और अपनापन से अधिक इमेज और आडंबर को प्राथमिकता देती है। माँ की उपेक्षा और झिझक इस कहानी में संस्कृति और आधुनिकता के टकराव का मार्मिक रूप है।

49. **(2):** प्रेमचंद के उपन्यास 'गोदान' में यह संवाद धनिया द्वारा दातादीन के प्रति कहा गया है।

वह कहती है–'भीख माँगो तुम जो भिखमंगे की जात हो...', जो उसके स्वाभिमान, आत्मबल और श्रम की महत्ता को दर्शाता है। धनिया अपने पति होरी की विपरीत, स्पष्टवक्ता और लड़ाकू स्त्री है जो अन्याय और अपमान का विरोध करती है। यह संवाद उस सामाजिक स्थिति के विरुद्ध है जहाँ कर्मशील किसान को अपमानित किया जाता है। धनिया का चरित्र पूरे उपन्यास में नारी शक्ति, आत्मगौरव और यथार्थवाद का प्रतीक बनकर उभरता है। वह प्रेमचंद की सबसे सशक्त स्त्रियों में गिनी जाती है।

50. **(4):** यह विद्यानिवास मिश्र का पहला ललित निबंध है—यह असत्य है। 'मेरे राम का मुकुट भीग रहा है' डॉ. विद्यानिवास मिश्र द्वारा रचित एक प्रसिद्ध ललित निबंध है। इसमें निबंधकार ने एक मेहमान कन्या 'कृष्णा' के माध्यम से भारतीय सामाजिक-सांस्कृतिक मूल्यों का संवेदनशील चित्रण किया है। निबंध का शीर्षक एक लोकगीत से प्रेरित है, जो संवेदना और सांस्कृतिक प्रतीकात्मकता को गहराई देता है। यह निबंध करुणा, सहानुभूति, संस्कृति और नैतिकता के स्वर को उजागर करता है।

हालाँकि यह निबंध अत्यंत प्रसिद्ध है, लेकिन यह विद्यानिवास मिश्र का पहला ललित निबंध नहीं है—यह कथन तथ्यात्मक रूप से गलत है। इसलिए, विकल्प 4 असत्य है।

51. **(2):** बालमुकुन्द गुप्त द्वारा रचित 'शिवशम्भू के चिट्ठे' एक व्यंग्यात्मक पत्ररूप रचनाएँ हैं, जिनमें तत्कालीन सामाजिक-राजनीतिक स्थितियों पर तीखा दृष्टिकोण मिलता है।

सही क्रम उनके रचना क्रम को ध्यान में रखकर है :

A. बनाम लॉर्ड कर्जन–कर्जन की नीतियों की आलोचना।

C. बैसराय का कर्तव्य–उपनिवेशीय नीतियों पर व्यंग्य।

B. बंग-विच्छेद–1905 के बंगाल विभाजन पर आलोचना।

E. लॉर्ड मिन्टो का स्वागत–मिंटो की नियुक्ति पर तंज।

D. सर सैय्यद अहमद का खत–मुस्लिम जागरण से संबंधित चिट्ठी।

यह क्रम ऐतिहासिक घटनाओं की क्रमबद्ध प्रतिक्रिया को दर्शाता है।

52. (2): 'एक टोकरी भर मिट्टी' रचना माधव प्रसाद मिश्र की नहीं, बल्कि भारतीय लेखक मन्नू भंडारी की प्रसिद्ध कहानी है। बाकी विकल्पों का संबंध माधव प्रसाद मिश्र से है :

- 'सुदर्शन' पत्रिका के वे संपादक रहे।
- 'सब मिट्टी हो गया' और 'वैश्योपकारक' उनके समय के सामाजिक और सांस्कृतिक विमर्श से जुड़ी रचनाएँ रही हैं।

इसलिए 'एक टोकरी भर मिट्टी' उनके साहित्य से संबंधित नहीं है।

53. (2): सही सुमेलन इस प्रकार है :

A. ठाकुर–III. हम तौ परनारी भईं सो भईं तुम तो सुधरो सखियाँ सिगरीं : विरह और उपालंभ की सुंदर अभिव्यक्ति।

B. मतिराम–IV. ज्यों-ज्यों निहारिये है नैननि त्यों-त्यों खरी निखरै सी निकाई : सौंदर्य वर्णन और रस की गहराई से युक्त पंक्ति।

C. घनानंद–I. रैन दिना घुटिबो करैं प्रान झरैं दुखिया अंखियाँ झारना सी : वियोग और करुणा की तीव्र अनुभूति का चित्रण।

D. बोधा–II. अति छीन मृणाल की तारहुतें तिहि ऊपर पाँव दै आवनो है : नायिका के सौंदर्य और कोमलता का वर्णन।

यह क्रम काव्य रस, भाव, और शैली के अनुसार भी संतुलित है।

54. (3): यह कविता अंश 'अब अभिव्यक्ति के सारे खतरे उठाने ही होंगे' शीर्षक से है, जो हिंदी के समकालीन कवि रघुवीर सहाय की चेतनात्मक कविता है।

पंक्तियों का सही क्रम विचार और कल्पना के क्रम में है :

D. अब अभिव्यक्ति के सारे खतरे उठाने ही होंगे–कविता का मुख्य संदेश।

B. तोड़ने होंगे ही मठ और गढ़ सब–प्रतीकात्मक अवरोधों को हटाना होगा।

E. पहुँचना होगा दुर्गम पहाड़ों के उस पार–संघर्ष की दिशा।

A. तब कहीं देखने मिलेंगी बाँहें–संघर्ष के बाद सहारा।

C. जिनमें कि प्रतिपल कांपता रहता अरुण कमल एक–कोमलता, संवेदना की छवि।

यह क्रम विचार से संवेदना तक की यात्रा को प्रकट करता है।

55. (4): 'तीसरी कसम' कहानी (लेखक : फणीश्वरनाथ 'रेणु') में हिरामन और हीराबाई के बीच की संवेदनशीलता और मासूमियत के संवादों का क्रम इस प्रकार है :

A. चलो भैयन, जान बचेगी तो ऐसी-ऐसी सग्गड़ गाड़ी बहुत मिलेगी। → जीवन की प्राथमिकता, आत्मरक्षा।

D. और इस बार जनानी सवारी... जब से गाड़ी मह-मह महक रहा है। → हीराबाई के प्रति पहली बार आकर्षण का भाव।

B. इस्स! हिरामन को परतीत नहीं, मर्द और औरत के नाम में फर्क होता है। → हिरामन की मासूम सोच और समभाव।

C. तुम मेरे उस्ताद हो... → श्रद्धा और आदर का भाव।

E. इस्स! हरदम रुपैया पैसा! → हिरामन की अर्थलोलुपता से दूरी और आत्म-संवेदना।

→ यह क्रम भावों की क्रमिक गहराई और संबंधों की मानसिक यात्रा को दर्शाता है।

56. (4): इस प्रश्न में रचनाओं और उनसे ली गई पंक्तियों को सुमेलित करना है :

A. आवारा मसीहा–III : यह रचना शरतचंद्र चट्टोपाध्याय की जीवनी पर आधारित है। दी गई पंक्ति में उनकी बाग से विदाई का भाव है।

B. क्या भूलूँ क्या याद करूँ–IV : यह हरिवंशराय बच्चन की आत्मकथा है, जिसमें उन्होंने लेखन के प्रति अपनी ईमानदारी बताई है।

C. मुर्दहिया–I : तुलसीराम की आत्मकथा का यह अंश उनके बचपन में चेचक की महामारी के अनुभव को बताता है।

D. एक कहानी यह भी–II : मन्नू भंडारी द्वारा लिखित इस आत्मकथा में लेखन को अनवरत यात्रा और नियति की संज्ञा दी गई है।

57. (3): मोहन राकेश का प्रसिद्ध नाटक 'आधे-अधूरे' सर्वप्रथम 'धर्मयुग' पत्रिका के तीन अंकों में धारावाहिक रूप से प्रकाशित हुआ था। यह नाटक 1960 के दशक के मध्यवर्गीय शहरी जीवन की विडंबनाओं और पारिवारिक विघटन को दर्शाता है। 'धर्मयुग' उस समय की एक प्रतिष्ठित पत्रिका थी जो साहित्यिक नवाचारों को मंच देती थी।

58. (1): यह उद्धरण 'शेखर : एक जीवनी' (भाग-1) के खंड 'उषा और ईश्वर' से लिया गया है। इस अंश में लेखक (अज्ञेय) मनुष्य के व्यक्तित्व निर्माण की तीन प्रमुख शक्तियों–प्रेम, भय और अहंकार–की चर्चा करता है।

प्रेम से मानवता, भय से समाज, और अहंकार से राष्ट्र के उद्भव की कल्पना प्रस्तुत की गई है। यह खंड शेखर के आंतरिक द्वंद्व और दार्शनिक सोच को सामने लाता है, जो अज्ञेय की रचनाशीलता का मूल स्वर भी है।

59. (3): 'अंधेर नगरी' नाटक में यह संवाद महंत का है। वह अपने शिष्य को जीवन की शिक्षा देते हुए लोभ के दुष्परिणाम बताता है। वह कहता है कि लोभ पाप की जड़ है और इससे व्यक्ति का नैतिक पतन होता है। महंत इस कथन के माध्यम से अपने अनुयायी को सादगी और संयम का जीवन जीने की सीख देता है।

यह पंक्तियाँ नैतिक उपदेशात्मकता का प्रतिनिधित्व करती हैं, जो इस नाटक की प्रमुख विशेषता है।

60. (4): सही उत्तर केवल C और D हैं :

C. डॉ. भीमराव अंबेडकर ने साइमन कमीशन का समर्थन किया था, क्योंकि वे ब्रिटिश सरकार से दलितों के अधिकारों की अपेक्षा रखते थे।

D. गोलमेज सम्मेलन में उन्होंने दलितों के लिए पृथक निर्वाचक मंडल की माँग रखी थी, जिससे उन्हें राजनीतिक प्रतिनिधित्व मिल सके।

बाकी विकल्प जैसे A और B ऐतिहासिक रूप से तथ्यात्मक त्रुटियाँ हैं, जबकि E में गांधीजी का दृष्टिकोण पृथक निर्वाचन के विरुद्ध था।

61. (3):

A. महामहोपाध्याय हरप्रसाद शास्त्री ने 'बौद्धगान ओ दूहा' नामक ग्रंथ में पालि और प्राकृत भाषा में उपलब्ध बौद्ध साहित्य का संकलन किया।

B. राहुल सांकृत्यायन की रचना 'हिंदी काव्यधारा' हिंदी साहित्य के ऐतिहासिक विकास का महत्वपूर्ण ग्रंथ है, जिसमें साहित्यिक परंपरा की गहन समीक्षा की गई है।

C. प्रबोधचंद्र बागची संस्कृत, प्राकृत और तिब्बती भाषाओं के विद्वान थे, जिनकी कृति 'दोहा कोश' बौद्ध साहित्य के क्षेत्र में एक संग्रहात्मक ग्रंथ है।

D. डॉ. मुहम्मद शहीदुल्ला की प्रमुख कृति 'ले शा मिस्तोक्स' है, जिसमें उन्होंने भाषा और साहित्य के पारंपरिक और आधुनिक पक्षों पर विचार प्रस्तुत किया है।

62. (1): अकबर के समय में गंग कवि ने 'छंद छंद बरनन की कीर्ति' नामक एक काव्य पुस्तक खड़ी बोली में लिखी थी।

यह कथन असत्य है क्योंकि :

- अकबर के समय में गंग कवि की रचना ब्रजभाषा या मिश्रित भाषा में थी, खड़ी बोली उस समय साहित्यिक अभिव्यक्ति के लिए प्रचलित नहीं थी।
- खड़ी बोली का साहित्यिक प्रयोग 19वीं शताब्दी में जाकर आरंभ होता है, जैसे कि लल्लूलाल की 'प्रेमसागर'।
- अतः यह कहना कि अकबर काल में खड़ी बोली की रचना हुई, ऐतिहासिक दृष्टि से गलत है।

63. (4): भारतेंदु हरिश्चंद्र की रचना 'भारत भारती' में यह पंक्तियाँ ग्राम्य जीवन और किसान की स्थिति पर आधारित भाग 'कृषि और कृषक' से ली गई हैं।

''तुम सभ्य हो 'मार्केट' जिनका सात सागर पार है, पर ग्राम की वह हाट ही उनका बड़ा बाजार है।''–यह उद्धरण ग्रामीण आत्मनिर्भरता और ग्राम्य अर्थव्यवस्था की गरिमा को दर्शाता है। इसमें स्पष्ट किया गया है कि गाँवों के बाजार ही किसानों के लिए संपूर्ण व्यापारिक केंद्र हैं, जबकि शहरी 'मार्केट' उनसे भिन्न हैं।

64. (4): यह कथन असत्य है क्योंकि 'पृथ्वीराज रासो' चंदबरदाई ने स्वयं लिखा था, इसे उनके पुत्र कल्हण ने पूरा किया–ऐसा कोई ऐतिहासिक प्रमाण नहीं है।

पं. गौरीशंकर हीराचंद ओझा ने रासो ग्रंथ की ऐतिहासिकता पर कई शंकाएँ उठाई हैं और भाटों द्वारा वर्णित संवतों व घटनाओं को कल्पना ही माना है। अतः यह कथन भी गलत है कि उन्होंने इन्हें कल्पना नहीं माना।

शेष कथन A, B और C ग्रंथ की परंपरागत विशेषताओं से मेल खाते हैं।

65. (1): प्रताप नारायण मिश्र के निबंध 'शिव मूर्ति' में मूर्ति पूजा और मूर्तियों की उपयोगिता पर आलोचनात्मक दृष्टिकोण प्रस्तुत किया गया है।

C. **'उनके साथ जिस प्रकार का जितना सम्बन्ध हम रख सकें'**–यह पंक्ति मूर्ति के प्रति सीमित श्रद्धा की बात करती है।

E. **'मूर्ति बहुधा पाषाण की होती है'**–यह पंक्ति मूर्ति के स्थायित्व और उसके उपयोगिता के औचित्य पर प्रश्न उठाती है।

अन्य विकल्पों की पंक्तियाँ इस निबंध की नहीं हैं, बल्कि भिन्न निबंधों से ली गई हो सकती हैं।

66. (2): हरिचरित्र (लालच दास) → सुदामा चरित (नरोत्तम दास) → कविप्रिया (केशवदास) → प्रेम वाटिका (रसखान) → प्रेमसागर (लल्लूलाल)

C. **हरिचरित्र (15वीं शती) :** भक्ति काल के आरंभ में रचित रचना है, यह बहुत प्राचीन मानी जाती है।

E. **सुदामा चरित (16वीं शती) :** तुलसीदास के समकालीन कवि नरोत्तमदास द्वारा रचित।

A. **कविप्रिया (1601 ई.) :** केशवदास की प्रसिद्ध काव्यशास्त्रीय रचना है।

B. **प्रेम वाटिका (17वीं शती उत्तराधं) :** रसखान द्वारा रचित, भक्ति और शृंगार का अद्भुत मिश्रण।

D. **प्रेमसागर (1805 ई.) :** लल्लूलाल द्वारा रचित, खड़ी बोली की पहली गद्य रचना मानी जाती है।

67. (3): 'मैला आँचल' में प्रयुक्त शब्दों का अर्थ इस प्रकार मेल खाता है :

A. **हँसेरी–IV : बलवा करने वाला दल :** राजनीतिक आंदोलन या उग्रवादी दल।

B. **डोलडाल–II : नित्यक्रिया :** ग्रामीण परिवेश में दैनिक शौच की प्रक्रिया को 'डोलडाल' कहते हैं।

C. **कमसल–I : डम्मी कैंडिडेट :** चुनाव में खड़ा किया गया दिखावटी प्रत्याशी।

D. **दामुल हौज–III : आजीवन कारावास :** गंभीर अपराध के बाद मिलने वाली सजा।

68. (1): बालदेव ने गाँधी जी से संबंधित चिट्ठियों का बस्ता जला दिया ताकि बावनदास को मंत्री बनने से रोका जा सके। यह घटना राजनीति में अवसरवादिता और ईर्ष्या का परिचायक है। बालदेव को डर था कि अगर बावनदास की छवि महान गांधीवादी के रूप में सामने आ गई, तो वह सत्ता में पहुंच जाएगा। यह कार्य राजनीतिक स्वार्थ और नैतिक पतन को दर्शाता है।

69. (3): 'भोलाराम का जीव' में यह वार्तालाप नारद और एक सरकारी अधिकारी (साहब) के बीच होता है। नारद पेंशन प्रक्रिया के बारे में जानकारी लेने स्वर्ग से धरती पर आते हैं। साहब सरकारी दफ्तरों की लापरवाही और नौकरशाही ढर्रे को सही ठहराते हुए, पेंशन न मिलने की औपचारिकता को समझाते हैं। यह संवाद व्यंग्यात्मक रूप में प्रशासनिक भ्रष्टाचार और लालफीताशाही की आलोचना करता है।

70. (2): यह पंक्ति 'पिउ सौं कहेउ संदेसड़ा, हे भौंरा! हे काग!' मलिक मुहम्मद जायसी की 'पद्मावत' से ली गई है। इसमें नायिका अपने प्रियतम (पिय) को संदेश भेजने के लिए भौंरे और कौवे को दूत बनाकर पुकारती है। यह पंक्ति विरह और प्रेम की तीव्रता को प्रकट करती है।

जायसी की रचनाओं में प्रेम की रूपक शैली, भावनात्मक गहराई और भक्ति का सुंदर संयोग मिलता है।

71. (3): 'मानस का हंस' के आमुख में अमृतलाल नागर ने स्पष्ट किया है कि इस उपन्यास को लिखने से पहले उन्होंने तुलसीदास की 'विनयपत्रिका' का गहन अध्ययन किया था। इस अध्ययन से उन्हें तुलसीदास की भाव-भूमि और उनके आत्मसंघर्ष को समझने में सहायता मिली। 'विनयपत्रिका' तुलसीदास के व्यक्तिगत भावों और विनय के पदों से युक्त है, जिसमें भक्ति और आत्मनिवेदन की गहराई है। यह रचना तुलसीदास के आध्यात्मिक जीवन की कुंजी मानी जाती है, और नागर जी ने उसी को उपन्यास की प्रेरणा के रूप में चुना।

72. (2): 'हिन्दुस्तानी ग्रामर' पुस्तक के बारे में सही तथ्य :

A. इसे जोहन जोसुआ केटेलर ने डच भाषा में लिखा था।

C. यह पुस्तक डच ईस्ट इंडिया कंपनी के कर्मचारियों के लिए स्थानीय भाषा के अध्ययन हेतु लिखी गई थी।

इसका उद्देश्य व्यापारिक और प्रशासनिक जरूरतों के लिए हिन्दुस्तानी भाषा को समझना था।

- **B** विकल्प (1689) सही वर्ष नहीं है; सही तिथि इससे कुछ भिन्न मानी जाती है, और
- D और E में उल्लिखित बातें (देवनागरी लिपि या अक्षर नागरी के संदर्भ) ऐतिहासिक रूप से इस पुस्तक से पुष्ट नहीं होतीं।

73. (1): अज्ञेय की कहानियों का प्रकाशन क्रम इस प्रकार है :

E. **विपथगा (1944) :** उनकी प्रारंभिक कहानियों में से एक।

A. **गैंग्रीन (1945) :** युद्धकाल की मनोवैज्ञानिक कथा।

C. हीली बोन की बत्तखें (1947) : प्रतीकात्मक और यथार्थ के मिश्रण की कहानी।

B. जयदोल (1950) : सामाजिक और सांस्कृतिक टकराव पर आधारित।

D. कलाकार की मुक्ति (1952) : आत्मविवेचना और अस्तित्व की खोज से जुड़ी हुई कहानी।

74. (3, 4): चौपाई और दोहा।

कबीरदास की काव्यकृति 'बीजक' तीन भागों में विभाजित है :

- साखी (मुख्यतः दोहा छंद में),
- रमैनी (मुख्यतः चौपाई छंद में),
- सबद (गीतात्मक शैली में)।

रमैनी एक विशेष काव्य-शैली है, जिसमें प्रायः चौपाई छंद का प्रयोग होता है–हर चरण में 16 मात्राएँ, दो-दो चरणों की युगल व्यवस्था।

लेकिन 'कड़वक' नामक शैली में रमैनी में कई चौपाइयों के बाद एक दोहा भी आता है–जो या तो सार देता है या अगले भाव से जोड़ता है।

इसलिए :

- रमैनी की मुख्य देह चौपाई होती है।
- लेकिन दोहा भी संरचनात्मक रूप से रमैनी का अभिन्न अंग है।

इसलिए, दोनों विकल्प 3 और 4 सही हैं।

75. (1): उपरोक्त आलोचनात्मक टिप्पणी आचार्य रामचन्द्र शुक्ल द्वारा दी गई है।

- यह टिप्पणी उन्होंने अपने 'हिंदी साहित्य का इतिहास' की भूमिका में दी थी।
- उन्होंने केवल कालक्रम के आधार पर साहित्यिक विकास की व्याख्या को अपर्याप्त बताया और आंतरिक विकास, रचनाशीलता और सामाजिक संदर्भों की आवश्यकता पर बल दिया।
- उनका दृष्टिकोण विकासात्मक और विवेकपूर्ण विश्लेषण पर आधारित था, न कि यांत्रिक विभाजन पर।

76. (2): यह दोहा रीतिकालीन प्रसिद्ध काव्यकृति 'अंगदर्पण' से लिया गया है, जिसकी रचना कविंद्राचार्य सरस्वती ने की थी। यह कृति नारी सौंदर्य और शृंगार रस पर आधारित है, जिसमें स्त्री अंगों के सौंदर्य का विश्लेषणात्मक एवं काव्यमय वर्णन मिलता है।

उक्त दोहे में नायिका की आँखों के रूप-सौंदर्य और उनके प्रभाव का अत्यंत जीवंत चित्रण है–'जियत, मरत, झुकि झुकि परत, जेहि चितवत इक बार'–अर्थात नायिका की एक झलक देखने पर लोग जीते भी हैं, मरते भी हैं और बार-बार उसकी ओर आकर्षित होकर झुक जाते हैं।

यह शैली रीति परंपरा की विशेषता है, जहाँ नायिका के अंग-प्रत्यंगों का अत्यंत कलात्मक और रसयुक्त वर्णन किया जाता है।

अतः यह दोहा 'अंगदर्पण' में ही संकलित है,

इसलिए, सही उत्तर है–विकल्प 2 : अंगदर्पण।

77. (4): जो दीर्घ से कुछ ह्रस्व हो, उसे प्लुत स्वर कहते हैं–यह कथन असत्य है।

प्लुत स्वर वास्तव में वह स्वर होता है जिसकी मात्रा दीर्घ से भी अधिक होती है, यानी तीन मात्राओं का उच्चारण जिसमें दीर्घ की तुलना में अधिक समय लगता है।

प्लुत स्वर सामान्यतः संकेतात्मक या संप्रेषणात्मक उद्देश्यों से प्रयुक्त होते हैं, जैसे 'कहाँऽऽऽ?'

इसलिए यह कथन कि प्लुत स्वर 'दीर्घ से ह्रस्व' होता है, पूरी तरह गलत है।

बाकी तीन कथन–स्वर और व्यंजन का वर्गीकरण, स्वर की अबाध उच्चारण प्रकृति, और व्यंजन की बाधित प्रकृति–सभी सही और मान्य भाषावैज्ञानिक अवधारणाएँ हैं।

इसलिए, विकल्प (4) सही उत्तर है क्योंकि यह तथ्य तथ्यात्मक रूप से गलत है।

78. (1): एफ.आर. लेविस–इनका संबंध रूसी रूपवाद से नहीं है। रूसी रूपवाद (Russian Formalism) एक सैद्धांतिक आंदोलन था जो 1910-1930 के बीच रूस में उभरा।

इसके प्रमुख विचारक थे : विक्टर श्लोवस्की, रोमन जैकोब्सन, बोरिस एकेनबाम, आदि। इनका जोर था कि साहित्य का अध्ययन उसके औपचारिक तत्वों, जैसे शैली, छंद, भाषा आदि के आधार पर किया जाए न कि उसके सामाजिक, ऐतिहासिक या मनोवैज्ञानिक संदर्भों पर।

वहीं, एफ.आर. लेविस एक अंग्रेज आलोचक थे जिनका संबंध 'कैम्ब्रिज स्कूल' से था और वे नैतिक आलोचना के पक्षधर थे। उनकी साहित्य-दृष्टि रूसी रूपवादियों से भिन्न थी। इसलिए केवल वही इस समूह में नहीं आते।

79. (3): यह स्थापना आचार्य रामचंद्र शुक्ल के प्रसिद्ध निबंध 'कविता क्या है' के 'सौन्दर्य' शीर्षक उपखंड के अंतर्गत दी गई है। शुक्लजी के अनुसार, सौंदर्य कोई अमूर्त या परोक्ष वस्तु नहीं है, बल्कि वह किसी सुंदर वस्तु में अंतर्निहित होता है। जैसे वीरता वीर के कार्यों में ही प्रकट होती है, उसी प्रकार सौंदर्य भी वस्तु से पृथक नहीं होता, वह उसी में समाहित होता है। शुक्ल की दृष्टि में सौंदर्य का मूल्य वस्तु से ही होता है, न कि किसी काल्पनिक आदर्श या भावना से। उनका यह विचार सौंदर्य के प्राकृतिक और वस्तुगत स्वरूप पर बल देता है। इससे उनकी यथार्थवादी और अनुभव-सापेक्ष साहित्य दृष्टि स्पष्ट होती है।

80. (4): नागरी प्रचारिणी पत्रिका की प्रारम्भिक संख्याओं को यदि हम निकाल कर देखें तो उसमें अनेक विषयों के लेखों के अतिरिक्त कहीं भी कविताएँ नहीं मिलती–यह अभिमत शुक्ल जी का नहीं है।

आचार्य रामचंद्र शुक्ल ने नागरी प्रचारिणी सभा के कार्यों और योगदान की भूरि-भूरि प्रशंसा की है। उन्होंने सभा की स्थापना, उसमें जुड़े लोगों के योगदान और उसके साहित्यिक प्रकाशनों की उपयोगिता को रेखांकित किया है। परंतु उन्होंने कहीं यह नहीं कहा कि प्रारंभिक अंकों में कविताएँ नहीं मिलतीं–यह कथन उनके अभिमत से मेल नहीं खाता। बल्कि उन्होंने सभा को हिंदी साहित्य के संवर्धन और विकास का महत्त्वपूर्ण केंद्र माना है।

इसलिए, विकल्प (4) में दिया गया कथन शुक्ल जी के विचारों का प्रतिनिधित्व नहीं करता और यह उत्तर सही है।

81. (2): भारतेंदु हरिश्चंद्र के प्रसिद्ध नाटक 'भारत दुर्दशा' के विभिन्न अंकों की पृष्ठभूमियाँ सामाजिक और सांस्कृतिक सन्दर्भों को प्रतीकात्मक ढंग से प्रस्तुत करती हैं।

- **पहला अंक–बीथी (A-II) :** भारत माता की स्थिति को सामान्य जनजीवन के परिवेश में दिखाने के लिए बीथी (गली) को चुना गया।
- **दूसरा अंक–'मशान, टूटे-फूटे मंदिर (B-IV) :** यह दृश्य भारत की सामाजिक और धार्मिक पतनशीलता का प्रतीक है।
- **तीसरा अंक–मैदान (C-I) :** यहाँ संघर्ष और विचार विमर्श का वातावरण दिखाया गया है।
- **पाँचवां अंक–किताबखाना (D-III) :** यह दृश्य बौद्धिक विमर्श और विचारों की उलझन को दर्शाता है।

इस प्रकार, सही संयोजन विकल्प 2 है।

82. (4): बद्रीनारायण चौधरी 'प्रेमघन' हिंदी साहित्य के प्रतिष्ठित लेखक और संपादक थे। उन्होंने कई पत्र-पत्रिकाओं में संपादन कार्य किया, लेकिन विशेष रूप से 'आनंद कादम्बिनी' का संपादन उनके द्वारा किया गया था। यह पत्रिका अपने समय में साहित्यिक जगत में विशेष स्थान रखती थी, और प्रेमघन जी ने इसमें निबंध, कथा और समसामयिक विषयों पर लेखों का समावेश कर हिंदी साहित्य को समृद्ध किया।

83. (2): यहाँ शब्द-रूपांतरण से संबंधित भाषाई प्रक्रिया दी गई है :

A. जातिवाचक से भाववाचक संज्ञा–मुनि से मौन (III) : यह एक भाववाचक संज्ञा है जो जातिवाचक 'मुनि' से बनी है।

B. विशेषण से भाववाचक संज्ञा–रक्त से रक्तिमा (IV) : विशेषण 'रक्त' से भाववाचक संज्ञा 'रक्तिमा' बनी।

C. संज्ञा से विशेषण–राष्ट्र से राष्ट्रीय (I) : 'राष्ट्रीय' विशेषण है, जो संज्ञा 'राष्ट्र' से बना है।

D. व्यक्तिवाचक से अपत्यवाचक संज्ञा–कुरु से कौरव (II) : यह अपत्यवाचक है, जो किसी वंश के वंशज को दर्शाता है।

इसलिए, सही संयोजन है विकल्प 2।

84. (4): निम्नलिखित रचनाएँ आदिवासी विमर्श के अंतर्गत आती हैं :

A. जंगली फूल–यह आदिवासी संवेदना को व्यक्त करने वाली कविता या लेख संकलन है।

B. नगाड़े की तरह बजते शब्द–यह रचना आदिवासी जीवन, संघर्ष और सांस्कृतिक विमर्श का चित्रण करती है।

D. मन मरंग गोड़ा नीलकंठ हुआ–यह हंसा सोयाम द्वारा लिखित एक महत्वपूर्ण आदिवासी आत्मकथात्मक उपन्यास है।

जबकि :

C. मन मांजने की जरूरत–दलित विमर्श से जुड़ी रचना है।

E. प्रमथ्यु गाथा–इसका संबंध भी आदिवासी विमर्श से प्रत्यक्ष नहीं है।

इसलिए, सही उत्तर है विकल्प 4 : A, B, D।

85. (4): इलाचंद्र जोशी ने छायावाद की आलोचना करते हुए यह टिप्पणी की थी कि छायावादी कवियों की कल्पना एक प्रकार की यथार्थ से पलायन की कोशिश है। उनके अनुसार, छायावादी काव्य कल्पना लोक में उड़ान भरकर उस वास्तविकता से मुँह मोड़ने का प्रयास करता है, जिसे

समाज में व्याप्त विषमता, अन्याय और समस्याओं से सामना करने के लिए अपनाना चाहिए था। यह कथन छायावाद की अंतर्मुखी प्रवृत्ति और व्यक्तिगत भावनात्मकता को लक्षित करता है। जोशी जी ने इसे कवियों की 'अक्षमता की पूर्ति' कहा, जिससे वे अपने समय की जटिलताओं से काव्य के माध्यम से बचना चाहते थे।

86. **(2):** यह पंक्तियाँ आधुनिक हिंदी कविता के प्रतिष्ठित कवि रघुवीर सहाय द्वारा रचित हैं। इनमें कवि ने पिता के संघर्षशील जीवन को स्मरण करते हुए अपने दुखी मन में उनकी छवि को उतारते हुए आत्म-पहचान की घोषणा की है–'यही मैं हूँ।' यह पंक्तियाँ संवेदनात्मक रूप से गहराई से जुड़ी हुई हैं, जिसमें पीढ़ियों के संघर्ष, मूल्य और जीवनदर्शन की झलक मिलती है। रघुवीर सहाय की कविता आम आदमी के अनुभवों और मानसिक द्वंद्व को गहरे ढंग से प्रस्तुत करती है। वे सामाजिक यथार्थ और मानवीय संवेदना के सशक्त कवि माने जाते हैं। यह कविता उनके आत्मपरक और भावनात्मक पक्ष को उद्‌घाटित करती है।

87. **(2):** यहाँ हिंदी कविता के प्रमुख आंदोलनों को कालक्रमानुसार इस तरह व्यवस्थित किया जाता है :

B. **हालावाद**–1930 के दशक में छायावाद के बाद का भावप्रधान आंदोलन, प्रेम और सौंदर्य पर आधारित।

C. **प्रगतिवाद**–1936 में प्रेमचंद की अध्यक्षता में शुरू हुआ, समाजवादी दृष्टिकोण से साहित्य लेखन।

D. **प्रयोगवाद**–1943 के बाद शुरू हुआ, अज्ञेय के नेतृत्व में नवीन शैली और विषय-वस्तु की खोज।

A. **नई कविता**–1950-60 के दशक में उभरी, आत्मबोध, अकेलापन, मध्यवर्गीय जीवन संघर्ष की अभिव्यक्ति।

E. **अकविता**–1960 के दशक के उत्तरार्द्ध में उभरी, अस्वीकृति, विद्रोह और असहमति का स्वर।

इसलिए, सही क्रम B, C, D, A, E है।

88. **(4):** 'सिक्का बदल गया' कहानी कृष्ण चंदर द्वारा लिखी गई एक मार्मिक कहानी है जो विभाजन की त्रासदी को दर्शाती है। इस कहानी में प्रमुख पात्र हैं शेरे, दाउद खां और शाहनी, जो सांप्रदायिक हिंसा और संबंधों की बदलती तस्वीर को दिखाते हैं।

'ददन मियां' नाम का कोई पात्र इस कहानी में नहीं है। इसलिए यह विकल्प सही है क्योंकि पूछा गया है 'कौन-सा पात्र नहीं है?' यह कहानी भावनात्मक स्तर पर धार्मिक उन्माद और मानवीय संबंधों की पड़ताल करती है।

89. **(2):** यह कथन 'कोसी का घटवार' कहानी से है, जिसे फणीश्वरनाथ रेणु ने लिखा है। यह संवाद लछमा के पिता का है, जब वह धरमसिंह द्वारा लछमा से विवाह की इच्छा जताने पर उसे ठुकरा देता है। वह सोचता है कि एक अनाथ फौजी जो परदेश में जान जोखिम में डालता है, उसकी बेटी को देना जोखिम है। यह कथन उस सामाजिक सोच को दर्शाता है जो जाति, पारिवारिक पृष्ठभूमि और परंपरागत सुरक्षा को प्राथमिकता देता है। यह ग्रामीण समाज की मानसिकता और विरोधाभासों को प्रभावी रूप से चित्रित करता है।

90. **(4):** नाटक 'बकरी' के लेखक साठोत्तरी नाटककार भारतेन्दु हरिश्चन्द्र हैं, और यह नाटक हरिशंकर परसाई की व्यंग्य दृष्टि को मंच पर लाता है। इस नाटक में 'झंडा ऊँचा रहे हमारा', 'रघुपति राघव राजाराम' जैसे राष्ट्रीय प्रतीकों का सृजनात्मक और व्यंग्यात्मक उपयोग किया गया है। यह दर्शाता है कि कैसे राष्ट्रभक्ति के प्रतीक, सत्ता और व्यवस्था के हाथों व्यंग्य का विषय बन जाते हैं। नाटक राजनीतिक पाखंड, सामाजिक अन्याय और भ्रष्ट तंत्र की पोल खोलता है। यह स्वतंत्रता के प्रतीकों को हास्यास्पद परिस्थितियों में प्रस्तुत कर गहरी टिप्पणी करता है।

91. **(3):** गद्यांश में स्पष्ट रूप से कहा गया है कि 'आख्यान को कैसे आगे ले जाया जाए, ऐसे प्रश्नों के नैरन्तर्य से ही कोई आख्यान बुना जाता है।'

इसका अर्थ है कि जब लेखक बार-बार यह प्रश्न उठाता है कि कथा को किस दिशा में आगे बढ़ाया जाए, तब वह एक निरंतरता विकसित करता है, जो कथानक की रचना की प्रक्रिया है। इस प्रकार, आख्यान केवल घटना नहीं, बल्कि उन रचनात्मक विचारों और निर्णयों की शृंखला है, जो लेखक की कल्पना और दिशा से संचालित होती है। यह सृजनात्मकता ही कथा की गति और उसकी गहराई तय करती है। इस प्रक्रिया से ही एक समृद्ध आख्यान बनता है।

92. **(2):** गद्यांश में कहा गया है कि 'उस मर्यादा की बहुलता ही किसी भाषिक संस्कृति की शक्ति होती है।' यह मर्यादा भाषा की सीमाएं नहीं, बल्कि उसमें मौजूद कल्पनाशीलता की विविधता है। वाल्मीकि जैसे कवि जब भाषा के भीतर कल्पना की उड़ान भरते हैं और यथार्थ को एक नई कल्पना से जोड़ते हैं (जैसे सेतुबंध), तब यही मिश्रण भाषिक संस्कृति की शक्ति बनता है। भाषा की सृजनात्मक मर्यादा से आशय उस क्षमता से है जिससे लेखक मिथकों को भी यथार्थ जैसा credible बना देता है। यह भाषा में छिपी संभावनाओं का प्रमाण है।

93. (1): पूरा गद्यांश इसी उद्देश्य से लिखा गया है कि आख्यान कैसे केवल किस्सागोई नहीं होता, बल्कि वह लेखक की कल्पनाशीलता, सांस्कृतिक चेतना और भाषिक गहराई का परिणाम होता है। वाल्मीकि का समुद्र पर पुल निर्माण का निर्णय उदाहरण है कि किस तरह कल्पना, यथार्थ और सांस्कृतिक धारणाएँ मिलकर एक गहन आख्यान रचती हैं। लेखक इस बात पर जोर देता है कि एक सभ्यता की सृजनात्मक गहराई इसी प्रक्रिया से मापी जा सकती है। इसलिए यह महज पौराणिक चर्चा नहीं, बल्कि साहित्य की प्रक्रिया पर विश्लेषण है।

94. (2): गद्यांश में वाल्मीकि को एक दूरदृष्टि रखने वाले कवि के रूप में देखा गया है जो कहानी को आगे बढ़ाने के लिए रचनात्मक निर्णय लेते हैं। उन्होंने नल वानर को विश्वकर्मा का वरदान प्राप्त शिल्पी बताया, जिससे रामायण में समुद्र पर सेतुबंध संभव हुआ। इससे यह स्पष्ट होता है कि लेखक उन्हें एक अत्यंत कल्पनाशील और नवाचार करने वाले रचनाकार के रूप में प्रस्तुत कर रहा है। वे किसी देवीय प्रेरणा से नहीं, बल्कि विचारशील साहित्यिक दृष्टिकोण से प्रेरित हैं।

95. (1): लेखक का स्पष्ट मत है कि किसी भी सभ्यता की रचनात्मक गहराई इस बात से आँकी जा सकती है कि उसके पास आख्यान को आगे ले जाने के लिए कितने और कैसे विकल्प उपलब्ध हैं। गद्यांश कहता है कि यह विकल्पों की बहुलता ही है जो भाषा और संस्कृति की शक्ति को दर्शाती है। यही बहुलता, जैसे समुद्र पर सेतुबंध की कल्पना, सभ्यता की रचनात्मक ऊँचाई का प्रमाण बनती है। इसलिए विकल्पों की विविधता ही सृजनात्मक समृद्धि का मापदंड है।

96. (3): गद्यांश में कहा गया है कि कई बार रचना इतनी जटिल, दुरूह और संश्लिष्ट होती है कि उसमें निहित राग-दीप्त सच को पहचानना या अनुभव करना आसान नहीं होता। इसलिए, रचना के मर्म को पकड़ना केवल सतही विश्लेषण से संभव नहीं है। उसकी गहराइयों तक पहुंचने के लिए गहन अध्ययन, संवेदनशीलता और सर्जनात्मक समझ आवश्यक होती है। यही कारण है कि इसे लेखक ने 'एक चुनौती' कहा है। यह कार्य केवल मर्मज्ञ और सुसंस्कृत आलोचक ही कर सकता है।

97. (2): गद्यांश में यह विचार स्पष्ट किया गया है कि अच्छा आलोचक वह है जो पूर्वाग्रह के बिना पाठ को गंभीरता से पढ़े (close reading) और फिर रचना-संवाद के माध्यम से उसके कथ्य और रूप का विश्लेषण करे। यह आलोचना का आदर्श तरीका माना गया है क्योंकि इससे रचना का आंतरिक यथार्थ उद्घाटित होता है। इसके अलावा यह भी बताया गया कि आलोचना का सिद्धांत अटल नहीं होता, बल्कि उसमें परिवर्तन की संभावना बनी रहती है। इसलिए, आलोचना रचनात्मक और लचीली होनी चाहिए।

98. (4): तुक और लय की गतिशीलता का भी कविता में अलग तरह का सृजन संदर्भ रहता है : यह कथन गद्यांश में नहीं कहा गया है।

वहाँ यह कहा गया है कि 'तुक और लय के विश्राम का भी कविता में अलग-अलग तरह का सृजन-संदर्भ रहता है।' यहाँ 'विश्राम' शब्द प्रयुक्त हुआ है, न कि 'गतिशीलता'। अतः विकल्प 4 में 'गतिशीलता' शब्द का प्रयोग करके गद्यांश के आशय को विकृत किया गया है।

इसलिए, यह कथन गद्यांश के अनुसार असत्य है।

99. (1): गद्यांश की पहली ही पंक्ति में कहा गया है कि 'रचना का सच रचना के भीतरी पाठ में बास करता है।' इससे स्पष्ट होता है कि रचना को सतही स्तर पर पढ़ने से उसका यथार्थ सामने नहीं आता। इसके लिए पाठ को भीतर से समझना होता है—उसकी रचना-प्रक्रिया, संवेदना और शिल्प को। केवल तब ही उसका सच अनुभव किया जा सकता है, न कि ऊपर से देख या खींचकर।

100. (3): गद्यांश में मर्मज्ञ आलोचक की भूमिका पर विशेष बल दिया गया है। जब ऐसा आलोचक किसी रचना की पुनर्रचना करता है, तो वह रचना को नए ढंग से व्याख्यायित करता है, जिससे पाठक की भावबोध और सौंदर्य दृष्टि परिष्कृत होती है। साथ ही पाठक की कल्पनाशक्ति और सृजनात्मक सोच को विस्तार मिलता है। यह आलोचना का रचनात्मक पक्ष है, जो पाठक को मात्र उपभोक्ता नहीं, बल्कि सह-रचनाकार बना सकता है।

पिछले प्रश्न-पत्र

National Testing Agency (NTA)

UGC-NET जूनियर रिसर्च फैलोशिप तथा सहायक प्राध्यापक पात्रता परीक्षा

हिन्दी, जनवरी-2025

(Exam held on 08-01-2025)

प्रश्न-पत्र-II

1. 'भारत वर्ष की उन्नति कैसे हो सकती है' निबंध को भारतेन्दु हरिश्चन्द्र ने पहले व्याख्यान के रूप में किस मेले में प्रस्तुत किया था?

A. कुंभ मेले में | B. नौचंदी मेले में
C. सोनपुर मेले में | D. ददरी मेले में

2. अर्ध संवृत स्वर निम्न में कौन-सा है?

A. आ | B. ओ
C. ऊ | D. इ

3. सूची-I से सूची-II का मिलान कीजिए:

सूची-I (पत्रकार)	सूची-II (पत्र)
(a) युगल किशोर शुक्ल	I. उचित वक्ता
(b) दुर्गा प्रसाद मिश्र	II. उदंत मार्तण्ड
(c) मदनमोहन मालवीय	III. छत्तीसगढ़मित्र
(d) माधव राव सप्रे	IV. अभ्युदय

नीचे दिए गए विकल्पों में से **सही** उत्तर का चयन कीजिए:

	(a)	(b)	(c)	(d)
A.	I	III	II	IV
B.	II	III	I	IV
C.	II	I	IV	III
D.	II	IV	I	III

4. ''भारत की यह विशेषता रही है कि वह अनेक जातियों को घोंटकर एक जाति बना देता है।''

उपरोक्त पंक्तियों की रचना और रचनाकार हैं:

A. हिंदी साहित्य की भूमिका – हजारीप्रसाद द्विवेदी
B. संस्कृति के चार अध्याय – रामधारी सिंह दिनकर
C. मेरी तिब्बत यात्रा – राहुल सांकृत्यायन
D. क्या भूलूँ क्या याद करूँ – हरिवंश राय बच्चन

5. आचार्य रामचन्द्र शुक्ल के निबंध 'कविता क्या है' में निबंधकार को कवि से कैसी कल्पना अपेक्षित है?

A. विधायक | B. भावयित्री
C. सहृदयी | D. कारयित्री

6. शेखर एक जीवनी भाग-1 का प्रकाशन वर्ष कौन-सा है?

A. 1942 | B. 1941
C. 1944 | D. 1961

7. निम्न में से कौन-सी पंक्ति और नाटक का मिलान सही नहीं है?

(a) बकरी को क्या पता था मशक बन के रहेगी, पानी भरेंगे लोग और कुछ न कहेगी – अंधेर नगरी

(b) दो आदमी जितना ज्यादा साथ रहें, एक हवा में साँस लें, उतना ही ज्यादा अपने को एक-दूसरे से अजनबी महसूस करें – आधे-अधूरे

(*c*) निस्संदेह! अनन्तदेवी के इंगित पर कुमारगुप्त नाच रहे हैं – एक घूंट

(*d*) सौभाग्य और दुर्भाग्य मनुष्य की दुर्बलता के नाम हैं – ध्रुवस्वामिनी

(*e*) सुना है, उनके भतीजे असदुल्लाह की शादी हो गयी – आगराबाजार

नीचे दिए गए विकल्पों में से **सही** उत्तर का चयन कीजिए।

A. केवल (*a*), (*c*) B. केवल (*d*), (*e*)

C. केवल (*a*), (*b*) D. केवल (*c*), (*d*)

8. 'ध्रुवस्वामिनी' नाटक के संदर्भ में निम्न में से कौन-से कथन सत्य हैं?

(*a*) ध्रुवदेवी को लेकर क्या साम्राज्य से भी हाथ धोना पड़ेगा?

(*b*) मैं उपहार में देने की वस्तु हूँ।

(*c*) यहाँ ऐसी निर्लज्जता का नाटक मैं नहीं देखना चाहती।

(*d*) यह मर्द रामगुप्त अपने पिता की तरह दिग्विजय करने निकला था।

(*e*) तुम्हारा और मेरा जीवन मरण साथ नहीं हो सकता।

नीचे दिए गए विकल्पों में से **सही** उत्तर का चयन कीजिए।

A. केवल (*b*), (*d*) B. केवल (*a*), (*c*)

C. केवल (*d*), (*e*) D. केवल (*b*), (*e*)

9. कामता प्रसाद गुरु ने व्युत्पत्ति के अनुसार सार्वनामिक विशेषण के कितने भेद माने हैं?

A. दो B. तीन

C. चार D. पाँच

10. 'निपुणिका' कौन-से उपन्यास की पात्र है?

A. आपका बंटी

B. जिन्दगीनामा

C. बाणभट्ट की आत्मकथा

D. परीक्षा गुरु

11. सूची-I से सूची-II का मिलान कीजिए:

सूची-I (रचनाकार)	सूची-II (रचना)
(*a*) नागार्जुन	I. बुनी हुई रस्सी
(*b*) भवानीप्रसाद मिश्र	II. पाषाणी
(*c*) अज्ञेय	III. महाराणा का महत्व
(*d*) जयशंकर प्रसाद	IV. हरी घास पर क्षण भर

नीचे दिए गए विकल्पों में से **सही** उत्तर का चयन कीजिए:

	(*a*)	(*b*)	(*c*)	(*d*)
A.	I	II	III	IV
B.	I	IV	III	II
C.	II	I	IV	III
D.	II	III	IV	I

12. हरिवंशराय बच्चन ने अपनी आत्मकथा कितने खंडों में लिखी है?

A. तीन B. चार

C. पाँच D. दो

13. 'आवारा मसीहा' के आधार पर निम्नलिखित में से कौन-से कथन असत्य हैं?

(*a*) नागपुर के कांग्रेस अधिवेशन में देशबंधु चाहते थे कि असहयोग का प्रस्ताव पास हो।

(*b*) देशबंधु अपने खर्चे पर 200 प्रतिनिधियों का दल लेकर आए थे।

(*c*) देशबंधु दास ने घोषणा की थी कि वे अपनी वकालत छोड़ देंगे।

(*d*) देशबंधु दास की आय और उनके ऐश्वर्य की कोई सीमा न थी।

(*e*) देशबंधु के वकालत छोड़ने के समय शरत् बाबू बडोदरा में रहते थे।

नीचे दिए गए विकल्पों में से **सही** उत्तर का चयन कीजिए।

A. (*a*), (*c*), (*e*)

B. (*a*), (*d*), (*e*)

C. (*a*), (*b*), (*e*)

D. (*b*), (*c*), (*e*)

14. भारतेन्दु कृत 'सती प्रताप' नाटक का नाट्यरूप कौन-सा है?

A. प्रहसन B. गीतिरूपक
C. ऑपेरा D. लास्य रूपक

15. रसनिष्पत्ति के व्याख्याकारों में से किसने 'अनुमान' को महत्व देकर 'चित्र तुरंग न्याय' की चर्चा की है?

A. भट्ट लोल्लट B. शंकुक
C. भट्ट नायक D. अभिनवगुप्त

16. निम्नलिखित में से सही युग्म कौन-से हैं?

(*a*) कार्ल मार्क्स – द्वंद्वात्मक भौतिकवाद
(*b*) सार्त्र – अस्तित्ववाद
(*c*) देरिदा – सहजवाद
(*d*) अरस्तू – विरेचन
(*e*) इलियट – काव्यमूल्य

नीचे दिए गए विकल्पों में से **सही** उत्तर का चयन कीजिए।

A. केवल (*c*), (*e*)
B. केवल (*a*), (*e*)
C. केवल (*a*), (*b*), (*d*)
D. केवल (*c*), (*d*), (*e*)

17. कारक का सही अनुक्रम है:

(*a*) संप्रदान कारक (*b*) करण कारक
(*c*) अधिकरण कारक (*d*) अपादान कारक
(*e*) संबंध कारक

नीचे दिए गए विकल्पों में से **सही** उत्तर का चयन कीजिए।

A. (*b*), (*d*), (*a*), (*e*), (*c*)
B. (*b*), (*d*), (*e*), (*a*), (*c*)
C. (*b*), (*a*), (*d*), (*e*), (*c*)
D. (*b*), (*a*), (*c*), (*e*), (*d*)

18. निम्नलिखित काव्य रचनाओं का सही कालक्रम क्या है?

(*a*) लहर
(*b*) कुकुरमुत्ता
(*c*) कला और बूढ़ा चाँद
(*d*) निहार
(*e*) सांध्यगीत

नीचे दिए गए विकल्पों में से **सही** उत्तर का चयन कीजिए।

A. (*d*), (*b*), (*c*), (*a*), (*e*)
B. (*b*), (*a*), (*c*), (*d*), (*e*)
C. (*b*), (*d*), (*a*), (*e*), (*c*)
D. (*d*), (*a*), (*e*), (*b*), (*c*)

19. 'चंदन बाला रास' की रचना कब हुई है?

A. 1209 ई. B. 1200 ई.
C. 1231 ई. D. 1213 ई.

20. निम्नलिखित में से कौन-से युग्म सही हैं?

(*a*) कहानी – कंकाल
(*b*) उपन्यास – तितली
(*c*) नाटक – संग्राम
(*d*) उपन्यास – साहित्य का उद्देश्य
(*e*) संस्मरण – गबन

नीचे दिए गए विकल्पों में से **सही** उत्तर का चयन कीजिए।

A. केवल (*a*), (*d*) B. केवल (*b*), (*c*)
C. केवल (*d*), (*e*) D. केवल (*a*), (*e*)

21. "यह पंच नहीं हैं, पक्के राछस हैं, पक्के राछस! यह सब हमारी जगह है।" 'गोदान' उपन्यास में यह किसका कथन है?

A. होरी
B. धनिया
C. गोबर
D. झिंगुरी सिंह

22. "'आकाशदीप' कहानी में प्रेम और घृणा की गहन आवेगमयता की गहरी टकराहट है।"

उपरोक्त कथन के लेखक हैं:

A. आचार्य रामचन्द्र शुक्ल
B. बच्चन सिंह
C. हजारीप्रसाद द्विवेदी
D. डॉ. नगेन्द्र

23. हजारी प्रसाद द्विवेदी के 'नाखून क्यों बढ़ते हैं' निबंध के अनुसार मानव शरीर का अध्ययन करने वाले किन वैज्ञानिकों का निश्चित मत है कि मानव-चित्त की भाँति मानव शरीर में भी बहुत-सी अभ्यासजन्य सहज वृत्तियाँ रह गई हैं?

A. मनोवैज्ञानिकों B. रसायन वैज्ञानिकों
C. प्राणी वैज्ञानिकों D. भौतिक वैज्ञानिकों

24. 'राग दरबारी' में वर्णित शिवपालगंज में स्थित कॉलेज का क्या नाम था?

A. गंगामल विद्यालय इंटर कॉलेज
B. छंगामल विद्यालय इंटर कॉलेज
C. वैधजी विद्यालय इंटर कॉलेज
D. रंगनाथ विद्यालय इंटर कॉलेज

25. 'गोदान' के आधार पर कौन-से कथन सत्य हैं?

(*a*) बेईमानी का धन जैसे आता है वैसे ही जाता है।
(*b*) भाई का हक मारकर किसी को फलते-फूलते नहीं देखा।
(*c*) गोबर को राय साहब के पास भेज देना।
(*d*) भोला उधार देनेवाला आदमी नहीं है।
(*e*) तुम जैसे मर्द साठे पर पाठे होते हैं।

नीचे दिए गए विकल्पों में से **सही** उत्तर का चयन कीजिए।

A. केवल (*b*), (*c*) B. केवल (*a*), (*b*), (*d*)
C. केवल (*a*), (*e*) D. केवल (*a*), (*c*), (*e*)

26. सूची-I से सूची-II का मिलान कीजिए:

सूची-I (पंक्तियाँ)	सूची-II (रचनाकार)
(*a*) गुरुपदेशादध्येतुं शास्त्रां जडधियो ऽप्यलम्	I. दण्डी
(*b*) कवित्व बीजं प्रतिभानम्	II. भामह
(*c*) न विद्यते यद्यधि पूर्ववासनागुणानुबन्धि प्रतिभानमद्भुतम्	III. आनन्दवर्धन
(*d*) अव्युत्पत्तिकृतो दोषः शक्त्या संव्रियते कवेः।	IV. वामन

नीचे दिए गए विकल्पों में से **सही** उत्तर का चयन कीजिए:

	(*a*)	(*b*)	(*c*)	(*d*)
A.	II	I	III	IV
B.	II	IV	I	III
C.	I	II	III	IV
D.	IV	III	I	II

27. 'अंधेरे में' कविता का 1964 में 'आशंका के द्वीप अंधेरे में' नाम से प्रकाशन किस पत्रिका में हुआ?

A. माधुरी B. कल्पना
C. चाँद D. प्रभा

28. निम्न में से कौन-से युग्म सही हैं?

(*a*) रीति सुभाषा कवित्त की बरनत बुध अनुसार – चिंतामणि
(*b*) सो विश्रब्ध नवौढ़ यों बरनत कवि रसरीति – भिखारीदास
(*c*) सुकविन हूँ की कछु कृपा समुझि कविन को पथ – मतिराम
(*d*) अपनी अपनी रीति के काव्य और कवि रीति – देव
(*e*) काव्य की रीति सिख्यौ सुखवन्हि को – भूषण

नीचे दिए गए विकल्पों में से **सही** उत्तर का चयन कीजिए।

A. केवल (*b*), (*e*) B. केवल (*a*), (*c*)
C. केवल (*a*), (*d*) D. केवल (*c*), (*d*)

29. ''उत्तर अपभ्रंश ही पुरानी हिन्दी है'', यह कथन किस विद्वान का है?

A. रामचन्द्र शुक्ल B. चन्द्रधर शर्मा गुलेरी
C. हजारी प्रसाद द्विवेदी D. महावीर प्रसाद द्विवेदी

30. निम्नलिखित में से कौन-से युग्म सही हैं?

(*a*) विलियम वर्ड्सवर्थ – स्वच्छन्दतावाद
(*b*) क्रोंचे – अभिव्यंजनावाद
(*c*) अरस्तू – त्रासदी
(*d*) लांजाइनस – नयी समीक्षा
(*e*) ऐलन टेट – संरचना और बनावट

नीचे दिए गए विकल्पों में से **सही** उत्तर का चयन कीजिए।

A. केवल (*a*), (*d*)
B. केवल (*a*), (*b*), (*c*)
C. केवल (*b*), (*e*)
D. केवल (*d*), (*e*), (*a*)

31. ''जातियाँ इस देश में अनेक आई हैं। लड़ती झगड़ती भी रही हैं, फिर प्रेमपूर्वक बस भी गयी हैं। सभ्यता की नाना सीढ़ियों पर खड़ी और नाना ओर मुख करके चलने वाली इन जातियों के लिए एक सामान्य धर्म खोज निकालना कोई सहज बात नहीं थी।'' उपरोक्त पंक्तियाँ किस निबंध की हैं?

A. कविता क्या है
B. मजदूरी और प्रेम
C. नाखून क्यों बढ़ते हैं
D. उठ जाग मुसाफिर

32. 'सुदामा चरित्र' के रचनाकार हैं:

A. स्वामी हरिदास
B. रसखान
C. हितहरिवंश
D. नरोत्तमदास

33. ''चूरन अमलबेद का भारी
जिसको खाते कृष्ण मुरारी
मेरा पाचक है पचलोना
जिसको खाता श्याम सलोना''

पंक्तियाँ 'अन्धेर नगरी' नाटक के किस अंक से ली गई है?

A. चौथा अंक
B. तीसरा अंक
C. पहला अंक
D. दूसरा अंक

34. निम्नलिखित में से कौन-से युग्म सही हैं?

(*a*) फोर्टविलियम कॉलेज – 1800 ई.
(*b*) हिन्दू कॉलेज – 1817 ई.
(*c*) ब्रह्म समाज – 1824 ई.
(*d*) आर्य समाज – 1870 ई.
(*e*) प्रार्थना समाज – 1862 ई.

नीचे दिए गए विकल्पों में से **सही** उत्तर का चयन कीजिए।

A. केवल (*a*), (*e*)
B. केवल (*a*), (*b*)
C. केवल (*b*), (*d*)
D. केवल (*c*), (*e*)

35. सूची-I से सूची-II का मिलान कीजिए:

सूची-I (रचना)	**सूची-II (रचनाकार)**
(*a*) माटी की मूरतें	I. रमणिका गुप्ता
(*b*) ठकुरी बाबा	II. कृष्ण चंदर
(*c*) जामुन का पेड़	III. रामवृक्ष बेनीपुरी
(*d*) आपहुदरी	IV. महादेवी वर्मा

नीचे दिए गए विकल्पों में से **सही** उत्तर का चयन कीजिए:

	(*a*)	(*b*)	(*c*)	(*d*)
A.	II	IV	I	III
B.	III	IV	II	I
C.	III	IV	I	II
D.	II	I	IV	III

36. ''इस बार मोर्चे पर जाना पड़ेगा। हिन्दू राज कायम करने के लिए पहले गाँव में ही लोहा लेना पड़ेगा।'' 'मैला आँचल' उपन्यास में तहसीलदार हरगौरी सिंह किससे कहते हैं?

A. काली टोपीवाले नौजवानों से
B. गाँधी टोपीवाले से
C. लाल टोपीवाले से
D. सफेद टोपीवाले से

37. 'जामुन का पेड़' के आधार पर सूची-I का सूची-II से मिलान कीजिए:

सूची-I (पात्र)	**सूची-II (वाक्य)**
(*a*) सेक्रेटरी	I. अच्छा हुआ कि तना तुम्हारे कूल्हे पर गिरा, अगर कमर पर गिरता तो रीढ़ की हड्डी टूट जाती।
(*b*) क्लर्क	II. मगर इस तरह तो मैं मर जाऊंगा।
(*c*) माली	III. हमारा विभाग किसी हालत में इस फलदार वृक्ष को काटने की इजाजत नहीं दे सकता।
(*d*) आदमी	IV. मगर एक आदमी की जान का सवाल है।

नीचे दिए गए विकल्पों में से **सही** उत्तर का चयन कीजिए:

	(a)	(b)	(c)	(d)
A.	III	I	II	IV
B.	III	IV	I	II
C.	II	IV	I	III
D.	I	II	III	IV

38. स्त्री विमर्श के संदर्भ में कौन-से कथन सत्य हैं?

(*a*) सावित्री बाई फुले ने स्त्रियों की शिक्षा के लिए काम किया।

(*b*) इस विमर्श की एक महत्वपूर्ण पुस्तक है सुशान बेसनेट की फेमिनिस्ट एक्सपीरिएन्सेज।

(*c*) अमेरिका में राष्ट्रीय महिला संगठन का गठन 1980 में किया गया।

(*d*) ओमप्रकाश बाल्मीकि और मोहनदास नैमिशराय स्त्री विमर्श के प्रमुख लेखक हैं।

(*e*) नारीवाद पूँजीवादी पितृसत्ता का समर्थक है।

नीचे दिए गए विकल्पों में से **सही** उत्तर का चयन कीजिए।

A. केवल (*b*), (*c*), (*d*)

B. केवल (*a*), (*b*)

C. केवल (*a*), (*c*), (*e*)

D. केवल (*d*), (*e*)

39. निम्नलिखित में से कौन-से युग्म सही हैं?

(*a*) स्वामी गोकुलनाथ – चौरासी वैष्णवन की वार्ता

(*b*) ओंकार शरद – राम मनोहर लोहिया

(*c*) जगदीश चन्द्र माथुर – जिन्होंने जीना जाना

(*d*) तेज बहादुर चौधरी – अग्निसेतु

(*e*) भारतेन्दु – सुकवि संकीर्तन

नीचे दिए गए विकल्पों में से **सही** उत्तर का चयन कीजिए।

A. (*b*), (*c*) और (*a*)

B. (*a*), (*e*) और (*d*)

C. (*b*), (*d*) और (*e*)

D. (*c*), (*d*) और (*a*)

40. निम्नलिखित में से कौन-से कथन सत्य हैं?

(*a*) 'रेवंतगिरिरास' की रचना विजयसेन सूरि ने 1203 ई. में की।

(*b*) 'नेमिनाथरास' की रचना सुमति गणि ने 1213 ई. में की थी।

(*c*) 'स्थूलिभद्ररास' की रचना जिनधर्म सूरि ने 1209 ई. में की थी।

(*d*) 'श्रावकाचार' की रचना देवसेन ने 913 ई. में की थी।

(*e*) 'चंदनबालारास' की रचना आगसू ने 1204 ई. में की थी।

नीचे दिए गए विकल्पों में से **सही** उत्तर का चयन कीजिए।

A. केवल (*a*), (*e*) B. केवल (*b*), (*c*)

C. केवल (*a*), (*d*) D. केवल (*d*), (*e*)

41. सूची-I से सूची-II का मिलान कीजिए:

सूची-I (कविता)	**सूची-II (कवि)**
(*a*) टूटा पहिया	I. लीलाधर जगूड़ी
(*b*) नाटक जारी है	II. कुमार विमल
(*c*) जंगल का दर्द	III. धर्मवीर भारती
(*d*) एक छोटी-सी लड़ाई	IV. सर्वेश्वर दयाल सक्सेना

नीचे दिए गए विकल्पों में से **सही** उत्तर का चयन कीजिए:

	(a)	(b)	(c)	(d)
A.	I	II	III	IV
B.	II	III	I	IV
C.	III	IV	II	I
D.	III	I	IV	II

42. ''ले लिया भार अपने सिर पर मनु ने, यह अपना विषम आज, हँस पड़ी उषा प्राची नभ में, देख नर अपना राज-काज'' पंक्तियाँ 'कामायनी' के किस सर्ग से ली गई हैं?

A. इड़ा B. चिंता

C. श्रद्धा D. लज्जा

43. 'एक और द्रोणाचार्य' नाटक के अन्तर्गत कौन-सा पात्र लीला का समरुपी है?

A. अरविंद B. कृपी

C. अश्वत्थामा D. अनुराधा

44. 'क्या भूलूँ क्या याद करूँ' के अनुसार 'चम्मा' की मृत्यु के समय लेखक आयु की कौन-सी अवस्था में था?

A. युवावस्था B. प्रौढ़ावस्था

C. लड़कपन D. वृद्धावस्था

45. दलित विमर्श से जुड़े कौन-से कथन असत्य हैं?

(*a*) डॉ. अम्बेडकर ने दलितों के उत्थान को राष्ट्र का उत्थान माना।

(*b*) दलित लेखक संघ के एक गुट ने 31 जुलाई 2020 को 'कर्मभूमि' की प्रति जलाई।

(*c*) दलित साहित्य में स्वानुभूतियों का विशाल भंडार है।

(*d*) 'अछूत की शिकायत' 1925 में 'सरस्वती' पत्रिका में छपी।

(*e*) जयप्रकाश कर्दम और ओमप्रकाश वाल्मीकि दलित साहित्य के महत्वपूर्ण लेखक हैं?

नीचे दिए गए विकल्पों में से **सही** उत्तर का चयन कीजिए।

A. केवल (*a*), (*c*) B. केवल (*b*), (*d*)

C. केवल (*c*), (*e*) D. केवल (*e*), (*a*)

46. "प्रकृति क्रियाशील है, समय पुरुष और स्त्री की गेंद लेकर दोनों हाथ से खेलता है।" यह कथन स्कन्दगुप्त नाटक के किस पात्र द्वारा कहा गया है?

A. धातुसेन B. मातृगुप्त

C. कुमारदास D. भटार्क

47. "काव्यशोभाकरान् धर्मानलंकारान् प्रचक्षते" यह लक्षण अलंकार के संदर्भ में किस आचार्य द्वारा दिया गया है?

A. दण्डी B. वामन

C. मम्मट D. कुन्तक

48. "अरे भाई, रात होती है, अँधेरा होता है तो तुम चाहो या न चाहो, प्रभात का प्रकाश स्वयंमेव उतर आता है कि नहीं?" 'उठ जाग मुसाफिर' निबंध में उपरोक्त पंक्तियाँ किस पात्र द्वारा कही गई हैं?

A. रिप्पन बाबू B. मनोहर बाबू

C. जगदीश बाबू D. प्रकाश बाबू

49. सूची-I से सूची-II का मिलान कीजिए:

सूची-I (पत्रिका/पत्र)	**सूची-II (संपादक)**
(*a*) हिंदी बंगवासी	I. राजा राम मोहन राय
(*b*) उदंत मार्त्तंड	II. योगेशचन्द्र वसु
(*c*) बंगदूत	III. रामकृष्ण वर्मा
(*d*) भारत जीवन	IV. जुगल किशोर

नीचे दिए गए विकल्पों में से **सही** उत्तर का चयन कीजिए:

	(*a*)	(*b*)	(*c*)	(*d*)
A.	II	I	IV	III
B.	II	IV	I	III
C.	IV	II	I	III
D.	III	I	IV	II

50. 'मुर्दहिया' के संदर्भ में निम्नलिखित में कौन-से कथन असत्य हैं?

(*a*) शांई के शरपतवा में शांप बोलेला, शांई मारै शिटकुनिया शे शपशपाशप।

(*b*) धर्मदेव मिश्र स्वयं कवि थे। कवि होने के नाते उन्होंने अपना उपनाम 'रमेश' रख रखा था।

(*c*) जब मैंने अपनी माँ को बताया कि चिन्तामणि सिंह ने मुझे बत्तीस साल पुराना चावल खिलाया।

(*d*) हिन्दी न बोलने वाले लोगों को छोटा 'स' तथा बड़ा 'श' के बीच लिखते समय या बोलते समय फर्क करना नहीं आता।

(*e*) इस संदर्भ में एक अफवाह उड़ी कि 7 जून, 1965 को परिणाम आने वाला है।

नीचे दिए गए विकल्पों में से **सही** उत्तर का चयन कीजिए।

A. केवल (*b*), (*d*), (*e*)

B. केवल (*b*), (*c*), (*e*)

C. केवल (*c*), (*d*), (*e*)

D. केवल (*a*), (*b*), (*c*)

51. सूची-I से सूची-II का मिलान कीजिए:

सूची-I (उपभाषाएँ)	सूची-II (बोलियाँ)
(*a*) पश्चिमी हिन्दी	I. अवधी
(*b*) पूर्वी हिन्दी	II. गढ़वाली
(*c*) बिहारी	III. ब्रजभाषा
(*d*) पहाड़ी	IV. भोजपुरी

नीचे दिए गए विकल्पों में से **सही** उत्तर का चयन कीजिए:

	(*a*)	(*b*)	(*c*)	(*d*)
A.	II	IV	I	III
B.	III	I	IV	II
C.	III	IV	I	II
D.	IV	III	I	II

52. ''चीफ की दावत में उपेक्षिता और परिवार में कूड़ा-करकट की तरह छिपाई जाने वाली वृद्धा माँ का महत्व उजागर करके प्रतीकात्मक ढंग से परंपरा का महत्व दिखाया गया है।''

उपरोक्त कथन किस आलोचक का है?

A. रामस्वरूप चतुर्वेदी
B. आ. रामचन्द्र शुक्ल
C. विश्वनाथ त्रिपाठी
D. हजारी प्रसाद द्विवेदी

53. ''दीक्षित परसराम दादौ है विदित नाम
जिन कीने यज्ञ जा की जग में बड़ाई है...''

इन पंक्तियों से निर्मित छंद में रीतिकाल के किस कवि ने अपना परिचय दिया है?

A. रसनिधि
B. वृंद
C. सेनापति
D. हठी जी

54. भारतेन्दु युग के रचनाकारों को कालक्रमानुसार व्यवस्थित कीजिए:

(*a*) भारतेन्दु हरिश्चन्द्र
(*b*) बालकृष्ण भट्ट
(*c*) प्रताप नारायण मिश्र
(*d*) बदरी नारायण चौधरी 'प्रेमघन'
(*e*) लाला श्रीनिवास दास

नीचे दिए गए विकल्पों में से **सही** उत्तर का चयन कीजिए।

A. (*a*), (*c*), (*b*), (*d*), (*e*)
B. (*b*), (*a*), (*e*), (*d*), (*c*)
C. (*a*), (*b*), (*e*), (*d*), (*c*)
D. (*b*), (*c*), (*a*), (*e*), (*d*)

55. सूची-I से सूची-II का मिलान कीजिए:

सूची-I (पात्र)	सूची-II (उपन्यास)
(*a*) सनीचर	I. झूठासच
(*b*) भट्टिनी	II. मैला आँचल
(*c*) कमली	III. रागदरबारी
(*d*) जयदेवपुरी	IV. बाणभट्ट की आत्मकथा

नीचे दिए गए विकल्पों में से **सही** उत्तर का चयन कीजिए:

	(*a*)	(*b*)	(*c*)	(*d*)
A.	III	II	I	IV
B.	II	III	IV	I
C.	III	IV	II	I
D.	III	II	IV	I

56. पूर्वी हिन्दी का विकास किस अपभ्रंश से हुआ है?

A. शौरसेनी अपभ्रंश
B. अर्ध मागधी अपभ्रंश
C. महाराष्ट्री अपभ्रंश
D. मागधी अपभ्रंश

57. अज्ञेय की रचनाओं के आधार पर सूची-I से सूची-II का मिलान कीजिए:

सूची-I (पंक्ति)	सूची-II (रचना)
(*a*) आदमी का घर जब जलता है, तब उसे दुख होता है	I. विपथगा
(*b*) वह चाहता था, एकदम इन सबके जीवन से निकल जाए	II. द्रोही
(*c*) धर्म? वही धर्म, जिसे तुम एक स्कूल की नौकरी के लिए बेच खाते हो?	III. गैंग्रीन
(*d*) मुझे ऐसा लग रहा था कि इस घर पर जो छाया घिरी हुई है, वह अज्ञात रहकर भी मानों मुझे भी वश में कर रही है।	IV. हरसिंगार

नीचे दिए गए विकल्पों में से **सही** उत्तर का चयन कीजिए :

	(a)	(b)	(c)	(d)
A.	II	IV	I	III
B.	I	IV	II	III
C.	II	III	I	IV
D.	IV	II	I	III

58. सही पंक्तियों को कहानी के साथ सुमेलित कीजिए :

(*a*) उसे बार-बार यह लग रहा था कि उसकी देशभक्ति सच्ची देशभक्ति नहीं वरन् मजाक है। – राही

(*b*) मैं रसाल की डाली थाम कर पास ही खड़ा था। – पिता

(*c*) मैंने देखा, प्रकाश से धुंधले नीले आकाश के तट पर जो चमगादड़ नीरव उड़ान से चक्कर काट रहे हैं। – परिंदे

(*d*) उसके अंदर प्रकाश है, बाहर आशा। विपत्ति अपना सारा दल-बल लेकर आए – ईदगाह

(*e*) हाथ धोते समय वह हेमा की उन चूड़ियों से भरी कलाइयों को बेझिझक देखता रहा – राजा निरबंसियाँ

नीचे दिए गए विकल्पों में से **सही** उत्तर का चयन कीजिए।

A. केवल (*c*), (*e*)

B. केवल (*a*), (*d*)

C. केवल (*a*), (*b*)

D. केवल (*b*), (*c*)

59. भीष्म साहनी की रचनाओं के आधार पर सूची-I से सूची-II का मिलान कीजिए :

सूची-I (रचना)	**सूची-II (रचना वर्ष)**
(*a*) पाली	I. 1998
(*b*) डायन	II. 1984
(*c*) भटकती राख	III. 1981
(*d*) शोभायात्रा	IV. 1966

नीचे दिए गए विकल्पों में से **सही** उत्तर का चयन कीजिए :

	(a)	(b)	(c)	(d)
A.	I	IV	III	II
B.	II	I	IV	III
C.	I	IV	II	III
D.	II	IV	I	III

60. मनोविश्लेषणवाद से संबंधित निम्न में से कौन-सी मान्यताएँ सही हैं?

(*a*) फ्रायड के अनुसार कला और धर्म दोनों का उद्भव अवचेतन मानस की संचित प्रेरणाओं और इच्छाओं से होता है।

(*b*) एडलर के मनोविज्ञान में आत्म स्थापन की प्रवृत्ति प्रमुख है।

(*c*) कला और साहित्य पर फ्रायड के विचारों का सतही प्रभाव पड़ा।

(*d*) मनोविश्लेषण केवल फ्रायड के सिद्धांतों तक सीमित है।

(*e*) इंडिपस कॉम्लेक्स का फ्रायड के सिद्धांत में महत्व नहीं है।

नीचे दिए गए विकल्पों में से **सही** उत्तर का चयन कीजिए।

A. केवल (*c*), (*d*) B. केवल (*a*), (*b*)

C. केवल (*d*), (*e*) D. केवल (*c*), (*e*)

61. रचनाकार और आत्मकथाओं के कौन-से मेल सही हैं?

(*a*) सम्पादक के पचीस वर्ष – देवीदत्त शुक्ल

(*b*) साठ वर्ष एक रेखांकन – सुमित्रानंदन पंत

(*c*) दस्तक जिंदगी की – शिवपूजन सहाय

(*d*) मेरी अपनी कथा – पदुमलाल पुन्नालाल बख्शी

(*e*) मेरा जीवन – प्रतिभा अग्रवाल

नीचे दिए गए विकल्पों में से **सही** उत्तर का चयन कीजिए।

A. (*b*), (*c*), (*e*) B. (*a*), (*b*), (*d*)

C. (*c*), (*d*), (*e*) D. (*a*), (*b*), (*c*)

62. ''चढ़ली जवानी मोरा अंग-अंग फड़के से, कब होइहै गवना हमार भउजियाऽऽऽ'' 'मैला आँचल' के इस गीत का प्रकार निम्न में से कौन-सा है?

A. सोहर गीत B. कटनी गीत

C. भउजिया गीत D. कजरी गीत

63. 'कानों में कंगना' कहानी संवत् 1970 में कौन-सी पत्रिका में प्रकाशित हुई?

A. सरस्वती B. कविवचन सुधा
C. इंदु D. हिंदी प्रदीप

64. कहानी और प्रकाशन वर्ष के आधार पर सही युग्म कौन-से हैं?

(*a*) सुखमय जीवन – 1911
(*b*) शरणार्थी – 1948
(*c*) इंस्टालमेंट – 1972
(*d*) ठुमरी – 1960
(*e*) रास्ता इधर से है – 1936

नीचे दिए गए विकल्पों में से **सही** उत्तर का चयन कीजिए।

A. केवल (*d*), (*c*), (*b*)
B. केवल (*a*), (*b*), (*c*)
C. केवल (*c*), (*d*), (*e*)
D. केवल (*a*), (*b*), (*d*)

65. नागार्जुन के उपन्यासों को कालक्रम के अनुसार व्यवस्थित करें:

(*a*) बाबा बटेसरनाथ (*b*) बलचनमा
(*c*) नई पौध (*d*) रतिनाथ की चाची
(*e*) वरुण के बेटे

नीचे दिए गए विकल्पों में से **सही** उत्तर का चयन कीजिए।

A. (*a*), (*b*), (*c*), (*d*), (*e*)
B. (*d*), (*b*), (*c*), (*a*), (*e*)
C. (*b*), (*c*), (*d*), (*a*), (*e*)
D. (*b*), (*e*), (*d*), (*c*), (*a*)

66. ''पुत्रवती युवती जग सोई।
रामभक्त सुत जाकर होई।।''

उपर्युक्त पंक्तियों में 'गुणीभूत व्यंग्य' का कौन-सा भेद पाया जाता है?

A. अगूढ़ व्यंग्य
B. अपरांग व्यंग्य
C. संदिग्ध प्राधान्य व्यंग्य
D. तुल्य प्राधान्य व्यंग्य

67. 'प्रतिभा' काव्य हेतु से संबंधित पंक्तियों के रचनाकारों के सही युग्म कौन-से हैं?

(*a*) तस्य च कारणं कविगता केवला प्रतिभा चा – वाग्भट्ट प्रथम
(*b*) प्रज्ञा नवनवोन्मेषशालिनी प्रतिभा मता – भट्टतौत
(*c*) कवित्वबीजं प्रतिभानम् – वामन
(*d*) प्रतिभा कारणं तस्य व्युत्पत्तिस्तु विभूषणम् – भामह
(*e*) काव्यं तु जायते जातु कस्यचित् प्रतिभावतः – आ. जगन्नाथ

नीचे दिए गए विकल्पों में से **सही** उत्तर का चयन कीजिए।

A. केवल (*a*), (*b*)
B. केवल (*c*), (*e*)
C. केवल (*b*), (*c*)
D. केवल (*b*), (*d*)

68. सूची-I से सूची-II का मिलान कीजिए:

सूची-I (उच्चारण)	**सूची-II (व्यंजन)**
(*a*) कंठ्य	I. ट
(*b*) मूर्धन्य	II. क
(*c*) दन्त्य	III. प
(*d*) ओष्ट्य	IV. त

नीचे दिए गए विकल्पों में से **सही** उत्तर का चयन कीजिए:

	(*a*)	(*b*)	(*c*)	(*d*)
A.	III	I	II	IV
B.	II	I	IV	III
C.	II	IV	I	III
D.	III	I	IV	II

69. 'दिशा की खोज' उपशीर्षक किस रचना से संबंधित है?

A. आवारा मसीहा
B. मुर्दहिया
C. एक कहानी यह भी
D. क्या भूलूँ क्या याद करूँ

70. भारतेन्दु हरिश्चन्द्र के नाटकों का सही कालक्रम क्या है?

(*a*) भारत दुर्दशा (*b*) सती प्रताप
(*c*) सत्य हरिश्चन्द्र (*d*) मुद्राराक्षस
(*e*) विद्यासुन्दर

नीचे दिए गए विकल्पों में से **सही** उत्तर का चयन कीजिए।

A. (*c*), (*d*), (*b*), (*a*), (*e*)
B. (*e*), (*b*), (*c*), (*d*), (*a*)
C. (*e*), (*c*), (*d*), (*a*), (*b*)
D. (*d*), (*b*), (*c*), (*e*), (*a*)

71. इन निबंधों में से कौन-सा निबंध संकलन विद्यानिवास मिश्र जी का नहीं है?

A. छितवन की छाँह B. परंपरा बंधन नहीं
C. प्रिया नीलकंठी D. अंगद की नियति

72. पाश्चात्य विचारकों को कालक्रमानुसार लगाइए:

(*a*) इलियट (*b*) नीत्शे
(*c*) क्रोचे (*d*) कीर्केगार्ड
(*e*) ज्याँ पॉल सार्त्र

नीचे दिए गए विकल्पों में से **सही** उत्तर का चयन कीजिए।

A. (*d*), (*b*), (*c*), (*e*), (*a*)
B. (*c*), (*b*), (*a*), (*d*), (*e*)
C. (*c*), (*d*), (*b*), (*e*), (*a*)
D. (*d*), (*b*), (*c*), (*a*), (*e*)

73. "पृथ्वी पर श्रीमती महारानी के अधिकार में जितने देश हैं जिन का विस्तार भूगोल के सातवें भाग से कम नहीं है और जिनमें तीस करोड़ आदमी बसते हैं।"

उपरोक्त कथन कौन-से निबंध से है?

A. दिल्ली दरबार दर्पण
B. नाखून क्यों बढ़ते हैं
C. शिवमूर्ति
D. मेरे राम का मुकुट भीग रहा है

74. पं. गोविन्दवल्लभ पंत विरचित नाटक 'वरमाला' किस पुराण की कथा पर आधारित है?

A. विष्णु पुराण B. स्कन्द पुराण
C. मार्कण्डेय पुराण D. शिव पुराण

75. निम्नलिखित रचनाओं के उनकी विधाओं के साथ सुमेलित सही युग्म कौन-से हैं?

(*a*) भोलाराम का जीव – व्यंग्य
(*b*) नेत्रदान – आत्मकथा
(*c*) मुर्दहिया – कहानी
(*d*) कुसुमांजलि – नाटक
(*e*) आवारा मसीहा – जीवनी

नीचे दिए गए विकल्पों में से **सही** उत्तर का चयन कीजिए।

A. (*c*), (*d*), (*e*) B. (*a*), (*b*), (*d*)
C. (*d*), (*e*) D. (*a*), (*e*)

76. सूची-I से सूची-II का मिलान कीजिए:

सूची-I (रचनाकार)	**सूची-II (रचना)**
(*a*) भारतेन्दु हरिश्चन्द्र	I. जनमेजय का नागयज्ञ
(*b*) जयशंकर प्रसाद	II. जय-पराजय
(*c*) उपेन्द्रनाथ अश्क	III. कलंकी
(*d*) लक्ष्मीनारायण लाल	IV. मुद्राराक्षस

नीचे दिए गए विकल्पों में से **सही** उत्तर का चयन कीजिए:

	(*a*)	(*b*)	(*c*)	(*d*)
A.	IV	I	II	III
B.	I	II	III	IV
C.	IV	III	II	I
D.	III	II	IV	I

77. निम्नलिखित में से कौन-से युग्म सही हैं?

(*a*) संवृत्त स्वर – उ
(*b*) स्पर्श व्यंजन – क
(*c*) विवृत स्वर – अ
(*d*) संघर्षी व्यंजन – आ
(*e*) लुंठित – ल

नीचे दिए गए विकल्पों में से **सही** उत्तर का चयन कीजिए।

A. केवल (*a*), (*d*) B. केवल (*a*), (*b*)
C. केवल (*b*), (*c*) D. केवल (*d*), (*e*)

78. 'बिम्ब' के संदर्भ में निम्नलिखित में से कौन-से कथन सही हैं?

(*a*) दृश्य बिम्ब आकार वाले होते हैं।
(*b*) श्रव्य बिम्ब का ग्रहण कर्णेन्द्रिय के द्वारा होता है।
(*c*) जटिल बिम्ब में अनुभूति का बिम्ब सरल होता है।
(*d*) सरल अनुभूतियों से प्रेरित बिम्ब मिश्र बिम्ब कहलाते हैं।
(*e*) मिश्र बिम्ब में मिश्र अनुभूति का बिम्ब सरल बिम्ब कहलाता है।

नीचे दिए गए विकल्पों में से **सही** उत्तर का चयन कीजिए।

A. केवल (*c*), (*d*)
B. केवल (*a*), (*b*)
C. केवल (*d*), (*e*)
D. केवल (*e*), (*c*)

79. निम्न में से कौन-से कथन सत्य नहीं हैं?

(*a*) दयानारायण निगम ने अध्यापक पूर्ण सिंह के 'शिवशम्भू के चिट्ठे' की आलोचना 'जमाना' में की – रामचन्द्र शुक्ल
(*b*) बालमुकुन्द गुप्त ने बैसवाड़ी के मूल वासी 'सरस्वती' संपादक हजारी प्रसाद द्विवेदी पर कठोर व्यंग्य किया था – राम विलास शर्मा
(*c*) अच्छी हिन्दी बस एक व्यक्ति लिखता था, और वो था 'बालमुकुन्द गुप्त' – आचार्य हजारी प्रसाद द्विवेदी
(*d*) उस शेर को पढ़कर मैं रात भर बेकरार रहा, मजे ले लेकर बार-बार पढ़ता और झूमता था – पद्मसिंह शर्मा
(*e*) भला इस संसार को बनाने का क्या काम था, व्यर्थ इतने उल्लू एक संग पिंजड़े में बन्द कर दिए – भारतेन्दु

नीचे दिए गए विकल्पों में से **सही** उत्तर का चयन कीजिए।

A. केवल (*d*), (*e*)
B. केवल (*c*), (*d*)
C. केवल (*a*), (*b*), (*c*)
D. केवल (*b*), (*d*), (*e*)

80. 'एग्जिस्टेंशलिज्म ऐंड ह्यूमनिज्म' में किस वाद पर विचार किया गया है?

A. मार्क्सवाद B. अस्तित्ववाद
C. मनोविश्लेषणवाद D. उत्तर संरचनावाद

81. सूची-I से सूची-II का मिलान कीजिए:

सूची-I (कविता)	सूची-II (कवि)
(*a*) चेतनता एक विलसती आनंद अखण्ड घना था	I. सूर्यकांत त्रिपाठी निराला
(*b*) शक्ति की करो मौलिक कल्पना, करो पूजन	II. जयशंकर प्रसाद
(*c*) प्रिय आनन्द छंद तुम मेरे, आत्मा के स्वर	III. मैथिलीशरण गुप्त
(*d*) मैं अबला, बाला वियोगिनी, कुछ तो दया विचारो	IV. सुमित्रानन्दन पंत

नीचे दिए गए विकल्पों में से **सही** उत्तर का चयन कीजिए:

	(*a*)	(*b*)	(*c*)	(*d*)
A.	I	III	IV	II
B.	II	I	IV	III
C.	II	IV	I	III
D.	I	IV	II	III

82. इनमें से सही युग्म कौन-से हैं?

(*a*) कला विवेचन – कुमार विमल
(*b*) शब्द और स्मृति – निर्मल वर्मा
(*c*) नयी कविता के प्रतिमान – नामवर सिंह
(*d*) आधुनिकता के पहलू – विपिन कुमार अग्रवाल
(*e*) नयी कविता स्वरूप और समस्याएँ – लक्ष्मीकांत वर्मा

नीचे दिए गए विकल्पों में से **सही** उत्तर का चयन कीजिए।

A. (*a*), (*b*), (*d*) B. (*b*), (*a*), (*e*)
C. (*a*), (*e*), (*c*) D. (*b*), (*c*), (*e*)

83. रचनाकारों एवं रचना का युग्म सुमेलित कीजिए:

(*a*) सोमप्रभसूरि – कुमारपाल प्रतिबोध
(*b*) जैनाचार्य मेरुतुंग – रणमल्ल छंद
(*c*) नरपति नाल्ह – बीसलदेव रासो
(*d*) श्रीधर – प्रबंध चिंतामणि
(*e*) भट्टकेदार – जयचंद प्रकाश

नीचे दिए गए विकल्पों में से **सही** उत्तर का चयन कीजिए।

A. (*b*), (*d*), (*e*) B. (*a*), (*b*), (*c*)
C. (*a*), (*c*), (*e*) D. (*c*), (*d*), (*e*)

84. प्रकाशन वर्ष की दृष्टि से उपन्यासों का सही क्रम क्या है?

(*a*) त्रिवेणी (*b*) परीक्षा गुरु
(*c*) चंद्रकांता (*d*) तारा
(*e*) आदर्श हिन्दू

नीचे दिए गए विकल्पों में से **सही** उत्तर का चयन कीजिए।

A. (*b*), (*a*), (*c*), (*d*), (*e*)
B. (*a*), (*b*), (*c*), (*d*), (*e*)
C. (*b*), (*c*), (*a*), (*e*), (*d*)
D. (*c*), (*a*), (*b*), (*d*), (*e*)

85. "साहित्य की ताजगी और वेधकता जितनी शौकिया लेखक में होती है, उतनी पेशेवर में नहीं होती।" उपरोक्त कथन किस रचना की भूमिका से उद्धृत है?

A. हिंदी साहित्य का इतिहास
B. आवारा मसीहा
C. एक कहानी यह भी
D. संस्कृति के चार अध्याय

86. भीष्मसाहनी के कहानी संग्रहों के कौन-से युग्म सही हैं?

(*a*) भाग्यरेखा – 1953
(*b*) भटकती राख – 1966
(*c*) डायन – 1957
(*d*) पहला पाठ – 1984
(*e*) पाली – 1998

नीचे दिए गए विकल्पों में से **सही** उत्तर का चयन कीजिए।

A. (*a*), (*b*) B. (*c*), (*d*), (*e*)
C. (*a*), (*e*), (*c*) D. (*a*), (*d*)

87. निम्नलिखित में से कौन-से युग्म सही हैं:

(*a*) मूर्खता मेरी जन्मजात विरासत थी – मुर्दहिया
(*b*) कर्म बहुत से आघात सहने का एकमात्र उपाय होता है – एक बूँद सहसा उछली
(*c*) जनविज्ञान की पहली कसौटी रंग की है – माटी की मूरतें
(*d*) आरंभ जितना महत्वपूर्ण होता है, अन्त उतना ही महत्वहीन – आवारा मसीहा
(*e*) किसी भी शासन के दो प्रमुख अंग होते हैं – सुरक्षा और विधि व्यवस्था – क्या भूलूँ क्या याद करूँ

नीचे दिए गए विकल्पों में से **सही** उत्तर का चयन कीजिए।

A. (*a*), (*b*), (*c*) B. (*a*), (*d*), (*e*)
C. (*b*), (*c*), (*d*) D. (*a*), (*c*), (*d*)

88. "केवल अतीत ही वर्तमान के रूप को मर्यादित नहीं करता, वर्तमान भी अतीत को प्रभावित करता है।" यह कथन किस पाश्चात्य विचारक का है?

A. फ्रायड B. इलियट
C. बेनेडिटो क्रोचे D. जॉन क्रो रैन्सम

89. निम्नलिखित में से कौन-से युग्म सही हैं?

(*a*) ह्रस्व स्वर – अ (*b*) दीर्घ स्वर – इ
(*c*) दीर्घ स्वर – आ (*d*) प्लुत – ई
(*e*) ह्रस्व स्वर – उ

नीचे दिए गए विकल्पों में से **सही** उत्तर का चयन कीजिए।

A. (*a*), (*b*), (*c*) B. (*b*), (*a*), (*d*)
C. (*a*), (*c*), (*e*) D. (*c*), (*b*), (*d*)

90. सूची-I से सूची-II का मिलान कीजिए:

सूची-I (नाटककार)	**सूची-II (नाटक)**
(*a*) हरिकृष्ण प्रेमी	I. मत्स्यगंधा
(*b*) उदयशंकर भट्ट	II. तौलिए
(*c*) जयशंकर प्रसाद	III. शिवासाधना
(*d*) उपेन्द्रनाथ अश्क	IV. कामना

नीचे दिए गए विकल्पों में से **सही** उत्तर का चयन कीजिए:

	(*a*)	(*b*)	(*c*)	(*d*)
A.	II	I	III	IV
B.	I	II	III	IV
C.	II	III	I	IV
D.	III	I	IV	II

निर्देशः (प्र.सं. 91 से 95): दिए गए अनुच्छेद को पढ़कर प्रश्नों का उत्तर दीजिए।

हजारों वर्षों से एक ही भू-भाग में, एक जैसी जलवायु में रहने के कारण भारतीय समाज के सभी लोगों में रूप-रंग, वेशभूषा, जीवन-दृष्टि, आचार-विचार में इतनी समानताएँ आ गई हैं कि नस्लों की अलग-अलग पहचान करना मुश्किल है। जनविज्ञान रंग के आधार पर संसार में तीन तरह की नस्लों को मानता है। पहली नस्ल गोरे लोगों की यानी जिसे काकेशियन कहा गया। दूसरी नस्ल पीले रंग वालों की जिन्हें मंगोल समाज के रूप में देखा गया। तीसरे नस्ल काले रंग की जिन्हें इथोपिया से जोड़ा गया। भारतीय समाज में आर्य, द्रविड़, आदिवासी और मंगोल जातियों का प्रभाव देखा जा सकता है। भाषा के आधार पर मंगोल जाति के लोगों को भाषा पर आर्य भाषा का प्रभाव होते हुए भी वे तिब्बती चीनी परिवार से संबद्ध हैं। द्रविड़ परिवार की भाषाएँ तमिल, मलयालम, कन्नड़ व तेलुगु हैं। भारत से बाहर आर्य भाषाएँ हिन्दी जर्मन भाषा समूह से जुड़ी हैं।

91. जनविज्ञान के संदर्भ में कौन-सा कथन असत्य है?

A. जनविज्ञान रंग के आधार पर नस्लों का विभाजन करता है।

B. जनविज्ञान पहली नस्ल के लोगों को सर्वश्रेष्ठ घोषित करता है।

C. जनविज्ञान द्वारा दूसरी नस्ल के अंतर्गत पीले रंग की चर्चा की गई।

D. जनविज्ञान तीसरी नस्ल को इथोपिया से जोड़ता है।

92. भारतीय समाज में नस्लों की अलग-अलग पहचान करना मुश्किल क्यों है?

A. एक जैसी जलवायु और भू-भाग में रहने के कारण

B. एक जैसी वेशभूषा के कारण

C. एक जैसी जीवन दृष्टि के कारण

D. एक जैसे आचार-विचार को मानने के कारण

93. अनुच्छेद के आधार पर इनमें से कौन-सी बात भारत के संदर्भ में सही है?

A. जनविज्ञान भारत के लोगों को तीसरी नस्ल से उत्पन्न मानता है।

B. भारतीय समाज में आर्य, द्रविड़ जातियों का प्रभाव दिखाई देता है।

C. भारत में केवल प्रथम नस्ल के निवासी पाए जाते हैं।

D. भारत देश में नस्लों की अलग-अलग पहचान करना आसान है।

94. अनुच्छेद के अनुसार द्रविड़ परिवार की भाषा नहीं है?

A. तमिल
B. तेलुगु
C. चीनी
D. मलयालम

95. इनमें से कौन-सा कथन असत्य है?

A. जनविज्ञान रंग के आधार पर नस्ल की पहचान करता है।

B. भारतीय समाज में आर्य एवं इथोपियन जाति का प्रभाव है।

C. द्रविड़ परिवार में तमिल व कन्नड़ भाषा को रखा गया है।

D. मंगोल जाति की भाषा तिब्बती चीनी वर्ग की है।

निर्देशः (प्र.सं. 96 से 100): दिए गए अनुच्छेद को पढ़कर प्रश्नों का उत्तर दीजिए।

मनुष्य अपनी प्रवृत्ति के अनुसार ही मित्रों और वस्तुओं का चयन करता है। किताबें, लोग, संगीत या पत्रिका यदि

खराब मिले तो मनुष्य का पतन ही होगा, उत्थान नहीं। कुछ किताबें समय और परिस्थिति की सीमा से परे, महत्व की दृष्टि से सनातन होती हैं। अति उत्तम किताबें खरीदी जानी चाहिए क्योंकि यह निवेश पुस्तकों में नहीं, स्वयं में है। सफल नाविक बनने के लिए नौकायन से जुड़ी पत्रिका प्रेरणा दे सकती है। इसी तरह आपको रोजाना मिलने वाले सहयोगी भी आपके विकास में सहायता करते हैं। संकुचित मनोवृत्ति के लोगों के साथ अपने संबंध सीमित रखने चाहिए। इसी तरह व्यायाम भी मानसिक और शारीरिक सेहत दोनों के विकास में सहायक होता है। सर्वेक्षण बताते हैं कि 16% लोग ही व्यायाम करते हैं। यह भी सत्य है कि व्यायाम से मन पर भी नियंत्रण करना सीख सकते हैं। मन, वचन और कर्म के विकास के लिए सही चयन खुद ही करना पड़ता है।

96. उत्तम पुस्तकों में निवेश को स्वयं में निवेश क्यों माना गया है?

A. उत्तम पुस्तकें विशेष रूप से निम्न व्यवहार पर चलने का रास्ता दिखाकर लोगों से दूर करती हैं।
B. उत्तम पुस्तकें मनुष्य को उत्थान की राह पर चलने के लिए प्रेरित करती हैं।
C. उत्तम पुस्तकें मनुष्य के विकास की प्राकृतिक यात्रा को दर्शाती हैं।
D. उत्तम पुस्तकें विजय के मार्ग से विचलित करती हैं।

97. नौकायन से जुड़ी पत्रिका किसके लिए सहायक है?

A. अच्छी और बुरी नाव में अन्तर समझने के लिए
B. नाव न चलाने की इच्छा रखने वाले के लिए
C. सफल नाविक बनने के लिए
D. नाव पर यात्रा के नियम सीखने के लिए

98. अनुच्छेद के अनुसार ऐसा क्यों कहा गया है कि खराब लोग या खराब किताबें मनुष्य का पतन करते हैं, उत्थान नहीं?

A. क्योंकि वे हमें उत्थान की सही एवं निश्चित दिशा दिखाते हैं।
B. क्योंकि वे हमें उत्थान और पतन के बीच उलझाए नहीं रखते हैं।
C. क्योंकि उनसे नकारात्मक प्रवृत्ति प्राप्त और विकसित होती है।
D. क्योंकि वे मनुष्यता और पशुता में भेद बताते हैं।

99. अनुच्छेद के अनुसार सबसे अधिक बल किस चीज पर दिया गया है?

A. मन, वचन, कर्म की शुद्धता न होने पर
B. संकुचित मनोवृत्ति की पहचान न करने पर
C. बुरे आचरण के विकास पर
D. मनुष्य, किताबों और संगीत के सही चयन पर

100. अनुच्छेद के अनुसार व्यायाम के बारे में कौन-सा कथन सही है?

A. व्यायाम शारीरिक विकास में सहायक नहीं है।
B. व्यायाम हमें 50% जनता से बेहतर बनाता है।
C. व्यायाम मन को साधने में सहायक नहीं है।
D. व्यायाम मन और शरीर के नियंत्रण में सहायता करता है।

व्याख्यात्मक उत्तर

1. (D): 'भारत वर्ष की उन्नति कैसे हो सकती है' निबंध को भारतेन्दु हरिश्चन्द्र ने पहले व्याख्यान के रूप में 'ददरी मेले' में प्रस्तुत किया था। भारतेन्दु हरिश्चन्द्र को हिंदी साहित्य में आधुनिक युग के प्रवर्तक के रूप में जाना जाता है। उन्होंने हिंदी गद्य को एक नई दिशा दी और सामाजिक, राजनीतिक तथा आर्थिक विषयों पर लेखन किया। उनका यह व्याख्यान भारत के विकास, सामाजिक सुधार और आत्मनिर्भरता पर केंद्रित था। उन्होंने इसमें देशवासियों को आत्मनिर्भर बनने और विदेशी वस्तुओं के बहिष्कार की प्रेरणा दी।

2. (B): अर्ध संवृत स्वर 'ओ' है। हिंदी भाषा में स्वर उच्चारण के आधार पर तीन प्रकार के होते हैं : संवृत, अर्ध संवृत और उदात्त।

- **संवृत स्वर :** जिन स्वरों के उच्चारण में मुख पूरा बंद होता है, जैसे इ, उ।

- **उदात्त स्वर :** जिन स्वरों के उच्चारण में मुख पूरी तरह खुला होता है, जैसे आ, ऐ।
- **अर्ध संवृत स्वर :** जो पूर्णतः बंद और पूर्णतः खुले स्वर के बीच होते हैं, जैसे ओ, ए।

इसलिए, 'ओ' एक अर्ध संवृत स्वर है।

3. (C):

- **उदंत मार्तण्ड :** यह भारत का पहला हिंदी समाचार पत्र था, जिसे युगल किशोर शुक्ल ने प्रकाशित किया।
- **उचित वक्ता :** यह पत्र दुर्गा प्रसाद मिश्र द्वारा संपादित था।
- **अभ्युदय :** यह एक प्रमुख हिंदी पत्र था, जिसे मदनमोहन मालवीय ने निकाला।
- **छत्तीसगढ़ मित्र :** यह पत्र माधव राव सप्रे द्वारा प्रारंभ किया गया था, जो हिंदी पत्रकारिता में एक महत्वपूर्ण योगदान था।

4. (B): "भारत की यह विशेषता रही है कि वह अनेक जातियों को घोंटकर एक जाति बना देता है।" ये पंक्तियाँ संस्कृति के चार अध्याय–रामधारी सिंह दिनकर की रचना से ली गई हैं।

- रामधारी सिंह दिनकर भारतीय संस्कृति, राष्ट्रवाद और सामाजिक समरसता पर लिखने वाले प्रमुख कवि और लेखक थे।
- 'संस्कृति के चार अध्याय' उनकी प्रसिद्ध कृति है, जिसमें भारतीय संस्कृति के विविध आयामों पर चर्चा की गई है।
- इस कथन में उन्होंने भारत की संस्कृति की महानता और उसकी एकात्मता को दर्शाया है, जहाँ विभिन्न जातियाँ और संस्कृतियाँ मिलकर एक राष्ट्र के रूप में उभरती हैं।

5. (A): आचार्य रामचन्द्र शुक्ल के निबंध 'कविता क्या है' में निबंधकार को कवि से विधायक कल्पना अपेक्षित है।

- विधायक कल्पना का अर्थ है नवीन सृजनात्मकता और रचनात्मक दृष्टि।
- आचार्य शुक्ल के अनुसार, कवि की कल्पना मात्र भावनात्मक नहीं होनी चाहिए, बल्कि उसे नवीन, प्रभावशाली और सृजनात्मक होना चाहिए।
- कवि को अपनी कल्पना से समाज को नई दिशा देनी चाहिए और विचारों में नवीनता लानी चाहिए।

इसलिए, उन्होंने विधायक कल्पना को कवि के लिए अपेक्षित माना।

6. (B): शेखर एक जीवनी भाग-1 का प्रकाशन वर्ष 1941 है। यह प्रसिद्ध आत्मकथात्मक उपन्यास अज्ञेय द्वारा लिखा गया है। इस उपन्यास को दो भागों में विभाजित किया गया है। पहले भाग का प्रकाशन 1941 में हुआ था, जबकि दूसरा भाग 1944 में प्रकाशित हुआ। इस कृति में तत्कालीन समाज की विसंगतियों, व्यक्ति की स्वतंत्रता और अस्तित्ववाद के विचारों को प्रमुखता दी गई है।

7. (A):

(*a*) 'बकरी को क्या पता था मशक बन के रहेगी, पानी भरेंगे लोग और कुछ न कहेगी'–अंधेर नगरी → सही नहीं है।

यह संवाद 'अंधेर नगरी' नाटक से नहीं है।

(*c*) 'निस्संदेह! अनन्तदेवी के इंगित पर कुमारगुप्त नाच रहे हैं'–एक घूंट → सही नहीं है।

यह संवाद 'एक घूंट' नाटक से संबंधित नहीं है।

अन्य विकल्प सही हैं।

8. (B):

(*a*) 'ध्रुवदेवी को लेकर क्या साम्राज्य से भी हाथ धोना पड़ेगा?' → सत्य कथन है।

(*c*) 'यहाँ ऐसी निर्लज्जता का नाटक मैं नहीं देखना चाहती।' → सत्य कथन है।

'ध्रुवस्वामिनी' जयशंकर प्रसाद द्वारा रचित एक महत्वपूर्ण नाटक है, जिसमें स्त्री के आत्मसम्मान और स्वतंत्रता की चर्चा की गई है।

इस नाटक में ध्रुवस्वामिनी एक निडर और आत्मसम्मान से परिपूर्ण महिला के रूप में चित्रित की गई हैं।

9. (A): कामता प्रसाद गुरु ने व्युत्पत्ति के अनुसार सार्वनामिक विशेषण के दो भेद माने हैं।

उन्होंने हिंदी व्याकरण में विशेषणों की विभिन्न श्रेणियों का उल्लेख किया है।

सार्वनामिक विशेषण वे विशेषण होते हैं जो संज्ञा की विशेषता प्रकट करने के लिए सर्वनाम से जुड़े होते हैं। इनके दो प्रमुख भेद माने गए हैं।

10. (C): 'निपुणिका' 'बाणभट्ट की आत्मकथा' उपन्यास की पात्रा है। यह उपन्यास 'चारू चन्द्रलेख' के लेखक हजारीप्रसाद द्विवेदी जी की रचना है।'बाणभट्ट की आत्मकथा' संस्कृत कवि बाणभट्ट के जीवन पर आधारित एक ऐतिहासिक उपन्यास है। इसमें निपुणिका एक महत्वपूर्ण स्त्री पात्र है, जो बाणभट्ट के जीवन में विशेष भूमिका निभाती है।

11. (C):

- 'नागार्जुन' हिंदी और मैथिली भाषा के प्रमुख कवि थे। उनकी प्रसिद्ध रचनाओं में 'पाषाणी' का विशेष स्थान है।
- भवानीप्रसाद मिश्र ने अनेक कविताएँ लिखीं, जिनमें 'बुनी हुई रस्सी' उनकी महत्वपूर्ण कृति है।
- 'अज्ञेय' प्रयोगवादी और नई कविता के प्रवर्तक माने जाते हैं। उनकी रचना 'हरी घास पर क्षण भर' प्रसिद्ध कविता संग्रह है।
- 'जयशंकर प्रसाद' छायावादी काव्यधारा के प्रमुख कवि थे। उनकी ऐतिहासिक रचना 'महाराणा का महत्व' उनके राष्ट्रवादी विचारों को दर्शाती है।

12. (B): हरिवंशराय बच्चन ने अपनी आत्मकथा चार खंडों में लिखी है। हरिवंशराय बच्चन हिंदी साहित्य के प्रसिद्ध कवि थे। उनकी आत्मकथा चार भागों में विभाजित है :

1. क्या भूलूँ क्या याद करूँ
2. नीड़ का निर्माण फिर
3. बसेरे से दूर
4. दशद्वार से सोपान तक

इन चार खंडों में उन्होंने अपने जीवन के विभिन्न पहलुओं, संघर्षों, सफलता, सामाजिक परिस्थितियों तथा व्यक्तिगत अनुभवों को प्रस्तुत किया है।

13. (C):

(*a*) 'नागपुर के कांग्रेस अधिवेशन में देशबंधु चाहते थे कि असहयोग का प्रस्ताव पास हो।' → असत्य।

नागपुर अधिवेशन में असहयोग आंदोलन को लेकर कई नेताओं की अलग-अलग राय थी, लेकिन देशबंधु दास का इस प्रस्ताव को लेकर अन्य भूमिका थी।

(*b*) 'देशबंधु अपने खर्चे पर 200 प्रतिनिधियों का दल लेकर आए थे।' → असत्य।

यह कथन ऐतिहासिक तथ्यों से मेल नहीं खाता।

(*e*) 'देशबंधु के वकालत छोड़ने के समय शरत् बाबू बड़ोदरा में रहते थे।' → असत्य

शरत् चंद्र चट्टोपाध्याय उस समय बड़ौदा में नहीं थे।

(*c*) और (*d*) कथन सत्य हैं। देशबंधु दास ने वकालत छोड़ने की घोषणा की थी। उनकी आय और ऐश्वर्य की चर्चा होती थी।

14. (B): भारतेन्दु कृत 'सती प्रताप' नाटक का नाट्यरूप 'गीतिरूपक' है। भारतेन्दु हरिश्चंद्र हिंदी नाटक के जनक माने जाते हैं। 'सती प्रताप' एक ऐतिहासिक और सामाजिक नाटक है, जिसमें स्त्री-सम्मान और बलिदान की भावना को व्यक्त किया गया है। गीतिरूपक नाट्यशैली में संवादों के साथ-साथ गीतों का भी प्रयोग किया जाता है। इस नाटक में गीतों का प्रयोग इसे गीतिरूपक के रूप में स्थापित करता है।

15. (B): रसनिष्पत्ति के व्याख्याकारों में से शंकुक ने 'अनुमान' को महत्व देकर 'चित्रा तुरंग न्याय' की चर्चा की है। शंकुक रस निष्पत्ति के महत्वपूर्ण आचार्य माने जाते हैं। उन्होंने रस की उत्पत्ति को अनुमान से जोड़ा और इसे 'चित्रा तुरंग न्याय' से समझाने का प्रयास किया।

'चित्रा तुरंग न्याय' का अर्थ है—जैसे किसी चित्र में घोड़े की आकृति को देखकर घोड़े की कल्पना की जाती है, वैसे ही नाटकीय अभिनय से रस का अनुमान लगाया जाता है। शंकुक के अनुसार रस प्रत्यक्ष रूप से अनुभव नहीं किया जा सकता, बल्कि उसे दर्शक अपने अनुमान से अनुभव करता है।

16. (C):

(*a*) कार्ल मार्क्स - द्वंद्वात्मक भौतिकवाद → सही।

कार्ल मार्क्स ने द्वंद्वात्मक भौतिकवाद (Dialectical Materialism) का प्रतिपादन किया, जिसमें समाज और इतिहास के विकास को वर्ग संघर्ष के आधार पर देखा गया।

(*b*) सार्त्र - अस्तित्ववाद → सही।

ज्याँ पॉल सार्त्र अस्तित्ववाद (Existentialism) के प्रमुख विचारक थे। उन्होंने व्यक्ति की स्वतंत्रता और उत्तरदायित्व को केंद्र में रखकर दर्शन विकसित किया।

(*c*) देरिदा - सहजवाद → गलत।

देरिदा संरचनावाद (Structuralism) और उत्तरसंरचनावाद (Post-Structuralism) के विचारक थे, सहजवाद से उनका संबंध नहीं था।

(*d*) अरस्तू - विरेचन → सही।

अरस्तू ने 'विरेचन' (Catharsis) की अवधारणा दी, जो नाटक में भावनात्मक शुद्धि से जुड़ी है।

(*e*) इलियट - काव्यमूल्य → गलत।

इलियट ने 'कविता के उद्देश्य और परंपरा' पर विचार किया, लेकिन 'काव्यमूल्य' उनकी प्रत्यक्ष अवधारणा नहीं थी।

17. (C):

(*b*) करण कारक → साधन या माध्यम को दर्शाता है (जैसे - 'कलम से लिखना')।

(*a*) संप्रदान कारक → प्राप्तकर्ता को दर्शाता है (जैसे - 'राम को पुस्तक दी')।

(*d*) अपादान कारक → अलगाव या स्रोत को दर्शाता है (जैसे - 'पेड़ से पत्ता गिरा')।

(*e*) संबंध कारक → संबंध प्रकट करता है (जैसे - 'राम का घर')।

(*c*) अधिकरण कारक → स्थान को दर्शाता है (जैसे - 'मेज पर किताब है')।

18. (D):

(*d*) निहार (1918) → जयशंकर प्रसाद की प्रारंभिक काव्यकृति।

(*a*) लहर (1933) → सुमित्रानंदन पंत की छायावादी कविता संग्रह।

(*e*) सांध्यगीत (1940) → मैथिलीशरण गुप्त की रचना।

(*b*) कुकुरमुत्ता (1942) → नागार्जुन की प्रयोगधर्मी कविता संग्रह।

(*c*) कला और बूढ़ा चाँद (1959) → भवानी प्रसाद मिश्र की काव्यकृति।

19. (B): 'चंदन बाला रास' की रचना 1200 ई. में हुई थी। यह जैन धर्म से संबंधित काव्यकृति है, जो चंदनबाला नामक पात्र के जीवन पर आधारित है। चंदनबाला जैन धर्म में प्रमुख पात्र हैं, जिनका जीवन त्याग और तपस्या का प्रतीक माना जाता है।

20. (B):

(*a*) कहानी - कंकाल → गलत।

'कंकाल' जयशंकर प्रसाद का उपन्यास है, न कि कहानी।

(*b*) उपन्यास - तितली → सही।

'तितली' जैनेंद्र कुमार द्वारा रचित उपन्यास है।

(*c*) नाटक - संग्राम → सही।

'संग्राम' एक नाटक है।

(*d*) उपन्यास - साहित्य का उद्देश्य → गलत।

'साहित्य का उद्देश्य' निबंध है, उपन्यास नहीं।

(*e*) संस्मरण - गबन → गलत।

'गबन' प्रेमचंद का उपन्यास है, संस्मरण नहीं।

21. (B): धनिया : ''यह पंच नहीं हैं, पक्के राछस हैं, पक्के राछस! यह सब हमारी जगह है।''

प्रेमचंद के प्रसिद्ध उपन्यास 'गोदान' में यह कथन धनिया का है। धनिया, उपन्यास के मुख्य पात्र होरी की पत्नी है और अपने तेजस्वी स्वभाव व न्यायप्रियता के लिए जानी जाती है।

यह कथन तब आता है जब होरी के साथ अन्याय होता है और पंच परमेश्वर भी निष्पक्ष न्याय नहीं करते। धनिया के इस संवाद से ग्रामीण जीवन में व्याप्त भ्रष्ट व्यवस्था और अन्यायपूर्ण सामाजिक संरचना का चित्रण किया गया है।

22. (B): 'आकाशदीप' कहानी में प्रेम और घृणा की गहन आवेगमयता की गहरी टकराहट है।

'आकाशदीप' प्रसिद्ध हिंदी कथाकार जैनेन्द्र कुमार की एक महत्वपूर्ण कहानी है। इसमें प्रेम और घृणा के गहरे भावनात्मक संघर्ष को दर्शाया गया है।

इस कहानी में प्रेम नायक और नायिका के जीवन में द्वंद्व उत्पन्न करता है और परिस्थितियाँ उन्हें अलग-अलग दिशा में मोड़ देती हैं। बच्चन सिंह ने इस कहानी की समीक्षा में प्रेम और घृणा के संघर्ष की गहराई को प्रमुखता से रेखांकित किया है।

23. (C): हजारीप्रसाद द्विवेदी के 'नाखून क्यों बढ़ते हैं' निबंध के अनुसार, मानव शरीर का अध्ययन करने वाले प्राणी वैज्ञानिकों का निश्चित मत है कि मानव-चित्त की भाँति मानव शरीर में भी बहुत सी अभ्यासजन्य सहत वृत्तियाँ रह गई हैं।

हजारीप्रसाद द्विवेदी ने इस निबंध में जैविक विकास और मानवीय प्रवृत्तियों की तुलना की है। उनके अनुसार, जैसे नाखून निरंतर बढ़ते रहते हैं, वैसे ही कुछ आदतें या प्रवृत्तियाँ

भी मानव के साथ बनी रहती हैं। प्राणी वैज्ञानिकों का मत यह है कि मानव शरीर और मन में पुरानी आदतों और प्रवृत्तियों के अवशेष शेष रहते हैं, जो समय के साथ प्रकट होते हैं।

24. (B): 'राग दरबारी' में वर्णित शिवपालगंज में स्थित कॉलेज का नाम छंगामल विद्यालय इंटर कॉलेज था। श्रीलाल शुक्ल द्वारा रचित उपन्यास 'राग दरबारी' भारतीय ग्रामीण जीवन और प्रशासनिक तंत्र की कटु सच्चाइयों को व्यंग्यात्मक शैली में प्रस्तुत करता है। इस उपन्यास का प्रमुख केंद्र शिवपालगंज नामक गाँव और वहाँ स्थित छंगामल विद्यालय इंटर कॉलेज है। यह विद्यालय शिक्षा के नाम पर व्याप्त भ्रष्टाचार और राजनीतिक हस्तक्षेप का प्रतीक बनता है।

25. (B):

(*a*) 'बेईमानी का धन जैसे आता है वैसे ही जाता है।' → सत्य।
उपन्यास में बेईमानी से अर्जित धन के स्थायित्व पर सवाल उठाया गया है।

(*b*) 'भाई का हक मारकर किसी को फलते-फूलते नहीं देखा।' → सत्य।
यह कथन ग्रामीण समाज के नैतिक मूल्यों को दर्शाता है।

(*c*) 'गोबर को राय साहब के पास भेज देना।' → गलत।
उपन्यास में गोबर को राय साहब के पास भेजने का संदर्भ नहीं मिलता।

(*d*) 'भोला उधार देने वाला आदमी नहीं है।' → सत्य।
भोला गाँव का ऐसा व्यक्ति है जो आर्थिक मामलों में सतर्क रहता है।

(*e*) 'तुम जैसे मर्द साठे पर पाठे होते हैं।' → गलत।
इस कथन का स्पष्ट रूप से उपन्यास में सही संदर्भ नहीं है।

26. (B):

(*a*) 'गुरुपदेशादध्येतुं शास्त्रं जडधियो ऽप्यलम्' - भामह (II)
भामह संस्कृत साहित्य के प्रमुख आलोचक थे और उन्होंने काव्यशास्त्र पर विशेष विचार प्रस्तुत किए।

(*b*) 'कवित्व बीजं प्रतिभानम्' - वामन (IV)
वामन ने 'काव्यालंकारसूत्र' में काव्य की रीतियों का विशेष उल्लेख किया।

(*c*) 'न विद्यते यद्यपि पूर्ववासनागुणानुबन्धि प्रतिभानमद्भुतम्' - दण्डी (I)
दण्डी ने अपनी काव्यशास्त्रीय परंपरा में प्रतिभा और अभ्यास पर बल दिया।

(*d*) 'अव्युत्पत्तिकृतो दोषः शक्त्या संव्रियते कवेः।' - आनन्दवर्धन (III)
आनन्दवर्धन संस्कृत काव्यशास्त्र में 'ध्वनि सिद्धांत' के प्रतिपादक थे।

27. (B): 'अंधेरे में' कविता का 1964 में 'आशंका के द्वीप अंधेरे में' नाम से प्रकाशन 'कल्पना' पत्रिका में हुआ। मुक्तिबोध द्वारा रचित यह कविता भारतीय समाज और राजनीतिक परिस्थितियों पर तीखा व्यंग्य करती है। यह कविता आधुनिक हिंदी काव्य की महत्वपूर्ण रचना मानी जाती है। 'कल्पना' पत्रिका साहित्य और विचारधारा की नई धारा को प्रस्तुत करने वाली प्रतिष्ठित पत्रिका थी।

28. (C):

(*a*) 'रीति सुभाषा कवित्त की बरनत बुध अनुसार' - चिंतामणि → सही।
यह चिंतामणि की रचना में रीति संबंधी विचार को प्रकट करता है।

(*b*) 'सो विश्रब्ध नवौढ़ यों बरनत कवि रसरीति' - भिखारीदास → गलत।
यह कथन भिखारीदास से संबंधित नहीं है।

(*c*) 'सुकविन हूँ की कछु कृपा समुझि कविन को पथ' - मतिराम → गलत।
मतिराम से संबंधित कथन नहीं है।

(*d*) 'अपनी अपनी रीति के काव्य और कवि रीति' - देव → सही।
देव ने इस पंक्ति में काव्यशास्त्र में रीति के महत्व को दर्शाया।

(*e*) 'काव्य की रीति सिख्यौ सुखवन्हि को' - भूषण → गलत।
यह कथन भूषण का नहीं है।

29. (B): 'उत्तर अपभ्रंश ही पुरानी हिन्दी है', यह कथन चन्द्रधर शर्मा गुलेरी का है। उन्होंने भाषा विज्ञान और हिंदी के ऐतिहासिक विकास पर गहन अध्ययन किया। उनके अनुसार, उत्तर अपभ्रंश भाषा ने पुरानी हिंदी के रूप में विकसित

होकर आधुनिक हिंदी का रूप लिया। यह मत हिंदी भाषा के ऐतिहासिक विकास को स्पष्ट करने में सहायक है।

30. (B):

(*a*) विलियम वर्ड्सवर्थ - स्वच्छंदतावाद → सही।

विलियम वर्ड्सवर्थ अंग्रेजी साहित्य में स्वच्छंदतावाद (Romanticism) के प्रमुख कवि थे।

(*b*) क्रोंचे - अभिव्यंजनावाद → सही।

क्रोंचे ने अभिव्यंजनावाद (Expressionism) को बढ़ावा दिया।

(*c*) अरस्तू - त्रासदी → सही।

अरस्तू ने अपनी कृति 'पोएटिक्स' में त्रासदी (Tragedy) की विशेषताओं पर विस्तृत चर्चा की।

(*d*) लांजाइनस - नयी समीक्षा → गलत।

लांजाइनस ने 'Sublime' की अवधारणा दी थी, न कि नयी समीक्षा (New Criticism)।

(*e*) ऐलन टेट - संरचना और बनावट → गलत।

ऐलन टेट नयी समीक्षा से जुड़े थे, लेकिन संरचना और बनावट (Structure & Texture) का प्रतिपादन अन्य समीक्षकों ने किया।

31. (C): ''जातियाँ इस देश में अनेक आई हैं। लड़ती झगड़ती भी रही हैं, फिर प्रेमपूर्वक बस भी गई हैं। सभ्यता की नाना सीढ़ियों पर खड़ी और नाना ओर मुख करके चलने वाली इन जातियों के लिए एक सामान्य धर्म खोज निकालना कोई सहज बात नहीं थी।''

यह पंक्तियाँ हजारीप्रसाद द्विवेदी के प्रसिद्ध निबंध 'नाखून क्यों बढ़ते हैं' से ली गई हैं। इस निबंध में भारतीय समाज की विभिन्नता, ऐतिहासिक संदर्भ, परंपराओं और समन्वयवादी दृष्टिकोण को दर्शाया गया है। हजारीप्रसाद द्विवेदी ने इस निबंध में यह स्पष्ट किया है कि भारत में विभिन्न जातियाँ और सभ्यताएँ आईं, टकराईं और अंततः एक सामान्य संस्कृति में समाहित हो गईं।

32. (D): 'सुदामा चरित्र' के रचनाकार नरोत्तमदास हैं। नरोत्तमदास भक्तिकाल के प्रमुख कवि थे, जिन्होंने श्रीकृष्ण भक्ति पर आधारित साहित्य की रचना की। 'सुदामा चरित्र' में श्रीकृष्ण और सुदामा की मित्रता को अत्यंत मार्मिक ढंग से प्रस्तुत किया गया है। यह काव्य हिंदी साहित्य के भक्तिकालीन काव्यधारा का महत्वपूर्ण उदाहरण है।

33. (D): 'चूरन अमलबेद का भारी,
जिसको खाते कृष्ण मुरारी,
मेरा पाचक है पचलोना,
जिसको खाता 'श्याम सलोना'

पंक्तियाँ 'अंधेर नगरी' नाटक के दूसरे अंक से ली गई हैं। यह प्रसिद्ध नाटक भारतेन्दु हरिश्चंद्र द्वारा लिखा गया था। इस नाटक में तत्कालीन समाज और प्रशासन में फैले भ्रष्टाचार, अन्याय और मूर्खतापूर्ण शासन प्रणाली पर तीखा व्यंग्य किया गया है।

उक्त पंक्तियाँ नाटक के व्यंग्यात्मक तत्व को दर्शाती हैं, जिसमें बाजार में वस्तुओं के मूल्य तय करने में कोई तर्कसंगत आधार नहीं होता।

34. (B):

(*a*) फोर्ट विलियम कॉलेज - 1800 ई. → सही।

फोर्ट विलियम कॉलेज की स्थापना गवर्नर जनरल लॉर्ड वेलेजली ने 1800 ई. में की थी। इसका उद्देश्य भारत में अंग्रेजी प्रशासनिक अधिकारियों को भारतीय भाषाओं की शिक्षा देना था।

(*b*) हिंदू कॉलेज - 1817 ई. → सही।

हिंदू कॉलेज की स्थापना डेविड हेयर, राजा राममोहन राय और रासमणि देवी के सहयोग से 1817 ई. में हुई थी।

(*c*) ब्रह्म समाज - 1824 ई. → गलत।

ब्रह्म समाज की स्थापना राजा राममोहन राय ने 1828 ई. में की थी।

(*d*) आर्य समाज - 1870 ई. → गलत।

आर्य समाज की स्थापना स्वामी दयानंद सरस्वती ने 1875 ई. में की थी।

(*e*) प्रार्थना समाज - 1862 ई. → गलत।

प्रार्थना समाज की स्थापना 1867 ई. में केशवचंद्र सेन और आत्माराम पांडुरंग ने की थी।

35. (B):

- रामवृक्ष बेनीपुरी की 'माटी की मूरतें' में ग्रामीण परिवेश और भारतीय संस्कृति की झलक मिलती है।
- महादेवी वर्मा की 'ठकुरी बाबा' उनकी संस्मरणात्मक शैली का सुंदर उदाहरण है।
- कृष्ण चंदर की 'जामुन का पेड़' समाज में फैली असमानता और अन्याय को दर्शाने वाली सशक्त कहानी है।

- रमणिका गुप्ता की 'आपहुदरी' दलित साहित्य के अंतर्गत आती है, जिसमें शोषित समाज की पीड़ा को उजागर किया गया है।

36. (A): ''इस बार मोर्चे पर जाना पड़ेगा। हिंदू राज कायम करने के लिए पहले गाँव में ही लोहा लेना पड़ेगा।'' 'मैला आँचल' फणीश्वर नाथ रेणु का प्रसिद्ध उपन्यास है, जो भारतीय ग्रामीण जीवन और स्वतंत्रता के बाद की राजनीतिक स्थितियों का जीवंत चित्रण करता है। यह कथन तहसीलदार हरगौरी सिंह द्वारा 'काली टोपीवाले नौजवानों से' कहा गया है। यह कथन हिंदू राष्ट्र की स्थापना की राजनीति और सांप्रदायिक संघर्षों के संदर्भ में आता है, जो उपन्यास में तत्कालीन ग्रामीण भारत के सामाजिक ताने-बाने को दर्शाता है।

37. (B):

(*a*) सेक्रेटरी - III: 'हमारा विभाग किसी हालत में इस फलदार वृक्ष को काटने की इजाजत नहीं दे सकता।'

(*b*) क्लर्क - IV: 'मगर एक आदमी की जान का सवाल है।'

(*c*) माली - I: 'अच्छा हुआ कि तना तुम्हारे कूल्हे पर गिरा, अगर कमर पर गिरता तो रीढ़ की हड्डी टूट जाती।'

(*d*) आदमी - II: 'मगर इस तरह तो मैं मर जाऊँगा।'

'जामुन का पेड़' कृष्ण चंदर द्वारा लिखी गई एक महत्वपूर्ण कहानी है, जो नौकरशाही, असंवेदनशीलता और सामाजिक असमानता की ओर संकेत करती है। इस कहानी में एक घायल व्यक्ति और सरकारी अधिकारियों के बीच की घटनाएँ चित्रित की गई हैं, जो मानवीय संवेदनाओं की उपेक्षा को दर्शाती हैं।

38. (B):

(*a*) सावित्रीबाई फुले ने स्त्रियों की शिक्षा के लिए काम किया। → सही।

सावित्रीबाई फुले भारत की प्रथम महिला शिक्षिका थीं और उन्होंने स्त्री शिक्षा के लिए उल्लेखनीय कार्य किए।

(*b*) इस विमर्श की एक महत्वपूर्ण पुस्तक है सुशान बेसनेट की 'फेमिनिस्ट एक्सपीरिएंसेज'। → सही।

यह पुस्तक स्त्री विमर्श पर आधारित है।

(*c*) अमेरिका में राष्ट्रीय महिला संगठन का गठन 1980 में किया गया। → गलत।

राष्ट्रीय महिला संगठन (NOW) की स्थापना 1966 में अमेरिका में हुई थी।

(*d*) ओमप्रकाश वाल्मीकि और मोहनदास नैमिश्राय स्त्री विमर्श के प्रमुख लेखक हैं। → गलत।

ये दोनों लेखक दलित विमर्श के प्रमुख हस्ताक्षर हैं, न कि स्त्री विमर्श के।

(*e*) नारीवाद पूँजीवादी पितृसत्ता का समर्थक है। → गलत।

नारीवाद पूँजीवादी पितृसत्ता का विरोध करता है, न कि समर्थन।

39. (A):

(*a*) स्वामी गोकुलनाथ - चौरासी वैष्णवन की वार्ता → सही।

यह ग्रंथ वैष्णव संप्रदाय के संतों की जीवन गाथाओं को प्रस्तुत करता है।

(*b*) ओंकार शरद - राम मनोहर लोहिया → सही।

ओंकार शरद ने राम मनोहर लोहिया के विचारों पर लेखन किया।

(*c*) जगदीश चंद्र माथुर - जिन्होंने जीना जाना → सही।

यह रचना प्रसिद्ध नाटककार जगदीश चंद्र माथुर की है।

(*d*) तेज बहादुर चौधरी - अग्निसेतु → गलत।

यह रचना तेज बहादुर चौधरी की नहीं है।

(*e*) भारतेन्दु - सुकवि संकीर्तन → गलत।

भारतेन्दु हरिश्चंद्र से यह रचना संबंधित नहीं है।

40. (B):

(*a*) 'रेवंतगिरिरास' की रचना विजयसेन सूरि ने 1203 ई. में की। → गलत।

'रेवंतगिरिरास' की रचना से संबंधित सही तथ्य उपलब्ध नहीं है। विजयसेन सूरि जैन साहित्य में महत्वपूर्ण स्थान रखते हैं, लेकिन इस तिथि का सटीक प्रमाण नहीं मिलता।

(*b*) 'नेमिनाथरास' की रचना सुमति गणि ने 1213 ई. में की थी। → सही।

यह ग्रंथ भगवान नेमिनाथ के जीवन पर आधारित है। नेमिनाथ जैन धर्म के 22वें तीर्थंकर थे, जिनका

जीवन वैराग्य और तपस्या से जुड़ा हुआ है। इस ग्रंथ में उनके जीवन प्रसंगों को विस्तार से वर्णित किया गया है।

(*c*) 'स्थूलिभद्ररास' की रचना जिनधर्म सूरि ने 1209 ई. में की थी। → सही।

यह कृति प्रसिद्ध जैन ग्रंथों में से एक है। इसमें जैन धर्म के आदर्शों और नैतिक शिक्षाओं का उल्लेख किया गया है। जिनधर्म सूरि जैन परंपरा के प्रतिष्ठित आचार्य माने जाते हैं, जिन्होंने कई महत्वपूर्ण धार्मिक ग्रंथों की रचना की।

(*d*) 'श्रावकाचार' की रचना देवसेन ने 913 ई. में की थी। → गलत।

'श्रावकाचार' एक महत्वपूर्ण जैन ग्रंथ है, जिसमें जैन अनुयायियों (श्रावकों) के आचार-व्यवहार, नैतिक मूल्यों और धार्मिक कर्तव्यों का विस्तार से वर्णन किया गया है। हालांकि, इसकी रचना 913 ई. में हुई थी या नहीं, इसका प्रमाणिक उल्लेख संदिग्ध है।

(*e*) 'चंदनबालारास' की रचना आगसू ने 1204 ई. में की थी। → गलत।

'चंदनबालारास' एक जैन ग्रंथ है, जो चंदनबाला नामक पात्र के जीवन को आधार बनाकर लिखा गया है। यह जैन धार्मिक कथाओं का महत्वपूर्ण हिस्सा है, लेकिन इसकी रचना तिथि 1204 ई. प्रमाणिक रूप से पुष्टि नहीं की जा सकती।

41. (D):

- धर्मवीर भारती की कविता 'टूटा पहिया' सामाजिक विषमताओं और संघर्षों का प्रतीक है।
- लीलाधर जगूड़ी की 'नाटक जारी है' एक यथार्थवादी कविता है, जो जीवन और समाज के संघर्षों को दर्शाती है।
- सर्वेश्वर दयाल सक्सेना की 'जंगल का दर्द' कविता प्रकृति के विनाश और मानवीय क्रूरता पर आधारित है।
- कुमार विमल की 'एक छोटी-सी लड़ाई' मानवीय चेतना और जीवन के संघर्ष को व्यक्त करने वाली कविता है।

42. (A): "ले लिया भार अपने सिर पर मनु ने, यह अपना विषम आज, हँस पड़ी उषा प्राची नभ में, देख नर अपना राज-काज।" यह पंक्तियाँ जयशंकर प्रसाद की महाकाव्यात्मक रचना 'कामायनी' के 'इड़ा' सर्ग से ली गई हैं। 'कामायनी' भारतीय चिंतन और मानव विकास के प्रतीक रूप में लिखी गई काव्यकृति है। 'इड़ा' सर्ग में मनु और इड़ा के संवादों के माध्यम से वैचारिक संघर्ष और कर्मयोग की व्याख्या की गई है। इसमें मानव सभ्यता के विकास और कर्तव्यपरायणता के विचारों को प्रस्तुत किया गया है।

43. (B): 'एक और द्रोणाचार्य' नाटक के अंतर्गत कृपी, लीला का समरूपी पात्र है। शंकर शेष द्वारा रचित नाटक 'एक और द्रोणाचार्य' समाज में शिक्षा व्यवस्था और सामाजिक असमानता पर एक प्रखर व्यंग्य है। कृपी, जो महाभारत के गुरु द्रोणाचार्य की पत्नी थीं, इस नाटक में एक आदर्श नारी चरित्र का प्रतिनिधित्व करती हैं। लीला, आधुनिक संदर्भ में कृपी का समरूपी पात्र है, जो शिक्षण व्यवस्था में व्याप्त भेदभाव और अन्याय के खिलाफ खड़ी होती है। यह नाटक सामाजिक संरचना में वर्गभेद और शोषण पर केंद्रित है।

44. (C): 'क्या भूलूँ क्या याद करूँ' के अनुसार, 'चम्मा' की मृत्यु के समय लेखक लड़कपन की अवस्था में था। हरिवंश राय बच्चन की आत्मकथा 'क्या भूलूँ क्या याद करूँ' उनके प्रारंभिक जीवन के संघर्षों और अनुभवों का जीवंत चित्रण प्रस्तुत करती है। 'चम्मा', जो लेखक के जीवन में एक महत्वपूर्ण व्यक्ति थी, उसकी मृत्यु लेखक के बचपन में ही हो गई थी। यह आत्मकथा हिंदी साहित्य की सर्वश्रेष्ठ आत्मकथाओं में से एक मानी जाती है।

45. (B):

(*a*) 'डॉ. अंबेडकर ने दलितों के उत्थान को राष्ट्र का उत्थान माना।' → सत्य।

डॉ. भीमराव अंबेडकर ने दलितों को समानता का अधिकार दिलाने के लिए संघर्ष किया और उनके उत्थान को राष्ट्र की प्रगति से जोड़ा।

(*b*) 'दलित लेखक संघ के एक गुट ने 31 जुलाई 2020 को 'कर्मभूमि' की प्रति जलाई।' → असत्य।

इस संदर्भ में कोई प्रमाणिक स्रोत उपलब्ध नहीं है।

(*c*) 'दलित साहित्य में स्वानुभूतियों का विशाल भंडार है।' → सत्य।

दलित साहित्य आत्मकथात्मक अनुभवों पर आधारित साहित्यिक धारा है, जिसमें स्वानुभूतियाँ प्रमुख भूमिका निभाती हैं।

(*d*) 'अछूत की शिकायत' 1925 में 'सरस्वती' पत्रिका में छपी।' → असत्य।

'अछूत की शिकायत' नामक कोई दस्तावेजी प्रमाण उपलब्ध नहीं है कि यह 1925 में 'सरस्वती' पत्रिका में प्रकाशित हुई थी।

(*e*) 'जयप्रकाश कर्दम और ओमप्रकाश वाल्मीकि दलित साहित्य के महत्वपूर्ण लेखक हैं' → सत्य।

जयप्रकाश कर्दम और ओमप्रकाश वाल्मीकि दलित साहित्य के प्रमुख लेखक हैं।

ओमप्रकाश वाल्मीकि की आत्मकथा 'जूठन' दलित साहित्य की सबसे प्रभावशाली कृतियों में से एक मानी जाती है।

46. (A, C): 'प्रकृति क्रियाशील है, समय पुरुष और स्त्री की गेंद लेकर दोनों हाथ से खेलता है।' यह कथन 'स्कंदगुप्त' नाटक में पात्र 'धातुसेन' और 'कुमारदास' दोनों द्वारा कहा गया है। जयशंकर प्रसाद द्वारा रचित 'स्कंदगुप्त' एक ऐतिहासिक नाटक है, जो गुप्त वंश के राजा स्कंदगुप्त के जीवन पर आधारित है। धातुसेन और कुमारदास दोनों पात्र अलग-अलग संदर्भों में इस कथन को व्यक्त करते हैं। धातुसेन गुप्त साम्राज्य के प्रति अपनी निष्ठा और ऐतिहासिक बदलावों की बात करता है। कुमारदास इस कथन के माध्यम से समय और परिस्थितियों की परिवर्तनशीलता को दर्शाता है।

अतः केवल एक पात्र को इस कथन से जोड़ना गलत होगा, इसलिए सही उत्तर 'A & C' होगा।

47. (A): 'काव्यशोभाकारान् धर्मानलंकारान् प्रचक्षते' यह लक्षण अलंकार के संदर्भ में दंडी द्वारा दिया गया है।

दंडी संस्कृत काव्यशास्त्र के प्रसिद्ध आचार्य थे, जिन्होंने 'काव्यादर्श' नामक ग्रंथ की रचना की। इस लक्षण में उन्होंने अलंकार को काव्य की शोभा बढ़ाने वाले धर्मों के रूप में परिभाषित किया है।

उनका मत था कि अलंकार न केवल सौंदर्य प्रदान करता है, बल्कि काव्य की अभिव्यक्ति को प्रभावशाली भी बनाता है।

48. (C): 'अरे भाई, रात होती है, अँधेरा होता है तो तुम चाहो या न चाहो, प्रभात का प्रकाश स्वयंमेव उतर आता है कि नहीं?'

'उठ जाग मुसाफिर' निबंध हजारीप्रसाद द्विवेदी द्वारा लिखा गया है। इसमें जगदीश बाबू, इस संवाद के माध्यम से जीवन के अंधकार और आशा के प्रकाश का संकेत देते हैं। यह कथन जीवन में सकारात्मक दृष्टिकोण रखने और समय के परिवर्तन को स्वीकार करने का संदेश देता है।

49. (B):

- 'हिंदी बंगवासी' एक महत्वपूर्ण हिंदी पत्रिका थी, जिसके संपादक योगेशचंद्र वसु थे।
- 'उदंत मार्तंड' भारत का पहला हिंदी समाचार पत्र था, जिसे जुगल किशोर शुक्ल ने 1826 में प्रकाशित किया था।
- 'बंगदूत' पत्रिका राजा राम मोहन राय द्वारा संपादित की गई थी।
- 'भारत जीवन' पत्रिका के संपादक रामकृष्ण वर्मा थे, जो हिंदी पत्रकारिता में महत्वपूर्ण योगदान देने वाले व्यक्तित्व थे।

50. (A):

(*a*) 'शांई के शरपतवा में शांप बोलेला, शांई मारै शिटकुनिया शे शपशपाशप।' → सत्य।

यह 'मुर्दहिया' में आया हुआ एक स्थानीय बोली का उद्धरण है।

(*b*) 'धर्मदेव मिश्र स्वयं कवि थे। कवि होने के नाते उन्होंने अपना उपनाम 'रमेश' रख रखा था।' → असत्य।

'मुर्दहिया' से संबंधित प्रमाणिक स्रोतों में धर्मदेव मिश्र का यह विवरण नहीं मिलता।

(*c*) 'जब मैंने अपनी माँ को बताया कि चिंतामणि सिंह ने मुझे बत्तीस साल पुराना चावल खिलाया।' → सत्य।

यह कथन 'मुर्दहिया' में आया हुआ एक कथानक है।

(*d*) 'हिंदी न बोलने वाले लोगों को छोटा 'स' तथा बड़ा 'श' के बीच लिखते समय या बोलते समय फर्क करना नहीं आता।' → असत्य।

यह कथन भाषा विज्ञान से जुड़ा हो सकता है, लेकिन 'मुर्दहिया' से इसका सीधा संबंध नहीं है।

(*e*) 'इस संदर्भ में एक अफवाह उड़ी कि 7 जून, 1965 को परिणाम आने वाला है।' → असत्य।

'मुर्दहिया' में इस कथन का कोई सटीक संदर्भ नहीं मिलता।

51. (B):

- पश्चिमी हिंदी की प्रमुख बोली ब्रजभाषा है, जो उत्तर प्रदेश, राजस्थान और मध्य प्रदेश के कुछ भागों में बोली जाती है।
- पूर्वी हिंदी की प्रमुख बोली अवधी है, जिसे तुलसीदास जैसे कवियों ने अपने साहित्य में प्रयोग किया है।
- बिहारी उपभाषा में भोजपुरी प्रमुख बोली है, जो बिहार, उत्तर प्रदेश और झारखंड में बोली जाती है।
- पहाड़ी उपभाषा में गढ़वाली प्रमुख बोली है, जो उत्तराखंड क्षेत्र में प्रचलित है।

52. (C): 'चीफ की दावत में उपेक्षिता और परिवार में कूड़ा-करकट की तरह छिपाई जाने वाली वृद्धा माँ का महत्व उजागर करके प्रतीकात्मक ढंग से परंपरा का महत्व दिखाया गया है।' विश्वनाथ त्रिपाठी हिंदी साहित्य के जाने-माने आलोचक हैं, जिन्होंने सामाजिक और सांस्कृतिक परंपराओं पर गहन विचार किया है। यह कथन वृद्धा माँ की उपेक्षा के माध्यम से आधुनिक समाज में परंपराओं के क्षरण और परिवार में बुजुर्गों की स्थिति को दर्शाता है। यह विचार भारतीय समाज में परंपरागत मूल्यों और आधुनिकता के संघर्ष को भी उजागर करता है।

53. (C): 'दीक्षित परसराम दादौ है विदित नाम, जिन कीने यज्ञ जा की जग में बड़ाई है...'

सेनापति रीतिकाल के प्रमुख कवि थे, जिन्होंने अपनी काव्य रचनाओं में अपने परिचय को शामिल किया। उन्होंने काव्य में वीर रस का प्रभावी प्रयोग किया और राजाओं के यशगान को अपनी कविता का विषय बनाया। उनकी रचनाएँ विशेष रूप से दरबारी संस्कृति और ऐतिहासिक संदर्भों से प्रभावित थीं।

54. (B):

- बालकृष्ण भट्ट (1844-1914) हिंदी गद्य के विकास में प्रमुख भूमिका निभाने वाले लेखक थे।
- भारतेन्दु हरिश्चंद्र (1850-1885) हिंदी नवजागरण के अग्रदूत थे और आधुनिक हिंदी साहित्य के जनक माने जाते हैं।
- लाला श्रीनिवास दास (1851-1900) ने 'परीक्षा गुरु' नामक हिंदी उपन्यास लिखा, जिसे हिंदी का पहला उपन्यास माना जाता है।
- बदरी नारायण चौधरी 'प्रेमघन' (1856-1923) ने हिंदी काव्य और नाटक में उल्लेखनीय योगदान दिया।
- प्रताप नारायण मिश्र (1856-1894) हिंदी गद्य और व्यंग्य साहित्य के प्रमुख लेखक थे।

55. (C):

- सनीचर श्रीलाल शुक्ल के उपन्यास 'राग दरबारी' का प्रमुख पात्र है, जो ग्रामीण प्रशासन और सामाजिक व्यवस्था पर व्यंग्य करता है।
- भट्टिनी हजारीप्रसाद द्विवेदी के उपन्यास 'बाणभट्ट की आत्मकथा' की महिला पात्र है, जो ऐतिहासिक संदर्भों को दर्शाती है।
- कमली फणीश्वर नाथ रेणु के उपन्यास 'मैला आँचल' की नायिका है, जो ग्रामीण समाज और प्रेम की संवेदनशीलता को दर्शाती है।
- जयदेवपुरी यशपाल के उपन्यास 'झूठा सच' का महत्वपूर्ण पात्र है, जो विभाजन की त्रासदी और राजनीतिक परिवर्तनों को प्रस्तुत करता है।

56. (B): पूर्वी हिंदी का विकास अर्ध मागधी अपभ्रंश से हुआ है। हिंदी भाषा के विभिन्न रूपों का उद्‌भव प्राकृत और अपभ्रंश भाषाओं से हुआ है। अर्ध मागधी अपभ्रंश पूर्वी भारत की प्रमुख भाषा थी, जिससे अवधी, भोजपुरी, और मैथिली जैसी भाषाएँ विकसित हुईं। यह भाषा विशेष रूप से बिहार, उत्तर प्रदेश के पूर्वी भाग, और झारखंड में बोली जाती थी। अर्ध मागधी का प्रयोग प्राचीन जैन ग्रंथों में भी मिलता है।

57. (A):

(*a*) "आदमी का घर जब जलता है, तब उसे दुख होता है।" – II (द्रोही)

(*b*) "वह चाहता था, एकदम इन सबके जीवन से निकल जाए।" – IV (हरसिंगार)

(*c*) "धर्म? वहीं धर्म, जिसे तुम एक स्कूल की नौकरी के लिए बेच खाते हो?" – I (विपथगा)

(*d*) "मुझे ऐसा लग रहा था कि इस घर पर जो छाया घिरी हुई है, वह अज्ञात रहकर भी मानों मुझे भी वश में कर रही है।" – III (गैंग्रीन)

अज्ञेय हिंदी साहित्य में प्रयोगवादी काव्य और कथा लेखन के लिए प्रसिद्ध हैं। उनकी रचनाओं में अस्तित्ववाद और सामाजिक यथार्थ के गहरे संदर्भ देखने को मिलते हैं। 'द्रोही',

'हरसिंगार', 'विपथगा', और 'गैंग्रीन' उनकी महत्वपूर्ण रचनाएँ हैं, जिनमें मानवीय संवेदनाओं और सामाजिक संघर्षों को चित्रित किया गया है।

58. (B):

(*a*) 'उसे बार-बार यह लग रहा था कि उसकी देशभक्ति सच्ची देशभक्ति नहीं वरन् मजाक है।' - राही

यह कहानी देशभक्ति और आत्मसंघर्ष की भावनाओं को दर्शाती है।

(*b*) 'मैं रसाल की डाली थाम कर पास ही खड़ा था।' - पिता → गलत।

(*c*) 'मैंने देखा, प्रकाश से धुंधले नीले आकाश के तट पर जो चमगादड़ नीरव उड़ान से चक्कर काट रहे हैं।' - परिंदे → गलत।

(*d*) 'उसके अंदर प्रकाश है, बाहर आशा। विपत्ति अपना सारा दल-बल लेकर आए।' - ईदगाह

प्रेमचंद की प्रसिद्ध कहानी 'ईदगाह' में यह संवाद बालक हामिद की दृढ़ता और आत्मनिर्भरता को दर्शाता है।

(*e*) 'हाथ धोते समय वह हेमा की उन चूड़ियों से भरी कलाइयों को बेझिझक देखता रहा।' - राजा निरबंसियाँ → गलत।

59. (B): भीष्म साहनी हिंदी साहित्य के महत्वपूर्ण कथाकार थे, जिन्होंने सामाजिक समस्याओं और मानव मनोविज्ञान पर गहरी पकड़ के साथ लेखन किया। उनकी कृतियाँ 'पाली', 'डायन', 'भटकती राख', और 'शोभायात्रा' समाज में व्याप्त रूढ़ियों, अन्याय और विस्थापन जैसे विषयों को उजागर करती हैं।

'पाली (1984)' भारतीय समाज में जाति और धर्म के द्व ंद्व को प्रस्तुत करता है।

'डायन (1998)' अंधविश्वास और सामाजिक विडंबनाओं को दर्शाने वाला एक शक्तिशाली नाटक है।

'भटकती राख (1966)' मानवीय संघर्षों की कहानी कहता है।

'शोभायात्रा (1981)' राजनीतिक और सामाजिक यथार्थ का दस्तावेज है।

60. (B):

(*a*) 'फ्रायड के अनुसार कला और धर्म दोनों का उद्‌भव अवचेतन मानस की संचित प्रेरणाओं और इच्छाओं से होता है।' → सही।

सिगमंड फ्रायड का मत था कि कला और धर्म अवचेतन मन में संचित इच्छाओं और दबी हुई भावनाओं की अभिव्यक्ति के माध्यम हैं।

(*b*) 'एडलर के मनोविज्ञान में आत्म स्थापन की प्रवृत्ति प्रमुख है।' → सही।

एल्फ्रेड एडलर ने व्यक्तिगत मनोविज्ञान (Individual Psychology) की अवधारणा प्रस्तुत की, जिसमें आत्म-स्थापन (Self-assertion) की प्रवृत्ति को केंद्रीय भूमिका दी गई।

(*c*) 'कला और साहित्य पर फ्रायड के विचारों का सतही प्रभाव पड़ा।' → गलत।

फ्रायड के विचारों ने साहित्य और कला पर गहरा प्रभाव डाला, खासकर मनोविश्लेषणात्मक आलोचना के क्षेत्र में।

(*d*) 'मनोविश्लेषण केवल फ्रायड के सिद्धांतों तक सीमित है।' → गलत।

मनोविश्लेषण केवल फ्रायड तक सीमित नहीं है, बल्कि युंग और एडलर जैसे मनोवैज्ञानिकों ने इसे नए आयाम दिए।

(*e*) 'इंडिपस कॉम्प्लेक्स का फ्रायड के सिद्धांत में महत्व नहीं है।' → गलत।

इंडिपस कॉम्प्लेक्स फ्रायड के सिद्धांत का एक महत्वपूर्ण अंग है, जो अवचेतन मन की ग्रंथियों और इच्छाओं को दर्शाता है।

61. (B):

(*a*) 'सम्पादक के पचीस वर्ष' - देवीदत्त शुक्ल → सही।

यह आत्मकथा हिंदी पत्रकारिता और संपादन से जुड़े अनुभवों पर आधारित है।

(*b*) 'साठ वर्ष एक रेखांकन' - सुमित्रानंदन पंत → सही।

यह आत्मकथा प्रसिद्ध हिंदी कवि सुमित्रानंदन पंत की जीवन यात्रा और काव्य-यात्रा का दस्तावेज है।

(*c*) 'दस्तक जिंदगी की' - शिवपूजन सहाय → गलत।

यह आत्मकथा शिवपूजन सहाय की नहीं है।

(*d*) 'मेरी अपनी कथा' - पदुमलाल पुन्नालाल बख्शी → सही।

यह आत्मकथा प्रसिद्ध साहित्यकार पदुमलाल पुन्नालाल बख्शी द्वारा लिखी गई है।

(*e*) 'मेरा जीवन' - प्रतिभा अग्रवाल → गलत।
यह आत्मकथा प्रतिभा अग्रवाल की नहीं है।

62. (C): 'चढ़ली जवानी मोरा अंग-अंग फड़के से, कब होइहै गवना हमार भउजियाऽऽऽ'

यह गीत फणीश्वर नाथ रेणु के उपन्यास 'मैला आँचल' में वर्णित 'भउजिया गीत' का उदाहरण है। भउजिया गीत भारतीय ग्रामीण परिवेश में महिलाओं द्वारा गाए जाने वाले पारंपरिक गीतों का एक प्रकार है।

यह गीत विवाह और पारिवारिक जीवन से संबंधित सामाजिक एवं सांस्कृतिक भावनाओं को व्यक्त करता है।

'मैला आँचल' में यह गीत ग्रामीण जीवन की जीवंतता और सामाजिक परंपराओं को उभारता है।

63. (C): 'कानों में कंगना' कहानी संवत् 1970 में 'इंदु' पत्रिका में प्रकाशित हुई थी।

- 'इंदु' पत्रिका भारतेन्दु युग के हिंदी साहित्य के प्रचार-प्रसार में महत्वपूर्ण भूमिका निभाने वाली पत्रिकाओं में से एक थी।
- इस पत्रिका में प्रमुख लेखकों की रचनाएँ प्रकाशित होती थीं, जो हिंदी साहित्य को एक नई दिशा देने का कार्य कर रही थीं।

64. (D): केवल (*a*), (*b*), (*d*)

(*a*) 'सुखमय जीवन' - 1911 → सही।
यह कहानी द्विजेंद्र लाल वर्मा द्वारा लिखी गई थी और 1911 में प्रकाशित हुई।

(*b*) 'शरणार्थी' - 1948 → सही।
यह कहानी विभाजन की त्रासदी और विस्थापन पर आधारित है और 1948 में प्रकाशित हुई।

(*c*) 'इंस्टालमेंट' - 1972 → गलत।
इस कहानी का प्रकाशन वर्ष 1972 नहीं था।

(*d*) 'ठुमरी' - 1960 → सही।
हृदयेश की यह प्रसिद्ध कहानी 1960 में प्रकाशित हुई थी।

(*e*) 'रास्ता इधर से है' - 1936 → गलत।
इस कहानी का प्रकाशन वर्ष 1936 नहीं था।

65. (B):

(*d*) रतिनाथ की चाची → नागार्जुन का पहला उपन्यास, जो 1949 में प्रकाशित हुआ।

(*b*) बलचनमा → 1952 में प्रकाशित, यह उनका महत्वपूर्ण यथार्थवादी उपन्यास है।

(*c*) नई पौध → 1956 में प्रकाशित, यह एक सामाजिक और राजनीतिक पृष्ठभूमि पर आधारित उपन्यास है।

(*a*) बाबा बटेसरनाथ → 1957 में प्रकाशित हुआ।

(*e*) वरुण के बेटे → 1970 में प्रकाशित, यह नागार्जुन का बाद का उपन्यास है।
नागार्जुन के उपन्यास भारतीय समाज, राजनीति और ग्रामीण जीवन के यथार्थ को दर्शाते हैं।

66. (A): 'पुत्रवती युवती जग सोई।
रामभक्त सुत जाकर होई।।'

उक्त पंक्तियों में 'गुणीभूत व्यंग्य' का 'अगूढ़ व्यंग्य' भेद पाया जाता है। गुणीभूत व्यंग्य वह व्यंग्य होता है जिसमें अभिधा (सीधा अर्थ) प्रमुख होती है, लेकिन व्यंग्य का आभास भी बना रहता है। अगूढ़ व्यंग्य वह होता है जिसमें वास्तविक अर्थ स्पष्ट रूप से सामने नहीं आता, लेकिन व्यंजना से गहरा भाव उभरता है।

यहाँ 'पुत्रावती' (पुत्रवती स्त्री) का व्यंग्यार्थ यह हो सकता है कि वास्तव में स्त्री पुत्रवती होगी या नहीं, यह अनिश्चित है, लेकिन धार्मिक आस्था के कारण लोग इस कथन को सत्य मानते हैं।

67. (C):

(*a*) 'तस्य च कारणं कविगता केवला प्रतिभा चा' - वाग्भट्ट प्रथम → गलत।
वाग्भट्ट प्रथम ने इस प्रकार की कोई प्रसिद्ध पंक्ति नहीं दी है जो प्रतिभा के संदर्भ में उल्लेखनीय हो।

(*b*) 'प्रज्ञा नवनवोन्मेषशालिनी प्रतिभा मता' - भट्टतौत → सही।
भट्टतौत ने प्रतिभा को 'नवनवोन्मेषशालिनी' कहा है, जिसका अर्थ यह है कि प्रतिभा वह क्षमता है जो नित्य नए विचारों को जन्म देती है। यह विचार रचनात्मकता और मौलिकता पर बल देता है, जो काव्य की उत्पत्ति के लिए आवश्यक तत्व माने जाते हैं।

(*c*) 'कवित्वबीजं प्रतिभानम्' - वामन → सही।
वामन के अनुसार, प्रतिभा ही कवित्व (कविता लिखने की क्षमता) का बीज है। उन्होंने यह बताया कि प्रतिभा के बिना कोई व्यक्ति कवि नहीं बन सकता, चाहे उसे अन्य सभी गुण प्राप्त हों।

(*d*) 'प्रतिभा कारणं तस्य व्युत्पत्तिस्तु विभूषणम्' - भामह → गलत।

भामह ने प्रतिभा को एक आवश्यक तत्व के रूप में तो स्वीकार किया, लेकिन उन्होंने इसे काव्य का प्रमुख कारण नहीं माना।

(*e*) 'काव्यं तु जायते जातु कस्यचित् प्रतिभावतः' - आचार्य जगन्नाथ → गलत।

यह विचार प्रतिभा पर केंद्रित नहीं है, बल्कि कवित्व की उत्पत्ति को लेकर अलग दृष्टिकोण रखता है।

निष्कर्ष : काव्यशास्त्र में प्रतिभा को एक प्राकृतिक गुण माना गया है, जो बिना अभ्यास के भी व्यक्ति को श्रेष्ठ रचनाकार बना सकता है। भट्टतौत और वामन ने प्रतिभा को काव्य के निर्माण का प्रमुख कारण माना है, इसलिए केवल (*b*) और (*c*) सही उत्तर हैं।

68. (B):

- कंठ्य (गले से उच्चरित होने वाले व्यंजन) → क, ख, ग, घ।
- मूर्धन्य (तालू के ऊपरी भाग से उच्चरित होने वाले व्यंजन) → ट, ठ, ड, ढ, ण।
- दन्त्य (दाँतों से उच्चरित होने वाले व्यंजन) → त, थ, द, ध, न।
- ओष्ठ्य (होठों से उच्चरित होने वाले व्यंजन) → प, फ, ब, भ, म।

69. (A): 'दिशा की खोज' उपशीर्षक 'आवारा मसीहा' रचना से संबंधित है। विष्णु प्रभाकर द्वारा लिखित 'आवारा मसीहा', प्रसिद्ध उपन्यासकार शरतचंद्र चट्टोपाध्याय की जीवनी है। इस रचना में शरतचंद्र के संघर्ष, साहित्यिक यात्रा, सामाजिक दृष्टिकोण और बंगाल की तत्कालीन स्थिति को विस्तार से चित्रित किया गया है। 'दिशा की खोज' उपशीर्षक शरतचंद्र के जीवन में उनकी आत्मसंघर्ष और साहित्य के प्रति समर्पण को दर्शाता है।

70. (C): भारतेन्दु हरिश्चन्द्र के नाटकों का सही कालक्रम निर्धारित करने के लिए हमें उनके रचनाकाल को देखना होगा। ये नाटक हिंदी साहित्य के आधुनिक युग के प्रारंभिक चरण के हैं, और इनकी रचना 19वीं शताब्दी के उत्तरार्ध में हुई। नीचे दिए गए नाटकों के प्रकाशन या रचना वर्ष के आधार पर क्रम निम्नलिखित है :

- **विद्यासुन्दर (*e*):** यह नाटक 1868 में लिखा गया था। यह भारतेन्दु का पहला प्रमुख नाटक माना जाता है, जो बंगाली नाटक का अनुवाद था।
- **सत्य हरिश्चन्द्र (*c*):** यह 1875 में प्रकाशित हुआ। यह एक मूल नाटक है जो नैतिकता और सत्य के विषय पर आधारित है।
- **मुद्राराक्षस (*d*):** यह 1877 में प्रकाशित हुआ। यह संस्कृत नाटक का अनुवाद है, जो राजनीतिक 'षड्यंत्र को दर्शाता है।
- **भारत दुर्दशा (*a*):** यह 1880 में लिखा गया। यह भारतेन्दु का सबसे प्रसिद्ध नाटक है, जो देश की दयनीय स्थिति को चित्रित करता है।
- **सती प्रताप (*b*):** यह 1883 में प्रकाशित हुआ। यह उनके बाद के नाटकों में से एक है, जो सती प्रथा पर आधारित है।

इन तिथियों के आधार पर सही कालक्रम है : विद्यासुन्दर (1868), सत्य हरिश्चन्द्र (1875), मुद्राराक्षस (1877), भारत दुर्दशा (1880), सती प्रताप (1883)।

71. (C): यह निबंध संकलन विद्यानिवास मिश्र जी का नहीं है। विद्यानिवास मिश्र हिंदी के प्रसिद्ध साहित्यकार, निबंधकार और भाषाविद् थे। उनके प्रमुख निबंध संकलनों में 'छितवन की छाँह', 'परंपरा बंधन नहीं', और 'अंगद की नियति' शामिल हैं। 'प्रिया नीलकंठी' नामक निबंध संकलन विद्यानिवास मिश्र जी का नहीं है, बल्कि यह अमृतलाल नागर की रचनाओं में शामिल है। विद्यानिवास मिश्र की रचनाएँ विशेष रूप से भारतीय संस्कृति, भाषा और परंपराओं पर आधारित होती हैं।

72. (D):

(*d*) **कीर्केगार्ड (1813-1855)** → अस्तित्ववाद के प्रवर्तकों में से एक, उन्होंने ईसाई दर्शन और व्यक्तिगत अस्तित्व पर विचार प्रस्तुत किए।

(*b*) **नीत्शे (1844-1900)** → जर्मन दार्शनिक, जिन्होंने 'ईश्वर की मृत्यु' और शक्ति की अवधारणा पर जोर दिया।

(*c*) **क्रोचे (1866-1952)** → कला और सौंदर्यशास्त्र पर अपने विचार प्रस्तुत करने वाले प्रमुख विचारक।

(*a*) **इलियट (1888-1965)** → साहित्यिक आलोचना और आधुनिकतावादी काव्य प्रवृत्तियों के समर्थक।

(*e*) **ज्याँ पॉल सार्त्र (1905-1980)** → आधुनिक अस्तित्ववाद के प्रमुख दार्शनिक, जिन्होंने स्वतंत्रता और उत्तरदायित्व पर बल दिया।

73. (A): 'पृथ्वी पर श्रीमती महारानी के अधिकार में जितने देश हैं जिनका विस्तार भूगोल के सातवें भाग से कम नहीं है और जिनमें तीस करोड़ आदमी बसते हैं।''

यह कथन 'दिल्ली दरबार दर्पण' नामक निबंध से लिया गया है। 'दिल्ली दरबार दर्पण' भारत में ब्रिटिश शासन और उसके प्रभावों पर केंद्रित निबंध है, जिसमें ब्रिटिश साम्राज्य की व्यापकता को दर्शाया गया है। यह निबंध तत्कालीन ब्रिटिश शासन की नीतियों और भारत पर उनके प्रभावों की व्याख्या करता है। इस निबंध में ब्रिटिश सत्ता की तुलना वैश्विक साम्राज्यों से करते हुए भारत के स्थान को स्पष्ट किया गया है।

74. (C): पं. गोविंद वल्लभ पंत विरचित नाटक 'वरमाला' मार्कण्डेय पुराण की कथा पर आधारित है। 'वरमाला' में पुराणों से ली गई कथाएँ और भारतीय धार्मिक परंपराओं की झलक मिलती है। मार्कण्डेय पुराण हिंदू धर्म के महत्वपूर्ण पुराणों में से एक है, जिसमें धार्मिक और नैतिक उपदेशों का उल्लेख है। इस नाटक में धार्मिकता, नैतिकता और समाज के प्रति कर्तव्य पर बल दिया गया है।

75. (D):

(*a*) 'भोलाराम का जीव' - व्यंग्य → सही।

हरिशंकर परसाई की प्रसिद्ध व्यंग्य रचना, जिसमें नौकरशाही की विसंगतियों पर तीखा कटाक्ष किया गया है।

(*b*) 'नेत्रदान' - आत्मकथा → गलत।

'नेत्रदान' आत्मकथा नहीं है, बल्कि यह किसी अन्य विधा की रचना है।

(*c*) 'मुर्दहिया' - कहानी → गलत।

'मुर्दहिया' रामनाथ गोयनका की आत्मकथा है, न कि कहानी।

(*d*) 'कुसुमांजलि' - नाटक → गलत।

'कुसुमांजलि' काव्य संकलन है, न कि नाटक।

(*e*) 'आवारा मसीहा' - जीवनी → सही।

विष्णु प्रभाकर द्वारा लिखित, यह शरतचंद्र चट्टोपाध्याय की जीवनी है, जो उनके संघर्ष और साहित्यिक योगदान को दर्शाती है।

76. (A):

- 'मुद्राराक्षस' भारतेन्दु हरिश्चन्द्र द्वारा संस्कृत नाटक का हिंदी अनुवाद है, जो ऐतिहासिक और राजनीतिक घटनाओं पर आधारित है।
- 'जनमेजय का नागयज्ञ' जयशंकर प्रसाद द्वारा लिखा गया नाटक है, जो पौराणिक कथा पर आधारित है।
- 'जय-पराजय' उपेन्द्रनाथ अश्क का एक नाटक है, जो आधुनिक समाज और संघर्षों को दर्शाता है।
- 'कलंकी' लक्ष्मीनारायण लाल का नाटक है, जिसमें नाटकीयता और चरित्रों के गहरे मनोवैज्ञानिक विश्लेषण को महत्व दिया गया है।

77. (B):

(*a*) संवृत्त स्वर - उ → सही।

संवृत्त स्वर वे स्वर होते हैं जिनमें मुख के अंदर वायु का प्रवाह अपेक्षाकृत संकुचित होता है। 'उ' इस श्रेणी में आता है।

(*b*) स्पर्श व्यंजन - क → सही।

स्पर्श व्यंजन वे होते हैं जिनमें उच्चारण के दौरान वायु का पूरा अवरोध होता है, जैसे 'क', 'ग' आदि।

(*c*) विवृत स्वर - अ → गलत।

विवृत स्वर वे होते हैं जिनमें मुख पूरी तरह खुला रहता है, लेकिन 'अ' पूर्ण विवृत स्वर नहीं है।

(*d*) संघर्षी व्यंजन - आ → गलत।

'आ' स्वर है, जबकि संघर्षी व्यंजन में वायु की घर्षण होती है, जैसे 'श'।

(*e*) लुंठित - ल → गलत।

'ल' को लुंठित ध्वनि नहीं कहा जाता।

78. (B):

(*a*) दृश्य बिम्ब आकार वाले होते हैं। → सही।

दृश्य बिम्ब में किसी वस्तु, व्यक्ति या स्थान का चित्रात्मक विवरण होता है, जिसे आँखों के माध्यम से अनुभव किया जा सकता है।

(*b*) श्रव्य बिम्ब का ग्रहण कर्णेन्द्रिय के द्वारा होता है। → सही।

श्रव्य बिम्ब में ध्वनियों, आवाजों और संगीत का उल्लेख किया जाता है, जो कान से सुने जा सकते हैं।

(*c*) जटिल बिम्ब में अनुभूति का बिम्ब सरल होता है। → गलत।

जटिल बिम्ब में कई अनुभव और प्रतीक शामिल होते हैं, जो सरल नहीं होते।

(*d*) सरल अनुभूतियों से प्रेरित बिम्ब मिश्र बिम्ब कहलाते हैं। → गलत।

मिश्र बिम्ब में एक से अधिक प्रकार की अनुभूतियाँ मिश्रित होती हैं।

(*e*) मिश्र बिम्ब में मिश्र अनुभूति का बिम्ब सरल बिम्ब कहलाता है। → गलत।

79. (C):

(*a*) 'दयानारायण निगम ने अध्यापक पूर्ण सिंह के 'शिवशम्भू के चिट्ठे' की आलोचना 'जमाना' में की - रामचन्द्र शुक्ल' → गलत।

रामचन्द्र शुक्ल ने 'शिवशम्भू के चिट्ठे' की प्रशंसा की थी, आलोचना नहीं की।

(*b*) 'बालमुकुन्द गुप्त ने बैसवाड़ी के मूलवासी 'सरस्वती' संपादक हजारी प्रसाद द्विवेदी पर कठोर व्यंग्य किया था - राम विलास शर्मा' → गलत।

हजारीप्रसाद द्विवेदी पर ऐसा व्यंग्य नहीं किया गया था।

(*c*) 'अच्छी हिन्दी बस एक व्यक्ति लिखता था, और वो था 'बालमुकुन्द गुप्त' - आचार्य हजारी प्रसाद द्विवेदी' → गलत।

बालमुकुंद गुप्त की भाषा शैली प्रभावशाली थी, लेकिन यह कथन संदिग्ध है।

(*d*) 'उस शेर को पढ़कर मैं रात भर बेकरार रहा, मजे ले लेकर बार-बार पढ़ता और झूमता था - पद्मसिंह शर्मा' → सही।

(*e*) 'भला इस संसार को बनाने का क्या काम था, व्यर्थ इतने उल्लू एक संग पिंजड़े में बंद कर दिए - भारतेन्दु' → सही।

80. (B): 'Existentialism and Humanism' में अस्तित्ववाद पर विचार किया गया है। ज्याँ पॉल सार्त्र ने 'Existentialism is a Humanism' (अस्तित्ववाद और मानवतावाद) में अस्तित्ववाद (Existentialism) की व्याख्या की। इसमें उन्होंने कहा कि मनुष्य का कोई पूर्व निर्धारित उद्देश्य नहीं होता, बल्कि वह अपने कार्यों से अपना अस्तित्व स्वयं निर्धारित करता है। अस्तित्ववाद के अनुसार, मनुष्य स्वतंत्र है और अपने निर्णयों के लिए स्वयं उत्तरदायी है। इस पुस्तक में मानव स्वतंत्रता, नैतिकता और अस्तित्व के अर्थ पर गहन चिंतन किया गया है।

81. (B):

(*a*) चेतनता एक विलसती आनंद अखंड घना था। – II (जयशंकर प्रसाद)

(*b*) शक्ति की करो मौलिक कल्पना, करो पूजन – I (सूर्यकांत त्रिपाठी निराला)

(*c*) प्रिय आनंद छंद तुम मेरे, आत्मा के स्वर –IV (सुमित्रानंदन पंत)

(*d*) मैं अबला, बाला वियोगिनी, कुछ तो दया विचारो – III (मैथिली शरण गुप्त)

- जयशंकर प्रसाद छायावादी काव्यधारा के प्रमुख कवि थे, जिनकी रचनाओं में दर्शन और गहराई दिखाई देती है।
- सूर्यकांत त्रिपाठी निराला ने काव्य में मौलिकता और शक्ति को महत्व दिया।
- सुमित्रानंदन पंत ने प्रकृति और प्रेम को अपनी काव्यधारा का आधार बनाया।
- मैथिलीशरण गुप्त भारतीय नारी की वेदना और सामाजिक मूल्यों को अभिव्यक्त करने वाले कवि थे।

82. (A):

(*a*) कला विवेचन - कुमार विमल → सही।

यह पुस्तक साहित्यिक आलोचना और काव्य की विभिन्न प्रवृत्तियों का विवेचन करती है।

(*b*) शब्द और स्मृति - निर्मल वर्मा → सही।

यह प्रसिद्ध निबंध संग्रह है जिसमें निर्मल वर्मा ने साहित्य, समाज और स्मृतियों पर विचार व्यक्त किए हैं।

(*c*) नयी कविता के प्रतिमान - नामवर सिंह → गलत।

इस पुस्तक का संबंध साहित्यिक आलोचना से है, लेकिन इसे सही विकल्प में नहीं लिया गया।

(*d*) आधुनिकता के पहलू - विपिन कुमार अग्रवाल → सही।

इसमें आधुनिक साहित्य की प्रवृत्तियों और उनके प्रभावों की चर्चा की गई है।

(*e*) नयी कविता स्वरूप और समस्याएँ - लक्ष्मीकांत वर्मा → गलत।

इस पुस्तक का उल्लेख प्रमुख काव्यालोचना में नहीं मिलता।

83. (C):

(*a*) सोमप्रभसूरि - कुमारपाल प्रतिबोध → सही।

कुमारपाल प्रतिबोध जैन ग्रंथों में प्रमुख स्थान रखता है।

(*b*) जैनाचार्य मेरुतुंग - रणमल्ल छंद → गलत।

मेरुतुंग ने प्रबंध चिंतामणि की रचना की, जबकि रणमल्ल छंद अन्य ग्रंथ है।

(*c*) नरपति नाल्ह - बीसलदेव रासो → सही।

बीसलदेव रासो राजस्थान की ऐतिहासिक गाथाओं पर आधारित कृति है।

(*d*) श्रीधर - प्रबंध चिंतामणि → गलत।

श्रीधर ने यह रचना नहीं लिखी थी।

(*e*) भट्टकेदार - जयचंद प्रकाश → सही।

यह रचना ऐतिहासिक दृष्टि से महत्वपूर्ण मानी जाती है।

84. (A):

(*b*) **परीक्षा गुरु** - 1882 → हिंदी का पहला उपन्यास माना जाता है।

(*a*) **त्रिवेणी** - 1891 → यह साहित्यिक परंपरा में एक महत्वपूर्ण उपन्यास है।

(*c*) **चंद्रकांता** - 1892 → देवकीनंदन खत्री का लोकप्रिय तिलस्मी उपन्यास।

(*d*) **तारा** - 1898 → ऐतिहासिक उपन्यास।

(*e*) **आदर्श हिंदू** - 1900 → इस उपन्यास में सामाजिक और धार्मिक आदर्शों का चित्रण किया गया है।

85. (D): 'साहित्य की ताजगी और वेधकता जितनी शौकिया लेखक में होती है, उतनी पेशेवर में नहीं होती।'

रामधारी सिंह दिनकर द्वारा रचित संस्कृति के चार अध्याय भारतीय संस्कृति के विकास, संघर्ष और एकता पर आधारित पुस्तक है। यह भारतीय समाज में सांस्कृतिक मूल्यों, विविधता और समन्वय की पड़ताल करती है। इस कथन में यह बताया गया है कि जो लेखक साहित्य को मात्र शौक के रूप में अपनाते हैं, वे अधिक मौलिक और ताजगी से भरे होते हैं, जबकि पेशेवर लेखकों की शैली में एक विशिष्ट ढर्रा आ जाता है। इसमें भारतीय इतिहास, परंपरा और सांस्कृतिक प्रवाह की गहरी विवेचना की गई है।

86. (A):

(*a*) भाग्यरेखा - 1953 → सही।

यह भीष्म साहनी के आरंभिक कहानी संग्रहों में से एक है, जिसमें सामाजिक और राजनीतिक चेतना की झलक मिलती है।

(*b*) भटकती राख - 1966 → सही।

यह संग्रह भारतीय समाज के यथार्थ को दर्शाने वाली कहानियों का संकलन है।

(*c*) डायन - 1957 → गलत।

डायन की सही प्रकाशन तिथि 1998 है।

(*d*) पहला पाठ - 1984 → गलत।

यह कहानी संग्रह अन्य वर्ष में प्रकाशित हुआ था।

(*e*) पाली - 1998 → गलत।

पाली भीष्म साहनी की चर्चित कहानी है, लेकिन यह उपन्यास के रूप में अधिक प्रसिद्ध है।

87. (B):

(*a*) 'मूर्खता मेरी जन्मजात विरासत थी' - मुर्दहिया → सही।

यह वाक्य मुर्दहिया में वर्णित लेखक के आत्मकथात्मक संदर्भ को दर्शाता है।

(*b*) 'कर्म बहुत से आघात सहने का एकमात्र उपाय होता है'- एक बूँद सहसा उछली → गलत।

(*c*) 'जनविज्ञान की पहली कसौटी रंग की है' - माटी की मूरतें → गलत।

(*d*) 'आरंभ जितना महत्वपूर्ण होता है, अंत उतना ही महत्वहीन' - आवारा मसीहा → सही।

यह आवारा मसीहा में प्रस्तुत विचार है, जो शरतचंद्र चट्टोपाध्याय के जीवन को संदर्भित करता है।

(*e*) 'किसी भी शासन के दो प्रमुख अंग होते हैं - सुरक्षा और विधि व्यवस्था' - क्या भूलूँ क्या याद करूँ → सही।

यह वाक्य समाज और राजनीति के परिप्रेक्ष्य में प्रस्तुत किया गया है।

88. (B): 'केवल अतीत ही वर्तमान के रूप को मर्यादित नहीं करता, वर्तमान भी अतीत को प्रभावित करता है।'

टी. एस. इलियट ने साहित्यिक आलोचना में 'परंपरा और व्यक्तिगत प्रतिभा' पर बल दिया। उनके अनुसार, वर्तमान और अतीत एक-दूसरे को प्रभावित करते हैं और यह परंपरा की निरंतरता का प्रतीक है। यह विचार उनके 'Tradition and the Individual Talent' निबंध में स्पष्ट रूप से व्यक्त किया गया है।

89. (C):

(*a*) ह्रस्व स्वर - अ → सही।
ह्रस्व स्वर वे होते हैं जिनका उच्चारण समय सबसे कम होता है।

(*b*) दीर्घ स्वर - इ → गलत।
दीर्घ स्वर में 'इ' नहीं आता, बल्कि 'ई' आता है।

(*c*) दीर्घ स्वर - आ → सही।
दीर्घ स्वर वे होते हैं जिनका उच्चारण ह्रस्व की तुलना में अधिक समय तक होता है।

(*d*) प्लुत - ई → गलत।
प्लुत स्वर तीन मात्राओं तक खिंचने वाले स्वर होते हैं, लेकिन 'ई' सामान्य दीर्घ स्वर है।

(*e*) ह्रस्व स्वर - उ → सही।
'उ' ह्रस्व स्वर की श्रेणी में आता है।

90. (D):

- 'शिवासाधना' हरिकृष्ण प्रेमी का नाटक है, जिसमें धार्मिक भावनाएँ व्यक्त की गई हैं।
- 'मत्स्यगंधा' उदयशंकर भट्ट द्वारा लिखित नाटक है, जो पौराणिक कथाओं पर आधारित है।
- 'कामना' जयशंकर प्रसाद का नाटक है, जो उनके नाट्य साहित्य में महत्वपूर्ण स्थान रखता है।
- 'तौलिए' उपेन्द्रनाथ अश्क द्वारा लिखित व्यंग्यात्मक नाटक है, जिसमें सामाजिक कटाक्ष देखने को मिलता है।

91. (B): जनविज्ञान का कार्य नस्लों का वर्गीकरण करना है, न कि किसी नस्ल को सर्वश्रेष्ठ घोषित करना। अनुच्छेद के अनुसार, जनविज्ञान नस्लों को तीन भागों में बाँटता है–गोरे (काकेशियन), पीले (मंगोल) और काले (इथोपियन)। इसमें कहीं भी यह उल्लेख नहीं किया गया कि कोई भी नस्ल अन्य से श्रेष्ठ या निम्नतर है। इसलिए, यह कथन गलत है कि जनविज्ञान पहली नस्ल को सर्वश्रेष्ठ घोषित करता है।

92. (A): भारत में नस्लों की अलग-अलग पहचान करना मुश्किल हो गया है क्योंकि यहाँ के सभी लोग एक ही प्रकार की जलवायु और भू-भाग में हजारों वर्षों से निवास कर रहे हैं। अनुच्छेद में यह स्पष्ट रूप से उल्लेख किया गया है कि 'हजारों वर्षों से एक ही भू-भाग में, एक जैसी जलवायु में रहने के कारण भारतीय समाज के सभी लोगों में रूप-रंग, वेशभूषा, जीवन-दृष्टि, आचार-विचार में इतनी समानताएँ आ गई हैं कि नस्लों की अलग-अलग पहचान करना मुश्किल है।'

इससे स्पष्ट होता है कि समान जलवायु और पर्यावरणीय परिस्थितियाँ नस्लों के घुलने-मिलने और पहचान को धूमिल करने का मुख्य कारण हैं।

93. (B): अनुच्छेद के अनुसार, भारत में आर्य, द्रविड़, आदिवासी और मंगोल जातियों का प्रभाव देखा जा सकता है। भारतीय समाज में विभिन्न जातीय समूहों का इतिहास रहा है, जिसमें आर्यों और द्रविड़ों की संस्कृतियाँ प्रमुख रूप से उभरकर सामने आई हैं। भारत में उत्तर और मध्य क्षेत्र में आर्य संस्कृति का प्रभाव अधिक देखने को मिलता है, जबकि दक्षिण भारत में द्रविड़ संस्कृति प्रमुख रूप से विकसित हुई। आदिवासी और मंगोल जातीय प्रभाव भी सीमित क्षेत्रों में देखे जा सकते हैं।

94. (C): अनुच्छेद के अनुसार, द्रविड़ परिवार की भाषाएँ तमिल, मलयालम, कन्नड़ और तेलुगु हैं। चीनी भाषा का संबंध तिब्बती-चीनी भाषा परिवार से है, जो मंगोल जातीय समूह से प्रभावित भाषा मानी जाती है। इसलिए, चीनी भाषा को द्रविड़ भाषा परिवार का हिस्सा नहीं माना जाता है।

95. (B): भारतीय समाज में आर्य एवं इथोपियन जाति का प्रभाव है। : यह कथन असत्य है क्योंकि अनुच्छेद में इथोपियन नस्ल को भारतीय समाज से नहीं जोड़ा गया है। अनुच्छेद के अनुसार, भारतीय समाज में मुख्य रूप से आर्य, द्रविड़, आदिवासी और मंगोल जातियों का प्रभाव देखा जाता है। इथोपियन नस्ल को विशेष रूप से भारत के संदर्भ में उल्लेखित नहीं किया गया है। इसलिए, यह कथन गलत है कि भारतीय समाज में इथोपियन जाति का प्रभाव है।

96. (B): उत्तम पुस्तकों को स्वयं में निवेश के रूप में माना गया है क्योंकि वे व्यक्ति को सही मार्गदर्शन प्रदान करती हैं और उसके मानसिक, नैतिक एवं बौद्धिक विकास में सहायक होती हैं। अनुच्छेद में कहा गया है कि 'कुछ किताबें समय और परिस्थिति की सीमा से परे, महत्व की दृष्टि से सनातन होती हैं। अति उत्तम किताबें खरीदी जानी चाहिए क्योंकि यह निवेश पुस्तकों में नहीं, स्वयं में है।' इसका अर्थ है कि उत्तम पुस्तकें व्यक्ति के विचारों को सकारात्मक दिशा देती हैं, जिससे उसका चरित्र निर्माण और विकास होता है। जब कोई व्यक्ति अच्छी पुस्तकों का अध्ययन करता है, तो उसमें ज्ञान, नैतिकता और सही दिशा में सोचने की क्षमता विकसित होती है। इसलिए, उत्तम पुस्तकों में निवेश को स्वयं में निवेश माना गया है।

97. (C): अनुच्छेद में स्पष्ट रूप से कहा गया है कि 'सफल नाविक बनने के लिए नौकायन से जुड़ी पत्रिका प्रेरणा दे सकती है।' यह बताता है कि यदि कोई व्यक्ति नौकायन में दक्षता प्राप्त करना चाहता है, तो उसके लिए इस प्रकार की पत्रिकाएँ सहायक सिद्ध होंगी। यह केवल सामान्य नाविक ज्ञान देने के लिए नहीं, बल्कि सफल नाविक बनने के मार्गदर्शन के लिए है।

98. (C): अनुच्छेद में कहा गया है कि 'किताबें, लोग, संगीत या पत्रिका यदि खराब मिले तो मनुष्य का पतन ही होगा, उत्थान नहीं।' इसका अर्थ यह है कि यदि व्यक्ति बुरी संगति में रहता है या गलत पुस्तकों का अध्ययन करता है, तो उसकी सोच और आचरण नकारात्मक हो जाता है। इस प्रकार, बुरी किताबें और बुरे लोग व्यक्ति के विचारों को नकारात्मक दिशा में मोड़ सकते हैं, जिससे उसका पतन हो सकता है।

99. (D): पूरे अनुच्छेद में मनुष्य को सही संगति, सही पुस्तकें और सही संगीत का चयन करने पर बल दिया गया है। अनुच्छेद में यह स्पष्ट किया गया है कि यदि व्यक्ति सही पुस्तकें पढ़ता है, सही लोगों के साथ जुड़ता है, और सही प्रकार का संगीत सुनता है, तो यह उसके विकास में सहायक होता है। इसमें यह भी कहा गया है कि 'मन, वचन और कर्म के विकास के लिए सही चयन खुद ही करना पड़ता है।' इसलिए, सही चयन पर सबसे अधिक बल दिया गया है।

100. (D): अनुच्छेद में कहा गया है कि 'व्यायाम मानसिक और शारीरिक सेहत दोनों के विकास में सहायक होता है।' यह बताता है कि व्यायाम केवल शारीरिक नहीं, बल्कि मानसिक स्वास्थ्य में भी महत्वपूर्ण भूमिका निभाता है। इसमें यह भी कहा गया है कि 'व्यायाम से मन पर भी नियंत्रण करना सीख सकते हैं।' इसलिए, सही उत्तर यह है कि व्यायाम मन और शरीर के नियंत्रण में सहायता करता है।

पिछले प्रश्न-पत्र

National Testing Agency (NTA)

UGC-NET जूनियर रिसर्च फैलोशिप तथा सहायक प्राध्यापक पात्रता परीक्षा

हिन्दी, अगस्त-2024

(Exam held on 27-08-2024)

प्रश्न-पत्र-II

1. 'राजभाषा' के संबंध में निम्नलिखित तथ्य मिलते हैं:

(*a*) अनुच्छेद 343(1) के अनुसार संघ की राजभाषा हिंदी और लिपि देवनागरी होगी।

(*b*) 17 जून, 1957 को राष्ट्रपति द्वारा राजभाषा आयोग का गठन किया गया।

(*c*) अनुच्छेद 350 में उच्चतम न्यायालय और उच्च न्यायालयों आदि की भाषा की व्यवस्था है।

(*d*) अनुच्छेद 344 के अनुसार राष्ट्रपति संविधान के प्रथम पाँच और दस वर्ष के बाद राजभाषा आयोग नियुक्त कर सकता है।

(*e*) अनुच्छेद 345 में यह व्यवस्था है कि राज्य का विधानमंडल विधि द्वारा एक या अधिक प्रादेशिक भाषाओं या हिंदी को सरकारी प्रयोजनों के लिए स्वीकार कर सकेगा।

नीचे दिए गए विकल्पों में से **सही** उत्तर का चयन कीजिए:

A. केवल (*a*), (*b*), (*d*)
B. केवल (*a*), (*c*), (*e*)
C. केवल (*a*), (*c*), (*d*)
D. केवल (*a*), (*d*), (*e*)

2. अरस्तू के त्रासदी के सिद्धांत के अंगों का सही अनुक्रम है:

(*a*) कथानक
(*b*) विचार
(*c*) चरित्र
(*d*) गीत
(*e*) पदयोजना

नीचे दिए गए विकल्पों में से **सही** उत्तर का चयन कीजिए:

A. (*d*), (*e*), (*b*), (*a*), (*c*)
B. (*c*), (*a*), (*e*), (*d*), (*b*)
C. (*e*), (*a*), (*d*), (*b*), (*c*)
D. (*a*), (*c*), (*b*), (*e*), (*d*)

3. 'मजदूरी और प्रेम' निबंध के अनुसार सूची-I के साथ सूची-II का मिलान कीजिए:

सूची-I (फकीर)	सूची-II (मजदूरी का जीवन)
(*a*) जोन ऑफ आर्क	(*i*) जूते गांठना
(*b*) टालस्टाय	(*ii*) रंगमहलों में चटाई आदि बुनना
(*c*) उमर खैयाम	(*iii*) भेड़ें चराना
(*d*) खलीफा उमर	(*iv*) तम्बू सीना

नीचे दिए गए विकल्पों में से **सही** उत्तर का चयन कीजिए:

	(*a*)	(*b*)	(*c*)	(*d*)
A.	(*ii*)	(*i*)	(*iv*)	(*iii*)
B.	(*iii*)	(*i*)	(*iv*)	(*ii*)
C.	(*iii*)	(*iv*)	(*i*)	(*ii*)
D.	(*ii*)	(*iv*)	(*i*)	(*iii*)

4. विष्णु प्रभाकर के अनुसार– गांधी जी के आदेश पर महादेव देसाई ने शरतचन्द्र की किन रचनाओं का गुजराती में अनुवाद किया था?

(*a*) विराजबहू
(*b*) राम की सुमति
(*c*) चरित्रहीन
(*d*) मंझली दीदी
(*e*) अभिमान

नीचे दिए गए विकल्पों में से **सही** उत्तर का चयन कीजिए:

A. केवल (*a*), (*b*), (*c*)
B. केवल (*a*), (*b*), (*d*)
C. केवल (*a*), (*c*), (*e*)
D. केवल (*b*), (*c*), (*d*)

5. मानुस प्रेम भएउँ बैकुंठी। नाहिं त काह छार भरि मूठी।
पद्मावत में यह कथन किसके द्वारा कहा गया है?

A. अलाउद्दीन B. रत्नसेन
C. हीरामन शुक D. नागमती

6. राजा राममोहन राय के संबंध में उचित कथन है:

(*a*) राजा राममोहन राय भारत में राष्ट्रीय पत्रकारिता के संस्थापक माने जाते हैं।
(*b*) बहुदेववाद में उनकी गहरी आस्था थी।
(*c*) राजा राममोहन राय पश्चिमी ढंग की शिक्षा के विरोधी थे।
(*d*) उन्होंने 'संवाद कौमुदी' और 'मिरात-उल-अखबार' अखबार की स्थापना की।
(*e*) राजा राममोहन राय ने सेंसरशिप कानूनों के विरुद्ध सशक्त आंदोलन चलाया।

नीचे दिए गए विकल्पों में से **सही** उत्तर का चयन कीजिए:

A. केवल (*a*), (*b*) और (*e*)
B. केवल (*b*), (*c*) और (*e*)
C. केवल (*b*), (*d*) और (*e*)
D. केवल (*a*), (*d*) और (*e*)

7. ''जितना ग्राम गीत शीघ्र फैलते हैं और जितना काव्य को संगीत द्वारा सुनकर चित्त पर प्रभाव पड़ता है उतना साधारण शिक्षा से नहीं होता।'' उक्त कथन किस लेखक का है?

A. शिव प्रसाद 'सितारे हिंद'
B. राधाकृष्ण दास
C. भारतेंदु हरिश्चंद्र
D. प्रताप नारायण मिश्र

8. कला के किस क्षण से फैण्टेसी साहित्यिक कलात्मक अभिव्यक्ति का रूप धारण करने लगती है?

A. कला के उद्‌गम क्षण से
B. कला के पहले क्षण से
C. कला के दूसरे क्षण से
D. कला के तीसरे क्षण से

9. 'बच्चे प्रत्याशा में होंगे, नीड़ों से झाँक रहे होंगे।
यह ध्यान परों में चिड़िया के भरता, कितनी चंचलता है।'

यह पंक्तियाँ किस काव्य संग्रह से है?

A. विषादराग B. एकांत संगीत
C. निशा-निमंत्रण D. आकुल-अंतर

10. ''प्रत्येक वस्तु की निर्भरता चूँकि प्रौद्योगिकी पर होगी इसलिए विकसित एवं विकासशील समाजों के मध्य दूरी कम नहीं होगी, वरन् बढ़ेगी।'' उक्त मंतव्य किस विचारक ने व्यक्त किया है?

A. ल्योतार्द
B. फ्रेडरिक जेमेसन
C. टेरी इगलटन
D. देरीदा

11. 'कलम का सिपाही' जीवनी लिखने में जीवनीकार को निम्नलिखित में से किस स्रोत से मदद नहीं मिली?

A. प्रेमचंद की डायरी से
B. प्रेमचंद के पत्रों से
C. पुस्तक-पत्रिकाओं में प्रकाशित संस्मरणों से
D. मुंशी जी की सर्विस बुक से

12. "मैं मानता हूँ कि आप लोग कुचले हुए और उपेक्षित हैं, लेकिन आपको अपनी इस ताकत का एहसास होना चाहिए कि अगर आप चाहें तो प्रशासन की इस मशीन का चलना असंभव बना दे सकते हैं। यह आप ही लोग तो हैं जो रेलों और तारघरों को चलाते हैं।" यह कथन किस राष्ट्रीय नेता का है?

A. बालगंगाधर तिलक B. गोपालकृष्ण गोखले
C. अरविन्द घोष D. बिपिन चंद पाल

13. 'कोसी का घटवार' के आधार पर गुसाईं के कथनों को पहले से बाद के क्रम में लगाइए?

(*a*) कभी चार पैसे जुड़ जाएँ, तो गंगनाथ का जागर लगाकर भूल-चूक की माफी मांग लेना।
(*b*) बच्चा है, भूख लग आई होगी, डाँटने से क्या फायदा?
(*c*) सुबह से अब तक दस पंसेरी भी नहीं हुआ। सूरज कहाँ का कहाँ चला गया है।
(*d*) पिछले साल पलटन से लौट आया था, वक्त काटने के लिए यह लगवा लिया।
(*e*) लोग ठीक कहते हैं, औरत के हाथ की बनी रोटियों में स्वाद ही दूसरा होता है।

नीचे दिए गए विकल्पों में से **सही** उत्तर का चयन कीजिए:

A. (*a*), (*c*), (*d*), (*b*), (*e*)
B. (*c*), (*d*), (*b*), (*e*), (*a*)
C. (*d*), (*c*), (*b*), (*a*), (*e*)
D. (*a*), (*c*), (*b*), (*d*), (*a*)

14. 'शिवमूर्ति' निबंध के अनुसार निम्नलिखित में से कौन-सा मूर्तियों का मुख्य रंग नहीं है?

A. श्वेत B. लाल
C. काला D. हरा

15. क्रोचे के अनुसार अभिव्यंजना के संबंध में कथन है:

(*a*) अंतःप्रज्ञा और अभिव्यंजना में अभेद है।
(*b*) प्रत्येक अंतःप्रज्ञा कला नहीं होती है।
(*c*) कला-सृष्टि केवल आंतरिक है।
(*d*) कला रूप और वस्तु दोनों में होती है।
(*e*) कला अखंड है।

नीचे दिए गए विकल्पों में से **सही** उत्तर का चयन कीजिए:

A. केवल (*a*), (*b*), (*d*)
B. केवल (*b*), (*d*), (*e*)
C. केवल (*a*), (*c*), (*e*)
D. केवल (*b*), (*c*), (*d*)

16. मुक्तिबोध की कविता है:

(*a*) ब्रह्मराक्षस
(*b*) भूरी-भूरी खाक धूली
(*c*) भूलगलती
(*d*) टूटने का सुख
(*e*) भग्नदूत

नीचे दिए गए विकल्पों में से **सही** उत्तर का चयन कीजिए:

A. केवल (*a*), (*d*), (*e*)
B. केवल (*b*), (*c*), (*e*)
C. केवल (*a*), (*b*), (*c*)
D. केवल (*a*), (*c*), (*e*)

17. किस कहानी में घनश्याम नगर, कुल्लू, दिल्ली एंपोरियम, घूमनगंज आदि स्थानों का उल्लेख हुआ है?

A. पिता B. परिंदे
C. अमृतसर आ गया D. कोसी का घटवार

18. 'आगरा बाजार' नाटक में पात्रों के पहले से बाद के संवादों का सही अनुक्रम है:

(*a*) तरबूजवाला
(*b*) ककड़ीवाला
(*c*) पानवाला
(*d*) लड्डूवाला
(*e*) बरफवाला

नीचे दिए गए विकल्पों में से **सही** उत्तर का चयन कीजिए:

A. (*d*), (*a*), (*e*), (*b*), (*c*)
B. (*d*), (*e*), (*a*), (*c*), (*b*)
C. (*d*), (*b*), (*a*), (*c*), (*e*)
D. (*d*), (*b*), (*e*), (*a*), (*c*)

19. सूची-I के साथ सूची-II का मिलान कीजिए:

सूची-I (परिचय)	**सूची-II (पात्र)**
(*a*) रायसाहब का कारकुन	(*i*) झिंगुरी सिंह
(*b*) सबसे बड़े महाजन	(*ii*) श्याम बिहारी तंखा
(*c*) बीमा कंपनी की दलाली	(*iii*) पंडित नोखेराम
(*d*) बैंक मैनेजर और शक्कर मिल के मैनेजिंग डायरेक्टर	(*iv*) मिस्टर खन्ना

नीचे दिए गए विकल्पों में से **सही** उत्तर का चयन कीजिए:

	(*a*)	(*b*)	(*c*)	(*d*)
A.	(*i*)	(*iv*)	(*ii*)	(*iii*)
B.	(*i*)	(*ii*)	(*iv*)	(*iii*)
C.	(*iii*)	(*ii*)	(*i*)	(*iv*)
D.	(*iii*)	(*i*)	(*ii*)	(*iv*)

20. कोई भी हो वह क्या बोले, पागल बन नर निर्भर न करें।
अपनी दुर्बलता बल सम्हाल गंतव्य मार्ग पर पैर धरे।
कामायनी के किस सर्ग से उद्धृत है:

A. स्वप्न B. इड़ा
C. आशा D. संघर्ष

21. जिमि लोण विलिज्जइ पाणिएहि तिम घरिणी लइ चित्त।
समरस जाई तक्खणे जइ पुणु ते सम णिन्त।
इन काव्य– पंक्तियों के रचनाकार सिद्ध कवि हैं:

A. कण्हपा B. कमरिपा
C. सरहपा D. डोम्बिपा

22. सूची-I के साथ सूची-II का मिलान कीजिए:

सूची-I (हिंदी व्यंजन)	**सूची-II (उच्चारण स्थान)**
(*a*) प्, फ्, ब्, भ्	(*i*) वर्त्स्य
(*b*) न्, न्ह्, ल्, ल्ह्	(*ii*) कोमलतालव्य
(*c*) क्, ख्, ग्, घ्	(*iii*) द्वयोष्ठय
(*d*) च्, छ्, ज्, झ्	(*iv*) तालव्य

नीचे दिए गए विकल्पों में से **सही** उत्तर का चयन कीजिए:

	(*a*)	(*b*)	(*c*)	(*d*)
A.	(*iii*)	(*i*)	(*ii*)	(*iv*)
B.	(*iii*)	(*i*)	(*iv*)	(*ii*)
C.	(*iii*)	(*iv*)	(*ii*)	(*i*)
D.	(*iii*)	(*ii*)	(*i*)	(*iv*)

23. 'अंधेर नगरी' नाटक में 'तीसरा अंक' का स्थान है:

A. जंगल B. बाजार
C. राज सभा D. श्मशान

24. 'गोदान' में आए प्रसंगों को पहले से बाद के क्रम में व्यवस्थित कीजिए:

(*a*) शिकार प्रसंग
(*b*) भोला का होरी को गाय देना
(*c*) सुंदरिया गाय की हत्या
(*d*) दमड़ी बंसोड़ का प्रसंग
(*e*) रायसाहब के यहाँ धनुष यज्ञ

नीचे दिए गए विकल्पों में से **सही** उत्तर का चयन कीजिए:

A. (*a*), (*b*), (*d*), (*e*), (*c*)
B. (*b*), (*d*), (*e*), (*a*), (*c*)
C. (*b*), (*e*), (*d*), (*a*), (*c*)
D. (*a*), (*e*), (*c*), (*d*), (*b*)

25. "इस सौन्दर्य के सामने जीवन की सब सुविधाएँ हेय हैं। इसे आँखों में व्याप्त करने के लिए जीवन-भर का समय भी पर्याप्त नहीं।" 'आषाढ़ का एक दिन' नाटक का उक्त संवाद किसका है?

A. प्रियंगुमंजरी B. मल्लिका
C. कालिदास D. विलोम

26. लोन्जाइनस उदात्त के पांच स्रोत मानते हैं, इनका सही अनुक्रम है।

(*a*) महान विचारों की उद्‌भावना की क्षमता
(*b*) रचना की गरिमा और उत्कर्ष का समुचित प्रभाव
(*c*) प्रबल तथा अंतःप्रेरित भाव
(*d*) अलंकारों-विचारालंकार और शब्दालंकार का समुचित प्रयोग
(*e*) भव्य शब्द-योजना

नीचे दिए गए विकल्पों में से **सही** उत्तर का चयन कीजिए:

A. (*a*), (*c*), (*d*), (*e*), (*b*)
B. (*c*), (*d*), (*b*), (*a*), (*e*)
C. (*b*), (*d*), (*c*), (*e*), (*a*)
D. (*e*), (*a*), (*c*), (*d*), (*b*)

27. 'बलरामपुर' नामक स्थान का उल्लेख किस कहानी में हुआ है?

A. राजा निरबंसिया
B. लाल पान की बेगम
C. आकाशदीप
D. मारे गये गुलफ़ाम उर्फ तीसरी कसम

28. पालि के प्रसिद्ध वैयाकरण कच्चायन के अनुसार पालि में कितनी ध्वनियाँ थीं?

A. 40 B. 41
C. 42 D. 43

29. हिंदी की सार्वदेशिक व्यापकता के संबंध में निम्नलिखित कथन मिलते हैं:

(*a*) हिंदी की व्यापकता और लोकप्रियता का एक कारण साहित्य एवं संगीत की दृष्टि से उसकी संपन्नता भी है।
(*b*) हिंदी को देशव्यापी बनाने में वैष्णव धर्म, सूफी-संतों, निर्गुण-सगुण कवियों की महत्वपूर्ण भूमिका रही है।
(*c*) सभी रीतिकालीन हिंदी कवि राज्याश्रित थे।
(*d*) हिंदी के विकास में राजनीतिक परिस्थितियाँ और गतिविधियों का बड़ा हाथ रहा है।
(*e*) अहिंदी प्रदेश व्यापारिक दृष्टि से महत्वपूर्ण नहीं थे, इसलिए हिंदी की सार्वदेशिकता का विकास अवरुद्ध हुआ।

नीचे दिए गए विकल्पों में से **सही** उत्तर का चयन कीजिए:

A. केवल (*a*), (*b*), (*e*)
B. केवल (*a*), (*b*), (*d*)
C. केवल (*b*), (*d*), (*e*)
D. केवल (*b*), (*c*), (*d*)

30. झुनिया को शरण देने पर पंचायत का दंड चुकाने के लिए होरी ने किसके हाथ अपने घर को अस्सी रुपए में गिरो रखा।

A. झिंगुरी सिंह B. दातादीन
C. लाल पटेश्वरी D. नोखेराम

31. भरतमुनि ने काव्य-गुणों की संख्या कितनी मानी है?

A. 8 B. 9
C. 10 D. 11

32. निम्नलिखित में से किस कृति को 'जिंदगी का एक टुकड़ा मात्र' कहा गया है?

A. मुर्दहिया
B. एक कहानी यह भी
C. क्या भूलूँ क्या याद करूँ
D. आपहुदरी

33. 'दुलाईवाली' कहानी में सीता नामक बालिका की आयु है:

A. आठ वर्ष B. नौ वर्ष
C. दस वर्ष D. ग्यारह वर्ष

34. 'राम की शक्ति पूजा' की निम्नलिखित विशेषताएं हैं:

(*a*) इसका मूल स्रोत कृतिवास का बंगला रामायण है।
(*b*) शक्तिपूजा के प्रसंगों में राम की पराजय का कहीं भी उल्लेख नहीं है।
(*c*) अन्याय जिधर है, शक्ति को भी उधर ही होना चाहिए।
(*d*) पूरी कविता में अंधकार-प्रकाश का द्वंद्वयुद्ध निरंतर चलता रहता है।
(*e*) यह कविता निराश का महिमामंडन नहीं करती है।

नीचे दिए गए विकल्पों में से **सही** उत्तर का चयन कीजिए:

A. केवल (*a*), (*b*), (*c*)
B. केवल (*a*), (*d*), (*e*)
C. केवल (*a*), (*c*), (*d*)
D. केवल (*b*), (*c*), (*d*)

35. 'बाणभट्ट की आत्मकथा' में आई पंक्तियों को पहले से बाद के क्रम में व्यवस्थित कीजिए:

(*a*) विहार से जब मैं बाहर निकला, तो चित्त प्रसन्न था। आती बार मैंने रास्ते की ओर दृष्टि ही नहीं दी थी।

(*b*) निपुणिका आंगन के बाहर मेरी प्रतीक्षा कर रही थी। उसकी सखी बनकर मैं जब बाहर आया, तो...

(*c*) यद्यपि बाणभट्ट नाम से ही मेरी प्रसिद्धि है; पर यह मेरा वास्तविक नाम नहीं है।

(*d*) निपुणिका ने अपनी स्वामिनी को छिपा रखने के लिए जिस स्थान को चुना था, उसके दर्शन-मात्र से मेरा हृदय बैठ गया।

(*e*) भावी जीवन की रंगीन कल्पनाओं में डूबते-उतराते मनुष्य को आस-पास देखने की फुरसत कहाँ होती है।

नीचे दिए गए विकल्पों में से **सही** उत्तर का चयन कीजिए:

A. (*b*), (*e*), (*c*), (*a*), (*d*)
B. (*c*), (*e*), (*b*), (*d*), (*a*)
C. (*c*), (*b*), (*e*), (*d*), (*a*)
D. (*b*), (*c*), (*e*), (*a*), (*d*)

36. 'संस्कृति और सौन्दर्य' के अनुसार हजारी प्रसाद द्विवेदी अपने अंतिम दिनों में किस नाम से पुस्तक लिख रहे थे?

A. सौन्दर्यशास्त्र B. लालित्य मीमांसा
C. लालित्य योजना D. आनंदिनी वृत्ति

37. ''पृथ्वीराज रासो'' मध्यकालीन ब्रजभाषा में ही लिखा गया है, पुरानी राजस्थानी में नहीं, जैसा कि साधारणतया इस विषय में माना जाता है।'' यह कथन किसका है?

A. धीरेन्द्र वर्मा B. माता प्रसाद गुप्त
C. शिव प्रसाद सिंह D. हजारी प्रसाद द्विवेदी

38. 'मुर्दहिया' किस गाँव की बहुद्देशीय कर्मस्थली थी?

A. कनैला B. टड़िया
C. धरमपुर D. दौलताबाद

39. 'मारे गये गुलफाम उर्फ तीसरी कसम' कहानी में हीराबाई को ले जा रही बैलगाड़ी के रास्ते में उल्लिखित स्थानों को पहले से बाद के क्रम में लगाइए।

(*a*) फारबिसगंज (*b*) चम्पानगर
(*c*) सीताधार (*d*) तेगछिया
(*e*) ननपुर

नीचे दिए गए विकल्पों में से **सही** उत्तर का चयन कीजिए:

A. (*a*), (*c*), (*b*), (*d*), (*e*)
B. (*b*), (*d*), (*e*), (*c*), (*a*)
C. (*b*), (*e*), (*d*), (*a*), (*c*)
D. (*d*), (*e*), (*c*), (*b*), (*a*)

40. शिवपालगंज के बारे में किसे ऐसा लगने लगता है कि महाभारत की तरह, जो कहीं नहीं है वह यहाँ है, और जो यहाँ नहीं है वह कहीं नहीं है?

A. रुप्पन बाबू B. वैद्य जी
C. रंगनाथ D. बद्री

41. 'रुपैया को बजाकर देखा जाता है और आदमी को एक ही बोली से पहचाना जाता है।' यह उक्ति किस पात्र से संबद्ध है?

A. प्रशांत B. बालदेव
C. कालीचरण D. बावनदास

42. भारत सरकार के राजभाषा विभाग का सी-डैक की सहायता से 'लीला हिंदी प्रबोध' नामक सॉफ्टवेयर किसने तैयार किया?

A. बालेन्दु शर्मा दाधीच B. हेमंत शर्मा
C. विजय मल्होत्रा D. हेमंत दरबारी

43. सूची-I के साथ सूची-II का मिलान कीजिए:

सूची-I (नाटक)	सूची-II (पात्र)
(*a*) चन्द्रगुप्त	(*i*) अनिमा
(*b*) स्कंदगुप्त	(*ii*) प्रियंगुमंजरी
(*c*) अंजो दीदी	(*iii*) मालिनी
(*d*) आषाढ़ का एक दिन	(*iv*) लीला

नीचे दिए गए विकल्पों में से **सही** उत्तर का चयन कीजिए:

	(a)	(b)	(c)	(d)
A.	(iv)	(i)	(iii)	(ii)
B.	(iv)	(iii)	(ii)	(i)
C.	(iii)	(i)	(iv)	(ii)
D.	(iv)	(iii)	(i)	(ii)

44. निम्नलिखित विचारकों को जन्म वर्ष के अनुसार पहले से बाद के क्रम में लगाइए।

(a) फ्रायड (b) किर्केगार्द
(c) कार्ल मार्क्स (d) महात्मा गांधी
(e) जोतीराव फुले

नीचे दिए गए विकल्पों में से **सही** उत्तर का चयन कीजिए:

A. (c), (b), (e), (d), (a)
B. (b), (c), (e), (a), (d)
C. (b), (d), (a), (e), (c)
D. (e), (d), (c), (a), (b)

45. 'संस्कृति के चार अध्याय' के अध्याय एवं प्रकरण के आधार पर सूची-I के साथ सूची-II का मिलान कीजिए:

सूची-I (अध्याय)	सूची-II (प्रकरण)
(a) भारतीय जनता की रचना और हिन्दू संस्कृति का आविर्भाव	(i) अमृत और हलाहल का संघर्ष
(b) प्राचीन हिंदुत्व से विद्रोह	(ii) मुस्लिम-नवोत्थान
(c) हिन्दू-संस्कृति और इस्लाम	(iii) बौद्ध-आंदोलन के सामाजिक प्रसंग
(d) भारतीय संस्कृति और यूरोप	(iv) आर्य-द्रविड़ समस्याएं

नीचे दिए गए विकल्पों में से **सही** उत्तर का चयन कीजिए:

	(a)	(b)	(c)	(d)
A.	(iv)	(i)	(iii)	(ii)
B.	(iv)	(iii)	(i)	(ii)
C.	(ii)	(iii)	(i)	(iv)
D.	(ii)	(i)	(iii)	(iv)

46. 'आधे अधूरे' नाटक में पहले मंचन के संबंध में निम्नलिखित तथ्य मिलते हैं:

(a) बड़ी लड़की की भूमिका ऋचा व्यास ने निभाई।
(b) इसका पहला मंचन 'दिशांतर' नाट्य संस्था द्वारा किया गया।
(c) इसका निर्देशन श्री ओम शिवपुरी ने किया।
(d) छोटी लड़की की भूमिका अनुराधा कपूर ने निभाई।
(e) इसका मंचन फरवरी 1969 ई. में हुआ।

नीचे दिए गए विकल्पों में से **सही** उत्तर का चयन कीजिए:

A. केवल (a), (c) और (e)
B. केवल (b), (c) और (d)
C. केवल (b), (c) और (e)
D. केवल (a), (b) और (e)

47. निम्नलिखित राजनीतिक घटनाओं को पहले से बाद के क्रम में लगाइए?

(a) अखिल भारतीय हिन्दू महासभा का पहला अधिवेशन
(b) अखिल भारतीय मुस्लिम लीग की स्थापना
(c) सार्वजनिक गणपति पूजा का आरंभ
(d) असहयोग आंदोलन का आरंभ
(e) बंग विभाजन की घोषणा

नीचे दिए गए विकल्पों में से **सही** उत्तर का चयन कीजिए:

A. (c), (b), (e), (d), (a)
B. (b), (c), (a), (e), (d)
C. (c), (e), (b), (a), (d)
D. (e), (b), (c), (a), (d)

48. 'भारतवर्षोन्नति कैसे हो सकती है' के अनुसार सूची-I के साथ सूची-II का मिलान कीजिए:

सूची-I (प्रयोग की वस्तु)	सूची-II (निर्यातक देश)
(a) मारकीन की धोती	(i) फरासीस (फ्रांस)
(b) लाकलाट का अंगा	(ii) अमेरिका
(c) कंघी	(iii) इंग्लैण्ड
(d) चरबी की बत्ती	(iv) जर्मनी

नीचे दिए गए विकल्पों में से **सही** उत्तर का चयन कीजिए:

	(*a*)	(*b*)	(*c*)	(*d*)
A.	(*i*)	(*iii*)	(*ii*)	(*iv*)
B.	(*ii*)	(*iii*)	(*i*)	(*iv*)
C.	(*ii*)	(*i*)	(*iv*)	(*iii*)
D.	(*ii*)	(*iv*)	(*i*)	(*iii*)

49. 'प्रेमचंद घर में' में उल्लिखित निम्नलिखित तथ्यों को सही क्रम में लगाएं:

(*a*) प्रेमचंद द्वारा 'मोटेराम शास्त्री' नाम की कहानी लिखने पर एक शास्त्री महाशय ने केस दायर किया।

(*b*) शिवरानी देवी की पहली कहानी 'साहस' हंस में प्रकाशित हुई।

(*c*) शिवरानी देवी पिकेटिंग करते हुए गिरफ्तार हुई।

(*d*) लखनऊ के गवर्नर हेली धनपत राय जी को रायसाहबी देना चाहते थे क्योंकि वे भारत के सबसे बड़े राइटर थे।

(*e*) साहित्य सभा की मीटिंग के लिए प्रेमचंद पहली बार दिल्ली जाते हैं।

नीचे दिए गए विकल्पो में से **सही** उत्तर का चयन कीजिए:

A. (*a*), (*d*), (*c*), (*b*), (*e*)
B. (*a*), (*b*), (*d*), (*e*), (*c*)
C. (*b*), (*a*), (*d*), (*c*), (*e*)
D. (*b*), (*d*), (*a*), (*c*), (*e*)

50. शेखर द्वारा एक महीने के परिश्रम के बाद पहली पुस्तक तैयार करने का प्रसंग किस खंड में है?

A. उषा और ईश्वर
B. बीज और अंकुर
C. प्रकृति और पुरुष
D. पुरुष और परिस्थिति

51. 'मेरी तिब्बत यात्रा' में सत्य कथन है:

(*a*) भारत के नालंदा के नाम पर जहाँ लंका में एक नालंदा, वहाँ तिब्बत भी उससे वंचित नहीं है।

(*b*) तिब्बत में गदहेवाले 9-10 बजाकर चलते हैं, वहाँ खच्चर वाले दो-तीन घंटा रात रहते ही चल देते हैं।

(*c*) तिब्बत में सुरक्षित भारतीय ग्रंथों की सूची बिहार-उड़ीसा रिसर्च सोसायटी जर्नल के भाग 21वें में छपी है।

(*d*) इलाके के अफसरों को नेपाल में जोड़ूपोन् कहते हैं और उसके इलाके को जोड़ू कहा जाता है।

(*e*) भोटिया लोग छुपे (चोगा) के दामन से खाने-पीने की चीजों के छू जाने से बहुत परहेज करते हैं।

नीचे दिए गए विकल्पों में से **सही** उत्तर का चयन कीजिए:

A. केवल (*a*), (*b*), (*d*)
B. केवल (*a*), (*c*), (*e*)
C. केवल (*b*), (*d*), (*e*)
D. केवल (*b*), (*c*), (*d*)

52. 'सिंदूर की होली' नाटक में मनोरमा के कथन हैं:

(*a*) मैं तुम्हें अपना दूल्हा तो नहीं बना सकती लेकिन प्रेमी बना लूंगी।

(*b*) तुम जानती हो मैं किसे प्रेम करती हूँ, प्रेम दो-चार से तो नहीं हो सकता और फिर अब प्रथम दर्शन में प्रेम का समय भी नहीं रहा।

(*c*) कला की भावना किसके भीतर नही होती? शिक्षा और कला का संबंध कुछ नहीं है। कला का आधार तो है विश्वास और शिक्षा का संदेह।

(*d*) पुरुष का सबसे बड़ा रोग स्त्री है और स्त्री का सबसे बड़ा रोग है पुरुष।

(*e*) तुम कहते हो कि तुम जीवन भर अविवाहित रहोगे। इतना ही नहीं कितनी अनर्गल बातें तुम कह जाते हो। दस वर्ष का समय बीत गया। मेरा व्यवहार तुम्हारे साथ कैसा रहा, तुम स्वयं जानते हो।

नीचे दिए गए विकल्पों में से **सही** उत्तर का चयन कीजिए:

A. केवल (*a*), (*b*) और (*d*)
B. केवल (*b*), (*d*) और (*e*)
C. केवल (*b*), (*c*) और (*d*)
D. केवल (*a*), (*c*) और (*d*)

53. 'चीफ की दावत' कहानी के आधार पर शामनाथ के संबंध में सटीक कथन हैं:

(*a*) शामनाथ की भारतीयता में गहरी आस्था थी।

(*b*) शामनाथ ने माँ को सफेद कमीज और सफेद सलवार पहनने के लिए कहा।

(*c*) शामनाथ अपने चीफ को नापसंद करते थे।

(*d*) शामनाथ पार्टी की कामयाबी सुनिश्चित कर लेना चाहते थे।

(*e*) शामनाथ को दुनिया के कहे की चिंता होती थी।

नीचे दिए गए विकल्पों में से **सही** उत्तर का चयन कीजिए:

A. केवल (*a*), (*b*) और (*d*)

B. केवल (*b*), (*c*) और (*e*)

C. केवल (*b*), (*d*) और (*e*)

D. केवल (*a*), (*c*) और (*e*)

54. सूची-I के साथ सूची-II का मिलान कीजिए:

सूची-I (उपन्यासकार)	सूची-II (उपन्यास)
(*a*) ठाकुर प्रसाद सिंह	(*i*) भ्रम भंग
(*b*) देवेश ठाकुर	(*ii*) कुब्जा सुंदरी
(*c*) रामदरश मिश्र	(*iii*) मृगान्तक
(*d*) गंगा प्रसाद विमल	(*iv*) अपने लोग

नीचे दिए गए विकल्पों में से **सही** उत्तर का चयन कीजिए:

	(*a*)	(*b*)	(*c*)	(*d*)
A.	(*ii*)	(*i*)	(*iii*)	(*iv*)
B.	(*ii*)	(*i*)	(*iv*)	(*iii*)
C.	(*i*)	(*iii*)	(*iv*)	(*ii*)
D.	(*i*)	(*iv*)	(*ii*)	(*iii*)

55. 'किसी चीज को न जानना यदि गलत है, तो जान-बूझकर न भूल पाना, हमेशा जोंक की तरह उससे चिपटे रहना, यह भी गलत है।' 'परिंदें' कहानी का उक्त कथन किसने कहा?

A. ह्यूबर्ट

B. करीमुद्दीन

C. मिस लतिका

D. डाक्टर मुकर्जी

56. 'नाखून क्यों बढ़ते हैं?' के अनुसार सत्य कथन हैं:

(*a*) देवताओं के राजा का वज्र, जो दधीचि मुनि की हड्डियों से बना था।

(*b*) नखधर मनुष्य अब एटम-बम पर भरोसा करके आगे की ओर चल पड़ा है।

(*c*) मेरे निर्बोध बालक ने मानो मनुष्य जाति से ही प्रश्न किया है– जानते हो, नाखून क्यों बढ़ते हैं?

(*d*) एक बूढ़ा कहता था– बाहर नहीं, भीतर की ओर देखों। हिंसा को मन से दूर करो...

(*e*) महावीर ने ठीक ही कहा था कि मनुष्य की मनुष्यता यही है कि वह सबके दुःख सुख को सहानुभूति के साथ देखता है।

नीचे दिए गए विकल्पों में से **सही** उत्तर का चयन कीजिए:

A. केवल (*a*), (*b*), (*e*)

B. केवल (*a*), (*b*), (*d*)

C. केवल (*b*), (*c*), (*d*)

D. केवल (*b*), (*c*), (*e*)

57. "जब आप अपने को राजनीतिक अधिकारों की तुला पर कमजोर पाते हैं, तो आप सामाजिक व्यवस्था भी अच्छी नहीं बना सकते। और जब तक आपकी सामाजिक व्यवस्था तर्क और न्याय पर आधारित नहीं है, तब तक आप राजनीतिक अधिकारों का उपयोग करने के योग्य भी नहीं हो सकते।" कथन किस समाज सुधारक का है?

A. राजा राममोहन राय

B. केशव चन्द्र सेन

C. स्वामी दयानंद सरस्वती

D. महादेव गोविन्द रानाडे

58. किशोरी दास वाजपेयी की पुस्तक 'हिन्दी की वर्तनी तथा शब्द–विश्लेषण' के अध्यायों का सही अनुक्रम है:

(*a*) समास में वर्तनी की स्थिति

(*b*) वाक्य विन्यास में वर्तनी का विवेचन

(*c*) हिंदी की कुछ क्रियाएँ

(*d*) नाम यानी संज्ञाएँ

(*e*) हिंदी में अनुनासिक वर्ण और अनुस्वार

नीचे दिए गए विकल्पों में से **सही** उत्तर का चयन कीजिए:

A. (*c*), (*d*), (*a*), (*b*), (*e*)
B. (*c*), (*d*), (*e*), (*a*), (*b*)
C. (*d*), (*e*), (*c*), (*a*), (*b*)
D. (*d*), (*a*), (*b*), (*c*), (*e*)

59. कामायनी के सर्गों का सही अनुक्रम क्या है?

(*a*) संघर्ष
(*b*) स्वप्न
(*c*) निर्वेद
(*d*) दर्शन
(*e*) कर्म

नीचे दिए गए विकल्पों में से **सही** उत्तर का चयन कीजिए:

A. (*a*), (*b*), (*c*), (*d*), (*e*)
B. (*e*), (*b*), (*a*), (*c*), (*d*)
C. (*b*), (*c*), (*d*), (*a*), (*e*)
D. (*d*), (*e*), (*a*), (*b*), (*c*)

60. 'मजदूरी और प्रेम' निबंध के अनुसार पश्चिमी सभ्यता मुख मोड़ कर जिस नए आदर्श को उन्मुख है उस आदर्श को 'दर्शाने वाले देवता' कौन हैं?

A. वर्ड्सवर्थ
B. इलियट
C. टॉलस्टॉय
D. गोर्की

61. सूची-I के साथ सूची-II का मिलान कीजिए:

सूची-I (आलोचक)	**सूची-II (आलोचना ग्रंथ)**
(*a*) शांतिप्रिय द्विवेदी	(*i*) हिंदी साहित्य
(*b*) हजारी प्रसाद द्विवेदी	(*ii*) साहित्य का समाजशास्त्र और रूपवाद
(*c*) बच्चन सिंह	(*iii*) आधुनिक कविता का मूल्यांकन
(*d*) इंद्रनाथ मदान	(*iv*) युग और साहित्य

नीचे दिए गए विकल्पों में से **सही** उत्तर का चयन कीजिए:

	(*a*)	(*b*)	(*c*)	(*d*)
A.	(*iii*)	(*i*)	(*ii*)	(*iv*)
B.	(*iv*)	(*ii*)	(*i*)	(*iii*)
C.	(*iv*)	(*i*)	(*ii*)	(*iii*)
D.	(*iv*)	(*iii*)	(*ii*)	(*i*)

62. 'मजदूरी और प्रेम' निबंध में आई पंक्तियों को पहले से बाद के क्रम में व्यवस्थित कीजिए:

(*a*) आपने चार आने पैसे मजदूर के हाथ में रखकर कहा– "यह लो दिन भर की अपनी मजदूरी।" वाह क्या दिल्लगी है!
(*b*) हल चलाने वाले और भेड़ चराने वाले प्रायः स्वभाव से ही साधु होते हैं।
(*c*) पश्चिमी सभ्यता मुख मोड़ रही है। वह एक नया आदर्श देख रही है।
(*d*) मुझे तो मनुष्य के हाथ से बने कामों में उनकी प्रेममय पवित्र आत्मा की सुगंध आती है।
(*e*) आदमियों की तिजारत करना मूर्खों का काम है। सोने और लोहे के बदले मनुष्य को बेचना मना है।

नीचे दिए गए विकल्पों में से **सही** उत्तर का चयन कीजिए:

A. (*a*), (*b*), (*d*), (*c*), (*e*)
B. (*b*), (*a*), (*d*), (*e*), (*c*)
C. (*b*), (*a*), (*c*), (*d*), (*e*)
D. (*c*), (*a*), (*d*), (*e*), (*b*)

63. 'मैला आँचल' के अनुसार सत्य कथन हैं:

(*a*) 'मैला आँचल' दो खंडों में लिखा गया उपन्यास है।
(*b*) 'जवानी की सुन्दरता आग लगाती है और बुढ़ापे की सुन्दरता स्नेह बरसाती है।' यह कथन फुलिया की माँ के बारे में है।
(*c*) इस उपन्यास में कुल 67 खण्ड हैं।
(*d*) इस उपन्यास में कायस्थटोली के लोग राजपूतटोली को 'क्षत्रिय टोली' कहते हैं।
(*e*) 'एक दिन इस गाँव में गिद्ध-कौआ उड़ेगा। लक्षण अच्छे नहीं हैं।' कथन बूढ़े जोतखी का है।

नीचे दिए गए विकल्पों में से **सही** उत्तर का चयन कीजिए:

A. केवल (*a*), (*b*), (*c*)
B. केवल (*b*), (*c*), (*d*)
C. केवल (*a*), (*c*), (*e*)
D. केवल (*c*), (*d*), (*e*)

64. 'दयाराम' नामक पात्र का वर्णन किस कहानी में हुआ है?

A. अपना-अपना भाग्य
B. राज निरबंसिया
C. लाल पान की बेगम
D. राही

65. 'ध्रुवस्वामिनी' नाटक में ध्रुवस्वामिनी के संवादों को पहले से बाद के क्रम में लगाएँ:

(*a*) लौट जाओ, इस तुच्छ नारी-जीवन के लिए इतने महान उत्सर्ग की आवश्यकता नहीं।

(*b*) चन्द्रे! तुम मुझे दोनों ओर से नष्ट न करो। यहाँ से लौट जाने पर भी क्या मैं गुप्तकुल के अन्तःपुर में रहने पाऊँगी?

(*c*) तो फिर मेरा और तुम्हारा जीवन-मरण साथ ही होगा।

(*d*) चन्द्रे! मेरे भाग्य के आकाश में धूमकेतु-सी अपनी गति बंद करो।

(*e*) अपनी कामना की वस्तु न पाकर यह आत्महत्या जैसा प्रसंग तो नहीं है।

नीचे दिए गए विकल्पों में से **सही** उत्तर का चयन कीजिए:

A. (*a*), (*b*), (*d*), (*e*), (*c*)
B. (*a*), (*e*), (*b*), (*d*), (*c*)
C. (*b*), (*e*), (*a*), (*c*), (*d*)
D. (*b*), (*a*), (*e*), (*d*), (*c*)

66. सूची-I के साथ सूची-II का मिलान कीजिए:

सूची-I (पत्र-पत्रिकाएँ)	सूची-II (संपादक)
(*a*) सज्जन कीर्ति सुधाकर	(*i*) सीताराम
(*b*) प्रयाग समाचार	(*ii*) केशव राम भट्ट
(*c*) शुभचिंतक	(*iii*) वंशीधर
(*d*) बिहार बंधु	(*iv*) देवकीनंदन त्रिपाठी

नीचे दिए गए विकल्पों में से **सही** उत्तर का चयन कीजिए:

	(*a*)	(*b*)	(*c*)	(*d*)
A.	(*iii*)	(*ii*)	(*i*)	(*iv*)
B.	(*ii*)	(*iv*)	(*iii*)	(*i*)
C.	(*iii*)	(*iv*)	(*i*)	(*ii*)
D.	(*iv*)	(*i*)	(*iii*)	(*ii*)

67. फोर्ट विलियम कॉलेज के संबंध में सही कथन हैं:

(*a*) ईस्ट इंडिया कंपनी ने प्रशासनिक सुविधा के लिए सन् 1800 में फोर्ट विलियम कॉलेज की स्थापना की।

(*b*) 1802 में भाषा मुंशी के पद पर सदासुख लाल 'नियाज' नियुक्त हुए।

(*c*) फोर्ट विलियम कॉलेज की स्थापना अंग्रेज अफसरों को भारतीय रहन-सहन, सभ्यता, संस्कृति और देशी भाषा का ज्ञान कराने के लिए हुई थी।

(*d*) जॉन गिलक्राइस्ट हिन्दुस्तानी विभाग के प्रोफेसर नियुक्त हुए थे।

(*e*) फोर्ट विलियम कॉलेज में कार्य करते हुए इंशा अल्ला खां ने 'रानी केतकी की कहानी' लिखी।

नीचे दिए गए विकल्पों में से **सही** उत्तर का चयन कीजिए:

A. केवल (*a*), (*b*) और (*e*)
B. केवल (*a*), (*c*) और (*d*)
C. केवल (*b*), (*c*) और (*e*)
D. केवल (*b*), (*d*) और (*e*)

68. सूची-I के साथ सूची-II का मिलान कीजिए:

सूची-I (काव्य-लक्षण)	सूची-II (आचार्य)
(*a*) वाक्यं रसात्मकं काव्यम्	(*i*) वामन
(*b*) शब्दार्थो सहितौ काव्यं गद्यं-पद्यं च तत द्विधा	(*ii*) विश्वनाथ
(*c*) रमणीयार्थ प्रतिपादकः शब्दः काव्यम्	(*iii*) भामह
(*d*) काव्य शब्दोऽयं गुणालंकार संस्कृतयोः शब्दार्थ योर्वर्तते	(*iv*) पंडित राज जगन्नाथ

नीचे दिए गए विकल्पों में से **सही** उत्तर का चयन कीजिए:

	(a)	(b)	(c)	(d)
A.	(i)	(ii)	(iv)	(iii)
B.	(ii)	(iii)	(iv)	(i)
C.	(iv)	(ii)	(i)	(iii)
D.	(iii)	(ii)	(i)	(iv)

69. काव्य भाषा के संदर्भ में वर्ड्सवर्थ के उपयुक्त कथन हैं:

(a) प्रशांत मनोदशा में भावों का अनुस्मरण आवश्यक नहीं है।

(b) काव्य प्रबल भावों का सहज उच्छलन है।

(c) भावदीप्त मनोदशा में रचना का आरंभ होता है।

(d) भाव चाहे जिन कारणों से उत्पन्न हों, मन को आनंदित करते हैं।

(e) ग्रामीण भाषा काव्य के लिए उपयुक्त नहीं है।

नीचे दिए गए विकल्पों में से **सही** उत्तर का चयन कीजिए:

A. केवल (b), (c), (d)
B. केवल (a), (b), (e)
C. केवल (a), (d), (e)
D. केवल (b), (d), (e)

70. उत्तर प्रदेश सरकार द्वारा 31 जुलाई, 1947 ई. में गठित देवनागरी लिपि सुधार समिति के अध्यक्ष कौन थे?

A. उदयनारायण तिवारी B. चंद्रशेखर शास्त्री
C. नरेन्द्र देव D. नारायण चतुर्वेदी

71. निम्नलिखित में से किशोरीलाल गोस्वामी का उपन्यास नहीं है:

A. तारा B. कुसुम कुमारी
C. श्यामा स्वप्न D. रजिया बेगम

72. 'मानस का हंस' से संबंधित निम्नलिखित तथ्यों में से सही तथ्यों का चयन कीजिए:

(a) 'मानस का हंस' लिखने का विचार नागर जी को महेश कौल के साथ बात करते हुए आया था।

(b) दोहावली और गीतावली में तुलसी की जीवन-झांकी खासतौर पर मिलती है।

(c) उपन्यास में तुलसी के जन्म स्थान के रूप में राजापुर को चित्रित किया गया है।

(d) इस उपन्यास को लिखने से पहले नागर जी ने 'कवितावली' और 'विनयपत्रिका' को खास तौर पर पढ़ा।

(e) रघुबरदास जी 'मूल गोसाई चरित' के लेखक माने जाते हैं।

नीचे दिए गए विकल्पों में से **सही** उत्तर का चयन कीजिए:

A. केवल (a), (b), (c)
B. केवल (a), (c), (d)
C. केवल (b), (c), (d)
D. केवल (c), (d), (e)

73. बच्चन सिंह के अनुसार रामचंद्र शुक्ल की सीमाओं का उद्‌घाटन सर्वप्रथम किस आलोचक ने किया?

A. हजारी प्रसाद द्विवेदी B. नंददुलारे वाजपेयी
C. रामविलास शर्मा D. शांतिप्रिय द्विवेदी

74. 'मानव कब दानव से भी दुर्दांत, पशु से भी बर्बर और पत्थर से भी कठोर, करुणा के लिए निरवकाश हृदय वाला हो जाएगा, नहीं जाना जा सकता।'– 'चन्द्रगुप्त' नाटक का उक्त संवाद किसका है?

A. चाणक्य
B. अलका
C. सिंहरण
D. चन्द्रगुप्त

75. सूची-I के साथ सूची-II का मिलान कीजिए:

सूची-I ('मुर्दहिया' में प्रयुक्त शब्द)	सूची-II (आशय)
(a) डांगर	(i) लाल कपड़े में रखी हुई हस्तलिखित पाण्डुलिपि
(b) अन्यास	(ii) शवयात्रा के दौरान गाया जाने वाला विशेष भजन
(c) परवाना	(iii) मरे हुए पशुओं का मांस
(d) बिस्टौरिया	(iv) चांदी का सिक्का

नीचे दिए गए विकल्पों में से **सही** उत्तर का चयन कीजिए:

	(a)	(b)	(c)	(d)
A.	(ii)	(iii)	(iv)	(i)
B.	(iii)	(ii)	(iv)	(i)
C.	(iii)	(i)	(ii)	(iv)
D.	(ii)	(i)	(iii)	(iv)

76. 'कविता क्या है?' निबंध से संबंधित सत्य कथन हैं:

(a) इस शीर्षक से शुक्ल जी ने 1909 में एक छोटा-सा लेख लिखा था।

(b) निरंतर संशोधन-परिवर्धन के द्वारा अंततः 1929 में इसे अंतिम रूप प्राप्त हुआ।

(c) कविता का अंतिम लक्ष्य मनुष्य हृदय से सामंजस्य स्थापन करके उनके साथ जगत के मार्मिक पक्षों का प्रत्यक्षीकरण है।

(d) सौन्दर्य बाहर और मन के भीतर की वस्तु है।

(e) मनुष्य को कर्म में प्रवृत्त करनेवाली मूल प्रवृत्ति भावात्मिका है।

नीचे दिए गए विकल्पों में से **सही** उत्तर का चयन कीजिए:

A. केवल (a), (b), (e)
B. केवल (a), (b), (d)
C. केवल (b), (c), (d)
D. केवल (b), (d), (e)

77. सूची-I के साथ सूची-II का मिलान कीजिए:

सूची-I (कविता की पंक्तियाँ)	**सूची-II (कवि)**
(a) अब तक क्या किया जीवन क्या जिया	(i) अज्ञेय
(b) विस्तृत नभ का कोई कोना	(ii) निराला
(c) आराधन का दृढ़ आराधन से दो उत्तर	(iii) महादेवी वर्मा
(d) श्रेय नहीं कुछ मेरा, मैं तो डूब गया था स्वयं शून्य में।	(iv) मुक्तिबोध

नीचे दिए गए विकल्पों में से **सही** उत्तर का चयन कीजिए:

	(a)	(b)	(c)	(d)
A.	(ii)	(iii)	(i)	(iv)
B.	(i)	(ii)	(iii)	(iv)
C.	(i)	(ii)	(iv)	(iii)
D.	(iv)	(iii)	(ii)	(i)

78. कोऊ नहिं पकरत मेरो हाथ।
बीस कोटि सुत होत फिरत मैं हा हा होय अनाथ।।
'भारत दुर्दशा' नाटक में उक्त गीत किस अंक में है?

A. पहिला अंक
B. दूसरा अंक
C. तीसरा अंक
D. चौथा अंक

79. गैंग्रीन (रोज) कहानी के संबंध में उचित कथन है।

(a) मालती को अपने परिवार और गृहस्थी से सुख का अनुभव होता था।

(b) मालती के पति सरकारी डॉक्टर थे।

(c) सरकारी अस्पताल और डॉक्टर के प्रति उसके मन में अच्छी भावना थी।

(d) मालती ने पिता के द्वारा लाई किताब फाड़ कर फेंक दी थी।

(e) मालती के शिशु को चोटें लगती ही रहती है, रोज ही गिर पड़ता है।

नीचे दिए गए विकल्पों में से **सही** उत्तर का चयन कीजिए:

A. केवल (a), (b) और (d)
B. केवल (b), (c) और (d)
C. केवल (b), (d) और (e)
D. केवल (a), (d) और (e)

80. दिनकर के गीति-नाट्य 'उर्वशी' में निम्नलिखित विशेषताएँ दृष्टिगत होती हैं:

(a) उर्वशी में स्त्री-देह के प्रति उपेक्षा का भाव है।

(b) उर्वशी प्रेम और शृंगार के आवेग का काव्य है।

(c) उर्वशी और पुरुरवा के बीच प्रेम बहुत आध्यात्मिक स्तर का है।

(d) उर्वशी अपने नवजात शिशु की देखभाल स्वयं करती है।

(e) उर्वशी में रति चित्रों की पुनरावृत्ति बहुत है।

नीचे दिए गए विकल्पों में से **सही** उत्तर का चयन कीजिए:

A. केवल (*a*), (*b*), (*c*)
B. केवल (*b*), (*c*), (*d*)
C. केवल (*b*), (*d*), (*e*)
D. केवल (*a*), (*c*), (*e*)

81. सूची-I के साथ सूची-II का मिलान कीजिए:

सूची-I (निबंध)	**सूची-II (निबंधकार)**
(*a*) साहित्य की महत्ता	(*i*) बाबू गुलाबराय
(*b*) साहित्य के मूल्य	(*ii*) माखनलाल चतुर्वेदी
(*c*) साहित्य देवता	(*iii*) महावीर प्रसाद द्विवेदी
(*d*) साहित्य, कला और प्रेम	(*iv*) यशपाल

नीचे दिए गए विकल्पों में से **सही** उत्तर का चयन कीजिए:

	(*a*)	(*b*)	(*c*)	(*d*)
A.	(*iii*)	(*i*)	(*ii*)	(*iv*)
B.	(*iii*)	(*ii*)	(*i*)	(*iv*)
C.	(*iv*)	(*ii*)	(*i*)	(*iii*)
D.	(*i*)	(*iii*)	(*ii*)	(*iv*)

82. जहाँ उपमेय स्वयं ही अपना उपमान हो वहाँ कौन-सा अलंकार होता है?

A. व्यतिरेक
B. प्रतीप
C. अनन्वय
D. रूपक

83. रामचंद्र शुक्ल ने 'सरस्वती' में प्रकाशित निम्नलिखित कहानियों को मार्मिकता की दृष्टि से भाव प्रधान कहानियों के रूप में माना है:

(*a*) इंदुमती— किशोरीलाल गोस्वामी
(*b*) प्लेग की चुड़ैल— मास्टर भगवान दास
(*c*) दुलाई वाली— बंग महिला
(*d*) ग्यारह वर्ष का समय— रामचंद्र शुक्ल
(*e*) पंडित और पंडितानी— गिरिजा दत्त वाजपेयी

नीचे दिए गए विकल्पों में से **सही** उत्तर का चयन कीजिए:

A. केवल (*a*), (*d*), (*e*)
B. केवल (*a*), (*b*), (*e*)
C. केवल (*a*), (*c*), (*e*)
D. केवल (*a*), (*c*), (*d*)

84. "योरप का यह अभिव्यंजनावाद हमारे यहाँ के पुराने वक्रोक्तिवाद 'वक्रोक्तिः काव्य–जीवितम्' का ही नया रूप या विलायती उत्थान है।"— यह किस आलोचक का कथन है?

A. नन्ददुलारे वाजपेयी
B. शिवदान सिंह चौहान
C. रामचंद्र शुक्ल
D. रामविलास शर्मा

85. सूची-I के साथ सूची-II का मिलान कीजिए:

सूची-I (प्रकरण (परीक्षा गुरु))	**सूची-II (शीर्षक)**
(*a*) प्रकरण 1	(*i*) मित्रमिलाप
(*b*) प्रकरण 2	(*ii*) सौदागर की दुकान
(*c*) प्रकरण 3	(*iii*) अकाल में अधिकमास
(*d*) प्रकरण 4	(*iv*) संगति का फल

नीचे दिए गए विकल्पों में से **सही** उत्तर का चयन कीजिए:

	(*a*)	(*b*)	(*c*)	(*d*)
A.	(*i*)	(*iii*)	(*iv*)	(*ii*)
B.	(*i*)	(*iv*)	(*iii*)	(*ii*)
C.	(*ii*)	(*iii*)	(*iv*)	(*i*)
D.	(*ii*)	(*iv*)	(*iii*)	(*i*)

86. "बागबाँ आया गुलिस्ताँ में कि सैय्याद आया,
जो कोई आया मेरी जान को जल्लाद आया।"
अंग्रेजी राज्य के संदर्भ में यह कथन भारतेंदु के किस निबंध का है?

A. बादशाह–दर्पण
B. वैष्णवता और भारतवर्ष
C. अथ अंग्रेज स्तोत्र लिख्यते
D. पाँचवा पैगम्बर

87. ''मेरे राम का मुकुट भीग रहा है'' में आई पंक्तियों का सही अनुक्रम है:

(*a*) मानहुँ कालराति अँधियारी
(*b*) घोर जंतु सम पुर नरनारी
(*c*) लागति अवध भयावह भारी
(*d*) डरपहिं एकहि एक निहारी
(*e*) घर मसान परिजन जनु भूता

नीचे दिए गए विकल्पों में से **सही** उत्तर का चयन कीजिए:

A. (*a*), (*b*), (*c*), (*d*), (*e*)
B. (*a*), (*c*), (*d*), (*e*), (*b*)
C. (*c*), (*a*), (*b*), (*d*), (*e*)
D. (*c*), (*e*), (*a*), (*d*), (*b*)

88. सूची-I के साथ सूची-II का मिलान कीजिए:

सूची-I (अंधायुग अंक)	**सूची-II** (शीर्षक)
(*a*) दूसरा अंक	(*i*) अश्वत्थामा का अर्द्धसत्य
(*b*) तीसरा अंक	(*ii*) गांधारी का शाप
(*c*) चौथा अंक	(*iii*) पशु का उदय
(*d*) पांचवां अंक	(*iv*) विजयः एक क्रमिक आत्महत्या

नीचे दिए गए विकल्पों में से **सही** उत्तर का चयन कीजिए:

	(*a*)	(*b*)	(*c*)	(*d*)
A.	(*iii*)	(*ii*)	(*i*)	(*iv*)
B.	(*iii*)	(*i*)	(*ii*)	(*iv*)
C.	(*iii*)	(*iv*)	(*ii*)	(*i*)
D.	(*i*)	(*iii*)	(*ii*)	(*iv*)

89. हिंदी निबंध और निबंधकार का सही युग्म है:

(*a*) सब मिट्टी हो गया– माधव प्रसाद मिश्र
(*b*) धरती और धान– रामवृक्ष बेनीपुरी
(*c*) मुझे मेरे मित्रों से बचाइए– पद्म सिंह शर्मा
(*d*) उजड़ा स्वर्ग– रघुवीर सिंह
(*e*) नगर वधू– पांडेय बेचन शर्मा 'उग्र'

नीचे दिए गए विकल्पों में से **सही** उत्तर का चयन कीजिए:

A. केवल (*a*), (*b*), (*d*)
B. केवल (*a*), (*c*), (*e*)
C. केवल (*a*), (*c*), (*d*)
D. केवल (*b*), (*d*), (*e*)

90. ''गुरुपदेशादध्येतुं शास्त्रं जडधियोऽप्यलम्।
काव्यं तु जायते जातु कस्यचित् प्रतिभावतः''
काव्य के संबंध में यह उक्ति किस आचार्य की है?

A. मम्मट B. भामह
C. दंडी D. वामन

निर्देशः (प्र.सं. 91 से 95 तक): निम्नलिखित अवतरण को ध्यानपूर्वक पढ़िए और संबंधित प्रश्नों के उत्तर दीजिए:

सर्वोदय गांधी का सामाजिक आदर्श है। सर्वोदय का अर्थ है सबकी उन्नति और उसका ध्येय है, हृदय परिवर्तन। हृदय परिवर्तन अन्यायी, शोषक और अत्याचारी का। गांधीवाद के मूल स्तम्भ दो हैं– सत्य और अहिंसा। सत्य का ही दूसरा नाम उन्होंने परमेश्वर माना है तथा समस्त सृष्टि में एक ही तत्व की व्याप्ति स्वीकार कर ईश्वर और मनुष्य एवं अन्य जीवधारियों की एकता स्वीकार की है। अहिंसा में केवल द्वेष का अभाव ही नहीं, प्रेम की संप्राप्ति भी है। यह प्रेम स्वार्थ, मोह, आसक्ति आदि से भिन्न होता है। इस अहिंसा में बैर-त्याग, चराचर प्रेम और पूर्ण निष्काम भाव का समन्वय है। इस समन्वय का पहला तत्व जैन, बौद्ध अहिंसा का है, दूसरा वैष्णव भावना का प्रसाद है और तीसरा तो स्पष्टतः गीता का प्रभाव है। ऐसी अहिंसा की प्राप्ति के लिए गांधी ने आत्मशुद्धि को आवश्यक माना है और आत्मशुद्धि के लिए अन्य संतों की भांति अहं के त्याग को अनिवार्य माना है।

इस तरह गांधी के जीवनदर्शन में त्याग और तप का प्राधान्य है तथा भोग और आनंद का तिरस्कार। कला में भी उन्होंने शिव और सत्य पर ही बल दिया, सुन्दर को उन्होंने इन दोनों से या तो अभिन्न माना या अस्वीकार किया।

इसी कारण 'कला कला के लिए' जैसे सिद्धांतों के प्रति गांधी-दर्शन में कोई सहानुभूति नहीं मिलती। अस्तु कला कुछ लोगों के आधिपत्य में ही न रहे, उसकी अपील सार्वभौम हो, तभी वह प्रकृति के सन्निकट पहुँच सकेगी, यह गांधी जी का आग्रह था। कलाकार जनता के प्रति अपने कर्तव्यों के विषय

में सदैव जागरुक रहे, तभी कला अपनी सार्थकता प्रमाणित कर सकती है। कला की श्रेष्ठता की कसौटी गांधी ने उसकी उपयोगिता स्वीकार की, 'कला का संबंध नीति', हितकारिता और उपयोगिता से नहीं है, केवल सौन्दर्य से है– यह कहना सौन्दर्य और कला को न समझने जैसा है। सत्य ही ऊँची से ऊँची कला और श्रेष्ठ सौन्दर्य है और वह नीति, हितकारिता और उपयोगिता से भिन्न नहीं हो सकता। गांधी के अनुसार संगीत इसलिए श्रेष्ठ है कि "वह प्रार्थना और नैतिक उन्नति में सहायक है"।

91. 'कला कला के लिए' सिद्धांत से गांधी दर्शन में कोई सहानुभूति क्यों नहीं हैं?

A. कला का उद्देश्य अद्वितीयता है।
B. कलाकार अपने कर्तव्यों के प्रति सजग नहीं होता है।
C. कला का सौन्दर्य से संबंध होता है।
D. नीति, हितकारिता, उपयोगिता को कसौटी माना जाता है।

92. उपर्युक्त अवतरण के आधार पर संगीत सर्वश्रेष्ठ क्यों होता है?

A. संगीत सर्वश्रेष्ठ कला है।
B. संगीत कर्णप्रिय होता है।
C. संगीत मानसिक शांति प्रदान करता है।
D. प्रार्थना और नैतिक उन्नति में सहायक है।

93. उपर्युक्त अवतरण के आधार पर अहिंसा के संबंध में उपयुक्त विचार कौन-सा है?

A. किसी भी जीव की हत्या न की जाए
B. जीवों से प्रेम किया जाए
C. बैर त्याग, चराचर प्रेम और पूर्ण निष्काम भाव
D. सभी को जीवन का अधिकार

94. उपर्युक्त अवतरण के अनुसार मनुष्य एवं अन्य जीवधारियों की एकता का स्वीकार कब होता है?

A. समस्त सृष्टि का ज्ञान अर्जित करने से
B. समस्त सृष्टि को एक विधान से संचालित करना
C. समस्त सृष्टि में एक ही तत्व की व्याप्ति
D. समस्त सृष्टि के परम्परावलम्बी होने से

95. उपर्युक्त अवतरण के आधार पर अहिंसा की प्राप्ति के लिए आवश्यक माना गया है?

A. मोह का त्याग
B. धन का त्याग
C. कर्तव्य का त्याग
D. अहं का त्याग

निर्देशः (प्र.सं. 96 से 100 तक): निम्नलिखित अवतरण को ध्यानपूर्वक पढ़िए और संबंधित प्रश्नों के उत्तर दीजिए:

जब अंग्रेज आए, भारत का बहुत ही बुरा हाल था। भारतवासी अपने इतिहास को भूल चुके थे, वे बाहर का तो क्या, अपने देश का भी भूगोल ठीक से नहीं जानते थे। वैयक्तिता का विष जो भारत में बहुत दिनों से चला आ रहा था, इस काल में आकर और भी बढ़ गया था। समाज और देश के प्रति भी हमारा कोई कर्तव्य है, इस बात को लोग बिल्कुल ही भूल बैठे थे। इस अवस्था के बीच पहले-पहल अंग्रेजी शिक्षा के द्वारा ही वह दल आविर्भूत हुआ, जिसका उद्देश्य सामाजिक था, जो केवल अपने को ही नहीं, अपने देश और समाज को भी पहचानने की इच्छा रखता था। समाज और देश के प्रति जो नवीन चेतना जगी, उसी के भीतर से हमारी राजनैतिक, सामाजिक और धार्मिक क्रांतियों का जन्म हुआ है। सामाजिक चेतना ही वह गुण है जो आज के औसत भारतवासी को प्राचीन अथवा मध्ययुगीन भारतवासी से विभक्त करता है और यह चेतना भारत को यूरोपीय संपर्क से मिली है। यह ठीक है कि भारतीय जनता को अशिक्षा एवं अंधविश्वास की जकड़बंदी से छुड़ाने अथवा उसके भीतर प्रगतिशील विचारों को प्रेरित करने का काम अंग्रेज शासकों ने नहीं किया, किन्तु, नई विद्या के प्रचार से ये सारे कार्य आप-से-आप हो गए। नई शिक्षा का एक अन्य श्रेष्ठतम परिणाम यह हुआ कि अंग्रेजी के भीतर से यूरोप के तेजपूर्ण विचारों का सेवन करते-करते शिक्षित भारतवर्ष की मानसिक एकता में वृद्धि हुई। संस्कृत के सार्वदेशिक भाषा होने के कारण, पहले भी सारा भारत एक था, किन्तु संस्कृत का भारत में जितना अन्तःप्रांतीय प्रचार था, उससे कुछ अधिक प्रचार अब अंग्रेजी का हो गया।

सबसे बड़ी बात यह हुई कि जब अंग्रेजी भाषा भारत में अपना पाँव फैला रही थी, ठीक उसी समय, यूरोप में स्वतंत्रता, राष्ट्रीयता, प्रजातंत्र और उदार भावनाओं के जोरदार आंदोलन

चल रहे थे। अठारहवीं सदी के यूरोप के क्रांतिकारी विचारों के जो नेता उत्पन्न हुए, अनेक हलचलों और क्रांतियों के बाद उन्नीसवी सदी में आकर उनके विचारों ने दर्शन का रूप ले लिया और वे यूरोप को आंदोलित करने लगे। विचारों का यह आंदोलन सहस्त्र धाराओं में चल रहा था एवं कविता, नाटक, उपन्यास, आलोचना, निबंध, दर्शन, भाषण और शास्त्रार्थ तथा राजनैतिक दलों एवं सरकारों के संगठनों में से, सब-के-सब इन विचारों से, ओत-प्रोत हो रहे थे। फ्रांसीसी क्रांति का 'स्वतंत्रता, समानता और भ्रातृत्व' वाला महान उद्घोष अब पिघलकर उदारतावाद में ढल गया था। खुद इंग्लैण्ड में उस समय कानूनी सुधारों को लेकर घमासान आंदोलन चल रहा था। राज्य वही अच्छा है जिसमें अधिक-से-अधिक लोगों का अधिक-से-अधिक कल्याण हो, ये और ऐसे अनेक अन्य विचार इंग्लैण्ड में भी गृहीत होते जा रहे थे।

96. उपर्युक्त अवतरण के आधार पर भारतवासी समाज और देश के प्रति कर्तव्य किस कारण भूले हुए थे?

A. साम्प्रदायिकता B. वैचारिकता
C. क्षेत्रीयता D. वैयक्तिकता

97. उपर्युक्त अवतरण के आधार पर फ्रांसीसी क्रांति के महान उद्घोष में शामिल नहीं है।

A. भातृत्व B. स्वतंत्रता
C. समानता D. राष्ट्रीयता

98. उपर्युक्त अवतरण के आधार पर अंग्रेजी के भीतर से यूरोप के तेजपूर्ण विचारों ने किसमें वृद्धि की?

A. मानसिक एकता B. जातीय एकता
C. भौगोलिक एकता D. सांस्कृतिक एकता

99. उपर्युक्त अवतरण के आधार पर अपने देश और समाज को पहचानने की इच्छा किस कारण उत्पन्न हुई?

A. अंग्रेजी शासन से B. अंग्रेजी शिक्षा से
C. अंग्रेजी कानूनों से D. अंग्रेज अधिकारियों से

100. उपर्युक्त अवतरण के आधार पर वह कौन-सा गुण है जो औसत भारतवासी को प्राचीन और मध्ययुगीन भारतवासी से विभक्त करता है?

A. विद्रोही चेतना B. मानसिक चेतना
C. आर्थिक चेतना D. सामाजिक चेतना

उत्तरमाला

1. (D): अनुच्छेद 343(1) भारतीय संविधान के अनुसार संघ की राजभाषा हिंदी होगी और इसकी लिपि देवनागरी होगी। यह प्रावधान भारतीय भाषा नीति के मूल तत्वों को दर्शाता है जिसमें हिंदी को प्रमुख स्थान दिया गया है। अनुच्छेद 344 के अनुसार, राष्ट्रपति को अधिकार है कि वह संविधान के लागू होने के प्रथम पाँच वर्षों के बाद और तदुपरांत हर दस वर्षों के बाद राजभाषा आयोग की नियुक्ति करे। यह आयोग राजभाषा के प्रचार और प्रसार की समीक्षा करने के लिए गठित किया जाता है। अनुच्छेद 345 राज्य सरकारों को अधिकार देता है कि वे विधायिका द्वारा विधि बनाकर अपने राज्य के लिए एक या अधिक प्रादेशिक भाषाओं अथवा हिंदी को सरकारी प्रयोजनों के लिए स्वीकार कर सके। यह प्रावधान राज्यों को अपनी भाषाई विविधिता के अनुसार नीतियाँ बनाने की स्वतंत्रता देता है।

2. (D): अरस्तू के त्रासदी के सिद्धांत के अनुसार, त्रासदी के पाँच मुख्य अंग होते हैं: कथानक, चरित्र, विचार, पदयोजना, और गीत। कथानक त्रासदी की कहानी या घटनाक्रम होता है, जिसमें नायक का संघर्ष और उसका परिणाम प्रस्तुत किया जाता है। चरित्र त्रासदी के पात्रों के गुण, स्वभाव, और उनकी प्रतिक्रियाओं को दर्शाता है। विचार उन विचारों और सिद्धांतों को प्रस्तुत करता है जो कथा के माध्यम से व्यक्त किए जाते हैं। पदयोजना और गीत कविता और संगीत के रूप में कला के अन्य रूपों को शामिल करते हैं, जिससे त्रासदी की भावनात्मक गहराई और प्रभाव बढ़ता है।

3. (B): 'मजदूरी और प्रेम' निबंध में चर्चित व्यक्तियों और उनके कार्यों का मिलान किया गया है। जोन ऑफ आर्क ने भेड़ें चराने का काम किया (*iii*), टालस्टाय ने जूते गांठने का काम किया (*i*), उमर खैयाम ने तम्बू सीने का काम किया (*iv*), और खलीफा उमर ने रंगमहलों में चटाई आदि बुनने का काम किया (*ii*)। यह उदाहरण दिखाते हैं कि कैसे इतिहास के महान व्यक्तियों ने भी साधारण मजदूरी के काम किए थे।

4. (B): विष्णु प्रभाकर के अनुसार, महादेव देसाई ने गांधीजी के आदेश पर शरतचंद्र चट्टोपाध्याय की कुछ रचनाओं का गुजराती में अनुवाद किया था, जिनमें 'विराजबहू', 'राम की सुमति' और 'मंझली दीदी' शामिल हैं। इन रचनाओं का चयन उनकी सामाजिक और नैतिक मूल्यों के कारण किया गया था, जो गांधीजी के आदर्शों से मेल खाते थे।

5. (C): 'पद्मावत' में उक्त कथन हीरामन शुक द्वारा कहा गया है। हीरामन शुक एक प्रमुख पात्र है जो कवि मलिक मोहम्मद जायसी के द्वारा निर्मित इस महाकाव्य में प्रेम और भक्ति के उच्च आदर्शों का प्रतिनिधित्व करता है।

6. (D): राजा राममोहन राय को भारतीय पत्रकारिता का जनक माना जाता है, जिन्होंने 'संवाद कौमुदी' (बंगला में) और 'मिरात-उल-अखबार' (फारसी में) की स्थापना की। वे बहुदेववाद में विश्वास नहीं करते थे, बल्कि एकेश्वरवाद के समर्थक थे और साथ ही सेंसरशिप के खिलाफ भी सक्रिय रूप से संघर्ष किया था। उनका विश्वास था कि स्वतंत्र प्रेस एक स्वतंत्र समाज के लिए आवश्यक है।

7. (C): यह उक्ति भारतेंदु हरिश्चंद्र की है जो मानते थे कि संगीत और काव्य से जुड़ी कलाएँ शिक्षा और बोध के पारंपरिक साधनों की तुलना में अधिक प्रभावी ढंग से जनमानस पर असर डालती हैं। उनका यह विचार हिंदी नवजागरण के दौरान लोकप्रियता में वृद्धि के संदर्भ में देखा जा सकता है, जब उन्होंने संगीत और काव्य को शिक्षा के मुख्य साधनों के रूप में प्रमोट किया।

8. (D): फैंटेसी साहित्यिक कलात्मक अभिव्यक्ति तब प्रारम्भ होती है जब यह कला के तीसरे क्षण में आती है, जो वास्तविकता और कल्पना के मिश्रण से युक्त होता है। इस क्षण में कला, वास्तविकता से परे जाकर कल्पना की ओर उन्मुख होती है, जिससे फैंटेसी की दुनिया बनती है जो अद्वितीय और आकर्षक होती है। इस प्रकार की अभिव्यक्ति में कल्पना के तत्वों को समाहित कर एक नई रचनात्मक दुनिया की रचना की जाती है, जो पाठकों या दर्शकों को एक अलग अनुभव प्रदान करती है।

9. (C): उपरोक्त पंक्तियाँ सुमित्रानंदन पंत के काव्य संग्रह 'निशा-निमंत्रण' से ली गई हैं। इस संग्रह में प्रकृति के विभिन्न पहलुओं का चित्रण किया गया है, और कवि ने चिड़िया और उसके बच्चों के बीच के संबंधों को बड़ी ही सूक्ष्मता और संवेदनशीलता से उकेरा है। पंक्तियाँ बच्चों की प्रत्याशा और मां की चंचलता को दर्शाती हैं, जो उनके लिए खाना लाने में लगी हुई है। यह संग्रह प्रकृति और जीवन के गहरे पहलुओं को स्पर्श करता है।

10. (A): जीन-फ्रांस्वा ल्योतार्द ने यह मंतव्य व्यक्त किया था कि प्रौद्योगिकी पर आधारित समाज में विकसित और विकासशील देशों के बीच की दूरी घटने के बजाय बढ़ती जाएगी। उनका यह विचार आधुनिक दुनिया में तकनीकी असमानता और उसके सामाजिक-आर्थिक परिणामों पर केंद्रित था। ल्योतार्द यह समझाने की कोशिश करते हैं कि तकनीकी प्रगति कैसे सिर्फ कुछ समाजों को लाभ पहुँचाती है जबकि अन्य पिछड़ जाते हैं, जिससे वैश्विक असमानताएं और भी गहरी हो जाती हैं।

11. (A): 'कलम का सिपाही' जीवनी में जीवनीकार को प्रेमचंद की डायरी से कोई मदद नहीं मिली क्योंकि प्रेमचंद की कोई डायरी मौजूद नहीं है या उपलब्ध नहीं है। जीवनीकार ने उनके जीवन और कार्यों के बारे में जानकारी उनके पत्रों, पुस्तक-पत्रिकाओं में प्रकाशित संस्मरणों और अन्य उपलब्ध सामग्री से प्राप्त की। यह बताता है कि जीवनी लेखन में प्राथमिक स्रोतों की उपलब्धता और उनके उपयोग का महत्व होता है।

12. (A): यह कथन बालगंगाधर तिलक का है, जिन्होंने भारतीय स्वतंत्रता संग्राम के दौरान यह बात कही थी। उनका यह कथन भारतीय मजदूर वर्ग को उनकी शक्ति का एहसास दिलाने के लिए था, जो ब्रिटिश राज के प्रशासनिक ढांचे में महत्वपूर्ण थे। तिलक का मानना था कि यदि भारतीय मजदूर समझदारी से और सामूहिक रूप से काम करें तो वे ब्रिटिश प्रशासन को ठप्प कर सकते हैं। उन्होंने यह उद्बोधन भारतीय जनता को संगठित होकर स्वराज की दिशा में कार्य करने के लिए प्रेरित करने के उद्देश्य से दिया था।

13. (B): 'कोसी का घटवार' कथा में गुसाई के कथनों का क्रम इस प्रकार हैः पहले गुसाई का दिन के काम का हिसाब करते हुए व्यक्त करना कि अभी तक कमाई बहुत कम हुई है (*c*), फिर उनका अपने बीते समय को याद करते हुए कहना कि उन्होंने पलटन से लौटने के बाद काम शुरू किया (*d*), उसके बाद अपने बच्चे को डांटने के बजाय समझाना कि भूख लगने पर डांटने का कोई लाभ नहीं (*b*), फिर महिलाओं द्वारा बनाई गई रोटियों की प्रशंसा करना (*e*) और अंत में यह सुझाव देना कि अगर कुछ पैसे जुड़ जाएँ तो गंगनाथ का जागर लगाकर भूल-चूक की माफी मांग लेनी चाहिए (*a*)। इस क्रम में गुसाई की जीवन शैली, उनके विचार और उनकी सामाजिक और धार्मिक मान्यताओं का पता चलता है।

14. (D): 'शिवमूर्ति' निबंध के अनुसार, शिव की मूर्तियों का मुख्य रंग हरा नहीं है। शिव की मूर्तियों में प्रचलित रंग श्वेत, लाल और काला होते हैं, जो उनकी विभिन्न भूमिकाओं और प्रतीकों को दर्शाते हैं। हरा रंग शिव की मूर्तियों में प्रमुखता से नहीं दिखाई देता क्योंकि यह रंग शिव की पारंपरिक प्रतीकात्मकता से मेल नहीं खाता। इस प्रकार, इस निबंध में मूर्तियों के मुख्य रंग के रूप में हरे रंग को शामिल नहीं किया गया है।

15. (C): बेनेडेटो क्रोचे के अनुसार, अभिव्यंजना में और अंतःप्रज्ञा में कोई भेद नहीं है (*a*), अर्थात जो कुछ हम महसूस करते हैं उसे हम व्यक्त करते हैं। उनका मानना था कि कला-सृष्टि केवल आंतरिक है (*c*), जो कि कलाकार की व्यक्तिगत भावनाओं और अनुभवों से उत्पन्न होती है। कला अखंड है (*e*), यानी कला का प्रत्येक अंग और उसका अभिव्यंजन एक साथ मिलकर एक संपूर्ण और अविभाज्य इकाई बनाते हैं। इस प्रकार, क्रोचे की अभिव्यंजना की थ्योरी में भावना और अभिव्यक्ति का गहरा संबंध है।

16. (C): मुक्तिबोध की कविताएं, जिनमें 'ब्रह्मराक्षस' (*a*), 'भूरी-भूरी खाक धूली' (*b*), और 'भूलगलती' (*c*) शामिल हैं, उनके काव्य संग्रह में प्रमुखता से देखी जा सकती हैं। ये कविताएं मुक्तिबोध की विशिष्ट शैली को प्रदर्शित करती हैं जिसमें गहरे मानवीय संघर्ष, सामाजिक चिंतन और दार्शनिक गहराई का मिश्रण होता है। इन कविताओं के माध्यम से मुक्तिबोध ने आधुनिक भारतीय समाज की विडंबनाओं और संघर्षों को उजागर किया है।

17. (A): 'पिता' कहानी में घनश्याम नगर, कुल्लू, दिल्ली एंपोरियम, घूमनगंज आदि स्थानों का उल्लेख हुआ है। यह कहानी एक पिता और उसके बेटे के बीच के संबंधों और उनके जीवन में आने वाली विभिन्न चुनौतियों का वर्णन करती है। स्थानों का उल्लेख इस कहानी में पात्रों के जीवन के विभिन्न चरणों और उनके अनुभवों को दर्शाने के लिए किया गया है।

18. (A): 'आगरा बाजार' नाटक में संवादों का अनुक्रम इस प्रकार हैः पहले लड्डूवाला (*d*) अपने लड्डू बेचते हुए दिखाई देता है, उसके बाद तरबूजवाला (*a*) अपने तरबूज की विशेषताएं बताता है, इसके बाद बर्फवाला (*e*) गर्मी से राहत देने के लिए अपनी बर्फ का प्रचार करता है, फिर ककड़ीवाला (*b*) अपनी ककड़ियों के फायदे बताता है, और अंत में पानवाला (*c*) अपने पान के स्वाद की बात करता है। यह अनुक्रम नाटक में बाजार की जीवंतता और विविधता को प्रदर्शित करता है।

19. (D): सूची-I के पात्रों का सही मिलान सूची-II के पात्रों के साथ इस प्रकार हैः

(*iii*) परिचय में 'रायसाहब का कारकुन' के रूप में पंडित नोखेराम आता है।

(*i*) 'सबसे बड़े महाजन' झिंगुरी सिंह हैं जो एक प्रमुख व्यक्ति के रूप में प्रस्तुत किया गया है।

(*ii*) 'बीमा कंपनी की दलाली' के लिए श्याम बिहारी तंखा का उल्लेख है।

(*iv*) 'बैंक मैनेजर और शक्कर मिल के मैनेजिंग डायरेक्टर' मिस्टर खन्ना हैं।

यह सूची सम्बंधित पात्रों के विभिन्न पेशेवर पहचानों को दर्शाती है जो उनके सामाजिक और आर्थिक दर्जे को भी प्रकट करते हैं।

20. (B): उपरोक्त पंक्तियाँ 'कामायनी' के 'इड़ा' सर्ग से उद्धृत हैं। इस सर्ग में इड़ा के माध्यम से मानव जीवन में आशा और प्रेरणा के संदर्भ में विचार व्यक्त किए गए हैं। यह सर्ग मानव को अपनी दुर्बलताओं को पहचानने और उन्हें संभालते हुए अपने लक्ष्य की ओर अग्रसर होने की प्रेरणा देता है।

21. (A): उपरोक्त काव्य-पंक्तियाँ कण्हपा द्वारा रचित हैं, जो तंत्र और वज्रयान बौद्ध धर्म के प्रमुख सिद्ध कवि थे। उनकी रचनाएँ प्रायः आध्यात्मिकता और अंतर्दृष्टि को उजागर करती हैं, और उनका प्रमुख योगदान बौद्ध धर्म में साहित्यिक रूप से महत्वपूर्ण है। उनकी पंक्तियाँ सामान्यतः गहरे दार्शनिक विचारों को सामान्य जीवन के संदर्भ में प्रस्तुत करती हैं।

22. (A): सूची-I में दिए गए हिंदी व्यंजनों का सूची-II में दिए गए उच्चारण स्थानों के साथ सही मिलान निम्नलिखित है:

(*iii*) प्, फ्, ब्, भ् जैसे व्यंजनों का उच्चारण 'द्वयोष्ठ्य' (होंठों के बीच) से होता है।

(*i*) न्, न्ह्, ल्, ल्ह् जैसे व्यंजनों का उच्चारण 'वर्त्स्य' तालु से नाक के पास) से होता है।

(*ii*) क्, ख्, ग्, घ् जैसे व्यंजनों का उच्चारण 'कोमलतालव्य' (तालु के पीछे के हिस्से) से होता है।

(*iv*) च्, छ्, ज्, झ् जैसे व्यंजनों का उच्चारण 'तालव्य' (तालु) से होता है।

यह मिलान भाषा विज्ञान में वर्गीकृत उच्चारण के आधार पर है, जिससे व्यंजनों के उत्पादन की स्थिति और उनकी विशेषताएं समझ में आती हैं।

23. (A): 'अंधेर नगरी' नाटक में 'तीसरा अंक' का स्थान जंगल में होता है। इस अंक में नाटक के मुख्य पात्रों को जंगल में विभिन्न चुनौतियों और परिस्थितियों का सामना करना पड़ता है। जंगल का प्रयोग नाटक में एक प्रतीक के रूप में होता है जो अराजकता और अव्यवस्था को दर्शाता है। यह अंक नाटक की कथा में तनाव और संघर्ष को गहराई से प्रस्तुत करता है।

24. (B): 'गोदान' में प्रसंगों का सही क्रम इस प्रकार है:

(*b*) सबसे पहले, भोला द्वारा होरी को गाय देने का प्रसंग आता है, जो कहानी की शुरुआत में होता है और होरी के जीवन में महत्वपूर्ण मोड़ लाता है।

(*d*) इसके बाद, दमड़ी बंसोड़ का प्रसंग होता है जो होरी की आर्थिक स्थिति और समाजिक दबावों को प्रदर्शित करता है।

(*e*) फिर, रायसाहब के यहाँ धनुष यज्ञ का आयोजन होता है, जो समाज में वर्ग विभाजन और धार्मिक आयोजनों की व्यावसायिकता को दर्शाता है।

(*a*) इसके बाद, शिकार प्रसंग होता है जो सामाजिक और नैतिक पतन को उजागर करता है।

(*c*) अंत में, सुंदरिया गाय की हत्या का प्रसंग होता है, जो कथानक में त्रासदी का चरमोत्कर्ष है और होरी के जीवन में गहरे दुख और संघर्ष को प्रस्तुत करता है।

ये प्रसंग 'गोदान' की कथा के विकास और पात्रों के जीवन में आने वाले विभिन्न उतार-चढ़ाव को व्यवस्थित तरीके से दर्शाते हैं।

25. (A): 'आषाढ़ का एक दिन' नाटक में उपरोक्त संवाद प्रियंगुमंजरी का है। इस संवाद में प्रियंगुमंजरी प्रकृति के सौंदर्य के अद्वितीय आकर्षण की बात करती है, जिसके सामने जीवन की सभी सुविधाएँ हेय प्रतीत होती हैं। वह कहती है कि इस सौंदर्य को आँखों में व्याप्त करने के लिए एक जीवन-भर का समय भी पर्याप्त नहीं है। यह संवाद उनकी गहरी भावनात्मक प्रतिक्रिया और प्रकृति के प्रति उनकी गहरी अप्रेशन को दर्शाता है।

26. (A): लोन्जाइनस द्वारा उदात्त के पाँच स्रोतों का सही अनुक्रम इस प्रकार है:

(*a*) महान विचारों की उद्‌भावना की क्षमताः यह उदात्तता का पहला और मौलिक स्रोत है जिसमें विचारों की महानता और उनके उत्थान की क्षमता को महत्व दिया जाता है।

(*c*) प्रबल तथा अंतःप्रेरित भावः यह उदात्तता को प्रेरित करने वाले गहरे भावनात्मक उत्थान को दर्शाता है।

(*d*) अलंकारों-विचारालंकार और शब्दालंकार का समुचित प्रयोगः यह कला के माध्यम से भाषाई सौंदर्य और अभिव्यक्ति की गहराई को बढ़ाता है।

(*e*) भव्य शब्द-योजनाः उचित और प्रभावशाली शब्दों का चयन उदात्तता की प्रक्रिया में अहम भूमिका निभाता है।

(*b*) रचना की गरिमा और उत्कर्ष का समुचित प्रभावः अंत में, रचना की गरिमा और उसका उत्कर्ष उदात्तता को पूर्णता प्रदान करता है।

27. (B): 'लाल पान की बेगम' कहानी में 'बलरामपुर' नामक स्थान का उल्लेख हुआ है। यह कहानी एक स्थानीय सामंती परिवेश में स्थित है, जहाँ पात्रों के जीवन में विभिन्न सामाजिक और व्यक्तिगत उतार-चढ़ाव का वर्णन किया गया है। 'बलरामपुर' का उल्लेख इस कहानी में उस भौगोलिक और सांस्कृतिक पृष्ठभूमि को उजागर करता है जो कहानी के थीम और पात्रों की जटिलताओं को समझने में महत्वपूर्ण है।

28. (B): पालि के प्रसिद्ध वैयाकरण कच्चायन के अनुसार, पालि भाषा में कुल 41 ध्वनियाँ होती हैं। इसमें स्वर और व्यंजन ध्वनियों का समावेश होता है, जो कि भाषा के उच्चारण और लेखन के मूलभूत तत्व हैं। कच्चायन ने पालि व्याकरण के माध्यम से इस भाषा की संरचना और ध्वनियों का व्यवस्थित विवरण प्रदान किया है, जिससे पालि भाषा की वैज्ञानिक समझ में सुधार हुआ है।

29. (B): हिंदी की सार्वदेशिक व्यापकता से संबंधित सही कथन हैं:

(*a*) हिंदी की व्यापकता और लोकप्रियता का एक कारण साहित्य एवं संगीत की दृष्टि से उसकी संपन्नता भी है। इसने हिंदी को विविध सांस्कृतिक परिदृश्य में प्रचारित और प्रसारित करने में मदद की है।

(*b*) हिंदी को देशव्यापी बनाने में वैष्णव धर्म, सूफी-संतों, निर्गुण-सगुण कवियों की महत्वपूर्ण भूमिका रही है। इन धार्मिक और साहित्यिक प्रवाहों ने हिंदी को ग्रामीण और शहरी दोनों क्षेत्रों में प्रसारित किया।

(*d*) हिंदी के विकास में राजनीतिक परिस्थितियाँ और गतिविधियों का बड़ा हाथ रहा है। यह कथन भाषाई नीतियों और राजनीतिक समर्थन के माध्यम से हिंदी के प्रसार और उसके संस्थागतीकरण की प्रक्रिया को दर्शाता है।

30. (A): 'गोदान' में जब होरी को झुनिया को शरण देने के कारण पंचायत का दंड चुकाना पड़ा, तो उन्होंने अपने घर को अस्सी रुपए में झिंगुरी सिंह के हाथों गिरो रखा। इस प्रक्रिया में होरी को अपनी आर्थिक दुर्बलता के कारण एक स्थानीय और प्रभावशाली व्यक्ति के हाथों अपनी संपत्ति गिरवी रखनी पड़ी। यह प्रसंग 'गोदान' की कथा में ग्रामीण भारत की आर्थिक व्यवस्था और सामाजिक दबावों की व्याख्या करता है, जहाँ छोटे किसानों को अक्सर अपनी जमीन और संपत्ति को गिरवी रखना पड़ता है ताकि वे सामाजिक और वित्तीय दबावों का सामना कर सकें।

31. (C): भरतमुनि ने काव्य-गुणों की संख्या 10 मानी है। इन गुणों का विस्तार से वर्णन 'नाट्यशास्त्र' में मिलता है, जो काव्य और नाटकीय कला के गुणों पर गहन विवेचन प्रदान करता है। भरतमुनि ने इन गुणों को काव्य की विविध रचनाओं में उपयोग के लिए उद्‌घाटित किया, जिसमें ओज, प्रसाद, श्लेष, समता, समाधि, माधुर्य, अर्थव्यक्ति, उत्प्रेक्षा, कांति, और वक्रोक्ति शामिल हैं। ये गुण काव्य की सौंदर्यात्मक अभिव्यक्ति और उसके प्रभाव को बढ़ाने में मदद करते हैं।

32. (B): 'एक कहानी यह भी' कृति को 'जिंदगी का एक टुकड़ा मात्रा' कहा गया है। यह कृति मन्नू भंडारी द्वारा लिखित है, और इसमें जीवन के एक विशेष पहलू और उसके संघर्षों को बहुत ही संवेदनशीलता और गहराई के साथ चित्रित किया गया है। इस कहानी में विविध चरित्रों के जीवन के अंश को उजागर किया गया है, जो सामाजिक और व्यक्तिगत दोनों स्तरों पर उनकी चुनौतियों और भावनाओं को दर्शाता है। इस प्रकार यह कृति जीवन की विविधता और जटिलताओं का एक यथार्थपूर्ण चित्रण प्रस्तुत करती है।

33. (C): 'दुलाईवाली' कहानी में सीता नामक बालिका की आयु दस वर्ष है। इस कहानी में सीता के जीवन के अनुभवों और उसकी दैनिक चुनौतियों को बाल मनोविज्ञान के दृष्टिकोण से चित्रित किया गया है। सीता की आयु और उसके अनुभव उसके परिपक्वता और सामाजिक जागरूकता के स्तर को दर्शाते हैं। इस कहानी के माध्यम से लेखक ने उस समय की सामाजिक व्यवस्था में बालिकाओं के स्थान और उनकी दैनिक जीवनशैली की वास्तविकताओं को प्रस्तुत किया है।

34. (B): 'राम की शक्ति पूजा' की विशेषताओं में निम्नलिखित हैं:

(*a*) इसका मूल स्रोत कृतिवास का बंगला रामायण है। यह सूचना कविता के ऐतिहासिक और सांस्कृतिक परिप्रेक्ष्य को समझने में मदद करती है।

(*d*) पूरी कविता में अंधकार-प्रकाश का द्वंद्वयुद्ध निरंतर चलता रहता है, जो कविता की थीमिक संरचना को उजागर करता है और अच्छाई व बुराई के बीच के संघर्ष को प्रतीकात्मक रूप से दर्शाता है।

(*e*) यह कविता निराश का महिमामंडन नहीं करती है। इस विशेषता के माध्यम से कविता आशा और सकारात्मकता की ओर ले जाती है, जो अंततः विजय की ओर इशारा करती है। ये विशेषताएं 'राम की शक्ति पूजा' के गहन भावनात्मक और दार्शनिक पहलुओं को समझने में महत्वपूर्ण हैं।

35. (B): 'बाणभट्ट की आत्मकथा' में आई पंक्तियों का सही क्रम इस प्रकार है:

(*c*) बाणभट्ट अगने नाम के बारे गें रपष्टीकरण देते हुए कहते हैं कि बाणभट्ट उनका वास्तविक नाम नहीं है।

(*e*) वे भावी जीवन की कल्पनाओं में खोए हुए थे, जिससे उन्हें आस-पास देखने की फुरसत नहीं थी।

(*b*) बाहर आते समय निपुणिका उनकी प्रतीक्षा कर रही थी, और उसके साथ बाहर निकलने का वर्णन है।

(*d*) निपुणिका द्वारा चुने गए स्थान का दर्शन होते ही उनका हृदय बैठ गया था।

(*a*) आखिर में, विहार से बाहर निकलते समय उनका चित्त प्रसन्न था।

ये पंक्तियाँ कथानक के विकास और पात्रों के भावनात्मक परिवर्तन को दर्शाती हैं।

36. (B): हजारी प्रसाद द्विवेदी अपने अंतिम दिनों में 'लालित्य मीमांसा' नाम से पुस्तक लिख रहे थे। यह पुस्तक भारतीय साहित्यिक सौंदर्यशास्त्र पर उनकी गहन विचारधारा और समझ को प्रकट करती है। 'लालित्य मीमांसा' में उन्होंने सौंदर्य और लालित्य के विभिन्न पहलुओं का विश्लेषण किया है, जो भारतीय कला और साहित्य की मौलिक समझ और उसके विवेचन को बढ़ाता है।

37. (A): ''पृथ्वीराज रासो'' के बारे में यह कथन धीरेन्द्र वर्मा का है कि यह मध्यकालीन ब्रजभाषा में लिखा गया है, न कि पुरानी राजस्थानी में। वर्मा ने इस विषय में शोध करते हुए प्रमाणित किया कि ''पृथ्वीराज रासो'' की भाषा ब्रजभाषा है जिसे आमतौर पर राजस्थानी मान लिया जाता है, इस प्रकार उन्होंने इस ग्रंथ की भाषाई पहचान को स्पष्ट किया।

38. (C): 'मुर्दहिया' धरमपुर गाँव की बहुद्देशीय कर्मस्थली थी। यह गाँव उस कहानी का केंद्र बिंदु है जहां विभिन्न सामाजिक और आर्थिक गतिविधियाँ होती हैं। 'मुर्दहिया' में धरमपुर का वर्णन एक जीवंत और सक्रिय स्थल के रूप में किया गया है, जहाँ ग्रामीण जीवन की जटिलताएँ और दैनिक संघर्ष सामने आते हैं।

39. (B): "मारे गये गुलफाम उर्फ तीसरी कसम" कहानी में हीराबाई को ले जा रही बैलगाड़ी के रास्ते में उल्लिखित स्थानों का सही क्रम इस प्रकार हैः

(*b*) पहले चम्पानगर है जहां से यात्रा शुरू होती है।

(*d*) इसके बाद तेगछिया आता है, जो यात्रा के मध्य में एक महत्वपूर्ण स्थान है।

(*e*) ननपुर यात्रा के अगले भाग में आता है जहाँ से वे सीताधार की ओर बढ़ते हैं।

(*c*) सीताधार यात्रा का अगला पड़ाव है जहाँ से अंतिम स्थल की ओर जाते हैं।

(*a*) अंत में फारबिसगंज है, जो यात्रा का अंतिम स्थान है।

यह क्रम कहानी के भौगोलिक प्रवाह को स्पष्ट करता है और यात्रा के दौरान हीराबाई और बैलगाड़ी चालक के बीच होने वाले विभिन्न घटनाक्रमों को दर्शाता है।

40. (C): शिवपालगंज के बारे में रंगनाथ को ऐसा लगने लगता है कि महाभारत की तरह, जो कहीं नहीं है वह यहाँ है, और जो यहाँ नहीं है वह कहीं नहीं है। इस कथन के माध्यम से रंगनाथ शिवपालगंज गांव के जीवन की व्यापकता और उसकी जटिलताओं को दर्शाते हैं। यह विचार उनके द्वारा गांव के अनुभवों को समग्रता से समझने की कोशिश का परिणाम है, जहां जीवन के सभी पहलू मौजूद हैं।

41. (B): "रुपैया को बजाकर देखा जाता है और आदमी को एक ही बोली से पहचाना जाता है" यह उक्ति बालदेव से संबद्ध है। इस कथन के माध्यम से बालदेव सामाजिक मूल्यों और व्यक्ति के स्वभाव को समझने की प्रवृत्ति पर प्रकाश डालते हैं। यह उक्ति समाज में व्यक्ति की पहचान और मूल्यांकन के तरीके पर टिप्पणी करती है, जहां व्यक्ति की क्षमता और चरित्र को उसके शब्दों और कर्मों के माध्यम से पहचाना जाता है।

42. (D): भारत सरकार के राजभाषा विभाग ने सी-डैक की सहायता से 'लीला हिंदी प्रबोध' नामक सॉफ्टवेयर हेमंत दरबारी द्वारा तैयार किया गया। इस सॉफ्टवेयर का उद्देश्य हिंदी भाषा के प्रचार और प्रसार में सहायता प्रदान करना है। 'लीला हिंदी प्रबोध' एक ऐसा तकनीकी साधन है जो हिंदी सीखने और उसके उपयोग को आसान बनाने के लिए डिजिटल सुविधाओं का उपयोग करता है, इस प्रकार यह राजभाषा के रूप में हिंदी के स्थान को मजबूती प्रदान करता है।

43. (D): सूची-I के नाटकों और सूची-II के पात्रों का सही मिलान इस प्रकार हैः

(*iv*) नाटक 'चन्द्रगुप्त' में पात्र लीला है। लीला का किरदार इस नाटक में महत्वपूर्ण भूमिका निभाता है।

(*iii*) नाटक 'स्कंदगुप्त' में पात्र मालिनी है। मालिनी का किरदार इस नाटक की कथानक में केंद्रीय है और वह महत्वपूर्ण घटनाओं में शामिल होती है।

(*i*) नाटक 'अंजो दीदी' में पात्र अनिमा है। अनिमा का किरदार इस नाटक में प्रमुखता से प्रस्तुत किया गया है।

(*ii*) नाटक 'आषाढ़ का एक दिन' में प्रियंगुमंजरी है। प्रियंगुमंजरी का किरदार इस नाटक की गहराई और भावनात्मक पहलुओं में योगदान देता है।

44. (B): विचारकों को उनके जन्म वर्ष के अनुसार सही क्रम में व्यवस्थित करने परः

(*b*) सोरेन किर्केगार्द सबसे पहले 1813 में पैदा हुए थे।

(*c*) कार्ल मार्क्स का जन्म 1818 में हुआ था।

(*e*) जोतीराव फुले 1827 में पैदा हुए थे।

(*a*) सिगमंड फ्रायड का जन्म 1856 में हुआ था।

(*d*) महात्मा गांधी 1869 में पैदा हुए थे।

इस क्रम के अनुसार इन विचारकों की जन्म तिथियां और उनके योगदान के समय के संदर्भ को समझना संभव होता है।

45. (B): 'संस्कृति के चार अध्याय' के अध्यायों और प्रकरणों का मिलान इस प्रकार हैः

(*iv*) अध्याय 'भारतीय जनता की रचना और हिन्दू संस्कृति का आविर्भाव' में प्रकरण 'आर्य-द्रविड़ समस्याएं' शामिल है, जो भारतीय संस्कृति की उत्पत्ति और उसके विकास को बताता है।

(*iii*) 'प्राचीन हिंदुत्व से विद्रोह' अध्याय में 'बौद्ध-आंदोलन के सामाजिक प्रसंग' प्रकरण शामिल है, जो भारतीय संस्कृति में बौद्ध धर्म के बढ़ते प्रभाव को दर्शाता है।

(*i*) 'हिन्दू-संस्कृति और इस्लाम' अध्याय में 'अमृत और हलाहल का संघर्ष' प्रकरण है, जो हिन्दू और इस्लामी संस्कृतियों के मेल और उनके बीच के संघर्ष को उजागर करता है।

(*ii*) 'भारतीय संस्कृति और यूरोप' अध्याय में 'मुस्लिम-नवोत्थान' प्रकरण है, जो यूरोपीय प्रभाव और उसके भारतीय संस्कृति पर प्रभावों को दर्शाता है।

46. (C): केवल 'आधे अधूरे' नाटक में पहले मंचन के संबंध में निम्नलिखित तथ्य सही हैं:

(*b*) इसका पहला मंचन 'दिशांतर' नाट्य संस्था द्वारा किया गया। 'दिशांतर' नाट्य संस्था की यह प्रस्तुति नाटक के विषय और प्रस्तुतिकरण में महत्वपूर्ण थी क्योंकि यह पहली बार दर्शकों के समक्ष लाई गई थी।

(*c*) इसका निर्देशन श्री ओम शिवपुरी ने किया। ओम शिवपुरी का निर्देशन नाटक के प्रभावी प्रस्तुतीकरण में केंद्रीय भूमिका निभाता है, जिसने कथ्य और अभिनय को और भी गहराई प्रदान की।

(*e*) इसका मंचन फरवरी 1969 ई. में हुआ। इस तारीख का उल्लेख नाटक के ऐतिहासिक संदर्भ को स्पष्ट करता है और यह जानकारी नाटक के पहले प्रदर्शन की विशेषता को दर्शाती है।

47. (C): निम्नलिखित राजनीतिक घटनाओं का सही क्रम इस प्रकार है:

(*c*) सार्वजनिक गणपति पूजा का आरंभ जिसे बाल गंगाधर तिलक ने 1893 में शुरू किया।

(*e*) बंग विभाजन की घोषणा जो 1905 में की गई थी।

(*b*) अखिल भारतीय मुस्लिम लीग की स्थापना जो 1906 में हुई थी।

(*d*) अखिल भारतीय हिन्दू महासभा का पहला अधिवेशन जो 1915 में हुआ था।

(*a*) असहयोग आंदोलन का आरंभ जिसे महात्मा गांधी ने 1920 में शुरू किया।

यह क्रम भारतीय इतिहास में राजनीतिक घटनाओं के विकास की एक लाइन बनाता है, जिससे भारतीय स्वतंत्रता संग्राम में विभिन्न आंदोलनों और राजनीतिक प्रतिष्ठानों की भूमिकाएँ स्पष्ट होती हैं।

48. (B): 'भारतवर्षोन्नति कैसे हो सकती है' के अनुसार सूची-I के प्रयोग की वस्तु और सूची-II के निर्यातक देश का सही मिलान इस प्रकार है:

(*a*) मारकीन की धोती (*ii*) अमेरिका से आयातित होती थी।

(*b*) लाकलाट का अंगा (*iii*) इंग्लैंड से आयातित होता था।

(*c*) कंघी (*i*) फ्रांस से आयातित होती थी।

(*d*) चरबी की बत्ती (*iv*) जर्मनी से आयातित होती थी।

यह मिलान भारतीय बाजार में विदेशी उत्पादों की मौजूदगी और उनके स्रोतों को दर्शाता है, जो विदेशी निर्भरता और उसके विकल्पों पर विचार करने की ओर इशारा करता है।

49. (*)

50. (A): शेखर द्वारा एक महीने के परिश्रम के बाद पहली पुस्तक तैयार करने का प्रसंग 'उषा और ईश्वर' खंड में है। इस खंड में शेखर की जीवनी के महत्वपूर्ण पहलुओं को उजागर किया गया है, जिसमें उसके साहित्यिक योगदान के शुरुआती दौर का वर्णन है। इस खंड में विस्तार से बताया गया है कि किस प्रकार शेखर ने अपनी लेखनी को संवारा और उसे पुस्तक के रूप में ढालने के लिए कठोर परिश्रम किया। यह उसके लेखनीय जीवन का एक निर्णायक मोड़ था, जहां उसने अपने विचारों और अनुभवों को कागज पर उतारने की महत्वपूर्ण प्रक्रिया को अंजाम दिया। इस प्रक्रिया में उसके निजी जीवन और उसके आसपास के समाज के बीच के संबंधों का गहन चित्रण किया गया है, जिससे उसकी साहित्यिक योग्यता का पता चलता है।

51. (B): 'मेरी तिब्बत यात्रा' में सत्य कथन निम्नलिखित हैं:

(*a*) भारत के नालंदा के नाम पर जहाँ लंका में एक नालंदा, वहाँ तिब्बत भी उससे वंचित नहीं है। यह तथ्य तिब्बत में भारतीय बौद्धिक विरासत की गहराई और प्रभाव को दर्शाता है।

(*c*) तिब्बत में सुरक्षित भारतीय ग्रंथों की सूची बिहार-उड़ीसा रिसर्च सोसायटी जर्नल के भाग 21वें में छपी हैं। यह तिब्बत में भारतीय ग्रंथों के संरक्षण और उनके ऐतिहासिक महत्व को उजागर करता है।

(*e*) भोटिया लोग छुपे (चोगा) के दामन से खाने-पीने की चीजों के छू जाने से बहुत परहेज करते हैं। यह तिब्बती समुदाय की सांस्कृतिक और धार्मिक प्रथाओं की विशिष्टता को दर्शाता है, जहाँ विशेष रीति-रिवाजों का पालन किया जाता है।

52. (D): 'सिंदूर की होली' नाटक में मनोरमा के निम्नलिखित कथन सही हैं:

(*a*) ''मैं तुम्हें अपना दूल्हा तो नहीं बना सकती लेकिन प्रेमी बना लूंगी''। इस कथन में मनोरमा के पात्र की जटिल भावनात्मक स्थिति का पता चलता है, जो पारंपरिक बंधनों और आधुनिक प्रेम के बीच संतुलन बनाने की कोशिश कर रही है।

(*c*) ''कला की भावना किसके भीतर नही होती? शिक्षा और कला का संबंध कुछ नहीं है। कला का आधार तो है विश्वास और शिक्षा का संदेह''। इस कथन में मनोरमा कला और शिक्षा के बीच के अंतर को उजागर करती है, जिसमें वह कला को अधिक महत्वपूर्ण और प्रेरणादायक मानती है।

(*d*) ''पुरुष का सबसे बड़ा रोग स्त्री है और स्त्री का सबसे बड़ा रोग है पुरुष''। इस कथन में मनोरमा पुरुष और स्त्री के बीच के सामाजिक और भावनात्मक तनाव को दर्शाती है, जो दोनों लिंगों के बीच असमानता और संघर्ष की गहराई को उजागर करता है।

53. (C): 'चीफ की दावत' कहानी के आधार पर शामनाथ के संबंध में सही कथन निम्नलिखित हैं:

(*b*) शामनाथ ने माँ को सफेद कमीज और सफेद सलवार पहनने के लिए कहा। यह कथन उनकी पार्टी के लिए सामाजिक अपेक्षाओं और प्रस्तुति की चिंता को दर्शाता है।

(*d*) शामनाथ पार्टी की कामयाबी सुनिश्चित कर लेना चाहते थे। इस कथन से उनके व्यक्तित्व की वह विशेषता सामने आती है जो उन्हें अपने व्यावसायिक और सामाजिक जीवन में सफलता और मान्यता प्राप्त करने के लिए सक्रिय रूप से प्रयास करने को प्रेरित करती है।

(*e*) शामनाथ को दुनिया के कहे की चिंता होती थी। यह कथन उनकी उस चिंता को दर्शाता है जो उन्हें सामाजिक छवि और सम्मान के प्रति सजग बनाती है, जिससे उनकी सामाजिक स्थिति और प्रतिष्ठा का निर्धारण होता है।

54. (B): सूची-I के उपन्यासकारों और सूची-II के उपन्यासों का सही मिलान इस प्रकार है:

(*ii*) ठाकुर प्रसाद सिंह का उपन्यास 'कुब्जा सुंदरी' है। यह उपन्यास सामाजिक मुद्दों और व्यक्तिगत त्रासदी के बीच संघर्ष को दर्शाता है।

(*i*) देवेश ठाकुर का उपन्यास 'भ्रम भंग' है। इस उपन्यास में व्यक्तिगत और सामाजिक भ्रांतियों को उजागर किया गया है।

(*iv*) रामदरश मिश्र का उपन्यास 'अपने लोग' है। यह उपन्यास पारिवारिक और सामाजिक संबंधों की गहराई और जटिलता को दर्शाता है।

(*iii*) गंगा प्रसाद विमल का उपन्यास 'मृगान्तक' है। इस उपन्यास में नैतिकता, प्रेम और विश्वास के विषयों का चित्रण किया गया है, जो पाठकों को गहराई से सोचने के लिए प्रेरित करता है।

55. (D): 'परिंदे' कहानी में उपरोक्त कथन डाक्टर मुकर्जी ने कहा है। इस कथन के माध्यम से डाक्टर मुकर्जी ज्ञान के प्रति एक व्यावहारिक दृष्टिकोण प्रस्तुत करते हैं, जिसमें अज्ञानता के प्रति सहिष्णुता और पुरानी बातों के प्रति अनावश्यक आसक्ति की निंदा की जाती है।

वे बताते हैं कि जिस प्रकार अज्ञानता हानिकारक है, उसी प्रकार पुराने विचारों और आदतों से बार-बार चिपके रहना भी व्यक्ति के विकास में बाधा उत्पन्न करता है। इस कथन के द्वारा वे नवीनता और परिवर्तन की आवश्यकता पर बल देते हैं।

56. (B): 'नाखून क्यों बढ़ते हैं?' कहानी में निम्नलिखित सत्य कथन हैं:

(*a*) 'देवताओं के राजा का वज्र, दो दधीचि मुनि की हड्डियों से बना था'। इस कथन में प्राचीन भारतीय मिथक का संदर्भ है, जिसमें दधीचि मुनि ने देवताओं की सहायता के लिए अपनी हड्डियां त्याग दी थीं।

(*b*) 'नखधर मनुष्य अब एटम-बम पर भरोसा करके आगे की ओर चल पड़ा है'। यह कथन आधुनिक युग में मनुष्य की वैज्ञानिक प्रगति और उसके द्वारा उत्पन्न विनाशकारी हथियारों पर निर्भरता को दर्शाता है।

(*d*) 'एक बूढ़ा कहता था' बाहर नहीं, भीतर की ओर देखो। हिंसा को मन से दूर करो...''। इस कथन में व्यक्तिगत और सामाजिक समस्याओं के समाधान के लिए आत्म-अन्वेषण और आंतरिक शांति की ओर ध्यान देने की सलाह दी गई है।

57. (D): उपरोक्त कथन महादेव गोविन्द रानाडे का है, जिन्होंने भारतीय समाज में सुधारों के महत्व को उजागर किया। रानाडे का मानना था कि सामाजिक सुधार के बिना राजनीतिक स्वतंत्रता अधूरी है और व्यक्ति को अपने अधिकारों का सही उपयोग करने के लिए सामाजिक न्याय और तर्कसंगत समाज व्यवस्था की आवश्यकता होती है। इस कथन के माध्यम से रानाडे ने सामाजिक और राजनीतिक सुधारों के बीच की परस्परता पर प्रकाश डाला, यह बताते हुए कि किस प्रकार ये दोनों पहलू एक-दूसरे के पूरक हैं। उनका यह विचार भारतीय सुधार आंदोलन के लिए एक मूलभूत दृष्टिकोण प्रदान करता है, जो समग्र सामाजिक परिवर्तन की ओर इशारा करता है।

58. (B): किशोरी दास वाजपेयी की पुस्तक 'हिन्दी की वर्तनी तथा शब्द-विश्लेषण' के अध्यायों का सही अनुक्रम इस प्रकार है:

(*c*) 'हिंदी की कुछ क्रियाएँ' अध्याय में हिंदी क्रियाओं के विभिन्न रूपों और उनके प्रयोग के नियमों का विस्तारपूर्वक विवेचन किया गया है, जो पाठकों को हिंदी व्याकरण की गहरी समझ प्रदान करता है।

(*d*) 'नाम यानी संज्ञाएँ' अध्याय में हिंदी की संज्ञाओं की श्रेणीबद्धता, उनके विभिन्न रूप, और प्रयोग की विशेषताओं का वर्णन किया गया है, जिससे पाठक हिंदी भाषा की मूल बातों को बेहतर रूप से समझ सकते हैं।

(*e*) 'हिंदी में अनुनासिक वर्ण और अनुस्वार' अध्याय हिंदी वर्णमाला के अनुनासिक और अनुस्वार वर्णों के उच्चारण और वर्तनी संबंधी नियमों पर प्रकाश डालता है, जो भाषा की सही वर्तनी के लिए अत्यंत आवश्यक है।

(*a*) 'समास में वर्तनी की स्थिति' अध्याय हिंदी में समास के विभिन्न प्रकारों और उनमें वर्तनी के नियमों का वर्णन करता है, जिससे पाठकों को समास की बारीकियों को समझने में मदद मिलती है।

(*b*) 'वाक्य विन्यास में वर्तनी का विवेचन' अध्याय वाक्यों के निर्माण और उनमें वर्तनी के प्रयोग की तकनीकों पर चर्चा करता है, जो भाषा की संरचनात्मक समझ को बढ़ाता है।

59. (B): कामायनी महाकाव्य में प्रयुक्त सर्गों का सही अनुक्रम इस प्रकार है, जो मानव जीवन के विभिन्न पहलुओं और उसकी आंतरिक और बाहरी संघर्षों को दर्शाता है:

(*e*) 'कर्म' सर्ग में कवि ने मानव कर्म और उसके महत्व को प्रदर्शित किया है, जो मानव जीवन के आधारभूत तत्व के रूप में प्रस्तुत होता है।

(*b*) 'स्वप्न' सर्ग में मानव के स्वप्न और उसकी आकांक्षाओं का वर्णन है, जिसमें मानव अपने आदर्शों और उम्मीदों को साकार करने की दिशा में चलता है।

(*a*) 'संघर्ष' सर्ग मानव जीवन के चुनौतियों और उसके सामने आने वाली बाधाओं का चित्रण करता है,

जहां मानव को अपनी आकांक्षाओं की पूर्ति के लिए विभिन्न संघर्षों का सामना करना पड़ता है।

(*c*) 'निर्वेद' सर्ग में मानव की निराशा और उसकी जीवन से विरक्ति के भावों का वर्णन है, जहां वह जीवन के अर्थ की तलाश में है।

(*d*) 'दर्शन' सर्ग में मानव जीवन और उसके अस्तित्व के गहरे दार्शनिक प्रश्नों का अन्वेषण होता है, जिसमें मानव जीवन की उलझनों और रहस्यों को समझने की कोशिश की गई है।

60. (C): 'मजदूरी और प्रेम' निबंध में पश्चिमी सभ्यता की नई आदर्श दिशा को उन्मुख दर्शाने वाले देवता के रूप में लेव टॉलस्टॉय का नाम उल्लेखित है। टॉलस्टॉय को उनके व्यापक नैतिक और आध्यात्मिक लेखन के लिए प्रसिद्धि मिली है, जिसमें उन्होंने आधुनिकता के बीच अधिक सरल, नैतिक और सामाजिक रूप से उत्तरदायी जीवन शैली की वकालत की। उनके विचारों ने विश्वभर के विचारकों और सुधारकों को प्रभावित किया, जिसमें सादगी और आत्म-साक्षात्कार के मूल्यों को महत्व दिया गया। टॉलस्टॉय का दृष्टिकोण यह दर्शाता है कि कैसे पश्चिमी सभ्यता के भौतिकवादी दृष्टिकोण के विपरीत, एक आदर्श समाज में गहरे मानवीय मूल्यों और नैतिक उत्थान को महत्व दिया जाना चाहिए।

61. (C): सूची-I और सूची-II का मिलान करते समय सही जोड़ी बनाना महत्वपूर्ण है, जिसमें प्रत्येक आलोचक को उनके लिखे गए आलोचना ग्रंथ के साथ सही तरीके से जोड़ा गया है:

(*iv*) शांतिप्रिय द्विवेदी के आलोचना ग्रंथ 'युग और साहित्य' को उनके द्वारा उत्कृष्ट आलोचनात्मक दृष्टिकोण के लिए जाना जाता है, जिसमें उन्होंने समकालीन साहित्यिक रुझानों और उनके सामाजिक प्रभावों का विश्लेषण किया है।

(*i*) हजारी प्रसाद द्विवेदी का 'हिंदी साहित्य' उनके गहन शोध और साहित्यिक इतिहास पर अपनी पकड़ को दर्शाता है, जिसमें उन्होंने हिंदी साहित्य के विकास और उसके महत्वपूर्ण योगदानों को समझाया है।

(*ii*) बच्चन सिंह के 'साहित्य का समाजशास्त्र और रूपवाद' में साहित्य और समाज के बीच के अंतर्संबंधों को उजागर किया गया है, जिसमें उन्होंने साहित्यिक कृतियों के समाज पर प्रभाव को विश्लेषित किया है।

(*iii*) इंद्रनाथ मदान का 'आधुनिक कविता का मूल्यांकन' में उन्होंने आधुनिक कविता की तकनीकों, विषयों और उनके सामाजिक संदर्भों की समीक्षा की है, जिससे कविता की समकालीन विशेषताओं को समझा जा सकता है।

62. (B): 'मजदूरी और प्रेम' निबंध में वर्णित घटनाओं और विचारों का सही क्रम इस प्रकार है, जिससे लेखक के विचार और निबंध का मूल संदेश स्पष्ट रूप से प्रकट होता है:

(*b*) ''हल चलाने वाले और भेड़ चराने वाले प्रायः स्वभाव से ही साधु होते हैं।'' यह पंक्ति निबंध का आरंभिक विचार प्रस्तुत करती है, जिसमें सरल और स्वाभाविक जीवन शैली की प्रशंसा की गई है।

(*a*) ''आपने चार आने पैसे मजदूर के हाथ में रखकर कहा– ''यह लो दिन भर की अपनी मजदूरी।'' वाह क्या दिल्लगी है!'' यह पंक्ति निबंध में मजदूरी की वास्तविकता और उसके महत्व को दर्शाती है।

(*d*) ''मुझे तो मनुष्य के हाथ से बने कामों में उनकी प्रेममय पवित्रा आत्मा की सुगंध आती है।'' यह पंक्ति मानवीय प्रयास और श्रम की महत्वपूर्णता पर जोर देती है।

(*e*) ''आदमियों की तिजारत करना मूर्खों का काम है। सोने और लोहे के बदले मनुष्य को बेचना मना है।'' यह पंक्ति मानवीय गरिमा और सम्मान की रक्षा के लिए महत्वपूर्ण विचार प्रस्तुत करती है।

(*c*) ''पश्चिमी सभ्यता मुख मोड़ रही है। वह एक नया आदर्श देख रही है।'' यह अंतिम पंक्ति निबंध के संदर्भ में पश्चिमी सभ्यता के परिवर्तन और नई दिशाओं की ओर अग्रसर होने की बात करती है।

63. (*)

64. (B): दयाराम नामक पात्र 'राज निरबंसिया' कहानी में वर्णित है, जहाँ इस पात्र का चित्रण कहानी के केंद्रीय विषयों और संघर्षों को समझाने में महत्वपूर्ण भूमिका निभाता है। दयाराम की कहानी में उनके संघर्ष, उनकी आकांक्षाएँ और व्यक्तिगत जीवन की गाथा ग्रामीण पृष्ठभूमि में उनकी सामाजिक स्थिति को प्रभावित करती है। इस पात्र के माध्यम से लेखक ने ग्रामीण भारत की सामाजिक संरचना और विभिन्न सामाजिक तत्वों के बीच के जटिल संबंधों को उजागर किया है।

65. (B): 'ध्रुवस्वामिनी' नाटक में ध्रुवस्वामिनी के संवादों का सही क्रम उनके जीवन के विभिन्न चरणों और उनकी भावनाओं के विकास को दर्शाता है। इस नाटक में ध्रुवस्वामिनी की जीवन यात्रा और उनके संघर्षों को उनके संवादों के माध्यम से प्रभावशाली ढंग से उजागर किया गया है:

- विकल्प (*a*) में ध्रुवस्वामिनी अपने प्रेमी को वापस लौटने का आग्रह करती हैं, यह समझाते हुए कि उनके प्यार के लिए इतने बड़े बलिदान की आवश्यकता नहीं है। यह उनकी विनम्रता और उनके अपने प्रेम के प्रति समर्पण को दिखाता है।
- विकल्प (*e*) में ध्रुवस्वामिनी अपनी भावनाओं का इजहार करती हैं, यह बताते हुए कि वे अपने प्रेमी के बिना किसी और तरीके से अपनी जिंदगी नहीं जी सकतीं। यह उनकी गहरी भावनाओं को प्रकट करता है।
- विकल्प (*b*) में वह अपनी दुविधा को व्यक्त करती हैं, यह सोचते हुए कि क्या उन्हें वापस लौट जाना चाहिए या नहीं। यह उनकी अंतर्द्वंद्व को दर्शाता है।
- विकल्प (*d*) और (*c*) में वे अपने जीवन और मृत्यु को साझा करने की बात कहती हैं, जो उनके अंतिम निर्णय और उनके प्रेमी के प्रति उनकी पूर्ण समर्पण की भावना को दर्शाता है।

66. (C)

67. (B): फोर्ट विलियम कॉलेज की स्थापना 1800 में ईस्ट इंडिया कंपनी द्वारा की गई थी, ताकि अंग्रेज अधिकारी भारतीय भाषाओं के साथ-साथ भारतीय सभ्यता और संस्कृति को समझ सकें और उसके अनुसार प्रशासन चला सकें। यह कॉलेज उन्हें देशी भाषाओं में दक्ष बनाने और भारतीय समाज की बेहतर समझ प्रदान करने के उद्देश्य से स्थापित किया गया था।

- विकल्प (*a*) सही है क्योंकि यह सटीक रूप से बताता है कि कॉलेज की स्थापना का मुख्य उद्देश्य क्या था।
- विकल्प (*c*) यह स्पष्ट करता है कि कॉलेज की स्थापना अंग्रेज अधिकारियों को भारतीय समाज के बारे में शिक्षित करने के लिए की गई थी, जिससे वे भारतीय जनमानस को बेहतर समझ सकें।
- विकल्प (*d*) भी सही है क्योंकि जॉन गिलक्राइस्ट वास्तव में हिंदुस्तानी विभाग के प्रोफेसर के रूप में नियुक्त किए गए थे, जिन्होंने हिंदी और उर्दू भाषाओं के लिए महत्वपूर्ण योगदान दिया।

68. (B): भारतीय काव्यशास्त्र में विभिन्न आचार्यों द्वारा काव्य के लक्षणों की विभिन्न परिभाषाएं दी गई हैं।

- विकल्प (*ii*) वामन द्वारा 'शब्दार्थों सहितौ काव्यं गद्यं-पद्यं च तत द्विधा' जो काव्य को गद्य और पद्य में विभाजित करने का वर्णन करता है।
- विकल्प (*iii*) विश्वनाथ द्वारा 'वाक्यं रसात्मकं काव्यम्' जो काव्य के रसात्मक स्वभाव को परिभाषित करता है।
- विकल्प (*iv*) पंडित राज जगन्नाथ द्वारा 'काव्य शब्दोऽयं गुणालंकार संस्कृतयोः शब्दार्थ योर्वर्तते' जो काव्य के शिल्प और अर्थ को गुण और अलंकार के माध्यम से व्यक्त करता है।
- विकल्प (*i*) भामह द्वारा 'रमणीयार्थ प्रतिपादकः शब्दः काव्यम्' जो काव्य को रमणीय अर्थ प्रस्तुत करने वाले शब्दों के रूप में परिभाषित करता है।

69. (A): विलियम वर्ड्सवर्थ के काव्य सिद्धांतों में प्रबल भावों का सहज उच्छलन, भावदीप्त मनोदशा में रचना का आरंभ और मन को आनंदित करने वाले भावों का महत्व शामिल है। उनके अनुसार, काव्य रचना में प्राकृतिक और सहज भावनाएं महत्वपूर्ण होती हैं जो काव्य को गहराई और अर्थपूर्णता प्रदान करती हैं।

वह ग्रामीण भाषा को काव्य के लिए उपयुक्त मानते हैं, जो प्राकृतिक और सहज भावों की अभिव्यक्ति करती है।

70. (C): नरेन्द्र देव वह विद्वान थे जिन्हें उत्तर प्रदेश सरकार द्वारा 31 जुलाई, 1947 ई. में गठित देवनागरी लिपि सुधार समिति का अध्यक्ष बनाया गया था। इस समिति का मुख्य उद्देश्य देवनागरी लिपि में सुधार लाना और इसे अधिक कार्यात्मक बनाना था, जिससे शिक्षा और प्रशासन में इसका प्रयोग सरल हो सके। नरेन्द्र देव की विद्वता और उनके अनुभव ने इस समिति के कार्य में महत्वपूर्ण योगदान दिया।

71. (C): किशोरीलाल गोस्वामी के उपन्यासों में 'लाल पान की बेगम' उनके द्वारा नहीं लिखा गया है। उनके लेखन की प्रमुख विशेषता उनकी गहरी सामाजिक चेतना और व्यक्तिगत संवेदनशीलता है, जो उनके अन्य उपन्यासों जैसे 'तारा', 'कुसुम कुमारी' और 'श्यामा स्वप्न' में स्पष्ट रूप से झलकती है। 'लाल पान की बेगम' एक फणीश्वरनाथ रेणू की कृति है, जो किशोरीलाल गोस्वामी के लेखनी से संबंधित नहीं है।

72. (B): 'मानस का हंस' नागर जी द्वारा लिखा गया एक महत्वपूर्ण उपन्यास है, जो संत तुलसीदास के जीवन पर आधारित है।

- विकल्प (*a*) सही है, क्योंकि इस उपन्यास के विचार का आरंभ नागर जी के महेश कौल के साथ चर्चा करते समय हुआ था।
- विकल्प (*c*) उपन्यास में तुलसीदास के जन्म स्थान के रूप में राजापुर को चित्रित किया गया है, जो साहित्यिक रूपांतरण के तहत विस्तृत चर्चा का विषय बना।
- विकल्प (*d*) नागर जी ने 'कवितावली' और 'विनयपत्रिका' का अध्ययन विशेष रूप से किया था ताकि वे तुलसीदास की भावनाओं और विचारों को उपन्यास में बेहतर ढंग से व्यक्त कर सकें।

73. (B): रामचंद्र शुक्ल की सीमाओं का उद्‌घाटन सर्वप्रथम नंददुलारे वाजपेयी ने किया था। वाजपेयी जी ने अपने लेखों और आलोचना में शुक्ल के दृष्टिकोण और विश्लेषण की पद्धति पर सवाल उठाए, जिससे हिंदी आलोचना में नई चर्चाओं का मार्ग प्रशस्त हुआ। उन्होंने शुक्ल के अध्ययन के सीमित दायरे और उनके अवलोकनों के संकीर्णतावादी नजरिए की ओर संकेत किया, जिससे हिंदी साहित्यिक समालोचना में विस्तार हुआ।

74. (C): 'चंद्रगुप्त' नाटक में संवाद सिंहरण का है, जो मानव स्वभाव की गहराइयों और उसकी अत्याचारी प्रवृत्तियों पर व्यापक प्रकाश डालता है। यह संवाद दर्शाता है कि मानव किस प्रकार से अपने स्वभाव के अनुसार क्रूर और पाषाण हृदय बन सकता है और यह भी दर्शाता है कि मनुष्यता में करुणा का होना कितना आवश्यक है। संवाद के माध्यम से सिंहरण मानवता के उन पहलुओं पर प्रकाश डालते हैं जो मानव को देवता और दानव दोनों से भी बदतर बना सकते हैं।

75. (C):
- विकल्प (*b*) सही है क्योंकि दोहावली और गीतावली तुलसीदास की रचनाओं में उनके जीवन की विभिन्न झलकियां प्रदान करती हैं, जिसमें उनकी व्यक्तिगत और आध्यात्मिक यात्रा का वर्णन होता है।
- विकल्प (*c*) उपन्यास में तुलसीदास के जन्मस्थान के रूप में राजापुर का उल्लेख है, जो तुलसीदास की जीवनी पर आधारित महत्वपूर्ण स्थान है।
- विकल्प (*d*) नागर जी ने तुलसीदास की गहरी समझ के लिए 'कवितावली'और 'विनयपत्रिका' का विशेष अध्ययन किया था, जिससे उपन्यास में तुलसीदास की भावनाओं और विचारों को सटीकता से चित्रित किया जा सके।

76. (A): 'कविता क्या है?' निबंध रामचंद्र शुक्ल द्वारा 1909 में लिखा गया था और इसका अंतिम संशोधन 1929 में किया गया था। इस निबंध में शुक्ल जी ने कविता के स्वरूप और उसके महत्व को विस्तार से व्याख्यायित किया है, जिसमें उन्होंने कविता की प्रवृत्ति को भावात्मक बताया और कविता को मनुष्य के भावों और संवेदनाओं से जोड़ा है। शुक्ल जी के अनुसार, कविता मनुष्य के अंतर्मन की भावनाओं का सजीव चित्रण करती है जो पाठक या श्रोता के हृदय के साथ गहराई से जुड़ जाता है। उन्होंने कविता के

माध्यम से मनुष्य के अंतर्मन की सुंदरता को सामने लाने की कोशिश की है जिससे कि पाठक उसे समझ सकें और उसके साथ गहराई से जुड़ सकें।

77. (D): सूची-I में दिए गए कविता की पंक्तियों के साथ सूची-II में दिए गए कवियों का सही मिलान इस प्रकार हैः यशपाल ने ''अब तक क्या किया जीवन क्या जिया'' लिखा, जो जीवन के प्रति एक गहन चिंतन को दर्शाता है। निराला ने ''विस्तृत नभ का कोई कोना'' लिखा, जो उनकी कविता की विशालता और गहराई को बताता है। अज्ञेय ने ''आराधन का दृढ़ आराधन से दो उत्तर'' लिखा, जो आध्यात्मिकता और अन्वेषण की उनकी खोज को प्रकट करता है। मुक्तिबोध ने ''श्रेय नहीं कुछ मेरा, मैं तो डूब गया था स्वयं शून्य में'' लिखा, जो उनके अस्तित्वगत चिंतन और गहन मानवीय अनुभव की अभिव्यक्ति है।

78. (B): 'भारत दुर्दशा' नाटक में उल्लिखित गीत ''कोऊ नहिं पकरत मेरो हाथ। बीस कोटि सुत होत फिरत मैं हा हा होय अनाथ।।'' दूसरे अंक में प्रस्तुत किया गया है। इस गीत के माध्यम से नाटककार ने भारतीय समाज में व्याप्त अनाथता और अकेलेपन की भावनाओं को दर्शाया है। इस अंक में यह गीत नाटकीय प्रभाव को गहरा करता है और दर्शकों के हृदय को छू लेता है, जिससे उन्हें उस समय की सामाजिक स्थितियों की गहराई से समझ आती है।

79. (C): 'गैंग्रीन (रोज)' कहानी में मालती के पति सरकारी डॉक्टर होते हैं, जिनके प्रति मालती की सहानुभूति और समर्थन का भाव होता है। यह कहानी मालती की जटिल भावनाओं का चित्रण करती है, जहां वह अपने जीवन में आई कठिनाइयों से जूझती है। मालती ने अपने पिता द्वारा लाई गई किताब फाड़ दी थी, जो उसकी भावनात्मक प्रतिक्रिया को दर्शाता है। इसके अलावा, मालती का बच्चा बार-बार चोटिल होता है, जो उसकी माँ के रूप में उसकी चिंताओं और कठिनाइयों को उजागर करता है।

80. (*)

81. (A): सूची-I में दिए गए निबंधों के साथ सूची-II में दिए गए निबंधकारों का मिलान सही ढंग से किया गया है। 'साहित्य की महत्ता' निबंध बाबू गुलाबराय द्वारा लिखा गया है, जो साहित्य के मूल्यों और महत्व को बताता है। 'साहित्य देवता' निबंध माखनलाल चतुर्वेदी द्वारा लिखा गया है, जो साहित्य के उद्देश्य और प्रभाव पर चर्चा करता है। 'साहित्य, कला और प्रेम' निबंध यशपाल द्वारा लिखा गया है, जो इन तीनों तत्वों के मिलन की व्याख्या करता है।

82. (C): जब उपमेय स्वयं ही अपना उपमान हो, यानी जब विशेषण और विशेष्य में भेद की स्थिति नहीं रह जाती, तब अनन्वय अलंकार होता है। इस अलंकार में विशेषण विशेष्य के बिना नहीं रह सकता, जैसे किसी को वीर कहना जहाँ वीरता ही उसकी पहचान बन जाती है। यह अलंकार उपमा और रूपक से भिन्न होता है क्योंकि इसमें साधारण विशेषण विशेष्य संबंध के अतिरिक्त एक गहरा आंतरिक संबंध होता है जिसे बिना किसी विशेष युक्ति के नहीं समझा जा सकता।

83. (D): रामचंद्र शुक्ल ने 'सरस्वती' पत्रिका में प्रकाशित कुछ कहानियों को भाव प्रधानता की दृष्टि से चुना। उन्होंने ''इंदुमती'' किशोरीलाल गोस्वामी, ''दुलाई वाली'' बंग महिला और ''ग्यारह वर्ष का समय'' जिसे खुद शुक्ल जी ने लिखा, इन्हें भावप्रधान माना क्योंकि इन कहानियों में गहरे मानवीय भावों का चित्रण किया गया है। ये कहानियां जीवन के विविध पक्षों को उजागर करती हैं और पाठक को गहराई से भावनात्मक रूप से जोड़ती हैं।

84. (C): रामचंद्र शुक्ल का यह कथन कि ''योरप का यह अभिव्यंजनावाद हमारे यहाँ के पुराने वक्रोक्तिवाद 'वक्रोक्तिः काव्यजीवितम्' का ही नया रूप या विलायती उत्थान है,'' उनके द्वारा काव्यशास्त्र पर गहन अध्ययन और उनके विचारों की गहराई को दर्शाता है। शुक्ल जी ने पश्चिमी काव्य शैलियों और भारतीय काव्य विचारों के बीच संबंधों का विश्लेषण किया, जिसमें उन्होंने वक्रोक्तिवाद की महत्वपूर्ण भूमिका को रेखांकित किया।

85. (C): 'परीक्षा गुरु' नामक ग्रंथ में प्रकरणों के शीर्षक विषय विशेष को प्रदर्शित करते हैं। प्रकरण 4 'संगति

का फल' मित्रता और संगत के परिणामों को उजागर करता है, यह दिखाता है कि किस प्रकार सही या गलत संगत का मनुष्य के जीवन पर प्रभाव पड़ता है। प्रकरण 3 'अकाल में अधिकमास' समय की विषमताओं और जीवन में आने वाली अप्रत्याशित चुनौतियों का वर्णन करता है। प्रकरण 1 'मित्रमिलाप' दोस्ती और मेलजोल की महत्ता को दर्शाता है, यह प्रकरण सामाजिक संबंधों की गहराई और उनके जीवन पर पड़ने वाले सकारात्मक प्रभावों को बताता है।

86. (A): इस निबंध में भारतेंदु हरिश्चंद्र ने अंग्रेजी शासन की तुलना बागबान से की है, जो भारतीय समाज के लिए विध्वंसकारी साबित हो रहा है। यहाँ बागबान का अभिप्राय उस व्यक्ति से है जो बाग को संवारने के बजाय उसे बर्बाद कर रहा है, जैसे कि अंग्रेज भारत के संसाधनों का दोहन कर रहे थे। इस प्रकार के प्रतीकात्मक वर्णन से भारतेंदु ने भारतीय जनमानस में राष्ट्रीय भावना को जगाने का प्रयास किया।

87. (C): ये पंक्तियाँ 'मेरे राम का मुकुट भीग रहा है' कविता से हैं, जो अयोध्या के वातावरण को चित्रित करती हैं जैसे कि एक अंधेरी और भयानक रात जहाँ हर कोई डर के मारे एक दूसरे को निहार रहा है। इससे उस समय की भयावहता और अनिश्चितता का बोध होता है, जो साम्राज्य के पतन के दौरान व्याप्त थी। कवि ने इस कविता के माध्यम से उस कालखंड के सामाजिक और राजनीतिक पतन का बहुत ही मार्मिक चित्रण किया है।

88. (B): अंधायुग एक प्रमुख नाटक है, जिसमें महाभारत की कथा के अंतिम दिनों को दर्शाया गया है। इसमें दूसरे अंक में 'गांधारी का शाप' विषय को दिखाया गया है, जहां गांधारी कुरुक्षेत्र के युद्ध में अपने पुत्रों की मृत्यु पर शाप देती हैं। तीसरे अंक में 'अश्वत्थामा का अर्द्धसत्य' प्रस्तुत किया गया है जहां अश्वत्थामा युद्ध के मैदान में उतरता है और अपनी भावनाओं का इजहार करता है। चौथे अंक में 'पशु का उदय' दिखाया गया है, जो युद्ध के बाद की स्थितियों को बयां करता है, और पांचवें अंक में 'विजयः एक क्रमिक आत्महत्या' में विजय के परिणामों को दर्शाया गया है।

89. (C): हिंदी साहित्य में निबंध एक महत्वपूर्ण विधा है, जिसमें व्यक्तिगत और सामाजिक विचारों को प्रकट किया जाता है। 'सब मिट्टी हो गया' माधव प्रसाद मिश्र द्वारा लिखा गया एक प्रभावशाली निबंध है जो सामाजिक परिवर्तनों पर चिंतन करता है। 'मुझे मेरे मित्रों से बचाइए' पद्म सिंह शर्मा का एक हास्य व्यंग्य है जो मित्रता के विभिन्न पहलुओं पर कटाक्ष करता है। 'उजड़ा स्वर्ग' रघुवीर सिंह की रचना है जो आधुनिकता के प्रभाव को व्यक्त करती है।

90. (B): यह उक्ति भामह द्वारा उद्घाटित है, जो संस्कृत अलंकार शास्त्र में एक प्रमुख नाम हैं। उनकी यह उक्ति काव्य की प्रतिभा और उसके स्वाभाविक उद्भव को दर्शाती है। भामह के अनुसार, जबकि शास्त्रीय ज्ञान को गुरु के निर्देश से सीखा जा सकता है, काव्य की सृष्टि प्रतिभा से होती है और यह केवल विशेष व्यक्तियों में ही देखने को मिलती है।

91. (D): गांधीवाद में 'कला कला के लिए' के सिद्धांत के प्रति कोई सहानुभूति नहीं पाई जाती क्योंकि गांधीजी कला को केवल सौंदर्य की दृष्टि से न देखकर इसके सामाजिक, नैतिक और उपयोगी पहलुओं को भी महत्व देते हैं। उनके अनुसार, कला की असली परीक्षा इसकी उपयोगिता, नीतिकता और हितकारिता में निहित है। गांधीजी के दर्शन में कला केवल सौंदर्यशास्त्र के लिए नहीं, बल्कि समाज के उत्थान और मानवीय मूल्यों के प्रसार के लिए होनी चाहिए। इस प्रकार वे कला को समाज के सभी वर्गों के लिए सुलभ और उपयोगी बनाने की वकालत करते हैं।

92. (D): गांधीजी के अनुसार, संगीत इसलिए सर्वश्रेष्ठ माना जाता है क्योंकि यह प्रार्थना और नैतिक उन्नति में सहायक होता है। उनके दृष्टिकोण से, संगीत की गहराई और इसका उद्देश्य आत्मिक और नैतिक संवर्धन है। संगीत के स्वर और ध्वनियाँ आत्मा को छूती हैं और उसे उच्च स्तर पर ले जाने में मदद करती हैं, जिससे व्यक्ति की आध्यात्मिक ग्रोथ होती है। यह संगीत का यह आध्यात्मिक और नैतिक पहलू है जो इसे गांधी के अनुसार अन्य कलाओं से अधिक मूल्यवान बनाता है।

93. (C): गांधीजी के दर्शन में अहिंसा केवल हिंसा न करने से आगे बढ़कर, बैर का त्याग, सभी जीवों से प्रेम और पूर्ण निष्काम भाव का मिश्रण है। इस प्रकार की अहिंसा न केवल द्वेष रहित होती है बल्कि यह सकारात्मक प्रेम को भी अपने में समाहित करती है जो स्वार्थ, मोह और आसक्ति से परे होता है। गांधीजी के अनुसार, यही प्रेम सभी जीवों के प्रति समभाव और निष्पक्ष व्यवहार की ओर ले जाता है, जो कि जैन और बौद्ध धर्मों के अहिंसा के सिद्धांतों के साथ-साथ वैष्णव भक्ति की भावना से भी मिलता जुलता है।

94. (C): गांधीजी के अनुसार, मनुष्य और अन्य जीवधारियों की एकता तब स्वीकार्य होती है जब हम समस्त सृष्टि में एक ही तत्व की व्याप्ति को स्वीकार करते हैं। इस विचार में यह माना जाता है कि सभी जीवधारियों में ईश्वर का एक ही तत्व मौजूद है, जो हमें आपसी समझ और सहयोग की दिशा में अग्रसर करता है। इस प्रकार, यह दृष्टिकोण सभी जीवों के साथ समानता और एकता की भावना को बढ़ावा देता है, जिससे विश्व शांति और सद्भावना की स्थापना में मदद मिलती है।

95. (D): गांधीजी के अनुसार, अहिंसा की प्राप्ति के लिए आत्मशुद्धि आवश्यक है और आत्मशुद्धि के लिए अहं (ईगो) का त्याग अनिवार्य है। जब हम अपने अहं का त्याग करते हैं, तब हम अपने मन को द्वेष और पूर्वाग्रह से मुक्त कर सकते हैं, जिससे सच्ची अहिंसा की ओर अग्रसर हो सकते हैं। यह प्रक्रिया मानवीय संवेदनाओं को संवेदनशील बनाती है और समाज में सकारात्मक परिवर्तन लाने में सहायक होती है।

96. (D): अवतरण के अनुसार, भारतवासियों ने वैयक्तिकता के विष के चलते समाज और देश के प्रति अपने कर्तव्यों को भूला दिया था। यह वैयक्तिकता एक ऐसी मानसिकता को दर्शाती है जहाँ व्यक्तियों ने केवल स्वयं की उन्नति और सुविधाओं पर ध्यान केंद्रित किया था, बजाय समाज और देश के समग्र विकास की चिंता करने के। यह आत्मकेंद्रित दृष्टिकोण समाजिक जड़ता और नैतिक पतन की ओर ले गया था, जिससे समाज में व्यापक असंतोष और गतिरोध की स्थिति उत्पन्न हुई थी।

97. (D): फ्रांसीसी क्रांति के महान उद्घोष 'स्वतंत्रता, समानता और भ्रातृत्व' हैं, जो कि क्रांति की तीन मुख्य नारे थे। इनमें 'राष्ट्रीयता' शामिल नहीं है, क्योंकि यह उस समय की विचारधाराओं का सीधा हिस्सा नहीं था। इसके बजाय, 'स्वतंत्रता, समानता और भ्रातृत्व' व्यक्तिगत अधिकारों और सामाजिक न्याय के लिए बल देते हैं, जो कि व्यापक राजनीतिक और सामाजिक परिवर्तनों को प्रोत्साहित करने के लिए थे।

98. (A): यूरोपीय विचारों और अंग्रेजी शिक्षा के प्रसार ने भारतवर्ष की मानसिक एकता में वृद्धि की। इससे भारतीयों में एक नई चेतना और समान विचारधारा का विकास हुआ, जिसने विभिन्न भौगोलिक, भाषाई और सांस्कृतिक भेदों के बावजूद उन्हें एक सूत्र में बांधने का काम किया। यह एकता न केवल भारत को औपनिवेशिक शासन के प्रति एकजुट करने में सहायक सिद्ध हुई, बल्कि इसने राष्ट्रीयता की भावना को भी मजबूत किया।

99. (B): अंग्रेजी शिक्षा के प्रचार से भारतीय समाज में नई सामाजिक चेतना जागी, जिससे भारतीयों में अपने देश और समाज को पहचानने की इच्छा जगी। यह शिक्षा उन्हें न केवल अपनी विरासत और इतिहास के प्रति जागरूक करने में सहायक रही, बल्कि इसने उन्हें अपने सामाजिक और राजनैतिक अधिकारों के प्रति भी सजग बनाया। इस शिक्षा ने भारतीयों को आत्मनिर्भर बनने और सक्रिय रूप से अपने समाज के विकास में योगदान देने के लिए प्रेरित किया।

100. (D): सामाजिक चेतना वह मुख्य गुण है जो औसत भारतवासी को प्राचीन और मध्ययुगीन भारतवासी से विभक्त करता है। यह चेतना यूरोपीय संपर्क के माध्यम से विकसित हुई और इसने भारतवासियों को न केवल उनके समाज और देश के प्रति जागरूक बनाया, बल्कि उन्हें उनके व्यक्तिगत और सामूहिक अधिकारों के प्रति भी सचेत किया। इस चेतना ने भारतीय समाज में नई जीवन शक्ति का संचार किया और उन्हें विश्व पटल पर अपनी एक अलग पहचान बनाने की प्रेरणा दी।

पिछले प्रश्न-पत्र

National Testing Agency (NTA)

UGC-NET जूनियर रिसर्च फैलोशिप तथा सहायक प्राध्यापक पात्रता परीक्षा

हिन्दी, दिसम्बर-2023

(Exam held on 11-12-2023)

प्रश्न-पत्र-II

1. नीचे दो कथन दिए गए हैं :

कथन I: 'मैला आँचल' के अनुसार मंगलादेवी काला आजार से पीड़ित होने पर स्वास्थ्य लाभ के लिए विश्वनाथ प्रसाद के घर ले जायी गयीं।

कथन II: 'राजा, महाराजा और सामन्त स्वार्थ के गुलाम बनते जा रहे हैं। प्रजा भीरू और कायर होती जा रही है।' —यह संवाद 'बाणभट्ट की आत्मकथा' में सुचरिता का है।

उपरोक्त कथन के आलोक में, नीचे दिए गए विकल्पों में से **सही उत्तर** का चयन कीजिए :

A. कथन I और कथन II दोनों सत्य हैं

B. कथन I और कथन II दोनों असत्य हैं

C. कथन I सत्य है, लेकिन कथन II असत्य है

D. कथन I असत्य है, लेकिन कथन II सत्य है

2. 'आधे अधूरे' नाटक के संबंध में सत्य कथन हैं :

(*a*) यह नाटक मौजूदा जीवन की विडम्बना के कुछेक सघन बिन्दुओं को रेखांकित करता है।

(*b*) श्री ओम शिवपुरी को यह समकालीन जिन्दगी का पहला सार्थक हिन्दी नाटक लगता है।

(*c*) इसके पात्र, स्थितियाँ एवं मनःस्थितियाँ यथार्थपरक तथा विश्वसनीय नहीं लगती।

(*d*) 'आधे अधूरे' आज के जीवन के एक गहन अनुभव-खंड को मूर्त करता है।

(*e*) इस नाटक की भाषा में वह सामर्थ्य नहीं है जो समकालीन जीवन के तनाव को पकड़ सके।

नीचे दिए गए विकल्पों में से **सही उत्तर** का चयन कीजिए :

A. केवल (*a*), (*b*), (*c*)   B. केवल (*a*), (*b*), (*d*)

C. केवल (*b*), (*d*), (*e*)   D. केवल (*b*), (*c*), (*d*)

3. 'उसने कहा था' कहानी के आधार पर उपयुक्त कथन हैं :

(*a*) लाहौर के बंबूकार्ट वालों की बोली मरहम लगाने का काम करती है।

(*b*) वजीरा सिंह पलटन का विदूषक था। वह बाल्टी से गंदला पानी फेंकते हुए जर्मनी के बादशाह का तर्पण करने लगता है।

(*c*) सूबेदारनी ने अपने पति और बेटे को बचाने की गुहार लगाई।

(*d*) लहना सिंह दियासलाई से सिगरेट जला कर पीने लगा।

(*e*) लहना सिंह नं 77 रैफल्स में जमादार हो गया है।

नीचे दिए गए विकल्पों में से **सही उत्तर** का चयन कीजिए :

A. केवल (*a*), (*b*), (*e*)   B. केवल (*a*), (*c*), (*d*)

C. केवल (*b*), (*c*), (*e*)   D. केवल (*c*), (*d*), (*e*)

4. "आत्मचेतस का भाव तो संपूर्ण भारतीय नवजागरण में है। यही चेतना भारतीय अस्मिता-सांस्कृतिक अस्मिता की पहचान है। भारतेंदु ने इसी आत्म चेतस को समष्टि/चेतस की ओर उन्मुख किया।" यह कथन किस इतिहासकार का है?

A. रामचंद्र शुक्ल B. बच्चन सिंह
C. रामस्वरूप चतुर्वेदी D. रामचंद्र तिवारी

5. सूची-I से सूची-II का मिलान कीजिए :

सूची-I (कविता/पंक्तियाँ)	सूची-II (कविता/कविता-पुस्तक)
(*a*) विवशता किससे अपनी कहूँ जननि! क्यों न बनूँ बहू-कातरा	I. प्रथम रश्मि
(*b*) स्नेह-हीन तारों के दीपक श्वास-शून्य थे तरु के पास	II. उर्वशी
(*c*) धँसो इनमें डर नहीं है मौत का यह घर नहीं है	III. प्रियप्रवास
(*d*) नींद जल का स्रोत है, छाया सघन है, नींद श्यामल मेघ है, शीतल पवन है।	IV. सतपुड़ा के घने जंगल

नीचे दिए गए विकल्पों में से **सही उत्तर** का चयन कीजिए :

	(*a*)	(*b*)	(*c*)	(*d*)
A.	II	III	IV	I
B.	III	IV	I	II
C.	IV	I	II	III
D.	III	I	IV	II

6. सूची-I से सूची-II का मिलान कीजिए :

सूची-I (काव्यशास्त्री)	सूची-II (ग्रंथ)
(*a*) बेनेडेट क्रोचे	I. स्टडी ऑफ पोएट्री
(*b*) मैथ्यू आर्नल्ड	II. प्रैक्टिकल क्रिटिसिज्म
(*c*) होरेस	III. एस्थेटिक्स
(*d*) आई.ए. रिचर्ड्स	IV. 'द ऑर्ट ऑफ पोएट्री'

नीचे दिए गए विकल्पों में से **सही उत्तर** का चयन कीजिए :

	(*a*)	(*b*)	(*c*)	(*d*)
A.	IV	I	II	III
B.	II	III	I	IV
C.	III	II	I	IV
D.	III	I	IV	II

7. 'उर्वशी' के स्त्री-पात्र हैं :

(*a*) सहजन्या (*b*) सुनंदा
(*c*) स्वस्ति (*d*) चित्रलेखा
(*e*) निपुणिका

नीचे दिए गए विकल्पों में से **सही उत्तर** का चयन कीजिए :

A. केवल (*b*), (*d*), (*e*) B. केवल (*b*), (*c*), (*d*)
C. केवल (*a*), (*d*), (*e*) D. केवल (*a*), (*c*), (*e*)

8. *"कहन स्याम संदेश एक मैं तुम पै आयो।*
कहन समय संकेत कहूँ अवसर नहिं पायो।"

उपर्युक्त काव्य पंक्तियाँ अष्टछाप के किस कवि की है?

A. नंददास B. कुंभनदास
C. परमानंददास D. कृष्णदास

9. 'शेखर : एक जीवनी' भाग-1, में किन पश्चिमी विचारकों के नामों के उल्लेख हैं :

(*a*) कार्ल मार्क्स (*b*) रोजा लक्जमबर्ग
(*c*) नीत्शे (*d*) त्रात्स्की
(*e*) देकार्त

नीचे दिए गए विकल्पों में से **सही उत्तर** का चयन कीजिए :

A. केवल (*a*), (*c*), (*d*) B. केवल (*b*), (*c*), (*d*)
C. केवल (*c*), (*d*), (*e*) D. केवल (*a*), (*b*), (*c*)

10. 'अनुकरण का आशय है ऐसे प्रभाव का उत्पादन जो किसी स्थिति, अनुभूति अथवा व्यक्ति के शुद्ध, प्रकृत रूप से उत्पन्न होता है।' उपर्युक्त कथन किसका है?

A. स्काट जेम्स B. प्रो. गिलबर्ट मरे
C. बूचर D. नगेन्द्र

11. सूची-I से सूची-II का मिलान कीजिए :

सूची-I (बोली)	सूची-II (क्षेत्र)
(*a*) मारवाड़ी	I. कोटा
(*b*) हाड़ौती	II. अजमेर
(*c*) ढूंढाणी	III. अलवर
(*d*) मेवाती	IV. जयपुर

नीचे दिए गए विकल्पों में से **सही उत्तर** का चयन कीजिए :

	(a)	(b)	(c)	(d)
A.	II	I	IV	III
B.	II	IV	I	III
C.	II	III	IV	I
D.	II	I	III	IV

12. नवजागरण एवं स्वाधीनता आंदोलन से संबंधित घटनाओं को पहले से बाद के क्रम में व्यवस्थित कीजिए।

(*a*) प्रार्थना समाज की स्थापना

(*b*) कलकत्ता, मद्रास और बंबई विश्वविद्यालय की स्थापना

(*c*) अंग्रेजी शिक्षा के पक्ष में मैकॉले का प्रारूप

(*d*) तिलक को देश निकाले की सजा

(*e*) बंग भंग

नीचे दिए गए विकल्पों में से **सही उत्तर** का चयन कीजिए :

A. (*b*), (*a*), (*e*), (*d*), (*c*)
B. (*c*), (*e*), (*a*), (*b*), (*d*)
C. (*c*), (*b*), (*a*), (*e*), (*d*)
D. (*b*), (*a*), (*c*), (*e*), (*d*)

13. 'प्रेमचंद : घर में' के अनुसार किन पत्रों के खर्चे उठाने के लिए प्रेमचंद बंबई फिल्म कंपनी में काम करने की योजना बनाते हैं?

A. जमाना और हंस B. जागरण और हंस
C. जागरण और जमाना D. माधुरी और चाँद

14. सूची-I से सूची-II का मिलान कीजिए :

सूची-I (आलोचक)	सूची-II (ग्रंथ)
(*a*) नंददुलारे वाजपेयी	I. सुकवि संकीर्तन
(*b*) श्यामसुन्दर दास	II. नया साहित्य : नए प्रश्न
(*c*) महावीरप्रसाद द्विवेदी	III. विचार और अनुभूति
(*d*) नगेन्द्र	IV. साहित्यालोचन

नीचे दिए गए विकल्पों में से **सही उत्तर** का चयन कीजिए :

	(a)	(b)	(c)	(d)
A.	II	IV	I	III
B.	II	I	III	IV
C.	II	IV	III	I
D.	III	IV	I	II

15. बाबासाहेब अंबेडकर ने पीएच.डी. की उपाधि किस विश्वविद्यालय से प्राप्त की थी?

A. कैंब्रिज विश्वविद्यालय
B. कोलंबिया विश्वविद्यालय
C. मुंबई विश्वविद्यालय
D. कोलकाता विश्वविद्यालय

16. रामधारी सिंह 'दिनकर' के निम्नलिखित काव्य ग्रंथों को प्रथम प्रकाशन वर्ष के अनुसार पहले से बाद के क्रम में लगाइए :

(*a*) कुरुक्षेत्र (*b*) रेणुका
(*c*) दिल्ली (*d*) हुंकार
(*e*) रश्मिरथी

नीचे दिए गए विकल्पों में से **सही उत्तर** का चयन कीजिए :

A. (*b*), (*d*), (*a*), (*e*), (*c*)
B. (*b*), (*d*), (*e*), (*a*), (*c*)
C. (*d*), (*a*), (*b*), (*e*), (*c*)
D. (*b*), (*a*), (*d*), (*e*), (*c*)

17. भारतीय संघ की 'राजभाषा' के रूप में हिंदी के संदर्भ में उपयुक्त तथ्य हैं :

(*a*) अनुच्छेद 351 के अनुसार संघ की राजभाषा हिंदी और लिपि देवनागरी होगी।

(*b*) राजभाषा संसदीय समिति का गठन सन् 1976 में हुआ।

(*c*) 14 सितम्बर, 1949 ई. को जब संविधान सभा में 'राजभाषा' संबंधी भाग स्वीकृत हुआ तो संविधान सभा के अध्यक्ष श्री राजगोपालाचारी थे।

(*d*) विविध प्रकार के राजकीय कार्यकलाप की माध्यम भाषा राजभाषा कहलाती है।

(*e*) भारत के राष्ट्रपति ने 7 जून, 1955 ई. को अनुच्छेद-344(1) के अनुसरण में, राजभाषा आयोग के गठन का आदेश जारी किया।

नीचे दिए गए विकल्पों में से **सही उत्तर** का चयन कीजिए :

A. केवल (*b*), (*d*), (*e*) B. केवल (*a*), (*d*), (*e*)
C. केवल (*a*), (*b*), (*e*) D. केवल (*b*), (*c*), (*d*)

18. भारतेन्दु हरिश्चन्द्र के संबंध में निम्नलिखित कथनों में से सत्य कथन है :

(*a*) भारतेन्दु ने 'कालचक्र' शीर्षक अपने इतिहास जर्नल में 1873 में नोट किया–'हिन्दी नए चाल में ढली'।

(*b*) भारतेन्दु हरिश्चन्द्र ने काशी में 'आर्य नागरी समाज' नामक संस्था का निर्माण किया।

(*c*) भारतेन्दु हरिश्चन्द्र ने 'आनंद रघुनंदन' नाटक लिखा।

(*d*) भारतेन्दु 1881 में 'भारतमित्र' के संपादक को अपनी कविता प्रकाशनार्थ भेजते हुए खड़ीबोली के लिए साधु भाषा का प्रयोग करते हैं।

(*e*) भारतेन्दु ने भाषा के बारे में लिखा है, "परदेशी वस्तु और परदेशी भाषा का भरोसा मत रखो। अपने देश में अपनी भाषा में उन्नति करो।"

नीचे दिए गए विकल्पों में से **सही उत्तर** का चयन कीजिए :

A. केवल (*a*), (*d*), (*e*) B. केवल (*c*), (*d*), (*e*)

C. केवल (*a*), (*b*), (*c*) D. केवल (*b*), (*c*), (*d*)

19. 'पिता' कहानी के पिता ने किन दो पुस्तकों में जिंदगी के पैंतीस वर्ष काट दिए?

A. रामायण - महाभारत

B. गीता - विष्णु पुराण

C. श्रीमद्‌भागवत पुराण - श्रीमद्‌भगवत् गीता

D. रामायण - गीता

20. कालक्रम के अनुसार निम्नलिखित पाश्चात्य काव्यशास्त्रियों को पहले से बाद के क्रम में लगाइए :

(*a*) टी.एस. इलियट (*b*) ड्राइडन

(*c*) आई.ए. रिचर्ड्स (*d*) विलियम वर्ड्सवर्थ

(*e*) लोंजाइनस

नीचे दिए गए विकल्पों में से **सही उत्तर** का चयन कीजिए :

A. (*a*), (*c*), (*b*), (*d*), (*e*)

B. (*e*), (*b*), (*a*), (*d*), (*c*)

C. (*e*), (*b*), (*c*), (*a*), (*d*)

D. (*e*), (*b*), (*d*), (*c*), (*a*)

21. प्रताप नारायण मिश्र से संबंधित उपयुक्त कथन हैं :

(*a*) प्रताप नारायण मिश्र का जन्म सन् 1852 ई. में चुनार, उत्तर प्रदेश में हुआ था।

(*b*) संस्कृत, उर्दू, फारसी, अंग्रेजी और बांग्ला में उनकी अच्छी गति थी।

(*c*) उन्होंने 'हिंदी प्रदीप' पत्रिका का संपादन किया।

(*d*) दांत, भौं, आप, बात, धोखा, रिश्वत, बेगार, होली जैसे विषयों पर उन्होंने निबंध लिखे।

(*e*) 'कलिकौतुक', 'भारत दुर्दशा', 'कलि प्रभाव', 'गो संकट' आदि उनकी प्रमुख कृतियाँ हैं।

नीचे दिए गए विकल्पों में से **सही उत्तर** का चयन कीजिए :

A. केवल (*a*), (*c*), (*d*) B. केवल (*a*), (*d*), (*e*)

C. केवल (*b*), (*c*), (*d*) D. केवल (*b*), (*d*), (*e*)

22. शौरसेनी अपभ्रंश से निकलने वाली आधुनिक भाषा नहीं है :

A. पश्चिमी हिंदी B. पूर्वी हिंदी

C. राजस्थानी हिंदी D. गुजराती

23. 'मजदूरी और प्रेम' निबंध में गुरु नानक का कथन "भोले भाव मिले रघुराई" किसके संदर्भ में प्रयुक्त हुआ है?

A. किसान B. माली

C. गड़ेरिया D. फकीर

24. जन्मवर्ष के अनुसार निम्नलिखित निबंधकारों को पहले से बाद के क्रम में लगाइए :

(*a*) विवेकी राय (*b*) हजारीप्रसाद द्विवेदी

(*c*) सरदार पूर्णसिंह (*d*) कुबेरनाथ राय

(*e*) रामचंद्र शुक्ल

नीचे दिए गए विकल्पों में से **सही उत्तर** का चयन कीजिए :

A. (*e*), (*c*), (*b*), (*d*), (*a*)

B. (*e*), (*c*), (*b*), (*a*), (*d*)

C. (*c*), (*e*), (*b*), (*a*), (*d*)

D. (*c*), (*b*), (*e*), (*d*), (*a*)

25. "जो अपने धर्म से हीन पाप ही में गड़े रहते हैं, वो माता-पिता की हित की बात को नहीं सुनते, सबसे बैर करते हैं। ऐसे जो पापी जन हैं, सो महाडेरावनी दक्षिण द्वार से जा नरकों में पड़ते हैं।"

यह गद्यखंड खड़ीबोली के किस आरंभिक गद्यकार का है?

A. इंशाअल्ला खाँ B. सदासुखलाल नियाज

C. सदल मिश्र D. लल्लूलाल

26. महात्मा गाँधी की अध्यक्षता में गठित 'लिपि सुधार समिति' के संयोजक कौन थे?

A. काका कालेलकर B. महादेव गोविन्द रानाडे

C. श्याम सुंदर दास D. बाबूराम सक्सेना

27. ''इन्सान जिन्दा किसलिए रहता है—क्या उसे कोई और बेहतर काम करने को नहीं मिला''—यह कथन 'परिंदे' कहानी के किस पात्र का है?

A. मिस वुड B. डॉ. मुकर्जी

C. ह्यूबर्ट D. लतिका

28. ''मेरे राम का मुकुट भीग रहा है'' निबंध में मेहमान रात्रि में किस कार्यक्रम में गए थे?

A. साहित्यिक कार्यक्रम में

B. संगीत के कार्यक्रम में

C. नाटक के कार्यक्रम में

D. पारिवारिक कार्यक्रम में

29. सूची-I से सूची-II का मिलान कीजिए :

सूची-I (कथन)	**सूची-II (कहानी)**
(*a*) कल तक जो खद्दर भी न पहनते थे, बात-बात पर कांग्रेस का मजाक उड़ाते थे, कांग्रेस के हाथों में थोड़ी शक्ति आते ही वे कांग्रेस भक्त बन गए।	I. कोसी का घटवार
(*b*) ऐसा ही खाने-पीनेवाले की तकदीर लेकर पैदा हुआ होता तो मेरे भाग क्यों पड़ता।	II. परिंदे
(*c*) किसी चीज को न जानना यदि गलत है, तो जानबूझकर न भूल पाना, हमेशा जोंक की तरह उससे चिपटे रहना, यह भी गलत है।	III. कानों में कंगना
(*d*) लोक अपने यहाँ अलौकिक बातें कब तक होने देगा! भव सागर की जल तरंगों पर थिर होना कब संभव है?	IV. राही

नीचे दिए गए विकल्पों में से **सही उत्तर** का चयन कीजिए :

	(*a*)	(*b*)	(*c*)	(*d*)
A.	I	III	II	IV
B.	IV	I	III	II
C.	IV	I	II	III
D.	IV	II	III	I

30. 'चंद्रगुप्त' नाटक के चतुर्थ अंक में कुल कितने दृश्य हैं?

A. 14 B. 15

C. 13 D. 12

31. भवानी प्रसाद मिश्र की कविता 'सतपुड़ा के जंगल' में किस जनजाति का उल्लेख है?

A. गोंड B. कोल

C. भील D. मुंडा

32. घनानंद की काव्य पंक्ति 'काहू कलपाय है सु कैसे कल पाय है।' में कौन-सा अलंकार है?

A. उपमा B. रूपक

C. यमक D. श्लेष

33. 'तमस' उपन्यास में हरनामसिंह और बंतो को अपने घर में पनाह देने वाली स्त्री है :

A. अकराँ की माँ लाजो

B. रमजान की माँ राजो

C. एहसान अली की माँ नूरी

D. मुराद अली की माँ साजिदा

34. ''जिस तरह कहानी जिंदगी का एक अंश मात्र ही होती है, एक पक्ष....एक पहलू, उसी तरह यह भी मेरी जिंदगी का एक टुकड़ा मात्र ही है....''—यह वाक्यांश निम्नलिखित में से किस रचना के बारे में स्वयं लेखिका ने लिखा है?

A. ठकुरी बाबा

B. प्रेमचंद

C. एक कहानी यह भी

D. आपहुदरी

35. 'राम की शक्तिपूजा' कविता की इन पंक्तियों/उक्तियों को कविता में आने के क्रम से, पहले से बाद के क्रम में, लगाइए :

(*a*) शक्ति की करो मौलिक कल्पना

(*b*) है अमानिशा, उगलता गगन घन अंधकार

(*c*) केवल जलती मशाल

(*d*) अन्याय जिधर, है उधर शक्ति

(*e*) नयनों का–नयनों से गोपन–प्रिय संभाषण

नीचे दिए गए विकल्पों में से **सही उत्तर** का चयन कीजिए :

A. (*e*), (*b*), (*a*), (*d*), (*c*)
B. (*b*), (*c*), (*e*), (*a*), (*d*)
C. (*c*), (*b*), (*a*), (*e*), (*d*)
D. (*b*), (*c*), (*e*), (*d*), (*a*)

36. 'गोदान' के अनुसार वीमेन्स लीग द्वारा आयोजित कार्यक्रम में मेहता जी के भाषण में व्यक्त विचारों का प्रतिवाद करने वाले पात्र का नाम है :

A. राय साहब B. मिर्जा साहब
C. मिसेज खन्ना D. सरोज

37. 'बीन भी हूँ मैं तुम्हारी रागिनी भी हूँ'–इस गीत में प्रयुक्त काव्यांश नहीं है :

A. अखण्ड सुहागिनी B. आत्मदीप्त चाँदनी
C. सुनहली दामिनी D. कूलहीन प्रवाहिनी

38. भारतीय काव्यशास्त्र, सिद्धान्त और सम्प्रदाय के संबंध में निम्नलिखित कथनों में से सही कथनों का चयन कीजिए।

(*a*) जगन्नाथ के अनुसार अलंकार काव्य की आत्मा 'व्यंग्यार्थ' ध्वनि में रमणीयता उत्पन्न कर देते हैं।

(*b*) मम्मट के अनुसार नियत वर्णों का रसविषयक व्यापार वृत्ति (रीति) कहलाता है।

(*c*) दण्डी के अनुसार काव्य की शोभा करने वाले धर्म गुण कहलाते हैं।

(*d*) वामन के अनुसार सादृश्य पर आधारित (गौणी) लक्षणा वक्रोक्ति अलंकार कहलाता है।

(*e*) भट्टनायक के अनुसार विभावादि और स्थायी भावों में परस्पर व्यंजक-व्यंग्य रूप संयोग द्वारा रस की अभिव्यक्ति होती है।

नीचे दिए गए विकल्पों में से **सही उत्तर** का चयन कीजिए :

A. केवल (*a*), (*b*), (*c*)
B. केवल (*b*), (*c*), (*d*)
C. केवल (*a*), (*b*), (*d*)
D. केवल (*c*), (*d*), (*e*)

39. सूची-I से सूची-II का मिलान कीजिए :

सूची-I (रचना शीर्षक)	**सूची-II (विधा)**
(*a*) लोक ऋण	I. संस्मरण
(*b*) जीवन परिधि	II. उपन्यास
(*c*) चली फगुनहट बौरे आम	III. कहानी संग्रह
(*d*) मेरे सुहृद् श्रद्धेय	IV. निबंध

नीचे दिए गए विकल्पों में से **सही उत्तर** का चयन कीजिए :

	(*a*)	(*b*)	(*c*)	(*d*)
A.	I	IV	III	II
B.	I	III	IV	II
C.	II	III	IV	I
D.	II	IV	III	I

40. "यह संसार का जातीय धर्म है कि जो वस्तु हमारे आसपास है, उन्हीं पर हमारी बुद्धि दौड़ती है। फारस, अरब और इंग्लिश देश के कवि जब संसार की अनित्यता की बात करेंगे तो कबरिस्तान का नक्शा खीचेंगे, क्योंकि उनके यहाँ श्मशान होते ही नहीं हैं।" यह कथन किस रचना से उद्धृत है?

A. मुर्दहिया
B. माटी की मूरतें
C. शिवमूर्ति
D. संस्कृति के चार अध्याय

41. साधारणीकरण के संदर्भ में निम्नलिखित कथनों में सत्य कथन हैं :

(*a*) आचार्य विश्वनाथ के मतानुसार, "कव्य नाटकगत विभाव आदि तीनों का व्यापार असाधारण रूप ग्रहण कर लेता है और समस्त घटना चक्र विशिष्ट व्यक्तित्व से युक्त हो जाता है।"

(*b*) भट्टनायक के अनुसार, "काव्य और नाटक में अभिधा व्यापार के उपरान्त भावकत्व व्यापार के द्वारा विभाव, अनुभाव और संचारीभाव का साधारणीकरण हो जाता है।"

(*c*) अभिनव गुप्त के अनुसार, "साधारणीकरण द्वारा कविनिर्मित पात्र व्यक्ति विशेष रहते हुए सामान्य प्राणीमात्र रह जाता है।

(*d*) आचार्य रामचन्द्र शुक्ल के अनुसार, "सहृदय का आश्रयत्व धर्म के साथ तादात्म्य होता है, परिणामतः आलम्बनत्व धर्म का सामान्यीकरण होता है और इन दोनों का नाम 'साधारणीकरण' है।"

(*e*) डॉ. नगेन्द्र के अनुसार, "साधारणीकरण न तो आश्रय (राम) का होता है न आलम्बन (सीता) का होता है अपितु वह कवि की अनुभूति का होता है।"

नीचे दिए गए विकल्पों में से **सही उत्तर** का चयन कीजिए :

A. केवल (*a*), (*b*), (*c*) B. केवल (*b*), (*d*), (*e*)
C. केवल (*c*), (*d*), (*e*) D. केवल (*b*), (*c*), (*d*)

42. 'ईदगाह' कहानी के संबंध में उपयुक्त कथन है :

(*a*) हामिद को अपने अब्बाजान एवं अम्मीजान के न होने का बहुत दुख है।

(*b*) महमूद ने सिपाही खरीदा है।

(*c*) नूरे को भिश्ती पसंद आया है।

(*d*) सम्मी अपनी खजरी हामिद से बदलना चाहता है।

(*e*) बच्चे हामिद ने बूढ़े हामिद का पार्ट खेला था।

नीचे दिए गए विकल्पों में से **सही उत्तर** का चयन कीजिए :

A. केवल (*b*), (*c*), (*d*) B. केवल (*a*), (*b*), (*e*)
C. केवल (*b*), (*d*), (*e*) D. केवल (*c*), (*d*), (*e*)

43. 'परीक्षा गुरु' उपन्यास के प्रकरणों के शीर्षकों को, पहले से बाद के क्रम में लगाइए :

(*a*) सुख दुख

(*b*) सबमैं हाँ (!)

(*c*) साहसी पुरुष

(*d*) बिगाड़ का मूल-विवाद

(*e*) अकालमैं अधिकमास

नीचे दिए गए विकल्पों में से **सही उत्तर** का चयन कीजिए :

A. (*d*), (*a*), (*c*), (*e*), (*b*)
B. (*e*), (*b*), (*a*), (*d*), (*c*)
C. (*c*), (*a*), (*e*), (*b*), (*d*)
D. (*b*), (*e*), (*d*), (*a*), (*c*)

44. 'अमृतसर आ गया' कहानी में आए प्रसंगों को पहले से बाद के क्रम में व्यवस्थित कीजिए।

(*a*) तुम्हारे दिल में दर्द मर गया है। छोटी सी बच्ची उसके साथ थी। बेरहमों तुमने बहुत बुरा किया है।

(*b*) बड़े जीवट वाले हो बाबू, दुबले पतले हो, पर बड़े गुर्देवाले हो।

(*c*) का ले बाबू ताकत आएगी। अम जैसा ओ जाएगा।

(*d*) खुदा के लिए दरवाजा खोलो। मेरे साथ में औरत जात है। गाड़ी निकल जाएगी।

(*e*) बंद करो जी दरवाजा, बिना पूछे चढ़े आते हैं, अपने बाप का घर समझ रखा है। मत घुसने दो जी, क्या करते हो, धकेल दो पीछे...

नीचे दिए गए विकल्पों में से **सही उत्तर** का चयन कीजिए :

A. (*e*), (*a*), (*c*), (*d*), (*b*)
B. (*c*), (*e*), (*a*), (*d*), (*b*)
C. (*c*), (*a*), (*e*), (*d*), (*b*)
D. (*a*), (*c*), (*b*), (*e*), (*d*)

45. "बहुत कम लोग यह जानते हैं, आज हम जो हैं वो किसकी बदौलत? किसने हमें जनसेवा की ओर लगाया? हमारी आँखें खोलीं? हमें सही रास्ता दिखाया? किससे हमने हमेशा प्रेरणा ली? अपना कर्तव्य किया और आगे बढ़े।" 'बकरी' नाटक का उक्त संवाद किस पात्र के द्वारा कहा गया?

A. सिपाही B. दुर्जन
C. कर्मवीर D. युवक

46. नीचे दो कथन दिए गए हैं : एक अभिकथन (A) के रूप में लिखित है, तो दूसरा उसके कारण (R) के रूप में है।

अभिकथन (A): सन् 1936 में 'प्रगतिशील लेखक संघ' की स्थापना हुई और उसी वर्ष उसके वार्षिक अधिवेशन के सभापति प्रेमचंद हुए।

कारण (R): सन् 1936 में प्रकाशित अपने काव्य संग्रह का नाम सुमित्रानंदन पंत ने 'युगांत' रखा।

उपरोक्त कथन के आलोक में, नीचे दिए गए विकल्पों में से **सही उत्तर** का चयन कीजिए :

A. दोनों (A) और (R) सत्य है और (R), (A) की सही व्याख्या है।

B. दोनों (A) और (R) सत्य है लेकिन (R), (A) की सही व्याख्या नहीं है।

C. (A) सत्य है, लेकिन (R) असत्य है

D. (A) असत्य है, लेकिन (R) सत्य है

47. 'प्रेमचंद घर में' के अनुसार सत्य कथन हैं :

(*a*) प्रेमचंद का जन्म बनारस से चार मील दूर जीमनपुर गाँव में 31 जुलाई, सन् 1880 ई. को हुआ था।

(*b*) शिवरानी देवी की पहली कहानी 'साहस' चाँद में छपी।

(*c*) 'साहस' कहानी का प्रकाशन वर्ष 1924 है।

(*d*) फिल्म कंपनी में काम करने के लिए प्रेमचंद 1932 में पहली बार बंबई गए।

(*e*) प्रेमचंद की कहानी 'मोटेराम शास्त्री' पर एक शास्त्री महाशय ने केस दायर किया।

नीचे दिए गए विकल्पों में से **सही उत्तर** का चयन कीजिए :

A. केवल (*a*), (*b*), (*c*) B. केवल (*a*), (*c*), (*d*)

C. केवल (*b*), (*c*), (*d*) D. केवल (*b*), (*c*), (*e*)

48. 'कुमारपाल प्रतिबोध' इनमें से किस जैन कवि की रचना है?

A. जैनाचार्य मेरूतुंग B. सोमप्रभ सूरि

C. हेमचन्द्र D. शारंगधर

49. ''कल्पना मन की कोई रहस्य पूर्ण क्रिया नहीं है, वह मन की अन्य क्रियाओं के समान ही होती है।'' यह कथन किस पाश्चात्य चिंतक का है?

A. क्रोचे

B. टी.एस. इलियट

C. कॉलरिज

D. आई.ए. रिचर्ड्स

50. ''यह नाटक इस अर्थ में समकालीन नाटक है कि यह किसी भी समय के अन्याय, अनाचार, भ्रष्टाचार, विवेक-शून्यता और मनमानेपन पर रोशनी डालता है। इस प्रहसन में व्यंग्य के माध्यम से जो कुछ भी कहा गया है, उतना ही अधिक कहने की गुंजाइश भी है।'' – 'अंधेर नगरी' नाटक के संबंध में यह कथन किस आलोचक का है?

A. परमानंद श्रीवास्तव B. सत्यप्रकाश मिश्र

C. रामविलास शर्मा D. रामचंद्र शुक्ल

51. 'क्या भूलूँ क्या याद करूँ' से संबंधित उपयुक्त कथन हैं :

(*a*) बच्चन की आत्मकथा पर मन मानतेन के आत्म-चित्रण का प्रभाव है।

(*b*) बच्चनजी ने अपनी आत्मकथा के एक हिस्से का शीर्षक 'जीवन की आपाधापी' में प्रस्तावित किया था।

(*c*) श्रावस्ती बस्ती का पुराना नाम था जिसे वेदों के अनुसार राजा श्राव ने बसाया था।

(*d*) डॉ. राजेंद्र प्रसाद ने अपनी आत्मकथा में लिखा है कि उनका परिवार मूलतः श्रावस्ती का था।

(*e*) बच्चन जी के जीवन और काव्य दोनों के विकास में 'रूबाइयत उमर खैयाम' और उसके अनुवाद का विशेष योगदान है।

नीचे दिए गए विकल्पों में से **सही उत्तर** का चयन कीजिए :

A. केवल (*a*), (*b*), (*c*) B. केवल (*a*), (*c*), (*d*)

C. केवल (*a*), (*b*), (*e*) D. केवल (*b*), (*c*), (*d*)

52. सूची-I से सूची-II का मिलान कीजिए :

सूची-I (पात्र)	**सूची-II (संवाद)**
(*a*) धातुसेन	I. राष्ट्रनीति, दार्शनिकता और कल्पना का लोक नहीं है।
(*b*) कुमारगुप्त	II. हृदय की बातों को राजनीतिक भाषा में व्यक्त करना चक्र नहीं जानता।

(*c*) स्कन्दगुप्त III. युद्ध तो करना ही पड़ता है। अपनी सत्ता बनाए रखने के लिए यह आवश्यक है।

(*d*) पर्णदत्त IV. यदि राक्षस कोई था तो विभीषण था, और बन्दरों में भी एक सुग्रीव हो गया।

नीचे दिए गए विकल्पों में से **सही उत्तर** का चयन कीजिए :

	(*a*)	(*b*)	(*c*)	(*d*)
A.	III	IV	II	I
B.	IV	III	II	I
C.	IV	I	III	II
D.	IV	II	III	I

53. 'अंजो दीदी' नाटक का मंचन 'रंगभूमि' द्वारा लक्ष्मी टॉकीज, इलाहाबाद के हॉल में 22 जनवरी, 1956 को हुआ। इस नाट्य प्रस्तुति के निर्देशक थे–

A. श्री राज जोशी B. सत्येन्द्र शरत

C. सतीशचन्द्र श्रीवास्तव D. कमलेश्वर

54. रस सिद्धान्त संबंधी ग्रंथ 'रसतरंगिणी' के रचयिता हैं :

A. जगन्नाथ B. विश्वनाथ

C. भानुदत्त D. जयदेव

55. सूची-I से सूची-II का मिलान कीजिए :

सूची-I (संतति ('धरतीधन न अपना' के पात्र))	**सूची-II (माँ)**
(*a*) लच्छो	I. जस्सो
(*b*) जीतू	II. हुकमा
(*c*) ज्ञानो	III. प्रीतो
(*d*) दलीपा	IV. निहाली

नीचे दिए गए विकल्पों में से **सही उत्तर** का चयन कीजिए :

	(*a*)	(*b*)	(*c*)	(*d*)
A.	II	I	IV	III
B.	III	IV	I	II
C.	IV	III	II	I
D.	III	I	IV	II

56. धूमिल की 'नक्सलबाड़ी', 'मोचीराम' और 'अकाल दर्शन' कविताएँ किस संग्रह में हैं?

A. संसद से सड़क तक

B. कल सुनना मुझे

C. सुदामा पांडे का प्रजातंत्र

D. जलसागर

57. उत्तर आधुनिकतावाद के संबंध में उपयुक्त कथन हैं :

(*a*) ल्योतार की पुस्तक 'द पोस्टमॉडर्न कंडीशन' से उत्तर आधुनिकतावादी चिंतन का आरंभ माना जाता है।

(*b*) उन्नीसवीं शताब्दी को उत्तर आधुनिकता का समय माना गया है।

(*c*) फेडरिक जेमसन ने उत्तर आधुनिकता को पूँजीवाद के विकास की खास अवस्था कहा है।

(*d*) टी.एस. इलियट की कृति 'द वेस्ट लैंड' उत्तर आधुनिकतावाद का साहित्यिक उदाहरण है।

(*e*) उत्तर आधुनिकतावादी विचारकों ने लेखक की मृत्यु और विचारधारा के अंत की घोषणाएँ कीं।

नीचे दिए गए विकल्पों में से **सही उत्तर** का चयन कीजिए :

A. केवल (*a*), (*b*), (*d*)

B. केवल (*b*), (*c*), (*e*)

C. केवल (*c*), (*d*), (*e*)

D. केवल (*a*), (*c*), (*e*)

58. कबीर की कविता–पंक्ति 'बाजन दे बाजंतरी, कलि कुकुही जनि छेड़' में 'बाजंतरी' शब्द का अर्थ है :

A. बाँसुरी B. पिपहरी

C. वीणा D. तुरही

59. 'झूठा सच' के पहले खंड 'वतन और देश' में भोला पांधे की गली की औरतों के बीच अपने विचारों का प्रचार करने के लिए आयी हिन्दू-रक्षा कमेटी की कार्यकर्ताओं के नामों का सही युग्म है :

A. बसंत कौर - कांता

B. ज्ञानदेवी - सतवंत

C. ईश्वर कौर - ज्ञानदेवी

D. दुर्गा - ईश्वर कौर

60. नीचे दो कथन दिए गए हैं :

कथन I: नागार्जुन की कविता 'कालिदास' में शंकुतला और दुष्यंत का उल्लेख है।

कथन II: 'शाप भरा तन प्रजातंत्र'–यह काव्य पंक्ति रामधारी सिंह दिनकर की कविता 'रश्मिरथी' की है।

उपरोक्त कथन के आलोक में, नीचे दिए गए विकल्पों में से **सही उत्तर** का चयन कीजिए :

A. कथन I और कथन II दोनों सत्य हैं

B. कथन I और कथन II दोनों असत्य हैं

C. कथन I सत्य है, लेकिन कथन II असत्य है

D. कथन I असत्य है, लेकिन कथन II सत्य है

61. 'अंधायुग' नाटक के संबंध में सत्य कथन हैं :

(*a*) धर्मवीर भारती के अनुसार यह काव्य रंगमंच को दृष्टि में रखकर लिखा गया था।

(*b*) यह नाटक सात अंकों में विभाजित है।

(*c*) इस नाटक का घटना काल महाभारत के अठारहवें दिन की संध्या से लेकर प्रभास तीर्थ में कृष्ण की मृत्यु के क्षण तक है।

(*d*) दृश्य परिवर्तन या अंक परिवर्तन के समय कथा-गायन की योजना है।

(*e*) नाटक के तीसरे अंक का शीर्षक 'गांधारी का शाप' है।

नीचे दिए गए विकल्पों में से **सही उत्तर** का चयन कीजिए :

A. केवल (*a*), (*d*), (*e*) B. केवल (*a*), (*b*), (*d*)

C. केवल (*a*), (*c*), (*e*) D. केवल (*a*), (*c*), (*d*)

62. 'मिथक', 'प्रतीक' और 'बिम्ब' के संबंध में निम्नलिखित कथनों में से सही कथनों का चुनाव कीजिए।

(*a*) अरस्तू ने अपने ग्रंथ 'पोलिटिक्स' में मिथक का प्रयोग कथानक, आख्यानमूलक रचना तथा मनगढ़ंत कथा के लिए किया है।

(*b*) नगेन्द्र लिखते हैं, ''काव्य बिंब शब्दार्थ के माध्यम से कल्पना द्वारा निर्मित एक ऐसी मानस छवि है, जिसके मूल में भाव की प्रेरणा रहती है।

(*c*) प्रतीक स्वतः संभव होता है, जबकि बिम्बों का निर्माण सचेष्ट किया जाता है।

(*d*) प्रतीक प्रतिरूप न होकर निरूपण होता है, कलाकार के भावों के प्रेषण का माध्यम होता है।

(*e*) कल्पना से प्रतीक का निर्माण होता है और प्रतीकों से बिम्ब का निर्माण होता है।

नीचे दिए गए विकल्पों में से **सही उत्तर** का चयन कीजिए :

A. केवल (*a*), (*b*), (*d*) B. केवल (*a*), (*b*), (*c*)

C. केवल (*b*), (*c*), (*e*) D. केवल (*c*), (*d*), (*e*)

63. 'मुर्दहिया' में तुलसीराम जी के चाचा (मुनेस्सर और नग्गर) उत्तर प्रदेश में प्रचलित किस पंथ के धर्मगुरु थे?

A. दरिया पंथ B. दादू पंथ

C. शिवनारायण पंथ D. नाथ पंथ

64. 'एक कहानी यह भी' के अनुसार सत्य कथन हैं :

(*a*) बेलछी की घटना ने मन्नू जी को 'महाभोज' उपन्यास लिखने के लिए प्रेरित किया।

(*b*) 'आपका बंटी' कड़ियों में ही लिखा गया और कड़ियों में ही धर्मयुग में छपता रहा।

(*c*) 'एक इंच मुस्कान' मूलतः राजेंद्र यादव द्वारा लिखित उपन्यास था।

(*d*) 'महाभोज' का पहला नाट्य-रूपांतरण अमाल अल्लाना ने किया।

(*e*) अक्षर प्रकाशन से राजेन्द्र यादव के सम्पादन में 'हंस' का पहला अंक अगस्त सन् 86 में प्रकाशित हुआ।

नीचे दिए गए विकल्पों में से **सही उत्तर** का चयन कीजिए :

A. केवल (*a*), (*b*), (*c*) B. केवल (*a*), (*b*), (*e*)

C. केवल (*b*), (*c*), (*d*) D. केवल (*b*), (*c*), (*e*)

65. ''पौंगी बनकर घूमना उसके लिए इतना ही सहज था, जितना बाँसुरी बजा लेना।'' इस कथन में 'पौंगी' का अर्थ क्या है?

A. पागल B. बौद्ध साधु

C. विक्रेता D. क्लर्क

66. राहुल सांकृत्यायन ने 'हिन्दी काव्य धारा' की भूमिका में आदिकाल के किस कवि को हिन्दी का सबसे बड़ा कवि माना है?

A. हेमचन्द्र
B. स्वयंभू
C. सरहपा
D. गोरखनाथ

67. नीचे दो कथन दिए गए हैं :

कथन I: 'गोदान' के अनुसार बेलारी और सेमरी में केवल पाँच मील का अन्तर है।

कथन II: 'वह ज्ञान, जो मानवता को पीस डाले, ज्ञान नहीं है, कोल्हू है'–यह कथन 'गोदान' उपन्यास के पात्र ओंकारनाथ का है।

उपरोक्त कथन के आलोक में, नीचे दिए गए विकल्पों में से **सही उत्तर** का चयन कीजिए :

A. कथन I और कथन II दोनों सत्य हैं
B. कथन I और कथन II दोनों असत्य हैं
C. कथन I सत्य है, लेकिन कथन II असत्य है
D. कथन I असत्य है, लेकिन कथन II सत्य है

68. सूची-I से सूची-II का मिलान कीजिए :

सूची-I (बच्चन की आत्मकथा)	**सूची-II (खंड)**
(*a*) बसेरे से दूर	I. खंड I
(*b*) नीड़ का निर्माण फिर	II. खंड II
(*c*) दशद्वार से सोपान तक	III. खंड III
(*d*) क्या भूलूँ क्या याद करूँ	IV. खंड IV

नीचे दिए गए विकल्पों में से **सही उत्तर** का चयन कीजिए :

	(*a*)	(*b*)	(*c*)	(*d*)
A.	IV	II	III	I
B.	III	I	IV	II
C.	III	II	IV	I
D.	IV	I	III	II

69. नीचे दो कथन दिए गए हैं :

कथन I: अज्ञेय की त्रिशंकु, आत्मनेपद, अद्यतन और संवत्सर आदि पुस्तकों में उनका आलोचनात्मक चिंतन और वैचारिक साहित्य संकलित है।

कथन II: मुक्तिबोध की कृति 'एक साहित्यिक की डायरी' का धारावाहिक प्रकाशन 'हंस' पत्रिका में हुआ।

उपरोक्त कथन के आलोक में, नीचे दिए गए विकल्पों में से **सही उत्तर** का चयन कीजिए :

A. कथन I और कथन II दोनों सत्य हैं
B. कथन I और कथन II दोनों असत्य हैं
C. कथन I सत्य है, लेकिन कथन II असत्य है
D. कथन I असत्य है, लेकिन कथन II सत्य है

70. 'भारत दुर्दशा' नाटक से संबंधित कौन-से कथन उपयुक्त हैं :

(*a*) इस नाटक में पाँचवें अंक का स्थान किताबखाना है।
(*b*) नाटक में सत्यानाश फौजदार का प्रवेश 'दूसरे अंक' में होता है।
(*c*) 'अपरस सोल्हा छून रचि, भोजन प्रीति छुड़ाय' यह संवाद सत्यानाश फौजदार द्वारा कहा गया है।
(*d*) इस नाटक का प्रकाशन संवत् 1933 में हुआ।
(*e*) 'निर्लज्जता' नामक पात्र 'तीसरे अंक' में आती है।

नीचे दिए गए विकल्पों में से **सही उत्तर** का चयन कीजिए :

A. केवल (*a*), (*b*), (*d*)
B. केवल (*a*), (*c*), (*e*)
C. केवल (*a*), (*c*), (*d*)
D. केवल (*a*), (*d*), (*e*)

71. 'असाध्य वीणा' कविता में आई निम्न उक्तियों/संवादों को कविता में आने के आधार पर, पहले से बाद के क्रम में लगाइए :

(*a*) किन्तु मैं ही तो
तेरी गोद में बैठा मोद-भरा बालक हूँ
(*b*) श्रेय नहीं कुछ मेरा :
मैं तो डूब गया था स्वयं शून्य में
(*c*) राजन! पर मैं तो
कलावन्त हूँ नहीं, शिष्य साधक हूँ
(*d*) मुझे ओट दे–ढँक ले–छा ले
ओ शरण्य!
(*e*) हाँ, मुझे स्मरण है :
बदली-कौंध-पत्तियों पर वर्षा-बूँदों की पट-पट

नीचे दिए गए विकल्पों में से **सही उत्तर** का चयन कीजिए :

A. (*c*), (*a*), (*e*), (*d*), (*b*)
B. (*c*), (*e*), (*d*), (*a*), (*b*)
C. (*d*), (*e*), (*a*), (*c*), (*b*)
D. (*d*), (*e*), (*a*), (*b*), (*c*)

72. 'भारत खंडामृत' और 'आबेहयात' नामक कॉलम से हिन्दी उर्दू का पत्र किसने निकाला?

A. पं. बद्रीलाल B. पं. वंशीधर
C. पं. श्रीलाल D. राजा शिवप्रसाद

73. आचार्य रामचन्द्र शुक्ल ने 'हिन्दी साहित्य का इतिहास' में सरस्वती में प्रकाशित निम्नलिखित कहानियों का वर्णन करते हुए इनमें से तीन कहानियों को मार्मिकता की दृष्टि से भावप्रधान कहानियों के रूप में चुना है :

(*a*) इंदुमती - किशोरीलाल गोस्वामी
(*b*) प्लेग की चुड़ैल - मास्टर भगवानदास
(*c*) ग्यारह वर्ष का समय - रामचन्द्र शुक्ल
(*d*) पंडित और पंडितानी - गिरिजादत्त वाजपेयी
(*e*) दुलाईवाली - बंगमहिला

नीचे दिए गए विकल्पों में से **सही उत्तर** का चयन कीजिए :

A. केवल (*b*), (*c*), (*d*)
B. केवल (*a*), (*c*), (*e*)
C. केवल (*a*), (*c*), (*d*)
D. केवल (*c*), (*d*), (*e*)

74. प्रथम प्रकाशन वर्ष के अनुसार हिन्दी साहित्य के इतिहासकारों के निम्नांकित इतिहास ग्रंथों को पहले से बाद के क्रम में लगाइए :

(*a*) रामकुमार वर्मा : हिन्दी साहित्य का आलोचनात्मक इतिहास
(*b*) शिवदानसिंह चौहान : हिन्दी साहित्य के अस्सी वर्ष
(*c*) जॉर्ज.ए. ग्रियर्सन : द मॉर्डन वर्नाक्यूलर लिटरेचर ऑफ हिंदुस्तान
(*d*) एफ.ई.के. : ए हिस्ट्री ऑफ हिन्दी लिटरेचर
(*e*) गणपति चन्द्रगुप्त : हिन्दी साहित्य का वैज्ञानिक इतिहास

नीचे दिए गए विकल्पों में से **सही उत्तर** का चयन कीजिए :

A. (*c*), (*d*), (*e*), (*b*), (*a*)
B. (*b*), (*c*), (*d*), (*e*), (*a*)
C. (*c*), (*d*), (*b*), (*e*), (*a*)
D. (*c*), (*d*), (*a*), (*b*), (*e*)

75. आचार्य रामचन्द्र शुक्ल ने 'हिन्दी साहित्य का इतिहास' में साहित्येतिहास की अवधारणा स्पष्ट करते हुए जनता की चित्तवृत्ति पर प्रभाव डालने वाली किस परिस्थिति का जिक्र नहीं किया है?

A. राजनीतिक B. सामाजिक
C. साम्प्रदायिक D. सांस्कृतिक

76. 'संस्कृति और सौंदर्य' में आए कथन हैं :

(*a*) 'अशोक के फूल' केवल एक फूल की कहानी नहीं, भारतीय संस्कृति का एक अध्याय है।
(*b*) रवीन्द्रनाथ ठाकुर ने भारत को 'महामानव सागर' कहा।
(*c*) द्विवेदी जी जहाँ संस्कृति की केवल 'संग्राहकता' की 'हिमायत' करते हैं, वहाँ अज्ञेय 'त्याग' का जिक्र करना नहीं भूलते।
(*d*) प्रसाद ने 'रहस्यवाद' शीर्षक निबंध में सौंदर्यानुभूति की परंपरा को पुनर्निर्मित करने का प्रयास किया था।
(*e*) नाट्यशास्त्र में नाटक की उत्पत्ति की जो कथा दी गई उसके अनुसार देवता के स्थान पर दैत्यों को ही नाटक कर सकने में समर्थ समझा गया।

नीचे दिए गए विकल्पों में से **सही उत्तर** का चयन कीजिए :

A. केवल (*a*), (*b*), (*e*) B. केवल (*a*), (*b*), (*d*)
C. केवल (*b*), (*c*), (*d*) D. केवल (*b*), (*d*), (*e*)

77. मुक्तिबोध ने साहित्य की हर विधा को इतना तोड़ दिया है कि "रचना स्वयं अपने मूल्यों को ललकारने लगती है, कविता बढ़ते बढ़ते डायरी हो जाती है और डायरी चलते चलते कहानी हो जाती है।"

मुक्तिबोध के रचना शिल्प के बारे में यह कथन किस साहित्यकार का है?

A. अशोक वाजपेयी B. नेमिचन्द्र जैन
C. शमशेर बहादुर सिंह D. श्रीकांत वर्मा

78. सूची-I से सूची-II का मिलान कीजिए :

सूची-I (पत्र)	**सूची-II (प्रकाशन स्थान)**
(*a*) सदादर्श	I. जयपुर
(*b*) सज्जन कीर्ति सुधाकर	II. दिल्ली
(*c*) सदाचार मार्तंड	III. शाहजहाँपुर
(*d*) आर्यदर्पण	IV. उदयपुर

नीचे दिए गए विकल्पों में से **सही उत्तर** का चयन कीजिए :

	(*a*)	(*b*)	(*c*)	(*d*)
A.	III	II	IV	I
B.	II	IV	III	I
C.	II	IV	I	III
D.	II	I	IV	III

79. 'आगरा बाजार' नाटक में आई नज्म की पंक्तियों को पहले से बाद के क्रम में लगाइए :

(*a*) वह सुनके बोला, बाबा खुदा तुझको खैर दे
हम तो न चाँद समझे, न सूरज हैं जानते

(*b*) रोटी न पेट में हो तो कुछ भी जतन न हो
मेले की सैर, ख्वाहिशे-बागो-चमन न हो

(*c*) होता है बागबों से हर इक बाग का निबाह
वह बाग किस तरह न लुटे और न उजड़े, आह

(*d*) जितने हैं आज आगरे में कारखानाजात
सब पर पड़ी हैं आन के रोजी की मुश्किलात

(*e*) कपड़े किसी के लाल हैं रोटी के वास्ते
लंबे किसी के बाल हैं रोटी के वास्ते

नीचे दिए गए विकल्पों में से **सही उत्तर** का चयन कीजिए :

A. (*d*), (*e*), (*c*), (*a*), (*b*)
B. (*d*), (*b*), (*c*), (*a*), (*e*)
C. (*d*), (*c*), (*b*), (*a*), (*e*)
D. (*d*), (*c*), (*a*), (*b*), (*e*)

80. 'आमुख' के अनुसार कामायनी की कथा-सृष्टि में जयशंकर प्रसाद ने किन पुस्तकों से सहायता प्राप्त की थी?

(*a*) मुंडक उपनिषद
(*b*) कठोपनिषद
(*c*) शतपथ ब्राह्मण
(*d*) छांदोग्य उपनिषद
(*e*) ऋग्वेद

नीचे दिए गए विकल्पों में से **सही उत्तर** का चयन कीजिए :

A. केवल (*a*), (*b*), (*c*) B. केवल (*b*), (*c*), (*d*)
C. केवल (*c*), (*d*), (*e*) D. केवल (*b*), (*d*), (*e*)

81. निम्नांकित काव्य पंक्तियों में 'रीतिबद्ध काव्य धारा' के कवियों से जुड़ी काव्य पंक्तियाँ हैं :

(*a*) 'भाषा बृजभाषा रूचिर कहैं सुमति सब काई'
(*b*) 'हिल मिलि जानें तासों मिलि कै जनावै हेत
हित को न जानै ताकों हितू न बिसाहिए'
(*c*) 'अंखिन में अलसानि चितौनि में मंजु बिलासन की सरसाई'
(*d*) 'बेगि ही बूड़ि गई पंखियां, अंखियां मधु की मखियां भई मेरी'
(*e*) 'सो सुर सांच कहूँ नहीं छाड़त, ज्यो ही बजावै लिए मन बाजै'

नीचे दिए गए विकल्पों में से **सही उत्तर** का चयन कीजिए :

A. केवल (*a*), (*b*), (*c*) B. केवल (*c*), (*d*), (*e*)
C. केवल (*b*), (*c*), (*d*) D. केवल (*a*), (*c*), (*d*)

82. ब्रह्म समाज के बारे में उपयुक्त कथन नहीं है :

(*a*) ब्रह्म समाज की अंतर्वस्तु मूलतः सामंतवाद और उपनिवेशवाद समर्थक थी।
(*b*) ब्रह्म समाज मूर्तिपूजा, छुआछूत, जातिप्रथा और धार्मिक कट्टरता का विरोधी था।
(*c*) देवेंद्रनाथ ठाकुर और केशवचंद्र सेन ने ब्रह्म समाज को सक्रिय बनाए रखने में महत्वपूर्ण भूमिका निभाई।
(*d*) ब्रह्म समाज की स्थापना 1882 में हुई।
(*e*) ब्रह्म समाज पुनर्विवाह का समर्थन नहीं करता था।

नीचे दिए गए विकल्पों में से **सही उत्तर** का चयन कीजिए :

A. केवल (*a*), (*c*), (*e*) B. केवल (*a*), (*d*), (*e*)
C. केवल (*b*), (*d*), (*e*) D. केवल (*c*), (*d*), (*e*)

83. ''एशिया के हरे भरे धर्म, जैसे ही वे पश्चिमी विज्ञान की वास्तविकताओं के संपर्क में लाए जाते हैं, सूखी लकड़ियों का ढेर मात्र रह जाते हैं।'' यह कथन किसका है?

A. लॉर्ड मैकाले
B. मुनरो
C. हंटर
D. विलियम जोन्स

84. निम्नलिखित काव्य संकलनों में रामकुमार वर्मा कृत काव्य संकलन है :

(*a*) एकांत संगीत : 1939
(*b*) अंजलि : 1930
(*c*) सतरंगिनी : 1945
(*d*) चित्ररेखा : 1935
(*e*) एकलव्य : 1958

नीचे दिए गए विकल्पों में से **सही उत्तर** का चयन कीजिए :

A. केवल (*a*), (*b*), (*c*)
B. केवल (*b*), (*c*), (*d*)
C. केवल (*b*), (*d*), (*e*)
D. केवल (*c*), (*d*), (*e*)

85. कुबेरनाथ राय के निबंधों की विशेषताओं से संबंधित उपयुक्त कथन हैं :

(*a*) कुबेरनाथ राय के निबंधों का मूल स्रोत लोक जीवन, लोक संस्कृति और लोक शब्दावली है।
(*b*) कुबेरनाथ राय ललित निबंध को रम्य निबंध की तुलना में व्यक्तिव्यंजक निबंध अधिक मानते हैं।
(*c*) कुबेरनाथ राय के निबंधों में मिथकों के प्रति गहरा आकर्षण है।
(*d*) कुबेरनाथ राय 'निबंध' को एक बौद्धिक कर्म (Intellectual activity) मानते हैं।
(*e*) कुबेरनाथ राय ललित निबंध को एक पराश्रित विधा मानते हैं।

नीचे दिए गए विकल्पों में से **सही उत्तर** का चयन कीजिए :

A. केवल (*a*), (*b*), (*e*)
B. केवल (*a*), (*c*), (*d*)
C. केवल (*b*), (*c*), (*d*)
D. केवल (*b*), (*d*), (*e*)

86. 'शक्तिः कवित्व बीजः संस्कार रूपः' काव्य हेतु 'शक्ति' के संदर्भ में यह कथन किस आचार्य का है?

A. भट्टतौत
B. रुद्रट
C. मम्मट
D. जगन्नाथ

87. 'एक टोकरी भर मिट्टी' कहानी के अनुसार विधवा टोकरी भर मिट्टी का उपयोग किसलिए करना चाहती थी?

A. पौधे लगाने के लिए
B. घर बनाने के लिए
C. चूल्हा बनाने के लिए
D. चौका तैयार करने के लिए

88. 'अमृतसर आ गया' कहानी में किस स्टेशन के बाद हिंदू-सिख मुसाफिरों की चुप्पी गहरी हो गई?

A. अमृतसर
B. वजीराबाद
C. जेहलम
D. हरबंसपुरा

89. मुक्तिबोध की कविता 'अँधेरे में' में पात्र के रूप में उपस्थित ऐतिहासिक व्यक्ति हैं :

(*a*) सार्त्र
(*b*) तॉल्सताय
(*c*) बुद्ध
(*d*) तिलक
(*e*) गाँधी

नीचे दिए गए विकल्पों में से **सही उत्तर** का चयन कीजिए :

A. केवल (*b*), (*c*), (*d*)
B. केवल (*b*), (*a*), (*e*)
C. केवल (*b*), (*d*), (*e*)
D. केवल (*c*), (*d*), (*e*)

90. 'जिन्दगीनामा' उपन्यास में किन कवितांशों और गीतों, का उपयोग किया गया है :

(*a*) अव्वल अल्ला नूर उपाया/कुदरत के सब बन्दे
एक नूर ते सब जग उपजा/कौन भले कौन मन्दे
(*b*) जे तू अँखियाँ दे सामने नी रैणाँ
ते बीबा मेरा दिल मोड़ दे।
(*c*) चिड़ी चोंच भर ले गई, नदी न घटयो नीर
दान दिए धन ना घटे, कह गए भगत कबीर।
(*d*) जिन पावन भुई बहु फिरे, घूमें देस बिदेश।
पिया मिलन जब होइया, आँगन भया बिदेस
(*e*) न मैं अरबी/न मैं लाहोरी/न मैं हिन्दी/शहर नागौरी/
न मैं हिन्दू/तुर्क पिशौरी/न मैं रहैदा/विच्च नदौन/
बुल्ला कीह जाने/मैं कौन

नीचे दिए गए विकल्पों में से **सही उत्तर** का चयन कीजिए :

A. केवल (*a*), (*b*), (*c*) B. केवल (*b*), (*c*), (*d*)

C. केवल (*a*), (*c*), (*e*) D. केवल (*b*), (*d*), (*e*)

निर्देश (प्र.सं. 91 से 95 तक) : *निम्नलिखित अवतरण को ध्यानपूर्वक पढ़िए और संबंधित प्रश्नों के उत्तर दीजिए।*

भक्ति आन्दोलन पहले शहरों में बसनेवाले लोगों, खासकर छोटे-छोटे व्यापारियों, जुलाहों, टोकरी बनानेवालों और भिश्तियों जैसे लोगों के बीच से शुरू हुआ था। किन्तु सत्रहवीं शताब्दी तक वह किसानों में भी व्याप्त हो गया। इसने एक जन आन्दोलन का रूप धारण कर लिया और मुगल शासन तथा सामन्ती सरदारों के विरुद्ध कभी-कभी सशस्त्र विद्रोहों के रूप में भी प्रकट हुआ। सत्रहवीं शताब्दी में दिल्ली में सिखों का जो आन्दोलन चला और मथुरा में किसानों का जो सशस्त्र विद्रोह हुआ, उसमें कुछ सामान्य कड़ियां तथा प्रेरणा स्रोत थे। पंजाब में मुसलमान सामन्तों के खिलाफ किसानों के संघर्ष में भक्ति आंदोलन ने सक्रिय भूमिका अदा की। महाराष्ट्र में एक वेगपूर्ण तूफान के रूप में शिवाजी के नेतृत्व में चलनेवाले मुक्ति आंदोलन में मराठी कवि तुकाराम की भूमिका कोई मामूली भूमिका नहीं थी। एक और महत्वपूर्ण तथ्य यह है कि इस आन्दोलन के नेता अपनी कविताएँ और अपने गीत फारसी और संस्कृत जैसी दुरूह और क्लिष्ट भाषाओं में नहीं, वरन् जनता की भाषाओं में रचते थे। इससे राष्ट्रीय इकाइयों तथा राष्ट्रीय भाषाओं के विकास को प्रोत्साहन मिला, जो भारतीय राष्ट्र के विकास की एक ऐतिहासिक प्रक्रिया थी।

भक्ति आन्दोलन ने देश के भिन्न-भिन्न भागों में, भिन्न-भिन्न मात्राओं में तीव्रता और वेग ग्रहण किया। यह आन्दोलन विभिन्न रूप में प्रकट हुआ। किन्तु कुछ मूलभूत सिद्धान्त ऐसे थे जो समग्र रूप से पूरे आन्दोलन पर लागू होते थे—पहले, धार्मिक विचारों के बावजूद जनता की एकता को स्वीकार करना; दूसरे, ईश्वर के सामने सबकी समानता, तीसरे, जाति प्रथा का विरोध; चौथे, यह विश्वास कि मनुष्य और ईश्वर के बीच तादात्म्य प्रत्येक मनुष्य के सद्गुणों पर निर्भर करता है, न कि उसकी ऊँची जाति अथवा धन-सम्पत्ति पर; पाँचवें, इस विचार पर जोर कि भक्ति ही आराधना का उच्चतम स्वरूप है; और अन्त में, कर्मकाण्डों, मूर्ति पूजा, तीर्थाटनों और अपने को दी जाने वाली यंत्रणाओं की निंदा। भक्ति आंदोलन मनुष्य की सत्ता को सर्वश्रेष्ठ मानता था और सभी वर्गगत एवं जातिगत भेदभावों तथा धर्म के नाम पर किए जानेवाले सामाजिक उत्पीड़न का विरोध करता था।

91. उपर्युक्त अनुच्छेद के अनुसार निम्नलिखित में से किस स्थान के आंदोलन में कवि तुकाराम की भूमिका महत्वपूर्ण थी?

A. दिल्ली B. मथुरा

C. पंजाब D. महाराष्ट्र

92. उपर्युक्त अनुच्छेद के अनुसार भक्ति आंदोलन किसकी सत्ता को सर्वश्रेष्ठ मानता था?

A. ईश्वर की सत्ता को

B. राजा की सत्ता को

C. संतों की सत्ता को

D. मनुष्य की सत्ता को

93. उपर्युक्त अनुच्छेद के अनुसार भक्ति आंदोलन के नेता भाषा में अपनी कविताएँ और गीत रचते थे?

A. फारसी

B. अरबी

C. संस्कृत

D. जनभाषा

94. उपर्युक्त अनुच्छेद के अनुसार भक्ति आंदोलन का प्रारंभ हुआ?

A. जंगलों में रहने वाले आदिवासियों के बीच

B. गाँवों में रहने वाले सामंतों के बीच

C. शहरों में रहने वाले उच्च वर्ग के बीच

D. शहरों में रहने वाले कामगारों-शिल्पियों-छोटे व्यापारियों के बीच

95. उपर्युक्त अनुच्छेद के अनुसार भक्ति आंदोलन के मूलभूत सिद्धांतों में शामिल नहीं है :

A. धार्मिक विचारों के बावजूद जनता की एकता को स्वीकार करना

B. ईश्वर के सामने सबकी समानता

C. कर्मकांड ही आराधना का उच्चतम स्वरूप है

D. जातिप्रथा का विरोध

निर्देश (प्र.सं. 96 से 100 तक) : *निम्नलिखित अवतरण को ध्यानपूर्वक पढ़िए और संबंधित प्रश्नों के उत्तर दीजिए।*

हिंदी आज भी स्वयं अपने क्षेत्रों में विचार और चिंतन की भाषा नहीं बन सकी है। यह नहीं कि उसके ऐसा बनने में कोई आत्यंतिक असामर्थ्य है। सामर्थ्य का कोई अभाव नहीं है पर फिर भी तथ्य यह है कि उसमें दर्शन, विज्ञान, अर्थशास्त्र, मनोविज्ञान आदि का कोई मौलिक या तात्विक कार्य नहीं हुआ है। हम ऐसे किसी बड़े दार्शनिक, अर्थशास्त्री, वैज्ञानिक का नाम नहीं ले सकते जिसका बुनियादी कार्य सीधे हिंदी में हुआ और मान्य हुआ हो। दूसरे शब्दों में यह कि हिंदी भाषा जैसी वह आज है न साहित्य प्रेमी है, न विचार प्रेमी। इसे शायद इस तथ्य से भी प्रमाणित माना जा सकता है कि फूहड़ और सतही का आकर्षण हिन्दी क्षेत्रों में कई गुना बढ़ा और फला-फूला है।

अपनी भाषा के प्रति जैसा लगाव या ममत्व कई हिंदीतर अंचलों में है उसकी तो जैसे कल्पना भी हमारे यहाँ करना असंभव है। मराठी में लेखकों की एक प्रदेशव्यापी यात्रा ग्रंथावली निकलती है और लाखों रुपयों की पुस्तकें सीधे पाठकों को बेचकर सम्पन्न होती है। हिन्दी समाज में सूक्ष्मता और जटिलता के प्रति एक तरह की हिंस्र और आक्रामक असहनशीलता बढ़ी है। उसका प्रभाव आलोचना पर भी पड़ा है। यहाँ विस्तार में जाना जरूरी नहीं है कि कैसे एक जटिलता-विरोधी नया शास्त्र विकसित किए जाने की गंभीर चेष्टा हो रही है और कैसे हमारी कृतियों और लेखकों को सहजता-सरलता की नयी सारणियों में रखा जा रहा है और कैसे इस चेष्टा का अर्थ अंततः हिंदी की अपनी जातीय परम्परा का अवमूल्यन है।

हिंदी भाषी अंचल में राज बढ़ता जाता है, समाज घटता जाता है। ऐसे अनेक क्षेत्र हैं जो सदियों से राज के हस्तक्षेप से बाहर माने जाते थे। वे सब धीरे-धीरे राज के दायरे में आ गए : राज ने उन्हें समाज से लगभग छीन लिया है और हमने ऐसा होने को अपना मूक-मुखर समर्थन दिया है। सामाजिक कर्म और सार्वजनिक जीवन के इतने सारे क्षेत्र हैं जिनमें हिंदी अंचलों में कोई स्वतः स्फूर्त आंदोलन या सामाजिक सक्रियता नहीं है जबकि उदाहरण के लिए महाराष्ट्र, गुजरात या केरल में शिक्षा, पर्यावरण, संस्कृति आदि क्षेत्रों में समाज की उपस्थिति और क्रियाशीलता प्रमुख है न कि राज की। हिंदी में तो साहित्यिक पुस्तकों का प्रकाशन पाठकों पर नहीं सरकारी खरीद पर भयावह रूप से निर्भर है। कई बार तो यह दुःस्वप्न सताता है कि जल्दी से ही हम हिंदी के समाज में नहीं, हिंदी के राज में रहने लगेंगे।

96. उपर्युक्त अनुच्छेद में हिन्दी और हिन्दी समाज के बारे में कौन-सा कथन नहीं कहा गया है?

A. हिन्दी भाषा आज न साहित्य प्रेमी है न विचार प्रेमी।

B. हिन्दी क्षेत्रों में फूहड़ और सतही के प्रति विकर्षण बढ़ा है।

C. हिन्दी समाज में सूक्ष्मता और जटिलता के प्रति आक्रामक असहनशीलता बढ़ी है।

D. हिन्दी भाषी अंचल में राज बढ़ता जाता है, समाज घटता जाता है।

97. उपर्युक्त अनुच्छेद के अनुसार हिन्दी में किस विषय का मौलिक कार्य नहीं हुआ है?

A. संगीतशास्त्र B. अर्थशास्त्र

C. नाट्यशास्त्र D. काव्यशास्त्र

98. उपर्युक्त अनुच्छेद में हिन्दी के अतिरिक्त किस भाषा के समाज का उल्लेख है?

A. मराठी B. मणिपुरी

C. असमिया D. तमिल

99. उपर्युक्त अनुच्छेद के अनुसार किन राज्यों में शिक्षा और संस्कृति आदि क्षेत्रों में राज की तुलना में समाज की क्रियाशीलता प्रमुख है?

A. पंजाब, कश्मीर, हिमाचल

B. महाराष्ट्र, गुजरात, केरल

C. असम, उड़ीसा, तेलंगाना

D. तमिलनाडु, कर्नाटक, गोवा

100. उपर्युक्त अनुच्छेद में एक दुःस्वप्न का उल्लेख है। इस दुःस्वप्न के अनुसार :

A. फूहड़ और सतही के आकर्षण में पूरी तरह फँस जाएँगे।

B. हिन्दी की बजाय अंग्रेजी का प्रयोग करने लगेंगे।

C. जल्दी ही हम हिंदी के समाज में नहीं हिंदी के राज में रहने लगेंगे।

D. हिन्दी आंदोलन पूरी तरह बिखर जाएगा।

उत्तरमाला

1. (B): 1954 ई. में लिखित 'मैला आँचल' उपन्यास से आंचलिक उपन्यास लेखन परम्परा का आरंभ माना जाता है। फणीश्वर नाथ 'रेणू' जी ने मेरीगंज (पूर्णिया) के माध्यम से सम्पूर्ण भारत के आजादी पूर्व और आजादी के बाद की स्थिति की पोल खोल कर रख दी है। इस उपन्यास में यह भी दिखाया गया है कि किस तरह आजादी से पहले अनैतिक और अवैध काम करने वाले आजादी के बाद नेता का छद्म रूप धर कर बड़े-बड़े पदों पर बैठ जाते हैं।

कुल मिलाकर यह उपन्यास अंचल की समस्याओं का परिचय देते हुए गाँव वालों में परस्पर रागद्वेष, छोटे-छोटे षड़यंत्र, जातिवाद, अफसरशाही और अवसरवादी राजनीति के दोहरे चरित्र को दिखाते हुए समस्याओं की पड़ताल करता है। इस उपन्यास के अनुसार, 'मंगलादेवी' कालाआजार से पीड़ित होने पर स्वास्थ्य लाभ के लिए कालीचरण के घर जाती हैं, न कि विश्वनाथ प्रसाद के घर। 'बाणभट्ट की आत्मकथा' ऐतिहासिक पृष्ठभूमि पर लिखा गया उपन्यास है। हजारी प्रसाद द्विवेदी द्वारा सन् 1946 ई. में प्रकाशित इस उपन्यास की कथा सातवीं सदी के हर्षवर्धन के काल से ली गई है। 'सुचरिता' इस उपन्यास की एक गौण पात्र है।

यह प्रासंगिक उपकथा की नायिका है। 'सुचरिता' के प्रसिद्ध संवाद हैं—''राजा, महाराजा और सामंत स्वार्थ के गुलाम बनते जा रहे हैं। प्रजा भीरू और कायर होती जा रही है।'' तथा ''मानव-देह केवल दण्ड भोगने के लिए नहीं है आर्य!'' इस उपन्यास के प्रमुख पात्र हैं—बाणभट्ट, निपुणिका तथा भट्टिनी।

2. (B): 'आधे-अधूरे' मोहन राकेश द्वारा लिखित प्रसिद्ध हिंदी नाटक है। मध्यमवर्गीय जीवन पर आधारित इस नाटक का प्रकाशन 1969 ई. में हुआ। यह सम्पूर्णता की तलाश में व्यक्ति के अधूरेपन को रूपायित करने वाला हिंदी नाटक में अनूठा प्रयोग है। मोहन राकेश जी ने इस नाटक के बरक्स समकालीन जीवन के उस हिस्से की पड़ताल की है, जहाँ सबकुछ 'आधा-अधूरा' है। भारतीय सिनेमा के अभिनेता निर्देशक श्री ओम शिवपुरी ने इसे पहला सार्थक हिन्दी का नाटक बताया है। इसमें जीवन के तनावों तथा उन विडम्बनाओं को रेखांकित कर उस फांक पर उँगली रखी गई है, जहाँ सबकुछ तनावमय, शून्य और अपूर्ण है। जिसमें परिवार का प्रत्येक व्यक्ति अपने-अपने ढंग से संत्रास को भोग रहा है। नाटक का शिल्प और भाषा परिस्थितिजन्य सामर्थ्यपूर्ण है।

3. (C): 1915 ई. में रचित कहानी 'उसने कहा था' के रचनाकार चन्द्रधर शर्मा गुलेरी जी हैं। यह प्रेम के पवित्र और उदात्त स्वरूप की कथा है। शुद्ध प्रेम का भावनात्मक अनुभव और इस प्रेम के लिए स्वयं की आहुति देने की कहानी है।

इस कहानी का आरंभ अमृतसर के बाजार में बंबुकार्ट वालों की मिठास भरी आवाज से होता है। कहानी का नायक लहना सिंह 77वीं राइफल्स का जमादार है जो अंग्रेजों की तरफ से फ्रांस के मैदान में लड़ने के लिए जाता है। लपटन साहब दियासलाई से सिगरेट जलाकर लहना सिंह को देता है तथा सुबेदारनी (बचपन में मिली हुई लड़की) उससे अपने पति हजारा सिंह तथा पुत्र बोथासिंह की रक्षा का वचन लेती है।

4. (B): बच्चन सिंह हिंदी साहित्यकार, आलोचक एवं इतिहासकार थे। बच्चन जी ने रीतिकाल से लेकर नयी कविता तक और भारतीय साहित्य सिद्धांत से लेकर पाश्चात्य साहित्य चिंतन तक अनेक विषयों, धाराओं और कृतियों का विवेचन किया है। 'हिंदी नाटक', 'आलोचक और आलोचना', 'समकालीन साहित्य आलोचना को चुनौती' बच्चन जी की प्रसिद्ध कृतियाँ हैं।

भारतेंदु से लेकर भुनेश्वर तक की परिकल्पना का बदलाव और यथार्थ के प्रति विवेकी परंतु आग्रही दृष्टि का संकेत भी उन्होंने किया है। आत्मचेतना और नवजागरणपरक चेतना को लेकर भारतेंदु काल से वे काफी प्रभावित थे।

5. (D): *"स्नेह-हीन तारों के दीपक,*
श्वास-शून्य के तरु के पास" (प्रथम रश्मि)
'प्रथम रश्मि' की रचना सुमित्रानन्दन पंत ने की थी। पंत जी हिन्दी साहित्य में छायावादी युग के चार प्रमुख स्तंभों में से एक हैं। इस कविता में कवि ने सुबह की प्रथम किरण के साथ प्रकृति में होने वाले स्वाभाविक बदलाव का बड़ा ही सुंदर और मनोहारी चित्र प्रस्तुत किया है। पंत जी की अन्य रचनाएँ हैं—ग्रंथि, वीणा, पल्लव, गुंजन, युगांत, युगवाणी, ग्राम्या आदि।
"विवशता किससे अपनी कहूँ
जननि! क्यों न बनूँ बहु-कातरा" (प्रियप्रवास)
1914 ई. में रचित अयोध्या सिंह उपाध्याय हरिऔध के 'प्रियप्रवास' को खड़ी बोली हिंदी का प्रथम महाकाव्य माना गया है। इसमें 17 सर्ग हैं। इस कविता में राधा के लोकहितकारी और समाजसेवी रूप को दिखाया गया है। 'हरिऔध' जी की अन्य रचनाएँ हैं—चौखे चौपदे, वैदेही वनवास, रसिक रहस्य आदि।
"धँसो इनमें डर नहीं है
मौत का यह घर नहीं है" (सतपुड़ा के घने जंगल)
'सतपुड़ा के घने जंगल' की रचना भवानी प्रसाद मिश्र ने की थी। वे हिंदी के प्रसिद्ध कवि तथा गाँधीवादी विचारक थे। भवानी प्रसाद मिश्र दूसरे 'तार-सप्तक' के प्रमुख कवि थे। मिश्र जी की अन्य रचनाएँ हैं—गीतफरोश, चकित है दुख, गाँधी पंचशती, बुनी हुई रस्सी, व्यक्तिगत, अनाम तुम आते हो इत्यादि।
"नींद जल का स्रोत है, छाया सघन है,
नींद श्यामल मेघ है, शीतल पवन है।" (उर्वशी)
'उर्वशी' रामधारी सिंह दिनकर द्वारा रचित काव्य नाटक है। 1961 ई. में प्रकाशित इस काव्य में उर्वशी और पुरुरवा की प्रेम-कथा है। दिनकर जी की रचनाएँ हैं—बारदोली विजय, संदेश, प्राणभंग, रेणुका, हुंकार, रसवन्ती, कुरुक्षेत्र, धूप-छाँह, रश्मिरथी, दिल्ली आदि।

6. (D)

7. (C): 'उर्वशी' का प्रकाशन 1961 ई. में हुआ। इसके रचनाकार रामधारी सिंह दिनकर हैं। इसमें पुरुरवा तथा देवलोक की अप्सरा उर्वशी की प्रेमगाथा है। इसके लिए दिनकर जी को 1972 में ज्ञानपीठ पुरस्कार प्राप्त हुआ। इसके प्रमुख पात्र उर्वशी और पुरुरवा ही हैं। अन्य स्त्री पात्रों में सहजन्या, रम्भा, मेनका, चित्रलेखा, औशीनरी और निपुणिका हैं।

8. (A): कृष्णभक्त कवियों में 'अष्टछाप' का काफी महत्व है। यह चार बल्लभाचार्य के तथा चार विट्ठल के शिष्यों से मिलाकर बना है। 'नंददास' को 'जड़िया कवि' कहा गया है। इनकी कविता में शास्त्रीयता और अलंकरण का समावेश है। नंददास की कविता स्वाभाविक न होकर बाहर से ओढ़ी हुई प्रतीत होती है।
प्रस्तुत पंक्तियाँ—"कहत स्याम संदेश एक मैं तुम पै आयो" का संबंध नंददास जी से है। इनके यश का आधार 'रासपंचाध्यायी' है, जो रोला छंद में है। यह श्रीमद्भागवत की तरह पाँच अध्यायों में विभक्त है, जिसमें रासलीला का वर्णन है। यह आध्यात्मिकता के रंग में है।

9. (A): अज्ञेय द्वारा लिखा गया उपन्यास 'शेखर : एक जीवनी' भाग-1 सन् 1941 में प्रकाशित किया गया। इसे मनोवैज्ञानिक उपन्यास की श्रेणी में रखा जाता है। यह उपन्यास व्यक्ति के आंतरिक लोक के द्वन्द्वों को तो सामने लाता ही है, साथ ही अपने समय के कुछ वैचारिक द्वन्द्वों जैसे—व्यक्ति और समाज, स्त्री और पुरुष, पाश्चात्य और भारतीय, नैतिक और अनैतिक आदि से भी टकराता है। इस उपन्यास में पश्चिमी विचारकों यथा—कार्ल मार्क्स, नीत्शे और देकार्त का उल्लेख है। अज्ञेय ने इसे 'पूर्वदीप्ति शैली' में लिखा है।

10. (*) **11. (A)** **12 . (C)**

13. (B): 'प्रेमचंद घर में' प्रेमचंद की जीवनी है। उनकी पत्नी शिवरानी देवी द्वारा रचित इस पुस्तक में प्रेमचन्द के सम्पूर्ण जीवन को दर्शाया गया है। इसका प्रकाशन सन् 1944 में हुआ। शिवरानी देवी ने इसमें प्रेमचंद के 'मर्यादा', 'हंस' और 'जागरण' पत्रिकाओं के सम्पादन का उल्लेख किया है। प्रेमचंद के जीवन का चित्रण करते हुए 'जागरण' और 'हंस' पत्रिका के खर्चे के लिए बॉम्बे की फिल्म कम्पनी में काम करने की योजना का भी जिक्र है। शिवरानी जी ने प्रेमचंद के सम्पूर्ण जीवन को इस पुस्तक में 88 भागों में दिखाया है।

14. (A): आचार्य नंददुलारे वाजपेयी जी ने समन्वयवादी समीक्षा पद्धति को विकसित किया जिसमें स्वच्छंदतावाद एवं कलावाद, मार्क्सवाद एवं आध्यात्मवाद सभी परस्पर घुलमिल गए हैं। हिंदी साहित्य : बीसवीं शताब्दी (1942), आधुनिक साहित्य (1950), नया साहित्य : नये प्रश्न (1955), साहित्य का आधुनिक युग (1978), आधुनिक साहित्य : सृजन और समीक्षा (1978) आदि वाजपेयी जी के प्रमुख आलोचना-ग्रंथ हैं।

शुक्ल पूर्व आलोचकों में महावीर प्रसाद द्विवेदी सर्वाधिक महत्वपूर्ण हैं। उन्होंने सैद्धांतिक पक्ष में इतिवृत्तात्मकता और नैतिक आदर्शवादी मान्यताओं को अत्यधिक महत्व दिया। 'समालोचना समुच्चय' नामक शीर्षक से अपनी 20 समालोचनाओं का संकलन महावीर प्रसाद द्विवेदी ने 1930 ई. में प्रकाशित किया। द्विवेदी जी की रचनाएँ हैं–नैषधचरित चर्चा, कालिदास की समालोचना, कालिदास की निरंकुशता, आलोचनांजली, साहित्यालाप तथा सुकवि संकीर्तन।

बाबू श्यामसुंदर दास जी के काव्यगत विचारों में पाश्चात्य एवं भारतीय दृष्टिकोणों का समन्वय है। इनके प्रसिद्ध ग्रंथ 'साहित्यालोचन' में नवीन समीक्षा सिद्धांतों का प्रतिपादन किया गया है।

डॉ. नगेन्द्र का मूल योगदान छायावाद के महत्व की स्थापना से शुरू होकर वैश्विक साहित्यशास्त्र के निर्माण के प्रयास तक विस्तृत है। इन्होंने संस्कृत, ग्रीक एवं अंग्रेजी काव्यशास्त्र की लगभग सभी प्रमुख स्थापनाओं को अपनी आलोचना में सम्मिलित किया। वे पाश्चात्य आलोचक 'आई.ए. रिचर्ड्स' और 'क्रोचे' से प्रभावित हैं। इनके ग्रंथ हैं–आलोचना की आस्था (1966), साहित्य के मान, रस सिद्धांत (1964), विचार और अनुभूति, भारतीय काव्यशास्त्र की भूमिका आदि।

15. (B): डॉ. अम्बेडकर ने स्कूली शिक्षा सतारा से तथा स्नातक की पढ़ाई एल्फिंस्टन कॉलेज, बाम्बे से की। उन्हें स्नातक की शिक्षा के लिए बड़ौदा के गायकवाड़ से छात्रवृत्ति भी मिली। स्नातक के बाद 1915 और 1916 में क्रमशः एम.ए. तथा पी.एच.डी. की डिग्री कोलंबिया विश्वविद्यालय से प्राप्त की। उन्होंने जर्मनी के बॉन विश्वविद्यालय में भी कुछ समय तक अध्ययन किया।

16. (A): रामधारी सिंह दिनकर ने कई काव्य-ग्रंथों की रचना की। उनकी कृतियों में रेणुका (1935 ई.), हुँकार (1938 ई.), कुरुक्षेत्र (1946 ई.), रश्मिरथी (1952 ई.) तथा दिल्ली (1954 ई.) प्रमुख काव्य हैं।

17. (A): संविधान सभा में 14 सितम्बर, 1949 ई. को हिंदी को राजभाषा स्वीकारा गया। इसके बाद अनुच्छेद 343 से 351 तक राजभाषा के सम्बन्ध में व्यवस्था की गई। ज्ञातव्य है कि भारतीय संविधान में राष्ट्रभाषा का उल्लेख नहीं है। 9 दिसम्बर, 1946 को अस्थायी अध्यक्ष डॉ. सच्चिदानंद सिन्हा तथा 11 दिसम्बर को डॉ. राजेन्द्र प्रसाद पहले स्थायी अध्यक्ष चुने गए। इससे पूर्व राजभाषा संसदीय समिति का गठन सन् 1976 ई. में किया गया था। विविध राजकीय कार्यकलाप की माध्यम भाषा 'राजभाषा' कहलाती है।

7 जून, 1955 ई. को राष्ट्रपति ने अनुच्छेद 343(1) के आलोक में 'राजभाषा आयोग' के गठन का आदेश जारी किया। इस आयोग ने निम्नलिखित सुझाव दिए–

- हिंदी सर्वाधिक बोली और समझी जाने वाली भाषा है, यह सम्पूर्ण भारत के संचार का माध्यम है।
- चौदह वर्ष की उम्र तक भारत के प्रत्येक विद्यार्थी को हिंदी का ज्ञान करा देना चाहिए।
- उच्च न्यायालयों में क्षेत्रीय भाषाओं का व्यवहार किया जाए।

18. (A): भारतेंदु हिंदी में आधुनिकता के पहले रचनाकार थे। गुलामी और सामाजिक रूप से दूषित वातावरण में जब बाबू हरिश्चन्द्र अवतरित हुए तो उन्होंने सर्वप्रथम समाज और देश की दशा पर विचार किया और फिर अपनी लेखनी के माध्यम से विदेशी हुकूमत का पर्दाफाश किया। उन्होंने हिंदी भाषा के संदर्भ में 'कालचक्र' शीर्षक से इतिहास जर्नल में लिखा–"हिंदी नए चाल में ढली।" भारतेंदु जी ने 'भारतमित्र' में अपनी कविता भेजते हुए खड़ीबोली को 'साधु भाषा' कहा है। भाषा के संदर्भ में वे कहते हैं "परदेशी वस्तु और परदेशी भाषा का भरोसा मत करो।" यद्यपि भारतेंदु जी को विविध भाषा का ज्ञान था परंतु उनका ब्रजभाषा पर असाधारण अधिकार था। इस काल तक आते-आते गद्य और पद्य दोनों की

भाषा खड़ी बोली हो गई। 'आनंद रघुनंदन' की रचना भारतेंदु जी ने नहीं, बल्कि विश्वनाथ सिंह जी ने की थी।

19. (D): ज्ञानरंजन द्वारा रचित 'फेंस के इधर-उधर' कहानी संग्रह का प्रकाशन 1968 में हुआ। इस कहानी संग्रह में 'पिता' कहानी नवीन और पुरातन संस्कारों की टकराहट का बड़ा ही सूक्ष्म अंकन और विश्लेषण है। इस कहानी के मुख्य पात्र 'पिता' जीवन के आधुनिक मूल्य एवं सुविधाओं से चिढ़ने वाले तथा लम्बे समय से रामायण-गीता का पाठ करने वाले हैं। सुधीर इनका पुत्र है जो नई पीढ़ी का प्रतिनिधि है। यह आधुनिक मध्यवर्गीय परिवारों में पीढ़ीगत संघर्ष एवं द्वन्द्व के चित्रण को प्रदर्शित करता है।

20. (D): दिए गए पाश्चात्य काव्यशास्त्रियों का कालक्रम इस प्रकार है–

- लोंजाइंस (213 AD - 273 AD)
- ड्राइडन (1631 AD - 1700 AD)
- विलियम वर्ड्सवर्थ (1770 AD - 1850 AD)
- आई.ए. रिचर्ड्स (1893 AD - 1979 AD)
- टी.एस. इलियट (1888 AD - 1965 AD)

21. (D): प्रतापनारायण मिश्र ने पद्यात्मक निबंध एवं इतिवृत्तात्मक पद्य लिखे हैं। वे भारतेंदु के विचारों तथा आदर्शों के महान प्रचारक व्याख्याता थे। हिंदी, हिंदू और हिंदुस्तान उनका प्रसिद्ध नारा था। वे संस्कृत, उर्दू, फारसी, अंग्रेजी और बांग्ला के अच्छे जानकार थे। नवनीत, प्रताप पीयूष, प्रताप समीक्षा उनके प्रसिद्ध निबंध हैं। उन्होंने होली, बेगार, रिश्वत, धोखा आदि विषयों पर निबंध भी लिखे। गो संकट, कलि कौतुक, कलिप्रभाव, हठी हम्मीर उनके प्रसिद्ध नाटक हैं।

22. (B): शौरसैनी उत्तर भारत की प्रमुख भाषा थी। इसका प्रयोग संस्कृत नाटकों में किया जाता था। इसी से राजस्थानी, पहाड़ी और गुजराती भाषा का विकास हुआ। शौरसैनी अपभ्रंश से विकसित उपभाषा है–राजस्थानी, पहाड़ी हिंदी, पश्चिमी हिंदी।

पूर्वी हिंदी का विकास अर्धमागधी अपभ्रंश से हुआ है।

23. (A): द्विवेदी युगीन निबंधकारों में सरदार पूर्णसिंह सर्वाधिक सशक्त निबंधकार माने जाते हैं। 'मजदूरी और प्रेम' में "भोले भाव मिले रघुराई" कथन गुरु नानक जी का है। नानक जी का मानना है कि भोले-भाले किसानों को ईश्वर अपने खुले दीदार का दर्शन देता है। उनकी फूस की छतों में से सूर्य और चन्द्रमा छन-छनकर उनके बिस्तरों पर पड़ते हैं। ये प्रकृति के जवान साधु हैं। जब कभी मैं इन बे-मुकुट के गोपालों के दर्शन करता हूँ, मेरा सिर स्वयं ही झुक जाता है। इस निबंध में अध्यापक पूर्ण सिंह ने शारीरिक श्रम को सच्ची तपस्या बताते हुए किसान, गड़रिये, मजदूर, माली इत्यादि श्रमिकों को सर्वश्रेष्ठ धार्मिक विभूति बताया है।

24. (C): जन्मवर्ष के अनुसार दिए गए निबंधकारों का पहले से बाद का क्रम है–

- सरदार पूर्णसिंह (1881 ई. - 1931 ई.)
- रामचन्द्र शुक्ल (1884 ई. - 1941 ई.)
- हजारीप्रसाद द्विवेदी (1907 ई. - 1979 ई.)
- विवेकी राय (1924 ई. - 2016 ई.)
- कुबेरनाथ राय (1933 ई. - 1996 ई.)

25. (C): सदल मिश्र फोर्ट विलियम कॉलेज से सम्बद्ध 18वीं सदी के आरम्भिक दौर के प्रमुख गद्यकारों में से एक थे। आरा (बिहार) निवासी सदल मिश्र की दो प्रसिद्ध गद्य कृतियाँ हैं–1. 'नासिकेतोपाख्यान' या 'चंद्रावती' 2. रामचरित।

26. (A): महात्मा गाँधी की अध्यक्षता में गठित 'नागरी लिपि सुधार समिति' की स्थापना 1935 में काका कालेलकर की अध्यक्षता में हुई। उन्होंने हिंदी साहित्य सम्मेलन में हिंदी, मराठी तथा गुजराती के लिए एक ही लिपि बनाने की दिशा में सुझाव दिए। बाद में, उत्तर प्रदेश सरकार ने 31 जुलाई, 1947 को आचार्य नरेन्द्र देव की अध्यक्षता में नागरी लिपि सुधार समिति का निर्माण किया।

27. (B): 'परिन्दे' का प्रकाशन हंस पत्रिका में 1957 ई. में किया गया। निर्मल वर्मा जी द्वारा रचित इस कहानी का केन्द्रीय कथ्य मध्यमवर्गीय जीवन में व्याप्त अकेलापन है। सभी चरित्र न सिर्फ अकेले हैं, बल्कि कभी न खत्म

होने वाले इंतजार की प्रक्रिया में बोझिल, उदास और टूटे हुए हैं। इसी इंतजार की समरूपता को आधार बनाकर लेखक ने इसका नाम 'परिन्दे' रखा है। प्रस्तुत कथन 'इंसान जिंदा किसलिए रहता है....' का संबंध डॉ. मुकर्जी से है।

डॉ. मुकर्जी मूलतः बर्मा से थे, जापान के आक्रमण के समय उन्हें बर्मा छोड़ना पड़ा। रास्ते में मुकर्जी की पत्नी का देहांत हो जाता है। पत्नी से बिछड़ने का संत्रास उनके जीवन को बोझिल बना देती है। नामंवर जी ने इसे 'नयी कहानी' दौर की पहली कृति माना है।

28. (B): विद्यानिवास मिश्र जी न 1974 ई. में 'मेरे राम का मुकुट भीग रहा है' शीर्षक से निबंधों का संकलन प्रस्तुत किया। इस निबंध में 17 निबंध हैं। लेखक ने पुरानी पीढ़ी और नयी पीढ़ी के विचारों एवं व्यवहारों में अंतर, मध्यवर्गीय व्यक्ति की समस्या, माँ (कौशल्या) के मन की चिंता एवं मनुष्य जीवन की सार्थकता आदि विषयों पर अपना गंभीर चिंतन व्यक्त किया है। लेखक ने पौराणिक रामकथा के आधार पर आधुनिक काल की परिस्थितियों की पड़ताल की है। मिश्र जी इस निबंध में आधुनिक चिंताओं के बरक्स भारतीय लोक संस्कृति की व्याख्या करते हैं। इस निबंध में मेहमान रात्रि के समय संगीत के कार्यक्रम में गए थे।

29. (C): 'राही' कहानी की रचना 1947 ई. में सुभद्रा कुमारी चौहान ने की थी। 'राही' मांगरोरी जाति की एक गरीब असहाय स्त्री है, जिसकी विवशता के कारण की गई चोरी की जानकारी से दुखी होकर अनीता द्वारा तत्कालीन कांग्रेसी आंदोलनकारियों की सत्तालोलुपता और ढोंग पर चिंतन तथा विवश गरीबों की सेवा को वास्तविक देशभक्ति समझने वाले स्वप्न से बनी कहानी है। ''कल तक जो खद्दर भी न पहनते थे...'' 'राही' कहानी से संबंधित है।

शेखर जोशी ने 'कोसी का घटवार' की रचना 1958 ई. में की। यह जड़ सामाजिक मान्यता के कारण अधूरे रहे फौजी गुसाई और लछमा की प्रेम की कहानी है। कथन 'ऐसी ही खाने-पीनेवाले की तकदीर लेकर पैदा हुआ...।'' 'कोसी का घटवार' से संबंधित है।

'परिन्दे' कहानी के लेखक निर्मल वर्मा जी हैं। इसका प्रकाशन 'हंस' पत्रिका में 1957 ई. में किया गया। इस कहानी का केन्द्रीय कथ्य मध्यवर्गीय जीवन में व्याप्त अकेलापन है। सभी चरित्र न सिर्फ अकेले हैं, बल्कि कभी न खत्म होने वाले इंतजार की प्रक्रिया में बोझिल, उदास और टूटे हुए हैं। इसी इंतजार की समरूपता को आधार बनाकर लेखक ने इसका नाम 'परिन्दे' रखा है। कथन ''किसी चीज को न जानना यदि गलत है, तो जानबूझकर न भूल पाना, हमेशा जोंक की तरह उससे चिपटे रहना, यह भी गलत है।'' का संबंध 'परिन्दे' कहानी से है।

'कानों में कंगना' कहानी 'इंदु' पत्रिका में 1913 ई. में प्रकाशित हुई थी। इस कहानी के रचनाकार राजा राधिकारमण प्रसाद सिंह जी हैं। 'कानों में कंगना' का नायक 'नरेन्द्र' अपनी आपबीती लिख रहा है। लेखक का उद्देश्य प्रेम, सत्य, ईमानदारी और नैतिक मूल्यों का बोध कराकर आदर्शवाद की स्थापना करना है। कथन ''लोक अपने यहाँ अलौकिक बातें कब तक होने देगा! भव सागर की जल-तरंगों...'' इसी कहानी से उद्धृत है।

30. (A) **31. (A)** **32 . (C)**

33. (B)

34. (C): प्रस्तुत वाक्यांश लेखिका मन्नू भंडारी की स्वयं की आत्मकथा 'एक कहानी यह भी' से उद्धृत है। यह मन्नू जी के भावात्मक तथा सांसारिक जीवन की कथा-यात्रा है। उसमें उनके पारिवारिक पृष्ठभूमि एवं उनके संघर्षों के साथ-साथ उनके एवं राजेन्द्र यादव के आपसी संबंधों और उनकी रचनाओं के नेपथ्य के सृजनात्मक सूत्र भी दृष्टिगोचर होते हैं। यह आत्मकथा दो भागों में प्रकाशित है।

35. (D): निराला जी द्वारा रचित कालजयी कविता 'राम की शक्तिपूजा' का कथानक बांग्ला के 'कृतिवास रामायण' से लिया गया है। इस लम्बी कविता के माध्यम से एक तरफ श्रीराम और गांधीजी की चिंता है तो दूसरी तरफ स्वयं निराला की चिंता है। कथानक का मुख्य उद्देश्य है कि जब सबकुछ सही करने के बाद भी सफलता हाथ न लग रही हो, तो कुछ समय के लिए प्रयास स्थगित कर शक्ति की मूल कल्पना का संधान करना होगा।

दी गई पंक्तियों का क्रम इस प्रकार है :

- है अमानिशा, उगलता गगन घन अंधकार....
- केवल जलती मशाल....
- नयनों का नयनों से गोपन–प्रिय सम्भाषण....
- अन्याय जिधर, है उधर शक्ति
- शक्ति की करो मौलिक कल्पना

36. (D): 1936 ई. में लिखा गया गोदान प्रेमचंद का अन्तिम पूर्ण उपन्यास है। इसे हिंदी के महानतम उपन्यासों में गिना जाता है। इसमें प्रेमचंद ने किसी एक समस्या को उठाने के बजाय तत्कालीन भारतीय समाज की लगभग हर समस्या को एक साथ उठाया है। इसमें ग्रामीण और शहरी दोनों तरह के पात्र हैं। सरोज मिस मालती की छोटी बहन है। सरोज मालती द्वारा स्थापित विमेंस लीग में मेहता के भाषण में उनके स्त्री संबंधी विचारों का विरोध करती है।

37. (B): इस कविता में महादेवी वर्मा जी ने आत्मा और परमात्मा के मिलन और प्रेम का वर्णन किया है। यह एक रहस्यवादी कविता है। कविता में कूलहीन प्रवाहिनी, अखण्ड सुहागिनी, सुनहली दामिनी का जिक्र है। प्रश्न में दिए गए आत्मदीप्त चाँदनी का नहीं बल्कि स्मित की चाँदनी (अधर भी हूँ और स्मित की चाँदनी भी हूँ) का जिक्र है।

38. (C)

39. (C): ग्रामीण जीवन पर लिखा गया लोकऋण (उपन्यास, 1977) कई मायने में विवेकी राय के ललित निबंधकार व्यक्तित्व का आईना है। यह लोकऋण, देवऋण, ऋषिऋण और पितृऋण की तर्ज पर परिकल्पित है। 'चली फगुनहट बौरे आम' ललित निबंध तथा 'जीवन परिधि' 1952 में रचित कहानी-संग्रह है। विवेकी राय जी ने संस्मरण के रूप में 'मेरे शुद्ध श्रद्धेय' की रचना की है।

40. (C): 'शिवमूर्ति' निबंध प्रताप नारायण मिश्र जी द्वारा रचित ऐसी रचना है, जो ईश्वर में विश्वास तथा आनंद से भर जाने वाली है। यह ऐसे लोगों के लिए है, जो स्वयं से परे जाकर दूसरों का भला करते हैं।

प्रश्न में दिए गए कथन 'शिवमूर्ति' से ही उद्धृत है।

41. (B): भट्टनायक ने अपने सिद्धांत 'मुक्तिवाद' में घोषित किया कि काव्य में तीन व्यापार होते हैं–अभिधा, भावकत्व और भोजकत्व। इनके मतानुसार 'काव्य नाटकगत विभाव आदि तीनों का व्यापार असाधारण रूप ग्रहण कर लेता है और समस्त घटना चक्र विशिष्ट व्यक्तित्व से युक्त हो जाता है। साधारणीकरण रसास्वाद से पहले की प्रक्रिया है।

आचार्य शुक्ल ने अपने लेख 'साधारणीकरण और व्यक्ति वैचित्र्यवाद' में साधारणीकरण को मनोवैज्ञानिक धरातल प्रदान किया। इन्होंने 'रस' को 'ब्रह्मनंद सहोदर' मानने के स्थान पर उसकी नवीन लौकिक व्याख्या की है। इनके अनुसार सहृदय का आश्रयत्व धर्म के साथ तादात्म्य होता है। परिणामतः आलम्बनत्व धर्म का सामान्यीकरण होता है और इन दोनों का नाम 'साधारणीकरण' है।

रसवादी आचार्य के रूप में प्रख्यात डॉ. नगेन्द्र आधुनिक काल में 'रस' का विशद विवेचन करने वाले अंतिम उल्लेख्य विद्वान माने जाते हैं। साधारणीकरण न तो आश्रय (राम) का होता है न आलम्बन (सीता) का होता है, अपितु वह कवि की अनुभूति का होता है।

42. (C): 'ईदगाह' प्रेमचंद की उर्दू में लिखी हुई कहानी है। यह हामिद नाम के एक चार साल के अनाथ बालक की कहानी है जो अपनी दादी अमीना के साथ रहता है। कहानी के नायक हामिद ने हाल ही में अपने माता-पिता को खो दिया है, परंतु उसकी दादी उसे बताती है कि उसके पिता पैसे कमाने के लिए चले गए हैं और उसकी माँ उसके लिए सुंदर उपहार लाने के लिए अल्लाह के पास गई है। 'ईदगाह' के मेले में हामिद अपने दोस्तों के साथ जाता है जहाँ सबको कुछ खाते, पीते और खरीदते देखता है। हामिद अपनी दादी के लिए चिमटा खरीदता है। मगर हामिद की इच्छा होती है कि अपने दोस्तों के खिलौने से खेले। उसके दोस्तों में महमूद सिपाही खरीदता है। हामिद सभी दोस्तों को अपना चिमटा देता है तथा सभी के खिलौने अपने हाथ में लेता है। सम्मी अपनी खजरी हामिद से बदलना चाहता है। मेले से घर लौटने पर दादी जब देखती है कि मेले से हामिद उसके लिए चिमटा लेकर आया है, तो वह भाव-विभोर हो जाती है।

43. (B): 'परीक्षा गुरु' की रचना भारतेंदु युग के प्रसिद्ध नाटककार लाला श्रीनिवासदास जी ने 1882 में की। आचार्य रामचंद्र शुक्ल ने 'परीक्षा गुरु' को अंग्रेजी ढंग का हिंदी का पहला उपन्यास माना है। यह पश्चिमी आधुनिकता से प्रभावित उपदेश प्रधान उपन्यास है। सम्पूर्ण उपन्यास 41 प्रकरणों में विभक्त है। दिए गए प्रश्नानुसार प्रकरणों का सही अनुक्रम है :

- अकाल में अधिकमास
- सब में हाँ!
- सुख-दुःख
- बिगाड़ का मूल विवाद
- साहसी पुरुष

44. (B): 'मैं' शैली में लिखित 'अमृतसर आ गया' कहानी के रचनाकार भीष्म साहनी जी हैं। यह भारत-पाक विभाजन के समय बढ़ती साम्प्रदायिक नफरत को एक चलती रेल के डिब्बे से घटनाओं को व्यक्त करती कहानी है। साहनी जी ने इस उपन्यास में पेशावर, बंबई, वजीराबाद, दिल्ली, अमृतसर, हरबंसपुरा की घटनाओं का जिक्र किया है।

45. (B): सर्वेश्वर दयाल सक्सेना 'तीसरे सप्तक' के महत्वपूर्ण कवियों में से एक थे। 'बकरी' नाटक की रचना 1974 ई. में हुई। इसमें दो अंक तथा प्रत्येक अंक में तीन-तीन दृश्य हैं। नाटक के संबंध में सक्सेना जी ने लिखा है ''यह नाटक हमारी स्वाधीनता की तलछट का चित्र है, वह तलछट जो समय बीतने के साथ गहरी होती गई है।'' यह आजादी के बाद भारतीय राजनीति में नैतिक मूल्यों के पतन तथा गांधीवादी मूल्यों के ह्रास का चित्रण करने वाला नाटक है। दुर्जन सिंह, कर्मवीर और सत्यवीर, तीन डाकूनुमा खूंखार व्यक्ति हैं। प्रस्तुत संवाद का संबंध दुर्जन सिंह से है, जो विपती की बकरी हड़प कर गांधी जी की बकरी घोषित कर देता है।

46. (B): प्रलेष की स्थापना 1936 ई. में हुई और उस वर्ष हुए अधिवेशन का सभापति प्रेमचंद जी थे। इसके बाद हिंदी साहित्य में प्रगतिशील रचनाएँ लिखी जाने लगीं। यह प्रगतिशीलता ठस मार्क्सवाद का पर्याय नहीं था। पंत जी ने उसी समय अपने काव्य-संग्रह 'युगांत' को लिखकर छायावाद युग के समापन की घोषणा कर दी।

दिए गए दोनों कथन सत्य हैं परंतु 'युगांत' रचना के कारण न तो 'प्रलेष' की स्थापना हुई और न ही प्रेमचंद सभापति चुने गए। अतः कारण (R), कथन (A) की सही व्याख्या नहीं करता।

47. (D): 'प्रेमचंद घर में' प्रेमचंद की जीवनी है। उनकी पत्नी शिवरानी देवी द्वारा रचित इस पुस्तक में शिवरानी देवी ने प्रेमचंद के सम्पूर्ण जीवन को दर्शाया है। इसका प्रकाशन सन् 1944 में हुआ। इसके अनुसार मुंशी जी का पहला उपन्यास 'कृष्णा' को माना गया है, जो 1905 ई. में प्रयाग से छपा। शिवरानी जी की पहली कहानी 1924 ई. में 'साहस' थी, जिसे 'चाँद' पत्रिका में प्रकाशित किया गया। शिवरानी जी ने 'मोटेराम शास्त्री' पर किसी शास्त्री जी द्वारा मुकदमे का भी जिक्र किया है।

48. (B): 'कुमारपाल प्रतिबोध' सोमप्रभ सूरि की रचना है। सोमप्रभ ने 'कुमारपाल प्रतिबोध' की रचना 13वीं शताब्दी में की थी। यह गद्य-पद्य संस्कृत-प्राकृत काव्य है। हेमचंद्र ने जो जैन धर्म संबंधी उपदेश कुमारपाल को दिए थे, उन्हीं का संग्रह सोमप्रभ सूरि ने 'कुमारपाल प्रतिबोध' ग्रंथ में किया।

49. (D): आई.ए. रिचर्ड्स बीसवीं सदी के मूल्यवादी समीक्षक, अर्थशास्त्री एवं मनोविज्ञानी थे। इनका प्रभाव हिंदी साहित्य पर स्पष्ट रूप से दिखाई देता है। रामचन्द्र शुक्ल रिचर्डस के सिद्धांतों के समर्थक और प्रशंसक रहे हैं। उनका मानना था कि काव्य की अनुभूति व जीवन की अनुभूति में कोई विशेष अंतर नहीं होता। कलाकार का मनोविज्ञान अध्ययन का निष्फल क्षेत्र है।

रिचर्ड्स ने काव्यानुभवों को अन्य अनुभवों की तुलना में अधिक मूल्यवान माना है, क्योंकि इसमें मनोभावों का संतुलन और सामंजस्य होता है। कल्पना कोई रहस्यपूर्ण क्रिया नहीं अपितु मन की अन्य क्रियाओं के समान ही होती है। काव्य की अनुभूति व जीवन की अनुभूति में कोई विशेष अंतर नहीं होता।

50. (B)

51. (C): 'क्या भूलूं क्या याद करूँ' हरिवंश राय बच्चन की बहुप्रशंसित आत्मकथा तथा हिंदी साहित्य की एक कालजयी कृति है। यह चार खंडों में है—क्या भूलूँ क्या याद करूँ, नीड़ का निर्माण फिर, बसेरे से दूर और दशद्वार से सोपान तक। इस रचना के लिए बच्चन जी को भारतीय साहित्य के पुरस्कार 'सरस्वती सम्मान' से सम्मानित किया गया। इस आत्मकथा पर मानतेन के आत्मचित्रण का प्रभाव है। इसके एक हिस्से का शीर्षक 'जीवन की आपाधापी' प्रस्तावित किया था। बच्चन जी के काव्य जीवन में 'रूबाइयत उमर खैयाम' के अनुवाद का विशेष योगदान है। डॉ. हजारीप्रसाद द्विवेदी के अनुसार इसमें केवल बच्चन जी का परिवार और उनका व्यक्तित्व ही नहीं उभरा है, बल्कि उनके साथ-साथ समूचा काल और क्षेत्र भी अधिक गहरे रंगों में उभरा है। डॉ. धर्मवीर भारती ने इसे हिंदी के हजार वर्षों के इतिहास में ऐसी पहली घटना बताया जब अपने बारे में सब कुछ इतनी बेबाकी, साहस और सद्भावना से कह दिया गया है।

52. (B): स्कंदगुप्त का प्रकाशन वर्ष 1928 ई. में हुआ। यह नाटक 5 अंकों में विभक्त है। प्रसाद ने इस नाटक में भारत तथा यूरोप दोनों की नाट्य कलाओं का समावेश किया है। गुप्तवंशीय सम्राट स्कंदगुप्त (455-467 ई.) के जीवन को आधार बनाकर इस नाटक के माध्यम से तत्कालीन परिदृश्य में औपनिवेशिक सत्ता से संघर्ष तथा राष्ट्र के एकीकरण के लिए प्रेरित किया गया है। स्कंदगुप्त, कुमारगुप्त, धातुसेन, पर्णदत्त आदि इसके प्रमुख पात्र हैं।

53. (A): उपेन्द्रनाथ 'अश्क' रचित 'अंजो दीदी' का प्रकाशन वर्ष 1955 ई. है। उच्च मध्यवर्ग के खोखले संस्कारों का प्रतिनिधित्व करती इस नाटक की प्रमुख पात्र 'अंजो दीदी' एक बेहद यांत्रिक महिला है। यह नाटक दो अंकों में है। दोनों अंकों में तीन-तीन दृश्य हैं। इस नाटक का मंचन 30 जनवरी, 1954 को बम्बई हिंदी विद्यार्थी मंडल के द्वारा 'सेंट जेवियर कॉलेज' में तथा लक्ष्मी टॉकिज इलाहाबाद के हॉल में 22 जनवरी, 1956 को हुआ; इसके निर्देशक श्री राज जोशी जी थे। यह पारिवारिक और मनोवैज्ञानिक नाटक है, जिसमें नारी की कठोर पारिवारिक नियंत्रण से परिवार के विघटन की समस्या को दिखाया गया है।

54. (C): रस सिद्धांत संबंधी ग्रंथ 'रसतरंगिणी' के रचयिता भानुदत्त जी हैं। इस ग्रंथ का भाषानुवाद शम्भुनाथ मिश्र जी ने किया है। 'रसतरंगिणी' का विषय रस निरूपण तथा नायिका भेद मात्र है।

55. (B): जगदीश चन्द्र माथुर जी द्वारा लिखित उपन्यास 'धरती धन न अपना' 1972 ई. में प्रकाशित हुई थी। इस उपन्यास में जगदीश चंद्र ने पंजाब के दोआब क्षेत्र के दलित जीवन की त्रासदी को चित्रित किया है। इसमें गाँव से बहिष्कृत बस्ती चमादड़ी में बसने वाली चमार जाति की असहनीय पीड़ा को लेखक ने यथार्थ की भूमि पर प्रस्तुत किया है।

इसके पात्र हैं—काली, ज्ञानो, प्रतापी, जस्सो, मंगू, चौधरी, छज्जूशाह बिशनदास, निहाली (काली की पड़ोस की ताई, जीतू की माँ), मुंशी शिवराम (गाँव के मास्टर), पंडित संतराम (गाँव के पंडित), बंतू (पिता चन्ना राम और ठाकुरी माता का पुत्र), सिद्धू (काली के चाचा), अमरू (निक्कू का बेटा), दीनू (गाँव का कुम्हार), लच्छो (प्रीतो की पुत्री), हरदेव (हरनाम सिंह का भतीजा), नाहर सिंह (संता सिंह का भाई), नंदसिंह (जाति बदलने वाला मोची), पालो (बूरा सिंह का लड़का), ठाकरी (नंदसिंह की पत्नी), संतासिंह (मिस्त्री, बढ़ई)।

56. (A): 'संसद से सड़क तक' धूमिल का पहला काव्य-संग्रह है। इस काव्य-संग्रह में 25 कविताएँ हैं, जिनमें 'मोचीराम, 'नक्सलबाड़ी, 'अकाल दर्शन' और 'कविता और पटकथा' आदि प्रसिद्ध कविताएँ हैं।

57. (D): विद्वानों का मत है कि 'संरचनावाद' और 'विखंडनवाद' दोनों के मेल से 'उत्तर आधुनिकतावाद' का निर्माण हुआ। ल्योतार की पुस्तक 'द पोस्टमॉडर्न कंडीशन' से उत्तर आधुनिकतावादी चिंतन का आरम्भ माना जाता है। फ्रेडरिक जेम्स उत्तर आधुनिकता को अपनी पुस्तक 'पोस्ट मॉडर्निज्म : द कल्चर लॉजिक ऑफ लेट कैपिटेलिज्म' के भीतर पूँजीवाद के विकास के रूप में बताया है। इन्होंने इसे 'उपभोक्ता पूँजीवाद' अथवा 'वृद्ध पूँजीवाद' की संज्ञा दी। उत्तर आधुनिकतावादी विचारकों ने लेखक की मृत्यु और विचारधारा के अंत की घोषणाएँ कीं।

उत्तर आधुनिकतावाद में ल्योतार के अतिरिक्त पॉल डी मैन, नीत्शे, फूको और जॉ दरिदा नाम प्रमुख माने जाते हैं।

58. (C): कबीरदास जी 15वीं सदी के भारतीय रहस्यवादी कवि और संत थे। वे हिंदी साहित्य के भक्तिकाल के निर्गुण शाखा के ज्ञानमार्गी उपशाखा के महानतम कवि थे। उन्होंने अपनी कविताएँ 'साखी' में लिखी। उनकी पंक्तियाँ—'बाजन दे बाजंतरी, कलि ककुही जनि छेड़' में बाजंतरी का अर्थ वीणा है।

59. (C): 'झूठा सच' उपन्यास विभाजन की त्रासदी का चित्रण करता है। यह मानवीय जीवन की त्रासदी का प्रत्यक्ष दर्शन है। उपन्यास का पहला खण्ड 1958 में 'वतन और देश' शीर्षक के तहत प्रकाशित हुआ था और दो साल बाद दूसरा खण्ड 'देश का भविष्य' प्रकाशित हुआ। इसमें प्रगतिशील विचारधारा का पोषण हुआ है। पहले भाग में लाहौर के भोला पांधे की गली के परिवारों के बहाने जन सामान्य के जीवन का चित्रण करते हुए देश के विभाजन एवं उससे उत्पन्न भीषण साम्प्रदायिक दंगे आदि का चित्रण करते हुए शरणार्थियों के एक देश छोड़कर दूसरे में पलायन की विवशता चित्रण किया गया है। प्रश्न में आए रक्षा कमेटी की कार्यकर्ताओं के नाम हैं—ज्ञानदेवी और ईश्वर कौर।

60. (B): कथन I: नागार्जुन की कविता 'कालिदास' में शंकुतला और दुष्यंत का उल्लेख है।

कथन I असत्य है, क्योंकि नागार्जुन की कविता 'कालिदास' में अज और इंदुमति का उल्लेख है।

कथन II: 'शाप भरा तन प्रजातंत्र'—यह काव्य पंक्ति रामधारी सिंह दिनकर की कविता 'रश्मिरथी' की है।

कथन II भी असत्य है, क्योंकि यह पंक्ति जयशंकर प्रसाद की कविता 'कामायनी' की है।

61. (D)

62. (A): मिथक परम्परागत कथाओं के रूप में ज्यादा प्रचलित होती है, जिसमें धर्म, रीति-रिवाज आदि को मुख्यधारा में रखा जाता है। 'मिथक' शब्द ऐसे आख्यान के लिए प्रयुक्त होता है, जहाँ कोई तर्क न हो, इसे बिना तर्क पर स्वीकारा जाता है। फ्रायड मिथक को इच्छापूर्ति के विधान रूप में देखते हैं तथा मिथक को स्वप्न का सजातीय मानते हैं। अरस्तू ने अपने ग्रंथ 'पोलिटिक्स' में मिथक का प्रयोग कथानक, आख्यानमूलक रचना तथा मनगढ़ंत कथा के लिए किया है। मैक्समूलर 'मिथक' को 'भाषा का रोग' मानते हैं।

जब कोई वस्तु एक या उससे अधिक प्रस्तुतियों के गुण, स्वभाव, रूप, संस्कृति आदि को अपने-आप में समाहित करके प्रतिनिधि के रूप में उपस्थित होती है, तो वह प्रतीक मानी जाती है। इंग्लैंड में प्रतीकवाद की शुरूआत विलियम बटलर येट्स ने की।

जब किसी यथार्थ को चित्रबद्ध करके एक मूर्त रूप दिया जाता है, तो उसे बिम्ब कहते हैं। आचार्य शुक्ल जी ने फ्लिट को इसका प्रवर्तक माना है। डॉ. नगेन्द्र का मानना है कि "काव्य बिम्ब शब्दार्थ के माध्यम से कल्पना द्वारा निर्मित एक ऐसी मानस छवि है, जिसके मूल में भाव की प्रेरणा होती है।" केदारनाथ सिंह लिखते हैं कि "काव्यगत बिम्ब वह शब्द चित्र है, जो ऐंद्रिय गुणों से अनिवार्य रूप से समन्वित होता है। बिम्ब को प्रतिच्छाया, प्रतिकृति, प्रतिबिम्ब आदि नाम से भी जाना जाता है। कल्पना से प्रतीक का निर्माण होता है और प्रतीकों से बिम्ब का निर्माण होता है।

63. (C): 'मुर्दहिया' दलित साहित्यकार डॉ. तुलसीराम की आत्मकथा है, जिसके माध्यम से लेखक ने कई वर्षों से दलित आत्मकथाओं में साहित्य जगत के बंधे-बंधाए मानदंडों को तोड़कर अपने जीवन से जुड़े उस सच्चे और कड़वे यथार्थ को सबके सामने उजागर करने का प्रयास किया है, जिसे उन्होंने स्वयं झेला था। 'मुर्दहिया' आजमगढ़ में स्थित लेखक के गाँव का श्मशान घाट का नाम है। इस आत्मकथा के दो पात्र मुन्नेसर और नग्गर लेखक तुलसीराम के चाचा थे। मुन्नेसर तुलसीराम के दूसरे चाचा थे जो कलकत्ता में एक जूट मिल में मजदूर थे। नग्गर तीसरे नम्बर के चाचा थे, स्वभाव से क्रूर थे। दोनों ही चाचा 'शिवनारायण पंथी' धर्मगुरु थे।

64. (B): 'एक कहानी यह भी' हिंदी की प्रख्यात लेखिका मन्नू भंडारी जी के भावात्मक तथा सांसारिक जीवन की कथा-यात्रा है। यह उनकी पारिवारिक पृष्ठभूमि एवं

उनके संघर्षों के साथ-साथ उनके एवं राजेन्द्र यादव के आपसी संबंधों तथा उनकी रचनाओं के नेपथ्य के सृजनात्मक सूत्र से लैश है। लेखकीय यात्रा क्रम में महाभोज जैसी कालजयी उपन्यास का जिक्र करती है कि उन्हें बेलछी की घटना ने कैसे प्रेरित किया। एक दलित युवक की हत्या और उसके ऊपर राजनीतिक घाघों की मौकापरस्ती की पोल खोलती महाभोज है। 'आपका बंटी' का भी जिक्र करती हुई बताती हैं कि इसे किस प्रकार लिखा गया तथा किस तरह 'धर्मयुग' पत्रिका में छपा। राजेन्द्र यादव से परिचय, परिणय फिर अनबन आदि सभी भावनात्मक संबंधों का जिक्र कर राजेन्द्र जी के 'हंस' पत्रिका और उसके पहले संपादन पर भी प्रकाश डालती हैं।

इसे अपनी आत्मकथा अस्वीकार करते हुए मन्नू जी लिखती हैं कि जिस तरह कहानी जिंदगी का मात्र अंश होती है, उसी तरह यह भी मेरी जिंदगी का टुकड़ा मात्र ही है, जो मेरे लेखकीय व्यक्तित्व और लेखन यात्रा पर केन्द्रित है।

65. (B)

66. (B): 'स्वयंभू' (783 ई.) को जैन परम्परा का प्रथम कवि माना जाता है। इनके तीन ग्रंथ हैं–1. पउम चरिउ, 2. रिट्ठणेमि चरिउ तथा 3. स्वयंभू छंद।

राहुल सांकृत्यायन जी हिंदी का प्रथम कवि 'सरहपा' को जबकि 'स्वयंभू' को हिंदी का सर्वोत्तम कवि मानते हैं। 'स्वयंभू' के रामायण को हिंदी का सबसे पुराना और सबसे उत्तम काव्य राहुल जी द्वारा माना गया है।

67. (C): 'गोदान' 1936 ई. में लिखा गया प्रेमचंद का अंतिम पूर्ण उपन्यास है। इसे हिन्दी के महानतम उपन्यासों में गिना जाता है। उपन्यास का केन्द्रीय पात्र होरी अवध प्रांत के बेलारी गाँव का निवासी है। सम्पूर्ण ग्रामीण कथा बेलारी गाँव के इर्द-गिर्द चक्कर काटती है। बेलारी से पाँच मील की दूरी पर शहरी पात्र राय साहब अमरपाल सिंह सेमरी गाँव के निवासी हैं। उपन्यास में प्रेमचंद ने ग्रामीण और शहरी पात्रों के माध्यम से किसी एक समस्या को उठाने की बजाय तत्कालीन भारतीय समाज की लगभग हर समस्या को उठाया है।

ओंकारनाथ दैनिक पत्र 'बिजली' के संपादक हैं। साहित्य की सेवा ही ओंकारनाथ जी का ध्येय है। वे स्वयं को सिद्धांतों का पुजारी मानते हैं। उनका मानना है कि ''लिखते तो वह लोग हैं, जिनके अंदर कुछ दर्द है, अनुराग है, लगन है, जिन्होंने धन और भोग-विलास को जीवन का लक्ष्य बना लिया, वह क्या लिखेंगे?''

68. (C): डॉ. हरिवंश राय 'बच्चन' साहित्य के युग-पुरुष तो थे ही, एक श्रेष्ठ आत्मकथाकार भी थे। बच्चन जी द्वारा लिखित 'क्या भूलूँ क्या याद करूँ' (1969), विवेकपूर्ण, योजनाबद्ध रीति से लिखा गया प्रथम आत्मकथा खंड है। बच्चन जी के आत्मकथा का दूसरा भाग 'नीड़ का निर्माण फिर' का प्रकाशन 1970 ई. में हुआ। डॉ. हरिवंश राय बच्चन को इसके लिए 'सरस्वती सम्मान' दिया गया।

'बसेरे से दूर' (1978 ई.) बच्चन जी की आत्मकथा का तीसरा भाग है। इसमें उस समय की चर्चा है, जब वे इलाहाबाद से दूर थे।

'दशद्वार से सोपान तक' (1985 ई.) बच्चन जी के आत्मकथा का चौथा भाग है। यह अन्य तीन भाग की अपेक्षा विस्तृत है। सुविधा की दृष्टि से बच्चन जी ने इस पुस्तक के दो भाग कर दिए हैं। प्रथम पड़ाव में सन् 1956 से सन् 1971 तक की घटनाओं का वर्णन है। दूसरे में सन् 1971 से 1983 तक की घटनाओं का वर्णन है। आत्मकथा के आरंभ में 'अपने पाठकों' में ही लेखक ने 'दशद्वार' और 'सोपान' का अर्थ स्पष्ट किया है जो उनके इलाहाबाद और दिल्ली के घरों के नाम हैं। 'दशद्वार' जिसके दस दरवाजे हों, 'सोपान' का अर्थ है सीढ़ी।

69. (C): अज्ञेय जी द्वारा रचित त्रिशंकु, आत्मनेपद, अद्यतन और संवत्सर विचारपरक निबंध हैं। मूलतः वे हिंदी साहित्य में 'प्रयोगवाद' के प्रवर्तक माने जाते हैं। उनके सम्पादन में 'तार सप्तक' और 'दूसरा तार सप्तक' की प्रयोगवादी काव्य-प्रवृत्तियों को देखकर इसे एक नयी धारा के रूप में चिह्नित किया गया है। कविताओं के अलावा उन्होंने गद्य की अन्य शैलियों में भी हाथ आजमाए। संबरंग, आधुनिक साहित्य : एक आधुनिक परिदृश्य और लिखी कागद कोरे उनके अन्य निबंध संग्रह हैं।

70. (*)

71. (A): 'असाध्यवीणा' अज्ञेय जी की लंबी कविता है। इसकी मूल संवेदना सृजन तत्व की व्याख्या करना है। यह 321 पंक्तियों की कविता है। कुछ विद्वान इस कविता पर जैन-बुद्धिज्म का प्रभाव मानते हैं। इसका संबंध महायान सम्प्रदाय से है। इस कथा का आधार जापान में प्रचलित एक लोक कथा है जो 'ओकाकुरा' की पुस्तक 'द बुक ऑफ टी' में Taming of the harp के नाम से संकलित की गई है। डॉ. विद्यानिवास मिश्र ने इसे 'मौन से स्वर' और 'स्वर से मौन' की यात्रा कहा है।

72. (B): वंशीधर शुक्ल हिंदी, अवधी भाषा के कवि और स्वतंत्रता सेनानी थे। प्रसिद्ध कालजयी रचना 'कदम-कदम बढ़ाए जा खुशी के गीत गाए जा' वंशीधर जी की ही हैं। उन्होंने गाँधीजी के आंदोलन में भी भाग लिया था। उन्होंने 'भारत खण्डामृत' और 'आबेहयात' नामक कॉलम से हिंदी उर्दू के पत्र निकाले। अन्य रचनाओं में अवधी में 'यक किसान की रीटी', 'महंगाई', 'गांधी बाबा के बिना', 'उठ जाग मुसाफिर भोर भई' प्रसिद्ध हैं।

73. (B): हिंदी साहित्य के इतिहास में आचार्य शुक्ल की रचना सबसे प्रामाणिक तथा व्यवस्थित मानी जाती है। इसमें हिंदी साहित्य के काल को चार भागों में विभाजित किया गया है—वीरगाथा काल, भक्तिकाल, रीतिकाल और आधुनिक काल। इस ग्रंथ में शुक्ल जी 'सरस्वती' पत्रिका में प्रकाशित इंदुमती, ग्यारह वर्ष का समय तथा दुलाईवाली को मार्मिक रूप से भाव प्रधान माना है।

74. (D): 'द मॉडर्न वर्नाक्यूलर लिटरेचर ऑफ हिंदुस्तान' की रचना 1888 ई. में जॉर्ज ग्रियर्सन द्वारा की गई। यह हिंदी साहित्य के इतिहास की पुस्तक है, जिसका प्रकाशन एशियाटिक सोसायटी ऑफ बंगाल की पत्रिका के विशेषांक के रूप में हुआ था। एफ.ई.के. ने 'ए हिस्ट्री ऑफ हिंदी लिटरेचर' की रचना 1920 में की। 'हिंदी साहित्य का आलोचनात्मक इतिहास' की रचना रामकुमार वर्मा जी ने 1939 ई. में की। 1954 ई. में रचित 'हिंदी साहित्य के अस्सी वर्ष' की रचना शिवदान सिंह चौहान ने की। गणपति चन्द्रगुप्त की रचना 'हिंदी साहित्य का वैज्ञानिक इतिहास' वर्ष 1965 की है।

75. (D): 'हिंदी साहित्य का इतिहास' मूलतः नागरी प्रचारिणी सभा से प्रकाशित 'हिंदी शब्दसागर' की भूमिका के रूप में लिखा गया था। इस भूमिका को 'हिंदी साहित्य का विकास' नाम दिया गया। शुक्ल जी ने साहित्य को परिभाषित करने में लोकतांत्रिक तरीके का परिचय दिया है। वे इसे जनता की चित्तवृत्तियों का परिणाम मानते हैं। ये चित्तवृत्तियाँ सामाजिक, राजनीतिक, साम्प्रदायिक परिस्थितियों से प्रभावित होती हैं। हिंदी में पाठ आधारित वैज्ञानिक आलोचना का सूत्रपात शुक्ल जी के द्वारा हुआ। भाव, मनोविकार, संबंधित मनोविश्लेषणात्मक निबंध उनके प्रमुख हस्ताक्षर हैं।

76. (B): 'संस्कृति और सौन्दर्य' का प्रकाशन 1982 ई. में हुआ। इस निबंध के आरंभ में ही नामवर जी ने लिखा है कि 'अशोक के फूल' केवल एक फूल की कहानी नहीं, भारतीय संस्कृति का एक अध्याय है और इस अध्याय का अनंगलेख पढ़ने वाले हिंदी में पहले व्यक्ति हैं—हजारीप्रसाद द्विवेदी।

प्रसाद के विषय में नामवर जी लिखते हैं, "अपनी परम्परा में अभाव और अंधकारकाल के बावजूद प्रसाद जी ने 'रहस्यवाद' शीर्षक निबंध में सौन्दर्यानुभूति की परम्परा को पुनर्निमित करने का प्रयास किया। इस परम्परा का आरम्भ भी ऋग्वेद से होता है, किंतु यह आर्यजन की वह परम्परा है, जिसके प्रतिनिधि इन्द्र हैं और जिसमें 'काम' की पूर्ण स्वीकृति है।"

77. (D): गजानन माधव मुक्तिबोध 'प्रयोगवाद' युगीन कवि थे। इनकी पहली कविता 1943 ई. में अज्ञेय के संपादन में निकलने वाली 'तारसप्तक' में छपी। हालाँकि उनके जीवन काल में कोई स्वतंत्र काव्य-संग्रह न प्रकाशित हो सका। हाँ! उनकी मृत्यु से पहले श्रीकांत वर्मा ने उनकी 'एक साहित्यिक की डायरी' जरूर प्रकाशित की थी। श्रीकांत वर्मा जी मुक्तिबोध रचना शिल्प पर लिखते हैं कि "मुक्तिबोध ने रचना की हर विधा को इतना तोड़ दिया है कि रचना स्वयं अपने मूल्यों को ललकारने लगती है, कविता बढ़ते-बढ़ते डायरी हो जाती है और

डायरी आगे चलकर कहानी में रूपान्तरित हो जाती है।'' मुक्तिबोध की रचना 'चाँद का मुँह टेढ़ा है' का प्रकाशन श्रीकांत वर्मा जी ने ही किया था।

78. (C):

- 'सदादर्श' पत्र का प्रकाशन 1931 में लाला श्रीनिवासदास ने दिल्ली से किया।
- 'आर्यदर्पण' का प्रकाशन 1934 में बख्तावर सिंह ने शाहजहाँपुर से किया।
- 'सज्जनकीर्ति सुधाकर' पत्र का प्रकाशन 1936 में वंशीधर ने उदयपुर से किया।
- 'सदाचार मार्तंड' पत्र का प्रकाशन 1940 में लालचंद शास्त्री ने जयपुर से किया।

79. (D): हबीब तनवीर रचित नाटक 'आगरा बाजार' का रचनाकाल 1954 ई. है। इस नाटक का स्थान है—आगरा के 'किनारी बाजार' का एक चौराहा। नाटक के दो अंक हैं। इसमें हास्य रस की प्रधानता है। हबीब साहब ने इसका दो बार संशोधन (1970 और 1989 में) किया। यह नाटक हबीब तनवीर का मौलिक नाटक नहीं है। यह नजीर अकबराबादी के नज्मों पर आधारित है।

प्रश्न में दी गई नज्म की पंक्तियों का सही अनुक्रम (*d*), (*c*), (*a*), (*b*) और (*e*) है।

80. (C): 'आमुख' के अनुसार 'कामायनी' की कथा-सृष्टि में प्रसाद जी ने शतपथ ब्राह्मण, छांदोग्य उपनिषद तथा ऋग्वेद आदि ग्रंथों से सहायता प्राप्त की है। 'कामायनी' हिंदी भाषा का महाकाव्य है। यह छायावादी युग का सर्वोत्तम और प्रतिनिधि महाकाव्य है। इसमें 15 सर्ग हैं। जल प्लावन की कथा का वर्णन शतपथ ब्राह्मण में निहित है।

81. (D)

82. (B): ब्रह्म समाज के बारे में सही नहीं है—

1. ब्रह्म समाज की अन्तर्वस्तु मूलतः सामंतवाद और उपनिवेशवाद समर्थक थी।
2. ब्रह्म समाज की स्थापना 1882 ई. में हुई।
3. ब्रह्म समाज पुनर्विवाह का समर्थन नहीं करता था।

ब्रह्म समाज के बारे में सही कथन निम्न हैं :

1. इसकी स्थापना राजा राममोहन राय ने 1828 ई. में की।
2. ब्रह्म समाज पुनर्विवाह का समर्थन करता था।
3. देवेन्द्रनाथ ठाकुर और केशवचन्द्र सेन ने ब्रह्म समाज को सक्रिय बनाए रखने में महत्वपूर्ण भूमिका निभाई।

83. (C): विलियम हंटर की दृष्टि और दृष्टिकोण साम्राज्यवाद और ईसाईयत से आगे नहीं बढ़ती। वे एशिया के ज्ञान-विज्ञान और धर्म को पश्चिमी विज्ञान के सामने सूखी लकड़ियों का ढेर समझते थे। उनके काल में हंटर आयोग की नियुक्ति हुई, जिसमें प्राथमिक, माध्यमिक, उच्च तथा स्त्री शिक्षा पर बल दिया गया। वे अंग्रेजी पद्धति और पश्चिमी ज्ञान-विज्ञान के पुरजोर समर्थक थे।

84. (C): डॉ. रामकुमार वर्मा हिंदी के सुप्रसिद्ध व्यंग्यकार और हिंदी एकांकी के जनक माने जाते हैं। हिंदी भाषा के बारे में डॉ. वर्मा का विचार था कि, ''जिस देश के पास हिन्दी जैसी मधुर भाषा है, वह अंग्रेजी का दीवाना क्यों है? स्वतंत्र देश के नागरिकों को अपनी भाषा पर गर्व करना चाहिए। हमारी भावभूमि भारतीय होनी चाहिए। हमें जूठन की ओर नहीं ताकना चाहिए।''

रामकुमार वर्मा जी द्वारा संकलित काव्य हैं—अंजलि (1930), अभिशाप (1931), निशीथ (1935), चित्ररेखा (1935), जौहर (1941) और एकलव्य (1958) जबकि एकांत संगीत (1939), सतरंगिनी (1945), डॉ. हरिवंशराय बच्चन जी की कृतियाँ हैं।

85. (B): कुबेरनाथ राय के निबंधों की विशेषताओं से संबंधित उपयुक्त कथन है—

1. कुबेरनाथ राय के निबंधों का मूल स्रोत लोक जीवन, लोक संस्कृति और लोक शब्दावली हैं।
2. कुबेरनाथ राय के निबंधों में मिथकों के प्रति गहरा आकर्षण है।
3. कुबेरनाथ राय 'निबंध' को एक 'बौद्धिक कर्म' मानते हैं।

4. कुबेरनाथ राय रसधर्मा ललित निबंधकार हैं।
5. कुबेरनाथ राय का प्रथम निबंध-संग्रह 'प्रिया नीलकंठी' है।

इनके प्रमुख निबंध संग्रह हैं—रस आखेटक, गंधमादन, विषाद योग, निषाद बाँसुरी, महाकवि की तर्जनी, मराल, उत्तर कुरु, आगम की नाव, वाणी का क्षीरसागर, पर्णमुकुट आदि।

86. (C): प्रतिभा के विषय में 'शक्ति : कवित्व बीज : संस्कार रूप' आचार्य मम्मट का प्रसिद्ध कथन है। मम्मट संस्कृत काव्यशास्त्र के सर्वश्रेष्ठ विद्वानों में से एक समझे जाते हैं। वे अपने शास्त्रग्रंथ 'काव्य प्रकाश' के कारण सर्वप्रसिद्ध हैं।

87. (C): 'एक टोकरी भर मिट्टी' कहानी की रचना माधवराव सप्रे ने की है। यह कहानी समाज के उच्च-निम्न वर्ग भेद वाली समस्या की ओर ध्यान केन्द्रित करता है। इस कहानी का मुख्य उद्देश्य सम्पन्न वर्ग के लोगों द्वारा निर्धनों और असहायों का शोषण किए जाने की ओर सबका ध्यान आकृष्ट कराना है। कहानी की केन्द्रीय पात्र विधवा एक टोकरी मिट्टी से चूल्हा बनाना चाहती है।

88. (B): 'अमृतसर आ गया' भीष्म साहनी द्वारा लिखित कहानी है। यह कहानी भारत के विभाजन के परिदृश्य पर लिखी गई है। 'अमृतसर आ गया' कहानी में 'वजीराबाद' स्टेशन के बाद हिंदू-सिख मुसाफिरों की चुप्पी गहरी हो गई। 'भटकती राख', 'खून का रिश्ता', 'चीफ की दावत', 'सिर का सदका', 'पहला पाठ' आदि इनकी अन्य कहानियाँ हैं।

89. (C): मुक्तिबोध की कविता 'अँधेरे में' में पात्र के रूप में उपस्थित ऐतिहासिक व्यक्ति टॉलस्टॉय, तिलक और गाँधी हैं। यह कविता गजानंद माधव मुक्तिबोध रचित काव्य संग्रह 'चाँद के मुँह टेढ़ा' में संकलित है।

मुक्तिबोध 'तारसप्तक' के कवि हैं। इनके अन्य काव्य हैं—भूरी-भूरी खाक धूल, ब्रह्मराक्षस, भूल गलती, मुझे कदम-कदम पर, मैं तुम लोगों से दूर हूँ।

90. (C): 'जिंदगीनामा' हिंदी की विख्यात साहित्यकार 'कृष्णा सोबती' द्वारा रचित उपन्यास है। इस उपन्यास के लिए उन्हें 1980 में साहित्य अकादमी पुरस्कार से सम्मानित किया गया।

इस उपन्यास पर प्रकाश डालते हुए गोपाल राय लिखते हैं कि "जिंदगीनामा 20वीं शताब्दी के प्रथम पन्द्रह वर्षों में पंजाब के किसानों-ग्रामीणों के जीवन का चित्रण है। यह जिन्दगी निखलिस यथार्थ के रूप में सामने आती है, पंजाबी किसानों की मेहनत-मशक्कत से भरी अक्खड़, संतुष्ट और मुक्त जिंदगी, जिससे महाजन का शोषण और पुलिस का आतंक भी कोई ज्यादा हलचल पैदा नहीं करता।

यह एक ऐसा आंचलिक उपन्यास है, जिसमें पंजाब में रहने वाले लोगों की जिन्दगी का यथार्थ चित्रण है। इसमें कई गीत/कविताएँ भी हैं।

प्रश्न में दिए गए (*a*), (*c*) और (*e*) गीत का संबंध 'जिंदगीनामा' उपन्यास से है।

91. (D): सोलहवीं सदी में महाराष्ट्र में जन्मे संत तुकाराम वारकरी सम्प्रदाय के संत और कवि थे। वे विट्ठल यानी विष्णु के परम भक्त थे, वैष्णव धर्म में उनकी आस्था थी। तुकाराम जी के मुख से समय-समय पर सहज रूप से प्रस्फुटित होने वाली 'अभंग' वाणी के अतिरिक्त अन्य कोई विशेष साहित्यिक कृति उपलब्ध नहीं है। अपने जीवन के उत्तरार्ध में इनके द्वारा गाए गए तथा उसी क्षण इनके शिष्यों द्वारा लिखे गए लगभग 4000 अभंग आज भी उपलब्ध हैं।

92. (D): दिए गए अनुच्छेद के अनुसार भक्ति आंदोलन मनुष्य की सत्ता को सर्वश्रेष्ठ मानता था और सभी वर्गगत एवं जातिगत भेदभावों तथा धर्म के नाम पर किए जाने वाले सामाजिक उत्पीड़न का विरोध करता था।

93. (D): दिए गए अवतरण में स्पष्ट रूप से कहा गया है कि "....इस आंदोलन के नेता अपनी कविताएँ और अपने गीत फारसी और संस्कृत जैसी दुरूह और क्लिष्ट भाषाओं में नहीं, वरन् जनता की भाषाओं में रचते थे। इससे राष्ट्रीय इकाइयों तथा राष्ट्रीय भाषाओं के विकास

को प्रोत्साहन मिला, जो भारतीय राष्ट्र के विकास की एक ऐतिहासिक प्रक्रिया थी।'' इससे सिद्ध होता है कि भक्ति आंदोलन के नेता अपनी बातों को अधिकतम लोगों तक पहुँचाने के लिए किसी अभिजात्य भाषा का नहीं बल्कि जन-भाषा का प्रयोग किए। चूँकि भक्ति काव्य का सामाजिक उद्देश्य था–असमानता का विरोध। इस लिहाज से भी इन नेताओं ने संस्कृत की जगह, ब्रज, अवधी आदि क्षेत्रीय तथा देशी भाषा का इस्तेमाल किया। दूसरा कारण था कि संस्कृत भाषा दुरूह थी तथा अन्य जनभाषा–सरल, इसलिए भी इन नेताओं ने सरल जनभाषा में अपने उपदेश दिए।

94. (D): भक्ति आंदोलन पहले शहरों में बसनेवाले लोगों, खासकर छोटे-छोटे व्यापारियों, जुलाहों, टोकरी बनाने वालों और भिश्तियों जैसे लोगों के बीच से शुरू हुआ था।

95. (C): चूँकि भक्ति आंदोलन के प्रणेता समाज सुधारक भी थे इसलिए उनकी धार्मिकता का उद्देश्य बेहतर समाज का निर्माण करना था। उनका मानना था कि भक्ति ही आराधना का उच्चतम स्वरूप है। ये कर्मकांड, मूर्ति पूजा, तीर्थाटनों और अपने को दी जाने वाली यंत्रणाओं के विरोधी थे।

96. (B): दिए गए अवतरण में कहा गया है कि हिंदी विचार और चिंतन की भाषा नहीं बन पाई है। हिंदी भाषा की सामर्थ्य होते हुए भी इसमें अनुसंधान न हुए। हिंदी में किसी उच्च दर्जे का विज्ञान, दर्शन, अर्थशास्त्र का सम्पादन आज भी नहीं हुआ है। दूसरा सत्य यह भी है कि इसमें फूहड़ता तथा सतही आकर्षण का समावेश कर इसे वह भाषा नहीं बनने दी गई जो अंग्रेजी जैसी अन्य भाषाओं को प्राप्त है।

97. (B): उद्धरण में दर्शन विज्ञान, अर्थशास्त्र, मनोविज्ञान आदि का हिंदी भाषा में कोई मौलिक या तात्विक कार्य न होने का जिक्र है।

98. (A): लेखक भाषा के क्षेत्रीय रूप के प्रति ममत्व को केन्द्रित करते हुए 'मराठी भाषा' का उल्लेख किया है–'मराठी में लेखकों की एक प्रदेशव्यापी यात्रा ग्रंथावली निकलती है और लाखों रुपयों की पुस्तकें सीधे पाठकों को बेचकर सम्पन्न होती है।'

99. (B): सामाजिक क्रियाशीलता के संदर्भ में लेखक का मानना है कि ''सामाजिक कर्म और सार्वजनिक जीवन के इतने सारे क्षेत्र हैं जिनमें हिंदी अंचलों में कोई स्वतः स्फूर्त आंदोलन या सामाजिक सक्रियता नहीं है, जबकि उदाहरण के लिए महाराष्ट्र, गुजरात और केरल में शिक्षा, पर्यावरण, संस्कृति आदि क्षेत्रों में समाज की उपस्थिति और क्रियाशीलता प्रमुख है, न कि राज की।''
इससे स्पष्ट है कि गुजरात, महाराष्ट्र और केरल में राज की तुलना में सामाजिक क्रियाशीलता ज्यादा प्रमुख है।

100. (C): हिंदी समाज और हिंदी के प्रचार-प्रसार पर लेखक का दुख है कि ''हिंदी में तो साहित्यिक पुस्तकों का प्रकाशन पाठकों पर नहीं सरकारी खरीद पर भयावह रूप से निर्भर है, लेखक की चिंता है कि ऐसा ही होता रहा तो जल्द ही हम हिंदी समाज में नहीं बल्कि हिंदी राज में रहने लगेंगे।''

पिछले प्रश्न-पत्र

National Testing Agency (NTA)

UGC-NET जूनियर रिसर्च फैलोशिप तथा सहायक प्राध्यापक पात्रता परीक्षा

हिन्दी, जून-2023

(Exam held on 17-06-2023)

प्रश्न-पत्र-II

1. निम्नांकित नाटकों को हिन्दी में उनके प्रथम प्रदर्शन वर्ष के आधार पर पहले से बाद के क्रम में लगाइए।

(*a*) बकरी (*b*) महाबली

(*c*) आगरा बाजार (*d*) माधवी

(*e*) आषाढ़ का एक दिन

नीचे दिए गए विकल्पों में से **सही उत्तर** का चयन कीजिए :

A. (*e*), (*a*), (*c*), (*b*), (*d*)
B. (*a*), (*c*), (*e*), (*d*), (*b*)
C. (*c*), (*e*), (*a*), (*d*), (*b*)
D. (*d*), (*e*), (*c*), (*a*), (*b*)

2. सूची-I से सूची-II का मिलान कीजिए :

सूची-I (नामकरण)	सूची-II (वर्ण)
(*a*) महाप्राण ध्वनि	I. ज
(*b*) घोष ध्वनि	II. ल
(*c*) पार्श्विक व्यंजन	III. र
(*d*) लोड़ित व्यंजन	IV. ख

नीचे दिए गए विकल्पों में से **सही उत्तर** का चयन कीजिए :

	(*a*)	(*b*)	(*c*)	(*d*)
A.	IV	III	II	I
B.	I	IV	II	III
C.	IV	I	II	III
D.	IV	II	I	III

3. "पूर्ण क्लासिक कृति वह जिसमें किसी मानव-समाज की पूर्ण शक्ति निहित हो।" यह कथन किसका है?

A. आई.ए. रिचर्ड्स B. टी.एस. इलियट
C. बेनिडिटो क्रोचे D. मैथ्यू अर्नाल्ड

4. भारतीय नवजागरण के संबंध में उपयुक्त कथन हैं :

(*a*) नवजागरण का जमाना सभ्यताओं की टकराहट का न होकर सभ्यताओं के आत्मनिरीक्षण का था।

(*b*) ईश्वरचंद्र विद्यासागर ने स्त्री अधिकार आंदोलनों की निंदा की।

(*c*) औपनिवेशिक माहौल में भारत का नवजागरण बुद्धिवादी जागरूकता के अलावा राष्ट्रीय आत्म पहचान का संघर्ष भी था।

(*d*) स्वामी दयानंद सरस्वती हिन्दुओं की मूर्तिपूजा का समर्थन करते थे।

(*e*) भारतीय नवजागरण के जनक राजा राममोहन राय को जीवन में आरंभिक काल में ही रूढ़िवादियों के प्रबल विरोध का सामना करना पड़ा।

नीचे दिए गए विकल्पों में से **सबसे उपयुक्त उत्तर** का चयन कीजिए :

A. केवल (*a*), (*c*) और (*e*)
B. केवल (*a*), (*c*) और (*d*)
C. केवल (*b*), (*d*) और (*e*)
D. केवल (*c*), (*d*) और (*e*)

5. सूची-I से सूची-II का मिलान कीजिए :

सूची-I (कवि)	**सूची-II (अध्येता)**
(*a*) विद्यापति	I. हजारी प्रसाद द्विवेदी
(*b*) सूरदास	II. बच्चन सिंह
(*c*) बिहारी	III. इमरै बंघा
(*d*) घनानंद	IV. शिव प्रसाद सिंह

नीचे दिए गए विकल्पों में से **सही उत्तर** का चयन कीजिए :

	(*a*)	(*b*)	(*c*)	(*d*)
A.	III	IV	I	II
B.	II	I	IV	III
C.	IV	I	II	III
D.	IV	III	I	II

6. *"एक रूप हिन्दू तुरुक दूजी दशा न कोय।*
मन की द्विविधा मानकर भये एक सों दोय।।"

यह कविता किस कवि की है?

A. नरोत्तम दास B. वली दक्कनी
C. नवल दास D. बनारसी दास

7. डॉ. तुलसीराम के ननिहाल में स्वतंत्रता आंदोलन का नेतृत्व किसने किया था?

A. तेजबहादुर सिंह B. मुशाफिर लाल
C. परशुराम सिंह D. हरिहर दास

8. सूची-I से सूची-II का मिलान कीजिए :

सूची-I (पुस्तकों में उद्धृत काव्य पंक्तियाँ)	**सूची-II (पुस्तकें)**
(*a*) उठ गए आज बापू हमारे झुक गया आज झंडा हमारा।	I. संस्कृति के चार अध्याय
(*b*) सोने की थारी में जेवना परोसो रामा जेवना ना जेवे हमार बलमा	II. आवारा मसीहा
(*c*) तुलसी गंग दोऊ भये, सुकविन को सरदार तिनके काव्यन में मिली, भाषा विविध प्रकार	III. क्या भूलूं क्या याद करूं
(*d*) जीवन मंथन से निकला विष, वह जो तुमने पान किया और अमृत हो बाहर आया, उसे जगत को दान दिया	IV. मुर्दहिया

नीचे दिए गए विकल्पों में से **सही उत्तर** का चयन कीजिए :

	(*a*)	(*b*)	(*c*)	(*d*)
A.	IV	III	I	II
B.	III	IV	II	I
C.	III	IV	I	II
D.	I	III	IV	II

9. 'प्रिय प्रवास का प्रथम सर्ग एक ही छन्द में रचा गया है।' यह छंद है :

A. शार्दूलविक्रीड़ित छन्द B. द्रुतविलम्बित छन्द
C. मंदाक्रान्ता छन्द D. वसन्ततिलका छन्द

10. 'लाल पान की बेगम' कहानी में स्त्री-पात्र है :

(*a*) सुहासी (*b*) चम्पिया
(*c*) जोतिया (*d*) मखनी फुआ
(*e*) सुनरी

नीचे दिए गए विकल्पों में से **सबसे उपयुक्त** का चयन कीजिए :

A. केवल (*a*), (*b*) और (*d*)
B. केवल (*a*), (*d*) और (*e*)
C. केवल (*b*), (*c*) और (*e*)
D. केवल (*b*), (*d*) और (*e*)

11. सूफी प्रेमाख्यान नहीं है :

A. श्याम सगाई B. इन्द्रावती
C. युसुफ जुलेखा D. हंस जवाहिर

12. 'ये हत्यारे गाँव के मुखिया हैं, गरीबों का खून चूसने वाले! सूद-ब्याज, डेढ़ी-सवाई, नजर-नजराना, घूस-घास जैसे भी हो, गरीबों को लूटो। उस पर सुराज चाहिए जेल जाने से सुराज न मिलेगा। सुराज मिलेगा धरम से, न्याय से।'

'गोदान' उपन्यास में यह कथन किसका है?

A. गोबर B. धनिया
C. शोभा D. सिलिया

13. नीचे दो कथन दिए गए हैं :

कथन I: 'झूठा सच', 'तमस' और 'जिन्दगीनामा' आदि उपन्यासों में अनेक पात्र पंजाबी पृष्ठभूमि के हैं। इसलिए इन उपन्यासों में हिन्दी और उर्दू के अतिरिक्त कहीं-कहीं पंजाबी के भी संवाद उपयोग में लाए गए हैं।

कथन II: 'आपका बंटी' के अनुसार बंटी का पूरा नाम अरूप बत्रा है।

उपरोक्त कथन के आलोक में, नीचे दिए गए विकल्पों में से **सबसे उपयुक्त उत्तर** का चयन कीजिए :

A. कथन I और कथन II दोनों सत्य हैं
B. कथन I और कथन II दोनों असत्य हैं
C. कथन I सत्य है, लेकिन कथन II असत्य है
D. कथन I असत्य है, लेकिन कथन II सत्य है

14. भक्ति आन्दोलन पर किस कवि ने गंभीरता से विचार किया है :

A. मुक्तिबोध B. रघुवीर सहाय
C. राजेश जोशी D. ओम प्रकाश वाल्मीकि

15. नागरी प्रचारिणी सभा के संस्थापक हैं :

(*a*) शिव कुमार सिंह (*b*) मेहता लज्जाराम
(*c*) रामनारायण मिश्र (*d*) बालकृष्ण भट्ट
(*e*) श्यामसुंदर दास

नीचे दिए गए विकल्पों में से **सबसे उपयुक्त उत्तर** का चयन कीजिए :

A. केवल (*a*), (*b*) और (*d*)
B. केवल (*a*), (*c*) और (*e*)
C. केवल (*b*), (*c*) और (*d*)
D. केवल (*b*), (*d*) और (*e*)

16. उपन्यासों में गीतों-कविताओं के प्रयोग पर सत्य कथन हैं :

(*a*) 'झूठा सच' में पंजाबी कवियों बुल्लेशाह-बाबा फरीद की कविताएँ प्रयुक्त हैं।
(*b*) 'जिंदगीनामा' में हिन्दी कवियों तुलसी, सूर के पदों का प्रयोग है।
(*c*) 'मैला आँचल' में सुमित्रानंदन पंत की कविता का इस्तेमाल किया गया है।
(*d*) 'मानस का हंस' में मोहिनी रैदास का एक भजन गाती है।
(*e*) 'तमस' में 'सर्वे भवन्तु सुखिनः....' का उपयोग किया गया है।

नीचे दिए गए विकल्पों में से **सही उत्तर** का चयन कीजिए :

A. केवल (*a*), (*b*) और (*c*)
B. केवल (*b*), (*c*) और (*d*)
C. केवल (*c*), (*d*) और (*e*)
D. केवल (*a*), (*c*) और (*d*)

17. सत्य कथन हैं :

(*a*) भरत ने 'नाट्यशास्त्र' के 16वें अध्याय में अलंकारों का निरूपण किया है।
(*b*) उद्भट, जयदेव और प्रतिहारेन्दुराज अलंकार सम्प्रदाय के आचार्य हैं।
(*c*) 'काव्यादर्श' के दूसरे और तीसरे परिच्छेदों में अलंकार-निरूपण है।
(*d*) 'काव्यालंकार' में 6 परिच्छेद हैं।
(*e*) 'काव्यालंकार-सार संग्रह' रुद्रट का ग्रंथ है।

नीचे दिए गए विकल्पों में से **सही उत्तर** का चयन कीजिए :

A. केवल (*a*), (*b*) और (*c*)
B. केवल (*b*), (*c*) और (*d*)
C. केवल (*c*), (*d*) और (*e*)
D. केवल (*b*), (*d*) और (*e*)

18. निम्नांकित नाटकों को उनके प्रथम प्रकाशन वर्ष के अनुसार पहले से बाद के क्रम में लगाइए :

(*a*) राज्यश्री (*b*) चरणदास चोर
(*c*) भारत सौभाग्य (*d*) बटोही
(*e*) पहला राजा

नीचे दिए गए विकल्पों में से **सही उत्तर** का चयन कीजिए :

A. (*e*), (*c*), (*a*), (*d*), (*b*)
B. (*c*), (*a*), (*d*), (*e*), (*b*)
C. (*d*), (*c*), (*a*), (*e*), (*b*)
D. (*c*), (*a*), (*e*), (*b*), (*d*)

19. 'मालवी' का केंद्र है?

A. जयपुर B. इंदौर

C. जोधपुर D. जबलपुर

20. 'कबीर का घर सिखर पर, जहाँ सिलहली गैल'

इस वाक्यांश में 'सिलहली' शब्द का क्या अर्थ है?

A. हिलती हुई सिल B. फिसलने लायक

C. प्रकाश युक्त D. सुनहरी

21. सूची-I से सूची-II का मिलान कीजिए :

सूची-I (स्त्री पात्र)	सूची-II (पति/प्रेमी)
(*a*) शीलो	I. असद
(*b*) तारा	II. राजेन्द्र
(*c*) कनक	III. रतन
(*d*) ऊषा	IV. पुरी

नीचे दिए गए विकल्पों में से **सही उत्तर** का चयन कीजिए :

	(*a*)	(*b*)	(*c*)	(*d*)
A.	IV	III	II	I
B.	III	I	IV	II
C.	II	I	III	IV
D.	III	II	I	IV

22. 'रामचरितमानस के उत्तरकांड में उन्होंने ज्ञान की अपेक्षा भक्ति को कहीं अधिक सुसाध्य और आशुफलदायिनी कहा है।' यह कथन किस इतिहासकार का है?

A. रामचंद्र शुक्ल

B. विश्वनाथप्रसाद मिश्र

C. हजारीप्रसाद द्विवेदी

D. रामकुमार वर्मा

23. 'अँधेरे में' कविता में पागल द्वारा गाए गए गान की पंक्तियाँ हैं :

(*a*) मर गया देश, अरे जीवित रह गए तुम

(*b*) जन-मन-करुणा सी माँ को हँकाल दिया

(*c*) स्वार्थों के पहाड़ खड़े कर लिए

(*d*) विवेक को मार डाला, तर्क की जबान बंद कर दी

(*e*) अब तक क्या किया, जीवन क्या जिया

नीचे दिए गए विकल्पों में से **सही उत्तर** का चयन कीजिए :

A. केवल (*a*), (*b*) और (*e*)

B. केवल (*b*), (*c*) और (*e*)

C. केवल (*a*), (*c*) और (*e*)

D. केवल (*b*), (*c*) और (*d*)

24. *'चंचल किशोर सुन्दरता की करती रहती रखवाली, मैं वह हलकी सी मसलन हूँ जो बनती कानों की लाली।''*

यह किसका संवाद है?

A. चिंता B. इड़ा

C. श्रद्धा D. लज्जा

25. 'संस्कृति के चार अध्याय' में तिलक के बारे में उपयुक्त बातें कौन-सी हैं?

(*a*) गीता रहस्य में तिलक जी ने सुस्पष्ट घोषणा की कि गीता का उद्देश्य निवृत्ति नहीं प्रवृत्ति का प्रतिपादन किया है।

(*b*) कर्मण गृहस्थ को योगी, संन्यासी और भक्त के समकक्ष नहीं माना जा सकता है।

(*c*) तिलक के उपदेश तत्कालीन समय में वीरता, निर्भीकता और सच्चाई के सबसे बड़े उपदेश थे।

(*d*) गीता का मार्ग संन्यास का मार्ग है, संसार त्याग और कर्म न्यास का मार्ग है।

(*e*) तिलक जी ने बताया कि योग का अर्थ गीता में कर्म है।

नीचे दिए गए विकल्पों में से **सही उत्तर** का चयन कीजिए :

A. केवल (*a*), (*c*) और (*e*)

B. केवल (*b*), (*d*) और (*e*)

C. केवल (*a*), (*c*) और (*d*)

D. केवल (*b*), (*c*) और (*e*)

26. 'भारत दुर्दशा' नाटक में निम्न पात्रों के मंच पर आने का सही क्रम क्या है?

(*a*) आलस्य (*b*) रोग

(*c*) भारत दुर्दैव (*d*) मदिरा

(*e*) भारत

नीचे दिए गए विकल्पों में से **सही उत्तर** का चयन कीजिए :

A. (*b*), (*c*), (*d*), (*e*), (*a*)
B. (*e*), (*b*), (*d*), (*a*), (*c*)
C. (*e*), (*c*), (*b*), (*a*), (*d*)
D. (*c*), (*e*), (*d*), (*b*), (*a*)

27. 'भोलाराम का जीव' कहानी के अनुसार भोलराम को रिटायर होने के कितने वर्ष बाद तक पेंशन न मिली थी?

A. 3 B. 5
C. 7 D. 9

28. 'तीसरी कसम' कहानी के अनुसार हीराबाई का संबंध किन दो कंपनियों से हुआ?

A. रौता कंपनी - जगमोहन कंपनी
B. मथुरा मोहन कंपनी - जगमोहन कंपनी
C. सगुन कंपनी - रौता कंपनी
D. मथुरामोहन कंपनी - रौता कंपनी

29. 'स्कंदगुप्त' के स्त्री पात्र हैं :

(*a*) जेता (*b*) देवकी
(*c*) मालिनी (*d*) रामा
(*e*) चंदा

नीचे दिए गए विकल्पों में से **सही उत्तर** का चयन कीजिए :

A. केवल (*a*), (*b*) और (*c*)
B. केवल (*b*), (*c*) और (*d*)
C. केवल (*c*), (*d*) और (*e*)
D. केवल (*a*), (*c*) और (*d*)

30. सत्य कथन हैं :

(*a*) वैदर्भी रीति में ओजगुण-प्रकाशक वर्णों की अधिकता होती है।
(*b*) भरत के नाट्यशास्त्र में रीति के लिए 'प्रवृत्ति' शब्द का उल्लेख है।
(*c*) वामन ने रीति के पाँच प्रकार माने हैं–वैदर्भी, गौड़ी, पांचाली, शौरसैनी और लाटीया।
(*d*) कुंतक ने रीति को मार्ग कहा है।
(*e*) भोज ने 'अवन्तिका' और 'मागधी' नामक दो नई वृत्तियों की उद्भावना की।

नीचे दिए गए विकल्पों में से **सही उत्तर** का चयन कीजिए :

A. केवल (*a*), (*b*) और (*c*)
B. केवल (*b*), (*c*) और (*d*)
C. केवल (*c*), (*d*) और (*e*)
D. केवल (*b*), (*d*) और (*e*)

31. 'देश की बात' निबंध के लेखक कौन हैं?

A. प्रतापनारायण मिश्र
B. मैथिलीशरण गुप्त
C. महावीर प्रसाद द्विवेदी
D. भारतेंदु हरिश्चन्द्र

32. किस रचना के एक पात्र की जबान पर उठते-बैठते निम्नलिखित दोहा रहता था?

"पुरुष सिंह जो उद्यमी, लक्ष्मी ताकरि चेरी।
भाग्य भरोसे जे रहैं कुपुरुष भाषहि टेरी।।"

A. प्रेमचंद घर में
B. आवारा मसीहा
C. क्या भूलूं क्या याद करूँ
D. मुर्दहिया

33. सूची-I से सूची-II का मिलान कीजिए :

सूची-I (आचार्य)	**सूची-II** (पुस्तक)
(*a*) भानुदत्त	I. भाव प्रकाशन
(*b*) रामचन्द्र गुणचन्द्र	II. व्यक्ति विवेक
(*c*) शारदातनय	III. नाट्यदर्पण
(*d*) महिमभट्ट	IV. रस मंजरी

नीचे दिए गए विकल्पों में से **सही उत्तर** का चयन कीजिए :

	(*a*)	(*b*)	(*c*)	(*d*)
A.	II	IV	I	III
B.	IV	III	I	II
C.	III	IV	I	II
D.	II	III	I	IV

34. स्मृति-आख्यान (संस्मरण) की पुस्तकें हैं :

(*a*) नंगातलाई का गाँव

(*b*) मुखड़ा क्या देखे

(*c*) लौट आ ओ धार

(*d*) याद हो कि न याद हो

(*e*) गोलमेज

नीचे दिए गए विकल्पों में से **सही उत्तर** का चयन कीजिए :

A. केवल (*a*), (*c*) और (*d*)

B. केवल (*a*), (*d*) और (*e*)

C. केवल (*b*), (*c*) और (*d*)

D. केवल (*b*), (*d*) और (*e*)

35. पाश्चात्य काव्य चिंतकों को उनके जन्म वर्ष के अनुसार पहले से बाद के क्रम में व्यवस्थित कीजिए।

(*a*) आई.ए. रिचर्ड (*b*) मैथ्यू अर्नाल्ड

(*c*) कॉलरिज (*d*) विलियम वर्ड्सवर्थ

(*e*) टी.एस. इलियट

नीचे दिए गए विकल्पों में से **सही उत्तर** का चयन कीजिए :

A. (*d*), (*b*), (*c*), (*a*), (*e*)

B. (*c*), (*d*), (*e*), (*b*), (*a*)

C. (*c*), (*d*), (*a*), (*b*), (*e*)

D. (*d*), (*c*), (*b*), (*e*), (*a*)

36. सूची-I से सूची-II का मिलान कीजिए :

सूची-I	सूची-II
(*a*) कृपी	I. महाभोज
(*b*) किन्नी	II. चन्द्रगुप्त
(*c*) जमना बहन	III. आधे अधूरे
(*d*) कल्याणी	IV. एक और द्रोणाचार्य

नीचे दिए गए विकल्पों में से **सही उत्तर** का चयन कीजिए :

	(*a*)	(*b*)	(*c*)	(*d*)
A.	IV	III	I	II
B.	I	III	IV	II
C.	II	I	IV	III
D.	III	II	IV	I

37. देवनागरी लिपि के संबंध में निम्नलिखित बातें उपयुक्त हैं :

(*a*) जैसे बोला जाता है, देवनागरी में वैसा ही लिखा जाता है।

(*b*) एक लिपि चिह्न से अनेक ध्वनियों को व्यक्त करने की क्षमता है।

(*c*) संविधान में देवनागरी लिपि में लिखित हिन्दी को राजभाषा माना गया है।

(*d*) देवनागरी लिपि में पंजाबी और उड़िया भाषा लिखी जाती है।

(*e*) ध्वनि और संकेत में निश्चितता है।

नीचे दिए गए विकल्पों में से **सही उत्तर** का चयन कीजिए :

A. केवल (*a*), (*b*) और (*e*)

B. केवल (*a*), (*b*) और (*d*)

C. केवल (*a*), (*c*) और (*e*)

D. केवल (*b*), (*d*) और (*e*)

38. नागार्जुन की 'कालिदास' कविता में निम्न में से किसका उल्लेख है?

(*a*) विक्रम (*b*) यक्ष

(*c*) शकुन्तला (*d*) इन्दुमती

(*e*) अज

नीचे दिए गए विकल्पों में से **सही उत्तर** का चयन कीजिए :

A. केवल (*a*), (*b*) और (*c*)

B. केवल (*b*), (*c*) और (*e*)

C. केवल (*a*), (*d*) और (*e*)

D. केवल (*b*), (*d*) और (*e*)

39. राम, कृष्ण और शिव के व्यक्तित्व पर किस समाजवादी चिंतक ने विचार किया है?

A. जयप्रकाश नारायण B. राममनोहर लोहिया

C. आचार्य नरेंद्रदेव D. मधु लिमये

40. ''अजी हजरत, यही चोरी कराते हैं। शहर के जितने चोर-डाकू हैं, सब इनसे मिले रहते हैं। रात को ये लोग चोरों से कहते हैं, चोरी करो और आप दूसरे मुहल्ले में जाकर 'जागते रहो! जागते रहो!' पुकारते हैं।''

यह संवाद 'ईदगाह' कहानी के किस पात्र का है?

A. महमूद　B. मोहसीन

C. नूरे　D. सम्मी

41. 'आगरा बाजार' नाटक का आरंभ किस नज्म से होता है?

A. कन्हैया का बालपन

B. बलदेव जी का मेला

C. आदमीनामा

D. शहर आशोब

42. नीचे दो कथन दिए गए हैं :

कथन I: वर्ड्सवर्थ के अनुसार कविता स्वतः स्फूर्त अभिव्यक्ति है।

कथन II: कॉलरिज के अनुसार रम्य कल्पना केवल स्मृति पर निर्भर है, जबकि कल्पना प्रेरणा और अवधारणा आदि अनेक स्रोतों से सामग्री संचय करती है।

उपरोक्त कथन के आलोक में, नीचे दिए गए विकल्पों में से **सबसे उपयुक्त उत्तर** का चयन कीजिए :

A. कथन I और कथन II दोनों सत्य हैं

B. कथन I और कथन II दोनों असत्य हैं

C. कथन I सत्य है, लेकिन कथन II असत्य है

D. कथन I असत्य है, लेकिन कथन II सत्य है

43. सूची-I से सूची-II का मिलान कीजिए :

सूची-I ('उसने कहा था' में आए पंजाबी शब्द)	**सूची-II (हिन्दी अर्थ)**
(*a*) कुडमाई	I. गधा
(*b*) घुमाव	II. मंगनी
(*c*) खोते	III. स्त्रियों/स्त्री
(*d*) तीमियों/तीमी	IV. जमीन की नाप

नीचे दिए गए विकल्पों में से **सही उत्तर** का चयन कीजिए :

	(*a*)	(*b*)	(*c*)	(*d*)
A.	III	I	IV	II
B.	II	I	IV	III
C.	II	IV	I	III
D.	III	IV	I	II

44. नीचे दो कथन दिए गए हैं :

कथन I: 'रोज उर्फ गैंग्रीन' कहानी के अनुसार मालती के पति का नाम विश्वेश्वर है और वे एक छोटे से रेलवे स्टेशन के स्टेशन मास्टर हैं।

कथन II: 'चीफ की दावत' कहानी में चीफ के आग्रह पर माँ ने एक पुराना टप्पा 'दो पत्तर अनाराँ दे'.... गाकर सुनाया।

उपरोक्त कथन के आलोक में, नीचे दिए गए विकल्पों में से **सबसे उपयुक्त उत्तर** का चयन कीजिए :

A. कथन I और कथन II दोनों सत्य हैं

B. कथन I और कथन II दोनों असत्य हैं

C. कथन I सत्य है, लेकिन कथन II असत्य है

D. कथन I असत्य है, लेकिन कथन II सत्य है

45. शरत् के संबंध में उपयुक्त कथन हैं।

(*a*) शरत् बचपन में डरपोक स्वभाव के थे।

(*b*) गृहस्थी से शरत् का कभी लगाव नहीं रहा।

(*c*) शरत् बाबू की रचनाओं पर 'बिरजूबहू' और 'विजया' नाटक का रूपांतरण हुआ।

(*d*) अपने भाई की समाधि शरत् के घर के पास नदी के तट पर बनवाई थी।

(*e*) शरत् ने कोई वसीयतनामा नहीं लिखा था।

नीचे दिए गए विकल्पों में से **सही उत्तर** का चयन कीजिए :

A. केवल (*a*), (*b*) और (*c*)

B. केवल (*b*), (*d*) और (*e*)

C. केवल (*b*), (*c*) और (*d*)

D. केवल (*a*), (*b*) और (*d*)

46. कबीर साहित्य के अध्येता हैं :

(*a*) इमरै बंघा　(*b*) पुरुषोत्तम अग्रवाल

(*c*) वीरेन्द्र यादव　(*d*) धर्मवीर

(*e*) डेविड लॉरेंजन

नीचे दिए गए विकल्पों में से **सही उत्तर** का चयन कीजिए :

A. केवल (*a*), (*b*) और (*e*)

B. केवल (*b*), (*c*) और (*d*)

C. केवल (*b*), (*d*) और (*e*)

D. केवल (*c*), (*d*) और (*e*)

47. भारतीय लोकतंत्र की आलोचना करने वाले नाटक-युग्म हैं :

A. बकरी - आगरा बाजार

B. अंधायुग - एक और द्रोणाचार्य

C. बकरी - महाभोज

D. अंधायुग - आधे अधूरे

48. निम्नलिखित घटनाओं को पहले से बाद के क्रम में व्यवस्थित कीजिए :

(*a*) आर्यसमाज का स्थापना वर्ष

(*b*) आनंद मठ का प्रकाशन वर्ष

(*c*) गीतांजलि का प्रकाशन वर्ष

(*d*) विश्व धर्म सभा में विवेकानन्द संबोधन

(*e*) ब्रह्म समाज का स्थापना वर्ष

नीचे दिए गए विकल्पों में से **सही उत्तर** का चयन कीजिए :

A. (*e*), (*b*), (*c*), (*a*), (*d*)

B. (*e*), (*b*), (*d*), (*a*), (*c*)

C. (*e*), (*a*), (*b*), (*d*), (*c*)

D. (*a*), (*e*), (*b*), (*d*), (*c*)

49. किस स्थान के लोग बड़े-बड़े नखों को पसंद करते थे?

A. दक्षिणात्य B. गौड़ देश

C. उज्जयिनी D. स्थाणवीश्वर

50. 'आषाढ़ का एक दिन' में पतंजलि का उल्लेख कौन-सा पात्र करता है?

A. अनुस्वार B. अनुनासिक

C. रंगिणी D. संगिनी

51. रामचन्द्र शुक्ल के अनुसार रीतिग्रंथकार कवि हैं :

(*a*) कुलपति मिश्र

(*b*) बेनी बंदीजन

(*c*) बख्शी हंसराज

(*d*) गुमान मिश्र

(*e*) ग्वाल कवि

नीचे दिए गए विकल्पों में से **सही उत्तर** का चयन कीजिए :

A. केवल (*a*), (*b*) और (*c*)

B. केवल (*a*), (*b*) और (*e*)

C. केवल (*b*), (*c*) और (*d*)

D. केवल (*b*), (*d*) और (*e*)

52. निम्नांकित अनुवादों को उनके हिन्दी में पहली बार प्रकाशित होने के वर्ष के अनुसार पहले से बाद के क्रम में लगाइए :

(*a*) खड़िया का घेरा

(*b*) एकांतवासी योगी

(*c*) श्रांत पथिक

(*d*) कामदेव का अपना बसंत ऋतु का सपना

(*e*) विश्व प्रपंच

नीचे दिए गए विकल्पों में से **सही उत्तर** का चयन कीजिए :

A. (*b*), (*c*), (*e*), (*a*), (*d*)

B. (*c*), (*b*), (*d*), (*a*), (*e*)

C. (*e*), (*b*), (*c*), (*a*), (*d*)

D. (*d*), (*a*), (*b*), (*c*), (*e*)

53. 'उत्तरा फाल्गुनी के आसपास' निबंध के आधार पर दिए गए विवरणों में आयु को छोटे से बड़े कर्म में संयोजित करें।

(*a*) ....ज़रा और जीर्णता की आगमनी का समाचार काल तुरंत दूर से ही हिनहिनाकर दे जाता है।

(*b*) ....से ज्यादा असभ्यता है, अश्लीलता है, अनैतिकता है।

(*c*) ....जीवन के सम्मुख फण उठाए एक प्रश्नचिह्न को उपस्थित करता है।

(*d*) ....इसमें जीर्णता और जर्जरता नहीं है। यह जरा और वृद्धत्व का प्रतीक नहीं।

(*e*) ....तब मैं व्यवस्था के पुतलीघर की इन यंत्र कन्याओं से माफी मांग कर उत्तर पुरुष की जयजयकार बोलते हुए मंच से बाहर आ जाऊँगा।

नीचे दिए गए विकल्पों में से **सही उत्तर** का चयन कीजिए :

A. (*a*), (*c*), (*b*), (*d*), (*e*)
B. (*c*), (*b*), (*d*), (*a*), (*e*)
C. (*c*), (*d*), (*b*), (*a*), (*e*)
D. (*c*), (*b*), (*d*), (*e*), (*a*)

54. 'दिल्ली दरबार दर्पण' निबंध के अनुसार किलात के खाँ को सब मिलाकर कितनी कीमत की वस्तुएँ तुहफे में मिलीं?

A. ₹ 20,000 B. ₹ 25,000
C. ₹ 30,000 D. ₹ 35,000

55. निम्नलिखित में से कौन-से कथन विवेकानंद के हैं?

(*a*) ''मजबूत बनो! कायर और लिबलिबे न बने रहो! साहसी बनो! कायरों की जरूरत नहीं है।''

(*b*) ''समूचा संसार जब तक एक साथ आगे कदम नहीं बढ़ाता, तब तक कोई प्रगति संभव नहीं है।''

(*c*) ''शिक्षा से उत्पन्न ज्ञान जनता को ब्रिटिश शासन का सम्मान करना सिखाएगी और उनमें एक हद तक इस शासन के प्रति अपनत्व की भावना भी पैदा करेगी।''

(*d*) ''मानव हृदय से मैं संगीन की नोंक के बूते बुराई को हटाने में यकीन नहीं करता।''

(*e*) ''समाज के सभी सदस्यों को संपत्ति, शिक्षा, अथवा ज्ञान प्राप्त करने के लिए समान अवसर मिलने चाहिए।''

नीचे दिए गए विकल्पों में से **सही उत्तर** का चयन कीजिए :

A. केवल (*a*), (*b*) और (*d*)
B. केवल (*b*), (*c*) और (*e*)
C. केवल (*c*), (*d*) और (*e*)
D. केवल (*a*), (*b*) और (*e*)

56. नीचे दो कथन दिए गए हैं : एक अभिकथन (A) के रूप में लिखित है, तो दूसरा उसके कारण (R) के रूप में है।

अभिकथन (A): अंग्रेजों ने पुरानी आर्थिक संरचना को बदला, जमीन का नया बंदोबस्त किया। नए बंदोबस्त के कारण जमीन को क्रय-विक्रय करने की छूट मिल गई।

कारण (R): बदलती हुई परिस्थितियों में बुद्धिजीवी वर्ग के लोगों ने समाचार पत्रों के माध्यम से अंग्रेजों के अत्याचारों का विरोध करना आरंभ कर दिया।

उपरोक्त कथन के आलोक में, नीचे दिए गए विकल्पों में से **सबसे उपयुक्त उत्तर** का चयन कीजिए :

A. (A) और (R) दोनों सही है और (R), (A) की सही व्याख्या है।
B. (A) और (R) दोनों सही है और (R), (A) की सही व्याख्या नहीं है।
C. (A) सही है, लेकिन (R) सही नहीं है
D. (A) सही नहीं है, लेकिन (R) सही है

57. 'मैला आँचल' के अनुसार बावनदास के मृत्यु-स्थल को ग्रामीणों ने क्या रूप दे दिया?

A. बावन की डीह का
B. शहीद स्मारक का
C. भारत माता का थान का
D. चेथरिया पीर का

58. *''लख कर अनर्थ आर्थिक पथ पर*
हारता रहा मैं स्वार्थ-समर।''

इन पंक्तियों में 'मैं' का अर्थ है :

A. निराला B. राम
C. मनु D. पुरुरवा

59. निम्नलिखित पुस्तकों को उनके प्रथम प्रकाशन वर्ष के अनुसार पहले से बाद के क्रम में लगाइए।

(*a*) दुर्लभ बंधु
(*b*) पथिक
(*c*) आदर्श हिन्दू
(*d*) इतिहास तिमिरनाशक
(*e*) चन्द्रकांता संतति

नीचे दिए गए विकल्पों में से **सही उत्तर** का चयन कीजिए :

A. (*e*), (*d*), (*a*), (*b*), (*c*)
B. (*d*), (*a*), (*e*), (*c*), (*b*)
C. (*c*), (*b*), (*d*), (*e*), (*a*)
D. (*d*), (*e*), (*a*), (*b*), (*c*)

60. सूची-I से सूची-II का मिलान कीजिए :

सूची-I (पंक्ति)	**सूची-II (पुस्तक/कविता)**
(*a*) पूछेगा जग किन्तु, पिता का नाम न बोल सकेंगे	I. साकेत
(*b*) न कुछ कह सकी अपनी, न उन्हीं की पूछ मैं सकी भय से	II. गीत फरोश
(*c*) तोड़ दो यह क्षितिज मैं भी देख लूँ उस ओर क्या है	III. रश्मिरथी
(*d*) जी, लोगों ने तो बेच दिए ईमान	IV. सांध्यगीत

नीचे दिए गए विकल्पों में से **सही उत्तर** का चयन कीजिए :

	(*a*)	(*b*)	(*c*)	(*d*)
A.	III	I	IV	II
B.	II	I	IV	III
C.	IV	III	II	I
D.	III	IV	II	I

61. रामचन्द्र शुक्ल ने आदिकाल के 'अपभ्रंश काव्य' शीर्षक प्रकरण में निम्न कवियों का उल्लेख किया है :

(*a*) मधुकर कवि

(*b*) श्रीधर

(*c*) देवसेन

(*d*) सोमप्रभ सूरि

(*e*) विद्याधर

नीचे दिए गए विकल्पों में से **सही उत्तर** का चयन कीजिए :

A. केवल (*a*), (*c*) और (*e*)

B. केवल (*a*), (*d*) और (*e*)

C. केवल (*b*), (*c*) और (*d*)

D. केवल (*c*), (*d*) और (*e*)

62. नीचे दो कथन दिए गए हैं :

कथन I: 'गिरिधर' बहुब्रीहि समास का उदाहरण है।

कथन II: 'रामकृष्ण' तत्पुरुष समास का उदाहरण है।

उपरोक्त कथन के आलोक में, नीचे दिए गए विकल्पों में से **सबसे उपयुक्त उत्तर** का चयन कीजिए :

A. कथन I और कथन II दोनों सत्य हैं

B. कथन I और कथन II दोनों असत्य हैं

C. कथन I सत्य है, लेकिन कथन II असत्य है

D. कथन I असत्य है, लेकिन कथन II सत्य है

63. जयशंकर प्रसाद के नाटकों को मंच पर सफलतापूर्वक प्रस्तुत करने वाले निर्देशक हैं?

A. हबीब तनवीर - इब्राहिम अलकाजी

B. बी.वी. कारंत - शांता गाँधी

C. सत्यदेव दुबे - श्यामानंद जालान

D. राजेन्द्रनाथ - ओम शिवपुरी

64. निम्नलिखित में से अविकारी शब्द हैं।

A. संज्ञा
B. विशेषण
C. क्रिया
D. क्रिया विशेषण

65. सूची-I से सूची-II का मिलान कीजिए :

सूची-I	**सूची-II**
(*a*) आयु और ऋतुओं का संबंध	I. उठ जाग मुसाफिर
(*b*) माता, मातृभूमि और जन्मभूमि प्रेम	II. मेरे राम का मुकुट भीग रहा है
(*c*) कल्याण का रूप	III. उत्तरा फाल्गुनी के आस-पास
(*d*) नई पीढ़ी के प्रति पुरानी पीढ़ी की चिंता	IV. शिव मूर्ति

नीचे दिए गए विकल्पों में से **सही उत्तर** का चयन कीजिए :

	(*a*)	(*b*)	(*c*)	(*d*)
A.	III	IV	II	I
B.	III	I	IV	II
C.	I	IV	III	II
D.	III	II	I	IV

66. 'परीक्षागुरु' उपन्यास के विविध प्रकरणों के शीर्षक हैं :

(*a*) दुर्जनता
(*b*) ईश्वर प्रेम
(*c*) प्रामाणिकता
(*d*) अदालत
(*e*) प्रेत भय

नीचे दिए गए विकल्पों में से **सही उत्तर** का चयन कीजिए :

A. केवल (*a*), (*b*) और (*c*)
B. केवल (*c*), (*d*) और (*e*)
C. केवल (*b*), (*c*) और (*d*)
D. केवल (*b*), (*c*) और (*e*)

67. निम्नांकित कविताओं को रचनाकाल-प्रथम प्रकाशन वर्ष के आधार पर पहले से बाद के क्रम में लगाइए।

(*a*) असाध्यवीणा
(*b*) परिवर्तन
(*c*) कुकुरमुत्ता
(*d*) मोचीराम
(*e*) अँधेरे में

नीचे दिए गए विकल्पों में से **सही उत्तर** का चयन कीजिए :

A. (*b*), (*c*), (*a*), (*e*), (*d*)
B. (*c*), (*b*), (*e*), (*a*), (*d*)
C. (*b*), (*a*), (*c*), (*d*), (*e*)
D. (*c*), (*a*), (*b*), (*e*), (*d*)

68. कांग्रेस कार्यकारिणी समिति की कहाँ की बैठक में 'सविनय अवज्ञा आंदोलन' वापस लेने की स्वीकृति दी गई?

A. सूरत
B. बारदोली
C. कलकत्ता
D. कानपुर

69. 'भारतवर्ष की उन्नति कैसे हो सकती है?' निबंध में भारतेंदु जी ने सब उन्नतियों का मूल किसे माना है?

A. धर्म
B. संस्कृति
C. भाषा
D. कृषि

70. 'परिंदे' कहानी के प्रारंभ में अंग्रेजी भाषा में एक उद्धरण है। यह किस लेखक का है?

A. अन्तोन चेखव
B. कैथरीन मेन्सफील्ड
C. ज्याँ पॉल सार्त्र
D. ओ. हेनरी

71. सूची-I से सूची-II का मिलान कीजिए :

सूची-I	सूची-II
(*a*) देश का धन	I. बाल गंगाधर तिलक
(*b*) गुलामगिरी	II. ताराबाई शिंदे
(*c*) स्त्री-पुरुष तुलना	III. राधामोहन गोकुल
(*d*) गीता रहस्य	IV. ज्योतिबा फुले

नीचे दिए गए विकल्पों में से **सही उत्तर** का चयन कीजिए :

	(*a*)	(*b*)	(*c*)	(*d*)
A.	IV	III	I	II
B.	III	I	IV	II
C.	III	II	IV	I
D.	III	IV	II	I

72. निम्नलिखित में से अर्ध संवृत स्वर है :

A. आ
B. ऐ, औ
C. ए, ओ
D. उ, ऊ

73. स्वनिम के संबंध में उपयुक्त कथन हैं :

(*a*) वाक्य में शब्दों के संबंध निर्धारित करते हैं।
(*b*) इसका संबंध मौखिक भाषा से है।
(*c*) सार्थकता की दृष्टि से शब्द लघुतम इकाई है।
(*d*) यह उच्चरित भाषा की लघुतम इकाई है।
(*e*) इसका ज्ञान भाषा के शुद्ध उच्चारण को जानने में सहायक है।

नीचे दिए गए विकल्पों में से **सही उत्तर** का चयन कीजिए :

A. केवल (*a*), (*b*) और (*c*)
B. केवल (*b*), (*c*) और (*d*)
C. केवल (*b*), (*d*) और (*e*)
D. केवल (*a*), (*d*) और (*e*)

74. 'इंस्पेक्टर मातादीन चाँद पर' कहानी के अनुसार इंस्पेक्टर मातादीन ने चाँद पर जाकर जो काम किए, उन्हें पहले से बाद के क्रम में लगाइए :

(*a*) नकली चश्मदीद गवाह बनाना सिखाया
(*b*) जान बचाने वाले आदमी को अपराधी बनाकर जेल में डाल दिया
(*c*) थानों में हनुमान मंदिर बनवाए
(*d*) पुलिस का मानवतावाद—इस अवधारणा में पुलिसवालों का विश्वास जगाया।
(*e*) पुलिसवालों की तनख्वाहें कम कराईं।

नीचे दिए गए विकल्पों में से **सही उत्तर** का चयन कीजिए :

A. (*c*), (*e*), (*b*), (*d*), (*a*)

B. (*d*), (*e*), (*b*), (*a*), (*c*)
C. (*e*), (*a*), (*b*), (*d*), (*c*)
D. (*a*), (*c*), (*b*), (*e*), (*d*)

75. ''इनका जीवन बर्फ की पवित्रता से पूर्ण और वन की सुगंध से सुगंधित है।'' कथन किसके बारे में है?

A. जिल्दसाज
B. बाग का माली
C. हल चलाने वाला
D. भेड़ चराने वाले

76. 'मनुष्य के मन से सुन्दर और कुछ नहीं होता। ईश्वर यदि हैं तो मनुष्य के मन में ही समाए हैं।' 'मानस का हंस' उपन्यास में यह संवाद किसका है?

A. तुलसी B. गंगाराम
C. नरहरि दास D. मोहिनी

77. 'विज्ञान और कविता' (Science and Poetry) पुस्तक के लेखक कौन हैं?

A. आई.ए. रिचर्ड्स B. टी.एस. इलियट
C. मैथ्यू आर्नोल्ड D. रेमंड विलियम्स

78. 'आलोचना' पत्रिका के संपादक नहीं रहे हैं?

A. अरुण कमल
B. परमानन्द श्रीवास्तव
C. नामवर सिंह
D. कमला प्रसाद

79. निम्नलिखित में से भारतेंदु के निबंध कौन-से हैं?

(*a*) वैष्णवता और भारत वर्ष
(*b*) देशोन्नति
(*c*) लेवी प्राण लेवी
(*d*) सुशिक्षितों का कर्तव्य
(*e*) भारत वर्ष की उन्नति कैसे हो सकती है?

नीचे दिए गए विकल्पों में से **सही उत्तर** का चयन कीजिए :

A. केवल (*a*), (*b*) और (*c*)
B. केवल (*b*), (*c*) और (*d*)
C. केवल (*a*), (*c*) और (*e*)
D. केवल (*a*), (*d*) और (*e*)

80. *'मुझे अपनी कविताओं के लिए*
दूसरे प्रजातंत्र की तलाश है'

—यह कथन किस कविता में है?

A. नक्सलबाड़ी B. मोचीराम
C. अकाल दर्शन D. पटकथा

81. निम्नलिखित में से किस विद्वान ने बीसवीं सदी में भारतीय काव्यशास्त्र संबंधी कोई पुस्तक नहीं लिखी?

A. राममूर्ति त्रिपाठी B. भोलाशंकर व्यास
C. रामचन्द्र शुक्ल D. रामविलास शर्मा

82. आकारांत एकवचन पुल्लिंग संज्ञाओं के विकृत रूप का प्रत्यय क्या है?

A. आ B. ए
C. शून्य प्रत्यय D. ई

83. सरदार पूर्ण सिंह के निबंध हैं :

(*a*) नयनों की गंगा
(*b*) पवित्रता
(*c*) आचरण की सभ्यता
(*d*) जय जमुना मैया जी
(*e*) हम डार डार तुम पात पात

नीचे दिए गए विकल्पों में से **सही उत्तर** का चयन कीजिए :

A. केवल (*b*), (*c*) और (*d*)
B. केवल (*a*), (*c*) और (*d*)
C. केवल (*a*), (*b*) और (*c*)
D. केवल (*c*), (*d*) और (*e*)

84. नाटकों में गीतों के प्रयोग के बारे में सत्य कथन हैं :

(*a*) 'अंधेर नगरी' में कबाब वाला, नारंगी वाला, कुँजड़िन, हलवाई और ब्राह्मण गीत गाकर अपनी बात कहते हैं।
(*b*) दोहा छंद का प्रयोग 'अंधेर नगरी' और 'बकरी' नाटकों में किया गया है।
(*c*) 'महाभोज', 'आधे अधूरे' और 'आषाढ़ का एक दिन' में कोई भी पात्र गीत नहीं गाता है।
(*d*) 'स्कंदगुप्त' में 'आह वेदना मिली विदाई' गीत देवसेना गाती है।

(*e*) 'भारत दुर्दशा' में किताबखाना वाले दृश्य में छह सभ्य लोग मिलकर एक गीत गाते हैं।

नीचे दिए गए विकल्पों में से **सही उत्तर** का चयन कीजिए :

A. केवल (*a*), (*b*) और (*c*)
B. केवल (*b*), (*c*) और (*d*)
C. केवल (*c*), (*d*) और (*e*)
D. केवल (*b*), (*d*) और (*e*)

85. निम्नांकित पात्र अलग-अलग उपन्यासों के हैं। पात्रों को तत्संबंधी उपन्यासों के प्रथम प्रकाशन वर्ष के अनुसार पहले से बाद के क्रम में लगाइए :

(*a*) भैरवी (*b*) लीजा
(*c*) बेला (*d*) सरस्वती
(*e*) बंती

नीचे दिए गए विकल्पों में से **सही उत्तर** का चयन कीजिए :

A. (*c*), (*a*), (*d*), (*e*), (*b*)
B. (*d*), (*a*), (*e*), (*c*), (*b*)
C. (*b*), (*a*), (*e*), (*d*), (*c*)
D. (*a*), (*e*), (*d*), (*c*), (*b*)

86. 'बहिष्कृत भारत' पत्र का प्रकाशन किस वर्ष आरंभ हुआ?

A. 1919 B. 1927
C. 1930 D. 1938

87. निम्नांकित पुस्तकों को उनके प्रथम प्रकाशन वर्ष के अनुसार पहले से बाद के क्रम में लगाइए :

(*a*) दूसरी परम्परा की खोज
(*b*) इतिहास और आलोचना
(*c*) कविता की जमीन और जमीन की कविता
(*d*) कविता के नए प्रतिमान
(*e*) आलोचना और विचारधारा

नीचे दिए गए विकल्पों में से **सही उत्तर** का चयन कीजिए :

A. (*b*), (*d*), (*a*), (*c*), (*e*)
B. (*d*), (*b*), (*a*), (*e*), (*c*)
C. (*c*), (*b*), (*d*), (*a*), (*e*)
D. (*b*), (*a*), (*c*), (*e*), (*d*)

88. 'कोसी का घटवार' कहानी में लछमा के संदर्भ में आए शब्द 'काला चरेऊ' का क्या अर्थ है?

A. सुहाग चिह्न B. बिंदिया
C. करधनी D. कंगन

89. 'अरे यायावर रहेगा याद' में माजुली द्वीप किस राज्य में स्थित है?

A. उत्तर प्रदेश B. असम
C. महाराष्ट्र D. हिमाचल

90. 'नागमति वियोग' खंड में नागमती की विरह-व्यथा की अभिव्यक्ति के लिए जायसी द्वारा रचित पंक्तियाँ हैं :

(*a*) घरी घरी जिउ आवै, घरी घरी जिउ जाई
(*b*) पाहन जरहिं, होहिं सब चूना
(*c*) रकत आँसु घुँघुची बन बोई
(*d*) हिरदय पैठि विरह कटंनंसा
(*e*) सहस सहस दुःख एक एक साँसा

नीचे दिए गए विकल्पों में से **सही उत्तर** का चयन कीजिए :

A. केवल (*a*), (*b*) और (*c*)
B. केवल (*b*), (*c*) और (*d*)
C. केवल (*c*), (*d*) और (*e*)
D. केवल (*a*), (*c*) और (*e*)

निर्देश (प्र.सं. 91 से 95 तक) : *निम्नलिखित अवतरण को ध्यानपूर्वक पढ़िए और संबंधित प्रश्नों के उत्तर दीजिए।*

अंग्रेजी राज में शिक्षा संबंधी सुधार अंग्रेजों की महानता का डंका पीटने के लिए शुरू किए गए थे। उपनिवेशवादियों ने आशा की थी कि "शिक्षा से उत्पन्न ज्ञान, जनता को ब्रिटिश शासन का सम्मान करना सिखाएगी और उसमें एक हद तक इस शासन के प्रति अपनत्व की भावना भी पैदा करेगी।" और, जैसा कि एल्फिन्स्टन ने कहा, ब्रिटिश शिक्षा "भारतीय जनता को ब्रिटिश शासन को प्रसन्नता से स्वीकार करने योग्य बनाएगी।" किन्तु यह अनुमान से पूर्णतः गलत साबित हुआ। ब्रिटिश नीति में अनिवार्यतः कुछ ऐसे अन्तर्विरोध थे जिन्हें सुलझाया नहीं जा सकता था। उसका उद्देश्य था विनाश, किन्तु परिणाम हुआ पुनरुज्जीवन। शिक्षा प्रणाली ने प्रयत्न तो किया भारत की आत्मा को कुचल देने का, किन्तु वास्तव में यह एक ऐसे

आन्दोलन के बीज बो रही थी, जिसने अन्ततः स्वयं ब्रिटिश शासन को ही उखाड़ फेंका।

ब्रिटिश शिक्षा ने भारतीय बुद्धिजीवियों के सामने सामाजिक और राजनीतिक स्वातंत्र्य के अन्य क्षितिज उद्घाटित किए। शिक्षित भारतीयों ने एक ओर तो दूसरे देशों के प्रगतिशील विचारों और उनकी वैज्ञानिक उपलब्धियों की सराहना करना सीखा और दूसरी ओर नए ज्ञान की कसौटी पर स्वयं अपनी परम्पराओं, धर्म, दर्शन, रीति-रिवाजों और रुचियों को कसना सीखा। मैकॉले ने सोचा कि उसकी शिक्षा-प्रणाली भारतीयों की राष्ट्रीय चेतना को कुंठित कर देगी और उन्हें वफादार गुलाम बनाने में सफल होगी। किन्तु, उसने दरअसल जीवन के प्रति एक नए वैज्ञानिक दृष्टि बिंदु का आधार तैयार किया और नए राष्ट्रीय जागरण में भी सहायता पहुँचाई। दूसरे शब्दों में, अंग्रेजी की शिक्षा नीति ने भारतीय बुद्धिजीवियों का एक ऐसा नया वर्ग पैदा किया, जो पश्चिमी विज्ञान के मूल तत्वों तथा पश्चिम के अधिक उन्नत सांस्कृतिक मानदंडों को समझते और आत्मसात करते थे, और साथ ही स्वयं अपनी मातृभूमि की उन्नति के लिए उनका उपयोग करते थे।

पश्चिमी शिक्षा ने भारत में नए प्रकार की विचारधारा के विकास को सुगम बनाया। इस विचारधारा के अंग थे—युक्तियुक्तता, उदारवाद, स्वतंत्रता और जनवाद, मानवतावाद तथा समानता के विचार, आधुनिक भारतीय चिंतन को शैली, बायरन, कौबडन, मिल, स्पेंसर, कार्लाईल, रस्किन, मोरले, मिल्टन, लॉक तथा बर्क ने जो प्रोत्साहन और बल प्रदान किया, उसे कम करके नहीं आंका जा सकता। वास्तव में, आधुनिक भारत के मस्तिष्क को ढालने में पश्चिमी विचारकों ने निर्णायक भूमिका अदा की।

91. उपर्युक्त अनुच्छेद के अनुसार आधुनिक चिन्तन के जिन पश्चिमी रचनाकारों-विचारकों ने प्रोत्साहन प्रदान किया, उनमें नहीं हैं :

A. मिल B. स्पेंसर

C. नीत्शे D. लॉक

92. उपर्युक्त अनुच्छेद में किस ऐतिहासिक व्यक्ति का उल्लेख नहीं है?

A. मैकॉले B. बायरन

C. मिल्टन D. मार्क्स

93. उपर्युक्त अनुच्छेद के अनुसार पश्चिमी शिक्षा द्वारा भारत में विकसित विचारधारा का अंग नहीं था?

A. सर्वधर्मसमभाव

B. उदारवाद

C. समानता का विचार

D. जनवाद

94. उपर्युक्त अनुच्छेद के अनुसार अंग्रेजी राज में शिक्षा संबंधी सुधारों का उद्देश्य नहीं था?

A. ब्रिटिश शासन के प्रति अपनत्व पैदा करने के लिए

B. अंग्रेजों की महानता का डंका पीटने के लिए

C. भारत की आत्मा को नवजीवन देने के लिए

D. जनता में ब्रिटिश शासन के प्रति सम्मान पैदा करने के लिए

95. उपर्युक्त अनुच्छेद के अनुसार अंग्रेजी शिक्षा से भारतीयों में जो नई चेतना जागी, उसने भारतीयों पर क्या प्रभाव डाला?

A. भारतीयों में जीवन के प्रति नए वैज्ञानिक दृष्टिबिंदु का आधार बनाया।

B. भारतीयों ने दूसरे देशों के प्रगतिशील विचारों की सराहना करना सीखा।

C. भारतीयों में पश्चिम के प्रति घृणा का भाव जागा।

D. भारतीयों में नए ज्ञान की कसौटी पर भारतीय परम्परा को कसना सीखा।

निर्देश (प्र.सं. 96 से 100 तक) : *निम्नलिखित अवतरण को ध्यानपूर्वक पढ़िए और संबंधित प्रश्नों के उत्तर दीजिए।*

मेरे विचार से कोई भी मनुष्य जिसमें जरा-सी भी विवेक शक्ति है, वह अपने वातावरण को तार्किक रूप से समझना चाहेगा। दुर्भाग्य की बात है कि बजाय इसके हम अपने पुराने विद्वानों एवं विचारकों के अनुभवों तथा विचारों का भविष्य में अज्ञानता के विरुद्ध लड़ाई का आधार बनाएँ और इस रहस्यमय प्रश्न को हल करने की कोशिश करें, हम आलसियों की तरह, जो कि हम सिद्ध हो चुके हैं, विश्वास की—उनके कथन में अविचल एवं संशयहीन विश्वास की—चीख-पुकार मचाते रहते हैं। इस प्रकार मानवता के विकास को जड़ बनाने के अपराधी हैं।

प्रत्येक मनुष्य को, जो विकास के लिए खड़ा है, रूढ़िगत विश्वासों के हर पहलू की आलोचना तथा उन पर अविश्वास करना होगा और चुनौती देनी होगी। प्रत्येक प्रचलित मत की हर बात को हर कोने से तर्क की कसौटी पर कसना होगा। यदि काफी तर्क के बाद भी वह किसी सिद्धांत अथवा दर्शन के प्रति प्रेरित होता है, तो उसके विश्वास का स्वागत है। इसका तर्क असत्य, भ्रमित या छलावा और कभी-कभी मिथ्या हो सकता है लेकिन उसको सुधारा जा सकता है, क्योंकि विवेक उसके जीवन का दिशा-सूचक है। पर निरा विश्वास और अंधविश्वास खतरनाक है। यह मस्तिष्क को मूढ़ तथा मनुष्य को प्रतिक्रियावादी बना देता है। जो मनुष्य अपने को यथार्थवादी होने का दावा करता है, उसे सभी प्राचीन विश्वासों को चुनौती देनी होगी। यदि वे तर्क का प्रहार न सह सकें तो टुकड़े-टुकड़े होकर गिर पड़ेंगे। तब उस व्यक्ति का पहला काम होगा, तमाम पुराने विश्वासों को धाराशायी करके नए दर्शन की स्थापना के लिए जगह साफ करना। यह तो नकारात्मक पक्ष हुआ। इसके बाद सही कार्य शुरू होगा, जिसमें पुनर्निर्माण के लिए पुराने विश्वासों की कुछ बातों का प्रयोग किया जा सकता है।

96. यदि पुराने विश्वास खंडित हो जाएँ, तो उपर्युक्त उद्धरण के अनुसार यथार्थवादी व्यक्ति का पहला काम क्या होगा?

A. मनुष्यों को मूढ़ और प्रतिक्रियावादी बनाना
B. पुराने विश्वासों की पुनःस्थापना का प्रयास करना
C. पुराने विश्वासों के स्थान पर नए दर्शन की स्थापना के लिए जगह साफ करना
D. पुराने विश्वासों की आलोचनाओं का जवाब देना

97. उपर्युक्त उद्धरण के अनुसार यथार्थवादी व्यक्ति को क्या करना होगा?

A. सभी प्राचीन विश्वासों को चुनौती देना
B. पुराने विश्वासों के लिए जगह साफ करना
C. पुराने विश्वासों को तर्क से बचाना
D. नए विश्वासों के निर्माण की प्रक्रिया को बाधित करना

98. उपर्युक्त उद्धरण के अनुसार विकास के लिए मनुष्य को क्या नहीं करना होगा?

A. रूढ़िगत विश्वासों को चुनौती देनी होगी
B. प्रचलित मतों को तर्क की कसौटी से बचाना होगा
C. रूढ़िगत विश्वासों की आलोचना करनी होगी
D. रूढ़ियों पर अविश्वास करना होगा

99. उपर्युक्त उद्धरण के अनुसार मानवता के विकास को जड़ बनाने वाले अपराधी कौन हैं?

A. वे जो रहस्यमय प्रश्नों को सुलझाते हैं।
B. वे जो अज्ञानता के विरुद्ध लड़ाई लड़ते हैं।
C. वे जो रूढ़ियों पर प्रश्न उठाते हैं।
D. वे जो पुराने विश्वासों की चीख-पुकार मचाते रहते हैं।

100. उपर्युक्त उद्धरण के अनुसार विवेकवान व्यक्ति क्या चाहेगा?

A. विश्वास की चीख-पुकार मचाते रहना
B. यथार्थवादी होने का दावा मात्र करना
C. पुराने विचारों पर आँख मूँद कर भरोसा करना
D. वातावरण को तार्किक रूप से समझना

उत्तरमाला

1. (C): प्रश्नांकित नाटकों का प्रकाशन वर्ष :
- आगरा बाजार (हबीब तनवीर) - 1954 ई.
- आषाढ़ का एक दिन (मोहन राकेश) - 1958 ई.
- बकरी (सर्वेश्वर दयाल सक्सेना) - 1974 ई.
- माधवी (भीष्म साहनी) - 1982 ई.
- महाबली (असगर वजाहत) - 2019 ई.

2. (C): 'महाप्राण ध्वनि' व्यंजन वर्ग में दूसरा, चौथा वर्ग से संबंधित है। इसके उच्चारण में मुख से अधिक हवा निकलती है। जैसे—ह, ध, भ, थ। इसके अलावा ख, घ, छ, झ, ठ, ध, फ, ष, स, ह भी महाप्राण है। जिन वर्णों के उच्चारण में गले के कम्पन से गूँज-सी होती हैं, उन्हें घोष या सघोष ध्वनि कहा जाता है।

जैसे—ग, ध, ङ, ज, झ, ञ, ड, ढ, ण, द, ध, न, ब, भ, म, य, र, ल, व।

जिन वर्णों के उच्चारण में पार्श्व से ध्वनि का आगमन होता है, पार्श्विक व्यंजन कहलाते हैं। जैसे—ल।

लोड़ित व्यंजन ऐसा व्यंजन वर्ण होता है, जिसमें मुँह के एक सक्रिय उच्चारण स्थान और किसी अन्य स्थिर उच्चारण स्थान के बीच कंपकंपी या थरथराहट पैदा करके व्यंजन की ध्वनि की जाती है। उदाहरण–र।

3. (B): टी.एस. इलियट आधुनिक युग के महानतम अंग्रेजी साहित्यिक विभूतियों में से एक थे। उन्होंने नाटक, कविता और आलोचना तीनों क्षेत्रों में महान ख्याति प्राप्त की। वे विच्छिन्नता की अपेक्षा कविता के सौन्दर्य को उसकी सम्पूर्णता में देखते हैं। क्लासिक कृति के संदर्भ में उनका मानना था कि पूर्ण क्लासिक कृति वह है जिसमें किसी मानव-समाज की पूर्ण शक्ति निहित हो। इलियट के परम्परा सिद्धांत के अनुसार किसी भी रचना का मूल्यांकन रचनाशीलता की सम्पूर्ण परम्परा की सापेक्षता में होना चाहिए। कविता मात्र कवि के व्यक्तित्व की अभिव्यक्ति नहीं है, बल्कि व्यक्तित्व से पलायन है।

4. (A): 'नवजागरण' का अर्थ है–नए तरीके से जागना। इसमें निहित है कि पहले भी हम जागे हुए थे, किंतु अब जागने का दृष्टिकोण बदल गया है। डॉ. रामस्वरूप चतुर्वेदी के शब्दों में कहें तो ''नवजागरण दो संस्कृतियों की टकराहट से उत्पन्न रचनात्मक ऊर्जा है।'' नवजागरण का जमाना सभ्यताओं की टकराहट का न होकर सभ्यताओं के आत्म-निरीक्षण का था। औपनिवेशिक माहौल में भारत का नवजागरण बुद्धिवादी जागरूकता के अलावा राष्ट्रीय आत्म-पहचान का संघर्ष भी था। राजा राममोहन राय को 'भारतीय नवजागरण का अग्रदूत' माना जाता है। राममोहन राय को आरम्भ में रूढ़िवादियों के प्रबल विरोध का सामना करना पड़ा। इनके प्रयासों से सती प्रथा पर प्रतिबंध लगाया गया।

5. (C)

6. (D): बनारसी दास जौनपुर के रहने वाले एक जौहरी थे। इन्होंने संवत् 1698 तक का अपना जीवनवृत्त 'अर्द्धकथानक' नामक ग्रन्थ में दिया है। आरम्भ में यह शृंगार रस की कविता किया करते थे, पर बाद में ज्ञान हो जाने पर उन्होंने वे सब कविताएँ गोमती नदी में फेंक दीं और ज्ञानोपदेश पूर्ण कविताएँ करने लगे। ''एक रूप हिंदू तुरूक दूजी दशा न कोय।'' इनकी प्रसिद्ध रचनाओं में से एक है।

बनारसी दास की रचनाएँ–बनारसी विलास, नाटक समयसार, नाममाला आदि हैं।

7. (A): 'तुलसीराम' की आत्मकथा मुर्दहिया संभवतः हिंदी की पहली आत्मकथा है जिसमें केवल दलित ही नहीं बल्कि गाँव के सम्पूर्ण लोगों का जीवन केन्द्रित है। इन्होंने अपने ननिहाल में हुए स्वतंत्रता आंदोलन का उल्लेख किया है। वहाँ का नेतृत्व तेजबहादुर सिंह नामक एक प्रख्यात कम्युनिस्ट नेता ने किया था।

डॉ. तुलसीराम ने अपनी आत्मकथा को 7 उपशीर्षकों में बाँटा है :

- भूतही पारिवारिक पृष्ठभूमि
- मुर्दहिया और स्कूली जीवन
- अकाल में अंधविश्वास
- मुर्दहिया के गिद्ध तथा लोकजीवन
- भूतनिया नागिन
- चले बुद्ध की राह
- आजमगढ़ में फाकाकशी

8. (C)

9. (B): 'प्रियप्रवास' का प्रकाशन वर्ष 1914 ई. है। यह 17 सर्गों में विभक्त है। यह खड़ी बोली हिंदी का प्रथम महाकाव्य है। इसका प्रथम सर्ग द्रुतविलम्बित छंद में है।

प्रथम सर्ग के प्रमुख छंद :

- दिवस का अवसान समीप था...।
- सकल वासर आकुल से रहो....।
- सुन पड़ा स्वर ज्यों कल....।
- मुरलिका कर पंकज में लसी...।

पूरी रचना कई छंदों में लिखी गई है, यथा–मालिनी छंद, वसंततिलका, मन्दाक्रांता, शार्दूलविक्रीड़ित छंद, वंशस्थ छंद तथा द्रुतविलम्बित छंद।

'प्रियप्रवास' यद्यपि संस्कृतबहुल और समासगुम्फित है, तथापि इसकी भाषा में यथास्थान बोलचाल के शब्दों का भी समावेश है।

10. (D): 'लाल पान की बेगम' का प्रथम प्रकाशन 'कहानी' पत्रिका में जनवरी 1957 ई. में हुआ। 'रेणू' जी ने इसमें आंचलिक पृष्ठभूमि में एक स्त्री के आत्माभिमान को आकांक्षा की अभिव्यक्ति प्रदान की है। बैलगाड़ी पर बैठकर नाच देखने जाने के इर्द-गिर्द बुनी हुई कहानी बिरजू की माँ के रूप में एक अलग व सशक्त स्त्री को पेश करती है।

इस कहानी की स्त्री पात्र हैं–बिरजू की माँ, चंपिया, जंगी की पतोहू, मखनी फुआ तथा सुनरी।

11. (A): 'श्याम सगाई' नंददास जी की कृष्णभक्ति काव्य रचना है। नंददास जी अष्टछाप के कवि थे। इनकी रचनाओं में शास्त्रीयता का भरमार होने से इन्हें 'जड़ियाकवि' कहा जाता है।'रासपंचाध्यायी' उनके यश का आधार है। अन्य रचनाओं में मान मंजरी, रसमंजरी, भंवरगीत, सिद्धांत पंचाध्यायी, रुक्मणीमंगल, दशम स्कंध भागवत, गोवर्धन लीला प्रसिद्ध है।

इंद्रावती, युसुफ जुलेखा तथा हंसजवाहिर सूफी रचनाएँ हैं।

12. (B): धनिया 1936 ई. में लिखे गए 'गोदान की प्रमुख पात्र है। यह केन्द्रीय पात्र होरी किसान की पत्नी है। धनिया के छह में से तीन जीवित संताने हैं–गोबर, सोना और रूपा। धनिया जल्दी ही आक्रोशित और जल्दी ही पिघल जाने वाली महिला है। यह साहसी महिला, आदर्श माता और आदर्श पत्नी है। धनिया होरी की अपेक्षा अधिक सजग और अधिक व्यवहारकुशल है।

दिया गया कथन गाँव के जमींदार/मुखिया के प्रति धनिया के आक्रोश को दर्शाता है।

13. (A): 'झूठा सच', 'तमस' और 'जिंदगीनामा' की रचना पंजाबी पृष्ठभूमि से होने के कारण तीनों के रचनाकारों ने हिंदी, उर्दू और पंजाबी के शब्द और संवादों का उपयोग किया है। कथन I सत्य है।

मन्नू भंडारी रचित 'आपका बंटी' (1971 ई.) बाल मनोवैज्ञानिक उपन्यास हैं। यह तलाकशुदा दंपत्ति और उनकी संतान को केन्द्र में रखकर लिखा गया है संबंध-विच्छेद की स्थिति में बच्चे की परवरिश किस तरह प्रभावित होती है, उसका यथार्थ चित्रण मिलता है। उपन्यास का प्रारम्भ शकुन और बंटी के भावात्मक वर्णन के साथ होता है। इस उपन्यास के केन्द्र में बंटी है जो पारिवारिक विसंगति का शिकार है। शकुन और अजय का तलाक हो चुका है किंतु इसका पता बंटी को अपने दोस्त टीटू के द्वारा चलता है। शकुन और अजय के विफल वैवाहिक जीवन का सबसे अधिक प्रभाव उनके बेटे बंटी पर पड़ता है। यह उपन्यास हर उस बच्चे की कहानी है, जो इन प्रकार की परिस्थितियों के बीच पिसकर अकेले, जड़हीन और अनचाहे होते चले जाने को अभिशप्त हो जाते हैं। बंटी का पूरा नाम अरूप बत्रा है। कथन II सत्य है।

14. (A): भक्तिकाल और इससे संबंधित काव्यों पर अनेक आलोचकों ने अपने विचार रखे हैं। मुक्तिबोध ने भी भक्तिकाल के इतिहासबोध एवं उसकी संरचनात्मक विकास को निम्न दृष्टि से अभिव्यक्त किया है–

''मध्ययुग में संवेदनात्मक वर्ग से आए संत और कवि इस अर्जित ज्ञान-परम्परा या भाव-परम्परा में ही कुछ फेरफार करके अपने को सचेत कर पाते हैं। इस अर्जित ज्ञान परम्परा या भाव-परम्परा के ही कुछ तत्वों को अपने लिए उपयुक्त समझ, उसके आधार पर अपनी स्थिति संगठित करते हैं, जिनसे वे प्रतिकूल बातें खंडित हों। इस प्रकार वे एक ओर समाज के साथ सामंजस्य तो दूसरी ओर उसके साथ द्वन्द्व इन दोनों का निर्माण करते हैं। समाज के साथ सामंजस्य और द्वन्द्व की यह युगपत प्रतिक्रिया हमें भक्ति आंदोलन में परिलक्षित होती है।''

मुक्तिबोध ऐतिहासिक-सामाजिक शक्तियों के रूप में जनता को दुख और कष्टों से जोड़ते हैं।

15. (B): नागरी प्रचारिणी सभा हिंदी भाषा और साहित्य तथा देवनागरी लिपि की उन्नति तथा प्रचार और प्रसार करने वाली भारत की अग्रणी संस्था है। भारतेंदु युग के अनन्तर हिंदी साहित्य की जो उल्लेखनीय प्रवृत्तियाँ रही हैं उन सबके नियमन, नियंत्रण और संचालन में इस सभा का महत्वपूर्ण योगदान रहा है। इसी के तत्वावधान में हिंदी विश्वकोश, हिंदी शब्दसागर तथा पारिभाषिक शब्दावली का निर्माण हुआ। काशी नागरी प्रचारिणी सभा

की स्थापना का विचार क्वीन्स कॉलेज, वाराणसी के नवीं कक्षा के तीन छात्रों–बाबू श्यामसुंदर दास, पं. रामनारायण मिश्र और शिवकुमार सिंह ने कॉलेज के छात्रावास के बरामदे में बैठकर की थी। बाद में 16 जुलाई, 1893 को इसकी स्थापना की तिथि इन्हीं तीनों ने निर्धारित की और आधुनिक हिंदी के जनक भारतेंदु हरिश्चंद्र के फुफेरे भाई बाबू राधाकृष्ण दास इसके पहले अध्यक्ष हुए।

16. (C): 'मैला आँचल' में सुमित्रानन्दन पंत जी की कविता 'भारत माता' जिसकी प्रारंभिक पंक्तियाँ थीं–'भारत माता ग्रामवासिनी, खेतों में फैला है श्यामल, धूल भरा मैला-सा आँचल...।'' 'रेणु' जी द्वारा रचित इस उपन्यास को 'गोदान' के समकक्ष रखा जाता है।

'मानस के हंस' की मोहिनी वृद्ध कोतवाल की बेटी है, जिस पर तुलसी आसक्त थे। इस रचना में मोहिनी 'रैदास' के गीतों को गाती है।

'तमस' भीष्म साहनी का सबसे प्रसिद्ध उपन्यास है। इस उपन्यास की कथावस्तु 1947 में पंजाब में हुए भयानक साम्प्रदायिक दंगों पर आधारित है तथा इसमें लाहौर के आस-पास की सिर्फ पाँच दिन की कहानी वर्णित है।

17. (A, B): आचार्य भरत ने 'नाट्य शास्त्र' को 'पंचम वेद' कहा है। इनका 'नाट्यशास्त्र' काव्यशास्त्र का सबसे प्राचीन उपलब्ध ग्रंथ है। इसमें 36 अध्याय तथा 5,000 श्लोक हैं। इसके 16वें अध्याय में अलंकारों का निरूपण किया गया है। भरतमुनि ने 'नाट्यशास्त्र' में 10 गुण, 10 दोष तथा चार अलंकार (यमक, उपमा, रूपक तथा दीपक) की मीमांसा की है।

उद्‌भट ने 'काव्य अलंकार सार संग्रह' में अलंकारों का आलोचनात्मक एवं वैज्ञानिक ढंग से विवेचन किया है। जयदेव साहित्य के क्षेत्र में 'पियूष वर्ग' तथा न्याय के क्षेत्र में 'पक्षधर' की उपाधि से प्रख्यात थे। इनकी प्रसिद्ध रचना 'चंद्रलोक' है, जो अलंकारशास्त्र से संबधित है।

'काव्यांलकार' की रचना रुद्रट ने 9वीं सदी के आरंभ में की थी। इस ग्रंथ में 16 अध्याय तथा 734 श्लोक हैं।

18. (D): 'भारत सौभाग्य' की रचना 1886 ई. में बद्रीनारायण चौधरी 'प्रेमघन' ने की। इसे कांग्रेस के महाधिवेशन के अवसर पर खेले जाने के लिए लिखा गया था। यह महारानी विक्टोरिया के 50 वर्ष राज करने के महोत्सव पर खेले जाने वाला नाटक है।

जयशंकर प्रसाद रचित 'राज्यश्री' नाटक का प्रकाशन 1915 में हुआ। इसका आधार हर्षचरित तथा चीनी यात्री ह्वेनसांग का ऐतिहासिक विवरण है।

जगदीशचन्द्र माथुर की रचना 1969 की है। इसमें इतिहास के माध्यम से नेहरू युग की समस्या का चित्रण किया गया है।

चरणदास चोर 1975 ई. में श्याम बेनेगल द्वारा निर्देशित प्रसिद्ध फिल्म भी है, जो हबीब तनवीर के प्रसिद्ध नाटक पर बनी है।

'बटोही' नाटक के रचनाकार ऋषिकेश सुलभ बिहार के सीवान जिले से हैं। इनहें नाटक लेखन और थियेटर आलोचना में जीवनभर के योगदान के लिए 2019 के संगीत नाटक अकादमी पुरस्कार से सम्मानित किया गया। बटोही का प्रकाशन 2007 ई. में हुआ।

19. (B): 'मालवी' राजस्थानी उपभाषा की बोली है। यह मालवा क्षेत्र की बोली है। यह इंदौर, उज्जैन, देवास, रतलाम, भोपाल के क्षेत्र में प्रमुखता से बोली जाती है। इसका केन्द्र इंदौर है।

20. (B): ''कबीर का घर सिखर पर, जहाँ सिलहली गेल।
पाँव न टिके पिपलिका, खलकन लादे बैल।''

इन पंक्तियों में 'सिलहली' का अर्थ फिसलने लायक से है। इस कविता का भावार्थ है–हे पंडित जी! कबीर का घर तो शिखर पर है, जहाँ पर चींटी का पैर भी नहीं टिक सकता और तुम बैल पर किताबें लादकर लाए हो।

21. (B): यशपाल जी रचित 'झूठा-सच' सामाजिक-राजनीतिक उपन्यास है। यह उपन्यास विभाजन की त्रासदी का चित्रण है। इसमें यशपाल जी ने सन् 1942 से 1957 ई. तक अर्थात् देश विभाजन से पहले और उसके बाद के उतार-चढ़ाव को दिखाया है। इसके पात्रों में शीलो, रामज्चाया की पुत्री तथा रतन की प्रेमिका है।

तारा, मध्यवर्गीय किंतु प्रगतिशील सोच रखने वाली आम लड़की है। तारा लाहौर के कामरेड युवा असद की पत्नी है। कनक, सम्पन्न परिवार की प्रगतिशील सोच रखने वाली लड़की है। कनक का प्रेम-विवाह जयदेव पुरी से होता है, जिसका कालान्तर में संबंध-विच्छेद हो जाता है।

22. (A): लोकमंगल की अवधारणा के कारण तुलसीदास राचमंद्र शुक्ल जी के सबसे प्रिय कवि थे। रामचरिमानस के उत्तरकांड में उन्होंने ज्ञान की अपेक्षा भक्ति को अधिक सुसाध्य और आशु फलदायिनी कहा है। इन्होंने तुलसी के साथ ही, सूर की भावप्रेरित वक्रता की प्रशंसा करते हुए भी लोकरंजन तथा अलंकारप्रियता के कारण आलोचना की और कबीर के साहित्यिक मूल्य को नहीं स्वीकारा। शुक्ल जी ने 'रामचरितमानस' को लोकमंगल की साधनावस्था' का काव्य माना है।

23. (A): मुक्तिबोध का कविता-संग्रह 'चाँद का मुँह टेढ़ा है' 1964 ई. में प्रकाशित हुई। 'अँधेरे में' कविता इसी संग्रह में शामिल है।

यह कविता अपनी काल परिस्थिति का बोध कराती अपने समय की सशक्त रचनाओं की प्रमुख हस्ताक्षर है। इस कविता का रचनाकाल 1957 ई. से 1964 ई. के बीच रहा। आजादी के बाद साठ-सत्तर के उस दौर में आम आदमी की आशा, उम्मीद और उद्देश्य जैसे बिखर से गए। आजादी उसे एक झूठी थाली प्रतीत हुई जिसमें वही भ्रष्टाचार, शोषण और मूल्यहीनता परोस दी गई थी। सत्ता पक्ष द्वारा व्यक्तियों और संस्थाओं पर हमले शुरू हो गए। मुक्तिबोध स्वयं इसका शिकार हुए जब उनकी पुस्तक 'भारत : इतिहास और संस्कृति' को मध्य प्रदेश सरकार द्वारा प्रतिबंधित कर दिया गया।

इस कविता में पागल द्वारा गाया गीत है :

- मर गया देश, अरे जीवित रह गए तुम...।
- जन-मन-करुणा सी माँ को हँकाल दिया...।
- अब तक क्या किया, जीवन क्या जिया...।

24. (D): जयशंकर प्रसाद की रचना कामायनी का प्रकाशन 1935 ई. में हुआ। कामायनी में कुल 15 सर्ग हैं, जिसका नामकरण मानसिक वृत्तियों के आधार पर हुआ है। प्रश्नांकित काव्य-पंक्तियाँ 'चंचल किशोर सुन्दरता की करती रहती रखवाली...'' लज्जा सर्ग से है। इसमें संयोग शृंगार के उपरांत महसूस होने वाली लज्जा की चर्चा है। साथ ही मनु-श्रद्धा के संबंधों में उभर रहे तनाव की भी चर्चा की गई है। मनु लोभी व हिंसक प्रवृत्ति का होता जा रहा है जो श्रद्धा को पसंद नहीं है। इसमें लज्जा श्रद्धा को समझाती है कि पुरुष के समक्ष नारी को ही समर्पण करना होता है, अतः तुम्हें ही झुकना चाहिए। डॉ. नगेन्द्र ने 'कामायनी' को एक रूपक काव्य माना है। नामवर सिंह के अनुसार कामायनी के सारे प्रतीक आधुनिक जीवन से लिए गए हैं, न कि पौराणिक या मिथकीय संदर्भो से। डॉ. इन्द्रनाथ मदान 'कामायनी' को एक असफल कृति मानते हैं।

25. (A): रामधारी सिंह 'दिनकर' कृत 'संस्कृति के चार अध्याय' का प्रकाशन 1956 ई. में हुआ। इसमें दिनकर जी ने भारतीय संस्कृति के उन पड़ावों का जिक्र किया है, जिन्होंने भारतीय संस्कृति के रूप-निर्धारण में महत्वपूर्ण भूमिका निभायी। ये चार सोपान हैं—

- आर्य-आगमन
- जैन/बौद्ध आंदोलन
- इस्लाम का आगमन
- यूरोप का आगमन

दिनकर जी 19वीं सदी के नवोत्थान को प्रवृत्तिवाद का अनुपम उत्थान कहते हैं। वे राजा राममोहन राय को विश्ववाद का प्रथम व्याख्याता तथा दयानंद को विश्व मानवता का नेता कहते हैं। तिलक के संदर्भ में दिनकर जी लिखते हैं कि 'गीता' का उद्देश्य निवृत्ति नहीं प्रवृत्ति का प्रतिपादन है, जैसा कि तिलक अपने 'गीता रहस्य' में स्वघोषित करते हैं। साथ ही गीता में योग का अर्थ कर्म है। तिलक के उपदेश तत्कालीन समय में वीरता, निर्भीकता और सच्चाई का सबसे बड़ा उपदेश है। दिनकर जी रामकृष्ण परमहंस को धर्म का जीता-जागता रूप कहते हैं।

26. (C): 'भारत दुर्दशा' भारतेंदु हरिश्चन्द्र द्वारा सन् 1875 ई. में रचित हिंदी नाटक है। इसमें भारतेंदु जी ने प्रतीकों के माध्यम से भारत की तत्कालीन स्थिति का चित्रण किया है। वे भारतवासियों से भारत की दुर्दशा का अंत

करने का प्रयास करने का आह्वान करते हैं। भारतेंदु का यह नाटक अपनी युगीन समस्याओं के पर्दाफाश के साथ समाधान भी प्रस्तुत करता है।

नाटक में पात्रों के मंच पर आने का सही क्रम है– भारत > भारत दुर्देव > रोग > आलस्य > मदिरा।

27. (B): 'भोलाराम का जीव' एक व्यंग्य कहानी है, जो प्रशासनिक भ्रष्टाचार पर चोट करती है। इसके प्रमुख चरित्र भोलाराम को रिटायर हुए पाँच साल हो गए हैं, किंतु अनन्त निवदनों के बावजूद उसे पेंशन नहीं मिली, क्योंकि उन्होंने रिश्वत नहीं दी। कहानी इस व्यंग्य के साथ समाप्त होती है कि भोलाराम की मौत के बाद उसकी आत्मा अर्थात् उसका जीव यमराज के पास न जाकर, पेंशन ऑफिस में छिपकर अपनी पेंशन का इंतजार करने लगता है।

28. (D): 'तीसरी कसम उर्फ मारे गए गुलफाम' का प्रकाशन 1959 ई. में 'ठुमरी' कहानी संग्रह में किया गया है। यह आंचलिक कहानी है। मूल कथा में नायक हिरामन द्वारा खाई गई तीन कसमों की चर्चा के साथ नायक के प्रेम-प्रसंग की कहानी है। प्रमुख पात्र में हीराबाई कंपनी की औरत है जो मेलों की नौटंकी में अभिनय एवं नृत्य का काम करती है। हीराबाई मथुरामोहन कम्पनी और रौता कम्पनी की कलाकार है जो हिरामन को अपना उस्ताद मानती है।

29. (B): जयशंकर प्रसाद कृत 'स्कंदगुप्त' नाटक का प्रकाशन वर्ष 1928 ई. में हुआ। यह नाटक 5 अंकों में विभक्त है। प्रसाद जी ने इस नाटक में भारत तथा यूरोप दोनों की नाट्य कलाओं का समावेश किया है। गुप्तवंशीय सम्राट स्कंदगुप्त को जीवन का आधार बनाकर इस नाटक के माध्यम से प्रसाद ने तत्कालीन परिदृश्य में औपनिवेशिक सत्ता से संघर्ष तथा राष्ट्र के एकीकरण के लिए प्रेरित किया है।

इसके स्त्री-पात्र हैं–देवकी, अनंतदेवी, जयमाला, देवसेना, विजया, कमला, रामा तथा मालिनी।

30. (D): नाटकों के संबंध में शास्त्रीय जानकारी को नाट्यशास्त्र कहते हैं। इससे सबसे पुराना ग्रंथ भी नाट्यशास्त्र के नाम से जाना जाता है। इसके रचयिता भरतमुनि हैं। संगीत, नाटक और अभिनय के सम्पूर्ण ग्रंथ के रूप में भरतमुनि के नाट्यशास्त्र का आज भी बहुत सम्मान है। उनका मानना है कि नाट्यशास्त्र में केवल नाट्य रचना के नियमों का आकलन नहीं होता बल्कि अभिनेता, रंगमंच और प्रेक्षक इन तत्वों की पूर्ति के साधनों का विवेचन होता है। भरतमुनि ने रस निष्पत्ति का भी खुलकर विवेचन किया है। उनके नाट्यशास्त्र में रीति के लिए 'प्रवृत्ति' शब्द का उल्लेख है।

कुंतक अलंकारशास्त्र के एक मौलिक विचारक विद्वान थे। ये अभिधावादी आचार्य थे। इनकी एकमात्र रचना 'वक्रोक्तिजीवित' है जो अधूरी उपलब्ध है। कुंतक ने रीति निरूपण को मार्ग की संज्ञा दी है।

31. (C): महावीर प्रसाद द्विवेदी कृत 'देश की बात' का प्रकाशन 1923 में मिर्जापुर से हुआ। इस निबंध को ब्रिटिश सरकार के कोपभाजन होना पड़ा। आचार्य महावीर प्रसाद द्विवेदी ने 'साहित्य को ज्ञान राशि का संचित कोष' माना है। आचार्य शुक्ल ने महावीर प्रसाद द्विवेदी जी के निबंध को 'बातों का संग्रह' कहा है।

32. (C): 'क्या भूलूँ क्या याद करूँ' हरिवंश राय बच्चन की बहुप्रशंसित आत्मकथा तथा हिन्दी साहित्य की कालजयी कृति है। यह चार खंडों में है–''क्या भूलूँ क्या याद करूँ, नीड़ का निर्माण फिर, बसेरे से दूर और दसद्वार से सोपान तक।

'क्या भूलूँ क्या याद करूँ' में बच्चन जी अपने परदादा के समय से बात शुरू करते हैं और पीढ़ी-दर-पीढ़ी का जीवन चित्र प्रस्तुत करते हुए अपनी कथा तक आते हैं। इसमें जीवन के पूर्वार्द्ध का चित्रण है। वे कर्कल और उसकी पत्नी चम्पा से अपने अनुराग का चित्रण करते हैं।

प्रश्नांकित दोहा–'पुरुष सिंह जो उद्यमी, लक्ष्मी ताकरि चेरी...' का संबंध इसी आत्मकथा से है।

33. (B): शारदा तनय का समय 13वीं शती का मध्य भाग स्वीकार किया जाता है तथा वे कश्मीर के निवासी थे। इन्होंने 'भाव प्रकाशन' की रचना की। इसमें 10 अध्याय हैं।

महिमभट्ट ने ध्वनि मत के खंडन के लिए 'व्यक्ति विवेक' नामक प्रौढ़ ग्रंथ की रचना की। भट्ट जी 11वीं शती के मध्य भाग के आचार्य थे। कश्मीर निवासी महिमभट्ट जी की रचना 'व्यक्ति विवेक' तीन विमर्शों में विभक्त है। गुणचन्द्र ने 'नाट्यदर्पण' की रचना की। गुणचन्द्र हेमचन्द्र के शिष्य थे। इसकी रचना 'करिका शैली' में की गई है। यह चार विवेकों में विभक्त है। इसमें नाटक, प्रकरण आदि रूपक, रस, अभिनव एवं रूपक से संबंधित अन्य विषयों का भी निरूपण किया गया है।

भानुदत्त की 'रसमंजरी' शृंगार रस से संबंधित ग्रंथ हैं। इसके अनुसार रसविहीन काव्य रसिक सहृदयों को प्रभावित नहीं कर सकता है, इसलिए काव्य जगत में रस की महत्ता सार्वजनिक है। इसका प्रकाशन गंगानाथ झा केन्द्रीय संस्कृति विद्यापीठ से हुआ।

34. (A): 'नंगातलाई गाँव' स्मृति लेखन में विश्वनाथ त्रिपाठी की अद्भुत लेखन शैली प्रकट हुई है। यहाँ विश्वनाथ त्रिपाठी 'बिसनाथ' और 'नंगातलाई' दो रूपों में उपस्थित है। ऐसी जुगलबंदी जो चमत्कार पैदा करती है। 'नंगातलाई' का गाँव 'बिस्कोहर' के बहाने भारतीय ग्रामीण जीवन सभ्यता की मनोरम झांकी के रूप में इस स्मृति लेखन में उपस्थित है। 'लौट आ ओ धार' दूधनाथ सिंह एवं 'याद हो कि न याद हो' काशीनाथ सिंह कृत संस्मरण हैं।

35. (D): दिए गए पाश्चात्य काव्य-चिंतकों का जन्म वर्ष इस प्रकार है–

- विलियम वर्ड्सवर्थ (1770 ई.)
- कॉलरिज (1772 ई.)
- मैथ्यू अर्नाल्ड (1882 ई.)
- टी.एस. इलियट (1888 ई.)

36. (A): 'महाभोज' मन्नू भंडारी द्वारा 1979 ई. में लिखा गया उपन्यास है। इस उपन्यास का ताना-बाना सरोहा नामक गाँव के इर्द-गिर्द बुना गया है। सरोहा उत्तर प्रदेश के पश्चिमी भाग में स्थित एक गाँव है। बिसेसर उर्फ बिसू, दा साहब, जोरावर, सुकुल बाबू, लोचन भैया, लखन सिंह, रूक्मा, बिंदा, जमुना बहन, दत्ता बाबू आदि इसके प्रमुख पात्र हैं।

'चन्द्रगुप्त' नाटक 1931 में रचित जयशंकर प्रसाद का प्रमुख नाटक है। इसमें विदेशियों से भारत का संघर्ष और उस संघर्ष में भारत की विजय की थीम उठाई गई है। अलका, सुविासिनी, कल्याणी, मालविका, कार्नेलिया, एलिस इस नाटक की प्रमुख स्त्री-पात्र हैं।

'आधे-अधूरे नाटक के माध्यम से मोहन राकेश ने महानगरों में रहने वाले मध्यवर्गीय जीवन की विसंगतियों एवं विडम्बनाओं का चित्रण किया है। इसमें तीन स्त्री पात्र हैं–बिन्नी, किन्नी और सावित्री।

'एक और द्रोणाचार्य' का प्रकाशन 1977 ई. में हुआ। 2 भागों में विभाजित यह नाटक पौराणिक कथा महाभारत के माध्यम से आज की शिक्षा व्यवस्था में व्याप्त भ्रष्टाचार को रेखांकित करता हुआ इसे प्राचीन परंपरा से जोड़ता है। इसके पात्र हैं–अरविंद, विमलेंदु, अनुराधा, अध्यक्ष, द्रोणाचार्य, दुर्योधन, अश्वत्थामा, कृपी, द्रौपदी आदि।

37. (C): देवनागरी लिपि जिसे नागरी लिपि भी कहा जाता है। इस लिपि में अनेक भारतीय भाषाएँ तथा कुछ विदेशी भाषाएँ लिखी जाती हैं। इसकी उत्पत्ति ब्राह्मी वर्णाक्षरों से हुई है। इस लिपि की क्षमता है कि मुँह से निकलने वाली प्रत्येक ध्वनि को जस के तस लिखा देता है। संविधान में हिंदी राजभाषा तथा इसकी लिपि देवनागरी है।

38. (D): 'कालिदास' कविता में नागार्जुन संस्कृत के महाकवि कालिदास के माध्यम से कविता की रचना की बात करते हैं। कालिदास जी ने अपने काव्यों में जिन पात्रों की पीड़ा को अपने हृदय में अनुभव किया, उन्हीं पात्रों का उदाहरण नागार्जुन ने दिया है। इस कविता का प्रथम अनुच्छेद 'रघुवंश' महाकाव्य, दूसरा 'कुमारसंभव', तीसरा 'मेघदूत' पर आधारित है। इस कविता में भगवान शिव द्वारा कामदेव के भस्म होने का प्रसंग है। यक्ष, इंदुमती और अज इसके प्रमुख पात्र हैं।

39. (B): डॉ. राम मनोहर लोहिया समाजवादी थे। उन्होंने 'राम, कृष्ण और शिव' में राम के व्यक्तित्व पर तथ्यपरक भावप्रवण टिप्पणी की है। लोहिया ने लिखा है कि रामायण के सभी पात्र अश्रुलोचन हैं। सभी पात्र आँसू बहाते दिखाई पड़ते हैं। उन्होंने राम, कृष्ण और शिव को भारत के तीन स्वप्न बताया था। राम के व्यक्तित्व का

केन्द्र मर्यादा है। कृष्ण में प्रेम की पूर्णता है और शिव में उन्मुक्तता। लोहिया रामचरितमानस को रामायण कहते थे। डॉ. लोहिया ने चित्रकूट में विश्व रामायण मेला लगवाया था।

40. (B): मुंशी प्रेमचंद कृत 'ईदगाह' कहानी 1933 ई. में 'मानसरोवर' के प्रथम अंक में प्रकाशित हुआ था। यह उर्दू में रचित बाल मनोविज्ञान पर आधारित कहानी है। मोहसिन इस कहानी का पात्र है। दिया गया वक्तव्य मोहसिन का है। मोहसिन इस वक्तव्य में समकालीन पुलिस व्यवस्था का पोल खोल रहा है कि किस प्रकार चोर और पुलिस आपस में मिले होते हैं। उदाहरण के तौर पर मोहसिन कहता है कि किस प्रकार उसके मामू पुलिस में हैं, तनख्वाह 25 रुपये की है, परंतु 50 रुपये घर भेजते हैं।

41. (D): हबीब तनवीर ने 'आगरा बाजार' नाटक की रचना 1954 ई. में की। इसके तथ्य का स्थल 'आगरा का किनारी बाजार' का एक चौराहा है। इसमें दो अंक हैं तथा हास्य रस की प्रधानता है। हबीब साहब ने 18वीं सदी के भारतीय शायर एवं नज्म के पिता कहे जाने वाले नजीर अकबराबादी को प्रतिष्ठित करने के लिए किया है। नाटक का आरंभ दो फकीर शहर आशोब (नगर की दुर्दशा का वर्णन करने वाली गीत) को गाते हुए करते हैं।

42. (A): वर्ड्सवर्थ ने कविता को परिभाषित करते हुए लिखा है–कविता प्रबल भावों का सहज प्रस्फुटन तथा स्वतः स्फूर्त अभिव्यक्ति है। इनका मानना था कि कवियों का भाव जितना सहज होगा, उनकी भाषा उतनी ही सरल होगी। भाषा में कृत्रिमता और आडम्बर आदि बाद के कवियों की देन है। अतः कथन I सत्य है।

कॉलरिज प्रत्ययवादी थे और उनकी काव्य संबंधी धारणा जैववादी सिद्धांत पर आधारित है। उनके अनुसार काव्य सृजन का मूल आधार कल्पना है। इसके दो भेद हैं–मुख्य कल्पना और गौण कल्पना। अतः कथन II भी सत्य है।

43. (C): 'चन्द्रधर शर्मा गुलेरी' कृत 'उसने कहा था' कहानी सर्वप्रथम 1915 ई. में 'सरस्वती' पत्रिका में प्रकाशित हुई थी। इस कहानी में लेखक ने इसके केन्द्रीय चरित्र लहना सिंह के माध्यम से प्रेम, कर्तव्य तथा आत्म-बलिदान के पारस्परिक संघर्ष का मर्मस्पर्शी चित्रण किया है। इस कहानी में लहना सिंह अपने बचपन की प्रेमिका के कहने पर उसके पति की रक्षा करते-करते युद्ध भूमि में अपने प्राणों का बलिदान कर देता है।

इस कहानी में आए पंजाबी शब्द का हिंदी अर्थ है–

- कुड़माई - मंगनी
- घुमाव - जमीन की माप
- खोते - गधा
- तीमी - स्त्री

44. (D): 'गैंग्रीन/रोज' को सर्वप्रथम 1937 ई. में 'रोज' नाम से, फिर पाँचवां संस्करण 1940 ई. में प्रकाशित हुआ। 'मैं' शैली में लिखी इस कहानी को संवादात्मक रूप में लिखा गया है। यह अज्ञेय की सबसे प्रसिद्ध कहानी है जिसमें उन्होंने दिखाया कि किसी भी प्रकार के नयेपन से रहित जीवन में व्यक्ति और व्यक्तियों के संबंध किस प्रकार टूटते हैं। इस कहानी का केन्द्रीय वाक्य–'ऐसा तो रोज होता है' बार-बार इस विडम्बना को उजागर करता है। इस कहानी को नयी कहानी की पूर्व-पीठिका भी कहते हैं।

इस कहानी में मालती के पति का नाम महेश्वर है जो पहाड़ी गाँव में सरकारी डिस्पेंसरी में डॉक्टर है।

भीष्म साहनी की कहानी 'चीफ की दावत' प्रेमचंद की 'बूढ़ी काकी' का अगला चरण लगता है। इस कहानी में शामनाथ की माँ चीफ के कहने से एक पुराना गीत 'दो पत्तर अनाराँ दे...' गाती है। इस कहानी में माँ अपमानित महसूस करती है, परंतु अपने बेटे की तरक्की के लिए फुलकारी बनाने के लिए तैयार हो जाती है।

45. (C): 'आवारा मसीहा' विष्णु प्रभाकर जी द्वारा शरत चन्द्र चट्टोपाध्याय के जीवन पर 1973 ई. में प्रकाशित की गई। यह हिंदी और बांग्ला साहित्य के बीच एक सेतु है। यह जीवनी तीन पर्वों में विभाजित है–दिशाहारा, दिशा की खोज और दिशांत। विकल्प में दिए गए (C) की चर्चा प्रभाकर जी ने इस जीवनी में लिखी है। 'आवारा मसीहा' के लिए विष्णु प्रभाकर को साहित्य अकादमी पुरस्कार मिला है।

46. (C): कबीर-साहित्य के अध्येता अनेक लेखक हैं जिन्होंने कबीर और उनके साहित्य पर विस्तार से आलोचना की है। दिए गए विकल्पों में पुरुषोत्तम अग्रवाल, धर्मवीर भारती, डेविड एन लॉरेंजन महत्वपूर्ण हैं। पुरुषोत्तम अग्रवाल ने 'कबीर : साखी और सबद', 'अकथ कहानी प्रेम की', 'कबीर की कविता और उनका समय' लिखकर कबीर साहित्य की विस्तृत आलोचना की है।

धर्मवीर भारती ने कबीर की आलोचना 'कबीर के आलोचक' नाम से की।

डेविड एन लॉरेन्जन ने कबीर की आलोचना 'निर्गुण संतों के स्वप्न' नाम से की।

47. (C): सर्वेश्वर दयाल सक्सेना के नाटक 'बकरी' का प्रकाशन 1974 ई. में हुआ। दो अंकों के इस नाटक में आजादी के बाद भारतीय राजनीति में नैतिक मूल्यों के पतन तथा गाँधीवादी मूल्यों के ह्रास का व्यंग्यात्मक चित्रण मिलता है।

महाभोज की रचना 1988 ई. में हुई। इस नाटक में 10 दृश्य हैं। आजादी के बाद भारतीय राजनीति तथा अपराध के गठजोड़ का जो चेहरा आम जन के सामने आया उसका स्पष्ट व यथार्थवादी चित्रण इस नाटक में किया गया है। दोनों ही नाटक आजादी के बाद भारतीय लेखकों पर की गई आलोचना है।

48. (C): ब्रह्म समाज हिंदू धर्म के भीतर एक आस्तिक आंदोलन था। इसकी स्थापना 1828 ई. में राजा राममोहन राय ने कलकत्ता में की थी। यह वेदों के अधिकार को अस्वीकार करता था तथा एकेश्वरवादी मत में विश्वास रखता था।

आर्य समाज की स्थापना स्वामी दयानन्द सरस्वती ने 1875 ई. में बंबई में मथुरा के स्वामी विरजानन्द की प्रेरणा से की थी। यह आंदोलन पाश्चात्य प्रभावों के प्रतिक्रिया स्वरूप हिंदू धर्म में सुधार के लिए आरंभ हुआ था।

'आनंदमठ' बांग्ला भाषा का एक उपन्यास है जिसकी रचना बंकिमचंद्र चट्टोपाध्याय ने सन् 1882 में की थी। इसमें संन्यासी विद्रोह का उल्लेख है।

विश्वधर्म सभा (शिकागो) में विवेकानंद जी का संबोधन 1893 ई. में हुआ।

रवीन्द्रनाथ टैगोर की प्रसिद्ध कृति 'गीतांजलि' का प्रकाशन 1910 ई. में हुआ। 1913 ई. में इसके अंग्रेजी अनुवाद, 'सांग्स ऑफ रिंग्स' के लिए साहित्य का नोबेल पुरस्कार मिला।

49. (B)

50. (D): मोहन राकेश रचित 'आषाढ़ के एक दिन' का प्रकाशन 1958 ई. में हुआ। यह नाटक 3 अंकों में विभक्त है। यह नाटक कवि कालिदास के सत्ता और सर्जनात्मकता के मध्य अंतःसंघर्ष को चित्रित करता है। यह द्वन्द्व मात्र कालिदास का नहीं अपितु आधुनिक मानव का भी अन्तर्द्वन्द्व है।

संगिनी इस नाटक की गौण पात्र है। यह नागरी स्त्री है जो नृत्यांगना तथा नाटक लिखने में रुचि रखती है। संगिणी आंचलिक शब्द को लेकर मल्लिका से कहलाती है, "जैसे पतंजलि ने लिखा है कि यद्वा को कुछ लोग यर्वा बोलते हैं।" रंगिणी भी संगिनी के साथ रहती है। रंगिणी मृदंग और वीणा वादन के साथ सुंदर प्रणय गीत लिखती है।

51. (B): आचार्य रामचन्द्र शुक्ल ने हिंदी कविता के विकास, लक्षण ग्रंथ परिपाटी तथा रीतिकाल के प्रवर्तन की समस्या पर विश्लेषण करते हुए इस काल की सामान्य प्रवृत्तियों पर विचार किया है।

इस काल पर वे आगे कहते हैं, "वास्तव में शृंगार और वीर इन्हीं दो रसों की कविता इस काल में हुई। प्रधानता शृंगार की ही रही।

इस काल को रस के विचार से कोई शृंगारकाल कहे तो कह सकता है। शृंगार के वर्णन को कवियों ने अश्लीलता की सीमा तक पहुँचा दिया था। इसका कारण जनता की रुचि नहीं, आश्रयदाता राजा-महाराजाओं की रुचि थी जिनके लिए कर्मण्यता और वीरता का जीवन बहुत कम रह गया था।"

बख्शी हंसराज 'सखी सम्प्रदाय' के उपासक थे। कुलपति मिश्र, बेनी बंदीजन तथा ग्वाल कवि रीतिग्रन्थकार कवि हैं।

52. (A): हरमिट का अनुवाद श्रीधर पाठक ने एकांतवासी योगी नाम से 1886 ई. में किया। श्रांत पथिक की

रचना श्रीधर पाठक ने 1902 ई. में की। यह गोल्डस्मिथ की रचना ट्रैवलर का अनुवाद है। 'विश्व प्रपंच' एर्न्स्ट हेक्केल की पुस्तक का हिंदी अनुवाद आचार्य रामचन्द्र शुक्ल ने 1997 ई. में किया। कामदेव का अपना बसंत ऋतु का सपना का 1993 ई. में हिंदी अनुवाद हबीब तनवीर ने किया। कमलेश्वर ने 2002 ई. में खड़िया का घेरा हिंदी अनुवाद किया।

53. (C): 'उत्तरफाल्गुनी के आसपास' 1947 ई. में कुबेरनाथ राय द्वारा रचित ललित निबंध हैं। इस निबंध में कुबेरनाथ जी ने मनुष्य जीवन में और ऋतुओं, नक्षत्रों में समानता दिखाने का प्रयास किया है। इस निबंध में रचनाकार ने मनुष्य के जीने की लालसा और जवान बने रहने की भूख को भी दिखाया है। साथ ही अध्यापक और छात्रों के बीच के संबंध को भी आधुनिक दृष्टि से व्याख्यायित किया है। यह सृजन के लिए नवीन तथा पुरातन दोनों विचारधारा को साथ लेकर चलने पर बल देने वाला निबंध है। दिए गए प्रश्नानुसार आयु से छोटे से बड़े क्रम में सही संयोजन का प्रकार की सही विकल्प (C) है।

54. (B): 'दिल्ली दरबार दर्पण' ललित निबंध की रचना भारतेंदु हरिश्चन्द्र ने 1877 ई. में की। इस निबंध के अनुसार, 1876 ई. को एक आधिकारिक घोषणा के द्वारा 'महारानी विक्टोरिया' भारत की साम्राज्ञी घोषित हुई और भारत औपचारिक रूप से ब्रिटिश सरकार के अन्तर्गत आ गया। इस निबंध में भारतेंदु जी द्वारा 1877 ई. के प्रथम दिल्ली दरबार की रिपोर्टिंग की गई है। यह निबंध समाचार शैली में लिखा गया है। यहाँ भारतेंदु की राजभक्ति और देशभक्ति की मिश्रित भावना देखी जा सकती है।

इस निबंध में किलात के खाँ को भी झंडा नहीं मिला। उन्हें एक हाथी जिस पर 4000 की लागत का हौदा था, जड़ाऊ गहने, घड़ी, कारचोबी कपड़े, कमखाब के थान वगैरह सब मिलाकर 25,000 की चीजें तोहफें में मिलीं।

55. (D): 1863 ई. में जन्मे स्वामी विवेकानन्द रामकृष्ण परमहंस के प्रिय शिष्य थे। उन्होंने वेदांत और योग के भारतीय दर्शन का परिचय पश्चिमी दुनिया को कराया। यह दर्शन उपनिषद पर आधारित है तथा इसमें उपनिषद की व्याख्या की गई है। उनका मानना है कि किसी भी राष्ट्र का युवा जागरूक और अपने उद्देश्य के प्रति समर्पित हो, तो वह देश किसी भी लक्ष्य को प्राप्त कर सकता है। वे कहते थे, ''मजबूत बनो, कायर और लिबलिबे न बने रहो! साहसी बनो! कायरों की जरूरत नहीं है।'' वे एक मानवतावादी चिंतक थे, उनके अनुसार मनुष्य का जीवन ही एक धर्म है। धर्म न तो पुस्तकों में है, न ही धार्मिक सिद्धांतों में, प्रत्येक ईश्वर का अनुभव स्वयं कर सकता है। सम्पत्ति के समाजीकरण के लिए वे कहते थे–''समाज के सभी सदस्यों को सम्पत्ति, शिक्षा अथवा ज्ञान प्राप्त करने के लिए समान अवसर मिलना चाहिए।''

56. (B): 1793 ई. में लॉर्ड कॉर्नवालिस ने भूमि का स्थायी बन्दोबस्त किया। इसका मुख्य उद्देश्य कृषि संकट की समस्या का समाधान करना था जिसके परिणामस्वरूप कृषि उत्पादन कम हो गया था। इस व्यवस्था में काश्तकारों को जमीन के क्रय-विक्रय करने की छूट थी। इस व्यवस्था का उद्देश्य अंग्रेजी खजाने को नियमित रूप से मिलने वाला स्थायी राजस्व था। दूसरा कि अंग्रेजों ने अपने लिए एक स्वामीभक्त वर्ग भी तलाश लिया।

राष्ट्रीय स्वतंत्रता संग्राम के दौरान स्वतंत्रता सेनानियों में त्याग और बलिदान अनमोल है। अजीमुल्ला खान ने दिल्ली से 'पयामे आजादी' बारीन्द्र घोष ने युगान्तर, लोकमान्य तिलक ने 'केसरी', 'मराठा', गणेश शंकर विद्यार्थी ने 'प्रताप' आदि पत्र-पत्रिकाएँ प्रकाशित कीं, जिसका दमन अंग्रेजी सरकार ने किया। 'पयामे आजादी' के सम्पादक को 1857 ई. के विद्रोह में बहादुर शाह जफर के फरमान 'झंडा गीत' के लिए फांसी पर लटका दिया।

अंतः दिया गया कथन और कारण दोनों सही हैं, परन्तु कारण का कथन से कोई तर्कसंगत संबंध नहीं है।

57. (D): 'मैला आँचल' उपन्यास की शुरूआत 1946 में बिहार के पिछड़े गाँव मेरीगंज में मिलिट्री के आने से होती है। इस उपन्यास का उद्देश्य अंचल की समस्याओं को सबके सामने लाना था। इसमें जातिवाद, अफसरशाही, अवसरवादी, राजनीति, मठों और आश्रमों का पाखण्ड

भी दर्शाया गया। इस उपन्यास की सबसे बड़ी विशेषता है कि इस उपन्यास का नायक कोई एक नहीं बल्कि पूरा अंचल है।

'मैला आँचल' (1954 ई.) से आंचलिक उपन्यास लेखन परम्परा का आरंभ माना जाता है। इसका पात्र 'बावनदास' कांग्रेस का कार्यकर्ता है। वह सुराजी (स्वराज्य का समर्थक) है तथा बौने कद का व्यक्ति है। व्यक्तित्व और विचार से बावनदास घोर नैतिकतावादी है। एक बार चंदे के पैसे से जलेबियाँ खा लेने के बाद दो दिन तक उपवास करके प्रायश्चित किया। इन्हें कपड़ा, चीनी एवं सीमेंट को अवैध रूप से पाकिस्तान ले जाने का विरोध करते हुए सामानों से लदी बैलगाड़ियों के नीचे कुचलकर मार दिया जाता है। मरणोपरांत इस मृत्यु स्थल को ग्रामीणों ने 'चेथरिया पीर' का नाम दिया।

58. (A): ये पंक्तियाँ सूर्यकांत त्रिपाठी निराला की रचना 'सरोज स्मृति' से ली गई है। इसका प्रकाशन 1935 ई. में हुआ। इसे निराला के 'अनामिका भाग-2' में संकलित किया गया था। प्रस्तुत पंक्तियों में निराला के व्यक्तिगत जीवन और संघर्ष की अभिव्यक्ति हुई है।

59. (B): दी गई पुस्तकों का प्रकाशन-वर्ष इस प्रकार है :

- इतिहास तिमिरनाशक–राजा शिवप्रसाद 'सितारेहिंद' (1876 ई.)
- दुर्लभ बंधु–भारतेंदु हरिश्चन्द्र–(1880 ई.)
- चन्द्रकांता संतति–देवकीनन्दन खत्री–(1888 ई.)
- आदर्श हिन्दू–लज्जा शर्मा–(1907 ई.)
- पथिक–रामनरेश त्रिपाठी–(1920 ई.)

60. (A): पंक्ति 'पूछेगा जग किंतु पिता का नाम न बोल सकेंगे' रामधारी सिंह 'दिनकर' उद्धृत 'रश्मिरथी' से है। यह 1952 ई. में प्रकाशित हुआ। यह कुंती पुत्र कर्ण की कथा है।

'साकेत' मैथिलीशरण गुप्त की रचना है। यह 1931 ई. में प्रकाशित हुआ। यह 12 सर्ग का महाकाव्य है। इसके 9वें सर्ग में उर्मिला के विरह का वर्णन है। ''न कुछ कह सकी अपनी, न उन्हीं की पूछ मैं सकी भय से'' इस कविता की प्रसिद्ध पंक्ति है।

''तोड़ दो यह क्षितिज मैं भी देख लूँ उस ओर क्या है'' का संबंध महादेवी वर्मा की 'संध्या गीत' से है। यह 1936 में प्रकाशित हुई। यह 45 गीतों का संकलन है।

''जी, लोगों ने तो बेच दिये ईमान'' भवानी प्रसाद मिश्र की रचना 'गीत फरोश' से है।

61. (D): रामचन्द्र शुक्ल ने आदिकाल के 'अपभ्रंश-काव्य' शीर्षक प्रकरण में देवसेन, सोमप्रभ सूरि तथा विद्याधर कवि का उल्लेख किया है।

आचार्य रामचन्द्र शुक्ल ने 'हिंदी साहित्य का इतिहास' 1929 ई. में लिखा। इसका दूसरा प्रकरण 'अपभ्रंश काव्य' नाम से है। देवसेन के अन्य ग्रंथ हैं–दशमसार, तत्वसार। सोमप्रभ सूरि की रचना चंपू काव्य संस्कृत और प्राकृत में है। विद्याधर ने कन्नौज के राठौड़ सम्राट के पराक्रम का वर्णन किया है।

62. (C): रामकृष्ण में द्वन्द्व समास है। इसका समास विग्रह है–राम और कृष्ण। गिरिधर का समास विग्रह गिरि को धारण करने वाला अर्थात् कृष्ण। गिरिधर में बहुव्रीहि समास है। अतः कथन I सत्य है, लेकिन कथन II असत्य है।

63. (B): बी.वी. कारंत और शांता गांधी ने जयशंकर प्रसाद के नाटकों का सफलतापूर्वक मंचन किया है। बनारस में कारंत जी ने जयशंकर प्रसाद के 'चन्द्रगुप्त' और 'स्कंदगुप्त' जैसे नाटकों का निर्देशन किया। शांता गांधी ने 'स्कंदगुप्त' का निर्देशन किया है।

64. (D): वे शब्द जिन्हें लिंग, वचन, काल व कारक के आधार पर बदला न जा सके, अविकारी शब्द कहलाते हैं। जैसे–अब, कब, क्यों, पर, बहुत अधिक, कम, हाँ, नहीं, लेकिन, जल्दी, शीघ्र आदि क्रिया-विशेषण अविकारी शब्द हैं।

65. (B): 'उत्तराफाल्गुनी के आस-पास' कुबेरनाथ जी का निबंध है। यह उनके 'विषाद योग' संग्रह में संकलित किया गया है। आयु और ऋतुओं का संबंध उत्तराफाल्गुनी से है।

'उठ जाग मुसाफिर' विवेकी राय रचित निबंध है। इसका प्रकाशन 2012 ई. में हुआ। इस संग्रह में कुल 10 निबंध संकलित हैं जो अपने कलेवर में जीवन और

जगत के अनेक अनुभवों से परिपूर्ण है। माता, मातृभूमि और जन्मभूमि प्रेम का संबंध 'उठ जाग मुसाफिर' निबंध से है।

'शिवमूर्ति' प्रताप नारायण मिश्र का निबंध है। आचार्य शुक्ल ने इन्हें 'हिंदी एडिशन' कहा है। यह उनके निबंध संग्रह 'प्रताप पीयूष' में संकलित है। कल्याण का रूप 'शिव मूर्ति' से है।

'मेरे राम का मुकुट भीग रहा है' में नई पीढ़ी के प्रति पुरानी पीढ़ी की चिंता का उल्लेख है। यह विद्यानिवास मिश्र जी द्वारा रचित है, जिसे 1974 ई. में प्रकाशित किया गया।

66. (B): लाला श्रीनिवास मिश्र द्वारा रचित 'परीक्षा गुरु' का प्रकाशन 1882 ई. में हुआ। इसे हिंदी का प्रथम उपन्यास माना गया है। इस उपन्यास में छोटे-छोटे 41 प्रकरण हैं। इसमें तत्कालीन मध्यवर्गीय जीवन का चित्रण भी मिलता है, जो पश्चिमी आधुनिकता से विशेष प्रभावित है। यह कथा प्रधान नहीं बल्कि उपदेश प्रधान है। प्रामाणिकता, अदालत और प्रेत-भय इसके प्रकरण हैं।

67. (A): 'परिवर्तन' सुमित्रानंदन पंत की कविता है, जो 1924 में प्रकाशित हुई। यह 'पल्लव' काव्य-संग्रह में संकलित है।

'कुकुरमुत्ता' सूर्यकांत त्रिपाठी निराला की काव्य कृति है। इसका प्रकाशन 1942 ई. में हुआ।

'असाध्य वीणा' अज्ञेय जी का प्रमुख काव्य-संग्रह है। इसका प्रकाशन 1961 ई. में हुआ। इसके तीन खंड हैं–1. अंतःसलिला, 2. चक्रात, 3. असाध्य वीणा।

'अंधेरे में' गजानन माधव मुक्तिबोध की कविता है। इसे 1964 ई. में कल्पना पत्रिका में प्रकाशित किया गया।

'मोचीराम' सुदामा पांडे की चर्चित कविता है। इसे 1972 ई. में 'संसद से सड़क तक' में संकलित किया गया।

68. (B): सविनय अवज्ञा आंदोलन, ब्रिटिश साम्राज्यवाद के विरुद्ध भारतीय राष्ट्रीय कांग्रेस द्वारा चलाए गए जन-आंदोलनों में से एक था। 1929 ई. में भारतीय राष्ट्रीय कांग्रेस ने लाहौर अधिवेशन में घोषणा कर दी कि उसका लक्ष्य भारत के लिए पूर्ण स्वाधीनता प्राप्त करना है। महात्मा गांधी ने अपनी इस मांग पर जोर देने के लिए 6 अप्रैल, 1930 ई. को सविनय अवज्ञा आंदोलन की घोषणा की।

सविनय अवज्ञा आंदोलन का कार्यक्रम :

- नमक कानून का उल्लंघन कर स्वयं द्वारा नमक बनाया जाए।
- सरकारी सेवाओं, शिक्षा केन्द्रों एवं उपाधियों का बहिष्कार किया जाए।
- महिलाएँ स्वयं शराब, अफीम एवं विदेशी कपड़े की दुकानों पर जाकर धरना दें।
- समस्त विदेशी वस्तुओं का बहिष्कार करते हुए उन्हें जला दिया जाए।
- कर अदायगी को रोका जाए।

कालान्तर में, गाँधी इरविन समझौते के बाद इसे बारदोली में वापस लेने की घोषणा कर दी गई। हिंसा के दोषी लोगों को छोड़कर आंदोलन में भाग लेने वाले सभी बंदियों को रिहा कर दिया गया और कांग्रेस दूसरे गोलमेज अधिवेशन में भाग लेने के लिए सहमत हो गई।

69. (A): 1984 में प्रकाशित निबंध ''भारतवर्ष की उन्नति कैसे हो सकती है'' भारतेंदु हरिश्चन्द्र जी की रचना है। इस निबंध में भारतेंदु जी भारतीय अतीत के गौरव, वर्तमान की पीड़ाएँ और भविष्य के सपने को रेखांकित करते हैं। इसके साथ ही इस निबंध में 'निज भाषा' और स्वदेश हित के प्रश्न को भी उठाते हैं। भारतेंदु ने भारतीयों के आलसीपन पर करारा प्रहार करते हुए उन्हें चेतनशील होने को कहा है।

उन्होंने विभिन्न जातियों और धर्मों (हिंदू-मुसलमानों) से मिलकर रहने का आग्रह किया है। उन्होंने धर्म में व्याप्त तमाम बुराइयों को हटाने की बात की है और अंततोगत्वा भारतीयों को एकजुट होने का संदेश दिया है। इस निबंध में भारतेंदु जी ने धर्म को सभी उन्नतियों का मूल माना है।

70. (B): 1959 ई. में प्रकाशित 'परिंदे' कहानी के रचनाकार निर्मल वर्मा जी हैं। यह नए ढंग से प्रेम और मानवीय नियति की पड़ताल करती कहानी है। इस कहानी का

केन्द्रीय कथ्य मध्यवर्गीय जीवन में व्याप्त अकेलापन है। सभी चरित्र न सिर्फ अकेले हैं, बल्कि कभी न खत्म होने वाले इंतजार की प्रक्रिया में बोझिल, उदास ओर टूटे हुए हैं। इसी इंतजार की समरूपता को आधार बनाकर लेखक ने इसका नाम 'परिंदे' रखा है।

इस कहानी की शुरूआत कैथरीन मेन्सफील्ड के कथन "Can we do nothing for the dead and for a long time the answer had been nothing" से होती है।

71. (D): राधामोहन गोकुल जी का जन्म 1865 में गोपालगंज, इलाहाबाद में हुआ था। इनकी प्रसिद्ध रचना 'देश का धन' है।

ज्योतिबा फुले ने 1873 ई. में दलित समाज के ऊपर 'गुलामगिरी' की रचना की। इसमें भारतीय सामाजिक संरचना में ब्राह्मणवादी वर्चस्व की पड़ताल है। इसमें जाति-व्यवस्था की आलोचना की गई है।

'स्त्री-पुरुष तुलना' की रचना मराठी भाषा में ताराबाई शिंदे ने किया। 1882 ई. में लिखित इस रचना में समकालीन भारतीय संरचना तथा पितृसत्ता और लिंग-जाति व्यवस्था की आलोचना है। इसमें शिंदे जी महिलाओं की स्थिति और उनके अधिकारों पर सवाल उठाती हैं। ताराबाई सत्यशोधक समाज की सदस्या और सावित्रीबाई फुले और ज्योतिराव फुले की सहयोगी थीं।

गीता-रहस्य की रचना 1915 ई. में (मांडले जेल) बाल गंगाधर तिलक ने की थी। इसमें कर्म योग का विश्लेषण है।

72. (C): अर्द्ध संवृत स्वर के उच्चारण में मुख द्वार कम संकरा होता है। इसकी संख्या दो है—ए और ओ। संवृत स्वर में मुख द्वार संकरा हो जाता है। ये चार हैं—इ, ई, उ और ऊ।

73. (C): स्वनिम किसी शब्द में ध्वनि की सबसे छोटी इकाई है। इसके माध्यम से किसी भाषा की मूल ध्वनियों का ज्ञान होता है। इसका संबंध मौखिक भाषा से है, जिसके माध्यम से भाषा में ध्वनियों की संख्या का नियंत्रण होता है। इसे उच्चारित भाषा की लघुतम इकाई माना गया है, जो भाषा के शुद्ध उच्चारण को जानने में सहायक है। स्वनिम को लिपि का आधार कह सकते हैं।

74. (A): 1970 ई. में कहानी संग्रह 'ठिठुरता हुआ गणतंत्र' में 'इंस्पेक्टर मातादीन चाँद पर' का प्रकाशन हुआ। हरिशंकर परसाई जी ने इसके माध्यम से भारतीय पुलिस व्यवस्था की कार्यशैली पर व्यंग्य किया है। यह वह व्यवस्था है, जिसमें भ्रष्ट लोग बरी हो जाते हैं तथा निर्दोष को दोषी मान लिया जाता है। इसमें चाँद के काल्पिक चित्रण द्वारा भारतीय पुलिस एवं व्यवस्था पर प्रहार किया गया है।

75. (D): 'इनका जीवन बर्फ की पवित्रता से पूर्ण और वन की सुगंध से सुगंधित है।' सरदार पूर्णसिंह के निबंध मजदूरी और प्रेम से लिया गया है। इन भेड़ चराने वाले गडरियों से कहा गया है कि दिन को सूर्य और रात को तारागण इनके सखा होते हैं। इसमें शारीरिक श्रम को सच्ची तपस्या बताते हुए किसान, गडरियों, मजदूर, माली इत्यादि श्रमिकों को सर्वश्रेष्ठ धार्मिक विभूति बताया गया है। पूर्णसिंह की दृष्टि में दार्शनिकों, कवियों तथा कलाकारों की तुलना में मेहनतकश मजदूर श्रेष्ठ हैं।

76. (D): भक्तिकाल के लगभग सभी महत्वपूर्ण कवियों के जीवन के विषय में प्रामाणिक जानकारियों का अभाव है, ऐसे में इस उपन्यास के लेखक ने उपलब्ध जानकारियों तथा कदाचित अपनी कल्पना का मिश्रण कर तुलसी के जीवन का चित्रण किया है। अमृतलाल नागर ने रामबेला से तुलसी तक की यात्रा को जिस तरह प्रस्तुत किया है, उससे तत्कालीन समाज एवं संस्कृति तथा उनके बीच एक महाकवि का जीवन तमाम द्वन्द्वों एवं अन्तर्विरोधों के बीच उभरकर सामने आता है।

'मोहिनी' इस उपन्यास की मुख्य पात्रों में से एक है। यह एक वृद्ध कोतवाल की बेटी है, जिस पर तुलसी आसक्त थे। प्रश्न में दिए गए कथन का संबंध 'मोहिनी' से है।

77. (A): 'विज्ञान और कविता' (साइंस एंड पोएट्री) 1926 ई. में प्रकाशित हुई। इसकी रचना आई.ए. रिचर्ड्स ने की थी। रिचर्ड्स महोदय को अंग्रेजी साहित्य में प्रथम बार व्यापक और व्यवस्थित सौन्दर्यशास्त्र के निर्माण का श्रेय दिया जाता है। उन्होंने आलोचना को मनोविज्ञान की शाखा माना है। रिचर्ड्स ने आलोचना के दो भेद बताए हैं—1. आलोचनात्मक और 2. प्राविधिक।

78. (D): 'आलोचना' पत्रिका के संस्थापक शिवदान सिंह चौहान जी थे। इसे 1951 ई. में प्रकाशित किया गया। 2000 ई. में नामवर जी इसके संपादक रहे। परमानंद श्रीवास्तव को भी इसका संपादक बनाया गया था। सन् 2005 तक आते-आते प्रसिद्ध कवि अरुण कमल जी को इसका अवैतनिक सम्पादक नियुक्त किया गया। अरुण कमल इसके 21वें अंक से संपादक नियुक्त किए गए तथा 52वें अंक, सन् 2014 ई. तक इसका दायित्व निभाते गए।

79. (C): भारतेंदु हरिश्चन्द्र आधुनिक हिंदी साहित्य के पितामह कहे जाते हैं। वे हिंदी में आधुनिकता के पहले रचनाकार थे। भारतेंदु जी के निबंध हैं–कालचक्र, लेवी प्राण लेवी, भारतवर्षोन्नति कैसे हो सकती है? कश्मीर कुसुम, जातीय संगीत, संगीत सार, वैष्णवता और भारत वर्ष देशोन्नति।

80. (A): दिया गया कथन 'मुझे अपनी कविताओं के लिए दूसरे प्रजातंत्र की तलाश है' का संबंध 'नक्सलबाड़ी' कविता से है।

'धूमिल' की यह कविता उनके पहले काव्य संग्रह 'संसद से सड़क तक' में प्रकाशित है। पहले यह कविता 1967 में बनारस से निकलने वाली पत्रिका 'आमुख' में छपी थी। यही साल नक्सलबाड़ी आंदोलन का भी था। आधुनिक कविता के इतिहास में धूमिल साठोत्तरी अराजक विद्रोह से आगे बढ़कर सुसंगत विपक्ष की ओर संक्रमण का प्रतिनिधित्व सबसे बेहतर तरीके से करते हैं।

धूमिल की यह कविता नक्सल आंदोलन के समर्थन में खड़ी होती है। दरअसल वे स्वातंत्र्योत्तर भारत की उन स्थितियों को उजागर करना चाहते हैं, जिनसे नक्सलबाड़ी आंदोलन ने जन्म लिया। कविता 'सहमति' के नकार से शुरू होती है। यह नकार लोकतंत्र पर आम सहमति, भूमि अधिग्रहण पर सहमति, विकास के शोषणकारी मॉडल पर सहमति का है। धूमिल किसी दूसरे लोकतंत्र की मांग करते हैं, क्योंकि इस लोकतंत्र में नींद को भूख के इलाज की तरह पेश किया जा रहा है। नक्सलबाड़ी आंदोलन नफरत का नहीं, अपितु नफरत के विरुद्ध आंदोलन है।

81. (D): आचार्य राममूर्ति त्रिपाठी हिंदी एवं संस्कृत के विद्वान एवं समालोचक थे। इनके प्रमुख ग्रंथ हैं–भारतीय काव्यशास्त्र के नए क्षितिज, लक्षणा और उसका हिंदी काव्य में प्रसार, काव्यालंकार सार-संग्रह एवं लघुकृति, काव्य तत्व विमर्श आदि।

भोलाशंकर व्यास का नाम काशी के प्रसिद्ध साहित्यकारों में लिया जाता है। इन्होंने 'हिंदी विश्व साहित्य कोश' जैसे कई ग्रंथों का ऐतिहासिक सम्पादन किया। भोलाशंकर जी की अन्य रचनाएँ हैं–ध्वनि सम्प्रदाय, भारतीय साहित्य शास्त्र तथा काव्यालंकार आदि।

रामचंद्र शुक्ल बीसवीं शताब्दी के हिंदी के प्रमुख साहित्यकार थे। उनके द्वारा लिखी गई पुस्तकों में 'हिंदी साहित्य का इतिहास' प्रमुख है। आचार्य रामचन्द्र शुक्ल ने काव्यशास्त्र से संबंधित काव्य में अभिव्यंजनावाद, रसमीमांसा आदि ग्रंथों की रचना की है।

82. (B): एकवचन में विकृत रूप का प्रत्यय 'ए' है, जो केवल हिंदी और उर्दू अकारांत पुल्लिंग संज्ञाओं में लगाया जाता है। जैसे–लड़का–लड़के ने, घोड़ा–घोड़े ने, सोना–सोने का।

83. (C): सरदार पूर्ण सिंह, द्विवेदी युग के श्रेष्ठ निबंधकारों में से एक हैं। उनके व्यक्तित्व व्यंजक ललित निबंध द्विवेदी युग की महत्वपूर्ण उपलब्धि है। 'आचरण की सभ्यता', 'सच्ची वीरता', 'मजदूरी और प्रेम', 'पवित्रता', 'नयनों की गंगा' आदि उनके प्रमुख निबंध हैं।

84. (B): 'अंधेर नगरी' की रचना जयशंकर प्रसाद जी ने की। इस प्रहसन के माध्यम से प्रसाद जी ने समकालीन राजनैतिक सामाजिक परिस्थितियों की पोल खोल कर रख दी है। इसमें कबाब वाला, नारंगी वाला, कुँजड़िन, हलवाई और पाचक वाला गीत गाकर अपनी बात कहते हैं। इसमें तीन ब्राह्मण पात्र महन्त, गोवर्धन दास तथा नारायण दास हैं। ये तीनों पात्र गेय शैली में बात नहीं करते हैं।

'आह वेदना मिली विदाई' गीत का संबंध प्रसाद जी के नाटक 'स्कंदगुप्त' की प्रमुख पात्रों में से एक देवसेना से है। देवसेना मालवा के राजा बंधु वर्मा की बहन थी, हूणों के आक्रमण से उसका सारा परिवार मारा गया एवं

देवसेना बच गई। देवसेना स्कंदगुप्त से प्यार करती थी, परंतु स्कंदगुप्त किसी और को चाहता था। जीवन के अंतिम दिनों में स्कंदगुप्त उससे विवाह करना चाहता है। देवसेना उसे मना कर देती है और अपनी भावनाओं को दबाकर यह गीत पीड़ा में गाती है।

85. (B): सरस्वती अज्ञेय जी की मनोविश्लेषणवादी रचना 'शेखर एक जीवनी' की पात्र है। इसका प्रकाशन 1940 ई. में हुआ। भैरवी 'बाणभट्ट की आत्मकथा' उपन्यास की पात्र है। हजारीप्रसाद द्विवेदी जी की इस रचना का प्रकाशन 1946 ई. में हुआ। बेला 'राग दरबारी' उपन्यास की पात्र है। यह श्रीलाल शुक्ल जी की रचना है। इसका प्रकाशन 1968 ई. में किया गया।

लीजा 'तमस' उपन्यास की पात्र है। यह 1973 ई. में प्रकाशित हुआ। इसकी रचना भीष्म साहनी ने की। बंटी 'मन्नू भंडारी' की रचना 'आपका बंटी' से संबंधित है। इसका प्रकाशन 1973 ई. में किया गया।

86. (B): 'बहिष्कृत भारत' समाचार पत्र की स्थापना बी. आर. अम्बेडकर ने की थी। मराठी भाषा में इस समाचार पत्र का प्रकाशन 1927 ई. में हुआ था।

87. (A): नामवर जी के आलोचना-ग्रंथ प्रकाशन-वर्ष के अनुसार–

- इतिहास और आलोचना – 1957 ई.
- कविता के नए प्रतिमान – 1968 ई.
- दूसरी परम्परा की खोज – 1982 ई.
- कविता की जमीन और जमीन की कविता – 2010 ई.
- आलोचना और विचारधारा – 2012 ई.

88. (A): 'कोसी की घटयार' कहानी के लेखक शेखर जोशी हैं, इसका प्रकाशन सन् 1958 ई. में हुआ। यह एक भूतपूर्व सैनिक नायक गुसाई सिंह की कहानी है। गुसाई सिंह अपने गाँव की युवती लछमा से प्रेम करता है। जब लछमा की शादी किसी दूसरे युवक से हो जाती है, तो गुसाई सिंह टूट जाता है। गुसाई सिंह आजीवन अविवाहित रह जाता है।

इस कहानी में आए शब्द 'काला चरेऊ' का संबंध सुहाग के चिह्न से है।

89. (B): अज्ञेय जी की यात्रा-वृत्तांत 'अरे यायावर रहेगा याद' में भारतीय क्षेत्रों के यात्रा का वर्णन किया गया है। इसका प्रकाशन 1953 ई. में किया गया। अज्ञेय जी ने इस यात्रा-वृत्तांत में द्वितीय विश्व युद्ध से लेकर आजादी तक के पूरे हिंदुस्तान का भूगोल और कालखण्ड सामने रखा है। जहाँ जितने सपने हैं, उतने ही पीड़ाओं का मंजर भी। अज्ञेय अपनी यात्रा में लाहौर, कश्मीर, पंजाब, बंगाल, औरंगाबाद, असम आदि प्रदेशों की प्रकृति और भूमि से गुजरते हुए अपनी कथात्मक शैली और भाषा की ताजगी से सिर्फ सौन्दर्य को ही नहीं बल्कि सदियों से हम जिनके गुलाम रहे हैं, उनके इतिहास के पन्नों को भी पलटते हैं।

यात्रा-क्रम में वर्णित माजुली द्वीप असम राज्य में ब्रह्मपुत्र नदी में अवस्थित है।

90. (C): आचार्य शुक्ल द्वारा संपादित पद्मावत (जायसी ग्रंथावली) का 30वाँ खण्ड नागमति-वियोग खण्ड से है। इस खण्ड की प्रमुख विशेषता है कि इसमें नागमती को रानी के रूप में नहीं, एक साधारण विरहदग्ध नारी के रूप में वर्णित किया गया है। शुक्लजी कहते हैं, "अपनी भावुकता का बड़ा भारी परिचय जायसी ने इस बात में दिया है कि रानी नागमती विरहदशा में अपना रानीपन बिल्कुल भूल जाती है तथा स्वयं को केवल साधारण नारी के रूप में देखती है। इसी सामान्य स्वाभाविक वृत्ति के बल पर उसके विरह वाक्य छोटे-बड़े सबके हृदय को समान रूप से स्पर्श करते हैं।"

- "रकत आँसु घुँघुची बन बोई"
- "हिरदय पेठि विरह कटंनसा"
- "सहस सहस दुख एक-एक साँसा"

नागमति-वियोग खण्ड से हैं।

91. (C): पश्चिमी शिक्षा ने भारत में नए प्रकार की विचारधारा के विकास को सुगम बनाया। इस विचारधारा के अंग थे–युक्तियुक्तता, उदारवाद, स्वतंत्रता और जनवाद, मानवतावाद तथा समानता के विचार, आधुनिक भारतीय

चिंतन की शैली, बायरन, कोबडन, मिल, स्पेंसर, कार्लाईल, रस्किन, मोरले, मिल्टन, लॉक तथा बर्क ने, जो प्रोत्साहन और बल प्रदान किया, उसे कम करके नहीं आंका जा सकता।

उपर्युक्त अंश से स्पष्ट है कि अवतरण में नीत्से का उल्लेख नहीं है।

92. (D): दिए गए अवतरण में मैकाले, वायरन तथा मिल्टन जैसे ऐतिहासिक विचारकों का उल्लेख है। दिए गए विचारधारा और अन्य विचारधारकों में मार्क्स का उल्लेख नहीं है।

93. (A): दिए गए अवतरण में सर्वधर्मसमभाव का उल्लेख नहीं है। मैकाले की शिक्षा पद्धति का उद्देश्य भारत का विनाश था, परंतु परिणाम हुआ—पुनरुज्जीवन। अंग्रेजी शिक्षा प्राप्त भारतीयों ने उनसे प्रगतिशील विचारों और उनकी वैज्ञानिक उपलब्धियों को अपने ज्ञान और परम्परा की कसौटी पर कसा। उनसे युक्तियुक्तता, उदारवाद, स्वतंत्रता और जनवाद, मानवतावाद तथा समानता के विचार आदि भारत में विकसित हुए।

94. (C): भारत में अंग्रेजी शिक्षा का उद्देश्य मैकाले के लेख, उसकी शिक्षा-प्रणाली भारतीयों की राष्ट्रीय चेतना को कुंठित कर देगी और उन्हें वफादार गुलाम बनाने में सफल होगी, में वर्णित है। किंतु, उसने दरअसल जीवन के प्रति एक नए वैज्ञानिक दृष्टि बिंदु का आधार तैयार किया और नए राष्ट्रीय जागरण में भी सहायता पहुँचाई। अंग्रेजों की शिक्षा नीति का उद्देश्य भारतीय आत्मा को नवजीवन देना नहीं था।

वास्तव में आधुनिक भारत के मस्तिष्क को ढालने में पश्चिमी विचारों ने निर्णायक भूमिका अदा की थी।

95. (D): अंग्रेजी शिक्षा से भारतीयों में जो नई चेतना जागी, उससे भारतीयों ने नए ज्ञान की कसौटी पर भारतीय परम्परा को कसना सीखा।

96. (C): दिए गए गद्यांश वातावरण के समक्ष, अंधविश्वा और परम्परा पर कहता है कि जो मनुष्य स्वयं व यथार्थवादी होने का दावा करता है, उसे सभी प्राच विश्वासों को चुनौती देनी होगी। यदि वे तर्क का प्र न सह सकें तो टुकड़े-टुकड़े होकर गिर पड़ेंगे। तब व्यक्ति का पहला काम होगा, तमाम पुराने विश्वास धाराशायी करके नए दर्शन की स्थापना के लिए साफ करना।

97. (A): कोई भी मनुष्य जिसमें जरा-सी भी विवेक श है, वह अपने वातावरण को तार्किक रूप से सम चाहेगा। सभी प्राचीन मान्यताओं को अपने तर्क कसौटी पर परख कर भविष्य के लिए नए मार्ग प्रश करेगा। इस हेतु वह सभी प्राचीन परम्पराओं से दो हाथ करने का प्रयास करेगा।

98. (B): दिए गए कथन में लेखक मनुष्य को तर्क कर परम्पराओं को चुनौती देना, रूढ़ियों को अपने आधुनि मूल्यों से तौलना आदि को समाज के पुनर्निर्माण के लिए अनिवार्य माना है।

99. (D): लेखक पूरे उद्धरण में प्राचीन परम्पराओं को तक की कसौटी पर कसकर नवीन परम्पराओं के साथ मिश्रित कर नए समाज के निर्माण की चर्चा करता है वह कहता है कि "दुर्भाग्य की बात है कि बजाय इसके हम अपने पुराने विद्वानों एवं विचारकों के अनुभवों तथा विचारों का भविष्य में अज्ञानता के विरुद्ध लड़ाई का आधार बनाएं और इस रहस्यमय प्रश्न को हल करने की कोशिश करें, हम आलसियों की तरह, जो कि हम सिद्ध हो चुके हैं, विश्वास की उनके कथन में अविचल एवं संशयहीन विश्वास की चीख-पुकार मचाते रहते हैं। इस प्रकार मानवता को जड़ बनाने के अपराधी हैं।

100. (D): उद्धरण के आरंभ में ही लेखक कहता है कि कोई भी मनुष्य जिसमें जरा-सा भी विवेक है, वह अपने वातावरण को तार्किक रूप से समझना चाहेगा।

भाग-A

अध्याय

1

हिन्दी भाषा और उसका विकास

'हिन्दी' जिस भाषा-धारा के विशिष्ट दैशिक और कालिक रूप का नाम है, भारत में उसका प्राचीनतम रूप संस्कृत है। संस्कृत का काल मोटे रूप में 1500 ई. पू. से 500 ई. पू. तक माना जाता है। इस काल में संस्कृत बोलचाल की भाषा थी। उस बोलचाल की भाषा का ही शिष्ट और मानक रूप संस्कृत वाङ्मय में प्रयुक्त हुआ है। संस्कृत भाषा के भी दो रूप मिलते हैं, एक भाषा वैदिक संस्कृत है, जिसमें वैदिक वाङ्मय की रचना हुई है, और दूसरी लौकिक या क्लासिकल संस्कृत है। आगे चलकर यह व्याकरण के नियमों से बंध गई और इसमें प्रचुर साहित्य की रचना हुई, जिसमें वाल्मीकि, व्यास, भास, अश्वघोष, कालिदास, माघ आदि की रचनाएं हैं। इस संस्कृत-काल के अंत तक मानक या परिनिष्ठित भाषा तो एक थी, किन्तु तीन क्षेत्रीय बोलियां विकसित हो चली थीं, जिन्हें पश्चिमोत्तरी, मध्यदेशी था पूर्वी नाम से अभिहित किया जा सकता है।

संस्कृतकालीन बोलचाल की भाषा विकसित होते-होते 500 ई. पू. के बाद अपनी प्रवृत्ति में काफी बदल गयी, जिसे 'पालि' की संज्ञा दी गयी। इसका काल 500 ई.पू. से पहली ईसवी तक है। बौद्ध ग्रंथों में पालि का जो रूप मिलता है वह इस बोलचाल की भाषा का ही शिष्ट और मानक रूप था। इस काल में क्षेत्रीय बोलियों की संख्या चार हो गयी थी : पश्चिमोत्तरी, मध्यदेशी, पूर्वी और दक्षिणी।

पहली ईसवी तक आते-आते यह बोलचाल की भाषा और परिवर्तित हुई तथा पहली ई. से 500 ई. तक का इसका जो रूप निखरा, वह 'प्राकृत' नाम से अभिहित किया गया। इस काल में क्षेत्रीय बोलियां कई थीं, जिनमें मुख्य शौरसेनी, पैशाची, ब्राचड़, महाराष्ट्री, मागधी और अर्धमागधी प्रमुख थीं।

प्राकृतों से ही विभिन्न क्षेत्रीय अपभ्रंशों का विकास हुआ। अपभ्रंश भाषा का काल मोटे रूप से 500 ई. से 1000 ई. तक है। आज के प्राप्त अपभ्रंश साहित्य में मुख्यतः पश्चिमी और पूर्वी दो ही भाषा रूप मिलते हैं, किंतु प्राकृत के मुख्यतः पांच क्षेत्रीय रूपों तथा आज की नौ (लहंदा, पंजाबी, सिंधी, गुजराती, मराठी, हिन्दी, उड़िया, बांग्ला, असमिया) आर्यभाषाओं के बीच की अपभ्रंश रूप में प्राप्त कड़ी के क्षेत्रीय रूपों की संख्या छह और दस के बीच में ही होगी। इससे यह अनुमान सहज ही लगाया जा सकता है कि अपभ्रंश के सभी क्षेत्रीय रूपों का अपभ्रंश साहित्य में प्रयोग नहीं हुआ। यदि विभिन्न प्राकृतों से विकसित अपभ्रंशों को किसी अन्य नाम के अभाव में प्राकृत नामों से ही अभिहित किया जाए तो आधुनिक आर्यभाषाओं का जन्म अपभ्रंश के विभिन्न क्षेत्रीय रूपों से इस प्रकार माना जा सकता है :

अपभ्रंश	आधुनिक भाषाएं तथा उपभाषाएं
शौरसेनी	पश्चिमी हिन्दी, राजस्थानी, पहाड़ी, गुजराती
पैशाची	लहंदा, पंजाबी
ब्राचड़	सिंधी
महाराष्ट्री	मराठी
मागधी	बिहारी, बांग्ला, उड़िया, असमिया
अर्धमागधी	पूर्वी हिन्दी

उपर्युक्त विवरण से स्पष्ट होता है कि हिन्दी भाषा का उद्भव अपभ्रंश के शौरसेनी, अर्धमागधी और मागधी रूपों से हुआ है।

अपभ्रंश (अवहट्ट सहित) और पुरानी हिन्दी का सम्बन्ध

अपभ्रंश मध्यकालीन आर्यभाषा की तीसरी अवस्था का नाम है। व्यादि और महाभाष्य के रचयिता पतंजलि ने संस्कृत के मानक शब्दों से इतर संस्कारच्युत, भ्रष्ट और अशुद्ध शब्दों को अपभ्रंश नाम दिया। बाणभट्ट और आचार्य हेमचंद्र ने अपभ्रंश को ग्राम भाषा कहा है। कुछ विद्वानों ने अपभ्रंश भाषा को देशी भाषा कहा है। दण्डी ने इस भाषा को आभीरादि की भाषा कहा। आभीर, जाट, गुर्जर आदि अनेक जातियों ने पश्चिमी भारत को हस्तगत किया। इनकी भाषा भारतीय संस्कृति में संस्कृत नहीं थी। इसीलिए इनकी भाषा को अपभ्रष्ट समझा जाता था। जैसे-जैसे इनकी राज्य सीमा का विस्तार हुआ वैसे-वैसे अपभ्रंश का भी विस्तार होता गया। राजसत्ताधिकारियों के प्रयोगों के कारण अपभ्रंश राजभाषा बनी। तत्पश्चात् यह साहित्यिक भाषा एवं देशभाषा बनी। सातवीं शती से लेकर ग्यारहवीं शती के अंत तक इस भाषा में सृजनधर्मियों ने सृजना की। मार्कण्डेय और इतर आचार्यों ने अपभ्रंश के कुल तीन भेद बताये हैं–1. नागर (गुजरात की बोली); 2. उपनागर (राजस्थान की बोली); 3. ब्राचड़ (सिंध की बोली)। राजस्थानी को अपभ्रंश की जेठी बेटी माना जाता है।

कालिदास के नाटकों में कुछ पात्रों के कथन, सिद्धों के चर्यापदों, शिलालेखों आदि में अपभ्रंश का वर्णन है।

अपभ्रंश की प्रमुख विशेषताएं

1. अ, इ उ, ए, ओं ह्रस्व एवं आ, ई, ऊ, ए, ओ दीर्घ स्वर थे।
2. ऋ लिखा तो जाता था, पर इसका उच्चारण 'रि' होता था।
3. ऋ ऐ इतर सभी स्वर आनुनासिक रूप में प्रयुक्त होते थे।
4. उकार बहुला भाषा थी। जैसे–मनु (मन), कारणु (कारण), अंगु (अंग)।
5. स्वर लोप एवं आगम की प्रवृत्ति बढ़ गई।
6. व्यंजनों में क, कूह, ण्ह, न्ह, रूह, म्ह और ल्ह् उल्लेखनीय है। शेष संस्कृत के थे।
7. तद्भव शब्दों की संख्या अधिक।

अपभ्रंश ने व्याकरण के कठोर बंधनों को नकार दिया। शायद इसीलिए विद्वानों के द्वारा इसे अपभ्रंश अर्थात बिगड़ा हुआ माना गया। बाद में अपभ्रंशों से ही पुरानी हिन्दी, डिंगल, पिंगल, ब्रज, राजस्थानी आदि का विकास हुआ। प्राचीन हिन्दी को विद्यापति ने 'देशी भाषा' या अवहट्ट कहा। डॉ. धीरेन्द्र वर्मा ने इसे 'संध्या भाषा' की संज्ञा दी। इसी से आधुनिक खड़ी बोली विकसित हुई है। खड़ी बोली का साहित्यिक और मानक रूप आज भारत की राष्ट्रभाषा के रूप में मान्य है। यह उत्तरी भारत के कई राज्यों में राज्य भाषा के गौरवपूर्ण पद पर आसीन हो चुकी है।

अवहट्ट में सिद्ध साहित्य और नाथ साहित्य रचा गया। बौद्ध धर्म के विभाजन स्वरूप हीनयान, महायान, मन्त्रयान, सहजयान एवं वज्रयान आदि का प्रादुर्भाव हुआ। सिद्धों का साहित्य दूहा या दोहा रूप में उपलब्ध है। सिद्धों की धर्म संबंधी मान्यताओं का प्रभाव आगे आने वाले संतों के साहित्य पर स्पष्ट दिखाई देता है। सिद्धों में सरहपा, लुइपा (लुहिप), कण्हपा (कृष्णपाद) आदि के नाम विशेष आदर के साथ लिए जाते हैं। सिद्ध संख्या में चौरासी माने गए हैं।

ईसा की आठवीं सदी में सिद्धों के पश्चात् वज्रयान से 'नाथ संप्रदाय' का उद्भव हुआ। नाथ हठयोग के मार्ग का प्रतिपादन करते थे और सदाचार का पालन करने पर जोर देते थे। नाथपंथी योगी 'कनफटे' या 'कनफड़े' कहलाते हैं। नाथों की भाषा पुरानी पश्चिमी हिन्दी है जिसका विकास नागर अपभ्रंश से हुआ तथा जिसका विकसित रूप 'सधुक्कड़ी' कहलाता है।

नाथ साहित्य में गोरखपंथी साहित्य की रचना हुई। इस पंथ के प्रसिद्ध आचार्य गोरखनाथ का प्रभाव आगे चलकर कबीर आदि संतों पर विशेष रूप से पड़ा। गोरखनाथ मत्स्येन्द्र नाथ (मछेन्दर नाथ) के शिष्य थे। पूर्वी उत्तर प्रदेश का प्रसिद्ध नगर गोरखपुर उन्हीं के नाम से प्रसिद्ध है। नाथ साहित्य की मुख्य रचनाएँ : 'गोरखनाथ की बानी', 'गोरख बोध', 'गोरख सार', 'गोरखयोग' आदि उल्लेखनीय हैं।

भाषा की इस विकास-यात्रा में जैन आचार्यों द्वारा रचित साहित्य का भी महत्वपूर्ण स्थान है। जैन अपभ्रंश साहित्य में महाकाव्य, खंडकाव्य, गीतिकाव्य, मुक्तक आदि लिखे गए। इनमें से कुछ रचनाकार निम्न प्रकार हैं :

स्वयंभू (आठवीं शताब्दी)–आचार्य स्वयंभू को अपभ्रंश का 'वाल्मीकि' माना जाता है। रामकथा पर आधारित उनकी रचना 'पउमचरिउ' (पद्मचरित) अपभ्रंश का प्रथम महाकाव्य है। इसे जैन रामायण भी कहा जाता है। तिट्ठनेमि चरिउ (अरिष्टनेमि चरित) और णाय कुमार चरिउ (नागकुमार चरित) उनकी अन्य रचनाएँ हैं।

पुष्पदंत (ग्यारहवीं शताब्दी)–ने दो खंडों में महापुराण की रचना की जिसके प्रथम खंड में जैन तीर्थंकरों के चरित और उसके द्वितीय खंड में रामायण एवं महाभारत की कथाएँ जैन धर्म की मान्यताओं के अनुसार संशोधित करके लिखी है। पुष्पदंत को अपभ्रंश का 'व्यास' कहा जाता है।

आचार्य देवसेन (दसवीं शताब्दी)–'श्रावकाचार' के रचयिता आचार्य देवसेन का नाम भी जैन लेखकों में सम्मानपूर्वक लिया जाता है।

आचार्य हेमचन्द्र (ग्यारहवीं शताब्दी)–गुजरात के सोलंकी राजा सिद्धराज जयसिंह के समकालीन आचार्य हेमचन्द्र ने प्रसिद्ध व्याकरण ग्रंथ 'सिद्ध हेमचन्द्र शब्दानुशासन' की रचना करके महत्वपूर्ण कार्य किया।

भाषा सतत् परिवर्तनशील होती है। कोई भी भाषा जब साहित्यालम्ब होकर प्रतिष्ठित होती है तो वह व्याकरण के नियमों से शृंखलाबद्ध होने लगती है और धीरे-धीरे जनभाषा से उसका अलगाव होने लगता है। अपभ्रंश के ही उत्तरकालीन या परवर्ती रूप को 'अवहट्ट' नाम दिया गया है। ग्यारहवीं से लेकर चौदहवीं शती के अपभ्रंश रचनाकारों ने अपनी भाषा को अवहट्ट कहा। 'अवहट्ट' शब्द का सर्वप्रथम प्रयोग ज्योतिरीश्वर ठाकुर ने अपने 'वर्ण रत्नाकर' में किया। प्राकृत पैंगलम के टीकाकार वंशीधर ने भी अवहट्ट माना। संदेश राशक, मैथिल कोकिल कृत कीर्तिलता की भाषा को, अद्दहमान और विद्यापति ने अवहट्ट माना। अवहट्ट को अपभ्रंश और पुरानी हिन्दी के बीच की कड़ी माना जाता है। पुरातन प्रबंध संग्रह की कतिपय अनु-श्रुतियों, नाथ और सिद्ध साहित्य, नेमिनाथ चौपाई, बाहुबलि रास, थूलिमद्द फाग आदि के अलावा संत ज्ञानेश्वर की 'ज्ञानेश्वरी' और रोडाकृत राउलबेल की भाषा को भी अवहट्ट माना गया।

सन् 1000 ई॰ के आसपास रचित अपभ्रंश-साहित्य में देशी शब्दों का प्रयोग इतना अधिक होने लगा था कि हेमचंद्र ने उन्हें 'देशी नाममाला' में संग्रह करना उचित समझा। हिन्दी शब्दों की इसी अधिकता को लक्ष्य कर महापंडित राहुल सांकृत्यायन और चंद्रधर शर्मा 'गुलेरी' प्रभृति विद्वानों ने इस भाषा को 'पुरानी हिन्दी' के नाम से संबोधित किया। अतः हम कह सकते हैं कि सन् 1000 ई॰ के लगभग साहित्य में हिन्दी का प्रयोग होने लगा। यह हिन्दी अपभ्रंश या अवहट्ट थी। तद्नन्तर यही साहित्य की भाषा बनी। पुरानी हिन्दी अर्थात अपभ्रंश या अवहट्ट से ही हिन्दी का विकास माना जाता रहा है।

काव्य भाषा के रूप में अवधी का उदय और विकास

इस बोली का केन्द्र अयोध्या है। 'अयोध्या' का ही विकसित रूप 'अवध' है, जिससे 'अवधी' शब्द बना है। इसके उद्भव के संबंध में विवाद हैं। अधिकांश विद्वान इसका संबंध अर्धमागधी अपभ्रंश से मानते हैं किंतु कुछ लोग इससे पालि की समानता के आधार पर इस मत को नहीं मानते। अवधी का क्षेत्र लखनऊ, इलाहाबाद, फतेहपुर, मिर्जापुर (अंशतः), उन्नाव, रायबरेली, सीतापुर, फैजाबाद, गोंडा, बस्ती, बहराइच, सुल्तानपुर, प्रतापगढ़, बाराबंकी आदि है। अवधी में साहित्य तथा लोकसाहित्य दोनों ही पर्याप्त मात्रा में हैं। इसके प्रसिद्ध कवि मुल्ला दाऊद, कुतुबन, जायसी, तुलसीदास, उस्मान, सबलसिंह आदि हैं।

पूर्वी हिन्दी की तीन बोलियाँ हैं अवधी, बघेली, छत्तीसगढ़ी। अवधी भाषा अवध क्षेत्र की भाषा है इसका विकास अर्द्धमागधी अपभ्रंश से माना जाता है। भोलानाथ तिवारी, बाबूराम सक्सेना और सुनीति कुमार चटर्जी जैसे विद्वान 'कोसली' से ही अवधी को विकसित हुआ मानते हैं। भोलानाथ तिवारी स्पष्ट रूप से प्रमाणित करते हैं कि अवधी कोई आज की भाषा नहीं बल्कि पालि कालीन रचना और अभिलेखों से ही अवधी का आरम्भिक रूप दिखाई देता है। अवधी के विकास को तीन चरणों में बाँटा जा सकता है।

1. आरम्भ से लेकर 1400 ई. तक विकास का प्रथम चरण
2. 1400 ई. से 1700 ई. तक विकास का द्वितीय चरण
3. 1700 ई. से आज तक विकास का तीसरा एवं आधुनिक चरण

अवधी के विकास का द्वितीय चरण सर्वाधिक महत्त्वपूर्ण है क्योंकि इसी चरण में सूफी काव्यधारा, प्रेमाश्रयी काव्यधारा एवं रामकाव्य धारा का विकास हुआ। अवधी भाषा का प्रयोग सर्वप्रथम हिन्दी में सूफी कवियों ने अपनी रचनाओं में किया। मुल्ला दाऊद कृत 'चन्दायन' (रचनाकाल 1379 ई.) सूफी प्रेमाख्यानों में सबसे पहली रचना है।

अवधी भाषा का आरंभिक रूप हमें कबीरादि संतों की सधुक्कड़ी भाषा में मिलता है, जो वाराणसी के आस-पास जीवनयापन करते थे। यह अवधी का असांस्कृतिक और अपरिमार्जित रूप था। तद्नन्तर जायसी आदि प्रेमाख्यानक कवियों ने इसे अपने साहित्य का माध्यम बनाकर इसके रूप को कुछ संस्कृत किया। तुलसीदास ने अवधी भाषा को प्रौढ़ता प्रदान की। रामचरित मानस इसका उत्कृष्ट निदर्शन है। सूफियों की अवधी को ठेठ अवधी अर्थात् व्यवहार की अवधी कहा जाता था। जबकि तुलसी की अवधी प्रांजल और परिमार्जित थी। वह संस्कृतनिष्ठ थी। इस भाषा में प्रबंध-रचना की बहुलता है। पद्मावत, मृगावती, ज्ञानद्वीप, इन्द्रावती श्रेष्ठ प्रबंध काव्य है। 19वीं सदी के बाद अवधी भाषा में कोई श्रेष्ठ रचना दिखाई नहीं पड़ती। तुलसी के उपरान्त अवधी में रचना होने के बावजूद आधुनिक युग के द्वारिका प्रसाद मिश्र रचित 'कृष्णायन' के अतिरिक्त कोई महत्त्वपूर्ण रचना नहीं बन सकी। साहित्य में अवधी भाषा को जायसी-तुलसी ने ही परवान चढ़ाया और लगभग उन्हीं के काल में लुप्त सी होती गई।

काव्यभाषा के रूप में ब्रजभाषा का उदय और विकास

डॉ॰ धीरेन्द्र वर्मा के अनुसार, "अवधी और ब्रजभाषा के दो मुख्य साहित्यिक रूपों का विकास 16वीं सदी में ही प्रारंभ हुआ। इन दोनों में ब्रजभाषा तो समस्त हिन्दी-प्रदेश की साहित्यिक भाषा हो गई, किन्तु अवधी में लिखे गये 'रामचरितमानस' का हिन्दी जनता में सबसे अधिक प्रचार होने पर भी साहित्य के क्षेत्र में अवधी भाषा का प्रचार नहीं हो सका।" कृष्ण भक्ति की प्रधानता के फलस्वरूप ब्रजभाषा साहित्य में प्रतिष्ठित हुई। शृंगाराधिक रचना होना इसकी लोकप्रियता का कारण बना। सूरदास ने 16वीं सदी के आरंभ में इस भाषा को साहित्यिक रूप दिया। इसके पश्चात् ब्रजभाषा साहित्य में अविरल रूप से प्रवाहित होती रही। सूरदास के अलावा नंददास, कुंभनदास, हितहरिवंश, तुलसी की कुछ रचनाएं, परमानंद, हरिराय व्यास, आदि कवियों ने ब्रज भाषा को उन्नति प्रदान की। रसखान आदि मुसलमान कवियों ने भी ब्रज भाषा में साहित्यिक-सृजन कर अपने सरस उद्‌गारों को वाणी प्रदान की। कृष्ण भक्ति के विस्तार के साथ-साथ यह धीरे-धीरे समस्त उत्तर भारत में व्याप्त हो गई। दीर्घकालीन कवियों की कविता इसका प्रमाण है। बंगाल में 'ब्रजबुलि' इसी का रूप है।

'भ्रमरगीत' सूरसागर का महत्त्वपूर्ण अंश है। नन्ददासकृत भँवरगीत नामक काव्यग्रन्थ भी ब्रजभाषा में लिखा गया है। नन्ददास की प्रसिद्ध रचना 'रासपंचाध्यायी' है जो रोला छन्द में रचित है।

नन्ददास की भाषा में अनुप्रासंगिकता, काव्यात्मकता, चित्रोपमता एवं लाक्षणिकता भी दिखाई देती है। 'जुगलमानचरित्र' कृष्णदास द्वारा रचित छोटा-सा ग्रन्थ है। 'परमानन्दसागर' परमानन्ददास की रचना है। 'द्वादशयश', 'भक्तिप्रताप' तथा 'हितजू को मंगल' चतुर्भुजदास द्वारा रचित ग्रन्थ हैं। रसखान की दो रचनाएँ सुजान रसखान, प्रेमवाटिका ब्रजभाषा में उपलब्ध होती हैं। 'हितचौरासी' की रचना गोस्वामी हित हरिवंश ने की। ये राधावल्लभ सम्प्रदाय के समर्थक थे। मीराबाई ब्रजभाषा की प्रसिद्ध एवं एकमात्र कवयित्री हैं। माधुर्यभाव से उपासना क़रना इन्हें पसन्द था।

'युगल शतक' का कृष्ण काव्य परम्परा में नाम आदर के साथ लिया जाता है। इसकी रचना श्री भट्ट ने की है। भारतेन्दु हरिश्चन्द्र, रत्नाकर आधुनिक काल के प्रमुख ब्रजभाषी कवि हैं। 'उद्धवशतक' की रचना रत्नाकर ने की। यह आधुनिक ब्रजभाषा का उत्तम ग्रन्थ है। ब्रजभाषा पश्चिमी हिन्दी की प्रमुख बोली है, परन्तु अपनी साहित्यिक समृद्धि के कारण मध्यकाल में यह भाषा के पद पर प्रतिष्ठित हो गई थी। रत्नाकर जी की मान्यता थी कि शौरसेनी क्षेत्र की भाषाओं की विशेषता शब्दों का उकारान्त होना है। पूर्व में यह भाषा बंगाल, असम, गुजरात, दक्षिण महाराष्ट्र, काठियावाड़, उत्तर में पंजाब तक फैली थी, परन्तु आधुनिक काल के आते-आते ब्रजभाषा कुछ ही क्षेत्रों तक सीमित रह गई।

रायकृष्णदास कृत ब्रजरस (1936 ई.) जगदम्बा प्रसाद हितैषी द्वारा रचित 'कवित सवैये' और दुलारेलाल भार्गव की दुलारे दोहावली भी इस काल की रचनाएँ हैं। वियोगी हरि की ब्रजभाषा कृतियों में वीर सतसई (1927 ई.) का प्रमुख स्थान है। यह राष्ट्रीय भावना की श्रेष्ठ कृति है। बालकृष्ण शर्मा 'नवीन' ने ब्रजभाषा में अनेक स्फुट रचनाएँ लिखी हैं किन्तु इनके कृतित्व का वैशिष्ट्य 'उर्मिला' महाकाव्य के पाँचवें सर्ग में लक्षित होता है। इसमें विरहिणी नायिका की मनोदशा का मर्मस्पर्शी चित्रण हुआ है। यथा

वे स्वप्निल रतियाँ मधुर, वे बतियाँ चुपचाप।
है विलीन हिय में बनी आज विछोह विलाप।।
साजन संस्मृति नेह की, खटकि खटकि रह जाय।
अटकि अटकि आँसू झरें, भरे हृदय निरुपाय।।

अनूप शर्मा कृत 'फेरि मिलिबै' (1938 ई.) में कुरुक्षेत्र में राधा-कृष्ण के पुनर्मिलन का वर्णन है। यह श्रीमद्भागवद्पुराण के सम्बद्ध प्रसंग पर आधारित है। इसमें कथानक 75 प्रसंगों में विभाजित है तथा गद्य व पद्य दोनों ब्रजभाषा को अपनाया गया है। काव्य भाषा के रूप में ब्रजभाषा का विशुद्ध प्रयोग 16वीं शताब्दी के प्रारम्भ से ही मिलता है। अष्टछाप के कवियों द्वारा भी इस भाषा को लोकप्रियता व साहित्यिकता प्राप्त हुई। डॉ. ब्रजशेखर वर्मा स्पष्ट करते हैं कि "भाषा की दृष्टि से 'अष्टछाप' के कवियों से पहले ब्रजभाषा में रचना करने वाले किसी कवि का परिचय इतिहास में नहीं मिलता है। नामदेव की ब्रजभाषा परिवर्तित रूप में हमारे सामने आती है। अतः अष्टछाप का प्रथम वर्ग ही ब्रजभाषा का आदि कवि वर्ग है और उसमें भी सबसे अधिक श्रेय सूर को है।" सूरदास जी ने ब्रजभाषा को इतना लोकप्रिय बनाया कि तुलसीदास जी जो कि अवधी भाषा के श्रेष्ठ कवि हैं, उन्हें भी ब्रजभाषा में काव्य रचना करने के लिए विवश होना पड़ा।

तुलसीदास जी ने गीतावली, विनयपत्रिका, कवितावली में भी ब्रजभाषा का प्रयोग किया है। नरोत्तमदास कृत 'सुदामाचरित' व नाभादास कृत 'भक्तमाल' में सुन्दर साहित्यिक ब्रजभाषा का प्रयोग किया है। रामचन्द्रिका, रसिकप्रिया, कविप्रिया आदि कृतियाँ केशवदास रचित ब्रजभाषा में ही हैं। ब्रजभाषा अपने क्षेत्र के बाहर भी अति लोकप्रिय रही। रीतिकालीन कवि बिहारी, घनानन्द, रसखान, देव, मतिराम, सेनापति, भूषण, पद्माकर एंव अन्य सैकड़ों कवियों ने ब्रजभाषा में काव्य रचना की। हिन्दी की किसी भी भाषा को इतनी प्रतिष्ठा नहीं मिली जितनी कि ब्रजभाषा को। सिखों के दसवें गुरु ने भी ब्रजभाषा में अपनी रचनाएँ लिखीं। ब्रजभाषा ने लगभग 600 वर्षो तक हिन्दी काव्य पर शासन किया है।

साहित्यिक हिन्दी के रूप में खड़ी बोली का उदय एवं विकास

'खड़ी बोली' शब्द का प्रयोग दो अर्थों में होता है : एक तो साहित्यिक हिन्दी खड़ी बोली के अर्थ में और दूसरे, दिल्ली-मेरठ के आसपास की लोक बोली के अर्थ में। यहाँ दूसरे अर्थ में ही इस शब्द का प्रयोग किया जा रहा है। इसी अर्थ में 'कौरवी' का भी प्रयोग कुछ लोग करते हैं। 'खड़ी बोली' में 'खड़ी' शब्द का अर्थ विवादास्पद है। कुछ लोगों ने 'खड़ी' का अर्थ 'खरी' (pure) अर्थात शुद्ध माना है, तो दूसरों ने 'खड़ी' (standing) कुछ अन्य लोगों ने इसका संबंध खड़ी बोली में अधिकता से प्रयुक्त खड़ी पायी 'ा' (गया, बड़ा, का) तथा उसके ध्वन्यात्मक प्रभाव कर्कशता से जोड़ा है। यों, अभी तक यह प्रश्न अनिश्चित है। खड़ी बोली या कौरवी का उद्भव शौरसेनी अपभ्रंश के उत्तरी रूप से हुआ है तथा इसका क्षेत्र देहरादून का मैदानी भाग, सहारनपुर, मुजफ्फरनगर, मेरठ, दिल्ली का कुछ भाग, बिजनौर, रामपुर तथा मुरादाबाद है। लोक-साहित्य की दृष्टि से खड़ी बोली बहुत सम्पन्न है और इसमें पवाड़ा, नाटक, लोककथा, लोकगीत आदि पर्याप्त मात्रा में मिलते हैं। इनका काफी अंश प्रकाशित भी हो चुका है। हिन्दी, उर्दू, हिन्दुस्तानी तथा दक्खिनी एक सीमा तक खड़ी बोली पर आधारित हैं।

प्राचीन अपभ्रंश की कविता में ही खड़ी बोली का रूप दिखाई देने लगा था। अवधी और ब्रज के समान प्राचीन होने पर भी उसे मध्य कालीन साहित्य में उचित स्थान नहीं मिला। कारण चाहे इसे भक्ति का अवलम्वता का ही क्यों न हो। खड़ी बोली सामान्यतः एक बहुत बड़े क्षेत्र की व्यावहारिक बोलचाल की भाषा थी। दक्षिणाचार्य चिनहोद्योतन के ग्रंथ 'कुवलयमाला कथा' में इसके रूप की झलक प्रथमतः मिलती है। खड़ी बोली का सबसे शुद्ध और परिष्कृत रूप अमीर खुसरो की कविता में मिलता है। खुसरो का समय 1255-1315 ई. के मध्य माना जाता है। खुसरो से इतर कबीरादि निर्गुणी संतों की रचना में खड़ी बोली के दर्शन होते हैं। अकबर कालीन कवि गंग भाट ने 'चंद छंद बरनन की महिमा' नामक एक गद्य-ग्रंथ लिखा था। आरंभ में इस भाषा को हिन्दी की भाषा कहा जाता था। संवत् 1738 में राम प्रसाद निरंजनी कृत 'भाषा योग-वशिष्ठ' मानक ग्रंथ बहुत साफ सुथरी खड़ी बोली में लिखा हुआ है। पंडित दौलतराम ने 'पदम पुराण' का खड़ी बोली में अनुवाद किया। इसके लगभग पचास वर्ष उपरांत हिन्दी के क्षेत्र में लल्लू लाल, इंशा अल्ला-खाँ आदि ने कहानियाँ लिखी।

खड़ी बोली : जनता की भाषा

यदि मध्य-युग की धार्मिक परिस्थिति ब्रज भाषा के उत्कर्ष में सहायक हुई, तो राजनैतिक परिस्थिति ने खड़ी बोली को प्रोत्साहित किया। मुस्लिम वर्ग के साथ, उर्दू के साथ, यह चारों तरफ व्याप्त हो गई। राजनीति के क्षेत्र में ब्रजभाषा का साहित्यिक महत्त्व घटने लगा। आधुनिक काल में खड़ी बोली

की इतनी आशातीत उन्नति का प्रधान कारण–उसका गद्य रहा। क्योंकि खड़ी बोली एक विशाल प्रदेश की संपर्क-भाषा पहले से थी, इसलिए इसके गद्य को तीव्र गति से फैलने में अधिक समय नहीं लगा। इस काल का साहित्य जन-साधारण की वस्तु बन गया। साहित्य जन समाज के मानस में अवस्थित हुआ। रूढ़िग्रस्त भाषाओं का पराभव हुआ।

खड़ी बोली–गद्य का प्रचार

अंग्रेजों के शासनाधीन होने के पश्चात् सन् 1856 के बाद मध्यदेश की भाषा खड़ी बोली पर शासन परिवर्तन का प्रभाव पड़ा खड़ी बोली की प्रचुरता बढ़ने लगी। ब्रजभाषा का महत्त्व घटा।

- शासन कार्य के सुचारू संचालन हेतु अंग्रेजों को गद्य की आवश्यकता प्रतीत हुई। फलस्वरूप फोर्ट विलियम कॉलेज के अंग्रेज अधिकारियों की प्रेरणा से लल्लू लाल जी ने खड़ी बोली का तथाकथित सर्वप्रथम प्रयोग 'प्रेमसागर' लिखकर किया।
- खड़ी बोली की सशक्तता इतनी अधिक थी कि उस समय यह समूचे उत्तर भारत की लोक भाषा बन गई।
- साहित्यिक क्षेत्र में भारतेन्दु के प्रभाव से और धार्मिक क्षेत्र में स्वामी दयानंद सरस्वती के प्रभाव से खड़ी बोली गद्य का प्रचार प्रसार हुआ। 19वीं सदी के अंत तक हिन्दी काव्य की भाषा 'ब्रज' एवं गद्य की भाषा 'खड़ी बोली' हो गई।
- शिक्षा, प्रसार, मुद्रणकाल और पत्र-पत्रिकाओं के प्रचार से काव्य-भाषा 'ब्रज' और नागरिक जनता की भाषा 'खड़ी बोली' के बीच का यह अंतर जनता को असह्य हो उठा। फलस्वरूप महावीर प्रसाद द्विवेदी एवं अयोध्या प्रसाद खत्री ने ब्रजभाषा के विरुद्ध विद्रोह का स्वर उठाया।
- ब्रजभाषा का अभिव्यक्त-क्षेत्र अत्यंत सीमित और संकुचित था। शृंगार ही शृंगार के कोमल मधुर भाव! नवजागरण के साथ अनेक सामाजिक, सांस्कृतिक और राजनैतिक समस्याएं खड़ी हो गईं, जिनकी अभिव्यक्ति हेतु ब्रजभाषा में कोई परम्परा नहीं थी।

मानक हिन्दी का भाषा वैज्ञानिक विवरण (रूपगत)

शिक्षित वर्ग द्वारा, शिक्षित वर्ग के लिए भाषा का जो सामान्यीकृत आदर्श तैयार होता है उसे भाषा का मानक रूप कहते हैं। यह स्वरूप, शिक्षा, संचार माध्यमों और सरकारी कामकाज में प्रतिष्ठित होता है। मानक भाषा को व्यापक रूप से सामाजिक मान्यता प्राप्त होती है। इस का क्षेत्र बोली के क्षेत्र से बड़ा होता है। यह किसी एक बोली के आधार पर विकसित किया जाता है। परन्तु अपने विकास में अनेक बोलियों का मिश्रण हो जाता है और क्रमशः अपनी मूल बोली से भी अंशों में दूर हो जाता है। इस तरह इसका स्वतंत्र अस्तित्व बन जाता है। उदाहरण स्वरूप खड़ी बोली का क्षेत्र मेरठ और बिजनौर का रहा। किन्तु व्यापकता के कारण अक्षर योजना एवं व्याकरण में परिवर्तन हुआ।

- देवनागरी लिपि का यह गुण है कि वह उच्चारण के अनुसार हिन्दी भाषा को अंकित करने में पूर्णतया समर्थ है। इससे उच्चारणगत एकरूपता लाने में सहायता मिलती है साथ ही स्थिरता एवं सुव्यवस्था आ गई।
- व्याकरण का भाषा के मानकीकरण में आवश्यक योगदान होता है। महावीर प्रसाद द्विवेदी की प्रेरणा से कामता प्रसाद गुरू ने व्याकरण का निर्माण किया।
- केन्द्रीय हिन्दी निदेशालय ने नागरी लिपि और अंकों में एकरूपता लाने हेतु उपयोगी सुझाव प्रसारित किये हैं। शिक्षा के क्षेत्र में विश्वविद्यालयों का योगदान भी सराहनीय रहा। वैज्ञानिक और तकनीकी शब्दावली आयोग ने विज्ञान, आयुर्विज्ञान, अभियांत्रिकी, मानविकी आदि विश्वविद्यालीय विषयों पर अनेक शब्दावलियों को प्रकाशित करके उच्चतम् शिक्षा में हिन्दी के प्रयोग में भारी सहायता पहुंचाई है–गैर सरकारी स्तर पर हिन्दी के मानकीकरण में सिनेमा, रेडियो, पत्र-पत्रिकाओं, छापेखानों और उनसे निकलने वाली असंख्य पुस्तकों ने सहायता पहुंचाई।
- वर्तनी का मानकीकरण किया गया।
- शब्दावली का मानकीकरण किया।
- व्याकरण निश्चित किया।

शब्द रचना : हिन्दी में शब्द रचना के चार प्रकार हैं– सन्धि द्वारा, समास द्वारा, उपसर्ग द्वारा, प्रत्यय द्वारा।

◆ **सन्धि**–दो शब्दों के जोड़ पर मेल और उसी मेल के कारण होने वाला परिवर्तन सन्धि कहलाता है।

यथा सत् + चरित्र = सच्चरित्र

देव + ऋषि = देवर्षि

रमा + ईश = रमेश

◆ **समास**–दो या अधिक शब्दों के बीच के गौण शब्दों को हटाकर, जोड़ देना समास कहलाता है।

यथा राजा का पुरुष = राजपुरुष

राजा का कुमार = राजकुमार

◆ **उपसर्ग**–शब्द के पूर्व जुड़ने वाला अक्षर उपसर्ग कहलाता है।

यथा अति, अनु, परि, सम

उदाहरण अतिसुन्दर, अनुपम, परिणाम, समकारी, समभाग, प्रहार, प्रांजल।

◆ **प्रत्यय**–शब्द के अन्त में जुड़ने वाला अक्षर प्रत्यय कहलाता है।

यथा त्व, पन, इन आदि।

उदाहरण महत्त्व, लड़कपन, मालकिन।

◆ **लिंग**–नर-मादा बताने वाले विधान या रूप को लिंग कहते हैं। हिन्दी में लिंग के दो रूप मिलते हैं पुल्लिंग व स्त्रीलिंग। प्रत्यय जोड़कर पुल्लिंग को स्त्रीलिंग में बदला जा सकता है

यथा मालिक-मालकिन (इन प्रत्यय जोड़कर)

◆ **वचन**–हिन्दी में केवल दो ही वचन पाए जाते हैं एकवचन व बहुवचन। द्विवचन बहुवचन के अन्तर्गत है। प्रत्यय जोड़कर बहुवचन बनाए जाते हैं।

जैसे लटकन, घोरन, बालकन।

हिन्दी की बोलियाँ–वर्गीकरण तथा क्षेत्र

हिन्दी भाषा का क्षेत्र हिमाचल प्रदेश, पंजाब का कुछ भाग, हरियाणा, राजस्थान, दिल्ली, उत्तर प्रदेश, उत्तराखंड, छत्तीसगढ़, झारखंड, मध्य प्रदेश तथा बिहार है, जिसे हिन्दी (भाषी) प्रदेश कहते हैं।

इस पूरे क्षेत्र में हिन्दी की पांच उपभाषाएं हैं, जिनके अंतर्गत मुख्यतः 10 बोलियां हैं:

भाषा	*उपभाषाएं*	*बोलियां*
हिन्दी	1. पश्चिमी हिन्दी	1. खड़ी बोली या कौरवी, 2. ब्रजभाषा 3. हरियाणी, 4. बुंदेली, 5. कन्नौजी
	2. पूर्वी हिन्दी	1. अवधी, 2. बघेली, 3. छत्तीसगढ़ी
	3. राजस्थानी	1. पश्चिमी राजस्थानी (मारवाड़ी), 2. पूर्वी राजस्थानी (जयपुरी), 3. उत्तरी राजस्थानी (मेवाती), 4. दक्षिणी राजस्थानी (मालवी)
	4. पहाड़ी	1. पश्चिमी पहाड़ी, 2. मध्यवर्ती पहाड़ी (कुमाऊंनी-गढवाली),
	5. बिहारी	1. भोजपुरी, 2. मगही, 3. मैथिली

खड़ी बोली

'खड़ी बोली' शब्द का प्रयोग दो अर्थों में होता है: एक तो साहित्यिक हिन्दी खड़ी बोली के अर्थ में और दूसरे, दिल्ली-मेरठ के आसपास की लोक बोली के अर्थ में। यहाँ दूसरे अर्थ में ही इस शब्द का प्रयोग किया जा रहा है। इसी अर्थ में 'कौरवी' का भी प्रयोग कुछ लोग करते हैं। 'खड़ी बोली' में 'खड़ी' शब्द का अर्थ विवादास्पद है। कुछ लोगों ने 'खड़ी' का अर्थ 'खरी' (Pure) अर्थात् शुद्ध माना है, तो दूसरों ने 'खड़ी' (Standing)। कुछ अन्य लोगों ने इसका संबंध खड़ी बोली में अधिकता से प्रयुक्त खड़ी पायी 'ा' (गया, बड़ा, का) तथा उसके ध्वन्यात्मक प्रभाव कर्कशता से जोड़ा है। यों, अभी तक यह प्रश्न अनिश्चित है। खड़ी बोली या कौरवी का उद्‌भव शौरसेनी अपभ्रंश के उत्तरी रूप से हुआ है तथा इसका क्षेत्र देहरादून का मैदानी भाग सहारनपुर, मुजफ्फरनगर, मेरठ, दिल्ली का कुछ भाग, बिजनौर, रामपुर तथा मुरादाबाद है। लोक-साहित्य की दृष्टि से खड़ी बोली बहुत संपन्न है और इसमें पवाड़ा, नाटक, लोककथा, लोकगीत आदि पर्याप्त मात्रा में मिलते हैं। इनका काफी अंश प्रकाशित भी हो चुका है। हिन्दी, उर्दू, हिंदुस्तानी तथा दक्खिनी एक सीमा तक खड़ी बोली पर आधारित हैं।

ब्रजभाषा

ब्रज का पुराना अर्थ 'पशुओं' या 'गौओं का समूह' या 'चरागाह' आदि है। पशुपालन के प्राधान्य के कारण यह क्षेत्र ब्रज कहलाया, और इसी आधार पर इसकी बोली ब्रजभाषा कहलायी। इसका विकास शौरसेनी अपभ्रंश के मध्यवर्ती रूप से हुआ है। ब्रजभाषा आगरा, मथुरा, अलीगढ़, धौलपुर, मैनपुरी, एटा, बदायूं, बरेली तथा आसपास के क्षेत्रों में बोली जाती है। साहित्य और लोकसाहित्य दोनों ही दृष्टियों से ब्रजभाषा बहुत संपन्न है। हिन्दी प्रदेश के बाहर भी भारत के अनेक क्षेत्रों में ब्रजभाषा में साहित्य-रचना होती रही है। सूरदास, तुलसीदास, नंददास, रहीम, रसखान, बिहारी, देव, रत्नाकर आदि इसके प्रमुख कवि हैं।

हरियाणी

'हरियाना' शब्द की व्युत्पत्ति विवादास्पद है। हरि + यान (कृष्ण का यान इधर से ही द्वारका गया था), हरि + अरण्य (हरा वन) तथा अहीर + आना (राजपूताना, तिलंगाना की तरह) आदि कई मत दिये गये हैं, किंतु कोई भी सर्वमान्य नहीं है। हरियाणी का विकास उत्तरी शौरसेनी अपभ्रंश के पश्चिमी रूप से हुआ है। खड़ी बोली, अहीरवाटी, मारवाड़ी, पंजाबी से घिरी इस बोली को कुछ लोग खड़ी बोली का पंजाबी से प्रभावित रूप मानते हैं। इसका क्षेत्र मोटे रूप से हरियाणा तथा दिल्ली का देहाती भाग है। हरियाणी में केवल लोकसाहित्य है, जिसका कुछ अंश मुद्रित भी है।

बुंदेली

बुंदेले राजपूतों के कारण मध्यप्रदेश तथा उत्तरप्रदेश की सीमारेखा के झांसी, छतरपुर, सागर आदि तथा आसपास के भाग को बुंदेलखंड कहते हैं। वहीं की बोली बुंदेली या बुंदेलखंडी है। इसका क्षेत्र झांसी, जालौन, हमीरपुर, ग्वालियर, ओरछा, सागर, नृसिंहपुर, सिवनी, होशंगाबाद तथा आसपास का क्षेत्र है। बुंदेली का विकास शौरसेनी अपभ्रंश से हुआ है। बुंदेली में लोकसाहित्य काफी है, जिसमें ईसुरी के फाग बड़े प्रसिद्ध हैं। कहा जाता है कि हिन्दी प्रदेश की प्रसिद्ध लोकगाथा 'आल्हा', जिसे हिन्दी साहित्य में भी स्थान मिला है, मूलतः बुंदेली की एक उपबोली बनाफरी में लिखी गयी थी।

कन्नौजी

कन्नौज (संस्कृत कान्यकुब्ज) इस बोली का केंद्र है, अतः इसका नाम कन्नौजी पड़ा है। यह इटावा, फर्रुखाबाद, शाहजहांपुर, कानपुर, हरदोई, पीलीभीत आदि में बोली जाती है। कन्नौजी भी शौरसेनी अपभ्रंश से ही निकली है। यह ब्रजभाषा से इतनी अधिक समान है कि कुछ लोग इसे ब्रजभाषा की ही एक उपबोली मानते हैं। कन्नौजी में केवल लोकसाहित्य मिलता है, जिसमें से कुछ अंश प्रकाशित भी हो चुका है।

अवधी

इस बोली का केंद्र अयोध्या है। 'अयोध्या' का ही विकसित रूप 'अवध' है, जिससे 'अवधी' शब्द बना है। इसके उद्‌भव के संबंध में विवाद है। अधिकांश विद्वान इसका संबंध अर्धमागधी अपभ्रंश से मानते हैं, किंतु कुछ लोग इससे पाली की समानता के आधार पर इस मत को नहीं मानते। अवधी का क्षेत्र लखनऊ, इलाहाबाद, फतेहपुर, मिर्जापुर (अंशतः), उन्नाव, रायबरेली, सीतापुर, फैजाबाद, गोंडा, बस्ती, बहराइच, सुल्तानपुर, प्रतापगढ़, बाराबंकी आदि है। अवधी में साहित्य तथा लोकसाहित्य दोनों ही पर्याप्त मात्रा में हैं। इसके प्रसिद्ध कवि मुल्ला दाऊद, कुतुबन, जायसी, तुलसीदास, उस्मान, सबलसिंह आदि हैं।

बघेली

बघेले राजपूतों के आधार पर रीवा तथा आसपास का इलाका बघेलखंड कहलाता है, और वहाँ की बोली को बघेलखंडी या बघेली कहते हैं। बघेली का उद्‌भव अर्धमागधी अपभ्रंश के ही एक क्षेत्रीय रूप से हुआ है। यद्यपि जनमत इसे अलग बोली मानता है, किंतु भाषा वैज्ञानिक स्तर पर यह अवधी की ही एक उपबोली ज्ञात होती है और इसे दक्षिणी अवधी कह सकते हैं। इसका क्षेत्र रीवां, नागौद, शहडोल, सतना, महर तथा आसपास का क्षेत्र है। कुछ अपवादों को छोड़ कर बघेली में केवल लोकसाहित्य है।

छत्तीसगढ़ी

मुख्य क्षेत्र छत्तीसगढ़ होने के कारण इसका नाम छत्तीसगढ़ी पड़ा है। अर्धमागधी अपभ्रंश के दक्षिणी रूप से इसका विकास हुआ

है। इसका क्षेत्र सरगुजा, कोरिया, बिलासपुर, रायगढ़, खैरगढ़, रायपुर, दुर्ग, नंदगांव, कांकेर आदि है। छत्तीसगढ़ी में भी लोकसाहित्य है।

पश्चिमी राजस्थानी

राजस्थानी का यह रूप पश्चिमी राजस्थान अर्थात जोधपुर, अजमेर, किशनगढ़, मेवाड़, सिरोही, जैसलमेर, बीकानेर आदि में बोला जाता है। इसे मारवाड़ी भी कहते हैं। शौरसेनी अपभ्रंश से इसका विकास हुआ है। मारवाड़ी में साहित्य तथा लोकसाहित्य दोनों ही पर्याप्त मात्रा में हैं। मीरा के पद इसी भाषा में हैं।

उत्तरी राजस्थानी

उत्तरी राजस्थान में इसका क्षेत्र अलवर, गुड़गांव, भरतपुर तथा आसपास है। मेओ जाति के इलाके मेवात के नाम पर इसे 'मेवाती' भी कहते हैं। इसकी एक मिश्रित बोली अहीरवाटी है, जो गुड़गांव, दिल्ली तथा करनाल के पश्चिमी क्षेत्रों में बोली जाती है। इस पर हरियाणी का बहुत प्रभाव है। मेवाती में केवल लोकसाहित्य है। उत्तरी राजस्थानी का उद्‌भव शौरसेनी अपभ्रंश से हुआ है।

पूर्वी राजस्थानी

राजस्थान के पूर्वी भाग में जयपुर, अजमेर, किशनगढ़ आदि में यह बोली जाती है। इसकी प्रतिनिधि बोली जयपुरी है, जिसका केंद्र जयपुर है। जयपुरी को 'ढूंढाणी' भी कहते हैं, क्योंकि इस क्षेत्र का नाम ढूंढाण है। शौरसेनी अपभ्रंश से विकसित इस बोली में केवल लोक-साहित्य है।

दक्षिणी राजस्थानी

इंदौर, उज्जैन, देवास, रतलाम, भोपाल, होशंगाबाद तथा इनके आसपास इसका क्षेत्र है। इसकी प्रतिनिधि बोली मालवी है, जिसका मुख्य क्षेत्र मालवा है। शौरसेनी अपभ्रंश से विकसित इस बोली में कुछ साहित्य तथा पर्याप्त लोकसाहित्य है।

पश्चिमी पहाड़ी

जौनसार, सिरमौर, शिमला, मंडी, चंबा तथा आसपास इसका क्षेत्र है। शौरसेनी अपभ्रंश से विकसित इस बोली में केवल लोक साहित्य है।

मध्यवर्ती पहाड़ी

शौरसेनी अपभ्रंश से विकसित इस बोली का क्षेत्र गढ़वाल, कुमाऊं तथा आसपास का कुछ क्षेत्र है। वस्तुतः यह गढ़वाली और कुमाऊंनी, इन दो बोलियों का ही सामूहिक नाम है। इन बोलियों में लोकसाहित्य तो पर्याप्त मात्रा में है, साथ ही कुछ साहित्य भी है।

भोजपुरी

बिहार के शाहाबाद जिले के भोजपुर गांव के नाम के आधार पर इस बोली का नाम 'भोजपुरी' पड़ा है। मागधी अपभ्रंश के पश्चिमी रूप से विकसित इस बोली का क्षेत्र बनारस, जौनपुर, मिर्जापुर, गाजीपुर, बलिया, गोरखपुर, देवरिया, आजमगढ़, बस्ती, शाहाबाद, चंपारन, सारन तथा आसपास का कुछ क्षेत्र है। हिन्दी प्रदेश की बोलियों में भोजपुरी बोलने वाले सबसे अधिक हैं। भोजपुरी में मुख्यतः लोकसाहित्य ही मिलता है, शिष्ट साहित्य बहुत कम है। भारतेंदु, प्रेमचंद, प्रसाद आदि इसी क्षेत्र के रहे हैं, किंतु साहित्य में इन्होंने इसका प्रयोग नहीं किया।

मगही

संस्कृत 'मगध' से विकसित शब्द 'मगह' पर इसका नाम आधारित है। मागधी अपभ्रंश से विकसित यह बोली पटना, गया, पलामू, हजारीबाग, मुंगेर, भागलपुर तथा उनके आसपास बोली जाती है। इसमें लोकसाहित्य काफी है। कुछ ललित साहित्य भी है।

मैथिली

मागधी अपभ्रंश के मध्यवर्ती रूप से विकसित यह बोली हिन्दी और बांग्ला क्षेत्र की संधि पर मिथिला में बोली जाती है। दरभंगा, मुजफ्फरपुर, सहरसा, पूर्णिया तथा मुंगेर आदि में इसका क्षेत्र है। लोकसाहित्य की दृष्टि में मैथिली बहुत संपन्न है, साथ ही इसमें साहित्य-रचना अत्यंत प्राचीन काल से होती चली आयी है। हिन्दी साहित्य को विद्यापति जैसे रससिद्ध कवि देने का श्रेय मैथिली को ही है। इनके अतिरिक्त ज्योतिरीश्वर ठाकुर, गोविंददास, उमानाथ, हरिमोहन झा आदि भी इनके अच्छे साहित्यकार हैं।

नागरी लिपि का विकास और उसका मानकीकरण

भारत की पुरातन लिपियों में सिंधुघाटी की लिपि, खरोष्ठी और ब्राह्मी लिपि प्रसिद्ध है। सिंधुघाटी सभ्यता की लिपि कुछ चित्राक्षर थी और कुछ ध्वन्याक्षर। सन् 400 ई॰पू॰ से पूर्व इस भाषा को भारत के उत्तर-पश्चिमी प्रदेश में व्यवहृत किया जाता था। खरोष्ठी लिपि का प्रचलन उत्तर-पश्चिमी भारत में एक हजार वर्ष तक रहा। यह दाहिनी से बाईं ओर लिखी जाती थी। इन दोनों लिपियों का देवनागरी से कोई प्रत्यक्ष सम्बन्ध नहीं रहा। व्यवहार में ब्राह्मी लिपि की प्रचलितता प्रमाणित होती है। डा॰ राजबली पाण्डेय का मत है कि ब्राह्मी का आविष्कार ब्रह्म या वेद की रक्षा के लिए हुआ था। ब्राह्मी लिपि के बहुत से अक्षर सिंधु घाटी की लिपि से मिलते-जुलते हैं।

देवनागरी का सर्वप्रथम प्रयोग गुजरात के राजा जयभट्ट (7वीं-8वीं शती ई॰) के एक शिलालेख में हुआ है। राष्ट्रकूट नरेशों और विजयनगर के राजाओं के राज्यकाल में इसका भरपूर प्रसार हुआ। इस समय यह लिपि हिन्दी प्रदेश के अतिरिक्त महाराष्ट्र और नेपाल में प्रचलित है। इसका वैदिक और संस्कृत वाङ्मय देवनागरी लिपि में उपलब्ध है।

गुजरात में सर्वप्रथम प्रचलित होने से वहाँ के पण्डित वर्ग अर्थात् नागर ब्राह्मणों के नाम से इसे नागरी कहा गया। देवभाषा संस्कृत में इसका प्रयोग होने से इसके साथ 'देव' शब्द जुड़ गया। देवताओं की उपासना के लिए जो संकेत बनाए जाते थे, उन्हें देवनगर कहते थे। वे संकेत लिपि के समान थे। वहीं से इसे 'देवनागरी' कहा जाने लगा।

देवनागरी लिपि पर प्रायः दोषारोपण होता रहा है कि इसमें वर्णों की संख्या अधिक है, परन्तु वास्तविकता तो यह है कि यहाँ वर्णमाला का वर्गीकरण अत्यन्त वैज्ञानिक है। इसके वर्ण सभी ध्वनियों को प्रस्तुत करने में सक्षम हैं। पूरी वर्णमाला पहले स्वर व फिर व्यंजन में वर्गीकृत है। स्वरों का वर्गीकरण भी एक स्वर वर्ण के पश्चात् दीर्घ वर्ण निश्चित है;

जैसे अ आ इ ई उ ऊ ऋ ए ऐ ओ औ अं अः

स्वर दीर्घ

व्यंजन वर्णों का वर्गीकरण कण्ठ्य, तालव्य, मूर्धन्य, दन्त्य, ओष्ठ्य, अन्तःस्थ, उष्म, संयुक्त व्यंजन व द्विगुण व्यंजनों के रूप में वर्गीकृत किया गया है। ऐसी विशेषता किसी अन्य लिपि में नहीं पाई जाती।

मानकीकरण

सन् 1996 में 'मानक देवनागरी वर्णमाला' प्रकाशित की गई। इसके अनुसार देवनागरी के जो वर्ग एक से अधिक रूपों में लिखे जाते थे, उनके स्थान पर प्रत्येक वर्ण का एक ही मानक रूप निर्धारित किया गया।

- 1967 में 'हिन्दी वर्तनी का मानकीकरण' नामक पुस्तिका प्रकाशित की।
- 1983 में केन्द्रीय हिन्दी निदेशालय की ओर से देवनागरी लिपि तथा हिन्दी वर्तनी का मानकीकरण का प्रकाशन हुआ।

हिन्दी प्रसार के आन्दोलन

भारत के संविधान में स्वीकृत भाषाओं की संख्या अठारह थी, जो अब बाईस हो गई हैं, जिनमें संघ की राजभाषा हिन्दी है, जिसकी लिपि देवनागरी है। इसके साथ ही, अनुच्छेद-351 के अनुसार हिन्दी भाषा का प्रसार करना, उसका विकास करना ताकि वह भारत की सामाजिक संस्कृति के तत्वों की अभिव्यक्ति का माध्यम हो सके, भारतीय भाषाओं के रूप, शैली और पदावली को आत्मसात करते हुए, जहाँ आवश्यक या वांछनीय हो वहाँ, उसके शब्द भंडार के लिए मुख्यतः संस्कृत से तथा गौणतः अन्य भाषाओं से शब्द ग्रहण करते हुये उसकी समृद्धि सुनिश्चित करना संघ का कर्तव्य होगा।

पहला शिक्षा आयोग सन् 1949 ई॰ में डॉ॰ सर्वपल्ली राधाकृष्णन की अध्यक्षता में 'विश्वविद्यालय आयोग' के नाम से नियुक्त हुआ। उसे 'राधाकृष्णन आयोग' के नाम से भी अभिहित किया गया। इस आयोग ने उच्चशिक्षा का माध्यम मातृ भाषा हो, इस पर विचार किया।

डा॰ ताराचंद की अध्यक्षता में एक उच्चस्तरीय समिति गठित की गई, जो संघीय राजभाषा के माध्यम पर विचार करने के लिए बनायी गई। इस समिति ने मातृभाषा के अतिरिक्त संघीय भाषा हिन्दी को उच्च बेसिक स्तर पर अनिवार्य करने की सिफारिश की।

- सन् 1952 में 'माध्यमिक शिक्षा आयोग' बना जिसके अध्यक्ष डॉ॰ लक्ष्मण स्वामी मुदालियार थे। इस आयोग ने मातृभाषा या क्षेत्रीय भाषा के प्रयोग पर बल दिया।
- सन् 1956 में केन्द्रीय शिक्षा परामर्शदात्री परिषद् ने त्रिभाषा-सूत्र का आविष्कार किया। इसने मातृभाषा हिन्दी और अंग्रेजी पर बल दिया।

प्रमुख व्यक्तियों तथा संस्थाओं का योगदान

गुजरात का सरदार पटेल विश्वविद्यालय (वल्लभ विद्यानगर) सबसे पहला विश्वविद्यालय था जिसने हिन्दी को उच्चस्तरीय शिक्षा का माध्यम बनाया था।

भारत में पुनर्जागरण की लहर बंगाल में तदंनतर उत्तर भारत में आयी। बंगाल में राजा राममोहन राय इसके कर्णधार बने और स्वभाषा प्रचार का कार्य किया।

उत्तर भारत में पुनर्जागरण का श्रेय स्वामी दयानंद सरस्वती को है। स्वामी जी ने अपनी मातृभाषा गुजराती और प्रत्यत्नलब्ध संस्कृत को छोड़कर हिन्दी द्वारा सुधार-आंदोलन चलाया और दर्जनों ग्रंथों का हिन्दी में प्रचलन किया। पुनर्जागरण की उस लहर में भारतेंदु हरिश्चंद्र युग के लेखक पूरी तरह से योगदान देते रहे। महावीर प्रसाद द्विवेदी, प्रेमचन्द, मैथिलीशरण गुप्त, श्रीधर पाठक आदि इसी युग की देन हैं।

इटली के भाषाविद् जान टी. प्लेट्स ने अपने व्याकरण में उर्दू को स्वतंत्र भाषा न मानकर हिंदुस्तानी ही माना है। इन विद्वानों के अतिरिक्त हिन्दी भाषा और साहित्य पर विचार करने वाले जॉन शेक्सपीयर, विलियम प्राइस, विलियम परे, जेम्स आर. वैलटाइन, सैड फोर्ट आनर्ट आदि हैं। इन सभी ने हिन्दी को स्वतंत्र भाषा मानते हुये उसे माध्यम के रूप में प्रचालित करने की सिफारिश की है। 'भाषा भास्कर' लिखने वाले रेवरैंड विलियम ऐथरिंगटन थे।

श्री राजगोपालाचारी दक्षिणी हिन्दी प्रचार सभा, मद्रास के संस्थापकों में थे।

हिन्दी के प्रचार में संलग्न प्रमुख संस्थायें

1. अखिल भारतीय हिन्दी संस्था संघ, दिल्ली–5 अगस्त, 1964
2. नागरी प्रचारणी सभा, काशी–1893
3. दक्षिण भारत हिन्दी प्रचार सभा, मद्रास–1918
4. केन्द्रीय सचिवालय हिन्दी परिषद्, नई दिल्ली–मई, 1980
5. महाराष्ट्र राष्ट्रभाषा सभा, पूना–1937
6. गुजरात विद्यापीठ, अहमदाबाद
7. राष्ट्रभाषा प्रचार समिति, बर्धा–1936
8. केरल हिन्दी प्रचार सभा, तिरूअनन्तपुरम–1934
9. बिहार राष्ट्रभाषा परिषद्, पटना–1947
10. असम राष्ट्रभाषा प्रसार समिति, गुवाहाटी–1954
11. मणिपुर हिन्दी परिषद्, इम्फाल–1953
12. प्रगतिशील लेखक संघ, लखनऊ–1936
13. हिन्दी साहित्य सम्मेलन, प्रयाग–1910
14. सरस्वती पत्रिका–चिंतामणि घोष द्वारा संस्थापित–1900
15. परिमल–1935
16. दक्षिण भारत हिन्दी प्रचार संस्था, मद्रास में–गांधी जी द्वारा स्थापित–1915
17. संगीत नाटक अकादमी–1953
18. राष्ट्रीय नाटक अकादमी–1959
19. साहित्य अकादमी–1955
20. IPTA (Indian Peoples Theatre Association) 1942
21. हिन्दी भाषा संवर्द्धनी सभा, अलीगढ़
22. अखिल भारतीय संगीत परिषद्–1919
23. फोर्ट विलियम कॉलेज–1801 ई॰

राजभाषा के रूप में हिन्दी

राजकाज संचालन हेतु किसी न किसी भाषा की आवश्यकता पड़ती है। स्वतंत्रता के बाद राजसत्ता जनता के हाथ में आ गई। लोकतांत्रिक व्यवस्था में यह आवश्यक हो गया कि देश का राजकाज, लोक की भाषा में हो, अतः राजभाषा के रूप में हिन्दी को स्वीकार किया गया। 14 सितम्बर, 1949 ई॰ को भारत के संविधान में हिन्दी को मान्यता प्रदान की गई।

संविधान की धारा 120 के अनुरूप संसद का कार्य हिन्दी में या अंग्रेजी में किया जाता है।

धारा 210 के अंतर्गत राज्यों के विधानमंडलों का कार्य अपने-अपने राज्य की राजभाषा या हिन्दी में या अंग्रेजी में किया जा सकता है।

धारा 343–संघ की राजभाषा हिन्दी और लिपि देवनागरी होगी और अंकों का रूप भारतीय अंकों का अंतर्राष्ट्रीय रूप होगा।

धारा 344–राष्ट्रपति द्वारा निर्धारित किया जाएगा कि कौन-2 से शासकीय कार्यों हेतु हिन्दी का प्रयोग अधिकाधिक किया जाये। 345, 346, 347, 348, 349, 350, 351 आदि सभी में राजभाषा के विकास और प्रसार का वर्णन है।

राजभाषा आयोग 1955

इसकी मुख्य अनुशंसाएं निम्नलिखित हैं :

- संसद व विधानमण्डलों में हिन्दी और प्रादेशिक भाषाओं का व्यवहार होना चाहिए।
- चौदह वर्ष की उम्र तक भारत के प्रत्येक छात्र को हिन्दी का ज्ञान करा देना चाहिए।
- हिन्दी क्षेत्र के विद्यार्थियों को एक और भाषा विशेषतः दक्षिण भारत की भाषा, अनिवार्य रूप से सीखनी चाहिए।
- हिन्दी सर्वाधिक बोली व समझी जाने वाली भाषा है, यही सारे भारत का एक माध्यम है।
- भारत सरकार के प्रकाशन अधिक-से-अधिक हिन्दी में हों।
- प्रतियोगी परीक्षाओं में हिन्दी एक अनिवार्य प्रश्न-पत्र रखा जाए।

हिन्दी भाषा प्रयोग के विविध रूप

बोली

हिन्दी मूलतः हिन्दीभाषी क्षेत्र अर्थात् हिमाचल प्रदेश, हरियाणा, दिल्ली, उत्तराखंड, उत्तर प्रदेश, बिहार, झारखंड, मध्य प्रदेश और छत्तीसगढ़ की राज्य भाषा है। इन क्षेत्रों की अपनी-अपनी बोलियाँ हैं। आदिवासियों की बोलियाँ तो अपना स्वतंत्र अस्तित्व रखती हैं। हिन्दी क्षेत्र की प्रमुख बोलियाँ हैं–कुमायूँनी, गढ़वाली, हिमाचली, हरियाणवी, खड़ी बोली, ब्रजी, अवधी, बघेली, बुंदेलखंडी और भोजपुरी। इन बोलियों की अनेक उप-बोलियाँ हैं। कहा जाता है कि दस कोस पर भाषा बदल जाती है। प्रश्न है कि इस बहु बोली समूह को हम हिन्दी क्यों कहते हैं? या दूसरे शब्दों में, हम इन्हें हिन्दी के अंतर्गत क्यों मानते हैं?

ऐसा इसलिए कि इनका व्याकरणिक रूप थोड़ी-बहुत भिन्नता के बावजूद समान है। इनकी शब्दावली भी अधिकांशतः समान है। इन बोलियों और उप-बोलियों का व्यवहार करने वाले एक-दूसरे की बोली समझ लेते हैं। सबसे महत्त्वपूर्ण बात यह है कि इनमें परम्परा से केन्द्रोन्मुख भाषा में साहित्य रचा जाता रहा है। इस क्षेत्र में ब्रजी और अवधी दो प्रमुख विख्यात साहित्यिक भाषाएँ रही हैं, जिनमें विश्वस्तरीय समृद्ध साहित्य रचा गया है।

मानक हिन्दी का क्षेत्रीय बोलियों से कोई विरोध नहीं है, उलटे ये बोलियाँ हिन्दी के क्रमिक विकास में सहयोग ही करती आई हैं। इतने बड़े भाषा क्षेत्र में कभी-कभी विवाद उठना स्वाभाविक भी है।

आज की मानक हिन्दी का आधार खड़ी बोली है, जो पश्चिमी क्षेत्र की है। इस खड़ी बोली में हिन्दी की अन्य बोलियों ने अपना योगदान करके उसके मानक रूप का निर्माण किया है।

भाषा व बोली में अन्तर

- भाषा के अन्तर्गत एक से अधिक बोलियों का समावेश होता है परन्तु एक से अधिक भाषाओं से अपना सम्बन्ध सिद्ध नहीं कर सकती।
- एक भाषा की बोलियों के बीच बोधगम्यता होती है परन्तु दो भाषाओं के बीच यह सम्भव नहीं।
- भाषा अपने सम्बद्ध भौगोलिक क्षेत्र में शिक्षा का माध्यम होती है : जैसे–तमिल भाषा केवल तमिलनाडु में ही प्रचलित है। बोली शिक्षा का माध्यम नहीं हो सकती।
- भाषा से ही बोली का निर्माण होता है, बोली से भाषा नहीं बनती।

मानक भाषा

मानक भाषा वह भाषा होती है जिसका मानकीकरण किया गया हो। हिन्दी की अनेक बोलियाँ व उपबोलियाँ हैं जिनमें खड़ी बोली को मानक हिन्दी नाम दिया गया है। इसी खड़ी बोली हिन्दी में शिक्षा का प्रचार-प्रसार होता है। इस खड़ी बोली के अन्तर्गत अन्य क्षेत्रीय बोलियाँ समाविष्ट नहीं है।

भाषा के प्रचार और प्रसार के साथ उसके मौलिक रूप में विभिन्नता व अनेकरूपता उत्पन्न हो जाती है। कहीं-कहीं शब्दों के अर्थ में भी अंतर आ जाता है और वर्ण-रचना में भी बदलाव आ जाता है। जैसे भाषा में अ–त्र्र, झ–भ, क्त–क्त, द्व–द्व आदि रूप भ्रम उत्पन्न कर देते हैं।

वाक्य-संरचना के कारण भी भाषा के स्वरूप के कारण भ्रम उत्पन्न हो जाता है। ऐसी स्थिति में शिक्षित एवं विशिष्टजन द्वारा जिस रूप का प्रयोग किया जाता है, उसे भाषा का मानक रूप कहा जाता है। रेडियो, दूरदर्शन द्वारा जिस स्वरूप का प्रयोग होता है, वही मानक रूप माना जाता है। भारत सरकार द्वारा प्रतिपादित हिन्दी का रूप ही मानक रूप कहलाता है।

सम्पर्क भाषा

सम्पर्क भाषा वह भाषा है जो हमें अन्य लोगों के सम्पर्क में लाए। वर्तमान में अंग्रेजी सम्पर्क भाषा का काम कर रही है क्योंकि यदि हमें तमिल भाषा-भाषी व्यक्ति से सम्पर्क साधना है तो तमिल आनी चाहिए अन्यथा अंग्रेजी। हर जाति या देश की एक सम्पर्क भाषा होनी चाहिए एक ऐसी भाषा जो उस देश में कहीं चले जाने पर काम आए अर्थात् जिसका व्यवहार देशव्यापी हो। हिन्दी सम्पर्क भाषा का स्थान भारत में काफी लम्बे अरसे से ले रही है।

दक्षिण से आकर मध्वाचार्य, वल्लभाचार्य, निम्बार्काचार्य और अन्य आचार्य भारत में इसी भाषा के माध्यम से अपने धार्मिक विचारों का प्रचार करते रहे।

दक्षिण के तीर्थों—तिरुपति, मदुरै, कन्याकुमारी और रामेश्वरम् तक उत्तर भारत के लोग जाते थे तो हिन्दी से काम चलता था। वर्तमान में रेडियो, टी.वी., सिनेमा, समाचार पत्र-पत्रिकाएँ हिन्दी का बेहतर प्रचार-प्रसार कर रहे हैं। सभी प्रदेशों के लोग हिन्दी प्रदेशों में आकर सरकारी/प्राइवेट नौकरी करते हैं तथा वे शीघ्र ही हिन्दी का ज्ञान प्राप्त कर लेते हैं। इस प्रकार हिन्दी का सम्पर्क भाषा रूप उज्ज्वल हो रहा है।

स्वतंत्रता-आन्दोलन के समय महात्मा गाँधी, जवाहरलाल नेहरू आदि नेताओं ने भी जन समुदाय को हिन्दी भाषा के माध्यम से ही संबोधित किया। आज हिन्दी अपने विकसित रूप में सम्पर्क की भूमिका निभा रही है। दक्षिणी राज्यों में संपर्क भाषा हिन्दी माध्यम के द्वारा उत्तर भारत का यात्री दक्षिण भारतीयों के साथ बातचीत कर सकता है। इस प्रकार एक राज्य से दूसरे राज्य के तथा एक राज्य में भी अलग-अलग बोलियाँ बोलने वाले परस्पर संपर्क भाषा का प्रयोग करते हैं। बातचीत के अलावा जीवन के सामाजिक, धार्मिक, सांस्कृतिक आदि क्षेत्र में भी संपर्क भाषा का प्रयोग किया जाता है।

राजभाषा और राष्ट्रभाषा

राजभाषा का अर्थ है राजा या राज्य की भाषा—वह भाषा जिसमें शासक या शासन का काम होता है और राष्ट्र भाषा वह है जिसका व्यवहार राष्ट्र के सामान्य जन करते हैं। राजभाषा का क्षेत्र सीमित होता है। राष्ट्रभाषा सारे देश की संपर्क भाषा है। राष्ट्र भाषा के साथ जनता का भावात्मक लगाव रहता है क्योंकि उसके साथ जनसाधारण की सांस्कृतिक परम्परायें जुड़ी रहती हैं। राजभाषा के प्रति वैसा सम्मान हो तो सकता है, लेकिन नहीं भी हो सकता है, क्योंकि वह अपने देश की भी हो सकती है। किसी गैर देश से आए शासक की भी हो सकती है।

संविधान द्वारा स्वीकृत सरकारी कामकाज की भाषा राजभाषा कहलाती है। राजभाषा का प्रावधान संविधान की धारा 344 से 351 के अनुच्छेदों में वर्णित है। अनुच्छेद 343 में संघ की राजभाषा के रूप में हिन्दी व देवनागरी को लिपि के रूप में मान्यता मिली। भारतीय संविधान ने 14 सितम्बर, 1949 को हिन्दी को मान्यता दी। इसी कारण 14 सितम्बर को प्रतिवर्ष हिन्दी दिवस मनाया जाता है। अनुच्छेद 120 के अनुसार संसद का कार्य हिन्दी या अंग्रेजी में होगा। अनुच्छेद 210 के अनुसार प्रान्तों के राज्य विधानमण्डलों का कार्य राज्य की राजभाषा में या हिन्दी/अंग्रेजी में होगा।

अनुच्छेद 344 के अनुसार प्रारम्भ से 5 वर्ष की समाप्ति पर राष्ट्रपति एक आयोग गठित करेगा जो निश्चित की जाने वाली एक प्रक्रिया के अनुसार राष्ट्रपति को सिफारिश करेगा कि किन शासकीय प्रयोजनों के लिए हिन्दी का प्रयोग अधिकाधिक किया जा सकता है। साथ ही अंग्रेजी, न्यायालयों में प्रयुक्त होने वाली भाषा के स्वरूप, विभिन्न प्रयोजनों के लिए अंकों का रूप तथा संघ की राजभाषा तथा राज्य के बीच या एक-दूसरे राज्य के बीच भाषा सम्बन्धी सुझाव देगा।

संचार माध्यम एवं हिन्दी

गॅब[illegible] [illegible]ण्डरसन के अनुसार "वाणी, लेखन या संकेतों द्वारा [illegible]भिमतों या सूचना का विदिध विनिमय करना संचार क[illegible]ाता है।" संचार एक अर्थपूर्ण सन्देश है जिसमें एक व्यक्ति दूसरे व्यक्ति से सूचना का आदान-प्रदान करता है। संचार से सूचनाओं का आदान-प्रदान होने के साथ-साथ हमारा जनसम्पर्क बढ़ता है। हम एक-दूसरे को प्रभावित करते हैं, सूचनाएँ अधिक होने पर व्यक्ति अत्यधिक ज्ञानवान व शक्तिशाली होता है और वह ज्यादा-से-ज्यादा उच्च प्रस्थिति प्राप्त करता

है। संचार के माध्यम हैं–रेडियो, टीवी, इन्टरनेट, समाचार-पत्र, पुस्तकें, पत्रिकाएँ, पोस्टर, पैम्फलेट, वीडियो-ऑडियो, कैसेट डीवीडी, सीडी उपग्रह संचार आदि।

इन्टरनेट का उपयोग आज प्रायः जीवन के प्रत्येक क्षेत्र में हो रहा है। इस तकनीक का व्यापक उपयोग इलेक्ट्रॉनिक मेल के रूप में होता है। कम्प्यूटरों पर सन्देश टाइप करके इसे भेजने का काम, इसके द्वारा ही सम्पन्न होता है। इन्टरनेट सेवा का सर्वाधिक लाभ व्यापारियों, उद्यमियों, चिकित्सकों, शिक्षकों तथा वैज्ञानिक संस्थाओं को हुआ है। उद्यमियों और व्यापारियों को घर बैठे अन्तर्राष्ट्रीय बाजार का रुख का पता चल जाता है।

संचार के क्षेत्र में अत्याधुनिक संचार प्रणालियों का प्रयोग होने लगा है। सूचना प्रौद्योगिकी के प्रयोग से सूचना और सन्देश कम समय में अत्यधिक लोगों तक पहुँचाए जा सकते हैं। आधुनिक संचार प्रणाली की उपयोगिता सरकारी प्रशासन से लेकर कम्पनी प्रबन्धन, विपणन, बैंकिंग, बीमा, शिक्षा, घरेलू आँकड़ों के प्रोसेसिंग आदि तक फैली हुई है।

आज भारत अन्तरिक्ष विज्ञान तथा उपग्रह संचार के क्षेत्र में नई उपलब्धियाँ हासिल करते हुए आत्मनिर्भरता की ओर बढ़ रहा है। इनसेट उपग्रहों की शृंखला भारत के लिए मील का पत्थर साबित हुई है। इसने देश में आधुनिकतम सूचना प्रौद्योगिकी का विकास करने में मदद पहुँचाई है।

अभ्यास प्रश्न

1. हिन्दी भाषा की लिपि भारतीय संविधान में किसे स्वीकार किया गया है?

A. ब्राह्मी लिपि B. देवनागरी लिपि
C. गुरुमुखी लिपि D. चन्द्र लिपि

2. भाषा विज्ञान के अध्ययन को कहते हैं–

A. हिन्दी भाषा का अध्ययन
B. भाषा के स्वरूप का अध्ययन
C. भाषा तत्वों का अध्ययन
D. भाषा परिवार का अध्ययन

3. भाषा विज्ञान कौन-सा अध्ययन करता है?

A. पौराणिक B. सामाजिक
C. आर्थिक D. ऐतिहासिक

4. हिन्दी बोली भारत में कौन बोलते हैं?

A. हिन्दू लोग
B. भारत की अधिकांश जनता
C. मुस्लिम लोग
D. भारत की 30% जनता

5. हिन्दी का प्रयोग कहाँ पर अधिक होता है?

A. भारत के व्यापक भू-भाग में
B. श्रीलंका में
C. कनाड़ा में
D. भारत के सीमित भू-भाग में

6. किसी भी देश के अधिकांश जनसमूह द्वारा बोली जाने वाली भाषा क्या कहलाती है?

A. राष्ट्रभाषा B. राज्य भाषा
C. जनभाषा D. संपर्क भाषा

7. काशी नागरी प्रचारिणी सभा के संस्थापक कौन थे?

A. बाबू श्यामसुन्दर दास
B. रामचन्द्र शुक्ल
C. नंददुलारे वाजपेयी
D. श्यामसुन्दर दास

8. निम्न में से किस वर्ष 'हिन्दी उद्धारिणी प्रतिनिधि सभा' का गठन हुआ?

A. 1854 ई. B. 1884 ई.
C. 1875 ई. D. 1895 ई.

9. देवनागरी लिपि को संवैधानिक मान्यता किसने दी है?

A. संविधान ने B. राष्ट्रपति ने
C. गृहमंत्री ने D. मुख्य न्यायाधीश ने

10. देवनागरी लिपि में कितने वर्ग मान्य है?

A. 37 B. 35
C. 48 D. 55

11. प्राचीन भारतीय सिक्कों पर कौन-सी लिपि अंकित है?

A. देवनागरी B. ब्राह्मी
C. कुटिल D. कौटिल्य

12. हिन्दी भाषा के प्रचार-प्रसार हेतु 1995 में गठित राजभाषा आयोग ने कितनी सिफारिशें की?

A. 13 B. 15

C. 19 D. 17

13. हिन्दी भाषा को लिखने के लिए कौन-सी लिपि प्रयोग की जाती है?

A. देवनागरी B. फारसी

C. ब्राह्मी D. गुरुमुखी

14. राजभाषा अधिनियम 1976 के अनुसार हिन्दी प्रयोग की दृष्टि से देश राज्यों को कितनी श्रेणियों में बांटा जा सकता है?

A. सात श्रेणियों में B. तीन श्रेणियों में

C. पाँच श्रेणियों में D. ग्यारह श्रेणियों में

15. लिपि किसे कहते हैं?

A. लिखित ध्वनि संकेतों को

B. अंकित करने को

C. चित्रों को

D. बोलने की तरकीब को

16. 'हिन्दी संवर्द्धिनी' के संस्थापक का नाम क्या था?

A. श्यामसुन्दर दास B. तोताराम

C. श्रीलाल शुक्ल D. आचार्य शुक्ल

17. हिन्दी विश्व सम्मेलन नागपुर में कब हुआ था?

A. 1975 ई. B. 1988 ई.

C. 1976 ई. D. 1986 ई.

18. अखिल भारतीय हिन्दी संस्था संघ की स्थापना किसने की है?

A. भारत सरकार B. हरियाणा सरकार

C. मोरिशस सरकार D. श्रीलंका सरकार

19. दक्षिणी भारत हिन्दी समिति की स्थापना कब हुई?

A. 1927 ई. B. 1918 ई.

C. 1945 ई. D. 1946 ई.

20. हिन्दी को राष्ट्रभाषा घोषित करने के अहिन्दी भाषी प्रस्तावक का नाम था–

A. गोपालस्वामी आयंगर

B. दलिप सेन

C. आचार्य शुक्ल

D. महात्मा गांधी

21. राष्ट्रभाषा प्रचार समिति की स्थापना किस वर्ष हुई?

A. 1945 B. 1946

C. 1936 D. 1942

22. भारतीय साहित्य परिषद् के सह-संस्थापक कौन थे?

A. प्रेमचन्द B. आचार्य शुक्ल

C. नन्ददुलारे वाजपेयी D. महात्मा गांधी

23. 'काशी नागरी प्रचारिणी सभा' की स्थापना कब हुई?

A. 1893 ई. B. 1850 ई.

C. 1860 ई. D. 1865 ई.

24. हिन्दी साहित्य सम्मेलन की स्थापना कब हुई थी?

A. 1918 ई. B. 1920 ई.

C. 1919 ई. D. 1922 ई.

25. हिन्दी साहित्य सम्मेलन के प्रथम अध्यक्ष कौन थे?

A. मदन मोहन मालवीय

B. महात्मा गांधी

C. रामविलास शर्मा

D. धनपत राय

26. निम्न में से सानुनासिक वर्ण कौन से हैं?

A. क् ज् ग् च् B. ङ ञ ण न् म्

C. ख् द् ठ् म् D. ण् ज् थ् द्

27. निम्न में से उपबोली को क्या कहा जाता है?

A. राजभाषा B. संपर्क बोली

C. स्थानीय बोली D. राष्ट्रभाषा

28. ध्वनियों के वर्गीकरण के स्थान इनमें से कौन-कौन से हैं?

A. करण, बोध, स्थान

B. स्थान, करण, प्रयत्न

C. स्थान, उच्चारण, प्रयत्न

D. बोध, प्रयत्न, उच्चारण

29. भाषा का निर्माण किससे होता है?

A. व्यक्त ध्वनियों से B. मौन से

C. मूक ध्वनियों से D. संकेतों से

30. इनमें से भाषा विज्ञान की शाखाएं कौन-सी हैं?

A. वर्णनात्मक, साहित्यिक, नैतिक

B. व्यावहारिक, ऐतिहासिक, आध्यात्मिक

C. नैतिक, साहित्यिक, वर्णनात्मक

D. धार्मिक, व्यावहारिक, वर्णनात्मक

31. अपभ्रंश का सर्वप्रथम प्रयोग कहां पर हुआ है?
A. नागकुमार चरिउ B. जसहर चरिउ
C. गीता D. महाभाष्य

32. संसार का सबसे प्राचीन ग्रन्थ कौन-सा है?
A. ऋग्वेद B. रामायण
C. पउमचरिउ D. भागवत गीता

33. भाषा की सार्थक लघुत्तम इकाई मानी जाती है–
A. वर्ण B. शब्द
C. अर्थ D. मात्रा

34. बम्बई हिन्दी विद्यापीठ की स्थापना किस वर्ष हुई थी?
A. 1938 B. 1955
C. 1935 D. 1945

35. इनमें से कौन से राज्य की राजभाषा हिन्दी नहीं है?
A. जम्मू-कश्मीर B. हरियाणा
C. छत्तीसगढ़ D. उत्तर प्रदेश

36. ब्रजभाषा में अष्टयाम की रचना किसने की?
A. कबीरदास B. नाभादास
C. तुलसीदास D. विट्ठलनाथ

37. मैक्समूलर ने 'इंडो जर्मनिक' नाम किस भाषा परिवार को दिया?
A. भारोपीय भाषा को
B. वैदिक भाषा को
C. अपभ्रंश भाषा को
D. हिन्दी भाषा को

38. कुमांयूनी किस प्रांत में बोली जाती है?
A. उत्तराखंड B. बिहार
C. उत्तर प्रदेश D. शिमला

39. मेरठ एवं सहारनपुर किस बोली क्षेत्र में है?
A. खड़ी बोली B. मराठी
C. राजस्थानी D. हरियाणवी

40. अपभ्रंश का व्याकरण है?
A. शब्दानुशासन B. वर्णरत्नाकर
C. हिन्दी व्याकरण D. पउम चरिउ

41. आर्यों की ठेठ बोली के नमूने मिलते हैं–
A. ब्राह्मण ग्रंथों व सूत्र ग्रंथों में
B. पुराणों में
C. वेदों में
D. रामायण में

42. आर्यों की ठेठ बोली को क्या कहते हैं?
A. प्राचीन भारतीय आर्य भाषा
B. जन भाषा
C. उर्दू भाषा
D. हिन्दी भाषा

43. निम्न में से नागरी प्रचारिणी सभा से जुड़े हैं–
A. श्रीलाल शुक्ल B. धनपत राय
C. श्यामसुन्दर दास D. नन्ददुलारे वाजपेयी

44. पाली को 'पाटिल' से उत्पन्न मानने वाले विद्वान का नाम क्या है?
A. सुकरात B. प्लेटो
C. मैक्समूलर D. मिश्र बंधु

45. किस भाषा में संस्कृत के तत्सम शब्दों का प्रयोग नहीं होता?
A. उर्दू B. हिन्दी
C. बिहारी D. अवधी

46. रामायण में किस भाषा का प्रयोग किया गया है?
A. संस्कृत B. उर्दू
C. अपभ्रंश D. पाली

47. हिन्दी क्षेत्र के अंतर्गत निम्न प्रदेश आते हैं–
A. दस B. तीन
C. नौ D. आठ

48. सरकारी कामकाज में प्रयोग होने वाली भाषा को कहते हैं–
A. राजभाषा B. सम्पर्क भाषा
C. राष्ट्रभाषा D. स्थानीय बोली

49. अपभ्रंश के समय बोलचाल की भाषा कौन-सी थी?
A. देशभाषा B. संस्कृत
C. पाली D. प्राकृत

50. खुसरो का जन्म स्थान कौन-सा था?
A. एटा B. इटावा
C. जयपुर D. बिहार

51. 'लहंदा' भाषा का विकास किस अपभ्रंश से हुआ है?
A. अर्द्धमागधी B. पैशाची
C. पश्चिमी हिन्दी D. मागधी

52. निम्न में से किस विद्वान ने अवधी का सम्बन्ध पाली से माना?
A. धनपतराय B. बाबूराम सक्सेना
C. लल्लू जी लाल D. श्रीलाल शुक्ल

53. प्रथम ईसवी से पाँच सौ ईसवी की भाषा को क्या कहा जाता है?
A. प्राकृत B. पाली
C. संस्कृत D. अपभ्रंश

54. अवधी शब्द का सर्वप्रथम प्रयोग किसने किया था?
A. सदासुखलाल B. अमीर खुसरो
C. कबीर D. भारतेन्दु

55. उर्दू को पहले पुकारा जाता था?
A. रेख्ता B. हिन्दुस्तानी
C. सिन्धी D. हिन्दी

56. अमीर खुसरो ने हिन्दी के लिए कौन-सा शब्द प्रयुक्त किया?
A. रेख्ता B. हिन्दवी
C. हिन्दुस्तानी D. संस्कृत

57. प्राचीन भारतीय आर्य भाषा के रूप हैं?
A. दो B. चार
C. पाँच D. सात

58. गधे के ओंठ वाली लिपि क्या कहलाती है?
A. खरोष्ठी B. देवनागरी
C. उर्दू लिपि D. गुरुमुखी

59. विभाषा किसे कहते हैं?
A. बोली को B. राष्ट्रभाषा को
C. राजभाषा को D. सम्पर्क भाषा को

60. उर्दू की जननी कौन-सी भाषा है?
A. पहाड़ी हिन्दी B. बिहारी
C. दक्खिनी हिन्दी D. पश्चिमी हिन्दी

61. खड़ी बोली का प्रयोग सर्वप्रथम किस रचना में किया गया?
A. प्रेम सागर
B. रानी केतकी की कहानी
C. ग्यारह वर्ष का समय
D. भागवत गीता

62. ग्रियर्सन ने खड़ी बोली को क्या नाम दिया?
A. वर्नाक्यूलर हिंदवी B. पश्चिमी हिन्दी
C. वर्नाक्यूलर हिन्दी D. पूर्वी हिन्दी

63. भाषा मुंशी के नाम से जाने जाते हैं–
A. लल्लू लाल B. श्रीलाल शुक्ल
C. लक्ष्मण सिंह D. प्रताप नारायण मिश्र

64. 'महाराष्ट्र राष्ट्रभाषा प्रचार सभा' की स्थापना कब हुई थी?
A. 1945 ई. B. 1947 ई.
C. 1933 ई. D. 1948 ई.

65. 'महाराष्ट्र राष्ट्र भाषा प्रचार' की स्थापना कहाँ पर हुई थी?
A. बम्बई B. हरियाणा
C. पूना D. दिल्ली

66. शुक्ल ने हिन्दी गद्य के प्रारंभिक चार उन्नायकों में किसे स्थान नहीं दिया?
A. श्रीलालशुक्ल B. लल्लू लाल
C. सदल मिश्र D. इंशाअल्ला खां

67. पुरानी अवधी की प्रथम रचना कौन-सी है?
A. पउमचरिउ B. नागकुमारचरिउ
C. रामायण D. राउलवेल

68. ब्रजभाषा का विकास किस अपभ्रंश से हुआ है?
A. कोंकणी B. शौरसेनी
C. ब्राचड़ D. अर्द्धमागधी

69. मुजफ्फरनगर तथा रामपुर क्षेत्र में कौन-सी बोली बोली जाती है?
A. हरियाणवी B. मैथिली
C. खड़ी बोली D. पंजाबी

70. अपभ्रंश के कारणिक रूप का विवेचन किसने किया है?
A. हेमचन्द्र B. पुष्पदंत
C. भारतेंदु D. रोड़ा

71. मागधी अपभ्रंश से सम्बन्धित भाषा कौन-सी है?
A. बंगला B. ब्रज
C. अवधी D. बांगरु

72. गिलक्राइस्ट ने खड़ी बोली को क्या नाम दिया?
A. टकसाली भाषा B. बिहारी हिन्दी
C. राजस्थानी हिन्दी D. विकृत भाषा

73. असमिया किससे उत्पन्न है?
A. मागधी से B. पहाड़ी से
C. पैशाची से D. बिहारी से

74. सुनीति कुमार चटर्जी ने अपभ्रंश को क्या नाम दिया?
A. अपभ्रंश B. पाली
C. पश्चिमी हिन्दी D. पैशाची

75. निम्न में से हिन्दी साहित्य सम्मेलन के अध्यक्ष कौन थे?
A. कन्हैयालाल माणिकलाल मुंशी
B. अम्बेडकर
C. मिश्र बंधु
D. श्यामसुन्दर दास

76. राजभाषा अधिनियम का गठन कब हुआ?
A. 1975 ई. B. 1976 ई.
C. 1982 ई. D. 1999 ई.

77. भारतीय साहित्य परिषद की स्थापना के प्रेरणास्रोत कौन थे?
A. महात्मा गाँधी B. जवाहर लाल नेहरू
C. लाला लाजपतराय D. इन्दिरा गाँधी

78. तृतीय प्राकृत के अंतर्गत कौन-सी बोली आती है?
A. अवहट्ट B. बांगरू
C. राजस्थानी D. पहाड़ी

79. मानक हिन्दी का आधार कौन है?
A. खड़ी बोली B. अवधी
C. उर्दू D. राजस्थानी

80. इनमें से संयुक्त स्वर कौन से हैं?
A. च छ ज झ B. ए ऐ ओ औ
C. ण अं अः D. ट ठ ड ढ

81. निम्न में से अवधी भाषा का कवि नहीं है?
A. तुलसी B. नन्ददास
C. कुतुबन D. जायसी

82. हिन्दी में ह्रस्व स्वर कौन से हैं?
A. अ इ उ ऋ B. ए ऐ ओ औ
C. अ आ ऋ D. अ इ ई ऊ

83. इनमें से ब्रजभाषा में साहित्य रचना नहीं की–
A. मुल्ला दाऊद B. तुलसी
C. सूर D. भारतेन्दु

84. पाली को कहा जाता है–
A. अरबी B. मागधी
C. फारसी D. प्रथम प्राकृत

85. हिन्दी भाषा की शुरुआत हुई है–
A. 12 वीं सदी से B. 18 वीं सदी से
C. 11 वीं सदी से D. 15 वीं सदी से

86. जिह्वा प्रयत्न के आधार पर स्वरों में कितने भेद हैं?
A. पाँच B. सात
C. चार D. आठ

87. सिद्धों की भाषा हिन्दी न होकर कौन-सी है?
A. पाली B. अपभ्रंश
C. प्राकृत D. गुजराती

88. उत्तर भारत में देवनागरी लिपि के प्रचार का समय क्या माना गया है?
A. लगभग 11 वीं सदी से
B. लगभग 10 वीं सदी से
C. लगभग 13 वीं सदी से
D. लगभग 15 वीं सदी से

89. संवैधानिक प्रावधानों के तहत अंग्रेजी को कब राजभाषा बनाया गया?
A. 1965 ई. B. 1964 ई.
C. 1977 ई. D. 1975 ई.

90. जार्ज ग्रियर्सन ने हिन्दी भाषा की उत्पत्ति का श्रेय किसे दिया है?
A. लल्लू लाल
B. भारतेन्दु
C. प्रतापनारायण मिश्र
D. मिश्र बंधु

91. निम्न में कौन एक भाषा का रूप है?
A. जयपुरी B. प्राकृत
C. भोजपुरी D. बघेली

92. बघेली किसकी बोली है?
A. पश्चिमी हिन्दी B. पूर्वी हिन्दी
C. पहाड़ी हिन्दी D. बिहारी

93. नेमिसाधु ने अपभ्रंश के कितने भेद माने हैं?
A. पाँच B. तीन
C. चार D. सात

94. अवधी का मिश्रित रूप कहाँ मिलता है?
A. हरियाणा B. बहराइच
C. खीरी D. इटावा

95. राजभाषा से क्या तात्पर्य है?
A. सवैधानिक तौर पर घोषित सरकारी कामकाज की भाषा
B. जन संपर्क की भाषा
C. राज्य की भाषा
D. संसद की भाषा

96. हिन्दी के मानक रूप में योगदान दिया है?

A. किशोरीदास वाजपेयी

B. नन्द दुलारे वाजपेयी

C. आचार्य शुक्ल

D. भारतेन्दु

97. 'हिन्दुस्तानी अकादमी प्रयाग' की स्थापना कब हुई थी?

A. 1927 ई. B. 1938 ई.

C. 1940 ई. D. 1941 ई.

98. देवनागरी लिपि में हिन्दी में अक्षर पर शिरोरेखा लगाने की सलाह किसने दी थी?

A. देवनागरी लिपि सुधार समिति ने

B. भारतेन्दु ने

C. मिश्रबंधु ने

D. हिन्दी सम्मेलन ने

99. गढ़वाली किसकी बोली है?

A. बिहारी हिन्दी B. पहाड़ी हिन्दी

C. भोजपुरी D. हरियाणवी

100. 'हिन्दी राजभाषा होगी' यह निर्णय कब लिया गया?

A. 15 अगस्त 1950

B. 18 सितम्बर 1957

C. 18 जनवरी 1956

D. 14 सितम्बर 1949

101. संविधान की किस धारा और अध्याय में जिक्र है कि भारत की राजभाषा हिन्दी होगी?

A. संविधान के अध्याय 19 और धारा 2

B. संविधान के अध्याय 3 और धारा 1

C. संविधान के अध्याय 17 और धारा 1

D. संविधान के अध्याय 13 और धारा 2

102. नागर, उपनागर और ब्राचड़ अपभ्रंश के भेद किसने माने हैं?

A. हजारी प्रसाद द्विवेदी

B. मार्कण्डेय

C. आचार्य शुक्ल

D. महावीर प्रसाद द्विवेदी

103. हिन्दी भाषा के प्रचार-प्रसार विकास और उसके प्रयोग एवं सरकार के कर्त्तव्यों तथा उत्तरदायित्वों का उल्लेख कहाँ है?

A. अनुच्छेद 352 में B. अनुच्छेद 351 में

C. अनुच्छेद 357 में D. अनुच्छेद 355 में

104. संविधान के अनुसार अंग्रेजी का प्रयोग हिन्दी के साथ-साथ कितने वर्षों तक साथ रहेगा?

A. 20 वर्षों तक B. हमेशा

C. 15 वर्षों तक D. 14 वर्षों तक

105. नागरी लिपि को दक्षिण में क्या कहा जाता है?

A. दक्षिण नागरी B. नन्दि नागरी

C. पर्वत नागरी D. पहाड़ी नागरी

106. ब्राह्मी लिपि का भारत में प्रचलन कब था?

A. ईसा द्वितीय से 400 वर्ष बाद

B. ईसा प्रथम से 600 वर्ष बाद

C. ईसा पूर्व पांचवीं शताब्दी से 350 वर्ष बाद तक

D. ईसा पूर्व द्वितीय सदी से प्रथम सदी तक

107. भारत में लिपि के प्रयोग के प्रमाण मिलते हैं?

A. ईसा की छठी सदी

B. ईसा की प्रथम सदी

C. ईसा पूर्व पांचवीं सदी

D. ईसा की द्वितीय सदी

108. प्राकृत भाषा का अर्थ है–

A. राजभाषा B. संस्कृत के बाद की भाषा

C. राष्ट्रभाषा D. जन सम्पर्क की भाषा

109. देवनागरी लिपि की वर्ण ध्वनि नहीं है–

A. ग्रीवा ध्वनि B. मूर्धा

C. कंठ् ध्वनि D. दंतोष्ठ्य

110. कोई व्यंजन किसके बिना उच्चारित नहीं किया जा सकता?

A. स्वर के B. विसर्ग के

C. स्वयं के D. अनुस्वर के

111. अल्पप्राण ध्वनियां कहते हैं–

A. जिनके उच्चारण में वायु का आधिक्य न हो बल कम हो

B. बलाघात हो

C. जो कठिनता से उच्चारित हो

D. जिसके उच्चारण में ज्यादा वायु निकले

112. पश्च स्वर किसे कहते हैं?

A. उच्चारण के समय जिह्वा आगे रहे

B. जो स्वर कंठ्य हो

C. जिनके उच्चारण में जिह्वा का पश्चभाग व्यवहार में आए

D. ध्वनि पहले निकले

113. स्वर उन वर्णों को कहते हैं?
A. जिनका उच्चारण बिना किसी दूसरे वर्ण के हो
B. जो स्वतः उच्चारित हो
C. उच्चारण में व्यंजक सहायक हो
D. जिनका उच्चारण न किया जा सके

114. वाक्य गठन और भाषा की रचना में किसका संबंध है?
A. रस का B. व्याकरण का
C. ध्वनि का D. अलंकार का

115. व्यंजन किन वर्णों को कहा जाता है?
A. जिनका उच्चारण सम्भव नहीं
B. जिनका स्वरों के वर्णों की सहायता से उच्चारण किया जा सके
C. जो कठिनता से उच्चारित हो
D. बलाघात हो

116. भाषा का विशिष्ट ज्ञान कौन कराता है?
A. अक्षर B. वाक्य
C. ध्वनि D. पद

117. स्पर्श संघर्षी ध्वनियाँ कौन-सी हैं?
A. क ख ग B. च ज छ
C. प फ ब D. न ण ञ

118. हिन्दी के दो उत्क्षिप्त व्यंजन कौन से हैं?
A. ड़ ढ़ B. प फ
C. ल र D. य व

119. हिन्दी वर्णमाला के वर्ण क्ष, त्र ज्ञ को क्या कहते हैं?
A. संकर वर्ण B. कंठ्य
C. तालव्य D. ओष्ठ्य

120. भाषा का विशिष्ट ज्ञान कौन कराता है?
A. भाषा विज्ञान B. परिवार
C. धर्म D. राजनीति

121. हिन्दी में स्वतंत्र रूप से उच्चारण किये जाने वाले वर्णों को क्या कहते हैं?
A. व्यंजन B. स्वर
C. पद D. वाक्य

122. आर्य परिवार की भाषाओं का मूल स्रोत कहाँ है?
A. वैदिक साहित्य B. प्राकृत
C. अपभ्रंश D. संस्कृत साहित्य

123. 'दक्षिण भारत हिन्दी प्रचार संस्थान' की स्थापना कहाँ पर हुई थी?
A. केरल B. हैदराबाद
C. मद्रास D. पुणे

124. देवनागरी लिपि राष्ट्र लिपि के रूप में स्वीकार की गई–
A. 20 अगस्त 1950 B. 5 जनवरी 1951
C. 6 जनवरी 1951 D. 14 सितम्बर 1949

125. प्राकृत भाषा के प्रमुख व्याकरण आचार्य हैं–
A. श्रीलाल शुक्ल B. जनायक
C. वररूचि D. रोड़ा

126. भाषा विज्ञान की दृष्टि से भाषा की अभिव्यक्ति का श्रेष्ठ साधन है?
A. मेग ग्राह्य B. स्पर्श ग्राह्य
C. श्रोत ग्राह्य D. सत्य ग्राह्य

127. अपभ्रंश भाषा में स्वरों की संख्या कितनी है?
A. दस B. नौ
C. दो D. आठ

128. दक्खिनी हिन्दी के सर्वप्रथम लेखक कौन थे?
A. जायसी
B. गालिब
C. कुतुबन
D. ख्वाजा बंदानवाज गेसूदराज सैयद मु. हसैनी

129. कौन-सी बोली का कोई साहित्य नहीं है?
A. हरियाणवी B. बघेली
C. भोजपुरी D. मैथिली

130. बाजार किस भाषा का शब्द है?
A. उर्दु B. फारसी
C. हरियाणवी D. हिन्दी

131. दक्खिनी हिन्दी के साहित्य में कौन-सा मत प्रधान है?
A. सूफीमत B. संतमत
C. जैनमत D. नाथमत

132. व्याकरण की भाषा शुद्धि आदि का कार्य कैसा होता है?
A. वैज्ञानिक B. वर्णनात्मक
C. ऐतिहासिक D. कलात्मक

133. भाषा विज्ञान अध्ययन के लिए सामग्री कहां से ग्रहण करता है?
A. प्रचलित भाषा और विज्ञान से
B. भाषाओं से
C. प्रचलित भाषा और साहित्य से
D. प्राचीन शिलालेखों से

134. व्यावहारिक गद्य की प्रथम पुस्तक है?

A. पउम चरिउ B. साकेत
C. प्रेम सागर D. रामायण

135. हिन्दी में प्रचार कार्य सर्वप्रथम किसने किया?

A. महात्मा गांधी B. विवेकानन्द
C. दयानन्द सरस्वती D. प्रतापनारायण मिश्र

136. प्राचीन भाषा विज्ञानी माना जाता है–

A. नन्द B. स्वयंभू
C. पाणिनी D. पुष्पदन्त

137. भाषा विज्ञान का विभाग नहीं है–

A. ध्वनि विज्ञान B. पदार्थ विज्ञान
C. स्वनिम विज्ञान D. पद विज्ञान

138. हिन्दी में कितनी बोलियां हैं?

A. 12 B. 11
C. 15 D. 18

139. छत्तीसगढ़ी बोली किस प्रदेश में बोली जाती है?

A. मध्य प्रदेश B. बिहार
C. हरियाणा D. दिल्ली

140. प्राकृत व्याकरण के रचयिता कौन हैं?

A. स्वयंभू B. हेमचन्द्र
C. श्रीहर्ष D. पुष्पदन्त

141. राजस्थानी हिन्दी नहीं है?

A. जयपुरी B. मालवी
C. गढ़वाली D. मेवाती

142. मराठी भाषा की लिपि कौन-सी है?

A. हरियाणवी B. कैकी
C. फारसी D. अरबी

143. बिहारी हिन्दी की बोलियां हैं?

A. मैथिली B. मगही
C. दोनों D. हरियाणवी

144. मानक हिन्दी का मूल आधार कौन-सी बोली है?

A. राजस्थानी B. खड़ी बोली
C. हरियाणवी D. मैथिली

145. इनमें से कौन-सा गुण देवनागरी में है?

A. शब्दों में प्रत्येक ध्वनि का लेखन
B. प्रत्येक वर्ण का निश्चित उच्चारण
C. अनुच्चारित ध्वनियों का अभाव
D. उच्चारण और लेखन में अनेकरूपता

146. द्रविड़ परिवार की भाषा इनमें से कौन-सी नहीं है?

A. मलयालम B. हरियाणवी
C. तेलुगू D. तमिल

147. देवनागरी लिपि है?

A. ध्वन्यात्मक B. खरोष्ठी
C. आलंकारिक D. वर्णात्मक

148. राजस्थानी भाषा का उद्भव किस अपभ्रंश से हुआ है?

A. अपभ्रंश B. शौरसेनी
C. मागधी D. अर्द्धमागधी

149. अपभ्रंश के लिए प्रयुक्त नाम नहीं है?

A. देशभाषा B. अवहट्ट
C. डिंगल D. अवहृथ

150. नैनीताल के आस-पास कौन-सी बोली बोली जाती है?

A. गढ़वाली B. कुमायूंनी
C. अवधी D. ब्रज

151. ब्रजभाषा कहाँ बोली जाती है?

A. हरियाणा B. राजस्थान
C. मथुरा D. पटना

152. तुर्की भाषा का शब्द कौन-सा है?

A. उर्दू B. हिन्दवी
C. हिन्दुस्तान D. पाकिस्तान

153. आचार्य शुक्ल द्वारा सम्पादित हिन्दी शब्द सागर का प्रकाशन किस वर्ष हुआ?

A. 1940 ई. B. 1935 ई.
C. 1945 ई. D. 1901 ई.

154. इनमें से अपभ्रंश भाषा का काल कौन-सा था?

A. 1000 ई. – 1600 ई.
B. 500 ई. – 1011 ई.
C. 1000 ई. – 1700 ई.
D. 500 ई. – 1000 ई.

155. भाषा वैज्ञानिक दृष्टि से हिन्दी के अंतर्गत कितनी भाषाएं एवं बोलियां हैं?

A. पांच उपभाषाएं एवं अठारह बोलियाँ
B. दो उपभाषा एवं सत्रह बोलियाँ
C. चार उपभाषा एवं बारह बोलियाँ
D. तीन उपभाषा एवं ग्यारह बोलियाँ

156. इन्दौर और उज्जैन में कौन-सी बोली बोली जाती है?

A. मेवाती B. अवधी
C. ब्रज D. मालवी

157. शतम् भाषा समूह में कौन-से वर्ग हैं?

A. अंग्रेजी B. एशियन

C. ईरानी, भारतीय D. नेपाली

158. ढूंढाणी बोली किस क्षेत्र की है?

A. केरल B. हरियाणा

C. पश्चिमी दिल्ली D. पूर्वी राजस्थान

159. वर्ण पयलव को क्या कहते हैं?

A. ओष्ठय B. दन्तय वर्ण

C. अन्तस्थ वर्ण D. कंठ वर्ण

160. देवनागरी की प्रत्येक लिपि के लिए क्या होता है?

A. एक निश्चित चिन्ह B. अर्द्ध विराम

C. पूर्ण विराम D. एक पूर्ण लिपि

161. बल्लभी के राजा धार सेन द्वितीय के शिलालेखों में किसके नाम का सर्वप्रथम प्रभाग है?

A. अनबी B. उर्दू

C. अपभ्रंश D. हिन्दी

162. भारत के राष्ट्रपति द्वारा राजभाषा आयोग एवं समिति के गठन के विषय में कौन-सा अनुच्छेद गठित किया गया?

A. अनुच्छेद 501 B. अनुच्छेद 344

C. अनुच्छेद 352 D. अनुच्छेद 342

163. पुरानी हिन्दी की कृति 'हिन्दी का दीवान' का रचनाकाल कौन-सा है?

A. 500 ई. B. 400 ई.

C. 900 ई. D. 800 ई.

164. कौरवी को किस नाम से जानते हैं?

A. हरियाणवी B. ब्रज

C. खड़ी बोली D. पंजाबी

165. अपभ्रंश का पहला कवि कौन माना जाता है?

A. पुष्पदन्त B. जनायक

C. स्वयंभू D. बद्रीनाथ

166. हिन्दी के विषय में भारतीय संविधान में क्या लिखा है?

A. हिन्दी संपर्क भाषा है

B. हिन्दी जन भाषा है

C. हिन्दी राजभाषा है

D. हिन्दी विदेशी भाषा है

167. खस अपभ्रंश से निकली आधुनिक भारतीय भाषा को किस नाम से पुकारा जाता है?

A. राजस्थानी B. उर्दू

C. पहाड़ी D. हिन्दी

168. आदर्श भाषा के कौन-कौन से रूप होते हैं?

A. लिखित और मौखिक

B. वाचिक एवं व्यावहारिक

C. लिखित और कापिक

D. वर्णिक एवं व्यावहारिक

169. विभाषा किसे कहते हैं?

A. राष्ट्र भाषा को B. लुप्त भाषा को

C. बोली को D. मौखिक भाषा को

170. दक्खिनी हिन्दी का दूसरा नाम क्या है?

A. फारसी B. सिन्धी

C. हिन्दवी D. हिन्दी

171. भाषा विज्ञान की दृष्टि से हिन्दी भाषा किसे कहेंगे?

A. राजस्थानी हिन्दी B. हिन्दुस्तानी

C. पश्चिमी हिन्दी D. उर्दू मिश्रित हिन्दी

172. भारोपीय भाषा परिवार का दूसरा नाम इंडोजर्मनिक दिया :

A. धीरेन्द्र वर्मा

B. आचार्य शुक्ल

C. मैक्समूलर

D. आचार्य नन्ददुलारे वाजपेयी

173. किस भाषा परिवार में सर्वाधिक नाम है?

A. अफ्रीकन B. भारोपीय

C. अंग्रेजी D. जापानी

174. डिंगल भाषा का अर्थ है?

A. अर्द्धमागधी

B. अवधी और ब्रज के योग से बनी भाषा

C. अपभ्रंश के योग से बनी शुद्ध राजस्थानी

D. हरियाणवी मिश्रित राजस्थानी भाषा

175. भारोपीय भाषा परिवार के दो वर्णों केंतुम और शतम के जन्मदाता हैं?

A. प्लेटो B. ग्रियर्सन

C. अस्कोली D. मार्क्स

176. उर्दू का प्रारंभिक नाम क्या था?

A. हिन्दवी

B. रेख्ता

C. वजवान-उर्दू-ए-मुअल्ला

D. हिन्दुस्तानी

177. हिन्दी किस भाषा परिवार की भाषा मानी जाती है?

A. अंग्रेजी B. हिन्दुस्तानी

C. भारोपीय D. काकेशी

178. शौरसेनी अपभ्रंश से विकसित होने वाली भाषा है?

A. पहाड़ी, पंजाबी B. राजस्थानी, गुजराती

C. तमिल, राजस्थानी D. पूर्वी हिन्दी, बंगाली

179. द्रविड़ परिवार की भाषा है?

A. राजस्थानी B. अवधी

C. कन्नड़ D. पहाड़ी

180. फोर्ट विलियम कॉलेज कहाँ स्थित है?

A. चेन्नई B. बिहार

C. कोलकाता D. दिल्ली

181. सबसे हीन भाषा की संज्ञा दी गई है?

A. हिन्दुस्तानी B. अवधी

C. अपभ्रंश D. अंग्रेजी

182. ब्रजभाषा की निकटतम बोली कौन-सी है?

A. भोजपुरी B. अवधी

C. कन्नौजी D. हिन्दी

183. अपभ्रंश की प्रसिद्ध रचना करकंडचरित के लेखक हैं–

A. धनपाल B. पुष्पदंत

C. कनकामर मुनि D. रोड़ा

184. सतम वर्ष किस भाषा का शब्द है?

A. अंग्रेजी B. अरबी

C. अवेस्त D. उर्दू

185. अवधी का मिश्रित रूप कहाँ मिलता है?

A. दिल्ली B. राजस्थान

C. फ सा D. मेरठ

186. हौं सर्वनाम किस बोली का सूचक है?

A. अवधी B. हिन्दी

C. ब्रजभाषा D. हरियाणवी

187. कितने देश हिन्दी क्षेत्र के अन्तर्गत आते हैं?

A. सात B. तीन

C. दस D. आठ

188. पंजाब राज्य में हिन्दी के प्रसार में कौन-सी संस्था का योगदान सर्वाधिक रहा?

A. दयानन्द एंग्लोवैदिक कॉलेज

B. आर्य समाज

C. दक्षिणी हिन्दी सभा

D. ब्रह्म समाज

189. पहली भाषा किस धर्म से सम्बन्धित है?

A. जैन धर्म B. ईसाई धर्म

C. बौद्ध धर्म D. सिक्ख धर्म

190. आर्यों की ठेठ बोली के नमूने मिलते हैं?

A. बौद्धिक ग्रंथों में

B. जैन ग्रंथों में

C. ब्राह्मण ग्रंथों व सूत्र ग्रंथों में

D. ब्राह्मण ग्रंथों में

191. निम्न में से संगत कथन का चयन कीजिए–

A. देवनागरी का विकास रेख्ता लिपि से हुआ

B. देवनागरी का विकास ब्राह्मी लिपि की उत्तरी शाखा नागरी से हुआ

C. देवनागरी तंत्रिका चिह्न देवनगर से संबंधित है

D. देवनागरी का विकास ब्राह्मी लिपि की उत्तरी शाखा से हुआ

192. सर्वप्रधान बोली कौन-सी है?

A. पहाड़ी B. बिहारी

C. अवधी D. हिन्दी

193. भाषा विज्ञान की कितनी शाखाएं हैं?

A. 3 B. 2

C. 7 D. 5

194. 'अमीर खुसरो' कृति के लेखक कौन हैं?

A. आचार्य शुक्ल B. प्रताप नारायण मिश्र

C. लल्लू लाल D. भारतेन्दु

195. लहंदा की जन्मदात्री है–

A. कन्नौजी B. हिन्दी

C. बिहारी D. पैशाची

196. उर्दू साहित्य के जन्मदाता हैं–

A. सदल मिश्र B. अकबर

C. बली साहब D. ग्रियर्सन

197. जाटू किस बोली का उपनाम है?

A. कन्नौजी B. तमिल

C. अवधी D. बांगरु

198. केन्द्रीय हिन्दी संस्थान का मुख्यालय कहां पर स्थित है?

A. मेरठ B. पूना

C. आगरा D. दिल्ली

199. प्राचीन भारत में कितने प्रकार की लिपि का प्रचार माना जाता है?
A. आठ B. सात
C. दो D. तीन

200. हिन्दी भाषा का इतिहास पुस्तक किसने लिखी है?
A. डॉ. नगेन्द्र B. आचार्य द्विवेदी
C. धीरेन्द्र वर्मा D. मिश्र बंधु

201. कौन-सी भाषा हिन्दी की पूर्ववर्ती भाषा नहीं है?
A. संस्कृत B. प्राकृत
C. अंग्रेजी D. अपभ्रंश

202. नीचे दिए गए कवियों में से कौन हिन्दी का महाकवि माना जाता है :
A. तुलसीदास B. कालिदास
C. अश्वघोष D. भर्तहरि

203. प्राकृत का साहित्यिक रूप किस नाम से जाना जाता है?
A. हिन्दी B. संस्कृत
C. अपभ्रंश D. पालि

204. कौन-सा रूप साहित्यिक पालि का रूप नहीं है?
A. महाराष्ट्री B. खड़ी बोली
C. शौरसेनी D. मागधी

205. राहुल सांस्कृत्यायन के मतानुसार कौन-सा कवि हिन्दी का आदि कवि माना जाता है?
A. स्वयंभू B. वाल्मीकि
C. व्यास D. चन्दबरदाई

206. प्राकृत भाषा के प्रसिद्ध वैयाकरण कौन हैं?
A. पाणिनी B. पंतजलि
C. हेमचन्द्र D. कौटिल्य

207. पुरानी हिन्दी किस भाषा का विकसित रूप है?
A. अवहट्ट B. पालि
C. प्राकृत D. संस्कृत

208. कौन-सा संप्रदाय बौद्ध धर्म से संबंधित नहीं है?
A. महायान B. नाथ संप्रदाय
C. मन्त्रयान D. सहजयान

209. किसकी गिनती चौरासी सिद्धों में नहीं की जाती है?
A. कबीर B. शांतिपा
C. कण्हपा D. सरहपा

210. नाथ संप्रदाय में आदिनाथ के रूप में किसको मान्यता दी जाती है?
A. कृष्ण B. विष्णु
C. शिव D. राम

211. पउम चरिउ किसकी रचना है?
A. स्वयंभू B. गोरखनाथ
C. पुष्पदंत D. लुइपा

212. चार वेदों में से सबसे पुराना वेद कौन-सा है?
A. अथर्ववेद B. ऋग्वेद
C. सामवेद D. यजुर्वेद

213. अपभ्रंश के 'व्यास' कौन माने जाते हैं?
A. बालानाथ B. पुष्पदंत
C. आचार्य हेमचंद्र D. मेरुतुंग

214. कौन-सी भाषा की उत्पत्ति मागधी अपभ्रंश से नहीं मानी जाती?
A. उड़िया B. बिहारी
C. बंगला D. राजस्थानी

215. किस कवि ने ब्रजभाषा में काव्य-रचना नहीं की?
A. कबीर B. सूरदास
C. नंददास D. बिहारी

216. कौन-सा ग्रंथ बौद्ध धर्म से संबंधित है जिसमें तथागत के वचन संकलित किए गए हैं?
A. महाभारत B. भगवद्गीता
C. त्रिपिटक D. बुद्ध चरित

217. अपभ्रंश का पहला महाकाव्य किसे माना जाता है?
A. पउम चरिउ B. महापुराण
C. हित हरिवंश D. श्रीमद्भागवत

218. 'पृथ्वीराज रासो' की रचना किसने की?
A. विद्यापति B. चंदबरदाई
C. अमीर खुसरो D. रहीम

219. पैशाची अपभ्रंश से उत्पन्न होने वाली आधुनिक भाषा है–
A. मराठी B. उड़िया
C. पंजाबी D. गुजराती

220. किस भाषा को आरंभ में पिंगल नाम दिया गया?
A. अवधी B. खड़ी बोली
C. ब्रजभाषा D. भोजपुरी

221. गद्य रचना 'चौरासी वैष्णवन की वार्ता' किस भाषा में लिखी गई?
A. अवधी B. गुजराती
C. पंजाबी D. ब्रजभाषा

222. विद्यापति कवि की रचना का नाम था :
A. दो सौ बावन वैष्णवन की वार्ता
B. कीर्तिलता
C. साहित्य लहरी
D. बीजक

223. प्रांतीय भाषा 'असमिया' का जन्म किस भाषा से हुआ?
A. पैशाची B. बघेली
C. छत्तीसगढ़ी D. मागधी

224. कौन-सी बोली पश्चिमी हिन्दी की बोली नहीं मानी जाती?
A. ब्रजभाषा B. बुंदेली
C. कन्नौजी D. अवधी

225. पूर्वी हिन्दी के अंतर्गत कौन-सी बोली नहीं मानी जाती?
A. बांगरू B. छत्तीसगढ़ी
C. अवधी D. बघेली

226. किस बोली को 'बैसबाड़ी' के नाम से जाना जाता है?
A. कन्नौजी B. अवधी
C. बघेली D. बुंदेली

227. देवनागरी लिपि का विकास किस लिपि से हुआ?
A. नागर B. खरोष्ठी
C. नंदिनागरी D. ब्राह्मी

228. कौन-सी बोली पूर्वी हिन्दी के अंतर्गत आती है?
A. कन्नौजी B. खड़ी बोली
C. बघेली D. ब्रजभाषा

229. किस तिथि को हिन्दी को राष्ट्रभाषा के रूप में स्वीकार किया गया?
A. 15 अगस्त 1947
B. 30 जनवरी 1948
C. 26 जनवरी 1950
D. 14 सितंबर 1949

230. पश्चिमी हिन्दी की उत्पत्ति किस अपभ्रंश से हुई?
A. महाराष्ट्री B. मागधी
C. पैशाची D. शौरसेनी

231. हिन्दी के विकास की पूर्ववर्ती भाषा-शृंखला का सही रूप कौन-सा है?
A. संस्कृत, अपभ्रंश, प्राकृत, वैदिक भाषा
B. वैदिक भाषा, अपभ्रंश, प्राकृत, संस्कृत
C. पालि, प्राकृत, वैदिक भाषा, अपभ्रंश
D. वैदिक भाषा, संस्कृत, प्राकृत, अपभ्रंश

232. हिन्दी शब्द किसकी देन है?
A. फारसी B. हिन्दुस्तानी
C. अंग्रेजी D. संस्कृत

233. 'उर्दू' शब्द किस भाषा से लिया गया है?
A. फारसी B. तुर्की
C. अरबी D. अपभ्रंश

234. अमीर खुसरो की प्रसिद्धि का कारण :
A. उन्होंने धर्म-ग्रन्थों की रचना की
B. उन्होंने बाल कहानियाँ लिखीं
C. उन्होंने पहेलियाँ और मुकरियाँ लिखीं
D. उन्होंने आत्मकथा लिखीं

235. किस लिपि को राष्ट्रीय लिपि माना जाता है?
A. फारसी B. देवनागरी
C. गुरुमुखी D. रोमन

236. शून्य का आविष्कार किसके द्वारा किया गया?
A. अरबी विद्वानों द्वारा
B. अंग्रेजी विद्वानों द्वारा
C. भारतीय गणितज्ञों द्वारा
D. फारसी कवियों द्वारा

237. अक्षर पर शिरोरेखा लगाने का अनुमोदन किस समिति द्वारा किया गया?
A. राष्ट्रभाषा प्रचार समिति
B. हिन्दी साहित्य सम्मेलन
C. आचार्य नरेंद्र देव समिति
D. देवनागरी सुधार समिति

238. पं. ओंकारनाथ भट्ट ने 'भूगोलसार' की रचना किस संस्था द्वारा प्रोत्साहन पाकर की?
A. इलाहाबाद मिशन प्रेस
B. स्कूल बुक सोसायटी, आगरा
C. आरफन प्रेस, मिर्जापुर
D. आक्सफोर्ड प्रेस

239. हिन्दी का प्रथम समाचार पत्र
A. बंगदूत B. हिन्दुस्तान
C. उदंत मार्त्तंड D. सरस्वती

240. फोर्ट विलियम कॉलेज कहाँ स्थित था?
A. कोलकाता B. दिल्ली
C. मुम्बई D. प्रयाग

241. फोर्ट विलियम कॉलेज, कोलकाता के पहले प्रिंसिपल कौन थे?

A. लार्ड मेकाले B. लार्ड विलियम बैंटिंक
C. गिल क्राइस्ट D. राजा राममोहन राय

242. 'बंग-दूत' पत्र किस भाषा में छपता था?

A. संस्कृत B. अंग्रेजी
C. उर्दू D. हिन्दी

243. इन लेखकों में से कौन फोर्ट विलियम कॉलेज में अध्यापक थे?

A. इंशा अल्लाह खाँ
B. पं. जुगल किशोर
C. राजा राम मोहन राय
D. सदल मिश्र

244. इनमें से किस लेखक ने 'भाषा योगवाशिष्ठ' की रचना की?

A. लल्लू लाल B. मुंशी सदासुखलाल
C. रामप्रसाद निरंजनी D. सदल मिश्र

245. इंशा अल्ला खाँ द्वारा कौन-सी पुस्तक लिखी गई?

A. रानी केतकी की कहानी
B. प्रेमसागर
C. श्रीकृष्ण चरित
D. नहुष

246. 'रानी केतकी की कहानी' अन्य किस नाम से प्रसिद्ध है?

A. सुदामा चरित B. सुखसागर
C. उदयभान चरित D. प्रेम सरोवर

247. 'नासिकेतोपाख्यान' के लेखक का क्या नाम था?

A. मुंशी सदासुखलाल B. सदल मिश्र
C. लल्लू लाल D. रामप्रसाद निरंजनी

248. मुंशी सदासुख लाल द्वारा लिखित पुस्तक किस नाम से प्रसिद्ध हुई जिसे श्रीमद्भागवद् के अनुवाद रूप में लिखा गया था?

A. सुख सागर B. प्रेम सागर
C. योग सागर D. सूर सागर

249. काशी से 'बनारस अखबार' का प्रकाशन किसके द्वारा किया गया?

A. भारतेंदु हरिश्चंद्र B. राजा शिव प्रसाद
C. राजा लक्ष्मण सिंह D. प्रेमचंद

250. बाबू तारा मोहन मित्र ने काशी से कौन-सा पत्र प्रकाशित किया?

A. प्रभाकर B. दिवाकर
C. सुधाकर D. काशी समाचार

251. 'राजा भोज का सपना' पुस्तक की भाषा क्या है?

A. अपभ्रंश B. हिन्दी-उर्दू मिश्रित
C. ब्रजभाषा D. अवधी

252. 'राजा भोज का सपना' पुस्तक की रचना किसने की?

A. राजा शिवप्रसाद B. तारा मोहन मित्र
C. रामचंद्र शुक्ल D. राजा लक्ष्मण सिंह

253. 'सत्यार्थ प्रकाश' किसने लिखा?

A. राजा राम मोहन राय
B. पं. श्रद्धाराम फिल्लौरी
C. राजा लक्ष्मण सिंह
D. स्वामी दयानन्द

254. आर्य समाज की स्थापना किसने की?

A. राजा शिव प्रसाद
B. राजा राम मोहन राय
C. स्वामी दयानंद
D. पं. श्रद्धाराम फिल्लौरी

255. इनमें से किस लेखक को भारतेंदु युग का लेखक नहीं माना जाता?

A. प्रताप नारायण मिश्र
B. माखन लाल चतुर्वेदी
C. बाल कृष्ण भट्ट
D. श्रीनिवास दास

256. वर्धा की राष्ट्रभाषा प्रचार समिति की ओर से देवनागरी लिपि में जो सुधार हुआ, वह किस नाम से जाना जाता है?

A. शिरोरेखा B. स्वर खड़ी
C. अनुस्वार D. विसर्ग लोप

257. हिन्दी, उर्दू व अंग्रेजी शब्दों के मिश्रण से बनी हिंदुस्तानी को महात्मा गांधी का समर्थन मिला। इसके प्रचार के लिए एक समिति बनाई गई जिसके अध्यक्ष थे :

A. डॉ. जाकिर हुसैन
B. मौलाना अबुल कलाम आजाद
C. डॉ. राजेंद्र प्रसाद
D. डॉ. राधाकृष्णन

258. सन 1947 में उत्तर प्रदेश सरकार ने देवनागरी लिपि सुधार समिति का गठन किया। इसके अध्यक्ष थे :

A. आचार्य नरेंद्र देव
B. आचार्य रामचंद्र शुक्ल
C. पुरुषोत्तम दास टंडन
D. डॉ. संपूर्णानंद

259. भारतीय संविधान के अनुसार किस दिन हिन्दी को राजभाषा स्वीकार किया गया?

A. 15 अगस्त 1947
B. 8 अगस्त 1942
C. 26 जनवरी 1950
D. 26 जनवरी 1965

260. शिक्षा-संबंधी पुस्तकों के प्रकाशन हेतु 'स्कूल बुक सोसायटी' की स्थापना किस नगर में हुई?

A. इलाहाबाद B. कोलकाता
C. आगरा D. दिल्ली

261. 'आजमगढ़ रीडर' हिन्दी पाठ्य पुस्तक किस प्रेस की ओर से प्रकाशित की गई?

A. आरफान प्रेस, मिर्जापुर
B. इलाहाबाद मिशन प्रेस
C. सरस्वती प्रेस, इलाहाबाद
D. स्कूल बुक सोसायटी, आगरा

262. राजा राम मोहन राय ने किस संस्था की स्थापना की?

A. सेवा समाज B. ब्रह्म समाज
C. आर्य समाज D. प्रार्थना समाज

263. 'बंगदूत' नामक पत्र किसने प्रकाशित किया?

A. स्वामी दयानंद
B. स्वामी विवेकानंद
C. राजा राम मोहन राय
D. रवींद्र नाथ टैगोर

264. कौन-सा पत्र हिन्दी का पहला समाचार-पत्र माना जाता है?

A. कादंबिनी B. हिन्दी प्रदीप
C. ब्राह्मण D. उदंत मार्तण्ड

265. 'भाषा योग वाशिष्ठ' की रचना किसने की?

A. लल्लू लाल B. राम प्रसाद निरंजनी
C. सदासुख लाल D. सदल मिश्र

266. काशी नागरी प्रचारिणी सभा की स्थापना किस सन् में हुई?

A. 1893 ई. B. 1825 ई.
C. 1837 ई. D. 1900 ई.

267. 'ब्राह्मण' पत्रिका के संपादक थे :

A. बालकृष्ण भट्ट
B. लाला श्रीनिवास दास
C. भारतेंदु हरिश्चंद्र
D. प्रताप नारायण मिश्र

268. बालकृष्ण भट्ट ने किस पत्र का संपादन किया?

A. बंगदूत B. उदंत मार्तंड
C. हिन्दी प्रदीप D. भारत बंधु

269. 'उदंत मार्तंड' के संपादक का नाम था :

A. जुगल किशोर B. श्रीनिवास दास
C. तोताराम D. कार्तिक प्रसाद खत्री

270. 'हिन्दी शब्द सागर' का संपादन किसने किया?

A. पं. अंबिकादत्त व्यास
B. भारतेंदु हरिश्चंद्र
C. डॉ. श्यामसुंदर दास
D. रामचंद्र शुक्ल

271. 'हिन्दी शब्द सागर' की रचना किस संस्था द्वारा कराई गई?

A. हिन्दी साहित्य सम्मेलन
B. आर्य समाज
C. नागरी प्रचारिणी सभा, काशी
D. ब्रह्म समाज

272. महाकवि कालिदास की कृति 'अभिज्ञान शाकुंतलम्' का हिन्दी अनुवाद किसने किया?

A. राजा शिवप्रसाद B. राजा लक्ष्मण सिंह
C. भारतेंदु हरिश्चंद्र D. पं. बाल कृष्ण भट्ट

273. हिन्दी को आर्य भाषा की संज्ञा किसने दी?

A. भारतेंदु हरिश्चंद्र
B. राजा शिवप्रसाद
C. पं. श्रद्धाराम फिल्लौरी
D. स्वामी दयानंद

274. सनातन धर्म के नेता कौन थे?

A. पं. श्रद्धाराम फिल्लौरी
B. राजा राम मोहन राय
C. स्वामी दयानंद
D. स्वामी विवेकानंद

275. पं. श्रद्धाराम फिल्लौरी ने कौन-सी पुस्तक लिखी?
A. सत्यामृत प्रवाह B. सत्यार्थ प्रकाश
C. सत्यकथा संग्रह D. सत्य वचन सुधा

276. भारतेंदु ने किस भाषा में अपने काव्य (कविता) की रचना की?
A. खड़ी बोली हिन्दी B. अवधी
C. ब्रजभाषा D. कन्नौजी

277. नीचे दिए नामों में से भारतेंदु मंडल के लेखकों के साथ किसका नाम नहीं आता?
A. बालकृष्ण भट्ट
B. प्रेमचंद
C. प्रतापनारायण मिश्र
D. बदरीनारायण चौधरी 'प्रेमघन'

278. हिन्दी को 'गँवारु बोली' किसने कहा?
A. सर सैय्यद अहमद खाँ
B. बालकृष्ण भट्ट
C. पं. रामचंद्र शुक्ल
D. राजा लक्ष्मण सिंह

279. इनमें से कौन-सी पत्रिका भारतेंदु हरिश्चंद्र द्वारा संपादित नहीं की जाती थी?
A. हरिश्चंद्र मैगजीन B. बंगदूत
C. कवि-वचन-सुधा D. हरिश्चंद्र चंद्रिका

280. किस विदेशी विद्वान ने हिन्दी प्रसार के लिए कार्य किया तथा भारतीय विद्वानों को पत्र लिखे?
A. गार्सा द तासी B. कीथ
C. फ्रेडरिक पिन्काट D. मैक्डानल

281. नीचे लिखे गए नामों में से किस संस्था ने हिन्दी के विकास-कार्य में योगदान दिया?
A. अखिल भारतीय कांग्रेस
B. अंजुमन उर्दू
C. भारतीय जनता पार्टी
D. आर्य समाज

282. किस संस्था के प्रयत्नों के फलस्वरूप 1898 ई. में उत्तर प्रदेश के न्यायालयों में हिन्दी भाषा और देवनागरी को स्थान मिला?
A. सनातन धर्म सभा
B. नागरी प्रचारिणी सभा
C. हिन्दी साहित्य सम्मेलन
D. आर्य समाज

283. किस संस्था की ओर से अठारह भागों में हिन्दी साहित्य का इतिहास प्रकाशित किया गया?
A. हिन्दी साहित्य सम्मेलन
B. आर्य समाज
C. काशी नागरी प्रचारिणी सभा
D. ईसाई धर्म प्रचार सभा

284. किस संस्था ने विद्यार्थियों में हिन्दी-अध्याय को प्रोत्साहन देने के लिए हिन्दी परीक्षाओं का आयोजन किया?
A. नागरी प्रचारिणी सभा, काशी
B. सनातन धर्म सभा
C. हिन्दुस्तानी एकेडेमी
D. हिन्दी साहित्य सम्मेलन

285. हिन्दी साहित्य सम्मेलन प्रयाग की ओर से हिन्दी के सफल विद्यार्थियों को यह उपाधि दी जाती थी :
A. हिन्दी रत्न B. साहित्य भूषण
C. साहित्य प्रभाकर D. साहित्य रत्न

286. नीचे दिए ग्रंथों में से कौन-सा ग्रंथ स्वामी दयानंद द्वारा नहीं लिखा गया?
A. व्यवहार भानु B. गोकरुणानिधि
C. भाषा रहस्य D. सत्यार्थ प्रकाश

287. प्राचीन गुरुकुल शिक्षा प्रणाली के आदर्श पर आर्यसमाज द्वारा स्थापित एक प्रसिद्ध शिक्षा-संस्थान :
A. डी.ए.वी. स्कूल B. गुरुकुल कांगड़ी
C. डी.ए.वी. कॉलेज D. एस.डी. हरिद्वार कॉलेज

288. आधुनिक शिक्षा-पद्धति के आधार पर आर्यसमाज द्वारा चलाए गए विद्यालय :
A. सर्वोदय विद्यालय B. एस.डी. विद्यालय
C. राजकीय विद्यालय D. डी.ए.वी. स्कूल व कॉलेज

289. 'आठ मास बीते जजमान, अब तो करो दच्छिना दान'—यह पंक्ति किस संपादक के द्वारा ग्राहकों से चंदे की अपील के रूप में लिखी गई?
A. भारतेंदु हरिश्चंद्र
B. प्रताप नारायण मिश्र
C. बालकृष्ण भट्ट
D. लाला श्रीनिवासदास

290. हिन्दी भाषा का कौन-सा पत्र इंग्लैंड से प्रकाशित होता था?
A. भारत-मित्र B. हिंदोस्थान
C. मित्र-विलास D. देश-हितैषी

291. इंग्लैंड से प्रकाशित होने वाले पत्र 'हिंदोस्थान' के संपादक कौन थे?
A. राजा रामपाल सिंह
B. राजा शिवप्रसाद
C. लाला श्रीनिवास दास
D. बदरी नारायण चौधरी 'प्रेमघन'

292. 'हिन्दुस्तान' के प्रकाशन का स्वरूप क्या था?
A. मासिक B. साप्ताहिक
C. दैनिक D. पाक्षिक

293. 'भारत-मित्र' पत्र के संपादक कौन थे?
A. पं. छोटू लाल मिश्र
B. पं. दुर्गा प्रसाद मिश्र
C. सदल मिश्र
D. प्रताप नारायण मिश्र

294. भारतेंदु हरिश्चंद्र द्वारा लिखे लेख प्रायः किस पत्र में प्रकाशित होते थे?
A. भारत-बंधु B. आर्य-दर्पण
C. हिंदोस्थान D. भारत-मित्र

295. भारतेंदु हरिश्चंद्र द्वारा सम्पादित कौन-सी पत्रिका कविता-प्रधान पत्रिका थी?
A. प्रदीप B. ब्राह्मण
C. कवि वचन सुधा D. हरिश्चंद्र चंद्रिका

296. हिन्दी गद्य के प्रवर्तक के रूप में कौन प्रसिद्ध है?
A. आचार्य महावीर प्रसाद द्विवेदी
B. आचार्य रामचंद्र शुक्ल
C. भारतेंदु हरिश्चंद्र
D. बालकृष्ण भट्ट

297. 'निज भाषा उन्नति अहै, सब उन्नति को मूल' यह पंक्ति किस कवि के द्वारा लिखी गई है?
A. मैथिलीशरण गुप्त B. सियारामशरण गुप्त
C. भारतेंदु हरिश्चंद्र D. राम नरेश त्रिपाठी

298. हिन्दी साहित्य सम्मेलन की स्थापना किस नगर में हुई?
A. प्रयाग B. दिल्ली
C. कोलकाता D. काशी

299. सबसे पहले हिन्दी में प्रचार कार्य किसने किया?
A. सर सैय्यद अहमद खाँ
B. ईश्वर चंद्र विद्यासागर
C. महात्मा गांधी
D. दयानंद सरस्वती

300. संविधान के अनुसार हिन्दी भारत की राज्य भाषा कब बन जाएगी?
A. पाँच वर्ष बाद B. दस वर्ष बाद
C. पंद्रह वर्ष बाद D. कोई अवधि नहीं

उत्तरमाला

1	2	3	4	5	6	7	8	9	10
B	C	D	B	A	A	A	C	A	C
11	12	13	14	15	16	17	18	19	20
B	C	A	B	A	B	A	A	B	A
21	22	23	24	25	26	27	28	29	30
C	A	A	A	A	B	C	B	A	A
31	32	33	34	35	36	37	38	39	40
D	A	B	A	A	B	A	A	A	A
41	42	43	44	45	46	47	48	49	50
A	A	C	C	A	A	A	A	A	A
51	52	53	54	55	56	57	58	59	60
B	B	A	B	A	B	A	A	A	C
61	62	63	64	65	66	67	68	69	70
A	A	A	A	C	A	D	B	C	A
71	72	73	74	75	76	77	78	79	80
A	A	A	A	A	B	A	A	A	B

81	82	83	84	85	86	87	88	89	90
B	A	A	D	C	C	B	B	A	A
91	92	93	94	95	96	97	98	99	100
B	B	B	B	A	A	A	A	B	D
101	102	103	104	105	106	107	108	109	110
C	B	B	C	B	C	C	B	A	A
111	112	113	114	115	116	117	118	119	120
A	C	A	B	B	A	C	A	A	A
121	122	123	124	125	126	127	128	129	130
B	A	C	D	C	C	D	D	B	A
131	132	133	134	135	136	137	138	139	140
A	D	C	C	C	C	B	D	A	B
141	142	143	144	145	146	147	148	149	150
C	B	C	B	A	B	D	B	C	B
151	152	153	154	155	156	157	158	159	160
C	A	C	D	A	D	C	D	C	A
161	162	163	164	165	166	167	168	169	170
C	B	C	C	C	C	C	A	C	C
171	172	173	174	175	176	177	178	179	180
C	C	B	C	C	C	C	B	C	C
181	182	183	184	185	186	187	188	189	190
C	C	C	C	C	C	C	A	C	C
191	192	193	194	195	196	197	198	199	200
D	C	A	C	D	C	D	C	C	C
201	202	203	204	205	206	207	208	209	210
C	A	D	B	A	C	A	C	A	C
211	212	213	214	215	216	217	218	219	220
A	B	B	D	A	C	B	C	C	C
221	222	223	224	225	226	227	228	229	230
D	B	D	D	A	B	D	C	D	D
231	232	233	234	235	236	237	238	239	240
D	A	B	C	B	C	D	B	C	A
241	242	243	244	245	246	247	248	249	250
C	D	D	C	A	C	B	A	B	C
251	252	253	254	255	256	257	258	259	260
B	A	D	C	B	B	C	A	D	C
261	262	263	264	265	266	267	268	269	270
B	B	C	D	B	C	D	C	A	D
271	272	273	274	275	276	277	278	279	280
C	B	B	A	A	C	B	A	B	C
281	282	283	284	285	286	287	288	289	290
D	B	C	D	D	C	B	D	B	B
291	292	293	294	295	296	297	298	299	300
A	C	A	D	C	C	C	A	D	D

अध्याय

2

हिन्दी साहित्य का इतिहास

हिन्दी साहित्य का इतिहास–दर्शन

सामान्यतः 'इतिहास' शब्द से राजनीतिक व सांस्कृतिक इतिहास का ही बोध होता है, किंतु वास्तविकता यह है कि सृष्टि की कोई भी वस्तु ऐसी नहीं है जिसका इतिहास से संबंध न हो। अतः साहित्य भी इतिहास से असंबद्ध नहीं है। साहित्य के इतिहास में हम प्राकृतिक घटनाओं का मानवीय क्रियाकलापों के स्थान पर साहित्यिक रचनाओं का अध्ययन ऐतिहासिक दृष्टि से करते हैं। वैसे, देखा जाये तो साहित्यिक रचनाएं भी मानवीय क्रियाकलापों से भिन्न नहीं है, अपितु वे विशेष वर्ग के मनुष्यों की विशिष्ट क्रियाओं की सूचक हैं। दूसरे शब्दों में, साहित्यिक रचनाएं साहित्यकारों की सर्जनात्मक क्रियाओं और प्रवृत्तियों की सूचक होती हैं, अतः उनके इतिहास को समझने के लिए उनके रचयिताओं तथा उनसे संबंधित स्थितियों, परिस्थितियों और परंपराओं को समझना भी आवश्यक है। प्रारंभ में जिस प्रकार राजनीतिक इतिहास में राजाओं के जीवनचरित्र एवं राजनीतिक घटनाओं को संकलित कर देना पर्याप्त समझा जाता था, उसी प्रकार साहित्य के इतिहास में भी रचनाओं व रचयिताओं का स्थूल परिचय ही पर्याप्त होता था, किंतु ज्यों-ज्यों इतिहास के सामान्य दृष्टिकोण का विकास होता गया, त्यों-त्यों साहित्येतिहास के दृष्टिकोण में भी तदनुसार सूक्ष्मता व गंभीरता आती गयी। यद्यपि इतिहास के अन्य क्षेत्रों की तुलना में साहित्य का इतिहासदर्शन एवं उसकी पद्धति अब भी बहुत पिछड़ी हुई है, किंतु फिर भी समय-समय पर इस प्रकार के अनेक प्रयास हुए हैं, जिनका लक्ष्य साहित्येतिहास को भी सामान्य इतिहास के स्तर पर पहुँचाने का रहा है।

किसी भी साहित्येतिहास दर्शन में इतिहास के सम्बन्ध में प्रयुक्त और व्यवहृत विभिन्न दृष्टिकोणों, धारणाओं एवं विचारों का अध्ययन किया जाता है। इतिहास संबंधी इन्हीं विचारों या धारणाओं को समूह रूप में 'इतिहास दर्शन' कहते हैं।

साहित्य के इतिहास दर्शन की धारणा को व्यवस्थित सिद्धांत-रूप में व्यवहृत करने का श्रेय फ्रेंच विद्वान तेन को है। उन्होंने अपने अंग्रेजी साहित्य के इतिहास में प्रतिपादित किया कि साहित्येतिहास को समझने हेतु तीन तत्त्व सक्रिय रहते हैं–

1. जाति 2. वातावरण 3. क्षण विशेष।

तेन के उपर्युक्त सिद्धांत की आलोचना करते हुए हडसन ने कहा कि तेन ने साहित्यकार काव्य सृजक के व्यक्तित्व एवं उसकी प्रतिभा की उपेक्षा की है। वस्तुतः साहित्येतिहास दर्शन में सृजक के व्यक्तित्व एवं उसकी प्रतिभा का योगदान होता है।

इन साहित्येतिहास दर्शनों से इतर जर्मन के इतिहास वेताओं ने तद्‌युगीन चेतना को तथा मार्क्सवादियों ने द्वन्द्वात्मक भौतिक विकासवाद वर्गसंघर्ष एवं आर्थिक परिस्थितियों के संदर्भ में साहित्य के इतिहास दर्शन की प्रक्रिया को सुस्पष्ट किया।

हिन्दी साहित्य के इतिहास लेखन की पद्धतियाँ

विधेयवादी पद्धति

यह पद्धति सर्वाधिक महत्वपूर्ण है। इस पद्धति का जन्मदाता तेन था। तेन महोदय ने इस पद्धति को तीन शब्दों में बाँटा है–

1. जाति 2. वातावरण 3. क्षण।

इस पद्धति से इतिहास लिखने की परम्परा की शुरुआत आचार्य रामचन्द्र शुक्ल जी ने की। साहित्य के इतिहास को

परिभाषित करते हुए शुक्ल जी लिखते हैं कि "प्रत्येक देश का साहित्य वहाँ की जनता की चित्तवृत्ति का संचित प्रतिबिम्ब होता है।.... आदि से अन्त तक इन्हीं चित्तवृत्तियों की परम्परा को परखते हुए साहित्य परम्परा के साथ उनका सामंजस्य बिठाना ही साहित्य का इतिहास कहलाता है।"

हिन्दी साहित्य के इतिहास लेखन का वास्तविक सूत्रपात 19वीं शताब्दी से माना जाता है।

वस्तुतः अब तक की जानकारी के अनुसार, हिन्दी साहित्य के इतिहास-लेखन का सबसे पहला प्रयास एक फ्रेंच विद्वान **गार्सा द तॉसी** का ही समझा जाता है, जिन्होंने फ्रेंच भाषा में 'इस्त्वार द ला लितरेत्युर ऐन्दुई ऐ ऐन्दुस्तानी' ग्रंथ लिखा, जिसमें हिन्दी और उर्दू के अनेक कवियों का विवरण वर्णक्रमानुसार दिया गया है। इसका प्रथम भाग 1839 में तथा द्वितीय 1847 ई. में प्रकाशित हुआ था।

तॉसी की परंपरा को आगे बढ़ाने का श्रेय **शिवसिंह सेंगर** को है, जिन्होंने 'शिवसिंह सरोज' (1883) में लगभग एक सहस्र भाषा-कवियों का जीवनचरित उनकी कविताओं के उदाहरण सहित प्रस्तुत करने का प्रयास किया है। कवियों के जन्मकाल, रचनाकाल आदि के संकेत भी दिये गये हैं, यह दूसरी बात है कि वे संकेत बहुत विश्वसनीय नहीं हैं। इतिहास के रूप में इस ग्रंथ का भी महत्त्व अधिक नहीं है, किंतु फिर भी इसमें उस समय तक उपलब्ध हिन्दी कविता संबंधी ज्ञान को संकलित कर दिया गया है।

सन् 1888 में एशियाटिक सोसायटी ऑफ बंगाल की पत्रिका के विशेषांक के रूप में **जार्ज ग्रियर्सन** द्वारा रचित 'द मॉडर्न वर्नेक्युलर लिटरेचर ऑफ हिंदुस्तान' का प्रकाशन हुआ, जो नाम से 'इतिहास' न होते हुए भी सच्चे अर्थ में हिन्दी साहित्य का पहला इतिहास कहा जा सकता है।

मिश्रबंधुओं द्वारा रचित 'मिश्रबंधु-विनोद' चार भागों में विभक्त है, जिसके प्रथम तीन भाग 1913 ई. में प्रकाशित हुए तथा चतुर्थ भाग 1934 ई. में प्रकाशित हुआ। मिश्रबंधुओं ने अपने ग्रंथ को 'इतिहास' की संज्ञा न देते हुए भी भरसक इस बात का यत्न किया कि यह एक आदर्श इतिहास सिद्ध हो। इसे परिपूर्ण एवं सुव्यवस्थित बनाने के लिए उन्होंने एक ओर तो इसमें लगभग पांच हजार कवियों को स्थान दिया है तथा दूसरी ओर इसे आठ से भी अधिक काल-खंडों में विभक्त किया है।

हिन्दी साहित्येतिहास की परंपरा में सर्वोच्च स्थान **आचार्य रामचंद्र शुक्ल** द्वारा रचित 'हिन्दी साहित्य का इतिहास' (1929) को प्राप्त है, जो मूलतः नागरीप्रचारिणी सभा द्वारा प्रकाशित 'हिन्दी-शब्द-सागर' की भूमिका के रूप में लिखा गया था तथा जिसे आगे परिवर्द्धित एवं विस्तृत करके स्वतंत्र पुस्तक का रूप दे दिया गया।

वस्तुतः आचार्य शुक्ल ने इतिहास के मूल विषय को आरम्भ करने के पूर्व ही हिन्दी साहित्य के 900 वर्षों (आदिकाल से लेकर छायावादी युग तक) के इतिहास को चार सुस्पष्ट काल-खंडों में विभक्त किया जो सच्चे अर्थों में साहित्य का इतिहास प्रतीत होता है।

आचार्य शुक्ल के बाद हजारी प्रसाद द्विवेदी ने इस देश की प्राचीन परम्पराओं तथा संस्कृति के धारावाहिक रूप के संदर्भ में प्रत्येक युग के साहित्य का मूल्यांकन किया। द्विवेदी जी ने स्पष्ट किया कि हिन्दी में भक्ति आन्दोलन भारत के दर्शन व अध्यात्म के अजस्र प्रवाह का फल है, वह न तो निराशा जन्य परिस्थितियों के परिणाम स्वरूप प्रादुर्भूत हुआ और न इस्लाम की प्रतिक्रिया स्वरूप उपजा। उन्होंने यह भी सिद्ध किया कि संत मत की उत्पत्ति किसी विदेशी प्रभाव के कारण नहीं है। अपितु नाथों और सिद्धों के प्रभाव से संत मत प्रादुर्भूत हुआ। उनके अनुसार प्रेम काव्यों का स्रोत संस्कृत, प्राकृत और अपभ्रंश की प्रेरणात्मक काव्य रूढ़ियों और परंपराओं में है। विद्वानों ने द्विवेदी जी के इतिहास को शुक्ल जी के इतिहास का पूरक माना है।

इस संबंध में डॉ. रामकुमार वर्मा के 'हिन्दी साहित्य का आलोचनात्मक इतिहास' का उल्लेख करना भी आवश्यक है। इसमें 693 ई. से 1693 ई. (हिन्दी के आदि काल से प्रारंभ करके भक्ति के अंत तक) का विवरण प्रस्तुत किया गया है। जैसा कि नाम से स्पष्ट है कि लेखक का आलोचनात्मक दृष्टिकोण प्रमुख रहा है। वैसे डॉ. वर्मा ने आचार्य शुक्ल का अनुकरण किया है। हाँ, उन्होंने काल-विभागों एवं काव्यधाराओं के नाम में थोड़ा परिवर्तन कर दिया है। उन्होंने स्वयंभू को आदि कवि घोषित किया। वीरगाथा काल से पहले संधि काल नाम दिया है और वीरगाथा काल को चारणकाल नाम दिया।

डॉ. धीरेंद्र वर्मा द्वारा संपादित अनेक लेखकों के सहयोग से लिखित 'हिन्दी साहित्य' का विशेष महत्व है। इसके अनुसार हिन्दी साहित्य को आदिकाल, महाकाल और आधुनिक काल में विभाजित किया गया है। 'रासो काव्य परंपरा' को

नया रूप दिया। काल-विभाजन के अलावा शैली एवं विषय-निरूपण आदि की दृष्टि से भी आचार्य शुक्ल के इतिहास से इसमें भिन्नता है। इसकी रचना अनेक लेखकों द्वारा की गई है अतः इसमें स्वभावतः एकरूपता एवं अन्विति का अभाव है।

डॉ. नगेंद्र के संपादन में 'हिन्दी साहित्य का इतिहास' तथा 'हिन्दी वाङ्मय बीसवीं सदी' का महत्व कम नहीं इन्हें भी अनेक प्रख्यात लेखकों द्वारा लिखा गया है। इसमें इतिहास के कई अज्ञात पक्षों पर प्रकाश डाला गया है। इसी शृंखला में डॉ. शिवकुमार शर्मा कृत 'हिन्दी साहित्य : युग और प्रवृत्तियाँ' जिसमें युग प्रवृत्तियों का गवेषणापूर्ण विवेचन प्रस्तुत किया गया है। इतना होते हुए अभी भी इस दिशा में नवीन शोध परिणामों को समाहित करना आवश्यक है। अन्य इतिहासकारों में डॉ. श्यामसुंदर दास, सूर्यकांत शास्त्री, राहुल सांकृत्यायन आदि के नाम उल्लेखनीय हैं।

हिन्दी साहित्य के प्रमुख इतिहास ग्रंथ

यद्यपि 19वीं सदी से पूर्व ही विभिन्न कवियों और लेखकों द्वारा अनेक ऐसे ग्रंथों का प्रणयन किया जा चुका था जिनमें हिन्दी के सृजकों के व्यक्तित्व एवं कृतित्व का वर्णन किया गया। जिनमें चौरासी वैष्णवों की वार्ता, दो सौ बावन वैष्णवों की वार्ता, भक्त माल कविमाल, कालिदास हजारा। किन्तु इनमें कालक्रम सन् संवत् आदि का प्रायः अभाव दर्शित होता है। इन कविकृत संग्रहों को इतिहास की संज्ञा से भी अभिहित नहीं किया जा सकता।

इतिहास ग्रन्थों की सूची (हिन्दी साहित्य)

1. इस्तवार दा ला लितरे-त्यूर ऐन्दुई ऐ ऐन्दुस्तानी–फ्रेंच विद्वान गार्सा दा तासी, फ्रेंच भाषा में 1839 ई॰ में प्रथमतः प्रकाशित।
2. शिवसिंह सरोज-शिवसिंह सेंगर–1873
3. द माडर्न वर्नाक्यूलर लिटरेचर ऑफ हिन्दुस्तान–जार्ज ग्रियर्सन, सन् 1888
4. मिश्रबंधु विनोद-मिश्रबंधु-प्रथम तीन भाग 1913 में चतुर्थ भाग–1934 में
5. हिन्दी साहित्य का इतिहास-आ॰ रामचंद्र शुक्ल-1929 ना.प्र.स॰ वाराणसी
6. हिन्दी साहित्य की भूमिका-आ॰ हजारी प्रसाद द्विवेदी
7. हिन्दी साहित्यःउद्भव और विकास–हजारी प्रसाद द्विवेदी
8. हिन्दी साहित्य का आदिकाल–हजारी प्रसाद द्विवेदी
9. हिन्दी साहित्य का आलोचनात्मक इतिहास–डॉ॰ रामकुमार वर्मा–1938
10. हिन्दी साहित्य का वृहत् इतिहास–नागरी प्रचारिणी सभा, 1961
11. हिन्दी साहित्य–डॉ॰ धीरेन्द्र वर्मा
12. हिन्दी साहित्य का इतिहास–सं॰ नगेन्द्र
13. राजस्थानी साहित्य की रूपरेखा–मोतीलाल मेनारिया, 1939
14. जैन इतिहास की पूर्व पीठिका तथा हमारा अभ्युत्थान् –हीरालाल जैन, 1939
15. Modern Hindi Literature–डॉ॰ इन्द्रनाथ मदान, 1939
16. A Scatch of Hindi Lit.–Adwin Greeks, 1917
17. A History of Hindi Lit. – एफ. इ. के. महोदय, 1920
18. हिन्दी भाषा और साहित्य–श्यामसुंदर दास, 1930
19. हिन्दी भाषा और उसके साहित्य का विकास–अयोध्या सिंह उपाध्याय, 1930
20. हिन्दी साहित्य का विवेचनात्मक इतिहास–सूर्यकांत शास्त्री, 1930
21. हिन्दी साहित्य का इतिहास–रमाशंकर शुक्ल रसाल, 1931
22. आधुनिक हिन्दी साहित्य का इतिहास–कृष्ण शंकर शुक्ल, 1934
23. हिन्दी साहित्य का अतीत–डॉ॰ विश्वनाथ प्रसाद मिश्र, 1960
24. हिन्दी साहित्य का सरल इतिहास–डॉ. विश्वनाथ त्रिपाठी, 1985
25. हिन्दी साहित्य और संवेदना का विकास–रामस्वरूप चतुर्वेदी
26. हिन्दी साहित्य का दूसरा इतिहास–बच्चन सिंह

हिन्दी के प्रमुख साहित्यिक केन्द्र

हिन्दी-विकास कार्य में कुछ संस्थाओं ने भी विशेष योगदान दिया। इन संस्थाओं का संक्षिप्त परिचय नीचे दिया जा रहा है :

नागरी प्रचारिणी सभा, काशी : वाराणसी विश्वविद्यालय में हिन्दी विभाग के अध्यक्ष बाबू श्याम सुंदर दास हिन्दी के अनन्य प्रेमी थे। अनेक पुस्तकों की रचना करके उन्होंने हिन्दी की जो सेवा की वह अविस्मरणीय है। साहित्यालोचन, रूपक रहस्य, भाषाविज्ञान, भाषा रहस्य आदि उनके सैद्धांतिक ग्रंथ हैं। बाबू श्याम सुंदर दास, पं. सत्यनारायण मिश्र आदि के सहयोग से 16 जुलाई 1897 को काशी (वाराणसी) में नागरी प्रचारिणी सभा की नींव डाली गई। उस समय न्यायालय की भाषा के रूप में फारसी मिश्रित उर्दू का बोलबाला था।

नागरी प्रचारिणी सभा के प्रयत्न से उत्तर प्रदेश की अदालतों में सन् 1898 में देवनागरी लिपि के साथ हिन्दी भाषा को स्थान मिला। अब प्रार्थना-पत्रों तथा सम्मन की भाषा हिन्दी भी होने लगी। सभा की ओर से एक आर्यभाषा पुस्तकालय स्थापित किया गया जिसमें विभिन्न भाषाओं की पुस्तकों तथा पांडुलिपियों को संग्रहीत किया गया। इनकी संख्या लगभग पचास हजार से ऊपर है। काशी नागरी प्रचारिणी सभा की ओर से सन् 1945 में एक प्रामाणिक शब्दकोष की रचना हुई। इसका संपादन आचार्य रामचंद्र शुक्ल ने किया। इस कोश का नाम 'शब्द सागर' है। सभा की ओर से एक राजकीय कोष भी प्रकाशित हुआ। विशेष उल्लेखनीय बात यह है कि सभा की ओर से अठारह भागों में हिन्दी साहित्य का इतिहास प्रकाशित किया गया। देश में अनेक स्थानों पर नागरी प्रचारिणी सभा की शाखाएँ कार्य कर रही हैं। सभा की ओर से विभिन्न विषयों पर पुस्तकों का प्रकाशन हुआ तथा योग्य लेखकों को विशेष पुरस्कार प्रदान करके श्रेष्ठ लेखन के लिए प्रोत्साहन दिया गया।

नागरी प्रचारिणी पत्रिका : सन् 1896 में नागरी प्रचारिणी पत्रिका का प्रकाशन आरंभ हुआ। इसके पहले संपादक थे श्री वेणी प्रसाद। इस पत्रिका के द्वारा श्रेष्ठ साहित्य निर्माण को बल मिला। इसमें उच्च कोटि के निबंध-लेख एवं कविताएँ समय-समय पर प्रकाशित होती रहीं।

हिन्दी साहित्य-सम्मेलन प्रयाग : इलाहाबाद में सन् 1910 में हिन्दी साहित्य सम्मेलन की स्थापना की गई। सम्मेलन ने विद्यार्थियों में हिन्दी अध्ययन के प्रति रुचि जागृत करने के लिए तथा हिन्दी प्रचार हेतु हिन्दी की विविध परीक्षाएँ आयोजित कीं। इन परीक्षाओं में उत्तीर्ण होने वाले छात्रों को विशारद, साहित्य-रत्न की उपाधियाँ दी जाती थीं। सम्मेलन ने अहिन्दी भाषी क्षेत्रों में भी हिन्दी प्रचार-प्रसार का महत्वपूर्ण कार्य किया। सम्मेलन के अधिवेशन अलग-अलग स्थानों पर हुआ करते हैं। अनेक ख्याति प्राप्त साहित्यकार सम्मेलन के सभापति पद पर विभूषित हुए। सम्मेलन ने पुरुषोत्तम दास टंडन की प्रेरणा और उनका वरदायी सहयोग पाकर विशेष प्रगति की। सेठ गोविंद दास, श्री नारायण चतुर्वेदी, श्री मौलिचंद्र शर्मा आदि विद्वानों के योगदान से सम्मेलन ने उल्लेखनीय कार्य किया। अनेक स्थानों पर सम्मेलन की शाखाओं की स्थापना हुई।

हिंदुस्तानी एकेडेमी : 1927 ई. में (अकादमी) नामक संस्था की स्थापना हुई जिसने हिन्दी प्रचार-प्रसार हेतु विशेष कार्य किया। अकादमी की ओर से श्रेष्ठ लेखन की ओर विशेष ध्यान दिया गया। इसके द्वारा श्रेष्ठ विद्वानों के व्याख्यानों का आयोजन किया गया और श्रेष्ठ लेखकों को पुरस्कार प्रदान कर प्रोत्साहन दिया गया। इसकी ओर से छात्रों को छात्रवृत्ति भी प्रदान की गई।

इसके अतिरिक्त अन्य अनेक संस्थाएँ एवं कार्यकर्ता भी विभिन्न नामों से हिन्दी प्रसार में संलग्न रहे। उनमें राष्ट्रभाषा प्रचार समिति वर्धा का नाम उल्लेखनीय है।

इस प्रसंग में आर्य समाज की सेवाओं को नहीं भुलाया जा सकता। आर्य समाज के संस्थापक दयानंद थे। स्वामी जी व्यक्तिगत रूप से हिन्दी-प्रचार के प्रति प्रतिबद्ध थे। उन्होंने स्थान-स्थान पर हिन्दी में व्याख्यान दिए। ईसाई धर्म प्रचारकों की अपेक्षा स्वामी जी का प्रभाव अधिक स्थाई सिद्ध हुआ। गुजराती होते हुए भी उन्होंने अपने ग्रंथों, सत्यार्थ प्रकाश, ऋग्वेदादिभाष्य भूमिका, वेदांग प्रकाश, गो करुणानिधि, व्यवहार भानु आदि की रचना हिन्दी में की। स्वामी जी हिन्दी को 'आर्य भाषा' कहते थे। अपने अनुयायियों को उन्होंने हिन्दी के व्यवहार के लिए प्रोत्साहित किया। आर्य समाज ने धर्म प्रचार के साथ-साथ समाज-सुधार का सराहनीय कार्य किया। उसी के साथ उसने देशवासियों में हिन्दी पठन-पाठन के प्रति रुचि जाग्रत की। आर्य समाज के द्वारा प्राचीन गुरुकुल शिक्षा पद्धति के आधार पर गुरुकुल कांगड़ी (हरिद्वार) जैसी आदर्श, शिक्षा-संस्था की स्थापना की गई। आधुनिक शिक्षा-पद्धति का

अनुसरण करते हुए आर्य समाज ने कई शहरों में एंग्लो दयानंद वैदिक स्कूल व कॉलेज स्थापित किए जिन्हें डी.ए.वी. स्कूल अथवा डी.ए.वी. कॉलेज के नाम से जाना जाता है। इस प्रकार शिक्षा के क्षेत्र में समाज सेवा के साथ-साथ आर्य समाज ने हिन्दी की सराहनीय सेवा की।

आर्य समाज की भाँति बंगाल में राजा राममोहन राय द्वारा स्थापित ब्रह्म समाज ने भी हिन्दी-प्रचार में योगदान दिया। उसकी ओर से वेदांत सूत्रों के भाष्य का हिन्दी अनुवाद तैयार कराया गया। ब्रह्म समाज की ओर से बंगदूत नामक एक पत्र भी प्रकाशित किया गया। इसी प्रकार की एक अन्य संस्था सनातन धर्म सभा थीं इसकी ओर से पं. श्रद्धाराम फिल्लौरी ने प्रचार कार्य किया। पंडित जी स्थान-स्थान पर जाकर अपने विद्वतापूर्ण व्याख्यानों से अपने श्रोताओं का मन मोह लेते थे। उन्होंने सत्यामृत प्रवाह, तत्व दीपक और उपदेश संग्रह आदि ग्रंथ हिन्दी में लिखे और हिन्दी प्रचार में सहयोग दिया।

प्रमुख पत्र–पत्रिकाएं

पत्र-पत्रिकाएं	प्रकाशन स्थान	सम्पादक या संस्थापक	प्रकाशन अवधि
भारतेंदु युग			
1. उदन्त मार्तण्ड	कलकत्ता	पं. जुगल किशोर	साप्ताहिक
2. बंगदूत (1824)	कलकत्ता	राजा राममोहन राय	साप्ताहिक
3. प्रजामित्र	कलकत्ता	–	साप्ताहिक
4. बनारस अखबार	काशी	राजा शिव प्रसाद सितारेहिंद	साप्ताहिक
5. सुधारक	काशी	–	साप्ताहिक
6. बुद्धि प्रकाश	आगरा	–	साप्ताहिक
7. प्रजा हितैषी	आगरा	राजा लक्ष्मण सिंह	साप्ताहिक
8. मालवा	मालवा	–	साप्ताहिक
9. तत्वबोधिनी (1865)	बरेली	–	साप्ताहिक
10. कविवचन सुधा (1868)	काशी	भारतेंदु हरिश्चन्द्र	मासिक, बाद में पाक्षिक एवं साप्ताहिक
11. हरिश्चन्द्र मैगजीन (1873 ई.)	काशी	भारतेंदु हरिश्चन्द्र	साप्ताहिक
12. हिन्दी प्रदीप (1877)	इलाहाबाद	बालकृष्ण भट्ट	मासिक
13. ज्ञान प्रदायिनी	लाहौर	नवीनचन्द्र राय	मासिक
14. ब्राह्मण (1883 ई.)	कानपुर	पं. प्रतापनारायण मिश्र	मासिक
द्विवेदी युग			
1. सरस्वती (1900)	पहले काशी से बाद में इलाहाबाद	महावीर प्रसाद द्विवेदी (सन् 1903 में सम्पादक बने)	मासिक
2. सुदर्शन (1900)	काशी	देवकीनन्दन खत्री, माधव प्रसाद मिश्र	मासिक
3. समालोचक (1902)	जयपुर	चन्द्रधर शर्मा गुलेरी	मासिक
4. हितवाणी (1904)	कलकत्ता	रुद्रदत्त शर्मा और सखाराम गणेश देउस्कर	साप्ताहिक
5. नृसिंह (1907)	कलकत्ता	अम्बिका प्रसाद वाजपेयी	साप्ताहिक

पत्र-पत्रिकाएं	प्रकाशन स्थान	सम्पादक या संस्थापक	प्रकाशन अवधि
6. अभ्युदय (1907)	प्रयाग	मदन मोहन मालवीय	साप्ताहिक
7. देवनागर (1907)	कलकत्ता	उमापतिदत्त शर्मा और यशोदानन्दन अखौरी	मासिक
8. कर्मयोगी (1909)	प्रयाग	सुंदरलाल	साप्ताहिक
9. पर्याप्त (1909)	प्रयाग	कृष्णकांत मालवीय	मासिक
10. इन्दु (1909)	काशी	अम्बिका प्रसाद गुप्त	मासिक
11. प्रताप (1913)	कानपुर	गणेश शंकर विद्यार्थी	साप्ताहिक
12. प्रभा (1913)	खण्डवा	कालूराम	मासिक
13. कलकत्ता समाचार (1914)	कलकत्ता	–	दैनिक
14. पाटलिपुत्र (1914)	पटना	काशी प्रसाद जायसवाल	मासिक
15. विश्वामित्र (1918)	कलकत्ता	–	दैनिक

छायावादी युग

1. साहित्य संदेश (1937)	आगरा	बाबू गुलाबराय	मासिक
2. मर्यादा (1909)	प्रयाग, काशी	कृष्णकांत मालवीय, सम्पूर्णानन्द, कुछ समय के लिए प्रेमचन्द	मासिक
3. दैनिक विश्वामित्र (1916)	–	–	दैनिक
4. देश (1920)	पटना	राजेन्द्र प्रसाद	साप्ताहिक
5. आज (1920)	वाराणसी	बाबूराव विष्णुराव पराड़कर	दैनिक
6. हिन्दी नवजीवन (1921)	अहमदाबाद	महात्मा गांधी	साप्ताहिक
7. माधुरी (1922)	लखनऊ	दुलारेलाल भार्गव	मासिक
8. समन्वय (1922)	कलकत्ता	स्वामी माधवानन्द, निराला	मासिक
9. चांद (1923)	प्रयाग	रामरख सहगल, चण्डी प्रसाद हृदयेश	मासिक
10. मतवाला (1923)	कलकत्ता	महादेव प्रसाद सेठ, शिवपूजन सहाय, नवजादिक लाल श्रीवास्तव, सूर्यकांत त्रिपाठी 'निराला'	साप्ताहिक
11. प्रभा (1913)	कानपुर	बालकृष्ण शर्मा 'नवीन'	मासिक
12. सुधा	लखनऊ	सूर्यकान्त त्रिपाठी 'निराला'	मासिक
13. कल्याण (1925)	गोरखपुर	गीता प्रेस	मासिक
14. श्रीकृष्ण संदेश (1925)	कलकत्ता	लक्ष्मणनारायण नर्दे	साप्ताहिक
15. विशाल भारत (1928)	कलकत्ता	बनारसीदास चतुर्वेदी	मासिक
16. द्वन्द्व	लाहौर	अम्बिकादत्त व्यास	–
17. नई कविता	इलाहाबाद	जगदीश गुप्त	–
18. हंस (1930)	बनारस	प्रेमचंद, शिवदान सिंह चौहान, अमृतराय	मासिक
19. अखबारे चुनार कोहिनूर	–	बालमुकुन्द गुप्त	–
20. कल्पना	हैदराबाद	बदरी विशाल पित्ती	मासिक
21. जागरण	बनारस	शिवपूजन सहाय	साप्ताहिक
22. भारत	इलाहाबाद	नंन्ददुलारे वाजपेयी	अर्ध साप्ताहिक
23. कर्मवीर	जबलपुर	माखनलाल चतुर्वेदी, माधवराव सप्रे	साप्ताहिक

हिन्दी साहित्य के इतिहास का काल विभाजन और नामकरण

सामान्यतः इतिहास के लेखन में विद्वानों के काल विभाजन के लिए निम्नलिखित आधार रहे हैं–

1. ऐतिहासिक कालक्रम
2. शासक और उनका शासन काल
3. लोकनायक एवं उनका प्रभाव
4. साहित्यिक नेता एवं उसकी प्रभाव-परिधि
5. राष्ट्रीय, सामाजिक एवं सांस्कृतिक आन्दोलन
6. साहित्यिक प्रवृत्ति

सामान्यतः काल विभाजन का आधार निम्नानुसार होना चाहिए–

1. काल विभाजन साहित्यिक प्रवृत्तियों और आदर्शों में समानता के आधार पर
2. कालों का नामकरण मूल साहित्य-चेतना को आधार मानकर साहित्यिक प्रवृत्ति के अनुसार
3. कालों का सीमांकन मूल प्रवृत्तियों के आरम्भ और अवसान के अनुसार

इस लक्ष्य को आधार मान कर हिन्दी साहित्य का कालविभाजन तथा नामकरण सामान्यतः इस प्रकार किया जा सकता है:

आदिकाल : सातवीं शती के मध्य से चौदहवीं शती के मध्य तक।

भक्तिकाल : चौदहवीं शती के मध्य से सत्रहवीं शती के मध्य तक।

रीतिकाल : सत्रहवीं शती के मध्य से उन्नीसवीं शती के मध्य तक।

आधुनिक काल : उन्नीसवीं शती के मध्य से अब तक:

1. पुनर्जागरणकाल (भारतेंदुकाल) 1857–1900 ई.
2. जागरणसुधारकाल (द्विवेदीकाल) 1900–1918 ई.
3. छायावादकाल 1918–1938 ई.
4. छायावादोत्तरकाल
   (क) प्रगति-प्रयोगकाल 1938–1953 ई.
   (ख) नवलेखनकाल 1953 ई. से अब तक

आचार्य शुक्ल का काल विभाजन

हिन्दी काव्य साहित्य का प्रारम्भ सामान्यतया 11वीं शताब्दी से माना जाता है। यद्यपि इससे पूर्व भी काव्य ग्रंथों की रचना हुई थी, लेकिन अधिकांश विद्वान उन्हें अपभ्रंश की रचनायें मानते हैं, हिन्दी की नहीं। 11वीं शताब्दी से लेकर अब तक हिन्दी काव्य की धारा स्वाभाविक गति से प्रवाहमान रही है। इस सम्पूर्ण काल का व्यवस्थित व क्रमबद्ध इतिहास उपलब्ध है।

11वीं शताब्दी से अब तक की अवधि को आचार्य रामचन्द्र शुक्ल ने चार कालों में विभाजित किया है: (1) वीरगाथा काल, (2) भक्ति काल (3) रीति काल और (4) आधुनिक काल। इनका समय इस प्रकार है:

वीरगाथा काल – (सं. 1050 से 1375 तक)

भक्ति काल – (सं. 1375 से 1700 तक)

रीति काल – (सं. 1700 से 1900 तक)

आधुनिक काल – (सं. 1900 से अब तक)

आचार्य शुक्ल ने उपरोक्त काल विभाजन, काल विशेष की रचनाओं की मुख्य प्रवृत्तियों के आधार पर किया है। किसी विशेष काल में जिस विशेष ढंग की रचनाओं की प्रचुरता रही, उसी के आधार पर उन्होंने उस काल का नामकरण किया। उदाहरण के लिए जिस काल में वीरों की गाथायें अधिक लिखी गईं, उसे उन्होंने वीरगाथा काल कहा। जिस काल में भक्ति की रचनाओं की प्रचुरता रही, उसे उन्होंने भक्ति काल का नाम दिया। इसी प्रकार जिस काल में रीति ग्रंथ अधिक लिखे गये, उस काल का नाम उन्होंने रीति काल रखा। आधुनिक विचारों, समस्याओं तथा नए अलंकारों, प्रतीकों, नए प्रयोगों और नई अभिव्यक्ति प्रणालियों से समृद्ध साहित्य वाले काल को उन्होंने आधुनिक काल की संज्ञा प्रदान की।

जिस तरह नामकरण के पीछे भी कुछ-न-कुछ तर्क अवश्य रहता है उसी तरह काल विभाजन भी ऐसा होना चाहिए, जो उसकी मूल साहित्य-चेतना को प्रतिबिंबित कर सके।

आदिकाल

हिन्दी साहित्य का आरम्भ कब और कैसे?

कोई भी जनभाषा अपने प्रवाह की अक्षुण्णता में सदा एक रूप नहीं रह सकती। स्थान और काल के भेद से उसमें रूप-भेद भी स्वतः उत्पन्न हो जाता है, किंतु जब तक उन रूपों की तात्त्विक समानता सुरक्षित रहती है तब तक वे एक ही भाषा का बोध कराते हैं। हिन्दी भाषा ने भी स्थान और काल के भेद से अपनी दीर्घ यात्रा में अनेक रूप धारण किये हैं। मगही, मैथिली, भोजपुरी, अवधी, कन्नौजी, बघेलखंड़ी, बुंदेलखंडी, ब्रज, खड़ी बोली, बंगारू, मेवाती, हाड़ौती, मारवाड़ी, मेवाड़ी, ढूंढारी, मालवी, भीली, खानदेशी, पहाड़ी आदि उसके अनेक रूप-भेद पाये जाते हैं, किंतु इन सबमें तात्त्विक समानता विद्यमान है। आजकल इन भाषारूपों को स्थान-भेद से स्मरण किया जाता है, किंतु कालभेद से ही इन रूपों में अंतर है। कुछ शताब्दियों पूर्व का ब्रज या मैथिली का रूप आज यथावत् नहीं मिलता; किंतु तात्त्विक समानता के आधार पर पूर्व काल के वे रूप भी ब्रज या मैथिली रूप ही के माने जाते हैं और उन सब रूपों में रचित साहित्य भी हिन्दी का ही साहित्य कहा जाता है।

इसी दृष्टि से अपभ्रंश को एक अलग भाषा मान कर, उसके समानांतर तात्विक आधार पर भिन्न रूप में विकसित भाषा को पृथक नाम देने की आवश्यकता है। यद्यपि अपभ्रंश अपने मूल रूप में ही पंद्रहवीं शताब्दी तक साहित्य की भाषा बनी रही, तथापि आठवीं शताब्दी से ही बोलचाल की भाषा पृथक हो कर उसके समानांतर साहित्य-रचना का माध्यम बन गयी थी। इसी भाषा को कुछ विद्वानों ने 'उत्तर-अपभ्रंश' या 'पुरानी हिन्दी' कहा है और कुछ विद्वानों ने 'अवहट्ठ' नाम दिया है।

चंद्रधर शर्मा गुलेरी पहले विद्वान हैं, जिन्होंने स्पष्ट शब्दों में यह घोषणा की थी कि 'उत्तरअपभ्रंश' ही पुरानी हिन्दी है।

आचार्य रामचंद्र शुक्ल ने गुलेरी जी के लेख के आधार पर अपने इतिहास में आदिकाल के अंतर्गत 'उत्तरअपभ्रंश' की रचनाओं को यह मानते हुए भी स्थान दिया कि उनके आधार पर उस काल की कोई विशेष प्रवृत्ति निर्धारित नहीं की जा सकती। राहुल सांकृत्यायन ने भी 'उत्तरअपभ्रंश' की रचनाओं को हिन्दी की रचनाएं माना है। 'हिन्दी के प्राचीन कवि और उनकी कविताएं' लेख में उन्होंने हिन्दी कविता का आदि रूप नालंदा और विक्रमशिला के सिद्धों द्वारा बौद्ध धर्म के वज्रयान तत्व के प्रचार की भाषा में सिद्ध किया है। इसी प्रकार डॉ. रामकुमार वर्मा ने भी 'हिन्दी साहित्य का आलोचनात्मक इतिहास' में गुलेरी जी और राहुल जी के मतों को स्वीकार करते हुए 'उत्तरअपभ्रंश' के कवियों को स्थान दिया है।

शुक्ल जी के साथ-साथ कुछ-कुछ सहमत होते हुए भी डॉ. श्यामसुंदरदास तथा डॉ. हजारीप्रसाद द्विवेदी अपभ्रंशकाव्य का विवेचन आदिकाल के भीतर करते रहे हैं। द्विवेदी जी ने अपभ्रंश और हिन्दी के संबंध में यह मत व्यक्त किया है : "इस प्रकार दसवीं से चौदहवीं शताब्दी का काल, जिसे हिन्दी का आदिकाल कहते हैं, भाषा की दृष्टि से अपभ्रंश का ही बढ़ाव है। इसी अपभ्रंश के बढ़ाव को कुछ लोग उत्तरकालीन अपभ्रंश कहते हैं और कुछ लोग पुरानी हिन्दी। बारहवीं शताब्दी तक निश्चित रूप से अपभ्रंश भाषा ही पुरानी हिन्दी के रूप में चलती थी, यद्यपि उसमें नये तत्सम शब्दों का आगमन शुरू हो गया था।" इस प्रकार वे अपभ्रंश को हिन्दी से अलग रखना चाहते हैं, फिर भी उन्होंने अपभ्रंश के उत्तरकालीन साहित्य को आदिकाल की सामग्री मान कर उसका विवेचन किया है। उनके वक्तव्य से यह सिद्ध हो जाता है कि 'उत्तरअपभ्रंश' हिन्दी का ही आरंभिक रूप है।

अतः हिन्दी साहित्य के आदिकाल की सामग्री में 'उत्तरअपभ्रंश' की सभी रचनाएं आ जाती हैं। उन्हें हिन्दी साहित्य से निकाल कर अपभ्रंश के साहित्य में स्थान देना या 'अवहट्ठ' का नया इतिहास खड़ा करना उचित नहीं है। इस दृष्टि से सिद्धों की रचनाओं से ही हिन्दी साहित्य का आरंभ मानना युक्तिसंगत है।

अतः भाषा के विकास की आरंभिक स्थिति तथा उत्तरपूर्वी धार्मिक चेतना के मूल रूप को ध्यान में रखकर सिद्ध साहित्य से हिन्दी साहित्य का आरंभ मानना पूर्णतः युक्तिसंगत है।

आदिकालीन हिन्दी साहित्य की उपलब्ध सामग्री के दो रूप हैं–प्रथम वर्ग में वे रचनाएं आती हैं, जिनकी भाषा तो हिन्दी है, परंतु वह अपभ्रंश के प्रभाव से पूर्णतः मुक्त नहीं हैं, और द्वितीय प्रकार की रचनाएं वे हैं, जिनको अपभ्रंश के प्रभाव से मुक्त हिन्दी की रचनाएं कहा जा सकता है।

अपभ्रंश-प्रभावित हिन्दी रचनाएं इस प्रकार हैं–

1. सिद्ध साहित्य
2. श्रावकाचार
3. नाथ-साहित्य
4. राउलवेल (गद्य-पद्य)
5. उक्तिव्यक्तिप्रकरण (गद्य)
6. भरतेश्वर-बाहुबलीरास
7. हम्मीररासो
8. वर्णरत्नाकर (गद्य)।

निम्नांकित रचनाएं अपभ्रंश के प्रभाव से मुक्त हिन्दी की रचनाएं मानी जा सकती हैं–

1. खुमाणरासो
2. ढोलामारू रा दूहा
3. बीसलदेवरासो
4. पृथ्वीराजरासो
5. परमालरासो
6. जयचंद्रप्रकाश
7. जयमयंक-जसचंद्रिका
8. चंदनबालारास
9. स्थूलिभद्ररास
10. रेवंतगिरिरास
11. नेमिनाथरास
12. वसंत विलास
13. खुसरो की पहेलियां।

आदिकाल की पूर्वोक्त सामग्री को अध्ययन की सुविधा के लिए निम्नांकित वर्गों में विभाजित किया जा सकता है–(1) सिद्ध-साहित्य, (2) जैन-साहित्य, (3) नाथ-साहित्य, (4) रासो-साहित्य, (5) लौकिक-साहित्य, (6) गद्यरचनाएं। सिद्ध-साहित्य के अंतर्गत चौरासी सिद्धों की वे साहित्यिक रचनाएं आती हैं, जो तत्कालीन लोकभाषा हिन्दी में लिखी गयी हैं।

रासो साहित्य

'रासो' शब्द की उत्पत्ति आचार्य शुक्ल 'रसायण' से तथा हजारी प्रसाद द्विवेदी 'रासक' से मानते हैं।

क. **खुम्माण रासो** – रचयिता 'दलपति विजय'।

ख. **रणमल्ल छंद** (1397 ई.) – रचयिता 'श्रीधर'।
(अनेक विद्वान् इसे आदिकाल में रचित न मानकर परवर्ती मानते हैं)

ग. **विजयपाल रासो** – का रचयिता 'नल्ल सिंह' नामक कवि है। इसमें विजयपाल के पंग राजा से हुए युद्ध का वर्णन है। मिश्रबन्धुओं ने इसे यद्यपि 14वीं सदी की रचना कहा है लेकिन प्रायः सभी विद्वान् इसे आदिकाल से परवर्ती रचना मानते हैं।

घ. **बीसलदेव रासो** – इसमें भोज परमार की पुत्री राजमती और अजमेर के चौहान राजा बीसलदेव तृतीय के विवाह, वियोग और पुनर्मिलन की कथा है। इसकी भाषा राजस्थानी हिन्दी है। रचयिता का नाम 'नरपति नाल्ह' है।

ङ. **परमाल रासो** – इसे आल्ह खंड भी कहते हैं। इसके रचयिता 'जगनिक' कवि हैं। यह मौखिक परम्परा में इतना लोकप्रिय है कि 'आल्हा' लोकगीत की एक शैली बन गया है। यह पूरा का पूरा 'वीर' छन्द में है।

च. **पृथ्वीराज रासो** – राजस्थानी पिंगल (डिंगल मिश्रित पिंगल) शैली में लगभग 68 प्रकार के छन्दों में रचित यह ग्रन्थ हिन्दी का प्रथम महाकाव्य है। इस तरह 'चन्द' हिन्दी के प्रथम महाकवि ठहरते हैं। इसके साथ ही यह ग्रन्थ प्रामाणिकता के मामले में सर्वाधिक दुर्भाग्यपूर्ण भी है।

आदिकालीन हिन्दी का जैन साहित्य

जैन साहित्य मूलतः धार्मिक काव्य है, परन्तु उसमें काव्यत्व भी है। जैन साहित्य की रचना में आचार, रास, फागु, चरित आदि विभिन्न शैलियां मिलती हैं। हिन्दी में रचित जैन साहित्य की प्रमुख रचनाएं ये हैं–

क. **श्रावकाचार** (933 ई.) – एक ग्रन्थ के रूप में हिन्दी की प्रथम रचना है। इसमें 250 दोहों में 'देवसेन' ने श्रावक-धर्म का प्रतिपादन किया है। देवसेन की अन्य रचनाएं हैं – 'दब्ब–सहाव–पयास' (= द्रव्यस्वभावप्रकाश; अपभ्रंश में रचित), लघुनयचक्र, (हिन्दी) 'दर्शनसार' (हिन्दी)।

ख. **भरतेश्वर-बाहुबली रास** – शालिभद्र सूरि रचित 205 छन्दों का खण्डकाव्य है। मुनि जिनविजय ने इसे जैनधर्म की रास परम्परा का पहला ग्रन्थ माना है। इसमें भरतेश्वर और बाहुबली का चरित वर्णन है।

ग. **चन्दनबाला रास** – में आसुग, कवि ने चन्दनबाला का चरितवर्णन किया है। इनकी अन्य रचनाएं हैं : 'जीवदया रास'।

घ. **स्थूलिभद्र रास** – में जिनधर्म सूरि ने स्थूलिभद्र और कोशा वेश्या की कथा कही है।

ङ. **रेवन्तगिरि रास** – में विजयसेन सूरि ने तीर्थकंर नेमिनाथ की प्रतिमा तथा रेवंतगिरि तीर्थ का वर्णन किया है।

च. **नेमिनाथ रास** – में सुमति गणि ने 58 छन्दों में नेमिनाथ का चरित वर्णन किया है।

सिद्ध और नाथ साहित्य

सिद्ध साहित्य

सिद्धों की संख्या 84 बतायी जाती है जिनका समय 8वीं से 12वीं सदी तक फैला है। सिद्ध बौद्धधर्म के परवर्ती स्वरूप में वज्रयानी शाखा से सम्बन्धित थे, जिसका स्वरूप आगे गुह्य और विकृत होता चला गया। सिद्धों ने ही 'महासुखवाद' का प्रवर्तन किया।

प्रथम सिद्ध सरहपाद हिन्दी के प्रथम कवि माने जाते हैं (राहुल जी के अनुसार)। इनके अन्य नाम हैं–सरहपा, सरोरूहपाद, सरोजवज्र। सरहपा ने सहजयान का प्रवर्तन किया। इनका समय राहुलजी ने 769 ई॰ माना है।

सिद्धों ने नैरात्म्य भावना, कायासाधना, सहज, शून्य तथा समाधि की भिन्न-भिन्न अवस्थाओं का वर्णन किया है। इन्होंने ब्राह्मणवाद, जाति-पाति तथा झूठे आचारों का तीव्र खंडन किया है।

सिद्धों की भाषा संधा-भाषा है जिसमें प्रतीकों के माध्यम से अंतस्साधनात्मक अनुभूतियों का संकेत होता है। सिद्धों ने चर्यापद (अनुष्ठान गीत) तथा दोहे रचे हैं। अन्य प्रमुख सिद्ध हैं–कण्हपा, लुईपा, शबरपा, डोम्भिपा। (रचनाएं 'डोम्बि-गीतिका तथा अक्षरद्विकोपदेश')।

म॰म॰ हरप्रसाद शास्त्री ने कुछ सिद्धों के चर्यागीतों और दोहाकोशों का 'बौद्धगान ओ दोहा' नाम से सन् 1917 में संपादन किया। प्रबोधचन्द्र बागची ने 'दोहाकोश' नाम से सिद्धों के दोहों को छपवाया। राहुल जी ने भी 'हिन्दी काव्यधारा' शीर्षक से चर्यापदों और दोहों का एक संकलन संपादित किया।

नाथ साहित्य

सिद्धों तथा नाथों में बहुत समानता है और केवल थोड़ा-सा अन्तर। नाथ ब्रह्मचर्य और योगाभ्यास पर बल देते थे, जबकि सिद्ध कायासाधना पर। नाथों की संख्या 9 मानी जाती है। नाथ साहित्य के प्रारम्भकर्ता गोरखनाथ हैं जिनके गुरु मछंदरनाथ (मत्स्येन्द्रनाथ) एक सिद्ध थे। गोरखनाथ ने पतंजलि के योग को आधार बनाकर 'हठयोग' का प्रवर्तन किया।

राहुल जी तथा हजारी प्रसाद द्विवेदी गोरखनाथ को दसवीं सदी का मानते हैं जबकि शुक्ल जी 13वीं सदी का। शुक्ल जी ने गोरखनाथ की दस हिन्दी पुस्तकों का उल्लेख किया है। डा॰ पीताम्बर दत्त बडथ्वाल ने गोरखनाथ की 40 रचनाएं मानी हैं। प्रमुख हैं–'सबदी', 'पद', 'प्राणसंकली'। डा॰ बडथ्वाल ने सर्वप्रथम गोरख की बानियों का संग्रह 'गोरखबानी' (1930) नाम से छपवाया।

अमीर खुसरो की हिन्दी कविता

अमीर खुसरो इस युग के अत्यंत महत्वपूर्ण एवं बहुमुखी प्रतिभा के धनी व्यक्ति हैं। उनके काव्योत्कर्ष का प्रमाण उनकी फारसी रचनाएँ हैं। वे संगीतज्ञ, इतिहासकार, कोशकार, बहुभाषाविद्, सूफी औलिया, कवि-बहुत कुछ थे। उनकी हिन्दी रचनाएँ अत्यंत लोकप्रिय रही हैं। उनके नाम से निम्नलिखित दोहा बहुत प्रसिद्ध है (कहते हैं कि यह दोहा खुसरो ने ख्वाजा निजामुद्दीन चिश्ती के देहांत पर कहा था)–

गोरी सोवे सेज पर, मुख पर डारे केस।
चल खुसरो घर आपने, रैन भई चहुँ देस।।

किंतु उनकी हिन्दी रचनाओं का ऐतिहासिक महत्व अधिक है। उनकी भाषा, हिन्दी की आधुनिक काव्य-भाषा के रूप में पूर्णतः प्रतिष्ठित होने का संकेत देती है। उनका व्यक्तित्व और उनकी हिन्दी इस बात को प्रमाणित करती है कि हिन्दी काव्य प्रारंभ से ही मध्य देश की मिली-जुली संस्कृति का चित्र रहा है। उन्होंने ऐसी पंक्तियाँ रची हैं, जिनमें फारसी और हिन्दी को एक ही ध्वनि प्रवाह में गुंफित कर दिया गया है। यह कला संस्कृति-साधक को ही सिद्ध हो सकती है–

जे हाल मिसकीं मकुन तगाफ़ुल दुराय नैना, बनाय बतियाँ।
कि ताबे हिज्राँ न दारम ऐ जाँ! न लेहु काहे लगाय छतियाँ।।
शबाने हिज्राँ दराज़ चूं ज़ुल्फ़ व रोजे वसलत चूँ उम्र कोतह।
सखी! पिया को जो मैं न देखूँ तो कैसे काटूँ अँधेरी रतियाँ।।

विद्यापति और उनकी पदावली

इनकी तीन रचनाएँ प्रसिद्ध हैं–कीर्तिलता, कीर्तिपताका एवं पदावली। कीर्तिलता ऐतिहासिक महत्व का छोटा-सा प्रबंध-काव्य है। विद्यापति ने इसे 'कहाणी' कहा है। मध्यकाल में ऐतिहासिक व्यक्तियों को आधार बनाकर जो काव्य लिखे गए हैं, वे ऐतिहासिकता से रहित होकर कथानक-रूढ़ियों, किंवदंतियों, अनुश्रुतियों आदि के विषय बन गए हैं। इसी प्रकार घटनाओं को भी तोड़ा-मरोड़ा गया है। कीर्तिलता इस दृष्टि से महत्वपूर्ण अपवाद हैं उसकी ऐतिहासिकता बहुत-कुछ सुरक्षित है। इसमें विद्यापति ने कीर्तिसिंह द्वारा अपने पिता का बदला लेने का वर्णन बहुत यथार्थपरक ढंग से किया है। कीर्तिलता को कवि

ने 'अवहट्ट' भाषा में रचा है। 'अवहट्ट' देशी भाषा यानी मैथिल-युक्त विकसित अपभ्रंश है। इसके गद्य में तत्सम शब्दों का प्रयोग खुलकर हुआ है।

पदावली विद्यापति के यश का आधार है। पदावली ऐसी रचना है, जो काव्योत्कर्ष और साहित्य का इतिहास, दोनों दृष्टियों से अत्यंत महत्वपूर्ण है। इसमें राधा-कृष्ण अपना अलौकिकत्व छोड़कर लौकिक व्यक्तियों के समान प्रेम-भावना से विह्वल होते हैं। लोक में जिस प्रकार किशोरी दुर्निवार प्रियमिलन और लोकलाज के कारण तीव्र अंतर्द्वंद्व झेलती है, उसी प्रकार राधा को चित्रित किया गया है। कवि का मन वयःसंधि का चित्रण करने में विशेष रूप से रमा है। इसलिए इस बात को लेकर काफी विवाद है कि पदावली भक्तिपरक रचना है या शृंगारपरक। वस्तुतः जयदेव का गीतगोविंद, विद्यापति का पदावली और सूरदास का सूरसागर एक ही कोटि की रचनाएँ हैं, जिनमें भक्ति का आधार शृंगार है। पदावली के एक पद की कुछ पंक्तियाँ इस प्रकार हैं–

सरस बसंत समय भल पावलि दछिन पवन बह धीरे।
सपनहु रूप बचन इक भाषिय मुख से दूरि करु चीरे।।
तोहर बदन सम चाँद होअथि नाहिं कै यो जनत बिह केला।
कै बेरि काटि बनावल नव कै तैयो तुलित नहीं भेला।।
भइन विद्यापति सुन कर जोवित ई सम लछमि समाने।
राजा सिवसिंह रूप नरायन 'लखिमा देइ' प्रति भाने।।

आरम्भिक गद्य तथा लौकिक साहित्य

गद्य साहित्य

क. **राउलवेल**–यह शिलांकित कृति है। इसके रचयिता 'रोडा' नामक कवि माने जाते हैं। यह चम्पूकाव्य की प्राचीनतम हिन्दी कृति है। इसमें राउल नायिका का नखशिख-सौन्दर्य-वर्णन किया गया है। यह हिन्दी का पहला नख-शिख वर्णन का काव्य है। इसका पाठ बम्बई के प्रिंस ऑफ वेल्स संग्रहालय से उपलब्ध कराकर प्रकाशित कराया गया है। भाषा अपभ्रंश है।

ख. **उक्तिव्यक्ति प्रकरण**–इसके रचयिता 'दामोदर भट्ट' हैं। सुनीति कुमार चटर्जी ने इसकी भाषा को प्राचीन कोसली (अवधी) कहा है।

ग. **वर्णरत्नाकर**–यह मैथिली की पहली गद्य रचना है। इसके लेखक ज्योतिरीश्वर ठाकुर हैं। यह ग्रन्थ आठ कल्लोलों (अध्यायों) में विभक्त है।

लौकिक साहित्य

क. **ढोला-मारु-रा दूहा**–कल्लोल कवि (कुशललाभ) द्वारा रचित यह ग्रन्थ शृंगारकाव्य है। कुछ लोग इसे आदि काल की समय सीमा (11वीं सदी) में रचित मानते हैं और कुछ लोग परवर्ती (भक्तिकाल में)। इसमें नरवर देश के राजकुमार ढोला (दूल्हा) और पूगल देश की राजकुमारी मारवणी के विवाहोत्तर प्रेम और विरह का मार्मिक निरुपण है। भाषा पुरानी राजस्थानी है तथा पूरी रचना दोहा, छन्द में है।

ख. **बसन्त विलास**–इसके रचयिता का पता नहीं चल सका है। इसमें 84 दोहों में प्रकृति और नारी पर बसन्त के मादक प्रभाव का मनोहारी चित्रण है। सर्वप्रथम 1952 में हाजी मुहम्मद स्मारक से यह रचना प्रकाशित हुई। केशवलाल हर्षदराय ध्रुव इसके प्रथम संपादक थे।

ग. **'जयचन्द प्रकाश' एवं 'जयमयंक जसचंन्द्रिका'**–'जयचन्द प्रकाश' का रचयिता 'भट्ट केदार' हैं तथा 'जयमयंक जसचन्द्रिका' का रचयिता 'मधुकर' कवि। दोनों ही रचनाएं अप्राप्त हैं तथा दोनों का उल्लेख सिंघायच दयाल दास कृत 'राठौडॉ री ख्यात' में मिलता है। दोनों में पृथ्वीराज के शत्रु राजा जयचन्द की महिमा का वर्णन है।

मध्यकाल

भक्ति आन्दोलन के उदय के सामाजिक–सांस्कृतिक कारण

हिन्दू समाज जाति-पाँति की भावना से जीर्ण हो रहा था। हिन्दुओं में छुआछूत और ऊँच-नीच की भावना प्रबल थी। बाल विवाह और सती प्रथा आदि अनेक कुरीतियों का प्रचलन था। स्त्रियों में पर्दा प्रथा कठोरता से प्रचलित थी। उनका घर से निकलना वर्जित था विधवा-विवाह निषिद्ध थे। मुसलमानों में जाति-पाँति और छूआछूत का रोग तो नहीं था परन्तु शिया और सुन्नी संप्रदायों के मतभेद गंभीर संघर्ष पैदा करते थे। धार्मिक आडम्बर तीव्रता से अपना प्रभाव बढ़ा रहे थे। मुसलमान और हिन्दू दोनों जातियाँ अपने त्यौहार या पर्वों को समारोह और उत्साह के साथ मनाती थीं। अधिकांश मुसलमान बादशाह विधर्मी हिन्दुओं पर अत्याचार करते रहे। हाँ, कभी-कभी अकबर जैसे सहिष्णु बादशाह भी आए जिन्होंने

सामाजिक समभाव स्थापित करने का प्रयत्न किया। आखेट एवं द्यूत धनीवर्ग के शौक थे। पर कुश्ती, कबड्डी आदि खेलों के अतिरिक्त तीतरबाजी आदि का शौक सामान्य जनता तक फैला हुआ था।

भक्ति साहित्य में भारतीय संस्कृति एवं आचार-विचार पूर्ण रूप से सुरक्षित रहे। भक्ति साहित्य उच्चतम धर्म की व्याख्या करता है और उसमें उच्चकोटि के काव्य की रचना हुई इस काव्य की आत्मा भक्ति है। भारतीय संस्कृति की मुख्य विशेषता है उसकी समन्वयात्मकता की प्रवृत्ति। मूर्तिपूजा, तीर्थयात्रा, कर्मफल में विश्वास, अवतारवाद एवं गौ-ब्राह्मण की पूजा पौराणिक धर्म की विशेषताएँ हैं जिनका स्वर सगुण भक्ति साहित्य में कर्णगोचर हुआ है। मध्यकालीन धर्म साधना में पूर्ववर्ती सभी धर्म साधनाएं बनी रहीं। शैव-शक्ति तथा भागवत धर्मों में ज्ञान और भक्ति की धाराएं निरंतर प्रवाहमान रहीं। राम और शिव, भगवती दुर्गा और वैष्णवी में समन्वय लाने की प्रक्रिया बराबर बनी रही। तुलसी के रामचरित मानस में उसकी गूँज निम्नलिखित पंक्तियों में स्पष्ट सुनाई पड़ती है :

''शिव द्रोही मम दास कहावा,
सो नर मोहिं सपनेहु नहीं भावा।''

इसी काल में हिन्दू, मुस्लिम संस्कृतियों में समन्वय भावना देखी जा सकती है। उस समय की वास्तुकला में इस प्रवृत्ति को देखा जा सकता है। दोनों जातियों के साहित्य व शैलियों ने एक-दूसरे को प्रभावित किया। भारतीय व ईरानी संगीत कला का भी इस काल में पवित्र समन्वय हुआ।

हिन्दू और बौद्ध धर्मों में अनेक कुरीतियाँ उत्पन्न हो गई थीं। हिन्दू धर्म में बाह्याडंबर और पाखंड अपनी जड़ जमा चुके थे। महात्मा बुद्ध के निर्वाण के पश्चात् बौद्ध धर्म हीनयान और महायान संप्रदायों में विभक्त हो गया। कुछ समय बाद वज्रयान विकसित हुआ। बौद्ध धर्म में तन्त्र-मन्त्र एवं वाम मार्ग ने स्थान बना लिया। वाममार्ग की प्रतिष्ठा होने लगी और भ्रष्टाचार से जनता को भ्रमित किया जाने लगा। ऐसी स्थिति में दक्षिण में स्वामी शंकराचार्य का उदय हुआ। उन्होंने बौद्धधर्म की त्रुटियों को जनता के सामने रखा और उसकी आलोचना की तथा वैदिक धर्म का पुनः उद्धार किया। शंकराचार्य के अद्वैतवाद के प्रभाव से रामानुजाचार्य, मध्वाचार्य आदि के द्वारा कई संप्रदायों की स्थापना हुई। समाज में भगवान विष्णु के अवतार की प्रतिष्ठा हुई। रामानुजाचार्य के विशिष्टाद्वैतवाद के आधार पर रामभक्ति का प्रचार हुआ। इसी प्रकार आचार्य वल्लभाचार्य ने शुद्धाद्वैतवाद का प्रतिपादन किया और राधा-कृष्ण की भक्ति का प्रचार भी किया। इसके साथ-साथ सूफी विचारधारा का प्रचार भी समाज में बढ़ रहा था। इस प्रकार हिन्दू और मुस्लिम संस्कृतियाँ एक-दूसरे के करीब आ रही थीं।

प्रमुख निर्गुण एवं सगुण सम्प्रदाय

1. **शंकराचार्य : (अद्वैतवाद की स्थापना) :** इस सिद्धान्त में ब्रह्म और आत्मा, ब्रह्म सत्य है जगत मिथ्या है। इस मिथ्या प्रतीत का कारण माया अथवा अविद्या है। ब्रह्म विशेषण रहित तथा इसलिए अनिर्वचनीय है। इसीलिए शंकर के यहां ब्रह्म को कोई नाम नहीं दे सकते। उसकी सत्ता को सूचित करने वाले सारे विशेषण निषेधात्मक हैं–अव्यय, अनादि, अनिर्वच आदि।

2. **आचार्य नाथमुनि :** ये तमिलनाडु में नवीं शताब्दी के उत्तरार्द्ध में हुए थे। ये शंकराचार्य के सिद्धान्त का विरोध करने वाले पहले वैष्णव आचार्य थे। इन्होंने वैष्णव सिद्धान्तों की दार्शनिक व्याख्या की तथा आलवार भक्तों के भक्ति-भावपूर्ण पदों को 'प्रबन्धम्' शीर्षक से चार भागों में संकलित किया। नाथमुनि 'श्री सम्प्रदाय' के प्रथम आचार्य माने जाते हैं। इनकी 'न्यायतत्व' एक प्रसिद्ध पुस्तक है।

3. **यामुनाचार्य :** 'श्री सम्प्रदाय' के चतुर्थ आचार्य थे। अपने पाश्चात्य के सिद्धान्तों विशेषकर 'शरणागति' का विशद् विवेचन किया।

4. **आचार्य रामानुज (विशिष्टाद्वैत की स्थापना–1017-1137 ई०) :** ''ब्रह्म की अद्वैत सत्ता को स्वीकार करते हुए भी (ब्रह्म ही एकमात्र सत्य है) जीव को और ब्रह्म को अभिन्न माना जाता है। विशिष्टता का अर्थ है विशिष्ट का विशिष्ट रूप से अद्वैत। अद्वितीय ब्रह्म विशिष्ट है। जीव और प्रकृति उसके विशेषण इस विशिष्ट रूप से ब्रह्म ही एकमात्र तत्व है।''

आचार्य ने 'श्री' सम्प्रदाय की स्थापना की। इसमें विष्णु के अर्थावतार राम उपास्यदेव हैं। भक्ति-जीव की मुक्ति का एकमात्र साधन है। तत्वमसि का अर्थ है–'उनका तू सेवक है।'

5. **मध्वाचार्य (द्वैतवाद) :** 'भगवान और भक्त के बीच पार्थक्य पहली शर्त है। श्री हरि अनन्त गुणों से परिपूर्ण है। जगत सत्य और जीव श्रीहरि का फिकर है। वेद के समस्त तात्पर्य भगवान विष्णु आठ गुणों से युक्त सर्वोच्च तत्व है। अल्पज्ञ जीव की मुक्ति का सर्वश्रेष्ठ साधन अमला (दोषरहित) भक्ति है।'

आचार्य मध्व (स्वामी आनन्दतीर्थ) ने ब्रह्म का प्रवर्तन किया।

6. **निम्बार्काचार्य (द्वैताद्वैतवाद या भेदाभेदवाद) :** 'जीव जगत तथा ईश्वर की पृथक सत्ता स्वीकार करते हुए भी इन्होंने इस बात पर बल दिया कि जीव जगत का अस्तित्व एवं व्यापार ईश्वर की इच्छा पर ही अवलम्बित रहता है। जीवात्मा अवस्था भेद से ब्रह्म के साथ भिन्न भी है और अभिन्न भी। ईश्वर की कृपा से ही जीव को अपनी प्रकृति का ज्ञान होता है।' लक्ष्मी तथा विष्णु के बजाय राधा-कृष्ण युगलोपासना का विधान है। सम्प्रदाय में राधा का स्वकीया रूप स्वीकृत है। भक्ति के पाँच रूपों में उज्ज्वल भक्ति (दाम्पत्य भक्ति) को श्रेष्ठ माना गया है। निम्बार्क द्वारा प्रवर्तित सम्प्रदाय 'हंस सम्प्रदाय' या 'सनक सम्प्रदाय' कहलाता है, क्योंकि साम्प्रदायिक आचार्यों के अनुसार इस के आदि उपदेष्टा श्री हंस भगवान हैं। उसने सनकादि से नारद को तथा नारद से 'आरूणि' को (निम्बार्क) इसका उपदेश मिला।

7. **विष्णुस्वामी :** ब्रह्म मायारहित शुद्ध सच्चिदानन्द स्वरूप हैं। माया उनके अधीन रहती है। ईश्वर का प्रधान अवतार नृसिंह है। इन्होंने 'रूद्र सम्प्रदाय' का प्रवर्तन किया।

8. **चैतन्य (अचिन्त्य भेदाभेदवाद) :** महाप्रभु चैतन्य ने 'गौडीय सम्प्रदाय' का प्रवर्तन किया। उनका 'चैतन्य मत' बिना चलाए ही चल पड़ा। इस सम्प्रदाय का शास्त्रीय आधार षडगोस्वामियों (रूपगोस्वामी, जीवगोस्वामी, सनातन गोस्वामी, आदि) द्वारा वृन्दावन में तैयार हुआ।

''भगवान में स्वरूपा आदि शक्तियों के अभिन्न होने के कारण विचार करना शक्य न होने से भेद (प्रतीत होता) हैं और भिन्न होने के कारण विचार करना शक्य होने से अभेद (प्रतीत होता) है। इसलिए भेदाभेद स्वीकार है – वे दोनों अचिन्त्य है। इसलिए इस मत को 'अचिन्त्य भेदाभेद' नाम दिया गया है।''

9. **आचार्य वल्लभ (शुद्धाद्वैतवाद) :** वल्लभ सम्प्रदाय का मूल सम्बन्ध विष्णुस्वामी सम्प्रदाय से स्थिर किया जाता है। शुद्धाद्वैतवाद इसका दार्शनिक आधार है।

''श्रीकृष्ण ही पूर्णानन्दस्वरूप पूर्ण पुरुषोत्तम परब्रह्म है। उनकी लीलाओं का कोई प्रयोजन नहीं है–स्वयं लीला ही उनका प्रयोजन है। साधना और व्यवहार के क्षेत्र में शुद्धाद्वैत दर्शन के साथ पुष्टिमार्गी भक्ति को स्थान प्राप्त है।''

आलवार और नायनार संत

1. **आलवार और नायनार संत :** कबीर ने कहा है 'भक्ति द्राविड उपजी'। भक्ति का प्रथम प्रस्फुटन तमिल (दक्षिण) के आलवार भक्तों की वाणी से हुआ। आलवार एवं नायनार संतों के माध्यम से सर्वप्रथम तमिल जाति बनी। आलवार संख्या में बारह थे। आलवारों की पहली रचना है–'तिरूवायमोलि'। अन्य प्रसिद्ध रचनाएं हैं–तिरूविरूतम्, विरूवर्गशरियेम, परियतिरूवन्दादि।

आलवारों में काण्कोप, नाम्मालवार या शष्कोप तथा सातवें केरल के राजा कुलशेखर प्रसिद्ध हैं। एकमात्र महिला आलवार भक्त आंडाल थी। कुलशेखर की रचना है। प्रेरूमाल तिरूभोवि। इन्हीं आलवारों के पदों को 'श्री सम्प्रदाय' के प्रथम आचार्य श्रीरंगनाथ मुनि ने 'प्रबन्धम्' शीर्षक से संकलित किया।

2. **संत बसवेश्वर (कर्नाटक) :** कर्नाटक में वीरशैव और लिंगायत सम्प्रदाय की स्थापना हुई। संत बासव ने कन्नड भाषा के पद्य के स्थान पर गद्य का प्रचलन आरम्भ किया। साहित्य और शिक्षा माध्यम को उन्होंने कन्नड़ में बदलकर देशभाषा के रूप में स्थापित किया। कन्नड़ के एक अन्य महाकवि भी हैं–'पंप' जिनकी प्रसिद्ध रचनाएं हैं – 'आदिपुराण' और 'रत्न'।

3. **चण्डीदास (बंगाल) :** बंगाल में जयदेव (12वीं सदी) के 'गीत गोविन्द' में ही इस आन्दोलन की नींव पड़ चुकी थी। चण्डीदास के गीत भी सूर से पहले के हैं। बंगाल के गौडीय वैष्णव सम्प्रदाय में अनेक प्रमुख कवि हुए। धर्मठाकुर, सत्यवीर, कर्ताभाजा, बादल तथा सहजिया सम्प्रदाय बंगाल में ही बने।

4. नरसी मेहता (1414-1480 गुजरात) गुजरात में कृष्णभक्ति आन्दोलन नरसी मेहता ने शुरू किया। आखा नामक एक निर्गुण भक्त भी हुए।
5. शंकरदेव (असम)
6. लल्लदेव (कश्मीर)
7. नुंचत रामानुज (केरल) : मलयालम के भक्त कवि थे। केरल में 'शास्त्रपूजक' सम्प्रदाय का जन्म हुआ था।
8. अन्नय्या (तेलगू) : तेलगू के प्रमुख भक्त कवि हैं – अन्नय्या, तिकन्ना, यर्रेन्न, आस्कर पोतन्न, पोतराज तथा नाचर सोम्य्या।
9. एकनाथ (मराठी) : मराठी भाषा के कई संत कवि हुए। प्रमुख हैं–समर्थ गुरू रामदास, संत एकनाथ, तुकाराम। मराठी के पहले भक्त कवि 'मुकुन्दराज; हैं। गुरूराम दास की रचनाएं हैं–ओवीबद्ध (इसमें ओवी छंद में रामकथा वर्णित है।), उस्मानी सुल्तानी, परचक्रनिरूपण, दासबोध, मनाचेश्लोक।

   संत तुकाराम के अभंग प्रसिद्ध हैं। इनके बारे में बहिणाबाई ने कहा है–

   'तुकोबा के पद अद्वैत प्रसिद्ध
   उनका अनुवाद चिन्तमोही।।'

   मराठी क्षेत्र में ही संत चक्रधर ने 'महानुभाव सम्प्रदाय' तथा सन्त पुण्डरीक ने 'वारकरी सम्प्रदाय' की स्थापना की।
10. पंचपुराण सम्प्रदाय का जन्म उड़ीसा में तथा रामावत सम्प्रदाय का उत्तर प्रदेश में हुआ था।

भक्ति आन्दोलन का अखिल भारतीय स्वरूप

हिन्दू धर्म इस्लाम के संपर्क से मात्र व्यक्तिगत साधना का केन्द्र न रह कर सामूहिक साधना का रूप धारण करने लगा था और उसमें आंदोलनकारी प्रवृत्तियां उभरने लगी थीं। फलस्वरूप प्रायः सभी धर्मों में युगानुरूप परिस्थिति के अनुसार पंथों, संप्रदायों और उपसंप्रदायों तक की सृष्टि होने लगी, जिनका मुख्य उद्देश्य आत्मनिरीक्षण और परिस्थिति परीक्षण द्वारा आवश्यक सुधार करके परंपरागत आचार-विचारों को किसी-न- किसी रूप में प्रश्रय दे कर उन्हें जीवित रखना था। इस प्रयास में वैष्णवधर्म ने भगवतसंप्रदाय के रूप में नेतृत्व किया और व्यापक प्रभाव डाला, जिसके माध्यम से भक्ति-आन्दोलन का सूत्रपात हुआ। उसके अनुकरण में अन्य धर्मों ने भी अपनी-अपनी सीमाओं में आवश्यक संशोधन-परिवर्द्धन किये। हिंदू धर्म के अंतर्गत शैव, शाक्त, सौर, स्मार्त और गाणपत्य की गणना की जाती थी। पंचदेवोपासना के परिणामस्वरूप इनमें से सौर और गाणपत्य वैष्णवधर्म में अंतर्लीन हो चले। शेष तीनों में से शैव और शाक्त धर्म कदाचित वैष्णवधर्म से अधिक प्राचीन थे।

शैवधर्म के अंतर्गत मध्यकाल में पाशुपत, वीरशैव, लिंगायत और कश्मीरी शैव-संप्रदाय विख्यात थे और इनके उपसंप्रदायों तक का गठन होने लगा था। शिव योगसाधना के प्रवर्त्तक तथा आदि गुरु माने जाते हैं। ऐसे ही उपसंप्रदायों में 'नाथ-योगी-संप्रदाय' की गणना भी की जाती है। इसके उन्नायकों ने अपने प्रचार का माध्यम देशी भाषाओं को बनाया और यह इन्हीं की एकांत विशेषता न थी। वैष्णव धर्मानुयायी स्वामी रामानंद और उनके अनुयायियों ने भी लोकप्रचलित भाषाओं का आश्रय ले कर उन्हें प्रश्रय दिया। इसी प्रकार अन्य संप्रदायों ने भी अपने-अपने मतों के प्रचार के लिए क्षेत्रीय भाषाओं को ही अपनाया। परंतु इस प्रवृत्ति के मूल में एक ओर जहां श्रमण-संस्कृति की प्रेरणा थी, वहां दूसरी ओर गह जनसंपर्क का परिणाम भी था।

वैष्णवधर्म मूलतः भक्तिप्रधान है, जो योगसाधना का परवर्ती होने के कारण उससे यत्किंचित् प्रभावित भी कहला सकता है। पांचरात्र के माध्यम से तंत्रसाधना के तत्त्व भी किसी-न-किसी रूप में इससे समाविष्ट हैं। पांचरात्र मत पर ही मूर्तिविधान और मंदिरनिर्माण की व्यवस्था मुख्यतः आधारित थी। वैष्णवधर्म संप्रदायों और उपसंप्रदायों की सृष्टि प्रधानतः इनके आचार्यों अथवा प्रवर्त्तकों द्वारा दार्शनिक सिद्धांतों की व्याख्या करने के कारण हुई थी। द्वैत, द्वैताद्वैत, विशिष्टाद्वैत, भेदाभेद, शुद्धाद्वैत आदि इन्हीं के परिणाम थे। इनके द्वारा अपनायी गयी भक्ति किसी-न-किसी दर्शन पर आधारित थी, फलतः ये स्वयं को एक-दूसरे से पृथक् मानने लगे थे। परंतु दूसरी ओर ऐसे वैष्णव मतावलंबी उपसंप्रदायों का भी अस्तित्व था, जो किसी दार्शनिक सिद्धांत पर उतना बल देना अनिवार्य नहीं समझते थे। रामावत, सहजिया, वारकरी, महानुभाव, पंचसखा आदि ऐसे ही उपसंप्रदाय थे।

शाक्तधर्म में भी दक्षिणमार्गी और वाममार्गी नामक दो श्रेणियां बन गयीं। कबीर ने वाममार्गी शाक्तों के प्रति विरति और अनास्था प्रकट की है, जो बहुधा अनाचार तक में लिप्त

हो जाया करते थे। हिन्दू धर्म को सुव्यवस्थित करने के लिए शंकराचार्य ने स्मार्त संप्रदाय की स्थापना की, जिससे पंचदेवोपासना की व्यवस्था की गयी। आगे चल कर इसमें अंधविश्वास ने स्थान पा लिया, जिससे भक्ति का मूल रूप धूमिल पड़ गया। पारलौकिक फल की आशा में लौकिक मर्यादाओं के बंधन कसते गये। तीर्थ और मंदिर व्यापार केंद्र से लगने लगे और पंडों-पुरोहितों के आचार-व्यवहार मर्यादा का उल्लंघन कर उच्छृंखलता की कोटि तक पहुंच गये।

श्रमणधर्म के अंतर्गत बौद्ध और जैन मतों की गणना की जाती है, जिनका लोकधर्मी होने के कारण निर्गुण भक्ति पर न्यूनाधिक प्रभाव पड़ा। जैनियों की तपोनिष्ठ नैतिक आचारपद्धति और बौद्धों के निर्वाण, शून्य तत्त्व, मध्यम मार्ग आदि का प्रभाव उन पर पड़े बिना न रह सका। मध्यकाल में उक्त दोनों धर्मों में पुरातनपंथी परंपराओं के प्रति असंतोष बढ़ने लगा। फलस्वरूप ह्रासोन्मुख प्रवृत्तियों की बाढ़ को रोकने के लिए सुधारवादी आंदोलनों का तांता-सा लग गया। उदाहरणार्थ, बौद्ध धर्म की महायान शाखा में विभिन्न यानों की वृद्धि होती गयी। मंत्रयान, वज्रयान, सहजयान और कालचक्रयान जैसे उपसंप्रदाय इसी के परिणाम हैं। संतों ने कदाचित इसी कारण सभी को फटकारा है कि इन्होंने मूल प्रश्न को छोड़ कर बाह्य विधानों का वितंडा खड़ा कर दिया है। मध्यकालीन भक्ति-आंदोलन ऐसी बातों के विरोध में जोर पकड़ता जा रहा था, जिसमें सूफी साधकों ने भी महत्वपूर्ण योग दिया।

इस्लाम धर्म में शरा और बेशरा दो प्रकार की कोटियां हैं। इनमें से शरा सनातनी हैं और बेशरा मस्तमौला फकीर, जो कभी-कभी पीर-पैगम्बर के चमत्कारपूर्ण करिश्मों का आश्रय लिया करते हैं। ये अपने क्रियाकलापों में इस्लाम के मूल सिद्धांतों की उपेक्षा तक कर दिया करते हैं। इनका एक समुदाय 'मजजूब' नाम से प्रसिद्ध है, जिसके अनुयायी न तो रोजा-नमाज को मानते हैं और न पैगंबर के प्रति आस्थावान हैं। बेशरा साधक 'मलामती' कहलाते हैं, जो खुदा के कृपापात्र समझे जाते हैं। बेशरा संप्रदाय के अंतर्गत मदारी, मलंग, कलंदरी, रसूलशाही, लाल शाहबाजिया, मूसा सुहागिया आदि कई उपसंप्रदाय हैं। इनकी अपनी-अपनी विशेषताएं हैं।

भारतीय सूफी मुख्यतः बेशरा संप्रदाय के हैं, जो इस्लाम के अनुयायी हो कर भी सनातनपंथी मुसलमानों से सब समय सर्वत्र मेल नहीं खाते। ऐसे संप्रदायों में पांच मुख्य हैं–चिश्ती, कादिरी, सुहरवर्दी, नक्शबंदी और शत्तारी। चिश्ती संप्रदाय के दो उपसंप्रदाय हैं–साबिरी और निजामी। फिर निजामी की दो शाखाएं हैं–हिशामी और हाजशाही। इसी प्रकार कादिरी संप्रदाय की दो शाखाएं हैं–वहाबिया और रजाकिया। इनकी भी प्रशाखाएं हैं–मुकीमशाही और नौशाही। नौशाही के प्रवर्त्तक हाजी मुहम्मद बतलाये जाते हैं। इनके चार शिष्यों में से दो के नाम पर शाखाएं 'पाक रहमानी' और 'सचयारी' के रूप में प्रसिद्ध हुईं। इसी प्रकार केसरशाही और बेनवा जैसे दो अन्य संप्रदाय भी हैं। पंजाब के ऐसे ही संप्रदायों में हुसेनशाही और मियांखेल संप्रदायों के नाम लिये जाते हैं। सुहरवर्दी संप्रदाय के अंतर्गत जलाली, मखदूमी, मीरनशाही, दीलाशाही, इस्माइलशाही आदि कई शाखाएं हैं। नक्शबंदी सूफियों को सनातनी मुसलमानों में बहुत सम्मान प्राप्त हैं। औरंगजेब इन्हीं का मुरीद था। इन्हें संगीत व नृत्य के अतिरिक्त पीरपूजा, समाधिपूजा और दीपदान जैसी पद्धति स्वीकार्य नहीं हैं। शत्तारी संप्रदाय वाले कादिरी संप्रदाय वालों की तरह वस्त्र धारण करते हैं। इनमें कुछ ऐसे भी हैं, जो बाल नहीं रखते और धार्मिक पाबंदियों के प्रति उदासीन रहते हैं। जो हो, सूफी-संप्रदाय भी भक्ति-आंदोलन के प्रभाव से अछूता न रह सका और उसकी भक्ति प्रेमाभक्ति के सांचे में ढलने लगी थी।

केरल का शास्तापूजक संप्रदाय बंगाल के धर्म-ठाकुर, सहजिया, बाउल, सत्यपीर, कर्त्ताभाजा आदि संप्रदाय; उड़ीसा का पंचसखा संप्रदाय; महाराष्ट्र के वारकरी और महानुभाव-संप्रदाय भक्ति-आंदोलन की ही उपज हैं, जिनके अनुयायियों द्वारा भक्तिकाव्य की रचना हुई और इस प्रकार भक्ति-साहित्य का विपुल भंडार समृद्ध हुआ।

हिन्दी संत काव्य

सन्त काव्य का वैचारिक आधार

संत काव्यधारा के दार्शनिक-सांस्कृतिक आधार अनेक हैं, जिनमें से प्रमुखरूपेण उल्लेखनीय हैं : उपनिषद्, शंकराचार्य का अद्वैतदर्शन, नाथपंथ, इस्लाम धर्म तथा सूफीदर्शन। संतों के चिंतन, जीवन दर्शन और काव्यधारा पर उपनिषदों का व्यापक प्रभाव है। उपनिषदों में प्रतिपादित ब्रह्म, जीव, जगत और माया संबंधी विचारधारा के साथ ही ब्रह्म के स्वरूप-वर्णन से संबद्ध उपमानों और अप्रस्तुत योजनाओं को संतकवियों द्वारा प्रायः उसी रूप में ग्रहण कर लिया गया है। उपनिषदों के अनंतर संतकाव्यधारा और संतदर्शन का मुख्य आधार है–शंकर

का अद्वैतदर्शन। संतों की विवर्त भावना, प्रतिबिंब-भावना, प्रणव-भावना, साधनापक्ष और भक्ति पद्धति पर आचार्य शंकर की विचारधारा का व्यापक प्रभाव है। आचार्य शंकर और निर्गुण संत कवि, दोनों इस विषय में एकमत हैं कि जीव विशुद्ध ब्रह्म तत्त्व है और जो भिन्नता की उपलब्धि होती है, वह माया अथवा अविद्याजनित उपाधि है। संतों ने आत्मा की सर्वरूपता, सर्वात्मभावना एवं सर्वशक्तिमत्ता प्रतिपादित की है। ये भावनाएं भी शंकर के सिद्धांत के अनुकूल हैं। संतपरंपरा में आत्मा की अखंडता, एकरसता, अद्वैतरूपता एवं अकथनीयता का प्रतिपादन भी शंकर-सिद्धांत के अनुरूप है। संतकाव्य और संतदर्शन पर नाथपंथ का भी प्रचुर प्रभाव है। नाथपंथी कवियों एवं विचारकों के शून्यवाद, उनके द्वारा गुरु की प्रतिष्ठा और सृष्टिक्रम; आत्मा, जीव आदि के विषय में उनकी मान्यताओं से संत कवि अनेकशः प्रभावित रहे हैं। संतसाधना में योगप्रक्रिया की जो प्रधानता है, उसका मूल स्रोत नाथपंथी साधनापद्धति ही है। तंत्र साधना का भी संतमत पर प्रभाव रहा है। यद्यपि कबीरदास ने स्पष्टतया कहा है : "तंत्र न जानूं, मंत्र न जानूं, जानूं सुंदर काया" तथापि कबीर के अनंतर उनकी परंपरा में अवतरित और विकसित संप्रदायों में तंत्र-साधना का स्वरूप प्रमुख रहा। मलूक-पंथ और निरंजनी संप्रदाय में इस प्रभाव को सहज ही लक्षित किया जा सकता है।

इस्लाम के संपर्क और प्रभाव के कारण संतों की विचारधारा एकेश्वरवाद से प्रभावित हुई। इस्लाम की देन निषेधात्मक अधिक रही, विधेयात्मक कम। मूर्तिपूजा तथा अवतारवाद के बहिष्कार का मूलाधार इस्लाम धर्म में ही हैं इस्लाम ने सामाजिक असमानता को दूर करने की भी चेष्टा की सत्य यह है कि एकेश्वरवाद उस समय की सबसे बड़ी आवश्यकता थी। अतः कबीर प्रभृति संत कवियों ने हिंदू-मुसलमान दोनों को एकेश्वरवाद का संदेश सुनाया, जिसके परिणामस्वरूप जनता के बहुदेवोपासना के अभिशाप से छुटकारा मिला। इस संदर्भ में दार्शनिक व सांस्कृतिक धरातल पर सूफी मत से प्राप्त प्रेरणा भी उल्लेखनीय है। संतकाव्य में दाम्पत्य प्रतीकों की उपलब्धि सूफीदर्शन के प्रभाव का ही परिणाम है। सूफीमत ने संतों की विचारधारा को ही नहीं, अभिव्यंजनाशैली को भी प्रभावित किया। इस संप्रदाय के साधनात्मक एवं भावनात्मक आदर्श संतकवियों को निरंतर प्रभावित करते रहे। सूफीमत ने देशव्यापी धार्मिक कटुता को समाप्त करके प्रेम, सहिष्णुता, औदार्य एवं मधुरता की भावना का प्रसार किया। यह कार्य ज्ञानमार्गी संतों के साहचर्य व सहयोग से ही संभव हुआ। उस युग में ज्ञानमार्गी संतकवियों ने धार्मिक सांस्कृतिक क्षेत्र की रूढ़ियों की उपेक्षा एवं आलोचना की है। उन्होंने निगम, आगम, पुराण आदि को महत्त्वहीन प्रमाणित किया। किंतु बौद्धों का दुःखवाद एवं शून्यवाद, वज्रयानियों की तांत्रिक साधना, सिद्धों की गूढ़ोक्तियों के रूप में उलटबांसियां, नाथ संप्रदाय की योगसाधना तथा काव्यसाधना किसी-न-किसी रूप में संतकाव्य में समाहित हुईं। संत कवियों ने वैदिक साहित्य, वैदिक परंपराओं एवं बाह्याचारों की जो आलोचना आद्योपांत की है, वह सब बौद्ध धर्म का ही प्रभाव है। यह भी उल्लेखनीय है कि मध्ययुग में निर्गुणभक्ति के मुख्य संस्थापक स्वामी रामानंद ने साधना एवं भक्ति के द्वार शूद्रों तथा निम्न वर्गों के लिए भी खोल दिये। भक्ति में प्रेमत्व का समावेश कर उन्होंने उसे और भी सुसाध्य एवं स्पृहणीय स्वरूप प्रदान किया।

प्रमुख निर्गुण संत कवि

कबीर

कबीर का जन्म 1398 में माना जाता है। उनके जन्म और माता-पिता को लेकर बहुत विवाद है। लेकिन यह स्पष्ट है कि कबीर जुलाहा थे, क्योंकि उन्होंने अपने को कविता में अनेक बार जुलाहा कहा है।

आचार्य हजारीप्रसाद द्विवेदी ने अपनी पुस्तक कबीर में प्राचीन उल्लेखों, कबीर की रचनाओं, प्रथाओं, वयनजीवी (बुनकर) जातियों की रीति-रिवाजों का विवेचन-विश्लेषण करके दिखाया है कि आज की वयनजीवी जातियों में से अधिकांश किसी समय ब्राह्मण श्रेष्ठता को स्वीकार नहीं करती थीं। जोगी नामक आश्रम-भ्रष्ट घर-बारियों की एक जाति सारे उत्तर और पूर्व भारत में फैली थी। ये नाथपंथी थे, कपड़ा बुनकर और सूत कातकर या गोरखनाथ और भरथरी के नाम पर भीख माँगकर जीविका चलाया करते थे। इनमें निराकार भाव की उपासना प्रचलित थी, जाति-भेद और ब्राह्मण-श्रेष्ठता के प्रति उनकी कोई सहानुभूति नहीं थी और न ही अवतारवाद में कोई आस्था थी। आसपास के वृहत्तर हिन्दू समाज की दृष्टि में ये नीच और अस्पृश्य थे। मुसलमानों के आने के बाद ये धीरे-धीरे मुसलमान होते रहे। पंजाब, उत्तर प्रदेश, बिहार और बंगाल में इनकी कई बस्तियों ने सामूहिक रूप से मुसलमानी

धर्म ग्रहण किया। कबीरदास इन्हीं नवधर्मांतरित लोगों में पालित हुए थे।

कबीर के काव्य पर इन सबका प्रभाव देखा जा सकता है। उनमें वेदांत का अद्वैत, नाथपंथियों की अंतस्साधनात्मक रहस्य-भावना, हठयोग, कुंडलिनी योग, सहज साधना, इस्लाम का एकेश्वरवाद सब कुछ मिलता है।

अंतस्साधनात्मक पारिभाषिक शब्दावली का प्रयोग उन्होंने खूब किया है, साथ ही अहिंसा की भावना और वैष्णव प्रतिवाद भी। कबीर की वाणी का संग्रह 'बीजक' कहलाता है। इसके तीन भाग हैं–1. रमैनी, 2. सबद और 3. साखी। रमैनी और सबद में गेय पद हैं, साखी दोहों में है। रमैनी और सबद ब्रजभाषा में हैं, जो तत्कालीन मध्यदेश की काव्य-भाषा थी।

कबीर में जीवन के द्वंद्वात्मक पक्ष को समझ लेने की अद्भुत क्षमता थी। इस परस्पर-विरोधिता को न समझने पर कबीर का मर्म नहीं खुलता। जिसे जीना कहा जाता है, वह वस्तुतः जीवित रहने और मृत्यु की ओर निरंतर बढ़ते रहने की प्रक्रिया है। फिर भी लोग कुशल पूछते हैं और कुशल बताते हैं। लोग जीने का केवल एक पक्ष देखते हैं, दूसरा नहीं। कबीर इस पर व्यंग्य करते हैं, हँसते हैं और करुणा करते हैं–

कुसल-कुसल ही पूछते, कुसल रहा न कोय।
जरा मुई न भय मुआ, कुसल कहाँ ते होय।।

कबीर विशाल गतिशील बिंब प्रस्तुत करते हुए आकाश और धरती को चक्की के दो पाट बताते हैं–

चलती चाकी देखकर, दिया कबीरा रोय।।
दो पाटन के बीच में साबुत बचा न कोय।।

वे समाधि, सत्संग, गुरु-उपदेश, हरिभजन आदि की सुखानुभूति का चित्रण उत्कृष्ट इंद्रियबोधात्मक तीव्रता के साथ करते हैं–

सतगुर हमसूं रीझकर, कहा एक परसंग।।
बादर बरसा प्रेम का, भीज गया सब अंग।।

कबीर सादृश्य-विधान प्रायः अवर्ण जातियों के व्यवसाय के आधार पर खड़ा करते हैं। जुलाहा, माली, कुम्हार, लोहार, व्याध, कलवर आदि के व्यवसायों का उपयोग वे प्रायः अलंकार योजना में करते हैं। यह प्रायः सभी कवियों में पाया जाता है।

गुरुनानक

गुरुनानक का जन्म 1469 में तलवंडी ग्राम, जिला लाहौर में हुआ था। इनकी मृत्यु 1538 में हुई। इनके पिता का नाम कालूचंद खत्री तथा माँ का नाम तृप्ता था। इनकी पत्नी का नाम सुलक्षणी था। कहते हैं कि इनके पिता ने इन्हें व्यवसाय में लगाने का बहुत उद्यम किया, किंतु इनका मन भक्ति की ओर अधिकाधिक झुकता गया। इन्होंने हिंदू-मुसलमान, दोनों की समान धार्मिक उपासना पर बल दिया तथा वर्णाश्रम व्यवस्था और कर्मकांड का विरोध करके निर्गुण ब्रह्म की भक्ति का प्रचार किया। गुरु नानक ने व्यापक देशाटन किया और मक्का-मदीना तक की यात्रा की। कहते हैं कि मुगल सम्राट बाबर से भी इनकी भेंट हुई थी। यात्रा के दौरान साथ में इनके साथी और शिष्य रागी नामक मुस्लिम रहते थे, जो इनके द्वारा रचित पदों को गाते थे। गुरु नानक ने सिख धर्म का प्रवर्तन किया। गुरु नानक ने पंजाबी के साथ हिन्दी में भी कविताएं लिखीं। इनकी हिन्दी में ब्रजभाषा और खड़ी बोली, दोनों का मेल है। इनके भक्ति और विनय के पद बहुत मार्मिक हैं। शामकता इनके व्यक्तित्व और रचना की विशेषता है। गुरु नानक ने उलटबाँसी शैली नहीं अपनाई है। इनके दोहों में जीवन के अनुभव उसी प्रकार गुँथे हैं, जैसे कबीर की रचनाओं में। आदि गुरुग्रंथ साहब के अंतर्गत 'महला' नामक प्रकरण में इनकी बानी संकलित है। उसमें सबद, सलोक मिलते हैं। गुरु नानक की रचनाएँ हैं–जपुजी, आसादीवार, रहिरास और सोहिला। गुरु नानक की ही परंपरा में उनके उत्तराधिकारी गुरु कवि हुए। इनमें गुरु अंगद (जन्म 1504), गुरु अमरदास (जन्म 1479), गुरु रामदास (जन्म 1514), गुरु अर्जुन (जन्म 1563), गुरु तेगबहादुर (जन्म 1622) और दसवें गुरु गोविंदसिंह (जन्म 1664) हैं। गुरु गोविंदसिंह ने अनेक ग्रंथों की रचना की।

दादूदयाल

कबीर की भांति दादू के जन्म और उनकी जाति के विषय में विवाद और अनेक किंवदंतियाँ प्रचलित हैं। कुछ लोग उन्हें गुजराती ब्राह्मण मानते हैं, कुछ लोग मोची या धुनिया। प्रो. चंद्रिकाप्रसाद त्रिपाठी और क्षितिजमोहन सेन के अनुसार दादू मुसलमान थे और उनका नाम दाऊद था। कहते हैं दादू बालक के रूप में साबरमती नदी में बहते हुए लोदीराम नामक नागर ब्राह्मण को मिले थे। दादू के गुरु का भी निश्चित रूप

से पता नहीं लगता। कुछ लोग मानते हैं कि वे कबीर के पुत्र कमाल के शिष्य थे। पं. रामचंद्र शुक्ल का विचार है कि उनकी बानी में कबीर का नाम बहुत जगह आया है और इसमें कोई संदेह नहीं कि वे उन्हीं के मतानुयायी थे। वे आमेर, मारवाड़, बीकानेर आदि स्थानों में घूमते हुए जयपुर आए। वहीं के भराने नामक स्थान पर इन्होंने 1603 में शरीर छोड़ा। वह स्थान दादूपंथियों का केन्द्र है। दादू की रचनाओं का संग्रह उनके दो शिष्यों संतदास और जगनदास ने हरडेवानी नाम से किया था। कालांतर में रज्जब ने इसका संपादन अंगवधू नाम से किया। उनकी रचनाओं का प्रामाणिक संकलन परशुराम चतुर्वेदी द्वारा संपादित 'दादूदयाल' में सुलभ है।

रैदास

रैदास भी रामानंद के शिष्य कहे जाते हैं। उन्होंने अपने एक पद में कबीर और सेन का उल्लेख किया है, जिससे स्पष्ट हो जाता है कि वे कबीर से छोटे थे। अनुमानतः पंद्रहवीं शती उनका समय रहा होगा। धन्ना और मीराबाई ने रैदास का उल्लेख आदरपूर्वक किया है। यह भी कहा जाता है कि मीराबाई रैदास की शिष्या थीं। रैदास ने अपने को एकाधिक स्थानों पर चमार जाति का कहा है–*कह रैदास खलास चमारा* या *ऐसी मेरी जाति विख्यात चमारा।*

रैदास काशी के आसपास के थे। रैदास के पद आदि गुरुग्रंथ साहब में संकलित हैं। कुछ फुटकल पद सतबानी में हैं।

रैदास की भक्ति का ढाँचा निर्गुणवादियों का ही है, किंतु उनका स्वर कबीर जैसा आक्रामक नहीं। रैदास की कविता की विशेषता उनकी निरीहता है। वे अनन्यता पर बल देते हैं। रैदास में निरीहता के साथ-साथ कुंठाहीनता का भाव द्रष्टव्य है। भक्ति-भावना ने उनमें वह बल भर दिया था जिसके आधार पर वे डंके की चोट पर घोषित कर सके कि उनके कुटुंबी आज भी बनारस के आसपास ढोर (मुर्दा पशु) ढोते हैं और दासानुदास रैदास उन्हीं का वंशज है–

जाके कुटुंब सब ढोर ढोवंत फिरहिं अजहुँ बनारसी आसपासा।
आचार सहित बिप्र करहिं डंड उति तिन तनै रविदास दासानुदासा।।

रैदास की भाषा सरल, प्रवाहमयी और गेयता के गुणों से युक्त है।

संत काव्य की प्रमुख विशेषताएं

संत काव्य देश की राजनीतिक, धार्मिक तथा सामाजिक परिस्थितियों के फलस्वरूप विरचित भावनात्मक एवं अनुभूतिप्रवण जनकाव्य है। इसका प्रेरणास्रोत था–सामान्य मानव का हितसाधन। फलस्वरूप समाज में लिप्त न हो कर भी संत कवियों ने समाज-कल्याण का मार्ग अपनाया और जीवन के विभिन्न क्षेत्रों में शोषित और प्रताड़ित मानव की समस्त प्रवृत्तियों, परिस्थितियों तथा भावनाओं का गंभीर विचारयुक्त यथातथ्य चित्रण किया। इस प्रकार संतसाहित्य आध्यात्मिक अनुभूतियों का लेखा-जोखा मात्र नहीं है, उसमें तत्कालीन जनजीवन का प्रतिबिंब भी विद्यमान है। धार्मिक रूढ़ियों और सामाजिक-सांस्कृतिक परंपराओं का अंधानुसरण न कर इन्होंने वर्णाश्रम-व्यवस्था के विरोध, क्रोध-लोभ-मोह-हिंसा आदि की निंदा, सदाचारादि गुणों की प्रतिष्ठा, शास्त्रीय ज्ञान की अनिवार्यता के निषेध, आत्मानुभूति की प्रामाणिकता आदि पर बल दिया। इस प्रकार संत काव्य साधना में तत्पर एवं सर्वजन में मंगलकामना करने वाले भक्तों के सरल हृदयों की सहज अनुभूति का चित्रण मात्र है।

रस : निर्गुणोपासक संतकवियों ने काव्य और उसके अवयवों को काव्यशास्त्रीय दृष्टि से नहीं देखा; और यदि इस संबंध में उनके यहां कुछ विचार-संकेत मिलते भी हैं, तो भी काव्य की आत्मा, साधारणीकरण, रसनिष्पत्ति आदि की न तो उन्होंने चिन्ता की है और न ही स्थायी भाव, विभाव, अनुभाव और संचारी भावों की समन्वित अनुभूति के प्रति वे सचेत रहे हैं। किंतु इसका अर्थ यह नहीं है कि उनके काव्य का रस की दृष्टि से अनुशीलन ही नहीं किया जा सकता। वस्तुतः काव्य के माध्यम से उन्होंने अपनी अनुभूति को जनता तक पहुंचाने का प्रयास किया है, फलस्वरूप रस की सबसे महत्वपूर्ण विशेषता 'साधारणीकरण' संत-काव्य में विद्यमान है।

भाषा : संत-काव्य की भाषा जनसामान्य की भाषा है। वस्तुतः तत्कालीन परिवेश के अनुरूप संत-वाणी की रचना मुख्यतः जनता के अशिक्षित, उपेक्षित और पिछड़े हुए वर्गों के लिए हुई थी। अतः संतों की भाषा आवश्यकतानुसार सरल, कृतिमता-विहीन और सहज है।

अलंकार : संतों ने अपनी वाणी को काव्यांगों के प्रति सचेत हो कर व्यक्त नहीं किया, फलस्वरूप उनकी रचनाओं में अलंकारों का सप्रयोजन प्रयोग लक्षित नहीं होता। फिर भी,

आत्माभिव्यक्ति तथा विचार-निरूपण के संदर्भ में उनकी कविता में निम्नलिखित अलंकारों का प्रयोग हुआ है : रूपक, उपमा, दृष्टांत, तद्‌गुण, अतद्‌गुण, स्वाभावोक्ति, सहोक्ति, अत्युक्ति, विशेषोक्ति, समासोक्ति, भेदकातिशयोक्ति, अन्योक्ति, विनोक्ति, वक्रोक्ति; लोकोक्ति, उल्लास, उल्लेख, उत्प्रेक्षा, व्यतिरेक, तुल्ययोगिता, अनन्वय, उदात्त, विरोधाभास, उदाहरण, विभावना, असंगति, अवज्ञा, पर्याय, सम, विषम, विचित्र, काव्यलिंग, एकावली सार, श्लेष, यमक, अनुप्रास, वीप्सा, आद्याक्षरी, मध्याक्षरी, अंतर्लापिका, बहिर्लापिका आदि। अलंकारों का प्रयोग संत-काव्यधारा में बारंबार हुआ है, परंतु संतों की चित्तवृत्ति रूपक, उपमा, दृष्टांत, उत्प्रेक्षा, श्लेष, यमक और अनुप्रास में अधिक रमी है।

छंद : इन कवियों में जन्मजात अथवा प्रकृति प्रदत्त काव्यप्रतिभा थी। अपनी अनुभूति, ज्ञान तथा परंपरा से प्राप्त तत्त्व को चिरस्मरणीय तथा प्रेषणीय बनाने के लिए ही इन्होंने अपनी भावनाओं को छंदोबद्ध किया। इस प्रकार छंद इनके लिए साधन हैं, साध्य नहीं। अपने विचारों की अभिव्यक्ति इन्होंने मुख्यतः साखी और 'सबद' के माध्यम से की है–साखियों की रचना दोहा छंद में हुई है और 'सबद' से तात्पर्य गेय पदों से है।

युगबोध : संतों का व्यक्तित्व सच्चे अर्थों में संवेदनशील था। उनका मानस स्वच्छ और उदार था। इसलिए उनका साहित्य जनभावनाओं की सहज प्रवृत्तियों, परिस्थितियों, विकृतियों और विडंबनाओं का विशाल शब्दचित्र है। दूसरे शब्दों में, उन्होंने तत्कालीन समाज का यथार्थ चित्र अंकित किया है। संतकाव्य आत्मविश्वास, आशावाद और आस्था की भावना संस्थापित करने में सहायक साहित्य है। यह जीवनशक्ति का अजस्र स्रोत है। इस काव्य का प्रमुख प्रयोजन है–त्रस्त, संतप्त, उपेक्षित, उत्पीड़ित मानव को परिज्ञान प्रदान करना। इसमें जीवन का स्वरूप-विश्लेषण और व्याख्या उपलब्ध होती है। संक्षेप में, निर्गुण काव्य आचरण की पवित्रता का संदेश लेकर जनता के समक्ष आया। उसमें युगबोध एवं युगचेतना का व्यापक स्वरूप प्रतिफलित है।

भारतीय धर्म साधना में संत कवियों का स्थान

वस्तुतः संतों ने अपने समय के मानव समाज को दोषमुक्त कर परिष्कृत बनाने की चेष्टा की है। उनकी रचनाओं में मानव की क्षुद्रता, सीमाओं, स्वार्थपरता, असत्यप्रियता, संकीर्णता, अर्थलोलुपता, कामुकता आदि का चित्रण, विवेचन और विश्लेषण हुआ है। इसी प्रकार सामाजिक असंगतियों, धार्मिक विडंबनाओं, बहुदेवोपासना, मूर्तिभंजन आदि समस्याओं की अभिव्यक्ति और उनका निदान भी संतकाव्य में मिलता है। इसमें संदेह नहीं है कि संत कवि अपने समय के समाज के सच्चे प्रहरी थे। नानक की रचनाओं में तो बाबर के आक्रमणकाल में भारत की राजनीतिक अस्थिरता का वर्णन भी मिलता है। संत कवियों ने जीवनदायिनी शक्तियों की ओर जनसामान्य का ध्यान आकर्षित किया और समाज को सशक्त, निर्दोष एवं कल्याणकारी मार्ग पर अग्रसर करने की चेष्टा की।

जनमानस के संताप को दूर करने वाले संतों की पीयूषवर्षी वाणी का मध्यकालीन समाज पर व्यापक प्रभाव पड़ा। इतिहास में ऐसे उदाहरण विद्यमान हैं जबकि संत विशेष के कृतित्व, व्यक्तित्व और उपदेशों से प्रभावित होकर शासकवर्ग स्वयं उनके दर्शनार्थ उपस्थित हुआ अथवा उन्हें ससम्मान आमंत्रित किया गया। कबीरदास और नानक–जैसे प्रमुख संतों ने ही नहीं, उनके अनुयायियों ने भी अपने-अपने समय की जनता को प्रभावित किया। संतों के व्यक्तित्व का प्रभाव हिन्दुओं तथा मुसलमानों पर समान रूप से पड़ा और उन्होंने अपनी 'बानियों' से आने वाली पीढ़ियों को अजस्र प्रेरणा प्रदान की।

इन्होंने राम-रहीम की एकता, हिन्दू मुसलमानों में प्रचलित रूढ़ियों. का विरोध और आचरण की सादगी पर जोर दिया। सन्त साहित्य की विशेषताओं का निरूपण संक्षेप में नीचे किया गया है :

निराकार की उपासना : संत कवि ईश्वर के निर्गुण रूप का प्रतिपादन करते थे। उन्होंने सगुण भक्ति का विरोध किया। इनके राम अयोध्या नरेश दशरथ पुत्र राम नहीं अपितु कण-कण व्यापी राम हैं। वे अनुभव गम्य और अवर्णनीय हैं।

एकेश्वरवाद का प्रतिपादन : संतों ने एक ही ईश्वर की सत्ता में विश्वास किया है जो सर्वत्र व्यापक है। उसे अनेक नामों से पुकारा जाता है। हिन्दू उसे राम कहते हैं और मुसलमान उसी को रहीम कहते हैं। राम और रहीम में कोई भेद नहीं है।

गुरु की महिमा : संत कवियों की मान्यता है कि निर्गुण को जानने और उस तक पहुँचने के लिए ज्ञान की आवश्यकता है। यह ज्ञान गुरू के अतिरिक्त और किसी से नहीं मिल सकता। इसलिए गुरू को बहुत अधिक महत्व दिया गया है। कबीर ने तो गुरू को गोविन्द से भी बड़ा माना है।

अवतारवाद और मूर्तिपूजा का विरोध : ईश्वर को पंच भौतिक तत्वों से परे मानकर संतों ने अवतारवाद को नकारा है। वे मूर्तिपूजा में भी विश्वास नहीं करते। इसलिए अवतार और मूर्तिपूजा का विरोध करते हैं।

रूढ़ियों तथा आडंबरों का विरोध : संतों के काव्य में रूढ़ियों, अंधविश्वासों तथा मिथ्याडंबरों का घोर विरोध प्रकट हुआ है। तीर्थ व्रत, रोज-नमाज तथा धर्म के नाम पर की जाने वाली पशु बलि का इन संतों ने खुलकर विरोध किया। इस प्रकार हिन्दू और मुस्लिम समाज में व्याप्त कुरीतियों को दूर करने का बीड़ा उठाकर उन्होंने समाज सुधार का प्रयत्न किया है।

प्रेम की महिमा : संतों का यह विश्वास था कि धार्मिक कर्मकाण्डों को त्यागकर प्रेम के माध्यम से ईश्वर को वश में किया जा सकता है। इसलिए उन्होंने 'प्रेम का ढाई आखर' पढ़ने की प्रेरणा दी। ईश्वर को पाने का यही उचित और सीधा मार्ग है।

समानता की भावना : ये लोग समाज में व्याप्त ऊँच-नीच और छोटे-बड़े के भेदभाव के विरोधी थे। भगवान के सामने सभी मनुष्य समान हैं, उनमें हिन्दू-मुस्लिम का भेदभाव नहीं। संत कवियों की यह मान्यता थी "जाति-पाँति पूछै नहीं कोई, हरि को भजे सो हरि का होई।" इस प्रकार संत साहित्य में मानवतावादी दृष्टिकोण को अपनाया गया।

माया की निन्दा : माया ईश्वर-भक्ति के मार्ग में सदा बाधक शक्ति है। यह मीठी वाणी बोलकर अपने फंदे में फँसा लेती है। इसलिए संत कवियों ने माया से सावधान रहने की चेतावनी दी है। कबीर का यह कथन 'माया महाठगिनी हम जानी' संत साहित्य का मंत्र है। स्त्री को माया का ही रूप माना गया। किंतु सती और पवित्रता के प्रति सम्मान और प्रशंसा के भाव प्रकट किए गए हैं।

सधुक्कड़ी भाषा : सम्पूर्ण निर्गुणधारा की ज्ञानाश्रयी शाखा के साहित्य की रचना संतों द्वारा की गई है। ये संत देश के भिन्न-भिन्न क्षेत्रों का भ्रमण करते रहते थे जिसके फलस्वरूप उनके काव्य में भिन्न-भिन्न क्षेत्रों में बोली जाने वाली भाषाओं और बोलियों के शब्द प्रयुक्त हुए हैं। इसी भाषा को विद्वानों ने सधुक्कड़ी या खिचड़ी नाम दिया। इसमें पश्चिमी और पूर्वी हिन्दी के साथ राजस्थानी, पंजाबी, ब्रज, अवधी तथा उर्दू, अरबी, फारसी तक के शब्द मिलते हैं। भाषा का यह पंचमेल जनता तक अपने विचारों को पहुँचाने का उपयुक्त माध्यम बना।

हिन्दी सूफी काव्य

सूफी काव्य का वैचारिक आधार

हमारे यहां लोक में प्रेमकथाओं के कहने की लम्बी परम्परा मिलती है। कालिदास ने भी मेघदूत में 'उदयनकथाकोविद ग्रामवृद्धों' का जिक्र किया है। जिस तरह आदिकाल में जैन कवियों ने इन्हें साम्प्रदायिक रंग में रंगकर 'भविस्सयत्त कहा' जैसी रचनाएं की, उसी तरह भक्तिकाल में सूफी कवियों ने लोकप्रचलित कथाओं को सूफी ढाँचों में कसा हो ऐसा नहीं है। सूफी काव्य के समान्तर लौकिक-प्रेम काव्य भी रचे जाते रहे। इनमें ईश्वर दास की सत्यवती कथा, ढोला मारू रा दूहा, माधवानल-कामकंदला (कुशललाभ और आलम) सारंगा सदावृक्ष पर लिखी गयी प्रेमकाव्य रचनाएं गिनी जा सकती हैं।

सूफी रचनाएं प्रतीकात्मक हैं तथा दोहरा अर्थ (लौकिक के साथ अलौकिक के साथ भी संकेत) देने लगती है। चंदायन पहली सूफी रचना है। सभी भारतीय प्रेमाख्यानों एवं सूफी काव्यों में कथानक रूढ़ियों का प्रायः प्रयोग किया गया है। कथानक रूढ़ि से तात्पर्य किसी ऐसी घटना प्रसंगादि से है जो एक बार प्रयोग में आने के बाद परवर्ती प्रेमाख्यानों में बार-बार दोहराई जाती है तथा इस तरह रूढ़िगत हो जाती है। जैसे नायक और नायिका का पहली बार किसी मंदिर या फुलवारी में मिलन।

सूफीकाव्य परम्परा : इस्लाम धर्म में शरा (सनातनी) और बेशरा (मस्तमौला फकीर) दो कोटियां हैं। बेशरा साधक मलामती कहलाते हैं। भारतीय सूफी मुख्यतः बेशरा सम्प्रदाय के हैं। इनके प्रमुख उप सम्प्रदाय हैं–चिश्ती, कादिरी, सुहरवर्दी, नक्शवंदी और सत्तारी। 'सूफी' शब्द की व्युत्पत्ति जिन विभिन्न शब्दों से की गयी है, वे हैं–'सुफ्फा (चबूतरा)' 'सफ्फ (अगली पंक्ति)', 'सफा (पवित्र जीवन बिताने वाला साधु)', 'सोफिस्त (ज्ञानी)', 'सूफा (अरबों की जाति विशेष)', 'सुफ्फाह (भक्त विशेष)', 'सूफ (सादा ऊन)'।

इस 'सूफ (सादा ऊन)' शब्द पर अधिकांश विद्वान आज असहमत हैं तथा 'इन्साइक्लोपीडिया ब्रिटानिका' एवं 'इनसाइक्लोपीडिय आव इस्लाम' में भी इसी की पुष्टि है। सूफी मत का आदि स्रोत शायी मत में मिलता है। सूफियों का प्रमुख तत्त्व प्रेम यहीं से आया है। इसके अतिरिक्त सूफी मत के विकास में मानी मत तथा प्लेटिनस के चिन्तन का

भी प्रभाव पड़ा है। सूफी मत का प्रभाव भक्तिकाल की प्रायः सभी धाराओं पर कुछ न कुछ पड़ा है। पर प्रेमाख्यानक काव्यधारा पर यह सर्वाधिक है। सूफी मत का अपना विश्व तत्व ज्ञान है किन्तु कथा प्रबंधन में तत्व ज्ञान का आग्रह घुलमिल गया है। इन्होंने परम-सत्ता के मधुर दाम्पत्य-भाव ही जोड़ा है, अन्य कोई भाव नहीं। संसार में उसी की प्रतिछवि है। यह प्रतिछवि में उसका प्रतीक है। सूफी इस प्रतीक को प्रतीकार्य (परम-सत्ता) का साधन मानते हैं। इसलिए उनके यहां प्रेम और उसमें भी विरह की प्रधानता है। सूफी 'प्रेम की पीर' के कवि कहे जाते हैं। इन्होंने प्रबंधकाव्य ही लिखे हैं। अवधी भाषा में दोहा-चौपाई में कड़वक बद्ध हैं। केवल 'अनुराग बांसुरी' में दोहे की जगह बैरवे का प्रयोग है। सूफी प्रबंधकाव्य मसनवी-शैली में रचित है। अर्थात सर्गबद्ध नहीं है, काव्य को घटनाओं के शीर्षक में विभाजित किया गया है।

सूफियों के अनुसार, इश्क मजाजी (लौकिक प्रेम) इश्क हकीकी (अलौकिक प्रेम) का पहला सोपान है। उन्होंने स्वयं को पुरुष तथा परम्परा को नारी रूप में चित्रित किया है, जिससे प्रेम की तीव्रता व्यंजित होती है। आत्मा या साधक परमात्मा रूप नारी अलौकिक सौन्दर्य पर मुग्ध होकर प्रेम के मार्ग पर निरन्तर आगे बढ़ता जाता है। भारतीय सूफियों ने सूफी मार्ग की चार अवस्थाओं का उल्लेख किया है। साधक क्रम से इन उच्चतर शरीअत को पार करता है। ये हैं– शरीअत (नासूत), तरीकत (मलकूत), मारिफत (जबरूत), हकीकत, (लाहूत)।

नासूत : यह साधना की सबसे निचली अवस्था है जिसमें साधक शरीअत (कुरान) में प्रतिपादित विधि-निषेधों का पालन करता है।

मलकूत : इसमें साधक भौतिक जगत के ऊपर उठकर पवित्र हो जाता है। इस अवस्था में वह तरीकत (पवित्रता) अपनाने में समर्थ होता है।

जबरूत : इस अवस्था में मार्ग की सभी बाधाएं दूर हो जाती हैं तथा साधक में परमात्मा से मिलने की सामर्थ्य (मारिफत) आ जाती है।

हकीकत : यही परमसत्य है। इसमें साधक लाहूत की अवस्था प्राप्त करता है। वह अनलहक (अहं ब्रह्मास्मि) का अनुभव करने लग जाता है। इसके अतिरिक्त हाहूत आदि चार उच्चतर सोपानों की कल्पना की गयी है जिन्हें मुकामात की संज्ञा दी गयी है। शैतान साधक के मार्ग में बाधाएं उपस्थित करता है। इस्लाम में शैतान खुदा का विरोधी है लेकिन सूफी उसे खुदा का परम भक्त मानते हैं। सूफियों के अनुसार, खुदा ने शैतान की सृष्टि साधक की परीक्षा के लिए की है, जिससे साधक को केवल गुरू ही बचा सकता है। मानव शरीर में जड़ तथा आध्यात्मिक दोनों ही प्रकार के अंश हैं। नफस (जड़ आत्मा) मनुष्य को पाप की ओर ले जाती है तथा रूह (आत्मा) ईश्वर की ओर। नफस को मारना ही जीवन का परम कर्तव्य है।

चिश्ती सम्प्रदाय–की सातवीं पीढ़ी में ख्वाजा मुईनुद्दीन हुए। इस सम्प्रदाय में कुतुबुद्दीन, काकी तथा फरीदुद्दीन हुए।

सुहरावर्दी सम्प्रदाय–का भारत में प्रचार बहाउद्दीन जकारिया ने किया।

कादरी सम्प्रदाय–प्रवर्तक–अब्दुल कादिर अन्य सूफी सैयद मुहम्मद गौस।

नक्शबंदी सम्प्रदाय–का प्रचार 'अहमउद फारूखी' ने किया।

राबिया एक प्रसिद्ध सूफी महिला साधक हो गयी।

हिन्दी के प्रमुख सूफी कवि और काव्य

लौकिक प्रेम-कथाओं की परंपरा भी सूफी काव्य के समानांतर चलती रही है। ईश्वरदास की सत्यवती कथा को इसी परंपरा में माना जाना चाहिए। कुशल लाभ का ढोला मारू रा दूहा (16वीं शती) जिसमें ढोला और मारवड़ी की प्रेम-कथा चित्रित है, प्रसिद्ध प्रेम आख्यानक है। कुशल लाभ की ही दूसरी रचना माधवानल-कामकंदला है। माधवानल-कामकंदला की प्रेमकथा पर 1547 में आलम ने भी काव्य-रचना की है। सारंगा-सदावृक्ष की भी प्रेमकथा पर अनेक रचनाएँ मिलती हैं। यह कथा गद्य में भी मिलती है। इसी प्रकार किसी अज्ञात कवि ने दिल्ली के सुल्तान फिरोजशाह के पुत्र कुतुबुद्दीन और साहिबा की प्रेमकथा पर कुतुब सतक की रचना की है। कहने का आशय यह है कि सूफी काव्य के साथ-साथ शुद्ध लौकिक प्रेम आख्यानों की परंपरा भी चलती रही। सूफी कवियों ने इसी आख्यान परंपरा का उपयोग किया और उसे सूफी सिद्धांतों के ढाँचे में इस सफाई से गढ़ा कि कथा प्रतीकात्मक हो गई। प्रतीकात्मकता में दोहरापन होता है। वह प्रस्तुत और अप्रस्तुत, दोनों अर्थ देती है।

मुल्ला दाऊद

सूफी परंपरा के पहले कवि मुल्ला दाऊद हैं। इनकी रचना का नाम चंदायन है। चंदायन का रचनाकाल 1379 है।

बरिस सात से होई इक्यासी।
तिन्हि जाह कबि सरसेउ भासी।।

मुल्ला दाऊद रायबरेली जिले के डलमऊ के थे। वहीं उन्होंने चंदायन की रचना की। यह काव्य बहुत ही लोकप्रिय एवं सम्मानित था। दिल्ली में मख्दूम शेख तकीउद्दीन रब्बानी जन-समाज के बीच इसका पाठ किया करते थे। चंदायन पूर्व भारत में प्रचलित लोरिक, उसकी पत्नी मैना और उसकी विवाहिता प्रेमिका चंदा की प्रेमकथा पर आधारित है। बीच-बीच में चंदा को इस काव्य में भी पद्मावत की भाँति अलौकिक सत्ता का प्रतीक बनाया गया है। चंदायन की भाषा परिष्कृत अवधी है, जिससे लगता है कि चौदहवीं शती तक अवधी काव्य-भाषा के रूप में परिष्कृत और प्रतिष्ठित हो चली थी।

कुतुबन (1567–1689)

कुतुबन ने मिरगावत की रचना 909 हिजरी अर्थात् 1503-1504 में की थी। ये सोहरावर्दी पंथ के ज्ञात होते हैं। पं. रामचंद्र शुक्ल के अनुसार ये जौनपुर के बादशाह हुसैन शाह के आश्रित थे। मिरगावत में नायक मृगी-रूपी नायिका पर मोहित हो जाता है और उसकी खोज में निकल पड़ता है। अंत में शिकार खेलते समय सिंह के द्वारा मारा जाता है। यह रचना अनेक कथानक-रूढ़ियों से युक्त है। इसकी भाषा प्रवाहमयी है।

मलिक मुहम्मद जायसी (1492–1542)

हिन्दी में सूफी काव्य परंपरा के श्रेष्ठ कवि मलिक मुहम्मद जायसी हैं। ये अमेठी के निकट जायस के रहने वाले थे, इसलिए इन्हें जायसी कहा जाता है। पं. रामचंद्र शुक्ल ने लिखा है कि जायसी अपने समय के सिद्ध फकीरों में गिने जाते थे। अमेठी के राजघराने में इनका बहुत मान था। इनकी तीन रचनाएँ उपलब्ध हैं–अखरावट, आखिरी कलाम और पद्मावत। कहते हैं कि एक नवोपलब्ध काव्य कन्हावत भी इन्हीं की रचना है। किंतु कन्हावत का पाठ प्रामाणिक नहीं लगता। अखरावट में देवनागरी वर्णमाला के एक-एक अक्षर को लेकर सैद्धांतिक बातें कही गई हैं। आखिरी कलाम में कयामत का वर्णन है। कवि के यश का आधार है पद्मावत। इसकी रचना कवि ने 1520 (927 हिजरी) के आसपास की थी।

पद्मावत की कथा चित्तौर के शासक रतनसेन और सिंहल देश की राजकन्या पद्मिनी की प्रेम-कहानी पर आधारित है। इसमें कवि ने कौशलपूर्वक कल्पना एवं ऐतिहासिकता का मिश्रण कर दिया है। इसमें अलाउद्दीन खिलजी द्वारा चित्तौर पर आक्रमण और विजय ऐतिहासिक घटना है। रतनसेन अपनी विवाहिता पत्नी नागमती को छोड़कर पद्मिनी की खोज में योगी बनकर निकल पड़ता है। पद्मिनी से उसका विवाह होता है। राघवचेतन नामक पंडित पद्मिनी के रूप की प्रशंसा अलाउद्दीन से करता है। अलाउद्दीन छल से रतनसेन को पकड़कर दिल्ली ले जाता है। गोरा-बादल वीरतापूर्वक रतनसेन को छुड़ा लेते हैं। बाद में रतनसेन एक अन्य राजा देवपाल से लड़ाई में मारा जाता है। पद्मिनी और नागमती राजा के शव को लेकर सती हो जाती हैं। अलाउद्दीन जब चित्तौर पहुँचता है तो उसे उनकी राख मिलती है।

पद्मावत में नगर वर्णन, षड्ऋतु वर्णन, बारहमासा, नख-शिख वर्णन केवल रूढ़िपालन के रूप में नहीं मिलता है। उसमें कवि की कल्पना सहृदयता के सहारे मार्मिक एवं करुण दृश्य-विधान खड़ा करती है। पद्मावत में प्रकृति का प्रतीकात्मक उपयोग है, किंतु वह अपना स्वतंत्र व्यक्तित्व भी रखती है।

पद्मावत में हठयोग, कुंडलिनी योग एवं रसायन-साधना का पर्याप्त प्रभाव है। वैष्णव निरीहता और अहिंसा का भी संदेश है। हिन्दू पौराणिक पात्रों का उल्लेख कहीं-कहीं संस्कारी मानसिकता के अनुकूल नहीं है। इस्लाम के एक संप्रदाय की सूफी साधना तो उसकी रचना की प्रेरणा ही है। इस प्रकार पद्मावत मध्यदेश की अनेक धार्मिक साधनाओं का रूप प्रस्तुत करता है।

मंझन (16वीं शती)

मंझन ने 1545 में मधुमालती की रचना की थी। ये जायसी के परवर्ती थे। मधुमालती में नायक को अप्सराएँ उड़ाकर मधुमालती की चित्रसारी में पहुँचा देती हैं और वहीं नायक नायिका को देखता है। इसमें मनोहर और मधुमालती की प्रेम-कथा के समानांतर प्रेमा और ताराचंद की भी प्रेम-कथा चलती है। इसमें प्रेम का बहुत उच्च आदर्श सामने रखा गया है। सूफी काव्यों में नायक की प्रायः दो पत्नियाँ होती हैं, किंतु इसमें मनोहर अपने द्वारा उपकृत प्रेमा से बहन का संबंध स्थापित करता है। इसमें जन्म-जन्मांतर के बीच प्रेम की अखंडता प्रकट की गई है। इस दृष्टि में इसमें भारतीय

पुनर्जन्मवाद की बात कही गई है। इस्लाम पुनर्जन्म नहीं मानता। लोक के वर्णन द्वारा अलौकिक सत्ता का संकेत सभी सूफी काव्यों के समान इसमें भी पाया जाता है।

इनके अतिरिक्त सूफी काव्य परंपरा के अन्य उल्लेखनीय कवि और काव्य इस प्रकार हैं—उस्मान ने 1613 में चित्रावली की रचना की। शेख नवी ने 1619 में ज्ञानद्वीप नामक काव्य लिखा। कासिम शाह ने 1731 में हंस जवाहिर रचा। नूर मुहम्मद ने 1744 में इंद्रावती और 1764 में अनुराग बाँसुरी लिखा। अनुराग बाँसुरी में शरीर, जीवात्मा और मनोवृत्तियों को लेकर रूपक बाँधा गया है। इन्होंने चौपाइयों के बीच दोहे न रखकर बरवै रखे हैं।

सूफी प्रेमाख्यानों का स्वरूप

निर्गुण काव्य की दोनों शाखाएँ निर्गुण मत पर आधारित हैं। ये दोनों परम सत्ता को मानवीय भावना का आलंबन तो मानती हैं, किंतु लीलावाद एवं अवतारवाद पर विश्वास नहीं करतीं। कबीर और सूफी कवि भगवत्प्रेम को मानव-जीवन की सार्थकता मानते हैं। वे निर्गुण को गुणरहित नहीं, गुणातीत मानते हैं और उससे अनेक प्रकार के संबंध जैसे माता, पिता, प्रिय, गुरु आदि का संबंध स्थापित करते हैं। कबीर के यहाँ प्रेम की उत्कटता कम तीव्र नहीं, किंतु वे ज्ञान एवं अंतस्साधना की उपेक्षा नहीं करते। कबीर के काव्य में निर्गुण मतवाद का विश्वबोध प्रकट है। वे सृष्टि की उत्पत्ति, नाश, जन्म, मृत्यु, मनुष्य की नाड़ियों, चक्रों आदि की बात काफी करते हैं। वे ज्ञान को व्याकुल करने वाला या दाहक मानते हैं। उनके यहाँ ज्ञान की आँधी सब कुछ अस्त-व्यस्त कर देती है इसीलिए वे अपने घर को और अपने साथ चलने वालों के घरों को जलाने की बात करते हैं। प्रेम एवं भक्ति पर जोर होने के बावजूद उन्हें ज्ञानाश्रयी धारा का संत कहा जाता है। इस धारा के कवि अधिकांशतः अवर्ण हैं। उन्होंने वर्ण-व्यवस्था की पीड़ा सही थी। अतः उनमें वर्ण-व्यवस्था पर तीव्र आक्रमण करने का भाव है। इस धारा के कवियों पर नाथ-संतों की अंतस्साधना के साथ उनकी दुरूह प्रतीक-शैली उलटबाँसी का भी प्रभाव है। इन्होंने गेयपद, दोहा, चौपाई के अतिरिक्त कुछ लोक-प्रचलित छंदों का भी उपयोग किया है। ज्ञानाश्रयी धारा के किसी कवि द्वारा रचित कोई प्रबंध-काव्य प्रसिद्ध नहीं है।

प्रेमाश्रयी धारा के कवियों पर इस्लाम के सूफी मत का सबसे अधिक प्रभाव है। सूफी मत का अपना विश्व तत्त्वज्ञान है, किंतु वह सूफी कवियों में अलग से दिखलाई नहीं पड़ता। इसका एक कारण यह हो सकता है कि सूफी कवियों ने प्रबंध-काव्य लिखा है और तत्त्वज्ञान का आग्रह कथा-प्रबंधत्व में घुल-मिल गया है या छिप गया है। इसकी विशेषता यह है कि इन्होंने परम-सत्ता में मधुर या दांपत्य भाव ही जोड़ा है, अन्य भाव नहीं। संसार में उसकी प्रतिछवि है। प्रतिछवि में उसका प्रतीक है। सूफी इस प्रतीक को प्रतिकार्थ का साधन बनाते हैं। यह प्रतीकार्थ परम सत्ता है। इसलिए उनके यहाँ प्रेम और उसमें भी विरह-स्थिति की प्रधानता है। इस मत पर आधारित काव्य में भी प्रेम की उत्कट विरह व्यंजना और प्रतीकात्मकता है। इसलिए सूफी कवि 'प्रेम की पीर' के या प्रेमाश्रयी धारा के कवि कहे गए हैं। इन कवियों ने प्रबंध-काव्य लिखे हैं। इनकी भाषा अवधी है। ये चौपाई-दोहे में कड़वकबद्ध हैं। एक सूफी कवि नूर मुहम्मद ने अनुराग बाँसूरी में दोहे की जगह बरवै का व्यवहार किया है। इन्होंने प्रायः भारत में लोक-प्रचलित कथाओं को अपने प्रबंध-काव्य का आधार बनाया है। उस कथा को बड़े कौशल से सूफो मत के अनुकूल रूपायित किया है। इनमें भारतीय संस्कृति सुरक्षित ही नहीं, समृद्ध भी हुई है। सूफी कवियों के साहित्य की आत्मा विशुद्ध भारतीय है, यद्यपि इसमें प्रेम और धर्म की विदेशी साधना भी घुल-मिल गई है। प्रबंध-काव्य मसनवी शैली में रचित है, अर्थात् सर्गबद्ध नहीं है। काव्य को घटनाओं के शीर्षकों में विभाजित किया गया है, किंतु इनका काव्य-रूप मध्यकाल की प्राकृत अपभ्रंश परंपरा के रोमांचक आख्यानों से जुड़ा है। तुलसीदास ने रामचरितमानस की रचना के लिए पद्मावत के ही काव्य-रूपात्मक ढाँचे को चुना।

हिन्दी सूफी काव्य की प्रमुख विशेषताएँ

इस युग की अन्य काव्यधाराओं के परिप्रेक्ष्य में प्रेमाख्यान काव्य के महत्व पर विचार करते हुए कह सकते हैं कि हिन्दी की यही एक ऐसी काव्य-परंपरा है जिसका प्राकृत, संस्कृत और अपभ्रंश की कथाकाव्य-परंपरा से सीधा संबंध स्थापित होता है तथा जिसमें भारतीय साहित्य-परंपरा की विभिन्न कथानक-रूढ़ियों व काव्य-प्रवृत्तियों का प्रतिनिधित्व विद्यमान है। साथ ही यह मध्यकालीन हिन्दी साहित्य की भी सबसे दीर्घ एवं व्यापक परंपरा कही जा सकती है। धर्माश्रय एवं राजाश्रय से दूर लोकाश्रय में मुक्त रूप में पोषित होने वाली यही एक परंपरा है, जिसने मध्ययुगीन जनता की काव्यरुचि एवं मनोरंजन की अभिलाषा को रोमांचक आख्यानों द्वारा तुष्ट किया। जैसा

कि सोलहवीं शती के कवि बनारसीदास ने अपनी आत्मकथा 'अर्द्धकथानक' में बताया है, उस युग के युवक इन आख्यानों को पढ़ने के लिए सदा लालायित रहते थे, जिससे इनकी लोकप्रियता का प्रमाण मिलता है।

इसके अतिरिक्त इनके द्वारा जनसाधारण के ज्ञानकोश में भी अभिवृद्धि हुई, क्योंकि अनेक कवियों ने अपनी रचनाओं में विभिन्न शास्त्रीय तत्त्वों–दार्शनिक, धार्मिक, नैतिक, कामशास्त्रीय, ज्योतिष, वैद्यक आदि का भी समन्वय किया है। मध्यकालीन संस्कृति एवं लोकजीवन के नाना पक्षों का भी चित्रण इनमें सहज स्वाभाविक रूप में हुआ है। अतः पूर्वपरंपरा के निर्वाह एवं युगीन वातावरण के चित्रण की दृष्टि से तो इनका महत्व निर्विवाद रूप में है, साथ ही शुद्ध काव्यत्व की दृष्टि से भी यह परंपरा कम महत्वपूर्ण नहीं है। रसराज शृंगार के तीन प्रमुख पक्षों–सौंदर्य, प्रणय एवं विरह का चित्रण इनमें अतिशय रोमांचक रूप में हुआ है। यद्यपि भक्तिकाल और रीतिकाल की अन्य काव्यधाराओं में प्रेम और शृंगार के विभिन्न रूप उपलब्ध होते हैं, किंतु इनकी प्रणयभावना की विशेषता यह है कि वह न तो अपना औचित्य सिद्ध करने के लिए किसी पौराणिक अवतार का आश्रय ग्रहण करती है और न ही दूत-दूतिकाओं के माध्यम से आयोजित होने वाली संभोगक्रीड़ा तक सीमित रह जाती है; अपितु वह साहस, त्याग एवं आत्मबलिदान की भावना से पुष्ट होकर शुद्ध, परिष्कृत एवं उदात्त रूप में परिणत होती है। इन आख्यानों के नायक अपने प्रणयस्वप्नों की पूर्ति के लिए प्रायः अपने प्राणों को भी समर्पित करने के लिए प्रस्तुत रहते हैं, अतः निश्चय ही उनकी गाथा पाठक को कामोद्रेक एवं भोगलालसा से ऊपर उठा कर सौंदर्य, शौर्य एवं औदात्व की उच्च भूमि की ओर अग्रसर करती है। अवश्य ही यह बात सभी प्रेमाख्यानों पर लागू नहीं होती, किंतु फिर भी समग्र रूप में इन आख्यानों को स्वच्छंद प्रेम की स्वच्छ, गंभीर, भव्य एवं उदात्त व्यंजना के रूप में ग्रहण करते हुए मध्यकालीन हिन्दी काव्य में अत्यंत उच्च स्थान प्रदान किया जा सकता है।

हिन्दी कृष्ण काव्य

डॉ॰ भण्डारकर तथा लोकमान्य तिलक वैदिक ऋषि आंगिरस कृष्ण तथा गीता के उपदेष्टा महाभारत कालीन कृष्ण को पृथक्-पृथक् मानते हैं। ऋग्वेद के प्रथम, अष्ट्म तथा दशम मंडल में भी कृष्ण का उल्लेख है। डॉ॰ भण्डारकर गोपाल कृष्ण को गीता का उपदेष्टा महाभारतकालीन कृष्ण से भिन्न मानते हैं।

ग्रियर्सन, कैनेडी, वेबर आदि पाश्चात्य विद्वान् कृष्ण की बाललीलाओं को क्राइस्ट के चरित का अनुकरण मानते हैं। कृष्ण की लीलाओं के भक्त के लिए प्रसाद की प्राप्ति परमध्येय है। इसे उन्होंने लवफीस्ट कहा है।

श्रीकृष्ण विषयक प्रमुख पुराण भागवत (इसकी रचना दक्षिण भारत में हुई थी।) में राधा को वह महत्वपूर्ण स्थान प्राप्त नहीं है जो हरिवंश, ब्रह्मवैवर्त आदि पुराणों में हैं। रास पंचाध्यायी में तो रासलीला का मोहक वर्णन होते हुए भी राधा का स्पष्ट नामोल्लेख तक नहीं है।

रामभक्ति के लिए प्रसिद्ध दक्षिण के आलवार भक्तों में से कई कृष्ण के भी उपासक थे।

माधुर्य कृष्ण का वर्णन पुराणों से प्रारम्भ होता है। इसके पूर्व महाभारत में षडैश्वर्यशाली कृष्ण (ज्ञान, शक्ति, बल, ऐश्वर्य, वीर्य तथा तेज) का ही वर्णन है।

सहजिया सम्प्रदाय में कृष्ण और राधा को 'रस' और 'रति' नाम से पुकारते हैं।

संस्कृत/प्राकृत/अपभ्रंश साहित्य में कृष्णकथा

कृष्णलीलाओं का संस्कृत काव्यों में सबसे पहले उल्लेख अश्वघोष के 'ब्रह्मचरित' काव्य में मिलता है।

कृष्णकथा की कुछ मुख्य रचनाएं हैं–

गाहा सतसई (हालकवि), वेणीसंहार (नाटक), नाट्यदर्पण, अलंकार कौसतुभ, कंदर्प मंजरी, कृष्ण कथामृत, श्रीकृष्ण लीलामृत तथा गीत गोविन्द (जयदेव)।

12वीं से 15वीं सदी के मध्य की प्रमुख रचनाएं हैं।

हरिलीला (बोपदेव), यादवाभ्युदय (वेदान्त देशिक), हरिचरित काव्य, गोपलीला, कंसनिधन महाकाव्य, ब्रजबिहारी, गोपालचरित, मुरारिविजय नाटक हरविलास।

16वीं सदी में कृष्ण चैतन्य (चैतन्य महाप्रभु) के शिष्य षट्गोस्वामियों ने कृष्णभक्ति साहित्य को साहित्यशास्त्र की रस-परिघाटी पर स्थापित किया। इन्होंने संस्कृत में दो ग्रन्थ रचे–उज्जवल नीलमणि (रूपगोस्वामी), हरिभक्तिरसामृत सिन्ध (रूपगोस्वामी), षटसंदर्भ (सनातन गोस्वामी), भगवत्संदर्भ (जीवगोस्वामी)।

आदिकाल और भक्तिकाल की संधि रेखा पर विद्यापति का कृष्णकाव्य आता है।

विविध सम्प्रदाय/वल्लभ सम्प्रदाय

1. वल्लभाचार्य (1479-1530 ई॰) : वल्लभ सम्प्रदाय के प्रवर्तक आचार्य वल्लभ तेलगू प्रदेश के निवासी विष्णुस्वामी मतावलम्बी भक्त लक्ष्मण भट्ट के पुत्र थे। आचार्य ने 'अणु-भाष्य', 'सुबोधिनी' (टीका), 'तत्वनिबन्ध', 'जैमिनीय पूर्वमीमांसा-सूत्रभाष्य' तथा 16 लघु प्रकरण ग्रन्थों (कृष्णाश्रय, पुष्टि प्रवाह, मर्यादा आदि) की रचना की।

वल्लभ सम्प्रदाय सिद्धान्त पक्ष (दार्शनिक मत) को शुद्धाद्वैत तथा साधना पक्ष (भक्तिमार्ग) को पुष्टिमार्ग कहा जाता है। 'पुष्टि' शब्द भागवत पुराण के 'पोषणं तदनुग्रह' से लिया गया है। भगवत अनुग्रह या कृपा को 'पुष्ट' कहा जाता है। इस प्रकार पुष्टिमार्ग भगवान की अहैतु की कृपा का मार्ग है।

"पुष्टिं किं? में पोषणाम् किं ? तदनुग्रहः। भगवत्कृपा।"

पुष्टिमार्गी भक्ति रागानुरागी भक्ति है। इसमें भक्त ईश्वर को पाने के लिए कोई प्रयत्न नहीं करता बल्कि भगवदनुग्रह पर भरोसा करके समस्त प्रयत्नों का विसर्जन कर देता है और नित्यलीला में प्रवेश पाता है। पुष्टिमार्गी दीक्षा के समय गुरूमंत्र दिया जाता है–

"श्रीकृष्णः शरणं मम।"

आचार्य वल्लभ के पुत्र गोस्वामी विटठ्लनाथ ने वल्लभ के चार शिष्यों–सूरदास, कुम्भनदास, परमानन्ददास तथा कृष्णदास एवं अपने चार शिष्यों–नन्ददास, गोविन्दस्वामी, छीतस्वामी तथा चतुर्भुज दास को लेकर अष्टछाप की स्थापना की। अष्टछाप के कवियों ने ही मुख्यतः पुष्टिमार्ग भक्ति का पल्लवन किया।

वल्लभाचार्य के भक्त 'पूरणमल खत्री' ने गोवर्धन पहाड़ी पर श्रीनाथ जी का मंदिर बनवाया था। अष्टछाप के भक्त इन्हीं 'श्रीनाथ जी' की नित्यलीला में अंतरंग सखाओं के रूप में सदैव रहने के कारण 'अष्टसखा' कहलाते हैं। वल्लभ सम्प्रदाय में सेवानिधि का सांगोपांग विधान है। अष्टयाम की इस सेवा-मंगलाचरण, शृंगार, ग्वाल, राजयोग, उत्थापन, भोग, सन्ध्या आरती तथा शयन का नियमतः पालन किया जाता है।

2. आचार्य निम्बार्क (12-13वीं सदी) : (द्वैताद्वैतवाद का प्रवर्तन, हंसा या सनक सम्प्रदाय)।

साम्प्रदायिक आचार्यों के अनुसार, इस सम्प्रदाय के आदि उपदेष्टा श्री हंस भगवान हैं। उनसे सनत-सनकादि को उपदेश मिला। नारद मुनि ने इस उपदेश को ग्रहण कर इसे आचार्य निम्बार्क को दिया। निम्बार्क का प्रारम्भिक नाम आरूणि था। डॉ॰ भण्डारकर के अनुसार, निम्बार्क का समय 1162 के आस-पास है। इनका शैशव का नाम नियमानन्द था। निम्बार्क के चार प्रधान शिष्य श्री निवासाचार्य, श्री औदुम्बराचार्य, श्री गौरमुखाचार्य, तथा श्री लक्ष्मण भट्ट हैं। श्री निवासाचार्य का ग्रन्थ 'वेदान्तकौस्तुभ' अत्यन्त प्रसिद्ध है। निम्बार्क को भगवान कृष्ण के सुदर्शन चक्र का अवतार माना जाता है। कुछ विद्वानों के अनुसार, अत्यन्त सुंदर होने के कारण इन्हें सुदर्शन कहते थे। निम्बार्क ने सिद्धान्त स्थापना के लिए पांच ग्रन्थों का प्रणयन किया। वेदान्तपारिजात सौरभ, दशलोकी, श्रीकृष्णस्तवराज, मन्त्ररहस्यषोडशी, प्रपन्नकल्पवल्ली। इस सम्प्रदाय में भक्ति का 'राधा-कृष्ण' युगलभाव ही स्वीकृत हैं। राधा का स्वकीया रूप स्वीकृत हैं तथा भक्ति के पांच रूपों में उज्जवल भक्ति (दाम्पत्य भक्ति) को सर्वश्रेष्ठ माना गया है। राजस्थान के सलेमाबाद में इस सम्प्रदाय की सबसे बड़ी गद्दी है।

3. आचार्य हितहरिवंश (राधावल्लभ सम्प्रदाय) : इस सम्प्रदाय का प्रवर्तन आचार्य हितहरिवंश गोस्वामी ने 1534 ई॰ में वृन्दावन में किया। इस सम्प्रदाय में प्रेम को ही भक्ति तथा सम्प्रदाय का मूलाधार माना जाता है। नित्यविहार दर्शन ही सहचरी (जीवात्मा) का उपास्य भाव है। जिसकी प्राप्ति केवल प्रेम से ही होती है। नित्यविहार के विधायक चार तत्व हैं – कृष्ण, राधा, सहचरी तथा वृन्दावन। राधा और कृष्ण नित्यविहारी हैं और जीवात्मा सखी भाव से उनके विहार दर्शन को परमसुखी मानती है। प्रेम में नित्यमिलन और विरह दोनों का इस सम्प्रदाय में विचित्र रीति से समाहार कर दिया गया है। हितहरिवंश ने इसे सारस अथवा चकई-चकवा के प्रणय द्वारा स्पष्ट किया है। प्रेम में 'तत्सुखीभाव' को स्थान देने की जैसी सफल चेष्टा इस सम्प्रदाय में लक्षित होती है, वैसी अन्यत्र नहीं।

इस सम्प्रदाय में उपासना का आधार रस माना जाता है, अतः वाह्यनिधिनिषेध को स्थान नहीं दिया जाता। राधा को कृष्ण से भी उच्च स्थान पर रखकर उपास्य माना जाता है। कृष्ण की उपासना आनुवांशिक रूप से होती है। राधा स्वयं आनन्द रूपा नित्यभाव है, इसीलिए उपासना को 'रसोपासना' कहा जाता है। इस सम्प्रदाय के मंदिरों में राधा का विग्रह कृष्ण के साथ नहीं होता। श्रीकृष्ण के वामभोग में एक वस्त्रनिर्मित गद्दी होती है। जिसके ऊपर स्वर्णपत्र पर 'श्रीराधा' शब्द अंकित रहता है। इसे 'गद्दी सेवा' कहते हैं।

इस सम्प्रदाय का तिलक भाल प्रदेश के नासिका भाग से ऊर्ध्व भाग तक अर्थात् त्रिकुटी तक रहता है। बीच में काली बिन्दी रहती है। तिलक की सीधी रेखाओं को कृष्ण और काली बिन्दी को राधा माना जाता है। 'निजमन्त्र' ग्रहण करने पर दो लडी कण्ठी, जिसमें तुलसी के मनके रहते हैं, पहनना अनिवार्य है।

4. स्वामी हरिदास ('सखी' सम्प्रदाय) : 'सखी सम्प्रदाय' के प्रवर्तक स्वामी हरिदास से 200 वर्ष के पश्चात् होने वाले इसी सम्प्रदाय के 'ललितमोहिनीजी' वृन्दावन को बाँस की टट्टियों का घर बनाकर रहते थे। जिससे इसका एक नाम 'टट्टी सम्प्रदाय' भी हो गया। सर्वप्रथम मिश्रबन्धुओं ने इसे टट्टी सम्प्रदाय कहने की शुरूआत की। इस सम्प्रदाय के एक श्रेष्ठ वाणीकार भगवत रसिकजी ने सम्प्रदाय को वादमुक्त बताते हुए कहा है–

''नाहीं द्वैताद्वैत हरि, नहीं विशिष्टाद्वैत।
बंधे नहीं मतवाद में ईश्वर इच्छाद्वैत।।''

तथा सम्प्रदाय का रूप इस तरह स्पष्ट किया है –

''आचारज ललिता सखी, रसिक हमारी छाप।
नित्यकिशोर उपासना, युगलमंत्र कौं जाय।।
युगलमंत्र कौं जाय, वेद रसिकन की बानी।
श्री वृन्दावनधाम, इष्ट स्यामा महारानी।।
प्रेम देवता मिले बिना, सिद्ध होय न कारज।
भावत सब सुखदानि प्रगट भये रसिकाचारज।।''

सखी सम्प्रदाय का उपास्य 'प्रेम' नामक तत्व है। ये प्रेम नित्य है। और अपनी क्रीडा के लिए राधा-हरि इन दो रूपों में नित्य-प्रकटित है। यह प्रेम का तीसरा रूप सखीजन है जो इस प्रेमलीला की प्रायोजिका और भोक्ता भी है। नित्यधाम वृन्दावन उसी प्रेम का चिद्घन रूप है। अन्य सम्प्रदायों में वर्णित कृष्णलीला तथा स्वामी हरिदास जी की निकुंजलीला में तारतम्य का भारी भेद है। अन्यत्र अवतार रूप श्रीकृष्ण की आराधना की जाती है। परन्तु स्वामीजी की राधा वृषभानुकुमारी नहीं है। ब्रज की लीला नैमित्तिकी लीला है, क्योंकि अवतार किसी न किसी निमित्त से नहीं होता है। अवतार के कर्त्तव्य कर्म और लोकचरित्र से उनके नित्यविहार में बाधा पड़ती है। स्वामी हरिदासजी के उपास्य तो प्रेम के मूलस्वरूप नित्यनिकुंज विहारी हैं, जिनको सृष्टिनिर्माण आदि से कोई मतलब नहीं है। यह कार्य तो उनकी पदनखछरा के अंश ज्योतिरूप-नारायण करते रहते हैं। वृन्दावन की नित्यलीला सदा एकरस और अखण्ड रहने वाली है। इस रास लीला में नारायण का प्रदेश भी नहीं है। देव-पितर की कौन कहे, ब्रज के राधाकृष्ण भी उस रास के लिए ललचाते रहते हैं।

5. कृष्ण चैतन्य (अचित्य भेदाभेदवाद, गौडीय सम्प्रदाय या चैतन्य मत) : गौडीय सम्प्रदाय के प्रवर्तक कृष्ण चैतन्य का जन्म बंगाल के नवद्वीप नामक स्थान में हुआ था। इनके बचपन का नाम विशम्भर था। घर में निमाई नाम से भी इन्हें पुकारते थे और रूप सौन्दर्य की अतिशयता के कारण गौर या गौरांग नाम भी प्रचलित हो गए थे। दीक्षा-गुरू केशवभारती ने उनका नाम बदलकर कृष्णचैतन्य अथवा चैतन्य रखा। चैतन्य की भक्तिभावना के आधार बिन्दु थे–प्रेम, ममता और भावुकता। उनका चैतन्य मत बिना चलाए ही चल पड़ा। अचिंत्य भेदाभेदवाद की व्यापक धरातल पर प्रतिष्ठा बलदेव विद्याभूषण ने 'गोविन्द भाष्य' में की है।

कृष्णकथा के हिन्दी कवि

क. अष्टछाप के कवि :

सूरदास : सूरदास के जीवनवृत्त से सम्बद्ध साक्ष्य चौरासी वैष्णवन की वार्ता (गोकुलनाथ), भक्तमाल (नाभाजी), वल्लभदिग्विजय (यदुनाथ), भावप्रकाश (हरिराम) तथा निजवार्ता में मिलते हैं। सूर सारावली तथा साहित्य लहरी से भी अनेक पंक्ति खोजी गयी हैं। सूरदास (1474-1538 ई॰) का गऊघाट निवासी होना चौरासी वैष्णवन की वार्ता से प्राप्त होता है। उसी से यह भी ज्ञात होता है कि इनकी मृत्यु पर गोस्वामी विट्ठलनाथ ने शोकार्त होकर कहा था– ''पुष्टिमारग को जहाज जात हैं, जो जाको कुछ लेना होय सो लेहु।''

सूर की कृतियां हैं – सूरसागर (द्वादश स्कन्ध)।
सूरसारावली तथा साहित्यलहरी की प्रामाणिकता पर विवाद भी है। साहित्यलहरी दृष्टिकूट पदों का संग्रह है। अर्थ गोपन शैली तथा अलंकार निरूपण की दृष्टि से भी यह महत्वपूर्ण है।

नन्ददास : 'दो सौ बावन वैष्णवन की वार्ता' और 'अष्टसखान की वार्ता' में इन्हें तुलसीदास का चचेरा भाई बताया गया है। जिसे आचार्य शुक्ल ने प्रामाणिक नहीं माना है। ध्रुवदास जी की 'भक्तनामावली' में भी

प्रशंसा के अलावा कोई संकेत नहीं है। नाभादास जी के भक्तमाल में इन पर एक छप्पय है–

'चन्द्रहस अग्रज सहृद परमप्रेम पथ में पगे।'

इनके संबंध में प्रसिद्ध कहावत है–

'और कवि गढ़िया, नन्ददास जडिया।'

जिसका कारण इनका सुन्दर शब्द चयन एवं सुष्ठ प्रयोग हैं। इनकी प्रसिद्ध पुस्तक 'रास-पंचाध्यायी' रोला छंद में है। अन्य रचनाएं हैं –
भंवरगीत, गोवर्धनलीला, अनेकार्ष मंजरी, मानमंजरी, रसमंजरी, रूपमंजरी, विरहमंजरी, सुदामाचरित, रूक्मिणीमंगल, सिद्धान्त पंचाध्यायी, दशस्कन्ध भाषा, नन्ददास पदावली, प्रेमबारहखडी, श्यामसगाई, दानशीलता, मानलीला। अनेकार्थमंजरी तथा अनेकार्थ नाममाला इनके द्वारा रचित कोश ग्रन्थ हैं।

कुंभनदास : साक्ष्य 'चौरासी वैष्णवन की वार्ता' तथा 'भाव प्रकाश' (हरिराय) में मिलते हैं। भक्तमाल की टीकाओं में इनका खास उल्लेख नहीं मिलता। अकबर के समक्ष गाया गया इनका यह पद बहुत प्रसिद्ध है –

'संतन को कहा सीकरी सो काम।'

परमानन्द दास : 'परमानन्द सागर', 'परमानन्द के पद' तथा 'वल्लभ सम्प्रदायी कीर्तन संग्रह' नामों से इनके पदों के संकलन हुए हैं।

कृष्णदास : श्रीनाथ जी के मंदिर के प्रधान प्रबन्धक थे। इनका वृत्त 'चौरासी वैष्णवन की वार्ता' तथा 'दो सौ बावन वैष्णवन की वार्ता' में मिलता है। कहते हैं श्रीनाथ मंदिर की वेश्या नर्तकी तथा कृष्णदास दोनों ने इस पद के (कृष्णदास रचित) गाने के साथ अपने प्राण छोड़े थे–

'मो मन गिरिधर छवि पर अटक्यो।'

गोविन्द स्वामी : किंवदन्ती है कि अकबरी दरबार के प्रसिद्ध गायक 'तानसेन' ने इनसे पद गायन की शिक्षा ली थी। सम्प्रति इनके पदों का एक संकलन 'गोविन्द स्वामी के पद' शीर्षक से उपलब्ध है।

छीतस्वामी : मथुरा के प्रसिद्ध पंडा थे, तथा राजा बीरबल जैसे लोग इनके जजमान थे। इनका एक प्रसिद्ध पद हैं–

'हे विधवा तोसों अचरा पसारि मॉगों,
जनम-जनम दी जौ माही याही ब्रज बसिबौं।'

चतुर्भुजदास : ये कुंभनदास के सात पुत्रों में से सबसे छोटे पुत्र थे।

ख. निम्बार्क सम्प्रदाय के कवि

श्रीभट्ट : भक्तमाल (श्रीनारायण जी नाभा) तथा हरिव्याशामृत (रूप रसिकदेव) में इनका वृत्त साक्ष्य मिलता है। श्रीभट्ट जी का ब्रजभाषा में लिखा एक ही ग्रन्थ है– ''युगलशतक''। युगलोपासना में श्री राधा जी का प्राधान्य दृष्टिगोचर होता है। इस ग्रन्थ का भाव 'गोपीभाव' या 'सखी भाव' है। श्रीभट्ट को सम्प्रदाय में 'हितू सखी' का अवतार माना जाता है। यह पद गाते हुए इन्हें राधाकृष्ण की स्पष्ट झलक मिली थी–

'भींजत कब देखौं इन नैना।'

युगलशतक के रचनाकाल संबंधी एक दोहा उसी में है–

''नयन बान पुनि राग ससि, गनां अंक गते बात।
युगलशतक पूरन भयौ, संवत अति अभिराम।।''

– युगलशतक

युगलशतक का ही एक अन्य नाम 'आदिबानी' भी है।

हरिव्यास देव : भक्तमाल में इन्हें श्रीभट्ट का शिष्य बताया गया है। इनके प्रमुख बारह शिष्य बताये गये हैं। इन्होंने चार संस्कृत – सिद्धान्त रत्नाउज्जलि, निम्बार्काष्टोत्तरशतनाम्, तत्वार्थचंक (अप्राप्त) पंचसंस्कार निरूपण (अप्राप्त), तथा एक ब्रजभाषा –'महावाणी' ग्रन्थ रचे।।

'निम्बार्काष्टोत्तरशतनाम' विटठलनाथ जी की कृति 'सर्वोत्तमस्रोत्र' की छाया पर लिखित है। 'किशोरी अलिजी की वाणी' में हरिव्यासदेव जी के शिष्य रूपरसिक को 'महावाणी' का कर्ता बताया गया है।

'रूपरसिक से हम रसिकवर।'
'दिव्य महाबानी रससानी पगटर करन, प्रगटे अवनी पर।'

– किशोरी अलिजी की वाणी

परशुराम देव : हरिव्यास देव जी के प्रमुख शिष्य थे। ये ही सम्प्रदाय की गद्दी को ब्रज से सलेमाबाद ले गए। इनकी प्रसिद्ध रचना है – 'परशुराम सागर'।

ग. राधावल्लभ सम्प्रदाय के कवि

हितहरिवंश : वंशी के अवतार हितहरिवंश जी के गुरू रूप में श्रीराधा जी को स्वीकार किया जाता है। इनके

रचित दो हिन्दी ग्रन्थ – हितचौरासी, स्फुटवाणी तथा दो संस्कृतग्रन्थ – राधा सुधानिधि, यमुनाष्टक प्राप्त होते हैं। राधावल्लभ सम्प्रदाय के प्रवर्तक हितहरिवंश जी के ग्रन्थ 'हित चौरासी को इस सम्प्रदाय का मूलाधार माना जाता है। श्री हरीराम व्यास ने इनकी मृत्यु पर अत्यन्त मार्मिक पद लिखा है– 'हुतो रस रसकिन को आधार।'

दामोदर दास (सेवक जी) : सेवक चरित्र (प्रियादास) में वृत्तसाक्ष्य उपलब्ध है। व्यास जी विशाखा सखी के अवतार माने जाते हैं। विशाखा राधा-मानव मिलन में सहयोग देकर राधा का अनुगमन करती है। इनकी रचनाओं में 'व्यास वाणी' तथा 'रागमाला' प्रमुख हैं।

चतुर्भुज दास : राधावल्लभीय चतुर्भुजदास 'अष्टछाप' के चतुर्भुजदास से भिन्न है। जिन्हें सबसे पहले मिश्रबन्धुओं ने तथा फिर आचार्य शुक्ल ने एवं डा॰ रामकुमार वर्मा ने भ्रमवश अपने इतिहासों में मिलाकर एक कर दिया है। इस भ्रम के निराकरण का श्रेय डॉ॰ दीनदयाल गुप्त को हैं। राधावल्लभीय 'चतुर्भुजदास' की प्रमुख रचनायें हैं– द्वादशयश, भक्तिप्रताप, हितजू को मंगल

ध्रुवदास : इनके ग्रन्थों की संख्या 42 है। कुछ समय पहले तक इस पर थोडा विवाद था। ब्रजमाधुरीसार (वियोगी हरि), में 40 हिन्दी साहित्य का इतिहास (रामचन्द्र शुक्ल) में 37 तथा मिश्रबंधुविनोद में 43 ग्रन्थ गिनाये गये हैं। प्रमुख रचनाएं हैं–

हितशृंगारलीला, सिंगारसत, नेहमंजरी, भजनसत, दानलीला, मानलीला आदि।

'भक्तनामावली' में इन्होंने नाभाजी के अनुकरण पर कई भक्तों का उल्लेख किया है। ये हित हरिवंश जी के शिष्य स्वप्न हुए थे।

नेहीनागरीदास : 'अनन्यर सिकमाल' (भगवतमुदित) में इनका वृत्त साक्ष्य प्राप्त है। नेहीनागरीदास जी की हितवाणी और नित्यविहार में अनन्यनिष्ठा थी इनका एक प्रसिद्ध पद है, जिसका सम्प्रदाय में बहुत मान है। यह पद 'राधाष्टक' नाम से प्रसिद्ध है, जिसमें राधा और हरिवंश को छोड़कर और किसी को कुछ भी स्वीकार नहीं किया गया है।

घ. सखी-सम्प्रदाय के कवि

स्वामी हरिदास : निजमत सिद्धान्त (किशोरदास), भक्तमाल (नाभादास), में वृत्त साक्ष्य उपलब्ध है। हरिदास जी अपने समय के महान संगीतज्ञ तथा ध्रुपद गायक थे। इनकी भाषा तद्‌भवप्रधान बोलचाल के अतिनिकट है। अकबरी दरबार के गायक तानसेन इन्ही के शिष्य थे। स्वामी हरिदास की केवल दो रचनाएं प्राप्त हैं–'सिद्धान्त के पद' तथा 'केलिमाल'।

बीठल बिपुल : निजमत सिद्धान्त (किशोरदास), भक्तमाल (नाभाजी) तथा सटीक भक्तमाल (प्रियादास) में इनका उल्लेख है। नाभादास जी ने इन्हें 'रससागर' की उपाधि दी है।

बिहारिन दास : बिहारीदास या बिहारिन दास इस सम्प्रदाय के श्रेष्ठ कवि तथा सिद्धान्त व्याख्याता हुए हैं। सम्प्रदाय में ये 'गुरूदेव' नाम से प्रसिद्ध हैं। यह हरिदासी उपासना के लिए प्रमांण कोटि में ग्रहीत है। इनकी रचनाएं 'बिहारिनदास की वाणी' नाम से प्रसिद्ध है। यह बीठलबिपुलजी के शिष्य थे। इन्होंने अपने मत को वैदिक सिद्ध करते हुए कहा है–

'वेदन कह्यो सो हम कियौ, औरन के मत छोरि।
कहत बिहारिन दास यह, अनन्य सभा में डोरि।।'

जगन्नाथ गोस्वामी : स्वामी हरिदास के भाई थे। इनकी रचना है – 'अनन्य सेवानिधि'। बिहार-रसामृत (सन्तदास) में सम्प्रदाय के आराध्य श्रीबिहारी जी तथा हरिदास जी के बाद इनकी भी वंदना की गयी है।

नागरीदास : ये बिहारिनदास जी के प्रमुख शिष्य थे। निजमत सिद्धान्त (किशोरदास) में इनका वृत्त प्राप्त हैं। ध्रुवदास ने एक दोहे में इनके मृदुल स्वभाव की प्रशंसा की है। नागरीदास के छोटे भाई सरसदास भी इसी सम्प्रदाय के भक्त कवि हैं। सरसदास जी के 66 पद 'अष्टाचार्यों की वाणी' में संकलित हैं।

ङ. गौड़ीय सम्प्रदाय के कवि

रामराय : इनका उल्लेख 'भक्तमाल' (नाभा जी) तथा 'दो सौ बावन वैष्णवन की वार्ता' (गोस्वामी विट्ठलनाथ) में हुआ। इनके अनेक पदों में 'भगवान हितरामराय' की छाप मिलती है। ब्रज में इन्होंने श्रीनित्यानंद से दीक्षा ग्रहण की। इसके पूर्व यह गोस्वामी विट्ठलनाथ के शिष्य थे। रामराय जी संस्कृत तथा ब्रजभाषा दोनों के ही पण्डित थे। ब्रजभाषा में-'आदिवासी' तथा 'गीत गोविन्दभाषा' तथा संस्कृत में 'गौरविनोदिनी', वृत्ति गौर भाष्य, स्तवपंचकम् तथा गोविन्द तत्व दीपिका ग्रन्थों का इन्होंने प्रणयन किया। आदिवाणी से यह विशुद्ध गौडीय ज्ञात होते हैं।

सूरदास : भक्तमाल (नाभाजी) में इनके काव्य की प्रशंसा की है। यह श्री सनातन गोस्वामियों के शिष्य थे। सहृदबानी (बाबा कृष्णदास) में इनके 105 पद संग्रहीत हैं। यह अकबर के दीवान थे और संडीले में नियुक्त थे। एक बार इन्होंने खजाने में आयी तेरह लाख मुद्रायें साधुओं के खिलाने-पिलाने पर खर्च कर दी तथा स्वयं वृन्दावन भाग गए। खजाने के विवरण में लिख भेजा –

'तेरह लाख संडीले उपजे, सब साधुन मिलि गटके।
सूरदास मदनमोहन, वृन्दावन को सटके।।'

गदाधर भट्ट : यह ब्रज भाषा के सुप्रसिद्ध कवि तथा भागवत के श्रेष्ठ वक्ता थे। इनकी प्रशंसा ध्रुवदास (भक्तनामावली), नागरीदास, भगवतरसिक, प्रियादास आदि ने की है। इनके बारे में भ्रान्ति है कि ये महाप्रभु चैतन्य के शिष्य थे और उन्हें भागवत सुनाया करते थे। इसी आधार पर आचार्य शुक्ल ने इन्हें सूर-पूर्व मान लिया है। वस्तुतः चैतन्य ने किसी को अपना शिष्य नहीं बनाया। उनको भागवत सुनाने वाले गदाधर पण्डित थे, गदाधर भट्ट नहीं।

चन्द्रगोपाल : रामराय जी के अनुज थे। इनकी संस्कृत रचनाएं हैं– श्रीराधामाधवाष्टक, श्रीराधामाधवभाष्य तथा गायत्रीभाज्य। ब्रजभाषा के इनके ग्रन्थ हैं–चन्द्रचौरासी, अष्टायाम सेवासुधा, गौरांग अष्टाया ऋतुबिहार तथा राधाविरह।

माधवदास माधुरी : 'श्रीमाधुरीवाणी' में इनकी कई रचनाएं संकलित की गयी हैं। ये रचनायें है–केलिमाधुरी, वंशीवट माधुरी, वृन्दावन माधुरी, उत्कण्ठामाधुरी, दानमाधुरी, मानमाधुरी, होरी माधुरी तथा प्रियाजी की बधाई।

भगवतमुदित : ये भक्तवर माधव मुदित के पुत्र थे जिनका उल्लेख प्रियादास ने 'भक्तिरस बोधिनी' में किया है। भगवत मुदित जी की दो रचनाएं हैं–'वृन्दावशत' तथा 'रसिक अनन्यमाल'। इनके अतिरिक्त 'हितचरित्र' तथा 'सेवक चरित्र' भी इन्हीं के रचित बताये जाते हैं, परन्तु ऐसा है नही। 'हितचरित्र' जो उत्तमदास की रचना है। तथा सेवक चरित्र रसिक अनन्यमाल का ही एक अंश है।

'वृन्दावनशत' श्री प्रबोधानन्द सरस्वती के 'वृन्दावनमहिमामृत' नामक सरस संस्कृत ग्रन्थ के एक शतक का ब्रजभाषा में छायानुवाद है।

भगवानदास : 'दो सौ बावन वैष्णव की वार्ता' में इनका उल्लेख हैं। इनके पद रामराय जी के पदों में बड़ी संख्या में घुलमिल गये हैं। इनके पदों में भी 'भगवान हित रामराय' की छाप मिलती है।

गीति परम्परा और कृष्ण काव्य

कृष्ण-भक्ति साहित्य प्रधानतः भगवान के लोकरंजक रूप को उजागर करता है। यह ऐकांतिक भाव का साहित्य है। यह ध्यान देने की बात है कि यद्यपि कृष्ण के चरित्र में सामाजिकता और लोकमंगल की भावना के समावेश का पूरा अवकाश है, किंतु हिन्दी के कृष्ण-भक्त कवियों का ध्यान उधर नहीं गया। सूरदास की कविता में लोक की रक्षा का पक्ष न सही, किंतु रंजन पक्ष विद्यमान है। परवर्ती कवियों की विषयवस्तु सीमित होती गई। इसी कारण इस धारा के कवियों ने अधिकांशतः मुक्तकों में ही रचना की। अष्टछाप के कवियों में तत्कालीन पर्व, उत्सव, रीति-रिवाज, आभूषण वस्त्रादि का वर्णन मिलता है। कृष्ण भक्ति काव्य की मधुरता ने मुसलमान कवियों को भी पर्याप्त संख्या में अपनी ओर आकृष्ट किया। कृष्ण-भक्ति काव्य की भाषा ब्रजभाषा ही रही। भक्ति प्रचार के साथ-साथ ब्रजभाषा का इतना व्यापक प्रचार हुआ कि वह शताब्दियों तक हिंदी क्षेत्र की तो प्रमुख काव्य-भाषा बनी ही रही, हिंदी क्षेत्र के बाहर सुदूरवर्ती क्षेत्रों में भी काव्य-रचना के लिए व्यवहृत हुई। कृष्ण-भक्ति काव्य में रामचरितमानस जैसा कोई विशद महाकाव्य तो नहीं रचा गया, लेकिन इसने सामान्य गृहस्थों के दैनंदिन जीवन को कृष्णचरित के उल्लास और व्यथा से भर दिया। शृंगार के क्षेत्र में तो कृष्ण-भक्ति काव्य का ही वर्चस्व रहा, राम-काव्य का नहीं।

मीराबाई (1498–1546)

हिन्दी की श्रेष्ठ कवयित्री मीरा का विवाह 1516 में हुआ था। इनके व्यक्तित्व के इर्द-गिर्द अनेक किंवदंतियाँ गढ़ ली गई हैं। ये बाबर से मोर्चा लेने वाले महाराणा साँगा की पुत्रवधू और महाराणा कुमार भोजराज की पत्नी थीं। कहा जाता है कि विवाह के कुछ वर्षों के बाद जब इनके पति का देहांत हो गया तो ये साधु-संतों के बीच भजन-कीर्तिन करने लगीं। इस पर इनके परिवार के लोग, विशेषकर देवर राणा विक्रमादित्य बहुत रुष्ट हुए। उन्होंने इन्हें नाना प्रकार की यातनाएँ दीं। उन्होंने इन्हें विष तक दिया जिससे खिन्न होकर इन्होंने राजकुल छोड़ दिया। इनकी मृत्यु 1546 में द्वारिका में हुई।

प्रायः भक्त कवियों में यह बात पाई जाती है कि वे अपने इष्ट के पास अपने जीवन के अभावों को लेकर उनकी पूर्ति के लिए जाते हैं। मीरा भक्त थीं। भक्त होना कोई बुरी बात नहीं, फिर राणा मीरा से क्यों रुष्ट थे? मीरा सवर्ण समाज की थीं और फिर राणा कुल की पुत्रवधू। इसलिए उनका सामान्य लोगों के बीच उठना-बैठना उस सामाजिक व्यवस्था को असह्य था जिसमें नारी पति के मरने पर या तो सती हो सकती थी या घर की चारदीवारी के भीतर वैधव्य झेलने के लिए अभिशप्त थी। मीरा को भक्त होने के लिए लोक-लाज छोड़नी पड़ी और यही बात राणा को खलती थी। लोक-लाज तजने की बात मीरा की कविताओं में बार-बार आती है। मीरा ने अपने इष्ट देव गिरधर का जो रूप निर्मित किया है, वह अत्यंत मोहक है। मीरा के रूप-चित्रण की यह भी विशेषता है कि वह प्रायः गत्वर होता है। गिरधर नागर को प्रायः सचेष्ट अंकित किया जाता है, या तो वे मुरली बजाते हैं या मंद-मंद मुस्काते हैं या मीरा की गली में प्रवेश करते हैं। मीरा नारी-सुलभ लज्जा के कारण उनसे सीधे मुँह बात बहुत कम करती हैं। उनके सामने न रहने पर यानी वियोगावस्था में वे उनसे वार्तालाप करती हैं, अनुनय-विनय करती हैं। विरह मीरा के जीवन का भी सबसे बड़ा यथार्थ है और उनके काव्य का भी। मीरा के विरह की सच्चाई का लक्षण यह है कि वे विरह की पीड़ा के ताप से मुक्त होना चाहती हैं। वेदना की सच्चाई का एक लक्षण यह है कि व्यक्ति उससे मुक्ति के लिए छटपटाए। मुक्ति संभव न हो तो भी मनुष्य मुक्तावस्था का स्वप्न देखता है। मीरा के यहाँ विरह-वेदना उनका यथार्थ है, तो कृष्ण से मिलन उनका स्वप्न। मीरा के जीवन के यथार्थ की प्रतिनिधि पंक्ति है–

अँसुवन जल सींचि-सींचि, प्रेम-बेलि बोई।

और उनके स्वप्न की प्रतिनिधि पंक्ति है–

सावन माँ उमग्यो म्हारो हियरा, भणक सुण्या हरि आवण री।

मीरा के काव्य में मध्यकालीन नारी का जीवन बिंबित है।

मीरा भक्त कवि हैं। उनकी व्याकुलता एवं वेदना उनकी कविता में निश्छल अभिव्यक्ति पाती है। मीरा की कविता में रूप, रस और ध्वनि के प्रभावशाली बिंब हैं। वे अपनी कविता में निहित वेदना को श्रोताओं और पाठकों के अनुभव के माध्यम से संप्रेषित करती हैं–**घायल की गति घायल जानै और न जानै कोई** का यही अभिप्राय है।

मीरा के काव्य पर निर्गुण-सगुण, दोनों साधनाओं का प्रभाव है। उन पर नाथ मत का भी प्रभाव दिखाई पड़ता है। उनके इष्ट देव तो कृष्ण ही हैं, किंतु रामकथा से संबंधित गेयपद भी उन्होंने लिखे हैं। मीरा की कविताएँ शिष्ट समाज के साथ-साथ राजस्थान के भीलों में भी बहुत लोकप्रिय हैं।

रसखान (1548–1628)

इनका वृत्तांत दो सौ बावन वैष्णवन की वार्ता में मिलता है, और उससे प्रकट होता है कि ये लौकिक प्रेम से कृष्ण-प्रेम की ओर उन्मुख हुए। इनकी प्रसिद्ध कृति प्रेमवाटिका का रचनाकाल 1614 है। कहते हैं कि वे गोसाईं विट्ठलनाथ के शिष्य थे।

रसखान ने कृष्ण का लीलागान गेयपदों में नहीं, सवैयों में किया है। रसखान को सवैया छंद सिद्ध था। जितने सरस, सहज, प्रवाहमय सवैये रसखान के हैं, उतने शायद ही किसी अन्य कवि के हों। रसखान का कोई ऐसा सवैया नहीं मिलता जो उच्च स्तर का न हो। उनके सवैयों की मार्मिकता का बहुत बड़ा आधार दृश्यों और बाह्यांतर स्थितियों की योजना में हैं वही योजना रसखान के सवैयों के ध्वनि-प्रवाह में भी है। ब्रजभाषा का ऐसा सहज प्रवाह अन्यत्र बहुत कम मिलता है। रसखान सूफियों का हृदय लेकर कृष्ण की लीला पर काव्य रचते हैं। उनमें उल्लास, मादकता और उत्कृष्टता, तीनों का संयोग है। ब्रज-भूमि के प्रति जो मोह रसखान की कविताओं में दिखलाई पड़ता है, वह उनकी विशेषता है। रसखान प्रेम-भावना की अछूती स्थितियों की योजना करते हैं। इसलिए रसखान के यहाँ दूसरों की कही बातें कम मिलेंगी। निम्नलिखित सवैये में गोपियों की जिस मनःस्थिति का चित्र प्रस्तुत किया गया है, वह समूचे भक्ति काव्य में दुर्लभ है–

मोर पखा सिर ऊपर राखिहौं, गुंज की माल गरे पहिरौंगी।
ओढ़ि पितांबर लै लकुटी बन, गोधन ग्वारिन संग फिरौंगी।
भावतो सोई मेरो रसखानि सो तेरे कहे सब स्वाँग करौंगी।
या मुरली मुरलीधर की अधरान धरी अधरा न धरौंगी।

अर्थात् सब स्वाँग किया जा सकता है, किंतु कृष्ण के अधरों पर रखी हुई मुरली को अपने अधरों पर रखने का स्वाँग नहीं किया जाएगा।

कृष्णभक्त कवियों की सुदीर्घ परंपरा है। स्वामी हरिदास (16वीं शती), हरीराम व्यास (16वीं शती), सुखदास (17वीं शती), लालचदास (16वीं शती), नरोत्तमदास (16वीं शती),

आदि अन्य कृष्णभक्त कवि हैं। इनमें नरोत्तमदास का सुदामा-चरित अपनी मार्मिकता और सहज प्रवाह के कारण बहुत लोकप्रिय है।

रहीम (1556–1627)

रहीम (पूरा नाम अब्दुर्रहीम खानखाना, जन्म-1556) की गणना कृष्णभक्त कवियों में ही की जा सकती है। रहीम ने बरवै नायिका भेद भी लिखा है, जिससे उनकी यह रचना तो निश्चित रूप से रीति काव्य की कोटि में रखी जाएगी, किंतु रहीम को भक्त हृदय मिला है। उनके भक्तिपरक दोहे उनके व्यक्ति और रचनाकार का वास्तविक प्रतिनिधित्व करते हैं। कहते हैं, उनके मित्र तुलसी ने बरवै रामायण की रचना रहीम के 'बरवै' काव्य से उत्साहित होकर की थी। रहीम सम्राट अकबर के प्रसिद्ध सेनापति बैरम खाँ के पुत्र थे। वे स्वयं योद्धा थे। गंग ने रहीम पर जो छप्पय लिखा है, उससे प्रकट होता है कि रहीम पराक्रमी सेनानी थे–

खलभलित सेस कवि गंग भन-अमित तेज रवि रथ खस्यो।
खानान खान बैरम सुवन जबहिं क्रोध करि तंग कस्यो।।

रहीम अरबी, फारसी, संस्कृत आदि कई भाषाओं के जानकार थे। वे बहुत उदार, दानी और करुणावान थे। अंत में उनकी मुगल दरबार में नहीं पटी, और अनुश्रुति के अनुसार उनके अंतिम दिन तंगी में गुजरे। रहीम की अन्य रचनाएँ हैं–रहीम दोहावली या सतसई, शृंगार सोरठा, मदनाष्टक और रासपंचाध्यायी। उन्होंने खेल कौतुकम् नामक ज्योतिष का भी ग्रंथ रचा है, जिसकी भाषा संस्कृत-फारसी मिश्रित है। रहीम ने तुलसी के समान अवधी और ब्रज, दोनों में अधिकारपूर्वक काव्य-रचना की है।

रहीम के भक्ति और नीति के दोहे आज भी लोगों की जुबान पर हैं।

हिन्दी राम काव्य

हिन्दी साहित्य का आदिकाल समसामयिक राजनीतिक एवं सामाजिक वातावरण की दृष्टि से रामकाव्य की रचना के लिए सर्वाधिक उपयुक्त काल था। इस युग में कविगण मर्यादापुरुषोत्तम राम की शौर्य शक्ति से समन्वित लीलाओं का गान करके बाह्य शक्तियों के आक्रमणों के विरुद्ध राष्ट्र की सोयी हुई ऊर्जा को उद्बुद्ध कर सकते थे, किंतु उन्हें अपने आश्रयदाताओं की अतिशयोक्तिपूर्ण प्रशंसा करने से इतना भी अवकाश नहीं था कि वे राम के लोकरक्षक पावन चरित्र की ओर आकर्षित हो पाते। इस युग की कृतियों में मंगलाचरण अथवा स्तुति के रूप में कहीं-कहीं रामकथा के कुछ प्रसंग दृष्टिगत हो जाते हैं। 'पृथ्वीराजरासो' में दशावतार वर्णन वस्तुतः मंगलाचरण के रूप में ही है। इस प्रसंग के अंतर्गत कवि ने मुक्ति प्रदान करने वाले परंब्रह्म के विविध अवतारों का वर्णन किया है। रामावतार से संबद्ध अड़तालीस छंदों में परशुराम द्वारा क्षत्रियों के संहार; राजा दशरथ के घर राम, लक्ष्मण, भरत, शत्रुघ्न के जन्म; राम-वनगमन; राम-रावण-युद्ध; सीता-उद्धार आदि रामकथा के प्रमुख प्रसंग वर्णित हैं। समसामयिक युग-प्रवृत्ति के अनुकूल इन प्रसंगों के अंतर्गत हनुमान, मेघनाद और लक्ष्मण की वीरता का वर्णन विस्तृत एवं सजीव है।

रामकथा के ओज एवं माधुर्य को जनमानस की भावभूमि पर अधिष्ठित करने का श्रेय भक्तिकालीन भक्तकवियों को ही प्राप्त है; रीतिकालीन रामकाव्य के प्रणेताओं की दृष्टि तो अपने समसामयिक कृष्णकाव्य-प्रणेताओं की भांति राजदरबारों के ऐश्वर्य से इतनी अधिक अभिभूत हो चुकी थी कि उन्हें राम के लोकरक्षक रूप की अपेक्षा उनके रसिक रूप में ही अधिक आकर्षण प्रतीत हुआ और अपने पूर्ववर्ती भक्तकवियों की मर्यादा को वे विस्मृत करते चले गये। भक्तिकाल का राजनीतिक एवं सामाजिक वातावरण भी राम के लोकरक्षक रूप की अभिव्यक्ति के सर्वाधिक अनुकूल था। विदेशी शक्तियों से आक्रांत, सामाजिक दृष्टि से वैषम्य-पीड़ित, धार्मिक धरातल पर सिद्धों एवं तांत्रिकों के विविध मत-मतांतरों से ग्रस्त नैराश्यमुक्त हिंदू जनता को राम के असुर-संहारक, शरणागत-प्रतिपालक अलौकिक रूप ने मधुमय संबल प्रदान किया। उत्तरी भारत में रामभक्ति के प्रवर्तन का प्रमुख श्रेय आचार्य रामानंद को प्राप्त है। रामकाव्य-परंपरा के अंतर्गत 'रामरक्षास्तोत्र' उनकी प्रसिद्ध रचना है। उनके शिष्यों ने राम के निर्गुण-निराकार और सगुण-साकार रूप की उपासना के आधार पर रामभक्ति को दो पृथक भावधाराओं के रूप में पल्लवित किया।

रामभक्ति शाखा के कवि और काव्य

संस्कृत, पालि, प्राकृत एवं अपभ्रंश में रामकाव्य

- वाल्मीकी रामायण (सातवीं सदी ईसा पूर्व) को रामकथा का आदिकाव्य माना जाता है। इसके तीन पाइ दक्षिणात्य, गौडीय, तथा पश्चिमोत्तरीय प्राप्त होते हैं।

- इसके पश्चात् उपनिषदों एवं पुराणों में रामकथा का वर्णन है।
- बौद्ध जातक कथाओं में राम 'दशरथजातक', 'अनामर्तजातक' तथा चीनी त्रिपिटिक के अन्तर्गत दशरथ कथानक में प्राप्त है।
- जैन ग्रन्थों में अपेक्षाकृत विस्तारपूर्वक रामकथा वर्णित है–
पउमचरिउ (विमलसूरि), सियाचरियम्, राम चरियम् (भुवनतुंगसूरि), पद्मचरित (रविषेण), अत्तरपुराण (गुण भद्र), कथाकोष (हरिकोष), पदमचरिउ (स्वयंभू-अपभ्रंश), महापुराण (पुष्पदंत्त-अपभ्रंश)।
- वासुदेव हिण्डी (संघदास गणिवाचय), में कृष्णकथा (विस्तार से) तथा राम कथा (संक्षिप्त), दोनों हैं। यह जैन (प्राकृत) ग्रन्थ है।
- राम कथा पर आधारित संस्कृत नाटकों में कालक्रमानुसार प्रथम स्थान भास रचित 'प्रतिभा' एवं 'अभिषेक' नाटकों का है। 'प्रतिभा' नाटक की रचना सात अंकों में हुई है। इसमें सीता को लक्ष्मी का अवतार माना गया है। 'अभिषेक' में राम के विष्णुत्व की सांकेतिक अभिव्यक्ति हुई है।
- कालिदास प्रणीत 'रधुवंशम' में दसवें से पंद्रहवें सर्ग तक रामकथा वर्णित है।
- प्रवरसेन रचित 'रावण-वध' महाकाव्य (प्राकृत भाषा 15 सर्ग) राम-रावण युद्ध पर आधारित है।
- छठी-सातवीं सदी के लगभग संस्कृत में 'महाकाव्य' अथवा 'रावणवध' शीर्षक से एक महाकाव्य (रचनाकार अज्ञात) मिलता हैं जिसमें कवि ने रामकथा के माध्यम से व्याकरण के नियम स्पष्ट किए हैं इसमें 22 सर्ग हैं।
- भवभूति ने 'उत्तररामचरित' में रामकथा का वर्णन किया है। इनकी एक अन्य रचना 'महावीरचरित' (7 अंक) है।
- अनंग हर्ष मातृराज रचित 'उत्तरराघव' नाटक (8वीं सदी) में छह अंकों में वनवास से अयोध्या वापस आने तक की कथा है।
- रामकथा से संबंधित अन्य प्रमुख रचनाएं हैं–
महाकाव्य - जानकी हरण (कुमारदास), रामायणमंजरी (क्षेमेन्द्र), दशावतार-चरितम् (क्षेमेन्द्र), उदारराघव (साक्यमज), राघवोल्लास (अद्वैत)।
नाटक - कुन्दमाला (दिङनाग), प्रसन्नराघव (जयदेव), उल्लास राघव (सोमेश्वर)।

उपरोक्त समस्त साहित्य आठवीं सदी तक का है। इसमें मूलतः कवि की दृष्टि से रामचरित को प्रस्तुत किया गया है, भक्त की दृष्टि से नहीं। राम को अवतार मानकर उनकी उपासना का सूत्रपात कब से हुआ यह बताना कठिन है, परन्तु जहां तक रामभक्ति के साम्प्रदायिक स्वरूप का प्रश्न है, वह आठवीं शताब्दी के पश्चात् प्रारम्भ हुआ। गुप्त साम्राज्य के पतन के बाद उत्तर भारत में भागवत धर्म का ह्रास होने लगा। वैष्णव साधना का गढ़ उत्तर भारत से दक्षिण में चला गया। जहां आलवारों ने रामभक्ति को अक्षुण्ण बनाए रखा। आलवारों का समय 800 ई.- 1100 ई. के आसपास तक है। रंगनाथ मुनि (824-924 ई.) ने इनके पदों का 'प्रबन्धम्' शीर्षक से संग्रह किया। 1100-1400 ई. में रंगनाथ मुनि (श्री सम्प्रदाय) के परवर्ती आचार्यों पुण्डरीकाक्ष, रामानुज तथा राघवानन्द आदि का युग आता है, जिन्होंने रामभक्ति के दार्शनिक आधार को प्रतिष्ठित किया। चौदहवीं सदी के आरम्भ में रामानन्द ने भक्ति का पुनः उत्तर में प्रचार किया। इस संदर्भ के कबीर का कथन है–'भक्ति द्राविडी उपजी लाए रामानन्द।'

अन्य भारतीय भाषाओं में प्रमुख रामकाव्य-रचनाएं –

'कृत्तिवासी'	- कृत्तिवास	- बंगला
'कम्ब रामायण'	- कम्ब	- तमिल
'भावार्थ रामायण'	- संत एकनाथ	- मराठी
'ओवीबद्ध'	- समर्थ गुरू रामदास	- मराठी
'रामायण'	- वेणाबाई देशपाण्डे	- मराठी
'रामचरित'	- राजाश्रीराम	- मलयालम
'रामायण'	- नामचन्द्र	- कन्नड
'रंग रामायण', 'भास्कर रामायण	- ———	- तेलगू

हिन्दी रामकाव्य परम्परा : हिन्दी रामकाव्य परम्परा में कुछ जैन कवियों की रचनाएं प्रारम्भ में आती हैं। रावण-मन्दोदरी संवाद (मुनि लावण्य), रामचरित या रामरास (ब्रह्मनिदास), हनुमन्तरास (ब्रह्मजिनदास), हनुमन्तगामी कथा (ग्रह्मरामगमल्ल), हनुमान चरित (सुन्दरदास)।

स्वामी रामानन्द : 'श्री सम्प्रदाय' के आचार्य राघवानन्द के शिष्य, स्वामी रामानन्द रामानुज के शिष्य परम्परा में आते हैं। भक्तमाल के अनुसार वह रामानुज के शिष्य परम्परा में चतुर्थ शिष्य थे जबकि श्री रामाचर्नपद्धति के अनुसार चौदहवें। भक्तमाल में रामानन्द के बारह शिष्यों का उल्लेख है। स्वामी जी ने 'रामावत सम्प्रदाय' का गठन किया। इस सम्प्रदाय का मूलमंत्र 'राम' या 'सीताराम' हैं। इन्होंने 'रामतारक' मंत्र देकर मुसलमानों को भी हिन्दू बनाया। स्वामी जी ने काशी में वैरागी दल का भी गठन किया था। जो आज भी 'वैरागी' नाम से ही प्रसिद्ध है। इसी वैरागी परम्परा में एक शाखा में योगसाधना का समावेश हुआ जो 'तपसी शाखा' कहलायी। 'कील्हदास' तथा उनके शिष्य 'द्वारकादास' इसी शाखा के साधक थे। इनके अन्य ग्रन्थ रामरक्षा स्तोत्र को आचार्य शुक्ल इनके द्वारा रचित नहीं मानते।

रामकथा के हिन्दी कवि

1. ईश्वरदास : रामचरित से संबंधित हिन्दी का प्रथम प्रबंधकाव्य संभवतः ईश्वरदास 'भारतविलाप' (16वीं सदी का आरम्भिक काल) है। 'अंगदपैज' भी रामकथा से संबंधित रचना है। इनकी एक अन्य प्रेमाख्यान रचना 'सत्यवती कथा (1501 ई॰)' है। स्वर्गाराहिणी कथा तथा रामजन्म भी इनकी ही रचनाएं है।

2. अग्रदास : रामानन्द जी के शिष्य अनन्तानन्द और अनंतानंद के शिष्य कृष्णदास पयहारी थे। इन्हीं कृष्णदास पयहारी के शिष्य अग्रदास जी थे। इन्ही पयहारी जी ने जयपुर के समीप गलता नामक स्थान में अपनी गद्दी स्थापित की। रामभक्ति परम्परा में रसिक भावना के समावेश का श्रेय इन्हीं के शिष्य अग्रदास को है। अग्रदास ने रामभक्ति काव्य में रसिक सम्प्रदाय का प्रवर्तन किया, जिसका आधारभूत ग्रन्थ है – अग्रदास कृत 'ध्यानमंजरी'। यह स्वयं को जानकी जी की सखी मानकर 'अग्रअली' लिखते थे। अग्रदासी 'गोस्वामी जी' के लगभग समकालीन (जन्म कुछ पूर्व) थे। अतः गोस्वामी जी के मर्यादावाद के सामने यह रसिकभावना दबी रही परन्तु 100 वर्ष बाद यह अपने पूरे वेग से बही। कृपा निवास ने 'रामायत सखी सम्प्रदाय' की स्थापना की। 'रामस्नेही पंथ' के संस्थापक महंत रामचरण दास ने 'स्वसुखी शाखा' (पति-पत्नी भाव) का तथा जीवाराम ने 'तत्सुखी शाखा' (सखी भाव) का प्रवर्तन किया।

अग्रदास के ग्रन्थ ब्रजभाषा में है। प्रमुख रचनाएं हैं– अष्टयाम (या रामाष्टयाम), ध्यानमंजरी, रामभजनमंजरी, उपासना वाबली तथा पदावली।

तुलसीदास की प्रमुख कृतियाँ, काव्य रूप और उनका महत्व

गोस्वामी तुलसीदास के जन्म के विषय में एकाधिक मत हैं। बेनीमाधव दास द्वारा रचित गोसाईं चरित और महात्मा रघुबरदास द्वारा रचित तुलसी चरित, दोनों के अनुसार तुलसीदास का जन्म 1497 में हुआ था। शिवसिंह 'सरोज' के अनुसार सं. 1583 (1526) के लगभग हुआ था। पं. रामगुलाम द्विवेदी इनका जन्म सं. 1589 (1532) मानते थे। यह निश्चित है कि ये महाकवि सोलहवीं शताब्दी में विद्यमान थे।

तुलसीदास मध्यकाल के उन कवियों में से हैं, जिन्होंने अपने बारे में जो थोड़ा-बहुत लिखा है, वह बहुत काम का है।

तुलसी का बचपन घोर दरिद्रता एवं असहायावस्था में बीता था। उन्होंने लिखा है, ''माता-पिता ने दुनिया में पैदा करके मुझे त्याग दिया। विधाता ने भी मेरे भाल (भाग्य) में कोई भलाई नहीं लिखी''–

मातु पिता जग जाइ तज्यो, विधि हू न लिखी कछु भाल भलाई।

''जैसे कुटिल कीट को पैदा करके छोड़ देते हैं, वैसे ही मेरे माँ-बाप ने मुझे त्याग दिया''–

तनु जन्यों कुटिल कीट ज्यों तज्यो माता पिता हूँ।

हनुमानबाहुक से भी स्पष्ट है कि अंतिम समय में वे भयंकर बाहु-पीड़ा से ग्रस्त थे–पाँव, पेट, सकल शरीर में पीड़ा होती थी, पूरी देह में फोड़े हो गए थे।

यह मान्य है कि तुलसी की मृत्यु सं. 1680 अर्थात् 1623 में हुई। उनकी मृत्यु के विषय में यह दोहा प्रसिद्ध है–

संवत सोरह सौ असी असी गंग के तीर।
श्रावण शुक्ला सप्तमी तुलसी तज्यो सरीर।।

गोस्वामी तुलसीदास द्वारा रचित 12 ग्रंथ प्रामाणिक माने जाते हैं–दोहावली, कवित्त रामायण (कवितावली), गीतावली, रामचरितमानस, रामाज्ञाप्रश्न, विनयपत्रिका, रामललानहछू, पार्वतीमंगल, जानकीमंगल, बरवै रामायण, वैराग्य संदीपिनी एव श्रीकृष्णगीतावली। रामचरितमानस की रचना गोसाईं जी ने सं.

1631 अर्थात् 1574 में प्रारंभ की, जैसा कि उनकी इस अर्धाली से प्रकट है–

संवत सोरह सौ इकतीसा। करउँ कथा हरिपद धरि सीसा।।

नीचे संक्षेप में उनकी मुख्य रचनाओं का परिचय दिया जा रहा है–

रामचरित मानस : तुलसीदास की कीर्ति का आधार स्तंभ यह महाकाव्य हिन्दी साहित्य की अमर रचना है जो युग-युग तक साहित्य प्रेमियों के लिए प्रेरणा स्रोत बनी रहेगी। इस विचित्र महाकाव्य में तुलसी ने अपने इष्ट भगवान राम की जीवन गाथा को सात काण्डों में चित्रित किया है। इसकी रचना लोकभाषा अवधी में की गई। यह सरस रचना दोहा-चौपाई पद्धति में की गई। कवि ने इस महाकाव्य की रचना स्वान्तः सुखाय की परन्तु वास्तव में कवि का स्वान्तः सुखाय लोक मात्र के लिए अर्थात सर्वान्तः सुखाय है। भाषा, भाव, अलंकार विधान एवं अन्य काव्यांगों की कसौटी पर मानस पूर्ण रूप से एक सफल महाकाव्य है। इस महाकाव्य में शांत रस प्रधान है।

गीतावली (रचना काल 1627 वि.) : कवि ने ब्रजभाषा में रामकथा को गीतिशैली में प्रस्तुत कर सात कांडों में गीतावली की रचना की है। इसमें 330 छंद गेय शैली में लिखे गए हैं। इस रचना में शृंगार, वात्सल्य तथा करुण रस से संबंधित स्थलों को चुनकर लिया गया है। गीतावली कवि की आरंभिक काल की महत्वपूर्ण रचना है।

दोहावली (रचनाकाल 1640 विक्रमी) : जैसा कि नाम से ही प्रकट होता है यह रचना दोहा नामक विषम मात्रिक छंद में लिखी गई है। इसमें 573 दोहे हैं। इनमें राम-राम की महिमा, भक्ति नीति तथा सदाचार संबंधी विषयों को दर्शाया गया है। अधिकतर दोहे नीति विषयक और उपदेशपरक हैं।

विनयपत्रिका (रचनाकाल सं. 1636-1640) : राग-रागनियों की शास्त्रीय शैली में रचा हुआ यह ग्रंथ तुलसीदास की महत्वपूर्ण शास्त्रीय कृति है। कलियुग से दुखित होकर महात्मा तुलसीदास ने अपने आराध्य राम की सेवा में अपनी पत्रिका प्रेषित की है। इसके द्वारा उन्होंने अपने आराध्य से अपनी रक्षा करने की विनती की है। इस कृति में राज दरबारी शिष्टाचार का निर्वाह किया गया है। साहित्यिक दृष्टि से विनयपत्रिका एक उत्कृष्ट रचना है। ब्रज भाषा में लिखी हुई तीन सौ पदों की यह रचना 'भक्ति रस' का अद्वितीय काव्य है।

पार्वती मंगल (रचना काल सं. 1643) : श्रंगार रस प्रधान इस रचना में महादेव और पार्वती के विवाह का वर्णन 164 पदों में किया गया है। श्रंगार के साथ हास्य रस का भी चित्रण हुआ है।

जानकी मंगल (रचनाकाल सं. 1643) : नाम के अनुरूप तुलसीदास ने 216 छंदों की इस लघु रचना में जानकी की कथा का वर्णन किया है। इस पर वाल्मीकि द्वारा रचित रामायण का प्रभाव स्पष्ट दिखाई देता है।

कवितावली (कवित्त रामायण, रचना काल सं.1665) : रामचरित मानस के अतिरिक्त राम कथा को ही कवि ने ब्रजभाषा कवित्त, सवैया, घनाक्षरी, छप्पय आदि में लिखा है। यह काव्य की प्रौढ़ता का परिचायक है। इसमें 325 छंद हैं।

इनके अतिरिक्त रामलला नहछू, बरवै रामायण, कृष्ण गीतावली, रामाज्ञा प्रश्न और वैराग्य संदीपनी नाम की लघु रचनाएँ तुलसीदास ने लिखी हैं। तुलसीदास की सभी रचनाएँ हिन्दी साहित्य की अमूल्य निधियाँ हैं। तुलसीदास अपने समय के महान विचारक, समाज सुधारक, उच्चकोटि के साहित्यकार और कुशल समन्वयवादी थे। हिन्दी साहित्य में राम को परमब्रह्म के पूर्णावतार के रूप में प्रतिष्ठित करने का श्रेय तुलसीदास को है।

रीतिकाल

सामाजिक–सांस्कृतिक परिप्रेक्ष्य

सामाजिक दृष्टि से इस काल को आदि से अंत तक घोर अधःपतन का युग ही कहा जाना चाहिए। इस काल में सामंतवाद का बोलबाला था और सामंतशाही के जितने भी दोष हुआ करते हैं, उनका प्रत्यक्ष अथवा अप्रत्यक्ष प्रभाव जनसामान्य के जीवन पर पड़ रहा था। सामाजिक व्यवस्था का केंद्रबिन्दु बादशाह था और उसके अधीन थे मनसबदार अथवा अमीर-उमराव। इनके बाद ओहदों के अनुसार दूसरे कर्मचारी आते थे और सबका कर्तव्य-कर्म अपने से ऊपर वालों को प्रसन्न करना था, नीचे वालों को ये मात्र संपत्ति समझते थे, उनका अस्तित्व केवल अपने लिए मानते थे। ऊपर से नीचे तक यह शासकों का वर्ग था। शासित वर्ग में एक ओर श्रमजीवी और कृषक आते थे और दूसरी ओर,

सेठ, साहूकार, दुकानदार और व्यापारी। शासक वर्ग की आय दोनों, अर्थात श्रमजीवी कृषक तथा सेठ-साहूकारादि से कर के रूप में प्राप्त होती थी और सेठ-साहूकारादि कृषकों और श्रमजीवियों की कमाई को विभिन्न प्रकार से अपना कर अपनी जीविका कमाते थे। इस प्रकार कृषक-श्रमजीवियों का यह निम्न वर्ग सभी ओर से शोषित था। इस पर सेनाओं के प्रयाणों, युद्धों, अतिवृष्टि, अनावृष्टि आदि के कारण इस वर्ग की आय के एकमात्र साधन कृषि की भी हानि होती रहती थी। श्रमजीवी वर्ग को किसी-न-किसी की बेगार करनी पड़ती थी और उसके बदले मिलती कोड़ों की मार। कहने का अभिप्राय यह है कि इस युग में गरीबों की आर्थिक स्थिति अत्यंत शोचनीय थी और शासक एवं संपन्न वर्ग श्रम किये बिना ही संपन्न था।

जनसाधारण की चिकित्सा, शिक्षा, संपत्ति-रक्षा आदि का भी इस काल में कोई प्रबंध न था। ऐसी शोचनीय अवस्था में यदि लोग भाग्यवादी अथवा नैतिक मूल्यों से रहित थे, तो कोई आश्चर्य की बात नहीं। कार्य-सिद्धि के लिए उत्कोच लेना-देना तो साधारण बात थी ही, विलासिता भी इसी कारण बढ़ गयी थी। नारी को अपनी संपत्ति मान कर ही उसका भोग इनके जीवन का मूल मंत्र हो गया था। विलास के उपकरणों की खोज और उनका संग्रह तथा सुरा सुंदरी की आराधना अभिजात वर्ग का शगल था और मध्यम तथा निम्नवर्ग के लोगों में उसका बोलबाला उसके अनुकरण के कारण था। किसी की कन्या का अपहरण अभिजात वर्ग के लोगों के लिए साधारण बात थी। कदाचित् इसीलिए अल्पायु में लड़कियों का विवाह अधिक प्रचलित हो गया था। उधर बेगमों और रक्षिताओं की अगणित संख्या के होते हुए भी ये लोग वेश्याओं के यहां पड़े रहते थे, उनके इशारों पर लोगों के भाग्य का निर्णय तक हो जाया करता था। इस प्रकार विलास में डूबे हुए ये लोग अपनी संतान की देखभाल तक नहीं कर पाते थे। और शिक्षक ऐसे घटिया व्यक्ति होते थे कि कामकला की शिक्षा दे कर अपने कर्म की इतिश्री समझते थे। अतएव लड़कियों के साथ छेड़छाड़, तीतर-बटेर पालना और उन्हें लड़ाना शहजादों और राजकुमारों की दिनचर्या बन गयी थी। विलासिनी माताओं की देखरेख के अभाव में राजकुमारियां और शहजादियां अपने महलों और हरमों में कार्य करने वाले सामान्य कर्मचारियों अथवा भृत्यों के साथ प्रेम-व्यापार करने लग जाती थीं। अनेक सपत्नियों के कारण पति से पूर्ण प्रेम प्राप्त न कर सकने के कारण विवाहिताओं में भी अनेक ऐसी थीं, जो ऐसा ही करती थीं।

सांस्कृतिक अवस्था : सामाजिक अवस्था के समान इस युग में देश की सांस्कृतिक अवस्था भी अत्यंत शोचनीय थी। अकबर, जहांगीर और शाहजहां की उदारतावादी नीति तथा संतों और सूफियों के उपदेशों के परिणामस्वरूप हिन्दू और इस्लाम संस्कृतियों के निकट आने का जो उपक्रम हुआ था, वह औरंगजेब की कट्टरता के कारण एक प्रकार से समाप्त हो चला था। किंतु विलास-वैभव के खुले प्रदर्शन के कारण अपनी-अपनी धार्मिक आस्थाओं को दृढ़तापूर्वक पालन भी इनके लिए एक प्रकार से कठिन हो गया था। हिन्दी-भाषी क्षेत्रों में जिन वैष्णव-संप्रदायों का प्रभाव था, उनके पीठाधीश लोभवश राजाओं और श्रीमानों को गुरुदीक्षा देने लगे थे। फलतः उनका संबंध तत्वचिंतन से छूट कर भौतिकता के साथ हो गया था। मंदिरों में भी अब ऐश्वर्य और विलास की लीला होने लगी थी। यह स्थिति यहां तक पहुंच गयी थी कि हिन्दू अपने आराध्य राम-कृष्ण का अतिशय शृंगार ही नहीं करने लगे थे, उनकी लीलाओं में अपने विलासी जीवन की संगति खोजने लगे थे। अहिन्दी प्रांतों में यद्यपि ऐसे संतों का प्रभाव था, जो इस धारा से अब भी दूर थे, किंतु इनका प्रभाव हिन्दी प्रांतों तक न आ सका। दूसरी ओर, इस्लामधर्म पर इस विलास-वैभव का सीधा प्रभाव तो नहीं था, पर रूढ़िवादिता के अत्यधिक बढ़ जाने के कारण यह जीवन की वास्तविकता से हट गया था। कुरान को हिफ्ज करने अथवा नमाज-रोजा आदि के यथाविध पालन को ही धर्म समझने के कारण वह आध्यात्मिक प्रभाव नहीं पड़ रहा था, जिससे व्यक्ति के संस्कारों में उदारता आती है। इस प्रकार हिन्दू और मुसलमान—दोनों ही धर्म के मूलभूत सिद्धांतों से दूर पड़ गये थे—केवल बाह्याचरण ही धर्मपालन रह गया था। ऐसी दशा में धर्म के साथ नैतिकता का जो संबंध जुड़ा हुआ था, उससे संपन्न वर्ग एकदम दूर हो गया था और उसे विलासिता के लिए खुली छूट मिल गयी थी। इधर विलास के साधनों से हीन वर्ग के बीच स्थिति यह हो चली थी कि धर्म और आचार के स्थान पर अंधविश्वास ने उसके भीतर इतना घर कर लिया था कि हिन्दू मंदिरों में तथा मुसलमान पीरों के तकियों पर जा कर मनोरथ सिद्ध करने लगे थे। जनता के इस अंधविश्वास का अनुचित लाभ पुजारी और मुल्ला उठाते थे और ये धर्म-स्थान भ्रष्टाचार तथा पापाचार के केन्द्र बन

गये थे। यह ठीक है कि इस युग में पुरानी परंपरा के सूफी तथा संत अब भी विद्यमान थे, पर किसी में भी कबीर, नानक अथवा जायसी जैसा व्यक्तित्व और प्रतिभा नहीं थी, जो जनजीवन को प्रभावित कर सकती। ये लोग पूर्ववर्तियों की वाणी के मात्र प्रचारक थे और प्रचारकों का जैसा प्रभाव पड़ सकता है, वैसा ही इनका पड़ रहा था, कोई क्रांतिकारी परिवर्तन लाने में ये असमर्थ थे। उधर रामलीलाओं तथा 'रामचरितमानस' के पाठ का प्रभाव मनोविनोद तक ही सीमित रह गया था, इसके नैतिक प्रभाव की कल्पना तक असंभव थी।

रीति काव्य के मूल स्रोत

रीतिकालीन साहित्य आज जिन स्रोतों से उपलब्ध होता है, उन्हें तीन वर्गों में रखा जा सकता है। इनमें पहला इस देश के विभिन्न पुस्तकालय हैं, जहां अनेक हस्तलिखित ग्रंथ सुरक्षित हैं। इन पुस्तकालयों में विशेष रूप से उल्लेखनीय हैं–काशी की नागरीप्रचारिणी सभा का आर्यभाषा पुस्तकालय, रामनगर (वाराणसी) स्थिति काशीनरेश का पुस्तकालय, पटियाला-स्थित नेशनल आर्काइव्स का पुस्तकालय, बड़ौदा-स्थित गायकवाड़ ओरियंटल रिसर्च इंस्टीट्यूट, सयाजीराव विश्वविद्यालय के हिन्दी विभाग का पुस्तक संग्रह एवं राजस्थान में जयपुर, जोधपुर, बीकानेर और उदयपुर के तथा मध्यप्रदेश में दतिया, टीकमगढ़, बीजावर, छतरपुर और रीवा के महाराजाओं के व्यक्तिगत पुस्तकालय। दूसरा वर्ग कतिपय उन लोगों का है, जिन्होंने अपने पास अनेक हस्तलिखित एवं प्रकाशित ग्रंथ एकत्र कर रखे हुए हैं। इनमें स्व. ठाकुर शिवसिंह सेंगर (कांथा, जि. उन्नाव), श्री गोविंद चतुर्वेदी (मथुरा), श्री जवाहरलाल चतुर्वेदी (मथुरा), कैप्टेन शूरवीर सिंह (भू.पू. जिलाधिकारी, अलीगढ़), स्व. डॉ भवानीशंकर याज्ञिक आदि के वैयक्तिक संग्रहों का विशेष उल्लेख किया जा सकता है। तीसरा वर्ग पुरानी और नयी प्रकाशन-संस्थाओं का है। प्राचीन प्रकाशन-संस्थानों में श्री वेंकटेश्वर प्रेस, बंबई; भारत जीवन प्रेस, काशी; नवलकिशोर प्रेस, लखनऊ; इंडियन प्रेस, इलाहाबाद; नागरी प्रचारिणी सभा, काशी; तथा गंगा ग्रंथागार, लखनऊ का नाम विशेष रूप से लिया जा सकता है। नागरी प्रचारिणी सभा आज भी इस दिशा में विशेष सक्रिय है। नवीन संस्थाओं में विभिन्न नगरों में अवस्थित व्यावसायिक एवं शोध-संस्थान हैं, जिन्होंने कतिपय ग्रंथावलियां एवं स्वतंत्र ग्रंथ प्रकाशित कराये हैं अथवा कराने की जिनकी योजना है। इस प्रकार प्रथम दो वर्गों के स्रोतों से उपलब्ध साहित्य जहां विशिष्ट लोगों की पहुंच तक सीमित है, वहीं तृतीय वर्ग ने इसे सर्वसाधारण के लिए उपलब्ध कर दिया है।

रीतिकाल की प्रमुख प्रवृत्तियाँ

रीतिकाल के अंतर्गत लिखे गये समस्त उपलब्ध ग्रंथों का अध्ययन करने पर यह सहज ही स्पष्ट हो जाता है कि इस युग के कवियों में व्यापक प्रवृत्ति रीतिनिरूपण की ही रही। क्या राजाश्रित और क्या जनकवि, इनमें से अधिकांश ने एतद्विषयक एकाध ग्रंथ लिख कर आत्मप्रदर्शन अवश्य किया। यहां पर स्पष्ट कर देना असंगत न होगा कि यह प्रवृत्ति इन ग्रंथों के भीतर तीन रूपों में मुखर हो कर आयी है। इनमें पहला रूप तो रीतिकर्म कहा जा सकता है, जिसके द्वारा कवि अलंकारादि विशिष्ट काव्यांगों पर संक्षिप्त लक्षण-उदाहरण दे कर अथवा स्वरचित लक्षण और दूसरे कवियों के उदाहरण दे कर विषय को मात्र समझाने में अपने कर्म की सफलता समझता है तथा स्वरचित सरस उदाहरण देने के फेर में वह नहीं पड़ा। जसवंतसिंह का 'भाषाभूषण', दूलह का 'कविकुलकंठाभरण', रसरूप का 'तुलसीभूषण' आदि इसी प्रकार के ग्रंथ हैं, जिनका कवित्त की दृष्टि से कोई महत्त्व नहीं। रीति-निरूपण की प्रवृति का दूसरा रूप विभिन्न काव्यांगों के लक्षणों और उनके अनुसार सरस उदाहरणों की रचना में रहा है। चिंतामणि के 'कविकुलकल्पतरु', 'रसविलास' और 'शृंगारमंजरी'; मतिराम के 'रसराज', 'ललितललाम' और 'अलंकारपंचाशिका'; भूषण का 'शिवराजभूषण'; देव के 'भवविलास', 'शब्दरसायन', 'रसविलास' आदि; गोप के 'रामचंद्रभूषण', 'रामचंद्राभरण' आदि; दास के 'काव्यनिर्णय', 'रससारांश' और 'शृंगारनिर्णय'; सेवादास का 'रघुनाथअलंकार'; पद्माकर का 'जगद्विनोद'; ग्वाल के 'रसरंग' और 'रसिकानंद' आदि ऐसे ग्रंथ हैं, जिनमें लक्षणों के समान कवित्वपूर्ण उदाहरणों को भी महत्व दिया गया है। इस प्रकार के ग्रंथ संख्या में ही सर्वाधिक नहीं, वर्ण्य विषयों की दृष्टि से पर्याप्त वैविध्यपूर्ण भी हैं। नायक-नायिकाभेद-निरूपण, शृंगार रस की सामग्री (विभाव, अनुभाव और संचारी) तथा उसके संयोग-वियोग भेदों और उनके अंगोपांगों के अतिरिक्त इतर काव्यांगों के विवेचन में जहां शृंगारिक रचनाएं अत्यंत आग्रह के साथ प्रस्तुत की गयी हैं, वहां रौद्र और वीर रसों तथा अलंकार संबंधी उदाहरणों में राजप्रशस्तिपरक वीररसात्मक एवं भक्ति

और शांत रसों तथा अलंकारादि के विवेचन-प्रसंगों में उद्धृत भक्तिविषयक रचनाएं भी मनोयोगपूर्वक सन्निविष्ट की गयी हैं। इनके अतिरिक्त हास्य, करुण, वीभत्स रसों तथा नीति और प्रकृतिवर्णन संबंधी रचनाएं भी इन ग्रंथों में देखने को मिल जाती हैं। तीसरे रूप के अंतर्गत आने वाले ग्रंथ प्रायः प्रथम रूप के सर्वथा विपरीत कहे जा सकते हैं। इनमें काव्य-रचना ही इनके रचयिताओं का मुख्य उद्देश्य रहा है, काव्यशास्त्र का ज्ञान रखते हुए भी ये कवि लक्षणों के फेर में नहीं पड़े। इन ग्रंथों में संगृहीत रचनाओं पर काव्यशास्त्र की छाप स्पष्टतः देखी जा सकती है, कतिपय ने तो दूसरे ग्रंथों में विभिन्न काव्यांगों के लिए उद्धृत छंदों को भी इनमें संकलित कर दिया है। बिहारी, मतिराम, चंदन, भूपति आदि की सतसइयां, हठी जी का 'श्रीराधासुधाशतक', पजनेस के स्फुट छंद, ग्वाल का 'कविहृदयविनोद' आदि ग्रंथ इसी कोटि में आते हैं। इन ग्रंथों में यद्यपि पूर्वोक्त विषयों की रचनाएं भी संकलित हैं, तथापि इनका मूल विषय शृंगार ही है। इस प्रकार कवित्व की दृष्टि से इन ग्रंथों में शृंगार सर्वाधिक व्यापक विषय रहा है। वीर रस और भक्ति परिमाण की दृष्टि से इसके बाद आते हैं। नीति, प्रकृति आदि से संबद्ध रचनाएं अपने आप में अपेक्षाकृत बहुत कम हैं। कुल मिला कर इन ग्रंथों में संकलित रचनाएं पर्याप्त सरस एवं वैविध्यपूर्ण होती हुई भी रीति-निरूपण के लिए रचित होने के कारण मूलतः रीतिपरक अथवा रीतिबद्ध ही हैं।

रीतिकालीन कवियों का आचार्यत्व

हिन्दी के सर्वांग-निरूपक आचार्यों ने, जो अपने शास्त्रकर्म के प्रति जागरूक थे, वृत्तियों में गद्य का सहारा लिया है। किंतु ब्रजभाषा का यह असमर्थ गद्य उनके मंतव्य को सुलझाने की अपेक्षा अधिक उलझाने में ही सफल हुआ है।

अतः रीतिआचार्यों के योगदान का मूल्यांकन उपर्युक्त पृष्ठभूमि को ध्यान में रख कर ही करना चाहिए। ये कवि वस्तुतः शास्त्रकार नहीं थे, रीतिकार थे और उसी रूप में इनका विचार होना चाहिए। काव्यशास्त्र के क्षेत्र में आचार्यो के सामान्यतः तीन वर्ग हैं :

1. उद्भावक आचार्य, जिन्हें मौलिक सिद्धांत-प्रतिपादन का श्रेय प्राप्त है जैसे, भरत, वामन, आनंदवर्धन, भट्टनायक, अभिनवगुप्त, कुंतक आदि। ये शास्त्रकारों की कोटि में आते हैं।
2. व्याख्याता आचार्य, जो नवीन सिद्धांतों की उद्भावना न कर प्राचीन सिद्धांतों का आख्यान करते हैं। इनका कर्तव्य-कर्म होता है–मूल सिद्धांतों को स्पष्ट और विशद करना। मम्मट, विश्वनाथ और पंडितराज जगन्नाथ प्रतिभा-भेद के इसी वर्ग के अंतर्गत आयेंगे।
3. तीसरा वर्ग है कवि-शिक्षकों का, जिनका लक्ष्य अपने स्वच्छ व्यावहारिक ज्ञान के आधार पर सरस, सुबोध पाठ्यग्रंथ प्रस्तुत करना होता है। इस प्रकार के आचार्यों को मौलिक उद्भावना करने अथवा शास्त्र की गहन गुत्थियों को खंडन-मंडन द्वारा सुलझाने की कोई महत्वाकांक्षा नहीं होती। जयदेव, अप्पय दीक्षित, केशव मिश्र, भानुदत्त आदि की गणना इसी वर्ग के अंतर्गत की जाती है।

हिन्दी के रीति-आचार्य स्पष्टतः प्रथम श्रेणी में नहीं आते। उन्होंने किसी व्यापक आधारभूत काव्य-सिद्धांत का प्रवर्तन नहीं किया, उनमें से किसी में इतनी प्रतिभा नहीं थी। दूसरी श्रेणी में सर्वांग-निरूपक आचार्यो की गणना की जा सकती थी, किंतु खंडन-मंडन तथा स्पष्ट और विशद व्याख्यान के अभाव में, केवल प्रमुख काव्यांगों के संक्षिप्त निरूपण के आधार पर, वे इस स्थान के अधिकारी भी नहीं हो सकते। अंततः वे तृतीय वर्ग के अंतर्गत ही स्थान प्राप्त कर सकते हैं। वे न शास्त्रकार थे और न शास्त्र के भाष्यकार। उनका काम तो शास्त्र की परंपरा को सरस रूप में हिन्दी में अवतरित करना था और इसमें से निश्चय ही कृतकार्य हुए। उनके कृतित्व का मूल्यांकन इसी आधार पर होना चाहिए।

अतएव, हिन्दी के रीति-आचार्यों का प्रमुख योगदान यह है कि उन्होंने भारतीय काव्यशास्त्र की परंपरा को हिन्दी में सरस रूप में अवतरित किया। इस प्रकार हिन्दी-काव्य को शास्त्र-चिंतन की प्रौढ़ि प्राप्ति हुई और शास्त्रीय विचार सरस रूप में प्रस्तुत हुए। भारतीय भाषाओं में हिन्दी को छोड़ अन्यत्र कहीं भी यह प्रवृत्ति नहीं मिलती। इसके अपने दोष हो सकते हैं, परंतु वर्तमान हिन्दी-आलोचना पर इसका सत्प्रभाव भी स्पष्ट है। अन्य भाषाओं में जहां संस्कृत-आलोचना से वर्तमान आलोचना का संबंध उच्छिन्न हो गया है, वहां हिन्दी और मराठी में यह अंतःसूत्र टूटा नहीं है। फलतः हमारी वर्तमान आलोचना की समृद्धि में इन रीतिकारों का स्पष्ट योगदान है। बौद्धिक ह्रास के उस अंधकार युग में काव्य के बुद्धि पक्ष को जाने-अनजाने पोषण दे कर इन्होंने अपने ढंग से बड़ा काम किया।

भारतीय काव्यशास्त्र की परंपरा में व्यापक रूप से इनका दूसरा महत्वपूर्ण योगदान यह है कि इन्होंने रस को ध्वनि के प्रभुत्व से मुक्त कर रसवाद की पूर्ण प्रतिष्ठा की। इतिहास साक्षी है कि संस्कृत-काव्यशास्त्र का सर्वमान्य सिद्धांत ध्वनिवाद ही रहा है। रस का स्थान मूर्धन्य होते हुए भी उसका विवेचन प्रायः असंलक्ष्यक्रमव्यंग्य-ध्वनि के अंतर्गत अंग-रूप में ही होता रहा है। हिन्दी के रीतिकार आचार्यों ने रस को परतंत्रता से मुक्त किया और पूरी दो शताब्दियों तक रसराज शृंगार की ऐसी अविच्छिन्न धारा प्रवाहित की कि यहां 'शृंगारवाद' एक प्रकार से स्वतंत्र सिद्धांत के रूप में ही प्रतिष्ठित हो गया। मधुरा भक्ति से संप्रेरित शृंगार-भाव में जीवन के समस्त कटु भावों को निमग्न कर इन आचार्यों ने भारतीय काव्यशास्त्र के प्राणतत्व आनंद की पुनः प्रतिष्ठा का अभूतपूर्व प्रयत्न किया। रीति-युग के अधिकांश आचार्यों द्वारा ध्वनि की उपेक्षा और नायिकाभेद के प्रति उत्कट आग्रह इसी प्रवृत्ति का द्योतक है। देव जैसे कवियों ने अत्यंत प्रबल शब्दों में रसकुटिल, अधम व्यंजना पर आश्रित ध्वनि का तिरस्कार कर रसवाद का पोषण किया और रामसिंह ने रस के आधार पर काव्य के उत्तम, मध्यम और अधम भेद करते हुए रस-सिद्धांत के सार्वभौम प्रभुत्व का प्रतिपादन किया। 'संयोग', 'शास्त्र का अपरिपक्व ज्ञान', 'युग की दूषित प्रवृत्ति' आदि कह कर इन स्थापनाओं की उपेक्षा करना न्याय नहीं है, इनके पीछे गहरी आस्था का बल था।

रीतिमुक्त काव्य धारा

इस युग में कुछ ऐसे भी कवि हुए जिन्होंने केशव या चिन्तामणि की भांति लक्षण ग्रंथों की रचना नहीं की। साथ ही इन्होंने बिहारी की तरह रीतिबद्ध परंपरा का पालन भी नहीं किया। इनमें से घनानंद, आलम, बोधा आदि ऐसे कवि हैं जिन्होंने स्वच्छ प्रेम की पीर को व्यक्त किया। इसी काव्यधारा के अंतर्गत दूसरा वर्ग भी है जिसने कथा-प्रबंध काव्य की रचना की। लाल और सूदन इसी कोटि में आते हैं। तीसरे वर्ग के कवियों ने दानलीला, मानलीला आदि पर वर्णनात्मक काव्य लिखे। चौथे वर्ग में वृंद तथा गिरधरदास जैसे सूक्तिकारों का नाम आता है। पांचवें वर्ग में वीररस के कवि आते हैं जिन्होंने फुटकर पद्य लिखे। इसके अतिरिक्त कुछ कवियों ने भक्ति और वैराग्य संबंधी कविता भी लिखी। रीतिमुक्त धारा में भाव-प्रधान काव्य की रचना हुई। इस धारा के कवियों ने लक्षण-ग्रंथों की रचना नहीं की और न लक्षण-ग्रंथों से प्रेरित होकर रीति से बँधे। उनका काव्य अलंकारों की बोझिलता से मुक्त है। इसलिए शृंगार का विकृत स्वरूप भी देखने में नहीं आता। स्वभावतः इस धारा का प्रभाव स्पष्ट रूप से अपेक्षाकृत अधिक प्रबल है।

रीतिकाल के प्रमुख कवि

केशवदास (1555–1617)

केशवदास के पूर्वज संस्कृत के विद्वान थे। ये ओरछा नरेश महाराजा रामसिंह के भाई इंद्रजीत सिंह के सभा-कवि थे। यहाँ इनका बहुत सम्मान था। केशवदास द्वारा रचित सात ग्रंथ मिलते हैं—कविप्रिया, रसिकप्रिया, रामचंद्रिका, वीरसिंह चरित, विज्ञान गीता, रतन बावनी और जहाँगीर-जस चंद्रिका। कविप्रिया और रसिकप्रिया काव्यशास्त्रीय पुस्तकें हैं। कहा जाता है कि कविप्रिया की रचना महाराज इंद्रसिंह की पतिव्रता गणिका रायप्रवीण को शिक्षा देने के लिए हुई थी।

केशवदास का उल्लेख राम-भक्ति शाखा के प्रसंग में हो चुका है। उन्होंने 'रामकथा' का वर्णन रामचंद्रिका में किया है। किंतु छंदों की विविधता, अलंकारों की बहुलता एवं चमत्कार-प्रियता के कारण उसे भक्ति साहित्य की कोटि में रखना उचित नहीं जान पड़ता। केशव का महत्व इस बात में है कि उन्होंने पहली बार संस्कृत साहित्यशास्त्र में निरूपित काव्यांगों पर हिन्दी में विचार किया। इसके पूर्व कृपाराम, मोहनलाल मिश्र, करनेस आदि ने रस, शृंगार और अलंकार पर अलग-अलग पुस्तकें लिखी थीं, पर एक साथ सभी काव्यांगों का परिचय नहीं दिया था। केशव ने यही किया और इसीलिए वे हिन्दी के प्रथम आचार्य माने जाते हैं। वे काव्य में अलंकार को अधिक महत्व देते थे। संभवतः इसीलिए उन्होंने आनंदवर्धनाचार्य, मम्मट आदि रसवादी आचार्यों का अनुकरण करके भामह आदि अलंकारवादी आचार्यों का अनुकरण किया। केशव ने जो काव्य विवेचन किया है उसमें मौलिकता नहीं है, वह संस्कृत के काव्यशास्त्र के आचार्यों का अनुकरण है।

केशव की रचनाओं में काव्य की दृष्टि से सर्वाधिक विचारणीय रामचंद्रिका है। इसकी रचना केशवदास ने वाल्मीकि के स्वप्न में कहने पर की थी। यह हनुमन्नाटक और प्रसन्नाराघव की शैली में रचित है। पृथ्वीराज रासो के समान इसमें छंद जल्दी-जल्दी परिवर्तित होते हैं। रचना नाटकीय संवादों से परिपूर्ण है। एक ही पंक्ति में पात्रों के बीच

प्रश्नोत्तर करा देने की शैली में केशवदास निपुण हैं, जैसे भरत-कैकेयी का यह प्रश्नोत्तर–

'मातु! कहाँ नृपताप'? 'गए सुरलोकहिं, क्यों'?
'सुत शोक लिए'।

रामचंद्रिका के संवादों की प्रशंसा की गई है। केशवदास दरबारों के वैभव-वातावरण का वर्णन करने में सिद्धहस्त हैं। किंतु कथा-प्रसंगों की समुचित योजना या मार्मिक प्रसंगों की पहचान में प्रायः वे चूक जाते हैं। वाग्विदग्धता, अलंकारों, छंदों के ज्ञान के उपयोग की आतुरता और चमत्कार-प्रियता उनकी सहृदयता को कुंठित कर देती हैं। लेकिन यह नहीं कहा जा सकता कि उन्हें कवि-हृदय मिला ही नहीं था। लक्षणों के उदाहरणों के रूप में प्रस्तुत उनकी अनेक रचनाएँ सहृदयों को प्रभावित करने में समर्थ हैं।

यद्यपि केशव हिन्दी के प्रथम आचार्य हैं, किंतु रीति-ग्रंथों की विरल परंपरा चिंतामणि (1609) से चली। रीति काव्य की परंपरा के प्रवर्तक केशव हैं या चिंतामणि, इसे लेकर विवाद होता है। इनका प्रसिद्ध ग्रंथ कविकुल कल्पतरु है। इस काल के अन्य प्रसिद्ध आचार्य कवि भीखारीदास (18वीं शती), ग्रंथनाम काव्य-निर्णय; तोषं (1634), ग्रंथनाम सुधानिधि; कुलपति (1670), ग्रंथनाम रस रहस्य; सुखदेव मिश्र (1673), ग्रंथनाम रसार्णव आदि हैं। इनके उपजीव्य संस्कृत ग्रंथ काव्य-प्रकाश, साहित्य दर्पण, रसमंजरी, चंद्रलोक और कुवलयानंद हैं।

सेनापति (1584–1688)

सेनापति की रचनाओं से लगता है कि यद्यपि इनका कुछ दरबारों में सम्मान हुआ है, किंतु बाद में ये विरक्त हो गए। इनकी दो रचनाएँ हैं–कवित्त रत्नाकर और काव्य कल्पद्रुम। कवित्त रत्नाकर में भक्ति भाव के छंद हैं। रीतिकालीन कवियों ने प्रकृति का उपयोग प्रायः उद्दीपन के ही अंतर्गत किया है, किंतु सेनापति इस काल के अकेले कवि हैं जिनका प्रकृति के प्रति भाव-बोध इतना सहज है कि आधुनिक-सा लगता है। प्रकृति-चित्रण के विषय में उन्हें इस दृष्टि से श्रीधर पाठक के साथ बैठाया जा सकता है। यह सेनापति की बहुत बड़ी विशेषता है। रामकथा पर इनके अनेक छंद मिलते हैं।

बिहारी (1606–1663)

बिहारी का जन्म सन् 1606 के लगभग हुआ। शुक्ल जी का अनुमान है कि वे 1663 तक विद्यमान रहे। बिहारी रीतिकाल के सर्वाधिक प्रसिद्ध एवं लोकप्रिय कवि हैं। वे रीति काव्य के प्रतिनिधि कहे जा सकते हैं। उन्होंने काव्यांग निरूपण नहीं किया है, किंतु उनकी रचना में काव्य रीति रची-बसी है। वे जयपुर के मिर्जा राजा जयसिंह के दरबारी कवि थे। वहाँ उनका काफी सम्मान था।

बिहारी के यश का आधार सतसई है। इतना कम लिखकर इतना अधिक यश कम साहित्यकारों को मिला होगा। बिहारी सतसई की लोकप्रियता का यह हाल है कि इनकी पचासों टीकाएँ लिखी जा चुकी हैं। और यह काम अभी बंद नहीं हुआ है। बिहारी मूलतः शृंगार के कवि हैं, यद्यपि उन्होंने भक्ति और नीति के भी मार्मिक दोहे रचे हैं।

बिहारी के शृंगारी दोहों में सामंती जीवन का वैभव-विलास ही नहीं चित्रित है, वे सामान्य गृहस्थ के दैनंदिन जीवन के भी सरस चित्र खींचते हैं। देवर, भाभी, जेठ, ननद, सास, पड़ोसिन, वैद्य, ज्योतिषी, खेत, बाग, सरोवर सब के संदर्भ में शृंगार के चित्र खींचते हैं। बिहारी का विषय सीमित है, लेकिन आधारफलक सीमित नहीं। शृंगार अन्य प्रकार के मनोविकारों से टकराता नहीं, इसलिए संकीर्ण लगता है। बिहारी बहुज्ञ थे, उन्होंने अपनी विस्तृत जानकारी का उपयोग अपनी रचनाओं में किया है। एकाध दोहों में उन्होंने सामंतों को ठीक मार्ग पर चलने या नीति के पालन का उपदेश भी दिया है।

बिहारी अनुभवों के विधान से भाव की व्यंजना में निपुण हैं। यह उनका प्रिय कौशल है। इसके लिए वे नायक-नायिकाओं की चेष्टाओं का वर्णन निहायत सधे ढंग से करते हैं। इस बहुचर्चित दोहे में उनकी यह निपुणता देखी जा सकती है–

बतरस लालच लाल की, मुरली धरी लुकाइ।
सौंह करे भौंहन हँसे, दैन कहै नटि जाइ।।

देव (1673–1767)

देव अनेक आश्रयदाताओं के यहां रहे और इन्होंने उनकी रुचि के अनुकूल रचनाएँ कीं। इनके रचे ग्रंथों की संख्या काफी है। उनमें कुछ इस प्रकार हैं–भावविलास, भवानीविलास, रसविलास, सुखसागर तरंग, अष्टयाम, प्रेमचंद्रिका और काव्यरसायन।

देव रीतिकाल के श्रेष्ठ कवियों में से हैं। इनकी तुलना बिहारी से की गई है। बिहारी बड़े कि देव, इसे लेकर हिन्दी आलोचना में काफी लिखा गया है। देव ने भी लक्षण-ग्रंथ

लिखे हैं। अतः इन्हें भी रीतिकाल के आचार्य कवियों की कोटि में रखा जा सकता है। किंतु देव मूलतः आचार्य नहीं, कवि ही थे।

देव में मौलिक रचनाकार की प्रतिभा और सहृदयता प्रचुर मात्रा में थी। लोकप्रियता की दृष्टि से वे बिहारी से बहुत पीछे नहीं हैं। देव की काव्य-भूमि बिहारी से कहीं अधिक व्यापक है। उन्होंने प्रकृति के क्रियाकलाप को देखकर अनेक उत्तम रूपक बाँधे हैं। जैसे इस कविता में—

डार द्रुम पालना बिछौना नव पल्लव के
सुमन झिंगूला सोहै तन छवि भारी दे।
पवन झुलावै केकी-कीर बहरावैं देव,
कोकिल हलावै-हुलसावै कर तारी दै।
पूरित पराग सों उतारो करे राई लोन,
कंज कली नायिका लतानि सिर सारी दै।
मदन महीप जू को बालक वसंत ताहि,
प्रातहि जगावत गुलाब चटकारी दै।

देव रीतिकाल के ऐसे दुर्लभ कवि हैं, जो रूढ़ियों की सहायता के बिना केवल स्थितियों की योजना से मार्मिकता पैदा करते हैं।

भूषण (1613–1715)

भूषण ने शिवाजी की तो प्रशंसा की ही है, छत्रसाल की भी की है। ये रीतिकाल के दो प्रसिद्ध कवियों, चिंतामणि और मतिराम के सगे भाई थे। चित्रकूट के सोलंकी राजा रुद्र ने इन्हें 'कवि भूषण' कहा। फिर ये इसी नाम से प्रसिद्ध हुए। वास्तविक नाम कुछ और रहा होगा। ये वीर रस के कवि थे। इन्होंने रीतिकाल की परंपरा में एक अलंकार ग्रंथ शिवराज भूषण भी लिखा है। इनके जो अन्य ग्रंथ मिलते हैं, वे हैं—शिवा बावनी और छत्रसाल-दसक।

रीतिकालीन कविता का प्रधान स्वर शृंगार का है। भूषण का स्वर वीरता का है। इसलिए ये रीतिकाल के विशिष्ट कवि हैं, लेकिन भूषण के महत्व पर विचार करते समय कुछ और बातों की ओर भी ध्यान जाता है। रीतिकाल में कुछ अन्य कवियों ने भी वीरता की कविताएँ लिखी हैं, किंतु उनको भूषण की प्रसिद्धि नहीं मिली। इसका प्रमुख कारण यह है कि काव्योत्कर्ष की दृष्टि से वे इस क्षेत्र में भूषण जैसे कवि नहीं हैं। भूषण ने अपनी काव्य पंक्तियों में अनेक ऐतिहासिक तथ्यों का उल्लेख किया है, जैसे अफजल खाँ का शिवाजी द्वारा मारा जाना, दारा की औरंगजेब द्वारा हत्या, सूरत पर शिवाजी का अधिकार, खजुवा का युद्ध, शिवाजी का औरंगजेब के दरबार में जाना आदि।

भूषण ओज के कवि हैं। उनकी कविता में टंकार के साथ-साथ झंकार भी सुनाई पड़ती है। वे कभी-कभी व्यंग्य भी करते हैं—*दारा की न दौर यह रार नहीं खजुबे की।* उनके यहाँ जो थोड़ी-बहुत भाषागत अव्यवस्था मिलती है, उसका कारण उत्साह का अतिरेक हो सकता है। भूषण काव्य-रीति में वीरता को ढालनेवाले कवि हैं। उनके काव्य में श्लेष आदि का पूरा उपयोग मिलता है।

मतिराम (1603–1701)

मतिराम रीतिकाल के प्रसिद्ध आचार्य कवि हैं। अनुमानतः इन्हें भी अपने भाई भूषण के समान दीर्घ आयु प्राप्त हुई थी। इनके ग्रंथों के नाम हैं—छंदसार, रसराज, साहित्य सार, लक्षण शृंगार और ललित ललाम। रसराज और ललित ललाम इनके यश के आधार-ग्रंथ हैं।

मतिराम रीतिकाल में भाषा की प्रवाहमयता और भाव की सहजता के प्रतिमान हैं। उनकी शैली इतनी सहज है कि उनकी कविता अन्य रीतिकालीन कवियों से अलग लगती है। वे रीतिकाल में व्याप्त चमत्कारिता से लगभग अछूते रचनाकार हैं। उनकी भाव-योजना बिल्कुल सीधी होती है। वे बात को घुमाकर कहने में विश्वास नहीं करते। वे काव्य-रूढ़ियों का कम-से-कम प्रयोग करते हैं। लक्षण-ग्रंथों के रचयिता होने के बावजूद उनके काव्य में अलंकृत पदयोजना बहुत कम मिलती है। मतिराम असामान्य स्थितियों का गुंफन नहीं करते। दैनंदिन जीवन की सामान्य स्थितियाँ कभी-कभी विशिष्ट संदर्भ में किस प्रकार अलौकिक अनुभूति करा जाती हैं, इस ससीम रूपमय जगत के खंड कभी-कभी किस प्रकार हृदय में संयोजित होकर अखंड और असीम का अनुभव कराकर हमें सार्थक कर जाते हैं, इसका पता मतिराम के अनेक पद्यों से लगता है। शृंगार के क्षेत्र में भक्त कवियों जैसी सहजता मतिराम की रचनाओं में मिलती है।

पद्माकर (1753–1833)

पद्माकर का जन्म बाँदा में हुआ था। ये रीतिकाल के अत्यंत प्रसिद्ध एवं लोकप्रिय कवि हैं। ये अनेक गुणग्राहकों द्वारा

सम्मानित किए गए। सुगरा, सितारा, जयपुर, ग्वालियर के दरबारों में इनका आदर हुआ। हिम्मत बहादुर, जो बाँदा और अवध के नवाबों के सेना अधिकारी थे, के नाम पर इन्होंने हिम्मत बहादुर बिरुदावली लिखी। इनके द्वारा रचित अन्य ग्रंथ इस प्रकार हैं–जगद्विनोद, पद्माभरण, प्रबोध पचासा, राम रसायन, गंगा लहरी। जगद्विनोद लक्षण-ग्रंथ है।

पद्माकर भी मतिराम के समान भाषा और भाव की प्रवाहमयी सहजता के कारण लोकप्रिय हैं, किन्तु पद्माकर की कविता शृंगार, भक्ति और वीरता तीनों भूमियों पर समान अधिकार के साथ रस का संचार करती है।

इनकी वीर रस की कविताओं में भूषण की तरह ही वीरोचित ओज तो है, किंतु भाषा व्यवस्थित बनी रहती है। पद्माकर की गंगा लहरी में एक शांतकामी चित्त की कातरता और गंगा के माहात्म्य पर अटूट श्रद्धा दिखलाई पड़ती है। पद्माकर के काव्य में बुंदेलखंड की प्रकृति का सजीव चित्रण हुआ है। इनकी काव्य-भाषा में अनुप्रासों की छटा देखते बनती है। बिहारी और पद्माकर को रीतिकाल के दो छोर कहा जा सकता है।

गंग (16वीं शती)

गंग अकबर के दरबारी कवि थे। अतएव इनका समय सोलहवीं शती रहा होगा। ये रहीम के मित्र थे। ये परम स्वाभिमानी रहे होंगे। गंग का व्यक्तित्व भारतीय साहित्य में अनुपम है। इन्हें किसी सामंत ने हाथी से कुचल कर मरवा डाला। इनका कोई ग्रंथ नहीं मिलता। लेकिन समकालीन और परवर्ती कवियों ने इनका नाम अत्यंत सम्मान से लिया है। कहा गया है कि *तुलसी गंग दुओ भए कवियन के सरदार*। इसी से कवि समाज के बीच इनके स्थान का अनुमान किया जा सकता है। इनकी जो कविताएँ मिलती हैं, वे प्रधानतः शृंगार की ही हैं।

घनानंद (1673–1739)

सुजान सागर तथा सुजान संबोधन के आधार पर किंवदंती है कि सुजान नामक वेश्या को वे प्यार करते थे।

विराग होने पर वे वृंदावन चले गए और वैष्णव होकर काव्य-रचना करने लगे। 1739 में नादिरशाह के सिपाहियों ने इनसे जर, जर, जर, (तीन बार-सोना, सोना, सोना) माँगा। उन्होंने तीन मुट्ठी धूल उठाकर उन्हें यह कहते हुए दी, 'रज, रज, रज' (धूल, धूल, धूल)। इस पर क्रुद्ध होकर सैनिकों ने इनका हाथ काट डाला। मृत्यु के समय भी ये सुजान को नहीं भूले। कहा जाता है कि मरते समय इन्होंने अपने रक्त से यह कवित्त लिखा–

बहुत दिनान की अवधि आस पास परे,
खरे अरबरनि परे हैं उठ जान को।
कहि-कहि आवन छबीले मनभावन को,
गहि गहि राखत ही दै दै सनमान को।।
झूठि बतियानि की पत्यानि तें उदास ह्वै कै,
अब ना घिरत घन आनंद निदान को।
अधर लगे हैं आनि करि कै पयान प्रान,
चाहत चलन ये संदेसो लै सुजान को।

घनानंद के प्रमुख ग्रंथ हैं–सुजान सागर, सुजान संबोधन, विरहलीला, कोकसार, रसकेलि बल्ली और कृपाकांड।

घनानंद प्रेम के गंभीर कवि हैं। वियोग में सच्चा प्रेमी जो वेदना सहता है, उसके चित्त में जो विभिन्न तरंगें उठती हैं, उनका चित्रण घनानंद ने किया है। घनानंद वियोग-दशा का चित्रण करते समय अलंकारों, रूढ़ियों का सहारा लेने नहीं दौड़ते, वे बाह्य चेष्टाओं पर भी कम ध्यान देते हैं। वे वेदना के ताप से मनोविकारों या वस्तुओं का नया आयाम, अर्थात् पहले न देखा गया उनका कोई नया रूप-पक्ष देख लेते हैं। इसे ही ध्यान में रखकर शुक्ल जी ने उन्हें 'लाक्षणिक मूर्तिमत्ता और प्रयोग वैचित्र्य' का ऐसा कवि कहा जैसे कवि उनके पौने दो सौ वर्ष बाद छायावाद-काल में प्रकट हुए। छायावाद के आलोचक इसी को 'परिचित में अपरिचित सौंदर्य का उद्घाटन' कहते हैं। सच पूछिए तो सच्ची कविता और कविता ही क्यों, सच्ची कला-साधना का यही लक्षण है।

आलम (18वीं शती)

आलम का काव्य ही नहीं जीवन भी स्वच्छंद एवं मुक्त था। ये ब्राह्मण थे, पर शेख नामक रंगरेजिन के प्रेम में पड़कर उससे विवाह कर लिया। शेख रंगरेजिन स्वयं सुकवयित्री थीं और इनका उससे प्रेम कविता के कारण हुआ। ये 18वीं शती के कवि हैं। शेख की काव्य चातुरी और वाग्विदग्धता के विषय में अनेक अनुश्रुतियाँ प्रचलित हैं। आलम औरंगजेब के पुत्र मुअज्जम के आश्रय में रहते थे। इनकी कविताओं के संग्रह का नाम आलम केलि है। उसमें आलम के साथ शेख के भी कवित्त हैं। मध्य युग में कला के क्षेत्र में किसी दंपति की इतनी एकमेकता कम दिखाई पड़ती है।

जिस प्रकार वे जीवन में व्यर्थ बोझ उतार फेंक सके थे, उसी प्रकार काव्य में वे केवल सार्थक वक्तव्य के सहारे मार्मिकता पैदा कर सकते थे, अलंकार आदि का बोझ फेंक कर। आलम प्रेम की दीवानगी के कवि हैं। वे घनानंद, रसखान की कोटि के कवि हैं। मनोवेग जीवन के सामान्य आचरण में व्यक्त होता है, और संयोग तथा वियोग में क्या अंतर पड़ जाता है, इसे कवि ने बाह्य आचरण द्वारा चित्रित किया है–

जा थल कीनें बिहार अनेकन ता थल काँकरी बैठि चुन्यो करैं।
जा रसना सौं करी बहुबातन ता रसनासों चरित्रा गुन्यौ करैं।।

बोधा (18वीं शती)

बोधा राजापुर, जिला बाँदा अर्थात् तुलसीदास की जन्मभूमि के रहने वाले थे। अठारहवीं शती के उत्तरार्द्ध और उन्नीसवीं शती के प्रारंभिक काल में ये विद्यमान थे। इन्होंने अपने जीवन में प्रेम और विरह का दंड और सुख भोगा था जो इनकी कविता में प्रकट है। कहा जाता है कि पन्ना दरबार की सुभान नामक वेश्या से इन्हें प्रेम था और विरहबारीश उसी से संबंधित है। विरहबारीश के अतिरिक्त इनकी एक रचना इश्कनामा मिलती है।

बोधा रसोन्मत्त कवि थे। 'प्रेम की पीर' की व्यंजना इनके काव्य में भी मिलती है। ये किसी रीति पर न चलकर काव्य क्षेत्र में प्रेम के स्वच्छंद मार्ग पर चलने वाले कवि थे। स्वच्छंद मार्ग का मतलब यह है कि ये मन की उमंग पर कविता करते थे और मन की बात कहने में चूकते नहीं थे। इसलिए इनकी कविता में कहीं-कहीं ऐसी पंक्तियाँ भी मिलती हैं जो इनका अक्खड़पन और अनंत तेजस्वी स्वभाव प्रकट करती हैं। इसके साथ-ही-साथ वे दरबारी कवियों के चरित्र के भिन्न और विपरीत कवि स्वभाव भी प्रकट करती हैं–

दाता कहा सूर कहा सुंदर सुजान कहा
आपको न चाहै ताके बाप को न चाहिए।

ठाकुर (1774–1823)

ठाकुर के पूर्वज काकोरी (अवध) के निवासी थे। इनका जन्म ओरछा में हुआ। इनके बारे में प्रसिद्ध है कि सामंत हिम्मत बहादुर के, जिनका उल्लेख पद्माकर के प्रसंग में हो चुका है, अपमान करने पर इन्होंने उनकी सभा में ही म्यान से तलवार निकाल ली थी और यह कवित्त पढ़ा था–

सेवक सिपाही हम उन रजपूतन के,
दान जुद्ध जुरिबे में नेकु जे न मुरके।
नीति देनवारे हैं मही के महिपालन को,
हिये के विसुद्ध है, सनेही साँचे उर के।
ठाकुर कहत हम बैरी बेवकूफन के,
जलिम दमाद हैं अदानियाँ ससुर के।
चोजिन के चोजी महा, मौजिन के महाराज,
हम कविराज हैं, वे चाकर चतुर के।

ठाकुर की कविता के दो तेवर हैं। एक उनका क्षुद्रताओं और अमानवीयता से टकराने वाला रूप है, जहाँ वे आक्रामक होते हैं। उनकी कविता से यह प्रकट होता है कि वे भाव-बोध का चालूपना नहीं सह पाते थे। वे कविता को हृदय की सच्ची उमंग की अनुभूति मानते थे।

गुरु गोविंद सिंह (1666–1708)

गुरु गोविंद सिंह का व्यक्तित्व बहु-आयामी था। वे मध्यकालीन सांस्कृतिक एवं सामाजिक चेतना के प्रतीक थे। वे योद्धा, संत, राजनीतिज्ञ, कवि, प्रशासक सब कुछ थे।

गुरु गोविंद सिंह के रचित अनेक ग्रंथ बताए जाते हैं। इनकी रचनाओं के संग्रह का नाम दशम ग्रंथ है। इनमें 16 रचनाएँ संकलित हैं। इन्होंने पंजाबी, फारसी और हिन्दी (ब्रजभाषा) में काव्य-रचना की है। इनका संप्रदाय देखते हुए इन्हें निर्गुण कवि होना चाहिए, किंतु इन्होंने देवी-देवताओं और सगुण रूप से संबंधित रचनाएँ भी की हैं। चंडीचरित्र इनकी विशिष्ट साहित्यिक रचना है। इसकी शैली ओजस्विनी है। गुरु जी की रचनाओं में वीर रस प्रधान है, यद्यपि इनकी मुख्य भूमि भक्ति है। चौबीस अवतार नामक रचना में शृंगार का भी पर्याप्त रंग दिखलाई पड़ता है। गुरु जी महाराज काव्य-रीति के मर्मज्ञ थे। रीतिकाल में इनका व्यक्तित्व और कृतित्व अनुपम है। हिन्दी में भक्तजनों का भक्ति काव्य तो प्रचुर मात्रा में उपलब्ध है, किंतु वीरजनों द्वारा रचित वीर-काव्य नहीं मिलता। इस दृष्टि से गुरु गोविंद सिंह के काव्य का विशिष्ट महत्व है–

बीरबली सरदार दयैत सु क्रोध के म्यान तै खड्ग निकारौ।
एक दयो तन चंडि प्रचंड कै दूसर के हरि के सिर झारौ।
चंडि सम्हारि तबे बलु धारि लयौ गहि नारि धरा पर मारौ।
ज्यों धुबिया सरिता-तट जाइकैं लै पट को पट साथ पछारौ।।

रीति काव्य में लोक जीवन

जीवन की उदात्त साधना और कदाचित् सिद्धियों का भी निरूपण इस काव्य में उपलब्ध नहीं होता। किंतु जीवन में सरसता का मूल्य नगण्य नहीं है। जीवन के मार्ग में धीर और प्रबुद्ध गति से निरंतर आगे बढ़ना तो श्रेयस्कर है ही, किंतु कुछ क्षणों के लिए किनारे पर लगे वृक्षों की शीतल छांह में विश्राम करने का भी अपना मूल्य है। कला अथवा काव्य के कम-से-कम एक रूप का आविष्कार मनुष्य ने इसी मधुर आवश्यकता की पूर्ति के लिए किया था और वह आवश्यकता अभी निश्शेष नहीं हुई, और कभी हो भी नहीं सकती। रीतिकाव्य मानव-मन की इसी वृत्ति का परितोष करता है, और इस दृष्टि से इन रससिद्ध कवियों और इनके सरस काव्य का अवमूल्यन नहीं किया जा सकता।

व्यापक सामाजिक स्तर पर भी रीतिकाव्य का यह योगदान इतना ही मान्य है। घोर पराभव के उस युग में समाज के अभिशप्त जीवन में सरसता का संचार कर इन कवियों ने अपने ढंग से समाज का उपकार किया था। इनमें संदेह नहीं कि इनके काव्य का विषय उदात्त नहीं था, उसमें जीवन के भव्य मूल्यों की प्रतिष्ठा नहीं थी, अतः उसके द्वारा प्राप्त आनंद भी उतना उदात्त नहीं था। काव्यवस्तु के नैतिक मूल्य का काव्य-रस के नैतिक मूल्य पर प्रभाव निश्चय ही पड़ता है; और इस दृष्टि से रीतिकाव्य का नैतिक मूल्य निश्चय ही कम है। फिर भी, अपने युग की आत्मघाती निराशा को उच्छिन्न करने में उसने स्तुत्य योगदान किया, इसमें संदेह नहीं। इस सत्य को अस्वीकार करना कृतघ्नता होगी। यहां इस सत्य का फिर से उद्घाटन आवश्यक है कि कला का एक अतर्क्य उद्देश्य मनोरंजन भी है। यह मनोरंजन मानव-जीवन की जितनी अपरिहार्य आवश्यकता है, इसकी पूर्ति करने वाली कला या काव्य-कला का अपना मूल्य भी निश्चय ही उतना ही असंदिग्ध है। रीतिकाव्य का मूल्यांकन कला के इसी उद्देश्य को ध्यान में रख कर करना चाहिए। उसकी मूलवर्ती प्रेरणा यही थी और इसी की पूर्ति में उसकी सिद्धि निहित है। शुद्ध नैतिक दृष्टि से भी यह सिद्धि निर्मूल नहीं है, क्योंकि कवि-शिक्षा से संयुक्त यह मनोरंजन तत्कालीन सहृदय समाज की रुचि-परिष्कार का भी अत्यंत उपादेय साधन था।

आधुनिक काल

हिन्दी गद्य का उद्भव और विकास

हिन्दी का गद्य-साहित्य बहुत पुराना नहीं है। इसके विपरीत हिन्दी-कविता की जड़ें कम-से-कम एक हजार वर्ष पुरानी हैं। ठीक अर्थों में हिन्दी के वास्तविक गद्य का विकास ईसा की ग्यारहवीं सदी से ही हुआ। वैसे इसके पहले की भी कुछ रचनाएं उपलब्ध होती हैं, लेकिन उनकी भाषा क्षेत्रीय भाषा-मिश्रित खड़ी बोली थी। सन् 1530 में गंग कवि की लिखी 'चन्द्र बरनन की महिमा' और सन् 1624 में जटमल-रचित 'गोरा बादल की कथा' हिन्दी-गद्य की उल्लेखनीय कृतियां मानी जाती हैं। लेकिन इन दोनों पुस्तकों की भाषा में ब्रज बोली और खड़ी बोली का मिश्रण है। सन् 1732 के लगभग पं. रामप्रसाद निरंजनी ने संस्कृत के ग्रंथ 'योग वशिष्ठ' का हिन्दी गद्यानुवाद किया। इसकी भाषा अपेक्षाकृत अधिक परिष्कृत है। तब भी हिन्दी के गद्य का वास्तविक सूत्रपात 19वीं सदी के उत्तरार्ध में ही हुआ। इसे 'खड़ी बोली' कहा गया। यह नामकरण फोर्ट विलियम कालेज की स्थापना के बाद लल्लूलाल ने किया। उन्होंने अपने ग्रंथ 'प्रेम-सागर' में सबसे पहली बार 'खड़ी बोली' शब्द का प्रयोग भाषा-विशेष के लिए किया।

आधुनिक हिन्दी गद्य के उन्नायकों में मुंशी सदासुखलाल (रचनाकाल संवत् 1803-1821), मुंशी इंशाअल्ला खां (संवत् 1855-56), पं. लल्लूलाल (संवत् 1820-22) और सदल मिश्र (संवत् 1884-1905) को माना जाना चाहिए। इन चारों में मुंशी सदासुखलाल की भाषा में सबसे अधिक व्यावहारिक और निखरी हुई खड़ी बोली का रूप मिलता है। मुंशी इंशाअल्ला खां ने 'रानी केतकी की कहानी' में हिन्दी और उर्दू दोनों को देवनागरी लिपि के माध्यम से पास लाने का प्रयत्न किया। उन्होंने 'हिन्दी छुट किसी और का पुट नहीं' लिखकर अपना संकेत 'खड़ी' बोली के लिए ही किया था।

हिन्दी के उक्त चारों लेखकों का रचना-काल लगभग एक ही है। फिर भी इसमें से किसी की भी भाषा पूरी तरह साफ-सुथरी और चुस्त-दुरुस्त नहीं है। किसी में अधिक पंडिताऊपन है, तो किसी में फारसीपन। इन लेखकों के बाद ईसाई मिशनरियों द्वारा हिन्दी गद्य का प्रचार हुआ। मिशनरियों ने अपने धर्म-प्रचार के लिए गद्य में छोटी-छोटी पुस्तकें प्रकाशित कीं। इसी समय सर चार्ल्स वुड ने शिक्षा के प्रचार

के लिये गांवों और कस्बों में देशी-स्कूल खुलवाये। उसी समय यह प्रश्न उठा कि शिक्षा का माध्यम हिन्दी हो या उर्दू। काशी के राजा शिवप्रसाद ने, जिनकी शिक्षा-विभाग में इन्सपेक्टर के पद पर नियुक्ति हुई थी, हिन्दी का पक्ष ग्रहण किया। राजा शिवप्रसाद के प्रयत्नों से सरकारी स्कूलों में हिन्दी की शिक्षा को भी स्थान मिला। उन्होंने कतिपय लेखकों से हिन्दी में पाठ्य-पुस्तकें तैयार करवाईं तथा स्वयं भी लगभग 22 पुस्तकें लिखीं। राजा शिवप्रसाद का विरोध उर्दू भाषा से नहीं बल्कि फारसी लिपि से था। वे चाहते थे कि स्कूलों में फारसी लिपि के साथ-साथ नागरी लिपि का भी व्यवहार हो। इसके अतिरिक्त आगरा के राजा लक्ष्मणसिंह ने भी हिन्दी का पक्ष ग्रहण किया। राजा लक्ष्मण सिंह ने राजा शिवप्रसाद की 'उर्दू परस्ती' के विरुद्ध आवाज उठाई। उन्होंने हिन्दी में फारसी-अरबी के प्रचलित शब्दों के प्रयोग तक को अनुचित ठहराया। फारसी के प्रभाव से हिन्दी को मुक्त करने के लिए उन्होंने सन् 1832 में 'प्रजा-हितैषी' नामक पत्रिका निकाली। 'अभिज्ञान शाकुन्तल', 'मेघदूत' तथा 'रघुवंश' के भी हिन्दी में अनुवाद किये। वैसे उनकी भाषा में भी यत्र-तत्र बेढंगे तथा पुराने प्रयोग मिलते हैं, फिर भी उन्होंने हिन्दी गद्य को प्रथम बार पुष्ट एवं व्यवस्थित साहित्यिक रूप दिया। आर्य समाज तथा उसकी स्थापना करने वाले स्वामी दयानन्द सरस्वती ने भी गद्य के विकास में हाथ बंटाया। स्वामी दयानन्द ने अपने मत के प्रचार के लिए एकमात्र पुस्तक 'सत्यार्थ प्रकाश' की रचना हिन्दी में की। वे अपने उपदेश भी खड़ी बोली गद्य में ही दिया करते थे। सन् 1816 में ब्रह्म समाज के संस्थापक राजा राममोहन राय ने वेदान्त-सूत्रों का स्वतन्त्र भाष्य हिन्दी में छपवाया।

सन् 1857 के राजद्रोह के बाद **भारतेन्दु हरिश्चन्द्र** का हिन्दी रंगमंच पर उदय हुआ। भारतेन्दु की भाषा-शैली का प्रभाव उनके समकालीन लेखकों पर भी पड़ा उनकी भाषा-शैली में तत्सम् शब्दों का अभाव था। उन्होंने प्रतिदिन व्यवहार में आने वाले उर्दू शब्दों का भी प्रयोग किया। भारतेन्दु के समकालीन लेखकों में बालकृष्ण भट्ट, प्रतापनारायण मिश्र, बालमुकुन्द गुप्त, बदरी नारायण चौधरी 'प्रेमघन' आदि प्रमुख हैं। इन लेखकों ने हिन्दी में मौलिक नाटक, कविता, उपन्यास, निबन्ध, आलोचना आदि साहित्य के विविध रूपों को जन्म देकर हिन्दी के आरम्भिक विकास में सहायता दी। भारतेन्दु हरिश्चन्द्र को हिन्दी-गद्य का प्रवर्तक मानना चाहिये। उन्होंने गद्य का रूप निर्धारित किया और उसे दो छोरों के झगड़ों से बचाया। एक छोर था राजा शिवप्रसाद सितारेहिंद का, जो उर्दू-प्रधान शैली के उन्नायक थे और दूसरे छोर थे राजा लक्ष्मणसिंह, जो संस्कृत की तत्सम प्रधान शैली का समर्थन कर रहे थे। इन दोनों राजाओं के हाथ से मोर्चे को छीनकर भारतेन्दुजी ने गद्य के विकास और प्रभाव के लिये कई रास्ते निकाले। उन्होंने नाटक, उपन्यास, कहानी, निबन्ध, समालोचना, समाचार-पत्र आदि विविध विधाओं से गद्य को नवजीवन दिया। भारतेन्दु के ही प्रयत्नों से हिन्दी में पत्र-पत्रिकाओं का प्रकाशन आरम्भ हुआ और इससे ही हिन्दी गद्य के परिष्कार में वास्तविक सहायता मिली।

इन्हीं के बाद हुए **महावीरप्रसाद द्विवेदी**। भाषा को परिमार्जित और शुद्ध करने की ओर सबसे पहले द्विवेदीजी ने ही ध्यान दिया। उन्होंने 'सरस्वती' का सम्पादन किया और इस पत्रिका के माध्यम से उन्होंने अशुद्ध गद्य लिखने वालों की आलोचना की। स्वयं शुद्ध भाषा लिखकर उन्होंने सही खड़ी बोली का नमूना उपस्थित किया। उन्होंने अन्य लेखकों को शुद्ध हिन्दी लिखने की प्रेरणा दी। इस तरह समकालीन लेखकों पर द्विवेदीजी का काफी प्रभाव पड़ा। इन लेखकों में माधवप्रसाद मिश्र, चन्द्रधर शर्मा 'गुलेरी', गोपालराम गहमरी, श्यामसुन्दर दास, पूर्णसिंह, पद्मसिंह शर्मा, बदरीनाथ भट्ट आदि मुख्य थे। मिश्र बन्धुओं, आचार्य रामचन्द्र शुक्ल और श्यामसुन्दर दास ने भी उन्हीं के समय लिखना आरम्भ किया। आगे चलकर आचार्य रामचन्द्र शुक्ल ने समास-प्रधान शैली को जन्म देकर आधुनिक हिन्दी गद्य को नया रूप दिया। उन्होंने पहली बार हिन्दी साहित्य का प्रामाणिक इतिहास लिखा। इसी युग में कहानी और उपन्यास के क्षेत्र में प्रेमचन्द का आविर्भाव हुआ। नाटक के क्षेत्र में जयशंकर प्रसाद ने नवीन शैली को जन्म दिया और हिन्दी के नाटकों को एक सुव्यवस्थित रूपरेखा मिली। प्रसाद ने ऐतिहासिक और पौराणिक कथाओं के आधार पर कई नाटक लिखे; उनमें 'अजातशत्रु', 'स्कन्दगुप्त', 'चन्द्रगुप्त', 'जनमेजय का नागयज्ञ', 'ध्रुवस्वामिनी' जैसे साहित्यिक कोटि के नाटक आते हैं।

इस तरह आचार्य रामचन्द्र शुक्ल के बाद से ही हिन्दी का आधुनिक काल आरम्भ होता है। यही हिन्दी के गद्य-विकास का चरम सोपान है और वह नाटक, उपन्यास, कहानी आदि अनेक रूपों में निखर कर सामने आया है।

निबंध

निबन्ध का आविर्भाव और विकास साहित्य में अपेक्षाकृत विलम्ब से होता है : अच्छे निबन्धों की रचना के लिए पहले अन्य साहित्य-विधाओं में श्रेष्ठ साहित्य के निर्माण की शर्त इसलिए होती है कि निबन्ध में प्राण-संचार करने के लिए परिष्कृत रुचि और बुद्धि के पाठक अन्य साहित्य-विधाओं से ही तैयार होते हैं। निबन्ध में केवल साहित्य-सृजन ही नहीं होता, वरन् साथ ही साथ जीवन तथा साहित्य की व्याख्या और आलोचना भी होती है। व्यक्तित्व की छाप साहित्य के अन्य रूपों की अपेक्षा निबन्ध में अधिक दिखाई पड़ती है। शैली के यथार्थ रूप का निखार गद्य में ही होता है। हिन्दी के निबन्ध का यथार्थ विकास भारतेन्दु बाबू से ही प्रारम्भ होता है। भारतेन्दु-युग भारत में राष्ट्रीय नवचेतना का युग था। मध्ययुगीन सामंतीय प्रथा का अन्त होकर समाज का निर्माण एक नये बौद्धिक आधार पर होना आरम्भ हो गया था। तत्कालीन साहित्य में हमें नवचेतना और नव-जागरण के दर्शन होते हैं।

भारतेन्दु-युग के निबन्धों और लेखों में इसी प्रकार हमें सजीवता का पूरा-पूरा आभास मिलता है। प्राचीन रूढ़ियों के प्रति उदासीनता के साथ नये आलोक की माँग उसमें है। उस युग के लेखकों की भाषा प्रवाहपूर्ण, मुहावरेदार, सजीव और चटपटी है। जीवन का ज्वलंत उल्लास और आमोद उसमें छलकता हुआ प्रतीत होता है। उस समय के निबन्ध-लेखक अपनी जिंदादिली का पूरा प्रमाण अपने लेखों और निबंधों में ही देते थे। वे जीवन के सभी क्षेत्रों से विषयों का चयन करते और बिना किसी अड़चन के उन पर स्वच्छंद रीति से प्रवाहमयी भाषा में सशक्त अभिव्यक्ति करते थे। यही कारण है कि भारतेन्दु-युग के निबन्ध-लेखकों की तुलना फ्रांसीसी लेखक मोंटेन और अंग्रेज लेखक बेकन से की जाती है। भारतेन्दु, प्रतापनारायण मिश्र, बालकृष्ण भट्ट और 'प्रेमघन', उस युग के प्रसिद्ध लेखक हैं। भारतेन्दु-युग के लेखकों ने जिस शैली से निबन्ध लिखना प्रारम्भ किया था, यदि वह परम्परा चलती रहती तो निस्संदेह आज हिन्दी निबन्ध अनेक दृष्टियों से बहुत आगे बढ़ गया होता। इस युग के निबन्ध-लेखक अपनी आभ्यन्तर प्रेरणा से ही लिखने में प्रवृत्त होते थे, उन्हें किसी बाह्य प्रेरणा की आवश्यकता नहीं थी। इसी कारण उनके निबंधों में वैयक्तिकता की मात्रा बहुत अधिक है।

भारतेन्दु युग के बाद निबन्ध साहित्य का विकास बहुत संतोषजनक रूप में नहीं हुआ। द्विवेदी युग गद्य तथा पद्य की भाषा के परिष्कार का युग था। स्वयं द्विवेदीजी का ध्यान भाषा को व्याकरण-सम्मत बनाने तथा कविता के अनुरूप करने में रहा। फलतः मौलिक निबन्ध तथा लेख लिखने वालों को भाषा की अशुद्धियों का भय अधिक बना रहा और व्याकरण के कठोर शासन से त्रस्त होकर स्वच्छंद रूप में लिखने की प्रवृत्ति कम हो गयी। भारतेन्दु-युगीन लेखक बड़े निरंकुश भाव से लिखते थे–वैसी निरंकुशता द्विवेदी युग में नहीं रही। हिन्दी गद्य को व्यवस्थित बनाने के प्रयत्नों से मौलिक निबन्ध लेखकों का अभाव हुआ और जिंदादिली भी कम होती गई। द्विवेदी युग के केवल दो लेखक ही हमें ऐसे दृष्टिगत होते हैं, जो बड़ी स्वतंत्र शैली में लेख निबन्ध लिखने में लीन रहे। बाबू बालमुकुन्द और सरदार पूर्णसिंह ने इस युग में जो निबन्ध लिखे, वे बहुत ही उत्तम कोटि के हैं और उनमें प्रवाह के साथ पूरी मौलिकता विद्यमान है। महावीर प्रसाद द्विवेदी के निबंधों में वैसी मौलिकता तथा वैयक्तिकता नहीं है जैसी इन दोनों लेखकों में पाई जाती है। 'बंगवासी' नामक पत्र में सम्पादक के रूप में गुप्तजी ने जो टिप्पणियाँ और लेख लिखे, वे बहुत मार्मिक और व्यंग्यपूर्ण हैं।

द्विवेदी युग के अन्तिम चरण में एक मौलिक एवं समर्थ निबन्ध-लेखक साहित्य क्षेत्र में अवतरित हुए, जिन्होंने अपने समीक्षात्मक तथा विचारात्मक निबन्धों द्वारा हिन्दी निबन्धों को परिपूर्ण बनाने में सबसे अधिक योग दिया; उनका नाम है आचार्य रामचन्द्र शुक्ल। शुक्लजी हिन्दी के सर्वश्रेष्ठ विवेचक निबन्धकार हैं। उनके निबन्धों का क्षेत्र भाव और मनोविकार के साथ काव्यालोचन था। पहले उन्होंने समीक्षात्मक निबन्ध लिखे, जो जायसी, तुलसी और सूर ग्रन्थावली में भूमिका रूप में प्रकाश में आये। ये निबन्ध विशाल होने के कारण प्रबन्ध कोटि के हैं। इसके बाद ही उन्होंने काव्यशास्त्र के समालोचना-पक्ष से सम्बद्ध विषयों पर फुटकर निबन्ध लिखे। भाव और मनोविकारों पर लिखे हुए उनके निबन्ध हिन्दी साहित्य की अमूल्य निधि हैं। 'चिन्तामणि' उनके निबन्धों का संग्रह है। शुक्लजी के पथ-प्रदर्शन के कारण विचारात्मक तथा भावात्मक निबन्धों का ताँता लग गया। एक ओर आलोचना में स्पष्टता तथा स्वच्छन्दता का समावेश हुआ, तो दूसरी ओर निबन्ध की सीमा-मर्यादा में भी विस्तार हुआ।

आलोचना के शास्त्रीय तथा प्रयोग पक्ष पर निबन्ध लिखने वालों में आचार्य हजारी प्रसाद द्विवेदी, गुलाबराय, शान्तिप्रिय द्विवेदी, डा. नगेन्द्र, डा. विजयेन्द्र स्नातक, नन्ददुलारे वाजपेयी, नलिनविलोचन शर्मा, रामविलास शर्मा और डा. देवराज आदि प्रमुख हैं।

निबन्ध-साहित्य के अन्तर्गत समीक्षात्मक लेख, भावात्मक लेख, विचारात्मक लेख आदि सभी वर्गों के फुटकर गद्य-लेखों का भी समावेश होता है।

नाटक

हिन्दी में लोक-रंगमंच और नाटकों का विकास 15वीं-16वीं सदी में हो गया था। परन्तु इन नाटकों में पद्य की प्रमुखता होती थी। उस समय रामलीला, रासलीला, कीर्तन मंडलियां ही इस कार्य को किया करती थीं। हिन्दी गद्य नाटकों का वास्तविक परिवर्तन भारतेन्दु हरिश्चन्द्र ने किया। उनका प्रहसन 'वैदिकी हिंसा हिंसा न भवति' इस क्षेत्र में प्रथम मौलिक रचना है। भारतेन्दु को संस्कृत, अंग्रेजी और बंगला भाषाओं का ज्ञान था। वे रंगमंच की आवश्यकताओं को भी पूरा ध्यान रखते थे। उन्होंने राजनैतिक, सामाजिक, पौराणिक और प्रेम-प्रधान सभी तरह के नाटक लिखे। उनकी कला में प्राचीन के प्रति श्रद्धा की भावना थी, तो वर्तमान चेतना का भी सुन्दर समन्वय था।

भारतेन्दु ने स्वयं नाटक तो लिखे ही, अपने समकालीन लेखकों को भी नाटक लिखने के लिए प्रेरित किया। उस काल में लाला श्रीनिवासदास का स्थान महत्त्वपूर्ण है। उन्होंने नाट्यशास्त्र के नियमों के अनुसरण के साथ-साथ नवीनता को भी अपनाया। इसके बाद बदरीनारायण चौधरी 'प्रेमघन', राधाकृष्ण दास, किशोरीलाल गोस्वामी, देवकीनन्दन खत्री तथा प्रतापनारायण मिश्र के नाम आते हैं।

आधुनिक नाटकों के विकास का श्रेय जयशंकर प्रसाद को है। प्रसाद ने भारतीय नाट्य-शास्त्र के सिद्धान्तों को पाश्चात्य नाट्य-शास्त्र के सिद्धान्तों के साथ सफलतापूर्वक समन्वय किया। उन्होंने नाटकों में चरित्र-चित्रण की ओर विशेष ध्यान दिया। हिन्दी में ऐतिहासिक नाटक लिखकर प्रसाद ने हिन्दी-नाट्य-साहित्य को एक नई दिशा दी। उन्होंने तेरह नाटक लिखे। उनके नाटकों में प्राचीन भारत की संस्कृति का एक वृहद चित्र देखने को मिलता है।

प्रसाद के पश्चात् उनकी परम्परा का अनुसरण कर लिखने वाले अन्य नाटककार हैं—लक्ष्मीनारायण मिश्र, उदयशंकर भट्ट, हरिकृष्ण प्रेमी, सेठ गोविन्द दास, विष्णु प्रभाकर आदि। पूरे नाटकों के साथ-साथ एकांकी नाटकों का आविर्भाव भी भारतेन्दु के ही समय में हुआ था। परन्तु प्रसाद के बाद उनको विशेष गति मिली। डा. रामकुमार वर्मा, जगदीशचन्द्र माथुर और उपेन्द्रनाथ 'अश्क' ने कई एकांकी नाटक लिखे।

उपन्यास

देवकीनन्दन खत्री को हिन्दी के प्रारम्भिक मौलिक उपन्यासकारों में सबसे ख्याति मिली। उनका लिखा 'चन्द्रकान्ता संतति' रोचक वर्णन और तिलिस्म तथा जासूसी से भरी घटनाओं के कारण जनसाधारण में इतना लोकप्रिय हुआ कि उसको पढ़ने के लिए कई लोगों ने हिन्दी सीखी। किशोरीलाल गोस्वामी ने 60 से ऊपर उपन्यास लिखे। गोपालराम गहमरी के उपन्यास भी उस समय रुचि के साथ पढ़े जाते थे।

हिन्दी की कहानी के बारे में कहा जाता है कि किशोरीलाल गोस्वामी की 'इन्दुमती' ही पहली वास्तविक कहानी थी, लेकिन कहानी और उपन्यास इन दोनों विधाओं को गम्भीर रूप से यदि किसी ने प्रतिष्ठित किया, तो यह थे मुंशी प्रेमचंद। प्रेमचंद ने उपन्यास और कहानी दोनों ही के माध्यम से अपने युग की स्थितियों को समझा। और उन्हें सही ढंग से चित्रित किया। भाषा से लेकर शैली और कथानक तक में प्रेमचन्द ने एकदम नये प्रयोग किए। उस समय के यथार्थ को आदर्श के धरातल पर प्रस्तुत कर उन्होंने साहित्य को जन सामान्य के बीच पहुंचाने का काम किया। प्रेमचंद का सबसे प्रसिद्ध उपन्यास है 'गोदान'। उनके अन्य प्रमुख उपन्यास हैं : रंगभूमि, प्रेमाश्रम, कायाकल्प, कर्मभूमि, गबन आदि।

प्रेमचंद के समय ही जयशंकर प्रसाद ने 'कंकाल' और 'तितली' दो उपन्यास लिखे। वृन्दावनलाल वर्मा ने ऐतिहासिक उपन्यासों की परम्परा को जन्म दिया। चतुरसेन शास्त्री, राहुल सांकृत्यायन और प्रतापनारायण श्रीवास्तव ने भी ऐतिहासिक उपन्यास लिखे।

असल में प्रेमचन्द के उदय के साथ ही हिन्दी में उपन्यास और कहानी साहित्य की प्रगति इस गति से हुई कि दोनों को अलग-अलग करके देखा ही नहीं जा सकता। कौशिक से लेकर जैनेन्द्र, यशपाल, अज्ञेय, अश्क और भगवतीचरण वर्मा ने यदि कहानियां लिखीं, तो उपन्यास भी

लिखे। अपने लेखन में इन सबने नये-नये प्रयोग किये। उन्होंने कहानी में सामान्य मानववादी परम्परा को ऊँचे धरातल तक उठा दिया।

यह समय राजनैतिक चेतना का था और विज्ञान की प्रगति काफी हो चुकी थी। संचार के साधनों के बढ़ते हुए आयामों से दुनिया की दूरी कम होती गयी, इसलिए हिन्दी का लेखन विदेशों की श्रेष्ठ रचनाओं से भी प्रभावित हुआ। वहां की श्रेष्ठ कृतियों के हिन्दी में अनुवाद हुए। उनसे हिन्दी-लेखकों को नयी प्रेरणायें मिलीं। इसलिए लेखन के कई स्तरों में बड़े-बड़े प्रयोग हुए।

सन् 1947 में देश आजाद हुआ। आजाद होते ही हिन्दी-साहित्य ने मुक्त रूप से विकास पाया। आज की हिन्दी कहानी और उपन्यासों में इतने अधिक विस्तार हुए हैं कि उनका एक बंधा-बंधाया रूप-रंग ही नहीं रह गया। मुक्त प्रयोगों और नए विचार-दर्शन से कथा-साहित्य प्रभावित हुआ। देहातों को नयी संस्कृति का केन्द्र मानकर नये ढंग से लिखने की प्रेरणा मिली। इस दृष्टि से 'रेणु' कृत 'मैला आंचल' की काफी चर्चा हुई। आज हिन्दी उपन्यास और कहानी में कई ऐसे नाम हैं, जो एकदम सामने आये हैं। उनमें कुछ नाम हैं–धर्मवीर भारती, मोहन राकेश, फणीश्वर नाथ रेणु, कमलेश्वर, लक्ष्मीनारायण लाल, शैलेश मटियानी, भीष्म साहनी, राजेन्द्र यादव, निर्मल वर्मा आदि।

कहानी

कहानी जीवन की मार्मिक अनुभूति की सोद्देश्य अभिव्यक्ति है। इसलिए लेखक का दृष्टिकोण सुधारवादी, आदर्शवादी या प्रगतिवादी हो सकता है। कहानी की घटनाएं यथार्थ और आदर्श में से किसी भी चिन्ताधारा की ओर उन्मुख हो सकती हैं। किन्तु आवश्यक यह है कि कहानी में प्रस्तुत चिन्ताधारा स्वस्थ हो। लक्ष्य की पूर्ति ही कहानी की सफलता है। श्रेष्ठ कहानी में उद्देश्य की अभिव्यक्ति उपदेश के रूप में नहीं, अपितु संकेत द्वारा की जाती है।

कहानी का विकास

आधुनिक हिन्दी कहानी का आरंभ 'सरस्वती' और 'सुदर्शन' के प्रकाशन से 1900 ई. से माना जा सकता है। इसी आधार पर कहानी साहित्य के विकास को तीन भागों में बांटा जा सकता है–(1) आरम्भ काल (1900-1910), (2) विकास काल (1911-1946), और (3) उत्कर्ष काल (1946 से अब तक)।

आरम्भ काल (1900-1910 ई.)–हिन्दी की सर्वप्रथम आधुनिक कहानी किशोरीलाल गोस्वामी की 'इन्दुमती' थी, जो 1900 ई. में 'सरस्वती' में प्रकाशित हुई। इस कहानी को पूर्णतः मौलिक कहानी नहीं माना जा सकता, क्योंकि इस पर शेक्सपीयर के नाटक 'दी टेम्पेस्ट' (The Tempest) की छाप स्पष्ट दिखती है। इसी समय रामचन्द्र शुक्ल की मौलिक कहानी 'ग्यारह वर्ष का समय' (1903 ई.) प्रकाश में आई। इसके बाद अनेक अनूदित, रूपान्तरित और मौलिक कहानियां लिखी गईं। इसके अतिरिक्त पार्वती नन्दन, उदयनारायण बाजपेयी, स्वामी सत्यदेव और गिरजाकुमार घोष ने भी कहानियां लिखीं।

आरम्भ काल की सबसे सुन्दर तथा महत्वपूर्ण कहानी बंग महिला की 'दुलाई वाली' (सरस्वती, मई 1907 ई.) है। इस कहानी में सामान्य जीवन की एक साधारण-सी घटना का यथार्थवादी चित्रण बहुत प्रभावशाली ढंग से किया गया है। इस कहानी में कहानी कला के समुचित निर्वाह का प्रयास दृष्टिगोचर होता है। अतः यह कहा जा सकता है कि आधुनिक कहानी का आरंभ तो हो गया परन्तु उसमें प्रौढ़ता नहीं आ सकी थी।

विकास काल (1911-1946 ई.)–विकास काल में हिन्दी कहानी में चरित्र-चित्रण और भाव पक्ष सभी को महत्व प्रदान किया गया। विषय की दृष्टि से जहां एक ओर ग्राम जीवन की झांकी, पारिवारिक जीवन की समस्याओं और ऐतिहासिक-सांस्कृतिक गाथाओं का चित्रण किया गया, वहां दूसरी ओर यथार्थवादी, मनोवैज्ञानिक, कलात्मक और हास्य रस की कहानियां भी लिखी गईं।

इस युग के कहानी-लेखकों में चन्द्रधर शर्मा गुलेरी, प्रेमचन्द, जयशंकर प्रसाद, विश्वम्भर नाथ कौशिक, सुदर्शन, चतुरसेन शास्त्री, सियारामशरण गुप्त, वृन्दावनलाल वर्मा, उग्र, यशपाल, भगवती प्रसाद वाजपेयी, भगवतीचरण वर्मा, जैनेन्द्र, सुभद्राकुमारी चौहान, पदुमलाल पुन्नालाल बख्शी, होमवती देवी, शिवपूजन सहाय, उषा देवी मित्रा, रायकृष्ण दास, इलाचन्द्र जोशी, अज्ञेय, विष्णु प्रभाकर और मन्मथनाथ गुप्त के नाम स्मरणीय हैं। इनमें से कुछ का संक्षिप्त वर्णन नीचे दिया गया है–

हिन्दी कथा साहित्य में श्री चन्द्रधर शर्मा गुलेरी का नाम सदैव आदर से लिया जायेगा। उनकी कहानी 'उसने कहा था' हिन्दी की सर्वश्रेष्ठ कहानी मानी गई। पवित्र प्रेम के निःस्वार्थ बलिदान की इस अमर कहानी ने गुलेरीजी को अमर बना दिया। यह कहानी कला-विधान की दृष्टि से अनूठी तथा हिन्दी की पहली यथार्थवादी कहानी है।

प्रेमचन्दजी ने हिन्दी कहानी को एक नई दिशा दी। चरित्र-चित्रण तथा मनोवैज्ञानिक विश्लेषण की दृष्टि से प्रेमचंद की कहानियां अद्वितीय हैं। उनकी प्रसिद्ध कहानियां—बूढ़ी काकी, मंत्र, बड़े घर की बेटी, नशा, पंच परमेश्वर, इस्तीफा, पूस की रात और आत्माराम हैं। प्रेमचंदजी ने राजनैतिक, सामाजिक और धार्मिक सभी समस्याओं पर कहानियां लिखीं तथा खोमचे वाले, तांगे वाले, विद्यार्थी, डॉक्टर, वकील, दुकानदार, बालक, वृद्ध और युवा सबका यथार्थ चित्रण किया।

श्री विश्वम्भरनाथ शर्मा कौशिक की 'ताई' तथा राधिकारमण प्रसादजी की 'कानों में कंगना' कहानी विशेष प्रसिद्ध हुई।

1911 ई. में 'इन्दु' में जयशंकर प्रसाद की सर्वप्रथम कहानी 'ग्राम' प्रकाशित हुई। इसी वर्ष जी.पी. श्रीवास्तव की प्रथम कहानी 'पिकनिक' प्रकाशित हुई। इन कहानियों से हिन्दी कहानी को एक नई दिशा मिली। इनके बाद प्रसादजी ने अन्य कई भाव प्रधान कहानियां लिखीं; जैसे—ममता, इन्द्रजाल, पुरस्कार, आकार दीप, स्वर्ग के खण्डहर आदि। अपनी कहानियों में प्रसादजी ने मानव हृदय के द्वन्द्व को बड़ी सफलता से चित्रित किया। इन कहानियों में ऐतिहासिक, यथार्थवादी, मनोवैज्ञानिक, प्रतीकात्मक, प्रेममूलक और भावनात्मक सब प्रकार की कहानियां हैं।

सुदर्शन की 'हार की जीत' कहानी में मानव-चरित्र के सूक्ष्म अन्तःरहस्यों का अनूठा उद्घाटन है। उनकी अन्य कहानियां न्याय मंत्री, अंधेरी दुनियां, कमल की बेटी आदि हैं।

'भिक्षुराज' चतुरसेन शास्त्री की सुन्दर ऐतिहासिक कहानी है। सियारामशरण गुप्त का एक कहानी संग्रह 'मानुषी' है। वृन्दावनलाल वर्मा के तीन कहानी संग्रह हैं—हरसिंगार, दबे पांव और कलाकार का दण्ड। उग्र ने प्राकृतवादी कहानियाँ लिखी हैं।

यशपाल की कहानियाँ मानव-प्रकृति का सूक्ष्म विश्लेषण करती हैं। उनकी शैली यथार्थवादी है, और आर्थिक समस्याओं को उन्होंने अपनी कहानियों की विषयवस्तु बनाया है। उनकी व्यंग्यात्मक शैली बड़ी समर्थ है। यशपालजी के कहानी संग्रह 'पिंजड़े की उड़ान', 'अभिशप्त', 'ज्ञानदान' और 'सच बोलने की भूल' आदि हैं।

भगवती प्रसाद वाजपेयी सामाजिक समस्याओं तथा पारिवारिक जीवन के सुयोग्य शिल्पी हैं। उनकी 'मिठाई वाला' कहानी में सुन्दर मनोवैज्ञानिक चित्रण है। भगवतीचरण वर्मा की कहानियों में यथार्थ का सुन्दर वर्णन मिलता है। उनके दो कहानी संग्रह 'दो बांके' और 'इन्सटालमेंट' हैं। 'प्रायश्चित' उनकी एक सुन्दर कहानी है।

जैनेन्द्रजी, प्रेमचंदजी की परिपाटी में आते हैं। उनके सात कहानी संग्रह प्रकाशित हो चुके हैं। जैनेन्द्रजी ने अपनी कहानियों के लिए प्रायः सामाजिक और पारिवारिक विषय चुने हैं; परन्तु उनकी कुछ कहानियों में यथार्थ और व्यंग्य का सुघर सम्मिश्रण मिलता है। 'एक रात', 'अपना-अपना भाग्य', 'वातायन', 'नीलम देश की राजकुमारी', 'पाजेब', आदि उनकी उत्कृष्ट कल्पना और भावुकतापूर्ण कहानियां हैं। पदुमलाल पुन्नालाल बख्शी की 'नन्दिनी' एक सुन्दर कहानी है। रायकृष्णदास की 'रमणी का रहस्य' एक सुन्दर कहानी है।

अज्ञेयजी वैयक्तिक व सामाजिक समस्याओं के सूक्ष्म निरीक्षक हैं। उनकी कहानियों में समाज पर करारा व्यंग्य मिलता है। इलाचन्द जोशी ने प्रायः मनोवैज्ञानिक सूझ-बूझ की बारीकी के आधार पर जीवन के चित्र उपस्थित किए हैं।

उत्कर्ष काल (1947 से अब तक)—इस काल में देश की बदली हुई परिस्थितियों का प्रभाव कहानी लेखकों पर भी पड़े बिना न रहा। अब राजनैतिक व सामाजिक विषयों के अलावा राष्ट्र निर्माण की योजनाओं को कहानी का विषय बनाया गया। अनेक मनोवैज्ञानिक और मार्क्सवादी कहानियों का प्रणयन भी किया गया। ऐसी कहानियों में या तो प्रतीकों के माध्यम से कुंठाओं की अभिव्यक्ति की गई है, या फिर लेखकों ने शोषक और शोषित वर्ग को कहानी की विषयवस्तु बनाया है। राहुल, रांगेय राघव और गिरीश अष्ठाना मार्क्सवादी विचारधारा के पोषक हैं। चन्द्रगुप्त विद्यालंकार, इलाचन्द्र जोशी और अज्ञेयजी मनोवैज्ञानिक विश्लेषण करने वाले कहानीकार हैं।

इस काल के अन्य कहानी लेखकों में धर्मवीर भारती, विष्णु प्रभाकर, मार्कण्डेय, रावी, मोहन राकेश, कमलेश्वर, राजेन्द्र यादव, राजेन्द्र अवस्थी, नागार्जुन, भीष्म साहनी और श्रीराम शर्मा के नाम विशेष रूप से उल्लेखनीय हैं।

उत्कर्ष काल में कहानी की दो नई विधाओं का जन्म हुआ। इसमें से एक को आंचलिक कहानी कहते हैं और दूसरी को नई कहानी। आंचलिक कहानी वास्तव में किसी विशेष क्षेत्र (अंचल) के सामाजिक, आर्थिक और सांस्कृतिक जीवन को उभारने का एक सफल प्रयत्न होती है। नई कहानी किसी घटना या विषय की प्रामाणिकता को चित्रित करती है। इस प्रकार के कहानीकारों में मोहन राकेश, राजेन्द्र यादव तथा कमलेश्वर के नाम उल्लेखनीय हैं।

कहानी के विकास में लेखिकाओं ने भी महत्वपूर्ण योग दिया है। इनमें सुभद्राकुमारी चौहान, तेजरानी पाठक, कमलादेवी चौधरी, उषा देवी मित्रा, होमवती, सत्यवती मलिक, चन्द्रवती, महादेवी वर्मा, मन्नू भंडारी, चन्द्रकिरण सोनरिक्सा आदि के नाम उल्लेखनीय हैं। सुभद्राकुमारी चौहान की 'कदम्ब के फूल', उषा देवी मित्रा की 'सान्ध्य तारा', सत्यवती मलिक की 'भाई बहन', कमला देवी चौधरी की 'अधूरा चित्र' होमवती देवी की 'मां' और महादेवी वर्मा की 'लछमा' कहानियाँ विशेष प्रसिद्ध हैं।

भारतेंदु पूर्व हिन्दी गद्य

नए युग भावों को अभिव्यक्त करने के माध्यम के रूप में काव्य का महत्व बना रहा किंतु साथ ही जीवन की सामान्य आवश्यकताओं को प्रस्तुत करने का दायित्व निभाने के लिए गद्य ने बागडोर अपने हाथों में सँभाली। ब्रजभाषा की कोमल कांत पदावली जीवन संघर्ष को प्रकट करने में समर्थ न थी। दूसरी ओर उर्दू और अंग्रेजी जनता की भाषाएँ नहीं थीं। जन भाषा के रूप में हिन्दी के महत्व को स्वीकारा गया। फोर्ट विलियम कालेज में हिन्दी भाषा के अध्ययन-अध्यापन की व्यवस्था की गई। जान गिलक्रिस्ट आदि अधिकारियों की प्रेरणा से हिन्दी ग्रंथों की रचना की गई। लल्लू लाल और सदल मिश्र की रचनाएँ इसी प्रेरणा का फल हैं। इसके अतिरिक्त मुंशी सदासुखलाल और इंशा अल्ला खाँ का नाम भी प्रारंभिक गद्य लेखकों में आता है। इनका कार्यकाल लगभग 1860 के आसपास रहा। हिन्दी खड़ीबोली गद्य के प्रारंभिक चार प्रमुख आचार्यों का स्थान बहुत महत्वपूर्ण है। उनका संक्षिप्त परिचय निम्न रूप में नीचे दिया जा रहा है–

1. **सदासुखलाल :** 'नियाज' उपनाम से प्रसिद्ध शायर सदासुखलाल ने उर्दू-फारसी में कई पुस्तकें लिखीं। 65 वर्ष की अवस्था में 'ईस्ट इंडिया कंपनी' की सेवा त्यागकर मुंशी जी ने प्रयाग निवास किया और भगवद्भक्ति में संलग्न रहते हुए श्रीमद्भागवत का अनुवाद 'सुख सागर' नाम से किया। उनकी भाषा में पूर्वी भाग में प्रचलित जनभाषा में संस्कृत के तत्सम शब्दों का प्रयोग किया गया है। उनका 'सुखसागर' एक धार्मिक ग्रंथ है। जिस पर कथा-वाचक पंडितों का स्पष्ट प्रभाव लक्षित होता है।

2. **पं. लल्लूलाल जी :** लल्लूलाल जी ने श्रीमद्भागवत् के दशम स्कंध के आधार पर 'प्रेम सागर' नामक ग्रंथ की रचना की। इसकी भाषा ब्रज मिश्रित खड़ी बोली है जिसमें तुकांतता का स्पष्ट प्रभाव है। इनकी भाषा का नमूना "महाराज इसी नीति से अनेक-अनेक प्रकार की बात कहते-कहते और सुनते-सुनते जब सब रात बितीत भई और चार घड़ी पिछली रही तब नंदराय जी से ऊधो जी ने कहा कि महाराज अब दधि मथने की बिरिया हुई जो आपकी आज्ञा पाऊँ तो यमुना स्नानकर आऊँ।"

3. **सदलमिश्र :** फोर्ट विलियम कॉलेज में सेवारत रहते हुए सदल मिश्र ने 'नासिकेतोपाख्यान' लिखा जिसे ब्रजभाषा के प्रभाव से सर्वथा मुक्त नहीं माना जा सकता, हाँ, पूर्वी बोली के जोन, इहाँ, जुड़ाई आदि अनेक शब्दों का प्रयोग करते हुए भाषा को व्यावहारिक रूप दिया गया है।

4. **इंशा अल्ला खाँ :** लोकप्रचलित भाषा में इंशा अल्ला खाँ ने 'उदयभान चरित' या 'रानी केतकी की कहानी' लिखी। इनकी भाषा संस्कृत तत्सम शब्दों के प्रयोग से मुक्त है और इस कारण बोझिल नहीं होने पाई। उनकी भाषा अरबी-फारसी एवं संस्कृत के शब्दों के प्रयोग से बचकर अपने निजी बोलचाल के स्वरूप को बनाए रखने में समर्थ हुई है। उसमें चटपटापन पाया जाता है। उसमें 'तरसना-बरसना' जैसी व्यावहारिक तुकबंदी की अधिकता दिखाई देती है। उनकी भाषा में शुद्ध हिन्दी का रूप दिखाई पड़ता है। किंतु उस पर फारसी का प्रभाव भी है। इंशा की भाषा का नमूना :

"कोई क्या कह सके, जितने घाट दोनों राज की नदियों में थे पक्के चाँदी के थक्के से होकर लोगों को हक्काबक्का कर रहे थे।"

इन चार महानुभावों ने खड़ी बोली के भवन की नींव रखी। इसके अतिरिक्त ईसाई पादरियों ने भी इस कार्य में योगदान किया। सर्वसाधारण की भाषा खड़ी बोली में ईसाई पादरियों ने अपने धर्मग्रंथ बाइबिल का अनुवाद कराया। धर्मग्रंथों के मुद्रण-हेतु मुद्रणालय स्थापित किए गए। इसमें हिन्दी प्रचार को प्रेरणा मिली।

इसी संदर्भ में स्वामी दयानन्द के कार्यों का उल्लेख न करना न्याय-संगत न होगा। स्वामी जी मूलतः गुजराती थे किन्तु उन्होंने अपने ग्रंथों की रचना उस भाषा में की जो देश की अधिकांश जनता के भावों को व्यक्त करने की क्षमता रखती थी। उनका 'सत्यार्थ प्रकाश' लगभग समस्त देश में आदर के साथ पढ़ा गया। उन्होंने आर्य समाज की स्थापना की। आर्य समाज के द्वारा संचालित की जाने वाली शिक्षा संस्थानों डी.ए.वी. स्कूलों और कॉलेजों तथा गुरुकुलों में हिन्दी को वरीयता प्रदान की गई। हिन्दी को समाज में सम्मानित स्थान दिलाने में आर्य समाज ने उल्लेखनीय कार्य किया।

'फोर्ट विलियम कॉलेज' में हिन्दुस्तानी भाषा विभाग के प्रथम अध्यक्ष जॉन गिलक्रिस्ट ने सबसे पहले 'हिन्दुस्तानी' के स्थान पर 'हिन्दी' शब्द का प्रयोग किया। कुछ समय बाद हिन्दी और उर्दू की प्रतिद्वंद्विता प्रारंभ हो गई। यह प्रतिद्वंद्विता राजा शिव प्रसाद सितारे हिंद और राजा लक्ष्मणसिंह की गद्यशैलियों में स्पष्ट दिखाई देती है। राजा शिवप्रसाद शिक्षा विभाग में अधिकारी थे। उन्होंने विद्यालयीय शिक्षा में हिन्दी को स्थान दिलाया। 'बनारस अखबार' नामक पत्र का प्रकाशन करके हिन्दी प्रचार में योगदान दिया। राजा लक्ष्मणसिंह ने महाकवि कालिदास के 'अभिज्ञान शाकुंतलं' नाटक का हिन्दी अनुवाद प्रस्तुत किया। उनकी भाषा में संस्कृत की ओर झुकाव है जबकि राजा शिवप्रसाद की भाषा उर्दू-फारसी की शब्दावली से बोझिल है। इस प्रकार हिन्दी गद्य ने संक्रमण काल की भिन्न-भिन्न विरोधी परिस्थितियों से गुजरते हुए आधुनिक युग में पदार्पण किया।

1857 की राज्य क्रांति और सांस्कृतिक पुनर्जागरण

आधुनिक काल के आरंभ में भारत में प्लासी-युद्ध के साथ ईस्ट इंडिया कंपनी का साम्राज्य स्थापित हुआ। जिसके फलस्वरूप देश में ब्रिटिश शासन की स्थापना हुई। उसके कुछ समय बाद ही राष्ट्रीय कांग्रेस का जन्म हुआ। बंग-भंग आंदोलन, प्रथम विश्वयुद्ध, जलियाँ वाला बाग का हत्याकांड, खिलाफत आंदोलन, महात्मा गांधी का असहयोग आंदोलन, 1936 में देश के विभिन्न प्रांतों में कांग्रेस मंत्री मंडल की स्थापना, द्वितीय विश्वयुद्ध, कांग्रेस मंत्री-मंडलों का त्यागपत्र, भारत छोड़ो आंदोलन, विश्व युद्ध का अंत, अंतरिम सरकार की स्थापना और अंत में 15 अगस्त 1947 को देश की स्वाधीनता आदि का घटनाचक्र तीव्रता से चला। राजनीतिक गतिविधियों से हमारा साहित्य प्रभावित हुआ। हिन्दी-साहित्य में इस नव-जागरण और नव राष्ट्रीय चेतना का स्वागत किया गया।

धार्मिक एवं सामाजिक परिस्थितियाँ–राजनैतिक आंदोलन के समानान्तर सामाजिक धार्मिक आंदोलन भी चलते रहे। इन आंदोलनों का उद्देश्य समाज-सुधार था। समाज-सुधार आंदोलन अप्रत्यक्ष रूप से स्वाधीनता प्राप्ति में सहायक सिद्ध हुए। इन आंदोलनों में ब्रह्म समाज, आर्य समाज, प्रार्थना समाज, थियोसिफिकल सोसाइटी, रामकृष्ण मिशन आदि का महत्वपूर्ण योगदान है।

ब्रह्मसमाज के मुख्य प्रवर्तक राजा राममोहन राय ने समाज में प्रचलित संकीर्ण रूढ़ियों का विरोध किया। उन्हीं के प्रयत्न से सतीप्रथा का उन्मूलन संभव हुआ। स्वामी दयानंद ने आर्यसमाज की स्थापना करके सामाजिक और धार्मिक क्षेत्रों में क्रांति का बिगुल बजा दिया। स्वामी जी ने वैदिक संस्कृति का पुनरुत्थान किया। प्राचीन रूढ़ियों का विरोध, नारी जाति के प्रति सम्मान की भावना, वेदों के प्रति आस्था, अस्पृश्यता का निवारण आदि कार्यों के माध्यम से स्वामी जी ने समाज में नव चेतना का संचार किया। इससे राजनीतिक आंदोलन को भी बल मिला। आर्य समाज के द्वारा स्थान-स्थान पर डी.ए.वी. विद्यालयों और गुरुकुलों की स्थापना की गई। आर्य समाज के अनेक कार्यकर्ताओं ने महात्मा गांधी के नेतृत्व में चलाए गए विविध आंदोलनों में सक्रिय भाग लिया। थियोसोफिकल सोसायटी के द्वारा श्रीमती एनीबेसेंट ने भारतीय आध्यात्मिकता का उत्थान किया तथा देश की राष्ट्रीयता की अभिवृद्धि की। इस संबंध में स्वामी रामकृष्ण परमहंस के शिष्य स्वामी विवेकानंद का अमूल्य योगदान भी सराहनीय है जिन्होंने राष्ट्रीयता का प्रचार करने के साथ-साथ धर्म के सच्चे स्वरूप का प्रतिपादन किया। उन्होंने रामकृष्ण मिशन के माध्यम से समाज-सेवा तथा मानव-सेवा का आदर्श उपस्थित किया। इन सबका हिन्दी साहित्य पर गहरा प्रभाव पड़ा। विश्व कवि रवीन्द्र के दार्शनिक दृष्टिकोण ने भी भारतीय समाज पर

अपनी छाप छोड़ी। हिन्दी साहित्य के आधुनिक काल के दूसरे चरण में महात्मा गांधी की विचारधारा का विशेष प्रभाव पड़ा। इन सामाजिक व धार्मिक आंदोलनों के परिणामस्वरूप बाल-विवाह, जातिभेद, दहेजप्रथा, प्राचीन रूढ़ियों व परंपराओं और अंधविश्वासों का विरोध किया गया। हिन्दी साहित्य के इतिहास पर इन सभी परिस्थितियों का स्पष्ट प्रभाव दिखाई देता है।

भारतेंदु और उनका मण्डल

हिन्दी काव्य के आधुनिक युग का श्रीगणेश भारतेंदु बाबू हरिश्चन्द्र से होता है। भारतेंदु के काव्य में नई भावनाओं की अभिव्यक्ति हुई है। उन्होंने ब्रजभाषा में काव्य रचना की किंतु यह भाषा जनभाषा में प्रचलित ब्रजभाषा थी। उन्होंने समाज सुधार, राष्ट्रीयता, भारत-महिमा, देशोत्कर्ष व हिन्दी प्रेम को अपने काव्य का विषय बनाया। उनके गंगा-वर्णन और यमुना-वर्णन प्रकृति-चित्रण के सुंदर उदाहरण हैं जो कवि के प्रकृति-प्रेम के प्रमाण हैं। 'भारत-दुर्दशा' और 'नीलदेवी' नाटकों में भारतेंदु ने देश की दीन-हीन दशा का यथार्थ वर्णन किया है। उनकी राष्ट्रीयता की भावना में व्यापकता है। हिन्दू, मुसलमान, ईसाई आदि सभी को उन्होंने भारत की संतान माना है। उन्होंने देशभक्ति के साथ राजभक्ति को भी साहित्य में स्थान दिया है।

अंगरेजी राज सुख साज सजे सब भारी।
पै धन विदेश चलि जात यहै अति ख्वारी।।

भारत की संपत्ति विदेश चली जाती है, यह देश की दीनता का कारण है और यह विचार ही कवि को व्यथित करता है। वैसे अन्य प्रकार से अंग्रेजी शासन अच्छा है। भारतेंदु ने रूढ़िबद्धता से हटकर प्रकृति का यथार्थ वर्णन करने का यत्न किया है। हाँ, प्रकृति वर्णन करते समय उनका ध्यान मानवी कृतियों की ओर अधिक आकृष्ट हुआ है। शब्द-योजना से उन्होंने कहीं-कहीं प्रकृति के सजीव चित्र उपस्थित कर दिए हैं।

भारतेंदु ने अपने काव्य में छुआछूत, बालविवाह, वृद्धविवाह व अंध-विश्वास आदि पर व्यंग्य करते हुए उनके प्रति विरोध प्रकट किया है। भारतेंदु राधा-कृष्ण के भक्त थे और उनकी भक्ति का कवि ने अपने काव्य का विषय बनाया किन्तु राधा-कृष्ण के शृंगारिक वर्णन में उन्होंने संयम और मर्यादा का पालन किया है। उनकी कविता में स्थान-स्थान पर हास्य-विनोद का पुट भी दिखाई देता है।

भारतेंदु ने 175 ग्रंथों की रचना की। 'प्रेम माधुरी', 'प्रेम फुलवारी', 'प्रेम-प्रलाप', 'प्रेम-मल्लिका' आदि उनके कविता संग्रह हैं। उन्होंने 'अंधेर नगरी', 'भारत-दुर्दशा', 'नीलदेवी', 'चंद्रावली', 'वैदिकी हिंसा-हिंसा न भवति' आदि अनेक नाटक लिखे। 'विद्या सुंदर', 'मुद्रा राक्षस', 'सत्यहरिश्चन्द्र' आदि अनुवाद ग्रंथ लिखे। साथ ही 'कवि वचन सुधा', 'हरिश्चन्द्र-मैगजीन', 'हरिश्चन्द्र चंद्रिका' और 'बाला-बोधिनी' आदि कई पत्रिकाओं का संपादन किया। 'हरिश्चन्द्र चंद्रिका' में पहली बार हिन्दी का परिष्कृत रूप मिलता है। उन्होंने 'कविता वर्धिनी' नामक संस्था की स्थापना करके साहित्य के प्रचार-प्रसार और उसकी अभिवृद्धि का प्रयत्न किया। अनेक गद्य-विधाओं में रचना कर भारतेंदु ने साहित्य की उन्नति का मार्ग प्रशस्त किया। वे संवेदनशील, भावुक तथा प्रतिभासंपन्न साहित्यकार थे। भारतेंदु अपने समय के प्रतिनिधि कवि थे। उन्होंने अनेक लेखकों का पथ-प्रदर्शन किया और उन्हें साहित्य-रचना हेतु प्रोत्साहन दिया। अतः उन्हें 'आधुनिक युग का प्रवर्तक' कहना अनुचित न होगा।

भारतेंदु मंडल के अन्य सहयोगी लेखकों में पं. प्रताप नारायण मिश्र, पं. बालकृष्ण भट्ट, बदरी नारायण चौधरी 'प्रेमघन' आदि के नाम उल्लेखनीय हैं। प्रकृति से मनमौजी प्रताप नारायण मिश्र अच्छे निबंधकार थे। उनकी तुलना अंग्रेजी गद्य-लेखक स्टील से की जाती है। उन्होंने 'ब्राह्मण' नामक पत्र का संपादन-संचालन किया। 'प्रताप लहरी' उनकी प्रतिनिधि कविताओं का संकलन है। उनके निबंधों और उनकी कविता में हास्य-व्यंग्य की पुट रहती थी।

पं. बालकृष्ण भट्ट सशक्त निबंध-लेखक, उपन्यासकार तथा पत्रकार थे। 'भट्ट निबंधावली' में उनके निबंधों का संकलन है। भट्ट जी ने 'नूतन ब्रह्मचारी' नामक उपन्यास भी लिखा। 'हिन्दी प्रदीप' नामक पत्र का दीर्घकाल तक कुशलतापूर्वक संपादन किया। योग्य निबंध लेखक के रूप में उनकी तुलना अंग्रेजी लेखक 'एडीसन' से की जाती है।

भारतेंदु युग के कवियों में बदरी नारायण चौधरी 'प्रेमघन' का स्थान महत्वपूर्ण है। उनकी कविताओं का संग्रह 'प्रेमघन सर्वस्व' है। 'आनंद-कादंबिनी' और 'नागरी-नीरद' नामक दो पत्रिकाओं का उन्होंने संपादन किया और 'रसिक-समाज' नामक एक साहित्य-सेवी संस्था की स्थापना की।

ठाकुर जगमोहन सिंह भी भारतेंदु युग के प्रतिभाशाली लेखक थे। उन्होंने 'प्रेम सम्पत्ति लता', 'देवयानी', 'प्रेम हजारा' आदि ग्रंथों की रचना की तथा महाकवि कालिदास की 'मेघदूत' और 'ऋतु संहार' का हिन्दी अनुवाद किया। प्रकृति-चित्रण संबंधी उनके दृश्य उल्लेखनीय हैं। भारतेंदु युग के अन्य प्रतिष्ठित कवियों में नाथूराम शंकर शर्मा की गणना भी की जाती है। उन्होंने खड़ी बोली में 'अनुराग रत्न' नामक काव्य ग्रंथ की रचना की जिसमें भक्ति एवं समाज-सुधार संबंधी कविताओं का संग्रह किया गया है।

श्रीधर पाठक इस युग के अग्रणी साहित्यकारों में गिने जाते हैं। उन्होंने पहले ब्रजभाषा और बाद में खड़ी बोली में रचना की। उनकी रचनाएँ राष्ट्रीय विचारधारा से ओतप्रोत हैं। 'कश्मीर सुषमा' में पाठक जी ने कश्मीर की प्रकृति की सुंदरता का बड़ा मर्मस्पर्शी चित्रण किया है। 'भारतगीत' में कवि के राष्ट्रीय भावों की अभिव्यक्ति हुई है। 'सांध्य अटन' कवि के मुक्त छंदों का संकलन है। पाठक जी ने अंग्रेजी कवि गोल्ड स्मिथ के दो ग्रंथों Traveller (ट्रेवेलर) और Deserted Village (डेजर्टेड विलेज) का 'श्रांत पथिक' तथा 'ऊजड़ गाँव' नाम से अनुवाद किया।

अन्य कवियों में अम्बिका दत्त व्यास राधाकृष्ण दास आदि भी उल्लेखनीय रहे हैं।

19वीं शताब्दी के उत्तरार्ध की हिन्दी पत्रकारिता

इस काल में पत्र-पत्रिकाओं का उद्देश्य जनता में जागरण और सुधार की भावना उत्पन्न करना था। अन्याय का प्रतिकार भी, अपनी सीमाओं में, ये पत्र-पत्रिकाएं करती थीं। बहुसंख्यक पत्रिकाएं दो-दो तीन-तीन भाषाओं में निकलती थीं। इनमें प्रयुक्त हिन्दी-भाषा टूटी-फूटी और अपरिमार्जित होती थी।

भारतेंदु का स्थान हिन्दी-पत्रकारिता के क्षेत्र में अन्यतम है। उन्होंने हिन्दी के प्रत्येक अभाव को दूर करने की भरपूर चेष्टा की। 'कविवचनसुधा' के प्रकाशन से लेकर भारतेंदु के अस्त होने तक हिन्दी-पत्रकारिता के विकास का दूसरा उत्थान (1868-1885) पूरा हो जाता है। इस अवधि में हिन्दी-भाषा का रूप स्थिर और परिमार्जित हुआ, जागरण और सुधार की भावना का प्रसार हुआ तथा अनेक वर्णों और धर्मों में विभाजित भारतवासियों ने अपने जाति-वर्ग के उत्थान के लिए जातीय और धार्मिक पत्र-पत्रिकाओं का प्रकाशन आरंभ किया। क्रमशः पत्र-पत्रिकाओं में गंभीर लेख निकलने लगे और कुछ शुद्ध साहित्यिक पत्रिकाओं का प्रकाशन भी हुआ। इनके माध्यम से राष्ट्रीय चेतना भी अधिक प्रखर रूप में सामने आयी। भारतेंदु हरिश्चंद्र के जीवनकाल में प्रकाशित कुछ प्रमुख पत्र-पत्रिकाएं निम्नलिखित हैं–

पत्र-पत्रिकाएं	प्रकाशन अवधि	प्रकाशन स्थान
1. कविवचनसुधा (1868)	मासिक, पाक्षिक, साप्ताहिक	काशी
2. जगत-समाचार (1869)	साप्ताहिक	आगरा
3. सुलभ समाचार (1871)	साप्ताहिक	कलकत्ता
4. बिहारबंधु (1871)	मासिक	बांकीपुर
5. चरणाद्रिचंद्रिका (1873)	साप्ताहिक	बनारस
6. हरिश्चंद्र मैगजीन (1873)	मासिक	बनारस
7. बालाबोधिनी (1874)	मासिक	बनारस
8. भारतबंधु (1874)	साप्ताहिक	अलीगढ़
9. काशी-पत्रिका (1875)	साप्ताहिक	काशी
10. हिन्दी-प्रदीप (1877)	मासिक	इलाहाबाद
11. कायस्थ समाचार (1878)	मासिक	इलाहाबाद
12. आर्यमित्र (1878)	मासिक	बनारस
13. उचित वक्ता (1878)	साप्ताहिक	कलकत्ता
14. भारत-सुदशा-प्रवर्तक (1879)	–	फर्रुखाबाद
15. सारसुधानिधि (1879)	साप्ताहिक	कलकत्ता
16. क्षत्रिय पत्रिका (1880)	मासिक	बांकीपुर
17. आनंदकादंबिनी (1881)	मासिक	मिर्जापुर
18. भारतेंदु (1883)	–	वृंदावन
19. देवनागरी-प्रचारक (1882)	–	मेरठ
20. ब्राह्मण (1883)	मासिक	कानपुर
21. काशी-समाचार (1883)	साप्ताहिक	काशी
22. इंदु (1883)	मासिक	लाहौर
23. कान्यकुब्ज-प्रकाश (1884)	–	लखनऊ
24. हिंदोस्थान (1885)	दैनिक	कालाकांकर
25. भारतोदय (1885)	दैनिक	कानपुर।

हिन्दी-पत्रकारिता के तृतीय उत्थान (1886-1900) में 200 से ऊपर छोटी-बड़ी हिन्दी पत्र-पत्रिकाएं प्रकाशित हुईं। इनसे हिन्दी-भाषा की शक्ति एवं लोकप्रियता का बोध तो होता ही है, देशव्यापी जनजागरण की सूचना भी मिलती है। कुछ मुख्य पत्र-पत्रिकाएं निम्नलिखित हैं–

पत्र-पत्रिकाएं	प्रकाशन अवधि	प्रकाशन स्थान
1. आर्यावर्त (1887)	साप्ताहिक	कलकत्ता
2. रहस्य-चंद्रिका (1888)	पाक्षिक	बनारस
3. हिन्दी बंगवासी (1890)	साप्ताहिक	कलकत्ता
4. नागरी-नीरद (1893)	साप्ताहिक	मिर्जापुर
5. साहित्य-सुधानिधि (1894)	मासिक	काशी
6. श्री वेंकटश्वर समाचार (1895)	साप्ताहिक	बंबई
7. विद्याविनोद (1895)	मासिक	बांकीपुर
8. नागरीप्रचारिणी-पत्रिका (1896)	त्रैमासिक	काशी
9. समस्यापूर्ति (1897)	–	बांकीपुर
10. रसिक-पत्रिका (1897)	साप्ताहिक	कानपुर
11. उपन्यास (1898)	मासिक	काशी
12. पंडित-पत्रिका (1898)	मासिक	काशी
13. सरस्वती (1900)	मासिक	इलाहाबाद

तीसरे उत्थान तक राजनीतिक चेतना का केंद्र बंगाल ही था। हिन्दी-प्रदेश में भारतेंदु के समय में जो राष्ट्रीय जागरण की लहर आयी थी, उसे 'हिन्दी-प्रदीप' ने पूरी शक्ति से जीवित रखा। इस पूरी अवधि (1886-1900) में राष्ट्र का नेतृत्व कांग्रेस के नरम या उदार नेताओं के हाथ में था। इसलिए पत्र-पत्रिकाओं में भी सामान्यतः विद्रोही स्वर मुखरित नहीं हुआ।

द्विवेदी युग

आचार्य महावीर प्रसाद द्विवेदी के नाम से प्रसिद्ध यह युग राष्ट्रीय जागृति तथा समाज-सुधार के आंदोलन का युग था। भारतीय राष्ट्रीय कांग्रेस की स्थापना हो चुकी थी। आर्य समाज ने देश की प्राचीन संस्कृति की गरिमा का गुणगान करके जनता के हृदय में अपनी संस्कृति के प्रति आस्था जगाई। स्वामी रामकृष्ण परमहंस, स्वामी विवेकानन्द, स्वामी रामतीर्थ आदि ने भारत के प्राचीन गौरव का शंखनाद किया। कांग्रेस के कर्णधार बालगंगाधर तिलक, गोपाल कृष्ण गोखले, लाला लाजपत राय आदि ने देशवासियों को राष्ट्र के उत्थान हेतु संघर्ष करने के लिए प्रोत्साहित किया।

द्वितीय महायुद्ध के समाप्त होने पर 'रोलेट एक्ट' की प्रतिक्रिया में महात्मा गांधी के नेतृत्व में देशभर में असहयोग और सत्याग्रह आंदोलन की धूम मच गई। इन आंदोलनों की गहरी छाप हिन्दी साहित्य पर पड़ी। इस कार्य में 'सरस्वती' पत्रिका का अमूल्य योगदान रहा। आचार्य द्विवेदी के कुशल संपादकत्व में 'सरस्वती' ने अनेक नवोदित साहित्यकारों को प्रोत्साहन देकर हिन्दी की महती सेवा की। आचार्य द्विवेदी ने भाषा का परिमार्जन कर हिन्दी को व्याकरण सम्मत रूप प्रदान किया। उन्होंने देश के अतीत गौरव की रक्षा करते हुए नवीनता को ग्रहण करने की प्रेरणा दी। इस प्रकार समाज के नवोदय का मार्ग प्रशस्त हुआ।

महावीर प्रसाद द्विवेदी और उनका युग

महावीरप्रसाद द्विवेदी : महावीरप्रसाद द्विवेदी (1864-1938) का जन्म जिला रायबरेली के दौलतपुर नामक ग्राम में हुआ था। गांव की पाठशाला में प्रारंभिक शिक्षा पाने के पश्चात ये अंग्रेजी पढ़ने के लिए रायबरेली के स्कूल में भर्ती हुए, बाद में रनजीतपुरवा (जिला उन्नाव) फतेहपुर तथा उन्नाव के स्कूलों में दाखिल हुए। वहां से अपने पिता के पास बंबई चले गये। बंबई में इन्होंने संस्कृत, गुजराती, मराठी और अंग्रेजी का अच्छा ज्ञान प्राप्त किया। मिडिल कक्षाओं में इन्होंने वैकल्पिक विषय के रूप में फारसी पढ़ी तथा इन्हें बंगला का भी अच्छा अभ्यास था। आजीविका के लिए द्विवेदी जी ने रेलवे की नौकरी की, किंतु उच्चाधिकारी से कुछ कहा-सुनी हो जाने के कारण इन्होंने त्यागपत्र दे दिया। साहित्य-साधना तो द्विवेदी जी नौकरी के दिनों में भी कर रहे थे, किंतु नौकरी छोड़ने के बाद तो ये पूर्णतया हिन्दी भाषा और साहित्य की सेवा में जुट गये। सन् 1903 में ये 'सरस्वती' के संपादक बने और 1920 तक बड़े परिश्रम और लगन से यह कार्य करते रहे। 'सरस्वती' के संपादक के रूप में इन्होंने हिन्दी भाषा और साहित्य के उत्थान के लिए जो कार्य किया, वह चिरस्मरणीय रहेगा। इनके प्रोत्साहन और मार्गदर्शन के परिणामस्वरूप कवियों और लेखकों की एक पीढ़ी का निर्माण हुआ। खड़ी बोली को परिष्कार तथा स्थिरता प्रदान करने वालों में ये अग्रगण्य हैं। ये कवि,

आलोचक, निबंधकार, अनुवादक तथा संपादकाचार्य थे। इनके लिखे हुए मौलिक और अनूदित गद्य-पद्य ग्रंथों की संख्या लगभग 80 है। मौलिक काव्यरचना की ओर इनकी विशेष प्रवृत्ति नहीं थीं, इनकी अनूदित काव्य-कृतियां अधिक सरस हैं। गद्य-लेखन एवं संपादन के क्षेत्र में इन्हें विशेष सफलता मिली। 'काव्यमंजूषा', 'सुमन' (1923), 'कान्यकुब्ज अबला-विलाप' (मौलिक पद्य), 'गंगालहरी', 'ऋतु-तरंगिणी', 'कुमारसंभवसार' (अनूदित) आदि द्विवेदी जी की उल्लेखनीय रचनाएं हैं।

अयोध्यासिंह उपाध्याय 'हरिऔध' : 'हरिऔध' जी (1865-1947) द्विवेदी-युग के प्रख्यात कवि होने के साथ-साथ उपन्यासकार, आलोचक एवं इतिहासकार भी थे। पुरातन संस्कृति का पुनरुद्धार, देश के वर्तमान युवक का उचित मार्गप्रदर्शन तथा कविता में उपदेशात्मक वृत्ति को इन्होंने आरंभ से ही अपना ध्येय रखा। इनका जन्म निजामाबाद, जिला आजमगढ़ में हुआ था। इन्होंने उर्दू, फारसी एवं संस्कृत का ज्ञान घर पर ही प्राप्त किया। सर्वप्रथम ये निजामाबाद के मिडिल स्कूल में अध्यापक हुए, उसके पश्चात कानूनगो। इन्होंने सन् 1923 में सरकारी नौकरी से अवकाश ग्रहण किया और शेष जीवन साहित्यसेवा में समर्पित कर दिया। कुछ समय तक इन्होंने काशी विश्वविद्यालय में अवैतनिक प्राध्यापक के रूप में भी कार्य किया। इनके काव्याग्रंथों में 'प्रियप्रवास' (1914), 'पद्यप्रसून' (1925), 'चुभते चौपदे', 'चोखे चौपदे' (1932), 'बोलचाल', 'रसकलस' तथा 'वैदेही-वनवास' (1940) प्रसिद्ध हैं। इनमें से 'प्रियप्रवास' खड़ी बोली में लिखा गया प्रथम महाकाव्य है।

राय देवीप्रसाद 'पूर्ण' : राय देवीप्रसाद 'पूर्ण' (1868-1915) का जन्म जबलपुर में हुआ था। वहीं पर बी.ए. तक शिक्षा प्राप्त कर इन्होंने कुछ दिन वकालत की और फिर कानपुर चले आये। वकालत के अतिरिक्त ये सार्वजनिक कार्यों में भी सोत्साह भाग लेते थे। ये संस्कृत के अच्छे ज्ञाता थे तथा वेदांत में इनकी विशेष रुचि थी। व्यावसायिक और सामाजिक कार्यकलाप में अत्यंत व्यस्त रहते हुए भी ये साहित्य के अध्ययन और प्रणयन में दत्तचित्त रहे। इनकी कविता बड़ी सरस एवं भावपूर्ण है। ब्रजभाषा और खड़ी बोली दोनों पर इनका समानाधिकार था। इन्होंने शृंगारादि परंपरागत विषयों पर ब्रजभाषा में तथा देशभक्ति आदि नवीन विषयों पर खड़ी बोली में काव्यरचना की है। प्रकृति-सौंदर्य की ओर भी इनका ध्यान गया था। इनके प्रकृति-चित्र बड़े सरल और स्वाभाविक हैं। 'धाराधरधावन' (1902) शीर्षक से इन्होंने कालिदास के 'मेघदूत' का अत्यंत सरस पद्यबद्ध अनुवाद किया है। 'स्वदेशी कुंडल' (1910) में इनकी देशभक्तिपूर्ण 52 कुंडलियां संगृहीत हैं। 'मृत्युंजय' (1904), 'राम-रावण-विरोध' (1906) तथा 'वसंत-वियोग' (1912) इनकी अन्य उल्लेखनीय काव्य-कृतियाँ हैं।

रामचरित उपाध्याय : रामचरित उपाध्याय (1872-1938) गाजीपुर के रहने वाले थे। इनकी आरंभिक शिक्षा संस्कृत में हुई। बाद में इन्होंने ब्रजभाषा और खड़ी बोली पर भी अच्छा अधिकार प्राप्त किया। पहले ये प्राचीन विषयों पर ही कविताएँ लिखते थे, किंतु आचार्य द्विवेदी के संपर्क में आने पर इन्होंने खड़ी बोली तथा नूतन विषयों को अपनाया। 'राष्ट्रभारती', 'देवदूत', 'देवसभा', 'विचित्र विवाह' आदि कृतियों के अतिरिक्त उपाध्याय जी ने 'रामचरितचिंतामणि' नामक प्रबंधकाव्य की भी रचना की।

गयाप्रसाद शुक्ल 'सनेही' : कविवर 'सनेही' (1883-1972) का जन्म उन्नाव जिले के हड़हा ग्राम में हुआ था। ये उर्दू के भी अधिकारी विद्वान थे और हिन्दी के साथ-साथ उर्दू में भी अच्छी कविता करते थे। हिन्दी में इन्होंने प्राचीन और नवीन दोनों शैलियों की कविता लिखी है। खड़ी बोली में कवित्त और सवैया छंदों का प्रयोग करने में ये बड़े माहिर थे। उर्दू-बह्रों का भी इन्होंने कुशल प्रयोग किया है। शृंगार आदि परंपरागत विषयों पर जहां ये 'सनेही' उपनाम से लिखते थे, वहां राष्ट्रीय भावनाओं की कविता को इन्होंने 'त्रिशूल' उपनाम से लिखा है। तत्कालीन राष्ट्रीय आंदोलनों के लिए इन्होंने अनेक प्रणयगीत और बलिदानगीत लिखे। पराधीन देश की दुर्दशा, आर्थिक विषमता, अस्पृश्यता आदि विषयों पर भी इन्होंने बड़ी मार्मिक एवं प्रभावी कविताओं का प्रणयन किया। ये कवि-सम्मेलनों में उत्साहपूर्वक भाग लेते थे तथा '[illegible]वि' नामक काव्यपत्रिका के संपादक भी थे। 'कृषक-क्रंदन', 'प्रेम-पचीसी', 'राष्ट्रीय-वीणा', 'त्रिशूल-तरंग', 'करुणा-कादंबिनी' आदि इनकी मुख्य काव्य रचनाएं हैं।

बालमुकुंद गुप्त : एक प्रतिभाशाली संपादक के रूप में बालमुकुंद ने दीर्घकाल तक 'भारत मित्र' का संपादन किया। उससे पूर्व वे कोहनूर, हिंदोस्तान, हिन्दी, बंगवासी आदि पत्रों के भी संपादक रह चुके थे। 'शिवशंभू का चिट्ठा' शीर्षक से लिखे गए उनके लेख पत्र शैली में लिखे गए हैं। इन पत्रों में गुप्त जी के अच्छे निबंधकार होने के साथ ही साथ उनके एक अच्छे आलोचक होने का भी परिचय मिलता है। उनकी

कविता में प्रकृति प्रेम, समाज-सुधार और देश प्रेम की भावनाएँ मुखरित हुई हैं। हास्य-व्यंग्य का समावेश करके अपने गद्य को गुप्त जी ने अधिक सशक्त बना दिया है। पद्य की अपेक्षा उनका गद्य अधिक प्रभावशाली है।

लाला भगवान दीन : अपने समय के कुशल कवियों में लाला भगवान दीन का महत्वपूर्ण स्थान है। उन्होंने अनेक प्राचीन ग्रंथों की टीकाएँ लिखीं। ब्रजभाषा और खड़ी बोली पर लाला जी को समान रूप से अधिकार प्राप्त था। उन्होंने दोनों भाषाओं में काव्य रचना की। लाला जी को उर्दू-फारसी का भी ज्ञान था। हिन्दू विश्वविद्यालय, काशी में प्राध्यापक के रूप में उन्होंने कई वर्षों तक कार्य किया।

जगन्नाथ दास रत्नाकर : आधुनिक युग में ब्रजभाषा के सशक्त काव्यकार के रूप में जगन्नाथ दास 'रत्नाकर' का नाम सम्मानपूर्वक लिया जाता है। उन्होंने 'हरिश्चन्द्र', 'गंगालहरी', 'उद्धव शतक', 'गंगावतरण' आदि अनेक ग्रंथों की रचना की। उनमें से 'उद्धव शतक' और 'गंगावतरण' को विशेष ख्याति प्राप्त हुई। उद्धव शतक में भावों की गहनता है। गंगावतरण कथा प्रधान रचना है। उद्धव शतक में प्राचीन परम्परा का पालन किया गया है। उस पर भक्तिकाल और रीतिकाल का प्रभाव परिलक्षित होता है। कृष्ण-प्रेम में पगी 'उद्धव शतक' की गोपियाँ अकाट्य तर्क प्रस्तुत करती हैं। रत्नाकर के काव्य में उनकी प्रतिभा, अनुभूति और मौलिकता छिपी है। उनकी भाषा में ओज, माधुर्य, लालित्य और प्रवाह है। उनकी भाषा विशुद्ध साहित्यिक ब्रज भाषा है जिस पर संस्कृत का स्पष्ट प्रभाव दिखाई देता है। उन्होंने मुहावरों का भी सार्थक प्रयोग किया है।

मिश्रबन्धु : श्यामबिहारी मिश्र, शुकदेव बिहारी मिश्र तथा गणेश बिहारी मिश्र इन तीनों भाइयों ने मिलकर 'मिश्र बन्धु' नाम से हिन्दी साहित्य की अभिवृद्धि में योगदान किया। उन्होंने ब्रजभाषा और खड़ी बोली में कविताएँ लिखीं। इन्होंने महाकवि कालिदास के महाकाव्य 'रघुवंश' के कुछ अंशों का पद्यानुवाद किया। मिश्रबंधु का नाम विशेष रूप से आलोचना के क्षेत्र में प्रसिद्ध है। हिन्दी साहित्य का इतिहास लिखकर भी उन्होंने महत्वपूर्ण कार्य किया। 'मिश्रबंधु विनोद' नामक उनकी रचना प्रसिद्ध है।

मैथिलीशरण गुप्त और राष्ट्रीय काव्य धारा

मैथिलीशरण गुप्त (1886-1964) का जन्म चिरगांव (झांसी) में हुआ था। ये द्विवेदी-काल के सर्वाधिक लोकप्रिय कवि थे। गुप्त जी की आरंभिक रचनाएं कलकत्ता से निकलने वाले 'वैश्योपकारक' में प्रकाशित होती थीं। बाद में इनका परिचय आचार्य महावीरप्रसाद द्विवेदी से हुआ और इनकी कविताएँ 'सरस्वती' में प्रकाशित होने लगीं। द्विवेदी जी के आदेश और उपदेश तथा स्नेहम प्रोत्साहन के परिणामस्वरूप इनकी काव्यकला में निखार आया। इनकी प्रथम पुस्तक 'रंग में भंग' का प्रकाशन सन् 1909 में हुआ, किंतु इनकी ख्याति का मूलाधार 'भारत-भारती' (1912) है। 'भारत-भारती' ने हिंदीभाषियों में जाति और देश के प्रति गर्व और गौरव की भावनाएं प्रबुद्ध कीं और तभी से ये राष्ट्रकवि के रूप में विख्यात हुए।

गुप्त जी की प्रारंभिक रचनाओं में 'रंग में भंग' और 'जयद्रथ वध' का नाम आता है। 'जयद्रथ वध' एक खंड काव्य है जिसकी कथा प्रसिद्ध महाकाव्य 'महाभारत' से ली गई है। प्रकाशित होने पर हिन्दी जगत ने इसका खूब स्वागत किया। इनकी अन्य रचनाएँ हैं–'पंचवटी', 'अनघ', 'गुरुकुल', 'सिद्धराज', 'द्वापर', 'झंकार', 'चंद्रहास', 'तिलोत्तमा', 'शकुंतला', 'नहुष', 'किसान', 'प्लासी का युद्ध'।

गुप्त जी के दो मुख्य प्रबंध काव्य 'साकेत' और 'यशोधरा' हैं जो उनकी कीर्ति के आधार स्तंभ हैं। इन काव्यों में गुप्त जी की प्रतिभा विशेष रूप से निखरी है। लक्ष्मण और उनकी पत्नी उर्मिला के त्यागमय चरित्र को आधार बनाकर गुप्त जी ने 'साकेत' की रचना की। साकेत में कवि ने विशेष रूप से लक्ष्मण की पत्नी उर्मिला की भावात्मक अनुभूतियों तथा उसकी त्याग भरी विरह-व्यथा को सजीव किया है।

''युग युग तक चलती रहे कठोर कहानी।
रघुकुल में भी थी एक अभागी रानी।।''

इन शब्दों के माध्यम से गुप्त जी ने कैकेयी के चरित्र का विशेष गौरव प्रदान किया है।

''यशोधरा'' में गुप्त जी की निम्नलिखित पंक्ति नारी-जीवन की करुण कहानी को प्रतिबिंबित कर देती है :

अबला जीवन हाय तुम्हारी यही कहानी।
आँचल में है दूध और आँखों में पानी।।

यहाँ 'दूध' माँ के वात्सल्य और 'आँखों में पानी' उसकी विरह-जन्य वेदना का द्योतक है। गुप्त जी मातृभूमि के अनन्य उपासक थे। मातृभूमि की शोभा का वर्णन करते हुए उन्होंने कहा :

नीलांबर परिधान हरित पट पर सुंदर है,
सूर्य चंद्र युग-मुकुट मेखला रत्नाकर है।।

सचमुच वे जनता के प्रतिनिधि कवि थे। उन्हें 'राष्ट्रकवि' की उपाधि से सम्मानित किया गया, जो सर्वथा उचित है।

गुप्त जी की भाषा शुद्ध, सरल प्रसाद गुण से युक्त, संस्कृत निष्ठ परिमार्जित खड़ी बोली है। उन्होंने रीतिकाव्य, प्रबंध काव्य, खंडकाव्य, मुक्तक आदि विविध प्रकार के काव्यों की रचना की। भाषा के सौंदर्य को बढ़ाने के लिए यथास्थान अलंकारों का भी समुचित प्रयोग किया है।

राष्ट्रीय काव्यधारा के प्रमुख कवि

माखनलाल चतुर्वेदी : हिन्दी-साहित्य-संसार में 'एक भारतीय आत्मा' के नाम से प्रसिद्ध माखनलाल चतुर्वेदी राष्ट्रीय विचारधारा के प्रमुख कवि थे। वे देश के स्वतंत्रता-संग्राम के कर्मठ सेनानी थे। इसी कारण उनकी कविताओं में भी राष्ट्रीय जीवन की यथार्थ अभिव्यक्ति हुई है। 'पुष्प की अभिलाषा' कविता देशभक्त नवयुवकों के जीवन का आदर्श मंत्र थी। कविता की पंक्तियाँ यहाँ उद्धृत की जाती हैं :

चाह नहीं सुरबाला के गहनों में गूंथा जाऊँ,
चाह नहीं प्रेमी माला में बिंध प्यारी को ललचाऊँ।
चाह नहीं सम्राटों के शव पर हे हरि! डाला जाऊँ,
चाह नहीं देवों के सिर पर चढ़ूँ भाग्य पर इठलाऊँ।।
मुझे तोड़ लेना वनमाली, उस पथ में देना तुम फेंक।
मातृभूमि पर शीश चढ़ाने जिस पथ जावें वीर अनेक।।

चतुर्वेदी जी का काव्य-संग्रह 'हिम किरीटिनी' बहुत प्रसिद्ध हुआ। 'हिमतरंगिणी' राष्ट्रीयता के भावों से ओतप्रोत है। 'कृष्णार्जुनयुद्ध' नाटक और 'साहित्य देवता' उनके निबंधों का संग्रह है। उन्होंने 'प्रभा', 'प्रताप', और 'कर्मवीर' पत्रिकाओं का कुशलतापूर्वक संपादन भी किया।

बालकृष्ण शर्मा 'नवीन' : माखनलाल चतुर्वेदी की भाँति 'नवीन' भी राष्ट्रीय आंदोलन के सक्रिय कार्यकर्ता थे। उनकी ओजगुण प्रधान कविता 'विप्लव गान' ने राष्ट्रभक्तों को नया जीवन प्रदान किया। इस कविता की कुछ पंक्तियाँ इस प्रकार हैं :

कवि कुछ ऐसी तान सुनाओ।
जिससे उथल-पुथल मच जाए।।
एक लहर इधर से आए।
एक लहर उधर से आए।।
प्राणों के लाले पड़ जाएँ।
त्राहि-त्राहि सब नभ में छाए।।

रामनरेश त्रिपाठी : राष्ट्रीय भावना के प्रमुख कवियों में रामनरेश त्रिपाठी का विशिष्ट स्थान है। त्रिपाठी जी ने 'मिलन', 'पथिक' और 'स्वप्न' तीन खंडकाव्यों की रचना की है। 'स्वप्न' में देश-प्रेम और त्याग के आदर्श प्रस्तुत किए गए हैं। अपनी कविता के माध्यम से त्रिपाठी जी ने देश के प्राचीन गौरव को सरल शब्दों में प्रकट किया है :

अतुलनीय जिनके प्रताप का साक्षी है प्रत्यक्ष दिवाकर।
घूम-घूमकर देख चुका है जिनकी निर्मल कीर्ति निशाकर।।

सियाराम शरण गुप्त : राष्ट्रकवि मैथिलीशरण गुप्त के अनुज सियाराम शरण गुप्त गाँधीवादी विचारधारा के मुख्य कवि माने जाते हैं। 'आर्द्रा' नामक काव्य-संग्रह में उनकी करुणापूर्ण कथात्मक कविताएँ संग्रहीत हैं। 'विषाद' भावपूर्ण कविताओं का संग्रह है। 'पाथेय' में कवि की विचारपूर्ण कविताओं का संकलन है। सियाराम शरण आशावादी कवि थे। उनका आशावाद उनके काव्य में भी व्यक्त हुआ है।

यह क्या हुआ! दीख पड़ती थी तू तो काली-काली।
कहाँ छिपाए थी उस तम में यह अपूर्व उजियाली।।

'बापू' और 'नोआखाली' काव्य गाँधीवादी विचारधारा से प्रेरित है।

श्याम नारायण पांडे : इन्होंने वीररस प्रधान काव्य 'हल्दीघाटी' की रचना की।

राष्ट्रीय धारा के अन्य प्रमुख कवियों में रामधारी सिंह 'दिनकर', सोहनलाल द्विवेदी, सुभद्रा कुमारी चौहान आदि का नाम आदर के साथ लिया जाता है जिनकी कविता में राष्ट्रीय चेतना के स्वर अधिक प्रखरता के साथ उभरे हैं। इनका उल्लेख किए बिना राष्ट्रीय काव्यधारा का परिचय पूर्ण नहीं माना जा सकता है।

रामधारी सिंह 'दिनकर' : 'हिमालय' कविता 'दिनकर' के राष्ट्र-गौरव के प्रति आसक्ति का ज्वलंत प्रमाण है। 'दिनकर' की राष्ट्रीयता में आवेश, संघर्ष भाव और हिंसा की प्रवृत्ति स्पष्ट दिखाई देती है। इसलिए उनकी कविता उद्दाम भाव को जगाती है। उनकी कविता में युद्धकालीन वातावरण और

परिवेश मिलता है। पूंजीपतियों द्वारा किए गए शोषण के प्रति उनके हृदय में रोष है तथा शोषितों के प्रति सहानुभूति की अभिव्यक्ति हुई है।

'दिनकर' प्रगतिवादी कवि थे। उन्होंने दलित वर्ग को उन्नत करने की प्रेरणा दी है। 'दिनकर' रक्त क्रांति के समर्थक थे। 'कुरुक्षेत्र' में अपने अधिकार को प्राप्त करने के लिए वे युद्ध करने के लिए तत्पर दिखाई देते हैं :

छीनता हो स्वत्व कोई, और तू।
त्याग तप से काम ल, यह पाप है।।
पुण्य है विछिन्न कर देना उसे।
बढ़ रहा तेरी तरफ जो हाथ है।।

सोहनलाल द्विवेदी : राष्ट्रप्रेम की भावनाओं से अभिभूत सोहनलाल द्विवेदी ने 'भैरवी', 'पूजागीत', 'वासवदत्ता', 'विषपान' आदि काव्य-संग्रह लिखे। 'कुणाल' नामक एक खंड काव्य भी उन्होंने लिखा। द्विवेदी जी के काव्य पर गाँधीवादी विचारधारा का प्रभाव स्पष्ट दिखाई देता है। *'वन्दना' के इन स्वरों में एक स्वर मेरा मिला लो*। द्विवेदी जी की यह काव्य पंक्ति उनकी गहरी देशभक्ति की भावना को साकार करने के लिए पर्याप्त है।

सुभद्रा कुमारी चौहान : 'झाँसी की रानी' शीर्षक कविता के माध्यम से कवयित्री सुभद्राकुमारी चौहान ने लोकप्रियता की जिस सीमा को लांघा वहाँ तक बहुत कम साहित्यकार पहुँच पाते हैं। 'झाँसी की रानी' कविता में कवयित्री ने भारतीय नारी के आदर्श जीवन को उद्घाटित करते हुए देशप्रेम का सच्चा स्वरूप प्रस्तुत किया है। उनकी 'वीरों का कैसा हो वसन्त' कविता ने भी बहुत प्रसिद्धि प्राप्त की। 'मुकुल' में उनकी कविताओं का संग्रह है उन्होंने अपनी कविता में वात्सल्य के सुंदर और स्वाभाविक चित्र प्रस्तुत किए हैं। मातृहृदय की अनुभूति को चित्रित करते हुए 'मेरा बचपन' शीर्षक कविता की ये पंक्तियाँ उद्धरणीय हैं :

यह मेरी गोदी की शोभा,
सुख-सुहाग की है लाली।
शाही शान भिखारिन की,
है मनोकामना मतवाली।।

छायावाद और उसके बाद

छायावादी काव्य की प्रमुख विशेषताएं

'छायावाद' शब्द के अर्थ को लेकर आलोचना-जगत में काफी विवाद रहा है। इसका कारण यह है कि जहां यथार्थवाद, आदर्शवाद, प्रगतिवाद आदि ऐसे नाम हैं, जिनके आधार पर इन वादों कें अंतर्गत स्वीकृत रचनाओं के बुनियादी स्वरूप को आसानी से समझा जा सकता है, वहीं 'छायावाद' शब्द किसी ऐसे स्पष्ट अर्थ का बोध नहीं कराता, जिसके आधार पर छायावादी काव्य की विशेषताओं को समझा जा सके।

छायावाद के व्यापक अर्थ में उन्होंने रहस्यवाद को भी समाविष्ट किया है। इधर प्रसाद जी ने छायावाद में स्वानुभूति की विवृत्ति पर बल दिया। लेकिन आज छायावाद और रहस्यवाद दो स्वतंत्र वाद माने जाते हैं। 'छायावाद' में शैलीगत विशेषताओं के साथ-साथ प्रेम, सौंदर्य आदि भावनाओं को भी स्वीकार किया जाता है, जबकि अव्यक्त निराकर प्रिय के प्रति प्रणय-निवेदन को रहस्यवाद की मूल विशेषता माना जाता है। यद्यपि प्रसाद ने रहस्यवाद को अध्यात्मवाद और विशेषतः शैव दर्शन के साथ संबद्ध करने का प्रयास किया, किंतु उनकी वह व्याख्या सर्वमान्य न हो सकी। जहां तक भाषा-शैली का प्रश्न है, छायावाद और रहस्यवाद में समानता पायी जाती है।

वस्तुतः छायावादी काव्य स्वच्छंदतावादी कम और पुनरुत्थानवादी अधिक था। छायावाद की प्रणयानुभूति पर रीतिकालीन शृंगार-चित्रण का काफी प्रभाव है। काव्यशास्त्रीय मूल्यों की दृष्टि से भी छायावाद प्राचीन सिद्धांतों, विशेषकर रस-सिद्धांत के, अनुरूप है। और जहां तक दार्शनिक सिद्धांतों का संबंध है, छायावादी काव्य सर्ववाद, कर्मवाद, वेदांत, शैव दर्शन, अद्वैतवाद, भक्ति आदि पुराने सिद्धांतों को ही व्यक्त करता दिखायी देता है।

छायावादी काव्य की अभिव्यंजना-पद्धति भी नवीनता और ताजगी लिये हुए है। द्विवेदीकालीन खड़ी बोली और छायावादी खड़ी बोली में बहुत अंतर है। भाषा का विकास समग्र काव्यचेतना के विकास का ही अंतरंग तत्व होता है। द्विवेदीयुगीन काव्य बहिर्मुखी था, इसलिए उसकी भाषा में स्थूलता और वर्णनात्मकता अधिक थी। इसके विपरीत छायावादी काव्य में जीवन की सूक्ष्म निभृत स्थितियों को आकार प्राप्त हुआ, इसलिए उसकी शैली में उपचारवक्रता मिलती है, जो मानवीकरण आदि अनेक विशेषताओं के रूप में दिखायी देती है।

छायावादी कवियों ने प्रधान रूप से प्रणय की अनुभूति को व्यक्त किया है। उनकी कविताओं में प्रणय से संबद्ध विविध मानसिक अवस्थाओं का–आशा, आकुलता, आवेग, तल्लीनता, निराशा, पीड़ा, अतृप्ति, स्मृति, विषाद आदि का–अभिनव एवं मार्मिक चित्रण मिलता है। रीतिकालीन काव्य में शृंगार की अभिव्यक्ति नायक-नायिका आदि के माध्यम से हुई है, किंतु छायावादी कवियों की अनुभूति की अभिव्यक्ति प्रत्यक्ष है। यहां कवि और पाठक की चेतना के बीच अनुभूति के अतिरिक्त किसी अन्य सत्ता की स्थिति नहीं है। स्वानुभूति को इस भांति चित्रित किया गया है कि सामान्य पाठक सहज ही उसमें तल्लीन हो जाता है।

छायावादी काव्य की चेतना व्यक्तिनिष्ठ और सूक्ष्म होते हुए भी मूर्त उपकरणों द्वारा व्यंजित की गयी है। जैसे ही हम मूर्त उपकरणों का उल्लेख करते हैं, हमारा ध्यान छायावादी चेतना के सौंदर्य-पक्ष की ओर आकृट हो जाता है। जिस प्रकार प्रसाद ने 'संकल्पात्मक अनुभूति' की व्याख्या करते हुए 'मूल चारुत्व' की बात की है, उसी प्रकार महादेवी भी सत्य को काव्य का साध्य मानती हैं और सौंदर्य को उसका साधन। सौंदर्य के स्वरूप पर विचार करते हुए यह स्पष्ट हो जाता है कि उसका प्रधान स्रोत प्रकृति है। इसका यह तात्पर्य नहीं है कि छायावादी कवियों ने मानव के सौंदर्य का चित्रण नहीं किया। नारी के शारीरिक सौंदर्य के अनेक मोहक चित्र प्रणय की कविताओं में बिखरे हुए मिलते हैं। यह सौंदर्य प्रत्यक्ष रूप से नायिका के रूप-वर्णन में भी दिखायी देता है, जैसे प्रसाद-कृत 'आंसू' तथा 'कामायनी' में प्रस्तुत किया गया नायिका का सौंदर्य या पंत-कृत 'भावी पत्नी के प्रति' में व्यक्त नायिका का सौंदर्य और परोक्ष तथा सांकेतिक रूप में भी लक्षित होता है निराला की 'जूही की कली' में। इन कवियों की सौंदर्य-भावना ने प्रकृति के विविध दृश्यों को अनेक कोमल-कठोर रूपों में साकार किया है। प्रथम पक्ष के अंतर्गत प्रसाद की 'बीती विभावरी जाग री', निराला की 'संध्या-सुंदरी', पंत की 'नौका-विहार' आदि कविताओं का उल्लेख किया जा सकता है, जबकि 'कामायनी' का प्रलय-वर्णन, निराला की 'बादल-राग' कविता तथा पंत की 'परिवर्तन' जैसी रचनाओं में प्रकृति के कठोर रूपों का चित्रण भी मिलता है। छायावादी काव्य में अनुभूति और सौंदर्य के स्तर पर प्रायः मानव और प्रकृति के भावों और रूपों का तादात्म्य दिखायी देता है।

छायावाद के प्रमुख कवि

हिन्दी में छायावाद एक काव्य शैली के रूप में आया जिसमें भावावेश की व्यंजना, लाक्षणिक वैचित्र्य, कोमल पद-विन्यास आदि विशेषताएँ दिखाई पड़ती हैं। कवि गीतात्मक शैली में सूक्ष्म अंतर्वृत्तियों का निरूपण करने लगा। प्रकृति में अनंत की छाया, आत्मा-परमात्मा का मिलन, इतिवृत्तात्मकता के स्थान पर कल्पना का विधान, सौन्दर्य-बोध की प्रवृत्ति, नारी के प्रति नवीन दृष्टिकोण आदि विषय छायावादी काव्य की मुख्य प्रवृत्तियाँ हैं।

प्रसाद, निराला, पन्त, महादेवी वर्मा, छायावाद के मुख्य स्तंभ हैं। रामकुमार वर्मा, भगवतीचरण वर्मा आदि छायावाद के अन्य कवि हैं। इनका संक्षिप्त परिचय नीचे दिया गया है।

जयशंकर प्रसाद

कविवर जयशंकर प्रसाद (1890-1937) का जन्म काशी के एक संपन्न घराने में हुआ था, जो 'सुघनी साहु' नाम से प्रसिद्ध था। इन्होंने आठवीं कक्षा तक शिक्षा पाने के बाद घर पर ही संस्कृत, हिन्दी, उर्दू और अंग्रेजी सीखी। प्रारंभ में इन्होंने ब्रजभाषा में कविताएं लिखीं, किंतु बाद में खड़ीबोली में कविता करने लगे। इनकी काव्य-कृतियों में भाषा, छंद, भाव आदि की दृष्टि से अनेकरूपता दिखायी देती है। कवि होने के साथ-साथ ये गंभीर चिंतक भी थे। 'कामायनी' में इन्होंने यंत्र और तर्क पर आधारित समाज के चित्रण के साथ-साथ शैव दर्शन की अभिव्यक्ति भी की है। इस प्रकार आधुनिक होते हुए भी प्रसाद सहज ही प्राचीन गरिमाशाली परंपरा से जुड़ जाते हैं।

काव्य : चित्राधर (1918, ब्रजनाथ), यह प्रसाद का पहला काव्य संग्रह है। इसमें एक साथ 10 ग्रन्थ संकलित थे। कानन कुसुम, प्रेमपथिक, महाराणा का महत्व, करूणालय, सम्राट चंद्रगुप्त मौर्य, छाया, उर्वशी (चंपू), राज्यश्री, प्रायश्चित और कल्याणी परिणय। पहले चार इसमें से कविता संग्रह है। कानन कुसुम (1912, खड़ी बोली तथा ब्रजभाषा), प्रेमपथिक (1909 ब्रजभाषा, 1914 खडी बोली), करूणालय (1913), महाराणा का महत्व (1914), झरना (1918), आँसू (1925), लहर (1935), तथा कामायनी (1937, पांडुलिपि संस्करण 1971)।

आँसू (1925) : इसका दूसरा संस्करण कुछ परिवर्तन-परिवर्धन के साथ 1933 में निकला। आँसू को लोग खण्डकाव्य कहते हैं, परन्तु वास्तव में यह एक लम्बा प्रगीत है। यह मानवीय विरह का काव्य है। 'सखी' छंद का प्रयोग है।

लहर (1933) : यह श्रेष्ठ प्रगीतों का संकलन है।

कामायनी (1937) : यह आधुनिक युग का महाकाव्य है। इसे एकार्थ काव्यरूप कह सकते हैं। इसमें कुल पन्द्रह सर्ग हैं। कामायनी का छंद विधान इस प्रकार है :-

आल्हा छंद : चिन्ता सर्ग (31 मात्रा), आशा सर्ग (30 मात्रा), स्वप्न सर्ग (30 मात्रा), निर्वेद सर्ग (30 मात्रा)

लावनी छंद : रहस्य सर्ग (32 मात्रा), इडा, श्रद्धा, काम, लज्जा सर्ग (32 मात्रा)

रोला छंद : संघर्ष सर्ग ; सखी छंद : आनंद सर्ग, रूपमाला छंद : वासना सर्ग कामायनी में आदिपुरूष 'मनु' और 'श्रद्धा' के माध्यम से सभ्यता के निर्माण, विकास और भविष्य की कथा कही गयी है।

नाटक : सज्जन, कल्याणी-परिणय, प्रायश्चित, करूणालय, राज्यश्री, विशाख, अजातशत्रु (1922), कामना (अन्यापदेशिक नाटक या महानाटक), जनमेजय का नागयज्ञ, स्कन्दगुप्त (1928), चन्द्रगुप्त मौर्य (1931), ध्रुवस्वामिनी (1933), एक घूँट (एकांकी), अग्निमित्र (1980)।

उपन्यास : कंकाल (1929), तितली (1934), इरावती (अपूर्ण, 1940)

निबंध : काव्य कला तथा अन्य निबंध (1939)

कहानियाँ : ग्राम (1911), पुरस्कार, आकाशदीप, मधुवा, गुंडा, सालवती आदि।

'ग्राम' प्रसाद की पहली कहानी थी। उनके कहानी संग्रह है–छाया, प्रतिध्वनि, आकाशदीप, आँधी, इन्द्रजाल।

सूर्यकांत त्रिपाठी 'निराला'

निराला जी (1897-1962) का जीवन अनेक अभावों एवं विपत्तियों से पीड़ित रहा, किंतु इन्होंने किसी विपत्ति के सामने झुकना नहीं सीखा। अभावों की तीव्र एवं मर्मांतक व्यथा को झेलते हुए ये भी साधना में तल्लीन रहे। मगर कब तक कोई इस तरह जी सकता है? निराला का मन और बुद्धि तो संघर्षों की उपेक्षा करते हुए अविचलित रहे, किंतु उनकी चेतना के भीतर जैसे कुछ टूट रहा था, घुल रहा था। उनके जीवन के अंतिम वर्ष जहां उनकी चेतना के अथक अविचल संघर्ष की कहानी कहते हैं, वहीं उनकी जीवनकी विपत्तियों और व्यथाओं की दुर्निवार शक्ति को भी व्यंजित करते हैं। सन् 1916 से 1958 तक निराला निरंतर काव्य-साधना में तल्लीन रहे।

काव्यग्रन्थ : अनामिका (1923, प्राचीन), परिमल (1929), गीतिका (1936), तुलसीदास (1938), अनामिका (1938, नवीन), कुकुरमुत्ता (1942), अणिमा (1943), बेला (1946), नये पत्ते (1946), अर्चना (1950), आराधना (1953), गीतकुंज (1954), सांध्य काकली (1969)।

उपन्यास : अप्सरा (1931), अलका (1933), प्रभावती (1936), निरूपमा (1937), चोटी की पकड़ (1946), काले कारनामे (1950)।

कहानी : लिली (1930), सुकुल की बीबी (1941) आदि।

संस्मरण : कुल्ली भाट (1939), बिल्लेसुर बकरिहा (1942)

समीक्षा : रवीन्द्र कविता कानन, पन्त और पल्लव (1928)

अन्य जानकारियाँ : निराला की अत्यधिक प्रसिद्ध कवितायें निम्नलिखित हैं–जूही की कली (परिमल, 1916,यह उनकी पहली रचना है।), रेखा, शेफालिका, जागो फिर एक बार, कवि, पंचवटी प्रसंग, जागरण, बादल राग, महाराज शिवाजी का पत्र (परिमल); वर दे वीणावादिनी वर दे (गीतिका), नव-बेला, सरोज-स्मृति, राम की शक्तिपूजा (अनामिका), सम्राट अष्टम एडवर्ड के प्रति, तोडती पत्थर (अनामिका), कुकुरमुत्ता (नये पत्ते) तथा तुलसीदास।

सुमित्रा नंदन पंत

कविवर पंत (1900-1970) का जन्म उत्तरांचल के जिला अल्मोड़ा के कौसानी ग्राम में हुआ था। जन्म के कुछ घंटे बाद ही मातृस्नेह से वंचित हो जाने के कारण अल्मोड़ा की प्राकृतिक सुषमा ने इन्हें बचपन से ही अपनी ओर आकृष्ट किया और प्रकृति के उस मनोरम वातावरण का इनके व्यक्तित्व पर गंभीर प्रभाव पड़ा। पंत में यथार्थ के विषयम और दारुण रूप के अभाव का कारण भी कुछ सीमा तक प्रकृति के उस प्रभाव को माना जा सकता है।

काव्य ग्रन्थ : पहली कविता 'गिरजे का घण्टा' (1916), ग्रन्थि, पल्लव (1926), वीणा (1927), गुंजन (1932), युगांत (1936), युगवाणी (1939), ग्राम्या (1940), स्वर्णकिरण (1947), स्वर्णधूलि (1947), युगपथ (1949), उत्तरा (1949), अतिमा

(1955), वाणी (1958), पतझर, कला और बूढ़ा चाँद (1959), लोकायतन (1964, महाकाव्य), सत्यकाम (1975)।

काव्यनाटक : ज्योत्स्ना (1934), रजत शिखर (1952), शिल्पी (1952)

उपन्यास : हार (1960)

आलोचना : गद्यपथ (1953), शिल्प और दर्शन (1961), छायावाद : पुनर्मूल्यांकन (1965)

आत्मकथा : साठ वर्ष एक रेखांकन (1960)

अन्य जानकारियाँ : पन्त जी की अत्यधिक प्रसिद्ध कवितायें ये हैं–उच्छ्वास, आँसू की बालिका, पर्वत प्रदेश में पावस, बादल, छाया, परिवर्तन, एक तारा, नौकाविहार, मधुस्मिति, भावी पत्नी के प्रति, अनंग, चाँदनी, अप्सरा आदि।

महादेवी वर्मा

महादेवी वर्मा (1907-1987) का जन्म उत्तर प्रदेश में हुआ। इन्होंने आरंभिक शिक्षा घर पर ही ग्रहण की। इसके बाद इनकी शिक्षा विधिवत् प्रयाग में हुई, जहां इन्होंने सन् 1933 में दर्शनशास्त्र में एम.ए. की परीक्षा उत्तीर्ण की। ये आरंभ में ब्रजभाषा में कविता लिखती थीं, बाद में खड़ी बोली में लिखने लगीं और शीघ्र की इस क्षेत्र में इन्होंने महत्वपूर्ण स्थान प्राप्त कर लिया। ये एक कुशल चित्रकार भी थीं। इसलिए इनकी कविताओं में चित्रों जैसी संरचना का आभास प्रायः मिला करता है।

काव्य ग्रन्थ : नीहार (1930), रश्मि (1932), नीरजा (1934), सांध्यगीत (1936), यामा (इसमें ऊपर की चारों काव्य रचनाओं को एक साथ संकलित कर दिया गया), दीपशिखा (1942)।

रेखाचित्र संस्मरण : अतीत के चलचित्र (1941), स्मृति की रेखायें (1943), पथ के साथी (1956)।

निबंध : श्रृंखला की कड़ियाँ (1942), क्षणदा (1956)।

आलोचना : साहित्यकार की आस्था तथा अन्य निबंध (1962, सम्पादक - गंगाप्रसाद पाण्डेय)।

उत्तर छायावादी काव्य और उसके प्रमुख कवि

डॉ. रामकुमार वर्मा : अन्य छायावादी कवियों में डॉ. रामकुमार वर्मा का नाम प्रमुख रूप से लिया जाता है।

रामकुमार वर्मा को विशुद्ध छायावादी कवि माना जाता है। उनके रहस्यवाद पर कबीर का अधिक प्रभाव है। प्रकृति की सुकुमारता और सजीलापन कवि के मन को मुग्ध कर देते हैं।

तुम सजीली हो सजाती हो सुहासिनी ये लताएँ।
क्यों न कोकिलकंठ मधुऋतु में तुम्हारे गीत गाएँ।।

वर्मा जी के गीत काव्य में गहरी मार्मिकता है। उनके काव्य में सुख में दुख, आशा में निराशा और जीवन में मृत्यु के दर्शन होते हैं। निराशावाद की भावना उनकी निम्नलिखित पंक्तियों में झलकती हैं :

क्या शरीर है? शुष्क धूल का थोड़ा-सा छविजाल।
उस छवि में ही छिपा हुआ है वह भीषण कंकाल।।

रचनाएँ–

महाकाव्य : एकलव्य।

काव्य : अंजलि, अभिशाप, निर्याय, रूपराशि, निशीथ, चंद्रकिरण, चित्ररेखा, संकेत आदि।

वर्मा जी एक उच्चकोटि के एकांकीकार थे। उनका 'रेशमी टाई' एक प्रसिद्ध एकांकी-संग्रह है। 'पृथ्वीराज की आँखें' और 'चारुमित्रा' उनके अन्य एकांकी-संग्रह हैं। हिन्दी साहित्य के इतिहासकार के रूप में वर्मा जी ने 'हिन्दी साहित्य का आलोचनात्मक इतिहास' लिखकर साहित्य के स्वरूप को नए दृष्टिकोण के साथ प्रस्तुत किया। आलोचना के रूप में 'कबीर का रहस्यवाद' तथा 'साहित्य-समालोचना' लिखकर वर्मा जी ने आलोचना के क्षेत्र में भी ख्याति प्राप्त की।

वर्मा जी की भाषा शुद्ध और सरस खड़ी बोली है जिसमें स्थान-स्थान पर मुहावरों का सुंदर प्रयोग किया गया है। सरकार की ओर से वर्मा जी को 'पद्मभूषण' से सम्मानित किया गया है।

भगवती चरण वर्मा : इस युग के अंत में कवि छायावादी रहस्यात्मकता को त्यागकर व्यक्तिवादी होता गया। इस प्रकार के कवियों में भगवतीचरण वर्मा का नाम उल्लेखनीय है। पर कवि की अपेक्षा उपन्यासकार के रूप में वर्मा को अधिक ख्याति मिली। इस विषय में बाद में यथास्थान चर्चा की जाएगी। कवि के रूप में वर्मा जी को प्रेम यौवन और उल्लास का कवि माना जाता है। उनकी कविता में मस्ती का आलम दिखाई देता है।

हम दीवानों की क्या हस्तो, हैं आज यहाँ कल वहाँ चले।
मस्ती का आलम साथ चला, हम धूल उड़ाते जहाँ चले।।

पर वर्मा जी की बाद की कविताओं में प्रगतिवादी स्वर गूँजने लगे। शोषितों के प्रति सहानुभूति की भावना उनकी कविता में दिखाई देने लगी। 'भैंसा गाड़ी' शीर्षक प्रसिद्ध कविता में कवि ने भारतीय गाँवों की दीन-हीन दशा का करुण चित्र प्रस्तुत किया है :

चरमर चरमर चूं चरर मरर, जा रही चली भैंसा गाड़ी।
उस ओर क्षितिज के कुछ आगे, कुछ पांच कोस की दूरी पर।।
भू की छाती पर फोड़ों से हैं, उठे हुए कुछ कच्चे घर।
तुम कहते हो घर इनको, मैं कहता हूँ इनको खंडहर।।

इस प्रकार छायावाद की भावभूमि से हटकर कविता सूक्ष्म से स्थूल की ओर अग्रसर हुई। कवि में स्वच्छंदतावादी और व्यक्तिवादी प्रवृत्ति प्रबल हुई। ऐसे कवि छायावाद और प्रगतिवाद के चौराहे पर खड़े विद्यमान हैं। वे यथार्थ की भूमि की ओर बढ़ते दिखाई देते हैं। ये कवि छायावाद और प्रगतिवाद के संधिकाल के कवि हैं। इनमें हरिवंशराय बच्चन, रामेश्वर शुक्ल अंचल, नरेन्द्र शर्मा, बालकृष्ण शर्मा नवीन का नाम प्रमुख रूप से लिया जा सकता है।

हरिवंशराय बच्चन : 'उमर खय्याम' की रुबाइयों के अनुवाद में हरिवंश राय बच्चन ने हिन्दी जगत का आध्यात्मिक मदिरा की मस्ती से परिचय कराया। उनके काव्य में तन्मयता है। प्रेम और हाला की मादकता में उन्होंने सांसारिक वास्तविकता को दृष्टि से ओझल नहीं होने दिया है। इनकी प्रसिद्ध रचना 'मधुशाला' ने लोकप्रियता की ऊँचाइयों को छुआ। बच्चन जी के हालावाद में प्रेम, आशा की नई किरणें दिखाई देती हैं।

रचनाएँ–

मधुशाला, मधुबाला, मधुकलश, निशा-निमंत्रण, एकांत संगीत, आकुल अंतर, विकल-विश्व, संतरंगिनी, दो चट्टानें, मिलन यामिनी, आरती और अंगारे, धार के इधर-उधर, बंगाल का अकाल। 'मधुकलश' में कवि के स्वर में निराशा की भावना है–पूछता जग है निराशा से भरा क्यों गान मेरा? 'निशा निमंत्रण' में दार्शनिकता है। 'एकांत संगीत' और 'आकुल अंतर' में कवि सांसारिक निराशा और विषमता का सामना करने के लिए तत्पर दिखाई देता है। वह मनुष्य को अपने पौरुष पर भरोसा करने की सलाह देता है :

प्रार्थना मत कर, मत कर
युद्धक्षेत्र में दिखला भुजबल
रहकर अविजित, अविचल प्रतिपल।।

इस प्रकार कवि निराशा से दूर रहकर जीवन संघर्ष में जूझने की प्रेरणा देता है। उसकी कविता में ओज का स्वर है।

एक समीक्षक ने बच्चन की कविता को इन शब्दों में आंका है, "बच्चन के गीतों ने हिन्दी कविता को एक नया रूप संस्कार किया। उनकी भाषा सरल, मुहावरेदार और व्यक्ति वेदना की अनुभूति से मूर्त और भाव सिक्त हो उठी है।

रामेश्वर शुक्ल 'अंचल' : 'अंचल', भावुक, कल्पनाशील एवं स्वच्छंदतावादी कवि हैं। उनका काव्य प्रगतिवादी विचारधारा से भी प्रभावित हुआ है। उन्होंने करील को शोषित वर्ग का प्रतीक माना है, जिस पर बसंत में भी पत्ते नहीं आते, अपितु उसे तो हमेशा काँटों का ही बोझ उठाना पड़ता है।

रचनाएँ–

काव्य संग्रह–मधुकर, मधूलिका, अपराजिता, किरणवेला और करील, लालचूनर, इन आवाजों को ठहरा लो, वर्षांत के बादल, विराम चिन्ह्।

उपन्यास–नई इमारत, मरू प्रदीप उल्का।

अंचल जी की कविता में कृषकों की दीन-दशा का सजीव चित्रण बड़े प्रभावी ढंग से हुआ है।

देखो मुट्ठी भर दाने को तड़प रही कृषकों की काया।
कब से सुप्त पड़ी खेतों में जागो इंकलाब फिर आया।।

इस प्रकार कवि के स्वरों में क्रांति का आह्वान हुआ है। राष्ट्रीय विचारधारा से प्रेरित रचनाओं में देशप्रेम की भावना भरी है।

बालकृष्ण शर्मा नवीन : अपने युग की परिस्थितियों का प्रभाव नवीन जी की कविता में स्पष्ट दिखाई देता है। उनके काव्य में राष्ट्रीय आंदोलन और सामाजिक परिस्थितियों का प्रभाव भी मिलता है। इनकी प्रारंभिक रचनाओं में छायावाद की प्रवृत्तियाँ प्रकट हुई हैं किन्तु उनका विकास नहीं हो पाया।

रचनाएँ–

प्रबंध काव्य–उर्मिला

खंड व मुक्तक काव्य-संगह–कुंकुम, अपलक, विस्मृता, रश्मिरेखा, क्वासि, बिनोवा-स्तन, प्रलयंकर, हम विषपायी जनम के, प्राणार्पण।

नवीन जी ने देश के स्वाधीनता-संग्राम में सक्रिय भागीदारी की थी। कुंकुम के गीतों में राष्ट्रीयता, गांधीवाद और प्रगतिवाद

का समावेश हुआ है। राष्ट्रीयता के स्वर उनकी कविता में तीव्र रूप से मुखरित हुए हैं :

मैं ही भारत के भविष्य का मूर्तिमान विश्वास महान।
मैं हूँ अटल हिमालय सम थिर मैं हूँ मूर्तिमान बलिदान।।

रश्मि रेखा, अपलक तथा क्वासि में क्रांति के स्वर अधिक तीव्र हो उठे हैं :

कवि कुछ ऐसी तान सुनाओ,
जिससे उथल-पुथल मच जाए।
नियम और उपनियम के ये,
बंधन छिन्न-भिन्न हो जाएँ।
विश्वंभर की पोषक वीणा
के सब तार मूक हो जाएँ।।

'प्राणार्पण' में कवि ने अपने अग्रजसम श्रीगणेश शंकर विद्यार्थी के प्रति अपनी श्रद्धांजलि अर्पित की है। वास्तव में विद्यार्थी जी उनके प्रेरणा स्रोत थे।

बालकृष्ण शर्मा नवीन हिन्दी काव्य में क्रांतिकारी कवि के रूप में प्रतिष्ठित हुए।

प्रगतिशील काव्य और उसके प्रमुख कवि

सन् 1935 ई. में एम. फार्स्टर के सभापतित्व में पेरिस में 'प्रोग्रेसिव राइटर्स एसोसियेशन' नामक अन्तर्राष्ट्रीय संस्था का प्रथम अधिवेशन हुआ। सन् 1936 में सज्जद जहीर और डॉ. मुल्कराज आनन्द के प्रयत्नों से भारतवर्ष में भी इस 'प्रगतिशील लेखक संघ' का पहला अधिवेशन हुआ।

यद्यपि प्रगतिवादी काव्य रचना की शुरूआत निराला की अनेक परवर्ती कविताओं 'गर्म पकौडी', 'खजोहरा', 'नये पत्ते', 'कुकुरमुत्ता', 'मास्को डायलॉग्स' तथा 'तोड़ती पत्थर' आदि से ही हो जाती है, लेकिन व्यवस्थित रूप से प्रगतिवादी कवियों के अन्तर्गत नागार्जुन, केदारनाथ अग्रवाल, त्रिलोचन तथा शिवमंगल सिंह 'सुमन' आते हैं।

'प्रगतिशील लेखक संघ' के पहले सभापति प्रेमचन्द थे। बाद में रवीन्द्रनाथ टैगोर, जवाहर लाल नेहरू तथा श्रीपाद अमृत डाँगे जैसे लोग भी इसके सभापति बने। 1937 ई. के 'विशाल भारत' में शिवदान सिंह चौहान का एक लेख 'भारत में प्रगतिशील साहित्य की आवश्यकता' छपा।

नीचे हम प्रगतिवादी कवियों की रचनाओं का परिचय दे रहे हैं-

1. **नागार्जुन :** (वास्तविक नाम वैद्यनाथ मिश्र) इन्होंने 'यात्री' नाम से मैथिली में भी कवितायें रची है। प्रमुख कविता-संग्रह हैं - सतरंगे पंखों वाली, प्यासी पथरायी आँखें, युगधारा, ऐसे भी हम क्या, ऐसे भी तुम क्या, आखिर ऐसा क्या कह दिया मैंने, पुरानी जूतियों का कोरस, रत्नगर्भ, तालाब की मछलियां, तुमने कहा था, खिचडी विप्लव देखा हमने, हजार-हजार बाँहों वाली, पका है यह कटहल, भूमिजा (खण्डकाव्य)। नागार्जुन की बहुत प्रसिद्ध कविताओं में से कुछ हैं–बादल को घिरते देखा है, पाषाणी, चन्दना, रवीन्द्र के प्रति, सिंदूर तिलकित भाल, तुम्हारी दंतुरित मुस्कान, ओ जन-मन के सजग चितेरे (यह केदारनाथ अग्रवाल पर लिखी गई है।), गुलाबी चूडियाँ, तन गयी रीढ़, यह तुम थी, जोत की फाँक, भादों की तलैया, प्रेत का बयान, मास्टर तथा अकाल।
2. **केदारनाथ अग्रवाल :** संग्रह है–युग की गंगा, फूल नहीं रंग बोलते हैं, पंख और पतवार, गुलमेंहदी, कहे केदार खरी-खरी, अपूर्वा, आत्मगंध, नींद के बादल, लोक तथा आलोक। केदार की प्रसिद्ध कवितायें हैं–बसंती हवा, चन्द्रगहना से लौटती बेर, आज नदी बिल्कुल उदास थी, केन किनारे पाल्थी मारे, केन हमारी तड़प रही है आदि।
3. **रांगेय राघव :** अजेय खंडहर, मेधावी, पांचाली (खंडकाव्य), पिघलते पत्थर, राह के दीपक (संकलन)।
4. **त्रिलोचन :** संग्रह है–धरती, मिट्टी की बारात, ताप के तापे हुए दिन, फूल नाम है एक, शब्द, उस जनपद का कवि हूँ, गुलाब और बुलबुल, दिगंत, अरघान, तुम्हें सौंपता हूँ, सबका अपना आकाश तथा अनकहनी भी कुछ कहनी है। त्रिलोचन का प्रिय छंद 'सॉनेट' है।
5. **'सुमन' :** संग्रह हैं–जीवन के गान, प्रलय-सृजन, हिल्लोल।
6. **रामविलास शर्मा :** इन्होंने भी कतिपय काव्य रचना की है, जो प्रगतिवादी काव्य के अंतर्गत ही आती है। इनके संग्रह का नाम है–'रूपतरंग'।

प्रयोगवाद और नई कविता

प्रयोगवाद का आरम्भ अज्ञेय के संपादकत्व में प्रकाशित 'तार सप्तक' (1943) से माना जाता है। अज्ञेय ने सभी कवियों को (जो इसमें संकलित थे) 'राहों के अन्वेषी' कहा। तार सप्तक में संकलित कवि हैं–अज्ञेय, मुक्तिबोध, रामविलास शर्मा, नेमिचन्द्र जैन, गिरिजाकुमार माथुर, भारतभूषण अग्रवाल तथा प्रभाकर माचवे।

तार सप्तक के पाँच कवि अपने को मार्क्सवादी घोषित करते हैं। उन्होंने अपने लिये 'प्रयोगशील' और 'प्रयोग' शब्दों का उल्लेख किया है, प्रयोगवाद का नहीं। 'प्रयोगवाद' शब्द का सर्वप्रथम प्रयोग आचार्य नन्ददुलारे वाजपेयी ने एक निबंध 'प्रयोगवादी रचनाओं में किया। अज्ञेय ने दूसरा सप्तक (1951) की भूमिका में इसका खंडन किया। 1952 ई॰ में पटना रेडियो से उन्होंने 'नयी कविता' नाम की घोषणा की। सन् 1954 में जगदीश गुप्त के सम्पादकत्व में 'नयी कविता' पत्रिका का प्रकाशन भी होने लगा।

'दूसरा सप्तक' (1951) में संकलित कवि हैं–शमशेर बहादुर सिंह, भवानीप्रसाद मिश्र, शकुन्तला माथुर, हरिनारायण व्यास, नरेश मेहता, रघुवीर सहाय और धर्मवीर भारती।

सन् 1956 में नकेन के 'प्रपद्यवाद' का प्रकाशन हुआ। उन्होंने (नरेश मेहता, केसरी कुमार, नलिन विलोचन शर्मा) कहा कि असली प्रयोगवादी 'नकेन' ही है। वस्तुतः वे रूपवादी थे।

'तीसरा सप्तक' (1959) की भूमिका में अज्ञेय ने नकेनवादियों को आड़े हाथों लिया। 'तीसरा सप्तक' के कवि हैं -प्रयागनारायण त्रिपाठी, कीर्ति चौधरी, मदन वात्स्यायन, केदारनाथ सिंह, कुँवरनारायण, विजयदेवनारायण साही तथा सर्वेश्वर दयाल सक्सेना।

तीनों सप्तकों के संपादक 'अज्ञेय' ही है। सन् 1979 ई॰ में अज्ञेय ने चौथा सप्तक भी निकाला।

हम यहां प्रयोगवादी/नयी कविता के प्रधान कवियों का परिचय दे रहे हैं।

अज्ञेय (1911-1987 ई॰) : के कविता संग्रह हैं–भग्नदूत (1933), चिंता (1942), इत्यलम् (1946), हरी घास पर क्षण भर (1949), बावरा अहेरी (1954), इंद्रधनुष रौंदे हुए (1957), अरी ओ करूणा प्रभामय (1959), आँगन के पार द्वार (1961), कितनी नावों में कितनी बार (1967), क्योंकि मैं उसे जानता हूँ (1970), सागर मुद्रा (1970), पहले मैं सन्नाटा बुनता हूँ (1974), महावृक्ष के नीचे (1977), नदी की बाँक पर छाया (1981), प्रिजन डेज एण्ड अदर पोएम्स (अंग्रेजी, 1946)। चारों सप्तकों का संपादन।

अज्ञेय की अत्यधिक प्रसिद्ध कवितायें हैं - नदी के द्वीप (संग्रह- हरी घास पर क्षण भर), असाध्य वीणा (आँगन के पार द्वार : संग्रह)। यह दीप अकेला, पूर्वा, सुनहरे शैवाल आदि।

मुक्तिबोध (1917-1964) : के दो काव्य संग्रह है - चाँद का मुँह टेढा है (1964), भूरि-भूरि खाक धूल (1980)। अत्यधिक प्रसिद्ध कवितायें हैं–एक आत्मवक्तव्य, चाँद का मुँह टेढा है, चकमक की चिंगारियाँ, भूल-गलती, दिमागी गुहान्धकार, ब्रह्मराक्षस तथा अँधेरे में।

शमशेरबहादुर सिंह (1911-1993) : के काव्यसंग्रह हैं–सुकून की तलाश में, कुछ कविताएं, कुछ और कविताएं, चूका भी हूँ नहीं मैं, इतने अपने पास, बात बोलेगी, काल तुझसे होड़ है मेरी, टूटी हुई बिखरी हुई, विविध-शमशेर, कहीं बहुत दूर से सुन रहा हूँ। शमशेर की कुछ अत्यधिक प्रसिद्ध कविताएं हैं -'वाम, वाम, वाम दिशा', अमनराग, उदिता, चुका भी हूँ नहीं मैं, टूटी हुई बिखरी हुई, एक पीली शाम, सलोना जिस्म आओ न तथा 'अभिव्यक्ति का संघर्ष'।

भवानीप्रसाद मिश्र : कमल के फूल, वाणी की दीनता, टूटने का सुख, सतपुड़ा के जंगल, सन्नाटा, गीतफरोश, असाधारण, स्नेहशपथ, आदि कवितायें दूसरा सप्तक में संग्रहीत हैं। 'सतपुड़ा के जंगल' में प्रबंधत्व की विशेषता है।

काव्य संग्रह हैं–अनाम तुम आते हो, त्रिकाल संध्या, परिवर्तन जिए, मानसरोवर दिन, बुनी हुई रस्सी, खुशबू के शिलालेख। कालजयी (प्रबन्धकाव्य है)।

नरेश मेहता : के काव्य ग्रन्थ हैं–बनपाखी सुनो (1957), बोलने दो चीड़ को (1962), संशय की एक रात (1962), उत्सवा, मेरा समर्पित एकांत (1953), महाप्रस्थान (1975),

शबरी (1977), प्रवाद पर्व (1977), 'समय देवता' इनकी एक प्रसिद्ध लंबी कविता है, जो 'मेरा समर्पित एकांत' में संकलित हैं।

संशय की एक रात, महा प्रस्थान, शबरी तथा प्रवाद पर्व इनकी महत्वपूर्ण काव्य रचनायें हैं। 'संशय की एक रात' एक पौराणिक काव्य रूपक (नाट्य शैली में रचित लम्बी कविता) है, जिसमें राम-रावण युद्ध से पूर्व राम के मन का संशय चित्रित हुआ है। 'महाप्रस्थान' भी पौराणिक काव्य-रूपक है जिसमें पांडवों के हिमालय में गलने की प्रसिद्ध कथा वर्णित है। 'प्रवाद-पर्व' सीता-बनवास के करूण प्रसंग पर आधारित खण्डकाव्य है। 'शबरी' प्रबंधकाव्य में शबरी (राम कथा से सम्बद्ध) की कथा है। 'चैत्या' हाल में किया गया संग्रह है।

धर्मवीर भारती : की रचनायें हैं—ठंडा लोहा (काव्य संग्रह, 1952), अंधा युग (1955, प्रतीकवादी काव्य नाटक है, जिसमें महाभारत के अंतिम दिन के युद्ध से लेकर कृष्ण के गोलोकवास तक की घटनाओं को समेटा गया है।), सात गीत वर्ष (1959, 'प्रथुम्य गाथा' इस संग्रह की प्रसिद्ध लम्बी कविता है।), कनुप्रिया (1959, युद्ध और इतिहास की व्यर्थता को संकेतित करता, राधाकृष्ण-प्रेम पर रचित काव्य ग्रन्थ), संकलन : मेरी वाणी गैरिक वासना।

नेमिचन्द जैन : का कविता संग्रह है 'एकांत', 'अचानक हम फिर'।

कुँवरनारायण : की रचनायें हैं—चक्रव्यूह (काव्यसंग्रह), परिवेशः हम तुम (काव्य संग्रह), आत्मजयी (कठोपनिषद के 'नचिकेता-प्रसंग' पर आधारित चिंतनपरक प्रबंधकाव्य है), अपने सामने (काव्य संग्रह), कोई दूसरा नहीं (काव्य संग्रह)।

सर्वेश्वरदयाल सक्सेना : के कविता संग्रह हैं—काठ की घंटियाँ, बाँस का पुल, एक सूनी नाव में, कुआनों नदी, जंगल का दर्द, खूँटियों पर टंगे लोग। बाद में 'कवितायें-1' तथा 'कवितायें-2' नाम से दो भागों में कुछ रचनायें प्रकाशित हुई हैं।

रघुवीर सहाय (1929-1990) ई॰ : के कविता-संग्रह है—सीढ़ियों पर धूप में (1960), आत्महत्या के विरूद्ध (1967), हँसो हँसो जल्दी हँसो (1975), लोग भूल गये हैं (1982), कुछ पते कुछ चिट्ठियाँ (1989)। रामदास की हत्या इनकी प्रमुख राजनीतिक कविता है।

केदारनाथ सिंह : के कविता संग्रह हैं : अभी बिल्कुल अभी (1960), जमीन पक रही है (1980), यहाँ से देखो, अकाल में सारस, उत्तर कबीर, 'बाघ' प्रसिद्ध लम्बी कविता है।

विजयदेवनारायण साही : कविता संग्रह हैं - 'मछलीघर', 'साखी', तथा 'छठवाँ दशक'। हाल में किया गया संग्रह है 'संवाद तुमसे'।

गिरिजाकुमार माथुर : के काव्य संग्रह हैं—मंजीर (1941), नाश और निर्माण (1946), धूप के धान (1955), शिलापंख चमकीले (1961), छाया मत छूना मन, भीतरी नदी की यात्रा, साक्षी रहे वर्तमान, कल्पांतर, अभी कुछ और, मैं वक्त के हूँ सामने, 'पृथ्वीकल्प', मुझे और अभी कहना है।

भारत-भूषण अग्रवाल : के काव्य संग्रह हैं—अनुपस्थित लोग, कागज के फूल, छवि के बन्धन, मुक्तिमार्ग, जागते रहो, ओ अप्रस्तुत मन, उतना वह सूरज है।

प्रबन्ध काव्य—'अग्निलीक' (सीता की अग्निपरीक्षा पर रचित)।

प्रभाकर माचवे : के काव्य संग्रह हैं—स्वप्नभंग, मेपल, क्षणभंगुर।

देवराज : दो प्रबंधकाव्य रचे—'आहत आत्माएं', 'इला और अमिताभ'। काव्य संग्रह हैं—धरती और स्वर्ग, उर्वशी ने कहा।

जगदीश गुप्त : काव्य-संग्रह हैं—'नाव के पांव', 'हिमदंश' तथा 'आदिम एकान्त'। प्रबन्धकाव्य 'शंबूक'।

लक्ष्मीकान्त वर्मा : काव्य संग्रह हैं—अतुकांत, तीसरा पक्ष तथा 'आधुनिक कवि - 15'।

इनकी कुछ कवितायें हैं—अपना-अपना जूता, सिर पर जूता पैर में टोपी। चित्रकूट चरित (खंडकाव्य)।

समकालीन साहित्यिक पत्रकारिता

हिन्दी पत्रकारिता का आरंभ हिन्दी-प्रदेश से बाहर बंगाल के कलकत्ता महानगर में हुआ। समाचारपत्र सामाजिक चेतना के वाहक होते हैं। जिन नवीन सामाजिक-सांस्कृतिक चेतना ने संपूर्ण आधुनिक हिन्दी-साहित्य को नयी दिशा दी है, उसका उदय सर्वप्रथम बंगाल में ही हुआ था। फलस्वरूप उन्नीसवीं

शती के अंत तक हिन्दी-पत्रकारिता का केंद्र कलकत्ता ही रहा। बीसवीं शती के आरंभ से भारतीय राजनीति के क्षेत्र में बालगंगाधर तिलक का प्रभाव बढ़ने लगा था। उन्होंने 1908 ई. से अपने 'केसरी' पत्र का हिन्दी-संस्करण 'हिन्दी केसरी' नाम से प्रकाशित करना आरंभ किया। इसमें उनकी ओजस्वी और विद्वत्तापूर्ण संपादकीय टिप्पणियां प्रकाशित होती थीं। राजनीति में गणेशशंकर विद्यार्थी तिलक के समर्थक थे। हिन्दी-प्रदेश के तत्कालीन राजनीतिक हिन्दी-पत्रों को विद्यार्थी जी ने बहुत प्रभावित किया। यह प्रभाव प्रकारांतर से बालगंगाधर तिलक का ही था। कलकत्ता की पत्रकारिता को भी तिलक ने प्रभावित किया। वहां से निकलने वाले 'भारतमित्र', 'मारवाड़ी-बंधु' और 'नृसिंह'–ये तीन पत्र तिलक की प्रखर राजनीति के समर्थक थे। बीसवीं शती के प्रथम चरण में हिन्दी प्रदेश में दो प्रकार की पत्र-पत्रिकाएं प्रकाशित होती थीं–(1) राजनीतिक, (2) साहित्यिक। 1900 से 1918 ई. तक प्रायः प्रत्येक वर्ष कोई-न-कोई पत्रिका अवश्य प्रकाशित हुई। इस अवधि में प्रकाशित होने वाली राजनीतिक पत्रिकाएं निम्नलिखित हैं :

1. हितवाणी, 1904, कलकत्ता, सं. रुद्रदत्त शर्मा और सखाराम गोर देउस्कर।
2. नृसिंह, 1907, साप्ताहिक, सं. अंबिकाप्रसाद वाजपेयी।
3. अभ्युदय, 1907, साप्ताहिक, प्रयाग, सं. मदनमोहन मालवीय।
4. कर्मयोगी, 1909, साप्ताहिक, प्रयाग, सं. सुंदरलाल।
5. मर्यादा, 1909, मासिक, प्रयाग, सं. कृष्णकांत मालवीय।
6. प्रताप, 1913, साप्ताहिक, कानपुर, सं. गणेशशंकर विद्यार्थी।
7. प्रभा, 1913, मासिक, खंडवा, सं. कालूराम जी।

इस अवधि में कलकत्ता से दो दैनिक समाचार पत्र 'कलकत्ता-समाचार' (1914) और 'विश्वमित्र' (1918) भी प्रकाशित हुए।

आलोच्य युग में प्रकाशित होने वाली प्रमुख साहित्यिक-सांस्कृतिक पत्रिकाएं निम्नलिखित हैं :

1. सरस्वती, 1900, मासिक, इलाहाबाद, प्रारंभ में इसका संपादन काशी से होता था। 1903 ई. से महावीरप्रसाद द्विवेदी इसके संपादक नियुक्त हुए।
2. सुदर्शन, 1900, मासिक, काशी, सं. देवकीनंदन खत्री, माधवप्रसाद मिश्र।
3. समालोचक, 1902 मासिक, जयपुर, सं. चंद्रधर शर्मा गुलेरी।
4. देवनागर, 1907, मासिक, कलकत्ता, सं. उमापतिदत्त शर्मा और यशोदानंदन अखौरी।
5. इंदु, 1909, मासिक, काशी, सं. अंबिकाप्रसाद गुप्त।
6. मनोरंजन, 1912, मासिक, शहाबाद, सं. ईश्वरी प्रसाद शर्मा।
7. प्रभा, 1913, मासिक, खंडवा, मई, 1917 तक साहित्यिक पत्रिका थी, बाद में राजनीतिक हो गयी।
8. पाटलिपुत्र, 1914, मासिक, पटना, सं. काशीप्रसाद जायसवाल।

आलोच्य युग की कुछ साहित्यिक-सांस्कृतिक पत्रिकाओं में भी राजनीतिक प्रश्नों पर मत व्यक्त किये जाते थे। 'सरस्वती' और 'देवनागर' ऐसी पत्रिकाएं थीं जो सभी विषयों पर लेख प्रकाशित करती थीं। द्वितीय महायुद्ध के बाद भारतीय राजनीति में महात्मा गांधी का प्रभाव बढ़ा। इसका प्रभाव हिन्दी-पत्रकारिता पर भी पड़ा। बहुत-सी नयी पत्र-पत्रिकाएं प्रकाश में आयीं और उनके स्वर की उग्रता भी कुछ कम हुई। पत्रिकाएं भी अहिंसक आंदोलन का समर्थन करने लगीं।

आलोच्य युग की साहित्य-समृद्धि एवं भाषा-परिष्कार में पत्र-पत्रिकाओं का बहुत बड़ा योगदान है। भारतेंदु-युग में तो पत्रकारिता और साहित्य दोनों प्रायः एक ही स्तर पर विकसित हो रहे थे। आलोच्य-युग में इस स्थिति में कुछ अंतर आया। कुछ गंभीर साहित्यिक पत्रिकाएं प्रकाशित होने लगीं, जो समाज-सुधार या राजनीतिक उथल-पुथल से प्रत्यक्ष संबंध नहीं रखती थीं। गद्य की विविध शैलियों एवं विधाओं के विकास में आलोच्य युग की पत्रिकाओं का स्थायी योगदान है। इस श्रेणी की पत्रिकाओं में 'सरस्वती' अन्यतम थी। इसमें संदेह नहीं कि 'सरस्वती' ने भाषा और साहित्य दोनों क्षेत्रों में नये युग का निर्माण किया।

आगे चलकर चाँद (प्रयाग), प्रभा (कानपुर), माधुरी (लखनऊ), विशाल भारत (कलकत्ता), साहित्य-संदेश (आगरा), हिन्दी नवजीवन (अहमदाबाद) आदि साहित्यिक पत्रिकाओं ने हिन्दी गद्य साहित्य को ठोस आधार प्रदान किया।

अभ्यास प्रश्न

सेट–I

आदि काल

1. 'उत्तर अपभ्रंश' को सर्वप्रथम 'पुरानी हिन्दी' किसने कहा?
A. राहुल सांकृत्यायन
B. रामचन्द्र शुक्ल
C. चन्द्रधर शर्मा 'गुलेरी'
D. रामविलास शर्मा

2. किस सन् में नागरी प्रचारिणी पत्रिका में 'पुरानी हिन्दी' शीर्षक से गुलेरी जी ने एक लेखमाला की शुरूआत की?
A. 1991 B. 1921
C. 1923 D. 1920

3. अपभ्रंश के लिए 'प्राकृताभास हिन्दी' शब्द का प्रयोग किसने किया है?
A. राहुल सांकृत्यायन
B. हजारी प्रसाद द्विवेदी
C. रामविलास शर्मा
D. रामचन्द्र शुक्ल

4. पूरे अपभ्रंश साहित्य को 'पुरानी हिन्दी' मानने वाले आलोचक का नाम है–
A. राहुल सांकृत्यायन B. रामचन्द्र शुक्ल
C. गुलेरी D. रामविलास शर्मा

5. 'अपभ्रंश को अब कोई पुरानी हिन्दी नहीं कहता' किसका वाक्य है?
A. राहुल सांकृत्यायन B. रामचन्द्र शुक्ल
C. गुलेरी D. हजारी प्रसाद द्विवेदी

6. किस आलोचक ने आधुनिक आर्य भाषाओं को अपभ्रंश से उत्पन्न न मानते हुए संस्कृत से प्राकृत, प्राकृत से अपभ्रंश और अपभ्रंश से आधुनिक आर्यभाषाओं के सुपरिचित विकास-क्रम को 'सुगम नसेनी' कह कर इस अवधारणा का विरोध किया है?
A. रामचन्द्र शुक्ल B. हजारी प्रसाद द्विवेदी
C. रामविलास शर्मा D. नामवर सिंह

7. सिद्धों की रचनाओं को 'बौद्धगान ओ दोहा' नाम से किसने संकलित किया?
A. म.म. हरप्रसाद शास्त्री
B. राहुल सांकृत्यायन
C. गुलेरी
D. मुहम्मद शहीदुल्ला

8. सिद्धों के चर्यापदों और दोहों को राहुलजी ने किस शीर्षक में संकलित किया है?
A. हिन्दी काव्य धारा
B. दोहा कोश
C. बौद्ध गान ओ दोहा
D. ले शा मिस्तोक्स

9. 'दोहाकोश' में सिद्धों के दोहों को संकलित किया है–
A. राहुल सांकृत्यायन ने
B. म.म. हरप्रसाद शास्त्री ने
C. प्रबोधचन्द्र बागची ने
D. बेंडल ने

10. 'सिद्ध-साहित्य' के संपादन का कार्य सर्वप्रथम शुरू किया था–
A. बेंडल ने
B. राहुल सांकृत्यायन ने
C. म.म. हरप्रसाद शास्त्री ने
D. मुहम्मद शहीदुल्ला ने

11. 'महासुखवाद' का सम्बन्ध है–
A. सिद्धों से
B. नाथपंथियों से
C. निर्गुनियाँ संतों से
D. जैनियों से

12. राहुल सांकृत्यायन के अनुसार हिन्दी के पहले कवि हैं–
A. देवसेन B. शालिभद्र सूरि
C. सरहपा D. चन्द

13. निम्नलिखित में से किस पुस्तक में 'भारतेश्वर-बाहुबली रास' के रचयिता शालिभद्र सूरि को हिन्दी का पहला कवि बताया गया है?
A. हिन्दी साहित्य का इतिहास – 'आचार्य शुक्ल'
B. हिन्दी काव्य धारा – 'राहुल'
C. हिन्दी साहित्य का वैज्ञानिक इतिहास – 'गणपति चन्द्र गुप्त'
D. हिन्दी साहित्य का आलोचनात्मक इतिहास – 'राम कुमार वर्मा'

14. महापंडित राहुल सांकृत्यायन ने सरहपा का समय माना है–
A. 679 ई॰ B. 769 ई॰
C. 633 ई॰ D. 796 ई॰

15. आचार्य शुक्ल वीरगाथा काल का प्रारम्भ मानते हैं–
A. 973 ई॰ B. 1050 ई॰
C. 993 ई॰ D. 1018 ई॰

16. अब तक ज्ञात रचनाओं के आधार पर बताइये कि अपभ्रंश में 'दोहा काव्य' का आरम्भ किसने किया?
A. रामसिंह B. जोइन्दु कवि
C. धनपाल D. अद्दहमाण

17. कवि स्वयंभू किस भाषा के कवि हैं?
A. प्राकृत B. अपभ्रंश
C. हिन्दी D. पालि

18. निम्न में से कौन शैव थे जो बाद में जैन हो गये?
A. स्वयंभू B. धनपाल
C. पुष्पदंत्त D. रामसिंह

19. 'पाहुड़ दोहा' किसकी कृति है?
A. अब्दुल रहमान B. रामसिंह
C. जिनदत्त D. जोइन्दु कवि

20. 'उपदेश रसायनरास' है–
A. एक विरह कथा
B. धार्मिक उपदेशों का संकलन
C. एक रासलीला काव्य
D. एक औषधि विज्ञान सम्बन्धी कृति

21. 'सन्देशरासक' है–
A. एक मुक्तक काव्य B. एक खण्ड काव्य
C. एक चम्पू काव्य D. काव्य नाटक

22. 'दब्ब-सहाव-पयास' किसकी रचना है?
A. धनपाल B. जिनधर्म सूरि
C. देवसेन D. आसगु कवि

23. 'भारतेश्वर-बाहुबली रास' में छन्दों की संख्या है–
A. 201 B. 205
C. 215 D. 207

24. 'जीवदयारास' किसकी रचना है?
A. आसुग B. देवसेन
C. रामसिंह D. सुमति गणि

25. सुमति गणि ने 'नेमिनाथ रास' में कितने छन्दों में नेमिनाथ का चरित्र वर्णन किया है?
A. 54 B. 56
C. 58 D. 60

26. 'स्थूलिभद्र रास' में स्थूलिभद्र के साथ किस वेश्या की कथा कही गयी है?
A. प्रदिशा B. शेफालिका
C. कोशा D. मदनिका

27. कौन-सी शैली जैन रचनाओं की नहीं है?
A. रास B. फागु
C. चरित D. चर्यापद

28. एक ग्रन्थ के रूप में हिदी साहित्य की प्रथम रचना मानी जाती है?
A. दर्शनसार B. श्रावकाचार
C. योगचर्या D. नेमिनाथ चउपई

29. 'बौद्धगान दोहा का संपादन किया गया-
A. सन् 1917 में B. सन् 1914 में
C. सन् 1919 में D. सन् 1814 में

30. 'महापुराण' में पुष्पदन्त ने कितने महापुरुषों का चरितवर्णन किया है?
A. 60 B. 63
C. 67 D. 71

31. 'श्रावकाचार' में दोहों की संख्या है–
A. 250 B. 270
C. 240 D. 255

32. 'भारतेश्वर-बाहुबली रास' को जैन-साहित्य की रासपरम्परा का पहला ग्रन्थ किसने माना है?
A. राहुल सांकृत्यायन B. गणपतिचन्द्र गुप्त
C. मुनि जिनविजय D. रामचन्द्र शुक्ल

33. 'संधा-भाषा' का प्रयोग किया है–
A. सिद्धों ने
B. जैन कवियों ने
C. अपभ्रंश के कवियों ने
D. संत कवियों ने

34. 'गोरखनाथ अपने युग के सबसे बड़े नेता थे। किसका कथन है?

A. राम कुमार वर्मा B. रामविलास शर्मा

C. रामचन्द्र शुक्ल D. हजारी प्रसाद द्विवेदी

35. सिद्धों और नाथों की संख्या क्रमशः मानी जाती है–

A. 84 तथा 10 B. 84 तथा 9

C. 88 तथा 9 D. 88 तथा 10

36. गोरखनाथ के गुरु थे–

A. मछंदरनाथ B. चर्पटनाथ

C. नागार्जुन D. कुक्कुरिपाद

37. 'गोरख जगायो जोग, भगति भगायो लोग' किसकी पंक्ति है?

A. ईश्वरदास B. तुलसीदास

C. रामानन्द D. वल्लभाचार्य

38. 'गोरखबानी' नाम से सर्वप्रथम सन् 1930 में किसने गोरखनाथ की बानियों का संग्रह किया?

A. मिश्रबन्धु

B. हजारी प्रसाद द्विवेदी

C. पीताम्बर दत्त 'बडथ्वाल'

D. रामचन्द्र शुक्ल

39. नाथपंथ की वह कौन सी विशेषता है जो उन्हें सिद्धों के विरोध में रखती है?

A. नाथ शास्त्रज्ञान को अत्यधिक महत्व देते थे।

B. नाथ ब्रह्मचर्य और योगाभ्यास पर बल देते थे।

C. नाथ वर्ण व्यवस्था के समर्थक थे।

D. नाथ संधाभाषा का प्रयोग न करके अपनी बात सरल ढंग से रखते थे।

40. 'जोइ-जोइ पिण्डे, सोई ब्रह्मण्डे' किसकी पंक्ति है?

A. सरहपा B. जलंधरनाथ

C. मछंदरनाथ D. गोरखनाथ

41. 'रासो शब्द की व्युत्पत्ति' 'रसायण' से मानते हैं–

A. राहुल सांकृत्यायन B. हजारी प्रसाद द्विवेदी

C. रामचन्द्र शुक्ल D. मुनि जिनविजय

42. 'रासो' शब्द को नाट्य उपरूपक 'रासक' से उत्पन्न मानते हैं–

A. हजारी प्रसाद द्विवेदी

B. आचार्य रामचन्द्र शुक्ल

C. मिश्रबन्धु

D. रामविलास शर्मा

43. हिन्दी के प्रथम कवि के रूप में माने जाते हैं–

A. सरहपा B. हरिऔध

C. जयशंकर प्रसाद D. चन्द

44. 'पृथ्वीराज रासो' के वृहत्तम संस्करण में कितने खण्ड हैं?

A. 19 B. 69

C. 35 D. 47

45. 'पृथ्वीराज विजय' नामक ग्रन्थ किसने रचा?

A. जगनिक B. बिरद्दिया

C. जयानक D. जघन

46. सन् 1857 में किसने सर्वप्रथम 'पृथ्वीराज रासो' को अप्रामाणिक घोषित कर दिया?

A. मुंशी देवीप्रसाद

B. कर्नल टॉड

C. डॉ॰ बूलर

D. गौरीशंकर हीराचन्द ओझा

47. 'रासो' को मूलतः मुक्तक काव्य मानने वाले अकेले व्यक्ति हैं–

A. कर्नल टॉड

B. नरोत्तम दास स्वामी

C. श्यामसुन्दर दास

D. मोहन लाल विष्णु लाल पाण्ड्या

48. 'पृथ्वीराज रासो' में आनन्द संवत् की कल्पना किसने की है?

A. मुंशी देवी प्रसाद

B. डॉ॰ बूलर

C. मोहन लाल विष्णु लाल पाण्ड्या

D. रामचन्द्र शुक्ल

49. रासो मूलतः शुक-शुकी-संवाद के रूप में लिखा गया था–यह मान्यता किसकी है?

A. मोहन लाल विष्णु लाल पाण्ड्या

B. रामचन्द्र शुक्ल

C. हजारी प्रसद द्विवेदी

D. मुंशी देवी लाल

50. किस रचना में सबसे पहले बारहमास का वर्णन मिलता है?

A. पृथ्वीराज रासो B. पद्मावत

C. नेमिनाथ चउपई D. राउलवेल

51. मुनि जिनविजय ने किस संकलन से चार छप्पय उद्धृत करके 'पृथ्वीराज रासो' की मूल भाषा 'अपभ्रंश' ठहराई है?
A. पृथ्वीराज कथी
B. राठौड़ारी ख्यात
C. पुरातन प्रबन्ध संग्रह
D. प्राकृत पैंगलम्

52. 'खुमाण रासो' के रचनाकार हैं–
A. नरपति नाल्ह B. दलपति विजय
C. जज्वल D. नल्हसिंह

53. 'बीसलदेव' रासो' में राजा बीसलदेव के साथ किसके विवाह, वियोग और पुनर्मिलन की कथा है?
A. राजमती B. राजेश्वरी
C. संयोगिता D. भानुकला

54. 'आल्हखंड' किसका अंश है?
A. पृथ्वीराज रासो B. राणा रासो
C. खुमाण रासो D. परमाल रासो

55. शुक्लजी के अनुसार 'हम्मीर रासो' के रचनाकार हैं–
A. विद्याधर B. जज्वल
C. शार्ङगंधर D. रूपचन्द्र

56. 'विजयपाल रासो' किसकी रचना है?
A. नरपति नाल्ह B. दयाराम
C. लल्लू सिंह D. नल्हसिंह

57. 'रणमल्ल छन्द' किसकी रचना है?
A. दुरसाजी आढा B. कुम्भकर्ण
C. श्रीधर D. न्यामत खां जान

58. 'सुदसण चरिउ' किसकी रचना है?
A. नयनन्दि मुनि B. मुनि कनकामर
C. हरिभद्र सूरि D. देवसेन

59. 'अपभ्रंश नाम का उलेख सर्वप्रथम कहां मिलता है?
A. प्रबन्ध चिन्तामणि
B. प्राकृत प्रकाश
C. हर्षचरित
D. वल्लभी राजा धारसेन द्वितीय के शिला लेख में

60. सिद्धों की भाषा के लिए 'संधाभाषा' शब्द का प्रयोग सर्वप्रथम कहां मिलता है?
A. बौद्ध गान ओ दोहा
B. दोहाकोश
C. 'दोहाकोश' की अद्वयवज्र कृत टीका
D. ले शा मिस्तोक्स

61. 'ढोला मारू रा दूहा' का रचयिता कौन है?
A. महेश B. कल्लोल कवि
C. दुरसाजी आढा D. श्रीधर

62. नीचे तीन रचनाओं के नाम दिये गये हैं–
1. जयचन्द प्रकाश, 2. जयमंयक जसचन्द्रिका,
3. ढोला मारू रा दूहा
वह विकल्प चुनिये, जिसमें सांकेतिक सभी रचनाएं 'राठौड़ा री ख्यात' में उल्लिखित हैं–
A. 1 तथा 3 B. 2 तथा 3
C. 1 तथा 2 D. 1, 2 तथा 3

63. किस रचना के रचयिता का पता नहीं चल सका है?
A. जयचन्द्र प्रकाश B. बसन्त विलास
C. विजयपाल रासो D. जयमंयक जसचन्द्रिका

64. 'बसन्त विलास' रचना में दोहों की संख्या है–
A. 101 B. 107
C. 84 D. 100

65. खड़ी बोली हिन्दी के सबसे पहले कवि हैं–
A. सरहपा B. हरिऔध
C. अमीर खुसरो D. चन्द

66. 'दो सुखने' किसकी रचना है?
A. अमीर खुसरो B. भट्ट केदार
C. मधुकर D. राजशेखर

67. निम्नलिखित में से कौन अमीर खुसरो की रचना नहीं है?
A. खालिक बारी B. पर्हेलियां तथा मुकरियां
C. दो सुखने D. पुरुष परीक्षा

68. हिन्दी का सबसे पहला चम्पूकाव्य है–
A. सन्देशरासक B. वर्णरत्नाकर
C. राउलवेल D. लिखनावली

69. हिन्दी का पहला नखशिख वर्णन कहां मिलता है?
A. राउलवेल B. सन्देशरासक
C. बसन्त विलास D. पृथ्वीराज रासो

70. 'राउलवेल के रचयिता' हैं–
A. मोहम्मद हाजी B. मधुकर
C. दामोदर भट्ट D. 'रोडा' कवि

71. 'उक्ति व्यक्ति प्रकरण' किसकी रचना है?
A. भट्ट केदार B. छीहल
C. दामोदर भट्ट D. रोडा

72. 'वर्णरत्नाकर' की भाषा है–
A. संस्कृत B. प्राकृत
C. मैथिली D. अपभ्रंश

73. विद्यापति किस भाषा के कवि थे?
A. भोजपुरी B. ब्रज
C. प्राकृत D. मैथिली

74. 'पदावली' पर किसका प्रभाव नहीं है?
A. गाहा सतसई B. गीत गोविन्द
C. दुर्गा सप्तशती D. कोई नहीं

75. 'कीर्तिलता की भाषा है–
A. ब्रज B. ब्रजबुलि
C. मिश्रित अपभ्रंश D. प्राकृत

76. 'कुमारपालचरित' के रचनाकार हैं–
A. सोमप्रभ सूरि B. वररूचि
C. हेमचन्द्र D. मेरूतुंग

77. 'प्राकृतप्रकाश' के रचनाकार हैं–
A. वररूचि B. कात्यायन
C. सोमप्रभ सूरि D. धारसेन

78. विद्यापति किस भाषा के कवि हैं?
A. ब्रज B. मैथिली
C. भोजपुरी D. मगही

79. 'प्रबन्धचिन्तामणि' के रचनाकार हैं–
A. जैनाचार्य 'मेरूतुंग' B. सोमप्रभ सूरि
C. हेमचन्द्र D. धारसेन

80. स्वयंभू का 'पउमचरिउ' किस छंद में है?
A. सोरठा B. गाहा
C. पद्धडिया D. त्रोटक

81. निम्नलिखित में से किसकी गणना नाथों में नहीं की जाती है?
A. नागार्जुन B. गोरखनाथ
C. जङभरत D. मणिभद्र

82. आदिकाल में चरित काव्य सर्वाधिक किसमें लिखे गए?
A. जैन साहित्य B. रासो साहित्य
C. नाथ साहित्य D. सिद्ध साहित्य

83. ''पुरुष कहाणी हौं कहौं जसु पत्थावै पुत्तु'' – किस कवि की पंक्ति है?
A. विद्यापति B. नरपति नाल्ह
C. चंदबरदायी D. जगनिक

84. 'प्राकृतपैंगलम्' किस विषय से संबंधित ग्रन्थ है?
A. काव्यशास्त्र B. छन्दशास्त्र
C. नायिका भेद D. अलंकार भेद

85. 'बीसलदेव रासो' का काव्यरूप क्या है?
A. प्रबन्ध काव्य B. खण्ड काव्य
C. गीत काव्य D. मुक्तक काव्य

86. स्वयंभू कृत 'पउमचरिउ' की विषयवस्तु किससे सम्बद्ध है?
A. रामकथा B. कृष्ण कथा
C. लोक कथा D. जातक कथा

87. ''देसिल बयना सब जन मिट्ठा'' यह विद्यापति की किस रचना की पंक्ति है?
A. कीर्तिलता B. कीर्तिपताका
C. पदावली D. भूपरिक्रमा

88. ''बारह से बहोत्तरा मंझारि। जैठबदी नवमी बुधवारि।।'' किस ग्रन्थ की पंक्ति है?
A. विजयपाल रासो B. रणमल्ल छन्द
C. बीसलदेव रासो D. पृथ्वीराज रासो

89. 'पुस्तक जल्हण हत्थ दै चलि गज्जन नृपकाज' किस रचना की पंक्ति है?
A. पृथ्वीराज रासो B. विजयपाल रासो
C. बीसलदेव रासो D. हम्मीर रासो

90. 'दूहा घणां पुराणां अछइ' तथा
'सोरठियो दूहो भलो भलि मरवणि री वात।
जोबन छाईं धण भली तारां छाई रात।।
किस रचना के बारे में ये लोक-उक्तियां प्रचलित हैं?
A. बेलि क्रिसन रूकमणि री
B. भयण रेहारासु
C. ढोला मारू रा दूहा
D. कान्हड दे प्रबन्ध

91. 'बालचन्द विज्जावई भाषा। दुहनहिं लग्गइ दुज्जन हासा' विद्यापति की किस रचना की पंक्ति है?
A. कीर्तिलता B. कीर्तिपताका
C. लिखनावली D. भूपरिक्रमा

92. 'रघुनाथ चरित हनुमन्त कृत, भूप भोज उद्धरिय जिमि।' किसकी पंक्ति है?
A. परमाल रासो B. बीसलदेव रासो
C. हम्मीर रासो D. पृथ्वीराज रासो

93. निम्नलिखित में से कौन सा 'गोरखपंथ' का ग्रन्थ नहीं है?
A. सिद्ध-सिद्धान्त पद्धति
B. शक्ति संगम तन्त्र
C. विराट पुराण
D. प्राकृतप्रकाश

94. 'संवत सहस तिहत्तर जानि-' किस रचना की पंक्ति है?
A. पृथ्वीराज रासो B. बीसलदेव रासो
C. उदैराज को दूहा D. डूँगरबावनी

95. 'जे हाल मिसकी मकुन तगाफुल दुराय नैना बनाय बतियाँ'। किसकी पंक्ति है?
A. मौला अब्दुल्ला
B. मुल्ला अब्दुल्ला
C. गेसूदराज बन्दानवाज
D. अमीर खुसरो

96. 'कच्छुलीरास' किसकी रचना है?
A. प्रज्ञातिलक B. पल्हण
C. सुमति गणि D. आसुग

97. 'आतूरास' किसकी रचना है?
A. भोज B. पल्हण
C. प्रज्ञातिलक D. मुंज

98. 'चन्दनबाला रास' किसकी रचना है?
A. आसुग B. मुंज
C. जिनधर्म सूरि D. पल्हण

99. कौन-सी रचना 'देवसेन' की नहीं है?
A. दब्ब-सहाव-पयास B. महापुराण
C. लघुनय चक्र D. दर्शनसार

100. 'रासो' शब्द की उत्पत्ति 'राजसूय' से किसने मानी है?
A. नन्द दुलारे वाजपेयी
B. चन्द्रबली पाण्डेय
C. गार्सा दा तॉसी
D. हजारी प्रसाद द्विवेदी

101. 'दव का दाधा हो कूपल लेई।
जीभ का दाधा न पाल्हवइ।। किसकी पंक्ति है?
A. बीसलदेव रासो B. पृथ्वीराज रासो
C. संदेशरासक D. कान्हण दे प्रबन्ध

102. सिद्ध किस धर्म से संबंधित थे?
A. जैन धर्म B. बौद्ध धर्म
C. हिन्दू धर्म D. ईसाई धर्म

103. सिद्धों की संख्या कितनी थी?
A. 94 B. 64
C. 84 D. 88

104. बौद्ध धर्म की किस शाखा में 'महासुखवाद' का प्रवर्तन हुआ?
A. महायान शाखा B. हीनयान शाखा
C. वज्रयान शाखा D. किसी में नहीं

105. गोरखनाथ के गुरु का नाम है–
A. आदिनाथ B. केशव नाथ
C. चौरंगीनाथ D. मत्स्येद्रनाथ

106. नाथों की संख्या कितनी है?
A. 11 B. 9
C. 17 D. 13

107. दलपति विजय की रचना का नाम है–
A. बीसलदेव रासो B. परमाल रासो
C. हम्मीर रासो D. खुम्माणरासो

108. नरपतिनाल्ह की रचना का नाम है–
A. हम्मीर रासो B. पृथ्वीराज रासो
C. बीसलदेव रासो D. परमाल रासो

109. 'पृथ्वीराज रासो' के रचयिता का नाम है–
A. नरपतिनाल्ह B. दलपति विजय
C. शार्ङ्गधर D. चंदबरदाई

110. 'डिंगल' से आप क्या समझते हैं?
A. अपभ्रंश मिश्रित राजस्थानी भाषा
B. अपभ्रंश मिश्रित पूर्व हिन्दी
C. प्राकृत भाषा
D. इनमें से कोई नहीं

111. संस्कृत में लिखित 'पृथ्वीराजविजय' के रचयिता का नाम है–
A. जयराम B. जयानक
C. जयदेव D. कृष्णदेव

112. जगनिक की रचना का नाम है–
A. हम्मीर रासो B. परमाल रासो
C. आल्ह खंड D. इनमें से कोई नहीं

113. विद्यापति ने किस भाषा में काव्य रचना की?
A. ब्रजभाषा B. मैथिली भाषा
C. प्राकृत भाषा D. उपर्युक्त सभी

114. किस कवि को 'मैथिलकोकिल' कहा गया है?
A. सूरदास B. मलूकदास
C. तुलसीदास D. विद्यापति

115. विद्यापति के पद अधिकतर हैं–
A. भक्ति प्रधान B. शृंगार प्रधान
C. वात्सल्य प्रधान D. इनमें से कोई नहीं

116. आंदाल के पद किस भाषा में रचित हैं?
A. तमिल भाषा B. मलयालम भाषा
C. मराठी भाषा D. द्रविड़ भाषा

117. 'माधव, हम परिनाम निरासा' पंक्ति के रचयिता हैं?
A. तुलसीदास B. सूरदास
C. मीराबाई D. विद्यापति

118. आदिकाल को 'सिद्ध-सामंत काल' किसने कहा है?
A. रामचन्द्र शुक्ल B. मिश्रबन्धु
C. जॉर्ज ग्रियर्सन D. राहुल सांकृत्यायन

119. आदिकाल का प्रथम कवि–
A. स्वयंभू B. पुष्पदंत
C. सरहपा D. इनमें से कोई नहीं

120. आदिकाल को 'वीरगाथा काल' किसने नाम दिया?
A. राहुल सांकृत्यायन B. डॉ॰ हजारी प्रसाद द्विवेदी
C. ग्रियर्सन D. पं॰ रामचन्द्र शुक्ल

121. अपभ्रंश के प्रथम व्याकरण की रचना किसने की?
A. नागार्जुन B. स्वयंभू
C. हेमचंद्र D. पुष्पदंत

122. सिद्ध साहित्य पर किसका प्रभाव है?
A. जैन धर्म B. बौद्ध धर्म
C. हिन्दू धर्म D. उपर्युक्त सभी

123. 'दोहा कोश' की रचना किसने की?
A. सरहपा B. लुइपा
C. शबरपा D. डोम्भिपा

124. पुष्पदंत की रचना का नाम बताएं–
A. पउम चरिउ B. जसहर चरिउ
C. भविस्सयत कहा D. उपर्युक्त सभी

125. 'संदेश रासक' के रचयिता का नाम बताएं–
A. खुसरो B. जयमयंक
C. लुइपा D. अब्दुल रहमान

126. रामकाव्य के प्रथम कवि कौन हैं जिन्होंने सर्वप्रथम अपभ्रंश में रचना की?
A. स्वयंभू B. पुष्पदंत
C. खुसरो D. सरहपा

127. अपभ्रंश में रचित 'पउम चरिउ में किसका चरित वर्णित है?
A. कृष्ण का B. ब्रह्म का
C. राम का D. उपर्युक्त सभी

128. 'नेमिनाथ चउपइ' किसकी रचना है?
A. विनय चन्द्र सूरि B. पुष्पदंत
C. धनपाल D. तुलसीदास

129. 'बीसलदेव रासो' किस भाषा में है?
A. अपभ्रंश B. प्राकृत
C. पूर्वी हिन्दी D. राजस्थानी

130. 'आल्हा' में किस छंद का प्रयोग किया गया है?
A. कवित्त B. तोमर
C. गाहा D. वीर

131. 'चण्ड' जिन्होंने अपभ्रंश भाषा का नामोल्लेख किया, क्या थे?
A. दार्शनिक B. गणितज्ञ
C. संत D. वैयाकरण

132. सिद्धों की रचनाएँ किस नाम से पुकारी जाती हैं?
A. सिद्ध गीत B. चर्यागीत
C. बौद्ध गीत D. उपर्युक्त सभी

133. 'गोरखबानी संग्रह' में गोरखनाथ की रचनाएँ किसने संग्रहित की हैं?
A. रामचन्द्र शुक्ल
B. हजारी प्रसाद द्विवेदी
C. भारतेन्दु
D. डॉ॰ पीताम्बर दत्त बडथ्वाल

134. 'ढोला मारू रा दोहा' के रचयिता हैं?
A. कल्लोल B. नरोत्तमदास स्वामी
C. जयमयंक D. जगनिक

135. जगनिक की रचना का नाम है–
A. हम्मीर रासो B. खुमाण रासो
C. परमाल रासो D. विजय पाल रासो

136. नल्ल सिंह की रचना का नाम बताएं।
A. खुमाण रासो B. पृथ्वीराज रासो
C. विजय पाल रासो D. हम्मीर रासो

137. 'कीर्तिलता' किसकी रचना है?
A. सूरदास B. नाभादास
C. विद्यापति D. तुलसीदास

138. 'कीर्तिपताका' के रचनाकार हैं–
A. तुलसीदास B. विद्यापति
C. सूरदास D. मीराबाई

139. अमीर खुसरो के गुरु का नाम है–
A. अब्दुल रहमान
B. ख्वाजा मोइनुद्दीन चिस्ती
C. ख्वाजा निजामुद्दीन औलिया
D. इनमें से कोई नहीं

140. 'तिलकमंजरी' के रचयिता का नाम है–
A. रामपाल B. घनपाल
C. कृष्णपाल D. नाभादास

141. 'पुरुष परीक्षा' की रचना की है–
A. विद्यापति B. जयानक
C. जिनविजय D. कल्लोल

142. 'हम्मीर रासो' के रचनाकार हैं–
A. दलपति विजय B. नाल्ह
C. महेश D. चंदबरदाई

143. 'गीतशैली' किसकी देन है–
A. नाथों की B. विद्यापति की
C. सिद्धों की D. स्वयंभू की

144. गोरखनाथ किस सम्प्रदाय में दीक्षित थे?
A. हीनयान सम्प्रदाय B. दिगम्बर सम्प्रदाय
C. महायान सम्प्रदाय D. वज्रयान सम्प्रदाय

145. महानुभाव पंथ विकसित हुआ था–
A. राजस्थान में B. कश्मीर में
C. सिन्ध में D. महाराष्ट्र में

146. ज्ञानेश्वर और नामदेव किस सम्प्रदाय से संबंधित थे–
A. वज्रयान सम्प्रदाय B. वारकरी सम्प्रदाय
C. नाथ सम्प्रदाय D. उपर्युक्त सभी

147. अपभ्रंश का पहला कवि कौन है?
A. स्वयंभू B. सरहपा
C. पुष्पदंत D. खुसरो

148. हिन्दी की प्रथम काव्य कृति है–
A. भरतेश्वर बाहुबली रास
B. चन्दन बाला रास
C. स्थूलिभद्र रास
D. नेमिनाथ रास

149. शालिभद्र सूरि द्वारा रचित 205 छंदों का खण्डकाव्य है–
A. परमालरासो B. भारतेश्वर बाहुबली रास
C. बसन्त विलास D. बीसलदेव रासो

150. ज्ञानभद्र सूरी ने 'बाहुबलि रास' की रचना कब की?
A. 11 64 ई. B. 1384 ई.
C. 1182 ई. D. 1184 ई.

भक्तिकाल

1. 'भक्ति धर्म का रसात्मक रूप है।' यह बात किसने कही?
A. आचार्य रामचन्द्र शुक्ल
B. आचार्य हजारी प्रसाद द्विवेदी
C. डॉ. नगेन्द्र
D. नन्द दुलारे वाजपेयी

2. रामानुज के गुरु 'कांचीपूर्ण' किस वर्ण के थे?
A. ब्राह्मण B. क्षत्रिय
C. वैश्य D. शूद्र

3. 'देह जैसा तीर्थ न मैने सुना, न देखा'। किसका कथन है?
A. कबीर B. सरहपा
C. गोरखनाथ D. जायसी

4. सूफी संतों की 'अनलहक' की घोषणा किससे मिलती-जुलती है?
A. एकेश्वरवाद B. विशिष्टाद्वैतवाद
C. द्वैतवाद D. अद्वैतवाद

5. राबिया कौन थी?
A. आलवार संत B. सूफी संत
C. मराठी संत D. योगिनी

6. भक्तिकालीन हिन्दी काव्य की सर्वाधिक प्रमुख भाषा है–
A. पंजाबी B. अवधी
C. ब्रज D. राजस्थानी

7. बंगाल-असम में ब्रजभाषा प्रभावित बंगला-असमिया को कहा जाता है–
A. पंचमेल B. पुरबिया
C. ब्रजबुलि D. ब्रजभाषा

8. गेयपदों की परम्परा हिन्दी में किससे शुरू होती है?
A. हिन्दी के जैन कवियों से
B. अपभ्रंश कवियों से
C. नाथों से
D. सिद्धों से

9. कबीर की मृत्यु किस सन् में हुई?
A. 1575 ई. B. 1518 ई.
C. 1461 ई. D. 1503 ई.

10. कबीर को 'वाणी का डिक्टेटर' किसने कहा है?
A. आचार्य रामचन्द्र शुक्ल
B. आचार्य हजारी प्रसाद द्विवेदी
C. चन्द्रधर शर्मा गुलेरी
D. राहुल सांकृत्यायन

11. निम्नलिखित में से कौन-सी कबीर की उक्ति नहीं है?
A. हरि जननी मै बालक तोरा
B. कहो भइया अंबर कासौ लागा
C. न जाने तेरा साहब कैसा है
D. अब तो अजपा जपु मन मेरे

12. निम्नलिखित में से कौन-सी उक्ति कबीर की नहीं है?
A. पाण्डे कौन कुमति तोहि लागी
B. झरि लागे महलिया गगन फहराय
C. जरा मुई न भय हुआ कुसल कहां ते होय
D. चलन-चलन सब लोग कहत हैं, न जाने बैकुंठ कहाँ हैं।

13. मीराबाई को किसकी शिष्या कहा जाता है?
A. धर्मदास B. तुलसीदास
C. रैदास D. कबीरदास

14. 'बीर कहा मई थहि खंड गावंऊ। कथा काल कई लोग सुनावऊँ।' किस रचना की पंक्ति है?
A. चंदायन B. पद्मावत
C. हंसावली D. मृगावती

15. 'मानुस प्रेम भएउं बैकुंठी। किस रचना की पंक्ति है?
A. मधुमालती B. मृगावती
C. पद्मावत D. चंदायन

16. निम्नलिखित में से कौन-सी पंक्ति 'पद्मावत' की नहीं है?
A. हौं बिनु मंदिर को छावा
B. ओनई घटा परी जग छाहा
C. विरह रूप दरपन संसारा
D. उन बानन्ह उस के जा न मारा

17. निम्नलिखित में से कौन सी पंक्ति पद्मावत की नहीं है?
A. छार उठाय लीन्ह एक मूठी
B. चंदन कि बन-बन उपजे, विरह कि तन-तन सोई
C. कीन्हेसी कोई भिखारी कोई धनी
D. पिऊ सो कहहु संदेसड़ा हे भौरां हे काग

18. निम्नलिखित में से किस सूफी-रचना में दोहे की जगह बरवै छन्द का प्रयोग है?
A. रसरतन B. ज्ञानदीप
C. अनुराग बांसुरी D. चित्रावली

19. 'संवत सोलह सौ इकतीसा। करउं कथा हरिपद धरि सीसा।' किस रचना की पंक्ति है?
A. रामचरितमानस B. विनयपत्रिका
C. कवितावली D. रामचंद्रिका

20. 'रामचरित मानस में तुलसी दास की करूणा समाजोन्मुख है, विनयपत्रिका में वह आत्मोन्मुख है।' यह कथन किसका है?
A. हजारी प्रसाद द्विवेदी
B. रामविलास शर्मा
C. प्रभुदयाल मीतल
D. रामचन्द्र शुक्ल

21. 'कबीर कानि राखी नहीं वर्णाश्रम षट्दरशनी।' किस रचना की पंक्ति है?
A. रज्जब बानी B. भक्तमाल
C. ज्ञानबोध D. धनी धरमदास की बानी

22. 'निरअंकुश अति निडर रसिक जस रसना गायो।' पंक्ति किसके बारे में है?
A. रसखान B. कबीर
C. नामदेव D. मीरा

23. 'मानौ भाई धन-धल अंतर दामिनि' किसकी पंक्ति है?
A. नन्ददास B. कृष्णदास
C. सूरदास D. स्वामी हरिदास

24. 'ताही छन उडुराज उदित रस-रास-सहायक।
कुंकुम-मंडित-बदल प्रिया जनु नागरि नायक।।' किसकी पंक्ति है?
A. सूरदास B. नन्द दास
C. कृष्णदास D. कुंभन दास

25. 'संतन को कहा सीकरी सो काम' किसकी पंक्ति है?
A. कृष्णदास B. कुंभन दास
C. सूरदास D. नन्द दास

26. कौन-सी पांक्त निम्नलिखित में से मीरा की नहीं है?
A. अंसुवन जल सीचि-सीचिं प्रेम बेल बोई
B. सावन मा उमग्यो म्हारा हियरा भणक सुण्या हरि आवण री

C. घायल की गति घायल जाणै और न जाणै कोई
D. माई री वा मुख की मुस्कानि संभारी न जैहे, न जैहे, न जैहे

27. 'या मुरली मुरलीधर की अधरान भरी अधरा न धरौंगी।' किसकी पंक्ति है?
A. मीरा B. रसखान
C. रहीम D. घनानन्द

28. 'खानान खान बैरम सुवन जबहिं क्रोध करि तंग कस्यो' इस पंक्ति वाला छप्पय रहीम की प्रशंसा में किसने कहा था?
A. होलराय B. केशव
C. गंग D. तुलसी

29. 'श्री सम्प्रदाय के प्रथम आचार्य माने जाते हैं।'
A. यामुनाचार्य
B. विष्णुस्वामी
C. नाथमुनि
D. आचार्य रामानुज

30. नाथ मुनि ने 'दिव्य प्रबंधम्' में किसकी रचनाएं संकलित की?
A. नायनारों की
B. अन्नया आदि तेलुगू के भक्तों की
C. अलवारों की
D. शंकरदेव की

31. 'श्री सम्प्रदाय' की स्थापना किसने की?
A. रामानुज B. यामुनाचार्य
C. नाथमुनि D. राघवानन्द

32. 'द्वैतवाद' का प्रवर्तन किसने किया था?
A. स्वामी रामतीर्थ B. स्वामी आनन्द तीर्थ
C. महर्षि कण्व D. रामानुज

33. सुमेलित कीजिए-
(*a*) रामानुज 1. श्री सम्प्रदाय
(*b*) निम्बार्क 2. ब्रह्म सम्प्रदाय
(*c*) विष्णु स्वामी 3. रूद्र सम्प्रदाय
(*d*) मध्वाचार्य 4. हंस सम्प्रदाय

	(*a*)	(*b*)	(*c*)	(*d*)
A.	1	2	3	4
B.	1	4	2	3
C.	1	4	3	2
D.	2	3	1	4

34. इनमें से 'विष्णुस्वामी' की रचना कौन सी है?
A. सिद्धान्तपंचमात्रा B. सर्वज्ञसूक्त
C. वेदान्तसार D. आगम प्रमाण्य

35. आचार्य वल्लभ ने निम्नलिखित में से किसकी रचना नहीं की?
A. प्रपन्नकल्पवल्ली B. सुबोधिनी
C. अणुभाष्य D. तत्वदीप निबंध

36. 'सिद्धान्तपंचमात्रा' के रचनाकार हैं-
A. विष्णुस्वामी B. आचार्य वल्लभ
C. राघवानन्द D. रामानुज

37. षड्गोस्वामियों द्वारा रचित नहीं है-
A. उज्ज्वलनीलमणि B. हरि भक्तिरसामृत सिन्धु
C. भवतसंदर्भ D. गोविन्द भाष्य

38. निम्बार्क की रचना नहीं है-
A. वेदान्त परिजात सौरभ
B. श्रीकृष्ण स्तवराज
C. गीता आष्टा
D. प्रपन्नकल्पवली

39. 'गोविन्दभाष्य' किसकी रचना है?
A. चैतन्य B. रूप गोस्वामी
C. बलदेव विद्या भूषण D. जीव गोस्वामी

40. 'षट्संदर्भ' किसकी रचना है?
A. रूप गोस्वामी B. जीव गोस्वामी
C. बलदेव विद्याभूषण D. सनातन गोस्वामी

41. सातवें अलवार कौन थे?
A. काठकोय B. नम्म
C. आण्डाल D. कुलशेखर

42. आलवार संख्या में कितने थे?
A. दस B. बारह
C. आठ D. ग्यारह

43. कन्नड़ भाषा में पद्य के स्थान पर गद्य का आरम्भ करने वाले संत थे-
A. पुण्डरीक B. पंय
C. बसवेश्वर D. नरसी मेहता

44. 'महानुभाव सम्प्रदाय' चलाने वाले भक्त कवि थे-
A. ज्ञानेश्वर B. पुण्डरीक
C. चक्रधर D. तुकाराम

45. रामानन्द, आचार्य रामानुज के शिष्य परम्परा के क्रम में भक्तमाल के अनुसार किस स्थान पर आते हैं?

A. चतुर्थ B. तृतीयं
C. छठवें D. सातवें

46. भक्तमाल में रामानन्द जी के कितने शिष्य गिनाए गये हैं?

A. 16 B. 14
C. 12 D. 9

47. 'विठोबा खेचर' किसके गुरु थे?

A. नामदेव B. धन्ना
C. सेन D. ज्ञानेश्वर

48. कबीर के बारे में जानकारी देने वाली कौन सी एक ऐतिहासिक रचना है?

A. भवतारण B. प्रसंग पारिजात
C. आइन-ए-अकबरी D. आशा सागर

49. सम्प्रदायों और उनके प्रवर्तकों को सुमेलित कीजिए–

सम्प्रदाय	प्रवर्तक
(*a*) उदासी सम्प्रदाय	1. जग जीवन दास
(*b*) विश्नोई सम्प्रदाय	2. वीरभान
(*c*) साधे सम्प्रदाय	3. श्रीचन्द
(*d*) सतनामी	4. जगन्नाथ

कूट :	(*a*)	(*b*)	(*c*)	(*d*)
A.	1	2	3	4
B.	4	2	3	1
C.	4	3	2	1
D.	3	4	2	1

50. 'भक्तमाल' की रचना करने वाले संत राघोदास किस सम्प्रदाय के थे?

A. उदासी सम्प्रदाय B. दादू पन्थ
C. साधो सम्प्रदाय D. कबीर पन्थ

51. किस संत की काव्य भाषा 'नीमाडी' है?

A. संत सींगा B. बाबा लाल
C. मींगा D. पीपा

52. बावरी साहिबा किस धारा की रचनाकार हैं?

A. संत काव्य B. प्रेममार्गी सूफी काव्य
C. रामभक्ति काव्य D. कृष्णभक्ति काव्य

53. वह पहला ग्रन्थ जिसमें संकलित पद विभिन्न राग-रागनियों में बांटे गये हैं। हैं–

A. शान्त सरसी B. असरारे-मार्फत
C. आदि ग्रन्थ D. नादिरूसन्निकात

54. पहली सूफी कृति है–

A. हंसावली B. चन्दायन
C. सत्यवती कथा D. मृगावती

55. सूफी-मत आदि स्रोत कहां मिलता है?

A. शामी-मत B. प्लेटिनस के चिन्तन में
C. कुरान D. मानी-मत

56. 'चन्दायन' का मूल नाम क्या है?

A. वीर कहा B. लोर कहा
C. चन्द्रवली कथा D. चंद्रमोहिनी रास

57. 'चन्दायन' का रचनाकाल है–

A. 1379 ई. B. 1540 ई.
C. 1528 ई. D. 1479 ई.

58. 'सत्यवती कथा' के रचनाकार हैं–

A. विष्णुदास B. ईश्वरदास
C. दामोदर D. गणपति

59. निम्नलिखित में से किस कवि ने 'माधवानल कामकन्दकला प्रेमकथा' पर एक प्रेमाख्यान की रचना नहीं की?

A. गणपति B. मंझन
C. कुशललाभ D. आलम

60. किस रचना में पहली बार 'उत्पत्ति रस' की स्थापना की गई है?

A. रस मंजरी B. चित्रावली
C. रूपमंजरी D. ज्ञानदीप

61. पद्मावत का रचनाकाल क्या है?

A. 1528 ई. B. 1540 ई.
C. 1530 ई. D. 1542 ई.

62. पद्मावत कितने खण्डों में रचित है?

A. 51 B. 53
C. 57 D. 59

63. कौन-सी रचना जायसी की नहीं है?

A. अखरावट B. कहरानामा
C. चित्रलेखा D. छिताई वार्ता

64. जायसी की कौन सी रचना फारसी लिपि में छपी है?

A. चित्ररेखा B. आखिरी कलाम
C. अखरावट D. मसलानाम

65. 'ज्ञानदीप' के रचनाकार हैं–

A. मुहकर B. मधुकर
C. शेख नबी D. गणपति

66. किस कवि ने सर्वाधिक प्रेमाख्यानों की रचना की है?

A. जान कवि B. नरपति व्यास

C. मुकुन्द सिंह D. लालचंद

67. 'ब्रजभाषा हेतु ब्रजबासही न अनुमानो' किसकी पंक्ति है?

A. गंग B. भिखारीदास

C. रहीम D. चिंतामणि

68. रचनाओं के क्रम में उनके रचयिता एवं प्रबंधकाव्यों को सुमेलित कीजिए–

प्रबन्ध काव्य	**रचयिता**
(*a*) एकादसी कथा	1. भीम कवि
(*b*) सत्यवती कथा	2. पुरूषोतम
(*c*) दंगवै पुराण	3. सूरजदास
(*d*) जैमिनि पुराण	4. ईश्वरदास

कूट :	(*a*)	(*b*)	(*c*)	(*d*)
A.	3	4	2	1
B.	4	3	2	1
C.	3	4	1	2
D.	1	4	2	3

69. निम्न में से किस छंद का प्रयोग भक्तिकाल से पूर्व नहीं मिलता?

A. छप्पय B. दोहा

C. सवैया D. भुजंगप्रपात

70. 'प्रसन्न राघव' किसकी रचना है?

A. जयदेव B. सोमेश्वर

C. क्षेमेन्द्र D. विद्यापति

71. 'भगति द्राविडी उपजी लाए रामानन्द' यह कथन किसका है?

A. कबीर B. रामानन्द

C. तुलसी D. पीपा

72. तमिल भाषा में किस महाकवि ने 'रामायण' की रचना की है?

A. पंप B. कम्ब

C. कृत्तिवास D. नामचन्द्र

73. 'कील्हदास' किस सम्प्रदाय के साधक थे?

A. तपसी शाखा B. नाथपंथ

C. वज्रयान D. अघोरपंथ

74. निम्नलिखित सम्प्रदायों/शाखाओं के क्रम में उनके प्रवर्तकों को सुमेलित कीजिए–

रामकाव्य के सम्प्रदाय	**प्रवर्तक**
(*a*) रसिक सम्प्रदाय	1. कृपानिवास
(*b*) रामायत सखी सम्प्रदाय	2. जीवाराम
(*c*) स्वसुखी शाखा	3. अग्रदास
(*d*) तत्सुखी शाखा	4. महंत रामचरणदास

कूट :	(*a*)	(*b*)	(*c*)	(*d*)
A.	1	3	4	2
B.	3	1	4	2
C.	3	1	2	4
D.	1	3	2	4

75. राम काव्य के रसिक सम्प्रदाय का आधार ग्रन्थ है–

A. राम भजनमंजरी B. अष्टायाम

C. उपासना बावनी D. ध्यानमंजरी

76. 'मूलगोसाई चरित' किसकी रचना है?

A. महात्मा रघुवरदास

B. बेनी माधवदास

C. माधवदास जगन्नाथ

D. केशवदास

77. आचार्य शुक्ल ने तुलसी द्वारा रचित ग्रन्थ गिनाये हैं?

A. बारह B. दस

C. बाईस D. आठ

78. रामचरित मानस में कितने काण्ड (अध्याय) हैं?

A. 7 B. 9

C. 8 D. 11

79. विनयपत्रिका की भाषा है–

A. अवधी B. ब्रज

C. भोजपुरी D. इनमें से कोई नहीं

80. 'कलिधर्माधर्म निरूपण' – किसकी रचना बतायी जाती है?

A. तुलसी B. ईश्वरदास

C. केशव D. नाभादास

81. नाभादास जी का वास्तविक नाम था–

A. स्वामी हरिदास 'नाभा'

B. नारायणदास 'नाभा'

C. माधवदास 'नाभा'

D. नित्यसेन 'नाभा'

82. कौन-सी रचना निम्नलिखित में से केशवदास की नहीं है?

A. विज्ञान गीता B. रतन बावनी

C. शकुनावली D. जहांगीर जसचन्द्रिका

83. 'रामचन्द्रिका' में कुल कितने 'प्रकाश' (अध्याय) हैं?

A. 52 B. 57

C. 7 D. 39

84. 'केशव कठिन काव्य के प्रेत हैं।' किस आलोचक का कथन है?

A. हजारी प्रसाद द्विवेदी B. नन्ददुलारे बाजपेयी

C. रामचन्द्र शुक्ल D. रामकुमार वर्मा

85. 'कवित्त रत्नाकर' में कितने तरंग (अध्याय) हैं?

A. 5 B. 7

C. 9 D. 6

86. रचनाकारों को उनकी रचनाओं के क्रम में सुमेलित कीजिए–

रचनाएं	रचयिता
(*a*) रामायण महानाटक	1. हृदयराम
(*b*) हनुमन्नाटक	2. माधवदास जगन्नाथी
(*c*) पौरूषेय रामायण	3. रामनल्ल पांडे
(*d*) रघुनाथ लीला	4. प्राण चन्द चौहान
(*e*) हनुमानचरित्र	5. नरहरि बारहट

कूट :	(*a*)	(*b*)	(*c*)	(*d*)	(*e*)
A.	1	4	5	2	3
B.	4	1	2	5	3
C.	4	1	5	2	3
D.	4	1	5	3	2

87. कृष्णलीलाओं का संस्कृत काव्यों में सबसे पहला उल्लेख किस रचना में मिलता है?

A. वेणीसंहार B. ब्रह्मचरित

C. कंदर्पमंजरी D. गीतगोविन्द

88. पुष्टिमार्गी दीक्षा के समय दिया जाने वाला गुरु मन्त्र है–

A. श्रीकृष्णः शरणं मम

B. शाधि माम् लाभ प्रपन्नम्

C. सर्वधर्मान परित्यज्म मामेक शरणं ब्रज

D. पोषणं तदनुग्रहः

89. गोवर्धन पहाड़ी पर 'श्रीनाथ जी' का मंदिर किसने बनवाया?

A. विट्ठलनाथ B. कृष्णदास

C. वल्लभाचार्य D. पूरनमल खत्री

90. 'वेदान्तकौस्तुभ' नामक ग्रन्थ की रचना किसने की थी?

A. निम्बार्क B. श्री औदुम्बराचार्य

C. श्री निवासाचार्य D. श्री गौरमुखाचार्य

91. किस सम्प्रदाय में उपासना को 'रसोपासना' कहा जाता है तथा 'गद्दीसेवा' का विधान है–

A. सनक सम्प्रदाय B. राधा वल्लभ सम्प्रदाय

C. सखी सम्प्रदाय D. गौडीय सम्प्रदाय

92. किस सम्प्रदाय को 'टट्टी सम्प्रदाय' भी कहा जाता है–

A. श्री सम्प्रदाय B. सखी सम्प्रदाय

C. सनक सम्प्रदाय D. गौडीय सम्प्रदाय

93. किसने सूरदास की मृत्यु पर शोकार्त होकर यह पंक्ति कही थी–'पुष्टिमारग को जहाज जात है सो जाको कछु लेना होय सो लेहु'?

A. आचार्य वल्लभ B. विट्ठलनाथ

C. नन्द दास D. कुंभन दास

94. रचनाओं के क्रम में लेखकों को सुमेलित कीजिए–

रचनाएं	रचयिता
(*a*) चौरासी वैष्णव की वार्ता	1. हरिदास
(*b*) भक्तनामावली	2. यदुनाथ
(*c*) वल्लभ दिग्विजय	3. गोकुलनाथ
(*d*) भावप्रकाश	4. ध्रुवदास

कूट :	(*a*)	(*b*)	(*c*)	(*d*)
A.	4	3	2	1
B.	4	3	1	2
C.	1	3	2	4
D.	3	4	2	1

95. नन्ददास द्वारा रचित 'रासपंचाध्यायी' किस छंद में है?

A. चौपाई-दोहा B. सवैया

C. कवित्त D. रोला

96. निम्नलिखित में से कौन-सी रचना नन्ददास की नहीं है?

A. श्यामसंदेसौ B. रसमंजरी

C. भंवरगीत D. रूपमंजरी

97. 'मो मन गिरधर छवि पर अट्क्यो' किसकी पंक्ति है?

A. गोविन्द स्वामी B. चतुर्भुज दास

C. छीत स्वामी D. कृष्ण दास

98. 'युगलशतक' किसकी रचना है?

A. श्रीभट्ट B. हितहरिवंश

C. ध्रुवदास D. हरिव्यासदेव

99. 'भींजत कग देखौं इन नैना' किसकी पंक्ति है?
A. हितहरिवंश B. सूरदास
C. श्रीभट्ट D. नन्द दास

100. 'महावाणी' किस सम्प्रदाय की रचना है?
A. राधा वल्लभ B. गौडीय
C. निम्बार्क D. अष्टछाप

101. राधा वल्ल्भ सम्प्रदाय का मूलाधार है–
A. हितचौरासी B. सेवक वाणी
C. राधासुधानिधि D. व्यासवाणी

102. 'हितहरिवंश' की मृत्यु पर शोकविह्वल होकर यह पंक्ति किसने कही थी? 'छुतो रस रसिकन को आधार'–
A. दामोदार दास 'सेवक जी'
B. हरीराम व्यास
C. नेहीनागरीदास
D. ध्रुवदास

103. 'रसिक अनन्यमाल' किसकी रचना है?
A. भगवत रसिक B. भगवतमुदित
C. रूप रसिक देव D. बिहारिनदास

104. कौन-सी रचना 'राधावल्लभी चतुर्भुजदास' की नहीं है?
A. द्वादशयश B. सिंगारसत
C. भक्तिप्रताप D. हितजू को मंगल

105. 'निजमत सिद्धान्त' के रचनाकार हैं–
A. किशोरदास B. प्रियादास
C. नाभादास D. राघोदास

106. गौडीय सम्प्रदाय के कौन से कवि हैं जो इससे पहले गोस्वामी विट्ठलनाथ जी के शिष्य थे?
A. गदाधर B. चन्द्रगोपाल
C. रामराय D. 'माधुरीजी'

107. 'आदिवाणी' किसकी रचना है?
A. भगवतमुदित B. रामराय
C. गदाधर भट्ट D. चन्द्रगोपाल

108. किस कवि ने अकबर के शासन में दीवान पद पर रहते हुए खजाने में से आयी सारी मुद्राएं साधुओं के खिलाने-पिलाने पर व्यय कर दी थी और सफाई में यह दोहा भेजकर स्वयं वृन्दावन भाग गये थे?
'तेरह लाख संडीज़े उपजे सब साधुन मिलि गटके।'
A. गदाधर भट्ट B. चन्द्रगोपाल
C. माधवदास 'माधुरी' D. सूरदास 'मदन मोहन'

109. कौन-सी रचना मीरा की नहीं है?
A. चरीत B. मलार राग
C. प्रेमवाटिका D. राग गोविन्द

110. 'सुजान रसखान' किस छन्द में रचित है?
A. सवैया तथा दोहा B. कवित्त तथा दोहा
C. कवित्त तथा सवैया D. दोहा

111. रचनाओं के अनुसार उनके रचनाकारों को सुमेलित कीजिए–

रचनाएं	**रचनाकार**
(*a*) विरूद छिहत्तरी	1. दयाल कवि
(*b*) राणा रासो	2. नयामत खां जान
(*c*) रतन रासो	3. कुम्भकर्ण
(*d*) क्याम खां रासो	4. दुरसाजी आढा

कूट :	(*a*)	(*b*)	(*c*)	(*d*)
A.	4	3	1	2
B.	3	4	1	2
C.	4	1	3	2
D.	1	3	4	2

112. प्रबन्धात्मक चरितकाव्य परम्परा का पहला ग्रन्थ है–
A. हरिचन्द पुराण B. पंच पाण्डव चरितरास
C. प्रद्युम्नचरित D. कान्हड के प्रबन्ध

113. 'पंचेन्द्रीवेलि' के रचनाकार हैं–
A. पद्मनाभ B. ठाकुर जी
C. छीहल D. वाजिद

114. हिन्दी की पहली आत्मकथा है–
A. अर्धकथानक B. क्या भूलूं क्या याद करूं
C. मेरी आत्मकहानी D. आत्मकथा

115. 'बेलि क्रिसन रूकमणि री' किसकी रचना है?
A. राजा आसकरण B. पद्मनाथ
C. पृथ्वीराज D. राजसमुद्र

116. 'तुलसी गंग दुवौ भये सुकविन के सरदार' किसकी पंक्ति है?
A. दासजी B. देव
भिखारीदास D. ग्वाल

117. कौन-सी रचना रहीम की नहीं है?
A. नागरशोभा B. बरवै नायिकाभेद
C. मदनाष्ट्क D. शतप्रश्नोत्तरी

118. 'गुन ना हिरानो, गुनगाहक हिरानो है।' किसकी पंक्ति है?
A. होलराम B. मनोहर
C. कादिर D. जमाल

119. 'हिततरंगिणी' किसकी रचना है?

A. चिन्तामणि B. ग्वाल

C. कृपाराम D. मुबारक

120. रसिकप्रिया तथा कवि प्रिया कितने प्रकाशों (खण्डों) में विभक्त है?

A. 16, 16 B. 10, 16

C. 20, 16 D. 16, 20

121. 'तिलशतक' तथा 'अलकाशतक' किसकी रचनाएं हैं?

A. मोहनलाल मिश्र B. जान कवि

C. बलभद्र मिश्र D. मुबारक

122. 'षड्ऋतुवार्ता' किसकी रचना है?

A. हरि B. रामबैकुण्ठमणि शुक्ल

C. गोकुलनाथ D. विट्ठलनाथ

123. खड़ी बोली गद्य की पहली रचना है–

A. चंद छंद बरनन की महिमा

B. गोरा बादल की कथा

C. कुतुबशतक

D. भाषायोग वसिष्ठ

124. रचनाओं के क्रम में रचनाकारों को सुमेलित कीजिए–

रचनाएं	रचनाकार
(*a*) षडावश्यक बालाबोध	1. कुशलधीर
(*b*) बेलि क्रिसनरूकमणि री टीका	2. सिंघापच दयाल दास
(*c*) राठौड़ा री ख्यात	3. तरूणप्रभ सूरि

कूट :	(*a*)	(*b*)	(*c*)
A.	3	1	2
B.	2	3	1
C.	1	3	2
D.	3	2	1

125. रचनाओं के क्रम में रचनाकारों को सुमेलित कीजिए–

रचनाएं	रचनाकार
(*a*) मेराजुल आशिकीन	1. मुल्ला वजही
(*b*) सबरस	2. नुसरती
(*c*) गुलशने इश्क	3. गेसूदराज बन्दानवाज

कूट :	(*a*)	(*b*)	(*c*)
A.	3	1	2
B.	2	3	1
C.	1	3	2
D.	2	1	3

126. 'का भाषा का संस्कृत प्रेम चाहिए सांच।
का सु जो आवै कामरी, का लै करअ कुमांच।।'
किसकी पंक्ति है?

A. कबीर B. सुन्दरदास

C. तुलसी D. दादू

127. कौन-सी पंक्ति कबीर की नहीं है?

A. एकै साखी सौ सिर खण्डै

B. संस्कीरत है कूपजल भाषा बहता नीर

C. ए अंखियां अलसानी, पिया हो सेज़ चलो

D. अब तो अजपा जपु मन मेरे

128. कौन-सी पंक्ति जायसी की नहीं है?

A. सन् नौ सै सत्ताइस अहा। कथा आरम्भ बैन कवि कहा।।

B. कथा जगत जेती कवि आई। पुरूष मारि ब्रज सती कराई।।

C. आदि अंत जस गाथा अहै। लिखि भाषा चौपाई कहै।।

D. जो यह पढे कहानी हम्ह संवरे दुइ बोल।।

129. किसकी भाषा को 'अवधी का अरधान' कहा गया है?

A. तुलसी B. शेख नबी

C. जायसी D. मंझन

130. 'सन् नौ सौ सत्ताइस अहा। कथा आरंभ बैन कवि कहा।।' किस रचना की पंक्ति है?

A. पद्मावत B. मधुमालती

C. मृगावती D. माधवानल-कामकन्दला

131. आलो उजाला नामक कवि ने किस रचना का बंगला अनुवाद किया था?

A. रामचरित मानस B. पद्मावत

C. मधुमालती D. माधवानल–कामकन्दला

132. 'सुरतिय, नरतिय, नागतिय, सह चाहत सब कोय।' किसकी पंक्ति है?

A. रहीम B. गंग

C. नरहरि D. तुलसी

133. नामदेव का संबंध किस प्रवृत्ति से है?

A. सगुणवाद B. निर्गुणवाद

C. नाथपंथ D. सगुण-निर्गुणवाद

134. 'अजगर करे न चाकरी, पंछी करे न काम।' किस कवि ने कहा है?

A. सूरदास B. दादूदयाल

C. धर्मदास D. मलूकदास

135. 'पदमिनी चरित्र' किस कवि की रचना है?
A. जायसी B. उसमान
C. लालचंद D. मुबारक

136. 'जाके प्रिय न राम वैदेही' पंक्ति किस रचना की है?
A. कवितावली B. गीतावली
C. विनयपत्रिका D. रामचरित मानस

137. निम्नलिखित में से 'भक्तमाल' में किसका नाम नहीं है?
A. कबीर B. रैदास
C. सेन D. मलूकदास

138. 'कवि बिआस रस कौला पूरी। दूरहि नियर नियर भा दूरी।।' किस कवि की पंक्ति है?
A. उसमान B. सुन्दरदास
C. जायसी D. मंझन

139. रामानन्द किसकी शिष्य परम्परा में हैं?
A. रंगाचार्य B. नाथमुनि
C. रामानुजाचार्य D. पुंडरीकाक्ष

140. 'रस गगन गुफा में अजर झरै' किसकी उक्ति है?
A. जायसी B. कबीर
C. सूरदास D. सुन्दरदास

141. भक्ति का प्रस्थानग्रन्थ किसे कहा गया?
A. गीता B. भागवत्
C. छान्दोग्य उपनिषद् D. विष्णुपुराण

142. 'केसब कह न जाइ का कहिये' किसकी पंक्ति है?
A. कुंभनदास B. चतुर्भुज दास
C. तुलसीदास D. केशवदास

143. 'हंस जवाहिर' नामक प्रेमाख्यान किसने लिखा?
A. शेख नबी B. नूर मुहम्मद
C. उसमान D. कासिमशाह

144. 'सुरति' से आशय है–
A. उन्माद B. विरक्ति
C. ध्यान D. आनन्द का अनुभव

145. 'कोऊ न काहू की कानि करै, सिगरो ब्रज वीर बिकाई गयो है' किसकी पंक्ति है?
A. आलम B. रसखान
C. देव D. बिहारी

146. रामानुजाचार्य के शिष्य का नाम बताएं–
A. कबीर B. चंडीदास
C. रामानंद D. हरिदास

147. रामानंद ने किसकी उपासना पर जोर दिया?
A. कृष्ण B. इन्द्र
C. ब्रह्म D. राम

148. वल्लभाचार्य ने किसकी उपासना पर जोर दिया?
A. बलराम B. कृष्ण
C. राम D. ब्रह्म

149. निर्गुण धारा की शाखा निम्न में है–
A. प्रेमाश्रयी शाखा B. रामभक्ति शाखा
C. कृष्ण भक्ति शाखा D. उपर्युक्त में कोई नहीं

150. कबीर किस धारा के प्रमुख कवि हैं?
A. प्रेमाश्रयी शाखा B. राम भक्ति शाखा
C. कृष्ण भक्ति शाखा D. ज्ञानाश्रयी शाखा

रीतिकाल

1. 'भारत भूषण' के रचयिता कौन हैं?
A. भूषण B. केशवदास
C. जसवन्त सिंह D. भिखारी दास

2. 'योग वसिष्ठ' किनकी रचना है?
A. मुंशी सदा सुखलाल
B. सदल मिश्र
C. रामप्रसाद निरंजनी
D. लल्लूलाल

3. 'डेल सो बनाय आय मेलत सभा के बीच, लोगन कवित्त कीबो खेल करि जानो है।' किनकी रचना है?
A. घनानन्द B. देव
C. ठाकुर D. आलम

4. 'अभिधा उत्तम काव्य है, मध्य लक्षणा लीन', अधम व्यंजना रस-विरस उलटी कहत नवीन।' यह पंक्ति किसकी है?
A. चिन्तामणि B. देव
C. भारतेन्दु D. बालकृष्ण शर्मा 'नवीन'

5. 'अति सूधो सनेह को मारग है।' किसकी उक्ति है?
A. बनेधा B. ठाकुर
C. आलम D. घनानन्द

6. जहांगीरजस चंद्रिका' के रचनाकार कौन हैं?
A. देव B. मतिराम
C. केशव D. चिन्तामणि

7. 'हंसजवाहिर' नामक प्रेमाख्यान किसने लिखा?
A. शेख नबी B. नूर मुहम्मद
C. उसमान D. कासिमशाह

8. रसलीन की रचना है–
A. रसरंग B. रसमंजरी
C. रसराज D. रसप्रबोध

9. 'तुलसी गंग दुवौ भए सुकविन के सरदार' किसका कथन है?
A. रहीम B. सुन्दरदास
C. भिखारी दास D. देव

10. 'ज्ञानदीप' किसकी रचना है?
A. शेखनबी B. वृन्द
C. भूषण D. रहीम

11. किस भक्तिकालीन कवि ने नायिकाभेद की रचना की है?
A. तुलसीदास B. गंग
C. सूरदास D. मीरा

12. 'सांवरे रूप को रीति अनूप नयो-नयो लागत ज्यों-ज्यों निहारिये', यह पंक्ति किसकी है?
A. बोधा B. आलम
C. केशवदास D. घनानन्द

13. बादशाह जहांगीर की प्रशस्ति में काव्य लिखा था–
A. मतिराम B. केशवदास
C. रहीम D. द्विजदेव

14. किस कवि ने प्रकृति पर स्वतंत्र रूप से रचना की है?
A. मतिराम B. पद्माकर
C. देव D. सेनापति

15. 'जग की कविताई के धोखे रहे ह्यां प्रवीनन की मति जाति छकी।' यह पंक्ति किस रचनाकार के बारे में है?
A. केशवदास B. बिहारी
C. घनानन्द D. देव

16. किसने लक्षण ग्रन्थ की रचना नहीं की?
A. पद्माकर B. देव
C. भूषण D. बिहारी

17. 'अनुराग बांसुरी' के रचनाकार हैं–
A. अद्दहमाण
B. नूर मुहम्मद
C. जानकी वल्लभ शास्त्री
D. अमीर खुसरो

18. आचार्य रामचन्द्र शुक्ल ने 'साक्षात् रसमूर्ति' किस कवि को कहा है?
A. बिहारी B. मतिराम
C. देव D. घनानन्द

19. 'बरवै नायिका भेद' किसकी रचना है?
A. बिहारी B. रसलीन
C. सूरति मिश्र D. रहीम

20. शुक्ल जी ने किसकी कविता को 'मौन मधिपुकार' कहा है?
A. घनानन्द B. आलम
C. ठाकुर D. मतिराम

21. 'भाव विलास' किसकी रचना है?
A. घनानन्द B. बिहारी
C. देव D. पद्माकर

22. 'अजरनि बसी है हमारी अंखियानि देखौ' यह पंक्ति किसकी है?
A. मतिराम B. घनानन्द
C. केशवदास D. बिहारी

23. 'सुरतिय, नरतिय, नागतिय सब चाहति उस होय; – किसकी उक्ति हैं?
A. तुलसीदास B. रसखान
C. नरहरिदास D. रहीम

24. 'कविकुल कल्पतरू' किसकी रचना है?
A. चिन्तामणि B. देव
C. केशव D. मतिराम

25. 'सुजानविनोद' किसकी रचना है?
A. देव B. चिन्तामणि
C. घनानन्द D. पद्माकर

26. रीतिसिद्ध कवि कौन हैं?
A. केशव B. बिहारी
C. भिखारीदास D. चिन्तामणि

27. 'प्रेमसागर' किसकी रचना है?
A. इंशा अल्ला खां B. लल्लू लाल
C. रुदल मिश्र D. ब्रजनन्दन सहाय

28. 'भूषण बिनु न बिराजई कविता, बनिता, मित्त।' किसकी रचना की पंक्ति है?
A. रसिकप्रिया B. कविप्रिया
C. रामचंद्रिका D. विज्ञानगीता

29. कौन-सी रचना भानुदत्त मिश्र की नहीं हैं?

A. रसमंजरी B. शृंगारमंजरी

C. रसतरंगिणी D. रस सामग्री

30. रचनाओं के क्रम में उनके रचनाकारों को सुमेलित कीजिए–

रचनाएं	**रचनाकार**
(*a*) कुवलयानन्द	1. धनंजय
(*b*) छन्दोमंजरी	2. जयदेव
(*c*) चन्द्रालोक	3. अप्पय दीक्षित
(*d*) वर्णरत्नाकर	4. भट्ट केदार
(*e*) दशकरूपक	5. गंगादास

कूट :	(*a*)	(*b*)	(*c*)	(*d*)	(*e*)
A.	1	5	2	4	3
B.	3	5	1	4	2
C.	3	2	5	4	1
D.	3	5	2	4	1

31. 'प्राकृतपैंगलम' किससे संबंधित रचना है?

A. अलंकार ग्रन्थ B. रस विवेचन संबंधी

C. छन्दशास्त्र संबंधी D. नायक-नायिकाभेद संबंधी

32. 'रसार्णवसुधाकर' किसकी रचना है?

A. शिंगभूपाल B. कल्याण मल्ल

C. कोक्कन D. रूद्रभट्ट

33. 'हिन्दू मग पर पांव न राखेउं, का जो बहुते हिन्दी भाखेउं।' किस रचना की पंक्तियां हैं?

A. इन्द्रावती B. हंस जवाहिर

C. यूसुफ-जुलेखा D. अनुराग बांसुरी

34. निम्नलिखित में से कौन-सी पंक्तियां 'पद्माकर' की नहीं है?

A. गोरिउ के रंग भीजिगो सांउरो, सांउरो के रंग भीजिगो गोरी।

B. सखी कारि घटा बरसे बरसाने पे गोरी घटा नंदगाव पै रो।

C. विरह बनायो तौ न पावस बनाउतो, जौ पावस बनायो तौ न बिरह बनाउतौ।

D. नैन नचाइ कही मुसकाइ लला फिरि आइयो खेलन होरी।

35. 'विधि के बनाय जीव जी लेत हैं जहां के तहां खेलत-फिरत तिन्हैं खेलन-फिरन देव।' किस कवि की पंक्ति है?

A. ठाकुर B. बोधा

C. पद्माकर D. देव

36. निम्नलिखित में से कौन-सी पंक्ति 'बोधा' की नहीं है?

A. यह प्रेम को पंथ कराल महा, तरबार की धारा पे आवनो है।

B. जान मिलै तो जहान मिलै, नहिं जान मिलै तो जहान कहां को।

C. देखन को अखियान महासुख जो अंसुवानि सों देखन पांऊ।

D. सहतै न बनै कहतै न बनै मन ही मन पी पीरेबो करे।

37. 'राम कैसो जस अध-ऊरध गनन है।' किसकी पंक्ति है?

A. सेनापति B. मतिराम

C. अग्रदास D. तुलसीदास

38. 'रसरंग' किसकी रचना है?

A. रसलीन B. रसनिधि

C. ग्वाल D. रसरूप

39. कौन-सा एक 'अलंकार निरूपक' लक्षण ग्रन्थ नहीं है?

A. अलंकार भ्रमभंजन B. कवि कुल कण्ठाभरण

C. ललित ललाम D. वारधूविनोद

40. 'भावपंचाशिका' किसकी रचना है?

A. देव B. वृन्द

C. ग्वाल D. पजनेस

41. बिहारी की मृत्यु कब हुई थी?

A. 1684 ई. B. 1636 ई.

C. 1666 ई. D. 1680 ई.

42. कौन-सी एक पंक्ति घनानन्द की नहीं हैं?

A. ठाडी खडे खन की बरसै बडरी अंखियनि बडे-बडे आंसुनि।

B. आनंद विधान सुखियानी-दुखियानी दै।

C. कहिये सु कहा, अब मौन भली, नहीं खोवत जौ पावते जू।

D. तब हार पहार से लागत थे, अब आनि के बीच पहार परे।

43. यह पंक्ति किस कवि की प्रशस्ति में कही गयी है? 'चाह के रंग में भीज्यो हियो, बिछुरे मिले प्रीतम सांति न मानै।

A. देव B. पद्माकर

C. आलम D. घनानन्द

44. 'नाहीं-नाही करै, थोरी मांगै, सब देन कहै।' किस कवि की पंक्ति है?

A. सेनापति B. पद्माकर
C. देव D. मतिराम

45. 'चौरासी वैष्णवन की वार्ता' किसकी रचना है?

A. विट्ठलनाथ B. गोकुलनाथ
C. हरिराम D. मीनराज प्रधान

46. 'पद्मपुराण वचनिका' के रचनाकार हैं?

A. टोडरमल जैन B. टेकचन्द जैन
C. दौलतराम जैन D. सूर्यमल्ल प्रधान

47. 'विरहवारीश' किसकी रचना है?

A. घनानन्द B. आलम
C. बोधा D. द्विजदेव

48. 'कविकुलकण्ठाभरण' किसकी रचना है?

A. कुलपति B. दूलह
C. रसरूप D. बैरीसाल

49. कौन-सी एक रचना 'तोष' की नहीं है?

A. सुधानिधि B. रसभूषण
C. विनयशतक D. नखशिख

50. 'सहजोबाई' किस शाखा की रचनाकार हैं?

A. संतकाव्य B. सूफी काव्य
C. रामभक्ति काव्य D. कृष्णभक्ति काव्य

51. 'लोग हैं लागि कवित्त बनावत, मोहिं तौ मेरो कवित्त बनावत' किस कवि की पंक्ति है?

A. घनानंद B. ठाकुर
C. सेनापति D. आलम

52. निम्नलिखित में से कौन-सी पंक्ति 'घनानन्द की नहीं है'–

A. मो मति बूझि परै, जब होहु घरीक हू आप तें न्यारे।
B. ह्वैहे सोऊ घरी भाग उघरी।
C. हम कौन सों हमारी दिलदार तौ कोऊ दिखाती नहीं
D. उजरनि बसी है हमारी अंखियानी देखौ।

53. 'आप को न चाहे ताके बाप को न चाहिए' किसकी पंक्ति है?

A. ठाकुर B. सेनापति
C. बोधा D. पद्माकर

54. निम्नलिखित में से कौन-सी एक पंक्ति 'घनानन्द' की नहीं हैं–

A. कैबर के भाले, कैधों नाहर नहनवाले, लोहू के पियासे कहूं पानी तें अघात है।
B. सीझि सुजान सची पहरानि, बची बुधि बापुरि ह्वै करि दासी।
C. अरसानि गही वह जानि कछू, सरसानि सो आनि निहोरत है।
D. पांऊ कहां हरि हाय तुम्हें, धरती में धंसों कि अकासहिं चीरौं।

55. निम्नलिखित में से कौन-सी पंक्ति भिखारीदास की नहीं है?

A. काव्य की रीति सिखी सुकवीन सों।
B. आगे के सुकवि रीझिहैं तौ कविताई, न तु राधिका कन्हाई सुमिरन को बहानो है।
C. सांझन ही में समीर गयो अरू आंसुन ही बस नीर गयो ढरि।
D. अब तो बिहारी कि वे बानक गण री, तेरीतन दुति केसर को नैन कशमीर यो।

56. निम्नलिखित में से कौन-सी एक पुस्तक 'लल्लूलाल' द्वारा रचित नहीं है?

A. प्रेम सागर B. रामचरित्र
C. सिंहासन बत्तीसी D. बैताल पचीसी

57. नीचे तीन कवियों के नाम दिये गये हैं। छांटिए कि उनमें से किस-किस ने 'हम्मीर हठ' नाम से एक पुस्तक की रचना की है?

1. चन्द्रशेखर बाजपेई 2. जोधराज
3. ग्वाल

कौन-सा विकल्प सही है?

A. केवल 1 B. केवल 3
C. 1 और 3 दोनों D. 1, 2 तथा 3 तीनों

58. 'छत्र प्रकाश' किसकी रचना है?

A. छत्रसाल B. भूषण
C. लालकवि D. सूदन

59. 'यामें कछुक बुद्धि नहिं मेरी, उक्ति युक्ति सब सूरहिं केरी।' किसकी पंक्ति है?

A. गुमानप्रिय B. ब्रजवासी दास
C. मंचित कवि D. छीतस्वामी

60. रचनाओं के क्रम में उनके रचनाकारों को सुमेलित कीजिए–

रचनाएं	**रचयिता**
(*a*) कृष्णायन	1. ब्रजवासीदास
(*b*) ब्रजविलास	2. रूपरसिकदेव
(*c*) कृष्णचंद्रिका	3. मंचित
(*d*) हरिव्यासयशामृत	4. गुमानमिश्र

कूट : (*a*) (*b*) (*c*) (*d*)

A.	4	1	3	2
B.	1	3	4	2
C.	3	4	1	2
D.	3	1	4	2

61. 'सुरभि-दानलीला' किसकी रचना है?

A. गुमान मिश्र B. मंचित
C. नागरीदास D. बणी-ठणी जी

62. 'तत्सुखी' शाखा के प्रवर्तन, रामभक्ति काव्यधारा के अन्तर्गत किसने किया?

A. रामचरणदास B. जीवाराम
C. रामप्रियाशरणदास D. प्रेमसखी

63. 'महंत रामचरणदास' के बारे में कौन-सा एक कथन सत्य नहीं हैं?

A. इन्होंने 'स्वसुखी शाखा' का प्रवर्तन किया।
B. इन्होंने 'रामसनेही पंथ' की स्थापना की।
C. रमिचरित मानस की टीका रची।
D. केवल (A) सत्य है।

64. 'सीतायन' नामक ग्रन्थ की रचना किसने की?

A. युगलानन्यशरण B. कृपानिवास
C. रामप्रियाशरणदास D. सरजूराम पण्डित

65. हिन्दी का पहला नाटक माना जाता है–

A. प्रबोधचन्द्रोदय नाटक
B. शकुन्तला
C. आनन्दरघुनन्दन नाटक
D. देवमायाप्रपंच नाटक

66. रामावत 'सखी सम्प्रदाय' के प्रवर्तक हैं–

A. सरजूराम पण्डित B. कृपानिवास
C. रामचरण दास D. जीवाराम

67. रचनाओं के क्रम में रचनाकारों को सुमेलित कीजिए–

रचनाएं	**रचयिता**
(*a*) नलदमन	1. दुखहरनदास
(*b*) पुहुपावती	2. शेख निसार
(*c*) चन्द्र कुंवर री बात	3. सूरदास
(*d*) यूसुफ-जुलेखा	4. हंसकवि

कूट : (*a*) (*b*) (*c*) (*d*)

A.	1	3	4	2
B.	3	1	4	2
C.	4	3	1	2
D.	1	4	3	2

68. 'सतनामी सम्प्रदाय' का प्रवर्तन किसने किया?

A. यारी साहब B. जगजीवनदास
C. दरिया साहब D. चरनदास

69. 'राधा स्वामी सत्संग' सम्प्रदाय का प्रवर्तन किसने किया?

A. स्वामी शिवदयाल B. तुलसी साहब
C. पलटू साहब D. शिवनारायण

70. 'प्रेमप्रगास' किसकी रचना है?

A. बूला साहब B. सहजोबाई
C. धरणीदास D. दयाबाई

71. 'सुजानचरित' किसकी रचना है–

A. घनानन्द B. बोधा
C. सूदन D. पद्माकर

72. कौन-सी एक रचना प्रबन्धकाव्य नहीं है?

A. चण्डीचरित्र B. जंगनामा
C. छत्रप्रकाश D. वियोगवेलि

73. 'रसरहस्य' किसकी रचना है?

A. कुलपति मिश्र B. रसिक सुमति
C. रसरूप D. रसनिधि

74. 'सभामंडन' किसकी रचना है?

A. देव B. माखन
C. अमीरदास D. दशरथ

75. 'शिवराजभूषण' कैसा ग्रन्थ है?

A. रस निरूपक B. अलंकार निरूपक
C. सर्वांगनिरूपक D. नायक-नायिकाभेद निरूपक

76. 'अलबेले लाल जू को नखशिख' किसकी रचना है?

A. सेवादास B. रघुनाथ वन्दीजन
C. लालचदास D. नवलसिंह कायस्थ

77. निम्नलिखित में आलम द्वारा लिखी गई रचना है–

A. रासपंचाध्यायी B. काव्य कल्पद्रुम
C. जहाँगीर जसचंद्रिका D. माधवानल कामकंदला

78. पीपा के गुरु थे–

A. रामानुजाचार्य B. रामानंद
C. शंकराचार्य D. वल्लभाचार्य

79. रामचंद्रिका की रचना की–

A. सुंदर ने B. केशव ने
C. सेनापति ने D. मोहनलाल मिश्र ने

80. निम्न में से केशव की रचना कौन सी है?

A. श्रृंगार सोरठ B. रसिकप्रिया
C. काव्य विवेक D. उपर्युक्त सभी

81. निम्न में से केशव की रचना बताएं–
A. वीर सिंह देवचरित B. विज्ञानगीता रतन बावनी
C. कवि प्रिया D. उपर्युक्त सभी

82. रासपंचाध्यायी के रचनाकार हैं–
A. केशव B. सेनापति
C. रहीम D. इनमें से कोई नहीं

83. मदनाष्टक के रचयिता हैं–
A. आलम B. लालचंद
C. चिंतामणि D. उपर्युक्त में से कोई नहीं

84. 'बरवैनायिका भेद' के रचनाकार हैं–
A. सेनापति B. रहीम
C. देव D. इनमें से कोई नहीं

85. सेनापति की रचना का नाम है–
A. कविरत्नाकर B. काव्य कल्पद्रुम
C. कवि कुलकल्पतरू D. केवल A व B

86. निम्न में से सुन्दर की रचना है–
A. सिंहासन बत्तीसी B. बारहमासा
C. उपर्युक्त दोनों D. इनमें से कोई नहीं

87. लालचंद की रचना का नाम बताएं–
A. पद्मिनी चरित्र B. श्रुतिभूषण
C. उपर्युक्त दोनों D. इनमें से कोई नहीं

88. चिंतामणि त्रिपाठी द्वारा रचित है–
A. काव्य विवेक B. कविकुलकल्पतरू
C. काव्य प्रकाश D. उपर्युक्त सभी

89. शृंगार और वीर रस की प्रधानता किस काल में रही?
A. आदिकाल B. भक्तिकाल
C. रीतिकाल D. भारतेंदु काल

90. चिंतामणि की भाषा है–
A. संस्कृत B. अवधी
C. ब्रज D. राजस्थानी

91. महाराजा जसवंत सिंह द्वारा रचित ग्रंथ का नाम है–
A. भूपभूषण B. दूषणउल्लास
C. रामरत्नाकर D. भाषा भूषण

92. बिहारी सतसई किसके द्वारा लिखी गई?
A. मतिराम B. रहीम
C. बिहारीलाल D. भूषण

93. रसविलास की रचना की है–
A. केशव B. देव
C. भूषण D. मंसन

94. निम्न में मतिराम की रचना है–
A. ललितललाम B. छत्रसालदशक
C. अष्टयाम D. उपर्युक्त सभी

95. भूषण किस रस के प्रसिद्ध कवि हैं?
A. शृंगार रस B. वीर रस
C. भक्ति रस D. उपर्युक्त सभी

96. शिवाबावनी के रचनाकार हैं–
A. मतिराम B. भूषण
C. देव D. रहीम

97. भाव विलास के रचनाकार हैं–
A. मंसन B. मतिराम
C. भूषण D. देव

98. प्रेमचंद्रिका के रचनाकार का नाम है–
A. केशव B. देव
C. भूषण D. रहीम

99. निम्न में देव की रचना है–
A. रसविलास B. भवानी विलास
C. छंदसार D. केवल A व B

100. देव को निम्न में से किस प्रकार का माना जाता है?
A. आचार्य व भक्त B. कवि
C. कवि व आचार्य D. कवि व भक्त

101. अमर चंद्रिका निम्न में से किसकी टीका है?
A. काव्य प्रकाश की
B. अष्टयाम की
C. तत्त्वदर्शन पचीसी की
D. बिहारी सतसई की

102. सूरति मिश्र द्वारा रचित है–
A. रस रत्नमाला B. काव्य सिद्धान्त
C. उपर्युक्त दोनों D. कृष्णचंद्रिका

103. काव्य सरोज के रचनाकार हैं–
A. कवींद्र B. दास
C. मतिराम D. श्रीपति

104. शृंगार निर्णय के रचयिता का नाम है–
A. दास B. कवींद्र
C. मंसन D. केशव

105. सुधानिधि के रचयिता हैं–
A. दास B. सूरति मिश्र
C. केशव D. तोषनिधि

106. रसलीन की रचना का नाम है–

A. अंगदर्पण　B. काव्य निर्णय

C. काव्य सरोज　D. उपर्युक्त सभी

107. आलम हैं–

A. रीतिसिद्ध　B. रीतिबद्ध

C. रीतिमुक्त　D. इनमें से कोई नहीं

108. घनानंद किस प्रकार के कवि हैं?

A. रीतिसिद्ध　B. रीतिमुक्त

C. रीतिबद्ध　D. इनमें से कोई नहीं

109. 'सुजानसागर' के रचयिता हैं–

A. मतिराम　B. देव

C. केशव　D. घनानन्द

110. कोकसागर के रचयिता हैं–

A. मतिराम　B. घनानन्द

C. सेनापति　D. देव

111. रसकेलिवल्ली लिखी गई है–

A. घनानंद　B. मंडन

C. बोधा　D. देव

112. घनानंद थे–

A. शैव　B. शाक्त

C. वैष्णव　D. कोई नहीं

113. 'रतनहजारा' के रचनाकार का नाम है–

A. भिखारी दास　B. तोषनिधि

C. रसलीन　D. रसनिधि

114. 'रतनहजारा' किस रचना के अनुकरण पर लिखी गई है?

A. बिहारी सतसई　B. सुजान सागर

C. रस प्रबोध　D. काव्य निर्णय

115. 'विरहवारीश' नामक रचना किसके द्वारा लिखी गई है?

A. पद्माकर　B. घनानंद

C. बोधा　D. केशव

116. 'इश्कनामा' के रचनाकार हैं–

A. बोधा　B. मतिराम

C. आलम　D. देव

117. 'पद्माकर' की रचना का नाम है–

A. आनंद रघुनंदन　B. विरहलीला

C. गंगा लहरी　D. प्रेमसुमार्ग

118. 'काव्य की रीति सिखी सुकवीन सो देखी सुनी बहुलोक की बातें/उक्ति किस कवि की है?

A. घनानंद　B. भिखारी दास

C. देव　D. मतिराम

119. 'मोहि तौ मेरे कवित बनावत' उक्ति है–

A. केशव दास　B. आलम

C. घनानंद　D. भिखारी दास

120. 'वा लकुटी अरू कमरिया पै राज तिहूँ पुर कौ तजि डारौं', किसकी पंक्ति है?

A. रसलीन　B. रसखान

C. भिखारी दास　D. देव

121. भूषण के काव्य नायक कौन हैं?

A. राम　B. कृष्ण

C. शिवाजी　D. उपर्युक्त तीनों

122. 'जहाँगीर जस चंद्रिका' के रचयिता का नाम है–

A. आलम　B. केशव

C. देव　D. बोधा

123. 'अतिसूधो सनेह को मारग है' किसकी पंक्ति है?

A. सूरदास　B. घनानंद

C. भिखारी दास　D. बोधा

124. 'कवि कल्पतरू' के रचयिता हैं–

A. भिखारी दास　B. चिन्तामणि

C. भूषण　D. बिहारी

125. 'काव्य निर्णय' के रचयिता हैं–

A. सेनापति　B. देव

C. भिखारी दास　D. मतिराम

126. कुलपति की रचना का नाम है–

A. रस रहस्य　B. राम रसायन

C. सुनीति प्रकाश　D. प्रेमसुमार्ग

127. 'पद्माकर' द्वारा रचित ग्रंथ का नाम है–

A. हिम्मत बहादुर रूदावली

B. गंगा लहरी

C. जगद्विनोद

D. उपर्युक्त सभी

128. कृपाकांड के रचयिता हैं–

A. सुखदेव मिश्र　B. घनानंद

C. देव　D. भिखारी दास

129. 'इश्कनामा' के रचनाकार हैं–

A. आलम　B. देव

C. बोधा　D. मतिराम

130. आलम की रचना है–

A. विरह वारीश　　B. जगद्विनोद
C. काव्य प्रकाश　　D. स्यामसनेही

131. 'सुदामा चरित' के रचयिता हैं–

A. केशव　　B. गंगकवि
C. घनानंद　　D. रसखान

132. 'स्वर्गारोहण कथा' के लेखक का नाम है–

A. ईश्वर दास　　B. कुलपति
C. भूषण　　D. भिखारी दास

133. आलम के समकालीन बादशाह का नाम है–

A. शाहजहाँ　　B. हुमायूँ
C. अकबर　　D. औरंगजेब

134. कवि गंग किस बादशाह के समकालीन थे?

A. बाबर　　B. हुमायूँ
C. शाहजहाँ　　D. जहाँगीर

135. पा[illegible]राम या मनीराम किस कवि का मूल नाम था?

A. देव　　B. भूषण
C. भिखारी दास　　D. चिन्तामणि

136. कवि वृन्द की रचना है–

A. बारहमासा　　B. भाव पंचाशिका
C. नयन पचीसी　　D. उपर्युक्त सभी

137. 'शृंगार शिक्षा' के रचयिता हैं–

A. देव　　B. केशव
C. वृन्द　　D. भूषण

138. नखशिख वर्णन परम्परा का प्रवर्तक किस कवि को माना जाता है?

A. केशव दास　　B. मतिराम
C. भिखारी दास　　D. घनानंद

139. 'मदनाष्टक' किसकी प्रमुख रचना का नाम है?

A. चिन्तामणि　　B. वृन्द
C. रहीम　　D. सेनापति

140. 'भूषण बिनु न विराजई, कविता बनिता मित' किसकी उक्ति है?

A. देव　　B. केशवदास
C. पद्माकर　　D. गंगकवि

141. 'काव्य सरोज' के रचयिता का नाम है–

A. श्रीपति,　　B. भिखारी दास
C. रसखान　　D. चिन्तामणि

142. 'कवि कुल कण्ठाभरण' के रचयिता हैं?

A. श्रीपति　　B. दूलह
C. मतिराम　　D. कुलपति

143. कुलपति मिश्र की रचना है–

A. रसरहस्य　　B. मुक्ति तरांगी
C. उपर्युक्त दोनों　　D. इनमें से कोई नहीं

144. 'कवि कल्पद्रुम' को किसने लिखा है?

A. कुलपति　　B. श्रीपति
C. सेनापति　　D. चिन्तामणि

145. 'काव्य कल्पद्रुम' के रचनाकार हैं–

A. कुलपति　　B. चिन्तामणि
C. श्रीपति　　D. सेनापति

146. रस प्रधान शृंगार काव्य परम्परा के प्रवर्तक कौन हैं?

A. पद्माकर　　B. मतिराम
C. मनीराम (भूषण)　　D. कृपाराम

147. बीरबल का जन्म स्थान कहाँ था?

A. कानपुर　　B. लखनऊ
C. बनारस　　D. मेरठ

148. बीरबल का उपनाम क्या था?

A. पतिराम　　B. सेवादास
C. ब्रह्म　　D. प्रवीण

149. तानसेन की प्रसिद्ध रचना है–

A. नयन पचीसी　　B. अष्टयाम
C. संगीत सार　　D. उपर्युक्त सभी

150. ओरछा नरेश इंद्रजीत का दरबारी कवि कौन था?

A. घनानंद　　B. देव
C. कवि गंग　　D. केशव

आधुनिक काल

1. 'समालोचक' के सम्पादक कौन थे?

A. अम्बिका प्रसाद बाजपेई
B. गुलेरी
C. राहुल सांकृत्यायन
D. बाल मुकुन्द गुप्त

2. 'कामायनी' में सर्गों की संख्या है–

A. 12　　B. 8
C. 15　　D. 10

3. 'विश्रामसागर' निम्नलिखित में से किसकी रचना है?

A. महाराज रघुराज सिंह
B. रघुनाथदास रामसनेही
C. ललित किशोरी
D. कन्हैयालाल पोद्धार

4. 'जरासन्धवध' महाकाव्य किसकी रचना है?

A. गोपालचन्द्र गिरिधर दास
B. सेवक
C. सरदार
D. बैजनाथ द्विवेदी

5. 'वाग्विलास' किसकी रचना है?

A. ग्वाल B. सेवक
C. शंकर D. रामलाल

6. भारतेन्दु ने रीतिकालीन मुक्तकों का संकलन किस नाम से किया है?

A. भारती भूषण B. रस कुसुमाकर
C. सभा विलास D. सुन्दरी तिलक

7. कौन सी रचना 'रत्नाकर' की नहीं है?

A. हिंडोला B. गंगावतरण
C. हरिश्चन्द्र D. भ्रमरदूत

8. किस रचना का अनुवाद सत्यनारायण कविरत्न ने ब्रजभाषा में नहीं किया?

A. उत्तररामचरित B. ऋतुसंहार
C. मालतीमाधव D. होरेशस

9. रत्नाकर ने पोप के 'एस्से आन क्रिटिसिज्म' का 'समालोचनादर्श' नाम से ब्रजभाषानुवाद किस छंद में किया है?

A. रोला B. हरिगीतिका
C. दोहा D. सवैया

10. 'दैत्यवंश' किसकी रचना है?

A. मोहनलाल महतो वियोगी
B. हरदयालु सिंह
C. द्वारिका प्रसाद मिश्र
D. 'नीरज'

11. 'कृष्णायन' किस भाषा में रचित महाकाव्य है?

A. ब्रज B. खडी बोली
C. अवधी D. भोजपुरी

12. हिन्दी का पहला पत्र कौन सा है?

A. बंगदूत B. संवाद कौमुदी
C. समाचार दर्पण D. उदन्त मार्तण्ड

13. निम्नलिखित में से कौन सा एक दैनिक पत्र था?

A. बंगदूत B. प्रजामित्र
C. समाचार सुधावर्षण D. लोकमित्र

14. 'ज्ञानप्रदायिनी पत्रिका' के सम्पादक थे–

A. केशवचन्द्र सेन B. श्यामसुन्दर सेन
C. नवीन चन्द्र D. तारामोहन मिश्र

15. 'सुधाकर' नामक पत्र कहाँ से निकलता था–

A. कलकत्ता B. बनारस
C. मालवा D. आगरा

16. कलकत्ता में 'लोकशिक्षा समिति' की स्थापना कब हुई–

A. 1823 B. 1835
C. 1857 D. 1815

17. 'तदीय समाज' की स्थापना किसने की थी–

A. राजा राममोहन राय
B. केशव चन्द्र सेन
C. महादेव गोविन्द रानाडे
D. भारतेन्दु

18. 'सत्यशोधक समाज' के संस्थापक कौन थे–

A. ज्योतिबा फुले B. बाबू तोताराम
C. नारायण गुरू D. तिलक

19. फोर्ट विलियम कॉलेज की स्थापना कब हुई थी–

A. 1800 ई0 B. 1803 ई0
C. 1798 ई0 D. 1801 ई0

20. निम्नलिखित में से कौन सा एक व्यक्ति फोर्ट विलियम कॉलेज से कभी सम्बद्ध नहीं रहा–

A. लल्लूलाल B. मुंशी सदासुख लाल
C. सदल मिश्र D. गिलक्राइस्ट

21. 'सुरासुरनिर्णय' किसकी रचना है–

A. सदासुखलाल 'नियाज' B. लल्लूलाल
C. गार्सा द ताँसी D. सदल मिश्र

22. 'भूगोलसार' नामक पाठ्यपुस्तक कहाँ से छपी थी–

A. हिन्दू कॉलेज
B. स्कूल बुक सोसायटी, आगरा
C. फोर्ट विलियम कॉलेज
D. सीरामपुर मिशन

23. नागरी प्रचारिणी सभा की स्थापना कब की गई–
A. 1890 B. 1868
C. 1893 D. 1881

24. हिन्दी साहित्य सम्मेलन की स्थापना कब हुई थी–
A. 1900 B. 1903
C. 1910 D. 1890

25. 'भाषा सम्बर्धिनी सभा' के संस्थापक थे–
A. तोताराम B. श्याम सुन्दरदास
C. गौरीदत्त शुक्ल D. श्रद्धाराम फिल्लौरी

26. ना0 प्र0 सभा के संस्थापकों में से कौन नहीं था–
A. श्याम सुन्दरदास B. रामनारायण मिश्र
C. ठा0 शिवकुमारसिंह D. राधाकृष्णदास

27. ''देवरानी जेठानी की कहानी'' नामक उपन्यास किसकी रचना है–
A. तोताराम B. गौरी दत्त शुक्ल
C. श्रद्धाराम फिल्लौरी D. पं0 भीमसेन शर्मा

28. कौन सी एक रचना राजा शिवप्रसाद 'सितारेहिन्द' की नहीं है–
A. मानवधर्मसार B. वामा मनरंजन
C. भूगोल हस्तामलक D. उदयपुरोदय

29. कौन सी एक रचना भारतेन्दु की नहीं है–
A. कश्मीर कुसुम B. इतिहासतिमिरनाशक
C. बादशाह दर्पण D. पूर्णप्रकाश और चन्द्र प्रभा

30. भारतेन्दु कृत कौन-सा एक नाटक अधूरा है–
A. भारत दुर्दशा B. नीलदेवी
C. अंधेरनगरी D. सती प्रताप

31. 'एक कहानी कुछ आप बीती कुछ जग बीती' - किसकी रचना है–
A. सितारेहिन्द B. भारतेन्दु
C. बालकृष्ण भट्ट D. श्रीनिवासदास

32. 'बालाबोधिनी' नामक स्त्रीशिक्षा सम्बन्धी पत्रिका के संपादक थे–
A. भारतेन्दु B. सितारे हिन्द
C. केशव चन्द्र सेन D. राजा राममोहन राय

33. 'हिन्दी नये चाल में ढली, सन् 1873 ई0' - किस रचना की पंक्ति है–
A. पाँचवां पैगम्बर B. कालचक्र
C. नाटक D. चरितावली

34. 'कहाँ करूणानिधि केसव सोए' - भारतेन्दु की किस रचना की पंक्ति है–
A. अंधेर नगरी B. भारत दुर्दशा
C. नीलदेवी D. रत्नावली

35. भारतेन्दु कृत 'तदीय सर्वस्व' किसका अनुवाद है–
A. शाण्डिल्य भक्तिसूत्र B. नारद भक्तिसूत्र
C. मेघदूत D. रघुवंश

36. हिन्दी का पहला मौलिक उपन्यास माना जाता है–
A. भाग्यवती B. परीक्षागुरू
C. देवरानी-जेठानी D. सेवासदन

37. 'जुआरी-खुआरी' नाटक किसने रचा–
A. बालकृष्ण भट्ट B. भारतेन्दु
C. प्रताप नारायण मिश्र D. श्रीनिवास दास

38. 'हिन्दी प्रदीप' में सच्ची समालोचना शीर्षक से 'संयोगिता स्वयंवर' की समीक्षा कब छपी थी?
A. 1882 B. 1886
C. 1896 D. 1891

39. 'जानकीमंगल' नाटक की रचना किसने की थी?
A. राधाकृष्ण दास B. शीतला प्रसाद
C. अम्बिका दत्त D. कार्तिक प्रसाद

40. 'गुन्नौर की रानी' किस विधा की रचना है?
A. उपन्यास B. नाटक
C. कहानी D. कविता

41. मेहता लज्जाराम शर्मा किस तरह के उपन्यासकार हैं?
A. सामाजिक B. रोमानी
C. तिलस्मी D. जासूसी

42. 'सौन्दर्योपासक' - किसकी रचना है?
A. प्रेमघन B. व्रजनन्दन सहाय
C. जगमोहन सिंह D. मन्नन दूबे

43. गोपालराम गहमरी किस तरह के उपन्यासकार हैं?
A. तिलस्मी-ऐयारी B. जासूसी
C. रोमांस D. ऐतिहासिक

44. गदाधर सिंह द्वारा अनूदित उपन्यास है?
A. बंगविजेता B. मृण्मयी
C. चतुरचंचला D. आँखों की किरकिरी

45. 'चित्तौर चातकी' का उर्दू से अनुवाद किसने किया?
A. रामकृष्ण वर्मा B. रामचन्द्र वर्मा
C. गंगाप्रसाद गुप्त D. गोपालराम गहमरी

46. 'सरयू पार की यात्रा' किसकी रचना है?
A. भगवानदास वर्मा B. बिगू मिश्र
C. भारतेन्दु D. बालकृष्ण भट्ट

47. कौन सा एक पत्र 'इंग्लैण्ड' से निकलता था?
A. शुभ चिन्तक B. हिंदोस्थान
C. भारत जीवन D. मित्रविलास

48. 'जासूस' के सम्पादक थे?
A. किशोरीलाल गोस्वामी B. गोपालराम गहमरी
C. रामलाल वर्मा D. देवकी नन्दन खत्री

49. 'प्रेमसम्पत्तिलता' किसकी काव्य रचना है?
A. भारतेन्दु B. प्रेमघन
C. जगमोहन D. राधाकृष्ण दास

50. 'कवि समाज' कहाँ का समस्यापूर्ति मंच था?
A. काशी B. बाँकीपुर
C. कानपुर D. आजमगढ

51. 'ज्ञानराशि के संचित कोश का नाम ही साहित्य है।' किसका कथन है?
A. भारतेन्दु B. बालकृष्ण भट्ट
C. महावीर प्रसाद द्विवेदी D. आचार्य शुक्ल

52. आचार्य महावीर प्रसाद द्विवेदी 'सरस्वती' के सम्पादक कब बने?
A. 1900 B. 1902
C. 1903 D. 1905

53. 'सम्पतिशास्त्र' किसकी रचना है–
A. महावीर प्रसाद द्विवेदी B. बालकृष्ण भट्ट
C. भारतेन्दु D. रामविलास शर्मा

54. 'जगत है सच्चा तनिक न कच्चा, समझो बच्चा ! इसका भेद'– किसकी पंक्ति है?
A. रामनरेश त्रिपाठी B. श्रीधर पाठक
C. मुकुटधर पाण्डेय D. लोचन प्रसाद पाण्डेय

55. श्रीधर पाठक ने कौन-सा अनुवाद ब्रजभाषा में किया है?
A. एकांतवासी योगी B. ऊजड ग्राम
C. श्रांतपथिक D. ऋतु संहार

56. कौन-सी एक रचना रामनरेश त्रिपाठी की नहीं है?
A. मिलन B. सांध्य अटन
C. पथिक D. मानसी

57. 'दिवस का अवसान समीप था, गगन था कुछ लोहित हो चला' - किस काव्य ग्रन्थ की आरम्भिक पंक्ति है?
A. आर्यावर्त B. प्रियप्रवास
C. साकेत D. लोकायतन

58. कौन सी एक रचना ब्रजभाषा में है?
A. अधखिला फूल B. ठेठ हिन्दी का ठाठ
C. रसकलश D. चोखे चौपदे

59. 'हम कौन थे, क्या हो गये, और क्या होंगे अभी।
आओ विचारें आज मिलकर ये समस्याएं सभी।।'
- किस रचना की पंक्ति है?
A. भारत भारती B. साकेत
C. यशोधरा D. विष्णुप्रिया

60. 'सिद्धराज' किसकी रचना है?
A. 'हरिऔध' B. मैथिलीशरण गुप्त
C. मुकुटधर पाण्डेय D. राय देवी प्रसाद 'पूर्ण'

61. 'शिवशंभु के चिट्ठे' शीर्षक से निबंध किसने लिखे?
A. बालकृष्ण भट्ट B. बालमुकुंद गुप्त
C. श्यामसुन्दर दास D. अम्बिका प्रसाद गुप्त

62. 'मेरी आत्म कहानी' किसकी रचना है?
A. श्यामसुन्दर दास B. सत्यानन्द अग्निहोत्री
C. वियोगी हरि D. बालमुकुंद

63. 'रामचरित चिन्तामणि' किसका प्रबंधकाव्य है?
A. राय देवीप्रसाद पूर्ण B. रामचन्द्र शुक्ल
C. लोचन प्रसाद पाण्डेय D. रामचरित उपाध्याय

64. 'लाइट आफ एशिया' का 'बुद्धचरित' शीर्षक से ब्रजभाषानुवाद किसने किया?
A. रामचन्द्र शुक्ल B. श्यामसुन्दरदास
C. बालमुकुंद गुप्त D. वियोगी हरि

65. कौन-सा एक निबंध 'गुलेरी जी' का नहीं है?
A. पुरानी हिन्दी B. अनुप्रास का अन्वेषण
C. कछुवा धरम D. मारेसि मोहिं कुठॉव

66. 'कुरुवन दहन' नाटक के रचनाकार हैं?
A. हरिऔध B. बदरीनाथ भट्ट
C. शिवनंदन सहाय D. किशोरी लाल

67. 'उसने कहा था'–कहानी किस वर्ष सरस्वती में छपी?
A. 1910 B. 1912
C. 1916 D. 1915

68. 'कानों में कंगना' - किसकी कहानी है?
A. गुलेरी B. राधिकारमण प्रसाद सिंह
C. माधव मिश्र D. कौशिक

69. 'देव और बिहारी' किसकी पुस्तक है?
A. पद्म सिंह शर्मा B. कृष्णबिहारी मिश्र
C. मिश्रबंधु D. लाला भगवानदीन

70. नागरी प्रचारिणी पत्रिका के प्रथम सम्पादक कौन थे?
A. श्यामसुन्दर दास B. राधाकृष्णदास
C. वेणीप्रसाद D. सुधाकर द्विवेदी

71. 'वेंकटेश्वर समाचार' नामक अखबार के संपादक कौन थे?
A. रूद्रदत्त B. ज्वालाप्रसाद शर्मा
C. मेहता लज्जाराम शर्मा D. कालू राम

72. 'वीर सतसई' किसकी रचना है?
A. सत्यनारायण कविरत्न B. राय देवी प्रसाद पूर्ण
C. वियोगी हरि D. रायकृष्णदास

73. 'श्यामसंदेसौ' किसकी रचना है?
A. अमृतलाल चतुर्वेदी B. वियोगी हरि
C. हरदयालु सिंह D. बलदेव प्रसाद मिश्र

74. 'श्रीशारदा' पत्रिका कहाँ से छपती थी?
A. खण्डवा B. जबलपुर
C. जयपुर D. काशी

75. 'छायावाद' संबंधी पहला लेख किसका था?
A. सुशील कुमार B. मुकुटधर पाण्डेय
C. नंद दुलारे बाजपेई D. महावीर प्रसाद द्विवेदी

76. किस आलोचक के अनुसार वस्तुओं में 'आध्यात्मिक छाया का भान' ही छायावाद है?
A. नन्द दुलारे बाजपेई B. रामचन्द्र शुक्ल
C. नगेन्द्र D. देवराज

77. जयशंकर प्रसाद की पहली कहानी कौन-सी थी?
A. ग्राम B. गुण्डा
C. सालवती D. मछुआ

78. 'छोटे से जीवन की कैसे बड़ी कथायें आज कहूँ।
क्या यह अच्छा नहीं कि औरों की सुनता मैं मौन रहूँ।।'
किसकी पंक्तियाँ हैं?
A. प्रसाद B. निराला
C. प्रेमचन्द D. रत्नाकर

79. 'प्रसाद' की मृत्यु कब हुई थी?
A. 1936 ई0 B. 1937 ई0
C. 1947 ई0 D. 1939 ई0

80. 'सांध्यकाकली' किसकी रचनाओं का संग्रह है?
A. प्रसाद B. पन्त
C. निराला D. महादेवी

81. 'चोटी की पकड' की विधा है?
A. कहानी B. उपन्यास
C. संस्मरण D. जीवनी

82. 'रवीन्द्र कविता कानन' किसकी आलोचनात्मक कृति है?
A. निराला B. प्रसाद
C. पन्त D. रामचन्द्र शुक्ल

83. कौन सा एक निबंध-संग्रह निराला का नहीं है?
A. चयन B. चाबुक
C. प्रबंध प्रतिमा D. बोलती प्रतिमा

84. 'साठ वर्ष : एक रेखांकन' किसकी आत्मकथा है?
A. निराला B. पन्त
C. महादेवी D. बच्चन

85. कौन-सा एक उपन्यास पूरी तरह किसान जीवन पर केन्द्रित है?
A. सेवासदन B. प्रेमाश्रम
C. कर्मभूमि D. निर्मला

86. 'जालपा' प्रेमचंद के किस उपन्यास का पात्र है?
A. प्रेमाश्रम B. रंगभूमि
C. गबन D. प्रतिज्ञा

87. 'कर्बला' नाटक किसने लिखा है?
A. प्रसाद B. हरिकृष्ण प्रेमी
C. प्रेमचन्द D. लक्ष्मीनारायण मिश्र

88. 'कविता क्या है?' नामक आचार्य शुक्ल का निबंध पहली बार कब प्रकाशित हुआ?
A. 1910 B. 1909
C. 1907 D. 1915

89. 'हिन्दी साहित्य का इतिहास' (रामचन्द्र शुक्ल) मूलरूप से हिन्दी शब्द सागर की भूमिका के रूप में 1929 ई0 में लिखा गया था। उसका संशोधित-प्रवर्धित रूप कब प्रकाशित हुआ?
A. 1930 B. 1949
C. 1940 D. 1960

90. हिन्दी में पत्रात्मक प्रविधि का पहला उपन्यास है?
A. चन्द हसीनों के खतूत
B. बुधुवा की बेटी
C. समाज की वेदी पर
D. रूपरेखा

91. 'देहाती दुनिया' किसका उपन्यास है?

A. शिवपूजन सहाय B. ब्रजनन्दन सहाय

C. शिवनन्दन सहाय D. ऋषभचरण जैन

92. निम्नलिखित में से किसने हास्य प्रहसन लिखे?

A. ब्रजनन्दन सहाय B. जी0 पी0 श्रीवास्तव

C. रूपनारायण पाण्डेय D. कौशिक

93. आधुनिक ढंग से पहला एकांकी माना जाता है?

A. एक घूँट B. बादल की मृत्यु

C. कारवाँ D. भोर का तारा

94. 'ताई' किसकी कहानी है?

A. प्रेमचन्द B. शिवपूजन सहाय

C. गुलेरी D. कौशिक

95. निम्नलिखित में से कौन-सा एक निबंध बाबू गुलाब राय का नहीं है?

A. ठलुवा क्लब B. फिर निराशा क्यों

C. क्या लिखूँ D. मेरी असफलतायें

96. कौन-सी एक रचना आचार्य विश्वनाथ प्रसाद मिश्र की नहीं है?

A. बिहारी की वाग्विभूति

B. हिन्दी साहित्य का अतीत

C. हिन्दी साहित्य की भूमिका

D. हिन्दी नाट्य-साहित्य का विकास

97. कौन सा एक 'गद्यकाव्य' संग्रह 'रायकृष्णदास' का नहीं है?

A. साधना B. प्रवाल

C. अन्तर्नाद D. छायापथ

98. 'हल्दीघाटी' नामक महाकाव्य के रचयिता हैं?

A. ठाकुर गोपालशरण सिंह

B. श्यामनारायण पाण्डेय

C. सुभद्राकुमारी चौहान

D. माखनलाल चतुर्वेदी

99. 'पुष्प की अभिलाषा' किसकी कविता है?

A. माखनलाल चतुर्वेदी B. 'नवीन'

C. 'हितैषी' D. 'सनेही'

100. 'भावों की भिडंत' शीर्षक से एक लेख किस पत्रिका में छपा था?

A. प्रभा B. माधुरी

C. मर्यादा D. हंस

101. 'आदर्शोन्मुख यथार्थवाद' सूत्र वाक्य किसका है?

A. आचार्य शुक्ल B. प्रसाद

C. प्रेमचन्द D. निराला

102. 'नाद सौन्दर्य से कविता की आयु बढती है' किसका वाक्य है?

A. प्रसाद B. आचार्य शुक्ल

C. निराला D. महादेवी

103. 'माँ की कुल शिक्षा मैने दी, पुष्पसेज तेरी स्वयं रची।' किस कवि की पंक्ति है?

A. प्रसाद B. महादेवी

C. पन्त D. निराला

104. 'रात की उर में दिवस की चाह का शर हूँ।' किसकी पंक्ति है?

A. प्रसाद B. महादेवी

C. निराला D. पन्त

105. 'प्रथम रश्मि का आना रंगिणि, तूने कैसे पहचाना।' किस कवि की पंक्ति है?

A. पन्त B. श्रीधर पाठक

C. निराला D. प्रसाद

106. कौन-सी एक पंक्ति पन्त की नहीं है?

A. पल-पल परिवर्तित प्रकृति वेश

B. देवि, माँ, सहचरि, प्राण।।

C. मैने मैं शैली अपनाई

D. बालिका मेरी मनोरम मित्र थी।

107. 'इस जनम में तो कोई आशा नहीं है भाई ! हम राज नहीं चाहते, भोग-विलास नहीं चाहते खाली मोटा-झोटा पहनना और मोटा-झोटा खाना, और मरजाद के साथ रहना चाहते हैं। वह भी नहीं सधता।' किस उपन्यास का वाक्य है?

A. प्रेमाश्रम B. गोदान

C. रंगभूमि D. कर्मभूमि

108. कौन-सी एक रचना हरिवंशराय बच्चन की नहीं है?

A. मधुशाला B. सतरंगिनी

C. पलाशवन D. एकांत संगीत

109. 'हिमतरंगिनी' किसका काव्य-संग्रह है?

A. रामकुमार वर्मा

B. दिनकर

C. माखनलाल चतुर्वेदी

D. भगवती चरण वर्मा

110. 'हम दीवानों की क्या हस्ती, हैं आज यहां कल वहाँ चले'– किसकी पंक्ति है?

A. भगवती चरण वर्मा B. बालकृष्ण शर्मा नवीन
C. माखनलाल चतुर्वेदी D. नरेन्द्र शर्मा

111. 'दिनकर' की किस रचना पर ज्ञानपीठ पुरस्कार दिया गया था?

A. कुरुक्षेत्र B. उर्वशी
C. परशुराम की प्रतीक्षा D. हारे को हरिनाम

112. पहला 'साहित्य अकादमी' पुरस्कार किस रचना को मिला था।

A. निराला की साहित्य साधना
B. अर्द्धनारीश्वर
C. हिमतरंगिनी
D. कुरुक्षेत्र

113. 'शिप्रा' किसकी कविताओं का संग्रह है?

A. रामेश्वर शुक्ल 'अंचल'
B. नरेन्द्र शर्मा
C. ठाकुर प्रसाद सिंह
D. जानकी वल्लभ शास्त्री

114. किस प्रबंधकाव्य का कथानक महाभारत का उपजीव्य नहीं है?

A. द्रौपदी B. उत्तरजय
C. कुरुक्षेत्र D. आर्यावर्त

115. 'महामानव' किसके जीवन पर रचित प्रबंधकाव्य है?

A. कृष्ण B. राम
C. बुद्ध D. गाँधी

116. सन् 1936 में स्थापित 'प्रगतिशील लेखक संघ' के पहले सभापति कौन थे–

A. श्रीपाद अमृत डाँगे B. प्रेमचन्द
C. रवीन्द्रनाथ टैगोर D. जवाहरलाल नेहरु

117. 1937 ई. के 'विशाल भारत' में प्रकाशित 'भारत में प्रगतिशील साहित्य की आवश्यकता' नामक लेख किस आलोचक का था–

A. प्रकाशचन्द्र गुप्त B. शिवदान सिंह चौहान
C. रांगेय राघव D. रामविलास शर्मा

118. 'फूल नहीं रंग बोलते हैं' किसका कविता-संग्रह है–

A. नागार्जुन B. केदारनाथ अग्रवाल
C. रांगेय राघव D. सुमन

119. 'जनता मुझसे पूछ रही है, क्या बतलाऊँ ?
मैं तो सब कुछ साफ कहूँगा, क्यों हकलाऊँ' किसकी पंक्ति है–

A. केदारनाथ अग्रवाल B. त्रिलोचन
C. रामविलास शर्मा D. नागार्जुन

120. कौन-सा एक काव्य संग्रह त्रिलोचन का नहीं है–

A. धरती B. ताप के तापे हुए दिन
C. प्रलयसृजन D. अरघान

121. कौन-सा एक कवि 'तार सप्तक' में सम्मिलित नहीं है–

A. नेमिचन्द्र जैन B. शमशेर बहादुर सिंह
C. प्रभाकर माचवे D. गिरिजाकुमार माथुर

122. 'नयी कविता' पत्रिका का प्रकाशन वर्ष है–

A. 1952 B. 1953
C. 1954 D. 1956

123. 'चौथा सप्तक' का प्रकाशन वर्ष क्या है?

A. 1967 B. 1959
C. 1981 D. 1979

124. कौन-सा एक कवि 'तीसरा सप्तक' का है–

A. शकुन्तला माथुर
B. प्रयागनारायण त्रिपाठी
C. भवानी प्रसाद मिश्र
D. हरिनारायण व्यास

125. निम्नलिखित में से किस कृति पर अज्ञेय को 'साहित्य अकादमी' पुरस्कार प्रदान किया गया था–

A. इत्यलम् B. बावरा अहेरी
C. आँगन के पार द्वार D. हरी घास पर क्षण भर

126. 'असाध्य वीणा' किस संग्रह की कविता है?

A. इत्यलम् B. इन्द्रधनुष रौंदे हुये थे
C. बावरा अहेरी D. आँगन के पार द्वार

127. 'चाँद का मुँह टेढ़ा है' संग्रह किस वर्ष प्रकाशित हुआ?

A. 1961 B. 1963
C. 1964 D. 1965

128. 'चकमक की चिंगारियाँ' किसकी कविता है?

A. दिनकर B. मुक्तिबोध
C. श्रीकान्त वर्मा D. धूमिल

129. 'अमन का राग' कविता के रचयिता हैं–

A. भवानीप्रसाद मिश्र B. शमशेर
C. भारतभूषण अग्रवाल D. नरेश मेहता

130. कौन-सा एक काव्य संकलन 'शमशेर' का नहीं है?
A. काल तुझसे होड़ है मेरी
B. बोलने दो चीड़ को
C. बात बोलेगी
D. चुका भी हूँ नहीं मैं

131. 'गीतफरोश' - किसकी काव्यकृति है?
A. भवानीप्रसाद मिश्र B. नरेश मेहता
C. नरेन्द्र शर्मा D. शमशेर

132. कौन-सी एक रचना 'काव्य-नाटक' नहीं है?
A. संशय की एक रात B. अंधायुग
C. महाप्रस्थान D. प्रवाद-पर्व

133. सीता-वनवास से सम्बन्धित काव्य रचना है–
A. संशय की एक रात B. महाप्रस्थान
C. शबरी D. प्रवादपर्व

134. 'कनुप्रिया' किसकी काव्यकृति है?
A. नरेश मेहता B. धर्मवीर भारती
C. भारतभूषण अग्रवाल D. कुँवरनारायण

135. कठोपनिषद् के 'नचिकेता-प्रसंग' पर आधारित प्रबंधकाव्य है–
A. अग्निलीक B. शंबूक
C. आहत आत्मायें D. आत्मजयी

136. कौन-सा एक कविता संग्रह सर्वेश्वर दयाल सक्सेना द्वारा रचित नहीं है?
A. काठ की घंटियाँ B. अपने सामने
C. कुआनो नदी D. खूँटियों पर टँगे लोग

137. कौन-सा एक कविता संग्रह कुँवरनारायण द्वारा रचित नहीं है?
A. चक्रव्यूह B. परिवेश : हम तुम
C. साखी D. कोई दूसरा नहीं

138. 'उत्तर कबीर' किसकी कविताओं का संग्रह है?
A. केदारनाथ अग्रवाल B. केदारनाथ सिंह
C. रघुवीर सहाय D. कुँवरनारायण

139. 'मछलीघर' किस कवि का काव्य संग्रह है?
A. कुँवरनारायण
B. विजयदेवनारायण साही
C. राजकमल चौधरी
D. भारतभूषण अग्रवाल

140. 'बाघ' नामक प्रसिद्ध लंबी कविता किसने लिखी है?
A. मुक्तिबोध B. केदारनाथ अग्रवाल
C. केदारनाथ सिंह D. जगदीश गुप्त

141. 'रामदास की हत्या' किसकी कविता है?
A. नागार्जुन B. रामविलास शर्मा
C. रघुवीर सहाय D. विजयदेवनारायण साही

142. 'कुछ पते, कुछ चिट्ठियाँ' - किसकी रचना है?
A. रघुवीर सहाय B. कुँवरनारायण
C. केदारनाथ सिंह D. कुमारेन्द्र पारसनाथ सिंह

143. 'पृथ्वीकल्प' किसकी रचना है?
A. गिरिजाकुमार माथुर B. भारतभूषण अग्रवाल
C. रघुवीर सहाय D. प्रभाकर माचवे

144. 'अकविता आन्दोलन' के पुरस्कर्ता हैं?
A. श्याम परमार B. राजकमल चौधरी
C. धूमिल D. जगदीश गुप्त

145. 'मुक्तिप्रसंग' किसकी रचना है?
A. राजकमल चौधरी B. जगदीश चतुर्वेदी
C. श्रीकान्त वर्मा D. धूमिल

146. 'मायादर्पण' किसकी काव्यकृति है?
A. श्रीकान्त वर्मा B. राजकमल चौधरी
C. साही D. धूमिल

147. कौन-सा एक काव्य संग्रह 'धूमिल' का नहीं है?
A. संसद के सड़क तक
B. कल सुनना मुझे
C. रात में हारमोनियम
D. सुदामा पांडे का प्रजातंत्र

148. कौन-सा एक कविता संग्रह लीलाधर जगूड़ी का नहीं है?
A. नाटक जारी है
B. ईश्वर की अध्यक्षता में
C. अनुभव के आकाश में चाँद
D. वह आदमी नया गरम कोट पहिनकर विचार की तरह चला गया

149. 'दुनियाँ रोज बनती है' किसका काव्य संग्रह है?
A. डॉ॰ विनय B. आलोक धन्वा
C. राजेश जोशी D. उदयप्रकाश

150. 'दो पंक्तियों के बीच' - किसका काव्य संग्रह है?
A. मंगलेश डबराल B. राजेश जोशी
C. अरूण कमल D. ज्ञानेन्द्रपति

सेट–II

आदि काल

1. निम्नलिखित में से कौन हिन्दी का कवि था?
A. कालिदास B. बाणभट्ट
C. भारवि D. हेमचन्द्र

2. बौद्ध और जैन धर्म साहित्य किस भाषा में बहुलता से मिलता है?
A. हिन्दी में B. अवधी में
C. मागधी में D. पाली में

3. शौरसेनी भाषा किस क्षेत्र में प्रचलित थी?
A. सौराष्ट्र में B. महाराष्ट्र में
C. मथुरा में D. मगध में

4. प्राकृत भाषा की अन्तिम अवस्था जो लोकप्रिय हुई, क्या कहलाई?
A. अपभ्रंश B. मागधी
C. खड़ी बोली D. कन्नौजी

5. आदि काल/वीरगाथा काल का समय था–
A. 11वीं से 14वीं शताब्दी B. 7वीं से 14वीं शताब्दी
C. 7वीं से 11वीं शताब्दी D. 8वीं से 14वीं शताब्दी

6. निम्नलिखित में से कौन सिद्ध नहीं था?
A. सरहपा B. लूईपा
C. कण्हपा D. कल्हण

7. सिद्धों की साधना किस नाम से विख्यात हुई?
A. वज्रयान B. हीनयान
C. सहजयान D. नाथ पंथ

8. 'गोरखवाणी' का रचयिता कौन था?
A. मत्स्येन्द्रनाथ B. गोरखनाथ
C. मलूकदास D. दादू

9. निम्नलिखित प्रवृतियों में से कौन-सी प्रवृति आदिकाल के साहित्य की नहीं थी?
A. धर्म B. वीरता
C. शृंगार D. वात्सल्य

10. वीरगाथा काल की रचनाओं में वीर रस के साथ ही–
A. शान्त रस भी है B. शृंगार रस भी है
C. भक्ति रस भी है D. हास्य रस भी है

11. अमीर खुसरो–
A. फारसी और संस्कृत दोनों के विद्वान थे
B. विनोदी और सहृदय थे
C. की मुकरियां बहुत सरल हैं
D. उपरोक्त सभी

12. खालिकबारी किसकी रचना है?
A. निजामुद्दीन औलिया B. गुरु नानक
C. अमीर खुसरो D. कुतबन

13. अमीर खुसरो की मसनवियां किस भाषा में हैं?
A. उर्दू B. फारसी
C. हिन्दी D. अरबी

14. 'अभिनव जयदेव' की उपाधि किसे मिली थी?
A. चैतन्य महाप्रभु को B. विद्यापति को
C. भट्ट केदार को D. उपरोक्त में से कोई नहीं

15. 'खुमानरासो' का रचयिता कौन था?
A. दलपति विजय B. नरपति नाल्ह
C. चन्दबरदाई D. जगनिक

16. 'पृथ्वीराज रासो' का रचयिता कौन था?
A. नरपति नाल्ह B. चन्दबरदाई
C. शांरगधर D. परमाल

17. हिन्दी का प्रथम महाकाव्य किसे माना जाता है?
A. पृथ्वीराज रासो B. खुमान रासो
C. बीसलदेव रासो D. सन्देश रसिक

18. आल्हा खण्ड में किसकी वीरता का वर्णन है?
A. आल्हा और ऊदल की B. राजा हमीर की
C. पृथ्वीराज की D. बीसलदेव की

19. कुछ लोगों का विचार है कि पृथ्वीराज रासो ग्रंथ को चन्दबरदाई के पुत्र ने पूरा किया, जिसका नाम था–
A. जल्हण B. कल्हण
C. विल्हण D. उपरोक्त में से कोई नहीं

20. वीर काव्य के बारे में कौन-सा कथन गलत है?
A. इसमें युद्धों का वर्णन है
B. इसमें वीर रस के साथ शृंगार रस भी है
C. इनकी भाषा ओजपूर्ण है
D. ये पूर्णतः प्रामाणिक माने जाते हैं

21. अमीर खुसरो की रचना कौन-सी है?
A. आखिरी कलाम B. खालिकबारी
C. मधुमालती D. मृगावती

22. विद्यापति की विख्यात रचना कौन-सी है?
A. पद्मावत B. पदावली
C. मधुमालती D. मृगावती

23. शारंगधर द्वारा रचित ग्रंथ है–
A. आल्ह खण्ड B. वीसलदेव रासो
C. पृथ्वीराज रासो D. हम्मीर रासो

24. निम्नलिखित में से किस ग्रंथ में वीर रस की अपेक्षा शृंगार रस अधिक है?
A. पृथ्वीराज रासो B. हम्मीर रासो
C. बीसलदेव रासो D. आल्ह खण्ड

25. वीरगाथा काल की एक रचना 'संदेश रसिक' है। इसका रचयिता कौन था?
A. शारंगधर B. अमीर खुसरो
C. अब्दुल रहमान D. हेमचन्द्र

26. एक प्रतिष्ठित ग्रंथ 'उक्तिव्यक्ति प्रकरण' किसका लिखा हुआ है?
A. विद्याधर का B. मधुकर का
C. श्रीधर का D. दामोदर भट्ट का

27. किस ग्रंथ में राधा-कृष्ण के प्रेम का अनूठा वर्णन है?
A. पद्मावत B. पदावली
C. मृगावती D. मधुमालती

28. संस्कृत साहित्य में जो स्थान जयदेव का है, हिन्दी साहित्य में वही स्थान–
A. दलपति विजय का है B. विद्यापति का है
C. जगनिक का है D. चैतन्य का है

29. अमीर खुसरो की भाषा पर किसका प्रभाव दिखता है?
A. ब्रजभाषा का B. अवधी का
C. मागधी का D. भोजपुरी का

30. पृथ्वीराज रासो में वीर रस के साथ है–
A. भक्ति रस B. करुण रस
C. शान्त रस D. शृंगार रस

31. दलपति विजय की रचना है–
A. कीर्तिपताका B. पदावली
C. खुमान रासो D. बीसलदेव रासो

32. विद्यापति की पदावली में–
A. वीर रस प्रधान है
B. संयोग शृंगार नहीं, वियोग शृंगार है
C. भक्ति और शृंगार दोनों हैं
D. आश्रयदाता की प्रशंसा है

33. खुमान रासो में–
A. राजा शिवसिंह की वीरता का वर्णन है
B. चित्तौड़ के खुमान के युद्धों का वर्णन है
C. पृथ्वीराज के यश का वर्णन है
D. आल्हा-ऊदल की वीरता का वर्णन है

34. आदि काल में निम्नलिखित में से कौन-सी रचना तिरहुत के शासक की प्रशंसा में लिखी गई थी?
A. परमाल रासो B. कीर्तिलता
C. मृगावती D. मधुमालती

35. कौन-सा ग्रंथ-लेखक जोड़ा सही है?
A. पद्मावत – विद्यापति
B. पृथ्वीराज रासो – चन्दबरदाई
C. आल्ह खण्ड – नरपति लाल्ह
D. बीसलदेव रासो – जगनिक

36. किस कवि को हिन्दी का आदि गीतकार माना जाता है?
A. जायसी को B. जगनिक को
C. जयदेव को D. विद्यापति को

37. अपभ्रंश काव्य अधिकतर किस छंद में लिखा गया है?
A. रोला में B. छप्पय में
C. कवित्त में D. दूहा (दोहा) में

38. विद्यापति रचित मैथिली का विख्यात ग्रंथ है–
A. कीर्तिलता B. कीर्तिपताका
C. पदावली D. पद्मावत

39. आदिकाल को कुछ साहित्यकारों ने–

A. महाकाव्य काल कहा है

B. आचार्य काल कहा है

C. चारण काल कहा है

D. साधना काल कहा है

40. अमीर खुसरो की पहेलियां और मुकरियां किस भाषा में हैं?

A. अरबी में B. फारसी में

C. अवधी में D. खड़ी बोली में

भक्ति काल

1. निम्नलिखित में से कौन निर्गुण भक्ति धारा का कवि नहीं था?

A. जायसी B. कबीर

C. मीरा D. नानक

2. निम्नलिखित में से कौन सगुण भक्ति धारा का कवि नहीं था?

A. रसखान B. सूरदास

C. नन्द दास D. कुतबन

3. कौन-सा कवि ज्ञानमार्गी शाखा का नहीं था?

A. कबीर दास B. मलूक दास

C. दादू दयाल D. जायसी

4. 'प्रेम की पीर' की अभिव्यक्ति किन कवियों ने की?

A. प्रेममार्गी कवियों ने

B. ज्ञानमार्गी कवियों ने

C. सगुण धारा के कवियों ने

D. उपरोक्त में से कोई नहीं

5. 'बीजक' में किसकी कविताएँ संग्रहीत हैं?

A. जायसी की B. कबीर की

C. रहीम की D. नानक की

6. प्रेममार्गी कवियों पर किसका गहरा प्रभाव था?

A. सूफी सम्प्रदाय का B. अवतारवाद का

C. विशिष्टाद्वैत का D. नाथ सम्प्रदाय का

7. 'पद्मावत' की रचना किसने की थी?

A. मंझन ने B. कुतबन ने

C. जायसी ने D. रज्जब ने

8. प्रेममार्गी कवियों की रचनायें–

A. खड़ी बोली में हैं B. ब्रज भाषा में हैं

C. ठेठ अवधी में हैं D. मागधी में हैं

9. निम्नलिखित में से किसकी भक्ति सख्य भाव की थी?

A. मीरा की B. तुलसीदास की

C. रसखान की D. सूरदास की

10. सूरदास की रचनाओं में हमें किसका हृदयग्राही वर्णन मिलता है?

A. भक्ति का B. शृंगार का

C वात्सल्य का D. उपरोक्त तीनों का

11. ज्ञानमार्गी कवियों की रचनाओं में हमें किसका वर्णन मिलता है?

A. ज्ञान का B. साधना का

C. एकेश्वरवाद का D. उपरोक्त तीनों का

12. निर्गुण भक्ति अवतारवाद की धारणा से–

A. ओतप्रोत थी B. पोषित थी

C. परे थी D. निसृत थी

13. निम्नलिखित में से कौन कृष्ण भक्ति शाखा का कवि नहीं था?

A. सूर B. मीरा

C. रसखान D. केशव

14. 'लहरतारा' स्थान का सम्बन्ध किस कवि से है?

A. जायसी से B. रसखान से

C. कबीर से D. मलूकदास से

15. कबीरदास किसके शिष्य थे?

A. रामानंद के B. वल्लभाचार्य के

C. रामानुजाचार्य के D. गोरखनाथ के

16. 'मगहर' और 'लोई' से किसका सम्बन्ध है?

A. रैदास का B. दादू दयाल का

C. मलूकदास का D. कबीर का

17. कबीरदास के सम्बन्ध में कौन-सा कथन गलत है?

A. वे गुरु-महिमा को मानते थे

B. वे अवतारवाद को नानते थे

C. वे धार्मिक पाखंडों के विरोधी थे

D. वे जीव और ब्रह्म की एकता में विश्वास करते थे

18. जायसी का पद्मावत काव्य–
A. मसनवी शैली में लिखा गया है
B. भक्ति काव्य है
C. खड़ी बोली में है
D. उपरोक्त सभी

19. सूरदास ने 'भ्रमरगीत' में–
A. निर्गुण ब्रह्म का उपहास किया है
B. निर्गुण ब्रह्म में आस्था प्रकट की है
C. कृष्ण की बाल लीलाओं का वर्णन किया है
D. यशोदा के वात्सल्य का अनूठा वर्णन है

20. 'रासपंचाध्यायी' किसकी विख्यात रचना है?
A. नंददास B. रसखान
C. कुम्भनदास D. स्वामी हरिदास

21. निम्नलिखित में से कौन 'अष्टछाप' के आठ कवियों में सम्मिलित नहीं था?
A. सूरदास B. नंददास
C. कुम्भनदास D. कबीर दास

22. बांदा जिले का राजापुर गांव किस कवि का जन्म-स्थान था?
A. बिहारी लाल B. मैथिलीशरण गुप्त
C. तुलसीदास D. भूषण

23. 'कवितावली' का रचयिता कौन है?
A. नंददास B. तुलसीदास
C. नरहरिदास D. केशवदास

24. तुलसीदास रचित 'विनय पत्रिका' में–
A. विनय और भक्ति के पद हैं
B. वैराग्य के पद हैं
C. बाल लीला के पद हैं
D. उपरोक्त सभी

25. राम भक्ति काव्य में–
A. ज्ञान को श्रेष्ठता प्रदान की गई है
B. भक्ति को श्रेष्ठ माना गया है
C. वैराग्य को श्रेष्ठ माना गया है
D. उपरोक्त दोनों को बराबर का स्थान दिया गया है

26. केशवदास कवि होने के साथ-साथ–
A. गायक भी थे B. आचार्य भी थे
C. संत भी थे D. पाखण्ड-विरोधी भी थे

27. किस कवि को 'कठिन काव्य का प्रेत' कहा जाता है?
A. घनानंद B. सूरदास
C. केशवदास D. तुलसीदास

28. केशवदास की रचनाओं में सबसे महत्वपूर्ण रचना कौन-सी है?
A. कविप्रिया B. रसिकप्रिया
C. रामचन्द्रिका D. विज्ञानगीता

29. रहीमदास के दोहों में–
A. नीति है B. भक्ति है
C. उपदेश है D. उपरोक्त सभी हैं

30. 'कवित-रत्नाकर' का रचयिता कौन था?
A. नरोत्तमदास B. केशवदास
C. सेनापति D. नंददास

31. 'भक्तमाल' का रचयिता कौन था?
A. अग्रदास B. नाभादास
C. नंददास D. नरोत्तमदास

32. ''अजगर करै न चाकरी, पंछी करै न काम'', यह उक्ति किसकी है?
A. कबीरदास B. मलूकदास
C. नंददास D. रहीमदास

33. दादू दयाल–
A. पर कबीर का प्रभाव था
B. सरलता व सादगी में विश्वास करते थे
C. ने गुरु को बहुत महत्व दिया
D. उपरोक्त दोनों

34. सूफी सम्प्रदाय के प्रमुख कवि थे–
A. जायसी B. रहीम
C. रसखान D. केशवदास

35. ''खीरा सिर से काटिये, मलियत नमक लगाय'', यह उक्ति किसकी है?
A. कबीर B. रहीम
C. रसखान D. दादू दयाल

36. 'अखरावट' और 'आखिरी कलम' किसकी रचनायें हैं?
A. रसखान B खुसरो
C. जायसी D. कुतबन

37. 'मधुमालती' किसकी रचना है?

A. जायसी की B. कुतबन की
C. मंझन की D. रसखान की

38. नागमती का विरह वर्णन हिन्दी साहित्य का सर्वश्रेष्ठ विरह-वर्णन है? यह किस ग्रंथ में है?

A. अखरावट में B. पद्‌मावत में
C. मधुमालती में D. मृगावती में

39. सूफी कवियों के प्रेमाख्यानों में–

A. किसी धर्म-सम्प्रदाय का खंडन-मंडन नहीं है
B. शृंगार रस की प्रधानता है
C. आत्मा को प्रियतम और परमात्मा को प्रिया माना गया है
D. उपरोक्त सभी

40. मीरा के पदों में–

A. राजस्थानी भाषा का प्रयोग हुआ है
B. अवधी का प्रयोग हुआ है
C. खड़ी बोली का प्रयोग हुआ है
D. उपरोक्त सभी

41. 'प्रेमवाटिका' किसकी रचना है?

A. मीराबाई B. रसखान
C. जायसी D. विद्यापति

42. महाप्रभु वल्लभाचार्य ने पुष्टिमार्ग की स्थापना की। पुष्टिमार्ग में ईश्वर प्राप्ति का सबसे मुख्य साधन है–

A. ज्ञान B. वैराग्य
C. भक्ति D. गुरु

43. अष्टछाप के कवि–

A. सूफी थे
B. निर्गुण ब्रह्म के उपासक थे
C. कृष्णभक्त थे
D. रामभक्त थे

44. अष्टछाप के कवियों ने–

A. केवल ब्रजभाषा में लिखा
B. कृष्णभक्ति के केवल माधुर्य पक्ष को ग्रहण किया
C. किसी महाकाव्य की रचना नहीं की, केवल स्फुट रचनायें लिखीं
D. उपरोक्त सभी

45. केशवदास की रचनाओं में–

A. कला पक्ष की प्रधानता है
B. काव्य सरसता है
C. भाव पक्ष की प्रधानता है
D. प्रकृति का अनूठा चित्रण है

46. "इन मुसलमान हरिजनन पै, कोटिक हिन्दू वारिये", यह उक्ति किस कवि के बारे में है?

A. जायसी के बारे में B. रहीम के बारे में
C. रसखान के बारे में D. खुसरो के बारे में

47. जायसी की रचना 'पद्‌मावत'–

A. प्रेमाख्यान है B. रीति ग्रंथ है
C. भक्ति काव्य है D. वीर काव्य है

48. कौन-सा कथन सही नहीं है?

A. सूफी काव्य प्रायः अवधी में लिखा गया है
B. सूफी सम्प्रदाय खंडन-मंडन को महत्व देता है
C. सूफी सम्प्रदाय में गुरु की बड़ी महिमा है
D. सूफी संतों ने भारतीय लोकाचार को अपनाया

49. जायसी के ग्रंथ पद्‌मावत में 'हीरामन तोता' की क्या भूमिका है?

A. नायक की B. खलनायक की
C. गुरु की D. साधक की

50. श्री वल्लभाचार्य की शिष्य परम्परा में–

A. निराकार ब्रह्म की आराधना होती है
B. राम की उपासना होती है
C. कृष्ण की उपासना होती है
D. गुरु की महिमा का गान होता है

51. निम्नलिखित में से किसने 'ब्रह्म सत्यं जगन्मिथ्या' का उपदेश दिया था?

A. वल्लभाचार्य ने
B. शंकराचार्य ने
C. विट्ठलनाथ ने
D. रामानुजाचार्य ने

52. 'अलवार' संतों ने किस भाषा में लिखा?

A. तेलुगु B. उड़िया
C. गुजराती D. तमिल

53. गोस्वामी तुलसीदास ने रामचरितमानस की रचना किस उद्देश्य से की थी?

A. लोकरंजन के लिए
B. मोक्ष प्राप्ति के लिए
C. राम कथा का स्मरण करने-कराने के लिए
D. स्वान्तः सुखाय

54. निम्नलिखित में से किसने श्री राधावल्लभ सम्प्रदाय नामक नया पंथ चलाया?

A. हितहरिवंश B. वल्लभाचार्य
C. छीतस्वामी D. कृष्णदास

55. किस रस की अभिव्यक्ति में सूरदास संसार के सर्वश्रेष्ठ कवियों में गिने जाते हैं?

A. श्रृंगार B. शान्त
C. वात्सल्य D. उपरोक्त सभी

56. सूरदास का प्रमुख ग्रंथ 'सूर सागर' है। जनश्रुति के आधार पर इसमें कुल कितने पद थे?

A. एक लाख B. सवा लाख
C. दस हजार D. साठ हजार

57. सूरदास की एक रचना 'साहित्य लहरी' है। इसमें सूरदास ने–

A. कृष्ण की बाल-लीलाओं का चित्रण किया है
B. राधा का नख-शिख वर्णन किया है
C. कृष्ण की रास-लीलाओं का वर्णन किया है
D. उद्धव-गोपी संवाद लिखा है

58. रसखान ने किस भाषा में रचना की?

A. खड़ी बोली में B. अवधी में
C. ब्रजभाषा में D. भोजपुरी में

59. पुष्टिमार्ग के प्रवर्तक कौन थे?

A. रामानंद B. वल्लभाचार्य
C. रामानुजाचार्य D. शंकराचार्य

60. अष्टछाप के कवियों में सबसे बड़ा स्थान किसे प्राप्त है?

A. नंददास को B. छीतस्वामी को
C. सूरदास को D. विट्ठलनाथ को

61. ''जाति-पाति पूछे नहीं कोई, हरी को भजै सो हरि का होई'', उक्त पंक्तियां किस कवि की हैं?

A. नानक की B. कबीर की
C. रहीम की D. मलूक की

62. रतनसेन और पद्‌मावती की प्रेम-गाथा का वर्णन किस ग्रंथ में है?

A. रतन सेन में B. पद्‌मावत में
C. ज्ञान बोध में D. मधुमालती में

63. मृगावती किस कवि की रचना है?

A. मंझन की B. जायसी की
C. कुतबन की D. शेखनबी की

64. कृष्णभक्ति का प्रचार कब हुआ था?

A. 15वीं शताब्दी में B. 10वीं शताब्दी में
C. 19वीं शताब्दी में D. 11वीं शताब्दी में

65. श्री वल्लभाचार्य की उपासना में किस पर जोर दिया गया?

A. प्रभु कीर्तन पर
B. राम धुन पर
C. बाल कृष्ण की उपासना पर
D. ब्रह्म की उपासना पर

66. लगभग सारा कृष्ण काव्य–

A. खड़ी बोली में है B. ब्रजभाषा में है
C. अवधी में है D. खिचड़ी भाषा में है

67. चर्यापद किसकी रचना है?

A. विद्यापति की B. खुसरो की
C. जगनिक की D. सरहपा कण्हपा की

68. निर्गुण भक्ति धारा के कवियों ने निम्नलिखित में से किस पर जोर नहीं दिया?

A. निराकार ब्रह्म की उपासना
B. आत्मशुद्धि
C. वैयक्तिक साधना
D. अवतारवाद

69. निर्गुण भक्ति की प्रेमाश्रयी शाखा के विकास में किसका योगदान प्रमुख रहा?

A. सूफी कवियों का B. मीरा का
C. कबीर का D. नानक का

70. निर्गुण भक्ति की प्रेमाश्रयी शाखा के कवियों की रचनाओं की मुख्य विशेषता है–

A. विरह-वेदना की तीव्रता B. रोचक कथानक
C. प्रेम की पीर D. उपरोक्त सभी

71. निम्नलिखित में से कौन निर्गुण भक्ति धारा का नहीं है?

A. रैदास
B. नानक
C. कबीर
D. विद्यापति

72. सूफी कवियों ने कैसी प्रेम गाथाओं को अपने काव्य के लिए चुना?

A. अरबी
B. फारसी
C. भारतीय
D. तीनों

73. रामचरितमानस–

A. मुक्तक रचनाओं का संग्रह है
B. राम के जीवन के कुछ अंशों का वर्णन करता है
C. दोहा-चौपाई में लिखा गया है
D. भक्ति गीतों का संग्रह है

74. कबीरदास–

A. अनपढ़ थे
B. व्यवसाय के जुलाहे थे
C. पर नाथपंथ के हठयोग का प्रभाव था
D. उपरोक्त तीनों

75. रामानंदजी किसके गुरु थे?

A. मीरा के
B. नंददास के
C. कबीर के
D. सूरदास के

76. मगहर नामक स्थान पर किस कवि की मृत्यु हुई थी?

A. केशव की
B. चैतन्य की
C. विद्यापति की
D. कबीर की

77. संत कबीर–

A. गृहस्थ थे
B. सूफी मत से प्रभावित थे
C. अवतारवाद में विश्वास नहीं करते थे
D. उपरोक्त सभी

78. कुल मिलाकर कबीरदास की भाषा कैसी थी?

A. अपभ्रंश
B. खड़ी बोली
C. सधुक्कडी
D. अवधी

79. 'भक्तमाल' ग्रंथ का रचयिता कौन है?

A. नंददास
B. रामानंद
C. नाभादास
D. विट्ठलनाथ

80. किस कवि का जन्म उत्तर प्रदेश के रायबरेली जिले के जायस गांव में हुआ था?

A. नंददास
B. जायसी
C. केशवदास
D. उपरोक्त में से कोई नहीं

81. किस कवि की निधन तिथि के सम्बन्ध में यह दोहा प्रसिद्ध है

"संवत सोरह सौ असी, असी गंग के तीर"

A. सूरदास
B. मीरा
C. कबीर
D. तुलसीदास

82. किसका बचपन का नाम 'रामबोला' था?

A. विद्यापति का
B. केशवदास का
C. तुलसीदास का
D. सूरदास का

83. तुलसी के काव्य में–

A. साधुमत है
B. लोकमत है
C. उपरोक्त दोनों हैं
D. उपरोक्त दोनों में से कोई भी नहीं है

84. कबीर की कविताओं में निम्नलिखित में से एक नहीं है?

A. नीति
B. रहस्यवाद
C. सर्वात्मवाद
D. छायावाद

85. काल-क्रम की दृष्टि से कौन सबसे पहले हुआ था?

A. कबीर
B. मीरा
C. तुलसीदास
D. सूरदास

रीति काल

1. रीतिकाल का अभ्युदय–

A. भक्ति काल से पहले हुआ
B. भक्ति काल के बाद हुआ
C. वीरगाथा काल के साथ-साथ हुआ
D. निर्गुण भक्ति और सगुण भक्ति काल के बीच हुआ

2. रीतिकालीन कविता का आरम्भ केशवदास की–

A. 'रामचन्द्रिका' से माना जाता है
B. 'रसिकप्रिया' से माना जाता है
C. 'विज्ञान गीता' से माना जाता है
D. उपरोक्त तीनों से माना जाता है

3. निम्नलिखित में से कौन कवि और आचार्य दोनों रूप में प्रतिष्ठित है?

A. सुमित्रानंदन पन्त B. नाभादास
C. नंददास D. केशवदास

4. कला पक्ष की प्रधानता किस काल की रचनाओं की प्रमुख विशेषता है?

A. वीरगाथा काल B. भक्ति काल
C. रीति काल D. उपरोक्त तीनों

5. रीतिकालीन कवियों ने मुख्यतः किस छंद का प्रयोग किया?

A. चौपाई B. दोहा
C. कवित्त D. कवित्त-सवैया

6. केशवदास किस राजा के आश्रय में थे?

A. बूंदी के राजा भावसिंह
B. छत्रसाल
C. शिवाजी
D. ओरछा के राजा इन्द्रजीत सिंह

7. नरोत्तम दास की विख्यात कृति कौन-सी है?

A. सुदामाचरित B. कवित्त रत्नाकर
C. नखसिख D. प्रिय-प्रवास

8. रहीम के दोहों में–

A. नीति की बातें हैं
B. भक्ति की अभिव्यंजना है
C. उपदेशों की भरमार है
D. उपरोक्त तीनों हैं

9. किस कवि की दानशीलता की तुलना 'कर्ण' की दानशीलता के साथ की जाती है?

A. देव B. बिहारी
C. भूषण D. रहीम

10. निम्नलिखित में से कौन-सा ग्रंथ 'रहीमदास' का है?

A. श्रृंगार सोरठ B. ध्यान मंजरी
C. महारामायण D. हनुमन्नाटक

11. 'कवित्त रत्नाकर' का लेखक कौन है?

A. बलभद्र मिश्र B. नरोत्तमदास
C. सेनापति D. केशवदास

12. तुलसी कृत 'रामचरितमानस' कितने काण्डों (अध्यायों) में है?

A. ग्यारह B. नौ
C. सात D. तेरह

13. तुलसी कृत 'रामचरितमानस'–

A. अवधी में है
B. ब्रज और अवधी दोनों में है
C. मागधी में है
D. उपरोक्त में से किसी में भी नहीं

14. चिन्तामणि किस काल के कवि थे?

A. आधुनिक काल B. भक्ति काल
C. रीति काल D. वीरगाथा काल

15. रीति काल की रचनाओं के विशेष लक्षण हैं–

A. रस, अलंकार
B. नायिका-भेद, नख-शिख वर्णन
C. षट्ऋतु वर्णन
D. उपरोक्त सभी

16. हिन्दी साहित्य का रीतिकालीन युग मोटे तौर से कबसे कब तक रहा?

A. बाबर से अकबर तक
B. अकबर से औरंगजेब तक
C. जहांगीर से बहादुरशाह तक
D. शाहजहां से बहादुरशाह तक

17. रीतिकालीन काव्य में निम्नलिखित में से किसे महत्व नहीं दिया गया?

A. चमत्कारपूर्ण उक्तियों को
B. भावों की नजाकत को
C. कल्पना की मौलिकता को
D. हृदय पक्ष या भाव पक्ष को

18. रीतिकालीन काल लगभग कितनी शताब्दियों तक चला?

A. चार शताब्दियों तक B. एक शताब्दी तक
C. तीन शताब्दियों तक D. दो शताब्दियों तक

19. निम्नलिखित में से कौन वीर रस का कवि नहीं था?

A. भूषण B. लाल
C. सूदन D. पद्माकर

20. रीतिकालीन कवियों ने मुख्यतः श्रृंगार रस की कवितायें लिखीं। उन्होंने श्रृंगार रस की रचनाओं के लिए किस छंद को प्रधानतः अपनाया?

A. कवित्त B. सवैया
C. हरिगीतिका D. छप्पय

21. रीतिकालीन कवियों ने नारी के केवल एक ही रूप का अंकन किया। वह था–

A. माता रूप B. शक्ति रूप
C. नायिका रूप D. जगदम्बा रूप

22. लगभग सभी रीतिकालीन कवियों ने लक्षण ग्रंथों (रीतिग्रंथों) की रचना की। निम्नलिखित रीतिकालीन कवियों में से किसने लक्षण ग्रंथ की रचना नहीं की?

A. बिहारी लाल B. मतिराम
C. भूषण D. पद्माकर

23. रीतिकालीन साहित्य में–

A. प्रबन्ध काव्यों की अपेक्षा मुक्तक काव्यों की अधिक रचना हुई
B. नवीन विचारों का अभाव रहा
C. नारी के विभिन्न रूपों (चरित्र) का अंकन प्रायः नहीं हुआ
D. उपरोक्त सभी

24. रीतिकाल में स्वच्छन्द कविता लिखने वाले एक कवि थे–

A. घनानंद B. नंददास
C. भिखारीदास D. देव

25. रीतिकाल के कवियों में नीति सम्बन्धी रचनायें किसने लिखीं?

A. वृन्द B. आलम
C. भिखारीदास D. जोधराज

26. कवि गिरधर की–

A. सूक्तियां प्रसिद्ध हैं
B. सतसई प्रसिद्ध हैं
C. अन्योक्तियां प्रसिद्ध हैं
D. कुण्डलियां प्रसिद्ध हैं

27. बेनी कवि किस प्रकार की रचनाओं के लिए विख्यात हैं?

A. नीति B. वैराग्य
C. भक्ति D. व्यंग्य

28. ध्रुवदास–

A. रीति काल के आचार्य थे
B. रीति काल के वीर रस के कवि थे
C. रीति काल के कृष्ण भक्त कवि थे
D. रीति काल के राम भक्त कवि थे

29. मधुसूदनदास द्वारा रचित ग्रंथ है–

A. रामाश्वमेध B. राम रसायन
C. सीतायन D. गोविन्द रामायण

30. रीतिकालीन आचार्य-कवि चिन्तामणि की सर्वाधिक विख्यात रचना है–

A. कवि कल्पतरु B. पिंगल
C. काव्यदर्पण D. ललित ललाम

31. निम्नलिखित ग्रंथों में से किस एक के रचनाकार मतिराम नहीं है?

A. रस राज B. वृत्तकौमुदी
C. साहित्यसार D. कविकल्पतरु

32. रीतिकालीन कवियों में केवल एक ग्रंथ लिखकर सर्वाधिक सम्मान पाने वाला कवि कौन-सा है?

A. मतिराम B. बिहारी
C. देव D. पद्माकर

33. निम्नलिखित में से किस कवि की रचनाओं के बारे में 'गागर में सागर भरने' की बात कही जाती है?

A. देव B. मतिराम
C. कबीर D. बिहारी

34. श्रृंगार का सर्वश्रेष्ठ कवि किसे माना जाता है?

A. देव B. मतिराम
C. बिहारी D. पद्माकर

35. 'भावविलास' किस कवि की रचना है?

A. रत्नाकर B. पद्माकर
C. देव D. मतिराम

36. 'काव्य निर्णय' का रचयिता कौन है?

A. बिहारी B. भिखारीदास
C. घनानंद D. मतिराम

37. हिन्दी में उपालम्भ का सर्वश्रेष्ठ कवि किसे कहा जाता है?

A. पद्माकर B. बिहारी
C. घनानंद D. लाल कवि

38. रीतिकालीन कौन-सा कवि 'सुजान' नामक वेश्या पर अनुरक्त था और इसी प्रसंग में उसने 'सुजानसागर' नामक ग्रंथ की रचना की?

A. आलम B. रसलीन
C. ग्वाल D. घनानंद

39. 'गंगा लहरी' के रचयिता कौन थे?

A. देव B. मतिराम
C. आलम D. पद्माकर

40. 'पद्माभरण' का रचयिता कौन था?

A. पद्माकर B. जायसी
C. मतिराम D. देव

41. आचार्य केशव का ग्रंथ 'रामचन्द्रिका'–

A. खण्ड काव्य है B. प्रबन्ध काव्य है
C. मुक्तक रचना है D. उपरोक्त में से कोई नहीं

42. कवि भूषण ने शिवाजी की वीरता व यश गान किया है : लाल कवि ने किसका यश गान किया है?

A. राणा प्रताप का B. छत्रसाल का
C. हिम्मत बहादुर D. गोरा-बादल का

43. निम्नलिखित रचनाओं में से एक रचना भूषण की नहीं है?

A. छत्रसाल दशक B. शिवाबावनी
C. शिवराजभूषण D. अष्टयाम

44. 'बिहारी सतसई' में कितने दोहे हैं?

A. 700 B. 701
C. 725 D. 719

45. 'रसकेलिवल्ली' किसकी रचना है?

A. गंग B. घनानंद
C. रसखान D. देव

46. ब्रजभाषा का कौन-सा कवि ऋतु वर्णन के लिए विख्यात है?

A. सेनापति B. पद्माकर
C. देव D. मतिराम

47. कहा जाता है कि सम्राट् अकबर ने एक कवि की रचना से प्रभावित होकर गोवध बंद करवा दिया था। वह कवि था–

A. नरहरि बन्दीजन B. गंग
C. सेनापति D. आलम

48. रीतिकालीन कवियों की रचनाओं का मुख्य प्रयोजन था–

A. साहित्य की समृद्धि
B. स्वान्तः सुखाय
C. आश्रयदाताओं का यशगान
D. ऋतु वर्णन

49. हिन्दी साहित्य में रीतिकालीन काव्य परम्परा किसने प्रारम्भ की?

A. देन B. मतिराम
C. सेनापति D. केशव

50. केशवदास ने एक आध्यात्मिक ग्रंथ लिखा, जिसका नाम था–

A. रामचन्द्रिका B. कविप्रिया
C. रसिकप्रिया D. विज्ञान गीता

51. कहा जाता है कि निम्नलिखित पंक्तियों ने एक राजा के जीवन में परिवर्तन ला दिया था–

नहि पराग नहि मधुर मधु, नहि विकास इहि काल।
अली कली ही सों विध्यों, आगे कौन हवाल।।

इन पंक्तियों के रचयिता थे–

A. सेनापति B. पद्माकर
C. रहीम D. बिहारी

52. बिहारी ने अपने काव्य में किस छंद को अपनाया?

A. कवित्त B. छप्पय
C. सवैया D. दोहा

53. 'रसराज' ग्रंथ का रचयिता कौन था?

A. मतिराम B. पद्माकर
C. देव D. चिन्तामणि

54. यह किसकी उक्ति है?

'तबही लौं जीवो भलो, दीवो होय न धीम'

A. कबीर B. रहीम
C. तुलसी D. बिहारी

55. रहीम के सम्बन्ध में कौन-सा कथन गलत है?

A. वह विद्या व्यसनी थे
B. वह योद्धा और राजनीतिज्ञ भी थे
C. वह कलामर्मज्ञ थे
D. वह अनपढ़ थे

56. ज्योतिष ग्रंथ "खेट कौतुकम" का रचयिता कौन था?

A. नंददास B. पद्माकर
C. रहीम D. सेनापति

57. महाकवि भूषण–

A. का नाम ही भूषण था B. की जाति भूषण थी
C. की उपाधि भूषण थी D. उपरोक्त में से कोई नहीं

58. भूषण–

A. की भाषा प्रधानतः ब्रज थी
B. ने फारसी और बुन्देलखंडी के शब्दों का भी काफी प्रयोग किया
C. ने शब्दों को तोड़ा-मरोड़ा भी
D. उपरोक्त सभी

59. 'जगद्विनोद' एक श्रेष्ठ रीति ग्रंथ है। इसका रचयिता कौन था?

A. देव B. मतिराम
C. सेनापति D. पद्माकर

60. पद्माकर का सर्वश्रेष्ठ ग्रंथ किसे माना जाता है?

A. प्रबोध पचासा B. गंगालहरी
C. पद्माभरण D. राम रसायन

61. 'कूलन में केलि में कछारन में कुंजन में,
क्यारिन में कलित कलीन किलकंत है।
उपरोक्त अनुप्रासपूर्ण सुन्दर रचना किस कवि की है?

A. पद्माकर B. सेनापति
C. मतिराम D. देव

62. जायसी के पद्मावत में रतनसेन और राजकुमारी पद्मावती के प्रेम का वर्णन है। पद्मावती कहां की राजकुमारी थी?

A. चित्तौड़ B. सिंहलद्वीप
C. नागदेश D. अवन्तिका

63. 'सीतायन' का रचयिता कौन था?

A. मधुसूदनदास B. रसिक बिहारी
C. चिन्तामणि D. रामप्रिया शरण

64. नागरी दास

A. कृष्ण भक्त कवि थे B. राम भक्त कवि थे
C. रीति ग्रंथ कवि थे D. निर्गुण भक्त कवि थे

65. 'पाहन पूजे हरि मिलै, तो मैं पूजूं पहार' यह उक्ति किसकी है?

A. रसखान B. रहीम
C. कबीर D. मलूकदास

66. हिन्दी के किस कवि को वात्सल्य रस का सम्राट् माना जाता है?

A. मीरा B. सूरदास
C. नंददास D. नरोत्तमदास

67. किस कवि का सारा काव्य सरस और गेय है?

A. तुलसीदास B. सूरदास
C. रसखान D. कबीरदास

68. ''तन चितउर मन राजा कीन्हा,
हिय सिंहल बुधि पदमिनि चीन्हा।''
उपरोक्त पंक्तियां किस ग्रंथ की हैं?

A. बीजक B. पद्मावत
C. इश्कनामा D. उपरोक्त में से कोई नहीं

69. ''अमिय हलाहल मद भरे
श्वेत श्याम रतनार
उठत, गिरत, उठ गिरि परत
जेहिं चितवत इक बार''
ये पंक्तियां किस कवि की हैं?

A. इलह कवि B. लाल कवि
C. रसखान D. रसलीन

70. निम्नलिखित में से किस कवि ने उलटवासियां लिखीं हैं?

A. वृन्द B. गिरधर राय
C. रहीम D. कबीर

71. केशवदास की काव्य भाषा थी–

A. भोजपुरी B. अवधी
C. ब्रज D. बुन्देलखण्डी

72. बिहारी सतसई के दोहों में किस रस की प्रधानता है?

A. शान्त रस B. भक्ति रस
C. वीर रस D. शृंगार रस

73. निम्न पंक्तियां किस कवि का परिचय देती हैं?
''जन्म ग्वालियर जानिए, खंड बुन्देले बाल
तरुणाई आई लसत, बसि मथुरा ससुराल''

A. केशव B. पद्माकर
C. सेनापति D. बिहारी

74. किस कवि की यह पंक्ति है?
'मेरी भव बाधा हरौ, राधा नागरि सोय'

A. सूर B. मीरा
C. घनानंद D. बिहारी

75. भूषण के काव्य की भाषा थी–

A. अवधी B. राजस्थांनी
C. भोजपुरी D. ब्रज

आधुनिक काल

1. हिन्दी साहित्य का आधुनिक काल सामान्यतया कब से आरम्भ माना जाता है?
A. 1700 ई. से B. 1750 ई. से
C. 1850 ई. से D. 1900 ई. से

2. हिन्दी के आधुनिक काल के काव्य की एक विशेषता यह है कि–
A. यह जन-जीवन के साथ चला
B. इसमें करुण रस को प्रधानता मिली
C. इसमें जीवन की विभिन्न समस्याओं और उनके समाधान को स्थान मिला
D. उपरोक्त सभी

3. आधुनिक काल की काव्य रचनाओं में–
A. राष्ट्रगौरव जगा
B. राष्ट्रीयता उजागर हुई
C. समाज सुधार की भावनायें मुखरित हुईं
D. उपरोक्त सभी

4. आधुनिक काल के काव्य में–
A. कवितायें खड़ी बोली में लिखी जाने लगीं
B. कवितायें ब्रजभाषा में ही लिखी जाने लगीं
C. कवितायें अवधी में ही लिखी जाती रहीं
D. कवितायें केवल ब्रज व अवधी में लिखी गईं

5. आधुनिक काल के काव्य में–
A. छायावाद आया
B. रहस्यवाद अवतरित हुआ
C. प्रगतिवाद का प्रचलन हुआ
D. उपरोक्त सभी

6. भारतेन्दु हरिश्चन्द्र ने काव्य धारा को किस ओर मोड़ा?
A. शृंगार प्रियता की ओर
B. रीति ग्रंथों की ओर
C. निर्गुण भक्ति की ओर
D. स्वदेश प्रेम की ओर

7. हिन्दी कविता के वर्तमान युग का प्रवर्तक किसे माना जाता है?
A. बालकृष्ण भट्ट B. जयशंकर प्रसाद
C. महादेवी वर्मा D. भारतेन्दु हरिश्चन्द्र

8. हिन्दी कविता में राष्ट्रीयता की तान सबसे पहले किसने छेड़ी?
A. मैथिलीशरण गुप्त
B. माखनलाल चतुर्वेदी
C. रामधारी सिंह 'दिनकर'
D. भारतेन्दु हरिश्चन्द्र

9. भारतेन्दु बाबू के सम्बन्ध में निम्नलिखित में से कौन-सा कथन सही नहीं है?
A. वह रसिक कवि थे
B. वह कविता के लिए किसी वाद से बंधे नहीं थे
C. उन्होंने भक्ति, प्रकृति-चित्रण, हास्य-विनोद पर भी कविताएं लिखीं
D. वह राम भक्त थे

10. निम्नलिखित में से कौन-सी रचना भारतेन्दु की नहीं है?
A. प्रेम पचीसी B. प्रेम माधुरी
C. प्रेम फुलवारी D. प्रेम प्रलाप

11. भारतेन्दु की रचनाओं का संग्रह किस नाम से है?
A. भारतेन्दु दर्पण B. भारतेन्दु प्रसून
C. भारतेन्दु ग्रंथावली D. भारतेन्दु वाणी

12. भारतेन्दु युग को किस नाम से जाना जाता है?
A. समाज-सुधार युग B. छायावादी युग
C. राष्ट्रीय चेतना युग D. महाकाव्य युग

13. "अंगरेज राज सुख साज सजे सब भारी।
पै धन विदेश चलि जात यहै अतिख्वारी"।।
उपरोक्त पंक्तियां किस कवि की हैं?
A. मैथिलीशरण गुप्त B. बालकृष्ण शर्मा 'नवीन'
C. श्रीधर पाठक D. भारतेन्दु हरिश्चन्द्र

14. 'अनुराग रत्न' का रचयिता कौन है?
A. श्रीधर पाठक
B. नाथूराम शर्मा शंकर
C. प्रतापनारायण मिश्र
D. बदरीनारायण चौधरी 'प्रेमघन'

15. भारतेन्दुजी ने गंगा वर्णन में–
A. हास्य-विनोद लिखा है
B. प्रकृति-चित्रण किया है
C. व्यंग्य लिखा है
D. रसिकता का परिचय दिया है

16. भारतेन्दुजी ने जो मुकरियां लिखीं, उनमें–
A. धार्मिक पाखण्ड पर व्यंग्य है
B. दिखावटी मित्रता पर व्यंग्य है
C. शासन, शिक्षा की समस्याओं पर मार्मिक चोट है
D. सामाजिक व्यवस्था पर करारी चोट है

17. 'सरस्वती' नामक पत्रिका, जिसके सम्पादक आचार्य महावीर प्रसाद द्विवेदी थे, कहां से प्रकाशित होती थीं?
A. काशी से B. मथुरा से
C. कानपुर से D. प्रयाग से

18. आचार्य महावीर प्रसाद द्विवेदी ने–
A. खड़ी बोली का परिष्कार किया
B. छायावादी कविताएं लिखीं
C. 'प्रिय प्रवास' की रचना की
D. बालकोपयोगी साहित्य लिखा

19. श्रीधर पाठक की 'देहरादून' कविता किस दृष्टि से उल्लेखनीय है?
A. समाज सुधार B. प्रकृति-चित्रण
C. ग्राम्य जीवन D. नारी-उत्थान

20. अयोध्या सिंह उपाध्याय 'हरिऔध' की सर्वोत्तम रचना कौन-सी है?
A. वैदेही वनवास B. रसकलश
C. प्रिय प्रवास D. उपरोक्त में कोई नहीं

21. प्रिय प्रवास का वर्ण्य-विषय क्या है?
A. कृष्ण का मथुरा-प्रवास
B. सीता का करुणापूर्ण चित्र
C. राम-वनवास
D. बुद्ध का गृहत्याग

22. 'चोखे-चौपदे' किसकी रचना है?
A. रामनरेश त्रिपाठी की
B. जगन्नाथ दास रत्नाकर की
C. लाला भगवानदीन की
D. उपरोक्त में से किसी की नहीं

23. प्रिय प्रवास–
A. महाकाव्य है
B. खड़ी बोली में है
C. प्रकृति वर्णन की दृष्टि से प्रशंसनीय है
D. उपरोक्त सभी

24. किस ग्रंथ में जगन्नाथदास रत्नाकर को यश मिला?
A. हरिश्चन्द्र B. उद्धवशतक
C. उपरोक्त दोनों D. उपरोक्त में से कोई नहीं

25. 'गंगावतरण' किसकी कृति है?
A. सत्यनारायण 'कविरत्न'
B. रामचरित उपाध्याय
C. जगन्नाथ दास 'रत्नाकर'
D. लाला भगवान 'दीन'

26. निम्नलिखित में से कौन-सा कवि 'त्रिशूल' नाम से कविता लिखता था?
A. कामता प्रसाद गुरु
B. राय देवी प्रसाद 'पूर्ण'
C. गया प्रसाद शुक्ल 'सनेही'
D. सत्यनारायण 'कविरत्न'

27. 'जयद्रथ वध' का रचयिता कौन था?
A. रूपनारायण पाण्डेय B. माखनलाल चतुर्वेदी
C. महावीर प्रसाद द्विवेदी D. मैथिलीशरण गुप्त

28. चिरगांव, झांसी किस कवि का जन्म स्थान है?
A. रामनरेश त्रिपाठी B. बालकृष्ण शर्मा 'नवीन'
C. मैथिलीशरण गुप्त D. रामकुमार वर्मा

29. मैथिलीशरण गुप्त की दो अमर रचनाएं हैं–
A. साकेत और यशोधरा B. साकेत और नहुष
C. यशोधरा और अनघ D. यशोधरा और रिद्धराज

30. मैथिलीशरण गुप्त का 'जयद्रथ वध'
A. खण्ड काव्य है
B. ब्रजभाषा में है
C. राष्ट्रीय भावना से ओतप्रोत है
D. महाकाव्य है

31. 'भारत-भारती' का रचयिता कौन था?
A. अयोध्यासिंह उपाध्याय 'हरिऔध'
B. महावीरप्रसाद द्विवेदी
C. रामधारी सिंह 'दिनकर'
D. मैथिलीशरण गुप्त

32. मैथिलीशरण गुप्त के किस ग्रंथ में लक्ष्मण की पत्नी उर्मिला का सुन्दर चरित्र-चित्रण है?
A. भारत भारती B. पंचवटी
C. साकेत D. द्वापर

33. मैथिलीशरण गुप्त का कृष्णकाव्य कौन-सा है?

A. नहुष B. द्वापर
C. सिद्धराज D. चन्द्रहास

34. गौतम बुद्ध की पत्नी के उज्ज्वल चरित्र के अंकन के लिए मैथिलीशरण गुप्त ने किस ग्रंथ की रचना की?

A. द्वापर B. यशोधरा
C. भारत भारती D. अनघ

35. ''मैं घमण्डों में भरा ऐंठा हुआ
एक दिन जब था मुंडेरे पर खड़ा
आ अचानक दूर से उड़ता हुआ
एक तिनका आँख में मेरी पड़ा''
उपरोक्त पंक्तियां किस कवि की हैं?

A. मैथिलीशरण गुप्त B. अयोध्यासिंह उपाध्याय
C. रामनरेश त्रिपाठी D. भारतेन्दु हरिश्चन्द्र

36. 'पथिक', 'मिलन' और 'स्वप्न' किसकी रचनायें हैं?

A. रामनरेश त्रिपाठी B. माखनलाल चतुर्वेदी
C. सियारामशरण गुप्त D. लोचनप्रसाद पाण्डेय

37. ''हम कौन थे, क्या हो गए हैं और क्या होंगे अभी।
आओ विचारें आज मिलकर ये समस्यायें सभी।।''
ये पंक्तियां किस कवि की हैं?

A. रामधारी सिंह 'दिनकर' B. माखनलाल चतुर्वेदी
C. श्यामनारायण पाण्डेय D. मैथिलीशरण गुप्त

38. ''मुझे तोड़ लेना वनमाली,
उस पथ पर देना तुम फेंक।
मातृभूमि पर शीश चढ़ाने,
जिस पथ जायें वीर अनेक।।''

ये पंक्तियां राष्ट्रप्रेम से ओतप्रोत हैं। इनका रचयिता कौन है?

A. सियारामशरण गुप्त
B. जयशंकर प्रसाद
C. माखनलाल चतुर्वेदी
D. गयाप्रसाद शुक्ल 'सनेही'

39. 'हिमकिरीटिनी' और 'हिमतरंगिणी' किसकी रचनायें हैं?

A. माखनलाल चतुर्वेदी B. रामधारी सिंह 'दिनकर'
C. सुमित्रानंदन पंत D. महादेवी वर्मा

40. कौन-सा कवि 'एक भारतीय आत्मा' के नाम से कविता लिखता था?

A. मैथिलीशरण गुप्त B. बालकृष्ण शर्मा 'नवीन'
C. माखनलाल चतुर्वेदी D. सोहनलाल द्विवेदी

41. ''कवि कुछ ऐसी तान सुनाओ
जिससे उथल-पुथल हो जाये।''

ये पंक्तियां किस कवि की हैं?

A. माखनलाल चतुर्वेदी B. बालकृष्ण शर्मा 'नवीन'
C. सियारामशरण गुप्त D. रामेश्वर शुक्ल 'अंचल'

42. द्विवेदी युग में किस कवि ने अन्य कवियों को खड़ी बोली में कविता लिखने हेतु प्रोत्साहित किया?

A. अयोध्यासिंह उपाध्याय B. जगन्नाथ दास 'रत्नाकर'
C. भारतेन्दु हरिश्चन्द्र D. महावीर प्रसाद द्विवेदी

43. जगन्नाथ दास 'रत्नाकर'

A. की काव्य-भाषा ब्रज भाषा है
B. को गंगावतरण से बड़ी ख्याति मिली
C. का भक्ति काव्य 'उद्धव शतक' है
D. उपरोक्त सभी

44. मैथिलीशरण गुप्त की पहली रचना कौन-सी थी?

A. साकेत B. सिद्धराज
C. यशोधरा D. जयद्रथ वध

45. खड़ी बोली का पहला महाकाव्य कौन-सा है?

A. साकेत B. गंगावतरण
C. प्रिय प्रवास D. कामायनी

46. 'प्रिय प्रवास' में किस रस की प्रधानता है?

A. श्रृंगार रस B. वात्सल्य रस
C. करुण रस D. शान्त रस

47. मैथिलीशरण गुप्त के साहित्यिक गुरु कौन थे?

A. पं. रामचन्द्र शुक्ल
B. पं. प्रतापनारायण मिश्र
C. पं. महावीर प्रसाद द्विवेदी
D. भारतेन्दु हरिश्चन्द्र

48. गुप्तजी के ग्रन्थ 'साकेत' की नायिका कौन है?

A. कैकेई B. सीता
C. कौशल्या D. उर्मिला

49. 'नवीन' उपनाम से कविता लिखने वाला कवि था–
A. बालकृष्ण शर्मा B. रूपनारायण पाण्डेय
C. सत्यनारायण D. गया प्रसाद शुक्ल

50. 'आर्द्रा' के रचनाकार थे–
A. रामकुमार वर्मा B. सियारामशरण गुप्त
C. सोहनलाल द्विवेदी D. तारा पाण्डे

51. काशी से प्रकाशित होने वाली साहित्यिक पत्रिका कौन-सी थी?
A. इंदु B. सरस्वती
C. कर्मवीर D. मतवाला

52. अयोध्या सिंह उपाध्याय की काव्य-रचना की एक विशेषता है–
A. सधुक्कड़ी हिन्दी का प्रयोग
B. शुद्ध ब्रजभाषा का प्रयोग
C. संस्कृत की समासयुक्त पदावली का प्रयोग
D. उर्दू बहुक्त पदावली का प्रयोग

53. 'पुष्प की अभिलाषा' राष्ट्रीय विचारधारा की कविता है, जिसके शब्द हैं–

"चाह नहीं मैं सुरबाला के गहनों में गूँथा जाऊं"

इस कविता का रचयिता कौन है?
A. मैथिलीशरण गुप्त
B. रामधारी सिंह 'दिनकर'
C. सियारामशरण गुप्त
D. माखनलाल चतुर्वेदी

54. सियारामशरण गुप्त की 'मौर्य विजय'–
A. करुण रस प्रधान रचना है
B. वीर रस प्रधान रचना है
C. पौराणिक घटना पर आधारित है
D. समसामयिक विषय से सम्बन्धित है

55. "स्वर्ग की तुलना उचित ही है यहां।
किन्तु सुरसरिता कहां, सरयू यहां।
वह मरों को मात्र पार उतारती
यह यहीं से जीवितों को तारती।"

उपरोक्त पंक्तियां किस कवि की हैं?
A. मैथिलीशरण गुप्त B. सुमित्रानंदन पंत
C. रामकुमार वर्मा D. भारतेन्दु हरिश्चन्द्र

56. किस कवि को साधारणतया गांधीवादी कवि कहा जाता है?
A. रामधारी सिंह 'दिनकर'
B. सोहनलाल द्विवेदी
C. मैथिलीशरण गुप्त
D. अयोध्यासिंह उपाध्याय 'हरिऔध'

57. निम्नलिखित में से एक सोहनलाल द्विवेदी का काव्य संग्रह है, वह है–
A. भैरवी B. आर्द्रा
C. चेतना D. गुंजन

58. बालकृष्ण शर्मा 'नवीन' के सम्बन्ध में कौन-सा कथन सही नहीं है?
A. उनकी अधिकांश रचनायें जेल में लिखी गईं
B. वह फकीर बादशाह थे
C. 'हम विषपायी जनम के' उनकी प्रसिद्ध रचना है
D. वह छायावाद के प्रतिनिधि कवि थे

59. खड़ी बोली के प्रथम महाकाव्य रचयिता कौन थे?
A. अयोध्यासिंह उपाध्याय 'हरिऔध'
B. जयशंकर प्रसाद
C. रामधारी सिंह 'दिनकर'
D. मलिक मुहम्मद जायसी

60. हरिऔधजी का ग्रंथ 'प्रियप्रवास' किस भाषा में है?
A. अवधी B. खड़ी बोली
C. संस्कृतनिष्ठ खड़ी बोली D. ब्रज

61. श्यामनारायण पाण्डेय का सुविख्यात महाकाव्य कौन-सा है?
A. राणा प्रताप B. मेघनाद वध
C. हल्दीघाटी D. कुरुक्षेत्र

62. 'चित्राधार' किस कवि की ब्रजभाषा की प्रथम कृति है?
A. रामधारी सिंह 'दिनकर'
B. जयशंकर प्रसाद
C. जगन्नाथ दास 'रत्नाकर'
D. उपरोक्त में से कोई नहीं

63. 'आंसू' किसकी कृति है?
A. सोहनलाल द्विवेदी B. सुमित्रानंदन पंत
C. हरिवंश राय बच्चन D. जयशंकर प्रसाद

64. प्रसादजी की खड़ी बोली की प्रथम काव्य रचना थी–
A. प्रेम पथिक B. चित्राधार
C. कामायनी D. इनमें से कोई नहीं

65. 'निराला' जी का पूरा नाम क्या था?
A. रमाकान्त त्रिपाठी B. उपाकान्त त्रिपाठी
C. सूर्यकान्त त्रिपाठी D. चन्द्रकान्त त्रिपाठी

66. प्रसादजी का महाकाव्य 'कामायनी'
A. वीर रस का श्रेष्ठ काव्य है
B. भक्ति भाव का अनूठा ग्रंथ है
C. आनन्दवाद की श्रेष्ठ रचना है
D. उपरोक्त सभी

67. प्रसादजी का सारा काव्य किससे प्रभावित दिखता है?
A. राष्ट्र प्रेम से B. भारतीय संस्कृति से
C. बौद्ध धर्म से D. उपरोक्त तीनों से

68. प्रसादजी की भाषा–
A. संस्कृतगर्भित है B. चित्रमय है
C. माधुर्य गुण सम्पन्न है D. उपरोक्त सभी

69. प्रसादजी का गीति काव्य है–
A. कानन-कुसुम B. लहर
C. झरना D. उपरोक्त सभी

70. "किरण! तुम क्यों बिखरी हो आज,
रंगी हो तुम किसके अनुराग।"
प्रकृति-चित्र की उपरोक्त पंक्तियां किस कवि की हैं?
A. सुमित्रानंदन पंत B. रामकुमार वर्मा
C. महादेवी वर्मा D. जयशंकर प्रसाद

71. आधुनिक हिन्दी साहित्य में रहस्यवाद का जन्मदाता किसे माना जाता है?
A. भगवतीचरण वर्मा B. महादेवी वर्मा
C. सूर्यकान्त त्रिपाठी 'निराला' D. जयशंकर प्रसाद

72. 'बीती विभावरी, जाग री
अम्बर पनघट में डुबा रही
तारा-घट ऊषा नागरी'
उपरोक्त रूपक की एकरूपता वाली पंक्तियां लिखने वाला/वाली कवि/कवयित्री है–
A. महादेवी वर्मा B. सुमित्रानंदन पंत
C. जयशंकर प्रसाद D. मैथिलीशरण गुप्त

73. निम्न पंक्तियां किस कवि की हैं–
"ले चल मुझे भुलावा देकर, मेरे नाविक धीरे-धीरे"
A. सुमित्रानंदन पंत
B. सूर्यकान्त त्रिपाठी 'निराला'
C. महादेवी वर्मा
D. जयशंकर प्रसाद

74. प्रसादजी की कामायनी में पात्र-प्रतीकों के निम्नलिखित जोड़ों में से कौन-सा गलत है?
A. मनु – मन का प्रतीक
B. इड़ा – बुद्धि का प्रतीक
C. श्रद्धा – हृदय का प्रतीक
D. वृषभ – आनंद का प्रतीक

75. 'आँसू' में किस रस की प्रधानता है?
A. शृंगार रस की B. शान्त रस की
C. करुण रस की D. अद्भुत रस की

76. प्रसादजी की रचनाओं में–
A. सांस्कृतिक प्रौढ़त्व है B. विवेक है
C. अनुभूति की गहराई है D. उपरोक्त सभी हैं

77. प्रसादजी का 'आँसू' काव्य–
A. अनुभूति और कल्पना प्रधान है
B. में चमत्कार और उक्ति वैचित्र्य है
C. में उपदेशात्मकता है
D. में विश्वबन्धुत्व की भावना है

78. किस क्षेत्र की रचनाओं के लिए प्रसादजी को अग्रणी कवि माना जाता है?
A. प्रयोगवादी B. प्रगतिवादी
C. छायावादी D. उपरोक्त में से कोई नहीं

79. किस ग्रंथ को प्रसादजी का सर्वोत्कृष्ट काव्य-ग्रंथ माना जाता है?
A. झरना B. लहर
C. आँसू D. कामायनी

80. खड़ी बोली के किस कवि को द्विवेदी युग के बाद विभिन्न साहित्यिक प्रवृत्तियों का जन्मदाता; संक्रान्ति काल का उच्चतम साहित्यकार और रोमांटिक साहित्य का प्रवर्तक माना जाता है?
A. महादेवी वर्मा
B. सूर्यकान्त त्रिपाठी 'निराला'

C. जयशंकर प्रसाद
D. सुमित्रानंदन पंत

81. निम्नलिखित में से किस प्रतिभाशाली कवि की मृत्यु जवानी में ही (50 वर्ष से कम आयु में) हो गई थी?
A. महादेवी वर्मा
B. सुमित्रानंदन पंत
C. जयशंकर प्रसाद
D. सूर्यकान्त त्रिपाठी 'निराला'

82. खड़ी बोली के किस कवि को हिन्दी साहित्य का 'शिव' कहा जाता है?
A. जयशंकर प्रसाद
B. महादेवी वर्मा
C. सूर्यकान्त त्रिपाठी 'निराला'
D. उपरोक्त में से कोई नहीं

83. ''दिवस का अवसान समीप था,
गगन था कुछ लोहित हो चला।''
यह प्रकृति-चित्रण किस महाकाव्य से है?
A. प्रिय प्रवास B. कामायनी
C. उर्वशी D. साकेत

84. हिन्दी कविता में स्वच्छंद छंद रचना का सूत्रपात करने वाला कवि था–
A. मैथिलीशरण गुप्त
B. अयोध्यासिंह उपाध्याय 'हरिऔध'
C. जयशंकर प्रसाद
D. सूर्यकान्त त्रिपाठी 'निराला'

85. 'निराला' जी का प्रथम काव्य संग्रह था–
A. आराधना B. अणिमा
C. अर्चना D. अनामिका

86. 'जूही की कली' नामक सुविख्यात कविता किसकी है?
A. सुमित्रानंदन पंत
B. भगवती चरण वर्मा
C. महादेवी वर्मा
D. सूर्यकान्त त्रिपाठी 'निराला'

87. निराला के काव्य में–
A. भाषा ओजपूर्ण है
B. भाषा संस्कृतनिष्ठ खड़ी बोली है
C. स्वर-लय की प्रधानता है
D. उपरोक्त सभी

88. 'वर दे, वीणावादिनी, वर दे'
यह सरस्वती वंदना किस कवि ने लिखी है?
A. जयशंकर प्रसाद
B. सूर्यकान्त त्रिपाठी 'निराला'
C. सुमित्रानंदन पंत
D. उपरोक्त में कोई नहीं

89. ''नारी तुम केवल श्रद्धा हो,
विश्वास रजत नग पग-तल में।
पीयूष स्रोत-सी बहा करो,
जीवन के सुन्दर समतल में।''
नारी के सम्बन्ध में उपर्युक्त उद्गार किस कवि के हैं?
A. सुमित्रानंदन पंत B. मैथिलीशरण गुप्त
C. सोहनलाल द्विवेदी D. जयशंकर प्रसाद

90. नारी के सम्बन्ध में निम्नलिखित उद्गार किस कवि का है–
''वह इष्टदेव के मन्दिर की पूजा-सी
वह दीप-शिखा-सी शान्त, भाव में लीन''
A. नरेन्द्र शर्मा
B. सुमित्रानंदन पंत
C. शान्तिप्रिय द्विवेदी
D. सूर्यकान्त त्रिपाठी 'निराला'

91. 'कुकुरमुत्ता' किस कवि की रचना है?
A. बालकृष्ण शर्मा 'नवीन'
B. जयशंकर प्रसाद
C. अज्ञेय
D. सूर्यकान्त त्रिपाठी 'निराला'

92. निराला जी की निम्नलिखित पंक्तियां उनकी किस कविता से है?
''वह आता–
दो टूक कलेजे के करता
पछताता पथ पर आता।
पेट-पीठ दोनों मिलकर हैं एक
चल रहा लकुटिया टेक''
A. कृषक B. मजदूर
C. भिक्षुक D. एक भारतीय

93. ‘निराला’ जी की कविताओं में–

A. छायावाद है
B. रहस्यवाद है
C. प्रगतिवाद है
D. तीनों का समन्वय है

94. हिन्दी गीति-काव्य की परम्परा डालने वाला/वाली कवि/कवयित्री है–

A. महादेवी वर्मा
B. सूर्यकान्त त्रिपाठी ‘निराला’
C. रामधारी सिंह ‘दिनकर’
D. अज्ञेय

95. ‘निराला’ की प्रयोगवादी रचना है–

A. वनवेला
B. कुकुरमुत्ता
C. नये पत्ते
D. बादल राग

96. ‘निराला जी’ की ‘तुम और मैं’ कविता उच्चकोटि की–

A. छायावादी रचना है
B. रहस्यवादी रचना है
C. प्रयोगवादी रचना है
D. प्रगतिवादी रचना है

97. ‘राम की शक्ति पूजा’ किसकी कविता है?

A. तुलसीदास
B. मैथिलीशरण गुप्त
C. सूर्यकान्त त्रिपाठी ‘निराला’
D. जयशंकर प्रसाद

98. “दिवसावसान का समय, मेधमय आसमान से उतर रही है : वह सन्ध्या सुन्दरी परी सी धीरे-धीरे।”

प्रकृति सौन्दर्य की ये अनुपम पंक्तियां निराला जी की किस कविता से है?

A. भारती वन्दना
B. यामिनी जागो
C. पंचवटी
D. सन्ध्या सुंदरी

99. हिन्दी का ‘सुकुमार कवि’ किसे कहा जाता है?

A. अज्ञेय
B. सुमित्रानंदन पंत
C. नरेन्द्र शर्मा
D. उपरोक्त में से कोई नहीं

100. पंतजी का महाकाव्य है–

A. शिल्पी
B. लोकायतन
C. चिदम्बरा
D. गुंजन

उत्तरमाला

सेट–I

आदि काल

1	**2**	**3**	**4**	**5**	**6**	**7**	**8**	**9**	**10**
C	B	D	A	D	C	A	A	C	A
11	**12**	**13**	**14**	**15**	**16**	**17**	**18**	**19**	**20**
A	C	C	B	C	B	B	C	B	C
21	**22**	**23**	**24**	**25**	**26**	**27**	**28**	**29**	**30**
B	C	B	A	C	C	D	B	A	B
31	**32**	**33**	**34**	**35**	**36**	**37**	**38**	**39**	**40**
A	C	A	D	B	A	B	C	B	D
41	**42**	**43**	**44**	**45**	**46**	**47**	**48**	**49**	**50**
C	A	A	B	C	C	B	C	C	C
51	**52**	**53**	**54**	**55**	**56**	**57**	**58**	**59**	**60**
C	B	A	D	C	D	C	A	D	C
61	**62**	**63**	**64**	**65**	**66**	**67**	**68**	**69**	**70**
B	C	B	C	C	A	D	C	A	D
71	**72**	**73**	**74**	**75**	**76**	**77**	**78**	**79**	**80**
C	C	D	C	C	C	A	B	A	C
81	**82**	**83**	**84**	**85**	**86**	**87**	**88**	**89**	**90**
D	A	A	B	C	A	A	C	A	C

91	92	93	94	95	96	97	98	99	100
A	D	D	B	D	A	B	A	B	C
101	102	103	104	105	106	107	108	109	110
A	B	C	C	D	B	D	C	D	A
111	112	113	114	115	116	117	118	119	120
B	C	B	D	B	D	D	D	C	C
121	122	123	124	125	126	127	128	129	130
C	B	A	B	D	A	C	A	D	D
131	132	133	134	135	136	137	138	139	140
D	B	D	A	C	C	C	B	C	B
141	142	143	144	145	146	147	148	149	150
A	C	C	D	D	B	A	A	B	D

भक्ति काल

1	2	3	4	5	6	7	8	9	10
A	D	B	D	B	C	C	D	B	B
11	12	13	14	15	16	17	18	19	20
D	B	C	A	C	C	B	C	A	B
21	22	23	24	25	26	27	28	29	30
B	D	C	B	B	D	B	C	C	C
31	32	33	34	35	36	37	38	39	40
A	B	C	B	A	C	D	C	C	D
41	42	43	44	45	46	47	48	49	50
D	B	C	C	A	C	A	C	D	D
51	52	53	54	55	56	57	58	59	60
A	A	C	B	A	B	B	B	B	C
61	62	63	64	65	66	67	68	69	70
B	C	D	B	C	A	B	C	C	A
71	72	73	74	75	76	77	78	79	80
A	B	D	B	D	B	A	C	B	A
81	82	83	84	85	86	87	88	89	90
A	C	D	C	A	B	B	A	D	C
91	92	93	94	95	96	97	98	99	100
B	C	D	D	D	A	D	A	C	C
101	102	103	104	105	106	107	108	109	110
A	B	B	B	A	C	B	D	C	C
111	112	113	114	115	116	117	118	119	120
C	C	B	A	C	C	D	C	C	A
121	122	123	124	125	126	127	128	129	130
D	A	A	D	C	C	D	C	C	A
131	132	133	134	135	136	137	138	139	140
D	D	A	D	C	C	D	B	C	D
141	142	143	144	145	146	147	148	149	150
B	D	D	D	C	C	D	B	A	D

रीति काल

1	2	3	4	5	6	7	8	9	10
C	C	C	B	D	C	D	D	C	A
11	12	13	14	15	16	17	18	19	20
C	B	B	D	C	D	B	D	D	A
21	22	23	24	25	26	27	28	29	30
C	B	A	A	A	B	B	B	B	D
31	32	33	34	35	36	37	38	39	40
C	A	D	B	A	C	A	C	D	B
41	42	43	44	45	46	47	48	49	50
C	A	D	A	B	C	C	B	B	A
51	52	53	54	55	56	57	58	59	60
A	C	C	A	C	B	C	C	B	D
61	62	63	64	65	66	67	68	69	70
B	B	D	C	C	B	D	B	A	C
71	72	73	74	75	76	77	78	79	80
C	D	A	C	B	A	D	B	B	B
81	82	83	84	85	86	87	88	89	90
D	C	D	B	D	C	A	D	C	C
91	92	93	94	95	96	97	98	99	100
D	C	D	A	B	B	D	B	D	C
101	102	103	104	105	106	107	108	109	110
D	C	B	A	D	A	C	B	D	B
111	112	113	114	115	116	117	118	119	120
A	C	D	A	C	A	C	B	C	B
121	122	123	124	125	126	127	128	129	130
C	B	D	B	C	A	D	B	C	D
131	132	133	134	135	136	137	138	139	140
B	A	C	D	B	D	C	A	C	B
141	142	143	144	145	146	147	148	149	150
A	B	A	B	D	D	A	C	C	D

आधुनिक काल

1	2	3	4	5	6	7	8	9	10
B	C	B	A	B	D	D	B	A	B
11	12	13	14	15	16	17	18	19	20
C	D	C	C	B	A	D	A	A	B
21	22	23	24	25	26	27	28	29	30
A	B	C	C	A	D	B	D	B	D
31	32	33	34	35	36	37	38	39	40
B	A	B	C	B	B	C	B	B	B
41	42	43	44	45	46	47	48	49	50
A	B	B	A	A	C	B	B	C	D
51	52	53	54	55	56	57	58	59	60
C	C	A	B	B	B	B	C	A	A
61	62	63	64	65	66	67	68	69	70
B	A	D	A	B	B	D	B	B	C

71	72	73	74	75	76	77	78	79	80
C	C	A	B	B	A	A	A	B	C
81	**82**	**83**	**84**	**85**	**86**	**87**	**88**	**89**	**90**
B	A	D	B	B	C	C	B	C	A
91	**92**	**93**	**94**	**95**	**96**	**97**	**98**	**99**	**100**
A	B	B	D	C	C	C	B	A	A
101	**102**	**103**	**104**	**105**	**106**	**107**	**108**	**109**	**110**
C	B	D	B	A	C	B	C	A	A
111	**112**	**113**	**114**	**115**	**116**	**117**	**118**	**119**	**120**
B	C	D	D	D	B	B	B	D	C
121	**122**	**123**	**124**	**125**	**126**	**127**	**128**	**129**	**130**
B	C	B	B	C	D	C	B	B	B
131	**132**	**133**	**134**	**135**	**136**	**137**	**138**	**139**	**140**
A	D	D	B	D	B	C	B	B	C
141	**142**	**143**	**144**	**145**	**146**	**147**	**148**	**149**	**150**
C	A	A	B	A	A	C	D	B	B

सेट–II

आदि काल

1	2	3	4	5	6	7	8	9	10
D	D	C	A	A	D	C	B	D	B
11	**12**	**13**	**14**	**15**	**16**	**17**	**18**	**19**	**20**
D	C	B	B	A	B	A	A	A	D
21	**22**	**23**	**24**	**25**	**26**	**27**	**28**	**29**	**30**
B	B	D	C	C	D	B	B	A	D
31	**32**	**33**	**34**	**35**	**36**	**37**	**38**	**39**	**40**
C	C	B	B	B	D	D	C	C	D

भक्ति काल

1	2	3	4	5	6	7	8	9	10
C	D	D	A	B	A	C	C	D	D
11	**12**	**13**	**14**	**15**	**16**	**17**	**18**	**19**	**20**
D	C	D	C	A	D	B	A	A	A
21	**22**	**23**	**24**	**25**	**26**	**27**	**28**	**29**	**30**
D	C	B	A	B	B	C	C	D	C
31	**32**	**33**	**34**	**35**	**36**	**37**	**38**	**39**	**40**
B	B	D	A	B	C	C	B	D	A
41	**42**	**43**	**44**	**45**	**46**	**47**	**48**	**49**	**50**
B	C	C	D	A	C	A	B	C	C
51	**52**	**53**	**54**	**55**	**56**	**57**	**58**	**59**	**60**
B	D	D	A	C	B	B	C	B	C
61	**62**	**63**	**64**	**65**	**66**	**67**	**68**	**69**	**70**
B	B	C	A	C	B	D	D	A	D

71	72	73	74	75	76	77	78	79	80
D	C	C	D	C	D	D	C	C	B
81	82	83	84	85					
D	C	C	D	A					

रीति काल

1	2	3	4	5	6	7	8	9	10
B	B	D	C	D	D	A	D	D	A
11	12	13	14	15	16	17	18	19	20
C	C	A	C	D	D	D	D	D	B
21	22	23	24	25	26	27	28	29	30
C	A	D	A	A	D	D	C	A	A
31	32	33	34	35	36	37	38	39	40
D	B	D	C	C	B	C	D	D	A
41	42	43	44	45	46	47	48	49	50
B	B	D	D	B	A	A	C	D	D
51	52	53	54	55	56	57	58	59	60
D	D	A	B	D	C	C	D	D	A
61	62	63	64	65	66	67	68	69	70
A	B	D	A	C	B	B	B	D	D
71	72	73	74	75					
C	D	D	D	D					

आधुनिक काल

1	2	3	4	5	6	7	8	9	10
C	D	D	A	D	D	D	D	D	A
11	12	13	14	15	16	17	18	19	20
C	C	D	B	B	C	D	A	B	C
21	22	23	24	25	26	27	28	29	30
A	D	D	B	C	C	D	C	A	A
31	32	33	34	35	36	37	38	39	40
D	C	B	B	B	A	D	C	A	C
41	42	43	44	45	46	47	48	49	50
B	D	D	D	C	C	C	D	A	B
51	52	53	54	55	56	57	58	59	60
A	C	D	B	A	B	A	D	A	C
61	62	63	64	65	66	67	68	69	70
C	B	D	A	C	C	D	D	D	D
71	72	73	74	75	76	77	78	79	80
D	C	D	D	C	D	A	C	D	C
81	82	83	84	85	86	87	88	89	90
C	C	A	D	D	D	D	B	D	D
91	92	93	94	95	96	97	98	99	100
D	C	D	B	D	B	C	D	B	B

अध्याय

3

हिन्दी साहित्य की गद्य विधाएँ

हिन्दी उपन्यास

प्रेमचन्द पूर्व उपन्यास

सामाजिक जीवन की यथार्थ समस्याओं को लेकर गंभीर उपन्यासों की रचना इस युग में कम हुई। रहस्यमयी अद्‌भुत घटनाओं को श्रृंखलाबद्ध करके एक अपरिचित संसार में पाठकों को भटकाते रहना लेखकों का प्रधान लक्ष्य प्रतीत होता है। प्रवृत्ति-भेद के आधार पर प्रेमचंद पूर्व युगीन उपन्यासों को पांच वर्गों में रखा जा सकता है–तिलस्मी-ऐयारी उपन्यास, जासूसी उपन्यास, अद्‌भुत घटनाप्रधान उपन्यास, ऐतिहासिक उपन्यास और सामाजिक उपन्यास।

तिलस्मी-ऐयारी उपन्यासों की परंपरा देवकीनंदन खत्री (1861-1913) द्वारा भारतेंदु-युग में आरंभ की गयी। आलोच्य युग में यह परंपरा जीवित रही। खत्री जी के 'काजर की कोठरी' (1902), 'अनूठी बेगम' (1905), 'गुप्त गोदना' (1906), 'भूतनाथ'–प्रथम छह भाग-(1906) आदि उपन्यास इसी युग में प्रकाशित हुए। खत्री जी की परंपरा का निर्वाह हरेकृष्ण जौहर ने 'मयंकमोहिनी या मायामहल' (1901), 'कमलकुमारी' (1902), 'निराला नकाबपोश' (1902), 'भयानक खून' (1903) आदि तिलस्मी उपन्यासों की रचना द्वारा किया। किशोरीलाल गोस्वामी-कृत 'तिलस्मी शीशमहल' (1905) और रामलाल वर्मा-कृत 'पुतली महल' (1908) भी इसी वर्ग की रचनाएं हैं। आगे चल कर देवकीनंदन खत्री के सुपुत्र दुर्गाप्रसाद खत्री ने 'भूतनाथ' के शेष भागों को लिख कर इस परंपरा को आगे बढ़ाया।

जासूसी उपन्यासों का प्रवर्तन गोपालराम गहमरी (1866-1946) ने किया था। गहमरी जी अंग्रेजी के प्रसिद्ध जासूसी उपन्यासकार आर्थर कानन डायल (1859-1930) से प्रभावित थे, उनके प्रसिद्ध उपन्यास 'ए स्टडी इन स्कारलेट' (1887) को उन्होंने 'गोविंदराम' (1905) शीर्षक से हिन्दी में रूपांतरित भी किया। गहमरी जी के जासूसी उपन्यास अत्यंत लोकप्रिय हुए। 'सरकटी लाश' (1900), 'चक्करदार चोरी' (1901), 'जासूस की भूल' (1901), 'जासूस पर जासूसी' (1904), 'जासूस चक्कर में' (1906), 'इंद्रजालिक जासूस' (1910), 'गुप्त भेद' (1913), 'जासूस की ऐयारी' (1914) आदि उनके प्रसिद्ध उपन्यास हैं।

अद्‌भुत घटना प्रधान उपन्यासों में विट्ठल दास नागर का 'किस्मत का खेल' (1905), बांके लाल चतुर्वेदी का 'खौफनाक खून' (1912) और दुर्गा प्रसाद खत्री का 'अद्‌भुत भूत' (1916) उल्लेखनीय हैं।

किशोरीलाल गोस्वामी, गंगाप्रसाद गुप्त, जयरामदास गुप्त और मथुराप्रसाद शर्मा इस काल के उल्लेखनीय ऐतिहासिक उपन्यासकार हैं। किशोरीलाल गोस्वामी-कृत 'तारा वा क्षात्रकुलकमलिनी' (1902), 'सुल्ताना रजिया बेगम वा रंगमहल में हलाहल' (1904), 'मल्लिका देवी या बंग-सरोजिनी' (1905) और 'लखनऊ की कब्र व शाही महलसरा' (1917) आलोच्य युग के चर्चित ऐतिहासिक उपन्यास हैं। गंगाप्रसाद गुप्त के ऐतिहासिक उपन्यासों में 'नूरजहां' (1902), 'कुमारसिंह सेनापति' (1903) और 'हम्मीर' (1903) उल्लेखनीय हैं। जयरामदास गुप्त-कृत 'काश्मीर-पतन' (1907), 'नवाबी परिस्तान वा वाजिद अली शाह' (1909), 'मल्का चांद बीबी' (1909) आदि उपन्यास किशोरीलाल गोस्वामी की परंपरा में रखे जा सकते हैं। इनमें भी इतिहास कम और रहस्य-सृष्टि करने वाली

कल्पना अधिक है। मथुराप्रसाद शर्मा कृत 'नूरजहां बेगम व जहांगीर' (1905) में इतिहास को सुरक्षित रखने की चेष्टा की गयी है।

इस युग के सबसे सशक्त उपन्यासकार किशोरीलाल गोस्वामी (1865-1932) हैं। उपन्यास-रचना में इनका उद्देश्य प्रेम का विज्ञान प्रस्तुत करना था। इसलिए इनके द्वारा रचित ऐतिहासिक उपन्यासों के कथानक भी प्रेम की विविधता एवं रहस्यमयता के इर्द-गिर्द घूमते रहते हैं।

प्रेमचंद पूर्व युग के सामाजिक उपन्यासकारों में लज्जाराम शर्मा (1863-1931), किशोरीलाल गोस्वामी (1865-1932), अयोध्या सिंह उपाध्याय (1865-1941), ब्रजनंदन सहाय, राजा राधिकारमण प्रसाद सिंह और मन्नन द्विवेदी (1884-1921) उल्लेखनीय हैं। लज्जाराम शर्मा के 'आदर्श दंपत्ति' (1904), 'बिगड़े का सुधार अथवा सती सुखदेवी' (1907), और 'आदर्श हिंदू' (1914), उपन्यासों का विशेष महत्त्व है। किशोरीलाल गोस्वामी के 'लीलावती वा आदर्श सती' (1901), 'चपला वा नव्य समाज' (1903-1904), 'पुनर्जन्म वा सौतिया डाह' (1907), 'माधवी माधव वा मदन मोहिनी' (1903-1910) और 'अंगूठी का नगीना' (1918) उपन्यासों को विशेष ख्याति प्राप्त हुई थी। अयोध्यासिंह उपाध्याय में उपन्यास-लेखन की प्रतिभा नहीं थी। इनके 'अधखिला फूल' (1907) में धार्मिक अंधविश्वासों का कुपरिणाम दिखाया गया है। 'ठेठ हिन्दी का ठाठ' (1899) इनकी अपेक्षाकृत प्रसिद्ध रचना है, किंतु इसमें कथाविन्यास की अपेक्षा भाषा के विशिष्ट प्रयोग पर ही लेखक की अधिक दृष्टि रही है। ब्रजनंदन सहाय के 'सौंदर्योपासक' (1911) और 'राधाकांत' (1912)–ये दो उपन्यास अधिक प्रसिद्ध हुए।

प्रेमचन्द और उनका युग

हिन्दी-उपन्यास साहित्य के संदर्भ में आलोच्य युग को 'प्रेमचंद-युग' की संज्ञा लगभग निर्विवाद रूप में मिल चुकी है, क्योंकि 'सेवासदन' (1918) का प्रकाशन न केवल प्रेमचंद (1880-1936) के साहित्यिक जीवन की, वरन् हिन्दी-उपन्यास की भी एक महत्त्वपूर्ण घटना थी।

'सेवासदन' के बाद प्रेमचंद के 'प्रेमाश्रम' (1922), 'रंगभूमि' (1925), 'कायाकल्प' (1926), 'निर्मला' (1927), 'गबन' (1931), 'कर्मभूमि' (1933) और 'गोदान' (1935) शीर्षक सात मौलिक उपन्यास प्रकाशित हुए। इस बीच उन्होंने अपने दो पुराने उर्दू उपन्यासों को भी हिन्दी में रूपांतरित और परिष्कृत करके प्रकाशित किया। 'जलवए ईसार' का रूपांतर 'वरदान' 1921 में प्रकाशित हुआ तथा 'हमखुर्मा व हमसवाब' के पूर्व प्रकाशित हिन्दी-रूपांतर 'प्रेमा अर्थात दो सखियों का विवाह' को परिष्कृत कर उन्होंने 'प्रतिज्ञा' (1929) शीर्षक से उसे सर्वथा नये रूप में प्रकाशित कराया। एक उल्लेखनीय तथ्य यह है कि आरंभ में प्रेमचंद अपने उपन्यास पहले उर्दू में लिखते थे और फिर स्वयं उनका हिन्दी-रूपांतर करते थे। 'सेवासदन', 'प्रेमाश्रम' और 'रंगभूमि' क्रमशः 'बाजारे-हुस्न', 'गोशए-आफियत' और 'चौगाने-हस्ती' नाम से उर्दू में लिखे गये थे, किंतु प्रकाशित पहले ये हिन्दी में ही हुए। वैसे, मूल रूप से हिन्दी में लिखित उनका पहला उपन्यास 'कायाकल्प' है।

प्रेमचंद के समकालीन उपन्यासकारों की संख्या दो-ढाई सौ के लगभग है, किंतु सबका उल्लेख न यहां संभव है और न आवश्यक। फिर भी इस काल के कम-से-कम दस-बारह उपन्यासकार ऐसे अवश्य हैं, जिन्होंने किसी-न-किसी रूप में अपनी पहचान कायम की है। विश्वंभरनाथ शर्मा 'कौशिक' (1891-1946) ने 'मां' और 'भिखारिणी' लिख कर प्रेमचंद का सफल अनुकरण किया था। चतुरसेन शास्त्री ने आलोच्य अवधि में 'हृदय की परख' (1918), 'हृदय की प्यास' (1932), 'अमर अभिलाषा' (1932) और 'आत्मदाह' (1937) शीर्षक उपन्यासों की रचना की। प्रतापनारायण श्रीवास्तव कृत 'विदा' (1929) और 'विजय' (1937) आदर्शवादी उपन्यास हैं। 'विदा' में नागरिक उच्चवर्गीय समाज का चित्रण है और 'विजय' में अभिजातवर्गीय विधवा-जीवन की समस्याएं चित्रित हैं। रचनाशैली की दृष्टि से ये उपन्यास प्रेमचंद के कहीं अधिक समीप हैं। देवनारायण द्विवेदी (जन्म 1897) के 'कर्तव्याघात', 'प्रणय', 'पश्चात्ताप' और 'दहेज' तथा अनूपलाल मंडल कृत 'निर्वासिता' (1929) भी प्रेमचंद की परंपरा में लिखित औपन्यासिक रचनाएं हैं। वैसे, इस धारा के अन्य उपन्यासकारों में प्रफुल्लचंद्र ओझा 'मुक्त' और जगदीश झा 'विमल' का भी उल्लेख किया जा सकता है।

कालक्रम की दृष्टि से देखें तो विवेच्य काल में सबसे पहले शिवपूजन सहाय (1893-1963) ने हिन्दी उपन्यास को प्रेमचंद से भिन्न मार्ग पर ले जाने का प्रयास किया। उनका 'देहाती दुनिया' (1926) शीर्षक उपन्यास प्रचलित रूढ़ि को तोड़ने की दिशा में एक साहसिक कदम था।

बेचन शर्मा 'उग्र', जिन्होंने 'चंद हसीनों के खुतूत' (1927), 'दिल्ली का दलाल' (1927), 'बुधुआ की बेटी' (1928),

'शराबी' (1930) आदि उपन्यासों में समाज की बुराइयों को, उसकी नंगी सच्चाई को, बिना किसी लाग-लपेट के बड़े ही साहस के साथ, किंतु सपाटबयानी के रूप में प्रस्तुत किया।

ऋषभचरण जैन ने उग्र की भांति तत्कालीन समाज के 'वर्जित विषयों' पर 'दिल्ली का कलंक', 'दिल्ली का व्यभिचार', 'वेश्यापुत्र', 'रहस्यमयी' आदि उपन्यासों की रचना की और अनूपलाल मंडल ने पत्रात्मक प्रविधि में 'समाज की वेदी पर' और 'रूपरेखा' शीर्षक उपन्यासों का प्रणयन किया।

प्रेमचंद के समकालीनों में जयशंकर प्रसाद इसलिए उल्लेखनीय हैं कि वे न केवल कविता और नाटक के क्षेत्र में, वरन् 'कंकाल' (1929) और 'तितली' (1934) की रचना द्वारा उपन्यासकार के रूप में भी चर्चा के विषय बने। इनमें से 'कंकाल' ही विशेष उल्लेखनीय है। 'तितली' में ग्रामीण और कृषक-जीवन का सामान्य औपन्यासिक फैलाव मात्र है।

इस काल के अन्य प्रमुख उपन्यासकारों में भगवतीचरण वर्मा, राधिकारमण प्रसाद सिंह, सियारामशरण गुप्त, भगवतीप्रसाद वाजपेयी, वृंदावनलाल वर्मा, राहुल सांकृत्यायन, सूर्यकांत त्रिपाठी 'निराला' आदि उल्लेखनीय हैं। भगवतीचरण वर्मा ने 'चित्रलेखा' (1934) की रचना कर पाठकों के बीच पर्याप्त लोकप्रियता प्राप्त की थी, पर उपन्यास में जीवन की धड़कन न होने के कारण इसका कोई स्थायी मूल्य न हो सका। 1936 में इनका 'तीन वर्ष' नामक उपन्यास छपा, जो अपनी 'अश्रुपंकिल' भावुकता के कारण पाठकों में काफी लोकप्रिय हुआ। राधिकारमण प्रसाद सिंह ने 'राम-रहीम' (1937) में कतिपय सामाजिक पहलुओं का उद्‌घाटन किया, पर उनका लगभग सारा ध्यान भाषा को 'चुलबुलाहट' से युक्त बनाने में ही लगा रहा। सियारामशरण गुप्त कृत 'गोद' (1932), 'अंतिम आकांक्षा' (1934) और 'नारी' (1937) गांधी-दर्शन पर आधारित मनोवैज्ञानिक सामाजिक उपन्यास हैं, जिनमें क्रमशः लांछनाग्रस्त निरपराध व्यक्तियों की मनोव्यथा, घरेलू नौकरों की अनुकरणीय मर्यादा और नारी-समस्याओं के निराकरण के लिए नये-पुराने मूल्यों के समन्वय पर बल दिया गया है। भगवतीप्रसाद वाजपेयी के उपन्यासों–'प्रेमरथ', 'मीठी चुटकी', 'अनाथ पत्नी', 'त्यागमयी', 'लालिमा' आदि–में मध्यवर्गीय पारिवारिक-सामाजिक जीवन का मनोविश्लेषणपरक चित्रण मिलता है। अपने पात्रों के संदर्भ में जीवन की उपलब्धि-अनुपलब्धियों का तटस्थ, व्यावहारिक और कहीं-कहीं भावुकतापूर्ण प्रस्तुतिकरण उनकी उल्लेखनीय विशेषताएं हैं। वृंदावनलाल वर्मा (1889-1969) कृत 'संगम' (1928), 'लगन' (1929), 'प्रत्यागत' (1929) और 'कुंडलीचक्र' (1932) सामाजिक उपन्यास हैं तथा 'गढ़कुंडार' (1929) और 'विराटा की पद्मिनी' (1936) की रचना ऐतिहासिक पृष्ठभूमि में हुई है। जहां लेखक का अभीष्ट विभिन्न सामाजिक समस्याओं के संदर्भ में जीवन का आदर्शात्मक यथार्थ-निरूपण प्रतीत होता है, वहां शुद्ध ऐतिहासिक उपन्यासों की रचना-परंपरा को आरंभ करने का श्रेय भी उन्हीं को प्राप्त है। राहुल सांकृत्यायन (1893-1963) ने इस काल में मौलिक उपन्यासों के स्थान पर 'शैतान की आंख' (1923), 'विस्मृति के गर्भ में' (1923), 'सोने की ढाल' (1923) प्रभृति अनूदित उपन्यासों की रचना की, जिनमें ऐतिहासिक-रोमानी कथानकों को स्थान प्राप्त हुआ है। इस काल में स्वच्छंदतावादी पद्धति के प्रेममूलक उपन्यासों की रचना का श्रेय सूर्यकांत त्रिपाठी 'निराला' को है। उनके द्वारा रचित 'अप्सरा' (1931), 'अलका' (1933), 'प्रभावती' (1936) और 'निरुपमा' (1936) उपन्यास भले ही प्रसाद के कथा-साहित्य की भांति विषय-निरूपण और शैली दोनों की दृष्टि से उनकी कवि-चेतना से प्रभावित हैं, किंतु इनके उल्लेख के बिना इस काल के उपन्यास-साहित्य का विश्लेषण अधूरा रहेगा।

प्रेमचन्द के परवर्ती प्रमुख उपन्यासकार

जैनेंद्र

हिन्दी-उपन्यास को प्रेमचंद-युग में ही नयी दिशा देने का सफल प्रयास किया जैनेंद्र (1905-1988) ने। विवेच्य काल में उनके तीन उपन्यास प्रकाशित हुए–'परख' (1929), 'सुनीता' (1935) और 'त्यागपत्र' (1937)। हिन्दी-उपन्यास को उनसे जो पाना था, वह इन्हीं कृतियों में मिल गया। 'परख' में समकालीन सामाजिक उपन्यासों की परंपरा से (जिसके प्रेमचंद सर्वश्रेष्ठ लेखक थे) अलग लीक पर चलने का प्रयास किया गया है। वैसे उन्होंने हिन्दी-उपन्यास को नये शिल्प और नयी भाषा से भी समृद्ध किया है। 'परख' में यद्यपि उन्होंने प्रेमचंद की दृश्यात्मक और परिदृश्यात्मक पद्धति को मिश्रित रूप में अपनाया है, पर सिलसिलेवार कहानी कहने की जरूरत जितनी प्रेमचंद समझते थे, उतनी जैनेंद्र ने नहीं समझी। 'परख' की भांति 'सुनीता' और 'त्यागपत्र' भी वयस्क और संवेदनशील पाठकों के लिए लिखे गये उपन्यास हैं, विषय और शिल्प दोनों दृष्टियों से। 'त्यागपत्र' में समूची कथा एक पात्र विशेष के अवलोकनबिंदु से प्रस्तुत की गयी है, जो निश्चय ही

नाटकीकरण की विकसित पद्धति है। कथ्य के अनुरूप उनकी भाषा में भी नवीनता है। 'सादगी' उनकी भाषा की भी विशेषता है, पर वह प्रेमचंद की भाषा की सादगी से भिन्न है। जैनेंद्र की भाषा स्वगतालाप अथवा खुद से या बहुत हुआ तो किसी आत्मीय से चुप-चुप की जाने वाली बातचीत की भाषा है। इसलिए भाषा सरल होने पर भी आंतरिक मनोभावों को व्यक्त करने की उसमें अद्भुत क्षमता है। इसमें संदेह नहीं कि हिन्दी-उपन्यास को जैनेंद्र की देन महत्त्वपूर्ण है।

अज्ञेय

अज्ञेय कृत 'शेखर : एक जीवनी' (1941-1944) के प्रकाशन के साथ हिन्दी-उपन्यास की दिशा में एक नया मोड़ आया। इस उपन्यास को लेकर आलोचकों में भारी मतभेद रहा। किसी ने इसे प्रकाशमान पुच्छल तारा कह कर प्रशंसा की, तो किसी ने अतिशय आत्मकेंद्रित बता कर इसके कथानक को असंबद्ध, विशृंखलित माना। इन विरोधी सम्मतियों से सिद्ध होता है कि कथ्य, शिल्प और भाषा की दृष्टि से यह परंपरा से हट कर एक नया प्रयोग था। 'शेखर : एक जीवनी' के दूसरे खंड में अधिक व्यवस्था है। पहले भाग का विद्रोह सृजन की भूमिका मालूम पड़ता है, क्योंकि इसमें उसका बिखरा व्यक्तित्व संघटित होकर रचनात्मक बनता है।

अज्ञेय के दूसरे उपन्यास 'नदी के द्वीप' (1951) को सामान्यतः शेखर की संवेदना का विकास माना जाता है। शेखर और भुवन तथा रेखा और शशि में एक तरह का सादृश्य लगता है, पर इस पर जोर नहीं देना चाहिए, 'नदी के द्वीप' को स्वतंत्रता कृति के रूप में मूल्यांकित करना अधिक संगत है।

जहां 'शेखर : एक जीवनी' की भाषा अपने अनगढ़पन के बावजूद सर्जनात्मक बन पड़ी है, उसका विन्यास बिखर कर भी संघटित हो जाता है, वहीं 'नदी के द्वीप' के संघटन में ही कुछ ऐसी रिक्तता है कि उसका शिल्प वांछित प्रभाव नहीं डाल पाता। 'अपने-अपने अजनबी' (1961) अज्ञेय का तीसरा उपन्यास है, जिसमें एक प्रकार की धार्मिक दृष्टिसंपन्नता दिखायी पड़ती है। पहले दोनों उपन्यासों में यौन-कल्ट की स्थापना के साथ-साथ उन्होंने मसीहाई दृष्टिकोण भी अपनाया है, 'अपने-अपने अजनबी' इसी की फलश्रुति है।

हजारी प्रसाद द्विवेदी

हिन्दी के ऐतिहासिक उपन्यासकारों में दूसरा उल्लेखनीय नाम आचार्य हजारीप्रसाद द्विवेदी का है। 'बाणभट्ट की आत्मकथा', 'चारुचंद्रलेख' और 'पुनर्नवा' के अतिरिक्त उनका एक अन्य उपन्यास 'अनामदास का पोथा' प्रकाशित हुआ है। द्विवेदी जी के उपन्यास इतिहास के तथ्यों पर आधारित नहीं हैं, उनमें कल्पना के आधार पर ऐतिहासिक वातावरण की अर्थवान सृष्टि की गयी है। यह अर्थवत्ता उनके नये ऐतिहासिक दृष्टिकोण की देन है। वे किसी कालखंड को जीवंत रूप में प्रस्तुत करने के साथ-साथ उसे आज की ज्वलंत समस्याओं के साथ ही जोड़ते चलते हैं और इस संदर्भ में ही समग्रतः उनका गंभीर जीवनदर्शन भी प्रतिफलित हो जाता है। 'बाणभट्ट की आत्मकथा' में उन्होंने मध्यकालीन जड़ता पर प्रहार करते हुए उसे आधुनिक चैतन्य से संपृक्त किया है। अनेक प्रकार की विरोधी धर्म-साधनाओं के कारण समाज अनेकशः विभक्त और खंडित हो चुका था, राजनीतिक स्थिति अस्थिर और चंचल थी। उपन्यासकार ने इन अस्थिरताओं और विघटनों के बीच नये मूल्यों की खोज करने की कोशिश की है।

यशपाल

प्रेमचंदोत्तर उपन्यासकारों में अपनी विशिष्ट विचारधारा और सर्जनात्मक शक्ति के कारण यशपाल ने स्वतंत्र व्यक्तित्व बना लिया है। 'गोदान' में प्रेमचंद ने आदर्शवाद से बहुत-कुछ मुक्त हो कर जिस यथार्थवादी दृष्टिकोण को ग्रहण किया था, उसकी परंपरा को आगे बढ़ाने का श्रेय यशपाल को है। उनका प्रारंभिक जीवन क्रांतिकारी दल से संबद्ध था, फलस्वरूप मार्क्सवादी विचारधारा का उन पर गहरा प्रभाव पड़ा। 'अमिता' और 'दिव्या' शीर्षक ऐतिहासिक उपन्यासों को छोड़कर उनके शेष उपन्यास समाजवादी यथार्थ का चित्र प्रस्तुत करते हैं। ये हैं–दादा कामरेड (1941), देशद्रोही (1943), पार्टी कामरेड (1946), मनुष्य के रूप (1949), झूठा सच (दो भाग, 1958, 1960), मेरी तेरी उसकी बात (1973)। 'दादा कामरेड' में पूंजीवाद, गांधीवाद और क्रांतिकारियों के आतंकवाद का विरोध करते हुए समाजवाद का समर्थन किया गया है। स्त्री को वरण की स्वतंत्रता देने का प्रश्न भी लेखक ने उठाया है। इस संदर्भ में शैला और हरीश के संबंध को लेकर नैतिकतावादी आलोचकों ने आपत्ति की है, किंतु उपन्यास के लक्ष्य के अनुरूप नारी को यह स्वतंत्रता तो देनी ही होगी। किंतु इस उपन्यास में कलात्मकता के अपेक्षित स्तर का अभाव है। 'देशद्रोही' सन् 1941 की क्रांति से संबद्ध उपन्यास है। कलागत सतर्कता के बावजूद इसमें पात्रों को विभिन्न परिस्थितियों में फेंका गया है और फिर वहां से निकाला भी गया है, फलस्वरूप सारा

आयोजन सहज न होकर आयासजन्य लगने लगता है। इसकी अपेक्षा 'पार्टी कामरेड' साफ-सुथरा उपन्यास है, इसमें न तो काम-संबंधी लिजलिजापन है और न सैद्धांतिक अस्पष्टता। 'मनुष्य के रूप' में परिवर्तनशील मानवीय रूप के मूल में आर्थिक समस्या की भूमिका स्वीकार की गयी है और 'झूठा सच' की रचना राजनीतिक-सांस्कृतिक पृष्ठभूमि में हुई है। अपने अंतिम उपन्यास 'मेरी तेरी उसकी बात' में सन् 1942 की क्रांति की पृष्ठभूमि में उन्होंने जनचेतना का चित्रण किया है।

अमृतलाल नागर

प्रेमचंद के परवर्ती उपन्यासकारों में अमृतलाल नागर का विशेष स्थान है। उन्होंने अपने उपन्यासों में व्यक्ति और समाज के सापेक्षिक संबंधों को चित्रित किया है। 'नवाबी मसनद', 'सेठ बांकेमल', 'महाकाल', 'बूंद और समुद्र', 'अमृत और विष', 'शतरंज के मोहरे', 'सुहाग के नूपुर', 'एकदा नैमिषारण्ये' और 'मानस का हंस' उनके प्रकाशित उपन्यास हैं। अपने विस्तार और गहराई के कारण 'बूंद और समुद्र' इनमें विशेष महत्त्वपूर्ण बन पड़ा है। 'बूंद और समुद्र' क्रमशः व्यक्ति और समाज के प्रतीक हैं। लखनऊ के चौक के रूप में इसमें भारतीय समाज के विभिन्न रूपों, रीति-नीतियों, आचार-विचारों, जीवनदृष्टियों, मर्यादाओं, टूटती और निर्मित होती हुई व्यवस्थाओं के अनगिनत चित्र हैं।

'अमृत और विष' उनका दूसरा बृहत्काय उपन्यास है। इसमें भी अनेक प्रकार की जीवन-स्थितियों, आंदोलनों और रीति-रिवाजों के ब्यौरों को अंकित किया गया है। किंतु अपने अतिरिक्त फैलाव के फलस्वरूप यह उपन्यास गहरे जीवन से रिक्त होकर विवरणात्मक हो गया है। उनका एक अन्य महत्त्वपूर्ण उपन्यास है, 'मानस का हंस' (1972)। इसमें गोस्वामी तुलसीदास के जीवनवृत्त को सफल औपन्यासिक व्यक्तित्व प्रदान किया गया है। अन्य कृतियों में खंजन नयन, अग्निगर्भा, करवट, पीढ़ियाँ आदि हैं।

फणीश्वर नाथ रेणु

फणीश्वर नाथ रेणु के उपन्यास ही सही अर्थों में 'आंचलिक' हैं। सत्य तो यह है कि 'मैला आंचल' और 'परती परिकथा' में ग्रामांचलों के जितने विशद और सवाक् चित्र देखने को मिलते हैं, उतने अन्य तथाकथित आंचलिक उपन्यासों में नहीं। इन दोनों उपन्यासों में ग्रामांचल की छोटी-छोटी घटनाओं, कथाओं, आचार-विचार, रीति-नीति, राजनीतिक व नैतिक अवधारणाओं, पारस्परिक संबंधों आदि के विश्लिष्ट चित्र मिलते हैं, तो पूरे अंचल के संदर्भ में संश्लिष्ट और गत्यात्मक हो गये हैं। आधुनिकतावादी उपकरणों के सन्निवेश से गांव का वातावरण अपने-आप बदलने लगता है। इस बदलाव में ही अवसरवादी कांग्रेसियों (स्वतंत्रता के बाद अधिकांश कांग्रेसी अवसरवादी हो चुके हैं) के नकाब उतार कर युवा पीढ़ी के संघर्षों को जिस ढंग से चित्रित किया गया है, वह रेणु की ऐतिहासिक धारा की पहचान का सूचक है।

रेणु के अन्य उपन्यासों में जुलूस, दीर्घतपा और पल्टू बाबू रोड भी उल्लेखनीय हैं।

भीष्म साहनी

भीष्म साहनी प्रेमचन्द-परंपरा के एक महत्त्वपूर्ण हस्ताक्षर हैं और 'तमस' (1973) इस परंपरा की एक महत्त्वपूर्ण कृति है। 'तमस' भीष्म साहनी का तीसरा उपन्यास है। इससे पूर्व 'झरोखे' और 'कड़ियाँ' प्रकाशित हो चुके थे। ये दोनों ही उपन्यास सामाजिक यथार्थ और मनोवैज्ञानिक यथार्थ की पारस्परिक बनावट को बहुत सहजता से उभारते हैं। यों भी कह सकते हैं कि लेखक मानसिक सत्य को सामाजिक यथार्थ के दबाव में पहचानता है और सामाजिक यथार्थ को मानसिकता का एक स्पन्दन प्रदान करता है। इसीलिए भीष्म के कथा-साहित्य में दोनों की सहभागिता का बहुत सहज रूप लक्षित होता है।

'तमस' की दुनिया इन दोनों उपन्यासों से भिन्न है और बड़ी है। इस उपन्यास में लेखक समय की दृष्टि से थोड़ा पीछे की ओर लौटा है यानी उसने स्वाधीनता-प्राप्ति के कुछ समय पूर्व का समय चुना है और उसके गर्भ में खलबलाती साम्प्रदायिक विभीषिका और उसके सहवर्ती तथा अनुवर्ती प्रभावों की संश्लिष्ट दुनिया की पहचान की है। लेखक ने इतिहास के इस सत्य को बहुत स्पष्टता और संश्लिष्टता से रचनात्मक रूप दिया है कि अंग्रेजों ने अपनी सत्ता कायम रखने के लिए हिन्दुओं और मुसलमानों में फूट डालने के षड्यन्त्र किए हैं।

यह उपन्यास मूलतः राजनीतिक चेतना का उपन्यास है लेकिन यह अपने को राजनीतिक घटनाओं और क्रियाकलापों के विन्यास तक सीमित नहीं करता।

'मय्यादास की माड़ी' (1988), 'कुंतो' (1993) तथा 'नीलू, नीलिमा, नीलोफर' (2000) इनके अन्य महत्वपूर्ण उपन्यास हैं।

कृष्णा सोबती

आधुनिकता बोध के उपन्यासों की परंपरा में कृष्णा सोबती के दो उपन्यास 'डार से बिछुड़ी', और 'मित्रों मरजानी' का नाम उल्लेखनीय है।

दूसरे प्रकार के उपन्यास के रूप में 'सूरजमुखी अंधेरे के' पति-पत्नी के आपसी संबंधों पर आधारित हैं, जिसमें विवशता एवं उत्कंठा के साथ-साथ चेतना भी है। सोबती ने इस उपन्यास में सृजनात्मक कल्पना को नया अर्थ दिया है। 'दिलोदानिश' (1993), 'समय सरगम' (2002) इनके अन्य उपन्यास हैं।

निर्मल वर्मा

निर्मल वर्मा का 'वे दिन' आधुनिक संवेदना से संपन्न उपन्यास है। पश्चिम के अर्थहीन परिवेश में जिस छोटे सुख की तलाश इस उपन्यास में की गयी है, वह आज के संदर्भ में गैरमौजूं नहीं लगती। इसे रोमैंटिक नहीं कहा जा सकता क्योंकि तीन दिन के संपर्क में 'मैं' और 'रायना' का शरीरी सुख रोमैंटिक अर्थ में प्रेम नहीं, बल्कि रोमानी प्रेम से अलग प्रेम की आधुनिकतावादी परिकल्पना है। अंत में रायना के प्रति जो मोह उसमें उत्पन्न होता है, वह भावुकता न होकर 'मैं' का बचा हुआ वह मनुष्य है, जिससे वह अलग हो गया।

'वे दिन' (1966) की कथाभूमि चैकोस्लोवाकिया है। वैसे तो यह लेखक के लिए विदेशी भूमि है किंतु लेखक वहाँ रहा है इसलिए उसके साथ उसका अनुभवात्मक सम्बन्ध जुड़ा हुआ है इसलिए वहाँ की स्थितियाँ चरित्र, दृश्य सभी प्रामाणिक रूप में आए हैं। यह उपन्यास द्वितीय समरोत्तर यूरोप के जीवन में उत्पन्न होने वाले अकेलेपन, निरर्थकता और विसंगति की पहचान कराता है। इसके लिए लेखक ने रायना जैसी पति-परित्यक्ता नारी को केन्द्र में रखा है। कथाप्रवक्ता और रायना के साहचर्य के लेखक एक ऐसी कथा बुनता है जो अवसाद और अजनबीपन की परतें खोलती चली जाती है। पहले के सारे मूल्य युद्ध के बाद छिन्न-भिन्न हो गए हैं। नैतिक मान्यताएँ अर्थहीन हो गई हैं। लेखक इन मूल्यों और मान्यताओं को टूटन और निरर्थकता को पात्रों की मानसिकता में अन्तर्भूत करके चित्रित करता है, ऊपर से आरोपित नहीं करता। निर्मल की बात कहने की अपनी कलात्मक शैली है। वे मुखर हुए बिना ही धीरे-धीरे संकेतों से बहुत कुछ कह देते हैं। किन्तु शराब और सम्भोग के प्रसंग निर्मल जैसे लेखकों के लिए रूढ़ि बन गए हैं। निरर्थक जिन्दगी की सार्थकता की खोज इन्हीं दो प्रसंगों में हो सकती हो या न हो सकती हो किंतु 'वे दिन' में जरूर हुई है। इनके अन्य उपन्यास–लाल टीन की छत, एक चिथड़ा सुख, रात का रिपोर्टर, अन्तिम अरण्य हैं।

नरेश मेहता

नरेश मेहता का उपन्यास 'यह पथ बंधु था' तथा 'नदी यशस्वी है' रचनात्मक स्तर पर आधुनिक हैं, पर उनमें न तो आधुनिकतावादी नुकते हैं, न अकेलेपन की गुहार है और न ही आधुनिकता के भाषायी मुहावरे। 'यह पथ बंधु था' प्रेमचंद की परंपरा का ऐसा उपन्यास है, जिसमें मूल्यों के प्रति निष्ठावान व्यक्तियों का टूट जाना उनकी नियति है। टूटे मूल्यों के आधार पर ही नये मूल्यों की परिकल्पना संभव है, पर इस उपन्यास की त्रुटि यह है कि यह रोमांस से मुक्त नहीं हो सका है।

नरेश मेहता ने अपने इस उपन्यास में 'डूबते मस्तूल' से काफी आगे की यात्रा तय की है। 'डूबते मस्तूल' जहाँ काफी हद तक कृत्रिम, यान्त्रिक और अवरुद्ध सा जान पड़ता है वहाँ 'यह पथ बन्धु था' सहज जीवन्त और प्रवहमान है।

अन्य कृतियों में धूमकेतु : एक श्रुति, दो एकान्त भी उल्लेखनीय हैं।

श्रीलाल शुक्ल

श्रीलाल शुक्ल कृत 'राग दरबारी' रिपोर्ताज शैली में लिखा गया उपन्यास है। यद्यपि इसकी कथा ग्रामांचल से संबद्ध है, फिर भी यह आंचलिक नहीं है। इसमें स्वतंत्र देश की नवीन व्यवस्थाओं का, जो नारों के रूप में ही जीवंत हैं, गहरा मखौल उड़ाया गया है। इसे ऐंठी हुई रौमैंटिकता या ऐंठी हुई आधुनिकता भी कहा जा सकता है। पुनरावृत्ति इस उपन्यास की कमजोरी है। इसमें उपलब्ध व्यंग्य को अच्छा मजाक तो कह सकते हैं, पर उससे गहरी व्यथा का आक्रोश उत्पन्न नहीं होता। 'पहला पड़ाव' (1987), 'विस्रामपुर का संत' (1998), 'राग विराग' (2005) इनकी अन्य कृतियाँ हैं।

राही मासूम रजा

'कटरा बी आर्जू' (1979) उपन्यास आपातकाल की घटनाओं और प्रभावों पर आधारित है बल्कि यह कहना ज्यादा सही होगा कि उन्हीं पर लिखा गया है। इसके लिए इलाहाबाद के एक मोहल्ले कटरा मीर बुलाकी उर्फ कटरा बी आर्जू की कल्पना की गई है। लेखक उस मोहल्ले के अनेक सामान्य लोगों के सुख-दुख की जिन्दगी का चित्रण करता हुआ उन्हें आपातकाल के दबाव से गुजारता है और आपातकाल की

भयानक विसंगतियों और राजनीति के छल-छद्मों का उद्‌घाटन करता है। 'आधा गांव' (1966), 'असंतोष के दिन' (1986), 'नीम का पेड़' (2003) इनके अन्य उपन्यास हैं।

रांगेय राघव

'मुर्दों का टीला' (1948) प्रगतिशील लेखक रांगेय राघव का ऐतिहासिक उपन्यास है। इसमें मोहनजोदड़ो की संस्कृति और सभ्यता को उपन्यास का आधार बनाया गया है। श्रेष्ठि ईरान आदि से दास-दासियाँ क्रय करते थे। दास-दासियों के साथ पशुओं का-सा व्यवहार करते थे। दासियाँ उनकी सेवा भी करती थीं और उनकी पाशव कामलिप्सा की तृप्ति भी। और फिर भी उनका जीवन नदी की धारा में बहते हुए तिनके सा कम्पित और अनिश्चित रहता था। लेखक ने इन विलासी व्यापारियों की घृणित वासना और अत्याचार का नंगा रूप अनावृत किया है। लेखक ने चरित्रों के निर्माण में तत्कालीन सामाजिक पृष्ठभूमि का ध्यान तो रखा ही है आधुनिक मनोविज्ञान का भी सम्यक् उपयोग किया है। देश-काल के अंकन में बड़ी ही सजीवता है। शैली में प्रवाह-गाम्भीर्य और काव्योचित झनकार है।

'कब तक पुकारूं' में राघव जी ने नटों की जिन्दगी को उजागर किया है।

मन्नू भंडारी

आधुनिकता बोध को नया आयाम देने के संदर्भ में मन्नू भंडारी का 'आपका बंटी' काफी प्रसिद्ध है। इस उपन्यास में लेखक ने व्यक्ति के माध्यम से समय और समाज के हालात को सामने लाया। 'आपका बंटी' में पति-पत्नी के बीच के तनाव को भी बड़ी खूबसूरती से उकेरा गया है।

'महाभोज' इनका सामाजिक रूप से सशक्त उपन्यास है जो इसी नाम से प्रकाशित नाटक का रूपान्तर है। इसमें उन्होंने समकालीन राजनीति की मूल्यहीनता का नंगा चित्र उपस्थित किया है।

हिन्दी कहानी

बीसवीं सदी की हिन्दी कहानी

हिन्दी-साहित्य में कहानियों का आरंभ कुछ बाद में हुआ। भारतेंदु-युग में कहानियाँ नहीं लिखी गयीं। कुछ कथात्मक शैली के निबंध अवश्य लिखे गये थे, जो पढ़ने में अत्यंत रोचक थे। कहानियों का विकास आलोच्य युग में हुआ। 'सरस्वती' (1900) पत्रिका के प्रकाशन के साथ ही हिन्दी-कहानी का जन्म मान्य है। आरंभ में लिखी गयी कहानियों में कुछ शेक्सपीयर के नाटकों के आधार पर, कुछ संस्कृत-नाटकों के आधार पर, कुछ बंगला-कहानियों को रूपांतरित करके, कुछ लोककथाओं से प्रेरणा लेकर और कुछ जीवन की वास्तविक घटनाओं को दृष्टि में रख कर प्रस्तुत की गयीं। आरंभिक कथा-लेखकों में किशोरीलाल गोस्वामी, माधवप्रसाद मिश्र, बंगमहिला, रामचंद्र शुक्ल, जयशंकर प्रसाद, वृंदावनलाल वर्मा आदि उल्लेखनीय हैं। किशोरीलाल गोस्वामी की 'इंदुमती' कहानी 'सरस्वती' में 1900 ई. में प्रकाशित हुई। यह शेक्सपीयर के 'टेम्पेस्ट' नाटक के आधार पर लिखी गयी है। इसी वर्ष 'सुदर्शन' में माधवप्रसाद मिश्र की 'मन की चंचलता' कहानी प्रकाशित हुई। 1902 ई. में 'सरस्वती' में भगवानदीन, 'बी.ए.' की 'प्लेग की चुड़ैल' कहानी प्रकाशित हुई। यह वास्तविक परिस्थिति का चित्र प्रस्तुत करने वाली रचना है। 'सरस्वती' में ही रामचंद्र शुक्ल की 'ग्यारह वर्ष का समय' (1903) और बंगमहिला की 'दुलाईवाली' (1907) शीर्षक कहानियां प्रकाशित हुईं। हिन्दी के आरंभिक मौलिक कहानीकारों में इन्हीं लेखकों के नाम आते हैं। आगे चलकर ये लेखक साहित्य की अन्य विधाओं की सृष्टि में प्रवृत्त हुए और कहानी को विकसित एवं प्रतिष्ठित करने का श्रेय अन्य कलाकारों को मिला। 1909 ई. में वृंदावनलाल वर्मा ने 'राखीबंद भाई' लिख कर ऐतिहासिक कहानियों की परंपरा को जन्म दिया। 1909 ई. में काशी से 'इंदु' का प्रकाशन आरंभ हुआ। इसमें जयशंकर प्रसाद की भावात्मक कहानियां प्रकाशित हुईं। इन कहानियों का संग्रह 'छाया' (1912) नाम से प्रकाशित हुआ। राधिकारमण प्रसाद सिंह की भावपूर्ण कहानी 'कानों में कंगना' 'इंदु' में ही 1913 ई. में प्रकाशित हुई थी। इस समय तक प्रेमचंद की कुछ कहानियां 'जमाना' में प्रकाशित हो चुकी थीं। उर्दू में अधिक यश और धन की प्राप्ति की संभावना न देख कर वे हिन्दी की ओर उन्मुख होने लगे थे। 'सरस्वती' में प्रकाशित उनकी कुछ कहानियों के शीर्षक हैं–'सौत' (1915), 'पंच-परमेश्वर' (1916), 'सज्जनता का दंड' (1916), 'ईश्वरीय न्याय' (1917), 'दुर्गा का मंदिर' (1917)। चंद्रधर शर्मा 'गुलेरी' (1883-1920) की प्रसिद्ध कहानी 'उसने कहा था' 1915 ई. में 'सरस्वती' में प्रकाशित हुई। पहले महायुद्ध की

पृष्ठभूमि को लेकर लिखी गयी यह कहानी रचनाशिल्प की दृष्टि से अपने समय से बहुत आगे की रचना है। आधुनिक हिन्दी-कहानी का आरंभ यहीं से मान्य होना चाहिए। इसमें निहित त्यागमय प्रेम का आदर्श भारतीय संस्कृति की उदात्तता के अनुकूल है। 1915-1917 ई. के बीच 'सरस्वती' में ज्वालादत्त शर्मा की 'मिलन', विश्वंभरनाथ शर्मा 'कौशिक' (1891-1945) की 'रक्षाबंधन', पदुमलाल पुन्नालाल बख्शी की 'झलमला' आदि बहुचर्चित कहानियां प्रकाशित हुईं।

जिस प्रकार प्रेमचंद इस काल के उपन्यास-साहित्य के एकच्छत्र सम्राट् बने रहे, उसी प्रकार कहानी के क्षेत्र में भी उनका स्थान अद्वितीय रहा। इस अवधि में उन्होंने लगभग दो सौ कहानियां लिखीं। उनके कहानी-लेखन की सबसे बड़ी विशेषता यह है कि स्वयं उनकी ही कहानियों में हिन्दी-कहानी के विकास की प्रायः सभी अवस्थाएं दृष्टिगोचर हो जाती हैं। उनकी आरंभिक कहानियों में किस्सागोई, आदर्शवाद और सोद्देश्यता की मात्रा अधिक है। यद्यपि व्यावहारिक मनोविज्ञान का पुट देकर मानवचरित्र के सूक्ष्म उद्‌घाटन की क्षमता के फलस्वरूप प्रेमचंद ने अपनी कहानियों को विशिष्ट बना दिया है, पर उनकी आरंभिक कहानियों का कच्चापन और यथार्थ की उनकी कमजोर पकड़ अत्यंत स्पष्ट है। इन कहानियों में हम एक अत्यंत प्रबुद्ध कलाकार को कहानी के सही ढांचे या शिल्प की तलाश में संघर्षरत पाते हैं। 'बलिदान' (1918), 'आत्माराम' (1920), 'बूढ़ी काकी' (1921), 'विचित्र होली' (1921), 'गृहदाह' (1922), 'हार की जीत' (1922), 'परीक्षा' (1923), 'आपबीती' (1923), 'उद्धार' (1924), 'सवा सेर गेहूँ' (1924), 'शतरंज के खिलाड़ी' (1925), 'माता का हृदय' (1925), 'कजाकी' (1926), 'सुजान भगत' (1927), 'इस्तीफा' (1928), 'अलग्योझा' (1929), 'पूस की रात' (1930), 'तावान' (1931), 'होली का उपहार' (1931), 'ठाकुर का कुआं' (1931), 'बेटों वाली विधवा' (1932), 'ईदगाह' (1933), 'नशा' (1934), 'बड़े भाई साहब' (1934), 'कफन' (1936) आदि कहानियों में इस तलाश की रेखाएं स्पष्ट देखी जा सकती हैं।

इस काल के दूसरे प्रमुख कहानीकार हैं जयशंकर प्रसाद। यद्यपि उनकी पहली कहानी 'ग्राम' सन् 1911 में ही 'इंदु' में छप चुकी थी, तथापि उनके महत्त्वपूर्ण कहानी-संग्रह—'प्रतिध्वनि' (1926), 'आकाशदीप' (1929), 'आंधी' (1931), 'इंद्रजाल' (1936) आदि विवेच्य काल में ही प्रकाश में आये।

अन्य कहानी लेखकों में विश्वंभरनाथ शर्मा 'कौशिक' और सुदर्शन विशेष उल्लेखनीय हैं। ये दोनों ही प्रेमचंद की परंपरा के कहानीकार माने जाते हैं। कौशिक जी की 'रक्षाबंधन' कहानी यद्यपि 1912 में ही छप चुकी थी, पर उनकी कहानी-कला में विशेष निखार 1918 के बाद ही आया। 'गल्पमंदिर', 'चित्रशाला' (दो भाग), 'प्रेम-प्रतिमा', 'मणिमाला', 'कल्लोल' आदि में उनकी दो सौ से ऊपर कहानियां संगृहीत हैं। प्रेमचंद की भांति उन्होंने अपने आसपास की जिंदगी से कहानियों के विषय चुने हैं और पारिवारिक जीवन की अनेक समस्याओं—बाल-विवाह, परदा-प्रथा, दहेज-प्रथा आदि का अंकन किया है। ग्रामीण जीवन की अपेक्षा उन्होंने नगर-जीवन का अधिक चित्रण किया। सुदर्शन के कहानी-संग्रहों में 'सुदर्शन-सुधा', 'सुदर्शन-सुमन', 'तीर्थयात्रा', 'पुष्पलता', 'गल्पमंजरी', 'सुप्रभात', 'परिवर्तन', 'पनघट' आदि उल्लेखनीय हैं।

कुछ कहानी लेखकों—चतुरसेन शास्त्री, राय कृष्णदास और विनोदशंकर व्यास—ने प्रसाद की कथालेखन-शैली को अपनाया। चतुरसेन शास्त्री ने विभिन्न युगों के ऐतिहासिक प्रसंगों पर आधारित अनेक मार्मिक कहानियां लिखीं, जिनमें 'दुखवा मैं कासों कहूं मोरी सजनी' अत्यंत प्रसिद्ध हुई। उनकी अन्य कहानियों में 'अंबपालिका', 'प्रबुद्ध', 'भिक्षुराज', 'बावर्चिन', 'हल्दीघाटी में', 'बाणवधू' आदि उल्लेखनीय हैं।

इस समय के कहानीकारों में पांडेय बेचन शर्मा 'उग्र', जैनेंद्र और अज्ञेय अलग-अलग कारणों से उल्लेखनीय हैं। उग्र की कहानियां 'चिनगारियां' (1923), 'शैतान-मंडली' (1924), 'इंद्रधनुष' (1927), 'बलात्कार' (1927), 'चॉकलेट (1928), 'दोजख की आग' (1929), 'निर्लज्जा' (1929) आदि कृतियों में संकलित हैं।

हिन्दी कहानी को नवीन आयाम देने वालों में जैनेंद्र प्रमुख हैं। उन्होंने प्रेमचंद के निकट संपर्क में रहने पर भी उनका अनुसरण नहीं किया, वरन् अपने लिए नयी दिशा की खोज की। उन्होंने कहानी को 'घटना' के स्तर से उठा कर 'चरित्र' और 'मनौवैज्ञानिक सत्य' पर लाने का प्रयास किया। यद्यपि स्वयं प्रेमचंद ने भी 1930 ई. तक इस उपलब्धि को पा लिया था, पर जैनेंद्र की एक और खूबी यह रही कि उन्होंने कथावस्तु को सामाजिक धरातल से समेट कर व्यक्तिगत और मनोवैज्ञानिक भूमिका पर प्रतिष्ठित किया। उनकी 'हत्या' (1927) शीर्षक कहानी में इन प्रवृत्तियों की झलक देखी जा सकती है। बाद की कहानियों में—जैसे 'खेल', 'अपना-अपना

भाग्य', 'बाहुबली', 'वातायन', 'नीलम देश की राजकन्या', 'दो चिड़ियां', 'ध्रुवयात्रा', 'पाजेब', 'एक दिन' आदि में–जैनेंद्र ने व्यक्ति-मन की शंकाओं, प्रश्नों तथा गुत्थियों का अंकन किया है।

कहानीकारों में कुछ और नाम गिनाये जा सकते हैं, जैसे राधिकारमण प्रसाद सिंह, भगवतीप्रसाद वाजपेयी, निराला, सुमित्रानंदन पंत, राहुल सांकृत्यायन, सुभद्राकुमारी चौहान, शिवरानी देवी, उषादेवी मित्रा, चंद्रगुप्त विद्यालंकार, विष्णु प्रभाकर आदि। राधिकारमण प्रसाद सिंह बहुत पहले 'कानों में कंगना' लिख कर प्रसिद्धि प्राप्त कर चुके थे। उन्होंने अपनी विशिष्ट चुभती शैली में 'दरिद्रनारायण', 'पैसे की घुघनी' आदि प्रसिद्ध कहानियों की रचना की, जो 'गांधी टोपी' (1938) में संकलित हैं। उनकी कहानियां अधिकतर समाज-सुधार और आदर्श-स्थापन की प्रेरणा से युक्त हैं। भगवतीप्रसाद वाजपेयी की 'मधुपर्क', 'दीपमालिका', 'हिलोर', 'मिठाईवाला', 'हृद्गति', 'तारा', 'स्वप्नमयी', 'शबनम' आदि कहानियां इसी अवधि में प्रकाशित हुईं। इनकी सबसे प्रसिद्ध कहानी है–'निंदिया लागी', जिसमें मध्यवर्गीय समाज की विसंगतियों का बड़ा अच्छा चित्रण हुआ है। भगवतीचरण वर्मा ने भी कुछ कहानियां लिखी थीं, जो 'इन्स्टालमेंट' (1936) में संगृहीत हैं।

इस युग की नारी-लेखिकाओं में सुभद्राकुमारी चौहान की कहानियां सामाजिक-पारिवारिक जीवन के व्यावहारिक चित्रण के लिए विशेष प्रसिद्ध हैं। 'बिखरे मोती' (1932) और 'उन्मादिनी' (1934) में संगृहीत कहानियों में उन्होंने अधिकतर भारतीय नारी की परिस्थितियों, समस्याओं तथा भावनाओं का सजग चित्रण किया है। उनकी 'पापी पेट' शीर्षक प्रसिद्ध राष्ट्रीय कहानी भी इसी अवधि की रचना है। प्रेमचंद की अर्द्धांगिनी शिवरानी देवी ने भी प्रायः उन्हीं की शैली को अपनाते हुए कुछ सामाजिक कहानियों की रचना की, जो 'कौमुदी' (1937) में प्रकाशित हैं। उषादेवी मित्रा की भावुकता-भरी कल्पनामयी सामाजिक कहानियां भी 1933 के आसपास तत्कालीन पत्रिकाओं में प्रकाशित होने लगी थीं–'पिउ कहां', 'मूर्त्त मृदंग', 'गोधूलि', 'देवदासी', 'मन का मोह' आदि की रचना उन्होंने इसी अवधि में की थी। चंद्रगुप्त विद्यालंकार और विष्णु प्रभाकर के कहानीकार-जीवन का आरंभ इसी काल के अंतिम चरण में हुआ। चंद्रगुप्त विद्यालंकार की इस अवधि की कहानियों में 'गोरा', 'बचपन', 'संदेह', 'आंसू', 'शराबी', 'भय का राज्य', 'पगली', 'ताड़ का पत्ता', 'मास्टर जी' आदि प्रमुख हैं। विष्णु प्रभाकर (जन्म 1912) की कुछ कहानियां 1931 और 1934 के बीच 'हंस' और 'अलंकार' में प्रकाशित हुई थीं।

1950 ई. के अनन्तर हिन्दी कहानी के क्षेत्र में एक नए आन्दोलन का प्रवर्तन हुआ जिसे 'नई कहानी' आन्दोलन की संज्ञा दी गई। इस आन्दोलन के उन्नायकों–राजेन्द्र यादव, निर्मल वर्मा, कमलेश्वर, मोहन राकेश, प्रभृति ने घोषित किया कि नई कहानी का लक्ष्य नए भाव-बोध या आधुनिकता बोध पर आधारित जीवन के यथार्थ अनुभव का चित्रण करना है। नया कहानीकार न अतीत के आदर्शों से जुड़ा है और न ही भविष्य के स्वप्नों से वह वर्तमान में और वर्तमान में भी केवल अपने भोगे हुए यथार्थ को अपनी दृष्टि का केन्द्र बनाता है।

नई कहानी के प्रमुख लेखकों में मोहन राकेश, निर्मल वर्मा, राजेन्द्र यादव, भीष्म साहनी, कृष्ण बलदेव वैद, रमेश बख्शी, मन्नू भण्डारी, उषा प्रियंवदा आदि के नाम उल्लेखनीय हैं। मोहन राकेश के 'इन्सान के खण्डहर', 'नए बादल', 'जानवर और जानवर', 'एक और जिन्दगी' आदि कहानी-संग्रह प्रकाशित हुए हैं जिनमें शहरी जीवन की कृत्रिमता, बाह्य आडम्बर नारी-पुरुष सम्बन्धी, दाम्पत्य एवं पारिवारिक जीवन के विघटन आदि का चित्रण यथार्थ रूप में हुआ है।

निर्मल वर्मा के कहानी संग्रहों में, 'परिन्दे', 'एक दिन का मेहमान', 'जलती झाड़ी', 'पिछली गर्मियों में', 'कन्ने और काला पानी' आदि उल्लेखनीय हैं, जिनमें प्रायः पाश्चात्य संस्कृति एवं विदेशी जीवन का चित्रण करते हुए यौन प्रवृत्तियों को प्रमुखता दी गई है। राजेन्द्र यादव की कहानी-संग्रहों में 'देवताओं की मूर्तियाँ', 'अभिमन्यु की आत्महत्या', 'जहाँ लक्ष्मी कैद है', 'किनारे से किनारे तक', 'प्रतीक्षा', 'अपने पार', 'टूटना और अन्य कहानियाँ', 'छोटे-छोटे ताजमहल' आदि उल्लेखनीय हैं।

इन्होंने भी मुख्यतः शहरी जीवन की असंगतियों एवं आर्थिक विषमताओं का चित्रण यथार्थ रूप में किया है।

सचेतन कहानी

नई कहानी आन्दोलन की ही प्रतिक्रिया एवं प्रतिद्वंद्विता में 'सचेतन कहानी' आन्दोलन का प्रवर्तन हुआ। इसके प्रवर्तक डॉ. महीप सिंह हैं, जिन्होंने अपनी पत्रिका 'सचेतना' के माध्यम से इस आन्दोलन को आगे बढ़ाया।

सचेतन कहानी नई कहानी की अपेक्षा अधिक स्वरूप एवं सन्तुलित एवं व्यापक दृष्टिकोण की परिचायक कही जा सकती है।

'सचेतन कहानी' आन्दोलन के साथ जुड़े हुए कहानीकारों में महीप सिंह, मनहर चौहान, रामकुमार भ्रमर, सुखवीर, बलराज, पण्डित, कुलभूषण, वेद राही, महरून्निसा परवेज आदि के नाम उल्लेखनीय हैं।

डॉ. महीप सिंह के कई कहानी संग्रह प्रकाशित हुए हैं। जिनमें 'उजाले के उल्लू', 'कुछ और कितना', 'घिराव', 'इक्यावन कहानियाँ', 'कितने सम्बन्ध' आदि उल्लेखनीय हैं।

प्रमुख कहानी आंदोलन

1955 के आसपास 'नई कहानी' आंदोलन चल निकला। इस कहानी आंदोलन को प्रवर्तित और प्रतिष्ठित करने में नई कहानियाँ के संपादक भैरवप्रसाद गुप्त की महत्त्वपूर्ण भूमिका थी। नई कहानियों के माध्यम से उन्होंने हिन्दी को अनेक प्रतिभाशाली कहानीकार दिए।

'नई कहानी' के आंदोलन ने स्वातंत्र्योत्तर स्थितियों के दबाव से पैदा होने वाली मानसिकता की जटिलता को अपनी संवेदना में समेट लिया। इसीलिए नई कहानी की वस्तु-संवेदना के अनेक पक्ष हैं। उन सभी को सामूहिक तौर पर नई कहानी की वस्तुगत विशेषताओं में गिना जाता है। आंचलिकता, नए पारिवारिक संबंध, भ्रष्टाचार, व्यंग्य-विडंबना आदि नई कहानी की संवेदना का निर्माण करते हैं।

स्वाधीनता के कुछ वर्षों बाद ही ग्रामीण जीवन को लेकर लिखी गई कहानियों का दौर चला। ऐसी स्थितियाँ और चरित्र जो सर्वदा के लिए लुप्त हो रहे हैं या अपनी ग्रामीण विचित्रता के कारण असामान्य हैं, चित्रित होने लगे। शिवप्रसाद सिंह की 'दादी माँ', मार्कण्डेय की 'गुलरा के बाबा' ऐसी ही चरित्र-प्रधान ग्रामीण कहानियाँ थीं। आंचलिकता की चर्चा वस्तुतः रेणु के उपन्यास 'मैला आंचल' से शुरू हुई। रेणु की कहानियों में पात्रों की चेष्टाएँ, भाषा आदि क्षेत्रीय वातावरण में घुली-मिली होती हैं। इंद्रिय-बोध, लोक-कथा, लोक-धुनें रेणु की कहानियों के विशिष्ट उपादान हैं। अपनी सर्वाधिक प्रसिद्ध कहानी तीसरी कसम में चालीस वर्षीय ग्रामीण गाड़ीवान हिरामन और नर्तकी हीराबाई के परस्पर आकर्षण की कथा के आधार पर रेणु ने कहानीकार के रूप में मौलिक प्रतिभा का परिचय दिया।

स्वाधीन भारत में शिक्षित और नौकरीप्राप्त नारियाँ भी कहानियों के पात्र बनने लगीं। पहले की कहानियों में पत्नी या प्रेमिका ज्यादा व्याकुल होती थीं। प्रेमी या पति उपेक्षा दिखाता था या कहीं और अनुरक्त हो जाता था। पत्नी या प्रेमिका को अधिकतर उस पर रीझी हुई या प्रेममग्न ही दिखाया जाता था। मोहन राकेश की कहानी 'एक और जिंदगी' में नायक उद्विग्न है, उसे पाठक की सहानुभूति की तलाश है। कारण यह है कि पत्नी उसकी उपेक्षा करती है। पत्नी नौकरी करती है और आर्थिक तौर पर स्वतंत्र है। नर-नारी के प्रेम की अवधारणा में जो उदारता कहानियों में दिखलाई पड़ती है, उसका कारण कहीं-न-कहीं नारी का आर्थिक रूप से स्वतंत्र होना और शिक्षित होना भी है। इस दृष्टि से कमलेश्वर का 'राजा निरबंसिया' और रवींद्र कालिया की कहानी 'नौ साल छोटी पत्नी' उल्लेखनीय हैं। स्त्री-पुरुष के संबंध को लेकर एक साहसपूर्ण कहानी कृष्णा सोबती की 'मित्रो मरजानी' है। बदलते हुए पारिवारिक संबंधों के साथ मध्यवर्गीय व्यक्ति अनजाने ही क्रमशः अपनी मानवीय संवेदना खो बैठता है, इसे राजेंद्र यादव ने 'टूटना' जैसी कहानी में व्यक्त किया है। आधुनिक जीवन में हमारे परंपरागत मूल्य कितनी आसानी से टूट जाते हैं, इसे शानी ने 'इमारत ढहाने वाले' कहानी में दिखाया है। शानी मानव संबंधों को उभारने में कुशल हैं। इस प्रसंग में नारी जीवन की एकरसता को मार्मिक तौर पर उभारने वाली कहानी 'रोज' का उल्लेख अनिवार्य है। इसके लेखक अज्ञेय हैं।

इस बदलते हुए पारिवारिक वातावरण के संदर्भ में बुजुर्गों की स्थिति को हिन्दी कहानी में 'चीफ की दावत' और 'वापसी' के माध्यम से क्रमशः भीष्म साहनी तथा उषा प्रियंवदा ने दरसाया। 'चीफ की दावत' में उपेक्षिता और परिवार में कूड़ा-करकट की तरह छिपाई जाने वाली वृद्धा माँ का महत्त्व उजागर करके प्रतीकात्मक ढंग से परंपरा का महत्त्व दिखाया गया है। 'वापसी' निहायत निर्मम ढंग से यह दिखाती है कि सेवानिवृत्त होकर मनुष्य अपने ही परिवार में किस तरह फालतू हो जाता है। 'वापसी' कहानी में टूटते हुए संयुक्त परिवार की विवश स्वीकृति है।

स्वाधीन भारत में गुजरती हुई पीढ़ी की वास्तविक वेदना तीव्रतम रूप से अमरकांत की कहानी 'डिप्टी कलक्टरी' में व्यंजित हुई।

अमरकांत की कहानियाँ हमारे सामाजिक जीवन की अमानवीय स्थितियों को एक यातनागार की तरह पेश करती हैं और इससे उबरने की असफल चेष्टाओं का चित्रण करके यातनाग्रस्त समाज की दयनीयता को और मार्मिक बना देती हैं। स्वाधीन भारत के मध्य वर्ग में उपजी प्रायः हर प्रकार की कुटिलता किस प्रकार आदर्शवादिता के आवरण में आचरण करती है, इसका चित्रण हिन्दी कहानी में समर्थ तौर पर अमरकांत के यहाँ मिलता है। वे अभावग्रस्त पात्रों पर दया नहीं उड़ेलते, उन्हें भी काइयाँ दिखाकर उनकी निरीहता दिखाते हैं। इस दृष्टि से वे प्रेमचंद की 'कफन' जैसी कहानी की परंपरा का विकास करते हैं। 'जिन्दगी और जोंक', 'सप्ताहांत', 'मूस', 'मकान', 'हत्यारे' इसी तरह की कहानियाँ हैं।

मूल्यवत्ता को प्रकट करने वाली कहानियाँ प्रायः भाववादी पद्धति पर रची जाती हैं। शेखर जोशी ऐसी कहानियों को भी जटिल ताने-बाने से तैयार करते हैं। इस रचनात्मक क्षमता के वे अकेले कहानीकार हैं, जो दबे, सधे और निश्चित ढंग से पात्रों की मानवीयता उभार सकता है। 'कोसी का घटवार' का प्रेम, 'दाज्यू' में पहाड़ी लड़के का स्वाभिमान, 'बदबू' में जड़ व्यवस्था का अंग बनने की अस्वीकृति, 'हलवाहा' में निश्चयात्मक बोध आदि इसी रचनात्मक शक्ति से निर्मित हैं।

नई कहानी आंदोलन से अलग रहकर जिन कहानीकारों ने अपनी पहचान बनाई या बनाए रखी, उनमें जैनेंद्र, यशपाल, विष्णु प्रभाकर, अज्ञेय, भगवतीचरण वर्मा, द्विजेंद्रनाथ मिश्र 'निर्गुण' तथा चंद्रगुप्त विद्यालंकार उल्लेखनीय हैं। अज्ञेय ने भारत-विभाजन के कारण उत्पन्न शरणार्थी-समस्या और उनकी (शरणार्थियों की) स्थिति पर अनेक कहानियाँ लिखीं। जैनेंद्र पहले की तरह मन की गहरी पर्तों को खोलने वाली कहानियाँ लिखते रहे। नई कहानी आंदोलन से अलग रहने वाले लोकप्रिय और यशस्वी कहानीकार विष्णु प्रभाकर सामाजिक जीवन की समस्याओं को लेकर हर प्रकार की मानवीय पीड़ा से व्यथित होने वाले वादमुक्त कहानीकार हैं। भाव-प्रवीण कहानियाँ लिखने के लिए द्विजेंद्रनाथ 'निर्गुण' और चंद्रगुप्त विद्यालंकार विख्यात हैं।

जिन कहानीकारों में आक्रोश के साथ स्थिति की पहचान और समझ भी थी, उन्होंने सार्थक कहानियाँ लिखीं। यह आक्रोश और समझ नए कहानीकारों की भाषा को वाणी एवं खुलापन देती है, और व्यंग्यपूर्ण तेवर भी। भ्रष्टाचार कितना सहज और स्वीकार्य बन गया है, इसकी अभिव्यक्ति इन कहानीकारों की महत्त्वपूर्ण प्रवृत्ति है। इसी कारण इनकी रचनाओं में घृणा और क्षोभ है। इसे स्वयंप्रकाश, उदयप्रकाश, शिवमूर्ति, ज्ञानरंजन, काशीनाथ सिंह, पंकज बिष्ट, असगर वजाहत, मिथिलेश्वर, कामतानाथ और संजीव की कहानियाँ कलात्मक संयम के साथ व्यक्त करती हैं। इन कहानीकारों में मिलनेवाला व्यंग्य वास्तविक और पैना है।

इस बीच कुछ ऐसी कहानियाँ भी आई हैं, जो विकसित स्थिति की संभावनाओं पर भी ध्यान देती हैं। मधुकर सिंह की एक कहानी 'लहू पुकारे आदमी' में दिखाया गया है कि गरीब सवर्ण और गरीब अवर्ण प्रस्तुतः समान हैं, और इसी प्रकार अमीर सवर्ण और अमीर अवर्ण भी। यह वर्ग चेतना केवल किताबी बोध नहीं है, बल्कि चुनावों और शिक्षा का परिणाम है।

हिन्दी नाटक

हिन्दी नाटक और रंगमंच

हिन्दी-नाटकों का आरंभ भारतेंदु हरिश्चंद्र से ही स्वीकार किया जाना चाहिए। इसके पूर्व जिन नाट्य कृतियों–प्राणचंद चौहान कृत 'रामायण महानाटक' (1610), लछिराम-कृत 'करुणाभरण' (1657), नेवाज कृत 'शकुंतला' (1680), महाराज विश्वनाथ सिंह कृत 'आनंद रघुनंदन' (अनुमानतः 1700 ई.), रघुराय नागर कृत 'सभागार' (1700), उदय कृत 'रामकरुणाकर' एवं 'हनुमान नाटक' (1840)–का उल्लेख मिलता है, वे वस्तुतः नाटक नहीं हैं।

इस युग के सर्वश्रेष्ठ नाटककार भारतेंदु हरिश्चंद्र हैं। उन्होंने अनूदित और मौलिक सब मिलाकर सत्रह नाटकों की रचना की, जिनकी सूची इस प्रकार है–(1) विद्यासुंदर (1868, संस्कृत 'चौरपंचाशिका' के बंगला-संस्करण का हिन्दी रूपांतर), (2) रत्नावली (1868, संस्कृत से अनुवाद), (3) पाखंड-विडंबन (1872, कृष्ण मिश्र कृत प्रबोध चंद्रोदय के तीसरे अंक का अनुवाद), (4) धनंजय विजय (1873, कांचन कवि कृत संस्कृत नाटक का अनुवाद), (5) कर्पूरमंजरी (1877, नाट्यगीत), (7) मुद्राराक्षस (1878, विशाखदत्त के संस्कृत नाटक का अनुवाद), (8) दुर्लभ बंधु (1880, शेक्सपीयर के 'मरचेंट ऑफ वेनिस' का अनुवाद), (9) वैदिकी हिंसा हिंसा न भवति (1873, प्रहसन), (10) सत्य हरिश्चंद्र (1875), (11) श्री चंद्रावली (1876, नाटिका), (12) विपस्य विषमौषधम् (1876, भाण), (13) भारत-दुर्दशा (1880, नाट्यरासक), (14) नीलदेवी

(1881, गीतिरूपक), (15) अंधेर नगरी (1881, प्रहसन), (16) सती-प्रताप (1883, गीतिरूपक), (17) प्रेमजोगिनी (1875, नाटिका)।

भारतेंदु युग के ऐतिहासिक नाटकों में भारतेंदु कृत 'नीलदेवी', श्रीनिवासदास कृत 'संयोगिता स्वयंवर' (1886), राधाचरण गोस्वामी कृत 'अमरसिंह राठौर' (1895), और राधाकृष्णदास कृत 'महाराणा प्रताप' (1898) महत्त्वपूर्ण हैं। इनमें सबसे अधिक लोकप्रियता 'महाराणा प्रताप' को प्राप्त हुई।

प्रेमप्रधान रोमानी नाटकों में श्रीनिवासदास कृत 'रणधीर-प्रेममोहिनी' (1877) और 'तत्ता संवरण' (1883), खड्गबहादुर मल्ल कृत 'रति-कुसुमायुध' (1885), किशोरीलाल गोस्वामी कृत 'प्रणयिनी-परिणय' (1890) और 'मयंक मंजरी' (1891), शालिग्राम शुक्ल कृत 'लावण्यवती सुदर्शन' (1892) तथा गोकुलानाथ शर्मा कृत 'पुष्पवती' (1899) उल्लेखनीय हैं। इनमें 'रणधीर-प्रेममोहिनी' हिन्दी का पहला दुःखांत नाटक है और इसी को विशेष प्रसिद्धि प्राप्त हुई।

सामयिक उपादानों को लेकर लिखे गये नाटकों में भारतेंदु कृत 'भारतदुर्दशा', बालकृष्ण भट्ट कृत 'नयी रोशनी का विष' (1884), खड्गबहादुर मल्ल कृत 'भारत आरत' (1885), अंबिकादत्त व्यास कृत 'भारत-सौभाग्य' (1887), राधाकृष्णदास कृत 'दुःखिनी बाला' (1880), गोपालराम गहमरी कृत 'देश-दशा' (1892), काशीनाथ खत्री कृत 'विधवा-विवाह' और देवकीनंदन त्रिपाठी कृत 'भारतहरण' (1899) उल्लेखनीय हैं।

इस युग में अनेक सफल प्रहसनों की भी रचना की गयी। भारतेंदु कृत 'वैदिकी हिंसा हिंसा न भवति' और 'अंधेर नगरी', बालकृष्ण भट्ट कृत 'जैसा काम वैसा परिणाम' (1877) और 'आचार विडंबन' (1899), विजयानंद त्रिपाठी कृत 'महाअंधेर नगरी' (1893), प्रतापनारायण मिश्र कृत 'कलिकौतुक रूपक' (1886) और राधाचरण गोस्वामी कृत 'बूढ़े मुंह मुंहासे' (1886) उल्लेखनीय प्रहसन हैं।

यद्यपि प्रसाद जी ने सन् 1918 के पूर्व ही नाटकों की रचना आरंभ कर दी थी, पर उनकी आरंभिक रचनाएं : सज्जन, कल्याणी-परिणय, प्रायश्चित, करुणालय, राज्यश्री (प्र. सं.)–नाट्यकला की दृष्टि से अपरिपक्व हैं। इनके अध्ययन से स्पष्ट प्रतीत होता है कि वे अपने लिए माध्यम की खोज कर रहे थे। यह माध्यम उन्हें छायावाद युग में प्राप्त हुआ– विशाख (1921), अजातशत्रु (1922), कामना (रचना 1923-24, प्रकाशन 1927), जनमेजय का नागयज्ञ (1926), स्कंदगुप्त (1928), एक घूंट (1930), चंद्रगुप्त (1931), और ध्रुवस्वामिनी (1933) शीर्षक नाट्यकृतियों के रूप में। इनके माध्यम से उन्होंने हिन्दी-नाट्यसाहित्य को विशिष्ट स्तर और गरिमा प्रदान की।

परवर्ती नाटककारों में हरिकृष्ण 'प्रेमी' और लक्ष्मीनारायण मिश्र विशेष रूप से उल्लेखनीय हैं। हरिकृष्ण 'प्रेमी' ने इस अवधि में 'स्वर्णविहान' (1930), 'रक्षाबंधन' (1934), 'पाताल-विजय' (1936), 'प्रतिशोध' (1937), 'शिवासाधना' (1937), आदि नाटक लिखे।

प्रेम जी के समसामयिक नाटककारों में लक्ष्मीनारायण मिश्र ने इस अवधि में 'अशोक' (1927), 'संन्यासी' (1929), 'मुक्ति का रहस्य' (1932), 'राक्षस का मंदिर' (1932), 'राजयोग' (1934), 'सिंदूर की होली' (1934), 'आधी रात' (1934), आदि नाटकों की रचना की।

सबसे अधिक संख्या धार्मिक-पौराणिक और ऐतिहासिक नाटकों की है। प्रथम वर्ग के अंतर्गत अंबिकादत्त त्रिपाठी कृत 'सीय-स्वयंवर नाटक' (1918), रामचरित उपाध्याय कृत 'देवी द्रौपदी' (1921), रामनरेश त्रिपाठी कृत 'सुभद्रा' (1924) तथा 'जयंत' (1934), गंगाप्रसाद अरोड़ा कृत 'सावित्री-सत्यवान' (1925), गौरीशंकर प्रसाद कृत 'अजामिलचरित नाटक' (1926), परिपूर्णानंद वर्मा कृत 'वीर अभिमन्यु नाटक' (1926), वियोगी हरि कृत 'छद्मयोगिनी' (1928), और 'प्रबुद्ध यामुन अथवा यामुनाचार्य चरित' (1929), गोकुलचंद वर्मा कृत 'जयद्रथ-वध' (1929), कैलाशनाथ भटनागर कृत 'भीष्म प्रतिज्ञा' (1934), लक्ष्मीनारायण गर्ग कृत 'श्रीकृष्णावतार' (1934), जगन्नाथप्रसाद चतुर्वेदी कृत 'तुलसीदास' (1934), हरिऔध कृत 'प्रद्युम्न विजय व्यायोग' (1936), किशोरीदास वाजपेयी कृत 'सुदामा' (1934), आदि उल्लेखनीय नाटक हैं।

इस काल की गौण ऐतिहासिक नाट्यकृतियों में गणेशदत्त इंद्र कृत 'महाराणा संग्रामसिंह' (1921), भंवरलाल सोनी कृत 'वीर कुमार छत्रसाल' (1923), चंद्रराज भंडारी कृत 'सम्राट् अशोक' (1923), प्रेमचंद कृत 'कर्बला' (1928), ज्ञानचंद्र शास्त्री कृत 'जयश्री' (1924), बदरीनाथ भट्ट कृत 'दुर्गावती' (1925) और 'चंद्रगुप्त' (1928), जिनेश्वरप्रसाद मायल कृत 'भारत गौरव अर्थात सम्राट् चंद्रगुप्त' (1928), दशरथ ओझा कृत 'चित्तौड़ की देवी' (1928), और 'प्रियदर्शी सम्राट् अशोक' (1935), जगन्नाथशरण कृत 'कुरुक्षेत्र' (1928), लक्ष्मीनारायण

गर्ग कृत 'महाराणा प्रताप' (1929), नत्थीमल उपाध्याय 'बेचैन' कृत 'अत्याचारी औरंगजेब' (1929), जगन्नाथ प्रसाद मिलिंद कृत 'प्रताप-प्रतिज्ञा' (1929), चतुरसेन शास्त्री कृत 'उत्सर्ग' (1929) और 'अमर राठौर' (1933), उदयशंकर भट्ट कृत 'विक्रमादित्य' (1929) और 'दाहर अथवा सिंध पतन' (1933), द्वारिका प्रसाद मौर्य कृत 'हैदरअली या मैसूर-पतन' (1934), धनीराम प्रेम कृत 'वीरांगना पन्ना' (1934), जगदीश शास्त्री कृत 'तक्षशिला' (1937), उमाशंकर शर्मा कृत 'महाराणा प्रताप' आदि के नाम लिये जा सकते हैं।

इसी अवधि में अनेक सामाजिक नाटकों की भी रचना हुई, जिनमें विश्वंभरनाथ शर्मा 'कौशिक' कृत 'अत्याचार का परिणाम' (1921) और 'हिन्दू-विधवा नाटक' (1935), प्रेमचंद कृत 'संग्राम' (1922), ईश्वरीप्रसाद शर्मा कृत 'कृषक-दुर्दशा' (1922), सुदर्शन कृत 'अंजना' (1923), 'ऑनरेरी मैजिस्ट्रेट' (1926), और 'भाग्यचक्र' (1937), गोविदवल्लभ पंत कृत 'कंजूस की खोपड़ी' (1923), और 'अंगूर की बेटी' (1937), रामेश्वरी प्रसाद 'राम' कृत 'अछूतोद्धार नाटक' (1926), बैजनाथ चावलवाला कृत 'भारत का आधुनिक समाज' (1926), छविनाथ पांडेय कृत 'समाज' (1929), केदारनाथ बजाज कृत 'बिलखती विधवा' (1930), जमुनादास मेहरा कृत 'हिन्दू कन्या' (1932), महादेव प्रसाद शर्मा कृत 'समय का फेर', बलदेव प्रसाद मिश्र कृत 'विचित्र विवाह' (1932), और 'समाज-सेवक' (1933), रघुनाथ चौधरी कृत 'अछूत की लड़की या समाज की चिनगारी' (1934), महावीर वेनुवंश कृत 'परदा' (1936), बेचन शर्मा 'उग्र' कृत 'चुंबन' (1937) और 'डिक्टेटर' (1937), रघुवीरस्वरूप भटनागर कृत 'समाज की पुकार' (1937), अम्र विशारद कृत 'त्यागी युवक' (1937), चंद्रिका प्रसाद सिंह कृत 'कन्या-विक्रय या लोभी पिता' (1937) आदि उल्लेखनीय नाटक हैं।

विकास के चरण और प्रमुख नाट्य कृतियाँ

बाद के दो दशकों में हिन्दी-नाटक में 'प्रयोग' की चर्चा सार्थक रूप में सामने आयी। नाटक में 'नयेपन' या 'प्रयोगशीलता' ने नयी नाट्यभूमि को खोजने और रचने की ओर कदम उठाया है। इस प्रयत्न से इस दौर में हिन्दी-नाटक का जैसे नया जन्म हुआ है। नाटक का नयी रंग-चेतना के बहुस्तरीय कार्यकलाप से एक जीवंत संबंध तो बना ही है–वह रंगमंच की अपनी दुनिया को पूरी शक्ति से जीने और रचने की ओर भी प्रवृत्त हुआ है।

अधिकांश नये नाटकों में सामाजिक-राजनीतिक संदर्भों को कथ्यानुभव के नये मुहावरे में ढाल कर सृजित किया। जीवन की असंगतियों, अंतर्विरोधों, तनावों, जटिल परिवेशगत स्थितियों को नये रूपतंत्र के कौशल से नाट्य रचनाप्रक्रिया में अभिव्यक्ति दी। इस दृष्टि से भीष्म साहनी के 'हानुश', 'कबिरा खड़ा बाजार में', सर्वेश्वरदयाल सक्सेना के 'बकरी', 'लड़ाई', 'कल भात आयेगा', ज्ञानदेव अग्निहोत्री के 'शुतुरमुर्ग, मणि मधुकर के 'रसगंधर्व', लक्ष्मीनारायण लाल के 'मि. अभिमन्यु', 'अब्दुल्ला दीवाना', मुद्राराक्षस के 'मरजीवा', 'तेंदुआ', सुशीलकुमार सिंह के 'सिंहासन खाली है', शंकर शेष के 'एक और द्रोणाचार्य', हमीदुल्ला के 'एक और युद्ध', 'समय संदर्भ', दयाप्रकाश सिन्हा के 'कथा एक कंस की', सुरेन्द्र वर्मा के 'सूर्य की अंतिम किरण से सूर्य की पहली किरण तक', 'सेतुबंध', 'आठवां सर्ग', मृदुला गर्ग के 'एक और अजनबी', बृजमोहन शाह के 'त्रिशंकु', बलराज पंडित के 'पांचवां सवार' आदि उल्लेखनीय नाटक हैं।

सन् साठ के बाद उपजे मोहभंग और संबंधों की अर्थहीनता ने जीवन के पुराने गणित को गलत ठहराया है। इस दृष्टि को कथ्य के सृजनात्मक तनाव से जगदीशचंद्र माथुर ने 'शारदीया' लक्ष्मीनारायणलाल ने 'करफ्यू', 'व्यक्तिगत', 'सगुन पंछी', सुरेन्द्र वर्मा ने 'द्रौपदी', गिरिराज किशोर ने 'नरमेध', मणि मधुकर ने 'दुलारीबाई', सुशील कुमार ने 'चार यारों की यार', मुद्राराक्षस ने 'तिलचट्टा', 'योर्स फेथफुली', 'गुफाएं', 'संतोला', विष्णु प्रभाकर ने 'अब और नहीं', रामकुमार भ्रमर ने 'तमाशा', पृथ्वीनाथ शास्त्री ने 'क्रीड़नक', शोभना भूटानी ने 'शायद हां' में नयी व्यंग्य-वक्रोक्ति और अर्थापत्ति दी है। कमलेश्वर ने 'अधूरी आवाज', विष्णु प्रभाकर ने 'युगे-युगे क्रांति', 'टूटते परिवेश', मन्नू भंडारी ने 'बिना दीवारों के घर', अमृत राय ने 'चिंदियों की एक झालर', शंकर शेष ने 'घरौंदा', रमेश बक्षी ने 'वामाचार', गोविंद चातक ने 'काला मुंह' में काम-संबंधों की घिनौनी हरकतों और पारिवारिक कलह की मूल रेखाओं को बिंबित किया है।

इस काल में ऐतिहासिक व पौराणिक नाटकों की भरमार रही है और मिथकों में दृष्टि की आधुनिकता हीरे की भांति रगड़ खा कर चकम उठी है। एक प्रकार से इन नाटकों में हमारी पूरी परंपरा बोल उठती है। नाटककार और नाटक, परंपरा के भीतर ही बड़ा होता है या कहिए परंपरा में ही उसकी सार्थकता निहित रहती है। इस दौर में इस दृष्टि से

शंकर शेष का 'खजुराहो का शिल्पी' दयाप्रकाश सिन्हा का 'इतिहासचक्र', लक्ष्मीनारायण भारद्वाज का 'अश्वत्थामा', जयशंकर त्रिपाठी का 'कुरुक्षेत्र का सवेरा', लक्ष्मीनारायणलाल का 'राम की लड़ाई', 'नरसिंह कथा', 'एक सत्य हरिश्चंद्र', गिरिराज किशोर का 'प्रजा ही रहने दो', नरेन्द्र कोहली का 'शंबूक की हत्या', मणिमधुकर का 'इकतारे की आंख', ललित सहगल का 'हत्या एक आकार की', रेवतीशरण शर्मा का 'राजा बलि की नयी कथा', सुरेन्द्र वर्मा का 'छोटे सैयद बड़े सैयद', 'आठवां सर्ग', बृजमोहन शाह का 'त्रिशंकु', डॉ. विनय का 'एक प्रश्न और' आदि का नाम स्मरणीय है।

आज की जिंदगी का अर्थ खोजने वाला कोई भी व्यक्ति अंततः राजनीतिक प्रश्नों से बचकर जी नहीं सकता। इस गलतफहमी से इस दौर का रचनाकार मुक्त हो गया कि राजनीति के संसर्ग से कविता या नाटक भ्रष्ट हो जाता है। यथास्थिति बाकी राजनीतिक संस्थाओं मठों पर नजर उठाते हुए डॉ. लक्ष्मीनारायण लाल ने 'रक्तकमल', 'चतुर्भुज राक्षस', 'पंचपुरुष', 'गंगा माटी', संतोष कुमार नौटियाल ने 'चाय-पाटियां', कणाद ऋषि भटनागर ने 'जहर', 'जनता का सेवक', ज्ञानदेव अग्निहोत्री ने 'शुतुरमुर्ग', सुशील कुमार ने 'नागपाश', शरद जोशी ने 'एक था गधा उर्फ अलादाद खां', 'अंधों का हाथी', शंकर शेष ने 'फंदी', 'बंधन अपने-अपने', बृजमोहन शाह ने 'शह ये मात', सर्वेश्वरदयाल सक्सेना ने 'बकरी', 'अब गरीबी हटाओ', हमीदुल्ला ने 'दरिंदे', 'उत्तर उर्वशी', मणि मधुकर ने 'बुलबुल सराय', 'खेला पोलमपुर', सुदर्शन चोपड़ा ने 'काला पहाड़', कुसुम कुमार ने 'रावण', 'ओम क्रांति-क्रांति', 'दिल्ली ऊँचा सुनती है', भीष्म साहनी ने 'कबिरा खड़ा बाजार में', रमेश उपाध्याय ने 'पेपरवेट' आदि नाटक लिखे हैं।

समकालीन हिन्दी-नाटक में नाटककारों की तीन पीढ़ियां सक्रिय रही हैं। एक पीढ़ी उन नाटककारों की है, जिन्होंने स्वाधीनता के पूर्व नाटक लिखने प्रारंभ किये थे। इस पीढ़ी के नाटककारों में से एकाध का कोई एकाध नाटक इस कालावधि में भी प्रकाशित हुआ है। जैसे, गोविंद बल्लभ पंत का 'काशी का जुलाहा' (1985), रामवृक्ष बेनीपुरी का 'अम्बपाली' (1985, यद्यपि इसकी रचना 1940 के आसपास हुई थी) आदि। स्पष्ट है कि इस कालावधि में इस पीढ़ी की संक्रियता का कोई विशेष अर्थ नहीं है और न ही यह पीढ़ी बहुत सक्रिय है।

इस कालावधि में दूसरी सक्रिय पीढ़ी उन नाटककारों की है, जिन्होंने स्वाधीनता के बाद नाट्य-रचना प्रारंभ की। इस पीढ़ी के नाटककारों में से जगदीशचंद्र माथुर का एक नाटक इस कालावधि में प्रकाशित हुआ–'रघुकुल रीति' (1985)। यह नाटक 1974 में प्रकाशित 'दशरथनंदन' की दूसरी कड़ी है। इन दोनों नाटकों में 'रामचरितमानस' का नाट्यरूपांतर प्रस्तुत किया गया है। इस रूपांतर में संवादों में 'मानस' के दोहों-चौपाइयों को वैसे ही प्रयुक्त किया गया है, जैसे रामलीलाओं में किया जाता है। उनके 'कोणार्क' (1951), 'शारदीया' (1959) और 'पहला राजा' (1969) की तुलना में उनके ये दोनों नाटक कहीं नहीं ठहरते हैं। विष्णु प्रभाकर भी इसी पीढ़ी के नाटककार हैं, जो इस कालावधि में बहुत सक्रिय रहे हैं। उन्हें अपने मनोसामाजिक नाटक 'डॉक्टर' (1958) की रचना से विशेष ख्याति मिली। उसके बाद उनके एक के बाद एक अनेक नाटक प्रकाशित हुए। इस कालावधि में प्रकाशित होने वाले उनके नाटक हैं–'अब और नहीं' (1981), 'सत्ता के आरपार' (1981), 'गांधार की भिक्षुणी' (1982), 'श्वेत कमल' (1984) आदि।

इस पीढ़ी के तथा इनके बाद वाली नयी पीढ़ी के अनेक नाटककारों के अनेक नाटक इस बीच प्रकाशित हुए हैं, जिनमें से कुछ उल्लेखनीय नाटककार और उनके प्रमुख नाटक इस प्रकार हैं : दूधनाथ सिंह : 'यमगाथा' (1990), सुदर्शन मजीठिया : चौराहा' (1986), इंद्रजीत भाटिया : 'अग्निकांड' (1981), 'कहां हो फकीरचंद' (1986), 'स्वर्ग से ऊँचा क्यों' (1980), विलास गुप्ते : 'आदमी का गोश्त' (1983), 'आपके कर कमलों से' (1987), विभु कुमार : 'ताले में बंद प्रजातंत्र' (1981), 'अपरिभाषित' (1982), 'कहे ईसा सुने मूसा' (1984), 'हवाओं का विद्रोह' (1986), सुरेंद्र तिवारी : 'शेष नहीं' (1984), जितेंद्र कपूर : 'आखिरी मुगल' (1985), शिवमूरत सिंह : 'पूर्वार्द्ध' (1986), भानु भारती : 'चंद्रमा सिंह उर्फ चमकू' (1985), राजेन्द्र मोहन भटनागर : 'महाप्रयाण' (1982), 'सारथिपुत्र' (1983), देवेंद्र दीपक : 'भूगोल का राजा खगोल का राजा' (1987), श्रवणकुमार गोस्वामी : 'सोमा' (1989), 'कल बिल्ली की बारी' (1989), 'समय' (1989), सुभाष पंत : 'चिड़िया की आंख' (1982), अज्ञात : 'धनुषयज्ञ' (1981), 'मैं नारी तुम पुरुष' (1983), 'इक्कीसवीं सदी' (1984), किरनचंद्र शर्मा : 'सावधान पुरुरवा' (1982), राजेश जैन : 'वायरस' (1994), 'विषवंश' (1999), विश्वेश्वर : 'बहिष्कार'

(1981), राजेश जोशी : 'जादू का जंगल' (1982), असगर वजाहत : 'वीरगति' (1983), 'इन्ना की आवाज' (1984), सुरेशचंद्र शुक्ल : 'समवेत' (1981), 'अक्षयवट' (1983), राजेंद्र कुमार शर्मा : 'एक राग दो स्वर' (1982), नाग बोडस : 'खूबसूरत बहू' (1998), 'वसीयत' (1998), 'दलित' (1998), 'तोता झूठ नहीं बोलता' (1998), 'पढ़ो फारसी बेचो तेल' (2002), अब्दुल बिस्मिल्लाह : 'दो पैसे की जन्नत' (1994), जि. जि. हरिजित : 'उत्तर मृच्छकटिकम्' (1982), 'महाराज नंदकुमार' (1983), 'एक नाटक : मूक नाटक' (1985), 'एक और विक्रमोर्वशीय' (1987), 'विद्रोही' (2002), अस्तानंद सदासिंह : 'थूक दिया भविष्य पर' (1981), प्रताप सहगल : 'अन्वेषक' (1992), 'और नहीं कोई अंत' (1999) आदि।

चंद्रगुप्त

जयशंकर प्रसाद कृत 'चंद्रगुप्त' की कथावस्तु 'स्कंदगुप्त' से भी उदात्त है। चाणक्य, चंद्रगुप्त, मालविका, कार्नेलिया आदि के रूप में उन्होंने अनेक प्रभावशाली चरित्र हमें दिये हैं। पर शिल्प की दृष्टि से यह अपेक्षाकृत शिथिल कृति है। इसकी कथा में वह संगठन, संतुलन और एकतानता नहीं है, जो 'स्कंदगुप्त' में है। अंकों और दृश्यों का विभाजन भी असंगत है। नाटकीय अन्वितियों की अवहेलना 'चंद्रगुप्त' में सीमा अतिक्रमण कर गयी है। फिर भी, 'चंद्रगुप्त' हिन्दी की एक श्रेष्ठ नाट्यकृति है, प्रसाद की प्रतिभा ने इसकी त्रुटियों को ढंक दिया है।

चंद्रगुप्त प्रसाद का बड़ा नाटक है जिसमें मौर्य साम्राज्य की स्थापना का वर्णन करते हुए चंद्रगुप्त मौर्य को पिप्पली कानन का क्षत्रिय सिद्ध किया गया है। 'चंद्रगुप्त' की सबसे बड़ी विशेषता यह है कि इसमें विदेशियों से भारत के संघर्ष और उस संघर्ष में अंततः भारत की विजय की थीम उठाई गई है। अपने ऐतिहासिक नाटकों के माध्यम से प्रसाद ने भारतीय संस्कृति के गौरवमय पक्ष को उद्घाटित किया है। इन नाटकों पर राष्ट्रीयता का गहरा प्रभाव भी लक्षित होता है।

अंधा युग

आधुनिक भावबोध को रूपायित करने वाले नाटकों में धर्मवीर भारती का गीति नाट्य 'अंधा युग' विशेषतः उल्लेखनीय है। इसमें महाभारत के अठारहवें दिन की संध्या से प्रभासतीर्थ में कृष्ण के देहावसान के क्षणों तक की कथा ली गयी है। इस कथा को चुनने का मूल प्रयोजन युद्धजन्य वर्तमान कालीनता को प्रासंगिकता देना है। किंतु इसकी उपलब्धि केवल वर्तमानता के कारण नहीं है, बल्कि जब-जब युद्ध होगा, ऐसीही अवसादपूर्ण त्रासद स्थितियां उत्पन्न होंगी और विघटित मूल्यों के संदर्भ में मनुष्य को नये मूल्यों की तलाश करनी होगी। बाह्य संकट से आगे बढ़ने पर जिन आंतरिक संकटों का सामना करना पड़ता है, वे अत्यंत भयावह होते हैं. इस थीम के नियोजन के अतिरिक्त भारती ने प्रस्तुत गीतिनाट्य को जो अनेक आयामी धरातल दिया है, और जैसी नाटकीय बिंबात्मकता तथा रचनात्मकता प्रदान की है, वह पूर्ववर्ती नाटकों में सुलभ नहीं है। युद्ध के बाद पहले के सारे अर्थ बदल जाते हैं, आस्था अनास्था में बदलती है तथा मूल्य निर्मूल्यता में खो जाते हैं, इसीलिए 'अंधा युग' में बहिर्द्वंद्व के समाप्त होने पर अंतर्द्वंद्व की विकराल ज्वाला जग कर सभी को भस्मीभूत कर लेने के लिए उतावली हो जाती है। चारों ओर निर्जीव खंडित सत्य के शव दिखायी देते हैं। उनके स्थान पर उगते हैं–अंतरतम की चीख, नैराश्य, पीड़ा, निरर्थकता और अकेलापन। लेकिन भारती का उद्देश्य केवल युद्ध की फलश्रुति प्रस्तुत करना नहीं है, उनका कहना है, "यह कथा ज्योति की है अंधों के माध्यम से।" फिर भी, 'अंधायुग' एक सशक्त आधुनिक त्रासदी है, और प्रभु की मृत्यु के बाद तो त्रासद परिवेश और भी गहरा हो जाता है। वस्तुतः यह तनावों का नाटक है, संघर्ष का नहीं और नाटकीयता तनावों में ही होती है। अश्वत्थामा का अंतःसंघर्ष सहृदय को भी तनावपूर्ण स्थिति में डाल देता है। अश्वत्थामा के व्यथापूर्ण आक्रोश, युयुत्सु की यातना, गांधारी के आवेश, धृतराष्ट्र की आत्मभर्त्सना और संजय की अभिशप्त चीख से घिर कर 'अंधायुग' युद्धजन्य स्थितियों को पूर्णतः नाटकीय बना देता है।

आधे अधूरे

'आधे अधूरे' मोहन राकेश का तीसरा नाटक है, जो उनकी विकास-यात्रा की अगली मंजिल का सूचक है। इसमें इतिहास के आधार को छोड़ कर समाज की विसंगतियों से सीधे जूझने का प्रयास है। वैवाहिक जीवन की मध्यवर्गीय विडंबनाओं के कारण परिवार का प्रत्येक व्यक्ति आधा-अधूरा रह कर अपने-अपने ढंग का संत्रास भोगता है। नाटककार ने संत्रास के मूल कारणों की खोज की है। यह विडंबना आर्थिक-मनोवैज्ञानिक दोनों प्रकार की है। प्रत्येक पात्र की नियति वृत्तात्मक है, सभी लोग पारस्परिक आकर्षण-विकर्षण से निकट-दूर आते हुए बाहर जाकर भी वापस लौटने की नियति से बाध्य

हैं। इस वृत्तात्मकता के फलस्वरूप नाटक आद्यंत तनावपूर्ण बना रहा है। यह तनाव राकेश के पिछले नाटकों के तनावों से भिन्न है। पिछले दोनों नाटक बहुत-कुछ रोमैंटिक हो गये हैं, किंतु इसमें रोमांस की छुअन भी नहीं है। फिर भी, अपने आंतरिक तनावों के कारण सहृदय इसके साथ एकतान बना रहता है। इसकी भाषा और कथोपकथन में अद्‌भुत संयम है, जो यथार्थ को नाटकीय ढंग से वहन करने में पूर्ण समर्थ है।

आठवां सर्ग

'आठवां सर्ग' सुरेन्द्र वर्मा की प्रमुख नाट्य-कृति है, इन्होंने खासतौर पर जीवन के तनाव और तल्खी को इसमें व्यक्त करने की कोशिश की है। 'आठवां सर्ग' से अश्लीलता और लेखनीय अभिव्यक्ति की स्वतंत्रता का प्रश्न उठाया गया है। 'आठवां सर्ग' सत्ता और साहित्यकार के बीच चलने वाले द्वंद्व-तनाव को नया अर्थ संदर्भ प्रदान करता है। व्यवस्था के भ्रष्ट और ढोंगी चरित्र पर इन नाटकों ने बेबाक टिप्पणी की है।

हिन्दी एकांकी

हिन्दी में एकांकी नाटकों का प्रचलन विशेष रूप से बीसवीं सदी के आरम्भिक कुछ वर्षों में ही हुआ, यों आरंभ से ही एकांकी लिखने के छुटपुट प्रयास होने लगे थे। उदाहरणस्वरूप, महेशचंद्र प्रसाद के 'भारतेश्वर का संदेश' (1918) शीर्षक पद्यबद्ध एकांकी, देवीप्रसाद गुप्त के 'उपाधि और व्याधि' (1921) तथा रूपनारायण पांडेय द्वारा अमूल्यचरण नाग के बंगला-नाटक 'प्रायश्चित्त' के आधार पर लिखित 'प्रायश्चित्त प्रहसन' (1923) का उल्लेख किया जा सकता है। ब्रिजलाल शास्त्री कृत 'वीरांगना' (1923) में 'पद्मिनी', 'तीन क्षत्राणियां', 'पन्ना', 'तारा', 'कमल', 'पद्मा', 'कोड़मदेवी', 'किरणदेव' प्रभृति एकांकी संकलित हैं। हनुमान शर्मा कृत 'मान-विजय' (1926), बेचन शर्मा 'उग्र' के एकांकी- प्रहसनों का संग्रह 'चार बेचारे' (1929) और प्रसाद का 'एक घूंट' (1930) भी इस काल की उल्लेखनीय रचनाएं हैं।

हिन्दी में पश्चिमी ढंग के एकांकी नाटकों का प्रणयन 1930 ई. के बाद के दशक में हुआ। इस क्रम में रामकुमार वर्मा के 'बादल की मृत्यु' (1930) शीर्षक एकांकी के पश्चात् भुवनेश्वरप्रसाद (जन्म 1910) का 'कारवां' (1935) नामक एकांकी-संग्रह उल्लेखनीय है, जिसमें 'श्यामा', 'एक साम्यहीन साम्यवादी', 'शैतान', प्रतिमा का विवाह', 'लॉटरी' आदि एकांकी संगृहीत थे।

एकांकीकारों में गणेशप्रसाद द्विवेदी, जगदीशचंद्र माथुर, उदयशंकर भट्ट, उपेंद्रनाथ अश्क, सेठ गोविंददास आदि प्रमुख हैं। द्विवेदी जी के एकांकी-संग्रह 'सोहागबिंदी तथा अन्य नाटक' (1935) के अतिरिक्त उदयशंकर भट्ट के 'दुर्गा' (1934) और 'एक ही कब्र में' (1936) शीर्षक एकांकी, सेठ गोविंददास का 'स्पर्द्धा' (1935) शीर्षक एकांकी, जगदीशचंद्र माथुर के 'मेरी बांसुरी' (1936) और 'भोर का तारा' (1937) शीर्षक एकांकी और भगवीचरण वर्मा का एकांकी 'सबसे बड़ा आदमी' (1936) विशेष लोकप्रिय हुए। 1938 में उदयशंकर भट्ट ने 'आधुनिक एकांकी नाटक' शीर्षक से और उपेंद्रनाथ अश्क ने 'छह एकांकी' शीर्षक से दो एकांकी-संकलन प्रकाशित किये। 'आधुनिक एकांकी नाटक' में 'राजपूत की हार' (सुदर्शन), 'दस मिनट' (रामकुमार वर्मा), 'स्ट्राइक' (भुवनेश्वरप्रसाद), 'लक्ष्मी का स्वागत' (अश्क), 'सबसे बड़ा आदमी' (भगवतीचरण वर्मा), 'दीबू' (धर्मप्रकाश आनंद) और 'दस हजार' (उदयशंकर भट्ट) शीर्षक एकांकी संकलित हैं तथा 'छह एकांकी' में 'लक्ष्मी का स्वागत' (अश्क), 'उस पार' (कमलकांत वर्मा), 'स्ट्राइक' (भुवनेश्वरप्रसाद), 'टकराहट' (जैनेंद्रकुमार), 'कामरेड' (गणेशप्रसाद द्विवेदी) आदि एकांकियों को स्थान प्राप्त हुआ है।

सन् 1930-1938 के गौण एकांकी नाटकों में राधाकृष्ण मिश्र का 'किरानी का स्वप्न' (1931), गंगाप्रसाद श्रीवास्तव का 'मिट्टी का शेर' (1934), केदारनाथ मिश्र 'इंदु' का 'तरुण भारत' (1934), कुंवर बहादुर का 'प्रजातंत्र की एक झलक' (1935), महमूद अली 'कमलेश' का 'सूर्योदय अर्थात् अछूतोद्धार' (1935), सत्येंद्र का 'कुणाल' (1937), व्यथितहृदय का 'पुण्यफल' (1937) तथा 'प्राणदान' (1938), इंद्र बसावड़ा का 'बड़े म्यां' (1938) आदि भी उल्लेखनीय हैं।

अब एकांकी नाटक के परंपरागत रूप का ह्रास हुआ है और उसके अर्थ का विस्तार हुआ है। स्वाधीनता के बाद जो सांस्कृतिक व साहित्यिक उत्साह और ऊर्जा का विस्फोट हुआ था, जिसके तहत प्रायः प्रत्येक महाविद्यालय और विश्वविद्यालय में वार्षिक सांस्कृतिक व साहित्यिक आयोजन होते थे, उनमें एकांकी नाटकों का मंचन भी अनिवार्य जैसा था। इसके लिए एकांकी नाटक लिखे भी जाते थे और मंचित भी होते थे। धीरे-धीरे इस प्रकार के आयोजन कम होते गये और एकांकी नाटक मंचन के बजाय पढ़ने-पढ़ाने की चीज बन गये।

अस्सी के दशक में इनके कुछ प्रमुख प्रकाशित संग्रह इस प्रकार हैं–विष्णु प्रभाकर : 'मैं तुम्हें क्षमा नहीं करूंगा'

(1986), 'समकालीन लघु नाटक' (संपादित : 1986), कमलेश्वर : 'लहर लौट गयी' (1985), राधाकृष्ण सहाय : 'हे मातृभूमि' (1988), वीरेंद्र मिश्र : 'आवाज आ रही है' (1984), चिरंजीत : 'सात युवमंच नाटक' (1986), भारतभूषण अग्रवाल : 'पलायन' (1982), 'युग-युग या पांच मिनट' (1983), सिद्धनाथ कुमार : 'रोशनी शेष है' (1998), गिरीश बख्शी : 'खिड़की बंद कर दो' (1986), शंकर पुणतांबेकर : 'भूख हड़ताल' (1986), तेजपाल चौधरी : 'वेटिंग रूम' (1985), आनंदम : 'आखिरी पन्ने' (1981), अमरनाथ चौधरी 'अब्ज' : 'इंद्रधनुष' (1984), वसंतकुमार परिहार : 'इंडिया गेट का मुकदमा' (2001) आदि।

यथार्थ तौर पर कहा जा सकता है कि एकांकी रचना अब नगण्य हो रही है।

हिन्दी निबंध

हिन्दी निबंध के प्रकार और प्रमुख निबंधकार

भारतेंदु युग में सबसे अधिक सफलता निबंध-लेखन में प्राप्त हुई। निबंधों का संबंध पत्र-पत्रिकाओं से सीधे जुड़ा हुआ था। लेखकों के सामने अनंत विषय थे। राजनीति, समाजसुधार, धर्म, अध्यात्म, आर्थिक दुर्दशा, अतीत का गौरव, महापुरुषों की जीवनियां आदि विषयों पर विचार प्रकट करते हुए भारतेंदु युग के लेखकों ने विभिन्न पत्र-पत्रिकाओं के माध्यम से निबंध-साहित्य को खूब समृद्ध किया।

भारतेंदु युग के प्रमुख निबंधकार थे–भारतेंदु हरिश्चंद्र, प्रतापनारायण मिश्र, बालकृष्ण भट्ट, बदरीनारायण चौधरी 'प्रेमघन', लाला श्रीनिवासदास, राधाचरण गोस्वामी, काशीनाथ खत्री (1849-1891)।

प्रतापनारायण मिश्र के लिए विषय की कोई सीमा नहीं थी। 'धोखा', 'खुशामद', 'आप', 'दांत', 'भौं', 'नारी', 'मुच्छ', 'परीक्षा', 'ह', 'द', 'समझदार की मौत है', 'मनोयोग' आदि अनेक विषयों को लेकर उन्होंने अपनी मौज में सार्थक बातें कही हैं। भारतेंदु की भांति उनका उद्देश्य भी जनता को जाग्रत करना था, फलतः उन्होंने देश की दुर्दशा का चित्र खींच कर सभी क्षेत्रों में सुधार और नवनिर्माण की प्रेरणा दी। बालकृष्ण भट्ट भारतेंदु युग के सर्वाधिक समर्थ निबंधकार हैं। उन्होंने सामयिक समस्याओं पर जम कर लिखा है। 'बाल-विवाह', 'स्त्रियां और उनकी शिक्षा', 'राजा और प्रजा', 'कृषकों की दुरवस्था', 'अंग्रेजी शिक्षा और प्रकाश', 'हमारे नये सुशिक्षितों में परिवर्तन', 'देश-सेवा-महत्त्व', 'महिला-स्वातंत्र्य' आदि निबंध इसी प्रकार के हैं।

भारतेंदु युग के उपरांत निबंध-लेखकों में महावीरप्रसाद द्विवेदी (1864-1938), गोविंदनारायण मिश्र (1859-1926), बालमुकुंद गुप्त (1865-1907), माधवप्रसाद मिश्र (1871-1907), मिश्रबंधु–श्यामबिहारी मिश्र (1873-1947) और शुकदेवबिहारी मिश्र (1878-1951), सरदार पूर्णसिंह (1881-1939), चंद्रधर शर्मा 'गूलेरी' (1883-1920), जगन्नाथप्रसाद चतुर्वेदी (1875-1939), श्यामसुंदरदास (1875-1945), पद्मसिंह शर्मा (1876-1932), रामचंद्र शुक्ल (1884-1940), कृष्णबिहारी मिश्र (1890-1963) आदि उल्लेखनीय हैं।

हिन्दी में प्रभाववादी समीक्षा के अग्रदूत शांतिप्रिय द्विवेदी ने समीक्षात्मक निबंधों के अतिरिक्त साहित्येतर विषयों पर निर्बंध निबंध भी लिखे हैं। उनके समीक्षात्मक निबंधों में भी निर्बंध निबंधों का स्वाद मिलता है। वे प्रकृति से तरल, आत्मनिष्ठ और भावुक साहित्यकार थे–छायावादी काव्य के मानवीकरण अलंकार। उनकी तरलता, सहृदयता और अंतरंगता के दर्शन उनके निबंधों में सर्वत्र होते हैं। 'संचारिणी' (1939), 'युग और साहित्य' (1941), 'सामयिकी' (1944), 'धरातल' (1948), 'प्रतिष्ठान' (1953), 'साकल्य' (1955), 'आधान' (1957), 'वृंत और विकास' (1959) आदि उनके प्रमुख निबंध-संग्रह हैं।

रामधारीसिंह 'दिनकर' भी समय-समय पर महत्त्वपूर्ण निबंध लिखते रहे हैं। अधिकांश निबंधों में उनका विचारक पक्ष ही अधिक उभर कर आया है, पर कुछ ऐसे निर्बंध निबंध भी हैं, जो उनके अंतरंग को अधिक उद्घाटित करते हैं। 'अर्धनारीश्वर', 'मिट्टी की ओर', 'रेती के फूल', 'हमारी सांस्कृतिक एकता', 'प्रसाद, पंत और मैथिलीशरण', 'राष्ट्रभाषा और राष्ट्रीय साहित्य' आदि उनके अनेक निबंध-संग्रह हैं।

अज्ञेय अपने निबंधों में अपना अनुभूत लिखते हैं : 'त्रिशंकु', 'आत्मनेपद' और 'हिन्दी-साहित्य : एक आधुनिक परिदृश्य' में संगृहीत निबंधों में अनुभूत का वैचारिक विश्लेषण मिलता है।

रामचंद्र शुक्ल

हिन्दी में 'निबंध' शब्द का प्रयोग एक ओर तो 'एस्से' के पर्याय रूप में ललित या व्यक्तिगत निबंधों के लिए होता है,

और दूसरी ओर उन रचनाओं के लिए भी होता है जिनमें किसी विषय का सुसंबद्ध विवेचन प्रस्तुत किया जाता है। यहां इनमें से प्रथम वर्ग की रचनाओं, अर्थात विषय के स्थान पर 'व्यक्ति' और 'लालित्य' को प्रधानता देने वाले निबंधों का विवेचन ही अभीष्ट है। इस युग के सबसे प्रमुख निबंधकार आचार्य रामचंद्र शुक्ल हैं, पर इस मान्यता का आधार उनके वे सभी निबंध हैं, जो 'चिंतामणि' के दोनों खंडों में संकलित हैं। इन निबंधों में प्रौढ़ चिंतन, सूक्ष्म विश्लेषण और तर्कपूर्ण सुसंबद्ध विवेचन का चरम आदर्श लक्षित होता है और इस कसौटी पर शुक्ल जी को हिन्दी का सर्वश्रेष्ठ निबंधकार मानना सर्वथा उचित भी है।

शेष रह जाते हैं मनोविकार संबंधी निबंध, जिन्हें प्रस्तुत प्रसंग में विचारणीय होने पर भी शुद्ध 'ललित' या 'व्यक्तिगत' निबंध नहीं कहा जा सकता। इनमें अत्यंत गंभीर मुद्रा में उत्साह, श्रद्धा, भक्ति, करुणा, लज्जा, ग्लानि, लोभ, प्रीति, ईर्ष्या, भय आदि भावों अथवा मनोविकारों का स्वरूप निर्धारण तथा इनका तुलनात्मक विवेचन किया गया है। इस संदर्भ में शुक्ल जी का विशद पांडित्य, प्रौढ़ चिंतन, सूक्ष्म विश्लेषण, व्यापक अनुभव सब कुछ अपने उत्कर्ष पर पहुंचा दिखायी देता है और वे एक आचार्य तथा दार्शनिक के रूप में हमारे सामने आते हैं। इन निबंधों में पर्यवेक्षण, विवेचन और निष्कर्ष तीनों की सुसंबद्ध शृंखला है।

शुक्ल जी के निबंधों की एक अन्य विशेषता है प्रांजल साहित्यिक भाषा का प्रयोग, जो इनको विषय के शुष्क विवेचन से भिन्न धरातल पर ला खड़ा करती है। वैज्ञानिक विवेचन की भाषा का सारा बल अर्थ की 'निश्चयात्मकता' पर होता है, जबकि शुक्ल जी ने अर्थ की निश्चयात्मकता का ध्यान रखने पर भी उसे अधिक बोधगम्य, व्यंजक और प्रतीतिपूर्ण बनाने के लिए भाषा की उन सभी शक्तियों का प्रयोग किया है, जिनके कारण ही कोई कथन 'काव्य' की संज्ञा प्राप्त करता है। शब्दचयन, वाक्यरचना, सादृश्य-विधान-सब में उन्होंने अपनी काव्यात्मक रुचि का परिचय दिया है। 'प्रथम पुरुष' की शैली का प्रयोग भी उनके निबंधों को 'ललित निबंध' के निकट पहुंचाने वाला तत्व है।

हजारी प्रसाद द्विवेदी

आधुनिक काल के सबसे महत्त्वपूर्ण निबंधकार हजारी प्रसाद द्विवेदी हैं। उनके ललित निबंधों में सांस्कृतिक विरासत के वर्चस्व के साथ नवीन जीवनबोध, उत्कट जिजीविषा और नयी सामाजिक समस्याओं के बीच राह पाने की ललक सर्वत्र दिखायी पड़ती है। द्विवेदी जी का व्यक्तित्व लचीला और निरंतर विकासमान है। देश की नयी-से-नयी गत्यात्मक विचारधारा से वे अपने को ही जोड़ लेते हैं और इस प्रकार अपनी ऐतिहासिक दृष्टि को नये सिरे से समंजित करते रहते हैं विद्वत्ता और सहृदयता का जो संयोग उनके निबंधों में मिलता है, वह सामान्यतः विरल होता है। 'अशोक के फूल' (1948), 'विचार और वितर्क' (1949), 'कल्पलता' (1951), 'विचार-प्रवाह' (1959), 'कुटज' (1964) और 'आलोकपर्व' (1972) उनके निबंध-संग्रह हैं, जिनमें प्रायः समीक्षात्मक निबंधों के साथ ही ललित निबंध भी संगृहीत हैं। द्विवेदी जी के ललित निबंधों की विकास-यात्रा का लेखा-जोखा, लेने पर कहना होगा कि संघर्षों के कारण उनके परवर्ती निबंधों में जीवनोन्मुखता अधिक निखर उठती है।

द्विवेदी जी ने पांडित्य अर्जित किया है, किंतु मनुष्यता भी उनमें कम नहीं है, फलस्वरूप पांडित्य को सहजता की ओर ले जाना उनका स्वभाव है। इतिहास, पुराण, साहित्य आदि से गंभीर-से-गंभीर तथ्य उठाते हुए, वे प्रायः उन्हें समसामयिकता से जोड़ देते हैं। अतः उनके निबंध न तो गंभीरता का तेवर छोड़ते हैं और न सहजता का बाना। उनकी रचनाप्रक्रिया में पांडित्य और सहजता का जो तनाव मिलता है, उसे पकड़ पाने के लिए पाठकों को भी संदर्भों की जानकारी होनी चाहिए, अन्यथा उनके निबंधों के सौंदर्यबोध को समग्रतः आयत्त नहीं किया जा सकता। भाषा की लय, गुंफित पदावली, विषयांतर, वस्तुओं के बिंबात्मक चित्रण आदि से द्विवेदी जी के निबंध एकतान, अन्वितिपूर्ण और संश्लिष्ट हो गये हैं। ललित निबंधों के अतिरिक्त उन्होंने विचारपरक, शोधपरक और समीक्षात्मक निबंध भी लिखे हैं।

कुबेरनाथ राय

यह बिना किसी संकोच के कहा जा सकता है कि आचार्य हजारीप्रसाद द्विवेदी और विद्यानिवास मिश्र के बाद सबसे अधिक प्रतिभाशाली निबंधकार कुबेरनाथ राय हैं। जब 1968 में उनका पहला निबंध-संग्रह 'प्रिया नीलकंठी' प्रकाशित हुआ, तो उसने न केवल उनकी ओर पाठकों व आलोचकों का ध्यान आकर्षित किया, बल्कि उन्हें एक ललित निबंधकार के रूप में प्रतिष्ठित भी कर दिया। ऐसा बहुत कम होता है कि किसी का पहला निबंध-संग्रह ही उसे ऐसी प्रतिष्ठा दिला दे,

जैसी कुबेरनाथ राय को मिली। उसके बाद उनके एक के बाद एक निबंध-संग्रह नियमित रूप से प्रकाशित होते रहे। समकालीन कालावधि में 'मन पवन की नौका' (1982), 'किरात नदी में चंद्रमधु' (1983), 'दृष्टि अभिसार' (1984), 'त्रेता का बृहतसाम्' (1986), 'मराल' (1993), 'उत्तरकुरु' (1994), 'वाणी का क्षीरसागर' (1998), 'अंधकार में अग्निशिखा' (1998), 'आगम की नाव' (2005), आदि प्रकाशित हुए। यहां तक कि उनके निधनोपरांत प्रकाशित रामकथा से संबंधित निबंधों के संग्रह 'रामायण महातीर्थम्' (2002), में भी उनका ललित निबंधकार ही हावी है। उनके निबंधों के लालित्य और संपन्नता का कारण क्या है, इसे स्वयं उनके इस वक्तव्य से समझा जा सकता है, जो उन्होंने प्रारंभिक चार निबंध-संग्रहों–'प्रिया नीलकंठी' (1968), 'रस आखेटक' (1970), 'गंधमादन' (1972) और 'निषाद बांसुरी' (1974) के संदर्भ में लिखा है–

"तब मैं आधुनिक अंग्रेजी-साहित्य, शेक्सपीयर, लैंब, हैजलिट तथा रवींद्रनाथ के प्रभाव से परिपूर्ण था और असम-बंगाल का साहित्यिक वायुमंडल सुनील गांगुली के 'क्षुधित पीढ़ी' आंदोलन से आविष्ट था। मेरी गद्य-भंगिमा पर शेक्सपीयर के मनमौजी और उच्छृंखल गद्य का तथा रवींद्रनाथ के मनमौजी, परंतु शालीन गद्य का संयुक्त प्रभाव पड़ा है। संभवतः उन्मुक्त और शालीन दोनों का यह संयुक्त प्रभाव ही मेरी गद्य-भंगिमा को समकालीन ललित निबंधकारों से अलग करता है। मैंने अपने विशुद्ध देशी संस्कारों की भूमि पर खड़े होकर दोनों के बीच 'रचनात्मक सामंजस्य' (Creative Balance) अर्जित करने की चेष्टा की है" (रामायण महातीर्थम्)।

विद्यानिवास मिश्र

विद्यानिवास मिश्र ने ललित निबंधों को गंभीरतापूर्वक लिया है। 'छितवन की छांह' (1953), 'तुम चंदन हम पानी' (1957), 'आंगन का पंछी और बनजारा मन', 'मैंने सिल पहुंचाई', 'मेरे राम का मुकुट भीग रहा है' आदि में संगृहीत निबंधों में भारतीय साहित्य और संस्कृति को लोकजीवन के साथ जोड़ने का उन्मुक्त प्रयास किया गया है।

अज्ञेय के बाद, उनसे व्यक्तिगत स्तर पर घनिष्ठ रूप से जुड़े जो दूसरे निबंधकार इस कालावधि में सबसे अधिक सक्रिय रहे हैं, वे हैं विद्यानिवास मिश्र। यदि यह कहा जाये कि उनके साहित्य-सृजन का केंद्र निबंध है तो यह अत्युक्ति न होगी। उनका पहला निबंध-संग्रह 'छितवन की छांह' 1953 में प्रकाशित हुआ था। तब से लेकर अपने जीवन के अंतिम क्षण तक वे निबंध-रचना में निरंतर संलग्न रहे और एक के बाद एक उनके निबंध-संग्रह निरंतर प्रकाशित होते रहे। संख्या की दृष्टि से उन्होंने सर्वाधिक निबंध लिखे हैं और उनके निबंध-संग्रह हैं–'अस्मिता के लिए' (1981), 'निज मुख मुकुर' (1981), 'भ्रमरानंद के पत्र' (1981), 'तमाल के झरोखे से' (1981), 'संचारिणी' (1982), 'अंगद की नियति' (1984), 'लागो रंग हरी' (1985), 'गांव का मन' (1985), 'नैरंतर्य और चुनौती' (1988), 'भावपुरुष श्रीकृष्ण' (1990), 'सोऽहम्' (1991), 'जीवन अलभ्य है जीवन सौभाग्य है' (1991), 'देश, धर्म और साहित्य' (1992), 'नदी, नारी और संस्कृति' (1993), 'फागुन दुई रे दिना' (1994), 'बूंद मिले सागर में' (1994), 'पीपल के बहाने' (1994), 'शिरीष की याद आयी' (1995), 'गिर रहा है आज पानी' (2001), 'स्वरूप-विमर्श' (2001), 'गांधी का करुण रस' (2002) इत्यादि। विद्यानिवास मिश्र के निबंधों का वस्तु और शिल्प दोनों की दृष्टि से अपना वैशिष्ट्य है।

हरिशंकर परसाई

व्यंग्यात्मक निबंधों की सृष्टि में हरिशंकर परसाई का नाम प्रमुख है। उनके व्यंग्य सामान्यतः मूल्यगत विसंगतियों से संबद्ध होते हैं–मूल्य चाहे राजनीतिक हों, चाहे सांस्कृतिक या पीढ़ीगत। 'भूत के पांव', 'सदाचार का ताबीज' और 'निठल्ले की डायरी' में उनके व्यंग्य-लेख संगृहीत हैं।

इस युग के निबंधकारों में हरिशंकर परसाई के व्यंग्यपरक निबंधों को अपूर्व प्रतिष्ठा दी। उनके निबंधों के विषय प्रायः राजनीतिक-सामाजिक होते हैं। व्यंग्य-निबंधों में इतनी पैनी राजनीतिक सूझ-बूझ का परिचय हिन्दी में दुर्लभ था। उनके व्यंग्य-निबंधों में व्यंग्य का साहित्यिक प्रतिमान स्थापित हुआ। व्यंग्य भी गंभीर साहित्यिक विधा में गणनीय हुआ। वस्तुतः स्वातंत्र्योत्तर भारत की मानसिकता यदि कहीं निबंधों में व्यक्त हुई है, तो परसाई के निबंधों में।

हिन्दी आलोचना

हिन्दी आलोचना का विकास और प्रमुख आलोचक

भारतेंदु युग में हिन्दी-आलोचना का आरंभ पत्र-पत्रिकाओं के माध्यम से हुआ, किंतु आधुनिक आलोचना का उत्कृष्ट

उदाहरण इस काल में नहीं मिलता। 'हिन्दी-प्रदीप' (1877-1910) ही एक ऐसा पत्र था, जो अपेक्षाकृत गंभीर आलोचनाएं प्रकाशित करता था।

द्विवेदी युग में हिन्दी-आलोचना का गंभीर एवं तात्विक रूप तो नहीं निखरा, किंतु उनकी कई महत्त्वपूर्ण पद्धतियां अवश्य विकसित हुईं। सामान्यतः इस युग में हिन्दी-आलोचना के पांच रूप लक्षित किये जा सकते हैं—शास्त्रीय आलोचना अर्थात लक्षणग्रंथों की परंपरा में काव्यांग-विवेचन, तुलनात्मक मूल्यांकन एवं निर्णय, अन्वेषण एवं अनुसंधानपरक आलोचना, परिचयात्मक आलोचना तथा व्याख्यात्मक आलोचना। संस्कृत-आचार्यों की पद्धति पर लक्षणग्रंथ प्रस्तुत करने की परंपरा रीतिकाल की एक प्रमुख प्रवृत्ति थी। आलोच्य युग में भी इस परंपरा में जगन्नाथप्रसाद 'भानु' ने 'काव्यप्रभाकर' (1910) तथा 'छंदसारावली' (1917) और लाला भगवानदीन ने 'अलंकार-मंजूषा' (1916) की रचना की।

1908-1912 ई. तक वे 'सरस्वती' में संस्कृत और हिन्दी-कविता के बिंब-प्रतिबिंब-भाव की परीक्षा करते रहे। 1910 ई. में मिश्रबंधुओं का 'हिन्दी-नवरत्न' प्रकाशित हुआ। इसमें भी तुलनात्मक आलोचना को महत्त्व दिया गया था।

मिश्रबंधुओं के अतिरिक्त शोधपरक आलोचना के उन्नायकों में श्यामसुंदरदास, राधाकृष्णदास, जगन्नाथदास रत्नाकर और सुधाकर द्विवेदी उल्लेखनीय हैं। इन सभी का संबंध 'नागरीप्रचारिणी पत्रिका' से रहा। 1902 ई. में चंद्रधर शर्मा 'गुलेरी' ने जयपुर से 'समालोचक' पत्र निकाला था।

परिचयात्मक आलोचना का आरंभ भारतेंदु युग में ही हो गया था। आलोच्य युग में 'सरस्वती' के माध्यम से इस समीक्षा-पद्धति में स्थिरता और गंभीरता आयी तथा समीक्षा का आदर्श स्थिर हुआ। परिचयात्मक आलोचनाएं आलोच्य कृति के सामान्य परिचय, उसकी प्रशंसा या निंदा, आलोच्य विषय या कृति के संबंध में स्वतंत्र लेख, कृति विशेष को किसी परंपरा या ऐतिहासिक संदर्भ में रखने की प्रवृत्ति तथा आलोच्य विषय के प्रति भावात्मक लगाव व्यक्त करते हुए प्रभावाभिव्यंजन के रूप में लिखी गयीं। 'सरस्वती' में प्रकाशित परिचयात्मक आलोचनाएं प्रायः महावीरप्रसाद द्विवेदी द्वारा लिखी गयी हैं।

व्याख्यात्मक आलोचना किसी रूढ़ि का अनुसरण न करके आलोच्य विषय की व्यापक उपयोगिता को दृष्टि में रख कर नैतिक, सामाजिक, सांस्कृतिक, राष्ट्रीय एवं सौंदर्यपरक मूल्यों के आधार पर की जाती थी। कभी-कभी परिचयात्मक आलोचना विशद और गंभीर होने पर व्याख्यात्मक आलोचना का रूप ले लेती थी। इस प्रकार की आलोचना का सूत्रपात बदरीनारायण चौधरी 'प्रेमघन' ने 'आनंदकादंबिनी' में लाला श्रीनिवासदास के नाटक 'संयोगिता-स्वयंवर' की आलोचना से कर दिया था। बालकृष्ण भट्ट ने 'हिन्दी-प्रदीप' में 'नीलदेवी', 'परीक्षागुरु' और 'संयोगिता-स्वयंवर' की गंभीर आलोचना करके इस पद्धति को पुष्ट किया था।

द्विवेदी युग में आचार्य महावीरप्रसाद द्विवेदी तथा उनके समकालीन समीक्षकों ने समालोचना ग्रंथों की रचना आरंभ तो कर दी थी, पर उनके द्वारा आरंभ किये गये आलोचना-साहित्य को सम्यक् आकार देने का श्रेय विवेच्य काल के समालोचकों, विशेषकर आचार्य रामचंद्र शुक्ल को है।

हिन्दी की सैद्धांतिक आलोचना का सही और स्तरीय रूप निम्नलिखित आलोचकों द्वारा प्रस्तुत किया गया—गुलाबराय (नवरस, 1920), श्यामसुंदरदास (साहित्यालोचन, 1922), रामचंद्र शुक्ल (काव्य में रहस्यवाद, 1929), लक्ष्मीनारायण 'सुधांशु' (काव्य में अभिव्यंजनावाद, 1936), रामशंकर शुक्ल 'रसाल' (आलोचनादर्श, 1938) तथा रामकुमार वर्मा (साहित्य-समालोचना, 1938)। भारतीय और पाश्चात्य काव्यशास्त्र का मंथन करके काव्यशास्त्र के विभिन्न अवयवों पर संतुलित विचार प्रस्तुत करने के कारण इन सभी को समन्वयवादी समालोचक माना जाता है।

रामचंद्र शुक्ल

समालोचना-साहित्य को सबसे महत्त्वपूर्ण देन आचार्य रामचंद्र शुक्ल की है, जिन्होंने अपने व्यापक और गंभीर अध्ययन, काव्यगुणों को पहचानने की अद्‌भुत क्षमता और विश्लेषण-बुद्धि के द्वारा हिन्दी-समालोचना को अभूतपूर्व उत्कर्ष प्रदान किया। उन्होंने अपने विवेचन के लिए हिन्दी के तीन बड़े कवियों गोस्वामी तुलसीदास, सूरदास और जायसी को चुना। तुलसीदास उनके प्रिय कवि थे, अतः सर्वप्रथम उन्होंने 'तुलसी-ग्रंथावली' (1923) का संपादन किया और उसकी भूमिका में 'रामचरितमानस' तथा तुलसी के अन्य ग्रंथों के काव्यसौंदर्य का विस्तारपूर्वक उद्‌घाटन किया। तुलसीदास यों तो समस्त भारत में महान भक्त और कवि के रूप में विख्यात थे, पर उनके काव्यगुणों का सम्यक् उद्‌घाटन शुक्ल जी के पूर्व किसी

आलोचक के द्वारा नहीं हुआ था। उनकी यही भूमिका बाद में 'गोस्वामी तुलसीदास' (1933) शीर्षक से स्वतंत्र ग्रंथ के रूप में प्रकाशित हुई। इसी भांति उन्होंने 'जायसी-ग्रंथावली' (1925) और 'भ्रमरगीतसार' (1926) का संपादन कर इनकी लंबी भूमिकाओं में जायसी और सूरदास की काव्योपलब्धियों का सूक्ष्म विवेचन किया। 'हिन्दी-साहित्य का इतिहास' (1929) उनके गंभीर अध्ययन और विश्लेषण-सामर्थ्य का अन्य प्रमाण है।

शुक्ल जी रसवादी, नीतिवादी और लोकमंगलवादी भी हैं। इन मान्यताओं के प्रति स्पष्ट और अडिग आस्था के कारण जहां वे एक ओर तुलसी और जायसी जैसे प्रबंधकवियों के काव्यसौष्ठव का सम्यक् उद्‌घाटन कर सके, वहीं दूसरी ओर सूरदास, रीतिकवियों और आधुनिक कवियों के साथ पूरा न्याय नहीं कर पाये। कवि-रूप में सूरदास की श्रेष्ठता को स्वीकार करने पर भी वे उन्हें तुलसी के समकक्ष इसलिए नहीं रख सके, क्योंकि सूरदास ने 'लोकपक्ष' पर उतना ध्यान नहीं दिया, जितना तुलसीदास ने और कबीर को तो उन्होंने विवेचन के योग्य भी नहीं समझा।

नंददुलारे वाजपेयी

नंददुलारे वाजपेयी ने न केवल शुक्ल जी की सीमाओं को उद्‌घाटित किया, अपितु छायावादी काव्य के संदर्भ में उनके दृष्टिकोण को भी नवीन साहित्यिक संवेदना के उपयुक्त नहीं माना। वाजपेयी जी की समीक्षादृष्टि के निर्माण में छायावादी काव्य का प्रमुख योग रहा है। उसकी नूतन कल्पना-छवियों, भावों और भाषा-रूपों की ओर वे विशेष आकृष्ट हुए। मध्यकालीन संस्कारों से प्रेरित रत्नाकर का काव्य तथा 'साकेत' की रुआंसी अभिव्यक्तियां उन्हें अनाकर्षक लगीं। महावीरप्रसाद द्विवेदी के भाषा-परिष्कार-संबंधी दृष्टिकोण तथा उनकी सुरुचिपूर्ण संपादनकला को महत्त्व देते हुए भी उनके साहित्य को उन्होंने अत्यंत साधारण कोटि का माना। प्रेमचंद के आदर्शवाद की भी वे अधिक प्रशंसा नहीं कर सके। किंतु सन् 1941 तक 'भारत' में प्रकाशित लेखों में उन्होंने जिस तेजस्विता, प्रखरता और पैनी दृष्टि का परिचय दिया, वह बाद में संतुलित लेखन में बदल गयी। छायावादोत्तर काल में उनके कई समीक्षा-ग्रंथ प्रकाशित हुए–आधुनिक साहित्य, नया साहित्य : नये प्रश्न, कवि निराला, प्रकीर्णिका, राष्ट्रीय साहित्य तथा अन्य निबंध इत्यादि। इन कृतियों में वाजपेयी जी ने आलोच्य ग्रंथों पर अपने पूर्वाग्रह को लादा नहीं है, बल्कि स्वयं इन्हीं को समीक्षा-सरणि के रूप में ग्रहण किया है और इनमें अनुस्यूत आधुनिकता तथा नवनिर्माण के प्रयास को निरंतर दृष्टि में रखा है।

हजारी प्रसाद द्विवेदी

हजारी प्रसाद द्विवेदी दूसरे ऐसे आलोचक हैं, जिनकी आलोचनात्मक उपलब्धियां महत्त्वपूर्ण और संग्रहणीय हैं। 'हिन्दी-साहित्य की भूमिका' (1940) में उन्होंने आलोचना की ऐतिहासिक पद्धति की प्रतिष्ठा करते हुए यह प्रतिपादित किया है कि किसी ग्रंथकार का स्थान निर्धारित करने के लिए क्रमागत सामाजिक, सांस्कृतिक एवं जातीय सातत्य को देखना आवश्यक है, जिसके लिए आलोचक की अपनी जातीय परंपरा या सांस्कृतिक विरासत का पर्याप्त बोध होना चाहिए। द्विवेदी जी में बोध और पांडित्य का अद्‌भुत मिश्रण है। नवीन मानवतावाद और समाजशास्त्रीय दृष्टिकोण के कारण उनका पांडित्य लचीला और बोध आधुनिक हो गया है। वे मुख्यतः शुक्ल-संस्थान के आलोचक हैं, पर अपने मानवतावादी दृष्टिकोण तथा ऐतिहासिक पद्धति के कारण शुक्ल जी से अलग हैं। मानवीय मूल्यों में इतनी गहन आस्था उनके पूर्व किसी आलोचक ने व्यक्त नहीं की थी। मनुष्य की महिमा की प्रतिष्ठा आधुनिक युग की चेतना का परिणाम है, जिसका प्रादुर्भाव छायावादी कविता के साथ हुआ था। इसीलिए द्विवेदी जी की पहली पुस्तक 'सूर-साहित्य' (1936) में छायावादी भावुकता का प्राधान्य था, किंतु 'कबीर' (1942) में उनके दृष्टिकोण का प्रायोगिक रूप स्पष्ट हुआ। उन्होंने कबीर को सामाजिक, सांस्कृतिक, धार्मिक और साहित्यिक नैरंतर्य के व्यापक परिप्रेक्ष्य में देखा। कबीर के भाषागत वैशिष्ट्य पर भी पहले पहल उन्हीं की दृष्टि गयी। परंतु बीच-बीच में उनकी भावुकता उनका साथ नहीं छोड़ती।

द्विवेदी जी का आधुनिक दृष्टिकोण और नवीन मानवतावाद रावीन्द्रिक मानवतावाद से बहुत दूर तक प्रभावित है, परंतु वह उसकी प्रतिकृति नहीं है। रोमानियत से संपृक्त होते हुए भी वह एक हद तक उससे मुक्त है।

रामविलास शर्मा

मार्क्सवादी आलोचकों में डॉ. रामविलास शर्मा की दृष्टि सबसे अधिक पैनी, स्वच्छ और तलस्पर्शी है। 'प्रगति और परंपरा' (1948), 'प्रगतिशील साहित्य की समस्याएं' (1954), 'आस्था और सौंदर्य' (1956) आदि उनके उल्लेखनीय निबंध-संग्रह हैं। विचारों के स्तर पर वे कहीं भी समझौतावादी नहीं बनते,

अपितु अपनी बात को बहुत ही निर्भीक ढंग से कहते हैं। वर्ग-भेद पर आधारित समाज की पहचान को उन्होंने साहित्यकार के लिए आवश्यक माना है। उदाहरणार्थ, 'भाषा, साहित्य और संस्कृति' पुस्तक से यह उद्धरण देखिए : ''पार्टीजन साहित्यकार बनकर ही हम ऐसे साहित्य का निर्माण कर सकेंगे, जो अगली पीढ़ियों के लिए मूल्यवान हो।'' यह वक्तव्य शर्मा जी की सीमाएं निर्धारित कर देता है, किंतु जहां विरोधियों को आकाश दिखाना उनका अभीष्ट नहीं रहा, वहां उनका विवेचन संतुलित और समस्यामूलक है। इस दृष्टि से 'मार्क्सवाद और प्राचीन साहित्य का मूल्यांकन' उनका महत्त्वपूर्ण निबंध है। 'आचार्य रामचंद्र शुक्ल और हिन्दी-आलोचना' ग्रंथ को उनकी आलोचना पद्धति का केंद्र-बिंदु मानना चाहिए।

डॉ. शर्मा की दृष्टि में भारतीय साहित्य की समग्र परंपरा रही है और इसी दृष्टि से 'परंपरा का मूल्यांकन', 'आस्था और सौंदर्य' की दृष्टि-व्यापकता सामने आती है। ध्यातव्य है कि आधुनिक भारतीय राष्ट्रीय सांस्कृतिक नवजागरण की आंतरिक शक्तियों का जितना गहन-गंभीर ज्ञान रामविलास शर्मा को है, उतना इधर के किसी भी आलोचक में नहीं मिलता। उन्होंने 'भारतेंदु युग और हिन्दी-भाषा की विकास-परंपरा', 'महावीरप्रसाद द्विवेदी और हिन्दी-नवजागरण' (1977), 'लोकजागरण और हिन्दी-साहित्य' (भूमिका, भाग 1985), 'मार्क्सवाद और प्रगतिशील साहित्य', 'नयी कविता और अस्तित्ववाद' जैसी पुस्तकों से यह सिद्ध कर दिया है।

डॉ. नगेन्द्र

डॉ. नगेन्द्र ने हिन्दी-आलोचना को व्यावहारिक एवं सैद्धांतिक दोनों दृष्टियों से संवर्द्धित किया है। वे रसवादी आलोचक हैं। 'रस-सिद्धांत' में रस की सांगोपांग विवेचना करते हुए उन्होंने इसे पुनः प्रतिष्ठित करने का पांडित्यपूर्ण प्रयास किया है। रसवाद पर जितना एकांतिक आग्रह नगेंद्र जी का दिखायी पड़ता है, उतना अन्य किसी आलोचक का नहीं। यदि वाजपेयी जी, द्विवेदी जी और डॉ. नगेंद्र की आलोचनाओं के वृत्त बनाये जायें तो वाजपेयी जी की स्थिति मध्यवर्ती ठहरती है। उनकी वृत्तपरिधि एक ओर द्विवेदी जी की वृत्तपरिधि का स्पर्श करती है, तो दूसरी ओर नगेंद्र की। द्विवेदी जी और नगेंद्र की परिधियां एक-दूसरे से अछूती रह जाती हैं। द्विवेदी जी की मानवतावादी समीक्षा में साहित्येतर तत्वों की बहुलता है, वाजपेयी जी साहित्यिक मूल्यों पर बल देते हुए भी यथास्थान साहित्येतर मूल्यों का प्रयोग भी करते हैं, किंतु नगेंद्र जी एकांततः साहित्यिक समीक्षा-सिद्धांतों के पक्षपाती हैं, साहित्येतर मूल्यों से उनका संबंध प्रायः नहीं है।

नगेंद्र जी की व्यावहारिक आलोचना तथा सैद्धांतिक आलोचना में प्रीतिकर एकसूत्रता दिखायी पड़ती है। उन्होंने पूर्व और पश्चिम के महत्त्वपूर्ण काव्यशास्त्रों का हिन्दी-अनुवाद करने-कराने में सबसे अधिक योग दिया है।

सैद्धांतिक आलोचना की दिशा में भी अनेक समीक्षा-ग्रंथों का प्रकाशन हुआ है। इस दिशा में सर्वाधिक उल्लेखनीय योगदान डॉ. नगेंद्र का है। 'भारतीय काव्यशास्त्र की भूमिका' में उन्होंने संस्कृत-काव्यशास्त्र की अभिनिवेशपूर्वक विवेचना की है, तो 'अरस्तू का काव्यशास्त्र' और 'काव्य में उदात्ततत्व' की रचना पाश्चात्य काव्यशास्त्र के संदर्भ में की गयी है।

इन्हें छायावादी आलोचक के रूप में विशेष ख्याति मिली।

डॉ. नामवर सिंह

हिन्दी-आलोचना के इस दौर में सर्वाधिक चर्चा का केंद्र नामवर सिंह की पुस्तक 'कविता के नये प्रतिमान' रही है। कई दृष्टियों से यह पिछले दो दशकों की हिन्दी में कविता संबंधी आलोचना की बहुत विचारोत्तेजक पुस्तक है। इसमें बदले हुए काव्यबोध और मूल्यबोध को भारी बहसों-तर्कों से परिभाषित करने का प्रयास किया गया है। कविता की नयी कसौटियों को पाने के लिए पूरी पुस्तक विवाद-शैली में लिखी गयी है। हालांकि इस पुस्तक के विचारों पर मुक्तिबोध तथा विजयदेवनारायण साही के विचारों की भारी धमक है। नयी कविता की प्रकृति और संभावनाओं को नये प्रतिमानों के साथ समझाने का यह एक अच्छा प्रयास है। नामवर सिंह की 'दूसरी परंपरा की खोज' आचार्य हजारीप्रसाद द्विवेदी की साहित्यदृष्टि को समझाने का गंभीर चिंतन है। हिन्दी-गद्य की सृजनात्मकता और आलोचना के लालित्य में यह अपने ही ढंग की सृजनात्मक आलोचना का नमूना है।

'छायावाद' में डॉ. नामवर सिंह ने छायावाद को अनेक प्रवृत्तियों का समुच्चय कहा, जिसमें राष्ट्रीय जागरण की भावना केंद्र में थी। इस पुस्तक में उन्होंने छायावाद के भाव और कलापक्ष की विविध प्रवृत्तियों का विवेचन करके छायावाद के ऐतिहासिक महत्त्व एवं काव्योत्कर्ष की व्याख्या की।

'कहानी : नई कहानी' का महत्त्व इस बात में है कि इस पुस्तक के द्वारा हिन्दी में कहानी-आलोचना की गंभीर परंपरा प्रारंभ हुई। हिन्दी आलोचना इसके पूर्व प्रधानतः कविता की

आलोचना थी। उपन्यास की तो थोड़ी-बहुत समालोचना हुई भी थी, किंतु कहानी की गंभीर आलोचना नहीं के बराबर थी। इसके द्वारा 'नई कहानी आंदोलन' प्रतिष्ठित और परिभाषित हुआ। इसमें नई कहानी और पुरानी कहानी का अंतर बताया गया और प्रमुख हिन्दी कहानियों की विवेचना-व्याख्या की गई।

विजयदेव नारायण साही

नयी कविता और नयी सर्जना के सबसे प्रबल सिद्धांतकार हैं विजयदेव नारायण साही। साही ने 'लघुमानव के बहाने हिन्दी-कविता पर एक बहस' तथा 'शमशेर की काव्यानुभूति की बनावट' शीर्षक दो निबंधों से ही हिन्दी-आलोचना में अपना विशिष्ट स्थान बना लिया है। शमशेर की 'काव्यानुभूति की बनावट' में उन्होंने नयी सर्जना के बदलाव को तत्व दृष्टि से पकड़ते हुए कहा, ''नयी कविता की बहसों में यह मान्यता अंतर्भूत रही है कि न सिर्फ कविता का ऊपरी कलेवर बदला है या नये बिंबों या प्रतीकों या शब्दावली की तलाश हुई है, बल्कि गहरे स्तर पर काव्यानुभूति की बनावट में ही परिवर्तन आ गया है। चेतना के जो तत्व काव्यानुभूति के आवश्यक अंग दिखते थे, उनमें से कुछ अनुपयोगी या असार्थक दिखने लगे, कुछ अन्य जो पहले अनावश्यक या विरोधी लगते थे, काव्यानुभूति के केंद्र में आ गये और कुल मिलाकर काव्यानुभूति और जीवन को काव्येतर अनुभूतियों में जो रिश्ता दिखता था, वह रिश्ता भी बदल गया'' (नयी कविता, पृ. 5-6)। नये साहित्य के साथ साही का ध्यान मध्यकाल की हिन्दी-कविता और जायसी पर भी गया। जायसी पर अनुसंधान करते हुए उन्होंने इतने नये निर्णय दिये कि आचार्य शुक्ल के बाद फिर से जायसी का पुनराविष्कार ही कर डाला। आचार्य शुक्ल की अनेक मान्यताओं का खंडन करते हुए उनकी पुस्तक 'जायसी' (1983) सामने आयी। यह पुस्तक आचार्य शुक्ल के जायसी संबंधी मूल्यांकन को आगे बढ़ाने वाली है।

हिन्दी की अन्य गद्य विधाएं

रेखाचित्र

रेखाचित्र अंग्रेजी के 'स्केच' शब्द का पर्याय है जिसे हिन्दी में शब्दचित्र भी कहते हैं। जो चित्र रेखा द्वारा खींचे जाते हैं उन्हें हम रेखाचित्र कहते हैं। साहित्य में रेखा का काम शब्दों से लिया जाता है। शिवदान सिंह चौहान ने रेखाचित्र के विषय में कहा है–रेखाचित्र पढ़कर किसी वस्तु का चित्र ही हमारे सामने नहीं खिंच जाता, बल्कि अभिव्यक्ति और चित्रण के पीछे अनासक्तिभाव का उपक्रम किये लेखक की छिपी सहानुभूति से भी अप्रत्यक्ष रूप से पाठक प्रभावित होता है, वास्तविकता के उस टुकड़े को उस विराट् संदर्भ से हटाकर जैसे खुर्दबीन से देखकर वह उसे पूरी तौर पर जान लेता है और उसके सम्पूर्ण स्वरूप से उसके आंतरिक सम्बन्धों को पहचान लेता है।

छायावादोत्तर साहित्य में रेखाचित्र-साहित्य के विकास की दिशा में 'हँस' पत्रिका का रेखाचित्र विशेषांक सर्वप्रथम उल्लेखनीय है। इसमें हिन्दी के अतिरिक्त अन्य भारतीय भाषाओं के लेखकों के भी रेखाचित्र प्रकाशित किए गए थे। इन विधाओं के हिन्दी लेखकों में बनारसी दास चतुर्वेदी का स्थान सर्वोच्च है। रेखाचित्र लेखकों में प्रकाश चन्द्र गुप्त, विनय मोहन शर्मा, कन्हैया लाल मिश्र प्रभाकर, शिवपूजन सहाय, सत्यवती मल्लिक, शांतिप्रिय द्विवेदी, सेठ गोविन्ददास, जगदीश चन्द्र माथुर आदि नाम उल्लेख्य हैं।

रेखा चित्र संस्मरणात्मक भी होते हैं। हिन्दी में संस्मरणात्मक रेखाचित्र को उन्नत करने वालों में सत्यजीवन वर्मा, ओंकार शरद, प्रेमनारायण टण्डन, विनोद शंकर व्यास, हरिभाऊ उपाध्याय, राम कृष्ण दास, महेन्द्र भटनागर, कुन्तल गोयल, डॉ. हरगुलाल, पदमिनी मेनन, लक्ष्मी नारायण सुधांशु , इन्द्र विद्यावाचस्पति आदि प्रमुख हैं।

संस्मरण

स्मृति के आधार पर किसी विषय या व्यक्ति के सम्बन्ध में लिखित लेख या ग्रंथ को संस्मरण कह सकते हैं। व्यापकरूप से संस्मरण आत्मचरित के अन्तर्गत आ जाता है। परन्तु इन दोनों के दृष्टिकोणों में मौलिक अन्तर है। आत्मचरित के लेखक का मुख्य उद्देश्य अपनी जीवन-कथा का वर्णन करना रहता है। इसमें कथा का प्रमुख पात्र स्वयं लेखक होता है और अन्य इतिहास की घटनाओं तथा परिस्थितियों का केवल वही रूप उसमें आता है, जो उसके जीवनक्रम को प्रभावित, संचालित या नियंत्रित करता है अथवा जो उससे प्रभावित होता है।

इसके विपरीत संस्मरण का दृष्टिकोण अलग है। इसमें लेखक अपने समय के इतिहास को लिखना चाहता है। वह जो स्वयं देखता है, जिसका वह स्वयं अनुभव करता है, उसी का वर्णन करता है। उसके वर्णन में उसकी अनुभूतियाँ,

संवेदनाएँ भी रहती हैं। इस दृष्टि से शैली में वह निबंधकार के समीप है पर वास्तव में वह अपने चतुर्दिक जीवन का सर्जन सम्पूर्ण भावना और जीवन के साथ करता है। रेखाचित्र और संस्मरण में बहुत दूर तक समानता है। जब हम अपने बारे में संस्मरण न लिखकर दूसरों के बारे में लिखते हैं और वह भी संक्षिप्त रूप में तो वह बहुधा रेखाचित्र के समीप होता है। वस्तुतः संस्मरण, रेखाचित्र और आत्मचरित का एक-दूसरे से इतना घनिष्ठ सम्बन्ध है कि एक की सीमा दूसरे से कहाँ मिलती है और कहाँ अलग हो जाती है, इसका निर्णय करना कठिन है।

हिन्दी के प्रारम्भिक संस्मरण-लेखकों में पद्मसिंह शर्मा प्रमुख हैं। इनके अतिरिक्त बनारसी दास चतुर्वेदी, रामवृक्ष बेनीपुरी, शांतिप्रिय द्विवेदी, कन्हैयालाल मिश्र प्रभाकर, राहुल सांकृत्यायन, जगदीश चन्द्र माथुर, सेठ गोविन्द दास, माखनलाल चतुर्वेदी, रामधारी सिंह दिनकर आदि को प्रमुख संस्मरण लेखकों में गिना जाता है। इस कड़ी में हरिवंशराय बच्चन का नामोल्लेख अनिवार्य हो जाता है।

वर्तमान युग में कतिपय अन्य लेखकों ने भी अपनी अमूल्य रचनाओं द्वारा हिन्दी संस्मरण-साहित्य को समृद्ध किया है। इनमें कतिपय उल्लेखनीय हस्ताक्षर हैं—सत्यजीवन वर्मा भारतीय, हरिभाऊ उपाध्याय, रायकृष्णदास, महेन्द्र भटनागर, कुंतल गोयल, डॉ. हर गुलाल, पदमिनी मेनन और लक्ष्मी नारायण सुधांशु आदि।

श्रीराम शर्मा के जो ग्रंथ आलोच्य युग में प्रकाशित हुए, उनमें 'प्राणों का सौदा' (1939), 'जंगल के जीव' (1949) और 'वे जीते कैसे हैं' (1957) उल्लेखनीय हैं। जनपदीय शब्दों का प्रयोग करते हुए कथात्मक शैली के माध्यम से रोचक और हृदयस्पर्शी वर्णन इनके लेखन की सर्वप्रमुख विशेषता है। रामवृक्ष बेनीपुरी (1902-1968) अपने अद्भुत शब्द-शिल्प के लिए प्रख्यात हैं। 'लाल तारा' (1957) इनकी प्रसिद्ध कृतियां हैं। यथार्थ के साथ कल्पना और भावुकता का समन्वय, विषय-वैविध्य तथा शब्दों एवं वाक्यांशों का संयत प्रयोग बेनीपुरी के लेखन की कतिपय ऐसी विशेषताएं हैं, जो पाठक की स्मृति में सदा-सदा के लिए अपना स्थान बना लेती हैं।

हिन्दी के संस्मरणात्मक रेखाचित्र-साहित्य की श्रीवृद्धि में महादेवी वर्मा ने अत्यधिक महत्त्वपूर्ण योगदान किया है। 'अतीत के चलचित्र (1941), 'स्मृति की रेखाएं' (1947), 'पथ के साथी' (1956), 'स्मारिका' (1971) और 'मेरा परिवार (1972) उनके उल्लेखनीय रेखाचित्र-संग्रह हैं।

सत्यजीवन वर्मा 'भारतीय' की 'एलबम' (1949), ओंकार शरद की 'लंका महाराजिन' (1950), कैलाशनाथ काटजू की 'मैं भूल नहीं सकता' (1955), प्रेमनारायण टंडन की 'रेखाचित्र' (1959), इंद्र विद्यावाचस्पति की 'मैं इनका ऋणी हूँ' (1959), विनोदशंकर व्यास की 'प्रसाद और उनके समकालीन' (1960), संपूर्णानंद की 'कुछ स्मृतियां और स्फुट विचार' (1962), हरिभाऊ उपाध्याय की 'मेरे हृदय-देव' (1965), राय कृष्णदास की 'जवाहर भाई : उनकी आत्मीयता और सहृदयता' (1965), महेंद्र भटनागर की 'विकृत रेखाएं : धुंधले चित्र' (1966), कुतल गोयल की 'कुछ रेखाएं कुछ चित्र' (1967), डॉ. हरगुलाल की 'घेरे के भीतर और बाहर' (1968), पद्मिनी मेनन की 'चांद' (1969), लक्ष्मीनारायण 'सुधांशु' की 'व्यक्तित्व की झांकियां' (1970), अमृतलाल नागर की 'जिनके साथ जिया' (1973), परिपूर्णानंद की 'बीती बातें' (1976), प्रसिद्ध क्रांतिकारी भगत सिंह की 'मेरे क्रांतिकारी साथी' (1977), कृष्णा सोबती की 'हम हशमत' (1977), भारतभूषण अग्रवाल की 'लीक-अलीक' (1980), डॉ. रामकुमार वर्मा की 'संस्मरणों के सुमन' (1982), विष्णु प्रभाकर की 'मेरे अग्रज : मेरे मीत' (1983), फणीश्वरनाथ रेणु की 'वनतुलसी की गंध' (1984) तथा भगवतीशरण सिंह की 'रस गगन गुफा में' (1986) इन विधाओं की अन्य उल्लेखनीय कृतियां हैं।

यात्रा साहित्य

यात्राओं के वर्णन को साहित्य के रंग से रंजित कर रोचक बनाने वाली रचना को 'यात्रावृत्त' नाम दिया गया। यह इतना रोचक हो गया कि साहित्य की एक विधा के रूप में इसे स्वीकृत कर लिया गया। पाठक को यात्रावृत्त से कहानी और उपन्यास का आनन्द मिलने लगा।

छायावादोत्तर काल में स्वामी सत्यदेव परिव्राजक की कृति 'मेरी पाँचवी जर्मनी यात्रा' से यात्रावृत्त का क्रम प्रारम्भ होता है। कन्हैया लाल मिश्र की भी एक रचना 'मेरी इराक यात्रा' इसी समय प्रकाशित हुई, जिसमें यात्रा मार्ग में पड़ने वाले स्थानों का भी सविस्तार वर्णन किया गया।

यात्रावृत्त को समृद्ध बनाने में राहुल सांकृत्यायन का योगदान अविस्मरणीय है। 'मेरी लद्दाख यात्रा,' 'किन्नर देश में' 'राहुल यात्रावली' 'यात्रा के पन्ने' 'रूस में पच्चीस मास', 'एशिया के दुर्गम भूखण्डों में' आदि उनकी कतिपय उल्लेखनीय रचनाएँ हैं। रामवृक्ष बेनीपुरी ने 'पैरों में पंख बाँधकर' तथा

'उड़ते चलो उड़ते चलो' के माध्यम से यूरोपीय रंगमंच, देहात आदि का हृदयग्राही विवरण अंकित किया है।

यात्रावृत्त का महत्त्व दो कारणों से है। एक तो यात्रा के बीच में जहाँ-जहाँ हम रुकते हैं, नए-नए दृश्य देखते हैं और नया-नया अनुभव प्राप्त करते हैं। दूसरे, साहित्यिक भाषा और शैली में वर्णन अत्यन्त रोचक हो जाता है। यात्रावृत्त किसी कहानी या उपन्यास से कम रोचक नहीं होता है। यही कारण है कि साहित्य में इसे विधा के रूप में स्वीकार कर लिया गया है। इतना ही नहीं आजकल यह साहित्य की एक लोकप्रिय विधा है।

इस तरह यात्रावृत्त-लेखन का पर्याप्त प्रचलन रहा। सर्वश्री रामनारायण मिश्र (1876-1953), गणेशनारायण सोमानी (1878), स्वामी सत्यदेव परिव्राजक (1879), कन्हैयालाल मिश्र आर्योपदेशक (1880), शिवप्रसाद गुप्त (1883-1963), सेठ गोविंददास (1896), प्रो. मनोरंजन (1900), और केदाररूप राय (1902), ने इस विधा को यथाशक्ति समृद्ध किया। रामनारायण मिश्र ने 'यूरोप-यात्रा में छह मास' (1932) में यूरोप के दर्शनीय स्थानों के रोचक वर्णन के साथ-साथ वहां की शिक्षा-पद्धति आदि का भी यथास्थान विवरण दिया है। गणेशनारायण सोमानी ने अपनी यूरोप-यात्रा का वर्णन पत्र शैली में किया है। 'मेरी यूरोप-यात्रा' (1932) में संकलित ये पत्र उन्होंने अपनी पुत्री को लिखे थे। वैसे सत्यदेव परिव्राजक इस युग के सर्वप्रमुख यात्रावृत्त-लेखक हैं। 'मेरी जर्मन-यात्रा' (1926), 'यात्री-मित्र' (1936), 'यूरोप की सुखद स्मृतियां (1937), 'ज्ञान के उद्यान में' (1937), 'नयी दुनिया के मेरे अद्‌भुत संस्मरण' (1937) और 'अमेरिका-प्रवास की मेरी अद्‌भुत कहानी' (1937) इनकी उल्लेखनीय कृतियां हैं।

आत्मकथा

जीवनी साहित्य की भाँति आत्मकथा-लेखन की प्रवृत्ति छायावादोत्तर काल में बलवती रही है। सामाजिक, राजनीतिक, साहित्यिक आदि विभिन्न क्षेत्रों के महत्त्वपूर्ण व्यक्तियों ने अपनी आत्मकथाएँ लिखकर इस विधा को पल्लवित-पुष्पित किया है। सामाजिक क्षेत्र में कार्य करने वाले जिन व्यक्तियों ने आत्मकथाएँ लिखी हैं, उनमें भवानी दयाल संन्यासी तथा सत्यदेव परिव्राजक उल्लेखनीय हैं। डॉ. राजेन्द्र प्रसाद, जवाहर लाल नेहरू, डॉ. राधा कृष्णन तथा मौलाना अबुल कलाम आजाद इस युग के ऐसे राजनीतिक महापुरुष रहे हैं जिन्होंने सक्रिय राजनीति में भाग लेने के साथ-साथ अत्यन्त महत्त्वपूर्ण आत्मकथाएँ भी लिखी हैं। हिन्दी के जिन साहित्यकारों की आत्मकथाएँ प्रकाशित हुई हैं उनमें डॉ. श्याम सुन्दर दास, राहुल सांकृत्यायन, वियोगी हरि, यशपाल, शांतिप्रिय द्विवेदी, पदुमलाल पुन्नालाल बख्शी, सेठ गोविन्द दास, पाण्डेय बेचन शर्मा उग्र, आचार्य चतुरसेन शास्त्री, डॉ. हरिवंशराय बच्चन आदि उल्लेखनीय हैं। ध्यातव्य है कि अपने जीवन के विषय में खुद लिखा जाता है तो उसे आत्मकथा कहते हैं।

हिन्दी में इस विधा का आरंभ बनारसीदास जैन की पद्यात्मक रचना 'अर्धकथानक' (1641) से होता है। किंतु गद्य-विधा के रूप में इसकी प्रतिष्ठा आधुनिक काल में हुई। सत्यानंद अग्निहोत्री-कृत 'मुझमें देव-जीवन का विकास' (1910) तथा स्वामी दयानंद कृत 'जीवन-चरित्र' (1917) इस विधा की आरंभिक कृतियां हैं। छायावाद-युग में प्रकाशित आत्मकथा-साहित्य में भाई परमानंद, राष्ट्रपिता महात्मा गांधी तथा नेता जी सुभाषचंद्र बोस द्वारा क्रमशः लिखी गयी 'आपबीती' (1921), 'आत्मकथा' (1923) तथा 'तरुण के स्वप्न' (1935) शीर्षक कृतियां उल्लेखनीय हैं। भाई परमानंद कृत 'आपबीती' को छोड़ कर शेष दोनों रचनाएं अनूदित हैं। महात्मा गांधी की 'आत्मकथा' का अनुवाद श्री हरिभाऊ उपाध्याय ने किया तथा उसका प्रकाशन 1927 में हुआ। नेता जी सुभाषचंद्र बोस की आत्मकथा का अनुवाद गिरीशचंद्र जोशी ने किया।

जीवनी

छायावादोत्तर काल में जीवनी-साहित्य का बहुमुखी विकास हुआ है। लोकप्रिय नेताओं, सन्तों, महात्माओं, साहित्यकारों, विदेशी महापुरुषों, वैज्ञानिकों, खिलाड़ियों आदि से सम्बन्धित जीवनियाँ प्रचुर परिमाण में लिखी गई हैं। महात्मा गाँधी इस युग के सर्वाधिक लोकप्रिय नेता थे, फलस्वरूप उनसे सम्बन्धित जीवनियाँ सर्वाधिक संख्या में प्राप्त होती हैं। घनश्याम दास बिड़ला, काका कालेलकर, सुमंगल प्रकाश, सुशीला नायर, डॉ. राजेन्द्र प्रसाद तथा जैनेन्द्र कुमार द्वारा लिखित महात्मा गाँधी की जीवनियाँ उल्लेखनीय हैं। हरिकृष्ण त्रिवेदी, छविनाथ पाण्डेय, गिरीशचन्द्र जोशी आदि ने नेताजी सुभाषचन्द्र बोस की जीवनियाँ लिखी हैं। जवाहर लाल नेहरू की जीवनी लिखने वालों में माता सेवक पाठक, लक्ष्मण सुमन, जगदीश झा विकल, रामवृक्ष बेनीपुरी, वाल्मीकि चौधरी, इन्द्र विद्या वाचस्पति आदि प्रमुख हैं। कई अन्य लेखकों ने भी राष्ट्र नेताओं से सम्बद्ध

प्रेरणास्पद जीवनी-ग्रंथों का प्रणयन किया है। सन्तों-महात्माओं के जीवन-चरित लेखन की दिशा में भदन्त आनन्द कौशल्यायन, सुन्दरलाल, दीनदयाल उपाध्याय और बलदेव उपाध्याय उल्लेखनीय हैं। भारतीय इतिहास से सम्बद्ध महापुरुषों की जीवनी लिखने वालों में सीताराम कोहली, लाजपत राय, द्वारका प्रसाद शर्मा, भीमसेन विद्यालंकार, श्री निवास बालाजी हार्डीकर आदि नाम उल्लेख्य हैं। विदेशी महापुरुषों की जीवनी-भाषा को आधार बनाकर लिखने वालों में बनारसी दास चतुर्वेदी, राम इकबाल सिंह, त्रिलोकीनाथ, अनन्त प्रसाद विद्यार्थी, श्रवण लाल अग्रवाल, राहुल सांकृत्यायन आदि के नाम लिये जा सकते हैं। साहित्यकारों के जीवन-चरित्र को प्रस्तुत करने वालों में गंगा प्रसाद पाण्डेय, शिवरानी देवी, उमेशचन्द्र मिश्र, मदन गोपाल, अमृतराय, डॉ. राम विलास शर्मा, शांति जोशी तथा विष्णु प्रभाकर के नाम उल्लेखनीय हैं। जीवनी साहित्य के संदर्भ में यही कहा जा सकता है कि वर्तमानकालीन जीवनी-साहित्य विषय और परिमाण की दृष्टि से तो पर्याप्त सम्पन्न है लेकिन शैली की दृष्टि से आंशिक समृद्ध हैं। विशेष रूप से ध्यातव्य है कि किसी की जीवनी कोई भी लिख सकता है।

तत्कालीन राष्ट्रीय आंदोलन के प्रभावस्वरूप स्वभावतः लेखकों की सर्वाधिक अभिरुचि राष्ट्रीय नेताओं से संबंधित जीवनियां लिखने की ओर रही। इसके साथ ही इतिहासप्रसिद्ध महापुरुषों और महान महिलाओं के जीवनवृत्त प्रस्तुत करने की ओर भी ध्यान दिया गया। राष्ट्रीय नेताओं के संदर्भ में नवजादिकलाल श्रीवास्तव, ईश्वरीप्रसाद शर्मा, रामदयाल तिवारी, रामनरेश त्रिपाठी, नरोत्तमदास व्यास, डॉ. राजेंद्रप्रसाद, नंदकुमारदेव शर्मा, व्यथितहृदय, गणेशशंकर विद्यार्थी, इंद्र वाचस्पति, जगपति चतुर्वेदी तथा मन्मथनाथ गुप्त ने क्रमशः 'देशभक्त लाला लाजपतराय' (1920), 'बाल गंगाधर तिलक' (1920), 'गांधी-मीमांसा' (1921), 'गांधी जी कौन हैं' (1921), 'गांधी-गौरव' (1921), 'चंपारन में महात्मा गांधी' (1922), 'लाजपत-महिमा' (1922), 'पं. जवाहरलाल नेहरू' (1926), 'श्री गांधी' (1931), 'जवाहरलाल नेहरू' (1933), 'लाला लाजपतराय' (1938), 'चंद्रशेखर आजाद' (1938) आदि रचनाओं के माध्यम से जीवनी-साहित्य को समृद्ध किया।

रामनरेश त्रिपाठी, संपूर्णानंद, चंद्रशेखर पाठक, सुखसंपतिराय भंडारी, रामवृक्ष शर्मा, गौरीशंकर हीराचंद ओझा, गंगाप्रसाद मेहता, प्रेमचंद आदि ने क्रमशः 'पृथ्वीराज चौहान' (1919), 'सम्राट् हर्षवर्द्धन' (1920), 'राणा प्रतापसिंह' (1920), 'शिवाजी' (1925), 'महाराणा प्रताप सिंह' (1927), 'चंद्रगुप्त विक्रमादित्य' (1932), 'दुर्गादास' (1938), आदि कृतियों की रचना कर इस साहित्यविधा के विकास में योगदान किया।

रिपोर्ताज

'रिपोर्ताज' फ्रांसीसी भाषा का शब्द है तथा इसकी गणना नव्यतम साहित्यरूपों के अंतर्गत की जाती है। जिस रचना में वर्ण्य विषय का आंखों देखा तथा कानों सुना ऐसा विवरण प्रस्तुत किया जाये कि पाठक की हृत्तंत्री के तार झंकृत हो उठें और वह उसे भूल न सके, उसे 'रिपोर्ताज' कहते हैं।

हिन्दी में रिपोर्ताज-लेखन की परंपरा शिवदान सिंह चौहान की रचना 'लक्ष्मीपुरा' (रूपाभ, दिसंबर, 1938) से आरंभ हुई। 'हंस' के 'समाचार और विचार' तथा 'अपना देश' स्तंभों के अंतर्गत भी उनकी इस शैली की अनेक रचनाएं प्रकाशित हुईं, जिनमें 'मौत के खिलाफ जिंदगी की लड़ाई' विशेषरूपेण उल्लेखनीय है।

रिपोर्ताज-लेखन की दिशा में कतिपय अन्य उल्लेखनीय हस्ताक्षर हैं : भदंत आनंद कौसल्यायन, शिवसागर मिश्र, डॉ. धर्मवीर भारती, कन्हैयालाल मिश्र प्रभाकर, शमशेरबहादुर सिंह, श्रीकांत वर्मा तथा फणीश्वरनाथ रेणु, जिन्होंने क्रमशः 'देश की मिट्टी बुलाती है', 'वे लड़ेंगे हजार साल' (1966), 'युद्ध-यात्रा' (1972), 'क्षण बोले कण मुस्काएं', 'प्लाट का मोर्चा', 'अपोलो का रथ' तथा 'ऋणजल धनजल' (1975), सदृश सशक्त रचनाओं के माध्यम से रिपोर्ताज-लेखन को नए आयाम दिए हैं। उल्लेखनीय है कि हिन्दी का अधिकांश रिपोर्ताज-साहित्य पत्र-पत्रिकाओं में ही प्रकाशित हुआ है। नया पथ, ज्ञानोदय, कल्पना, माध्यम, साप्ताहिक हिंदुस्तान, धर्मयुग, दिनमान आदि पत्रिकाओं में समय-समय पर अनेक महत्त्वपूर्ण रिपोर्ताज प्रकाशित हुए हैं, जिनमें डॉ. भगवतशरण उपाध्याय, फणीश्वरनाथ रेणु, रामकुमार, विवेकीराय, कैलाश नारद, जगदीप्रसाद चतुर्वेदी, निर्मल वर्मा, सतीकुमार, श्रीकांत वर्मा, कमलेश्वर आदि द्वारा लिखित 'खून के छींटे', 'एकलव्य के नोट्स', 'बाढ़! बाढ़! बाढ़!!!', 'धरती के लिए', 'चीनियों द्वारा निर्मित काठमांडू-ल्हासा सड़क', 'प्राग : एक स्वप्न', 'क्या हमने कोई षड्यंत्र रचा था', 'मुक्ति फौज' और 'क्रांति करते हुए आदमी को देखना' विशेषरूपेण उल्लेखनीय हैं।

अभ्यास प्रश्न

1. हिन्दी साहित्य में गद्य का विकास–
   A. पद्य के साथ-साथ हुआ
   B. पद्य से पहले हुआ
   C. पद्य के बाद हुआ
   D. उपरोक्त में से कोई नहीं

2. आधुनिक काल में कुल मिलाकर–
   A. पद्य और गद्य बराबर लिखा गया
   B. पद्य अधिक लिखा गया
   C. गद्य अधिक लिखा गया
   D. उपरोक्त में से कोई नहीं

3. हिन्दी में गद्य का प्राचीनतम रूप किस ग्रंथ में मिलता है?
   A. चौरासी वैष्णवन की वार्ता
   B. चन्द छंद बरनन की महिमा
   C. पद्मपुराण
   D. सुख सागर

4. 'चौरासी वैष्णवन की वार्ता' का रचयिता कौन था?
   A. विट्ठलनाथ जी B. गोकुलनाथ जी
   C. नाभादास जी D. गंग कवि

5. 'अष्टयाम' किसकी रचना है?
   A. गोकुलनाथ जी B. विट्ठलनाथ जी
   C. नाभादास जी D. रामप्रसाद निरंजनी

6. प्रारम्भिक गद्य की भाषा क्या थी?
   A. अपभ्रंश B. खड़ी बोली
   C. अवधी D. ब्रजभाषा

7. जैन 'पद्म पुराण' का अनुवाद किसने किया था?
   A. लक्ष्मण सिंह B. दौलत राम
   C. श्रद्धाराम फिल्लौरी D. रामप्रसाद निरंजनी

8. 19वीं शताब्दी के आरम्भ में हिन्दी गद्य के चार मुख्य लेखक हुए। उनमें से एक ने 'सुखसागर' लिखा। उसका नाम क्या था?
   A. सदल मिश्र B. लल्लू लाल
   C. सदासुख लाल D. इंशाअल्ला खां

9. 'रानी केतकी की कहानी' किसने लिखी थी?
   A. इंशाअल्ला खां B. लक्ष्मण सिंह
   C. बालकृष्ण भट्ट D. प्रताप नारायण मिश्र

10. नीचे पुस्तकों और लेखकों के जोड़े दिये गए हैं। इनमें एक जोड़ा गलत है। बताइये कौन-सा जोड़ा गलत है?
    A. भाषा योगवशिष्ठ – नाभादास
    B. नासिकेतोपाख्यान – सदल मिश्र
    C. शृंगार रस मंडन – विट्ठल नाथ
    D. प्रेमसागर – लल्लू लाल

11. ईसाई पादरियों ने किस प्रकार हिन्दी गद्य के प्रसार में योगदान किया?
    A. उन्होंने गद्य लेखन पर पुरस्कार दिये
    B. स्वयं हिन्दी गद्य में लिखा
    C. बाइबिल का हिन्दी में अनुवाद कराया और उसे बांटा
    D. उपरोक्त सभी

12. 'सितारे हिन्द' किसकी उपाधि थी?
    A. राजा शिवप्रसाद B. राजा लक्ष्मण सिंह
    C. देवकीनंदन खत्री D. श्रीनिवास दास

13. 'इतिहास तिमिर नाशक' ग्रंथ का रचयिता कौन है?
    A. भारतेन्दु हरिश्चन्द्र
    B. बालकृष्ण भट्ट
    C. राजा शिवप्रसाद 'सितारे हिन्द'
    D. राजा लक्ष्मण सिंह

14. भारतेन्दु हरिश्चन्द्र के समय में हिन्दी गद्य की बड़ी उन्नति हुई। इसमें इनके दो सहयोगियों की प्रमुख भूमिका थी, जिनमें एक का नाम था प्रतापनारायण मिश्र और दूसरे का नाम था–
    A. देवकीनंदन खत्री B. श्यामसुंदर दास
    C. श्रीनिवास दास D. बालकृष्ण भट्ट

15. भारतेन्दु हरिश्चन्द्र के काल में हिन्दी गद्य में–
    A. नाटक लिखे गये B. निबंध लिखे गये
    C. आलोचना लिखी गई D. उपरोक्त तीनों लिखे गये

16. द्विवेदी युग में हिन्दी गद्य–
A. का रूप पूर्णतः स्थिर हो गया
B. उर्दू मिश्रित हो गया
C. की उपेक्षा हुई
D. में केवल कुछ कहानियां लिखी गईं

17. द्विवेदी-युग में रामचन्द्र शुक्ल ने साहित्य के किस क्षेत्र में मूल्यवान योगदान किया?
A. उपन्यास के क्षेत्र में B. कहानी के क्षेत्र में
C. नाटक के क्षेत्र में D. आलोचना के क्षेत्र में

18. मिश्र बंधु का योगदान गद्य के किस क्षेत्र में रहा?
A. नाटक के क्षेत्र में B. कहानी के क्षेत्र में
C. आलोचना के क्षेत्र में D. उपन्यास के क्षेत्र में

19. द्विवेदी युग में ही हिन्दी के महान् उपन्यासकार की रचनायें प्रकाश में आईं। वह उपन्यासकार थे–
A. जैनेन्द्र कुमार B. यशपाल
C. प्रेमचन्द D. इलाचन्द जोशी

20. छायावादी कवियों में जयशंकर प्रसाद ने गद्य की किस विधा को समृद्ध बनाया?
A. नाटक B. उपन्यास
C. निबन्ध D. कहानी

21. छायावादी कवि निराला का प्रसिद्ध उपन्यास है–
A. अलका B. चन्द्रकला
C. सावित्री D. इन्द्रा

22. महादेवी वर्मा की रचना 'अतीत के चलचित्र'–
A. कहानी संग्रह है B. उपन्यास हैं
C. निबन्ध-संग्रह है D. संस्मरणों का संग्रह है

23. 'भारत दुर्दशा' नाटक का लेखक कौन है?
A. भारतेन्दु हरिश्चन्द्र B. देवकीनंदन खत्री
C. बालकृष्ण भट्ट D. प्रतापनारायण मिश्र

24. 'चन्द्रकान्ता संतति' उपन्यास के कितने खण्ड निकले थे?
A. 14 खण्ड B. 8 खण्ड
C. 3 खण्ड D. 24 खण्ड

25. तिलिस्म और ऐयारी से भरे 'चंद्रकान्ता संतति' उपन्यास का सबसे बड़ा योगदान यह रहा कि–
A. उपन्यास के नए क्षेत्र खुल गए
B. हिन्दी गद्य का रूप निखर गया
C. इसी किस्म के बहुत-से उपन्यास लिखे गये
D. असंख्य लोगों ने इस उपन्यास को पढ़ने के लिए हिन्दी भाषा सीखी

26. मुंशी प्रेमचंद के 'गोदान' उपन्यास में मुख्य पात्र (हीरो) का नाम क्या है?
A. मधुवा B. होरी
C. विशाल देव D. दिव्या

27. निराला के उपन्यास 'निरूपमा' में किस समस्या का वर्णन है?
A. ग्राम्य-जीवन की वास्तविकतायें
B. दहेज प्रथा
C. मध्यवर्गीय समाज की आर्थिक विपन्नता
D. प्रादेशिक भेदभाव और सामाजिक कुरीतियां

28. कुछ विद्वान 'परीक्षा गुरु' को हिन्दी का प्रथम उपन्यास मानते हैं। इसके लेखक हैं–
A. रामचन्द्र शुक्ल B. श्रीनिवास दास
C. बालकृष्ण भट्ट D. बाबू राधाकृष्ण दास

29. बालकृष्ण भट्ट का उपन्यास 'सौ अजान एक सुजान' कैसा उपन्यास है?
A. सांस्कृतिक B. ऐतिहासिक
C. तिलिस्मी D. उपदेशात्मक

30. निम्नलिखित उपन्यासों में से कौन-सा उपन्यास अम्बिकादत्त व्यास का है?
A. नूतन ब्रह्मचारी B. मरता क्या न करता
C. मृण्मयी D. आश्चर्य वृतान्त

31. उपन्यासों के विकास के प्रारम्भिक चरण के सम्बन्ध में कौन-सा कथन सही है?
A. कुछ उपन्यास मौलिक हैं
B. कुछ उपन्यास अनूदित हैं
C. इनका लाभ यह हुआ कि मौलिक उपन्यास लेखन की प्रवृति बढ़ी
D. उपरोक्त सभी

32. निम्नलिखित उपन्यासों में से कौन-सा उपन्यास अयोध्या सिंह उपाध्याय 'हरिऔध' का नहीं है?
A. वेनिस का बाँका B. ठेठ हिन्दी का ठाठ
C. अधलिखा फूल D. रसिक लाल

33. हिन्दी के प्रथम मौलिक उपन्यासकारों में देवकीनंदन खत्री विख्यात हैं। इनका सर्वाधिक लोकप्रिय उपन्यास 'चन्द्रकान्ता संतति' है। इसके अलावा भी इनका एक अन्य उपन्यास है, जिसका नाम है–

A. अंगूठी का नगीना B. भूतनाथ
C. दिल्ली के दलाल D. युगान्तर

34. 'संन्यासी' एक प्रसिद्ध उपन्यास है। इसके लेखक का नाम है–

A. वृन्दावनलाल वर्मा B. यशपाल
C. उपेन्द्रनाथ अश्क D. इलाचन्द्र जोशी

35. निम्नलिखित उपन्यासों में से कौन-सा उपन्यास यशपालजी का नहीं है?

A. दादा कामरेड B. दिव्या
C. देशद्रोही D. भिखारिणी

36. किसको 'उपन्यास सम्राट' माना जाता है?

A. जैनेन्द्र कुमार B. यशपाल
C. उपेन्द्रनाथ अश्क D. प्रेमचंद

37. 'चित्रलेखा' एक अति लोकप्रिय उपन्यास है। इसके लेखक का नाम है–

A. चतुरसेन शास्त्री B. पाण्डेय बेचन शर्मा 'उग्र'
C. वृन्दावनलाल वर्मा D. भगवतीचरण वर्मा

38. जयशंकर प्रसाद के दो उपन्यासों में एक का नाम 'कंकाल' है, और दूसरे का–

A. तीन वर्ष B. मां
C. तितली D. वैशाली की नगरवधू

39. मुंशी प्रेमचंद के उपन्यास–

A. ऐतिहासिक हैं B. सामाजिक हैं
C. रोमांटिक हैं D. मनोवैज्ञानिक हैं

40. निम्नलिखित उपन्यासों में से कौन-सा उपन्यास प्रेमचंदजी का नहीं है?

A. गबन B. निर्मला
C. गोदान D. विसर्जन

41. 'वैशाली की नगरवधू' किसका उपन्यास है?

A. जैनेन्द्र कुमार B. चतुरसेन शास्त्री
C. वृन्दावनलाल वर्मा D. इलाचन्द्र जोशी

42. ऐतिहासिक उपन्यासों के लिए कौन-सा नाम विख्यात है?

A. यशपाल B. अज्ञेय
C. उपेन्द्रनाथ अश्क D. वृन्दावनलाल वर्मा

43. 'शेखर-एक जीवनी' किसका बहुचर्चित उपन्यास है?

A. राहुल सांकृत्यायन B. धर्मवीर भारती
C. अमृतलाल नागर D. अज्ञेय

44. नीचे कुछ उपन्यासों और उनके लेखकों के नामों के जोड़े दिये गए हैं। इनमें से कौन-सा जोड़ा सही नहीं है?

A. जयशंकर प्रसाद – तितली
B. देवकीनंदन खत्री – भूतनाथ
C. जैनेन्द्र कुमार – सुनीता
D. अज्ञेय – दिव्या

45. 'मैला आँचल' उपन्यास का लेखक कौन है?

A. फणीश्वरनाथ रेणु B. धर्मवीर भारती
C. अज्ञेय D. नरेश मेहता

46. 'शेखर-एक जीवनी' अज्ञेय का लिखा हुआ उपन्यास है। यह–

A. अपनी ऐतिहासिक पृष्ठभूमि के लिए विख्यात है
B. अपने सांस्कृतिक मूल्यों के लिए विख्यात है
C. नवीन शैली व पैनी मनोवैज्ञानिक दृष्टि के लिए विख्यात है
D. सामाजिक कुरीतियों का पर्दाफाश करने के लिए विख्यात है

47. प्रेमचन्द जी के 'गोदान' में–

A. जीवन के जीते-जागते चित्र हैं
B. जीवन की कठोर वास्तविकता का सूक्ष्म विवेचन है
C. ग्राम-जीवन की रीतियों का सूक्ष्म विवेचन है
D. उपरोक्त सभी

48. प्रसादजी के 'कंकाल' उपन्यास में–

A. सामाजिक बंधनों की विषमता और व्यक्ति की सहज प्रवृत्तियों का संघर्ष अंकित है
B. समाज-व्यवस्था पर तीखा व्यंग्य है
C. आदर्श और यथार्थ के बीच खड़ी खाई का रूप है
D. उपरोक्त सभी

49. निम्नलिखित में कौन-सा एक उपन्यास वृन्दावनलाल वर्मा का नहीं है?

A. गढ़ कुण्डार B. झांसी की रानी
C. विराटा की पद्‌मिनी D. देशद्रोही

50. 'बूंद और समुद्र' किसका विख्यात उपन्यास है?
A. उदय शंकर भट्ट B. फणीश्वरनाथ रेणु
C. शैलेश मटियानी D. अमृतलाल नागर

51. निम्नलिखित आंचलिक उपन्यासों में से एक फणीश्वरनाथ रेणु का नहीं है। वह है–
A. मैला आँचल B. परती परिकथा
C. ड्रामा D. पल्टू बाबू रोड

52. 'चिट्ठीरसैनी' किसका प्रसिद्ध उपन्यास है?
A. उपेन्द्रनाथ अश्क B. हरिकृष्ण प्रेमी
C. शैलेश मटियानी D. यशपाल

53. 'चित्रलेखा' और 'तीन वर्ष' के अतिरिक्त भगवतीचरण वर्मा के अन्य उपन्यास हैं–
A. टेढ़े-मेढ़े रास्ते B. भूले-बिसरे चित्र
C. सीधी-सच्ची बातें D. उपरोक्त सभी

54. 'गिरती दीवारें' किसका उत्तम उपन्यास है?
A. उपेन्द्रनाथ अश्क B. धर्मवीर भारती
C. अमृतलाल नागर D. नागार्जुन

55. 'मृगनयनी' किसका उपन्यास है?
A. जैनेन्द्र कुमार का B. वृन्दावनलाल वर्मा का
C. अमृतलाल नागर का D. उपरोक्त में से कोई नहीं

56. निम्नलिखित सूची-I का सूची-II से मिलान कीजिए तथा नीचे दिए गए कूट की सहायता से सही उत्तर का चयन कीजिए :

सूची-I	सूची-II
(*a*) अपने-अपने अजनबी	1. धर्मवीर भारती
(*b*) सूरज का सातवां घोड़ा	2. अज्ञेय
(*c*) खाली कुर्सी की आत्मा	3. इलाचंद जोशी
(*d*) प्रेत और छाया	4. लक्ष्मीकान्त वर्मा

कूट :

	(*a*)	(*b*)	(*c*)	(*d*)
A.	2	1	4	3
B.	1	2	4	3
C.	1	2	3	4
D.	3	4	2	1

57. हरिवंश राय बच्चन की रचना "क्या भूलूं क्या याद करूं" किस कोटि के अन्तर्गत आती है?
A. आत्मकथा B. यात्रा वृत्तान्त
C. इंटरव्यू D. रेखाचित्र

58. महादेवी वर्मा की रचना 'पथ के साथी' किस कोटि के अन्तर्गत आती है?
A. संस्मरण B. रेखाचित्र
C. यात्रा वृत्तान्त D. जीवनी

59. नीचे कुछ रचनायें दी हुई हैं और उनके सामने उनके लेखकों के नाम हैं। कौन-सा जोड़ा गलत है?
A. अरे यायावर याद रहेगा – अज्ञेय
B. मैं इनसे मिला – पद्मसिंह शर्मा कमलेश
C. जंजीरें और दीवार – रामवृक्ष बेनीपुरी
D. माटी हो गई सोना – महादेवी वर्मा

60. धर्मवीर भारती की रचना 'ठेले पर हिमालय' किस कोटि की है?
A. जीवनी B. यात्रा वृत्तान्त
C. संस्मरण D. इंटरव्यू

61. 'एक बूंद सहसा उछली' किसका विख्यात यात्रा संस्मरण है?
A. निर्मल वर्मा का B. रामवृक्ष बेनीपुरी का
C. अज्ञेय का D. डा. रघुवंश का

62. हिन्दी की सर्वप्रथम मौलिक कहानी किसे माना जाता है?
A. इन्दुमती B. आकाशदीप
C. ग्यारह वर्ष का समय D. उसने कहा था

63. हिन्दी की सर्वप्रथम मौलिक कहानी 'इन्दुमती' का लेखक कौन था?
A. गिरिजादत्त वाजपेयी B. किशोरी लाल गोस्वामी
C. रामचन्द्र शुक्ल D. प्रताप नारायण मिश्र

64. चन्द्रधर शर्मा 'गुलेरी' की सुविख्यात कहानी कौन-सी है?
A. छाया B. उसने कहा था
C. बड़े घर की बेटी D. शतरंज के खिलाड़ी

65. प्रेमचंद का सर्वोत्कृष्ट उपन्यास कौन-सा है?
A. निर्मला B. सेवासदन
C. रंगभूमि D. गोदान

66. मुंशी प्रेमचंद ने अपने उपन्यासों में किस समस्या को प्रस्तुत किया है?
A. विधवा विवाह B. अनमेल विवाह
C. दहेज प्रथा D. उपरोक्त तीनों

67. 'मधुआ' कहानी किसकी है?
A. प्रेमचन्द की B. प्रसादजी की
C. यशपाल की D. अज्ञेय की

68. 'जार्ज पंचम की नाक' कहानी का लेखक कौन है?
A. कमलेश्वर B. हरिकृष्ण प्रेमी
C. भीष्म साहनी D. अज्ञेय

69. प्रेमचंद की 'पूस की रात' कहानी–
A. भारतीय किसान की टूटन की कहानी है
B. भारतीय मध्यवर्ग के मिथ्याभिमान की कहानी है
C. वर्ग संघर्ष की कहानी है
D. अशिक्षा के अभिशाप की कहानी है

70. प्रसादजी की मधुआ कहानी एक–
A. शराबी के हृदय-परिवर्तन की कहानी है
B. रईस की हृदयहीनता की कहानी है
C. बालक के शोषण की कहानी है
D. उपरोक्त में से कोई नहीं

71. यशपाल ने अपनी कहानी 'खच्चर और आदमी' में क्या बताया है?
A. खच्चर आदमी से श्रेष्ठ है
B. आदमी खच्चर से श्रेष्ठ है
C. जो अपने को परिस्थितियों में ढाल ले वही बच पाता है
D. मनुष्य परिस्थितियों का दास है

72. अज्ञेय की 'शरणदाता' कहानी–
A. मानव संघर्ष की कहानी है
B. साम्प्रदायिकता-विरोधी कहानी है
C. नारी ममता की कहानी है
D. उपरोक्त तीनों

73. 'कानों में कंगना' नामक कहानी का लेखक कौन है?
A. विश्वम्भर नाथ शर्मा 'कौशिक'
B. राधिकारमण प्रसाद
C. पदुमलाल पुन्नालाल बख्शी
D. रायकृष्ण दास

74. 'ताई' कहानी का लेखक कौन है?
A. वृन्दावनलाल वर्मा
B. राजेन्द्र यादव
C. मन्नू भंडारी
D. विश्वम्भर नाथ शर्मा 'कौशिक'

75. निम्नलिखित कहानियों में से कौन-सी कहानी उषा देवी मित्रा की लिखी हुई है?
A. भाई-बहन B. लछमा
C. अधूरा चित्र D. सान्ध्य तारा

76. 'आत्माराम' और 'पंच परमेश्वर' किसकी कहानियां हैं?
A. सुदर्शन B. शिवपूजन सहाय
C. चंडी प्रसाद 'हृदयेश' D. प्रेमचंद

77. गिरिजादत्त वाजपेयी की एक उत्तम कहानी है–
A. रानी सारंधा B. प्रतिध्वनि
C. हार की जीत D. पंडित और पंडितानी

78. 'पुरस्कार' और 'आकाशदीप' कहानियां किसकी हैं?
A. रायकृष्ण दास B. सुदर्शन
C. चन्द्रकिरण सौनरिक्सा D. जयशंकर प्रसाद

79. 'हार की जीत' नामक अत्यन्त लोकप्रिय और महान् चरित्र वाली कहानी का लेखक कौन है?
A. सुदर्शन B. चतुरसेन शास्त्री
C. विष्णु प्रभाकर D. यशपाल

80. गुलेरीजी की 'उसने कहा था' कहानी का सार क्या है?
A. अमृतसर का जन-जीवन
B. युद्ध की निस्सारता
C. निःस्वार्थ बलिदान
D. अपराध का मनोविज्ञान

81. 'बैताल पचीसी' और 'सिंहासनबत्तीसी' कहानियों को हिन्दी में किसने अनूदित किया?
A. लल्लू लाल B. शिवप्रसाद 'सितारे हिन्द'
C. भारतेन्दु हरिश्चन्द्र D. उपरोक्त में से कोई नहीं

82. 'रानी केतकी की कहानी' कहानी के बारे में कौन-सा कथन सही नहीं है?
A. यह कहानी ठेठ हिन्दी में है
B. इसमें रानी केतकी और उदयभान की प्रेम-कथा का वर्णन है
C. इसके लेखक सदल मिश्र हैं
D. इसके लेखक इंशाअल्ला खां हैं

83. 'राजा भोज का सपना' किसकी कहानी है?
A. शिवप्रसाद 'सितारे हिन्द'
B. चतुरसेन शास्त्री
C. उषा देवी मित्रा
D. सुदर्शन

84. मनोवैज्ञानिक कहानीकारों में किसकी गणना नहीं की जाती?

A. राजेन्द्र यादव B. अज्ञेय

C. इलाचन्द्र जोशी D. पाण्डेय बेचन शर्मा 'उग्र'

85. जैनेन्द्रजी कहानी के सम्बन्ध में प्रेमचंद की परिपाटी में आते हैं; क्योंकि उन्होंने अपनी कहानियों के लिए

A. मनोवैज्ञानिक विषय चुने

B. सामाजिक और पारिवारिक विषय चुने

C. राष्ट्र निर्माण के विषयों को अपनाया

D. उपरोक्त तीनों

86. 'मिठाई वाला' कहानी का लेखक कौन है?

A. भगवतीचरण वर्मा B. भगवती प्रसाद वाजपेयी

C. यशपाल D. सुदर्शन

87. निम्नलिखित कहानियों में से कौन-सी कहानी रायकृष्ण दास की है?

A. रमणी का रहस्य B. अपना-अपना भाग्य

C. नन्दिनी D. कमल की बेटी

88. प्रसाद जी की प्रथम कहानी कौन-सी थी?

A. ग्राम B. मधुआ

C. आकाशदीप D. पुरस्कार

89. निम्नलिखित में से कौन-सा कहानी संग्रह प्रसाद जी का नहीं है?

A. छाया B. आकाशदीप

C. कोठरी की बात D. प्रतिध्वनि

90. 'रक्षा बन्धन' किसकी कहानी है?

A. शिवपूजन सहाय की B. जैनेन्द्र की

C. सुदर्शन की D. कौशिक की

91. निम्नलिखित में से कौन-सा कहानी संग्रह वृन्दावनलाल वर्मा का नहीं है?

A. हर सिंगार B. दबे पांव

C. कलाकार का दण्ड D. मानुषी

92. 'नई कहानी' वर्ग के कहानीकारों में निम्न में से किसका नाम नहीं आता?

A. मोहन राकेश का B. राजेन्द्र यादव का

C. कमलेश्वर का D. विष्णु प्रभाकर का

93. 'दुलाई वाली' कहानी किसकी थी?

A. रामचन्द्र शुक्ल की

B. विश्वम्भर नाथ शर्मा 'कौशिक' की

C. प्रेमचंद की

D. वंग महिला की

94. कहानी के विकास-क्रम में महत्वपूर्ण भूमिका निभाने वाली पत्रिका का नाम है–

A. सरस्वती B. इन्दु

C. उपरोक्त दोनों D. इन्दुमती

95. जैनेन्द्रजी का चिन्तन एवं दृष्टिकोण–

A. गांधीवादी B. प्रगतिशील

C. यथार्थवादी D. साम्यवादी

96. आंचलिक कहानी संग्रह 'ठुमरी' किसका है?

A. उपेन्द्र नाथ 'अश्क' B. शैलेश मटियानी

C. रघुवीर सहाय D. फणीश्वर नाथ 'रेणु'

97. विष्णु प्रभाकर की 'अधूरी कहानी' का उद्देश्य–

A. साम्प्रदायिक सद्भाव है B. नारी-उत्थान है

C. कुंठा-उन्मूलन है D. अहंकार का पतन है

98. 'काकी' कहानी किसकी है?

A. सुदर्शन B. कौशिक

C. सियारामशरण गुप्त D. प्रेमचन्द

99. 'परदा' कहानी में यशपालजी का उद्देश्य–

A. मध्यम वर्ग की निर्धनता का वर्णन करना है

B. उन्माद की निंदा करना है

C. झूठी प्रतिष्ठाप्रियता की पोल खोलना है

D. परदा-प्रथा की बुराइयां बताना है

100. 'दो बांके' किसका कहानी संग्रह है?

A. भगवती प्रसाद वाजपेयी

B. भगवतीचरण वर्मा

C. मन्नू भंडारी

D. होमवती देवी

101. कालिदास के 'शकुन्तला' नाटक का हिन्दी अनुवाद किसने किया?

A. भारतेन्दु हरिश्चन्द्र B. राजा लक्ष्मण सिंह

C. बाबू गोपाल चन्द्र D. प्रताप नारायण मिश्र

102. निम्नलिखित नाटकों में से कौन-सा नाटक भारतेन्दुजी द्वारा लिखित नहीं है?
A. भारत दुर्दशा B. भारत-सौभाग्य
C. नील देवी D. अन्धेर नगरी

103. भारतेन्दुजी के 'चन्द्रावली' नाटक में–
A. भारत की दयनीय दशा का चित्रण है
B. शासन-व्यवस्था पर व्यंग्य है
C. आदर्श प्रेम का चित्रण है
D. ऐतिहासिक खोज है

104. 'दुखिनी बाला' किसका नाटक है?
A. भारतेन्दु बाबू B. राधाकृष्ण दास
C. प्रतापनारायण मिश्र D. अम्बिकादत्त व्यास

105. द्विवेदी युग में--
A. मौलिक नाटक खूब लिखे गए
B. नाटकों के अनुवाद खूब हुए
C. नाटकों का मनुष्य के जीवन में निकट का सम्बन्ध रहा
D. उपरोक्त सभी

106. द्विजेन्द्र लाल राय के बंगला नाटकों का हिन्दी अनुवाद किसने किया?
A. श्रीनिवास दास B. बाबू सीताराम
C. सत्य नारायण D. रूप नारायण

107. प्रसाद युग से पूर्व मैथिलीशरण गुप्त का कौन-सा नाटक आया था?
A. चन्द्रगुप्त B. चन्द्रहास
C. चन्द्रकला D. चन्द्रोदय

108. प्रसादजी के नाटकों में–
A. साहित्यिक भाषा है
B. ऐतिहासिक पुट है
C. भारतीय सभ्यता और संस्कृति के गौरव का चित्रण है
D. उपरोक्त सभी

109. निम्नलिखित नाटकों में से कौन-सा नाटक प्रसादजी द्वारा लिखित नहीं है?
A. राज्यश्री B. स्कन्दगुप्त
C. अजातशत्रु D. विश्वामित्र

110. उदयशंकर भट्टजी के नाटक–
A. राष्ट्रीयता प्रधान हैं B. पौराणिक हैं
C. ऐतिहासिक हैं D. अन्तर्द्वन्द्व प्रधान हैं

111. 'अम्बा' और 'मतस्यगंधा' किसके नाटक हैं?
A. हरिकृष्ण प्रेमी
B. विश्वम्भर नाथ शर्मा 'कौशिक'
C. सुदर्शन
D. उदय शंकर भट्ट

112. 'सिन्दूर की होली' किसका विख्यात नाटक है?
A. लक्ष्मीनारायण मिश्र B. उपेन्द्रनाथ अश्क
C. सेठ गोविन्द दास D. माखनलाल चतुर्वेदी

113. मोहन राकेश की ख्याति किस नाटक से फैली?
A. शशिगुप्त B. कर्तव्य
C. आषाढ़ का एक दिन D. रेशमी टाई

114. निम्नलिखित में से कौन-सा नाटक लक्ष्मी नारायण लाल का नहीं है?
A. अंधा कुआं B. मादा कैक्टस
C. सूखा सरोवर D. लहरों का राजहंस

115. हिन्दी का प्रथम एकांकी नाटककार कौन था?
A. प्रसादजी B. रामकुमार वर्मा
C. भगवतीचरण वर्मा D. उपेन्द्र नाथ अश्क

116. हिन्दी का सर्वप्रथम एकांकी नाटक किसे माना जाता है?
A. बड़ा आदमी B. एक बूंद
C. कारवां D. दस मिनट

117. 'देवताओं की छाया में' किसका एकांकी-संग्रह है?
A. उपेन्द्रनाथ अश्क B. रामकुमार वर्मा
C. भुवनेश्वर मिश्र D. सेठ गोविन्द दास

118. 'सबसे बड़ा आदमी' किसका एकांकी है?
A. भगवतीचरण वर्मा B. विष्णु प्रभाकर
C. जगदीश चन्द्र माथुर D. उदय शंकर भट्ट

119. 'गरुड़ध्वज' और 'दशाश्वमेध' किसके विख्यात ऐतिहासिक नाटक हैं?
A. रामकुमार वर्मा B. हरिकृष्ण प्रेमी
C. उपेन्द्रनाथ अश्क D. लक्ष्मीनारायण मिश्र

120. 'युगे-युगे क्रान्ति' नाटक किसका है?
A. जगदीशचन्द्र माथुर B. सेठ गोविन्द दास
C. विष्णु प्रभाकर D. देवराज दिनेश

121. जगदीश चन्द्र माथुर का एकांकी संकलन है–
A. कुलीनता B. रंगमंच
C. भोर का तारा D. मां का बेटा

122. 'आधे-अधूरे' किसका नाटक है?
A. नरेश मेहता B. देवराज दिनेश
C. विपिन अग्रवाल D. मोहन राकेश

123. निम्नलिखित नाटकों में से कौन-सा लक्ष्मीकांत वर्मा का है?
A. आदमी का जहर B. तीन अपाहिज
C. नया-पुराना D. उपरोक्त में से कोई नहीं

124. 'पृथ्वीराज की आँखें' और 'कैलेण्डर का आखिरी पन्ना' किसके विख्यात एकांकी हैं?
A. सेठ गोविन्द दास B. विष्णु प्रभाकर
C. रामकुमार वर्मा D. उदय शंकर भट्ट

125. सेठ गोविन्द दास के एकांकियों में–
A. गांधीवादी विचारधारा है
B. राजनैतिक एवं सामाजिक समस्याओं का चित्रण है
C. ऐतिहासिक पृष्ठभूमि है
D. उपरोक्त A और B दोनों

126. सेठ गोविन्ददास के प्रसिद्ध कहानी संग्रह हैं–
A. नवरस B. एकादशी
C. स्पर्द्धा D. उपरोक्त तीनों

127. उदय शंकर भट्ट के एकांकियों में–
A. मनोविश्लेषणात्मक शैली है
B. अन्तर्द्वन्द्व का चित्रण है
C. भाषा पात्रों के अनुकूल है
D. उपरोक्त तीनों

128. 'एकला चलो रे' किसका विख्यात एकांकी है?
A. उदय शंकर भट्ट B. हरिकृष्ण प्रेमी
C. उपेन्द्र नाथ अश्क D. विष्णु प्रभाकर

129. 'अधिकार का रक्षक' और 'लक्ष्मी का स्वागत' किसके विख्यात एकांकी हैं?
A. हरिकृष्ण प्रेमी B. रेवती शरण शर्मा
C. धर्मवीर भारती D. उपेन्द्र नाथ अश्क

130. लोकप्रिय एकांकी 'रीढ़ की हड्डी' किसकी रचना है?
A. गिरजा कुमार माथुर B. लक्ष्मीकान्त वर्मा
C. भारत भूषण अग्रवाल D. जगदीश चन्द्र माथुर

131. 'मुझे जीने दो' किसका लोकप्रिय एकांकी है?
A. लक्ष्मीकान्त मिश्र B. जयनाथ नलिन
C. रेवती शरण शर्मा D. उपरोक्त में से कोई नहीं

132. 'लस्सी का गिलास' एकांकी का लेखक कौन है?
A. सद्गुरु शरण अवस्थी B. विष्णु प्रभाकर
C. जयनाथ नलिन D. विनोद रस्तोगी

133. निम्नलिखित में से कौन-सा एकांकी विमला लूथरा का नहीं है?
A. लाइन क्लीअर B. मुन्ने का नामकरण'
C. प्रीतिभोज D. डाक्टर बीबी

134. 'रसोईघर में प्रजातंत्र' विष्णु प्रभाकर का एकांकी है, जिसमें–
A. व्यंग्य है B. क्षोभ है
C. उद्बोधन है D. निराशा है

135. निम्नलिखित में से किसे हिन्दी का सशक्त नाटककार माना जाता है?
A. मुंशी प्रेमचंद B. सेठ गोविन्द दास
C. जयशंकर प्रसाद D. भारतेन्दु हरिश्चन्द्र

136. 'विशाख' और 'एक घूंट' नाटकों का लेखक कौन है?
A. हरिकृष्ण प्रेमी B. लक्ष्मी नारायण लाल
C. जयशंकर प्रसाद D. उदय शंकर भट्ट

137. 'लहरों का राजहंस' किसका प्रसिद्ध नाटक है?
A. मोहन राकेश B. जगदीश चन्द्र माथुर
C. जयशंकर प्रसाद D. उदय शंकर भट्ट

138. 'आनरेरी मजिस्ट्रेट' का लेखक कौन है?
A. भगवती प्रसाद वाजपेयी B. रामकुमार वर्मा
C. देवकीनंदन खत्री D. हरिकृष्ण प्रेमी

139. 'अम्बपाली' किसकी रचना है?
A. श्रीनिवास दास B. उदय शंकर भट्ट
C. रामवृक्ष बेनीपुरी D. उपेन्द्र नाथ अश्क

140. ऐतिहासिक तथ्यों और काल्पनिक प्रसंगों के मिश्रण से जगदीश चन्द्र माथुर ने किस नाटक की रचना की?
A. क्षत्राणी B. शिवानी
C. कोणार्क D. सूर्यरथ

141. 'धूर्त रसिक लाल' का लेखक कौन है?
A. गोपालराम गहमरी B. भगवतीचरण वर्मा
C. शिवपूजन सहाय D. पं. लज्जा राम मेहता

142. प्रेमचंद रचित 'मान सरोवर' के कितने भाग हैं?
A. तीन भाग B. पांच भाग
C. सात भाग D. आठ भाग

143. 'वयं रक्षामः' किसका उपन्यास है?
A. गुरुदत्त का B. चतुरसेन शास्त्री का
C. भगवतीचरण वर्मा का D. इलाचन्द्र जोशी का

144. 'मुण्डमाल' किसकी रचना है?
A. कौशिक B. रामकुमार वर्मा
C. शिवपूजन सहाय D. उपरोक्त में से कोई नहीं

145. 'कोठरी की बात' कहानी-संग्रह किसका है?
A. यशपाल का B. जैनेन्द्र का
C. अज्ञेय का D. धर्मवीर भारती का

146. 'चारुमित्रा' और 'तैमूर की हार' किस लेखक के एकांकी हैं?
A. उपेन्द्र नाथ अश्क B. भुवनेश्वर प्रसाद
C. विष्णु प्रभाकर D. रामकुमार वर्मा

147. उपेन्द्रनाथ अश्क के अधिकांश एकांकी–
A. आदर्शवादी हैं
B. राजनैतिक हैं
C. सामाजिक व पारिवारिक हैं
D. मनोवैज्ञानिक हैं

148. 'यशस्वी भोज' किसका एकांकी है?
A. लक्ष्मी नारायण लाल B. देवराज दिनेश
C. उदय शंकर भट्ट D. सेठ गोविन्द दास

149. 'चिरंजीव' का विख्यात एकांकी है–
A. दो कलाकार B. माटी की मूरत
C. पंचकन्या D. दादी मां जागी

150. 'ध्रुवस्वामिनी' प्रसादजी का–
A. सामाजिक नाटक है B. ऐतिहासिक नाटक है
C. पारिवारिक नाटक है D. पौराणिक नाटक है

151. प्रसादजी का ध्रुवस्वामिनी नाटक–
A. व्यंग्यात्मक है
B. नायिका-प्रधान है
C. एक संस्कृत नाटक का हिन्दी अनुवाद है
D. उपरोक्त सभी

152. मोहन राकेश के निम्नलिखित नाटकों में से किस नाटक में कालिदास और मल्लिका के प्रेम का वर्णन है?
A. लहरों का राजहंस B. आधे-अधूरे
C. आषाढ़ का एक दिन D. उपरोक्त में से कोई नहीं

153. 'आहुति' हरिकृष्ण प्रेमी का प्रसिद्ध–
A. ऐतिहासिक उपन्यास है
B. राष्ट्रीयतावादी उपन्यास है
C. पारिवारिक उपन्यास है
D. व्यंग्यात्मक उपन्यास है

154. हिन्दी निबन्धकारों में सर्वश्रेष्ठ स्थान किसका माना जाता है?
A. जयशंकर प्रसाद का B. बालमुकुन्द गुप्त का
C. रामचन्द्र शुक्ल का D. प्रतापनारायण मिश्र का

155. 'चिन्तामणि' में किसके निबन्ध संग्रहीत हैं?
A. बाबू गुलाबराय B. मिश्रबन्धु
C. महावीर प्रसाद द्विवेदी D. रामचन्द्र शुक्ल

156. 'क्रोध', 'उत्साह' और 'मित्रता' जैसे मनोवैज्ञानिक निबन्ध किसने लिखे?
A. डा. नगेन्द्र B. डा. इन्द्रनाथ मदान
C. नंददुलारे वाजपेयी D. रामचन्द्र शुक्ल

157. 'विचारवीथी' में किसके निबन्ध संग्रहीत हैं?
A. महादेवी वर्मा B. सरदार पूर्ण सिंह
C. माधव प्रसाद मिश्र D. रामचन्द्र शुक्ल

158. निम्नलिखित में से कौन व्यंग्यात्मक और हास्य-प्रधान लेखों के लिए प्रसिद्ध है?
A. बालकृष्ण भट्ट B. बालमुकुंद गुप्त
C. प्रतापनारायण मिश्र D. रामचन्द्र शुक्ल

159. 'बात' और 'भौ' जैसे विषयों पर सुन्दर निबन्ध किसने लिखे?
A. श्यामसुन्दर दास ने B. गुलाबराय ने
C. बालमुकुंद गुप्त ने D. प्रतापनारायण मिश्र ने

160. "शिवशम्भू का चिट्ठा" किसका विख्यात व्यंग्यात्मक निबन्ध है?
A. अम्बिका दत्त व्यास B. बदरी नारायण 'प्रेमघन'
C. बालमुकुंद गुप्त D. महावीर प्रसाद द्विवेदी

161. 'फिर निराश क्यों' और 'मेरी कलम का राज्य' किस विद्वान के प्रसिद्ध निबन्ध हैं?
A. माधव प्रसाद मिश्र B. बाबू गुलाबराय
C. सरदार पूर्ण सिंह D. रामचन्द्र शुक्ल

162. निम्नलिखित में से कौन-सा निबंध संग्रह महादेवी वर्मा का है?
A. अशोक के फूल B. मेरी असफलताएं
C. स्मृति की रेखायें D. कला का विवेचन

163. 'कालीदास की निरंकुशता' किसकी विख्यात आलोचना-कृति है?
A. भारतेन्दु की
B. श्रीनिवास दास की
C. महावीर प्रसाद द्विवेदी की
D. कृष्ण बिहारी मिश्र की

164. 'नैषध चरित चर्चा' किसकी आलोचनात्मक कृति है?
A. महावीर प्रसाद द्विवेदी की
B. रामचन्द्र शुक्ल की
C. डा. नगेन्द्र की
D. श्याम सुन्दर दास की

165. 'हिन्दी साहित्य का इतिहास' किस विद्वान की अमर कृति है?
A. बाबू श्यामसुंदर दास की
B. हजारी प्रसाद द्विवेदी की
C. नंद दुलारे वाजपेयी की
D. रामचन्द्र शुक्ल की

166. 'साहित्य लोचन' का लेखक कौन है?
A. बाबू श्यामसुंदर दास B. हजारी प्रसाद द्विवेदी
C. गुलाबराय D. महादेवी वर्मा

167. निम्नलिखित में से कौन-सी रचना रामचन्द्र शुक्ल की नहीं है?
A. कल्पना का आनंद
B. चिन्तामणि
C. काव्य में रहस्यवाद
D. हिन्दी साहित्य और हिन्दी भाषा

168. हिन्दी व्याकरण के क्षेत्र में किसका महत्वपूर्ण योगदान है?
A. अयोध्या सिंह उपाध्याय B. कामता प्रसाद गुरु
C. रामचन्द्र शुक्ल D. बाबू गुलाबराय

169. निम्नलिखित में से किस विद्वान ने बेकन के अंग्रेजी निबन्धों का हिन्दी में 'बेकन विचार रत्नावली' नाम से अनुवाद किया?
A. रामचन्द्र शुक्ल B. महावीर प्रसाद द्विवेदी
C. श्याम सुंदर दास D. प्रतापनारायण मिश्र

170. महावीर प्रसाद द्विवेदी का नाम किस रूप में स्मरणीय है?
A. व्याकरण की शुद्धता B. व्यास शैली
C. शैली के प्रवर्तक D. उपरोक्त सभी

171. 'हिन्दी साहित्य की भूमिका' और 'सूर साहित्य' किसकी प्रौढ़ रचनायें हैं?
A. बाबू गुलाबराय B. श्याम सुंदर दास
C. महावीर प्रसाद द्विवेदी D. हजारी प्रसाद द्विवेदी

172. 'सिद्धान्त और अध्ययन' किसका आलोचना सम्बन्धी ग्रंथ है?
A. श्याम सुंदर दास B. हजारी प्रसाद द्विवेदी
C. नंद दुलारे वाजपेयी D. बाबू गुलाबराय

173. 'बीसवीं शती' किसके आलोचनात्मक निबन्धों का संग्रह है?
A. डा. नगेन्द्र B. डा. दीनदयाल गुप्त
C. डा. भगीरथ मिश्र D. नंददुलारे वाजपेयी

174. 'रीति काव्य की भूमिका' किसकी रचना है?
A. डा. नगेन्द्र B. हजारी प्रसाद द्विवेदी
C. नंददुलारे वाजपेयी D. बाबू गुलाबराय

175. निम्नलिखित में से कौन-सी रचना डा. नगेन्द्र की नहीं है?
A. विचार और अनुभूति B. काव्य-बिम्ब
C. साकेत–एक अध्ययन D. कबीर

176. निम्नलिखित में से रामचन्द्र शुक्ल का निबन्ध संग्रह कौन-सा है?
A. रस मंजरी B. निबन्धावली
C. चिन्तामणि D. आत्म निरीक्षण

177. मिश्र बन्धुओं की समालोचना पुस्तक का नाम है–
A. साहित्यालोक B. हिन्दी नवरत्न
C. नवरस D. काव्य के रूप

178. 'संयोगिता स्वयंवर' किसकी रचना है?
A. राम विलास शर्मा B. वियोगी हरि
C. रामवृक्ष बेनीपुरी D. लाला श्रीनिवास दास

179. 'सच्ची वीरता' निबन्ध का लेखक कौन है?
A. अध्यापक पूर्ण सिंह B. माधव प्रसाद मिश्र
C. डा. श्यामसुंदर दास D. जगन्नाथ प्रसाद चतुर्वेदी

180. नीचे कुछ लेखकों और उनकी रचनाओं के जोड़े दिये हुए हैं। इनमें एक जोड़ा गलत है। बताइये कौन-सा जोड़ा गलत है?

A. नामवर सिंह – बकलम खुद
B. महावीर प्रसाद द्विवेदी – रसज्ञ रंजन
C. श्यामसुंदर दास – साहित्यालोचन
D. हजारी प्रसाद द्विवेदी – खरगोश के सींग

181. निम्नलिखित लेखकों और उनकी रचनाओं का कौन-सा जोड़ा गलत है?

A. त्रिशंकु – अज्ञेय
B. प्रतिक्रियायें – धर्मवीर भारती
C. आत्मनेपद – अज्ञेय
D. भाषा और संवेदना – रामस्वरूप चतुर्वेदी

182. आधुनिक हिन्दी आलोचना का सूत्रपात किस समय हुआ?

A. द्विवेदी युग में B. प्रसाद युग में
C. भारतेन्दु युग में D. शुक्ल युग में

183. निम्नलिखित में से कौन-सी रचना नंद दुलारे वाजपेयी की नहीं है?

A. हिन्दी साहित्य–बीसवीं सदी
B. विचार और अनुभूति
C. प्रसाद की काव्यकला
D. आधुनिक साहित्य

184. आचार्य हजारी प्रसाद द्विवेदी उच्च कोटि के समीक्षक थे। साथ ही उन्होंने एक उत्तम उपन्यास भी लिखा, जिसका नाम था–

A. बाणभट्ट की आत्मकथा
B. कल्पना का आनंद
C. शिवशम्भू का चिट्ठा
D. उपरोक्त में से कोई नहीं

185. हिन्दी साहित्य में संस्मरण लेखन आरम्भ करने का श्रेय–

A. बनारसीदास चतुर्वेदी को है
B. महादेवी वर्मा को है
C. पद्मसिंह शर्मा को है
D. श्रीराम शर्मा को है

186. निम्नलिखित में से कौन-सा एक संस्मरण महादेवी वर्मा का लिखा हुआ नहीं है?

A. पथ के साथी B. स्मारिका
C. वे जीते कैसे हैं D. मेरा परिवार

187. रामवृक्ष बेनीपुरी ने 'मील के पत्थर' नामक संस्मरण लिखा। इसमें–

A. महापुरुषों के संस्मरण हैं
B. राजनीतिज्ञों के संस्मरण हैं
C. साहित्यिक व्यक्तियों के संस्मरण हैं
D. उनके सम्पर्क में आने वाले व्यक्तियों के संस्मरण हैं

188. 'मंटो मेरा दुश्मन' संस्मरण किसने लिखा है?

A. रामवृक्ष बेनीपुरी
B. श्रीराम शर्मा
C. उपेन्द्र नाथ अश्क
D. रामधारी सिंह दिनकर

189. निम्नलिखित में से कौन-सा संस्मरण-लेखक जोड़ा गलत है?

A. भूले हुए चेहरे – कन्हैया लाल मिश्र
B. सन् पर के संस्मरण – श्रीराम शर्मा
C. वे क्रान्ति के दिन – महावीर त्यागी
D. दिन और रात – राम विलास शर्मा

190. साहित्यिक विधा के रूप में जीवनी लेखन का प्रारम्भ कब हुआ?

A. प्रसाद युग में
B. रामचन्द्र शुक्ल युग में
C. भारतेन्दु युग में
D. महावीर प्रसाद द्विवेदी युग में

191. बनारसीदास चतुर्वेदी ने–

A. क्रान्तिकारियों की जीवनियां लिखीं
B. साहित्यकारों की जीवनियां लिखीं
C. स्वतंत्रता-संग्राम के सेनानियों की कहानियां लिखीं
D. उपरोक्त A और C दोनों

192. नीचे कुछ जीवनियों और उनके लेखकों के जोड़े दिये हुये हैं। बताइये इनमें कौन-सा जोड़ा गलत है?

A. कलम का सिपाही – अमृत राय
B. कलम का मजदूर – राम विलास शर्मा
C. आवारा मसीहा – विष्णु प्रभाकर
D. महात्मा बुद्ध – राहुल साकृत्यायन

193. 'मालवीय जी के साथ तीन दिन' जीवनी का लेखक कौन है?

A. सीताराम चतुर्वेदी B. रामनरेश त्रिपाठी
C. छविनाथ पाण्डेय D. राधाकृष्ण दास

194. निम्नलिखित में से कौन-सा यात्रावृत्त मोहन राकेश का लिखा हुआ है?

A. सूखे सुनसान नालों में B. आखिरी चट्टान तक
C. धूप में सोई नदी D. अरे यायावर रहेगा याद?

195. निम्नलिखित में से कौन-सा यात्रावृत्त भदन्त आनन्द कौसल्यायन का लिखा हुआ है?

A. रेल का टिकट B. ठेके पर हिमालय
C. सुबह के रंग D. उपरोक्त सभी

196. नीचे कुछ रेखा-चित्र और उनके लेखकों के नाम के जोड़े दिये हुए हैं। बताइये इनमें कौन-सा जोड़ा गलत है?

A. खंडहर बोलते हैं – रास बिहारी लाल
B. हलाकू – वृन्दावनलाल वर्मा
C. माटी हो गई सोना – प्रकाश चन्द्र गुप्त
D. स्मृति की रेखायें – महादेवी वर्मा

197. 'चीड़ों पर चांदनी' किसका यात्रावृत्त है–

A. रघुवंश B. मोहन राकेश
C. अज्ञेय D. निर्मल वर्मा

198. कुछ पत्रिकाओं और उनके संपादक साहित्यकारों के जोड़े दिये गए हैं। बताइये कौन-सा जोड़ा गलत है?

A. सरस्वती – महावीर प्रसाद द्विवेदी
B. हंस – प्रेमचंद
C. माधुरी – रूपनारायण पाण्डेय
D. सुधा – सुमित्रानंदन पंत

199. 'क्या भूलूं क्या याद करूं' किसकी लिखी हुई सुन्दर आत्मकथा है?

A. यशपाल B. अमृतलाल नागर
C. हरिवंश राय बच्चन D. राहुल सांकृत्यायन

200. निराला जी ने कुछ समय तक सम्पादन किया था–

A. प्रभा का B. समालोचना का
C. सरस्वती का D. मतवाला का

201. हिन्दी गद्य के सबसे पुराने उदाहरण कौन-सी भाषा में मिलते हैं?

A. ब्रज भाषा गद्य B. राजस्थानी गद्य
C. खड़ी बोली गद्य D. अवधी गद्य

202. नीचे लिखे गद्य लेखकों में से किसने 'अष्टयाम' की रचना की?

A. गोस्वामी विट्ठलनाथ
B. गोस्वामी गोकुलनाथ
C. नाभादास
D. गोरखनाथ

203. गोस्वामी गोकुलनाथ द्वारा लिखित ग्रंथ का नाम बताइए–

A. ज्ञान मंजरी
B. हितोपदेश
C. भुवन दीपिका
D. चौरासी वैष्णवन की वार्ता

204. आधुनिक युग के आरंभ में हिन्दी गद्य के विकास यात्रा और ब्रजभाषा गद्य के पिछड़ जाने के कारणों में से जो असंगत हो उस पर निशान लगाइए।

A. ब्रजभाषा में जो गद्य रचनाएँ हुईं उनकी संख्या कम है।
B. मुगल दरबार में अनेक हिन्दू कर्मचारी राजकार्य में संलग्न थे इससे खड़ी बोली जन सामान्य तक पहुँची।
C. मुगल सल्तनत के पतन के साथ ब्रजभाषा गद्य का प्रचार समाप्त हो गया।
D. बिहार, बंगाल गुजरात में मुगल सूबेदारों के साथ जाने वाले कर्मचारियों के संपर्क से खड़ी बोली का विस्तार हुआ।

205. 'प्रजाहितैषी' पत्र का प्रकाशन किसके द्वारा किया गया?

A. श्रद्धाराम फुल्लौरी B. राजा शिवप्रसाद
C. राजा लक्ष्मण सिंह D. बाबू नवीन चंद्र

206. ब्रजभाषा में 'नहुष' नाटक की रचना किस लेखक के द्वारा की गई?

A. बाल मुकुंद गुप्त B. बाबू गोपाल चंद्र
C. राजा लक्ष्मण सिंह D. भारतेंदु हरिश्चंद्र

207. हिन्दी के प्रथम नाटककार के रूप में किस लेखक का नाम लिया जाता है?

A. भारतेंदु हरिश्चंद्र
B. राधाकृष्ण दास
C. बदरीनारायण 'प्रेमघन'
D. श्रीनिवास दास

208. निम्नलिखित में से किस नाटक में भारतेंदु ने देश की राजनीतिक और आर्थिक दशा पर क्षोभ व्यक्त किया है?
A. अंधेर नगरी
B. वैदिकी हिंसा हिंसा न भवति
C. सती प्रथा
D. भारत दुर्दशा

209. द्विवेदी युग के साहित्य का प्रधान दृष्टिकोण सुधारवादी था। नीचे इसके लिए उत्तरदायी कारण दिए गए हैं। उपयुक्त कारण क्या था?
A. उस समय समाज में सुधार की आवश्यकता थी।
B. द्विवेदी जी ने लेखकों को सुधारवादी दृष्टिकोण अपनाने की प्रेरणा दी।
C. देश में चलने वाले स्वतंत्रता आंदोलन का प्रभाव पड़ा।
D. आर्य समाज की नैतिकता और महात्मा गांधी की आदर्शवादिता का यथेष्ट प्रभाव पड़ा।

210. बंगला नाटककार द्विजेन्द्र लाल राय के नाटकों का हिन्दी में अनुवाद करने वाले लेखक का क्या नाम था?
A. नारायण प्रसाद 'बेताब'
B. रूप नारायण पांडेय
C. राधेश्याम कथावाचक
D. राम दयाल पाण्डेय

211. प्रसाद जी के निम्नलिखित नाटकों में से कौन-सा पौराणिक नाटक है?
A. जनमेजय का नागयज्ञ B. चंद्रगुप्त
C. अजातशत्रु D. राज्यश्री

212. नीचे दिए गए नाटकों में से प्रसाद द्वारा लिखित एकांकी कौन-सा है?
A. विशाख B. स्कंदगुप्त
C. एक घूँट D. ध्रुवस्वामिनी

213. निम्नलिखित में से प्रसाद के किस नाटक में मौर्य साम्राज्य की स्थापना का वर्णन किया है?
A. चंद्रगुप्त B. स्कंदगुप्त
C. ध्रुवस्वामिनी D. अजातशत्रु

214. निम्नलिखित में से पौराणिक नाटककार के रूप में किसका नाम लिया जाता है?
A. हरिकृष्ण प्रेमी B. जगदीश चंद्र माथुर
C. सेठ गोविंद दास D. माखनलाल चतुर्वेदी

215. किस नाटककार ने मुगलकालीन इतिहास से अपने नाटकों की कथावस्तु को चुना?
A. उदय शंकर भट्ट B. हरिकृष्ण प्रेमी
C. उपेंद्रनाथ 'अश्क' D. जगदीशचंद्र माथुर

216. नाटक को 'पंचम वेद' किसने कहा?
A. आचार्य विश्वनाथ B. भरत मुनि
C. वाल्मीकि D. कालिदास

217. हिन्दी रंगमंच का जनक किसे कहा जाता है?
A. बाबू गोपालचंद्र B. उदयशंकर
C. मिलिंद D. भारतेंदु हरिश्चंद्र

218. निम्नलिखित में कौन-सा नाटक पद्य-बद्ध है?
A. गोरख विजय B. सागर-विजय
C. हनुमन्नाटक D. अंतहीन

219. निम्नलिखित में से कौन-सा नाटक समस्या मूलक नाटक नहीं है?
A. कैद B. छठा बेटा
C. ज्योत्सना D. उड़ान

220. नीचे लिखे नाटकों में से कौन-सा नाटक लक्ष्मीनारायण मिश्र द्वारा नहीं लिखा गया।
A. स्वर्ग की झलक B. सिंदूर की होली
C. संन्यासी D. राक्षस का मंदिर

221. निम्नलिखित नाटकों में से कौन-सा नाटक विष्णु प्रभाकर द्वारा लिखा गया है?
A. अंजो दीदी B. डॉक्टर
C. अंधी गली D. भँवर

222. 'अंधायुग' गीति-नाटक के नाटककार कौन हैं?
A. विष्णु प्रभाकर B. जगदीश चन्द्र माथुर
C. उपेंद्रनाथ 'अश्क' D. धर्मवीर भारती

223. निम्नलिखित नाटकों में से कौन-सा नाटक डॉ. लक्ष्मीनारायण लाल द्वारा नहीं लिखा गया?
A. अंधा कुआँ B. मादा कैक्टस
C. पहला राजा D. रक्तमाल

224. निम्नलिखित नाटककारों में से किसने 'आषाढ़ का एक दिन' नाटक लिखा।
A. मोहन राकेश B. धर्मवीर भारती
C. जगदीशचंद्र माथुर D. उपेंद्रनाथ 'अश्क'

225. निम्नलिखित में से कौन-सा नाटक मोहन राकेश ने लिखा?
A. मुक्ति का रहस्य B. लहरों के राजहंस
C. कामना D. अंबा

226. अंधायुग के विषय में कौन-सा कथन गलत है?
A. यह एक गीति नाट्य है।
B. इसमें लेखक ने नया प्रयोग किया है।
C. यह मोहन राकेश द्वारा लिखा गया है।
D. इसमें लेखक ने एकांकी की प्रवृत्ति का परित्याग किया है।

227. 'अंधेर नगरी' एकांकी के रचनाकार कौन हैं?
A. श्रीनिवास दास B. भारतेंदु हरिश्चंद्र
C. जयशंकर प्रसाद D. सुमित्रानंदन पंत

228. हिन्दी का पहला एकांकी नाटक कौन-सा है?
A. नरमेध B. आधे-अधूरे
C. एक घूँट D. चारुमित्रा

229. हिन्दी का प्रथम एकांकी संग्रह कौन-सा है?
A. चारुमित्रा B. आधे-अधूरे
C. बादल की मृत्यु D. कारवाँ

230. निम्नलिखित में से कौन-सा एकांकी डॉ. रामकुमार वर्मा ने नहीं लिखा?
A. कारवाँ B. रेशमी टाई
C. चारुमित्रा D. सप्तकिरण

231. जयशंकर प्रसाद की किस रचना में वैदिक यज्ञों की निर्दय बलिप्रथा का वर्णन किया गया है?
A. अजातशत्रु B. ध्रुवस्वामिनी
C. करुणालय D. कामना

232. नीचे लिखे नाटकों में कौन-सा गीति नाट्य नहीं है?
A. रजत शेखर B. दूर और पास
C. उन्मुक्त D. मत्स्य गंधा

233. 'महाभारत की साँझ' के लेखक का क्या नाम है?
A. भारतभूषण अग्रवाल B. सत्येंद्र शरत्
C. देवराज दिनेश D. दिविक रमेश

234. नीचे लिखे संस्कृत साहित्य ग्रंथों में से किस रचना को भारत का पहला उपन्यास कहा जाता है?
A. कथा सूक्तिसागर B. वासवदत्ता
C. दश कुमार चरित D. कादंबरी

235. निम्नलिखित कारणों में से किस कारण से दशकुमार चरित को उपन्यास कहना युक्तिसंगत नहीं?
A. दश कुमार चरित में रोचकता है।
B. उसमें आलंकारिता की प्रधानता है।
C. भिन्न-भिन्न कथावस्तुओं को मूलकथा के निर्बल सूत्रों से जोड़ा नहीं जा सका।
D. उसमें उपन्यास के लक्षणों का समावेश हुआ है।

236. निम्नलिखित कथनों में सबसे अधिक सही कथन पर निशान लगाइए।
A. हिन्दी में उपन्यास विधा का आरंभ स्वतंत्र रूप से हुआ।
B. उपन्यास विधा पश्चिमी साहित्य के अनुकरण पर विकसित हुई।
C. बंगला साहित्य की देखा देखी हिन्दी उपन्यास विकसित हुआ।
D. इसका संबंध संस्कृत उपन्यासों के साथ जोड़ा जा सकता है।

237. किस उपन्यासकार ने अपनी मौलिक रचनाओं से उपन्यास परंपरा को साहित्य में उच्चभूमि पर प्रतिष्ठित किया?
A. राधाचरण गोस्वामी B. प्रेमचंद
C. बालकृष्ण भट्ट D. श्रीनिवास दास

238. किस उपन्यास में कुसंगति में पड़े दिल्ली के एक सेठ-पुत्र की कहानी दी गई है जिसका उद्धार एक सज्जन मित्र ने किया?
A. परीक्षा गुरु B. सौ अजान एक सुजान
C. निःसहाय हिन्दू D. विधवा विपत्ति

239. कौन-सा उपन्यास दिल्ली के सुल्तान अलाउद्दीन खिलजी द्वारा चित्तौड़ पर किए गए आक्रमण की पृष्ठभूमि पर लिखा गया?
A. कामिनी B. लवंग लता
C. नूतन ब्रह्मचारी D. वीरमणि

240. हिन्दी में बंगला और अंग्रेजी उपन्यासों का अनुवाद कार्य किसने आरंभ किया?
A. राधाचरण गोस्वामी B. गंगाप्रसाद गुप्त
C. भारतेंदु हरिश्चंद्र D. राधाकृष्णदास

241. 'मरता क्या न करता' का अनुवाद किसने किया?
A. कार्तिक प्रसाद खत्री B. राधाकृष्ण दास
C. रामकृष्ण वर्मा D. गदाधर सिंह

242. वह कौन-सा उपन्यास था जिसे पढ़ने के लिए बहुत से लोगों ने हिन्दी पढ़ने का अभ्यास किया?

A. चित्तौड़ चातकी B. कुसुम कुमारी

C. चंद्रकांता D. सावित्री

243. निम्नलिखित उपन्यासकारों में से किसने जासूसी उपन्यास लिखे?

A. गोपालराम गहमरी

B. किशोरी लाल गोस्वामी

C. अयोध्या सिंह उपाध्याय 'हरिऔध'

D. प्रेमचंद

244. चंद्रकांता उपन्यास के लेखक कौन थे?

A. किशोरी लाल गोस्वामी

B. पं. श्रद्धाराम फुल्लौरी

C. देवकी नंदन खत्री

D. गंगा प्रसाद गुप्त

245. देवकीनंदन खत्री द्वारा लिखित 'चंद्रकांता' किस प्रकार का उपन्यास है?

A. सामाजिक B. ऐतिहासिक

C. जासूसी D. तिलस्मी

246. 'अधखिला फूल' उपन्यास किसके द्वारा लिखा गया?

A. किशोरी लाल गोस्वामी

B. अयोध्या सिंह उपाध्याय 'हरिऔध'

C. प्रताप नारायण मिश्र

D. मिश्र बंधु

247. निम्नलिखित कौन-सा कथन प्रेमचंद के विषय में सही नहीं है?

A. प्रेमचंद ने उपन्यास को जन-जीवन से जोड़ दिया।

B. उन्होंने किसान और श्रमिक वर्ग की समस्याओं को प्रस्तुत किया।

C. उन्होंने राष्ट्रीयता का समर्थन किया।

D. उन्होंने संस्कृतनिष्ठ भाषा का प्रयोग किया।

248. निम्नलिखित में से उपन्यास-सम्राट कौन कहा जाता है?

A. सूर्यकांत त्रिपाठी 'निराला'

B. प्रेमचंद

C. देवकीनंदन खत्री

D. जयशंकर प्रसाद

249. प्रेमचंद का सबसे अधिक प्रसिद्ध उपन्यास कौन-सा है?

A. कर्मभूमि B. रंगभूमि

C. गोदान D. गबन

250. प्रेमचंद के किस उपन्यास में अनमेल विवाह के दुष्परिणामों की प्रस्तुति की गई?

A. गबन B. कायाकल्प

C. निर्मला D. सेवा सदन

251. प्रेमचंद किस प्रकार के उपन्यासकार माने जाते हैं?

A. आदर्शवादी

B. यथार्थवादी

C. यथार्थोन्मुख आदर्शवादी

D. आदर्शोन्मुख यथार्थवादी

252. निम्नलिखित में से जयशंकर प्रसाद का कौन-सा उपन्यास अधूरा उपन्यास है?

A. इरावती B. प्रतिज्ञा

C. गबन D. माँ

253. निम्नलिखित में से कौन-सा उपन्यास प्रसाद द्वारा नहीं लिखा गया?

A. विकास B. तितली

C. कंकाल D. इरावती

254. निम्नलिखित में से आदर्शवादी विचारधारा के उपन्यासकार कौन थे?

A. प्रेमचंद B. भगवती चरण वर्मा

C. जयशंकर प्रसाद D. सुमित्रानंदन पंत

255. 'बुधुआ की बेटी' उपन्यास किसने लिखा?

A. पांडे बेचन शर्मा 'उग्र'

B. चतुरसेन शास्त्री

C. जयशंकर प्रसाद

D. विश्वंभरनाथ कौशिक

256. निम्नलिखित में से कौन-सा उपन्यास उपेंद्रनाथ अश्क द्वारा नहीं लिखा गया है?

A. गिरती दीवारें B. गर्मराख

C. बड़ी-बड़ी आँखें D. कायाकल्प

257. अमृतलाल नागर ने किस उपन्यास में बूँद को व्यष्टि और समुद्र को समष्टि के रूप में प्रस्तुत किया है?

A. पत्थर अल पत्थर B. बूँद और समुद्र

C. टूटा टी सेट D. विश्वास का बल

258. अपने उपन्यास 'सागर, लहरें और मनुष्य' में किस उपन्यासकार ने मछुआरों के सामाजिक जीवन का वर्णन किया है?

A. अमृतलाल नागर B. चतुरसेन शास्त्री
C. उदयशंकर भट्ट D. भगवती प्रसाद वाजपेयी

259. सेठ गोविंद दास ने अपने किस उपन्यास में देश के स्वतंत्रता संग्राम का वर्णन किया है?

A. इंदुमती B. डॉ. शेफाली
C. गोद D. अंतिम आकांक्षा

260. 'गोली' उपन्यास के द्वारा आचार्य चतुरसेन ने किस विषय का वर्णन किया है?

A. हिन्दू मुसलमानों की सांप्रदायिक एकता
B. स्वतंत्रता से पूर्व देशी रजवाड़ों में रहनेवाली दासियों की दयनीय दशा।
C. आधुनिक वैज्ञानिक उन्नति का लेखा-जोखा
D. स्वतंत्रता के आंदोलनकारियों पर गोलीबारी

261. उपन्यासकार विष्णु प्रभाकर द्वारा निम्नलिखित में से कौन-सा उपन्यास लिखा गया?

A. धर्मपुत्र B. नारी
C. उल्का D. तट के बंधन

262. 'वैशाली की नगरवधू' उपन्यास किसने लिखा?

A. शिवपूजन सहाय B. चतुरसेन शास्त्री
C. इलाचंद जोशी D. जैनेंद्र कुमार

263. निम्नलिखित में से कौन-सा उपन्यास भगवतीचरण वर्मा द्वारा नहीं लिखा गया?

A. टेढ़े-मेढ़े रास्ते
B. भूले बिसरे चित्र
C. हृदय की प्यास
D. सबहिं नचावत राम गोसाई

264. हिन्दी के किस उपन्यासकार को आलोचकों ने शरच्चंद्र का समकक्षी माना है?

A. पांडेय बेचन शर्मा 'उग्र' B. रांगेय राघव
C. जैनेंद्र D. यशपाल

265. निम्नलिखित में से कौन-सा उपन्यास ऐतिहासिक नहीं है?

A. पर्दे की रानी B. गढ़ कुंडार
C. मृगनयनी D. झाँसी की रानी

266. 'गुनाहों का देवता' उपन्यास के लेखक का नाम क्या है?

A. जैनेंद्र B. धर्मवीर भारती
C. वृंदावन लाल वर्मा D. शिवपूजन सहाय

267. भगवती चरण वर्मा के द्वारा लिखित उपन्यास 'चित्रलेखा' के संबंध में कौन-सा कथन सत्य है?

A. यह उपन्यास चंद्रगुप्त मौर्य के दरबारी जीवन का वर्णन करता है।
B. इसमें लेखक ने सामंतों के वैभव-विलास का वर्णन किया है।
C. लेखक ने इसकी प्रेरणा फ्रांसीसी उपन्यासकार अनातोले फ्रांस से ली है।
D. तत्कालीन वेश्यावृत्ति का चित्रण किया गया है।

268. 'शेखर : एक जीवनी' किस विधा में लिखी गई रचना है?

A. उपन्यास B. जीवनी
C. नाटक D. कहानी

269. निम्नलिखित में से कौन-सा उपन्यास 'अज्ञेय' द्वारा लिखित नहीं है?

A. नदी के द्वीप B. शेखर : एक जीवनी
C. निर्मला D. अपने-अपने अजनबी

270. यशपाल पर सबसे अधिक प्रभाव किस विचारधारा का पड़ा है?

A. गाँधीवादी विचारधारा B. मार्क्सवादी विचारधारा
C. छायावादी विचारधारा D. रहस्यवादी विचारधारा

271. नागार्जुन ने किस उपन्यास में कृषक-जीवन के दुःखों का वर्णन किया है?

A. दुःखमोचन B. वरुण के बेटे
C. रतिनाथ की चाची D. बलचनमा

272. किस लेखक ने सामंतवादी व्यवस्था और पूँजीपतियों की स्वार्थांधता का चित्रण किया है?

A. लक्ष्मीनारायग लाल B. राजेंद्र यादव
C. अमृतराय D. डॉ. रांगेय राघव

273. 'सारा आकाश' उपन्यास किसने लिखा है?

A. भैरव प्रसाद गुप्त B. राजेंद्र यादव
C. वृंदावन लाल वर्मा D. चतुरसेन शास्त्री

274. यशपाल ने किस रचना में बौद्धकालीन वर्ण व्यवस्था और वर्ग संघर्ष का चित्रण किया है?

A. अमिता B. सिंह सेनापति
C. दिव्या D. प्रतिदान

275. निम्नलिखित में से कौन-सा उपन्यास अवध राज्य के पतन का विवरण प्रस्तुत करता है?

A. सोमनाथ B. सुहाग के नूपुर

C. शतरंज के मोहरे D. चारुचंद्र लेख

276. निम्नलिखित उपन्यासों में से कौन-सा उपन्यास डॉ. रांगेय राघव द्वारा नहीं लिखा गया?

A. मुर्दों का टीला B. जय यौधेय

C. अंधेरे के जुगनू D. राह न रुकी

277. जिस उपन्यास के माध्यम से किसी प्रदेश विशेष की संस्कृति को प्राकृतिक वातावरण में प्रस्तुत किया जाता है, उसे निम्नलिखित में से किस श्रेणी का उपन्यास कहा जाता है :

A. ऐतिहासिक उपन्यास B. सामाजिक उपन्यास

C. साम्यवादी उपन्यास D. आंचलिक उपन्यास

278. 'सोया हुआ जल' उपन्यास की विषय वस्तु निम्नलिखित में से किसके साथ संबंधित है?

A. काशी का इतिहास

B. भिन्न-भिन्न व्यक्तियों की सूत्रबद्ध कहानी

C. एक सराय में ठहरे हुए यात्रियों की एक रात की कहानी

D. सामाजिक विसंगतियों का वर्णन

279. 'आपका बंटी' उपन्यास किसके द्वारा लिखा गया है?

A. मन्नू भंडारी B. मृदुला गर्ग

C. कृष्णा सोबती D. शांति मल्होत्रा

280. नीचे उपन्यास और उपन्यासकार के युग्म दिए गए हैं। सही युग्म का चयन कीजिए।

A. रथ के पहिए – राजेंद्र अवस्थी

B. नदी फिर बह चली – शैलेश मटियानी

C. पचपन खंभे लाल दीवारें – उषा प्रियंवदा

D. मछली मरी हुई – गंगा प्रसाद विमल

281. हिन्दी की पहली मौलिक कहानियों में निम्नलिखित में से कौन-सी कहानी सम्मिलित नहीं की जाती?

A. इंदुमती B. दुलाई वाली

C. आकाशदीप D. ग्यारह वर्ष का समय

282. प्रसाद की पहली कहानी जो इन्दु पत्रिका में प्रकाशित हुई, कौन-सी थी?

A. ग्राम B. पुरस्कार

C. आकाशदीप D. छोटा जादूगर

283. निम्नलिखित में से कौन-सा कहानी-संग्रह प्रसाद द्वारा नहीं लिखा गया?

A. छाया B. प्रतिध्वनि

C. इन्द्रजाल D. सुधांशु

284. निम्नलिखित में से कौन-सी कहानी जयशंकर प्रसाद द्वारा लिखी गई है?

A. राखी बँध भाई B. गुण्डा

C. ईदगाह D. नकली किला

285. उर्दू कहानी-संग्रह 'सोजे वतन' के लेखक कौन थे?

A. मिर्जा अजीम बेग चुगताई

B. विश्वंभरनाथ कौशिक

C. प्रेमचंद

D. भगवती प्रसाद वाजपेयी

286. निम्नलिखित में से कौन-सी कहानी प्रेमचंद द्वारा नहीं लिखी गई?

A. बड़े घर की बेटी B. रानी सारंधा

C. पंच परमेश्वर D. हार की जीत

287. 'सरस्वती' पत्रिका में 1920 में प्रकाशित होने वाली सुदर्शन की पहली कहानी कौन-सी थी?

A. हार की जीत B. परिवर्तन

C. तीर्थयात्रा D. पनघट

288. चंद्रधर शर्मा गुलेरी द्वारा लिखित वह कहानी कौन-सी थी जो हिन्दी कहानियों में मील का पत्थर सिद्ध हुई?

A. सुखमय जीवन B. उसने कहा था

C. ताई D. गुल्ली डंडा

289. निम्नलिखित कहानियों में से कौन-सी कहानी गुलेरी द्वारा लिखित नहीं है?

A. बुद्धू का काँटा B. सुखमय जीवन

C. आत्माराम D. उसने कहा था

290. फिल्म 'हीरा मोती' प्रेमचंद की किस कहानी के आधार पर बनाई गई?

A. पंच परमेश्वर B. नमक का दरोगा

C. आत्माराम D. दो बैलों की कथा

291. पांडेय बेचन शर्मा 'उग्र' के लिए निम्नलिखित में से कौन-सा कथन सत्य नहीं है?

A. उन्होंने अपनी कहानियों में अंधविश्वासों और प्राचीन रूढ़ियों का विरोध किया।

B. उग्र की शैली में उत्साह और जोश की कमी है।

C. यथार्थवाद के आग्रह में वे कहीं-कहीं अश्लीलता की सीमा तक पहुँच गए हैं।

D. वे विद्रोही स्वभाव और स्वतंत्र प्रवृत्ति के कलाकार थे।

292. निम्नलिखित में से कौन-सी कहानी आचार्य चतुरसेन द्वारा लिखित नहीं है?

A. रक्षा बंधन

B. दे खुदा की राह पर

C. ककड़ी की कीमत

D. दुखवा मैं कासे कहूँ मोरी सजनी

293. निम्नलिखित में से कौन-सी विशेषता प्रेमचंद की कहानियों में नहीं पाई जाती?

A. उनकी कहानियाँ सामाजिक समस्याओं पर विचार करती हैं।

B. उन्होंने पूँजीपति वर्ग द्वारा कृषक और श्रमिक वर्ग के शोषण पर आक्रोश व्यक्त किया।

C. वे आदर्शवादी कहानीकार थे।

D. उनकी कहानियों में पात्रों का सजीव चरित्र-चित्रण हुआ है।

294. निम्नलिखित में से किस कहानीकार ने हास्यरस प्रधान कहानियाँ लिखीं।

A. जी.पी. श्रीवास्तव B. सुदर्शन सिंह

C. पांडेय बेचन शर्मा D. ज्वालादत्त शर्मा

295. निम्नलिखित में से किस कहानीकार ने असामान्य मानव की असामान्य परिस्थितियों में प्रभावित मानसिक प्रतिक्रियाओं का विवेचन किया है?

A. यशपाल B. जैनेंद्र

C. बदरीनारायण चौधरी D. चंडी प्रसाद हृदयेश

296. निम्नलिखित में से कौन-सी कहानी जैनेंद्र द्वारा लिखी गई है?

A. सच और झूठ B. दो बाँके

C. मिठाई वाला D. पाजेब

297. निम्नलिखित में से कौन-सा कहानी-संग्रह जैनेंद्र द्वारा नहीं लिखा गया।

A. फाँसी B. ध्रुवयात्रा

C. विपथगा D. जयसंधि

298. किस कहानी-लेखक पर फ्रायड के यौनवाद का प्रभाव अधिक है?

A. सियाराम शरण गुप्त

B. सच्चिदानंद हीरानंद वात्स्यायन 'अज्ञेय'

C. गोविंद बल्लभ पंत

D. यशपाल

299. किस कहानीकार की कहानियों में बैसवाड़ा के ग्रामीण जीवन का स्वाभाविक वर्णन किया गया है?

A. सूर्यकांत त्रिपाठी 'निराला'

B. वृंदावन लाल वर्मा

C. यशपाल

D. उपेंद्रनाथ 'अश्क'

300. निम्नलिखित में से कौन-सा कहानीकार हास्यरस का कहानीकार नहीं माना जाता?

A. हरिशंकर शर्मा B. बेढ़व बनारसी

C. चंद्रकिरण सौनरिक्शा D. सम्पूर्णानंद

301. नई कहानी के प्रतिष्ठापक के रूप में कौन-से तीन कहानीकार माने जाते हैं?

A. मोहन राकेश, धर्मवीर भारती, अमरकांत

B. राजेंद्र यादव, निर्मल वर्मा, अजित कुमार

C. कमलेश्वर, मन्नू भंडारी, रघुबीर सहाय

D. राजेंद्र यादव, मोहन राकेश, कमलेश्वर

302. निम्नलिखित में से किस कहानीकार का नाम साठोत्तरी कहानीकारों में नहीं गिना जाता?

A. महीपाल सिंह B. धर्मवीर भारती

C. ज्ञानरंजन D. इब्राहिम शरीफ

303. निम्नलिखित में से किसका नाम आधुनिकता बोध की कहानियाँ लिखनेवाली महिला कहानीकारों में नहीं आता?

A. सुभद्रा कुमारी चौहान B. ममता कालिया

C. मीना गुलाटी D. दीप्ति खंडेलवाल

304. निम्नलिखित में से किस पत्रिका में हिन्दी कहानी को प्रोत्साहन नहीं मिलता?

A. कहानी B. माया

C. इंडिया टुडे D. सरिता

305. आधुनिक कहानी में निम्नलिखित में कौन-सी विशेषता नहीं पाई जाती?

A. दमित वासनाओं और दूषित मनोवृत्तियों का चित्रण।
B. जीवन के प्रति वितृष्णा।
C. निराशाजन्य विकृतियों को उजागर करना।
D. ग्राम्य जीवन का स्वाभाविक चित्रण।

306. हिन्दी निबंध को चार भागों में विभक्त किया जाता है। निम्नलिखित में से कौन-सा भाग हिन्दी निबंध से संबंधित नहीं है?

A. भारतेंदु युग B. द्विवेदी युग
C. प्रेमचंद युग D. शुक्ल युग

307. निम्नलिखित में से कौन-सा निबंधकार भारतेंदु युग से संबंधित नहीं है?

A. बालकृष्ण भट्ट B. गुलाबराय
C. प्रतापनारायण मिश्र D. अंबिकादत्त व्यास

308. निम्नलिखित लेखकों में से किसके व्यंग्यात्मक निबंध 'शिवशंभु का चिट्ठा' में संगृहीत है?

A. भारतेंदु हरिश्चंद्र B. प्रतापनारायण मिश्र
C. अंबिकादत्त व्यास D. बाल मुकुंद गुप्त

309. भारतेंदु युग के विषय में निम्नलिखित में से कौन-सा कथन सत्य नहीं है?

A. इस युग में भाषा का परिमार्जन और परिष्कार हुआ।
B. राष्ट्रीय जागरण के साथ सांस्कृतिक और राजनैतिक चेतना का विकास।
C. सामाजिक सुधार की प्रकृति।
D. समाज, राजनीति, धर्म, यात्रा-विवरण, आत्मचरित्र प्रकृति-वर्णन आदि विषयों पर निबंध-रचना हुई।

310. निम्नलिखित में से किस लेखक के नाम पर हिन्दी गद्य में द्विवेदी युग प्रचलित हुआ?

A. शांति प्रिय द्विवेदी B. माखनलाल चतुर्वेदी
C. महावीर प्रसाद द्विवेदी D. हजारी प्रसाद द्विवेदी

311. निबंध के विषय में निम्नलिखित मत किस लेखक के द्वारा प्रकट किया गया–"यदि गद्य कवियों की कसौटी है तो निबंध गद्य की कसौटी है।"

A. हजारी प्रसाद द्विवेदी B. रामचंद्र शुक्ल
C. डॉ. श्यामसुंदर दास D. डॉ. नगेंद्र

312. निम्नलिखित निबंधों में से कौन-सा निबंध बालकृष्ण भट्ट द्वारा नहीं लिखा गया था?

A. बातचीत B. चंद्रोदय
C. मन की दृढ़ता D. लोभ

313. निम्नलिखित में से कौन लेखक 'ब्राह्मण' पत्र का संपादक भी था?

A. प्रतापनारायण मिश्र
B. बालमुकुन्द गुप्त
C. भारतेंदु हरिश्चंद्र
D. बदरीनारायण चौधरी 'प्रेमघन'

314. आचार्य महावीर प्रसाद द्विवेदी को किस महत्वपूर्ण कार्य के लिए याद किया जाता है?

A. उन्होंने सरस्वती का संपादन किया।
B. अपने युग के साहित्यकारों का मार्ग दर्शन किया।
C. उन्होंने भाषा का परिमार्जन और परिष्कार किया।
D. उन्होंने हिन्दी में तत्सम शब्दों का प्रचुर प्रयोग किया।

315. निम्नलिखित में कौन-से निबंधकार द्विवेदी युग के नहीं माने जाते?

A. बाबू श्याम सुंदर दास B. मिश्रबंधु
C. बालकृष्ण भट्ट D. गुलाबराय

316. निम्नलिखित में से किस निबंधकार ने मानवतावादी विचारों को अपने निबंधों के माध्यम से व्यक्त किया?

A. बाबू गुलाबराय B. सरदार पूर्णसिंह
C. चंद्रधर शर्मा गुलेरी D. श्यामसुंदर दास

317. आचार्य रामचंद्र शुक्ल ने निम्नलिखित में से किस प्रकार के निबंध नहीं लिखे–

A. साहित्यिक B. सैद्धांतिक
C. मनोवैज्ञानिक D. उपदेशात्मक

318. आचार्य रामचंद्र शुक्ल के निबंधों का संग्रह किस नाम से प्रसिद्ध है?

A. चिंतामणि
B. अशोक के फूल
C. रेती के फूल
D. काव्यकला तथा अन्य निबंध

319. 'काव्य में लोकमंगल की साधनावस्था' निबंध निम्न प्रकार के निबंधों में से किस कोटि में रखा जा सकता है?

A. साहित्यिक B. साहित्यालोचनात्मक
C. व्यंग्यात्मक D. मनोवैज्ञानिक

320. निम्नलिखित निबंधकारों में से कौन-सा निबंधकार शुक्ल युग में नहीं गिना जाता?
A. पदुमलाल पुन्नालाल बख्शी
B. वासुदेवशरण अग्रवाल
C. मिश्रबंधु
D. शांतिप्रिय द्विवेदी

321. निम्नलिखित में से कौन-सा निबंध आचार्य रामचंद्र शुक्ल द्वारा लिखा गया?
A. उत्सव B. समाज सेवा
C. विज्ञान D. क्रोध

322. ऐतिहासिक संस्मरणात्मक निबंध लेखक के रूप में किसका नाम प्रसिद्ध है?
A. राधाकृष्ण दास B. रघुबीर सिंह
C. वियोगी हरि D. शांतिप्रिय द्विवेदी

323. डॉ. वासुदेव शरण अग्रवाल द्वारा लिखित निबंध निम्नलिखित में से किस कोटि में आते हैं?
A. सांस्कृतिक B. भावात्मक
C. आलोचनात्मक D. साहित्यिक

324. निम्नलिखित निबंध-संग्रह में से रामधारी सिंह 'दिनकर' द्वारा कौन-सा निबंध संग्रह लिखा गया?
A. कुछ उथले कुछ गहरे B. नाम
C. रामलाल पंडित D. अर्द्धनारीश्वर

325. किस निबंधकार ने अपने व्यंग्यात्मक निबंधों में राजनीतिक और सांस्कृतिक विसंगतियों पर गहरी चोट की है?
A. बेढब बनारसी B. नरेंद्र कोहली
C. हरिशंकर परसाई D. यशपाल

326. राहुल सांकृत्यायन ने किस प्रकार के निबंध लिखे हैं?
A. मनोरंजन संबंधी B. यात्रा-संबंधी
C. आलोचनात्मक D. साहित्यिक

327. निम्नलिखित में से कौन-सा निबंध संग्रह दिनकर द्वारा लिखा हुआ नहीं है?
A. फिर निराश क्यों B. मिट्टी की ओर
C. रेती के फूल D. साहित्यमुखी

328. निम्नलिखित में से कौन-सी विशेषता आचार्य हजारी प्रसाद द्विवेदी के संबंधों में नहीं मिलती?
A. विचारों की मौलिकता B. हृदय की सरलता
C. कल्पनाशीलता D. विनोद प्रियता

329. डॉ. नगेंद्र के निबंधों की विशेषता है :
A. आचार्य रामचंद्र शुक्ल की मौलिकता
B. आचार्य हजारी प्रसाद द्विवेदी की भाँति रोचकता
C. गुलाबराय की स्पष्टता
D. उपर्युक्त तीनों

330. किस निबंधकार ने विचारात्मक साहित्यिक निबंध लिखे हैं जिनमें गहराई और मौलिक चिंतन विद्यमान हैं?
A. रामविलास शर्मा B. नंद दुलारे वाजपेयी
C. गुलाबराय D. शिवदान सिंह चौहान

331. प्रगतिशील निबंधकारों में किसका नाम लिया जाता है?
A. शिवदान सिंह चौहान B. गुलाबराय
C. गणपति चंद्र गुप्त D. रामविलास शर्मा

332. 'बंदेवाणी विनायकौ' किस निबंधकार की रचना है?
A. रामवृक्ष बेनीपुरी
B. देवेंद्र सत्यार्थी
C. निर्मल वर्मा
D. कन्हैयालाल मिश्र प्रभाकर

333. कन्हैया लाल मिश्र प्रभाकर द्वारा निम्नलिखित में से कौन-सा निबंध संग्रह नहीं लिखा गया?
A. जिंदगी मुस्कराई B. क्षण बोले कण मुस्काए
C. बाजे पायलिया के घुँघरू D. धरती गाती है

334. किस लेखक ने 'ठूँठा आम' और 'सांस्कृतिक निबंध' नामक निबंध संग्रह लिखा है?
A. भदंत आनंद कौसल्यायन
B. कन्हैयालाल मिश्र प्रभाकर
C. भगवतशरण उपाध्याय
D. देवेंद्र सत्यार्थी

335. उपेंद्रनाथ अश्क द्वारा लिखित निबंध संग्रह का नाम क्या है?
A. महके आँगन चहके द्वार
B. आँगन का पंछी और बनजारा मन
C. प्रिया नील कंठी
D. गंध मादन

336. निम्नलिखित निबंध-संग्रहों में कौन-सा संग्रह धर्मवीर भारती द्वारा लिखा गया नहीं है?
A. ठेले पर हिमालय B. कहनी-अनकहनी
C. खरगोश के सींग D. पश्यन्ती

337. निम्न लेखकों में से किसके द्वारा भारतीय संस्कृति का यथार्थ रूप प्रकट किया गया है?

A. वासुदेव शरण अग्रवाल B. यशपाल
C. रवींद्र त्यागी D. शरद जोशी

338. यशपाल द्वारा निम्नलिखित में से कौन-सा निबंध संग्रह लिखा गया है?

A. खरगोश के सींग B. गांधीवाद की शव परीक्षा
C. देखा सोचा समझा D. रस आखेटक

339. कुबेरनाथ राय द्वारा लिखित निबंध संग्रह का क्या नाम है?

A. गंध मादन B. कवि की दृष्टि
C. भूत के पाँव पीछे D. विचार के क्षण

340. निम्नलिखित में से किसे भारतेंदु कालीन आलोचक नहीं कहा जा सकता?

A. अंबिकादत्त व्यास B. बालकृष्ण भट्ट
C. श्याम सुंदरदास D. श्रीनिवास दास

341. हिन्दी साहित्य में तुलनात्मक आलोचना का सूत्रपात किसने किया?

A. भारतेंदु B. बालकृष्ण भट्ट
C. महावीर प्रसाद द्विवेदी D. मिश्रबंधु

342. किस आलोचक ने 'बिहारी सतसई की भूमिका' लिखकर बिहारी को देव की तुलना में श्रेष्ठ कवि सिद्ध किया?

A. महावीर प्रसाद द्विवेदी B. पद्मसिंह शर्मा
C. श्यामसुंदर दास D. अंबिकादत्त व्यास

343. किस लेखक ने हिन्दी साहित्य में सैद्धांतिक आलोचना का स्वरूप स्थापित किया?

A. श्याम सुंदर दास B. मिश्रबंधु
C. लाला श्रीनिवासदास D. पद्मसिंह शर्मा

344. डॉ. श्याम सुंदरदास द्वारा लिखित पुस्तक का क्या नाम था?

A. हिन्दी नवरत्न
B. नैषध चरितचर्चा
C. साहित्यालोचन
D. बिहारी सतसई की भूमिका

345. सूरदास, त्रिवेणी और रसमीमांसा के द्वारा समीक्षा के नए सिद्धांत और पद्धतियाँ किसने उपस्थित कीं?

A. आचार्य महावीर प्रसाद द्विवेदी
B. भारतेंदु हरिश्चंद्र
C. मिश्रबंधु
D. आचार्य रामचंद्र शुक्ल

346. भारतीय और पाश्चात्य समीक्षा-सिद्धांतों का समन्वय करने का पक्षधर आलोचक किसे कहा जाता है?

A. रामचंद्र शुक्ल B. डॉ. नगेंद्र
C. रामविलास शर्मा D. श्याम सुंदर दास

347. 'आधुनिक हिन्दी कविता की मुख्य प्रवृत्तियाँ' नामक ग्रंथ के लेखक का क्या नाम है?

A. सुमित्रानंदन पंत B. डॉ. सत्येन्द्र
C. डॉ. नगेंद्र D. रामविलास शर्मा

348. किस आलोचक ने देव को हिन्दी का सबसे बड़ा कवि घोषित करके 'देव बड़े या बिहारी' इस विवाद को जन्म दिया?

A. पद्मसिंह शर्मा B. लाला भगवानदीन
C. मिश्रबंधु D. अंबिकादत्त व्यास

349. आचार्य रामचंद्र शुक्ल ने अपने आलोचना-ग्रंथ 'त्रिवेणी' में किन तीन कवियों की समीक्षा की?

A. सूरदास–कबीर–बिहारी
B. तुलसीदास–रहीम–मीरा
C. सूरदास–तुलसीदास–कबीर
D. सूरदास–तुलसीदास–जायसी

350. आलोचना के क्षेत्र में किस लेखक ने नए मानदंड स्थापित किए?

A. डॉ. श्यामसुंदर दास B. आचार्य रामचंद्र शुक्ल
C. डॉ. नगेंद्र D. मिश्रबंधु

351. डॉ. रामविलास शर्मा को किस प्रकार के आलोचक के रूप में प्रसिद्धि मिली?

A. प्रगतिवादी आलोचक B. सैद्धांतिक आलोचक
C. तुलनात्मक आलोचक D. छायावादी आलोचक

352. रामविलास शर्मा ने आधुनिक कवियों में से किस कवि के साहित्य की आलोचना के लिए प्रतिष्ठा पाई है?

A. सुमित्रानंदन पंत
B. मैथिलीशरण गुप्त
C. रामधारी सिंह 'दिनकर'
D. सूर्यकांत त्रिपाठी 'निराला'

353. निम्नलिखित में से किस लेखक को आलोचना के क्षेत्र में सम्राट माना जाता है?

A. श्याम सुंदरदास B. डॉ. रामविलास शर्मा
C. आचार्य रामचंद्र शुक्ल D. डॉ. नगेंद्र

354. कौन-सा आलोचक प्रगतिवादी आलोचक नहीं माना जाता।

A. मिश्रबंधु B. शिवदान सिंह चौहान
C. रामविलास शर्मा D. डॉ. नामवर सिंह

355. संस्मरण के संबंध में कौन-सा कथन सत्य नहीं है?

A. यथार्थ चित्रण के साथ संस्मरण में भावना की गहराई होती है।
B. लेखक द्वारा अपने विषय में रोचक तथ्य प्रस्तुत किए जाते हैं।
C. संस्मरण में व्यक्ति की अपेक्षा घटना को रोचक शैली में प्रस्तुत किया जाता है।
D. संस्मरण संबंधित व्यक्ति के चरित्र का दर्पण होता है।

356. हिन्दी का पहला संस्मरण-लेखक किसे माना जाता है?

A. बाल मुकुंद गुप्त B. भारतेंदु हरिश्चंद्र
C. प्रेमचंद D. महादेवी वर्मा

357. लाला भगवानदीन के संबंध में किस लेखक ने संस्मरण लिखा जिसमें लाला जी के स्वभाव का परिचय दिया गया?

A. प्रताप नारायण मिश्र B. प्रेमचंद
C. श्याम सुंदर दास D. राहुल सांकृत्यायन

358. उर्दू के प्रसिद्ध शायर अकबर इलाहाबादी के संबंध में रोचक संस्मरण किस हिन्दी के संस्मरणकार द्वारा लिखे गए?

A. बनारसीदास चतुर्वेदी B. लाला भगवानदीन
C. रामवृक्ष बेनीपुरी D. पद्म सिंह शर्मा

359. 'प्रेमचंद घर में' शीर्षक रचना में प्रेमचंद के विषय में संस्मरण लिखे गए हैं। इसकी रचना किसने की है?

A. महादेवी वर्मा B. शिवरानी देवी
C. सुमित्रानंदन पंत D. विश्वंभरनाथ कौशिक

360. नीचे संस्मरण संबंधी रचना तथा उसके संस्मरण लेखक का नाम दिया जा रहा है। जो युग्म अशुद्ध हों उसे चिह्नित कीजिए?

A. एक क्रांतिकारी के संस्मरण – बनारसीदास चतुर्वेदी
B. शांति निकेतन – महादेवी वर्मा
C. मेरे असहयोग के साथी – राहुल सांकृत्यायन
D. चेहरे जाने पहचाने – सेठ गोविंददास

361. 'रेखाचित्र' विधा के संबंध में नीचे जो कथन असत्य हो उस पर चिह्न लगाइए।

A. रेखाचित्र में शब्दों के माध्यम से चित्र खींचा जाता है।
B. 'रेखाचित्र' एक प्रकार का गीतिकाव्य होता है।
C. रेखाचित्र की प्रस्तुति में शिल्पकौशल अपेक्षित है।
D. रेखाचित्र में चरित्र को उभारने वाले तथ्य होते हैं

362. 'रेखाचित्र' विधा का जनक किसे कहा जाता है?

A. रामवृक्ष बेनीपुरी B. गुलाबराय
C. पद्मसिंह शर्मा D. शिवपूजन सहाय

363. 'अतीत के चलचित्र' नामक रेखाचित्र किसने लिखा?

A. रामवृक्ष बेनीपुरी B. बनारसीदास चतुर्वेदी
C. बाबू गुलाबराय D. महादेवी वर्मा

364. यात्रा-साहित्य में किस पुस्तक को विशेष महत्व दिया जाता है?

A. मेरी यूरोप यात्रा B. घुमक्कड़ शास्त्र
C. लोकदेव नेहरू D. जिंदगी मुस्कराई

365. निम्नलिखित में से किस विधा पर बहुत कम लिखा गया।

A. यात्रा-साहित्य B. नाटक
C. उपन्यास D. काव्य

366. नीचे यात्रा-वृत्तांत तथा उनके लेखकों के युग्म दिए गए हैं। गलत युग्म को चिह्नित कीजिए।

A. अरे यायावर रहेगा याद – अज्ञेय
B. मेरी जर्मन यात्रा – सत्यदेव परिब्राजक
C. आखिरी चट्टान – मोहन राकेश
D. ठेले पर हिमालय – रामवृक्ष बेनीपुरी

367. जिस विधा के द्वारा लेखक अपने बीते हुए जीवन का विवरण प्रस्तुत करता है उसे क्या कहते हैं?

A. यात्रा-वृत्त B. संस्मरण
C. आत्मकथा D. रेखाचित्र

368. 'आत्मकथा' विधा के पहले लेखक का क्या नाम था?

A. भारतेंदु हरिश्चंद्र B. बनारसीदास जैन
C. वियोगी हरि D. सेठ गोविंद दास

369. बनारसीदास जैन द्वारा लिखित आत्मकथा का नाम क्या है?

A. निज वृत्तांत B. स्वतंत्रता की खोज
C. मेरी आत्म कहानी D. अर्द्ध कथा

370. निम्नलिखित लेखक व उनकी आत्मकथा संबंधी युग्मों में से गलत युग्म को चिह्नित कीजिए?

A. भवानी दयाल संन्यासी – प्रवासी की आत्मकथा

B. सुभाषचंद बोस – तरुण के स्वप्न

C. हरिवंशराय बच्चन – क्या भूलूँ-क्या याद करूँ

D. सेठ गोविंद दास – घर की बात

371. हिन्दी में जीवनी साहित्य का आरंभ किस युग में हुआ?

A. द्विवेदी युग B. भारतेंदु युग

C. प्रेमचंद युग D. आधुनिक युग

372. जीवनी साहित्य के लेखक से निम्नलिखित में से किस विशेषता की अपेक्षा नहीं की जाती।

A. कल्पनाशीलता

B. निष्पक्षता

C. सत्यघटनाओं के आधार पर वर्णन

D. बिना किसी लाग लपेट के अपनी बात कहने की क्षमता

373. 'कलम का सिपाही' में लेखक ने किसके जीवन का परिचय दिया है?

A. भारतेंदु हरिश्चंद्र B. आचार्य रामचंद्र शुक्ल

C. प्रेमचंद D. अमृत राय

374. 'आवारा मसीहा' के लेखक का नाम क्या है?

A. बलदेव उपाध्याय B. मन्मथनाथ गुप्त

C. रामनाथ सुमन D. विष्णु प्रभाकर

375. सरदार बल्लभ भाई पटेल के जीवन का परिचय किस लेखक ने उनकी जीवनी लिखकर दिया?

A. बालमुकुंद गुप्त B. क्षेमचंद्र सुमन

C. सीताराम चतुर्वेदी D. सेठ गोविन्द दास

376. नीचे कुछ हिन्दी के जीवनीकार तथा उनके द्वारा लिखित जीवनी दी गई है। गलत युग्म पर निशान लगाइए।

A. गंगाप्रसाद पांडेय – महाप्राण निराला

B. पं. बनारसी दास – नए भारत के नए नेता

C. सूर्यकांत त्रिपाठी 'निराला' – राणा प्रताप

D. रामवृक्ष बेनीपुरी – विप्लवी जयप्रकाश

377. हिन्दी में रिपोर्ताज शब्द किस भाषा से ग्रहण किया गया है?

A. उर्दू B. फ्रेंच

C. फारसी D. अंग्रेजी

378. 'रिपोर्ताज' विधा के संबंध में निम्नलिखित में से कौन-सा कथन सत्य है?

A. यह आँखों देखी या कानों सुनी वर्णन होता है जो हृदय पर गहरा प्रभाव डालता है।

B. यह अपने पर बीता हुआ वर्णन होता है।

C. यह पढ़ा हुआ वर्णन होता है जो लेखक द्वारा अपने शब्दों में प्रस्तुत किया जाता है।

D. यह लेखक की कल्पना द्वारा प्रस्तुत किया हुआ वर्णन होता है।

379. हिन्दी में रिपोर्ताज विधा का प्रवर्तक कौन माना जाता है?

A. रांगेय राघव B. धर्मवीर भारती

C. शिवदान सिंह चौहान D. शमशेर बहादुर सिंह

380. बंगाल के अकाल पर किस हिन्दी लेखक ने 'रिपोर्ताज' विधा में लिखा?

A. भगवतशरण उपाध्याय

B. कन्हैयालाल मिश्र प्रभाकर

C. अमृतराय

D. प्रकाशचंद्र गुप्त

381. नीचे 'रिपोर्ताज' और उनके लेखकों के नाम दिए जा रहे हैं। गलत युग्म पर निशान लगाइए।

A. देश की मिट्टी बोलती है – भदंतआनंद कौसल्यायन

B. वे लड़ेंगे हजार साल – धर्मवीर भारती

C. खून के छींटे – भगवतशरण उपाध्याय

D. गदर के फूल – अमृतलाल

382. 'नीड़ का निर्माण फिर' के लेखक कौन हैं?

A. हरिवंशराय बच्चन B. उपेंद्र नाथ 'अश्क'

C. महादेवी वर्मा D. श्रीराम शर्मा

383. 'तूफानों के बीच' रिपोर्ताज में लेखक रांगेय राघव ने किस विषय-वस्तु को चुना?

A. समुद्र में उठे तूफान के विषय को

B. 1940 में द्वितीय महायुद्ध के विषय को

C. बंगाल के अकाल के विषय को

D. बिहार के अकाल के विषय को

384. 'कुछ आप बीती, कुछ जग बीती' आत्मकथा के लेखक कौन हैं?

A. भारतेंदु हरिश्चंद्र B. भाई परमानंद

C. रामविलास शर्मा D. वियोगी हरि

385. हिन्दी में प्रकाशित होने वाला सर्वप्रथम साप्ताहिक पत्र का नाम क्या था?

A. भारत मित्र
B. उदंत मार्तंड
C. ब्राह्मण
D. प्रदीप

386. 'उदंत मार्तंड' किस नगर से प्रकाशित होता था?

A. इलाहाबाद
B. आगरा
C. वाराणसी
D. कोलकाता

387. 'उदंत मार्तंड' के संपादक का नाम क्या था?

A. भारतेंदु हरिश्चंद्र
B. राधाकृष्ण दास
C. पं. युगल किशोर शुक्ल
D. महावीर प्रसाद द्विवेदी

388. हिन्दी का पहला दैनिक समाचार-पत्र किस नाम से प्रकाशित हुआ?

A. समाचार-सुधा वर्णन
B. हिन्दुस्तान
C. जागरण
D. कर्मवीर

389. समाचार सुधा-वर्णन के संपादक का नाम क्या था?

A. बालकृष्ण भट्ट
B. श्याम सुंदर सेन
C. श्रीनिवास दास
D. बदरीनारायण चौधरी

390. महावीर प्रसाद द्विवेदी ने किस हिन्दी पत्रिका का संपादन कर अनेक तत्कालीन लेखकों को प्रोत्साहन दिया?

A. परस्वती
B. विशाल भारत
C. माधुरी
D. साहित्य संदेश

391. 'बनारस अखबार' का संपादन-प्रकाशन किसके द्वारा किया गया?

A. राजा लक्ष्मण सिंह
B. बालकृष्ण भट्ट
C. राजा शिवप्रसाद सितारे हिन्द
D. पांडे बेचन शर्मा 'उग्र'

392. निम्नलिखित में से किस पत्र का संपादन भारतेंदु हरिश्चंद्र द्वारा नहीं किया गया?

A. हरिश्चंद्र चंद्रिका
B. बाल बोधिनी
C. कवि वचन सुधा
D. नागरी-नीरद

393. जयशंकर प्रसाद के द्वारा संपादित पत्रिका का क्या नाम था?

A. वसुंधरा
B. इन्दु
C. भारती
D. समाज

394. प्रेमचंद ने किस पत्र का संपादन-संचालन किया?

A. हंस
B. जागृति
C. मर्यादा
D. ब्राह्मण

395. माखनलाल चतुर्वेदी द्वारा किस पत्र का संपादन किया गया?

A. प्रताप
B. कर्मवीर
C. प्रभा
D. उपर्युक्त तीनों

396. सूर्यकांत त्रिपाठी 'निराला' द्वारा किस पत्र का संपादन किया गया?

A. गंगा
B. संसार
C. मतवाला
D. विचार

397. निम्नलिखित में से कन्हैयालाल मिश्र प्रभाकर ने किस पत्र का संपादन नहीं किया?

A. विकास
B. नया जीवन
C. ज्ञानोदय
D. प्रकाश

398. प्रताप नारायण मिश्र द्वारा किस पत्र का संपादन किया गया?

A. ब्राह्मण
B. हिंदुस्तान
C. उपर्युक्त दोनों
D. उपर्युक्त दोनों में से कोई नहीं

399. सच्चिदानंद हीरानंद वात्स्यायन अज्ञेय किस पत्र के संपादक रहे?

A. विशाल भारत
B. सैनिक
C. दिनमान
D. उपर्युक्त तीनों के

400. नीचे समाचार पत्र एवं उसके संपादक का नाम युग्म रूप में दिया जा रहा है। जो युग्म गलत हो उसे चिह्नित कीजिए।

A. प्रदीप – बालकृष्ण भट्ट
B. वसुधा – प्रताप नारायण मिश्र
C. साहित्य संदेश – बाबू गुलाबराय
D. कादंबिनी – राजेंद्र अवस्थी

401. सुमेलित कीजिए :

(सूची-क) रचनाकार	(सूची-ख) रचना
(*a*) यशपाल	1. झूठा सच
(*b*) श्रद्धाराम फिल्लौरी	2. भाग्यवती
(*c*) जैनेन्द्र	3. दशार्क
(*d*) लाला श्रीनिवासदास	4. परीक्षा गुरु

कूट :	(a)	(b)	(c)	(d)
A.	4	3	2	1
B.	3	2	1	4
C.	2	4	1	3
D.	1	2	3	4

402. सुमेलित कीजिए :

(सूची-क) रचनाकार	(सूची-ख) रचना
(a) बालकृष्ण भट्ट	1. सागर लहरें और मनुष्य
(b) उपेन्द्रनाथ अश्क	2. पूर्ण प्रकाश चन्द्र प्रभा
(c) भारतेन्दु	3. गिरती दीवारें
(d) उदयशंकर भट्ट	4. नूतन ब्रह्मचारी

कूट :	(a)	(b)	(c)	(d)
A.	4	3	2	1
B.	2	4	3	1
C.	1	2	3	4
D.	3	4	1	2

403. सुमेलित कीजिए :

(सूची-क) रचनाकार	(सूची-ख) रचना
(a) देवकी नंदन खत्री	1. देवरानी जेठानी की कहानी
(b) ब्रजनंदन सहाय	2. चित्रलेखा
(c) पंडित गौरी दत्त	3. भूतनाथ
(d) भगवतीचरण वर्मा	4. लालचीन

कूट :	(a)	(b)	(c)	(d)
A.	1	2	4	3
B.	3	4	1	2
C.	4	3	2	1
D.	2	4	3	1

404. सुमेलित कीजिए :

(सूची-क) रचनाकार	(सूची-ख) रचना
(a) जगमोहन सिंह	1. आदर्श दम्पत्ति
(b) वृदांवन लाल वर्मा	2. श्यामा स्वप्न
(c) लज्जाराम शर्मा	3. नरमेध
(d) चतुरसेन शास्त्री	4. मृगनयनी

कूट :	(a)	(b)	(c)	(d)
A.	4	3	2	1
B.	1	2	3	4
C.	3	2	1	4
D.	2	4	1	3

405. सुमेलित कीजिए :

(सूची-क) रचनाकार	(सूची-ख) रचना
(a) किशोरीलाल गोस्वामी	1. घृणामयी
(b) इलाचन्द्र जोशी	2. लीलावती
(c) हरिऔध	3. राम रहीम
(d) राधिकारमण प्रसाद सिंह	4. ठेठ हिन्दी का ठाठ

कूट :	(a)	(b)	(c)	(d)
A.	1	2	3	4
B.	2	4	3	1
C.	2	1	4	3
D.	4	3	2	1

406. सुमेलित कीजिए :

(सूची-क) रचनाकार	(सूची-ख) रचना
(a) गोपालराम गहमरी	1. अलका
(b) पंत	2. सरकटी लाश
(c) शिवपूजन सहाय	3. हार
(d) निराला	4. देहाती दुनिया

कूट :	(a)	(b)	(c)	(d)
A.	4	3	2	1
B.	2	3	4	1
C.	1	2	3	4
D.	4	3	2	1

407. सुमेलित कीजिए :

(सूची-क) रचनाकार	(सूची-ख) रचना
(a) प्रेमचन्द	1. इरावती
(b) प्रसाद	2. गबन
(c) ऋषभचरण जैन	3. नारी
(d) सियारामशरण गुप्त	4. वेश्यायुग

कूट :	(a)	(b)	(c)	(d)
A.	1	4	2	3
B.	4	2	3	1
C.	2	1	4	3
D.	3	2	1	4

408. सुमेलित कीजिए :

(सूची-क) रचनाकार	(सूची-ख) रचना
(*a*) तस्लीमा नसरीन	1. एकपति के नोट्स
(*b*) शिवप्रसाद सिंह रूद्र	2. अकेला पलाश
(*c*) मेहरून्निसा परवेज	3. लज्जा
(*d*) महेन्द्र भल्ला	4. अलग-अलग वैतरणी

कूट :	(*a*)	(*b*)	(*c*)	(*d*)
A.	3	4	2	1
B.	4	3	1	2
C.	1	2	3	4
D.	3	4	1	2

409. सुमेलित कीजिए :

(सूची-क) रचनाकार	(सूची-ख) रचना
(*a*) गिरिराज किशोर	1. शब्दबद्ध
(*b*) नासिरा शर्मा	2. ढ़ाई घर
(*c*) मणिमधुकर	3. सफेद मेमने
(*d*) वीरेन्द्र जैन	4. जिन्दा मुहावरे

कूट :	(*a*)	(*b*)	(*c*)	(*d*)
A.	4	1	2	3
B.	2	3	1	4
C.	3	1	4	2
D.	2	4	3	1

410. सुमेलित कीजिए :

(सूची-क) रचनाकार	(सूची-ख) रचना
(*a*) मंजुल भगत	1. अपने-अपने पिंजरे
(*b*) कमलाकांत त्रिपाठी	2. गंजी
(*c*) शैलेश मटियानी	3. बेदखल
(*d*) मोहनदास नैमिशराय	4. मुठभेड़

कूट :	(*a*)	(*b*)	(*c*)	(*d*)
A.	2	3	1	4
B.	2	1	4	3
C.	1	2	3	4
D.	2	3	4	1

411. सुमेलित कीजिए :

(सूची-क) रचनाकार	(सूची-ख) रचना
(*a*) समरेश मजूमदार	1. मन क्यों उदास है
(*b*) देवेन्द्र सत्यार्थी	2. काला पहाड़
(*c*) भगवान दास मोरवाल	3. अशुभ बेला
(*d*) विमल मिश्र	4. कठपुतली

कूट :	(*a*)	(*b*)	(*c*)	(*d*)
A.	4	3	2	1
B.	4	3	1	2
C.	3	4	2	1
D.	4	2	1	3

412. सुमेलित कीजिए :

(सूची-क) रचनाकार	(सूची-ख) रचना
(*a*) जगदम्बा प्रसाद दीक्षित	1. मुर्दाघर
(*b*) भगवान सिंह	2. अपने-अपने राम
(*c*) रघुवंश	3. अर्थहीन
(*d*) विनोद कुमार शुक्ल	4. नौकर की कमीज

कूट :	(*a*)	(*b*)	(*c*)	(*d*)
A.	1	2	3	4
B.	2	3	4	1
C.	3	2	1	4
D.	4	3	2	1

413. सुमेलित कीजिए :

(सूची-क) रचनाकार	(सूची-ख) रचना
(*a*) बदी उज्जमां	1. दण्ड विधान
(*b*) बलवंत सिंह	2. एक चूहे की मौत
(*c*) मुद्राराक्षस	3. पतन
(*d*) अलवेय कामू	4. किस्सा चार दरवेश

कूट :	(*a*)	(*b*)	(*c*)	(*d*)
A.	4	3	2	1
B.	2	4	1	3
C.	1	2	3	4
D.	3	4	1	2

414. सुमेलित कीजिए :

(सूची-क) रचनाकार	(सूची-ख) रचना
(*a*) विवेकी राय	1. सूखा बरगद
(*b*) अब्दुल बिस्मिल्लाह	2. बबूल
(*c*) हिमांशु राय	3. समर शेष है
(*d*) मंजूर एहतेश्याम	4. रथ के पहिए

कूट :	(*a*)	(*b*)	(*c*)	(*d*)
A.	3	1	4	2
B.	1	4	2	3
C.	2	3	4	1
D.	2	1	3	4

415. सुमेलित कीजिए :

(सूची-क) रचनाकार	(सूची-ख) रचना
(*a*) गिरधर गोपाल	1. अपना मोर्चा
(*b*) राजीव सक्सेना	2. जंगल के फूल
(*c*) राजेन्द्र अवस्थी	3. चांदनी के खण्डहर
(*d*) काशीनाथ सिंह	4. पाणिपुत्री सोमा

कूट :	(*a*)	(*b*)	(*c*)	(*d*)
A.	3	4	2	1
B.	1	2	3	4
C.	4	3	2	1
D.	3	4	2	1

416. सुमेलित कीजिए :

(सूची-क) रचनाकार	(सूची-ख) रचना
(*a*) सच्चिदानन्द धूमकेतु	1. माटी की महक
(*b*) केशव प्रसाद मिश्र	2. कोहबर की शर्त
(*c*) यादवेन्द्र शर्मा	3. पथहीन
(*d*) कृष्न चन्दर	4. एक वायलिन समंदर के किनारे

कूट :	(*a*)	(*b*)	(*c*)	(*d*)
A.	1	2	3	4
B.	1	2	4	3
C.	1	4	2	3
D.	4	1	2	3

417. सुमेलित कीजिए :

(सूची-क) रचनाकार	(सूची-ख) रचना
(*a*) सूर्यबाला	1. उसके हिस्से की धूप
(*b*) खुशवंत सिंह	2. पाकिस्तान मेल
(*c*) मृदुला गर्ग	3. यह जो दिल्ली है
(*d*) प्रकाश मनु	4. मेरे संधिपत्र

कूट :	(*a*)	(*b*)	(*c*)	(*d*)
A.	4	3	1	2
B.	3	4	1	2
C.	4	2	1	3
D.	2	4	1	3

418. सुमेलित कीजिए :

(सूची-क) रचनाकार	(सूची-ख) रचना
(*a*) कुरर्तुल एन हैदर	1. माटी के लोग सोने की नैया
(*b*) कृष्णा सोबती	2. एक लड़की की जिंदगी
(*c*) मायानन्द मिश्र	3. इदंन्नमम
(*d*) मैत्रेयी पुष्पा	4. जिंदगीनामा

कूट :	(*a*)	(*b*)	(*c*)	(*d*)
A.	1	4	3	2
B.	2	4	1	3
C.	3	2	1	4
D.	4	1	3	2

419. सुमेलित कीजिए :

(सूची-क) रचनाकार	(सूची-ख) रचना
(*a*) अमृतलाल नागर	1. गंगा मैया
(*b*) मनोहर श्याम जोशी	2. शराबी
(*c*) उग्र	3. कुरू-कुरू स्वाहा
(*d*) भैरवप्रसाद गुप्त	4. अमृत और विष

कूट :	(*a*)	(*b*)	(*c*)	(*d*)
A.	4	3	2	1
B.	1	2	4	3
C.	3	4	2	1
D.	3	2	4	1

420. सुमेलित कीजिए :

(सूची-क) रचनाकार	(सूची-ख) रचना
(*a*) रांगेय राघव	1. मुर्दों का टीला
(*b*) लक्ष्मी नारायण लाल	2. सिंह सेनापति
(*c*) राहुल सांकृत्यायन	3. रूपजीवा
(*d*) राजकमल चौधरी	4. एक अनार सौ बीमार

कूट :	(*a*)	(*b*)	(*c*)	(*d*)
A.	1	4	2	3
B.	1	3	2	4
C.	4	3	1	2
D.	4	2	3	1

421. सुमेलित कीजिए–

(सूची-क) रचनाकार	(सूची-ख) रचना
(*a*) गंगा प्रसाद विमल	1. दुनिया का फायदा
(*b*) गोविन्द मिश्र	2. शेष होते हुए
(*c*) ज्ञान प्रकाश	3. आसमान कितना नीला
(*d*) मृदुला गर्ग	4. एक और विदाई

कूट :	(*a*)	(*b*)	(*c*)	(*d*)
A.	1	2	3	4
B.	4	2	1	3
C.	4	1	3	2
D.	4	3	2	1

422. सुमेलित कीजिए–

(सूची-क) रचनाकार	(सूची-ख) रचना
(*a*) काशीनाथ सिंह	1. क्या छूट गया
(*b*) ओम गोस्वामी	2. चाय घर में मृत्यु
(*c*) मंजुल भगत	3. आकारों के आस-पास
(*d*) कुंवर नारायण	4. दर्द की मछली

कूट :	(*a*)	(*b*)	(*c*)	(*d*)
A.	1	2	3	4
B.	4	3	2	1
C.	2	4	1	3
D.	1	4	3	2

423. सुमेलित कीजिए–

(सूची-क) रचनाकार	(सूची-ख) रचना
(*a*) मधुकर सिंह	1. कर्मनाशा ही हार
(*b*) धर्मवीर भारती	2. बंदगली का आखिरी मकान
(*c*) मार्कण्डेय	3. पूरा सन्नाटा
(*d*) शिव प्रसाद सिंह	4. सेमल का फूल

कूट :	(*a*)	(*b*)	(*c*)	(*d*)
A.	3	1	4	2
B.	2	1	3	4
C.	3	2	4	1
D.	3	2	1	4

424. सुमेलित कीजिए–

(सूची-क) रचनाकार	(सूची-ख) रचना
(*a*) मृणाल पाण्डेय	1. महाभोज
(*b*) नरेश मेहता	2. एक स्त्री का विदागीत
(*c*) मन्नू भण्डारी	3. तथापि
(*d*) शैलेश मटियानी	4. गीत का चुबंन

कूट :	(*a*)	(*b*)	(*c*)	(*d*)
A.	1	2	4	3
B.	2	1	3	4
C.	4	2	1	3
D.	2	3	4	1

425. सुमेलित कीजिए–

(सूची-क) रचनाकार	(सूची-ख) रचना
(*a*) सर्वेश्वर	1. दो आदमी अलग-अलग कद के
(*b*) रवीन्द्र कालिया	2. अंधेरे पर अंधेरा
(*c*) उषा प्रियंवदा	3. एक कोई दूसरा
(*d*) गिरिराज किशोर	4. चकैया नाम

कूट :	(*a*)	(*b*)	(*c*)	(*d*)
A.	1	2	3	4
B.	4	2	1	3
C.	2	4	3	1
D.	3	2	1	4

426. सुमेलित कीजिए–

(सूची-क)	**(सूची-ख)**
रचनाकार	**रचना**
(*a*) राजेन्द्रबाला घोष (बंगमहिला)	1.चतुरी चमार
(*b*) राहुल सांकृत्यायन	2. दुलाई वाली
(*c*) निराला	3. मन की चंचलता
(*d*) माधवप्रसाद मिश्र	4. सतमी के बच्चे

कूट :	(*a*)	(*b*)	(*c*)	(*d*)
A.	3	2	1	4
B.	2	3	4	1
C.	2	4	1	3
D.	1	2	3	4

427. सुमेलित कीजिए–

(सूची-क)	**(सूची-ख)**
रचनाकार	**रचना**
(*a*) लाला भगवानदीन	1. एक टोकरी भर मिट्टी
(*b*) माधव प्रसाद सप्रे	2. उसने कहा था
(*c*) चन्द्रधर शर्मा गुलेरी	3. ग्यारह वर्ष का समय
(*d*) रामचन्द्र शुक्ल	4. प्लेग की चुड़ैल

कूट :	(*a*)	(*b*)	(*c*)	(*d*)
A.	1	4	2	3
B.	4	2	3	1
C.	1	2	3	4
D.	4	1	2	3

428. सुमेलित कीजिए–

(सूची-क)	**(सूची-ख)**
रचनाकार	**रचना**
(*a*) राधिकारमण प्रसाद सिंह	1. पाजेब
(*b*) अज्ञेय	2. कानों में कंगना
(*c*) जैनेन्द्र	3. राखी बंध भाई
(*d*) वृन्दावनलाल वर्मा	4. परंपरा

कूट :	(*a*)	(*b*)	(*c*)	(*d*)
A.	1	2	3	4
B.	4	2	3	1
C.	2	4	1	3
D.	1	4	3	2

429. सुमेलित कीजिए–

(सूची-क)	**(सूची-ख)**
रचनाकार	**रचना**
(*a*) इंशा अल्ला खां	1. श्रीमती गजानंद शास्त्रीणी देवी
(*b*) प्रसाद	2. पानवाला
(*c*) पंत	3. रानी केतकी की कहानी
(*d*) निराला	4. गुंडा

कूट :	(*a*)	(*b*)	(*c*)	(*d*)
A.	3	1	4	2
B.	4	1	2	3
C.	1	2	3	4
D.	3	4	2	1

430. सुमेलित कीजिए–

(सूची-क)	**(सूची-ख)**
रचनाकार	**रचना**
(*a*) राजा शिवप्रसाद सितारेहिन्द	1. फूलों का कुर्ता
(*b*) यशपाल	2. सूर्य पूजा
(*c*) भुवनेश्वर	3. राजा भोज का सपना
(*d*) मुक्तिबोध	4. ब्रह्मराक्षस

कूट :	(*a*)	(*b*)	(*c*)	(*d*)
A.	3	1	2	4
B.	1	2	3	4
C.	4	3	1	2
D.	2	3	1	4

431. सुमेलित कीजिए–

(सूची-क)	**(सूची-ख)**
रचनाकार	**रचना**
(*a*) किशोरी लाल गोस्वामी	1. कौटुम्बिक स्वर
(*b*) उपेन्द्रनाथ अश्क	2. इन्दुमती
(*c*) सुभद्राकुमारी चौहान	3. वो दुनिया
(*d*) भगवतीचरण वर्मा	4. टेबुल लैंप

कूट :	(*a*)	(*b*)	(*c*)	(*d*)
A.	2	4	3	1
B.	2	4	1	3
C.	3	4	1	2
D.	4	3	2	1

432. सुमेलित कीजिए–

(सूची-क) रचनाकार	**(सूची-ख)** रचना
(*a*) विश्वम्भरनाथ शर्मा कौशिक	1. विद्रोह
(*b*) उग्र	2. शैतान मंडली
(*c*) प्रसाद	3. प्रतिध्वनि
(*d*) सुदर्शन	4. कवि का स्त्री

कूट :	(*a*)	(*b*)	(*c*)	(*d*)
A.	1	2	3	4
B.	4	3	2	1
C.	1	4	3	2
D.	2	1	4	3

433. सुमेलित कीजिए–

(सूची-क) रचनाकार	**(सूची-ख)** रचना
(*a*) प्रेमचन्द	1. कजाकी
(*b*) चतुरसेन शास्त्री	2. भिक्षुराज
(*c*) राहुल सांकृत्यायन	3. सतमी के बच्चे
(*d*) यशपाल	4. पराया सुख

कूट :	(*a*)	(*b*)	(*c*)	(*d*)
A.	2	1	3	4
B.	3	2	1	4
C.	1	4	3	2
D.	1	2	3	4

434. सुमेलित कीजिए–

(सूची-क) रचनाकार	**(सूची-ख)** रचना
(*a*) विष्णु प्रभाकर	1. वांग चू
(*b*) धर्मवीर भारती	2. आदिम रात्रि की महक
(*c*) रेणु	3. चांद और टूटे हुए लोग
(*d*) भीष्म साहनी	4. संघर्ष के बाद

कूट :	(*a*)	(*b*)	(*c*)	(*d*)
A.	1	2	3	4
B.	4	3	2	1
C.	4	1	3	2
D.	2	3	1	4

435. सुमेलित कीजिए–

(सूची-क) रचनाकार	**(सूची-ख)** रचना
(*a*) मोहन राकेश	1. लहरें और परछाइयां
(*b*) कमलेश्वर	2. भोलाराम का जीव
(*c*) हरिशंकर परसाई	3. वासना की छाया में
(*d*) राजेन्द्र यादव	4. जार्ज पंचम की नाक

कूट :	(*a*)	(*b*)	(*c*)	(*d*)
A.	4	2	3	1
B.	1	2	3	4
C.	3	4	2	1
D.	4	2	3	1

436. सुमेलित कीजिए–

(सूची-क) रचनाकार	**(सूची-ख)** रचना
(*a*) निर्मल वर्मा	1. आरपार की माला
(*b*) अमरकांत	2. लवर्स
(*c*) शिवप्रसाद सिंह	3. जिंदगी और जोंक
(*d*) मन्नू भण्डारी	4. एक प्लेट सलाद

कूट :	(*a*)	(*b*)	(*c*)	(*d*)
A.	1	2	3	4
B.	2	3	1	4
C.	4	3	2	1
D.	1	3	2	4

437. सुमेलित कीजिए–

(सूची-क) रचनाकार	**(सूची-ख)** रचना
(*a*) नरेश मेहता	1. पागल कुत्तों का मसीहा
(*b*) सर्वेश्वर	2. निशाजी
(*c*) कृष्णा सोबती	3. फिर बसंत आया
(*d*) उषा प्रियंवदा	4. यारों के यार

कूट :	(*a*)	(*b*)	(*c*)	(*d*)
A.	1	2	3	4
B.	2	3	4	1
C.	4	1	3	2
D.	2	1	4	3

438. सुमेलित कीजिए–

(सूची-क) रचनाकार	(सूची-ख) रचना
(*a*) उदय प्रकाश	1. बुद्ध और एक शुरूआत
(*b*) निर्गुण	2. पीली छतरी वाली लड़की
(*c*) दिनेश पालीवाल	3. बंजर
(*d*) राकेश वत्स	4. छोटा डॉक्टर

कूट :	(*a*)	(*b*)	(*c*)	(*d*)
A.	2	4	3	1
B.	1	2	3	4
C.	4	3	2	1
D.	1	2	4	3

439. सुमेलित कीजिए–

(सूची-क) रचनाकार	(सूची-ख) रचना
(*a*) गिरिराज किशोर	1. फ्राक वाला घोड़ा
(*b*) रवीन्द्र कालिया	2. गरीबी हटाओ
(*c*) मृणाल पाण्डेय	3. पहला पाठ
(*d*) मधुकर सिंह	4. दरम्यान

कूट :	(*a*)	(*b*)	(*c*)	(*d*)
A.	1	2	3	4
B.	1	2	4	3
C.	4	3	2	1
D.	1	4	2	3

440. सुमेलित कीजिए–

(सूची-क) रचनाकार	(सूची-ख) रचना
(*a*) मेहरून्निसा परवेज	1. सपाट चेहरे वाला आदमी
(*b*) दूधनाथ सिंह	2. टहनियों पर धूप
(*c*) महीप सिंह	3. कितने संबंध
(*d*) नरेश मेहता	4. एक समर्पित महिला

कूट :	(*a*)	(*b*)	(*c*)	(*d*)
A.	1	2	3	4
B.	4	3	2	1
C.	2	3	4	1
D.	2	1	3	4

441. सुमेलित कीजिए–

(सूची-क) रचनाकार	(सूची-ख) रचना
(*a*) बालकृष्ण भट्ट	1. पद्म पराग
(*b*) डा. सम्पूर्णानन्द	2. चन्द्रोदय
(*c*) प्रताप नारायण मिश्र	3. शिक्षा का उद्देश्य
(*d*) पद्मसिंह शर्मा	4. निबंध नवनीत

कूट :	(*a*)	(*b*)	(*c*)	(*d*)
A.	1	2	3	4
B.	2	3	4	1
C.	4	3	2	1
D.	1	4	2	3

442. सुमेलित कीजिए–

(सूची-क) रचनाकार	(सूची-ख) रचना
(*a*) शांतिप्रिय द्विवेदी	1. बकलम खुद
(*b*) विजयेन्द्र स्नातक	2. प्रस्तुत प्रश्न
(*c*) जैनेन्द्र कुमार	3. साहित्यिकी
(*d*) नामवर सिंह	4. चिंतन के क्षण

कूट :	(*a*)	(*b*)	(*c*)	(*d*)
A.	2	3	4	1
B.	4	3	2	1
C.	1	2	3	4
D.	3	4	2	1

443. सुमेलित कीजिए–

(सूची-क) रचनाकार	(सूची-ख) रचना
(*a*) दिनकर	1. मिट्टी की ओर
(*b*) निर्मल वर्मा	2. शब्द और स्मृति
(*c*) श्यामसुन्दर दास	3. भारतीय नाट्यशास्त्र
(*d*) लक्ष्मीकांत वर्मा	4. नये प्रतिमान पुराने निकष

कूट :	(*a*)	(*b*)	(*c*)	(*d*)
A.	1	2	3	4
B.	4	3	2	1
C.	1	2	4	3
D.	4	3	1	2

444. सुमेलित कीजिए–

(सूची-क) रचनाकार	(सूची-ख) रचना
(*a*) नगेन्द्र	1. गेहूं और गुलाब
(*b*) कृष्ण बिहारी मिश्र	2. विचार और अनुभूति
(*c*) रामवृक्ष बेनीपुरी	3. बेहया का जंगल
(*d*) कुबेरनाथ राय	4. रस आखेटक

कूट :	(*a*)	(*b*)	(*c*)	(*d*)
A.	4	3	2	1
B.	1	3	4	2
C.	2	3	1	4
D.	1	2	3	4

445. सुमेलित कीजिए–

(सूची-क) रचनाकार	(सूची-ख) रचना
(*a*) अज्ञेय	1. ठेले पर हिमालय
(*b*) शिवप्रसाद सिंह	2. प्रगति और परम्परा
(*c*) रामविलास शर्मा	3. त्रिशंकु
(*d*) धर्मवीर भारती	4. शिखरों के सेतु

कूट :	(*a*)	(*b*)	(*c*)	(*d*)
A.	1	2	3	4
B.	4	3	2	1
C.	1	4	3	2
D.	3	4	2	1

446. सुमेलित कीजिए–

(सूची-क) रचनाकार	(सूची-ख) रचना
(*a*) यशपाल	1. चक्कर क्लब
(*b*) विजय देवनारायण साही	2. मंटो मेरा दुश्मन
(*c*) कन्हैयालाल मिश्र प्रभाकर	3. लघुमानव के बहाने हिन्दी कविता पर एक बहस
(*d*) अश्क	4. जिंदगी मुस्कराई

कूट :	(*a*)	(*b*)	(*c*)	(*d*)
A.	1	3	4	2
B.	1	2	3	4
C.	4	3	2	1
D.	2	1	4	3

447. सुमेलित कीजिए–

(सूची-क) रचनाकार	(सूची-ख) रचना
(*a*) मुक्तिबोध	1. नए साहित्य का सौन्दर्य शास्त्र
(*b*) देवेन्द्र सत्यार्थी	2. कहत कबीर
(*c*) विद्यानिवास मिश्र	3. धरती गाती है
(*d*) हरिशंकर परसाई	4. छितवन की छांह

कूट :	(*a*)	(*b*)	(*c*)	(*d*)
A.	4	3	2	1
B.	3	2	4	1
C.	1	3	4	2
D.	1	2	3	4

448. सुमेलित कीजिए–

(सूची-क) रचनाकार	(सूची-ख) रचना
(*a*) भारतेन्दु	1. जातीय संगीत
(*b*) हजारी प्रसाद द्विवेदी	2. लेखांजलि
(*c*) रामचन्द्र शुक्ल	3. कविता का भविष्य
(*d*) महावीर प्रसाद द्विवेदी	4. श्रद्धा और भक्ति

कूट :	(*a*)	(*b*)	(*c*)	(*d*)
A.	1	2	3	4
B.	1	3	4	2
C.	4	3	2	1
D.	1	4	2	3

449. सुमेलित कीजिए–

(सूची-क) रचनाकार	(सूची-ख) रचना
(*a*) महादेवी वर्मा	1. कछुआ धर्म
(*b*) चन्द्रधर शर्मा गुलेरी	2. रंगमंच
(*c*) जयशंकर प्रसाद	3. गाली
(*d*) उग्र	4. यथार्थ और आदर्श

कूट :	(*a*)	(*b*)	(*c*)	(*d*)
A.	1	2	3	4
B.	4	3	2	1
C.	1	4	3	2
D.	4	1	2	3

450. सुमेलित कीजिए–

(सूची-क) रचनाकार	(सूची-ख) रचना
(*a*) सम्पूर्णानन्द	1. वसंत आ गया
(*b*) हजारी प्रसाद द्विवेदी	2. नारीत्व का अभिशाप
(*c*) महादेवी वर्मा	3. उपन्यास रहस्य
(*d*) महावीर प्रसाद द्विवेदी	4. अधूरी क्रांति

कूट :	(*a*)	(*b*)	(*c*)	(*d*)
A.	1	2	3	4
B.	4	3	2	1
C.	1	4	3	2
D.	4	1	2	3

451. सुमेलित कीजिए–

(सूची-क) रचनाकार	(सूची-ख) रचना
(*a*) बालकृष्ण भट्ट	1. पवित्रता
(*b*) सरदार पूर्ण सिंह	2. आत्मगौरव
(*c*) रामचन्द्र शुक्ल	3. विक्रमोर्वशी की मूल कथा
(*d*) चन्द्रधर शर्मा गुलेरी	4. घृणा

कूट :	(*a*)	(*b*)	(*c*)	(*d*)
A.	1	4	3	2
B.	4	3	2	1
C.	2	1	4	3
D.	1	2	3	4

452. सुमेलित कीजिए–

(सूची-क) रचनाकार	(सूची-ख) रचना
(*a*) नामवर सिंह	1. बीसलदेव रासो
(*b*) नगेन्द्र	2. इतिहास और आलोचना
(*c*) मुक्तिबोध	3. विचार और विवेचन
(*d*) श्याम सुन्दर दास	4. कला का तीसरा क्षण

कूट :	(*a*)	(*b*)	(*c*)	(*d*)
A.	1	4	3	2
B.	2	3	4	1
C.	1	2	3	4
D.	2	3	4	1

453. सुमेलित कीजिए–

(सूची-क) रचनाकार	(सूची-ख) रचना
(*a*) जैनेन्द्र	1. जड़ की बात
(*b*) शांतिप्रिय द्विवेदी	2. जीवन यात्रा
(*c*) दिनकर	3. उजली आग
(*d*) रामचन्द्र शुक्ल	4. मानस की धर्मभूमि

कूट :	(*a*)	(*b*)	(*c*)	(*d*)
A.	1	3	4	2
B.	2	3	4	1
C.	1	2	3	4
D.	1	4	3	2

454. सुमेलित कीजिए–

(सूची-क) रचनाकार	(सूची-ख) रचना
(*a*) हजारी प्रसाद द्विवेदी	1. समीक्षा की समस्याएं
(*b*) महादेवी वर्मा	2. साहित्य सहचर
(*c*) कन्हैया लाल मिश्र प्रभाकर	3. संभाषण
(*d*) मुक्तिबोध	4. बाजे पायलिया के घुंघरू

कूट :	(*a*)	(*b*)	(*c*)	(*d*)
A.	1	3	4	2
B.	4	3	2	1
C.	1	2	3	4
D.	2	3	4	1

455. सुमेलित कीजिए–

(सूची-क) रचनाकार	(सूची-ख) रचना
(*a*) विद्यानिवास मिश्र	1. विकलांग श्रद्धा का दौर
(*b*) भारतेन्दु	2. कदम की फूली डाल
(*c*) नगेन्द्र	3. तदीय सर्वस्व
(*d*) हरिशंकर परसाई	4. आलोचक की आस्था

कूट :	(*a*)	(*b*)	(*c*)	(*d*)
A.	1	2	3	4
B.	2	3	4	1
C.	4	3	2	1
D.	2	3	1	4

456. सुमेलित कीजिए–

(सूची-क) रचनाकार	(सूची-ख) रचना
(*a*) नन्द दुलारे वाजपेयी	1. राष्ट्रीय साहित्य
(*b*) नगेन्द्र	2. आस्था के चरण
(*c*) रामविलास शर्मा	3. लोकजीवन और साहित्य
(*d*) नामवर सिंह	4. बकलम खुद

कूट :	(*a*)	(*b*)	(*c*)	(*d*)
A.	1	2	3	4
B.	4	3	2	1
C.	1	3	2	4
D.	4	2	3	1

457. सुमेलित कीजिए–

(सूची-क) रचनाकार	(सूची-ख) रचना
(*a*) हरिशंकर परसाई	1. मैंने सिल पहुंचाई
(*b*) विद्यानिवास मिश्र	2. सदाचार का ताबीज
(*c*) बनारसीदास चतुर्वेदी	3. कला का जोखिम
(*d*) निर्मल वर्मा	4. साहित्य और जीवन

कूट :	(*a*)	(*b*)	(*c*)	(*d*)
A.	1	3	4	2
B.	4	3	2	1
C.	2	1	4	3
D.	1	2	3	4

458. सुमेलित कीजिए–

(सूची-क) रचनाकार	(सूची-ख) रचना
(*a*) कुबेरनाथ राय	1. न्याय का संघर्ष
(*b*) देवेन्द्र सत्यार्थी	2. विषाद योग
(*c*) धर्मवीर भारती	3. पश्यंती
(*d*) यशपाल	4. रेखाएं बोल उठी

कूट :	(*a*)	(*b*)	(*c*)	(*d*)
A.	2	3	1	4
B.	1	4	3	2
C.	2	4	3	1
D.	1	2	3	4

459. सुमेलित कीजिए–

(सूची-क) रचनाकार	(सूची-ख) रचना
(*a*) बालमुकुन्द गुप्त	1. समाजवाद
(*b*) माखनलाल चतुर्वेदी	2. अमीर देवता
(*c*) बालकृष्ण भट्ट	3. चिट्ठे और खत
(*d*) सम्पूर्णानन्द	4. संसार महानाट्यशाला

कूट :	(*a*)	(*b*)	(*c*)	(*d*)
A.	2	4	1	3
B.	4	3	2	1
C.	3	2	4	1
D.	1	2	3	4

460. सुमेलित कीजिए–

(सूची-क) रचनाकार	(सूची-ख) रचना
(*a*) प्रताप नारायण मिश्र	1. लोभ और प्रीति
(*b*) गुलाबराय	2. मन की बातें
(*c*) सरदार पूर्ण सिंह	3. खुशामद
(*d*) रामचन्द्र शुक्ल	4. सच्ची वीरता

कूट :	(*a*)	(*b*)	(*c*)	(*d*)
A.	1	2	3	4
B.	4	3	2	1
C.	1	3	4	2
D.	3	2	4	1

461. सुमेलित कीजिए–

(सूची-क) रचनाकार	(सूची-ख) रचना
(*a*) परमानंद श्रीवास्तव	1. कविता से साक्षात्कार
(*b*) लक्ष्मीनारायण सुधांशु	2. भारतीय साहित्य शास्त्र
(*c*) मलयज	3. समकालीन कविता का व्याकरण
(*d*) बलदेव उपाध्याय	4. काव्य में अभिव्यंजनावाद

कूट :	(*a*)	(*b*)	(*c*)	(*d*)
A.	3	4	1	2
B.	4	3	2	1
C.	3	2	1	4
D.	1	2	3	4

462. सुमेलित कीजिए–

(सूची-क) रचनाकार	**(सूची-ख) रचना**
(*a*) इलाचन्द्र जोशी	1. अलंकार मंजूषा
(*b*) जगन्नाथ प्रसाद 'भानु'	2. काव्य प्रभाकर
(*c*) देवराज	3. विवेचना
(*d*) लाला भगवानदीन	4. छायावाद का पतन

कूट :	(*a*)	(*b*)	(*c*)	(*d*)
A.	4	1	2	3
B.	1	2	3	4
C.	4	3	2	1
D.	3	2	4	1

463. सुमेलित कीजिए–

(सूची-क) रचनाकार	**(सूची-ख) रचना**
(*a*) जगन्नाथदास रत्नाकार	1. समालोचना दर्श
(*b*) अमृतराय	2. नयी समीक्षा
(*c*) गुलाबराय	3. काव्य के रूप
(*d*) शिवदान सिंह चौहान	4. आलोचना के मान

कूट :	(*a*)	(*b*)	(*c*)	(*d*)
A.	1	2	3	4
B.	4	3	2	1
C.	1	3	4	2
D.	3	1	2	4

464. सुमेलित कीजिए–

(सूची-क) रचनाकार	**(सूची-ख) रचना**
(*a*) निर्मल वर्मा	1. आत्मनेपद
(*b*) अज्ञेय	2. अज्ञेयः आधुनिक रचना की समस्या
(*c*) अशोक वाजपेयी	3. शब्द और स्मृति
(*d*) रामस्वरूप चतुर्वेदी	4. फिलहाल

कूट :	(*a*)	(*b*)	(*c*)	(*d*)
A.	4	2	3	1
B.	3	1	4	2
C.	4	3	2	1
D.	1	2	3	4

465. सुमेलित कीजिए–

(सूची-क) रचनाकार	**(सूची-ख) रचना**
(*a*) विजय देवनारायण साही	1. काव्य दर्पण
(*b*) रामदहिन मिश्र	2. नयी कविताः स्वरूप और समस्याएँ
(*c*) जगदीश गुप्त	3. हिन्दी काव्य शास्त्र का इतिहास
(*d*) भगीरथ मिश्र	4. जायसी

कूट :	(*a*)	(*b*)	(*c*)	(*d*)
A.	3	2	1	4
B.	1	2	3	4
C.	4	3	2	1
D.	4	1	2	3

466. सुमेलित कीजिए–

(सूची-क) रचनाकार	**(सूची-ख) रचना**
(*a*) रामानंद तिवारी	1. आधुनिक हिन्दी कवियों के काव्य-सिद्धांत
(*b*) विमल कुमार अग्रवाल	2. सत्यं शिवं सुन्दरं
(*c*) सुरेश चन्द्र गुप्त	3. आधुनिकता के पहलू
(*d*) गंगा प्रसाद विमल	4. समकालीन कहानी का रचना-विधान

कूट :	(*a*)	(*b*)	(*c*)	(*d*)
A.	4	1	3	2
B.	3	2	1	4
C.	2	3	4	1
D.	1	4	2	3

निर्देश : नीचे दो वक्तव्य दिए गए हैं। एक को **कथन (A)** और दूसरे को **कारण (R)** कहा गया है। दोनों वाक्यों का सावधानी पूर्वक परीक्षण करें और निर्णय करें कि क्या **कथन A** और **कारण R** स्वतंत्र रूप से सही हैं और यदि ऐसा है तो क्या **कारण (R) कथन (A)** का सही स्पष्टीकरण है। इन प्रश्नों का उत्तर नीचे दिए गए कूटों की सहायता से चुनिए।

कूट :

A. कूट A और R दोनों सही हैं, और R, A का सही स्पष्टीकरण है।

B. A और R दोनों सही हैं और R, A का सही स्पष्टीकरण नहीं है।

C. A सही है परन्तु R गलत है।

D. A गलत है परन्तु R सही है।

467. **कथन (A) :** हिन्दी साहित्य के आधुनिक युग का प्रारंभ नाटक से होता है।

कारण (R) : भारतेंदु पहले बड़े नाटककार थे।

468. सुमेलित कीजिए–

(सूची-क) रचनाकार	(सूची-ख) रचना
(*a*) गिरिजाकुमार माथुर	1. नयी कविताः सीमाएं और संभावनाएं
(*b*) लक्ष्मीकांत वर्मा	2. आलोचक और आलोचना
(*c*) धर्मवीर भारती	3. नए प्रतिमान पुराने निकष
(*d*) बच्चन सिंह	4. मानव मूल्य और साहित्य

कूट :	(*a*)	(*b*)	(*c*)	(*d*)
A.	3	4	1	2
B.	1	3	4	2
C.	4	3	2	1
D.	1	2	3	4

469. सुमेलित कीजिए–

(सूची-क) रचनाकार	(सूची-ख) रचना
(*a*) रघुवंश	1. अभिव्यक्ति विज्ञान
(*b*) विद्यानिवास मिश्र	2. रीति विज्ञान
(*c*) भोलानाथ तिवारी	3. आधुनिक साहित्यिक परिप्रेक्ष्य
(*d*) हजारी प्रसाद द्विवेदी	4. कबीर

कूट :	(*a*)	(*b*)	(*c*)	(*d*)
A.	2	3	4	1
B.	1	2	3	4
C.	4	3	2	1
D.	3	2	1	4

470. सुमेलित कीजिए–

(सूची-क) रचनाकार	(सूची-ख) रचना
(*a*) दशरथ ओझा	1. हिन्दी नाटक कोष
(*b*) नामवर सिंह	2. कहानी नई कहानी
(*c*) अवधेश चन्द्रगुप्त	3. स्वातंत्र्योत्तर हिन्दी नाटक में विचार तत्व
(*d*) लक्ष्मीनारायण लाल	4. पारसी हिन्दी रंगमंच

कूट :	(*a*)	(*b*)	(*c*)	(*d*)
A.	1	2	3	4
B.	4	3	2	1
C.	1	3	2	4
D.	2	4	3	1

471. सुमेलित कीजिए–

(सूची-क) रचनाकार	(सूची-ख) रचना
(*a*) जगदीश चन्द्र माथुर	1. हिन्दी के समस्या नाटक
(*b*) विनय कुमार	2. लोकधर्मी नाट्य परंपरा
(*c*) गिरीश जोशी	3. रंगमंच कला और दृष्टि
(*d*) गोविन्द चातक	4. स्वातंत्र्योत्तर हिन्दी नाटकों में यौन चेतना

कूट :	(*a*)	(*b*)	(*c*)	(*d*)
A.	2	1	4	3
B.	4	3	2	1
C.	4	2	1	3
D.	3	1	2	4

472. सुमेलित कीजिए–

(सूची-क) रचनाकार	(सूची-ख) रचना
(*a*) नैमिचन्द्र जैन	1. समकालीन हिन्दी नाटककार
(*b*) मांधाता ओझा	2. रंगदर्शन
(*c*) जयदेव तनेजा	3. हिन्दी नाट्य समालोचना
(*d*) गिरीश रस्तोगी	4. समसामयिक हिन्दी नाटकों में चरित्र सृष्टि

कूट :	(*a*)	(*b*)	(*c*)	(*d*)
A.	4	3	1	2
B.	1	2	3	4
C.	4	3	2	1
D.	2	3	4	1

473. सुमेलित कीजिए–

(सूची-क) रचनाकार	(सूची-ख) रचना
(*a*) रामविलास शर्मा	1. अस्तित्वाद
(*b*) इन्द्रनाथ मदान	2. नयी कविता और अस्तित्ववाद
(*c*) हदय नारायण मिश्र	3. नयी कहानी की भूमिका
(*d*) कमलेश्वर	4. हिन्दी कहानी पहचान और परख

कूट :	(*a*)	(*b*)	(*c*)	(*d*)
A.	3	2	4	1
B.	2	4	1	3
C.	4	3	2	1
D.	1	2	3	4

निर्देश : नीचे दो वक्तव्य दिए गए हैं। एक को **कथन (A)** और दूसरे को **कारण (R)** कहा गया है। दोनों वाक्यों का सावधानी पूर्वक परीक्षण करें और निर्णय करें कि क्या **कथन (A)** और **कारण (R)** स्वतंत्र रूप से सही हैं और यदि ऐसा है तो क्या **कारण (R) कथन (A)** का सही स्पष्टीकरण है। इन प्रश्नों का उत्तर नीचे दिए गए कूटों की सहायता से चुनिए।

कूट :

A. कूट A और R दोनों सही हैं, और R, A का सही स्पष्टीकरण है।

B. A और R दोनों सही हैं और R, A का सही स्पष्टीकरण नहीं है।

C. A सही है परन्तु R गलत है।

D. A गलत है परन्तु R सही है।

474. कथन (A) : शुक्ल जी की सैद्धांतिक और व्यवहारिक समीक्षा में संगति है।

कारण (R) : शुक्ल जी ने समीक्षा सिद्धांत साहित्यिक रचनाओं के आधार पर स्थापित किये हैं।

475. सुमेलित कीजिए–

(सूची-क) रचनाकार	**(सूची-ख) रचना**
(*a*) उदयभानु सिंह	1. अनुसंधान और आलोचना
(*b*) देवीशंकर अवस्थी	2. अनुसंधान का विवेचन
(*c*) नगेन्द्र/सावित्री सिन्हा	3. कहानीः स्वरूप और संवेदना
(*d*) राजेन्द्र यादव	4. हिन्दी कहानीः संदर्भ और प्रकृति

कूट :	(*a*)	(*b*)	(*c*)	(*d*)
A.	3	1	4	2
B.	1	2	3	4
C.	2	4	1	3
D.	4	3	2	1

476. सुमेलित कीजिए–

(सूची-क) रचनाकार	**(सूची-ख) रचना**
(*a*) विजयेन्द्र स्नातक	1. हिन्दी कहानीः अंतरंग
(*b*) रामदरश मिश्र	2. अनुवाद की प्रक्रिया
(*c*) सुरेशचन्द्र निर्मल	3. हिन्दी के व्यक्तिवादी उपन्यास
(*d*) प्रेमचन्द श्रीवास्तव	4. अनुसंधान प्रविधि

कूट :	(*a*)	(*b*)	(*c*)	(*d*)
A.	2	1	4	3
B.	4	2	3	1
C.	3	2	1	4
D.	4	1	2	3

477. सुमेलित कीजिए–

(सूची-क) रचनाकार	**(सूची-ख) रचना**
(*a*) त्रिभुवन सिंह	1. हिन्दी उपन्यास और यथार्थवाद
(*b*) विश्वनाथ प्रसाद मिश्र	2. हिन्दी उपन्यास पाश्चात्य प्रभाव
(*c*) भारतभूषण अग्रवाल	3. उच्च साहित्यिक निबंध
(*d*) रामरतन भटनागर	4. अनुसंधान के तत्व

कूट :	(*a*)	(*b*)	(*c*)	(*d*)
A.	4	3	2	1
B.	1	4	2	3
C.	3	2	4	1
D.	1	4	3	2

478. सुमेलित कीजिए–

(सूची-क) रचनाकार	**(सूची-ख) रचना**
(*a*) गिरिजादत्त शुक्ल	1. प्रतिनिधि हिन्दी निबंधकार
(*b*) सुरेश सिन्हा	2. हिन्दी उपन्यास
(*c*) हरिमोहन	3. हिन्दी के साहित्यिक निबंध
(*d*) शिवनारायण श्रीवास्तव	4. हिन्दी उपन्यासः उद्भव एवं विकास

कूट :	(*a*)	(*b*)	(*c*)	(*d*)
A.	3	2	4	1
B.	1	3	2	4
C.	3	4	1	2
D.	4	3	2	1

479. सुमेलित कीजिए–

(सूची-क) रचनाकार	**(सूची-ख) रचना**
(*a*) दीता कुमार	1. हिन्दी आलोचनाः उद्भव और विकास
(*b*) भगवत स्वरूप मिश्र	2. लहरों के राजहंसः विविध आयाम
(*c*) जयदेव तनेजा	3. हिन्दी आलोचना : बीसवीं शताब्दी

(*d*) निर्मला जैन		4. स्वातंत्र्योत्तर हिन्दी नाटकः मोहन राकेश के विशेष संदर्भ में	

कूट :	(*a*)	(*b*)	(*c*)	(*d*)
A.	4	1	3	2
B.	1	3	2	4
C.	4	3	1	2
D.	4	1	2	3

480. सुमेलित कीजिए–

(सूची-क) रचनाकार	(सूची-ख) रचना
(*a*) तारकनाथ बाली	1. कृतिकार लक्ष्मी नारायण लाल
(*b*) सिद्धनाथ कुमार	2. मोहन राकेश और उसके नाटक
(*c*) रघुवंश	3. आलोचनाः प्रकृति और परिवेश
(*d*) गिरीश रस्तोगी	4. चन्द्रगुप्तः संवेदना और शिल्प

कूट :	(*a*)	(*b*)	(*c*)	(*d*)
A.	3	4	1	2
B.	4	2	3	1
C.	1	2	4	3
D.	3	4	2	1

481. सुमेलित कीजिए–

(सूची-क) रचयिता	(सूची-ख) रचना
(*a*) विपिन कुमार अग्रवाल	1. घास और घोड़ा
(*b*) सुरेन्द्र वर्मा	2. खोए हुए आदमी की खोज
(*c*) गिरिराज किशोर	3. योर्स फेथफुली
(*d*) मुद्राराक्षस	4. छोटे सैयद बड़े सैयद

कूट :	(*a*)	(*b*)	(*c*)	(*d*)
A.	1	2	3	4
B.	4	3	2	1
C.	3	2	1	4
D.	2	4	1	3

482. सुमेलित कीजिए–

(सूची-क) रचयिता	(सूची-ख) रचना
(*a*) लक्ष्मी नारायण लाल	1. प्रजा ही रहने दो
(*b*) सिद्धनाथ कुमार	2. रजनी दर्पण
(*c*) मन्नू भण्डारी	3. विकलागों का देश
(*d*) गिरिराज किशोर	4. मिस्टर अभिमन्यु

कूट :	(*a*)	(*b*)	(*c*)	(*d*)
A.	4	3	2	1
B.	1	2	3	4
C.	4	3	2	1
D.	3	2	1	4

483. सुमेलित कीजिए–

(सूची-क) रचयिता	(सूची-ख) रचना
(*a*) मणि मधुकर	1. धूप का एक टुकड़ा
(*b*) हबीब तनवीर	2. खेला पोलमपुर
(*c*) मुद्राराक्षस	3. तेन्दुआ
(*d*) निर्मल वर्मा	4. मिट्टी की गाड़ी

कूट :	(*a*)	(*b*)	(*c*)	(*d*)
A.	1	2	3	4
B.	4	3	2	1
C.	2	4	3	1
D.	3	2	1	4

484. सुमेलित कीजिए–

(सूची-क) रचयिता	(सूची-ख) रचना
(*a*) ज्ञानदेव अग्निहोत्री	1. लड़ाई
(*b*) शंकर शेष	2. नागमण्डल
(*c*) सर्वेश्वर	3. शतुरमुर्ग
(*d*) गिरीश कर्नाड	4. फंदी

कूट :	(*a*)	(*b*)	(*c*)	(*d*)
A.	1	2	3	4
B.	3	2	1	4
C.	4	2	1	3
D.	3	4	1	2

485. सुमेलित कीजिए–

(सूची-क) रचयिता	**(सूची-ख) रचना**
(*a*) सिद्धनाथ कुमार	1. नरमेघ
(*b*) निर्मल वर्मा	2. सृष्टि की सांझ
(*c*) लक्ष्मी नारायण लाल	3. रात रानी
(*d*) गिरिराज किशोर	4. वीक एण्ड

कूट :	(*a*)	(*b*)	(*c*)	(*d*)
A.	1	4	2	3
B.	2	4	3	1
C.	3	2	1	4
D.	4	1	3	2

486. सुमेलित कीजिए–

(सूची-क) रचयिता	**(सूची-ख) रचना**
(*a*) मणिमधुकर	1. बिना दीवारों के घर
(*b*) मन्नू भण्डारी	2. रस गंधर्व
(*c*) शंकर शेष	3. तीन अपाहिज
(*d*) विपिन कुमार अग्रवाल	4. एक और द्रोणाचार्य

कूट :	(*a*)	(*b*)	(*c*)	(*d*)
A.	2	1	4	3
B.	1	2	3	4
C.	4	3	2	1
D.	2	3	1	4

487. सुमेलित कीजिए–

(सूची-क) रचयिता	**(सूची-ख) रचना**
(*a*) भीष्म साहनी	1. कबीरा खड़ा बाजार में
(*b*) ज्ञानदेव अग्निहोत्री	2. चरणदास चोर
(*c*) हबीब तनवीर	3. नेफा की एक शाम
(*d*) मुद्राराक्षस	4. मरजीवा

कूट :	(*a*)	(*b*)	(*c*)	(*d*)
A.	1	2	3	4
B.	4	2	3	1
C.	1	3	2	4
D.	3	1	2	4

488. सुमेलित कीजिए–

(सूची-क) रचयिता	**(सूची-ख) रचना**
(*a*) नरेन्द्र कोहली	1. रक्त कमल
(*b*) जगदीश चन्द्र माथुर	2. शंबूक की हत्या
(*c*) लक्ष्मी नारायण लाल	3. कैलेंडर का आखिरी पन्ना
(*d*) रामकुमार वर्मा	4. दशरथ नन्दन

कूट :	(*a*)	(*b*)	(*c*)	(*d*)
A.	4	3	2	1
B.	3	2	1	4
C.	2	4	1	3
D.	1	2	3	4

489. सुमेलित कीजिए–

(सूची-क) रचयिता	**(सूची-ख) रचना**
(*a*) ललित मोहन थपलियाल	1. अब्दुल्ला दीवाना
(*b*) लक्ष्मीकांत वर्मा	2. काला राजा
(*c*) मोहन राकेश	3. रोशनी एक नहीं है
(*d*) लक्ष्मी नारायण लाल	4. पैर तले की जमीन

कूट :	(*a*)	(*b*)	(*c*)	(*d*)
A.	1	2	3	4
B.	2	3	4	1
C.	4	3	2	1
D.	1	3	4	2

490. सुमेलित कीजिए–

(सूची-क) रचयिता	**(सूची-ख) रचना**
(*a*) विष्णु प्रभाकर	1. रंगनाथ की वापसी
(*b*) रामकुमार वर्मा	2. संत तुलसीदास
(*c*) गिरीश रस्तोगी	3. अब और नहीं
(*d*) लक्ष्मीनारायण लाल	4. तीन आंखों वाली मछली

कूट :	(*a*)	(*b*)	(*c*)	(*d*)
A.	3	2	1	4
B.	1	2	3	4
C.	4	3	2	1
D.	1	2	3	4

491. सुमेलित कीजिए–

(सूची-क) रचयिता	**(सूची-ख) रचना**
(*a*) विष्णु प्रभाकर	1. कल्पांतर
(*b*) लक्ष्मी नारायण लाल	2. युगे-युगे क्रांति
(*c*) विजय तेन्दुलकर	3. सुंदर रस
(*d*) गिरिजा कुमार माथुर	4. घासीराम कोतवाल

कूट :	(*a*)	(*b*)	(*c*)	(*d*)
A.	1	2	3	4
B.	3	2	1	4
C.	2	3	4	1
D.	4	3	2	1

492. सुमेलित कीजिए–

(सूची-क) रचना	(सूची-ख) रचयिता
(*a*) सूखे सरोवर	1. लक्ष्मीनारायण लाल
(*b*) काला मुंह	2. गोविन्द चातक
(*c*) एक कण्ठ विषपायी	3. दुष्यंत कुमार
(*d*) तीन एकांत	4. निर्मल वर्मा

कूट :	(*a*)	(*b*)	(*c*)	(*d*)
A.	1	2	3	4
B.	4	1	3	2
C.	2	1	3	4
D.	4	2	3	1

493. सुमेलित कीजिए–

(सूची-क) रचना	(सूची-ख) रचयिता
(*a*) सृष्टि की सांझ	1. गोविन्द चातक
(*b*) खामोश अदालत जारी है	2. लक्ष्मीनारायण लाल
(*c*) रातरानी	3. विजय तेन्दुलकर
(*d*) अपने अपने खूंटे	4. सिद्धनाथ कुमार

कूट :	(*a*)	(*b*)	(*c*)	(*d*)
A.	1	2	3	4
B.	2	3	4	1
C.	1	3	4	2
D.	4	3	2	1

494. सुमेलित कीजिए–

(सूची-क) नाटककार	(सूची-ख) नाटक
(*a*) जगदीश चन्द्र माथुर	1. अंधाकुआं
(*b*) काशीनाथ सिंह	2. आज अभी
(*c*) लक्ष्मी नारायण लाल	3. कोणार्क
(*d*) अमृत राय	4. घोआस

कूट :	(*a*)	(*b*)	(*c*)	(*d*)
A.	1	2	3	4
B.	3	4	1	2
C.	4	3	2	1
D.	1	3	4	2

495. सुमेलित कीजिए–

(सूची-क) रचयिता	(सूची-ख) रचना
(*a*) अमृतलाल नागर	1. आधे अधूरे
(*b*) मोहन राकेश	2. हम लोग
(*c*) अमृतराय	3. मादा कैक्टस
(*d*) लक्ष्मी नारायण लाल	4. चिंदियों की एक झालर

कूट :	(*a*)	(*b*)	(*c*)	(*d*)
A.	1	2	3	4
B.	2	1	3	4
C.	2	1	4	3
D.	4	1	2	3

496. सुमेलित कीजिए–

(सूची-क) रचना	(सूची-ख) रचयिता
(*a*) स्नेह या स्वर्ग	1. विष्णु प्रभाकर
(*b*) फीनिक्स	2. रामकुमार वर्मा
(*c*) टूटते परिवेश	3. उदय प्रकाश
(*d*) अग्निशिखा	4. सेठ गोविन्द दास

कूट :	(*a*)	(*b*)	(*c*)	(*d*)
A.	2	1	3	4
B.	1	2	3	4
C.	3	2	1	4
D.	4	3	1	2

497. सुमेलित कीजिए–

(सूची-क) रचयिता	(सूची-ख) रचना
(*a*) नरेन्द्र मोहन	1. अंधायुग
(*b*) जगदीशचन्द्र माथुर	2. कहत कबीर सुनोभई साधो
(*c*) धर्मवीर भारती	3. पहला राजा
(*d*) दूधनाथ सिंह	4. यमगाथा

कूट :	(*a*)	(*b*)	(*c*)	(*d*)
A.	1	2	3	4
B.	4	3	2	1
C.	1	4	3	2
D.	2	3	1	4

498. सुमेलित कीजिए–

(सूची-क) रचयिता	**(सूची-ख) रचना**
(*a*) कुसुम कुमार	1. समाधि
(*b*) विष्णु प्रभाकर	2. दिल्ली ऊंचा सुनती है
(*c*) हमीदुल्ला	3. लहरों के राजहंस
(*d*) मोहन राकेश	4. उलझी आकृतियां

कूट :	(*a*)	(*b*)	(*c*)	(*d*)
A.	2	1	4	3
B.	1	2	3	4
C.	4	3	2	1
D.	1	3	4	2

499. सुमेलित कीजिए–

(सूची-क) रचयिता	**(सूची-ख) रचना**
(*a*) सर्वेश्वर दयाल सक्सेना	1. तुगलक
(*b*) सुरेन्द्र वर्मा	2. बकरी
(*c*) गिरीश कर्नाड	3. सूर्यमुखी
(*d*) लक्ष्मी नारायण लाल	4. सूर्य की पहली किरण से आखिरी किरण तक

कूट :	(*a*)	(*b*)	(*c*)	(*d*)
A.	1	2	3	4
B.	2	4	1	3
C.	4	3	2	1
D.	1	3	2	4

500. सुमेलित कीजिए–

(सूची-क) रचना	**(सूची-ख) रचयिता**
(*a*) नवप्रभात	1. अज्ञेय
(*b*) अग्निलीक	2. दया प्रकाश सिन्हा
(*c*) उत्तरप्रियदर्शी	3. विष्णु प्रभाकर
(*d*) इतिहास चक्र और अमेरिका	4. भारत भूषण अग्रवाल

कूट :	(*a*)	(*b*)	(*c*)	(*d*)
A.	3	4	1	2
B.	1	2	3	4
C.	3	2	4	1
D.	1	3	4	2

उत्तरमाला

1	**2**	**3**	**4**	**5**	**6**	**7**	**8**	**9**	**10**
C	C	A	B	C	D	B	C	A	A
11	**12**	**13**	**14**	**15**	**16**	**17**	**18**	**19**	**20**
C	A	C	D	D	A	D	C	C	A
21	**22**	**23**	**24**	**25**	**26**	**27**	**28**	**29**	**30**
A	D	A	D	D	B	D	B	D	D
31	**32**	**33**	**34**	**35**	**36**	**37**	**38**	**39**	**40**
D	D	B	D	D	D	D	C	B	D
41	**42**	**43**	**44**	**45**	**46**	**47**	**48**	**49**	**50**
B	D	D	D	A	C	D	A	D	D
51	**52**	**53**	**54**	**55**	**56**	**57**	**58**	**59**	**60**
C	C	D	A	B	A	A	A	D	B
61	**62**	**63**	**64**	**65**	**66**	**67**	**68**	**69**	**70**
C	A	B	B	D	D	B	A	A	A
71	**72**	**73**	**74**	**75**	**76**	**77**	**78**	**79**	**80**
C	A	B	D	D	D	D	D	A	C
81	**82**	**83**	**84**	**85**	**86**	**87**	**88**	**89**	**90**
A	C	A	A	B	B	A	A	C	D
91	**92**	**93**	**94**	**95**	**96**	**97**	**98**	**99**	**100**
D	D	D	C	A	D	A	C	C	B

101	102	103	104	105	106	107	108	109	110
B	B	C	B	B	D	B	D	D	B
111	112	113	114	115	116	117	118	119	120
D	A	C	D	A	B	A	A	D	C
121	122	123	124	125	126	127	128	129	130
C	D	A	C	D	D	D	A	D	D
131	132	133	134	135	136	137	138	139	140
C	C	D	A	C	C	A	A	C	C
141	142	143	144	145	146	147	148	149	150
D	D	B	C	C	D	C	B	D	B
151	152	153	154	155	156	157	158	159	160
B	C	A	C	D	D	D	C	D	C
161	162	163	164	165	166	167	168	169	170
B	C	C	A	D	A	D	B	B	D
171	172	173	174	175	176	177	178	179	180
D	D	D	A	D	C	B	D	A	D
181	182	183	184	185	186	187	188	189	190
B	D	B	A	C	C	A	C	D	C
191	192	193	194	195	196	197	198	199	200
D	B	B	B	A	C	D	D	C	D
201	202	203	204	205	206	207	208	209	210
B	C	D	C	C	B	A	D	D	B
211	212	213	214	215	216	217	218	219	220
A	C	A	D	B	B	D	C	C	A
221	222	223	224	225	226	227	228	229	230
B	D	C	A	B	C	B	C	D	A
231	232	233	234	235	236	237	238	239	240
C	B	A	D	C	C	B	A	D	C
241	242	243	244	245	246	247	248	249	250
B	C	A	C	D	B	D	B	C	C
251	252	253	254	255	256	257	258	259	260
D	A	A	C	A	D	B	C	A	B
261	262	263	264	265	266	267	268	269	270
D	D	C	C	A	B	C	A	C	B
271	272	273	274	275	276	277	278	279	280
D	A	B	C	C	B	D	C	A	C
281	282	283	284	285	286	287	288	289	290
C	A	D	B	C	D	A	B	C	D
291	292	293	294	295	296	297	298	299	300
B	A	C	A	B	D	C	B	A	C
301	302	303	304	305	306	307	308	309	310
D	B	A	C	D	C	B	D	A	C
311	312	313	314	315	316	317	318	319	320
B	D	A	C	C	B	D	A	B	C
321	322	323	324	325	326	327	328	329	330
D	B	A	D	C	B	A	C	D	B

331	332	333	334	335	336	337	338	339	340
D	A	D	C	B	C	A	B	A	C
341	342	343	344	345	346	347	348	349	350
D	B	A	C	D	A	C	C	D	B
351	352	353	354	355	356	357	358	359	360
A	D	C	A	B	A	C	D	B	B
361	362	363	364	365	366	367	368	369	370
B	C	D	B	A	D	C	B	D	D
371	372	373	374	375	376	377	378	379	380
B	A	C	D	B	B	D	A	C	D
381	382	383	384	385	386	387	388	389	390
B	A	C	A	B	D	C	A	B	A
391	392	393	394	395	396	397	398	399	400
C	D	B	A	B	C	D	A	A	B
401	402	403	404	405	406	407	408	409	410
D	A	B	D	C	B	C	A	D	D
411	412	413	414	415	416	417	418	419	420
C	A	B	C	D	A	C	B	A	B
421	422	423	424	425	426	427	428	429	430
D	C	C	D	C	C	D	C	D	A
431	432	433	434	435	436	437	438	439	440
B	A	D	B	C	B	D	A	B	D
441	442	443	444	445	446	447	448	449	450
B	D	A	C	D	A	C	B	D	D
451	452	453	454	455	456	457	458	459	460
C	D	C	D	B	A	C	C	C	D
461	462	463	464	465	466	467	468	469	470
A	D	A	B	D	C	B	B	D	A
471	472	473	474	475	476	477	478	479	480
A	D	B	A	C	A	B	C	D	A
481	482	483	484	485	486	487	488	489	490
D	A	C	D	B	A	C	C	B	A
491	492	493	494	495	496	497	498	499	500
C	A	D	B	C	D	D	A	B	A

अध्याय

4

काव्य शास्त्र और आलोचना

भरत मुनि का रस सूत्र और उसके प्रमुख व्याख्याकार

भरत का रस सूत्र :

''तत्र विभावानुभावव्यभिचारी संयोगाद्रस-निष्पत्ति''

रस सूत्र के प्रमुख व्याख्याकार

1. लोल्लट – उत्पत्तिवाद या उपचयवाद
2. शंकुक – अनुकृतिवाद या अनुमितिवाद
3. भट्टनायक-भुक्तिवाद और साधारणीकरण – रस को ब्रह्मानंद सहोदर कहा है
4. अभिनव गुप्त – अभिव्यक्तिवाद

इस सूत्र के प्रथम व्याख्याता आचार्य भट्ट लोल्लट हैं। भट्ट लोल्लट की मान्यता है कि रस की उत्पत्ति होती है और कारण, कार्य सहकारी कारण से उत्पत्ति सम्भव होती है। आचार्य शंकुक ने रस सूत्र की व्याख्या अनुमान प्रमाण के आधार पर की है। यही कारण है कि इनका मत अनुमितिवाद कहलाता है। शंकुक के अनुसार, संयोग का तात्पर्य–अनुमान व निष्पत्ति का तात्पर्य–'अनुमिति' है। भट्टनायक की मान्यता है कि रस की न तो उत्पत्ति होती है न ही अनुमिति बल्कि रस की भुक्ति होती है। रस निष्पत्ति में इनका सबसे बड़ा योगदान साधारणीकरण का सिद्धांत है। साधारणीकरण की परिभाषा देते हुए भट्टनायक कहते हैं कि 'भावकत्वं साधारणीकरणं तेन हि व्यापारेण विभावदय च स्थायी साधारणी क्रियन्ते।' अर्थात् भावकत्व साधारणीकरण है इस व्यापार से विभावादि और स्थायी भाव का साधारणीकरण हो जाता है। भट्टनायक के भुक्तिवाद का मूल आधार सांख्य दर्शन है। सांख्य दर्शन प्रकृति को त्रिगुणातीत मानता है। भट्टनायक रस निष्पत्ति का आशय 'भुक्ति' तथा संयोग का अर्थ–भोज्य भोजक सम्बन्ध से लगाते हैं।

भरत मुनि का कहना है कि जैसे द्रव्य, व्यंजन, औषध आदि का अन्न के साथ मेल होने से भोज्य रस बनते हैं, वैसे ही विभाव, अनुभाव और व्यभिचारी भावों का स्थायी संयोग होने पर नाट्य रस सिद्ध होते हैं। भरतमुनि द्वारा संयोग और निष्पत्ति शब्दों का लक्षण स्पष्ट नहीं किया गया। अतः बाद के आचार्यों ने इन दोनों शब्दों पर विचार किया। इस संबंध में निम्नलिखित सिद्धांत विशेष रूप से उल्लेखनीय हैं :

1. **भट्ट लोल्लट का उत्पत्तिवाद :** इस सिद्धांत के अनुसार संयोग का अर्थ है कारण-कार्य संबंध और निष्पत्ति का अर्थ है उत्पत्ति। इस प्रकार इस निष्पत्ति का तात्पर्य रस की उत्पत्ति है। रस-प्रक्रिया संपन्न होकर जो आनंद अनुभूति होती है उसे रस-निष्पत्ति कहा जाता है। लोल्लट ने संयोग का अर्थ स्पष्ट करते हुए बताया कि :

   विभाव और स्थाई भाव में उत्पाद्य और उत्पादकता का संबंध होता है।

   अनुभाव और स्थायीभाव में बोधक-बोध्य संबंध होता है। और स्थायीभाव और व्यभिचारी भाव में पोष्य-पोषक संबंध होता है। इस प्रकार भट्ट लोल्लट ने रस-प्रक्रिया के तीन स्तर माने हैं–उत्पत्ति, प्रतीति और पुष्टि। प्रेक्षक नट के कुशल अभिनय के कारण नट में ही रस की प्रतीति करके चमत्कृत होता है। इसी चमत्कार को आनंद कहा जाता है।

भट्ट लोल्लट के सिद्धांत को तीन नाम दिए गए हैं :

1. उत्पत्तिवाद (नायक में रस उत्पन्न होने के कारण)
2. आरोपवाद (नट में रस की प्रतीति होने के कारण)
3. चमत्कारवाद (प्रेक्षक के हृदय में चमत्कारपूर्ण अनुभूति के कारण)

ध्यान देने की बात है कि रस की उत्पत्ति लोक में न होकर साहित्य में होती है। अतः नायक में रस उत्पन्न होने की बात शास्त्रीय दृष्टि से उचित है। इसलिए भट्ट लोल्लट के सिद्धांत को उत्पत्तिवाद कहना ठीक नहीं। लोल्लट प्रेक्षक के भाव की चर्चा किए बिना उसकी आनंदानुभूति की चर्चा करते हैं जो स्वाभाविक नहीं लगता है।

2. **शंकुक का अनुमितिवाद :** शंकुक का मानना है कि नाट्य में नट को राम के रूप में देखकर न तो यथार्थता का अनुभव होता है, न भ्रांति का और न संदेह का। नट राम है ऐसा भी लगता है और नट राम नहीं है ऐसा भी लगता है। नट में राम की प्रतीति एक विचित्र प्रकार की होती है। इस प्रतीति को शंकुक ने चित्र तुरंग न्याय के माध्यम से स्पष्ट किया है। यह प्रतीति चित्र में अश्व की प्रतीति के समान है। इस प्रकार शंकुक ने निष्पत्ति का अर्थ अनुमिति माना है। शंकुक के सिद्धांत में सब कुछ कल्पित तथा कृत्रिम है।

3. **भट्ट नायक का भुक्तिवाद :** भट्ट नायक ने लोल्लट और शंकुक के मतों का विरोध किया। उनके मत से न तो रस की उत्पत्ति होती है और न उसकी अनुभूति होती है। वास्तव में रस की भुक्ति होती है। उसने संयोगात् का अर्थ भोज्य-भोजक संबंधात एवं निष्पत्ति का अर्थ भुक्ति किया। वे भावकत्व और भोजकत्व की कल्पना करके रस निष्पत्ति की निम्नलिखित प्रक्रियाएँ मानते हैं :

   1. अभिधा व्यापार द्वारा काव्य के अर्थ का बोध होता है।
   2. भावकाल व्यापार द्वारा विभावादि का साधारणीकरण होता है।
   3. भोजकत्व द्वारा सामाजिक साधारणीकृत विभावादि के बाद साधारणीकृत स्थायी भाव का रस रूप में भोग होता है।

संक्षेप में, सहृदय भावकत्व व्यापार द्वारा अपने स्थायी भाव का साधारणीकृत रूप में अर्थात् रस रूप में अनुभव करता है और भोजकत्व व्यापार द्वारा उक्त प्रकार से सिद्ध रस का भोग करता है।

भट्ट नायक के प्रेक्षक के मन को रस का स्थान माना। किंतु भुक्तिवाद के सिद्धांत में दो अवगुण हैं–भट्ट नायक भावकत्व और भोजकत्व नामक दो नए काव्य व्यापारों की कल्पना करते हैं। उसका कोई शास्त्रीय आधार नहीं। दूसरे, इस सिद्धांत में भोग और आनंद दो विरोधी तत्वों की एक साथ चर्चा की जाती है। रस आनंद रूप है उसे भोगरूप कहना दार्शनिक दृष्टि से असंगत लगता है।

4. **अभिनव गुप्त का अभिव्यक्तिवाद :** अभिनव गुप्त कहते हैं कि भावकत्व व्यापार का प्राणध्वनन या व्यंजना है जो शब्द-शक्ति है। अतः भावकत्व की कल्पना करना सार्थक नहीं। यदि रस को ध्वनित मान लिया जाए तो भोजकत्व देवसिद्ध हो जाता है। अंततः भोजकत्व व्यापार को काव्य का पृथक व्यापार मानने की आवश्यकता नहीं रहती।

अभिनव गुप्त के अनुसार रति इत्यादि स्थायी भाव संस्कार रूप से सहृदय में विद्यमान रहते हैं तथा विभावादि द्वारा जाग्रत किए जाने पर रस रूप में अभिव्यक्त होते हैं। जिस प्रकार जल-सिंचन करने पर पृथ्वी से गंध प्रकट होती है, उसी प्रकार विभावादि के द्वारा सहृदय का स्थायीभाव जाग्रत हो जाता है। संस्कार रूप होने के कारण सहृदय के स्थायी भाव एक-से होते हैं।

अभिनव गुप्त की मान्यता है कि नाटक या काव्य के उपकरणों द्वारा साधारणीकृत होकर देश-काल, स्व और पर व व्यक्तिगत रागद्वैष आदि की चेतना से मुक्त होकर रति आदि भाव आस्वादन अथवा सुखमय प्रतीति के विषय बन जाते हैं।

रस के अवयव

तीन अंग होते हैं

भाव | विभाव | अनुभाव!

भाव: स्थायी भाव — 9 होते हैं। | संचारी भाव, व्यभिचारी भाव — संख्या-33 होती है।

2. विभाव - 1. आश्रय, 2. आलंबन, 3. उद्दीपन विभाव

3. अनुभाव - दो प्रकार के होते हैं।

1. सात्विक भाव-आठ होते हैं। 2. हाव

रस का विवेचन सर्वप्रथम भरतमुनि ने अपने नाट्यशास्त्र में किया। नाट्यशास्त्र का रचना-काल ईसा की प्रथम शताब्दी माना जाता है। नाट्यशास्त्र के छठे अध्याय में भरतमुनि ने रस की निष्पत्ति के विषय में यह सूत्र प्रस्तुत किया : विभाव, अनुभाव और व्यभिचारी भाव के संयोग से रस की निष्पत्ति होती है। भरत मुनि के अनुसार स्थायी भाव ही रसत्व को प्राप्त होता है।

इस प्रकार के चार अवयव माने जाते हैं : स्थायीभाव, विभाव, अनुभाव और व्यभिचारी भाव।

स्थायी भाव–जो भाव सहृदय से हृदय में सदा विद्यमान रहते हैं और अनुकूल अवसर पाकर अभिव्यक्त होते तथा रस रूप में परिणत हो जाते हैं, उन्हें स्थायी भाव कहते हैं। आचार्यों का मत है कि हमारा मन नौ प्रकार से प्रभावित होता है। नौ ऐसे स्थायी भाव हैं जो जागृत होकर हमारे एकाग्र मन को आनंद-मग्न कर देते हैं। स्थायी भाव काव्य, नाटक आदि में आदि से अंत तक विद्यमान रहता है। यह अन्य भावों की अपेक्षा अधिक प्रभावशाली होता है। आचार्य रामचंद्र शुक्ल ने स्थायीभाव की परिभाषा इस प्रकार प्रस्तुत की है :

"प्रधान (प्रचलित प्रयोग के अनुसार स्थायी) भाव वही कहा जा सकता है जो रस की अवस्था तक पहुँचे।"

स्पष्ट है कि अनुभाव, व्यभिचारी भाव आदि रसदशा तक नहीं पहुँचते। वे किसी भाव को पुष्ट करते हैं और वही भावपूर्ण रसदशा को प्राप्त करता है। प्रत्येक स्थायी भाव के आधार पर एक-एक रस की कल्पना की गई है। इन स्थायी भावों और उनके आधार पर कल्पित रसों के नाम इस प्रकार हैं :

स्थायी भाव	रस
1. रति	श्रृंगार
2. हास	हास्य
3. उत्साह	वीर
4. अमर्ष (क्रोध)	रौद्र
5. विस्मय	अद्भुत
6. भय	भयानक
7. शोक	करुण
8. जुगुप्सा	वीभत्स
9. निर्वेद	शांत

कुछ विद्वानों ने वात्सल्य नामक दसवें रस की कल्पना की है। किन्तु वात्सल्य के मूल में संतान के प्रति स्नेह-भाव होता है जो श्रृंगार के अंतर्गत माना जाता है। इसी प्रकार भक्ति रस में भी पूज्य बुद्धि युक्त रति भाव की विद्यमानता होती है।

रति–नायक-नायिका के पारस्परिक प्रेम को 'रति' कहा जाता है। रति 'श्रृंगार' रस का स्थायी भाव है।

हास–अंग-विकार, वेशभूषा एवं वाक-वैचित्र्य से उत्पन्न होने वाली प्रसन्नता 'हास' कहलाता है।

उत्साह–पराक्रम, दानशीलता एवं धर्म व कर्त्तव्य के प्रति निष्ठा से जो मानसिक उमंग का भाव उत्पन्न होता है, उसे उत्साह कहते हैं।

अमर्ष (क्रोध)–अपने अथवा अपने इष्टजन के प्रति हुए अपमान या अपराध से जो रोष का भाव उत्पन्न होता है उसे 'अमर्ष' या 'क्रोध' कहते हैं। यह रौद्र रस का स्थायी भाव है।

भय–भयंकर वस्तु या घटना को देखकर जो भाव हृदय में पैदा होता है, वह 'भय' स्थायी भाव कहलाता है।

विस्मय या आश्चर्य–विचित्र वस्तु या अद्भुत दृश्य व व्यक्ति को देखकर हृदय में जागृत होने वाला भाव 'विस्मय' स्थायीभाव होता है।

शोक–इष्ट के विनाश तथा अनिष्ट-प्राप्ति से उत्पन्न होने वाला 'दुःख' करुण रस का स्थायी भाव माना जाता है।

जुगुप्सा (घृणा)–किसी गंदी वस्तु ('खून, मवाद, कीचड़, राल, हड्डी को) देखकर उत्पन्न होने वाली ग्लानि को जुगुप्सा कहते हैं। यह वीभत्स रस का स्थायीभाव है।

निर्वेद (वैराग्य)–साधुजन की संगति तथा शास्त्रादि के अध्ययन से उत्पन्न होने वाले ज्ञान से हृदय में विरक्ति (वैराग्य) की भावना उत्पन्न होती है जिसे निर्वेद कहते हैं।

विभाव–इसका अभिप्राय उन वस्तुओं अथवा विषयों से है जिनके प्रति किसी प्रकार का भाव या संवेदना होती है। बाह्य इंद्रियों द्वारा जिन मूर्त पदार्थों का उपभोग किया जाता है वे स्थायी भाव को जगाने का काम करते हैं। इन्हें 'विभाव' कहा जाता है।

विभाव के दो भेद होते हैं : आलंबन और उद्दीपन।

1. **आलंबन विभाव :** जिसका आलंबन अथवा सहारा पाकर स्थायी भाव इत्यादि मनोविकार उत्पन्न होते हैं, आलंबन विभाव कहलाते हैं। शकुंतला नाटक में, राजा दुष्यंत (नायक) के हृदय में 'रति' नामक स्थायी भाव को जागृत करने का कारण नाटक की नायिका शकुंतला है। उसका आलंबन (सहारा) पाकर दुष्यंत के मन में 'रति' नामक स्थायी भाव जागृत होता है। इसलिए शकुंतला 'आलंबन विभाव' है।
2. **उद्दीपन विभाव :** विषय की बाह्य चेष्टाएँ तथा बाहरी वातावरण जो आश्रय के मन में 'आलंबन द्वारा जागृत किए स्थायी भाव को उद्दीप्त या तीव्र करने वाले विभाव (साधन) उद्दीपन विभाव कहलाते हैं। राजा दुष्यंत आखेट करने के हेतु ऋषि कण्व के आश्रम के निकट जा पहुँचते हैं। वहाँ शकुंतला को देखकर राजा के मन में 'रति' स्थायी भाव उत्पन्न होता है। वन प्रदेश का एकांत सुंदर वातावरण तथा शकुंतला की शारीरिक चेष्ट।एँ दुष्यंत के मन में 'रति' भाव को और अधिक तीव्र कर देते हैं। इस प्रकार उद्दीपन विषय की शारीरिक चेष्टा एवं सुंदर सुरभित प्राकृतिक वातावरण उद्दीपन विभाव के अंतर्गत माने जाते हैं।

अनुभाव–भाव का बोध कराने वाले अवयव अनुभाव हैं। इसे विस्तारपूर्वक इस प्रकार कह सकते हैं : आलंबन विभाव से जागृत एवं उद्दीपन विभाव से शंक्तिसंपन्न स्थायी भाव की बाह्य अर्थात् शारीरिक प्रतिक्रिया अनुभाव कहलाती है। भावों के उद्बुद्ध होने के बाद ये प्रकट होते हैं इसलिए इन्हें अनुभाव (पीछे होने वाले भाव) कहा जाता है। ये भावों के कार्यरूप होते हैं। वास्तव में अनुभाव आश्रय की चेष्टाएँ होती हैं जिन्हें देखकर उसके (आश्रय के) मनोविकारों का स्वरूप ज्ञात होता है। संस्कृत में कहा गया है : 'अनुभावों भावबोधकः' अर्थात् आश्रय के शरीर में व्यक्त होने वाली चेष्टाएँ ही अनुभाव कहलाती है। स्तंभ, स्वेद, रोमांच, कंप, अश्रु आदि अनुभाव हैं।

अनुभाव चार प्रकार के होते हैं :

1. कायिक अनुभाव, 2. आहार्य अनुभाव, 3. मानसिक अनुभाव, 4. सात्विक अनुभाव।

कायिक अनुभाव–मनोभावों के अनुसार नेत्र, भौंह, हाथ आदि शारीरिक अवयवों के द्वारा की गई चेष्टाएँ जैसे कटाक्ष करना, मूँछों पर हाथ फेरना, इशारे करना आदि कायिक अनुभाव के अंतर्गत आते हैं। शकुंतला के प्रति रतिभाव के कारण दुष्यंत के शरीर में रोमांच, कंप आदि चेष्टाएँ कायिक अनुभाव हैं। ये आश्रय के अधीन और कृत्रिम होते हैं।

आहार्य अनुभाव–विभिन्न प्रकार की वेशभूषा को धारण करना। उन्हें यत्नज भी कहते हैं।

मानसिक अनुभाव–अंतःकरण की भावना के अनुसार मन में हर्ष, शोक आदि की लहरें उठती रहती हैं। इन्हीं को मानसिक अनुभाव कहा जाता है।

सात्विक अनुभाव–अंतःकरण का धर्म जो आत्मा में विद्यमान रस को प्रकट करता है, सत्व कहलाता है। इसी सत्व गुण से उत्पन्न शरीर के स्वाभाविक अंग विकार को सात्विक अनुभाव कहते हैं। सात्विक अनुभाव आश्रय के शरीर में स्वतः अंकित हो जाते हैं। ये अयत्नज होते हैं। चेष्टा करने पर भी आश्रय उन पर नियंत्रण नहीं कर सकता। उदाहरण :

गिरा-अलिनि मुख पंकज रोकी।
प्रगट न लाल-निशा अवलोकी।।
लोचन जल रहु लोचन-कोना।
जैसे परम कृपन कर सोना।।

यहाँ गद्गद् कंठ हो जाने से सीता का स्वर भंग होना, व्याकुलता के कारण आँखों में आँसू भर जाना सात्विक अनुभाव है। ये अयत्नज और अकृत्रिम हैं। ये स्वयमेव उत्पन्न हुए हैं। सीता चाहने पर भी इन्हें रोक नहीं सकती थीं। सात्विक अनुभाव आठ माने जाते हैं :

1. स्वेद (पसीना आना)
2. रोमांच (रोंगटे खड़े होना)
3. स्तंभ (जड़वत् होना)

4. स्वरभंग (आवाज रुँध जाना)
5. कंप (काँपना)
6. विवर्णता (चेहरे का रंग उड़ना)
7. अश्रु (आँखों में आँसू आ जाना)
8. मूर्छा (बेहोशी)

व्यभिचारी भाव–अभिलाषा, चिंता आदि चित्त की वृत्तियों को व्यभिचारी भाव कहा जाता है। इन्हें संचारी भाव भी कहा जाता है। एक ही संचारी भाव भिन्न-भिन्न रसों के साथ संचरण करता है। ये अवस्था विशेष में उत्पन्न होते हैं और प्रयोजन पूरा हो जाने पर स्थाई भाव की उचित सहायता करके लुप्त हो जाते हैं। वह पानी के बुलबुले की भाँति उठता है और अविलम्ब शांत हो जाता है। उदाहरण : शकुंतला के प्रति रति भाव के कारण शकुंतला को देखकर दुष्यंत के मन में मोह, हर्ष, आदि अनेक भाव उत्पन्न होते हैं, इन्हीं को संचारी भाव कहते हैं। संचारी भावों की संख्या तैंतीस मानी जाती है :

1. निर्वेद	12. शंका	23. मोह
2. ग्लानि	13. श्रम	24. चपलता
3. असूया	14. आलस्य	25. व्रीड़ा
4. मद	15. चिंता	26. हर्ष
5. स्मृति	16. दीनता	27. जड़ता
6. धृति	17. स्वप्न	28. उन्माद
7. आवेग	18. व्याधि	29. वितर्क
8. औत्सुक्य	19. विबोध	30. अमर्ष
9. निद्रा	20. अवहित्था	31. मृत्यु
10. गर्व	21. त्रास	32. विषाद्
11. अपस्मार	22. उग्रता	33. मति

साधारणीकरण

काव्य के आस्वादन से जो आनंद प्राप्त होता है वह साधारणीकरण कहलाता है। इसके द्वारा व्यक्ति विशेष का भाव सामान्य व्यक्ति का भाव बनकर व्यापकता ग्रहण करता है। अतः साधारणीकरण सदृश्य–पाठक या दर्शक के भाव का होता है। जो भाव आश्रय के मन में है कुछ-कुछ वैसा ही भाव भावुक व्यक्ति के मन में जगता है और तब हृदय तन्मयता अनुभव करता है।

काव्यशास्त्र की दृष्टि से साधारणीकरण वह महत्वपूर्ण प्रक्रिया है जो मनुष्य को व्यक्तिगत संबंधों से मुक्त कर देती है। यह काव्यशास्त्र का महत्वपूर्ण विचारणीय तथ्य है कि काव्य में अभिव्यक्त होने वाले हर्ष-विषाद के भाव प्रमाता में इसी प्रकार की भावना को जगाने में किस प्रकार समर्थ हो जाते हैं? विशिष्ट से सामान्य की ओर जाने की प्रवृत्ति अर्थात् साधारणीकरण की प्रक्रिया किस प्रकार घटती है? काव्यशास्त्र के आदि आचार्य भरत मुनि की मान्यता है कि रस की चरम परिणति विशिष्ट भावों के सामान्यीकरण पश्चात ही संभव होती है। विशिष्ट से सामान्य की ओर जाने की प्रवृत्ति को काव्यशास्त्र में साधारणीकरण कहते हैं। इस मान्यता के प्रवर्तक भट्ट नायक माने जाते हैं। भट्ट नायक विभाव आदि का साधारणीकरण मानते हैं। भट्ट नायक का कथन इस प्रकार है, ''भावकत्वं साधारणीकरणम्। तेनहि व्यापारेण विभावाद्य स्थायी व साधारणीक्रियंते।'' अर्थात् भावकत्व व्यापार से विभावादि तथा स्थायी भाव का भी साधारणीकरण हुआ करता है। अभिनवगुप्त स्थायी भाव के साधारणीकरण पर बल देते हैं। आचार्य मम्मट ने ममत्व के संबंध में स्वतंत्र होने की प्रक्रिया को साधारणीकरण माना है। आचार्य विश्वनाथ के विचार में आश्रय के साथ तादात्म्य होना साधारणीकरण है। उनका कथन है :

''व्यापारोऽस्ति विभावादेर्नाम्ना साधारणीकृतिः।''

अर्थात् विभावों के साधारणीकरण के साथ उसके परिणाम स्वरूप दर्शक या पाठक का आश्रय के साथ तादात्म्य होता है।

आधुनिक युग के हिन्दी के सुप्रसिद्ध आलोचक आचार्य रामचंद्र शुक्ल आलंबन और पश्चात् आलंबनत्व धर्म का साधारणीकरण मानते हैं।

डॉ. नगेंद्र के मत का उल्लेख करना भी अनुचित न होगा। उनके अनुसार साधारणीकरण कवि की अनुभूति का होता है। डॉ. नगेंद्र का कथन है, ''हम काव्य की सीता से प्रेम करते हैं, और काव्य की आलंबन-रूप सीता कोई शक्ति नहीं है, जिससे हमको किसी प्रकार का संकोच करने की आवश्यकता हो, वह कवि की मानसी सृष्टि है अर्थात् कवि की अपनी अनुभूति का प्रतीक है। उसके द्वारा कवि ने अपनी अनुभूति को हमारे प्रति संवेद्य बनाया है। बस, इसलिए जिसे हम आलंबन कहते हैं वह वास्तव में कवि की अपनी अनुभूति का संवेद्य रूप है। उसके साधारणीकरण का अर्थ है कवि की अनुभूति का साधारणीकरण।'' इसके विपरीत आचार्य नंददुलारे वाजपेयी कवि-कल्पित समस्त व्यापार प्रक्रिया को साधारणीकरण मानते हैं।

हिन्दी साहित्य के सुविख्यात समीक्षक आचार्य रामचंद्र शुक्ल ने 'साधारणीकरण और व्यक्ति-वैचित्र्यवाद' शीर्षक निबंध में इस विषय को पुनर्विचार के लिए प्रस्तुत किया। शुक्ल जी मौलिक विचारक थे। विषय से संबंधित उनके विचारों को डॉ. नगेंद्र ने अपने निबंध 'साधारणीकरण' में इस प्रकार प्रस्तुत किया है :

1. जब तक किसी भाव का कोई विषय इसी रूप में नहीं लाया जाता कि वह सामान्यतः सबके उसी भाव का आलंबन हो सके, तब तक उसमें रसोद्‌बोधन की पूरी शक्ति नहीं आती। इसी रूप में लाया जाना हमारे यहाँ साधारणीकरण कहलाता है।

2. (*i*) काव्य का विषय सदा विशेष होता है, सामान्य नहीं, वह व्यक्ति सामने लाता है, जाति नहीं।

   (*ii*) साधारणीकरण का अभिप्राय यह है कि पाठक या श्रोता के मन में जो व्यक्ति विशेष वस्तु विशेष आती है, वह जैसे काव्य में वर्णित 'आश्रय' के भाव का आलंबन होती है, वैसे ही सब सहृदय पाठकों या श्रोताओं के भाव का आलंबन हो जाती है।

   (*iii*) जिस व्यक्ति विशेष के प्रति किसी भाव की व्यंजना कवि या पात्र करता है, पाठक या श्रोता की कल्पना में वह व्यक्ति विशेष ही उपस्थित रहता है।

3. कल्पना में मूर्ति तो विशेष की ही होगी पर वह मूर्ति ऐसी होगी जो प्रस्तुत भाव का आलंबन हो सके, जो उसी भाव को पाठक या श्रोता के मन में भी जगाए जिसकी व्यंजना आश्रय अथवा कवि करता है। इससे सिद्ध हुआ कि साधारणीकरण आलंबनत्व धर्म का होता है।

4. 'व्यक्ति तो विशेष ही रहता है, पर उसमें प्रतिष्ठा ऐसे सामान्य धर्म की रहती है जिसके साक्षात्कार से सब श्रोताओं या पाठकों के मन में एक ही भाव का उदय थोड़ा या बहुत होता है। विभावादी सामान्य रूप से प्रतीत होते हैं। इसका तात्पर्य यही है कि रसमग्न पाठक के मन में यह भेदभाव नहीं रहता कि यह आलंबन मेरा है या दूसरे का। थोड़ी देर के लिए पाठक या श्रोता का हृदय लोक का सामान्य हृदय हो जाता है।

5. साधारणीकरण में आलंबन द्वारा भाव की अनुभूति प्रथम कवि में होनी चाहिए, फिर उसके वर्णित पात्र और फिर श्रोता या पाठक में। विभाव द्वारा जो साधारणीकरण कहा जाता है, वह तभी चरितार्थ होता है।

शुक्ल जी आलंबन का साधारणीकरण मानते हैं। आलंबन का अर्थ है भाव का विषय। उसका साधारणीकरण पहले कवि के भाव का विषय बनता है और फिर समस्त सहृदय समाज के भाव का विषय बन जाता है।

इस प्रकार साधारणीकरण की प्रक्रिया में तीन बिंदु होते हैं : कवि, नायक (आश्रय) और पाठक या श्रोता। इन तीनों के भाव-तादात्म्य से साधारणीकरण पूर्ण हो जाता है।

शब्द की शक्तियाँ

विद्वानों के मतानुसार भाषा में प्रौढ़ता लाने के लिए निम्नलिखित विशेषताएँ होनी चाहिए :

शब्द शक्तियों का यथोचित प्रयोग : संस्कृत काव्य शास्त्र में काव्य-सौंदर्य की वृद्धि के लिए तीन शब्द-शक्तियों के प्रयोग पर जोर दिया गया है। ये तीन शक्तियाँ हैं : 1. अभिधा, 2. लक्षणा और 3. व्यंजना।

1. **अभिधा**–जिस शक्ति से शब्द का वाच्यार्थ (सीधा-सादा अर्थ) ग्रहण किया जाता है, उसे अभिधा शक्ति कहा जाता है। अभिधा-शक्ति से युक्त रचना में सरल शब्दों का प्रयोग रहता है। अतः उससे केवल सामान्य अर्थ का बोध होता है। शब्द शक्ति काव्य की स्पष्ट व्याख्या में सहायक होती है। जिस शब्द का अभिधा शक्ति से सीधा-सादा अभीष्ट अर्थ ग्रहण किया जाता है, उसे वाचक कहते हैं। वाचक शब्द तीन प्रकार के होते हैं।

   रूढ़, यौगिक, योगरूढ़

   वाच्यार्थ–अभिधा शक्ति के द्वारा वाचक शब्द का जो सीधा-सादा अर्थ व्यक्त होता है, उसे वाच्यार्थ कहते हैं। जैसे–विद्यार्थी पुस्तक पढ़ता है।

2. **लक्षणा**–जिस शक्ति से शब्द का लक्ष्यार्थ ग्रहण किया जाता है उसे लक्षणा कहते हैं। इसके द्वारा शब्द अपने पूर्व-निर्धारित अर्थ को व्यक्त न करके उससे संबंधित अन्य अर्थ व्यक्त करता है। उदाहरण : 'रमन तो पूरा बछिया का ताऊ ही है।' वाक्य में

प्रयुक्त शब्द-समूह 'बछिया का ताऊ' का वाच्यार्थ एक पशु अर्थात 'बैल' है किंतु इसका लक्ष्यार्थ 'मूर्ख' या 'बेवकूफ' है, यहाँ 'बछिया का ताऊ' लक्षक शब्द है। लक्षणा शक्ति के आधार पर इसका अर्थ 'मूर्ख' होता है। लक्षणा शक्ति के द्वारा जो तथ्य प्रकट किया जाता है, उसे लक्ष्यार्थ कहा जाता है।

3. **व्यंजना शक्ति**–जिस शक्ति से शब्द का न तो वाच्यार्थ (साधारण अर्थ) ग्रहण किया जाता है और न लक्ष्यार्थ अपितु इससे भिन्न कोई अन्य अर्थ ग्रहण किया जाता है, उसे व्यंजना शक्ति कहा जाता है। उदाहरण : 'सूर्य अस्त हो रहा है।' इस शब्दावली के साधारण अर्थ (अभिधार्थ) से शाम होने पर सूर्य के डूबने की सूचना मिल रही है किंतु व्यंजना से भिन्न-भिन्न प्रसंगों के अनुसार भिन्न-भिन्न अर्थ व्यंजित हो रहे हैं।

लक्षणा के भेद

मुख्य रूप से लक्षणा दो प्रकार की होती है :

1. रूढ़ा, और 2. प्रयोजनवती

1. **रूढ़ा लक्षणा**–जहाँ शब्द के लक्ष्यार्थ होने के कारण रूढ़ि हो अर्थात् वह लोक में प्रचलित हो जाए। उदाहरण : दिनेश 'चौकन्ना' है। यहाँ 'चौकन्ना' शब्द का वाच्यार्थ 'चार कानों वाला' दिनेश के साथ मेल नहीं खाता। क्योंकि किसी मनुष्य के भी चार कान नहीं होते। किंतु 'चौकन्ना' शब्द रूढ़ि (परंपरा) से 'सावधान' अर्थ में प्रचलित है। अतः यहाँ रूढ़ा व्यंजना है।

2. **प्रयोजनवती लक्षणा**–जहाँ शब्द का प्रयोग किसी विशेष प्रयोजन से लक्ष्यार्थ के लिए किया जाए। उदाहरण : 'गंगा पर आश्रम है।' यहाँ 'गंगा' से शीतलता शान्ति और पवित्रता की अधिकता का बोध कराना प्रयोजन है। अतः 'गंगा' शब्द से 'गंगा का किनारा' अर्थ प्रकट हो रहा है। अतः यह प्रयोजनवती लक्षणा है।

व्यंजना के भेद

1. शाब्दी व्यंजना 2. आर्थी व्यंजना

1. **शाब्दी व्यंजना**–जहाँ किसी विशेष शब्द पर ही व्यंग्य आश्रित हो। उस शब्द के प्रयोग करने पर व्यंग्यार्थ प्रकट हो तथा उस शब्द को हटाकर उसका पर्याय रखने पर व्यंग्य प्रकट न हो सके, उसे शाब्दी व्यंजना कहते हैं।

2. **आर्थी व्यंजना**–जहाँ व्यंग्यार्थ शब्द पर आश्रित न होकर अर्थ पर आश्रित हो और उसके स्थान पर उसका समानार्थी शब्द प्रयुक्त किए जाने पर भी व्यंग्यार्थ बना रहे, उसे आर्थी व्यंजना माना जाता है। उसे लक्षणाभूला व्यंजना भी कहा जाता है। उदाहरण :

   सीता-हरन तात! जनि कहेउ पितासन जाइ।
   जो मैं 'राम' तो कुल-सहित कहहि दशानन आइ।।

   यहाँ दोहे में समानार्थी शब्द रखने पर भी संकेतिक व्यंग्यार्थ की अभिव्यक्ति होगी। इसलिए यहाँ आर्थी व्यंजना है।

उपर्युक्त विवेचना से स्पष्ट हो जाता है कि काव्य में शब्द शक्ति का महत्वपूर्ण स्थान होता है।

ध्वनि का स्वरूप

आचार्य आनंदवर्धन ने ध्वनिसिद्धांत का प्रतिपादन किया तथा ध्वनि को काव्य की आत्मा के रूप में मान्यता दी। जहाँ प्रत्यक्ष अर्थ में से कोई दूसरा ही अर्थ प्रकट हो और वह नया अर्थ उसके प्रत्यक्ष अर्थ की अपेक्षा अधिक चमत्कारपूर्ण हो, उसे ध्वनि कहते हैं।

ध्वनि के तीन भेद हैं–रसध्वनि, अलंकार-ध्वनि और वस्तुध्वनि। रसध्वनि के अंतर्गत रस की व्यंजना, अलंकार ध्वनि के अंतर्गत अलंकारों की व्यंजना और वस्तु-ध्वनि में विषय की व्यंजना सम्मिलित है। इन तीनों में रस-ध्वनि को सर्वश्रेष्ठ माना जाता है। मुख्य रूप से ध्वनि के दो भेद किए गए हैं : अभिधामूलक ध्वनि और लक्षणामूलक ध्वनि। अभिधामूलक ध्वनि के भी दो भेद माने जाते हैं : 1. असंलक्ष्य क्रम ध्वनि तथा संलक्ष्य क्रम ध्वनि। वाच्यार्थ के साथ ही व्यंग्यार्थ के भाव को असंलक्ष्य ध्वनि कहते हैं। इन दोनों के मध्य जब अंतर का बोध हो तो उसे संलक्ष्य ध्वनि कहते हैं। असंलक्ष्य क्रम के भी छः भेद माने गए हैं : पदगत, पदांशगत, वाक्यगत, वर्णगत, रचनागत तथा प्रबंधगत। संलक्ष्य क्रम ध्वनि के भी तीन भेद हैं : शब्दशक्त्युद्भव, अर्थशक्त्युद्भव और शब्दार्थोभयशक्त्युद्भव। लक्षणामूलक ध्वनि के भी अनेक भेद होते हैं। पर मुख्य रूप से ध्वनि के ऊपर दिए गए तीन भेद ही प्रधान हैं।

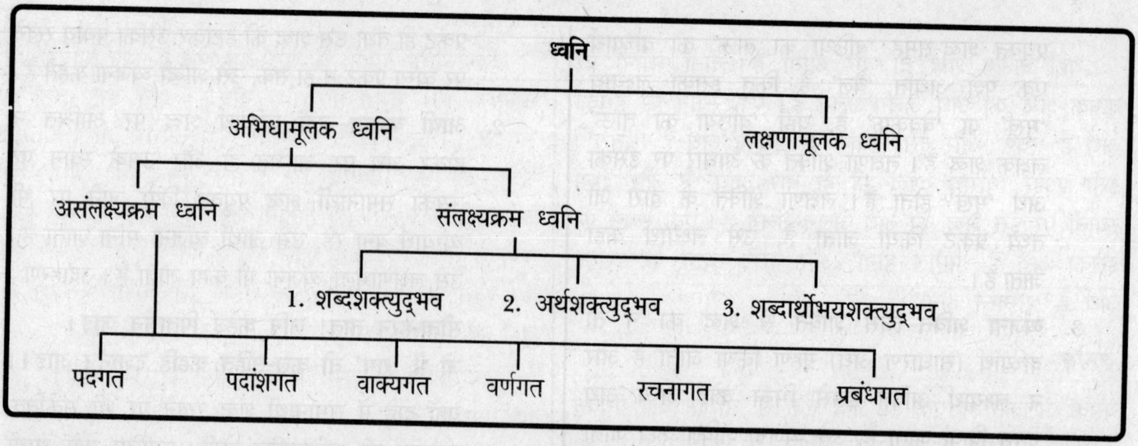

अलंकार

अलंकार विभूषित करते हैं। अलंकार से उक्ति की शोभा बढ़ जाती है। सुन्दर उक्ति सबको मनभाती है। अलंकार काव्य का वह गुण-धर्म है, जिससे काव्य की शोभा बढ़ती है। आचार्य मम्मट ने अलंकारों के सम्बन्ध में कहा है कि जैसे हार आदि आभूषण से कंठ की शोभा बढ़ जाती है, वैसे ही उपमा और अनुप्रास आदि अलंकारों से काव्य के सौन्दर्य में वृद्धि हो जाती है। काव्य की आत्मा रस है, किन्तु उसका भूषण अलंकार है। इसीलिए अलंकार को काव्य का अस्थिर धर्म-गुण माना जाता है। अतः अलंकार साध्य नहीं, साधन है।

अलंकारों के दो भेद हैं–(1) शब्दालंकार और (2) अर्थालंकार। शब्दालंकार काव्य में शब्दों में चमत्कार पैदा करते हैं, जबकि अर्थालंकार काव्य में अर्थ सम्बन्धी विशेषता उत्पन्न करते हैं। कुछ अलंकार शब्द और अर्थ दोनों विशेषता उत्पन्न करते हैं। ऐसे अलंकारों को उभयालंकार कहा जाता है।

अलंकार असंख्य हैं। यहाँ केवल थोड़े-से विशिष्ट अलंकारों का वर्णन किया जा रहा है।

शब्दालंकार

जहाँ शब्दों के कारण काव्य में सौन्दर्य उत्पन्न हो, वहाँ शब्दालंकार होता है। मुख्य-मुख्य शब्दालंकारों का वर्णन नीचे दिया गया है।

अनुप्रास

जब किसी पद में एक व्यंजन या कई व्यंजन एक ही क्रम में एक से अधिक बार आयें अर्थात् उसकी आवृत्ति हो, तो वह अनुप्रास कहा जाता है। यदि व्यंजन के अतिरिक्त शब्द या वाक्यांश की आवृत्ति हो, तो वहाँ भी अनुप्रास होता है।

जैसे–**केलिन के कूलन कछारन में, कुंजन में**

यहाँ 'क' और 'न' की पाँच और चार आवृत्तियाँ हैं

एक अन्य उदाहरण– **काली लहर कल्पना काली,**

भूखे काल कोठरी काली'

इसमें 'क' की 6 बार आवृत्ति हुई है।

कभी-कभी पूरे वाक्य की पुनरावृत्ति होती है, जैसे–

पूत सपूत तो क्या धन संचय।
पूत कपूत तो क्या धन संचय।।

अनुप्रास के कई भेद हैं–छेकानुप्रास, वृत्यानुप्रास, लाटानुप्रास, श्रुत्यानुप्रास और अन्त्यानुप्रास।

इसमें लाटानुप्रास में शब्दों अथवा वाक्यों की पुनरावृत्ति होती है, जैसे कि ऊपर के ''पूत सपूत सो क्या धन संचय। पूत कपूत तो क्या धन संचय''।। उदाहरण में है।

यमक

ऊपर हमने देखा कि लाटानुप्रास में शब्दों अथवा वाक्यों की पुनरावृत्ति होती है, किन्तु दोनों स्थानों पर उस शब्द का अर्थ वही रहता है; अर्थात् शब्दों के अर्थ में भेद या अन्तर नहीं होता।

किन्तु यमक में जो शब्द या वाक्यांश दोबारा आते हैं, उनके अर्थ बदल जाते हैं। जैसे–

कनक कनक ते सो गुनी मादकता अधिकाय।
वा खाये बौराय जग या पाये बौराय।।

यहाँ कनक शब्द दो बार आया है। दोनों स्थानों पर कनक शब्द का अर्थ अलग-अलग हैं। एक स्थान पर इसका अर्थ है 'स्वर्ण' और दूसरे स्थान पर इसका अर्थ है 'धतूरा'। इसी प्रकार 'बौराय' शब्द भी दो बार आया है और दोनों स्थानों पर इस शब्द का अर्थ अलग-अलग है। एक स्थान पर इसका अर्थ है–'पागल होना' और दूसरे स्थान पर इसका अर्थ है 'सम्पन्न होना'।

श्लेष

यमक अलंकार में एक ही शब्द एक से अधिक बार प्रयुक्त होता है, परन्तु अलग-अलग स्थान पर इसका अर्थ भी अलग-अलग होता है, जैसा कि आप पढ़ चुके हैं।

इसके विपरीत श्लेष में एक शब्द एक ही बार प्रयुक्त होता है, लेकिन उसके दो या अधिक अर्थ निकलते हैं। ''एक शब्द में हो जहं बहु अर्थन को ज्ञान'' जैसे–

''चिर जीवै जोड़ी युगल, क्यों न सनेह गंभीर।
को घटि ये वृषभानुजा, वे हलधर के बीर।।''

उक्त कविता में 'वृषभानुजा' और 'हलधर' में श्लेष अलंकार है। 'वृषभानुजा' का अर्थ है 'राधा' और यदि 'वृषभानुजा' शब्द को तोड़कर इसका अर्थ निकाला जाये, तो अर्थ होगा 'वृषभ + अनुजा' अर्थात् 'बैल की बहन'। इसी प्रकार हलधर के दो अर्थ 'बैल' और 'बलराम' हैं। इस प्रकार एक अर्थ के अनुसार राधा वृषभानु की पुत्री है और दूसरे अर्थ के अनुसार बैल की बहन। दूसरी ओर कृष्ण एक ओर बलराम के भाई हैं, तो दूसरी ओर बैल के भाई।

अर्थालंकार

जब भाषा के प्रयोग से अर्थ में चमत्कार पैदा हो, तो वहाँ अर्थालंकार होता है। नीचे प्रमुख अर्थालंकारों का वर्णन किया जाता है–

उपमा

जहाँ दो वस्तुओं के बीच साम्य अथवा समानता का भाव व्यक्त किया जाये, वहाँ उपमा अलंकार होता है। जैसे, ''सीता का मुख चन्द्रमा के समान सुन्दर है।''

यहाँ सीता के मुख की सुन्दरता की तुलना चन्द्रमा की सुन्दरता से की गई है।

सामान्यतया उपमा के चार अंग होते हैं–(1) उपमेय, (2) उपमान, (3) धर्म, और (4) वाचक। अब इन चारों को समझिए। जिसकी तुलना की जाये, उसे **उपमेय** कहते हैं। यहाँ सीता का मुख उपमेय है। जिससे तुलना की जाये, उसे **उपमान** कहते हैं। यहाँ चन्द्रमा उपमान (अप्रस्तुत) है। जिस बात में तुलना की जाये, उसे **धर्म** कहते हैं। यहाँ सुन्दर धर्म है। जिस शब्द से तुलना की जाये, उसे **वाचक** कहते हैं। यहाँ 'के समान' वाचक है।

जहाँ काव्य में उपमा के चारों अंगों की उपस्थिति हो, उसे पूर्णोपमा कहते हैं।

जहाँ उपमा के इन चारों अंगों में से कोई अंग लुप्त होता है, उसे लुप्तोपमा कहते हैं। जो अंग लुप्त होता है, उसी के आधार पर इसका नामकरण हो जाता है, जैसे, **उपमेय लुप्तोपमा**–इसमें उपमेय लुप्त होता है, **उपमान लुप्तोपमा**–इसमें उपमान लुप्त होता है, **धर्म लुप्तोपमा**–इसमें धर्म लुप्त होता है, और **वाचक लुप्तोपमा**–इसमें वाचक लुप्त होता है। **मालोपमा** वहाँ होती है, जहाँ कई-कई उपमान हों, जैसे,

क्या कहें कि कैसी है उसकी कमनीय कान्ति।
कुन्दन-सी, कुंद-सी या कंज सी निकाई है।

रूपक

इस अलंकार में लक्षण से चमत्कार प्रकट होता है। इसमें उपमेय पर उपमान का आरोप होता है। इसमें उपमेय और उपमान दोनों को एक रूप में प्रदर्शित किया जाता है। इसका एक उदाहरण देखिए–

अम्बर पनघट में डुबो रही, तारा घट ऊषा नागरी।

यहाँ अम्बर में पनघट का आरोप है; तारा में घट का आरोप है और ऊषा में नागरी का आरोप है।

अनन्वय

जब उपमेय की तुलना के लिए कोई उपमान होता ही नहीं और उपमेय के समान उपमेय ही कहा जाता है, तो अनन्वय अलंकार होता है। जैसे–

'राम से राम सिया सी सिया सिर मौर विरचि विचारि सँवारे'

यहाँ राम की उपमा देने के लिए कोई शब्द नहीं था, अतः राम की तुलना राम से की गई है। इसी प्रकार सीता की तुलना सीता से की गई है।

प्रतीप

इस अलंकार में प्रसिद्ध उपमानों को उपमेय का स्थान दे दिया जाता है। जैसे–

'दोनों का तन-तेज एक-से-एक प्रखर था।
उनके आगे पड़ा हुआ दिनकर फीका था।।'

सूर्य का तेज प्रसिद्ध उपमान है लेकिन उपरोक्त पंक्तियों में 'तन-तेज' के सामने 'सूर्य का तेज' फीका पड़ गया है।

व्यतिरेक

जहाँ उपमेय को उपमान से बढ़ाकर अथवा उपमान को उपमेय से घटाकर वर्णन किया जाये, वहाँ व्यतिरेक अलंकार होता है। जैसे–

स्वर्ग की तुलना उचित ही है यहाँ
किन्तु सुरसरिता कहाँ, सरयू कहाँ?
यह मरों को मात्र पार उतारती
यह यहीं से जीवितों को तारती।

इन पंक्तियों में अयोध्या की तुलना स्वर्ग से की गई है। स्वर्ग में सुरसरिता (देव गंगा) केवल मृतकों को पार उतारती है, जबकि अयोध्या में सरयू जीवितों का ही उद्धार (मुक्ति प्रदान) कर देती है। यहाँ सरयू (उपमेय) को सुरसरिता से बढ़ाकर दिखाया गया है; या यूँ कहें कि सूरसरिता को हलका करके दिखाया गया है।

भ्रान्तिमान

जब किसी वस्तु को देखकर वैसी ही किसी अन्य वस्तु का भ्रम हो, तो वहाँ भ्रान्तिमान अलंकार होता है। जैसे–.

नाक का मोती अधर की कान्ति से
बीज दाड़िम का समझकर भ्रान्ति से
देखकर सहसा हुआ शुक मौन है
सोचता है अन्य शुक यह कौन है?

यहाँ नाक के मोती पर ओठों की लालिमा पड़ने से मोती अनार के दाने जैसा दिखाई पड़ता है। इसे देखकर एक तोता नाक को (लाल चोंच देखकर) भ्रमवश दूसरा तोता मान बैठता है, इसलिए उक्त पंक्तियों में भ्रान्तिमान अलंकार है।

उत्प्रेक्षा

इस अलंकार में उपमेय में उपमान की सम्भावना की कल्पना की जाती है। इसमें प्रायः जनु, मनु, मानो, जानो जैसे शब्दों का प्रयोग किया जाता है। जैसे–

"सोहत ओढ़े पीत पट श्याम सलोने गात
मनो नील मनि शैल पर आतप पर्‍यो प्रभात्।"

श्री कृष्ण पीताम्बर पहने हुए हैं। उनके शरीर को देखकर ऐसा लगता है (मानो) नील पर्वत पर प्रभात के सूर्य का प्रकाश (पीले रंग का) पड़ रहा हो। यहाँ उपमेय (श्रीकृष्ण) में उपमान (नील पर्वत पर सूर्य का प्रकाश) की सम्भावना है।

उत्प्रेक्षा तीन प्रकार की होती है–

(1) वस्तूत्प्रेक्षा, (2) हेतु उत्प्रेक्षा और (3) फल उत्प्रेक्षा।

अतिशयोक्ति

वर्ण्य विषय का अतिरंजित चित्रण अतिशयोक्ति कहलाता है। इसमें वर्णन बहुत बढ़ा-चढ़ाकर किया जाता है। जैसे–

'हनुमान की पूँछ में, लगन न पाई आग।
लंका सारी जल गई, गए निशाचर भाग।।

अतिशयोक्ति के कई भेद हैं–(1) रूपकातिशयोक्ति, (2) भेदकाशयोक्ति, (3) सम्बन्धाशयोक्ति, (4) असम्बन्धाशयोक्ति, (5) अक्रमातिशयोक्ति, (6) चपलातिशयोक्ति, (7) अत्यन्तातिशयोक्ति।

यहाँ एक उदाहरण देकर कुछ अलंकारों के बीच का सूक्ष्म अन्तर समझाया गया है। जैसे–

(1) सीता का मुख चन्द्रमा के समान सुन्दर है (उपमा अलंकार)
(2) चन्द्रमा सीता के मुख के समान सुन्दर है (प्रतीप)
(3) सीता के मुख के सामने चाँद फीका है (व्यतिरेक)
(4) सीता का मुख चन्द्रमा है (रूपक)
(5) सीता का मुख मानों चन्द्रमा है (उत्प्रेक्षा)
(6) सीता के मुख को चकोर ने चन्द्रमा समझा और एकटक देखता रहा (भ्रान्तिमान)

व्याज स्तुति–जहाँ देखने में प्रशंसा लगे पर वास्तव में निंदा हो या देखने में निंदा लगे पर वास्तव में प्रशंसा हो, वहाँ ब्याज स्तुति अलंकार होता है। जैसे–

"काशी पुरी की कुरीति बुरी, जह देह दिये पुनि देह न पाइये"

काशी नगर की सबसे बुरी बात यह है कि यहाँ शरीर त्याग करने वाला पुनः शरीर धारण नहीं करता (जन्म-मरण के बन्धन से मुक्त हो जाता है)।

लगता है कि यह काशी नगरी की निन्दा है, किन्तु वास्तव में यह इस पवित्र नगरी की महान प्रशंसा (स्तुति) है।

विरोधाभास–जब दो परस्पर विरोधी क्रियाओं से उल्टी क्रिया या परिणाम हो, तो विरोधाभास अलंकार होता है। जैसे–

"या अनुरागी चित्त की, गति समुझै नहिं कोई।
ज्यों-ज्यों बूड़ै श्याम रंग, त्यों-त्यों उज्ज्वल होई।।"

यहाँ कहा गया है कि श्याम रंग (काले रंग) में मन जितना अधिक डूबता है, उतना ही अधिक उज्ज्वल होता जाता है।

रीति, गुण, दोष

रीति

रीति सम्प्रदाय का प्रवर्तन आचार्य वामन ने किया। वामन के अनुसार विशेष प्रकार की पद रचना को रीति कहते हैं। गुण शब्द और अर्थ के शोभाकारक धर्म हैं। रीति सम्प्रदाय को गुण सम्प्रदाय भी कहते हैं। वामन ने गुणों को दो भागों में बाँटा है–

1. शब्द गुण–संख्या 10
2. अर्थगुण–संख्या 10

मम्मट के अनुसार रीति के तीन भेद हैं–

1. वैदर्भी रीति 2. गौड़ी रीति 3. पांचाली रीति

वैदर्भी रीति में सभी गुण विद्यमान होते हैं। यह सर्वश्रेष्ठ है। गौड़ी रीति में ओज व कान्ति गुणों का समावेश होता है। पांचाली रीति में माधुर्य गुणों का समावेश होता है। आचार्य कुन्तक ने रीति के लिए मार्ग शब्द का प्रयोग किया है तथा इसमें तीन भेद बताए हैं–

1. सुकुमार मार्ग–भाव व रस का सम्बन्ध
2. विचित्र मार्ग–कलापक्ष की महत्ता
3. मध्य मार्ग

आचार्य मम्मट ने रीति को वृत्ति कहते हुए इसके तीन प्रकार बताए हैं जो इस प्रकार है–

1. उपनागरिका वृत्ति 2. परुषा वृत्ति 3. कोमलावृत्ति

अग्निपुराण में चार प्रकार की रीतियाँ मानी गई हैं–

1. वैदर्भी रीति 2. गौड़ी रीति 3. पांचाली रीति 4. लाटी रीति।

गुण

काव्य की उत्कर्षता के लिए काव्य गुणों का महत्वपूर्ण योग होता है।

काव्याचार्यों ने गुण तीन प्रकार के माने हैं : माधुर्य, ओज, और प्रसाद।

माधुर्य गुण–जहाँ काव्य को सुनकर या पढ़कर सहृदय का हृदय द्रवित हो उठे, वहाँ माधुर्य गुण की स्थिति मानी जाती है। माधुर्य गुण प्रायः श्रृंगार, करुण और शांत रस में विद्यमान रहता है। कोमल कांत पदावली से माधुर्य गुण का संचार होता है। कठोर वर्णों (प, टवर्ग ण) के प्रयोग को माधुर्य गुण के लिए वर्ज्य माना गया है। माधुर्य गुण युक्त रचना का उदाहरण :

निरख सखी ये खंजन आए।
फेरे उन मेरे रंजन ने इधर नयन मन भाए।।

प्रस्तुत पंक्तियों में विरह-दशा में उर्मिला अपनी सखी से कहती है–हे सखी! देखो, ये खंजन पक्षी यहाँ आ गए हैं, ऐसा प्रतीत होता है कि मेरे प्रियतम ने अपने नेत्रों को इस ओर फिरा दिया है। यहाँ उर्मिला के कथन में अनुभूति की उष्णता और गहनता प्रकट हुई है जो सहृदय के अंतःकरण को द्रवित कर देती है। यहाँ उर्मिला की वियोगावस्था को चित्रित किया गया है अतः विप्रलम्भ या वियोग श्रृंगार की स्थिति दर्शाई गई है। पद में कोमल वर्णों का प्रयोग हुआ है तथा कठोर वर्णों को वर्जित किया गया है। अतः यहाँ माधुर्य गुण है।

ओज गुण–जहाँ काव्य को पढ़कर या सुनकर सहृदय के हृदय में तेज और स्फूर्ति का संचार हो वहाँ ओज गुण की विद्यमानता होती है। काव्य शास्त्री वीर, रौद्र और वीभत्स रसों में ओज गुण की स्थिति मानते हैं। ओज गुण में कठोर-वर्णों का प्रयोग होता है और सामासिक पद रचना की प्रधानता होती है। इसके द्वारा उत्साह भाव की सृष्टि होती है। ओजगुण के लिए वीर रस के प्रख्यात कवि भूषण का एक कवित्त प्रस्तुत है :

साजि चतुरंग वीर रंग में उमंग भरि,
सरजा सिवाजी जंग जीवन चलत है,
भूषन भनत नाद बिहद-नगारन के,
नदी-तट मद गैबरन के रलत है।

प्रसाद गुण–जहाँ काव्य को सुनते ही उसका अर्थ तथा भाव समझ में आ जाए एवं सहृदय के हृदय में समा जाए वहाँ प्रसाद गुण होता है। प्रसाद गुणयुक्त रचना में सरल शब्दों का प्रयोग किया जाता है, इस कारण इसमें अर्थ की स्पष्टता रहती है। भावों के अनुसार इसमें कोमल और कठोर-सभी प्रकार के वर्णों का प्रयोग होता है। प्रसाद गुण समान रूप से सभी रसों के उत्कर्ष में सहायक माना जाता है। उदाहरण :

सोती पी सुहाग भरी स्नेह स्वप्न मग्न,
अमल कोमल तनु तरणी जुही की कली,
दृग बंद किए शिथिल पत्रांक में।

दोष

जिन तत्वों की स्थिति से काव्य के मुख्य अर्थ में अपकर्ष होता है, उन्हें काव्य-दोष कहते हैं। काव्याचार्यों ने काव्य के मुख्यतः तीन दोष माने हैं :

1. शब्द-दोष, 2. अर्थ-दोष, 3. रस-दोष।

शब्द-दोष–शब्द के प्रयोग में जब काव्यार्थ का अपकर्ष होता है, तब शब्द दोष कहलाता है। काव्य मनीषियों ने शब्द दोष के अंतर्गत निम्नलिखित की गणना की है।

(क) श्रुतिकटुत्व (ख) क्लिष्टत्व (ग) च्युत संस्कृति।

(क) श्रुतिकटुत्व–जब काव्यकार, शृंगार, शांत, करुण आदि कोमल रसों की योजना करते समय भाषा में टवर्ग जैसे कर्ण कटु वर्णों का प्रयोग करता है, तब श्रुतिकटुत्व दोष की स्थिति होती है।

(ख) क्लिष्टत्व–जब काव्य में दुरुह शब्दों का प्रयोग किया जाए जिससे अर्थ समझने में कठिनता हो तो रचना क्लिष्टत्व दोष से युक्त हो जाती है। आचार्यों का मत है कि काव्य में सरल एवं सुबोध भाषा का प्रयोग होना चाहिए। उसमें अप्रचलित शब्दों का प्रयोग भी न किया जाए। उदाहरण : तेरी ही छाती है सचमुच उपमोचित स्तनी।

यहाँ कवि ने उपमोचित स्तनी शब्द का प्रयोग किया है जो अप्रचलित और कठिन है। इसलिए यहाँ क्लिष्टत्व दोष है।

(ग) च्युत संस्कृति–जहाँ वाक्य-गठन में व्याकरण के नियमों की अवहेलना करके व्याकरण-विरुद्ध प्रयोग होते हैं वहाँ शास्त्रज्ञ च्युत संस्कृति दोष मानते हैं।

जिस रचना में ऐसे शब्दों का प्रयोग अधिकृता से किया जाता है, जिन्हें विशेषज्ञ ही समझ सकें तो उसे **अप्रतीतत्व दोष** से युक्त समझा जाता है।

अप्रयुक्तत्व दोष–जब रचना में ऐसे शब्दों का प्रयोग हो जो जन-साधारण में प्रचलित न हों तो वहाँ अप्रयुक्ततत्व दोष होता है।

ग्राम्यत्व दोष–जो शब्द प्रयोग की दृष्टि से साहित्य में असंगत होते हैं उनका प्रयोग वाक्य में ग्राम्यत्व दोष की सृष्टि करता है।

अश्लीलत्व दोष–जिस रचना में अश्लील अर्थ के द्योतक शब्दों का प्रयोग किया जाए उस रचना को अश्लीलत्व दोष से युक्त कहा जाता है।

पुनरुक्तिदोष–जब रचनाकार एक ही भाव का बार-बार कथन करता है तो पुनरुक्तिदोष माना जाता है। अर्थ-चमत्कार के अभाव में एक ही भाव की पुनरुक्ति को श्रेय नहीं माना जाता।

दूरान्वय दोष–जब रचना में काव्य पंक्तियों में प्रयुक्त शब्दों का अन्वय करने में बाधा हो और पास रहने योग्य शब्दों को दूर रखा जाए, वहाँ दूरान्वय दोष होता है।

अधिक पदत्व दोष–जब रचना में भावाभिव्यक्ति के लिए आवश्यकता से अधिक शब्दों का प्रयोग किया जाता है वहाँ अधिक पदत्व दोष होता है।

न्यून पदत्व दोष–अधिक पदत्व दोष के विपरीत जब भाव कथन के लिए कम शब्दों का प्रयोग किया जाता है। यहाँ एक प्रयुक्त शब्दों से अभीष्ट भाव भी स्पष्ट नहीं हो पाता, तो न्यून पदत्व दोष माना जाता है।

मिथक, फन्तासी, कल्पना, प्रतीक और बिम्ब

मिथक

अंग्रेजी शब्द 'मिथ' को ही हिन्दी में 'मिथक' कहा जाता है। मिथक के अतिरिक्त इस शब्द के लिए दंत कथा, धर्मगाथा, पुराकथा और पुराख्यान शब्दों का भी प्रयोग किया गया है। पर अब 'मिथक' शब्द हो गया है। 'मिथ' यूनानी 'माइथोस' से निकला है। माइथोस का अर्थ है अतर्क्य आख्यान। माइथोस का विलोम है 'लागोस', यानी तार्किक संलाप। मिथक में तर्क की कोई संगति नहीं होती। इसमें व्यक्त भावनाओं, विचारों और घटनाओं के संबंध सूत्र अत्यधिक उलझे हुये तर्केतर और गड्डमडड् होते हैं। मनोविज्ञान, नृतत्वशास्त्र और प्रतीकों के माध्यम् से इसके उलझे हुए सूत्रों को सुलझाने का प्रयास किया गया है।

मनोवैज्ञानिकों में फ्रायड और युंग ने अपने-2 ढंग से मिथक को अर्थ देने का प्रयास किया है। फ्रांसीसी समाजभाषी डर्कहीम के मतानुरूप मिथक का संबंध प्रकृति से नहीं, समाज से है। उसके बुनियादी अभ्युद्देश्य प्रक्षेपित सामाजिक जीवन के अतिरिक्त कुछ नहीं है। विको के अनुसार भाषा की उत्पत्ति सांकेतिक अभिव्यक्ति से हुई है। मिथक भाषा-विकास की एक मंजिल है।

मिथकीय समीक्षा सबसे अधिक ऋणी युंग की है जो कविता को स्वप्न-सादृश्य बतलाता है। कविता और स्वप्न दोनों अपने रूपात्मक स्पष्टीकरण के बावजूद अपने को स्पष्ट नहीं कर पाते। स्वप्न की तरह कविता भी हमारे अपने अर्थापन की मांग करती है। स्वप्न और कविता का मुख्य अंतर यह है कि स्वप्न अचेतन मन की सृष्टि है तो कविता चेतन मन की।

फैंटेसी

फैंटेसी मनोविज्ञान का शब्द है। इसका संबंध स्वप्न और अवचेतन मन में घटित होने वाली घटनाओं की विघटित और बेतरतीब बिम्बावलियों से है। साहित्य या काव्य में यह एक टेकनीक के रूप में प्रयुक्त की जाती है। इसमें भी बिम्बों, प्रतीकों, मिथकों आदि को अतर्कानुमोदित पद्धति पर उपस्थित किया जाता है। एक फैंटेसी रूपक हो सकती है। पर जहाँ पूरी कविता में फैंटेसियाँ ही फैंटेसियाँ हों, वहां उनके टैक्सचर में काफी भिन्नता होती है। फैंटेसी की केवल मानसिक शक्ति नहीं है, उसकी बिम्बात्मक और निगूढ़ अर्थक्ता उसके विघटन और विशृंखलन पद्धति में निहित होती है। हिन्दी में मुक्तिबोध की कविताओं में फैंटेसी का प्रचुर प्रयोग हुआ हैं। मुक्तिबोध की फैंटेसी सामूहिक अवचेतना को ही प्रकाशित करती है।

कल्पना

कल्पना के अनेक अर्थो में एक अर्थ 'रूप देना' (क्लप+ल्युर) भी होता है। कल्पना ही साहित्य को रूपायित करती है। किन्तु संस्कृत काव्यशास्त्र में 'कल्पना' का उल्लेख नहीं हुआ है। वहाँ 'प्रतिभा' कल्पना की समानार्थी है। हिन्दी साहित्य के आधुनिक काल में इस शब्द का प्रयोग अंग्रेजी के 'इमैजिनेशन' के अर्थ में हुआ। भावानुभूति के लिए विषय का प्रत्यक्षीकरण अनिवार्य है किन्तु प्रत्यक्षीकरण की पूर्णता कल्पना से ही आती है। कल्पना भाव का साधन है। इससे भावों में संमूर्तता और तीव्रता आती है। कल्पना के दो भेद किये गये– 1. विधायक कल्पना, 2. ग्राहक कल्पना। वास्तव में ये 'प्रतिभा' के ही दो भेद हैं– कारयित्री प्रतिभा और भावयित्री प्रतिभा। शुक्ल जी कल्पना को भावना भी कहते हैं।

प्रतीक

प्रतीक शब्द का प्रयोग वैदिक साहित्य में हुआ। बाल गंगाधर तिलक ने वैदिक साहित्य से अर्थ ग्रहण करते हुए इसका अर्थ किया–'प्रतीक' (प्रहिः + इक) का धात्वर्थ यह है–'प्रतिः' अपनी ओर। 'इक' झुका हुआ। जब किसी वस्तु का कोई एक भाग पहले गोचर हो और फिर आगे वस्तु का ज्ञान हो, तब उसको प्रतीक कहते हैं। शुक्ल जी के अनुसार प्रतीक सर्वदा अपने अभिधार्थ के अलावा संकेत देता है। प्रतीक रूपक, बिम्ब और मिथक से भिन्न है। मनुष्य को प्रतीकों का निर्माण करने वाला प्राणी कहा जाता है। प्रतीकों की सामान्यतः दो कोटियां निर्धारित की जा सकती हैं– 1. परंपरागत प्रतीक 2. वैयक्तिक प्रतीक। आचार्य शुक्ल ने 'प्रतीक' के साथ 'प्रतीकवाद' पर भी विचार किया है। आंदोलन के रूप में प्रतीकवाद का आरंभ 1886 में फ्रांस में हुआ। वस्तुतः यह रोमांटिसिज्म की एक विकसित भाषा थी।

बिम्ब

बिम्ब अंग्रेजी के 'इमेज' शब्द का हिन्दी रूपान्तरण है। आज की आलोचना में इस शब्द का खूब प्रयोग होता है। लेविस बिम्ब को शब्द-निर्मित बिम्ब मानता है। अनेक बिम्बों द्वारा निर्मित कविता बिम्ब है। बिम्ब किसी अमूर्त विचार अथवा भावना की पुनर्निर्मिति हैं। बिम्ब पदार्थों के आंतरिक सादृश्य की अभिव्यक्ति है। सन् 1908 में हूल्मे और फ्लिंट ने बिम्बवाद पर एक घोषणापत्र प्रकाशित किया। आचार्य रामचंद्रशुक्ल ने फ्लिंट को ही इसका जनक माना। 1912 से 1917 ई. तक लंदन और अमेरिका में बिम्बवाद का एक आंदोलन ही चल पड़ा। इसके अगुआ थे एजरा पाउण्ड। हिन्दी समीक्षा में इस शब्द को प्रथमतः आचार्य शुक्ल ने 'भाव या मनोविकार (1915)' नामक निबंध में व्यवहृत किया। सादृश्य मूलक अलंकारों में भी बिम्बों का अनुप्रवेश रहता है – उपमा, रूपक, उत्प्रेक्षा इत्यादि। बिम्ब निर्माण की प्रक्रिया को शुक्ल जी ने रूप-विधान कहा है। रूप-विधान के तीन प्रकार हैं–प्रत्यक्ष रूप-विधान, स्मृति रूप विधान और कल्पित रूप-विधान।

स्वच्छन्दतावाद और यथार्थवाद

स्वच्छन्दतावाद

18वीं शताब्दी के अंतिम दशक और उन्नीसवीं शताब्दी के प्रारंभ में यूरोप में एक नवीन धारा का उन्मेष हुआ, जिसे स्वच्छंदतावाद कहा गया। इस धारा का 1789 ई॰ में फ्रांस में हुई राज्य क्रांति से गहरा सम्बंध है। साहित्य के क्षेत्र में प्राचीनता का आवरण उतार कर नवीन भाव-पुष्पों से उसका शृंगार किया गया। रूसो इस धारा का प्रतिनिधि था। उसने मानव स्वतंत्रता पर बल दिया और कहा, "Man is born free but is found everywhere in chains" उसी ने प्रकृति की ओर वापिस लौटो का नारा दिया।

नव्यशास्त्रवाद और उसकी नियमबद्धता, कृत्रिमता और आड़म्बर-प्रियता की प्रतिक्रिया में 19वीं शती के आरंभ में रोमांटिक काव्यधारा का अवनिर्माण हुआ। इस धारा में शृखलाओं में जकड़ा जीवन उन्हें तोड़ फैंकने के लिए पुनः प्रयत्नशील हुआ। तर्क-परम्परा, नियम, इन सबको उसने बंधन माना; उन्हें प्रकृति के सत्य और सौंदर्य से दूर की वस्तु कहा और उनसे मुक्त हुआ। स्वच्छंदतावादी धारा की प्रवृतियों में विद्रोह की प्रवृत्ति कृत्रिमता से मुक्ति, मध्ययुग का प्रत्यावर्तन, कल्पना का प्राधान्य, अद्भुत तत्व, व्यक्तिवाद, सौंदर्य दृष्टि और ऐन्द्रियता मिलती है।

यथार्थवाद

हिन्दी में यथार्थवाद अंग्रेजी के 'रियलिज्म' के अनुवाद के रूप में व्यवहृत हुआ। लेकिन इसके प्रयोग का ऐतिहासिक परिप्रेक्ष्य लगभग वही है जो पश्चिम में था। एक विशेष प्रकार के उपन्यासों को यथार्थवादी उपन्यास की संज्ञा दी गई। यथार्थ का अभिप्रायः है– यथा+अर्थ, यानी जैसा है वैसा अर्थ। किन्तु इसे समझने के लिए दर्शन की भूमिका में प्रवेश करना होगा। पश्चिम में यह शब्द तत्वदर्शन, ज्ञान मीमांसा, प्रत्ययवाद में अलग-अलग अर्थों में प्रयुक्त हुआ है।

यह यथार्थवाद एक पद्धति भी है और एक दृष्टिकोण भी। जहाँ तक दृष्टिकोण का संबंध है यह रोमांटिसिज्म, मिथकवाद और काल्पनिकता के विरुद्ध पड़ता है। पद्धति के रूप में इसमें चरित्र, स्थिति, क्रिया-कलाप आदि का चित्रण दृश्यजगत की जिन्दगी के सदृश किया जाता है। हिन्दी में आलोचनात्मक आख्यान के रूप में इसके पहले प्रयोक्ता प्रेमचंद हैं। उपन्यास के संबंध में उनके दो लेख छपे हैं–एक 1925 में और दूसरा उसके पहले। इन दोनों आलेखों में आदर्शवाद और यथार्थवाद का उल्लेख हुआ है। उस समय यथार्थवाद का अर्थ उन्होंने प्रकृतिवाद ही लिया था। इसलिए उन्होंने अपने औपन्यासिक सिद्धांत को, 'आदर्शोन्मुख यथार्थवाद' कहा।

संरचनावाद

संरचनावाद आधुनिक काल की विवादास्पद सैद्धांतिकी है। यह ऐसा बौद्धिक आंदोलन है, जिसने एक ओर विज्ञानों को नया' सैद्धांतिक आधार प्रदान किया है, दूसरी ओर साहित्य को समझने की विशेष दृष्टि प्रदान की। इसने तमाम परंपरागत अवधारणाओं पर प्रश्नचिह्न लगाये। संरचनावाद इस बात को स्वीकार नहीं करता कि साहित्य समाज का दर्पण है या साहित्य जीवन की आलोचना है या साहित्य रचनाकार की आत्माभिव्यक्ति है। इसके अनुसार 'सहज बुद्धि' (कॉमन सेंस) नाम की कोई चीज नहीं है। वह वस्तुतः विचारधारात्मक निर्मिति है। संरचनावाद यथार्थवाद, भाषा की पारदर्शिता, विचारधारा, समाज की सुगठित पारंपरिक अवधारणा, विचार और भाषा के पारंपरिक संबंध आदि पर प्रश्नचिह्न लगाता है।

एक साहित्यिक सैद्धांतिकी के रूप में संरचनावाद भाषिकी से आया है। स्विस भाषा वैज्ञानिक फरदीनान्द द सॉस्युअर ने 1915 में प्रकाशित अपनी 'सामान्य भाषिकी का पाठ्यक्रम' नामक पुस्तक में भाषा का एक सिद्धांत प्रस्तुत किया। उसने मनुष्य की भाषिक क्रियाओ के तीन स्तर माने–(1) सामान्य भाषा : जिसमें मनुष्य की संपूर्ण भाषिक संभावनाएं निहित हैं। यह भाषा का व्यापकतम रूप है, जो किसी एक भाषा तक सीमित नहीं है। इसे उसने 'लांगेज़' (Langage) कहा है। (2) विशेष भाषा (लांग–Langue) : यह व्यवस्थाबद्ध विशेष भाषा होती है। सामान्यतः 'भाषा' शब्द का प्रयोग इसी के लिए किया जाता है। इसका प्रयोग जब एक व्यक्ति करता है तो इसका जानकार दूसरा व्यक्ति इसे समझ लेता है। (3) व्यक्ति-बोली (पैरोल–Parole) : यह व्यक्तियों के द्वारा दैनंदिन उपयोग में लायी जाने वाली भाषा का रूप है।

संरचनात्मक भाषिकी के सिद्धांतों को जब साहित्य के अध्ययन में उपयोग में लाया गया तो साहित्यालोचन में संरचनावाद का जन्म हुआ। इस संरचनावाद के दो पूर्वरूप-रूसी रूपवाद (फॉर्मलिज्म) और जॉन क्रो रैंसम की 'नयी समीक्षा'

के अंतर्गत प्रस्तुत की गयी स्थापनाओं के रूप में सामने आये। रूस में रूपवाद 1915-1930 के बीच फूला-फला। लेकिन यूरोप और अमरीका का ध्यान उसकी ओर 1955 के बाद गया, जब वहां संरचनावाद की चर्चा प्रारंभ हुई। कारण, संरचनावाद रूपवाद का ही स्वाभाविक विकास है। रूसी रूपवादियों ने रचना की वस्तु की अपेक्षा उसके रूप को तथा उसकी स्थिति सापेक्षता की अपेक्षा उसकी स्वायत्तता को अधिक महत्व दिया।

जब रूपवाद का प्रभाव अमरीका पहुंचा तो वहां 'नयी समीक्षा' सामने आयी। 1941 में जॉन क्रो रैंसम की पुस्तक 'द न्यू क्रिटिसिज्म' प्रकाशित हुई। इसमें उन्होंने कविता की स्वायत्तता और वस्तुनिष्ठता को स्थापित किया।

रूसी रूपवाद से संबद्ध रहे रोमान यॉकोब्सन की गणना संरचनावादी काव्यशास्त्र के प्रवर्तकों में की जाती है। उनकी मान्यता थी कि काव्यशास्त्र भाषिकी का ही एक अंग है। उन्होंने सॉस्युअर की भाषिक अवधारणाओं को काव्यशास्त्र में व्यवहत किया और संरचनावादी काव्यशास्त्र के सैद्धांतिक आधारों को स्पष्ट किया।

उत्तर संरचनावाद

उत्तर-संरचनावाद संरचनावाद का ही अगला चरण है। इन दोनों को उस तरह अलगाया नहीं जा सकता। जिस प्रकार आधुनिकतावाद और उत्तर-आधुनिकतावाद को अलगाने का प्रचलन है। संरचनावाद कुछ विशिष्ट विचारों का गुंफ है जो कई अनुशासनों–इतिहास, नृतत्वशास्त्र मनोविज्ञान, साहित्य आदि पर लागू किया जा सकता है। नौवें दशक में इसका पराभव आरंभ हुआ। इसका स्थान उत्तर-संरचनावाद ने लिया। यद्यपि बहुत से मत-मतांत्तरों की तरह इसका (संरचनावाद) जन्म-स्थान फ्रांस है, फिर भी कुछ अन्य देशों के विद्वानों ने इसमें महत्वपूर्ण योगदान किया है। सस्योर, रोमन जेकोब्सन, माइकेल बाख्ति, पियरे, एडवर्ड सुधीर, नोम चाम्सकी आदि। संरचनावादियों ने इनसे बहुत कुछ सीखा। संरचनावाद को स्थापित करने का श्रेय फ्रांस के पांच विद्वानों को दिया जाता है–क्लाडे लेविस स्त्रोस (नृतत्वशास्त्री), माइकेल (विचारों का इतिहासकार) रोलॉवार्थ (साहित्य-आलोचक), लुई अलथ्युसर (राजनीतिक वैज्ञानिक) और जैकिपस लकिन (मनौवैज्ञानिक)। इनका कोई स्कूल नहीं है, प्रत्येक का अपना अनुशासन और व्यक्तित्व है। पर उनकी पद्धतियों में कुछ ऐसा साम्य भी है कि वे संरचनावादी कहे जाते हैं। इनमें लेविस स्त्रोस अकेले व्यक्ति हैं जो इसके साथ नौवें दशक के मध्य तक जुड़ा रहा। बार्थ और फूको आंशिक रूप से ही संरचनावादी है। संरचनावाद भाषिकी पद्धति है। उत्तर-संरचनावाद इसी का अगला चरण है।

सातवें दशक में जैकिएस दरिदा ने उत्तर-संरचनावाद का प्रवर्तन किया। उसके अमरीकी अनुयायी पाल डीमन ने उसे और भी पुष्ट किया। संरचनावादी पद्धति में भाषा को माडेल के रूप में लिया जाता है। उत्तर-संरचनावाद में संरचनावाद की अपेक्षा इस पर कहीं अधिक जोर दिया जाता है। वह सस्योर के भाषा सम्बंधी सिद्धांतों से प्रभावित है। पर उसे एक सीमा के बाद उलट देता है। सस्योर के मतानुसार भाषा अर्थ को सम्मिलित करती है। दरिदा को यह मान्य नहीं है। अर्थोनमीलन का अभिप्राय है कि अर्थ शब्द के पहले रहता है। दरिदा का कहना है कि भाषा अर्थ की सृष्टि करती है। भाषा के बाहर कुछ भी नहीं है। उसकी पद्धति को विनिर्मिति, विघटन कहा जाता है। सस्योर भाषिक चिह्न को प्रकृत्या भिन्नतामूलक मानता है। यानी वह जो कुछ है, वह इसलिए है कि जो वह नहीं है। भाषा द्वारा जो कुछ प्रस्तुत दिखाई पड़ता है उसमें बहुत कुछ अप्रस्तुत या अनुपस्थित रहता है। इस अनुपस्थिति को कुछ लोग गहन संरचना भी कहते हैं। भाषिक चिह्न में जो नहीं है उसे 'ट्रेस' के रूप में खोजा जा सकता है क्योंकि बुनियादी तौर पर वह होता ही है। आलोचना का काम इसी अनुपस्थिति को खोजना है। अतः सारा जोर रचना के पाठ पर दिया जाता है, पाठ के बाहर कुछ नहीं होता। आलोचना के प्रतिमान रचना की संरचना में ही होते हैं।

उत्तर-संरचनावादी रचनाकार और आलोचक में बुनियादी भेद नहीं मानता। दोनों ही भाषा का खेल खेलते हैं। दोनों रचना करते हैं। जहाँ रचयिता समाप्त करता है वहाँ से आलोचक और जहाँ आलोचक समाप्त करता है वहाँ से पाठक शुरू करता है। रचयिता को पाठ या टैक्स्ट से बाहर कर दिया जाता है। पाठ ही सृजक है। इसमें लेखक की मृत्यु (रोलॉबार्थ) हो जाती है। काव्य-सत्य अपने आप में सत्य नहीं होता, वह पाठक या आलोचक का सत्य होता है। उसके

अनेक रूप हो सकते हैं। उत्तर-संरचनावाद में पाठ के अंधस्थलों का बहुत महत्व है। यह लेखक के दृष्टि पथ में, ज्ञान में, नहीं होता। किन्तु आलोचक हेतु ज्योति का कार्य करता है। संरचनावाद एवं उत्तर-संरचनावाद दोनों में एक अंतर यह भी है कि पहले ये वैयक्तिकता हेतु कुछ जगह पर दूसरे में नहीं।

आधुनिकता

आधुनिक ज्ञान-विज्ञान और टेक्नॉलॉजी के फलस्वरूप उत्पन्न मानवीय स्थितियों का नया, गैर-रोमेंटिक और अमिथकीय साक्षात्कार 'आधुनिकता' है। 'आधुनिकता' का स्वरूप स्पष्ट करने के लिए आवश्यक है कि उसके ऐतिहासिक संदर्भ और प्रवृत्ति को समझ लिया जाये। आधुनिक काल अपने ज्ञान-विज्ञान और प्रविधियों के कारण मध्यकाल से अलग हुआ। यह काल औद्योगीकरण, नगरीकरण और बौद्धिकता से संबद्ध है, जिससे नवीन आशाएं उभरी और भविष्य का नया स्वप्न देखा जाने लगा। देश, धर्म, राष्ट्र, ईश्वर आदि की नयी-नयी व्याख्याएँ की जाने लगीं।

आधुनिक ज्ञान-विज्ञान ने मनुष्य को बहुत-कुछ बुद्धि-सम्मत बना दिया था। नीत्शे की इस घोषणा से कि 'ईश्वर मर गया', बौद्धिक जगत में एक क्रांतिकारी परिवर्तन आया। यथार्थ का स्वरूप ही बदल गया। पाप-पुण्य, धर्म-अधर्म, अच्छे-बुरे की जो कसौटियां धर्मग्रंथों में निर्धारित की गयीं थीं, उनकी प्रामाणिकता समाप्त हो गयी और पुराने मूल्य विघटित हो गये। मनुष्य ने पाया कि वर्तमान परिस्थिति (सिचुएशन) में वह असहाय, क्षुद्र और निरर्थक प्राणी है। विज्ञान की प्रगति ने भी निश्चयतावादी सिद्धांत को खोखला सिद्ध कर दिया। क्वांटम सिद्धांत और सापेक्षतावाद से सिद्ध हो गया कि न तो कोई सार्वभौम सत्य होता है और न शाश्वत नैतिकता। अणुओं की सत्ता के असिद्ध हो जाने के बाद अणु शक्ति (एनर्जी) में बदल जाता है और शक्ति अणु में। निश्चयात्मकता की समाप्ति की अंतिम घोषणा हो गयी। अस्तित्ववादी दर्शन ने इस पर अपनी मुहर लगा कर इसे और भी पुष्ट कर दिया।

कीर्केगार्ड, सार्त्र आदि के अस्तित्ववादी विचारों का प्रभाव आधुनिक पश्चिमी साहित्य पर खूब पड़ा है। सातवें दशक के हिन्दी-साहित्य में अकविता, अकहानी, अनाटक, अनुपन्यास की जो चर्चाएं हुईं ('चर्चाएं' कहना अधिक उपयुक्त है, क्योंकि इन्होंने आंदोलन का रूप नहीं लिया), उनके आधार पर लिखा गया साहित्य केवल परंपरागत रूपों को तोड़ने का प्रयास नहीं है, बल्कि इन रूपों में आज के अनिश्चय, व्यर्थता, अकेलेपन, अजनबीपन, आत्मनिर्वासन आदि को भी व्यक्त किया गया है। यह अभिव्यक्ति किस दर्जे की है, यह अलग बात है। आधुनिकता का यह बोध एक वास्तविकता है, जिसे अस्वीकार नहीं किया जा सकता।

हिन्दी में आधुनिकतावादी गतिविधियों के आविर्भाव का वर्ष 1941 हो सकता है। इसी वर्ष अज्ञेय की 'शेखर : एक जीवनी' का प्रकाशन हुआ जो पारंपरिक रूप और नैतिक मान्यताओं को बुरी तरह ध्वस्त करता है। परन्तु सही अर्थ में इसकी शुरुआत का सिलसिला सन् 60 से चलता है और वह एक आंदोलन का रूप ग्रहण कर लेता है।

उत्तरआधुनिकता

हिन्दी में 'उत्तरआधुनिकता', 'पोस्टमॉडर्निटी' और 'उत्तर-आधुनिकतावाद', 'पोस्टमाडर्निज्म' के पर्यायवाची के रूप में बीसवीं शताब्दी के अंतिम दशक में प्रचलित हुआ। यूरोप में 'पोस्टमॉडर्निटी', 'पोस्टमाडर्निज्म' और 'पोस्टमॉडर्न' शब्दों का प्रयोग कब शुरू हुआ, इस पर मतभेद है। बीसवीं शताब्दी के चौथे दशक में फैडरीको द ओनिस ने 'पोस्टमाडर्निज्म' शब्द का प्रयोग 'आधुनिकवाद में पारंपरिकता के उतार' के लिए किया (मेरी एण्डर्सन : द ओरिजिन्स ऑफ पोस्टमाडर्निटी, पृ. 3)। अंग्रेजी में बीसवीं शताब्दी के पांचवें दशक में इस शब्द का प्रचलन वास्तुकला की एक शैली की परिभाषा के रूप में हुआ। चार्ल्स जैन्क्स के अनुसार, 'पोस्टमाडर्निज्म' शब्द का सबसे पहले प्रयोग शायद ऑर्नल्ड टॉयन्बी ने अपनी पुस्तक 'ए स्टडी ऑफ हिस्ट्री' में ऐतिहासिक कालखंडों के लिए किया।

एक विचारपद्धति या विचारधारा के रूप में उत्तर-आधुनिकतावाद अत्यंत विवादास्पद है। लेकिन इतना निश्चित है कि जैसे आधुनिकतावाद पूंजीवादी व्यवस्था की उपज था, वैसे ही उत्तरआधुनिकतावाद उत्तरपूंजीवादी व्यवस्था की उपज है। पूंजीवादी व्यवस्था के केन्द्र में औद्योगीकरण और उत्पादन थे, उत्तरपूंजीवादी व्यवस्था के केन्द्र में प्रौद्योगिकी और उपभोगवाद (बाजारवाद) है। यदि प्रौद्योगिकी के विकास ने ज्ञान के स्वरूप, उसके अर्जन और वितरण में क्रांति ला दी है तो उपभोगवाद ने बाजार को केंद्रस्थ कर दिया है, और ये दोनों परस्पर संबद्ध हैं।

आधुनिकतावाद की तरह उत्तर-आधुनिकतावाद एक जटिल प्रत्यय है जिसकी रूपरेखा को स्पष्ट नहीं किया जा सकता। पश्चिमी विचारकों में मुख्यतः अमेरिकी विचारकों ने इसे विश्लेषित करने का प्रयास किया है। यह आधुनिकता से एकदम भिन्न है अथवा उसका विकास या अगला कदम उत्तर-संरचनावाद, उत्तर-प्रौद्योगिकी, आवॉगार्ड आदि से इसका क्या संबंध है? इसके अपने गुण-लक्षण क्या हैं? मानवीय समाज, संस्कृत और संवेदना को यह कहाँ, किस दिशा में ले जा रहा है? तीसरी दुनिया के विकासशील देशों में इसका प्रभाव क्या रहा?

उत्तर-आधुनिकतावाद का प्रचलन एक-दो दशकपूर्व से होने लगा है। 20वीं शती के सातवें और आठवें दशक में। प्रथमः वास्तुकला के क्षेत्र में इसके दर्शन होते हैं इसे लोकप्रिय बनाने का श्रेय राबर्ट बेंतुरी और जेम्स स्टर्लिंग को जाता है। उन्होंने इसका विरोध वास्तुकला की अंतर्राष्ट्रीय शैली के विरोध में किया। इसी क्षेत्र में आधुनिकता की मृत्यु की घोषणा की गई। इसे फ्रांसीसी उत्तर-संरचनावादियों-देल्यूज, दरिदा, माइकेल फुको से अधिक बल मिला। ये लोग आंठवें दशक में क्रियाशील थे। वे अनेक अर्थों में एक-दूसरे के विरोधी होते हुए भी कई अर्थों में एक-दूसरे से मिलते-जुलते थे। वे यथार्थ के खंडित, परस्पर विरोधी और विजातीय तथा बहुवाची थे या अनेकांतवादी चरित्र में समर्थक थे। वह यह नहीं मानते थे कि मनुष्य किसी वस्तुनिष्ठ यथार्थ तक पहुँच सकता है। पर वे उस समय को कला और दर्शन तथा सामाजिक परिवर्तन को दृष्टि में रखते हैं।

लियोतार्द आधुनिकतावाद का सम्बन्ध 'ग्रैंड नरेखि' से जोड़ता है जिसमें एक सिलसिला होता है, समग्रता होती है, आध्यात्मिकता का द्वन्द्व होता है। उत्तर-आधुनिकता 'ग्रैंड-नरेखि' के विरुद्ध है। इसकी कला में संगति नहीं है, रोटैलिटी नहीं है, अन्विति की जगह बिखराव है।

उत्तर-आधुनिकतावाद में, कम्प्युटर युग, दूर-संचार माध्यम्, टेक्नोलॉजी के कारण जो नई स्थितियाँ पैदा हुई हैं उन्हीं से उत्तर-आधुनिकतावादी चेतना का विकास हुआ है। इसमें तर्क, रूप, यथार्थ, इतिहास सबका नकार है। यह एक अराजकतावादी निहलिस्ट प्रवृतिं है। इसे एक प्रकार का नकारात्मक सौन्दर्य बोध का आह्लाद कहा जा सकता है।

समकालीन आलोचना की कतिपय अवधारणाएँ

विडम्बना (आयरनी)

विडम्बना अंग्रेजी शब्द आयरनी का हिन्दी अनुवाद है। वर्तमान में साहित्य में जीवन के किसी भी क्षेत्र की विडम्बना को हास्य व्यंग्य के माध्यम से प्रस्तुत किया जाता है। विडम्बना में शब्दों का संयोजन इस प्रकार किया जाता है कि इसका स्वरूप सशक्त ढंग से उभरे।

यह आज के जटिल जीवन-बोध को अभिव्यक्त करने की एक सशक्त साहित्यिक प्रविधि है। व्यंग्य, विनोद, कटुक्ति, हास्य आदि को इसमें समाहित तो किया जा सकता है, पर विडंबना इनसे अधिक व्यापक और गम्भीर है। इसमें शब्दों का कौतुक परक ऐसा संयोजन होता है जिसमें शब्द और संदर्भ में दूरी दिखायी पड़ने लगती है। यह क्रीड़ापरक भी होता है और गंभीर भी। लक्ष्मीकांत वर्मा के मतानुसार, शब्दों बिम्बों और उनके साथ स्थितियों का चयन और संयोजन में 'शरारतपूर्ण सह-संयोजन' होना चाहिए। आज के जीवन की त्रासदी को उसकी पूरी जटिलता में उभारने के लिए यह प्रविधि अत्यंत कारगर है। उदाहरण के लिए निराला और मुक्तिबोध की रचनाओं को लिया जा सकता है।

मुंशी प्रेमचन्द की 'कफन' कहानी विडम्बना का उत्कृष्ट उदाहरण है। इसमें पिता-पुत्र कफन के पैसे से अपनी भूख मिटाते हैं, पाठकों की फिर भी उनके प्रति घृणा न होकर सहानुभूति होती है।

अजनबीपन (एलियनेशन)

यह शब्द पश्चिमी मानसिकता की उपज है। आधुनिक काल में समाजशास्त्र, मनोविज्ञान, राजनीति विज्ञान, साहित्य आदि में इसका प्रयोग धड़ल्ले से किया जा रहा है। यह शब्द, घिसा-पिटा होने के बावजूद, विश्व की मानसिकता समय सूचक बन गया है। समय-समय पर इसके लिए अलगाव, अकेलापन, स्वान्तरण आदि शब्दों का व्यवहार किया जाता रहा है। सामान्यतः इसका प्रयोग चार अर्थों में किया जाता रहा है– 1. सम्पत्ति के स्थानान्तरण के अर्थ में, 2. विक्षेप के अर्थ में, 3. अंतर वैयक्तिक संबंधों के दुराव के अर्थ में, 4. ईश्वर और मनुष्य के अलगाव के अर्थ में। फिक्टे के मतानुसार, भौतिक जगत और आध्यात्मिक जगत के बीच की खाई ही अजनबी या

अजनबीपन है। शिलर मनुष्य की कालिक स्थिति और प्रकृति के दुराव को अजनबीपन कहा। हेगेल पहली बार इस समस्या को द्वन्द्वात्मकता के आधार पर समझना चाहा। पर अंत में वह भी आध्यात्मिक हो जाता है।

मार्क्स ने 'आर्थिक एवं दार्शनिक पांडुलिपि' (1844) में अजनबीपन की समस्या पर वैज्ञानिक ढंग से विचार किया है। हेगेल की तरह वह उत्पादन को व्यक्तित्व से सम्बद्ध करता है। व्यक्ति उत्पादन को आकार देता है, सँवारता है और अपनी छाप देकर अपने 'व्यक्तित्व' की अभिव्यक्ति करता है। उत्पादन वैयक्तिकता का संमूर्तन है। इसके माध्यम् से व्यक्ति अपने को पुनरूत्पादित करता है और अपनी अस्मिता को पहचानता है।

हिन्दी की नयी कहानी के दौर में अजनबीपन का विशेष प्रभाव रहा। एक-दूसरे को शंका और आशंका भरी निगाहों से देखती है और आरोप और अपराध को दूसरों पर डालकर आपस में निगाहें चुराती है उस स्तर पर मिलने से डरती है और एक-दूसरे से दिन-व-दिन अपरिचित और दूर होती जाती है। जो कुर्सी पर बैठा है और जो फुटपाथ पर खड़ा है, दोनों अपने को फालतू और अजनबी महसूस करते हैं।

अन्तर्विरोध (पैराडॉक्स)

अन्तर्विरोध को अंग्रेजी में पैराडॉक्स कहते हैं। अन्तर्विरोध का एक अन्य नाम विसंगति भी है। क्लींथ ब्रुक्स को इसका प्रवर्तक माना जाता है। विरोध न होने पर भी विरोध का आभास होना अन्तर्विरोध कहलाता है। निराला, मुक्तिबोध, प्रसाद की कविताओं में अन्तर्विरोध को काव्य सौन्दर्य को बढ़ाने वाला माना गया है।

विखण्डन (डिकंस्ट्रक्शन)

विखंडन या विरचना उत्तरसंरचनावाद का ही अंग है, किंतु इसके जन्मदाता जाक देरीदा की प्रखर प्रतिभा के कारण इसकी चर्चा-विवेचना अलग से की जाती है। विखंडन की चर्चा का प्रारंभ 1966 में जॉन हॉपकिंस विश्वविद्यालय में आयोजित एक संगोष्ठी से हुआ। संगोष्ठी संरचनावाद पर विचार-विमर्श के लिए आयोजित की गयी थी किंतु संगोष्ठी में देरीदा की उपस्थिति और उसके आलेख-पाठ का परिणाम यह हुआ कि यह संगोष्ठी विखंडन का प्रस्थानबिंदु बन गयी। 1967 में देरीदा की तीन पुस्तकें–ऑफ ग्रैमैटोलॉजी, राइटिंग एंड डिफरेंस तथा स्पीच एंड फेनोमेना एक साथ प्रकाशित हुईं और विखंडन फ्रांस में ही नहीं, अमेरिका में भी चर्चा का केंद्रीय विषय बन गया।

देरीदा ने सीधे-सीधे और बहुत सोच-विचार कर विखंडनवाद की स्थापना की हो, ऐसा नहीं है। असल में उसने विभिन्न पाठों को जिस तरह से पढ़ा और उनकी व्याख्या प्रस्तुत की, उसके दौरान उसने विभिन्न शब्द प्रस्तावित किये। इन शब्दों में 'डिकंस्ट्रक्शन' के अतिरिक्त 'डिफरेंस', 'स्पेसिंग', 'ट्रेस' आदि शब्द भी थे। प्रारंभ में इनमें से कोई भी एक शब्द केंद्रीय या मास्टर शब्द नहीं था। किसी रचना की व्याख्या करते समय या किसी पाठ (टैक्स्ट) को पढ़ते समय ऐतिहासिक, दार्शनिक, अवधारणात्मक या विमर्शात्मक संदर्भानुसार इनमें से जब जो शब्द उपयुक्त लगा, तब उस शब्द का उपयोग किया गया। किंतु इनमें से 'डिकंस्ट्रक्शन' (विखंडन) शब्द चल पड़ा और देरीदा तथा अन्यों ने इसे अपने-अपने ढंग से व्याख्यायित करना प्रारंभ कर दिया। विखंडन की व्याख्याओं का यह क्रम आज तक चल रहा है।

यह पश्चिम की समीक्षा का नवीनतम आविष्कार है। फ्रांस के दार्शनिक, भाषाविद् और आलोचक दरिदा इसके जनक हैं। यह उत्तर-संरचनावाद का सर्वाधिक सशक्त अकादमीय आंदोलन है। अपने देश में भी इसकी धमक सुनाई पड़ने लगी है। इसके संबंध में विद्वान् दो खेमों में बंटे हैं। एक खेमें में इसे क्रांतिकारी कहा जाता है तो दूसरे शिविर में अर्थहीन और उग्रवादी।

दरिदा की पुस्तक ग्रामैटोलोजी इसकी बाइबिल है। वह भाषा में उच्चारण के स्थान पर लेखन को महत्त्व देते हैं।

निशान पदचिह्न या ट्रेस कुछ है जिससे अनुपस्थिति तक पहुँचा जा सकता है। वह कहता है काव्य में भाषा का नहीं, निशान या ट्रेस तथा अनुपस्थिति का महत्त्व है। भाषा का मौन, अंतराल निशान ट्रेस ही है। पर निशान को अदृश्य प्रेत-छाया कहना कुछ भी संकेतित नहीं करता।

विखंडन किस संदर्भ में किया जा रहा है, इसका महत्व इसी से स्पष्ट होता है और संदर्भानुसार रचना को पढ़ने और मानसिक जड़ता से मुक्त होने के लिए प्रेरित करता है।

अभ्यास प्रश्न

1. वीर रस प्रधान रचना में कौन-सा गुण प्रमुख होता है?

A. ओज B. प्रसाद
C. माधुर्य D. ये सभी

2. 'रोमांटिसिज्म' का जन्मदाता इनमें से किसको माना जाता है?

A. कार्ल मार्क्स B. विक्टर ह्यूगो
C. रूसो D. अरस्तू

3. निम्न में अलंकारवादी आचार्य नहीं माना जाता है

A. कुवल्लयानन्द B. दण्डी
C. भामह D. वामन

4. किस आचार्य ने शब्दालंकारों को अधम काव्य, अर्थालंकारों को मध्यम काव्य तथा गुणीभूत व्यंग्य और ध्वनि को क्रमशः उत्तम और उत्तमोत्तम कहा है?

A. भोज B. भामह
C. मम्मट D. आनन्दवर्द्धन

5. जनश्रुति के आधार पर किस आचार्य को रस का प्रवर्तक माना गया है?

A. भरत B. वामन
C. नन्दिकेश्वर D. भामह

6. निम्नलिखित में से कौन-सा करुण रस का विरोधी है?

A. वीभत्स B. भयानक
C. वीर D. हास्य

7. ध्वनि को काव्य की आत्मा मानकर ध्वनि-सम्प्रदाय का प्रतिपादन किसने किया?

A. दण्डी B. मम्मट
C. विश्वनाथ D. आनन्दवर्द्धन

8. ''जहाँ शब्द प्रत्यक्ष अर्थ को त्याग कर किसी और ही अर्थ की प्रतीति कराए जो उसके प्रत्यक्ष अर्थ की अपेक्षा अधिक चमत्कारपूर्ण हो''–काव्य शास्त्र के अनुसार यह किसका लक्षण है?

A. रस का B. अलंकार का
C. ध्वनि का D. इनमें से कोई नहीं

9. किस शब्द शक्ति की प्रतीति सबसे पहले हुआ करती है?

A. व्यंजना B. लक्षणा
C. अभिधा D. इनमें से कोई नहीं

10. 'निर्वेद' नामक स्थायी भाव से किस रस का परिपाक होता है?

A. शृंगार B. अद्‌भुत
C. वीर D. शान्त

11. **स्थापना (A):** साधारणीकरण की प्रक्रिया में विभावादि का विशेषत्व समाप्त हो जाता है और वे सामान्य प्रतीत होने लगते हैं अर्थात् सीता सीता न रहकर कामिनी मात्र रह जाती है।

तर्क (R): विभावादि का अपने-पराए की भावना से मुक्त होना ही साधारणीकरण है, सीता के प्रति 'रति' भाव का अनुभव सामान्य दर्शक भी करने लगता है।

कूट :

A. (A) और (R) दोनों सही हैं
B. (A) सही (R) गलत
C. (A) गलत (R) सही
D. (A) और (R) दोनों गलत हैं

12. 'नाट्यशास्त्र' के रचयिता का नाम छाँटिए

A. भट्ट लोल्लट B. भरतमुनि
C. अभिनवगुप्त D. आचार्य मम्मट

13. रस निष्पत्ति के व्याख्याता आचार्यों में से भट्टनायक का योगदान क्या है?

A. साधारणीकरण का सिद्धांत
B. अभिव्यक्तिवाद
C. आरोपवाद
D. इनमें से कोई नहीं

14. आश्रय की चेष्टाएँ इनमें से किस वर्ग के अन्तर्गत आती हैं?

A. अनुभाव B. विभाव
C. उद्दीपन D. स्थायी भाव

15. सात्विक अनुभावों की संख्या कितनी मानी गई है?

A. आठ B. दस
C. चार D. तैंतीस

16. संचारी भावों की संख्या कितनी होती है?

A. दस B. नौ
C. तैंतीस D. पच्चीस

17. भाव का बोध कराने वाले कारण क्या कहलाते हैं?

A. स्थायी भाव B. संचारी भाव
C. विभाव D. अनुभाव

18. इनमें से कौन-सा 'अनुभाव' के अन्तर्गत नहीं आता?

A. स्वेद B. ग्लानि
C. रोमांच D. अश्रु

19. इनमें से संचारी भाव कौन-सा है?

A. अपस्मार B. अवहित्था
C. ब्रीड़ा D. उपरोक्त सभी

20. 'असूया' इनमें से किस वर्ग में आएगा?

A. विभाव B. अनुभाव
C. संचारी भाव D. स्थायी भाव

21. आचार्य विश्वनाथ ने काव्य की क्या परिभाषा दी है?

A. मनोहर अर्थ का प्रतिपादन करने वाला शब्द काव्य है
B. रसात्मक वाक्य काव्य है
C. दोष रहित तथा रचना काव्य कहलाती है
D. अलंकारों से युक्त रचना को काव्य कहते हैं

22. 'रमणीय अर्थात् मनोहर अर्थ का प्रतिपादन शब्द ही काव्य है' यह कथन किस आचार्य द्वारा प्रस्तुत किया गया है?

A. आचार्य विश्वनाथ
B. आचार्य दण्डी
C. आचार्य भामह
D. पण्डित राज जगन्नाथ

23. भरतमुनि के मतानुसार निम्नलिखित में से कौन-सा सिद्धांत काव्य के सम्बन्ध में ठीक है?

A. रस ही काव्य की आत्मा है
B. अलंकार काव्य के लिए आवश्यक है
C. ध्वनि के बिना काव्य की सार्थकता नहीं
D. रसात्मक वाक्य काव्य का महत्वपूर्ण तत्व है

24. रीति को काव्य की आत्मा मानने वाले आचार्य कौन थे?

A. आचार्य विश्वनाथ B. केशवदास
C. वामन D. बाणभट्ट

25. मैथ्यू आरनोल्ड ने साहित्य के विषय में क्या मत प्रकट किया। सही कथन पर चिह्न लगाइए?

A. मनोरंजन करना साहित्य का उद्देश्य है
B. साहित्य जीवन की आलोचना है
C. साहित्य मन-मस्तिष्क को शान्ति देता है
D. मनुष्य को सत्य, शिव, सुन्दर की ओर प्रेरित करनां साहित्य का काम है

26. 'ध्वन्यालोक' के आलोचक कौन हैं?

A. लोचन B. अभिनवगुप्त
C. मम्मट D. रुद्रट

27. 'ध्वन्यालोक' की टीका का क्या नाम है?

A. लोचन B. काव्य मीमांसा
C. काव्यालंकार D. साहित्यदर्पण

28. काव्यमीमांसा के रचनाकार हैं

A. राजशेखर B. मम्मट
C. लोल्लट D. वामन

29. रस सूत्र में किन दो शब्दों की व्याख्या अपेक्षित रही है?

A. विभाव और अनुभाव
B. अनुभाव और व्यभिचारी भाव
C. रस और स्थायी भाव
D. संयोग और निष्पत्ति

30. आचार्य कुन्तक के वैदर्भी, गौड़ी और पांचाली को क्या नाम दिया है?

A. अभिधा, लक्षणा, व्यंजना
B. उत्तम, मध्यम, अधम
C. सुकुमार, विचित्र, मध्यम मार्ग
D. सत, रज, तम

31. दृष्टकूट पदों में कौन-सा दोष पाया जाता है?

A. अप्रतीतत्व दोष B. क्लिष्टत्व दोष
C. ग्राम्यत्व दोष D. न्यूनपदत्व दोष

32. लोक व्यवहार में प्रयुक्त न होने वाले शब्दों का काव्य में प्रयोग करने पर कौन-सा दोष माना जाता है?

A. अप्रतीतत्व दोष
B. अश्लीलत्व दोष
C. अधिकपदत्व दोष
D. क्लिष्टत्व दोष

33. काव्य में अनावश्यक शब्दों का प्रयोग होने पर कौन-सा दोष होता है?

A. न्यूनपदत्व B. अधिकपदत्व
C. अक्रमत्व D. दुष्क्रमत्व

34. कार्य और कारण में संगति न होने पर कौन-सा अलंकार होता है?

A. विभावना B. निदर्शना
C. असंगति D. विशेषोक्ति

35. इनमें से कौन अलंकारवादी आचार्य नहीं हैं?

A. केशव B. जयदेव
C. भामह D. आनन्दवर्द्धन

36. उपमेय में उपमान की सम्भावना होने पर कौन-सा अलंकार होता है?

A. उपमा B. रूपक
C. उत्प्रेक्षा D. श्लेष

37. उपमेय का निषेध करते हुए जहाँ उपमान की स्थापना की जाती है, वहाँ कौन-सा अलंकार होता है?

A. प्रतीप B. व्यतिरेक
C. सन्देह D. अपह्नुति

38. 'कहं रघुपति के चरित उदारा। कहं मति मोर निरत संसारा।' में कौन-सा अलंकार है?

A. प्रतिवस्तूपना B. उदाहरण
C. निदर्शना D. भ्रान्तिमान

39. रीति सम्प्रदाय के प्रवर्तक इनमें से कौन थे?

A. आचार्य वामन B. आचार्य कुन्तक
C. आचार्य अभिनवगुप्त D. आचार्य भामह

40. 'विशिष्ट पद रचना रीतिः' यह पंक्ति किस आचार्य की है?

A. आचार्य कुन्तक B. आचार्य आनन्दवर्द्धन
C. आचार्य मम्मट D. आचार्य वामन

41. निम्नलिखित को सुमेलित कीजिए :

(सूची-क) स्थायी भाव	(सूची-ख) रस
(*a*) रति	1. शृंगार
(*b*) उत्साह	2. रौद्र
(*c*) अमर्ष	3. हास्य
(*d*) हास	4. वीर

कूट :	(*a*)	(*b*)	(*c*)	(*d*)
A.	1	4	2	3
B.	2	3	4	1
C.	1	2	3	4
D.	3	2	4	1

42. निम्नलिखित को सुमेलित कीजिए–

(सूची-क) स्थायी भाव	(सूची-ख) रस
(*a*) अद्भुत	1. भय
(*b*) भयानक	2. विस्मय
(*c*) वीभत्स	3. शोक
(*d*) करूण	4. जुगुप्सा

कूट :	(*a*)	(*b*)	(*c*)	(*d*)
A.	3	4	2	1
B.	2	1	4	3
C.	1	2	3	4
D.	4	3	2	1

43. निम्नलिखित को सुमेलित कीजिए–

(सूची-क) रस सूत्र	(सूची-ख) व्याख्याकार
(*a*) अनुमितिवाद	1. अभिनव गुप्त
(*b*) उत्पत्तिवाद	2. भट्टनायक
(*c*) अभिव्यक्तिवाद	3. शंकुक
(*d*) भुक्तिवाद	4. भट्टलोल्लट

कूट :	(*a*)	(*b*)	(*c*)	(*d*)
A.	3	4	1	2
B.	1	2	3	4
C.	4	3	2	1
D.	1	2	4	3

44. सुमेलित कीजिए–

(सूची-क) ग्रंथकार	(सूची-ख) ग्रंथ
(*a*) भरत	1. काव्यालंकार
(*b*) भामह	2. लोचन
(*c*) आन्नदवर्धक	3. नाट्यशास्त्र
(*d*) अभिनवगुप्त	4. ध्वन्यालोक

कूट :	(*a*)	(*b*)	(*c*)	(*d*)
A.	1	2	3	4
B.	4	3	2	1
C.	3	1	4	2
D.	1	4	3	2

45. निम्नलिखित को सुमेलित कीजिए–

(सूची-क) रचना	(सूची-ख) रचनाकार
(*a*) काव्यादर्श	1. जयदेव
(*b*) काव्यप्रकाश	2. मम्मट
(*c*) काव्यालंकार सूत्रवृत्ति	3. वामन
(*d*) चन्द्रालोक	4. दण्डी

कूट :	(*a*)	(*b*)	(*c*)	(*d*)
A.	1	2	3	4
B.	4	3	1	2
C.	4	2	3	1
D.	2	1	4	3

46. निम्नलिखित को सुमेलित कीजिए–

(सूची-क) रचनाकार	(सूची-ख) रचना
(*a*) धनंजय	1. दशरूपक
(*b*) क्षेमेन्द्र	2. वक्रोक्ति जीवितम्
(*c*) कुन्तक	3. काव्यालंकार सारसग्रंह
(*d*) उद्भट	4. औचित्य विचार चर्चा

कूट :	(*a*)	(*b*)	(*c*)	(*d*)
A.	4	3	2	1
B.	1	2	3	4
C.	2	3	4	1
D.	1	4	2	3

47. निम्नलिखित को सुमेलित कीजिए–

(सूची-क) रचनाकार	(सूची-ख) रचना
(*a*) भोजराज	1. शृंगार प्रकाश
(*b*) पतंजलि	2. सरस्वती कण्ठाभरण
(*c*) भानुमिश्र	3. रस तरंगिनी
(*d*) भोजराज	4. महाभाष्य

कूट :	(*a*)	(*b*)	(*c*)	(*d*)
A.	4	3	2	1
B.	1	4	3	2
C.	1	2	3	4
D.	4	1	2	3

48. निम्नलिखित को सुमेलित कीजिए–

(सूची-क) रचनाकार	(सूची-ख) रचना
(*a*) रूय्यक	1. उज्ज्वल नीलमणि
(*b*) रूपगोस्वामी	2. काव्यालंकार
(*c*) राजशेखर	3. अलंकार सर्वस्व
(*d*) रूद्रट	4. काव्यमीमांसा

कूट :	(*a*)	(*b*)	(*c*)	(*d*)
A.	4	3	2	1
B.	3	1	4	2
C.	1	2	3	4
D.	4	1	2	3

49. निम्नलिखित को सुमेलित कीजिए–

(सूची-क) रचनाकार	(सूची-ख) रचना
(*a*) पं. राज जगन्नाथ	1 दशकुमार चरित
(*b*) मम्मट	2. रसगंगाधर
(*c*) उद्भट	3. भामह विवरण
(*d*) विश्वनाथ	4. साहित्य दर्पण

कूट :	(*a*)	(*b*)	(*c*)	(*d*)
A.	2	1	3	4
B.	1	2	3	4
C.	4	3	2	1
D.	1	2	4	3

50. संगत बताइए–

(सूची-क) स्थायी भाव		(सूची-ख) रस
(*a*) रति	–	शृंगार
(*b*) हास	–	वीर
(*c*) शोक	–	करूण
(*d*) उत्साह	–	वीर

A. (*a*), (*b*), (*c*)   C. (*a*), (*d*)

C. (*b*), (*c*), (*d*)   D. (*a*), (*c*), (*d*)

51. निम्नलिखित को सुमेलित कीजिए–

(सूची-क) स्थायी भाव		(सूची-ख) रस
(*a*) शृंगार	–	रौद्र
(*b*) हास्य	–	करूण
(*c*) वात्सल्य	–	वत्सल
(*d*) वीभत्स	–	जुगुप्सा

A. (*a*), (*b*), (*c*) B. (*d*), (*d*)
C. (*b*), (*c*), (*d*) D. (*a*), (*b*), (*c*)

52. निम्नलिखित में से संगत क्रम बताइए–

(सूची-क) स्थायी भाव		(सूची-ख) रस
(*a*) भय	–	भयानक
(*b*) उत्साह	–	वीर
(*c*) रौद्र	–	अमर्ष
(*d*) विस्मय	–	करूण

A. (*a*), (*c*), (*d*) B. (*c*), (*d*)
C. (*a*), (*b*), (*c*), (*d*) D. (*a*), (*b*), (*c*)

53. निम्नलिखित में कौन सुमेलित है–

(सूची-क) व्याख्याकार		(सूची-ख) रससूत्र
(*a*) भट्टलोल्लट	–	उत्पत्तिवाद
(*b*) शंकुक	–	अनुमितिवाद
(*c*) भट्टनायक	–	भुक्तिवाद
(*d*) भामह	–	अभिव्यक्ति वाद

A. (*a*), (*b*), (*c*) B. (*a*), (*c*), (*d*)
C. (*a*), (*b*), (*c*), (*d*) D. (*a*), (*b*), (*d*)

54. इनमें से असंगत क्रम बताइए–

(सूची-क) स्थायी भाव		(सूची-ख) रस
(*a*) रति	–	शृंगार
(*b*) अमर्ष	–	वीर
(*c*) भय	–	भयानक
(*d*) जुगुप्सा	–	करूण

A. (*b*), (*d*) B. (*a*), (*d*)
C. (*a*), (*b*), (*c*), (*d*) D. (*a*), (*b*), (*c*)

55. निम्नलिखित में से असंगत क्रम बताइए–

(सूची-क) रससूत्र		(सूची-ख) व्याख्याकार
(*a*) उत्पत्तिवाद	–	भट्टलोल्लट
(*b*) अभिव्यक्तिवाद	–	अभिनवगुप्त
(*c*) भुक्तिवाद	–	भामह
(*d*) अनुमितिवाद	–	कुन्तक

A. (*a*), (*b*), (*c*), (*d*) B. (*a*), (*c*), (*d*)
C. (*c*), (*d*) D. (*a*), (*b*)

56. इनमें से संगत क्रम बताइए–

(सूची-क) सिद्धांत		(सूची-ख) प्रवर्तक
(*a*) वक्रोक्ति सिद्धांत	–	कुंतक
(*b*) रीति सिद्धांत	–	वामन
(*c*) रस सिद्धांत	–	आनन्द वर्धन
(*d*) अलंकार सिद्धांत	–	अभिनवगुप्त

A. (*c*), (*d*) B. (*a*), (*b*), (*c*), (*d*)
C. (*a*), (*b*) D. (*b*), (*c*), (*d*)

57. असंगत क्रम बताइए–

(सूची-क) सिद्धांत		(सूची-ख) प्रवर्तक
(*a*) रस सिद्धांत	–	भरत
(*b*) अलंकार सिद्धांत	–	भामह
(*c*) ध्वनि सिद्धांत	–	दण्डी
(*d*) औचित्य सिद्धांत	–	मम्मट

A. (*c*), (*d*) B. (*a*),. (*c*)
C. (*a*), (*b*), (*c*), (*d*) D. (*b*), (*c*), (*d*)

58. निम्नलिखित को सुमेलित कीजिए–

(सूची-क) सिद्धांत	(सूची-ख) प्रवर्तक
(*a*) रस सिद्धांत	1. भरत
(*b*) ध्वनि सिद्धांत	2. वामन
(*c*) वक्रोक्ति सिद्धांत	3. कुन्तक
(*d*) रीति सिद्धांत	4. आनन्द वर्धन

कूट :	(*a*)	(*b*)	(*c*)	(*d*)
A.	1	2	3	4
B.	4	3	2	1
C.	1	2	4	3
D.	1	4	3	2

59. निम्न में से संगत क्रम का चयन कीजिए–

(सूची-क)		**(सूची-ख)**
प्रवर्तक		**सिद्धांत**
(*a*) इलियट	–	निर्वैयक्तिकता
(*b*) जार्ज लुकाच	–	विडम्बना
(*c*) फ्रायड	–	फ्रायडियन यथार्थवाद
(*d*) कार्ल मार्क्स	–	मार्क्सवादी यथार्थवाद

A. (*a*), (*b*), (*d*) B. (*a*), (*c*), (*d*)

C. (*a*), (*b*), (*c*), (*d*) D. कोई नहीं

60. निम्नलिखित को सुमेलित कीजिए–

(सूची-क)		**(सूची-ख)**
प्रवर्तक		**सिद्धांत**
(*a*) विमसॉट	–	मिथकीय समीक्षा
(*b*) विमसॉट	–	सार्वभौम मूर्तविधान
(*c*) विलियम एम्पसन	–	अनेकार्थता
(*d*) विलियम एम्पसन	–	सार्वभौम मूर्तविधान

A. (*a*), (*b*), (*d*) B. (*b*), (*d*)

C. (*a*), (*b*), (*c*), (*d*) D. (*b*), (*d*), (*c*)

61. निम्न में से संगत क्रम का चयन कीजिए–

(सूची-क)		**(सूची-ख)**
प्रवर्तक		**सिद्धांत**
(*a*) वर्ड्स्वर्थ	–	स्वच्छन्दतावाद
(*b*) फ्रायड	–	कल्पना
(*c*) नार्थप फ्राई	–	अन्तश्चेतनावादी यथार्थवाद
(*d*) जाक देरिदा	–	विखंडनवाद

A. (*a*), (*d*) B. (*a*), (*b*), (*c*), (*d*)

C. (*a*), (*b*), (*c*) D. कोई नहीं

62. निम्न में से असंगत क्रम का चयन कीजिए–

(सूची-क)		**(सूची-ख)**
सिद्धांत		**प्रवर्तक**
(*a*) सहजानुभूति	–	प्लेटो
(*b*) विरेचन	–	डेकार्ट
(*c*) त्रासदी	–	लोंजाइनस
(*d*) द्वन्द्ववाद	–	हीगेल

A. (*a*), (*b*), (*c*), (*d*) B. (*a*), (*b*), (*d*)

C. (*b*), (*c*), (*d*) D. कोई नहीं

63. इनमें से संगत क्रम का चयन कीजिए–

(सूची-क)		**(सूची-ख)**
सिद्धांत		**प्रवर्तक**
(*a*) क्रोचे	–	अभिव्यंजनावाद
(*b*) हीगेल	–	द्वन्द्ववाद
(*c*) क्लींथ ब्रुक्स	–	विसंगति
(*d*) अरस्तु	–	यथार्थवाद

A. (*a*), (*b*), (*c*)

B. (*b*), (*c*), (*d*)

C. कोई नहीं

D. (*a*), (*b*), (*c*), (*d*)

64. इनमें से सही कालक्रम का चयन कीजिए–

A. प्लेटो - सुकरात - होरस - अरस्तु

B. सुकरात - प्लेटो - अरस्तु - होरस

C. प्लेटो - अरस्तु - होरस - सुकरात

D. सुकरात - अरस्तु - प्लेटो - होरस

65. सही कालक्रम का चयन कीजिए–

A. लोंजाइनस - बेन जानसन - जान ड्राइडन - क्रोचे

B. बेन जानसन - क्रोचे - लोंजाइनस - जान ड्राइडन

C. क्रोचे - लोंजाइनस - बेन जानसन - जान ड्राइडन

D. जान ड्राइडन - क्रोचे - बेन जानसन - लोंजाइनस

66. सही कालक्रम का चुनाव कीजिए–

A. वाल्टर पेटर - सैमुअल जॉनसन - कॉलरिज - वर्डसवर्थ

B. सैमुअल जॉनसन - वर्ड्सवर्थ - कॉलरिज - वाल्टर पेटर

C. कॉलरिज - वर्ड्सवर्थ - वाल्टर पेटर - सैमुअल जॉनसन

D. सैमुअल जॉनसन - कॉलरिज - वर्ड्सवर्थ - वाल्टर पेटर

67. सही कालक्रम का चयन कीजिए–

A. इलियट - क्रोचे - मैथ्यू आर्नल्ड - रिचर्ड्स

B. मैथ्यू आर्नल्ड - रिचर्ड्स - क्रोचे - इलियट

C. मैथ्यू आर्नल्ड - क्रोचे - इलियट - रिचर्ड्स

D. रिचर्ड्स - इलियट - क्रोचे - मैथ्यू आर्नल्ड

68. सही क्रम का चयन कीजिए–

A. डार्विन - मार्क्स - फ्रायड - जाक देरिदा

B. जाक देरिदा - मार्क्स - फ्रायड - डार्विन

C. फ्रायड - जाक देरिदा - मार्क्स - डार्विन

D. डार्विन - जाक देरिदा - फ्रायड - मार्क्स

69. निम्न में से असंगत क्रम का चयन कीजिए–

(सूची-क) सिद्धांत		(सूची-ख) प्रवर्तक
(*a*) द्वन्द्वात्मक भौतिकवाद	–	कार्ल मार्क्स
(*b*) अर्थमीमांसा	–	रिचर्ड्स
(*c*) निर्वैयक्तिकतावाद	–	इलियट
(*d*) सम्प्रेषण	–	रिचर्ड्स

A. (*a*), (*b*), (*c*), (*d*) B. (*b*), (*c*), (*d*)
C. कोई नहीं D. (*a*), (*b*), (*c*)

70. निम्न में से संगत क्रम का चयन कीजिए–

(सूची-क) सिद्धांत		(सूची-ख) प्रवर्तक
(*a*) उत्तरसंरचनावाद	–	जाक देरिदा
(*b*) अंतर्विरोध	–	एलेन टेट
(*c*) अंतर्विरोध	–	क्लींथ ब्रुक्स
(*d*) कल्पना	–	कॉलरिज

A. (*a*), (*c*), (*d*) B. (*a*), (*b*), (*c*), (*d*)
C. (*a*), (*b*), (*c*) D. कोई नहीं

71. 'रीति' के लिए 'मार्ग' शब्द का प्रयोग इनमें से किसने किया है?
A. आचार्य कुन्तक B. आचार्य राजशेखर
C. आचार्य वामन D. आचार्य मम्मट

72. 'रीति' के लिए 'वृत्ति' शब्द का प्रयोग किस आचार्य ने किया है?
A. आचार्य मम्मट B. आचार्य अभिनवगुप्त
C. आचार्य विश्वनाथ D. आचार्य आनन्दवर्द्धन

73. काव्य गुणों की संख्या कितनी है?
A. तीन B. दस
C. पाँच D. आठ

74. चित्र तुरंग ज्ञान की अवधारणा का उपयोग किस आचार्य ने रस निष्पत्ति की व्याख्या में किया?
A. आचार्य अभिनवगुप्त B. आचार्य शंकुक
C. भट्टनायक D. भट्ट लोल्लट

75. शंकुक ने रस सूत्र में संयोग का अर्थ क्या माना है?
A. उत्पत्ति B. भुक्ति
C. अभिव्यक्ति D. अनुमिति

76. 'भुक्तिवाद' किस आचार्य के रस निष्पत्ति सम्बन्धी मत का नाम है?
A. आचार्य मम्मट B. आचार्य विश्वनाथ
C. आचार्य अभिनवगुप्त D. भट्टनायक

77. इनमें से 'साधारणीकरण' सिद्धांत किस आचार्य का है?
A. आचार्य रामचन्द्र शुक्ल B. डॉ. नगेन्द्र
C. भट्टनायक D. भट्ट लोल्लट

78. सुमेलित कीजिए

(सूची-क) आचार्य	(सूची-ख) मत का नाम
(*a*) भट्ट लोल्लट	1. भुक्तिवाद
(*b*) आचार्य शंकुक	2. अभिव्यक्तिवाद
(*c*) भट्टनायक	3. आरोपवाद
(*d*) आचार्य अभिनवगुप्त	4. अनुमितिवाद

कूट :

	(*a*)	(*b*)	(*c*)	(*d*)
A.	3	4	1	2
B.	1	4	3	2
C.	2	1	4	3
D.	1	2	3	4

79. आचार्य शुक्ल के अनुसार साधारणीकरण किसका होता है?
A. आलम्बनत्व धर्म का
B. कवि की अनुभूति का
C. सहृदय सामाजिक के चित्त का
D. उपर्युक्त सभी

80. साधारणीकरण का सम्बन्ध किस व्यापार से है?
A. अभिधा B. भावकत्व
C. भोजकत्व D. इनमें से कोई नहीं

81. रस सूत्र में संयोग का अर्थ भोज्य-भोजक सम्बन्ध किस आचार्य से माना है?
A. आचार्य शंकुक B. भट्टनायक
C. अभिनवगुप्त D. विश्वनाथ

82. भट्टनायक ने रस का स्थान कहाँ माना है?
A. रंगमंच
B. काव्य निबद्ध पात्र
C. सहृदय सामाजिक का चित्त
D. मूल पात्र

83. भट्टनायक के भुक्तिवाद का मूल आधार इनमें से क्या है?
A. न्याय दर्शन B. सांख्य दर्शन
C. योग दर्शन D. वेदान्त दर्शन

84. रस सूत्र के प्रथम व्याख्याता आचार्य कौन हैं?
A. भरतमुनि B. भट्ट लोल्लट
C. भट्टनायक D. अभिनवगुप्त

85. 'उत्पत्तिवाद' या 'आरोपवाद' किस आचार्य के मत को कहा जाता है?
A. भट्टनायक B. भट्ट लोल्लट
C. आचार्य शंकुक D. आचार्य अभिनवगुप्त

86. लोल्लट के मत से विभावादि एवं स्थायी भाव के संयोग का क्या अर्थ है?
A. अनुमाप्य-अनुमापक सम्बन्ध
B. उत्पाद्य-उत्पादक सम्बन्ध
C. भोज्य-भोजक सम्बन्ध
D. इनमें से कोई नहीं

87. आचार्य शंकुक के मत को किस नाम से जाना जाता है?
A. आरोपवाद B. उत्पत्तिवाद
C. अनुमितिवाद D. इनमें से कोई नहीं

निर्देश (प्र.सं. 88-91): *दिये गए स्थापनाओं और तर्कों को ध्यानपूर्वक पढ़कर नीचे दिए प्रश्नों के उत्तर दीजिए।*

कूट :
A. (A) और (R) दोनों सही
B. (A) सही (R) गलत
C. (A) गलत (R) सही
D. (A) और (R) दोनों गलत

88. **स्थापना (A):** भट्टनायक के भुक्तिवाद का मूल आधार सांख्य दर्शन है।
तर्क (R): सांख्य दर्शन प्रकृति को त्रिगुणातीत मानता है।

89. **स्थापना (A):** भावानुकूल हम कार्य करते हैं।
तर्क (R): प्रत्येक मनुष्य के हृदय में कुछ-न-कुछ भाव अवश्य होते हैं।

90. **स्थापना (A):** स्थायी भाव के कारण को विभाव कहते हैं।
तर्क (R): जिन व्यक्तियों के सहारे स्थायी भाव उत्पन्न होता है वे आलम्बन विभाव कहलाते हैं।

91. **स्थापना (A):** प्रत्येक शब्द चाहे किसी भी प्रकार का हो अपना अर्थ अवश्य रखता है।
तर्क (R): क्योंकि प्रत्येक शब्द में अपना अर्थ बताने की शक्ति होती है।

92. निम्नलिखित में से संगत क्रम का चयन कीजिए–

(सूची-क) **रचना**		**(सूची-ख)** **रचनाकार**
(*a*) क्रिटिक्स एंड क्रिटिसिज्म	–	आर.एस. क्रेन
(*b*) द सेक्रेड वुड	–	इलियट
(*c*) ट्रेडिशन एंड इण्डिविजुअल टैलेंट	–	राल्फ फॉक्स
(*d*) द फार लोन डेमन	–	अरस्तु

A. (*a*), (*b*), (*c*), (*d*) B. (*b*), (*c*), (*d*)
C. (*a*), (*b*), (*c*) D. (*c*), (*d*)

93. निम्नलिखित को सुमेलित कीजिए–

(सूची-क) **सिद्धांत**	**(सूची-ख)** **प्रवर्तक**
(*a*) अनुकरण	1. रिचर्ड्स
(*b*) उदात्त	2. प्लेटो
(*c*) मूल्य सिद्धांत	3. रिचर्ड्स
(*d*) अर्थमीमांसा	4. लोंजाइनस

कूट :	(*a*)	(*b*)	(*c*)	(*d*)
A.	1	2	3	4
B.	2	4	1	3
C.	4	3	2	1
D.	2	1	4	3

94. निम्नलिखित को सुमेलित कीजिए–

(सूची-क) **प्रवर्तक**	**(सूची-ख)** **सिद्धांत**
(*a*) क्रोचे	1. निर्वेयक्तिकता
(*b*) इलियट	2. अभिव्यंजनावाद
(*c*) रिचर्ड्स	3. सम्प्रेषण
(*d*) अरस्तु	4. त्रासदी

कूट :	(*a*)	(*b*)	(*c*)	(*d*)
A.	1	2	3	4
B.	4	3	2	1
C.	4	2	1	3
D.	2	1	3	4

95. निम्नलिखित क्रमों को सुमेलित कीजिए–

(सूची-क) सिद्धांत	(सूची-ख) प्रवर्तक
(*a*) विरेचन	1. इलियट
(*b*) यथार्थवाद	2. अरस्तु
(*c*) वस्तुनिष्ठ समीकरण	3. जार्ज लुकाच
(*d*) विसंगति	4. क्लींथ ब्रुक्स

कूट :	(*a*)	(*b*)	(*c*)	(*d*)
A.	1	2	3	4
B.	4	3	2	1
C.	2	3	1	4
D.	1	4	3	2

96. निम्नलिखित को सुमेलित कीजिए–

(सूची-क) सिद्धांत	(सूची-ख) प्रवर्तक
(*a*) अनुकरण	1. मार्क्स
(*b*) द्वन्द्वात्मक भौतिकवाद	2. अरस्तु
(*c*) सहजानुभूति	3. हीगेल
(*d*) द्वन्द्ववाद	4. क्रोचे

कूट :	(*a*)	(*b*)	(*c*)	(*d*)
A.	1	2	3	4
B.	4	3	2	1
C.	2	1	4	3
D.	1	4	3	2

97. निम्नलिखित को सुमेलित कीजिए–

(सूची-क) सिद्धांत	(सूची-ख) प्रवर्तक
(*a*) विसंगति	1. क्लींथ ब्रुक्स
(*b*) तनाव	2. एलेन टेट
(*c*) उत्तर संरचनावाद	3. जाक देरिदा
(*d*) कल्पना	4. कॉलरिज

कूट :	(*a*)	(*b*)	(*c*)	(*d*)
A.	4	3	2	1
B.	1	4	3	2
C.	2	1	4	3
D.	1	2	3	4

98. निम्नलिखित को सुमेलित कीजिए–

(सूची-क) प्रवर्तक	(सूची-ख) सिद्धांत
(*a*) राबर्ट पेन वारेन	1. दार्शनिक यथार्थवाद
(*b*) डेकार्ट-लॉक	2. फ्रायडियन यथार्थवाद
(*c*) फ्लावर्ट	3. आइरनी
(*d*) फ्रायड	4. कुत्सित यथार्थवाद

कूट :	(*a*)	(*b*)	(*c*)	(*d*)
A.	2	4	1	3
B.	3	1	4	2
C.	3	4	2	1
D.	1	2	3	4

99. निम्नलिखित को सुमेलित कीजिए–

(सूची-क) प्रवर्तक	(सूची-ख) सिद्धांत
(*a*) वर्ड्सवर्थ	1. अंतर्विरोध
(*b*) विलियम एम्पसन	2. अनेकार्थता
(*c*) लारेन्स	3. स्वच्छन्दतावाद
(*d*) क्लींथ ब्रुक्स	4. चेतनावादी यथार्थवाद

कूट :	(*a*)	(*b*)	(*c*)	(*d*)
A.	1	2	3	4
B.	4	3	2	1
C.	3	2	4	1
D.	1	4	3	2

100. निम्नलिखित को सुमेलित कीजिए–

(सूची-क) सिद्धांत	(सूची-ख) प्रवर्तक
(*a*) सार्वभौम मूर्त विधान	1. नार्थप फ्राई
(*b*) मिथकीय समीक्षा	2. विमसॉट
(*c*) विखंडनवाद	3. विलियम एम्पसन
(*d*) एंबिगुइटी	4. जाक देरिदा

कूट :	(*a*)	(*b*)	(*c*)	(*d*)
A.	1	2	3	4
B.	2	1	4	3
C.	4	3	2	1
D.	1	4	3	2

101. साधारणीकरण सिद्धांत का आविष्कर्ता किसे माना जाता है?

A. भट्ट लोल्लट B. भट्टनायक
C. डॉ. नगेन्द्र D. आचार्य विश्वनाथ

102. 'रस मीमांसा' किसकी कृति है?

A. आचार्य विश्वनाथ B. आचार्य मम्मट
C. आचार्य केशवदास D. आचार्य रामचन्द्र शुक्ल

103. किस अलंकार में वाक्यार्थ गौण और व्यंग्यार्थ प्रधान होता है?

A. अन्योक्ति B. समासोक्ति
C. विशेषोक्ति D. अतिशयोक्ति

104. 'राम को रूप निहारति जानकी कंकन के नग की परिछांहि।
याते सवै सुधि भूलि गई कर टेक रही पल हारत नाहिं।।
उपरोक्त पंक्ति में कौन-सा रस है?

A. हास्य B. करुण
C. शान्त D. शृंगार

105. हृदय की मुक्तावस्था को रस दशा किसने माना है?

A. डॉ. नगेन्द्र
B. आचार्य रामचन्द्र शुक्ल
C. आचार्य मम्मट
D. आचार्य हजारीप्रसाद द्विवेदी

106. 'मिथक' का सम्बन्ध होता है

A. अतिमानवीय पौराणिक पात्रों से
B. कल्पना से
C. प्रतीक से
D. बिम्ब से

107. इनमें से कौन-सा भाव संचारी भाव नहीं है?

A. शोक B. गर्व
C. अमर्ष D. हर्ष

108. कौन-सा भाव संचारी भाव के अन्तर्गत नहीं आता है?

A. शोक B. हर्ष
C. गर्व D. अमर्ष

109. 'अनुमितिवाद' के प्रवर्तक आचार्य कौन हैं?

A. भट्ट लोल्लट B. भट्टनायक
C. अभिनवगुप्त D. आचार्य शंकुक

110. 'रीति' के लिए 'मार्ग' शब्द का प्रयोग किस आचार्य ने किया है?

A. आचार्य कुन्तक B. आचार्य राजशेखर
C. आचार्य मम्मट D. आचार्य वामन

111. 'रस सिद्धांत' के लेखक का नाम बताइए

A. डॉ. नगेन्द्र
B. आचार्य रामचन्द्र शुक्ल
C. भरतमुनि
D. आचार्य शंकुक

112. अभिनवगुप्त का रस निष्पत्तिविषयक मत कहलाता है

A. अनुमितिवाद B. भुक्तिवाद
C. उत्पत्तिवाद D. अभिव्यक्तिवाद

113. करुण रस का स्थायी भाव है

A. करुणा B. शोक
C. दया D. सहानुभूति

114. 'ज्ञानराशि के संचित कोष का नाम साहित्य है' साहित्य की यह परिभाषा किसके द्वारा दी गई है :

A. आचार्य रामचन्द्र शुक्ल
B. आचार्य हजारी प्रसाद द्विवेदी
C. आचार्य महावीर प्रसाद द्विवेदी
D. श्याम सुंदर दास

115. भाषा के द्वारा जो कुछ भी कहा जाता है, उसे क्या कहते हैं :

A. काव्य B. साहित्य
C. वाणी D. वाङ्मय

116. आचार्य विश्वनाथ ने काव्य की क्या परिभाषा दी है :

A. मनोहर अर्थ का प्रतिपादन करने वाला शब्द काव्य है।
B. रसात्मक वाक्य काव्य है।
C. दोष रहित रचना काव्य कहलाती है।
D. अलंकारों से युक्त रचना को काव्य कहते हैं।

117. 'रमणीय अर्थात मनोहर अर्थ का प्रतिपादन शब्द ही काव्य है' यह कथन किस आचार्य द्वारा प्रस्तुत किया गया है?

A. आचार्य विश्वनाथ
B. आचार्य दण्डी
C. आचार्य भामह
D. पण्डित राज जगन्नाथ

118. भरतमुनि के मतानुसार निम्नलिखित में से कौन-सा सिद्धांत काव्य के सम्बन्ध में ठीक है?

A. रस ही काव्य की आत्मा है
B. अलंकार काव्य के लिए आवश्यक है
C. ध्वनि के बिना काव्य की सार्थकता नहीं
D. रसात्मक वाक्य काव्य का महत्वपूर्ण तत्व है

119. रीति को काव्य की आत्मा मानने वाले आचार्य कौन थे?

A. आचार्य विश्वनाथ B. केशवदास
C. वामन D. बाणभट्ट

120. मैथ्यू आरनोल्ड ने साहित्य के विषय में क्या मत प्रकट किया। सही कथन पर चिह्न लगाइए?

A. मनोरंजन करना साहित्य का उद्देश्य है
B. साहित्य जीवन की आलोचना है
C. साहित्य मन-मस्तिष्क को शान्ति देता है
D. मनुष्य को सत्य, शिव, सुन्दर की ओर प्रेरित करना साहित्य का काम है

121. आचार्य मम्मट द्वारा रचित काव्य-समीक्षा संबंधी ग्रंथ का क्या नाम है?

A. काव्य प्रकाश B. साहित्य दर्पण
C. काव्य मीमांसा D. रस मीमांसा

122. आचार्य मम्मट के अनुसार काव्य का उद्देश्य क्या होता है?

A. काव्य यश प्रदान करता है।
B. काव्य अर्थ प्राप्त करने का साधन होता है।
C. काव्य व्यवहार का ज्ञान होता है।
D. उपर्युक्त तीनों

123. तुलसीदास ने किस उद्देश्य से राम की जीवन-गाथा की रचना की :

A. अपने अंतःकरण की सुख-प्राप्ति के लिए
B. लोकहित के लिए
C. लोकोत्तर आनंद के लिए
D. मनोरंजन के लिए

124. दृश्य काव्य के अंतर्गत निम्नलिखित में से किस विधा को सम्मिलित किया जा सकता है :

A. कथा साहित्य B. काव्य
C. नाटक D. उपन्यास

125. निम्नलिखित में कौन-सा ग्रंथ महाकाव्य है :

A. जयद्रथ वध B. साकेत
C. पंचवटी D. अभिमन्यु वध

126. निम्नलिखित में से कौन-सा ग्रंथ खंड काव्य है :

A. पद्मावत् B. पृथ्वीराज रासो
C. अभिमन्यु वध D. प्रिय प्रवास

127. निम्नलिखित में से मुक्तक काव्य कौन-सा है :

A. रामचरित मानस
B. पंचवटी
C. कामायनी
D. विनय पत्रिका

128. निम्नलिखित में से कौन-सी गद्य रचना कथा-बद्ध रचना मानी जाती है :

A. रिपोर्ताज B. संस्मरण
C. कहानी D. यात्रा-वृत्त

129. 'साहितय दर्पण' की रचना किस काव्याचार्य द्वारा की गई :

A. विश्वनाथ B. मम्मट
C. राजशेखर D. भामह

130. पंडितराज जगन्नाथ द्वारा लिखित ग्रंथ का क्या नाम है?

A. काव्यालंकार
B. काव्य मीमांसा
C. काव्य प्रकाश
D. रस गंगाधर

131. निम्नलिखित में से काव्य के संबंध में कौन-सा कथन सबसे अधिक उपयुक्त है :

A. काव्य रमणीय अर्थ का प्रतिपादन करता है
B. काव्य रस-सम्पन्न होता है
C. काव्य दोष रहित और कलापूर्ण होता है
D. काव्य उपयुक्त तीनों गुणों से युक्त होता है

132. हिन्दी के किस काव्य-मीमांसक ने काव्य में रसदशा को हृदय की मुक्तावस्था कहा है :

A. आचार्य महावीर प्रसाद द्विवेदी
B. आचार्य रामचंद्र शुक्ल
C. आचार्य केशवदास
D. आचार्य चिंतामणि

133. नीचे काव्य की आत्मा की मान्यता से संबंध रखने वाले सिद्धांतों के नाम, सिद्धांत के प्रवर्तक का नाम एवं उनके द्वारा रचित ग्रंथ का नाम दिया गया है। गलत सिद्धांत पर चिह्न लगाइए :

A. रस संप्रदाय – भरतमुनि – नाट्यशास्त्र
B. अलंकार संप्रदाय – विश्वनाथ – साहित्य दर्पण
C. रीति संप्रदाय – वामन – काव्यालंकार सूत्र
D. रीति संप्रदाय – आनंद वर्धन – ध्वन्यालोक

134. मम्मट के मतानुसार निम्नलिखित में से कौन-सा कथन उपयुक्त है उस पर चिह्न लगाइए :

A. यदि अलंकार-प्रयोग काव्य को उत्कृष्टता प्रदान करता है तो उसकी स्थिति वांछनीय है।
B. अलंकारों के अभाव में काव्य हीन हो जाता है।
C. अलंकारों के कारण कविता बोझिल हो जाती है।
D. अलंकार काव्य का अनिवार्य अंग है।

135. 'काव्य को अलंकार हीन मानना ऐसा ही है जैसा आग को उष्णताविहीन कहना' प्रस्तुत कथन किस आचार्य के द्वारा कहा गया है?

A. भामह B. विश्वनाथ
C. मम्मट D. जयदेव

136. आचार्य विश्वनाथ निम्नलिखित में से तीन तत्वों को रस के आश्रित मानते हैं। इनके अतिरिक्त चौथा तत्व कौन-सा है जो उनके मत से रस के आश्रित नहीं है?

A. गुण B. रीति
C. वक्रोक्ति D. अलंकार

137. निम्नलिखित संस्कृत आचार्यों में से किसने रस सिद्धांत का समर्थन नहीं किया है?

A. आचार्य कुंतक B. पंडितराज जगन्नाथ
C. भट्ट नायक D. आचार्य शंकुक

138. हिन्दी के काव्यकारों में से कौन रस सिद्धांत का समर्थन नहीं करता :

A. कवि देवदत्त
B. आचार्य महावीर प्रसाद द्विवेदी
C. केशवदास
D. रामचंद्र शुक्ल

139. रुद्रट वक्रोक्ति को शब्दालंकार मानते हैं। इसको अर्थालंकार किसने माना है :

A. वामन B. दण्डी
C. आनंद वर्धन D. क्षेमेन्द्र

140. "अलंकार काव्य के लिए अलंकार रूप ही है तथा गुण भी सदा गुण ही है। रससिद्ध काव्य का स्थिर तत्व या प्रमाण औचित्य ही है।" इस कथन को किस काव्यशास्त्री ने कहा है?

A. भामह B. कुंतक
C. विश्वनाथ D. क्षेमेन्द्र

141. काव्यशास्त्र संबंधी यूनानी ग्रंथ 'पेरिइप्सुस' का रचनाकार निम्नलिखित में से कौन है?

A. लोंजाइनस B. एरिस्टोटल
C. आई.ए. रिचर्ड D. मैथ्यू आरनल्ड

142. किसने कहा, "मैं कल्पना के सत्य को सबसे बड़ा सत्य मानता हूँ।"

A. आचार्य रामचंद्र शुक्ल
B. सुमित्रानंदन पंत
C. प्रेमचंद
D. मैथिलीशरण गुप्त

143. प्रभावपूर्ण शैली का काव्य में विशेष महत्व होता है, इस संबंध में नीचे कुछ कथन दिए गए हैं। जो कथन उचित प्रतीत नहीं, उसे चिह्नित कीजिए :

A. प्रभावपूर्ण शैली काव्य में जीवन का संचार करती है।
B. प्रभावपूर्ण शैली काव्य के प्रभाव में वृद्धि का संचार कर देती है।
C. इससे कवि के व्यक्तिगत प्रभाव में वृद्धि होती है।
D. इसके प्रयोग से काव्य में सजीवता आती है।

144. शेक्सपीयर ने कविता में किस तत्व को प्रधान माना है? नीचे दिए हुए कथनों में से सही पर चिह्न लगाइए?

A. कल्पना को B. भाव को
C. अभिव्यक्ति को D. उपर्युक्त तीनों को

145. भाव तत्व को कविता का प्रधान तत्व निम्नलिखित में से किसने माना?

A. शेक्सपीयर B. वर्ड्सवर्थ
C. कालरिज D. जानसन

146. 'व्यंजना' शब्द शक्ति की व्याख्या के संबंध में निम्नलिखित में से कौन-सा कथन उसकी उपयुक्त व्याख्या है?

A. जब शब्द के मुख्य अर्थ को छोड़कर किसी विशेष अर्थ में प्रयुक्त होने से कोई दूसरा अर्थ उपयुक्त प्रतीत होता है तथा मुख्य अर्थ से भिन्न होते हुए भी उससे कुछ संबंध रखता है, उसे व्यंजना शक्ति कहा जाता है।

B. निश्चित अर्थ के अनुसार शब्द का जो अर्थ प्रकट होता है उस मुख्य अर्थ को प्रकट करने वाली शक्ति को व्यंजना कहते हैं।

C. जहाँ अभिधा तथा लक्षणा शक्तियाँ अर्थ प्रकट करने में असमर्थ सिद्ध हो जाती हैं तथा किसी तीसरी शक्ति से अर्थ बोध होता है उसे व्यंजना शक्ति कहते हैं।

D. उपर्युक्त में से कोई नहीं

147. मुख्य अर्थ में भिन्न होते हुए भी उससे कुछ संबद्ध अर्थ प्रकट करने वाली शब्द-शक्ति को क्या कहते हैं?

A. अभिधा B. लक्षणा
C. व्यंजना D. उपर्युक्त में से कोई नहीं

148. 'सगुणौ' कहकर किस आचार्य ने काव्य में गुणों के महत्व को स्वीकार किया है।

A. विश्वनाथ B. पंडितराज जगन्नाथ
C. वामन D. मम्मट

149. दोष प्रकरण के अंतर्गत विद्वानों ने शब्द दोष कितने प्रकार के माने हैं :

A. दो B. पाँच
C. छः D. तीन

150. विद्वानों ने काव्य-रचना के हेतु के लिए रचनाकार की तीन विशेषताएँ मानी हैं। नीचे दी गई विशेषताओं में से कौन-सी हैं, उस पर चिह्न लगाइए :

A. प्रतिभा B. व्युत्पत्ति
C. शक्ति D. अभ्यास

151. संस्कृत का वह कौन आचार्य है जिसके मत से काव्य-रचना से कवि को और उसका अध्ययन करने से पाठक वर्ग को धर्म, अर्थ, काम तथा मोक्ष प्राप्त होता है?

A. आचार्य वामन B. आचार्य भामह
C. भरतमुनि D. आचार्य विश्वनाथ

152. 'स्वांतः सुखाय' कहकर किसने उसे काव्य का प्रयोजन स्वीकार किया?

A. सूरदास
B. चंद बरदाई
C. तुलसीदास
D. कबीर

153. राजशेखर के अनुसार काव्य प्रयोजन निम्नलिखित में से क्या है?

A. अक्षय कीर्ति प्राप्त करना तथा आनंद की प्रतीति
B. धन प्राप्त करना
C. अशिव का विनाश करना
D. लोक-व्यवहार का ज्ञान प्राप्त करना

154. 'केवल मनोरंजन न कवि का कर्म होना चाहिए' उक्ति किसके द्वारा अभिव्यक्त की गई है?

A. भारतेंदु हरिश्चंद्र
B. जयशंकर प्रसाद
C. मैथिलीशरण गुप्त
D. सूर्यकांत त्रिपाठी 'निराला'

155. काव्य से संबंधित जो कथन सत्य से अधिक निकट प्रतीत हो उस पर चिह्न लगाइए :

A. काव्य आंतरिक सौंदर्य की उद्भावना करता है
B. काव्य परहित के लिए होता है
C. काव्य से रचनाकार के हृदय को आनंद प्राप्त होता है
D. उपर्युक्त सभी

156. 'कला कला के लिए' इस सिद्धांत का प्रतिपादक कौन माना जाता है?

A. हीगल B. क्रोचे
C. कालरिज D. एंजिल्स

157. किस यूनानी दार्शनिक ने 'अनुकरण सिद्धांत' का प्रतिपादन किया?

A. सुकरात B. अरस्तू
C. प्लेटो D. हीगल

158. मन-आत्मा के शुद्धीकरण को अरस्तू ने क्या नाम दिया?

A. विवेचन B. सुलोचन
C. मोचन D. विरेचन

159. मानसिक विरेचन के विषय में डॉ. कृष्णदेव झारी का कथन निम्न प्रकार है उसमें जो सबसे अधिक उचित हो उसे चिह्नित कीजिए?

A. त्रासदी में करुणा आदि मनोभावों के वेग से प्रेक्षक के मन की ग्रंथियाँ खुल जाती हैं।

B. मन की घुटन बाहर निकल जाती है तथा अवचेतन में जगने वाले भावों का निष्कासन होता है।

C. इससे मानसिक संतुलन बनता है और स्वास्थ्य सिद्धि होती है।

D. उपर्युक्त तीनों की प्राप्ति होती है।

160. साधारणीकरण के संबंध में संस्कृत आचार्यों के मत दिए जा रहे हैं। इनमें से जो गलत है उस पर चिह्न लगाइए :

A. भरतमुनि : विशिष्ट से सामान्य की ओर जाने की प्रवृत्ति को काव्यशास्त्र में साधारणीकरण कहते हैं।

B. भट्ट नायक : भावकत्व व्यापार से विभावादि तथा स्थायी भाव का भी साधारणीकरण होता है।

C. मम्मट : ममत्व और परत्व के संबंध में मुक्त होने की प्रक्रिया को साधारणीकरण कहते हैं।

D. विश्वनाथ : साधारणीकरण स्थाई भाव का होता है।

161. हिन्दी आलोचकों द्वारा साधारणीकरण के संबंध में विचार नीचे दिए जा रहे हैं। इनमें से जो अशुद्ध हो उसे चिह्नित कीजिए :

A. श्याम सुंदर दास के अनुसार पाठक के मन में जो वस्तु विशेष आती है वह जैसे आश्रय के भाव का आलंबन होती है वैसे ही सहृदय पाठकों के भाव का आलंबन हो जाती है।

B. गुलाबराय के मतानुसार व्यक्ति के संबंधों का साधारणीकरण होता है।

C. डॉ. नगेन्द्र के अनुसार व्यक्ति की अनुभूति का साधारणीकरण होता है।

D. आचार्य नंद दुलारे वाजपेयी कवि-कल्पित समस्त व्यापार प्रक्रिया को साधारणीकरण मानते हैं।

162. नीचे महाकाव्य के संबंध में दिए हुए कथनों में से असत्य कथन को चिह्नित कीजिए :

A. महाकाव्य की कथा आठ सर्गों में व्यवस्थित होनी चाहिए।

B. महाकाव्य का नायक धीरोदात्त और कुलीन होना चाहिए।

C. संपूर्ण महाकाव्य में आदि से अंत तक एक ही छंद का प्रयोग होना चाहिए।

D. महाकाव्य में शृंगार, वीर और शांत में से कोई एक रस प्रधान रूप से होना चाहिए।

163. 'एकलव्य' महाकाव्य की रचना किसके द्वारा की गई?

A. रामधारी सिंह दिनकर　　B. रामकुमार वर्मा

C. मैथिलीशरण गुप्त　　D. रामनरेश त्रिपाठी

164. "निम्न कुल में उत्पन्न होने वाला व्यक्ति भी महाकाव्य का नायक हो सकता है" इस कथन के आधार पर किस महाकाव्य का नायक उच्च कुल में उत्पन्न नहीं हुआ?

A. एकलव्य　　B. उर्वशी

C. यशोधरा　　D. प्रिय प्रवास

165. निम्नलिखित में से कौन-सा पाश्चात्य लेखक महाकाव्य की कथावस्तु में आधुनिक जीवन की घटनाओं का समावेश करने के पक्षपाती हैं?

A. डेवनांट　　B. लुकन

C. डिक्सन　　D. अरस्तू

166. महाकाव्य की शैली के संबंध में किस पाश्चात्य लेखक ने उत्कृष्ट शैली को महाकाव्य के लिए आवश्यक माना है?

A. मैथ्यू आर्नल्ड　　B. लोंजाइनस

C. ड्राइडन　　D. प्लेटो

167. खंडकाव्य की विशेषताओं में से कौन-सी विशेषता अनुपयुक्त प्रतीत होती है, उस पर चिह्न लगाइए?

A. खंडकाव्य के कथानक में तारतम्य तथा पूर्वा-पर प्रसंग का क्रम बना रहता है।

B. इसका क्षेत्र महाकाव्य की भाँति विस्तृत नहीं होता।

C. उसमें जीवन के विविध रूपों के लिए कोई स्थान नहीं दिया जाता।

D. इसका कथानक सुखांत होता है।

168. निम्नलिखित महाकाव्यों में से कौन-सा महाकाव्य मलिक मुहम्मद जायसी द्वारा लिखा गया?

A. प्रिय प्रवास　　B. पद्मावत्

C. पृथ्वीराज रासो　　D. साकेत

169. पृथ्वीराज रासो महाकाव्य की रचना किस महाकवि द्वारा की गई?

A. चंदबरदाई　　B. तुलसीदास

C. जयशंकर प्रसाद　　D. मैथिलीशरण गुप्त

170. निम्नलिखित काव्यों में से कौन-सा महाकाव्य नहीं है?

A. रामचरित मानस B. उर्वशी
C. नहुष D. कामायनी

171. 'पंचवटी' खंडकाव्य की रचना किस कवि द्वारा की गई :

A. तुलसीदास B. मैथिलीशरण गुप्त
C. रामधारी सिंह दिनकर D. स्वामी रविदास

172. नरोत्तम दास द्वारा किस खंडकाव्य की रचना की गई :

A. पथिक B. जयद्रथ वध
C. नहुष D. सुदामा चरित

173. प्राचीन काल में कथानक से मुक्त किसी भाव-विशेष को आधार मानकर की गई रचना को क्या कहा जाता था?

A. मुक्तक B. खंड काव्य
C. महाकाव्य D. गीतिकाव्य

174. मुक्तक के विषय में निम्नलिखित में से कौन-सा कथन उपयुक्त नहीं है?

A. यदि भाव एक पद्य में निरूपित हो जाता है तो उसे मुक्तक कहते हैं।
B. मुक्तक रचना पद में परस्पर पूर्वापर संबंध नहीं होता।
C. मुक्तक काव्य में कथा-प्रसंग की अपेक्षा नहीं होती।
D. इसका नायक उच्चवंश का होता है।

175. निम्नलिखित में से किस प्रकार के काव्य के लिए अंग्रेजी 'लिरिक' शब्द का प्रयोग किया जाता है?

A. महाकाव्य B. खंड काव्य
C. गीति काव्य D. नाट्य गीत

176. निम्नलिखित में से किस कवि को मुक्तककार नहीं माना जाता?

A. बिहारी B. कबीर
C. सूरदास D. मलिक मुहम्मद जायसी

177. गीति काव्य के संबंध में किस कथन को सही नहीं माना जा सकता?

A. इसमें संगीतात्मकता का प्राधान्य होता है।
B. इसमें सूत्रबद्ध कथानक अनिवार्य रूप से होता है।
C. गीतिकाव्य में आत्माभिव्यक्ति मुख्य रूप से विद्यमान होती है।
D. गीतिकाव्य में मन के भावों का स्फुरण सहज तथा प्रत्यक्ष शैली में होता है।

178. 'साधारणतः गीत व्यक्तिगत सीमा में तीव्र सुख दुःखात्मक अनुभूति का वह शब्द-रूप है जो अपनी ध्वन्यात्मकता में गेय हो' गीतिकाव्य के विषय में उपर्युक्त कथन किसने कहा?

A. महादेवी वर्मा
B. गुलाब राय
C. हरिवंश राय बच्चन
D. कवींद्र रवींद्र

179. निराला द्वारा रचित कविता 'खंडहर के प्रति' निम्नलिखित में से किस प्रकार की कविता है?

A. चतुर्दशपदी B. संबोधन गीत
C. शोक गीत D. व्यंग्य गीत

180. निम्नलिखित में से किस कविता को शोकगीत (Elegy) के अंतर्गत माना जाता है?

A. तुलसीदास के पद B. यामा
C. सूरदास के व्यंग्य गीत D. सरोज स्मृति

181. लोकगीत के संबंध में निम्नलिखित में जो कथन असत्य हो उस पर चिह्न लगाइए :

A. लोकगीत में वन्य जीवन तथा ग्रामीण जीवन की झलक रहती है।
B. स्वाभाविकता और सहजता लोकगीत का महत्वपूर्ण तत्व है।
C. इसमें ऐतिहासिक घटना को गीत में प्रयुक्त किया जाता है।
D. इनमें लोकजीवन, उसके उत्सव, पर्व व त्यौहारों एवं रीति-रिवाजों की झाँकी प्रतिबिंबित होती है।

182. निम्नलिखित में से असत्य कथन पर चिह्न लगाइए :

A. केशवदास ने रस सिद्धांत को अपने काव्य में स्वीकार किया।
B. सर्वप्रथम भरतमुनि ने रस को काव्य की आत्मा कहा।
C. आचार्य विश्वनाथ ने रस को काव्य की आत्मा घोषित करके रस मत को पूर्ण रूप से प्रतिष्ठित किया।
D. रस-काव्य के अध्ययन से प्राप्त होने वाला अलौकिक आनंद भाव है।

183. निम्नलिखित में से कौन रस का अवयव नहीं है?

A. स्थायी भाव B. विभाव
C. अलंकार D. व्यभिचारी भाव

184. ''प्रधान (प्रचलित प्रयोग के अनुसार स्थायी) भाव वही कहा जा सकता है जो रस की अवस्था तक पहुँचे।'' स्थायी भाव की प्रस्तुत परिभाषा किस आचार्य द्वारा की गई?
A. आचार्य रामचंद्र शुक्ल
B. डॉ. नगेन्द्र
C. आचार्य हजारी प्रसाद द्विवेदी
D. आचार्य नंद दुलारे वाजपेयी

185. नीचे स्थायी भावों तथा उनके आधार पर, कल्पित रसों के नाम दिए गए हैं। जो युग्म सत्य नहीं है, उस पर चिह्न लगाइए :

स्थायी भाव	रस
A. उत्साह	वीर
B. अमर्ष (क्रोध)	भयानक
C. रति	शृंगार
D. शोक	करुण

186. नीचे अनुभाव के भेद दिए गए हैं। इनमें जो अनुभाव का भेद है, उसे चिह्नित कीजिए :
A. कायिक अनुभाव B. आहार्य अनुभाव
C. सात्विक अनुभाव D. उद्दीपन

187. निम्नलिखित में से किसे संचारी भाव कहते हैं?
A. स्थाई भाव B. विभाव
C. व्यभिचारी भाव D. अनुभाव

188. संचारी भावों की संख्या कितनी मानी जाती है?
A. बीस B. तैंतीस
C. पैंतीस D. दस

189. निम्नलिखित में से वीभत्स रस का स्थायी भाव कौन-सा है?
A. जुगुप्सा B. क्रोध
C. शोक D. निर्वेद

190. एक ओर अजगरहिं लखि एक ओर मृगराय।
विकल बटोही बीच ही, पर्‍यो मूरछा खाय।।
उपर्युक्त पद में किस रस की निष्पत्ति हुई है?
A. हास्य B. रौद्र
C. भयानक D. वीभत्स

191. किस संस्कृत कवि ने 'एको रसः करुण एव' कहकर उसे अद्वितीय कहा है?
A. कालिदास B. भास
C. भारवि D. भवभूति

192. 'यदि शव को आभूषण पहना दिए जाएँ तो वह सुंदर नहीं हो सकता'—यह किसका कथन है?
A. रामचंद्र शुक्ल B. अभिनव गुप्त
C. केशवदास D. आनंद वर्धन

193. निम्नलिखित में से कौन-सा रस 'करुण' रस का विरोधी है :
A. वीभत्स B. भयानक
C. वीर D. हास्य

194. ध्वनि को काव्य की आत्मा मानकर ध्वनि-संप्रदाय का प्रतिपादन किसने किया?
A. शंकुक B. मम्मट
C. विश्वनाथ D. आनंद वर्धन

195. 'जहाँ शब्द प्रत्यक्ष अर्थ को त्याग कर किसी और ही अर्थ की प्रतीति कराए जो उसके प्रत्यक्ष अर्थ की अपेक्षा अधिक चमत्कार पूर्ण हो'—काव्य शास्त्र के अनुसार यह किसका लक्षण है :
A. रस का B. अलंकार का
C. ध्वनि का D. इनमें से कोई नहीं

196. किस शब्द शक्ति की प्रतीति सबसे पहले हुआ करती है?
A. व्यंजना B. लक्षणा
C. अभिधा D. इनमें से कोई नहीं

197. जहाँ अचेतन मानव के समान वर्णन किया जाता है, उस अलंकार को क्या कहते हैं?
A. उल्लेख B. ध्वन्यर्थ व्यंजना
C. विशेषोक्ति D. मानवीकरण

198. सिंह की गर्जना या साँप की फुँकार किस रस का उद्दीपन विभाव है?
A. रौद्र B. भयानक
C. वीर D. अद्भुत

199. 'चारु चंद्र की चंचल किरणें'—में कौन-सा अलंकार है?
A. वृत्यानुप्रास B. अन्त्यनुप्रास
C. छेकानुप्रास D. लाटानुप्रास

200. जहाँ एक शब्द का भिन्न-भिन्न अर्थों में प्रयोग हो, वहाँ कौन-सा अलंकार होता है?
A. श्लेष B. यमक
C. अनुप्रास D. वक्रोक्ति

201. निम्नलिखित में से संगत जोड़ा बताइए–

(सूची–क) रचनाकार		(सूची–ख) रचना
(*a*) वामन	–	काव्यप्रकाश
(*b*) आनन्दवर्धन	–	नाट्यशास्त्र
(*c*) वामन	–	काव्यालंकार सूत्रवृत्ति
(*d*) अभिनवगुप्त	–	लोचन

A. (*c*), (*d*) B. (*a*), (*b*), (*c*), (*d*)

C. (*a*), (*b*), (*c*) D. (*b*), (*c*), (*d*)

202. निम्नलिखित में से असंगत क्रम बताइए :

(सूची–क) रचना		(सूची–ख) रचनाकार
(*a*) चन्द्रालोक	–	जयदेव
(*b*) वक्रोक्ति जीवितम	–	कुतंक
(*c*) ध्वन्यालोक	–	अभिनव गुप्त
(*d*) लोचन	–	मम्मट

A. (*a*), (*b*), (*c*) B. (*a*), (*b*), (*c*), (*d*)

C. (*c*), (*d*) D. (*a*), (*b*), (*d*)

203. इनमें से संगत क्रम बताइए–

(सूची–क) रचना		(सूची–ख) रचनाकार
(*a*) साहित्य दर्पण	–	विश्वनाथ
(*b*) चन्द्रालोक	–	जयदेव
(*c*) औचित्य विचार चर्चा	–	क्षेमेन्द्र
(*d*) नाट्यशास्त्र	–	भरत

A. (*a*), (*c*), (*d*) B. (*c*), (*d*)

C. (*a*), (*b*), (*c*) D. (*a*), (*b*), (*c*), (*d*)

204. इनमें से संगत क्रम बताइए–

(सूची–क) रचनाकार		(सूची–ख) रचना
(*a*) राजशेखर	–	काव्यमीमांसा
(*b*) पं. जगन्नाथ	–	रसं गंगाधर
(*c*) भानुमिश्र	–	रसतरंगिनी
(*d*) विश्वनाथ	–	शृंगार प्रकाश

A. (*a*), (*b*), (*c*) B. (*b*), (*c*), (*d*)

C. (*a*), (*b*), (*c*), (*d*) D. (*c*), (*d*)

205. निम्नलिखित को सुमेलित कीजिए–

(सूची–क) रचनाकार	(सूची–ख) रचना
(*a*) आर.एस.क्रेन	1. एड्स टू रिफलेक्शन
(*b*) कॉलरिज	2. क्रिटिक्स एण्ड क्रिटिसिज्म
(*c*) प्लेटो	3. पेरिपोइतिकेस
(*d*) अरस्तु	4. इओन

कूट :	(*a*)	(*b*)	(*c*)	(*d*)
A.	1	2	3	4
B.	4	3	2	1
C.	1	4	3	2
D.	2	1	4	3

206. निम्नलिखित को सुमेलित कीजिए–

(सूची–क) रचनाकार	(सूची–ख) रचना
(*a*) लौंजाइनस	1. पेरिपोइतिकेस
(*b*) अरस्तु	2. ए ग्रामर आफ मोटिक्स
(*c*) प्लेटो	3. इओन
(*d*) केनेथ बर्क	4. पेरिइप्सुस

कूट :	(*a*)	(*b*)	(*c*)	(*d*)
A.	4	1	3	2
B.	1	2	3	4
C.	4	3	2	1
D.	1	4	3	2

207. निम्नलिखित को सुमेलित कीजिए–

(सूची–क) रचनाकार	(सूची–ख) रचना
(*a*) एलन टेट	1. भाषा शास्त्र
(*b*) वर्ड्सवर्थ	2. फार लोन डेमन
(*c*) अरस्तु	3. बायोग्राफिया लिटरेरिया
(*d*) कॉलरिज	4. लिरिकल बैलेडस

कूट :	(*a*)	(*b*)	(*c*)	(*d*)
A.	1	2	3	4
B.	4	3	2	1
C.	4	1	2	3
D.	2	4	1	3

208. निम्नलिखित को सुमेलित कीजिए–

(सूची-क)	**(सूची-ख)**
रचनाकार	**रचना**
(*a*) प्लेटो	1. रिवेल्यूएशंस
(*b*) लिविस	2. रिपब्लिक
(*c*) कॉलरिज	3. द कामन पर्सयूट
(*d*) लिविस	4. 'द' फ्रेंड

कूट :	(*a*)	(*b*)	(*c*)	(*d*)
A.	2	1	4	3
B.	2	4	3	1
C.	1	2	3	4
D.	4	3	2	1

209. निम्नलिखित को सुमेलित कीजिए–

(सूची-क)	**(सूची-ख)**
रचनाकार	**रचना**
(*a*) प्लेटो	1. नावल एण्ड द पीपल
(*b*) राल्फ फॉक्स	2. फएद्रस
(*c*) कॉलरिज	3. ट्रेडिशन एण्ड इण्डिविजुअल
(*d*) इलियट	4. एड्स टू रिफ्लेक्शन

कूट :	(*a*)	(*b*)	(*c*)	(*d*)
A.	2	1	4	3
B.	1	2	3	4
C.	4	3	2	1
D.	2	4	3	1

210. निम्नलिखित को सुमेलित कीजिए–

(सूची-क)	**(सूची-ख)**
रचना	**रचनाकार**
(*a*) एस्थेटिक	1. इलियट
(*b*) कॉलरिज आनइमेजियान	2. इलियट
(*c*) एसेजएन्शेंट एंड मार्डर्न	3. क्रोचे
(*d*) द सेक्रेड वुड	4. रिचर्ड्स

कूट :	(*a*)	(*b*)	(*c*)	(*d*)
A.	1	2	3	4
B.	3	4	2	1
C.	4	3	2	1
D.	1	4	3	2

211. निम्नलिखित को सुमेलित कीजिए–

(सूची-क)	**(सूची-ख)**
रचनाकार	**रचना**
(*a*) रिचर्ड्स	1. ऐस्से ऑन क्रिटिसिज्म
(*b*) पोप	2. आन दि लिमिट्स आफ पोयट्री
(*c*) एलन टेट	3. प्रिंसिपल ऑफ लिटरेरी क्रिटिसिज्म
(*d*) ब्लैकमर	4. लैग्वेज एज जैसचर

कूट :	(*a*)	(*b*)	(*c*)	(*d*)
A.	1	2	3	4
B.	4	3	2	1
C.	1	4	3	2
D.	3	1	2	4

212. निम्नलिखित को सुमेलित कीजिए–

(सूची-क)	**(सूची-ख)**
रचनाकार	**रचना**
(*a*) केनेथ बर्क	1. सेवन टाइप्स ऑफ एम्बिगुइटी
(*b*) एम्पसन	2. ए ग्रामर ऑफ मोटिक्स
(*c*) रालफ फॉक्स	3. द वर्ल्डस बॉडी
(*d*) जान क्रो रैन्सम	4. नावल एण्ड द पीपल

कूट :	(*a*)	(*b*)	(*c*)	(*d*)
A.	4	3	2	1
B.	2	1	3	4
C.	1	2	3	4
D.	4	2	1	3

213. निम्नलिखित में संगत क्रम बताइए–

(सूची-क)		**(सूची-ख)**
रचनाकार		**रचना**
(*a*) लीविस	–	रिवेल्युएशंस
(*b*) प्लेटो	–	सिम्पोसिओन
(*c*) विलियम एम्पसन	–	द वर्ल्डस बॉडी
(*d*) एलन टेट	–	द फार लोन डेमन

A. (*a*), (*b*)   B. (*c*)
C. (*b*), (*c*), (*d*)   D. (*a*), (*b*), (*c*), (*d*)

214. निम्नलिखित में असंगत क्रम बताइए–

(सूची-क)		**(सूची-ख)**
रचना		**रचनाकार**
(*a*) सिम्पोसिओन	–	प्लेटो
(*b*) भाषा शास्त्र	–	कॉलरिज
(*c*) बायोग्राफिया लिटरेरिया	–	कॉलरिज
(*d*) लिरिकल बैलेड्स	–	अरस्तु

A. (*a*), (*b*), (*c*)   B. (*b*), (*d*)
C. (*b*), (*c*), (*d*)   D. (*a*), (*b*), (*c*), (*d*)

215. निम्नलिखित में असंगत का चयन कीजिए–

(सूची-क)	**(सूची-ख)**
रचना	**रचनाकार**
(*a*) द फ्रेंण्ड	– कॉलरिज
(*b*) लिरिकल बैलेड्स	– वर्ड्सवर्थ
(*c*) भाषा शास्त्र	– अरस्तु
(*d*) ए ग्रामर ऑफ मोटिक्स	– इलियट

A. (*a*), (*b*), (*c*) B. (*a*), (*b*), (*d*)
C. (*d*) D. (*a*), (*b*), (*c*), (*d*)

216. इनमें से असंगत का चयन कीजिए–

(सूची-क)	**(सूची-ख)**
रचना	**रचनाकार**
(*a*) फएद्रस	– प्लेटो
(*b*) एस्थेटिक	– क्रोचे
(*c*) लैंग्वेज एज जैसचर	– आर.एस. क्रेन
(*d*) कॉलरिज ऑफ इमेजियान	– इलियट

A. (*c*), (*d*) B. (*a*), (*b*), (*c*), (*d*)
C. (*a*), (*b*), (*c*) D. (*a*), (*b*)

217. इनमें से असंगत का चयन कीजिए–

(सूची-क)	**(सूची-ख)**
रचनाकार	**रचना**
(*a*) इलियट	– द सेक्रेड वुड
(*b*) पोप	– प्रिंसिपल ऑफ लिटरेरी क्रिटीसिज्म
(*c*) पोप	– ऐसे ऑन क्रिटीसिज्म
(*d*) एलन टेट	– आन दी लिमिट्स आर्फ पोयट्री

A. (*b*), (*d*) B. (*b*), (*c*), (*d*)
C. (*a*), (*b*), (*c*), (*d*) D. (*a*), (*b*), (*c*)

218. इनमें से असंगत क्रम का चयन कीजिए–

(सूची-क)	**(सूची-ख)**
रचनाकार	**रचना**
(*a*) इलियट	– ट्रेडिशन एडं इण्डिविजुअल टैलेंट
(*b*) राल्फ फॉक्स	– नावल एंड द पीपल
(*c*) लिविस	– रिवेल्युएशंस
(*d*) प्लेटो	– पोलितेइया

A. (*a*), (*b*), (*c*), (*d*) B. (*d*)
C. (*b*), (*c*), (*d*) D. (*a*), (*c*), (*d*)

219. इनमें से असंगत क्रम कौन सा है–

(सूची-क)	**(सूची-ख)**
रचनाकार	**रचना**
(*a*) लिविस	– द कामन पर्सयूट
(*b*) जान क्रो रैन्सम	– द वर्ल्डस बॉडी
(*c*) विलियम एम्पसन	– सेंवन टाइप ऑफ एंबिगुइटी
(*d*) आर.एस. क्रेन	– क्रिटिक्स एण्ड क्रिटिसिज्म

A. (*a*), (*b*), (*c*), (*d*) B. (*b*), (*d*)
C. (*b*), (*c*), (*d*) D. कोई नहीं

220. इनमें से असंगत का चयन कीजिए–

(सूची-क)	**(सूची-ख)**
रचनाकार	**रचना**
(*a*) आर.एस. क्रेन	– क्रिटिक्स एंड क्रिटिसिज्म
(*b*) एलेन टेट	– आन दी लिमिट्स ऑफ पोयट्री
(*c*) आर.पी. बलैकमर	– फएद्रस
(*d*) केनेथ बर्क	– पोलितेइया

A. (*a*), (*b*), (*c*), (*d*) B. (*c*), (*d*)
C. (*a*), (*b*), (*c*), D. (*b*), (*c*), (*d*)

उत्तरमाला

1	2	3	4	5	6	7	8	9	10
A	C	A	C	C	A	A	C	C	A
11	**12**	**13**	**14**	**15**	**16**	**17**	**18**	**19**	**20**
C	B	A	A	A	C	D	B	D	C
21	**22**	**23**	**24**	**25**	**26**	**27**	**28**	**29**	**30**
D	D	A	C	D	B	A	A	D	C
31	**32**	**33**	**34**	**35**	**36**	**37**	**38**	**39**	**40**
B	B	B	C	D	C	D	C	A	D

41	**42**	**43**	**44**	**45**	**46**	**47**	**48**	**49**	**50**
B	B	A	C	C	D	B	B	A	D
51	**52**	**53**	**54**	**55**	**56**	**57**	**58**	**59**	**60**
C	D	A	A	C	A	A	D	B	C
61	**62**	**63**	**64**	**65**	**66**	**67**	**68**	**69**	**70**
A	A	A	B	A	B	C	A	C	A
71	**72**	**73**	**74**	**75**	**76**	**77**	**78**	**79**	**80**
A	A	B	B	D	D	C	A	A	B
81	**82**	**83**	**84**	**85**	**86**	**87**	**88**	**89**	**90**
B	C	B	C	B	A	B	A	A	A
91	**92**	**93**	**94**	**95**	**96**	**97**	**98**	**99**	**100**
A	C	B	D	C	C	D	B	C	B
101	**102**	**103**	**104**	**105**	**106**	**107**	**108**	**109**	**110**
B	D	A	D	B	A	A	B	D	D
111	**112**	**113**	**114**	**115**	**116**	**117**	**118**	**119**	**120**
A	A	B	C	C	D	D	A	C	D
121	**122**	**123**	**124**	**125**	**126**	**127**	**128**	**129**	**130**
A	D	B	A	B	C	D	C	A	D
131	**132**	**133**	**134**	**135**	**136**	**137**	**138**	**139**	**140**
D	B	B	A	D	C	A	C	A	D
141	**142**	**143**	**144**	**145**	**146**	**147**	**148**	**149**	**150**
A	B	C	A	B	C	B	D	D	C
151	**152**	**153**	**154**	**155**	**156**	**157**	**158**	**159**	**160**
B	C	A	C	D	B	C	D	D	D
161	**162**	**163**	**164**	**165**	**166**	**167**	**168**	**169**	**170**
A	C	B	A	B	C	D	B	A	C
171	**172**	**173**	**174**	**175**	**176**	**177**	**178**	**179**	**180**
B	D	A	D	C	D	B	A	B	D
181	**182**	**183**	**184**	**185**	**186**	**187**	**188**	**189**	**190**
C	A	C	A	B	D	C	B	C	C
191	**192**	**193**	**194**	**195**	**196**	**197**	**198**	**199**	**200**
D	B	A	D	C	C	D	B	A	B
201	**202**	**203**	**204**	**205**	**206**	**207**	**208**	**209**	**210**
A	C	D	A	D	A	D	A	A	B
211	**212**	**213**	**214**	**215**	**216**	**217**	**218**	**219**	**220**
D	B	B	B	C	A	A	B	D	B

भाग-B

इकाई-I

भक्ति काव्य की पूर्व पीठिका

हिन्दी साहित्य के संदर्भ में भक्तिकाल से तात्पर्य उस काल से है, जिसमें मुख्यतः भगवत धर्म के प्रचार तथा प्रसार के परिणामस्वरूप भक्ति-आंदोलन का सूत्रपात हुआ था और उसकी लोकोन्मुखी प्रवृत्ति के कारण धीरे-धीरे लोक-प्रचलित भाषाएँ भक्ति-भावना की अभिव्यक्ति का माध्यम बनती गयीं और कालांतर में भक्तिविषयक विपुल साहित्य की बाढ़-सी आ गयी। परंतु यह भावना वैष्णव धर्म तक ही सीमित न थी अपितु शैव, शाक्त आदि धर्मों के अतिरिक्त बौद्ध और जैन-संप्रदाय तक इस प्रवाह से प्रभावित हुए बिना न रह सके।

मोनियर विलियम्स के अनुसार 'भक्ति' शब्द की व्युत्पत्ति 'भज्' से की जा सकती है। इसके आधार पर यह कहा जा सकता है कि भक्तिभावना आर्यों के दार्शनिक एवं आध्यात्मिक विचारों के फलस्वरूप क्रमशः श्रद्धा-उपासना से विकसित हो कर उपास्य भगवान के ऐश्वर्य में भाग लेना (भज् = भाग लेना) जैसे व्यापक भाव में परिणत हुई। वैसे 'भक्ति' का सर्वप्रथम उल्लेख 'श्वेताश्वेतर उपनिषद्' (6/33) में मिलता है। यह भी उल्लेखनीय है कि आर्यों के भारत आने पर उन्हें यहाँ की यक्ष, किन्नर, गंधर्व, असुर, व्रात्य, विद्याधर आदि जातियों की नागर संस्कृति का परिचय मिला था। आर्य लोग मुख्यतः सैनिक जीवन के अभ्यासी थे और उनका जातीय जीवन ग्रामीण संस्कृति पर आधारित था। इन दोनों के मिलन और पारस्परिक आदान-प्रदान से भारतीय संस्कृति का विकास हुआ, जिसकी छत्रछाया में भक्ति-परंपरा का बीज विकसित हुआ।

वैदिक भक्ति-परंपरा के समानांतर दक्षिण भारत में द्रविड़-संस्कृतिगर्भित पृथक् भक्ति-परंपरा का सूत्रपात हो चुका था। यह परंपरा ईसा पूर्व कई शताब्दियों से चली आ रही थी, जिसमें शरणागति और समर्पण की भावना प्रबल रूप में पायी जाती थी, जो कालांतर में दक्षिणात्य आचार्यों द्वारा उत्तर भारत में भी लोकप्रिय बनी। वास्तव में ईसवी सन् के प्रारंभिक काल में ही उत्तर और दक्षिण की दोनों परंपराओं का मिलन हो गया था, जिसका निदर्शन आडयारों तथा अडियारों के भक्तिसाहित्य में सुलभ है। इसके अंतर्गत 'पूजा' को भक्ति का मुख्य साधन माना गया है, जिसे 'शिव' की भांति तमिल भाषा का शब्द ठहराया गया है। 'मायोन' तथा 'तिरुकाल' को भी विष्णु का पर्याय बतलाया जाता है। स्वयं 'भागवत' को भी कन्नड़ प्रदेश में रचित कहा गया है। यह ग्रंथ मध्यकालीन भक्ति-परंपरा का मुख्य प्रेरणा-स्रोत बना।

बहुमत 'भक्ति द्राविड़ी उपजी, लाये रामानन्द' इस उक्ति में विश्वास करता है। द्राविड़ से दक्षिण भारत की ओर संकेत किया गया है। निस्संदेह भक्ति भावना भारत के दर्शन की सुदीर्घ शृंखला की एक कड़ी है। पौराणिक धर्म पूर्ववर्ती भागवत धर्म का ही एक रूप था। आचार्य द्विवेदी ने भक्ति आंदोलन का श्रेय दक्षिण के आलवार भक्तों को दिया है। इन भक्तों का समय ईसा की पहली शताब्दी से लेकर आठवीं और नवीं सदी तक विद्यमान रहा। इनके उत्तराधिकारियों में रामानुजाचार्य हुए जिन्होंने विशिष्टाद्वैत की स्थापना की। उन्होंने भगवान विष्णु की उपासना पर जोर दिया और दास्य भाव की भक्ति का प्रचार किया। इसी परंपरा में स्वामी रामानंद हुए, जिन्होंने राम को अवतार मानकर उत्तरी भारत में राम-भक्ति का प्रचार किया उनके अनुयायी गोस्वामी तुलसीदास हुए। महाकवि तुलसीदास ने 'रामचरित मानस' महाकाव्य का प्रणयन कर मर्यादा पुरुषोत्तम राम के शील, भक्ति एवं सौंदर्य-समन्वित रूप को प्रकट किया।

दूसरी ओर द्वैतवाद के प्रवर्तक मध्वाचार्य, द्वैताद्वैत के संस्थापक निम्बार्काचार्य तथा शुद्धाद्वैत की प्रतिष्ठा करने वाले वल्लभाचार्य हुए। मध्वाचार्य ने विष्णु-भक्ति का प्रचार किया। निम्बार्क ने राधा और कृष्ण की भक्ति का प्रचार किया। वल्लभाचार्य ने बालकृष्ण की भक्ति पर जोर दिया और पुष्टि-मार्ग का प्रवर्तन किया। मध्वाचार्य के राधावल्लभ सम्प्रदाय का अनुसरण कर सूरदास ने सूरसागर की रचना की और कृष्ण भक्ति में माधुर्य भाव का प्रचार किया।

इस्लाम छुआछूत तथा ऊँच-नीच को नहीं मानता। बौद्ध-सिद्ध तथा नाथ योगी भी इन बंधनों को नहीं मानते थे। वे कर्मकांड को निरर्थक समझते थे। महाराष्ट्र के विख्यात भक्त नामदेव ने हिन्दू-मुसलमानों में समान रूप से भक्तिमार्ग का प्रचार किया। इनसे प्रभावित होकर कबीर, दादू, नानक आदि ने भक्ति का जो रूप विकसित किया उसमें सामान्य भक्ति-सिद्धांतों को मान्यता मिली। व्यवहारतः उनकी उपासना में वे सभी विशेषताएँ पाई जाती हैं जिन्हें भक्ति का मूलाधार कहा जाता है। इसी समय सूफी मुसलमानों ने प्रेम-कथाओं के माध्यम से ईश्वर के प्रेम-स्वरूप का वर्णन किया। इस प्रकार उन्होंने हिन्दू-मुसलमानों के हृदय को प्रेम-सूत्र में बाँधने की महत्वपूर्ण भूमिका निभाई।

सिद्ध, जैन, नाथ साहित्य

सिद्ध कवि

बौद्ध धर्म कालांतर में तंत्र-मंत्र की साधना में बदल गया था। वज्रयान इसी प्रकार की साधना था। महापंडित राहुल सांकृत्यायन के अनुसार—"बौद्ध धर्म अपने हीनयान और महायान के विकास को चरम सीमा तक पहुँचाकर अब एक नई दिशा लेने की तैयारी कर रहा था, जब उसे मंत्रयान, वज्रयान या सहजयान की संज्ञा मिलने वाली थी।" सिद्धों का संबंध इस वज्रयान से था। उनकी संख्या 84 बताई जाती है। प्रथम सिद्ध 'सरहपा' (8वीं शताब्दी) सहज जीवन पर बहुत अधिक बल देते थे। इन्हें ही सहजयान का प्रवर्तक कहा जाता है। सिद्धों ने नैरात्म्य, भावना, कायायोग, सहज, शून्य तथा समाधि की भिन्न-भिन्न अवस्थाओं का वर्णन किया है। इन्होंने वर्णाश्रम व्यवस्था पर तीव्र प्रहार किया है। इन्होंने संधा भाषा-शैली में रचनाएँ की हैं। संधा भाषा वस्तुतः अंतस्साधनात्मक अनुभूतियों का संकेत करनेवाली प्रतीक-भाषा है। इसीलिए प्रतीकार्थ खुलने पर ही यह समझ में आती है। इस भाषा-शैली का उपयोग नाथों ने भी किया है। कबीर आदि निर्गुण संतों की इसी भाषा-शैली को 'उलटबाँसी' कहा जाता है। मध्य देश के पूर्वी भाग में ही सिद्धों के होने का पता चलता है। इनकी भाषा में भी उन्हीं क्षेत्रों के तत्कालीन रूप मिलते हैं।

नाथ कवि

नाथों का समय थोड़ा बाद का है। चौरासी सिद्धों की जो सूची मिलती है, उसमें कई नाम नाथों के भी हैं। वज्रयानी सिद्धों के साथ नाथों का संबंध था। नाथपंथ में 'गोरखनाथ' शिव के रूप माने जाते हैं। अतः इनका शैव होना स्पष्ट है। गोरखनाथ ने पतंजलि के योग को लेकर हठयोग का प्रवर्तन किया और ब्रह्मचर्य, वाक्संयम, शारीरिक-मानसिक शुचिता तथा मद्य-मांस के त्याग का आग्रह किया। ब्राह्मणों के कर्मकांड एवं वर्णाश्रम व्यवस्था पर उन्होंने भी तीव्र प्रहार किया। उनका सिद्धांत था—'जोई-जोई पिंडे सोई ब्रह्मांडे' अर्थात् जो शरीर में है, वही ब्रह्मांड में है। इड़ा-पिंगला, नाद-बिंदु की साधना, षट्चक्रभेदन, शून्य चक्र में कुंडलिनी का प्रयोग आदि नाथों की अंतस्साधना के मुख्य अंग हैं। संधा भाषा या उलटबाँसी की शैली का प्रयोग इन्होंने भी किया है।

नाथों का निवास-स्थान मध्य देश का पश्चिमोत्तर भाग बताया जाता है। परंपरा से प्रसिद्ध है कि गोरखनाथ मत्स्येंद्रनाथ या मछंदरनाथ के शिष्य थे। मछंदरनाथ जलंधर के शिष्य थे। यह भी कहा जाता है कि इन्हीं जलंधर से जालांधर नगर का नामकरण हुआ है। राहुल सांस्कृत्यायन गोरखनाथ का समय विक्रम की दसवीं शताब्दी मानते हैं। रामचंद्र शुक्ल ने इन्हें पृथ्वीराज चौहान के समय का बताया है और पं. हजारीप्रसाद द्विवेदी इन्हें दसवीं शताब्दी का मानने के पक्ष में हैं।

जैन मतावलंबी कवि

जैन मत के प्रभाव में अधिकांश काव्य गुजरात, राजस्थान और दक्षिण में रचा गया। यह प्रायः प्रामाणिक रूप में उपलब्ध है। जैन मतावलंबी रचनाएँ दो प्रकार की हैं—एक, जिनमें नाथ-सिद्धों की तरह अंतस्साधना, उपदेश, नीति, सदाचार पर बल और कर्मकांड का खंडन है। ये प्रायः दोहों में रचित मुक्तक हैं। दूसरी जिनमें पौराणिक, जैन साधकों की प्रेरक जीवन-कथा या लोक प्रचलित कथाओं को आधार बनाकर जैन मत का प्रचार किया गया है। जैन पौराणिक काव्य एवं चरित काव्य इसी श्रेणी के काव्य हैं।

जैन आचार्य हेमचंद्र (12वीं शती) के प्राकृत व्याकरण और मेरुतुंग (13वीं शती) के प्रबंध चिंतामणि में जैनेतर रचनाएँ भी संकलित हैं। सदाचार, उपदेश, रहस्य-साधना वाली मुक्तक रचनाएँ सिद्धों की रचनाओं से बहुत मिलती हैं। इनमें भी सहज पर बल दिया गया है। जोइंद (10वीं शताब्दी), रामसिंह (लगभग 12वीं शताब्दी) आदि इस कोटि के प्रमुख जैन कवि हैं। पौराणिक काव्य-धारा में अपभ्रंश के महान कवि 'स्वयंभू' आते हैं, जिन्होंने रामकथा को आधार बनाकर पउम चरिउ की रचना की। स्वयंभू आठवीं शती के कवि हैं। पउम चरिउ जायसी के पद्मावत और तुलसीदास के रामचरितमानस की ही तरह कड़वकबद्ध है। अपभ्रंश के अन्य प्रसिद्ध कवि पुष्पदंत (10वीं शती) ने महापुराण की रचना की। इसके अतिरिक्त जैन अपभ्रंश कवियों ने भारी संख्या में चरितकाव्य लिखे हैं। इनमें पुष्पदंत का नागकुमार चरित, जसहर चरिउ तथा कनकामर मुनि (11वीं शती) का करकंडचरित अधिक प्रसिद्ध हैं। भविष्यदत्त कथा नामक प्रसिद्ध अपभ्रंश कथाकाव्य धनपाल (10वीं शती) की ऐसी रचना है, जिसमें लोकप्रचलित कथा को भी सरल बनाए रखा गया है और जैन मत में दीक्षित होने की प्रेरणा भी दी गई है।

भक्ति काव्य का स्वरूप–भेद

भक्ति आंदोलन इस युग का धार्मिक और सांस्कृतिक आंदोलन था जिसमें भारत की वह चिंतन धारा सहायक हुई जो वैदिक और पौराणिक काल से किसी न किसी रूप में चली आ रही थी। इसी धारा ने भक्ति काव्य के स्वरूप को स्थिरता प्रदान की। डॉ. हजारी प्रसाद द्विवेदी का कथन है कि भक्तिकालीन भारतवर्ष को मानचित्र द्वारा समझने से ये तथ्य सामने आते हैं कि भारत के पूर्व में बौद्ध धर्म के विकृत संप्रदायों अर्थात् महायान, हीनयान, तथा वज्रयान आदि से विकसित सिद्धों आदि के चमत्कारों तथा वामाचारों, विकृतियों तथा पंचमकारी आचरण से साधारण लोगों के मन में स्वच्छंद आचरण को बल मिला। भारत के पश्चिमी भाग में सूफियों (मुसलमान संतों) तथा पंजाब एवं बंगाल में नाथ पंथियों का ऐसा हठयोगी प्रभाव बढ़ता जा रहा था जो मनुष्य मात्र में सद्भाव एवं सदाचार की शिक्षा एवं साधना पर जोर देता था। भारत के उत्तरी भाग में विशेषतः नेपाल में भी बौद्ध धर्म से मिलते-जुलते पाशुपत धर्म (शैव धर्म) का प्रभाव भारत की धार्मिक मान्यताओं पर थोड़ा-बहुत पड़ रहा था। दक्षिणी भारत में शंकराचार्य के अद्वैतवादी दर्शन के विरुद्ध आलवार भक्तों तथा चार अन्य आचार्यों द्वारा स्थापित सगुण भक्ति संप्रदायों का भी भारतीय विचारधारा पर प्रभाव पड़ा।

देश की दार्शनिक, पौराणिक, सांस्कृतिक, धार्मिक, राजनैतिक एवं सामाजिक विचारधाराओं से मिलकर भक्ति के स्रोत ने इस प्रकार एक विशाल आकार ग्रहण किया जैसे गंगा जैसी महानदी अनेक छोटी-छोटी नदियों, जलप्रपातों व नालों से मिलकर बहुत बड़ा रूप धारण कर लेती है। वैसे भक्ति में मनुष्य की रागात्मिका वृत्ति श्रद्धा तथा प्रेम का विशेष योग होता है जो भक्तिकाल के काव्य में आदि से अंत तक ओतप्रोत रहा। इसने भक्तिकाल के स्वरूप को निर्धारित करने में सक्रिय भूमिका का निर्वाह किया है।

भक्तिकाल स्वरूप के संबंध में विचार करते समय इस युग के चार प्रमुख कवियों–कबीर, जायसी, तुलसी तथा सूरदास की वर्ण्य सामग्री का अध्ययन करना अपेक्षित होगा।

भक्तिकाव्य का स्वरूप एवं भेद

भक्ति
- निर्गुण भक्ति
  - ज्ञानाश्रयी शाखा (सन्त काव्यधारा)
  - प्रेमाश्रयी शाखा (सूफी काव्यधारा)
- सगुण भक्ति
  - राम भक्ति शाखा
  - कृष्ण भक्ति शाखा

निर्गुन–सगुण का सम्बन्ध

निर्गुण का प्रयोग उपनिषद् काल में ही दिखाई पड़ता है। श्वेताश्वर उपनिषद् के अनुसार यह विशिष्ट देवता के विशेषण के रूप में प्रयुक्त होता है जो सर्वभूतरत, सर्वव्यापी, चैतन्य स्वरूप और निरूपाधि है। यद्यपि कबीर ने अपने ब्रह्म को निर्गुण और सगुण के परे माना है फिर भी उन का कहना है कि "हम निरगुण तु सरगुण जाना" इस तरह वे स्वयं को सगुणोपासकों से पृथक् कर लेते हैं।

निर्गुण परम्परा में जायसी और कबीर की गणना होती है।

कबीर का वर्ण न सूफियों के निर्गुण से पृथक् हैं। वह न तो वेद वर्णित ईश्वर है न ही कुरान वर्णित खुदा। वह शास्त्रेतर है। सूफियों के निर्गुणवाद में कुरान वर्णित खुदा की मौजूदगी है किन्तु ब्रह्म या खुदा के प्रति प्रपत्रि या मुहब्बत के

कारण दोनों ही भक्त हैं। भक्ति का मूलतत्व राग है जो दोनों में उपस्थित है।

शुक्ल जी ने निर्गुण परम्परा को पुनः ज्ञानाश्रयी तथा प्रेमाश्रयी दो भागों में विभक्त किया है। इस वर्गीकरण पर भी आपत्तियाँ उठाई जाती है। प्रश्न किया जाता है कि क्या ज्ञानाश्रयी भक्ति में प्रेम नहीं। प्रेममार्गी कहने से सूफियों तथा असूफियों के प्रेमाख्यानों का भेद नहीं रह जाता। इस वर्गीकरण को अधिक तर्कसंगत बनाने के लिए कबीर आदि कवियों के काव्य को संत काव्य तथा सूफी भक्तों के काव्य को सूफी काव्य कहा जा सकता है।

सगुण भक्ति का दार्शनिक आधार रामानुजाचार्य ने तैयार किया। रामानुजाचार्य ने भागवतों के ईश्वरवाद और शंकर के अद्वैतवाद के द्वन्द्व से विशिष्टाद्वैत का विकास किया जिसकी मान्यता है कि ईश्वर अनेक रूपों में भक्तों का कल्याण करता है। उन्होंने शंकराचार्य के 'ब्रह्म सत्यं जगत मिथ्या' की संकल्पना को खंडित करते हुए जीवन और जगत को सत्य माना और ब्रह्म और जीवन जगत की एकता स्थापित की। इस प्रकार ईश्वर के प्रति प्रपत्ति या शरणागति ने भक्ति का द्वार सबके लिए खोल दिया।

सगुण परम्परा में दो शाखाएँ मानी जा सकती हैं– कृष्ण भक्ति शाखा और राम भक्ति शाखा। कृष्ण भक्ति शाखा में समाज के विभिन्न वर्गों तथा लिंगों के लोगों के लिए समान अवसर उपस्थित थे, जबकि रामभक्ति शाखा में 'मर्यादा' पर विशेष बल रहा।

कृष्ण भक्ति शाखा और निर्गुण परम्परा की उदारता का ही प्रभाव था कि इनके साहित्य को शूद्रों, स्त्रियों और मुसलमानों की लेखनी ने समृद्ध किया जबकि राम भक्ति शाखा में एक भी अवर्ण भक्त नहीं मिलता है। भक्त कवियों की विचारधारा जो भी रही हो, परन्तु उनका मूल स्वर उस सामान्य मनुष्य का पक्षधर है जो कट्टर ब्राह्मणवाद, निरंकुश सामन्तवाद और क्रूर मुल्ला, मौलवियों द्वारा अपमानित और शोषित था। भक्ति आन्दोलन अपने अनेक अन्तर्विरोधों के बावजूद जातिगत भेदभाव को अस्वीकार करता है।

आचार्य द्विवेदी कहते हैं कि निर्गुण मत के कवि हो या सगुण मत के, भगवान के साथ उन्होंने अपना कोई-न-कोई संबंध पाया है। स्वयं कबीर परम सत्ता के साथ कभी बालक तो कभी पिऊ कभी जननी कभी बहुरिया का संबंध बनाते दिखाई पड़ते हैं। कबीर, दादू दयाल आदि निर्गुणोपासकों की नित्य लीला तथा सूर और नंददास आदि सगुणोपासकों की नित्य लीला एक ही प्रकार की है अंतर सिर्फ यही है कि पहली श्रेणी के भक्तों के सामने भगवान के व्यक्तिगत संबंधात्मक रूप के साथ उनकी रूपातीत अननंता वर्त्तमान रहती है और दूसरी श्रेणी के भक्तों के सामने भगवान केवल प्रतीक रूप में आते हैं इसलिए उनकी अनंनता और असीमता ओझल सी प्रतीत होती है।

भक्ति-आन्दोलन में भक्त को भगवान के समक्ष रखकर देखने की भी प्रवृत्ति है, कारण है प्रेम। जिसका आधार है समानता। तुलसीदास कहते हैं – ''राम से अधिक रामकर दासा'' तथा

दादू कहते हैं– ''राम जपै रूचि साधु को
साधु जपै रूचि राम''

निर्गुण तथा सगुण दोनों ही प्रकार के भक्तों ने नाम की महत्ता स्वीकार की है। मानस के आरंभ में ही कहा गया है कि राम की अपेक्षा राम का नाम अधिक उपकारी है। कबीर ने भी कहा कि राम नाम ही तत्व सार है–''रामनाम ततुसार है सब काहू उपदेश''।

ईश्वर के दो रूपों की भक्ति भारतीय साधना पद्धति और समाज में सदियों से होती आई है। वास्तविक ब्रह्म निर्गुण बह्म को माना जाता है जो देश काल निरपेक्ष होता है और सर्वत्र व्याप्त रहता है। उसका रूप, रंग, गुण कुछ भी वर्णनीय नहीं होता। वह अनिर्वचनीय होता है। यही अनिर्वचनीय ब्रह्म दुष्टों के दलन और संतों को सुख देने के लिए तथा सृष्टि को सुखी बनाने के लिए अवतार ग्रहण करता है और ब्रह्म होते हुए भी विभिन्न मानवी लीलाओं में प्रवृत्त होता है। यह जनता के दुखों को दूर कर लोक का मंगल करता है और फिर लोकरंजन करता है। यही इन दोनों का सम्बन्ध है।

साम्य और वैषम्य

निर्गुण और सगुण भक्ति सभी व्यक्तियों को भक्ति का अधिकार देती है। उनकी धार्मिक क्षुधा की तुष्टि करती है। जाति-धर्म-वर्ण-वर्ग की सीमाओं का अतिक्रमण कर मनुष्य मात्र को महत्व देती है। श्रद्धा, ज्ञान, भक्ति, प्रेम के माध्यम से ईश्वरत्व की प्राप्ति दोनों का लक्ष्य है। धार्मिक कर्मकाण्ड, बाह्याचार, पाखण्ड का दोनों विरोध करते हैं। तप, त्याग, करूणा, अहिंसा, प्रेम पर बल देते हैं। काम, अंह, क्रोध, मोह

को सयंमित करने पर दोनों बल देते हैं। ईश्वर के प्रति पूर्ण आत्मसमर्पण करते हैं। नारी की कामिनी रूप में निन्दा करते हैं और पतिव्रता की उन्मुक्त कण्ठ से प्रशंसा करते हैं। यही इनमें सम्बंध है।

दोनों के साध्य अलग-अलग हैं। एक का आराध्य निराकार-निर्गुण और सर्वत्र निवास करने वाला ब्रह्म है तो दूसरे का अवतारी ब्रह्म है जो भक्तों का दुख दूर कर लोकमंगल-लोकरंजन करता है, विभिन्न लीलाएं करता है। निर्गुण शास्त्र ज्ञान व शास्त्र सम्मत भक्ति पद्धति का विरोध करते हैं और आंखिन देखी की बात करते हैं तो सगुण भक्ति शास्त्र सम्मत ही है। निर्गुण वर्णाश्रम व्यवस्था पर कड़ा प्रहार करते हैं तो सगुण उदारवादी वर्णाश्रम व्यवस्था को स्वीकार करते हैं। निर्गुण अवतारवाद, लीलावाद, मंदिर-मस्जिद, रोजा, नमाज, जप-तप, मूर्तिपूजा, तीर्थ व्रत आदि का विरोध करते हैं तो सगुण भक्ति इन्हीं पर आधारित होती है।

यद्यपि दोनों काव्यधाराएँ मूलतः भिन्न प्रतीत होती हैं पर वास्तव में दोनों का रूप एक ही है। कबीर का निर्गुण ब्रह्म जब विशुद्ध प्रेम का आलंबन बनता है तो सगुण के समान ही प्रतीत होता है। सूफी काव्य में भी निर्गुण ब्रह्म माशूक के रूप में साकार प्रकट होता है। इसी प्रकार सूरदास तथा तुलसीदास जब अपने आराध्य को ब्रह्म के रूप में प्रतिष्ठित कर उसकी महिमा का वर्णन करते हैं तो उनका वर्णन साकार का नहीं अपितु निराकार का वर्णन बन जाता है। यद्यपि सगुण ब्रह्म के वर्णन में ये कवि तन्मयता के सागर में गोते लगाते हैं। निर्गुण और सगुण काव्यकार समान रूप से जाति-भेद व बाह्याडंबर का खंडन, गुरु की महिमा का बखान, ऊँच-नीच की भावना का विरोध करते हैं। दोनों लोक-मंगल की भावना में ओत-प्रोत हैं। दोनों ही सांसारिक वैभव का परित्याग करने में विश्वास करते हैं। इस प्रकार दोनों काव्यधाराओं में समानता के अनेक बिंदु मिलते हैं। परंतु सिद्धांततः दोनों धाराएँ परस्पर विरोधी धाराएँ हैं जो स्पष्ट ही है। काव्याभिव्यक्ति के माध्यम के रूप में संतों ने सधुक्कड़ी भाषा का प्रयोग किया है जबकि निर्गुण मतानुयायी सूफी ग्रामीण अवधी के माध्यम से अपनाकाव्य प्रस्तुत करते हैं। दूसरी ओर सगुण काव्यधारा में ब्रजभाषा और साहित्यिक अवधी को काव्याभिव्यक्ति का माध्यम चुना गया। संतों की वाणी में रहस्यवादी प्रवृत्ति मिलती है। निर्गुण कवियों में खंडन-मंडन की प्रणाली को अपनाया किंतु सगुण कवि इस प्रवृत्ति से दूर रहे। उन्होंने अपने काव्य के माध्यम से अपने सिद्धांतों का प्रतिपादन किया जिसमें भावात्मकता का अधिक योग रहा। इतना सर्वमान्य है कि निर्गुण और सगुण दोनों ही काव्यधाराएँ हिन्दी साहित्य की अमूल्य निधि हैं।

कबीर

भक्ति भावना

कबीर निर्गुण ब्रह्म की भक्ति करते हैं और जन-सामान्य को भी इसी निर्गुण ब्रह्म के नाम पर एकत्रित करने की कोशिश करते हैं। कबीर को निर्गुण भक्ति का प्रवर्तक माना जाता है। इन्हें ज्ञानमार्गी संत कहा जाता है फिर भी इन्होंने ईश्वर प्राप्ति में प्रेम को ही मुख्य माना है। कबीर की भक्ति में राम नाम जप पर बल दिया गया है। इनकी भक्ति पद्धति में माधुर्य-भाव की प्रधानता है। ये परमात्मा की एकता पर बल देते हैं और गुरु को ईश्वर से बड़ा स्थान देते हैं क्योंकि सद्‌गुरु के कारण ही ब्रह्म की प्राप्ति हो सकती है। कबीर एक भक्त के लिए आचरण की शुद्धता पर बल देते हैं और गृहस्थ जीवन को सर्वोपरि मानते हैं। नारी को साधना में बाधक मानते हुए भी पतिव्रता की प्रशंसा करते हैं।

कबीर की भक्ति साधना सुगम है और ऊँच-नीच, छोटे-बड़े सभी उस तक पहुँच सकते हैं। इस संबंध में कबीर की निम्नलिखित साखी बहुत प्रसिद्ध है :

जाति पाँति पूछै नहि कोई।
हरि को भजे, सो हरि का होई।।

कबीर ज्ञान के आधार पर साधु का महत्व मानते हैं :

जाति न पूछौ साधु की, पूछ लीजिए ज्ञान।
मोल करो तरवारि का पड़ा रहन दो म्यान।।

कबीर ने ईश्वर को पुरुष (चेतन) तथा प्रकृति को स्त्री (जड़) रूप में माना। इस प्रकार कबीर ने सूफियों की प्रेम की मादकता को तो माना है किंतु सूफियों की साधना से वे सहमत नहीं क्योंकि सूफी संतों ने ईश्वर को प्रेमिका (स्त्री रूप) और आत्मा को प्रेमी (पुरुष) रूप में माना है। इस प्रकार कबीर ने भक्ति साधना में सूफियों की अभारतीय पद्धति को नकार दिया और भारतीय साधना पद्धति को महत्वपूर्ण स्थान दिया।

कबीर पर स्वामी रामानंद और नाथ-पंथी विचारधारा का गहरा प्रभाव पड़ा था। कबीर की इंद्रिय-साधना, प्राण-साधना, मन-साधना और वाणी-साधना पर नाथपंथी प्रभाव स्पष्ट है। उनकी वाणी में कुंडलिनी, सुरति, निरंजन आदि का प्रयोग नाथ पंथी प्रभाव के कारण हुआ है किंतु कबीर हठयोग को नहीं मानते थे। वे सहजयोग के साधक थे। कबीर ने हिन्दू और मुसलमानों की आडंबरपूर्ण भक्ति का विरोध किया है। मंदिर में जाकर मूर्ति पूजा करना अथवा मस्जिद में अजान देना दोनों ही उनके मत में अमान्य हैं। मूर्ति पूजा का खंडन करते हुए वे कहते हैं :

पाहन पूजे हरि मिलै, तो मैं पूजूँ पहार।
ताते तो चक्की भली, पीस खाय संसार।।

समाज दर्शन

कबीर ने शास्त्रानुमोदित ज्ञान का विरोध किया और आंखिन देखी पर बल दिया। कबीर का समाज वर्णाश्रम की नींव पर टिका था जिसमें चारों तरफ जातिवाद, छुआछूत, पाखण्ड, अमानवीयता, शोषण का बोलबाला था। यहाँ जाति और वर्ण के नाम पर सम्मान मिलता था, ज्ञान के आधार पर नहीं। मध्यकाल में पहली बार कबीर ने ज्ञान के आधार पर व्यक्ति का मूल्यांकन करने की बात की। ज्ञानी के साथ ही कबीर भक्त को भी श्रेष्ठ मानव का दर्जा देते हैं। वे मूर्ख विप्र और ज्ञानी शूद्र में से शूद्र को श्रेष्ठ मानते थे न कि तुलसी की तरह मूर्ख विप्र को पूजनीय।

यद्यपि मुख्य रूप से कबीर संत तथा भक्त थे पर उनकी वाणी में समाज-सुधार के तत्व पाए जाते हैं। कबीर ने हिन्दू-मुस्लिम एकता स्थापित करने के लिए आवाज उठाई। उन्होंने हिन्दू तथा इस्लाम धर्मों में व्याप्त सामाजिक कुरीतियों को दूर करने के लिए उनका डटकर विरोध किया। उन्होंने समाज में फैले आडंबरों और अंधविश्वासों को दूर करने के लिए महत्वपूर्ण योगदान किया। उन्होंने रूढ़ियों को पूर्ण रूप से नकार दिया। उन्होंने हिन्दू धर्म के ठेकेदारों व पुजारियों तथा इस्लामी कठमुल्लाओं को आडंबरों और प्राचीन रूढ़ियों से चिपटे रहने के कारण खूब ललकारा। मूर्ति पूजा के लिए उन्होंने हिन्दुओं की भर्त्सना करते हुए कहा :

पाहन पूजे हरि मिलै, तो मैं पूजूँ पहार।
ताते तो चक्की भली, पीस खाय संसार।।

इस्लाम के अनुयायियों को भी उन्होंने नहीं बख्शा। मुल्लाओं द्वारा मस्जिद पर अजान देने के लिए उन्होंने व्यंग्य करते हुए कहा :

कांकर पाथर जोड़ कै, मस्जिद लई बनाय।
ता चढ़ि मुल्ला बाँग दे, क्या बहिरा हुआ खुदाय।।

कबीर ने रोजा नमाज पर भी करारा व्यंग्य किया है :

दिन भर रोजा रखत हैं, रात हनत है गाय।
यह तो खूँ वह बंदगी, कैसे खुसी खुदाय।।

कबीर ने जाति-पाँति, ऊँच-नीच और छुआछूत आदि के भेद-भाव को भी व्यर्थ मानते हुए कहा :

जाति पाँति पूछै नहि कोई।
हरि को भजे, सो हरि का होई।।

इस प्रकार कबीर ने तत्कालीन भारतीय समाज को मिथ्याडंबरों को त्यागकर शुद्ध आचरण का पाठ पढ़ाया।

विद्रोह भावना

कबीरदास ने वर्णाश्रम व्यवस्था, जातिवाद, समाज में फैले अंधविश्वास, रूढ़िवाद, कर्मकांड, पाखण्डों के विरुद्ध जोरदार आवाज उठाई और इनका विरोध किया। जन्म से व्यक्ति को समान मानने वाले कबीर ने वर्णाश्रम और जातिवाद जैसी अमानवीय संस्थाओं पर प्रहार किया और भक्ति और ज्ञान के माध्यम से जन-सामान्य को देखने का प्रस्ताव रखा। कबीर वेद, शास्त्र, पुराण, मंत्र आदि को पाखण्डपूर्ण व्यवस्था के पोषक और जन-सामान्य का शोषण करने वाले शोषकों का हथियार मानते हैं। वे मंदिर-मस्जिद को शोषण के संस्थान बताकर उनपर प्रश्नचिह्न लगाते हैं।

कबीर स्वभाव से फक्कड़ थे। अच्छा हो या बुरा, खरा हो या खोटा, जिससे एक बार चिपट गए उससे जिन्दगीभर चिपटे रहना उन्हें मान्य नहीं था। वे सत्य के जिज्ञासु थे और कोई भी मोह या ममता अपने मार्ग से उन्हें विचलित नहीं कर सकती थी। वे अपना घर जलाने मुराड़ा लेकर निकल चुके थे और उसी को अपना साथी बनाने के लिए तैयार थे जो उनके हाथों अपना घर जलाने के लिए तैयार हो।

हम घर जारा आपना लिया मुराड़ा हाथ।
अब घर जारों तासु का, जो चले हमारे साथ।।

वे सिर से पैर तक मस्तमौला थे। अतीत का कच्चा चिट्ठा खोले रहता है वह क्रांतिदशा नहीं बन सकता। उन्हें यह परवाह नहीं थी कि लोग उनके प्रयासों की सफलता या असफलता पर क्या कहेंगे। उन्होंने बिना किसी लाग-लपेट के, बिना किसी झिझक के ऐलान किया।

''आसमान का आसरा छोड़ प्यारे
उलटि देख घट अपना जी
तुम आप में आप तहकीक करो
तुम छोड़ो मन की कल्पना जी''

कबीर की घर-फूँक मस्ती, फक्कड़ाना लापरवाही और निर्मम अक्खड़ता उनके प्रचंड आत्मविश्वास का ही परिणाम था। उनकी अखंड आत्मनिष्ठा में कहीं भी एक क्षण की भी दुर्बलता नहीं दिखाई देती। वे वीर साधक थे और वीरता अखंडता और आत्मविश्वास का आश्रय पाकर और भी विकसित होती गई। कबीर के लिए साधना एक विकट संग्राम स्थली है, जहाँ कोई वीरताशूर ही टिक सकता है जिसे अपने सिर को उतार कर देने की कला नहीं आती, वह मार्ग का राही नहीं बन सकता–

साई सेंत न पाइये बाँता मिले न रोय।
कबीरा सौदा राम सौ सिर बिन कदैन न होय।।

आचार्य द्विवेदी लिखते हैं–ऐसे थे कबीर सिर से मस्त-मौला, स्वभाव से फक्कड़, आदत से अक्खड़, भक्त के सामने निरीह, भेषधारी के सामने प्रचंड, दिल के साफ दिमाग से दुरुस्त, भीतर से कोमल बाहर से कठोर, जन्म से अस्पृश्य कर्म से वंदनीय। वे जो कुछ कहते थे अनुभव के आधार पर कहते थे। इसीलिए उनकी 'बानी बेधने वाली तथा कटु लगती है। अपने इसी अनुभव सम्मत विवेकवाद के आधार पर उन्होंने ब्राह्मणवादी परम्पंरा को सरंक्षित करने वाली ज्ञानमीमांसीय परम्परा की धज्जियाँ उड़ाई।

बाह्याचारों पर जिस कठोरता के साथ कबीर ने प्रहार किया उसका अनुभव हम उनकी रचनाओं से कर सकते हैं।

जाति-प्रथा पर प्रहार–कबीर जाति द्वारा थोपी गई पहचान के विरुद्ध कर्म द्वारा पहचान किए जाने का प्रस्ताव करते हैं। जाति-प्रथा के विष को उन्होंने स्वयं झेला था–वे लिखते हैं

'जो तू बाम्हन बाम्हनी जाया।
आन बाट तू काहे न आया।।

संगठित धर्म पर प्रहार–हिन्दुओं और मुसलमानों को जिन बाह्याचारों का अभ्यास करते हुए उन्होंने देखा था-उसकी उन्होंने कड़ी आलोचना की है।

''अरे इन दोहुन राह न पाई
हिन्दू अपनी करे बडाई गागर घुवनन देई
बेस्या के पाइन तर सोवे यह देखी हिन्दु आई
मुलसमान के पीर औलिया मुर्गा मुरगी खाई
हिन्दुअन की हिन्दूआई देखी तुरकन की तुकराई
कहै कबीर सुनो भाई साधों कौन राह हवै जाई।

वेदपाठ, तीर्थ स्थान, व्रत, छुआ-छूत, अवतारोपासना, कर्मकांड, रोजा, हज आदि के विरुद्ध कबीरदास ने आक्रोश व्यक्त किया है–

जो खुदाय मसजीद बसतु है और मुकुल केहिकेरा
तीरथ मूरत राम-निवासी बाहर करे को हेरा।।

कबीर के काव्य का सबसे महत्वपूर्ण अंश यह है कि उन्होंने सामाजिक अन्याय तथा भेदभाव के विरुद्ध विद्रोह की ज्वाला भड़काई।

काव्य कला

कबीर ने सिर्फ प्रसिद्धि पाने और कविता लिखने के लिए ही कविता नहीं लिखी बल्कि उनका लक्ष्य ईश्वर के निर्गुण स्वरूप का ज्ञान करना था और अधिकाधिक लोगों को इस निर्गुण ब्रह्म के नाम पर एकत्रित करना था। इस काम के लिए उन्होंने कविता लिखी। कबीर शास्त्र ज्ञान का विरोध करते थे और भावों के अनुसार कविता करते थे। फिर भी उनकी कविता में छन्द, अलंकार, रस, शब्द शक्ति आदि काव्यशास्त्रीय लक्षण मिल ही जाते हैं, लेकिन कबीर का लक्ष्य शिल्प की उत्कृष्टता नहीं बल्कि भावों का सहज प्रकटीकरण था। कबीर ने लोकभाषा में अपने भावों को अभिव्यक्त किया। उनकी भाषा को आचार्य शुक्ल ने सधुक्कड़ी नाम दिया।

कबीर के कवि रूप पर भारी विवाद है। यहाँ तक कि जिन आचार्य हजारी प्रसाद द्विवेदी को हिन्दी साहित्य में कबीर की प्रतिष्ठा करने का श्रेय मिला उन्होंने भी कबीर को कवि मानने में हिचकिचाहट दिखाई है। वे कहते है- ''रूप द्वारा अरूप की व्यंजना कथ्य के जरिये अकथ्य का ध्वनन काव्य शक्ति का चरम निदर्शन नहीं तो क्या है? फिर भी वह ध्वनित वस्तु का प्रधान है, ध्वनित करने की सामग्री नहीं।

इस प्रकार काव्यत्व उनके पदों में फोकट का माल है, बाइप्रोडक्ट है वह कोलतार और सीरे की भांति और चीजों को बनाते हुए आप ही बन गया।''

यह सवाल उठाना सही है कि भक्त-कवियों में जायसी छोड़ स्वयं को किसी ने भी कवि न कहा—सूर, तुलसी और मीरा ने भी नहीं फिर कबीर के कवित्व पर ही संदेह क्यों।

वस्तुतः इस संदेह का बीज-वपन कबीर के अध्ययन के दौरान ही पड़ा। जब आरंभिक विद्वानों ने उन्हें हिन्दू-मुस्लिम ऐक्य विधायक, समाज-सुधारक आदि की पदवी से विभूषित कर दिया। वस्तुतः कबीर का काव्य एक विशेष सांस्कृतिक परिवेश में उपजा है और विकसित हुआ है। उनकी कविताओं को उनके सांस्कृतिक परिवेश में बोध के अभाव में समझ पाना संभव नहीं। इसीलिए सूर, मीरा, तुलसी के काव्य प्रतिमानों पर कबीर को कसना युक्तिसंगत नहीं है। ऐसा प्रयास आचार्य शुक्ल ने किया था। आचार्य शुल्ल ने कविता के प्रतिमान गोस्वामी तुलसीदास को ध्यान में रखकर विकसित किए थे और उन प्रतिमानों यथा मर्यादा, लोकधर्म, ग्रंथ योजनादि प्रतिमानों को कबीर के ऊपर कसकर उन्होंने कबीर की कविता को चमत्कार पूर्ण किन्तु रसहीन कहा।

ऐसे अनेक प्रयास हुए जिनके फलस्वरूप कबीर के काव्य की उपेक्षा होती आई।

कबीर द्वारा की गई सामाजिक आलोचना ईश्वर के प्रति निरीह समर्पण तथा ईश्वर से वियोग की जो मार्मिक अभिव्यक्ति कबीर के काव्य में हुई है उसकी उपेक्षा संभव नही। जैसे

तलयै बिन बालम मोर जिया
दिन नहिं चैन रात नहिं निंदिया
तलफ-तलफ के भोर किया।
'तथा'
चलती चक्की देख के दिया कबीरा रोय
हुई पट भीतर आई के साबुत बचा न कोय

ऐसी अनेक रचनाएँ एक पृथूक सौन्दर्य बोध की माँग करती है। कबीर की कविता आत्म साक्षात्कार की कविता है- स्वयं से प्रश्न पूछने की कविता है- समाज के सत्ताधारियों से प्रश्न पूछने की कविता है।

प्रो॰ मैनेजर पांडे लिखते हैं कि निर्गुण कवियों का काव्य शिल्प, उनके जीवन के शिल्प से प्रभावित है। कबीर जुलाहे थे उनके काव्य शिल्प में कपड़ा बुनने का शिल्प देखा जा सकता है।

चरखा चलै सुरत बिरटिन का
काया नगरी बनी अतिसुंदर
महल बना चेतन का
सुरत मांवरी होत गगन में
पीढ़ा ज्ञान रतन का
मिहीन सूत बिरहिन करते
मांझा प्रेम भगति का
तथा
झीनी-झीनी बीनी चदरिया
काहे के ताना काहे के भरनी
कौन तार से बीनी चदरिया।

उनकी ऐसी कविताओं का सौन्दर्य उनके जीवन से काफी गहरे में जुड़ा हुआ है जो अपने जीवन और वातावरण महसूस करने और समझने का सहज प्रयास है जिसे वे बड़े आत्मीय स्तर पर आकर श्रोता-पाठक तक पहुँचाते हैं—इसीलिए उनकी कविताएँ आज भी लोगों की जबान पर चढ़ी है—रोजमर्रा की जिन्दगी का मुहावरा बन गई है।

आचार्य रामचन्द्र शुक्ल के शब्दों में ''भाषा बहुत परिष्कृत और परिमार्जित न होने पर भी कबीर की उक्तियों में कहीं-कहीं विलक्षण प्रभाव और चमत्कार है।''

जायसी

प्रेम भावना

आचार्य रामचन्द्र शुक्ल ने जायसी को प्रेम की पीर का कवि कहा है। पदमावत में सर्वत्र वियोग शृंगार की छटा बिखरी दिखाई पड़ती है। रत्नसेन का पदमावती के लिए विरह तो नागमती का रत्नसेन के विरह में विह्वल होकर रोना सभी जायसी को प्रेम की पीर का वर्णन करनेवाले कवियों में मुख्य स्थान दिलाते हैं। जायसी ने ईश्वरीय प्रेम से भी श्रेष्ठ 'मानुष प्रेम' को बताया है और कहा है कि अगर मनुष्य का प्रेम सच्चा हो तो वही बैकुण्ठ के समान है नहीं तो चाहे मनुष्य को सारा संसार ही क्यों न मिल जाए वह एक मुट्ठी राख के अतिरिक्त और कुछ नहीं है।

'छार उठाई लीन्ह एक मूँठी, दीन्ह उड़ाई पिरिथमी झूठी'

पद्मावत का यह कथन यथार्थ-फंतासी, इतिहास-कल्पना, हिन्दू-तुर्क-इन सारे विभाजनों को नकार देता है। मानव जीवन इतने आडंबरों के बावजूद एक मुट्ठी भर राख ही है। जीवन की इस व्यर्थता और निस्सारता की भरपाई यदि कोई कर सकता है तो वह है प्रेम। शरीर की क्षणभंगुरता को प्रेम जैसे स्वर्गीय तत्व से विभूषित करने का प्रयास ही जायसी का वैशिष्ट्य है।

जायसी ईश्वर के प्रति प्रेम पर जोर नहीं देते तथा ईश्वर के प्रति प्रेम को वे बैकुंठी नहीं कहते। वे मानव-मानव के प्रेम को बैकुंठी कहते हैं–

"मानुष प्रेम भयऊ बैकुंठी"

जायसी की प्रेम भावना को सदा उनके मृत्युबोध के साथ रखकर देखना चाहिए। जायसी का प्रेम मृत्यु पर विजय पाने वाला प्रेम है। मृत्यु पर विजय तो योग या रसायन द्वारा भी पाई जा सकती है पर यह विजय वैयक्तिक है। जायसी का प्रेम व्यक्तिगत न होकर सम्पूर्ण मानव जाति के लिए है जायसी ने सर्वत्र प्रेम देखा तथा प्रेम को विविध रूपों में देखा। सौन्दर्य में संयोग में, वियोग में, सामाजिक दायित्वों के निर्वहन में और मृत्युबोध में प्रेम देखा और पाया कि यह प्रेम धर्म, जाति, मठ मजार के ऊपर है पर वह इसी लोक के रीति-रिवाजों, जातीय संस्कारों और घरेलू जीवन में है। वे बाहर से भीतर और भीतर से बाहर जाते हैं–इसी आवाजाही में बाहर-भीतर का भेद मिट जाता है। प्रेम मार्ग में संयोग-वियोग का स्थान रहता है। प्रेमाख्यानकों में प्रेम वियोग से संयोग तक की यात्रा करता है पर पद्मावत में संयोग और वियोग साथ-साथ चलते हैं। पद्मिनी के प्रति रतनसेन का प्रेम सूफियों का साधनात्मक प्रेम है–यदि इसे हटा दिया जाए तो अलाउद्दीन तथा रतनसेन के बीच का अंतर भी समाप्त हो जाता है।

पद्मिनी का रतनसेन के प्रति प्रेम साधनात्मक प्रेम है। वहीं नागमती का रतनसेन के प्रति प्रेम माईसिक प्रेम है।

इस प्रकार जायसी ने प्रेम की जो अभिव्यंजना की है वह प्रत्येक विशेषण यथा भारतीय-ईरानी, साधनात्मक-ग्राहस्थिक, संयोग-वियोग आदि की दुनियावी दीवारों से ऊपर उठ गई है।

आचार्य शुक्ल के अनुसार प्रेमगाथा की परम्परा में पद्मावत सबसे प्रौढ़ और सरस है।

लोकतत्व

जायसी राजन्य वर्ग की कथा के माध्यम से लोक को प्रतिष्ठित करते हैं। गांव की पनिहारिनों, सुंदरियों के चित्र, पूरा मानसरोदक खण्ड और उसमें पद्मावती के मन में भावी पति की उभरती छवि और उसकी उत्कण्ठा, ससुराल के प्रति आशंका, भय, नागमती वियोग खण्ड में नागमती का विरह, उसका पशु-पक्षियों के सामने रोना और नागमती के विरह से प्रकृति और पशु पक्षियों का दुखित होना तथा विभिन्न ऋतुओं और मासों में रमणियों का अपने पतियों से रमण तथा रत्नसेन पदमावती विवाह के जितने भी प्रसंग हैं वे सब लोक से ही सम्वद्ध हैं। इसलिए कहा जा सकता है कि जायसी मध्य काल में लोक के सबसे निकटतम पारखियों में से एक थे।

जायसी का पद्मावत उनके अपने सांस्कृतिक परिवेश अवध की संस्कृति दृष्टि उनकी प्रेम-भावना से अनुप्राणित है। उन्होंने प्रेम की एक सार्वकालिक और सार्वभौम सत्ता की कल्पना की है जो मानव-निर्मित कोटियों के निषेध पर आधारित है। अपने सांस्कृतिक परिवेश, सांस्कृतिक गतिविधियों, लोकतत्वों और प्रकृति का ऐसा सुन्दर संयोग किया है कि अवध की संस्कृति विश्व संस्कृति का विकल्प बन कर प्रस्तुत होती है।

यहाँ यह महत्वपूर्ण है कि जायसी मुसलमान होकर एक हिन्दू गृहस्थ की कथा आत्मीयता सहानुभूतिपूर्वक कह रहे थे। जायसी की सांस्कृतिक दृष्टि का यह वैशिष्ट्य अवध की संस्कृति को हिन्दी जाति सामासिक संस्कृति के रूप में विकसित करने का प्रयास है।

विजयदेव नारायण साही ने अपनी पुस्तक 'जायसी' में पद्मावत को सांप्रदायिकता पर प्रेम की विजय बताया है।

अमीर खुसरो द्वारा लिखे गए इतिहास से उदाहरण प्रस्तुत करके वे दिखाते हैं कि सल्तनत कालीन सत्ता तथा सत्ता प्रायोजित धार्मिक कट्टरता में भारतीय सभ्यता, आचार विचार, रहन सहन और लोक संस्कृति को सम्मान प्राप्त नहीं था। खुसरो के लेखन से जिस सांस्कृतिक दृष्टि का पता चलता है वह जायसी को स्वीकार नहीं था। जायसी ने हिन्दुस्तान की भाषा, संस्कृति, आचार-व्यवहार, लोक संस्कृति को अपनी विरासत समझ कर आत्मसात किया है।

जायसी ने अवधी के जिस रूप का प्रयोग किया है दह ठेठ अवधी है जिसे आचार्य शुक्ल ने अवधी का अरघान कहा

है। जायसी का यह प्रयास लोक संस्कृति से उनका लगाव दिखाता है। तुलसीदास की अवधी में जहाँ संस्कृत का प्रक्षेपण है वहीं जायसी की भाषा अवधी की लोकभाषा है जिसमें अवध जनपद की महक है।

जायसी अपने शब्द तथा भावों का चयन गाँव-गिराँव के छप्परों, झोपडियों, उत्सवों, त्योहारों, सामान्य स्त्री-पुरुषों के वार्तालापों से करते हैं जो अपने चारों तरफ बिखरे हैं। तभी तो जायसी निम्नलिखित पंक्तियाँ लिख गए–

तपै लागि जब जेठ असाढ़ि।
मोहिपिऊ बिन धाजनि भई गाँठि।
तन तिन ऊरवा झूरौ खरी।
मई बरखा दुःख आगरि जरी।।
बंध नाहि और कंध न कोई।
बातन आवै कहौ का गोई।
साँठि नहि जग बात को पूछा।
बिन जिऊ फिरै मूँज तन घूँघा।।

यहाँ बरसात के एक रूपक के माध्यम से सामान्य गृहिणी की चिंता तथा अपने प्रिय की अज्ञात स्थिति के बारे में चिंता को एक साथ बाँध दिया गया है।

नागमती का वियोग वर्णन अवध की संस्कृति और प्रकृति के साथ जायसी की आत्मीयता तथा गहरी समझ का सूचक है। नागमती के विरह वर्णन में जायसी ने दो युक्तियों का सहारा लिया है–नागमती तथा पक्षियों का संवाद तथा बारहमासा। बारहमासा में अवध की संस्कृति विभिन्न महीनों की विशेषताएँ उत्सव, त्योहार, आदि का सजीव और प्रामाणिक वर्णन मिलता है।

बरसै मघा झकोरि-झकोरि।
मोर दोऊ नैन चुवै जस ओरि।।

कभी नागमती हिंडोला देखती है कभी स्त्रियों का झूमर सुनती है– प्रिय की अनुपस्थिति में मनोपूजा भी संभव नहीं–फागुन में चांचर होता है वह मूक भाव से देखती रह जाती है

ऐसा लगता है कि नागमती के विरह में समस्त प्रकृति ही अपने फलों-फूलों पेड़ पौधों के साथ शामिल है।

नागमती-पक्षी संवाद में विभिन्न पक्षियों तथा उनकी बोलियों का वर्णन है।

इस प्रकार जायसी के पद्मावत में उनकी व्यापक सांस्कृतिक दृष्टि का पता चलता है जिसमें जनपदीय व्यवहार तथा प्रकृति अपनी स्वाभाविकता के साथ उपस्थित है।

कथानक रूढ़ि

कथानक रूढ़ियों के आधार पर पूरी कथा का तानाबाना बुना जाता है। जायसी ने पदमावत में विभिन्न कथानक रूढ़ियों का प्रयोग किया है जैसे रचना के आरंभ के ईश वन्दना, शाहेवक्त का परिचय, बारहमासा, ऋतु वर्णन, कवि समय, मसनवी शैली का प्रयोग, काव्य अभिप्राय, नखशिख वर्णन, सौन्दर्य चित्रण, विरह वर्णन, प्रकृति चित्रण, उपवन, सरोवर, मंदिर में नायक-नायिका मिलन, देवी शक्ति द्वारा विपत्तियों से छुटकारा, अंत में नायक-नायिका का तमाम बाधाओं को पार कर मिलन हो जाना आदि।

मध्यकालीन निर्गुण सूफी काव्य परम्परा के श्रेष्ठ कवि जायसी की रचना 'पद्मावती' अवधी भाषा में रचित है। यह महाकाव्यात्मकता लिये हुये है। कवि ने इसमें रत्नसेन एवं पद्मावती की प्रेम कथा का चित्रण करते हुए लौकिक प्रेम के माध्यम् से अलौकिक-प्रेम की व्यंजना की है। आचार्य शुक्ल ने 'जायसी ग्रंथावली' की भूमिका में स्वीकारा है कि 'इस प्रेमकथा का पूर्वार्द्ध तो पूरी तरह कल्पित है जबकि उत्तरार्द्ध ऐतिहासिक है। जायसी ने पद्मावत के सृजन में उन समस्त कथानक रूढ़ियों का समावेश किया है जो प्राकृत, संस्कृत एवं अपभ्रंश के चरित काव्यों में परम्परा से चली आ रही थीं। कुछ पारम्परित कथानक रूढ़ियां इस तरह से हैं–

1. किसी पक्षी द्वारा नायक या नायिका के रूप-गुण का वर्णन सुनकर प्रेमभाव उत्पन्न होना।
2. स्वप्न-दर्शन या चित्र-दर्शन द्वारा प्रेमोत्पन्न होना।
3. शिवमंदिर/मंदिर में नायक-नायिका का मिलन।
4. भविष्यगत घटनाओं का पूर्वानुमान पशु-पक्षियों के वार्तालाप द्वारा।
5. माता-पिता द्वारा किसी देवी-देवता की विशेष आराधना करने से संतान का जन्म होना तथा नायिका का अत्यंत रूपवती होना।
6. शिव-पार्वती द्वारा नायकादि की सहायतार्थ आना।
7. युद्धादि में देवताओं का सहयोग।
8. पार्वती द्वारा नायक के प्रेम की परीक्षा लेना।

9. सिद्धि पाने के लिए राजा द्वारा जोगी बनकर निकल पड़ना।

10. समुद्र आदि का ब्राह्मण वेश में उपस्थित होना एवं उपहारादि प्रदान करना।

11. नायिका या प्रेमिका की प्राप्ति हेतु दूती भेजना।

12. शुक-शुकी संवाद।

13. राक्षस आदि का आगमन

पद्मावत की कथा का अवलोकन करने पर यह स्पष्ट हो जाता है कि जायसी ने पद्मावत में अपने समय की अधिकांश कथानक रूढ़ियों का पालन किया। जायसी ने नायिका पद्मावती को अत्यंत रूपवती एवं पद्मिनी नारी के लक्षणों से युक्त बताया है। पद्मावती के अनिन्द्य सौन्दर्य पर प्रत्येक जन मुग्ध है–

''भै उनंत पद्मावति बारी। रचि-रचि विधि सब कला संवारो।
जग बेधा तेहि अंग सुवासा। भंवर आइ लुबधे चहुं वासा।''

हीरामन तोते के साथ पद्मावती का वार्तालाप भी एक कथानक रूढ़ि ही है। कथाओं में प्रायः नायिका किसी पक्षी से अपना सुख-दुःख कहती है, अपने लिए उपर्युक्त वर खोजने की प्रार्थना करती है। हीरामन तोते से सम्बंधित 'पद्मावत' का वृतांत भी इसी कथानक रूढ़ि के अनुरूप है। हीरामन तोता अत्यंत पंड़ित था। वह 'रत्नसेन' को अपना परिचय देता हुआ कहता है–

'चतुरवेद हौं पंड़ित हीरामन मोहि नांव।
पद्मावति सौं मेरवो सेव करौं तेहि ढांव।।

पक्षियों का विद्वान् होना एवं संदेश वाहक के रूप में नायक-नायिका तक संदेश पहुंचाना भी कथानक रूढ़ि ही है। हीरामन तोते से पद्मावती के रूप-सौन्दर्य का वर्णन सुनकर राजा रत्नसेन उसे पाने को व्याकुल हो उठा और जोगी वेश में सिंहलद्वीप की ओर प्रस्थान करता है। पक्षियों के द्वारा नायिका के रूप का वर्णन सुनकर नायक का प्रेम विकल हो जाना भी एक कथानक रूढ़ि ही है जिसका सहारा जायसी ने पद्मावत में लिया है। हीरामन तोता जायसी का रूप-वर्णन करता है–

नैन बांवु सरि पूज न कोउ। मान सरोदक उथलाहिं दोउ।
राते कंवल करहिं अलिभवां। धूमहि भगति चहहिं अयसवां।।

रत्नसेन जोगी-वेश धारण करके पद्मावती को पाने के लिए निकल पड़ा। 'मार्ग में उसे सात समुद्रों को पार करने में अपार बाधाएं झेलनी पड़ीं, अंततः वह सिंहलद्वीप जा पहुंचता है। पद्मावती मंदिर में राजा से भेंट करने आई और पद्मावती के प्रथम दर्शन से राजा बेहोश हो गया। नायिका का पूजन हेतु शिव मंदिर में आना तथा वहाँ नायक-नायिका का प्रथम दर्शन होना भी एक कथानक रूढ़ि ही है जिसका आश्रय जायसी लेते हैं।

महादेव-पार्वती का सांसारिक प्राणियों के दुःख को देखकर उसे दूर करने का प्रयास करना भी एक प्रसिद्ध कथानक रूढ़ि है–

''सिधि गुटिका राजै जब पावा। पुनि भई सिद्धि गणेश मनावा।

इसके अलावा और भी अनेक कथानक रूढ़ियों का प्रयोग जायसी पद्मावत में करते हैं। कथानक रूढ़ियों का प्रयोग कर जायसी ने भारतीयता में फारसी काव्य के सम्मिलन का प्रयास किया। साथ ही अवतार कथाओं से महाकाव्य में औदात्य भाव भी आया।

काव्य दृष्टि

जायसी ने प्रबंध काव्य को रचना का श्रेष्ठ माध्यम माना। प्रेम, ईश्वरीय महिमा, राज गरिमा, नायिका भेद, नखशिख सौन्दर्य वर्णन, प्रकृति चित्रण को काव्य के वर्ण्य विषय माना। श्रृंगार रस को महत्त्व दिया। ईश्वरीय कृपा से प्राप्त शक्ति, गुरु कृपा, सत्संग, ग्रंथानुशीलन और लोकानुभव को काव्य हेतु माना तथा आनंद प्राप्ति, परमार्थ सिद्धि, यशोलाभ तथा अर्थ प्राप्ति को काव्य प्रयोजन माना। जायसी लोकभाषा में रचना करने पर बल देते हैं और उपमा अलंकार को श्रेष्ठ बताते हैं। वे सहृदय समालोचक तथा रसास्वादन करने वाले विद्वान को काव्य का अधिकारी मानते हैं।

जायसी ने अपने काव्य में मुख्य रूप से रसराज श्रृंगार का वर्णन किया है। पद्मावत में श्रृंगार के संयोग और वियोग दोनों पक्षों का अच्छा परिपाक हुआ है। उन्होंने वियोग पक्ष को प्रधानता दी है। नागमती के वियोग-वर्णन में जायसी को अद्भुत सफलता मिली है। जायसी ने अपने प्रेमाकुल हृदय की कोमल वेदना को नागमती के माध्यम से अभिव्यक्ति प्रदान की है। उनके विरह-वर्णन में तीव्रता, व्यापकता, मार्मिकता और तन्मयता है। उससे सकल जड़-चेतन प्रभावित होता है। नागमती के विरह-वर्णन में बारह मासा का महत्वपूर्ण स्थान है।

नागमती के निम्नलिखित कथन में स्वाभाविकता, दैन्य और प्रेम-निष्ठा देखने योग्य है :

यह तन जारौ छार के, कहौं कि पवन उड़ाय।
मकु तिहि मारग उड़ि परै, कंत धरे जहँ पाय।।

नागमती भौरे और कौए को अपनी व्यथा मार्मिक शब्दों में प्रकट करती है :

पिउ सो कहउ संदेसड़ा, हे भौंरा हे काग।
सो धनि बिरहै जरि मुई, तेहिक धुआँ हम लाग।।

जायसी के संयोग पक्ष में उनके वियोग पक्ष की भाँति तीव्रता और व्यापकता नहीं है। फिर भी उसमें मार्मिकता और सजीवता दिखाई देती है। संयोग-शृंगार के वर्णन में षट्ऋतु का वर्णन किया गया है। पद्मावती और रत्नसेन के प्रथम समागम का विशद वर्णन मिलता है। प्रेमिका के वार्तालाप में श्लेष और अन्योक्ति का प्रयोग हुआ है।

शृंगार के अतिरिक्त पद्मावत में अन्य रसों का समावेश भी मिलता है। रत्नसेन की मृत्यु के प्रसंग में करुण रस का सुष्ठु परिपाक हुआ। युद्ध वर्णन में वीभत्स का दृश्य मिलता है। गोरा-बादल आदि के युद्ध में वीर रस की अभिव्यक्ति हुई है। रत्नसेन द्वारा वैराग्यवृत्ति हुई है। रत्नसेन द्वारा वैराग्यवृत्ति धारण करने पर शांत रस का चित्रण हुआ है।

प्रकृति-चित्रण को जायसी ने ईश्वर की प्राप्ति का साधन माना है। उन्होंने अंतः प्रकृति-चित्रण की ओर विशेष ध्यान नहीं दिया। मनुष्य के स्वभाव चित्रण की सूक्ष्मता के अभाव में पद्मावत के पात्रों का पूर्ण विकास नहीं हो पाया।

जायसी का चरित्र-चित्रण भी एक देशीय है। पद्मावत में राजा रत्नसेन एक आदर्श प्रेमी के रूप में आए हैं। पद्मावती आदर्श प्रेमिका, नागमती आदर्श हिन्दू महिला तथा गोरा व बादल आदर्श योद्धा के रूप में चित्रित किए गए हैं। लोकपक्ष का समावेश कर जायसी ने अपनी कथा को अधिक रोचक बना दिया है।

सूरदास

भक्ति भावना

सूर की भक्ति पहले दास्य और वल्लभाचार्य के सम्पर्क में आने के पश्चात् सख्य भाव की हुई। सूर वल्लभाचार्य के पुष्टि सम्प्रदाय में दीक्षित थे जहाँ कृष्ण का अनुग्रह ही प्रमुख समझा जाता था। सूर की भक्ति शास्त्रानुमोदित भक्ति है जिसमें भक्ति की ग्यारह आसक्तियां और नवधा भक्ति प्रमुख है। सुर अपने पदों के गान के माध्यम से कृष्ण की नित्य लीला में भाग लेते हैं। सूर के पदों में शरणागत भाव की दृढ़ता भी मिलती है। वे एक मात्र श्रीकृष्ण पर ही भरोसा करते हैं। उन्होंने भ्रमरगीत के उद्धव-गोपी संवाद के माध्यम से निर्गुण पर सगुण की और ज्ञान पर प्रेम की विजय दिखाई है।

सूरदास सगुण भक्त कवियों में कृष्ण भक्तिशाखा के प्रमुख कवि हैं। आचार्य शुक्ल ने लिखा है कि "आचार्यों की छाप लगी आठ वीणाएं श्रीकृष्ण का प्रेम-कीर्त्तन करने लगी उनमें सबसे ऊँची और सुरीली झनकार अंधे कवि सूरदास की वीणा की थी।" सूर ने ईश्वर के उस रूप को लिया जो लीलानन्दन, लोकरंजक और आनन्द स्वरूप है।

आचार्य शुक्ल मानते हैं कि आश्रय और आलंबन पक्ष की एकता का भाव तो सगुणभक्ति की दोनों धाराओं में रहा किन्तु कृष्ण भक्ति शाखा के कवि लोकपक्ष से दूर रहे।

सूर के समय गीता और भागवत पुराण वैष्णव भक्ति के दो प्रधान ग्रन्थ थे। शांडिल्य-भक्तिसूत्र के अनुसार निष्कामना तथा अहैतुकी अनुरक्ति ही भक्ति है। भक्ति का यह स्वरूप गीता से भागवत पुराण तक लगातार मिलता रहा किन्तु इन दोनों ग्रन्थों में अंतर यही है कि गीता में बल ज्ञान पर तथा भागवत में बल प्रेम व भक्ति पर है। इसी कारण कृष्ण-भक्ति शाखा के कवियों के यहाँ प्रेम का उत्कट स्वरूप मिलता है।

बल्लभाचार्य पुष्टिमार्ग के प्रवर्त्तक और शुद्धाद्वैत के आचार्य थे। शुद्धाद्वैत यह मानता है कि ब्रह्म नितांत शुद्ध है और माया से निर्लिप्त है। जीव नित्य है उसकी उत्पत्ति नहीं होती।

पुष्टि का अर्थ होता है भगवान का अनुग्रह। अनुग्रह या पुष्टि के लिए भक्त प्रयत्नहीन होकर भगवत् कृपा पर निर्भर करता है। जैसा कि कहा जा चुका है कि सूरदास बल्लभाचार्य के शिष्य थे अतएव उनके सिद्धान्तों का सूर की भक्ति भावना पर प्रभाव पड़ना स्वाभाविक था।

सूरदास भक्ति को मनुष्य की मुक्ति का साधन मानते थे। इसके लिए उन्होंने भक्ति को साध्य माना, साधन नहीं। भक्ति को प्राप्त कर भक्त स्वयं हरि हो जाता है और वह ब्रह्म और महेश सभी से श्रेष्ठतर हो जाता है।

'हरि के जन सब ते अधिकारी

ब्रह्मा महादेव तैं को बढ़ तिनकी सेवा कछु न सुधारी'

सूरदास के विनय के पद तुलसीदास की 'विनय पत्रिका' के पदों जैसे हैं जिनमें दैन्य भाव पराकाष्ठा पर होता है।

भक्ति आन्दोलन के अन्य कवियों की तरह उनकी भक्ति में भी जाति-पाति का निषेध है।

'जाति-पाँति कोऊ पूछत नाही श्रीपति के दरबार'

सूरदास जी ने तत्कालीन युग में प्रचलित योग साधना को अपनी भक्ति में स्थान नहीं दिया–

''भक्ति बिव्रजो कृपा न करते तौ हौ आस न करतौ''

तथा

''साधु सील सद्रूप पुरूष कौ
अपजस बहुत उघर तौ
माया जल में तरतौ''

सूरदास की भक्ति का मूलाधार प्रेम है। गोपियों की प्रेम-भक्ति का आश्रय लेकर सूर ने अपने भक्ति-सिद्धान्तों का प्रतिपादन किया है। सूर-सागर में ''देवहूति-कपिल'' संवाद में सूर ने भक्ति के चार रूप बतलाए हैं इनसे चौथी भक्ति प्रेमा-भक्ति है जिसके लिए उन्होंने आलबंन रूप में गोपियाँ, राधा, यशोदा को प्रस्तुत किया है। अष्टछाप के अधिकांश कवियों की तरह सूर ने अपनी प्रेमाभक्ति को सख्य और वात्सल्य भाव में व्यक्त किए हैं। सूरसागर में बाल-लीला, गोचारण लीलाएँ और सुदामा-चरित्र तीनों ही सख्य भक्ति के उदाहरण हैं।

इसी तरह सूर ने वात्सल्य भाव की भक्ति के वर्णन को अत्यंत मर्म स्पर्शी रूप में प्रस्तुत किया है। यह निष्काम भक्ति का सर्वोत्कृष्ट उदाहरण है जिसमें न तो विरक्ति की भावना है न ही इन्द्रिय सुख- इसका एक उदाहरण :–

''यशोदा हरि पालने झुलावे
हलरावै दुलरावै जोई सोई कछु गावे
मोरे लाल को आवै निंदरियाँ काहे न आनि सुहावे
कबहु पलक हरि मूंद लेत है
कबहु पलक हरकावे''

सूर की भक्ति के संदर्भ में कहा जा सकता है कि सूर की भक्ति जीवन जगत के वास्तविक रूप और सौन्दर्य को आधार बनाती है।

वात्सल्य वर्णन

वात्सल्य वर्णन के क्षेत्र में विश्व भर में सूर के समक्ष आने वाला एक भी कवि नहीं है। सूर ने बाल कृष्ण के जन्म से लेकर, उसके नामकरण, उसकी बाल सुलभ चेष्टाओं, लीलाओं, जैसे माखन दधि खाना, आंगन में स्तंभ में अपने ही प्रतिबिम्ब को माखन खिलाना, घुटनों के बल चलना, छोटे-छोटे दो दांतों को निकालकर खिलखिलाकर हंसना, धीरे-धीरे पैदल चलना, नाचना, बाल हठ करना, कभी चाँद को रोटी समझकर मांगना तो कभी नई बहुरिया मांगना, दाऊ से बाल सुलभ वैर भाव रखना आदि अनेकों ऐसे चित्र खींचे हैं जो सम्पूर्ण विश्व साहित्य में अद्वितीय है। सूर ने पुत्र के साथ ही पुत्री के प्रति वात्सल्य भाव के भी अनेकों जीवंत चित्रों की सृजना की है।

वात्सल्य और शृंगार के क्षेत्र में जितना उद्घाटन सूर ने अपनी बंद आँखों से किया है उतना किसी और कवि ने नहीं। इन क्षेत्रों का वे कोना-कोना झाँक आए।

– आचार्य शुक्ल

''यशोदा के वात्सल्य में वह सब कुछ है जो 'माता' शब्द को इतना महिमाशाली बनाए है।"

– आचार्य द्विवेदी

वात्सल्य की धारा सूर के काव्य में अनवरत चलती रहती है। कृष्ण के यशोदा तक पहुँचते ही यशोदा की वात्सल्यभाव सीमा तोड़कर प्रवाहित हो गया। कृष्ण की छोटी-छोटी क्रीड़ाओं का यशोदा द्वारा अवलोकन तथा उससे आनन्द प्राप्ति करने का एक उदाहरण :–

"यशौदा हरि पालने झुलावै
हलरावै दुलरावै जोई सोई कछु गावै
मेरे लाल को आऊ निंदरिया काहै न आनि सुहावै"

वात्सल्य का यह दृश्य प्रत्येक भारतीय घर का साझा दृश्य है जहाँ लोरी सुनाती हुई माताएँ अपने पुत्रों को सुलाती हैं और गाना बंद करते ही "इहि अंतर अमुल उठे हरि जसुमति मधुरै गावै" का दृश्य आम है।

छोटे बालकों को देखकर माताओं की यह सहज इच्छा होती है कि कब उनका लाल उठकर दौड़ेगा और कब उनको माता कह कर पुकारेगा। यशोदा की इच्छा भी इससे पृथक नहीं–

"जसुमति मन अभिलाष करै
कब मेरे लाल घुटरूवनि चलै

कब घरती पग द्वैक रखे।

कब नंदहि कहि बाबा बोले

कब जननी कहि मोहि रैरे"

यशोदा की इच्छा पूरी होती है और कृष्ण...............

"किलकत कान्ह घुटरूवनि धावत

मनिमय कनक नंद के आँगन बिम्ब पकरिबै धावत"

यशोदा की दूसरी इच्छा भी पूरी होती है–

कहन लगै मौहन मैया-मैया

नंद महरसौ बाबा अरू हरधर सौं भैया

आचार्य शुक्ल ने सही लक्ष्य किया है कि वात्सल्य वर्णन में सूर तुलसी से आगे हैं।

सूर की भक्ति है तो सख्य भाव की पर बाल्यावस्था के वर्णन में जब वात्सल्य रस का प्रवाह होता है तब सखा और सख्य का भाव तिरोहित हो जाता है। ऐसी सूक्ष्मता तभी संभव है जब अनुभूति और अभिव्यक्ति एकमेव होकर सामने आती है माता के पास कृष्ण काफी शिकायतें करते हैं। माता उन शिकायतों को सुनकर हँसती हैं :–

(i) **मैया मोहि दाऊ बहुत खिझावै**

मोसो कहत मोल को लीन्हों तोहे जसुमति कब जायौ

(ii) **मैया कबहि बढ़ेगी चोटी**

(iii) **मैया हौं न चर इहौं गइया**

सिगरे ग्वाल घिरावत मोसो मेरो पाँव पिराई

इसी तरह माखन चोरी प्रसंग में

"मैया मोरि मै नहिं माखन खायो"

इन सभी घटनाओं में कृष्ण की बाललीला, वाक्चातुर्य माता को विस्मय और प्रसन्नता से भर देता है।

अतः यही कहा जा सकता है कि सूर के काव्य में वात्सल्य वर्णन के ऐसे प्रसंगों की उद्‌भावना है कि उनके बाद के कवियों द्वारा किए गए वात्सल्य वर्णन जूठे मालूम पड़ते हैं।

गीति तत्व

आचार्य रामचन्द्र शुक्ल ने सूर के काव्य को किसी चली आती हुई गीति परम्परा का चरम विकास कहा है। सूर ने भगवान कृष्ण के सगुण रूप की भक्ति में अनेकों पदों की सृष्टि की जो विभिन्न राग-रागनियों के अंतर्गत आते हैं। सूर की कविता का विषय भक्ति, प्रेम, विरह और सख्य भाव है। सूर के काव्य की गेयता, उनकी संगीत विशारदता को देखकर अच्छे-अच्छे संगीतज्ञ भी आश्चर्य में पड़ जाते हैं। सूर के गीतों की संगीतात्मकता, कलात्मकता, भावात्मकता एवं उनकी सुमधुर भाषा शैली देखते ही बनती है।

सूर काव्य वह प्रेक्षागृह है जहाँ काव्य और संगीत की स्वर लहरियाँ एक साथ झंकृत हो उठती हैं। "आचार्यों की छाप लगी हुई आठ वीणाएँ श्रीकृष्ण की प्रेम लीला का कीर्तन कर उठी इनमें सबसे ऊँची और सुरीली मधुर झंकार अंधे कवि सूरदास की थी"–आचार्य शुक्ल का यह कथन व्यंजना में ही नहीं अभिधा में भी सत्य है। बल्लभाचार्य द्वारा स्थापित अष्टछाप में सूरदास ही प्रमुख थे जहाँ भक्ति के एक अंग 'कीर्त्तन' की परम्परा अपने मूलरूप में विद्यमान थी। जयदेव और विद्यापति द्वारा गीति काव्य की जो परम्परा सूरदास को मिली वह शृंगार की थी। सूर को शृंगार का रसराजत्व दिखाने का सम्मान दिया जाता है। शृंगार के दोनों पक्षों अर्थात् संयोग-वियोग और वात्सल्य को शास्त्रीय रागिनियों में प्रस्तुत करने का काम सूरदास ने किया। सूरदास का सूर सागर प्रकारान्तर में संगीत सागर भी है जहाँ प्रत्येक पद में एक निश्चित लय-सुर और नाद का विधान किया गया है। यही कारण है कि उनका गीति काव्य न तो गीत, न ही मुक्तक और न ही प्रबंध की कोटि में आता है। यहाँ तीनों की त्रिवेणी से एक चिर नवीन काव्य रूप का निर्माण हुआ है जिनमें शास्त्रीयता और लोकगीतों की उन्मुक्तता अपने स्वाभाविक रूप में आती है।

सूरदास के 'सूरसागर' में लंबी कथाएँ और उनका विस्तृत वर्णन है। सूर सारावली में वृंदावन रासलीला वर्णन का विस्तृत आयोजन है। साहित्य लहरी में राधा-कृष्ण की संयोग लीला, नख-शिख वर्णन आदि में कवि की दृष्टि अधिक रमी है। प्रगीतात्मकता के साथ सूर के पदों में दूसरी विशेषता है उनका गेय होना। प्रत्येक पद के ऊपर पद स्थिति, राग-रागिनियों का नामोल्लेख मिलता है। सूरसागर में रागों की संख्या इतनी ज्यादा है कि उसे 'संगीत सागर' का भी नाम दिया जाता है। महत्वपूर्ण बात यह है कि सूर के पदों में संगीत कवित्व के सहायक तत्व के रूप में आता है न कि नाद या चमत्कार पैदा करने के लिए। शब्दों का ऐसा लयात्मक संयोजन सूर के काव्य में मिलता

है कि अनुभूति की सूक्ष्मता मूर्तिमान हो उठती है। प्रसाद-गुण-प्रधान शब्दावली सूर सहज रूप में अपने पदों में प्रयुक्त करते हैं। संस्कृत के शब्दों को भी गेयता के अनुकूल बना कर प्रस्तुत करना वे बखूबी जानते हैं–

"सोभित कर नवनीत लिए
घुटरूनि चलत रेनु तन मंडित
मुख दधि लेप किए"

कहा जाता है कि गीति काव्य में भाव तत्व की मात्रा अधिक और मुक्तक या प्रबंध काव्य में वस्तु तत्व की मात्रा अधिक होती है किन्तु सूर के काव्य में वस्तु तत्व की प्रधानता कृष्ण के लीला वर्णन के कारण से है फिर भी भाव तत्व कहीं भी उपेक्षित नहीं होता।

उनके पदों के संगीतात्मक विधान को समझने के लिए एक उदाहरण आवश्यक है :–

"ललन हौं या छवि उपर वारी
बाल गोपाल लगौ इन नैननि
रोग बलाई तुम्हारी
लाढि लटकनि मोहन मसि बिन्दु का
तिलक भाल सुखकारी"

उपरोक्त पद में दन्त्य वर्णों, आनुनासिक ध्वनियों और 'लकार' के आधिक्य से संगीतात्मकता में वृद्धि हुई है। समान ध्वनियों, वर्णों के प्रयोग से शब्द संगीत का लालित्य बढ़ता है साथ ही अर्थ बोध भी आसान हो जाता है। उपयुक्त पद में ध्वन्यात्मक शब्द समूहों यथा 'लट लटकनि' आदि से बच्चों की तुतलाहट का बोध हो जाता है। साथ "छवि उपर बारी" तथा 'रोग बलाई' आदि शब्द समूहों से लोकगीतों का आभास होता है।

अतः यही कहा जा सकता है कि सूरदास का लोक संग्रही हृदय अपनी तमाम शास्त्रीयता के बावजूद लोक संस्कृति, लोक रूचियों को अपने काव्य में स्थान देने से नहीं रह सका है।

डॉ. राम कुमार वर्मा के मतानुसार सूर के काव्य में संगीत की धारा इतनी सुकुमार चाल से चलती है कि हम स्वर्ग के किसी पवित्र भाग में प्रवाहित होने वाली मंदाकिनी की लहरों का स्पर्शानुभव करने लगते हैं।

तुलसीदास

भक्ति भावना

तुलसीदास सगुण ब्रह्म राम के अनन्य भक्त थे फिर भी इन्हें समन्वय की विराट चेष्टा का कवि इसलिए कहा गया कि इन्होंने ईश्वर के दोनों रूपों निर्गुण और सगुण को समानरूप से महत्व दिया, शैव और शाक्त को मिलाया। लोकोन्मुखता, लोकमंगल तुलसी की भक्ति की सबसे महत्त्वपूर्ण विशेषता है। तुलसी सगुण ब्रह्म राम की भक्ति के माध्यम से जन सामान्य को एकत्र करते हैं और अपने आराध्य को ब्रह्म होते हुए भी मानवीलीला में प्रवृत्त दिखाते हैं। तुलसी का मानना है कि इन्हीं राम की भक्ति के माध्यम से दैहिक, दैविक, भौतिक तापों से, काल से और कलियुग से, दरिद्रता और रोग से मुक्ति प्राप्त हो सकती है।

गोस्वामी जी की भक्ति भावना में शक्ति-शील और सौन्दर्य की प्रतिष्ठा है। भागवत सम्प्रदाय द्वारा स्थापित लोकरंजनकारी रूप का गान है जो आगे चलकर मानव हृदय के सम्पूर्ण कल्याण का मार्ग प्रशस्त कर सके- उस संबंध की परिकल्पना है–

"जासौ सब नातौ फुरै"।

गोस्वामी जी के पूर्व ज्ञानमार्गी शुद्ध बुद्धि की स्वाभाविक क्रिया अथवा चिंतन पद्धति का आसरा लेकर भक्ति को सिर्फ अपने तक सीमित कर चुके थे। योगमार्गी अपनी हठ-वृत्तियों से तथा प्रेम-मार्गी अपनी प्रेम-कथाओं से भक्ति को अलौकिक और रहस्यपरक बना चुके थे।

भक्ति के स्वाभाविक और सहज रूप सगुण मंत्रों ने ही प्रस्तुत किया। सूर भगवान का हँसता-खेलता बोलता, बतियाता रूप अपनी रचनाओं में दिखा चुके थे। सगुण ईश्वर रूप को उसके बालपन से उठाकर लोकरंजक रूप में प्रतिष्ठित करने का श्रेय तुलसी को जाता है जहाँ एक सामान्य मानव भी अपने आराध्य को अपने आस-पास पाता है। कहने का तात्पर्य यह कि तुलसी ने अपने उपास्य की परिकल्पना लोक के भीतर की है न कि अपने हृदय के किसी कोने में–

अंतरजा मिहु ते बड़ जामी हैं राम जो नाम लिए तें।
पैज परै प्रहलादहु को प्रगटे प्रभु बाहन ते न हिए ते।।

उनका ईश्वर अखिल विश्व में व्याप्त पूर्ण और कल्याणकारी है। मन के भीतर ईश्वरीय सत्ता के अतिरिक्त इस जगत से सर्वथा पृथ्क् सत्ता के साथ आत्मीयता स्थापित करना संभव नहीं। इस तथ्य के जानकर तुलसीदास जी ने ईश्वर के ऐसे रूप का गठन किया जो सरलता के साथ प्राप्य हो।

उनकी भक्ति दास्य भाव की है जहाँ आराध्य के सम्मुख लघुता की अनुभूति स्वाभाविक है–

"राम सो बड़ो है कौन मोसो कौन छोटो।
राम सो खरो है कौन मोसो कौन खोटो।।"

अपने दोषों, त्रुटियों तथा पापों के परिष्कार का इससे अच्छा उपाय क्या हो सकता है कि उन पर साहसपूर्वक दृष्टिपात किया जाए। दास्य-भाव का यह प्रमुख गुण है।

दास्य भाव का एक गुण निष्कामना है। भक्त के लिए भक्ति ही उसका आनन्द है वह फल की चिन्ता नहीं करता। तुलसी का यह कथन कि "हमारे राम अवतार भी हैं यह हमें आज ही पालूम हुआ"–निश्चित ही निष्काम भक्ति का चरम है:

जो जगदीश तो अति भलौ जौ महीस तौ भाग।
तुलसी चाहत जनम भरि राम चरन अनुराग।।

उनके लिए तो 'परहित' ही भक्ति का साध्य है जिसकी चाह में उन्हें सारा जग 'सियाराम मय' जान पड़ता है। फिर ज्ञान और भक्ति सगुण और निर्गुण जैसे प्रश्नों का कोई अर्थ नहीं रह जाता।

'ज्ञानहि भगतहि नहिं कछु भेदा'
तथा
"सगुनहि अगुनहि नहिं कछु भेदा"

के द्वारा तुलसी ने ऐसे ही विचार व्यक्त किए हैं। वे ईश्वर और अंश के द्वैत को नकारते हैं– "ईश्वर अंश जीव अविनाशी"

तुलसी की साधना लोकोन्मुखी, मानव कल्याण परक तथा परहित केन्द्रित है।

काव्य में तुलसी किस दर्शन विशेष के अनुयायी हैं यह कहना मुश्किल है। ग्रियर्सन और ग्राउज उन्हें ईसाई मत से प्रभावित, रामदास गौड़ उन्हें स्मार्त्र वैष्णव तथा डॉ. श्यामसुन्दर दास ने उन्हें अद्वैतवादी माना है। आचार्य शुक्ल ने माना है कि परमार्थिक रूप से तुलसी की आस्था वेदान्त में थी पर भक्ति की दृष्टि से वे उसमें भेद नहीं स्वीकार करते हैं। इतना तो तय है कि तुलसी किसी एक मत के अनुयायी नहीं थे। काव्य के साथ-साथ दर्शन में भी उनके समन्वयवादी प्रयासों के दर्शन होते हैं।

ब्रह्म की परिकल्पना के रूप में तुलसी ने अपने राम को परम ब्रह्म माना है जिसकी सत्ता वे सगुण तथा निर्गुण दोनों में देखते हैं।

'बिन पग चलई सुनई बिनु काना' के द्वारा के निर्गुण की सत्ता स्वीकारते हैं, वहीं *'दशरथ सुत नन्दन कौशल्या सुत'* कह कर वे राम के सगुण रूप को भी स्वीकार करते हैं–वे कहते हैं :

"सगुन अगुन दुई ब्रह्म सरूपा
अकथ अनादि अगाधि अरूपा।"

तुलसी ने ब्रह्म को सच्चिदानंद स्वरूप भी कहा है:–

"राम सच्चिदानंन दिनेसा"।

सगुण और निर्गुण दोनों रूपों को स्वीकार करते हुए वे त्रिदेवों तथा आदिशक्ति को अपने आराध्य की उत्पत्ति का कारण बताते हैं जिनका अपमान तुलसी के साथ शिव को भी सह्य नहीं–

"शिव द्रोही मम प्रिय मम द्रोही शिवदास।
ते नर करहिं कलप भरि धोरि नरक महुँ बास।।"

तुलसी जीव को अपने मूलरूप में ईश्वर का अंश, शुद्ध, नित्य अविनाशी मानते हैं पर माया से ग्रस्त होने पर जीव जड़, अभिमानी तथा अज्ञानी बन जाता है। यहाँ गीता-दर्शन-"ममैं वांशो जीव लोके" का स्पष्ट प्रभाव दृष्टिगोचर होता है।

माया से जीव की मुक्ति का उपाय वे कर्म, ज्ञान और भक्ति को बताते हैं। गोस्वामी जी जगत में कर्म की सत्ता स्वीकार करते हैं–

"कर्म प्रधान विश्व करि राखा
जो जस करहिं सो तस फल चाखा"

तुलसीदास कर्म को भवितव्य से जोड़कर उस पर श्रीराम का आरोप भी करते हैं:-

"होइ सोई जो राम रचि राखा"

यद्यपि वे ज्ञान, भक्ति और कर्म तीनों की महत्ता स्वीकार करते हैं भक्ति की महिमा को वे अपने आराध्य से भी श्रेष्ठ मानते हैं :

"मोरे मन प्रभु अस बिस्वासा/रामते अधिक राम कर दासा"

तुलसी यह मानते हैं कि भगवत्कृपा से भवसागर पार किया जा सकता है:-

हरि गुरू कृपा संत संगति/बिनु बिमल बिवेकन होई।
बिनु बिबेक संसार घोर निधि पार न पावे कोई।।

निष्कर्षतः यह कहा जा सकता है कि तुलसी का दर्शन किसी एक सम्प्रदाय विशेष का दर्शन नहीं बल्कि व्यापक मानव-दर्शन है।

सामाजिक सांस्कृतिक दृष्टि

तुलसी युगीन समाज अराजक और अशांति पूर्ण था। यहाँ किसी को भी संतुष्टि, शांति नहीं थी। सभी लोग द्ररिद्र, भूखे, रोगी और पीड़ित थे। ऐसे वातावरण से छुटकारा तुलसी रामराज्य में देखते हैं जो उनके द्वारा गढ़ा गया आदर्श व्यवस्था का यूटोपिया था। इसमें सारा समाज-परिवार अपने चरित्र और दूसरे के व्यक्तित्व के अनुसार मर्यादित व्यवहार करेगा।

तुलसी का समय दो संस्कृतियों की टकराहट के बाद उनके नजदीक आने का समय था। इसीलिए तुलसी ने अपनी रचनाओं में हिन्दू और मुस्लिम संस्कृतियों का सीधे-सीधे उल्लेख न करके देव और मानव संस्कृति, मानव और असुर संस्कृतियों की टकराहट और फिर उससे नई मानवतावादी संस्कृति का बीज प्रस्फुटित होता दिखाया है।

आचार्य हजारी प्रसाद द्विवेदी का कथन है– तुलसीदास को जो अभूतपूर्व सफलता मिली उसका कारण यह था कि वे समन्वय की विशाल बुद्धि लेकर पैदा हुए थे। भारतवर्ष में लोक नायक वही हो सकता है जो समन्वय का अपार धैर्य लेकर सामने आया हो।

गोस्वामी जी के काव्य में केवल लोक और शास्त्र का ही समन्वय नहीं, वैराग्य और गार्हस्थ का, भक्ति और ज्ञान का, भाषा और संस्कृत का, निर्गुण और सगुण का, पुराण और काव्य का, भावावेग और अनासक्त भाव का, ब्राह्मण और चांडाल का पंडित और अपंडित का–समन्वय मिलता है। उनकी सामाजिक सांस्कृतिक दृष्टि भी उसी समन्वय की विराट चेतना की अभिव्यक्ति है।

सामाजिक स्तर पर वे जाति-पाँति के विरोधी हैं–

"जाँति-पाँति पूछै नहिं कोई हरि को भजे सो हरि को होई"

कवितावली में वे कहते हैं :-

"धूत कहों अवधूत कहौ रजपूत कहौ जुलाहा कहो कोई।
काहू की बेटी से बेटा न व्याहब काहू
की जाति बिगारन सोई।।"

तुलसी का अवतारवाद **"परित्राणाय साधूनाम विनाशाय च दुष्कृताम"** से अनुप्राणित है:-

"जब-जब होई धरम कै हानि।

बाढ़हि असुर अधम अभिमानी" के द्वारा उन्होंने मध्य युगीन संस्कृति के अत्याचारी सत्ता की क्रूरता की ओर संकेत किया है।

प्रेममार्गी तथा एक कृष्ण भक्ति शाखा को छोड़कर भक्ति-काल के काव्यों में नारी सर्वथा उपेक्षित रही। कबीर तथा तुलसी की सांस्कृतिक दृष्टि की आलोचना उनके नारी विषयक विचारों के कारण होती है:–

'ढोल गँवार शूद्र पसु नारि/सकल ताडना के अधिकारी'

लेकिन साथ ही तुलसी ने नारी की वेदना को भी अभिव्यक्ति दी:-

"कत विधि सृजी नारि जग माहि
पराधीन सपने हुँ सुख नाहि"

इस प्रकार तुलसी के काव्य में नारी विषयक मुद्दे पर एक फाँक दिखती है जिसका कारण उस युग की सांस्कृतिक दशा थी।

देव वाणी के ऊपर भाषा (अवधी) को प्राथमिकता देना तुलसी की लोक संग्रही वृत्ति का सूचक है। लोक भाषा का ऐसा प्रांजल और साधिकार प्रयोग किसी ने नहीं किया।

आचार्य शुक्ल के मतानुसार "तुलसी के मानस में जो शील, शक्ति और सौन्दर्य की स्वच्छ धारा प्रवाहित होती है वह जीवन की प्रत्येक परिस्थिति में पहुँचकर भगवान के रूप का प्रतिबिम्ब झलका देती है।"

लोकमंगल

आचार्य रामचन्द्र शुक्ल ने तुलसीदास को लोकमंगल का कवि कहा है। तुलसीदास लोक का मंगल आदर्श रामराज्य में ही संभव मानते हैं और यह आदर्श रामराज्य तभी स्थापित हो सकता है जब स्वयं ब्रह्म मनुष्य के रूप में अवतार लें और दुष्टों का दलन करें। लोक में फैले अनास्था के अंधकार, पीड़ा, बाधा-बंधन, अन्याय-अत्याचार को समाप्त कर चारों तरफ शांति कायम करे। तुलसी इसी रामराज्य के माध्यम से लोकमंगल की कामना करते हैं और राम से बार-बार प्रार्थना करते हैं कि वे अवतार ग्रहण कर, मानवी लीला में प्रवृत्त होते हुए लोक के मंगल का विधान करने वाली व्यवस्था को लागू करें।

तुलसीदास के मतानुसार अन्याय और अत्याचार का विनाश करने के लिए भगवान राम पृथ्वी पर अवतरित हुए। उन्होंने लोक मर्यादा की स्थापना हेतु रावण आदि दानवों का संहार किया। इस प्रकार उन्होंने अधर्म के स्थान पर धर्म की स्थापना की। महात्मा तुलसीदास के समय हिन्दू समाज की आस्थाएँ विचलित हो गई थीं। उस समय के शासकों के अत्याचारों से प्रजा पीड़ित हो रही थी। धर्म के नाम पर पाखंड का बोलबाला था। प्रभु श्रीराम के अवतार के हेतु का विवेचन कर महात्मा तुलसीदास ने जन-मानस में विश्वास की भावना जगाई। उनका कहना था :

जासु राज प्रिय प्रजा दुखारी।
सो नृप अवसि नरक अधिकारी।।

इन शब्दों में कवि ने दुराचारी शासकों को चेतावनी दी कि प्रजा के साथ अन्यास करने का परिणाम अच्छा नहीं होता। कवि का दिव्य संदेश मृतप्राय हिन्दू जाति के लिए संजीवनी सिद्ध हुआ। जनता में ऐक्य भाव की उत्पत्ति हुई। उनके काव्य में मानवता के लिए नया संदेश है। तुलसीदास में भक्त, कवि और समाज सुधारक तीनों एक रूप हो गए थे।

श्री राम दुष्टों का वध करके उनके स्थान पर प्रजा का कल्याण करने के लिए योग्य उत्तराधिकारियों को राज्याधिकार सौंपते हैं। अंगद के स्थान पर उन्होंने सुग्रीव को तथा लंका के सिंहासन पर रावण के स्थान पर विभीषण को सिंहासनारूढ़ किया। इसी आधार पर कल्याणकारी राज्य के रूप में तुलसी की राम राज्य की कल्पना (Walfare State) आधुनिक युग को उनकी महान देन समझा जाता है। तुलसीदास के रामराज्य की विशेषताएँ निम्नलिखित पंक्तियों में स्पष्ट की गई है :

दैहिक दैविक भौतिक तापा।
राम राज नहिं काहुहि व्यापा।।

वहाँ के नागरिकों में कौन-कौन से गुण हैं, इसका विवरण इन शब्दों में है :

नहिं दरिद्र कोउ दुःखी न दीना।
नहिं कोउ अबुध न लच्छन हीना।।
सब निर्दंभ धर्मरत पूनी।
नर अरु नारी चतुर सब गुनी।।

तुलसी की यह कल्पना आज के लोकतंत्र के कितना निकट है। निम्नलिखित पंक्तियों में तुलसी की लोकमंगल की भावना साकार हुई है :

कीरति भनति भूति भल सोई,
सुरसरि सम सब कह हित होई।।

काव्य दृष्टि

तुलसीदास मुख्यतया भक्त थे, फिर भी काव्य सम्बन्धी उनके विचार बहुत स्पष्ट हैं। वे उसी रचना को श्रेष्ठ मानते हैं जो सबके लिए उपयुक्त हो, जैसे पुष्प की गंध। तुलसी काव्य का प्रयोजन सामाजिक हित मानते हैं। वे भक्ति, ईश्वरीय महिमा, प्रेम को काव्य वर्ण्य-विषय मानते हैं और शक्ति, ईश्वरीय कृपा, सत्संगति आदि को काव्य हेतु मानते हैं। काव्य रचना के लिए लोकभाषा को उपयुक्त मानते हैं। तुलसी सत्य और रस को काव्य की आत्मा मानते हैं। सहृदय और विद्वान को काव्य का अधिकारी मानते हैं।

गोस्वामी तुलसीदास भक्तिकालीन रामभक्ति शाखा के कवि हैं जो काव्य को शास्त्रानुसार रचने वाले हैं। काव्य को शास्त्र अर्थात् साहित्यशास्त्र के नियमों में आबद्ध कर तुसलीदास काव्य सृजन का कार्य करते हैं। राजशेखर के नियमों से तुलसीदास शास्त्र कवि के तीसरे वर्ग में आते हैं। शास्त्रानुमोदित तुलसी एक आचार्य के रूप में कविता करते दिखाई पड़ते हैं। मानस के मंगलाचरण में वे कहते हैं कि–

"वर्णानामर्थ संधानां रसानां छन्द सामपि।
मंगलानां च कर्तारौ बन्दे वाणी बिनायकौ।"

विद्वानों के अनुसार तुलसीदास ने इन उक्तियों में सभी काव्य-संप्रदायों का समन्वय किया है। वर्णानाम् से 'अलंकारवाद', अर्थ संघानाम् से 'ध्वनिवाद' रसानाम् से 'रसवाद' और छंद सामपि से 'रीतिवाद' का मौलिक ढंग से उल्लेख किया है।

तुलसीदास ने काव्य के निमित्त कारण कवि के संबंध में कवि की 'महिमा' और 'कवि के प्रकार' पर प्रकाश डाला। पुरातनकाल से ही इस भूमि पर कवियों की बड़ी महिमा रही है। वेदों में 'कवि' शब्द का प्रयोग क्रांतदर्शी, शासिता, दिव्य शक्ति संपन्न आदि के अर्थ में हुआ है। 'ईशवस्योपनिषद' में आत्मा का स्वरूप बताते हुये उसे कवि, मनीषी, परियू, स्वयंभू आदि कहा गया है। श्री मद्भागवत में कवि को ब्रह्मा कहा गया है। श्री मद्भागवत गीता के आठवें अध्याय के नवें श्लोक में तो परम पुरुष अर्थात परमात्मा को कवि कहा गया है।

तुलसी की 'रामचरितमानस' और 'विनयपत्रिका' में कवि को अच्युत पद पर प्रतिष्ठित किया है। उन्होंने कवि को संत और देवता की श्रेणी में स्थान दिया है। नारद को संत के लक्षण बताते हुये राम कहते हैं–

"अमित बोध अनीत मितभोगी।
सत्यसार कवि कोबिद जोगी।।"

तुलसी ने मानसारंभ में ही संत-महिमा के वर्णन के प्रसंग में त्रिदेवों के साथ कवि का उल्लेख किया है–

"विधि हारे हर कवि कोबिद बानी।
कहत साधु महिमा सकुचानी।।"

तुलसी के मतानुसार कवि संसार का एक अलौकिक भक्ति संपन्न और विशिष्ट प्राणी है।

तुलसी ने कवियों के प्रकार पर भी विचार किया है। कवियों के भेद-निरूपण हेतु वे दो आधारों को ग्रहण करते हैं 1. भाषा और 2. वस्तु एवं कला। दो आधारों को अपनाने के पश्चात् तुलसी का वर्गीकरण अति सूक्ष्म है। भाषा के आधार पर उन्होंने दो प्रकार के कवि माने हैं–देववाणी का कवि और प्राकृतकवि। प्राकृत कवि से उनका अभिप्राय संस्कृत से इतर अन्यान्य भाषाओं में लिखने वाले कवि। इसी तरह वस्तु और कला के आधार पर उन्होंने कवियों के दो भेद किए–सुकवि और कुकवि। जो काव्यकला से युक्त है और दिव्य चरित को काव्य-वस्तु के रूप में ग्रहण करता है वह सुकवि और जिसमें ये दोनों विशेषताएं नहीं है वह कुकवि है। महाकाव्य पर चर्चा करते हुये कहते हैं कि–महाकाव्य की यथावस्तु सर्गबद्ध हो और उसमें सात सर्ग होने चाहिए।

"सप्त प्रबंध सुभग सोपाना।" महाकाव्य की कथा सर्गबद्ध हो। इस पर भामह, दंडी, अग्निपुराण, रूद्रट, हेमचंद्र और विश्वनाथ एकमत हैं। सर्गों की संख्या का वर्णन मात्र विश्वनाथ ने किया है। उन्होंने आठ सर्गों से अधिक की बात कही है। तुलसी ने अपने स्वतंत्र विचार रखते हुये सात सर्गों की बात कहीं।

तुलसीदास ने विख्यात कथावस्तु को कथाधार बनाने की चर्चा की।

"रामचरितमानस मुनि भावन।
बिरपेउ संभु सुहावन पावन।।
रचि महेस निज मानस राखा। पाइ सुसमउ सिवा सन भाषा।
कहऊँ तथा सोइ सुखद सुहाई।"

दंडी, अग्निपुराण और विश्वनाथ ने स्वीकार किया है कि महाकाव्य की कथा इतिहास प्रसिद्ध हो।

तुलसी महाकाव्य में अलंकारों की योजना के संदर्भ में कहते हैं कि,

"राम सीय जस सलिल सुधासम।
उपमा बीचि बिलास मनोरमा।।"

महाकाव्य में अलंकार योजना की आवश्यकता भामह, दंडी, अग्निपुराण ने स्वीकार की हैं, तुलसी ने इसे पारंपरित रूप में अपनाया।

काव्य हेतु के समान काव्य-प्रयोजन के संबंध में भी तुलसी के विचार सराहनीय हैं। काव्य प्रयोजन के संदर्भ में मुनि भरत से लेकर विश्वनाथ तक के आचार्यों ने अपने विचार प्रकट किये। इनमें मम्मट अत्यधिक प्रसिद्ध हैं। यह कथन बहुत प्रचलित है–

"काव्य यश सेद्वर्थ कृते व्यवहार विरे शिवेतर क्षतये।
सद्यः पर निर्वतये कांता सम्मित योण देश भुजे।।"

तुलसी काव्य में तीन प्रयोजन बताते हैं– 1. स्वांतः सुखाय, 2. वाणी को पवित्र करना, 3. वाणी को सफल करना।

मानसारंभ के श्लोक में स्पष्टतः कहा कि, **"स्वांतः सुखाय तुलसी रघुनाथ गाथा भाषा निबंधमत्ति मंजुलमा तनोति।"**।

वाणी की पवित्रता काव्य का दूसरा प्रयोजन मानते हैं–

कविकुल जीवनु पावन जानी। राम सीय जसु मंगल खानी।
तेहि ते मैं कछु कहा बखानी। करन पुनीत हेतु निज बानी।

काव्य के तीसरे प्रयोजन के संदर्भ में कहते हैं–

बुध बर नहिं हरिजस असरजानी।
करहिं पुनीत्त सफल निज बानी।

सहदय/भावक की तरफ आकृष्ट होकर तुलसी काव्य का चौथा प्रयोजन भी मानते हैं–

"सर्वहित अर्थात् लोक मंगल का विधान कीरत कलित
भनितिभूति भलि सोई। सुरसरि सम सब कहँ हित होई।"

तुलसी ने काव्य तत्वों की ओर पुनः संकेत किया–

आखर अरथ अलंकृति नाना। छंद प्रबंध अनेक विधानां।
भावभेद रस भेद अपारा। कवित दोष गुन विविध प्रकारा।

वे काव्य के और भी तत्वों को गिनाते हैं– 1. अर्थ, 2. भाव, 3. भाषा, 4. ध्वनि, 5. वक्रोक्ति, 6. गुण, 7. स्वभावोक्ति, 8. रस। यथा–

'अरथ अनूप सुभरव सुभासा।
सोई पराग मकरंद सुबासा।।
धुनि अवरेब कवित गुन जाती।
मीन मनोहर ते बहु भाँती।।
नव रस जप तप जोग बिरागा।
ते सब जलचार चारू तड़ागा।।'

काव्य के महत्त्व के संदर्भ में अनेक बातें/उक्तियाँ तुलसी काव्य में मिलती हैं–

"प्रभु सुजस संगति भनिति भलि होइति सुजन मन भावनी।
भव अंग भूति मसान की सुमिरत सुहावनी पावती।।"

वे आगे कहते हैं–

जुगुति बोधि पुनः पेहिअहिं राम चरित बर ताग।
पहिरहिं सज्जन बिमल उर सोभा अति अनुराग।"

वे कहते हैं–

"कीन्हें प्राकृत जन गुन गाना।
सिर धुनि गिरा लगत पछताना।।"

इस प्रकार तुलसी की काव्य दृष्टि सर्वहित सुखाय या लोकमंगल हेतु है। जनमानस का कल्याण काव्य का उद्देश्य हो। अनुभूति पक्ष एवं अभिव्यंजन पक्ष दोनों का सुंदर समायोजन इनकी दृष्टि में है। सत्यं शिवम् सुंदरम् की भावना निहित है।

इकाई-II

रीतिकालीन सामाजिक–सांस्कृतिक दृष्टि

रीतिकालीन समाज में चारों तरफ अस्थिरता थी। एक तरह से यह घोर अधःपतन का युग था। यहाँ सामंतशाही का बोल-बाला था। इस युग के कवियों ने समाज को अपनी नजर से नहीं बल्कि अपने आश्रयदाता और उसके दरबारियों की नजर से देखा और उनकी कुत्सित मनोवृति के अनुसार अभिसार और शृंगार के अश्लील चित्र प्रस्तुत किए।

सांस्कृतिक दृष्टि से यह काल हिन्दू-मुस्लिम संस्कृति की एकता का काल रहा है। मुसलमान कवियों ने कृष्ण भक्तिशाखा को अपनाया, हिन्दू-समाज के रीति-रिवाजों पर लिखा तो दूसरी ओर हिन्दू कवि भी मुस्लिम आश्रयदाताओं के लिए लिखते रहे। कुल मिलाकर यह सामाजिक संस्कृति का युग था।

रीतिकालीन कवि सचेत रूप से कविता लिख रहे थे जो उनके जीविकोपार्जन का साधन थी। धन-प्राप्ति सामन्तों जागीरदारों की कृपा से ही संभव थी। इन सामन्तों में से कुछ कविता करते थे और साहित्य-प्रेमी थे और कुछ के लिए कवि दरबार की शोभा वृद्धि करने वाले रत्न थे। कवि अपनी कविताएँ बेचते थे। इस काल में सौदागरी पूँजीवाद का उदय हो चुका था। कवि पद्माकर डंके की चोट पर कहते हैं– **"आखर लगाए लेत लाखन की सामा हौ"**। एक दूसरा कवि थोड़ी आत्म-भर्त्सना के बाद कहता है- **"नर को बखान तऊ न अरथ सरै, ऐसी कविताई को बहाय दिजे पानी में।"**

इस ऐतिहासिक स्थिति में सत्ता के साथ होना राजसभा का सदस्य होना गौरव की बात मानी जाती थी। ठाकुर कहते है **"ठाकुर सो कवि भावत मोहिं जो राजसभा में बड़प्पन पावे"**। इसी प्रकार राजसभा भी सुकवि को अपने दरबार की शोभा बनाकर गर्व पाती थी **"भूप से लसत कवि, कवि से लसत भूप, भूप और कवि से लसत सभा की गुरू आनो है"**। राजदरबार में कवि जहाँ एक ओर सम्मान पाता था तो दूसरी ओर कवि की आत्मा उसे कचोटती थी।

एक अज्ञात कवि शिव की पीड़ा इन पंक्तियों में व्यक्त हुई हैं–

"लच्छिमी तिहारी एक कृपा के कटाच्छ बिनु
केते धूरतन के बदन ध्याइबे परे
झूठे महिपालन के झूठे गुन गाई गाई
बानी नगरानी तासौ बैर गनिवे परे"

रीतिकालीन समाज नगरीय समाज था। नगर के उपवनों में देशी-विदेशी पुष्पों की बहार थी। कमलों से सुशोभित सरोवरों में स्नान करती सुन्दरियों के अनावृत सौन्दर्य का वर्णन, इन सुन्दरियों की दिनचर्या का वर्णन, सुगंधित द्रव्यों यथा चंदन, घनसार इत्र का सेवन, केसर का लेप आदि का वर्णन रीतिकालीन संस्कृति के महत्वपूर्ण पक्ष को उद्घाटित करता है। शृंगार का उन्मादपूर्ण वर्णन, कीमती वस्त्राभूषणों में सुसज्जित नारियों का सौन्दर्य-वर्णन करके अपने आश्रयदाता से अनुदान पाना विलास की संस्कृति को प्रकट करता है। रीतिकालीन कविता में बर्फ, शीतलपाटी, अंगूरी आसव, खस की टाट्टी गिलमें, गुनीजन गलीचा, सेज, सुराही, सुबाला आदि की पुनरावृत्ति होती है। ये सब सामन्ती शान के आदर्श थे। इन आदर्शों का ग्रामीण संस्कृति से कोई संबंध नहीं था। इसीलिए बिहारी ने नागर संस्कृति के बरअक्स ग्रामीण संस्कृति को रखकर उसका मखौल उड़ाया है।

प्रमुख प्रवृत्तियाँ

रीतिकाल का अधिकांश साहित्य दरबारों की छाया में लिखा गया। आश्रयदाता की मनोवृति के अनुसार कवियों ने कविता की। इस युग की प्रधान प्रवृति शृंगार रस निरूपण, नायक-नायिका भेद निरूपण, सौन्दर्य वर्णन, अलंकार और चमत्कार प्रियता, उद्दीपन और कहीं-कहीं आलम्बन रूप में प्रकृति चित्रण, गौण रूप में भक्ति, नीति आदि रही है। इस युग के लगभग सभी कवियों ने मुक्तक का प्रयोग किया है और इनकी भाषा सुमधुर ब्रज है। छन्दों का इस काल में वैविध्य मिलता है। इस काल के कवियों का लक्ष्य कविता करना और उससे धन कमाना था। हाँ, अगर इस बहाने उनकी रचना समाजोपयोगी हो भी जाती थी तो यह उनके लिए और भी अच्छा था।

जब किसी भी युग में साहित्यकारों का एक बड़ा वर्ग एक ही विषय अथवा एक ही शैली का साहित्य लिखना आरंभ करता है तो उस विषय या शैली को उस युग की साहित्यिक प्रवृति कहते हैं।

रीतिकाल के अन्तर्गत सभी कवियों ने शृंगारिक रचनाएँ न्यूनाधिक रूप से अवश्य की हैं। शृंगारिक रचनाओं की सर्वाधिक रचना यह सिद्ध करती है कि शृंगार रीतिकाल की प्रधान प्रवृत्ति थी। इस प्रवृत्ति के साथ कुछ गौण प्रवृत्तियाँ भी थीं। उनमें एक है राजाओं अथवा नवाबों और उनके पूर्वजों के शौर्य पराक्रम का वर्णन जिसे राज प्रशस्ति कहते हैं। इसके अतिरिक्त कुछ ने भक्ति परक तथा नीति परक रचनाएँ भी की। ये रचनाएँ भी प्रचुर मात्रा में मिलती हैं। अतः इससे संबद्ध प्रवृत्ति को क्रमशः भक्ति और नीति की प्रवृत्ति भी कह सकते हैं। इनके अतिरिक्त प्रकृति तथा अन्य विषयों पर भी कविताएँ लिखी गई। इन सबको इतर प्रवृत्ति के अन्तर्गत रखा जा सकता है। उक्त सभी प्रवृत्तियाँ रीति निरूपण संबंधी ग्रंथों में छन्द, अलंकार आदि के विवेचन के संदर्भ में दिखती हैं।

काव्य शास्त्रीय नियमों में बंधी उक्त शृंगारिक रचनाओं के प्रतिक्रिया स्वरूप फारसी के वैयक्तिक प्रेम की अभिव्यक्ति परक शृंगारिक रचनाएँ करने वाले कवियों ने भी इस काल के साहित्य को समृद्ध किया। ये रचनाएँ अपनी मार्मिकता तथा अभिव्यक्ति के वैशिष्ट्य के कारण काफी महत्वपूर्ण है। चूँकि इन कवियों ने काव्य शास्त्रीयता तथा रीति निरूपण की प्रणाली से स्वाधीन होकर रचनाएँ की हैं अतः इन्हें स्वतंत्र प्रवृत्ति ही नहीं कहना उचित होगा। विद्वानों ने इसे रीति मुक्त प्रवृत्ति कहा है।

रीतिकालीन साहित्य की मुख्य प्रवृत्तियाँ निम्न प्रकार हैं :

शृंगार की प्रधानता–रीतिकाव्य में भोगवादी दृष्टिकोण ही प्रधान है। भक्तिकाल में जो प्रेम की पीर और अलौकिक प्रेम भावना के दर्शन हुए रीति काल में वह भावना लौकिक प्रेम और शृंगार वर्णन में बदल गई।

रीति-निरूपण की प्रवृत्ति–इस काल में हिन्दी के कवि तथा आचार्य मुख्य रूप से लक्षण ग्रंथों की रचना और संस्कृत के काव्य शास्त्रीय सिद्धांतों को लक्षण और उदाहरण रूप में प्रस्तुत करने में ही संलग्न रहे।

काव्य में अलंकारों को प्रधानता–रीतिकालीन कवियों ने आलंकारिकता, प्रदर्शन एवं चमत्कारिक उक्तियों को अपने काव्य का प्रतिपाद्य बनाया। केशव का निम्नलिखित कथन कवियों के लिए अनुकरणीय रहा :

जदपि सुजाति सुलच्छिनी, सुबरन सरस सुवृत्त।
भूषन बिनु न बिराजई कविता बनिता मित्त।।

इसलिए काव्य में अलंकरण की प्रवृत्ति प्रचुरता से मिलती है।

मुक्तक काव्य शैली–रीतिकालीन कवियों ने प्रबंधकाव्य की अपेक्षा मुक्तक काव्यशैली को प्रधानता दी। अधिकांशतः ये कवि दरबारी थे। मुक्तक काव्य चुने हुए फूलों के सजे हुए गुलदस्ते के समान होता है जो सभा या दरबार पर शीघ्र प्रभाव डालने में समर्थ होता है।

भक्ति तथा लोकनीति की रचना–यद्यपि इन कवियों का मुख्य प्रतिपाद्य शृंगार रस ही था पर कुछ कवियों की प्रवृत्ति माधुर्य-भक्ति तथा लोक-व्यवहार की नीति संबंधी रचना की ओर भी हुई। हाँ, यह भूलने योग्य नहीं है कि इस नीति-परक काव्य में भी शृंगारी भाव विद्यमान है।

वीररस की प्रवृत्ति–इस काल में भूषण, लाल, सूदन जैसे कवि भी हुए जिनके काव्य में वीर रस का सरस चित्रण हुआ है। आधुनिक शोध-प्रबंधों में ऐसे अनेक वीर काव्यों का उल्लेख किया गया है।

नारी के प्रति दृष्टिकोण–रीतिकालीन काव्य में नारी को भोग्या माना गया। कवियों ने उसके नख-शिख अर्थात्, अंग-प्रत्यंग का वर्णन किया। नारी के बाह्य रूप रंग का चित्रण करना ही

कवि-कर्म बन गया था। इस प्रकार इन कवियों का नारी के प्रति संकुचित एवं एकांगी दृष्टिकोण रहा।

रीति काव्य में प्रकृति-चित्रण–रीतिकाव्य में प्रकृति-चित्रण आलंबन रूप में हुआ। संयोग में उसका मनोमुग्धकारी उत्फुल्ल रूप है और वियोग में विदग्धकारी रूप। प्रकृति का उद्दीपन रूप षट्ऋतु और बारहमासे के वर्णन में हुआ है। वियोग में पपीहे की पीउ-पीउ की ध्वनि नायिका के प्राणों को दग्ध करती है और चंदन व चाँदनी आग बरसाते हैं। सेनापति ने अवश्य प्रकृति-चित्रण में सफलता पाई है। सामान्य रूप से रीतिकालीन कवि प्रकृति के प्रति तटस्थ रहे ऐसा ही माना जा सकता है।

कामशास्त्रीय मनोवैज्ञानिक आधार–रीतिकाल में समाज में विलासिता और कामोत्तेजना की प्रवृत्तियाँ अत्यधिक बढ़ चुकी थीं। जिसके फलस्वरूप साहित्य में स्त्री-पुरुषों के यौन-संबंधों के वर्णन में निर्बाध कामुकता का समावेश हुआ है।

विविध काव्य धाराएँ

दरबारी वातावरण में लिखे गए रीतिकालीन साहित्य में तीन काव्यधाराएं हैं–

1. रीतिबद्ध काव्यधारा
2. रीतिसिद्ध काव्यधारा
3. रीतिमुक्त काव्यधारा

1. रीतिबद्ध काव्यधारा–इस धारा के कवि सिर्फ कवि ही नहीं बल्कि कवि, शिक्षक, आचार्य होते थे। इन्होंने अपनी रचनाओं का विषय कामशास्त्र, रसशास्त्र, अलंकारशास्त्र और छंदशास्त्र को बनाया इन्होंने नव रसों को महत्त्व देते हुए भी शृंगार को रसराज माना। नायक-नायिका भेद, सौन्दर्य वर्णन, नख-शिख वर्णन पर जोर दिया। इनकी कविता राज-प्रशस्ति की कविता है। रस के समान ही काव्य में अलंकार को महत्त्व दिया।

2. रीतिसिद्ध काव्यधारा–इस काव्य धारा में वे कवि आते हैं जिन्होंने काव्यशास्त्रीय लक्षणों को ध्यान में रखकर कविता लिखी लेकिन सीधे-सीधे सिद्धांत प्रतिपादन में इनकी अभिरूचि नहीं थी। बिहारी, वृन्द, घाघ, रहीम आदि कवि इस धारा के महत्त्वपूर्ण कवि हैं।

3. रीतिमुक्त काव्यधारा–इस काव्यधारा के कवियों ने सबसे पहले रीतिबद्ध काव्यधारा का विरोध किया। इनका लक्ष्य कविता करके सिर्फ प्रसिद्धि पाना और धन कमाना नहीं था और न ही ये शास्त्रीय पद्धतिनुसार कविता करते थे। इन्होंने स्वच्छंद प्रेम पर बल दिया। ये प्रेम की पीर के कवि माने जाते हैं। इनके यहाँ प्रेम की एकनिष्ठता पर बल है। इन्होंने भी मुक्तक को अपनाया और ब्रजभाषा के साहित्य की श्रीवृद्धि की।

रीतिबद्ध

जिन कवियों ने काव्यांगों का विवेचन करते हुए लक्षणों के साथ उदाहरण दिए हैं उन्हें रीतिबद्ध कवि तथा उनके काव्यों को रीतिबद्ध काव्य कहते हैं।

उदाहरण के लिए– लक्षण :-

"जाको बर्नन की जिए सो उपमेय प्रधान
जाकि समता दीजिए ताहि कहत उपमान
जहाँ बरनिए दुहुनि की सम छवि को उल्लास
पंडित कवि मतिराम तँह उपमा कहत प्रकास"

इस लक्षण का उदाहरण मतिराम ने दिया है-

"प्राण पियारो मिल्यो सपने मे परी जब नैसुक नींद निहोरे
कन्त को आइबो त्यों ही जगाए कहै सखि बैन पियूष निचोरे
यो मतिराम भयो मन में सुखु बाल के बालम सो दृग जोरे ज्यों
पर में अति ही चटकीली चढ़े रंगु, तीसरी बार के बोरे"

लक्षण

उदाहरण के इस समूह में यदि केवल उदाहरण को उठा लिया जाए तो उसे रीतिबद्ध काव्य की संज्ञा दी जाती है क्योंकि यह अलंकार-विशेष से संबद्ध काव्य शास्त्रीय नियमों में पूरी तरह बंधा है। चिन्तामणि, मतिराम आदि इस काव्य परम्परा के प्रमुख कवि हैं, और इस विलास कवि कल्पतरू, रसराज, ललित-ललाम आदि इसके ग्रंथ हैं।

रीति–सिद्ध

जिन कवियों ने काव्य, शास्त्रीय नियमों में बंध कर कविता की उनकी रचनाओं को रीति-सिद्ध काव्य कहा जाता है। इनकी रचनाओं के पाठन के बाद ऐसा लगता है कि काव्य शास्त्रीय नियम कवि के संस्कार में बहुत गहरे में बैठा हुआ है

जैसे **"तू रहि सखि हौ ही लखौ चढ़ि न अटा बलिदाल**
सबै हितु बनु ही ससि उदै दीजतु अरघु अकाल"

इनके प्रमुख कवि बिहारी है। बिहारी सतसई रीतिकाल का प्रतिनिधि ग्रंथ है।

रीतिमुक्त

काव्य शास्त्रीय बंधनों और पहले से चली आ रही परिपाटी से मुक्त होकर जो रचनाएँ की गई उन्हें रीतिमुक्त काव्य परम्परा में रखते हैं। इस धारा के कवि युगीन परिपाटी से अलग हटकर स्वच्छंद प्रवृत्ति और उन्मुक्त चेतना के साथ रचनाएँ कर रहे थे। परिणामतः इन रीतिमुक्त कवियों ने रीतिबद्ध तथा रीतिसिद्ध कवियों को आड़े हाथों लिया तथा उनकी काव्य दृष्टि को अनुपयुक्त बताया। इस काव्य परम्परा के पाँच प्रमुख कवि हैं- घनानन्द, आलम, बोधा, ठाकुर, द्विजदेव। घनानन्द इनमें सबसे लोकप्रिय है। इनकी एक कविता का उदाहरण प्रस्तुत है-

अति सूधो सनेह को मारग है, यहाँ नेकु सयानप बाँक नहिं
तँह साँचे चलै तजि आपनपौ, झिझकै कपटी जो निसांक नहीं

केशव

आचार्यत्व

केशवदास कवि, शिक्षक, आचार्य के रूप में प्रतिष्ठित हैं। इन्होंने कविप्रिया, रसिकप्रिया और छंदमाला नामक तीन काव्यशास्त्रीय ग्रन्थों की रचना की। जिनमें रस, अलंकार, छंद, नायिका भेद, सौन्दर्य वर्णन, गुण, दोष, कवि रीति, कविता की रीति आदि पर विस्तार से चर्चा की गई है। केशव का मुख्य लक्ष्य अलंकार को स्थापित करना है। उन्होंने अलंकार को काव्य का प्राण माना है। केशव श्रृंगार को रसराज मानते हैं। कविता की चारुता में अंध, बधिर, पंगु, नग्न, मृतक पाँच दोषों के अतिरिक्त दस अन्य दोषों को बाधक मानते हैं। इन्होंने अपने ग्रन्थों की रचना सहृदयों और आश्रयदाता की नर्तकी रायप्रवीण को काव्य सम्बन्धी शिक्षा देने के लिए की।

रीतिकाल की आत्मा के साहित्यिक तत्वों की विवेचना सर्व प्रथम केशव के काव्य में ही मिलती है। केशव का काव्य सूरदास और तुलसीदास की तरह भक्तिभावना से प्रेरित होकर नहीं लिखा गया अपितु आचार्यत्व के कर्तव्य पालन के लिए ही उसकी सृष्टि हुई। उनके आचार्यत्व के कारण ही रीतिकालीन कवियों में केशवदास का महत्व अधिक है। उन्होंने भावपक्ष की अपेक्षा कलापक्ष को अधिक महत्व दिया और अलंकार-संप्रदाय की स्थापना की। उनका कहना है :

जदपि सुजाति सुलच्छिनी, सुबरन सरस सुवृत्त।
भूषन बिनु न बिराजई, कविता, बनिता मित्त।

कोई स्त्री चाहे कितनी की उच्च जाति की हो, अच्छे लक्षणों से युक्त हो, सुंदरी अथवा अच्छे रूप रंग वाली तथा सरस हो परंतु फिर भी कविता और स्त्री भूषण अथवा अलंकार के बिना अच्छी नहीं लगती। आचार्य केशव के 'कवि प्रिया' और 'रसिक प्रिया' नामक लक्षणग्रंथों की रचना की। रसिक प्रिया में श्रृंगार रस की प्रधानता है। केशव श्रृंगार को रसों का राजा मानते थे। वे श्रृंगार रस में ही अन्य रसों को समाविष्ट मानते थे। उन्होंने श्रृंगार के संयोग और वियोग के अतिरिक्त दो और पक्षों का उल्लेख किया हैं जिनके नाम हैं–प्रच्छन्न तथा प्रकाश।

काव्य में सौंदर्य का विधान करने वाले सभी उपकरणों को केशव अलंकार मानते हैं। केशव निश्चय ही भामह, उद्भट एवं दण्डी से प्रभावित हैं। वे वस्तुतः 'अलंकारवादी' आचार्य थे। केशव ने 'छंदमाला' नामक छंद-संबंधी एक पुस्तिका भी लिखी। डॉ. भगीरथ मिश्र का विचार है कि केशवदास ने संस्कृत आचार्यों द्वारा प्रतिपादित काव्यशास्त्र के सभी अंगों पर विचार किया है।

काव्य दृष्टि

केशव ने अपनी कृतियों में स्पष्ट रूप से काव्यात्मा रस और अलंकार को माना है। कविप्रिया में अलंकार को, रसिक प्रिया में रस को महत्त्व दिया। काव्य में भाव पक्ष के साथ ही कला पक्ष को भी महत्व दिया। केशव ने काव्य के लिए नवरस का विवेचन करते हुए श्रृंगार को रस राज माना और कृष्ण को श्रृंगार का नायक। दैवीकृपा, व्युत्पत्ति और अभ्यास को काव्य हेतु तथा आनन्द प्राप्ति, भक्ति में प्रवृति, पाप नाश, मोक्ष, सम्पत्ति लाभ, कवि शिक्षा, यश को काव्य प्रयोजन माना। केशव ने राजप्रशस्ति, रूप चित्रण, प्रकृति सौन्दर्य तथा नायक-नायिका भेद को काव्य का वर्ण्य विषय माना। अंध, बधिर, पंगु, नग्न, मृतक पाँच दोष तथा दस अन्य दोष काव्य की चारुता में बाधक बताए। एकाक्षरी से 26 वर्णों वाले छंदों का उल्लेख किया। रसिक और भाषाविज्ञ को काव्य का अधिकारी माना आदि।

कवि केशवदास ने प्रबंध और मुक्तक दोनों प्रकार के काव्यों की रचना की है। विज्ञान-गीता, वीरसिंह देवचरित, रतन बावनी, जहाँगीर-जस चंद्रिका इनके द्वारा रचित प्रबंध काव्य

हैं। इनके अतिरिक्त रामचंद्रिका, कवि प्रिया और रसिक प्रिया उनकी काव्य-कीर्ति के आधार स्तंभ हैं। रामचंद्रिका में भगवान के पुण्यचरित्र का उल्लेख किया गया है किंतु कवि के वाग्वैदग्ध्य तथा छंदालंकारों के प्रदर्शन के कारण रामचरित्र-वर्णन गौण बन गया है। आधुनिक आलोचक रामचंद्रिका को महाकाव्य मानने को तैयार नहीं क्योंकि उसमें स्थल-स्थल पर कथा-प्रवाह में स्खलन मिलता है, कथा-क्रम में व्याघात है तथा कथा प्रसंग में भी मनमाना हेरफेर किया गया है। चरित्र-चित्रण एवं शैली में भी शिथिलता पाई जाती है। मार्मिक स्थलों की उपेक्षा की गई है। सबसे बढ़कर यह कि अलंकार-मोह में वन मार्ग में राम को देख कवि ने लोगों से यह कहलवाया, **'किधौं मुनिशापहत, किधौं ब्रह्मदोषरत, किधौं कोऊ ठग हो''** संगत नहीं लगता। कहीं-कहीं तो ऐसा लगता है कि केशव के काव्य में शब्द क्रीड़ा की प्रचुरता है। कदाचित इसी कारण आलोचक उन्हें कठिन काव्य का प्रेत कहते हैं। किंतु इस प्रकार की उक्ति-मात्र के आधार पर केशव के काव्य का मूल्यांकन न्यायोचित नहीं होगा। युद्ध, सैन्य-सज्जा, राज-दरबार के वैभव तथा शृंगार व वीर रस के प्रसंगों में उन्होंने सफलता पाई है।

संवाद योजना

केशव ने रामचन्द्रिका, विज्ञान गीता आदि रचनाओं में संवादों की अद्‌भुत योजना की है। इनके संवाद पात्रों को सजीवता प्रदान करते दिखाई पड़ते हैं। इनके साहित्य में जहाँ भी संवादों की योजना है वहाँ इनका साहित्य साधारण भूमि से बहुत ऊँचा उठ जाता है। बुंदेलखण्ड के आस-पास के क्षेत्रों में रामलीला में कथा तुलसी रचित रामचरित मानस से ली जाती है तो उसमें संवाद केशव की रामचन्द्रिका से प्रभावित होते हैं। रामचन्द्रिका में विभिन्न संवाद मुख्य रूप से है—लक्ष्मण-परशुराम संवाद, राम-सुर्पणखा संवाद, लक्ष्मण-सुर्पणखा संवाद, राम-परशुराम संवाद, अंगद-रावण संवाद, भरत-कैकयी संवाद आदि। भरत-कैकयी संवाद का एक सुन्दर अंश देखिए—

भरत—मातु कहाँ नृपतात?
कैकयी—गए सुरलोकहिं।
भरत—क्यों?
कैकयी—सुत शोक के लिए।

केशव की सबसे विकृत और अरूचिकर प्रवृत्ति है आलंकारिक चमत्कार की। जिसके कारण न तो भावों की प्रकृति व्यंजना के लिए जगह बचती है न ही सच्चे हृदयग्राही वस्तु वर्णन के लिए।

रामचंद्रिका में केशव को सबसे अधिक सफलता मिली है संवादों में। इन संवादों में पात्रों के अनुकूल प्रेम, क्रोध, उत्साह आदि की सुंदर व्यंजना हुई है। (जैसे लक्ष्मण, राम, परशुराम संवाद, तथा लव-कुश के प्रसंग के संवाद) वाक्‌पटुता तथा राजनीति के दाँव पेंचों का भी आभास प्रभावपूर्ण है। उनका रावण-अंगद संवाद तुलसी के संवाद से अधिक उपयुक्त और सुन्दर है।

बिहारी

सौंदर्य भावना

सौन्दर्य की अवधारणा तीन प्रकार की होती है और सौन्दर्य भी तीन प्रकार का होता है। एक आत्मनिष्ठ, दूसरा वस्तुनिष्ठ और तीसरा उभयनिष्ठ। बिहारी को आत्मनिष्ठ सौन्दर्य की बहुत अच्छी पहचान थी लेकिन युग-परिवेश और दरबार के दबाव के कारण हम बिहारी की इस प्रतिभा का सिर्फ परिचय ही पा सके, उसका चरम उत्कर्ष नहीं देख पाए लेकिन सतसई में वस्तुनिष्ठ सौन्दर्य के चित्रणों का भरमार है। शुक्लाभिसारिका, कृष्णाभिसारिका, ग्रामीण रमणी और नागरी का सौन्दर्य, राधा और कृष्ण का परस्पर एक दूसरे पर छाप छोड़ता सौन्दर्य, पीतवर्णी नायिका का सौन्दर्य आदि अनेक चित्र उनकी सतसई में मिलते हैं। उभयनिष्ठ सौन्दर्य का चित्रण करने के लिए तत्कालीन सामंती दरबार अनुपयुक्त था।

प्रेम हृदय का स्वाभाविक धर्म है और सौन्दर्य स्वाभाविक वृत्ति। उसमें भी नर और नारी का प्रेम संसार की सभी जातियों में किसी न किसी रूप में पाया ही जाता है। नारी को सौन्दर्य की प्रतिमूर्ति माना गया है। हिन्दी के रीतिकालीन कवियों में विशेषतः बिहारी ने सौन्दर्य की वस्तुनिष्ठता के भाव की अभिव्यंजना अपने काव्य में की है।

डॉ॰ बच्चन सिंह ने प्रेम के तीन आयाम माने हैं जिनमें-शारीरिक आकर्षण, मानसिक आकर्षण तथा दोनों का मिला जुला रूप है। रीतिकालीन कवियों में अधिकांश कवियों ने प्रेम की अभिव्यजंना केवल शारीरिक आकर्षण के आयाम से की है और बिहारी की स्थिति भी इससे भिन्न नहीं है। बिहारी के यहाँ नायिका के नख-शिख वर्णन से लेकर उसकी चेष्टाओं और दशाओं के चित्र बिखरे पड़े हैं। किन्तु ऐसा नहीं कि बिहारी प्रेम के औदात्य रूप से अनभिज्ञ हैं—

"गिरि ते ऊँचे रसिक मन बूड़े जहाँ हजार।
बहै सदा पसु नरन कौ, प्रेम पयोधि पगार।।"

यहाँ 'पसुनरन' प्रेम की वास्तविक महत्ता को न समझने वालों पर झल्लाहट के रूप में आया है। फिर भी बिहारी के काव्य में आधिक्य नायिका के रूप वर्णन का ही है।

बिहारी नगरीय संस्कृति के कवि हैं। बचपन ग्वालियर, यौवन मथुरा और प्रौढ़ावस्था जयपुर में व्यतीत करने के कारण वे ग्रामीण संस्कृति को घृणा की दृष्टि से देखते हैं। फिर भी ग्रामीण नायिका की मांसलता, गदराए यौवन और 'खरे उरोजनि' पर उनकी दृष्टि अटक ही जाती है। भले ही वे 'गँवार' कहकर उसकी भर्त्सना करे–

"गदराए तन गोटी ऐंपन आड़ लिलार
हठ्यो दृग इठलाई दृग करै गँवारि सुभार"

नगरीय संस्कृति के साथ सामंती सौन्दर्याभिरूचि का जिस ईमानदारी के साथ चित्रण बिहारी के काव्य में हुआ है वह अन्यत्र दुर्लभ है। बिहारी के अनुसार सौन्दर्य किसी अंग विशेष में नहीं होता। वह ऐसा प्रभाव है कि सारा ज्ञान हवा हो जाता है।

'अनियारे दीरध दृगनि, कितों न तरूनि समान'।
वह चितवत और कह जिहिं बस होत सुजान।।

बिहारी को सौन्दर्य की अनुभूति संयोग वर्णन में भी होती है जब वे नायिका की विविध भंगिमाओं, हावों, सुरति, विहार मद्यपान, क्रीड़ा आदि का मादक चित्रण करते हैं। उनके काव्य में दर्शन श्रवण, स्पर्श, संलाप आदि के सहारे संयोग की सूचना दी जाती है।

नागर चुंबन का एक दृश्य है:

"अंगुरि ऊँची भरू भीति दै उलभि चितै चख लोल।
रूचि से दुहूँ दूहून के चेये चारू कपोल।।"

वैसे तो संस्कृत कवियों ने भी नख-शिख वर्णन की परम्परा का निर्वाह किया है पर बिहारी के यहाँ सौन्दर्य की छटा निराली है। कुछ उदाहरण :

अधर वर्णन :-

अधर धरत हरि के परत ओठ दीठि पर ज्योति।
हरित बाँस की बांसुरी इन्द्र धनुष रंग होति।।

नेत्र वर्णन :-

'कहत नटत रीझत, खीझत मिलत खिलत लजियात
भरे मौन में करत हैं नैनन ही सों बात।।

बिहारी के प्रेम व्यापार में नैनों का अत्यधिक महत्व है इसलिए उन्होंने अपनी सतसई में इस पर 35 दोहे खर्च किए हैं।

बिहारी के यहाँ वियोग वर्णन में सौन्दर्य की इस कदर अनुभूति नहीं होती जिस कदर संयोग वर्णन में।

बहुज्ञता

बिहारी रीतिकाल के सबसे प्रसिद्ध कवि हैं और उनकी सतसई को आलोचकों ने रसिकों के हृदय का हार कहा है। सामंती जीवन की जितनी विविधता और जितने रंग सतसई में हैं उतने अन्यत्र दुर्लभ हैं। बिहारी को शास्त्र, राजनीति, काव्य शास्त्र, नीति, भक्ति, श्रृंगार, नायक-नायिका भेद, सौन्दर्य, ज्योतिष, नख-शिख वर्णन, आयुर्वेद ज्ञान, प्रकृति पर्यवेक्षण, गणितज्ञता का अच्छा ज्ञान था। वे ब्रज, संस्कृत, प्राकृत, अपभ्रंश, फारसी आदि के प्रकांड पंडित थे। इसके अतिरिक्त जीजा साली के रिश्तों, समाज के स्त्री पुरुषों के यौन संबधों, प्रेम संबधों, आदि-आदि जितने भी समाज के कार्य कलाप होते हैं बिहारी की सतसई में सभी कुछ मिलेगा, जिनसे इनकी बहुज्ञता प्रमाणित होती है।

डॉ॰ नगेन्द्र ने लिखा है–"उन्होंने (बिहारी) केवल भावुकतावश सौन्दर्य चित्रण नहीं किया है वरन् प्रौढ़ अनुभवों का भी उद्घाटन किया है।" विभावों और विचारों को कलात्मक रूप में प्रस्तुत करने की विलक्षण प्रतिभा से सम्पन्न थे। भक्ति और नीति के मार्मिक दोहे भी उन्होंने लिखे।

बिहारी अन्य रीतिकालीन कवियों की तरह प्रशस्तिगान पर आश्रित नहीं थे। अपने आश्रयदाता मिर्जा राजा जयसिंह को भेजा गया उनका दोहा इस बात का प्रमाण है-

नहिं पराग नहि मधुर मधु नहि विकास इहिं काल।
अलि कलि ही सौ बंध्यों आगे कौन हवाल।।

यही नहीं। आगे वे राजा जयसिंह द्वारा मुगलों के लिए अन्य राजाओं से युद्ध करने पर भी कटाक्ष करते हैं–

"स्वारथ सुकृत न श्रम वृथा देखि विहंग विचारी।
बाज पराए पानि परि, तूँ पच्छीन न मारि।।"

बिहारी ने कई बार अपने विलासमययुग का अतिक्रमण भी किया है और नख-शिख वर्णन आदि के बीच नीति और भक्ति के दोहे भी लिखे।

नगरीय जीवन और संस्कृति की अभिव्यक्ति में बिहारी बेजोड़ हैं। फाग का क्रीड़ात्मक वर्णन द्रष्टव्य है-

"पीठि दिए ही नैक मुरि कर घूँघट पर टारि।
भरि गुलाल की मूठि सो भई मूठ सी मारि।।"

नगरीय भवनों के सटे होने का लाभ नायक-नायिका कैसे उठाते हैं यह बिहारी के काव्य से जाना जा सकता है-

"अंगुरि ऊँचि अरूभीति दै उसभि चितै चख लोल।
रूचि से दूहूँ दुहूँन के चूमें चारू कपोल।।"

बिहारी ने भक्ति के दोहे भी भिन्न-भिन्न विषयों पर लिखे जैसे—

ईश्वर की एक रूपता परः-

अपने-अपने मत लगि बादि मचावत शोर।
ज्यों-ज्यों सब की सेइ बौ, एकै नन्द किसोर।।

भक्ति के बाह्यांडम्बर के निषेध परः-

"जपमाला छापा तिलक सरै न एकौ काम।
मन काँचे नाचे वृथा साँचे राँचे राम।।"

इस प्रकार कहा जा सकता है कि बिहारी के काव्य में रति, संयोग, वियोग, नगरीय संस्कृति, उत्सवों, राजदरबार, नीति, भक्ति आदि का ऐसा समावेश है जिंनसे उनकी बहुज्ञता प्रकट होती है।

काव्य कला

बिहारी ने कोई काव्य शास्त्रीय ग्रन्थ नहीं रचा लेकिन उनकी सतसई का अध्ययन करने के पश्चात् ज्ञात होता है कि उन्हें काव्यशास्त्रीय परिपाटी का अच्छा ज्ञान था। उनका मुख्य वर्ण्य विषय प्रेम और शृंगार के उत्तेजक चित्रों की अवतारणा है। बिहारी की सतसई में गागर में सागर भरने की शक्ति रही है। बिहारी में अनुभव ज्ञान, कल्पना की समाहार शक्ति के साथ साथ भाषा की समास शक्ति विद्यमान थी। उन्हें रंगों का पर्याप्त ज्ञान था। दोहे के इक्कीस में से उन्नीस भेदों का बिहारी ने सतसई में प्रयोग किया है। बिहारी की अनुभाव योजना, अलंकारों के सुन्दर प्रयोग की सराहना शुक्ल जी ने भी की है। बिहारी की भाषा में चित्रात्मकता, नाद सौन्दर्य, प्रतीकात्मकता, बिम्ब, अलंकार, मुहावरों, लोकोक्तियों की भरमार है।

आचार्य शुक्ल ने बिहारी के एक-एक दोहे को हिन्दी साहित्य का रत्न माना है। हालांकि आचार्य शुक्ल मुक्तक को काव्य की दृष्टि से अच्छा नहीं मानते थे। बिहारी की 'सतसई' में दोहे ही हैं। उसके बारे में यह उक्ति प्रसिद्ध है।

"सतसैया के दोहरे ज्यों नावक के तीर।
देखन में छोटन लगै घाव करै गंभीर।।"

यह बिहारी का शब्द चयन ही है जो उनके दोहों को अचूक बनाता है। उक्ति वैचित्र्य और वाग्-वैदग्ध का ऐसा सिद्ध हस्त प्रयोग दुर्लभ है। डॉ॰ नगेन्द्र के शब्दों में वे भावों और विचारों को कलात्मक रूप में प्रस्तुत करने की विलक्षण प्रतिभा से सम्पन्न थे। साधारण से साधारण बात को वे अपनी कला से द्युतिमान बना देते थे। **'अरथ अमित अरू आखर थोरे'** जैसी उक्ति संभवतः उनके लिए ही बनी है।

बिहारी ब्रज भाषा के सिद्धहस्त कवि थे। पर उन्होंने अपने काव्य में बोलचाल के शब्दों के साथ अवधी, बुंदेली संस्कृत, उर्दू, फारसी आदि के शब्दों का कुशलतापूर्वक प्रयोग किया है—

स्तन, मन, नैन, नितंब को बड़ो इजाफा कीन।
पिय तिय सो हँस के कह्यो लखै दिठौना दीन।।

संस्कृत, उर्दू तथा पूर्वी बुंदेली का प्रयोग।

बिहारी के काव्य में चित्रमयता तो सामान्य लक्षण है। मुहावरों तथा कहावतों का प्रयोग यथावसर हुआ है।

"जब जब वैसुधि कीजिए तब तब सब सुधि जाँहि।
आँखिनु आँख लगि रहे, भाँखै लागत नाहि।।"

बिहारी की उक्तियों में माधुर्य और प्रसाद का मणिकांचन संयोग हुआ है।

बिहारी ने तो वैसे व्यंजना प्रधान शैली ऊहात्मक (कल्पना प्रधान) शैली आदि का प्रचुर प्रयोग किया है पर सूक्ति शैली का एक उदाहरणः-

"कनक-कनक ते सौ गुनी मादकता अधिकाय।
या खाएँ बौराये जग वा पाये बौराय।।"

बिहारी की कविता में शब्दालंकार तथा अर्थालंकार मिलते हैं। उत्प्रेक्षा का एक उदाहरण :-

"सोहत ओढ़े पीत पट स्याम सलोने गात।
मानहु नील मन सैल पर आतप परयो प्रभात।।"

इस प्रकार बिहारी ने गागर में सागर भरने की अपनी कला का सुन्दर निदर्शन किया है।

वस्तुतः बिहारी के दोहे भावपक्ष और कलापक्ष के सुन्दर समन्वय का उदाहरण प्रस्तुत करते हैं।

भूषण

युग–बोध

भूषण शिवाजी के दरबारी कवि थे। भूषण के आश्रयदाता एक वीर नायक और अपने जनपद की स्वाधीनता के लिए सदैव संघर्षरत् रहने वाले महान योद्धा थे। भूषण ने उन्हें हिन्दू जाति का रक्षक, उनकी ढाल कहा है। शिवाजी ने आततायी सत्ताधीश औरंगजेब के विरुद्ध जो लड़ाइयाँ लड़ीं वे एक हिन्दू और मुसलमान शासक के बीच की लड़ाई नहीं बल्कि एक जाति का दूसरी बर्बर सत्ता से अपनी अस्मिता बचाए रखने की लड़ाइयाँ थी। भूषण ने तत्कालीन युग की मांग के अनुसार युगीन रजवाड़ों को भी नसीहत दी कि वे आपसी बैर-भाव त्यागकर अत्याचारी के विरुद्ध संगठित विरोध करें तभी उनकी मुक्ति संभव हो सकती है।

स्वाभाविक था कि इस्लाम के दिन-प्रतिदिन बढ़ते दुराचार से परित्राण पाने के लिए हिन्दू राजा अत्याचारी शासन के विरुद्ध विद्रोही ध्वजा फहराएँ। उत्तर में सिक्ख गुरु, राजपूत वीर, बुंदेलखंड में राजा चम्पतराय और छत्रसाल तथा दक्षिण में महाराष्ट्र नायक छत्रपति शिवाजी ने मातृभूमि की रक्षा करने के लिए अपनी तलवार सँभाली। देश में एक नई चेतना जागी। इस प्रकार औरंगजेब के क्रूरतापूर्ण तथा आतंक से युक्त शासन ने वातावरण को विक्षुब्ध कर दिया। स्वदेश और स्वधर्म की रक्षा हेतु हिन्दू नायकों के हृदय में नवरक्त का संचार करने के लिए भूषण, लाल, सूदन, गुरुगोविंद सिंह जैसे कवियों ने वीर रस की पवित्र काव्य-गंगा प्रवाहित की और युग धर्म का निर्वाह किया।

इस प्रकार श्रृंगार के मुख्य प्रवाह के साथ-साथ ही वीर रसपूर्ण शौर्य प्रवाह भी प्रवाहित होने लगा। वीर रसपूर्ण काव्य के रचयिता इन कवियों में भूषण का ओजस्वी स्वर सबसे तीव्र था जिसमें राष्ट्रीय भावों की प्रधानता थी। उनके काव्य की भाषा ओजगुण पूर्ण है। भूषण स्वाभिमानी कवि थे। कुछ आलोचक भूषण की कविता में जातीयता और सांप्रदायिकता की संकीर्ण भावनाओं का आरोप करते हैं जो भूषण के साथ अन्याय है। भूषण के युग की राष्ट्रीयता का भली प्रकार जाने बिना उन पर इस प्रकार आरोप लगाना न्याय संगत नहीं। भूषण ने उस युग की राष्ट्रीयता के अनुसार अपना कर्तव्य निभाया।

अन्तर्वस्तु

भूषण के काव्य की अंतर्वस्तु शिवाजी और छत्रसाल के वीर चरित्र से सम्बद्ध है। भूषण ने इन दोनों वीरो को हिन्दुओं का लोकनायक और उनकी रक्षा करने वाला कहा है। शिवराज भूषण, शिवाबावनी, छत्रसाल दसक अपनी तीनों ही कृतियों में भूषण ने इन वीर चरित्रों की प्रशंसा और दुष्टों में इनके भय को वाणी दी है। भूषण ने जो युद्ध शिवाजी और औरंगजेब के बीच दिखाया है उसमें साम्प्रदायिकता की गंध नहीं वरन् वह मराठा जाति का जातीय सग्रांम था। जो उन्होंने अपनी अस्मिता बचाने के लिए लड़ा था। भूषण ने युद्ध से ज्यादा युद्ध की तैयारियों को चित्रित किया है।

भूषण के समक्ष राजाओं और उनके दरबारों का विलासमय जीवन था। वे चाहते तो इन प्रवृत्तियों का पालन करके राजकवि का पद पा सकते थे। किन्तु इस युग में प्रगति, सत्य और न्याय की जो लपटें उठ रही थी उसे सिर्फ भूषण ने पहचाना।

भूषण ने अपनी रचनाओं में कई ऐतिहासिक घटनाओं का वर्णन किया जैसे अफजल खाँ का शिवाजी द्वारा मारा जाना, दारा की औरंगजेब द्वारा हत्या, सूरत पर शिवाजी की विजय, खजुवा का युद्ध, शिवाजी का औरंगजेब के दरबार में जाना आदि।

भूषण ने अपने काव्यों में मुस्लिम शासक औरंगजेब द्वारा हिन्दुओं के जबरन धर्म परिवर्तन पर क्षोभ व्यक्त करते हुए लिखा है–

"सिवा जो न होते तो सुनति होत सबकी"

वे अपने नायकों को राम और युधिष्ठिर कहते हैं क्योंकि वे अन्याय के विरूद्ध लड़ रहे थे। जसवंत सिंह तथा राव भाऊसिंह, जो औरंगजेब के सहायक थे, को भूषण ने कौरव दल में शामिल कर दिया।

शिवाजी ने अपने छापामार युद्ध से औरंगजेब को बहुत छकाया। दक्षिण में शिवाजी की धाक् जम गई थी। यही भूषण का केन्द्रीय विषय है।

भूषण का एक अत्यंत लोकप्रिय छन्द है–

"इन्द्र जिमि जंभ पर बाड़व सुअंभ पर
रावण सुदंभ पर रघु कुल राज है
तेज तम अंश पर, कान्ह जिमि कंस पर
यो मलेच्छ वंश पर सेर सिवराज है"

भूषण युद्ध वर्णन की अपेक्षा युद्ध की तैयारी का वर्णन अधिक करते हैं। स्थान-स्थान पर मुगल शहजादियों और बेगमों की दुर्दशा का वर्णन मिलता है जिसे वे शिवाजी के आतंक की परिणति मानते हैं–

"भूषण मनत सिवराज बीर तरे भास
नगन जड़ाती ते वै नगन जड़ाती हैं"

काव्य कला

भूषण ने रीतिकालीन मनोवृत्ति से हटकर वीर रस की कविता की, इसीलिए इनकी कविता में उत्साह, ओज दिखाई देता है। भूषण की भाषा में ओजस्विता के साथ-साथ नादात्मकता का गुण भी विद्यमान है। जिसमें अनुसरण वाले शब्दों की अधिकता होती है। वीर रस की कविता करने के कारण ब्रज भाषा जैसी कोमल भाषा भी पुरुष वर्ण प्रधान कठोर एवम द्वित्व वर्णमयी-ट, ठ, ड, ढ, युक्त हो गयी है। भूषण ने लोकोक्तियों और मुहावरों का जीवन्त प्रयोग किया। शिवराज भूषण में 100 अर्थालंकार और पाँच शब्दालंकारों का सिद्धांत निरूपण किया। मालोपमा अलंकार इनका प्रिय अलंकार है।

वीर रस की कविताओं में द्वित्व वर्णों और संयुक्ताक्षरों के प्रयोग की परिपाटी चली आ रही थी। भूषण ने उसी का अनुसरण किया। उनकी कविता में अरबी-फारसी और तुर्की के शब्द भी उस युग के अन्य रचनाकारों की अपेक्षा अधिक पाए जाते हैं। मुगलों के साथ बराबर युद्धरत रहते हुए मराठों की अपनी भाषा में विदेशी शब्दों का आना स्वाभाविक है। (भूषण को अपनी रचनाओं के माध्यम् से शिवाजी के शौर्य को उनके शत्रुओं तक संप्रेषित भी करना था)। जहाँ भी औरंगजेब तथा उसके मुसाहिबों का प्रसंग मिलता है वहाँ कवि खड़ी बोली की छौंक डाल देते हैं जैसे–

"सिवाजी की बड़ाई बौर हमारी लघुताई क्यों कहत,
गरौ परिवे को पातसाह गरजा"

उनकी कविता में टंकार के साथ झंकार भी है वे कभी-कभी व्यंग्य भी करते हैं-**"दारा कि दौर यह रार नहीं खजुवे की"**

भूषण के यहाँ भाषागत अव्यवस्था मिलती है जिसका कारण उत्साह का अतिरेक है। उनके काव्य में श्लेष का पूरा प्रयोग मिलता है।

भूषण की अभिव्यंजना में ओज है। उन्होंने ब्रज भाषा में रचना की है किंतु उनकी भाषा प्रायः अव्यवस्थित है। शब्दों को उन्होंने मनमाने ढंग से तोड़ा-मरोड़ा है। भाषा में स्थान-स्थान पर व्याकरण के नियमों का उल्लंघन मिलता है। वाक्य रचना में भी व्यवस्था नहीं किंतु यह अव्यवस्था उसी समय मिलती है जब वे अलंकारप्रदर्शन के मोह में पड़े। उन्होंने मुहावरों का बड़ा सटीक प्रयोग किया है। युगीन प्रवृत्ति का त्याग करके भूषण ने वीर रस का निर्मल स्रोत बहाया है। वीर रस का स्थाई भाव उत्साह उनके काव्य में आरम्भ से अंत तक व्याप्त रहा है। रस के अनुकूल उनकी भाषा भी ओजगुण पूर्ण है।

घनानंद

स्वच्छंद योजना

घनानंद के जीवन की तर्ज पर ही उनकी कृतियों का स्वभाव भी स्वच्छन्द रहा है। वह किसी प्रकार के बंधन में बंधना स्वीकार नहीं करते। हाँ, प्रेम के बंधन में जरूर बंधना चाहते थे लेकिन ऐसे प्रेम के बंधन में जो बंधनों से मुक्त-स्वच्छन्द हो। घनानंद ने रीतिबद्ध कवियों की शास्त्रीय परिपाटी पर कविता करने की भेड़ चाल के विरूद्ध विद्रोह किया। शृंगार में से अश्लीलता को निकाला और पवित्र प्रेम और शृंगार के चित्रण पर बल दिया। घनानंद का सम्पूर्ण काव्य सामाजिक बंधनों, रूढ़ियों, काव्य रूढ़ियों, अश्लीलता से मुक्ति का काव्य है। इन्होंने प्रेम में वक्रता, छल, कपट, चातुरी का विरोध कर प्रेम की एकनिष्ठता और उसके सीधे-सरल मार्ग के अनुसरण पर बल दिया।

घनानंद रीतिकालीन स्वच्छंद भावधारा के कवि हैं। काव्य लक्षण नायिका भेद जैसे स्थूल विषयों में घनानन्द की रूचि नहीं थी। यद्यपि उन्हें इसका पर्याप्त ज्ञान था। उनकी कविता स्व प्रेमानुभूति है। डॉ॰ नगेन्द्र ने रीतिकालीन कविता को दमित भावना की मनोग्रंथि की अभिव्यक्ति माना है। रीतिबद्ध कवि इस भावना की अभिव्यक्ति आलंबनत्व की आड़ लेकर करते हैं जबकि स्वच्छंद वृति को ही अपनी निश्छल अभिव्यक्ति का माध्यम बनाते हैं। तभी तो वे कहते हैं-

"लोग हैं लागि कवित्त बनावत।
मोहीं तो मोरे कवित्त बनावत।।"

घनानन्द की प्रेमानुभूति अशरीरी और सूक्ष्म है जहाँ अश्लीलता और संयोग चित्र का अभाव है। रीतिबद्ध कवियों की तरह प्रेम इनके लिए खेल नहीं जीवन मरण का प्रश्न हैः-

"प्रेम को पंथ कराल महा
तरवार की धार पे-धावनो है।"

घनानन्द प्रेम की पीर के कवि है। आचार्य शुक्ल ने करूण को सर्व प्रमुख रस माना है। घनानन्द के काव्य में इसी रस की प्रधानता है। प्रेम के दारूण्य में घनानंद ने ऐसा आवेगमय चित्रण कर रखा है कि संसार की सारी मर्यादाएँ ढह जाती हैं और गणिका काव्य में वधू रूप में स्थापित हो जाती हैं:- **"देखि जियो नद्दियों घनानंद कोवरे अंग सुजान वधू के"**। यह काव्य में स्वच्छंद वृत्ति का सूचक है।

यही नहीं 'ब्रजभाषा प्रवीन', 'मीनमृग खंजन' के युग में भी भाषा को लेकर स्वच्छंद वृत्ति का परिचय देते हैं। बादल और पपीहें को लेकर नए-नए बिम्बों की सृष्टि की है-

"कबहूँ वा विलासी सुजान के आँगन माँ असुवाँनिहूँ लै बरसो"

इस छन्द में घनानंद बादल प्रेमी के आँसुओं को लेकर सुजान के आंगन में बरसने का बिम्ब प्रस्तुत करते हैं।

रामस्वरूप चतुर्वेदी ने लिखा है "घनानन्द की स्वच्छंदता, उनके बिम्ब-विधान भाषा प्रयोग और प्रेम की मनःस्थितियों के चित्रण में सर्वत्र दिखाई पड़ती है।"

प्रेम व्यंजना

घनानन्द प्रधानतः प्रेम की पीर के कवि हैं। आचार्य शुक्ल ने इनकी प्रेम की पीर को सूफियों से प्रभावित माना है। घनानंद का प्रेम लौकिक और अलौकिक दोनों धरातलों पर है। लौकिक धरातल पर सुजान के प्रति और अलौकिक धरातल पर कृष्ण के प्रति। घनानंद प्रेम के मार्ग को बिल्कुल सीधा और सपाट मानते हैं। इसमें वक्रता, छल-कपट, चातुरी का विरोध करते हैं। घनानंद के प्रेम में संभोग का सुख, रति की लालसा, मिलन की चाह, आनंद क्रीड़ा की आतुरता सभी कुछ है लेकिन वह अश्लीलता से कोसों दूर है। घनानंद की रूचि जीवनानुसार वियोग में ही अधिक रही है। वे संयोग में भी वियोग का अनुभव करते हैं। प्रेम की एक-निष्ठता पर बल देते हैं और प्रेम का दूसरा नाम ही पीड़ा, दुख और वेदना मानते हैं।

"प्रेम की पीर को लेकर इनकी वाणी का प्रादुर्भाव हुआ"

"ये वियोग शृंगार के प्रधान मुक्तक कवि हैं।"

"प्रेम मार्ग का ऐसा प्रवीन और धीर-पथिक, तथा जवांदानी का दावा रखने वाला ब्रज भाषा का दूसरा कवि नहीं हुआ"

—आचार्य शुक्ल—

आचार्य शुक्ल घनानन्द को 'साक्षात् रसमूर्ति' मानते हैं शुक्ल जी की उपरोक्त तीनों पंक्तियाँ घनानन्द के प्रेम पक्ष को ही प्रकारान्तर में अभिव्यक्त करती है। घनानन्द एकांगी प्रेम के कवि हैं। इसलिए प्रेम की पीर इनके काव्य का मुख्य प्रतिपाद्य है। ब्रजनाथ ने ठीक ही कहा था—**"समझै कविता घन आनंद की हिय आँखिन नेह की पीर तकी है"**। प्रेम की इसी एंकागिकता के कारण वह शारीरिक धरातल से उठकर आत्मीय धरातल पर प्रतिष्ठित हो जाती है जहाँ विषम परिस्थितियों में भी प्रीति रोम-रोम में समायी रहती है

इनके यहाँ प्रेम का जैसा सात्विक शीलमय और सजीव निरूपण मिलता है वह अन्यत्र दुर्लभ है। इसका कारण है इनका स्वानुभूति तथा अहंकार रहितता-

अति सूधो सनेह को मारग है जहाँ नेकु सयानप बाँक नहीं।
वहाँ साँचे चलै तजि आपुनपौ झिझकै कपटी जो निसांक नहि।।

प्रेम की परीक्षा वियोग में होती है। वे इसमें कितने खरे उतरे हैं यह उनके काव्य से ही जाना जा सकता है। प्रतीक्षा का चित्रणः-

"अभिलाषनि लाखनि भांति भरी बरूनीन रूमाँच ह्वै काँपति है
घनानंद आन सुधाधर मूरति चाहनि अंक में चापति है
तक लाय रही पावल पाँवड़े कै सूचकोर की चोपहि झाँपति है।"

प्रतीक्षारत नयनों की चेष्टाओं का वर्णन इस भांति हुआ है कि लगता है कि प्रिय के मार्ग में वियोगिनी ने अपनी आँखें बिछा दी हों। इसी क्रम में प्रियतमा की भिन्न-भिन्न छवियाँ याद आती हैं-

आनन्न निधान प्रान प्रीतम सुजान जू की
सुधि सब भातिन सो बेसुध कराती हैं।

इस प्रकार घनानन्द के काव्य में प्रेम पक्ष के पूर्ण व स्वाभाविक चित्रण के कारण उन्हें 'साक्षात् रसमूर्ति' कहा गया। यह अलग बात है कि उनके यहाँ वियोग भाव की प्रधानता है।

काव्य दृष्टि

घनानंद रीतिकालीन दरबारी कवि अवश्य थे लेकिन रीतिकालीन रीतिबद्ध कवियों की तरह उन्होंने काव्यशास्त्रीय नियमों को दृष्टि में रखकर कोई काव्य नहीं रचा। प्रेम, शृंगार, विरह, भक्ति को घनानंद प्रधानता देते हैं। वे रीतिबद्ध कवियों की कविता करने की ललक का विरोध करते हुए कहते हैं–

'लोग हैं लागि कवित्त बनावत, मोहि तो मेरे कवित्त बनावत।'

घनानंद को लाक्षणिक मूर्तिमत्ता का कवि कहा गया है। इन्होंने मुक्तक को महत्त्व दिया और ब्रजभाषा की मधुरता में चार चांद लगाए।

सौन्दर्य चित्रण : घनानन्द प्रेम व सौन्दर्य के कवि हैं। अपनी प्रियतमा सुजान के सौन्दर्य ने उन्हें मुग्ध कर दिया था। उसे अंग-प्रत्यंग का मनोहारी चित्र वे अपनी कविता में अंकित करते हैं। घनानन्द के सौन्दर्य चित्रण में अंग कान्ति, लावण्य का चित्रण सरस व मादक रूप में किया गया है।

झलकै अति सुन्दर आनन और छकै दृग राजति कानन छवै।
हंसि बोलनि में छवि फूलन की बरसा उर ऊपर जाति है जहै।।

रस निरूपण : घनानन्द के काव्य में शृंगार रस की प्रधानता है। शृंगार के दोनों ही पक्ष संयोग और वियोग का निरूपण उनके काव्य में प्रमुखता से हुआ है। घनानन्द की प्रसिद्धि वियोग चित्रण के कारण अधिक रही है। शृंगार के संयोग पक्ष से भी वे सुन्दर चित्रण करते हैं। उदाहरण

मुख स्वेद कनी मुख चन्द बनी विधुरी अलकावलि भाँति भली।
मद जोबन रूप छकी आँवियाँ अवलोकनि, आरस रंग रली।।

वियोग शृंगार में तो घनानन्द को विशिष्टता प्राप्त है। सुजान रूपी बादल अब ही कौंधते भी नहीं, न जाने वे कहाँ चले गए। इधर प्राणरूपी चातक उनके लिए तरस रहे हैं, तप रहे हैं। जब तक वे आकर प्रेम वर्षा नहीं करते, इन प्राणों को चैन कैसे मिलेगा।

भाव निरूपण : घनानन्द की कविता विविध भावों का भण्डार है ये उनके भाव अत्यन्त मार्मिक व हृदयद्रावक है। ये भावप्रेम प्रेरित है। प्रिय के वियोग में व्याकुलता अनुभव करते हैं।

भाषा : घनानन्द की भाषा सरस ब्रजभाषा है। वे ठेठ ब्रजभाषा के शब्दों का प्रयोग करते हैं। ब्रजभाषा पर उनका असाधारण अधिकार था। उनकी भाषा में भाव निरूपण की अद्‌भुत क्षमता थी। उनकी भाषा में उक्ति चमत्कार भी व्याप्त है।

अलंकार योजना : अलंकार काव्य में चारुता का विधान करने के साथ-साथ भावभिव्यक्ति में भी सहायता पहुँचाते हैं। घनानन्द के काव्य में भी अलंकारों की योजना इन्हीं दो उद्देश्यों से की गई है। उन्हें सादृश्यमूलक अलंकार विशेष प्रिय है। इसके साथ-साथ यमक, श्लेष, रूपक, उत्प्रेक्षा, विरोधाभास, प्रतीक, सन्देह आदि अलंकारों का प्रयोग हुआ है। उदाहरण :

उपमा झरै अँखियाँ दुखिया झरना सी

उत्प्रेक्षा अंग-अंग तरंग उठे द्युति की परि है मनोरूप अबै धरच्चै।

श्लेष घनानन्द जीवनदायक है। कुद मेरियो पीर हिए परसौ।

यमक काहू कलपाय है सो कैसे कल पाय है।

विरोधाभास अमोही के मोह मिठास ठगी।

प्रतीक तेरे आगे चन्द्रमा कलंक सो लगत है।

छंदयोजना : छंद से काव्य में गेयता का समावेश होता है तथा प्रभविष्णुता आती है। काव्य में चारुता का विधान करने में छंद सर्वाधिक सहायता पहुँचाता है। छंदबद्ध कविताओं का प्रभाव स्थायी होता और हृदय में सीधे उतरती है। घनानन्द की कविता छंदों की रसमाधुरी से ओत-प्रोत है।

घनानंद मूल रूप से स्वच्छंद काव्य धारा के कवि हैं। इस धारा के प्रायः सभी गुण इनकी शैली में मिल जाते हैं, जैसे भावात्मकता, वक्रता, लाक्षणिकता, भावों की वैयक्तिकता, रहस्यात्मकता, मार्मिकता, स्वच्छंदता आदि।

इकाई-III

आधुनिकता

अवधारणा और उसके उदय की पृष्ठभूमि

आधुनिकता एक तर्क आधारित, विवेक सम्मत वैज्ञानिक जीवन दृष्टि है जो हमारी जीवन शैली को प्रभावित करती है। उदय की पृष्ठ भूमि के रूप में ज्ञान विज्ञान, दर्शन के क्षेत्रों में उपलब्ध नये विचारों को देखा जा सकता है। डार्विन का विकासवाद, कार्लमार्क्स का मार्क्सवाद, फ्रायड का मनोविश्लेषणवाद आदि को इसी पृष्ठभूमि के तौर पर देखा जा सकता है।

सामान्य प्रयोग में 'आधुनिक' शब्द को बहुत दूर तक समय-सापेक्ष मान लिया जाता है। जैसे इतिहास का विभाजन प्राचीन, मध्यकालीन तथा आधुनिक कालों में करते समय। परन्तु यह 'आधुनिक' शब्द का सुविधा-निष्पन्न और लचीला अर्थ है, जिसके अनुसार हर अगला काल अपने पूर्ववर्ती काल की अपेक्षा आधुनिक होता है। पर अपने विशिष्ट रूप से आधुनिकता का अर्थ इससे भिन्न है। आधुनिकता की प्रथम शर्त है, स्वचेतनता। युग-प्रवृतियों का इतना शीघ्र परिवर्तन और उसका इतना शीघ्र अनुभावन गहरी स्वचेतनता द्वारा ही संभव है। रमेश कुंतल मेघ के अनुसार, "सूत्ररूप में आधुनिकता' को समाज-संस्कृति की समूहालंबनात्मक विचार-विधि माना जा सकता है– जो विशिष्ट राष्ट्रीय 'संस्कृति' में उभरती है। इसका प्रतिरोपण नहीं होता। इसमें अपेक्षाकृत आधुनिकीकृत होते हुए समाज तथा सामाजिक संघर्षों के द्वारा, बदलते हुये सामाजिक वर्गों की कई विचार दिशाएँ मिलती हैं: जैसे, सामाजिक-दशा का प्रतिबिम्ब, सामाजिक यथार्थता की मानवीय रचना, प्रत्येक सामाजिक वर्ग की सांस्कृतिक स्थिति के अंतर्विरोध; तथा सत्ताधारी वर्ग समूहों की विचार धारात्मक छायाएं। उक्त चतुर्मुखी अवयव आधुनिकता की धारणा प्रस्तुत करते हैं।"

आधुनिक ज्ञान-विज्ञान और तकनीकी के फलस्वरूप उत्पन्न मानवीय स्थितियों का नया, गैर-रोमैंटिक और अमिथकीय साक्षात्कार है। आधुनिकता का स्वरूप मध्यकालीनता एवं पुरातनता से विलगाव के उपरांत मूर्तिमंत हुआ। औद्योगीकरण-नगरीकरण और बौद्धिकता से सम्बद्ध है। जिससे नवीन आशाओं-आकांक्षाओं का प्रादुर्भाव हुआ। देश, धर्म, राष्ट्र, ईश्वर आदि को पुनः व्याख्यायित किया। खोये हुये व्यक्तित्व की पुनः खोज शुरू हुई। नीत्शे द्वारा यह कहना "कि ईश्वर मर गया है।" कला, साहित्य, संस्कृति, समाज में क्रांतिकारी परिवर्तन आया। यथार्थ का स्वरूप परिवर्तित हो गया। स्वचेतन वृत्ति को इतिहासकार ई॰एच॰ कार ने अपनी पुस्तक 'What is History' में वर्णित किया है। डॉ॰ जगदीश गुप्त के अनुसार, आधुनिकता का मूल आधार मानवतावादी दृष्टि है। यह दृष्टि ही सुविचारित आधुनिक दृष्टिकोण है और मानव मुक्ति से किसी-न-किसी रूप में अवश्य जुड़ी होती है।

आधुनिकता के लक्षण

1. आधुनिकता की व्याख्या ऐतिहासिकता के समकक्ष है।
2. समकालीन आधुनिक भविष्य में पुरातन होगा।
3. अनुभूति और संवेदना में नयापन।
4. अतीत सम्बद्धता से आधुनिकता सुरक्षित।
5. आधुनिकता संपूर्ण विकास एवं प्रगति का केन्द्र मानव को मानती है।
6. आधुनिकता सापेक्षिक होती है।
7. मानववादिता।

8. धर्म, दर्शन, साहित्य के प्रति नवीन दृष्टिकोण।
9. विषय वस्तु एवं शैली-शिल्प में नवीनता।
10. प्रगतिशील मूल्यों पर आधारित।
11. अस्तित्ववादी चिंतन। बुनियादी सवाल–अकेलापन, कुंठा, संत्रास, मृत्यु बोध, स्वतंत्रता, निराशा एवं व्यग्रता।
12. भविष्योन्मुख बोध।

उदय की पृष्ठभूमि

"आधुनिकता हिन्दी कविता के विकास की सबसे उल्लेखनीय विशेषता यह है कि उसने लोक साहित्य के संस्कृतिकरण का प्रयास नहीं किया। उसने लोक संस्कृति से प्रेरणा लेकर शिष्ट साहित्य में सम्वेदना, विषयवस्तु और अभिव्यक्ति के ढांचों को तोड़ा और आधुनिक हिन्दी कविता को जनतांत्रिक स्वरूप दिया। इसका एक प्रतीकात्मक उदाहरण है भारतेन्दु की लिखी 'संस्कृत लावनी'। संस्कृत के छंद लेकर हिन्दी कविता लिखने के बदले लोक शैली की लावनी में संस्कृत का छंद लिखना उस नई प्रवृत्ति का सूचक है जो हिन्दी में संस्कृत की 'उद्धरणी' तैयार करने वाले रीतिवाद से अलग हटकर विकसित हो रही थी। इस परिवर्तन का कारण था प्रत्यक्ष अनुभव पर बल।" – अजय तिवारी

यह सही है कि शुरू-शुरू में रस-छंद-अलंकार, नायिका-भेद, समस्यापूर्ति और भक्ति वाले काव्य के पारम्परिक ढांचे और इसी सामाजिक जागरूकता के मध्य टकराव का ऐसा स्वरूप था कि शुक्ल जी को भी 'भारतेन्दु में आधुनिकता कम ही मिलती है। लेकिन प्रत्यक्ष अनुभव की क्रमशः बढ़ती हुई भूमिका ने संवेदनात्मक ढांचे में निर्णायक परिवर्तन उपस्थित किया। संयोग नहीं है कि भारतेन्दु युग में गद्य ही नहीं, कविता में भी नई विषय-भूमियाँ आईं, काव्य-रूपों में नए प्रयोग हुए, लेकिन पुराने काव्य ढांचों के अलावा ब्रजभाषा के प्रयोग में भी परिपाटी का निर्वाह जारी रहा।

सन् 1857 में हुए भारत के प्रथम स्वतंत्रता संग्राम ने देश में एक नई चेतना को जन्म दिया। इस तरह आधुनिकता की शुरूआत संवत् 1900 के आस-पास माननी चाहिए। भले ही इस 'स्वतंत्रता संग्राम' को अंग्रेजों ने 'विद्रोह' कहकर कुचल दिया, किन्तु इससे देश में स्वचेतना जाग्रत हुई। अंग्रेज सरकार के दमनात्मक रवैये ने देश की मानसिकता को हिला दिया और भारतीय संवेदना के कवियों को यह जरूरी लगने लगा कि विदेशी अर्थात् अंग्रेजी सभ्यता एवं शासन के संदर्भ में बताया जाये।

"अंग्रेज राज सुख साज सजे सब भारी।
पै धन विदेश चलि जात यहै अति ख्वारी।।"

1885 ई. में कांग्रेस पार्टी की स्थापना, गाँधी जी का भारतीय राजनीति में आना एवं स्वतंत्रता प्राप्ति के लिए भारतीय जनता के संघर्ष के परिप्रेक्ष्य में ही आधुनिक हिन्दी साहित्य को परखा जाना चाहिए।

स्व के प्रति चेतना इस काल में सामाजिक क्षेत्र में भी अनेक आन्दोलनों का सूत्रपात हुआ। ब्रह्म समाज, आर्य समाज, थियोसोफिकल सोसायटी, प्रार्थना समाज ने परम्परागत भारतीय समाज में नई सामाजिक-सांस्कृतिक चेतना का विकास किया और परम्परागत रूढ़ियों एवं परम्पराओं से मुक्ति पाने में योगदान दिया। दयानंद, रामकृष्ण परमहंस, स्वामी विवेकानंद, महर्षि अरविन्द आदि दार्शनिक एवं आध्यात्मिक इस क्षेत्र में आधुनिकता का प्रसार किया। जनमानस को आधुनिक बोध प्रदान किया। सत्य, अहिंसा, प्रेम के द्वारा गांधी जी ने भी नयापन प्रस्तुत किया। आधुनिक काल में विविध आंदोलनों के माध्यम् से हुए सामाजिक सुधारों जैसे– विधवा विवाह, सतीप्रथा पर रोक, बाल विवाह पर रोक, जातिप्रथा, अछूतोद्धार आदि ने भारतीय समाज को प्रभावित किया। ईसाई मिशनरी ने भी आधुनिकता की ओर बढ़ने के लिए प्रेरित किया।

अंग्रेजी शैली के विद्यालय-विश्वविद्यालयों की स्थापना ने भी भारतीय समाज को आधुनिकीकृत करने में विशेष योगदान दिया। पुस्तकों के मुद्रण, प्रसार प्रचार होने, समाचार पत्रों के छपने से लोगों में आधुनिक भाव जाग्रत हुये। अनुवादात्मक साहित्य का भी योगदान रहा। ज्ञान-विज्ञान के नवीन तकनीकी, रोमेंटिसिज्म, कम्युनिज्म सदृश आंदोलनों ने स्वचेतना का विस्तार किया। नव जागरण का स्वर इसके मूल से ही उपजा।

अतः आधुनिकता की पृष्ठभूमि सन् 1857 के आस-पास बननी प्रारंभ हुई।

हिन्दी पुनर्जागरण और भारतेन्दु

भारतेन्दु युग वस्तुतः हर क्षेत्र में पुनर्जागरण का युग है। हिन्दी परिपाटी (क्षेत्र) में भारतेन्दु युग के रचनाकारों ने स्वचेतना को जागृत किया तथा अपनी सामाजिक, सांस्कृतिक परिस्थितियों के प्रति लोगों का ध्यान केन्द्रित किया। भारतेन्दु ने अंग्रेजों के द्वारा हो रहे अन्याय, शोषण इत्यादि के प्रति दबे स्वर में विरोध किया। क्योंकि उस समय अंग्रेजों के उत्पीड़न से जनता डरी हुई थी इसलिए खुलकर विरोध करना संभव नहीं था।

भारतीय पुनर्जागरण का आरंभ बंगाल की भूमि पर 19वीं शताब्दी में हुआ। इसके नेता राजा राम मोहन राय थे। डॉ॰ नंदकिशोर नवल की सम्मति में, "अंग्रेजों के हाथों भारत की जो पराजय हुई थी, उसने भारतीय समाज की दुर्बलता को प्रत्यक्ष बना दिया था। जो चिंतनशील भारतीय थे, उन्होंने उस दुर्बलता को दूर करने का उपाय ढूँढना शुरू किया। इतिहासकारों का कहना है कि इसमें उन्हें आधुनिक पाश्चात्य चिंतन से विशेष सहायता प्राप्त हुई। वे पश्चिम की जिन चीजों से विशेष रूप से प्रभावित हुए, वे थीं आधुनिक विज्ञान तथा विवेकशीलता और मानवतावाद के सिद्धांत।"

हिन्दी साहित्य के भारतेंदु कालीन साहित्य को भारतीय पुनर्जागरण से सीधे जोड़कर देखा जाता रहा है। डॉ॰ रामविलास शर्मा इसे हिन्दी नवजागरण की अवधारणा से देख रहे हैं।

भारतेन्दु और उनके युग में जन-चेतना पुनर्जागरण की भावना से अनुप्राणित थी; इसके परिणाम स्वरूप सामाजिक, सांस्कृतिक और राजनीतिक क्षेत्रों में न केवल अतिरिक्त सक्रियता थी, अपितु इन सबमें गहन अंतः सम्बन्ध थे। इस युग में कवि-सर्जना कर्तृत्व पर इसका बहुत प्रभाव पड़ा। इसकी परिणति विषय-चयन में व्यापकता और विविधता के रूप में हुई। "शृंगारिक रसिकता, अलंकरण-मोह, रीति-निरूपण, प्रकृति का उद्दीपनात्मक चित्रण प्रभृति रीतिकालीन प्रवृत्तियों का महत्व क्रमशः कम होता गया; और भक्ति और नीति सदृश प्रमुख वर्ण्य विषयों के रूप में ग्रहण करने का आग्रह भी नहीं रह गया। भारतेन्दु हरिश्चंद्र ने जनता को उद्बोधन प्रदान करने के उद्देश्य से 'जातीय संगीत' अर्थात् लोकगीत की शैली पर सामाजिक कविताओं की रचना पर बल दिया।" मातृ-भूमि-प्रेम, स्वदेशी वस्तुओं का व्यवहार, गोरक्षा, बाल-विवाह निषेध, शिक्षा-प्रसार का महत्त्व, मद्य-निषेध, भ्रूण हत्या की निंदा आदि विषयों को सृजकगण अधिकाधिक अपनाने लगे। राष्ट्रीय भाव का आविर्भाव भी इस काल की अनन्य विशेषता है। डॉ॰ सुरेश चंद गुप्त ने भारतेन्दु कालीन काव्यधारा के प्रवृत्तिगत लक्षण निम्नांकित बताये हैं। यथा–

1. **राष्ट्रीयता**–भारतेन्दु युगीन कवियों ने भारतीय इतिहास के गौरवशाली पृष्ठों की स्मृति तो अनेक बार दिलायी, पर उनकी राष्ट्रीय भावना केवल यहीं तक सीमित नहीं रही। अंग्रेजों की विचारधारा और उनकी देशभक्तिपूर्ण कविताओं से भी उन्होंने समुचित प्रेरणा प्राप्त की। जिसका फल यह हुआ कि क्षेत्रीयता से ऊपर उठकर वे संपूर्ण राष्ट्र की नब्ज को टटोलने लगे। अंग्रेजों की शोषण परक नीति का भारतेन्दु द्वारा प्रत्यक्ष उल्लेख इस भावना की चरम परिणति है :

   "भीतर भीतर सब रस चूसै, हंसि हंसि के तन मन धन मूसै।

   जाहिर बातन में अति तेज, कयों सखि सज्जन नहिं अंग्रेज।।

2. **सामाजिक चेतना**–भारतेन्दु और उसके मंडल ने प्रथम बार सामाजिक जीवन की जनता की समस्याओं को अपनी लेखन शक्ति से उकेरा। पूर्ववर्ती रीतिकालीनता से युक्त साहित्य में साहित्य बंधी नालियों में बहने लगा। दरबारीपन दृष्टिगोचर होता है। इसीलिए भारतेन्दु युग में नारी शिक्षा, विधवाओं की दुर्दशा, अस्पृश्यता आदि को लेकर जो सहानुभूतिपूर्ण कविताएं लिखी गयीं उनकी कथा वस्तु की नवीनता ने पाठक वर्ग को विशेष रूप से आकृष्ट किया। मध्यवर्गीय जीवन परिस्थितियों के अलावा परंपरा में आई रूढ़ियों को इस तरह वर्णित किया है–

"बहुत हमने फैलाये धर्म, बढ़ाया छुआ छूत का कर्म।"

"कौन करेजो नाहि कसकत सुनि बिपति बाल विधवन की।"

–प्रताप नारायण मिश्र

"रोवहु सब मिली, आवहु भारत भाई।
हा। हा। भारत-दुर्दशा न देखी जाई।।"

इन विशेषताओं से इतर भक्तिभावना, शृंगारिकता, देशानुरंजक भक्ति भावना, प्रकृति चित्रण, हास्य-व्यंग्य, रीति-निरूपण, समस्या पूर्ति पर यथेष्ट साहित्य सृजित किया। इसके अलावा भाषाई चेतना में भी जागृति हुई। खड़ी बोली की ओर सृजकगण आकृष्ट हुये। डॉ॰ नंद किशोर नवल के शब्दों में निष्कर्ष रूप में कहते हैं कि, "भारतेंदु-युग की कविता अपनी परीक्षा के लिए एक नए सौन्दर्यात्मक प्रतिमान की माँग करती है, जो कि राष्ट्रीय नवजागरण से ही प्राप्त किया जा सकता है। अन्यत्र से नहीं।" भारतेन्दु कालीन कविता पुनर्जागरण कहें या नवजागरण से ओतप्रोत थी। समाज को एक दिशा देने का कार्य करती है।

भारतेन्दु ने अपने साहित्य की रचना में अनेक नई विधाओं का श्रीगणेश किया। और इनको पुष्ट करने में उनके समकालीन सहयोगियों बालकृष्ण भट्ट, प्रताप नारायण मिश्र, लाला श्रीनिवास दास, बदरी नारायण चौधरी प्रेमघन आदि ने काफी योगदान दिया।

महावीर प्रसाद द्विवेदी

नवजागरण

महावीर प्रसाद द्विवेदी ने भारतेन्दु युग की प्रवृत्तियों को विकसित करते हुए राष्ट्रीयता, देश-प्रेम, स्वदेशाभिमान समाज-सुधार, आदर्शवाद, नैतिकता आदि नवजागरण के स्वरों को अधिक मुखर किया। 'सरस्वती' पत्रिका के संपादक के रूप में द्विवेदी जी ने हिन्दी साहित्य जगत को अनेक रूपों में प्रभावित किया।

हिन्दी साहित्य के क्षेत्र में आचार्य महावीर प्रसाद द्विवेदी के प्रवेश से भाषा-खड़ी बोली के इतिहास में एक युगान्तर स्थापित हो गया। डॉ॰ दीन दयाल के शब्दों में, "उनका आगमन मानों हिन्दी साहित्य कानन में बसंत का आगमन था। उस समय साहित्यिक जीवन में नवस्फूर्ति आ गई। द्विवेदी जी ने लेखक एवं भाषा शिक्षक दोनों रूपों में साहित्य की सेवा की। इतना ही नहीं द्विवेदी जी संपादक, हिन्दी भाषा के प्रचारक, गद्य तथा पद्य के परिष्कारक, निबंधकार, आलोचक, कवि, शिक्षक आदि अनेकों रूपों में अपनी प्रतिभा का प्रसार करते हैं। उन्होंने खड़ी बोली को पद्य क्षेत्र में भी आगे बढ़ाया। वे स्वयं बड़े कवि नहीं थे और न हीं उपन्यासकार या नाटककार ही थे। अनुभूति की व्यापकता और गहनता, कल्पना की सूक्ष्म तथा विचारों की गंभीरता का भी द्योतक नहीं हैं उनकी रचनाएं! फिर भी द्विवेदी जी की कृतियों में प्रेरक शांति है। जीवन का सम्पर्क है और उद्धारक तथा प्रचारक की सच्ची लगन है। ये ही विशेषताएं उनकी रचनाओं को महत्त्वपूर्ण एवं गौरव प्रदान करती हैं।

द्विवेदी युग में आकर भारतेन्दु युग की दो प्रवृत्तियों ने अपना पल्लवन किया। समाज-सुधार और देशभक्ति तथा खड़ी बोली के प्रयोग की। भारतेन्दु युग की कविता भारतीय पुनर्जागरण अथवा हिंदी नवजागरण की थी, जबकि हिन्दी युग की कविता राष्ट्रीय स्वाधीनता आंदोलन की कविता। यह काल बंग भंग और बहिष्कार एवं स्वदेशी के आंदोलन का दौर था, जिसके नेता गोखले और तिलक थे। बंग भंग की घटना ने बंगाल में विरोध की जिस चेतना को जन्म दिया था, वह एक तो दूसरं प्रांतों में फैली और दूसरे, उसने जिस बहिष्कार एवं स्वदेशी-आंदोलन का सूत्रपात किया था, उसने व्यापक रूप ग्रहण किया। तात्पर्य यह कि बहिष्कार केवल विदेशी वस्त्र के बहिष्कार तक सीमित न रहकर सभी विदेशी वस्तुओं के बहिष्कार तक पहुंचा। स्वदेशी आंदोलन भी मात्र भारतीय परिधानों के प्रयोग तक सीमित न रहकर भारतीय भाषाओं तक के प्रयोग के आग्रह के रूप में प्रकट हुआ। भारतीय समाज को एकताबद्ध और गतिशील करने हेतु सामाजिक रचनात्मक कार्यक्रमों को राष्ट्रीय आंदोलन का अनिवार्य अंग माना गया। द्विवेदी युगीन कविता की मुख्यधारा इसी नवजागरण के राष्ट्रीय और सामाजिक वातावरण को प्रतिबिम्बित करती है। 'भारत-भारती', 'जयद्रथ-वध' नवजागरण के संयुक्त निदर्शन हैं।

1903 ई॰ में आचार्य द्विवेदी ने 'सरस्वती' का संपादन भार संभाल हिन्दी गद्य का संस्कार, परिष्कार एवं परिमार्जन किया। लेखकों को च्युत सांस्कृतिक दोष से अवगत कराया। 'कवि कर्तव्य' सदृश निबंध का सृजन कर भाषा, शैली, छंद योजना, विषय-वस्तु सम्बन्धी निर्देश दिये।

राष्ट्रीयता, देश-प्रेम, स्वदेशाभिमान, समाज-सुधार, आदर्शवाद, नैतिकता नवजागरण के स्वर द्विवेदी युगीन कविता में अधिक मुखर है। आर्य समाज, ब्रह्मसमाज, अरविन्द दर्शन आदि के प्रभाव के परिणाम स्वरूप नवजागरण साहित्य में प्रतिबिम्बित हुआ।

काव्य भाषा के रूप में खड़ी बोली की प्रतिष्ठा

भारतेन्दु युग तक काव्य-भाषा ब्रजभाषा थी, द्विवेदी युग ने खड़ी बोली को प्रतिष्ठित किया। 'सरस्वती' पत्रिका के माध्यम से गद्य और पद्य दोनों की भाषा खड़ी बोली पर बल दिया। खड़ी बोली में भी धीरे-धीरे काव्य-भाषा के लिए उपयुक्त गुणों माधुर्य, पदलालित्य एंव सुकुमारता का विकास क्रमशः होता चला गया। छायावाद में खड़ी बोली की कर्कशता दूर हो जाती है एवं ब्रजभाषा के समान वह अपने चरम उत्कर्ष पर पहुँच जाती है। खड़ी बोली को छायावादी कवियों ने मधुरता प्रदान की।

द्विवेदी जी और इनके युग के कवियों को इस बात का श्रेय है कि उन्होंने खड़ी बोली का कविता में प्रयोग किया। साथ ही नए काव्य के माध्यम के रूप में भी उसे स्वीकृति

दिलाई। यह द्विवेदी युग की महान् उपलब्धि है। द्विवेदी युग से पूर्ववर्ती भारतेन्दु युग तक 'ब्रजभाषा' में ही काव्य-रचना होती थी। मध्यकालीन कृष्णभक्त कवि सूरदास से लेकर रत्नाकर तक जो ब्रजभाषा काव्यभाषा के पद पर आसीन रहीं, उसे उस आसन से हटा देना महान् कार्य था। द्विवेदी जी ने इस कार्य को एक मिशन के रूप में पूरा किया। उन्होंने इस बात पर विशेष बल दिया कि गद्य-पद्य की भाषा एक होनी चाहिए। खड़ी बोली के साहित्य हेतु, उपयोगिता को सिद्ध उन विद्वानों के समक्ष किया जो ब्रजभाषा के समर्थक थे। द्विवेदी युगीन काव्य इस संदेह का सही से पूर्ण निवारण करने में समर्थ हुआ। 'प्रिय प्रवास', 'साकेत' आदि महाकाव्य खड़ी बोली में सृजित हुए।

अयोध्या सिंह उपाध्याय को प्रथम हिन्दी खड़ी बोली का कवि माना जाता है। 'प्रिय प्रवास' महाकाव्य प्रथम खड़ी बोली ग्रंथ है। आरंभिक खड़ी बोली की कविताओं में भाव एवं भाषा का कुछ अटपटा रूप था। नीरसता व्याप्त थी। किन्तु कालान्तर में यह अपने पूर्ण उत्कर्ष को प्राप्त हुई।

'दिवस का अवसान समीप था।
गगन था कुछ लोहित हो चला।।
तरू शिखा पर थी अब राजती।
कमलिनी कुल वल्लभ की प्रभा।।' –प्रियप्रवास

खड़ी बोली का प्रौढ़ एवं पूर्ण उत्कर्ष रूप–

"परंपरागत कर्मों की वे कितनी सुंदर लड़ियाँ;
जीवन साधन की उलझी हैं जिसमें सुख की घड़ियाँ"।
– कामायनी

अंततः कह सकते हैं कि द्विवेदी जी के द्वारा खड़ी बोली भाषा का रूप लावण्य सुधरा। और खड़ी बोली तत्काल से लेकर अद्यतनकाल तक अपनी विविध छटाओं से सुरभित हो रहा है।

हरिऔध

द्विवेदी युग में खड़ी बोली हिन्दी काव्य में अयोध्यासिंह उपाध्याय 'हरिऔध' को सरस एवं मधुर रचनाएँ प्रस्तुत करने का श्रेय दिया जाता है। प्रियप्रवास, वैदेही वनवास आदि में इन्होंने जाति सेवा, समाज-सेवा, राष्ट्र सेवा एवं साहित्य सेवा की भावनाओं के साथ-साथ आक्रोश एवं व्यंग्यों से सामाजिक कुरीतियों एवं दुर्बलताओं पर चोट की।

'हरिऔध' जी (1856-1947) द्विवेदी-युग के प्रख्यात कवि होने के साथ-साथ उपन्यासकार, आलोचक एवं इतिहासकार भी थे। पुरातन संस्कृति का पुनरूद्धार, देश के वर्तमान युवक का उचित मार्ग-प्रदर्शन तथा कविता में उपदेशात्मक वृत्ति को इन्होंने आरंभ से ही अपना ध्येय रखा। इनके काव्य ग्रंथ निम्नलिखित हैं–'प्रिय प्रवास' 1914, पद्यप्रसून' 1925, चुभते चौपदे, चोखे चौपदे 1932, बोलचाल, रसकलस तथा वैदेही-वनवास (1940) प्रसिद्ध हैं। इनमें से 'प्रियप्रवास' खड़ी बोली में सृजित आदि महाकाव्य है। बच्चनसिंह के अनुसार, "प्रियप्रवास अपने समय का महत्वपूर्ण ग्रंथ है और कवि की ख्याति का आधार भी।" उपाध्याय जी के जीवन-दर्शन के यही अंग हैं, जिनका विवरण निम्नांकित है–

1. **लोकसेवा की भावना :** हरिऔध जी की लोकसेवा भावना उनके चिंतन का पहला बिंदु है। वे अहिंसा एवं शांति की नीति, जनता की सेवा हेतु युद्ध और हिंसा का विरोध, त्याग को मानव सेवा हेतु बताना, प्रबल धार्मिक विश्वास से लोकसेवा, लोकसेवा हेतु धार्मिक रीति नीति में आवश्यक सुधार आदि। यथा–

   "हो जाता है निरत तप में मुनि की कामना से।
   आत्मार्थी है, न कह सकते आत्म त्यागी उसे।

2. **सांस्कृतिक आदर्श और समन्वयी आस्था :** द्विवेदीयुगीन कवि देश के सांस्कृतिक पुनरूत्थान को अभिव्यक्त करने वाले हैं। इस काल के कवियों में अधुनातन एवं पुरातन का अद्भुत समन्वय हे। ये कवि हरिऔध जी की बौद्धिक सहानुभूति नूतनता को प्राप्त है। उनका राजा लोक हितैषी, लोक सेवी, प्रजारक्षक है अवश्य, किन्तु वह राजा की स्वतंत्रता व समानता की बात, युग के दबाव के कारण, राजतंत्र के अंतर्गत की गई। वैदेही वनवास के राम अपनी प्रजा को समता व स्वतंत्रता का मंत्र सिखाकर उसके संतुष्ट होने की बात कहते हैं।

3. **परिवार एवं देश के प्रति आदर्श :** पारिवारिक क्षेत्र में स्त्री का पतिव्रता धर्म, पुत्र की आज्ञाकारिता, दाम्पत्य जीवन के आदर्श और वंशवृद्धि के कर्त्तव्य पालन में हरिऔध जी की विशेष आस्था थी। सादा जीवन उच्च विचार को महत्त्व देते थे। ये कृत्रिमता और शृंगार को विनाश का चिह्न मानते थे। देशोत्थान व समाजसेवा की भावना से एक देश की दयनीय दशा का चित्रण किया।

4. **मानवतावादी दृष्टिकोण :** उपाध्याय जी की कविता में नारी के प्रति सम्मान भावना व्यक्त की गई है। इन्होंने मानवता को परमधर्म माना है। इन्होंने सीता और राधा के चरित्रों के द्वारा नारी के प्रति अपनी समस्त भावनाएं अर्पित की हैं।

5. **बुद्धिवादी दृष्टिकोण :** इन्होंने अवतारवाद का विरोध करके अपनी बुद्धिजीवी दृष्टि का परिचय दिया। प्रिय प्रवास और वैदेही वनवास में कृष्ण और राम लोकहितकारी मानव है, ईश्वर का अवतार नहीं। उपाध्याय जी अवतारवाद का बुद्धि विरोधी अर्थ लगाते हैं। जिस व्यक्ति में उदात्त प्रवृतियाँ अवतरित हो जायें वह अवतार कहलाता है। इन्होंने मनुष्यात्मा में देवत्व की अवस्था की। कृष्ण व राम का मानवतावादी मानव रूप में चित्रण करना बुद्धिवादिता है। 'वैदेही वनवास' की भूमिका में हरिऔध ने कहा है कि, "सामयिकता पर दृष्टि रखकर इस ग्रंथ की रचना हुई। अतएव इसे बोधगम्य और बुद्धि संगत बनाने की चेष्टा की गई है। प्रिय-प्रवास' में कृष्ण का वर्णन कवि इस तरह से करता है–

"कर सभी सुविधा बहुभांति की।
वह उन्हें रखते गिरि अंक में।
परमवृद्ध असंबल लोक को।
दुखमयी विधवा रूज ग्रस्त को।
वन सहायक थे पहुँचा रहे।
गिरि-सुगहवर से बहु यत्न से।"

हरिऔध का योगदान एवं महत्त्व : इन्होंने खड़ी बोली के विविध रूप अपनाये तथा मुहावरेदार, सरल तथा तद्भव शब्द प्रधान बोलचाल की खड़ी बोली में अपनी रचनाएं प्रस्तुत कीं। इनकी रचनाओं में खड़ी बोली का आकर्षक और प्रभावशाली रूप देखने को मिलता है। 'प्रिय प्रवास' एवं 'पारिजात' नामक महाकाव्यों में परिष्कृत खड़ी बोली का स्वरूप सरल से सरल व कठिन से कठिन शब्दावली का प्रयोग करते हुए खड़ी बोली कविता के रूप में बिखेरा है। इनके द्वारा किये गये ये प्रयोग न केवल महत्त्वपूर्ण हैं अपितु अनेक कवियों के मार्ग दर्शक बने हैं। इन्होंने अपने काव्यात्मक प्रयास द्वारा सजीव, मार्मिक तथा सरल खड़ी बोली में निज सृजनात्मकता को व्यक्त किया। इनकी सृजनात्मकता की सबसे बड़ी और उल्लेखनीय विशेषता यह भी है कि उन्होंने ही सबसे पहले बालोपयोगी साहित्य-सृजन किया। इन्होंने ही प्रथमतः मुहावरेदार खड़ी बोली भाषा का उन्नयन किया। डॉ॰ द्वारिका प्रसाद सक्सेना की सम्मति में, "आपकी कविताओं में लाक्षणिकता, सरलता एवं उक्ति वैचित्र्य का आधिक्य नहीं है तो भी उनमें जितना ओज, व्यंग्य, एवं भाव प्रेषणीयता का गुण विद्यमान है उतना तत्कालीन किसी कवि में नहीं होता। इनकी सभी रचनाओं में जिंदादिली, ईमानदारी, तीव्र लगन तथा अटूट साधना से संबद्ध है।"

मैथिलीशरण गुप्त

द्विवेदी युग के मैथिलीशरण गुप्त सर्वश्रेष्ठ कवि माने जाते हैं। 'साकेत' महाकाव्य ही नहीं आधुनिक हिन्दी का युग प्रवर्त्तक महाकाव्य है। 'साकेत' में उर्मिला के पारंपरिक चरित्र को एकदम बदल दिया गया है। गुप्त ने अपनी रचनाओं में राष्ट्रीयता, समाज-सुधार, नवजागरण, स्वातंत्र्य चेतना, मानवतावाद, सामाजिक समता और गांधीवाद आदि मूल्यों का समावेश करते हुए युगबोध एवं समसामयिकता को प्रस्तुत किया।

हरिऔध यदि द्विवेदी युग के पहले बड़े कवि हैं, तो मैथिलीशरण गुप्त इस युग के सम्पूर्णतः प्रतिनिधि कवि। द्विवेदी युग की कविता की जितनी सी महत्त्वपूर्ण प्रवृत्तियाँ हैं, उन सबका रूप हम मैथिलीशरण गुप्त की कविता में पाते हैं। खड़ी बोली कविता को लोकप्रिय बनाने में उनका योगदान असाधारण है और विडंबना है कि आलोचकीय मूल्यांकन में वे उतने ही साधारण कवि माने जाते हैं। गुप्त जी की महत्ता इस बात में है कि व्यापक आलोचकीय अनिच्छा के बावजूद वे आधुनिक काल के एक बड़े कवि हैं। उनकी लोकप्रियता के पीछे अनेकों कारण निगाये जाते हैं। यथा–सीधी सरल भाषा, पौराणिक कथानकों का चुनाव, गृहस्थ जीवन की महिमा का आख्यान, व्यापक हिन्दू नैतिक मूल्यों का समर्थन और राष्ट्रीय भावधारा की अभिव्यक्ति। पर इन कारणों के अतिरिक्त मैथिलीशरण गुप्त के रचनाकार व्यक्तित्व का एक पक्ष इस संदर्भ में महत्त्वपूर्ण है। जिस समय वे कविता सृजन कर रहे थे, उस समय हमारे समाज और साहित्य में दो प्रकार के आभिजात्य प्रचलित थे–एक राजभाषा का और दूसरा पारंपरित धर्म और संस्कृति की भाषा संस्कृत का। जिसके पास ये दोनों प्रकार थे, वह बौद्धिकों का सिरमौर था और जिसके पास केवल एक था, वह भी समाज और साहित्य में महत्वपूर्ण था। कवि रविन्द्र और राधाकृष्णन के नाम प्रमाण स्वरूप प्रस्तुत किये जा सकते हैं। गुप्त जी के पास इनमें से कोई अभिजात्य

नहीं था, पर उनके मन में निजदेशीपन का गहरा आत्मविश्वास था। कविता और निजी जीवन में उन्होंने अंग्रेजियत या संस्कृतज्ञता का आतंक नहीं माना ओर न ही उनकी अवज्ञा की। साधारण बोलचाल की खड़ी बोली, हिन्दी के जातीय मात्रिक छंद, गृहस्थ जीवन में प्रचलित पौराणिक आख्यान और कुल मिलाकर अपनी साधारणता में विनम्र आत्मविश्वास। ये ही वे बुनियादी तत्व हैं, जिनसे गुप्त का रचनात्मक व्यक्तित्व निर्मित हुआ। इनका स्रोत किसी प्रकार के अर्जित अभिजात्य में न होकर अपने सामान्य आस्तिक हिन्दू गृहस्थ जीवन में था।

इन तत्वों के संयोग में राष्ट्रीय भाव धारा आप से आप विकसित होती है। राष्ट्रीयता की भावना को विचारकों ने यत्नज माना है। उनकी सम्मति में, "देश की पराधीनता जो अपने आप में एक असहज स्थिति है", राष्ट्रीयता की भावना को जन्म देती है। मैथिलीशरण गुप्त की राष्ट्रीयता पराधीनता के दौर में विकसित होकर भी आत्मीय भाव से सहज है। उसमें आक्रामकता का अभाव है। वैष्णव भावना की निष्ठा है। ये कई विशेषताएं मिलकर महात्मा गाँधी की राष्ट्रीयता के समतुल्य चलती है। इसीलिए गाँधी जैसे राष्ट्रपिता हैं; वैसे ही सहज भाव मैथिलीशरण गुप्त राष्ट्रकवि हैं।

वैष्णव निष्ठा, अनाक्रमकता की भावना और समूचे देश के लिए राम राज्य की परिकल्पना ये सांझी विशेषताएं हैं तुलसी और मैथिली शरण गुप्त के काव्य की और गाँधी के राष्ट्रीय आंदोलन की। मैथिलीशरण गुप्त को राष्ट्रीय भावना में न दैन्य है और न पाखंड। प्रबंध काव्य के इतिवृत्तपरक रूप को स्वीकार उन्होंने पारंपरित हिन्दू पौराणिक गाथाओं को भक्ति कालीन कवियों के समानांतर प्रस्तुत किया।

इनके काव्य सृजन में निम्न प्रवृत्तियाँ दृष्टव्य होती हैं– कठोर नीतिमत्ता, आदर्शवादिता, वर्ण्य विषय में विस्तार, राष्ट्रीयता प्रधान, राजनैतिक चेतना, सांस्कृतिक पुनरूत्थान, मानव गरिमा, मानवतावादी, सामंती शोषकों के आत्मनिरीक्षण पर बल, गाँधीवाद का प्रभाव, नारी दृष्टि सर्वधर्म समभाव, पौराणिकता और आधुनिकता का सम्मिश्रण, स्वाधीनता युगीन चरित्र-चित्रण, मर्यादावाद, पर दुःख कातरता, इतिवृत्तात्मकता, खड़ी बोली का प्रयोग, वैष्णव संस्कार, समन्वित काव्य शिल्प आदि।

निदर्शनार्थ –**"किंतु हमारा लक्ष्य एक अम्बर, भू, सागर,**
एक नगर सा बने विश्व हम सब उसके नागर।"

अंततः हिन्दी साहित्य के विकास और इतिहास में मैथिलीशरण गुप्त का अनन्य योगदान है। उनका नाम एक महत्वपूर्ण कड़ी का स्थान रखता है। उसको तोड़ना इतिहास का अंग-भंग करने के समान है।

छायावाद

सामाजिक–सांस्कृतिक दृष्टि

छायावादी कविता तत्कालीन युग की परिस्थितियों (सामाजिक, राजनैतिक एवं सांस्कृतिक) की उपज है। सामाजिक रूढ़ियों एवं बंधनों से मुक्ति की आकांक्षा एवं अंग्रेजों द्वारा भारतीय संस्कृति पर चोट तथा उसके बरक्स भारतीय संस्कृति को पुनः व्याख्यायित किया गया है वहीं तत्कालीन पराधीनता ने राष्ट्रीयता, आत्मगौरव, मानववाद जैसे मूल्यों का समावेश किया।

हिन्दी साहित्य के इतिहास में खड़ी बोली हिन्दी का स्वर्णकाल, छायावाद है। द्विवेदी युगीन साहित्य की इतिवृत्तात्मकता को छोड़कर लाक्षणिकता प्रधान कविता की रचना हुई। इस काल की समय सीमा लगभग 1918 ई॰ से 1936 ई॰ तक मानी जाती रही है। इस काल में एक तरफ तो छायावादीपन की कविताएं सृजित की गई, वहीं दूसरी ओर स्वच्छंद राष्ट्रीय सांस्कृतिक धारा जिसमें माखनलाल चतुर्वेदी, बालकृष्ण शर्मा 'नवीन', रामनरेश त्रिपाठी प्रमुख हैं। बच्चन, सुभद्राकुमारी चौहान, नरेन्द्र शर्मा, रामेश्वर शुक्ल 'अंचल' राष्ट्रीयता के साथ-साथ प्रणय, वात्सल्य भाव की कविता भी रची। छायावादी चतुष्टय में निराला, प्रसाद, पंत, और महादेवी वर्मा की सृजना आती है। इनकी रचनाओं में छायावाद की समस्त प्रवृत्तियाँ लक्षित है। डॉ॰ नंद किशोर नवल के अनुसार, "छायावाद को दो महायुद्धों के बीच की कविता भी कहा गया है। यह कहना अत्यंत युक्ति संगत है, बशर्ते इसके पीछे स्थित गंतव्य को समझा जाए। हजारीप्रसाद द्विवेदी ने किंचित विस्तार से यह बतलाया है कि छायावाद की मुख्य प्रेरणा प्रथम विश्वयुद्ध के परिणामों से आई थी। इस युद्ध ने हिन्दी के नवशिक्षित युवकों पर साम्राज्यवाद के ध्वंसक रूप को पूर्णतः अनावृत कर उनमें उपनिवेश विरोधी चेतना की प्रबल तरंग उत्पन्न कर दी। छायावाद उनके 'बंधनमुक्त चित्त' की ही अभिव्यक्ति है, द्विवेदी जी ने सही कहा था कि 1920 में गाँधी जी द्वारा जो असहयोग आंदोलन आहूत किया गया था वह मात्र राजनीतिक आंदोलन न होकर एक महान् सांस्कृतिक आंदोलन था।"

छायावाद को समझने के लिए तद्‌युगीन जीवन के उन तत्वों एवं मूल्यों को भी समझना होगा। जिन्होंने तत्कालीन समय एवं समाज को प्रभावित किया। उस दौर में भारतीय समाज में स्वाधीनता की आकांक्षा, राष्ट्र प्रेम, अहिंसा, गांधीवाद सदृश मूल्य व्याप्त थे। देश में अंग्रेजी शासन के प्रति आक्रोश था और अंग्रेजी शासन से मुक्ति के प्रयास कठोर थे। यही छायावाद की पृष्ठभूमि राजनीतिक है। सदियों से पीड़ित जनता में स्वचेतना, स्वातंत्र्य चेतना आविर्भूत हुई। इस युग के कवियों ने समाज के समक्ष भारतीयता के पूर्ववर्ती रूप को प्रस्तुत किया–

अवयव की दृढ़ माँसपेशिया,
ऊर्जस्वित था वीर्य अपार।
स्फीत शिराएं स्वस्थ रक्त का,
होता था जिसमें संचार।

– प्रसाद

इस प्रकार छायावादी कवियों नें राजनैतिक चेतना को सामाजिक-सांस्कृतिक चेतना के रूप में अपनाया।

वैचारिक पृष्ठभूमि

छायावादी कवि भारत के अतीत गौरव के प्रति सचेष्ट एवं व्यक्ति की स्वाधीनता के साथ-साथ हर प्रकार की दासता के विरूद्ध आवाज बुलंद करते हैं। जो काम राजनीति में गांधीवाद कर रहा था. वही काम साहित्य में छायावादी कर रहे थे। ये कवि अपनी परिस्थितियों के प्रति जागरूक थे, परंतु भविष्य स्पष्ट नहीं था इसलिए उनमें रहस्यवाद की झलक मिलती है।

छायावादी सृजना की वैचारिक पृष्ठभूमि में भारतीय अतीत था। अतीत के वे मूल्य थे जो जीवंत होते हुये दफन हो गये थे। इस कविता की पृष्ठभूमि में जहाँ शैवदर्शन काम करता है, वहीं बौद्ध दर्शन। अरविन्द दर्शन के साथ-साथ विवेकानंद की विचार सरणी, आर्यसमाजी दयानंद के विचार, गीता की प्रेरणा तो रामायण का भ्रातृ भाव। तुलसी की समन्वयात्मकता तो कबीर की घर फूँक क्रांति सब कुछ के एक साथ दर्शन होते हैं। इन्हीं सबसे मिलकर आधुनिकता का उदय होता है। आधुनिकता स्व के प्रति सजग होना। खड़ी बोली की कविता का आरंभ ही इस प्रकार होता है। छायावाद स्व के प्रति सजगता का काव्य है। इस तरह छायावाद की वैचारिक पृष्ठभूमि बहुत विस्तृत है। भारतेन्दु और भारतेन्दु मंडल, द्विवेदी जी की सुधारपरकता अर्थात् पुनर्जागरण और हिन्दी नवजागरण के सभी तत्व इनके विचारों को बढ़ाते हैं गोखले, तिलक, गांधी, इकबाल आदि की विचारधारात्मकता तथा कांग्रेस की उदयता भी इनकी पृष्ठभूमि को सशक्त करती हैं। खड़ी बोली के प्रति आग्रह एवं काव्य रचना की पूर्णतः आधार बनाना इसकी पृष्ठभूमि में था।

इसके अतिरिक्त पाश्चात्य साहित्य का प्रभाव भी विशेष रहा। स्वच्छंदतावाद, रहस्यवाद का भी प्रभाव इनकी काव्य सृजना में आती है। छायावादी कवियों ने आशा, उत्साह एवं आत्मविश्वास बढ़ाने हेतु समाज के अतीत का सांस्कृतिक परिदृश्य अपनी कविताओं के, गीतों के, नाटकों के माध्यम् से व्यक्त किया। पश्चिमीकरण की तरफ दौड़ के खिलाफ, भारतीयता के प्रति आग्रह इनकी कविताओं में है।

"योग्य जन जीता है
पश्चिम की उक्ति नहीं, गीता है गीता है।
स्मरण करो बारबार जागो फिर एक बार!"

–निराला

वहीं पंत का समाज के प्रति लगाव

छोड़ द्रुमों की मृदु छाया
तोड़ प्रकृति से भी नाता
बाले तेरे बाल जाल में
कैसे उलझा दूँ लोचन। – पंत

इस प्रकार छायावादी कविता की वैचारिक पृष्ठभूमि बहुत विशाल, विस्तृत एवं जीवंत मूल्यों के लिए है। इन्हीं के सहारे ये दोनों तरह के देशी और विदेशी सामंतवाद से मुक्ति की लड़ाई लड़ते हैं। इस तरह छायावादी काव्य में अपने युग के जनजीवन की समग्रता की अभिव्यक्ति मिलती है।

स्वाधीनता की चेतना

छायावादी कविता में व्यक्ति की स्वाधीनता के साथ-साथ हर प्रकार की दासता के विरूद्ध बुलंद आवाज है। उस समय भारत अंग्रेजों का गुलाम था। इसलिए छायावादी कविता व्यक्ति-स्वाधीनता से होते हुए राष्ट्रीय स्वाधीनता के लिए संघर्ष करती है। व्यक्ति आंरभ में अपने को बंधनों से मुक्त करता है, तभी राष्ट्र की स्वाधीनता के लिए उसका स्वर मुखर होता है।

दो महायुद्धों के मध्य उदयास्त कविता छायावादी है। इन दोनों युद्धों की गूंज और आहट इनके शब्दों में सुनाई पड़ती है। साथ ही इनके शब्दों में सदियों से विदेशी शृंखला से

मुक्ति की भी आकांक्षा व्यक्त हुई है। ये ही नहीं कि ऐसा सिर्फ छायावादी कवियों की कविताओं में वर्णित है, इनके पूर्ववर्ती और परवर्ती काव्य सृजकों की सृजना में भी स्वाधीनता के प्रति आग्रह व्यक्त है एवं शृंखला से मुक्ति की छटपटाहट हेतु युगधारा भी बहाई गई है। छायावाद की आरंभिक कविताओं से ही स्वाधीनता की चेतना लक्षित होती है। पंत की जिस कविता को विद्वान प्रकृति को समर्पित करते हैं वहीं यह कविता अपना अर्थ स्वाधीनता आंदोलन में क्रांति की चिंगारी को लेकर दर्शाती है। प्रकृति का कवि प्रकृति अर्थात् मातृभूमि की स्वाधीनता हेतु प्रतीकात्मक अभिव्यक्ति करता है। काव्य की अभिव्यंजना में तत्समता के साथ-साथ बिम्बात्मकता बनाकर चलता है। यथा–

"प्रथम रश्मि का आना रंगिणी
तूने कैसे पहिचाना
कहाँ-कहाँ हे बाल विहंगिनी
पाया यह स्वर्गिक गाना।" – पंत

इस कविता में क्रांतिरुपी चिड़िया को क्रांति की प्रथम रश्मि (किरण) को कहाँ-कहाँ पाया गया। इस क्रांति के गीत को कवि स्वर्गिक मानता है। यह अपने आप में स्वाधीनता के प्रति एक बहुत प्रबल आग्रह है।

निराला की 'जागो फिर एक बार', 'राम की शक्तिपूजा', 'कामायनी' यहाँ तक कि शोकगीत सरोजस्मृति में भी कहीं-न-कहीं इसी स्वाधीनता का भाव अनुस्यूत है। महादेवी के गीतों में विरहात्मकता से ज्यादा स्वाधीनता का भाव है, यथा–

हे नभ की दीपावली तुम कुछ पल को छुप जाना
भाता है मेरे प्रियतम को तम के परदे में आना।

यहाँ तम के परदे में क्रांतिकारियों के आने की बात कही गई है। निराला एवं प्रसाद दोनों स्वाधीनता प्राप्ति हेतु शक्ति को एकत्रित करने की बात करते हैं– यथा–

"शक्ति के विद्युत कण जो विन्यस्त, विकल बिखरे हैं हो निरूपाय
समन्वय उनका करे समस्त, विजयिनी मानवता हो जाये।"

इस तरह उस युग में चलाये स्वाधीनता प्राप्ति हेतु विविध आंदोलनों का प्रभाव इस कविता में व्यक्त किया गया है। यह निर्विवाद है कि जीवन के कुछ तत्व या मूल्य जैसे स्वाधीनता की भावना, राष्ट्रप्रेम एवं अहिंसा आदि हमें छायावादी-युग की काव्यधारा में ही मिलते हैं।

गांधी का प्रभाव

भारत के स्वाधीनता आंदोलन के सबसे प्रभावशाली एवं जनमानस को इस आंदोलन से जोड़ने वाले गाँधी हैं। उन्होंने समग्र युग चेतना को प्रभावित किया तो साहित्य कैसे अछूता रह सकता था। जो काम गाँधी ने राजनीति में किया, वही काम साहित्य में छायावादी कवियों ने किया।

युग पुरुष गाँधी जी ने अपने विचारों से समाज संस्कृति, कला, साहित्य सभी को प्रभावित किया। युग चेतना के रूप में गाँधी जी के विचार प्रवाहित हुये। राजनीति से इतर साहित्य सृजना पर गांधीवाद का प्रभाव स्पष्ट परिलक्षित होता है। प्रसाद ने कामायनी के सृजन में इसका पूरा रूप लिया है। कामायनी अर्थात् श्रद्धा गाँधीवाद का मूर्त रूप है जो अहिंसा, प्रेम, अपरिग्रह, सत्य में विश्वास करती है। सूत कातती है। मनु को प्रवृत्ति मार्ग का संदेश देती है। मानवतावाद, विश्वबंधुत्व, लोककल्याण की जो अभिव्यक्ति है वह सब गांधीजी का प्रभाव है। यथा–

"चल री तकली धीरे-धीरे,
प्रिय गये खेलने को अहेर।"

गाँधी जी भारत के राजनीतिक-सामाजिक धरातल पर सूर्य की तरह जब दीप्यमान थे तभी हिन्दी काव्य में छायावाद आविर्भूत होता है। यदि हमारे जीवन में व्याप्त विषमता दूर हो जाए और हम समरसता को अपना लें तो संसार का स्वरूप ही बदल जायेगा। एक ऐसे संसार के दर्शन होंगे जहाँ कोई भी शापित नहीं है पापित नहीं है।

"शापित न यहां है कोई, तापित पापी न यहां है।
जीवन वसुधा समतल है, समरस है जो कि जहां है।।"

कामायनी में 'सर्वात्मवाद' की पुष्टि करते हुये मानव-मात्र को सुखी बनाने की बात कहकर गाँधी जी के सिद्धांतों का समर्थन किया–

"औरों को हंसते देखो मनु हंसो और सुख पाओ।
अपने सुख को विस्मृत कर लो सबको सुखी बनाओ।।"

महादेवी वर्मा की कविता में व्यक्त गाँधीवाद इस प्रकार है–

"मेरे बंधन आज नहीं प्रिय,
संसृति की कड़ियाँ देखो!
मेरे गीले पलक छुओ मत
मुर्झाई कलियाँ देखो!" – महादेवी वर्मा

पंत की 1936 में प्रकाशित कविता 'बापू के प्रति' में इनकी प्रशंसा की गई है–

"सुख मांगे खोजते आते सब,
आए तुम करने सत्य खोज।
जग की मिट्टी के पुतले जन,
तुम आत्मा के मन के मनोज।"

क्रांति दूत निराला की कविताओं में भी गांधी जी का प्रभाव है। इस प्रकार छायावाद की चतुष्टयी पर गांधी का प्रभाव है।

अन्तर्धाराएं

छायावाद को राष्ट्रीय-सांस्कृतिक काव्यधारा भी कहा जाता है।

1. छायावादी काव्यधारा–प्रसाद, पंत, निराला, महादेवी आदि
2. राष्ट्रीय-सांस्कृतिक काव्यधारा–माखनलाल चतुर्वेदी, बालकृष्ण शर्मा 'नवीन', रामनरेश त्रिपाठी आदि
3. प्रणय काव्यधारा–बच्चन, नरेन्द्र शर्मा, रामेश्वर शुक्ल अंचल आदि

आधुनिक युग समय और परिस्थितियों के अनुसार अनेक विचारधाराओं से प्रभावित हुआ। काव्य में उनको प्रतिबिंबित रूप से स्पष्ट देखा जा सकता है। इसी कारण वर्तमान काव्य समृद्ध और संपन्न है। उसमें दार्शनिकता है, सामयिक विचारधाराओं का पोषण है और विचारों की गहनता है। छायावाद, प्रगतिवाद आदि काव्य रूप इसी मत की पुष्टि करते हैं। इन विचारधाराओं के साथ-साथ काव्य में कुछ अन्य धाराएँ भी प्रवाहित हुईं। छायावाद के बाद एक वैयक्तिक काव्यधारा प्रकट हुई जिसने प्रगतिवाद के लिए मार्ग प्रशस्त किया। डॉ. नगेन्द्र ने इस वैयक्तिक कविता को आदर्शवाद और भौतिकवाद या दक्षिण तथा वामपक्षीय विचारधाराओं के बीच का क्षेत्र माना है। इस काव्यधारा को अच्छी लोकप्रियता मिली। इसे प्रेम और मस्ती का काव्य कहा जाता है? जो निराश और विषमता का विरोध करता है। साथ ही आशा और विश्वास का संदेश देता है। जीवन की आँधी में अडिग खड़े रहने की प्रेरणा देता है। हरिवंश राय बच्चन इस काव्यधारा के अग्रणी माने जाते हैं। अन्य कवियों में रामेश्वर शुक्ल 'अंचल', भगवतीचरण वर्मा आदि के नाम मुख्य हैं।

राष्ट्रीय काव्यधारा

जो कार्य राजनीति में गाँधी ने किया स्वाधीनता प्राप्त करने के लिए, वही कार्य साहित्य में छायावाद ने किया। इसीलिए उसे राष्ट्रीय-सांस्कृतिक काव्यधारा कहा जाता है। प्रसाद एवं निराला ने राष्ट्र की संस्कृति के आत्मगौरव की साहित्य में अभिव्यक्ति की। भारतीय संस्कृति को अंग्रेजों की संस्कृति के बरक्स रखा क्योंकि अंग्रेज भारतीय संस्कृति को हेय मानते थे।

राष्ट्रीयता हिन्दी साहित्य के इतिहास के प्रत्येक काल में किसी न किसी रूप से कविता में अभिव्यंजित होती रही। आदि ग्रंथ पृथ्वीराज रासो से लेकर अद्यतन काल तक कविगण समय और समाज की परिस्थितियों के अनुसार सृजनात्मकता में राष्ट्रीयता को वर्णित करते रहे हैं। राष्ट्रीय काव्यधारा का सही रूप में आरंभ द्विवेदी युग में हो जाता है और यह छायावाद के समानांतर अपनी कविताओं को सीधे-सीधे राष्ट्रीयता, क्रांति, देश-प्रेम, स्वच्छंदता, समाज-सुधार की भावना व्यक्त करते रहे। डॉ॰ नंदकिशोर नवल के शब्दों में, "स्वच्छंदता के तत्व भारतेन्दु-युग की हिन्दी कविता में भी थे, लेकिन श्रीधर पाठक में आकर वे पूर्ण विकास को प्राप्त हुए। श्रीधर पाठक भारतेन्दु युग के ही कवि थे, उसके आखिरी दौर में, इसीलिए उनमें स्वभावतः उस युग की भी प्रवृतियाँ पाई जाती है। समाज-सुधार की वही भावना और राष्ट्रीयता की वही चेतना। उन्होंने बाल विधवा पर भी कविता रची एवं देशभक्तिपूर्ण गीत भी रचे।" आचार्य रामचंद्र शुक्ल ने छायावाद के समानांतर इस धारा को 'सुभीते के लिए' स्वच्छंद धारा की संज्ञा दी। शुक्ल जी इस धारा की कविताओं को शोषक साम्राज्यवाद के विरुद्ध राजनैतिक आंदोलन के उभार के रूप में जोड़कर देखते हैं।

जानकी प्रसाद शर्मा के अनुसार, "इस काव्य चेतना की शिनाख्त में गया प्रसाद शुक्ल 'सनेही', 'त्रिशूल', रामधारी सिंह दिनकर, माखन लाल चतुर्वेदी, सुभद्राकुमारी चौहान, हरिकृष्ण प्रेमी, सियारामशरणगुप्त, जगन्नाथ प्रसाद 'मिलिन्द', सोहनलाल द्विवेदी, बाल कृष्ण शर्मा 'नवीन' और केदारनाथ मिश्र 'प्रभात' आदि आते हैं। ..... यह काव्य चेतना 'ट्राली' के 'मुसद्दस' और गुप्त जी की 'भारत-भारती' की साझा विरासत का विकास तो है ही, तत्कालीन राजनीतिक और सामाजिक, आर्थिक परिप्रेक्ष्य में इसकी वैचारिक प्रासंगिकता बनती है। यथा–

"है बलिवेदी, सखे प्रज्वलित माँग रही ईंधन क्षण-क्षण,
आओ युवक, लगा दो तो तुम अपने यौवन का ईंधन।
भस्मसात हो जाने दो ये प्रबल उमंगे जीवन की,
अरे सुलगने दो बलिवेदी, चढ़ने दो बलि जीवन की।"

—नवीन

इस प्रकार राष्ट्रीय काव्यधारा के कवियों ने स्वतंत्रता प्राप्ति हेतु स्वच्छंदता के साथ काव्य की रचना की।

जयशंकर प्रसाद

जीवन–दर्शन

प्रसाद की कविता में आरम्भ से ही दार्शनिक मान्यताओं का प्रभाव देखा जा सकता है। वे उपनिषदों के अद्वैत भावना, शैवागम के समरसता सिद्धान्त, बौद्धों की करूणा तथा गीता के कर्मयोग से विशेष प्रभावित हैं। प्रसाद के काव्य में नियति, भूमा, माया, समरसता आदि अनेक विशिष्ट दार्शनिक शब्दों का बार-बार प्रयोग हुआ है। प्रसाद का सम्पूर्ण काव्य एक दार्शनिक गरिमा लिए हुए हैं। काव्य और दर्शन के संबंध में उनका विचार है कि–"वास्तव में भारतीय दर्शन और साहित्य दोनों का समन्वय रस में हुआ है और यह साहित्य रस दार्शनिक रहस्यवाद से अनुप्राणित है।"

प्रसाद की दार्शनिक चेतना का सर्वोत्तम उदाहरण उनकी कृति कामायनी में मिलता है। समरसता का दर्शन स्वीकार करते हुए मनु की कथा द्वारा जीवन के विविध क्षेत्रों में सामंजस्य पर जोर दिया है। सामंजस्य और संतुलन के अभाव से ही जीवन कष्टों और दुःखों में पड़ता है। सुख और दुःख को प्रसाद विरोधी न मानकर उनका परस्पर होना ही श्रेयस्कर मानते हैं। यह स्थिति जीवन में अनिवार्य है। और इन्ही से दूसरे का विकास संभव होता है।

"दुख की पिछली रजनी बीच
विकसता सुख का नवल प्रभात।"

प्रसाद जी ने सुख और दुःख की ही विधा का निराकरण इन मार्मिक शब्दों में किया है–

जिसे तुम समझते हो अभिशाप
जगत की ज्वालाओं का मूल।
ईश का वह रहस्य वरदान
कभी मत इसको जाओ भूल।।

प्रसाद आकांक्षा और तृप्ति के व्यवहारिक स्वरूप को स्वीकार कर उसके समन्वय की योजना की है–

हम भूख प्यास से जाग उठे,
आकांक्षा तृप्ति समन्वय में
रति काम बने उसे रचना में
जो जा रही नित्य यौवन वन में
मैं तृष्णा था विकसित करता,
वह तृप्ति दिखाती थी उनको
आनन्द समन्वय होता था,
हम ले चलते थे पथ पर उनको।

प्रसाद में प्राचीन परम्परा और युग चेतना एक साथ साकार देखी जा सकती है। दृष्टि भारतीय आदर्शवादी हैं। कामायनी के स्त्री, पुरुष, बुद्धि और हृदय, शासक और शासित, व्यक्ति और समाज, दुख और सुख, भौतिक और आध्यात्मिक आदि का सामन्जस्य बिठाकर वे अपनी यही आदर्शवादी दृष्टि व्यक्त करते हैं।

समरसता :

प्रसाद गहरे स्तर पर शैव दर्शन से प्रभावित थे, तदनुरूप जीवन और जगत की व्याख्या भी की। समरसता सिद्धान्त भी शैव दर्शन का सिद्धान्त है, शिव तत्व और शक्ति तत्व का समरस्य शैवदर्शन की आधारभूत मान्यताओं में है। नदी का समुद्र से मिलना, आत्मा का परमात्मा से मिलन सामरस्य स्थिति का द्योतक है। 'कामायनी' में इसी से प्रभावित होकर प्रसाद ने इस सिद्धान्त का प्रतिपादन श्रद्धा और इड़ा के संघर्ष और समन्वय द्वारा किया है। 'कामायनी' में समरसता की स्थिति सुख दुःखातीत स्थिति है। सभी में समरसता की इच्छा–

सबकी समरसता का प्रचार।
मेरे सुन सुन मां की पुकार।।

'कामायनी' के रहस्य सर्ग में त्रिपुर की अवतारणा करते हुए कवियों ने समरसता का दार्शनिक विवेचन प्रस्तुत किया है। इच्छा, ज्ञान और कर्म कात्रित्व मानव-मन की शाश्वत प्रवृति तथा गतिविधि का मनोवैज्ञानिक लेखा है। अतः इनमें सामंजस्य स्थापित करने की चेष्टा ही मन को परिपूर्णता की स्थिति तक पहुंचाती है। जब तक इन गीतों में अभिन्नत्व नहीं होगा। आनन्द की प्राप्ति कैसे हो सकती है–

ज्ञान दूर कुछ क्रिया भिन्न है
इच्छा क्यों पूरी हो मन की
एक दूसरे से न मिल सके
यह विडम्बना है जीवन की।।

इन तीनों के सामरस्य की स्थिति पर आते ही एक दिव्य स्वर लहरी का संचार हो जाता है। मनु योगियों की परमानन्द दशा में अनहद्नाद में लीन हो मुक्ति सुख में विचरण करने लगते हैं। समरसता का यह सिद्धान्त केवल आध्यात्मिक पक्ष में चरितार्थ नहीं होता वरन् लौकिक पक्ष में भी व्यवहारिकता की दृष्टि से यह पूर्णरूपेण उपादेय सिद्ध होता है। 'कामायनी' में कवि ने वर्तमान वैज्ञानिक युग के बुद्धिवादी प्रभाव को अपने मन में धारण करके उसके द्वारा उत्पन्न सामाजिक संघर्ष और विनाश का चित्रण किया है। अतः अपने को अध्यात्मपरक समरसता तक ही सीमित न रखकर व्यक्ति और समाज की समरसता का भी विशद रूप से वर्णन और समर्थन किया है। इसीलिए तो यह गूंज सुनायी पड़ती है–

विषमता की पीड़ा से व्यस्त हो रहा स्पन्दित विश्व महान्।
यही दुख-सुख विकास का सत्य यही भूमा का वरदान।।

अर्थात् समरसता लोक-कल्याण का पथ प्रशस्त करने वाला साधन है। वही शाश्वत सुख या आनन्द या विधायक भी। आनन्द ही प्रसाद जी का परम ध्येय है और अभीष्ट भी। वस्तुतः विषमता ही दुख का मूल कारण है, जहाँ वैषम्य है वहाँ दुःख ही सुख है। 'कामायनी' के रहस्यपूर्ण में जिस त्रिकोण का वर्णन है वह सामरस्य का ही द्योतक है–

यही त्रिपुर है देखा तुमने
तीन बिन्दु ज्योतिर्मय इतने
अपने केन्द्र बने दुख-सुख में
भिन्न हुए ये सब कितने।

जीवन के वास्तविक विरोधों को श्रद्धा की मूलवर्तिनी सत्ता द्वारा अपहृत कर जीवन में समरसता और समन्वय स्थापित करने की अपूर्व आशाप्रद कल्पना प्रसाद जी ने कामायनी महाकाव्य में की है। यह कल्पना एक ओर जीवन के सूक्ष्मदर्शी विज्ञान का आधार रखती हैं और दूसरी ओर उच्चतम् भारतीय दार्शनिकता का समन्वय लेकर चलती हैं। मानव प्रकृति और जीवनगत द्वन्द्वों का निरूपण विज्ञान पर आश्रित है और श्रद्धा भी कल्याणमयी सत्ता दर्शन की देन है। इन दोनों के सम्मिलन और संयोग-स्थल पर कामायनी का समरसता-सिद्धान्त प्रतिष्ठित है। इसे नवीन विज्ञान और चिर नवीन भारतीय दर्शन की संगम भूमि भी कहा जा सकता है।

आनन्दवाद :

समरसता के मार्ग से जिस कोटि की आनन्दोपलब्धि का वर्णन प्रसाद जी ने किया है, वह सगुणोपासक वैष्णव भक्तों का आनन्द नहीं है। आचार्य रामचन्द्र शुक्ल ने लिखा है– "कामायनी में प्रसाद जी ने अपने प्रिय आनन्दवाद की प्रतिष्ठा दार्शनिकता के ऊपरी आभास के साथ कल्पना की मधुमती भूमिका बनाकर की है। यह आनन्दवाद बल्लभाचार्यों के 'काम' या 'आनन्द' के ढंग का न होकर तांत्रिकों और योगियों की अन्तर्भूमि पद्धति पर है।" अपने आनन्दवाद की सृष्टि प्रसाद जी ने प्रमुख रूप से शैवागमों की प्रत्यभिज्ञा दर्शन के आधार पर की है। किन्तु भारतीय दर्शनों और उपनिषदों से भी उपयोगी तत्वों का इन्होंने चयन किया है। वेदान्त और बौद्ध दर्शन से कुछ तत्व ग्रहण किया और कुछ स्थलों पर इनसे स्पष्ट पार्थक्य रखा। अद्वैत की तरह न तो जगत को मिथ्या माना और न बौद्ध दर्शन की तरह दुःखमय हो जगत की प्रतिक्षण परिवर्तनशीलता उन्हें स्वीकार्य हैं।

शैवागमों को आधार तो प्रसाद ने बनाया पर शैवागमों के साथ 'कामायनी' के दार्शनिक विचारों का थोड़ा अन्तर है। जिसे जाने बिना हमारी धारणा अधूरी रह जाती है। शैवदर्शन सामाजिक दर्शन है। वह व्यष्टि दर्शन है। इसके विपरीत कामायनी का दर्शन सामाजिक दर्शन है।

सांस्कृतिक दृष्टि

प्रसाद का संपूर्ण साहित्य सांस्कृतिक चेतना से लैस है। अंग्रेजों ने भारतीय संस्कृति को हेयतर ठहरा दिया था इसलिए प्रसाद व अन्य कवियों ने भारतीय संस्कृति के गौरव का गान किया। प्रसाद की सांस्कृतिक दृष्टि सबसे मुखर रूप में है–

"अरूण यह मधुमय देश हमारा।
जहाँ पहुँच अनजान क्षितिज को मिलता एक सहारा।"

प्रसाद जी के साहित्य में भारतीय संस्कृति के मूल तत्व जैसे- आध्यात्मिकता, समन्वयशीलता, विश्व-बंधुत्व, कर्मण्यता, साहस-नैतिकता, संयम, त्याग, बलिदान, देशभक्ति एवं राष्ट्रीयता के भाव मिलते हैं। प्रसाद की सकल सृजना में भारतीय संस्कृति के इन तत्वों के दर्शन होते हैं। चंद्रगुप्त नाटक में

चाणक्य, चंद्रगुप्त, अलका, सिंहरण सदृश आदर्श पात्र हैं जो कर्मण्यता, साहस, देशभक्ति, स्वदेशानुराग की प्रेरणा देते हैं। प्रसाद जी ने उक्त नाट्य सृजना में ऐसे गीत भी रखें हैं जो भारतीय अतीत के गौरव को व्यक्त करते हैं। यथा–

"अरूण यह मधुमय देश हमारा।
जहां पहुंच अनजान क्षितिज को मिलता एक सहारा।
सरस तामरस गर्भ विभा पर, नाच रही तरू शिखा मनोहर,
छिटका जीवन हरियाली पर मंगल कुंकुम सारा।।"

भारतवासियों की यह विशेषता रही है कि उन्होंने अनजान विदेशियों को भी अपना बंधु समझकर गले लगाया। जिसे सभी ने ठुकराया हो, उसको हमने गले लगाया। हमारी सांस्कृतिक विरासत रही है कि हम अत्यंत संवेदनशील, भावुक एवं करूणार्द प्रवृत्ति के लोग हैं। दूसरों के दुख को देखकर वे करूणार्द हो जाते हैं। प्रसाद के नाटक उनके ऐतिहासिक सांस्कृतिक प्रेम को व्यक्त करते हैं।

'शेरसिंह का शस्त्र समर्पण' तथा 'पेशोला की प्रतिध्वनि' ऐसी ही कविताएं हैं जिनमें राष्ट्रीयता के साथ-साथ सांस्कृतिक मूल्य उभरकर सामने आये हैं।

'भिक्षा नहीं माँगता हूँ
आज इन प्राणों की।'
क्योंकि प्राण जिसका आहार, वही इसकी
रखवाली आप करता है महाकाल की।

प्रसाद द्वारा सृजित 'महाराणा का महत्त्व' कविता भी सांस्कृतिक चेतना से युक्त है। प्रसाद अपनी कहानियों में सांस्कृतिक मूल्यों का संदेश देते हैं। इनकी कहानी ममता, पुरस्कार, चूड़ीवाली, आकाशदीप, भिखारिन सभी में सांस्कृतिकता के दर्शन होते हैं।

प्रसाद कामायनी में भारतीय संस्कृति की समृद्धि की चर्चा करते हुये सृजित करते हैं कि–

"अवयव की दृढ़ माँसपेशियां,
ऊर्जस्वित था वीर्य अपार।
स्फीत शिराएं, स्वस्थ रक्त का,
होता था जिनमें संचार।।"

प्रसाद जी भारतीय संस्कृति के चारों आश्रमों में वानप्रस्थ आश्रम की भी चर्चा करते हैं। और वे समरसता तभी मानते हैं जब व्यक्ति सांसारिकता से निवृत्त होकर तपस्यालीन हो। तथा–

"समरस थे जड़ या चेतन
सुंदर साकार घना था।
चेतनता एक विलसती
आनंद अखंड़ घना था।"

इसी प्रकार वे देव जाति के संदर्भ में कहते हैं–

"देव न थे हम और न ये हैं
सब परिवर्तन के पुतले।
हां कि गर्व रथ में तुरंग सा
जितना जी चाहे जुत ले।।"

प्रसाद जी 'कर्मण्यवाधिकारस्ते' का विचार भी सांस्कृतिकता से प्रस्तुत करते हैं–

"यह नीड़ मनोहर कृतियों का, यह विश्वकर्म रंगस्थल है
है परम्परा लग रही यहाँ, ठहरा जिसमें जितना बल है।"

इस प्रकार प्रसाद जी की काव्य-सृजना में सर्वत्र संस्कृति दृष्टि व्याप्त हैं वे सांस्कृतिक दृष्टि से अपने समाज में गिरते संस्कृति के स्तर को उठाना चाह रहे थे। साथ ही स्वाधीनता आंदोलन हेतु लोगों में जन जागृति का कार्य कर रहे थे।

सौन्दर्य चेतना

प्रसाद के काव्य में सौंदर्य चेतना विविध रूपों जैसे नारी-सौंदर्य, प्रकृति-सौंदर्य एवं भाव-सौन्दर्य की त्रिवेणी बनकर प्रवाहित हुई।

नील परिधान बीच सुकुमार,
खुल रहा मृदुल अधखिला अंग।
खिला हो ज्यों बिजली का फूल,
मेघ बन बीच गुलाबी रंग

प्रसाद ने सौन्दर्य को 'मोती के भीतर छाया जैसी तरलता' कहा है। भारतीय काव्यशास्त्र में जिसे लावण्य कहा गया है। वह वस्तुतः समग्र प्रभान्वित से उत्पन्न सौन्दर्य है। प्रसाद पर कालिदास का गहरा प्रभाव था। 'कामायनी' का कथा-विधान हिमालय के इर्द-गिर्द ही घूमता रहता है। यह हिमालय कालिदास को भी बहुत प्रिय है। वह उन्हें बार-बार आकर्षित करता है। प्रसाद औदात्य के कवि हैं। प्रसाद की सौन्दर्य चेतना का औदात्य छोटे-छोटे बिम्बों से पूरा नहीं हो

सकता था इसलिए वे अपने व्यक्तित्व के अनुरूप हिमालय, सागर, आकाश, कैलाश, बादल आदि के विराट बिम्बों को अपनी सौन्दर्य चेतना में ढालने का कलात्मक प्रयास करते हैं। प्रसाद के व्यक्तित्व का गांभीर्य उनके काव्य में परिलक्षित होता है। उनके काव्य-सौन्दर्य से हम अपनी चेतना में एक ऊंचाई का अनुभव करते हैं। प्रसाद मेघ धर्मी कवि हैं। जिस प्रकार नदी, नाला, तालाब, सागर इत्यादि कई जगहों का पानी अवशोषित करके अपना निर्माण करता है। लेकिन जब बरसता है तब पानी का गुणधर्म ही शेष रहता है उसके स्थान भेद का अन्तर मिट जाता है। उसी प्रकार प्रसाद की सौन्दर्य-चेतना पर कालिदास का जो प्रभाव है, वह उनकी मेघधर्मिता से छनकर सामने आता है। प्रसाद की विशेषता है कि वे लड़खड़ाती भाषा के बीच में अद्‌भुत बिम्बों का निर्माण करते हैं। यह विशेषता उनके काव्य सौन्दर्य का सबसे सबल पक्ष है। 'कामायनी' का एक बिम्ब पुष्ट है–

नील परिधान बीच सुकुमार
खुल रहा मृदुल अध खिला अंग।
खिला हो ज्यों-बिजली का फूल
मेघ वन बीच गुलाबी रंग।।

'कामायनी' में प्रसाद ने सौन्दर्य को चेतना का उज्ज्वल वरदान माना है–

उज्ज्वल वरदान चेतना का
सौन्दर्य जिसे सब कहते हैं,
जिसमें अनन्त अभिलाषा के
सपने सब जगते रहते हैं।

यहाँ विशेष बात यह है कि प्रसाद उसी को सुन्दर मानते हैं जो हमारी चेतना में आशा, अभिलाषा के सपने जगाता है। ये सपने मात्र सपने नही हैं बल्कि नये विचार हैं। यह नयी आशा, नये विचार भारतीय जनता में हैं। इनमें मुक्त होने की चेतना है, जागरण का संदेश है जगते रहते हैं, से यह स्पष्ट हो जाता है। प्रसाद ऐसे सौन्दर्य के सर्जक हैं जो हमें अभिभूत कर अकर्मण्य नहीं बनाता, बल्कि हमारी चेतना में ऊर्जा का संचार करता है। यह नये युग की अभिलाषा को उद्‌दीप्त करता है।

प्रसाद का सौन्दर्य बोध अपने पूरे चरित्र में शिष्टता का स्वभाव लिए हुए है–

शशिमुख पर घूंघट डाले
अंचल में दीप जलाए
जीवन की गोधूलि में
कौतूहल से तुम आए।

प्रसाद के यहाँ रति की प्रतिकृति लज्जा घूंघट की हुई दुल्हन की तरह शालीन लगती है। इसका सौन्दर्य नूपुर से बंधा हुआ है–

मैं रति की प्रति कृति लज्जा हूँ,
मैं शालीनता सिखाती हूँ।
मतवाली सुन्दरता पग में,
नूपुर सी लिपट मनाती हूँ।

प्रसाद सौन्दर्य पर बलिहार होने वाले कवि हैं। वे सुकुमार सौन्दर्य के कवि हैं। वे हृदय के कोमल और मधुर भावों को जगाकर जीवन को उदात्त बनाने वाले सौन्दर्य का दर्शन कराते हैं–

लावण्य शैल राई सा,
जिस पर वारी बलिहारी।
उस कमनीय कला की,
सुषमा थी प्यारी-प्यारी।।

सौन्दर्य :

पार्थिव सौन्दर्य के प्रति प्रसाद का आकर्षण बहुत अधिक है। परन्तु शुरू-शुरू में वे उसे व्यक्त नहीं कर पाते थे। 'कामायनी' में आरम्भ का दबा हुआ सलज्ज भाव विभिन्न चिन्तन और मनन्‌ के माध्यम्‌ से अपने भीतर के सौन्दर्य प्रेमी मनोभाव को रहस्यवादी कविता के आवरण में प्रकट कर सकते हैं। प्रसाद के समान सौन्दर्य प्रेमी कवि बहुत ही विरल हैं। और पार्थिव सौन्दर्य को स्वर्गिक महिमा से मंडित करके प्रकट आने का सामर्थ्य तो इतना और किसी में है ही नहीं।

सुमित्रानंदन पंत

प्रकृति चित्रण

पंत को काव्य में प्रकृति सुंदरी की मनोहर छवियाँ उकेरने के कारण प्रकृति के सुकुमार कवि और कोमल कल्पना का कवि कहा जाता है। जहाँ प्रसाद प्रकृति का निरूपण नहीं करते, वही पंत प्रकृति के कोमल एवं सुकुमार रूप पर अधिक मोहित होते हैं।

मानव और प्रकृति का चिर संबंध है। ऐतिहासिक दृष्टि से भी मानव का प्राथमिक संबंध प्रकृति ही रहा है। इस कारण मानव के अन्तर एवं बाह्य दोनों ही प्रकृति से प्रभावित होते हैं। फिर पंत ने उस काव्यान्दोलन की देन हैं जिसमें एक और प्राचीन रूढ़ियों से मुक्ति की आकांक्षा है, दूसरी ओर विदेशी पराधीनता से इस मुक्ति की अभिव्यक्ति का माध्यभ् प्रकृति ही बनी। प्रकृति के उन्मुक्त वातावरण में मुक्ति का आभास हुआ। 'पन्त' का जीवन युग के अन्य रचनाकारों की अपेक्षा अधिक प्रकृति का जीवन था। इसमें उनके प्रकृति के नानारूपों की ओर झुकाव और प्रगाढ़ प्रेम होना स्वाभाविक है। पन्त को परम सत्ता का आभास हुआ।

पन्त का प्रकृति से सीधा संबंध रहा है। प्रकृति के अत्यन्त रमणीय खंड के बीच उनका हृदय रूपरंग पकड़ा है। 'पल्लव', 'उच्छवास', 'आंसू' में प्रकृति के मनोरम खंड की प्रेमार्द स्मृति बसी हुई है। इन कविताओं में वे सुषमा की उमंग की भावना से युक्त हैं। इसी प्रवृति ने प्रकृति के बीच उसके गूढ़ और व्यापक सौहार्द तक ग्रीष्म की ज्वाला से संतृप्त चराचर पर उसकी छाया के मधुर, स्निग्ध, शीतल प्रभाव तक उसके दर्शन से तृप्त कृषकों के आशापूर्ण उल्लास तक दृष्टि को नहीं बढ़ने दिया। इस समय तक वे प्रकृति के केवल सुन्दर पक्ष में ही अपना हृदय रमाते दिखाई पड़ते हैं, कर्ममार्ग उन्हें कठोर दिखाई पड़ता है। 'पल्लव' के अंत में उनका ध्यान जगत के विषय 'परिवर्तन' की ओर जाता है। 'पल्लव' के उपरान्त 'गुंजन' के पन्तजी जगत और जीवन के प्रकृति क्षेत्र की ओर बढ़ते हैं। कवि जीवन का उद्‌देश्य बताता है। इस चारों ओर खिले हुए जगत की सुषमा से अपने हृदय को सम्पन्न करना–

क्या वह जीवन? सागर में जलभार मुखर भर देना।
कुसमित पुलिनों की क्रीड़ा ब्रीडा से तनिक न लेना।

कवि वर्तमान पंत की इस अवस्था से असंतुष्ट हैं कि कहीं तो सुख की अति है, तो कहीं दुख की। 'मानव' नाम की कविता में जीवन सौन्दर्य की नूतन भावना का उदय कवि अपने मन में इस प्रकार चाहता है–

मेरे नन के मधुवन में सुषमा के शिशु! मुसकाओ।
नव-नव सांसों का सौरभ नव मुख का सुख बर जाओ।।

इस प्रकार अन्त को जहाँ एक ओर प्रकृति सुखद अनुभूति प्रदान करती है, वहीं 'आंसू' में जलदों से ज्वाला बरसती हुई तथा आकाश प्रवाल के समान तप्त प्रतीत होता है–

धधकती है जलदों से ज्वाला।
बन गया नीलम व्योम प्रवाल।।

पन्त बादल को वर्णमय नेत्रों से देखते हैं और उस पर मुग्ध होकर अपनी अनुभूति को प्रकट करते हैं–

गहरे धुंधले धुले सांवले।
मेघों से भरे मेरे नयन।।

प्रकृति उस सीधे संबंध की बात हमने की थी वो पन्त के यहाँ कहीं पावस में धुले-मिले ध्वनियों के रूप में–

पपीहों की पीन पुकार
निर्झरों कर भारी झर-झर
झांगरों की झीनी झनकार।

और कहीं फूलों पर उसकी तैलाक्य गंध के रूप में, मिट्टी के सौंधेपन में अनुभव के रूप में दिखाई पड़ता है–

उड़ती भीनी तैलाक्य गंध
फूली सरसों पीली-पीली।

प्रकृति प्रतीक के रूप में, अपनी भावनाओं के साम्य के रूप में भी आता है–

उषा का था उर में आवास
मुकुल का मुख में मृदुल विकास।

पन्त 'गुन्जन' तक जो जगत और प्रकृति से अपने सौन्दर्य और आनन्द का चयन करते हैं। 'युगान्त' में आकर वे सौन्दर्य और आनन्द जगत में पूर्ण प्रसार देखना चाहते हैं। कवि की सौन्दर्य भावना अब व्यापक होकर मंगलभावन के रूप में परिणत होती है। अब वह जगत और जीवन में जो कुछ सौन्दर्य माधुर्य प्राप्त है अपने लिए उसका स्तवक बनाकर तृप्त नहीं कर सकता। अब यह दुख पीड़ा अन्याय अत्याचार में अंधकार को फाड़कर मंगलज्योति फूटती देखना चाहती है। मंगल का अमंगल के साथ संघर्ष देखना चाहता है, जो गत्यात्मकता जगत का कर्म सौन्दर्य है।

संध्या होने पर कवि का ध्यान केवल प्रमुल्ल, प्रसून, अलस, गंधवाह रागरंजित और दीप्त दिगचल तक ही नहीं रहता। वह यह देखता है कि–

बांसों का झुरमुट संध्या का झुटपुट
चेनाप रहे जिस वर का मग।
कुछ श्रमजीवी पर डगमग डग
भारी है जीवन भारी पग।।

पुराने जीर्ण-शीर्ण को हटाने की आकांक्षा के साथ नव जीवन के सौन्दर्य की भी आकांक्षा है–

द्रुत झरो जगत कि जीर्ण पत्र हे त्रस्त ध्वस्त हे शुष्क शीर्ण।
हित ताप जल, मधुवत भीत, तुम पीतराग, पड पुराचीन।
झरें जाति-कुल वर्ण, पर्णधन अंध नीड से रूढ़ रीतिछन।

'युगवाणी' में जीवन पथ के चारों ओर पड़ने वाली प्रकृति की साधारण छोटी से छोटी वस्तुओं को भी कवि ने कुछ अपनेपन के साथ देखा है। समस्त पृथ्वी पर निर्भय विचरण करती जीवन की 'अक्षयचिनगी' चींटी का अत्यन्त कल्पनापूर्ण वर्णन पन्त करते हैं। पन्त के हृदय प्रसार का सुन्दर 'दोमित्र' मिलता है। जहाँ उसने एक टीले के पास खड़े दो चिलबिल को बड़ी मार्मिकता के साथ दो मित्रों के रूप में देखा है–

उस निर्जन टीले पर, दोनों चिलबिल, एक दूसरे से मिल,
मित्रों से है खड़े, मौन,
मनोहर, दोनों पादप, सहवर्षातप, हुए साथ दो बड़े,
दीर्घ सुदृढत्तर।।

'झंझा' के नीम चित्रण भी बड़ा स्वाभाविक पद्धति पर है। अर्थात् पन्त ने प्रकृति के साथ अपना सीधा संबंध स्थापित करते हुए उसके भिन्न-भिन्न रूपों का हार्दिकता और मार्मिकता के साथ चित्रण किया है। काव्यात्मकता के विविध दौरों में उनके चित्रण के रूप में परिवर्तन होता गया है। शुरू में उनकी दृष्टि जहाँ मात्र सौन्दर्य चयन तक सीमित थी, वहीं बाद में जीवन और प्रकृति के व्यापक सूक्ष्म अवलोकन की ओर बढ़ी। कभी-कभी 'पन्त' का मन एकदम अंतर्मुखी हो उठता है और वह प्रकृति के वस्तुनिष्ठ सौन्दर्य को नहीं देख पाता। उसके स्थान पर सूक्ष्म मनोभाव को देखने लगते हैं। इस भावनिष्ठता के परिणाम स्वरूप पंत की चांदनी धीरे-धीरे कपूर सी उड़ती-उड़ती इतनी अदृश्य हो जाती है कि अंत में उन्हें हैरान होकर कहना पड़ता हैं–

वह है, वह नही अनिर्वच।

अनुभूति मात्र-सी उर में रह जाना प्रकृति का–पन्त के यहाँ अधिक हुआ है।

काव्य यात्रा

पंत की कविता का स्वरूप एवं स्वर परिस्थितियों के साथ बदलता रहा है। प्रकृति सौंदर्य, शोषण का विरोध, अरविंद दर्शन एवं बाद में नवमानवता का स्वर उनकी कविताओं में झलकता है। पंत छायावाद, प्रगतिवाद, अन्तश्चेतनवाद एवं नवमानवतावादी दौर से गुजरे हैं।

पन्त का काव्य विकास अन्तर्मुखता से निरन्तर बहिर्मुख होने का इतिहास है। जिसे आलोचकों ने तीन-चार चरणों में बांटा है–

छायावादी काव्य

प्रगतिवादी काव्य

अरविन्द दर्शन का प्रभाव

कहना न होगा कि पन्त का जन्म जिस प्राकृतिक परिवेश में हुआ था वह किसी कविता से कम आकर्षक और लुभावना न था। फलस्वरूप सौन्दर्य और प्रेम का जो बीज रूप में उन्होंने अपने परिवेश से ग्रहण किया था, वह समय पाकर पल्लव के रूप में पल्लवित हुआ। इस प्रभाव के कम होते ही उन पर मार्क्स गांधी का प्रभाव पड़ता है, जिससे कविता की दिशा में दूसरा बदलाव आता है। उनके काव्य को तीसरा मोड़ अरविन्द दर्शन देता है। 'स्वर्ण-धूलि', 'स्वर्ण-किरण', 'कला' और 'बूढ़ा चांद' इसी का उदाहरण है–काव्य पल्लव का प्रथम चरण पन्त के लिए सर्वोत्तम काल था। जिसकी समयावधि 1932 से 36 तक मानी जाती है। 'वीणा' से 'गुंजन' तक की यात्रा इसी अवधि की है। इस काल की रचनाओं में प्रकृति एवं प्रेम को नये अंदाज में देखा गया है। साथ ही खड़ी बोली हिन्दी को स्थापित करने की महत्वपूर्ण भूमिका का निर्वाह इसी काल में हुआ। कवि के प्रेम का स्वरूप अल्हड़ एवं किशोर का है, जो विकासकाल के साथ प्रौढता को प्राप्त होता है। 'उच्छवास' की बालिका, ग्रन्थि की 'प्रेयसी', 'गुंजन' की भावी पत्नी, अप्सरा, रूपतारा की सहचरी में तब्दील हो जाती है। जो अंततः ग्रामीण युवती बन जाती है।

वीणा का प्रकाशन पल्लव के प्रकाशन के बाद होता है। इसे कवि ने अपना दुधमुंहा प्रयास कहा है। लेकिन जिस कल्पना का विकसित रूप पंत की बाद की कविताओं में मिलता है उसका आरम्भ वीणा से ही हो जाता है। बालकोचित निश्छलता की मांग पन्त की प्रारम्भिक कविताओं में बार-बार मिलती है–

छोड़े द्रुमों की मृदु छाया, तोड़ प्रकृति से भी माया।

'ग्रन्थि' एक तरह से विरहगत है, जिसमें विरह काव्य किशोर भावुकता के धरातल से शुरू होकर उसी धरातल पर समाप्त होता है। इसमें संकोच संकुचित होता है। झिझक खुलती है।

प्रथम चरण का सर्वोत्तम संग्रह 'पल्लव' में भाषा और विषय-वस्तु नवीन समावेश होता है, विचारशीलता और रचनाशीलता दोनों का संयोग इसमें है। इसकी भूमिका छायावाद का घोषणा-पत्र भी कही जाती है। मध्यकालीन रीति की प्रवृति के विरोध में खड़ी बोली और आधुनिक चेतना के समर्थन में यह भूमिका लिखी गयी है। ब्रजभाषा को मन की वाणी बताकर छोड़ दिया गया, खड़ी बोली को मुंह की वाणी समझकर सहर्ष अपनाया गया। कल्पना की महत्ता स्थापित किया, इसे ही इति वृत्तात्मक के विपरीत चित्रात्मक भाषा के निर्माण में मुख्य उपादान घोषित किया। भावबोध के स्तर पर 'ग्रन्थि' में जो मांसलता थी वह 'पल्लव' की आंतरिकता में घुल गयी। फिर भी शिल्प और तराश की योग्यता रखते हुए 'पल्लव' की रचनाएं जीवन के गहरे बोध से नहीं जुड़ पाती और किशोर भाव की देहरी लांघ पाती है।

पल्लव के उपरान्त 'गुंजन' का प्रकाशन होता है। जिसमें कल्पना का उल्लास न होकर मनन की अभिव्यक्ति है। यहाँ तक की यात्रा करने के बाद पन्त यह स्वीकार करने लगते हैं कि प्रकृति-दर्शन, निष्क्रियता की हद तक सहिष्णुता प्रदान करता है। साथ ही वह सामाजिक जीवन के लिए स्वास्थ्यकर भी नहीं है। फलस्वरूप 'पल्लव' की कल्पना, उल्लास काल्पनिक मोड़ छोड़कर 'गुंजन' में जीवन और जगत के सुख-दुख की ओर उन्मुख हो चुका था। 'युगान्त' में वह अपनी पिछली सौन्दर्य चेतना से मुक्त होकर भी वैचारिक जगत में प्रवेश करता है। 'बापू के प्रति', 'ताज' आदि ऐसी ही रचनाएं हैं।

यह बदलाव बहुत कुछ स्वाभाविक ढंग से नहीं आया बल्कि इस तरह की एक विचारधारा उस समय के मानस में व्याप्त हो रही थी। 'युगवाणी' (38) में गांधीवादी और मार्क्सवादी विचारों का स्पष्ट प्रभाव है। इन दोनों दर्शनों में कोई वैचारिक न होने के बावजूद 'पन्त' ने यह महसूस किया कि 'ऐतिहासिक भौतिकता और भारतीय अध्यात्म दर्शन में कोई विरोध नही है।' इसका कारण लोकोत्तर कल्याण का पक्ष वे बताते हैं। वर्ग-संघर्ष उनकी कल्पना का अंग नहीं है। 'मानव' कविता में पन्त ने लिखा है–

"सुन्दर है विहग सुमन, मानव तुम सबसे सुन्दरतम्।"

वहीं युगवाणी में कवि की वाणी 'बने विश्व जीवन की स्वरलिपि' जन-जन मर्म कहानी बनाने को आतुर है। साथ ही कविता रीतिवाद पर प्रहार करती है–

'खुल गए छंद के बंद प्राश के रजत पाश'।

'ग्राम्या', 'पल्लव' के बाद सबसे अच्छी कृति है। इसमें कवि का ध्यान कलात्मकता से हटकर वास्तविकता पर टिक जाता है। कवि वर्ग जाति से ऊपर उठकर मनुष्यत्व की महिमा का कायल हो जाता है–

'देख रहा हूँ आज विश्व को मैं ग्रामीण नजर से'

ग्राम्या के बाद पन्त का जो विकास होता है वह एक विशेष दिशा आध्यात्मिक चिन्तन की ओर होता है। जो उनका स्वयं का चिन्तन न होकर अरविन्द के चिन्तन संबंधी प्रभाव की ओर होता है। अरविन्द चेतना के उच्चतर विकास की बात की, वे उस उच्चतर विकास तक पहुंचने का माध्यम् साधना को मानते हैं। अरविन्द का मानना है कि पहले द्रव्य था, द्रव्य से प्राणतत्व निकला, प्राणतत्व से उपचेतन तथा उपचेतन से मानव का प्रादुर्भाव हुआ। मनुष्य को इस मानस से ऊपर उठकर अधिमानस के धरातल पर जाना है जिसका माध्यम साधना है। वैसे पन्त ने इस दर्शन से अपना अलगाव भी प्रकट किया, क्योंकि शुद्ध चेतना के धरातल पर कविता नहीं टिकती। अरविन्द का दर्शन आभ्यंतर की ही बात करता था जिसमें काव्य निर्माण संभव नहीं। पन्त की साधना की चरम उपलब्धि 'लोकायतन' है। जो कलेवर में 'कामायनी' की छः गुनी बड़ी है। इस महाकाव्य का मूल प्रतिपाद्य सामूहिक मुक्ति है जो गांधीवाद और अरविन्द दर्शन दोनों से प्रभावित है। परन्तु जितना बड़ा काव्य है उतना ही असफल घनत्व इसमें नहीं है।

इस प्रकार 'पन्त की काव्य यात्रा के जो विविध सोपान रहे हैं वे प्रकृति से मानव और फिर अंततः अध्यात्म है। तीसरा विकास सुखद नहीं है। यहाँ वे दर्शन को काव्य बनाने की कोशिश करते हैं, जाहिर है दर्शन कविता में आएगा तो अनुभूति के स्तर पर ही।

फिर भी अपनी यात्रा के अंतिम बिन्दु पर चाहे असफल रहे हों, कविता के स्तर पर–किन्तु विभिन्न पडावों पर उनका योगदान अविस्मरणीय, चिरस्थायी और निर्देशक का है। 'पन्त' का योगदान ऐतिहासिक था, इसमें कोई संदेह नही, भाषा के बारे में यह बात सौ प्रतिशत लागू है।

काव्य भाषा

छायावादी कवियों में पंत के शब्द चयन की शक्ति अपूर्व है। शब्द चयन में कोमलता एवं [illegible]गत कोमलता भी विद्यमान है। पंत की भाषा उनकी संवेदनाओं को चित्रोपम ढंग से अभिव्यक्त करती हैं। भाषा में ग्रामीण एवं लोक शब्दावली के साथ-साथ उर्दू शब्दों का प्रयोग करते हैं। इसी कारण पंत को शब्दशिल्पी कहा जाता है।

यह 'प्रकृति के सुकुमार' कवि कहे जाते हैं। प्रकृति की छटा से अपनी काव्य-सृजना का श्री गणेश करते हैं। कवि की कल्पना में प्रकृति देवी, माँ, सहचरी, प्राण के रूप में व्यक्त हुई हैं प्रकृति की कल्पना में भावपूर्ण शिल्प का सर्जन किया गया है। डॉ. जे.बी. ओझा के अनुसार पंत अप्रतिम भाव शिल्पी है। उन्होंने दर्शन, कला, विज्ञान, संस्कृति, समाज से प्राप्त विषय-सामग्री को कल्पनात्मक सौन्दर्य के आवरण में व्यंजित किया है वह भाषा व कला के श्रेष्ठ समन्वय का रोचक उदाहरण है। पंत रसग्राही भावसाधक है, उसी के अनुरूप उनकी कविताओं में भाव की स्वच्छंदता, सूक्ष्म कल्पना भक्ति, वर्णन-कौशल, लाक्षणिक काव्य-भाषा, मनोरम अलंकार विधान, लयबद्ध, छंद-सृजन आदि विशेषताएं विद्यमान है। वस्तु विधान की दृष्टि से पंत ने उत्तम प्रबंध योजना एवं गीति काव्यत्व कौशल का परिचय दिया है। लोकायतन में महाकाव्यात्मक औदात्य है, वीणा, पल्लव, गुंजन में गीति काव्यत्व है।" गीतात्मकता पंत काव्य की आत्मा है। गीतत्व सभी पंत की सृजना में व्याप्त है– आत्माभिव्यक्ति, भावान्विति अंतः प्रेरणा, संगीतात्मक संक्षिप्तता, कलात्मक पूर्णता।

पंत का काव्य-कौशल यह है कि उनके गीतों में भावना की सहज प्रवाहमयता ही नहीं है, मधुर शब्द-योजना, माधुर्य गुण सम्पन्नता तथा भाषा की लाक्षणिकता का समन्वय भी है।

"सघन मेघों का भीमाकास गर जता है जब तमसाकार,
दीर्घ भरता समीर निःश्वास, प्रखर झरती जब पावस-धार।"

पंत की काव्यभाषा शुद्ध परिमार्जित एवं समृद्ध हैं। उन्होंने संस्कृत गर्भित और जनानुकूल व्यावहारिक भाषा में कविताओं की रचना की है। कवि की शब्द-योजना सरस, मधुर एवं कमनीय है। वीणा, पल्लव, गुंजन आदि रचनाओं में तत्सम् निष्ठ शब्दावली का आधिक्य है। नवल, वधू, मृदु, गुंजन, शुचि, सौरभ, कातर, असार, अभिलाषा, धवल ऐसे ही शब्द निर्दशनार्थ हैं। यथा–

"दिवस का इनमें रजत प्रसार, रष्मा का स्वर्ण सुहाग
निशा का तुहिन अश्रु-शृंगार, साँस का निःस्वन राग
नवोढ़ा की लज्जा सुकुमार, तरुणतम सुंदरता की आग।"

पंत की विचार प्रधान कविताओं में भाषा व्यावहारिक, वर्णनात्मक व स्वाभाविक है। यथा–

"यह आग शोभा ही में सीमित है
फागुल लाज में ही सिमटा रहेगा
यह मिट्टी ही शाश्वत है।"

प्रकृति के रंग व रूपों का वर्णन कोमल कांत पदावली में किया गया है–

"खैंच ऐं चीला भ्रू-सरचाप, शैल की सुधियों बारम्बार,
हिला हरियाली का सुदुकूल, झुला झरनों का झलमल हार,
जलद-पट से दिखला मुख चंद्र, पलक पल-पल चपला के मार
भग्न उर पर भूधर सा हाय, सुमुखि धर देती है साकार"

पंत की कविताओं की भाषा का एक पक्ष यह भी है कि वे उग्र कठोर विषय-वस्तु के अनुरूप शब्द विधान लिये हुये हैं। भाषा की लाक्षणिक शक्ति-सामाजिक प्रवृति ओजपूर्ण वर्णनात्मकता ऐसे प्रसंगों में दृष्टव्य है। यथा–

"अहे वासुकि सह स्रफन।
लक्ष अलक्षित चरण तुम्हारे चिह्न
निरंतन छोड़ रहे हैं जग के विक्षत वक्ष स्थल पर"।

पंत भाषा को अनेक प्रसंगों में प्रतीकात्मकता प्रदान करते हैं। भावों की अप्रस्तुत अर्थ सृष्टि के लिए प्रतीक विधान कलापक्ष का महत्त्वपूर्ण आधार सिद्ध होता है। पंत के अनुसार, "हमारा मन जिस प्रकार विचारों के सहारे आगे बढ़ता है उसी प्रकार मानव चेतना प्रतीकों के सहारे विकसित

होती है।" पंत ने कविताओं में भावात्मक, दार्शनिक, सांस्कृतिक प्रतीकों को सृजित किया है।

"जब अचानक अनिल की छवि में पला
एक जलकण जलद शिशु-सा पलक पर
आ पड़ा सुकुमारता का गान-सा
चाह सा सुधि-सा सगुन-सा स्वप्न-सा।।"

काव्य भाषा में बिंबात्मकता, चित्रात्मकता पंत की विशेषता है। चित्रात्मकता, ऐन्द्रियता व साम्य सौन्दर्य बिम्ब की मूलभूत विशेषताएं है। काव्य बिम्ब विषय के आंतरिक सादृश्य का प्रत्यक्षीकरण है। यथा–

"विहंगम-सा बैठा गिरि पर, सुहाता था विशाल अंबर।

इस प्रकार पंत की काव्य भाषा भावानुरूप, लाक्षणिक प्रतीकात्मक, बिम्बमूलक, चित्रात्मक एवं संगीतात्मक हैं। सरलता, स्वाभाविकता, प्रांजलता सर्वत्र है। भाषा में जीवन की गूंज वलय है। शक्ति व आवेग है, आशा-निराशा भरे भावमय चित्र हैं, चिंतन का औदात्य है।

कवि पंत वर्तमान मानव जीवन के विषम संकट को व्यक्त करते हुए एक नए आदर्श भविष्य का चित्रण करते हैं। यह प्रयास युगीन यथार्थ के अनेक पक्षों का स्पर्श करते हुए भी अध्यात्म पर आश्रित है और अध्यात्म द्वारा ही नियंत्रित है।

सूर्यकान्त त्रिपाठी 'निराला'

सामाजिक सांस्कृतिक दृष्टि

छायावादी चतुष्टयी में निराला अपना विशिष्ट स्थान रखते हैं। हर तरह की कविता, हर तरह के भाव, विषयानुसार भाषा में रचित किये गये हैं। निराला को विविधताओं का कवि कहा गया है। रामस्वरूप चतुर्वेदी की सम्मति में, "आधुनिक युग के सर्वाधिक मौलिक क्षमता से संपन्न कवि हैं। इसका प्रमाण कवि का रचनात्मक वैविध्य स्वयं प्रस्तुत करता है। भाषा और संवेदना के जितने रंग और स्तर निराला में हैं, उतने किसी अन्य में नहीं।" 'जुही की कली' (1916) से लेकर मृत्यु विषयक उनकी अंतिम कविताओं तक निराला का कवि बराबर बोला है।

निराला कृत रचनाओं में आक्रोश एवं विद्रोह की प्रवृति है। जिसे निराला के श्रेष्ठ आलोचक डॉ॰ रामविलास शर्मा ने 'ओज' और 'औदात्य' कहा है। जीवन परिस्थितियों के घात-प्रतिघात से निराला उद्‌बुध, सचेत, जागरूक कवि के रूप में स्थापित हुये। समाज की विषमताओं, शोषण, अन्याय, अत्याचार के विरूद्ध वे जीवन पर्यन्त संघर्षरत रहे। मानवीय पीड़ा ने उन्हें उद्वेलित किया। पूंजीवादी समाज की विषमता के कारण उनके हृदय में गहन वेदना, टीस एवं छटपटाहट अनुभूत होती थी। सामाजिक आर्थिक विषमता के विरूद्ध वे प्रभावी आवाज उठाते हैं। उनके काव्य का मूल स्वर विद्रोह भावना एवं क्रांति से युक्त है। सामाजिक विषमता के कारण मानव कितनी दयनीय स्थिति में है इसकी अभिव्यक्ति इस प्रकार की है–

"चाट रहे जूठी पत्तल वे कभी सड़क पर खड़े हुये।
और झपट लेने को उनसे कुत्ते भी हैं अड़े हुये।"

'बादल राग' कविता में निराला बादल से विनती करता है कि वह विश्व के धनिक वर्ग पर अपने प्रचंड वज्र घोष से आतंक स्थापित करे और विप्लवकारी गर्जना करे।

'फिर-फिर गर्जन
वर्षण है मूसलाधार,
हृदय थाम लेता संसार,
सुन-सुन घोर वज्र हुंकार।' – बादल राग

निराला उक्त कविता में कृषकों के प्रति भी संवेदना व्यक्त करता है। बादलों का आह्वान कर कवि कहता है कि हे वीरों! तुम इन दीन हीन किसानों की पुकार को सुनकर यहाँ विप्लव मचाने के लिए अवश्य पधारों। यथा–

जीर्ण-बाहु, है शीर्ण-शरीर,
तुझे बुलाता कृषक अधीर,
ऐ विप्लव के वीर!

"चूस लिया है उसका सार/हाड़-मात्र ही है आधार,/ऐ जीवन के पारावार!"

कवि की इन क्रांतिकारी भावनाओं से यह प्रतीत होता है कि संवेदनशील निराला समाज में से सामाजिक विषमता को दूर कर समाज में समानता का भाव व्याप्त करना चाहते हैं। 'कुकुरमुत्ता' कविता में निराला पूंजीपतियों को उनकी असली हैसियत बताते हैं। निराला प्रतीकात्मक शैली में अपनी सामाजिक-सांस्कृतिक दृष्टि इस प्रकार व्यक्त करते हैं–

"अबे सुन बे गुलाब।
भूल मत, जो पाई खुशबू रंगो आब।
खून चूसा खाद का तूने अशिष्ट
डाल पर इतरा रहा कैपेटलिस्ट।"

–कुकुरमुत्ता

निराला की काव्यसृजना में सामाजिक विषमता के प्रति तीव्र आक्रोश व्यक्त हैं। 'भिक्षुक', 'वह तोड़ती पत्थर' सदृश कविताएं असहाय अशक्त जनों के प्रति, श्रमशीला युवती के प्रति रचते हैं।

'देखते देखा मुझे तो एक बार
उस भवन की ओर देखा, छिननतार;
देखकर कोई नहीं,
देखा मुझे उस दृष्टि से
जो मार खा रोई नहीं;
सजा सहज सितार,
सुनी मैंने वह नहीं जो थी सुनी झंकार
एक क्षण के बाद वह काँपी सुघर,
ढुलक माथे से गिरे सीकर,
लीन होते कर्म में फिर ज्यों कहा-
"मैं तोड़ती पत्थर।"

–तोड़ती पत्थर

निराला एक ऐसे समाज की सृजना में रत हैं जहाँ शोषण का नाम न हो, अन्याय एवं अत्याचार का बोलबाला न हो। समता, स्वतंत्रता, न्याय, भ्रातृभाव हो। विषमता समाप्त हो। निराला अपनी सामाजिक सांस्कृतिक दृष्टि के कारण एक 'विधवा' को 'इष्टदेव के मंदिर की पूजा-सी' कहते हैं और भारत की दलितता के साथ विधवा को देखते हैं।

निराला ओज एवं औदात्य के कवि हैं। भारत की परतंत्रता के प्रति वे जनता को जागरूक करना अपना परम कर्तव्य मानते हैं उनकी रचनाओं में राष्ट्रीय भावना कूट-कूट कर भरी हुई है। निरालाकृत 'जागो फिर एक बार', 'शिवाजी का पत्र' आदि कविताओं में ऐसे भाव व्यंजित हैं। यथा–

उगे अरूणा चल में रवि
आई भारती रति कवि-कंठ में
क्षण-क्षण में परिवर्तित
होते रहे प्रकृति-पर,

गया दिन, आई रात,/गई रात, खुला दिन,/ऐसे ही संसार के बीते दिन पक्ष, मास

वर्ष कितने ही हजार–
जागो फिर एक बार!

डॉ॰ भगीरथ मिश्र के शब्दों में, "निराला की अधिकांश कविताओं की पृष्ठभूमि में राष्ट्रीयता का रंग विद्यमान मिलेगा।" अपने ऐतिहासिक सांस्कृतिक गौरव का गान करते हुये उन्होंने राष्ट्रीय भावों को पल्लवित किया। 'मातृ वंदना', नामक कविता में व्यक्त किया है कि–

"जीवन के रथ पर चढ़ कर,
सदा मृत्यु-पथ पर बढ़ कर,
महाकाल के खरतर शर सह
सकूँ, मुझे तू कर दृढ़तर;
जागे मेरे उर में तेरी
मूर्ति अश्रु-जल-धौत विमल,
दृग-जल से पा बल, बलि कर दूँ।"

– मातृवंदना

इस प्रकार निराला की सामाजिक-सांस्कृतिक दृष्टि उनकी कविताओं में फलित है। उनकी कविता में राष्ट्रीय चेतना, राजनैतिक चेतना सामाजिक-सांस्कृतिक चेतना के रूप में व्यक्त हुई है। दलित, शोषित सभी के प्रति अपनी संवेदन दृष्टि व्यक्त करते हैं।

प्रगति चेतना

निराला के सम्पूर्ण काव्य में उपेक्षित दलित के उन्नयन और जन साधारण की प्रतिष्ठा के प्रति गहरी आस्था के दर्शन होते हैं। निराला किसी विचारधारा से प्रेरित होकर किसी समय विशेष में उपेक्षित के प्रति अपनी सहानुभूति को अभिव्यक्ति नहीं किया, इसका प्रमाण उनका काव्य स्वयं है। उनकी रचना यात्रा को जिस स्वच्छंदतावादी और यथार्थवादी खांचों में बाँटा जाता है, उनकी चेतना के बीच अतः संबंधों का एक सिलसिला है। जिस तरह पश्चिम के स्वच्छंदतावादी कवि वायरन, कीट्स, वर्ड्सवर्थ और शैली यातनाग्रस्त मानव के पक्षधर रहे हैं, उसी तरह निराला भी अपने पूर्ववर्ती काव्य में इसी पक्षधरता का स्थान-स्थान पर परिचय देते हैं–

वह आता
दो टूक कलेजे के करता पछताता पथ पर आता
..

वह क्रूर काल तांडव की स्मृति-रेखा-सी
वह टूटे तरू की घुटी लता-सी दीन
दलित भारत की विधवा है

...

देखा मुझे उस दृष्टि से जो मार खा कोई नहीं।

निराला की 'बादलराग' कविता (परिमल) और 'तोडती पत्थर' कविता (अनामिका) में हम देखते हैं कि निराला यातनाग्रस्त मानवता के पक्षधर होकर अन्यायी और आततायी शक्तियों के विरूद्ध संघर्ष का बिगुल बजाते हैं–

जीर्णबाहु है क्षीण शरीर,
तुझे बुलाता कृषक अधीर।।

निराला के स्वच्छंदवादिता चेतनापरक काव्य की यह प्रगतिशील परिणति है। दरअसल अपने दुख दर्दों के अहसास में भी उन्होंने यातनाग्रस्त मानवता के दुख दर्दों के अहसास की उपेक्षा नहीं की। स्वयं के मनोभावों की कविता प्रत्यक्षतः व्यक्ति की होने से जन विरोधी नहीं हो जाती, बशर्ते कि वे मनोभाव जनता के बीच में रह कर स्वाभाविक हुए हैं। निराला की परवर्ती कविता में महान् 'मनुष्य सत्य' से हमारा साक्षात्कार होता है। इस दौर की कविता में छायावाद ऊँचाई से उतरकर यथार्थवादी जमीन पर आयी है। 'कुकुरमुत्ता' की रचना से निराला के भावबोध में गुणात्मक परिवर्तन आता है। रचना प्रक्रिया के उस दौर में जो खिचड़ी 'कुकुरमुत्ता' के रूप में तैयार हुई वह अभी अधकचरी और कसरी है। लेकिन समकालीन यथार्थ की जो खिचड़ी 'अणिमा', 'बेला', 'नये पत्ते' की रचनाओं के रूप में रही, वही उस युग की सबसे ताजी कविता थी।

खुला भेद विजय भी कहा हुए जो
लहू दूसरों का पिये जा रहे हैं

...

आज अमीरों की हवेली होगी किसानों की पाठशाला
धोबी, पासी, चमार, तेली खोलेंगे अंधेरे का ताला

...

धर्म का बढ़ावा रहा धोखे से भरा हुआ।
लोहा बजा धर्म पर सभ्यता के नाम पर ।।

इन परवर्ती कविताओं में सवाल एक नयी काव्य भाषा की तलाश और उपलब्धि का नही था। एक नया कंटेंट अभिव्यक्ति के लिए कस-मसा रहा था। यह नया मनुष्य सत्य कोई अनायास उपलब्धि नही थी जीवन से जुड़े हुए यातनाग्रस्त मनुष्यों के पक्षधर रचनाकार की सक्रिय साहित्य साधना और जीवन पद्धति की यह एक तार्किक परिणति थी। 'कुकुरमुत्ता' से लेकर 'नये पत्ते' की रचनाओं में 'देवी सरस्वती' निराला की 'प्रगतिशील संरचना धार्मिकता' की सर्वोत्तम उपलब्धि है।

'नये पत्ते' की कई कविताएं निराला के सम्पूर्ण काव्य और चरित्र में विद्यमान है। इस चरित्र निष्ठा का आधार एक ओर तो 'सत्य' है। यथार्थ सामान्य का कोई भावुक-सा सन्दर्भ नही, जिसकी चर्चा काव्य और काव्य लोचन में प्रगतिशील आन्दोलन के दौरान बहुत अधिक मिलती है। दूसरी ओर उस यथार्थ की काव्यात्मक परिणति है। निश्चय ही काव्यात्मक परिणति की यह शर्त छायावादी काव्य की अभिजात संस्थाओं से भिन्न और सर्वथा नही है। इस तरह सामान्य की प्रतिष्ठा की इस उत्कृष्ट लालसा और प्रतिज्ञाबद्धता से निराला सर्वथा नयी काव्य-शैली नये काव्य मान और एक अभूतपूर्व कविता का उद्घाटन हिन्दी में करते हुए दिखाई देते हैं।

'बन्दी गृह वरण किया
जना हृदय जिया'।

यह पंक्ति सम्पूर्ण रूप में उनके व्यक्तित्व की उस निष्ठा और आत्मशीलता तथा अहं से रहित पवित्रता और विवशता व्यक्त करती है, जिसके फलस्वरूप निराला अपनी कविता में बार-बार 'उपेक्षित' के प्रश्न से टकराते हैं। निराला सचमुच में जनता के कवि हैं, जनता का हृदय रखने वाले व्यक्ति की काव्य चेतना जनता की स्थिति से निर्मित हुई है। व्यवहारिक और रचनात्मक दोनों स्तरों पर वे जनता के साथ रहे। अपने दुःख-दर्द को व्यापक रूप से जनता से जोड़कर देखना, निराला की अद्वितीय विशेषता है।

मुक्त छंद

मनुष्यों की मुक्ति की तरह कविता की भी मुक्ति होती है। मनुष्यों की मुक्ति कर्मो के बंधन से छुटकारा पाना है। कविता की मुक्ति छंदों के शासन से अलग हो जाना है। इसने कविता को तुक, मात्रा आदि बंधनों से मुक्त किया। मगर लय का पूर्ण निर्वाह किया गया है। निराला ने कविता को छन्द के बंधन से मुक्त किया। मुक्त छंद की कविताएँ–जागो फिर एक बार, बादल राग, कुकुरमुत्ता आदि हैं।

छायावादी कवि निराला ने अपनी पहचान अलग से बनाने के लिए चली आ रही रूढ़िबद्ध छंद परम्परा का निषेध कर, नूतन छंद का आविष्कार किया। छायावाद काल में कवियों के पास नये-नये विचार थे तो उन नवीन विचारों के अभिव्यंजन हेतु नये छंदों की आवश्यकता हुई। आचार्य हजारी प्रसाद द्विवेदी ने सम्मति में इस प्रकार कहा कि, "नये छंद नये मनोभावों को जन्म देता है।" निराला के छंद निर्माण के संदर्भ में रामस्वरूप चतुर्वेदी ने कहा कि, "छंद के संदर्भ में निराला का विद्रोह अधिक स्पष्ट और मुखर दिखता है। छंद-विधान के अनेक पक्षों में निराला की रूचि आरंभ से रही। एक ओर उनकी चिंता थी कि उनके लिखे हुये खड़ी बोली के गीत सामान्यजन और कलावंतों के होंठों पर वैसे ही बस जाएं जैसे अब तक ब्रजभाषा में रचे गए खयास के बोल और पदों की स्थिति रही है। दूसरी ओर पारंपरित छंद को तोड़कर उसे नये ढंग से बनाने में उनका विशेष ध्यान रहा। मुक्त छंद को यहाँ उन्होंने जातीय मुक्ति के व्यापक संदर्भ से जोड़ा। तीसरी ओर छंद-विधान के आंतरिक स्वरूप को नये-नये ढंग से व्यवस्थित करने की मन में तीव्र उत्सुकता थी।" नेमिचंद्र जैन ने कहा कि, "इस प्रकार नई अनुभूतियों, भावनाओं, कल्पना-चित्रों तथा नवीन परिस्थितियों की अभिव्यक्ति करने के लिए नये-नये माध्यमों की भाषा, छंद और शैली के नये रूपों की खोज होने लगी।" मुक्तछंद के प्रवर्त्तक के संदर्भ में डॉ॰ संतोष गोयल कहती हैं कि, "निराला जी को मुक्त छंद का प्रवर्त्तक माना जाता है, यद्यपि उसके पीछे कोई मनोवैज्ञानिक आधार ढूँढना अत्यंत कठिन है।"

निरालाकृत मुक्त छंद को आज जो इतना महत्त्व दिया जाता है, वही प्रारंभ में 'केंचुआ' अथवा 'रबड़' छंद के उपहासास्पद नामों से अभिहित हुआ था। मुक्त छंद वह है, जिसके चरणों की संख्या और विस्तार पूर्व अनिश्चित एवं स्वतंत्र रहते हैं, केवल लयाधार आद्योपांत एक सा रहता है अर्थात् मुक्त छंद का आधार मात्रा, वर्ण, तुक कुछ भी नहीं केवल 'लय' है। निराला मुक्त छंद को भी छंद की भूमि में मानते हैं, चाहे उसमें वर्ण, मात्रा, गण सभी का ध्यान रखा गया हो। 'परिमल' की भूमिका में उन्होंने लिखा भी है, ऊपर जितने प्रकार के अतुकांत काव्य के उदाहरण दिये गये हैं, सब एक-एक सीमा में बँधे हैं, एक-एक प्रधान नियम सब में पाया जाता है। गण वृतों में गणों की शृंखला, मात्रिक वृतों में मात्राओं का साम्य, वर्णवृत्तों में अक्षरों की समानता रहती है। कहीं भी इस नियम का उल्लंघन नहीं किया गया। इस प्रकार के दृढ़ नियमों में बँधी हुई कविता कदापि मुक्त नहीं हो सकती। मुक्त छंद तो वह है जो छंद की भूमि में रहकर भी मुक्त है, इस पुस्तक के तीसरे खंड में जितनी कविताएं हैं सब इसी प्रकार की हैं।" 'लय' काव्य का प्राण है। "छंद एक धारणा है और लय एक संवेदना।" पंत ने कहा कि, "कविता का स्वभाव ही छंद में लयमान होता है।"

निराला जी ने घनाक्षरी अथवा कवित्त को ही मुक्त छंद का आधार माना है। निराला ने कहा कि, "हिन्दी में मुक्त-काव्य कवित छंद की बुनियाद पर सफल हो सकता है। कारण, यह छंद चिरकाल से इसी जाति का कंठहार हो रहा है। दूसरे, इस छंद में एक विशेष गुण यह भी है कि इसे लोग चौताल आदि खड़ी तालों में तथा ठुमरी की तीन तालों में सफलतापूर्वक गा सकते हैं और नाटक आदि के समय इसे काफी प्रवाह के साथ पढ़ सकते हैं।" इस प्रकार निराला ने मुक्त छंद का आरंभ 'विजन-वल-वल्लरी' से मुड़ कर अंत तक किया। बहुत कठिन छंद से 'तुलसी दास' नामक शतक काव्य की रचना की। यथा–

दिवसावसान का समय
मेघमय आसमान से उतर रही है
वह सन्धया-सुंदरी परी-सी
धीरे धीरे धीरे,
तिमिरांचल में चंचलता का नहीं कहीं आभास
मधुर-मधुर हैं दोनों उसके अधर,

किन्तु गंभीर, नहीं है उनमें हास-विलास। संध्या सुंदरी के अलावा सबसे कठिन छंद तुलसीदास में–

"जागा, जागा संस्कार, प्रबल,
रे गया काम तत्क्षण वह जल,
देखा, वामा, वह न थी, अनल-प्रतिमा वह;
इस ओर ज्ञान, उस ओर ज्ञान,
हो गया भस्म वह प्रथम मान,
छूटा जग का जो रहा ध्यान, जाड़िया वह।"

वहीं राम की शक्तिपूजा में–

"शत-शेल-सम्वरण-शील नील-नभ गर्जित-स्वर,
प्रतिफल-परिवर्तित व्यूह,-भेद-कौशल, समूह–"

अंततः कह सकते हैं कि निराला ने मुक्तछंद प्रणीत करते समय अनेकशः प्रयोग किए हैं। 'जुही की कली' में प्रयुक्त मुक्त छंद, जागो फिर एक बार, बादल राग, शेफालिका, बेला, कुकुरमुत्ता में प्रयुक्त छंद पूर्ववर्ती छंद से इतर है। निराला के यहाँ छंद के बंध खुल गये।

महादेवी वर्मा

वेदना तत्व

महादेवी के काव्य में वेदना और करूण स्वर की प्रमुखता के कारण इन्हें आधुनिक मीरा कहा जाता है।

'मैं नीर भरी दुःख की बदली'

महादेवी के काव्य में व्याप्त दुःख या वेदना उस समय की स्त्रियों के दुःखों का दस्तावेज है। जो उस समय में स्त्रियों की स्थिति का प्रकटीकरण करती है। महादेवी की प्रकृति वियोगिनी हैं और वह कवयित्री के भाव जगत में पूर्ण रूप से व्याप्त है। महादेवी ने करुण विचारों के मंच पर अपने जीवन के मुरझाए हुए फूलों को सजाया है।

महादेवी ने अपने गीतों में भावना के संवेदनाओं का सूक्ष्म विश्लेषण तथा उनके सुख-दुःखमय विशेषतः संस्पर्शों का चित्रण किया है। वेदना का यह स्पर्श महादेवी के भावना जगत में अधिक गहरी तीव्र, मर्मस्पर्शी होकर मिलती है। महादेवी का मानना है कि सुख तो क्षणिक हैं वेदना ही चिर स्थायी है। महादेवी के गीतों में इस वेदना के पीछे एक प्रमुख कारण यह है कि वह नारी है और उन्हें अपनी सारी मर्यादाओं को न लांघ सकने की अपनी अभिव्यक्ति के प्रति इतनी नैतिक शुद्धता एवं आत्मिक दीप्ति है। इसके साथ ही उनकी वाणी में सूक्ष्म बौद्धिकता से मिश्रित तरल करूण और समर्पण की भावना है।

उन्होंने अपने काव्य में वेदना की अभिव्यक्ति के प्रदर्शन के प्रवर्तन हेतु विभिन्न पद्धतियां अपनायी हैं यही कारण है कि उनका पूरा काव्य वेदनामय होने के बावजूद भी एकरस और नीरस नहीं प्रतीत होता। उनकी वेदना मन के लिए भाव रहस्य न होकर मिलन की संदेशिका है। महादेवी ने वेदना के प्रदर्शन के लिए अनेक शैलियां निर्मित की हैं। चित्रण शैली, प्रश्न शैली, अलंकार शैली, प्रतीक शैली आदि।

महादेवी वेदना नकारात्मक रूप में प्रस्तुत नहीं करती बल्कि करूणा के सकारात्मक रूप की व्यंजना करती हैं। उसमें जीवन का उल्लास एवं उत्साह है–

पर शेष नहीं होगी यह मेरे प्राणों की पीड़ा।
तुमको पीड़ा में ढूंढा तुम में ढूंढूगी पीड़ा।।

प्रगीति

महादेवी के प्रगीति काव्य में आत्माभिव्यंजकता, रागात्मकता, काल्पनिकता, संगीतात्मकता, भावगत एकरूपता और शैलीगत सुकुमारता का मिला-जुला रूप मिलता है। रागात्मकता की प्रधानता के कारण उसमें अद्‌भुत प्रेषणीयता आ जाती है। अपने गीतों के कारण ही महादेवी को 'आधुनिक मीरा' कहा जाता है।

गीत एक आदिम राग है और लयात्मकता उसकी अस्थि मज्जा। छायावाद में भावनाओं की तीव्रता और कल्पना के अत्यधिक विस्तार ने गीत को सर्वथा नवीन रूप दिया है। इसमें महादेवी का स्थान प्रमुख है। महादेवी कहती हैं–"साधारण तथा गीत वैयक्तिक सभी में तीव्र सुख-दुःखात्मक अनुभूति का वह शब्द रूप है जो अपनी हवन्यात्मकता में गेय हो सके।" महादेवी के गीतों में वैयक्तिक विरहानुभूति की व्यंजना और कलात्मक गेयता का पर्याप्त अंश विद्यमान है। किन्तु अनुभूति की वैसी तीव्रता उनमें नहीं पाई जाती जो कथन में विद्यमान है।

नारी सुलभ संवेदना और संयम के कारण वे अपनी गीत रचना में बड़ी सजग दिखायी देती है। जिसके लिए उन्हें पग-पग पर प्रतीकों का सहारा लेना पड़ता है, परिणामस्वरूप गीतों की सहज भावधारा अवरूद्ध होकर बौद्धिक तर्कजाल में उलझ जाती है जिसके कारण गीतों के अर्थबोध और रागात्मक व्यंजना के नष्ट हो जाने की संभावना बढ़ती गयी है।

महादेवी ने अपने गीतों का ढांचा बहुत अनुशासन बद्ध कर दिया है। उनके गीत गणित के नियमों में बंधे गीत हैं। पहली पंक्ति गीत का देह बनकर आती है और पूरे गीत में उसी का अनुकरण होता रहता है। इनके गीत की सहजता एक हद पर नष्ट हो गयी है। क्योंकि गीत में बुसअत की आवश्यकता होती है, परन्तु महादेवी के गीत में बुसअत का अभाव है जबकि गजल में इसकी प्रधानता होती है। वस्तुतः पहली पंक्ति की तानाशाही का आरंभ महादेवी से ही होता है।

महाद्रेवी के गीत के चार प्रमुख तत्व हैं–

अभिव्यंजना अथवा वैयक्तिकता

गेयता

भाव प्रवणता

काल्पनिकता

अभिव्यंजना महादेवी के पूरे काव्य का केन्द्र बिन्दु है। वेदना और करूणा के सहारे इसकी आत्माभिव्यक्ति ने इनके एकान्त को और भी तपोवन बना दिया है। इस दृष्टि से इन गीतों में उनके सुख-दुःखात्मक जीवन की मर्म कथा का व्यापक प्रसाद दिखायी देता है–

जो तुम आ जाते एक बार।

महादेवी की आत्माभिव्यक्ति की सूक्ष्म वेदना एवं उसकी पीडा बोध से उनके गीत और प्रभावशाली हो गये हैं–

मैं नीर भरी दुख की बदली।

इन गीतों में भाव व्याकुलता ही प्रमुख हैं जिसकी रागात्मक अभिव्यक्ति के लिए सांगतिक शब्दों की सहायता ली गयी है–

मधुर पिक हौले बोल।
हठीले हौले-हौले बोल।।

कुछ पंक्तियां हमारे भावभूमि को भी छूती है–

'तोड़ दे यह क्षितिज मैं भी देख लूँ उस ओर क्या है।'

महादेवी के गीतों में जो भाव प्रवाह है, वह समानान्तर एक रेखीय है उसमें निराला के गीतों के समान भावों का उतार-चढ़ाव नहीं मिलता। दरअसल भावों के प्रवाह के ही कारण महादेवी और निराला के गीतों की संरचना में भी फर्क आता है। निराला के गीत जहाँ पर्वत से उतरता प्रवाह है तो महादेवी के गीत मैदान में मंथर गति से बहने वाली सरिता। शब्दों का अद्भुत तराश उनका आवयविक संगठन और कसाव महादेवी के गीतों की अन्यतम् विशेषता है।

प्रतीक योजना

छायावादी कविता में महादेवी के काव्य में सबसे अधिक प्रतीक है क्योंकि स्त्री को समाज में खुलकर बोलने या विद्रोह करने की आजादी नहीं थी इसलिए महादेवी ने प्रतीकों के माध्यम से अपने भावों, विचारों को व्यक्त किया।

''मधुर-मधुर मेरे दीपक जल,
युग-युग प्रतिदिन प्रतिक्षण प्रतिपल।''

यहाँ दीपक को साधना के प्रतीक के रूप में लिया जा सकता है, तो किसी की याद में जलने वाला दीपक भी हो सकता है। इसके साथ ही यह हमें 'असतो मा सद्गमय' और 'तमसो मा ज्योतिर्गमय' का भी संदेश देता है।

छायावादी स्तंभों में प्रसाद, निराला, पंत के साथ-साथ महादेवी वर्मा का अन्यतम स्थान है। "इनके आत्मपरक गीतों के अभिव्यंजन में हृदय के आलोड़न को व्यक्त किया गया है। महादेवी का यह भाव-व्यंजन प्रतीकात्मकता लिये हुये हैं। इनके पद्य साहित्य में प्रायः आदि से अंत तक प्रतीकात्मक प्रवृत्ति को उत्तरोत्तर वृद्धि हुई है। इनकी कविताओं में लोक जीवन जनसमाज की अभिव्यक्ति इसी रूप में हुई है। इस अधुनातन काल में लोक की बात पर लोक के माध्यम् से व्यक्त करने के पीछे कोई न कोई कारण अवश्य था। महादेवी वर्मा के समय का सामाजिक एवं पारिवारिक जीवन आज की तरह मुक्त नहीं था। उस समय नैतिकता के बंधन एवं सामंती प्रवृत्ति का बोलबाला था। स्त्री-पुरुष संबंधों को लेकर आज की तरह स्वच्छंदता नहीं थी अपितु वर्जनाएं थीं। स्त्री-शिक्षा का प्रचार-प्रसार नहीं था। घर की चारदीवारी के अंतर्गत ही नारी की दुनिया सीमित थी। शिक्षा इनके लिए वर्जित मानी जाती थी। इस प्रकार के परिवेश में नारी के लिए प्रेम एवं लोक के भाव व्यक्त करना मुश्किल था। पुरूषों के साथ खुलकर बात करना ठीक नहीं माना जाता था।" (डॉ. रवीन्द्रनाथ मिश्र) इन्हीं कारणों से महादेवी ने अपने सकल अन्तर्मन के उद्वेलन को प्रतीकात्मक रूप में व्यक्त किया है। प्रतीकात्मकता का आवरण हटाकर हम उनकी कविताओं का अवलोकन करें, तो पायेंगे कि उनकी कविताएं लोक जीवन की पीड़ा से ओत-प्रोत है। डॉ. नामवर सिंह के अनुसार "उनकी नीर भरी दुःख की बदली का दुख केवल प्रणय-व्यथा ही नहीं है, उसमें अनेक प्रकार के सामाजिक असंतोष घुले मिले हैं। महादेवी ने अपने समय और समाज की धड़कन को प्रकृति, प्रेम, दुख और वेदना के माध्यम् से व्यक्त किया। यथा–

"मिलन का मत नाम लो,
मैं विरह में चिर हूँ।

महादेवी वर्मा प्रतीकात्मकता के माध्यम् से लोगों की मंगलकामना हेतु देशोद्धार के गीत गाती हैं। इनके गीतों में

दुख प्रकट रूप में प्रत्यक्ष होता। दुख के संदर्भ में वे स्वयं कहती हैं कि, "दुख मेरे लिए निकट जीवन का ऐसा काव्य है जो संसार को एक सूत्र में बाँधे रखने की क्षमता रखता है। हमारे असंख्य सुख हमें चाहे तो मनुष्यता की पहली सीढ़ी तक भी न पहुंचा सके, किंतु हमारा एक बूँद आँसू भी जीवन को अधिक मधुर और उर्वर बनाए बिना नहीं गिर सकता। मनुष्य सुख को अकेला भोगना चाहता है परन्तु दुख सबको बाँटकर।

'सुख-मधु में क्या दुख का मिश्रण
दुख विष में क्या सुख मिश्री-कण।
जाना कलियों के देश तुझे,
तो शूलों से शृंगार न कर,
कहता जग दुख को प्यार न कर।'

महादेवी ने व्यक्ति के माध्यम् से अपनी समकालीन सामाजिक व्यवस्था को समझने का प्रतीक रूप में स्तुत्य प्रयास किया।

'मेरे बिखरे प्राणों, सारी करूणा ढुलका दो।
मेरी छोटी सीमा में, अपना अस्तित्व मिटा दो।
पर शेष नहीं होगी यह, मेरे प्राणों की पीड़ा।
तुमको पीड़ा में ढूंढा, तुममें ढूंढूंगी पीड़ा।'

महादेवी पर बौद्धदर्शन का प्रभाव भी लक्ष्य होता है जिसको उन्होंने इस कविता में व्यक्त किया है, यथा–

इस प्रकार महादेवी वर्मा ने अपने उद्‌गारों को प्रतीकात्मक रूप में व्यक्त किया। वे प्रतीकात्मक रूप में समाज की, लोक की, जन की पीड़ाओं को वाणी दे रही थी।

आचार्य हजारी प्रसाद द्विवेदी के शब्दों में "महादेवी की कविताओं में प्रसाद की भाँति ही एक प्रकार का संकोच है। वे भी प्रतीकों के माध्यम से और सतर्क लाक्षणिकता के सहारे अपने भावावेगों को दबाती हैं। लाक्षणिक वक्रता और मनोवृत्तियों की मूर्त योजना में ये प्रसाद के समान ही हैं।"

इकाई-IV

वैचारिक पृष्ठभूमि

छायावादी काव्य का उदय द्विवेदी युग के काव्य की स्थूल इतिवृत्तात्मकता की प्रतिक्रिया के रूप में हुआ और उसका अति अतिसूक्ष्मता की प्रतिक्रिया स्वरूप हुआ। छायावाद जीवन की वास्तविकता के दूर था और छायावादी कवि नवयुग की सामाजिक स्थिति की ओर से उदासीन रहे। फलस्वरूप छायावाद को पराभव का मुँह देखना पड़ा। कथ्य और शैली की सूक्ष्मता भी सामान्य पाठक के लिए दुरूह सिद्ध हुई जिसे आलोचक छायावाद की असफलता का कारण मानते हैं। पहले विश्वयुद्ध के बाद भारतीय राष्ट्रीय आंदोलन में तीव्रता आ गई। 1930 ई. के लगभग किसान सभाएँ अपनी संगठित शक्ति से विदेशी सरकार का विरोध कर रही थीं। लेनिन ने मार्क्स की विचारधारा का बिगुल बजा दिया था। हिन्दी कविता भी इस प्रभाव से अछूती न रह सकी तथा पूंजीवाद के विरुद्ध आंदोलन तीव्र होता जा रहा था। प्रेमचंद, पंत और राहुल सांकृत्यायन जैसे महारथियों के मार्क्सवादी प्रभाव से साहित्य को नई दिशा मिली। साहित्यकार समाज में आर्थिक स्तर पर समानता की प्रतिष्ठा करने का प्रयत्न कर रहे थे।

छायावाद की परवर्ती पीढ़ी के कवि आत्मनिष्ठ, निराशावादी तथा कल्पना लोक में विचरण करने वाले थे। उनकी कविता जीवन से दूर हो गई। सन् 1934 में भारतीय कम्युनिस्ट पार्टी को सरकार द्वारा अवैध घोषित कर दिया गया। फलतः गुप्त रूप से शोषकवर्ग तथा सामंतशाही व्यवस्था के प्रति घृणा का प्रचार होने लगा। 1936 में मुंशी प्रेमचंद की अध्यक्षता में भारतीय प्रगतिशील लेखक संघ की स्थापना हुई। ''प्रेमचंद, रवींद्रनाथ ठाकुर, जोश इलाहाबादी जैसे श्रेष्ठ कवियों और लेखकों ने इस आंदोलन का स्वागत किया और उसमें भाग लिया। पंत और निराला जैसे महान साहित्यकारों ने इसमें अपना पूरा योगदान दिया। पंत ने अपनी प्रसिद्ध पत्रिका 'रूपाभ' में लिखा था, ''इस युग की वास्तविकता ने जैसे उग्र रूप धारण कर लिया है इससे प्राचीन विश्वासों से प्रतिष्ठित हमारे भाव और कल्पना के मूल हिल गए हैं। श्रद्धा अवकाश में पलने वाली संस्कृति का वातावरण आंदोलित हो उठा और काव्य की स्वप्न-जटिल आत्मका जीवन की कठोर आवश्यकता के उस नग्न रूप से सहम गई। अतएव युग की कविता सपनों में नहीं पल सकती। उसकी जड़ों को अपनी पोषण-सामग्री धारण करने के लिए कठोर धरती का आश्रय लेना पड़ रहा है।''

परवर्ती छायावादी युग में शिवमंगल सिंह सुमन, नरेंद्र शर्मा, नागार्जुन आदि कवि प्रगतिवाद के आदर्शों से प्रेरित हुए। हिन्दी का प्रगतिवादी साहित्य यहाँ की सामाजिक, आर्थिक, राजनीतिक और साहित्यिक परिस्थितियों की उपज है।

इस काल के साहित्य में यथार्थ का आग्रह और कल्पना का उपयोग, दोनों दिखलाई पड़ते हैं। यथार्थ-आग्रह प्रधानतः कथा साहित्य में और कल्पना-प्रवणता काव्य के क्षेत्र में दिखलाई पड़ती है। कथा साहित्य में भी कल्पना-प्रवणता है। प्रेमचंद में यथार्थवाद के साथ आदर्श और स्वच्छंदतावादी रुझान भी है। निराला, प्रसाद, पंत आदि के काव्य में यथार्थवादी रंग भी हैं। महादेवी की करुणा का संबंध यथार्थ की विषमता से है, जो खुलकर उनके रेखाचित्रों में प्रकट हुई।

मार्क्सवाद

मार्क्स द्वारा प्रतिपादित यह सिद्धांत जीवन का सम्पूर्ण दर्शन प्रस्तुत करता है। मार्क्सवाद के दार्शनिक दृष्टिकोण को द्वन्द्वात्मक भौतिकवाद कहते हैं। द्वन्द्वात्मक भौतिकवाद वह दर्शन है जिसके अनुसार सृष्टि का मूल सत्य पदार्थ है, किन्तु जो निरंतर परिवर्तनशील होने के कारण द्वन्द्वात्मक प्रणाली से ही जाना जाता है। यह वर्ग संघर्ष पर आधारित है और पूंजीपतियों द्वारा होने वाले मजदूरों के शोषण का विरोध करता है। यह सम्पत्ति पर सामूहिक प्रभुत्व की बात करता है।

'मार्क्सिज्म' अंग्रेजी का शब्द है जिसका हिन्दी रूपान्तर मार्क्सवाद है। विचारों के चिंतन-मनन के इतिहास में इस विचारधारा का आविर्भाव कार्ल मार्क्स (1818-1883 ई.) के विचारों से होता है। मार्क्स द्वारा प्रतिपादित उक्त सिद्धांत जीवन का संपूर्ण दर्शन प्रस्तुत करता है, पर केवल दर्शन मानने से मार्क्सवाद के सम्पूर्ण तथ्यों की अभिव्यक्ति नहीं होती। तभी कुछ विद्वान् मार्क्स के इस सिद्धांत को क्रियात्मक दर्शन के रूप में भी देखते हैं। कार्ल मार्क्स ने स्वतः फायरबाख पर 'थीसिस लिखते वक्त इस बिंदु पर रोशनी डाली कि अब तक वे दार्शनिक पृष्ठभूमि की केवल व्याख्या कर रहे हैं, किंतु अब वह समय आ गया है कि हम उसका परिवर्तन करें। परिवर्तन मूलतः क्रियाशीलता का प्रतीक है। इसलिए जिस दर्शन का लक्ष्य परिवर्तन है, वह मूलतः क्रियात्मक है। इस प्रकार मार्क्स के बाद के दो स्वरूप हैं–

1. सृष्टि और समाज का विश्लेषणात्मक अध्ययन।
2. उसी संचित अध्ययन के अनुसार सामाजिक परिवर्तन का प्रयास।

मार्क्सवाद के दार्शनिक दृष्टिकोण को द्वंद्वात्मक भौतिकवाद कहते हैं। द्वंद्वात्मक भौतिकवाद वह दर्शन है जिसके अनुसार सृष्टि का मूल सत्य पदार्थ है, किन्तु जो निरंतर परिवर्तनशील अवस्था में होने के कारण द्वन्द्वात्मक प्रणाली से ही जाना जाता है। भौतिकवादी प्रत्यय और पदार्थों में पदार्थ को प्रथम स्थान देते हैं। उनके अनुसार प्रत्यय पदार्थ के उपरांत ही सृष्टि में आया। अतः पदार्थ की सृष्टि प्रत्यय से न होकर प्रत्यय की सृष्टि पदार्थ से हुई। प्रत्ययवादी शाश्वत चेतना को ही सृष्टि का उद्गम स्थल मानते हैं। उनके अनुसार पदार्थ के जितने भी परिवर्तन हैं, वे केवल चेतना-जगत में होने वाले प्रत्यय-विकास की छाया है। अतः शुद्ध भौतिकवाद की दृष्टि बहिर्मुखी है।

द्वन्द्वात्मक भौतिकवाद प्रत्येक परिवर्तन को द्वन्द्वात्मक दृष्टि से देखता है। द्वन्द्वात्मक में संघर्ष अनिवार्य है और संघर्ष केवल दो मूल विरोधी शक्तियों में होता है। इसी नाते द्वन्द्वात्मक भौतिकवाद के अनुसार सृष्टि का मूल सत्य परिवर्तन है, जो सदैव दो विरोधी शक्तियों के संघर्ष से होता रहता है।

द्वन्द्वात्मक भौतिकवाद के प्रकाश में जब मानव-समाज के इतिहास का अध्ययन किया जाता है तो मनुष्य के समूचे अतीत को एक व्यवस्थित अर्थ सूत्र प्राप्त हो जाता है, उस समय इतिहास में इधर-उधर बिखरी घटनाओं का संकलन नहीं होता। उसके चरणों को निश्चित गति और लय प्राप्त होती है। उसका जीवन निश्चित ऐतिहासिक नियमों में बंध जाता है। उन्हीं ऐतिहासिक नियमों के समन्वित रूप को ऐतिहासिक भौतिकवाद कहते हैं। ऐतिहासिक भौतिकवाद के अनुसार मनुष्य के सारे कर्तव्यों की प्रेरणा उत्पादन है। इसी लक्ष्य को लेकर मनुष्य सामाजिक सम्बंधों की स्थापना करते हैं। अतः मनुष्य के समूचे सामाजिक सम्बन्ध उसके उत्पादन-सम्बन्धों पर आधारित हैं। जब उत्पादन-सम्बंध में परिवर्तन होगा तो उसके सामाजिक सम्बंध भी परिवर्तित हो जायेंगे। अतः समाज के दो ढाँचे हैं।

1. आधारभूत ढाँचा, जो उत्पादन सम्बंधों पर आधारित है।
2. आधारभूत ढाँचे पर आश्रित।

   इसके अंतर्गत समाज साहित्य, कला, दर्शन एवं संस्कृति सम्बंधी तत्त्व आते हैं। इस नाते कवि की काव्य प्रेरणा, दार्शनिक की ज्ञान जिज्ञासा, कलाकार का कलात्मक लक्ष्य और संस्कृति का मूल उद्देश्य, सब कुछ आर्थिक व्यवस्था द्वारा संचालित होता है।

मार्क्स राज्य को वर्ग संघर्ष का प्रतीक मानते हैं। इसलिए मार्क्स समाजवादी क्रान्ति द्वारा राज्य का भी उन्मूलन करना चाहता है। समाजवादी क्रांति केवल सर्वहारा ही कर सकता है। मार्क्स ने क्रान्ति की पद्धतियों और साधनों पर विशद रूप से अपने विचार व्यक्त किये। आधुनिक साहित्य तथा साहित्य चिन्तन पर मार्क्सवाद की गहरी छाप है। हिन्दी साहित्य में मार्क्सवाद द्वारा प्रेरित साहित्य को प्रगतिवाद की संज्ञा दी गई। जिसकी शुरूआत 1936 से होती है।

प्रगतिवाद के मुख्य कवियों में पंत, निराला, नरेंद्र शर्मा, शिवमंगल सिंह सुमन, भगवतीचरण वर्मा, रामेश्वर शुक्ल अंचल, रामधारी सिंह दिनकर, नागार्जुन, केदारनाथ अग्रवाल आदि

अनेक कवि प्रसिद्ध हुए। प्रगतिवाद में पूँजीवाद और शोषक वर्ग के प्रति रोष तथा सामंतशाही की दीवारों को ढहाने की चुनौती है।

मनोविश्लेषणवाद

मनोविश्लेषणवाद का प्रवर्तक फ्रायड को माना जाता है। फ्रायड ने मानव मन के चेतन, अवचेतन और उपचेतन तीन भाग किए। इन्होंने सबसे ज्यादा काम और व्यक्ति की दमित वासनाओं को महत्त्व दिया। फ्रायड के शिष्य एडलर ने काम की जगह व्यक्ति मन में अहम् को महत्त्वपूर्ण माना। जबकि फ्रायड के एक अन्य शिष्य जुंग ने दोनों को एक साथ रखा। हिन्दी में इलाचन्द्र जोशी, जैनेन्द्र, अज्ञेय आदि इस विचारधारा से प्रभावित साहित्यकार हैं।

फ्रायड़ के इस सिद्धांत को यौनवाद भी कह सकते हैं। फ्रायड़ानुसार कला और धर्म, दोनों का उद्भव अचेतन मानस की संचित प्रेरणाओं और इच्छाओं में ही होता है। इस काम-शक्ति के उन्नयन के फलस्वरूप कलाकार सर्जनरत होता है। मानसिक जीवन में यथार्थ और सुखेच्छा के बीच जो संघर्ष होता है, उसका समाधान कलाकार कला के द्वारा ही करता है। फ्रायड़ के कलाविषयक सिद्धांतों ने कला के आलोचकों को काफी सीमा तक प्रभावित किया है और उनके मनोवैज्ञानिक सिद्धांतों ने आधुनिक कथा साहित्य को बहुत प्रेरणा दी है, किन्तु मनोविश्लेषण केवल फ्रायड़ तक ही सीमित नहीं है, अन्य मनोविश्लेषकों ने अपने अनुसंधानों द्वारा कुछ नये सिद्धांत भी दिये हैं। फ्रायड़ के ही शिष्यों में ऐडलर और जुंग ने फ्रायड़ से भिन्न सिद्धांतों का प्रतिपादन किया।

ऐड़लर के मनोविज्ञान में लिबिड़ों अथवा कामवृत्ति का उतना महत्त्व नहीं है, जितना अहम् का। उनका मत है कि फ्रायड़ कामवृत्ति को अनावश्यक महत्त्व देते हैं, मानसिक स्नायुविक रोगों का मूल कारण कामवृत्ति के अतिरिक्त अहं की माँग भी हो सकती है। प्रत्येक व्यक्ति में स्वाभाविक मूल प्रवृत्ति स्थापन (Self assertion) की होती है। इस अहं स्थापना की इच्छा और जीवन के यथार्थ का विरोध ही मानसिक जीवन की मुख्य समस्या है। यह जीवन के तीन क्षेत्रों में व्यक्त होती है– समाज, व्यवसाय और विवाह। इस प्रकार ऐड़लर के मनोविज्ञान में आत्मस्थापन की प्रवृत्ति ही प्रमुख है, कामवृत्ति नहीं।

जुंग ने भी मनोविश्लेषण के सिद्धांतों में कुछ सुधार करके अपना मत दिया है। वह भी फ्रायड़ के इस मत के विरोधी थे कि जीवन की प्रमुख प्रेरक शक्ति काम है। उन्होंने लिबिड़ो शब्द का अधिक विस्तृत अर्थ लिया, जिसमें फ्रायड़ की कामवृत्ति और ऐडलर की आत्मस्थापन-प्रवृत्ति, दोनों ही सम्मिलित हैं। वह उसे जीवन की वह प्रारंभिक और सामान्य-प्रेरक शक्ति मानते हैं, जो मानव के सभी व्यवहारों में व्यक्त होती है। यह शक्ति 'जीवन-शक्ति' या 'मनः शक्ति' कहलाती है। यह वह मूल शक्ति है, जो विकास, क्रिया और जनन, तीनों लक्ष्यों में अपने को व्यक्त करती है। जुंग के मनोविज्ञान का दूसरा महत्त्वपूर्ण पक्ष यह है कि उनके अनुसार यह शक्ति एक अंतिम साम्यावस्था की ओर उन्मुख है।

मनोविश्लेषण का सिद्धांत विचार-जगत में न्यूटन-कोपर, आईन्सटाइन और मार्क्स के सिद्धांतों की भाँति, क्रान्तिकारी सिद्ध हुआ है। वह बीसवीं सदी में विश्व-समीक्षा का एक अत्यन्त महत्त्वपूर्ण तथा अविभाज्य अंग बन गया है। साहित्य और कला पर भी इसका व्यापक प्रभाव पड़ा है। कला के क्षेत्र में डाडाइज्म, सुरियलिज्म जैसे नूतन आंदोलनों को उसने प्रेरित किया। डी.एच. लारेंस और जेम्स जाएस इस प्रवृत्ति के प्रतिनिधि रचनाकार हैं।

अस्तित्ववाद

अस्तित्ववाद का विकास वैयक्तिक परिस्थितियों और महायुद्ध की विभीषिका के बीच हुआ। इस विचारधारा का आरंभ डेनमार्क के चिंतक कीर्केगार्द की विचार पद्धति से हुआ। यह व्यक्तिगत स्वतंत्रता को महत्त्व देता है। इसके दो खेमें हैं। एक आस्तिक और दूसरा नास्तिक, आस्तिक में कीर्केगार्द यास्पर्श और ग्रेविल मार्शल तथा नास्तिकों में हेडेगर, सार्त्र, कामू प्रमुख हैं। अस्तित्ववाद परम्परागत दर्शन और व्यवस्था का खण्डन कर व्यक्तिगत अस्तित्व की स्थापना करता है।

साहित्यिक अस्तित्ववाद, आधुनिक युग के एक नवीन दर्शन से सम्बद्ध है। अस्तित्ववादी दर्शन का विकास वैयक्तिक परिस्थितियों और महायुद्ध की विभीषिका के बीच हुआ। इस विचारधारा का आरंभ डेनमार्क के चिंतक 'कीर्केगार्द' (1815-55) की विचार-पद्धति से हुआ। इसका आधार धार्मिक भावना थी। उन्होंने अपने तर्कों के द्वारा हीगेल के विषयगत ज्ञान-व्यवस्था को अनिश्चित सिद्ध करके वैयक्तिकता को सत्य सिद्ध किया। व्यक्तिगत स्वतंत्रता को महत्त्व प्रदान किया। यह

स्वतंत्रता की अनुभूति ही अस्तित्व है, जो अस्तित्ववाद का मूलाधार है। अस्तित्ववादियों को दो खेमों में विभाजित किया जाता है—1. आस्तिक और 2. नास्तिक। आस्तिकों में कीर्केगार्द, जास्पर्स ओर गैब्रिल मार्सल मुख्य हैं तथा नास्तिक अस्तित्ववादियों में हेडेगर, काफरा, ज्याँ पाँल सार्त्र, कामू आदि प्रमुख है।

अस्तित्ववाद का महत्त्व और उसकी प्रतिष्टा दार्शनिक इतिहास के क्षेत्र में उतनी नहीं हुई जितनी साहित्य के क्षेत्र में इसे प्रतिष्ठा मिली। साहित्य के क्षेत्र में सर्वोत्कृष्ट साहित्य के रचयिता सार्त्र और कामू हैं।

अस्तित्ववाद का मूलभूत कार्य परम्परागत दर्शन और व्यवस्था का खंडन कर व्यक्ति-अस्तित्व की स्थापना है। अस्तित्व-तत्व की व्याख्या और उसके महत्त्व की प्रतिष्ठा उसका मूल उद्‌देश्य है। अस्तित्ववाद मूलतः वैयक्तिकता का दर्शन है। इसका प्रस्थान बिन्दु है 'मैं क्या हूँ?' इसी 'मैं' का ही अस्तित्व वह मानता है। अस्तित्ववाद 'स्व' या अहं के अस्तित्व की अनुभूति का दर्शन है। अहं के रूप में कार्य करना स्वतंत्र इच्छाशक्ति के द्वारा ही संभव है। व्यक्ति सृष्टि का अद्वितीय प्राणी है।

कीर्केगार्द के मत से अस्तित्व का अर्थ है ईश्वर के समक्ष अस्तित्ववान होना। जिसका अभिप्राय है स्वयं को पानी समझना। इस प्रकार अस्तित्व पाप भी है और एक उच्चमूल्य सम्पन्न वस्तु भी। व्यक्ति अपने अस्तित्व के प्रति जागरूक रहता है। उसी के माध्यम् से अंतस्थ ईश्वर का साक्षात्कार करना चाहता है। व्यक्ति तात्त्विक रूप से स्वतंत्र है, पर सांसारिक परिस्थितियों के बीच फेंक दिया गया है। व्यक्ति प्रवृत्तियों, गुणों और बुद्धि से युक्त होकर पैदा होता है, यह सब उसके अधिकार के बाहर है। यही उसकी स्वतंत्रता को परिमित करते हैं। हेडेगर इस नियामक तत्व को भाग्य की संज्ञा देता है। उसके विचार से व्यवस्था वेदना अस्तित्व का एक आधारभूत तत्व है। हेडेगर के विचार से 'मैं' या 'अहं' ही मानव-अस्तित्व का सच्चा रूप है। ये नास्तिक अस्तित्ववादी थे और इनका मत मृत्यु का दर्शन कहा जाता है।

जास्पर्स, कीर्केगार्ड की परम्परा के आस्तिक अस्तित्ववादी चिंतक थे। उन्होंने ईश्वर की जगह 'सीमापारी' तत्व की प्रतिष्ठा की। यह तत्त्व अज्ञेय, ज्ञानातीत तथा अनंत शक्ति वाला होता है। उनके विचार से आत्मा संकल्प रूप है। वह रचनात्मक संकल्प है। अस्तित्व चेतना का अधिष्ठान है। वह चेतना से भिन्न नहीं है। आस्तिक अस्तित्ववादी परम्परा में ग्रैब्रिल मार्सल भी आते हैं। इन्हें ईसाई अस्तित्ववादी विचारक माना जाता है। उनके विचार से 'मैं क्या हूँ?' यही प्रमुख दार्शनिक समस्या है, किन्तु उनके विचार से अस्तित्व संस्थान ही रहस्यानुभूति है। अस्तित्व को बुद्धि से नहीं समझा जा सकता। आत्मा, देह से भिन्न देह पर आत्मा पर देहबद्धता ही अस्तित्व है—यही आत्मसाक्षात्कार है।

नास्तिक अस्तित्ववादी विचारकों में ज्याँ पाँल सार्त्र प्रमुख है। सार्त्र के विचार से अस्तित्व आकस्मिक, कृत्रिम और विवेकहीन होता है। उनके अनुसार वस्तु भौतिक पदार्थ है, परन्तु तत्त्व उससे भिन्न है। वे तत्त्व को ही चेतना मानते हैं। वस्तु चेतना नहीं होती। चेतना, वस्तु के निषेध पर प्रकट होती है। चेतना प्राप्त करने के लिए हमें जीवन की सीमा से बाहर अपने को शून्य बनाना पड़ेगा।

सार्त्र के चिंतन का केन्द्र बिन्दु 'स्वतंत्रता' है। अस्तित्व और स्वतंत्रता, परस्पर समानार्थी है, परिस्थितियाँ व्यक्ति की शक्ति को नियमित करती हैं, पर वे स्वतंत्रता को सीमित नहीं कर सकती। मनुष्य स्वतंत्र होने के लिए बाध्य है। मनुष्य स्वयं अपने भाग्य का निर्माता है अतः ईश्वर को नियामक समझने की आवश्यकता नहीं। मूल्य शाश्वत नहीं है और न ईश्वर मूल्यों का स्रोत ही है। व्यक्ति स्वतंत्र रूप से मूल्यों का निर्माण करता है। मनुष्य आत्मचेतन, आत्म प्रबुद्ध एवं स्वाधीन है।

अस्तित्ववादी दार्शनिक दुख, पीड़ा, वेदना को जीवन की एक उपलब्धि मानते हैं। उनकी मान्यता है कि वेदना जितनी गहरी होगी अपनी अस्तित्व का बोध उतना ही गहरा होगा। उनके अनुसार—

1. पीड़ा या संत्रास को मनुष्य हेतु अनिवार्य मानना चाहिए।
2. पीड़ा या संत्रास के भय को हृदय से निकालकर उससे पूर्ण मुक्ति पा लेनी चाहिए।
3. चेतना को सदैव जागृत रखना चाहिए।

समग्रतः कह सकते हैं कि पीड़ा ही अस्तित्व बोध की साधिका है। पीड़ा उनका साध्य नहीं, साधन है। व्यक्ति की पूर्ण स्वच्छंदता ही इनका प्रमुख मूल्य है। चयन की पूर्ण स्वच्छंदता ही उनका ध्येय है इसीलिए वे नियमों, परम्पराओं, सिद्धांतों, विचारों, मान्यताओं, मर्यादाओं की उपेक्षा करते हैं। अस्तित्ववाद की आधारभूत अवधारणायें निम्न हैं—

1. व्यक्ति की महत्ता 2. क्षणवादी जीवन दर्शन 3. नास्तिकता 4. विज्ञान विरोध 5. पूर्ण स्वच्छंदता 6. उन्मुक्त

रोग 7. दुखवाद एवं पीड़ा 8. नैतिकता एवं आचार संहिता का विरोध 9. मृत्यु का वरण 10. गद्यात्मक अभिव्यक्ति।

विचारकों ने इस वाद को एकांगी, एकपक्षीय एवं अधकचरा बताया। इनमें वैचारिक एकरूपता नहीं पाई जाती। ये सभी के प्रति आकरभाव नहीं रखते।

हिन्दी के प्रयोगवादी एवं नई कविता की सृजना अस्तित्ववाद से प्रभावित है। अज्ञेय, मुक्तिबोध, नरेश मेहता, धर्मवीर भारती, भारत भूषण अग्रवाल, शांता सिंहा आदि के काव्य में अस्तित्ववाद झलकता है।

प्रगतिवाद

सामाजिक दृष्टि

प्रगतिवाद में सामाजिक यथार्थ को देखने की एक विशिष्ट दृष्टि है। जिसे वर्ग चेतना प्रधान दृष्टि के नाम से जाना जाता है। वर्गचेतना प्रधान दृष्टि समाज में शोषक और शोषित को चिन्हित करती है। यह शोषित का पक्ष लेता है और पूंजीवाद-सामंतवाद का विरोध करता है। यह धार्मिक पाखण्ड के, विरोध का काव्य है और शोषण के संस्थानों को उखाड़ फेंकने तथा क्रांति की बात करता है।

प्रगतिवाद का उदय 1930 ई॰ के बाद हुआ। 1930 ई॰ तक रूसी क्रांति और प्रथम विश्व-युद्ध जैसी घटनाएँ हो चुकी थीं। रूसी क्रांति का प्रभाव भारतीय स्वाधीनता आन्दोलन पर दिखाई देना शुरु हो चुका था। तब काँग्रेस के अंदर भी एक वामपंथी खेमा बन चुका था। वामपंथी दलों ने मजदूरों-किसानों तथा समाज में हाशिए पर पड़े लोगों के संघर्षो को अपना समर्थन देना जारी रखा। ये घटनाएँ एक बड़े बदलाव की ओर संकेत कर रही थीं।

छायावादी कवियों को भी अब सामाजिक उत्तरदायित्व का बोध हुआ और उन्होंने कविता की मुक्ति के साथ मानव मुक्ति का प्रश्न जोड़ा।

प्रगतिवादी काव्य की अन्तर्वस्तु में इतिहास की विशिष्ट समझ सबसे महत्वपूर्ण बनकर आती है। प्रगतिवाद कवि को कालातीत होने की अनुमति नहीं देता। अपने युग-विवेक, अपने युग की सामाजिक राजनीतिक समझ ही इतिहास-चेतना या ऐतिहासिक चेतना है। प्रगतिवादी काव्य का सामाजिक यथार्थ व राजनीतिक घटनाओं से जो घनिष्ठ संबंध है वह इसी ऐतिहासिक चेतना की उपज है। "शासन की बंदूक" नागार्जुन की एक प्रसिद्ध रचना है जिसमें निरंकुश और बर्बर सत्ता के विरुद्ध विद्रोह की भावना अभिव्यक्त की गई है। यदि दमन और निरंकुश सत्ता एक युग सत्य है तो उस सत्ता के विरूद्ध विद्रोह की जनभावना भी एक युग सत्य है। प्रस्तुत है नागार्जुन की एक कविता–

"सत्य स्वयं घायल हुआ, गई अहिंसा चूक
जहाँ-तहाँ दगने लगी शासन की बन्दूक
जली ठूंठ पर बैठ कर गई कोकिला कूक
बाल न बांका कर सकी शासन की बन्दूक"

प्रगतिवादी कवि के पास सामाजिक यथार्थ को देखने की एक विशिष्ट दृष्टि है जिसे वर्ग-चेतना प्रधान दृष्टि के नाम से जाना जाता है। वर्ग-चेतना प्रधान दृष्टि समाज में शोषक और शोषित वर्ग को चिह्नित करती है। नागार्जुन जब 'दुखरन मास्टर' के निम्न मध्यमवर्गीय जीवन और सामाजिक विषमता को रेखांकित करते हैं तब उनकी दृष्टि वर्ग-चेतना पर आधारित होती है।

"घुन खाए शहतीरों पर की बारह खड़ी विधाता बाँचे
फटी भीत है छत चूती है आले पर बिसतुइया नाचे
बरसा कर बेबस बच्चों पर मिनट-मिनट में पाँच तमाचे
इसी तरह से दुखरन मास्टर गढ़ता है आदम के साँचे"

सामाजिक विषमता से उत्पन्न पीड़ा को नागार्जुन जैसे कवियों ने आक्रोशपूर्ण शब्दों में व्यक्त किया है–

"मन करता है
मैं उस अगस्त्य सा पी डालूं सारे समुद्र को अंजलि से
उस अतल वितल में तब मुझको
मुर्दा भगवान दिखाई दे
उस महामृतक को ले आऊँ फिर इस तट पर
अन्त्येष्टि करूं, लकड़ी तो बेहद मंहगी है
इस बालू में दफना दूँ
नंगा करके"

जाति, धर्म, लिंग, आदि के आधार पर समानता की मांग प्रगतिवादी कवियों की सामाजिक दृष्टि का एक महत्वपूर्ण अंग है। नागार्जुन ने हरिजन गाथा में एक नवजातक का भविष्य ऐसे लिखा है–

"होगा यह भारी उत्पाती
जुलुम मिटायेंगे धरती से
इसके साथी और संघाती"

प्रगतिवाद ने अपनी सीमाओं के बावजूद हिन्दी-काव्यधारा के विकास में एक बहुत ही महत्वपूर्ण अध्याय जोड़ा। उसने काव्य को (साहित्य मात्र को) व्यक्तिवादी यथार्थ के बंद कमरे से निकाल कर जनजीवन के बीच प्रवाहित कर दिया। जीवन और साहित्य के मूल्य, सौंदर्यबोध और लक्ष्य को समाज के यथार्थ और उसकी रचना से जोड़ा, भाषा को कुहरे से निकाल कर धरातल पर प्रतिष्ठित किया।

नागार्जुन–यथार्थ चेतना और लोक दृष्टि

नागार्जुन ने सामाजिक दुराचार, राजनीतिक भ्रष्टाचार, बर्बर गोलीकांड, हिंसा, शोषण, जातिवाद, सामंती-पूंजीवादी शोषण च्रक का विरोध किया। नागार्जुन में अपने परिवेश के प्रति गहरी सम्पृक्ति है। गरीबों, शोषकों के प्रति नागार्जुन में गहरी संवेदनशीलता है। मिथिलांचल प्रदेश की प्रकृति का सुन्दर चित्रण नागार्जुन ने किया है।

नागार्जुन के काव्य की अन्तर्वस्तु का दायरा अत्यंत व्यापक है। भारतीय जनजीवन में आजादी से पहले और आजादी के बाद-आजतक जितनी घटनाएँ घटी। वे सब नागार्जुन की कविताओं में उपस्थित है। सामाजिक दुराचार, राजनीतिक भ्रष्टाचार, बर्बर गोलीकांड, हिंसा, शोषण, सैकड़ों गोलीकांड़, जातिवाद, सामंती शोषण-चक्र–सब कुछ उनकी रचनाओं में उपस्थित है। उनकी रचना गाँव के एक छोटे-स्तर से जिस गहरे स्तर पर जुड़ी हैं, वियतनाम युद्ध की विभीषिका से भी उतने ही गहरे जुड़ी है।

स्वतंत्रता संग्राम ने एक व्यापक जन जागरण फैलाया जिसमें पुरानी रूढ़ियाँ, शोषणचक्र सामंती व्यवस्था की नग्नता सबके सामने खुलकर सामने चली आई। एक तरफ यह जन जागरण था तो दूसरी तरफ सामंतों का प्रतिक्रियावादी रवैया। उनकी एक कविता है **"विजयी के वंशधर"** यह कविता सामंती व्यवस्था के आडम्बरपूर्ण जीवन, वैभव प्रदर्शन और शोषण को अभिव्यक्त करती है। विजयादशमी के दिन बाबू-बबुआन की जययात्रा निकलती है–

"गुलाबी धोती
सीप की बटनों वाला रेशमी कुर्त्ता
मलमल की दुपलिया फूलदार टोपी
नेवले के मुँह सी मूठ की नफीस छड़ी
बड़ा और छोटा सरकार
लाला साहेब, हीराजी
मानिक जी मोती साहेब
बच्चन जी बबुअन जी
नूनू जी बाचोल बाबू
हवेली से निकले बनकर संवर कर"

जमीदारों की वास्तविक शक्तिहीनता और उनके खोखलेपन को दिखाकर नागार्जुन सामंती व्यवस्था की नग्नता को ही दिखाना चाहते हैं।

नागार्जुन की एक और कविता है–**"तालाब की मछली"** जिसमें कोसी की बाढ़ का जिक्र है। कोसी की मछली जब जमींदार के अन्तः पुर में पहुँचती है तब अधेड़ जमींदार की अठारह वर्षीया तीसरी पत्नी उन्हें तलने बैठती है। यहाँ कड़ाही में तली जा रही मछली जमींदार की पत्नी से कहती है–

"हम भी मछली, तुम भी मछली
दोनों उपभोग की वस्तु"

नारी की दासता की पीड़ा को नागार्जुन ने मछलियों के साथ जोड़कर और भी मार्मिक बना दिया है। नागार्जुन ने राजनीतिक व्यंग्य भी बहुत लिखे। वे राजनीतिक पार्टियों के अवसरवाद, आपसी खींचतान, जन प्रतिनिधियों की नौटंकी-सबके सामने पर्दाफाश करते हैं–

"स्वेत-स्याम-रतनार अंखिया निहार के
सिंडीकेटी प्रभुओं की पत्र धूर झार के
लौटे हैं दिल्ली से टिकट मार के
खिले हैं दाने ज्यों अनार के
आए दिन बहार के"

इंदिरा गाँधी, मोरारजी देसाई आइजन हावर, जॉनसन जैसी देशी-विदेशी शख्सियतों को भी उन्होंने नहीं छोड़ा।

जनसंघर्षों से नागार्जुन का आत्मीय संबंध है–

1948 ई॰ में कम्युनिस्ट पार्टी द्वारा कई जगह किए गए सशस्त्र विद्रोह का समर्थन करती उनकी एक कविता–

"हे अपरिचित भूमिगत अज्ञातवासी
निष्कंटक करो इस कण्टकावृत भूमि को
अपनी परिधि का करो तुम प्रस्तार
हे नवशक्ति।"

सन् 1971 ई॰ में वियतनाम की जनता के संघर्ष में वे अपना पक्ष और अपनी सहानुभूति व्यक्त करते हैं–

"सुने इन्हीं के कानों से तुतलाहट में गीले बोल
तीन साल वाले बच्चों के प्यारे बोल, रसीले बोल
मेले नाम तेले नाम
बिएनाम बिएनाम"

नागार्जुन के आत्मीय जनों में पत्नी हैं– शिशु हैं- और जन्मभूमि भी अनिवार्यता है। "सिन्दूर तिलकित भाल" में वे पत्नी के साथ गाँव के पूरे परिवेश को याद करते हैं–

"याद आते हैं स्वजन
जिनकी विहंगम की कमी थकने न देती पाँख
याद आती मुझे वह तरौनी ग्राम
याद आती लीचियाँ वे आम
याद आते मुझे मिथिला के रुचिकर भू-भाग
याद आते धान
याद आते कमल कुमुदिनी और तालभरवाने"

"वह तुम थी" नामक कविता में तथा **"जोत की फाँक" "टूसे" "भादो की तलैया"** आदि कविताओं में शब्दों का प्रयोग जनपदीय जीवन की ताजगी का बोध कराता है। डॉ॰ बच्चन सिंह नागार्जुन की लोकदृष्टि पर लिखते हैं–"जनपदीय मौसम, ऋतु चक्र, पेड़-पौधे, फल-फूल, उनकी चेतना में ऐसे बसे हैं जैसे उनकी धमनियों में दौड़ने वाला खून। कवि पाठक के साथ खेतों की मेड़ों पर घूमता, कघारों में उतरता, गेहूँ-धान की बालों को छूता-चूमता मौल श्री, कटहल के टटके गंध को सूंघता, वशी-मादल के स्वरों पर झूमता, किशोरियों के कोल कंठों में डूबता आज के ऊबड़ खाबड़ जीवन को नया अर्थ और आस्तिकता देता है"

कुछ उदाहरण प्रस्तुत हैं–

'मौलसिरी के ढेर-ढेर के ताजे टटके फूल
अपनी गँवई पगडंडी की चंदन वर्णी धूल'

डॉ. रामविलास शर्मा के शब्दों में "भारतेन्दु और बालमुकुन्द गुप्त ने हमारे साहित्य में जो व्यंग्य और जिंदादिली पैदा की, नागार्जुन उसके समर्थ प्रतिनिधि हैं।"

केदारनाथ अग्रवाल–प्रकृति चित्रण और सौन्दर्य बोध

केदारनाथ अग्रवाल ने बुन्देलखण्ड की प्रकृति और जन-जीवन का यथार्थ चित्रण किया है। विश्वनाथ प्रसाद मिश्र केदार की कविता को 'प्रकृति के साहचर्य में मुक्ति की तलाश' की कविता मानते हैं। केदार की कविता में नदी, धूप, पहाड़ बादल, हवा, फसलों, सरसों आदि प्राकृतिक उपादानों के भरपूर चित्र मिलते हैं। केदार की कविताओं में प्रकृति सौन्दर्य, श्रम सौन्दर्य, स्त्री सौन्दर्य व वीभत्स और क्रूर लगने वाली क्रांति के सौन्दर्य का भी चित्रण मिलता है।

केदार जी ने बुन्देलखंड और बुन्देलखंड की प्रकृति, प्राकृतिक-परिवेश और जन-जीवन की धड़कनें और रंग भी हैं। उन्होंने अपनी कविता के माध्यम से प्रकृति के स्वाभाविक और प्रभावशाली सजीव चित्र प्रस्तुत किए हैं। विश्वनाथ प्रसाद मिश्र लिखते हैं–"केदारनाथ अग्रवाल अपनी सौन्दर्य चेतना और सूक्ष्म चित्रण शक्ति के कारण प्रगतिवाद के दायरे को लांघ जाते हैं और अपना एक दूसरा काव्य-संसार भी उजागर करते हैं।"

केदार जी ने बुन्देलखंड की प्रकृति और प्राकृतिक परिवेश को सजीवतापूर्वक चित्रित किया है। अपने परिवेश तथा प्रकृति के प्रत्येक अंश से केदार जी का यह प्रेम जीवन के प्रति उनकी गहरी आसक्ति का सूचक है। प्रकृति के बारे में अपने विचार प्रस्तुत करते हुए वे कहते हैं–"प्रकृति में हम रहते हैं जो हमारे लिए माँ है–उसी को हमने अपने आज के साहित्य से निष्कासित कर दिया है और हम हो गए हैं प्रकृतिविहीन निःसंग आदमी। प्रकृति और जीवन से उत्पन्न हुआ करता है सौन्दर्य"।

केदार का प्रकृति चित्रण सामाजिक वास्तविकता और यथार्थ के अनुभव से विच्छिन्न नहीं है इसीलिए वे गेहूँ की फसल को लहलहाती देखकर हिम्मत लाल फौज को याद करते हैं–

"लाखों की अगणित संख्या में
ऊँचा गेहूँ उटा खड़ा है
ताकत से मुट्ठी बांधे है
नोकीले माले ताने है
हिम्मत वाली लाल फौज सा
मर मिटने को झूम रहा है"

बुन्देलखंड की प्रकृति से कुछ नमूने–

"एक बीते के बराबर
एक हरा ठिगना चना
बांधे मुरेठा शीश पर
छोटे गुलाबी फूल का
सजकर खड़ा है"

केदार की कविता में प्रयुक्त प्राकृतिक उपादनों यथा नदी, धूप, पहाड़, बादल, हवा, फसलें मिलकर जीवन का उत्साह, खुलापन, उन्मुक्तता आदि को व्यक्त करती है -

"धूप धरा पर उतरी
जैसे शिव के जटाजूट पर
नम से गंगा उतरी"

केदार की एक महत्वपूर्ण कविता है–"बसंती हवा" जिसमें मुक्ति की कामना बड़े ही उदात्त ढंग से व्यक्त की गई है–

"अनोखी हवा हूँ बड़ी बावली हूँ
बड़ी मस्तमौला नहीं कुछ फिकर है
बड़ी ही निडर हूँ जिधर चाहती हूँ
उधर घूमती हूँ मुसाफिर अजब हूँ
न घर बार मेरा न उद्देश्य मेरा
न इच्छा किसी की न आशा किसी की
न प्रेमी न दुश्मन
जिधर चाहती हूँ उधर घूमती हूँ
हवा हूँ हवा मैं बसंती हवा हूँ"

सरेसा और फागुन उनकी कविता में एक साथ दिखाई देते हैं–

"और सरसों की न पूछो
हो गई सबसे सयानी
हाथ पीले से कर लिए हैं
ब्याह मंडप में पधारी
फाग गाता मास फागुन
आ गया है आज जैसे"

प्रेम और प्रकृति का सुन्दर समन्वय केदार जी की कविताओं में मिलता है–

"हे मेरी तुम।
यह जो लाल गुलाब है खिला करेंगे।
यह जो रूप अपार है हँसा करेगा
यह जो प्रेम-पराग उड़ा है उड़ा करेगा"

तथा

"हे मेरी तुम।
काले-काले छाये बादल उड़ जाएंगे
गाँवों-खेतों मैदानों को तज जाएंगे।"

इस प्रकार केदार का प्रकृति-चित्रण, उनके प्राकृतिक परिवेश, स्थानीयता, उनकी सामाजिक विचारधारा और यथार्थ बोध से गहरे स्तर तक जुड़ा हुआ है।

केदार जी ने श्रम सौन्दर्य पर खूब लिखा है। उनकी ऐसी रचनाओं को डॉ॰ रामनिवास शर्मा ने ''श्रम का सूरज'' कहा है। जैसे

"मेरे खेत में हल चलता है
फाड़ कलेजा गड़ जाता है
तड़-तड़ धरती तड़काता है
राह बनाता बढ़ जाता है"

तथा

"छोटे-छोटे हाथ
सबेरा होते
लाल कमल से खिल उठते हैं
करनी करने को उत्सुक हैं
धूप हवा में हिल उठते हैं"

केदार की काव्य भाषा में ऐन्द्रिकता, चित्रात्मकता और लोक जीवन के विभिन्न रंग बहुत साफ होकर आते हैं। प्रयुक्त बिम्ब और प्रतीक मानव संसार की रोजमर्रा के जीवन से जुड़े रहते हैं। प्राकृतिक बिम्ब और प्रतीक भी मानव मुक्ति की कामना करते हैं जैसे-

"दहका खड़ा है
सेमल का पुरनिया पेड़
टपाटप टपकाता
जमीन पर
लाल लाल फूली आग"

यहाँ लाल-लाल फूली आग क्रान्ति का प्रतीक बन गयी है।

प्रयोगवाद

व्यष्टि–चेतना

तार सप्तक के प्रकाशन (1943 ई॰) के साथ ही हिन्दी साहित्य में आधुनिक संवेदना और भावबोध का सूत्रपात हुआ। यह वह युग था जब बौद्धिक जगत में एक विश्व-व्यापी दुविधा का माहौल बना हुआ था। एक तरफ साम्यवाद का आकर्षण तो दूसरी तरफ पश्चिमी देशों में उपलब्ध स्वाधीनता- इन्हीं

दोनों विचारधाराओं से बची शंका, संदेह आदि से उबरने का उद्देश्य लेकर सात कवि अपने निजी व्यक्तित्व की तलाश में गतिशील दिखाई पड़ते हैं।

प्रयोगवाद का प्रगतिवाद के साथ घनिष्ठ संबंध है। प्रगतिवादी दौर में विचारधारा के प्रति प्रबल आग्रह ने लेखक के अंदर अपने ही व्यक्तित्व को उपेक्षित पाया। प्रगतिवादी लेखक अपने 'स्वत्व' की उपेक्षा करके सामाजिक विषयों को अपने लेखन में स्थान देता है। अज्ञेय आदि 'तार सप्तक' कवियों ने प्रगतिवाद की इस परम्परा के विरुद्ध निजी व्यक्तित्व, निजी साथ और निजता की आवाज उठाई।

यह द्वितीय विश्व युद्ध का समय था। सहस्राब्दियों से विकसित मानवीय परम्परा खतरे में थी। मानव द्वारा ही विकसित विज्ञान और तकनीक मानवीय सभ्यता के लिए खतरा बन गए। इस युग के दबाव में साहित्य के लिए सबसे बड़ी चुनौती थी मानव जीवन की नए संदर्भों में व्याख्या तथा मानव की एक इकाई (व्यष्टि) का समान के साथ संबंधों की पुनर्व्याख्या। इस उद्देश्य से साहित्य मात्र आत्म साक्षात्कार का माध्यम् ही नहीं बल्कि आत्म साक्षात्कार की प्रक्रिया बन कर उभरा।

प्रयोगवाद का मूलाधार वैयक्तिकता या व्यक्तिवाद है। उसमें बौद्धिकता का प्राधान्य है और औद्योगिक सभ्यता के तीव्र मशीनीकरण से स्वयं को बचाने की चिन्ता है। प्रयोगवादी कवियों ने व्यष्टि और समष्टि के संबंध पर भी कई कविताएँ लिखी हैं। अज्ञेय की कविता "नदी के द्वीप" में ऐसा प्रयास सहज रूप से दिखाई पड़ता है–

"किन्तु हम हैं द्वीप
हम धारा नहीं हैं
स्थिर समर्पण है हमारा
हम सदा से द्वीप से द्वीप हैं स्रोतस्विनी के
किन्तु हम बहते नहीं हैं
क्योंकि बहना रेत होना है
हम बहेंगे तो रहेंगे ही नहीं"

इस प्रकार अज्ञेय कहते हैं कि महत्वपूर्ण है 'रहना' या 'होना'। धारा में बहकर इतिहास प्रवाह में घुलकर अपने निजीपन की रक्षा संभव नहीं।

'द्वीप अकेला' में अज्ञेय अपनी अस्मिता को सुरक्षित रखते हुए उसे विश्व को समर्पित कर देना चाहते हैं। अज्ञेय जी लिखते हैं

यह द्वीप अकेला स्नेह भरा है, गर्व भरा मदमाता पर
इसको भी पंक्ति को दे दो।

व्यक्ति जब आत्मकेन्द्रित हो जाता है तो व्यक्ति चेतना से अनास्था, दुःख, निराशा, कुण्ठा, अवसाद उत्पन्न होते हैं इसी कुण्ठा को धर्मवीर भारती जी 'अंधायुग' में कुछ इस तरह स्पष्ट करते हैं :

हम सबके मन में उतर गया है युग
अँधियारा है, अश्वत्थामा है, संजय है
है दा वृत्ति उन दोनों वृद्ध प्रहरियों की
अंधा संशय है लज्जाजनक पराजय है।

निष्कर्षतः हम कह सकते हैं कि प्रयोगवादी कविता में व्यष्टि चेतना ही केन्द्र में है। इस काव्य में व्यक्ति की निराशा, कुण्ठा, दुःख, पीड़ा आदि संवेदनाओं को काव्य में उकेरा गया है।

प्रयोगवाद के स्वरूप के संबंध में इसके प्रवर्तक अज्ञेय जी का मत है "जो व्यक्ति का अनुभूत है उसे समष्टि तक कैसे पहुँचाया जाय।" शायद प्रयोगवाद इस कार्य की पूर्ति करता है।

अज्ञेय–प्रयोगधर्मिता और काव्य भाषा

अज्ञेय ने अपने काव्य में मानव व्यक्तित्व की स्वाधीनता, सर्जनात्मकता और दायित्व को बड़े ही प्रभावी ढंग से अभिव्यक्त किया है। अज्ञेय प्रयोग को कविता में एक नई दिशा की खोज मानते हैं। उनके अनुसार प्रयोग अपने आप में साध्य नहीं है। वह साधन है। वह सत्य जानने का साधन है जिसे कवि प्रेषित करता है। अज्ञेय ने संवेदना में बदलाव के साथ-साथ बिम्ब, उपमान, प्रतीक आदि के भी नए प्रयोग किए।

अज्ञेय की प्रयोगधर्मिता सबसे ज्यादा उनकी काव्य भाषा में झलकती है। वे कविता में शब्द को सबसे ज्यादा महत्त्व देते हुए लिखते हैं–'काव्य सबसे पहले शब्द है और अंत में भी यही बात बच जाती है कि काव्य शब्द है'। काव्य भाषा के लिए उनकी जागरूकता वैचारिक और रचनात्मक दोनों स्तरों पर दिखाई पड़ती है। अज्ञेय ने अपनी काव्य भाषा को

समृद्ध बनाने के लिए नवीन शब्दों का निर्माण किया। पुराने शब्दों, प्रतीकों, उपमानों में नए अर्थ भरे और आधुनिक तकनीक से पूर्ण बिम्बों का प्रयोग किया।

अज्ञेय ने अपने काव्य में मानव व्यक्तित्व की स्वाधीनता, सर्जनात्मकता और दायित्व को बड़े ही प्रभावी रूप में व्यक्त किया है। उनके काव्य, कथा साहित्य, समीक्षा, यात्रा-वृतान्त, सर्वत्र एक मौलिकता है जो उनके व्यक्तित्व के वैशिष्ट्य और प्रयोगधर्मिता को रेखांकित करता है।

'आत्मनेपद' में वे लिखते हैं–''ईश्वर ने मानव के रूप में अपनी प्रतिमा का निर्माण किया। कुशल शिल्पी होने के नाते उसने प्रत्येक प्रतिमा भिन्न और अद्वितीय बनाई; भिन्न होने के कारण प्रतिमाएँ परस्पर प्रेम कर सकीं''।

अज्ञेय प्रयोगों के लिए प्रसिद्ध हैं। प्रयोगों के प्रति आंतरिक निष्ठा के कारण ही वे प्रयोगवाद के प्रवर्त्तक कवि माने जाते हैं। अज्ञेय ने कहा कि प्रयोग कविता में नई दिशा की खोज है।

प्रयोग संबंधित अज्ञेय के ही कुछ विचारों पर ध्यान दें–

1. प्रयोग का कोई वाद नहीं है। हम वादी नहीं रहे, न ही हैं। न प्रयोग अपने आप में इष्ट या साध्य है।

2. आत्माभिव्यक्ति पाने वाले कवि का अधिकार है कि वह माध्यम का अपनी आवश्यकता के अनुरूप श्रेष्ठ प्रदर्शन करे। उसी प्रकार आत्म सत्य के अन्वेषी कवि को अन्वेषण के प्रयोग रूपी माध्यम् का उपयोग करते समय उस माध्यम् की विशेषताओं को परखने का अधिकार है।

3. जो लोग प्रयोग की निंदा करने के लिए परम्परा की दुहाई देते हैं वे यह भूल जाते हैं कि परम्परा कम से कम कवि के लिए पोटली बाँधकर अलग रखी हुई चीज नहीं जिसे वह सिर पर उठाकर सिर पर लाद दे और चल निकले।

4. प्रयोग अपने आप में साध्य नहीं है। वह साधन है। वह सत्य जानने का साधन है जिसे कवि प्रेषित करता है।

5. प्रयोग निरंतर होते आए हें और प्रयोगों के द्वारा ही कविता या कोई भी कला या कोई भी रचनात्मक कार्य आगे बढ़ सका है।

अज्ञेय की काव्य भाषा : अज्ञेय की प्रयोगधर्मिता तथा सर्जनात्मकता का सबसे अच्छा उदाहरण है उनकी काव्य भाषा। वे कहते हैं–

(i) आज के कवि की सबसे बड़ी समस्या है–कवि अनुभव करता है कि भाषा का पुराना व्यापकत्व उसमें नहीं है– शब्दों में साधारण अर्थ से बड़ा अर्थ हम उसमें भरना चाहते हैं। पर उस अर्थ को पाठक के मन में उतार देने के साधन अपर्याप्त हैं। वह या तो अर्थ कम पाता है या कुछ भिन्न पाता है। "तार सप्तक" (वक्तव्य)

(ii) नयी कविता की प्रयोगशीलता का पहला आयाम भाषा से संबंध रखता है।

(iii) नयी कविता के कवि को यह मानने में कोई कठिनाई नहीं होती कि कोई शब्द किसी दूसरे शब्द का सम्पूर्ण पर्याप्त नहीं हो सकता क्योंकि प्रत्येक शब्द के अपने वाच्यार्थ के अलावा अलग-अलग लक्षणाएँ होती है-अलग संस्कार और ध्वनियाँ होती हैं।

महत्वपूर्ण है कि अज्ञेय की काव्य भाषा पर उनका ही बनाया काव्य भाषा प्रतिमान खरा उतरता है। काव्य के जो भी गुण बताए जाते हैं वे अन्ततः भाषा के ही गुण हैं। "काव्य सबसे पहले शब्द है और अन्त में भी यही बात बच जाती है कि काव्य शब्द है"-अज्ञेय

अज्ञेय संवेदना और भाषा के तनाव को झेलकर काव्य रचते हैं तथा उसमें अनुभव भरते हैं ताकि पाठक तक संप्रेषण सफल हो सके – शब्द व अर्थ के तनाव पर वे कहते हैं–

"दोनों जो अपने बीच एक दीवार बनाए रहते हैं
मैं कब कैसे, उनके अनदेखे इनमें सेंध लगा दूँ
या भर विस्फोट उसे उड़ा दूँ"

डॉ॰ रामस्वरूप चतुर्वेदी का अज्ञेय की काव्य भाषा के लिए यह निष्कर्ष सही है कि काव्य-भाषा के लिए उनकी जागरूकता वैचारिक और रचनात्मक दोनों स्तरों पर दिखाई पड़ती है। तार सप्तक में अज्ञेय भाषा-क्रांति उपस्थित करते हैं। उनकी मान्यता है कि प्रयोग सभी काल में हुए पर भाषा को अभेद्य मान लिया गया। आधुनिक कवि व्यक्ति सत्य को व्यापक सत्य बनाने का दायित्व निभाना चाहता है जो पुरानी पद्धति के काव्य-परम्परा में संभव नहीं।

अज्ञेय की भाषा में ईषत्करूण, निविडांधकार, शिजनी, निमिष, मेखला, आदि तत्सम शब्दों का व्यवहार तो है ही। तार सप्तक के बाद तद्भव शब्दों का प्रयोग बढ़ जाला है जिसमें ठेठ शब्दों का प्रयोग मिलता है। "शब्दावली", "शोषक भैया", "बावरा अहेरी" ए "हमने पौधे से कहा", "मै वहाँ हूँ" आदि काव्य संग्रहों में ये प्रयोग सुलभ हैं। ठाठ फकीरी, मंगनी, हुनरमंद, मनिचारी, जैसे लोक जीवन के शब्द काफी संख्या में अज्ञेय ने प्रयोग किए।

मुक्तिबोध की तुलना में अज्ञेय की काव्य-भाषा संस्कारी, चिकनी, नाद-मधुर, संगीतमय और परिष्कृत है। मुक्तिबोध के काव्य में उबड़ खाबड़ शब्दों से कविता निचोड़ी गई लगती है वहीं अज्ञेय भाषा को रगड़कर, माँजकर चमकाकर प्रयोग करते हैं।

नयी कविता

व्यष्टि–समष्टि बोध

नई कविता के कवियों ने नए मनुष्यों की प्रतिष्ठा का नारा दिया। किसी ने इसे लघुमानव कहा तो किसी ने इसे सहज मानव कहा। यहाँ वैयक्तिक अनुभूतियों को प्रामाणिक माना गया और व्यक्ति की अस्मिता के प्रश्न को महत्त्वपूर्ण माना गया। साथ ही नयी कविता में व्यक्ति की सही परख समाज के समक्ष मानी गई। व्यक्ति का रूपांतरण सामूहिकता में माना गया। यह व्यक्ति स्वयं अपना निर्माण कर समाज का निर्माण करेगा, यही इसका व्यष्टि-समष्टि बोध है।

पूँजीवादी विकास में तकनीकी प्रगति का बहुत बड़ा हाथ रहा है। बड़े-बड़े उद्योगों की स्थापना के कारण बड़े-बड़े नगर अस्तित्व में आए। पारिवारिक ढाँचे, सामाजिक संबंधों जीवन मूल्यों में ऐसे परिवर्तन हुए जिसकी कल्पना इससे पहले मनुष्य ने नहीं की थी। बढ़ते औद्योगिकीकरण और मशीनीकरण ने मनुष्य को भावनात्मक और सामाजिक स्तर पर अकेला किया। यंत्र ने मनुष्य को सुविधाएँ दी किन्तु यंत्र मानवीय संवेदना का दुश्मन है, व्यक्ति अपने अस्तित्व संबंधी समस्याओं के कारण घबराया था। इसीलिए नई कविता के कवियों ने नए मनुष्य की प्रतिष्ठा का नारा दिया। यह नया मानव कैसा हो इस पर उनमें तीव्र मतभेद था। कोई इसे लघु मानव (लक्ष्मीकांत वर्मा) की संज्ञा दे रहा था तो कोई इसे सहज मानव (विजयदेव नारायण साही)। कोई इसे स्वतंत्रता का असली उद्घोषक कह रहा था तो कोई इसे भीड़ से घिरा अकेला और एकाकी मान रहा था। किन्तु यह मानव मध्यम् वर्ग का ही प्रतिनिधि था जो स्वयं को व्यक्ति की निजी स्वतंत्रता का प्रबल पक्षधर समझता है। समाज की निरंकुश और मृत मान्यताओं, रूढ़ियों, अंधविश्वासों से घिरा वह व्यक्ति स्वयं को उपेक्षित, कुंठित, पीड़ित, दीन-हीन अकेला पाता है। वह भीड़ से घिरा पर अपने निजी विवेक के प्रति अत्यधिक सजग था।

मध्यवर्गीय व्यक्ति की स्वतंत्रता का प्रतिपादन सभी कवियों ने अपनी-अपनी मान्यता के अनुसार किया है। लक्ष्मीकांत वर्मा के यहाँ व्यक्ति की एकांत प्रियता के प्रति प्रबल आग्रह है। व्यक्ति की लघुता के महत्व का प्रतिपादन भी वर्मा जी के यहाँ है।

डॉ. धर्मवीर भारती के अनुसार वैयक्तिकता और सामूहिकता दोनों ही छल और असत्य है इसलिए सामूहिकता के छल में व्यक्ति अपने व्यक्तित्व को खोए इससे अच्छा है कि वह अपनी वैयक्तिकता की रक्षा करे। वे अपने काव्य नायक को पराजित, टूटा हुआ, उत्पीड़ित, जर्जर, कुंठित और त्रासदी झेलते हुए एक एकाकी तथा शहीद के रूप में प्रस्तुत करते हैं।

नई कविता में भीड़ बनाम अकेला आदमी का विवाद भी प्रमुख है। लक्ष्मीकांत वर्मा, सर्वेश्वर दयाल सक्सेना आदि कवियों ने भीड़ बनाम व्यक्ति के द्वन्द्व को काव्य रूप में व्यक्त किया। भीड़ के मुकाबले खड़े आदमी को उससे अलग और लघु भी मानते हैं। जनता को भीड़ समझना और व्यक्ति की कथित लघुता को महिमा मंडित करना मध्यवर्गीय व्यक्ति के व्यक्तिवादी सोच की ही तार्किक परिणति है। किन्तु नई कविता में मुक्ति बोध व रघुबीर सहाय ने जन के प्रति पूर्ण आस्था की अभिव्यक्ति की।

निष्कर्षतः कहा जा सकता है कि सन् 1950 के बाद नए भाव बोध की जो कविताएँ लिखी गईं, वे नई कविता हैं। इन कविताओं की प्रवृत्तियाँ जीवन के प्रति उसकी आस्था में दिखाई देती हैं।

मुक्तिबोध–समाज बोध

मुक्तिबोध ने समाज के शोषित-पीड़ित वर्ग की संवेदना को अभिव्यक्ति दी। उन्होंने लिखा कि मेरे बाल मन की पहली भूख सौन्दर्य की और दूसरी विश्व मानव के सुख-दुख की है। मुक्तिबोध जीवन पर्यंत एक ही स्वप्न देखते रहे–'मेरे सभ्य नगरों और ग्रामों में सभी मानव सुखी, सुन्दर और शोषण मुक्त कब होंगे' मुक्तिबोध समाज की मुक्ति के लिए सामूहिक

एकता पर बल देने वाले और अत्याचार, आतंक के प्रतिरोध के कवि हैं।

मुक्तिबोध भयानक खबरों के कवि माने जाते हैं। चूँकि कवि को उन खबरों का पता है इसलिए वह उन पर हँसता नहीं। वह अपने आस-पास की घटनाओं की गहन छानबीन करता है। इस व्यवस्था में "हर आदमी उचक कर चढ़ जाना चाहता है। हर एक को अपनी-अपनी पड़ी है।......इस रेल-पेल में सब लोग कहीं जा रहे हैं। लेकिन कोई कहीं नहीं जा रहा" कवि इस व्यवस्था को क्रांतिकारी विधि से बदलना चाहता है।

"चाँद का मुँह टेढ़ा है" की रचनाओं में बिम्ब बड़े ही जटिल है और प्रतीक भी वड़े बीहड़ है।

मुक्तिबोध ने अपने चतुर्दिक फैली पूँजीवादी व्यवस्था का अत्याचार, शोषण, हताश, भ्रष्टाचार, आतंक मूल्यहीनता और उपभोग्तावाद आदि को देखा। मुक्तिबोध ने अपने बाहर उपस्थित इस विडम्बना और पीड़ा को अनुभव किया तथा आभ्यंतरित किया। उनकी कविता इसी प्रक्रिया की उपज है। कवि का अपना एक पक्ष है- जनता का–शोषित पीड़ित जनता का। वह मध्यवर्गीय आत्मग्रस्तता से निकलना चाहता है जिससे उस समय के सभी प्रतिनिधि तथा तमाम बुद्धिजीवी वर्ग पीड़ित था।

'अंधेरे में' नामक कविता में अंधकार के विरुद्ध प्रकाश का संघर्ष है। कवि अपने ही अन्तर्विरोधों को पहचानना चाहता है। उसे डरावने जुलूस का सामना करना पड़ता है। उस जुलूस का जो 'संगीन नोकों का चमकता जंगल है'। इसमें कर्नल, ब्रिगेडियर, विचारक, आलोचक, कवि, शहर का कुख्यात हत्यारा डोमा जी उस्ताद भी है। डोमा उस्ताद के साथ आलोचकों, विचारकों का दोस्ताना है– इस बुद्धिजीवी वर्ग से उसको कोई आशा नहीं–

"बौद्धिक जगत है क्रीतदास
किराए के विचारों का उद्भास"।

इस दशा में जनता की शक्ति ही एकमात्र आशा है। वे मार्क्सवादी विचार-धारा के प्रतिबद्ध कवि हैं। वे मानते हैं कि समाज और मानव का उद्धार तब तक नहीं हो सकता जब तक कि शोषण और आंतक में पिसती हुई जनता पूँजीवादी और साम्राज्यवादी शक्तियों के विरूद्ध एकजुट होकर क्रांति के लिए तैयार न हो जाए।

द्वितीय विश्वयुद्ध में पूँजीवादी साम्राज्यवादी शक्तियों ने आंतक, मौत, भय का जो खेल खेला, मुक्तिबोध ने एक कविता में उतारा है–

"साम्राज्यवादियों के बदशक्ल चेहरे
एटमी धुएँ के बादलों से गहरे
क्षितिज पर छाए हैं
जापान को ध्वस्त कर
ईरान को मार कर
ईजिप्त के खात्मे के लिए हैं उतावले
अरब के खात्मे के लिए हैं बावले।।"

अतः कहा जा सकता है कि जीवन की बहुविध छवि को लेकर विकसित होने वाली नयी कविता के अग्रज कवि सच्चे अर्थों में मुक्तिबोध ही हैं।

फैंटेसी

फैंटेसी एक तरह का शिल्प है, जिसमें स्वप्न के माध्यम से यथार्थ चित्रण किया जाता है। मुक्तिबोध की फैंटेसी उनके गहरे समाज बोध की उपज है। मुक्तिबोध का समकालीन यथार्थ अनगढ़ और भयावह था। इसी अनगढ़ और भयावह यथार्थ को अभिव्यक्त करने के लिए उन्होंने फैंटेसी शिल्प को अपनाया। ब्रह्मराक्षस, अंधेरे में आदि उनकी वृहत फैंटेसी शिल्प में रचित कविताएं हैं।

मुक्तिबोध ने अपनी रचनाओं में फैंटेसी का बहुत प्रयोग किया है। कवि को समाज के प्रत्येक हिस्से को, इतिहास के प्रत्येक कोने को एक सूत्र में पिरोकर सभ्यता समीक्षा करनी है- सभ्यता के इस फैलाव-बिखराव को एक सूत्र में बाँधने के लिए फैंटेसी एक महत्वपूर्ण काव्य उक्ति है। जैसे ब्रह्मराक्षस एक फैंटेसी है। इसका प्रयोग पुरा कथाओं और लोकसाहित्य में काफी मात्रा में मिलता है। किसी विद्वान् ने तो धर्म को भी फैंटेसी माना है।

मुक्तिबोध ने जब फैंटेसी के सहारे लिखना शुरु किया, तब कई लोगों ने उनका विरोध किया। उनके विरोधियों में मार्क्सवादियों की संख्या ज्यादा थी। इन मार्क्सवादियों ने साहित्य में यथार्थवाद का झंडा बुलन्द किया। इन आलोचकों ने फैंटेसी को यथार्थ से पलायन माना।

मुक्तिबोध की फैंटेसी उनके समाज के गहरे बोध से उपजी है और इस फैंटेसी का सत्य उनके समाज के यथार्थ से गहरे स्तर पर जुड़ा है। उन्होंने फैंटेसी का प्रयोग कई रूपों

में किया है। कहीं स्पर्श बहुत हल्का है, तो कहीं बहुत गहरा। "ब्रह्मराक्षस" और "अंधेर में" में फैंटेसी के दो रूप देखने को मिलते हैं।

वस्तुतः फैंटेसी एक तर्कहीन कल्पना है जो सबसे ज्यादा स्वप्न से मिलती है। "अंधेरे में" में उपलब्ध फैंटेसी इसी किस्म की है। उसमें कविता की घटनाएँ व्यावहारिक तर्क से ऊपर जाकर घटती है जिससे सभी घटनाएँ जादुई लगती है। यद्यपि उसमें (इस फैंटेसी में) तर्क तथा विचारों की शृंखला सतह पर न होकर काफी गहराई में होती है। यही सृजनात्मक फैंटेसी का वैशिष्ट्य है।

जबकि 'ब्रह्मराक्षस' में प्रयुक्त फैंटेसी बहुत कुछ रूपकात्मक है। इसके नायक जो प्रगतिशील मध्यमवर्गीय बुद्धिजीवी है, को ब्रह्मराक्षस का रूप दे दिया गया है। इस रूपकात्मक फैंटेसी का अंत तक निर्वाह किया गया है। स्वभावतः इस कविता को समझना "अंधेरे में" से ज्यादा सरल है। "ब्रह्मराक्षस" के प्रथम खंड में ब्रह्मराक्षस के प्रेतोचित व्यवहार का वर्णन है और दूसरे खंड में उसकी त्रासदी। जिसके कारण कविता की घटनाएँ अप्रत्याशित और स्वप्निल नहीं बन पाती है जैसा "अंधेरे में" "भविष्यधारा" और "चंबल की घाटी" में बनती है।

"अंधेरे में" की फैंटेसी को जटिल बनाने वाली चीज है-स्वप्न के अन्दर स्वप्न का चलना। यूँ तो पूरी कविता ही स्वप्न है लेकिन उस स्वप्न के भीतर भी स्वप्न चलते हैं। यहाँ तक कि जब कवि कहता है कि स्वप्न भंग हो गया तब भी वह स्वप्न की ही अवस्था में रहता है।

फैंटेसी के विषय में एक बात का ध्यान रखना अनिवार्य है-वह यह कि फैंटेसी कोई यथार्थ और विचार से रहित चिंतन नहीं-इसमें आत्मालोचना है-चित्रों के माध्यम से प्रकट होने वाला चिंतन भी है जिसकी जड़ें कटु सामाजिक यथार्थ से जुड़ी हैं।

समकालीन कविता

काल संसक्ति और लोक संसक्ति

समकालीन कविता अपने समय एवं युगीन परिवेश से संयुक्त कविता है। इसमें हमारी आशा-निराशा, आकांक्षा-अपेक्षा, राग-विराग, सुख-दुख आदि अंतर्निहित है। राजनीतिक अस्थिरता, सामाजिक विकृतियाँ, धार्मिक प्रपंच, अवसरवादिता, भ्रष्टाचार, खोखले सिद्धांतों का यथार्थ चित्रण इसमें है। साथ ही लोक जीवन से इसका गहरा जुड़ाव है। समकालीन कविता में कस्बाई, ग्रामीण के साथ-साथ नगरीय जीवन भी अभिव्यक्ति पाता है। लोकजीवन के उत्सवों, पर्वों, त्योहारों, प्रकृति, रीति-रिवाजों की सुंदर व्यंजना इस कविता में है।

हिन्दी साहित्य के इतिहास में आधुनिक काल में साहित्य के अनेक वाद जल्दी-जल्दी गुजर जाते हैं। भारतेन्दु युग, द्विवेदी युग, छायावाद काल, प्रगतिवादी, प्रयोगवाद और नई कविता। नई कविता के बाद कविता बड़ी तीव्रता से झंझाओं के मध्य से गुजरी। अनेकों आंदोलनों का प्रादुर्भाव हुआ। यथा– नूतन कविता, समसामयिक कविता, अकविता, अभिनव कविता, सहज कविता, युयुत्सावादी कविता, अस्वीकृत कविता आदि। इनको चाहे जिस भी संज्ञा से अभिहित किया जाए, कविता अपने मूल में तब तक कविता है जब तक वह जीवन और परिवेश को संवेदना के धरातल पर अनुभव करके शिल्पगत सौन्दर्य के साथ अभिव्यक्त करती है। कविता जीवन की व्याख्या है यदि वह संपूर्ण जीवन की गतिविधियों को उसमें समाहित करें।

समकालीन कविता अपने समय एवं युगीन परिवेश से संयुक्त कविता है। इस कविता में हम अपने समय के बहाव को देख समझ सकते हैं। हमारी आशा-निराशा, आकांक्षा-अपेक्षा, राग-विराग, सुख-दुख सब इसके अंतर्गत निहित है। राजनीतिक अव्यवस्था, उत्तरोत्तर कठिन होता जा रहा जीवन यापन, सामाजिक विकृतियाँ, खोखले सिद्धांत सबको समकालीन कविता में समेटा गया है। इसका स्वर व्यंग्य एवं आक्रोश से परिपूर्ण है। बौद्धिकता का समावेश हर जगह है। समकालीन कविता में चित्रित मानव जिन तनावों, विसंगतियों एवं कुंठाओं के साथ जीवनयापन कर रहा है, वे पूर्णतः यथार्थ है। इस कविता में पहले की तुलना में सपाट बयानी अधिक है।

समकालीन कविता मोहभंग को व्यक्त करती है जो स्वतंत्रता के पश्चात् लोगों के हृदय में उत्पन्न हुआ था। राजनेताओं के वादे खोखले सिद्ध हुये। देश में उज्ज्वलता और खुशहाली का वादा झूठा निकला–

"कहाँ तो तय था चिरागां हरेक घर के लिए।
कहाँ चिराग मयस्सर नहीं शहर के लिए।।"

–दुष्यंत कुमार

अकाल, बेरोजगारी, भुखमरी, जातिवाद, धार्मिक संकीर्णता, अधिक समस्या और सांप्रदायिक दंगों ने हमारे आदर्श की

पोल खोल दी। समकालीन कविता की संसक्ति कविता इन सब पर बेबाक टिप्पणी करती है। स्वतंत्रता के बाद उसका मोह भंग हो गया–

"सूचना विभाग के हर पोस्टर पर
खुशहाली है चारों ओर
कंगालों के पास आटा नहीं, गाली है
और जिसे कोई नहीं खाना चाहता
आजादी एक झूठी थाली है।"

–लीलाधर जगूड़ी

यह कविता अपने समय, समाज से पूरी तरह संयुक्त है। 'धूमिल' इस व्यवस्था, व्यवस्था में जीने वाले आदमियों तथा उस व्यवस्था पर पलने वाले शोषकों -तीनों को अपनी कविता में वर्णित करते हैं–

"एक आदमी रोटी बेलता है
एक आदमी रोटी खाता है
एक तीसरा आदमी भी है
जो न रोटी बेलता है
न रोटी खाता है
वह सिर्फ रोटी से खेलता है
मैं पूछता हूँ यह तीसरा आदमी कौन है
मेरे देश की संसद मौन है।

–'धूमिल'

जनता के भावों-मनोभावों के साथ खेलने वाले स्वार्थलोलुप नेताओं पर बेबाक टिप्पणी की है–

जिस तरह चाहो बजाओ इस सभा में
हम नहीं है आदमी हम झुन झुने हैं।

–दुष्यंत कुमार

देशकाल की अभिव्यक्ति, चारों ओर भयानक स्थिति, भूखी-नंगी जनता एवं शासक की लापरवाही को अपनी कविता में स्थान दिया–

"भूख है तो सब्र कर रोटी नहीं तो क्या हुआ।
आजकल दिल्ली में जेरे बहस है यह मुद्दआ।"

–दुष्यंत कुमार

इस कविता का क्षेत्र हमारे आस-पास का परिवेश है। आज की कविता सहज, धारदार एवं प्रभावशाली है और वह आम आदमी की भाषा में कही गई है। इसकी शैली व्यंग्यात्मक प्रहारक है, सार्थक है। इस कविता आंदोलन में काल संसक्ति का मतलब है– समय की गति के साथ यथा संभव चलना। इस कविता ने यही किया। स्वयं को समय के साथ बदला। इस आंदोलन के कवि हैं– धूमिल, दुष्यंत कुमार, रघुवीर सहाय, कुंवर नारायण, लीलाधर जगूड़ी, चन्द्रकांत देवताले, बलदेव वंशी, श्याम विमल, वेणुगोपाल आदि। ये सभी कवि अपने समय के प्रवाह को पकड़ने के लिए प्रयासरत हैं।

समकालीन कविता आंदोलन की प्रमुख प्रवृत्ति है लोक जीवन से उसका जुड़ाव। इसी लोक से जुड़ाव को आलोचकों ने लोक संसक्ति कहा। प्रयोगवादी कविता लोक जीवन से विलग गई थी किन्तु समकालीन नई कविता ने लोक जीवन को अनुभूति, सौन्दर्य बोध दोनों स्तरों पर ग्रहण किया है। इस कविता में लोक जीवन के बिम्ब, उपमान, प्रतीक एवं भाषा प्रयुक्त हैं। आज की कविता बिम्ब बहुल और ये बिम्ब लोक जीवन से ग्रहण किये जाते हैं। बिम्ब व्यक्तिगत एवं सामाजिक दोनों प्रकार के होते हैं। इसके अलावा ये बिम्ब इतिहास पुराण से भी चुने गए हैं।

समकालीन कविता में ग्रामीण, कस्बाई जीवन के साथ-साथ नगरीय जीवन भी अभिव्यक्त हुआ है। यह कविता जीवन की यथार्थता से जुड़ाव की कविता है। इसमें व्यवस्था के विरुद्ध मनुष्य की उत्तेजना, खीझ, आक्रोश, निराश, कुण्ठा, असंतोष सब कुछ लक्षित है। पुरातन मूल्यों का भंजन और नवीन मूल्यों की स्थापना हो रही है।

समकालीन कविता में इस मूल्य विघटन को हर स्तर पर अनुभूति का विषय बनाया गया है। यथा–

"मेरे इस देश में हर बार
वही होता है वही
कि आदमी के कद का जो नेता है
अपने पेट में कछुआ बोता है।

समकालीन कवि लोक में व्याप्त असंतोष, कुण्ठा, नफरत और विद्रोह की आग को अपनी कविताओं में व्यक्त करता है–

"मैं देखता रहा
हर तरफ ऊब थी
संशय था
नफरत थी।
मगर हर आदमी अपनी
जरूरतों के आगे असहाय था।"

उसमें सारी चीजों को/नए सिरे से बदलने की/बेचैनी थी, रोब था लेकिन उसका गुस्सा/एक तथ्यहीन मिश्रण था/ आग, आँसू और हाथ था। समकालीन कवि लोक में व्याप्त निर्मम वास्तविकताओं से आँखें नहीं चुराता। उन्हें जीवन्तता के साथ अभिव्यक्त करता है। राजनीतिक परिदृश्य में आई गिरावट को समकालीन कवियों ने तीव्रता के साथ अनुभव किया है।

"यहाँ दरख्तों के साए में धूप लगती है
चलो यहां से चलें और उम्र भर के लिए।

समकालीन कविता में लोक संसक्ति भाषा के स्तर पर भी दिखाई देती है। छायावादी काव्य की शब्दावली संस्कृत निष्ठ थी, प्रगतिवाद की लोक जीवन से जुड़ी हुई जबकि प्रयोगवादी कवियों की भाषा रोमानी आधार ग्रहण किए हुये थी। समकालीन कवितायें लोक से शब्दों को ग्रहण किया है–

"पहाड़ियों से घिरी हुई
इस छोटी सी घाटी में
ये मुंह झौंसी चिमनियां बराबर
धुआं उगलती जाती है।"

इस कविता आंदोलन में लोक से हर तरह की संसक्ति स्पष्ट परिलक्षित होती है।

रघुवीर सहाय–राजनीतिक चेतना एवं काव्यभाषा

रघुवीर सहाय ने कवि-कर्म के लिए राजनैतिक समझदारी अनिवार्य मानी है। उन्होंने आजादी, लोकतंत्र, भ्रष्ट व्यवस्था, संसद, तिरंगे झण्डे, राजनैतिक स्वार्थपरता, विसंगतियों पर ढेरों कविताएं लिखीं। रघुवीर सहाय सत्ता के विकेन्द्रीकरण पर जोर देते हैं। भारतीय राजनीति के अमानवीय चरित्र पर प्रहार करते हैं। सही मायने में सहाय शासन व्यवस्था की पोल खोलने वाले कवि हैं।

इनके चार काव्य संग्रहों–'सीढ़ियो पर धूप में', 'आत्महत्या के विरुद्ध', 'हँसो-हँसो जल्दी हँसो' और 'लोग भूल गए हैं' में सामाजिक यथार्थ का चित्रण किया गया है। इन सभी में ये वैज्ञानिक तरीके से समाज को देखने के पक्षधर हैं। इस संदर्भ में लीलाधर जगूड़ी कहते हैं, "आधुनिकता का सबसे बड़ा गुण निस्संगता। इस निस्संगता ने धीरे-धीरे तटस्थता का रूप ले लिया। तटस्थता एकदम पक्षधरता के विरुद्ध हो गई। आधुनिक तकनीकी वाला, आधुनिक उपार्जन वाला मनुष्य समाज धीरे-धीरे निस्संग, तटस्थ और पक्षहीन होता चला गया। इस समाज के हर मनुष्य को दूसरे की विपत्ति निजी विपत्ति से अलग दिखने लगी। निस्संगता के इस अवगुण ने प्राकृतिक और मानवीय सम्बन्धों को अप्राकृतिक एवं अमानवीय सम्बन्धों में बदल दिया। गुण-अवगुण में बदल गए और अवगुण गुणों में रघुवीर सहाय की कविता इस मुठभेड़ में यथार्थ और आदर्श के बीच अपनी स्थितियों के सामने हमें ले जाती है। यथा–

"सुनो वहां कहता है
मेरा प्रतिनिधि
मेरी हत्या की करूणा कथा
मैं कि जो अन्यत्र भीड़ में मारा गया था
या एक मेरे हाथ में। मेरी स्वाधीन जन्मभूमि पर
जन्म लिए होने का प्रमाण पत्र"। (आत्महत्या के विरूद्ध)

इस सारी हत्या प्रधान स्थिति में रघुवीर सहाय प्रकृति को भी विरोध में कुछ रचते हुये देखते हैं–

'देखो वृक्ष को देखो वह कुछ कर रहा है
किताबी होगा कवि जो कहेगा हाय पत्ता झर रहा है।'

प्रकृति रघुवीर सहाय की कविता में अलग से दृष्टव्य नहीं होता। वे प्रकृति को अलग-अलग खानों में रखकर नहीं देखते।

"मेरी कविता में ऊषा के भीतर मेरी मृत्यु भी लिखी
चिड़िया के भीतर है मेरी राष्ट्र भावना, बच्चों में दुख,
माना सब कुछ गड़बड़-सड़बड़ है पर मैंने यों ही देखा है।"

कवि कविता के मर्म बताते हुये कहता है।

"अलग-अलग डिब्बों में मेरी पीड़ाएं मत बंद कीजिए।"

रघुवीर सहाय की कविता समकालीन आम मनुष्य से अपना सरोकार रखती है, सम्बन्ध रखती है। वे उसकी आशा-आकांक्षा, पीड़ा-विषाद, राग-विराग को निज अनुभूतियों के द्वारा अपनी कविताओं में अभिव्यंजित करते हैं। इस दौर की कविता में राजनीतिक चेतना प्रभूत मात्रा में है। कवि राजनैतिक स्वार्थपरता एवं विसंगतियों को चुपचाप नहीं अवलोकित करता है अपितु, उस पर अपनी आक्षेपात्मक टिप्पणी करता है। रघुवीर सहाय की कविताओं में राजनीति और उससे जुड़े तमाम सवालों को उठाया गया है।

लोकतंत्र के इस खेल के संदर्भ में वे कहते हैं—

"हर संकट में भारत एक गाय है
ठीक समय पर ठीक बहस कर नहीं सकती
राजनीति
बाद में जहाँ कहीं से भी शुरू करो
बीच सड़क पर गोबर कर देता है विचार।"

राजनीतिक गतिविधियों से कोई भी संवेदनशील व्यक्ति निरपेक्ष होकर नहीं रहता। राजनीति में आई विकृति की तरफ इनकी कविता सांकेतिकता एवं प्रतीकात्मकता अपनाती है—

"हाय-हाय करते हुये
हां हां करते हुये
हैं हैं करते हुये समुदाय
एक हजार लोग ध्यान मग्न सुनते हुये
एक अदद रिरियाता है सियार।"

राजनीतिक कविता अनुभव पर नहीं, विचार पर टिकी होती है। कवि राजनीतिक चित्रण से इतर जनमानस को विचार प्रदान करता है। इनकी कविताएं लोकतंत्रीय मृत्यु, भीड़ में मैंक और मैं, नेता क्षमा करें, राजनीतिक विडम्बनाओं का आख्यान प्रस्तुत करती है। रघुवीर सहाय 'शासन व्यवस्था' की पोल खोलने वाले हैं। यथा—

"दस बरस बाद फिर पदारूढ़ होते ही
नेतराम पदमुक्त होते ही न्यायाधीश
कहता है समय आ गया है
मौका अच्छा देखकर प्रधानमंत्री
सुंदर नौजवानों से कहता है गाता बजाता
हारा हुआ दलपति।"

रघुवीर सहाय की कविताओं के संदर्भ में डॉ॰ नामवर सिंह कहते हैं कि, "यहाँ आवेश में हाँफते हुए स्वर की धारा है।" इसीलिए एक वाक्य जैसे दूसरे वाक्य के अंदर घुसा हुआ तीसरे वाक्य को आगे धक्का देता-सा प्रतीत होता है। आविष्ट लाभ का यह प्रवाह कविता की इन पंक्तियों के अर्थ से जुड़ा है। रामस्वरूप चतुर्वेदी इनकी कविताओं के संदर्भ में कहते हैं कि, "इस संदर्भ में यह स्मरणीय है कि तुलसीदास, मैथिलीशरण गुप्त और प्रेमचंद की ठेठ हिन्दी परम्परा में रघुवीर सहाय अब गद्य-कविता में भारतीय परिवार का अंकन कविता और गद्य की मिलावट के बीच आधुनिक संशोधनों के साथ कहते हैं।

रघुवीर सहाय की भाषा के संदर्भ में डा॰ रामस्वरूप चतुर्वेदी कहते हैं कि, "रघुवीर सहाय में आधुनिक युग के सच्चे कवित्व की पहचान यों भी की जा सकती है कि संचार माध्यमों के कई रूपों से निकटतः जुड़े रहने के बावजूद उनकी मूलवृत्ति सनसनी को कवि ने अपने रचना-क्षेत्र में प्रवेश नहीं करने दिया, उल्टे उनकी बोलचाल की भाषा का अपनी कविता में सर्जनात्मक प्रयोग किया है। राजनीति जैसी अखबारी विषय को कवि ने अनुभूति में ढाला है। यह समकालीन कविता की एक बड़ी उपलब्धि है, खास तौर से ऐसे परिवेश में जहाँ साहित्य अखबार नवीसी से उत्तरोत्तर आक्रांत होता जा रहा है और भाषा का रचाव ऐसा है कि या तो भाषा ही भाषा लगती है, या फिर अनुभूति का सीधा संस्पर्श होता है। बात एक ही है। भाषा और अनुभूति के इस अद्वैत ने रघुवीर सहाय के कृतित्व को विशेष रूप से प्रभावशाली बनाया है, जिस बिन्दु पर कविता और गद्य एक-दूसरे के निकट आकर गद्य-कविता में परिणत हो जाते हैं।" रघुवीर सहाय की कविता की अभिव्यक्ति आम बोल-चाल की भाषा है। सामान्य शब्दों की टंकार से नवीन अर्थवक्ता प्रदान की भाषा, बिम्ब, प्रतीक लोक से सामान्य रूप में ग्रहण कर प्रयोग किया—

"अब देखो बाजार में
एक ढेर है चिथड़ों का
और एक मैं हूँ कि जिसके चिथड़े
सब एक जगह नहीं है
वे मेरी धज्जियाँ कहाँ गईं।
खोज कर लाओ उन्हें।"

इस तरह इनकी काव्य भाषा में नवीनता एवं विचार को साधारणीकृत करने की, हृदय को तिलमिला देने की क्षमता है। काव्य भाषा अर्थवत्ता युक्त है। लोक संपृक्त है।

प्रयोगवादी काव्यधारा का यह कवि सामाजिक यथार्थ के प्रति सजग रहा है। उन्होंने अपनी कविता की जड़ों को यथार्थ में रखने का सदा यत्न किया। दिन-प्रतिदिन के घटने वाले प्रसंगों को ग्रहण कर उन्हें प्रभावशाली रूप में प्रस्तुत किया है।

कुंअर नारायण—मिथकीय चेतना

कुंवर नारायण अपनी सृजना में मानवीय मूल्यों की तलाश में रहने वाले कवि हैं। इनके काव्य में मिथकीय चेतना की अभिव्यंजना है। 'आत्मजयी' इसका चरम निदर्शन है। इस कृति का उपजीव्य कठोपनिषद का नचिकेता प्रसंग है। लेकिन

इसमें नचिकेता का पौराणिक व्यक्तित्व नहीं उभरता अपितु वह यहाँ कवि के आधुनिक चिंतन का प्रतीक पात्र बनकर आया है। इसमें कुंवर नारायण ने नचिकेता के माध्यम से जीवन मूल्यों की खोज करनी चाही है।

कुंवर नारायण हिन्दी कविता सृजना में नवल कवियों की पंक्ति में आते हैं। इन्होंने 'युगचेतना', 'आजकल', 'नया प्रतीक', एवं 'छायानट' पत्रिकाओं का संपादन कार्य किया। इनकी कविताएं अज्ञेय द्वारा संपादित 'तीसरा सप्तक' में संकलित है। इससे इतर इनकी सृजित रचनाएं हैं– 'चक्रव्यूह', 'परिवेश' हम और तुम', 'आत्मजयी', 'अपने सामने', 'कोई दूसरा नहीं'।

कुँवर नारायण ने अनेकों देशों का भ्रमण किया जिनमें चेकोस्लोवाकिया, पौलेण्ड, रूस, चीन आदि प्रमुख हैं। इन भ्रमणों से इनकी विचारधारा काफी प्रभावित हुई। इनकी कविता के संदर्भ में बालकृष्ण राव ने लिखा है कि, "श्री कुंवर नारायण की कविता उस अधुनातन भारतीय व्यक्तित्व की प्रतिछवि है, जो मूलतः भारतीय होते हुए भी अध्ययन, चिंतन और संभवतः उससे अधिक स्थूल संपर्कों के प्रभाव से बहुत कुछ देशेतर गुणों, रूचियों और प्रवृत्तियों से समन्वित हो गया है। सहसा ऐसा लग सकता है कि कुंवर नारायण पर न केवल अंग्रेजी साहित्य का गहरा प्रभाव पड़ा बल्कि उनकी काव्य प्रेरणा ही सीधे अंग्रेजी साहित्य से आई है। पर जहाँ तक मैं समझ पाया हूँ, यह प्रभाव केवल प्रभाव ही है, उनके वाक्य की मूल प्रेरणा भारतीय ही है।"

कुंवर नारायण अपनी सृजना में मानवीय मूल्यों की तलाश में रहने वाले कवि हैं। उनकी कविता में आधुनिक भावबोध के साथ तर्क, चिंतन, विचार की प्रधानता होने से उसमें वैज्ञानिक बोध भी समाविष्ट हुआ है। इनके सृजन में संयम एवं साफ सुथरापन दृष्टव्य है।

इनके काव्य सृजन में 'मिथकीय चेतना' की अभिव्यंजना है। 'आत्मजयी' इसका निदर्शन है। अरस्तू ने 'मिथक' का प्रयोग कथा विधान के अर्थ में किया है। हिन्दी साहित्य में मिथक शब्द का प्रयोग पुराकथाओं या उन परम्परागत पुराण कथाओं के लिए होता है जिनका संबंध अतिप्राकृत घटनाओं और भावों से होता है। डॉ॰ नगेन्द्र के अनुसार, "मिथक मूलतः आदिम मानव के समष्टि मन की सृष्टि है जिसमें चेतन की अपेक्षा अचेतन प्रक्रिया का प्राधान्य रहता है।"

मिथक का सत्य सर्वथा आत्मपरक एवं मनोवैज्ञानिक होता है तथा उसमें मानव और प्रकृति के एकात्म्य की भावना निहित रहती है। मिथक का रूप कथात्मक होता है और उसकी रचना में कल्पना का योग अवश्य रहता है।

कुंवर नारायण का 'आत्मजयी' नामक प्रबंध काव्य का उपजीव्य 'कठोपनिषद्' का नचिकेता प्रसंग है। यहाँ नचिकेता का पौराणिक व्यक्तित्व नहीं उभरता अपितु वह कवि के आधुनिक चिंतन का प्रतीक पात्र बन गया है। राजा-बाजश्रवा एक यज्ञ का अनुष्ठान करते हैं और यज्ञ कर्म को पूर्ण करने वाले ऋत्विजों को दुग्ध विहीन कृषकाय बुढ़ी गौएं दक्षिणा के रूप में प्रदान करना चाहते हैं। राजा का पुत्र नचिकेता अनेकानेक बार अपने पिता से आग्रह करता है कि ये बूढ़ी कृषकाय, दुग्ध विहीना गाय दान में न दें। राजा अपने पुत्र नचिकेता को यमराज को देने का शाप देते हैं। नचिकेता यमराज के द्वार पर तीन दिवस तक कृच्छ साधनारत भूखा-प्यासा बैठा रहता है। अंततः यमराज के आसन पर नचिकेता उनसे जन्म, मरण, आत्मा, ब्रह्म एवं मरणोपरांत जीवन के संदर्भ में जटिल प्रश्नाकुलता कर उनका शमन चाहते हैं। यमराज इन प्रश्नों के उत्तर न देकर नचिकेता से वर मांगने के लिए कहते हैं किन्तु नचिकेता अपने हठ से टस से मस नहीं होता। उसे भौतिक सुखों की लालसा नहीं है। वह अपनी प्रश्नाकुलता के प्रतिबद्ध रहता है। अंत में यमराज उसकी दृढ़ता के समक्ष कमजोर पड़ते हैं और उसे सत्पात्र जानकर, उसके प्रश्नों के उत्तर देते हैं। कृतार्थ एवं ज्ञानी नचिकेता पुनः भू-मंडल पर लौट आता है।

सृजक कुंवर नारायण ने नचिकेता को आधुनिक चिंतन का प्रतीक माना है जबकि बाजश्रवा उस पुरातनता का प्रतीक है यो यथास्थितिवाद में रहना चाहते हैं। 'आत्मजयी' मूलतः आधुनिक चिंता एवं चेतना का मिथकीय काव्य है। इसमें कथा स्वल्प है जिसमें चिंतन प्रमुख है, घटनाक्रम गौण है। आत्मजयी के विभिन्न खण्ड आधुनिक चिंतन के विभिन्न आयाम हैं। बिम्ब मूलतः बौद्धिक है। स्वयं कवि के शब्दों में, "आत्मजयी में ली गई समस्या नई नहीं, उतनी ही पुरानी है जितना जीबन और मृत्यु सम्बंधी मनुष्य का अनुभव।"

कुंवर नारायण ने नचिकेता के माध्यम् से जीवन मूल्यों की खोज करनी चाही है। आत्मजयी का नचिकेता निराशा से ऊपर उठकर भी उसमें उलझा हुआ है। नचिकेता मानव जाति पर हावी भौतिकता का विरोध करता है। भारतीय दर्शन में

मृत्यु को शांति-प्रदायिनी माना गया है, जबकि अस्तित्ववादी जीवन दर्शन में मृत्यु को जीवन प्रदायिनी माना गया है। आत्मजयी में कवि ने यह प्रतिपादित करने का प्रयास किया है कि केवल सुख पाना ही जीवन का उद्देश्य नहीं है अपितु एक सार्थक जीवन जीना इनका उद्देश्य था। कवि अस्तित्त्ववाद से प्रभावित है। कवि का कहना है कि आज व्यक्ति भीड़ में अपनी पहचान बनाने के लिए संघर्षरत है। दूसरे लोग उसके अस्तित्व को स्वीकारें तभी वह अपने जीवन को सार्थक समझता है। यही वह बिन्दु है जहाँ नचिकेता का चिंतन 'आम आदमी' के चिंतन से जुड़ जाता है। 'आत्मजयी' पौराणिक मिथकों, पात्रों का उपयोग करते हुए अपने आधुनिक बोध को चिंतन के धरातल पर प्रस्तुत किया है और इसमें उसे सफलता मिली है।

काव्य दृष्टि

प्रयोगवादी कवियों में कुँवर नारायण का विशिष्ट स्थान है। कवि ने अनेक देशों का भ्रमण किया जिससे उन्हें मानवता के अनेक रूपों, संस्कृतियों व भाषा के संपर्क में आने का अवसर मिला। कुछ समय तक उन्होंने 'युग चेतना' का संपादन किया। कुँवरनारायण की रचनाएँ वैज्ञानिक यथार्थवाद से घनिष्ठ रूप से प्रभावित हैं। 'चक्रव्यूह', 'आत्मजयी', 'परिवेश', 'हम तुम' उनकी प्रमुख रचनाएँ हैं। 'चक्रव्यूह' उनकी प्रतीकात्मक कृति है जिसमें आधुनिक युग के समस्याग्रस्त मानव को सात महारथियों से घिरे हुए अभिमन्यु के रूप में चित्रित किया गया है। यह उनकी मिथकीय चेतना का उदाहरण है। नयी कविता के काव्यकारों में पूर्ववर्ती धारा प्रयोगवाद से कुँवरनारायण सर्वाधिक प्रभावित हुए हैं। डॉ. शिवकुमार शर्मा का कहना है–"कवि कविता को गंभीर चिंतन, प्रयोग सापेक्ष तथा प्रयत्न साध्य मानता है। परिणामतः इनकी रचनाओं में अनुभूति की जगह बौद्धिकता और वैचारिक सिद्धांतों की भरमार है।" भाषा-शैली के विषय में भी कवि प्रगतिशीलता का समर्थक रहा। कुँवर नारायण की रचनाओं में मध्यवर्ग की दीन और निराशापूर्ण स्थितियों का सचित्र वर्णन है। उनकी कविता में अनुभूति की अपेक्षा बौद्धिकता का प्रभाव स्पष्ट दिखाई पड़ता है। उन्होंने वर्तमान जीवन की आशा तथा निराशाओं का सच्चा चित्रण किया है।

कुँवर नारायण साहित्य को जीवन से जुड़ा हुआ मानते हैं। कविता जब भी किसी वाद से घिर जाती है तो उसका कवित्व नष्ट हो जाता है और उसकी स्वाभाविकता नष्ट हो जाती है। अतः कविता वाद से मुक्त होनी चाहिए। कवि को किसी भी पूर्वाग्रह से ग्रस्त नहीं होना चाहिए। कुँवर नारायण के अनुसार, प्रयोग करना कवि का स्वभाव है। यह वैज्ञानिक दृष्टिकोण का ही परिचय देता है परन्तु प्रयोग करना कवि का लक्ष्य ही नहीं बन जाना चाहिए।

इकाई-V

गल्प और इतिहास

गल्प का दो अर्थों में प्रयोग किया जाता है। पहला अर्थ है– छोटी कहानी तथा दूसरा-गप्प। साहित्य कल्पना पर आश्रित है परन्तु उसके भी मूल में कुछ सामाजिक सत्य, सांस्कृतिक परंपराएं तथा यथार्थपरक अवस्थितियाँ होती हैं। उसके समांतर गल्प में कल्पना की ऊँची उड़ान होती है जिसका वैज्ञानिक तथा समाज शास्त्रीय परीक्षण नहीं किया जा सकता। इतिहास जहाँ तथ्यों को केन्द्र में रखकर चलता है वहीं गल्प संभावनाओं को मूल में रखता है।

गल्प पूर्णतः इतिहास नहीं होता अपितु वह केवल इतिहास के ढाँचे को ही ग्रहण करता है, उस पर मांस तथा रक्त उसकी कल्पना द्वारा संभव हो पाता है। यदि गल्पकार इतिहास की माँग का ज़रूरत से ज्यादा उल्लंघन करे और मध्यकाल के पुजारी को जजमान से पाँच रूपये माँगता दिखाए तो यह उचित नहीं है। लेखक को अपनी कृति में वहीं तक छूट प्राप्त होती है जहाँ तक कि वह ऐतिहासिक सत्यों में उलट फेर न करे। उपन्यासकार को ऐतिहासिक निष्कषो ं को बदलने का अधिकार प्राप्त नहीं है यद्यपि वह उस तक पहुँचने के मार्गों में अपनी कल्पना का प्रयोग कर सकता है।

इतिहास में तथ्यों की प्रधानता होती है जबकि साहित्य में सम्भावनाओं पर बल प्रदान किया जाता है। मूल रूप में इतिहास और गल्प में अंतर यह होता है कि इतिहास में सब कुछ तथ्यात्मक होता है तथा साहित्य में कल्पना एवं संभावनाओं का समावेश रहता है।

भारत में कहानी का प्राचीन रूप गल्प ही है। इनमें वीरों और राजाओं के शौर्य, प्रेम, न्याय, ज्ञान, समुद्री यात्राएं, आकाश तथा अन्य अगम्य पर्वतीय प्रदेशों में प्राणियों के अस्तित्व आदि समाहित हैं। आधुनिक काल में भी लेखकों ने ऐतिहासाश्रित कृत्रियों का सृजन किया है, प्रसाद, आचार्य हजारी प्रसाद द्विवेदी, रांगेय राघव, वृंदावन लाल वर्मा आदि ने निश्चय ही ऐतिहासिक तथ्यों को उनकी गरिमा के साथ प्रयोग किया। जो लेखक ऐसा नहीं कर पाए उनकी कृतियाँ भी दोयम दर्जे की ही बनकर रह गई।

कल्पना और यथार्थ

"कल्पना" के अनेक अर्थों में एक अर्थ 'रूप देना' (क्लप + ल्युट) भी होता है। कल्पना ही साहित्य को रूपायित करती है। वह भाषा के माध्यम् से यथार्थ का चित्रांकन करती है। कल्पना एक ऐसी रचनात्मक शक्ति है जो प्रत्येक मनुष्य के भीतर होती है। उसके बिना न तो मनुष्य कला का निर्माण हीं कर सकता है, न उसका रसास्वादन ही। महत्तर कल्पनात्मक कृतियों में उसके विकास के तीन परस्पर-संबद्ध स्तर हैं–

(क) यथार्थ के किसी नये आयाम का उद्घाटन।

(ख) विभिन्न स्थितियों तथा पात्रों का निर्माण।

(ग) बिंब निर्माण तथा मूर्ति विधान।

यथार्थ का अभिप्राय है–यथा + अर्थ अर्थात् जैसा है वैसा अर्थ। किन्तु अपने पारिभाषिक अर्थों में यथार्थ जीवन की समग्र परिस्थितियों के प्रति ईमानदारी का दावा करते हुए मनुष्य को उसकी द्वन्द्वात्मक अवस्था में देखता है। इसमें एक ओर सामाजिक जीवन के यथार्थ संबंधों, समस्याओं और अन्यान्य विषमताओं को उद्घाटित किया जाता है तथा दूसरी ओर परिस्थिति सापेक्ष मनोस्थितियों को अभिव्यक्ति प्रदान की जाती है।

कल्पना यथार्थ को संवारती है और उसमें नये रंग भरकर उसे आदर्शोन्मुखी बनाती है अतः सत् साहित्य के निर्माण में उसकी भूमिका से इन्कार नहीं किया जा सकता। मुंशी प्रेमचन्द ने अपने उपन्यासों निर्मला, प्रेमाश्रम, रंगभूमि, गबन, गोदान आदि में आदर्शोन्मुख यथार्थवाद का अंकन किया है। वे किसी आदर्श को स्थापित करते हुए यथार्थपरक जीवन को उसकी संपूर्णता तथा द्वंद्वात्मकता में दिखाते हैं।

कल्पना यथार्थ को सुगम्य तथा सुरम्य रूप प्रदान करते हुए जीवनगत व्यापारों के नवरूप में प्रदर्शित करती है। आज के जटिल जीवन में जब मूल्यों, नैतिकता आदि का लगातार ह्रास होता जा रहा है तो यह अपेक्षित है कि साहित्यकार सांसारिक उतार-चढ़ावों को उनके यथार्थ रूप में प्रकट करे।

साहित्य में कल्पना के पाँच कार्य बताए गए हैं :

1. अवचेतन मन में स्थित अनुभूतियों, संस्कारों, बिम्बों एवं धारणाओं को कल्पना के माध्यम से चेतन स्तर पर व्यक्त होना।
2. विषय-वस्तु का विस्तार करना।
3. घटनाओं व पात्रों का सृजन व कथावस्तु को एक सूत्र में पिरोना।
4. बिम्बों का सृजन एवं विधान।
5. देशकाल एवं व्यक्ति के सम्बन्धों से मुक्ति।

परन्तु यथार्थ का तात्पर्य है, जो वस्तु जैसी है उसे उसी रूप में प्रस्तुत करना। यथार्थवादी साहित्यकार केवल समस्या को प्रस्तुत करता है जबकि आदर्शवादी उसका समाधान भी प्रस्तुत करता है।

प्रेमचंद पूर्व हिन्दी उपन्यास

प्रेमचन्द पूर्व हिन्दी उपन्यास तिलिस्मी एवं ऐय्यारी, जासूसी, घटनाप्रधान, मनोरंजक और कुछ हद तक शिक्षाप्रधान होते थे। इनमें भी ज्यादातर संख्या तिलिस्मी एवं ऐय्यारी तथा जासूसी उपन्यासों की ही होती थी, इन उपन्यासों का लक्ष्य विशुद्ध मनोरंजन होता था। यह दूसरी बात है कि चन्द्रकांता जैसे महत्वपूर्ण और मनोरंजक उपन्यास को पढ़ने के लिए बहुत सारे लोगों ने हिन्दी भी सीखी। इससे परोक्ष रूप से हिन्दी भाषा के विकास में भी मदद मिली।

परीक्षा गुरु

परीक्षागुरु पाश्चात्य उपन्यास शैली के आधार पर लिखा गया पहला हिन्दी उपन्यास है। इसमें दिल्ली के बिगड़े रईस मदनमोहन के उद्धार की कथा है। इस उपन्यास का नायक कुछ स्वार्थी, अर्थलोलुप तथा चाटुकार व्यक्तियों की संगत में पड़कर लगभग बर्बाद हो जाता है तभी उसे उसकी पत्नी और ब्रज किशोर नामक एक युवक संकट से उबारते हैं।

शैली की दृष्टि से यह उपन्यास प्रकरणों में विभक्त है। इसकी कथावस्तु सरल, नैतिकता का पाठ पढ़ाने वाली है। इसमें संवाद प्रायः लम्बे लम्बे हैं। लेकिन इसकी भाषा संयत तथा पात्रानुकूल है।

हिन्दी के प्रथम मौलिक उपन्यास 'परीक्षागुरू' के लेखक लाला श्रीनिवासदास हैं। भारतेन्दु के साथ-साथ जिन प्रतिभाशाली लेखकों ने नाटक तथा उपन्यास की हिन्दी में नई परम्परा स्थापित करने में प्रयत्न किया था उनमें लाला जी भी एक थे। इन्होंने पाश्चात्य ढंग पर पहला मौखिक उपन्यास 'परीक्षागुरू' लिखा। कथा-आख्यानों की जो परम्परा पहले से ही हिन्दी में चली आ रही थी उसमें एकाएक परिवर्तन इन्हीं ने किया। प्रेमगाथाओं की शृंखला से निकलकर इन्हीं ने जीवन-संघर्ष के अन्याय पक्षों पर पहले पहल दृष्टि दी और उन्हें सफलता पूर्वक चित्रित किया।

'परीक्षागुरू' दिल्ली के बिगड़े रईस मदनमोहन के विनिपात और उद्धार की कथा है। मनमोहन ह्रासशील रईसी का प्रतिनिधि है, जो अर्थलोलुप और स्वार्थी चाटुकार दोस्तों की चापलूसी के चक्कर में पड़कर मिथ्या प्रतिष्ठा और बड़प्पन के प्रदर्शन में अपना सब कुछ गवाँ बैठता है। मदनमोहन की दुखावस्था में सभी चाटुकार मित्र एक-एक करके खिसक जाते हैं, उस समय उसके मित्र ब्रजकिशोर ने, बड़े धैर्य के साथ उसकी सहायता की और उसे आर्थिक संकट तथा सामाजिक अपमान से छुटकारा दिलाया। मदनमोहन के सही रास्ते पर आ जाने के बाद ब्रजकिशोर सोचते हैं कि–"जो बात सौ बार समझाने से समझ में नहीं आती, वह एक बार की परीक्षा से भली-भाँति मन में बैठ जाती है और इसी वास्ते लोग 'परीक्षा को गुरू मानते हैं।"

शैली की दृष्टि से यह उपन्यास समसामयिकों से भिन्न और अपेक्षाकृत अधिक आधुनिक शैली का है। लेखक नैतिक उपदेश और विभिन्न प्रकार के सामयिक असामयिक उद्धरणों

के देने का मोह संवरण नहीं कर पाता, जो प्रायः कथा की एकसूत्रता को खण्डित कर देते हैं। कथावस्तु विशेष जटिल नहीं है पर जो है। चरित्र-चित्रण भी साधारण है। भाषा विशेष संयत तथा पात्रों के अनुकूल रखी गई है। उदाहरण दृष्टव्य है–

"मुझसे इस समय तेरे सामने आंख उठाकर नहीं देखा जाता, एक अक्षर बोला नहीं जाता। मैं अपनी करनी से अत्यन्त लज्जित हूँ जिस पर तू अपनी लायकी से मेरे घायल हृदय को क्यों अधिक घायल करती है।"

स्वयं लेखक के शब्दों में "उनकी यह रचना अनुभव द्वारा उपदेश मिलने की एक संसारी वार्त्ता है।"

चन्द्रकान्ता–वस्तु और शिल्प

चन्द्रकांता देवकी नंदन खत्री का तिलिस्मी-ऐय्यारी उपन्यास है। मूल रूप में यह एक प्रेम कथा है। लेकिन दो प्रेमियों के मिलने में अनेक बाधाएँ उपस्थित करते पक्ष-विपक्ष के अनेक शत्रु हैं, ऐय्यार हैं और सहायक भी हैं। इसमें जादूई इन्द्रजाल, अलौकिक कारनामों, खजाने की प्राप्ति के लिए संघर्ष, कौतूहल मुख्य है।

इसके शिल्प की यही सबसे बड़ी विशेषता है कि इसे पढ़ने के लिए बहुत सारे लोगों ने हिन्दी सीखी। इसकी कथावस्तु एवं संवाद रोचक है।

'चन्द्रकांता' श्री देवकीनन्दन खत्री का तिलस्मी उपन्यास है। तिलस्मी उपन्यासों में जादू, इन्द्रजाल, अलौकिक कारनामों, गड़ें हुए खजाने को खोजने तथा उसे प्राप्त करने आदि से सम्बन्धित वृत्तान्तों की भरमार होती है। इसके अतिरिक्त ऐयारी या कपट-कौशल, छल-छंद आदि का भी वर्णन होता है। इस प्रकार के उपन्यास-लेखकों में सर्वाधिक लोकप्रियता खत्री जी को प्राप्त हुई है। उनका लेखन काल हिन्दी उपन्यास का प्रारंभिक युग था। साधारण जनता को आकर्षित करने तथा उसमें पढ़ने की रूचि पैदा करने के लिए उस समय एक ऐसे कहानी लेखक की आवश्यकता थी जो साधारण बुद्धि वालों के समझने योग्य चलती भाषा में आकर्षक तथा कौतूहल वर्द्धक उपन्यास लिख सके। ऐसी ही परिस्थिति में बाबू देवकीनन्दन खत्री ने चन्द्रकांता उपन्यास की रचना की।

देवकीनन्दन जी की कल्पना शक्ति असाधारण थी। इन्होंने एक ही कहानी आरम्भ कर उसे फैलाते हुए चन्द्रकांता, वीरेन्द्रसिंह तथा उनकी सन्तति को लेकर अट्ठाईस भाग लिख डाले। ऐयारों के अद्भुत कारनामों के प्रदर्शन के लिए किये गए कार्य-व्यापार-विस्तार को अलग कर देने पर, अपने मूल-रूप में, यह एक प्रेम-कहानी है। इनके पात्रों की वीरता, युद्ध, दौड़-धूप, धूर्तता, ऐयारी सभी ऐसी हैं कि उनके पढ़ने से आनन्द अवश्य ही मिलता है। उत्तर-प्रत्युत्तर, हंसी-विनोद, दुःख-सुख आदि का भी कम समावेश नहीं है। भले ही गंभीर आलोचकों की दृष्टि में यह साहित्य कोटि में न आने पर है लेकिन है तो साहित्य के अन्तर्गत ही। साहित्य-भंडार में सभी प्रकार की रचनाएँ आती है, गंभीर हो या छिछली। इन उपन्यासों की सबसे बड़ी विशेषता तथा महत्व इसी में है कि इन्हें पढ़ने के लिए उस समय बहुतों ने, यहाँ तक कि अन्य भाषा-भाषियों ने भी हिन्दी सीखी।

तिलस्मी उपन्यासों में यह सर्वाधिक लोकप्रिय रचना है। मनोवैज्ञानिक चित्रण, तथा उदात्त रस-भाव-विधान के अभाव में भी अद्भुत कल्पना-वैभव एवं रहस्य कुतूहलपूर्ण घटना-वैचित्र्य के कारण यह अनेकानेक पाठकों को बराबर आकर्षित करती है।

प्रेमचंद युगीन उपन्यास

हिन्दी उपन्यास को पहली बार प्रेमचन्द ने मनोरंजकता से छुटकारा दिलाया और उसे आदर्श तथा यथार्थ के ऊँचे से ऊँचे सोपान पर बैठाया। प्रेमचंदयुगीन हिन्दी उपन्यासों में समाज का यथार्थ चित्रण किया गया। वेश्या समस्या, अनमेल विवाह की समस्या, दलित समस्या, वर्णाश्रम की अमानवीयता, औद्योगीकरण के फायदे-नुकसान, अंग्रेजी राज की अमानवीयता आदि पर इस युग में लेखनी चली।

गोदान मुख्य पात्र

उपन्यासकार मुंशी प्रेमचन्द द्वारा रचित 'गोदान' सम्पूर्ण उपन्यास साहित्य में सर्वश्रेष्ठ स्थान रखता है। पात्रों की दृष्टि से गोदान के प्रत्येक पात्र अपना विशिष्ट स्थान रखते हैं। उपन्यास में मुख्य और गौण बहुत से पात्र हैं जो अपने चरित्र के माध्यम् से उपन्यासकार के उद्देश्य की पूर्ति करते हैं। मुख्य पुरूष पात्रों में होरी और मेहता तथा स्त्री पात्रों में धनिया और मालती का चरित्र काफी सशक्त बन पड़ा है।

होरी : होरी गोदान का मुख्य पात्र है। उपन्यास का सारा ताना-बाना इसी के इर्द-गिर्द बुना गया है। डॉ. रामविलास शर्मा के अनुसार–"गोदान के किसी एक पात्र को प्रेमचन्द का प्रतिनिधि

नहीं कहा जा सकता, लेकिन अगर मेहता और होरी को जोड़ा जा सके तो जो व्यक्ति बनेगा वह बहुत कुछ प्रेमचन्द से मिलता जुलता होगा। मेहता में उन्होंने अपने विचार डाले हैं और होरी में निरन्तर परिश्रम करते रहने की दृढ़ शक्ति लेकिन और बातों में होरी प्रेमचन्द से बहुत भिन्न है।"

होरी अत्यन्त साधारण तथा सीधा-सादा किसान है। परन्तु यह कृषक जीवन विडम्बनाओं से जकड़ा हुआ है। ईश्वर में उसे पूर्ण आस्था है। उपन्यासकार लिखता है– 'ईश्वर का रौद्र रूप सदैव उसके सामने रहता था। यह छल उसकी नीति में छल न था यह तो स्वार्थ सिद्धि थी और यह कोई बुरी बात न थी।'

वह एक साधारण हिन्दू गृहस्थ था। उसका जीवन तथा दृष्टि अत्यन्त सीमित था। परिवार की मर्यादा तथा पैतृक सम्पत्ति का रक्षक था। तभी तो वह धनिया के झगड़ा करने पर कहता है कि–'धनिया से मेरा अब कोई सरोकार नहीं है जब वह इज्जत बिगाड़ने पर आ गई है तो इस घर में कैसे रह सकती है।' खेती करने को वह श्रेष्ठ समझता है, नौकरी उसकी दृष्टि में बुरी चीज है। वह बिरादरी को महत्व देता है। बिरादरी में रहकर जीवन-यापन करना सही है, वह अपने को बिरादरी का चाकर समझता है। उसके अनुसार–'आज मर जाएं तो बिरादरी ही तो इस मिट्टी को पार लगाएगी, बिरादरी ही तारेगी तो तरेंगे।"

आर्थिक अभावों से ग्रस्त होते हुए भी वह एक ईमानदार व्यक्ति है। व्यवहार कुशलता उसके चरित्र का एक उत्कृष्ट पहलू है। जिसकी वजह से वह कई बार मुश्किलों से बच जाता है। होरी धनिया से कहता है कि–"यह मिलने-जुलने का ही परसाद है कि अब तक जान बची हुई है। नहीं कहीं पता नहीं चलता किधर गए। जब दूसरों के पाँव तले अपनी गर्दन दबी हो तो उन पावों को सहलाने में ही कुशल है।" यह होरी की व्यवहार कुशलता का एक उत्कृष्ट नमूना है।

मेहता : गोदान का दूसरा प्रमुख पात्र है। होरी जहाँ ग्रामीण कृषक वर्ग का प्रतिनिधित्व करता है तो मेहता शहरी शिक्षित वर्ग का। वह एक बौद्धिक व्यक्ति है। जनता के प्रति उसके मन में सच्ची सहानुभूति है, व्यक्तियों को परखने की सच्ची दृष्टि है, परखकर अपना मत व्यक्त करता है। मेहता एक निर्भीक आलोचक तथा यथार्थवादी पुरुष है। राय साहब से वह कहता है कि–"आप कृषकों के शुभेच्छु हैं उन्हें तरह-तरह की रियायतें देना चाहते हैं, जमींदारों के अधिकार छीन लेना चाहते हैं बल्कि आप उन्हें समाज का शाप कहते हैं, फिर भी आप जमींदार हैं। वैसे ही जमींदार जैसे हजारों और जमींदार हैं।" मेहता कथनी और करनी की एकरूपता के प्रबल समर्थक है। एक स्थान पर वह कहते हैं कि– 'अगर मांस खाना अच्छा समझते हो तो खुलकर खाओ और अगर बुरा समझते हो तो मत खाओ यह बात मेरी समझ में आती है, लेकिन अच्छा न समझना और छिपकर खाना यह मेरी समझ में नहीं आता।'

मेहता परिश्रमी तथा काम के प्रति ईमानदार व्यक्ति है। आधी-आधी रात तक वे विद्या-अभ्यास करते रहते हैं। कैसा भी काम हो वे उसके लिए समय निकाल ही लेते हैं। आकर्षक व्यक्तित्व के साथ चारित्रिक दृढ़ता उनके व्यक्तित्व का प्रमुख गुण है। प्रेमचन्द लिखते हैं कि "गोरा चिट्टा रंग, स्वास्थ्य की लालिमा गालों पर चमकती हुई, नीची अचकन चूड़ीदार पाजामा, सुनहरी ऐनक, सौम्यता के देवता से लगते हैं।"

योग्यता तथा कौशल के धनी मेहता को धन का लोभ नहीं है। वे विवाह के विरोधी हैं तथा उसे मात्र एक सामाजिक समझौता समझते हैं। मेहता व्यक्ति तथा समाज दोनों को समान महत्त्व देते हैं। उसके अनुसार समाज की दृष्टि से विवाहित जीवन और व्यक्ति की दृष्टि से अविवाहित जीवन श्रेष्ठ है।

धनिया : गोदान में दो प्रमुख नारी पात्र हैं एक मालती और दूसरी धनिया। धनिया होरी की सहचरी तथा उसके सुख-दुःख की संगिनी है। उसकी अवस्था 36 वर्ष है। मात्र 36 वर्ष में ही वह जीवन के लगभग सारे रूप देख चुकी है। संघर्षों में भी वह अविचलित रहती है। वह होरी को सदैव भावनात्मक संबल प्रदान करती है। डॉ॰ रामविलास शर्मा के अनुसार–"प्रेमचन्द के नारी पात्रों में वह अन्यतम है। उसके बराबर न कोई परिश्रम करने वाली है, न और किसी पर सरस्वती की ऐसी कृपा है।" कोमलता तथा कठोरता दोनों ही उसके व्यक्तित्व को आवृत्त किए हुए है। एक पल जहाँ वह अत्यन्त निष्ठुर बनी हुई है वही अगले ही पल वह कोमलता की मूर्ति बन जाती है–"देखो तुम्हें मेरी सौंह है उस पर हाथ न उठाना वह तो आप ही रो रही है।" धनिया व्यावहारिक, धर्म भीरू, भाग्यवादी, मर्यादा प्रेमी, अत्यन्त संवेदनशील तथा मातृत्व की भावना से पूर्ण है। प्रेमचन्द के शब्दों में–"धनिया का मातृ स्नेह उस अंधेरे में भी जैसे दीपक के समान उसकी चिन्ता जर्जर आकृति को शोभा प्रदान करने लगा।" उसकी

अन्तरात्मा अत्यन्त निर्मल है। झुनिया को अपने घर में रखने के कारण उसे कोप का भाजन बनना पड़ता है–

"दातादीन-" तुम्हें इस दुष्टा को घर में नहीं रखना चाहिए।" धनिया उसे दो टूक जवाब देती है–"हमको कुंल परतिसठा इतनी प्यारी नहीं है महाराज कि उसके पीछे एक जीव की हत्या कर दें। ब्याहता न सही, पर उसकी बाँह तो पकड़ी है मेरे बेटे ने।"

समदृष्टि सम्पन्न धनिया एक जागरूक नारी है। वह स्वाभिमानी, कर्मठ, दृढ़ चरित्र, सत्यवादिनी, निर्भीक, स्पष्टवादिनी तथा मर्यादा की रक्षक है। संक्षेपतः कह सकते हैं कि नारी सुलभ अन्य गुणों से युक्त धनिया ग्रामीण नारी समाज की प्रतिनिधि है।

मालती : शहरी, शिक्षित तथा स्वावलम्बी नारी की प्रतिरूप मालती गोदान की दूसरी प्रमुख नारी पात्र है। उसका व्यक्तित्व बहुत आकर्षक है, सहज ही लोग उसकी तरफ आकृष्ट हो जाते हैं– 'कमल की भाँति खिली, दीपक की भाँति दमकती, स्फूर्ति और उल्लास की प्रतिमा-सी निश्शंक, निर्द्वन्द्व-मानो उसे विश्वास है कि संसार में उसके लिये आदर और सुख का द्वार खुला हुआ है।" आधुनिकता के आवरण में वह संस्कारी जीवन जीती है। उपन्यासकार लिखते हैं कि–'मालती बाहर से तितली है, भीतर से मधुमक्खी। वह परिवार के प्रति समर्पित एक जागरूक नारी है। सेवावृत्ति उसमें भरी पड़ी है। मालती पौरूष के प्रति आकर्षित है। मेहता के प्रति उसके मन में प्रेमभाव है। लेकिन फिर भी वह कहती है–

"तुम्हारे जैसे विचारवान, प्रतिभाशाली मनुष्य की आत्मा को मैं इस कारागार में बन्द नहीं करना चाहती।"

यथार्थ और आदर्श

प्रेमचन्द आदर्शोन्मुखी यथार्थवाद के प्रतिष्ठापक थे। गोदान में होरी, मेहता, मालती आदि के कथनों के माध्यम से जहाँ आदर्श की प्रतिष्ठा की गई है वहीं किसान मजदूरों की समस्याओं, शहरीलोगों और जमींदार वर्ग की संकीर्ण मनोवृति, स्वार्थपरता, धनलोलुपता, पारिवारिक विघटन, जातिगत विद्वेष, नीलामी-कुर्की, चुनाव-आन्दोलन, ग्रामीणों का नगर पलायन, मजदूरों का शोषण, किसानों पर पंचायत आदि के माध्यम से व्यर्थ का दण्ड आदि यथार्थपरक है।

आदर्श और यथार्थ, आदर्शवाद और यथार्थवाद का मुद्दा लंबे समय से प्रेमचन्द की रचनाओं और उनके रचनात्मक दृष्टिकोण के बरक्स विचार और विवाद का विषय बना हुआ है। आचार्य नंददुलारे वाजपेयी तथा अनेक समीक्षक प्रेमचंद की रचना को यथार्थ परक मानते हुए भी, बुनियादी तौर पर उनकी रचना दृष्टि को आदर्शवादी मानते हैं जबकि रामविलास शर्मा तथा दूसरे प्रगतिशील समीक्षक प्रेमचन्द के रचनात्मक दृष्टिकोण तथा उनकी रचनाओं में मनुष्य तथा जीवन के आदर्शों की स्थिति स्वीकार करते हुए बुनियादी तौर पर उनकी कला और उनके चिंतन के यथार्थवाद की बुनियाद पर अवस्थित करते हैं।

इनके बरक्स आदर्शवाद और यथार्थवाद की इस ऊहापोह में फँसे प्रेमचन्द अंततः अपना निजी पक्ष यों प्रस्तुत करते हैं–"वही उपन्यास उच्चकोटि के समझे जाते हैं, जहाँ यथार्थ और आदर्श का समावेश हो गया हो। उसे आप आदर्शोन्मुख यथार्थवाद कह सकते हैं। आदर्श को सजीव बनाने के लिए ही यथार्थ का उपयोग होना चाहिए और आधे उपन्यास की यही विशेषता है।"

इस प्रकार हम कह सकते हैं कि प्रेमचन्द आदर्शोन्मुखी यथार्थवाद के प्रतिस्थापक थे। उनके महान् उपन्यास गोदान में जहाँ होरी, मेहता, मालती, आदि के कथनों से आदर्श की प्रतिष्ठा की गई हैं वहीं किसानों-मजदूरों के जीवन की समस्याओं, शहरियों की संकीर्ण मनोवृत्ति, स्वार्थपरता, धनलिप्सा, पारिवारिक विघटन, जातिगत विद्वेष, नीलामी-कुर्की, चुनाव-आंदोलन, ग्रामीणों का नगर-पलायन, मजदूरों का शोषण आदि यथार्थपरक है।

प्रेमचन्द साहित्य का उद्देश्य व्यक्ति में संस्कार उत्पन्न करना मानते थे, यही कारण है कि उनके प्रारंभिक उपन्यासों का अन्त आदर्शवादी ढंग से हुआ है, पर जीवन के संघर्षों ने उन्हें यथार्थवादी बनाया, जिसकी स्पष्ट झलक गोदान में दिखाई पड़ती है। गोदान के पात्रों के चित्रांकन में भी उन्होंने आदर्शोन्मुखी यथार्थवादी दृष्टि का परिचय दिया। वे समस्त मानवता को उसकी हीनता तथा महानता के साथ प्रदर्शित करते हैं अतः वह जीवन के सर्वथा निकट हैं।

वस्तुशिल्प वैशिष्ट्य

गोदान किसान जीवन की त्रासदी की महागाथा है जिसमें किसानों पर जमींदारों, पंचायत, पुलिस, धर्माधिकारियों, महाजनों के माध्यम से अनेकों अत्याचारों का जीवंत चित्रण है। साथ

ही इसमें शहरी वर्ग के खोखलेपन, नैतिकपतन, स्वार्थलोलुपता, अर्थलोलुपता की भी कथा है।

प्रेमचन्द का शिल्प इस देश की जनता के बीच से निर्मित होता है। उन्होंने किसान जीवन से कथा ली। साधारण पात्रों को प्रतिष्ठापित किया। उनके उपन्यास के संवाद सहज और भाषा आम बोलचाल की है। इनके गद्य में सपाटता, किस्सागोई, स्वाभाविकता साफ झलकती है।

हिन्दी उपन्यासों में 'गोदान' कृषक जीवन का महाकाव्य माना जाता है। उसमें दो कथानक हैं—एक तो प्रधान और ग्रामीण जीवन से सम्बद्ध और दूसरा प्रासंगिक तथा नगर जीवन से संबधित। गरीब किसान होरी कठिन परिश्रम से जीविकोपार्जन करके भी अपने परिवार की प्रतिष्ठा बचाने में सफल नहीं हो पाता। उसकी एकमात्र इच्छा एक दुधारू गाय बांधने की है जिसे वह मृत्युपर्यंत पूरा नहीं कर पाता।

प्रस्तुत उपन्यास में प्रेमचंद ने विजातीय विवाह का पक्ष लेते हुए गोबर तथा झुनिया को प्रणय सूत्र में बाँधा है, जिसके परिणाम स्वरूप गाँव के पंच लोग उस पर जुर्माना लगाकर उसका शोषण करते हैं तथा उसे जीवन भर के लिए कर्ज के चक्र में उलझा देते हैं। यह महाजनी चक्र यहीं तक समाप्त नहीं होता, वह धीरे-धीरे होरी के खेतों पर कब्जा कर उसे उसी के खेतों पर मजदूरी करने को विवश कर देता है।

'गोदान' में किसान के शोषण का विशद चित्र खींचा गया है। क्या तो जमींदार, क्या कारिंदे, क्या पंच, क्या अंग्रेजी राज, क्या पण्डे-ब्राहमण-ठाकुर सभी किसानों का शोषण कर 'अधिशेष उत्पादन' पर ऐय्याशियाँ करते हैं और किसान सब कुछ गँवा कर मजदूर बनने पर विवश हो जाता है।

परंतु वह मजदूर शहर जाकर चेतना से ओत-प्रोत हो जाता है और उसमें जुल्म से लड़ने की क्षमता उत्पन्न होती है। वह गाँव वापस आकर शोषकों को चुनौती देता है परंतु परंपराबद्ध समाज में वह टिक नहीं पाता। गोदान में जहाँ चारों ओर के जीर्ण-शीर्ण तथा विशृखंल होते हुए समाज का सजीव चित्र प्रस्तुत किया है वहीं जनवाद और सेवामार्ग की प्रतिस्थापना भी की गई है। गोदान में ग्रामीण तथा शहरी जीवन के साथ-साथ आदिवासी जीवन की भी झलक दृष्टव्य है। वह वर्ग-संघर्ष तथा जनसाधारण की सशक्त अभिव्यक्ति है जिसमें भारतीय किसान के मजदूर बनने की गहन त्रासदी चित्रित है।

रचना का रूप उसकी अन्तर्वस्तु से तय होता है। अंतर्वस्तु अपना रूप स्वतः तय करके अभिव्यक्त होती है। जैसी अंतर्वस्तु होगी, वैसा ही रचना का रूप होगा और वैसी ही उसकी भाषा और शैली। प्रेमचन्द ने जिस जनता के लिए लिखा उसी को उनकी रचनाएँ उसी की भाषा में संबोधित हैं इसी कारण उसका रूप, उसकी भाषा-शैली और रचना-शिल्प भी सीधा-सादा और निरंलकृत है। वे हिन्दी-उर्दू की एकता के हिमायती थे और संस्कृत शब्दों से बोझिल हिन्दी का विरोध करते थे। साथ ही भाषा को सप्राण बनाने के लिए वे लोक भाषाओं तथा जनपदीप बोलियों का भी प्रयोग करते हैं।

प्रेमचन्द की भाषा अनुभवों से समृद्ध होकर सूक्तियों को जन्म देती है जो व्यंजकता और मार्मिकता सराबोर है। मेहता के अनेक कथन इसके साक्षी हैं। रामस्वरूप चतुर्वेदी ने भाषा के संदर्भ में प्रेमचंद की मितव्ययता को मैथिलीशरण के भाषायी गठन के अनुरूप बताया है और कहा है कि प्रेमचन्द का गद्य गाँधी का-सा गद्य है। सादा, सरल और अर्थमय।

प्रेमचन्द के कथा गद्य में किस्सागोई वर्णनात्मकता, सपाटता और बिंबात्मकता या दृश्यात्मकता, बोलचाल की स्वाभाविकता व्यंजना, और लोकभाषा का स्पर्श, तार्किकता और विमर्श क्षमता का संपूर्ण संरचना को रूप देने वाली विशेषताएं हैं। प्रेमचन्द मुहावरों का भी खुलकर प्रयोग करते हैं। व्यंग्य ने शैली में सजीवता तथा लालित्य ला दिया है वे व्यंजना करते ही नहीं अपितु प्रायः व्यक्ति को व्यंग्य-पूर्ण परिस्थिति में डाल भी देते हैं। प्रेमचन्द पात्रों का चित्रण अपने शब्दों में नहीं अपितु उसके संवादों के माध्यम् से ही करवाते हैं।

अतः उनकी भाषा व्यावहारिक और प्रवाहपूर्ण; शब्द विन्यास व्यंजनापूर्ण और अर्थ गर्भित; वर्णन विशद और हृदयग्राही; वाक्य छोटे और चुस्त; शैली सरस और सजीव हैं। उनकी चुटकियाँ तीखी, व्यंग्य मीठे और उक्तियाँ मार्मिक हैं। डॉ. रामविलास शर्मा के अनुसार, "उनकी शैली की चित्रमयता, भाषा पर असाधारण अधिकार, चरित्र-चित्रण का कौशल, और हर जगह हास्य और व्यंग्य ढूँढ लेने की क्षमता उन्हें एक प्रभावशाली कलाकार बनाते हैं। उनकी सहृदयता और मानव-प्रेम उन्हें जनता का प्रिय कलाकार बनाते हैं।''

प्रेमचंदोत्तर उपन्यास

प्रेमचन्दोत्तर हिन्दी उपन्यास कई धरातलों पर विकसित होता है। जिनमें मुख्यतः मनोवैज्ञानिक उपन्यास, यथार्थवादी उपन्यास

प्रकृति यथार्थवादी उपन्यास, सामाजिक उपन्यास, आंचलिक, उपन्यास, ऐतिहासिक उपन्यास आदि हैं। इस काल में जैनेन्द्र, इलाचंद्र जोशी, उग्र, यशपाल, अज्ञेय, नागार्जुन, शिवपूजन सहाय, रांगेय राघव आदि महत्त्वपूर्ण उपन्यासकार हुए जिन्होंने अपने नजरिये तथा विचारधारानुसार समाज को चित्रित किया।

शेखर एक जीवनी–वस्तु–शिल्पगत वैशिष्ट्य

शेखर एक जीवनी अज्ञेय का मनोवैज्ञानिक उपन्यास है। इसमें अज्ञेय ने बालमन पर पड़ने वाले काम, अहं और भय के प्रभाव तथा उसकी प्रतिकृति पर मनोवैज्ञानिक ढंग से विचार किया है। यह तीन भागों में है जिसमें से दो प्रकाशित है।

शिल्प की दृष्टि से अज्ञेय ने वस्तु से ज्यादा रूप को महत्त्व दिया। इसके अन्दर वे भाषा को प्राथमिकता देते हैं। प्रेम और प्रकृति के वर्णनों में अज्ञेय कवि जैसा व्यवहार करते दिखाई पड़ते हैं। इस उपन्यास की भाषा में संवेदना, शक्ति, संवेग और एक मर्मस्पर्शी कोशिश है।

शेखर एक जीवनी अज्ञेय का मनोवैज्ञानिक उपन्यास है। उपन्यासकार ने फ्रायड के मनोवैज्ञानिक सिद्धान्तों को अपनाया है। फ्रायड का मानना है कि–"मानव-चेतना अपने युवाकाल या परवर्ती जीवन में जो रूप ग्रहण करती है, उसकी नींव बाल जीवन के प्रारम्भिक चार-पाँच वर्षों में ही पड़ जाती है।" उपन्यास का ताना-बाना इसी विचारधारा के इर्द-गिर्द बुना गया है। उपन्यास के प्रथम भाग में शेखर की शिशु-कालीन तीन वर्षीय चेतना का विश्लेषण प्रस्तुत किया है। बालक शेखर के मन में विभिन्न प्रकार की जिज्ञासाएं उत्पन्न होती हैं यथा–ईश्वर सम्बंधी, माता-पिता के यौन प्रणय व्यापारों सम्बंधी, मानव जन्म सम्बन्धी जिज्ञासाएँ। और जब ये जिज्ञासाएँ हल नहीं होती हैं तो मानस में ग्रन्थियों की तरह बैठ जाती है। परन्तु मनोवैज्ञानिक सिद्धान्त साहित्यिक आनन्द के आड़े नहीं आने पाता है। उपन्यासकार ने नायक के मानसिक संघर्ष को भली प्रकार चित्रित किया है। यौनभाव की प्रमुखता तथा उसकी पूर्ति-अपूर्ति से उत्पन्न विकट समस्याओं का अंकन अज्ञेय ने किया है।

डॉ॰ मदान ने शेखर की काम भावना का विकास तीन रूपों में दिखाया है। आत्मरति-अपनी पूजा करवाने में दूसरा समलिंगी रति सहपाठी कुमार के माध्यम् से तथा तीसरा विपरीत लिंगी रति सभी युवतियों अर्थात् सरस्वती, शशि, शारदा, शीला, शान्ति, मणिका आदि के माध्यम् से दर्शायी है। अज्ञेय ने शेखर में अहंभाव बाल्यजीवन से ही दिखाया है कि किस तरह लेटर बॉक्स पर बैठा शेखर डाकिये के पैर पर कूदकर भाग जाता है। उपन्यास में सपनों का भी सप्रयोजन प्रयोग किया गया है। सपने व्यक्ति के व्यक्तित्व का बहुत कुछ दर्शाते हैं यह इस उपन्यास से पता चलता है। एक स्वप्न में शेखर की अखिल सौन्दर्य को बाहों में भर लेने की इच्छा व्यक्त हुई है। स्वप्न में चट्टान का नारी में बदलना शेखर की शारीरिक भूख तथा सेक्स अतृप्ति को व्यक्त करता है। इस प्रकार वस्तु की दृष्टि से यह उपन्यास एक सफल मनोवैज्ञानिक उपन्यास है।

गोदान के पश्चात् 'शेखर एक जीवनी' से हिन्दी उपन्यास को नया मोड़ मिला। अज्ञेय आरम्भ से ही वस्तु से ज्यादा रूप को महत्व देते हैं, जिसके अन्तर्गत वे भाषा को प्राथमिक महत्व प्रदान करते हैं। शेखर एक जीवनी में भाषा का जैसा सघन, अर्थपूर्ण एवं संवेदनात्मक रचाव हुआ है, वह हिन्दी उपन्यास विधा में एक उदाहरण है। अज्ञेय पहले कवि हैं पीछे कथाकार। अज्ञेय के कथा साहित्य में भाषा के चरम वैभव का दर्शन 'शेखर एक जीवनी में ही होता है। प्रेम प्रसंगों में काव्यात्मक संवेदना खासकर निखरी है–"शरत्काल में सेंकी हुयी आग की मिठी गरमाई' की भाँति! कतिपय प्रसंगों को छोड़कर भाषा एक ही समय काव्यात्मक संवेदना के द्वारा गद्य की उपलब्धि करती है और फिर लौटती हुई गद्यात्मक संवेदना के द्वारा काव्य की सृष्टि करती है। काव्यात्मक संवेदना ही भाषा में 'बिम्बात्मक रचाव' उपस्थित करती है– कहीं प्रकृतिपरक बिम्ब, कहीं चित्रकला बिम्ब तो कहीं मूर्तिकला बिम्ब। उपन्यास में स्मृतिचित्रों का ही संकलन है। प्रथम भाग में आने वाले स्मृति चित्र बिम्ब ही हैं, द्वितीय भाग में अवश्य बिम्ब विस्तृत होकर 'कथा' बन जाते हैं। 'शेखर' में भाषा भाव के पीछे-पीछे ही नहीं चलती आगे भी चलती है। भाषा की इस संवेदनशीलता से 'भाव' की प्राणवत्ता द्विगुणित हो जाती है, उसमें भाषा का व्यंजनात्मक वैभव अनोखा है। जिससे हम उपन्यास में मानसिक उद्वेलनों को न्यार्थ रूप में पकड़ते हैं।

भाषा में सर्वाधिक 'आन्तरिकता' प्रणय प्रसंगों में दिखायी पड़ती है। शशि को लेकर ही शेखर के जीवन में सबसे ज्यादा उद्वेलन होता है। शेखर-शशि सम्बन्धों में सर्वाधिक कशिश विद्यमान है। शेखर-शशि प्रसंग में भाषा की सबसे बड़ी शक्ति है– भाषा के अर्थगर्भ में उमड़ता हुआ वेदना का सोता–"शशि ने उसके हाथ को थपकते हुये कहा, "होगा शेखर। मेरे बाद

भी होगा। तुम नहीं हारोगे-कभी नहीं हारोगे-मेरे लिए शेखर मेरे लिए।" विरोधी शब्दों की युक्ति में भी भाषा काव्यात्मक संवेग वहन करती हैं। इनवर्टेड कामा के अन्दर शब्दों को रखकर लेखक उन्हें विशिष्ट बनाता है, ऐसा अनेक स्थलों पर होता है–'याद', 'कमेर', 'अपील', 'अनैतिक', 'भ्रष्ट', 'कुछ' आदि।

इस कृति में स्वतंत्र, विद्रोह और राग– तीनों की शक्ति है– वेदना! वेदना ने ही लेखक को इस कृति के प्रणयन के लिए विजन दिया है। यह 'विजन' भाषा की सबसे बड़ी 'शक्ति' के रूप में फलीभूत हुआ है।

इस प्रकार हम कह सकते हैं कि शेखर की भाषा औपन्यासिक भाषा को नयी दिशा प्रदान करने वाली है, क्योंकि इसमें संवेदना है, शक्ति है, संवेग है और मर्मस्पर्शी कशिश है।

मैला आंचल–वस्तु शिल्प

मैलाआंचल की कथावस्तु बिहार राज्य के पूर्णिया जिले के मैरीगंज की गांव जिन्दगी से सम्बन्धित है। जिसमें रेणू के अनुसार 'इसमें फूल भी है, शूल भी है, धूल भी है, गुलाल भी और कीचड़ भी है। मैं किसी से दामन बचाकर निकल नहीं पाया। इसमें गरीबी, रोग, भुखमरी, जहालत, धर्म की आड़ में हो रहे व्यभिचार, शोषण, बाह्‌याडंबरों, अंधविश्वासों का चित्रण है।

शिल्प की दृष्टि से इसमें फिल्म की तरह एक के बाद एक घटनाएं घटकर विलीन हो जाती है और दूसरी प्रारंभ हो जाती हैं। इसमें घटनाप्रधानता, नाटकीयता, लोकगीतों, लोकपर्वों, किस्सागोई का प्रयोग किया गया है।

हिन्दी में पहली बार किसी अंचल विशेष के उपेक्षित जीवन की समस्त छवि और कुरूपता, सीमा, विवशता और संभावना का इतनी मानवीय ममता और सूक्ष्मता से रूप दिया गया है। लेखक ने 'मैला आँचल' में अंचल विशेष की कथा ही नहीं कही है बल्कि अपनी सशक्त व्यंग्य-शैली से कथा को इस प्रकार नियोजित किया है कि समस्त अंचल सजीव होने के साथ समस्त जीवन के सौन्दर्य-असौन्दर्य, सद-असद् की ओर बड़ी ही सूक्ष्मता से संकेत करता है और इस प्रकार यह कथा अंचल के ऐतिहासिक, सामाजिक, धार्मिक, आर्थिक, राजनीतिक, सांस्कृतिक परिवेश में तथ्य-आयोजन न रहकर जीवन्त मानव संवेदनाओं, मूल्य-संघर्षो और अन्तर्विरोध-ग्रस्त वर्ग-चेतनाओं की कहानी बन जाती है।

मैला आंचल का काल सन् '47 के दो-एक वर्ष पश्चात् का है। प्रथम खण्ड में आजादी मिलने के पूर्व का चित्रण है और द्वितीय खण्ड में आजादी मिलने के बाद का। 'मैला आंचल' में प्रस्तुत अंचल की अंधविश्वास-ग्रस्तता, जो अशिक्षा, मानसिक पिछड़ेपन की उपज है, उसका चित्रण है। इन समस्याओं का आधार समाज की निर्धनता है, जो सदियों से विदेशी और भारतीय सामन्तों के शोषण से प्रादुर्भूत है।

उपन्यास में बालदेव, चुन्नी गोसाईं और बावनदास के माध्यम् से समकालीन राजनीति के तीन पक्षों का चित्रण किया गया है। उपन्यास में तत्कालीन राजनीतिक दलों के आपसी टकराव और अतिवादियों को बड़ी मार्मिकता से चित्रित किया है। धर्म के नाम पर स्थापित मठों में किस प्रकार अकूत संपदा जमा होती है और वह भ्रष्टाचार, पाखण्ड तथा यौन दुराचार का अखाड़ा बनते हैं, यह दर्शाया गया है।

प्रस्तुत उपन्यास में राजनीति के अपराधीकरण होने की प्रक्रिया भी दृष्टव्य है। रेणु ने जहाँ सोशलिस्ट पार्टी के नेताओं के चरित्र का पर्दाफाश किया है वहीं कांग्रेस कैसे दिनोंदिन जनविरोधी तथा सामंती-पूंजीवादी होता जा रहा है। भारतीय राजनीति की जातिवाद में परिणति के आरंभिक चित्र भी प्रस्तुत हैं जो दिन-ब-दिन अधिकाधिक शक्तिशाली बनती गई।

मैला आंचल के मूल ढाँचे के रूप में रेणु ने सुपरिचित कथा प्रविधि-दृश्यात्मकता-परिदृश्यात्मकता-को ग्रहण किया है जिसमें बारी-बारी से दृश्यात्मक और परिदृश्यात्मक प्रविधियों का प्रयोग किया गया है। रेणु ने परिदृश्यात्मक प्रविधि के द्वारा कथा को 'प्रस्तुत' ही नहीं किया, उसे नाटकीय भी बना दिया है। परिदृश्यात्मक प्रविधि को एक साथ दृश्य और श्रव्य बना देने की कला में रेणु अद्वितीय हैं। जैसे-"गांव में यह खबर तुरंत बिजली की तरह फैल गयी-मलेटरी ने बहरा चेथरू को गिरक्फ कर लिया है और लोविन लाल के कुएँ से बाल्टी खोलकर ले गये हैं।"

रेणु शुद्ध किस्सागों के रूप में भी कथा कहते हैं; बिल्कुल इत्मीनान में पाठकों को विश्वास में लेकर और कथा संसार के पात्रों के साथ एकमेव होकर। मैला आंचल के दूसरे परिच्छेद में जहाँ मेरीगंज का इतिहास प्रस्तुत है। रेणु का किस्सागो, नैरेटर-कथा प्रस्तुतकर्ता-सभी रूप एक साथ दिखाई पड़ते हैं। कहीं-कहीं परिदृश्यात्मक प्रविधि का प्रयोग करते हुए रेणु अपने नैरेटर के साथ पात्रों को इस प्रकार मिला देते हैं कि उससे कथा में एक नया स्वाद पैदा हो जाता है। सारे

उपन्यास में इस प्रकार की बुनाई का कौशल है कि कब अवलोकन बिन्दु का परिवर्तन हो गया, इसका पता तक नहीं चलता।

रेणु कथाकार को पात्रों की चेतना से इस प्रकार जोड़ देते हैं कि दोनों का अंतर मिट जाता है और कथा में एक अपरिचित नया स्वाद आ जाता है। वे दृश्यों को ध्वन्यात्मक प्रभाव से युक्त कर उन्हें और भी नाटकीय और सजीव बना देते हैं। इससे प्रस्तुत प्रसंगों में दृश्यता के साथ-साथ श्रव्यता भी उत्पन्न होती है।

उपन्यास में लोकगीतों और लोककथाओं को कड़ियों की सहायता से भी कथा को अग्रसर करने का प्रयास किया गया है। फुलिया-खलासी का प्रेम सारंगा-सदाब्रिज के माध्यम् से प्रस्तुत है। कथा प्रस्तुति हेतु रेणु अनेक पात्रों का सहारा लेते हैं, सुमरित दास 'तेतार' हैं, रेडियो क़मैंट्री स्वगत चिंतन आदि द्वारा भी कथा का प्रवाह दर्शाया गया है।

निर्मल वर्मा ने रेणु के शिल्प को अद्‌थु सिफनी की संगीतमय धारा की तरह माना है। जो रंग-बिरंगे धब्बों और अनपढ़ रेखाओं के बीच अविराम बहती रहती हैं। नेमिचंद्र जैन के शब्दों में–"ऐसा लगता है कि विभिन्न भाव एक बड़े भारी वाद्यवृंद के अलग-अलग वाद्य हों, जिनकी स्वर संगीत अपनी-अपनी जगह ठीक होते हुए भी उनके सम्मिलित प्रवाद में समन्वय नहीं है।"

आंचलिकता

रेणु ने उपन्यास की भूमिका में लिखा है–''यह है मैला आंचल एक आंचलिक उपन्यास।' इसमें रेणु ने बिहार राज्य के पूर्णिया जिले के मैरीगंज गांव की गरीबी, जहालत, रोग, अंधविश्वासों, लोक विश्वासों, पिछड़ेपन, आचार-व्यवहार- संस्कृति, जीवन पद्धति, उत्सवों, पर्वों, परम्पराओं, गीतों, संघर्षो, प्रकृति चित्रण के माध्यम से पूरे आंचलिक परिवेश का जीवंत चित्रण किया है।

हिन्दी उपन्यास के इतिहास में आंचलिक उपन्यास की अवधारणा 'मैला आचंल' के प्रकाशन के बाद विकसित हुई। इस पद का प्रयोग भी प्रथम बार, सम्भवतः रेणु ने ही मैला आँचल की भूमिका में किया "यह है मैला आंचल", एक आंचलिक उपन्यास। कथांचल है पूर्णिया। पूर्णिया बिहार राज्य का एक जिला है। .... मैंने इसके एक हिस्से के एक ही गाँव को–पिछड़े गाँवों का प्रतीक मानकर इस किताब को कथाक्षेत्र बनाया है। "उद्धरण में दो बातों पर विशेष नोट है : एक, कथाक्षेत्र का पिछड़ापन और दो, गाँव से उसका अनिवार्य संबंध। जो आंचलिक उपन्यास का भी आधार है।

आंचलिक उपन्यास के कई आधार हैं। एक पहचान उपन्यास में नायक की स्थिति से बनती है। आंचलिक उपन्यासों में कोई निश्चित व्यक्ति नायक नहीं होता अपितु अंचल का समग्र जीवन ही नायक होता है। अतः उपन्यासकार राजनीतिक, सामाजिक, सांस्कृतिक, आर्थिक जीवन संबंधों को प्रस्तुत करता है। मैला आँचल में अंचल ही नायक है और इस विराट छवि से जुड़ी हैं– असंख्य छवियाँ।

आंचलिक उपन्यास में किसी निश्चित अंचल का समग्र चित्रण किया जाता है। मैला आंचल में कोसी अंचल में घटने वाली गतिविधियों, जीवन व्यापार, प्रेम, संघर्ष आंदोलन यानी अंचल की पूरी संस्कृति को अभिव्यंजना प्रदान की गई है। डॉ॰ लक्ष्मी सागर वार्ष्णेय के शब्दों में–"जब उपन्यासकार किसी अंचल, गाँव, कस्बे या मुहल्ले या परिवेश बनाकर वहाँ के लोगों के आचार-व्यवहार, संस्कृति, जीवन-पद्धति, लोकभाषा, धैर्य एवं दृष्टिकोण का सूक्ष्म वर्णन करता है, तो वह आंचलिक उपन्यास होता है।" मैला आंचल में पूर्णिया अंचल के पर्वो, उत्सवों, परम्पराओं, विश्वासों, व्यथा के अवसरों, गीतों, संघर्षों, प्रकृति के रंगों, नये पुराने जीवन-मूल्यों आदि में लिपटा हुआ अंचल का जीवन अभिव्यक्ति के एक नये माध्यम् की अपेक्षा करता है।

आंचलिक उपन्यासों में प्रकृति का चित्रण कथा से हटकर मात्र प्रकृति-चित्रण हेतु नहीं होता। प्रकृति जीवन के संदर्भों से जुड़कर सार्थक होती है, जो हमारे सौंदर्य-बोध, भाव-बोध और अनुभूति के संदर्भ बनकर आते हैं जिसे प्रकट करना उपन्यास का अभिप्रेत है।

बाणभट्ट की आत्मकथा–इतिहास और संस्कृति चेतना

आत्मकथा के रूप में लिखा गया यह हिन्दी का पहला ऐतिहासिक उपन्यास है। इसमें ऐतिहासिक पात्रों के साथ-साथ अनेक कल्पित पात्रों की भी सृष्टि की गई है। यह हर्षवर्धन के दरबारी बाणभट्ट के जीवन पर आधारित उपन्यास है। इसमें बाण, हर्षदेव तुवरमिलिन्द, भर्वुशर्मा आदि ऐतिहासिक पात्र हैं।

इस उपन्यास की संस्कृति चेतना इसके परिवेश, भाषा, रहन-सहन, वेश-भूषा आदि से समझी जा सकती है। इस

उपन्यास का परिवेश हर्षकालीन समाज है। जहाँ ब्राह्मणों का वर्चस्व होता था और वे राजा के विश्वास-पात्र होते थे। इसकी भाषा संस्कृतनिष्ठ हिन्दी है। वेषभूषा देशकाल और वातावरणनुसार है। राजाओं, राजकुमारियों का रहन-सहन ठाठ-बाट का और ब्राह्मणों तथा जन-साधारण का रहन-सहन सामान्य था। इसके अतिरिक्त इस उपन्यास में अनेक उत्सवों, त्योहारों, पर्वों, नृत्य-गान, जन्मोत्सव आदि का भी वर्णन किया है।

आत्मकथा के रूप में लिखा यह हिन्दी का पहला ऐतिहासिक उपन्यास है। इसमें ऐतिहासिक पात्रों के साथ अनेक कल्पित पात्रों की सृष्टि की गई है। बाणभट्ट के आश्रयदाता महाराजाधिराज श्री हर्षवर्धन का समय सातवीं शताब्दी ई॰ माना जाता है। चीनी यात्री ह्यूनसांग के अनुसार–"उस समय उत्तर भारत में एकमात्र श्रीहर्ष ही थानेश्वर के अधिपति हुए, कोई दूसरा प्रशासक नहीं था।"

बाणभट्ट हर्ष का सभापण्डित था। राज्यश्री के पति कन्नौज का मौखरि राजा ग्रहवर्मा नरेन्द्र गुप्त शशांक द्वारा युद्ध में मारा गया। इस प्रकार हर्ष की बहन राज्यश्री विधवा हो गयी थी। उसके कोई सन्तान नहीं थी, अतः कन्नौज की देखभाल हर्ष को ही करनी पड़ी। कुछ समय बाद हर्ष कन्नौज और स्थानेश्वर दोनों राज्यों का स्वामी हो गया। 'बाणभट्ट की आत्मकथा में हर्ष को दोनों राज्यों का स्वामी माना गया है। हर्ष ने दिवाकर मित्र से बौद्ध-धर्म की दीक्षा ली थी। वह बौद्धों की महायान शाखा का अनुयायी था। धर्म-परिवर्तन उसने कब किया, इसका पता हमें नहीं चलता है। प्रस्तुत उपन्यास में भी इसे अस्पष्ट रखा गया है।

बाण की माता बाल्यावस्था में ही उसे छोड़कर चल बसी थी तथा 14 वर्ष की अल्पावस्था में ही पिता ने शरीर त्याग दिया। अभिभावक के अभाव में वह देशदेशान्तर प्रयाण के लिए आकृष्ट हो गया। देशाटन से उसका मानसिक विकास हुआ तथा अध्ययन के प्रति रूझान पैदा हुआ। हर्ष उससे प्रसन्न था इस बात की सूचना छोटे भाई ने 'भेखलक' द्वारा उसके पास पहुंचायी। पत्र को पढ़ते ही बाण हर्ष से मिलने गया। प्रारम्भ में श्रीहर्ष द्वारा बाण की उपेक्षा की गई उसे अपमानित किया गया। परन्तु तदुपरान्त उसने अपनी अद्भुत प्रतिभा और विद्वता से उसे प्रसन्न कर दिया। इसके फलस्वरूप वह हर्ष का राज्याश्रित हो गया।

बाणभट्ट की आत्मकथा में बाण, हर्षदेव, तुवर मिलिन्द, भर्वुशर्मा आदि ऐतिहासिक पात्र हैं। तथा महामाया, सुचरिता, निपुणिका आदि काल्पनिक पात्र हैं काल्पनिक पात्र भी ऐतिहासिक पात्रों के तुल्य लगते हैं।

उपन्यास की संस्कृति चेतना तत्कालीन परिवेश अर्थात् भाषा, या बोलचाल, रहन-सहन, वेश-भूषा आदि से समझी जा सकती है। इस दृष्टि से 'बाणभट्ट की आत्मकथा' यशपाल कृत दिव्या और भगवतीचरण वर्मा कृत चित्रलेखा आदि से समझी जा सकती है।

हर्ष के समय समाज चार भागों में विभक्त हो चुका था, ब्राह्मण वर्ग का आदर था। जातियाँ कर्म से न मानी जाकर जन्म से मानी जाती थी। निम्न वर्ग का परिभव उच्च वर्ग के द्वारा किया जाता था। बाणभट्ट स्वयं ब्राह्मण वर्ग की स्थिति व कर्त्तव्य के प्रति जागरूक हैं– "और ब्राह्मण पर तुम्हारा क्रोध व्यर्थ है। वह न भिखारी होता है, न महासंधि विग्रहिक। वह धर्म का व्यवस्थापक होता है।"

ब्राह्मणों का दूसरा अर्थ-शास्त्रार्थ करना था। इसके फलस्वरूप उनकी ख्याति तो होती ही थी इसके साथ ही वे राजा के विश्वासपात्र बन जाते थे। दूसरा वर्ग 'क्षत्रिय' था। उस पर देश-रक्षा का भार था। इसी वर्ग में राजा आदि शक्तिशाली पदासीन व्यक्ति आते थे। इसमें निसन्देह शक्ति का मद था। कुमार व बाण का वार्त्तालाप तथा हर्षवर्धन तथा बाण के सम्भाषण से यह बात पुष्ट हो जाती है।

सुचरिता तथा निपुणिका का रहन-सहन भी कुलीन परिवार का-सा था। भट्टिनी कुलीन परिवार की थी, परन्तु परिस्थिति के कारण उसे सादगी से जीवन गुजारना पड़ रहा था। साधु-संतों के रहन-सहन को भी प्रस्तुत किया है। इसके भी दो पक्ष रहे हैं। एक में ढोंगी पुजारी तथा वसुमति बौद्ध धर्मावलम्बी और दूसरे में महामाया, विरतिवज्र, सुभतभद्र आदि आते हैं।

उपन्यासकार ने तत्कालीन वातावरण प्रस्तुत करने के लिए संस्कृतनिष्ठ भाषा का ही प्रयोग किया है। उस काल के कतिपय संबोधन इस उपन्यास में आये हैं यथा– परस्पर सखियाँ एक-दूसरे को सम्बोधित करती है; जैसे-'हला' निपुणिके' या 'हला सुरक्षणे' आदि। पुरुष परस्पर 'आर्य' व 'भाई' शब्द कहते हैं। रानी के लिए 'महादेवी' शब्द प्रयुक्त हुआ है।

'वेश-भूषा' भी संस्कृति चेतना को प्रदर्शित करती है। 'वेश-भूषा' युगानुरूप न होगी तो उपन्यास हास्यास्पद बन जायेगा। बाण की वेश-भूषा से उस समय के ब्राह्मण वर्ग की

वेश-भूषा का पता चलता है–"उस दिन मैंने डट के स्नान किया, शुक्ल अंगराज धारण किया, शुक्ल पुष्पों की माला धारण की आगुल्फ शुक्ल धौत उत्तरीय धारण किया।" इस प्रकार 'बाण भट्ट की आत्मकथा' उपन्यास के हर वर्ग के चरित्र से उस समय के व्यक्तियों के रहन-सहन, वेश-भूषा आदि का पता चलता था।

आत्मकथा में प्रासाद, भवन व छोटे गृहों का वर्णन चरित्रों तथा स्थितियों के अनुकूल किया गया है। उत्सव संस्कृति चेतना के एक पहलू हैं। हर्षकालीन उत्सवों को प्रस्तुत करने के लिए लेखक ने यथासम्भव निम्नलिखित उत्सवों तथा आयोजनों का वर्णन सविस्तार तथा सजीव किया है– कुमार कृष्णवर्द्धन के पुत्र जन्मोत्सव, होलिकोत्सव, मदनोत्सव (छोटे राजकुल में), जन्मोत्सव, चारूस्मिता तथा विद्युतपांगा के नृत्य-गान का आयोजन आदि।

इस प्रकार हम कह सकते हैं कि इतिहास और संस्कृति चेतना की दृष्टि से बाणभट्ट की आत्मकथा एक उत्कृष्ट कृति है।

भाषा शिल्प वैशिष्ट्य

बाणभट्ट की आत्मकथा सातवीं शताब्दी का समग्र चित्र प्रस्तुत करता है। इसमें भाषा की शक्ति के रूप में व्यंजना का प्रयोग गिने-चुने स्थानों पर हुआ है। लेकिन इसमें लक्षणा का प्रयोग बहुतायत मात्रा में मिलता है। यह आत्मकथा डायरी शैली में लिखी गई है। उपन्यास की भाषा में चित्रात्मकता है। भावपूर्ण और रस-संकुल शैली में माधुर्य गुण का परिपाक है। उपन्यास में अलंकारों की अधिकता है। वाक्य गठन चुस्त और सुंदर है। इस उपन्यास में काव्यात्मकता का भी सुंदर पुट है। इसमें निबंध की कसावट, समास शैली और संस्कृतनिष्ठ भाषा का प्रयोग अधिक मिलता है।

उपन्यास का माध्यम् भाषा व शैली होता है। भाषा की सशक्तता, गंभीरता, नक्काशी, अनुरूपता और चित्रांकन करने की सामर्थ्य किसी उपन्यास को सप्राण करने में पूर्णरूपेण सहायक होती है। बाणभट्ट की आत्मकथा सातवीं शताब्दी का समग्र चित्र प्रस्तुत करता है। उस समय पढ़े-लिखों की भाषा संस्कृत थी। बाण स्वयं मेधावी विद्वान् थे। यह एक ऐतिहासिक उपन्यास है। काल-खण्ड को साकार करना इसका अभीष्ट है। भाषा की शक्ति के रूप में व्यंजना का प्रयोग इने-गिने स्थलों पर ही हुआ है, परन्तु लक्षणा का पर्याप्त प्रयोग मिलता है। द्विवेदी जी के अनुसार, यह आत्मकथा डायरी शैली में लिखी गयी है। अतः घटनाओं का यथातथ्य क्रम भंग हो गया है। उपन्यास की भाषा में चित्रात्मकता है। उपन्यासकार ने जैसा चित्र प्रस्तुत करना चाहा उसे वह तदरूप में प्रस्तुत कर सका है। चाहे वह प्रासाद-प्रांगण का वर्णन हो या फाग खेलने का दृश्य। वहाँ लेखक की भाषा मूर्त-रूप धारण किए प्रतीत होती है। भावपूर्ण और रस-संकुल शैली में माधुर्य गुण का परिपाक है। आत्मकथा में ऐसे भाव-पूर्ण और रस-संकुल स्थल पर्याप्त मात्रा में हैं। उदाहरण –"भट्ट, मैं अभागिन हूँ। तुमने ही मुझे जीने की सार्थकता सिखलायी है।" उपन्यास में अनेक ऐसे उद्धरण हैं जिनमें ओज गुण की सुन्दर अभिव्यंजना हुई है। 'अष्टादश उच्छ्वास' में भैरवियों द्वारा अपभ्रंश में गान इस बात का प्रमाण है–"राजाओं का भरोसा करना प्रमाद है, राजपुत्रों की सेना का मुँह ताकना कायरता है, आत्मरक्षा का भार किसी जाति पर छोड़ना मूर्खता है। जवानों प्रत्यन्त दस्यु आ रहें हैं।"

उपन्यास में अलंकारों का अधिकता में प्रयोग हुआ है। यत्र-तत्र अलंकारों के सम्मोहन में लेखक ने भाषा को दुरूह बना डाला है– "उसकी धवल कांति दर्शक के नयन मार्ग से हृदय में प्रविष्ट होकर समस्त कलुष को धवलित कर देती थी, मानों स्वर्मन्दाकिनी की धवल धारा समस्त कलुष-कालिमा का क्षालन कर रही हो।"

जहाँ लेखक का कवि-हृदय निर्बन्ध हुआ है, वहाँ अवश्य उसे शब्दों का अपत्यय भी करना पड़ा है। परन्तु वाक्य-गठन उसकी शुचिता, चुस्ती आदि सुन्दर है। छोटे-छोटे वाक्यों की भी खूब रचना की है। इस उपन्यास में लेखक का सूक्ति रूप में बात कहने में उतनी ही सफलता मिली है जितनी प्रेमचन्द व जैनेन्द्र को।–"अभिनय करके जिसे पाया था, अभिनय करके ही उसे खो दिया।"

'बाणभट्ट की आत्मकथा में काव्यमय स्थल बहुत हैं। लेखक का ध्यान शब्दालंकार की अपेक्षा अर्थालंकार पर अधिक रहा है, उपलंकार को नवीनता दी है–"उसकी दीप्ति धुँधली हो गई थी, जैसे धुआँ उगलती हुई दीपशिखा।"

इस प्रकार यह असंदिग्ध रूप से कहा जा सकता है कि भाषा व शैली की दृष्टि से लेखक को पूर्णरूपेण सफलता मिली है। यद्यपि उपन्यासकार की भाषा में उपन्यास की सरलता तथा सहजता के स्थान पर निबन्ध की-सी कसावट, समास-शैली और संस्कृतनिष्ठ भाषा को ही अधिक प्रयोग मिलता है, तथापि 'बाणभट्ट की आत्मकथा' भाषा और शिल्प की दृष्टि से उत्कृष्ट रचना है।

कहानी और प्रमुख कहानीकार

प्रेमचंद के समकालीन प्रसिद्ध छायावादी कवि जयशंकर प्रसाद ने रोमानी, सामाजिक और चरित्र-प्रधान कहानियाँ लिखी हैं। पुरस्कार, आकाशदीप, मधुआ और गुंडा उनकी प्रसिद्ध कहानियाँ हैं। आकाशदीप रोमानी ऐतिहासिक कहानी है। मधुआ प्रेमचंद की और गुंडा उग्र की कहानियों से मिलती-जुलती हैं। मन की गहरी पर्तों को खोलने का उद्देश्य लेकर चलने वाली कहानियों की शुरुआत वस्तुतः हिन्दी में प्रसाद की कहानियों से ही होती है। रायकृष्ण दास की कहानी अंतःपुर का आरंभ जयशंकर प्रसाद के प्रभाव में लिखी गई प्रतीत होती है।

प्रेमचंद के समकालीन कहानीकारों में विश्वंभरनाथ शर्मा 'कौशिक' और सुदर्शन सामाजिक एवं पारिवारिक विषयों पर कहानियाँ लिखते थे। विश्वंभरनाथ शर्मा 'कौशिक' की कहानी ताई और सुदर्शन की हार की जीत बहुत प्रसिद्ध हुईं। ये आदर्शवादी ढर्रे की ही कहानियाँ हैं।

प्रेमचंद की कहानी–कला

प्रेमचंद ने 'सोजेवतन' नामक कहानी संग्रह के माध्यम से कहानी क्षेत्र में प्रवेश किया लेकिन देश भक्ति के भावों से पूर्ण यह संग्रह उर्दू में लिखा मिलता है। प्रेमचन्द की हिन्दी में लिखित कहानियों के प्रथम-चरण में पंचतंत्र और हितोपदेश की तर्ज पर शिक्षाप्रधान और मनोरंजक कहानियाँ हैं। द्वितीय चरण में आदर्शवादी कहानियां हैं जो यथार्थ की ओर उन्मुख है। तृतीय चरण में घोर यथार्थवादी कहानियां हैं जिनका प्रतिनिधित्व 'कफन' नामक कहानी करती है। प्रेमचंद ने अपनी कहानियों का शिल्प यथार्थ के धरातल से लिया है। उनके पात्र जन-सामान्य का प्रतिनिधित्व करते साधारण हैं। प्रेमचंद की भाषा आम बोलचाल की व देशकाल वातावरण सापेक्ष है। पंचपरमेश्वर, पूस की रात, सवा सेर गेहूँ, शतरंज के खिलाड़ी, कफन आदि प्रेमचंद की प्रतिनिधि कहानियां हैं।

प्रेमचन्द की कहानी कला को हम तीन अवस्थाओं में देख सकते हैं। उनकी प्रारंभिक कहानियाँ घटना बहुलता के कारण आकर्षक हैं। उनमें पात्र नहीं उभर पाये और कलेवर लंबा हो गया। आगे चलकर कहानियाँ अपेक्षाकृत छोटी हो गई तथा जीवन का मार्मिक अंश ग्रहण किया जाने लगा। तीसरी अवस्था में कथानक छोटा होगा तथा व्यंग्य और प्रभाव की प्रधानता हो गई।

उनकी काफी कहानियाँ घटना बहुल हैं। कभी-कभी तो उपन्यास के बराबर की घटनाएं कहानी में आ सिमटती हैं। उन कहानियों में संयोग और असाधारण रूप से सरलीकृत ढंग से हृदय परिवर्तन का आग्रह भी देखा जा सकता है। जैसे पंच परमेश्वर, बड़े घर की बेटी आदि।

उनकी कहानियां विशाल चित्रपट को समेटे हुए हैं। उनमें किसान-जमींदार, अमीर-गरीब, ब्राह्मण-शूद्र, मजदूर-उद्योगपति, नौकर-मालिक, परवारी-उद्योगपति, हिन्दू-मुस्लिम, आस्तिक-नास्तिक, स्त्री-पुरूष सभी के यथार्थ चित्र देखे जा सकते हैं।

प्रेमचन्द उपन्यास को 'मानव-चरित्र का चित्र' मानते हैं, यह बात कहानी पर भी लागू होती है। प्रेमचन्द ने अपने मानव पात्रों को परिस्थितियों और घटनाओं की टकराहट के बीच खड़ा कर उनके आंतरिक रहस्यों को खोलना चाहा है। इसलिए उनकी सभी कहानियों तथा विशेषतः परवर्ती कहानियों में मनोवैज्ञानिक उद्‌घाटन हुआ है। उनके शब्दों में, "मेरी 'सुजान आगत', 'मुक्तिमार्ग', 'पंचपरमेश्वर', 'शतरंज के खिलाड़ी', और 'महातीर्थ' नामक सभी कहानियों में एक न एक मनोवैज्ञानिक रहस्य को खोलने की चेष्टा की गई है।

प्रसाद की कहानी कला

जयशंकर प्रसाद ने पहली बार हिन्दी में मन की पर्तों को खोलने वाली भावात्मक कहानियां लिखी। इन्होंने ऐतिहासिक-सामाजिक कहानियां लिखी, जिनका मुख्य वर्ण्य विषय प्रेम है। प्रसाद ने प्रेम के उदात्त पक्षों का चित्रण किया। प्रसाद ने ऐतिहासिक कहानियों में प्रचुर मात्रा में कल्पना का प्रयोग किया है। प्रसाद ने सामाजिक समस्याओं को भी गंभीरता से देखा और चित्रित किया। प्रसाद के पात्रों में वैयक्तिक संवेदना की बहुलता है। इनकी कहानियों में काव्यात्मकता हावी है। प्रकृति चित्रण, सौन्दर्य वर्णन प्रसाद की कहानियों में मिलता है। भाषा में कोमलता, मधुरता, मृदुलता, भावुकता है।

प्रसाद की कहानियों का संसार भावात्मक है। वस्तु जगत की क्रूरताओं, विषमताओं और भौतिक जगत के घात-प्रतिघातों की सच्चाई की तस्वीर प्रस्तुत करना और इस प्रकार अपनी युग-चेतना को प्राथमिक रूप से पेश करना प्रसाद का उद्देश्य नहीं है। प्रसाद की स्वच्छंद काव्यदृष्टि सामाजिक-आर्थिक विषमताओं के तीव्र दबाव को महसूस नहीं करती।

प्रसाद का भावजगत मूलतः प्रेम का जगत है। पात्र प्रायः मानसिक द्वंद ग्रस्त रहते हैं। 'पुरस्कार' में प्रेम का द्वंद्व है।

प्रसाद की कल्पना का प्रेम पृथ्वी से दूर ऐसा जल-राज्य है जहाँ कठोरता नहीं केवल शीतल, तरल, कोमल आलिंगन है, प्रवंचना नहीं सीधा आत्मविश्वास है; वैभव नहीं सरल सौंदर्य है।

प्रसाद ने ऐतिहासिक कहानियों में प्रचुर कल्पना का योग दिया। उन्होंने संस्कृति, समाज, साहित्य आदि विविध क्षेत्रों से कथानक ग्रहण किए। जहाँ ऐतिहासिक कहानियों में भारतीय संस्कृति की उत्कृष्टता का निदर्शन किया। वहीं सामाजिक कहानियों में आदर्श का आग्रह न करके अपने आसपास के वातावरण और सामाजिक समस्याओं को भी सूक्ष्मदृष्टि से देखा। जैसे आंधी, धीसू, इन्द्रजाल आदि।

प्रसाद के पात्रों में वैयक्तिक संवेदना की बहुलता है। शायद ही हम इनके पात्रों को वर्गगत या जातिगत चरित्रों के अन्तर्गत रख सकते हैं। सौंदर्य प्रिय प्रसाद के सभी पात्र सुंदर, मृदुभाषी, भावुक तथा कोमल हृदय है।

अधिकांश कहानियाँ, प्राकृतिक दृश्य उपस्थित कर वातावरण की सृष्टि करती हैं जैसे 'पुरस्कार', 'बनजारा', 'वैरागी' आदि। नाटकीयता प्रसाद की कहानियों का विशेष गुण है। कवि होने के कारण कथोपकथन काव्यात्मकता से परिपूर्ण हैं। लोकोक्ति, मुहावरे, सूक्तियों, प्रतीकों आदि का विलक्षण प्रयोग है। भाषा परिष्कृत और तत्सम पदावली युक्त है। बोलचाल की सामान्य भाषा का प्रयोग कम हुआ है। चित्रात्मकता के साथ-साथ अलंकरण भी दृष्टव्य है।

प्रेमचंदोत्तर हिन्दी कहानी और नई कहानी

प्रेमचन्दोत्तर युग में उपन्यास की ही तरह कहानी की भी अनेकों धाराएं प्रकाश में आई। जैसे सामाजिक यथार्थवादी कहानियां, व्यक्तिवादी-मनोविश्लेषणात्मक कहानियां, प्रकृति यथार्थवादी कहानियाँ, आंचलिक कहानियां आदि। इन सभी धाराओं में विचारधारानुसार कहानियां लिखी गई। मानव-जीवन इन कहानियों के केन्द्र में है। सभी सामाजिक और व्यक्तिवादी कहानीकारों ने समाज और व्यक्ति की पीड़ा, अभावों, आपसी सद्भाव को वाणी दी। इन्होंने पुराने शिल्प का विरोध किया और अपनी कहानियों में मार्क्सवादी-मनोविश्लेषणवादी शब्दावली, बिम्बों, प्रतीकों का भरपूर प्रयोग किया।

सन् 36 के वाद हिन्दी कहानी में दो धाराएं स्पष्ट दिखाई देती हैं–*(i)* सामाजिक यथार्थवादी; *(ii)* व्यक्तिवादी (मनोविश्लेषणात्मक)।

सामाजिक यथार्थवादी के प्रवक्ताओं में यशपाल, उपेन्द्रनाथ 'अश्क', रांगेय राघव, विष्णु प्रभाकर, भगवतीचरण वर्मा, उग्र आदि। यशपाल ने प्रेमचन्द की परंपरा को आगे बढ़ाया तथा मानव-जीवन के यथार्थ की कहानियों की रचना की। उन्होंने कौतूहल और जिज्ञासा उत्पन्न करने वाली वेग के साथ बहा ले जाने वाली कथावस्तु की रचना की और अंत के बिन्दु पर वेग के साथ कहानी के मर्म का उद्घाटन किया।

यशपाल की कहानी का अंतिम बिंदु प्रेमचंद की तरह आदर्शवादी नहीं होता, वह तीखा व्यंग्य होता है जो सामाजिक विसंगति को उजागर करता है। उनकी कहानियां बड़ी ही कटी-छटी, साफ सुथरी और वेगवान होती हैं। उनमें न तो आवश्यक परिवेश चित्रण होता है और न ही फालतू विवरण। उनमें काव्य भाषा के सर्वथा अभाव है। यशपाल पुराणो-इतिहास का उपयोग भी जीवन की संपूर्णता के संदर्भ में करते हैं, जैसे राजा, ज्ञानदान, दासधर्म, शंबूक आदि।

उपेन्द्रनाथ 'अश्क' कथाविन्यास में मनोवैज्ञानिक कहानीकारों तथा नये कहानीकारों के अत्यंत निकट दिखते हैं। अश्क की कहानियों में कथा लोक-परिवेश में मंद-मंद रमती चलती है और वह घटित होते हुए के प्रति सहज विश्वसनीयता जगाती चलती है। 'डाची' में एक सच्चाई का अपने परिवेश में मंद-मंद फैलाव है। 'आकाशचारी' में एक अंहकारी व्यक्ति की चारित्रिक गुत्थियों का सुलझाव है। रांगेय राघव ने 'गदल' में एक गूर्जर स्त्री की उद्दाम जिजीविषा, खरापन और पुरुष व्यक्तित्व का चित्र उकेरा है। उग्र की जल्लाद, चाँदनी, उसकी माँ आदि में विसंगतियाँ दृष्टव्य है। भगवतीचरण वर्मा की 'दो बांके' और 'मुगलों ने सल्तनत बख्श दी' में चिंतन और व्यंग्य की अन्तर्धारा एक साथ विकसित हुई।

मनोविश्लेषणवादी कवियों में जैनेन्द्र, इलाचन्द्र जोशी, भगवती प्रसाद वाजपेयी, अज्ञेय आदि प्रमुख हैं। यह कहानी आंदोलन यूरोप में फ्रायड़ के बढ़ते प्रभाव तथा वर्जिनिया वुल्फ के असर के कारण दृष्टव्य है। सन् 1929 में जैनेन्द्र 'फाँसी' को लेकर आए जिसका स्वागत प्रेमचन्द ने किया। थोड़ा आगे चलकर अज्ञेय क्रांतिकारी पात्रों के उत्सर्ग को लेकर 'विपथगा' की कहानियाँ लाए।

जैनेन्द्र ने अपना रास्ता प्रेमचन्द से अलग चुना। उन्होंने एक दार्शनिक मुद्रा के साथ व्यक्ति की संक्रांत मनःस्थिति को उजागर करना चाहा, वहाँ मानसिक परिवेश ही प्रधान रहा। उस मानसिक परिवेश के मनोवैज्ञानिक सत्यों की पहचान

करना-कराना ही इनकी कहानियों का उद्देश्य है। 'पत्नी' में पति के लिए त्याग का चित्रण है। 'जाह्नवी' में एक प्रेम में टूटी हुई स्त्री की सामाजिक अभिव्यक्ति का चित्रण है जो एक अनुकूल परिवेश-बिंब के माध्यम् से है। 'चोर' में बच्चे के मन में अंकित भय और उत्पन्न परिस्थितियों का सुंदर चित्र है। वास्तविक चोर से साक्षात्कार उस भय को समाप्त कर देता है।

अज्ञेय की कहानियों में व्यक्ति मन की दुनियावाली कहानियों का गरिष्ठ बौद्धिक विकास हुआ। उनकी कहानियाँ उनकी संवेदनाओं का ही नहीं, उनके अध्ययन-मनन और एक बौद्धिक दृष्टि का भी परिचय देती है। अज्ञेय की कहानियों में एक बौद्धिक दृष्टि, अनुभव-वैशिष्य, अध्ययन संपन्नता और मितभाषिता में सतत सावधानी दिखाई पड़ती है। 'गैंग्रीन' कविप्रिया आदि में स्त्री की कुंठित और असहाय स्थिति का चित्रण है। बटवारे से उत्पन्न सांप्रदायिक आग में झुलसते मानवों की कथा शरणदाता, लेटरबाक्स, बदला, मुस्लिम-मुस्लिम भाई-भाई आदि में है।

भगवती प्रसाद वाजपेयी की कहानियों का मूल विषय दमित यौन-वासना है। निंदिया लागी, सीढ़ियाँ, टिकुली, खाली बोतल, आदि यौन-संदर्भों की विशिष्ट कहानियाँ हैं। 'मिठाईवाला' में दर्द का उदात्तीकरण वात्सल्य के संदर्भों को लेकर है।

इलाचन्द्र जोशी ने अपनी कहानियों में मनोवैज्ञानिक केस-हिस्ट्री पिरोयी है। उनकी कहानियों में अधिकतर किताबी मूरतें, किताबी स्थितियाँ और ग्रंथियाँ पल्लवित हैं इसलिए वे एकदम नीरस, असंवेदनशील और अपठनीय हो गयी हैं।

नई कहानी : संवेदना और शिल्प

नई कहानी के विषय में कमलेश्वर लिखते हैं—नई कहानी में तलाश पात्रों की नहीं यथार्थ की है। पात्रों के माध्यम से यथार्थ की अभिव्यक्ति होती है। पहले कहानी मूल्यों को लेकर लिखी जाती थी, अब जीवन मूल्यों को। नई कहानी ने कल्पना का सहारा छोड़कर यथार्थपरक चित्रण किया। नए कहानीकारों ने भोगे हुए यथार्थ का चित्रण किया। विभाजन की त्रासदी, साम्प्रदायिक दंगों, स्त्री पुरुष संबंधों का लगाव और टूटन, पाश्चात्य संस्कृति का प्रभाव, अस्तित्ववादी जीवन दर्शन का प्रभाव, भ्रष्ट प्रजातांत्रिक व्यवस्था की अमानवीयता, महानगरीय बोध, ग्रामीण समाज व आंचलिक परिवेश की कहानियां यहाँ मुख्य रूप से लिखी गई। यहाँ कथातत्व का ह्रास दिखाई देता है। बिम्बों, प्रतीकों की प्रधानता है। काव्यात्मकता हावी है।

"नई कहानी में तलाश पात्रों की नहीं यथार्थ की है, पात्रों के माध्यम् से यथार्थ की अभिव्यक्ति होती है। पहले कहानी मूल्यों को लेकर लिखी जाती थी, अब जीवन-मूल्यों को" कहानी में 'नयी' से अभिप्राय उस नयी संचेतना से है जो आज के समूचे जीवन की विडंबना को ग्रहण कर उसे रचना के स्तर तक पहुँचाने में समर्थ है।" (कमलेश्वर)

नयी कहानी ने कल्पना का सहारा छोड़कर यथार्थपरक चित्रण किया। नये कहानीकार ने अनुभूत और भोगे हुए क्षणों को यथार्थ के रंगों में प्रस्तुत किया। नीति, संस्कृति, सत्य, पुण्य और पवित्र आज शब्द मात्र हैं जिनका कोई अर्थ नहीं है। एक ओर मूल्यों का ध्वंस है, दूसरी ओर मूल्यों के निर्माण का संघर्ष भी है। जीवन में घोर अनास्था और निराशा का कारण समाज और राजनीति में व्याप्त भ्रष्टाचार है अवसरवादिता, धूर्तता और स्वार्थ ने प्रजातांत्रिक-व्यवस्था को विकृत किया है। परमात्मा का कुत्ता, जानवर और जानवर, चीफ की दावत आदि इसके उदाहरण है।

महानगरीय बोध वाले कहानीकारों ने महानगरीय बोध की कहानियाँ लिखीं, ग्राम्य कहानीकारों ने ग्राम्य यथार्थ की कहानियाँ लिखीं। स्वाधीनता प्राप्ति के बाद अपने-अपने परिवेश में शहर और गाँव के संबंध बढ़ते हैं, टूटे हैं, संक्रांतियां आई हैं, दृष्टियाँ बदली हैं। नये कहानीकारों ने अपने आस-पास के परिवेश को ही जीवंतता तथा प्रामाणिकता से प्रस्तुत किया। उन्होंने दिल्ली में बैठकर शेम या रूस का अंकन नहीं किया जैसे सावित्री नं. 2, मिस पाल, खोई हुई दिखाएँ, तीसरी कसम, प्रेत मुक्ति आदि।

नया कहानीकार सहज संवेदना और सहज मान्ती के ऊपर परत की परत विंधी हुई विवशताओं और चेतना का विश्लेषण कर मूल संवेदनाओं की झलक दिखाता है। वह अपने और जीवन के प्रति बेहद ईमानदार है। वह अनुभवहीन क्षेत्र में दार्शनिक मुद्रा में प्रविष्ट नहीं होता, वह आज की जिंदगी के संक्रांत बोधों को उजागर करता है।

नये कहानीकार ने युगीन संक्रमण के अधिकाधिक दबाव को अनुभूत किया और फलस्वरूप तनाव, मूल्यों की तलाश और विविध संदर्भों में कहानियाँ लिखी। अकेलापन आज की जिंदगी की नियति बन गया है। नागरिक परिवेश के दबाव में

वह अनेक प्रकार की मानसिक विकृतियों, ग्रंथियों तथा असंगतियों का शिकार बन जाता है, उसकी शंकालु बुद्धिवादी वृत्ति अनेक स्थापित मूल्यों, विश्वासों और संबंधों को नकारती हुई चलती है।

"नयी कहानी एक कलात्मक निर्माण होती है जो जीवन के लिए महत्वपूर्ण और उपयोगी होने के साथ जीवन के किसी नये पहलू को उदघाटित करती है या जीवन सत्यों का एकदम नयी दृष्टि से दिखाने में समर्थ होती है।" (मोहन राकेश)

उपरोक्त कथन से स्पष्ट है कि नई कहानी में शिल्प संवेदना के अभिन्न तथा अपृथूक रूप में उभरा है। वहाँ कला कहानी में किसी विच्छिन्न फाँक की भाँति नहीं अपितु उसी में से उद्‌भूत प्रतीत होता है। नई कहानी ने संपूर्णता को महत्व दिया, टुकड़ों को नहीं। इसीलिए नई कहानी की तत्वों के आधार पर समीक्षा नहीं की जा सकती। वह एक पूर्णान्विति है। उसमें कहानी के सभी तत्व हो सकते हैं, कोई एक तत्व प्रधान भी।

कथानक का मांसल आधार लुप्त हो गया। जीवन के किसी भी सत्य स्फुलिंग को लेकर कहानीकार उसके अंतरतम में बैठ जाता है और आवश्यक वातावरण की सृष्टि कर वह संवेदनाओं और विचारों की मिली-जुली गहराई में पाठकों को उतारता है। घटना-प्रवाह वहाँ लक्षित नहीं होता। नामवर सिंह के शब्दों में– "कोई लघु प्रसंग या विचार ही कथानक बन गया है।"

काव्य के उपकरणों का प्रयोग खूब हुआ। चूँकि नई कहानी विचारों के आरोपन का विरोध करती है, इसलिए अभिव्यक्ति में संयम और 'अडंरप्ले' का विशेष महत्व है। कम कहकर यह काम आसानी से किया जा सकता है। ब्यौरों या वर्णन की अपेक्षा बिंबों और प्रतीकों के उपयोग के प्रति आग्रह बढ़ा। शिल्प रूपों के प्रति नये कहानीकार काफी उदार हैं। किसी विशिष्ट शैली के प्रति पूर्वाग्रह नहीं है। पहले की सपाट या सीधी शैली की जगह सांकेतिक चित्रात्मकता का प्रयोग किया गया है।

व्यंग्य का प्रयोग कर यथार्थ को गहराई से पकड़ा गया हैं। नयी कहानी का रचनात्मक परिदृश्य हताशा, मोहभंग, देश की राजनीति के प्रति गहरी वितृष्णा से भरा है। उसने उत्पन्न खीझ, चिड़ आदि को व्यंग्य के सहारे कुरेदा गया–जैसे भोलाराम का जीव, भेड़ें और भेड़िये, जैसे उनके दिन फिरे आदि।

प्रतीकों के माध्यम् से ग्रंथिल संबंधों को समझाने का प्रयास किया गया है। भाषा में ताजापन है। स्थानीय, देशज तथा विदेशी सार्थक शब्दों का प्रयोग है। नये मुहावरों का प्रयोग है। निरर्थक शब्द-जाल नहीं है। भाषा के पीछे दृष्टि की गहराई भी है।

इकाई-VI

हिन्दी नाटक और भारतेन्दु

विधाओं में सर्वाधिक महत्वपूर्ण नाटक का पुनर्प्रचलन था। इसका संबंध यथार्थ के विषमता-बोध से है। इसी बोध के कारण भारतेंदु-युग की महत्वपूर्ण नाटकीय रचनाएँ व्यंग्यपूर्ण भी थीं। व्यंग्य सामाजिक विरूपता, कथनी-करनी एवं सिद्धांत और व्यवहार के अंतर को प्रकट करने का प्रभावशाली साधन है। व्यंग्य भंडाफोड़ या उद्घाटन के माध्यम से वस्तु-स्थिति को उचित रूप में प्रस्तुत करता है।

नई सामाजिक चेतना का दबाव ही था कि गद्य रचना के अंतर्गत भारतेंदु का ध्यान पहले नाटकों की ओर ही गया। भारतेंदु ने काफी संख्या में मौलिक नाटक लिखे और बँगला और संस्कृत नाटकों का अनुवाद भी किया। चंद्रावली में प्रेम का महत्व है तो भारत दुर्दशा में देश की दशा का। विषस्य विषमौषधम् जहाँ देशी रियासतों के कुचक्रों की जीवंत झाँकी है वहीं अंधेर नगरी उनका सर्वाधिक महत्वपूर्ण व्यंग्य-नाटक है, जो सत्ता की विवेकहीनता का रूप सामने लाता है। श्रीनिवासदास ने रणधीर, प्रेम मोहिनी, तप्ता-संवरण और संयोगिता स्वयंवर नाटक लिखे। भारत दुर्दशा एक प्रतीकात्मक नाटक है, जिसमें भारत, कलियुग, आलस्य आदि पात्र हैं। श्री राधाचरण गोस्वामी के दो प्रहसन–बूढ़े मुँह मुँहासे और तन-मन-धन तथा श्री गुसाईं जी का अर्पण महत्वपूर्ण कृतियाँ हैं।

इस प्रकार हम देखते हैं कि भारतेंदु-युग में नाटक विधा का पुनर्प्रचलन हुआ और उस पर अपने समकालीन जीवन के बोध का दबाव है।

भारत दुर्दशा–यथार्थ बोध

भारत दुर्दशा नाटक में भारतेन्दु ने तत्कालीन परिस्थितियों का चित्रण किया। भारतेन्दु सभी भारतीयों से आह्वान करते हैं कि भारत की इस दुर्दशा पर उनको रोना चाहिए और फिर इस दुर्दशा के अंत के लिए प्रयासरत् होना चाहिए। भारतेन्दु ब्रिटिश राज और आपसी कलह को भारत-दुर्दशा का मुख्य कारण मानते हैं। तत्पश्चात रोग, कुरीतियां, आशा, आलस्य, मदिरा, अंधकार, धर्म, संतोष, अपव्यय, फैशन, सिफारिश, लोभ, भय, स्वार्थपरता, अतिवृष्टि, अनावृष्टि, अकाल, बाढ़ आदि को भी भारत दुर्दशा के कारण मानते हैं। लेकिन सबसे बड़ा कारण भारतेन्दु अंग्रेजी राज की भारत को लूटने की नीति को मानते हैं।

भारत-दुर्दशा में कवि ने अपने सामने प्रत्यक्ष दिखाई पड़ने वाले वर्त्तमान के लक्ष्यहीन पतन की ओर उन्मुख भारत का वर्णन करना चाहता है–यदि कहा जाए तो परतंत्र भारत को कवि के लिए भारत की परतंत्रता से ज्यादा भारतीय समाज की पतनोन्मुखता सोचनीय है।

अंग्रेजी राज्य की स्थापना की तत्कालीन परिस्थिति की ओर हम ध्यान दें तो हमें हिन्दू मानसिकता की भावभूमि स्पष्ट हो जाएगी। अंग्रेजों के आने से पहले सम्पूर्ण उत्तर भारत में सुल्तानी राज्य, मुगल शासन और नवाबी राज्य में हिन्दुओं का सम्मान सुरक्षित नहीं था, उनका धर्म अपनी रक्षा के लिए त्रस्त था। राज्य,संपत्ति और शक्ति के लोभ में हिन्दू राजाओं ने अपना स्वाभिमान बेच दिया था। हिन्दू स्त्रियों का गौरव भी संकटग्रस्त था। इसमें कोई शक नहीं कि अंग्रेजी राज्य ने इस संकट को दूर किया इसीलिए 'भारत दुर्दशा' में

कई स्थानों पर अंग्रेजी राज्य को एक सकारात्मक दृष्टि से देखा गया है।

"हे भगवती, राज राजेश्वरी इसका हाथ पकड़ो (भारत को मूर्च्छित होते देखकर भारत-भाग्य की गुहार छठा अंक)" लेकिन इसके बावजूद भारतेन्दु ने अंग्रेजी राज्य के प्रति असंतोष भी व्यक्त किया है जैसे

"अंगरेज राज सुख-साज सजे सब भारी
पै धन बिदेश चलि जात इहै अति ख्वारी"

भारतेन्दु ने हिन्दू मानसिकता की ऐसी अवस्था में इस भारत-दुर्दशा नाट्य रासक की रचना की है। जिसमें नाटककार का कथ्य है कि भारतवासी अपने सारे व्यसनों यथा मदिरापान, जुआ, आलस्य, रोग आदि छोड़कर आगे बढ़ें। छठे अंक में भारत-भाग्य निराशा में डूब जाता है। वह गंगा-जमुना तथा समुद्र को पुकार कर यह प्रार्थना करता है कि इस भारत-भूमि को, इसके प्रसिद्ध नगरो, वनों-पर्वतों को डुबो दे–

"धोवहु यह कलंक की रासी
बोरहु किन झट मथुरा कासी"

यही नहीं भारत-भाग्य यह चाहता है कि प्रातः काल तक सब कुछ नष्ट हो जाए-

"बोरहु भारत-भूमि सबेरे
मिटे करक जिय की तब मेरे"

अन्ततः भारत-भाग्य कटार मारकर आत्म-हत्या कर लेता है।

मूलतः यह मनःस्थिति उस समय के प्रगतिशील बुद्धिजीवियों की है। वे समाज को जागृत करके उसे प्रगति का संदेश देना चाहते हैं किन्तु इसके लिए पर्याप्त सामाजिक परिपक्वता का अभाव है। जनता निरक्षर, व्यसनग्रस्त और निराशाजनक हद तक चेतना-विहीन है। भारत सो गया है, ज्वर-ग्रस्त है- भारत-भाग्य उसे जगाते-जगाते थक जाता है किन्तु असफल हो जाता है। भारत-दुर्दशा वस्तुतः भारतेन्दु के युग का दस्तावेज है। नाटक के सारे पात्र काल्पनिक हैं परन्तु सभी प्रतीक रूप में आते हैं जैसे–निर्लज्जता, भारत-दुर्देव, सत्यनाशी फौज, अंधकार, मदिरा। इसका मुख्य पात्र भारत, प्रतिनायक भारत-दुर्देव तथा मदिरा प्रतिनायक की नायिका है।

अंधेर नगरी–यथार्थ बोध

भारतेन्दु ने अंधेर नगरी में जिस नगरी का चित्रण किया है वह अंग्रेजों द्वारा शासित भारतवर्ष ही है। अंग्रेज यहाँ चौपट राजा की भूमिका में है। इस अंधेर नगरी में बाजार के स्तर पर सस्तापन, अस्थिरता, अराजकता है। जहाँ सभी कुछ एक ही भाव मिलता है। इसमें पैसे के बदले जात बेची जाती है। किस तरह से धार्मिक पाखण्ड व आर्थिक शोषण देश को जर्जर बना रहे थे, भारतेन्दु ने सबका जीवंत चित्रण इस नाटक के माध्यम से किया है। इसमें तत्कालीन राजनीतिक व्यवस्था, सामाजिक कुरीतियों, अंधी न्याय व्यवस्था, भ्रष्ट शासन तंत्र, पुलिस की रिश्वतखोरी, अन्याय, अत्याचार का यथार्थ चित्रण भारतेन्दु ने किया है।

लोककथा पर आधारित भारतेन्दु कृत 'अंधेर नगरी' की सृजना संवत् 1938 में हुई। इस नाटक से भारतेन्दु ने नई परम्पराओं, नवीन मर्यादाओं, हिन्दी नाट्यकला और हिन्दी भाषा को, यहाँ तक कि, 'नाट्य संगीत' को भी नवीन आयान् प्रदान किये। यह कभी 'एब्सर्ड नाट्य का बोध देता है, कभी महाकाव्यात्मक नाटक के उत्कर्ष का, कभी वह एकांकी लगता है। कभी प्रहसन, कभी लोक नाटक लगता है, कभी आधुनिक नाटक लगता है। नाटक राजनैतिक-सामाजिक और सांस्कृतिक अवरोधक तत्वों को तोड़ता हुआ यह नाटक अपने संक्षिप्त कलेवर में अपनी पाठ्यता की ओर आकर्षित करता है। भारतेन्दु के लिए साहित्य सौद्देश्य था और एक पूरा-सामाजिक, साहित्यिक, सांस्कृतिक, स्वाधीनता, भाषा, रंग-मंच आंदोलन था। इसीलिए बालमुकुन्द गुप्त ने इनके लेखन को तीखा, बेधड़क लेखन कहा और डॉ॰ रामविलास शर्मा ने इनकी सृजना को नवजागरण और प्रगतिशील चेतना से संबद्ध करके देखा। इन्होंने समस्त राष्ट्रीय जागरण को लोकजागरण से सम्बद्ध किया और लोक-जागरण हेतु लोकभाषा को अनिवार्य समझा। भारतेन्दु ने नाटक को दिल्लगी, खेल, तमाशा, क्रीड़ा, कोंतुक, चमत्कार की संज्ञा से अभिहित किया। भारतेन्दु की 'नाट्यरंचना' के ये माध्यम् भी हैं।

अंधेरनगरी में भारतेन्दु ने अपनी प्रतिभा से नई चमक, नई तलाश पैदा की है। अंधेर नगरी में साहित्य है, नाट्यकला है, पर साहित्यिकता का आरोपण नहीं हैं रंगमंच है पर स्वतः स्फूर्त। भारतीय प्रकृति खेल-खेल की रही है। यह नाटक खेल-खेल में ही हो जाता है। इसे हम 'रंगस्थ खेल' भी कह सकते हैं- नट लोगों की क्रिया। जिन्दादिली और निर्भीकता का निदर्शन है यह नाटक। परम्पराओं से विलगाव की बात हम सब करते हैं पर अभिव्यक्ति की स्वतंत्रता और 'लचीलेशिल्प' का इससे उत्कृष्ट उदाहरण हिन्दी में दुर्लभ है। जबकि तत्कालीन

सभी ज्वलंत प्रश्नों की लड़ी भारतेन्दु के समक्ष बेड़ियों की तरह थी।

भारतेन्दुकृत अंधेर नगरी ही अकेला ऐसा नाटक है जहाँ सारी परम्परायें आत्मसात हो जाती है– अनायास क्लासिक, लोक परम्परायें प्रहसन पारसी नाट्य विधान, यथार्थवाद, एब्सर्ड, गीत-संगीत, नाट्य सब इस कलेवर में है।

पाँच गीत-दोहा सहित छः अंकों में विभक्त अंधेर नगरी एक संपूर्ण नाटक है क्योंकि भारतेन्दु स्वयं पूर्णतः निष्णात नाटककार हैं। इसका प्रथम अंक- बाह्य प्रांत, द्वितीय- बाजार, तृतीय, जंगल, चतुर्थ-राजसभा, पाँचवां-अरण्य, छठा अंक-श्मशान हैं।

'अंधेर नगरी' की यथार्थवादिता ही इसे सार्वकालिक एवं सार्वदेशिक नाटक बनाती है। यह ऐसी रचना है जिनसे प्रदेश की सांस्कृतिक आवश्यकताओं को पहचाना और न मनोरंजन को हल्का माना, न सुधार और लोक को बल्कि इन सबको इसमें समाहित करने हेतु आवश्यक माना। गंभीर विषयों को स्वस्थ मनोरंजन के स्तर तक ले आना ही वस्तुतः लेखक की चुनौती है। समाज, जीवन, राजनीति यहाँ तक कि साहित्य में भी 'स्वत्व' ही खो गया है।

'अंधा-धुन्ध मच्यो सब देसा....।' बाजार जैसे दृश्य में चूरण वाला, पाचक बालब्राह्मण के वेबाक वाम्य और उनकी लय लाने की सामर्थ्य उन्हीं में थी। जैसे–

कबाबवाला : कबाब गरमागरम मसालेदार–
"खाय सो होंठ चाटै, न खाय सो जीभ काटै।"
घासी राम : चने जोर गरम
चना हाकिम सब जो खाते। सब पर दूना टिकस लगाते।
हलवाई : "घी में गरम, चीनी में तरातर, चासनी में चमाचम ले भूर का लड्डू। जो खाय सो भी पछताय जो न खाय सो भी पछताय।"

इन उपर्युक्त निदर्शनों से भारतेन्दु की बेबाकता स्पष्ट परिलक्षित होती है। ये ही नहीं समाज की स्थिति को भी स्पष्टतः वर्णित किया है। यह नाटक बेधड़क स्वर में राजतंत्र की बुनियादों को हिला डालने और जन समुदाय की चेतना को समग्रतः स्थापित करने वाला, चकित करता है। इसकी चकिता इसे विश्वजनीनता एवं काल जनीनता प्रदान करती है। नाटक यथार्थवादी होते हुये भी यथार्थवाद की काराओं को तोड़ता है। नाटक से जहाँ समाज में लोगों में बैर और फूट का वर्णन हैं, वहीं नाटक कुछ शिक्षा प्रद भी है।

निदर्शनार्थ पंक्तियां :'ले हिंदुस्तान का मेवा फूट और बैर'।
शिक्षाप्रद पंक्तियां :

महंत : बच्चा बहुत लोभ मत करना। देखना, हाँ-
लोभी पाप का मूल है, लाभ मिटाव मानव
लोभ कभीनहिं कीजिए, या मैं नकर निदान।'

अंधेरनगरी में कोई नायक, नायिका, खलनायक, उत्तम अधम नहीं है–भीड़ है। वर्ग प्रतिनिधि भी हैं पर पात्र सामूहिकता में बदल गए हैं जो जन चेतना में, प्रामाणिकता और सार्थकता में पहचाने जाते हैं, विशिष्ट वैयक्तिक गुणों में नहीं, न स्त्री और पुरुष पात्र के वर्ग भेद है। रामस्वरूप चतुर्वेदी के शब्दों में, "अंधेर नगरी को समकालीन क्लैसिक की कोटि में गिना जा सकता है। अंग्रेजी राज पर तात्कालिक रूप में और शासन सत्ता की प्रकृति पर शाश्वत् रूप में यह तरल शैली में लिखा गया, पर उतना ही तीखा व्यंग्य है। इसे 'प्रहसन' कहकर हम इसकी पूरी नाट्य-प्रक्रिया का सरलीकरण कर लेते हैं। जोनाथन स्विफ्ट की अंग्रेजी स्थानों 'गुलिवर्स ट्रेवल्स' की तरह इसमें अर्थ की परतें अनेक स्तरों पर खुलती हैं। इसीलिए बच्चों से लेकर ज्ञान वृद्धों तक के बीच में यह रचना लोकप्रिय है।"

इसमें अप्रत्यक्ष पात्र भी कहीं ज्यादा प्रत्यक्षता रखते हैं। 'बकरी' जो कल्लु बनिये की दीवार के नीचे दब गयी है और जिसकी फरियाद लेकर फरियादी राजदरबार में आता है, वह प्रयोग ही नहीं हैं। आधार है संपूर्ण कथानक का, रंगमंच का, नाटक का। अतिरंजना के साथ कितनी शहरी पकड़ लक्षित होती है। इस नाटक में जीवन से लोक से पात्र जिस तरह सीधे उठा लिये हैं, उसी तरह शब्द-प्रयोग और वाक्यों की बनावट, लय, उतार-चढ़ाव भी। बिम्ब, प्रतीक, ध्वनि, व्यंजना, गीत-संगीत, काव्य-नृत्य सब है पर कहीं असहजता नहीं है। नाटककार परोक्ष दर्शन प्रत्यक्ष है। नाटक देखहु सुख पायो' दर्शक की उपस्थिति का अहसास कराता चलता है। 'अंधेर नगरी' में आंतरिक व्यंजनाएं पैनी और चुस्त है। वाक् छंद पर बल है। नाटक अगर मानवीय क्रिया है तो 'अंधेर नगरी' उसका प्रमाण है। अंधेर नगरी अंध व्यवस्था का प्रतीक है। बकौल डॉ॰ रामविलास शर्मा "अंधेरनगरी अंग्रेजी राज्य का ही दूसरा नाम है।" लोक चेतना का लेखनाट्य शैली में बंधा नाटक है।

प्रसाद के नाटक

प्रसाद ने भारत के गुप्त युग के गौरवमय इतिहास का आधार बनाकर अनेक श्रेष्ठ नाटक लिखे। उसके माध्यम से उन्होंने भारतीय संस्कृति के महामंडित चित्र प्रस्तुत किए। प्रसाद ने अपने नाटकों में मनोवैज्ञानिक चरित्र-चित्रण पर विशेष बल दिया। इसलिए हिन्दी नाट्य साहित्य में इस काल को 'उत्थान काल' या 'विकास युग' के नाम से अभिहित किया जाता है। अपने भावपूर्ण ऐतिहासिक नाटकों में राष्ट्रीय चेतना, नवीन आदर्श के प्रति असीम श्रद्धा अर्पित की। प्रसाद जी के ऐतिहासिक नाटकों में पहला 'राज्य श्री' है। इसमें हर्ष कालीन भारत की परिस्थितियों का चित्रण किया गया है। दृश्यविधान, कथोपकथन एवं भाषा के माध्यम से प्रसाद जी ने अपने नाटकों में ऐतिहासिक परिस्थिति का निर्माण किया है। उनके नाटकों में युगीन समस्याएँ भी भली प्रकार प्रतिबिंबित हुईं हैं। इन समस्याओं के माध्यम से प्रसाद ने राष्ट्रीयता के भावों को प्रोत्साहन दिया है। प्रसाद के अधिकांश नाटकों में बौद्ध धर्म का प्रतिपादन हुआ है। प्रसाद के नाटकों ने कुछ ऐसे विशिष्ट चरित्रों की सर्जना की है जो उनके जीवन-दर्शन की अभिव्यक्ति करते हैं।

उनके प्रसिद्ध नाटक–राज्य श्री, विशाखा, स्कन्दगुप्त, अजातशत्रु, चन्द्रगुप्त, कामना, जनमेजय का नागयज्ञ और ध्रुवस्वामिनी। उनके नाटकों में अन्तर्द्वन्द्व की प्रधानता है और सांस्कृतिक पुनरुत्थान की भावना है।

चन्द्रगुप्त : राष्ट्रीय और सांस्कृतिक चेतना

जयशंकर प्रसाद राष्ट्रीय-सांस्कृतिक चेतना के वाहक नाटककार हैं, कवि, लेखक, कहानीकार हैं। चन्द्रगुप्त इस श्रेणी में अपने आप में सर्वश्रेष्ठ उदाहरण है। जहाँ विदेशी ग्रीक संस्कृति और भारतीय संस्कृति की परस्पर टकराहट दिखाई गई है। विदेशी संस्कृति के अमानवीय तत्त्वों की प्रसाद ने भर्त्सना की है और स्वदेशी तथा विदेशी दोनों तरह के पात्रों, घटनाओं के माध्यम से भारतीय संस्कृति की प्रतिष्ठा की है। बौद्ध और ब्राह्मण के माध्यम से हिन्दू-मुस्लिम संस्कृतियों की एकता की बात की है जो तत्कालीन राष्ट्रीय स्वाधीनता आन्दोलन की आवश्यकता भी थी। प्रसाद ने तत्कालीन स्वाधीनता आन्दोलन को बल देने के लिए उसमें स्त्रियों की भूमिका को भी बढ़-चढ़ कर दिखाया है और भारतीयों को वीर सिद्ध किया है जो पहले भी इन्हीं शत्रुओं को यहाँ से खदेड़ चुके हैं।

प्रसाद जी ने ऐतिहासिक अनुसंधानों के आधार पर इस नाटक के उपादानों का संचयन किया है। विस्तृत भूमिका और दीर्घ अवधि के कारण इस नाटक की कथावस्तु स्वभावतः महाकाव्य जैसी हो गई है जिसमें सुदीर्घ काल के राष्ट्रीय जीवन की सभी भाव-भंगिमाओं एवं कार्यगत उच्चावच भूमियों का सुरम्य चित्र अंकित है। इस नाटक का मूल कथन पात्र चंद्रगुप्त और चाणक्य से संबंध रखता है। इसके अतिरिक्त अन्य कई गौणपात्रों तथा गौण कथानकों की योजना भी है

'चन्द्रगुप्त' की रचना परतंत्र भारत में हुई थी। उस समय के स्वाधीनता आन्दोलन के संघर्ष को चन्द्रगुप्त के संघर्ष के साथ जोड़कर देखने का प्रयास एक अद्भुत प्रयास है। "चन्द्रगुप्त" का नायक "चन्द्रगुप्त मौर्य" दिव्य प्रतिभा युक्त धीरोदात्त नायक है। खण्ड-खण्ड भारत पर महत्वाकांक्षी सिकदंर का आक्रमण होने वाला है– किसी ऐसे महावीर की परम आवश्यकता है जो सच्ची वीरता, नीति कौशल, आत्म-विश्वास और आत्मोत्सर्ग की भावना से ओत-प्रोत हो। साथ ही चाणक्य का व्यक्तित्व एक सांस्कृतिक जागरण की पूर्व-सूचना भी देता है। भारत-वर्ष की प्राचीन संस्कृति का आलोडन, आत्म-गौरव की भावना ही यूनानी आक्रमण के साथ प्रायोगित संस्कृति का सामना कर सकती है। यूनानी संस्कृति के श्लाका पुरूष अरस्तू के बर अक्स चाणक्य और दाण्डायन को रखकर भारतवर्ष की विजय के चित्रण का तात्कालीक युग से गहन संबंध है। ब्रिटिश भारत केवल राजनीतिक और आर्थिक औपनिवेशिकता का ही शिकार नहीं था बल्कि सांस्कृतिक मौर्चे पर भी भारतीय संस्कृति के पाँव उखड़ रहे थे। इस दौर में भारतीय संस्कृति की पुनर्स्थापना के लिए एक प्रतीक-नायक की आवश्यकता थी जिसकी पूर्ति चाणक्य और चंद्रगुप्त जैसे नायक करते हैं। चंद्रगुप्त एक सांस्कृतिक पुनर्जागरण की योजना की साहित्यिक अभिव्यक्ति है।

प्रसाद जी ने इस विस्तृत महाकाव्यात्मक नाटक के घटनाओं को शृंखलाबद्ध करने के लिए अपनी प्रतिभा का पूरा प्रयोग किया है। यद्यपि प्रसाद जी ने नाटक के कथानक का चयन इतिहास से किया है और उसे अपनी कल्पना के ताने-बाने से विकसित किया है फिर भी तद्युगीन स्वाधीनता आन्दोलन, विदेशी शासन के विरोध की व्यापक योजना इस नाटक में अभिव्यक्त हुई है।

चन्द्रगुप्त : नाट्यशिल्प

मुख्यतः चन्द्रगुप्त नाटक के दो उद्देश्य हैं–अराजक नन्दवंश का उन्मूलन और देश में जनतंत्र की स्थापना तथा विदेशी आक्रमण से छुटकारा और देश की पूर्ण स्वाधीनता। नाटक की कथावस्तु सुगठित और रोचक है। इसमें तीस पात्र हैं और इसकी संवाद योजना उत्कृष्ट है। इसमें ओज गुण युक्त, माधुर्य गुण सम्पन्न और पाण्डित्यपूर्ण तथा गंभीर संवादों तथा वक्तव्यों, सूत्रों की भरमार है। रंग निदेर्शों से पूर्ण 13 गीत हैं। इसमें कुल 44 दृश्य हैं लेकिन इसके मंचन में थोड़ी दिक्कतें अवश्य आती हैं।

यह नाटक रंगमंच एवं अभिनय की दृष्टि से सफल नहीं है क्योंकि कुछ ऐसे दृश्य हैं जो मंच पर नहीं किए जा सकते; जैसे–आत्महत्या के दृश्य, नदी का दृश्य, सेनाओं का युद्ध, नदी में नाव आदि। इस नाटक को रंगमंच की दृष्टि से सफल बनाने के लिए पात्रों को कम करना, भाषा को सरल सहज करना तथा संवादों को छोटा रखना जरूरी है। साथ ही कुछ बाधक दृश्यों को निकालकर सफलतापूर्वक रंगमंचन किया जा सकता है।

ध्रुवस्वामिनी : राष्ट्रीय और सांस्कृतिक चेतना

प्रसाद ने ध्रुवस्वामिनी नाटक में तत्कालीन राजनैतिक सांस्कृतिक, सामाजिक समस्याओं के साथ-साथ नारी अस्मिता, नारी मुक्ति, अनमेल विवाह, नारी शोषण, तलाक एवं उसके पश्चात् उसके अस्तित्व के प्रश्न को उठाया है। यहाँ प्रसाद ने अंतर्राष्ट्रीय समस्या का हल सुझाते हुए दिखाया है कि यदि पति व्यभिचारी, नपुंसक, रोगी और कायर है तो नारी को उसका साथ छोड़कर किसी अन्य योग्य पुरुष को अपना लेना चाहिए। प्रसाद ने ध्रुवस्वामिनी नाटक में एक ऐसी नारी पात्र की सृजना की है जो साहसी है, विद्रोहिणी है और अपनी जाति की अस्मिता के लिए उनकी मुक्ति के लिए संघर्ष करती है।

ध्रुवस्वामिनी प्रसाद की अंतिम नाट्यकृति है। प्रसाद ने इस नाट्य कृति में तत्कालीन राजनैतिक, सांस्कृतिक समस्याओं के साथ-साथ नारी की अस्मिता एवं अस्तित्व को इस नाटक में चित्रित किया है। यह नाट्य कृति प्रसाद की पूर्ववर्ती नाट्य सृजनाओं से पूर्णतः भिन्न है। इस नाटक में यथार्थ की बातों का अंकन कर प्रसाद ने यह दर्शाया कि वे यथार्थवादी लेखन की ओर उन्मुख हो रहे थे। इस नाटक में काव्योजनित भावुकता का प्रतिफलन नहीं है और न ही संवादों की जटिलता। इस नाटक में प्रसाद ने सिद्ध किया है कि पुरुष यदि नपुंसक, व्यभिचारी और कायर है तो नारी उसके विरूद्ध विद्रोह भी कर सकती है। प्रसाद की उक्त धारणा तत्कालीन समय में कल्पना से परे थी। लेकिन प्रसाद ने इस नाटक में ऐसी नारी को चित्रांकित किया है जो विद्रोहिणी है, साहस के साथ स्वतंत्र अस्मिता की, अस्तित्व की घोषणा करती है।

तीन अंकों में आबद्ध इस नाटक में चार गीत एवं बीस पात्र है। मुख्य पात्र, ध्रुवस्वामिनी, मंदाकिनी, कोमा, चंद्रगुप्त, रामगुप्त, शिखर स्वामी, पुरोहित शकराज, मिहिरदेव आदि हैं।

ध्रुवस्वामिनी की कथावस्तु गुप्तवंशी सम्राट समुद्र गुप्त के पुत्र चंद्रगुप्त के काल की है। नाटक की भूमिका में प्रसाद जी ने इसकी ऐतिहासिकता के प्रमाण प्रस्तुत किये हैं। बकोल प्रसाद 'विशाखदत्त' द्वारा रचित संस्कृत नाटक 'देवीचंद्र गुप्त' में यह घटना अभिव्यंजित है, जिसमें ध्रुवस्वामिनी का पुनर्विवाह चंद्रगुप्त के साथ हुआ बताया है। सातवीं शती में बाणभट्ट ने भी 'हर्ष चरित' में वर्णित किया है कि चंद्रगुप्त ने नारी वेश में शक शिविर में जाकर शकराज का वध किया। प्रसाद जी ने इसे स्वीकार करते हुये भूमिका में लिखा है कि– "चंद्रगुप्त का परकलत्र कामुक शुकराज को मारना और ध्रुवस्वामिनी का पुनर्विवाह इत्यादि के ऐतिहासिक सत्य होने में संदेह नहीं रह गया है" यद्यपि नाटक की मूल घटना इतिहास के गर्भ की है किन्तु नाटककार ने उसमें कल्पना की रंगीन तूलिका से इसका सृजन किया है। इतिहास और कल्पना का यह उत्कृष्ट निदर्शन है जो वर्तमान की समस्याओं पर प्रहार करता है समाज के पुनर्जागरण में सहायक बनता है।

इस नाटक की कथावस्तु संक्षिप्त रोचक और गतिशील है। सौद्देश्य नाटक में प्रसाद ने एक साथ अनेक समस्याओं को अभिव्यक्त किया है। मानवतावादी भावना और युगबोध की अभिव्यक्ति को प्रत्यक्षतः करने हेतु प्रसाद मानव-जीवन का दार्शनिक एवं मनोवैज्ञानिक विवेचन करते हैं।

नाट्यसृजक प्रसाद ने ध्रुवस्वामिनी में नारी को शोषिता होने से बचाने एवं अत्याचार से मुक्त कराने हेतु अभिव्यंजन-कर्म किया। इस नाट्यसृजन में उन्होंने स्थान-स्थान पर इन सबका वर्णन किया है। निदर्शनार्थ, "कुछ नहीं, मैं केवल यही कहना चाहती हूँ कि पुरुषों ने स्त्रियों को पशु-संपत्ति समझकर उन पर अत्याचार करने का अभ्यास बना लिया है। वह मेरे साथ नहीं चल सकता। यदि तुम मेरी रक्षा नहीं कर सकते, अपने कुल की मर्यादा, नारी का गौरव नहीं बचा सकते तो मुझे बेच

भी नहीं सकते हो। हाँ, तुम लोगों को आपत्ति से बचाने के लिए मैं स्वयं यहाँ से चली जाऊंगी।"

प्रसाद ने इस नाट्यांकन में नारी की दयनीय दशा अनमेल विवाह, पुनर्विवाह की समस्या समाधान का वर्णन किया है। शासक की योग्यता एवं अयोग्यता की समस्या नारी-उत्थान की समस्या का वर्णन किया है।

उक्तनाट्यांकन में प्रसाद ने राष्ट्रीय एवं सांस्कृतिक चेतना का उत्कृष्ट स्वरूप प्रस्तुत किया है। इतिहास के गर्त से कथावस्तु का आधार ग्रहण अतीत के पटल पर वर्तमान की तस्वीर खींचने में प्रसाद सिद्धहस्त हैं।

प्रसाद के नाटकों में आध्यात्मिकता शरणागत वत्सलता, नारी के प्रति सम्मान, उदात्त मानव मूल्य, शौर्य एवं पराक्रम आदि– जो भारतीय मनीषियों ने वर्णित किये थे– वर्णित हैं। इसमें नैतिक मूल्यों पर अधिक बल दिया गया है जो भारतीय संस्कृति का अविभाज्य अंग है। प्रसाद की धारणा है कि नीतिपथ पर अग्रसरित होने वाले व्यक्ति को अंततः अपना लक्ष्य मिल जाता है।

चंद्रगुप्त और ध्रुवस्वामिनी के रूप में प्रसाद जी ने दो ऐसे पात्र प्रस्तुत किए हैं जिनमें भारतीय संस्कृति मूर्तिमंत हैं। उनमें शील, सदाचार, विनम्रता, तेजस्विता, शौर्य, परोपकार, विवेकशीलता, नैतिकता, संपन्न जैसे सभी गुण विद्यमान है जो भारतीय संस्कृति के आधारभूत तत्व माने जाते हैं।

ध्रुवस्वामिनी नाट्य में राष्ट्रीयता की भावना को भी अभिव्यक्ति मिली हैं। मंदाकिनी एक काल्पनिक पात्र है। प्रसाद जी ने उसे चंद्रगुप्त एवं रामगुप्त की बहिन के रूप में कल्पित किया है। उसके चरित्र के माध्यम् से प्रसाद जी ने एक ऐसी भारतीय रमणी की परिकल्पना की है, जो राष्ट्रीयता की भावना से ओतप्रोत है। वह जानती है कि "वीरता जब भागती है तब उसके पैरों से राजनीतिक छल-छंद की धूल उड़ती है।" मंदाकिनी का मत है कि राष्ट्र और राष्ट्र के सम्मान की रक्षा हेतु प्रत्येक राष्ट्रवादी को प्राणपण से जूझना चाहिए। वह साफ कहती है कि जो राजा अपने राष्ट्र की रक्षा करने में असमर्थ है, उस राजा को सिंहासनाधीन नहीं होना चाहिए। जब चंद्रगुप्त ध्रुवस्वामिनी के सम्मान की रक्षा हेतु शक दुर्ग में सामंत कुमारों के साथ जाता है तो मंदाकिनी शीत के माध्यम् से उन्हें प्रेरित करती है–

"पैरों के नीचे जलधर हो बिजली से उनका खेल चले।
संकीर्ण कगारों के नीचे शत-शत झरने बेमेल चले।।"

प्रसाद के नाटकों में राष्ट्रीय भाव-बोध की अभिव्यक्ति के संदर्भ में रामस्वरूप चतुर्वेदी कहते हैं कि, "राष्ट्रीय भाव-बोध की अभिव्यक्ति प्रसाद के नाट्य-विधान का मूलाधार कहा जा सकता है। इतिहास के माध्यम् से राष्ट्रीय भावना को उद्दीप्त करने का सजग प्रयास उनके अधिकतर नाटकों में दृष्टव्य है। यह ध्यान देने की बात है कि प्रसाद जब लिख रहे थे उन दिनों सभी काव्य-रूपों के लिए पौराणिक इतिवृत काफी लोकप्रिये थे। पर प्रसाद ने पुराण को छोड़कर इतिहास से अपने लिए कथानक चुने हैं। शायद उन्हें यह अनुभव था कि पुराण के प्रति जातीय मानस में श्रद्धा होती है, जब कि इतिहास से वह आत्मीयता का अनुभव करता है। फिर रंगमंच पर पौराणिक चरित्रों का अवतरण दर्शकों की सहज कल्पना को बाधित भी कर सकता है।"

उन्होंने आगे कहा कि, "प्रसाद का विश्लेषण था कि आधुनिक काल में सामाजिक समरसता और राष्ट्रीयता के आड़े तीन बाधाएँ आती हैं– सांप्रदायिकता की भावना, प्रादेशिकता के तनाव तथा पुरुष-नारी के बीच असमानता की स्थिति। ...पुरूष के आतंक से नारी-मुक्ति की समस्या 'ध्रुवस्वामिनी' में अंकित हुई है।"

अंतत कह सकते हैं कि ध्रुवस्वामिनी नाटक में प्रसाद जी ने सांस्कृतिक मूल्यों के साथ-साथ राष्ट्रीयता को भी अभिव्यक्ति दी है। नारी की अस्मिता एवं अस्तित्व को महत्ता देता है।

ध्रुवस्वामिनी : नाट्यशिल्प

ध्रुवस्वामिनी नाटक की कथावस्तु ऐतिहासिक और संक्षिप्त है। इसमें प्रारंभ से अंत तक संघर्ष की स्थिति बनी रहती है। रंगमंच की दृष्टि से यह प्रसाद का सर्वोत्तम नाटक भी है। इसके तीन अंक ही तीनों दृश्य हैं। इसके पात्रों की संख्या सीमित है और इसके संवाद भी पात्रानुकूल और लघु हैं। भाषा पात्रों के चरित्र के अनुकूल है। जैसे ध्रुवस्वामिनी की भाषा में वीरांगना की ओजस्विता है। इसमें अनेक स्थलों पर अर्धवाक्यों की योजना है जो नाटक में संघर्ष का परिचय देती है। इसमें चार गीत हैं। और इसका अंतिम लक्ष्य आततारी से नारी मुक्ति और नारी अस्मिता का सवाल है जिस पर यह नाटक खरा उतरता है।

अनेक आलोचकों ने प्रसाद के नाटकों की भाषा को क्लिष्ट और दुरुह बताया है। वह दार्शनिकता से बोझिल हो गई है और इस कारण वह साधारण पाठक की पहुँच से बाहर

है। इनके नाटकों की अभिनेयता भी संदिग्ध है। परंतु कहना न होगा कि तत्कालीन सांस्कृतिक वातावरण को प्रस्तुत करने के लिए इसी प्रकार की अभिनयशीलता के विषय में शिवदान सिंह चौहान का कथन उद्धरणीय है, ''उनके अधिकतर नाटक अभिनेय हैं किंतु अभी तक श्रेष्ठ कला के राष्ट्रीय रंगमंच के अभावों में अधिक खेले नहीं जा सके, जिससे यह भ्रम पैदा हुआ है। रंगमंच की संभावनाओं का अभी हमारे देश में पूरी तरह विकास नहीं हुआ। अतः पहले से ही ऐसी धारणाएँ बनाकर एक महान कलाकार की कृतियों को अनुपयुक्त ठहरा देना अनुचित है।'' इस यथार्थ को दृष्टिगत कर निष्पक्ष विश्लेषण करने पर प्रसाद के काव्यशिल्प को सफल और निर्दोष कहने में कोई संकोच नहीं होना चाहिए।

प्रसादोत्तर नाटक

उनके परवर्ती नाटककारों ने भी इस परंपरा को आगे बढ़ाते हुए अनेक ऐतिहासिक नाटक लिखे। परंतु उनमें न तो प्रसाद जैसी ऐतिहासिक गहनता मिलती है और न उन जैसी कलात्मक श्रेष्ठता। मुख्य ऐतिहासिक नाटककारों में हरिकृष्ण प्रेमी, उदयशंकर भट्ट, सेठ गोविंददास, उपेंद्रनाथ 'अश्क' तथा जगदीश चन्द्र माथुर ने अच्छी ख्याति अर्जित की है। हरिकृष्ण प्रेमी ने रक्षाबंधन, आहुति और शिवसाधना प्रसिद्ध नाटक लिखे। जिनका संबंध मुगलकालीन इतिहास से है। शपथ नामक नाटक की कथावस्तु प्रेमी जी ने हूण-काल से ग्रहण की है। सिंध पतन, दादर, मुक्तिपथ और विक्रमादित्य उदयशंकर भट्ट के ऐतिहासिक नाटक हैं। गोविंदबल्लभ पंत का राजमुकुट और सेठ गोविंद दास के हर्ष व शशिगुप्त भी ऐतिहासिक नाटक हैं। उपेंद्रनाथ 'अश्क' का जय-पराजय राजपूत कालीन इतिहास से संबद्ध है। जगदीशचंद्र माथुर का कोणार्क का कथानक उड़ीसा राज्य के विख्यात हिन्दू मंदिर से संबंधित है। इसी प्रकार सियाराम शरण गुप्त का पुण्य पर्व, सुदर्शन का सिकंदर, रामकुमार वर्मा का कौमुदी महोत्सव तथा वृंदावन लाल वर्मा के झाँसी की रानी, पूर्व की ओर, बीरबल और ललित विक्रम प्रसिद्ध ऐतिहासिक नाटकों की श्रेणी में है।

गोविंद बल्लभ पंत का वरमाला मार्कंडेय पुराण से संबद्ध है। ययाति भी उनका पौराणिक नाटक है। सुदर्शन का अंजना, उदय शंकर भट्ट के विद्रोहिणी अम्बा, सागर विजय, उग्र का गंगा का बेटा, लक्ष्मीनारायण मिश्र के चक्रव्यूह और नारद की वीणा, रांगेय राघव का स्वर्ग भूमि का यात्री एवं जगदीश चंद्र माथुर का प्रादुर्भाव उल्लेखनीय नाटक हैं। सामाजिक नाटकों में गोविंद बल्लभ पंत द्वारा अंगूर की बेटी, सेठ गोविंद दास द्वारा रचित प्रकाश और पाकिस्तान एवं उदयशंकर भट्ट द्वारा लिखित कमला और अंतहीन प्रसिद्ध हैं।

इसके अतिरिक्त छलना (भगवती प्रसाद वाजपेयी), नवरस (सेठ गोविंददास) और विवाह का दिन (उपेंद्रनाथ अश्क) अन्य प्रतीकात्मक नाटक हैं।

मूलतः नाटककारों में जगदीश चंद्र माथुर का नाम विशेष सम्मान के साथ लिया जाता है। उन्होंने तीन नाटकों की रचना की–कोणार्क, शारदीय और पहला राजा। पहला राजा को हिन्दी नाट्य साहित्य में एक नवीन प्रयोग के रूप में मान्यता प्राप्त हुई। माथुर की रंगमंचीय अर्हता सराहनीय है। यह उनकी उपलब्धियों में गिनी जाती है। इसी प्रकार का नवीन प्रयोग धर्मवीर भारती ने अपनी प्रसिद्ध कृति 'अंधा युग' में किया है।

अंधा युग : आधुनिकता बोध

अंधायुग में अतीत के माध्यम से वर्तमान और भविष्य को भारती ने चेतावनी दी है कि अगर विश्व के प्रभावशाली देशों और चन्द महत्त्वाकांक्षी लोगों ने अपनी महत्त्वाकांक्षा पर लगाम नहीं लगाई तो पृथ्वी पर आने वाले समय में मानव जाति का आस्तित्व ही खतरे में पड़ सकता है। युद्ध के बाद की भयावह, अमानवीय, मूल्यों रहित परिस्थितियों में मानव किस तरह विक्षिप्त होकर भटकता है और किस तरह वह मानव जाति का ही शत्रु बन जाता है और बर्बरता पूर्ण नृशंसकृत्य करता है, अश्वत्थामा के माध्यम से भारती ने यही दिखाने की कोशिश की है।

अंधा-युग धर्मवीर भारती द्वारा लिखा गया एक बहुचर्चित "गीति नाट्य" है। इसमें महाभारत के अठारहवें दिन की संध्या से प्रभासतीर्थ के कृष्ण की मृत्यु के क्षण तक की कथा को रूपायित किया गया है।

कौरवों तथा पांडवों के बीच का महायुद्ध सत्रह दिनों तक चलता रहा। युद्धोपरांत कौरव पक्ष के प्रायः सभी वीर योद्धा मारे गए। चारों ओर गहन उदासी छाई हुई है। कौरव पक्ष के अश्वत्थामा, दुर्योधन, कृपाचार्य एवं कृतवर्मा ही बचे हैं। अन्त में दुर्योधन की मृत्यु हो जाती है और अश्वत्थामा विक्षिप्तावस्था को प्राप्त होता है साथ ही गांधारी के शाप से कृष्ण भी मृत्यु को प्राप्त होते हैं।

नाटककार ने कौरवों और पांडवों में से किसी का भी पक्ष न लेते हुए धर्म-अधर्म, पाप-पुण्य और सत्य-असत्य का तीव्र संघर्ष उत्पन्न किया है। असत्य, अधर्म और पाप से परिचालित वह युग गल-गल कर समाप्त हो गया। यहाँ तक कि अधर्म को प्रश्रय देने वाले कृष्ण भी मृत्यु को प्राप्त हो गए। वस्तुतः नाटक की कथा वस्तु में कुण्ठा, कुरूपता, निराशा, रक्तपात, प्रतिशोध विकृति और अन्धापन व्याप्त है। सम्पूर्ण नाटक का व्यक्तित्व ही अंधा है। समाज, परिवार, नैतिकता-यहाँ तक कि कृष्ण भी अंधे हैं।

यह नाटक मानव मन की अतृप्तेच्छाओं मनोभावों, मन-व्यापारों तथा मानसिक व्यवहारों को आधुनिक युग के कलेवर में प्रस्तुत करता है। नाटककार वर्तमान युग को भी महाभारत काल के समान नैतिक संकट का काल मानता है। मनुष्य की अनास्था, कुंठा आज के युग की पहचान बन गई है

अंधा-युग में नाटककार धर्मवीर भारती ने पात्रों की नितान्त मौलिक संकल्पनाएं प्रस्तुत की हैं।

अंधा-युग की भाषा काव्यात्मक है जिसमें लय और टोन का समन्वय सफलतापूर्वक किया गया है। भाषा बोधगम्य और प्रांजल है। नाटक की भाषा शुद्ध खड़ी बोली है। संस्कृत शब्दों के प्रयोग से महाभारत कालीन परिवेश का स्मरण हो जाता है किन्तु कहीं-कहीं उर्दू के शब्दों का भी यथावसर प्रयोग किया गया है।

अंधायुग नाटक पाँच अंकों में विभाजित है। अंकों का विभाजन प्रतीक शैली में किया गया है जैसे-कौरव नगरी, पशु का उदय, अश्वत्थामा का अर्धसत्य, पंख पहिये और पट्टियाँ, गांधारी का शाप, आदि।

अंधा युग : प्रयोगधर्मिता और नाट्यभाषा

धर्मवीर भारती का यह नाटक काव्य-नाटक है जिसके संवादों में वृत्तगंधी गद्य का प्रयोग है। इसमें ग्रीक कोरस के निम्न वर्ग के पात्रों की भांति दो प्रहरी घटनाओं पर अपना व्याख्यान देते चलते हैं। इसमें दृश्य परिवर्तन के समय कथा गायन की योजना है। गायक एक स्त्री और एक पुरुष है। भारती ने यह कथागायन की पद्धति लोकनाट्य परम्परा से ली है। इसमें केन्द्रीय पात्र कृष्ण ही अस्तित्व रूप में नहीं है। हिन्दी नाटक में भारती का यह सबसे बड़ा और सफलतम प्रयोग है।

अंधायुग की भाषा तत्सम प्रधान होते हुए भी अनेकों अरबी-फारसी के शब्दों से लेश है। इसकी भाषा बिम्ब बहुला है और इसमें स्वच्छंद प्रतीकों की योजना की गई है।

रंगमंच की दृष्टि से 'अंधायुग' एक सफल कृति है। अनेक संस्थाओं द्वारा अनेक बार इसे अभिमंचित किया गया। रेडियो पर भी एकाधिक बार प्रसारण हुआ। लेखक का कहना है, 'मंचविधान को थोड़ा बदल कर यह खुले मंच वाले लोक नाट्य में भी परिवर्तित किया जा सकता है। अधिक कल्पनाशील निर्देशक इसके रंगमंच को प्रतीकात्मक भी बना सकते हैं।'' अंधायुग निःसंदेह, एक सफल अभिनय कृति है। इसमें सफल दृश्य विधान हैं, चित्रात्मक भाषा है, सटीक रंग-संकेत एवं सशक्त संवाद योजना है। किंतु दावाग्नि का फैलना एवं कौरवों की राजधानी पर गिद्ध-मंडली का मंडराना आदि को मंच पर दर्शाना सरल नहीं।

अंधायुग का शिल्प-विधान भी प्रभावोत्पादक है। चित्रात्मक भाषा, लक्षणात्मकता, प्रतीक योजना तथा अलंकारों के सफल प्रयोग ने इसके अभिव्यंजना पक्ष को प्रभावशाली और सशक्त बना दिया है।

आधे अधूरे : आधुनिकता बोध

आधे-अधूरे समकालीन जिन्दगी का प्रामाणिक दस्तावेज है। यह किसी भी स्त्री पुरुष, परिवार की घटना, कहानी हो सकती है। इसमें एक स्त्री केन्द्रित परिवार के विघटन की गाथा है। यह मध्य वित्तीय से निम्न मध्य वित्तीय स्तर पर आते परिवार की कहानी है। यह वर्तमान जीवन में टूटते हुए संबंधों, व्यक्ति के आधे-अधूरे व्यक्तित्व तथा अस्तित्व के प्रश्न को उठाता है जो आज के प्रत्येक व्यक्ति के जीवन का प्रश्न है। इसमें नाटककार ने सम्पूर्णता की खोज को भ्रामक कहा है और विकल्प न होने को व्यक्ति के इस तरह जीवन जीने की वजह बताया है।

"आधे-अधूरे" हिन्दी साहित्य में एक नितान्त भिन्न प्रकार का नाटक है–यह आज की सम्कालीन संवेदना का नाटक है। यह नाटक आधुनिक भारतीय परिवार में बिखराव और संत्रास की कहानी है। "आधे-अधूरे" का कथानक एक मध्य-वित्तीय परिवार के इर्द-गिर्द घूमता है जिसमें एक पुरूष है महेन्द्रनाथ, एक स्त्री है सावित्री, एक लड़का है अशोक एक बड़ी लड़की है बिमी और एक छोटी लड़की किन्नी है। यह परिवार टूटने की कगार पर है–कारण सिर्फ आर्थिक ही

नहीं बल्कि आंतरिक परिस्थितियों के समीकरण ही बड़े खतरनाक हो गए हैं।

पुरूष नाकारा है- व्यापार में अपना सारा धन गँवा चुका है। वह अपना आत्म-विश्वास पूरी खो चुका है। वह अपनी पत्नी सावित्री पर आश्रित है। परावलम्बन उसे भीतर से खोखला कर देती है। सावित्री को अपना पति हमेशा ही दब्बू लगा जिसका अपना कोई व्यक्तित्व नहीं है। वह कहती है- "आदमी होने के लिए क्या यह जरूरी नहीं कि उसमें अपना एक माद्दा हो, अपनी एक शख्सियत हो? जब से मैंने उसे जाना है, हमेशा, हर चीज के लिए उसे किसी-न-किसी का सहारा ढूंढ़ते पाया है- यही नहीं लगता है। वह खुद एक आदमी का आधा-चौथाई भी नहीं।"

सावित्री अपने पति को एक आधा-अधूरा व्यक्तित्व युक्त आदमी पाती है। लेकिन यह अधूरापन उसको हर जगह मिलता है- अपनी कल्पना में स्थित पूरे आदमी का आदर्श उसे सिंघानिया, जुनेजा, मनोज, जगमोहन–इसमें से किसी में नहीं मिलता। उसे लगता है कि सब के सब आधे-अधूरे ही हैं। सावित्री परिवार को बचाने के लिए बहुत यत्न करती है पर वह उल्टे तिरस्कार और यंत्रणा ही पाती है। अपनी एक अलग जिन्दगी जीने की उसकी इच्छा भी अधूरी रह जाती है।

सावित्री और उसका पति महेन्द्रनाथ दोनों ही अधूरे हैं-दोनों को एक दूसरे की आवश्यकता है पर वे "एडजस्ट" नहीं कर पा रहे है।

वस्तुतः "आधे-अधूरे" समकालीन जिन्दगी का पहला सफल नाटक है। यह मौजूदा जीवन की विडम्बनाओं के कुछ सघन बिन्दुओं को रेखांकित करता है। इसके पात्र स्थितियाँ और मनोदशाएँ यथार्थपरक और विश्वसनीय हैं। आधे-अधूरे आज के जीवन के गहरे अनुभवखंड को मूर्त करता है।

मोहन राकेश की सही शब्द के लिए तड़प और कोशिश से भाषा में जान आ गई है। मोहन-राकेश के अपने चिन्तन से जन्मी भाषा, अनुभूत शब्द पूरे अर्थ से सम्पन्न सजीव और एक दूसरे से बेहद जुड़े हुए हैं- इसलिए संवाद अप्रतिम है जो सर्वत्र पात्रों की कुंठा, बेचैनी, अधूरापन अभाव और संत्रास को व्यक्त करता है। इसी कारण आलोचकों ने आधे-अधूरे की भाषा को आक्रोश की भाषा कहा है।

आधे अधूरे : प्रयोगधर्मिता और नाट्य भाषा

आधे अधूरे नाटक की कथावस्तु, मंच सज्जा, आधे-अधूरे द्विअर्थी संवाद, पात्रों की मानसिक स्थिति, मातमी संगीत, प्रकाश, अंधकार, भाषा, उनके वस्त्र आदि हिन्दी नाटक में प्रथम प्रयोग हैं। पात्रों के अव्यवस्थित चरित्र, अधूरेपन, सम्पूर्णता की भ्रामक खोज को नाटककार ने जीवंत और आम बोलचाल की भाषा में व्यक्त किया है। मोहन राकेश ने समकालीन जिन्दगी से शब्द, संवाद, मुहावरे, संज्ञा, विशेषण लिए हैं जो इस नाटक के पात्रों के चरित्र, उनके अंतर्संबंधों को जीवंत बनाते हैं।

आधे-अधूरे की भाषा में वे सभी गुण विद्यमान हैं जो नाटक की भाषा में अपेक्षित होते हैं। भाषा की दृष्टि से यह एक प्रयोगधर्मी नाटक माना जा सकता है। यह प्रयोगधर्मिता नाटक के सम्पूर्ण शिल्प में व्याप्त है। भले ही संवाद लम्बे-लम्बे हों पर वे इस प्रकार प्रस्तुत किए गए हैं कि उनसे कहीं भी दर्शक को असहज स्थिति का बोध नहीं होता। भाषा के प्रति मोहन राकेश कितने सजग थे इसका पता उनके निम्न कथन से चलता है–"लगता है दिमाग में एक जंगल उभर आया है। कुछ ऐसा है जो गहरे सूनेपन के अन्दर से भी एक अर्थ का आभास देता रहता है।"

पूरे नाटक में भाषा सरल व प्रवाहमयी दिखाई देती है। राकेश जी ने आलंकारिक व काव्य भाषा का प्रयोग बिल्कुल नहीं किया है। निष्कर्षतः हम यही कह सकते हैं कि यह नाटक भाषा की कसौटी पर खरा उतरता है।

निबंध और प्रमुख निबंधकार

बालकृष्ण भट्ट

भारतेंदु युग के अग्रणी निबंधकारों में बालकृष्ण भट्ट प्रगतिशील विचारधारा के निबंध लेखक हैं। वे बहुमुखी प्रतिभासंपन्न साहित्यकार थे। भट्ट जी ने तैंतीस वर्ष की दीर्घावधि तक 'हिंदी प्रदीप' नामक मासिक पत्रिका का संपादन किया। हिन्दी निबंध साहित्य के प्रारंभिक लेखकों में भट्ट जी को सम्माननीय स्थान प्राप्त था। अपने साहित्यिक जीवन में उन्होंने लगभग एक हजार निबंध लिखे। उनके निबंधों का संकलन 'साहित्य सुमन' और 'निबंधावली' में हुआ। बालकृष्ण भट्ट ने सामाजिक, राजनीतिक, नैतिक, मनोवैज्ञानिक तथा साहित्यिक विषयों पर

निबंध लिखे। भट्ट जी ने भारतेंदु हरिश्चंद्र की व्याख्यात्मक एवं विचारात्मक शैली को विकसित किया। अपने निबंधों के द्वारा बालकृष्ण भट्ट ने तत्कालीन सामाजिक तथा राजनीतिक दृष्टि कासशक्त चित्रण किया है। उन्होंने अपने निबंधों के माध्यम से सामाजिक कुरीतियों पर जमकर प्रहार किया। समाज सुधार संबंधी निबंधों में बालविवाह, पर्दा-प्रथा, बेमेल विवाह, फैशन परस्ती तथा बाह्य आडंबरों का तीव्र विरोध दिखाई देता है। भट्ट जी के सामाजिक निबंधों में 'जात-पाँत', 'हिन्दू जाति का स्वाभाविक गुण', 'मानवी संपत्ति', 'हमारी ललनाओं की शोचनीय दशा' आदि मुख्य हैं। राजनीतिक निबंधों में 'राजभक्ति और देशभक्ति', 'व्यवस्था या कानून', 'जातियों का अनूठापन', 'प्रतिनिधि शासन' आदि उल्लेखनीय है। साहित्यिक तथा अन्य विषयक निबंधों में 'खड़ी बोली का पद्य', 'हिन्दी की पुकार', 'चरित्र पालन', 'मन की दृढ़ता', 'सभ्यता और साहित्य' का उल्लेख किया जाता है। भट्ट जी के निबंध स्वच्छंदता, विनोदप्रियता, व्यंग्यात्मकता आदि गुणों के लिए प्रसिद्ध है।

अन्तर्वस्तु और शिल्प

बालकृष्ण भट्ट ने अपने निबंधों में अंग्रेजों की शोषक प्रवृति, अन्याय, अत्याचार, अनाचार, लूट, आर्थिक शोषण, कृषि की दुर्दशा, पुलिस के अत्याचार, अंग्रेजों की पक्षपात पूर्ण नीति, हिन्दी की उपेक्षा, सामाजिक, धार्मिक कुरीतियों, बाह्याडम्बरों, रूढियों, मृत परम्पराओं, संयुक्त परिवार के लाभ और हानि, उसमें स्त्रियों की दशा, पुरुषों के स्वामित्व, पाखंडी साधुओं के अनाचार, रीति-रिवाजों, कुप्रथाओं के अंधानुकरण, बाल विवाह, छुआछूत की प्रथाओं आदि का पर्दाफाश किया है। भट्ट जी तथाकथित राजनेताओं, समाज सेवकों के दोहरे चरित्र की वास्तविकता जनता के सामने रखते हैं और समाज सेवा, राष्ट्रसेवा पर बल देते हैं।

भट्ट जी के निबंध सामाजिक, सांस्कृतिक, साहित्यिक, राजनैतिक सभी प्रकार के हैं। सामाजिक निबंधों में वे सामाजिक आडम्बर का विरोध करते हैं; कुरीतियों के निवारण पर बल देते हैं, बाल विवाह का विरोध करते हैं तथा विधवा विवाह का अनुमोदन करते हैं। राजनीतिक निबंधों में वे अंग्रेजों की कुटनीति एवं पुलिस की ज्यादतियों एवं अत्याचारों का प्रबल विरोध करते हैं, कहीं अंग्रेजों की भाषा विषयक नीति का विरोध करते हैं, कहीं जमीदारों के दुष्कर्मों एवं अनाचारों की पोल खोलते हैं तथा स्वाधीनता संग्राम का समर्थन करते हैं साहित्यिक निबंधों के अन्तर्गत उनके वे निबंध हैं जिनमें साहित्यशास्त्र, रंगमंच, नाटक, उपन्यास रचना शैली आदि पर लेखक ने स्वतंत्र एवं भौतिक विचार प्रस्तुत किये हैं।

भट्ट जी के निबंधों की प्रमुख विशेषताएं इस प्रकार हैं–

1. भट्ट जी के निबंधों में बुद्धितत्व के साथ-साथ अनुभूति तत्व, कल्पना तत्व एवं शैली का समावेश है।
2. विषय की दृष्टि से प्रौढ़ता एवं परिपक्वता है।
3. निर्भीक एवं स्पष्टवादी लेखन।
4. विनोदप्रियता एवं हास्य की छटा।
5. उदारता, निश्छलता, विनम्रता आदि वैयक्तिक गुण परिलक्षित हैं।
6. विचार राष्ट्रवादी एवं तेजस्वी थे।
7. विविध शैलियों का समावेश।
8. शैली में गुरू गंभीरता है।
9. संस्कृत के उदाहरण प्रचुरता से प्रयुक्त हुए हैं।
10. भट्ट जी संस्कृत, हिन्दी एवं अंग्रेजी के अच्छे विद्वान् थे। उनकी भाषाओं में विविध भाषाओं के शब्द मिलते हैं। पूर्वीपन, अर्थात् अवधी का पुट प्रयुक्त है।
11. भाषा पर असाधारण अधिकार था। विषयानुकूल भाषा का प्रयोग करते थे।
12. तद्भवता की प्रचुरता। आलंकारिकता के दर्शन। निबंधों में वैयक्तिकता का पुट विद्यमान है।

भट्ट जी के निबंधों के संदर्भ में बाबू गुलाबराय कहते हैं कि, "व्यक्तित्व की गंभीर छाप, व्यंग्य-विनोद की तीक्ष्णता, भावात्मकता से आवृत बौद्धिकता तथा व्यावहारिक सशक्त भाषा आदि कुछ भट्ट जी के निबंधों में उपलब्ध है।"

रामचन्द्र शुक्ल

हिन्दी निबंध-साहित्य क्षेत्र में आचार्य शुक्ल का पदार्पण एक नए युग का सूत्रपात करता है। उन्होंने निबंध-लेखन को नई अभिव्यक्ति की शैली प्रदान की। आचार्य शुक्ल ने साहित्यिक, सैद्धांतिक तथा मनोवैज्ञानिक निबंधों की रचना की। चिंतामणि हिन्दी निबंध को आचार्य शुक्ल की अनुपम देन है। उनके निबंधों में चिंतन की मौलिकता, विवेचन की सूक्ष्मता, विश्लेषण की गंभीरता और उसकी बारीकी तथा विचारों की प्रौढ़ता

प्रकट होती है। साथ ही उनके निबंध वैयक्तिकता, भावात्मकता तथा व्यंग्यात्मकता के समन्वित रूप है। डॉ. गणपतिचंद्र गुप्त के अनुसार ''उनके निबंधों में विषय और व्यक्ति का ऐसा समन्वय हुआ है कि इस बात का निर्णय करना कठिन हो जाता है कि उसमें विषय-प्रधान कहें या व्यक्ति-प्रधान कहें?'' चिंतामणि (दो भागों में) मनोवैज्ञानिक निबंधों-लोभ, प्रीति, ईर्ष्या, श्रद्धा, क्रोध आदि में आचार्य शुक्ल समाजशास्त्री, मनोवैज्ञानिक और साहित्यकार रूप में सामने आते हैं। 'कविता क्या है?' 'साधारणीकरण और व्यक्ति-वैचित्र्यवाद', 'रसात्मक बोध के विविध रूप', 'काव्य में लोक मंगल की साधनावस्था' आदि सैद्धांतिक एवं विवेचनात्मक निबंध हैं। इनमें शुक्ल जी का मौलिक चिंतन और उनकी बौद्धिकता स्पष्ट दिखाई देती है। विचारों की गहनता के साथ उनके निबंधों में मौलिकता, स्पष्टता व रोचकता भी मिलती है।

चिंतामणि : अन्तर्वस्तु और शिल्प

'चिंतामणि' आचार्य रामचन्द्र शुक्ल के निबंधों का संग्रह है। यह दो भागों में है। प्रथम भाग में भाव या मनोविकार सम्बन्धी, साहित्य और समीक्षा सम्बन्धी 17 निबंध है तो दूसरे में काव्य सम्बन्धी निबंध है। भाव या मनोविकार संबंधी निबंधों में शुक्ल जी ने अपना मौलिक चिंतन प्रस्तुत किया है। करूणा, उत्साह, क्रोध, लोभ और प्रीति, घृणा, ईर्ष्या आदि भावों को नए ज्ञान के आलोक में शुक्ल जी ने परिभाषित किया।

सैद्धांतिक और समीक्षा सम्बन्धी निबंधों में कविता क्या है, और भारतेन्दु हरिश्चन्द्र, तुलसी का भक्ति मार्ग, मानस की धर्म भूमि आदि प्रमुख हैं, जिनमें रचना प्रवृति और रचनाकार की विशिष्टता को उद्घाटित किया गया है।

आचार्य शुक्ल के निबंध चिन्तामणि भाग-1 तथा चिन्तामणि भाग-2 में संकलित है। चिन्तामणि भाग-1 में मनोविकार साहित्य सिद्धान्त और साहित्य समीक्षा से संबंधित कुछ 17 निबंध संगृहीत है। भाग-2 में संकलित निबंध है- काव्य में प्राकृतिक दृश्य, काव्य में रहस्यवाद, काव्य में अभिव्यंजनावाद।

भावों या मनोविकारों पर लिखे निबंधों की संख्या 10 है। इनके शीर्षक हैं–भाव या मनोविकार, उत्साह, श्रद्धा-भक्ति, करूणा, लज्जा और ग्लानि, लोभ और प्रीति, घृणा, ईर्ष्या, भय और क्रोध। सैद्धान्तिक समीक्षा संबंधी 4 निबंध हैं- कविता क्या है, काव्य में लोकमंगल की साधनावस्था, साधारणीकरण और व्यक्ति-वैचित्र्यवाद, तथा रसात्म बोध के विविध रूप। व्यवहारिक साहित्य समीक्षा संबंधी निबंधों की संख्या 3 है- भारतेन्दु हरिश्चन्द्र, तुलसी का भक्तिमार्ग और मानस की धर्म भूमि।

मनोविकार संबंधी निबंध–शुक्ल जी ने अपने निबंधों में अपना मौलिक चिंतन व्यक्त किया है। वह चिंतन न तो पश्चिमी, न ही भारतीय परम्परा का अनुसरण है। वे मनोविकारों की व्याख्या सूत्र वाक्यों में देते हैं जैसे "वैर क्रोध का अचार या मुरब्बा है", साहसपूर्ण आनन्द की उमंग का नाम उत्साह है, श्रद्धा और प्रेम के योग का नाम भक्ति है। इस प्रकार की अभिव्यक्तियों में उनका व्यक्तित्व भी अभिव्यक्त होता जाता है। शुक्ल जी स्वयं लिखते हैं कि इस पुस्तक में मेरी अन्तर्यात्रा में पड़ने वाले कुछ प्रदेश हैं। "यात्रा के लिए निकलती रही बुद्धि पर हृदय को भी साथ लेकर।"

आचार्य शुक्ल ने मनोविकारों को दो कोटियों में विभाजित किया है प्रेष्य और अप्रेष्य। प्रेष्य वे हैं जो एक हृदय में उत्पन्न होकर दूसरे हृदय में भी पहले के प्रति उत्पन्न हो सके जैसे– घृणा, क्रोध, प्रेमादि। अप्रेष्य के अन्तर्गत वे मनोविकार है जिनके प्रति उत्पन्न होते हैं उनके हृदय में सदा दूसरे भावों की सृष्टि करेंगे। इसके अन्तर्गत भय, दया तथा ईर्ष्यादि हैं।

इन निबंधों में आचार संबंधी लक्षण हैं तथा इनमें लोक संग्रह तथा लोक मंगल की भावना निहित है।

सैद्धान्तिक निबंध–"कविता क्या है" नामक निबंध में शुक्ल जी हृदय की मुक्तावस्था की महत्ता बताते हैं तथा कलावाद का विरोध भी करते हैं। रसात्मक बोध के विविध रूप में शुक्ल जी ने लिखा है कि प्रत्येक सुन्दर वस्तु में इतनी क्षमता होती है कि वह हमें रस मग्न कर दे–इस स्थिति को प्राप्त करने के लिए तीन रूप विधानों की प्रस्तावना वे करते है–प्रत्यक्ष रूप विधान, स्मृति रूप विधान तथा काल्पनिक रूप विधान। अपने सैद्धान्तिक निबंधों में वे सर्वत्र लोकमंगल के सिद्धान्त का अनुसरण करते दिखाई देते हैं।

व्यवहारिक निबंध–शुक्ल जी "भारतेन्दु हरिश्चंद्र" नामक निबंध में भारतेन्दु के युग के रचनात्मक तथा साहित्यिक वातावरण के निर्माण में भारतेन्तु के योगदान को रेखांकित किया।

"तुलसी का भक्तिमार्ग" में अनन्तशील सौन्दर्य समन्वित नायक की कल्पना करने वाले संत तुलसीदास के कवित्व को रेखांकित किया है।

शुक्ल जी का एक-एक निबंध हिन्दी गद्य शैली के विकास की मंजिल है जो गंभीर चिंतन परिपक्व भाषा के कारण हिन्दी साहित्य की अमूल्य निधि है।

शुक्लोत्तर निबंध और निबंधकार

आचार्य रामचंद्र शुक्ल और आचार्य हजारीप्रसाद द्विवेदी की निबंध-परंपरा का विकास यहाँ अवरुद्ध न हो कर, नयी चिंतन-पद्धतियों और अभिव्यक्ति की भंगिमाओं में प्रस्फुटित होता है। अज्ञेय, विद्यानिवास मिश्र, कुबेरनाथ राय, निर्मल वर्मा, रमेशचंद्र शाह, शरद जोशी, जानकीवल्लभ शास्त्री, रामेश्वर शुक्ल अंचल, नेमिचंद्र जैन, विष्णु प्रभाकर, जगदीश चतुर्वेदी, डॉ. देवराज, डॉ. नामवर सिंह, विवेकीराय आदि ने हिन्दी-गद्य की निबंध-परंपरा को न केवल आगे बढ़ाया है, बल्कि उसमें कुछ ऐसे विशिष्ट प्रयोग किये हैं, जो हिन्दी-निबंध की शक्ति एवं संभावनाओं के प्रति आश्वस्त करते हैं। निबंध की रचनावृत्ति रोमैंटिक भावावेग के बोध से बाहर निकल कर गैर-रोमैंटिक बौद्धिक रुझानों की ओर झुकती प्रतीत होती है। ललित-निबंधों ने सर्जनात्मकता के लुभावने स्पर्श से नया आलोक पाया है। निबंधकार अपने युग और अपने निजी व्यक्तित्व का यहाँ प्रत्यक्ष रूप से सामना करता है और व्यक्तित्व की यह समृद्धि और शक्ति निबंधों की रचनात्मकता में उपयुक्त तत्व सिद्ध हुई है। रेखाचित्र, संस्मरण, आत्मकथा आदि सभी निबंध की नयी शैली में मथ कर नये रूपों-छवियों में आ रहे हैं। स्थिति यहाँ तक आ गयी है कि अब निबंधों को भावनात्मक व वैचारिक निबंधों में वर्गीकृत करने वाला पुराना सांचा अपर्याप्त हो गया है। आज जटिल राजनीतिक परिस्थिति पर भी व्यंग्यशैली में वैचारिक गहनता से निबंध लिखा जा रहा है और सांस्कृतिक विषयों पर निहायत अगंभीर ढंग से ललित निबंध भी।

हजारी प्रसाद द्विवेदी : संस्कृति बोध–लोक संस्कृति

हजारी प्रसाद द्विवेदी ने अपने साहित्य के माध्यम से भारतीय संस्कृति की मानवतावादी परम्परा को अखण्ड बनाए रखने का सराहनीय प्रयास किया है। उन्होंने भारतीय संस्कृति और धर्म का विवेचन किया। रामायण, महाभारत, लौकिक, बौद्ध साहित्य, संत साहित्य की लोकधर्मिता व उनकी जन सम्बद्धता को उजागर किया। इनके निबंधों में भारत की संस्कृति, परम्परा, जीवन-दर्शन, जीवन मूल्यों, आदर्शवादिता, उदारता, उदात्तता की अद्भुत छटा विद्यमान है। इन्होंने अपने सांस्कृतिक निबंधों के माध्यम से नव-निर्माण का कार्य किया। इनके निबंधों में भारतीय संस्कृति की देन, कुटज, देवदास, अशोक के फूल, भारतवर्ष की सांस्कृतिक समस्या, हमारी संस्कृति और साहित्य का संबंध, शव साधना आदि प्रमुख हैं।

आचार्य द्विवेदी ने 200 से अधिक निबंधों की रचना की। जो अशोक के फूल, विचार और वितर्क, विचार-प्रवाह, हमारी साहित्यिक समस्याएँ, कल्पलता, साहित्य का अर्थ, गतिशील चिंतन, मध्यकालीन धर्म साधना, कुटज आदि निबंध संग्रहों में संकलित है।

आचार्य द्विवेदी के निबंधों को सांस्कृतिक साहित्यिक, शास्त्रीय, भाषा संबंधी, हिन्दी साहित्य ज्योतिष, धर्म-नीति, रवीन्द्र-गाँधी संबंधी, प्रकृति विषय आदि कई विषयों में विभाजित किया जा सकता है।

आचार्य द्विवेदी के निबंधों से उनका साहित्यिक दृष्टिकोण पता चलता है। वे साहित्य को मानव-सापेक्ष मानते हैं। वे कहते हैं कि हर चीज अशुद्ध है यदि कुछ शुद्ध है तो मानव की जिजीविषा। जो गंगा की अबाधित-अनाहित धारा के समान सब कुछ हजम करने के बाद भी पवित्र है।

अपने निबंधों द्वारा वे समाज के पिछड़े, हाशिए पर धकेले गए वर्ग की आवाज भी उठाते हैं। 'कुटज' उनका ऐसा ही निबंध है।

द्विवेदी जी कहते हैं कि भारत की किसी भी भाषा के साहित्य का समुचित अध्ययन के लिए यह आवश्यक है कि हमें अन्य भारतीय भाषाओं के साहित्य से भी परिचित होना पड़ेगा। हिन्दी साहित्य का अध्ययन बिना पाली, प्राकृत और अपभ्रंश के अध्ययन के संभव नहीं। उन्होंने सिद्धों, नाथों, तथा वज्रयानियों की साधना पद्धति, उनके परिवेश युग तथा उनकी साहित्यिक विरासत पर खूब लिखा है।

भाषा की सहजता, प्रवाह तथा अभिव्यक्ति के दृष्टिकोण से आचार्य द्विवेदी एक आदर्श हैं। वे कहते हैं कि सहज भाषा का अर्थ सहज ही महान् बना देने वाली भाषा है। द्विवेदी जी कहते हैं कि मैं अन्य भाषाओं से शब्द लेने का बिल्कुल विरोधी नहीं हूँ। उनकी रचनाओं में अरबी, फारसी, अंग्रेजी आदि के शब्दों का बहुत प्रयोग हुआ है। वे भाषा में टीमटाम और आडंबर का विरोध करते हैं।

भाषा के समान ही द्विवेदी जी की शैली भी सरल और विविध रूप धारण करने वाली है। उन्होंने व्यास तथा समास दोनों की शैलियों को अपनाया है।

कुबेरनाथ राय : संस्कृति बोध–लोक संस्कृति

हिन्दी के ललित निबंधकारों में कुबेरनाथ राय का नाम सम्मानपूर्वक लिया जाता है। इन्होंने भारतीय इतिहास, संस्कृति एवं समाज को नजदीक से जाना और उसके महानतम, सुन्दरतम रूपों को अपने निबंधों में अभिव्यक्त किया। इनके प्रमुख निबंधों में प्रिया नीलकण्ठी, गंधमादन, रस आखेटक, विषादयोग, निषाद बांसुरी, पर्ण मुकुट, महाकवि की तर्जनी, कामधेनु, देह वल्कल, किरण सप्तशदी, विकल चैत्ररथी आदि है। इनके निबंध भावात्मक, विचारात्मक, वर्णनात्मक, विकारात्मक हैं। इनके निबंधों में समसामयिक लोक जीवन का जीवंत चित्रण है। इन्होंने भारत की व्यापक सांस्कृतिक उपलब्धियों को अपने निबंधों में शब्दबद्ध किया है।

कुबरनाथ राय हिन्दी के ललित निबंधकारों में गिने जाते हैं। उनकी प्रकाशित रचनाएँ हैं–प्रियानीलकंठी, रस आखेटक, गन्धमादन, विषादयोग, निषाद बांसुरी, पर्णमुकुट, महाकवि की तर्जनी, मणिपुतुल के नाम, कामधेनु, किरात नदी में चन्द्रमधु आदि। निबन्धकार में जागरूकता है और अपने युग बोध को समझने की सतत चेष्टा भी है। "विषाद्योग" की भूमिका में वे लिखते हैं- "गीता के प्रथम अध्याय की विषय-वस्तु का नाम विषाद योग है। मुझे लगता है कि हम बीसवीं सदी उत्तरार्द्ध की जीवात्माएँ सभ्यता, संस्कृति और मानवीय इतिहास के द्वार पर जी रहे हैं और हमें कुरूक्षेत्र एवं उसमें भी गर्हित प्रयास की यंत्रणाएँ झेलनी है। उस युग संध्या की युगान्त भूमि पर मन को स्थापित करके चिन्तन करना एक तरह का मानसिक योग है जिसे मैं विषाद योग की संज्ञा देता हूँ।"

इस उद्धरण से कुबेरनाथ राय की मान्यताएँ स्पष्ट हैं। वे कहना चाहते हैं कि जिस तरह द्वापर युग ने यंत्रणाएँ झेली। उसी प्रकार हमारे युग को भी यंत्रणाएँ झेलनी होंगी।

कुबेरनाथ राय की रचनाओं में वैयक्तिक तत्वों की प्रधानता है और प्रचुरता भी। इनके निबंधों को भावात्मक, विचारात्मक, वर्णनात्मक और विवरणात्मक श्रेणियों में विभाजित किया जा सकता है।

भावात्मक निबंध–कुबेरनाथ राय के भावात्मक निबंध मन के आवेग की स्वाधीन अभिव्यक्ति है। इन उन्मुक्त उड़ानों में हवा, हरियाली और धरती को वे नायिका का रूप देते हैं। वह नायिका ऐसी है जिसका विश्वास योग में है। निबंधकार इस नायिका के अंग-प्रत्यंगों, आंचल, स्तन आदि का वर्णन करते हैं। इनके भावात्मक निबंधों में प्रमुख है–"रस-आखेटक", तृषा, तृणा-अमृत-तृषा, देह-वल्कल, गौरी मार्ग और कामुक मेघ आदि।

विचारात्मक निबंध–इनके विचारात्मक निबंध तार्किक पद्धति को अपनाते हैं। तर्क के सहारे वे वस्तु की व्याख्या और विवेचन करते हैं। लेकिन इस तार्किकता के कारण विवेचन कभी भी शुष्क नहीं होता-लेखक सदैव विषय-वस्तु और पाठक के साथ संवेदनशील होता है उनके विचारात्मक निबंधों में आधुनिकता नई और पुरानी, आधुनिकता अकर्म-कर्म की ओर, शिशु वेद, अस्तित्ववाद, पथ का नया दावेदार, नई आस्तिकता पुरानी धुरी, नए त्रिशंकु नए कर्मनाशा, क्रांति, विसंगति और कामू का विद्रोह-दर्शन आदि हैं।

उनकी एक निबंध-रंचना शिशु-वेद है जिसमें बंग्ला, असमिया, भोजपुरी, मगही, मैथिली, छत्तीस गढी आदि भाषाएँ बोलने वाले बच्चों की कबड्डी क्रीड़ा का रोचक वर्णन है।

वर्णनात्मक-विवरणात्मक निबंध–कुबेर जी ने उत्तर भारत के भयंकर सूखे का विवरण "दृष्टिजल" नामक निबंध में दिया है। वे दृश्य, घटना, तीर्थ, नगर, परिवेश का विवरण निबंधशैली में प्रस्तुत करते हैं।

उन्होंने आत्मकथा-शैली में कुछ यूरोपीय कवियों के व्यक्तित्व पर भी निबंध लिखा है जैसे होमर की आत्म कथा, सिंहहार का कवि प्रेत, और कवि प्रेत ने कहा कि शेक्सपीयर–इन तीन निबंधों में कुबेरनाथ राय ने कल्पना से होमर, वर्जिल और शेक्सपीयर के व्यक्तित्व को आकार प्रदान किया है।

विद्यानिवास मिश्र : संस्कृति बोध–लोक संस्कृति

संस्कृत और भारतीय संस्कृति के प्रकाण्ड विद्वान विद्यानिवास मिश्र की रचनाओं में एक ओर भारतीय संस्कृति का पुनराख्यान हुआ है, तो दूसरी ओर लोक संस्कृति और लोक जीवन का प्रकाश भी दिखाई पड़ता है। इनके लेखन में शास्त्र सम्पदा और लोक संस्कृति एवं लोकाचार का सहज-स्वाभाविक सम्मिलन है। इनके निबंध कला एवं संस्कृति के विविध रूपों को उद्‌घाटित करते हुए हमारे चितंन का विकास करते हैं और भारतीय साहित्य एवं संस्कृति को लोक जीवन से जोड़ने का प्रयास करते हैं। इनके प्रमुख निबंध हैं–संस्कृति की पाषाणी,

विंध्य की धरती का वरदान, मैंने सिल पहुंचाई, परम्परा बंधन नहीं, छितवन की छाँह, कदम की फूली डाल, अंगद की नियति, आम्रमंजरी आदि।

विद्यानिवास मिश्र के निबंध कला एवं संस्कृति के विविध रूपों को उद्‌घाटित करते हुये हमारे चिंतन का विस्तार करते हैं और भारतीय साहित्य एवं संस्कृति को लोक जीवन से जोड़ने का प्रयास करते हैं।

मिश्र ने 'संस्कृति की पाषाणी' नामक निबंध में खजुराहो के कंदर्पेश्वर मंदिर की स्थापत्य कला का संश्लिष्ट चित्रांकन किया है। उरूश्रृंगों का वर्णन करते हुये कहते हैं कि, "उन उरूश्रृंगों की आरोही पंक्तियां, जो अमृतघट के पास पहुंचने के लिए व्याकुल दिखती हैं, ऊंचाई का प्रभाव बढ़ा देती हैं, जिस प्रकार एक योगी की महत्ता को उसकी अमृत ज्योति से आकृष्ट, संतप्त, तृषित साधनों की पंक्ति बढ़ा देती है।"

इनके निबंध कल्पना की ऊँची उड़ान नहीं है अपितु वे इन निबंधों में समसामयिक समस्याओं एवं जीवन की विषमताओं का निरूपण व्यंग्यपूर्ण शैली में करते हैं। निबंधों में संस्कृति के अनेक तत्वों का समावेश है। आज के इस दौर में भाई राखी बंधवाने नहीं पहुंचे तो बहिन की पीड़ा कुछ इन शब्दों में व्यक्त होती है, "इंटेलेक्चुअल भैया। राखी का दिन बीत गया। तुम्हें राखी बँधवाने की फुरसत न मिली। तुम चले गए, तब से इस पूनो की बाट जोह रही थी, तुम राखी बंधवाने भी उसी भीने भाव से आओगे, पर तुम नहीं आए।"

विद्यानिवास मिश्र के निबंधों में भारतीय संस्कृति प्रतिफलित होती है। "आम्रमंजरी" में वे संस्कृत साहित्य में चित्रित वसंत वर्णन का विशद चित्रण करते हैं। 'धने नीम तरू तले' नामक निबंध में जीवन और नीम के वृक्ष के सम्बन्ध सूत्र को उजागर किया गया है। 'विंध्य की धरती का वरदान' में भारत की सांस्कृतिक एकता में विंध्यभूमि की महत्ता को निबंधांकित किया है। मिश्र जी ने 'गुर्गी' की मग्न प्रतिभाओं के आधार पर यह विश्वास व्यक्त किया है कि भारत का मध्ययुग उतना पतित नहीं था जितना आज समझा जाता है।

सिल के सांस्कृतिक एवं ऐतिहासिक महत्त्व को 'मैंने सिल पहुंचाई' नामक निबंध में व्यक्त किया है। 'हमारे हरिचंद की कहानी रहि जाएगी।" में उन्होंने यह प्रतिपादित किया है कि वर्तमान साहित्य भारतेन्दु की स्वस्थ परम्पराओं से दूर चला गया है, अतः वह अग्राह्य होता जा रहा है। अपनी सांस्कृतिक चेतना के प्रति सजग मिश्र जी का यह आक्रोश ही इस निबंध में व्यक्त है।

इनके निबंधों में भारतीय संस्कृति के प्रति अगाध श्रद्धा एवं प्रेम दिखाई पड़ता है। इन निबंधों में भारतीय परिवेश समग्रता के साथ अभिव्यंजित है। लोक जीवन एवं लोक संस्कृति से मिश्र जी का गहरा लगाव है। कृषकों की दयनीय दशा का चित्रण इन्होंने 'धनवा पियर भइलें, मनवा पियर भइलें' में किया है।

'कदम की फूली डाल' नामक निबंध में विन्ध्य प्रदेश की सांस्कृतिक एवं प्राकृतिक संपदा का सुन्दर चित्रांकन किया है। वस्तुतः इनके निबंधों में शास्त्रीय तत्व एवं लोकतत्व का सुंदर सामंजस्य हुआ। लोक भाषा से भो इन्हें लगाव है इसलिए अपने निबंधों के बीच-बीच में वे लोक में प्रचलित शब्दों का प्रयोग प्रचुरता से करते हैं। ऐसे कुछ शब्द हैं– लहालोट, धमाचौकड़ी, कुसाइत, अगरोटा, अंश्यिा, रपटा आदि। निष्कर्षतः मिश्र जी के निबंधों में संस्कृति एवं लोकसंस्कृति का सुन्दर समावेश एवं समन्वय है। इससे इनके निबंध उत्कृष्ट शैली के हो गये हैं।

इकाई-VII

काव्य हेतु

काव्य हेतु का सामान्य अर्थ है काव्य के कारण अर्थात् जिन कारणों से प्रेरित होकर कवि काव्य का निर्माण करता है। आधुनिक शब्दावली में हेतु के लिए 'प्रेरणा' शब्द का प्रयोग किया जाता है। संस्कृत काव्य शास्त्र में तीन काव्य हेतु माने जाते हैं–प्रतिभा, व्युत्पत्ति और अभ्यास। लगभग सभी विद्धानों ने प्रतिभा को ही काव्य का प्रमुख हेतु मानते हुए इसे जन्म-जन्मांतरीय संस्कार, प्रज्ञा का उत्कृष्टतम रूप, शिव का नेत्र माना। विद्धानों ने व्युत्पत्ति और अभ्यास को प्रतिभा के परिष्कारक हेतु माना।

काव्य रचना में सहायक तत्वों को काव्य हेतु कहा जाता है। काव्य सृजन के लिए जिन तत्वों की अनिवार्यता होती है उन्हें काव्य हेतु कहा गया। संस्कृत काव्यशास्त्र में ऐसे तीन अनिवार्य तत्व माने गए हैं जो निम्नलिखित है-

***(i)* प्रतिभा; *(ii)* व्युत्पत्ति; *(iii)* अभ्यास**

आचार्य मम्मट ने अपने एक श्लोक के द्वारा काव्य-हेतु की अभिव्यक्ति की है–

शक्तिनिपुणता लोकशास्त्र काव्यायवेक्षणात्।
काव्यज्ञ शिक्षयाभ्यास इति हेतुस्तद्भुवे।।

अर्थात् **शक्ति**, (कवित्व का बीजरूप संस्कार, लोकशास्त्र, काव्योदिके अनुशीलन से उत्पन्न **क्षमता या योग्यता**, शिक्षा द्वारा प्राप्त **अभ्यास**–ये काव्य के हेतु हैं।)

मम्मट के पूर्व आचार्य दंडी और भामह ने प्रतिभा को अतिरिक्त महत्व देते हुए ज्ञान को व्युत्पत्ति के रूप में काव्य हेतु के रूप में मान्यता दी। इन आचार्यों ने पूर्ववर्ती कवियों और महान् ग्रंथों के अध्ययन को अभ्यास के अन्तर्गत रखा तथा इसे भी महत्वपूर्ण माना।

आचार्य दंडी ने एक श्लोक में काव्य हेतु संबंधी अपनी मान्यता को व्यक्त करते हुए कहा है-

"नैसर्गिकी च प्रतिभा श्रुतं च बहुनिर्मलम्।
अमन्दचाभियोगोज्स्या करणं काव्य सम्पदः।।"

अर्थात् जन्म से ही प्राप्त प्रतिभा, निर्मल शास्त्र के अध्ययन श्रवण और अभ्यास काव्य सम्पदा के हेतु होते हैं।

लगभग सभी आचार्यों-यथा भामह, दंडी, रूद्रट, मम्मट, आनन्द वर्द्धन, राजशेखर आदि आचार्यों ने प्रतिभा, अभ्यास और व्युत्पत्ति को काव्य हेतु स्वीकार किया है।

प्रतिभा : प्रतिभा को अभिनवगुप्त ने अपूर्व वस्तु के निर्माण में क्षमता रखने वाली कहा-

'प्रतिभा अपूर्व वस्तु निर्माण क्षमता प्रज्ञ'

प्रतिभा के लिए आचार्य मम्मट ने शक्ति शब्द का प्रयोग किया है तथा इसे एक विशिष्ट संस्कार की संज्ञा दी-

"शक्ति कवित्वं बीज रूपम् संस्कार दिशेषः।"

राजशेखर ने कारयित्री भी प्रतिभा और भावयित्री भी प्रतिभा नामक दो भेद माने हैं। कारयित्री प्रतिभा का संबंध सर्जक से तथा भावयित्री प्रतिभा का संबंध भावक से है।

व्युत्पत्ति : राजशेखर ने व्युत्पत्ति का अर्थ बहुज्ञता बताया है। आचार्य वामन ने "विद्या परिज्ञान" तथा रूद्रट ने छन्द, व्याकरण लोक स्थिति आदि के सम्यक् ज्ञान को व्युत्पत्ति माना है।

अभ्यास : प्रतिभा और व्युत्पत्ति के साथ-साथ काव्य-रचना के लिए अभ्यास न हो तो प्रतिभा व्यर्थ हो जाती है।

काव्य प्रयोजन

काव्य प्रयोजन का अर्थ है काव्य का उद्देश्य अर्थात् कवि कविता के द्वारा जिस वस्तु को प्राप्त करना चाहता है, उस इप्सित फल को काव्य का प्रयोजन कहा जाता है। संस्कृत काव्यशास्त्रियों और भारतीय तथा पाश्चात्यकाव्यशास्त्रियों ने अनेक काव्य प्रयोजन गिनाए हैं जिनमें प्रमुख ये हैं–धर्म, अर्थ, काम, मोक्ष, यश, आयु, हित, ज्ञानवृद्धि, उपदेश, प्रीति, व्यवहार ज्ञान, अमंगल नाश, कांतासम्मित, उपदेश, कवि शिक्षा, शील, शक्ति और सौन्दर्य आदि।

संस्कृत काव्य-शास्त्र में आचार्यों ने काव्य-प्रयोजन पर विस्तार से विचार किया है। सभी आचार्यों ने काव्य प्रयोजन को अपनी-अपनी दृष्टि से देखा है। इस प्रक्रिया में उन्होंने लोक-पक्ष से अध्यात्म पक्ष को काव्य के प्रयोजन में शामिल किया है। इन आचार्यों की मान्यताओं में मतैक्य भी है और विरोध भी। अब हम क्रमबद्ध रूप से इन आचार्यों की काव्य-प्रयोजन संबंधी मान्यता पर विचार करें-

भरत : आचार्य भरत ने काव्य-प्रयोजनों की चर्चा नाटक के संदर्भ में ही की है। उन्होंने नाटक को प्रयोजन धर्म, यश, हित-साधन, आयु-वर्द्धन, बुद्धि-वर्द्धन एवं लोकोपदेश माना है।

भामह : आचार्य भामह ने धर्म, अर्थ, काम और मोक्ष के अतिरिक्त कलाओं में विलक्षणता पाना, कीर्ति और आनन्द की उपलब्धि को काव्य-प्रयोजन माना है। काव्य प्रयोजनों को आचार्य भामह ने एक श्लोक में व्यक्त किया है-

धर्मार्थ काम मोक्षेषु वैचक्षण्यं कलासु च।
करोति कीर्ति प्रीति च साधु काव्य निवेषणम।।

वामन : आचार्य वामन ने काव्य-प्रयोजनों को दो भागों में विभाजित किया है जो निम्नलिखित हैं-

(*i*) दृष्ट प्रयोजन

(*ii*) अदृष्ट प्रयोजन

आचार्य वामन ने कीर्ति प्राप्ति को अदृष्ट या अप्रत्यक्ष प्रयोजन तथा प्रीति तथा आनन्द प्राप्ति को दृष्ट या प्रत्यक्ष प्रयोजन माना है–

"काव्य सद्दृष्टदृष्टार्थ प्रीति कीर्ति हेत्वात्।"

आचार्य मम्मट : इन्होंने प्रयोजनों पर व्यापक रूप से विचार किया। अपने ग्रंथ में उन्होंने यह प्रसिद्ध श्लोक उद्धृत करते हुए काव्य के छः प्रयोजन बताए हैं–

काव्यंयशसे अर्थकृते व्यवहार विदे, शिवेतरक्षतये।
सद्यः परिनिवृत्तये कान्तासम्मित तयोपदेश युजे।।

इस प्रकार मम्मट ने इस श्लोक में छः काव्य प्रयोजनों की चर्चा की है जो निम्नलिखित है-

(*i*) **काव्यंयशसे :** यश प्राप्ति को मम्मट ने अपने ग्रंथ काव्य-प्रकाश में सर्वाधिक महत्व दिया है। यश प्राप्ति, के उद्देश्य से प्रवृत होकर कवि रचना करता है।

(*ii*) **काव्यं अर्थ कृते :** साहित्य के भौतिक प्रयोजनों में अर्थ की प्राप्ति का भी महत्वपूर्ण स्थान है। अपनी आजीविका तथा संसार में उपलब्ध सुखों की प्राप्ति के एक साधन के रूप में काव्य का प्रयोजन एक पुरानी मान्यता है।

(*iii*) **काव्यं व्यवहार विदे :** मम्मट ने व्यवहारिक ज्ञान को काव्य का तीसरा प्रयोजन माना है। काव्य के प्रणयन के दौरान कवि मानव के उदय और सामाजिक अवस्थाओं का सूक्ष्म अध्ययन करता है। पाठक भी काव्य के अध्ययन के द्वारा समाज और मानव चरित्र की जानकारी प्राप्त करता है।

(*iv*) **काव्यं शिवेतरक्षयते :** अमंगल निवारण तथा कल्याण को काव्य का चतुर्थ लक्षण मम्मट ने स्वीकार किया है। आचार्य मम्मट ने "काव्य-प्रकाश" में एक किसी मयूर कवि का उल्लेख किया है जिनका कुष्ठ रोग "सूर्यशतक" नामक ग्रन्थ की रचना से दूर हुआ।

(*v*) **काव्यं सद्यः परिनिवृत्तये :** साहित्य से मानव-हृदय का साधारणीकरण होता है इसीलिए मम्मट ने काव्य का पंचम उद्देश्य "सद्यः परिनिवृत्तये" अर्थात् "रसोत्पत्ति" माना है

(*vi*) **काव्यं कान्ता सम्मित तयोपदेश युजे :** कविता स्त्री की मधुर वाणी के समान उपदेशपरक होती है। इस प्रकार कवि प्रत्यक्षतः तो उपदेश नहीं देता किन्तु वह अप्रत्यक्षतः मधुरवाणी में अपना संदेश पहुँचाकर जीवन को सार्थक बनाने का उपदेश दे देता है।

प्रमुख सिद्धांत

रस : सामान्य परिचय

जो आस्वादित कर सके, उसे रस कहते हैं। रस सिद्धांत के प्रवर्तक आचार्य भरतमुनि हैं। उन्होंने कहा कि रस के बिना किसी भी अर्थ का आविर्भूत होना संभव नहीं है। विश्वनाथ ने रस को काव्य की आत्मा कहा। आधुनिक काल में महावीर प्रसाद द्विवेदी ने कहा कि-रस ही कविता का प्राण है और जो यथार्थ कवि है, उसकी कविता में रस आवश्यक है। रस को रमणीय अर्थ का प्रतिपादक और प्रकाश ज्ञान, चिन्मय आंनद माना गया।

रस संप्रदाय काव्यशास्त्रीय चिन्तन का सबसे प्राचीन संप्रदाय है। इसके संस्थापक आचार्य भरत हैं। उनके अनुसार

"नहिं रसादृते कश्चिूदप्यर्थः प्रवर्तते।"

परवर्ती आचार्यों ने भी काव्य के अन्य तत्वों की अपेक्षा रस तत्व को सर्वाधिक महत्व दिया।
अग्निपुराण में कहा गया है-

"वाग्वैदग्ध्य प्रधानेऽपि रस एवाय जीवितम्।"

राजशेखर ने कहा

"शब्दार्थों ते शरीर रस आत्मा।"

अभिनवगुप्त ने "रसैनन सर्वजीवित काव्यम्" कहा तथा आचार्य विश्वनाथ ने "वाक्यम् रसात्मकम् काव्यं" कहा। पंडितराज जगन्नाथ ने "रमणीयार्थ प्रतीपादकः शब्दः काव्य" कहा।

इन सारे कथनों से रस की महत्ता सिद्ध होती है। भामह ने काव्य रस शब्द का प्रयोग किया। आचार्य दण्डी ने माधुर्य को रस का पर्यायवाची बताया। यहाँ तक कि ध्वनिवादी आनन्दवर्द्धन ने रसध्वनि की परिकल्पना करके रस की महत्ता स्वीकार की। आचार्य क्षेमेन्द्र के औचित्य प्रतिपादन में भी मूल रस ही है।

इस प्रकार इस पर सभी आचार्यों ने अनिवार्यतः विचार किया। आचार्य भरत का कथन-

"विभावानुभवसंचासंयागत् रस निष्पत्ति।"

तो काव्यशास्त्रीय चिन्तन का आधार है।

अलंकार : सामान्य परिचय

जो शोभा बढ़ाए, जो अलंकृत करे अथवा जिससे अलंकृत किया जाए उसे अलंकार कहते हैं। अलंकारवादी आचार्यों ने अलंकार को काव्य की शोभा बढ़ाने वाला, उत्कृष्टता का प्रमुख साधन माना। अलंकार को सर्वप्रथम भामह ने काव्यात्मा माना और कहा कि जिस प्रकार स्वभाव सुंदर होने पर भी वनिता के मुख पर भूषण के बिना आभा नहीं आती उसी प्रकार नितांत रूप से वाणी में चारुता नहीं आती। रीतिकलीन आचार्य केशवदास ने भी कविता की चारुता अलंकार से मानी।

आचार्य भामह को अलंकार संप्रदाय का प्रवर्त्तक माना जाता है। इन्होंने अलंकार को काव्य का प्रमुख तत्व माना। आचार्य भामह का कहना है कि विभिन्न सौन्दर्य विधायक कारकों से युक्त होने पर भी अलंकार विहीन रचना उसी तरह अशोभित रहती है जिस प्रकार कामिनी का मुख सुन्दर और प्रसाधन युक्त होते हुए भी आभूषणों के अभाव में शोभायमान नहीं होता-

"न कान्तमपि निर्मूषं विभाति वनितामुखम्।"

भामह ने अलंकारों को सबसे महत्वपूर्ण माना तथा रस और भाव को भी रसवत् तथा ऊर्जस्वित् अलंकारों में अन्तर्निहित माना।

भामह के बाद आचार्य दण्डी ने अलंकार संप्रदाय को समृद्ध किया। उन्होंने कहा- "काव्य शोभाकारान धर्मान् अलंकारान प्रचक्षते।" अर्थात् अलंकार काव्य का शोभाकार धर्म है।

आचार्य भामह ने वक्रोक्ति को अलंकारों का आधार माना था किन्तु आचार्य दण्डी ने वक्रोक्ति और स्वाभावोक्ति को वाङ्मय का भेद स्वीकार किया।

आचार्य दण्डी ने तो भामह की वक्रोक्ति की अपेक्षा स्वभावोक्ति को ही प्राथमिकता प्रदान किया।

आचार्य दण्डी के बाद आचार्य उद्भट ने अलंकार सम्प्रदाय को समृद्ध किया। अपने ग्रंथ "अलंकार सार संग्रह" में इन्होंने स्वतंत्र रूप से अलंकारों का वर्णन किया है।

आचार्य रूद्रट एक ऐसे काल में साहित्य-विचार कर रहे थे, जहाँ एक ओर अलंकार संप्रदाय का बोल-बाला था तो दूसरी ओर ध्वनि संप्रदाय विकास की अवस्था में था। इसी परिदृश्य में उन्होंने इन दोनों सम्प्रदायों का समन्वय स्थापित करने का प्रयास किया।

रस, ध्वनि आदि सम्प्रदाय के आचार्यों ने अलंकार में बाह्य उपकरण को मान्यता दी। आचार्य विश्वनाथ ने तो अलंकारों को शब्द और अर्थ का अस्थिर धर्म तक कहा।

काव्यशास्त्र में अलंकार की महत्ता सभी ने स्वीकारी है। इसकी महत्ता का अनुमान इसी तथ्य से लगाया जा सकता है कि एक समय काव्य शास्त्र के लिए अलंकार शास्त्र नाम ही प्रचलित था।

रीति : सामान्य परिचय

रीति शब्द का अर्थ है मार्ग, पथ, पद्धति, प्रणाली, शैली। काव्यशास्त्र में रीति शब्द काव्यात्मा के रूप में प्रचलित है। इसके प्रवर्तक वामन ने विशिष्ट पद रचना को रीति कहा और उसे गुणों के आश्रित माना। दस शब्द गुण और दस अर्थ गुणों से सम्पन्न रीति को उन्होंने काव्यात्मा माना।

आचार्य वामन ने रीति के तीन भेद किए-वैदर्भी, गौड़ी तथा पांचाली। पांचाली की संकल्पना वामन की निजी उद्भावना है। उन्होंने माना कि गौडी में ओज तथा कांति का तथा पांचाली में माधुर्य और सुकुमारता का समावेश होता है जबकि वैदर्भी में सभी गुणों का समावेश होता है इसलिए आचार्य वामन ने वैदर्भी रीति को सर्वोत्तम माना है।

रीति संप्रदाय को स्थापित तो वामन ने किया किन्तु गुणों की चर्चा काफी पहले आचार्य भरत कर चुके थे। उन्होंने अपने नाट्यशास्त्र में दस प्रकार के गुणों का उल्लेख किया है।

वामन के पूर्व आचार्य भामह तथा दण्डी ने भी रीति पर विचार किया तथा इसे "मार्ग" की संज्ञा दी। इन आचार्यों ने वैदर्भी को दसों गुणों से युक्त माना। किन्तु इन आचार्यों ने रीति की महत्ता स्वीकार करते हुए भी अलंकार को ही काव्यात्मा के रूप में स्वीकार किया।

वामन के पश्चात् रूद्रट ने रस और रीति के संबंध पर विशेष विचार किया है। सर्वप्रथम रूद्रट ने ही रस के अनुकूल रीति के चयन की बात की। आचार्य रूद्रट ने लाटी नामक एक नई रीति की उद्भावना की।

ध्वनि : सामान्य परिचय

आनंद वर्धन ने ध्वनि को काव्यात्मा मानते हुए लिखा–

'काव्यास्यात्मा ध्वनिरीति बुधैर्यः समान्नातपूर्णः' ध्वनि सिद्धांत पहला ऐसा भारतीय सिद्धांत है जिसने काव्य में कल्पना तत्त्व को स्वीकार किया है। ध्वनि के तीन भेद माने गए -रस ध्वनि, अंलकार ध्वनि और वस्तु ध्वनि। इनमें से रस ध्वनि को श्रेष्ठ और काव्यात्मा माना गया।

आचार्य ध्वनिकार को ध्वनि संप्रदाय का आचार्य तथा आनन्दवर्द्धन को इस संप्रदाय का व्याख्याकार माना जाता है।

किन्तु प्रो॰ शंकरन ने ध्वनिकार और आनन्दवर्द्धन को एक ही व्यक्ति के दो नाम माने हैं।

आनन्द वर्द्धन ने ध्वनि को काव्यात्मा माना है। वाच्य की अपेक्षा अधिक चमत्कार उत्पन्न करने वाले व्यंग्य को ध्वनि कहा जाता है। ध्वनिकार ने अभिधा, लक्षणा और व्यंजना में व्यंजना को सर्वोत्तम शब्द शक्ति माना। व्यंजना को ही प्रतीयमान अर्थ, व्यंग्य आदि कहा गया। किन्तु इसका यह कतई अर्थ नहीं कि ध्वनिवादियों ने वाच्यार्थ (अभिधा) की उपेक्षा कर दी। ध्वनिवादियों ने व्यंग्यार्थ को वाच्यार्थ पर आश्रित माना। उनका मानना था कि वाच्यार्थ तो स्थूल अर्थ है जबकि उस का सार तो प्रतीयमान ही है जिसे केवल काव्य-मर्मज्ञ ही समझ सकते हैं। वह काव्य जो पाठक के हृदय में अनुरणन पैदा करे उसे ही सर्वोत्तम काव्य कहते हैं।

आनन्दवर्द्धन ने ध्वनि को तीन भागों में विभाजित किया–रस ध्वनि, अलंकार ध्वनि तथा वस्तु ध्वनि। इनमें रस ध्वनि सर्वोत्तम है जिसमें अन्य दोनों ध्वनियों का समावेश होता है।

आनन्दवर्द्धन ने ध्वन्यालोक में काव्य के तीन भेद बताए हैं–**(1)** ध्वनि काव्य, **(2)** गुणीभूत व्यंग्य काव्य तथा **(3)** चित्रकाव्य। ध्वनि काव्य में वाच्यार्थ से व्यंग्यार्थ की प्रतीति होती है और वह व्यंग्यार्थ वाच्यार्थ की अपेक्षा अधिक सुन्दर और चमत्कारी होता है। गुणीभूत व्यंग्य में व्यंग्यार्थ उपस्थित तो होता है किन्तु वह वाच्यार्थ के समान या फिर वाच्यार्थ से कम चमत्कारी होता है। जबकि चित्र काव्य में व्यंग्यार्थ का अस्तित्व नहीं होता। इसीलिए आनन्दवर्द्धन ने ध्वनि काव्य को उत्तम, गुणीभूत व्यंग्य को मध्यम् तथा चित्रकाव्य को अधम काव्य की कोटि में रखा है।

आनन्दवर्द्धन के पश्चात् ध्वनि सिद्धान्त का भट्टनायक कुन्तक, महिमभट्ट आदि ने घोर विरोध किया किन्तु अभिनवगुप्त ने ध्वन्यालोक पर टीका लिखकर उनके तर्कों का प्रबल खंडन किया।

मम्मट ने भी ध्वनि सिद्धान्त का ही समर्थन किया तथा ध्वनि सिद्धान्त को और भी पुष्ट किया।

वक्रोक्ति : सामान्य परिचय

वक्रोक्ति सिद्धांत का प्रतिपादन आचार्य कुंतक ने किया। उन्होंने 'वक्रोक्ति काव्य जीवितम' कहकर वक्रोक्ति को काव्य का प्राण माना और इसके छः भेद तथा इन भेदों के अनेकानेक भेदोपभेद किए। वक्रोक्ति के छः भेद निम्नलिखित हैं–वर्ण विन्यास वक्रता, पदपूर्वाद्ध वक्रता, पर परार्ध वक्रता, वाक्य वक्रता, प्रकरण वक्रता और प्रबंध वक्रता।

आचार्य कुन्तक ने वक्रोक्ति संप्रदाय को स्थापित किया और वक्रोक्ति को काव्य का प्राणभूत तत्व स्वीकार किया। कुन्तक ने "वैदग्ध भंगी भणिति" के द्वारा वक्रोक्ति को एक व्यापक रूप प्रदान किया। काव्य के समस्त तत्वों और प्रभेदों को आचार्य कुन्तक ने वक्रोक्ति के अन्तर्गत समाविष्ट कर लिया।

आचार्य कुन्तक के पूर्व भारतीय काव्य-शास्त्र में दो मान्यताएँ थीं।

(i) वक्रोक्ति समस्त अलंकारों का मूल है-यह मानने वाले आचार्यों में भामह प्रमुख हैं। उन्होंने कहा कि- "कोडलंकारोडनया बिना"। आचार्य दण्डी ने वक्रोक्ति को वांड्मय का एक भेद कहा–

"भिन्न द्विधा स्वाभावोक्ति वक्रोक्तिश्चेति"

(ii) दूसरी स्थिति में वक्रोक्ति को एक अलंकार विशेष के रूप में मान्यता दी गई–जैसे आचार्य बामन ने इसे अर्थालंकारों के अन्तर्गत निहित माना तथा कहा-

"सादृश्यालक्षणाः वक्रोक्तिः"।

आचार्य कुन्तक ने वक्रोक्ति को काव्य की आत्मा के रूप में प्रस्तुत किया तथा इसके छः भेद माने।

परवर्ती काल में मम्मट विश्वनाथ आदि आचार्यों ने वक्रोक्ति को एक अलंकार के रूप में ही मान्यता दी। इससे वक्रोक्ति का अर्थ पुनः संकुचित हो गया।

औचित्य : सामान्य परिचय

औचित्य सिद्धांत के प्रवर्तक आचार्य क्षेमेन्द्र हैं। इस सिद्धांत का सम्बन्ध मानवीय जीवन से है। जिस प्रकार मानव समाज और जीवन में उचित का महत्त्व है उसी प्रकार काव्य में भी औचित्य महत्वपूर्ण है। काव्य में रस, अलंकार, गुण, रीति, आदि काव्य तत्त्वों का समय सिद्ध उपयोग ही औचित्य सिद्धांत है।

आचार्य क्षेमेन्द्र औचित्य संप्रदाय के संस्थापक हैं। "औचित्य विचार चर्चा" नामक ग्रंथ में इन्होंने औचित्य पर विस्तार से विचार किया है। इनका मानना है कि काव्य में अलंकार और गुण का विशेष महत्व नहीं है। अलंकार तो बाह्य-शोभा मात्र है तथा गुण तो काव्य के आत्म तत्व का स्थान नहीं ले सकते। काव्य का सबसे महत्वपूर्ण तत्व रस है जो सहृदयों को आह्लादित करने की क्षमता रखता है। पर इस सर्वाधिक महत्वपूर्ण माने जाने वाले रस का भी जीवन औचित्य है।

"अलंकाररास्त्वंलकाराः गुणा एव गुणा सदा।
औचित्यं रस सिद्धस्य स्थिर काव्यस्य जीवितम्।।"

आचार्य भरत ने नाट्यशास्त्र में ही औचित्य-अनौचित्य पर विचार किया था। आनन्दवर्द्धन और कुतंक ने भी औचित्य की महत्ता पर प्रकाश डाला है। आनन्दवर्द्धन ने सभी रस-दोषों का कारण अनौचित्य को ही माना है।

इसी प्रकार कुन्तक ने भी सुकुमार विचित्र और मध्यम् नामक तीन काव्य-भेदों में सामान्य रूप से औचित्य का अस्तित्व माना है।

इसी औचित्य चिन्तन की परम्परा को आचार्य क्षेमेन्द्र ने विकसित किया है। इन्होंने सत्ताईस प्रकार के औचित्य का विवेचन किया है।

रस निष्पत्ति

"रस" शब्द रस+अच् के योग से बना है जिसका कोशगत अर्थ है सार (जैसे इक्षु रस, कुसुम रस आदि)। काव्य शास्त्रीय अर्थ में रस का प्रयोग उस 'आनन्द' के अर्थ में होता है जो काव्य के श्रवण या नाट्य-दर्शन से प्राप्त होता है। यह अनिर्वचनीय तथा लोकोत्तर आनन्द होता है। इसीलिए रस की व्याख्या करते समय कहा भी गया है-

"रसो वै सः रसं ह्ये वायं लब्ध्वा ऽ ऽ नन्दी यवति।"

अर्थात् जिस प्रकार एक ब्रह्मयोगी साधक को साधना के चरम बिन्दु पर पहुँचकर होने वाली आत्मानन्द अनुभूति अनिर्वचनीय एवं अलौकिक है उसी प्रकार काव्यास्वाद या काव्यानन्द लोकोत्तर एवं "गूंगे का गुड़" के समान केवल अनुभूति का विषय है।

रसाभिव्यक्ति की प्रक्रिया को वैज्ञानिक रूप में प्रस्तुत करते हुए आचार्य भरत ने रस-लक्षण इस प्रकार दिया है-

"तत्र विभावानुभाव व्यभिचारिसंयोगा द्रस निष्पन्तिः।"

अर्थात् विभाव, अनुभाव और व्यभिचारी (संचारी) भावों के संयोग से रस की निष्पत्ति होती है। उल्लेखनीय है कि भरत मुनि ने विभाव, अनुभाव और व्यभिचारी भावों के अतिरिक्त स्थायी भाव का भी पृथ्क से उल्लेख किया है। उनका मानना है कि विभाव, अनुभाव और संचारी के संयोग से उद्बुध होने वाले स्थायीभाव को ही रस कहते हैं। इस रस सूत्र में दो महत्वपूर्ण और विचारणीय शब्द आए हैं– वे हैं "संयोग" और "निष्पत्ति"। भरत मुनि के इस सूत्र से कुछ प्रश्न उठे। जैसे– विभाव, अनुभाव संचारी का संयोग किसके साथ होता है? निष्पत्ति से क्या तात्पर्य है? रस की निष्पत्ति किसमें होती है– काव्य में, पात्र में, अभिनय करने वाले अनुकर्त्ता में या श्रोता, पाठक व सहृदय में होती है?

इन्हीं प्रश्नों की विवेचना के क्रम में आचार्य भट्टलोल्लट, आचार्य शंकुक, आचार्य भट्टनायक तथा आचार्य अभिनवगुप्त ने क्रमशः आरोपवाद या उत्पत्तिवाद, अनुमितिवाद, भुक्तिवाद और अभिव्यक्तिवाद का सिद्धान्त प्रस्तुत किया।

अब हम इन सिद्धान्तों का अध्ययन करेंगे जिसमें रस के स्वरूप और रसनिष्पत्ति पर विचार किया गया है।

भट्टलोल्लट का उत्पत्तिवाद या आरोपवाद : आचार्य लोल्लट ने रससूत्र में आए "निष्पत्ति" शब्द का अर्थ "उत्पत्ति" बताया। उनका कहना है कि रस की उत्पत्ति काव्य में वर्णित दुष्यन्त, लक्ष्मण आदि पात्रों में होती है। जब उस मूल काव्य को अनुकर्त्ता अभिनय करके प्रस्तुत करते हैं तो हम इन अभिनेताओं में इन पात्रों (दुष्यन्त, लक्ष्मण आदि) का आरोप कर लेते हैं। मूल पात्रों के व्यापार तथा अनुभूतियाँ ही अभिनेता के व्यापार एवं अनुभूतियाँ बन जाती हैं। अतएव रस की स्थिति उन्हीं मूल पात्रों में होती है। आचार्य लोल्लट ने 'संयोग' का अर्थ "उत्पाद्य-उत्पादक संबंध" बताया अर्थात् विभाव अनुभाव संचारी भाव रस के उत्पादक हैं और रस उत्पाद्य हैं।

आचार्य शंकुक का अनुमितिवाद : आचार्य लोल्लट के मत का खंडन करते हुए आचार्य शंकुक ने "निष्पत्ति" का अर्थ "अनुमिति" माना। उनका मानना था कि जब हम किसी अनुकर्त्ता (अभिनेता) को किसी मूलपात्र यथा दुष्यन्त लक्ष्मण आदि का अनुकरण (अभिनय) करते देखते हैं तो हम यह अनुमान कर लेते हैं कि अनुकर्त्ता ही मूलपात्र (दुष्यन्त आदि) है। अर्थात् अनुमान द्वारा हम अनुकरण को वास्तविक मान लेते हैं। यही काव्य के संबंध में भी घटता है। संयोग से इनका तात्पर्य अनुमाप्य-अनुमापक संबंध से है। अर्थात् विभावानुभाव संचारी भाव अनुमापक और रस अनुमानित किया जाने वाला अनुमाप्य तत्व है।

भट्टनायक का भुक्तिवाद : आचार्य भट्टनायक ने "निष्पत्ति" का अभिप्राय "भुक्ति" अर्थात् भोग माना है। इनका कहना है कि रस का उपभोग वास्तव में वह सहृदय करता है जो काव्य का श्रवण-पाठन अथवा दर्शन करता है क्योंकि मूलपात्र तो उस समय अनुपस्थित रहता है और अनुकर्त्ता का उद्देश्य केवल कला-प्रदर्शन करना होता है। काव्य का अध्येता जब भी काव्य का आस्वादन करता है तो उसका निजत्व अथवा अहंभाव खो जाता है और काव्य में वर्णित घटना या विषय से प्रभावित होकर उसका हृदय रस का भाग करने लगता है। इस प्रकार भट्टनायक ने संयोग का अर्थ "भोज्य-भोजक" संबंध माना है।

अभिनवगुप्त का अभिव्यक्तिवादः अभिनवगुप्त ने भट्टनायक के भुक्तिवाद को स्वीकारते हुए उसकी विशद् व्याख्या प्रस्तुत की। 'निष्पत्ति' से उनका अर्थ है "अभिव्यक्ति"। उनका मानना है कि प्रत्येक सामाजिक विषय में रति, हास, शोक, क्रोध आदि स्थायी भाव संस्कार जन्य होते हैं जो विविध कारणों से अव्यक्त रहते हैं। विभाव, अनुभाव, संचारी के सहयोग से वे अव्यक्त स्थायीभाव व्यक्त हो जाते हैं। उन्हीं का आनन्दानुभव "रस" है। ठीक वैसे ही जिस प्रकार मिट्टी में गंध स्थायी है किन्तु पानी पड़ने से वह बाहर आ जाती है। अतः रस उत्पन्न अथवा अनुमित नहीं, अभिव्यक्त होता है इसीलिए आचार्य अभिनवगुप्त ने संयोग का अर्थ बताया है व्यंग्य-व्यंजक संबंध।

कालान्तर में अभिनवगुप्त के सिद्धान्त अभिव्यक्तिवाद को सबसे पुष्ट सिद्धान्त के रूप में मान्यता मिलती गई।

आधुनिक हिन्दी आलोचना और प्रमुख आलोचक

स्वातंत्र्योत्तर हिन्दी आलोचना का विकास प्रधानतः प्रगतिशील और व्यक्तिवादी आलोचना के द्वंद्व से हुआ है। प्रगतिशील आलोचना समाजवादी विचारधारा को लेकर चलती है। व्यक्तिवादी आलोचकों ने बहुत कुछ रूपवादी रुख अपनाया। इनका

आग्रह इस रूप में भी प्रकट हुआ कि कृति की विशिष्टता को ध्यान में रखकर उसकी समीक्षा की जानी चाहिए। सभी प्रकार की विचारधारा से परहेज और यथासंभव रचना से उसे दूर रखने का भी आग्रह व्यक्तिवादी आलोचना करती है। इस प्रकार की आलोचना अज्ञेय, लक्ष्मीकांत वर्मा, विजयदेवनारायण साही, धर्मवीर भारती आदि के लेखों में मिलती है। इनमें से लक्ष्मीकांत वर्मा ने नई कविता के प्रतिमान नामक पुस्तक लिखी जिसमें 'नई कविता' की प्रवृत्तियों को रेखांकित करने का प्रयास है। उनके अनुसार 'लघु मानव' को काव्य का विषय बनाना और कविता को राजनीतिक वादों से बचाए रखना, नई कविता का प्रधान लक्षण है। अज्ञेय ने रचना की निजता, स्वायत्तता और बाहरी अतिवादों से साहित्य को बचाए रखने पर जोर दिया। अज्ञेय ने रचनात्मक भाषा-शैली के प्रवाह-पतित होकर फैशन या रीति बन जाने को रचनात्मकता के लिए हानिकर बताया। धर्मवीर भारती ने अपनी पुस्तक मानव मूल्य और साहित्य में प्रगतिवादी रचना-दृष्टि का विरोध किया। साही की आलोचना-दृष्टि इतिहास निरपेक्ष नहीं है। वे हिन्दी साहित्य की परंपराओं का महत्व समझते हैं। समीक्षा करते समय उनका ध्यान लोक-जीवन और साहित्य पर भी रहता है। उन्होंने लघु मानव के बहाने हिन्दी कविता पर एक बहस, शमशेर की कविताओं की बनावट आदि विचारोत्तेजक आलोचनात्मक निबंध लिखे, जिनकी गूँज बहुत देर तक बनी रही। उनकी मृत्यु (1983) के उपरांत जायसी पर उनका समीक्षात्मक ग्रंथ ज़ायसी प्रकाशित हुआ जो काफी चर्चित हुआ। इसमें साही ने जायसी को शुद्ध कवि के रूप में प्रतिष्ठित करने की कोशिश की है। यह समीक्षा-पुस्तक, सृजनात्मक समीक्षा का एक बेहतरीन उदाहरण है।

प्रगतिशील आलोचकों में शिवदान सिंह चौहान, प्रकाश चंद्र गुप्त, डॉ. रामविलास शर्मा, चंद्रबली सिंह, डॉ, नामवर सिंह प्रमुख हैं। शिवदान सिंह चौहान और प्रकाश चंद्र गुप्त ने प्रगतिवादी दृष्टि से अनेक रचनाकारों, कृतियों और जनवादी समस्याओं पर फुटकल निबंध लिखे। इनकी भूमिका लेखकों और पाठकों को मार्क्सवादी चिंतन से परिचित कराना या उन्हें प्रेरित करना है। प्रारंभ में प्रगतिशील आलोचना परंपरा का विरोध करने में संयम कम बरतती थी। रामविलास शर्मा ने परंपरा का उचित मूल्यांकन करके प्रगतिशील समीक्षा को हिन्दी की जातीय साहित्यिक परंपरा से जोड़ा। उन्होंने भारतेंदु हरिश्चंद्र, प्रेमचंद, निराला, रामचंद्र शुक्ल, आचार्य महावीरप्रसाद द्विवेदी पर परिश्रमपूर्वक गंभीर पुस्तकें लिखकर प्रगतिवादी आलोचना को प्रतिष्ठित किया। निराला पर पहला लेख उन्होंने 1934 में लिखा था। तबसे लगभग चालीस वर्षों तक वे साहित्य का अध्ययन-मनन करते रहे। इसका परिणाम निराला की साहित्य-साधना के तीन खंड हैं। डॉ. शर्मा ने निराला के व्यक्तित्व और साहित्य में अंतस्संबंधता एवं अन्योन्याश्रय संबंध देखा है। निराला की साहित्य-साधना (खंड 2) में निराला-साहित्य की समालोचना है। डॉ. शर्मा ने निराला के काव्य की समालोचना स्थापत्य को ध्यान में रखकर की है, जिसमें शब्द और अर्थ की विविधरूपता को एक भवन के आकार की तरह देखा जाता है। निराला की कविताओं को दुरूह समझा जाता रहा है। इसके लिए उनका उपहास भी किया जाता था। डॉ. शर्मा ने उनकी कविताओं में निराला का विश्व-बोध, तार्किकता, अर्थ-संगति खोजी, उन्हें 'अन्यतम मानवीय करुणा' और 'वयस्क श्रृंगार' का कवि बताया। निराला के कला-पक्ष की विवेचना करते हुए डॉ. शर्मा ने आधुनिक समीक्षा के क्षेत्र में प्रचलित प्रायः सभी आलोचना पद्धतियों का उपयोग किया है। उन्होंने हिन्दी आलोचना को अनुचित रूपवादी आग्रह और वस्तुवादी एकांगिता से बचाकर उसकी समर्थ परंपरा का विकास किया।

डॉ. रामविलास शर्मा के आग्रहों और निष्कर्षों से सर्वत्र सहमत होना असंभव है। पंत, मुक्तिबोध, राहुल सांकृत्यायन, यशपाल, पं. हजारीप्रसाद द्विवेदी पर जो उन्होंने लिखा है, वह उनकी आलोचना का दुर्बल एवं एकाकी पक्ष है।

डॉ. नामवर सिंह मध्यकालीन और आधुनिक साहित्य के मर्मज्ञ विद्वान हैं। हिन्दी के समकालीन लेखन को वे सर्वाधिक प्रभावित करने वाले समालोचक हैं। अनेक भाषाओं के साहित्य पर उनकी निगाह रहती है, जिससे उनका साहित्य-चिंतन पुष्ट होता रहता है। डॉ. नामवर सिंह ने समय-समय पर समसामयिक साहित्य की अनेक समस्याओं पर विचार करते हुए अनेक लेखों के अतिरिक्त छायावाद, कहानी : नई कहानी, कविता के नये प्रतिमान और दूसरी परंपरा की खोज नामक पुस्तकें लिखी हैं। अंतिम पुस्तक आचार्य हजारीप्रसाद द्विवेदी के इतिहास-लेखन पर है। इसके अतिरिक्त उनके लेखों का एक संकलन इतिहास और आलोचना नाम से पहले प्रकाशित हो चुका है।

रामचंद्रशुक्ल : रस दृष्टि तथा लोकमंगल की अवधारणा

रस दृष्टि : रामचन्द्र शुक्ल ने परम्परा से प्राप्त रस सिद्धांत को तत्कालीन परिस्थितियों के आलोक में पुनः परिभाषित किया। उन्होंने रस के आधार 'स्थायी भाव' को मनोविज्ञान के आलोक में परिभाषित करते हुए प्रत्यय बोध, अनुभूति और वेगयुक्त प्रवृति के गूढ़ संश्लेष को 'भाव' कहा। उनका भाव शाश्वत और निर्धारित न होकर वैज्ञानिक और ऐतिहासिक है जिससे रस की निर्मिति होती है। उनका रस ब्रह्मस्वाद न होकर लोकमंगल में परिणत हो गया जो 'करूणा' पर आधारित है।

आचार्य शुक्ल रसवादी आचार्य हैं। उन्होंने रस को काव्य का मूल तत्व स्वीकार किया। साधारणीकरण का विवेचन करते हुए वे लिखते हैं कि 'साधारणीकरण आलम्बनत्व धर्म का होता है।' शुक्ल जी ने भावों और मनोविकारों की व्याख्या भाववादी होकर नहीं बल्कि वैज्ञानिक व विकासवादी तरीके से की। इनका साहित्यिक रसवाद है, रसवाद को इन्होंने पूर्ण और प्रगतिशील आधार प्रदान किया। इनकी आलोचना पद्धति में लोकमंगल का भी विशेष स्थान है।

लोक मंगल : आचार्य शुक्ल ने लोक का मंगल करने वाली दो अवस्थाएँ मानी–1. लोक मंगल की साधनावस्था–जिसका बीज भाव करूणा है। उनके अनुसार लोकमंगल की पहली अवस्था तभी संभव होगी तब लोक की पीड़ा बाधा, बंधन, अन्याय, अत्याचार से मुक्ति होगी। 2. लोक मंगल की सिद्धांतवस्था-लोक के प्रतिकरूणा जब सफल हो जाती है। उसकी अन्याय, अत्याचार, बाधा, पीड़ा से मुक्ति हो जाती है तब लोकरंजन का अवसर आता है इसे ही सिद्धावस्था कहा गया है। इसका बीज भाव रंजन और पालन सहित प्रेम है।

शुक्ल जी की आलोचना दृष्टि कुछ मूल्यों पर आधारित है; जैसे–लोकमंगल की साधना, रस सिद्धान्त, प्रबन्धात्मकता और विरोधों का सामंजस्य आदि। शुक्ल जी ने चिन्तामणि से सैद्धांतिक समीक्षा की और सिद्धांतों के व्यावहारिक उदाहरण देकर सिद्धांतों को पुष्ट भी किया है। रस मीमांसा में शुक्ल जी ने रस के शास्त्रीय पक्ष का मौलिक ढंग से विवेचन किया है। शुक्ल जी नैतिकतावादी लोकमंगलकारी व आदर्शवादी सिद्धांतों के पोषक थे।

नंद दुलारे वाजपेयी : सौष्ठववादी आलोचना

नन्ददुलारे वाजपेयी ने छायावादी साहित्य को पश्चिम या बंगला का अनुवाद न मानकर रीतिबद्ध और द्विवेदी युगीन साहित्य की प्रतिक्रिया माना। इसमें मुखर राष्ट्रीय चेतना को उजागर किया। उसकी मुख्य चिंता राष्ट्रीय और सांस्कृतिक मानी। रस की अलौकिकता को पाखण्ड कहा और रस सम्प्रदाय पर अकर्मण्यता का आरोप लगाया। उन्होंने संवेदना और शिल्प का समन्वित विवेचन ही काव्य समीक्षा के लिए उपादेय माना। उन्होंने रचना में ही कवि की अंतःवृत्तियों, मौलिकता, शक्ति मत्ता, सृजन की लघुता विशालता तथा रीतियों, शैलियों और कविता के बाह्यांगों के अध्ययन को आवश्यक माना।

पं. नंददुलारे वाजपेयी के आलोचना ग्रंथ–हिन्दी आलोचना : बीसवीं शताब्दी, में इन्होंने आचार्य शुक्ल पर तीन लेख संकलित किये हैं। जिनमें उनकी महत्ता, देन एवं उनकी समीक्षा की सीमाएं बताई है। वाजपेयी जी के अनुसार : स्थूल व्यवहारवाद को निस्सीम बतलाकर और रहस्यवाद की कनकौए से तुलना कर विद्वान शुक्ल जी ने नवीन कविता के साथ अन्याय किया। सच्चाई तो यह है कि रहस्यवाद की हिमायत करने वाले वाजपेयी जी उसका उतना विश्लेषण नहीं करते जितना रहस्यवाद को 'कनकौआ' कहने वाले शुक्ल जी।

इसमें संदेह नहीं है कि छायावाद की भावभूति को वाजपेयी जी ने पहचाना है। छायावाद का सामाजिक संदर्भ जितनी स्पष्टता के साथ वाजपेयी ने बताया है उतना उनके समय के अन्य किसी आलोचक ने नहीं बताया। उन्होंने कहा कि, "जिस प्रकार मध्ययुग का जीवन भक्तिभाव में व्यक्त हुआ उसी प्रकार आधुनिक जीवन की अभिव्यक्ति इस काव्य में हुई।

वाजपेयी जी छायावाद की आध्यात्मिकता पर बल देते हैं। छायावाद के भौतिक संदर्भ का संकेत देते हुये जयशंकर प्रसाद की कामायनी और कंकाल उपन्यास के माध्यम् से यह वर्णित करते हैं। ये करूणा एवं दुखांत में व्यंग्य भाव ढूँढते हैं। समाज एवं साहित्य के अंतर्सम्बन्धों की छानबीन एवं गहरे पैठ कर सकते हैं। इन्होंने अपनी कुशल दृष्टि से साहित्य में बौद्धिकता तथा सामाजिकता के दबाव को पहचाना।

वाजपेयी जी प्रेमचंद की प्रगतिशीलता को साहित्य का शाश्वत लक्षण मानते हैं। प्रेमचंद ने पूना अधिवेशन में कहा कि, "अगर प्रोपेगण्डा न हो तो संसार में साहित्य की जरूरत

न रहे। जो प्रोपेगण्डा नहीं कर सकता, वह विचार शून्य है और उसे कलम हाथ में लेने का कोई अधिकार नहीं। मैं उस प्रोपेगण्डा को बड़े गर्व से स्वीकार करता हूँ। "साहित्य के सभी नए आंदोलन एक अर्थ में सभी प्रगतिशील कहे जा सकते हैं क्योंकि किसी न किसी नवीन विचारधारा के सहचर हुआ करते हैं।" अतः प्रेमचंद की ही भाँति वाजपेयी जी भी कहते हैं कि, किसी विशिष्ट साहित्य आंदोलन को ही प्रगतिशील कहने से भ्रम होता है, हमारे पहले के आंदोलन प्रगतिशील नहीं थे।

पंडित वाजपेयी ने जीवोन्मुख और उसकी उद्देश्ययुक्त नियोजना को प्रगतिशीलता का लक्षण माना है। उनके विश्लेषण से ऐसा लगता है कि वे प्रगतिशीलता को काव्य हेतु अनिवार्य मानते हैं। प्रगतिशीलता समय सापेक्ष है। भूत एवं भविष्य को वर्तमान के व्यवहार से समझकर। "साहित्य जीवन के संघर्षों के बीच रहकर रचा जाता है और उसका उद्देश्य जीवन को समृद्ध और सम्पन्न बनाना है।"

इन्होंने साहित्य सृजन के लिए सामयिक जीवन महत्त्व पर पुनः बल दिया। प्रयोगवादी रचनाओं पर भी विचार किया। उन्होंने तारसप्तक के संकलनकर्ता और संपादक अज्ञेय के वक्तव्य की आलोचनात्मक छानबीन की है। हिन्दी साहित्य-बीसवीं शताब्दी में आचार्य द्विवेदी, मैथिलीशरण गुप्त, रत्नाकर आदि पर निबंध सृजित कर आलोचकीय गंभीरता और दायित्व का परिचय दिया।

वाजपेयी का साहित्यिक व्यक्तित्व अपने युग की राष्ट्रीय आशाओं, आकांक्षाओं का प्रतिनिधित्व करता है। उनके पुरुष व्यक्तित्व ने यदि खड़ी बोली हिन्दी को गठित, व्यवस्थित और एकरूप किया तो प्रेरणादायक व्यक्तित्व ने हिन्दी को मैथिलीशरणगुप्त जैसा कवि दिया। छायावाद को द्विवेदी युग का विद्रोह स्वर तो बहुत जोर-शोर से कहा जाता है, लेकिन यह आंकने का प्रयास कम किया जाता है कि द्विवेदी युग को लांघकर हिन्दी में छायावाद नहीं आ सकता था। छायावाद द्विवेदी युग का विद्रोह कम और विकास अधिक है। हमारे देश की प्रगति का द्विवेदी युग के साहित्य ने साथ दिया। इसे वाजपेयी जी ने लक्षित किया है और वर्णित किया है कि, "हीनता और दरिद्रता के प्रति सहानुभूति समय की सामाजिक और राजनीतिक प्रगति का साथ देना, शृंगार के विलास-वैभव का निषेध, ये सब द्विवेदी युग के आदर्श हैं। मध्य वर्ग की राष्ट्रीय भावना जो अमीरों के आतंक से छूट नहीं पायी थी। "द्विवेदी युग की आधारशिला है।"

वाजपेयी जी ने रत्नाकर के काव्य की जाँच विकास की द्वंद्वात्मक गति की शैली के आधार पर की और वे कहते हैं, कि, "विगत युग के संस्कारों की स्थापना नव्यतर युग में करना निसर्गतः एक कृत्रिम प्रयास है। वह काव्य सुशोभन और गौरवास्पद हो सकता है किन्तु वह युग का अनिवार्य काम नहीं हो सकता। उत्कृष्ट साहित्य सदैव अनिवार्य हुआ करता है।"

कुशल और मर्मभेदी आलोचना 'जयद्रथ वध' जैसी रचनाओं के विश्लेषण करते समय स्पष्ट होती है। राष्ट्रीय चेतना का उत्कर्ष, पुराने कथानक में आधुनिकता की पहचान करना इनकी विशेषता है।

रामविलास शर्मा : मार्क्सवादी समीक्षा

रामविलास शर्मा ने मार्क्सवादी दृष्टिकोण के आधार पर साहित्य की व्याख्या की। सामंतवाद, पूंजीवाद व्यापारिक पूंजीवाद, औद्योगिक पूंजीवाद, महाजनी पूंजीवाद, सर्वहारा को स्पष्ट किया। 'हिन्दी जाति', 'हिन्दी भाषा' के निर्माण में बाजार-व्यापार को महत्त्व दिया। भक्तिकाल को लोकजागरण तो आधुनिक काल को नव जागरण माना, जिसकी शुरूआत 1857 के प्रथम स्वाधीनता संग्राम से मानी। आदिकालीन साहित्य को रीतिवाद का प्रथम उत्थान तो रीतिकाल को द्वितीय उत्थान माना।

शुक्ल जी की आलोचना पद्धति में व्याप्त कुछ त्रुटियों तथा असंगतियों का परिष्कार करते हुए डॉ॰ राम विलास शर्मा ने मार्क्सवाद के रूप में एक सुसंगत और वैज्ञानिक विचारधारा को अपनी आलोचना पद्धति के रूप में अपनाया।

मार्क्सवादी आलोचक के रूप में डॉ॰ शर्मा ने साहित्य से संबंधित अनेक प्रश्नों का सामना किया और एक गंभीर चिंतन प्रस्तुत किया। प्रगति-विरोधी विचारक प्रायः जनता को अशिक्षित भीड़ की संज्ञा देते हैं। डॉ॰ शर्मा ने इस विचार का विरोध करते हुए बताया कि जनता और कला में कोई वैर नहीं। वैर भाव उन लोगों के मन में उठता है जिनके लिए जनता एक कल्पना है अर्थात् जो जनता से संघर्ष करती-आगे बढ़ती या फिर जीतती या हारती हुई पहचान को छोड़कर उसे अशिक्षित, कुसंस्कृत, अराजक, कलाहीन आदि पर्यायवाची शब्दों से पुकारते हैं। ये आलोचक जनता के संघर्षशील स्वरूप की सदा उपेक्षा करते हैं। डॉ॰ शर्मा ने मध्यकालीन भक्त कवियों की प्रगतिशीलता, लोकधर्मिता और कलात्मकता का उदाहरण प्रस्तुत करके अपने पक्ष को बड़े ही जोरदार ढंग से

रखा है। आगे डॉ. शर्मा यथार्थवाद को और भी स्पष्ट करते हुए कहते हैं कि साहित्यकार को जनता को देखते हुए उसके जीवन के विभिन्न पक्षों में निहित संबंध को भी देखना चाहिए और उसका चित्र फोटोग्राफिक नहीं होना चाहिए। वे लिखते है- "बिना सम्बद्धता का विचार किए हुए जो साहित्यकार यथार्थवाद के नाम पर सामाजिक क्रियाओं का असम्बद्ध चित्रण करेगा, उसका चित्रण ऊपर से सच्चा प्रतीत होते हुए भी अवास्तविक होगा। इससे कला में अराजकता उत्पन्न होगी।"

कलाकार की पात्रता के विषय पर वे लिखते हैं कि "सामाजिक विकास के नियमों को जानने से लेखक को वह पतवार मिल जाती है जिसके सहारे वह जनता के विशाल सागर में अपनी नाव खे सकता है। लेखक चाहे कितनी ही छोटी घटना का चित्रण करे, वह सफल कलात्मक चित्रण तभी कर सकेगा, जब वह उस घटना की सामाजिक पृष्ठभूमि को समझे तथा वह उस घटना को तत्कालीन भावी प्रभाव और महत्व से आँक सके।"

इस प्रकार डॉ. शर्मा ने यथार्थवाद पर लगाए गए आरोपों का जोरदार खंडन किया तथा यथार्थवाद और युगबोध के अन्तर्सम्बन्धों को व्याख्यायित किया। उन्होंने यथार्थवाद के बारे में फैलाई गई भ्रान्तियों का पर्दाफाश किया तथा यथार्थवाद को यथातथ्यवाद समझने वाले आलोचकों की खिंचाई की।

आचार्य शुक्ल मध्यकालीन भक्त कवियों की परम्परा यथा जायसी, सूर और तुलसी की प्रगतिशील परम्परा का अनुसंधान करते हैं वहीं डॉ. शर्मा आधुनिक काल की प्रगतिशील परम्परा का अनुसंधान करते हैं। उन्होंने प्रेमचंद, भारतेन्दु, निराला, रामचन्द शुक्ल और महावीर प्रसाद द्विवेदी पर आलोचनात्मक पुस्तकें लिखकर हिन्दी आलोचना को समृद्ध किया। प्रेमचंद पर डॉ. शर्मा ने दो पुस्तकें लिखी "प्रेमचन्द्र" 1941 ई. तथा "प्रेमचन्द और उनका युग" 1952 ई.।

"प्रेमचंद" (1941 ई.) नामक अपनी पुस्तक में उन्होंने प्रेमचंद की रचनाओं में आए शोषक वर्ग, उसकी सामाजिक पृष्ठभूमि, प्रेमचंद की प्रगतिशीलता आदि का विश्लेषण किया है। वे लिखते हैं–"निर्धनता और अंधविश्वास। परन्तु इसके साथ सहनशीलता और सहृदयता किसानों के इस सरल सुखी संसार में नवीन सभ्यता आकर पुराने चक्र में जैसे बिजली डाल देती है और ये किसान छिन्न-भिन्न होकर इधर-उधर बिखर जाते हैं। प्रेमचंद्र हमें निराश नहीं करते। आत्मबल पर विश्वास कर संगठित होकर सामाजिक यन्त्र पर आघात करने का हमें संदेश देते हैं। परन्तु उनकी आशा उथली नहीं है। उसके नीचे परिस्थिति की भयंकरता का पूरा ज्ञान है।" वे प्रेमचंद की रचनाओं के समानान्तर भारतीय स्वाधीनता आन्दोलन को रखते हैं तथा दिखाते हैं कि प्रेमचंद भारतीय स्वाधीनता अपने युग की प्रगतिशील क्रांतिकारी विचारधारा को पहचानने की पूरी क्षमता रखते हैं।

गोदान में डॉ. शर्मा पूँजीवादी शोषण चक्र तथा महाजनी सभ्यता की क्रूर सच्चाईयों का उद्घाटन करते हैं। शोषण का बदला हुआ स्वरूप, उपनिवेशवाद और राजनीतिक चेतना, जातिवाद, आदि सामाजिक यथार्थ को डॉ. शर्मा ने बड़े ही महत्वपूर्ण ढंग से रेखांकित किया।

"प्रेमचंद और उनका युग" में प्रेमचंद का रचनाकार व्यक्तित्व, उनका सम्पादकीय व्यक्तित्व, युगीन परिस्थितियों और उनसे प्रभावित उनकी रचनाओं का विशद् वर्णन किया गया है।

1953 में प्रकाशित "भारतेन्दु हरिशचन्द्र" तथा 1943 ई. में प्रकाशित "भारतेन्दु युग"। इन दोनों पुस्तकों में उन्होंने 19वीं सदी के उत्तरार्द्ध के बौद्धिक सांस्कृतिक परिवेश को पहचानने का प्रयास किया है।

"भारतेन्दु युग और हिन्दी भाषा की विकास परम्परा" (1975 ई.) में उन्होंने भारतेन्दु की स्थिति और आधुनिक समस्याओं के अन्तःसंबंधों पर विचार किया है। भारतेन्दु की रचना दृष्टि के अन्तर्विरोधों की पहचान करते हुए, वे कहते हैं कि भारतेन्दु-युग में एक ओर राजभक्ति मिलती है तो दूसरी ओर देशभक्ति। इसका कारण वे महारानी के घोषणा पत्र को मानते हैं जिसके कारण बुद्धिजीवी वर्ग में एक आशा की किरण झलकी। भारतेन्दु की राजभक्ति का कारण डॉ. शर्मा बेहतरी, विकास, न्याय और समान अवसर की आशा को मानते हैं। डॉ. शर्मा भारतेन्दु युग के रचनाकारों की प्रगतिशीलता को रेखांकित करते हुए उसे प्रगतिशील साहित्य की श्रेणी में रखते है। भारतेन्दु युग में नाटक, सभा-समितियों के गठन, तथा लेखकों का जनता से प्रगाढ़ तथा आत्मीय संबंध को भी वे रेखांकित करते हैं।

1946 ई. में "निराला" तथा 1972 ई. में "निराला की साहित्य साधना" नामक पुस्तक का द्वितीय खंड प्रकाशित हुआ। इन पुस्तकों में डॉ. शर्मा ने निराला के सम्पूर्ण साहित्य गद्य और पद्य दोनों की व्याख्या और उसका मूल्यांकन प्रस्तुत किया है।

"निराला" नामक पुस्तक का हिन्दी आलोचना में महत्वपूर्ण स्थान है। पुस्तक की भूमिका में छायावादी कवियों की प्रगतिशीलता के मूल्यांकन पर बल देते हुए डॉ. शर्मा ने लिखा है "इस पुस्तक को लिखने का मूल उद्देश्य यह है कि साधारण पाठकों तक निराला साहित्य पहुँचे।" वे आगे लिखते हैं कि नए कवियों (छायावादी) ने व्यक्तिगत के पूर्ण विकास के लिए उस सामाजिक स्वाधीनता की मांग की। जिसे पिछले युग के बंधन दबाकर रखना चाहते थे और छन्द और भाषा के नए प्रयोग करके उन्होंने रीतिकालीन आचार्यों को बता दिया कि हिन्दी में एक नए युग का आरंभ हो गया है।

निराला की तुलसीदास और राम की शक्तिपूजा नामक दो कविताओं में अंतर बताते हुए वे कहते हैं कि 'तुलसीदास' में कवि एक हद तक तटस्थ है, पर 'राम की शक्तिपूजा' एक नाटकीय कविता है जिसमें कवि अपने प्रति इतना तटस्थ हो गया है कि इस कविता में मुख्यपात्र से उसके तादात्म्य को हम समझ नहीं पाते। दूसरी बात यह है कि इस कविता में राम संघर्ष का चित्र जितना प्रभावशाली है उतना उनकी विजय का नहीं।

राम की शक्तिपूजा, सरोज स्मृति, वनबेला, अनामिका को डॉ. शर्मा संक्रमण काल की कविता मानते हैं। डॉ. शर्मा निराला की यथार्थवादी प्रगतिवादी दृष्टि को उनकी गद्य रचनाओं में भी खोजते हैं।

अपने एक निबंध में डॉ. शर्मा लिखते हैं- बींसवीं सदी में हिन्दी भाषी जनता ने तीन महान् साहित्यिक विभूतियों को जन्म दिया। ''कथा साहित्य में प्रेमचन्द्र, आलोचना में रामचन्द्र शुक्ल और कविता में सूर्यकान्त त्रिपाठी निराला। ये तीनों विभूतियाँ एक दूसरे की पूरक हैं।" वे आगे आचार्य शुक्ल की आलोचना दृष्टि पर एक पूरी पुस्तक "आचार्य रामचन्द्र शुक्ल और हिन्दी आलोचना" (1955 ई.) लिखते हैं। इस पुस्तक में वे आचार्य शुक्ल की आलोचना दृष्टि, उनकी प्रगतिशीलता तथा लोक हृदय से उनकी आत्मीयता को रेखाकिंत किया है। इस सिद्धान्त की लौकिक व्याख्या करने के कारण शुक्ल जी को डॉ. शर्मा भौतिकवाद से प्रभावित भी करते हैं। तुलसीदास के संदर्भ में डॉ. शर्मा लिखते हैं–"शुक्ल जी ने तुलसी के इस प्रेम को पहचाना और इसे केशव-बिहारी के प्रेम से एकदम भिन्न माना। यही उन्हें हिन्दी का महान् आलोचक बनाता है।" डॉ. शर्मा लिखते हैं–''शुक्ल जी ने केशव की वास्तविकता प्रकट करके आलोचना के पुराने सामंती मानदंडों को बदलने में बड़ी सहायता की। शुक्ल जी द्वारा केशव की आलोचना ने लाला भगवानदीन और राव राजा श्याम बिहारी मिश्र आदि का युग समाप्त कर दिया और हिन्दी आलोचना के एक नए युग का सूत्रपात किया।''

इकाई-VIII

प्लेटो का अनुकरण सिद्धांत

प्लेटो ने सुकरात और ग्लॉकन के संवाद के रूप में अनुकरण के सम्बन्ध में अपने विचार प्रकट किए। प्लेटो ने अनुकरण का प्रयोग दो अर्थों में किया। एक विचार जगत और गोचर जगत के बीच सम्बन्ध की व्याख्या के लिए और दूसरा वास्तविक जगत और कला जगत के बीच सम्बन्ध निरूपण के लिए। वे प्रत्येक कला को अनुकरणीय मानते थे। उनके अनुसार किसी चीज का वास्तविक निर्माता ईश्वर होता है। फिर ईश्वर निर्मित वस्तु को देखकर कलाकार किसी वस्तु का निर्माण करता है फिर उस वस्तु को देखकर वस्तु का चित्र कोई चित्रकार या मूर्तिकार बनाता है। इस क्रम में कला अनुकरण का अनुकरण और सत्य से तिगुनी दूरी है।

प्लेटो प्रत्ययवादी दार्शनिक हैं। प्रत्ययवाद के अनुसार प्रत्यय अर्थात् विचार (Idea) ही परम सत्य है वह नित्य और अखंड है एवम् परमात्मा ही उसका स्रष्टा है। यह दृश्यमान जगत उस परमात्मा की कृति है तथा इस दृश्यमान जगत का अनुकरण करके कवि रचना करता है। इस प्रकार कवि की रचना परम सत्य के अनुकरण का अनुकरण है अर्थात् वह सत्य से त्रिधा अपेत है-Thriee removed है।

प्लेटो अपनी मान्यता को एक पलंग के उदाहरण के द्वारा स्पष्ट करते हैं। वे कहते हैं कि प्रत्येक वस्तु का मूल रूप वह प्रत्यय है जो विचार या धारणा के रूप में विदूयमान रहता है। पलंग के निर्माण के पूर्व पलंग की धारणा बढ़ई के मस्तिष्क में रहती है- बढ़ई उस प्रत्यय का अनुकरण करके पलंग का निर्माण करता है तथा बढ़ई द्वारा निर्मित पलंग का अनुकरण करके चित्रकार पलंग का चित्र बनाता है।

इस तरह ईश्वर, बढ़ई तथा चित्रकार तीनों ही स्रष्टा हैं। ईश्वर ने पलंग के प्रत्यय का निर्माण किया, बढ़ई ने पलंग को वस्तु-जगत में संभव किया तथा चित्रकार ने उसे कला में संभव किया। इस प्रकार चित्रकार का प्रयास नकल की नकल है–

निष्कर्षतः अयथार्थ, मिथ्या, या अवास्तविक होने के कारण न तो व्यक्ति का कोई कल्याण कर सकती है न ही राज्य का।

प्लेटो का कहना है कि यह तर्क सिर्फ चित्रकला पर नहीं बल्कि अन्य कलाओं यथा नाटक और काव्य पर भी समान रूप से लागू होता है। होमर और होसियद आदि कवियों के काव्य और सोफोक्लीज और अरिस्तोफानेस आदि नाटककारों के नाटक भी इसके अपवाद नहीं।

प्लेटो मानते हैं कि कला अपने मिथ्या स्वरूप के कारण नागरिकों के चरित्र को दूषित करती है इसलिए उन्होंने अपने आदर्श राज्य की संकल्पना से कलाकारों को बहिष्कृत कर दिया है।

वस्तुतः प्लेटो कला को उपयोगिता के धरातल पर कसना चाहते हैं फिर भी कला की अनुकरणा मूलकता (मिमेसिस) की उद्‌भावना का श्रेय प्लेटो को है। प्लेटो ने अनुकरण को अपमान सूचक भाव के साथ प्रयोग किया है। कहना न होगा कि प्लेटों की यह मान्यता भ्रांत है- उन्होंने कला में निहित सर्जनात्मकता को रेखांकित नहीं किया है।

प्लेटो उस काव्य को सत्काव्य कहता है जो मानव स्वभाव का सच्चा चित्र इस प्रकार प्रस्तुत करे कि उससे मानव में जो कुछ भी महान है, उसका समर्थन हो।

अरस्तू का अनुकरण सिद्धांत

अरस्तू ने अनुकरण पर उपयोगितावादी सौन्दर्य शास्त्रीय दृष्टि से विचार किया। उन्होंने काव्य को प्रकृति की अनुकृति मानते हुए तीन प्रकार के अनुकार्य बताए 1. जो वस्तुएँ जैसी थी या हैं 2. जैसी वे कही या समझी जाती है 3. जैसी उन्हें होना चाहिए।

बाद में नवशास्त्रवादियों, रोमांटिक व्याख्याकारों, रूपवादी या संरचनावादी व्याख्याकारों ने अरस्तू के अनुकरण संबंधी मत की अपने-अपने ढंग से व्याख्या की है।

अरस्तू ने 'अनुकरण' शब्द को अपने गुरु (प्लेटो) से लिया है पर उसमें निहित निम्नता के भाव को निरस्त कर दिया तथा कला निरूपण में उसे अनिवार्य उपादान सिद्ध किया। कला केवल नकल है और उसमें सर्जकत्व का अभाव है- इस बात का भी खंडन प्लेटो ने किया। वे कहते हैं कि अनुकर्त्ता होने के कारण कवि या चित्रकार को तो वस्तुओं में से किसी एक का अनुकरण करना पड़ता है

(*i*) जो वस्तुएँ थी या हैं।

(*ii*) उन्हें जैसा कहा या माना जाता है

(*iii*) उन्हें जैसा होना चाहिए

इन तीनों में से तीसरी कोटि आदर्शात्मक है।

काव्य प्रकृति का कोरा अनुकरण नहीं। जहाँ वह अनुकरण है वहाँ वह मूल से भी अधिक रमणीय और आकर्षक होता है। अतः अनुकरण होने के कारण वे निन्दनीय नहीं है। कला सदा अनुकरण ही हो ऐसा नहीं। कई बार वह ऐसा होता है जो आदर्श की प्रतिरूपता होता है अर्थात् उसमें ऐसा तत्व होता है जो यथार्थ जगत में रहता ही नहीं। वह कवि की कल्पना द्वारा प्रसूत होता है।

वस्तुतः 'प्रकृति के अनुकरण' का जो प्रचलित अर्थ है वह ललित कला के संदर्भ में, अरस्तू का अभिमत नहीं था। बुचर का कहना है कि अरस्तु के अनुसार सौन्दर्यात्मक अनुकरण के तीन विषय हैं चरित्र, भाव तथा कार्य व्यापार।

चरित्र के अन्तर्गत वे सभी विशिष्ट नैतिक गुण या स्थायी चित्र वृत्तियों का समावेश होता है जो संकल्प शक्ति से प्रकट होती हैं।

भाव शब्द से अनुभूति या संवेदना की अस्थायी मनोदशाएँ सूचित होती हैं तथा कार्यव्यापार सभी चीज आंतरिक कार्यों को बोधित करता है।

उपर्युक्त व्याख्याओं के आलोक में अरस्तू के इस कथन कि "कार्य व्यापार में निरत मनुष्य अनुकरण के विषय हैं" संगत बन जाता है। कार्य व्यापार की इस परिधि में समस्त मानव जीवन का समावेश हो जाता है। इसका तात्पर्य यह हुआ कि मानव जीवन सभी कलाओं का उत्स है। जब हम मानव जीवन कहते हैं तो हमारी सारी आध्यात्मिक, मानसिक, गतिविधियां उस वृत में चली आती हैं।

इसी से जुड़कर एक और मान्यता अरस्तू के यहाँ विकसित होती है। वह है- कलाकृति मूलवस्तु का पुनरूत्पाद तो करती है लेकिन उस रूप में नहीं जो उसका स्वरूप है बल्कि उस रूप में जिस रूप में वह कलाकार की इन्द्रियों को प्रतिभासित होती है अर्थात् कला का संबंध तर्क से नहीं बल्कि संवेदना तथा बिम्ब विधायिनी शक्ति से है।

अरस्तू का विरेचन सिद्धांत

अरस्तू ने अपने साहित्य में विरेचन शब्द का प्रयोग दो स्थानों पर किया है। त्रासदी की परिभाषा देते हुए अरस्तू लिखते हैं–त्रासदी किसी गंभीर, स्वतःपूर्ण तथा निश्चित आयाम से युक्त कार्य की अनुकृति का नाम है जिसमें करूणा तथा त्रास के उद्रेक द्वारा इन मनोविकारों का उचित विरेचन किया जाता है। राजनीति के संदर्भ में कहते हैं करूणा और त्रास अथवा आवेश कुछ व्यक्तियों में बड़े प्रबल होते हैं, किन्तु हम देखते हैं कि धार्मिक रागों के प्रभाव से वे शांत हो जाते हैं। मानो उनके आवेश का शमन और विरेचन हो गया हो। बाद में व्याख्याकारों ने अस्स्तू के विरेचन के चिकित्सापरक, धर्मपरक, नीतिपरक, कलापरक, सौन्दर्यपरक अनेक संदर्भो की व्याख्या की।

विरेचन (केथार्सिस) मूलतः चिकित्साशास्त्र का विषय है। मानसिक, शारीरिक अशुद्धियों का निष्कासन करके साम्यावस्था को प्राप्त करना विरेचन कहलाता है।

केथार्सिस अरस्तू के 'काव्यशास्त्र' में एक ही बार आया है। 'राजनीतिशास्त्र' में केथार्सिस के विवेचन के लिए 'काव्यशास्त्र' का अध्ययन करने की सलाह अरस्तू ने दी है।

राजनीतिशास्त्र में अरस्तू ने किसी देवता द्वारा आविष्ट व्यक्ति के लिए उग्र संगीत से किए उपचार करने का जिक्र किया है। उग्र संगीत पहले पहल पीड़ित व्यक्ति के आवेश को बढ़ा देता है और फिर धार्मिक उन्माद को शान्त करता है। इस प्रकार अरस्तू ने संगीत के विरेचक प्रभाव का भी वर्णन किया है।

काव्यशास्त्र में विरेचन का वर्णन मुख्यतः कलात्मक दृष्टिकोण से हुआ है। प्लेटो ने नाटक को मानव चरित्र को दूषित करने वाला बताया। प्लेटो ने कहा था कि नाटक दर्शक में भय आदि निम्न कोटि के भावों का संचार करता है। अरस्तू ने प्लेटो की इस धारणा से असहमति जताई।

अरस्तू का कहना था कि भावों का दमन हितकर नहीं हानिकारक है। उसे दमित नहीं करना चाहिए बल्कि संतुलित करना चाहिए। त्रासदी करूणा तथा भय के भावों को कृत्रिम रूप से उद्रित करके मन में संचित विकारों को बाहर निकाल देता है जिससे मनुष्य एक प्रकार की विश्रांति की अवस्था प्राप्त कर लेता है।

अरस्तू के अनुसार भय घातक या आसन्न अनिष्ट की आशंका से उत्पन्न एक पीड़ा है, उसी तरह करूणा भी घातक या कष्टकर आसन्न अनिष्ट की आशंका से उत्पन्न एक पीड़ा है जिसका संबंध ऐसे व्यक्ति से है जो उसका पात्र नहीं होता। अगर किसी आत्मीय पर पीड़ा की आशंका हो तो भय और करूण दोनों ही भाव जागते हैं। करूण और भय दुःखद भाव है- इनकी परिणति आनन्द में होती है।

लोंजाइनस : काव्य में उदात्त तत्व

लोंजाइनस उदात्त को वाणी का वैशिष्टय और चर्मोत्कर्ष मानते हुए इसका स्रोत महान आत्मा को मानते हैं। वे उदात्त की सृष्टि के पांच कारक मानते हैं–1. विचारों की महत्ता 2. भावों की प्रबलता 3. अलंकारों का समुचित प्रयोग 4. अभिजात पद रचना 5. रचना की गरिमा और उँचाई का प्रभाव। लोंजाइनस उदात्त के अवरोधक तीन दोष भी मानते हैं– 1. वागाडम्बर 2. भावाडम्बर 3. बालेयता। इसके अतिरिक्त वे अत्यंत संक्षेपन में भी औदा का ह्रास देखते हैं।

"काव्य में उदात्त"–लोंजाइनिस के ग्रन्थ 'पेरिइप्सुस' का प्रधान उद्देश्य भाषण शास्त्र है। कथ्य को प्रभावी बनाना कवि और वक्ता दोनों का ही लक्ष्य होता है। इसलिए लोंजाइनस के विचार भाषण शास्त्र के साथ-साथ काव्यशास्त्र में भी समान रूप से आदरणीय हैं।

लोंजाइनिस कहते हैं "देवताओं से हमारी किन अर्थों में समानता है? परोपकार और सत्य में।" अतः उदात्त अभिव्यंजना का प्रकर्ष और वैशिष्ट्य है जिसकी सहायता से कवियों और इतिहासकारों ने अमर कीर्ति पाई।

उदात्त का प्रभाव श्रोता को सम्मोहित कर लेता है। जो हमारा मनोरजन होता है जो हमें विस्मित करता है। अनुनीत होना या न होना श्रोता या पाठक के अधिकार की चीज है पर उदात्त तो वह बलशाली चीज है जो प्रभावित करके वशीकृत कर लेता है। वस्तु-विन्यास और सर्जनात्मक कौशल रचना में आद्यत रहता है और यह धीरे-धीरे प्रकट होता है पर उदात्त बिजली की तरह प्रकट होता है और पूरे विषय को उद्भासित कर देता है।

निष्कर्षतः

(i) उदात्त अभिव्यंजना का प्रकर्ष है और वैशिष्ट्य भी

(ii) उदात्त का कार्य अनुनयन नहीं सम्मोहन है

(iii) उदात्त यदा-कदा नहीं बल्कि सदा और सबको सम्मोहित करता है।

(iv) उदात्त रचना-कौशल से पृथ्क है और अचानक प्रकट होता है।

उदात्त नियम-निरपेक्ष नहीं होता। इसके लिए अन्तः प्रेरणा की जितनी आवश्यकता होती है उतनी ही नियंत्रण की। लोंजाइनस उदात्त की प्राप्ति के लिए केवल प्रतिभा को ही पर्याप्त नहीं मानते बल्कि ज्ञान को भी समान रूप से महत्वपूर्ण मानते हैं। तात्पर्य यह कि उदात्त नैसर्गिक ही नहीं उत्पाद्य भी है।

उदात्त के अवरोधक अवयव निम्नलिखित हैं–

(i) शब्दाडंबर

(ii) बालिशत अर्थात् गरिमाहीनता

(iii) भावाडंबर

वास्तविक उदात्त में कुछ ऐसी अन्तर्निहित शक्ति होती है जो हमारी आत्मा को ऊपर उठा देती है और हमें आनन्द से भर देती है।

उदात्त के पांच स्रोत लोंजाइनस ने बताए हैं–

(i) महान् भावनाओं की उद्भावना क्षमता

(ii) प्रबल तथा अन्तः प्रेरित भाव

(iii) अलंकारों तथा विचारालंकारों का समुचित प्रयोग

(iv) भव्य शब्द चयन योजना

(v) रचना की गरिमा और उत्कर्ष का समुचित प्रयोग

लोंजाइनस सभी भावों को उदात्त के अनुकूल नहीं मानते। करुणा, भय आदि भावों को वे इतना क्षुद्र मानते हैं कि वे उदात्त की सीमा में नहीं आते। लोंजाइनस के इस

कथन की काफी आलोचना की जाती है। लोंजाइनस ने उदात्त को महान् आत्मा की प्रतिध्वनि कहा।

क्रोंचे का अभिव्यंजनावाद

क्रोंचे का अभिव्यंजना सिद्धांत सहानुभूति पर आधारित है। क्रोंचे कला को सौन्दर्यात्मक अनुभूति की तरह पूर्णतः आंतरिक मानते हुए बाहरी स्तर पर इसका सम्प्रेषण आवश्यक नहीं मानते। क्रोंचे के अनुसार कला तभी पूर्ण हो जाती है जब कवि या कलाकार अपनी सहजानुभूति को अपने मानस में ही बिम्ब निर्माण के माध्यम से कविता, चित्र या मूर्ति के रूप में अभिव्यंजित करता है। यही अभिव्यंजना का सिद्धांत है। कवि या कलाकार कविता, चित्र, मूर्ति का निर्माण करता है तो क्रोचे के अनुसार यह अतिरिक्त क्रिया होगी।

क्रोचे के अनुसार अन्तः प्रज्ञा एक प्रकार का आंतरिक ज्ञान है जो स्वयं प्रकाश है। उसके लिए अन्य साधनों की आवश्यकता नहीं पड़ती। अन्तः प्रज्ञा के साथ अभिव्यंजना का नित्य संबंध है अर्थात् जहाँ भी अन्तः प्रज्ञा होगी वहाँ अभिव्यंजना होगी। कोई भी अभिव्यंजना अन्तः प्रज्ञा के बिना संभव नहीं, न ही कोई अन्तः प्रज्ञा अभिव्यंजना के अभाव में संभव है। इसी मान्यता पर क्रोन्चे का समस्त सौन्दर्य निरूपण टिका हुआ है। यह ध्यान रखना चाहिए कि क्रोंचे अभिव्यंजना का प्रयोग व्यापक स्तर पर करते हैं अर्थात् वह केवल शाब्दिक अभिव्यंजना का ही बोध नहीं कराता बल्कि रेखा, स्वर, गति आदि सभी माध्यमों का बोधक है जिनसे चित्र, संगीत, नृत्य आदि की किसी भी रूप में अभिव्यक्ति होती है।

अन्तः प्रज्ञा और अभिव्यंजना के बीच अभेद सिद्ध करने के बाद वे अन्तः प्रज्ञा और कला के बीच अभेद सिद्ध करते हैं। वे कहते हैं कि जैसे अन्तः प्रज्ञा और अभिव्यंजना में भेद नहीं वैसे ही कला और अन्तः प्रज्ञा में भेद नहीं। प्रत्येक कला एक अन्तः प्रज्ञा होती है और प्रत्येक अन्तः प्रज्ञा एक कला। कहने का अर्थ यह है कि जब भी अन्तः प्रज्ञा स्फुरित होती है तब वह अभिव्यंजना के माध्यम् से कला में परिणत हो जाती है। यह पूरी तरह एक आंतरिक प्रक्रिया है। कला एक आंतरिक प्रक्रिया से उत्पन्न होती है अतः यह जो बाहर दिखता है वह आंतरिक रूप से ही बाह्य प्रतिफलन है। इसका अर्थ है कि कला वस्तु में नहीं बल्कि वस्तु के रूप में अभिव्यक्त होती है–रूप ही कला है।

क्रोंचे की स्थापना है कि कला आंतरिक होने के साथ-साथ अखंड भी होती है। इस स्थापना के अनुसार कोई भी काव्य, चित्र या मूर्ति अपने पूर्ण अखंड अविभक्त रूप में ही मन में स्फुरित होती है और उस स्फुरण में ही वह अभिव्यंजना या कलात्मक रूप ग्रहण करती है।

आई. ए. रिचर्ड का संप्रेषण सिद्धांत

रिचर्ड्स ने मनोवैज्ञानिक आधार पर सम्प्रेषण पर विचार किया है। रिचर्ड्स सम्प्रेषण को अवचेतन मन का व्यापार मानता है क्योंकि कलाकार स्वयं पाठक, प्रमाता के सामने उपस्थित नहीं रहता बल्कि वह रचना के माध्यम से उसके सामने आता है। कोई भी व्यक्ति अपने परिवेश के प्रति इस तरह प्रतिक्रिया व्यक्त करता है कि उसी परिवेश का दूसरा व्यक्ति प्रभावित हो जाता है और उसे उसी प्रकार की अनुभूति होती है जैसी पहले व्यक्ति ने सम्प्रेषित की थी। यही सम्प्रेषण का सिद्धांत है।

संप्रेषण सिद्धान्त रिचर्ड्स की आलोचना पद्धति का एक महत्वपूर्ण अंग है। वे कहते हैं कि कलाएँ ही वह माध्यम् हैं जिनके द्वारा कलाकार अपनी अनुभूतियों को दूसरों तक संप्रेषित करता है। कलाकार की अनुभूति और जनसामान्य की अनुभूति में तत्वतः कोई भेद नहीं होता। अंतर होता है तो अनुभूति की अभिव्यक्ति में तथा अनुभूति की तीव्रता में।

कलाकार अपनी अनुभूति की अभिव्यक्ति इस प्रकार करता है कि उसकी अनुभूति दूसरों तक संप्रेषित हो जाती है तथा प्रत्येक को वह अनुभूति आत्मीय लगती है। ऐसे ही संप्रेषण भी कलाकार की सफलता मानी जाती है।

प्रभावी अभिव्यंजना को ही संप्रेषण कहते हैं और प्रभावी संप्रेषण कर्त्ता को ही कलाकार कहते हैं। इसके लिए अनुभूति की तीव्रता से ज्यादा जरूरी है उसका संघटन और संघटन से भी ज्यादा जरूरी है अभिव्यंजना के माध्यम् का असाधारण प्रयोग कौशल जो अनुभूति को रूपायित कर सके।

संप्रेषण तब होता है जब वातावरण पर मन की ऐसी प्रतिक्रिया होती है कि दूसरे मन की अनुभूति पहले मन की अनुभूति के समान होती है तथा एक की अनुभूति दूसरी अनुभूति पर आश्रित होती है।

संक्षेप में कह सकते हैं–

(i) संप्रेषण के लिए आवश्यक है कि एक मन की अनुभूति से दूसरा मन प्रभावित हो अर्थात् उसमें भी ऐसी ही अनुभूति जागृत होने की भूमिका बन जाए

(ii) दूसरी (उत्पाद्य) अनुभूति पहली (उत्पादक) अनुभूति से प्रेरित हो।

(iii) दोनों अनुभूतियों में समानता होनी चाहिए

(iv) अनुभूति की समानता का निर्धारण अनेक कारणों से होता है जैसे संप्रेषक (कलाकार) की अभिव्यंजना क्षमता, भावक की ग्रहीता, योग्यता, सहृदयता व सुरूचि

(v) अनुभूति में समानता का संबंध शिक्षा-दीक्षा, जीवन पद्धति तथा वर्ग से होता है।

(vi) रिचर्ड्स संप्रेषण को अचेतन प्रक्रिया मानते हैं।

(vii) कलाकार की अनुभूति और कलाकृति के बीच जितना ही संवाद होगा उतना ही अच्छा संप्रेषण होगा।

वस्तुतः रिचर्ड्स का संप्रेषण सिद्धान्त भारतीय काव्यशास्त्र का साधारणीकरण है।

नयी समीक्षा

नयी समीक्षा की शुरूआत इंग्लैण्ड और अमेरिका में हुई। नयी समीक्षा ने आलोचना के केन्द्र से कलाकार को अपदस्थ कर कलाकृति को समीक्षा का केन्द्र बनाया। इन्होंने रचना को एक अखण्ड इकाई माना और उसके वस्तु और रूप के अलग-अलग अध्ययन का विरोध किया। कलाकृति में भाषा के महत्त्व को स्वीकार किया। परम्परा के प्रति लगाव दिखाया। पदान्वय का विरोध किया। कविता और विज्ञान की भाषा को अलग-अलग मानते हुए कविता को महत्व दिया। सर्जक का एक कुशल आलोचक होना अनिर्वाय माना। साथ ही वह विद्वान भी होना चाहिए। इन्होंने शुद्ध कविता पर बल दिया और कविता के नैतिक पक्ष को अस्वीकार किया। इन्होंने ऐतिहासिक समीक्षात्मक दृष्टिकोण का विरोध किया।

नई समीक्षा का नामकरण जे॰ ई॰ स्पिनगार्न ने 1911 ई॰ THE NEW CRITICISM नामक लेख में किया। इस लेख से प्रेरित होकर 1922 ई॰ में THE FUGITIVE तथा 1939 ई॰ में THE KENYAN REVIEW नामक दो प्रमुख पत्रिकाएँ निकाली गई जिनसे नई समीक्षा का स्वरूप विकसित हुआ।

1941 ई॰ में जॉन क्रो रैंसम ने NEW CRITICISM नामक एक पुस्तक लिखी जिसमें नई समीक्षा की पद्धति पर विस्तार से चर्चा की गई थी।

बीसवीं शताब्दी के पूर्वान्ह में आलोचना के रोमानी दृष्टिकोण के विरूद्ध प्रतिक्रिया स्वरूप नई समीक्षा का उदय हुआ। इसके मूल में आधुनिकता बोध और वैज्ञानिक दृष्टि का समाहार था।

नई समीक्षा में जिन प्रमुख विद्वानों ने योगदान दिया वे हैं- लिविस, एलन टेट, कलीन्थ ब्रुक्स, ब्लैकमूलर आदि। नई समीक्षा के प्रमुख विद्वानों के मतों को यहाँ संक्षेप में प्रस्तुत किया जा रहा है–

⇒ लिविस ने कहा– कविता हमारे सामने साकार वस्तुओं और व्यक्तियों को प्रस्तुत करके हमें सोचने पर विवश ही नहीं करती बल्कि संवेदना में अनुभव भर लेने के लिए आमंत्रित करती है। इतनी दृष्टिगत वही रचना महत्वपूर्ण होती है जो मानव जीवन को कोई संदेश या प्रेरणा दे।

– एलन टेट उत्कृष्ट काव्य में तनाव को महत्वपूर्ण मानते हैं। जिस कृति में बाह्य तथा आंतरिक तनाव दोनों ही चरम पर होते हैं वह उत्कृष्ट होती है।

⇒ क्लीन्थ ब्रुक्स–ने कहा कि कविता की भाषा विरोधाभास की भाषा होती है– इसे आत्मा की भाषा मानना भ्रान्ति है।

ब्लैकमूलर ने कहा कि कविता की भाषा के भाषिक रचाव के विश्लेषण से समीक्षा का आरंभ होता है।

नई समीक्षा के विचारकों के बीच बहुत मतभेद है। फिर भी कुछ सामान्य विशेषताएँ निम्नलिखित हैं–

(a) कृति की स्वायत्तता–काव्य को साहित्येतर प्रपंचों से निकालकर उसकी साहित्यिकता की रक्षा नई समीक्षा ने की।

(b) भाषिक संरचना के अन्तर्गत शब्दावली, शब्दों की बुनावट, शब्दों की पच्चीकारी, अर्थ का ढ़ाँचा, एम्बीगुइटी, पैराडॉक्स, सादृश्य विधान आदि का अध्ययन नई समीक्षा ने किया

कृति की अखंड़ता–नई समीक्षा ने कृति की अखंडता अर्थात् रूप और वस्तु की एकता की वकालत की।

रूप विधान पर बल कविता का रूप ही सम्पूर्ण कविता है यह कह कर नई समीक्षा ने रचना के वैज्ञानिक अध्ययन का मार्ग प्रशस्त किया।

इकाई-IX

कबीर

भारतीय धर्म-साधना के इतिहास में कबीरदास ऐसे महान विचारक एवं प्रतिभाशाली महाकवि हैं, जिन्होंने शताब्दियों की सीमा का उल्लंघन कर दीर्घ काल तक भारतीय जनता का पथ आलोकित किया और सच्चे अर्थों में जनजीवन का नायकत्व किया। उनके आविर्भावकाल का निर्णय करने के लिए उपलब्ध सामग्री को तीन वर्गों में विभाजित किया जा सकता है–अंतस्साक्ष्य, सांप्रदायिक सामग्री, प्राचीन ग्रंथों एवं विद्वानों के अभिमत। अंतस्साक्ष्य की दृष्टि से उन्होंने केवल दो प्रसंगों–काजी द्वारा हाथी चलवाने तथा लोहे की जंजीरों में बंधवा कर गंगा में डुबोने के प्रयत्न का वर्णन किया है। सिकंदर लोदी (1488-1517) द्वारा किये गये अत्याचारों का जो वर्णन अनंतदासकृत 'कबीरपरिचई' में है, उससे इन उल्लेखों का पूर्ण साम्य है। तात्पर्य यह है कि कबीर सिकंदर लोदी के समकालीन थे। कबीर का दूसरा अंतस्साक्ष्य है उनके द्वारा जयदेव और नामदेव की महत्ता का वर्णन यथा–"गुर प्रसादी जैदेव नामां, भगति के प्रेमी इनही है जाना।" कबीर द्वारा बारहवीं-तेरहवीं शताब्दी के इन दोनों संतों का उल्लेख इस बात का द्योतक है कि उनका आविर्भाव तेरहवीं शताब्दी के अंत अथवा चौदहवीं शताब्दी के आरंभ में हुआ था।

कबीर के काव्य में दांपत्य एवं वात्सल्य के द्योतक प्रतीकों का सुंदर प्रयोग हुआ है। उनकी रचनाओं में सांकेतिक प्रतीक, पारिभाषिक प्रतीक, संख्यामूलक प्रतीक, रूपात्मक प्रतीक तथा प्रतीकात्मक उलटबांसियों के सुंदर उदाहरण मिलते हैं। कबीर-साहित्य प्रतीक-योजना से भरा पड़ा है। रहस्यवाद के संबद्ध पदों में अकथनीय अनुभव को व्यक्त करने के लिए उन्होंने पग-पग पर प्रतीकों का आश्रय लिया है। प्रभावसाम्य के कारण उनके प्रतीकों से तादृशी भावना जाग्रत होती है। इसमें संदेह नहीं कि कबीर की दूरदर्शिता, रसज्ञता, सहृदयता तथा संवेदनशीलता ने उनके काव्य में विभाव-पक्ष को सुंदर और प्रभावशाली बना दिया है। फिर भी, उनमें सह सतर्कता एवं सावधानी नहीं मिलती, जो लिखित साहित्य के लिए अपेक्षित है। काव्यसौंदर्य की अभिवृद्धि के साधनों–छंद, अलंकार आदि के प्रति उनके मन में कोई पूर्वनिष्ठा नहीं है। उनके रूपक तथा उपमाएं दैनिक जीवन से संबद्ध हैं। सत्य तो यह है कि काव्यरचना उनका साध्य या लक्ष्य नहीं था, फिर भी अपने महान संदेशों की अभिव्यक्ति के लिए उन्हें काव्य को माध्यम बनाना पड़ा। इस प्रकार रहस्यवादी संत और धर्मगुरु होने के साथ-साथ वे भावप्रवण कवि भी थे।

डॉ. हजारी प्रसाद द्विवेदी ने 'कबीर' (1942) में अपने दृष्टिकोण का प्रायोगिक रूप स्पष्ट किया है। उन्होंने कबीर को सामाजिक, सांस्कृतिक, धार्मिक और साहित्यिक नैरंतर्य के व्यापक परिप्रेक्ष्य में देखा।

जायसी ग्रंथावली

भक्तिमार्ग की निर्गुण धारा की प्रेमाश्रयी शाखा के प्रमुख और प्रसिद्ध कवि मलिक मुहम्मद जायसी हैं। ये जायस (उत्तर प्रदेश) के निवासी तथा चिश्ती संप्रदाय के सूफी फकीर शेख मोहिदी (मुहीउद्दीन) के शिष्य थे। ये मुगल बादशाह बाबर और सूरवंश के प्रसिद्ध शासक शेरशाह सूरी के समकालीन थे। अमेठी के राज-परिवार में इनका बड़ा सम्मान था। जायसी देखने में कुरूप थे। चेचक के कारण वे अपनी एक आँख भी खो बैठे थे। शेरशाह के दरबार में उनकी कुरूपता पर बादशाह को हँसी आ गई तो जायसी ने तत्काल कहा "मोहि का

हँसेसि कि कोहरहि?'' अर्थात् मुझ पर हँसते हो या कुम्हार पर अर्थात् मेरे निर्माता पर। बादशाह इस पर लज्जित हुआ। जायसी द्वारा लिखित तीन काव्य प्रसिद्ध हैं–'पदमावत', 'अखरावट' और 'आखिरी कलाम'। इनकी रचना अवधी लोकभाषा में फारसी शैली पर की गई। 'अखरावट' में अ, इ, उ आदि वर्णमाला के एक-एक अक्षर को लेकर ईश्वर, जीवन व प्रकृति आदि पर चौपाइयाँ लिखी गई हैं। 'आखिरी कलाम' में सृष्टि के अन्त में होने वाली प्रलय का उल्लेख करते हुए मुहम्मद साहब के महत्व का वर्णन किया गया है। जायसी की कीर्ति का आधार स्तंभ पद्मावत है जो हिन्दी साहित्य का अमूल्य रत्न है। यह महाकाव्य फारसी की मसनबी शैली में लिखी हुई अमर प्रेम गाथा है।

कवितत्व एवं भावव्यंजना की दृष्टि से 'पद्मावत' अत्यंत उच्चकोटि का काव्य है। पद्मावती के सौंदर्य, नागमती के विरह, रत्नसेन के साहस, त्याग एवं शौर्य की व्यंजना इसमें अत्यंत प्रभावोत्पादक शैली में हुई है। काव्य की शैली में सर्वत्र प्रौढ़ता एवं गंभीरता परिलक्षित होती है। प्रतीकात्मक या रूपकतत्व के कारण इसमें व्यंग्यप्रधान ध्वनि का प्रादुर्भाव सहज ही हो गया है। इसकी भाषा अवधी है तथा छंद-योजना में नियमित रूप में चौपाई व दोहे का प्रयोग हुआ है।

'पद्मावत' के अतिरिक्त जायसी द्वारा रचित और भी अनेक काव्य उपलब्ध हुए हैं, जिनमें 'अखरावट', 'आखिरी कलाम', 'चित्रलेखा', 'कहरानामा', 'मसलानामा' आदि उल्लेखनीय हैं। इनमें 'चित्रलेखा' एक लघु प्रेमाख्यान है, जबकि शेष अत्यंत छोटी-छोटी रचनाएं हैं, जो कवि की विचारधारा के विभिन्न पक्षों तथा नये-नये प्रयोगों के अध्ययन की दृष्टि से महत्वपूर्ण हैं।

आचार्य रामचंद्र शुक्ल ने अपने समीक्षा ग्रंथ 'जायसी ग्रंथावली' (1925) में जायसी का सांगोपांग विवेचन किया है।

सूरदास : भ्रमरगीत सार

हिन्दी साहित्य में यह पहली रचना थी जहाँ मध्ययुगीन समाज की नारी अपनी अस्मिता व अस्तित्व को लेकर पुरुष समाज से प्रश्न करती दिखती है। 'भ्रमरगीत सार वात्सल्य व श्रृंगार के चित्रण के माध्यम से तत्कालीन समाज की सामंती रूढ़ियों पर करारा प्रहार है।' जिस पुरुषवादी समाज में नारी सिर्फ सन्तति का माध्यम हो तथा जो जीवन की सार्थकता अपनी सन्तानों में तलाशती हो ऐसे जड़ समाज में सूरदास ने नारी जाति की गरिमा को पुनर्प्रतिष्ठित करने का प्रयास किया।

भ्रमरगीत की कथा सूरसागर से ली गई है। सूरसागर का आधार श्रीमद्भागवत के बारह स्कन्धों में बँटा है। भ्रमरगीत का सम्बन्ध 10वें स्कन्ध के 46वें-47वें अध्याय से है। सूरदास ने सूरसागर की रचना की जिसमें लगभग 5 हजार से भी अधिक पदों का संकलन देखा गया। आचार्य शुक्ल ने लगभग 450 पदों का एक संकलन तैयार करवाया जिसे भ्रमरगीत सार नाम दिया। आगे चलकर विश्वनाथ प्रसाद मिश्र ने इसी को संशोधित किया। सूरदास का केन्द्रीय विषय प्रेम रहा। भ्रमरगीत के बहाने उन्होंने निर्गुण के ज्ञान व योग पर करारा प्रहार किया है।

आचार्य शुक्ल ने कहा कि सूरदास की गोपियाँ लोक मर्यादा तथा वेद मर्यादा को खारिज करती दिखती हैं। उनकी रचना में कृष्ण व गोपियाँ पशु-पक्षियों की तरह उन्मुक्त हैं। जहाँ प्रेम अचानक उठ खड़े आँधी-तूफान की तरह नहीं आता बल्कि जीवन उत्सव के रूप में आता है। जिस प्रकार के उन्मुक्त समाज की कल्पना प्रमुख अंग्रेजी कवि शैली ने की थी कुछ ऐसी ही कल्पना सूरदास की रही है। गोपियों का प्रेम सभी प्रकार के सामन्ती और नैतिक वर्जनाओं का विरोध करता है। भ्रमरगीत सार, ऐसे शोषण मुक्त समाज की आकांक्षा से मुक्त है जहाँ शहरी संस्कृति की कुरीतियों का अंशमात्र भी प्रभाव नहीं है। कृष्ण काव्यधारा में मथुरा शहरी संस्कृति का परिचायक है। इसके विपरीत गोकुल ग्रामीण संस्कृति का परिचायक है जो सादगी, मानवता और सहानुभूति से युक्त है।

तुलसीदास : उत्तरकांड–रामचरितमानस

तुलसीदास ने अपने जीवन और अपने युग के विषय में हिन्दी के किसी भी मध्यकालीन कवि से अधिक लिखा है। तुलसी राम के सगुण भक्त थे, लेकिन उनकी भक्ति में लोकोन्मुखता थी। वे राम के अनन्य भक्त थे। राम ही उनकी कविता के विषय हैं। नाना काव्य-रूपों में उन्होंने राम का ही गुणगान किया है, किंतु उनके राम परमब्रह्म होते हुए भी मनुज हैं और अपने देशकाल के आदर्शों से निर्मित हैं। तुलसी के राम ब्रह्म भी हैं और मानव भी। रामचरितमानस में अनेक मार्मिक अवसरों पर तुलसी पाठक को टोककर सावधान कर देते हैं कि राम लीला कर रहे हैं, इन्हें सचमुच मनुष्य न समझ लेना। कारण यह है कि राम ब्रह्म होते हुए भी अवतार ग्रहण करके मानवी लीला में प्रवृत्त हैं। वस्तुतः रामचरितमानस के प्रारंभ में ही तुलसी ने कौशलपूर्वक राम के ब्रह्मत्व और मनुजत्व की

सह-स्थिति के विषय में पार्वती द्वारा शंकर से प्रश्न करा दिया है और रामचरितमानस की पूरी कथा शंकर ने पार्वती को इस शंका के निवारणार्थ सुनाई है।

तुलसी ने वाल्मीकि और भवभूति के राम को पुनः प्रतिष्ठित नहीं किया। उन्होंने रामचरितमानस में जिस राम को निर्मित किया, वे ब्रह्म होते हुए भी ऐतिहासिक स्थितियों के आधार पर व्यक्ति हैं। वे अपार मानवीय करुणा वाले हैं, 'गरीब निवाज' हैं, दरिद्रता रूपी रावण का नाश करने वाले और बड़वाग्नि से भी भयंकर पेट की आग को बुझानेवाले हैं। तुलसी के राम, तुलसी के व्यक्तिगत संघर्ष और उनके युग की विषमता के आलोक में प्रकाशित हैं।

महान रचनाकारों की रचना में कोई-न-कोई द्वंद्व होता है। रचना इस द्वंद्व को पाटती है। दार्शनिक धरातल पर तुलसी के यहाँ यह द्वंद्व राम के ब्रह्मत्व और मनुजत्व को लेकर है, जिसे पार्वती के प्रश्न द्वारा प्रस्तुत किया गया है। लौकिक धरातल पर यह द्वंद्व 'कलिकाल' और 'रामराज्य' में है। तुलसी की सभी रचनाएँ इस द्वंद्व को चित्रित करने और उन्हें शमित करने का आद्यंत प्रयास हैं।

तुलसीदास ने तत्कालीन सामंतों की लोलुपता पर प्रहार किया है। प्रजा-द्रोही शासक तुलसी की रचनाओं में प्रायः उनके कोपभाजन बनते हैं। उन्होंने अकाल, महामारी के साथ-साथ प्रजा से अधिक कर वसूलने की भी निंदा की है। अपने समय की विभिन्न धार्मिक साधनाओं के पाखंड का भी उन्होंने उद्घाटन किया है। तुलसी के अनुसार जो बुरा है, वह कलिकाल का प्रभाव है। यहाँ तक कि यदि लोग वर्णाश्रम का पालन नहीं कर रहे हैं तो वह भी कलिकाल का प्रभाव है। विषमताग्रस्त कलिकाल तुलसीदास का युग है, जिसमें वे दैहिक, दैविक एवं भौतिक तापों से रहित सर्वसुखद रामराज्य का स्वप्न बुनते हैं। रामराज्य तुलसी की आदर्श व्यवस्था है। इसके नायक एवं व्यवस्थापक तुलसी के राम हैं।

तुलसी आदर्श व्यवस्था का स्वप्न ही नहीं देखते, उसके अनुसार वे अपने पात्रों को गढ़ते भी हैं। वे राम को आदर्श राजा, पुत्र, भाई, पति, स्वामी, शिष्य; सीता को आदर्श पत्नी और हनुमान को आदर्श सेवक के रूप में चित्रित करते हैं।

प्रसाद : कामायनी

'कामायनी' प्रसाद की अंतिम कृति है। इसके कथानक का आधार वह प्राचीन आख्यान है, जिसके अनुसार मनु के अतिरिक्त संपूर्ण-देव जाति प्रलय का शिकार हो जाती है और मनु तथा श्रद्धा या कामायनी के संयोग से मानव-सभ्यता का प्रवर्तन होता है। इसका कथानक बहुत संक्षिप्त है, लेकिन कवि ने इसमें जीवन के अनेक पक्षों को समन्वित करके मानव-जीवन के लिए एक व्यापक आदर्श व्यवस्था की स्थापना का प्रयास किया है। 'कामायनी' के एक संदर्भ का संबंध मनु और श्रद्धा के व्यक्तिगत जीवन और प्रणय के साथ है। इड़ा के चरित्र का एक अंश भी इस प्रसंग से संबद्ध है। प्रसाद ने इन प्रमुख पात्रों के चरित्रांकन में मनुष्य की अनुभूतियों, कामनाओं और आकांक्षाओं की अनेकरूपता का वर्णन किया है। यह 'कामायनी' की चेतना का मनोवैज्ञानिक पक्ष है। कवि ने मनु आदि के माध्यम से मानव मात्र के मनोजगत के विविध पक्षों का चित्रण 'चिंता', 'आशा', 'वासना', 'ईर्ष्या', 'संघर्ष', 'आनंद' आदि सर्गों में किया है।

'कामायनी' केवल मनु आदि के व्यक्ति-जीवन की ऐतिहासिक कथा ही नहीं है, इन पात्रों की सांकेतिक व्यंजनाएं भी उसमें हैं, जिन्हें स्वयं कवि ने 'कामायनी' की भूमिका में स्वीकार किया है : "यह आख्यान इतना प्राचीन है कि इतिहास में रूपक का भी अद्भुत मिश्रण हो गया है। इसलिए मनु, श्रद्धा और इड़ा इत्यादि अपना ऐतिहासिक अस्तित्व रखते हुए सांकेतिक अर्थ की भी अभिव्यक्ति करें तो मुझे कोई आपत्ति नहीं। मनु अर्थात मन के दोनों पक्ष, हृदय और मस्तिष्क का संबंध क्रमशः श्रद्धा और इड़ा से भी सरलता से लग जाता है।" कवि की इस उक्ति के आधार पर 'कामायनी' में रूपकतत्व के विशद विवेचन का प्रयास भी किया जाता है। किंतु ध्यान देने की बात यह है कि प्रसाद ने 'रूपक' शब्द का प्रयोग 'इतिहास' के संदर्भ में किया है, 'कामायनी' के संदर्भ में नहीं। 'कामायनी' के संदर्भ में तो कवि ने मनु आदि पात्रों के ऐतिहासिक व्यक्तित्व को ही प्रधान माना है–हाँ, उनके 'सांकेतिक अर्थ की अभिव्यक्ति' में उन्हें 'कोई आपत्ति नहीं' है। इस दृष्टि से 'कामायनी' की समग्रता में ही समासोक्ति का विधान लक्षित होता है।

'कामायनी' में बुद्धिवाद के विरोध में हृदयतत्व की प्रतिष्ठा करते हुए कवि ने शैव दर्शन के आनंदवाद को जीवन के पूर्ण उत्कर्ष का साधन माना है। जहाँ उन्होंने काम को 'मंगल से मंडित श्रेय' माना है, वहाँ श्रद्धा की प्रेरणा से मनु को कामना के बंधनों से ऊपर उठ कर सामरस्य के आनंद की उपलब्धि में तत्पर दिखाया है। इसी क्रम में कवि ने सारस्वत प्रदेश की यंत्राश्रित

सभ्यता के वर्णन में अपनी समकालीन सामाजिक व्यवस्था की विषमता का चित्रण भी किया है।

कामायनी में मनु व श्रद्धा से जुड़े हुए प्रसंगों को अधिकारिक कथा का नाम दिया गया। आलोचकों ने माना कि कथा के मध्य से इड़ा का जुड़ाव देखा गया। ऐसे में इड़ा के प्रसंगों को अधिकारिक कथा में जगह नहीं दी जा सकती। इस प्रकार के आरोप को भ्रान्ति के अतिरिक्त कुछ नहीं माना जा सकता क्योंकि प्रकारान्तर से मनु की कथा श्रद्धा व इड़ा के साथ जुड़कर सम्पूर्ण हो सकती थी। यदि प्रसाद जी के मन्तव्य पर ध्यान दिया जाए तो मनु कर्म भोग के बीच सन्तुलन बैठाकर ही अपना सन्तुलित विकास कर सकते थे।

निराला : राम की शक्ति पूजा

'राम की शक्तिपूजा' का मुख्य कथानक कृतिवास की बंगला रामायण से लिया गया है। 'शक्तिपूजा में 'शक्ति संधान' की रचनात्मक व्याख्या है और इसका मूलसूत्र जाम्बवान के परामर्श में है। हिन्दी के शक्ति काव्य का प्रतिमान है। रचना प्रक्रिया और भावबोध के स्तर पर प्रस्तुत कविता आचार्य शुक्ल द्वारा प्रतिपादित 'लोकमंगल की साधना' की कृति है। इस कविता में एक ओर यथार्थ से जूझते हुए मानव का अन्तर्द्वन्द्व है, तो दूसरी ओर एक सांस्कृतिक सामाजिक प्रक्रिया है। एक पौराणिक प्रसंग के माध्यम् से यह कविता अपने युग को उजागर करती है। अपने प्रतीकार्थ में शक्तिपूजा नैतिक शक्ति की सिद्धि का काव्य है। इस कविता का रचनाकाल पराधीन भारत का वह गांधीवादी युग था जिसमें आततायी अंग्रेजी शासन के विरूद्ध नैतिक शक्ति का संबल लेकर भारतीय जनता अहिन्सात्मक संघर्ष कर रही थी।

निराला के सामने यह समस्या थी कि राम-रावण का युद्ध वर्णन करना है और उसके समानान्तर राम के भीतर चल रही है। लड़ाई वर्णन करना है, भीतर की लड़ाई यह है कि युद्ध लड़ा जाए या न लड़ा जाए। यदि लड़ा जाए तो कैसे? लड़ने का साधन क्या हो। जीतेंगे इसमें भी संशय था, संकल्प की लड़ाई राम के भीतर चल रही है। राम द्वन्द्वातीत राम न होकर द्वन्द्व में फंसे राम हैं। राम-राम का द्वन्द्व राम-रावण के द्वन्द्व से महत्वपूर्ण हो गया है। निराला के राम आधुनिक मानव हैं जो न्याय के पक्षधर होते हुए भी टूटते हैं। संशय करते हैं यहाँ तक कि अपनी नियति को कोसते हैं–

धिक् जीवन जो पाता ही आया विरोध
धिक् साधन जिसके लिए सदा ही किया शोध।

निराला की सर्जनात्मकता प्रतिभा में ढ़लकर वाल्मीकि और तुलसी के राम आधुनिक स्वाधीनता संग्राम के संवेदनशील मानव के रूप में मूर्तिमान हो उठे। उनकी 'जानकी' मात्र 'प्रिया' नहीं स्वाधीनता की देवी हैं, जिसकी मुक्ति के लिए वे व्याकुल हैं। एक निर्बल देश को सबसे अधिक ताकत की आवश्यकता थी, शक्ति अर्जित करने की आवश्यकता थी। दरअसल शक्ति की उपासना, उपासना मात्र न रह सकी। अंदर की शक्ति को जागृत करने की आवश्यकता रह गयी है। निराला के मन में शक्ति की अवधारणा थी। शक्ति की कल्पना मुक्त होने और कराने के लिए जा रही थी। निराला मानव मुक्ति की कविता लिख रहे थे। जाम्बवान से परामर्श दिलाना भी कविता को नितान्त लौकिक धरातल पर लाना है। निराला रूपक के माध्यम् से स्वाधीनता का एक चित्र प्रस्तुत करते हैं। रूपक की वास्तविकता और अप्रस्तुत की प्रतिध्वनि दोनों को निराला ने कलात्मक कौशल से साधा है। युद्ध का वर्णन अधिक न होकर संकेत भर है। भीतर का वर्णन अधिक है। प्रसाद भी प्रलय वर्णन को छोड़ देते हैं। संकल्प और विकल्प की जो लड़ाई राम के भीतर चल रही थी उसके परिहार के लिए निराला साधना की जरूरत समझते हैं। निराला का लक्ष्य यह था कि उस बिन्दु को प्राप्त किया जाए जहाँ संकल्प बिन्दु को प्राप्त किया जा सके। इसी बिन्दु पर आकर कविता समाप्त हो जाती है। विजय वर्णन में निराला की कोई रूचि नहीं है, उस संघर्ष को उभारकर रखना उनका उद्देश्य था जो उस समय भारतीय मानस की लड़ाई थी। लड़ाई 'कैसे लड़ा जाए' उस समय भारतीय जन-मानस की मूल समस्या थी। निराला दरअसल विजय का स्वाद जानते ही नहीं थे। इनका सारा का सारा काव्य संघर्ष का काव्य है।

प्रेरणा के रूप में तुलसीदास सर्वत्र विद्यमान है। यह कविता विलक्षण ढंग से ठेठ हिन्दी कविता है। अपनी छोटी-छोटी पंक्तियों में स्पंदन होने वाली कविता है। छंदो में रची गई है। शायद यह चेतना रही हो कि परम्परा में सभी काव्य छंद में हैं।

निराला : कुकुरमुत्ता

'कुकुरमुत्ता' की सर्जना निराला ने सन् 1942 ई॰ में की। यह काल 'भारत छोड़ो' आंदोलन का काल था। इसी युग में बंगाल में भयानक अकाल की विभीषिका हुई। यह अकाल प्रकृति-प्रदत्त नहीं था बल्कि मानव-सृजित था। इस अकाल की विभीषिका से तड़पती मानवता और 1942 ई॰ का भारत छोड़ो आंदोलन जो दमन और अत्याचारों की पराकाष्ठा का प्रतिफलन

था–इसी अव्यवस्थित व्यवस्था ने कवि-हृदय में विचलन किया। किन्तु कवि की लेखनी कैद थी, वाणी पर ताले जड़े थे, वैसे में प्रत्यक्ष रूप से कवि समुदाय हेतु कुछ भी कहना संकट को आमंत्रण देना था अतएव निराला ने निजव्यंग्य को, अपनी आत्मकुंठा एवं आक्रोश को प्रतीकात्मक शैली में व्यंजित किया है। कुकुरमुत्ता के संदर्भ में अनेक विद्वानों ने अपने-अपने तर्क दिये। रमेशचंद्र मेहरा ने कहा कि, "कुकुरमुत्ता में मेहनतकशों का पक्ष-पोषण हुआ है, किन्तु साथ ही वह यह भी मानते हैं कि कवि के समाजवादी आदर्शों को वेदान्ती रंगत मिल गई है।" इन्द्रनाथमदान की सम्मति है कि कुकुरमत्ता स्वयं कवि का बिम्ब है, जिसने उस समय इतने अधिक कष्ट झेले थे, जो तरह-तरह की मुसीबतों का शिकार हुआ था और इसलिए उसने आत्मविश्वास की पुष्टि की है। रामरतन भटनागर गुलाब और कुकुरमुत्ते के विवाद में भारतीय और पश्चिमी संस्कृति के बीच टकराव देखते हैं। विश्वम्भरनाथ उपाध्याय जिन्होंने निराला को प्रगतिशील प्रयोगवाद का प्रथम कवि कहा; वे यह मानते हैं कि इस कविता में गुलाब उच्च सौंदर्य का प्रतीक है, जबकि कुकुरमुत्ता वास्तविक जीवन है, हर दिन का जीवन-व्यापार, हर दिन की चीज़ है। जिसके बिना मानव का अस्तित्व असंभव है।

निराला ने नग्न यथार्थ की आधारभूमि और व्यंग्यपूर्ण परिणति कुकुरमुत्ता में लक्षित है। वहाँ उपेक्षित द्वारा न तो सहने की उच्चाशयता के दर्शन होते हैं और न करूणाभिभूत होकर निराला उन्हें अश्रुसिक्त होते हुये दिखते हैं। कुकुरमुत्ता में एक ठंडा एवं काटता हुआ व्यंग्य है। कुकुरमुत्ता उपेक्षित होने के बावजूद भी स्वयं को तुच्छ नहीं समझता–

वहीं गंदे में उगा देता हुआ बुत्ता
पहाड़ी से उठे सर ऐंठकर बोला कुकुरमुत्ता
"अबे, सुनबे, गुलाब,
भूल मत पाई खुशबू रंगोआब
खून चूसा खाद का तूने अशिष्ट
डाल पर इतराता है कैपिटलिस्ट
कितनों को तूने बनाया है गुलाम .....।"

यहाँ अभिजात्यता पर एक अप्रत्याशित व्यंग्य उभरता है और साधारण की सार्थकता प्रतिपादित हुई है। कुकुरमुत्ता उपेक्षित किन्तु एक मात्र मूल्यवान जनसाधारण है। वह बदरूप हो सकता है पर अंतस से श्रेष्ठ है। भारतीय जनमानस के परिवेश का संपूर्ण चित्रण निराला करते हैं–

कच्चे घर उबड़-खाबड़, गन्दे
गलियारे, बंद पड़े कुल धंधें
लोग बैठ लेते हैं जमुहाई
ठंडी-ठंडी चलती है पुरबाई।"

कुकुरमुत्ता में ऐसे अहंवादी शोषक नवाब को व्यंग्य का शिकार बनाया गया है, जिसे देश की रीति-परम्परा-स्थिति का कोई ज्ञान नहीं। ये लोग स्वार्थी एवं अवसरवादी होते हैं और अस्थिर विचारों वाले होते हैं। फारस का गुलाब उच्च शोषक वर्ग बुर्जुआ मनोवृत्ति और विदेशी विचार पद्धति का प्रतीक है। साधारण जन का प्रतीक कुकुरमुत्ता शोषक को फटकारता है।

'खून चूसा खाद का तूने अशिष्ट,
डाल पर इतरा रहा कैपिटलिस्ट।
कितनों को तूने बनाया है गुलाम,
माली कर रक्खा, सहाया जाड़ा-घाम
रोज पड़ता रहा पानी / तू हरामी ख़ानदानी।

इस रूप में कुकुरमुत्ता का व्यंग्य सीमित और एकोन्मुख नहीं है, अनेकोन्मुख है और उसकी चपेट में अव्यवस्थित, असम्बद्ध जितने हैं, सब आ जाते हैं। उसकी शैली भी निराला के पिछले काव्य की तुलना में साधारण है, क्योंकि युगानुकूल इसकी रूपरेखा है। गंगाप्रसाद पाण्डेय के शब्दों में–

"निराला ने इस कविता में सारे विश्व को बाँधने और उसके विकास का पथ खोजने की चेष्टा की है।" दूधनाथ सिंह के अनुसार "सामान्य की प्रतिष्ठा को स्थापित करने के लिए निराला ने कुकुरमुत्ता में आकर सारी काव्य प्रणाली, शिल्प-संगठन और भाषिक संरचना की नये सिरे से छानबीन करते हैं।"

अज्ञेय : असाध्य वीणा

वर्ष 1961 में अज्ञेय ने कविताओं का एक संकलन तैयार किया जिसे आँगन के पार द्वार कहा गया। आँगन के पार द्वार की एक कविता असाध्य वीणा है। ऐसी वीणा जो अब तक साधी न गई हो। वर्ष 1950-60 के दशक में अज्ञेय पश्चिमी यूरोप व पूर्वी एशियाई देश में भ्रमण करने के पश्चात् इस कविता संग्रह को लिखते हैं।

असाध्य वीणा का केन्द्रीय कथ्य वीणा की साधना व उसके तारों में अवतरित संगीत से ही जुड़ा है। इस कथानक

कविता को सिर्फ रहस्यवादी कविता के रूप में नहीं देखा जा सकता क्योंकि इसका सन्दर्भ जितना प्राचीन है उससे कहीं अधिक आधुनिक है। अज्ञेय की मनसा (इच्छा) एक ऐसे उद्देश्य को उद्घाटित करने की थी, जो सर्जनात्मकता की वास्तविकता को खोज सके। किसी भी सर्जना की एक कीमत होती है। कलाकार या साधक अपने अहम के विलय के द्वारा ही सर्जक होने का गौरव हासिल कर सकता है। प्रियबन्द का यह कहना कि कलावन्त हूँ नहीं शिष्य साधक हूँ अनुभावन की प्रक्रिया की शुरुआत को दर्शाता है।

वीणा के माध्यम से अज्ञेय ने अपने जीवन दर्शन व रचना दर्शन को स्थापित करना चाहा। उनका मानना था कि कला तो एक ही होती है लेकिन उसकी कलात्मक अभिव्यक्ति व्यक्तिनिष्ठ होती है। प्रियबन्द के द्वारा साधी गई वीणा में संगीत तो एक ही बज रहा था, परन्तु जिसने उसे जिस रूप में सुना उस पर प्रभाव बिल्कुल अलग-अलग था। रचना भी एक ही होती है, उसका उद्देश्य भी वस्तुनिष्ठ होता है परन्तु रचना का प्रभाव हमेशा व्यक्तिनिष्ठ होगा। प्रियबन्द के द्वारा साधी गई वीणा अज्ञेय के इसी रचना दर्शन को उद्घाटित करती है।

अज्ञेय : नदी के द्वीप

नदी के द्वीप अज्ञेय की बहुचर्चित व प्रसिद्ध कविता है जिसमें अज्ञेय जी ने प्रतीकात्मक शैली में यह प्रतिपादित किया है कि व्यक्ति की स्थिति समाज में एक द्वीप की भाँति होती है। व्यष्टि चेतना को सुरक्षित रखते हुए भी वह समष्टि का ही अंग है। नदी समष्टि चेतना का जबकि द्वीप व्यक्ति चेतना का प्रतीक है।

द्वीप बनकर नदी के प्रवाह को झेलते रहना तथा अपने अस्तित्व को बनाए रखने में ही जीवन की सार्थकता है। अस्तित्व के खो जाने पर जीवन समाप्त हो जाता है। नदी भले ही विकराल रूप धारण करके द्वीप को अपने में समा ले परन्तु पानी कम होने पर द्वीप का अस्तित्व फिर से बन जाता है। द्वीप रेत बनकर धारा का अंग नहीं बनना चाहता बल्कि अपने अस्तित्व को मिटाकर वह पानी को अस्वच्छ ही करता है। अलग सत्ता रहने से जल स्वच्छ रहता है।

कवि का तात्पर्य है कि व्यक्ति को अपना व्यक्तित्व सुरक्षित रखकर समाज के लिए समर्पण करना चाहिए।

कवि अज्ञेय ने इस कविता के माध्यम से मध्यवर्गीय व्यक्ति के संघर्ष के सत्य को बड़ी बौद्धिकता के साथ उद्घाटित किया है।

मुक्तिबोध : अंधेरे में

'अंधेरे में' एक ऐसी लम्बी कविता है जो अपना प्रतिमान स्वयं है। यह न तो किसी कथा पर आधारित है, न मात्र अपने जीवन के ऊहापोह से गुजरती है। यह न एक बने-बनाए आशावाद के सरल मार्ग से चलती है न जुगुप्सा, निराशा और यौन-पिपासा के कीचड़ में पाँव धँसाकर चलती है, यह एक ऐसी नई कविता है जो स्वयं सामाजिक सन्दर्भों से कथा गढ़ती है वह भी कोई एकसूत्रीय कथा नहीं खण्ड कथा।

वह उसकी यातना, उसकी संवेदना, उसके चिन्तन से बनी हुई कथा है–खण्ड कथा। कवि (जिसे इस कविता का नायक कहा जा सकता है) की आत्मकथा एक ऐसे कवि की आत्मकथा है जो अपने में डूबा हुआ न होकर बाहर से जुड़ा है किन्तु ऐसा भी नहीं है कि वह अधिकांश प्रगतिवादियों की तरह मात्र बाहर है। इसलिए उसके भीतर और बाहर की कथा के साहचर्य और टकराहट से एक ऐसी कविता बनती चलती है जो अपनी संवेदना में जटिल है, बहुआयामी है और संरचना में नाटकीय तथा अपने भीतर से निर्मित।

समग्र भाव से देखने पर मुक्तिबोध का मूल स्वर प्रगतिवादी ही लगता है इसलिए 'अन्धेरे में' कविता की जटिलता और दुरूहता के बीच अन्तर्निहित प्रगतिवादी स्वर को ही मूल स्वर मानना संगत होगा।

मुक्तिबोध प्रगतिशील कवि हैं किंतु यह भी एक विडम्बना है कि 'अंधेरे में' और उनकी अन्य कुछ विशिष्ट कविताएँ मूलतः प्रगतिशील हैं या और कुछ, आलोचकों के बीच तय ही नहीं हो सका। इसके लिए आलोचकों को दोषी ठहराने की जगह कविता के भीतर ही झाँकना उचित होगा। यह सच है कि इस कविता का मूल स्वर प्रगतिशील है किन्तु कविता बड़ी दुरूह है।

मुक्तिबोध में फैंटेसी है, अर्थात एक जादुई कथा में आधुनिक जीवन-अनुभवों की अभिव्यक्ति है। 'अंधेरे में' कविता इस दृष्टि से अत्यधिक उल्लेखनीय है।

इकाई-X

प्रेमचंद : गोदान

प्रेमचंद ने अपने उपन्यासों में समाज के विभिन्न वर्गों का चित्रण किया है। इनमें सबसे प्रमुख वर्ग है–किसानों का, जो मुख्यतः गांवों में रहता था और जो देश की समूची आबादी का लगभग 85 प्रतिशत था। इसके बाद उन्होंने मध्यवर्ग को अपने उपन्यासों का विषय बनाया। अभिजातवर्ग और नागरिक जीवन का चित्रण उन्होंने बहुत कम किया है, और जहाँ ऐसे स्थल आये हैं, वहाँ उनका मन रमा नहीं है। 'गोदान' में नागरिक जीवन के चित्रण की संभावनाएं तो थीं, किंतु उसका प्रामाणिक और पर्याप्त चित्रण वहाँ भी नहीं है। उपन्यास में कुछ नागरिक पात्रों के दर्शन अवश्य होते हैं, पर वे किसी विशेष अर्थ में नागरिक जीवन का प्रतिनिधित्व नहीं करते। नगर-जीवन की विशेषताओं, जैसे–कोलाहल, दौड़-धूप, तंगी, भीड़, घुटन, गंदगी, बेकारी, होटल, रेस्तरां, शुष्क औपचारिकता, भयानक जीवन-संघर्ष आदि का बहुत प्रामाणिक चित्रण 'गोदान' में कहीं दिखायी नहीं देता। 'गोदान' की तथाकथित नगरकथा के पात्र प्रेमचंद के नारी-विषयक, प्रेम-विषयक और देशसेवा-विषयक आदर्शों के प्रतिपादन के निमित्त खड़े किये गये हैं, न कि वे नगर-जीवन के अंग हैं। लगभग यही बात उनके अन्य उपन्यासों में आये नागरिक पात्रों के विषय में भी कही जा सकती है। हाँ, उनके उपन्यासों में शोषक वर्ग–जमींदारों, साहूकारों, सरकारी कर्मचारियों (विशेषतः पुलिस-विभाग) तथा पुरोहितों का यथार्थ और प्रामाणिक चित्रण हुआ है। इनमें जमींदार-वर्ग के प्रति प्रेमचंद की सहानुभूति उन्हें उच्चकोटि का कलाकार ही नहीं, संतुलित दृष्टि-संपन्न सामाजिक आलोचक भी सिद्ध करती है। तत्कालीन जमींदार एक ओर किसानों का शोषण करता था, तो दूसरी ओर वह बैंकरों, दलालों और अंगरेज-सरकार के शोषण का शिकार भी था। तत्कालीन सामंती ढांचा भव्य और डरावना दिखायी पड़ने पर भी भीतर से बिलकुल खोखला हो चुका था। प्रगतिवाद या साम्यवाद के प्रति दुराग्राही लेखकों की दृष्टि इस खोखलेपन की ओर नहीं जा सकती, किंतु प्रेमचंद ने अपनी सूक्ष्म अवलोकन-क्षमता से न केवल इसे लक्ष्य किया, अपितु सहानुभूति के साथ इसे अपने उपन्यासों में प्रस्तुत भी किया।

गोदान प्रेमचंद का सर्वश्रेष्ठ उपन्यास है। इस उपन्यास के द्वारा प्रेमचंद ने ग्राम्य जीवन की विद्रूपताओं को कुशलतापूर्वक प्रस्तुत किया है। इसमें उन्होंने जीवन की नैराश्यपूर्ण कठोर वास्तविकता से परिचित कराया है। गोदान ग्राम्य जीवन के जीते-जागते चित्रों का रंगीन एलबम है जो जीवन की विभिन्न समस्याओं को उजागर करता है। लेखक ने गोदान के माध्यम से ग्रामवासियों के प्रति अपनी सारी संवेदना उंड़ेल दी है। 'गोदान' केवल उत्तर भारत के गाँवों की ही नहीं बल्कि भारत भर के गाँवों की कहानी है। 'गोदान' में ऐसे बहुत से वर्णन मिलते हैं जो गाँवों का बिंब प्रस्तुत करते हैं। गाँव का अंतर्विरोध एक मुख्य प्रसंग है, जिसके बिना गाँव का चित्र पूरा नहीं हो पाता। होरी 'गोदान' का नायक अर्थात् मुख्यपात्र है। जिसके जीवन की यथार्थ झांकी प्रस्तुत की गई है। "होरी हर तरह से भीरू है। सामान्यतः किसान की स्थिति यही होती है। पुलिस, पटवारी, जमींदार सभी के सामने उस की घिग्घी बँध जाती है किंतु जहाँ सबकी घिग्घी बँध जाती है वहाँ वह शेर हो जाता है। जिस खान के डर से सबके होश फाखता हो गए थे, उसी खान की छाती पर होरी चढ़ बैठता है।

होरी के जीवन के विपरीत एक और जीवन है मालती और मेहता, जो विलास से युक्त है। इस उपन्यास में जीवन का हू-ब-हू चित्रण करने में उपन्यासकार को अपूर्व सफलता मिली है। चरित्र-चित्रण के यथार्थकारी विकास की दृष्टि से इस उपन्यास का महत्वपूर्ण स्थान है।

प्रेमचंद के प्रतिनिधि उपन्यास 'गोदान' में आदर्शवाद से उनका मोहभंग हो गया है। वे आद्यंत यथार्थ को ही दृष्टि में रखते हैं, इसीलिए गोदान दुखांत है।

अज्ञेय : शेखर एक जीवनी

शेखर : एक जीवनी आतंकवाद की छाया में लिखा हुआ एक ऐसा उपन्यास है, जिस पर मनोविश्लेषण शास्त्र के प्रभाव के साथ समाज के परिप्रेक्ष्य में व्यक्ति और उसके विचारों को देखा गया है।

'शेखर एक जीवनी' आत्मकथन शैली में लिखा गया वैयक्तिक अनुभवों का एक लंबा दस्तावेज है। इसके नायक शेखर में अपने आसपास के जीवन तथा उसके विविध प्रसंगों को संवेदनात्मक रूप में प्रस्तुत करने की क्षमता है। शेखर के व्यक्तित्व में गौरव और शक्ति का योग है। वह विद्रोही है किंतु आश्चर्य की बात है कि उसका विद्रोह सक्रिय नहीं हो पाता। क्रांतिकारियों के संपर्क में आकर तथा विलम्ब में होने वाली हिंसा के औचित्य को स्वीकार करते हुए भी वह क्रांति-कार्यों में भागीदारी नहीं करता। उसके चरित्र की एक निर्बलता है प्रेरणा और निष्ठा की कमी। शशि शेखर की इस दुर्बलता को पहचानती थी। उसने कई बार शेखर को कर्म की ओर प्रवृत्त होने की प्रेरणा दी। शशि उपन्यास का एक विवेकशील पात्र है।

एक बार जेल से बाहर निरुद्देश्य घूमते हुए शेखर को शशि कर्त्तव्यरत होने की ओर प्रेरित करती है, "अब जल्दी-जल्दी कुछ निश्चय कर डालो न, क्या करोगे? यों ही भटकना अच्छा नहीं।" इसके उत्तर में शेखर के मन में जो अंतर्द्वन्द्व होता है, उससे स्पष्ट हो जाता है कि उसमें निश्चय ही दृढ़ता का अभाव है। वह मन में विचारता है, "मैं क्या निश्चय करूँ? आगे मैंने कौन-से निश्चय किए हैं? या किए हैं तो कौन से निश्चय का अनुसरण संभव हो सकता है?"

शेखर में अहम्मन्यता और दंभ भी है। सैक्स के प्रति शेखर के दकियानूसी रवैये से निश्चय ही पाठक के मन में खीज होती है। अपने संपर्क में आने वाली प्रत्येक युवती के प्रति उसका सैक्स जाग उठता है।

सत्य को सह पाने की यह कायर प्रवृत्ति शेखर में बार-बार दिखाई पड़ती है। एक बात और शेखर में कर्मशीलता, चारित्रिक स्थिरता और साहस का अभाव है।

उपन्यास के आधार पर उससे प्राप्त होने वाले राजनीतिक प्रसंगों की व्याख्या करने पर यह कह सकते हैं कि शेखर एक द्विधाग्रस्त मानसिकता वाला मध्यमवर्ग से आया हुआ चरित्र है जो अनायास क्रांतिकारी कार्यों तथा राजनीति के बहाव में आ जाता है।

मृत्युदंड पाये हुए शेखर के सामने सारा अतीत सजीव हो उठता है। इस उपन्यास की नई शैली और लेखक की पैनी मनोवैज्ञानिक दृष्टि ने इस उपन्यास को हिन्दी साहित्य की उच्च कोटि की तथा अग्रगण्य रचना के रूप में मान्यता प्रदान की है।

उपन्यास में एक व्यक्ति के निजी जीवन की वेदना एवं यातना का चित्रण होते हुए उसमें युग का बौद्धिक संघर्ष भी प्रतिबिम्बित होता है जिसके फलस्वरूप व्यक्ति का विकास होता है।" शेखर की बाल्यावस्था पर फ्रायडवादी प्रभाव को मानते हुए सत्यपाल चुघ लिखते हैं कि, "बाल-जीवन के चित्रण में शेखर की जिज्ञासाओं, व्यवहारों आदि का वर्णन फ्रिटज का अनुकरण मात्र नहीं, उसकी अपनी परिस्थितियों का परिणाम है। हम इस मत से सहमत हैं और हमारा तो यही कहना है कि शिशु के मन में सहज संवेदनाएं होती हैं। नई बातों और वस्तुओं, जैसे ईश्वर सम्बन्धी, जन्म सम्बन्धी तथा माता-पिता के यौन-प्रणय-व्यापार सम्बन्धी जो जिज्ञासा एक सामान्य शिशु में होती है, शेखर में उसी तीव्र जिज्ञासा भाव का आवर्तन-प्रत्यावर्तन अहिर्न रूप में होता हुआ दिखाई पड़ता है।"

निष्कर्षतः कह सकते हैं कि अज्ञेय ने शेखर के चरित्र को विशिष्ट बनाने हेतु अहंवादी, भयग्रस्तता, जिज्ञासु वृत्ति, अनास्थावादी भाव, अधोमुखी क्रियाएं, घृणाभावना, अनुशासन बद्धता, आत्मनिर्भरता की भावना, विद्रोह-धर्मिता, आत्म-पीड़ा आदि विशेष प्रवृत्तियों को उसमें पिरोया है। इन सभी प्रवृत्तियों से उसका चरित्र विशिष्ट बनाया गया है।

प्रसाद : चन्द्रगुप्त

चन्द्रगुप्त प्रसाद जी का सर्वाधिक चर्चित ऐतिहासिक नाटक है जिसमें 326 ई. पूर्व से लेकर 306 ई. पूर्व तक की भारतीय

राजनीति एवं घटने वाली प्रमुख घटना का निरूपण किया गया है। ग्रीक सम्राट सिकन्दर ने 326 ई. पूर्व में भारत पर आक्रमण किया था यह ऐतिहासिक तथ्य है। इसके बाद उसके उत्तराधिकारी सेल्यूकस ने 306 ई. पू. में भारत पर पुनः आक्रमण किया था। चन्द्रगुप्त नाटक का कथानक इन दोनों तिथियों के बीच का है।

नाटक के प्रारंभ में तक्षशिला में चंद्रगुप्त और चाणक्य की भेंट होती है। नाटक का कथानक भारत पर सिकंदर (अलक्षेंद्र) के आक्रमण के समय का है। चाणक्य के निर्देश से चंद्रगुप्त सिकंदर की सेवा में रहकर यूनानी युद्ध प्रणाली और युद्ध कौशल का ज्ञान प्राप्त करता है। सिकंदर भारत में नंद साम्राज्य पर आक्रमण करने की योजना को त्यागकर अपने देश लौट गया। कहा जाता है कि मार्ग में ही उसकी मृत्यु हो गई और उसका सेनापति सैल्यूलस भारत पर आक्रमण करता है। उस समय तक चंद्रगुप्त मगध के सिंहासन पर विराजमान है। युद्ध में भारतीय सैनिक सेनानायक और शासक चंद्रगुप्त के नेतृत्व में सेल्यूकस की यूनानी सेना को पराजित कर देते हैं। अंत में चाणक्य के प्रयास से चंद्रगुप्त मौर्य और सैल्युकस में संधि हो जाती है। संधि की शर्तों के अनुसार सैल्यूकस की पुत्री कार्नेलिया का विवाह चंद्रगुप्त मौर्य के साथ हो जाता है। नाटककार के मत से यह ग्रीक और भारत का सांस्कृतिक सम्मिलन था।

प्रसाद ने ऐतिहासिक तथ्यों के शोध के आधार पर प्रस्तुत नाटक की रचना की है। चंद्रगुप्त को पिप्पल कानन का क्षत्रिय कहकर उसके क्षात्रियत्व पर लगे प्रश्न चिह्न का निवारण कर दिया है। कल्पना से नाटककार ने कथा का सुष्ठुप विकास किया है। नाटकीय तत्वों के आधार पर नाटक की समीक्षा करने पर उसे उच्च कोटि के नाट्यकौशल के प्रमाण स्वरूप प्रस्तुत किया जा सकता है। भारतेंदु के बाद प्रसाद ने ही नाटकों का पूर्ण विकास किया। उन्हें हिन्दी के नाट्य साहित्य में वही स्थान प्राप्त है जो उपन्यास साहित्य के विकास में मुंशी प्रेमचंद को। चंद्रगुप्त के पात्रों के चरित्र-चित्रण में भी नाटककार को पूर्ण सफलता प्राप्त हुई है। चंद्रगुप्त जैसे शौर्य के धनी देशभक्त के हाथों ही सैल्यूकस जैसे योद्धा की पराजय संभव थी। साथ ही चंद्रगुप्त के नीति कुशल मंत्री चाणक्य के चरित्र को भी नाटककार ने भली-भांति उभारा है। 'अरुण यह मधुमय देश हमारा' जैसा गीत प्रसाद के काव्यात्मक व्यक्तित्व को पाठकों के सामने प्रकट करता है।

चंद्रगुप्त में नाटकीय संघर्ष कम हैं। अलक्षेंद्र की युद्धनीति नाटक में स्पष्टतः व्यक्त नहीं हुई। 'चंद्रगुप्त' में मगध राज्य के मंत्री राक्षस का चरित्र मुद्रा राक्षस के समान शक्तिशाली नहीं है। यहाँ प्रतिनायक का प्रश्न भी उलझा हुआ प्रतीत होता है। अलक्षेंद्र तो तीसरे ही अंक में अपने देश को लौट जाता है, नंद भी केवल चौथे अंक में ही आता है तथा राक्षस का चरित्र प्रमुख विरोधी जैसा नहीं। अतएव इन तीनों में से किसी में भी प्रतिनायकत्व के भाव नहीं मिलते।

नाटक में नायिका का प्रश्न भी उलझा हुआ है। नायिका को नाटक में जो प्रमुखता दी जानी चाहिए वह किसी को भी नहीं मिली। कार्नेलिया नाटक के प्रारंभ में एक बार आती है। अंत में ही फिर उसके दर्शन होते हैं। कल्याणी असमय ही आत्महत्या करके नायिका होने की अपनी दावेदारी समाप्त कर देती है। इससे कार्नेलिया के नायिका बनने का मार्ग साफ हो जाता है।

चंद्रगुप्त में भावुकता का पक्ष मुख्य है। नाटक में वीररस को मुख्य स्थान मिला है। उसका प्रवाह आदि से अंत तक रहा है। अलका का वीररमणी के रूप में चित्रण हुआ है। सुवासिनी का चरित्र भी वीरोचित है। प्रसाद का वस्तु-विन्यास पर पूर्ण अनुशासन नहीं दिखता अतः कथानक पूर्ण निर्दोष नहीं माना जा सकता। फिर भी प्रसाद के नाटकों मं चंद्रगुप्त का स्थान सर्वोपरि है।

मोहन राकेश : आधे अधूरे

मोहन राकेश अब तक स्वाधीन भारत के सबसे सफल हिन्दी नाटककार हैं। उन्होंने ऐतिहासिक कथानक पर आधारित अपनी नाट्य-कृतियों को समकालीन बोध से कुशलतापूर्वक संयुक्त किया। आषाढ़ का एक दिन (1958) कालिदास पर आधारित है। इसकी विषयवस्तु की मूल सामग्री कालिदास की रचनाओं से जुटाई गई है। इसमें रचनाकार और राज-सत्ता के जटिल संबंध को दर्शाया गया है। इसमें रचनाकार की नीति और रचनात्मक नैतिकता भी इससे अप्रभावित नहीं रहती। इसमें प्रेम-संबंध की समस्या को संवेदनशील ढंग से प्रस्तुत किया गया है। आधे-अधूरे (1969) स्वातंत्र्योत्तर भारत का पहला हिन्दी नाटक है, जिसमें टूटते हुए पारिवारिक मूल्यों को यथार्थवादी ढंग से प्रस्तुत किया गया है। सभी पात्र अपनी इच्छाओं की पूर्ति और आचरण में अपूर्ण हैं। अधूरेपन का यह अहसास हमारे युग की नियति है।

वैवाहिक जीवन में 'पूर्ण-पुरुष' की खोज असम्भव है। महेन्द्र नाथ और सावित्री का वैवाहिक जीवन इस नाटक में 'राकेश' जी ने प्रस्तुत किया है। सावित्री को लगता है कि उसके पति का व्यक्तित्व 'अधूरा' है। पूर्णता की खोज में वह जितने भी अन्य पुरुषों के सम्पर्क में आती है, सब में उसे कोई-न-कोई कमी दिखाई पड़ती है और अन्ततः वह इस निष्कर्ष पर पहुँचती है कि पूर्णता किसी में नहीं है, सब 'आधे-अधूरे' हैं।

'आधे-अधूरे' में प्रमुख रूप से विघटन की प्रक्रिया का अंकन है। यह विघटन व्यक्ति, परिवार, समाज, देश सर्वत्र में व्याप्त है। महत्वाकांक्षिणी आधुनिक नारी सावित्री जीवन के सभी भौतिक सुख-साधनों को संचित करना चाहती है। अनवरत प्रयास करने पर भी उसका पति महेन्द्रनाथ वह सब नहीं जुटा पाता। पति के इस असामर्थ्य को उसका अधूरापन मानकर वह अन्य पुरुषों में पूर्णता का आभास पाकर उनकी ओर आकृष्ट होती है और अपने पति का परित्याग भी कर देती है, किन्तु भौतिक इच्छाओं की तृप्ति नहीं होती। वह जिसके भी सम्पर्क में आती है, वही उसे अधूरा लगता है। किसी में एक दृष्टि से अधूरापन है तो दूसरे में कोई दूसरा अधूरापन है और तब सावित्री इस निष्कर्ष पर पहुँचती है–"सब के सब एक से हैं। अलग-अलग मुखौटे पर चेहरा। चेहरा सबका एक ही है।" हमें लगता है कि शायद हमारे चुनाव में गलती हो गई किन्तु वास्तविकता कुछ और ही है।

आधे-अधूरे नाटक का मूल प्रतिपाद्य वर्तमान मध्यमवर्गीय जीवन की विसंगति को प्रस्तुत करना है। नाटक में चित्रित परिवार का प्रत्येक व्यक्ति अधूरेपन के दंश से पीड़ित है, किन्तु विडम्बना यह है कि वह दूसरों को अधूरा और अपने को 'पूर्ण' समझता है।

सभी में अविश्वास, कुण्ठा, संशय, हीनताबोध एवं विघटन के भाव हैं। सब अपने-अपने अस्तित्व के प्रति सजग हैं और आधे-अधूरेपन का भाव लिए अन्ततः जी रहे हैं।

लेखक ने 'आधे-अधूरे' नाटक के माध्यम से मध्यवर्गीय भारतीय परिवारों के टूटने को अभिव्यक्त किया है।

अभ्यास प्रश्न

सेट–I

1. कबीर द्वारा कुण्डलिनी योग की शब्दावली का स्रोत है

A. सूफी सन्त B. नाथ पन्त

C. सिद्ध सम्प्रदाय D. इनमें से कोई नहीं

2. इनमें से किस एक सन्त कवि ने श्रृंगार रस का विरोध किया था?

A. कबीर B. सूर

C. जायसी D. इनमें से कोई नहीं

3. कबीर के काव्य संकलन को 'बीजक' नाम किसके द्वारा दिया गया?

A. श्यामसुन्दर दास B. आचार्य शुक्ल

C. नन्ददास D. धर्मदास

4. कालक्रम निर्धारित करें

A. जायसी, तुलसी, कबीर, सूरदास

B. सूरदास, कबीर, तुलसी, जायसी

C. कबीर, जायसी, सूरदास, तुलसी

D. तुलसी, जायसी, कबीर, सूरदास

5. सन्त काव्य में इनमें किस रस की प्रधानता है?

A. श्रृंगार रस B. करुण रस

C. भक्ति रस D. शान्त रस

6. इनमें से किस भक्त कवि को 'वाणी का डिक्टेटर' कहा जाता है?

A. तुलसी B. सूर

C. जायसी D. कबीर

7. सिख सम्प्रदाय के प्रवर्तक हैं

A. गुरुनानक देवजी B. गुरु गोविन्द सिंह जी

C. गुरु अर्जुन देव D. इनमें से कोई नहीं

8. असत्य कथन का चयन करें

A. अंगवधू – कबीर

B. ज्ञानबोध – मलूकदास

C. सुन्दर विलास – सुन्दरदास

D. सुखमनी साहिब – गुरु अर्जुन देव

9. मीरा के गुरु इनमें से हैं

A. रैदास B. दादू

C. कबीर D. तुलसी

10. इनमें से रामानन्द के शिष्य हैं

A. रैदास B. कबीर

C. शेख फरीद D. A और B दोनों

11. पूर्वमध्यकाल का दूसरा नाम क्या है?

A. भक्तिकाल B. रीतिकाल

C. आदिकाल D. इनमें से कोई नहीं

12. निर्गुणधारा के अन्तर्गत कौन-सी शाखा है?

A. ज्ञानाश्रयी शाखा B. रहस्यमयी शाखा

C. गायत्री शाखा D. इनमें से कोई नहीं

13. निर्गुण ब्रह्म को जब भावना का विषय बना लिया जाता है, तब

1. रहस्यवाद का जन्म होता है।
2. रहस्यवाद निर्गुण ब्रह्म पर आश्रित है।

उपरोक्त कथनों में कौन-सा/से कथन सत्य है/हैं?

A. केवल 1 B. केवल 2

C. 1 और 2 D. इनमें से कोई नहीं

14. निम्नलिखित में से असत्य कथन छाँटिए

1. निर्गुण भक्ति मानसिक भक्ति है।
2. निर्गुण भक्ति प्रेममयी भक्ति है।
3. निर्गुण भक्ति सहज साधना पर आधारित है।
4. निर्गुण भक्ति में ईदत पूजा का विधान है।

कूट :

A. केवल 1 B. केवल 2

C. 1 और 3 D. केवल 4

15. 'भक्ति' का सर्वप्रथम उल्लेख कहाँ मिलता है?

A. वेद B. उपनिषद्

C. सूक्त D. इनमें से कोई नहीं

16. भक्ति भावना का उद्भव कहाँ हुआ?

A. उत्तर भारत B. दक्षिण भारत

C. मध्य भारत D. उत्तर-पूर्व भारत

17. आचार्य हजारीप्रसाद द्विवेदी भक्ति का सूत्रपात करने का श्रेय किसे देते हैं?

A. नयनारों को　　B. आलवार भक्तों को
C. जैनियों को　　D. सिद्धो नाथों को

18. नाथों की भाषा थी

A. ब्रज　　B. अवधी
C. सधुक्कड़ी　　D. इनमें से कोई नहीं

19. हठयोग दर्शन की व्याख्या इनमें से किसने की?

A. गोरखनाथ　　B. सरहपा
C. लुइपा　　D. इनमें से कोई नहीं

20. मूलाधार चक्र के ऊपर छः चक्रों से घिरा कौन-सा केन्द्र होता है?

A. स्वाधिष्ठान चक्र　　B. मणिपुर चक्र
C. विशुधाख्य चक्र　　D. सहस्रार चक्र

21. रीतिकाल के प्रतिनिधि कवि हैं

A. बिहारी　　B. घनानन्द
C. बोधा　　D. केशव

22. 'सतसई' निम्नलिखित में से किसकी एक रचना है?

A. केशव　　B. बिहारी
C. घनानन्द　　D. रत्नाकर

23. "लोकनायक वही हो सकता है जो समन्वय कर सके।" कथन किस विद्वान् का है?

A. आचार्य शुक्ल　　B. हजारीप्रसाद द्विवेदी
C. डॉ. नगेन्द्र　　D. डॉ. भागीरथ मिश्र

24. 'दोहाकोश' नामक प्रसिद्ध ग्रंथ किसकी रचना है?

A. सरहपा　　B. लुइपा
C. कण्डहपा　　D. इनमें से कोई नहीं

25. पउमचरिउ में किसका वर्णन है?

A. राम　　B. कृष्ण
C. लक्ष्मण　　D. सीता

26. 'साकेत' के रचनाकार हैं

A. मैथिलीशरण गुप्त
B. हजारीप्रसाद द्विवेदी
C. जयशंकर प्रसाद
D. इनमें से कोई नहीं

27. द्विवेदी युग को 'जागरण काल' किस विद्वान् ने नाम दिया है?

A. डॉ. नगेन्द्र
B. डॉ. शुक्ल
C. हजारी प्रसाद द्विवेदी
D. इनमें से कोई नहीं

28. रचना 'प्रियप्रवास' के रचयिता हैं

A. मैथिलीशरण गुप्त
B. भारतेन्दु हरिश्चन्द्र
C. अयोध्या सिंह उपाध्याय 'हरिऔध'
D. इनमें से कोई नहीं

29. हिन्दी का प्रथम महाकाव्य निम्नलिखित में से कौन-सा है?

A. साकेत　　B. पंचवटी
C. प्रियप्रवास　　D. भारत-भारती

30. द्विवेदी युग की मुख्य उपलब्धि क्या है?

A. खड़ी बोली　　B. ब्रजभाषा
C. शृंगारिकता　　D. प्रकृति चित्रण

31. महादेवी वर्मा की निम्नलिखित रचनाओं का कालक्रम निर्धारित करें

A. रश्मि, सांध्यगीत, दीपशिखा, सप्तपर्णा
B. रश्मि, दीपशिखा, सप्तपर्णा, सांध्यगीत
C. सांध्यगीत, दीपशिखा, सप्तपर्णा, रश्मि
D. रश्मि, दीपशिखा, सांध्यगीत, सप्तपर्णा

32. निम्नलिखित कथनों पर विचार कीजिए

1. छायावादी काव्य प्रेम, प्रकृति एवं नारी सौन्दर्य का काव्य है।
2. छायावादी काव्य की एक प्रमुख विशेषता उसकी रहस्यवादी भावना है।

उपरोक्त कथनों में से कौन-सा/से सही है/हैं?

A. केवल 1　　B. केवल 2
C. 1 और 2　　D. इनमें से कोई नहीं

33. निराला की किस कृति में उनके व्यक्तिगत जीवन का सत्य मुखरित होता है?

A. परिमल　　B. गीतिका
C. सरोज स्मृति　　D. इनमें से कोई नहीं

34. निम्नलिखित में से कौन-सा एक सुमेलित नहीं है?
A. केदारनाथ–युग की गंगा
B. नागार्जुन–युगधारा
C. त्रिलोचन–धरती
D. शिवमंगल सिंह 'सुमन'–वीणा

35. रामधारी सिंह 'दिनकर' की कौन-सी रचना को ज्ञानपीठ पुरस्कार प्राप्त हुआ?
A. उर्वशी B. रेणुका
C. हुंकार D. रसवन्ती

36. 'युगधारा' किसकी एक काव्य कृति है?
A. नागार्जुन B. अज्ञेय
C. केदारनाथ अग्रवाल D. इनमें से कोई नहीं

37. 'नींद के बादल' काव्य संग्रह के लेखक हैं
A. अज्ञेय B. नागार्जुन
C. केदारनाथ अग्रवाल D. इनमें से कोई नहीं

38. प्रथम तारसप्तक का प्रकाशन कब हुआ?
A. 1940 ई. B. 1941 ई.
C. 1942 ई. D. 1943 ई.

39. प्रथम तारसप्तक का सम्पादन कार्य किसने किया?
A. अज्ञेय B. नागार्जुन
C. केदारनाथ अग्रवाल D. रामविलास शर्मा

40. 'हरी घास पर क्षणभर' किसकी कृति है?
A. अज्ञेय
B. भारतभूषण अग्रवाल
C. प्रभाकर माचवे
D. नागार्जुन

निर्देश (प्र.सं. 41-45): *दिये गए स्थापनाओं और तर्कों को ध्यानपूर्वक पढ़कर नीचे दिए प्रश्नों के उत्तर दीजिए।*

कूट :
A. (A) और (R) दोनों सही हैं
B. (A) सही (R) गलत
C. (A) गलत (R) सही
D. (A) और (R) दोनों गलत हैं

41. **स्थापना (A):** प्रयोगवाद केवल शिल्प का चमत्कार है।
तर्क (R): क्योंकि प्रयोगवादी कविता में कई नए शिल्पगत प्रयोग किए गए।

42. **स्थापना (A):** कविता मनुष्य के हृदय को स्वार्थ-सम्बन्धों के संकुचित दायरे के ऊपर लोक सामान्य-भाव भूमि पर प्रतिष्ठित करती है।
तर्क (R): क्योंकि कविता संकुचित आत्म और प्रशस्त्र लोक का समन्वय है।

43. **स्थापना (A):** सबसे मधुर या रसमयी वाग्धारा वही है जो करुण प्रसंग लेकर चले।
तर्क (R): कविता में करुण प्रसंग अनिवार्य है।

44. **स्थापना (A):** आन्तरिक संवेग-भावों की रसाग्रही अभिव्यक्ति कविता है।
तर्क (R): क्योंकि कविता लोकरंजन से जुड़ी है।

45. **स्थापना (A):** मार्क्सवादी सौन्दर्य शास्त्र का नाम प्रगतिवाद है।
तर्क (R): प्रगतिवाद मानव विरोधी विचारधाराओं का विरोध करता है।

46. 'चन्द्रकान्ता' किसका प्रसिद्ध उपन्यास है?
A. देवकीनन्दन खत्री B. बालकृष्ण भट्ट
C. नूतन ब्रह्मचारी D. इनमें से कोई नहीं

47. परीक्षा गुरु का प्रकाशन काल है
A. 1882 ई. B. 1883 ई.
C. 1884 ई. D. 1885 ई.

48. जासूसी उपन्यासों को लिखने की शुरुआत किसने की?
A. हरिऔध
B. गोपाल गहमरी
C. किशोरीलाल गोस्वामी
D. इनमें से कोई नहीं

49. गोपाल राम गहमरी के लिखे उपन्यासों को कालक्रमानुसार लगाएं
A. सिर कटी लाश, जासूस की भूल, जासूस पर जासूसी, गुप्त भेद
B. सिर कटी लाश, जासूस पर जासूसी, जासूस की भूल, गुप्त भेद
C. गुप्त भेद, सिर कटी लाश, जासूस की भूल, जासूस पर जासूसी
D. जासूस की भूल, जासूस पर जासूसी, सिर कटी लाश, गुप्त भेद

50. 'जासूस की अय्यारी' नामक जासूसी उपन्यास का रचनाकार कौन है?
A. गोपाल राम गहमरी
B. हरिऔध
C. लाला श्रीनिवास दास
D. इनमें से कोई नहीं

51. आचार्य शुक्ल किस कहानी को हिन्दी की प्रथम मौलिक कहानी मानते हैं?
A. दुलाईवाली
B. राजा भोज का सपना
C. इन्दुमती
D. रानी केतकी की कहानी

52. 'उसने कहा था' कहानी के कहानीकार हैं
A. चन्द्रधर शर्मा गुलेरी
B. किशोरी लाल गोस्वामी
C. माधव प्रसाद सप्रे
D. इनमें से कोई नहीं

53. 'एक टोकरी भर मिट्टी' किसकी कृति है?
A. माधव प्रसाद सप्रे
B. किशोरी लाल
C. मुंशी इंशा अल्ला खाँ
D. इनमें से कोई नहीं

54. निम्नलिखित में से कौन-सा एक सही नहीं है?
A. जैनेन्द्र की कहानियाँ मानवीय दुर्बलताओं को चित्रित करती हैं
B. 'मास्टर साहब' व 'पानवाला' जैनेन्द्र की प्रसिद्ध कहानियाँ हैं
C. जीपी श्रीवास्तव ने 'हास्य व्यंग्य' से सम्बन्धित कहानियाँ लिखीं
D. प्रेमचन्दोत्तर कहानियों का मूल विषय केवल प्रेम व रोमांस रहा है

55. 'आपबीती' कहानी के लेखक हैं
A. मुंशी प्रेमचन्द
B. अमृतराय
C. जैनेन्द्र
D. इलाचन्द्र जोशी

56. किसी महान व्यक्ति द्वारा अपने जीवन की महत्वपूर्ण घटनाओं का विवरण कलात्मकता के साथ लिखना कहलाता है
A. आत्मकथा
B. जीवनी
C. संस्मरण
D. रेखाचित्र

57. आँखों देखी घटना का कलात्मक और साहित्यिक वर्णन क्या कहलाता है?
A. रिपोर्ताज
B. रेखाचित्र
C. संस्मरण
D. इनमें से कोई नहीं

58. प्रेमचंद जी की जीवनी अमृतराय ने किस नाम से लिखी है?
A. कलम का सिपाही
B. आवारा मसीहा
C. प्रेमचंद के किस्से
D. प्रेमचंद एक लेखक

59. 'सीमा' कहानी के लेखक हैं
A. रामकुमार भ्रमर
B. रामदरश मिश्र
C. मंजुल भगत
D. इनमें से कोई नहीं

60. मानसरोवर किसकी कहानियों का संकलन है?
A. प्रेमचंद
B. प्रसाद
C. भगवती प्रसाद वर्मा
D. इनमें से कोई नहीं

61. निम्नलिखित को सुमेलित कीजिए–

सूची-I	**सूची-II**
(*a*) उजाले का उल्लू	1. महीप सिंह
(*b*) पेपरवेट	2. गिरिराज किशोर
(*c*) आँधी	3. प्रसाद
(*d*) कफन	4. मुंशी प्रेमचंद

कूट :

	(*a*)	(*b*)	(*c*)	(*d*)
A.	1	4	3	2
B.	3	2	1	4
C.	1	2	3	4
D.	4	3	1	2

62. निम्नलिखित को सुमेलित कीजिए–

सूची-I	**सूची-II**
(*a*) मुर्दों का गाँव	1. धर्मवीर भारती
(*b*) माया दर्पण	2. निर्मल वर्मा
(*c*) रेल की सीटी	3. अज्ञेय
(*d*) पिन्जरे की उड़ान	4. यशपाल

कूट :

	(*a*)	(*b*)	(*c*)	(*d*)
A.	4	3	1	2
B.	3	4	1	2
C.	1	2	3	4
D.	2	1	4	3

63. निम्नलिखित को सुमेलित कीजिए–

सूची-I	सूची-II
(*a*) चॉकलेट	1. उग्र
(*b*) गुलबहार	2. किशोरी लाल गोस्वामी
(*c*) फूलों का कुर्ता	3. यशपाल
(*d*) बाणवधू	4. चतुरसेन शास्त्री

कूट :

	(*a*)	(*b*)	(*c*)	(*d*)
A.	4	3	1	2
B.	1	2	3	4
C.	3	2	1	4
D.	4	3	2	1

64. निम्नलिखित को सुमेलित कीजिए–

सूची-I	सूची-II
(*a*) ताई	1. विश्वम्भरनाथ 'कौशिक'
(*b*) आकाशदीप	2. जयशंकर प्रसाद
(*c*) सौत	3. सुदर्शन
(*d*) पनघट	4. मुंशी प्रेमचंद

कूट :

	(*a*)	(*b*)	(*c*)	(*d*)
A.	1	2	3	4
B.	4	3	1	2
C.	1	2	4	3
D.	3	4	2	1

65. निम्नलिखित को सुमेलित कीजिए–

सूची-I	सूची-II
(*a*) अपना-अपना भाग्य	1. जैनेन्द्र
(*b*) इन्द्रधनुष	2. अज्ञेय
(*c*) गल्पमंजरी	3. सुदर्शन
(*d*) त्रिपथगा	4. पाण्डेय बेचन शर्मा 'उग्र'

कूट :

	(*a*)	(*b*)	(*c*)	(*d*)
A.	1	2	3	4
B.	1	4	3	2
C.	2	1	4	3
D.	4	1	3	2

66. सही कालक्रम बताएँ

A. कन्जूस की खोपड़ी, अछूतोद्धार नाटक, समाज, बिलखती विधवा

B. समाज, अछूतोद्धार नाटक, कन्जूस की खोपड़ी, बिलखती विधवा

C. बिलखती विधवा, समाज, अछूतोद्धार नाटक, कन्जूस की खोपड़ी

D. बिलखती विधवा, अछूतोद्धार नाटक, समाज, कन्जूस की खोपड़ी

67. सही कालक्रम बताएँ

A. विचित्र विवाह, परदा, चुम्बन, समाज सेवक

B. विचित्र विवाह, समाज सेवक, परदा, चुम्बन

C. समाज सेवक, परदा, चुम्बन, विचित्र विवाह

D. परदा, समाज सेवक, चुम्बन, विचित्र विवाह

68. सही कालक्रम बताएँ

A. स्वर्ण-विहान, अनघ, मत्स्यगंधा, विश्वामित्र

B. मत्स्यगंधा, विश्वामित्र, स्वर्ण-विहान, अनघ

C. अनघ, स्वर्ण-विहान, मत्स्यगंधा, विश्वामित्र

D. स्वर्ण-विहान, अनघ, विश्वामित्र, मत्स्यगंधा

69. सही कालक्रम बताएँ

A. गड़बड़झाला, चोर के घर छिछोर, चाल बेढब, भूलचूक

B. गड़बड़झाला, भूलचूक, चोर के घर छिछोर, चाल बेढब

C. भूलचूक, चोर के घर छिछोर, गड़बड़झाला, चाल बेढब

D. चाल बेढब, गड़बड़झाला, भूलचूक, चोर के घर छिछोर

70. सही कालक्रम बताएँ

A. वीरांगना, चार बेचारे, बादल की मृत्यु, कारवाँ

B. चार बेचारे, बादल की मृत्यु, वीरांगना, कारवाँ

C. बादल की मृत्यु, वीरांगना, कारवाँ, चार बेचारे

D. चार बेचारे, बादल की मृत्यु, कारवाँ, वीरांगना

71. भारतेंदु युग के निबन्धकार नहीं हैं

A. राधाचरण गोस्वामी

B. बालकृष्ण शर्मा

C. प्रतापनारायण मिश्र

D. हज़ारीप्रसाद द्विवेदी

72. हिन्दी का प्रथम दुःखान्त नाटक माना जाता है

A. प्रायश्चित   B. करुणालय

C. स्कन्दगुप्त   D. इनमें से कोई नहीं

73. 'ध्रुवस्वामिनी' किसकी नाट्य कृति है?

A. जयशंकर प्रसाद

B. रामधारी सिंह 'दिनकर'

C. मोहन राकेश

D. इनमें से कोई नहीं

74. प्रसाद जी का अन्तिम नाटक है

A. कामना B. ध्रुवस्वामिनी

C. एक घूँट D. चंद्रगुप्त

75. 'समाधि' नाटक के नाटककार हैं

A. विष्णु प्रभाकर B. चतुरसेन शास्त्री

C. दशरथ ओझा D. इनमें से कोई नहीं

76. 'ध्वनि सम्प्रदाय' के प्रवर्तक निम्नलिखित में से कौन हैं?

A. आचार्य क्षेमेन्द्र B. आचार्य आनन्दवर्द्धन

C. आचार्य कुन्तक D. इनमें से कोई नहीं

77. निम्नलिखित में से कौन-सा एक कथन असत्य है

A. टी एस इलियट–महान रचना तभी जन्म लेती है जब प्रौढ़ सभ्यता, प्रौढ़ भाषा और प्रौढ़ कलाकार एक साथ जुड़े हों

B. क्रोचे–स्वयं प्रकाश ज्ञान और बाह्य अभिव्यंजना की महत्ता

C. अरस्तू–कवि की प्रतिभा जन्मजात होती है

D. डॉ. नगेन्द्र–प्रतिभा अवचेतन मन में रहती है

78. काव्य निर्माण का तीसरा हेतु क्या कहलाता है?

A. प्रतिभा B. ज्ञान

C. अभ्यास D. इनमें से कोई नहीं

79. किस कवि ने कुष्ठ रोग से मुक्ति पाने के लिए 'मयूर शतक' लिखा था?

A. मयूर कवि B. तुलसीदास

C. दण्डी D. हजारी प्रसाद द्विवेदी

80. अलंकार सम्प्रदाय के प्रवर्तक कौन हैं?

A. भामह B. वामन

C. दण्डी D. इनमें से कोई नहीं

81. दण्डी ने अपने किस ग्रंथ में अलंकारों के साथ-साथ रीति और गुणों की चर्चा की है?

A. काव्यादर्श B. काव्यालंकार

C. सौन्दर्यम् अलंकार D. इनमें से कोई नहीं

82. 'वक्रोक्ति सम्प्रदाय' के प्रवर्तक इनमें से कौन हैं?

A. भामह B. दण्डी

C. कुन्तक D. इनमें से कोई नहीं

83. निम्नलिखित में कौन-सा एक सही नहीं है?

A. संचारी भावों की संख्या 33 मानी गई है

B. सात्विक अनुभाव की संख्या 8 है

C. रौद्र रस का स्थायी भाव क्रोध है

D. आचार्य मम्मट ने गुणों की संख्या 6 बताई है

84. किसी भी बात को चमत्कारिक ढंग से कहना कहलाता है

A. समासोक्ति B. वक्रोक्ति

C. प्रबन्ध वक्रता D. प्रकरण वक्रता

85. ध्वनि सम्प्रदाय को व्यवस्थित करने का श्रेय किसे जाता है?

A. आनन्दवर्द्धन B. आचार्य कुन्तक

C. अभिनव गुप्त D. इनमें से कोई नहीं

86. 'ध्वनि प्रस्थापन परमाचार्य' इनमें से कौन एक हैं?

A. दण्डी B. कुन्तक

C. मम्मट D. भामह

87. निम्नलिखित में कौन-सा एक ध्वनि विरोधी आचार्य नहीं है?

A. मुकुल भट्ट B. भट्टनायक

C. कुन्तक D. अभिनव गुप्त

88. मुंशी प्रेमचन्द पर किस एक लेखक ने पुस्तक लिखी है?

A. डॉ. रामविलास शर्मा B. हजारी प्रसाद द्विवेदी

C. निराला D. भारतेंदु

89. 'हृदयदर्पण' के रचयिता इनमें से कौन हैं?

A. भट्टनायक B. महिम भट्ट

C. कुन्तक D. इनमें से कोई नहीं

90. 'औचित्य विचार चर्चा' ग्रंथ के लेखक हैं

A. आचार्य दण्डी B. आचार्य क्षेमेन्द्र

C. आचार्य भामह D. इनमें से कोई नहीं

91. नई समीक्षा का सूत्रपात किसने किया?

A. रिचर्ड्स B. लेंगर बंधु

C. अरस्तू D. प्लेटो

92. अरस्तू के अनुकरण सिद्धान्त में कौन-सी एक बात नहीं है?

A. कविता जगत की अनुकृति है

B. अनुकरण की प्रक्रिया आनन्ददायक है

C. अनुकरण से हमें शिक्षा मिलती है

D. काव्य प्रकृति का अनुकरण नहीं है

93. औदात्य का व्यापक विवेचन किसने किया है?
A. अरस्तू B. प्लेटो
C. लोंजाइनस D. इनमें से कोई नहीं

94. 'अभिव्यंजनावाद' के प्रवर्तक कौन थे?
A. लोंजाइनस B. प्लेटो
C. सुकरात D. क्रोचे

95. 'सौन्दर्यशास्त्र' के रचयिता इनमें से कौन हैं?
A. क्रोचे B. प्लेटो
C. लोंजाइनस D. सुकरात

96. 'अन्तःप्रज्ञा एक प्रकार का आन्तरिक ज्ञान है' कथन किस विद्वान का है?
A. क्रोंचे B. लोंजाइनस
C. प्लेटो D. रिचर्ड्स

97. ''अनुकरण वह प्रक्रिया है जो वस्तुओं को उनके यथार्थ रूप में नहीं अपितु आदर्श रूप में प्रस्तुत करती है।''
A. सिडनी B. प्लेटो
C. अरस्तू D. इनमें से कोई नहीं

98. ''अनुकरण का अर्थ सर्जना अभाव नहीं बल्कि पुनर्सर्जना है।'' कथन किसका है?
A. ब्रूचर B. लेसिगे
C. मरे D. क्रोचे

99. किसकी मान्यता है कि कला कल्पनातीत होती है?
A. मरे B. अरस्तू
C. प्लेटो D. इनमें से कोई नहीं

100. 'नई समीक्षा' शब्द का प्रयोग सर्वप्रथम किसने किया?
A. जे ई स्पिनगार्न B. अरस्तू
C. लेंगर बन्धु D. इनमें से कोई नहीं

101. रामानंद के शिष्य निम्न में से कौन हैं?
A. सूरदास B. जायसी
C. कबीर D. उपर्युक्त सभी

102. बीजक में किसकी वाणी संग्रहित है?
A. सूरदास B. कबीर
C. विद्यापति D. मीराबाई

103. बीजक के कितने भाग हैं?
A. चार B. दो
C. पाँच D. तीन

104. साखी की भाषा है?
A. प्राकृत B. अपभ्रंश
C. राजस्थानी D. सधुक्कड़ी

105. साखी किसकी रचना है?
A. तुलसीदास B. कबीर
C. विद्यापति D. जायसी

106. रामानंद के शिष्यों की संख्या बताएं–
A. चौदह B. अठारह
C. नौ D. बारह

107. रैदास किसके शिष्य थे?
A. रामानुजाचार्य B. रामानंद
C. हरिदास D. वल्लभाचार्य

108. धर्मदास किसके शिष्य थे?
A. कबीर B. मलूकदास
C. रैदास D. धन्ना

109. गुरुनानक किस शाखा के कवि हैं?
A. प्रेमाश्रयी शाखा B. ज्ञानाश्रयी शाखा
C. रामभक्ति शाखा D. कृष्णभक्ति शाखा

110. सुन्दरदास किस शाखा के कवि हैं?
A. प्रेमाश्रयी B. कृष्णभक्ति शाखा
C. ज्ञानाश्रयी D. रामभक्ति शाखा

111. मलूकदास की रचना का नाम बताएँ–
A. बीजक B. सुन्दर विलास
C. मृगावती D. रतनखान

112. 'सतनामी' सम्प्रदाय किसने चलाया?
A. दादूदयाल B. नानक
C. मलूकदास D. जगजीवनदास

113. कुतुबन की रचना है–
A. मधुमालती B. ज्ञानबोध
C. मृगावती D. सुन्दरविलास

114. मंझन की रचना का नाम बताएं–
A. मधुमालती B. ज्ञानबोध
C. मृगावती D. रतनखान

115. सूफी कवि किस शाखा से संबंधित थे?
A. ज्ञानाश्रयी B. प्रेमाश्रयी
C. रामभक्ति शाखा D. कृष्णभक्ति शाखा

116. जायसी की रचना का नाम बताएँ–
A. ज्ञानबोध B. मृगावती
C. आखिरी कलाम D. उपर्युक्त सभी

117. आखिरी कलाम किस भाषा में है?
A. फारसी B. अपभ्रंश
C. मैथिली D. ब्रजभाषा

118. 'पद्मावती' की रचना की–
A. कबीर B. मलूकदास
C. मंझन D. जायसी

119. 'अखरावट' के रचनाकार हैं–
A. कुतुबन B. मंझन
C. जायसी D. दादूदयाल

120. 'चित्रावली' के रचनाकार हैं–
A. नानक B. कुतुबन
C. उसमान D. मंझन

121. 'चित्रावली' कौन-सा काव्य है?
A. प्रबंध काव्य B. मुक्तक काव्य
C. चंपू काव्य D. आरण्यक काव्य

122. 'नलदमयन्ती' के रचनाकार हैं–
A. नरपति व्यास B. कासिम शाह
C. जायसी D. रैदास

123. अद्वैतवाद से कौन संबंधित हैं?
A. शंकराचार्य B. रामानंद
C. वल्लभाचार्य D. रामानुजाचार्य

124. विशिष्टा द्वैतवाद के प्रवर्तक हैं–
A. वल्लभाचार्य B. रामानुजाचार्य
C. शंकराचार्य D. रामानंद

125. नूर मुहम्मद के ग्रन्थ का नाम है–
A. चित्रावली B. हंस जवाहिर
C. अनुराग बाँसुरी D. विवेकदीपिका

126. रामानंद की रचना है–
A. ज्ञानबोध B. सिद्धान्तबोध
C. राजयोग D. वैष्णवमताब्जभाष्कर

127. कबीर किसके शिष्य माने जाते हैं?
A. रामानुजाचार्य B. रामानंद
C. वल्लभाचार्य D. शंकराचार्य

128. बेनीमाधवदास के गुरु कौन थे?
A. रामानंद B. शंकराचार्य
C. वल्लभाचार्य D. तुलसीदास

129. 'विनय पत्रिका' के रचनाकार हैं–
A. माधवदास B. सूरदास
C. नानक D. तुलसीदास

130. 'रामचरितमानस' लिखित है–
A. नानक द्वारा B. धन्ना द्वारा
C. तुलसीदास द्वारा D. मलूकदास द्वारा

131. आलम की प्रेयसी थी–
A. हिन्दू B. शेख
C. ईसाई D. हूण

132. 'चरन धरत चिन्ता करत....' उक्ति है–
A. देव B. मतिराम
C. केशव D. वृन्द

133. 'एक सुभान के आनन पै.....' उक्ति है–
A. द्विजदेव B. सेनापति
C. श्रीपति D. बोधा

134. हितोपदेश का भाषानुवाद किसने किया?
A. बालकृष्ण B. पद्माकर
C. चिन्तामणि D. गंग कवि

135. 'अर्जुन रायसा' के रचनाकार का नाम बताएं–
A. महाराजा जसवंत सिंह B. कवि वृन्द
C. पद्माकर D. सेनापति

136. पल्लव की रचना का समय है–
A. 1936 ई॰ B. 1932 ई॰
C. 1928 ई॰ D. 1924 ई॰

137. 'पारिजात' के लेखक हैं–
A. आलम B. अयोध्या सिंह उपाध्याय
C. दिनकर D. निराला

138. 'गंगा लहरी' के रचयिता हैं–
A. मोहनदास B. बाल कृष्ण
C. पद्माकर D. इनमें से कोई नहीं

139. 'भूषण बिनु न विराजही कविता बनिता मित्त' उक्ति है–
A. देव B. मतिराम
C. भूषण D. केशव

140. 'साई या संसार में मतलब को त्यौहार' उक्ति है–
A. गंग कवि B. वृन्द
C. सेनापति D. भिखारी दास

141. 'केशव ग्रन्थावली' के सम्पादक हैं–
A. विश्वनाथ प्रसाद मिश्र
B. बलदेव प्रसाद मिश्र
C. बलदेव उपाध्याय
D. श्याम सुन्दर दास

142. केशवदास की रचना नहीं है–

A. देव माया प्रवंच
B. जयमयंक जस चन्द्रिका
C. रसिक प्रिया
D. केशव सतसई

143. 'छंद प्रकाश' ग्रन्थ के रचयिता हैं–

A. भिखारी दास
B. पद्माकर
C. दूलह
D. तोष निधि

144. निम्न में किस ग्रंथ की सर्वाधिक टीकाएँ लिखी गईं–

A. रामचन्द्रिका
B. ललित ललाम
C. भाव विलास
D. बिहारी सतसई

145. 'बिहारी सतसई' पर 'फिरंगे सतसई' नामक फारसी भाषा में टीका लिखी–

A. लल्लू जी लाल
B. पद्मसिंह शर्मा
C. राधाकृष्ण दास
D. आनंदीलाल शर्मा जोशी

146. 'हिन्दी नवरत्न' ग्रंथ में मिश्र बंधुओं ने सबसे बड़ा लेखक माना–

A. केशव
B. रत्नाकर
C. बिहारी
D. देवदत्त

147. मतिराम के भाई नहीं हैं–

A. चिंतामणि
B. भूषण
C. जटाशंकर
D. भिखारी दास

148. 'मतिराम ग्रंथावली' की आलोचनात्मक भूमिका लिखी–

A. कृष्ण बिहारी मिश्र ने
B. रामचन्द्र शुक्ल ने
C. श्यामसुन्दर दास ने
D. विश्वनाथ प्रसाद मिश्र ने

149. मतिराम की रचना नहीं है–

A. अलंकार पंचाशिका
B. फूलमंजरी
C. साहित्य सार
D. काव्य निर्णय

150. भूषण के पूर्ववर्ती कवि नहीं हैं–

A. सेनापति
B. देव
C. रहीम
D. कृपाराम

151. सुमेलित कीजिए–

(सूची-क) रचना	(सूची-ख) रचनाकार
(*a*) रसविलास	1. आलम
(*b*) लिलहरी लीला	2. बेनी बंदीजन
(*c*) आलम केलि	3. पद्माकर
(*d*) शंकुतला	4. नैवाज

कूट :	(*a*)	(*b*)	(*c*)	(*d*)
A.	2	3	1	4
B.	1	3	2	4
C.	2	1	3	2
D.	1	2	3	4

152. सुमेलित कीजिए–

(सूची-क) रचना	(सूची-ख) रचनाकार
(*a*) भड़ौवां संग्रह	1. रस निधि
(*b*) गंगालहरी	2. मण्डन
(*c*) रस रत्नावली	3. पद्माकर
(*d*) रतन हजारा	4. बेनी बंदीजन

कूट :	(*a*)	(*b*)	(*c*)	(*d*)
A.	3	1	2	4
B.	4	3	2	1
C.	4	3	1	2
D.	1	4	3	2

153. सुमेलित कीजिए–

(सूची-क) रचना	(सूची-ख) रचनाकार
(*a*) प्रबोध पचासा	1. मण्डन
(*b*) इश्कलता	2. पद्माकर
(*c*) चण्डी चरित्र	3. घनानंद
(*d*) रसविलास	4. गुरु गोविन्द सिंह

कूट :	(*a*)	(*b*)	(*c*)	(*d*)
A.	2	1	3	4
B.	3	2	1	4
C.	2	3	4	1
D.	4	3	2	1

154. सुमेलित कीजिए–

(सूची-क) रचना	(सूची-ख) रचनाकार
(*a*) जनक पच्चीसी	1. शारंगधर
(*b*) राम रसायन	2. पद्माकर
(*c*) विरह लीला	3. मण्डन
(*d*) हम्मीर रासो	4. घनानंद

कूट :	(a)	(b)	(c)	(d)
A.	3	2	4	1
B.	3	2	1	4
C.	3	2	1	4
D.	3	1	4	2

155. सुमेलित कीजिए–

(सूची-क) रचना	(सूची-ख) रचनाकार
(a) सुजान सागर	1. विश्वनाथ सिंह
(b) सुनीति प्रकाश	2. नरोत्तम दास
(c) सुदामा चरित्र	3. गुरु गोविन्द सिंह
(d) आनंद रघुनंदन	4. घनानन्द

कूट :	(a)	(b)	(c)	(d)
A.	4	3	2	1
B.	2	4	1	3
C.	2	4	3	1
D.	2	1	3	4

156. सुमेलित कीजिए–

(सूची-क) रचनाकार	(सूची-ख) रचना
(a) नरोत्तम दास	1. ध्रुव चरित्र
(b) घनानन्द	2. कृपाकांड
(c) गुरु गोविन्द सिंह	3. प्रेम सुमार्ग
(d) हठी जी	4. राधा सुधा शतक

कूट :	(a)	(b)	(c)	(d)
A.	1	3	4	2
B.	2	1	3	4
C.	1	3	2	4
D.	1	2	3	4

157. सुमेलित कीजिए–

(सूची-क) रचना	(सूची-ख) रचयिता
(a) इश्क चमन	1. सूदन
(b) प्रेम वाटिका	2. द्विजदेव
(c) शृंगार लतिका	3. नागरीदास
(d) सुजान चरित	4. रसखान

कूट :	(a)	(b)	(c)	(d)
A.	3	4	2	1
B.	4	3	1	2
C.	2	1	4	3
D.	1	2	3	4

158. सुमेलित कीजिए–

(सूची-क) रचना	(सूची-ख) रचनाकार
(a) सुजान रसखान	1. रसखान
(b) शृंगार बत्तीसी	2. द्विजदेव
(c) फूल विलास	3. नागरीदास
(d) रस विलास	4. बेनी बंदीजन

कूट :	(a)	(b)	(c)	(d)
A.	4	3	2	1
B.	1	2	3	4
C.	3	2	1	4
D.	4	1	3	2

159. सुमेलित कीजिए–

(सूची-क) रचना	(सूची-ख) रचनाकार
(a) वैराग्य सागर	1. देव
(b) बिहारी सतसई	2. गणेश कवि
(c) प्रद्युम्न विजय	3. बिहारी लाल
(d) सुखसागर तरंग	4. नागरी दास

कूट :	(a)	(b)	(c)	(d)
A.	1	2	3	4
B.	3	4	2	1
C.	2	1	3	4
D.	4	3	2	1

160. सुमेलित कीजिए–

(सूची-क) रचना	(सूची-ख) रचनाकार
(a) रसकेलि वल्ली	1. बोधा
(b) सर्वलोह प्रकाश	2. नागरीदास
(c) सुजानानंद	3. गुरु गोविन्द सिंह
(d) इश्कनामा	4. घनानन्द

कूट :	(a)	(b)	(c)	(d)
A.	4	3	2	1
B.	1	2	3	4
C.	2	3	4	1
D.	1	4	3	2

161. हिन्दी की पहली आत्मकथा है–
A. अर्द्धकथानक
B. मेरी असफलताएं
C. जीवन चक्र
D. आत्मनिरीक्षण

162. 'मंटो : मेरा दुश्मन' किस विधा की रचना है?
A. आत्मकथा B. जीवनी
C. रेखाचित्र D. संस्मरण

163. 'हम-हशमत' के रचयिता हैं–
A. अश्क B. कृष्णासोबती
C. रेणु D. शैलेश मटियानी

164. 'चीड़ों पर चाँदनी' किस विधा की रचना है?
A. यात्रावृत्त B. गद्यकाव्य
C. रेखाचित्र D. रिपोर्ताज

165. 'तूफानों के बीच' नाम से बंगाल के अकाल पर रिपोर्ताज किसने लिखे हैं?
A. अमृतराय B. रांगेय राघव
C. अश्क D. प्रकाशचन्द्र गुप्त

166. 'सेवाग्राम डायरी' किसकी है?
A. धीरेन्द्र वर्मा B. श्रीराम शर्मा
C. घनश्यामदास बिड़ला D. मधुरेश

167. 'हिन्दी साहित्य का अतीत' किसकी रचना है?
A. हजारी प्रसाद द्विवेदी B. विश्वनाथ प्रसाद मिश्र
C. रामकुमार वर्मा D. धीरेन्द्र वर्मा

168. 'छायावाद का पतन' पुस्तक किसने लिखी?
A. अज्ञेय B. रामविलास शर्मा
C. देवराज D. इन्द्रनाथ मदान

169. मुक्तिबोध की कौन-सी पुस्तक प्रतिबंधित हुई थी?
A. कामायनी : एक पुनर्विचार
B. एक साहित्यिक की डायरी
C. नये साहित्य का सौन्दर्यशास्त्र
D. भारत : इतिहास और संस्कृति

170. 'लघुमानव के बहाने हिन्दी कविता पर एक बहस' - किसने यह निबंध लिखा?
A. साही B. नामवर सिंह
C. लक्ष्मीकान्त वर्मा D. रमेशचन्द्र शाह

171. 'भारतदुर्दशा' क्या है?
A. प्रबंध काव्य B. उपन्यास
C. कहानी D. नाटक

172. 'भारतदुर्दशा' के रचयिता का नाम बताएं।
A. बद्रीनारायण चौधरी
B. भारतेन्दु
C. प्रतापनारायण मिश्र
D. बालकृष्ण भट्ट

173. 'अंधेरनगरी' के लेखक हैं–
A. भारतेन्दु B. अंबिकादत्त व्यास
C. केशवराम भट्ट D. दुर्गाप्रसाद मिश्र

174. 'निस्सहाय हिन्दू' क्या है?
A. चंपू काव्य B. एकांकी
C. उपन्यास D. कहानी

175. 'कलिकौतुक रूपक' नाटक के लेखक हैं–
A. बदरीनारायण चौधरी
B. राधाकृष्णदास
C. प्रतापनारायण मिश्र
D. बालकृष्ण भट्ट

176. 'संयोगिता स्वयंबर' नाटक के रचयिता हैं–
A. लाला श्रीनिवासदास
B. राधाकृष्णदास
C. अंबिकादत्त व्यास
D. भारतेन्दु

177. 'भारत सौभाग्य' नाटक रचित है–
A. प्रतापनारायण मिश्र B. भारतेन्दु
C. बद्रीनारायण चौधरी D. रूद्रदत्त

178. निम्न में लाला श्रीनिवासदास की रचना है–
A. बंगविजेता B. प्रहलादचरित्र
C. उपर्युक्त दोनों D. इनमें से कोई नहीं

179. 'प्रेममोहिनी' के रचयिता हैं–
A. जगमोहन सिंह B. लाला श्रीनिवासदास
C. बदरीनारायण चौधरी D. राधाकृष्णदास

180. राधाचरण गोस्वामी ने 'सावित्री' नामक उपन्यास का अनुवाद किस भाषा में किया?
A. उर्दू भाषा B. अँग्रेजी भाषा
C. मराठी भाषा D. बंग भाषा

181. छायावाद किसकी दृष्टि में विलायती अभिव्यंजनावाद का नया संस्करण है?
A. रामकुमार वर्मा
B. रामस्वरूप चतुर्वेदी
C. विश्वनाथ त्रिपाठी
D. रामचन्द्र शुक्ल

182. 'सादगी, असलियत और जोश' कविता की इन विशेषताओं को रेखांकित करने वाले आलोचक का क्या नाम है?
A. नंद दुलारे वाजपेयी
B. रामचन्द्र शुक्ल
C. डॉ॰ नगेन्द्र
D. महावीर प्रसाद द्विवेदी

183. कविता कौमुदी के रयचिता हैं–
A. विश्वनाथ प्रसाद मिश्र B. रामनरेश त्रिपाठी
C. पंत D. रामचन्द्र शुक्ल

184. 'मंगलसूत्र' किस लेखक की अन्तिम रचना है जो अधूरी रह गई–
A. जयशंकर प्रसाद B. प्रेमचंद
C. जैनेन्द्र D. चन्द्रधर शर्मा गुलेरी

185. 'अनामदास का पोथा' क्या है?
A. उपन्यास B. कहानी
C. निबंध D. संस्मरण

186. 'निबंध गद्य की कसौटी है' इस विचार के प्रतिपादक हैं–
A. हजारी प्रसाद द्विवेदी B. रामविलास शर्मा
C. आचार्य शुक्ल D. डॉ॰ नगेन्द्र

187. 'मतवाला' पत्र का प्रकाशन कहाँ से किया गया?
A. बनारस B. प्रयाग
C. मेरठ D. दिल्ली

188. 'संसद से सड़क तक' के रचयिता हैं–
A. मुक्तिबोध B. दिनकर
C. शमशेर D. धूमिल

189. 'बलचनमा' उपन्यास में किस क्षेत्र का चित्रण है?
A. वैशाली B. मिथिला
C. प्रयाग D. इनमें से कोई नहीं

190. 'बलचनमा' के रचयिता हैं–
A. मुक्तिबोध B. अज्ञेय
C. दिनकर D. नागार्जुन

191. 'चुभते चौपदे' के रचयिता हैं–
A. शमशेर B. अज्ञेय
C. हरिऔध D. हरिवंशराय बच्चन

192. 'जुलूस' उपन्यास के लेखक हैं–
A. रेणु B. प्रेमचंद
C. प्रसाद D. हरिऔध

193. 'मनुष्य ही साहित्य का लक्ष्य है'–यह उक्ति किसकी है?
A. रामकुमार वर्मा
B. हजारी प्रसाद द्विवेदी
C. नामवर सिंह
D. आचार्य शुक्ल

194. 'भोलाराम का जीव' क्या है?
A. उपन्यास B. कहानी
C. जीवनी D. रेखाचित्र

195. 'फन्तासी' का प्रयोग किस कवि ने सर्वाधिक किया?
A. प्रसाद B. अज्ञेय
C. धूमिल D. मुक्तिबोध

196. जगन्नाथ दास 'रत्नाकर' किस भाषा के आधुनिक कवि हैं?
A. अवधी भाषा B. ब्रज भाषा
C. उर्दू भाषा D. मलयालम भाषा

197. 'अरे यायावर रहेगा याद' के लेखक हैं–
A. अज्ञेय B. मुक्तिबोध
C. धूमिल D. शमशेर

198. 'तमस' किस तरह का उपन्यास है?
A. रामायण से संबंधित
B. भारत के स्वतंत्रता संघर्ष संबंधित
C. भारत विभाजन से संबंधित
D. राधा-कृष्ण प्रेम से संबंधित

199. 'त्रिलोचन' किस चीज के लिए प्रसिद्ध हैं?
A. उपन्यास B. कविता
C. सॉनेट D. कहानी

200. 'हरिगीतिका' किसका प्रिय छंद है?
A. पंत B. मैथिलीशरण गुप्त
C. दिनकर D. अज्ञेय

उत्तरमाला

1	2	3	4	5	6	7	8	9	10
B	A	A	C	D	D	A	A	A	D
11	12	13	14	15	16	17	18	19	20
A	A	C	D	B	B	B	C	A	A
21	22	23	24	25	26	27	28	29	30
A	B	B	A	A	A	A	C	C	A
31	32	33	34	35	36	37	38	39	40
A	C	C	D	A	A	C	A	A	A
41	42	43	44	45	46	47	48	49	50
D	A	D	B	C	A	A	B	A	A
51	52	53	54	55	56	57	58	59	60
C	A	A	D	A	A	A	A	B	A
61	62	63	64	65	66	67	68	69	70
C	C	B	C	B	A	B	C	B	A
71	72	73	74	75	76	77	78	79	80
D	A	A	B	A	A	D	C	A	A
81	82	83	84	85	86	87	88	89	90
A	C	D	B	A	C	D	A	A	B
91	92	93	94	95	96	97	98	99	100
B	D	C	D	A	A	A	C	B	A
101	102	103	104	105	106	107	108	109	110
C	B	B	D	B	D	B	A	B	C
111	112	113	114	115	116	117	118	119	120
D	D	C	A	B	C	A	D	C	C
121	122	123	124	125	126	127	128	129	130
D	A	A	B	C	D	B	D	D	C
131	132	133	134	135	136	137	138	139	140
B	C	D	B	C	D	B	C	D	B
141	142	143	144	145	146	147	148	149	150
[illegible]	A	A	D	D	D	D	A	C	B
151	152	153	154	155	156	157	158	159	160
A	B	C	A	A	D	A	B	D	A
161	162	163	164	165	166	167	168	169	170
A	D	B	A	B	B	B	C	D	A
171	172	173	174	175	176	177	178	179	180
D	B	A	C	C	A	C	B	B	D
181	182	183	184	185	186	187	188	189	190
D	D	B	B	A	C	B	D	B	D
191	192	193	194	195	196	197	198	199	200
C	A	B	B	D	B	A	C	C	B

सेट–II

1. 'बादल की मृत्यु' एकांकी के रचनाकार हैं–
A. रामकुमार वर्मा B. आचार्य शुक्ल
C. प्रसाद D. विष्णु प्रभाकर

2. धर्मवीर भारती के एकांकी का नाम है–
A. निशानेबाज B. नदी प्यासी थी
C. उपर्युक्त दोनों D. इनमें से कोई नहीं

3. अमृतराय की एकांकी है–
A. राह चलते B. रूसी लोग
C. उपर्युक्त दोनों D. इनमें से कोई नहीं

4. 'एक साहित्यिक की डायरी' के लेखक हैं–
A. अज्ञेय B. मुक्तिबोध
C. धर्मवीर भारती D. अमृतराय

5. उपन्यास और रचनाकारों को सुमेलित करें–

रचनाकार	उपन्यास
(*i*) राजेन्द्र यादव	(*a*) अंधेरे बंद कमरे
(*ii*) मोहन राकेश	(*b*) एक सड़क सत्तावन गलियाँ
(*iii*) कमलेश्वर	(*c*) आँचल में कोई
(*iv*) वृन्दावन लाल वर्मा	(*d*) कुलटा

	(*i*)	(*ii*)	(*iii*)	(*iv*)
A.	(*a*)	(*d*)	(*c*)	(*b*)
B.	(*b*)	(*d*)	(*c*)	(*a*)
C.	(*d*)	(*a*)	(*b*)	(*c*)
D.	(*b*)	(*a*)	(*d*)	(*c*)

6. 'टेढ़े-मेढ़े रास्ते' उपन्यास के लेखक हैं–
A. रांगेय राघव B. अमृतराय
C. मन्नू भंडारी D. भगवती चरण वर्मा

7. 'निशिकान्त' उपन्यास के लेखक हैं–
A. विष्णु प्रभाकर B. प्रभाकर माचवे
C. नरेश मेहता D. राम नरेश त्रिपाठी

8. 'अपने-अपने अजनबी' उपन्यास लिखा है–
A. मुक्तिबोध B. अज्ञेय
C. चतुरसेन शास्त्री D. शमशेर

9. 'नागार्जुन' के उपन्यास का नाम है–
A. हीरक जयंती B. मशाल
C. जंजीरे D. उपर्युक्त सभी

10. 'दीर्घतपा' उपन्यास लिखा है–
A. नरेश मेहता B. रांगेय राघव
C. रेणु D. मन्नू भण्डारी

11. उषा प्रियंवदा के उपन्यास का नाम है–
A. हम तिनके
B. पचपन खम्भे, लाल दीवारें
C. जंगल के फूल
D. धूमकेतु

12. भीष्म साहनी का उपन्यास है–
A. सोनल का फूल B. वृषित
C. गंगामैया D. बसन्ती

13. अमृतराय के उपन्यास का नाम है :
A. धुँआ B. छोटे-छोटे पक्षी
C. कुरू-करू स्वाहा D. नई ईमारत

14. 'नवनिधि' किसका कहानी संग्रह है?
A. पंकज बिष्ट B. नागार्जुन
C. प्रेमचंद D. अज्ञेय

15. 'कोठरी की बात' कहानी संग्रह के रचयिता हैं–
A. मुक्तिबोध B. अज्ञेय
C. लाला श्रीनिवासदास D. प्रभाकर माचवे

16. यशपाल के कहानी संग्रह का नाम है–
A. फूलों का कुर्ता B. पिंजड़े की उड़ान
C. उपर्युक्त दोनों D. इनमें से कोई नहीं

17. 'संगीनों का साया' किसका काव्य संग्रह है?
A. प्रभाकर माचवे B. राहुल सांकृत्यायन
C. यशपाल D. अज्ञेय

18. कहानी संग्रह और लेखकों के नाम को सुमेलित करें–

लेखक	कहानी संग्रह
(*i*) मोहन राकेश	(*a*) फिर बसन्त आया
(*ii*) कमलेश्वर	(*b*) पहला पाठ
(*iii*) भीष्म साहनी	(*c*) नए बादल
(*iv*) उषा प्रियंवदा	(*d*) मांस का दरिया

	(*i*)	(*ii*)	(*iii*)	(*iv*)
A.	(*d*)	(*a*)	(*c*)	(*b*)
B.	(*d*)	(*c*)	(*d*)	(*a*)
C.	(*c*)	(*d*)	(*b*)	(*a*)
D.	(*a*)	(*c*)	(*b*)	(*d*)

19. 'मेरी जीवन रेखा' आत्मकथा के रचयिता हैं–
A. हजारी प्रसाद द्विवेदी B. महावीर प्रसाद द्विवेदी
C. राहुल सांकृत्यायन D. प्रभाकर माचवे

20. 'मेरा जीवन साथी' किसकी आत्मकथा है?
A. नंद दुलारे वाजपेयी B. अज्ञेय
C. राम कुमार वर्मा D. प्रेमचंद

21. 'मेरी जीवन यात्रा' किसकी रचना है?
A. नागार्जुन B. राहुल सांकृत्यायन
C. महावीर प्रसाद द्विवेदी D. मुक्तिबोध

22. 'आत्मकथा' किसकी रचना है?
A. महात्मा गाँधी B. जवाहर लाल नेहरू
C. डॉ॰ राजेन्द्र प्रसाद D. लाल बहादुर शास्त्री

23. 'मेरी आत्म कहानी' आत्मकथा किसने लिखी है?
A. चतुरसेन शास्त्री B. महावीर प्रसाद द्विवेदी
C. राहुल सांकृत्यायन D. महात्मा गाँधी

24. 'सौष्ठववादी' किसकी समीक्षा पद्धति को कहा जाता है?
A. डॉ॰ नगेन्द्र B. हजारी प्रसाद द्विवेदी
C. आचार्य शुक्ल D. नंद दुलारे वाजपेयी

25. रामविलास शर्मा द्वारा लिखित है–
A. प्रगति और परम्परा
B. भाषा, युगबोध और कविता
C. परम्परा का मूल्यांकन
D. उपर्युक्त सभी

26. 'भारतीय साहित्य के इतिहास की समस्याएँ' लिखा है–
A. राम कुमार वर्मा B. राम विलास शर्मा
C. नंद दुलारे वाजपेयी D. हजारी प्रसाद द्विवेदी

27. 'पाप के पुजारी' नाटक के रचयिता हैं–
A. प्रभाकर माचवे B. दिनकर
C. रामविलास शर्मा D. नरेश मेहता

28. 'आचार्य रामचन्द्र शुक्ल और हिन्दी आलोचना' लिखा है–
A. डॉ॰ नगेन्द्र B. रामविलास शर्मा
C. हजारी प्रसाद द्विवेदी D. नामवर सिंह

29. 'मार्क्स, त्रात्सकी और एशियाई समाज' लिखा है–
A. रामकुमार वर्मा B. डॉ॰ नगेन्द्र
C. हजारी प्रसाद द्विवेदी D. राम विलास शर्मा

30. 'ऐन्दुई हिन्दुस्तानी' का प्रकाशन हुआ–
A. 1849 ई॰ B. 1839 ई॰
C. 1832 ई॰ D. 1843 ई॰

31. रीतिकाव्य की भूमिका किसने लिखी?
A. रामविलास शर्मा B. डॉ॰ राम कुमार वर्मा
C. आचार्य शुक्ल D. डॉ॰ नगेन्द्र

32. शुक्ल जी ने रासो शब्द की उत्पत्ति किसके द्वारा मानी है?
A. रास शब्द से B. रासक शब्द से
C. रसायण शब्द से D. रस शब्द से

33. रोमांस शब्द आया है–
A. अंग्रेजी भाषा में B. यूनानी भाषा में
C. जर्मन भाषा में D. फ्रांसीसी भाषा में

34. भारत में रोमांटिक कथाओं का उद्‌भव काल माना जाता है–
A. हड़प्पा काल से B. वेद काल से
C. महाभारत काल से D. आदि काल से

35. 'विकलांग श्रद्धा का दौर' के लेखक हैं–
A. प्रभाकर माचवे B. नरेश मेहता
C. बालकृष्ण भट्ट D. हरिशंकर परसाई

36. परसाई जी की कृति है–
A. निठल्ले की डायरी B. तुलसी भूषण
C. राम रत्नाकर D. रुक्मिणी परिणय

37. भारतेन्दु की भक्ति परक रचना का नाम है–
A. भक्त सर्वस्त B. रुक्मिणी परिणय
C. उपर्युक्त दोनों D. इनमें से कोई नहीं

38. भारतेन्दु की प्रेम संबंधी रचना का नाम है–
A. प्रेम सरोवर B. प्रेम मालिका
C. उपर्युक्त दोनों D. इनमें से कोई नहीं

39. अम्बिका दत्त व्यास की प्रसिद्ध कृति का नाम है–
A. षटऋतु B. प्रेमतरंग
C. प्रेम माधुरी D. बिहारी बिहार

40. 'प्रेम पथिक' के रचनाकार हैं–
A. अम्बिकादत्त व्यास B. नरेश मेहता
C. ठाकुर जगमोहन सिंह D. वियोगी हरि

41. 'बैशाख माहात्म्य' रचना है–
A. बालकृष्ण भट्ट B. भारतेन्दु
C. वियोगी हरि D. ठाकुर जगमोहन सिंह

42. 'नये जमाने की मुकरी' के रचनाकार का नाम है–
A. अम्बिकादत्त व्यास B. प्रताप नारायण मिश्र
C. बद्रीनारायण चौधरी D. भारतेन्दु

43. 'हिन्दी, हिन्दू, हिन्दुस्तान' के रचयिता हैं–
A. भारतेन्दु B. प्रतापनारायण मिश्र
C. वियोगी हरि D. अम्बिकादत्त व्यास

44. नीचे कुछ रचनाकारों और रचनाओं के नाम दिए जा रहे हैं, उन्हें सुमेलित करें।

रचनाकार	रचना
(*i*) प्रताप नारायण मिश्र	(*a*) युगल स्त्रोत
(*ii*) राधाचरण गोस्वामी	(*b*) शिवशम्भू के चिट्ठे
(*iii*) बालमुकुन्द गुप्त	(*c*) नव भक्त माल
(*iv*) बद्री नारायण चौधरी	(*d*) मन की लहर

	(*i*)	(*ii*)	(*iii*)	(*iv*)
A.	(*d*)	(*b*)	(*a*)	(*c*)
B.	(*d*)	(*c*)	(*b*)	(*a*)
C.	(*b*)	(*c*)	(*a*)	(*d*)
D.	(*a*)	(*b*)	(*c*)	(*d*)

45. खड़ी बोली के लिए सशक्त आंदोलन चलाया–
A. आचार्य शुक्ल B. हजारी प्रसाद द्विवेदी
C. महावीर प्रसाद द्विवेदी D. नंद दुलारे वाजपेयी

46. 'विरहिणी ब्रजांगना' के रचयिता हैं–
A. माखनलाल चतुर्वेदी B. मैथिलीशरण गुप्त
C. दिनकर D. श्रीधर पाठक

47. 'मिलन' किसकी रचना है?
A. राम नरेश त्रिपाठी B. रामचरित उपाध्याय
C. श्रीधर पाठक D. मैथिलीशरण गुप्त

48. 'शाकुन्तलम्' के रचयिता हैं–
A. दिनकर B. केदारनाथ अग्रवाल
C. माखनलाल चतुर्वेदी D. मैथिलीशरण गुप्त

49. 'काव्य मंजूषा' और 'सुमन' किसकी पद्य रचनाएँ हैं?
A. महावीर प्रसाद द्विवेदी B. प्रसाद
C. मैथिलीशरण गुप्त D. अज्ञेय

50. मैथिलीशरण गुप्त की पद्य रचना है–
A. किसान B. स्वर्गीय पीपा
C. प्रेम प्रबंध D. रस कलश

51. 'पारिजात' महाकाव्य किसके द्वारा रचित है?
A. मैथिलीशरण गुप्त B. सियाराम शरण गुप्त
C. हरिऔध D. श्रीधर पाठक

52. प्रिय प्रवास आधारित है–
A. स्कंध पुराण पर B. उपनिषद पर
C. महाभारत पर D. भागवत पुराण पर

53. 'दिवस का अवसान समीप था' कहाँ से उद्धृत है?
A. प्रिय प्रवास से B. करुणालय से
C. झरना से D. युगांत से

54. सियाराम शरण गुप्त की रचना है–
A. मौर्य विजय B. रसिक रहस्य
C. विष्णुप्रिया D. स्वदेश संगीत

55. 'वीर क्षत्राणी' के रचनाकार हैं–
A. देवी प्रसाद पूर्ण B. सियाराम शरण गुप्त
C. लाला भगवानदीन D. रामचरित उपाध्याय

56. 'महामानव' प्रबंध काव्य किसने लिखा?
A. मोहन लाल महतो वियोगी
B. गुरुभक्त सिंह
C. मैथिलीशरण गुप्त
D. ठाकुर प्रसाद सिंह

57. 'छायावाद को स्थूल के प्रति सूक्ष्म का विद्रोह' किसने माना है–
A. आचार्य शुक्ल B. हजारी प्रसाद द्विवेदी
C. नंद दुलारे वाजपेयी D. डॉ॰ नगेन्द्र

58. छायावाद पर किसका प्रभाव है?
A. द्वैतवाद का B. अद्वैतवाद का
C. विशिष्ट द्वैतवाद का D. मार्क्सवाद का

59. किसे 'भारतीय आत्मा' कहा जाता है?
A. दिनकर B. मैथिलीशरण गुप्त
C. प्रसाद D. माखनलाल चतुर्वेदी

60. 'उच्छ्वास' किसका काव्य संग्रह है?
A. प्रसाद B. निराला
C. हरिऔध D. पंत

61. छायावाद की प्रथम कृति का नाम है–
A. आँसू B. गुंजन
C. झरना D. पल्लव

62. रजत शिखर और शिल्पी किसके द्वारा लिखे गए?
A. निराला द्वारा B. प्रसाद द्वारा
C. पंत द्वारा D. महादेवी वर्मा

63. 'ग्रंथि' काव्य संग्रह के रचयिता हैं–
A. निराला B. पंत
C. मैथिलीशरण गुप्त D. प्रसाद

64. 'चित्रलेखा' के रचयिता हैं–
A. चन्द्रधर शर्मा 'गुलेरी' B. भगवती चरण वर्मा
C. जैनेन्द्र D. प्रसाद

65. बच्चन जी की प्रमुख काव्य कृति है–

A. निशा निमंत्रण B. अभिशाप

C. चित्राधार D. महाराणा का महत्व

66. 'सृजन के क्षण' किसका प्रमुख काव्य है?

A. अज्ञेय B. मुक्तिबोध

C. भगवतीचरण वर्मा D. दिनकर

67. 'महाराणा का महत्व' किसकी रचना है?

A. निराला B. प्रसाद

C. पंत D. केदारनाथ अग्रवाल

68. 'हिमकिरीटिनी' किसका प्रसिद्ध काव्य संग्रह है?

A. धूमिल B. आरसी प्रसाद सिंह

C. माखनलाल चतुर्वेदी D. दिनकर

69. 'उर्मिला' किसका काव्य संग्रह है?

A. प्रेमचंद B. भारतेंदु

C. मैथिलीशरण गुप्त D. नवीन जी

70. द्वन्द्व गीत किसका काव्य संग्रह है?

A. जगन्नाथ प्रसाद मिलिन्द

B. दिनकर

C. माखनलाल चतुर्वेदी

D. देवराज दिनेश

71. 'इतिहास के आँसू' काव्य संग्रह के रचयिता हैं–

A. दिनकर B. माखनलाल चतुर्वेदी

C. मैथिलीशरण गुप्त D. हरिवंश राय बच्चन

72. 'स्वर्णोदय' और 'कर्ण' किसका काव्य संग्रह है?

A. हरिऔध B. श्रीधर पाठक

C. मुक्तिबोध D. केदारनाथ मिश्र

73. 'ऋतुम्भरा' किसका काव्य संग्रह है?

A. माखन लाल चतुर्वेदी

B. प्रसाद

C. सुभद्रा कुमारी चौहान

D. दिनकर

74. 'मेघगीत' व 'अवन्तिका' किसका काव्य संग्रह है?

A. देवकी नंदन विभव B. जानकी वल्लभ शास्त्री

C. महेश चंद प्रसाद D. सुभद्रा कुमारी चौहान

75. 'रूप रश्मि' किसका काव्य संग्रह है?

A. हरिकृष्ण B. शम्भूनाथ सिंह

C. देवकी नंदन विभद D. नवीन

76. कवि और उनके काव्य संग्रह को सुमेलित करें–

कवि	काव्य संग्रह
(*i*) नरेन्द्र शर्मा	(*a*) प्रवास के गीत
(*ii*) उपेन्द्रनाथ 'अश्क'	(*b*) उर्मियां
(*iii*) विद्यावती कोकिल	(*c*) कुसुमांजलि
(*iv*) देवकी नंदन विभव	(*d*) सुहागिन

	(*i*)	(*ii*)	(*iii*)	(*iv*)
A.	(*a*)	(*b*)	(*c*)	(*d*)
B.	(*d*)	(*a*)	(*c*)	(*b*)
C.	(*a*)	(*b*)	(*d*)	(*c*)
D.	(*b*)	(*d*)	(*c*)	(*a*)

77. 'आधुनिक कवि' किसका काव्य संग्रह है?

A. दिनकर B. भारतेन्दु

C. हरिऔध D. उपेन्द्रनाथ 'अश्क'

78. पेरिस में प्रगतिशील लेखक संघ की स्थापना कब हुई?

A. 1931 ई. B. 1932 ई.

C. 1934 ई. D. 1935 ई.

79. निराला की भिक्षुक, विधवा और बादल कविताएँ संग्रहीत हैं–

A. अनामिका में B. परिमल में

C. गीतिका में D. तुलसीदास में

80. 'मधुकण' किसका काव्य संग्रह है?

A. दिनकर B. भगवती चरण वर्मा

C. पंत D. प्रसाद

81. कालक्रम से हिन्दी के प्रथम प्रगतिवादी कवि हैं–

A. केदारनाथ अग्रवाल B. रांगेय राघव

C. रामेश्वर करूण D. रामविलास शर्मा

82. कवि और उनके द्वारा रचित काव्य संग्रह को सुमेलित करें।

कवि	काव्य संग्रह
(*i*) केदारनाथ अग्रवाल	(*a*) युगधारा
(*ii*) नागार्जुन	(*b*) रूप तरंग
(*iii*) रामविलास शर्मा	(*c*) नींद के बादल
(*iv*) शिवमंगल सिंह	(*d*) कल्लोल

	(*i*)	(*ii*)	(*iii*)	(*iv*)
A.	(*a*)	(*b*)	(*d*)	(*c*)
B.	(*a*)	(*c*)	(*b*)	(*d*)
C.	(*d*)	(*a*)	(*c*)	(*b*)
D.	(*b*)	(*c*)	(*a*)	(*d*)

83. 'अजेय खण्डहर' काव्य संग्रह है–

A. रांगेय राधव B. नागार्जुन

C. रामविलास शर्मा D. माखनलाल चतुर्वेदी

84. 'दूब के आंसू' किसका काव्य संग्रह है?

A. रणजीत B. सुदर्शन

C. कमलेश D. मुक्तिबोध

85. 'नई कविता' नाम का प्रचार किया–

A. कमलेश ने B. डॉ॰ जगदीश गुप्त ने

C. हरिनारायण विद्रोही D. अज्ञेय ने

86. 'नई कविता' पत्रिका का संपादन वर्ष है–

A. 1952 ई॰ B. 1953 ई॰

C. 1954 ई॰ D. 1955 ई॰

87. नकेनवादी परम्परा के प्रतिनिधि कवि हैं–

A. नलिन विलोचन शर्मा B. केसरी कुमार

C. नरेश मेहता D. उपर्युक्त सभी

88. प्रतीकवाद की स्थापना कहाँ हुई?

A. इटली B. फ्रांस

C. जर्मनी D. यूनान

89. बिम्बवाद की स्थापना हुई–

A. इंग्लैंड B. यूनान

C. जर्मनी D. फ्रांस

90. दादावाद के विकसित रूप को कहते हैं–

A. प्रयोगवाद B. यथार्थवाद

C. अतियथार्थवाद D. आदर्शवाद

91. 'भग्नदूत' किसका काव्य संग्रह है?

A. मुक्तिबोध B. अज्ञेय

C. माखन लाल चतुर्वेदी D. कमलेश

92. 'मंजीर' काव्य संग्रह के रचयिता हैं–

A. प्रयाग नारायण त्रिपाठी B. दिनकर

C. गिरिजा कुमार माथुर D. रामस्वरूप चतुर्वेदी

93. 'सात गीत वर्ष' किसका काव्य संग्रह है?

A. गिरिजा कुमार माथुर

B. नलिन विलोचन शर्मा

C. लक्ष्मीकांत वर्मा

D. धर्मवीर भारती

94. 'जागते रहो' किसका काव्य-संग्रह है?

A. गिरिजा कुमार माथुर B. केदारनाथ अग्रवाल

C. भारतभूषण अग्रवाल D. दिनकर

95. नीचे कवि और उसके काव्य संग्रह को सुमेलित करें।

कवि	काव्य संग्रह
(*i*) शमशेर	(*a*) मेपल
(*ii*) डॉ॰ रघुवीर सहाय	(*b*) कुछ कविताएँ, कुछ और कविताएँ
(*iii*) दुष्यंत कुमार	(*c*) लोग भूल गए हैं
(*iv*) प्रभाकर माचवे	(*d*) सूर्य का स्वागत

	(*i*)	(*ii*)	(*iii*)	(*iv*)
A.	(*a*)	(*b*)	(*d*)	(*c*)
B.	(*b*)	(*c*)	(*a*)	(*d*)
C.	(*d*)	(*b*)	(*c*)	(*a*)
D.	(*b*)	(*c*)	(*d*)	(*a*)

96. 'चन्द्रगुप्त मौर्य' रचना की–

A. बालकृष्ण शर्मा

B. श्याम नारायण प्रसाद

C. नटवर लाल सनेही

D. राम खेलावन

97. 'संशय की एक रात' के रचनाकार हैं–

A. नवीन B. नरेश मेहता

C. दिनकर D. मुक्तिबोध

98. 'दिग्विजय' के रचयिता हैं–

A. अरूण पोद्धार B. आचार्य तुलसी

C. कमलेश D. बलदेव प्रसाद मिश्र

99. नीचे रचनाकार और रचनाओं को सुमेलित करें–

रचनाकार	रचना
(*i*) नागार्जुन	(*a*) सुवर्णा
(*ii*) नरेन्द्र शर्मा	(*b*) भस्मांकुर
(*iii*) परमानंद	(*c*) उत्तरायण
(*iv*) रामकुमार वर्मा	(*d*) निष्कासिका

	(*i*)	(*ii*)	(*iii*)	(*iv*)
A.	(*b*)	(*a*)	(*c*)	(*d*)
B.	(*b*)	(*a*)	(*d*)	(*c*)
C.	(*a*)	(*d*)	(*c*)	(*b*)
D.	(*c*)	(*a*)	(*d*)	(*b*)

100. नीचे रचनाकार और रचनाओं को सुमेलित करें–

रचनाकार	रचना
(*i*) नरेश मेहता	(*a*) सत्यकाम
(*ii*) सुमित्रानंदन पंत	(*b*) प्रणभंग
(*iii*) दिनकर	(*c*) महाप्रस्थान
(*iv*) भारतभूषण अग्रवाल	(*d*) अग्निलीक

	(i)	(ii)	(iii)	(iv)
A.	(a)	(b)	(c)	(d)
B.	(b)	(a)	(d)	(c)
C.	(a)	(d)	(c)	(b)
D.	(c)	(a)	(d)	(b)

101. नीचे दिए गए रचनाकार और रचनाओं को सुमेलित करें–

रचनाकार	रचना
(i) भवानी प्रसाद मिश्र	(a) कालजयी
(ii) पंत	(b) पुरूषोत्तम राम
(iii) नरेंद्र शर्मा	(c) द्रौपदी
(iv) केदार नाथ मिश्र	(d) ऋतुम्भरा

	(i)	(ii)	(iii)	(iv)
A.	(a)	(d)	(c)	(b)
B.	(a)	(b)	(d)	(c)
C.	(c)	(a)	(d)	(b)
D.	(a)	(b)	(c)	(d)

102. 'सारथी' के रचनाकार हैं–

A. अनूपशर्मा B. भारतभूषण अग्रवाल
C. राम गोपाल शर्मा D. नरेन्द्र शर्मा

103. नीचे रचनाकारों और रचनाओं को सुमेलित करें?

रचनाकार	रचना
(i) बालकृष्ण शर्मा नवीन	(a) कालजयी (प्रबंध काव्य)
(ii) देवेन्द्र शर्मा	(b) प्राण अर्पण
(iii) उपेन्द्रनाथ 'अश्क'	(c) सुनंदा (प्रबंध काव्य)
(iv) सियाराम शरण गुप्त	(d) चांदनी रात

	(i)	(ii)	(iii)	(iv)
A.	(a)	(b)	(d)	(c)
B.	(b)	(a)	(d)	(c)
C.	(c)	(a)	(d)	(b)
D.	(d)	(b)	(a)	(c)

104. 'नई कविता' के प्रमुख कवि हैं-

A. दिनकर B. प्रसाद
C. निराला D. अज्ञेय

105. नवगीत के प्रवर्तन का श्रेय किसे है?

A. राजेन्द्र प्रसाद सिंह B. अज्ञेय
C. डॉ॰ देवराज D. शमशेर

106. प्रज्ञा नामक साहित्यिक संस्था है–

A. कोलकाता में B. इलाहाबाद में
C. दिल्ली में D. मेरठ में

107. रंगायन संस्था है–

A. मुम्बई में B. कोलकाता में
C. दिल्ली में D. हैदराबाद में

108. साहित्यिक संस्था कहाँ है?

A. मुम्बई B. दिल्ली
C. बनारस D. कोलकाता

109. नवगीत परम्परा में सर्वाधिक प्रसिद्धि किसे मिली?

A. राजेन्द्र प्रसाद सिंह B. अज्ञेय
C. नीरज D. इनमें से कोई नहीं

110. नीचे दिए गए कवि और उनके काव्य संग्रह को सुमेलित करें।

कवि	काव्य संग्रह
(i) नीरज	(a) संघर्ष
(ii) रवीन्द्र भ्रमर	(b) सोन मछरी मन बसो
(iii) राजेन्द्र प्रसाद सिंह	(c) मिट्टी बोलती है
(iv) रमेश रंजक	(d) संजीवनी कहाँ

	(i)	(ii)	(iii)	(iv)
A.	(a)	(b)	(c)	(d)
B.	(a)	(d)	(b)	(c)
C.	(b)	(c)	(a)	(d)
D.	(a)	(b)	(d)	(c)

111. नीचे दिए गए कवि और उनकी रचनाओं को सुमेलित करें–

कवि	रचना
(i) रामदरथ मिश्र	(a) मेंहदी और महावर
(ii) जगदीश श्रीवास्तव	(b) वंशी और बादल
(iii) ठाकुर प्रसाद सिंह	(c) कंधे पर सूरज
(iv) उमाकांत मालवीय	(d) तारीख

	(i)	(ii)	(iii)	(iv)
A.	(c)	(b)	(a)	(d)
B.	(a)	(b)	(d)	(c)
C.	(c)	(d)	(b)	(a)
D.	(d)	(b)	(a)	(c)

112. अभिव्यक्ति पत्रिका का प्रकाशन किसने किया?

A. उमाकांत मालवीय B. जगदीश श्रीवास्तव
C. इंद्रनाथ मदान D. श्याम परमार

113. ओम ने किस पत्रिका का सम्पादन किया?

A. भारत दर्पण B. विशाल भारत
C. भारत मित्र D. उपर्युक्त सभी

114. जगदीश चतुर्वेदी किसके अन्तर्गत आते हैं?
A. प्रगतिवाद B. प्रयोगवाद
C. नई कविता D. अकविता

115. राजकमल चौधरी आते हैं–
A. नई कविता B. अकविता
C. छायावाद D. प्रगतिवाद

116. 'संघर्षमूलक' या 'वाम कविता' का प्रवर्तक किसे माना जाता है?
A. राजेन्द्र प्रसाद सिंह B. जगदीश श्रीवास्तव
C. शलभ श्री राम सिंह D. रवीन्द्र भ्रमर

117. 'चिंता' और 'पूर्वा' किसकी कविताएँ हैं–
A. प्रसाद B. अज्ञेय
C. निराला D. मुक्तिबोध

118. नवल किशोर का किस पत्रिका से संबंध है?
A. नया प्रतीक B. युयुत्सा
C. प्रतीक D. कविता

119. वातायन पत्रिका का सम्पादन कौन करता था?
A. जगदीश चतुर्वेदी B. इंद्रनाथ मदान
C. शलभ श्री राम सिंह D. हरीश मादानी

120. आज की कविता आंदोलन चलाया–
A. राजकमल चौधरी B. जगदीश चतुर्वेदी
C. हरीश मादानी D. नवल किशोर

121. वीरेंद्र कुमार जैन किस पत्रिका का प्रकाशन करते थे?
A. भारती B. आर्य दर्पण
C. नया प्रतीक D. सैनिक

122. सहज कविता आंदोलन के प्रवर्तक हैं–
A. रवीन्द्र भ्रमर B. परमानंद श्रीवास्तव
C. रामदरश मिश्र D. विश्वनाथ त्रिपाठी

123. इसमें कौन-सा रीति ग्रंथ है?
A. चुभते चौपदे B. चोखे चौपदे
C. रस कलश D. बोलचाल

124. 'त्रिशूल' उपनाम से काव्य रचना किया करते थे?
A. गया प्रसाद शुक्ल B. रामचरित उपाध्याय
C. रायदेवी प्रसाद 'पूर्ण' D. सैयद अमीर अली 'मीर'

125. मैथिलीशरण गुप्त की प्रथम रचना का नाम बतावें–
A. झंकोर B. पंचवटी
C. जयद्रथ वध D. वृत्त-संहार

126. आचार्य रामचन्द्र शुक्ल खड़ी बोली की पहली पुस्तक कौन-सी मानते हैं?
A. श्रांत पथिक B. उजड़ ग्राम
C. एकांतवासी योगी D. इनमें से कोई नहीं

127. 'प्रिय-प्रवास' की विशेषता नहीं है–
A. संस्कृत के वर्ण वृत्त B. कोमलकांत पदावली
C. खंडकाव्य D. भाव व्यंजनात्मक

128. 'नागरी तेरी यह दशा' कविता के रचयिता हैं–
A. अयोध्या सिंह उपाध्याय
B. भारतेन्दु हरिशचंद्र
C. अम्बिकादत्त व्यास
D. महावीर प्रसाद द्विवेदी

129. महावीर प्रसाद द्विवेदी मूलतः किससे प्रभावित थे?
A. कीट्स B. वर्डसवर्थ
C. शैली D. क्रोचे

130. महावीर प्रसाद द्विवेदी की काव्य-रचना की विशेषता नहीं है–
A. वर्डसवर्थ का प्रभाव B. इतिवृत्तात्मकता
C. संस्कृत वृतों का प्रयोग D. गद्यात्मकता

131. द्विवेदी-युग में समस्या पूर्ति का केन्द्र था–
A. बनारस B. कानपुर
C. इलाहाबाद D. मेरठ

132. मैथिलीशरण गुप्त के काव्य की विशेषता नहीं है–
A. इतिवृत्तात्मकता B. मात्रिक छन्द
C. संस्कृत वृत्तों का प्रयोग D. खड़ी बोली का प्रयोग

133. कुणाल-गीत के रचयिता का नाम बतावें।
A. माखनलाल चतुर्वेदी B. मैथिलीशरण गुप्त
C. मुक्तिबोध D. दिनकर

134. 'उर्वशी' महाकाव्य के रचयिता हैं–
A. बालकृष्ण शर्मा B. दिनकर
C. रामनरेश त्रिपाठी D. विश्वनाथ त्रिपाठी

135. बालकृष्ण शर्मा नवीन की रचना नहीं है–
A. हल्दी घाटी B. क्वासि
C. उर्वशी D. विप्लव ग्राम

136. जयद्रथ वध का प्रकाशन वर्ष बतावें–
A. 1905 B. 1910
C. 1912 D. 1913

137. मैथिलीशरण गुप्त की रचना नहीं है–
A. पंचवटी B. विष्णुप्रिया
C. करूणा कादम्बिनी D. वृत-संहार

138. 'प्रथम रश्मि का आना' कविता पंत के किस संग्रह से है–
A. वीणा B. पल्लव
C. ग्रन्थि D. इनमें से कोई नहीं

139. रवीन्द्र नाथ टैगोर-कृत गीतांजलि को नोबेल पुरस्कार कब मिला?
A. 1903 ई॰ B. 1907 ई॰
C. 1909 ई॰ D. 1913 ई॰

140. 'राम की शक्ति पूजा' पर किसका प्रभाव है?
A. बांग्ला रामायण B. वाल्मीकी रामायण
C. रामचरित मानस D. रामचन्द्रिका

141. सरोज स्मृति का रचना वर्ष क्या है?
A. 1935 B. 1936
C. 1937 D. 1934

142. 'पंत' का आरम्भिक काव्य-ग्रंथ है–
A. ग्रंथि B. गुंजन
C. उच्छ्वास D. वीणा

143. 'हिमतरंगिनी' के रचयिता हैं–
A. दिनकर B. माखनलाल चतुर्वेदी
C. रामनरेश त्रिपाठी D. सियाराम शरण गुप्त

144. कौन 'कवि सम्राट' की उपाधि से विभूषित हुआ?
A. माखनलाल चतुर्वेदी B. मैथिलीशरण गुप्त
C. दिनकर D. महावीर प्रसाद द्विवेदी

145. नीहार काव्य संग्रह के रचयिता हैं–
A. सुमित्रानंदन पंत B. महादेवी वर्मा
C. रामचरित उपाध्याय D. श्रीकांत वर्मा

146. सुमित्रानंदन पंत को ज्ञानपीठ पुरस्कार प्राप्त हुआ–
A. कला और बूढ़ा चाँद B. चिदम्बरा
C. पल्लव D. युगांत

147. 'मधुकण' कृति के रचयिता हैं–
A. भगवतीचरण वर्मा B. रामकुमार वर्मा
C. महादेवी वर्मा D. दिनकर

148. 'बादल-राग' कविता के कवि हैं–
A. नागार्जुन B. निराला
C. पंत D. केदारनाथ अग्रवाल

149. 'मांझी न बजाओ वंशी' कविता किस कवि की है?
A. केदारनाथ अग्रवाल B. रामविलास शर्मा
C. शिवमंगलसिंह सुमन D. त्रिलोचन शास्त्री

150. 'वैद्यनाथ मिश्र' किस कवि का उपनाम है?
A. रांगेय राधव B. सर्वेश्वर दयाल सक्सेना
C. नागार्जुन D. केदारनाथ सिंह

151. 'यात्री' नाम से नागार्जुन किस भाषा में कविता लिखते थे?
A. खड़ी बोली B. मैथिली
C. उर्दू D. ब्रजभाषा

152. दूसरा तार-सप्तक के कवि नहीं हैं–
A. हरिनारायण व्यास B. शमशेर बहादुर सिंह
C. भवानी प्रसाद मिश्र D. अज्ञेय

153. प्रथम तार-सप्तक के कवि नहीं है–
A. शकुंतला माथुर B. मुक्तिबोध
C. रामविलास शर्मा D. प्रभाकर माचवे

154. पृथ्वी-कल्प काव्य-नाटक के रचयिता हैं–
A. शमशेर बहादुर सिंह B. गिरिजा कुमार माथुर
C. भारतभूषण अग्रवाल D. प्रभाकर माचवे

155. जापानी लोक कथा पर आधारित कविता है–
A. शब्द B. असाध्य वीणा
C. अँधेरे में D. ब्रह्मराक्षस

156. 'मन' का राग कविता के रचनाकार हैं–
A. भारतभूषण अग्रवाल B. शमशेर
C. जगदीश गुप्त D. बालकृष्ण भट्ट

157. फैंटेसी शिल्प पर आधारित रचनाकार का नाम बतावें।
A. भवानी प्रसाद मिश्र B. मुक्तिबोध
C. शमशेर बहादुर सिंह D. गिरिजा कुमार माथुर

158. 'कनुप्रिया' कृति का काव्य-रूप है–
A. प्रबंध B. मुक्तक
C. खंड काव्य D. गीतिनाट्य

159. 'नई कविता' पत्रिका का प्रकाशन स्थल है–
A. काशी B. प्रयाग
C. कोलकाता D. कानपुर

160. 'अमर का राग' कविता का काव्य-रूप है–
A. प्रगीत B. गीत
C. काव्य-नाटक D. लंबी कविता

161. 'अतुकांत' काव्य संकलन से संबंधित है–
A. कुंवर नारायण B. लक्ष्मीकांत वर्मा
C. केदारनाथ सिंह D. केदारनाथ अग्रवाल

162. 'आत्मजयी' कृति का प्रकाशन वर्ष है–
A. 1955 B. 1958
C. 1961 D. 1965

163. 'माया-दर्पण' कविता के रचयिता हैं–
A. श्री राम वर्मा B. दुष्यन्त कुमार
C. श्रीकान्त वर्मा D. दूधनाथ सिंह

164. विश्व काव्य चयनिका के सम्पादक हैं–
A. रामविलास शर्मा B. नगेन्द्र
C. नंद दुलारे वाजपेयी D. नामवर सिंह

165. 'मधुस्त्रोत' के रचयिता हैं–
A. जगदीश गुप्त B. बच्चन
C. रामचन्द्र शुक्ल D. केदारनाथ सिंह

166. 'शंख-ध्वनि' के रचयिता हैं–
A. पंत B. भवानी प्रसाद मिश्र
C. केदारनाथ अग्रवाल D. भारतभूषण अग्रवाल

167. 'इति' के रचयिता हैं–
A. दिनेश नंदिनी डालमिया B. त्रिलोचन
C. अज्ञेय D. नरेश मेहता

168. 'इला और अमिताभ' के रचनाकार हैं–
A. देवराज B. दिनेशनंदिनी डालमिया
C. त्रिलोचन D. नरेश मेहता

169. 'जलते हुए वन का वसंत' के रचयिता हैं–
A. देवराज B. दुष्यंत कुमार
C. जगूडी D. धूमिल

170. तीसरा अंधेरा के रचयिता हैं–
A. धूमिल B. अशोक वाजपेयी
C. कैलाश वाजपेयी D. दुष्यंत कुमार

171. 'मिट्टी की बारात' किसकी रचना है?
A. शिवमंगल सिह सुमन B. दिनेश कुमार शुक्ल
C. नागार्जुन D. दिनकर

172. 'शून्य पुरुष और वस्तुएँ' के रचनाकार हैं–
A. उदय प्रकाश B. राजेश जोशी
C. वीरेन्द्र कुमार जैन D. भवानी प्रसाद मिश्र

173. 'आस्था' के रचयिता–
A. रमेशचन्द्र शाह B. पंत
C. आलोक धन्वा D. बौधिसत्व

174. 'कछुए की पीठ पर' के रचयिता हैं–
A. प्रभाकर माचवे B. रमेशचन्द्र शाह
C. शकुन्तला माथुर D. मंगलेश डबराल

175. 'खुशबू के शिलालेख' के रचयिता हैं–
A. सर्वेश्वर B. शमशेर
C. भवानी प्रसाद मिश्र D. भारतभूषण अग्रवाल

176. 'गन्धवीथी' के रचयिता हैं–
A. पंत B. जगुड़ी
C. शमशेर D. धूमिल

177. 'जाल समेटा' के रचयिता हैं–
A. पंत B. भवानी प्रसाद मिश्र
C. केदारनाथ अग्रवाल D. बच्चन

178. 'युग्म' के रचयिता हैं–
A. पंत B. जगदीश गुप्त
C. जगदीश चतुर्वेदी D. रघुवीर सहाय

179. 'व्यक्तिगत' के रचयिता हैं–
A. भवानी प्रसाद मिश्र B. शमशेर
C. सर्वेश्वर D. धर्मवीर भारती

180. 'तालाब की मछलियाँ' के रचनाकार हैं–
A. केदारनाथ सिंह B. नागार्जुन
C. दुष्यंत कुमार D. अज्ञेय

181. 'दीवारों पर खून से' के रचनाकार हैं–
A. मंगलेश डबराल B. वल्लभ डोभाल
C. चंद्रकात देवताले D. बलदेव जोशी

182. 'महा प्रस्थान' के रचनाकार हैं–
A. रघुवीर सहाय B. प्रयाग शुक्ल
C. नरेश मेहता D. कैलाश वाजपेयी

183. 'अग्निलीक' के रचयिता हैं–
A. भवानी प्रसाद मिश्र B. केदारनाथ अग्रवाल
C. भारतभूषण अग्रवाल D. बच्चन

184. 'जंगल का दर्द' के रचयिता हैं–
A. सर्वेश्वर B. शमशेर
C. रघुवीर सहाय D. धर्मवीर भारती

185. 'प्रवाद पर्व' के रचयिता हैं–
A. नरेश मेहता B. पंत
C. भवानी प्रसाद मिश्र D. केदारनाथ अग्रवाल

186. 'बची हुई पृथ्वी' के रचयिता हैं–
A. जगूड़ी B. धूमिल
C. सर्वेश्वर D. लक्ष्मीकांत वर्मा

187. 'पानी की पुकार' के रचनाकार हैं–
A. रामदरश मिश्र B. गोविन्द मिश्र
C. विद्यानिवास मिश्र D. बच्चन

188. 'आमने-सामने' के रचयिता हैं–
A. इब्बार रब्बी B. गिरधर लाठी
C. कुंवर नारायण D. भवानी प्रसाद मिश्र

189. 'सामना होने पर' के रचयिता हैं–
A. गिरधर लाठी B. सोमदत्त
C. नरेन्द्र मोहन D. जगूडी

190. 'आदिम एकान्त' के रचनाकार हैं–
A. जगदीश गुप्त B. शमशेर
C. बच्चन D. नागार्जुन

191. 'उदिता' के रचयिता हैं–
A. त्रिलोचन B. सर्वेश्वर
C. शमशेर D. केदारनाथ सिंह

192. 'जमीन पक रही है' के रचयिता हैं–
A. रामदरश मिश्र B. केदारनाथ सिंह
C. वेणु गोपाल D. नागार्जुन

193. 'जिप्सी लड़की' के रचयिता हैं–
A. सोमदत्त B. राजेश जोशी
C. सुमन राजे D. अवधेश कुमार

194. 'मंटो मेरा दुश्मन' के रचनाकार हैं–
A. हरिनारायण व्यास B. उपेन्द्रनाथ 'अश्क'
C. मदन वात्स्यायन D. प्रयाग शुक्ल

195. 'यह एक दिन है' के रचयिता हैं–
A. सोमदत्त B. प्रयाग शुक्ल
C. प्रयाग त्रिपाठी D. नंद किशोर आचार्य

196. 'सुनो कारीगर' के रचनाकार हैं–
A. उदय प्रकाश B. प्रयाग शुक्ल
C. गिरधर राठी D. सोमदत्त

197. 'माया दर्पण' के रचयिता हैं–
A. श्रीकांत वर्मा B. रघुवीर सहाय
C. नरेश मेहता D. कैलाश वाजपेयी

198. 'अपूर्वा' के रचयिता हैं–
A. अज्ञेय B. केदारनाथ अग्रवाल
C. भवानी प्रसाद मिश्र D. अरूण कमल

199. 'हजार-हजार बाहों वाली' के रचयिता हैं–
A. नागार्जुन B. लक्ष्मीकांत वर्मा
C. जगदीश गुप्त D. केदारनाथ सिंह

200. 'मगध' के रचयिता हैं–
A. कैलाश वाजपेयी B. अशोक वाजपेयी
C. श्रीकांत वर्मा D. नरेश मेहता

201. 'पहाड पर लालटेन' के रचयिता हैं–
A. मंगलेश डबराल B. इब्बार रबी
C. चंद्रकांत देवताले D. विनोद कुमार शुक्ल

202. 'फूल नहीं रंग बोलते हैं' के रचयिता हैं–
A. केदारनाथ अग्रवाल B. त्रिलोचन
C. शमशेर D. सर्वेश्वर

203. 'कटौती' के रचयिता हैं–
A. मदन वात्स्यायन B. कीर्ति चौधरी
C. सुमन राजे D. निलय उपाध्याय

204. 'मगर एक आवाज' के रचनाकार हैं–
A. जगूड़ी B. लीलाधर मंडलोई
C. विनोद कुमार शुक्ल D. मंगलेश डबराल

205. 'हम जो नदियों का संगम है' के रचयिता हैं–
A. गीतांजलि श्री B. नमिता सिंह
C. अनामिका D. बौधिसत्व

206. 'घर का रास्ता' के रचयिता हैं–
A. मंगलेश डबराल B. इब्बार रबी
C. अरूण कमल D. प्रयाग शुक्ल

207. 'कोई दूसरा नहीं' के रचनाकार का नाम है–
A. अशोक वाजपेयी B. कुंवर नारायण
C. अरूण कमल D. विनोद कुमार शुक्ल

208. 'मैं हूँ वक्त के सामने' के रचयिता हैं–
A. विनोद कुमार शुक्ल B. सर्वेश्वर
C. शमशेर D. गिरिजाकुमार शुक्ल

209. 'खूँटियों पर टंगे लोग' के रचयिता हैं–
A. रघुवीर सहाय B. शमशेर
C. सर्वेश्वर D. धर्मवीर भारती

210. 'आग का आईना' के रचयिता हैं–
A. भवानी प्रसाद मिश्र B. केदारनाथ अग्रवाल
C. भारतभूषण अग्रवाल D. केदार नाथ सिंह

211. 'परीक्षा गुरु' उपन्यास का नायक है–
A. ब्रजकिशोर B. मदनमोहन
C. चुन्नीलाल D. शम्भूदयाल

212. 'नूतन ब्रह्मचारी' उपन्यास के लेखक हैं–
A. बालकृष्ण भट्ट B. प्रेमघन
C. प्रतापनारायण मिश्र D. श्रीनिवासदास

213. 'कंकाल' उपन्यास की कथावस्तु है–
A. सामाजिक B. ऐतिहासिक
C. बौद्धकालीन D. सांस्कृतिक

214. बौद्धकालीन परिदृश्य पर आधारित उपन्यास है–
A. कंकाल B. इरावती
C. तितली D. चित्रलेखा

215. 'गोदान' उपन्यास में गाँधी और मार्क्स को जैसे प्रेमचन्द ने 'फेंट कर मिलाया हो'– कथन किसका है?
A. रामविलास शर्मा B. नंदकिशोर आचार्य
C. नामवर सिंह D. रामस्वरूप चतुर्वेदी

216. निम्न में कौन प्राकृतवादी उपन्यासकार नहीं है–
A. चतुरसेन शास्त्री B. पांडेय बेचन शर्मा 'उग्र'
C. ऋषभचरण जैन D. अमृतलाल नागर

217. प्राकृतवादी उपन्यासों के जनक माने जाते हैं–
A. जोला B. चतुरसेन शास्त्री
C. उपेन्द्रनाथ 'अश्क' D. ऋषभचरण जैन

218. 'शहर में घूमता आईना' उपन्यास के रचयिता हैं–
A. अमृतलाल नागर B. चतुरसेन शास्त्री
C. बेचन शर्मा 'उग्र' D. उपेन्द्रनाथ 'अश्क'

219. 'मुक्तिबोध' उपन्यास के रचयिता हैं–
A. लक्ष्मीनारायण लाल B. जैनेन्द्र
C. रामेश्वर शुक्ल अंचल D. मुक्तिबोध

220. जैनेन्द्र का अन्तिम उपन्यास है–
A. अनाम स्वामी B. दशार्क
C. व्यतीत D. मुक्तिबोध

221. गाँधी जी के दक्षिण अफ्रीकी जीवन पर आधारित उपन्यास है–
A. ढ़ाई घर
B. पहला गिरमिटिया
C. दीवार में एक खिड़की रहती थी
D. कलिकथा : वाया बाइपास

222. 'आलोक पर्व' रचना की विधा है–
A. उपन्यास B. कहानी
C. संस्मरण D. निबंध

223. नागार्जुन का पहला उपन्यास है–
A. नई पौध B. रतिनाथ की चाची
C. कुम्भीपाक D. इमरतिया

224. राही मासूम रजा का उपन्यास नहीं है–
A. आधा गाँव
B. जाग मछंदर गोरख आया
C. दिल एक सादा कागज
D. असंतोष के दिन

225. हरिजनों के उत्पीड़न की कथा पर आधारित उपन्यास है–
A. कटरा बी आरज़ू
B. धरती धन न अपना
C. सात घूँघट वाला मुखड़ा
D. मुर्दों का टीला

226. नरेश मेहता का उपन्यास नहीं है–
A. डूबते मस्तूल B. प्रथम फाल्गुन
C. उत्तर कथा D. अन्तराल

227. आधुनिकता बोध का आशय है–
(*a*) अकेलेपन का बोध
(*b*) विजातीयता की अनुभूति
(*c*) उदासी, तनाव तथा जीव की निरर्थकता
(*d*) महायुद्ध का संत्रास
A. केवल (*a*) B. केवल (*a*), (*b*)
C. केवल (*b*), (*c*), (*d*) D. सभी (*a*), (*b*), (*c*), (*d*)

228. उषा प्रियम्वदा के उपन्यास 'पचपन खम्भे लाल दीवारें' की नायिका है–
A. राधिका B. नमिता
C. अनु D. सुषमा

229. द्वितीय महायुद्ध के बाद की स्थिति पर केन्द्रित उपन्यास है–
A. वे दिन B. रात का रिपोर्टर
C. लाल टीन की छत D. एक चिथड़ा सुख

230. 'स्मृतिलेखा' के रचयिता हैं–
A. प्रेमचन्द B. जैनेन्द्र
C. अज्ञेय D. शरतचन्द्र

231. 'मृगनयनी' उपन्यास के रचयिता हैं–
A. वृंदावनलाल वर्मा B. भगवती चरण वर्मा
C. निर्मल वर्मा D. रांगेय राधव

232. गाँधी-इरविन समझौते से संबंधित उपन्यास है–
A. कायाकल्प B. कर्मभूमि
C. रंगभूमि D. गबन

233. 'चितकोबरा' उपन्यास की लेखिका हैं–
A. मन्नू भण्डारी B. कृष्णा सोबती
C. मृदुला गर्ग D. मंजुल भगत

234. 'डूब' उपन्यास का संबंध है–
A. विनोद कुमार शुक्ल B. वीरेन्द्र जैन
C. मैत्रेयी पुष्पा D. कमलेश्वर

235. 'अन्तराल' उपन्यास के लेखक हैं–
A. गिरिराज किशोर B. मणि मधुकर
C. मोहन राकेश D. महेन्द्र भल्ला

236. नागार्जुन का उपन्यास नहीं है–
A. कुम्भीपाक B. नदी बहती थी
C. गरीबदास D. मर्यादा पुरूषोत्तम

237. अमृतलाल-नागर का उपन्यास नहीं है–
A. एक इंच मुस्कान B. उग्रतारा
C. बिखरे तिनके D. नाच्यो बहुत गोपाल

238. मृदुला गर्ग का उपन्यास नहीं है–
A. कठगुलाब B. वेशज
C. जुलूस D. चितकोबरा

239. 'एक चूहे की मौत' के रचयिता हैं–
A. रामदरश मिश्र B. राही मासूम रजा
C. बदी उज्जमां D. संजीव

240. 'सफेद मेमने' उपन्यास लिखा है–
A. मणि मधुकर B. गिरिराज किशोर
C. जगदीश चन्द्र D. अखिलेश

241. 'कटा हुआ आसमान' के उपन्यासकार हैं–
A. अब्दुल विस्मिल्लाह B. राही मासूम रजा
C. नागार्जुन D. मोहन राकेश

242. 'अन्तराल' के रचयिता हैं–
A. भीष्म साहनी B. मोहन राकेश
C. राजेन्द्र यादव D. कमलेश्वर

243. 'प्रेम : एक अपवित्र नदी' के रचनाकार हैं–
A. अमृतलाल नागर B. लक्ष्मीनारायण लाल
C. अखिलेश D. नागार्जुन

244. 'बीस रानियों का बाइस्कोप' के रचयिता हैं–
A. नागार्जुन B. शिवानी
C. रांगेय राधव D. राजकमल चौधरी

245. 'सूरजमुखी अँधेरे के' उपन्यास के रचयिता हैं–
A. कृष्णा सोबती B. शिवानी
C. ममता कालिया D. महेन्द्र भल्ला

246. 'तमस' उपन्यास लिखा है–
A. भीष्म साहनी B. राजेन्द्र यादव
C. कृष्णा सोबती D. उदय प्रकाश

247. 'पुनर्नवा' उपन्यास के लेखक हैं–
A. कृष्णा सोबती B. भीष्म साहनी
C. अमृतलाल नागर D. हजारी प्रसाद द्विवेदी

248. 'सीमाएँ टूटती हैं' उपन्यास लिखा है–
A. श्रीलाल शुक्ल B. गिरिराज किशोर
C. शिवप्रसाद सिंह D. निर्मल वर्मा

249. 'काली आँधी' के रचयिता हैं–
A. मोहन राकेश B. कमलेश्वर
C. शिवप्रसाद सिंह D. काशीनाथ सिंह

250. 'मुर्दाघर' उपन्यास के रचनाकार हैं–
A. जगदम्बा प्रसाद दीक्षित B. गोविन्द मिश्र
C. महीप सिंह D. बदी उज्जमां

251. 'लाल टीन की छत' उपन्यास लिखा है–
A. जैनेन्द्र कुमार B. निर्मल वर्मा
C. अमृतलाल नागर D. मोहन राकेश

252. 'नरक-दर-नरक' उपन्यास लिखा है–
A. रवीन्द्र कालिया B. ममता कालिया
C. वदी उज्जमां D. मृदुला गर्ग

253. 'मुठ्ठी भर कांकर' के रचनाकार हैं–
A. गोविन्द मिश्र B. जगदीश चन्द्र
C. रांगेय राघव D. वीरेन्द्र जैन

254. 'लाल-पीली जमीन' के रचयिता हैं–
A. उदय प्रकाश B. गोविंद मिश्र
C. रामदरश मिश्र D. शैलेश मटियानी

255. 'तीसरा आदमी' के उपन्यासकार हैं–
A. जैनेन्द्र कुमार B. मोहन राकेश
C. हिमांशु जोशी D. कमलेश्वर

256. 'एक चिथड़ा सुख' उपन्यास के रचयिता हैं–
A. निर्मल वर्मा B. मृणाल पाण्डेय
C. राजेन्द्र यादव D. मन्नु भण्डारी

257. 'कसम' के रचयिता हैं–
A. कृष्ण बलदेव वैद
B. मनोहर श्याम जोशी
C. कमलेश्वर
D. प्रभाकर माचवे

258. यथार्थवादी लेखन की विशेषता है कि वह–
A. आदर्श का अनुकूल प्रयोग करता है
B. फोटोग्राफिक चित्रण करता है
C. व्यौरेवार चित्रण नहीं करता
D. कल्पना प्रधान होता है

259. मानवतावादी लेखक की विशेषता यह है कि वह–
A. प्रकृतिवादी लेखक का अनुसरण करता है
B. प्रकृतिवादी लेखक का अनुसरण नहीं करता
C. प्रकृतिवादी लेखक से सद्भाव बनाता है
D. यथार्थवाद का विरोधी होता है

260. प्रेमचंद की कहानी 'कफन' का प्रकाशन वर्ष है–
A. 1933 B. 1934
C. 1935 D. 1936

261. 'आँधी' किस लेखक की कहानी है?
A. भगवती प्रसाद वाजपेयी B. जयशंकर प्रसाद
C. कमलेश्वर D. पाण्डेय बेचन शर्मा 'उग्र'

262. प्रेमचंद को कबीर के बाद हिन्दी का सबसे बड़ा व्यंग्यकार किसने माना है?
A. नंद दुलारे वाजपेयी
B. रामविलास शर्मा
C. विजयदेव नारायण साही
D. नामवर सिंह

263. जनवादी विचार मंच की स्थापना सन् 1977 ई॰ में किस विश्वविद्यालय में हुई?
A. दिल्ली विश्वविद्यालय
B. काशी हिन्दू विश्वविद्यालय
C. कोलकाता विश्वविद्यालय
D. इलाहाबाद विश्वविद्यालय

264. वैराग्य कथा-संग्रह के रचनाकार हैं–
A. अलका सरावगी B. गीतांजलि श्री
C. मैत्रेयी पुष्पा D. वीरेन्द्र जैन

265. 'वारेन हेस्टिंग्ज का सांड' कहानी के लेखक हैं–
A. स्वयं प्रकाश B. उदय प्रकाश
C. काशीनाथ सिंह D. बाल मुकुन्द गुप्त

266. अज्ञेय की कहानियों की विशेषता है–
A. को-संघर्ष B. व्यक्ति का आत्मसंघर्ष
C. पैना व्यंग्य D. अर्थ का असामंजस्य

267. हिन्दी के प्रथम नाटक 'नहुष' का रचना वर्ष है–
A. 1835 B. 1836
C. 1859 D. 1869

268. दुःखिनी बाला' नाटक का प्रकाशन वर्ष है–
A. 1876 B. 1880
C. 1882 D. 1886

269. मोहन राकेश का पहला नाटक है–
A. लहरों के राजहंस B. आषाढ़ का एक दिन
C. आधे-अधूरे D. इनमें से कोई नहीं

270. गोदान उपन्यास का नाट्य रूपान्तर किया–
A. प्रतिभा अग्रवाल B. गिरीश रस्तोगी
C. मृदुला गर्ग D. मृणाल पाण्डेय

271. 'कर्फ्यू' के रचयिता हैं–
A. रामकुमार वर्मा B. उदयशंकर भट्ट
C. लक्ष्मीनारायण लाल D. रमेश बक्षी

272. 'अमृत पुत्र' के रचयिता हैं–
A. लक्ष्मीनारायण लाल B. रामकुमार वर्मा
C. सत्यव्रत सिन्हा D. ब्रजमोहन शाह

273. 'बकरी' के रचयिता हैं–
A. सर्वेश्वर B. निर्मल वर्मा
C. ज्ञानदेव अग्निहोत्री D. रमेश बक्षी

274. 'दरिन्दे' के रचयिता हैं–
A. सर्वेश्वर B. हमीदुल्ला
C. मुद्राराक्षस D. रमेश बक्षी

275. 'सत्य हरिशचन्द्र' के रचनाकार हैं–
A. लक्ष्मीनारायण लाल B. रामगोपाल गोयल
C. अज्ञात D. सुरेन्द्र तिवारी

276. 'उत्तर उर्वशी' के रचयिता हैं–
A. अज्ञेय B. दिनकर
C. हमीदुल्ला D. लक्ष्मीनारायण लाल

277. गोपालराम गहमरी कृत 'चीन देश का विवरण' की विधा है–
A. यात्रा-साहित्य B. संस्मरण
C. निबंध D. उपन्यास

278. 'रेल का टिकट' निबंध संग्रह है–
A. धीरेन्द्र वर्मा का
B. शान्ति प्रिय द्विवेदी का
C. यशपाल का
D. भदन्त आनंद कौसल्यायन का

279. 'साहित्यकार की आस्था तथा अन्य निबंध नामक निबंध संग्रह संबंधित है–
A. जयशंकर प्रसाद B. बालकृष्ण भट्ट
C. महादेवी वर्मा D. महावीर प्रसाद द्विवेदी

280. हजारी प्रसाद द्विवेदी की निबंध कला की विशेषता नहीं है–
A. मनुष्य की जय यात्रा
B. समस्या का सांस्कृतिक समाधान
C. लालित्य और आत्मव्यंजना
D. गाँधी और रवीन्द्रनाथ टैगोर का प्रभाव

281. हजारी प्रसाद द्विवेदी का प्रथम निबंध संग्रह है–
A. कल्पलता B. साहित्य सहचर
C. अशोक के फूल D. विचार प्रवाह

282. 'प्रगतिशील साहित्य की समस्याएँ' निबंध संग्रह के लेखक हैं–
A. रामविलास शर्मा B. विजयेन्द्र स्नातक
C. नगेन्द्र D. विद्यानिवास मिश्र

283. आस्था के चरण निबंध संग्रह का प्रकाशन वर्ष है–
A. 1949 B. 1961
C. 1966 D. 1968

284. विद्यानिवास मिश्र का पहला निबंध संग्रह है–
A. कदम की फूली डाल B. छितवन की छाँह
C. तमाल के झरोखे से D. गाँव का मन

285. इनमें से कौन सहज कविता के कवि नहीं हैं–
A. परमानंद श्रीवास्तव B. रामदरश मिश्र
C. प्रभाकर माचवे D. विश्वनाथ त्रिपाठी

286. समकालीन कविता आंदोलन का सूत्रपात किसने किया?
A. विश्वम्भरनाथ उपाध्याय B. वीरेन्द्र कुमार जैन
C. शलभ श्री राम सिंह D. जगदीश चतुर्वेदी

287. समकालीन कविता की भूमिका पुस्तक किसने लिखी है?
A. प्रभाकर माचवे B. विश्वम्भरनाथ उपाध्याय
C. अज्ञेय D. नवल किशोर

288. निम्न में कौन-सी पत्रिका निराला द्वारा संपादित नहीं है?
A. मतवाला B. गंगा पुस्तक माला
C. सुधा D. इनमें से कोई नहीं

289. निम्न में कौन-सा उपन्यास निराला का नहीं है?
A. निष्पक्ष B. नीला चांद
C. चोटी की पकड़ D. काले कारनामे

290. निम्न में निराला के रेखाचित्र बताएं–
A. बिल्लेसुर बकरीहा B. कुल्ली भाट
C. उपर्युक्त दोनों D. इनमें से कोई नहीं

291. निराला के कहानी संग्रह का नाम है–
(*a*) लिली (*b*) सखी
(*c*) चतुरी चमार (*d*) सुकुल की बीबी
A. केवल (*a*), (*b*) B. केवल (*a*), (*c*), (*d*)
C. केवल (*c*), (*d*) D. सभी (*a*), (*b*), (*c*), (*d*)

292. 'रवीन्द्र कविता कानन' किसकी समीक्षा पुस्तक हैं?
A. नंद दुलारे वाजपेयी B. हजारी प्रसाद द्विवेदी
C. निराला D. अज्ञेय

293. इनमें से कौन निराला का नाट्य संग्रह नहीं है?
A. समाज B. अमृत और विष
C. शकुन्तला D. उषा अनिरूद्ध

294. पंत को साहित्य अकादमी पुरस्कार किस कृति पर मिला?
A. कला और बूढ़ा चाँद B. पल्लव
C. वीणा D. गुंजन

295. पंत को सोवियत पुरस्कार मिला–
A. वीणा पर B. उच्छ्वास पर
C. लोकायतन पर D. ग्रन्थि पर

296. पंत को ज्ञानपीठ पुरस्कार मिला–
A. युगान्त पर B. चिदम्बरा पर
C. स्वर्णधूलि पर D. रजतशिखर पर

297. 'हार' किसका उपन्यास है?
A. प्रसाद B. निराला
C. पंत D. दिनकर

298. मधुवन कहानी किसकी है?
A. सियाराम शरण गुप्त B. नवीन
C. निराला D. पंत

299. उमर-खय्याम की रूबाइयों का हिन्दी में अनुवाद किसने किया था?
A. आचार्य शुक्ल B. केदारनाथ अग्रवाल
C. पंत D. भवानी प्रसाद मिश्र

300. 'महावृक्ष के नीचे' किसकी काव्य रचना है?
A. मुक्तिबोध B. पंत
C. अज्ञेय D. दिनकर

301. 'कल्पना' फिल्म के लिए किसने गीत लिखे थे?
A. हरिवंश राय बच्चन B. पंत
C. मैथिलीशरण गुप्त D. माखनलाल चतुर्वेदी

302. 'साहित्यकार' किसके द्वारा संपादित मुख्य पत्र था?
A. प्रसाद B. निराला
C. पंत D. महादेवी वर्मा

303. 'पथ के साथी' हिन्दी की कौन-सी विधा है?

A. उपन्यास B. कहानी

C. संस्मरण D. इनमें से कोई नहीं

304. 'साहित्यकार की आस्था' किसका निबंध संग्रह है?

A. हजारी प्रसाद द्विवेदी B. आचार्य शुक्ल

C. अज्ञेय D. महादेवी वर्मा

305. महादेवी की प्रौढ़तम काव्य रचना कौन है?

A. यामा B. रश्मि

C. सान्ध्य गीत D. दीपशिखा

306. 'मैं नीर भरी....' कहाँ की पंक्ति है–

A. नीरजा B. सान्ध्य गीत

C. नीहार D. रश्मि

307. 'अरूणोदय' कविता के लेखक हैं–

A. प्रसाद B. बच्चन

C. दिनकर D. माखनलाल चतुर्वेदी

308. 'पथिक' काव्य-संग्रह किसका है?

A. महादेवी का B. सियाराम शरण गुप्त

C. रामनरेश त्रिपाठी D. प्रभाकर माचवे

309. 'प्रणमंत्र' खंडकाव्य के रचयिता हैं–

A. जगदीश चतुर्वेदी B. मैथिलीशरण गुप्त

C. शमशेर D. दिनकर

310. इनमें से कौन दिनकर का मुक्तक काव्य संग्रह नहीं है–

A. इतिहास के आंसू B. नील कुसुम

C. उतना वह सूरज है D. धूप-छांह

311. 'सीपी और शंख' के रचयिता हैं–

A. सुरेन्द्र वर्मा B. सर्वेश्वर दयाल सक्सेना

C. त्रिलोचन D. दिनकर

312. आत्मा की आँखें के रचयिता हैं–

A. विष्णु प्रभाकर B. दिनकर

C. नरेश मेहता D. केदारनाथ सिंह

313. 'हुंकार' किसका काव्य संग्रह है?

A. मुक्तिबोध B. धूमिल

C. दिनकर D. श्रीकांत वर्मा

314. इनमें से दिनकर का निबंध-संग्रह कौन नहीं है–

A. अर्द्धनारीश्वर

B. वट वृक्ष

C. धर्म, नैतिकता और विज्ञान

D. इनमें से कोई नहीं

315. 'कस्मैदे वाय' नामक कविता के रचयिता कौन हैं?

A. दिनकर B. हजारी प्रसाद द्विवेदी

C. भारत भूषण अग्रवाल D. श्रीकांत वर्मा

316. 'भारत' नामक पत्र का सम्पादन किसने किया?

A. निर्मल वर्मा B. केदारनाथ अग्रवाल

C. नरेन्द्र शर्मा D. अज्ञेय

317. निम्न में कौन सी रचना नरेंद्र शर्मा की नहीं है–

A. अरण्य B. प्रवासी के गीत

C. रक्त चंदन D. द्रौपदी

318. 'अंधेरे में' के लेखक हैं–

A. नरेश मेहता B. मुक्तिबोध

C. दिनकर D. सियाराम शरण गुप्त

319. सबसे पुराने साहित्यिक पत्र का नाम है–

A. कर्मवीर B. भारत जीवन

C. आर्य दर्पण D. ब्राह्मण

320. 'भारतेन्दु का साहित्य व्यापक स्तर पर गदर से प्रभावित' उक्ति है–

A. आचार्य शुक्ल B. हजारी प्रसाद द्विवेदी

C. डॉ. रामविलास शर्मा D. डॉ. नगेन्द्र

321. 'भारतेन्दु जी साहित्य के नए युग प्रवर्तक तथा नवजागरण के अग्रदूत हैं'- उक्ति है–

A. आचार्य शुक्ल B. नंद दुलारे वाजपेयी

C. नामवर सिंह D. रामविलास शर्मा

322. भारतेन्दु रचित "स्वर्ग की विचार सभा" साहित्य की विधा है–

A. कविता B. संस्मरण

C. निबंध D. कहानी

323. निम्न में कौन प्रतापनारायण मिश्र का निबंध नहीं है–

A. खुशामद B. भौं

C. कवि और कविता D. नारी

324. 'यमलोक की यात्रा' क्या है?

A. कहानी B. नाटक

C. संस्मरण D. निबंध

325. 'यमलोक की यात्रा' के रचनाकार हैं–

A. बालकृष्ण भट्ट B. प्रतापनारायण मिश्र

C. भारतेन्दु हरिश्चन्द्र D. राधाचरण गोस्वामी

326. निम्न में कौन-सा निबंध बाल कृष्ण भट्ट का नहीं है?

A. बाल विवाह B. आँख

C. देश सेवा महत्व D. इनमें से कोई नहीं

327. इनमें से कौन-सा नाटक भारतेन्दु कृत नहीं है–
A. चंद्रावली B. हठी हमीर
C. अंधेर नगरी D. सती प्रताप

328. निम्न में कौन-सा नाटक प्रतापनारायण मिश्र का नहीं है–
A. प्रेम जोगिनी B. कलि कौतुक रूपक
C. गौ संकट D. भारत दुर्दशा

329. राधाकृष्ण दास रचित नाटक है–
A. महाराणा प्रताप B. दुःखिनी बाला
C. उपर्युक्त दोनों D. इनमें से कोई नहीं

330. 'संयोगिता स्वयंवर' नाटक लिखा है–
A. लाला श्री निवासदास B. राधाकृष्ण दास
C. राधाचरण गोस्वामी D. भारतेंदु

331. इनमें से कौन गोपाल राम गहमरी का नाटक नहीं है–
A. प्रहलाद चरित्र B. बूढ़े मुँह मुँहासे
C. तन-मन-धन D. श्रीदामा अमर सिंह राठौर

332. प्रेमघन के नाटक का नाम है–
A. विषस्य विषमौषधम B. भारत सौभाग्य
C. मयंक मंजरी D. तप्ता संवरण

333. किशोरी लाल गोस्वामी का नाटक है–
A. प्रणियिनी B. चंद्रावली
C. जुआरी-खुआरी D. प्रहलाद चरित्र

334. हिन्दी का पहला दुःखांत नाटक माना जाता है–
A. भारत दुर्दशा B. सती प्रताप
C. दुःखिनी बाला D. तप्ता संवरण

335. 'भाग्यवती' उपन्यास के रचयिता हैं–
A. लाला श्रीनिवास दास B. श्रद्धाराम फुल्लौरी
C. किशोरी लाल गोस्वामी D. गोपाल राम गहमरी

336. 'रहस्य कथा' उपन्यास लिखा है–
A. बालकृष्ण भट्ट B. लाला श्री निवासदास
C. भारतेन्दु D. शिवानी

337. 'हिन्दी कालिदास की आलोचना है'–किसका कथन है?
A. नंद दुलारे वाजपेयी B. आचार्य शुक्ल
C. हजारी प्रसाद द्विवेदी D. महावीर प्रसाद द्विवेदी

338. किसने कहा था कि "खड़ी-बोली नीरस और कर्णकटु है।"
A. बालकृष्ण भट्ट B. लाला भगवान दीन
C. पद्मसिंह शर्मा D. राधाचरण गोस्वामी

339. रामचन्द्र शुक्ल ने हिन्दी साहित्य का आरंभ माना है–
A. वि॰ सं॰ 1043 B. वि॰ सं॰ 1047
C. वि॰ सं॰ 1050 D. वि॰ सं॰ 1052

340. 'मनुष्य ही साहित्य का लक्ष्य है।' किसकी उक्ति है?
A. नंद दुलारे वाजपेयी B. डॉ॰ नगेन्द्र
C. आचार्य शुक्ल D. हजारी प्रसाद द्विवेदी

341. साकेत लिखा गया–
A. 1930 ई॰ B. 1931 ई॰
C. 1932 ई॰ D. 1933 ई॰

342. कामायनी की रचना हुई–
A. 1932 ई॰ B. 1934 ई॰
C. 1936 ई॰ D. 1937 ई॰

343. इनमें से कौन सियाराम शरण गुप्त की रचना नहीं है–
A. विषाद B. रक्त चंदन
C. बापू D. नकुल

344. 'हार की जीत' कहानी के लेखक हैं–
A. सुदर्शन B. कौशिक
C. जैनेन्द्र D. प्रेमचंद

345. लक्ष्मीकांत वर्मा किससे संबंधित हैं–
A. प्रगतिवाद B. प्रयोगवाद
C. नई कविता D. अकविता

346. 'औरंगजेब की आखिरी रात', एकांकी के लेखक हैं–
A. माखनलाल चतुर्वेदी B. दिनकर
C. मैथिलीशरण गुप्त D. रामकुमार वर्मा

347. कौन-सी नाट्य रचना भारतेन्दु की नहीं है?
A. भारत दुर्दशा B. नील देवी
C. अंधेर नगरी D. भारत भारती

निर्देश : नीचे दो वक्तव्य दिए गए हैं। एक को **कथन (A)** और दूसरे को **कारण (R)** कहा गया है। दोनों वाक्यों का सावधानी पूर्वक परीक्षण करें और निर्णय करें कि क्या **कथन A** और **कारण R** स्वतंत्र रूप से सही हैं और यदि ऐसा है तो क्या **कारण (R)** **कथन (A)** का सही स्पष्टीकरण है। इन प्रश्नों का उत्तर नीचे दिए गए कूटों की सहायता से चुनिए।

कूट :
A. कूट A और R दोनों सही हैं, और R, A का सही स्पष्टीकरण है।
B. A और R दोनों सही हैं, किन्तु R, A का सही स्पष्टीकरण नहीं है।
C. A सही है परन्तु R गलत है।
D. A गलत है परन्तु R सही है।

348. **कथन (A)** : महादेवी प्रगतिवादी कवयित्री हैं।

कारण (R) : उन्हें आधुनिक युग की मीरा कहा जाता है।

349. सुमेलित कीजिए–

सूची-क (रचना)	**सूची-ख (रचनाकार)**
(*a*) राम रावण विरोध	1. रामनरेश त्रिपाठी
(*b*) वैदेही वनवास	2. राय देवी प्रसाद पूर्ण
(*c*) मुक्तावली	3. हरिऔध
(*d*) मिलन	4. राम चरित उपाध्याय

कूट :	(*a*)	(*b*)	(*c*)	(*d*)
A.	1	2	3	4
B.	4	3	2	1
C.	2	3	4	1
D.	3	2	4	1

350. सुमेलित कीजिए–

सूची-क (रचना)	**सूची-ख (रचनाकार)**
(*a*) विचित्र प्रवाह	1. अज्ञेय
(*b*) वसन्त वियोग	2. दिनकर
(*c*) रसवंती	3. राम चरित उपाध्याय
(*d*) महावृक्ष के नीचे	4. राय देवी प्रसाद पूर्ण

कूट :	(*a*)	(*b*)	(*c*)	(*d*)
A.	1	2	3	4
B.	3	4	2	1
C.	4	3	2	1
D.	3	2	1	4

351. सुमेलित कीजिए–

सूची-क (रचना)	**सूची-ख (रचनाकार)**
(*a*) आंसू	1. निराला
(*b*) आर्द्रा	2. प्रसाद
(*c*) अपरा	3. मुक्ति बोध
(*d*) भूल गलती	4. सियाराम शरण गुप्त

कूट :	(*a*)	(*b*)	(*c*)	(*d*)
A.	4	3	2	1
B.	1	2	3	4
C.	3	2	1	4
D.	2	4	1	3

352. सुमेलित कीजिए–

सूची-क (रचना)	**सूची-ख (रचनाकार)**
(*a*) चुभते चौपदे	1. राम नरेश त्रिपाठी
(*b*) देव सभा	2. हरिऔध
(*c*) मृत्युंजय	3. राम चरित उपाध्याय
(*d*) पथिक	4. राय देवी प्रसाद पूर्ण

कूट :	(*a*)	(*b*)	(*c*)	(*d*)
A.	2	3	4	1
B.	1	2	3	4
C.	4	3	2	1
D.	2	1	4	3

353. सुमेलित कीजिए–

सूची-क (रचना)	**सूची-ख (रचनाकार)**
(*a*) समर्पण	1. राम नरेश त्रिपाठी
(*b*) चोखे चौपदे	2. रामचरित उपाध्याय
(*c*) राम चरित चिंतामणि	3. हरिऔध
(*d*) मानसी	4. माखन लाल चतुर्वेदी

कूट :	(*a*)	(*b*)	(*c*)	(*d*)
A.	2	1	4	3
B.	4	3	2	1
C.	3	2	1	4
D.	1	2	3	4

354. सुमेलित कीजिए–

सूची-क (रचना)	**सूची-ख (रचनाकार)**
(*a*) सूक्ति	1. राम चरित उपाध्याय
(*b*) रस कलश	2. हरिऔध
(*c*) स्वप्न	3. राम नरेश त्रिपाठी
(*d*) वेणुलो गूंजे धरा	4. माखन लाल चतुर्वेदी

कूट :	(*a*)	(*b*)	(*c*)	(*d*)
A.	1	2	3	4
B.	4	3	2	1
C.	1	4	3	2
D.	4	2	1	3

निर्देश : नीचे दो वक्तव्य दिए गए हैं। एक को **कथन (A)** और दूसरे को **कारण (R)** कहा गया है। दोनों वाक्यों का स।वधानी पूर्वक परीक्षण करें और निर्णय करें कि क्या **कथन A** और **कारण**

R स्वतंत्र रूप से सही हैं और यदि ऐसा है तो क्या **कारण (R)** **कथन (A)** का सही स्पष्टीकरण है। इन प्रश्नों का उत्तर नीचे दिए गए कूटों की सहायता से चुनिए।

कूट :

A. कूट A और R दोनों सही हैं, और R, A का सही स्पष्टीकरण है।

B. A और R दोनों सही हैं, और R, A का सही स्पष्टीकरण नहीं है।

C. A सही है परन्तु R गलत है।

D. A गलत है परन्तु R सही है।

355. **कथन (A) :** निराला ने बड़ी संख्या में यथार्थवादी कविताएँ लिखीं हैं।

कारण (R) : उनके अनुसार 'कविता परिवेश की पुकार' है।

356. सुमेलित कीजिए–

सूची-क (रचना)	**सूची-ख (रचनाकार)**
(*a*) अनाथ	1. राम नरेश त्रिपाठी
(*b*) युगदीप	2. मोहन लाल महतो वियोगी
(*c*) निर्माल्य	3. उदयशंकर भट्ट
(*d*) मिलन	4. सियाराम शरण गुप्त

कूट :	(*a*)	(*b*)	(*c*)	(*d*)
A.	4	3	2	1
B.	1	2	3	4
C.	4	3	2	1
D.	2	4	3	1

357. सुमेलित कीजिए–

सूची-क (रचना)	**सूची-ख (रचनाकार)**
(*a*) पथिक	1. उदयशंकर भट्ट
(*b*) अमृत और विष	2. रामनरेश त्रिपाठी
(*c*) प्रिय प्रवास	3. रामचरित उपाध्याय
(*d*) राष्ट्रभारती	4. हरिऔध

कूट :	(*a*)	(*b*)	(*c*)	(*d*)
A.	1	4	2	3
B.	4	3	2	1
C.	2	1	4	3
D.	1	2	3	4

358. सुमेलित कीजिए–

सूची-क (रचना)	**सूची-ख (रचनाकार)**
(*a*) आर्द्रा	1. हरिऔध
(*b*) एकतारा	2. सियाराम शरण गुप्त
(*c*) युगचारण	3. मोहन लाल महतो वियोगी
(*d*) प्रद्यप्रसून	4. माखन लाल चतुर्वेदी

कूट :	(*a*)	(*b*)	(*c*)	(*d*)
A.	1	2	3	4
B.	2	3	4	1
C.	4	3	2	1
D.	3	4	1	2

359. सुमेलित कीजिए–

सूची-क (रचना)	**सूची-ख (रचनाकार)**
(*a*) रश्मि रेखा	1. उदयशंकर भट्ट
(*b*) करूणा कादम्बिनी	2. सियाराम शरण गुप्त
(*c*) पाथेय	3. गयाप्रसाद शुक्ल सनेही
(*d*) राका	4. बालकृष्ण शर्मा नवीन

कूट :	(*a*)	(*b*)	(*c*)	(*d*)
A.	1	2	3	4
B.	4	3	1	2
C.	3	2	4	1
D.	4	3	2	1

360. सुमेलित कीजिए–

सूची-क (रचना)	**सूची-ख (रचनाकार)**
(*a*) मृण्मयी	1. गयाप्रसाद शुक्ल सनेही
(*b*) प्रेम पचीसी	2. माखन लाल चतुर्वेदी
(*c*) हिम किरीटिनी	3. उदयशंकर भट्ट
(*d*) मानसी	4. सियाराम शरण गुप्त

कूट :	(*a*)	(*b*)	(*c*)	(*d*)
A.	4	2	1	3
B.	1	2	3	4
C.	4	1	2	3
D.	4	3	2	1

361. सुमेलित कीजिए–

सूची-क (रचना)	**सूची-ख (रचनाकार)**
(*a*) हिम तरंगिनी	1. सियाराम शरण गुप्त
(*b*) त्रिशूल तरंग	2. गया प्रसाद शुक्ल सनेही
(*c*) बापू	3. माखन लाल चतुर्वेदी
(*d*) विसर्जन	4. उदयशंकर भट्ट

कूट :	(a)	(b)	(c)	(d)
A.	3	2	1	4
B.	3	1	2	4
C.	4	2	3	1
D.	1	2	3	4

362. सुमेलित कीजिए–

सूची-क (रचना)	सूची-ख (रचनाकार)
(a) जय भारत	1. गयाप्रसाद शुक्ल सनेही
(b) कविता कलाप	2. बालकृष्ण शर्मा नवीन
(c) क्वासि	3. मैथिलीशरण गुप्त
(d) कृषक कृन्दन	4. महावीर प्रसाद द्विवेदी

कूट :	(a)	(b)	(c)	(d)
A.	1	2	3	4
B.	4	3	2	1
C.	1	3	2	4
D.	3	4	2	1

363. सुमेलित कीजिए–

सूची-क (रचना)	सूची-ख (रचनाकार)
(a) हम विषपायी जन्म के	1. महावीर प्रसाद द्विवेदी
(b) नहुष	2. बालकृष्ण शर्मा नवीन
(c) काव्य मंजूषा	3. मैथिलीशरण गुप्त
(d) दूर्वादल	4. सियाराम शरण गुप्त

कूट :	(a)	(b)	(c)	(d)
A.	1	3	2	4
B.	2	3	1	4
C.	1	2	3	4
D.	3	4	2	1

364. सुमेलित कीजिए–

सूची-क (रचना)	सूची-ख (रचनाकार)
(a) विषाद	1. महावीर प्रसाद द्विवेदी
(b) कान्यकुब्ज अबला विलाप	2. सियाराम शरण गुप्त
(c) विनोबा स्तवन	3. गया प्रसाद शुक्ल सनेही
(d) राष्ट्रीय वीणा	4. बालकृष्ण शर्मा नवीन

कूट :	(a)	(b)	(c)	(d)
A.	2	4	3	1
B.	4	3	2	1
C.	2	1	4	3
D.	1	2	3	4

365. सुमेलित कीजिए–

सूची-क (रचना)	सूची-ख (रचनाकार)
(a) द्वापर	1. नाथूराम शर्मा शंकर
(b) बिहार विहार	2. मैथिलीशरण गुप्त
(c) अनुराग रत्न	3. बालकृष्ण शर्मा नवीन
(d) कुंकुम	4. अम्बिका दत्त व्यास

कूट :	(a)	(b)	(c)	(d)
A.	2	4	1	3
B.	1	2	3	4
C.	4	3	2	1
D.	1	2	4	3

366. सुमेलित कीजिए–

सूची-क (रचना)	सूची-ख (रचनाकार)
(a) कंसवध	1. नाथूराम शर्मा शंकर
(b) यशोधरा	2. अम्बिका दत्त व्यास
(c) शंकर सरोज	3. मैथिलीशरण गुप्त
(d) उर्मिला	4. बालकृष्ण शर्मा नवीन

कूट :	(a)	(b)	(c)	(d)
A.	1	2	3	4
B.	2	3	1	4
C.	4	3	2	1
D.	1	3	4	2

367. सुमेलित कीजिए–

सूची-क (रचना)	सूची-ख (रचनाकार)
(a) झंकार	1. मैथिलीशरण गुप्त
(b) अपलक	2. बालकृष्ण शर्मा नवीन
(c) गर्भरण्डा रहस्य	3. नाथूराम शर्मा शंकर
(d) मौर्य विजय	4. सियाराम शरण गुप्त

कूट :	(a)	(b)	(c)	(d)
A.	1	2	3	4
B.	1	3	4	2
C.	2	3	1	4
D.	4	1	2	3

368. सुमेलित कीजिए–

सूची-क (रचनाकार)	सूची-ख (रचना)
(a) नरेन्द्र मोहन	1. एक अग्निकाण्ड जगहें बदलता
(b) वीरेन्द्र कुमार डंगवाल	2. दुष्चक्र में सृष्टा
(c) बिजेन्द्र	3. त्रास
(d) पंकज सिंह	4. कुछ आहटें आसपास

कूट :	(a)	(b)	(c)	(d)
A.	1	2	3	4
B.	1	4	2	3
C.	3	2	1	4
D.	4	3	2	1

369. सुमेलित कीजिए–

सूची-क (रचना)	सूची-ख (रचनाकार)
(a) एक दिन लौटेगी लड़की	1. ऋतुराज
(b) इस हादसे में	2. अनामिका शिव
(c) कोई और नाम दो	3. नरेन्द्र मोहन
(d) अंगीरस	4. गगन गिल

कूट :	(a)	(b)	(c)	(d)
A.	3	2	4	1
B.	4	3	2	1
C.	4	1	2	3
D.	2	3	1	4

370. सुमेलित कीजिए–

सूची-क (रचना)	सूची-ख (रचनाकार)
(a) एक मरण धर्मा और अन्य	1. पंकज सिंह
(b) पवन जैसे पानी	2. ऋतुराज
(c) आकाश विभाजित है	3. कात्यायनी
(d) इस पौरूषपूर्ण समय में	4. विष्णुचन्द्र शर्मा

कूट :	(a)	(b)	(c)	(d)
A.	1	2	3	4
B.	4	3	2	1
C.	4	2	3	1
D.	2	1	4	3

371. सुमेलित कीजिए–

सूची-क (रचना)	सूची-ख (रचनाकार)
(a) अपनी केवल धार	1. लीलाधर मण्डलोई
(b) घर-घर घूमा	2. कैलाश वाजपेयी
(c) महास्वप्न का मध्यांतर	3. स्वप्निल श्रीवास्तव
(d) ईश्वर एक लाठी है	4. अरूण कमल

कूट :	(a)	(b)	(c)	(d)
A.	2	1	4	3
B.	4	3	1	2
C.	4	1	2	3
D.	1	2	3	4

372. सुमेलित कीजिए–

सूची-क (रचना)	सूची-ख (रचनाकार)
(a) खिलाफ हवा से गुजरते हुए	1. केदारनाथ सिंह
(b) नए इलाके में	2. विनोददास
(c) यहां से देखो	3. अरूण कमल
(d) प्रकाश वर्ष	4. संजय चतुर्वेदी

कूट :	(a)	(b)	(c)	(d)
A.	1	2	3	4
B.	2	3	1	4
C.	4	3	2	1
D.	3	4	1	2

373. सुमेलित कीजिए–

सूची-क (रचना)	सूची-ख (रचनाकार)
(a) सबूत	1. केदारनाथ सिंह
(b) एक और अयोध्या	2. विनोददास
(c) अकाल में सारस	3. धूमिल
(d) सुदामा पाण्डेय का प्रजातंत्र	4. अरूण कमल

कूट :	(a)	(b)	(c)	(d)
A.	1	2	3	4
B.	3	1	2	4
C.	2	4	1	3
D.	4	2	1	3

374. सुमेलित कीजिए–

सूची-क (रचनाकार)	सूची-ख (रचना)
(a) राजेश जोशी	1. समरगाथा
(b) धूमिल	2. पटकथा
(c) राजकमल चौधरी	3. दास कवि
(d) सौमित्र मोहन	4. लुकमान अली

कूट :	(a)	(b)	(c)	(d)
A.	1	2	3	4
B.	2	4	1	3
C.	1	3	4	2
D.	2	4	3	1

375. सुमेलित कीजिए–

सूची-क (रचनाकार)	सूची-ख (रचना)
(a) कुमार विकल	1. रात में हारमोनियम
(b) विमल कुमार	2. अनंतिम
(c) कुमार अंबुज	3. यह मुखौटा किसका है
(d) उदय प्रकाश	4. एक छोटी सी लड़ाई

कूट :	(a)	(b)	(c)	(d)
A.	3	1	4	2
B.	1	2	3	4
C.	2	4	3	1
D.	4	3	2	1

376. सुमेलित कीजिए–

सूची-क (रचना)	सूची-ख (रचनाकार)
(a) अबूतर कबूतर	1. बलदेव वंशी
(b) किवाड़	2. ललित शुक्ल
(c) अंतर्गत	3. उदय प्रकाश
(d) बच्चे की दुनिया	4. कुमार अंबुज

कूट :	(a)	(b)	(c)	(d)
A.	1	3	2	4
B.	4	3	2	1
C.	3	4	2	1
D.	1	2	3	4

377. सुमेलित कीजिए–

सूची-क (रचना)	सूची-ख (रचनाकार)
(a) मोचीराम	1. ठाकुर प्रसाद सिंह
(b) जमीन पक रही है	2. धूमिल
(c) अन्न हैं मेरे शब्द	3. केदारनाथ सिंह
(d) हारी हुई लड़ाई लड़ते हुए	4. एकांत श्रीवास्तव

कूट :	(a)	(b)	(c)	(d)
A.	2	3	4	1
B.	1	2	3	4
C.	4	3	2	1
D.	3	2	1	4

378. सुमेलित कीजिए–

सूची-क (रचना)	सूची-ख (रचनाकार)
(a) कल सुनना मुझे	1. उदय प्रकाश
(b) प्रार्थना बन्द करो	2. आलोक धन्वा
(c) क से कबूतर	3. धूमिल
(d) दुनिया रोज बनती है	4. ज्ञानेन्द्रपति

कूट :	(a)	(b)	(c)	(d)
A.	1	2	3	4
B.	3	4	1	2
C.	4	3	2	1
D.	1	4	3	2

379. सुमेलित कीजिए–

सूची-क (रचना)	सूची-ख (रचनाकार)
(a) सुनो कारीगर	1. राजेश जोशी
(b) एक दिन बोलेंगे पेड़	2. उदय प्रकाश
(c) संसद से सड़क तक	3. विमल कुमार
(d) सपने में एक औरत से बातचीत	4. धूमिल

कूट :	(a)	(b)	(c)	(d)
A.	1	2	4	3
B.	3	2	4	1
C.	1	2	3	4
D.	2	1	4	3

380. सुमेलित कीजिए–

सूची-क (रचना)	सूची-ख (रचनाकार)
(a) रोशनी के मैदान की तरफ	1. चन्द्रकांत देवताले
(b) अत्याचारी के प्रमाण	2. मंगलेश डबराल
(c) यह एक दिन है	3. प्रयाग शुक्ल
(d) साथ चलते हुए	4. विश्वनाथ प्रसाद तिवारी

कूट :	(a)	(b)	(c)	(d)
A.	1	2	3	4
B.	4	3	2	1
C.	2	1	4	3
D.	3	4	1	2

381. सुमेलित कीजिए–

सूची-क (रचना)	सूची-ख (रचनाकार)
(a) बेहतर दुनिया के लिए	1. राजकमल चौधरी
(b) दीवारों पर खून से	2. धूमिल
(c) भाषा की रात	3. चन्द्रकांत देवताले
(d) मुक्ति प्रसंग	4. विश्वनाथ प्रसाद तिवारी

कूट :	(a)	(b)	(c)	(d)
A.	1	2	3	4
B.	4	2	1	3
C.	1	3	2	4
D.	4	3	2	1

382. सुमेलित कीजिए–

सूची-क (रचना)	सूची-ख (रचनाकार)
(a) लुकमान अली तथा अन्य कविताएं	1. मुक्तिबोध
(b) कंकावती	2. सौमित्र मोहन
(c) जो नितांत मेरी है	3. राजकमल चौधरी
(d) चांद का मुंह टेढ़ा है	4. बाल स्वरूप राही

कूट :	(a)	(b)	(c)	(d)
A.	2	3	4	1
B.	1	2	3	4
C.	4	3	1	2
D.	2	1	4	3

383. सुमेलित कीजिए–

सूची-क (रचना)	सूची-ख (रचनाकार)
(a) इतना जो मिला	1. उदय प्रकाश
(b) पहाड़ पर लालटेन	2. श्याम विमल
(c) बच्चे की दुनिया	3. बलदेव वंशी
(d) महापुरूष	4. मंगलेश डबराल

कूट :	(a)	(b)	(c)	(d)
A.	4	1	3	2
B.	1	2	3	4
C.	4	3	2	1
D.	1	2	4	3

384. सुमेलित कीजिए–

सूची-क (रचना)	सूची-ख (रचनाकार)
(a) कोई आवाज नहीं	1. मणि मधुकर
(b) घर का रास्ता	2. मलयज
(c) बलराम के हजारों हाथ	3. बलदेव वंशी
(d) जख्म पर धूल	4. मंगलेश डबराल

कूट :	(a)	(b)	(c)	(d)
A.	1	2	3	4
B.	3	4	1	2
C.	1	2	4	3
D.	4	3	2	1

385. सुमेलित कीजिए–

सूची-क (रचना)	सूची-ख (रचनाकार)
(a) लक्कड़ बग्घा हंस रहा है	1. दिविक रमेश
(b) हम जो देखते हैं	2. चन्द्रकांत देवताले
(c) मुझे मालूम है	3. मंगलेश डबरवाल
(d) खुली आंखों का आकाश	4. कन्हैयालाल नन्दन

कूट :	(a)	(b)	(c)	(d)
A.	2	1	4	3
B.	4	3	2	1
C.	2	3	4	1
D.	1	2	3	4

386. सुमेलित कीजिए–

सूची-क (रचना)	सूची-ख (रचनाकार)
(a) भूरी भूरी खाक धूल	1. रणजीत मिश्र
(b) नाटक जारी है	2. मुक्तिबोध
(c) मंजीर	3. लीलाधर जगूड़ी
(d) इतिहास का दर्द	4. गिरिजा कुमार माथुर

कूट :	(a)	(b)	(c)	(d)
A.	1	2	3	4
B.	2	3	4	1
C.	4	3	2	1
D.	3	2	4	1

387. सुमेलित कीजिए–

सूची-क (रचना)	सूची-ख (रचनाकार)
(a) झुलसा हुआ रक्त कमल	1. लीलाधर जगूड़ी
(b) ब्रह्म राक्षस	2. गिरिजा कुमार माथुर
(c) रात अब भी मौजूद है	3. मुक्तिबोध
(d) नाश और निर्माण	4. रणजीत मिश्र

कूट :	(a)	(b)	(c)	(d)
A.	4	3	1	2
B.	1	2	3	4
C.	4	3	2	1
D.	2	1	4	3

388. सुमेलित कीजिए–

सूची-क (रचना)	सूची-ख (रचनाकार)
(a) बची हुई पृथ्वी	1. लीलाधर जगूड़ी
(b) अंधेरे में	2. गिरिजा कुमार माथुर
(c) बेरंग बेनाम चिट्ठियां	3. मुक्ति बोध
(d) धूप के धान	4. रामदरश मिश्र

कूट :	(a)	(b)	(c)	(d)
A.	2	1	4	3
B.	4	3	2	1
C.	1	2	3	4
D.	1	3	4	1

389. सुमेलित कीजिए–

सूची-क (रचना)	**सूची-ख (रचनाकार)**
(*a*) घबराए हुए शब्द	1. रामदरश मिश्र
(*b*) भूल गलती	2. गिरिजा कुमार माथुर
(*c*) साक्षी रहे वर्तमान	3. मुक्तिबोध
(*d*) कंधे पर सूरज	4. लीलाधर जगूड़ी

कूट :	(*a*)	(*b*)	(*c*)	(*d*)
A.	4	3	2	1
B.	1	2	3	4
C.	3	4	2	1
D.	2	3	4	1

390. सुमेलित कीजिए–

सूची-क (रचना)	**सूची-ख (रचनाकार)**
(*a*) दिन एक नदी बन गया	1. रामदरश मिश्र
(*b*) भीतरी नदी की यात्रा	2. गिरिजा कुमार माथुर
(*c*) तीसरा पक्ष	3. लक्ष्मीकांत वर्मा
(*d*) कलम के फूल	4. भवानी प्रसाद मिश्र

कूट :	(*a*)	(*b*)	(*c*)	(*d*)
A.	2	3	1	4
B.	1	4	2	3
C.	2	3	4	1
D.	1	2	3	4

उत्तरमाला

1	2	3	4	5	6	7	8	9	10
A	B	C	B	C	D	A	B	A	C
11	**12**	**13**	**14**	**15**	**16**	**17**	**18**	**19**	**20**
B	D	A	C	B	C	A	C	B	D
21	**22**	**23**	**24**	**25**	**26**	**27**	**28**	**29**	**30**
B	C	A	D	D	B	C	B	D	B
31	**32**	**33**	**34**	**35**	**36**	**37**	**38**	**39**	**40**
D	C	D	C	D	A	A	C	D	D
41	**42**	**43**	**44**	**45**	**46**	**47**	**48**	**49**	**50**
B	D	B	B	C	B	A	D	A	A
51	**52**	**53**	**54**	**55**	**56**	**57**	**58**	**59**	**60**
C	D	A	A	C	D	D	B	D	D
61	**62**	**63**	**64**	**65**	**66**	**67**	**68**	**69**	**70**
C	C	B	B	A	A	B	C	D	B
71	**72**	**73**	**74**	**75**	**76**	**77**	**78**	**79**	**80**
A	D	C	B	B	C	C	D	B	B
81	**82**	**83**	**84**	**85**	**86**	**87**	**88**	**89**	**90**
C	B	A	C	B	C	D	B	A	C
91	**92**	**93**	**94**	**95**	**96**	**97**	**98**	**99**	**100**
B	C	D	C	D	D	B	C	B	C
101	**102**	**103**	**104**	**105**	**106**	**107**	**108**	**109**	**110**
D	C	B	D	A	C	A	D	C	D
111	**112**	**113**	**114**	**115**	**116**	**117**	**118**	**119**	**120**
C	C	B	D	B	C	B	D	D	C
121	**122**	**123**	**124**	**125**	**126**	**127**	**128**	**129**	**130**
A	A	C	A	C	C	C	D	B	A
131	**132**	**133**	**134**	**135**	**136**	**137**	**138**	**139**	**140**
B	C	B	A	A	B	C	A	D	A
141	**142**	**143**	**144**	**145**	**146**	**147**	**148**	**149**	**150**
A	C	B	D	B	B	A	B	A	C

151	152	153	154	155	156	157	158	159	160
B	D	A	B	B	B	B	A	B	D
161	**162**	**163**	**164**	**165**	**166**	**167**	**168**	**169**	**170**
B	D	C	B	C	A	A	A	B	C
171	**172**	**173**	**174**	**175**	**176**	**177**	**178**	**179**	**180**
A	C	B	B	C	A	D	B	A	B
181	**182**	**183**	**184**	**185**	**186**	**187**	**188**	**189**	**190**
C	C	C	A	A	A	C	C	C	A
191	**192**	**193**	**194**	**195**	**196**	**197**	**198**	**199**	**200**
C	B	D		B	A	A	A	A	C
201	**202**	**203**	**204**	**205**	**206**	**207**	**208**	**209**	**210**
A	A	D	B	D	A	B	D	C	B
211	**212**	**213**	**214**	**215**	**216**	**217**	**218**	**219**	**220**
B	A	A	B	D	D	A	D	B	C
221	**222**	**223**	**224**	**225**	**226**	**227**	**228**	**229**	**230**
B	D	B	B	B	D	D	D	A	C
231	**232**	**233**	**234**	**235**	**236**	**237**	**238**	**239**	**240**
A	B	C	B	A	B	A	B	C	A
241	**242**	**243**	**244**	**245**	**246**	**247**	**248**	**249**	**250**
A	B	B	D	C	A	D	A	B	A
251	**252**	**253**	**254**	**255**	**256**	**257**	**258**	**259**	**260**
B	B	B	B	D	A	B	B	B	D
261	**262**	**263**	**264**	**265**	**266**	**267**	**268**	**269**	**270**
B	B	A	B	B	B	C	B	B	A
271	**272**	**273**	**274**	**275**	**276**	**277**	**278**	**279**	**280**
C	C	A	B	A	C	C	D	C	D
281	**282**	**283**	**284**	**285**	**286**	**287**	**288**	**289**	**290**
C	A	D	B	C	A	B	D	B	C
291	**292**	**293**	**294**	**295**	**296**	**297**	**298**	**299**	**300**
D	C	B	A	C	B	C	B	C	C
301	**302**	**303**	**304**	**305**	**306**	**307**	**308**	**309**	**310**
B	D	C	D	D	B	C	C	D	C
311	**312**	**313**	**314**	**315**	**316**	**317**	**318**	**319**	**320**
D	B	C	D	A	C	A	B	A	C
321	**322**	**323**	**324**	**325**	**326**	**327**	**328**	**329**	**330**
A	C	C	D	D	D	B	A	C	A
331	**332**	**333**	**334**	**335**	**336**	**337**	**338**	**339**	**340**
A	B	A	D	B	A	D	C	C	D
341	**342**	**343**	**344**	**345**	**346**	**347**	**348**	**349**	**350**
C	C	B	A	C	D	D	D	C	B
351	**352**	**353**	**354**	**355**	**356**	**357**	**358**	**359**	**360**
D	A	B	A	A	A	C	B	D	C
361	**362**	**363**	**364**	**365**	**366**	**367**	**368**	**369**	**370**
A	D	B	C	A	B	A	A	B	D
371	**372**	**373**	**374**	**375**	**376**	**377**	**378**	**379**	**380**
C	B	D	A	D	C	A	B	D	A
381	**382**	**383**	**384**	**385**	**386**	**387**	**388**	**389**	**390**
D	A	A	B	C	B	A	D	A	D

भाग-C

अध्याय

1

भक्ति काव्य

भक्तिकाव्य : स्वरूप और भेद

मध्ययुगीन भक्ति आन्दोलन अकस्मात् अस्तित्व में नहीं आया। इस आन्दोलन की पूर्व पीठिका सैकड़ों वर्षों की सांस्कृतिक गतिविधियों को अपने अंदर समाहित करती है। आचार्य द्विवेदी इसी पूर्व पाठिका को भक्ति आन्दोलन के प्रस्फुटन का प्रमुख कारण मानते हैं। इस पूर्व पीठिका के अन्तर्गत सिद्ध, जैन, नाथ साहित्य मुख्यतः आते हैं। सिद्ध, जैन, नाथ साहित्य स्वयं को अवैदिक परम्परा से जोड़ता है।

सिद्धों का संबंध बौद्ध धर्म के वज्र यान से है जो तांत्रिक वामाचार को अपनी साधना में स्थान देता है। इनका समय 8वीं से 13वीं शताब्दी तक माना जाता है तथा ये बंगाल, बिहार, उड़ीसा व आसाम तक फैले हुए थे। सिद्धों की संख्या 84 मानी जाती है जिनमें सरहपा प्रथम थे। इन सिद्धों के साहित्य में सामान्यत्व से प्रकट होने वाले लक्षणों में वर्णाश्रम पर प्रहार, देहवाद का महिमा मंडन, नैरात्म या निः स्वभाव प्राप्त करने के यत्न, महासुखवाद से सिद्धत्व प्राप्ति की इच्छा, बाह्याडंबर का विरोध आदि है। इनकी भाषा संधा भाषा है जो गहन अन्तः साधनात्मक अनुभूतियों को सांकेतिक रूप में व्यक्त करती हैं। सिद्धों में सभी जाति के लोग शामिल थे। उनकी कविता का एक उदाहरण प्रस्तुत है।

आगम वेद पुराणेहि पाणिअ माण वहन्ति।
पक्क सिरीफ अलिअ जिमि बाहेरिअ भ्रमन्ति।।

पंडित लोग निगमागम व पुराण को ही सर्वस्व मानकर गर्व करते हैं। वे उन भ्रमरों के समान हैं जो पके हुए श्रीफल के बाहर ही बाहर घूमते रहते हैं।

सिद्धों ने चर्यापदों तथा दोहाकोशों की रचना की। चर्यापद अनुष्ठानों के अवसर पर गाए जाने वाले गीत हैं। दोहों में मंत्रों का खंडन-मंडन हैं। सिद्धों के महासुखवाद के प्रतिक्रिया स्वरूप नाथ पंथ अस्तित्व में आया। गोरखनाथ इसके सबसे प्रभावशाली व्यक्तित्व थे। (सिद्धों तथा नाथों की सूची में कई नाम मिलते-जुलते हैं)। नाथों का कार्यक्षेत्र पश्चिमोत्तर भारत है। नाथों ने भक्ति का विरोध किया तथा योगमार्ग और कृच्छ साधना का अनुसरण किया। नाथ पंथ ईश्वर की अवस्थिति घर में मानते हैं।

नाथ पंथी साहित्य में सामान्यत्व से तीन बातें प्रतीत होती हैं–

(i) योगमार्ग

(ii) गुरू महिमा

(iii) पिंड ब्रह्मंडवाद

सर्वप्रथम डा॰ पीताम्बरदत्त बडथ्वाल ने गोरख की बानियों का संग्रह "गोरख वाणी" 1930 ई॰ में प्रकाशित कराया। इनकी कविता का एक उदाहरण प्रस्तुत है–

नाथ बोले अमृत बानी। बरिषैगी कंबली पाजी।।
जांडि पहरवा बांधि से खूँटा। चले दमामा बजिले ऊँटा।।

मिश्र बंधुओं ने गोरखनाथ को हिन्दी का प्रथम गद्य लेखक माना है परन्तु प्रमाण में प्रस्तुत किए गए गद्यांश अप्रमाणित सिद्ध हो चुके हैं। शुक्ल जी ने इनकी भाषा को सधुक्कड़ी कहा तथा इन्हें साहित्य की कोटि में नहीं रखा। उनके अनुसार सिद्धों तथा योगियों की रचनाएँ तांत्रिक विधान योगाचार, आत्म निरोध, खास निग्रह, इत्यादि की साम्प्रदायिक शिक्षा मात्र है। यह आरोप काफी हद तक उचित भी है पर

इन सिद्धों-नाथों की साहित्यिक परम्परा की प्रतिध्वनि निर्गुण परम्परा में आसानी से सुनी जा सकती है।

इस पूरे कालखंड में मिलने वाली रचनाओं में सबसे प्रामाणिक जैन साहित्य है। इनके रचनाकारों को राज्याश्रय प्राप्त था इसलिए ये रचनाएँ आज भी काफी कुछ सुरक्षित हैं। गुजरात व राजस्थान में ये रचनाएँ उपलब्ध होती हैं।

जैन काव्य भी मूलतः धार्मिक है पर उनमें काव्य तत्व भी विराजमान है। आचार्य द्विवेदी ने सही लिखा है कि अगर उनकी रचनाओं के ऊपर से जैन शब्द हटा दिए जाएं तो वे योगियों और तांत्रिकों से भिन्न नहीं लगती। वे ही शब्द, वे ही भाव और वे ही प्रयोग घूम-फिर कर सभी साधकों के अनुभव में पाए जाते हैं किन्तु जहाँ तक काव्यात्मकता का प्रश्न है जैन काव्य सिद्धों-नाथों के काव्य से पृथक हो जाता है।

जैन काव्य को काव्य रूप की दृष्टि से कई भागों में बाँटा जा सकता है। जैसे पुराण काव्य, चरित काव्य, कथा काव्य, रास काव्य, रहस्यकाव्य आदि। स्वयंभू, पुष्पदंत, धनपाल तथा हेमचंद्र इसके प्रमुख कवि हैं।

स्वयंभू का 'पउम चरिऊ' तुलसीकृत मानस तथा जायसीकृत 'पदमावत' की भांति 'कड़वक' बद्ध है। यह राम की कथा पर आधारित है। जैन कवियों ने लोक में व्याप्त कथा को अपनी रचना का आधार बनाया। उनके इस प्रयास में जैन धर्म के प्रसार की भावना अन्तर्निहित थी।

भक्तिकाव्य की पूर्वपीठिका में विद्यापति काफी महत्वपूर्ण हैं। ये भक्तिकाव्य और आदिकाल के संधि स्थल पर उदित होते हैं। विद्यापति ने अवहट्ठ में रचना की जिनमें मैथिली भाषा के मिठास की अनुभूति होती है। विद्यापति की 'कीर्तिलता' में सामाजिक राजनैतिक विषयों का प्रसंग चुना गया है। यह मूलतः अतिशयोक्ति पूर्ण तथा प्रशस्तिमूलक है। यह रचना भाषाशास्त्रीय अध्ययन के लिए काफी महत्वपूर्ण है। जबकि 'पदावली' काव्य सौन्दर्य की दृष्टि से लोकप्रिय है। 'पदावली' में राधाकृष्ण के प्रेम तथा सौन्दर्य का अपूर्व वर्णन मिलता है।

इसी युग में 'राउल वेल' तथा संदेश रासक एवं अमीर खुसरों की रचनाएँ लिखी गई जो लौकिक साहित्य की कोटि में आती हैं।

"भक्ति काव्य का स्वरूप भेद,
निर्गुण-सगुण संबंध
साम्य और वैषम्य"

डॉ॰ ग्रियर्सन ने भक्तिकाल को ईसाई धर्म के प्रभाव की उपज माना जबकि आचार्य शुक्ल ने इसे इस्लामिक आक्रमण की प्रतिक्रिया बताया।

आचार्य द्विवेदी ने भक्तिकाव्य दलित या निम्न कही जाने वाली जातियों में उत्पन्न चेतना की अभिव्यक्ति है। इसीलिए भक्ति काव्य का सूत्रपात निर्गुण परम्परा से होता है। निर्गुण परम्परा में शामिल कवियों का अवर्ण होना इस कथन को सिद्ध करता है कि भक्तिकालीन मनीषा का काव्य सवर्ण तथा अवर्ण के द्वैत को पाटने का प्रयास है। साथ ही भक्ति काव्य स्त्री चेतना की भी अभिव्यक्ति है। मध्य युगीन सामन्ती परिवेश में मीरा जैसी भक्तिनी कवयित्रियों ने पुरूष-वर्चस्व को प्रबल चुनौती प्रस्तुत की। भक्तिकाव्य जाति और लिंग के द्वैत को नकारने के साथ-साथ धर्म और सम्प्रदाय की दीवारों को भी नकारता है। इसका प्रमाण है भक्तिकाव्य में शामिल मुसलमान कवि। भक्ति काव्य में कवियों ने शास्त्रीयता का मोह त्याग कर जनमानस के स्तर पर आकर जनता के साथ संवाद स्थापित किया। भक्ति काव्य की लोकधर्मिता इस काव्य का सबसे बड़ा वैशिष्ट्य है।

कबीर

निर्गुण का स्वरूप

कबीरदास जी ने अपने ब्रह्म को निर्गुण और सगुण से परे माना है फिर भी उनका कहना है– "हम निर्गुण तुम सर्गुण जाना"। इस प्रकार वे स्वयं को प्रचलित सगुणोपासना की पद्धति से पृथूक कर लेते हैं। कबीर का निर्गुण सूफियों के निर्गुण से किंचित भिन्न है- उनका ब्रह्म न तो वेद वर्णित ईश्वर है न ही कुरान वर्णित खुदा। वह इन दोनों से न्यारा है – निर्गुण संबंधी सारी शास्त्रोक्त शब्दावली ग्रहण करते हुए भी वह इन सबसे अलग है– शास्त्रेतर है। सूफियों के निर्गुणवाद में कुरान वर्णित खुदा मौजूद है।

हमने पहले ही लक्ष्य किया है कि कबीरदास भाई के संबोधन द्वारा साधारण जीवों को संबोधित करते हुए कहते हैं–हे भाई! निर्गुण राम का जप करो, अविगत की गति लिखना सहज नहीं। वेद और पुराण, स्मृति और व्याकरण भी जिसका ज्ञान न पा सके उसे जानने का प्रयास करना साहस का काम है अतः कबीरदास सलाह देते हैं कि हरि की छाया पकड़ो। एक बार निर्गुण राम अर्थात् निर्गुण ब्रह्म जिसके हृदय

में आ जाते हैं वह अनायास ही बुद्धि पा जाता है। लालच और विषय रस में डूबे हुए व्यक्तियों को वे ललकारते हुए कहते हैं कि ''भाई तरे वही जो राम रस का आस्वाद करे–बकवादी तो डूब मरे क्योंकि उसने तो राम रस का आस्वादन ही नहीं किया।

विष तजि राम न जयसि अभागे, का बूड़े लालच के लागे।
ते सब तिरे राम रसवादी, कहें कबीर बूड़े बकवादी।।

अब हम देखते हैं कि यह राम है कौन? निश्चित है कि हरि, गोविन्द, राम, केशव, माधव आदि पौराणिक नामों को कबीरदास सगुण अवतारों के संदर्भ में नहीं लेते। वे जब अपने उपास्य को इन नामों से पुकारते हैं तो अवतारों से उनका मतलब नहीं होता। उनका अल्लाह, अलख निरंजन देव है जो सेवा से परे है। उनका विष्णु वह है जो संसार रूप में विस्तृत है। उनका कृष्ण वह है जिसने संसार का निर्माण किया है। उनका खुदा वह है जो दसों दरवाजों को खोल देता है। उनका राम वह है जो सनातन तत्त्व है। वह मन को जानता है–वह चराचर जगत का साधक है–त्रिभुवन का एकमात्र यति है–उसका रूप अपरम्पार है–यही कबीर के भगवान हैं।

कबीर के राम निरंजन हैं उनका रूप नहीं, रेखा नहीं, वह समुद्र भी नहीं, पर्वत भी नही। वह समस्त दृश्यमान पदार्थों से विलक्षण और न्यारा है। इस प्रकार कबीर के राम पुराण वर्णित सगुणोपासकों के मर्यादा पुरूषोत्तम राम कदापि नहीं। कबीर ने कहा भी–''दशरथ सुत तिहुँ लोक बखाना राम नाम का मरम है आना'' इस पद को उद्धृत करके कुछ विद्धान् कबीर को सगुणोपासकों की श्रेणी में बिठाना चाहते हैं।

मध्यकालीन भक्ति साहित्यधारा में निर्गुण भक्ति के श्रेष्ठ एवं प्रधान संत कबीर माने जाते हैं। कबीर ने अपनी भक्ति पद्धति में वैष्णव भक्ति से प्रेमतत्व का सम्मिश्रण किया। इनके निर्गुण ब्रह्म पर भारतीय अद्वैतवाद तथा मुस्लिम एकेश्वरवाद का प्रभाव स्पष्ट लक्षित होता है। कबीर ने ब्रह्म ज्ञान को 'निर्मल नीर' की उपमा से उपमित किया है।

''चेतन चेतन निकसिओ वीरू।
सोजल निरमल कथत कबीरू।''

कबीर निर्गुण निराकार ईश्वर हेतु अनेकों संज्ञाओं का प्रयोग करते हैं। अल्लाह, करीम, खुदा, रहमान, केशव, माधव, जगदीश, हरि, गोविन्द, नरहरि, राम। इनके लिए सभी नामों का मतलब एक है।

कबीरदास का ब्रह्म-स्वरूप निराकार तथा अद्वैत है। जो ईश्वर को दो रूपों में मानते हैं, वे नरकगामी होंगे–

''हम तौ एक एक करि जाना।
दोइ कहैं तिनहीं को दोजख जिन नाहिन पहिचाना।''

कबीर ने आत्मा और परमात्मा पथ का जीव और ब्रह्म् की एकता का प्रतिपादन किया। वे कहते हैं कि आत्मा और परमात्मा दो नहीं है, यद्यपि वे माया के प्रभाव से दो प्रतीत होते हैं। माया के आवरण से मुक्ति पाने पर उनका एकत्व स्पष्ट हो जाता है। यथा–

'जल में कुंभ- कुंभ में जल है बाहर-भीतर पानी।
फूटा कुम्भ जल जलहिं समाना यह तत कथेहु गियानी।

कबीर का निर्गुण ब्रह्म निराकार एवं अरूप है। उसमें शरीर रोग का अभाव है। यथा–

जाके मुख माथा नहीं नाहीं रूप अरूप।
पुहुप वास ते पातरा ऐसा तत्व अनूप।

कबीरदास के अनुसार ब्रह्म नेत्रों का विषय नहीं है। नेत्रों से उसको नहीं देख सकते। फिर हम कैसे कह सकते हैं कि वह हल्का है या भारी। वह तो अज्ञेय है–

''भारी कहौं त बहु उरौं हल्का कहूं तौ झूठ।
मैं का जाणौं राम कूं, नैनूं कबहूं न दीठ।''

ब्रह्म का कोई गुण, रंग, वेश नहीं है। वह सर्वव्यापी है, आदि, अंत से रहित है, अजन्मा है त्रिगोचर है, अलख है और अकथनीय है। वह सर्वांगीण और विलक्षण है।

कबीर ने ब्रह्म को ज्योति स्वरूप कहा है–

''पारब्रह्म् के तेज का कैसा है उनमान।
कहिबे कूं सोभा नहीं देख्या ही परवान।।''

अंततः कबीर का ब्रह्मस्वरूप अलख, अजन्मा, निर्गुण, निराकार, सर्वव्यापी एवं सर्वातीत है। यह ब्रह्म अवतार नहीं लेता। घट-घट में व्याप्त एवं सर्वात्मा है।

कबीर के राम और तुलसी के राम में अन्तर

मध्य कालीन भक्ति कालीन सृजना में अवलम्बनात्मक साधना एवं भक्ति की प्रवृत्ति लक्षित होती है। कोई ईश्वर के सगुण रूप का अवलम्बन ग्रहण करते हैं तो कोई घट-घट में व्याप्त,

रमे हुये 'रमैया' से अपनी देह लगाये हुये हैं। अवलम्बन के इन रूपों के ग्रहण का द्वंद्व हम चाहे सामाजिक-सांस्कृतिक भी कह सकते हैं। तत्कालीन सामाजिक-सांस्कृतिक नीतियों एवं रीतियों के अनुसार, समाज के कुछ लोगों पर प्रतिबंध लगे हुये थे तो कुछ लोग प्रतिबंधों से मुक्त थे। कुछ मंदिरादि में प्रवेश के अधिकारी थे तो कुछ का प्रवेश निषेध था। जो व्यक्ति इनमें प्रवेश पा सका अधिकांशतः उन्होंने ही धर्म साधना हेतु अपने विचारों की अभिव्यक्ति हेतु सगुण साकार के रूप को सिरजा और जो कवि या भक्त इस तरह की सगुणाकार मूर्ति का अवलोकन नहीं कर सके उन्होंने निर्गुण निराकार घट-घट में व्याप्त की साधना, अराधना एवं लोक सेवा का कार्य किया।

मध्यकालीन भक्ति सृजना में दो महान् आत्माओं ने अपनी सशक्त भक्ति से अपने समाज, संस्कृति एवं अवलम्बन के आधार को उभारा। कबीरदास ने राम के जिस स्वरूप को उकेरा वह निर्गुण निराकार रूप था जबकि तुलसी द्वारा उकेरित रूप सगुण साकार धनुर्धर राम का था। कबीर के राम लोक में व्याप्त पापों एवं बुराइयों को सेवा के भाव से दूर करते थे जबकि तुलसी के राम एक राजा हैं, एक पिता के पुत्र हैं। धनुष के द्वारा समाज में व्याप्त बुराइयों को दूर करते हैं।

कबीर के राम

कबीर के राम निर्गुण, निराकार, अजन्मा, अरूप, अलख, ब्रह्म हैं। वे दशरथ के पुत्र नहीं हैं कबीर के राम तो घट-घट में व्याप्त हैं, सूक्ष्म तत्व हैं।

''दशरथ सुत तिहुँ लोक बखाना। राम नाम का मरम है आना।''

कबीर राम के निरंजन रूप को अपनाते हैं। ब्रह्म के लिए निरंजन और राम शब्द का प्रयोग गोरखनाथ एवं नामदेव ने किया था। कबीर ने निरंजन का प्रयोग अव्यक्त, उपाधिरहित, अनिर्वचनीय, गुणातीत स्वरूप के लिए किया। अंजन माया से उत्पन्न मलिनता है। समस्त सृष्टि इसी अंजन से आविर्भूत हुई है। सभी वस्तुओं में यह अंजन व्याप्त है। केवल राम इस अंजन से परे हैं। इसलिए वे निरंजन हैं।

''राम निरंजन न्यारा रे, अंजन सकल पसारा रे।
कहै कबीर कोई बिरला जागै, अंजन छाड़ि निरंजन लागै।''

निरंजन में सभी देवताओं का समाहार हो जाता है। विष्णु, शिव, कृष्ण, राम, अल्लाह सभी उसी निरंजन के भिन्न-भिन्न रूप हैं।

''अलह अलख निरंजन देव, किहि विधि करौं तुम्हारी सेव।
विश्व सोई जाकौ विस्तार, सोई कृस्न जिनि कीयौ संसार।
अपरंपार का नांउ अनंत कहै कबीर सोई भगवंत।''

निरंजन का वास शरीर रूपी गढ़ के भीतर है, उसे वहीं खोजना चाहिए।

''पूजा करूँ न निमाज गुजारूँ, एक निराकार हिरदै नमसकारूँ।''

कबीर राम की अव्यक्तता और अवर्णनीयता का बोध कराते हुये कहते हैं कि उस अलख निरंजन को कोई नहीं देखता, संसार में एकमात्र उसी का अस्तित्व है। वह शून्य-स्थूल नहीं, उसकी रूप-रेखा नहीं, सबसे अतीत होने पर भी वह सभी के शरीर में समाया है। उसका आदि, मध्य, अंत नहीं। वह कथ्य नहीं, अकथ्य है, वह अपरंपार है, वह उत्पन्न या नष्ट नहीं होता। वह सृष्टि में रमा हुआ होकर भी उससे भिन्न है। जैसे वाद्य यंत्रों के ध्वनित करने से नादात्मकता उत्पन्न होती है किन्तु उसे बजाने वाला उससे पृथ्क रहता है अथवा जैसे पुतली नाचती है और उसे सभी देखते हैं किंतु नचाने वाले को कोई नहीं देखता–

''बाजै तंत्र नाद पुनि होई, जो बजावै सो औरे कोई।
बाजी नाचै कौतिग देखा, जो नचावै सो कितहू न देखा।''

राम के स्वरूप की सूक्ष्मता का बोध कराने हेतु कहा गया है कि–

''जा के मुँह माथा नहीं, नहीं रूप अरूप।
पुहुप वासते पातरा, ऐसा तत्त अनूप।''

राम के गुण के संदर्भ में कहता है कि,

''सात समंद की मसिकरौं, लेखनी सब बनराइ।
धरती सब कागद करौं, तऊ हरि गुण लिख्या न जाइ।''

वह ईश्वर की सर्वत्र व्याप्तता की बात करता हुआ कहता है कि,

''मोको कहाँ ढूंढ़े बंदे मैं तो तेरे पास में।''

कबीर कहते हैं कि राम को अनुभव करने की आवश्यकता है। अज्ञानावरण दूर करते ही उसका स्वरूप प्रकट हो जाता है।

''मैं जाण्या हरि दूरि है, हरि रह्या भरपूरि।
आप पिछाणै बाहिरा, मेड़ा ही थैं दूरि।''

कबीर का समस्त चिंतन अद्वैतवादी दर्शन पर आधारित है। अतः परमात्मा अर्थात् राम की आत्मा जीव से पृथक् अस्तित्व नहीं है। आत्मा को परमात्मा में विलीनता का बोध नहीं होता–

'जल में कुंभ-कुंभ में जल है, बाहर भीतर पानी।
फूटा कुंभ जल जलहि समाना, यह तत कथौं गियानी।

और कबीर

''खालिक खलक खलक में खालिक, सब घट रहयो समाई।''

कबीर राम नाम के आश्रय में रहने से ही माया का त्याग संभव मानते हैं–

''माया मुई न मन मुवा, मरि मरि गया शरीर।
आसा त्रिस्वा ना मुई, यों कहि गया कबीर।'

कबीर नाम-स्मरण माया-मोह तथा सांसारिक आसक्तियों से मुक्ति का सहज साधन हैं–

कबीर राम रिझाइ ले, मुख अमृत गुन गाइ।
फूटा नग ज्यूं जोड़ि मन, संधे संधि मिलाई।''

कबीर राम-नाम रस के समक्ष सभी रसों के स्वाद को फीका मानता है।

''राम रस पाई पारे विसरि गये रस और।
रे मन तेरा को मही, खैंचि लेइ जिनि भार।''

कबीर की भक्ति में नवधाभक्ति दास्यभाव की भक्ति है। वे अपने आप को राम का दास बताते हैं–

'मैं गुलाम मोहि बेचि गुंसाई। तन मन धन मेरा राम जी के तांई।'

राम की कसौटी के संदर्भ में कहते हैं–

खरी कसौटी राम की, खोटा टिकै न कोई।
राम कसौटी सो टिकै, जो जीवन मृतक होइ।''

कबीर के राम रक्षा का कार्य भी करते हैं–

''अब मोहि राम भरोसा तेरा, और कौन का करौं निहोरा।
जाके राम सरीखा साहब भाई, सो क्यूं अनत पुकारन जाई।''

इस तरह कबीर के राम घट-घट में व्याप्त, सब के रक्षक, निर्लिप्त, निराकार, अजन्मा है।

तुलसी के राम

हिन्दी के सर्वमान्य मूर्धन्य महाकवि और श्रेष्ठ भक्त प्रवर तुलसीदास ने जिस तन्मयता से रामचरितमानस की रचना की, उसमें सर्वांगीण सौन्दर्य और लोकोत्तरता अपूर्ण है। तुलसी अपने युग के सच्चे प्रतिनिधि कवि थे। तुलसी ने देश की समस्त सांस्कृतिक चेतना और आध्यात्मिक परिवेश को ध्यान में रखकर ही राम की स्थापना एवं परिकल्पना की है। तुलसी के राम स्वयं भगवान हैं– अपनी संपूर्ण विभूतियों और वैशिष्ट्य से युक्त हैं। संपूर्ण सृष्टि के सृजक, पालक और संहारक रूप में ही उनको प्राकल्पित प्रतिस्थापित किया है।

इस अनुष्ठान में अपने को लगाकर तुलसी ने अपना लक्ष्य बनाया कि किस प्रकार की परिकल्पना से इस देश को उद्‌बोधित और अत्याचार से त्रस्त मानवता को ब्रह्म एवं पौरूष प्रदान किया जाये। कौन-सी मानवी परिकल्पना इस युग के विशृंखलित मानव समाज् को एक सूत्र में शृंखलित कर सकेगी।

''यद्यादाचरित श्रेष्ठस्तत्देवेतरो जनः।
स यत्प्रभाणं कुरुते लोक स्तदनुवर्तते।''

इस दृष्टि और लोक संग्रह की भावना से उन्होंने मर्यादा पुरूषोत्तम की युगानुरूप अवतारणा करके युगोत्थान की कल्पना प्रस्तुत की। इसके साथ ही अपनी वाणी के प्रभाव से अध्यात्मवादी भारतीय जन जीवन को अनुप्राणित करने का प्रयास किया। राम का स्वांतः सुखाय चरित्र गढ़ने में उन्होंने, ''नानापुराण निगमागम सम्मतं यद्रा मायणे निगदितं' कहने के अतिरिक्त 'क्वचिदन्यतोऽपि' कहकर अपनी स्थापना पूर्ण कर दी।

तुलसी रामचरितमानस के आरंभ में ही राम का परिचय इस प्रकार से देते हैं कि लोग उनके राम और पूर्व राम सृजकों की सृजित परिकल्पना से किस प्रकार अलग हैं। उनके राम मात्र दशरथसुत ही नहीं और न ही इतिहास के उदात्त नायक हैं। इनके राम इनकी भक्ति भावना के ऐकांतिक इष्टदेव है–

'यन्मायावशवर्ति विश्व मखिलं ब्रह्मादि देवासुरा।
यत्सत्वाद मृषें वभाति सकलं। रज्जौ यथा हेम्र्रमं।
यत्पादप्लवमेकमेव हि भवाम्भोधेस्तितीर्षवतां।
बन्देऽहं तमशेष कारणपरं रामाख्यमीशं हरिम्।''

तुलसी ने निज कृति में अनेक स्थलों और प्रसंगों पर रामत्व की सारी साज-सज्जा की है। महाकवि कालिदास की शुद्ध यथोचित सरणि को नहीं स्वीकारा। उन्हें राम के चरित को एक महान राष्ट्र के व्यापक जनमानस के रग-रेशें में भरना अधिक अभीप्सित था। तुलसी ने रामकथा का निरंतर पल्लवन और प्रसार करते हुये एक क्षण को भी अपने इष्टदेव के ईश्वरत्व को विस्मृत नहीं होने दिया। उनकी दृष्टि में राम चरितावली साधन मात्र थी, प्रधान तत्व और साध्यपक्ष था– भक्ति की संश्लिष्टि सिद्धि। यथा–

'एक अनीह अरुप अनामा। अज सच्चिदानंद परधामा।।
व्यापक विस्वरूप भगवाना। तेहि धरि देहचरित कृत नाना।।'
"जड़ चेतन जग जीव जत एक राममय जानि।"
"आकर चारि लाख चौरासी। जाति जीव जल थल नभ वासी।।
सिया राम मय सब जग जानी। करऊँ प्रणाम जोरि जुग पानी।।"

तुलसी के राम अपने समय की हीन, प्रताड़ित, जन जातियों के सहयोग से अपने शत्रु पक्ष पर विजय पाते हैं। तुलसी अपने राम के द्वारा अपने समय-समाज की व्यथाओं, बुराइयों की दूर करना चाहते हैं। यथा–

"प्रभु ते प्रभुगन दुख प्लति, प्रभुहि संभारे राउ।
करते होत कृपान को, कठिन घोर घन घाउ।।"

तुलसी के राम लोकोपासना के राजपथ पर चलने वाले हैं। तुलसी के राम लोक ग्राह्य हैं, इसलिए वे अपनी शक्तिशाली भुजाओं द्वारा अहर्निश सुरक्षित रहकर निर्भय विचरता है–

तुलसी जेहि के रघुनाथ से, नाथ समर्थ सु सेवतरीझत थोरे।
कहा भव पीर परी तेहि धौं, बिचरै धरनी तिन सों तिनतोरे।"

तुलसी के राम जन नायक हैं। लोकपालक हैं। तुलसी को जहाँ कही भी अवसर मिला है उन्होंने इष्टदेव की इस चारित्रिक विशेषता का गुणगान किया है और उनकी लोकभावना विषयपरक प्रसंग चुन-चुन कर प्रस्तुत किये हैं। यथा–

"जाऊँ कहाँ तजि चरण तिहारे।
निदरिगनी आदर गरीब पर करत कृपा अधिकारे।
कौन-देव राइ बिरदहित, हठि हठि दीन उधारे।"

राम ने अपनी व्यक्त लोकलीला में तो उपेक्षितों और अभावग्रस्तों का पोषण किया ही, जगनियंता के अव्यक्त रूप में भी उन्होंने गरीबों के हित रक्षार्थ कहा–

मनि मानिक महँगे किये, सहँगे जल तृन नाज।
तुलसी एते जानिये, राम गरीब नेवाज।।

तुलसी के राम का रूप लोक रंजक भी है। राम के रूप, शील और स्वभाव का तुलसी ने आद्योपांत वर्णन किया है। शैशवावस्था में पालने में तथा पिता की गोद में उनका लोक मोहक सौन्दर्य तथा चेष्टायें नागरिकों को मुग्ध करती हैं। यथा–

"खेलत बसंत राजाधिराज। देखत नभ कौतुक सुर समाज।।
सोहैं सखा अनुज रघुनाथ साथ। झोलिन्ह अबीर पिचकारि हाथ।
नर-नारि परस्पर गारि देत, सुनि हंसहि राम भाइन समेत।'

तुलसी के राम की संस्थापना, परिकल्पना लोकधर्म के लिए हुई है। तुलसी ने अपनी कृतियों में रामकथा के प्रमुख चरित्रों के आचार, व्यवहार तथा उक्तियों के द्वारा लोकधर्म का नैसर्गिक स्वरूप प्रस्तुत कराया है। अहिंसा, करूणा, परोपकार, वृद्धों की सेवा, मर्यादा, निष्ठा, जन्मभूमि-प्रेम, दुष्टों का दमन, अबला की रक्षा, खलों हेतु अहिंसा भाव आदि में यह वर्णित है।

रहस्य साधना

परमात्मा की सत्ता सृष्टि के कण-कण में व्याप्त है। इस सत्ता की उपस्थिति का अनुभव जीवन एवं जगत के प्रत्येक क्रियाकलाप में होता है किन्तु यह तत्त्व हमारे लिए अज्ञात एवं अव्यक्त रहता है। जब इस विषय को अनुभूति एवं जिज्ञासा का विषय बनाया जाता है तब रहस्यवाद का सृजन होता है। रामकुमार वर्मा के शब्दों में, "रहस्यवाद जीवात्मा की उस अन्तर्निहित प्रवृत्ति का प्रकाशन है जिसमें वह दिव्य और अलौकिक शक्ति से अपना शांत और निश्छल सम्बन्ध जोड़ना चाहता है। यह सम्बन्ध यहाँ तक बढ़ जाता है कि दोनों में कोई अंतर नहीं रह जाता।"

महादेवी वर्मा के अनुसार, सृष्टि के कारण तत्त्व की एक मधुर व्यक्तित्व के रूप में कल्पना और उसके प्रति आत्म-निवेदन से हृदय की प्यास बुझती है। उस अज्ञात सत्ता के प्रति आत्मनिवेदन का स्वरूप रहस्यमय है। इसी रहस्यमय अभिव्यक्ति के कारण रहस्यवाद कहा गया।

डॉ॰ रामचन्द्र तिवारी ने कहा कि, "रहस्यवाद कोई दार्शनिक सिद्धांत नहीं है। यह एक मनोदशा या भावनामात्र है। मानवीय चेतना के विकास क्रम में यह तथ्य बराबर लक्षित किया गया है कि जो कुछ प्रत्यक्ष दिखाई पड़ता है, जो इन्द्रिय गोचर है या तो बुद्धिगम्य एवं तर्क्य है, उससे ही संतुष्ट न होकर मनुष्य अव्यक्त, अगोचर, अतर्क्य और अगम्य के प्रति भी जिज्ञासु होता है। उसके अस्तित्व को स्वीकार करता है। उसे प्रेरणा स्रोत के रूप में देखता है। उससे व्यक्तिगत रागात्मक संबंध स्थापित करता है और अंततः उससे एकात्मभाव या अद्वैतभाव चाहता है"।

आचार्य शुक्ल ने जायसी का अध्ययन-विश्लेषण करते हुए रहस्यवाद का विवेचन किया और दो तरह के रहस्यवाद का वर्णन किया। 1. साधनात्मक रहस्यवाद और 2. भावात्मक रहस्यवाद। उनकी सम्मति में भारतीय योगमार्ग साधनात्मक रहस्यवाद है। क्योंकि "यह अनेक अप्राकृत और जटिल अभ्यासों द्वारा मन के अव्यक्त तथ्यों का साक्षात्कार कराने तथा साधक को अनेक अलौकिक सिद्धियां प्राप्त कराने की आशा देता है।" योग-साधना से सम्बन्ध रखने के कारण आचार्य शुक्ल ने कबीर के रहस्यवाद को साधनात्मक रहस्यवाद माना। वहीं रामचंद्र तिवारी कहते हैं कि "वस्तुतः आचार्य शुक्ल का यह वर्गीकरण बहुत उचित नहीं है। कबीर में साधनात्मक रहस्यवाद के साथ-साथ भावात्मक रहस्यवाद की स्थिति भी लक्षित होती है। वे परमसत्ता का साक्षात्कार चित्तवृत्ति को अन्तर्मुख करके मात्र हठयोगी के रूप में ही नहीं करते वरन् उसके गुणों पर रीझ कर भावात्मक मनोदशा में उससे रागात्मक सम्बद्ध स्थापित करते हुए कहते हैं कि–

'कबीर' प्रीतड़ी तौ तुझ सौं, बहु गुणिपाले कंत।
जे हँसि बोलौं और सूं, तौ नील रंगाउ दंत।।

एवलिन अंडरहिल ने इस संदर्भ में चर्चा करते हुए कहा है कि "कबीर एक महान धर्म सुधारक थे। वे एक पंथ के प्रतिष्ठापक थे जिसके अभी भी भारत में लाखों अनुयायी हैं फिर भी, कबीर की सबसे ज्यादा ख्याति एक रहस्यवादी कवि के रूप में है। उनकी नियति यथार्थ का रहस्योद्घाटन करने वाले अनेक साधकों जैसी है। धार्मिक बहिष्कार से उन्हें घृणा थी। वे मानव-मात्र की समानता के पक्षधर थे और सभी मनुष्यों को स्वतंत्रता के ऐसे लोक में ले जाने की ओर प्रयत्नशील थे जहाँ उन्हें ईश्वर की संतान के रूप में मान्यता प्राप्त हो। ...... इनकी कविताओं में रहस्य भावना के विपुल विस्तार को अभिव्यक्ति प्रदान की गई है। ऊँचे से ऊँचे अमूर्त विचार, असीम के प्रति आमुष्मिक मनोवेग से लेकर ईश्वर के अत्यंत आत्मीय और वैयक्तिक प्रत्यक्षीकरण तक को इसकी परिधि में समेटा गया है। इस ईश्वर को ऐसे घरेलू रूपकों और धार्मिक प्रतीकों के माध्यम् से व्यक्त किया गया है जो तटस्थ भाव से, किसी पूर्वाग्रह के बिना, हिन्दू और मुस्लिम दोनों स्रोतों से ग्रहण किये गये।"

एवलिन अंडरहिल ने कहा कि, "रहस्यवादी कविता एक ओर यथार्थ-दृष्टि के प्रति स्वभावगत प्रतिक्रिया है, दूसरी ओर यह भविष्य कथन का एक रूप है। यथार्थ के दो स्तरों के बीच मध्यस्थता करना रहस्यवादी चेतना का खास काम है– अर्थात् भक्ति से प्रेरित होकर एक बार ईश्वर की ओर जाना फिर घर आकर दूसरे लोगों को पारलौकिक जीवन का रहस्य बतलाना। " इसी के मुद्रण इस चेतना की आत्माभिव्यक्ति का भी दुहरा चरित्र है। यह प्रेम-काव्य है लेकिन ऐसा प्रेम काव्य जो प्रायः किसी मिशन के लिए संदेश देने के लिए रचा गया है।"

उच्चकोटि के सभी रहस्यवादियों की एक सामान्य-विशेषता है कि पारलौकिक यथार्थ के एक साधन के रूप में वे इहलौकिक यथार्थ को मान्यता देते हैं। अंत में सच्ची समाधि-स्थिति में पहुँच कर उनके लिए विश्व के सभी पहलू ईश्वर की उपस्थिति की रहस्यमय घोषणा करते हैं। कबीर के पद की एक पंक्ति है कि

"मुझको तूँ क्या ढूँढे बंदे मैं तो तेरे पास में।"

कबीर सच्चे रहस्य साधक के रूप में मान्य हो जाते हैं। वे प्रत्यक्ष संसार से परे परोक्ष रहस्यमयी परमसत्ता में पूर्ण आस्था व्यक्त करते हैं। इस सत्ता का रूप चाहे जिस भी प्रकार का हो, उसे चाहे किसी भी संज्ञा से अभिहित किया जाये, उसके अस्तित्व के विषय में द्वन्द्व नहीं किया जा सकता।

"जामैं मरै न संकुटि आवै नाँव निरंजन जाकों।
अविनासी उपजै नहिं विनसै संत सुजस कहैं ताको।।"

वे कहते हैं कि हे स्वामी तुम जैसे हो ठीक उसी रूप में तुम्हें कोई नहीं जानता कि लोग आपको आपके रूप के अलावा कुछ और ही समझते हैं–

"जस तू तस तोहि कोइ न जान।
लोग कहैं सब आनहिं आन।"

कबीरदास राम के बिना इस सृष्टि को एक घना कुहरा कहते हैं जिसमें कुछ भी दृष्टव्य नहीं होता–

''राम बिना संसार धुंध कुहेरा''

परमात्मा के साथ पूर्ण एकात्मभाव की अभिव्यक्ति हेतु दाम्पत्य प्रेम के प्रतीकों और मुहावरों का आश्रय लेना पड़ता है। कबीर ने परोक्ष सत्ता को अपना प्रियतम मानकर अपने आपको उसकी प्रियतमा के रूप में कल्पित किया है। शारीरिक और मानसिक दोनों धरातलों के मध्य पूर्ण सभ्यता का भाव दाम्पत्य प्रेम के अंतर्गत ही संभव है। कबीर ने दाम्पत्य प्रेम को चित्रों द्वारा प्रस्तुत करने का सौभाग्य प्राप्त किया है। यथा–

''बहुत दिनन थैं मैं प्रियतम जाये।
भाग बड़े घर बैठे आये।
कहै कबीर मैं कछू न कीन्हा। सखी सुहाग राम मोंहि दीन्हा।''

रामचंद्र तिवारी कहते हैं कि, ''जहाँ तक रहस्यवाद के विविध प्रकारों का प्रश्न है, कबीर में 'दार्शनिक' भक्तिमूलक और प्रेममूलक रहस्यवाद की स्थितियाँ तो स्पष्ट है। जब कबीर कहते हैं कि, **गोविंदे तू निरंजन, तू निरंजन, तू निरंजन राया। तेरे रूप ''नाहीं, मुद्रा नाहीं माया।''** या जब वे पंडित को चुनौती देते हुए कहते हैं कि **''सो कुछ विचारहु पंड़ित लोई। जाके रूप न रेख वरण नहिं कोई।''** तो कबीर की मुद्रा एक दार्शनिक की होती है। इसी प्रकार जब वे कहते हैं– **'गोकुल नाइक बीठुला' मेरो मन लागौ तोरिरे** या **'भजि नारदादि सुकादि वंदित चरण पंकज भामिनी'** तो वे एक सच्चे भक्त की भूमिका में दिखाई पड़ता है। प्रेम केन्द्रित दाम्पत्य सम्बंधों की सारी व्यंजना उन्हें एक प्रेममूलक रहस्यवादी का गौरव प्रदान करती है। सौंदर्य मूलक रहस्यवाद की स्थिति भी कबीर के सौंदर्य की एक अलौकिक चेतना के स्तर पर लक्षित होती है। जब वे प्रिय के परिचय की अनुभूति को व्यक्त करते हुये कहते हैं कि **'कहिबे कौं सोभा नाहीं, देख्या ही परवांन।'** तो कबीर के मन में परोक्ष सत्ता के प्रति सौंदर्य का कोई-न-कोई रूप अवश्य विद्यमान रहता है। ...कबीर की कविता में प्रकृतिमूलक रहस्यवाद के नहीं है।''

कबीर रहस्यवादियों के उस छोटे से खेमें में खड़ें हैं जिन्होंने ईश्वर की सामाजिक दृष्टि को प्राप्त कर लिया। इस वर्ग में सेन्ट आगस्टाइन, रोइसब्रक और सूफी कवि जलानुद्दीन रूमी के नाम उल्लेखनीय हैं। इन सभी ने दिव्य सत्ता के वैयक्तिक और अवैयक्तिक, इंद्रियातीत और अंतर्व्यापी, स्थिर और गतिशील रूपों के सनातन द्वंद्व को दूर किया। विद्यानिवास मिश्र के शब्दों में कबीर में, ''संसार को रसमय बनाकर अकेले चल पड़ने का दर्द है, (जबकि) दूसरी ओर हरि का प्रेम बांधे हुए हैं।'' मिश्र जी आगे कहते हैं कि, ''(कबीर) हद और अनहद दोनों के पार जाना चाहते हैं; अमृत पीना ही नहीं, अमृत बनाना भी चाहते हैं। वे हंस की तरह चलकर वहां पहुँचना चाहते हैं। वे मीन की तरह उल्टी धार चलकर स्रोत के मूल तक पहुंचना चाहते हैं। उस सौन्दर्य को पाने के लिए सब आकर्षणों से विलग होना जरूरी है। तभी 'अपरम्पार पार सोतत सूरति की बलिहारी की स्थिति भी आती है, तभी उस परम ज्योति पर अपने को न्योछावर करने का भाग्य प्राप्त होता है। जो न्योछावर हो जाता है, वह मर कर जी जाता है, मर जीवा बन जाता है, फिर वह मरता नहीं।'' यहाँ मिश्रजी ने कबीर का यह पद उद्धरित किया है–

''हम न मरै मरि है संसारा, हमको मिला जियावन हारा।
साकत मरहिं संत जन जीवहिं, भरि-भरि राम रसाइन पीवहिं।''

कबीर ने अपनी रहस्यात्मक अनुभूतियों को प्रायः विरोधाभासी शब्दों, पारिभाषिक प्रतीकों पर आधारित रूपकों और उलटवासियों द्वारा व्यक्त किया है। अतः इनमें एक विशेष प्रकार का चमत्कार हो गया है किन्तु पारिभाषिक शब्दावली पर आधारित होने के कारण ये प्रायः दुरूह हो गयी है। प्रतीक और उस पर आधारित उलटवांसी रहस्यात्मक अनुभूतियों की अभिव्यक्ति रहस्यवाद की एक शैली है और इनका उद्देश्य है चमत्कारोत्पन्न!

विरोधाभासी शैली में रचित निम्नांकित पद पहेली के समान प्रतीत होते हैं–

''तरूवर एक मूल बिन ठाढ़ा, बिन फूल फल लागे।
साखा पत्र कछुनहिं ताके, सकल कमल दल गाजे।
चढ़ तरवर दो पंछी बोले, एक गुरू एक चेला।
चेला रहा सो रस चुन खाया, गुरू निरंतर खेला।
पंछी के खोज अगम परगर, कहै कबीर बड़ी भारी।
सब ही मूरत बीज अमूरत, मूरत की बलिहारी।

सूफियों की भांति कबीर भी प्रेम की पीड़ा को अत्यधिक महत्त्व देते हैं। आचार्य रामचंद्र शुक्ल ने कहा कि, ''कबीर की वाणी में स्थान-स्थान पर भावात्मक रहस्यवाद की जो झलक मिलती है, वह सूफियों के सत्संग का प्रसाद है।'' यथा–

''जिहि सर मारि काल्हि, सो सर मेरे मन बस्या।
तिहि सर अजहूँ मारि, सर बिन सचु पावौं नहीं।''

इस तरह कबीर ने अपनी साधना में रहस्यात्मकता को अपनाया। वे बिम्बों, प्रतीकों के माध्यम् से रहस्य बनाकर अपनी बात लोक के वासियों के लिए करते थे। कबीर का लोक जनसमाज है, जनमानस है। कबीर ने रहस्यवादी शैली होने के बावजूद समाज में लोक जागरण किया। सांस्कृतिक आंदोलन का उन्नयन किया। समाज को बुराइयों से मुक्त करने हेतु प्रयास किया।

जायसी

सांस्कृतिक दृष्टि

जायसी का पद्मावत उनके अपने सांस्कृतिक परिवेश अवध की संस्कृति दृष्टि व उनकी प्रेम-भावना से अनुप्राणित है। उन्होंने प्रेम की एक सार्वकालिक और सार्वभौम सत्ता की कल्पना की है जो मानव-निर्मित कोटियों के निषेध पर आधारित है। अपने सांस्कृतिक परिवेश, सांस्कृतिक गतिविधियों, लोकतत्वों और प्रकृति का ऐसा सुन्दर संयोग किया है कि अवध की संस्कृति विश्व संस्कृति का विकल्प बन कर प्रस्तुत होती है।

यहाँ यह महत्वपूर्ण है कि जायसी मुसलमान होकर एक हिन्दू गृहस्थ की कथा आत्मीयता व सहानुभूतिपूर्वक कह रहे थे। जायसी की सांस्कृतिक दृष्टि का यह वैशिष्ट्य अवध की संस्कृति को हिन्दी जाति सामासिक संस्कृति के रूप में विकसित करने का प्रयास है।

विजयदेव नारायण साही ने अपनी पुस्तक 'जायसी' में पद्मावत को सांप्रदायिकता पर प्रेम की विजय बताया है।

अमीर खुसरो द्वारा लिखे गए इतिहास से उदाहरण प्रस्तुत करके वे दिखाते हैं कि सल्तनत कालीन सत्ता तथा सत्ता प्रायोजित धार्मिक कट्टरता में भारतीय सभ्यता, आचार विचार, रहन सहन और लोक संस्कृति को सम्मान प्राप्त नहीं था। खुसरो के लेखन से जिस सांस्कृतिक दृष्टि का पता चलता है वह जायसी को स्वीकार नहीं था। जायसी ने हिन्दुस्तान की भाषा, संस्कृति, आचार-व्यवहार, लोक संस्कृति को अपनी विरासत समझ कर आत्मसात किया है।

जायसी ने अवधी के जिस रूप का प्रयोग किया है वह ठेठ अवधी है जिसे आचार्य शुक्ल ने अवधी का अरघान कहा है। जायसी का यह प्रयास लोक संस्कृति से उनका लगाव दिखाता है। तुलसीदास की अवधी में जहाँ संस्कृत का प्रक्षेपण है वहीं जायसी की भाषा अवधी की लोकभाषा है जिसमें अवध जनपद की महक है।

जायसी अपने शब्द तथा भावों का चयन गाँव-गिराँव के छप्परों, झोपडियों, उत्सवों, त्यौहारों, सामान्य स्त्री-पुरूषों के वार्तालापों से करते हैं जो 'अपने चारों तरफ बिखरे हैं। तभी तो जायसी निम्नलिखित पंक्तियाँ लिख गए–

तपै लागि जब जेठ असाढ़ि।
मोहिपिऊ बिन धाजनि भई गाँठि।
तन तिन ऊरवा झूरौ खरी।
मई बरखा दुःख आगरि जरी।।
बंध नाहि और कंध न कोई।
बातन आवै कहौ का गोई।
साँठि नाि जग बात को पूछा।
बिन जिऊ फिरै मूँज तन घूँघा।।

यहाँ बरसात के एक रूपक के माध्यम से सामान्य गृहिणी की चिंता तथा अपने प्रिय की अज्ञात स्थिति के बारे में चिंता को एक साथ बाँध दिया गया है।

नागमती का वियोग वर्णन अवध की संस्कृति और प्रकृति के साथ जायसी की आत्मीयता तथा गहरी समझ का सूचक है। नागमती के विरह वर्णन में जायसी ने दो युक्तियों का सहारा लिया है–नागमती तथा पक्षियों का संवाद तथा बारहमासा। बारहमासा में अवध की संस्कृति विभिन्न महीनों की विशेषताएँ उत्सव, त्योहार, आदि का सजीव और प्रामाणिक वर्णन मिलता है।

बरसै मघा झकोरि-झकोरि।
मोर दोऊ नैन चुवै जस ओरि।।

कभी नागमती हिंडोला देखती है कभी स्त्रियों का झूमर सुनती है– प्रिय की अनुपस्थिति में मनोपूजा भी संभव नहीं–फागुन में चांचर होता है वह मूक भाव से देखती रह जाती है ऐसा लगता है कि नागमती के विरह में समस्त प्रकृति ही अपने फलों-फूलों पेड़ पौधों के साथ शामिल है।

नागमती-पक्षी संवाद में विभिन्न पक्षियों तथा उनकी बोलियों का वर्णन है।

इस प्रकार जायसी के पद्मावत में उनकी व्यापक सांस्कृतिक दृष्टि का पता चलता है जिसमें जनपदीय व्यवहार तथा प्रकृति अपनी स्वाभाविकता के साथ उपस्थित है।

प्रकृति चित्रण

मानव और प्रकृति का संबंध अनादिकाल से आज तक अविचल रूप में चला आ रहा है। मनुष्य को मनुष्य बनाने का बहुत बड़ा श्रेय प्रकृति को है। मानव सभ्यता के विकास के इतिहास के साथ प्रकृति का इतिहास जुड़ा हुआ है। प्रकृति मानव की चिर सहचरी है, अतः आचार्यों ने महाकाव्य में प्रकृति-चित्रण को अनिवार्य तत्व के रूप में निरूपित किया है। यही कारण है कि आदि कवि से लेकर आज तक सभी कवियों ने प्रकृति के पुष्प-रत्नाभूषणों से कविता को अलंकृत किया है।

मध्यकालीन सूफी काव्य परम्परा के शीर्ष कवि मलिक मोहम्मद जायसी ने भी अपने पद्मावत महाकाव्य में प्रकृति-चित्रण किया है। इन्होंने प्रकृति के अनेक रूपों का बड़े ही मनोहारी रूप से वर्णन किया।

1. **आलंकारिक रूप में प्रकृति का वर्णन :** कवि जायसी ने पद्मावत में प्रकृति के अनेक उपमानों का प्रयोग करते हुए अलंकार रूप में प्रकृति का अंकन किया है। पद्मावती के रूप का चित्रण करते समय वे प्राकृतिक उपमानों का सहारा लेते हैं–

कोई सिंगार, हार तेहि पाहाँ।
कोई सेवती, कदम की छाहाँ।।
कोई चंदन फूलहि, जनु फूली। कोई अजान बीरो तर भूली।।

2. **उद्दीपन रूप में प्रकृति-चित्रण :** जहां प्रकृति मानव के सुख-दुःख का उद्दीपन करती हुई चित्रित की जाती है, वहां उद्दीपन रूप में प्रकृति का निरूपण होता है। राजा रत्नसेन और पद्मावती को संयोग काल में प्रकृति सुखद लगती है। चमकती हुई बिजली सोने की चमक जैसी प्रतीत होती है और दादुर एवं मोर के शब्द सुहावने लगते हैं–

'रितु पावस बरसै पिउ पावा।
सावन-भादौ अधिक सोहावा।
पद्मावति चाहत रितु पाई। गगन सोहावन, भूमि सोहाई।
कोकिल वैन, पांत बग धूटी। धनि निसरी जनु बीर बहूटी।।
चमक बीज, बरसै जल सोना। दादुर, मोर सबह सुनि लोना।।

कभी वियोगकालीन समय में प्रकृति नागफनी के समान अत्यंत भयकारक एवं दुःखद प्रतीत होती है।

''खड़ग बीजु चमकें चहुंओरा। बुन्द बान बरिसहिं घन घोरा।।
दादुर मोर कोकिला पीऊ। गिरे बीजु घट रहे न जीऊ।।''

3. **प्रतीकात्मक रूप में :** कवि ने प्रकृति के उपादानों को विभिन्न प्रतीकों के रूप में प्रस्तुत करते हुए प्रकृति का चित्रण प्रतीकात्मक रूप में भी व्यक्त किया है। सिंहलगढ़ के वर्णन से कवि ने वर्णित किया है कि–

''नौ पौरी पर दुसवं दुआरा। तेहि पर बाज राज घरिआरा।।
और कुण्ड़ एक मोती चूरू। पानी अमृत कीच कपूरू''

यहाँ नौ पौरियाँ मानव शरीर के नौ चक्र हैं, जबकि दसवां दरवाजा ब्रह्मरंध्र है। मोती चूर का कुण्ड हृदय है जिसमें प्रेम रूपी अमृत और विरह रूपी कपूर भरा हुआ है।

4. **रहस्यात्मक रूप में प्रकृति का अंकन :** जब कवि प्रकृति में उस अज्ञात सत्ता को प्रतिबिम्बित देखता है तब वहां रहस्यात्मक रूप में प्रकृति चित्रण माना जाता है। कवि ने पद्मावती (रूपी परमात्मा) के सौन्दर्य एवं तेज को प्रकृति में व्याप्त दिखाकर रहस्यात्मक रूप में प्रकृति-चित्रण किया है। यथा–

''नयन जो देखा कंवल भा निरमल नीर सरीर।
हँसत जो देखा हँस भा दसन जोति नग हीर।।''

5. **आलम्बनात्मक वर्णन :** जायसी ने एक तरफ बिम्ब ग्रहण प्रणाली के आधार पर प्रकृति के रम्य एवं भयानक रूपों का चित्रांकन किया है। दूसरी तरफ परिगणन शैली का सहारा लेकर प्रकृति की छटा चित्रित की है। मान सरोदक खंड के अंतर्गत कवि ने उसके निर्मल जल, सुंदर घाट, मनोरम सीढ़ियों एवं उसमें खिले हुये कमलों की शोभा वर्णित की है।

''मान सरोदक बरनौं काहा। भरा समुद्र अस अति अवगाहा।।
पानी मोति अस निरमल तासू। अमृत आनि कपूर सुवासू।।
फूला कंवल रहा होइ राता। सहस-सहस पखुरिन कर छाता।।''

6. **प्रकृति का मानवीकरण :** कवि ने पद्मावत में निरूपित प्रकृति वर्णन का कहीं-कहीं पर मानवीकरण भी किया है। मानसरोवर को कवि ने एक व्यक्ति की भांति मानवीय चेष्टाएं करते हुये दिखाया है। वह पद्मावती रूपी परमात्मा की आकांक्षा कर रहा था और जब पद्मावती उसके निकट आ गई तो उसके चरणों का स्पर्श करके वह निर्मल हो गया। यथा –

कहा मानसर चहा सो पाई। पारस रूप इहां लगि आई।।
भा निरमल तिन पायन्ह परसै। पावा रूप-रूप के दरसे।।

7. **प्रकृति के भयानक रूप का चित्रण :** कवि ने 'सातसमुन्द्र खंड' के अंतर्गत प्रकृति के भयानक रूप का वर्णन किया है।

''पुनि किलमिला समुद्र महंआए। गा धीरज देखत उर खाए।।
भा किलकित अस उठे हिलोरा। जनु अकास टूटे चहु ओरा।।

8. **षटऋतु वर्णन :** प्रकृति के माध्यम् से कवि ने जीवन के वास्तविक रूप का चित्रण किया है। षट-ऋतु वर्णन खंड में कवि ने छः ऋतुओं के उदयास्त का सौन्दर्य-वर्णन बड़े ही सूक्ष्म एवं मनोहारी रूप में किया है। षट ऋतुओं के वर्णन से कवि ने पात्रों की मानसिक स्थिति को भी उजागर किया है। प्रथम ऋतु वसंत का वर्णन इस प्रकार करते हैं–

''प्रथम वसंत नवल ऋतु आई। सुऋतु चैत-वैसाख सोहाई।।
चंदन चीर पाहिरि धन अंगा। सेंदुर दीन्ह विहंसिं भर योगा''

वसंतोपरांत ग्रीष्म का वर्णन कवि इस प्रकार करता है–

रितु ग्रीष्म कै तपनि न तहाँ। जेठ-आषाढ़ कंत घर जहां।।
पहिरि सुरंग चीर धनि झीना। परिमल भेद रहा तन झीना।।
पद्‌मावति तन सिझर सुबासा। नैहर राज, कंत घर पासा।।
अधर तमोर, कपुर भिमसेना। चंदन चरचि लाव तन बेना।।
मा अनंद सिंहल सब कहूँ। भागवंत कहँ सुख ऋतु चहूँ।''

पावस ऋतु का वर्णन :

''रितु पावस बरसै पिउ पावा। सावन-भादों अधिक सोहावा।
पद्‌मावति चाहत रिपु पाई। गगन सोहावन, भूमि सोहाई।
रंगराती पीतम संग जागी। गरजे गगन चौंक गर लागी।
सीतल बूंद, ऊँच चौपारा। हरियर सब देखई संसारा।।
हरियर भूमि, कुसुंभी चोला। औधनि पिउ संग रचा हिंडोला।।

इसी प्रकार कवि ने-शरद, हेमंत, शिशिर आदि ऋतुओं का भी मनोहारी वर्णन किया है। षट्‌ ऋतु वर्णन खंड में कवि ने प्रकृति के माध्यम् से जिस दशा का अभिव्यंजन किया है वह अत्यधिक आकर्षक एवं प्रभावोत्पादक है। पद्‌मावत तो प्रकृति वर्णन का अगाध सागर है जिसकी गोद में अनंत धनराशि छिपी है।

9. **प्राकृतिक उपमायें :** नायक-नायिका के नख-शिख वर्णन में संस्कृत के हिन्दी कवियों ने प्रायः प्रकृति का आश्रय लिया है।

महाकवि जायसी ने भी प्राकृतिक उपमानों के जरिये पद्‌मावती के सौन्दर्य का वर्णन किया है–

''बरनैं माँग सीस उपराही। सेंदुर अबहि चढ़ा जोहि नाही।
बिन सेंदुर अस जान्हु दीआ। उजियार पंथ, रैन मंह कीया।।
खांडे धार रूहिर जमुभरा। करवत लेइ, बेनी पर धरा।।
तेहि पर पूरि धरे जो मोती। समुना मांझ गंग कै सोती।।''

10. **जायसी द्वारा संकेतात्मक प्रकृति निरूपण :** जायसी ने समासोक्ति का सहारा लेकर प्रकृति का चित्रण किया है, अनेक स्थलों पर प्रकृति के माध्यम् से, प्रकृति उपादानों का अवलम्बन लेकर अप्रस्तुत का संकेत किया है।

''जैठ जरें, जग चलै लुभारा।
उठहि बवंडर, परहि अंगारा।।
चारिहु पवन झकोरे आगी।
लंका दाह, पलंका लागी।।''

इस प्रकार कवि जायसी ने अपने काव्य में प्रकृति का अनेक रूपों में, अनेक प्रकार से वर्णन किया है।

सौन्दर्य दृष्टि

सौन्दर्य एवं प्रेम का अन्योन्याश्रय सम्बन्ध है। गजाली के मत से जो प्रेम को उद्दीप्त करता है उसका नाम सौन्दर्य है। आत्मा सांसारिक सौन्दर्य से गुजरती हुई ईश्वरीय सौन्दर्य पर जाकर टिक जाती है। ईश्वरीय सौन्दर्य ही सांसारिक सौन्दर्य का मूल स्रोत है। जहाँ सौन्दर्य है वहाँ प्रेन हो जाना सहज स्वाभाविक है। जितना ही आकर्षक सौन्दर्य होगा, उतना ही प्रगाढ़ प्रेम भी होगा।

जायसीकृत पद्‌मावत प्रेम काव्य है, स्वभावतः सौन्दर्य इसकी मूल आधार शिला है। सौन्दर्य का चित्रण जितना ही विशद, पूर्ण होगा उतना ही सर्वग्रासी बन सकेगा।

सौन्दर्य को मुख्यतः रूप-सौन्दर्य तक ही सीमित मान लिया जाता है। लेकिन सौन्दर्य के दो गहरे स्तर और भी हैं– भाव सौंदर्य और कर्म सौन्दर्य। स्त्री-पुरुष सौन्दर्य से इतर जायसी ने प्रकृति-सौन्दर्य का भी वर्णन किया है और प्रकृति में भी रूप-सौन्दर्य के साथ ही भाव-सौन्दर्य और कर्म-सौन्दर्य का भी स्पष्ट दर्शन कराया है। पद्‌मावत के सौन्दर्य-निरूपण को समझने के लिए मानवीय-सौन्दर्य, प्रकृति-सौन्दर्य और वस्तु-सौन्दर्य की अलग-अलग समीक्षा उपयोगी सिद्ध होगी।

मानवीय-सौन्दर्य : पद्मावत मूलतः मानवीय प्रेम का काव्य है, अतः इसका मुख्य आधार मानवीय-सौन्दर्य है। मानवीय सौन्दर्य के अंतर्गत नारी-सौन्दर्य और पुरुष-सौन्दर्य दोनों का भव्य चित्रांकन कवि ने किया है–

नारी-सौन्दर्य : नारी-सौन्दर्य के अंतर्गत जायसी ने मुख्यतः पद्मावती और नागमती का सौन्दर्य वर्णन किया है और उसमें भी अधिकतर रूप-सौन्दर्य का, क्योंकि जहाँ रूप है वहीं प्रेम है। लेकिन रूप के साथ-साथ कर्म और भाव-सौन्दर्य का भी सुन्दर चित्रण कवि ने किया है। अनेकों प्रसंगों में पद्मावत में जहाँ नारी के रूप-सौन्दर्य की अपेक्षा कर्म सौन्दर्य को प्रधानता दी गई है। पद्मावती और नागमती के अतिरिक्त जायसी ने पनिहारिनों और वेश्याओं के रूप-सौन्दर्य का भी वर्णन किया है।

1. **''बेनी छोरिझारू जो बारा, सरग पतार होइ अंधियारा''।**
2. **''सुनतहि राजा गा मुरूछाई; जानहुं लहरि सुरूज कैआई''।**
3. **''पानि भरइ अखहिं पनिहारी, रूप सुरूप पदुमिनी नारी।**
   पदुम गंध तेन्ह अंग बसाही, भंवर लागि तेन्ह संग फिराही।
   लंक सिंधिनी सारंग नैनी, हंस गामिनी कोमिल बैनी।''
   मानहु मैन मुरति सब अछरीं बरन अनूप।
   जेन्हिकी ये पनिहारी सो रानी केहि रूप।।

पद्मावत में चित्रित नारी-सौन्दर्य का अन्यतम् स्वरूप पद्मावती में ही स्फुट हुआ है जो रूप-सौन्दर्य में अगर तिलोत्तमा है तो कर्म और भाव सौन्दर्य में सीता, सती, सावित्री,सरस्वती, लक्ष्मी आदि के समशील हैं। नारी का समग्र सौन्दर्य अगर एकत्र देखना हो तो पद्मावती से अच्छा निदर्शन ढूंढना अनावश्यक है।

पुरुष-सौन्दर्य : प्रेम के आलम्बन रूप पर नारी का एकाधिकार नहीं है। नारी में प्रेमांकुरित करने के लिए पुरुष-सौन्दर्य का चित्रण भी अनिवार्य होता है। नारी सौन्दर्य के समान जायसी ने पुरुष-सौन्दर्य का भी वर्णन किया है। पुरुष-सौन्दर्य के अंतर्गत रत्नसेन, गोरा-बादल, सरजा और अलाउद्दीन का सौन्दर्य प्रमुख है।

रत्नसेन के रूप-सौन्दर्य के वर्णन कई स्थानों पर मिलते हैं जैसे राजा का जोगी वेश, सूली देते समय उसके रूप की सराहना, हीरामन द्वारा पद्मावती से रत्नसेन के रूप का वर्णन और विवाह अवसर पर रत्नसेन की प्रशंसा करना। रत्नसेन के जोगी वेश का वर्णन कवि इस प्रकार करता है कि, ''राजा ने अपने शरीर पर भस्म रमा ली है, हाथों में सिंगी ले ली, गले में जोगपट्ट और रूद्राक्ष धारण कर लिया और लाल वेश पहनकर खप्पर ले लिया। रत्नसेन को वर-वेश में सज्जित देखकर पद्मावती की सखियाँ कहती हैं–

''सहसौं करां रूप विधि गढ़ा, सोने के रथ आवै चढ़ा।
मनि माथें दरसन उजियारा, सौंह निरषि नहि जाइ निहारा।।''

जायसी ने रत्नसेन के भाव-सौन्दर्य का भी बहुत सुंदर वर्णन किया है। अलाउद्दीन द्वारा पद्मावती की मांग करने पर रत्नसेन क्रोधित हो उठता है और अलाउद्दीन को ललकारता हुआ कहता है कि चाहे वह बादशाह कितना ही बड़ा पृथ्वीपति क्यों न हो, पर कभी कोई दूसरे की स्त्री नहीं मांगा करता। यदि वह चक्रवर्ती है तो राज्य उसका है किन्तु प्रत्येक का घर उसकी अपनी संपत्ति है।

जायसी ने रत्नसेन के भाव, कर्म-सौन्दर्य के साथ-साथ गोरा बादल के भी भाव-सौन्दर्य और कर्म-सौन्दर्य का अद्वितीय वर्णन किया है। रानी पद्मावती को अपने दरवाजे पर पाकर गोरा-बादल कांपने लगा और अपने केशों से रानी के चरणों की धूल झाड़ने लगा। रानी की करूण व्यथा देखकर उसने राजा को छुड़ाने का प्रण किया और युद्ध की तैयारियां करने लगा। बादल की मां के मना करने पर कहता हैं कि हे माँ, मैं सिंह के समान हूँ। हाथियों की आवाज सुनकर शेर का जी जलता है।

पुरुष-सौन्दर्य का उज्ज्वल रूप हमें सरजा के चित्रण में भी मिलता है। अलाउद्दीन का पत्र लेकर जब रत्नसेन के पास सरजा जाता है तब उसके रूप-सौन्दर्य का वर्णन इस तरह किया गया है–**''सरजा सेर पुरुष बरियास, ताजन नाग सिंघ असवारू''।**

सरजा में कर्म-सौन्दर्य भी अद्वितीय है। कोई भी योद्धा सरजा के समक्ष नहीं टिकता। गोरा के समक्ष लड़ने की शक्ति भी इसी में थी और गोरा को परास्त भी इसने किया।

वस्तुतः मानवीय सौन्दर्य के विविध रूपों और अक्षरों की बड़ी ही मार्मिक झांकी पद्मावत में पद-पद पर देखने को मिलती है। जो यह सिद्ध करती है कि प्रेम के कवि जायसी सौन्दर्य के भी अद्वितीय ज्ञाता और पारखी थे।

वस्तु सौन्दर्य : सुन्दर वस्तुएं व्यवहारिक जीवन में हमें आकर्षित करती हैं। काव्य में वस्तु-सौन्दर्य से अभिप्राय आलंकारिकों द्वारा गिनाये गये वस्तु-व्यापारों अर्थात् देश, नगर, मृगया, यज्ञ, स्वर्ग, विवाह, दुर्ग, सेना, स्कंधावार, युद्ध की

तैयारी, मद्यपान, मंत्रणा, विजय आदि से है। सिंहलद्वीप का वर्णन जायसी इस प्रकार करते हैं–

''जबहिं दीप निअरावा जाई, जनु कविलास निअर गा आई।।
घन अंबराउं लाग चहु पासा, उठे पुहुमि हुति लाग अकासा।
नवरंग नीबू सुरंग जंमीरा, ओ बादाम बेद अंजीरा।
गल गल तुरंज सदाफर फरे, नारंग अति राते रस भरे।''

इसी प्रकार फूलों से लदी डालियों का वर्णन–

''बहुत फूल फूली घन बेली, केवरा, चंपा, कुंड, चंबेली।
सुरंग गुलाल कदम औ कूजा, सुगंध बकौरी गंध्रय पूजा।''

सिंहल के पनघट का वर्णन–

''पानि भरइ आवहिं पनिहारीं, रूप सुरूप पदुमिनी नारी।
आनहिं मुंड सोपंतिदी पोती, गवन साहा सोभांतिहि भांती।।

निश्चय ही हम कह सकते हैं कि 'पद्मावत' का वस्तु सौन्दर्य बड़े व्यापक स्तर पर चित्रित हुआ है जिससे रसात्मकता और सौन्दर्य उत्पन्न हो गया है।

प्रकृति-सौन्दर्य : अंततः हम कह सकते हैं कि प्रेम के कवि जायसी ने जिस तरह भी संभव हुआ है अपने प्रेम-पात्रों और उनकी प्रेम-कथा को सौन्दर्य-मण्डित करने का सफलत्तम प्रयास किया है। चरित्र, भाषा, कथा, शैली-सभी में इस सौन्दर्य के दर्शन पाठक या सहृदय को अविरल भाव से होते रहते हैं। पद्मावत की उत्कृष्ट काव्यमयता का सबसे बड़ा घटक उसका सौन्दर्य-चित्रण ही है।

रूपक तत्व

हिन्दी के प्रसिद्ध मध्यकालीन सूफी कवि, जिनके लिए 'जायसी' नामक शब्द का प्रयोग, उपनाम की तरह किया जाता है, यह इस बात को प्रकट करता है कि वे 'जायस' नगर के थे। इस संदर्भ में वे स्वयं भी 'आख़िरी क लाम' में कहते हैं कि

'जायस नगर मोरअस्थानू।
नगरक नाँव आदि उदयानू।
तहाँ देवस दस पहुने आएउँ।
भा बैराग बहुत सुख पाएऊँ।

इसी प्रकार 'पद्मावत' में वर्णित किया है कि,

''जायस नगर धरम अस्थानू।
तहँवा यह कवि कीन्ह बखानू''।

इससे यह प्रकट होता है कि जायस नगर धर्म का केन्द्र था। जायसी द्वारा जायस नगर को धर्म स्थल कहने का मतलब है कि यह वह स्थल है जहाँ मानव सेवार्थ, प्राणियों की सेवा हेतु इस ग्रंथ का प्रणयन किया गया। ''इस प्रकार जायसी के काल में धर्म का रूढ़ अर्थ जो वर्तमान काल में प्रचलित है वह अर्थ प्रचलित नहीं था। इनका धर्म विषयक विचार समग्र मानव समुदाय में निहित है और धर्म का अर्थ मानव सेवा से है न कि किसी पंथ या संप्रदाय से। जायसी ने इस बात को बहुत सीधे-सीधे से कहा है न कि किसी अप्रत्यक्ष रूप से।

जायसी कृत 'पद्मावत' सूफी काव्य परम्परा का ही नहीं हिन्दी काव्य परम्परा का भी उत्कृष्ट महाकाव्य है। इस कथा में कवि राजा रत्नसेन एवं पद्मावती की लोकप्रचलित प्रसिद्ध कथा का निरूपण करता है और इसी लोकविश्रुत कथा को काव्य वस्तु बनाता है। 'पद्मावत' के संदर्भ में विद्वानों में एक बहस का मुद्दा रहा है कि यह अन्योक्ति है या समासोक्ति अथवा रूपक!

यदि मूल कथा को प्रधानता देते हुये, इस कथा को बौद्धिक से अलौकिक प्रेम की प्राप्ति का काव्य मानें तो इसके साथ-साथ हमको इस 'पद्मावत' महाकाव्य को आध्यात्मिक ग्रंथ मानना पड़ेगा। क्योंकि इसमें कवि सीधे-सीधे पद्मावती को अलौकिक सत्ता अर्थात् परमात्मा का प्रतीक बताता है, बुद्धि का प्रतीक बताता है। वहीं राजा रत्नसेन पद्मावती रूपी परमात्मा से मिलन हेतु, एकाकार हेतु विचलित तड़पती आत्मा का प्रतीक है। नागमती सांसारिकता है तो राघवसेन शैतान का प्रतीक है। अलाउद्दीन सुल्तान को माया का रूप दिया गया है। इस प्रकार इस ग्रंथ को यदि हम आत्मा से परमात्मा के मिलन का महाकाव्य माने तो यह आध्यात्मिक अर्थ देने लगता है। इससे यह महाकाव्य समासोक्ति की कोटि में आता है। समासोक्ति वहां मानी जायेगी जहां कथा सूत्र में वाच्यार्थ प्रमुख होता है व्यंग्यार्थ गौण होता है। कवि जायसी इस महाकाव्य की कथा का अंत परमात्मा और आत्मा यानी कि पद्मावती और रत्नसेन के मिलने के साथ समाप्त नहीं करता है बल्कि कथा पद्मावती के सती कराने तक बढ़ाता है। आत्मा-परमात्मा के मिलन के बाद कथा को विस्तार देने के कारण विजयदेव नारायण साही ने कहा कि, ''यदि जायसी सूफी कवि हैं तो कुजात सूफी कवि हैं।'' क्योंकि जायसी ने सूफी काव्य मानदण्डों के अनुसार अपने महाकाव्य का अवसान

आत्मा-परमात्मा के मिलन के साथ नहीं किया। इसलिए सूफी परम्परा का निर्वहन करने के बाद भी सूफी मानदंडों की सीमा को लांघकर कथा की रचना करना, कथा को सूफी सिद्धांतों से बाहर करता है। इसलिए साही जायसी को 'कुजात सूफी' कवि मानते हैं। उक्त वर्णन से प्रकट हो जाता है कि जायसी का महाकाव्य पद्मावत एक आध्यात्मिक ग्रंथ नहीं है। जब वह आध्यात्मिक ग्रंथ नहीं है तो आलोचकों द्वारा उपर्युक्त कथा को समासोक्ति कहना तार्किक नहीं लगता।

अन्योक्ति का अर्थ है अन्य के प्रति कही गयी उक्ति। अन्योक्ति में कवि का मुख्य उद्देश्य व्यंग्यार्थ को मुख्यता देना होता है। यहाँ पर वाच्यार्थ गौण हो जाता है। दूसरे शब्दों में, यह कहना उपर्युक्त होगा कि अन्योक्ति वहां होगी जहां कथा प्रधान न होकर उसमें व्यंजित होने वाले सांकेतिक अर्थ की प्रधानता हो। महाकवि जायसी ने पद्मावत की रचना एक अन्योक्ति परक महाकाव्य के रूप में की है। महाकाव्य की कथाकल्पना, सामाजिक, ऐतिहासिक और काल्पनिक ढांचे की एकरूपता से की गई है। सामाजिक शब्द से मेरा तात्पर्य लोक संस्कृति से है। इतिहास, लोककथा और कल्पना से पद्मावत का जो प्रबंधात्मक रूप बना उसे स्वस्थता एवं मांसलता कवि के प्रेमतत्व ने प्रदान की है। संपूर्ण कहानी कहने के उपरांत कवि अपने पात्रों को सही स्थिति स्पष्ट करके, पद्मावत को अन्योक्ति परक महाकाव्य अपने आप सिद्ध कर देता है यथा–

"तन चितउर मन राजा कीन्हा।।
हिय सिंहल बुध पद्मिनि चीन्हा।।
गुरू सुवा जेइ पंथ दिखावा।
बिनु गुरू जगत को निरगुन पाना।।
नागमती यह दुनियाँ धंधा। बांचा सोई न एहि चित बंधा।।
राधव दूत सोई सैतानू। माया अलादीन सुलतानू।।
प्रेम कथा एहि भाँति विचारहु। बूझि लेहु जो बूझै पारहु।।"

उपर्युक्त पद्य में वर्णित प्रतीकों के द्वारा संपूर्ण पद्मावत की व्याख्या नहीं की जा सकती। नागमती एक आदर्श स्त्री एवं भारतीय गृहिणी के रूप में चित्रित की गई है। उसे मात्र सांसारिकता या दुनिया धंधा मानना उचित नहीं हैं।

पद्मावत को जायसी का अगर एक रूपक काव्य के रूप में प्रस्तुत करने का उद्देश्य रहा है तो उसमें वर्णनात्मक प्रसंगों की अधिकता न होगी न इस महाकाव्यानुगति ऐसे अनेक स्थल हैं जहाँ कवि ने प्रबंध काव्य की वर्णनात्मक शैली को ग्रहण किया है। नागमती वियोगखंड, सात समुद्र खंड, नखशिख वर्णन खंड इत्यादि ऐसे खंड हैं जिनका कोई तादात्म्य आध्यात्मिक अर्थ से नहीं है। वस्तुतः वस्तु वर्णन की प्रधानता के कारण जायसी के पद्मावत को रूपक परक कहना या अन्योक्ति कहना मानना संभव नहीं है। इतना ही नहीं पद्मावत में आये पात्रों की संगति आध्यात्मिक अर्थ प्रदान नहीं करती। गोरा-बादल का कोई सांकेतिक अर्थ नहीं है।

डॉ॰ रामकुमार वर्मा ने पद्मावत में उपस्थित इन तथ्यों के आधार पर कहा है कि, "जायसी का संकेत विशेष स्थानों पर ही है। सारा घटना पक्ष आध्यात्मवाद से नहीं मिल सका है।" डॉ॰ माता प्रसाद गुप्त और डॉ॰ वासुदेव शरण अग्रवाल ने जायसी के इस अंतिम पद को प्रक्षिप्त माना है, जिसमें आध्यात्मिक संकेतों की कुंजी दी है। अतः इस पद के आधार पर पद्मावत को अन्योक्ति कह देना सही नहीं हैं।

जिन प्रतीकों की कल्पना इस कुंजी के आधार पर की गयी है, वे भी पूरी तरह खरे नहीं उतरते। उदाहरणस्वरूप माया हिन्दू दर्शन का शब्द है। सूफियों के लिए इस शब्द का कोई अर्थ नहीं। माया वस्तुतः ब्रह्म और जीव के मिलन में बाधक है, पर जब एक बार जीव और ब्रह्म का मिलन हो जाता है, फिर माया का व्यवधान बीच में नहीं आता। पद्मावती (ब्रह्म) और रत्नसेन (जीव) के मिलनोपरांत अलाउद्दीन (माया) का व्यवधान कुछ समझ में न आने वाली बात है।

निम्न पंक्तियों में आध्यात्मिक अर्थ की व्यंजना तो है, पर प्रधानता कथा तत्व की ही रही है।

'सो दिल्ली अस निबहुरि देसू। कोऊ न बहुरा कहै संदेसू।।
जो गबने सो तहं कर होई। जो आवें किधु जान न सोई।।

यहां पर दिल्ली परलोक का प्रतीक है; अतः आध्यात्मिक अर्थ की व्यंजना तो है किन्तु वाच्यार्थ ही प्रधान है, अतः यहां समासोक्ति ही माननी चाहिए। आचार्य रामचंद्र शुक्ल के अनुसार, "समासोक्ति का संपूर्ण सौन्दर्य विशेषणों के प्रयोग पर निर्भर करता है अर्थात् समासोक्ति वह अलंकार होता है जो विशेषणों के सजावट पर निर्भर हो। इन विशेषणों के द्वारा कवि अप्रस्तुत की व्यंजना करता है।" इस कथन से स्पष्ट है कि समासोक्ति में कवि जानबूझकर ऐसे शब्दों का प्रयोग करता है, जिनसे दुहरे अर्थ की व्यंजना हो।

पद्मावत एक समासोक्ति ही है, अन्योक्ति नहीं। कुछ प्रसंगों में पद्मावती को ईश्वर मानकर अर्थ ही नहीं किया जा सकता है। उदाहरण स्वरूप मानसरोदक खंड़ की पंक्तियां–

"ए रानी मन देखु बिचारी। यहि नैहर रहना दिन चारी।।
जौ लग आहि पिता कर राजू। खेलि लेहु जो खेलहु आजू।।
पुनि सासुर हम गवनब काली। कित हम कित यह सरवर पाली।।

कथा में जहां सरलतापूर्वक लौकिक अर्थ ठीक बैठ जाता हो, वहां खींचतान कर अलौकिक अर्थ भिड़ाना और पद्मावती को अन्योक्ति सिद्ध करना वास्तव में जायसी के साथ अन्याय होगा। शुक्ल के मतानुसार, "वाच्यार्थ के प्रस्तुत और व्यंग्यार्थ के अप्रस्तुत होने से ऐसी जगह समासोक्ति ही माननी चाहिए। पद्मावत के सारे वाक्यों में दुहरे अर्थ नहीं हैं। सर्वत्र अन्य प्रसंग का आरोप नहीं, केवल बीच-बीच में कहीं-कहीं दुहरे अर्थ की व्यंजना होती है। जायसी ऐसे शब्दों के मोह को छोड़ नहीं सके, जिनसे आध्यात्मिक अर्थ की व्यंजना भी होती है। इस लोक के कारण कथानक के उठान में उन्होंने कहीं-कहीं पर बुरी तरह असफलता भी पाई है।"

निष्कर्षतः कह सकते हैं कि पद्मावत समासोक्ति ही है, अन्योक्ति नहीं। पद्मावत को पूर्णतः रूपक काव्य भी नहीं कहा जा सकता। रूपकत्व का निर्वहन कुछ स्थलों पर ही है। संपूर्ण कथा को आध्यात्मिकता का रूप देने में भी जायसी को सफलता नहीं मिली। जायसी के समक्ष अध्यात्म की बातें बाद में थी पहले उनके सामने समाज था। समाज की बुराइयाँ थी। सतीप्रथा थी। इसलिए कथा को प्रत्यक्ष-अप्रत्यक्ष रूप में यहीं तक पहुंचाना और तत्कालीन समाज में नारी की स्थिति को उजागर करना इनका उद्देश्य था।

सूरदास

माधुर्य और श्रृंगार वर्णन

वृन्दावन के उसी सुखमय जीवन के हास परिहास के बीच गोपियों के प्रेम का उदय होता है। गोपियाँ कृष्ण के दिन-दिन खिलते हुए सौन्दर्य और मनोहर चेष्टाओं को देखकर मुग्ध होती चली जाती हैं और कृष्ण कौमार-अवस्था की स्वाभाविक चंचलता वश उनसे छेड़-छाड़ शुरू कर देते हैं। यह प्रेम व्यापार किसी की रूप चर्चा सुन या अकस्मात् किसी की एक झलक पाकर हाय-हाय सुनकर नहीं शुरू हुआ बल्कि यह दीर्घ साहचर्य का योग है। बालक्रीडा के सखा-सखी आगे चलकर यौवन के सखा-सखी हो जाते हैं।

राधा और कृष्ण के विशेष प्रेम की उत्पत्ति सूर ने रूप के आकर्षण के द्वारा कही है।

"खेलन हरिनिकसे से ब्रज खोरी।
गए श्यामरवि तनया के तट,
अंग लसति चंदन की रोरी
औचक ही देखि तहँ राधा,
नैन बिसाल भाल दिए रोरी
सूर श्याम देखत ही रीझे
नैन बिसाल मिलि परी ठगोरी।

सूर ने माधुर्य और श्रृंगार की बृहत योजना की है जिसके अन्तर्गत विभावों की परिपूर्णता, कृष्ण और राधा के अंग-प्रत्यंग की शोभा के अत्यंत प्रचुर और चमत्कारपूर्ण वर्णन में वृंदावन के करील कुंजों, लोनी लताओं, हरे-भरे कधारों, खिली हुई चाँदनी किस कूजन आदि आते हैं। यहाँ तक कि कुछ ऐसी बातें भी आ गई हैं जैसे कृष्ण के कंधे पर चढ़कर फिरने का राधा का आग्रह- जो कम रसिकों को अरूचिकर प्रतीत होता है।

आलंबन की रूप प्रतिष्ठा के लिए कृष्ण के अंग-प्रत्यंग का सूर ने सैकड़ों पदों में वर्णन किया है। आश्रय पक्ष में नेत्र-व्यापार और उसके अद्‌भुत प्रभाव पर बड़ी ही रम्य उक्तियाँ हैं–

नेत्र-व्यापार का एक उदाहरण –

"मेरे नैना बिरह की बेलि बई।
सींचत नीर नैन के सगनी मूल पताल गई
विगसति लता सुभाय आपने छाया सधन भई
अब कैसो निरूवारो सजनी सब तन पसरि गई"

तथा

"देख रीः हरि के चंचल नैन।
खंजन मीन-मृगज चपलाई नहिं पटतर एक सैन
राजिवदल, इंदीवर, शतदल, कमल, कुशेशय जाति
निसि मुद्रित, प्रातहि वैविगसत, ये विगसत दिन राति
अरूण असित सित झलक पलक प्रति को बरनै उपमाय
मनो सरस्वती गंग जमुन मिलि आगम कीन्ही आय।

लोक तत्व/संस्कृति

हिन्दी साहित्य में संस्कृति का प्रयोग इस समय ठीक उसी अर्थ में हो रहा है जिस अर्थ में 'Culture' शब्द का प्रयोग अंग्रेजी में होता है। ऑक्सफोर्ड डिक्शनरी नाम के अंग्रेजी शब्दकोष में 'कल्चर' का अर्थ इस प्रकार किया है : Act of Cultivating, Instruction, Training, enlightment, refinement, संस्कार डालने का कार्य, शिक्षा, दीक्षा, अभ्यास, प्रकाश, परिमार्जन। संस्कृति, इस प्रकार एक व्यक्ति के शिक्षण, संस्कार और अभ्यास से प्रारंभ होती है। इसी संस्कृति में लोक-तत्त्व अंतर्निहित होता है। इसी के द्वारा सामाजिक लोग अपना जीवन व्यतीत करते हैं। लोकतत्त्वों के कारण ही संस्कृति सामाजिक रूप धारण करती है। इसी से समाज में उसकी चरितार्थता सिद्ध होती है। संस्कृति जहाँ एक व्यक्ति के जीवन को अनुप्रमाणित और पुष्ट करती है वहाँ सामूहिक रूप से समस्त समाज को संस्कृत करने में सहायक होती है।

साधना और संस्कृति का परस्पर घनिष्ठ संबंध है। क्योंकि साधना में देश और काल के उन्हीं लोक तत्त्वों का समावेश होगा जो उस देश काल में उपस्थित होगा। साधना विशुद्ध रूप से व्यक्तिगत और संस्कृति सामान्य रूप से सामाजिक होती है। यह एक-दूसरे की सहायिका है। सहायक ही क्यों, एक में दूसरे का प्रतिबिम्ब पड़ना अवश्यंभावी है। साधक पूजा, व्रत, अनुष्ठान आदि के लौकिक संस्कारों का सहारा लेकर चलना ही पड़ता है। आचार का परित्याग वह नहीं कर सकता। अतः जब हम किसी देश, प्रदेश अथवा प्रांत की संस्कृति की चर्चा करते हैं, तब हमारा उद्देश्य उस प्रदेश के विकसित आचार-व्यवहार, रीति-रिवाज, पर्व-उत्सव, संस्कार, कला-कौशल, ज्ञान-विज्ञान, पूजा आदि के विधि-विधान एवं अनुक्रम का ही उल्लेख करना होता है। एक व्यक्ति और समस्त समाज का भी विकसित एवं संस्कृत जीवन इन्हीं रूपों में प्रकट होता है। इस प्रकार साधना से संस्कृति का विकास होता है और संस्कृतनिष्ठ समाज में ही लोक तत्त्वों के आश्रय में साधना पल्लवित होती है।

लोक तत्त्व : 1. संस्कार, 2. पुनर्जन्म, 3. छठी व्यवस्था, 4. नामकरण, 5. अन्नप्रासन, 6. वर्षगाँठ, 7. कर्णछेदन, 8. यज्ञोपवीत, 9. विवाह, 10. पूजा, व्रत और स्नान, 11. पर्व और उत्सव, 12. शृंगार-सज्जा, 13. भोजन, 14. संगीत, 15. साहित्य, 16. किसान जीवन।

'अब हौं नाच्यों बहुत गोपाल
काम क्रोध को पहिरि चोलना, कंठ विषय की माल।'
महा मोह के नूपुर बाजत, निंदा शब्द रसाल

इसमें ब्रह्मांचला की पूजाविधि लोकतत्व के रूप में आई है।

"माथे मुकुट, स्रवन मनि कुंडल पीस बसन भुज चरि सुहाई।।
बाजत ताल मृदंग जंत्र गति सुइचि अरगजा अंग चढ़ाई'
अच्छत दूब लिये सिर बदले, घर घर बंदनकार बंधाई।
छिरकत हृदय दही हिय हरषत, गिरत अंक भरि लेत उठाई।''

इस प्रकार सूर के पदों में ब्रज के लोक तत्त्वों का प्रचुर मात्रा में प्रयोग हुआ। ब्रज लोक की सुगंध हर पद में मिलती है। सूरदास एकमात्र कवि हैं जो ब्रज संस्कृति के बचपन को अंधे होने के बावजूद भी उकेर पाये हैं।

प्रकृति चित्रण

प्रकृति मानव की सहचरी है। वह उसके जन्मकाल से ही उसके साथ है। अनादि युग में जब मनुष्य सभ्यता और संस्कृति के आलोक से वंचित था, प्रकृति और उसकी विभूतियाँ ही उसके जीवन का आधार थी। वैज्ञानिक विकास के कारण आज हम प्रकृति से निरंतर दूर होते जा रहे हैं, फिर भी वह बड़े-बड़े नगरों में नाना प्रकार के उपवनों के रूप में अपनी महत्ता सिद्ध कर रही है। साधारण से भवन में जीवन यापन करने वाले परिवारों को भी किसी लता या किसी फूल के पौधे को एक गमले में सजाये बिना संतोष नहीं होता। यह सब इस बात को प्रमाणित करता है कि प्रकृति से हमारा रागात्मक तादात्म्य रहा है।

सूरदास का काव्य ब्रज-प्रदेश की सुरम्य प्रकृति का रमणीक स्थल है। इसमें ब्रज की प्रकृति-सुंदरी का मनोहारी नर्तन पद-पद पर दिखाई पड़ता है उसकी रूपमाधुरी स्थान-स्थान पर दिखाई पड़ती है और उसका आनन्दोल्लासपूर्ण मधुर कलरव प्रत्येक पद में गुन्जायमान हो रहा है। सूरदास ने प्रकृति नटी की रमणीक झाँकी अंकित करते हुये उसके छः ऋतुओं में परिवर्तित होने वाले दिव्य सौन्दर्य का अच्छा निरूपण किया है। इसीलिए वसंत ऋतु में ब्रज अँचल में सदैव कोकिल शोर मचाती रहती है, सदा मन्मथ चित्त चुराता रहता है, द्रुम-डालियाँ विविध वर्ण के सुमनों से भर जाती हैं, जिन पर भ्रमरावली उन्मत्त होकर गूंजने लगती है। सर्वत्र हर्ष एवं उल्लास छा जाता है और कोई उदास नहीं रहता।

ब्रजभाषा के सर्वश्रेष्ठ कवि और हिन्दी साहित्य आकाश के सूर्य महाकवि सूरदास ने निजकाव्य सृजन में प्रकृति को पर्याप्त स्थान दिया है। इसके अनेक कारण हैं–

1. सूरदास के आराध्य नटनागर कृष्ण की लीला-भूमि ब्रज प्रकृति की अनंत विभूतियों का आगार है।
2. वह स्वयं सूर की भी क्रीड़ा स्थली है, जिसके कारण सूर को भी उसके प्रति अत्यधिक अनुराग है।
3. सूर के दीक्षागुरु और उन्हें भगवान के सगुण रूप की ओर आकृष्ट कर उनको भगवनलीला का गान करने की प्रेरणा देने वाले महाप्रभु वल्लभाचार्य ने श्रीनाथ जी की मूर्ति की प्रतिष्ठा भी गोवर्द्धन में की, जिसका प्राकृतिक सौन्दर्य अप्रतिम और अद्वितीय है।
4. ब्रज और उसका केन्द्र-बिन्दु वृन्दावन केवल लौकिक दृष्टि से ही महत्त्वपूर्ण नहीं है, अपितु उसका आध्यात्मिक महत्त्व भी है। पुष्टिमार्ग में दार्शनिक दृष्टि से जो महत्त्व 'गोलोक' को दिया जाता है, वही उसके छायारूप कृष्ण के लीला धाम वृंदावन को भी दिया गया है। इस महत्त्व के कारण ब्रज भूमि के दोनों रूप सूर में मिलते हैं। लौकिक दृष्टि से परिवर्तनशील रूप भी और अलौकिक दृष्टि से अपरिवर्तनशील रूप भी। इन सब कारणों की दृष्टि से यमुना और उसके कछार, कदम्ब, करील पर्वत और समतल मैदान, पशु-पक्षी, पेड़-पौधे आदि का वर्णन सूरदास ने अनेकानेक बार किया है। सत्य तो यह है कि सूर का समस्त कार्य प्रकृति के प्रांगण में निर्मित है। रामरतन भटनागर का यह कथन अक्षरशः सत्य है कि कृष्ण का विकास जैसे ब्रज की प्रकृति में होता है, उसी प्रकार सूर-साहित्य का विकास भी ब्रज-प्रकृति में होता है। ब्रज की प्रकृति ने उन्हें केवल उपमाओं और उत्प्रेक्षाओं के लिए ही सामग्री नहीं दी है वह उनके काव्य के केन्द्र में प्रतिष्ठित हुई है।

सूर को ब्रजभूमि से विशेष प्रेम है। उस भूमि के समक्ष उन्हें संसार के समस्त सुख तुच्छ प्रतीत होते हैं। वहाँ का वंशीवर, वहाँ की यमुना, वहाँ का वन और उनमें राधा के साथ गोपियों का विहार, वहाँ का रास और लता एवं तरूकुंजों में झूलने का आनंद तथा गोपियों के विरह का सुख आदि बातें एक साथ अन्यत्र कहाँ मिलेंगी? कदाचित यही कारण है कि भक्त ब्रज में जूठन खाकर भी रहने को इच्छुक हैं।

अभिप्राय यह है कि ब्रज और वृंदावन की शोभा के समक्ष स्वर्ग और उसकी संपदा भी तुच्छ है। इतना ही नहीं, सूर ने ब्रज प्रकृति की रमणीय झाँकी अंकित करते हुये प्रभात, वन, द्रुम, लता, पुष्प, यमुना, चंद्रमा, उषा, संध्या, आदि का बड़ा ही सरस और सुन्दर वर्णन किया है। सूर ने प्रकृति के रमणीय स्थल की झाँकी के साथ-साथ सूर ने प्रकृति के भंयकर रूप को भी चित्रांकित किया।

यथा–

"झहरात, झहरात दावानल आयौ।
घेरि चहुँ ओर करि सोर अंदोर बन,
धरनि आकास चहुँ पास छायौ।।

इस तरह सूरदास ने प्रकृति की रस्य एवं मनोहर झांकियां अंकित की है।

सूर की प्रकृति चित्रण की विशेषता–1. सूर के आराध्य नित प्रति प्रकृति में रमण करते हैं; 2. प्रकृति के उद्दीपक रूप का वर्णन।

'मधुवन तुम कत रहत हरे
विरह वियोग स्याम सुंदर के, ठाड़े क्यों न जरे।'

3. सूर ने प्रकृति के संवेदनात्मक रूप की भी बड़ी सजीव झांकी अंकित की है। 4. प्रकृति के आलंकारिक रूप का वर्णन-उत्प्रेक्षा सम्राट 5. सांस्कृतिक परम्परा का द्योतक 6. विविधता और सौन्दर्य प्रियता के लिए विख्यात।

सब मिलाकर सूर द्वारा प्रकृति-चित्रण के जितने प्रकार संभव हैं, उनके उदाहरण उनकी कविता में मिल जाते हैं। वस्तुतः सूर का काव्य अपने नाम के अनुरूप एक विशाल सागर ही है, जिसमें असंख्य भाव-रत्न और प्राकृतिक दृश्य-चित्रण की अनमोल निधियाँ भरी पड़ी हैं। यद्यपि आलंकारिक प्रकृति-चित्रण में पुनरावर्ती का आभास होता है, तथापि सूर में भक्ति-भावना की सघनता के कारण उसमें नीरसता नहीं आने पाई। हमें सूर की वर्णन-पद्धति पर आश्चर्य होता है। भक्तिकालीन कवियों में सर्वाधिक व्यापक और मौलिकता लिए हुये है।

भ्रमर गीत : अंतर्वस्तु और विदग्धता

भ्रमर गीत सूर के कवित्व का एक अनुपम उदाहरण है। कृष्ण के मथुरा चले जाने के बाद गोपियों के साथ-साथ समस्त ब्रज विरहाग्नि में जलने लगा। बहुत दिनों के बाद श्री कृष्ण ने

ज्ञानोपदेश द्वारा गोपियों को समझाने बुझाने के लिए अपने सखा उद्धव को भेजा। उद्धव को ज्ञान का बड़ा गर्व था और वे भक्ति मार्ग की उपेक्षा करते थे। कृष्ण का उन्हें गोपियों के पास भेजने का अभिप्राय था कि वे उनकी प्रीति की गूढ़ता और तन्मयता देखकर शिक्षा ग्रहण करें और सगुण भक्तिमार्ग की सरसता और सुगमता के सामने उनका ज्ञान-गर्व दूर हो सके।

उद्धव के ब्रज पहुँचते ही सभी ब्रजवासी उन्हें घेर लेते हैं। वे नंद और यशोदा से संदेशा कह चुकने के बाद गोपियों की ओर मुड़कर ज्ञान-चर्चा आरंभ करते हैं तभी एक भौंरा उड़ता हुआ गोपियों के पास आता है :–

यहि अंतर मधुकर इक आयो।
निज सुभाव अनुसार निकट होई सुंदर शब्द सुनायो।
पूछन लागि ताहि गोपिका कुबजा तोहिं पठायो।
कैधों सूर श्याम सुन्दर को हमैं संदेशो लायो?

फिर गोपियाँ मानों उसी भ्रमर को संबोधित करके जो जी में आता है खरी-खोटी, उल्टी सीधी सब सुनाती चलती हैं। इसी से इस प्रसंग का नाम 'भ्रमर' गीत पड़ा है।

गोपियाँ उलाहना भरे शब्दों में अपने विरह को व्यक्त करने लगीं। वे कहती हैं कि हमने इतने संदेश भेजे कि उससे मथुरा के कुएँ भी भर गए होंगे; पर जो संदेशा लेकर जाता है वह वापस नहीं आता।

"संदेसनि मधुबन कूप भरे।
जो कोऊ गए है ह्याँ फिर नही गवन करे"

पथिक संदेशा लेकर गए, वे भी नहीं लौटे। जो भी पथिक उधर से जाता है उसे रोकर गोपियाँ अपना संदेशा कहने लगती हैं। अब तो स्थिति यह है कि इसी डर से पथिकों ने इधर से जाना ही छोड़ दिया है–

"सूरदास संदेसन के डर पथिक न वा मग जात"

अब उद्धव अपना ज्ञान-संदेश सुनाना आरंभ ही करते हैं कि गोपियाँ पूछने लगती हैं–

हमसों कहत कौन सी बातें?
सुनि उधो ! हम समझति नाहीं, फिरि बूझति है तातें।
को नृप भयो, कंस किनि मार्यो, को बसुद्योसुत आहिं?
यहाँ हमारे परम मनोहर, जीवत मुख हैं चाहिं।।

गोपियाँ उद्धव के ज्ञानोपदेश का मजाक उड़ाती हैं और कहती हैं कि उद्धव तुम "जाय करो उपचार आपनो"। फिर थोड़ा हँसकर वे कहती हैं कि उद्धव तुमने इस दुःख दशा में भी अपनी बेढ़ब बातों से हँसा दिया–

"ये बातें कहि कहि या दुःख में
ब्रज के लोग हँसाए"

योग और ज्ञान का उपदेश दिए जाने पर वे कहती हैं–

"ऐसे जन दूत कहावत।
ऐसि परकृति परति छाँह की
जुबतिन जोग बुझावत।"

उद्धव के योग और ज्ञान का कटाक्ष करती हुई वे कहती हैं–

उद्धव जोग बिसरि जनि जाहु।
बाँधहु गाँठ, कहूँ जनि टूटे फिर पाछे परिताहूँ।

इसके बाद गोपियाँ उद्धव को एक ठग और धूर्त प्रतीत होते हैं। वे उन्हें बनाती हैं–

"आयो घोष बडो व्यापारी
लादि खेप गुण ज्ञान जोग की ब्रज में आय उतारी"

तथा

"उधो ब्रज में पैठ करी।
यह निर्गुण निर्मल गाठरी
अब कि करहू खरी"

अपनी विह्वलता और दुःखदशा कहते-कहते वे सोचती हैं कि हमारी दशा पर कृष्ण शायद ही ध्यान दें–इससे वे नन्द और यशोदा की तथा गायों की व्याकुलता का वर्णन करती हैं कदाचित उन्हीं का ख्याल करके वे एक बार आ जाएं–

उधो इतनी कहियो जाय।
अति कृशगात भई हैं तुम बिन परम दुखारी गाय
जल समूह बरसत अंखियन ते हूँकति लीन्हें नाँकाँ
जहाँ-जहाँ गोदोहन करते ढूँढति सोई सोई ठाँव।।

गोपियाँ अपने हृदय में कृष्ण के बांकपन के रूप को इस तरह चुभा हुआ बताती हैं कि–

उर में माखनचोर गड़े
अब कैसहु निकसत नहिं उधो,
तिरछे ह्वै जो अड़े।।

बाल–लीला वर्णन का वैशिष्ट्य

मध्यकालीन कृष्ण भक्ति साहित्य धारा के शीर्ष कवि महात्मा सूरदास ने कृष्ण की बाललीलाओं का वर्णन अत्यंत मनोहारी एवं अनूठा किया है। इस संदर्भ में आचार्य रामचंद्र शुक्ल कहते हैं कि, "कृष्ण जन्म की आनंदबधाई के बाद ही बाल लीला का आरंभ हो जाता है। जितने विस्तृत और विशद रूप में बाल्य जीवन का वर्णन (चित्रण) इन्होंने किया है, उतने विस्तृत रुप में अन्य किसी कवि ने नहीं किया। शैशव से लेकर कौमार अवस्था तक के क्रम में लगे हुये न जाने कितने चित्र मौजूद हैं। उनमें केवल बाहरी रूपों और चेष्टाओं का ही विस्तृत और सूक्ष्म वर्णन नहीं है; बल्कि कवि ने बालकों की अंतः प्रकृति में भी प्रवेश किया। अनेक बाल भावों की सुन्दर स्वाभाविक व्यंजना की है।''

शुक्ल जी ने कहा कि, "सूरदास वात्सल्य का कोना-कोना झांक आए हैं।" तात्पर्य यह है कि सूरदास ने वात्सल्य रस का सर्वांगीण वर्णन किया है। बालक के बचपनत्व को अपनी बंद आंखों से सृजित किया है। ये बाल मनोभावों एवं वात्सल्य से सने मातृहृदय के प्रेम भावों के चित्रण में अपना सानी नहीं रखते। बकौल शुक्ल सूरदास द्वारा रचित बालकाल और यौवन काल का बहुत ही मर्मस्पर्शी वर्णन करते हैं। बाल्यकाल और यौवनकाल कितने मनोहर हैं। उसके बीच की नाना मनोरम परिस्थितियों के विशद् चित्रण द्वारा सूरदास जी ने जीवन की जो रमणीयता सामने रखी, उससे गिरे हुये हृदय नाच उठे। आगे कहते हैं कि, "वात्सल्य का जितना अधिक उद्घाटन सूर ने अपनी बंद आँखों से किया, उतना किसी और कवि ने नहीं।"

माता-पिता का अपनी संतान के प्रति एवं वृद्धों का छोटे-छोटे सुन्दर, हृष्ट-पुष्ट और हँस-मुख बच्चों के प्रति, जो स्नेह होता है वही वात्सल्य के प्रति जैसा दृष्टिकोण पूर्वकाल में था वैसा आज भी ज्यों का त्यों है। प्रेमनारायण टंडन ने कहा कि, "आज से लाखों वर्ष पहले माता-पिता के हृदय में अपनी संतान के प्रति जैसा प्रेम था, वैसा ही आज भी ज्यों का त्यों विद्यमान है।" अपनी बात को बढ़ाते हुये वे कहते हैं कि इस स्थिति के लिए किसी प्रकार का आर्थिक भेद नहीं आँका जाता है। वात्सल्य के प्रति धन की, स्थिति की, पद की, किसी की भी अपेक्षा नहीं की जाती। इसी वात्सल्य का सूरदास के काव्य में विस्तृत वर्णन है। सूरदास का वात्सल्य वर्णन हिन्दी साहित्य के क्षेत्र में सर्वथा अनुपम एवं अद्वितीय माना जाता है। तुलसी आदि उच्चकोटि के कवि भी सूर की सी सरसता इस क्षेत्र में नहीं ला सके। आचार्य रामचंद्र शुक्ल ने इस संदर्भ में कहा, "आगे होने वाले कवियों की शृंगार और वात्सल्य की उक्तियाँ सूर की जूठन सी जान पड़ती हैं।" आचार्य हजारी प्रसाद द्विवेदी ने सूर के वात्सल्य वर्णन की सराहना करते हुए कहा है कि, "यशोदा के बहाने सूरदास ने मातृहृदय का ऐसा स्वाभाविक, सरल और हृदयग्राही चित्र खींचा है कि आश्चर्य होता है।"

सूरदास ने श्री कृष्ण की बाल-सुलभ चेष्टाओं, मनोहारी लीलाओं एवं रमणीय बाल-क्रीड़ाओं का ऐसा हृदयग्राही एवं प्रभावशाली वर्णन किया है जिसे पढ़कर एवं सुनकर हृदय हठात उस ओर आकृष्ट हो जाता है। सूर के इन चित्रों में विविधता है, आकर्षकता है, रमणीयता है और स्वाभाविकता है, जिसके फलस्वरूप कोई भी अन्य कवि सूर के वात्सल्य-वर्णन में समानता नहीं कर सकता।

विषय की दृष्टि से कवि ने वात्सल्य भावों की अभिव्यक्ति में बड़ी सूक्ष्मदर्शिता दिखायी है। वात्सल्य के वर्णन में छोटी-से-छोटी बात भी नहीं छूटी है; सभी बातों का, सभी दृष्टियों से, उन्होंने विशद् वर्णन किया है। माता यशोदा, पिता नंद तथा अन्य वयोवृद्ध ग्रामीणों, यहाँ तक कि राह चलते पथिकों के शुद्ध और प्रफुल्लित हृदय में बालक कृष्ण की सुंदर और मनमोहिनी मूर्ति एवं चपल, मनोहारी, बालक्रीड़ाएं आदि कवि सूरदास हमारे सम्मुख रखने में सफल हुये हैं।

सूरदास का वात्सल्य वर्णन अत्यंत विशद् एवं गम्भीर है। इसका संपूर्ण आंकलन करने हेतु हम इसे दो भागों में विभक्त करते हैं–

I. वात्सल्य वर्णन का संयोग पक्ष

II. वात्सल्य वर्णन का वियोग पक्ष

I. वात्सल्य वर्णन का संयोग पक्ष

सूरदास का वात्सल्य निरूपण हिन्दी साहित्य की अनुपम निधि है। सूरदास जी ने बालकों की सहज मनोवृत्तियों के स्वाभाविक चित्र अंकित करते हुये वात्सल्य के संयोग पक्ष को बड़े ही मनोहारी रूप में उतारा है।

1. **बालोचित वेशभूषा का वर्णन :** सूर ने बालक कृष्ण की रूप-माधुरी को दिव्य एवं अलौकिक चित्रों द्वारा बड़ी ही सजीवता के साथ चित्रित किया है। सूर का बाल छवि-वर्णन बड़ा ही सरस, स्वाभाविक एवं चित्ताकर्षक है–

अ. "हरिजू की बाल छवि कहौं बरनि।
सकल सुख की सींव कोटि मनोज सोभा हरनि।
ब. "सोभा कहत नहिं आवै।
अंचतम अति आतुर लोचन-पुट मन न तृप्ति कौ पावै।"

2. **बालोचित चेष्टाओं और क्रीड़ाओं का वर्णन :** सूर ने श्री कृष्ण की बाल-छवि के रमणीय चित्रों के अतिरिक्त श्रीकृष्ण की बाल-सुलभ चेष्टाओं एवं विविध क्रीड़ाओं के भी अत्यंत स्वाभाविक एवं मनोमुग्धकारी चित्र चित्रित किये हैं–

नवजात शिशु हेतु पालने की आवश्यकता हुई। सूरदास यशोदा से कहलवाते हैं–

"पालनौ अति सुंदर गढ़ि ल्याउ रे गढ़ैया।"

बालक कृष्ण एक दिवस इसी पालने में था और उसने हाथ से पकड़कर पैर मुँह में ले लिया–

"कर पग गहि, अंगूठा मुख मेलत।
प्रभु पौंढ़े पालने अकेले, हरषि-हरषि अपने रंग खेलत।

श्री कृष्ण को सुलाने हेतु माता यशोदा के द्वारा लोरियाँ गाना।

"जसोदा हरि पालने झुलावैं।
हलरावै दुलराई मल्हावै, जोइ-सोइ कछु गावै।
मेरे लाल को आउ निंदरिया, काहे न आनि सुनावै।
तू काहै नहिं बेगहि आवै, तौरो कान्ह बुलावै।"

अभिलाषा संबंधी पद–

अ. जसुमति मन अभिलाष करै।
कब मेरौ लाल घुटुरूवनि रेगें कब धरनी पग द्वैक धरै।'
ब. चलत देख जसुमति सुख पावै।
ठुमकि-ठुमकि पग धरती रेंगत, जननी देखि दिखावै।'
स. "सिखवत चलन जसोदा मैया।
अरबराइ कर पानि गहावत उग मगाई धरनी धरे पैया।"

"मोहन काहै न उगिलों माटी।
बार-बार अनरूचि उपजावति, महरि हाथ लिये साँटी।"

मक्खन खाते हुये श्रीकृष्ण की चेष्टाओं का वर्णन–

'सोभित कर नवनीत लिये।
घुटरून चलत रेनु तन मंडित, मुख दधि लेप किये।

कृष्ण के द्वारा दर्पण में अपना बिम्ब देखकर पकड़ने का हृदयग्राही चित्र देखिए–

"किलकत कान्ह घुटुरूवनि आवत।
मनिमय कनक नंद के आंगन बिम्ब पकरिबे धावत।

उक्त सभी उदाहरणों में सूरदास ने बाल कृष्ण की विविध चेष्टाओं का वर्णन किया है।

3. **बाल मनोभावों एवं अंतः प्रकृति का निरूपण :** कविवर सूरदास ने बालकों के हृदयस्थ मनोभावों, बुद्धि-चातुर्य, स्पर्धा, खीझ, प्रतिद्वंदिता, अपराध करके उसे छिपाने एवं उसके बारे में कुशलता के साथ सफाई देने की प्रवृत्ति आदि में भी बड़े ही हृदयहारी चित्रांकित किये।

स्पर्धा के भाव का निदर्शन दृष्टव्य है–

"मैया कबहि बढैगी चोटी।
किती बार मोहिं दूध पिवत भई, यह अजहूँ है छोटी।।
तू जो कहति बल की बैनी ज्यों, हवै हैं लांबी मोटी।
कांची दूध पिवावत पचि-पचि, देत न माखन रोटी।।"

कृष्ण की बाल सुलभ सफाई का दृष्टांत–

"मैया मैं नहिं माखन खायो।
ख्याल परे ये सबै मिलि मेरे मुख लिपटायो।।
देखि तु ही सीके पै भाजन ऊँचे धरि लटकायौ।।
तु ही निरखि नान्हें कर अपने मैं कैसे करि पायौ।"

खीझ का वर्णन :

"मैया मोहि दाऊ बहुत खिझायो।
मोसो कहत मोल को लीनो, तोहि जसुमति कब जायो"
कहा कहौ एहि रिस के मारे, खेलन हों नहिं जातु।
पुनि-पुनि कहत कौन है माता, को है तुम्हरे तात।।
गोरे नंद जसोदा गोरी, तुम कत स्याम शरीर।
चुटकी दै दै हँसत ग्वाल सब, सिखै देत बलबीर।"

एक बार गोपी ने मक्खन चुराते हुए पकड़ लिया और गोपी कहने लगी–

"पाए आजु अकेले घर, दधि भाजन में हाथ
अब तुम काको नाम लेउगे, नाहिंन कोउ साथ"

इतना सुनते ही बालक कृष्ण तर्क एवं चतुरता से भरा हुआ कैसा सुन्दर उत्तर देते हैं–

"मैं जान्यों यह मेरो घर है, ता धोखे में आयो।
देखत ही गोरस में चींटी काढ़न का कर नायो।।"

4. **बालकों के संस्कार, उत्सवों एवं समारोहों का वर्णन :** सूर ने बालकों से संबंधित संस्कारों, उत्सवों एवं त्यौहारों, समारोहों का वर्णन करते हुये भी वात्सल्य भाव की अभिव्यक्ति की है, क्योंकि बालकों के कनछेदन नामकरण, वर्षगाँठ आदि के अवसरों पर माता-पिता के हृदय में जो सहज उत्साह एवं स्वाभाविक प्रेम उमड़ने लगता है और वे कैसी-कैसी तैयारी करते हैं, सूर की अंधी आँखों से वह भी छिपा नहीं है। जैसे कृष्ण के अन्न-प्राभनावसर पर नंद के घर की दशा देखिए–

"आजु कान्ह करि है अन प्रासन।
मनि कंचन के थार भराए, भाँति-भाँति के बासन।
नंद घरनि ब्रजवधु बुलाई, जे सब अपनी पाँति।"

5. **गो-दोहन एवं गो-चारण का अंकन :** सूरदास ने कृष्ण के गो-दोहन के लिए मचलने, गोओं को दुहने, गो-चारण हेतु वन जाने की हठ करने, गौ-चराने वन में जाने, माता द्वारा वन में छाछ भिजवाने आदि का वर्णन करके वात्सल्य भाव की सुंदर अभिव्यक्ति की है। जैसे-गो-दोहन हेतु हठ करने के लिए कृष्ण का वर्णन–

"तनक-तनक मोय दोहिनी दै देरी मैया।
तात दुहन सीखन कह्यो मोहि धौरी गैया।"

II. वात्सल्य का वियोग पक्ष

जिस प्रकार सूर ने अत्यंत तन्मय होकर श्री कृष्ण की बाल-क्रीड़ाओं की मनोरम झांकियां अंकित करते हुये वात्सल्य के संयोग पक्ष का अत्यंत मर्मस्पर्शी वर्णन किया है और बालकों की प्रवृतियों के मनोवैज्ञानिक एवं चित्ताकर्षक चित्र अंकित किये हैं, उसी प्रकार सूर ने श्रृंगार रस की भाँति वात्सल्य के वियोग पक्ष का भी अत्यंत हृदयद्रावक चित्र प्रस्तुत किया है–

1. **कृष्ण के मथुरा गमनावसर पर :** वियोग-वात्सल्य की सबसे सुंदर झलक कृष्ण के मथुरा-गमन पर अंकित की गई है। वह क्षण ऐसा मालूम पड़ता है कि मानो 'सूर' स्वयं यशोदा के रूप में अपनी आँखों से आँसू बहाते हुए रो रहे हैं और उनके प्रत्येक शब्द से वात्सल्य का अजस्र स्रोत उमड़ रहा है। कृष्ण के मथुरागमन पर यशोदा की स्थिति का चित्रांकन उम्पत तथ्य को स्पष्ट कर देता है–

"जसोदा बार-बार यौं भाखें।
है कोई ब्रज में हितू हमारो, चलत गोपालहिं राखै।।
कहा करे मेरे छगन मगन को, नृप मधुपुरी बुलायौ।
सुफलक सुत मेरे प्राण हनन कौ काल रूप होइ आयौ।।

इतना रोने पीटने के पश्चात् भी यशोदा की बातों को कोई नहीं सुनता और कृष्ण मथुरा जाने से नहीं रूकते, तो माता यशोदा विलाप करती हुई कटे वृक्ष की भांति भूमि पर पछाड़ खाकर गिर पड़ती हैं। माता की यह कारूणिक दशा कितनी हृदय द्रावक है–

"यह सुनि गिरी धरनि झुकि माता।
कहा अक्रूर ठगौरी लाई, लिये जात दोउ भ्राता।
विरहा समय की हरत लकुरिया, पाप पुन्य उर नाही।
कछु नफा है तुमकों यामें, सोंचो धौं मन माही।

2. **मथुरा से नंद के अकेले लौटने पर :** वात्सल्यमयी माता यशोदा की तन्मयता का वर्णन किया है–

"जसुदा कान्ह-कान्ह के बूझे।
फूटि न गई तुम्हारी चारों कैसे मारग सूझै।

यशोदा इतने से ही शांत नहीं होती है, वह व्याकुल होकर यहाँ तक कह डालती हैं कि :

"छाँड़ि सनेह चले मथुरा, कत दौरि न चीर गह्यो।
फाटि न गई वज्र की छाती, कत यह सूल सह्यो।।
'नंद ब्रज लीजे ठोकि बजाय
देहु विदा मिलि जाय मधुपुरी।'

3. **श्री कृष्ण के मथुरा में ही निवास करने पर :** सूर ने वात्सल्य-जन्य वियोग का चित्रण करते हुये वात्सल्य को भाव से रस की स्थिति तक पहुंचा दिया। इसका मूल कारण यह है कि सूरदास जी ने श्रृंगार की भाँति वात्सल्य के भी संयोग एवं वियोग दोनों पक्षों को बड़े ही मर्मस्पर्शी ढंग से चित्रित किया है। इस वियोग वात्सल्य की सूर ने उस समय झाँकी प्रस्तुत की। जब कृष्ण अनेक बुलावा भेजने पर भी वापस नहीं आते हैं और सूर की यशोदा

कृष्ण की रूचिकर वस्तुओं को अपने समक्ष देखती हैं तथा उन्हें देख टीस, पीड़ा आदि की अनुभूति करती हैं–

"जद्यपि मन समुझावत लोग।
सूल होत नवनीत देखि, मेरे मोहन के मुख जोग।"

अभिलाषा करती हुई वह कहती है कि वह दिन न जाने कब आयेगा, जबकि मैं लोरियाँ गाती हुई रात-दिन अपने श्याम-सलौने को छाती से लगाकर खिलाया करूंगी–

"निसिवासर छतियाँ ले आऊँ, बालक लीला गाऊँ।
वैसे भाग बहुरि कब हवै है, मोहन गोद खिलाऊँ।।"

माता यशोदा रात-दिन पागल सी रहती है। उसे नितप्रति अनेकों चिंताएं सताती रहती है और सूर यशोदा के माध्यम् से स्नेहातिरेक होकर पुकार उठते हैं–

"संदेशों देवकी सौं कहियौं।
हौ तो धाय तिहारे सुत को, कृपा करत ही रह्यो।।
जदपि टेव तुम जानति हवे हौ, तऊ मोहि कहि आवै।
प्रातः होत मेरे लाल लडैते, माखन रोटी भावे।
मेरो अलक लडैतो मोहन, हवै है करत संकोच"

माता के उक्त कथन में एक सार्वभौम एवं शाश्वत तथ्य का निरूपण हुआ है, जिसमें माता के हृदय की मनोवैज्ञानिक एवं स्वाभाविक झांकी चित्रित की गई है।

सूर का बालवर्णन देश और काल की परिधि का अतिक्रमण करता है। यह चित्र मात्र ब्रजप्रदेश के लिए ही नहीं वरन्, वैश्विक है और यह मात्र मध्यकाल से ही संबंधित नहीं वरन् जब से मानव ने भावनाओं को पहचानना सीखा है तभी से बाल वर्णन की ऐसी ही गतिविधियाँ होती आई हैं और भविष्य में भी ऐसी ही होती रहेंगी जैसा कि सूर ने अपनी बंद आँखों से किया है। सूरदास का यह बाल वर्णन प्रकृति से ऊपर उठकर नहीं बल्कि प्रकृति के सूक्ष्मातिसूक्ष्म बालभावों और अनुभावों का चित्रण है।

इस तरह सूर का बालवर्णन बड़ा ही हृदयहारी है, जिसमें बालोचित चेष्टाओं और क्रीड़ाओं के अतिरिक्त मातृहृदय की भी बड़ी मनोरम व्यंजना हुई है, जो भाव से रस की चरम कोटि तक पहुंच गया है। वात्सल्य भावोत्पन्न भक्ति भी श्रेष्ठ भक्ति मानी गई है, क्योंकि न तो उसमें विरक्ति होती है और न इन्द्रिय सुखों की लालसा, अपितु उसमें अपने आलम्बन के प्रति मातृ-हृदय की सहज एवं स्वाभाविक परिणति रही तथा अन्य सभी भक्तियों की अपेक्षा स्नेहाधिक्य के भी दर्शन होते हैं। सूर ने भी ऐसी ही भक्ति का निरूपण किया है, जिसमें स्नेहातिरेकता के साथ-साथ मातृ-हृदय की सहज एवं स्वाभाविक परिणति के दर्शन होते हैं। इतना ही नहीं, सूर के इस वात्सल्य वर्णन में तन्मयता है, स्वाभाविकता है, मनोवैज्ञानिकता है, सरलता है, सहज आकर्षण है, हृदय को आकृष्ट करने की पूर्ण क्षमता है और इसमें शिशु जीवन की एक उल्लास एवं उमंग भरी शाश्वत झांकी अंकित है। इसी कारण सूरदास वात्सल्य-सम्राट कहलाते हैं, बाल-मनोविज्ञान के पारखी कहे जाते हैं और बाल-प्रकृति और बाल-मनोवृत्तियों के कुशल चितेरे हैं।

तुलसीदास

तुलसी की रचनाएँ

वैसे तो गोस्वामी जी की अक्षयकीर्ति का आधार तो मानस है किन्तु वह उनकी एकमात्र रचना नहीं है। उनके द्वारा रचित अन्य प्रामाणिक ग्रंथ इस प्रकार हैं–**दोहावली, कवित्त-रामायण (कवितावली) गीतावली, रामाज्ञा प्रश्न, विनय-पत्रिका रामलला नहछू, पार्वती मंगल, जानकी मंगल, बरवै रामायण, वैराग्य संदीपनी, श्रीकृष्ण गीतावली, हनुमान-बाहुक।**

मानस का रचनाकाल गोस्वामी जी के ही शब्दों में **"संवत सोरह सौ इकतीसा" करऊँ कथा हरिपद धरि सीसा** अर्थात् 1574 ई॰ है। इस आधार पर उनके काव्य को दो भागों में बाँटा जा सकता हैः- मानस के पूर्व की रचनाएँ जैसे वैराग्य संदीपनी, रामाज्ञा प्रश्न, रामलला नहछू, जानकी मंगल और मानस। दूसरे में मानसोत्तर रचनाएँ हैं जिनमें पार्वती मंगल, कृष्ण गीतावली, गीतावली, विनय पत्रिका, दोहावली, बरवै रामायण, कवितावली और हनुमानबाहुक।

इनमें मुख्य प्रसिद्धि वाले ग्रंथ मानस, विनय पत्रिका और कवितावली है।

मानस-पूर्व रचनाएँ गोस्वामी जी के कवित्व और विषयवस्तु की दृष्टि से विकास के प्रथम सोपान पर हैं। वैराग्य संदीपनी और रामाज्ञा प्रश्न जैसे ग्रन्थों में उनकी कवित्व प्रतिभा व भक्ति का अपूर्व रूप विकसित होता है। रामलला नहछू व जानकी मंगल में वह थोड़ा विस्तार प्राप्त करता है और

मार्मिक प्रसंगों यथा राम-जानकी विवाह व विवाहोपरांत राम-जानकी का अवध-आगमन की उद्भावना करके अपने कवित्व की सृष्टि करता है। मानस तुलसी की एक अपूर्व कृति है। पाठक इसका परिचय दूसरे लेखों में पा चुके हैं।

मानस पश्चात् की रचनाओं में 'गीतावली' गीतिकाव्य है। कथा प्रसंगों की उद्भावना इसमें दो तरीके से हुई है। पहला वस्तु व्यापार वर्णन के रूप में और दूसरा पात्रों के मुँह से भावाभिव्यंजना के रूप में।

गोस्वामी जी की एक अन्य रचना 'दोहावली' में उनका कवि और सूक्तिकार रूप दोनों उभरा है। आचार्य शुक्ल का मानना है कि भक्ति और प्रेम का रूप प्रकट करने वाले दोहे तो काव्य के अन्तर्गत आएंगे और नीति परक दोहे सूक्ति की श्रेणी में आएंगे।

मानसोत्तर रचनाओं में मानस के भावनामय लोक के बजाय इन रचनाओं में तुलसीदास का यथार्थ-मय दृष्टिकोण दिखाई पड़ता है। कवितावली के उत्तर कांड में जहां राम की दयालुता, भक्तवत्सलता का वर्णन है, वहीं विनय पत्रिका में अपनी दीन हीन दशा का वर्णन तुलसी ने किया है। 16वीं-17वीं सदी के सामाजिक-राजनैतिक-आर्थिक सत्य की झलक इन रचनाओं में मिलती है। विविध तापों से मुक्त राम राज्य की कल्पना के बरअक्स यहाँ बहुविध तापों से मुक्त जनजीवन का चित्रण यहाँ किया गया है, जहाँ **"आगि बड़वागि ते बड़ी है आगि पेट की"**।

लोगों के पास भोजन नहीं, रहने को घर नहीं, करने का काम नहीं- **"कहाँ जाई का करी"** की गूँज ही सुनाई पड़ती है।

पेट के लिए लोग बेटा-बेटी बेच रहे हैं। वह तुलसी जिनके राम राज्य में सर्वत्र आमोद और परितोष था **"बारे ते ललात बिललात"** जैसी पंक्तियाँ लिखने को मजबूर हो गए। द्रष्टा से भोक्ता बनने का ही परिणाम था कि वर्णाश्रम के 'निज निज धर्म' का उद्घोषक **"धूत कहौ, अवधूत कहौ"** जैसी कविता उपदेशक बन जाती है। हनुमान बाहुक इस महान् कवि का अंतिम करूणार्त्त स्वर है, जिसमें बाहु की पीड़ा के निवारणार्थ कवि राम, हनुमान, शंकर सबसे विनती करता है, पर निराशा ही हाथ लगती है और कवि यह जानकर मौन हो जाता है कि–

"बयो सो जानि लुनिये"।

अंततः गोस्वामी जी जहाँ एक ओर आरंभिक चरण में भक्ति और काव्य में भावना को तरजीह देते हैं, तो दूसरी ओर जगत की कारूणिक अनुभूति उनकी अपनी अंतिम रचनाओं में है जो उन्हें यथार्थ के धरातल पर उतार देती है।

मानस की प्रबंध कल्पना

मध्यकालीन हिन्दी राम भक्ति साहित्य धारा में रामचरितमानस का उच्चस्थ स्थान है। रामचरितमानस के सृजक ने प्रबंध काव्य मुक्तक काव्य दोनों प्रकार की काव्य सृजना का प्रणयन किया। मुक्तक काव्य का पूर्वापर छंद से कोई लेना-देना नहीं होता और प्रत्येक छंद अर्थ की दृष्टि से भी भिन्न होता है। वहीं प्रबंध काव्य में एक सानुबंध कथा होती है। प्रबंध काव्य में संपूर्ण घटनाक्रम कार्य-कारण सम्बन्ध के कारण परस्पर पूर्वापर सम्बन्ध का निर्वाह करते हुये जुड़ा रहता है। आचार्य रामचन्द्र शुक्ल ने प्रबंधकाव्य और मुक्तक काव्य की तुलना करते हुये कहा कि, "यदि प्रबंध काव्य एक विस्तृत वनस्थली है तो मुक्तक काव्य एक चुना हुआ गुलदस्ता।"

गोस्वामी तुलसीदास ने 'रामचरित मानस' के रूप में एक उत्कृष्ट महाकाव्य का सृजन किया। इस कथा में इन्होंने आद्य रामकथा का निरूपण किया है। अपनी प्रबंधात्मक कृतियों से इतर तुलसी ने विनयपत्रिका, गीतावली, दोहावली जैसे उच्चकोटि के मुक्तक भी सृजित किये। इन्होंने रामकथा का मूलाधार वाल्मीकि रामायण को बनाया है, तथापि उसमें अध्यात्म रामायण एवं तत्सम्बन्धी ग्रंथों का भी सार समेटे हुये है।

आचार्य शुक्ल ने कृति के प्रबंध सौष्ठव हेतु तीन कसौटियाँ निर्धारित की हैं–1. सम्बन्ध निर्वाह, 2. कथा के मार्मिक स्थलों की पहचान, 3. दृश्यों की स्थानगत विशेषता। 'मानस' में इन तीनों ही कसौटियों के तत्त्वों का निर्वहन किया गया है।

इन तीनों कसौटियों के आधार पर हम रामचरित मानस की प्रबंध कल्पना का वर्णन करेंगे–

1. **सम्बन्ध निर्वाह :** मानस की कथा आद्यंत अक्षुण्य बनी रहती है। वह कहीं से भी निर्बन्धता की ओर बढ़ती नहीं दिखाई देती। 'मानस' में राम के जन्मावसर से लेकर राज्य आरोहण तक की कथा सात कांडों में विभक्त की गई है– बालकांड, अयोध्या कांड, अरण्यकांड, किष्किंधाकांड, सुन्दरकांड, लंकाकाण्ड और उत्तरकांड।

   रामचरित मानस की कथा संवादात्मक शैली में अभिव्यंजित की गई है। तुलसी ने इस कथा को बढ़ाने के लिए तीन वक्ताओं को रखा है– शिव, याज्ञवलक्य तथा

काकभुशुण्डि एवं श्रोताओं के क्रमशः नाम हैं–पार्वती, गरूड़ और भारद्वाज जी। तुलसी ने मानसारंभ में ही कहा है कि–

"नानापुराण निगमागमं सम्मतं यद् रामायणूम।"

चेतना के तीन स्तरों पर एक साथ कथानक को व्यक्त करते हुये उसमें सम्बन्ध निर्वाह कर पाना निश्चय ही तुलसी के विलक्षण काव्य प्रतिभा का द्योतक है। भले ही वह तीन अलग-अलग वक्ताओं द्वारा व्यक्त की गई हो, किन्तु उसमें कहीं भी कथाक्रम टूटने नहीं पाया। कहीं भी कथा बोझिल नहीं लगती।

इस कथान्तर्गत तुलसी ने घटनाओं की पुनरावर्ती भी नहीं की है। एक बार सम्पन्न घटना को दुबारा कहने का अवसर यदि कहीं आया है, तो तुलसी ने उल्लेख मात्र से ही काम चलाया है। निर्विवाद रूप से कह सकते हैं कि रामचरितमानस का कथानक सुसंगठित, सुसम्बद्ध एवं कार्य-कारण शृंखला में बंधा हुआ है। उसमें नाटक की पांचों कार्यावस्थाएं भी दृष्टव्य हैं। कथा में रोचकता, आकर्षकता एवं रोमांचकता लाने हेतु कवि ने अलौकिक एवं असाधारण कार्यों का समावेश किया है। निश्चय ही 'मानस' के कथानक में सम्बन्ध निर्वाह अपने पूर्ण उत्कर्ष पर विद्यमान है।

2. **कथान्तर्गत मार्मिक स्थलों की पहचान :** एक कुशल प्रबंधकार वही होता है जिसे कथा के मार्मिक स्थलों की पहचान हो। रामचरितमानस में तुलसी ने अपनी दक्षता का प्रमाण प्रस्तुत किया है। रामकथान्तर्गत आने वाले ऐसे मार्मिक स्थल निम्न हैं–

राम सीता का पुष्प वाटिका में मिलन, राम वनगमन, इससे पूर्व परशुराम प्रसंग, चित्रकूट प्रसंग, राम भरत मिलाप, राम-शबरी मिलन, लक्ष्मण शक्ति, सीता हरण आदि। तुलसी को इन सभी स्थलों के मार्मिकता की भली प्रकार परख थी। ऐसे स्थलों पर उनका मन बहुत रमा है और उन्होंने विस्तार से इन स्थलों का कथान्तर्गत वर्णन किया है। पुष्पवाटिका में सीता को राम लक्ष्मण कैसे लगे इसका वर्णन देखिए–

"लता भवन तें प्रगट भए, तेहि अवसर दोउ भाइ।
विगसे जनु विधु विमल दोइ, जलद पटल बिलगाई।"

ऐसे स्थलों पर तुलसी का हृदय पक्ष विह्वल हो उठा और हृदय पक्ष की पूर्ण दक्षता व सूक्ष्मता के साथ कथान्तर्गत इन स्थलों का अभिव्यंजन किया है। सहृदयगण ऐसे स्थलों को पढ़कर रोमांचित होने लगते हैं एवं अश्रुजल की धारा प्रवाहित होने लगती है। गीतावली एवं कवितावली में ऐसे स्थल अधिकांशतः हैं।

तुलसीदास ने उन कथा-प्रसंगों को कोई महत्त्व नहीं दिया जिसमें घटना का उल्लेख मात्र करने से काम चल जाता है। जब राम लंका विजय करके अयोध्या लौटे तो तुलसी ने उस यात्रा का वर्णन मात्र दो-चार चौपाइयों में कर दिया है। तुलसी ने अपनी अनोखी सूझबूझ का परिचय देकर 'मानस' की प्रबंध पटुता में चार चांद लगा दिया है। तुलसी को जो प्रसंग अरूचिकर एवं अशोभनीय लगे उसे बड़ी चतुराई से वर्णन से बाहर कर दिया। यथा शिव-पार्वती का विवाह होने के उपरांत उनकी संयोग कालीन काम क्रीड़ाओं का वर्णन करने से बचने हेतु वे यह वर्णित करते हैं–

"जगत मात पितु सम्भु भवानी। तेहि सिंगार न कहहूं बखानी"
करहिं विविध विधि भोग विलासा। गणन समेत बसहिं कैलासा।।"

3. **दृश्यों की स्थानगत विशेषताएं :** प्रबंध काव्य के लिए दृश्यों की स्थानगत विशेषताओं की प्रामाणिक जानकारी होनी भी आवश्यक है। अर्थात् प्रबंध काव्य में जिन ऐतिहासिक स्थलों, नदियों, मार्गों, इत्यादि का वर्णन किया गया हो, वह पूर्णतः प्रामाणिक होना चाहिए तथा उस स्थान की विशेषताओं को पूर्ण रूप से स्पष्ट करने वाला भी होना चाहिए।

रामकथान्तर्गत तुलसी ने अयोध्या, जनकपुरी, लंका, आदि का प्रामाणिक वर्णन किया है। साथ ही उन्होंने राम के वनगमन करते समय बीच में पड़ने वाले गिरि, वन, सरिता एवं अन्य स्थलों और दृश्यों का स्वाभाविक वर्णन किया है। चित्रकूट पर्वत का वर्णन गीतावली में तुलसी ने बड़ी कुशलता से किया है। युद्ध वर्णन में विभिन्न हथियारों, अस्त्र-शस्त्रों योद्धाओं की मनःस्थितियों का निरूपण करने में भी उन्हें सफलता मिली।

निष्कर्षतः कहा जा सकता है कि तुलसी में प्रबंध रचना की अद्भुत प्रतिभा विद्यमान थी। 'मानस' हिन्दी प्रबंध काव्यों में अद्वितीय स्थान का अधिकारी है।

मर्यादा भाव : सामाजिक पारिवारिक आदर्श

तुलसी की प्रारंभिक रचनाओं से लेकर मानस तक वर्णाश्रम धर्म की पूर्ण प्रतिष्ठा गूंजती है। श्रुतिसम्मत, **'निज-निज धर्म'** के आधार पर सामाजिक, पारिवारिक आदर्श निर्मित हुए हैं ऐसा तुलसी की मान्यता है, किन्तु मानसोत्तर रचनाओं में तुलसी अपनी ही पूर्वमान्यता को ध्वस्त करते हैं। ऐसा लगता है कि वर्णाश्रम को लेकर तुलसी के मस्तिष्क में भारी द्वन्द्व था जिसकी परिणति बाद की रचनाओं में होती है।

"पूजिय विप्र सकल गुण हीना" के पश्चात् तुलसी यह भी स्वीकारने में नहीं हिचकिचाते कि **"विप्र निरक्षर लोलुप कामी"**।

राजा प्रजा संबंध पर भी तुलसी स्पष्ट करते हैं-

"जासु राज प्रिय प्रजा दुखारी।
सो नृप अवसि नरक अधिकारी।"

प्रमदा और कामिनी नारियाँ सब दृष्टियों से उनके लिए निन्दनीय हैं। कौशल्या, गार्गी, सीता आदि उनके आदर्श नारी पात्र हैं। आदर्श स्थिति यह है कि

"मुखिया मुख सों चाहिए, खान-पान को एक।
पालइ पोषइ सकल अंग, तुलसी सहित विवेक।।"

पारिवारिक आदर्श के रूप में तुलसी ने सामान्य भारतीय गृहस्थ जीवन को चुना है। जिसमें पिता-पुत्र, माता-पुत्र, पति-पत्नी, भाई-भाई, सेवक-स्वामी आदि सहन और स्वाभाविक रूप में आते हैं। पिता के रूप में दशरथ, पुत्र के रूप में राम का चरित्र अनुकरणीय है।

माता-पुत्र के संबंध का सुन्दर व आदर्श वात्सल्यमय तब दृष्टिगोचर होता है जब माताएँ वन गमन के लिए पुत्रों को विदा करती हैः-

"बार-बार मुख चुंबति माता/नयन नेह जल पुलकित गाता
गोदि राखि प्रभु हृदय लगाए। सुवत प्रेम जल रस पद सिधाए"

तुलसीदास ने पारिवारिक आदर्श के रूप में पति-पत्नी संबंध को चित्रित किया है। कष्टों में भी पति की सहगामिनी बनने वाली नारी की कल्पना वे इस तरह करते हैं-

"जय बिनु देह नदी बिनु कारी।
तैसइनाथ पुरूष बिन नारी।।"

भाई-भाई के संबंध के आदर्श के रूप में राम, लक्ष्मण, भरत, शत्रुध्न जैसे भाइयों की कल्पना करके तुलसीदास ने मानस को आदर्श परिवार व आदर्श गृहस्थ की कल्पना पूरी कर ली है

राम के शब्दों में –

भरतहिं होई न राजमद, विधि हरिहर पद पाई।
कबहुं कि काजी सी करनि, क्षीर सिन्धु बिन साई।।

चित्रकूट सभा का महत्व

चित्रकूट सभा मानस के मार्मिक और गंभीरतम प्रकरणों में से एक है। कुशल कवि की तरह तुलसीदास की दृष्टि इस मार्मिक स्थल पर अत्यंत रमी है। मानस के अन्तर्गत यह घटना एक मार्मिक स्थल है, जहाँ भरत के साथ पूरा राज परिवार वशिष्ठ जनक तथा अवध के लोग एकत्र हुए हैं। कौल, किरात, आदि जन जातियाँ भी वहाँ उपस्थित हैं। यह सभा शील-विनय, धर्मबुद्धि और दर्शन का संगम है। धर्म के इतने स्वरूपों तथा साथ योजना, हृदय की वृत्तियों की एक साथ उद्भावना, योजना मानस के अतिरिक्त शायद ही कहीं हो। राजा-प्रजा, गुरु-शिष्य, भाई-भाई, माता-पुत्र, पिता-पुत्री, सास-बहू, क्षत्रिय-ब्राह्मण, ब्राह्मण-शूद्र, सभ्य-असभ्य, आदि के परस्पर व्यवहारों का अत्यन्त गंभीर चित्रण हुआ है। भारतीय संस्कृति के विराट सांस्कृतिक सम्मेलन की छटा यहाँ देखी जा सकती है। इन सबके केन्द्र में ऐसा मिश्रण है कि सारी चित्रकूट सभा के साथ-साथ पाठक भी शोकाकुल हो जाते हैं। सभी चाहते हैं कि राम अयोध्या वापस आ जाएं और उनकी जगह भरत वन जाए। किन्तु विचार सभा में धर्म के स्थिर और गंभीर स्वरूप के सामने सबकी व्यक्तिगत इच्छाएँ तिरोहित हो जाती हैं।

इस पूरे प्रसंग में परिवार और समाज के कितने उत्कर्षों का अवगाहन तुलसी द्वारा होता है- दर्शनीय है। राजा-प्रजा संबंध के रूप में देखा जा सकता है कि सारी प्रजा अपने काम काज को छोड़कर भरत के साथ राम को वापस लाने के लिए उमड़ चली है।

भाई-भाई के संबंध की अलौकिक छटा का एक उदाहरणः-

'पाहिं नाथ कहिं पाहिगोसाई।
भूतल परे लकुटि कि नाई।।'

श्रेष्ठ जनों के सम्मुख भरत और राम का मर्यादित वार्तालाप और माताओं के प्रति प्रेम भाव की उत्कृष्टता अन्यत्र दुर्लभ है।

पिता-पुत्री संबंध में जनक और सीता के संवाद को उद्धृत किया जा सकता है।

चित्रकूट प्रसंग में सीता अपने पिता के डेरे पर जाकर माता के पास बैठी हैं, इतने में रात हो जाती है और वे असमंजस में पड़ जाती हैं कि –

"कहत न सिय सकुचि मन माही।
इहा बसब रजनी भल नाहीं।।"

पति तपस्वी बन कर भूमि शयन करें और पत्नी राजसी ठाट-बाट में रहे यह असमंजस वाली बात हो सकती है।

सामाजिक समरसता का भाव भी इस प्रसंग में व्यक्त होता है। केवट के दूर से ही प्रणाम करने पर ऋषि उसे गले से लगा लेते हैं और कोल-किरातों के प्रति सभी मृदु और सुशील व्यवहार करते हैं।

"नहि कटि पट नहिं पेट अघाहि" वाली जनजातियाँ भी प्रत्युत्तर में ऐसा ही प्रेम पूर्ण व्यवहार करती हैं।

राम राज्य की परिकल्पना

तुलसी ने रामराज्य की परिकल्पना एक आदर्श राज के रूप में की थी। क्या यह कल्पना केवल यूटोपिया भर है या इसका कुछ व्यवहारिक पक्ष भी है? ज्यादातर आदर्श व्यवहारिकता के खांचे में फिट नहीं बैठते। इस अर्थ में तुलसी का रामराज्य भी कल्पना लोक है।

इस राज्य में प्रजा के बीच पारस्परिक ऐक्यता थी, वैर और विषमता इससे अछूते थे। राजा के प्रताप के फलस्वरूप दुर्जनों को यथोचित दण्ड और सज्जनों को यथावश्यक प्रसाद का विधान कर विषमता का परिहार कर दिया जाता था–

'बयरून कर काहू सन कोई।
राम प्रताप विषमता खोई'।

त्रिविध तापों से दूर था यह संसार। अकाल, मृत्यु, रोग, दारिद्रय आदि महादुखों से भी लोकमुक्त थे। कारणः- सभी श्रुतिसम्मत, स्वधर्म का पालन निष्ठापूर्वक करते थे। इसी से न कोई दीन था, न दुःखी था, न ही दरिद्र, न ही कुलक्षण। सभी गुणज्ञ, ज्ञानी, कृतज्ञ, सदाचारी, निर्दम्भ, निष्कपट और पंडित थे।

"दैहिक दैविक भौतिक तापा/रामराज नहिं काहु व्यापा
सब नर करहि परस्पर प्रीति/चलहि स्वधर्मनिरत श्रुति नीती
अल्प मृत्यु नहिं कवेनेऊपीरा/ सब सुंदर सब बिरज सरीरा"

यह ऐसा लोक है जहाँ शेर और मृग एक साथ पानी पीते हैं। सारे पशु पक्षी आकर स्वभावगत वैर भूलकर यहाँ प्रेम से रहते हैं और पेड़ पौधे सदा फूलों से लदे रहते थे–

"फूलहि फलहिं सदा तरू कानन/ रहहि एक संग गजपंचानन
संग मृग सहज बचरू बिसराई। सबहि परस्पर प्रीति बढ़ाई।"

तुलसी का रामराज्य आदर्श होने से , उनका दृष्ट राज्य नहीं है परन्तु वह एकदम स्वर्ग की तरह यथार्थ से बहुत दूर भी नहीं है। यह सर्वविदित है कि स्वर्ग भी जीवन की आकांक्षाओं और आशाओं की काल्पनिक परम्परागत पूर्ति-मात्र ही है। जहाँ नश्वरता अभाव दुःख अप्रिय अनुभूतियों के अवसर बहिष्कृत कर दिए गए हैं तथा शाश्वत सुख की व्यवस्था परम्परागत विश्वासों और कल्पनाओं के आधार पर कर ली गई है।

युग बोध

मध्यकालीन भक्ति आंदोलन में तुलसीदास का रामभक्ति परक साहित्य-सृजना में अन्यतम स्थान है। तुलसीदास भारत के श्रेष्ठ कवि (भक्त), भक्ति-आंदोलन के उन्नयनकर्ता एवं भक्ति आंदोलन की महान् उपलब्धि हैं। तुलसी की कविता में तुलसीकालीन युग की स्पष्ट झांकी प्रतिफलित है। तुलसी की कविता के संदर्भ में शुक्ल जी ने कहा कि, "यदि कोई पूछे कि जनता के हृदय पर सबसे अधिक विस्तृत अधिकार रखने वाला हिंदी का सबसे बड़ा कवि कौन है तो उसका एक मात्र यही उत्तर ठीक हो सकता है कि भारत हृदय, भारती कंठ, भक्त चूड़ामणि गोस्वामी तुलसीदास।" मनुष्य को साहित्य का लक्ष्य मानने वाले और इसी दृष्टि से कबीर को हिंदी जगत् में विशेष प्रतिष्ठा दिलाने वाले आचार्य हजारी प्रसाद द्विवेदी ने भी मुक्तकंठ से तुलसी का महत्व स्वीकार करते हुए कहा– "तुलसीदास कवि थे, भक्त थे, पंडित सुधाकर थे, लोकनायक थे और भविष्य के स्रष्टा थे। इन रूपों में उनका कोई भी रूप किसी से घटकर नहीं था। यही कारण था कि उन्होंने सब ओर समता (balance) की रक्षा करते हुए एक अद्वितीय ग्रन्थ की सृष्टि की जो अब तक उत्तर भारत का मार्गदर्शक रहा है और उस दिन भी रहेगा जिस दिन नवीन भारत का जन्म हो गया होगा।"

तुलसी की दृष्टि बड़ी तीव्र थी। वे समाज के सजग प्रहरी थे। उन्हें लोकहित का पूरा ध्यान था। उनका मत था कि जब तक लोक-मर्यादा का पालन नहीं होगा; तब तक जनकल्याण असंभव है। मर्यादा के अभाव में, समाज में व्यवस्था उत्पन्न होना आकाश-पुष्प के समान है। इनके राम मर्यादा-पुरुषोत्तम हैं, फिर मर्यादा का उल्लंघन कैसा। तुलसी की विराट कल्पना में तुलसी का युगबोध है।

रामचंद्र तिवारी ने तुलसीदास के काव्य में सामंत-विरोधी मूल्यों के संदर्भ में कहा, "तुलसीदास अपने समय के सबसे बड़े यथार्थवादी कवि हैं और उनके काव्य में अनेक सामंत-विरोधी मूल्य हैं। भक्ति आंदोलन में सामंत विरोधिता को व्यक्त करते हुए रामविलास शर्मा कहते हैं कि, "संभवतः जाति-प्रथा जितनी दृढ़ आज है, उतनी नामदेव दर्जी, सेना नाई, चोखा महार, रैदास चमार और कबीर जुलाहे के समय में न थी। वर्णाश्रम धर्म और जातिप्रथा की तीव्र आलोचना भक्ति साहित्य में है। तुलसी का काव्य इसका प्रमाण है।

भारतीय साधना ने निर्गुण एवं सगुण भक्ति के दोनों रूपों को अपनाया। आचार्य रामानंद ने कबीर और रैदास को राम की भक्ति का मंत्र दिया। तुलसीदास ने सगुण राम की भक्ति की एवं अपनी कविता में, भक्ति सृजना में युगबोध को व्यक्त किया है।

तुलसीदास ने युगबोध से अनुप्रेरित होकर 'रामचरित मानस' में निर्गुन-सगुण के द्वंद्व की व्यंजना की है। सिद्धांततः निर्गुण को मानकर निर्गुन और सगुण का सकारण समन्वय किया। मानस में आदि से अंत तक निर्गुन-सगुण के द्वंद्व की चर्चा तुलसी के युगबोध की सघनता तथा व्यग्रता को संकेतित करती है। शिव-सती संवाद, शिव-पार्वती संवाद, अगस्त्य-संवाद, काकभुशुंडि संवाद के साथ भक्त कवि का स्वकथन आदि सबके द्वारा समन्वय एवं समाधान उपस्थित किये गये हैं।

तुलसी ने 'मानस' की भूमिका अर्थात् बालकांड के आरंभ में ही भारतीय चिंतन की विशेषता-नानात्व में एकत्व एवं द्वैत में अद्वैत की दृष्टि से राम की सर्वव्यापकता को स्पष्ट कर दिया–

"आकर चारि लाख चौरासी। जाति जीव जल थल नभ वासी।
सीय राममय सब जग जानी। करहुँ प्रनाम जोरि जुग पानी।।"

बालकांड में ही राम के प्रति सती की शंका तुलसी युग के भारतीय मन की शंका है। उन्नीसवी और बीसवीं सदी में भी ब्रह्म समाज तथा आर्य समाज द्वारा सगुण के प्रति शंका जगी है। तुलसी युग में सगुण राम, कृष्ण एवं शिव के उपासना केन्द्रों का भूशायी हो जाना उस शंका को बढ़ाता रहा था। इस सत्य को अस्वीकार नहीं किया जा सकता। अतः मानस में तुलसी ने शंका-समाधान की शृंखला को बढ़ाया है। इसीलिए पार्वती की शंका का समाधान करते हुये शंकर के माध्यम से तुलसी कहते हैं–

"सगुनहि अगुनहि नहिं कछु भेदा। गावहिं मुनि पुरान बुध वेदा।
अगुन अरूप लख अज जोई। भगत प्रेम बस सगुन सो होई।

निर्गुण ब्रह्म के सगुणावतार का दूसरा बहुत बड़ा कारण उस युग की पराधीन-पीड़ित जनमानस की आकांक्षा है। यथा–

असुर मारि पापहिं सुरन्ह, राखहिं निज श्रुति सेतु।
जग विस्तारहिं बिसद, जस राम जन्म कर हेतु"

तुलसी के युगबोध का दूसरा पक्ष शैव एवं वैष्णव का समन्वय है। बहिरागत मजहब ने सगुणवाद को अमान्य करते हुये बुतभि काना का पारंपरिक परिचय दिया। भारतीय निर्गुणियों ने राम-गोविन्द को मानते हुए पौराणिक अवतारवाद तथा प्रतिमा पूजा को अस्वीकार कर दिया। ध्वंश एवं संशय की विषम स्थिति ने तुलसी को सोचने को बाध्य कर दिया। उन्होंने साकार के उपासक वैष्णवों एवं शैवों को युगीन मतभेद भुलाकर जोड़ने का सफल प्रयत्न किया। शैव-वैष्णव की संगठित शक्ति की रचना का प्रयास किया। प्रमाण है कि प्रायः संपूर्ण मानस की राम कथा की प्रस्तुति शिव-पार्वती संवाद के द्वारा हुई है। शिव ने राम को अपना आराध्य माना और राम ने शिव को। यह दृष्टि राम चरित मानस ही नहीं वरन् समग्र तुलसी साहित्य में आद्यांत है। शिव ने तो राम पर संदेह करने वाली प्रिया को भी दंडित किया है। आरंभ में तुलसी ने वंदना के क्रम में महेश भवानी को श्रद्धा अर्पित की है जो राम के सेवक, स्वामी और सखा तीनों हैं–

"गुरू पितु मातु महेश भवानी। प्रनवऊँ दीनबन्धु दिनदानी।
सेवक स्वामी सखा सिय पीके। हित निकप
धि सबविधि तुलसी के।।"

डॉ॰ शत्रुध्न प्रसाद के अनुसार, "तुलसी के प्रखर युगबोध ने 'रामायण' नहीं, 'रामचरितमानस' की रचना की है। युगबोध की पृष्ठभूमि में राम का चरित्र प्रस्तुत है। मध्ययुग के

पतनशील सामंतवादी जीवन की सत्तालोलुपता, धन की लूट, कामुकता तथा विलासिता की अमानवीय स्थिति को देखकर महाकवि ने राम के पुरुषोत्तम रूप के क्रमिक विकास को प्रस्तुत किया है जो पतन को उत्थान में बदल सके। पराधीनता को स्वराज्य-रामराज्य में परिवर्तित कर सके। आदिम पशु प्रवृत्तियों–काम, क्रोध, मद, लोभ, विद्वेष आदि के नियमन-संयमन-संस्कारण से राम का उदात्त व्यक्तित्व विकसित होता है।.... भारतीय जीवन मूल्यों के वे साकार रूप हैं।"

रामचरितमानस में अनेक स्थानों पर विचार रूप में तुलसी ने नारी-निंदा और आलोचना की है। राम के द्वारा भी उन्होंने नारी की निंदा करायी है। पर राम ने मानस की मूलकथा के अनुसार न अयोध्या में नारी के प्रति दुर्व्यवहार किया है, न वनवास में और न उनमें शत्रु रावण के परिवार की नारियों के प्रति अपमान किया है। एक ओर तो राम जानकी की रक्षा नहीं करने पर रोते हैं वही दूसरी ओर के जानकी उद्धार हेतु संघर्ष करते हैं। व्यवहारतः नारी के प्रति संपूर्ण समादर की स्थिति है। निंदा एवं व्यवहार में यह अंतर्विरोध है। यह तुलसी का अंतर्विरोध है। कारण है–पारिवारिक जीवन की विफलता, विरागपूर्ण जीवन की सफलता और तत्कालीन कामुकता और विलासिता।

सांस्कृतिक अवमूल्यन के कारण तुलसी अपनी सृजना में युगबोध अथवा तत्कालीन आधुनिक बोध की सृष्टि कर सके। जिसके कारण उस संक्रान्ति काल में क्रांतिदृष्टा कवि क्रान्ति हेतु प्रयत्न करता परिलक्षित होता है। डॉ॰ त्रिभुवन सिंह के अनुसार, "तुलसीदास भारतीय संस्कृति के अनन्य गायक थे और उन्हें इसका स्पष्ट बोध था कि परिवर्तन की प्रक्रिया अत्यंत तीव्र गति से चल रही है। यह परिवर्तन सांस्कृतिक, सामाजिक, राजनैतिक, धार्मिक तथा साहित्यिक सभी स्तरों पर स्पष्ट था।"

रामचरितमानस की रचना का आरंभ सन् 1574 ई॰ में हुआ जो मुगल सम्राट अकबर के यौवन काल का ही समय नहीं बल्कि उसके शासन के यौवन का भी समय था। यह स्पष्ट है कि उस परिवर्तित परिस्थिति के साथ तुलसी जैसे युग दृष्टा साहित्यकार का समझौता कर पाना अत्यंत कठिन था। यथार्थता को स्वीकार करते हुए वे अपनी रचना के माध्यम् से जहाँ एक ओर आक्रोश व्यक्त करते हैं, वहीं दूसरी तरफ अपने चरित्रों के माध्यम् से विकल्प प्रस्तुत करने का भी सफल प्रयत्न किया है। रामचरितमानस के अध्ययन से स्पष्ट परिलक्षित है कि न तो उन्होंने परम्परा का अंधानुकरण किया है और न ही युगीन नवीनता को ग्रहण करने हेतु दुराग्रह दिखाया है। प्रेरित तुलसी की समन्वयवादी प्रतिभा में न तो युगीन नवीनता का फैशन है और न परम्परा की पुनरावृत्ति। वे मौलिकता के धनी साहित्यकार थे जिससे उनकी युगीन रचना को दीर्घ जीवन मिला।

आदि कवि वाल्मीकि की लेखनी से यह कथा अपना अस्तित्व ग्रहण करती है तत्पश्चात् अनेकों साहित्यकारों की प्रेरणा का स्रोत बनते बनते तुलसी तक पहुंची। तुलसी तक आते-आते उसका स्वरूप, भाषा, छंद एवं उद्देश्य आदि में परिवर्तन आया। इस परिवर्तन के मूल में साहित्यकार का युगबोध ही सक्रिय रहता है, "चार योजन तक खड़ी रहने वाली कुम्भकरण की मूछों से पाठक का कोई वास्ता भले न हो और रावण के दस मस्तक से उसकी नींद भले ही हराम न होती हो, पर 'रामचरितमानस' के प्रतिपाद्य से उसका वास्ता प्रत्येक युग में रहा है अन्यथा राम कथा की युगों से चली आती लोकप्रियता न जाने कब की समाप्त हो गई होती। 'मानस' के पाठकों को कुंभकरण के आहार-विहार से कुछ नहीं लेना-देना है, वह तो उस व्यवस्था का प्रतीक है जिसमें कुछ लोग अधिक खाकर तो, कुछ लोग कम खाकर मरते हैं।

रामचरितमानस पराजित का काव्य है। जिसे एक ऐसे आदर्श की आवश्यकता थी जो उसे निराशा के गहन अंधकार से निकाल कर प्रकाश की किरण का दर्शन करा सके।

तुलसी अपने युग के दुर्घर्ष योद्धा थे जो अकेले अनेक मोर्चों पर लड़ रहे थे क्योंकि समग्र भारतीय जीवन और संस्कृति को अपनी कल्पना द्वारा वे साकार देखना चाहते थे। ....भाषा ही माध्यम का कार्य करती है जिसका निर्धारण कवि और पाठक मिलकर करते हैं। कवि को उनकी भाषा में ही बोलना पड़ेगा जिन तक वह अपनी बात पहुंचाना चाहता है। "समुझै खग-खग ही कैबाता।" तुलसी के युगबोध ने लोकभाषा अवधी में श्रेष्ठ काव्य लिखने के लिए प्रेरित किया।

अंततः तुलसी ने अपनी काव्य सृजना में समग्रता युगबोध को अभिव्यक्त किया है।

(नोट : इस अध्याय के विशेष अध्ययन के लिए प्रश्न पत्र III (A) के अन्तर्गत इकाई-I का अवलोकन करें)

अभ्यास प्रश्न

1. "राम को पाने का रास्ता संसार से होता हुआ गया है।" यह संवाद किस विद्वान् का है?
   A. आचार्य रामचन्द्र शुक्ल
   B. डॉ. नगेन्द्र
   C. आचार्य हजारी प्रसाद द्विवेदी
   D. इनमें से कोई नहीं

2. "सूर वात्सल्य भाव विश्व साहित्य में अपना विशिष्ट स्थान रखता है।" यह कथन किसका है?
   A. डॉ. रामकुमार वर्मा
   B. डॉ. हरवंश लाल शर्मा
   C. आचार्य हजारी प्रसाद द्विवेदी
   D. डॉ. नगेन्द्र

3. "बालकृष्ण के शैशव में, श्रीकृष्ण के मचलने में तथा माता यशोदा के दुलार में हम विश्वव्यापी माता-पुत्र प्रेम देखते हैं।" कथन किसका है?
   A. डॉ. रामकुमार वर्मा
   B. डॉ. नगेन्द्र
   C. आचार्य हजारी प्रसाद द्विवेदी
   D. आचार्य रामचन्द्र शुक्ल

4. "हिन्दी के कविता मन्दिर में गोस्वामी जी का स्थान सबसे ऊँचा और सबसे विशिष्ट है। उस स्थान के बराबर स्थान पाने का कोई अधिकारी अब तक उत्पन्न नहीं हुआ।" कथन किसका है?
   A. डॉ. नगेन्द्र
   B. डॉ. श्यामसुन्दरदास
   C. आचार्य रामचन्द्र शुक्ल
   D. आचार्य हजारी प्रसाद द्विवेदी

5. असत्य कथन का चयन कीजिए
   A. रामचरितमानस की रचना 1574 ई. में हुई
   B. रामचरितमानस की रचना में कुल 2 वर्ष 7 माह लगे
   C. रामचरितमानस में कुल 7 काण्ड हैं
   D. रामचरितमानस का अन्तिम काण्ड सुन्दरकाण्ड है

6. तुलसीकृत रामचरितमानस के खण्डों का सही क्रम है
   A. बालकाण्ड, सुन्दरकाण्ड, अयोध्याकाण्ड, अरण्यकाण्ड
   B. सुन्दरकाण्ड, बालकाण्ड, अयोध्याकाण्ड, अरण्यकाण्ड
   C. बालकाण्ड, अयोध्याकाण्ड, अरण्यकाण्ड, सुन्दरकाण्ड
   D. अरण्यकाण्ड, अयोध्याकाण्ड, बालकाण्ड, सुन्दरकाण्ड

7. असत्य कथन को चुनें
   A. कबीर के गुरु रामानन्द थे
   B. तुलसी के गुरु नरहरिदास थे
   C. रामचरितमानस की रचना चित्रकूट में हुई
   D. विनयपत्रिका ब्रजभाषा में रची गई है

8. 'प्रबोधिनी टीका' के रचनाकार हैं
   A. भक्तमाल B. नाभादास
   C. अग्रदास D. कबीरदास

9. **स्थापना (A):** सूरदास कृत 'सूरसागर' को 'शृंगार सागर' की संज्ञा दी जा सकती है।
   तर्क (R): प्रेम नाम के स्थायी भाव का पल्लवन जैसा इसमें हुआ है। वैसा अन्यत्र दुर्लभ है।
   कूट :
   A. (A) और (R) दोनों सही हैं
   B. (A) सही (R) गलत
   C. (A) गलत (R) सही
   D. (A) और (R) दोनों गलत हैं

10. सूरदास की कौन-सी रचना उपालम्भ के श्रेष्ठ है?
    A. सूरसागर B. भ्रमरगीत
    C. साहित्यलहरी D. इनमें से कोई नहीं

11. निम्नलिखित में से किसका कथन है कि "चिन्तन के क्षेत्र में जो अद्वैतवाद है वही भावना के क्षेत्र में रहस्यवाद है?"
    A. आचार्य शुक्ल B. डॉ. रामकुमार वर्मा
    C. डॉ. नगेन्द्र D. देवनारायण शाही

12. रहस्यवाद के सम्बन्ध में कौन-सा कथन असत्य है
    A. रहस्यवाद का सम्बन्ध निर्गुण निराकार रूप से है
    B. जीवात्मा जब परमात्मा से सम्बन्ध जोड़ती है तो वह भावनात्मक होता है
    C. साधनात्मक रहस्यवाद में साधक कुण्डलिनी जाग्रत करता है।
    D. कबीर रहस्यवादी कवि नहीं हैं

13. असत्य कथन को चुनें

A. कबीर में साधनात्मक रहस्यवाद अधिक है

B. कबीर के रहस्यवाद पर हठयोगियों व सिद्धों का प्रभाव है

C. कबीर के राम घट-घट वासी हैं

D. कबीर की ईश्वर सम्बन्धी धारणा विशिष्टाद्वैत पर आधारित है

14. असत्य कथन को चुनें

A. कबीर मूर्ति-पूजा समर्थक थे

B. कबीर बाध्याचार के विरोधी थे

C. कबीर के राम अजन्मा हैं

D. कबीर ब्रह्म की आराधना स्वयं को दुल्हन मानकर करते हैं

15. **कथन (A):** कबीर आज भी प्रासंगिक हैं।

कारण (R): समस्याएँ आज भी वैसी ही व्याप्त हैं जैसी कबीर के समय थीं।

कूट :

A. (A) और (R) दोनों सही हैं तथा (R), (A) की सही व्याख्या है

B. (A) और (R) दोनों सही हैं, परन्तु (R), (A) की सही व्याख्या नहीं है

C. (A) सही है किन्तु (R) गलत है

D. (A) गलत है किन्तु (R) सही है

16. तुलसीदास जी ने किस गुरु से शास्त्रों का अध्ययन किया?

A. राघवाचार्य B. रामानन्द

C. शेख फरीद D. शेख सनातन

17. 'विनयपत्रिका' किस भाषा में रची गई?

A. अवधी B. खड़ी बोली

C. मैथिली D. ब्रजभाषा

18. सूरदास जी द्वारा निर्गुण ब्रह्म को सब प्रकार से अगम्य समझकर सगुण ब्रह्म की लीलाओं का गान करने की बात किस पद में कही गई है?

A. ऊधौ जाहु तुमहि हम जाने

B. अबिगत गति कुछ कहत न भावे

C. भ्रमरगीत

D. सन्देशों देवधी सो कहियो

19. निम्नलिखित में से कौन-सी रचना सूर की नहीं है?

A. सूर सागर B. साहित्य लहरी

C. भ्रमरगीत D. गीतावली

20. सूरदास जी किस मन्दिर में पद गायन करते थे?

A. श्रीनाथ जी B. हनुमान जी

C. राम जी D. दुर्गा मन्दिर

21. असत्य कथन का चयन कीजिए

A. कबीर ज्ञानमार्गी शाखा के कवि थे

B. कबीर के राम दशरथ सुत थे

C. कबीर का रहस्यवाद साधनात्मक एवं भावनात्मक दोनों कोटियों का है

D. साधनात्मक रहस्यवाद हठयोगियों से प्रभावित है

22. असत्य कथन का चयन कीजिए

A. जायसीकृत पद्मावत प्रेमकाव्य है

B. पद्मावत के सौन्दर्य में अलौकिकता की झलक मिलती है

C. जायसी सूफी कवि हैं

D. पद्मावत की रचना 1543 ई. में हुई

23. असत्य कथन का चयन कीजिए

A. भ्रमरगीत सार सूरदास जी की रचना है

B. बल्लभाचार्य ने दार्शनिक क्षेत्र में शुद्धाद्वैतवाद की स्थापना की

C. पुष्टिमार्ग में भगवान के अनुग्रह पर सर्वाधिक बल दिया जाता है

D. माया ब्रह्म से परे है

24. निम्न पर विचार करें

1. श्रीकृष्ण गीतावली की रचना तुलसीदास ने की।
2. भ्रमरगीत सार सूरदास जी की रचना है।
3. रामचरितमानस की रचना अवधी भाषा में हुई है।
4. विनयपत्रिका ब्रजभाषा में लिखी गई है।

उपरोक्त में से कौन-से कथन सत्य हैं?

A. 1, 2 और 3

B. 1, 3 और 4

C. 1 और 2

D. उपरोक्त सभी

25. असत्य कथन का चयन कीजिए

A. सूर के कृष्ण पूर्ण ब्रह्म हैं जो निर्गुण व सगुण दोनों हैं

B. माया ब्रह्म का अंश है

C. प्रवाह पुष्टि में जीवन संसार में निवास करता हुआ भी श्रीकृष्ण की भक्ति में निमग्न रहता है

D. सूरदास पुष्टिमार्ग में दीक्षित नहीं थे

निर्देश (प्र.सं. 26-30): *दिये गए स्थापनाओं और तर्कों को ध्यानपूर्वक पढ़कर नीचे दिए प्रश्नों के उत्तर दीजिए।*

कूट :

A. (A) और (R) दोनों सही हैं

B. (A) सही (R) गलत

C. (A) गलत (R) सही

D. (A) और (R) दोनों गलत हैं

26. स्थापना (A): कबीर धर्म निरपेक्ष सन्त थे।

तर्क (R): उन्होंने सभी धर्मों की रूढ़ियों पर प्रश्नचिह्न लगाया है।

27. स्थापना (A): कबीर की उक्तियाँ आज भी उतनी ही सार्थक हैं जितनी कबीर के काल में।

तर्क (R): आज का मानव भी इन्हीं समस्याओं से जूझ रहा है जो उस समय में विद्यमान थीं।

28. स्थापना (A): कबीर की प्रासंगिता कभी खत्म नहीं हो सकती।

तर्क (R): कबीर के काल की समस्याएँ आज भी विद्यमान हैं।

29. स्थापना (A): अलख निरन्जन लखै न कोई, निरभै निराकर है सोई।

तर्क (R): परमात्मा निर्गुण निराकार है।

30. स्थापना (A): तुलसी सगुण भक्ति धारा के कवि हैं।

तर्क (R): राम सगुण रूप एवं विष्णु जी के अवतार हैं।

31. 'निर्गुण कौन देस को वासी' पंक्ति किसकी है?

A. सूरदास B. बल्लभाचार्य

C. जयदेव D. कबीरदास

32. 'आदि अन्त गाथा अहै। लिखि भाषा चौपाई कहै।।' पंक्ति के रचनाकार हैं

A. कबीरदास B. मंझन

C. जायसी D. तुलसीदास

33. 'का भाषा का संस्कृत प्रेम चाहिए साँच' पंक्ति के रचनाकार हैं?

A. तुलसीदास B. कबीरदास

C. जायसी D. सूरदास

34. तुलसीदास की कृष्ण गीतावली किस पर आधारित है?

A. कृष्ण B. राम

C. सीता D. इनमें से कोई नहीं

35. कबीर का जन्मकाल माना जाता है?

A. 1397-1515 ई. B. 1397-1518 ई.

C. 1396-1514 ई. D. इनमें से कोई नहीं

36. कबीर ने इड़ा, पिंगला, नाड़ियों के प्रतीक के रूप में किसका प्रयोग किया है?

A. गंगा-जमुना B. गंगा-गोमती

C. गंगा-गोदावरी D. इनमें से कोई नहीं

37. किसका कथन है कि ''भाषा पर कबीर का जबरदस्त अधिकार था। वे वाणी के डिक्टेटर थे?''

A. डॉ. रामकुमार वर्मा

B. डॉ. नगेन्द्र

C. आचार्य हजारी प्रसाद द्विवेदी

D. इनमें से कोई नहीं

38. किस विद्वान् का मत है कि ''कबीर की भाषा का निर्णय करना टेढ़ी खीर है, क्योंकि वह खिचड़ी है। ...खड़ी बोली, पंजाबी, राजस्थानी, अरबी, फारसी आदि अनेक भाषाओं का पुट भी उनकी उक्तियों में चढ़ा हुआ है?''

A. आचार्य शुक्ल B. डॉ. श्यामसुन्दर दास

C. डॉ. रामकुमार वर्मा D. इनमें से कोई नहीं

39. कबीर की भाषा थी

A. ब्रज B. पंजाबी

C. अवधी D. सधुक्कड़ी

40. पद्मावत के रचनाकार इनमें से कौन हैं?

A. कबीर B. सूरदास

C. जायसी D. तुलसीदास

41. 'भ्रमरगीत' नाम से सूर के काव्य को किसने सम्पादित किया है?

A. आचार्य शुक्ल B. डॉ. नगेन्द्र

C. डॉ. रामकुमार वर्मा D. इनमें से कोई नहीं

42. आचार्य शुक्ल के अनुसार तुलसीदास का जन्म स्थान है
A. सोरों B. राजापुर
C. एटा D. इनमें से कोई नहीं

43. निम्नलिखित में से कौन-सी एक रचना तुलसीदास की नहीं है?
A. वैराग्य सन्दीपनी B. कवितावली
C. बरवै रामायण D. साहित्य लहरी

44. आचार्य शुक्ल के अनुसार तुलसीदास की कितनी रचनाएँ प्रमाणित हैं?
A. 10 B. 11
C. 12 D. 15

45. निम्नलिखित में से कौन-सा गीति काव्य तुलसीदास का सर्वोत्तम काव्य है?
A. कवितावली B. दोहावली
C. विनयपत्रिका D. बरवै रामायण

46. पद्मावत में 'नागमती' किसका प्रतीक है?
A. संसार का B. बुद्धि का
C. हृदय का D. मन का

47. पद्मावत के सम्बन्ध में क्या सत्य है?
A. पद्मावत अन्योक्ति है B. पद्मावत समासोक्ति है
C. A और B दोनों D. इनमें से कोई नहीं

48. पद्मावत में 'दिल्ली' किसका प्रतीक है?
A. परलोक का B. लोक का
C. अलाउद्दीन का D. इनमें से कोई नहीं

49. किस रस को 'रसों का राजा' कहते हैं?
A. वीर रस B. श्रृंगार रस
C. हास्य रस D. करुण रस

50. सूरदास ने किस रस का कोना-कोना झाँका है?
A. श्रृंगार रस का B. वात्सल्य रस का
C. करुण रस का D. इनमें से कोई नहीं

51. भक्तिकालीन हिन्दी काव्य की प्रमुख भाषा कौन है?
A. अवधी भाषा B. ब्रज भाषा
C. उपर्युक्त दोनों D. इनमें से कोई नहीं

52. भक्तिकाल की दूसरी मुख्य भाषा है–
A. अवधी भाषा B. ब्रज भाषा
C. राजस्थानी D. संस्कृत

53. रसिक सम्प्रदाय का आधारभूत ग्रंथ कौन हैं?
A. पांचरात्र संहिताएँ B. भक्ति पावन
C. उपर्युक्त दोनों D. उपर्युक्त में से कोई नहीं

54. पद्मावत किस प्रकार का काव्य है?
A. अन्योक्ति
B. समासोक्ति
C. अन्योक्ति एवं समासोक्ति
D. अतिशयोक्ति

55. प्रेमाख्यानक काव्यों में किस रस की प्रधानता है?
A. श्रृंगार रस B. भक्ति रस
C. वीर रस D. अद्भुत रस

56. भारतीय सूफी किस सम्प्रदाय के थे?
A. बेशरा सम्प्रदाय B. शरा सम्प्रदाय
C. चिश्ती सम्प्रदाय D. कादिरी सम्प्रदाय

57. तुलसीदास की रचना नहीं है–
A. बरवै रामायण B. गीतावली
C. रामायण D. दोहावली

58. उत्तरी भारत में राम भक्ति वित का प्रवर्तन आचार्य-रामानुज की परम्परा में प्रारम्भ किया–
A. रामानंद B. श्री रंगनाथ मुनि
C. राघवानंद D. कांचीपूर्ण

59. श्री सम्प्रदाय के प्रथम आचार्य हैं–
A. रामानुज B. राघवानंद
C. श्री रंगनाथ मुनि D. रामानंद

60. रामानंद की रचना नहीं है–
A. वैष्णव मताब्द भास्कर B. श्री रामार्जुन पद्धति
C. रामरक्षा स्त्रोत D. श्रृंगार रस मंडन

61. तुलसीदास को कलिकाल का बाल्मीकि कहा–
A. रामचंद्र शुक्ल B. ग्रियर्सन
C. नाभादास D. स्मिथ

62. 'मुगलकाल का सबसे महान व्यक्ति' तुलसीदास को कहा–
A. रामचंद्र शुक्ल B. ग्रियर्सन
C. तासी D. स्मिथ

63. तुलसीदास को 'बुद्ध देव के बाद सबसे बड़ा लोक नायक माना–
A. ग्रियर्सन B. तासी
C. स्मिथ D. नाभादास

64. मध्ययुगीन रामकाव्य परम्परा के अन्तिम रामभक्त हैं–
A. नाभादास B. अग्रदास
C. विश्वनाथ D. प्राणचंद चौहान

65. 'रामचरित मानस' का रचना काल है–
A. संवत् 1631 B. संवत् 1574
C. संवत् 1680 D. संवत् 1580

66. कबीर के साहित्य में ज्ञान मार्ग की बातें आचार्य शुक्ल के अनुसार कहां से ली गई हैं?
A. हिन्दू शास्त्रों से B. कुरान से
C. गीता से D. सिद्धों की वाणियों से

67. आचार्य शुक्ल के अनुसार कबीर को राम नाम किससे प्राप्त हुआ था?
A. रामानंद B. तुलसी
C. नामदेव D. सिद्ध साधक

68. कबीर काव्य में उपलब्ध प्रेम तत्व किसकी देन है?
A. कृष्णभक्ति B. रामभक्ति
C. सूफी सम्प्रदाय D. रामानंद

69. इनमें से कौन-सा रचना गुरु नानक की नहीं है?
A. बीजक B. आसादीवार
C. सोहिला D. रहिरास

70. आचार्य शुक्ल निर्गुण भक्ति का संस्थापक किसे मानते हैं?
A. नानक B. मलूकदास
C. जायसी D. कबीर

71. जायसी की रचना नहीं है?
A. सर्वज्ञ सूक्त B. चित्रलेखा
C. कन्हावत D. पद्मावत

72. निम्न में से सूफी प्रेमाख्यानकों में कौन-सी विशेषता प्राप्त होती है?
A. नायिका किसी द्वीप की रहने वाली होती है
B. स्वप्नदर्शन, चित्रदर्शन अथवा गुणदर्शन से प्रेम का उद्भव
C. नायिका के नाम के अंत में वती होता है –
D. उपर्युक्त सभी

73. अवधी भाषा का प्रथम महाकाव्य कौन-सा है?
A. रामचरितमानस B. मधु-मालती
C. पद्मावत D. कृष्णायन

74. भारतीय सूफी साधना में ईश्वर की कल्पना किस रूप में की गई है?
A. पति रूप में
B. सखा रूप में
C. गुरु रूप में
D. पत्नी रूप में

75. डॉ. नगेन्द्र ने प्रेमाख्यानक काव्य परंपरा का पहला ग्रंथ किसे स्वीकार किया है?
A. हंसावली B. पद्मावत
C. मिरगावत D. चित्रावली

76. दृष्टकूट-पदों का संग्रह सूर की किस रचना में है?
A. राधा रसकेलि B. साहित्य लहरी
C. सूर सारावली D. सूर सागर

77. भ्रमरगीत का मुख्य आधार क्या है?
A. सूर सागर
B. महाभारत कथा
C. भागवत का दशम स्कंध
D. रामायण

78. 'अनुखन माधव माधव सुमिरैइने सुंदरि भेलि मधाई' पंक्ति किसकी है?
A. रसखान B. विद्यापति
C. रत्नाकर D. नंददास

79. 'रसमंजरी' किसने लिखी?
A. नंददास B. कृष्णदास
C. धर्मदास D. रत्नाकर

80. 'ताही छन उडुराज उदित रस-रास सहायक कुंकुम-मंडित बदन प्रिया जनु नागरि नायक' ये पंक्तियाँ किसकी हैं?
A. नंददास B. रसखान
C. छीत स्वामी D. बल्लभाचार्य

81. 'अष्टछाप' के कवियों के क्रम में पहले कवि कौन-से हैं?
A. छीत स्वामी B. सूरदास
C. परमानंद दास D. कृष्णदास

82. 'प्रेमवाटिका' के रचनाकार हैं :
A. मीरा B. रसखान
C. विद्यापति D. रत्नाकर

83. किस कृष्णभक्त कवि ने कृष्ण का लीलागान गेय पदों में न कर सवैयों में किया?

A. रसखान
B. कृष्णदास
C. परमानंद दास
D. नंददास

84. 'बरवै नायिका भेद' के रचयिता हैं :

A. रहीम B. कबीर
C. तुलसी D. सूर

85. सखी संप्रदाय के संस्थापक हैं :

A. स्वामी हरिदास
B. रामानंद
C. विट्ठलनाथ
D. सूरदास

86. तुलसी की माता का क्या नाम था?

A. नानकी देवी B. पद्मावती
C. हुलसी D. रामवती

87. आचार्य शुक्ल ने तुलसी का जन्म स्थान कहाँ माना है?

A. सीही B. मेवाड़
C. गाजीपुर D. राजापुर

88. काशी में तुलसी ने किस गुरु से दीक्षा ली?

A. शेख सनातन
B. रामानंद
C. रामानुज
D. राघवानंद

89. आचार्य शुक्ल ने तुलसी के प्रामाणिक ग्रंथों की संख्या कितनी मानी है?

A. चौदह B. नौ
C. बारह D. आठ

90. हनुमान बाहुक किसकी कृति है?

A. तुलसी B. नाभादास
C. नन्ददास D. रहीम

91. रामचरित मानस में राम में कौन-सा गुण सर्वप्रधान है?

A. शील B. सौन्दर्य
C. शक्ति D. उपर्युक्त सभी

92. मराठी भाषा में रचित भावार्थ रामायण किसकी कृति है?

A. विष्णु स्वामी B. एकनाथ
C. तुलसी D. राघवानंद

93. पीरुषेय रामायण किसकी कृति है?

A. नरहरि वापट B. तुलसी
C. सन्त ज्ञानेश्वर D. विष्णु स्वामी

94. किस आलवार भक्त को राम की पादुका का अवतार माना जाता है?

A. शठकोप B. आन्दाल
C. भूतयोगी D. मुनिकाल

95. रामतारक मंत्र के रचनाकार हैं?

A. तुलसीदास B. विष्णु स्वामी
C. रामानंद D. स्वयंभू

96. 'भक्तमाल' का रचनाकाल कब माना जाता है?

A. 1520 ई. B. 1570 ई.
C. 1596 ई. D. 1494 ई.

97. 'रामचरितमानस' को पूरा करने में तुलसीदास को कितना समय लगा था?

A. तीन वर्ष
B. दो वर्ष सात महीने
C. चार वर्ष
D. दो वर्ष

98. 'लाज न लागत आपको दौरे आहु साथ
धिक-धिक ऐसे प्रेम को कहा कहौं मैं नाथ।'
पंक्ति किसकी है?

A. रत्नावली B. नागमती
C. जोधाबाई D. मीराबाई

99. 'रामचरितमानस' की रचना पद्धति क्या है?

A. दोहा-चौपाई पद्धति B. छप्पय पद्धति
C. मात्रिक पद्धति D. श्रीत पद्धति

100. 'रीझि अपनी बूझि पर, खीझि विचारविहीन' इस पंक्ति के रचनाकार हैं :

A. जायसी B. तुलसी
C. नाभादास D. कृष्णदास

उत्तरमाला

1	2	3	4	5	6	7	8	9	10
A	B	A	B	D	B	C	A	A	B
11	**12**	**13**	**14**	**15**	**16**	**17**	**18**	**19**	**20**
A	D	D	A	A	D	D	B	D	A
21	**22**	**23**	**24**	**25**	**26**	**27**	**28**	**29**	**30**
A	B	D	D	D	A	A	A	A	A
31	**32**	**33**	**34**	**35**	**36**	**37**	**38**	**39**	**40**
A	C	A	A	B	B	C	B	D	C
41	**42**	**43**	**44**	**45**	**46**	**47**	**48**	**49**	**50**
A	B	C	C	D	A	B	A	B	B
51	**52**	**53**	**54**	**55**	**56**	**57**	**58**	**59**	**60**
B	A	A	B	A	A	C	C	C	D
61	**62**	**63**	**64**	**65**	**66**	**67**	**68**	**69**	**70**
C	D	A	C	A	A	A	C	A	D
71	**72**	**73**	**74**	**75**	**76**	**77**	**78**	**79**	**80**
A	D	C	A	A	B	B	C	B	A
81	**82**	**83**	**84**	**85**	**86**	**87**	**88**	**89**	**90**
A	B	A	A	A	C	D	D	C	A
91	**92**	**93**	**94**	**95**	**96**	**97**	**98**	**99**	**100**
D	B	A	A	C	C	B	A	A	B

अध्याय

2

छायावाद

स्वच्छन्दतावाद और छायावाद

आचार्य शुक्ल ने आधुनिक हिन्दी कविता में स्वच्छंदतावाद के उत्थान का विवरण प्रस्तुत किया है और कहा है कि उसके विकास में छायावाद बाधक हुआ। उनका यह कथन प्रसिद्ध है कि मैथिलीशरण गुप्त, मुकुटधर पाण्डेय आदि के द्वारा स्वच्छंद नूतन धारा चली ही थी कि रवीन्द्रनाथ की उन कविताओं की धूम हुई, जो अधिकतर पाश्चात्य ढाँचे का आध्यात्मिक रहस्यवाद लेकर प्रकट हुई थी। यह वाद क्या आया, एक बने-बनाए रास्ते का दरवाजा खुल पड़ा और हिन्दी के कुछ नए कवि एकबारगी ही उधर प्रवृत्त हो गये। यह अपना क्रमशः बनाया हुआ रास्ता नहीं था। जैसा कि कुछ विद्वान कहते हैं, कुछ दूसरे विद्वान् स्वच्छंदतावाद को छायावाद की पीठिका मानते हैं। वास्तविकता यह है कि आचार्य शुक्ल द्वारा निरूपित स्वच्छंदतावाद और छायावाद दो चीजें हैं और उनमें कोई पूर्वापर संबंध नहीं हैं। इसका प्रमाण यह है कि कथित स्वच्छंदतावादी और छायावादी कविताएं दो स्तरों पर प्रायः एक-दूसरे के समानांतर रची गई हैं। निश्चय ही इससे यह अर्थ निकालना गलत होगा कि दोनों ने कभी एक-दूसरे को किसी भी रूप में और किसी भी अंश में प्रभावित नहीं किया। उक्त स्वच्छंदतावाद और छायावाद एक व्यापक स्वच्छंदतावाद का अंग है, जोकि आधुनिक युग में उपनिवेश और सामंत-विरोधी जनतांत्रिक चेतना के साथ साहित्य के क्षेत्र में आविर्भूत हुआ था। 'छायावाद बंधन मुक्त चित्त' की ही अभिव्यक्ति है।

प्रेमशंकर के अनुसार कुछ विद्वान स्वच्छंदतावाद की चर्चा करते समय उसे प्रायः छायावाद तक सीमित कर देते हैं और इन दोनों को समानार्थी बताते हैं। वे आगे कहते हैं कि स्वच्छंदतावाद एक व्यापक शब्द है और हिंदी का छायावादी काव्य उसकी संपूर्ण व्याप्ति का प्रतिनिधित्व तब तक नहीं कर सकता, जब तक उसके संपूर्ण परिवेश को न समझ लिया जाये। केवल रूमानी प्रवृतियों के आधार पर उसे संपूर्ण स्वच्छंतावाद का प्रतिनिधि मान लेना उचित नहीं होगा। स्वच्छंदतावाद की मूल प्रवृत्ति विद्रोह की ही कही जाएगी, चाहे वह आगे चल कर वैयक्तिक भूमियों पर क्यों न चली जाती हो। अपने आरंभिक चरण में उसने जिस आजादी की मांग की, वह सब प्रकार के बंधनों से मुक्ति का नारा था। अतः कुछ विश्लेषकों ने इसका सरलीकरण कर उसे क्लासिकी की परंपरा से विद्रोह करने वाला आंदोलन कह दिया परन्तु असल स्थिति यह है कि पश्चिम की स्वच्छंदतावादी विचारणा एक नई जीवन-दृष्टि की तलाश का प्रयत्न है और क्लासिंकी पद्धति का नियमबद्ध यांत्रिक अनुशासन उसे असह्य है। हिन्दी की छायावादी प्रवृत्तियों के पीछे यद्यपि भारत का उन्नीसवीं सदी का नवजागरण विद्यमान है, किंतु उसे किसी ऐसी व्यापक क्रांति से जोड़ना कठिन होगा, जो आस-पास के अन्य स्थलों में भी प्रसारित हो रही हो। छायावाद की रूमानी प्रवृत्तियाँ मूलतः काव्य में अपनी सर्वोत्तम अभिव्यक्ति प्राप्त कर ली है, यद्यपि जयशंकर प्रसाद ने स्वच्छंदतावादी नाटक और कहानियों की भी सर्जना की। आचार्य नंददुलारे वाजपेयी को स्वच्छंदतावादी समीक्षक कहकर पुकारा जाता है। हिन्दी का छायावादी काव्य स्वच्छंदतावाद की सर्वोत्तम अभिव्यक्ति है, किन्तु प्रश्न यह है कि क्या स्वयं स्वच्छंदतावाद के व्यापकत्व में ऐसी दिशाएं हैं, जिन्हें छायावाद बाँध सकने में असमर्थ रहा है?

स्वच्छंदतावाद और छायावाद के संदर्भ में आचार्य नंद किशोर नवल कहते हैं कि "स्वच्छंदतावाद निश्चय ही हिंदी कविता का स्वाभाविक विकास था, जबकि छायावाद ने उसमें क्रांति उपस्थित कर दी। इसी कारण छायावादी कविता की अंतर्वस्तु और उसकी अभिव्यक्ति-प्रणाली दोनों ही बहुत कुछ आकस्मिक प्रतीत हुई।" प्रेमशंकर के शब्दों में कहें तो वास्तव में छायावाद हिंदी स्वच्छंदतावाद का गौरवशाली प्रतिनिधि है और यदि उसके आकस्मिक रूमानी स्वरों के आधार पर ही निर्णय देने की भूल न की जाए, तो उसमें निराला के काव्य का वैविध्य तक सन्निहित है। यदि छायावाद को स्वच्छंदतावादी काव्य नहीं स्वीकारा जाएगा, तब प्रश्न उठेगा कि निराला की प्रगतिशील रचनाएँ और उनके व्यंग्य-प्रयोग कहाँ रखे जायेंगे? तब नए-नए वाद निराला को अपनी तरफ खींचना चाहेंगे। इसी प्रकार सुमित्रानंदन पंत की युगांत, युगवाणी और ग्राम्या काल में जब यथार्थ जगत् से कुछ समय के लिए संयुक्त होने की चेष्टा करने लगे, तब उनके काव्य को किस वर्ग में रखा जाएगा? .... मेरा विचार है कि 'स्वच्छंदतावाद' छायावादी काव्य के लिए अधिक उपयुक्त शब्द है। क्योंकि उसमें इस काव्य की विविध भूमियाँ समाहित हो सकती हैं। हमें यह ध्यान रखना चाहिए कि हम एक ऐसी काव्य धारा के संदर्भ में विमर्श कर रहे हैं जिसमें स्वच्छंदतावादी, छायाभास से इतर रहस्यवादिता भी लक्षित होती है। जब ये तीनों हैं तो फिर किस संज्ञा को रखें। तब निष्कर्ष स्वरूप कह सकते हैं कि एक ही काव्यधारा की तीन प्रवृत्तियाँ हैं जो कि परस्पर पूरक हैं। छायावाद चूँकि अधिक प्रचलित संज्ञा है इसलिए हम इसे 'छायावाद' संज्ञा से अभिहित करते हैं।

छायावाद में रहस्यानुभूति का स्वरूप

1918 से 1936 के मध्य साहित्य को 'छायावाद' की संज्ञा से अभिहित किया गया है। इस काव्यधारा के साहित्य के संदर्भ में आचार्य रामचंद्र शुक्ल ने सम्मति इस प्रकार दी है, "छायावाद का प्रयोग दो अर्थों में समझना चाहिए– एक तो रहस्यवाद के अर्थ में जहाँ कवि उस अनंत और अज्ञात प्रियतम को आलम्बन बनाकर अत्यंत चित्रमयी भाषा में प्रेम की अनेक प्रकार से व्यंजना करता है। छायावाद का दूसरा प्रयोग काव्य शैली या पद्धति विशेष के व्यापक अर्थ में है।"

डॉ. रामकुमार वर्मा ने भी छायावाद को रहस्यवाद से सम्बद्ध माना है और कहा कि, "परमात्मा की छाया आत्मा में पड़ने लगती है आत्मा की छाया परमात्मा में। यही छायावाद है।"

श्री रामचन्द्र शुक्ल ने छायावाद और रहस्यवाद में एकता स्थापित करते हुये कहा कि, "छायावाद प्रकृति में मानव जीवन का प्रतिबिम्ब देखता है, रहस्यवाद समस्त सृष्टि में ईश्वर का। ईश्वर अव्यक्त और मनुष्य व्यक्त है, इसलिए अव्यक्त रहस्य ही रहता है।" श्री शांतिप्रिय द्विवेदी के शब्दों में, छायावाद एक दार्शनिक अनुभूति है।" इन्होंने भी इसे रहस्यवाद से सम्बद्ध माना। छायावाद के प्रमुख आलोचक आचार्य नन्ददुलारे वाजपेयी की सम्मति में "मानव अथवा प्रकृति के सूक्ष्म किंतु व्यक्त सौन्दर्य में आध्यात्मिक छाया का भाव मेरे विचार में छायावाद की एक सर्वमान्य व्याख्या हो सकती है।" यह आध्यात्मिक छाया ही रहस्यवाद है। नामवर सिंह के शब्दों में, "तात्पर्य यह है कि शुक्ल जी ने छायावाद की केवल आध्यात्मिक कविताओं को अपने दृष्टि-पथ में रखा और इसीलिए रहस्यवाद को छायावादी कविताओं की विषयवस्तु कहा। उनका यह विचार अंत तक बना रहा। शेष को वह शैली-मात्र मानते थे, जिस तरह आचार्य महावीर प्रसाद द्विवेदी छायावाद को 'अन्योक्ति-पद्धति' समझते थे, उसी तरह आचार्य शुक्ल भी उसे शैली मानते थे जिसमें 'अन्योक्ति' के अतिरिक्त भी कई प्रकार की शैलियों का समावेश था।" वे आगे कहते हैं, "आगे चलकर आलोचकों ने शुक्ल जी द्वारा प्रवर्तित इस द्वैतवाद को समाप्त करते हुये स्थापित किया कि भाव के क्षेत्र में जो रहस्यवाद है, वही शैली में लाक्षणिक वक्रता, अन्योक्ति-विधान, अप्रस्तुत योजना आदि रूपों में व्यक्त होता है। इस तरह इन्होंने रहस्यवादी विषय और लाक्षणिक शैली दोनों को एक कर दिया। इस समन्वित रूप को प्रसाद जी ने रहस्यवाद का नाम दिया और नंददुलारे वाजपेयी ने 'छायावाद'।

इस प्रकार लगभग सभी विद्वानों ने छायावादी काव्य में रहस्यानुभूति को स्वीकार किया है। छायावादी सभी कवियों ने इसे माना है। 'अज्ञात के प्रति जिज्ञासा' ही रहस्यवाद है। महाप्राण निराला की 'तुम और मैं, कविता इसी तरह की है जिसमें अज्ञात सत्ता से अनेक प्रकार के सम्बन्ध जोड़े गये हैं :

"तुम तुंग हिमालय शृंग और मैं चंचल गति सुरसरिता।
तुम विमल हृदय उच्छ्वास और मैं कांत कामिनी कविता।।"

× × × ×

न जाने तम तड़ित में कौन मुझे इंगित करता तब मौन।।

महादेवी वर्मा की कविताओं में भावमूलक रहस्यानुभूति की प्रधानता है। वे उस अज्ञात प्रियतम को प्राप्त करने हेतु बेचैन सी प्रतीत होती हैं–

''मधुर-मधुर मेरे दीपक जल
युग-युग प्रतिदिन प्रतिक्षण प्रतिपल
प्रियतम का पथ आलोकित कर।''

महादेवी की अलौकिक प्रिय के प्रति रहस्यानुभूति है, ''विरह का जलजात जीवन, विरह का जलजात। वेदना में जन्म करूणा में मिला आवास।''

वह आगे कहती हैं,

''क्या पूजा क्या अर्चन रे।
उस असीम का सुन्दर मंदिर मेरा लघुतम जीवन रे।।
× × × ×
प्रिय-प्रिय जपते अधर ताल देता पलकों को नर्तन रे।''

इसी प्रकार कामायनी के 'रहस्य' सर्ग में भी रहस्यवादी भावों का वर्णन किया गया। छायावादी काव्यों की रहस्यानुभूति का स्वरूप कवि के मन की वेदना को व्यक्त करता है। इसको हम उस काल के समाज के परिप्रेक्ष्य में रखकर देख सकते हैं।

छायावादी कविता में स्वच्छंद कल्पना

स्वच्छंद कल्पना के सहारे छायावादी कवि धरा-आकाश का भ्रमण एक साथ करते हैं। स्वच्छंदता छायावादी कवियों की रग-रग में व्याप्त है। भाव वर्णन करने में, शिल्प सृजन में, शब्द चयन में यहाँ तक प्रतीकों एवं उपमानों का भी ग्रहण अपनी स्वच्छंदता से करता है। इस स्वच्छंदता का कारण डॉ॰ नामवर सिंह बताते हैं कि ''स्वाधीनता-आंदोलन के दौरान भारतवासियों को पूर्ण रूप से राजनीतिक और आर्थिक स्वतंत्रता भले ही न प्राप्त हुई हो, परंतु मानसिक स्वाधीनता अवश्य प्राप्त हुई है, और कविता के लिए इस मानसिकता यानी स्वाधीनता का बड़ा महत्त्व है। मानसिक स्वाधीनता विचारों और भावों के अबाध प्रसार के लिए द्वार खोल देती है और छायावादी कवि के लिए इस मानसिक स्वाधीनता ने यही कार्य किया। नई पीढ़ी के युवकों का हृदय पुरानी मर्यादाओं से मुक्त हुआ। परिपाटियों और सामाजिक विधि-निषेधों से छुट्टी मिली। औचित्य-अनौचित्य की नियमावली शिथिल हुई। इतना होना था कि हृदय से भावों का निर्झर फूट पड़ा। प्राणों से उच्छ्वास और आँखों से आँसू उमड़ पड़े। इसी उच्छ्वास और आँसू से छायावाद का आरंभ हुआ। भावुकता कविता का पर्याय हो गई।''

छायावादी कवियों की स्वच्छंद कल्पना में जितनी विह्वलता है, जितनी व्यथा है उतना ही उसके उल्लास में भी। स्वच्छंद कल्पना के सहारे संवेदनशील वहाँ पहुँच जाता है जहाँ वह विचारों के सहारे नहीं पहुँच पाता। कविता में केन्द्रित बोध दर्शित होता है। स्वच्छंद कल्पना में जिज्ञासा एवं कौतूहल प्रचुर मात्रा में है। ''जिज्ञासा अपने आप में किसी वस्तु को जानने में समर्थ नहीं है। केवल प्रश्न से ही उत्तर नहीं मिल जाता। जिज्ञासा की तीव्रता, जिज्ञासु के मन में एक दूसरी भक्ति को जन्म देती है, जिसके द्वारा मन उस वस्तु के अंतःस्थल में प्रवेश करता है। इस शक्ति का नाम है कल्पना। कल्पना-शक्ति के द्वारा मन अगम वस्तु तक पहुंच जाता है, दुर्लभ वस्तु को भी प्राप्त कर लेता है, अज्ञात और अज्ञेय को भी जान लेता है, तथा अदृष्ट वस्तु का भी रूप निर्धारित कर सकने में समर्थ हो जाता है। जिज्ञासा ने छायावादी कविता को यही कल्पना-शक्ति प्रदान की।''

स्वच्छंद कल्पना का जितना प्रचुर मात्रा में निरूपण छायावाद में हुआ उतना कभी नहीं हुआ। छायावाद में कविता और कल्पना पर्याय हो गये। पंत अपने पल्लव को 'कल्पना के विह्वल बाल' कहते हैं तो निराला कविता मात्र को 'कल्पना के कानन की रानी' मानते हैं। प्रसाद कल्पना के संदर्भ में कहते हैं यथा–

''हे कल्पना सुखदान
तुम मनुज जीवन प्राण
तु विशद व्योम समान।''

प्रसाद अपनी स्वच्छंद कल्पना से हिमालय को 'विश्व-कल्पना' कहते हैं, पंत बादल को 'विभुवन की कल्पना महान' मानते हैं तथा 'छाया' को भी 'कवियों की गूढ़ कल्पना-सी' कहते हैं। निराला अपनी स्वच्छंद कल्पना से एक नयी यमुना का निर्माण कर देते हैं– यथा

''स्वप्नों-सी उन किन आँखों की
पल्लव-छाया में अम्लान
यौवन की माया-सा आया
मोहन का सम्मोहन ध्यान?''

छायावादियों ने स्वच्छंद कल्पना के द्वारा 'हृदय सत्ता का सुंदर सत्य' व्यक्त किया। प्रकृति और नारी-सौन्दर्य के सुंदर चित्र खींचे, उन सबका श्रेय कल्पना को है। कवि कल्पना प्रेरित अंतर्दृष्टि से चेतन-सौंदर्य की झलक देखते हैं।

अतः छायावादी कवियों ने स्वच्छंद कल्पना से दृश्य को दर्शन बना दिया। स्वप्न लोक की सृष्टि की; कवि कल्पना के पंखों पर चढ़कर नूतन-पुरातन में घूम आता था। तभी वह कह उठता है–

**''चढ़कर मेरे जीवन रथ पर
प्रलय चल रहा अपने पथ पर
मैंने निज दुर्बल पद बल से
उससे हारी होड़ लगाई
आह! वेदना मिली विदाई ''**

छायावादी काव्य में नारी

छायावादी सृजन में नारी के सम्बन्ध में 'छायावाद'–नामक पुस्तक में डॉ॰ नामवर सिंह कहते हैं कि, प्रकृति की भाँति ही छायावादी कविता में नारी की भी प्रधानता दिखाई पड़ती है–यहाँ तक कि छायावाद के विरोधी बहुत दिनों तक छायावाद को स्त्रेण काव्य कहते रहे। छायावाद के पूर्ववर्ती काव्य में नारी संबंधी रचनाएं ना हों–ऐसा तो नहीं है, किंतु वे रचनाएं पुरुष प्रधानता की ही द्योतक हैं। द्विवेदी युग की कविता में नारी के प्रति दया का भाव तो है, पर यथोचित सम्मान का भाव नहीं है; उस युग में निःसंदेह विधवाओं को लेकर अनेक कविताएं लिखी गईं, लेकिन उन कविताओं में विधवा को खाना-कपड़ा दिलाने का ही आग्रह अधिक है, और इसीलिए विधवा-विवाह को आवश्यक ठहराया गया है। द्विवेदी-युग का यह काव्य एक प्रकार से अनाथालय प्रतीत होता है, जिसमें नारी को आश्रय देने के साथ ही बंदिनी भी बना दिया गया और इस तरह वह अपने सहज जीवन से विच्छिन्न कर दी गई।''

छायावादी काव्य में नारी के रीतिकालीन एवं द्विवेदी युगीन बंदिनी रूप को छोड़कर उसे भक्ति के रूप में माना गया। छायावादी कवि नारी-सौन्दर्य के चितेरे हैं किन्तु पूर्ववर्तियों की भाँति नहीं। इन्होंने नारी का सूक्ष्म सौन्दर्यांकन भावों का चित्रण किया। नारी के प्रति उदात्त प्रेम का वर्णन किया। यथा–

**नारी तुम केवल श्रद्धा हो,
विश्वास रजत नग पग तल में।
पीयूष स्रोत सी बहा करो,
जीवन के सुंदर समतल में।।''**

जिस प्रकार प्रलयोपरांत मनु की आँखें नवीन भाव बोध को दृष्टव्य करती हैं ''उसी प्रकार छायावादी कवि भी–

**''नव हो जगी अनादि वासना
मधुर प्राकृतिक भूख समान;
चिर-परिचित-सा चाह रहा था
द्वंद सुखद करके अनुमान।''**

छायावादी काव्य में नारी के प्रति दयाभाव का तिरस्कार होता है। वह अधिकारणी बन अधिकारों की बात करती है। वह मानसिक रूप से जाग्रत होती है। भिखारनी का रूप तिरोहित होता है। विधवा नारी को निराला ने, ''इष्टदेव के मंदिर की पूजा सी' कहा है। इसी काल में स्त्री-पुरुष के वैयक्तिक प्रेम का अभ्युदय होता है। व्यक्ति स्वातंत्र्य के कारण ही वह स्वच्छंद प्रेम हुआ। प्रेयसी; 'प्रिये', प्रियतमें और 'सखि', 'सजनी'–जैसे संबोधन छायावादी कविता में है। कवियों ने स्वतंत्र प्रेम पर बल दिया।

पंत 'उच्छ्वास' में कहते हैं,

**'अनिल सा लोक-लोक में
हर्ष में और शोक में
कहाँ नहीं है स्नेह साँस-सा सबके उर में!''**

निराला ने 'भिखारिन' और 'वह तोड़ती पत्थर' कविता में श्रमशीला एवं असहाय नारी का वर्णन किया है।

**''वह तोड़ती पत्थर
देखा मैंने इलाहाबाद के पथ पर।''**

नारी का वर्णन करने में प्रसाद ने अपनी लेखनी का खूब प्रयोग किया। प्रसाद-सृजित नारी-हृदय दया, माया, ममता, करूणा, स्नेह, त्याग, क्षमा से भरा हुआ है–

**''दया माया ममता लो आज
मधुरिमा लो अगाध विश्वास।
हमारा हृदय रत्ननिधि स्वच्छ
तुम्हारे लिए खुला है पास।''**

नारी जीवन की महत्ता इसी में है कि,

**आँसू से भीगे अंचल पर,
मन का सब कुछ रखना होगा
तुमको अपनी स्मित रेखा से,
यह संधि पत्र लिखना होगा।**

अंत में कह सकते हैं कि छायावादी कवियों ने नारी को देवी, माँ, सहचरि एवं प्राण के रूप में चित्रित किया है। नारी के मनोभावों का अंकन किया है। यथा–

''अकेलि सुंदरता कल्याणि
सकल ऐश्वर्यों की संधान
देवि! माँ! सहचरि! प्राण!''

छायावादी काव्य में प्रगीति तत्त्व

हिन्दी भाषा के इतिहास में गीति-काव्य का पल्लवन आधुनिक युग में हुआ है, वह अपनी प्राचीन विधा से पूर्णतया भिन्न है। विद्यापति, कबीर, सूर, तुलसी, मीरा के गीतों में वे प्रवृत्तियाँ लक्षित नहीं होती जो कि आधुनिक गीतकारों की सर्जना में हैं। पूर्ववर्ती काल में गीतों में भावगत संक्षिप्तता होती थी, जबकि अब भावगत एकरूपता तो होती है, किन्तु संक्षिप्तता नहीं होती। पूर्ववर्त्ती काल में गीतों में शास्त्रीय-संगीत का नियम विधान होता था किन्तु अब ऐसा नियम विधान आवश्यक नहीं। अब शास्त्रीय एवं अशास्त्रीय सभी का सम्मिश्रण रहता है और किसी एक निश्चित लय-तान के बंधन की अपेक्षा स्वतंत्र एवं उन्मुक्त लय का विधान होता है। आधुनिक गीतों में तीव्रभावना के साथ-साथ आत्माभिव्यंजकता का प्राधान्य रहता है जबकि प्राचीन काल में तीव्र भावना प्रमुख थी। विषय प्रधान की जगह आधुनिक गीत विषयी प्रधान होने लगे हैं। छायावाद काल में गीत सृजकों की सृजना में उपरोक्त सभी अधुनातन प्रवृत्तियों से इतर पाश्चात्य शैली की 'लिरिक' पद्धति की प्रवृत्ति भी स्पष्टतः दिखाई देती है। छायावादी गीतों के संदर्भ में नंदकिशोर नवल ने कहा कि छायावाद की काव्य भाषा प्रगीतों के लिए ही निर्मित हुई थी। अर्नेष्ट रॉयस ने 'अत्यंत प्रभावपूर्ण भावों से संयुक्त लययुक्त संगीतात्मक शब्द-प्रवाह को गीति-काव्य कहा है। हडसन ने कहा कि गीतिकाव्य वैयक्तिकता प्रधान होता है। और उसमें व्यक्ति वैचित्र्य की अपेक्षा व्यापक मानव अनुभूतियों एवं भावनाओं की ऐसी अभिव्यक्ति होती है जिसमें प्रत्येक पाठक रसानुभूति प्राप्त कर सकता है। महादेवी वर्मा के शब्दों में ''सुख-दुख की भावावेशमयी अवस्था का विशेष गिने चुने शब्दों में स्वर-साधना के उपयुक्त चित्रण कर देना ही गीत है।''

अब हम छायावादी प्रगीतों के संदर्भ में जानकारी उपर्युक्त विद्वानों द्वारा बतायी गई प्रगीत प्रवृत्तियों के आधार पर करेंगे–

1. **आत्माभिव्यंजकता :** गीति-काव्य में आत्माभिव्यंजकता से तात्पर्य यह है कि प्रत्येक गीति-काव्य कवि की स्वच्छंद मनोवृत्ति का अभिव्यंजक होता है, उसमें कवि अपने निजी जीवन और जगत् से उपलब्ध है। सुख-दुःख हर्ष-शोक, करूणा-आनंद, हास-रूदन को अभिव्यक्त करता है, कवि का हृदय संस्थान अनुभूतियों का आगार होता है, वैयक्तिक सुख-दुखात्मक अनुभूतियों का भंडार होती है। महादेवी वर्मा के गीतों में ये दोनों स्थितियां दृष्टव्य हैं यथा–

''विरह का जलजात जीवन, विरह का जल जात
वेदना में जन्म करूणा में मिला आवास
अश्रु चुनता दिवस इसका अश्रु गिनती रात,
जीवन विरह का जलजाल!''

2. **रागात्मकता :** गीति-काव्य की रागात्मकता से तात्पर्य यह है कि उसमें राग-तत्त्व की प्रधानता होती है। कविता का रागतत्त्व उसकी आत्मा है, क्योंकि रागतत्त्व को ही भावात्मक तत्त्व कहते हैं, जिसमें भाव एवं रस का समावेश रहता है। बिना आत्मा के जिस प्रकार जीवन जड़ हो जाता है; उसमें प्रभाव डालने की शक्ति नहीं रहती, उसमें प्रेषणीयता के गुण का अभाव हो जाता है और वह नीरस एवं निर्जीव होकर प्राण-चेतना के संचार का साधन नहीं बन पाता। छायावादी काव्य में रागात्मकता का तत्त्व बहुत दिखाई पड़ता है। जयशंकर प्रसाद के गीतों में और निराला के गीतों में यह वर्णित है। यथा–

''तुम तुंग हिमालय शृंग और मैं चंचल गति सुरसरिता,
तुम विमल हृदय उच्छ्वास और मैं कांति कामिनी-कविता।''

3. **काल्पनिकता :** गीति-काव्य में काल्पनिकता से तात्पर्य है कि उसमें कल्पना-तत्त्व द्वारा ही कवि रमणीय अर्थ की सृष्टि करता है। वैसे कल्पना के बिना काव्य का अस्तित्व ही नहीं है, क्योंकि कल्पना ही विविध प्रकार के पूर्वसंचित अनुभवों के सम्मिश्रण से कवि को ऐसे-ऐसे रमणीय चित्र अंकित करने की प्रेरणा प्रदान करती है, जो अद्भुत होती है। कल्पना कवि मन में ऐसी प्रक्रिया उत्पन्न करती है जिससे उसकी स्मरणशक्ति द्वारा संचित अनुभव विभक्त होकर और फिर सहसा जुड़कर ऐसे-ऐसे नूतन अनुभूति-चित्रों का निर्माण किया करते हैं, जो सर्वथा विचित्र दिखाई देते हैं। छायावादी कवि काल्पनिकता के आश्रय में रहते हैं वे कल्पना की रंगीन तूलिका के

द्वारा अपनी अनुभूति को शब्दबद्ध करते हैं। पंत कविता को कल्पना के विह्वल बाल कहते हैं तो कोई कल्पना के कानन की रानी। नामवर सिंह के अनुसार, ''कल्पना छायावादी कवियों के मन की पंख है।'' यथा–

तुम्हारे छूने में था प्राण, संग में पावन गंगा-स्नान,
तुम्हारी वाणी में कल्याणि, त्रिवेणी की लहरों का गान।
उषा का था उर में आवास, मुकुल का मुख में मृदु विकास,
चाँदनी का स्वभाव में वास, विचारों में बच्चों की साँस''

4. **संगीतात्मकता :** संगीत गीति-काव्य का मूलाधार है क्योंकि बिना संगीत के उसके पद चलते नहीं और बिना संगीत के उसका निर्माण नहीं होता। संगीत की मधुर स्वर लहरियों पर चढ़कर ही उसके चरण थिरकते हैं, संगीत ही उसमें प्राण-चेतना का संचार करता है, संगीत ही उसमें अखण्ड रस-धारा प्रवाहित करता है, संगीत ही उसे भाव-मुखर बनाता है। प्रसाद, महादेवी वर्मा के गीतों में अपूर्व संगीतात्मकता के दर्शन होते हैं।

''दिया क्यों जीवन का वरदान?
इसमें हैं स्मृतियों का कम्पन, सुप्त व्यथाओं का उन्मीलन,
स्वप्नलोक की परियाँ इसमें, भूल गयीं मुस्कान। दिया क्यों....
इसमें है झंझा का शैशव, अनुरंजित कलियों का वैभव
मलय पवन इसमें भर जाता, मृदु लहरों के गान!
दिया क्यों..... ''

5. **भावगत एकरूपता :** गीति-काव्य में प्रायः एक ही भाव आद्यंत विद्यमान रहता है। कवि जिस भाव को अपनी सुललित पदावली में अभिव्यक्त करना चाहता है, उसे गीति के साँचे में ऐसा लगता है कि उसकी सीमाओं में आबद्ध उस भाव के अतिरिक्त और कुछ गीति में नहीं आता। यथा–

तुम हो विधु के बिम्ब और मैं मुग्धा रश्मि अजान,
जिसे खींच लाते अस्थिर का कौतूहल के बाण।
× × × ×
तुम अनंत जलराशि ऊर्मि मैं चंचल सी अवदात,
अनिल-निपीड़ित जा गिरती जो फूलों पर अज्ञात।''
× × × ×
मुझे बाँधने आते हो लघु सीमा में चुपचाप
कर पाओगे मित्र कभी क्या ज्वाला से उत्ताप।''

6. **आकारगत लघुता एवं सुकुमार शैली :** गीतिकाव्य में सदैव लघु आकार के अंतर्गत मार्मिक भाव की अभिव्यक्ति हो जाती है। इसी के साथ कोमलकांत पदावली का प्रयोग भी होता है, जिसमें कोमल भावों को सरलतापूर्वक वहन करने हेतु सहज सचिक्कणता होती है, जिसमें स्वर मैत्री के साथ-साथ व्यंजन मैत्री भी होती है। शब्द-विन्यास प्रत्येक चरण में सुकुमार होता है। यथा–

वे मुस्कराते फूल, नहीं जिनकों भाता है मुरझाना,
वे तारों के दीप, नहीं जिनको भाता है बुझजाना,
क्या अमरों का लोक मिलेगा तेरी करूणा का उपहार?
रहने दो हे देव यह मेरे मिटने का अधिकार।''

इस प्रकार छायावादी काव्यभाषा में प्रगीतों का पूर्ण विकास हुआ। भावों के अनुसार भाषा सर्वत्र है। कवि की अंतर्मुखी भावना साधना यहाँ दृष्टव्य होती है।

छायावाद की काव्य भाषा

खड़ी बोली हिन्दी का स्वर्णकाल छायावाद माना जाता है। क्योंकि खड़ी बोली इस काल के सृजकों द्वारा अपना उत्कर्ष प्राप्त कर सकी। अपने अंदर इतनी शक्ति एवं क्षमता रखने लगी कि समस्त मानवीय भावों एवं मनोभावों को इसके द्वारा शब्दांकित किया जाने लगा। छायावादियों के भावों के अभिव्यंजन का मुख्य आधार भाषा है। इस संदर्भ में आचार्य शुक्ल ने कहा कि, ''छायावाद जिस आकांक्षा का परिणाम था, उसका लक्ष्य केवल अभिव्यंजना की रोचक प्रणाली का विकास था।'' छायावादी कविता भाषा ने रूप-विन्यास को इतना प्रभावित किया कि अधिकांश सहृदयों की आँखें चौंधिया गयीं। नामवर सिंह के शब्दों में कहें तो, ''उस रूप की कांति से आतंकित होकर वे उसी को सब कुछ समझने लगे। उस हुस्न का इतना रोब था कि देखने वाले उसके भीतर की और कोई चीज देख ही न सके। उस रूप-विन्यास के पीछे काम करने वाली रूचि और सौन्दर्य-भावना उनसे अनदेखी रह गई। मुग्ध दर्शक केवल रूप ही देखते रह गये। छायावादी कवि ने भी बड़े गर्व के साथ इस रूप-दृष्टि को उपस्थित किया था और अपने 'मित्र' को चुनौती देते हुए कहा था–

''लखो दिया है पहना
किसने यह हार बना
भारति उर में अपना
देख दृग थके।''

छायावादी काव्य सृजकों ने आंतरिक भावना के उद्वेलन हेतु अपनी नूतन भाषा को आधार बनाकर काव्य सृजना की। रूप-विन्यास का मूलधन शब्द समूह है। शब्दों की सामग्री को नाना रूपों में सजाकर कविता में रूप-संबंधी भंगिमा लाई जाती है। जिन शब्दों के आश्रम में रहकर कवि सीधी-सादी इतिवृत्तात्मक अभिधेय कविता की रचना कर सकता, उन्हीं शब्दों को नवीन क्रम में रखकर संवेदनशील कवि मार्मिक सौन्दर्य पैदा कर देता है।

छायावादी कवियों ने संस्कृत के तत्सम् शब्दों के बड़े-बड़े रूपों का वर्णन नहीं करके छोटे-छोटे रूपों का वर्णन किया है। छायावादियों ने स्वशब्द-वाच्यत्व भाषा में उत्कर्षता प्रदान की। पंत की प्रथम रश्मि कविता की पंक्तियाँ दृष्टव्य है–

खुले पलक, फैली सुवर्ण छवि
जगी सुरभि, डोले मधुबाल
स्पंदन, कंपन और नव जीवन
सीखा जगने अपनाना।''

''भाषा शब्दों की संख्या से धनी नहीं होती, धनी होती है उनकी भाव-व्यंजकता से। द्विवेदी-युग की कविता की तुलना में छायावाद की समृद्धि का रहस्य यही है।'' छायावाद काल में हिन्दी के असंख्य लोक प्रचलित तथा साहित्यिक रूढ़ शब्दों के स्थान पर संस्कृतनिष्ठ तत्सम् शब्दों को पुनः तराशा गया है। निराला की आरंभिक कविता में यह स्पष्टतया दर्शित होता है–

''विजन-वन-वल्लरी पर
सोती थी सुहाग भरी
स्नेह-स्वप्न-मग्न-अमल कोमल-तन तरूणी
जूही की कली,
दृग बंद किए, शिथिल पत्रांक में।''

''छायावादी कवियों ने संस्कृतगर्भित शब्दों को मान-रंजित और कल्पना स्फीत करके एकदम नया रूप दे दिया। यथा–

छोड़ द्रुमों की मृदु छाया
तोड़ प्रकृति से भी माया
बाले! तेरे बाल-जाल में कैसे उलझा दूँ लोचन?

छायावादियों ने जिस भाषा से सीधे रूप में स्पर्धाभाव रखा वह थी ब्रजभाषा। छायावादियों ने काव्य भाषा में वही कोमलता प्रदान की जो ब्रजभाषा में थी। यह सब कवियों ने तत्सम् शब्दों के सहारे किया।

लेकिन धीरे-धीरे छायावादी कवियों ने संस्कृत निष्ठता का परित्याग कर दिया। क्योंकि छायावादी संस्कृतनिष्ठ लाक्षणिक दुरूह शब्दावली जनमानस में तो दूर आलोचक वर्ग में भी अपना स्थान नहीं बना पा रही थी। इसलिए इन्होंने खड़ी बोली के तद्भव रूप को बनाया। खैर इसका एक मतलब ये भी था कि इनकी कविताओं में राष्ट्रीय-सामाजिक-राजनैतिक विषयों की चिंता थी। स्वाधीनता आंदोलन के भाव थे। अतएव ये तत्सम् से तद्भव की ओर बढ़े। आप 1936 के बाद की इनकी कविताओं को देख सकते हैं। इन कवि-सृजकों ने साहित्य रचना हेतु नवल शब्दों की सृजना की। शब्द गढ़ने शुरू किये। जिससे इनकी भाषा भावों के अनुकूल बन पड़ी। अंत में कह सकते हैं कि छायावादी कवियों की काव्य भाषा विजनवनवल्लरी से शुरू होकर राघव-लाघव, रावण-वारण से गुजरती हुई अबे सुनबे गुलाब तक की यात्रा करती है। अर्थात तत्सम् से उत्तरोत्तर तद्भव देशी की ओर बढ़ती है।

छायावाद : शक्ति काव्य

छायावाद रूपी शक्ति काव्य की प्रतिनिधि रचना 'कामायनी' है। यह मानवीय संस्कृति के विकास का आख्यान है। अपने विकास के क्रम में मनुष्य की संस्कृति आज जहां पहुंची है वहां प्रसाद के अनुसार उसकी समस्याएं हैं। उसमें थके और पराजित मनु के प्रति अपने सद्बोधन का समापन श्रद्धा इन शब्दों में करती है–

शक्ति के विद्युत्कण जो व्यस्त
विकल बिखरे हो निरूपाय।
समन्वय उनका करे समस्त
विजयिनी मानवता हो जाय।।

यहां मूल संदेश शक्ति के नियोजन का है और सन्दर्भ राष्ट्रीय होते हुए भी चिन्ता समस्त मानवता की है। इसी तरह की स्थिति 'राम की शक्तिपूजा' में है। रावण के पक्ष में शक्ति को सक्रिय देखकर राम स्तब्ध व हताश हैं–

अन्याय जिधर है उधर शक्ति कहते छल-छल
हो गये नयन, कुछ बूंद पुनः ढलके दृग जल।।

'राम' और 'मनु' की हताशा बहुत कुछ मिलती जुलती है, जाम्बवान राम को परामर्श देते हैं–

शक्ति की करो मौलिक कल्पना करो पूजन
छोड़ दो समर जब तक न सिद्धि हो रघुनन्दन।

सम्पूर्ण कविता की रचना दृष्टि यहीं से आलोकित और प्रवाहित होती है। शक्ति की परिकल्पना अनुकरण में संभव नहीं, शक्ति को सदा ही मौलिक रूप में ही परिकल्पित किया जा सकता है। शताब्दियों से पराधीन देश को दूसरी बड़ी और सार्थक दृष्टि से कोई नहीं देख सकता। यहां राम जितने अपने हैं, उतने ही सामूहिक राष्ट्रीय मन के प्रतीक हैं।

होगी जय, होगी जय, हे पुरूषोत्तम नवीन।
कह महाशक्ति राम के बदन में हुई कीन।।

महाशक्ति का राम के बदन में लीन हो जाना आत्मशक्ति के विकास को ही व्यंजना देता है। शक्ति अपने से बाहर कहीं नहीं अपने अन्दर ही है, केवल उसे जागृत और विकसित करना है और यह प्रक्रिया अपने में मौलिक है, विशिष्ट है।

शक्ति-साधना का यही स्वर निराला के 'तुलसीदास' में मुखरित होता है। रत्नावली के जन-प्रचलित कथानक को लेकर निराला में मनोवैज्ञानिक सांस्कृतिक तथा सर्जनात्मक पक्षों का एक संश्लिष्ट रूप उभरा है। काव्य के अंतिम अंश में तुलसी को अपनी प्रिया का व्यक्तित्व देवी भारतीय (सरस्वती) में रूपान्तरित होते दिखता है। उनके हृदय में नया स्वर उठता है। उस स्वर क्रम का छंद इस प्रकार है–

होगा फिर से दुर्धर्ष समर
जड़ से चेतन का निशिवासर

कवि का प्रतिछवि से जीवन हर जीवन भर–

भारती इधर है उधर सकल
जड़ जीवन के संचित कौशल
जय इधर ईश है उधर सबल माया-कर।

इन विशिष्ट काव्यों और लम्बी कविताओं के अतिरिक्त छोटे गीतों और कविताओं में भी मूलतः पुनर्जागरण की चेतना अंतर्व्यक्त दिखाई देती है। जागरण गीतों में शक्ति और चैतन्य का आह्वान है। वे इस समय की राष्ट्रीय स्वाधीनता से जुड़े हैं। आत्म गौरव, देशप्रेम एवं जागरण इन गीतों के मुख्य स्वर हैं–

"अरूण यह मधुमय देश हमारा।
जहां पहुँच अनजान क्षितिज को मिलता एक सहारा।"

व्यक्तिगत प्रणय और राष्ट्र जागरण की भावना से अनुस्यूत गीत भी छायावाद में रचे गये।

इस तरह छायावाद मूलतः अपने समय की ज़रूरत है। राष्ट्रीय जागरण की समग्र अभिव्यक्ति उसमें समाहित है। जगत और जीवन तथा शरीर की महत्ता को छायावादी कविता स्थापित करते हुए कर्मरत मनुष्य को देखने की आकांक्षा व्यक्त की है। जाहिर वहां 'कर्म' की व्यंजना व्यापक धरातल पर है। पलायन छायावादी कविता का अभीष्ट नहीं है। बल्कि 'कर्म का भोग और भोग का कर्म' उसका अभीष्ट है। हां, एक विश्राम की आक्रोश चयन कर्मरत, स्पन्दित, संघर्षरत जीवन और जगत से करती है।

प्रबन्ध कल्पना की नवीनता

छायावादी कवियों ने पारंपरिक रूप में चली आ रही प्रबंध कल्पना सर्जना के मानदण्डों को त्यागकर, आधुनिकता के साथ, मुक्त भाव से प्रबंध कल्पना का सृजन किया। प्राचीन काल से चले आ रहे संस्कृत के प्रतिमान की महाकाव्य में सात सर्ग होंगे, कि नायक धीरोदात्त होना चाहिए कि नायक कोई देव या पुराण प्रसिद्ध या उच्चकुलोत्पन्न व्यक्ति या ऐतिहासिक रूप से ख्यात होना चाहिए, कि महाकाव्य के आरंभ में ईश्वराधना होनी चाहिए, महाकाव्य का प्रारंभ कठोर वर्णों से अथवा अशिष्ट वाक्यों से नहीं होना चाहिए आदि सभी को त्यागकर, छायावादी अपनी प्रबंध कल्पना का सृजन करते हैं।

छायावादी कवियों ने प्राचीन महाकाव्यकारों के द्वारा निरूपित मानदण्डों को छोड़कर स्वचेतना से काव्य सृजन किया। इन्होंने सबसे पहला बदलाव तो भाव के क्षेत्र में किया। जिस प्रकार प्राचीन महाकाव्यकारों की कथा ऐतिहासिक-पौराणिक हुआ करती थी वहीं इस काल की सृजना में कल्पना ऐतिहासिक होते हुये भी वर्तमान की समस्याओं का समाहार से लैस होता था। कथा लौकिक होने लगी। कथा का नायक धीरोदात्त नहीं होकर सामान्य आदमी सदृश गुणों का होता था। उसमें दिव्य गुणों का समावेश नहीं होता। छायावादी महाकाव्य का मनु ऐसा ही नायक है जो असहाय है, जीवन की सभी समस्याओं से ग्रस्त है। इसी प्रकार निरालाकृत महाकाव्यात्मक कविता 'राम की शक्ति पूजा' में राम की स्थिति भी इसी प्रकार की है और राम उसी प्रकार कह देते हैं जिस प्रकार एक आम आदमी कहता है यथा–

'अन्याय जिधर है उधर शक्ति कहते छल-छल'

इस काल में कवियों के पास भाव इतने सघन होते हैं कि प्रगीतों की भाषा में अपनी महाकाव्यात्मक पीड़ा को पिरो देते हैं। कवि अपनी शैली का सृजन स्वयं करते हैं कवि कह उठता है कि–

''मैंने मैं शैली अपनाई
देखा एक दुखी निज भाई''

अर्थात् कवि स्वशैली में आत्मीय पीड़ा को व्यक्त करते हैं। इस काल में जहाँ महाकाव्यारंभ में ईश्वर स्तुति की जगह सीधे समस्या का वर्णन करते हैं। कवि ऐसे वर्ण से प्रबंध कल्पना का आरंभ करते हैं जो कि शास्त्रीय रूप से अनुचित है। यथा–

हिम गिरि के उत्तुंग शिखर पर,
बैठ शिला की शीतल छाँह।
एक पुरूष भीगे नयनों से
देख रहा था प्रलय प्रवाह।।

ऊपर जल था नीचे हिम था,
एक तरल था एक सघन।
एक तत्व की ही प्रधानता,
कहो उसे जड़ या चेतन।।

छायावादी कवियों की प्रबंध कल्पना में तत्कालीन समाज है। समाज की विसंगतियाँ हैं। इनकी प्रबंध कल्पना में तत्कालीन समय का स्वाधीनता आंदोलन था। स्वाधीनता आंदोलन के साथ इस युग की देशी सामंती सत्ता के खिलाफ भी विद्रोह भाव है। नामवर सिंह के शब्दों में, ''छायावाद उस राष्ट्रीय जागरण की काव्यात्मक अभिव्यक्ति है जो एक ओर पुरानी रूढ़ियों से मुक्ति चाहता था और दूसरी ओर विदेशी पराधीनता से।''

निराला, पंत, प्रसाद, महादेवी वर्मा इन सभी सृजकों ने अपनी-अपनी अनुभूतिगत वेदना के आधार पर महाकाव्यात्मक पीड़ा को कल्पना बद्ध किया है। इन सृजकों ने महाकाव्य संज्ञा से कोई महाकाव्य नहीं रचा फिर भी इनके गीतों-प्रगीतों में प्रबंध की सी पीड़ा है। महादेवी वर्मा की कविता महाकाव्यात्मक है–

''विस्तृत नभ का कोई कोना
मेरा ना कभी अपना होना
उमड़ी कल थी मिट आज चली
मैं नीर भरी दुःख की बदली।''

निष्कर्षतः इन्होंने मानवीय पीड़ा को प्रबंध कल्पना में सृजित किया।

जयशंकर प्रसाद

समरसता और आनन्दवाद

काशीवासी जयशंकर प्रसाद कृत 'कामायनी' का प्रकाशन काल 1936 ई. है। कामायनी खड़ी बोली हिन्दी काव्य की श्रेष्ठ महाकाव्यात्मक कृति है। प्रसाद ने इस कृति में समरसता के साथ-साथ आनंदवाद की स्थापना की है। प्रसाद के आनंदवाद के संदर्भ में नगेन्द्र कहते हैं कि ''प्रसाद जी के संदर्भ में काव्य की आत्मा के विषय में जिज्ञासा के लिए कोई अवकाश नहीं रह जाता। उनके संपूर्ण चिंतन का प्रस्थान बिंदु है–शैवाद्वैत में प्रतिपादित आनंदवाद! आनंदघन आत्मा की संकल्पनात्मक-सामान्य शब्दावली में सर्जनात्मक अनुभूति शब्दार्थ तथा अन्य (वाचिक-आंगिक अभिनय, संगीत, नृत्य आदि) माध्यमों के द्वारा व्यक्त होकर इस रूप में परिणत हो जाती है।'' प्रसाद शैवदर्शन के अंतर्गत आने वाले प्रत्यभिज्ञा दर्शन की मान्यताओं का समावेश निजकाव्यानुभूति में करते हैं। आचार्य अभिनव गुप्त ने कहा कि–**''आनंद शक्ति विश्रांते योगी समरसौ भवेत।''**

प्रसाद ने प्राचीन भारतीय दर्शन का प्रयोग किया और इसमें समन्वयात्मक रूपों को ग्रहण किया। कामायनी महाकाव्य में यह समन्वयात्मक दर्शन 'समरसता' के नाम से जाना जाता है। इन्होंने अपनी सर्जना में अनेक स्थलों पर समरसता का वर्णन किया है। जीवन का एक प्रमुख वैषम्य सुख-दुःख संबंधी है। प्रसाद ने इस सुख-दुःख केंद्र की द्विविधा का निराकरण मार्मिक शब्दों में किया।

''जिसे तुम समझे हो अभिशाप, जगत की ज्वालाओं का मूल।
ईश का वह रहस्य वरदान, कभी मत इसको जाओ भूल।
नित्य समरसता का अधिकार, उमड़ता कारण जलधि समान,
व्यथा की नीली लहरों बीच, बिखरते सुख मणिगण द्युतिमान।''

इससे यह स्पष्ट हो जाता है कि प्रसाद कामना और इच्छा के अबाध और अनियंत्रित रूप को स्वीकार न करते हुए भी उनकी नितांत वर्जना नहीं करते। वे एक सीमा में, संयम के साथ उनकी उपयोगिता स्वीकार करते हैं। आनंद के पल्लवन हेतु तृष्णा और तृप्ति की समन्वित सत्ता के वे समर्थक हैं।

अधूरी आत्मसत्ता के उपासक देवतागण और देह तथा प्राणशक्ति के उपासक असुरों के विरोधी-प्रवाह में भी वे समरसता की संभावना देखते हैं'' इस ऐतिहासिक द्वंद्व हेतु वे

'श्रद्धा' का उपयोग करते हैं और यह समझते हैं कि सांस्कृतिक द्वंद्व का अपवारण 'श्रद्धा' नारी ही कर सकती हैः

देवों की विजय दानवों की हारों का होता युद्ध रहा,
संघर्ष सदा उर अंतर में जीवित रह नित्य विरूद्ध रहा।
आँसू से भीगे अंचल पर मन का सब कुछ रखना होगा,
तुमको अपनी स्मित रेखा से यह संधि-पत्र लिखना होगा।

अधिकारी और अधिकृत, शासक और शासित के बीच भी सदा से एक दुर्भेद्य खाई रही है, जिससे संसार में महान् उत्पीड़न होते आये हैं। इन दोनों में अनियंत्रित सम्बन्ध रहने के कारण ही इतिहास के पृष्ठ रक्त-रंजित हुए हैं। यद्यपि प्रसाद ने इस द्वन्द्व के निर्मूलन के अधिकारी या सत्ताधीशों को ही समाप्त कर देने का संदेश ही नहीं दिया है, बल्कि इस ऐतिहासिक द्वंद्व को भी 'समरसता' द्वारा शांत करने का मार्ग-निर्देश किया है :

'तुम भूल गये पुरूषत्व मोह में, कुछ सत्ता है नारी की,
समरसता है सम्बन्ध बनी, अधिकार और अधिकारी की।''

मनु द्वारा इड़ा के सहयोग से सारस्वत प्रदेश में अनेक मानव-वर्गों का उद्भव और परस्पर संघर्ष होता है, जो बुद्धिवाद की एकांगिकता का परिचायक है। आधुनिक सभ्यता इसी बुद्धिवादी आधार पर प्रतिष्ठित है। प्रसाद जी इस खतरे से पूर्णतया भिज्ञ थे। वे श्रद्धा से विरहित समाज के दुष्परिणामों से अवगत थे। मनु का अपनी प्रजा से संघर्ष और सारस्वत प्रदेश का विद्रोह इसी एकांगी बुद्धिवाद का निर्देशक है प्रसाद इसी संदर्भ में सृजित करते हैं कि–

यह तर्कमयी तू श्रद्धामय, तू मननशील कर कर्म अभय,
इसका तू सब संताप निचय, हर ले, हो मानव भाग्य उदय।
सब की समरसता का प्रचार,
मेरे सुत सुन माँ की पुकार।

प्रसाद जी कर्म-मार्ग के विरोधी नहीं थे। वे मननशील अभयकर्म का संदेश देते हैं। परंतु वह कर्म, जो भेद-बुद्धि के आधार पर ठहरा है और श्रद्धारहित है परिणाम में विनाशकारी है। इस तरह बुद्धि, हृदय, कर्म का समन्वय कामायनी में प्रदर्शित है। अंततः जीवन के सबसे बड़े दुर्भेध विरोध कर्म, इच्छा और ज्ञान के समन्वय का संकेत प्रसाद जी ने किया है। सत्व, रज और तम के त्रिगुणों में कहीं किसी ओर से एकात्मकता दृष्टिगोचर नहीं होती। यथा–

संगीत मनोहर उठता, मुरली बजती जीवन को,
संकेत कामना बनकर, बतलाती दिशा मिलन की।
प्रतिफलित हुई सब आँखें, उस प्रेम-ज्योति विमला से,
सब पहचाने से लगते, अपनी ही एक कला से।
समरस थे जड़ या चेतन, सुंदर साकार बना था,
चेतनता एक विलसती, आनंद अखंड घना था।''

इस प्रकार जीवन के वास्तविक विरोधों को श्रद्धा की मूलवर्तिनी सत्ताद्वारा अपहत कर जीवन में समरसता और समन्वय स्थापित करने की अपूर्व आशाप्रद कल्पना प्रसाद जी ने कामायनी काव्य में की है। यह कल्पना एक तरफ जीवन के सूक्ष्मदर्शी विज्ञान का आधार रखती है और दूसरी ओर उच्चतम भारतीय दार्शनिकता का समन्वय लेकर चलती है। मानव प्रकृति और जीवनगत द्वंद्वों का निरूपण विज्ञान पर आश्रित है, और श्रद्धा की कल्याणमयी सत्ता दर्शन की देन है। इन दोनों के सम्मिलन और संयोग-स्थल पर कामायनी का समरसता-सिद्धांत प्रतिष्ठित है। इसे नवीन विज्ञान और चिरनवीन भारतीय दर्शन की संगम-भूमि भी कहा जा सकता है। यह समरसता ही आनंदवाद है। शैवदर्शन के प्रत्यभिज्ञा दर्शन का आधार।

प्रसाद का सौन्दर्यबोध

प्रसाद सौन्दर्यवादी कवि हैं। उनका काव्य आद्योपांत सौन्दर्य भावना से ओतप्रोत है। उसमें स्थान-स्थान पर कवि की सौन्दर्यानुभूति व्यक्त हुई है। प्रसाद जी प्रकृति-प्रेमी हैं। प्रकृति के प्रति उनमें अनूठी सौन्दर्य चेतना विद्यमान है। एक उदाहरण प्रस्तुत है :

किरण! तुम क्यों बिखरी हो आज,
रँगी हो तुम किस के अनुराग।
स्वर्ण सरसिज किंजल्क समान,
उड़ाती हो परमाणु पराग।।

अनुभूति की सूक्ष्मता को साथ-साथ कवि की वर्णन की सजीवता देखने योग्य है। शरीर-सौन्दर्य के चित्रण में भी प्रसाद ने कुशलता दिखलाई है। उनकी दृष्टि विशेष रूप से आंतरिक सौन्दर्य को पहचानती है। नीलवस्त्रावृता श्रद्धा का सुकुमार सुंदर अधखुला अंग उन्हें बिजली के फूल के समान द्युतिमान दिखाई देता है इससे कवि की सौन्दर्यानुभूति की सूक्ष्मदर्शिता का आभास होता है। इस संदर्भ में निम्नलिखित पंक्ति अविस्मरणीय है :

शशि मुख पर घूँघट डाले
आँचल में दीप छिपाए।
संध्या की गोधूलि में
कौतूहल से तुम आए।।

मनु का शारीरिक स्वरूप भी प्रसाद की सौन्दर्य चेतना का साक्षी है जिसमें पौरुष भाव साकार दिखाई देता है।

अवयव की दृढ़ माँस पेशियाँ,
उर्जस्वित था वीर्य अपार।
स्फीत शिराएँ स्वस्थ रक्त का,
होता था जिनमें संचार।।

प्रसाद की सौन्दर्य चेतना उनकी भाषा-शैली में दृष्टिगोचर होती है। आँसू को 'घनीभूत पीड़ा' कहकर प्रसाद ने करुणा का वातावरण सजीव कर दिया। एक अन्य चित्र भी द्रष्टव्य है :

झंझा झकोर गर्जन है, बिजली है नीरद माला।
पाकर इस शून्य हृदय को सबने आ घेरा डाला।।

उनकी भाषा सांकेतिक रूप में अर्थ व्यंजना का सामर्थ्य रखती है। चित्रमयता प्रसाद की भाषा की विशेषता। है। भाषा में सरसता, स्वाभाविकता और माधुर्य के साथ संवेदनशीलता भी है।

प्रसाद का सौन्दर्य बोध निश्चय ही नवीन और मौलिक है। वे नारी सौन्दर्य, प्रकृति सौन्दर्य एवं भाव सौन्दर्य के कुशल चितेरे हैं। आचार्य हजारी प्रसाद द्विवेदी ने प्रसाद के सौन्दर्य बोध पर अपनी टिप्पणी प्रस्तुत करते हुए लिखा है, ''प्रसाद के समान सौन्दर्य प्रेमी कवि विरले हैं और पार्थिव सौन्दर्य को स्वर्गिक महिमा से मण्डित करके प्रकट करने का सामर्थ्य तो इतना और किसी में है ही नहीं''।

कामायनी में रूपक तत्व

आधुनिक युग का प्रतिनिधि महाकाव्य 'कामायनी' है। प्रसाद जी ने इस कथा के साथ-2 सांकेतिक रूप में एक और कथा का निर्वाह किया है। इसी सांकेतिकता एवं प्रतीकात्मकता के कारण कामायनी को रूपक काव्य कहा जाता है। रूपक को हमारे साहित्य शास्त्र में दो अर्थों में प्रयोग किया जाता है। एक तो साधारण तथा समस्त दृश्य काव्य को रूपक कहते हैं : दूसरे, रूपक एक साम्यमूलक अलंकार का नाम है जिसमें अप्रस्तुत का प्रस्तुत पर अभेद आरोप रहता है। इन दोनों से इतर रूपक का तीसरा अर्थ यह भी है जो अपेक्षाकृत अधुनातन है और इस नवीन अर्थ में रूपक अंग्रेजी के 'एलिगरी' का पर्याय है। 'एलिगरी' एक प्रकार के कथा रूपक को कहते हैं। इस प्रकार की रचना में प्रायः एक; दो अर्थ देने वाली कथा होती है, जिसका एक अर्थ प्रत्यक्ष और दूसरा अर्थ गूढ़ होता है इस प्रकार की रचना को 'अन्योक्ति' कहा जाता है। रूपक के इस नवीन अर्थ में वास्तव में संस्कृत के रूपक और अन्योक्ति दोनों अलंकारों का योग है। इसमें जहाँ एक तरफ साधारण अर्थ के अतिरिक्त एक अन्य अर्थ-गूढ़ार्थ रहता है, वहाँ अप्रस्तुत अर्थ का प्रस्तुत अर्थ पर श्लेष, साम्य आदि के आधार पर अभेद आरोप भी रहता है। कहने का मतलब यह है कि रूपक अलंकार में जहाँ प्रायः एक वस्तु का दूसरी कथा पर अभेद आरोप होता है, वहाँ कथा-रुपक में कथा का दूसरी कथा पर अभेद आरोप होता है। वहाँ भी एक कथा प्रस्तुत और दूसरी अप्रस्तुत रहती है। प्रस्तुत कथा स्थूल, भौतिक घटनामयी होती है और अप्रस्तुत कथा सूक्ष्म सैद्धान्तिक होती है। डॉ॰ नगेन्द्र की सम्मति में यह सैद्धान्तिक कथा दार्शनिक, नैतिक, राजनैतिक, सामाजिक, मनोवैज्ञानिक आदि किसी प्रकार की हो सकती है, परन्तु इसका अस्तित्व मूर्त नहीं होता। वह प्रायः प्रस्तुत कथा का अन्य अर्थ ही होता है जो उससे ध्वनित होता है, किसी प्रबंध काव्य के प्रासंगिक कथा की भाँति जुड़ा हुआ नहीं होता।

इस तरह से विशिष्ट अर्थ में रूपक से तात्पर्य एक ऐसी द्वयर्थक कथा से है, जिसमें किसी सैद्धान्तिक अप्रस्तुत अर्थ अथवा किसी अन्य अर्थ का प्रस्तुत अर्थ पर अभेद आरोप होता है।

कामायनी में रूपक तत्व के संदर्भ नें कवि ने कृति के आरंभ में वर्णित किया है कि, ''आर्य-साहित्य में मानवों के आदि पुरुष मनु का इतिहास वेदों से लेकर पुराण और इतिहास में बिखरा हुआ मिलता है। .... वैवस्वत मनु को ऐतिहासिक पुरुष ही इसलिए मानना उचित है।'' वे आगे कहते हैं कि, ''यदि श्रद्धा और मनु अर्थात् मनन के सहयोग से मानवता का विकास रूपक है, तो भी बड़ा भावमय और श्लाघ्य है। वह मनुष्यता का मनोवैज्ञानिक इतिहास बनने में समर्थ हो सकता है।'' वे कहते हैं कि, ''यह आख्यान इतना प्राचीन है कि इतिहास में रूपक का भी अद्भुत मिश्रण हो गया है। इसलिए मनु, श्रद्धा और इड़ा इत्यादि अपना ऐतिहासिक

अस्तित्व रखते हुए सांकेतिक अर्थ की भी अभिव्यक्ति करें तो मुझे कोई आपत्ति नहीं। मनु अर्थात् मन के दोनों पक्ष हृदय और मस्तिष्क का संबंध क्रमशः श्रद्धा और इड़ा से भी सरलता से लग जाता है। ....इन सभी के आधार पर 'कामायनी' की सृष्टि हुई है।''

इसका मतलब यह है कि, कामायनी' को कवि ने मूलतः एक ऐतिहासिक काव्य के रूप में लिखा है; परंतु इसकी कथा में रूपक की संभावनाएं निहित हैं और यदि इसे रूपक मानकर अध्ययन किया जाए तो कवि को वह अस्वीकार्य नहीं। अर्थात् कामायनी में प्रत्यक्षतः नहीं तो परोक्षतः रूपकत्व का निर्वाह है। 'कामायनी' के पात्रों का प्रतीकमय सांकेतिक व्यक्तित्व तथा उसकी मुख्य घटनाओं का श्लेषगर्भित गूढ़ार्थ दोनों ही इस मत की पुष्टि करते हैं।

डॉ. नगेन्द्र की सम्मति में, ''कामायनी की व्यक्त कथा में आदिम पुरुष मनु और उसकी सहचरी आदिम नारी श्रद्धा के संयोग से मानव सृष्टि के विकास का वर्णन है। अहंकार की क्लेशमयी स्थिति से समरसता की आनंदमयी स्थिति तक मनोमय कोश से आनंदमय कोश तक जीव का विकास उसका अप्रस्तुत-पक्ष है। कथा का प्रस्तुत पक्ष ऐतिहासिक पौराणिक है और अप्रस्तुत पक्ष मनोवैज्ञानिक-दार्शनिक है, और इस प्रकार दोनों पक्षों में निकट संबंध है जो इस कथा की एक विशेषता है–अन्यथा रूपकों में साधारणतः इस तरह का निकट संबंध रहता नहीं है।''

पात्रों में प्रमुख हैं–मनु, श्रद्धा, इड़ा। इनके अतिरिक्त अन्य पात्र हैं–मनु-श्रद्धा का पुत्र कुमार और असुर-पुरोहित आकुलि और किलात। काम और लज्जा अशरीरी पात्र हैं। वे मूलतः सांकेतिक हैं। मनु, मन का मनोमय कोश में स्थित जीव-प्रतीक है। 'कामायनी' में मनु के व्यक्तित्व का स्थायी आधार निस्संदेह यही अहंकार है–

''मै हूँ यह वरदान सदृश क्यों
लगा गूंजने कानों में
मैं भी कहने लगी, मैं रहूँ
शाश्वत नभ के गानों में।' (आशा सर्ग : पृ. 27)

× × × ×

यह जलन नहीं सह सकता मैं
चाहिए मुझे मेरा ममत्व;
इस पंच भूत की रचना में
मैं रमण करूँ वन एक तत्व।'' (ईर्ष्यासर्ग, पृ. 153)

'कामायनी' की दूसरी प्रमुख पात्र है श्रद्धा। श्रद्धा प्रसाद जी के अपने शब्दों में हृदय का प्रतीक है। कामायनी में स्थान-स्थान पर उसके इस रूप की स्पष्ट प्रतिकृति मिलती है। यथा–

''हृदय की अनुकृति बाह्य उदार
एक लम्बी काया उन्मुक्त।''

श्रद्धा गंधर्वों के देश में हृदय सत्ता का सुंदर सत्य खोजने हेतु आती है। उसके व्यक्तित्व के मूल तत्त्व एक तरफ सहानुभूति, दया, ममता, मधुरिमा, त्याग और क्षमा है और दूसरी ओर अगाध विश्वास, उत्साह, प्रेरणा, स्फूर्ति आदि, जो हृदय के कोमल और सबल पक्षों की विभूतियाँ हैं। शुक्ल जी ने श्रद्धा को इसीलिए 'विश्वासमयी रागात्मिका वृत्ति' कहा है। श्रद्धा को काम और रति की पुत्री कहा गया है और वह इस सृष्टि में प्रेम-कला का संदर्भ सुनाने हेतु अवतरित हुई है–

''यह लीला जिसकी विकास चली
वह मूल शक्ति थी प्रेमकला;
उसका संदेश सुनाने को
संसृति में आयी वह अमला।''

कामायनी में प्रसाद ने तीसरी पात्र इड़ा सृजित की है। इड़ा बुद्धि का प्रतीक है। कवि ने व्यक्त रूप में उसके व्यक्तित्व का प्रतीकात्मक चित्र अंकित किया है –

'बिखरी अलकें ज्यों तर्क-जाल, ...भरी ताल।'' (इड़ा - 168)

उपर्युक्त चित्र में बुद्धि के तर्क, भौतिक ज्ञान-विज्ञान, त्रिगुण आदि का समावेश-सभी तत्वों का किया गया है। उसका चरित्र एकांत बौद्धिक है। वह हृदय की अनुभूतियों से वंचित व्यवसायात्मिकता बुद्धि द्वारा अनुशासित है। जीवन की अखण्डता के स्थान पर वह वर्ग विभाजन और अभेद के स्थान पर भेद की व्याख्या करती है।

परोक्ष रूप में आने वाले पात्रों में श्रद्धा-मनु पुत्र कुमार आता है। जिसका नामकरण संस्कार तक नहीं होता। वह नवमानव का प्रतीक है। पिता से मननशीलता, माता से श्रद्धा और इड़ा से वह बुद्धि ग्रहण कर व्यक्तित्व सृजन करता है। असुर-पुरोहित किलात एवं आकुलि आसुरी वृत्तियों के प्रतीक हैं। ज्यों ही मनु (मन) पाप (हिंसायज्ञ) की ओर आकृष्ट होतें हैं, आकुलि-किलात उसको दुष्प्रेरणा देने के लिए तुरंत ही

उपस्थित हो जाते हैं और उसे दुष्कर्म में प्रवृत्त करते हैं। इनके अतिरिक्त देव इन्द्रियों के, श्रद्धा का पशु जीव दया, करूणा अर्थात् अहिंसा का और सोमलता भोग का प्रतीक है। वृषभ धर्म का प्रतीक है।

इनके अतिरिक्त तीन-चार प्रतीक शेष रह जाते हैं। जिनमें जल-प्लावन, त्रिलोक और मानसरोवर।

जल-प्लावन का सांकेतिक अर्थ है कि जब मानव अबाध इन्द्रिय लिप्सा का दास हो जाता है, अर्थात् जब मन ऊपर विज्ञानमय कोश और आनंदमय कोश की ओर बढ़ने के स्थान पर निम्नतम अन्तमय कोश में भी रम जाता है, तो चेतना पूर्णतः उस माया में डूब जाती है।

त्रिलोक में प्राचीन त्रिपुरदाह के रूपक से प्रेरणा ग्रहण की गई है। इसका प्रतीकार्थ अत्यंत व्यक्त है। तीन लोक-भावलोक, कर्मलोक तथा ज्ञान लोक-चेतना की तीन अंगभूत प्रवृत्तियों-भाववृत्ति, कर्म-वृत्ति और ज्ञान-वृत्ति के प्रतीक हैं। जब तक ये वृत्तियाँ अलग-2 कार्य करती हैं मन अशांत और उद्विग्न रहता है। यथा–

''ज्ञान दूर कुछ, क्रिया भिन्न है,
इच्छा क्यों पूरी हो मन की,
एक दूसरे से मिल न सके,
यह विडम्बना है जीवन की।''

परन्तु जब श्रद्धा के द्वारा इनका समन्वय हो जाता है तो समरसता की स्थिति को प्राप्त कर लेता है–

''स्वप्न, स्वाप, जागरण भस्म हो
इच्छा, क्रिया, ज्ञान, मिल लय थे;
दिव्य अनाहत पर विवाद में,
श्रद्धायुत मनु बस तन्मय थे।''

कैलास समरसता का प्रतीक है–

''समरस थे जड़ या चेतन, सुंदर साकार बना था
समरसता एक विलसती, आनंद अखंड घना था।''

नगेन्द्र ने कामायनी की कथा का विश्लेषण कर कहा कि, ''इस प्रकार 'कामायनी' निस्संदेह ही रूपक है। प्रसाद जी ने कथा के मूल तत्वों को ऐतिहासिक मानते हुये उनके आधार पर ऐतिहासिक महाकाव्य की रचना का उपक्रम किया था। किन्तु कथा का सांकेतिक रूप उनके मन में आरंभ से अंत तक वर्तमान था और मन के विकास का प्राचीन वैदिक रूपक उनको वैसे भी अत्यंत प्रिय था।''

कामायनी का प्रबंध विन्यास

'कामायनी' का महाकाव्यत्व तो ज़ाहिर है कि भारतीय परम्परा के अनुकूल नहीं है। यूनानी परम्परा में भी त्रासदी की रचना गठन का तो सूक्ष्म विश्लेषण हुआ है, लेकिन महाकाव्य के बाबत मूलतः काल की इकाई ग्रहण की गई है। अरस्तू ने महाकाव्य को अतीत अर्थात् इतिहास की संज्ञा दी। 'कामायनी' में न तो काल की और न ही समाज-संस्कृति की संदर्भात्मक इकाई पूरी तौर पर लागू की जा सकती है। क्योंकि इसमें प्रागैतिहासिक एवं मिथकीय काल से लेकर महाकाल का ग्रहण हो चुका है। साथ ही आदिम मनुष्य से लेकर मानवता और मानव के मानस का अभिमान हुआ है। यही नहीं कामायनी के बोध आधुनिक एवं रोमान्टिक मध्यकालीन शैवानन्द एवं यथार्थवादी हैं। कामायनी का स्वरूप कई माध्यमों का प्रयोग करते-करते विशिष्ट बोध के लिए एक महाकाव्य के रचनागठन का अन्वेषण करता है। विविध सर्गों में रचना प्रक्रिया का स्तर बदला गया है 'कामायनी' के कला माध्यम में संवादों के भी कई तरह के प्रयोग आते हैं। संवादों में केवल नाटकीयता और काव्यात्मकता ही नहीं निबंधित है, बल्कि कई सचेतन दृष्टियां भी हैं। मनोभावों का उन्मिलन, मानवता के विकास का रूपक, मनुष्यता का मनोवैज्ञानिक इतिहास और हृदय मस्तिष्क का संबंध निर्देश इस दृष्टि के आधार हैं। ये आधार आधुनिक तथा मौलिक हैं। इन भाषाओं पर ही 'कामायनी' का महाकाव्यत्व टिका है। कामायनी का माध्यम कई आधारों वाला है। अतः यहां बिम्ब और प्रतीक तथा परोक्ष धारा प्रवाह मिलते हैं। इसमें ध्वन्यात्मकता-लाक्षणिकता के अलावा सौन्दर्य मन का प्रतीक विधान और सहानुभूति की विवृति भी है। यह कृति विभावादि के बजाय संवेदना को जगाती है तथा शब्द शक्ति के बजाय सौन्दर्यमय प्रतीक विधान को अपनाती है। भाव बिम्बमय चित्रित हुए हैं। कवि ने काल और स्थान से ऊपर उठकर प्रकृति सृष्टि एवं मन की चिरंतनता का आनन्दवासी सार्वभौम विश्वजनीन इतिहास लिखा है।

कामायनी का वस्तु विकास बहिर्मुखी न होकर अन्तर्मुखी है। वह मानव चेतना के विकास की कथा है, जो मनु के जीवन विकास के माध्यम से कही गयी है। इसीलिए 'कामायनी' परम्परागत महाकाव्य या ऐहिक जीवन का महाकाव्य नहीं है

बल्कि मानव चेतना का महाकाव्य है। रूपक रूप में महाकाव्य का बाधक बनकर आता है यहां साधक बनकर आता है। मानव चेतना के विकास का यह महाकाव्य अथवा मानव-सभ्यता के विकास का यह विराट रूपक साहित्य के इतिहास में एक नवीन प्रयोग है। एक अद्‌भुत उपलब्धि है। इसी रूप में यह परम्परा से भिन्न है। रूपक और महाकाव्य के समन्वय के मारण कथा के अन्तर्मुख विकास के कारण।

कामायनी का आधुनिक संदर्भ

रूपक के लिहाज से कामायनी में दो कथा-स्तर हैं। ये दो कथा स्तर एक दूसरे में मिलने वाली समानान्तर रेखाओं की तरह नहीं हैं, बल्कि दोनों इस तरह जुड़े हैं कि उन्हें अलग-अलग करने में अर्थ के बिखर जाने का खतरा उत्पन्न हो जाता है। 'कामायनी' की एक कथा पौराणिक है, दूसरी आधुनिक है, एक तात्कालिक है तो दूसरी सनातन है। 'कामायनी' की व्यक्त कथा में आदिम मानव और आदिम मानवी मनु और श्रद्धा मिलकर मानव सृष्टि का विकास करते हैं। दुःख, अहंकार एवं अकेलेपन की स्थिति से निकलकर समरसता की आनन्दमयी स्थिति तक की यात्रा उसका अप्रस्तुत पक्ष है। कथा का प्रस्तुत पक्ष इतिहास और पुराण से सम्बन्ध रखता है और अप्रस्तुत पक्ष दर्शन मनोविज्ञान राष्ट्रीय आन्दोलन एवं तत्कालीन मानव जीवन की आधुनिक घटनाओं से। साथ ही दोनों अर्थस्तर इस तरह सम्बद्ध है कि स्थूल कथा-क्रम को प्रतीकात्मक अर्थ से जोड़कर ही समग्रता में काव्य का आस्वादन किया जा सकता है।

'कामायनी' में रूपक निर्माण का अवयव प्रतीक है। 'कामायनी' के सभी चरित्र प्रतीक हैं। मनु मन की मननशीलता के प्रतीक हैं। मन के दो पक्ष हैं–मस्तिष्क और हृदय। श्रद्धा विश्वास एवं रागात्मक वृत्ति का प्रतीक है इडा बौद्धिकता का आकुलि और किलात दुर्बुद्धि के प्रतीक हैं। 'कामायनी' के इन प्रतीकों में आधुनिक जीवन सहसा नहीं दिखाई पड़ता, क्योंकि प्रसाद ने उन पर रहस्यवाद का झीना पर्दा डाल दिया है। प्राचीन रूपकों के साथ शाश्वत भावों का तादात्म्य स्थापित कर आधुनिक समस्याओं को ध्वनित किया गया है। आधुनिक युग की वास्तविकता 'कामायनी' के प्रतीकों की शाश्वतता का खंडन करती है। कामायनी के रूपकों के ठीक ढंग से निर्वाह न होने की शिकायत होती है, आचार्य शुक्ल इस रहस्यवाद को ही इसका कारण मानते हैं। 'कामायनी' की पृष्ठभूमि में सबसे प्रभावशाली चित्र प्रलय का है। दरअसल सभी छायावादी कवियों ने किसी-न-किसी रूप में एक महान परिवर्तन, विध्वंस या विनाश का चित्रण किया है। कामायनी में देव सभ्यता का ध्वंस है तो 'परिवर्तन' में पुरातन सुवर्णकाल का। अंग्रेजों ने जिस निर्ममता के साथ भारत की प्राचीन सभ्यता तहस-नहस कर दी थी उसका दुख आधुनिक भारत के सभी सदृश्य लोगों को रहा है। इसके कारण में दृष्टिभेद था, जहां इसे कालचक्र समझते थे। वहीं कामायनी में प्रसाद प्रकृति का प्रकोप समझते हैं। देव सभ्यता का ध्वंस वस्तुतः हिन्दू राजाओं और मुसलमान नवाबों तथा मुगल बादशाहों के विध्वंस का प्रतीक है। उनका नाश इसलिए हुआ कि वे 'अगतिमय' थे। अंग्रेज ने उस बादशाही व्यवस्था को तोड़ा, यदि अंग्रेज न आते तो भी इनका पतन निश्चित था, इतिहास का यह सार प्रकृति का प्रकोप है। हिम-संस्तृति पर उषा का आगमन हिम आच्छादन धीरे-धीरे हटना और वनस्पतियों का जागना। हिम-संस्तृति प्राचीन जड़ता को व्यंजित करती है, तो उषा नवजागरण को। वनस्पतियां समाज की नयी शक्तियां हैं जो मानव जागरण का सहारा पाकर प्राचीन रूढ़ियों को तोड़कर ऊपर उठ गईं। यह प्रतीक माला 'इलियट' के 'वेस्ट लैंड' की याद दिलाती है, जिसमें इंग्लैंड की बंजर जमीन को तोड़कर अप्रैल की गर्मी में फूल खिलते हैं। मनु प्राचीन सभ्यता के अवशेष होते हुए भी वस्तुतः आधुनिक नवजागरण के अग्रदूत हैं। मनु की आरम्भिक चिन्ता मिश्रित आशा पचास-साठ साल पहले के शिक्षित युवक का सच्चा चित्र है। जिसके मन में स्वर्णिम अतीत के नष्ट हो जाने की व्यथा प्रधान थी और नये युग की आशा गौण। प्रलय की काली रात बीतने के बाद कारा रजनी के उदय बाद मनु के हृदय का भी अंधकार दूर होता है। ऐसी ही प्राकृतिक तथा मानसिक स्थिति में श्रद्धा का आगमन होता है। मनु और श्रद्धा की बातचीत वस्तुतः घोर निराशा और आशा का अन्तर्द्वन्द है। अनस्तित्व और अस्तित्व निरूद्देश्यता और जिजीविषा के संघर्ष में अस्तित्व और जिजीविषा की जीत होती है। मन को आत्म-विश्वास प्राप्त होता है। और उनके सामने विजयिनी मानवता का ऊँचा आदर्श दिखाई पड़ता है।

मनु और श्रद्धा का मिलन वस्तुतः आधुनिक युवक के एकांकी और हताश मन में रागपूर्ण आत्म-विश्वास का उदय है। मनु और श्रद्धा का राग पूर्ण साहचर्य मनु के जीवन का ही नहीं कामायनी काव्य का सर्वोत्तम शील है। मनु और श्रद्धा सम्बन्धों में तनाव फिर श्रद्धा का अपने आप सिमट जाना वस्तुतः आरंभिक व्यापक काम मंगल के संकीर्ण हो जाने का प्रतीक है श्रद्धा और मनु का सघर्ष वस्तुतः आधुनिक युवक

के मन में अहिंसा, वन्य सरलता, सन्तोष और स्थिरता के विपरीत कर्म की आकांक्षा का विद्रोह है।

'प्रारम्भिक जीवन का सुन्दर निवास' छोड़कर मनु व्यापक कर्म क्षेत्र की तलाश में निकल पड़ते हैं। वन्य जीवन की सरलता के बाद मनु को नये पथ के लिए संघर्ष करना पड़ता है। और इस संघर्ष में मनु का व्यक्तित्व एक बार फिर निखरता है। मनु की इस प्रगति का प्रसाद जी ने अत्यन्त ओजपूर्ण चित्रण किया है। जैसे–**किस गहन गुहा से अति अधीर झंझा प्रवाह निकला हो।**

प्रगति के इस अवसर पर मनु के मन में अनेक विरोधी भाव उठते हैं–एक ओर विगत जीवन की ममता पीछे खींचती है तो आगे एकाकीपन का घोर अन्धकार दिखाई पड़ता है। मनु का यह अन्तर्द्वन्द्व आरम्भिक चिन्ता से कहीं अधिक जटिल, प्रौढ़ और मार्मिक है। 'इड़ा' सर्ग की बौद्धिकता और चिन्ता को भावुक निराशा तथा अतीत मोह की तुलना से यह बात अच्छी तरह स्पष्ट हो सकती है। 'जीवन निशीथ का अन्धकार' में सन् तीस के बाद मध्यवर्गीय मनःस्थिति की सारी वेदना साकार हो उठी है।

जिस प्रकार देव सभ्यता जल प्लावन से नष्ट हुई थी, उसी प्रकार सारस्वत नगर देवासुर संग्राम से नष्ट हुआ। वस्तुतः यह आत्मवादी और बुद्धिवादी विचारधाराओं का संघर्ष है जिन में से एक भोगवादी है तो दूसरी दुःखवादी। महाप्रलय के बाद मनु की चिन्ता भावुक आत्म-विश्वास से दूर हुई थी लेकिन इस बार की चिन्ता बुद्धि विवेक से नामित हुई। वह छायावाद के उदय काल की मनःस्थिति थी और यह प्रगतिवाद के उदयकाल की अथवा छायावाद के अंतिम समय की है। आगे चलकर सारस्वत नगर की वैज्ञानिक सभ्यता की आलोचना प्रसाद जी ने ज्ञान, इच्छा और क्रिया को अलग-अलग स्थित त्रिपुर प्रतीक से भी की है। वैसे ये त्रिपुर आकाश में हैं परन्तु वस्तुतः इसका भी संबंध सारस्वत नगर से ही है।

ज्ञान दूर कुछ क्रिया भिन्न है
इच्छा क्यों पूरी हो मन की।
एक दूसरे से न मिल सके
यह विडम्बना है जीवन की।।

सारस्वत नगर के राजा-प्रजा संग्राम में प्रसाद जी की यथार्थ दृष्टि ने राजा के विरूद्ध प्रजा की शक्ति तथा उसके विवेक को विजयी दिखाया है। मनु का लज्जाजनक रूप सामने आता है। श्रद्धा की शरण लेते हैं–ये तमाम बातें पराजित मध्यवर्ग का बुद्धि विरोध और अंधश्रद्धा है। परन्तु वास्तविकता के अन्तर्द्रष्टा प्रसाद जी ने निमित्त रूप से यहां दिखलाया है कि मनु और श्रद्धा के कैलाश भाग जाने से मानव जाति का इतिहास समाप्त नहीं हो गया है। मानव-विकास की इस तीसरी मंजिल पर मनु का पुत्र मानव आता है। जिस तरह मनु देव सभ्यता के ध्वंसावशेष थे, उसी प्रकार मानव मनु की प्रजातांत्रिक सभ्यता का अवशेष है। पलायनवादी अंधश्रद्धावासी मनु के विपरीत मानव बुद्धिवादी नयी पीढ़ी का प्रतीक है।

इस प्रकार कामायनी के प्रतीकों की व्याख्या से पता चलता है कि प्रसाद जी ने इस माध्यम् से आधुनिक भारतीय जीवन की वास्तविकता चित्रित की है। जिस क्रम से वास्तविकता में परिवर्तन होता गया है, उसी दृष्टि से प्रसाद जी के प्रतीक सर्वथा नये हैं। क्योंकि ये परिवर्तनशील तथा विकासशील प्रतीक हैं।

मनु कामायनी का केन्द्रीय प्रतीक है जिसकी चिन्ता असन्तोष, साहसिकता, ज्ञान की पिपासा, प्रगति की आकांक्षा, निरन्तर कर्म की प्रवृति, सौन्दर्य मुग्धता, प्रेम भावना इत्यादि आधुनिक भारतीय युवक की स्वस्थ भावनाओं का प्रतिनिधित्व करती है। दूसरी ओर उसका एकाकीपन, अहंभाव, एकाधिकार भाव, आदर्शलोक में पलायन इत्यादि उसकी दुर्बलताएं हैं।

इस प्रकार प्रसाद जी ने कामायनी में आधुनिक भारतीय सभ्यता के विविध पहलुओं का सजीव चित्रण किया है। इसी मायने में 'कामायनी' भारत की आधुनिक सभ्यता का प्रतिनिधि महाकाव्य है।

कामायनी की विश्व–दृष्टि

प्रसाद जी कामायनी में न तो प्राचीन कथा का रूप लेकर चलते हैं, न उसकी अन्तर्वस्तु को। कथा को न केवल उन्होंने नया रूप प्रदान किया है, बल्कि उसे बिल्कुल रूपक या फैंटेसी बना दिया है, जिसके द्वारा वे अपने विश्वबोध को, विश्व की समस्याओं को, मानवता की बातों को प्रत्यक्ष कर सके हैं। डॉ॰ नंद किशोर नवल के शब्दों में, "कामायनी की असली चीज है, समकालीन जीवन की चिंता। कामायनी की इस अंतर्वस्तु को तभी पकड़ा जा सकता है जब इस कृति को रूपक या फैंटेसी माने।" प्रेमशंकर ने कहा कि "वास्तव में प्रसाद का मुख्य उद्देश्य अपनी विचारधारा की अभिव्यक्ति था जिसके लिए उन्होंने अत्यंत प्राचीन कथा को लिया, जिसमें मानव का

ही विकास है।'' कामायनी में प्रसाद प्राचीन-पौराणिक-ऐतिहासिक कथा में अपने समय समाज की स्थिति का निरूपण करते हैं। प्रसाद के समय समाज की परिस्थिति ही ऐसी थी कि अगर वे कथा में व्यक्त समकालीन समस्याओं को सांकेतिकता का जामा नहीं पहनाते तो तत्कालीन शासक-समुदाय की कोपदृष्टि का भाजन बनते। वास्तव में प्रसाद ने इस ऐतिहासिक-पौराणिक कथानक के माध्यम् से सभ्यता-समीक्षा का कार्य किया। सभ्यता-आधुनिक समाज की, बुद्धि की, पूँजीवादी सभ्यता। प्रसाद की इसी सांकेतिकता और कथा के भाव जनसाधारण के द्वारा सहज हृदयस्थ नहीं करने के कारण 'विश्वविद्यालयों का कवि' कहा जाता है। ''सूक्ष्म भावों का चरित्रांकन करने में कवि को सफलता प्राप्त हुई है पर स्थूल वस्तु-चित्रण में कामायनीकार की तूलिका अधिक नहीं रमी।'' प्रेमशंकर ने मनु को आधुनिक मानव कहा है। नंदकिशोर नवल के अनुसार ''कामायनी का सबसे महत्त्वपूर्ण अंश उसमें की गई सभ्यता-समीक्षा है। यह समीक्षा ध्वस्त देव-सभ्यता की भी है और नवनिर्मित सारस्वत-सभ्यता की भी। प्रसाद जी की समीक्षा में इस बात के स्पष्ट संकेत हैं कि उनका आशय क्रमशः सामंती और पूँजीवादी सभ्यता से है। वे सामंती सभ्यता को ढ़हते हुए देख रहे थे। उनके सामने यह स्पष्ट हो गया था कि इतिहास में सामंतवाद की प्रगतिशील भूमिका समाप्त हो चुकी है और सामंती व्यवस्था अब अपनी भीतरी शक्ति के अभाव में किसी तरह से जीवित नहीं रखी जा सकती। इसी तरह से उन्होंने पूँजीवाद के अमानवीय रूप को भी समझ लिया था। प्रथम विश्वयुद्ध उनकी आँखों के समक्ष घटित हुआ था। उसके ध्वंश पर वे पूँजीवाद के नवोत्थान को भी देख रहे थे और जानते थे कि, केवल उससे मनुष्य की समस्या हल नहीं होगी; बल्कि नये ढंग से निर्मित पूंजीवादी व्यवस्था को भी पूँजीवाद ही समाप्त कर देगा। चिंता सर्ग में देव सभ्यता समीक्षा सामंती व्यवस्था की समीक्षा है। इड़ा सर्ग में काम-विज्ञान पर आधारित जिस सभ्यता का चित्र खींचता है, वह प्रथम विश्व युद्ध के बाद विकसित होने वाली पूँजीवादी-साम्राज्यवादी व्यवस्था है। प्रसाद जी जर्मनी, इटली और जापान में द्वितीय विश्वयुद्ध के लिए चलने वाली तैयारियाँ देख रहे थे। काम मनु के द्वारा निर्मित की जाने वाली व्यवस्था के दुर्गुणों को बतलाता है। आचार्य शुक्ल ने कामायनी में 'साम्यवाद की दबी-सी गूंज देखी थी। वह गूंज पूंजीवादी सभ्यता की समीक्षा में ही दिखाई पड़ती है।'' खासतौर से प्रसाद के सन्दर्भ में रमेशचंद्र शाह कहते हैं कि, ''प्रसाद ने जिस युग में कविता करना आरंभ किया वह युग, प्रसाद जिस संस्कृति के कवि हैं, उस संस्कृति की संध्या सरीखा है। हम पाते हैं कि जातीय सांस्कृतिक इतिहास की सब से प्रखर आत्म चेतना प्रसाद में ही मिलती है। अतीत भी उनकी रचनाओं में कुछ इस तरह बोलता है मानो वह वर्तमान की ही बात हो। कुछ कवियों में अतीत के तादात्म्य की – अतीत के माध्यम से आत्मस्थितियों के साक्षात्कार की क्षमता स्वाभाविक और जन्मजात होती है, प्रसाद ऐसे ही कवि हैं।''

अपने समय की राजनीति से बाधित न रहकर भी प्रसाद सौन्दर्य प्रेमी कहलाए मानवीय समृद्धि के प्रतिनिधि कवि हुये। उनके नाटकों और यथार्थवादी कहानियों में सामाजिक-आर्थिक वैषम्य और धार्मिक पोंगापंथी की निर्मम आलोचना साहित्यिक भाषा में की गई है। प्रसाद की आलोचना दृष्टि अपनी कविताओं में सभ्यता के अमानुषिक सच से टकराती है और नये मूल्यों के पक्ष में मुखर प्रतीत होती है। प्रसाद अपने स्तर से कहीं चूकते नहीं, वे इतिहास में भी प्रवेश करते हैं, तो एक विशेष आग्रह के साथ, अपने समय के जलते सवालों के साथ। नामवर सिंह की सम्मति में, ''स्वराज पार्टी के सहयोग-संघर्ष की भूमिका और पूर्ण परिणति की छाया है।''

निषेध करते हैं, शक्ति के विद्युत्कणों को एकत्र करने का कठिन संकल्प सुनाते हैं– प्रतिकूल से जूझो-लड़ो, यह भाव अपनी सहजता में प्रसाद की कविता का मूलभाव है, लेकिन इस सूत्र के साथ–

''यह नीड़ मनोहर कृतियों का, यह विश्व कर्म रंगस्थल है,
है परंपरा लग रही यहाँ, ठहरा जिसमें जितना बल है।''

पूंजीवादी महाजनी सभ्यता को प्रसारित होते हुये उस युग के प्रत्येक संवेदनशील कवि ने देखा था। कामायनी के 'कर्म सर्ग' में प्रसाद कहते हैं कि–

''उज्ज्वल नव मानवता
जिसमें सबकुछ ले लेना हो
हंत, बची क्या शवता।

× × × ×

अपने में सब कुछ भर कैसे
व्यक्ति विकास करेगा?
वह एकांत स्वार्थ भीषण है
अपना नाश करेगा।''

कामायनी में प्रसाद ने पूंजीवादी समस्याओं से इतर जीवन के सत्यों के संदर्भ में भी विचार किया है। जीवन की क्षणिकता के संदर्भ में प्रसाद जी कहते हैं कि–

''जीवन तेरा क्षुद्र अंश है,
व्यक्त नील घनमाला में।
सौदामिनी संधि-सा सुंदर,
क्षण भर रहा उजाला में।।''

कामायनी में कवि ने प्रवृत्ति मार्गी जीवन दृष्टि का संदेश दिया है। श्रद्धा मनु से कहती है कि–

''काम मंगल से मंडित श्रेय,
सर्ग इच्छा का है परिणाम।
तिरस्कृत कर उसको तुम भूल,
बनाते हो असफल भव धाम।।''

कामायनी में 'कर्मण्यता' का, जागरुक रहने का संदेश दिया गया है। कामायनी में ज्ञान, इच्छा, और क्रिया में सामंजस्य हेतु कहा गया है और यह बताया गया है कि इनमें सामंजस्य नहीं है। यथा–

''ज्ञान दूर कुछ क्रिया भिन्न है,
इच्छा क्यों पूरी हो मन की।
एक दूसरी से मिल न सके,
यह विडम्बना है जीवन की।''

प्रसाद ने मानवीय शक्ति के संगठित होने का भाव व्यक्त किया है, जिससे सकल विश्व में एकता का भाव, भाईचारे का भाव आदि जाग्रत होता है। यथा–

''शक्ति के विद्युत कण जो व्यस्त,
विकल बिखरे हैं हो निरूपाय।
समन्वय उनका करें समस्त
विजयिनी मानवता हो जाय।''

उक्त विवेचन के आधार पर कह सकते हैं कि प्रसाद जी की विश्वदृष्टि मानव कल्याण, विश्व कल्याण कामना पर आधारित है।

सूर्यकान्त त्रिपाठी 'निराला'

निराला के प्रयोग के विविध आयाम

जिस मुक्त छंद का प्रयोग 'प्रयोगवाद' में प्रचुरता से हुआ उसके प्रथम प्रयोक्ता निराला जी ही थे। उनके अनुसार ''मनुष्यों की मुक्ति की तरह कविता की भी मुक्ति होती है। मनुष्यों की मुक्ति कर्मों के बन्धन से छुटकारा पाना है, कविता की मुक्ति छंदों के शासन से अलग हो जाना है।''

कविता को छंद के बन्धन से मुक्त कर निराला ने सममात्रिक, विषम मात्रिक, अन्त्यानुप्रास वाली कविताएँ लिखीं। उनकी 'भिक्षुक' कविता विषम मात्रिक अन्त्यानुप्रास वाली कविता है जिसमें छंद के नियम का पालन नहीं हुआ है। निराला की अधिकांश कविताएँ मुक्त छंद में लिखी गई हैं। ये कविताएँ उन्मुक्त नदी की भाँति कहीं तीव्र तो कहीं मन्द गति से आगे बढ़ती हैं। 'जूही की कली' ऐसी की कविता है।

'राम की शक्ति पूजा' से निराला ने भावानुकूल भाषा का प्रयोग किया है जिससे इस कविता में भाषा वैविध्य दिखाई पड़ता है। युद्ध के प्रसंग में संस्कृतनिष्ठ पदावली संयुक्त ऐसी भाषा प्रयुक्त की गई है जो लम्बे-लम्बे सामाजिक पदों से निर्मित है तथा 'ओज' गुण सम्पन्न है।

निराला के दो संग्रह 'बेला' और 'नए पत्ते' प्रयोगशीलता की दृष्टि से अत्यन्त महत्वपूर्ण हैं। 'बेला' में 'उर्दू-फारसी' भाषा और उसमें प्रयुक्त छंदों का उपयोग किया गया है भले ही ये कविताएँ किसी गम्भीर विचारधारा या उद्देश्य को लेकर नहीं लिखी गईं तथापि 'प्रयोगशीलता' की दृष्टि से वे महत्वपूर्ण आवश्यक हैं।

उनकी कविताओं में पत्थर तोड़ने वाली मजदूरनी का चित्र अंकित किया गया है, तो कहीं किसी भिक्षुक को भीख माँगते हुए, जूठे पत्ते चाटते हुए दिखाकर यथार्थ का नग्न चित्र अंकित किया गया है। 'बादल राग' में क्रांति के स्वर हैं तो 'जागो फिर एक बार' में राष्ट्रीय चेतना को जगाया गया है।

बादल राग

युग प्रवर्तक और महाप्राण निराला कृत 'बादल राग' निराला की जनोन्मुखी मूल्यों को आधार बनाकर 1920 ई॰ में रचित कविता है। यह कविता कवि के 'परिमल' नामक काव्य-संग्रह

में संग्रहित है। निराला की लंबी कविताओं के संदर्भ में जयप्रकाश कर्दम ने कहा कि, "अपनी लम्बी कविताओं में निराला ने आख्यान की नई सर्जनात्मकता संभव की है। इस प्रक्रिया में उन्होंने सबसे पहले आख्यान को महाकाव्य के भव्य गरिमामंडल से मुक्त किया तथा उसे जीवन के प्रकट अनुभवों से जोड़ा। गौर करें निराला की प्रायः तमाम लम्बी कविता बुनियादी तौर पर उनके आत्म-अनुभवों की कविताएं हैं।" जयप्रकाश कर्दम की उक्त बात हम निराला की सभी लम्बी कविताओं के संदर्भ में नहीं कह सकते। 'बादल राग' निराला की महाकाव्यात्मक पीड़ा से सृजित कविता है जो मानवोन्मुखी मूल्यों का आधार बनाकर सृजित की गई है। इस संदर्भ में रामविलास शर्मा सम्मति देते हैं कि, "बादल राग की छठी कविता कवि की एक अत्यंत लोकप्रिय रचना है और अपनी क्रांतिकारी व्यंजना और उदात्त स्वर सौन्दर्य में वह अनुपम है। समीर के सागर पर बादल ऐसे तैरता है जैसे अस्थिर सुख पर दुख की छाया तैर रही हो। ग्रीष्म से दग्ध संसार के हृदय पर विप्लव का प्रतीक यही बादल है। वह एक नाव की तरह जिसमें युद्ध की आकांक्षायें भरी हैं और उसके भेरी-गर्जन से पृथ्वी के हृदय में सोते हुए अंकुर फूट निकलते हैं। उसकी मूसलाधार वर्षा से धरती सिहर उठती है और वज्र-हुंकार सुनकर संसार हृदय थाम लेता है। बादल का प्रहार बड़े-बड़े पहाड़ों पर होता है और उन पर बिजली गिरा कर वह उन्हें क्षत-विक्षत कर देता है। लेकिन छोटे पौधे आकर उसे बुलाते हैं। उसकी विनाश-लीला से उन्हें भय नहीं होता, क्योंकि 'विप्लव रव से छोटे ही हैं शोभा पाते।' कवि याद दिलाता है कि बादल का जीवनदान अट्टालिका और आतंक भवन के लिए नहीं होता। वह जल लांछित, पदमर्दित पंथ में नये कमल खिलाता है–"

"क्षुद्र प्रफुल्ल जलज से
सदा छलकता नीर,
रोग शोक में भी हँसता है
शैशव का सुकुमार शरीर।"

जिनका कोष रिक्त हो गया है, उनकी मानसिक शांति अस्थिर हो गई है। विप्लव का यह भैरव नाद सुनकर अंगना अंग से लिपटे हुये भी वे अपने सिंहासन पर काँप उठते हैं, लेकिन किसान अपनी असक्त हाथों को उठाकर उसका आह्वान करता है। निराला ने जनता के संघर्ष की ओर संकेत करते हुये यह अद्वितीय चित्रांकित किया है–

"रूद्ध कोष है क्षुब्ध तोष,
अंगना-अंग से लिपटे भी
आतंक-अंक पर काँप रहे हैं
धनी वज्र-गर्जन से बादल!
त्रस्त नयन-मुख ढाँप रहे हैं।
जीर्ण बाहु, है शीर्ण शरीर
तुझे बुलाता कृषक अधीर,
ऐ विप्लव के वीर!
चूस लिया है उसका सार,
हाड़ मात्र ही हैं आधार,/ ऐ जीवन के पारावार।"

निराला की यह कविता समाज में व्याप्त आर्थिक विषमता पर प्रहार करती है। सृष्टि में, समाज में एक ओर तो श्रमिक वर्ग में अशक्त जन रहते हैं, जो बादल रूपी क्रान्ति का आह्वान करते हैं, जिससे अट्टालिकाओं में विराजमान उच्चस्थ वर्ग के लोगों में भय का संचार होता है।

निराला ने 'बादल राग' कविता का शिल्प भी अनूठा गढ़ा है। भावानुकूल भाषा के साथ नाद-सौन्दर्य का विधान, इस सृजन कर्म की प्रमुख प्रवृति है। पद मैत्री एवं तत्समनिष्ठ पदावली का प्रयोग भी किया गया है। मुक्त छंद में इसकी सर्जना हुई है। कविता में आलंकारिकता का विधान भी उपयुक्त है–

– "तिरती हे समीर-सागर पर" – रूपक अलंकार
– "ए विप्लव के बादल" – रूपक अलंकार
– "आतंक-अंक पर काँप रहे हैं" – रूपक अलंकार
– "धनी वज्र गर्जन से बादल" – उपमा अलंकार
– "हंसते हैं छोटे पौधे लघुभार" – मानवीकरण अलंकार

भाषा में लाक्षणिकता का समावेश किया गया है।

"अशनि पात से शामित उन्नत शत-शत वीर
क्षत-विछत हल अचल शरीर।"

अंततः कह सकते हैं कि बादल राग निराला कृत एक उत्कृष्ट एवं अपने समय व समाज की सही तस्वीर प्रस्तुत करने वाली कविता है।

सुमित्रानंदन पंत

पल्लव की भूमिका

'पल्लव' को छायावाद की गीता कहा जाता है। इस कृति का महत्व दो कारणों से है–

एक तो उसके नवीन भाषा प्रयोग के कारण दूसरे उसकी क्रान्तिकारी भूमिका के कारण।

'पल्लव' की भूमिका का ऐतिहासिक महत्व है। इसे छायावाद का घोषणा पत्र भी कहा जाता है। इसकी तुलना वर्ड्सवर्थ की 'प्रिफेस ऑफ लिरिकल बैलेड्स' से ही की जा सकती है। यह भूमिका किसी युग की रचनाशीलता तथा चिन्तनशीलता के सामंजस्य का परिचय देती है। भूमिका का प्रतिपाद्य नवीन भावना के अनुरूप भाषा विषय वस्तु और रूप के स्तर पर रचना में बदलाव का पक्ष लेना है। मध्यकालीन 'दि रिवागो' प्रवृति का निराकरण रचना और चिन्तन दोनों स्तरों में किया गया है।

भूमिका में ब्रजभाषा का महत्व तो स्वीकार्य है, परन्तु उसका विरोध इसलिए है कि वह ऐसे विषयों का माध्यम थी या है जो आज के संदर्भ में नितान्त अप्रासंगिक है। पन्त ने कहा कि मैने ब्रजभाषा की चाली इसलिए छोड़ दी कि वह मन की वाणी मात्र रह गयी थी। मुंह की वाणी न थी। जबकि भाषा जुबान है। 'पल्लव की भूमिका' के माध्यम से छायावादी कविताओं की विशेषता को उद्घाटित किया गया तथा उसके स्वरूप उसे नवीन दिशा दी गई।

'पल्लव' के प्रवेश के माध्यम से कवि ने न केवल ब्रजभाषा का विरोध किया बल्कि रीतिकालीन मानसिकता तथा दरबारीपन का भी मखौल उड़ाया। उन्होंने दिखाया कि किस प्रकार भक्त कवियों का जीवन मथुरा से गोकुल ही जाने में समाप्त हो गया तथा उनकी कल्पना द्रौपदी से दुकूल की तरह नायिका के अंग-प्रत्यंग से लिपट कर रह गयी। ऐसे कवियों के लिए नारी का रूप तो बस वासनाओं के असंख्य रंग बिखरे बिम्बों में बंधकर रह गया। उन्हें उनकी आंखें कमान और मुस्कान, जहर से अधिक नहीं प्रतीत हुई हैं। पन्त ने इस दरबारी संस्कृति और उसके काव्य की सीमा पहचानते हुए स्पष्ट घोषणा की कि 'भाषा नहीं राष्ट्रभाषा की आवश्यकता हैं'। पुस्तकों की ही नहीं मनुष्यों की भाषा की, जिसमें हम, हंसते, बोलते, खेलते, रोते, कूदते, लड़ते ओर गले मिलते हैं। इस प्रकार 'भूमिका' में एक तरफ रीतिकालीन परम्परा का विरोध किया गया वहीं दूसरी ओर नवीन काव्य भाषा का निर्माण भी किया गया और उसके लिए आवश्यक उपादानों को भी रेखांकित किया गया।

कवि ने गुप्त और द्विवेदी की इतिवृतात्मक भाषा में कल्पना के अभाव को 'भूमिका' में दिखाया तथा भूमिका के द्वारा चित्रमयी भाषा के लिए कल्पनाशीलता को स्थापित किया कल्पना शक्ति के द्वारा रचनाकार अज्ञात को भी ज्ञात कर लेता है, चीजों के अन्तर प्रवेश करने की शक्ति कल्पना प्रदान भारी है। कल्पना की उस ऐतिहासिक जरूरत की भूमिका के द्वारा पन्त ने स्थापित और रेखांकित किया।

अलंकारों के संदर्भ में 'भूमिका' में कहा कि अलंकार का प्रयोग वाणी की ही सजावट के लिए नहीं होना चाहिए बल्कि उनका प्रयोग भाव की अभिव्यक्ति के द्वारा भाषा की पुष्टि के लिए, राग की परिपूर्णता के लिए होना चाहिए। शब्दों और अर्थों की परस्पर निर्भरता को रेखांकित करते हुए 'भूमिका' में कहा कि ये दोनों भाषण अभिव्यक्ति में डूब जाते हैं अर्थात् इनकी पृथक-पृथक सत्ता नहीं रह जाती। इस प्रकार जो कार्य 'रोमान्टिसिज्म' की स्थापना में पाश्चात्य में वर्डसवर्थ ने किया वही छायावाद में पन्त ने अपनी भूमिका के माध्यम से किया।

पंत की कल्पनाशीलता

काव्यशास्त्रियों ने साहित्य के चार तत्त्वों को स्वीकर किया है– राग तत्त्व, कल्पना तत्त्व, बुद्धि तत्त्व और शैली तत्त्व। इनमें से 'कल्पना' को अधिक महत्त्व प्रदान किया गया है, क्योंकि कल्पना ही सृजक की वह शक्ति है जिसके सहारे वह अपनी सर्जना में प्रत्यक्षतः अथवा परोक्षतः जीवन और जगत के मानसिक भावों को अंकित करता है। आचार्य शुक्ल के अनुसार, "जिस प्रकार भक्ति के लिए उपासना या ध्यान की आवश्यकता होती है, उसी प्रकार भावों के प्रवर्तन के लिए भावना या कल्पना अपेक्षित होती है।"

विद्वानों की सम्मति से सर्जक या प्रेक्षक के विचार से कल्पना के दो भेद किये जाते हैं– 1. विधायिनी कल्पना; 2. ग्राहक कल्पना! विधायिनी कल्पना का सम्बन्ध कवि से है,

क्योंकि इसी कल्पना के सहारे वह काव्य की रचना करता है जबकि ग्राहक कल्पना का संबंध पाठक या श्रोता से होता है, क्योंकि इसी कल्पना के सहारे किसी सरस उक्ति को पढ़कर या सुनकर पाठक के अंतःकरण में चटपट एक सजीव एवं स्पष्ट मूर्ति अंकित हो जाती है। विधायिनी कल्पना के कई भेद होते हैं; जैसे– क्लिष्ट कल्पना, दूरारूढ़ कल्पना, रंगीन कल्पना, मधुर कल्पना, कोमल कल्पना आदि। विधायिनी कल्पना का कवि से सीधा सम्बन्ध होने के कारण कवि की सृजनानुसार कल्पना के भी विविध रूप देखे जाते हैं अथवा ऐसे भी कह सकते हैं कि जैसी कल्पना होती है, वैसी ही कवि की रचना बन जाती है। डॉ॰ द्वारिका प्रसाद सक्सेना की सम्मति में, "कल्पना वह शक्ति है, जो काव्य-सरिता को रागात्मक प्रवाह प्रदान करती है; उसे बुद्धि भँवरों से सुसज्जित करके उसमें गंभीरता लाती है; अपने कुलवर्ती काव्य कुञ्ज को हरा-भरा बनाकर अखिल विश्व के सौन्दर्य को वहाँ ला उपस्थित करती है। और अंत में रसानुभूति के अथाह सागर में ले जाकर उसका रस के साथ मधुर संगम करा देती है।" दिनकर ने कल्पना को व्योम कुंज में विहार करने वाली परी कहा है।

छायावादी कवि पंत के सृजन में आयी कल्पना भी इसी प्रकार की है। उनकी यह कल्पना कोमलता का झीना-झीना; सहज-सचिक्कण आवरण पहनकर सभी जगह निसृत हुई हैं। हमेशा वेदना कसकने के कारण इनकी कल्पनाशीलता कोमल होती गई। कवि हृदय में करूणा का आलोड़न-विलोड़न चलता रहता था। काव्य में कठोरता एवं क्लिष्टता के स्थान पर सुकुमारता आती है। पंत की आरंभिक सर्जना 'वीणा' से लेकर 'लोकायतन' एवं 'चिदम्बरा' पर्यन्त समग्र सृजन का अध्ययन करने के उपरांत ज्ञात होता है कि इनमें अनुभूति की बजाय कल्पना प्राधान्य है। उसमें रागतत्त्व की प्रबलता नहीं है अपितु बौद्धिकता का प्राधान्य है और इस बौद्धिकता का संचालन कल्पना-शक्ति कर रही है। हरिवंशराय बच्चन ने 'पल्लविनी' की भूमिका में सम्मति दी है कि, "पंतजी कल्पना के गायक हैं, अनुभूति के नहीं– इच्छा के गायक हैं– वासना, तीव्रतम इच्छा के नहीं।... पंत की कोमल कल्पना का स्वरूप नारी के सौंदर्य निरूपण में व्यक्त होता है। निज सुकुमार कल्पना के द्वारा कवि भारतीय नारी के सहज एवं स्वाभाविक सौन्दर्य की अत्यंत मार्मिक झाँकी प्रस्तुत करते हैं। कवि ने नारी को गुणों की खान माना है एवं नारी के प्रति उदार एवं उदात्त भावनाएं व्यंजित की है। नारी को देवि, माँ, सहचरी, प्राण कहकर सकल ऐश्वर्यों का संधान कहा। यथा–

"तुम्हारे छूने में था प्राण, संग में पावन गंगा-स्नान;
तुम्हारी वाणी में कल्याणि, त्रिवेणी की लहरों का गान।
उषा का था उर में आवास, मुकुल का मुख में मृदुल विकास,
चाँदनी का स्वभाव में वास, विचारों में बच्चों की साँस।"

कवि ने नारी चित्रण में कोमलता लाने के साथ-साथ प्रकृति चित्रण में भी कोमलता को अपनाया है। प्रकृति के सुकुमार कवि ने प्रकृति की प्रत्येक धड़कन, स्पंदन, कंपन, सिहरन, फड़कन को अपनी कल्पनात्मकता के द्वारा शब्दबद्ध किया है। कवि ने प्रकृति को सजीव एवं सचेतन नारी के रूप में चित्रित किया है। प्रकृति के समस्त रूपों की झांकियां उन्होंने प्रस्तुत की है। यथा–

"खैंच ऐंचीला भ्रू-सरचाप, शैल की सुधियों बारम्बार,
हिला हरियाली का सुदुकूल, झुला झरनों का झलमल हार,
जलद-पट से दिखला मुख चंद्र, पलक पल-पल चपला के मार,
भग्न उर पर भूधरा सहाय, सुमुषिधरा देती है साकार।

इसी प्रकार पंत ने वस्तु-वर्णन में, भावनिरूपण में, जीवन की विविध दिशाओं एवं दशाओं के चित्रण में, भाषा एवं शब्द चयन में, अलंकार योजना में, छंद योजना में कोमल कल्पना की विवृत्ति की है। नंददुलारे वाजपेयी के अनुसार, कल्पना ही पंत जी की कविता की विशेषता है, उसके आकर्षण का रहस्य है। यही उनकी विविध बहुमुखी रचनाओं का आधार, उनमें रमणीयता का विस्तार करती है। कल्पना केवल शैली में ही नहीं, काव्य विषय में भी है...कल्पना ही पंत जी की कविता का मेरूदण्ड, उसकी काव्य-सृष्टि का मापदण्ड है। कोरी कल्पना की बाल्य-सुलभ रंगीन उड़ानों से लेकर अत्यंत तल्लीन और गहन कल्पना-अनुभूतियों के चित्रण में पंतजी का विकास क्रम देखा जा सकता है।

पंत की सौन्दर्य चेतना

प्रकृति के सुकुमार कवि पंत कहे जाते हैं। पंत की प्रारंभिक रचनाएँ प्राकृतिक सौन्दर्य से ओतप्रोत हैं। सौन्दर्य निरूपण

छायावाद की प्रमुख विशेषता है। 'वीणा' (1918 ई.), ग्रंथि (1920 ई.), पल्लव (1918 से 1925 ई.) एवं 'गुंजन' 1925 से 1932 तक) की कविताओं में सौन्दर्य-चेतना का निरूपण हुआ है। 'ज्योत्सना' नामक गीति नाट्य भी इसी परम्परा में आता है। पंत की कविताओं में सौन्दर्य-नारी सौन्दर्य, भाव सौन्दर्य, शिल्प-सौन्दर्य एवं प्रकृति-सौन्दर्य के रूप में निरूपित है।

अपनी आरंभिक रचना में प्रकृति सुंदरी ने कवि को इतना मोहित कर रखा था कि वह प्रकृति के सौन्दर्य को छोड़कर नारी-सौंदर्य की ओर उन्मुख ही नहीं होना चाहता था। यथा–

"छोड़ द्रुमों की मृदु छाया
तोड़ प्रकृति से भी माया
बाले तेरे बाल जाल में?
कैसे उलझा दूँ लोचन?
भूल अभी से इस जग को"

किन्तु कुछ कालोपरांत कवि को मानवीय भाव और मानव ही सबसे प्रिय लगने लगा। यह कवि की मानवीय सौन्दर्य चेतना का फल है। ठीक है इस प्रकृति में पुष्पों की सौन्दर्यता, पक्षियों की सुंदरता सब में से मनुष्य सबसे प्रिय है। यथा–

"सुंदर है विहग, सुमन सुंदर, मानव! तुम सबसे सुंदरतम;
निर्मित सबकी तिल सुषमा से तुम निखिल सृष्टि में चरिनिरूपम।
यौवन ज्वाला से वेष्टित तन, मृदत्वच, सौन्दर्य प्ररोह अंग,
न्यौछावर जिन पर निखिल प्रकृति, छाया प्रकाश के रूपरंग।"

पंत ने अपनी सुकुमार कल्पना का आश्रय लेकर नारी के नैसर्गिक सौन्दर्य की मार्मिक झाँकी अंकित की है। नारी स्वर्गिक सुषमा से युक्त है तथा इस सौन्दर्य में पावनता, उज्ज्वलता एवं सात्विकता विद्यमान है। उसी अलौकिक रूपवती का चित्रण करते हुए कवि कहता है कि–

"तुम्हारे छूने में था प्राण, संग में पावन गंगा स्नान।
तुम्हारी वाणी में कल्याणि त्रिवेणी की लहरों का गान।।
उषा का था उर में आवास, मुकुल का मुख में मृदुल विकास।
चांदनी का स्वभाव में वास, विचारों में बच्चों के साँस।।

पंत ने 'ग्राम्या' में ग्राम-युवती, ग्राम-बंधु के अत्यंत मनोहारी वर्णन अपनी सौन्दर्य चेतना के आधार पर किया। इन कविताओं में पंत की अभिजात्यता का लोप होता है। और कविता के पात्र नायक-नायिका सामान्यजन बनते हैं। इनका सुन्दर चित्रण इस प्रकार किया–

"इठलाती आती ग्राम युवति,
वह गजगति सर्प डगर पर।
सरकाती पट, खिसकाती लट
शरमाती झट,
वह नामित दृष्टि से देखे उरोजों के युग घट।।"

कवि ने अपनी सौन्दर्य चेतना के द्वारा प्रकृति के अंतर्गत भी नारी के सौन्दर्य को देखा है, निरूपित किया है। संध्या सुंदरी का चित्रांकन कवि इन शब्दों में करता है–

"कौन तुम रूपसि कौन?
व्योम से उतर रही चुपचाप
छिपी निज छाया में आप
सुनहरा फैला केश कलाप
मधुर, मंथर, मृदु मौन!

कवि ने चाँदनी रात में अपनी सौंदर्य चेतना गंगा को मानवीकृत कर उसे एक तपस्वी की कन्या/बाला का रूप दिया है। यह वह बाला है जो बालू की शैय्या पर लेटी हुई अपने श्रम का परिहार कर रही है। स्वच्छ जल में सितारों भरे आकाश का प्रतिबिम्ब इस प्रकार लगता है जिस प्रकार किसी नायिका ने अपने गोरांगों पर नीला दुपट्टा डाल रखा हो–

सैकत शैय्या पर दुग्ध धवल, तन्वेगी गंगा ग्रीष्म विरल
लेटी है श्रांत क्लांत निश्चल
तापस बाला गंगा निर्मल, शशि मुख से दीपित मृदुकरतल
लहरे उर पर कोमल कुंतल।

अंत में पंत की कविता में सौन्दर्यांकन सत्यं, शिवं, सुन्दरम् की भावना से हुआ है। उनकी सौन्दर्य के प्रति दृढ़ आस्था है–

"सुंदरता ही है परम सत्य,
सुंदरता ही शिव भी निश्चय।
शिव सत्य नहीं यदि सुंदर हो,
तो मुझे न भाए निःसंशय।"

महादेवी वर्मा

महादेवी के काव्य में रहस्यवाद

आचार्य शुक्ल दो प्रकार की रहस्य भावना को स्वीकार करते हैं–

1. साधनात्मक
2. भावनात्मक

साधनात्मक रहस्यवाद कबीर जायसी में मिलता है तथा भावनात्मक रहस्यवादी कवियों में। छायावादी कवियों में भी महादेवी प्राधान्य हैं। इसका कारण यह है कि वह उस युग में कविता लिख रही थीं जिस युग में नारी सामाजिक जकड़न में बँधी थी परन्तु महादेवी को अपने भावनात्मक उच्छ्वासों को व्यक्त करना था। और वह भी ऐसी स्त्री जिसने अपने पति को भी छोड़ रखा था। एक स्त्री को प्रकृति प्रेम आदि के प्रतिभावनाओं, अनुभूतियों की अभिव्यक्ति की स्वतंत्रता नहीं थी परन्तु अभिव्यक्ति तो करनी ही थी। महादेवी एक पीड़ित और वेदना से युक्त महिला थीं। अपनी अनुभूतियों को व्यक्त करने के लिए उन्होंने एक नयी शैली की रचना की जिसे आध्यात्म से जोड़ा गया। इसी कारण महादेवी को रहस्यानुभूति भी कहा गया। सच्चाई तो यह है कि उनका निजी प्रेम पर पर्दा है–

मैं नीर भरी दुःख की बदली
या
जान लो यह मिलन एकाकी
विरह में है दुकेला।।

में व्यक्त रहस्यभावना उनका अपना निजी प्रेम है। उनके इस तथाकथित रहस्य में दबी हुई स्त्री का दबा हुआ विद्रोह भी देखा जा सकता है–

पंथ होने दो अपरिचित प्राण रहने दो अकेला।।

महादेवी की रहस्यभावना पूर्ण रूप से वैयक्तिक है। वैयक्तिकता से तात्पर्य यह है कि कवि ने जिन भावों को सर्वसाधारण भाव बना दिया है, वह प्रारम्भ में उसके अपने राग-विरागों के मनन के द्वारा अनुरंजित चित्र में उपस्थित हुए हैं। विचारपूर्वक देखें तो महादेवी का विरह निवेदन संत कवियों के सादृश्य हैं किन्तु इनकी अभिव्यक्ति उनसे अधिक सूक्ष्म और प्रभावोत्पादक है। संतों का रहस्यवाद साधनात्मक है। अतः उसमें बौद्धिकता का भार और चिन्तन का आभास पाया जाता है। महादेवी के रहस्यवाद में भावों का आवेश भी विद्यमान है।

महादेवी के काव्य में दाम्पत्य प्रेम माधुरी का आधार अवश्य है। इसकी अभिव्यक्ति आत्मिक मिलन के रूप में हुई है। इस मिलन के प्रमुखतः तीन पक्ष हैं–

स्वप्न मिलन–जागृति में वह जाता कौन

प्रकृति के कलात्मक रूप में–करूणामय को भाता है तम के परदे में आना, ईश्वरीय चेतना के संदेश के रूप में।

महादेवी में प्रेम संबंधों की सूक्ष्मता की अभिव्यंजना है। उनकी कविता में प्रिय व प्रियतमा, आत्मा व आत्म सत्ता के प्रतीक के रूप में आते हैं।

महादेवी वर्मा के काव्य में बिम्ब विधान

बिम्ब-विधान से हमारा मतलब काव्य में आये हुए उन शब्द-चित्रों से है, जो भावात्मक होते हैं, जिनका सम्बन्ध जीवन के व्यावहारिक क्षेत्रों से तथा कल्पना सृष्टि की शाश्वतता से होता है जो कवि की जीवंत अनुभूति, तीव्र भावना एवं उत्कट वासना से परिपूर्ण होते हैं और गत्यात्मकता, सौन्दर्यता एवं रसिकता के कारण जीते-जागते, चलते-फिरते और बातचीत करते से जान पड़ते हैं। आँग्ल भाषा में इसे 'इमेजरी' (Imagery) और बिम्ब को 'इमेज' (Image) कहा गया है। सी॰डे॰ लेविस के अनुसार, "काव्यगत बिम्ब से तात्पर्य उस मानव मस्तिष्क से है, जो वर्तमान और अतीत के प्रत्येक पदार्थ से अपने निजी सम्बन्ध का दावा करता है और इस दावे को भली प्रकार स्थापित भी करता है।" वे आगे कहते हैं कि, "बिम्ब को दर्पण में पड़ी हुई उस छाया के समान माना जा सकता है, जिसमें कवि अपनी आकृति को ही नहीं देखता, अपितु उससे भी परे किसी सत्य का साक्षात्कार किया करता है।" प्रकृति और प्रक्रिया के आधार पर बिम्बों को दो भागों में विभाजित किया जा सकता है। प्रकृति के आधार पर बिम्ब आठ प्रकार के होते हैं– 1. स्थूल बिम्ब 2. काल्पनिक बिम्ब 3. सूक्ष्म बिम्ब 4. स्मृति बिम्ब 5. संश्लिष्ट बिम्ब 6. प्रत्यक्ष बिम्ब 7. विकृत बिम्ब 8. उदात्त बिम्ब। प्रक्रिया के

आधार पर बिम्बों को सर्वप्रथम दो वर्गों में बाँटा जा सकता है–अनुभूतिगत बिम्ब और अभिव्यक्तिगत बिम्ब। इनमें से अनुभूतिगत बिम्बों को सात भागों में वर्गीकृत करते हैं– 1. प्रकृति संबंधी बिम्ब 2. संस्कृति संबंधी बिम्ब 3. मानसिक बिम्ब 4. यौन संबंधी बिम्ब 5. जीवन संबंधी बिम्ब 6. इन्द्रिय बोध जन्य संवेदना सम्बन्धी बिम्ब 7. स्वप्नगत बिम्ब। इनसे इतर अभिव्यक्तिगत बिम्बों को छः वर्गों में रखते हैं–

1. शब्द-शक्ति सम्बन्धी बिम्ब 2. लोकोक्ति एवं मुहावरे सम्बन्धी बिम्ब 3. अलंकार सम्बन्धी बिम्ब 4. प्रतीक-सम्बन्धी बिम्ब 5. नाद सम्बंधी बिम्ब 6. गति संबंधी बिम्ब।

डॉ॰ एन.पी. कुट्टनपिल्लै ने विभिन्न विद्वानों द्वारा किये गये बिम्बों के वर्गीकरण पर गहनता के साथ परिशीलन कर बिम्बों को चार भागों में वर्गीकृत किया। 1. ऐन्द्रिय बिम्ब; 2. वस्तुपरक बिम्ब; 3. भाव-बिम्ब; 4. दार्शनिक बिम्ब। अब हम उपरोक्त चारों आधार पर महादेवी वर्मा की कविता के बिम्ब-विधान पर चर्चा करेंगे।

1. **ऐन्द्रिय बिम्ब :** जहाँ ऐन्द्रिय बोध के आधार पर बिम्बों की योजना की जाती है, वहाँ ऐन्द्रिय बिम्ब विधान होता है। ऐन्द्रिय बिम्ब प्रमुखतः पाँच ज्ञानेन्द्रियों के आधार पर पाँच प्रकार के होते हैं– चाक्षुण, श्रव्य, स्पृश्य, घ्रातव्य और आस्वाद्य। चाक्षुण बिम्ब दो प्रकार के होते हैं– स्थिर और गत्यात्मक। महादेवी वर्मा की कविता में सभी प्रकार के ऐन्द्रिय बिम्बों का विधान किया गया है। निदर्शनार्थ–

"प्रिय इन नयनों का अश्रु-नीर।
दुख से आविल सुख में पंकिल,
बुद्बुद्द से स्वप्नों से फेनिल,
बहता है युग युग से अधीर,"

2. **वस्तुपरक बिम्ब :** प्रायः वस्तुपरक बिम्ब दो प्रकार के होते हैं– मानव सम्बन्धी बिम्ब और प्रकृति सम्बन्धी बिम्ब। मानव-संबंधी बिम्बों का निर्माण करने के लिए सर्जक रूप-सौन्दर्य, समाज, राजनीति, इतिहास, पुराण, संस्कृति, साहित्य, व्यवसाय, यौन विज्ञान आदि विविध क्षेत्रों से सामग्री संकलित करता है और प्रकृति-सम्बंधी बिम्बों का निर्माण करने के लिए वह जड़ और चेतन प्रकृति से सामग्री का संचयन करता है। महादेवी वर्मा ने अपनी काव्य-सर्जना में वस्तुपरक बिम्ब सृजित किये हैं–

"बाँध लेंगे क्या तुझे यह मोम के बंधन सजीले?
पंथ की बाधा बनेंगे तितलियों के पर रंगीले?
विश्व का क्रंदन भुला देगी मधुप की मधुर गुन गुन
क्या डूबा देंगे तुझे यह फूल के दल ओस-गीले।"

3. **भाव बिम्ब :** जहाँ कवि विविध प्रकार के भावों को आधार बनाकर बिम्बों का निर्माण करता है, वहाँ भाव-बिम्ब होते हैं। ये भाव-बिम्ब दो प्रकार के होते हैं–भाव-सौन्दर्य सम्बंधी बिम्ब और शुद्ध भाव संबंधी बिम्ब। जहाँ प्रेम, वेदना, मोह, लज्जा आदि भावात्मक बातों का चित्रण किया जाता है वहाँ भाव सौंदर्य सम्बंधी बिम्ब होते हैं और जहाँ अभिलाषा, कामना, भ्रांति, संदेह, निराशा, ईर्ष्या आदि भावों का प्रयास किया जाता है, वहाँ शुद्ध भाव सम्बंधी बिम्ब होते हैं। महादेवी वर्मा की सर्जना में इस तरह के अनेकों बिम्ब हैं।

"कौन तुम मेरे हृदय में?
कौन मेरी कसक में नित
मधुरता भरता अलक्षित?
कौन प्यासे लोचनों में
घुमड़ घिर झरता अपरिचित?"

4. **दार्शनिक बिम्ब/आध्यात्मिक बिम्ब :** जहाँ कवि ब्रह्म, जीव, जगत, जन्म-मरण, माया, काल, नियति, दिक् चेतना आदि को आधार बनाकर काव्यात्मक बिम्बों की सृष्टि करता है, वहाँ आध्यात्मिक बिम्ब होते हैं। महादेवी वर्मा ने इस तरह से अनेक रहस्यवादी कविताओं की रचना की है जिनमें इस तरह के बिम्ब सृजित हैं। निदर्शनार्थ–

नहीं अब गाया जाता देव!
थकी अँगुली, हैं ढीले तार
विश्ववीणा में अपनी आज
मिला लो यह अस्फुट झंकार!

अतएव महादेवी वर्मा ने अपनी कविताओं में भावाभिव्यक्ति हेतु बिम्बों की सृष्टि अत्यंत सुंदर एवं सजीव बनाया है। इन बिम्बों में स्थूलता भी है और सूक्ष्मता भी है; यथार्थता भी है और काल्पनिकता भी! इनके द्वारा निर्मित ये सभी बिम्ब भावों, विचारों एवं अनुभूतियों की अभिव्यक्ति में सफल सिद्ध हुये हैं एवं कविता में आद्यंत चित्रापमता है जिससे भावों का संप्रेषीकरण स्वतः होता है।

(नोट : इस अध्याय से संबंधित विशेष अध्ययन के लिए भाग-B के अन्तर्गत इकाई-III का अवलोकन करें)

अभ्यास प्रश्न

1. इनमें से कौन-सा कवि रहस्यवादी है?
A. जयशंकर प्रसाद B. निराला
C. महादेवी वर्मा D. उपर्युक्त सभी

2. "मैं नीर भरी दुःख की बदली" किसकी पंक्ति है?
A. प्रसाद की B. निराला की
C. महादेवी वर्मा की D. पंत की

3. तुम्हारे छूने में था प्राण संग में पावन गंगा स्नान।
तुम्हारी वाणी में कल्याणि त्रिवेणी की लहरों का गान।।
इन पंक्तियों के रचयिता हैं :
A. निराला B. प्रसाद
C. महादेवी वर्मा D. पंत

4. पंत काव्य में कल्पना का कौन-सा रूप अधिक मिलता है?
A. क्लिष्ट कल्पना का B. कोमल कल्पना का
C. दूरारूढ़ कल्पना का D. उपर्युक्त सभी

5. 'जूही की कली' कविता के रचयिता निम्न में से कौन हैं?
A. रामकुमार वर्मा B. माखनलाल चतुर्वेदी
C. निराला D. त्रिलोचन शास्त्री

6. इनमें से किस काव्य ग्रंथ में प्रत्यभिज्ञा दर्शन की पारिभाषिक शब्दावली का प्रयोग मिलता है?
A. परिमल B. कामायनी
C. आँसू D. यामा

7. श्रद्धा और मनु अर्थात् मनन के सहयोग से मानवता का विकास रूपक है तो भी बड़ा ही भावमय और श्लाघ्य है।"
यह कथन है
A. आचार्य नंददुलारे वाजपेयी
B. प्रसाद
C. रामचन्द्र शुक्ल
D. डॉ. द्वारिका प्रसाद सक्सेना

8. समरस थे जड़ या चेतन सुन्दर साकार बना था।
चेतनता एक विलसती आनन्द अखण्ड घना था।।
ये पंक्तियाँ हैं
A. प्रसाद की B. पंत की
C. निराला की D. महादेवी की

9. इनमें से छायावादी महाकाव्य कौन-सा ग्रंथ है?
A. साकेत B. प्रिय प्रवास
C. कामायनी D. उर्वशी

10. कामायनी का नायकत्व किसे मिलना चाहिए?
A. आकुलि B. मनु
C. इन्दू D. काम

11. "छायावादी कविता में नवीन सौन्दर्य चेतना जगाकर समाज की अभिरुचि का परिष्कार किया।" यह कथन है
A. प्रसाद का B. नंददुलारे वाजपेयी का
C. डॉ. नगेन्द्र का D. डॉ. देवराज का

12. "साहित्यिक दृष्टि से छायावादी काव्य की मुख्य लब्धि हिन्दी पाठकों में सौन्दर्य दृष्टि का उन्मेष और प्रसार है।" यह कथन है
A. पंत का B. डॉ. देवराज का
C. डॉ. नगेन्द्र का D. नंददुलारे वाजपेयी का

13. राम की शक्ति पूजा का कथानक आधारित है
A. वाल्मीकि रामायण पर B. रामचरितमानस पर
C. कृतिवास रामायण पर D. इनमें से कोई नहीं

14. "कविता के स्वरूप में भावों के साँचे में ढालने से पूर्व भाषा को भी हृदय के ताप में गलाकर कोमल, सरस एवं प्रांजल कर लेना पड़ता है" यह कथन किसका है?
A. डॉ. नगेन्द्र का
B. शान्तिप्रिय द्विवेदी का
C. आचार्य रामचन्द्र शुक्ल का
D. पंत का

15. कौन-सा कथन असत्य है?
A. महादेवी के काव्य में वेदना भाव की प्रधानता है
B. कामायनी में प्रत्यभिज्ञा दर्शन की शब्दावली प्रयुक्त है
C. निराला में प्रगति चेतना किसी प्रगतिवादी कवि से कम नहीं है
D. सुमित्रानन्दन पंत को 'लोकायतन' पर ज्ञानपीठ पुरस्कार मिला है

16. "निर्दय उस नायक ने निपट निठुराई की कि झोंकों की झाड़ियों से सुन्दर सुकुमार देह साही झकझोर डाली" ये पंक्तियाँ निराला की किस कविता की हैं?
A. संध्या सुन्दरी B. जागो फिर एक बार
C. जूही की कली D. राम की शक्ति पूजा

17. किस पत्रिका में 'जूही की कली' को छापने से यह कहकर मना कर दिया था कि कविता अश्लील है?

A. चाँद
B. माधुरी
C. विशाल भारत
D. सरस्वती

18. "वह इष्ट देव के मन्दिर की पूज्य सी
वह दीपशिखा सी शान्त भाव में लीन"
यह निराला की किस कविता की पंक्तियाँ हैं?

A. सरोज स्मृति
B. विधवा
C. तोड़ती पत्थर
D. जूही की कली

19. कौन-सा कथन असत्य है?

A. पंत सुकुमार कल्पना के कवि हैं
B. पंत ने उर्वशी काव्य की रचना की है
C. पंत के काव्य में प्रगतिवादी चेतना भी मिलती है
D. पंत काव्य अरविंद दर्शन से भी प्रभावित रहा है

20. राम की शक्ति पूजा के विषय में कौन-सा कथन असत्य है?

A. राम की शक्ति पूजा के राम मानव अधिक हैं, ईश्वर कम
B. राम को शक्ति पूजा का सुझाव जामवंत ने दिया
C. राम की शक्ति पूजा का कथानक रामचरितमानस पर आधारित है
D. राम को रावन पर विजय का वरदान देवी से प्राप्त हुआ

21. कामायनी किस प्रकार का महाकाव्य है?

A. कथा प्रधान
B. भाव प्रधान
C. चरित्र प्रधान
D. इनमें से कोई नहीं

22. कौन-सा कथन असत्य है?

A. कामायनी एक छायावादी महाकाव्य है
B. पंत काव्य का क्रमिक विकास हुआ है
C. निराला छायावादी कवि के साथ-साथ प्रगतिवादी चेतना से युक्त हैं
D. महादेवी के काव्य में प्रगतिवादी तत्व उपलब्ध होते हैं

23. हिन्दी में मुक्त छंद में पहली कविता लिखने का श्रेय दिया जाता है

A. प्रसाद को
B. निराला को
C. पंत को
D. मैथिलीशरण गुप्त को

24. कौन-सी कविता निराला की नहीं है?

A. सरोज स्मृति
B. जागो फिर एक बार
C. तोड़ती पत्थर
D. ये शोला की प्रतिध्वनि

25. "वह तोड़ती पत्थर
देखा मैंने उसे इलाहाबाद के पथ पर।।"
निराला की इस कविता को किस वर्ग में रखा जाएगा

A. छायावादी
B. प्रगतिवादी
C. प्रयोगवादी
D. इनमें से कोई नहीं

26. इनमें से पंत की छायावादी कृति है

A. पल्लव
B. युगान्त
C. ग्राम्या
D. स्वर्ण किरण

27. कौन-सी रचना निराला की नहीं है?

A. गीतिका
B. परिमल
C. गुंजन
D. अनामिका

28. इनमें से महादेवी की कृति है

A. उर्वशी
B. यामा
C. आँसू
D. तुलसीदास

29. 'अबे सुन बे गुलाब' में गुलाब किसका प्रतीक है?

A. श्रमिक वर्ग का
B. पूँजीपति वर्ग का
C. बुद्धिजीवी वर्ग का
D. उपर्युक्त सभी का

30. हिन्दी काव्य में मुक्त छंद के प्रवर्तन का श्रेय किसको है?

A. हरिऔध
B. निराला
C. मैथिलीशरण गुप्त
D. रामनरेश त्रिपाठी

31. "छायावाद एक दार्शनिक अनुभूति है" यह कथन है

A. जयशंकर प्रसाद का
B. शान्तिप्रिय द्विवेदी का
C. डॉ. नगेन्द्र का
D. आचार्य रामचन्द्र शुक्ल का

32. "परमात्मा की छाया आत्मा में पड़ने लगती है और आत्मा की छाया परमात्मा में। यही छायावाद है" यह परिभाषा इनमें से किसने दी है?

A. डॉ. रामकुमार वर्मा ने
B. महादेवी वर्मा ने
C. रामचंद्र शुक्ल ने
D. डॉ. नगेन्द्र ने

33. कौन-सी विशेषता स्वच्छंदतावाद की है?

A. वैयक्तिकता एवं आत्मनिष्ठता
B. कल्पना का स्वच्छंद प्रवाह
C. भावातिरेक एवं भाव प्रवणता
D. उपरोक्त सभी

34. स्वच्छंदतावाद का प्रथम प्रयोग किया

A. काल मार्क्स ने
B. श्लेगर ने
C. कान्ट ने
D. इनमें से कोई नहीं

35. स्वच्छंदतावाद को अभिजात्यवाद का विरोधी किसने माना है?

A. श्लेगर ने
B. नीत्से ने
C. मार्क्स ने
D. इनमें से कोई नहीं

36. 'अचिरता देख जगत की आप, शून्य मरता समीर विश्वास। डालता परतों पर चुपचाप, ओस के आँसू नीलाकाश।।' इन पंक्तियों में किया गया प्रकृति चित्रण किस प्रकार का है?

A. अलंकार रूप में
B. उद्दीपन रूप में
C. मानवीकरण रूप में
D. संवेदनात्मक रूप में

37. "कविता करने की प्रेरणा मुझे सबसे प्रकृति निरीक्षया से मिली" यह कथन किस कवि का है?

A. दिनकर
B. निराला
C. पंत
D. प्रसाद

38. पंत जी प्रकृति के चित्रण के लिए प्रसिद्ध हैं। उन्होंने अधिकांशतः प्रकृति का चित्रण किया है

A. आलम्बन रूप में
B. उद्दीपन रूप में
C. संवेदनात्मक रूप में
D. उपदेशिका रूप में

39. प्रकृति के मानवीकरण की प्रवृत्ति सर्वाधिक पाई जाती है

A. रीतिकालीन कवियों में
B. भारतेंदु युगीन कवियों में
C. छायावादी कवियों में
D. प्रगतिवादी कवियों में

40. कौन-सा काव्य संकलन छायावादी काव्य का नहीं है?

A. पल्लव
B. गुंजन
C. उत्तरा
D. ग्रंथि

41. इन रचनाओं को रचना काल के आरोही क्रम में व्यवस्थित कीजिए :

A. यामा, पल्लव, आँसू, अनामिका
B. अनामिका, आँसू, पल्लव, यामा
C. आँसू, अनामिका, यामा, पल्लव
D. यामा, अनामिका, पल्लव, आँसू

42. महादेवी की इन रचनाओं को काल के आरोही क्रम में व्यवस्थित कीजिए :

A. सांध्यगीत, रश्मि, नीरजा, नीहार
B. रश्मि, नीहार, नीरजा, सांध्यगीत
C. नीहार, रश्मि, नीरजा, सांध्यगीत
D. नीरजा, सांध्यगीत, रश्मि, नीहार

43. "तुम वहन कर सको जन मन में मेरे विचार वाणी मेरी चाहिए तुम्हें क्या अलंकार?" ये पंक्तियाँ किस कवि की हैं?

A. प्रसाद की
B. पंत की
C. निराला की
D. दिनकर की

44. धिक जीवन जो पाता ही आया है विरोध। धिक साधन जिसके लिए सदा ही किया शोध।। निराला की ये पंक्तियाँ उनकी किस कविता से ली गई हैं?

A. सरोज स्मृति से
B. कुकुरमुत्ता से
C. जूही की कली से
D. राम की शक्ति पूजा से

45. "पेट पीठ दोनों मिलकर हैं एक, चल रहा लकुटिया टेक" इन पंक्तियों में व्यक्त की गई है?

A. रूढ़ि एवं परम्परा का विरोध
B. पूँजीपतियों के प्रति घृणा
C. शोषित वर्ग की दयनीय स्थिति
D. शोषक वर्ग के अत्याचार

46. छायावादी वृहत्रयी में शामिल नहीं है

A. पंत
B. प्रसाद
C. निराला
D. महादेवी वर्मा

47. पंत का जीवन काल है?

A. 1900-1977 ई.
B. 1910-1987 ई.
C. 1920-2000 ई.
D. इनमें से कोई नहीं

48. इन कवियों को काल के आरोही क्रम में व्यवस्थित कीजिए

A. पंत, प्रसाद, निराला, महादेवी
B. प्रसाद, निराला, पंत, महादेवी
C. निराला, प्रसाद, पंत, महादेवी
D. महादेवी, पंत, निराला, प्रसाद

49. इच्छा, ज्ञान, क्रिया की समरसता से क्या प्राप्त होता है?

A. मोक्ष
B. निर्वाण
C. आनन्द
D. परमात्मा

50. इनमें से छायावादी महाकाव्य है?

A. उर्वशी
B. प्रिय प्रवास
C. कामायनी
D. साकेत

निर्देश (प्र.सं. 51-60) : *निम्नांकित छायावादी रचनाओं के रचनाकार का नाम बताइये।*

51. प्रेम राज्य
A. जयशंकर प्रसाद B. पंत
C. निराला D. अज्ञेय

52. अपरा
A. बलदेव वंशी B. निराला
C. कुमार विकल D. नागार्जुन

53. स्वर्णधूलि
A. त्रिलोचन B. जयशंकर प्रसाद
C. धर्मवीर भारती D. पंत

54. आकुल अंतर
A. नरेश मेहता B. मणि मधुकर
C. हरिवंशराय बच्चन D. कुंवर नारायण

55. अयोध्या का उद्धार
A. सर्वेश्वर दयाल सक्सेना B. जयशंकर प्रसाद
C. देवराज D. श्रीकांत वर्मा

56. उत्तरा
A. पंत B. विजयदेव नारायण साही
C. रघुवीर सहाय D. जयशंकर प्रसाद

57. प्रणय पत्रिका
A. रामेश्वर शुक्ल अंचल B. माथुर
C. नरेन्द्र वर्मा D. हरिवंशराय बच्चन

58. अपराजिता
A. जयशंकर प्रसाद B. पंत
C. रामेश्वर शुक्ल अंचल D. निराला

59. शूल फूल
A. शमशेर B. नरेन्द्र शर्मा
C. जगदीश गुप्त D. दुष्यंत कुमार

60. कला और बूढ़ा चांद
A. पंत B. प्रयाग शुक्ल
C. महाराज D. अंचल

61. पंत को छायावाद का जनक किस आलोचक ने माना है?
A. आरसी प्रसाद सिंह B. नंददुलारे वाजपेयी
C. मुक्तिबोध D. निराला

62. प्रसाद को छायावाद का जनक किस आलोचक ने माना है?
A. इलाचंद्र जोशी B. नगेन्द्र
C. नामवर सिंह D. हजारीप्रसाद द्विवेदी

63. छायावाद में कायिक भावनाओं को पिष्टपेषण होने की बात किस आलोचक ने मानी है
A. श्यामसुन्दर दास B. रामचन्द्र शुक्ल
C. नंददुलारे वाजपेयी D. हजारीप्रसाद द्विवेदी

64. "तुलसी भी करते कैसे मानस नाद महावीर का यदि उन्हें मिलता नहीं प्रसाद" के रचयिता हैं :
A. पंत B. मैथिलीशरण गुप्त
C. तुलसीदास D. निराला

65. "अरुण यह मधुमय देश हमारा" यह पंक्ति निम्न में किसकी है?
A. मिथिलेश B. महादेवी वर्मा
C. जयशंकर प्रसाद D. माखनलाल चतुर्वेदी

66. "होगा फिर से दुर्धर्ष समर, जड़ से चेतन का निसि वासर" किसकी पंक्तियां हैं :
A. तुलसीदास B. राम की शक्ति पूजा
C. कामायनी D. जूही की कली

67. "निराला" उपनाम निम्न का है :
A. जगन्नाथ प्रसाद B. माखनलाल चतुर्वेदी
C. रामनरेश त्रिपाठी D. सूर्यकान्त त्रिपाठी

68. बालकृष्ण शर्मा 'नवीन' का पहला कविता संग्रह किस नाम से प्रकाशित है?
A. क्वासि B. अपलक
C. हृदयेश D. रात का हारमोनियम

69. त्रिशूल किसका उपनाम है?
A. जगन्नाथ प्रसाद B. गयाप्रसाद शुक्ल
C. दिनकर D. रामकुमार वर्मा

70. "मैं कृतार्थ हूँ देह तृणो के लघु दोने में, तुम मेरी आत्मा का पावक करती धारण" पंक्तियों के रचयिता हैं :
A. जयशंकर प्रसाद B. उदयशंकर भट्ट
C. महादेवी वर्मा D. गयाप्रसाद शुक्ल स्नेही

71. छायावाद की प्रथम काव्य रचना का श्रेय किसे दिया जाता है?
A. कामायनी B. सरोज स्मृति
C. यामा D. झरना

72. ''छायावाद'' को मधुचर्या किसने कहा?
A. हजारीप्रसाद द्विवेदी B. रामचन्द्र शुक्ल
C. अटल बिहारी वाजपेयी D. धीरेन्द्र वर्मा

73. छायावाद का सीमांकन माना जाता है :
A. 1918-1936 B. 1921-1941
C. 1915-1932 D. 1900-1935

74. छायावाद के चार स्तम्भों में निम्न में से कौन एक नहीं है?
A. अज्ञेय B. पंत
C. निराला D. प्रसाद

75. भारतीय पुनर्जागरण का जन्मदाता किसे माना जाता है?
A. भारतेंदु B. निराला
C. राजा राममोहन राय D. महावीर प्रसाद द्विवेदी

76. छायावादी काव्यधारा के समानांतर निम्न धारा चलती रही :
A. राष्ट्रीय-सांस्कृतिक B. प्रयोगवादी
C. प्रगतिवादी D. अकविता

77. नवीन उपनाम से प्रसिद्ध हैं :
A. माखनलाल चतुर्वेदी B. रामचन्द्र शुक्ल
C. बालकृष्ण शर्मा D. नंददुलारे वाजपेयी

78. ''एक भारतीय आत्मा'' उपनाम से कौन सम्बन्धित है :
A. माखनलाल चतुर्वेदी B. प्रसाद
C. रामनरेश त्रिपाठी D. दिनकर

79. ''आँसू'' काव्य किस वर्ष प्रकाशित हुआ?
A. 1914 B. 1925
C. 1930 D. 1928

80. ''पल्लव'' कब प्रकाशित हुई?
A. 1929 B. 1932
C. 1930 D. 1928

81. ''कामायनी'' को नए युग का काव्य किसने माना है?
A. जयशंकर प्रसाद B. नगेन्द्र
C. हजारीप्रसाद द्विवेदी D. नन्ददुलारे वाजपेयी

82. राका, मानसी, विसर्जन ये तीनों कृतियां किस कवि की हैं?
A. जयशंकर प्रसाद B. पंत
C. निराला D. उदयशंकर भट्ट

83. गांधीवादी कवि हैं :
A. मैथिलीशरण गुप्त B. सियारामशरण गुप्त
C. पंत D. जयशंकर प्रसाद

84. छायावाद का घोर समर्थक पत्र किसे माना जाता है?
A. हंस B. कल्याण
C. जागरण D. सरस्वती

85. महादेवी वर्मा को ज्ञानपीठ पुरस्कार निम्न में किस कृति पर मिला है?
A. सांध्यगीत B. नीहार
C. सुखदा D. यामा

86. दिनकर को ज्ञानपीठ पुरस्कार किस काव्य पर मिला है?
A. हुंकार B. उर्वशी
C. संस्कृति के चार अध्याय D. कुरुक्षेत्र

87. निराला अपना प्रिय कवि किसे मानते हैं?
A. श्रीधर पाठक B. तुलसीदास
C. भारतेंदु हरिश्चंद्र D. सूरदास

88. स्वदेशी कुण्डल, मृत्युंजय, बसंत वियोग आदि कृतियां किस कवि की हैं?
A. राय देवीप्रसाद 'पूर्ण' B. पंत
C. श्रीधर पाठक D. जयशंकर प्रसाद

89. महाप्राण किस कवि का उपनाम है?
A. गुप्त B. आचार्य शुक्ल
C. निराला D. तुलसी

90. ''कामायनी'' को मानव चेतना के विकास का महाकाव्य किसने माना है?
A. डॉ. नगेन्द्र B. जयशंकर प्रसाद
C. रामधारी सिंह 'दिनकर' D. नंद दुलारे वाजपेयी

91. अनामिका, परिमल, गीतिका किसकी कृतियां हैं?
A. दिनकर B. निराला
C. लक्ष्मीनारायण मिश्र D. पंत

92. कल्पी काव्य के रचनाकार हैं :
A. निराला B. प्रसाद
C. उदयशंकर भट्ट D. आरसी प्रसाद सिंह

93. प्रसाद का खड़ी बोली की कविताओं का प्रथम काव्य संग्रह है :
A. आँसू B. कामायनी
C. कानन कुसुम D. लहर

94. ''पगली हां संभाल ले कैसे छट पड़ा तेरा आँचल
देख बिखरती है मणि राजी अरी उठा बेसुध चंचल''
यह पंक्तियां किस कवि की हैं?
A. पंत B. प्रसाद
C. निराला D. महादेवी

95. निराला किसको अपना अध्यात्म गुरु मानते हैं?

A. कृष्ण B. अरविंद

C. रामकृष्ण परमहंस D. विवेकानंद

96. है अमानिशा उगलता गगन घन अंधकार–किस कविता की पंक्ति है

A. झरना B. आँसू

C. राम की शक्ति पूजा D. कामायनी

97. मां की कुल शिक्षा मैंने दी
पुष्प सेज तेरी स्वयं रची
किस काव्य की पंक्तियां हैं?

A. कुकुरमुत्ता B. लहर

C. जूही की कली D. सरोज स्मृति

98. अनामिका, कुकुरमुत्ता, नये पत्ते किसकी कृतियां हैं :

A. निराला B. नगेन्द्र

C. आचार्य रामचन्द्र शुक्ल D. महावीर प्रसाद द्विवेदी

99. छायावाद काव्य न रहकर केवल अलंकृत संगीत बन गया था–किस कवि ने कहा :

A. निराला B. पंत

C. दिनकर D. प्रसाद

100. प्रसाद का कौन-सा काव्य स्मृति काव्य की श्रेणी में आता है?

A. झरना B. लहर

C. आँसू D. करुणालय

उत्तरमाला

1	2	3	4	5	6	7	8	9	10
D	C	D	C	B	B	B	A	B	B
11	**12**	**13**	**14**	**15**	**16**	**17**	**18**	**19**	**20**
C	B	C	D	D	C	D	B	B	C
21	**22**	**23**	**24**	**25**	**26**	**27**	**28**	**29**	**30**
B	D	B	D	B	A	C	B	B	B
31	**32**	**33**	**34**	**35**	**36**	**37**	**38**	**39**	**40**
B	A	D	B	A	D	C	A	C	C
41	**42**	**43**	**44**	**45**	**46**	**47**	**48**	**49**	**50**
B	C	B	D	C	D	A	B	C	C
51	**52**	**53**	**54**	**55**	**56**	**57**	**58**	**59**	**60**
A	B	D	C	B	A	D	C	B	A
61	**62**	**63**	**64**	**65**	**66**	**67**	**68**	**69**	**70**
B	A	B	B	C	A	D	A	B	A
71	**72**	**73**	**74**	**75**	**76**	**77**	**78**	**79**	**80**
D	B	A	A	C	A	C	A	B	D
81	**82**	**83**	**84**	**85**	**86**	**87**	**88**	**89**	**90**
D	D	B	C	D	B	B	A	C	A
91	**92**	**93**	**94**	**95**	**96**	**97**	**98**	**99**	**100**
B	D	C	B	D	C	D	A	B	C

अध्याय

3

कथा साहित्य

मध्यवर्ग का उदय और उपन्यास

सामन्तवादी व्यवस्था के ह्रास और पूंजीवाद के उन्नयन के बाद समाज में मध्यवर्ग का उदय हुआ। मध्यवर्ग का उदय प्रथमतः यूरोप के देशों में हुआ। यूरोप के विशाल सांस्कृतिक पुनर्जागरण के (15वीं शती) बाद समाज में प्रचलित अनेकशः रूढ़ियाँ तिरोहित हुई एवं नवीन विचारों का प्रादुर्भाव हुआ। धर्म की सत्ता का नियंत्रण कम हुआ। शैक्षिक गतिविधियों का प्रभाव बढ़ा। वैज्ञानिकता के साथ साथ औद्योगिक धंधों का आविर्भाव हुआ। समाज में आए इन क्रान्तिकारी परिवर्तनों के कारण दास अथवा निम्न वर्ग और पूंजीपति वर्ग के मध्य मध्यवर्ग का आविर्भाव हुआ। वैसे तो मध्यकालीन समाज में एक वर्ग था जो कवियों, कलाकारों और छोटे राज्यव्यवस्था के कर्मचारी का था। लेकिन ये लोग संख्या में नगण्य थे। औद्योगीकरण के पश्चात् शिक्षित लोगों का समुदाय अपनी उपस्थिति दर्ज कराने में सक्षम हुआ।

हिंदुस्तान में ईस्ट इंडिया कंपनी के आने के बाद मध्यवर्ग का उदय होता है। दुभाषियों एवं दलालों को मध्यवर्गी समाज का पूर्वज माना जाता है। सन् 1757 में प्लासी के युद्धोपरान्त अनेक क्षेत्रों में कंपनी का आधिपत्य होने लगा। भारतीय जनमानस अंग्रेजी शैली की शिक्षा एवं पाश्चात्य संस्कृति से प्रभावित हुआ। व्यापार हेतु यूरोपीयन लोगों को बुलाया गया। बंगालियों को एजेण्ट नियुक्त किया गया। 1765 ई॰ के बाद इस प्रकार बंगाल में एक शिक्षित मध्यवर्ग का विकास हुआ। 1770 ई॰ के अकाल ने भी इस वर्ग के उदय में विशेष योगदान किया। समाज सुधार, रूढ़ियों से मुक्ति, अंधविश्वास, बाल विवाह, विधवा विवाह आदि के विरूद्ध आर्य समाज, ब्रह्म समाज आदि संस्थाओं के सकारात्मक प्रयास से समाज में शिक्षा के विकास को बल मिला। वैज्ञानिक शिक्षा का पक्ष लिया गया। नवजागरण की लहर फैली। स्वाभिमान की रक्षा के साथ-साथ पाश्चात्य शिक्षा का समर्थन भी हुआ।

सन् 1835 ई॰ में लार्ड मैकाले ने स्पष्ट कहा कि, "हमें इस समय एक ऐसे वर्ग की रचना के लिए भरसक कोशिश करनी चाहिए जो हम तथा हमारे करोड़ों शासितों के मध्य दुभाषिये की भूमिका निभा सके अर्थात् व्यक्तियों का एक ऐसा वर्ग जो रक्त तथा त्वचा के रंग में तो भारतीय हो, लेकिन, रूचि, अभिमत, नैतिक मानदण्डों और प्रतिभा में अंग्रेज हो।"

देश के स्वाधीनता-संग्राम में बाद में मध्यवर्ग से निकले बुद्धिजीवियों ने ही नेतृत्व की जिम्मेदारी संभाली। वैसे भारत में वास्तविक रूप में मध्यवर्ग का उदय 1857 ई॰ के स्वाधीनता संग्राम के उपरांत माना जाता है। संचार, डाक-तार, रेल से जनमानस, जनसाधारण प्रभावित हुआ। आधुनिक बोध की विवृत्ति करने वाली अनेक शिक्षण-संस्थाओं को खोला गया।

सत्रहवीं शती का 'राबिन्सन क्रूसो' 'डेनियल डिफो' पूंजीवादी वर्ग की साहसिकता और आशावाद को व्यक्त करने वाला उपन्यास है। परवर्ती उपन्यास में– पामेला (Samuel Richardson), जोनाथन वाइल्ड (Henry Fielding), एम्मा (Jene Austin) आदि में मध्यवर्गीय समाज का चित्रण किया गया है। आचार्य नंद दुलारे वाजपेयी की सम्मति में "मध्ययुग के सामंती समाज का अंत होने पर जब नवीन औद्योगिक सभ्यता का आविर्भाव हो रहा था और नगरों में नवीन मध्यवर्ग की सत्ता स्थापित हो रही थी, उस समय उपन्यास का आविर्भाव हुआ। इस प्रकार उपन्यास एक ओर गद्य-साहित्य के निर्माण और विकास का समकालीन था तो दूसरी ओर मध्यवर्ग के उत्थान का समसामयिक है।"

डॉ॰ सत्यकाम ने लिखा है कि भारतीय रंगमंच पर उपन्यास का उदय अठारहवीं शती के उत्तरार्द्ध में ही हो पाया, हालांकि इसके लिए परिस्थितियाँ पिछले पचास वर्षों से तैयार हो रहीं थीं। हिन्दी में उपन्यास पद का प्रयोग सबसे पहले 'हरिश्चंद्र चंद्रिका' में 1875 ई॰ में प्रकाशित कहानी के लिए हुआ। उपन्यास नाम से लिखित हिन्दी की पहली पुस्तक 'निस्सहाय हिन्दू' है। डॉ॰ गोपाल राय देवरानी-जेठानी की कहानी जो 1870 ई॰ में छपी थी, को प्रथम उपन्यास-कृति मानते हैं। शुक्ल जी ने परीक्षा गुरू (1882 ई॰) को अंग्रेजी शैली का पहला उपन्यास माना। ये सभी प्रारंभिक कृतियां मध्यवर्गीय जीवन पर केन्द्रित हैं।

उपन्यास और यथार्थ तथा उसके विविध रूप

जब हक्सले ने उपन्यास को 'वासनायुक्त प्रेम, लोभ, भय, महत्त्वाकांक्षा, कर्त्तव्य और ममता से संबंधित तथ्यों का एक वृहत् संग्रह मात्र कहकर उपेक्षित करना चाहा था तो वे प्रकारान्तर से उसके यथार्थ-चित्रण के आग्रह को रेखांकित कर रहे थे। कला जगत में यथार्थवाद के उदय की दो तिथियों का वर्णन किया जाता है। सन् 1855 ई॰ में कोर्वे द्वारा अपने चित्रों के संदर्भ में Realism का प्रयोग और सन् 1856 ई॰ में फ्लाबेयर के उपन्यास 'मादाम बावेरी' का प्रकाशन-यथार्थवाद के आविर्भाव की घोषणाएँ है। यथार्थ के प्रति उपन्यास का रूझान पुरातन है। जैसा कि डॉ॰ त्रिभुवन सिंह ने कहा है कि, "यथार्थ और यथार्थवाद के बीच कोई भेदक रेखा नहीं है। 'यथार्थ' यथार्थवाद का अनगढ़ रूप है, इसका रॉ मेटीरियल है।"

कजामियाँ ने चेताया था कि यथार्थवाद कोई शैली न होकर एक प्रवृत्ति है। लेकिन यथार्थवाद की चर्चा एक शैली के रूप में अधिक हुई और इसका एक रूप 'प्रकृतवाद' यथार्थवाद का पर्याय समझा जाने लगा। यहाँ तक कि प्रेमचंद भी इस भ्रम के शिकार रहे। प्रेमचंद यथार्थवाद को आँखें खोलने वाले के अलावा -पेसिमिस्ट' भी बताते रहे। गोदान : नया परिपेक्ष्य में डॉ॰ गोपाल राय ने कहा है कि, प्रेमचंद ने जिस यथार्थवाद को नकारा है, वह पाश्चात्य साहित्य का नेचुरलिज्म है। वास्तविकता यह है कि प्रकृतवाद से पहले जो यथार्थवाद उभरा था, उसकी प्रकृति आलोचनात्मक और विश्लेषणपरक थी। उसका विकास आदर्शोन्मुख यथार्थवाद और आलोचनात्मक यथार्थवाद आदि के रूप में कालान्तर में हुआ। वास्तविक यथार्थवादी साहित्य की विशेषता बताते हुये जार्ज ल्युकाक्स ने लिखा है कि यथार्थवादी लेखक वह है जो बिना किसी भय के या पक्षपात के जो कुछ अपने पास देखे उसका चित्रण करे। कुछ आलोचक यथार्थवाद को एक शैली विशेष मानते हैं। आर.एल. स्टीवेन्सन ने इसका सम्बन्ध रचना की कलात्मक शैली मात्र से माना है। वस्तुतः यथार्थवाद का संबंध–कथन और शिल्प दोनों से है। उपन्यास में यथार्थवाद के निम्न रूप प्रचलित हैं। 1. प्रकृतवाद, 2. अतियथार्थवाद, 3. आदर्शोन्मुख यथार्थवाद, 4. आलोचनात्मक यथार्थवाद, 5. समाजवादी यथार्थवाद, 6. जादुई यथार्थवाद।

रोमांटिक यथार्थवाद, ऐतिहासिक यथार्थवाद, आँचलिक यथार्थवाद आदि का नामोल्लेख भी होता रहा है। वस्तुतः 'यथार्थवाद' एक मानवीय जीवनदृष्टि है, जिसकी उपेक्षा करके कोई सार्थक उपन्यास नहीं रचा जा सकता। लेकिन केवल यथार्थवाद किसी रचना को महत्वपूर्ण नहीं बना सकता था। हावर्ड फास्ट ने कहा कि, "प्रतिभा की कमी और कला के अभाव को यथार्थवाद के आवरण से नहीं ढँका जा सकता है।

उपन्यास में इतिहास, कल्पना और आधुनिकता

साहित्यिक विद्वानों ने कथा सृजन के दो रूप माने हैं– ऐतिहासिक और कल्पित। ऐतिहासिक कथा संसार के किसी विशेष काल खंड एवं स्थान पर घटित होती है। उपन्यास में कल्पित कथा के साथ-साथ अनेकशः सृजकगण घटित कथा का भी सृजन करते हैं। उपन्यास और इतिहास एक जैसे नहीं हैं। इतिहास में घटित कथा भी सृजक की तूलिका से इतिहास के गर्त को छोड़कर मैदान पर दिखाई पड़ने लगती है। डॉ॰ सत्यकाम के अनुसार, "इतिहास तथ्य प्रधान होता है जबकि उपन्यास कल्पना प्रसूत। इतिहास की प्रत्येक घटना का कोई साक्ष्य या प्रमाण होता है जबकि उपन्यास के क्रिया-व्यापार हेतु किसी तथ्य या प्रमाण की आवश्यकता नहीं पड़ती। निदर्शनार्थ महात्मा गांधी का दक्षिण अफ्रीका में साम्राज्यवादी शक्तियों से संघर्ष के इतिहास को गिरिराज किशोर ने 'पहला गिरमिटिया' उपन्यास का कथ्य बनाया। इसमें कल्पनाशीलता का सहारा लिया गया है। रवीन्द्रनाथ ठाकुर, वृंदावनलाल वर्मा, हजारी प्रसाद द्विवेदी, चतुरसेन शास्त्री आदि ने ऐतिहासिक संदर्भ के उपन्यासों की रचना कल्पना के सहारे की। बाणभट्ट की आत्मकथा, चारू चंद्रलेख, गोरा, वैशाली की नगर वधू, मृगनयनी, आदि में लेखकों ने तत्कालीन इतिहास की घटित घटना में युगीन परिदृश्य की समस्याओं, सवालों का प्रक्षेपण किया है।

सामाजिक उपन्यासों में इतिहास तो नहीं होता लेकिन देश-काल की उपस्थिति ऐतिहासिकता का बोध करा देती है। जिसे हम गोदान, मैला आँचल आदि में देख सकते हैं।

डॉ. त्रिभुवन सिंह ने कल्पनाशक्ति का रचनात्मकता से गहरा संबंध बताते हुए लिखा है कि, "कल्पना उपन्यासकार की रचनात्मक प्रतिभा को आगे बढ़ाकर कार्य करने की भूमि प्रस्तुत करती है। उपन्यासकार कल्पना के द्वारा ही ऐसे प्रसंगों तथा मार्मिक स्थलों एवं घटनाओं की सृष्टि करने में सफल हो पाता है जो उसकी कृति को कलात्मक पूर्णता प्रदान करने के लिए आवश्यक होती है। कल्पनात्मकता के सहारे सृजक देश-काल, वातावरण के साथ-साथ चरित्र-चित्रण भी निरूपित करता है। रंगभूमि का सूरदास, बाणभट्ट की आत्मकथा का 'बाण' आदि लेखक का कल्पना प्रसूत चरित्र रखते हैं। लेखक की वैचारिकता इसमें कार्य करती है।

लेखक द्वारा प्रसूत इतिहास या कल्पना का 'आधुनिक सरोकारों से संपृक्त होना आवश्यक समझा जाता है। रचना में रचनाकार अपनी लेखनी से गड़े मुर्दे उखाड़ने के पीछे अपना उद्देश्य रखता है। इसीलिए वह औचित्यपूर्ण तथा सार्थक होती है। आधुनिकता को हर सृजक सक्रिय और जागरूक रूप से स्वीकारता है। विवादास्पद आधुनिकता के संदर्भ में डॉ. गंगा प्रसाद विमल कहते हैं कि, "वह केवल नगरीकरण ही नहीं है। नगरीकरण उसकी एक वृत्ति है, जो व्यापार रूप से प्रसारित होती है। मशीन की स्थापना जहाँ भी होती है, वह अपने साथ जिस प्रकार का तामझाम ले आती है, उसका अपना एक अनुशासन होता है, जिसे भ्रम से नगर बोध मान लिया जाता है, 'आधुनिकता मध्यकालीनता से छुटकारा है अर्थात् उन रूढ़ियों और अंधविश्वासों से मुक्ति है जो मनुष्य पर बरबस लादी जा रही थी। आधुनिकता विज्ञान और प्रौद्योगिकी के माध्यम् से एक नयी जीवन-पद्धति है जो नवल विचारों और मूल्यों को व्यक्त करती है। भ्रम वश अनेक विद्वान इसे नगर बोध का पर्याय मान लेते हैं। डार्विन, मार्क्स, फ्रॉयड आदि विचारकों और विद्वानों ने गत सदी में सोचने-समझने की शैली को बदल दिया। मनुष्य को ही लक्ष्य किया जाने लगा। ईश्वर की सत्ता पर प्रश्न चिह्न लगा। सार्त्र, सीमोन, गाँधी, मिल, अंबेडकर, प्रेमचंद, इलियट आदि ने अपनी तरह से विश्व को आधुनिक बनाने का प्रयास किया। हिन्दी साहित्य के भारतेन्दु काल में ही आधुनिकता के दर्शन होने लगते हैं। जाति, वर्ण व्यवस्था के मूल्यों का अवमूल्यन होता है। प्रेमचंद पूर्व ही अनेकशः रचनाकारों ने इसमें शिरकत की। प्रेमचंद में इसका पूर्ण रूप ग्राह्य है। आधुनिकता का दूसरा पहलू अस्तित्ववादियों का आया। जिसके फलस्वरूप नदी के द्वीप, अंधेरे बंद कमरे जैसी रचनाएँ हुईं। यह व्यक्ति-केन्द्रितता को दर्शाती है। अन्य दूसरे पक्ष पर यशपाल आदि रचनाकार दिखाई देते हैं जो प्रगतिशील विचार को अपनाते हैं। इसमें मानव मात्र की मुक्ति केन्द्रस्थ है।

आधुनिकता, उत्तर आधुनिकता की चर्चा बहसों के केन्द्र में है। सुधीश पचौरी सदृश लेखकों ने इसे जीवंत बना रखा है। मनोहर श्याम जोशी ने 'हरिया हरकुलिस की हैरानी' जैसे उपन्यास की सृजना की।

प्रेमचंद पूर्व हिन्दी उपन्यास

हिन्दी साहित्य के आधुनिक काल को गद्यकाल भी कह सकते हैं। इस गद्य काल की सबसे सशक्त विधा उपन्यास है। रामदरश मिश्र ने प्रेमचंद-पूर्व युग के उपन्यास-साहित्य को उद्देश्य की दृष्टि से दो भागों में विभक्त किया है। 1. कोरा मनोरंजन 2. मनोरंजन के साथ सुधारवादी भावना। वे आगे कहते हैं कि वास्तव में इन दोनों वृत्तियों का संबंध अपने यहाँ की परम्परागत कहानियों से है। भारत वर्ष में कथा साहित्य की धारा अनादिकाल से बहती हुई आ रही है। वेदों, ब्राह्मणों, रामायण, महाभारत, पुराणों, जैन गाथाओं, जातक गाथाओं, हितोपदेश, वीरतागर्भित रोमानी कविताओं, पंचतंत्र, आदि में कथा का अनंत भंडार भरा हुआ है।

हिन्दी के उपन्यास साहित्य का आरंभिक उपन्यास कौन-सा है? इस विषय को लेकर अनेक मत दृष्टव्य है। आचार्य रामचंद्रशुक्ल ने श्रीनिवास दास कृत 'परीक्षा गुरु' (1882 ई.) को अंग्रेजी ढंग का पहला उपन्यास माना है। 'उपन्यास' पद का पहला प्रयोग 'हरिश्चंद्र चंद्रिका' में प्रकाशित कहानी के लिए 1875 ई. में हो चुका था। रहस्य कथा उपन्यास शीर्षक बालकृष्ण भट्ट की एक रचना 'हिन्दी प्रदीप' पत्र में नवम्बर 1879 ई. प्रकाशित होनी शुरू हुई। किन्तु, इस उपन्यास से पूर्व उपन्यास नाम से राधाकृष्णदासकृत 'निस्हाय हिन्दू' 1890 ई. में प्रकाशित हुई। श्रीनिवास दास ने तो अपने उपन्यास 'परीक्षा गुरू' को उपन्यास न मानकर अनुभव द्वारा उपदेश मिलने की एक संसार वार्ता कहा है। हम इस समग्र विवाद को दृष्टि में रखकर निष्कर्षतः कह सकते हैं कि हिन्दी का पहला उपन्यास पं. गौरीदत्त विरचित 'देवरानी-जेठानी की

कहानी' है, जो कि 1870 ई॰ में प्रकाशित हुआ। यह यथार्थवादी पीठिका पर सृजित है।

प्रेमचंद पूर्व उपन्यासों की सबसे प्रमुख और सामान्य विशेषता है उनका घटना प्रधान होना। यानी ये उपन्यास घटना-चमत्कार का प्रदर्शन कर या तो मात्र मनोरंजन करना चाहते हैं या कोई उपदेश देना चाहते हैं। हम देख पायेंगे कि प्रेमचंद के पूर्व जासूसी, तिलस्मी, ऐयारी, ऐतिहासिक, सामाजिक सभी तरह के उपन्यास लिखे गये किन्तु ये सभी घटना चमत्कार पर आधारित हैं। घटना चमत्कार पर आधारित उपन्यास जीवन यथार्थ की चिन्ता कम करता है। इसमें पात्रों की योजना चारित्रिक विशिष्टताओं, मानसिक सत्यों की निगूढ़ताओं, सामाजिक परिवेश के साथ उनके विभिन्न सम्बन्धों के चित्रण के लिए नहीं होती, घटनाएं भी गहन जीवन संदर्भों और पात्रों की पारस्परिक क्रिया-प्रतिक्रियाओं से प्रभावित नहीं होतीं, वे जीवन के विभिन्न प्रश्नों, समस्याओं और आकांक्षाओं की जटिलता से उलझी नहीं होती। सनसनी पैदा करने वाली, कौतूहल वर्धक करने वाली या किसी विशेष सुधारवादी अंत तक पाठक को पहुंचाने वाली घटनाओं को लेखक अपने ढंग से सजाता चलता है। (हिन्दी उपन्यासः एक अंतर्यात्रा रामदरश मिश्र) इस तरह से प्रेमचंद के पूर्व के उपन्यास विधा के अधिकांशतः सृजकों ने घटनाओं को बिना नियोजित किये शब्दबद्ध किया है। इस घटना प्रधान कथाओं में पात्रों की कोई निजी विशेषता नहीं होती, वे टाइप होते हैं।

प्रेमचंद से पूर्व हिन्दी साहित्येतिहास में कोई महत्त्वपूर्ण उपन्यास लक्षित नहीं होता। कहा जा चुका है कि हिन्दी के आरंभिक उपन्यासों में शुद्ध मनोरंजनात्मक उपन्यासों के अतिरिक्त उपदेश-प्रधान उपन्यास भी लिखे गये और कुछ ऐतिहासिक पृष्ठभूमि पर आधारित उपन्यासों की भी रचना हुई। इसका मूल कारण उनका युग एवं युग की परिस्थितियां थी। भारतेन्दु युग के लेखक अपने देश और काल की चेतना से जाग्रत थे। प्रेमचंद युग के पूर्व तीन तरह की उपन्यास रचना रामदरश मिश्र ने बतायी है।

1. **शुद्ध मनोरंजन प्रधान–तिलस्मी ऐयारी :** लेखक-देवकी नंदन खत्री, किशोरी लाल गोस्वामी, देवी प्रसाद शर्मा, जगन्नाथ प्रसाद चतुर्वेदी, हरे कृष्ण जौहर। **जासूसी :** लेखक-गोपालराम गहमरी, शिवनारायण द्विवेदी, शेरसिंह, रूद्रदत्त शर्मा, जयरामदास गुप्त आदि।
2. **उपदेश प्रधान सामाजिक उपन्यास : लेखक :** श्रीनिवास दास, बालकृष्णभट्ट, राधाकृष्ण, राघवचरण गोस्वामी, देवीप्रसाद शर्मा, किशोरीलाल गोस्वामी, लज्जाराम मेहता आदि।
3. **ऐतिहासिक उपन्यास : लेखक :** किशोरीलाल गोस्वामी, बलदेव प्रसाद मिश्र, कृष्ण प्रकाश सिंह, अखौरी ब्रजनंदन सहाय, मिश्र बंधु आदि।

इन तीनों प्रवृत्तियों को रोमांच बहुल, रोमांस बहुल एवं उपदेश बहुल उपन्यास कहते हैं। शुद्ध मनोरंजन प्रधान या रोमांचकारी उपन्यासों में विस्मयकारी घटनाओं का ताना-बाना है। इसमें तिलस्म और ऐयारी के बड़े विचित्र कारनामें दृष्टव्य हैं। घटनाओं के बगैर कार्य-कारण संबंध का वर्णन किया जाता है जिससे कथा प्रवाह तीव्र बना रहता है। कौतूहल वृत्ति हमेशा बनी रहती है। चोरी डकैतियों और अन्य प्रकार की आपराधिक खोजों की जाँच जासूसी उपन्यास में होती है। जासूसी उपन्यास तिलस्मी, ऐयारी उपन्यासों की अपेक्षा अधिक विश्वसनीय होते हैं। जहाँ तिलस्मी, ऐयारी में जादुई तत्वों का प्रयोग होता है वहाँ जासूसी उपन्यासों में बुद्धि कौशल और वैज्ञानिक साधनों का प्रयोग होता है। यानी कि जासूसी उपन्यासों में कार्यकारण की श्रृंखला होती है और वे अविश्वसनीय नहीं होते।

देवकी नंदन खत्री के उपन्यास चंद्रकांता (1891 ई॰), चंद्रकांता संतति, नरेन्द्र मोहिनी (1893 ई॰), वीरेन्द्रवीर (1895 ई॰), कुसुम कुमारी (1899), काजर की कोठरी (1902 ई॰), अनूठी बेगम (1905 ई॰), गुप्त गोदना (1906 ई॰), भूतनाथ आदि रोमांच बहुल उपन्यास हैं। इनके अलावा हरे कृष्ण जौहर कृत कुसुमलता, मयंक मोहिनी या मायामहल (1901 ई॰), कमल कुमारी (1902 ई॰), निराला नकाबपोश (1902 ई॰), भयानक खून (1903 ई॰), किशोरीलाल गोस्वामीकृत तिलस्मी शीशमहल (1905 ई॰) रामलाल वर्मा रचित 'पुतली महल' (1908) उपन्यास आते हैं।

गोपालराम गहमरी ने जासूसी उपन्यासों की रचना की। जिनमें अद्‌भुत लाश, बेकसूर की फाँसी, सरकती लाश, खूनी कौन, बेगुनाह का खून, जासूस की भूल, खून, खूनी का भेद, गुप्त भेद इनके उपन्यास हैं।

अपने समय और समाज के सवालों पर आधारित इस युग के उपन्यासों में 'उपदेशात्मक' स्वर बहुत तीक्ष्ण हैं, आरंभ में रचित अधिकतर सामाजिक उपन्यास उपदेशात्मक है। 'परीक्षा

गुरू' में कुसंगति से मुक्त होने का उपदेश है और 'देवरानी-जेठानी की कहानी' में स्त्रियों के शिक्षित होने पर जोर दिया गया है। इन उपन्यासकारों का राष्ट्रीय अभिमान अधिक मुखर नहीं हो सका। किन्तु सामाजिक, धार्मिक पक्ष की विकृतियों को चित्रित करने में कोई विशेष अड़चन नहीं थी। राष्ट्रीय जागरण के साथ सामाजिक जागरण का स्वर उद्घोषित है। भारतेन्दु हरिश्चंद्र के 'पूर्ण प्रकाश' और 'चंद्रप्रभा' सामाजिक उपन्यास हैं। भाग्यवती (श्रद्धाराम फिल्लौरी, 1877), नूतन ब्रह्मचारी, सौ अजान : एक सूजान (बालकृष्ण भट्ट) निस्सहाय हिन्दू (राधाकृष्ण दास), विधवा विवाह राधाचरण गोस्वामी और देवी प्रसाद शर्मा। इनके अलावा श्यामा स्वप्न, जया, लवंग लतिका, कुसुमकुमारी, लीलावती का आदर्शसती, पुनर्जन्म, सौतिया डाह, अंगूठी का नगीना, धूर्त रसिकलाल, स्वतंत्र रमा और परतंत्र लक्ष्मी, अधखिला फूल, ठेठ हिन्दी का ठाठ, सास पतोहू, सौन्दर्योपासक, राधाकांत, रामलाल, वनजीवन-वन प्रेम लहरी आदि के नाम अग्रगण्य हैं।

ऐतिहासिक उपन्यासों की शृंखला में किशोरीलाल गोस्वामीकृत हृदयहारिणी व आदर्श रमणी (1890), लवंगलता का आदर्शवाला (1890) तारा (1902) राजकुमारी (1902), कनक कुमारी वा मस्तानी (1903) लखनऊ की कब्र वा शाही महलसरा (1906) रजिया बेगम आदि, गंगा प्रसाद गुप्त-कृत, पृथ्वी राज चौहान (1902) कुमारसिंह सेनापति (1903) हम्मीर (1904) श्याम सुंदर वैद्य कृत, पंजाब पतन कृष्ण प्रसाद सिंह अखौरी कृत वीर चूड़ामणि, मथुरा प्रसाद शर्माकृत, नूरजहाँ, ब्रजनंदनसहायकृत 'लालचीन' (1916) मिश्रबंधु कृत वीर मणि (1917) आदि उपन्यास इस काल के ऐतिहासिक कहे जाने वाले उपन्यास हैं।

इस प्रकार प्रेमचंद के युग के पूर्व में उपन्यासों में राष्ट्रीयता के साथ सामाजिकता, मनोरंजन के साथ उपदेशात्मकता के भाव लक्षित होते हैं।

हिन्दी उपन्यास और स्वाधीनता आंदोलन

हिन्दुस्तान के इतिहास में स्वाधीनता-आंदोलन का काल विशेष स्थान रखता है। यह काल राष्ट्रीय और सामाजिक उथल-पुथल का काल था। रामदरश मिश्र की सम्मति में यह संक्रान्ति काल– दो प्रकार की संस्कृतियों का, दो प्रकार के मूल्यों का, साथ ही साथ संघर्षकाल था–साम्राज्यवाद से राष्ट्रवाद का, सामंती सभ्यता से महाजनी सभ्यता का एवं सामंती और महाजनी दोनों सभ्यताओं से शोषित किसानों और मजदूरों की शक्तियों का था। राजनीतिक क्षेत्र में उथल-पुथल मची थी। पराधीन भारत साम्राज्यवादी ब्रिटिश राज्य से मुक्त होने के लिए तड़प रहा था।'' 1857 ई॰ से सतत शुरू हुए विद्रोह के स्वर, मुक्ति के स्वर साम्राज्यवादी शक्तियों के प्रबल होने के बावजूद भी सक्रिय रहे। प्रतिरोध का क्रम टूटा नहीं। प्रथमतः तिलक, गोखले और लाला लाजपत राय एवं बाद में महात्मा गाँधी का नेतृत्व, सुभाष चंद्र बोस और भगत सिंह की शहादत ने इस मुक्ति संग्राम में आग में घी का काम किया। सन् 1942 से स्वाधीनता हेतु अंग्रेजों के विरूद्ध यहाँ की जनता ने भारत छोड़ो आंदोलन का उद्घोष किया। 'करो या मरो' के नारे के आगे यहाँ की अंग्रेज शासन- सत्ता को अंततः मुक्ति देनी ही पड़ी। लेकिन उनकी नीति जाते-जाते भी देश को विभाजित कर गई।

हिन्दी उपन्यासों पर स्वाधीनता आंदोलन का दो प्रकार से प्रभाव पड़ा। कुछेक उपन्यासकार तो गाँधी जी के प्रभाव से, स्वदेशी के प्रभाव और अंग्रेज सरकार द्वारा प्रदत्त सरकारी सेवाओं को त्यागकर आजादी की जंग में शिरकत करने लगे। जैसे प्रेमचंद ने गाँधी जी के आह्वान पर स्वयं नौकरी छोड़ दी और 'सोजेवतन' सदृश कहानी संकलन पर शासक-सत्ता का कोपभाजन झेलना पड़ा। जैनेन्द्र, विष्णु प्रभाकर आदि उपन्यास सर्जकों ने असहयोग आंदोलन आदि में सकारात्मक रूप से भाग लिया। यशपाल, मन्मथनाथ गुप्त आदि सशस्त्र क्रांतिकारियों के संगठन के सदस्य थे। उन्हें कई वर्षों तक सलाखों के पीछे रहना पड़ा। अज्ञेय का उपनाम 'अज्ञेय' जेल में ही पड़ा। फणीश्वरनाथ रेणु तथा विवेकी राय भी स्वाधीनता-संग्राम से संबद्ध रहे। इसके अलावा अन्य सर्जक कर्मियों ने प्रत्यक्षाप्रत्यक्ष स्वाधीनता आंदोलन को अभिव्यक्ति दी और आजादी की लड़ाई को अपनी सर्जना का उपजीव्य बनाया।

प्रेमचंद के उपन्यास कर्मभूमि, रंगभूमि और गबन में मुक्ति संग्राम के दौरान जनसहयोग, नेतृत्व क्षमता और शासकों की भेदनीति आदि का यथोचित प्रामाणिक वर्णन है। 'कर्मभूमि' में बीसवीं शती के तीसरे-चौथे दशक का यथार्थ है। 'रंगभूमि' संघर्ष के दौरान अहिंसा की ताकत का बयान है। इस उपन्यास में सूरदास का अंत उसी प्रकार दिखाया गया है जिस प्रकार महात्मा गांधी का हुआ। 'गबन' में देशभक्तों के विरूद्ध उपनिवेशवादियों के षडयंत्र को विषय बनाया गया है। इस उपन्यास में प्रेमचंद ने दोनों स्तरों पर मुक्ति की बात की है– देशी सामंतवाद से एवं विदेशी साम्राज्यवाद से। उन्होंने कहा

कि जॉन की जगह गोविन्द को गद्दी पर बैठाने से जनता की मुश्किलें हल नहीं हो जाएंगी। जनता को स्वतंत्रता तभी मिल सकती है जब वे व्यवस्था की कमियों को लेकर उसका प्रतिरोध, प्रतिकार करें। जनता को इससे मतलब नहीं है कि शासक जॉन है या गोविन्द। तुलसीदास ने जनता के मन की आवाज को लेकर कहा कि, "कोउ नृप होइ हमें का हानी।"

जैनेन्द्र व्यक्ति के मानस के रचनाकार हैं। उनके उपन्यासों में स्वाधीनता संघर्ष का विशद एवं बाह्य चित्रण नहीं हुआ है। उनके उपन्यास सामाजिक जीवन की असंगतियों, विसंगतियों, गिरते मानव-मूल्यों, स्त्री की स्थिति आदि को लेकर चलते हैं।

यशपाल और अज्ञेय की उपन्यास सृजना में क्रांतिकारी जीवन के अनुभवों की अभिव्यंजना है। अज्ञेय द्वारा रचित 'शेखर एक जीवनी' में शेखर को राजद्रोह के अपराध में फाँसी की सजा मिलती है। वह कारावास की कोठरी में बैठकर अपने अनुभव को व्यक्त करता है। स्वतंत्रता को लेकर वह कहता है कि, "मुक्ति, स्वराज, स्वतंत्रता–कितने सुंदर शब्द हैं। किन्तु कहाँ हैं इनके पनपने के लिए खंडित और खाद् युक्त मिट्टी, जनता ....।" यशपाल ने उपन्यास में आजादी को 'झूठा सच' कहकर व्यक्त किया है। 'देशद्रोही', 'दादा कॉमरेड' आदि में वे शुरू से ही आजादी के संघर्ष के पदच्युत होने से चिंतित हैं, लेकिन आजादी मिल जाने के बाद की उनकी निराशा 'झूठा सच' (भाग-2) में व्यक्त हुई। 'झूठा सच' इस कड़वी सच्चाई को उकेरता है कि अंग्रेजों के शासन में सांप्रदायिकता की जो बेल फली-फूली वह स्वतंत्रता प्राप्ति के बाद अधिक विकराल रूप में सबके गले में फाँस बन गई। 'तमस' के लेखक भीष्म साहनी ने भी आजादी मिलने के समय के संक्रमणकालीन यथार्थ को व्यक्त किया है। साम्राज्यवाद, सांप्रदायिकता, विभाजन की त्रासदी आदि पर इन्होंने कलम चलाई।

हिन्दी के अन्य अनेकों उपन्यासकारों ने स्वतंत्रता प्राप्ति की सूचना और उसके साथ जुड़े भले-बुरे परिवर्तनों के उल्लेख के साथ समाप्त हुए हैं। इनमें स्वाधीनता संघर्ष के दौरान शासकों एवं शासितों के मध्य के संघर्ष को विवृति मिली है विस्तृत विवरण के साथ। 'मैला आँचल' में बावनदास, चोला उतारने वाला, मुखौटा बदलने वाला पात्र है। रामदरश मिश्र के उपन्यास 'पानी के प्राचीर' में आजादी किसको मिली है, का वर्णन है। आम आदमी की आजादी को लेकर प्रश्नाकुलता है। 'आधा गाँव' में मुस्लिम सामंती शक्तियों की चर्चा है।

कुछ-एक और उपन्यास हैं जिनमें 1942 के भारत छोड़ो आंदोलन की अनुगूंज सुनाई पड़ती है। 'बयालीस' (प्रतापनारायण), 'श्वेत पत्र (विवेकीराय), 'देशद्रोही', 'मेरी तेरी उसकी बात' (यशपाल), 'बीज' (अमृतराय), 'जिच' (मन्मथनाथ गुप्त), 'बलिदान' (रघुवीर शरण मिश्रा), 'सीधी सच्ची बातें' (भगवती चरण वर्मा) आदि ने इस विद्रोह को दिखाया है। इनके अलावा तत्कालीन बाणभट्ट की आत्मकथा एवं गिरिराज किशोर का पहला गिरमिटिया भी इसी उपजीव्य को लेकर सृजित है। पाहीघर, परछाई नाच, कालकथा, आदि मुक्ति संग्राम को व्यक्त करते हैं।

स्वाधीन भारत के प्रमुख हिन्दी उपन्यास

हिन्दी साहित्य का आधुनिक काल गद्यकाल भी कहलाता है। लेकिन गद्य से इतर पद्यात्मक रचनाएं भी इस युग में होती रही। कविता का क्षेत्र जीवंत रहा। स्वातंत्र्योत्तर भारत में कविता की अधिकता इसका प्रमाण है। कविता को लेकर इतने आंदोलन, काल चले उतने उपन्यास या कहानी विधा को लेकर नहीं। लेकिन स्वातंत्र्योतर भारत में ऐसा नहीं है कि उपन्यास सृजना में विविधतापन नहीं दिखाई दी। विषय को लेकर कहें तो विविध विषय इस हेतु अपनाये गये। मुक्ति विमर्श के संपूर्ण आख्यान हेतु उपन्यास ही प्रबल विधा है। कथाकार अपने संपूर्ण संचित अनुभव को भली भाँति इसी विधान्तर्गत अभिव्यंजित कर सकते हैं और किया भी है। कविता की भाँति उपन्यास की रचना पर किसी विशेष प्रकार का आवरण नहीं डाला जाता है। उपन्यास मध्यवर्गीय जीवन, समाज का दस्तावेज होता है। मध्यवर्ग की जिन्दगी को व्यक्त करने का सशक्त साधन। महाकाव्यात्मक पीड़ा को इसी के जरिये व्यक्त कर सकते हैं।

स्वांतत्र्योतर भारत में अनेकों मनः स्थितियों के सर्जकों ने उपन्यास सृजन का कार्य किया। लेकिन उपन्यास कहानी या कविता की तरह नए पन की उद्घोषणा किए हुए सतत यात्रा पथ पर रहा। कविता-कहानी नयी-पुरानी हुई लेकिन उपन्यास आंचलिक जरूर हुआ इसके अलावा विचारधारा विशेष को मध्य में रखकर उसे संज्ञा प्राप्त होती। फलाँ आदर्शोन्मुख यथार्थवाद, फलाँ स्त्री विमर्श का तो फलाँ दलित विमर्श। बहरहाल! डॉ॰ विजय मोहन सिंह के शब्दों में, "इस शताब्दी का आखिरी दशक औपन्यासिक दृष्टि से अधिक समृद्ध माना जायेगा कविता और कहानी दोनों की अपेक्षा।"

स्वाधीन भारत के उपन्यासों पर विचार करें तो विविध प्रवृत्तियों के कारण, विशेषताओं के कारण अनेक उपन्यास अपनी ओर आकर्षित करेंगे। कुछ कथ्य को लेकर तो कुछ शैली या शिल्प को लेकर। आजाद हिन्द के प्रमुख उपन्यासों में ग्रामांचल की कथा को स्रोत में लिखा गया है। इन उपन्यासकारों ने अविकसित पिछड़े अंचलों को उनके बदलते यथार्थ को बगैर किसी आग्रह या पूर्वाग्रह के अंकित किया है। इस प्रकार की रचनाओं में रेणु, नागार्जुन, रांगेय राघव, राहीमासूम रजा, यादवेन्द्र शर्मा चंद्र, रामदरश मिश्र, शिव प्रसाद सिंह, श्री लालशुक्ल, मेत्रेयी पुष्पा, नीलकांत, संजीव, मन्नु भंडारी प्रमुख स्थान रखते हैं। 'मैला आँचल', 'परती परिकथा' (रेणु), बलचनमा', 'बाबा बटेसर नाथ', 'वरूण के बेटे' (नागार्जुन), 'कब तक पुकारूँ, (रांगेय राघव), 'पानी के प्राचीर', 'जल टूटता हुआ' (रामदरश मिश्र) 'आधा गाँव' (रजा), 'अलग-अलग वैतरणीं' (शिव प्रसाद सिंह) 'राग दरबारी' (श्रीलाल शुक्ल), इदन्नमम, चाक, झूलानट, अल्मा कबूतरी (मैत्रेयी पुष्पा), जंगल जहाँ से शुरु होता है (संजीव), गगन घटा धहरानी (मदन मोहन पाठक), जहाँ बाँस फूलते हैं (श्री प्रकाश मिश्र), महाभोज (मन्नु भंडारी) आदि उपन्यास उल्लेखनीय हैं।

महानगरीय जीवन पद्धति पर आधारित अनेकों उपन्यासों की रचना हुई। अंधेरे बंद कमरे (मोहन राकेश), उखड़े हुए लोग (राजेन्द्र यादव) अमृत और विष, बूंद और समुद्र, (अमृत लाल नागर), भूले बिसरे चित्र (भगवती चरण वर्मा) गिरती दीवारें (उपेन्द्र नाथ अश्क) यह पथ बंधु था (नरेश मेहता) नरक यात्रा (ज्ञान चतुर्वेदी), पमली घंटा (हृदयेश) उल्लेखनीय हैं।

इनके अतिरिक्त ऐतिहासिक उपन्यास हैं। पाहीघर (कमलाकांत त्रिपाठी), पहला गिरमिटिया (गिरिराज किशोर) कालकथा (कामता नाथ) प्रमुख हैं। इतिहास की सामग्री से विश्लेषण करने वाले, सांप्रदायिकता पर प्रहार करने वाले उपन्यास हैं– झूठा सच, तमस, जहाँ वे कैद हैं, जिंदा मुहावरे, सूखा बरगद, कितने पाकिस्तान!

नारी जीवन की स्थिति और उस विडंबना को शब्द दिये हैं–इदन्नमम, पचपन खंभे लाल दीवारें, मित्रो मरजानी, सूरजमुखी अंधेरे के, रेखा, सागर लहरें और मनुष्य, मुझे चाँद चाहिए, छिन्न मस्ता, यामिनी कथा, अर्द्धनारीश्वर, एक जमीन अपनी, आवाँ आदि।

कथागत मौलिकता के लिए शेखर एक जीवनी, वे दिन, नदी के द्वीप, आपका बंटी, सावधान नीचे आग है। वहीं दलित जीवन पर हजार घोड़ों का सवार, जूठन, छप्पर, नाच्यौ बहुत गोपाल, आदि प्रमुख हैं। भाषा शिल्प की सजगता के लिए, सूरज का सातवाँ घोड़ा, एक चूहे की मौत, बहती गंगा, कलिकथा वाया बाईपास प्रमुख उपन्यास हैं।

इसके अलावा वर्तमान में अनेकों उपन्यासकार लिख रहे हैं। जिनकी अभिव्यक्ति एवं भाव ग्रहण शैली विशेष हैं।

हिन्दी उपन्यास में शिल्पगत प्रयोग

किसी भी सृजन में 'कथ्य' और 'शिल्प' दो स्वतंत्र आयाम हैं। वे संश्लिष्ट रूप में उपस्थित होते हैं तभी रचना प्रभावी और साधारणीकरण हेतु बनती है। सशक्त उपजीव्य (कथ्य) की शिथिल प्रस्तुति या कमजोर कथ्य की प्रभावशाली प्रस्तुति से बात नहीं बनती। भगवतीचरण वर्मा ने अज्ञेय के 'नदी के द्वीप' उपन्यास को 'पके फल में कीड़े' कहा था। पके फल अर्थात् सशक्त, परिपक्व शिल्प और कीड़े अर्थात् विकृत कथ्य! कलावादी रचनाकार रचना के भावपक्ष पर अधिक बल ना देकर रचना के शिल्प पक्ष पर अधिक ध्यान केन्द्रित करते हैं।

हिन्दी उपन्यास के उद्भव-उन्नयन काल से ही रचनाकार सबल-सरल भाषा और सहज-कथन-पद्धति का महत्व जान कर रचना करते थे। आरंभिक मनोरंजन प्रधान उपन्यासों-तिलस्मी-ऐयारी-जासूसी उपन्यासों में लेखकों ने लगभग किस्सागोई की परम्परा का पालन किया है। इसी किस्सागोई शैली का सुधरा एवं सुथरा रूप प्रेमचंद के उपन्यास 'सेवासदन', 'प्रेमाश्रम' में दिखाई पड़ता है। प्रेमचंद के यहाँ घटनाओं के चित्रण में विश्लेषण परकता झलकती है। गोदान में प्रेमचंद दो कथाओं को जोड़ने में ग्रामकथा और शहर की कथा में विशेष शिल्प एवं भाषा का प्रयोग करते हैं। प्रेमचंद परिस्थिति एवं पात्रों के अनुसार भाषा का चयन करते हैं। भाषा में शिथिलता नहीं आने देते। किसी ने कहा भी है कि शिथिल भाषा समाज को शिथिलता प्रदान करती है। इसीलिए भाषा एवं शिल्प दोनों को जीवंत बनाए रखना चाहिए ताकि सामाजिक शिथिलता के भाव का अवमूल्यन न हो।

मनोवैज्ञानिक उपन्यासकारों ने बाह्य जगत का घटनाक्रम कम वर्णित कर आंतरिक जगत की उथल-पुथल को प्रश्रय अधिक दिया। जिसके परिणामस्वरूप उपन्यास लघु कलेवर में,

लघु शिल्प में आने लगा। ये लोग शिल्प-सृजन में सजग रहते थे। जैनेन्द्र के उपन्यास इस प्रवृत्ति को परिलक्षित करते हैं। ये शिल्प सृजन में प्रायः ऐसा कथ्य लेते हैं जिसमें एक स्त्री और दो पुरूषों के प्रेम-त्रिकोण को बनाकर प्रेम-विवाह से संबंधित नैतिकता पर विचार करते हैं। 'जयवर्द्धन' का शिल्प प्रतीकात्मक है। जैनेन्द्र की भाषा अपूर्ण वाक्यों, सूक्ष्म संकेतों, अटपटे कथनों से बुनी गई है। अतः प्रायः संवेदनीयता की समस्या सिर उठाती है। पाश्चात्य शिल्प का प्रभाव अज्ञेय की सृजनधर्मिता पर सबसे ज्यादा दृष्टव्य है। प्रयोगधर्मी लेखक ने 'शेखर : एक जीवनी' का ताना-बाना इसी आधार पर बुना है। फ्लैशबैक शैली पर रचित इस जीवनी में शेखर कारागार में अवस्थित होने के पश्चात् चिन्तनशील एवं फाँसी की प्रतीक्षारत अपने अतीत की पर्तों को मनोविश्लेषण के आधार पर उधेड़ता है। इसमें चेतना प्रवाह पद्धति को देखा जा सकता है।

स्मृति चित्रों को देखने के लिए 'वे दिन', लाल-टीन की छत (निर्मल वर्मा) आदि को देखा जा सकता है। इनमें भाषा का रूप बिम्बात्मक है और प्रायः प्रथम पाठ में रचना खुलती नहीं है। प्रेमचंद की परम्परा के अमृतलाल नागर भी किस्सागो हैं लेकिन 'अमृत और विष' के शिल्पगत प्रयोग हेतु स्मरणीय हैं। ये उपन्यास के भीतर उपन्यास समाहित करने में कुशल माने जाते हैं। ऐसा ही विवेकी राय का 'मंगल भवन' उपन्यास है। जो पूर्वांचल के मूल्य संक्रमण के साथ-साथ भारत-चीन युद्ध को भी व्यक्त करता है।

'बहती गंगा' और 'सूरज का सातवाँ घोड़ा' में लगभग समान शिल्प हैं। कहानियों के संकलन होने के साथ-साथ अगर इन कहानियों को क्रमशः पढ़ा जाए तो उपन्यास का सा शिल्प लगता है। शिल्प इनके कथ्य को और प्रभावशाली बना देता है।

आत्मकथात्मक शिल्प में सृजित 'बाणभट्ट की आत्मकथा' अद्भुत शिल्प एवं अपूर्व भाषा-विधान का निदर्शन है। सृजक ने ऐसा शिल्प बनाया है कि लगता है जैसे बाणभट्ट की ही आत्मकथा हो। वह 1944 ई. की कृति लगती ही नहीं है। राहुल सांकृत्यायन कृत 'सिंह सेनापति' की भूमिका में वर्णित किया गया है कि कथा खुदाई में प्राप्त ईंटों पर लिखी गई है, वे ईंटें पटना संग्रहालय में सुरक्षित हैं।

आंचलिक उपन्यास अपने विलक्षण शिल्प हेतु जाने जाते हैं। इस सृजन में कहीं फ्लैशबैक तो कहीं किंवदतियों, लोकगीतों, आंचलिक शब्दावली, व्यंजनाओं का मिला जुला स्वर है। उपन्यास बाह्य रूप से निर्बन्ध सा लगता है लेकिन आंतरिक रूप में अन्विति बरकरार रहती है। मैला आंचल, परती परिकथा, आधागाँव, बाबा बटेसरनाथ इसके उदाहरण हैं।

प्रयोगात्मक शिल्प-शैली में सृजित उपन्यासों में राजेन्द्र यादव व मन्नु भंडारी का नाम आता है। उनका उपन्यास 'एक इंच मुस्कान' जिसमें पुरुष पात्र वाला भाग राजेन्द्र यादव ने तो स्त्री पात्र की कथा को मन्नु भंडारी ने लिखी है। Scenario Technique (सिनेरियो टेकनीक) में लिखा गया सर्वेश्वरदयाल सक्सेना का 'सोया हुआ जल' है। फैंटेसी के रूप में बदीउज्जमा का 'एक चूहे की मौत' उपन्यास आता है। 'बाइसवीं सदी' (राहुल जी) यूटोपिया शिल्प में है। कितने पाकिस्तान (कमलेश्वर) व्यापक फैंटेसी शिल्प में सृजित की गई रचना है। प्रतीकात्मक-बिम्बात्मक शैली में हरिया हरकुलिस की हैरानी (मनोहर श्याम जोशी) का नाम आता है।

'रागदरबारी' की तर्ज पर व्यंग्य का उपयोग-प्रयोग करने वाले उपन्यास दसवें दशक में छपे। इससे पूर्व हरिशंकर परसाई कृत उपन्यास रानी नागफनी की कहानी पैरोडी शैली में सृजित किया जिसका आधार इंशा अल्लाखां की रानी केतकी की कहानी है। बजरंगा, नरक यात्रा आदि व्यंग्यात्मक शैली की रचनाएं हैं।

इस प्रकार हिन्दी साहित्य में उपन्यास विधा हेतु विविध प्रकार के शिल्प का सृजन किया गया। भावों के अनुसार भाषा एवं शिल्प रचना शिल्प सौन्दर्य के उत्कर्ष को दर्शाती है।

गोदान और भारतीय किसान

"कानून कहता है कि हम-तुम आदमी हैं। हममें आदमियत कहाँ? आदमी वह है, जिसके पास धन है, अख्तियार है, इलम है। हम तो बैल हैं और जुतने के लिए पैदा हुए हैं।"

— गोदान-प्रेमचंद, पृष्ठ 2

प्रेमचंद ने गोदान में भारतीय किसान के बैल जैसे रूप की कारूणिक तस्वीर उकेरी है जो कि यथार्थ है। सारी उम्र इसी बैल के से जीवन बिताने के बाद भारतीय किसान सही से अपने तन पर कपड़ा तक नहीं डाल सकता। यही किसान जीवन की त्रासदी है। प्रेमचंद के किसान जीवन के वर्णन के संदर्भ में पूरन चंद्र जोशी ने कहा कि, "गाँधी और प्रेमचंद दोनों ने ही उन औपनिवेशिक शासकों और शोषकों पर ही अपना ध्यान केन्द्रित किया जिन्होंने देशी अभिजात्य को भ्रष्ट

किया और जिन्होंने देशी शासकों को पुरूषत्वहीन बनाकर श्रेष्ठवर्गीय भूपतियों और किसान जनता के बीच गहरी खाई और तनाव पैदा किया।"

प्रेमचंद ने भारतीय किसान के प्रतीक होरी से गोदान की कथा का आरंभ कर भारतीय किसान की मृत्यु तक इस कथा को सृजित किया है। उन्होंने दिखाया है कि एक किसान महाजनी सभ्यता पुरातन विचारों, अंधविश्वास रूढ़ियों, मर्यादावाद आदि के जंजाल में इस तरह फंसा हुआ है कि वह चाहकर भी इनको नहीं तोड़ सकता। नैतिकता और धार्मिकता के बंधन भारतीय किसान के पैरों में बेड़ियाँ डालने का कार्य करते हैं। इसी व्यवस्था में घुटते हुए एक किसान अपनी जिन्दगी बसर करता है। 'प्रेमचन्द' गोदान में किसानों की समस्या का समाधान वे संपत्तिशाली और शक्तिशाली वर्गों के हृदय-परिवर्तन के माध्यम् से नहीं खोजते। उनके ध्यान का मुख्य केन्द्र अब प्रबुद्ध भू-स्वामी नहीं; उनका ध्यान अब किसानों की जागृति की ओर, चेतना के उच्चतर स्तर तक पहुंचता है। गोदान होरी की कहानी है। एक ऐसे किसान की कहानी, जो पाँच बीघा जमीन को जोतते हुए वर्ष-भर किराया, ब्याज, टैक्स और बेगार के असह्य बोझ के कारण कभी किसान और कभी मजदूर बना चक्कर काटता रहता है। होरी की एकमात्र छोटी सी आकांक्षा एक छोटे से जमीन के टुकड़े और एक गाय को पाने की है और वह अपनी इस छोटी सी आकांक्षा को प्राप्त करने के लिए सभी आवश्यक समझौते करता है, लेकिन उसका यह सपना पूरा नहीं होता, बल्कि एक वर्गीय समाज की क्रूर ताकतों द्वारा छिन्न-भिन्न कर दिया जाता है।

प्रेमचन्द ने भारतीय किसान की आर्थिक विपन्नता का वर्णन गोदान में किया है। गोपाल राय के शब्दों में, 'प्रेमचंद ने किसानों की आर्थिक दुरवस्था का बहुत ही प्रामाणिक और मार्मिक चित्र प्रस्तुत किया है; तत्कालीन कृषक समाज, विदेशी सरकार, जमींदार और महाजन के तिहरे शोषण-चक्र में पिस रहा था। प्रेमचंद ने शोषकों के प्रतिनिधि के रूप में लाला पटेश्वरी और दारोगा रायसाहब और दुलारी सहुआइन, मंगरू शाह और पं॰ दातादीन को प्रस्तुत किया है। बेलारी गाँव के समस्त किसान, जिनके दुर्भाग्य की कहानी प्रेमचंद ने कही है, इन शोषकों द्वारा शोषण, दमन और अत्याचार के शिकार हैं। बेलारी के जिस परिवार को प्रेमचंद ने अपने कथा-संसार के केन्द्र में अवस्थित किया है, वह होरी का परिवार है। उपन्यास के प्रथम पृष्ठ में ही लेखक ने इस परिवार की विपन्नता का चित्र धनिया के स्वगत चिंतन के रूप में प्रस्तुत किया है : ....तीन लड़के बचपन में ही मर गये। उसका मन आज भी कहता था, अगर उनकी दवा-दारू होती तो वे बच जाते; पर वह एक धेले की दवा भी न मँगवा सकी थी। उसकी उम्र ही अभी क्या थी। छत्तीसवाँ साल तो था, पर सारे बाल पक गये थे, चेहरे पर झुर्रियाँ पड़ी थी। सारी देह ढल गई थी, वह सुंदर गेहुँआ रंग सांवला हो गया था और आँखों से कम सूझने लगा था।'' अन्यत्र होरी को चिलम पीते हुए चिंतन करते दिखाया है कि, "इस फसल में सब कुछ खलिहान में तौल देने पर भी अभी उस पर कोई तीन सौ कर्ज थे, जिस पर कोई सौ रूपये सूद के बढ़ते जाते थे। लगान के भी अभी पच्चीस रूपये बाकी पड़े हुये थे और दशहरे के दिन सगुन के रूपयों का भी कोई प्रबंध करना था।" गोदान के होरी की कहानी उसके दिन प्रतिदिन विपन्न और असहाय होते जाने की कहानी है, जो वस्तुतः भारतीय किसान जीवन की भी कहानी है। जीवन की एक महत्त्वाकांक्षा के लिए वह किसान से मजदूर बनता है। लेकिन फिर भी पुरोहितवादी शक्तियाँ, महाजनी सभ्यता उस इच्छा, अभिलाषा को पूर्ण नहीं होने देती। गोपाल राय कहते हैं कि, "ग्रामीण जीवन की विपन्नता और विवशता का इससे अधिक यथार्थ चित्रण और नहीं हो सकता। प्रेमचंद ने जिस सूक्ष्मदृष्टि और सहानुभूति से, ग्राम जीवन का अवलोकन किया है वह अद्वितीय है।" इस प्रकार अंततः कह सकते हैं कि गोदान कृषक जीवन का महाकाव्य है। इसका मूल विषय ग्रामीण कृषक की आर्थिक एवं सामाजिक समस्या का यथार्थवादी चित्रण है।

गोदान में गाँव और शहर

प्रेमचंद द्वारा 1936 में सृजित उपन्यास गोदान 36 अनुच्छेदों में विभक्त है। इस उपन्यास को प्रेमचंद के गोदान काल का उपन्यास भी कह सकते हैं। प्रेमचंद ने अपने समग्र जीवन का बोध, सार इस उपन्यास में वर्णित किया है। चाहे वह नगर जीवन का बोध हो या फिर ग्राम्य जीवन का बोध। इसीलिए प्रेमचंद ने कृषक की करूण कथा के साथ-साथ नगर के नागरिकों की कथा को भी इसमें सम्मिलित किया है। दोनों तरफ के खोखलेपन को प्रेमचंद ने जाँचा-परखा और वर्णित किया है। ग्राम्य कथा की प्रमुख कहानी होरी की है तो शहरी कथा में रायसाहब की। दोनों अपनी-अपनी मर्यादा और मरजाद के लिए समाज के व्यूह में फँसे हुये हैं। शोषक का

भी शोषण सामंतवादी, साम्राज्यवादी शक्तियों के द्वारा होता है प्रेमचंद यह दिखाना चाहते हैं। महासागरीय उपन्यास गोदान के संदर्भ में गोपालराय कहते हैं कि, "गोदान में नगर जीवन का चित्रण गौण रूप में हुआ है। प्रायः आलोचकों ने गोदान की नगर-कथा को बहुत जरूरी नहीं माना है। लेकिन आचार्य नलिन विलोचन शर्मा को प्रतीत होता है कि असम्पृक्त सी लगने वाली कहानियाँ एक-दूसरे की पूरक हैं। इनके माध्यम् से सकल भारतीय समाज एवं जीवन को अभिव्यक्ति मिली है–"गोदान की असंबद्ध-सी दीख पड़ने वाली दोनों कहानियों के बीच से भारतीय जीवन की विशालधारा बहती चली जाती है। भारतीय जनजीवन का, जो एक ओर नागरिक है और दूसरी ओर ग्रामीण और जो एक साथ अत्यंत प्राचीन भी है जागरण के लिए छटपटा भी रहा है, इतने बड़े पैमाने पर इतना यथार्थ चित्रण हिन्दी में ही क्यों, किसी भी भारतीय भाषा के किसी उपन्यास में नहीं हुआ है।"

गोदान में गाँव : शिवकुमार मिश्र कहते हैं कि, "गोदान की ग्राम कथा, जो वस्तुतः एक किसान के क्रमशः तबाह और बरबाद होकर किसान से मजदूर बनते जाने की त्रासदी को हमारे सामने प्रस्तुत करती है, किसान के उस जीवन-चक्र को हमारे सामने उजागर करती है। यह त्रासदी जिसकी परिणति है। वस्तुतः यह हिन्दुस्तान के किसान के बुनियादी चरित्र की कथा है, जो सदियों से उसके त्रासद जीवन का भार ढोती रही है, अंग्रेजी राज में जो अपनी सारी धनता और उग्रता के साथ हमें अपनी पहचान कराता है।" किसानों की दुर्वह स्थिति का वर्णन तुलसीदास ने भी किया है लेकिन राजतंत्र में किसानों की स्थिति इतनी बुरी नहीं थी जितनी कि अंग्रेजी शासन में। "अंग्रेज भारत को आधुनिक बनाने के बड़े-बड़े दावे करते हुए भारत की राजसत्ता पर काबिज हुए और राजसत्ता पर काबिज होते ही आधुनिकता और औद्योगिकीकरण के बदले चले आते हुए सामंतवाद से भी ज्यादा घातक सामंतवाद उन्होंने स्थापित किया। भारत की आत्मनिर्भर ग्राम्य-व्यवस्था को उन्होंने पूर्णतया ध्वस्त कर दिया। जो सबसे घातक कर्म उन्होंने किया वह यह कि किसान की बजाय भारत की, समूची भूमि के मालिक वे स्वयं बन गए। बिचोलिए के रूप में जमींदार वर्ग का उदय हुआ। इसके परिणामस्वरूप किसानों को जमींदारों के रहमो-करम पर निर्भर होना पड़ता था। जमींदार को इतने अधिक अधिकार अंग्रेज सरकार ने दिये कि वह येन-केन प्रकारेण किसानों से लगान वसूल करे। किसान जीवन की त्रासदी की कथा इस उपन्यास में उभरी है। डॉ॰ राम विलास शर्मा और हंसराज 'रहबर' दोनों ही समीक्षकों ने लिखा है कि जिस समय प्रेमचंद 'गोदान' की रचना कर रहे थे, वे स्वतः कर्ज की समस्या से अपने निजी जीवन में जूझ रहे थे। कदाचित इस नाते भी यह वह समस्या अपनी समूची उग्रता, व्याप्ति, परिणाम और प्रभाव के साथ गोदान में उभरी है। ग्राम्य किसान की ग्रहण की समस्या का संबंध महज उसकी जमीन से ही नहीं, उसके समूचे जीवन चक्र से है। अज्ञान, अशिक्षा, चले आ रहे समाज और धर्म के रूढ़िगत संस्कार, बिरादरी, जायदाद और मर्यादा को बनाए रखना, उसे कर्ज लेने हेतु मजबूर करती है। मर्यादा और बिरादरी से जुड़े रहने का मोह भारतीय किसान में संस्कारबद्ध है। किसी भी कीमत पर वह इनकी रक्षा करना चाहता है। अपनी बरबादी तथा समूचे घर-परिवार की तबाही की कीमत पर भी। गोबर-झुनिया प्रसंग, रूपा की शादी में वह बेटी का सौदा करता है। ग्राम्य जीवन में किसान होरी के बारे में लिखा है कि, "हारे हुए महीप की भाँति उसने अपने को इस तीन बीघे के किले में बंद कर लिया था और उसे प्राणों की तरह बचा रहा था। फाके सहे, बदनाम हुआ, मजदूरी की, पर किले को हाथ से न जाने दिया।"

शिवकुमार शर्मा कहते हैं कि, "तात्पर्य यह कि ऋण के दुश्चक्र, उससे जुड़ी मानसिकता और उसके त्रासद परिणामों को 'गोदान' में प्रेमचंद ने मुख्यता के साथ चित्रित किया है। ग्राम केन्द्रित 'गोदान' की कथा में आनुवांशिक रूप से ग्रामीण जीवन के अनेक प्रश्न भले ही विन्यस्त हों, ऋण या कर्ज अथवा महाजनी-दुश्चक्र की समस्या ही 'गोदान' की केन्द्रीय समस्या है, जिसे प्रेमचंद ने उसकी पूरी सघनता और प्रभाव के साथ 'गोदान' में चित्रित किया है।"

गोदान में शहर : गोदान की केन्द्रीय ग्रामकथा के समानान्तर उसमें एक नगर-कथा भी है जो उपन्यास के आदि से अंत तक बरकरार रहती है। इस नगर-कथा का संबंध अवध-अंचल के नवाबों के प्रसिद्ध शहर लखनऊ से है। सवाल है कि एक ग्राम को केन्द्र में रखकर रचे गये उपन्यास में नगर की इस कथा का औचित्य क्या है? शिवकुमार मिश्र के अनुसार, "गोदान प्रेमचंद की अंतिम रचना है, जो सन् 1936 में प्रकाशित हुई। प्रेमचंद का रचनाकार-मानव सदी के इस चौथे दशक के काफी कुछ पहले से 'गोदान' में समायोजित होने वाली अंतर्वस्तु और उससे जुड़े सवालों के प्रति चिंताशील होगा, यह कहने की बात नहीं है। ऐसा लगता है कि प्रेमचंद

गोदान के रचना-पट को इतना विस्तार देना चाहते थे कि उसमें एक बड़े परिप्रेक्ष्य को लेकर वे अपने समय के बिगड़ते-बनते चेहरे को उसकी विद्यमान वास्तविकता तथा भावी संभावनाओं के साथ बुन सकें। भारतीय संदर्भ में यह समय चली आ रही सामंती व्यवस्था अथवा सामंतवाद के ढहने और औद्योगिक-पूंजीवादी व्यवस्था के उदय होने और क्रमशः मजबूत होने का समय था। गाँव हर दृष्टि से तबाह-बरबाद हो रहे थे, कृषि तंत्र ढीला और जर्जर होता जा रहा था और उसके स्थान पर औद्योगिक-पूंजीवादी सभ्यता उभर रही थी, नगरों को आबाद और रोशन कर रही थी। प्रेमचंद कदाचित इसी परिदृश्य को अपने इस अंतिम उपन्यास में समेटना चाहते थे। ... गोदान में किसान के क्रमशः मजदूर बनने की जो त्रासदी चित्रित हुई, नगर को कथा की परिधि में समेटे बिना वह पूरी नहीं हो सकती थी। शहर किस तरह गांव पर हावी हो रहा है, गोदान में इसके प्रभूत चित्र हैं, संकेत हैं।

गोदान में गाँव एवं शहर की कथा के अन्तरायोजन के संदर्भ में नन्द दुलारे वाजपेयी ने वर्णित किया है कि, "गोदान उपन्यास के नागरिक और ग्रामीण पात्र एक बड़े मकान के दो खंडों में रहने वाले दो परिवारों के समान हैं जिनका एक दूसरे के जीवन-क्रम से बहुत कम संपर्क है। वे कभी आते जाते मिल लेते हैं और कभी किसी बात पर झगड़ा भी कर लेते हैं परन्तु न तो उनके मिलने में और न उनके झगड़े में ही कोई ऐसा सम्बन्ध स्थापित होता है जिसे स्थायी कहा जा सके।" वाजपेयी जी ने तो पात्रों की स्थिति को लेकर बात की। नंदकिशोर नवल 'गोदान' के महाकाव्यात्मक चरित्र के पक्ष में सबल तर्क देते हुए भी उसके विधि-विधान पर टिप्पणी करते हैं कि–"उसमें बहुत कुछ ऐसा है जो अप्रमाणिक अनुभव के कारण कलात्मक रूपान्तरण नहीं ग्रहण कर सका है। गाँव की कथा के साथ ही शहरी कथा एक बड़ी सीमा तक निष्प्राण है। सिर्फ इसलिए नहीं कि उसमें लेखक की 'आदर्शमूलक जीवन-दृष्टि का अवशेष' है, बल्कि इस कारण कि वह बहुत कुछ बनावटी सी जान पड़ती है।"

शिवकुमार मिश्र ने कहा कि, "वस्तुतः गोदान' की ग्राम-कथा और नगर-कथा में समायोजन की कमी है। ग्राम-कथा अपने ढंग से अपनी गति से चलती है और नगर-कथा उससे अलग-अलग अपने ढंग से, और अपनी गति से। दो या तीन प्रसंग ही समूचे उपन्यास में ऐसे हैं जहाँ गाँव और नगर परस्पर मिलते हैं।"

निष्कर्षतः कह सकते हैं, ग्राम-कथा प्रभाव के साथ और सघनता से प्रेमचंद के मूलवर्ती संवेदनात्मक उद्देश्य को पाठक के सामने रख सकी है। जिस नाते उसका विधान किया गया वह उस विधान में खरी उतरी है। उसमें न केवल हमारे समय का एक त्रासद यथार्थ पूरी सजीवता से मूर्त हुआ है, उसके बीच से ऐसे कुछ 'टाइप' उभर सके हैं जो हिन्दी कथा-साहित्य को प्रेमचंद की महान् देन के रूप में सदा ही याद किए जाएंगे।

महाकाव्यात्मक उपन्यास की परिकल्पना

"विश्व की कल्पना प्रसूत संस्कृति को बूर्जुआ अथवा पूंजीवादी सभ्यता की सबसे महत्त्वपूर्ण देन उपन्यास है। उपन्यास उसकी एक महान खोज है।"
– रॉल्फ फोक्स

"उपन्यास ईश्वर विहीन दुनिया का महाकाव्य है।"
– जॉर्ज लुकाच

उपन्यास के जन्म की चर्चा करते हुए रिचर्ड चर्च ने जहाँ उसे 'कविता' की संतान कहा है, वहाँ बेकर ने उपन्यास का उत्स 'प्रबंध काव्य' से माना है। जे.टी. शिप्ले के विचार से उपन्यास के विकास का इतिहास एक ओर वीर आख्यान को स्पर्श करता है तो दूसरी ओर आधुनिक पत्रकारिता को। महाकवि गेटे उपन्यास को 'आत्मपरक महाकाव्य' कहने के पक्ष में हैं।

उपन्यास विधा को आधुनिक काल में मध्यवर्ग का महाकाव्य कहा गया है। यदि उपन्यास को यूरोपीय विधा के रूप में देखें तो यह एक सार्थक अवधारणा है। मध्यवर्ग के उदय का अर्थ था एक नये व्यक्ति का जन्म। दूसरे शब्दों में एक नये यथार्थ का जन्म। कुछेक लोगों की यह धारणा है कि प्रेमचंद ने उपन्यास में यूरोपीय ढाँचे को जस का तस स्वीकार किया है, वे विद्वान ये समझ पाने में असमर्थ हैं कि प्रेमचंद किस तरह भारतीय उपन्यास की एक नयी पहचान बना रहे थे और ग्रामीण चेतना या किसान चेतना को स्वाधीनता संघर्ष की चेतना के साथ नया परिप्रेक्ष्य देने की कोशिश कर रहे थे और इस कोशिश में, वे अकेले भारतीय उपन्यासकार नहीं थे। 'गोदान' को यदि किसान चेतना का महाकाव्य कहा जाता है, तो उस पृष्ठभूमि को समझने की जरूरत है। यह अनुशीलन-परिशीलन करने की बात है कि यूरोप में उपन्यास का जन्म जिन परिस्थितियों में हुआ, वैसी परिस्थितियाँ हमारे यहाँ पर नहीं थीं। भारतीय मध्यवर्ग का चरित्र यूरोपीय मध्यवर्ग के

चरित्र से भिन्न था। उपनिवेशवाद के कारण सुविधा भोगी विलासी जमींदार वर्ग का उदय हुआ; वहीं अंग्रेजी शिक्षा-सभ्यता के प्रभाव से जड़हीन मध्यवर्ग का भी उदय हुआ।

'गोदान' में गाँव और नगर दोनों की कथाएं हैं और प्रयोजनवत हैं। निश्चित रूप से होरी ही केन्द्रीय है, नायक की तमाम पारंपरित अवधारणाओं को बदलकर, अपनी तमाम दुर्बलताओं के साथ होरी ही गोदान का नायक है। गोदान होरी के संघर्ष की, होरी की त्रासदी की महागाथा है। किन्तु प्रेमचंद का प्रयोजन उस दूसरी कथा के बगैर पूरा नहीं होता जिसमें मेहता मालती नई नैतिकता के लिए प्रयत्नरत दिखाई देते हैं। तदोपरान्त भी गोदान-कृषक चेतना का महाकाव्यात्मक उपन्यास है। रामविलास शर्मा ने कहा है कि, "उदात्त का सृजन केवल योद्धाओं के चित्रण से नहीं होता अपितु सामान्य जनों के चित्रण से भी उसका सृजन संभव है।''

महाकाव्य की अवधारणा को ताक पर रखकर गोदान महाकाव्यात्मक उपन्यास है। महाकाव्य के तत्त्व भी मौजूद हैं और वह ट्रेजेडी भी, जिन्हें साधारण के मर्म का बोध नहीं है, जो क्लासिक की एक स्थिर-सी पहचान बनाकर संतुष्ट हैं, जो सामंती संस्कारों से मुक्त न होकर नयी सामाजिक हलचल से उदासीन हैं, जिन्हें-शास्त्र की बद्ध धारणा नये यथार्थ को समझने के विवेक से वंचित रखती है, उनके लिए "गोदान में न तो महाकाव्य के औदात्य और उत्कर्ष का समारंभ आया है और न ही गहनतम उच्छ्वास तन्मयता आदि प्रभाव व्यक्त हुआ है। नंद दुलारे वाजपेयी गोदान को महाकाव्यात्मक उपन्यास मानने से इंकार करते हैं क्योंकि इसमें कोई बड़ी घटना, बड़ा संघर्ष नहीं है, राष्ट्रीय संघर्ष या राष्ट्रीय चेतना का कोई बड़ा स्वप्न नहीं है। उन्हीं के शब्दों में, "महाकाव्य का संपूर्ण वातावरण वीर-भावना से ओत-प्रोत होने के कारण ही उसे राष्ट्रीय जीवन और आदर्शों का प्रतिबिम्ब या मुकुट कहा जा सकता है 'गोदान' में इस प्रकार की वीर भावना का अभाव है।" दूसरी तरफ रामविलास शर्मा होरी के जीवन की सब दुर्बलताएं –समझौता, झूठ, छल, स्वार्थ, अंधविश्वास, खुशामद की प्रवृत्ति, झूठी मर्यादा का मोह-गिने जाते हैं पर अंत में लिखते हैं–होरी का चरित्र भारत के अजेय किसान का चरित्र है। 'गोदान' उसके भगीरथ प्रयत्न की गाथा है। परमानंद श्रीवास्तव के शब्दों में, "अंत में महाकाव्यात्मक उपन्यास के रूप में गोदान का महत्व निर्विवाद है। ढीले-ढाले कथा बंध के कलेवर में वह एक अधिक गहरे अंतर्गठन का उदाहरण है। दुर्बलताओं से घिरे अनायक जैसे चरित्र (होरी) में वह एक नये नायकत्व का संकेत है। किसान-चेतना का महाकाव्य होते हुए भी वह स्त्री-चेतना की अभिव्यक्ति के लिए नया स्पेश रचने वाला उपन्यास है। भारतीय मध्यवर्ग, शिक्षित और संपन्न मध्यवर्ग की कमजोरियों को संक्रमणकालीन विडम्बनाओं के साथ प्रत्यक्ष करने वाला उपन्यास है।... गोदान में भारतीय समाज के एक तरह के उद्वेलन का आभास तो है ही, यहाँ व्यक्तिवाद भी, मुक्तिबोध के शब्दों में एक वेदना के रूप में सामाजिक गर्भितार्थ लिए हुए है।"

शेखर एक जीवनी में शेखर के चरित्र का वैशिष्ट्य

शेखर : एक जीवनी उपन्यास सृजन में अज्ञेय ने आद्यंत शेखर को प्रतिभाशाली एवं असाधारण व्यक्तित्व के रूप में उकेरा है। कथा का केन्द्र भी शेखर ही है। इस संदर्भ में आचार्य नन्द दुलारे वाजपेयी ने वर्णित किया है कि, "जीवनी की मूलभूत प्रेरणा क्रान्तिकारी या विद्रोहात्मक है। क्रान्ति और विद्रोह जिसके प्रति जीवनी क्रान्ति और विद्रोह स्वयं अपना लक्ष्य है। यह एक मनोवृत्ति ही नहीं, स्वतंत्र जीवन दर्शन है। विद्रोह किसी वस्तु या स्थिति के प्रति नहीं, संपूर्ण वस्तुओं और सारी स्थितियों के प्रति। सृष्टि के प्रति, क्योंकि वह अधूरी या अपूर्ण है। समाज के प्रति क्योंकि वह संकीर्ण है और विकास का विघातक है। सभी संस्थाओं के प्रति, समस्त रीतियों के प्रति, जीवन मात्र के प्रति विद्रोह क्रान्तिकारी की स्वाभाविक प्रवृत्ति है। विद्रोह के पश्चात् कुछ नहीं, क्योंकि निर्माण भी विद्रोह ही है, विद्रोह में ही नियम है। इसलिए शेखर के विद्रोह-व्यक्तित्व के प्रति लेखक को इतनी निष्ठा है। प्रकृति की अपूर्णता के विरूद्ध संघर्ष तथा समाज के बंधनों के विरूद्ध संघर्ष शेखर की क्रान्तिकारी जीवनी की यही धारा है। इस विद्रोह का परिणाम अति भयानक है जो शेखर के चरित्र को अत्यधिक आसक्तिपूर्ण, व्यक्तिवादी और यातनामय ही नहीं बनाता, उसे एक असामाजिक, नृशंस और घातक व्यक्ति के रूप में भी उपस्थित करता है।

डॉ॰ लक्ष्मीसागर वार्ष्णेय के शब्दों में, "शेखरः एक जीवनी जैसा कि उपन्यास के नाम से ही स्पष्ट है, में शेखर की प्रधानता है। उपन्यास की संपूर्ण क्रियाएं (एक्शंस) उसी को केन्द्र मानकर घूमती हैं। इस में शेखर के जन्म से लेकर उनके निकट खड़ी मृत्यु तक के काल का विवरण ही इस उपन्यास का विषय है। वस्तुतः 'शेखर एक जीवनी' में कई पात्रों की

योजना हुई है, किन्तु गम्भीरतापूर्वक अध्ययन किया जाये तो स्पष्ट हो जाता है कि अन्य पात्रों का नियोजन भी शेखर के लिए ही किया गया है और उपन्यासकार अज्ञेय जी ने शेखर हेतु ही संपूर्ण कथा कही है। किन्तु यह कथा 'कथा' के लिए न होकर उसके चरित्र के रेखांकन के लिए ही मुख्यतः गढ़ी गई है।

शेखर के चरित्र का विश्लेषण करते हुए डॉ॰ त्रिभुवनपति सिंह ने सम्मति में कहा कि, अज्ञेय जी ने शेखर का निर्माण वैयक्तिकता के धरातल पर किया है। वे संपूर्ण समाज को उसके वास्तविक रूप में चित्रित करने की अपेक्षा एक व्यक्ति को विभिन्न परिस्थितियों में रखकर उसके वास्तविक जीवन की सूक्ष्मातिसूक्ष्म छानबीन करना अधिक श्रेयस्कर समझते हैं। शेखर ऐसा ही एक व्यक्ति है जो जीवन भर विद्रोह करता है। विद्रोहों के बीच निर्मित होने के कारण शेखर के व्यक्तित्व में एक ऐसा लोच आ गया है कि जिसके कारण उसका जीवन विविध आयामों में विभक्त हो गया है। रूचि, अरूचि और परिस्थितियों के संदर्भ में ही वह कोई निर्णय लेता है। जीवन की भावुकता से वह कोसों दूर चला गया है। किसी वस्तु के सम्बन्ध में मत स्थिर करने से पूर्व वह अपने व्यक्तिगत अनुभवों का सहारा लेता है। सामाजिक आदर्शों और वैयक्तिक आदर्शों में भिन्नता का होना स्वाभाविक है। यही कारण है कि शेखर की गतिविधियों के बारे में किसी भी प्रकार की पूर्व घोषणा नहीं की जा सकती। शेखर के व्यक्तित्व का यही पक्ष उसे गूढ़ अथवा (राउंड) चरित्र की कोटि में ले आता है। शेखर की जीवन सरिता का पाट इतना चौड़ा है कि इसके अंदर देशकाल सम्बन्धी राजनीतिक, सामाजिक, धार्मिक तथा नैतिक समस्याएं सिमट कर आ गई हैं। अन्यथा लेखक का एकमात्र लक्ष्य नायक की वैयक्तिकता का चित्रण मात्र ही है।"

शेखर के जन्म से ही विद्रोही होने का पता हमें उपन्यास के प्रथम भाग से ही चल जाता है। श्री ओम प्रभाकर के मत से, "शेखर का चरित्र अद्वितीय है। अज्ञेय जी ने अपने चरित्रों को भारतीय जीवन के एक विशेष वर्ग में से, जिसका अभिजात्य बौद्धिकता, अहं, व्यष्टिवादिता, कुंठा, संवेदनशीलता आदि चारित्रिक विशेषताएं चुना है। अज्ञेय की रूचि व्यक्ति चरित्रों की रचना में रही है। टाइप चरित्रों में नहीं।"

शेखर एक व्यक्तिपात्र होने के बावजूद हमारे समक्ष व्यक्ति मात्र की अंतश्चेतना के प्रतीक के रूप में प्रत्यक्ष होता है। इस सम्बन्ध में डॉ॰ लक्ष्मी सागर वार्ष्णेय ने कहा है कि, "इस चरित्र प्रधान उपन्यास में शेखर के अनुभवों के जो वृतांत आए हैं, वे वैयक्तिक होते हुए भी नितांत व्यक्तिगत नहीं हैं और उनकी सामाजिकता में कोई संदेह नहीं प्रकट किया जा सकता।"

शेखर के चरित्र में विविधता विद्यमान है। इसलिए आलोचकों ने शेखर के विषय में अनेक विचार व्यक्त किये हैं। विश्वम्भर मानव ने शेखर को एक जन्मजात विद्रोही व्यक्ति मानते हुए उसके अहं की भावना को आत्म-विश्वास में परिणत होता हुआ बताया है। जिसके बिना मनुष्य राख के अतिरिक्त और कुछ नहीं होता। डॉ॰ प्रभाकर माचवे ने शेखर को उद्धत अहंवादी माना है।

कतिपय आलोचकों के मतानुसार, शेखर जैसे प्रभावशाली व्यक्तियों की देश-विदेश के साहित्य में इतनी आवृत्ति हो चुकी है कि वह 'टाइप' से बढ़कर 'स्टीरियो टाइप' बन गया है। कुल मिलाकर देखा जाय तो उसका दायित्व खण्डित है। यही कारण है कि भिन्न-भिन्न दृश्य खंडों में विभाजित होकर उसे वर्णन शील की आदर्श प्रतिभा भी नहीं बनाते।" इस संदर्भ में डॉ॰ बेचन लिखते हैं कि, "शेखर का विकासशील चरित्र है। उसकी विद्रोह वृत्ति उसमें मानवता की भावना का पोषण करती है और मानवता की भावना अपनी पूर्ति के लिए उसे समाज और राजनीति में घसीट लेती है।"

अज्ञेय ने शेखर के व्यक्तित्व-सृजन की प्रेरणा रोम्यां रोलां के उपन्यास, 'ज्यॉ क्रिस्तोफ (जान क्रिस्टोफर) से ग्रहण की है और अपने औपन्यासिक नायक के विषय में स्वयं रोलां ने 'ज्यॉ क्रिस्तोफ' की भूमिका में लिखा है कि, मैं एकाकी था। एक ऐसे संसार में मेरा दम घुट रहा था जो पावन हृदय हो और निर्मल दृष्टि हो, जिसकी आत्मा इतनी अकलुषित हो जिससे उसे बोलने का अधिकार मिल सके और जिसकी वाणी इतनी सशक्त हो जिसे सुनने के लिए बाधित होना पड़े। मैंने धैर्यपूर्वक इस नायक का सृजन किया है। इससे पूर्व कि मैं इसे शब्द-बद्ध करूं, यह रचना अनेक वर्ष मेरी परिकल्पना में पनपती रही।" क्रिस्तोफ से प्रेरित होकर अज्ञेय ने शेखर के व्यक्तित्व को भी नवीनता से ओत-प्रोत कहा है। शेखर की नवीनता के संदर्भ में डॉ॰ सुषमाधन कहती हैं कि, "शेखर का जीवन दर्शन आधुनिक युग के जीवन दर्शन से मेल खाता है। शेखर आधुनिक युग का प्रतीक है।

उपन्यास और काव्यात्मकता

'शेखर : एक जीवनी' दो भागों में प्रकाशित एक व्यक्तित्व के विकास का, विकास में अंतर्निहित जीवन-सूत्रों के अन्वेषण का, व्यक्ति के समाज और युग से सम्बन्ध की स्पष्ट पहचान का एक प्रयास है। दो भागों में अनुस्यूत सूत्र के समान होने पर भी और दोनों के प्रेरक बिन्दुओं की एकतानता के बावजूद दो भाग अलग-अलग भी हैं।" (डॉ॰ चन्द्रकांत म॰ बांदिवडेकर)

शेखर एक जीवनी में मुख्यकथा के साथ में अनेक सहकथाएं चली हैं। इसका विवरण निम्न है।

मुख्य या केन्द्रित कथा – शेखर के समग्र जीवन की कथा है। जो उसको बाल्यकाल से प्रौढ़ावस्था में फाँसी तक चलती है। सहायक कथा– शेखर और शशि की कथा सहायक है जो मुख्य कथा के समानान्तर चलती है।

अन्य प्रमुख कथा सूत्र निम्नोक्त हैं– जो औपन्यासिक कथानक सागर का विकास करते हैं और नायक एवं नायिका के चरित्र को स्पष्ट करने हेतु प्रकाश डालते हैं– (अ) सरस्वती का कथा-सूत्र (आ) शेखर के माता-पिता का कथा-सूत्र (इ) शारदा का कथा-सूत्र (ई) रामेश्वर का कथा सूत्र (उ) सदाशिव की कथा (ऊ) बाबा मदनसिंह की कथा (ए) मोहसिन की कथा और (ऐ) राम जी की कथा।

प्रासंगिक कथाएं–ये कथाएं कथा को अप्रत्यक्ष रूप से प्रभावित करती हैं और कुछ कथा-प्रसंग प्रत्यक्षतः भी कथा को प्रभावित करते हैं। ये सभी प्रसंग उपन्यासकार ने शेखर के चरित्र के पल्लवन के सहायक के रूप में रखे हैं।

1. अन्ती का प्रसंग 2. शीला का प्रसंग 3. शांति का प्रसंग 4. गोपी का प्रसंग 5. कुमार का प्रसंग 6. राघवन का प्रसंग 7. हरिजन बुढ़िया का प्रसंग 8. मणिका प्रसंग 9. विद्या-भूषण प्रसंग 10. विद्यावती का प्रसंग 11. कांग्रेस कैम्प 12. सम्पादक-प्रकाशक प्रसंग 13. अमोलक राम का प्रसंग 14. क्रान्तिकारी दादा का प्रसंग 15. रसोइये का प्रसंग।

शेखर एक जीवनी की कथा-वस्तु में मौलिकता, रोचकता, स्वाभाविकता, समयबद्धता आदि एक सफल कथा साहित्य के समस्त गुण हैं।

पात्र-योजना और चरित्र-चित्रण की दृष्टि से 'शेखर : एक जीवनी' उपन्यास बहुत सफल है। इसमें चरित्र-चित्रण उदप्त स्वाभाविक एवं प्रवाहपूर्ण है। प्रायः सभी चरित्र संश्लिष्ट हैं और अपने-अपने वर्गों का पूर्ण प्रतिनिधित्व करते हैं।

शेखर : शेखर युवा वर्ग का प्रतीक है। जो स्वभाव से विद्रोही किन्तु अपने व्यक्तित्व की खोज के लिए आंतरिक और बाह्य स्तर पर संघर्षरत् हैं।

शशि : शशि उस नारी वर्ग का प्रतीक है जो अपनी ससुराल वालों की अज्ञानता एवं अत्याचारों का शिकार बनती है, किन्तु एक आदर्श नारी के रूप में भटकते हुए पुरूषों का मार्ग दर्शन करती है, उसे नयी संचेतना, वैचारिकता और शक्ति प्रदान करती है तथा अपने संपूर्ण समर्पण द्वारा नारी-जाति का गौरव बढ़ाती है।

हरिदत्त : हरिदत्त आधुनिक भारतीय परिवार के सामान्य पिता हैं। वे अपनी संतान के प्रति अपना महत्व रखते हुए भी अपनी अतिशय सामाजिकता के प्रति-सचेष्ट होने के कारण निरंकुश और दंभी दिखाई पड़ते हैं। वे अपनी विशिष्टताओं और दुर्बलताओं के कारण परिस्थितियों से समझौता करने को विवश हो जाते हैं।

आलोच्य उपन्यास के पात्र सजीव भी हैं और सामान्य भी। वे यथार्थ-सत्य के प्रतीक हैं।

आलोच्य उपन्यास में कथोपकथन योजना या मनोविज्ञान के प्रस्तुतीकरण के लिए की गई है या वैचारिक धरातलों के उद्घाटन के लिए की गई है। शेखर और सरस्वती के संवाद उस बाल मानसिकता को प्रदर्शित करते हैं जिसमें अपार जिज्ञासा तो होती ही है साथ ही अपने बोध के लिए पर्याप्त आश्वासन भी होता है। यहाँ शेखर की प्रश्नाकुलता और सरस्वती के उत्तर बाल सुलभ मानसिकता को ही अभिव्यक्त करते हैं। शेखर ने सरस्वती से पूछा– 'मरते कैसे हो'

मर जाते हैं और क्या?

मर कर क्या होता है?

"पागल जान नहीं रहती, चल-फिर, बोल नहीं सकते, तब ले जाकर जला देते हैं।

डूबने से ऐसे ही मर जाते हैं?

हाँ।

क्यों मरते हैं?

साँस बंद हो जाती है, तब जान निकल जाती है।

शेखर थोड़ी देर इस बात को सोचता रहा, फिर एकाएक उससे पूछा,

जान क्या होती है?

होती है बस।

उसने फिर आग्रह किया क्या होती है?

'शेखर : एक जीवनी' उपन्यास में अज्ञेय जी की भाषा विषयक दृष्टि सृजनात्मक है। इसमें भाषा की बारीक-से-बारीक उलझी-से-उलझी मनः स्थितियों और नूतन तथा सूक्ष्म ध्वनियों का प्रयोग किया गया है। भाषा की मितव्ययिता वैचारिक बिम्बों को सहज रूप में प्रस्तुत कर देती है। इस उपन्यास की भाषा सभी प्रकार के भाषिक गुणों से सम्पन्न है। सरलता, रोचकता, प्रवाहपूर्णता, प्रसंगानुकूलता, व्यंग्य, चित्रात्मकता, पात्रानुकूलता और मार्मिकतादि इस उपन्यास की भाषा की प्रमुख प्रवृत्तियाँ हैं।

आलोच्य उपन्यास में लेखक ने काव्यात्मकता उत्पन्न करने हेतु नाटकीय शैली वर्णनात्मक शैली, आत्मकथात्मक शैली, निबंध शैली, अंतर्विवाद शैली और स्मृत्यालोचन शैली का प्रयोग हुआ है। उपन्यास में काव्यात्मकता लाने हेतु लेखक ने मार्मिक प्रसंगों की उद्‌भावना की है।

शेखर एक जीवनी : मनोवैज्ञानिक आयाम

मनोवैज्ञानिक उपन्यास का स्वरूप–मनोवैज्ञानिक उपन्यासों में पात्रों की आंतरिक दशा को ही अधिक महत्व प्रदान किया जाता है। उनकी मनः स्थिति को सूक्ष्मता से चित्रित करने का प्रयास किया जाता है। डॉ॰ गोपालराय ने मनोवैज्ञानिक उपन्यास के संदर्भ में लिखा है कि, "आधुनिक मनोवैज्ञानिक उपन्यास का जन्म बीसवीं शताब्दी के द्वितीय दशक में मार्शल प्रूस्त डरोधी रिचर्डसन और जेम्स ज्वायस की कृतियों से माना जाता है। मार्शल प्रूस्त ने 1913 ई॰ में अपने आठ भागों में समाप्त उपन्यास, 'जिनके अंग्रेजी अनुवाद का विषय (बीती बातों की याद) है, दो भाग प्रकाशित कराये। जब ये भाग अभी मुद्रणाधीन थे। डोरोथी मिलर रिचर्डसन ने अपना द्वादश खण्डीय उपन्यास (तीर्थ यात्रा) लिखना शुरू कर दिया था। इसका पहला खंड 1915 में निकला और अंतिम 1938 ई॰ में। ठीक उसी समय आयरलैण्ड निवासी जेम्स ज्वायस ने, जो Triests ds Berlitz स्कूल में अंग्रेजी का शिक्षक था, 1914 में (जवान आदमी के रूप में कलाकार का एक व्यक्ति चित्र) नामक क्रमशः प्रकाशित करना शुरू किया। इस प्रकार 1913 ई॰ और 1915 ई॰ के बीच आधुनिक मनोवैज्ञानिक उपन्यास का जन्म हुआ था जिसे हम अंग्रेजी में चेतना प्रवाह "उपन्यास" मौन का उपन्यास, अन्तरालाप और फ्रेंच में आधुनिक विश्लेषणात्मक उपन्यास, के नाम से पुकारते हैं।

इन सभी उपन्यासकारों ने एक साथ उपन्यास को बाहरी यथार्थ से भीतरी यथार्थ की ओर, बाहरी संसार से जिसे एक शताब्दी पूर्व बाल जाक ने चित्रित किया था, फैन्टेसी और दिवास्वप्न की तरफ अग्रसरित किया।

डॉ॰ नंदकुमार राय पात्रों की मनोवैज्ञानिकता के संदर्भ में लिखते हैं कि, "शेखर के व्यक्तित्व का विकास सिगमण्ड फ्रायड के यौन-सिद्धांत के अनुरूप ही होता है। उसके संपूर्ण जीवन में यौन-भाव (सैक्स) किसी न किसी रूप में व्याप्त होता है जिससे सम्बद्ध एवं उद्‌भूत समस्याओं तथा मनोभावों का सूक्ष्म विश्लेषण उपन्यासकार अज्ञेय जी ने अपने इस उपन्यास में किया है, जहाँ कहीं शेखर किसी अनुचित अथवा वर्जित दृश्य को देखता है, तत्क्षण उसका मन यौन-भाव (सैक्स) से आंदोलित हो उठता है। मनोविज्ञान का यह परीक्षित सत्य है कि मनुष्य विशेषकर, बच्चे निषिद्ध तथा वर्जनाओं के प्रति अधिकाधिक मात्रा में प्रवृत्त जिज्ञासु होते हैं। जिस मात्रा में वर्जन होती हैं, उसी अनुपात में बच्चे के मन में रहस्य की गहराई में प्रविष्ट होने की तीव्र उत्कंठा, लालसा और बलवती होती है। जाग्रत इच्छा शेखर के संदर्भ में यह मनोवैज्ञानिक सिद्धांत सौ फीसदी सही प्रतीत होती है। मध्यवर्गीय परिवारों की ही भाँति उसके परिवार में भी यौन सम्बन्धों की चर्चा वर्जित है। अतः उसका यौन भाव भी उसके अहम् भाव का अंग बनकर व्यक्त होता है। एक ओर वह अपने संपर्क में आने वाले समस्त पुरुषों से सम्मान की आकांक्षा करता है और दूसरी ओर स्त्रियों से प्रणय और प्यार। इस संदर्भ में एक और बात यह ध्यान रखने की है कि वह केवल आदान चाहता है। प्रदान नहीं। वह कहता है, मुझे मूर्ति उतनी नहीं चाहिए, मुझे मूर्तिपूजक चाहिए। मुझे कोई ऐसा उतना नहीं चाहिए जिसकी तरफ मैं देखूँ, मुझे वह चाहिए जो मेरी तरफ देखे। यही नहीं कि मुझे आदर्श पुरुष नहीं चाहिए, पर मैं उन्हें स्वयं बना सकता हूँ। मुझे चाहिए आदर्श का उपासक क्योंकि मैं वह नहीं बना सकता। अपने लिए ईश्वर रचना मेरे वश में है, लेकिन मेरी ईश्वरता का पुजारी वह नहीं। जिस किसी से भी वह उसका स्नेह अथवा प्रणय सम्बन्ध स्थापित होता है, उस पर वह संपूर्ण रूप से अपना आधिपत्य चाहता है, जो मनोविज्ञान समर्थित है।

इस सम्बन्ध में डॉ॰ देवराज सम्मति देते हुए कहते हैं कि, "अज्ञेय जी का शेखर हिन्दी का प्रथम उपन्यास है जिसमें शिशु मानव को (फ्रायड के शब्दों में) आनंद प्रधान जीवन की

झाँकियों को, उसके कौतूहल और जिज्ञासाओं को तथा उसकी स्वाभाविक प्रवृत्तियों पर समाज तथा माता-पिता के व्यवहार अथवा यों कहिए कि Reality Principle के संपर्क से उत्पन्न दमन की मानसिक ग्रंथियों को तथा उनके जीवन-व्यापी प्रभाव को कथा क्षेत्र में लाने का प्रयास किया है।" अज्ञेयकृत शेखर : एक जीवनी उपन्यास की अन्य मनोवैज्ञानिक उपन्यासों से तुलना करते हुए डॉ॰ सत्यपाल चुघ कहते हैं कि, उनके सभी उपन्यास मनुष्य की सहजात या मूल वृत्तियों के लिए चित्रण विश्लेषण पर आधारित हैं और मूल वृत्तियां देशीय या विदेशीय नहीं मानवीय हैं सर्वव्यापक हैं। यों तो जैनेन्द्र और इला चंद्र जोशी मनोवैज्ञानिक उपन्यासों की परम्परा का प्रवर्तन कर चुके थे और उनमें मूल वृत्तियों की किसी न किसी रूप में चर्चा तथा चित्रण भी है किन्तु सर्वप्रथम अज्ञेय ने ही, शेखर से इनके क्रमिक विकास का मनोविज्ञान सम्मत सम्यक् अध्ययन प्रस्तुत किया है और इस दृष्टि से हिन्दी उपन्यासों में 'शेखर' अकेला उपन्यास है। इन्हीं मूलवृत्तियों के व्यवस्थित अध्ययन के प्रयत्न के फलस्वरूप हिन्दी में बाल-जीवन के चित्रण को भी सर्वप्रथम इतना महत्त्व मिला। इस दृष्टि से भी 'शेखर' निरूपम उपन्यास है। अज्ञेय ने बालक शेखर में भय, अहम और सैक्स-इन तीन मूल प्रवृत्तियों को लिया है।" डॉ॰ नगेन्द्र का कहना है कि, "हिन्दी की एक महत्त्वपूर्ण वस्तु-मनोगुम्फी की तह में इतना गहरा घुसने वाला कलाकार हिन्दी ने दूसरा पैदा नहीं किया।"

मनोवैज्ञानिक उपन्यास में पात्रों के विचारों को गत्यात्मक रूप में प्रलेखित किया जाता है क्योंकि मस्तिष्क में विचार प्रायः अक्रमिक एवं असम्बद्ध रूप में उपजते हैं, इसीलिए चेतना-प्रवाह प्रविधि को महत्त्व मिला। चेतना को उसके मूल प्रवाह में पकड़ना और चित्रित करना। शेखर एक जीवनी में इस प्रविधि का प्रयोग हुआ है किन्तु आद्योपांत इस प्रविधि का प्रयोग नहीं हुआ है। उदाहरणार्थ–प्रथम खंड का 'प्रवेश' इसी प्रविधि में रचित है। अन्यत्र भी कहीं-कहीं इस प्रविधि को अपनाया गया है।

"मुक्त आसंग और प्रतीकात्मक पद्धति भी मनोविश्लेषणवाद की ही देन है। वयः संधिकाल में शेखर की मानसिकता के चित्रण में युक्तिसंगत पद्धति का ही प्रयोग हुआ है। इस पद्धति के अंतर्गत पात्रों के असंगत एवं उलझे हुये विचारों का चित्रण किया जाता है। यथा– "उसे लगता, उसके शरीर में कोई परिवर्तन हो रहा है। उसे लगता वह बीमार है, उसे लगता, उसमें बहुत शक्ति और स्फूर्ति आ गयी है...." तब उसने देखा Melancholia भी उसे है। उसके बाद hypochondria पर पहुँचा और उसके लक्षण पढ़ते हुए उसने पढ़ा..." शेखर ने कहा, अरे, यही तो मुझे है।" किन्तु समूचे उपन्यास में इस पद्धति का प्रयोग कम हुआ है।"

अज्ञेय ने संपूर्ण उपन्यास में प्रतीकात्मक पद्धति का प्रयोग किया है। अवचेतन प्रायः प्रतीकों के माध्यम् से ही अपनी अभिव्यक्ति करता है, सामाजिक-विधि निषेधों के कारण मनुष्य अपनी बहुत सारी इच्छाओं का दमन करता है इसलिए ये इच्छाएं अपने प्रकृत स्वरूप में ही अवचेतन में चली जाती है और "चेतन" पर अंकुश होने के कारण अपनी बात प्रतीकों के माध्यम् से कहती हैं। स्वप्न अवचेतन का प्रतीकात्मक भाष्य ही होता है। शेखर के व्यवहार, बातचीत एवं क्रिया में अवचेतन प्रायः प्रतीकात्मक रूप में विद्यमान होता है; यथा उसका लेटरबाक्स की सवारी करना उसके अहंता का प्रतीक है, सरस्वती को सरस कहना, वायलिन का रिकार्ड सुनना, रोजेरी आदि की प्रेमपरक कवितायें पढ़ना, शारदा का मस्तक चूमना, शांति को छूना आदि उसके अवचेतन में निहित 'काम' का प्रतीक है।

चूँकि मनोविज्ञान चेतन से अधिक अचेतन को महत्त्व देता है; इसलिए मनोवैज्ञानिक उपन्यासों में चेतन की अपेक्षाकृत अचेतन प्रक्रमों का दर्शन होना चाहिए किन्तु 'शेखर : एक जीवनी' में बहुत कुछ चेतन धरातल पर से ही कहा गया है। अतीत, वर्तमान के चेतना-फलक पर जगमगाता है, यद्यपि वह तो जुगनू की तरह चमकता है किन्तु चमकने और चमकाने के मध्य सृजक की प्रविधि है और वही चूक जाती है। डॉ॰ राजेन्द्र कुमार का कहना है–फ्रायड ने अचेतन मानसिक प्रक्रमों की अनिवार्यता स्वीकार करके चलने का जो सुझाव दिया है, अज्ञेय उस पर अधिक अमल नहीं करते। .. कारण यह है कि यदि 'शेखर एक जीवनी' में अहंता, भय, सेक्स को अवचेतन मानसिक प्रक्रमों वाली फ्रायडीय व्याख्या के तहत निरूपित किया गया होता, तब तो मनोवैज्ञानिक रूप में शेखर को एक 'ग्रंथिग्रस्त' व्यक्तित्व के तौर पर ग्रहण करना लेखक की विवशता हो जाती, यह विवशता लेखक की औपन्यासिक प्रतिज्ञा को ही उलट देती है। यानी तब शेखर की "स्वतंत्र व्यक्तित्व खोजी छवि" ही विपर्यस्त हो जाती" किन्तु ध्यातव्य है कि कुछेक प्रसंगों को छोड़कर अचेतन और चेतन की

संगति आद्योपान्त दिखाई पड़ती है। जहाँ कहीं शेखर अधिक बाह्योन्मुख होने की कोशिश करता है, वहाँ प्रथमतया तो "अचेतन के दबाव के कारण उसकी सीमाएं स्पष्ट होने लगती हैं और दूसरा लेखक तदनुरूप "परिवेश" नहीं गढ़ पाता है, इसलिए "आकाश भाषित सामाजिक परिवेश में" उसका जीवंत विद्रोह भी अव्यवहारिक प्रतीत होने लगता है। यही कारण है कि शेखर का "एन्टीगोनम क्लब" निर्जीव प्रतीत होता है, जहाँ-जहाँ भाषणबाजी है, वहाँ-वहाँ अचेतन व चेतन की संगति टूट गयी है, जबकि अन्य घटनाओं-व्यवहारों, विचारों में जब भी हम उसे 'चेतन' के धरातल पर पाते हैं, तो देखते हैं कि अचेतन अपनी द्वंद्वात्मक एवं प्रतिक्रियात्मक शक्ति के साथ चेतन धरातल पर मौजूद है,–"प्यार एक आकर्षण है, एक शक्ति है जिससे जीवन की स्थिति शीलता विचलित हो जाती है, ये विचलन ही समस्या है क्योंकि यह व्यापक है, मौलिक है, जीवन के "तलवार की धार पर" असंख्य धारों पर!... सधे हुये समतोल के डगमगा जाती है..."

शेखर एक जीवनी में उपन्यासकार ने शेखर के चरित्र-सृजन में मनोविश्लेषण के अह, भय एवं सेक्स को महत्त्व दिया है। शेखर के चरित्र के मनोविश्लेषणात्मक पहलू निम्न हैं–

1. शेखर में भय
2. शेखर में अहम की भावना
3. काम-वासना का प्रस्फुटन एवं विकास
4. व्यक्तित्व की भावना
5. व्यक्ति स्वातन्त्रय
6. जिज्ञासा एवं बंधन
7. अनास्थाजन्य विद्रोह-धर्मिता
8. एकाकीपन
9. अवचेतन मन की स्वप्नाभिव्यक्ति
10. आत्मविश्वास की भावना

अंततः 'शेखर : एक जीवनी' के मनोवैज्ञानिक रचाव में लेखक की तमाम सीमायें स्पष्ट हैं, इसके बावजूद इस तथ्य से इंकार नहीं किया जा सकता है कि अज्ञेय कृत इस उपन्यास के माध्यम् से हिन्दी मनोवैज्ञानिक उपन्यास को उस ऊँचाई तक समृद्ध किया है, जो कम से कम अभी तक अनछुई है।

बाणभट्ट की आत्मकथा : आत्मकथा का तात्पर्य

आत्मकथा हिन्दी साहित्य की नूतन विधाओं में से एक है। पश्चिम के प्रभाव से यह विधा भी हिन्दी में पल्लवित हुई। स्वयं के द्वारा लिखी अपनी जीवनी आत्मकथा कहलाती है। दूसरे शब्दों में यों कहेंगे कि जब कोई व्यक्ति कलात्मक, साहित्यिक ढंग से अपनी जीवनी स्वयं लिखता है तब उसे आत्मकथा कहते हैं। लेखक अपने जीवन में घटित घटनाओं का क्रमिक ढंग से वर्णन कर, उन्हें सजीवता प्रदान करता है। ऐसा करने से उसके जीवन को प्रेरणा देने वाले उपादानों का भान होता है।

आत्मकथा से अतीत के चित्रण के साथ परिवेश की अभिव्यक्ति होती है। जो क्षण वह जी चुका है, उसका पुनः सृजन वह आत्मकथा के माध्यम से करता है। यहाँ लेखक स्रष्टा भी होता है और सामग्री भी। उसे साध्य और साधन दोनों कहा जा सकता है। ऐसे हालात में कभी सृजक कथ्य पर तो कभी कथ्य सृजक पर हावी हो जाता है।

जीवन यात्रा में प्राप्त हुए अपने अनुभवों को दूसरों के समक्ष रखना-मानवीय-प्रवृत्ति है। इस स्वाभाविक प्रवृत्ति के अतिरिक्त और अनेक कारण होते हैं जिनकी वजह से आत्मकथा लिखी जाती है। मनुष्य चाहता है कि उसके अनुभवों से अन्य लोग लाभ उठायें।" बुरे कार्यों का पश्चाताप करने के लिए आत्मकथा लिखी जाती है। आत्मकथाकार के लिए अपने चरित्र का उद्‌घाटन और विश्लेषण करना बहुत कठिन होता है। गुण-निरूपण से आत्म प्रशंसक होने का खतरा होता है, तो दोष दर्शाने से यह भय होता है कि लोग उसे बुरा समझेंगे। आत्मकथा में वैयक्तिक जीवन का उल्लेख होता है। यह ज़रूरी नहीं कि लेखक अपने जीवन की संपूर्ण घटनाओं का वर्णन करे। आत्मकथा में अतीत और वर्तमान का गहरा सम्बन्ध है। वर्तमान के निर्माण में जो स्थितियाँ सहायक या बाधक रही हैं, उनकी जाँच-पड़ताल वर्तमान के साथ मिलाकर होती है। उसी के आधार पर वह अपने जीवन का निरीक्षण करता है। साहित्य की अन्य विधाओं के समान आत्मकथा भी लेखक की सर्जनात्मकता का प्रतीक है। आत्मकथा शब्द में कथात्मकता का तत्व होने के कारण इस साहित्य विधा में वे सभी विशेषताएं होनी चाहिए जो कथा-साहित्य में होती हैं, आत्मकथा में कथा-साहित्य के गुण होते हुए भी देखे और भोगे जीवन का अंकन होता है। लेखक सत्य के प्रति निष्ठावान होता है, निष्पक्ष होकर आत्मोद्‌घाटन करते हुये भोगे

हुये क्षणों को अभिव्यक्त करता है। जीवन-गाथा की अभिव्यक्ति करते हुये लेखक के लिए कौशल और संयम ज़रूरी होता है। तटस्थ और संतुलित चित्रण के लिए न तो वह चरित्र के उज्ज्वल पक्ष का बढ़ा चढ़ाकर वर्णन करता है न ही दुर्बलता को छिपाता है।

लेखक जीवन मूल्यों के सम्बन्ध में आत्मकथा के माध्यम से विशिष्ट व्याख्या भी प्रस्तुत करता है। उससे उसके व्यक्तित्व और चरित्र का पता चलता है। आत्मकथा दो प्रकार की होती है–वास्तविक और कल्पित। वास्तविक आत्मकथा निज संदर्भ में होती है जबकि काल्पनिक दूसरों के संबंध में जैसे–पेड़ की आत्मकथा, सड़क की आत्मकथा, ताजमहल की आत्मकथा आदि।

बाणभट्ट की आत्मकथा : इतिहास और कल्पना

लेखक द्वारा किसी विशेष की घटनाओं, परिस्थितियों और उन सभी धटनाओं से संदर्भित तत्कालीन समाज के चरित्रों का शब्दबद्ध स्वरूप ही इतिहास है। ऐतिहासिक उपन्यासकार जब इतिहास के पृष्ठों को अपने उपन्यास में उतारता है तब उसके पास उपकरण तो वही होते हैं जो एक इतिहासकार के पास होते हैं, किंतु ऐतिहासिक उपन्यासों का सम्बन्ध इतिहास की संपूर्णता से न होकर ऐतिहासिक काल-विशेष, घटना-विशेष और फल-विशेष से होता है। मूलतः इतिहास एवं पुराण दोनों ही ऐतिहासिक उपन्यासों के लिए सामग्री है। ऐतिहासिक उपन्यासों का साधारण उद्‌देश्य मनुष्य का सार्वभौम विकास है। पाश्चात्य विद्वान मैकमिलन के अनुसार, "ऐतिहासिक उपन्यासकार का प्रमुख उद्‌देश्य उपन्यास के जीवन और उसके देशकाल की चुनी हुई घटनाओं एवं परिस्थितियों की ठीक-ठाक एवं कलात्मक अभिव्यक्ति है जो एक-दूसरे से इस प्रकार संबद्ध है कि मानवता और उसके भविष्य पर नया प्रकाश पड़ सके।"

लेखक ऐतिहासिक परिवेश में ही अपनी कथावस्तु की सृष्टि करता है। पर लेखक इतिहासकार नहीं होता; अर्थात् काव्य में समस्त ऐतिहासिक घटनाओं का यथातथ्य चित्रण करना न तो वांछित ही होता है और न उपयोगी ही; इसीलिए लेखक ऐतिहासिक कथावस्तु में भी अपनी कल्पना प्रयोग करता है। रामदरश मिश्र ने ऐतिहासिक सामग्री का उपयोग समकालीन समाज के आधार पर ग्रहण करने को लेकर कहा कि, "जीवंत साहित्य सदैव अपने युग और समाज से रस ग्रहण करता है। कथावस्तु पुरानी हो या नई, जीवंत साहित्य में उसका संयोजन नवीन दृष्टि से किया जाता है। वह दृष्टि आधुनिक युग-बोध से निर्मित होती है। आधुनिक युग बोध के बिना प्राचीन और नवीन सामग्रियाँ किसी व्यापक या गहरे सत्य के सूत्र से समन्वित नहीं हो पातीं। आधुनिक बोध वाला साहित्यकार इतिहास की सामग्रियों को नये संदर्भों में स्वीकार करता है। ये नये संदर्भ इतिहास की मृत सामग्री को नया स्वर प्रदान कर उन्हें वर्तमान का जीवन देते हैं, उन्हें इतिहास के गह्वर से निकालकर गतिमान जीवन के मैदानों में ला खड़ा कर देते हैं।" जिस प्रकार समस्त साहित्य का कार्य मानवता के विकास में योग देना है, उसी प्रकार उसका एक अंग मानव के अतीत से प्रेरणा लेकर वर्तमान की आलोचना और भविष्य की रूपरेखा प्रस्तुत करता है।

उपन्यासकार के लिए यहाँ एक विवशता भी है और वह यह है कि उसे अपने ऐतिहासिक उपन्यास में काल विशेष की पृष्ठभूमि का ध्यान अपरिहार्य रूप में रखना पड़ता है। जिस काल खंड को लेकर उपन्यास की रचना की गई हो, उस काल का वातावरण उसमें अवश्य होना चाहिए। तत्कालीन सभ्यता, संस्कृति, रहन-सहन, वेशभूषा, सामाजिक परिस्थिति, धार्मिक परिस्थिति एवं राजनीतिक परिस्थितियों का अंकन होना चाहिए। इसी से ऐतिहासिक वातावरण का निर्माण होता है। इस समग्र वस्तु को उपन्यासकार या लेखक/साहित्यकार इस प्रकार अपनी कल्पना से व्यवस्थित करे जिससे उपर्युक्त वातावरण जीवंत हो सके।

आचार्य हजारी प्रसाद द्विवेदी हिन्दी एवं संस्कृत के प्रकाण्ड विद्वान, समालोचक एवं सृष्टा हैं। यह द्विवेदी जी जैसे प्रतिभावान के लिए ही सम्भव था कि वह बाणभट्‌ट जैसे प्रखर उद्‌भट विद्वान रचनाकार के जीवन को अपने उपन्यास का उपजीव्य बनाये। बाणभट्‌ट के कादम्बरी को संस्कृत के क्लिष्टतम ग्रंथों में से एक माना जाता है और विविध व्याख्याएं उसमें होती रही हैं, उसके रचयिता का जीवन वैसा रहा होगा, कल्पना योग्य है, विचारणीय है। कुछेक विद्वान बाणभट्‌ट की आत्मकथा को इतिहास के पर्दे में काल्पनिक रोमांस की संज्ञा देते हैं। मैं इससे सहमत भी हूँ किन्तु इतिहास के पर्दे में ऐसे रोमांस हिन्दी साहित्य में कितने लिखे गये हैं? इस उपन्यास में द्विवेदी जी ने तत्कालीन युग और उसकी विविध परिस्थितियों का ही गहन अवगाहन नहीं किया है वरन् एक कवि का बेबाक दर्शन भी व्याख्यापित किया है।

द्विवेदी जी अपने उपन्यास के माध्यम से एक कवि के मन की उलझनों, उसकी आकांक्षाओं, नारी के प्रति उसके विचारों एवं उसके स्वाभिमानी व्यक्तित्व और प्रकारान्तर से उसकी अस्मिता-बोध को वर्णित करना चाहते हैं। उनके लिए इतिहास एक उपकरण मात्र है जिसका उपयोग उन्होंने अपने कथ्य को अधिक परिपुष्ट एवं प्रभावशाली बनाने के लिए ही किया है। इतिहास उनके लिए साध्य न होकर साधन मात्र था। इसीलिए किसी ने कहा है कि उनकी मूल निष्ठा अपने कथ्य के प्रति है, ऐतिहासिक घटनाओं या चरित्रों के प्रति नहीं। यही कारण है कि "हर्ष वर्धन जैसे सशक्त चरित्र को उन्होंने उतना महत्त्व नहीं दिया जितना कुमार कृष्णवर्द्धन को और निपुणिका तथा भट्टनी जैसे काल्पनिक चरित्र को जो स्वयं अपना इतिहास अपने हाथों से लिख गये हैं। 'बाणभट्ट की आत्मकथा' इतिहास और कल्पना का अद्भुत समुच्चय है। इसमें एक ओर तो सातवीं शताब्दी की भारतीय राजनीतिक, सामाजिक आदि परिस्थितियों, सत्ताधीशों के वैभव, उनके केलि विलास, बाह्य आक्रमणों की स्थितियों और धार्मिक विविधताएं सांगोपांग रूप में वर्णित हुई हैं, दूसरी ओर मानव-मन की उदात्त भावनाओं एवं आस्थाओं का जीवंत परिदर्शन इसमें उपलब्ध है।"

सांस्कृतिक पृष्ठभूमि

बाणभट्ट की आत्मकथा में भारतीय संस्कृति के स्वरूप की चर्चा भी अनेक प्रसंगों में आयी है। भारतीय संस्कृति का एक गुण माना जाता है समन्वयात्मकता। वैदिक समय से लेकर अद्यतन काल तक भारतीय संस्कृति परस्पर द्वंद्वात्मक विचारों के घात-प्रतिघात से अपना रूप ग्रहण करती रही है। ब्राह्मण और श्रमण संस्कृतियां इस देश में पुरातन काल से साथ चली आ रही हैं। दोनों में विरोधात्मकता की जगह समन्वयात्मक प्रवृत्ति अधिक परिलक्षित होती है। "बौद्ध और जैन धर्म के अनेक तत्व ब्राह्मण संस्कृति ने अपनाए जरूर हैं, लेकिन समानता स्वतंत्रता और न्याय, जो कि बौद्ध और जैन धर्म के मूलभूत तत्त्व हैं, हिन्दू धर्म और ब्राह्मण संस्कृति ने कभी भी नहीं अपनाएं। आज भी स्वतंत्र भारत में जन्म के आधार पर ही इंसान की जाति का निर्धारण होता है और उसके आधार पर समाज में सामाजिक, आर्थिक, सांस्कृतिक स्थिति भी तय होती है। हिन्दू धर्म जिस असमानता, भेदभाव और जाति व्यवस्था में विश्वास करता है, उससे समन्वयात्मक संस्कृति का निर्माण होने में आज भी बाधाएं उत्पन्न हो रही हैं। समन्वय ही भारतीय संस्कृति की धरोहर रही है और जहाँ कहीं इस समन्वयात्मक विचारों में दरार आई है, जन-जीवन को दुःखों और संकटों का सामना करना पड़ा है। बाणभट्ट की आत्मकथा में भारतीय संस्कृति के इस पक्ष को केन्द्रीय महत्व दिया गया है।"

आचार्य हजारी प्रसाद द्विवेदी भारतीय संस्कृति के आख्याता और सजीव रूप हैं। बाणभट्ट की आत्मकथा में उन्होंने हर्षयुग का चित्रण प्रस्तुत किया है। उपन्यास में वर्णित सांस्कृतिक पृष्ठभूमि को निम्न बिन्दुओं के आधार पर विश्लेषित करेंगेः

सामाजिक अवस्था

उपन्यास को हृदयंगम करने के पश्चात ज्ञात होता है कि तत्कालीन समय की सामाजिक व्यवस्था सुव्यवस्थित नहीं थी। समाज अनेक तबकों में विभक्त था, उच्चता एवं निम्नता का भाव समाज में विराजमान था। जो वर्ग राज-कृपा को प्राप्त कर लेता था वह समाज में प्रतिष्ठेय हो जाता था। निपुणिका के परिचय से यह स्पष्ट हो जाता है, "निपुणिका आजकल की उन जातियों में से एक की संतान है, जो किसी समय अस्पृश्य समझी जाती थी, परंतु जिनके पूर्व पुरुषों को सौभाग्यवश गुप्त सम्राटों की नौकरी मिल गई थी। नौकरी मिलने से उनकी सामाजिक मर्यादा कुछ ऊपर उठ गई हैं। वे आजकल अपने को पवित्र वैश्य वंश में गिनने लगी हैं और ब्राह्मण-क्षत्रियों में प्रचलित-प्रथाओं का अनुकरण करने लगी हैं।"

तत्कालीन समाज में बालविवाह का प्रचलन एवं विधवा विवाह का अप्रचलन था। निपुणिका और सुचरिता दोनों को इस घृणित पीड़ादायक कुरीतियों का मुकाबला करना पड़ता है। नारियों की स्थिति अच्छी नहीं थी। उन्हें मात्र काम-पुतलिका समझा जाता था और उनकी इच्छा के विरूद्ध भी उन्हें बलात् अंतःपुर में अपहृत कर बंदी बना लिया जाता था। विवाह से सम्बद्ध उनकी भावनाओं की कोई कद्र न थी– यही कारण है कि भट्टिनी को छोटे राजकुल के रंगमहल में बंदी होना पड़ा और महामाया को ग्रहवर्मा के साथ विवाह करना पड़ा। कुछ नारियाँ अपनी परिस्थितियों पर काबू न पा सकने के कारण वेश्या बन जाती थी। गणिका का तत्कालीन समाज में आदर होता था। चारूस्मिता का जीवन इसका उदाहरण है।

हर्षकालीन समाज में राजकीय उत्सवों का आयोजन बड़े-ठाठ बाट से होता था। साधारणजन से इतर अंतः पुर से

सम्बन्धित सभी जन इसमें भाग लेते थे। कुमार कृष्णवर्धन के पुत्र के जन्म के अवसर का दृश्य द्विवेदी जी ने बड़ा ही भव्य और अद्भुत उकेरा है। गणिकाओं के आयोजन में भी जनता पर्याप्त संख्या में हिस्सा लेती थी। इसका कारण यह था कि उन दिनों लोगों की रूचि कला की ओर बहुत अधिक थी। चारूस्मिता के संदर्भ में कहे गये ये शब्द, "धावक ने कहा कि चारूस्मिता का नृत्य कान्यकुब्ज की विद्रोही जनता को वश में ले आने का अस्त्र है। यह क्या सत्य है?... चारूस्मिता का वंश मैंने सुना है, उनके गुण आज धावक ने बताये हैं, हाय कितनी गुण-संपत्ति है और कितने नीच उद्देश्य से उसका उपभोग हो रहा है।"

उन दिनों जनता द्वारा भी अनेक उत्सव आयोजित किये जाते थे। मदनोत्सव का यह दृश्य– सारा नगर पुर वासियों की करतल-ध्वनि, मधु-संगीत, और मृदंग के घोष से गूंज उठा था। मदमत्त नगर विलासिनियों के सामने जो भी पुरुष पड़ जाता उस पर ऋंमक (पिचकारी) के रंगीन जल की बौछार हो जाती थी।"

राजा को देवपद प्राप्त था। राजा अत्यंत वैभवशाली तरीके से दिन व्यतीत करता था। महाराज हर्षवर्धन की राजसभा का वर्णन आचार्य द्विवेदी ने इसी प्रकार से किया है।

उन दिनों समाज में ब्राह्मणों का सर्वोच्च स्थान माना जाता था। ज्ञान प्रसार का कार्य उन्हीं के जिम्मे था। बाण के पिता चित्रभानु के संदर्भ में कहा गया है कि, "यदि मैं कहूँ कि सरस्वती स्वयं आकर अपने पाणि-पल्लवों से मेरे पितृदेव के होम कालीन श्रमसीकरों को पोंछा करती थीं तो इसमें कुछ अत्युक्ति नहीं होगी; क्योंकि उस काल से लेकर सूर्योदय के दो मुहूर्तों तक निरंतर हवन करने के बाद जब मेरे पिता पसीने से तर होकर उठते थे तो सीधे अध्यापन के कुशासन पर जा बैठते थे। यही उनका विश्राम था।"

ब्राह्मण ही धर्म और व्यवस्था की व्याख्या करने वाला होता था। शास्त्रार्थ पद्धति प्रचलित थी। धर्म का आधार शास्त्रार्थ होता था। शास्त्रार्थ में चुना हुआ धर्म राजा-प्रजा द्वारा मान्य होता था। राजाश्रय का प्रचलन था। पंडित, कवि दरबार में ही रहते थे। स्तरानुकूल लोग वेश-भूषा पहनते थे। भाषा का प्रयोग भी ऐसा ही था।

धार्मिक अवस्था

हर्षकालीन समाज में अनेक प्रकार के धर्मों का प्रचलन था। राजा का धार्मिक दृष्टि से किसी पर भी कोई नियंत्रण नहीं था। व्यक्तिगत रूप के आधार पर स्वतंत्रतापूर्वक व्यक्ति साधना मार्ग या धर्म को ग्रहण कर सकते थे। इस कालान्तर्गत बौद्ध संप्रदाय और अवधूत संप्रदाय प्रमुख थे। बौद्ध संप्रदायी बौद्ध विहारों में निवास करते थे और पीले रंग का चीवर धारण करते थे। इनकी तमाम चर्याएं इन विहारों में ही होती थीं। शास्त्रार्थ भी होता था। आचार्यगण शंका समाधान करते थे।

अवधूत संप्रदाय के लोग किसी एक स्थान पर न ठहरकर प्रायः भ्रमण करते रहते थे। ये लोग अधिकांशतः चामत्कारिक प्रयोग दिखाकर जनता को चमत्कृत कर अपने संप्रदाय में दीक्षित करते थे। स्त्रियाँ भी उनके संप्रदाय में दीक्षित हो सकती थीं। ये शिवोपासक थे।

इस समय धार्मिक क्षेत्र में कुछ लोग आडम्बरी, लोभी और कामुक भी होते थे। कहने को तो वे देवी के पुजारी होते थे, किन्तु प्रच्छन्न रूप से अनेक प्रकार के विषयों में फँसे रहते थे। बलि-पूजा का भी इन दिनों रिवाज था। लोग मनुष्य की बलि देकर अपनी आराध्या को प्रसन्न करते थे। धार्मिक क्षेत्रों के लोग राजनैतिक भागीदारी भी निभाते थे। यही कारण था कि इनका सम्बन्ध राजकुल से होता था। आचार्य सुगतभद्र कुमार कृष्णवर्धन को अपना शिष्य बनाये हुये हैं। महामाया खुल्लमखुल्ला जनता को विद्रोह करने के लिए प्रेरित करती है, भर्वुपाद अपने पत्र से समूचे आर्यावर्त को म्लेच्छों के भावी आक्रमण से सचेत करता है।

आर्थिक अवस्था

उक्त आलोच्य उपन्यास का क्षेत्र नगर संस्कृति तक ही सीमित रहा है। ग्राम्य संस्कृति में लेखक नहीं घुसा है। अतः यह बताना कठिन है कि उस काल में जनसाधारण की आर्थिक अवस्था कैसी थी। नगर खुशहाल एवं समृद्ध थे।

राजनैतिक अवस्था

हर्षयुग व्यस्तता का युग रहा है। हर्ष को महाराजाधिराज माना जाता था, किन्तु अनेक सामंत ऐसे थे, जो मन ही मन उससे नाराज थे। बाण से कहे हुये लोरिक देव के ये शब्द, "देखो भट्ट, मेरी शिराओं में गुप्तों के अन्न से बना हुआ रक्त है। अठारह वर्ष की अवस्था से गुप्त-सेना का सैनिक रहा हूँ। मैंने सिंधु और कुंभा के उस पार तक समुद्रगुप्त के गरूड़ ध्वज को फहराया है। मेरी अवस्था इस समय साठ से ऊपर हो गई।... कान्य कुब्ज के राजा को मैं चरणाद्रि दुर्ग के पूर्व किसी

प्रकार नहीं आने दूंगा।" महामाया का शेख भरा भाषण भी इसी ओर इंगित करता है।

इस विवेचन के आधार पर कह सकते हैं कि 'बाणभट्ट की आत्मकथा' में सांस्कृतिक तत्वों का निरुपण किया गया है। लेखक संस्कृति में आ रहे उतार-चढ़ाव को दिखाना चाहता है।

बाणभट्ट की आत्मकथा : आधुनिकता

"बाणभट्ट की आत्मकथा एक Classical Romantic उपन्यास है। अर्थात् अपने बंध, चित्रण, वर्णन, शिल्प, शैली में यह क्लासिकल है और प्राणगत ऊष्मा में रोमैंटिक। ये दोनों तत्त्व एक दूसरे से मिलकर एक अविभाज्य टेक्सचर बन जाते हैं। इस क्लासिकल विन्यास में अपेक्षित रोमैंटिक सूत्रों की कमी नहीं है और रोमैण्टिक आवेग को Classical संयम बांधे हुये हैं। क्लासिक में एक ओर औदात्य होता है और दूसरी ओर जड़ता। लेखक ने औदात्य तत्व को लेते हुये रोमांस के सन्निवेश-द्वारा जड़त्व का सहज ही परिहार कर लिया है। एक जड़त्व जीवन और परिवेश के स्तर पर भी है। लेखक उस पर गहरा प्रहार करता है और समस्त उपन्यास में स्पंद चेतना का नवोन्मेष फूट पड़ता है।" (बच्चन सिंह) स्पंद चेतना का फूट पड़ना ही आधुनिकता है। लेखक ने स्पंद चेतना को जिस काव्यात्मक पैटर्न के द्वारा प्रस्तुत किया है वह भी अद्वितीय है। यह अद्वितीयता वस्तु और रूप दोनों में है क्योंकि जो वस्तु है वही रूप है, जो व्यक्ति है वही परिवेश है। इस प्रकार की अवयवगत संपूर्णता काव्य में ही सम्भव है। इसीलिए इसके पैटर्न को मैंने कलात्मक कहा है। काव्य का अनुवाद नहीं हो सकता, इसलिए बाणभट्ट की आत्मकथा का भी अनुवाद नहीं हो सकता। इसके एक तार को छू देने पर समस्त तार एक साथ झंकृत हो उठते हैं। झंकृति ही स्पंद चेतना है।

आचार्य द्विवेदी ने बाणभट्ट की आत्मकथा में सातवीं शताब्दी के प्रख्यात संस्कृत कवि बाणभट्ट को कथा नायक बनाकर उन्होंने उस समय के जीवन, आचार-व्यवहार, रीति-नीति, समाज, धर्म एवं राजनीति के साथ ही व्यक्ति के प्रेम व्यापार, उसकी अभिजात्यता तथा जीवन के अनुभवों को युगीन परिवेश-सापेक्षता के साथ अंकित किया है कहीं दूसरी ओर भारतीय समाज की कुछ सामयिक समस्याओं, मानव-मात्र के कल्याण से सम्बन्धित कुछ सार्वजनीन संदर्भों पर भी मार्मिक प्रहार करने की कुशल चेष्टा की है। लेखक ने आधुनिक समाज के जलते प्रसंगों को कला में इस प्रकार अनुस्यूत किया है कि न तो उससे युग परिवेश में बाधा पहुंची है और न ही कथा की जीवंतता ही आघातित हुई है। इस उपन्यास में 1. विधवा विवाह : पुरुषप्रधान समाज में छटपटाती नारी की मुक्ति हेतु अभिव्यक्ति है, बाल-विवाह जो ह्रासोन्मुखी समाज-संस्कृति को दर्शाता है का वर्णन है। नारी के शक्ति रूप को अबला बनाये रखने को वर्णित किया गया है। गणिका, नारी-अपहरण, सामाजिक-स्तर-भेद जैसी सामाजिक बातें जो आधुनिक समाज में भी विद्यमान हैं, के साथ-साथ स्वाधीनता संग्राम को भी व्यक्त करता है। महामाया का विद्रोही आक्रोश इसका प्रमाण है। द्विवेदी जी की ऐतिहासिक चेतना आधुनिक है।

इस उपन्यास में अनेक जगहों पर प्रतीकात्मकता को दर्शाया गया है। बच्चनसिंह ने कुछ-एक प्रतीकों के संदर्भ में कहा कि महावराह उस स्पंद चेतना का प्रतीक है। इस पौराणिकमिथ का दुहरा उपयोग है। एक ओर तो यह उस अटूट अवस्था का प्रतीक है जो 'जलौघामना सचराचरा धरा' का उद्धार करने में समर्थ है, दूसरी ओर यह मनुष्य की निमित्तता और अकिंचनता का प्रतीक है।

यथास्थितिवाद को तोड़ने का कार्य बाण करता है। "सचराचर धरा जल में मग्न है। सारा समाज एक प्रकार के अवरोध में है। भट्टिनी, महामाया, निपुणिका, सुचरिता यहाँ तक कि बाणभट्ट भी अवरूद्ध है। संपूर्ण मध्यकाल में गतिशून्यता भरी हुई है। राजनीति, संस्कृति, धर्म आदि बँधे घाटों के जल की तरह अविरल हैं सोचने का बंधा हुआ तरीका है। धर्म एक बंधी-बंधायी परिपाटी है, सब लकीर के फकीर हैं। बाण को लगा, "न जाने क्यों मुझे ऐसा लग रहा था कि नीचे से ऊपर तक सारी प्रकृति में एक अवग अवसाद की जड़ता छायी हुई है। इस उपन्यास में जड़ता को तोड़ने का रचनात्मक प्रयास है।"

अंततः जड़ता को तोड़ना, यथास्थितिवाद के खिलाफ बोलना, स्व के प्रति, अस्तित्व के प्रति चेतन होना आधुनिकता है। बाणभट्ट की आत्मकथा में ये भाव सर्वत्र प्रत्यक्षाप्रत्यक्ष वर्णित है। आधुनिक समाज की तस्वीर ऐतिहासिक पीठिका पर दर्शायी गई है।

निपुणिका और नारी–मुक्ति की आकांक्षा

नारी मुक्ति की आकांक्षा को अपने जीवन में लिए, भारतीय समाज एवं संस्कृति की विधवा नारी निपुणिका, बाणभट्ट की

आत्मकथा का सबसे सशक्त, प्रभावशाली एवं काल्पनिक पात्र है। इतिहास भी निपुणिका के संदर्भ में मौन है। इतिहास अभिजात्यों का होता है जनसामान्य का नहीं। निपुणिका साधारण होने के बाद भी एक असाधारण नारी थी। उत्कट जीजिविषा थी उसमें। इसलिए समाज की शृंखलाओं को लांघकर अनेकों स्थलों पर जीवनयापन करती है। नारी की मुक्ति के लिए अपने जीवन का सर्वस्व लगा देती है। प्रभावान्विति के आधार पर देखा जाए तो उपन्यास की नायिका निपुणिका ही है। निपुणिका मृत समान बाण में भी जीवन का संचार करती है। अभिशप्त वर्ग की निपुणिका उच्च संस्कारों से सम्पन्न होते हुए भी उसके दुर्भाग्य ने उसको कदम-कदम पर छला है। निपुणिका का परिचय उपन्यास में इस प्रकार है, "निपुणिका आजकल की उन संतानों में से एक की संतान है जो, किसी समय अस्पृश्य समझी जाती थीं परंतु जिनके पूर्व-पुरुषों को सौभाग्यवश गुप्त-सम्राटों की नौकरी मिल गयी थी। नौकरी मिलने से उसकी सामाजिक मर्यादा कुछ ऊपर उठ गयी थी। वह आजकल अपने को पवित्र वैश्य-वंश में गिनने लगी है और ब्राह्मण-क्षत्रियों में प्रचलित प्रथाओं का अनुकरण करने लगी है। उसमें विधवा-विवाह का चलन हाल में ही बंद हुआ है। निपुणिका का विवाह किसी कादम्बिक वैश्य के साथ हुआ, जो भड़भूजे से ऊपर उठकर सेठ बना था। विवाह के बाद एक वर्ष भी बीतने नहीं पाया था कि निपुणिका विधवा हो गयी।" इसके पश्चात् निपुणिका घर से भाग कर बाणभट्ट की नाट्य-मंडली में शामिल हो गयी। उस समय उसकी आयु सोलह वर्ष की थी। वह अधिक सुंदर नहीं थी। फिर भी उसकी आँखे और अंगुलियां अधिक सुंदर थीं। निपुणिका बाण से प्रेम करती थी किन्तु जब उसने देखा कि बाण ने उसकी उपेक्षा की है तो वह नाट्य मंडली छोड़कर उज्जयिनी से भाग निकली और छः वर्ष पश्चात् स्थाण्वीश्वर में बाण उसको पुनः मिल जाता है। उसी के सहयोग से बाण भट्टिनी को मुक्त कराने में सफल होता है।

लेखक ने उसे हतभाग्या चित्रित किया है। नियति ने उसे छला है। वह जिधर भी जाती उसे झंझावातों का सामना करना पड़ता है, थपेड़े ही थपेड़े यही जैसे उसकी नियति है। अपना प्राप्य उसे कभी नहीं मिला। हाँ भट्ट! मेरे भाग आने का कारण तुम्ही थे, परन्तु दोष तुम्हारा नहीं है, दोष मेरा ही है। तुम्हारे ऊपर मुझे मोह था। निपुणिका का जीवन संघर्षरत रहने के कारण वह साहस की प्रतिमूर्ति झलकती है। विषम परिस्थितियों को भी उसने झेला है। नारी होते हुए भी उसमें जो जीवट है, वह दर्शनीय ही नहीं श्लाघ्य भी है। छोटे राजकुल जैसे विलासियों के अंतः पुर से, जहां पग-पग पर सुरक्षा का कड़ा प्रबंध था, जिस प्रकार बाणभट्ट को ले जाकर (नारी वेश में) भट्टिनी का उद्धार कर पाने में, उसी के साहस की बात है। चण्डी मण्डली के धूर्तपुजारी को उल्लू बनाकर और अपने नारीत्व को दांव पर लगाने की बात कहकर वह भट्टिनी के टिकने की व्यवस्था करती है। महामाया इसके संदर्भ में कहती है, "मगर अद्भुत शक्ति है निपुणिका की नाड़ियों में। एक बात बताऊं बेटी, निपुणिका महामाया-स्वरूप है, उसे सामान्य नारी न समझ।"

निपुणिका का प्रेम भक्ति में बदल गया। वह स्वयं कहती है कि, "छः वर्षों तक इस कुटिल दुनिया में मारी-मारी फिरी और अब मेरा मोह भक्ति में बदल गया है। भट्ट, तुम गुरू हो, तुमने मुझे स्त्री-धर्म सिखाया।"

परदुःखकातरता के कारण भट्ट के द्वारा भट्टिनी का उद्धार होता है। वह कोमल नारी है। अपने दुःखों की उसने कभी परवाह नहीं की। वह भट्टिनी को मुक्त कराने हेतु प्रयत्न करती है, उसकी रक्षा एवं स्वाभिमान हेतु स्वयं रक्षक बनती है। पर दुःख कातरता के साथ उदप्त अद्वितीय प्रेमिका है।

अंततः निपुणिका बाणभट्ट की आत्मकथा का केन्द्रस्थ पात्र है। वह आरंभ से अंत तक मुक्ति की कामना हेतु तत्पर रहती है। परोपकार, सेवाभाव, दया, करुणा की वह सरला सागर है। निस्वार्थता हर जगह परिलक्षित होती है। उसकी मृत्यु पर भट्टिनी कहती है कि, "हाय भट्ट, अभागिनी का अभिनय आज समाप्त हो गया। उसने प्रेम की दो शिराओं को एक सूत्र कर दिया और पछाड़ खाकर निणुणिका के मृत शरीर पर लोट पड़ी। अभिनय करके बाण ने जिसे पाया था, अभिनय करके ही उसे खो दिया।" चारूस्मिता भी निपुणिका की मृत्यु पर सफेद साड़ी पहनने को विवश हो जाती है, चलो आर्य, इस नश्वर जगत में यही एक शाश्वत सत्य है। निणुणिका स्त्री-जाति का शृंगार थी, सतीत्व की मर्यादा थी, हमारी जैसी उन्मार्गगामिनी नारियों की मार्ग दर्शिका थी।.... दुनिया केवल प्रस्तर प्रतिमाओं पर रोती है।"

मैला आंचल--आंचलिक उपन्यास की अवधारणा

हिन्दी उपन्यास के अतीत में आंचलिक उपन्यास की अवधारणा मैला आंचल के प्रकाशन के बाद ही विकसित हुई। इस पद

का प्रयोग प्रथमतः, संभवतः, रेणु ने ही मैला आँचल की भूमिका में किया है। "यह है 'मैला आंचल' एक आंचलिक उपन्यास। कथांचल है पूर्णिया। पूर्णिया बिहार राज्य का एक जिला है।...मैंने इसके एक हिस्से के एक ही गाँव को– पिछड़े गाँवों का प्रतीक मानकर इस किताब का कथा क्षेत्र बनाया है।" इस उदाहरण से दो तथ्यों पर विशेष बल हैः एक कथाक्षेत्र का पिछड़ापन और गाँव से उसका अनिवार्य सम्बन्ध। शिवकुमार मिश्र के शब्दों में, "ग्राम जीवन पर आधारित प्रत्येक उपन्यास आंचलिक उपन्यास नहीं होता, यह बात प्रायः सर्वस्वीकृत है। दूसरी बात को, पूरी तरह सहमत न होते हुए भी, फिलहाल हम मान लेते हैं और वह यह कि ग्रामांचल से संबंधित उपन्यासों को ही आंचलिक उपन्यास कहा जाना चाहिए, नगरों के अपने विशिष्ट जीवन का चित्रण करने वाले उपन्यास आंचलिक उपन्यास नहीं माने जाने चाहिए। ऐसी स्थिति में हमारे सामने ग्रामजीवन को केन्द्र में रखकर लिखे गये दो प्रकार के उपन्यास विचारार्थ प्रस्तुत होते हैं। एक, जो आंचलिक उपन्यास नहीं कहे जा सकते; दूसरे, जिन्हें आंचलिक उपन्यास की संज्ञा दी जाती है। प्रेमचंद और रेणु के उपन्यासों का साक्ष्य लेकर हम अपनी बात साफ कर सकते हैं। ग्रामजीवन-केन्द्रित उपन्यास लिखने के बावजूद जहाँ प्रेमचंद को आंचलिक उपन्यासकार और उनके ऐसे उपन्यासों को आंचलिक उपन्यास नहीं कहा जाता, वहाँ रेणु न केवल आंचलिक उपन्यासकार के रूप में ख्यात हैं बल्कि उनके उपन्यासों को हिन्दी में आंचलिक उपन्यासों के प्रवर्तन का श्रेय भी प्राप्त है।"

वेद प्रकाश अमिताभ के अनुसार, "वस्तुतः आंचलिकता संकीर्ण अवधारणा नहीं है। इसे स्वातंत्र्योत्तर भारतीय परिवेश में उभरने का अवसर मिला है, लेकिन इसके लिए वातावरण पहले से बन चुका था। विदेशी कथा-साहित्य ने इसके अंकुरण और पल्लवन में महत्त्वपूर्ण भूमिका निभाई है। मारिया एजवर्द, हार्डी और अनेक रूसी उपन्यासकारों ने "आँचलिकता" के उदय को प्रेरणा दी है। "आँचलिकता" के पीछे सांस्कृतिक पुनर्जागरण की विश्वव्यापी मानसिकता सक्रिय है। डॉ॰ विवेकी राय के शब्दों में–"जिस तरह हार्डी में इंग्लैंड का वेसेम्स अंचल, फाकनर में अमेरिका के दक्षिणी अंचल अपने समस्त रसगंधों के साथ उभरते हैं, उसी प्रकार रेणु में पूर्णिया अंचल, गणेश नारायण दाण्डेकर (मराठी) में बराड़ अंचल, सतिनाथ भादुड़ी में बंग अंचल और झबेर चंद्र धाणी (गुजराती) में सौराष्ट अंचल उजागर होता है। यूरोप सहित विश्व और भारत के बीच आंचलिक साहित्य के निर्माणारम्भ के बीच यद्यपि पूरी एक शताब्दी का अंतराल है तथापि आश्चर्यजनक रूप से सर्वत्र प्रवृत्तियों में एकरूपता पाते हैं।" कतिपय आलोचकों ने "आँचलिकता के उदय के पीछे जनपदीय आंदोलन, बंगाली साहित्य के कल्लोल आंदोलन और प्रगतिशील लेखक संघ की स्थापना आदि आंतरिक कारणों की चर्चा की है। हिन्दी उपन्यास लेखकों को कल्लोल आंदोलन के अनजान और पिछड़े अंचलों की ओर मुड़ने की प्रेरणा मिली है। लेकिन अधिक संभावना यह है कि स्वाधीनता के बाद भी गाँवों की स्थिति जस की तस रह जाने से संवेदनशील कथाकारों को क्षुब्ध और आहत किया होगा जैसा कि प्रभाकर माचवे ने लिखा है, "भारतीय जनमानस में गाँव के प्रति एक विशिष्ट प्रकार का भाव है। यह भाव हार्डी के गाँव के दुखड़े का नियतिवाद नहीं है।"

आंचलिक उपन्यास की पहचान के आधार

नायक-रेणु हिन्दी के पहले उपन्यासकार हैं जिन्होंने उपन्यास से नायक को लगभग निष्कासित कर दिया और उसके स्थान पर पूरे गाँव को बिठा दिया। नामकरण और व्यक्तित्व रचना के आधार पर, क्षेत्र विशेष की आर्थिक, राजनीतिक, सामाजिक, सांस्कृतिक परिस्थितियों के चित्रण के आधार पर, भाषा के आधार पर, क्षेत्र के जीवन-यथार्थ का पूरे खुलेपन से वर्णन करने के आधार पर, लोकगीत के आधार, अपभ्रष्ट शब्दों के आधार पर हम आंचलिक उपन्यास को देख परख सकते हैं।

मैला आंचल–लोक संस्कृति और भाषा

"जिस तरह कुछ साधु-संतों के पास बैठकर ही असीम कृतज्ञता का अहसास होता है, हम अपने भीतर धुल जाते हैं, स्वच्छ हो जाते हैं, रेणु की मूक उपस्थिति हिन्दी साहित्य में कुछ ऐसी ही पवित्रता का बोध कराती थी।" – निर्मल वर्मा

"स्वातंत्र्योत्तर हिन्दी-साहित्य की कोई एक सबसे बड़ी उपलब्धि पूछे कि क्या है?– तो निस्संदेह यह कहा जा सकता है कि आधुनिक हिन्दी कथा-साहित्य में रेणु (रेणु के साहित्य) की उपस्थिति एक अद्‌भुत बात है। रेणु इस मायने में आधुनिक हिन्दी साहित्य के दुर्लभ लेखक हैं कि इनके साहित्य में सबसे अधिक लोक-जीवन की विभिन्न छवियों, रूपों, चरित्रों और भंगिमाओं की अभिव्यक्ति हुई है। रेणु इस मायने में बड़े लेखक हैं कि इनको लोक जीवन, संस्कृति की गहरी पकड़ है। आधुनिक हिन्दी में शायद पहली बार रेणु ने ही

अपने साहित्य में लोक जीवन की विभिन्न समस्याएं, चरित्रों, कलाओं, बोलियों और मुहावरों को बेहद आत्मीयता एवं उसके स्वाभाविक सौन्दर्य के साथ प्रस्तुत किया है। रेणु की रचनाओं में लोक-चरित्र, लोक समस्याएं, लोक-परम्पराएं, लोक-भाषा, लोक-गीत और लोक मनोदशाएं चित्रित हैं, वह हमारे देश के किसी भी ग्राम्य समाज में कमोबेश दिख सकती है। रेणु के समकालीन निर्मल वर्मा कहते हैं कि, "रेणु का महत्व उनकी आंचलिकता में नहीं, आंचलिकता के अतिक्रमण में निहित है।"

रेणु की लोक संस्कृति में भाषा का उतार-चढ़ाव अधिक नहीं है। पूर्णिया जिले की ठेठ भाषा है। यहाँ सामाजिक स्तर पर भेदभाव तो है लेकिन भाषागत आधार पर नहीं। क्योंकि जो क्षेत्र जितना ज्यादा पिछड़ा होगा उस क्षेत्र के वासी एक समान भाषा का व्यवहार करेंगे। रामस्वरूप चतुर्वेदी के अनुसार, "अंचल से ध्वनि निकलती है कि उसके निवासी अपने रहन-सहन, रूढ़ि-संस्कारों में एक दूसरे के बहुत निकट हैं। तब यह स्पष्ट है कि एक अंचल के सदस्यों में एक-दूसरे से सादृश्य जितना अधिक है उतना ही एक अंचल दूसरे अंचल से भिन्न होगा। प्रसिद्ध भाषा वैज्ञानिक यास्पर्सन्न ने एक जगह लिखा है कि, "लोग जितना पिछड़े हुए होंगे उतना ही अधिक समानता एक जाति के विविध सदस्यों के मध्य परस्पर होगी, और उतनी असमानता एक जाति तथा दूसरी जाति के बीच होगी। इसके विपरीत लोग जितना सभ्य होंगे उतना ही व्यक्तियों के बीच असमानता अधिक होगी और एक जनसमुदाय तथा दूसरे जनसमुदायों के बीच समानता के बिन्दु अधिक होंगे। सभ्यता व्यक्तिगत अंतरों को बढ़ाती है जबकि अपरिष्कृत लोग अपने परिवेश पर पूरी तरह निर्भर होते हैं और परंपरागत ढंग के चिन्तन से बंधे हुए रहते हैं।"

रेणु जब मैला आंचल में प्राकृतिक छटा का सौन्दर्यांकन करते हैं तब उसकी भाषा तत्सम शब्दावली से युक्त और सहज अलंकारों से दीप्त मनोहर हो जाती है। यथा-भारत माता ग्राम वासिनी/खेतों में फैला है–श्यामल/धूल भरा मैला-सा आंचल।

मैला आंचल में डॉ॰ प्रशांत का सृजन बिल्कुल अलग तरीके से करते हैं। कथाकार की तरह से नहीं। यथा–

"मैला आंचल! लेकिन धरती माता अभी स्वर्णांचल है। गेहूँ की सुनहली बालियों से भरे हुए खेतों में पुरवैया हवा लहरें पैदा करती हैं।"

इस भाषा का इस्तेमाल प्रत्येक स्थल पर नहीं किया जाता है। जहाँ धुर निरक्षर ग्रामीणों का चित्र उपस्थित होता है वहाँ 'नोटर' की भाषा परिनिष्ठित साहित्यिक हिन्दी से खिसक कर आम बोल की परिनिष्ठित हिन्दी पर उतर आती है। यथा, "महँगूदास के घूर के पास होने वाली सारंगा सदा-ब्रिज की कथा में औरतों के झगड़े से कोई बाधा नहीं पहुँचती है। औरतों के झगड़े पर यदि लोग आँख-कान देने लगें तो हुआ! औरतों के झगड़े का क्या?

रेणु की भाषा लोक संस्कृति के और नजदीक जाती है निरक्षर ग्रामीणों के पास जाकर रेणु-एकाकार हो जाते हैं।

"अचारज गुरु काशी जी से आये हैं। सभी मठ के जमींदार है, अचारज गुरु साथ में तीना मुरती है।"

"इसपिताल के सभी घर बनकर तैयार हो गये हैं। सिर्फ मिट्टी सारन बाकी है, इस प्रकार रेणु ने लोक संस्कृति में रहन-सहन, लोक व्यवहार, रीति रिवाज, खेल-खलिहान, डॉक्टर-पेशेवर वर्ग, किसान-मजदूर, लोकगीत-एवं अन्य सभी प्रकार के व्यवहार में लायी जाने वाली भाषा को सर्जनात्मक प्रयोग किया। भाषा लोक संस्कृति के अनुकूल है और भाषा पूर्णिया जिले की संस्कृति को जीवंत बना देती है। यहाँ तक की ढोल की थाप को भी शब्दबद्ध किया है,

ढ़िना, ढ़िन्ना, ढ़िन्ना, ढ़िन्ना
चरधा, गिरधा, चरधा, गिरधा
धगिड़ धागि धागिड़ धागिन्धनगिड़धागि

ग्राम जीवन में होने वाले आर्थिक–राजनैतिक परिवर्तन और सामाजिक गतिशीलता का चित्रण

स्वतंत्रता प्राप्ति के सात वर्षों बाद 'मैला आंचल' छपा। इस समयान्तराल में कुल मिलाकर देश में एक ही काम हुआ, विकास-क्षितिज का उद्घाटन। इस उपन्यास ने गाम चेतना को जिस रूप में प्रभावित किया और जिस दिशा में प्रेरित किया, उसका जीवंत और समग्र अंकन "मैला आंचल" की उपलब्धि है।

डॉ॰ चमनलाल ने कहा कि, "मैला आंचल" उपन्यास का आरंभ ही राजनीतिक पर्यावरण की सृष्टि से होता है और उपन्यास का अंत भी राजनीतिक घटनाक्रम के दुखांत मोड़ से उपस्थित होता है। उपन्यास के बीच राजनीतिक घटनाक्रम की अनेक परतें व अनेक स्तर चित्रित हुये हैं।...

मोटे रूप में राजनीतिक संदर्भ में उपन्यास में ये स्थितियाँ चित्रित हुई हैं :

1. ब्रिटिश औपनिवेशिक शासन व्यवस्था।
2. भारतीय स्वतंत्रता के राष्ट्रीय आंदोलन में सक्रिय विभिन्न दल व प्रवृत्तियां।
3. भारतीय राष्ट्रीय कांग्रेस का एक राजनैतिक दल व एक शासक के रूप में चित्रण।
4. भारतीय ग्रामीण समाज के वर्ग व वर्ण अंतर्विरोधों का चित्रण।
5. स्वतंत्रतापूर्व व स्वातंत्र्योत्तर भारत का चित्रण।"

15 अगस्त 1947 के विभाजन व सत्ता परिवर्तन के उपरांत ब्रिटिश औपनिवेशिक शासन के प्रत्यक्षतः दूर हट जाने, किन्तु शासन व्यवस्था उसी ब्रिटिश व्यवस्था के रूप में बनी रहने की स्थिति में स्वातंत्र्योतर शासन व्यवस्था का सूत्रपात हुआ। दोनों ही स्थितियाँ संक्रमण कालीन समय एवं समाज की अभिव्यक्ति है और वह स्थिति हमारे देश की राजनीति के व्यवस्थागत रूप को स्पष्ट करने वाली स्थिति है। प्रेमचंद ने जैसा कि कहा है कि जॉन की जगह गोविन्द सत्ता पर बैठ जायेंगे।" हुआ भी वैसा ही अंग्रेजी उपनिवेशवाद के जाने के पश्चात् अंग्रेज तो चले गये लेकिन व्यवस्था वही बनी रही। शोषण के तरीके वही रहे। आर्थिक-शोषण एवं आर्थिक ढाँचे में कोई परिवर्तन नहीं आया। रेणु ने स्वाधीनता प्राप्त भारत के सशक्त जलते सवालों की अभिव्यक्ति मैला आंचल में की है। "देश न सिर्फ आर्थिक स्तर पर एक नव-औपनिवेशिक परतंत्रता की ओर बढ़ रहा है, वरन् देश की तथाकथित जनताँत्रिक व्यवस्था की पोल भी खुलती नजर आ रही है।" रामदरश मिश्र ने कहा कि, रेणु ने एक गाँव की मर्यादा को भीतर समेट कर तत्कालीन राजनीतिक दलों के आपसी टकराव और अतिवादियों को बड़ी मार्मिकता से चित्रित किया है। व्यंग्य की शक्ति ने एक ओर लेखक को किसी दल का पक्षधर और कटु होने से बचा लिया है, दूसरी ओर प्रवाह में बड़ी तीव्रता भर दी है। लेखक की व्यंग्य शक्ति प्राचीन और नवीन के संघर्षों, प्राचीन-प्राचीन के संघर्षों, नवीन-नवीन के संघर्षों, राजनीति, धर्म और समाज की नयी-पुरानी मर्यादाओं के आपसी संघर्षों तथा इन सबके बीच उलझते-सुलझते तीव्र अंतर्विरोधों को बड़ी कुशलता से चित्रित किया है।"

नित्यानंद तिवारी 'मैला आँचल' की अपनी विषय-वस्तु की जीवनधर्मी प्रक्रिया, पद्धति और दृष्टि के कारण प्रौढ़ और संभावना गर्भित मानते हैं। वे आगे कहते हैं कि, "मैला आंचल की कुछ और महत्वपूर्ण विशेषताएं हैं जिन पर अब तक विचार नहीं हुआ है। उसकी ठेठ देशीयता (आंचलिकता) विश्वनागरिकतावादी विचारधारा के सामने चुनौती की तरह खड़ी है। वह चाहे जितनी पिछड़ी हुई हो, उसकी जड़ें, परंपराएं और सांस्कृतिक समृद्धि हैं। इन्हीं कारणों से वह सजीव तथा भिन्न है। यह भिन्नता ठोस मानवीय वास्तविकता है। मैला आँचल की आँचलिकता स्वाधीनता आंदोलन की संतान है। स्वाधीनता आंदोलन मुख्य रूप से राजनीतिक होते हुए भी सांस्कृतिक, साहित्यिक, सामाजिक, आर्थिक – सभी क्षेत्रों में अलग-अलग तरह के लोगों द्वारा अपनी-अपनी तरह लड़ा जा रहा था। मेरीगंज के लोग भी पूरी लड़ाई लड़ रहे हैं– सभी क्षेत्रों में अपनी तरह से। उन्हें मानवतावादी होने के लिए अनिवार्यतः परिवर्तन और क्रान्तिकारी प्रक्रिया के भीतर से गुजरना ही है। स्वाधीनता आंदोलन यदि राष्ट्रवादी और मानवतावादी है तो "मैला आँचल" की आँचलिकता में भी स्वातंत्र्योत्तर राष्ट्रवाद और मानवतावाद के नये प्रसंग, आवेश और उद्वेग की प्रस्तावना है।"

अंततः रेणु ने मैला आँचल में ग्राम्य जीवन की झांकी प्रस्तुत की है। स्वराज्य प्राप्ति से पूर्व एवं परवर्ती काल में आये बदलावों को उन्होंने रेखांकित किया है। आर्थिक स्थिति डाँवाडोल होना, राजनीति में स्वार्थपरता का प्रवेश एवं सामाजिक मूल्यों के ह्रास को उन्होंने चित्रित किया। "आजादी को झूठा" ही माना। दमन एवं शोषण समाज में होता है और हो रहा है, का चित्रण किया है।

हिन्दी कहानी : प्रेमचंद

प्रेमचंद की कहानियों का संसार बहुत व्यापक एवं विविधतापूर्ण है। वह अपने काल के उत्तर भारत का शब्द-रूप है। प्रेमचंद की दृष्टि निस्संदेह वैज्ञानिक एवं प्रगतिशील है, किंतु वे अपनी कहानियों को जनमानस द्वारा अंगीकृत भी बना सकते हैं–यह उनकी निजी रचनात्मक सफलता है। उनकी प्रारंभिक कहानियों पर लोकवार्ताओं का प्रभाव है, जैसे सारंगा सदावृक्ष, आत्माराम, दामुल का कैदी आदि। दामुल का कैदी में तो कथानक गढ़ने में पुनर्जन्म का भी सहारा लिया गया है।

कहानी की विधा, जो यूरोप से आई थी, प्रेमचंद के हाथों ठेठ भारतीय बन गई। उन्होंने उस विधा में भारतीय जीवन, उसका परस्पर-विरोधी समकालीन यथार्थ एवं आदर्श और विकास, सब घुला-मिला दिया है।

प्रेमचंद की कहानियाँ स्वाधीनता संग्राम के आदर्श से ओत-प्रोत हैं। उनके पात्रों और घटनाओं पर उस युग की समग्र चेतना का दबाव है। प्रेमचंद की बहुसंख्य कहानियों में आदर्शवाद पाया जाता है। उनका कथानक बोध के आधार पर विकसित होता है। उनके पात्रों में जो अंतर्द्वंद्व दिखाई पड़ता है वह स्थितियों के अनुरोध से है। आदर्शवाद उस युग के व्यवहार में भी दिखलाई पड़ता है। हजारों-लाखों लोग सत्याग्रह करते थे, जेल जाते थे, खद्दर पहनते थे, लोग सरकारी नौकरी से इस्तीफा भी देते थे। अतः हृदयपरिवर्तन उस युग के व्यवहार में यथार्थ बन गया था। नमक का दरोगा, इस्तीफा, मैकू, परीक्षा आदि कहानियाँ इसी तरह की हैं।

प्रेमचंद की संवेदना व्यापक एवं गंभीर थी। व्यापकता का लक्षण यह है कि उन्होंने समाज की सभी श्रेणियों के पात्र अपनी कहानियों के लिए चुने। गंभीरता का लक्षण यह है कि उन्हें कभी कहानी के अंत पर पहुँचने की अधीरता नहीं होती। प्रेमचंद की कहानियों में नारी विविध रूपों में आती है। इस दृष्टि से उनकी 'बूढ़ी काकी' कहानी अनुपम है। जो असहाय और हास्यास्पद हैं, उनकी मानसिकता को समझना महान रचनाकारों के ही बस की बात होती है। प्रेमचंद की कहानियों को पढ़नेवाला जानता है कि उनकी कहानियों में बच्चों को कितना स्थान मिला है। वे बच्चों की मानसिकता को कितना समझते हैं। ईदगाह और रामलीला कहानियाँ बाल-मनोविज्ञान की उत्कृष्ट कहानियाँ हैं। बूढ़ी काकी में उपेक्षिता 'बूढ़ी काकी' की खोज-खबर अंततः छोटी बच्ची ही लेती है। बुड्ढ़े और बच्चे ही नहीं, पशु-पक्षियों को भी प्रेमचंद की कहानियों में अद्‌भुत आत्मीयता दी गई है। दो बैलों की कथा के हीरा-मोती, पूस की रात का झबरा कुत्ता, आत्माराम का तोता हिन्दी पाठकों के हृदय में घर कर गए हैं। दो बैलों की कथा तो पराधीनता के विरुद्ध संघर्ष की प्रतीकात्मक कहानी ही है।

प्रेमचंद ने ऐतिहासिक कहानियाँ बहुत कम, लगभग नहीं के बराबर लिखीं। ऐतिहासिक वातावरण को लेकर लिखी जानेवाली उनकी प्रसिद्ध कहानी शतरंज के खिलाड़ी है, जो सामंती विलासिता और उद्देश्यहीन जीवन की रचना है। यह कहानी रक्त की शुद्धता के सामंती अहंकार पर चोट भी करता है।

प्रेमचंद हिन्दी के महान व्यंग्यकार भी हैं। वे असंगत स्थितियों को सहज तौर पर एक-दूसरे के सामने रख देते हैं और व्यंग्य उत्पन्न हो जाता है। डॉ. रामविलास शर्मा ने उन्हें कबीर के बाद हिन्दी का सबसे बड़ा व्यंग्यकार माना है। उन्होंने कुछ कहानियों में व्यंग्यपूर्ण रेखाचित्र भी खींचे हैं। जो व्यंग्य के उत्कृष्ट उदाहरण तो नहीं हैं, लेकिन चोट भरपूर करते हैं जैसे मोटेराम शास्त्री।

कथा साहित्य में आधुनिकता का एक बहुत बड़ा लक्षण है—अलौकिक शक्तियों, रूढ़ियों, मिथकों को अलग रखकर बोध के आधार पर प्रबंधत्व का गठन। प्रेमचंद की कुछ कहानियाँ विशेष रूप से उनकी अंतिम कहानियों में से एक कफन (1930) ऐसी कहानी है, जो आद्यंत यथार्थ-बोध का आधार नहीं छोड़ती। उसमें स्थितियों की संघटना करने में निर्भयता बरती गई है। ऊपर से देखने पर घीसू व माधो कोप के भाजन बनते हैं, क्योंकि वे अमानवीय और स्वार्थी हैं। इसी भ्रम में कुछ लोगों ने उन्हें 'ऐब्सर्ड पात्र' भी कहा है। लेकिन वे स्वयं पाशविक स्थितियों में पड़े हैं। पाशविक स्थितियों को झेलनेवाले से समाज मानवीय व्यवहार की आशा करता है—यह कफन की सबसे बड़ी विडम्बना है। इसी प्रकार की कहानी पूस की रात भी है।

हिन्दी कहानी : प्रसाद

प्रेमचंद युग के एक प्रतिभाशाली कथाकार के रूप में श्री जयशंकर प्रसाद का नाम लिया जाता है। उनके पाँच कहानी संग्रह प्रकाशित हुए हैं। जिनके नाम हैं—छाया, प्रतिध्वनि, आकाशदीप, आँधी और इन्द्रजाल। कुल मिलाकर 69 कहानियाँ इन संकलनों में संकलित की गई हैं। उनकी कहानियों में अनुभूति की तीव्रता, काव्यात्मकता, प्रेम चित्रण, प्रकृति निरूपण एवं कल्पना की प्रचुरता विद्यमान है। उनकी कुछ कहानियों में ऐतिहासिक देशकाल एवं वातावरण की सफल प्रस्तुति की गई है।

प्रसाद जी की पहली कहानी 'ग्राम' 1911 ई. में 'इन्दु' में प्रकाशित हुई थी। उनकी कहानियों के कथानक प्रागैतिहासिक काल, वैदिक काल, उत्तर वैदिक काल तथा तत्कालीन समाज की समस्याओं से जुड़े हुए हैं। भले ही उनकी कहानियों के

पात्र एवं घटनाएँ ऐतिहासिक न हों, परन्तु देशकाल एवं वातावरण का चित्रण वे इस प्रकार करते हैं कि कहानी में ऐतिहासिकता आ जाती है। कहानियों में प्रस्तुत सामाजिक मान्यताएँ, धार्मिक मान्यताएँ, राजनीतिक विचारधारा एवं ऐतिहासिक पृष्ठभूमि के कारण प्रसाद जी हिन्दी के विशिष्ट कथाकार बन गए हैं।

उनकी कहानियाँ निश्चय ही आदर्शवाद का समर्थन करती हैं। 'पुरस्कार' कहानी में नायिका 'मधुलिका' राष्ट्र की रक्षा करने के लिए अपने व्यक्तिगत प्रेम को तिलांजलि दे देती है।

अधिकांश कहानियाँ, प्राकृतिक दृश्य उपस्थित कर वातावरण की सृष्टि करती हैं जैसे 'पुरस्कार', बनजारा, वैरागी आदि। नाटकीयता प्रसाद की कहानियों का विशेष गुण है। कवि होने के कारण कथोपकथन काव्यात्मकता से परिपूर्ण है। लोकोक्ति, मुहावरे, सूक्तियों, प्रतीकों आदि का विलक्षण प्रयोग है। भाषा परिष्कृत और तत्सम पदावली युक्त है। बोलचाल की सामान्य भाषा का प्रयोग कम हुआ है। चित्रात्मकता के साथ-साथ अलंकरण भी दृष्टव्य है।

हिन्दी कहानी : जैनेन्द्र

1917 ई. में कहानी क्षेत्र में एक नई प्रतिभा का पदार्पण हुआ। जैनेंद्र के आगमन से कहानी क्षेत्र में एक नए युग का सूत्रपात हुआ। इस समय कुछ नवीन प्रवृतियाँ उत्पन्न हुईं। इन्हें मुख्य रूप से दो भागों में बाँटा जा सकता है : (1) सांस्कृतिक और (2) सामयिक। सामयिक के अंतर्गत दो शाखाएँ सम्मिलित हैं–साम्यवाद और यौनवाद। जैनेंद्र सांस्कृतिक प्रवृत्ति के प्रतिनिधि कहानीकार हैं। यशपाल साम्यवादी प्रवृत्ति के और अज्ञेय यौनवाद के प्रतिनिधि हैं।

जैनेन्द्र ने हिन्दी कहानी को एक नया मोड़ दिया। उनका दार्शनिक व्यक्तित्व उनकी कहानियों में स्पष्ट झलकता है। उन्होंने आंतरिक समस्याओं का मानसिक स्तर पर विवेचन प्रस्तुत किया है। उन्होंने सामान्य मानव की सामान्य परिस्थितियों को कहानियों का विषय न बनाकर असामान्य मानव की असामान्य परिस्थितियों से प्रभावित मानसिक प्रतिक्रियाओं का विवेचन किया है। उनकी कहानियों में कथानक की बजाय चरित्र-चित्रण और शैली को अधिक महत्व दिया गया है। एक रात, स्पर्धा, जयसंधि, वातायन, ध्रुवयात्रा, फांसी, दो चिड़ियाँ, पाजेब, कथामाला, नीलम देश की राजकन्या जैनेंद्र जी के कहानी संग्रह हैं।

जैनेन्द्र की प्रसिद्ध कहानियों में 'पत्नी', 'जाह्नवी', 'मास्टरजी', 'राजीव और भाभी', 'अपना-अपना भाग्य', 'दृष्टिकोण', 'पाजेब' आदि के नाम लिए जा सकते हैं। उनकी प्रारम्भिक कहानियों; जैसे–'खेल', 'फोटोग्राफी', 'ब्याह' आदि की कथावस्तु अपने आस-पास की घटना से ली गई है तथा अधिकांश कहानियों के चरित्र वास्तविक व्यक्तियों के आधार पर गढ़े गए हैं।

नई कहानी

जिस तरह नई कविता में घोर अहंनिष्ठा दिखाई देती है नई कविता में खुलकर दूषित मनोवृत्तियों का चित्रण हुआ है। दमित वासनाओं और कुंठाओं का चित्रण उसका लक्ष्य बन गया, उसी प्रकार नई कहानी में भी काम, कुंठा, संत्रास, जीवन के प्रति वितृष्णा की अभिव्यक्ति हुई। नई कहानी के समर्थन में एक आलोचक ने अपना मत इस प्रकार प्रकट किया है : "जो संत्रास और निर्वासन, जो अजनबीपन और अकेलापन, जो मृत्युभय, ऊब और घुटन इन दिनों के वातावरण में फैली और फैल रही है, उसी का उद्‌घाटन इधर के कहानीकार पूरी बोल्डनैस के साथ कर रहे हैं। परंतु इस संदर्भ में यह न भूलना होगा कि नई कहानी ने बदलते हुए जीवन को उसके समग्र रूप में पकड़ने का प्रयास नहीं किया है वरन उसके खंडित अथच विकृत रूप को ही अंकित किया है। नई कहानी का लेखक जीवन की निराशाजन्य विकृतियों को उजागर कर रहा है। फ्रायड और सार्त्र से प्रेरणा लेने वाले कहानीकार की दृष्टि में व्यापकता और उदात्तता नहीं।

नए कहानीकारों में से सर्व श्री मोहन राकेश, राजेंद्र यादव, धर्मवीर भारती, निर्मल वर्मा, कमलेश्वर, अमरकांत, अजित कुमार, रघुबीर सहाय, मन्नु भंडारी, श्रीकांत वर्मा, गंगा प्रसाद विमल आदि का नाम उल्लेखनीय है। नई कहानियों में से अधिकतर कहानियाँ तो निराशा, अनास्था, घुटन, ऊब आदि का चित्रण करने में स्वयं भी घुटकर रह गईं। आज का नया कहानीकार पश्चिमी परिस्थितियों से बहुत अधिक प्रभावित हुआ है। वह शरीर से भले ही भारत में रहता हो, पर मन से विदेश में रम गया है। वह पाश्चात्य जीवन की विसंगतियों को भारतीय जीवन पर आरोपित करना चाहता है। वास्तव में नई कहानी के ह्रास के बीज इसी में छिपे हैं। कुछ आलोचकों ने नई कहानी को वर्तमान की विकृति की कहानी माना है। नई कहानी के प्रतिष्ठापक के रूप में राजेंद्र यादव, मोहन राकेश और कमलेश्वर का नाम प्रसिद्ध है।

नई कहानी हिन्दी कहानी के इतिहास का सबसे महत्वपूर्ण आन्दोलन है जो मोटे-तौर पर 1955 से 1963 ई. के बीच विकसित हुआ। 1956 ई. में भैरव प्रसाद गुप्त के सम्पादन में 'नई कहानी' नाम से एक विशेषांक निकला जिसमें 18 लेखकों की कहानियाँ शामिल की गईं। इसी विशेषांक के आधार पर इन कहानियों को नई कहानी कहा गया।

पुराने कहानीकारों ने अपनी आँखों पर समाजवादी, नैतिकतावादी, रूमानी या मनोविश्लेषणवादी चश्मा लगाकर जीवन को देखा, किन्तु नए कहानीकारों ने सभी पूर्वाग्रहों से मुक्त होकर जीवन को यथार्थ रूप में देखने समझने का प्रयास किया। उसकी कहानी 'भोगे हुए यथार्थ' से जुड़ी है, इसलिए वह अधिक प्रामाणिक है।

साठोत्तरी कहानी

सन् 60-65 के बाद लिखी गई कहानियाँ आज की विषमता और निर्ममता का दिग्दर्शन कराती हैं। स्वतंत्र भारत में व्याप्त भ्रष्टाचार, स्वार्थपरायणता, विसंगतियाँ, बेकारी इन कहानियों का विषय है। सन् 1960 के बाद के कहानीकारों ने अनुभवों के आधार पर जीवन की यथार्थता को सफलता के साथ अभिव्यक्त किया। इन कथाकारों के नाम इस प्रकार हैं : महीपसिंह, दूधनाथ सिंह, ज्ञानरंजन, गिरिराज किशोर, भीमसेन त्यागी, इब्राहीम शरीफ, गंगा प्रसाद विमल, रवींद्र कालिया, काशीनाथ सिंह, ज्ञान प्रकाश आदि। कहानी के विकास में रामकुमार भ्रमर, नरेंद्र कोहली, पानू खोलिया, सुदर्शन नारंग, वेदराही आदि का योगदान भी उल्लेखनीय है।

आधुनिकता-बोध की कहानियाँ लिखनेवाली महिला कथाकारों में ममता कालिया, मीना गुलाटी, दीप्ति खंडेलवाल के नाम मुख्य हैं।

आज की कहानी में कहानी के परंपरागत छह तत्वों के निर्वाह की ओर ध्यान नहीं दिया जाता। पुरानी धारणाएँ अब टूटती जा रही हैं।

वर्तमान काल में पश्चिमी विख्यात कहानी लेखकों—मोपासाँ, टालस्टॉय, चेखव, तुर्गनेव, मैक्सिम गोर्की तथा पर्ल एस. बक की अनेक कहानियों के हिन्दी अनुवाद प्रकाशित हुए। बंगला, मराठी, गुजराती, तमिल, तेलुगु, कन्नड़ आदि भारतीय भाषाओं की श्रेष्ठ कहानियाँ भी हिन्दी में अनूदित की गईं। कहानी साहित्य के विकास में हिन्दी की पत्र-पत्रिकाओं का भी योगदान कम नहीं। मासिक, पाक्षिक, साप्ताहिक पत्रों में कहानियाँ प्रकाशित हुईं। इन्होंने हिन्दी कहानीकारों को प्रोत्साहन दिया तथा कहानी के पाठकों की संख्या में वृद्धि की।

'नई कहानी' से आगे के समसामयिक कहानीकार जीवन के नये संदर्भों-संबंधों के बदलाव को वर्णनात्मकता के झाड़ू से बटोर कर नहीं दिखलाता, बल्कि संबंधों को प्रतीकों-बिम्बों में सतर्कता से परिभाषित करता है। गोविंद मिश्र 'गिद्ध' कहानी में दफ्तरों के भ्रष्ट अधिकारियों की देहगाथा एक बिंब में कह देते हैं। इसराइल 'अर्थहीन' शीर्षक कहानी में शिक्षित युवक की शिक्षा और योग्यता का एक दारुण बिंब पैदा करते हैं, जो पढ़-लिख कर किसी मतलब का नहीं रहा। उसे हमेशा लगता रहा कि एक 'भयावह डरावना खालीपन उसको निगल जायेगा।' पूरी व्यवस्था की विसंगतियों पर कहानी घूंसा मार कर जगा देती है। महानगरों ने इच्छा जगा कर आदमी को कैसे तोड़ा है, यह इधर की तमाम कहानियों में एक साथ दिखायी देता है। योगेश गुप्त की कहानी 'एन्क्लोजर' यंत्रदानव की व्यथा का दारुण इतिहास है। मशीनमैन घनश्याम, 'उसका दम घुटने लगा। सामने आसमानों को छूती एक कतार। पीछे आसमान को छूती हुई इमारतों की कतार। बाहर निकलने का रास्ता नहीं है।' ऐसे ही वेद राही की कहानी 'हर रोज' महानगर के अभिशाप का नमूना है। असगर वजाहत 'केक', अमितेश्वर 'हुक्कापानी', उदयप्रकाश 'टेपचू', बलराम 'पालनहारे', धीरेन्द्र अस्थाना 'अपनी दुनिया', राजकुमार गौतम 'रिश्ते', नरेन्द्र मौर्य 'बिखरते-बिखरते संदर्भ', रमेश उपाध्याय 'आत्मसमर्पण', श्रीकांत वर्मा 'टुकड़ों में बंटी जिंदगी' व 'ठंड', दिनेश पालीवाल 'तोता चश्म', 'स्वीकारोक्ति', अमितेश्वर 'तीलियां' आदि कहानियों में समकालीन यथार्थ के विभिन्न रूपों को उघाड़ते हैं।

समकालीन कहानी

समकालीन हिन्दी-कहानी अपने विषय-वैविध्य के कारण पुरानी कहानी से बहुत आगे बढ़ी हुई है। आज के कहानीकारों ने समाज की स्थिति को देखा-परखा है और उसे अनुभव के धरातल पर यथार्थ रूप में प्रकट किया है। इस स्थिति को चित्रित करने के लिए उसने नए भाव बोध, नई शैली, नया शिल्प, नया कथ्य तथा नई भाषा को खोजा है। आज की कहानी आर्थिक विषमता, परिवर्तित जीवन मूल्यों, पीढ़ीगत अन्तराल, निराशा एवं संत्रास के साथ-साथ अपरिचय एवं अकेलेपन की छटपटाहट को भी व्यक्त करती है। उसमें महानगरीय जीवन से उत्पन्न तनावों एवं स्त्री-पुरुष के सम्बन्धों में आए परिवर्तनों और तनावों को भी विषय-वस्तु बनाया गया है।

आज की कहानी में मानव मन में चलने वाले अन्तर्द्वन्द्वों से साक्षात्कार किया गया है। साथ ही परिवर्तित जीवन-मूल्यों एवं युगीन समस्याओं को भी कहानी की विषय-वस्तु बनाया गया है। साम्प्रदायिकता, आतंकवाद, भ्रष्टाचार और राजनीतिक गिरावट को समकालीन कहानियों में प्रमुखता से चित्रित किया गया है।

आज की कहानी समसामयिक यथार्थ से जुड़ी है, अतः जीवन में जो घट रहा है उसे कथानक शिल्प में बाँधने का प्रयास समसामयिक कहानीकारों ने किया है। आज की कहानी का शिल्प भी पुरानी कहानी से बदला हुआ है। कथा कहने की पद्धतियों में विकास हुआ है तथा आज के कहानीकार विविध पद्धतियों का प्रयोग कभी-कभी एक ही कहानी में करते दिखाई पड़ते हैं। यह तो नहीं कहा जा सकता कि आज की सभी कहानियाँ इस कसौटी पर खरी उतरती हैं, किन्तु यह कहना उपयुक्त होगा कि वर्तमान कहानीकार इस दिशा में सजग एवं सचेष्ट हैं।

कथा–साहित्य में स्त्री विमर्श

पुरुष प्रधान समाज में नारी की स्थिति को दर्शाने के प्रयास उपन्यासों एवं कहानियों में बराबर होते आए हैं, किन्तु इधर कुछ वर्षों से इसकी चर्चा अधिक होने लगी है विशेष रूप से कुछ नारी लेखकों ने इस दिशा में विशेष प्रयास किए हैं। आठवें दशक में महिला लेखिकाओं ने 'स्त्री विमर्श' को अपनी रचनाओं में अधिक उभारने का प्रयास किया। मन्नू भण्डारी, मृदुला गर्ग, सूर्यबाला, राजी सेठ, ममता कालिया जैसे अनेक नाम आठवें दशक में उभरे तथा इनकी रचनाओं ने पाठकों का ध्यान भी आकृष्ट किया।

पुरुष लेखकों ने भी नारी की दशा का चित्रण अपनी रचनाओं में किया है। सर्वप्रथम 'गोदान' में प्रेमचंद ने मेहता के माध्यम से नारी की दशा का निरूपण किया, किन्तु प्रेमचंद ने नारी मुक्ति आन्दोलन का विरोध किया है, समर्थन नहीं।

प्रेमचंद के गोदान में व्यक्त ऐसे ही विचारों को नारी मुक्ति के समर्थकों ने ठुकरा दिया। मुझे चाँद चाहिए (सुरेन्द्र वर्मा), वसन्ती (भीष्म साहनी), अर्द्धनारीश्वर (विष्णु प्रभाकर), बिना दरवाजे का मकान (रामदरश मिश्र) जैसी अनेक कृतियों में पुरुष लेखकों ने नारी के प्रति होने वाले अन्याय, अत्याचार का मुखर विरोध किया है।

'स्त्री-विमर्श' के प्रारम्भिक काल में पुरुष प्रधान समाज में नारी की दीन-हीन स्थिति का चित्रण करते हुए लेखिकाओं ने पुरुषों को दोषी ठहराया, किन्तु बाद में इस प्रवृत्ति का स्वयं विरोध किया। चित्रा मुद्गल ने अपने उपन्यास 'एक जमीन अपनी' में लिखा 'पुरुष विरोध करते हुए पुरुष की तरह निरंकुश और स्वच्छन्द ही नारी मुक्ति नहीं है।'' 'नारी विमर्श' की अभिव्यक्ति का मूल स्वर नारियों की आर्थिक आत्मनिर्भरता एवं नारी पुरुष की समानता के इर्द-गिर्द घूमता रहा है। आर्थिक स्वावलम्बन के अभाव में नारी अपने ही परिवार में शोषित होती रही है, क्योंकि विरोध करने का न उसमें साहस है और न सम्बल। नारी-पुरुष के लिए समाज ने जो अलग-अलग प्रतिमान निर्धारित कर रखे हैं उनका मुखर विरोध भी कथा साहित्य में हुआ है।

कथा–साहित्य में दलित विमर्श

दलित साहित्य का प्रारम्भ मराठी साहित्य में सर्वप्रथम हुआ। प्रारम्भ में कुछ लोगों ने इसका अर्थ यह भी लिया कि जो साहित्य स्वयं दलित वर्ग के लोगों ने लिखा वही दलित साहित्य है, किन्तु आज भारत की अनेक भाषाओं में दलित साहित्य की रचना तमाम ऐसे लोग भी कर रहे हैं तो स्वयं दलित वर्ग के नहीं हैं। महाराष्ट्र में दो दलित नेताओं महात्मा फुले एवं डॉ. अम्बेडकर के विचारों ने दलितों में चेतना जाग्रत की और अनेक लेखकों ने इनसे अनुप्राणित होकर दलित चेतना से युक्त साहित्य का सृजन किया।

हिन्दी में 'दलित विमर्श' का प्रारम्भ कहानी पत्रिका सारिका के दो 'दलित विशेषांकों' से माना जाता है जो क्रमशः अप्रैल, 1975 एवं मई, 1975 में निकाले गए। 'हंस' पत्रिका में भी इसके कर्ता-धर्ता राजेन्द्र यादव दलित विमर्श की चर्चा बराबर करते रहे हैं। हिन्दी के दलित कथाकारों में डॉ. एन सिंह, ओमप्रकाश वाल्मीकि, रामशिरोमणि, जयप्रकाश कर्दम, माता प्रसाद, अरविन्द राही, मलखान, मोहन दास, रघुवीर सिंह आदि के नाम लिए जा सकते हैं। रमणिका गुप्ता द्वारा सम्पादित 'दूसरी दुनिया का यथार्थ' में जो 18 कहानियाँ संकलित की गई हैं, वे सभी दलित कहानीकारों द्वारा रचित हैं।

यद्यपि रेणुजी ने अपनी कहानियों में इसे काफी पहले किसी-न-किसी रूप में अभिव्यक्ति देनी प्रारम्भ कर दी थी। 'उच्चाटन' कहानी में 'विलसिया' (रामविलास) इसी दलित वर्ग का पात्र है जो धन कमाकर गाँव में लौटा है तो साथ में शहर की चेतना भी लाया है जहाँ दलित का तिरस्कार नहीं होता।

(नोट : इस अध्याय के विशेष अध्ययन के लिए भाग-B के अन्तर्गत इकाई-V का अवलोकन करें)

अभ्यास प्रश्न

1. आँचलिक उपन्यास की कौन-सी विशेषता नहीं है?
A. आँचलिक जनजीवन का चित्रण है
B. आँचलिक भाषा का प्रयोग
C. आँचलिक लोकजीवन एवं रीति-रिवाजों का चित्रण
D. स्वाधीनता आन्दोलन का चित्रण

2. "रेणु जिस भाषिक संरचना का प्रयोग करते हैं वह माँ के दूध की तरह है।" यह विचार है
A. प्रेमचंद का B. मार्कण्डेय का
C. नामवर सिंह का D. अज्ञेय का

3. मैला आँचल में जिस गाँव का चित्रण है उसका नाम है
A. सेमरी B. बेलारी
C. मेरीगन्ज D. इनमें से कोई नहीं

4. कौन-सी कहानी प्रेमचंद की नहीं है?
A. ठाकुर का कुआँ B. सद्गति
C. ईदगाह D. पुरस्कार

5. जैनेन्द्र का कहानी संग्रह कौन-सा है?
A. नीलमदेश की राजकन्या B. पाजेब
C. जयसन्धि D. उपरोक्त सभी

6. "उन्हें उर्दू से घृणा नहीं, अंग्रेजी से परहेज नहीं, संस्कृत से दुराव नहीं" जैनेन्द्र की भाषा पर यह टिप्पणी की है
A. डॉ. इन्द्रनाथ मदान ने B. डॉ. देवराज ने
C. डॉ. नामवर सिंह ने D. डॉ. नगेन्द्र ने

7. 'सुनन्दा' जैनेन्द्र की किस कहानी का पात्र है?
A. पाजेब B. कःपंथा
C. पत्नी D. मास्टर जी

8. नई कहानी से कौन सम्बद्ध नहीं है?
A. कमलेश्वर B. मोहन राकेश
C. अज्ञेय D. राजेन्द्र यादव

9. "अच्छी कहानी कहानीकार और पाठक के अनुभव की साझेदारी है।" यह कथन है
A. कमलेश्वर का B. राजेन्द्र यादव का
C. मोहन राकेश का D. रवीन्द्र कालिया का

10. 'मुझे चाँद चाहिए' किसका उपन्यास है?
A. सुरेन्द्र वर्मा का
B. ओमप्रकाश वाल्मीकि का
C. कमलेश्वर का
D. मुक्तिबोध का

11. कौन-सा पात्र गोदान का नायक है?
A. मेहता B. होरी
C. हीरा D. गोबर

12. इनमें से गोदान की नायिका कौन है?
A. मालती B. झुनिया
C. धनिया D. सिलिया

13. प्रगतिशील चेतना से युक्त पात्र है
A. गोबर B. होरी
C. सिलिया D. दातादीन

14. "शेखर एक जीवनी का शेखर एक अहंवादी चरित्र है" यह मत है
A. शिवदानसिंह चौहान B. इलाचन्द्र जोशी
C. अज्ञेय D. रामविलास शर्मा

15. 'शेखर का जीवन दर्शन आधुनिक युग के जीवन दर्शन से मेल खाता है' यह विचार है
A. अज्ञेय का B. इलाचन्द्र जोशी का
C. डॉ. सुषमा धवन का D. रामविलास शर्मा का

16. शेखर का चरित्र मूलतः एक
A. विद्रोही का चरित्र B. जिज्ञासु का चरित्र
C. क्रांतिकारी का चरित्र D. उपरोक्त सभी

17. "मुझे खेद है कि मैंने कभी तुमसे बात भी की' शेखर से यह बात किसने कही?
A. उसकी माँ ने B. उसके पिता ने
C. शशि ने D. इनमें से कोई नहीं

18. शशि कौन थी?
A. शेखर की मौसेरी बहन
B. शेखर की क्लासमेट
C. शेखर की अन्तरंग मित्र
D. A और C

19. 'मेरी कामना है कि तुम जीवन में एक बहुत बड़े लेखक बनो' यह कथन किसका और किसके प्रति है?

A. शेखर की माँ का शेखर के प्रति
B. शशि का रामेश्वर के प्रति
C. शशि का शेखर के प्रति
D. विद्यावती का शेखर के प्रति

20. ''शेखर कोई बड़ा आदमी नहीं है। वह अच्छा आदमी भी नहीं है.....वह जागरुक, स्वतंत्र, और ईमानदार है।'' यह कथन है

A. डॉ. नगेन्द्र का
B. शिवदान सिंह चौहान का
C. अज्ञेय का
D. इलाचन्द्र जोशी का

21. ''विपन्नता के इस अथाह सागर में सोहाग ही वह गुण तृण था जिसे पकड़े हुए वह सागर को पार कर रही थी।'' यह कथन गोदान के किस पात्र के लिए प्रेमचंद ने प्रस्तुत किया है?

A. धनिया
B. मालती
C. सिलिया
D. झुनिया

22. ''हम लोग दाने-दाने को मोहताज हैं, देह पर साबुत कपड़े नहीं हैं, चोटी का पसीना एड़ी तक आता है, तब भी गुजर नहीं होता।'' यह कथन गोदान के किस प त्र का है और किससे है?

A. होरी का भोला से
B. होरी का धनिया से
C. भोला का होरी से
D. गोबर का होरी से

23. ''मालती बाहर से तितली है और भीतर से मधुमक्खी'' यह कथन प्रेमचंद ने कहकर क्या व्यंजित किया है?

A. मालती आकर्षक है
B. मालती का बाहरी रूप-रंग आकर्षक है और अन्दर से यह बड़ी भली महिला है
C. मालती पुरुषों को अपने रूप जाल में फँसाती है
D. उपरोक्त में से कोई नहीं

24. ''कर्ज वह मेहमान है जो एक बार आया फिर जाने का नाम नहीं लेता।'' यह कथन किस उपन्यासकार का है?

A. प्रेमचंद
B. वृन्दावनलाल वर्मा
C. जैनेन्द्र
D. कमलेश्वर

25. ''जीवन का सुख दूसरों को सुखी करने में है, उन्हें लूटने में नहीं।'' यह कथन है

A. हजारीप्रसाद द्विवेदी का
B. आचार्य रामचन्द्र शुक्ल का
C. प्रेमचंद का
D. राजेन्द्र यादव का

26. 'आपका बण्टी' उपन्यास में किस समस्या का चित्रण है?

A. प्रेम विवाह की असफलता
B. तलाकशुदा दम्पत्ति के बच्चों की समस्या
C. अहं के टकराव का दुष्परिणाम
D. राजनीतिक परिदृश्य का चित्रण

27. 'मुझे चाँद चाहिए' की नायिका का नाम है

A. मालती
B. वर्षा वशिष्ठ
C. वेला
D. प्रभावती

28. इनमें से हजारीप्रसाद द्विवेदी का उपन्यास कौन-सा है?

A. बाणभट्ट की आत्मकथा
B. चारू चन्द्रलेख
C. पुनर्नवा
D. उपरोक्त सभी

29. 'निउनिया' हजारीप्रसाद द्विवेदी के किस उपन्यास का चरित्र है?

A. पुनर्नवा
B. अनामदास का पोथा
C. बाणभट्ट की आत्मकथा
D. चारू चन्द्रलेख

30. हजारीप्रसाद द्विवेदी जी के किस उपन्यास में मदनोटस का वर्णन है?

A. चारू चन्द्रलेख
B. पुनर्नवा
C. बाणभट्ट की आत्मकथा
D. अनामदास का पोथा

31. ''कल्पना उपन्यासकार की रचनात्मक प्रतिभा को आगे बढ़कर कार्य करने की भूमि प्रस्तुत करती है।'' यह विचार है

A. प्रेमचंद का
B. डॉ. त्रिभुवन सिंह का
C. डॉ. गोपाल राय का
D. डॉ. नगेन्द्र का

32. 'बाइसवीं सदी' उपन्यास के रचयिता हैं

A. रांगेय राघव
B. राहुल सांकृत्यायन
C. अमृतलाल नागर
D. यशपाल

33. सुमेलित कीजिए :

सूची-I (उपन्यास का नाम)	सूची-II (उपन्यासकार का नाम)
(*a*) त्याग-पत्र	1. अज्ञेय
(*b*) नदी के द्वीप	2. मनोहरश्याम जोशी
(*c*) झूठा सच	3. जैनेन्द्र
(*d*) हरिया हरक्यूलिस की हैरानी	4. यशपाल

कूट :

	(*a*)	(*b*)	(*c*)	(*d*)
A.	3	1	4	2
B.	2	4	3	1
C.	4	1	3	2
D.	1	2	4	3

34. 'राग दरबारी' के लेखक हैं

A. अमृतलाल नागर B. श्रीलाल शुक्ल
C. भगवतीचरण वर्मा D. अज्ञेय

35. कौन-सा उपन्यास गोपाल राम गहमरी का है?

A. सरकटी लाश B. जासूस की ऐयारी
C. गुप्त भेद D. उपरोक्त सभी

36. कौन-सा उपन्यासकार तिलिस्मी-ऐयारी उपन्यासकार माना जाता है?

A. प्रेमचंद B. लाला श्रीनिवास दास
C. देवकीनंदन खत्री D. गोपालराम गहमरी

37. हिन्दी के किस उपन्यास को पढ़ने के लिए उर्दू जानने वाले अनेक लोगों ने हिन्दी सीखी?

A. शेखर एक जीवनी B. गोदान
C. चंद्रकान्ता D. इनमें से कोई नहीं

38. इन भारतीय भाषाओं में किस भाषा में उपन्यास पहले लिखा गया

A. बंगला B. तमिल
C. हिन्दी D. गुजराती

39. प्रेमचंद के किस उपन्यास में भारतीय स्वतंत्रता आंदोलन की झलक है?

A. रंगभूमि B. गबन
C. कर्मभूमि D. उपरोक्त सभी

40. रंगभूमि के किस पात्र में आलोचक गाँधी के व्यक्तित्व की झलक पाते हैं?

A. सोफिया B. सूरदास
C. जान मोहम्मद D. इनमें से कोई नहीं

41. इनमें से प्रेमचंद की कौन-सी कहानी यथार्थवादी है?

A. नमक का दरोगा B. कफन
C. पंच परमेश्वर D. उपरोक्त सभी

42. प्रेमचंद का कौन-सा उपन्यास 'आदर्शोन्मुखी यथार्थवाद' से युक्त है?

A. गोदान B. निर्मला
C. रंगभूमि D. उपरोक्त सभी

43. कल्पना का कार्य है

A. अवचेतन में स्थित अनुभूतियों को चेतन स्तर पर प्रस्तुत करना
B. विषय-वस्तु का विस्तार करना
C. [illegible] सृजन करना
D. उपरोक्त सभी

44. हिन्दी का पहला उपन्यास आचार्य रामचन्द्र शुक्ल ने किसे माना है?

A. भाग्यवती B. परीक्षा गुरु
C. देवरानी-जेठानी D. निःसहाय हिन्दू

45. परीक्षा गुरु के लेखक हैं

A. रामकृष्ण दास B. लाला श्रीनिवासदास
C. चतुरसेन शास्त्री D. देवकीनन्दन खत्री

46. हिन्दी उपन्यास के विकास का वर्गीकरण किसे केन्द्र में रखकर किया गया है?

A. प्रेमचंद को B. प्रसाद को
C. कमलेश्वर को D. इनमें से कोई नहीं

47. हिन्दी उपन्यास के विकास को कितने भागों में बाँटा गया है?

A. तीन B. चार
C. पाँच D. दो

48. कौन-सा उपन्यासकार ऐयारी और तिलिस्मी उपन्यास में शीर्षस्थ है?

A. गोपालराम गहमरी B. देवकीनन्दन खत्री
C. विश्वम्भरनाथ कौशिक D. पाण्डेय बेचन शर्मा

49. इनमें से प्रेमचन्द का महाकाव्यात्मक उपन्यास कौन-सा है?

A. प्रेमाश्रम B. रंगभूमि
C. गबन D. गोदान

50. हिन्दी में जासूसी उपन्यास लिखने की परम्परा का श्री गणेश किसने किया?

A. गोपालराम गहमरी B. ओमप्रकाश शर्मा
C. इब्ने सफी D. देवकीनन्दन खत्री

51. निम्न में हिन्दी के प्रथम उपन्यासकार हैं :

A. बालकृष्ण भट्ट B. देवकीनन्दन खत्री
C. लाला श्रीनिवास दास D. गोपालराम गहमरी

52. हिन्दी का प्रथम उपन्यास माना जाता है :

A. श्यामा स्वप्न B. सेवासदन
C. परीक्षा गुरु D. निःसहाय हिन्दू

53. बालकृष्ण भट्ट के उपन्यासों का मूल स्वर है :

A. सुधारवादी एवं उपदेश मूलक
B. प्रेम चित्रण
C. कृषक समस्याएं
D. तिलस्मी एवं ऐयारी

54. हिन्दी में जासूसी उपन्यासों का श्रीगणेश किसने किया?

A. इलाचंन्द्र जोशी B. देवकीनन्दन खत्री
C. जगमोहन सिंह D. बालकृष्ण भट्ट

55. उपन्यास रहस्य के लेखक हैं :

A. भारतेंदु हरिश्चन्द्र B. बालकृष्ण भट्ट
C. ओमप्रकाश शर्मा D. महावीर प्रसाद द्विवेदी

56. 'सैण्डफोर्ड एण्ड मर्टन' उपन्यास का हिन्दी अनुवाद किया :

A. वंशीधर B. प्रेमचंद
C. बालकृष्ण भट्ट D. जयशंकर प्रसाद

57. किस उपन्यास को पढ़ने के लिए लोगों ने हिन्दी सीखी :

A. सेवासदन B. कंकाल
C. चंद्रकांता D. नरेन्द्र मोहिनी

58. 'आर्थर कानन डायल' से हिन्दी का कौन-सा उपन्यासकार प्रभावित हुआ :

A. जयशंकर प्रसाद B. भारतेंदु हरिश्चन्द्र
C. गोपालराम गहमरी D. प्रेमचंद

59. देवकीनन्दन खत्री के उपन्यासों के विषय में सत्य कथन है :

A. ये मनोरंजक उपन्यास हैं
B. घुटन भरे उपन्यास हैं
C. ये आदर्शवाद से सम्बन्धित हैं
D. इनकी रोचकता पाठक को बांधें रखती है

60. 'गोदान' का प्रकाशन वर्ष है :

A. 1932 B. 1950
C. 1936 D. 1929

61. प्रेमचंद पूर्व उपन्यासों का उद्देश्य था :

A. जीवन का यथार्थ चित्रण
B. मनोरंजन एवं सुधार
C. दार्शनिक विवेचन
D. मानव जीवन की समस्याओं का निलम्बन

62. 'प्रेमचंद शताब्दियों से पददलित, अपमानित और उपेक्षित कृषकों की आवाज थे' किसका कथन है :

A. जयशंकर प्रसाद B. डॉ. हरिवंशराय बच्चन
C. डॉ. नगेन्द्र D. हजारीप्रसाद द्विवेदी

63. परीक्षा गुरु के नायक का नाम है :

A. ब्रज किशोर B. मदन मोहन
C. मोहनदास D. माणिक लाल

64. उपन्यास सम्राट की उपाधि से किस उपन्यासकार को विभूषित किया जाता रहा है?

A. निराला B. सुदर्शन
C. प्रेमचंद D. उग्र

65. प्रेमचंद का प्रथम उपन्यास किसे माना जाता है?

A. निर्मला B. कर्मभूमि
C. गबन D. प्रेमा

66. 'बुराआदमी बिलकुल बुरा नहीं होता, उसमें कहीं देवता अवश्य छिपा होता है यह एक वैज्ञानिक सत्य है'–यह उक्ति किसने कही है?

A. रामचन्द्र शुक्ल B. पंत
C. जयशंकर प्रसाद D. प्रेमचंद

67. प्रेमचंद के समकालीन उपन्यासकार कौन हैं?

A. यशपाल B. बालकृष्ण भट्ट
C. जयशंकर प्रसाद D. कृष्णा सोबती

68. 'सेवासदन' कब प्रकाशित हुआ?

A. 1921 B. 1929
C. 1918 D. 1915

69. प्रेमचंद का हिन्दी में लिखित प्रथम मौलिक उपन्यास है :

A. गोदान B. रंगभूमि
C. कायाकल्प D. निर्मला

70. दलितों की समस्याओं का चित्रण प्रेमचंद ने निम्न उपन्यास में किया :

A. निर्मला B. प्रेमा
C. प्रेमाश्रम D. कर्मभूमि

71. जैनेन्द्र का अंतिम उपन्यास कौन-सा है?

A. त्यागपत्र B. विवर्त
C. दशार्क D. अनामस्वामी

72. गांधी के दक्षिणी अफ्रीकी जीवन पर आधारित निम्न में से कौन-सा उपन्यास है?

A. पहला गिरमिटिया B. दिव्या
C. मुक्तिपथ D. मुक्तिबोध

73. मैला आंचल का कथा क्षेत्र निम्न है :

A. इलाहाबाद B. बनारस
C. पूर्णिया D. दरभंगा

74. 'शेखर : एक ज़ीवनी' कब प्रकाशित हुआ?

A. 1951 B. 1953
C. 1948 D. 1941

75. 'नदी के द्वीप' कब प्रकाशित हुआ?

A. 1968 B. 1988
C. 1952 D. 1950

76. इलाचन्द्र जोशी के पहले उपन्यास का नाम बताइए?

A. प्रेत और छाया B. घृणामयी
C. मुक्तिपथ D. जहाज का पंछी

77. 'मेरी तेरी उसकी बात' की विधा बताइए :

A. एकांकी B. काव्यनाटक
C. उपन्यास D. प्रबंधकाव्य

78. गुनाहों का देवता कैसा उपन्यास माना जाता है?

A. मनोवैज्ञानिक B. तिलस्मी
C. ऐयारी D. प्रगतिशील

79. प्रयोगशील उपन्यास का नाम बताइए?

A. पर्दे की रानी B. सूरज का सातवां घोड़ा
C. कब तक पुकारूं D. सागर, लहरें और मनुष्य

80. शिया मुसलमानों के ऊपर लिखा गया प्रथम उपन्यास कौन-सा है?

A. तीन वर्ष B. सती मैया का चौरा
C. आधा गांव D. मशाल

81. प्रेमचंद की कौन-सी कहानी में आदर्शवाद को महत्व नहीं दिया गया:

A. कफन B. पंच परमेश्वर
C. बूढ़ी काकी D. ईदगाह

82. निम्नलिखित में से प्रेमचंद की कहानी नहीं है :

A. मधुआ B. नमक का दारोगा
C. कफन D. ठाकुर का कुआँ

83. 'पूस की रात' कहानी किस वर्ग से सम्बन्धित है :

A. यथार्थवादी B. आदर्शवादी
C. चरित्र प्रधान D. घटना प्रधान

84. जयशंकर प्रसाद की कहानियों की संख्या है :

A. 65 B. 85
C. 69 D. 70

85. 'रक्षाबन्धन' का प्रकाशन वर्ष क्या है :

A. 1912 ई. B. 1909 ई.
C. 1913 ई. D. 1921 ई.

86. कौशिक जी की कहानियों की संख्या है :

A. 55 B. 200
C. 305 D. 301

87. इनमें से कौन-सी कहानी कौशिक जी की है :

A. ताई B. पंचलाइट
C. पंच परमेश्वर D. रूठी रानी

88. इनमें से कौन-सा कहानी संकलन सुदर्शन जी का नहीं है :

A. मणिमाला B. पुष्पलता
C. तीर्थयात्रा D. सुदर्शन सुधा

89. 'एथेंस का सत्यार्थी' कहानी के रचनाकार हैं :

A. प्रेमचंद B. यशपाल
C. सुदर्शन D. फणीश्वरनाथ रेणु

90. इनमें से प्रसाद की कहानियों का संकलन नहीं है :

A. प्रतिध्वनि B. इन्द्रजाल
C. सुदर्शन सुधा D. छाया

91. निम्न में से कौन-सी विशेषता प्रेमचंद युगीन कहानी की नहीं है :

A. घटना प्रधानता B. कथानक प्रधानता
C. चरित्र प्रधानता D. वातावरण प्रधानता

92. 'समुद्र संतरण' कहानी के रचयिता हैं :

A. जयशंकर प्रसाद B. सुदर्शन
C. प्रेमचंद D. जैनेन्द्र कुमार

93. 'आकाशदीप' कहानी की प्रधान विशेषता है :

A. घटना प्रधानता
B. कार्य प्रधानता
C. वातावरण प्रधानता
D. चरित्र प्रधानता

94. विशाल भारत में जैनेन्द्र कुमार की कौन-सी कहानी प्रकाशित हुई :

A. पाजेब B. ध्रुवयात्रा
C. खेल D. फाँसी

95. प्रेमचंद के समकालीन कहानीकारों में कौन नहीं है :

A. जयशंकर प्रसाद B. यशपाल
C. सुदर्शन D. चतुरसेन शास्त्री

96. इनमें से कौन-से कहानीकार ने प्रेमचंद की कहानी परंपरा को आगे बढ़ाया :

A. जैनेन्द्र कुमार B. यशपाल
C. अज्ञेय D. सुदर्शन

97. प्रेमचंद की किस कहानी में झबरा कुत्ता है :

A. पूस की रात B. ईदगाह
C. कफन D. शतरंज के खिलाड़ी

98. प्रेमचंद की किस कहानी का पात्र घीसू है :

A. बड़े घर की बेटी B. कजाकी
C. हामुल का कैदी D. कफन

99. 'अश्क' किस साहित्यकार का उपनाम है :

A. प्रेमचंद B. अज्ञेय
C. उपेन्द्रनाथ D. जैनेन्द्र कुमार

100. प्रेमचंद की 'आत्माराम' कहानी में आत्माराम कौन है :

A. कबूतर B. बिल्ली
C. तोता D. घोड़ा

उत्तरमाला

1	2	3	4	5	6	7	8	9	10
D	B	C	D	D	B	C	C	B	A
11	12	13	14	15	16	17	18	19	20
B	C	A	B	C	A	C	D	C	C
21	22	23	24	25	26	27	28	29	30
A	D	B	A	C	B	B	D	D	C
31	32	33	34	35	36	37	38	39	40
B	B	A	B	D	C	C	A	D	B
41	42	43	44	45	46	47	48	49	50
B	D	D	B	B	A	A	B	D	D
51	52	53	54	55	56	57	58	59	60
C	C	A	B	D	A	C	C	D	C
61	62	63	64	65	66	67	68	69	70
B	D	B	C	D	D	C	C	C	D
71	72	73	74	75	76	77	78	79	80
C	A	C	D	C	B	C	A	B	C
81	82	83	84	85	86	87	88	89	90
A	A	A	C	A	B	A	A	C	C
91	92	93	94	95	96	97	98	99	100
A	A	C	C	B	D	A	D	C	C

अध्याय

4

काव्यशास्त्र और आलोचना

काव्य का लक्षण

ललितात्मक भाषा का संधान कैसे किया जाए। इसी–विमर्श के कारण विभिन्न काव्य-शास्त्रीय संप्रदायों का विकास हुआ। काव्य किसे कहेंगे, काव्य और अन्य रचनाओं में अंतर क्या है- काव्य का लक्षण क्या है? इन विषयों पर काव्य-शास्त्रीय चिन्तकों ने गहन विचार-विमर्श किया।

आचार्य भामह ने काव्य की परिभाषा देते हुए कहा कि–

"शब्दार्थौं सहितौ काव्यम्"

अर्थात् शब्द और अर्थ का साथ होना ही काव्य लक्षण है। कुन्तक के अनुसार भामह के "शब्दार्थौं सहितौ काव्यम्" के आधार पर ही संभवतः काव्य पर आधारित तथा काव्य की पूर्वोक्त परिभाषा को ध्यान में रखते हुए राजशेखर ने कहा–

"शब्दार्थ योर्यथावत सहभावेन विर्दया साहित्य विद्या"

भामह ने शब्दालंकार तथा अर्थालंकार को अलग-अलग माना। "शब्दार्थौं सहितौ काव्यम्" में शब्द व अर्थ को समान महत्व तो दिया है तथा निरूपित किया है कि काव्य निर्दोष तथा सालंकार होना चाहिए। भामह के अनुसार अभिव्यंजना की अनेक रीतियाँ हो सकती हैं पर वक्रोक्ति पर आधारित रीति ही सर्वोत्तम होती है। इसी आधार पर आचार्य देवेन्द्रनाथ शर्मा भामह को वक्रोक्तिवादी मानने का आग्रह करते हैं।

भामह तथा दंडी दोनों ने कहा–**"समुदायार्थ शून्यं यत्र"** अर्थात् सम्पूर्ण अर्थ की अपूर्णता किसी वाक्य में शब्दों की आकांक्षा के असंतुष्ट रहने के कारण पैदा होती है।

भामह ने मुख्यतः काव्य-शरीर पर ही ध्यान दिया। भामह ने कहा कि सभी अलंकारों में उक्ति वैचित्य अथवा उक्ति सौन्दर्य होना चाहिए।

मम्मट के काव्य प्रकाश का ध्वनि संप्रदाय में महत्वपूर्ण योगदान है। आनन्दवर्द्धन से पूर्वापर विद्‌यमान सिद्धान्तों तथा आनन्दवर्द्धन के सिद्धान्तों का पारस्परिक संबंध ही सर्वोत्तम प्रवृत्तियों का मार्गदर्शक हुआ और अन्त में मम्मट के एकमात्र स्पष्ट प्रामाणिक तथा सर्वश्रेष्ठ सिद्धान्त में विलीन हो गया।

मम्मट ने कहा–

"तद्‌दोषो शब्दार्थो सगुणा वलंकृती पुनः क्वापि"

अर्थात् काव्य शब्दार्थमय, दोष रहित तथा गुण से युक्त होता है। कभी-कभी यह अलंकार रहित भी होता है।

इस कथन में ध्वनि की चर्चा नहीं है। ऐसा लगता है कि ध्वनि को परोक्ष रूप में स्वीकार किया जा चुका था। मम्मट ने प्रसंगवश व्यजंना को स्थापित करते हुए ध्वनि को सर्वश्रेष्ठ बताया तथा ध्वनि काव्य को तीन भागों में विभाजित किया एवम् असंलक्ष्य क्रम को रस के अन्तर्गत स्थान दिया। इसी दौरान उन्होंने अभिनवगुप्त के भुक्तिवाद को स्वीकार किया। मम्मट द्वारा प्रतिपादित सिद्धान्त में मम्मट का अपना कुछ भी मौलिक तत्व नहीं।

आचार्य विश्वनाथ ने मम्मट के काव्य लक्षण का विरोध करते हुए निम्नलिखित आरोप लगाए–

(i) गुण केवल रसाश्रित होते हैं अतः अंगी रूप में उनका स्वरूप निरूपण समीचीन नहीं

(ii) तत्पश्चात् उन्होंने कहा कि यदि केवल निर्दोष निबन्ध को ही काव्य कहेंगे। कई सर्वश्रेष्ठ काव्यों का भी त्याग करना पड़ेगा क्योंकि काव्य सर्वथा दोष रहित हो ऐसा असंभव है। यदि दोष किसी एक शब्द में है तो भी क्या सम्पूर्ण काव्य का रस दूषित हो जाएगा।

जगन्नाथ की मम्मट की आलोचना भी मौलिक और महत्वपूर्ण है। जगन्नाथ विश्वनाथ से काफी हद तक सहमत है। गुण, अंलकार, दोष आदि काव्य के लक्षण नहीं है-इस विषय पर जगन्नाथ और विश्वनाथ दोनों में ही मतैक्य है। जगन्नाथ कहते हैं–"काव्य पढ़ा गया किन्तु अर्थ बोध नहीं हुआ" ऐसे लौकिक कथनों से स्पष्ट है कि काव्य से अभिप्राय एक शब्द प्रकार से है।

आचार्य विश्वनाथ ने "साहित्य दर्पण" में मम्मट की आलोचना का बीड़ा उठाया लेकिन उनके द्वारा प्रतिपादित काव्य लक्षण भी वैसा ही आक्षयास्पद है। आचार्य गोविन्द और आचार्य जगन्नाथ ने इसकी आलोचना की थी।

विश्वनाथ ने काव्य लक्षण निरूपित करते हुए कहा-"रसात्मक वाक्यं काव्यम्"। इस काव्य लक्षण पर "रसमत" का व्यापक प्रभाव दिखाई पड़ता है। साथ ही अभिनवगुप्त की अपेक्षा रस ध्वनि के अंगीत्व की व्याख्या विश्वनाथ ने की। जिसे ध्वन्यालोक के रचयिताओं ने व्यावहारिक रूप से स्वीकार करते हुए उसकी व्याख्या करना उचित नहीं समझा था।

विश्वनाथ ने एकांतिक रूप से स्वीकार किया कि सभी प्रकार के काव्य यहाँ तक कि वर्णनात्मक अथवा अलंकारिक में भी रस का स्पर्श (रस-स्पर्श) रहता है। निबन्ध में केवल रस की ही अभिव्यक्ति होनी चाहिए। यदि इस कथन को आदर्श मान लिया जाए तो भी वास्तव में सदा ऐसा नहीं होता है।

जगन्नाथ ने सही कहा है कि विश्वनाथ द्वारा प्रतिपादित काव्य-लक्षण के अनुसार वस्तु-ध्वनि या अलंकार ध्वनि को काव्य में स्थान नहीं मिल पाएगा।

प्राचीन आचार्यों ने भी विश्वनाथ जैसी एकान्तिक धारणा नहीं रखी। उन्होंने भी रस ध्वनि के अतिरिक्त वस्तु और ध्वनि को काव्य में स्थान दिया था।

विश्वनाथ कहते हैं कि वस्तु तथा अलंकार में रस प्रत्यक्षतः नहीं परोक्षतः उपस्थित होता है। इस तर्क पर जगन्नाथ कहते हैं– रस को इस प्रकार अप्रत्यक्ष रूप से मान्यता देने से कोई लाभ नहीं क्योंकि "गाय जाती है।" "हिरन चौकड़ी भरता है।" जैसे वाक्यों में भी रस का परोक्षतः भाव हो सकता है।

रसात्मक वाक्य ही काव्य है–यह कहकर विश्वनाथ ने काव्य के दो ही भेद किए हैं–

(i) ध्वनि-इस में रस भाव होता है।

(ii) गुणीभूत व्यंग्य-इसमें से रस गौण होता है।

विश्वनाथ ने चित्रकाव्य को स्थान नहीं दिया है। वस्तु तथा अलंकार ध्वनि को विश्वनाथ ने गुणीभूत व्यंग्य में ही समाविष्ट माना है।

यद्यपि विश्वनाथ भी मौलिक न होकर संकलन कर्त्ता ही थे। विश्वनाथ ने एक महत्वपूर्ण प्रयास यही किया कि ध्वनि के आधार पर ही ध्वनि को और अधिक विकसित करने का प्रयास किया।

जगन्नाथ ने **"रसगंगाधर"** में काव्य लक्षण बताते हुए कहा कि **"रमणीयार्थ प्रतिपादकः शब्दः काव्यम्"** अर्थात् काव्य एक ऐसी पदावली है जो अभिव्यक्ति को रमणीयता प्रदान करती है। रमणीयता का कारण भावना होती है जिसके कारण अलौकिक तथा निर्लिप्त आनन्द प्राप्त होता है। निष्कामना का यह गुण अत्यंत आवश्यक गुण है जो कि आंतरिक अनुभव की चीज है।

जगन्नाथ कहते हैं कि आनन्द का कारण एक ऐसी कल्पना है जो स्वयं आनन्द की अवस्था के सततः चिन्तन से प्राप्त होती है। स्वभावोक्ति जैसे

"मैं आपको धन दूँगा।"- में निर्लिप्त नहीं, अतः रमणीयता भी नहीं है। अतः काव्य की रमणीयता वह है जो हमें निर्लिप्त और निर्वैयक्तिक आनन्द प्रदान करती है।

जगन्नाथ ने रमणीयता की भव्य और विराट व्याख्या की है। जगन्नाथ ने चार प्रकार के काव्यों का विभाजन किया है–उत्तमोत्तम, उत्तम, मध्यम और अधम। उत्तमोत्तम काव्य में अर्थ और शब्द गौण रहकर रमणीयार्थ को प्रकट करते हैं–इसे ही ध्वनिकार ने ध्वनिकाव्य कहा है।

जगन्नाथ ने रमणीयता को एक विलक्षणता माना है।

भारतीय काव्य : विविध सम्प्रदाय

"काव्य शोभाकरान् धर्मानलंकारान् प्रचक्षते।" आचार्य दण्डी

प्रवर्तक भामह–प्राचीनता की दृष्टि से भारतीय काव्य संप्रदायों में रस सिद्धान्त के प्रवर्तन के बाद अलंकार संप्रदाय का ही स्थान माना जाता है। इस काव्य संप्रदाय के आदि प्रवर्तक 'भामह' हैं। उन्होंने ही सर्वप्रथम अपने ग्रंथ 'काव्यालंकार' की रचना कर 'अलंकार' को काव्य की आत्मा घोषित किया। इस प्रकार अलंकार संप्रदाय की स्थापना की। भामह का समय ईसा की छठी शताब्दी माना गया है। इनसे पूर्व भरतमुनि ने भी उपमा, दीपक, रूपक, यमक अलंकारों को स्वीकार किया था, इसलिए उन्हें ही अलंकार संप्रदाय का प्रवर्तक माना जाता है।

इन्होंने 'शब्दार्थों सहितो काव्यम्' कहकर शब्दालंकार और अर्थालंकार के दो भेद किए थे। इनका परवर्ती अलंकारवादियों पर इतना व्यापक प्रभाव पड़ा कि उन्होंने काव्य वस्तु की सर्वथा उपेक्षा कर अलंकार को ही काव्य का सर्वस्व मान उसे काव्य की आत्मा घोषित कर दिया।

1. **अलंकार संप्रदाय की परम्परा**–भारतीय काव्य संप्रदायों में रस के अतिरिक्त शेष सम्प्रदायों में सबसे पुराना अलंकार संप्रदाय ही है। वैसे तो 'भरतमुनि' ने अपने 'नाट्यशास्त्र' में चार अलंकारों उपमा, रूपक, दीपक तथा यमक का उल्लेख किया था, पर उन्होंने इन्हें महत्व नहीं दिया था।
2. **भामह**–का अलंकार शास्त्र (काव्यालंकार) 6 परिच्छेदों में विभक्त है। जिसमें क्रमशः काव्यशरीर, निर्णय, अलंकृति निर्णय, दोष निर्णय, न्याय निर्णय और शब्द शुद्धि पर विचार किया गया है। 'भामह' ने वक्रोक्ति को ही समस्त अलंकारों का मूल मानते हुये, उनकी संख्या 38 निर्धारित की है। इस प्रकार भामह ने काव्य का प्राणतत्व अलंकार बताते हुए, अलंकार का प्राणतत्व 'वक्रोक्ति' को बताया है।
3. **आचार्य दण्डी**–ये अलंकार सम्प्रदाय के पोषक माने जाते हैं। इन्होंने अपने सूत्र "काव्य शोभाकरान् धर्मानलंकारान् प्रचक्षते।" द्वारा अलंकार को काव्य की शोभा बढ़ाने वाला धर्म कहा है। इससे स्पष्ट है कि काव्य की शोभा केवल अलंकार पर ही आश्रित है। अतः अलंकार काव्य का शाश्वत् धर्म है। इन्होंने अलंकारों का वैज्ञानिक विवेचन करके उनकी संख्या 35 ही स्वीकार की है। इन्होंने यमक, निबंध और प्रहेलिका आदि का विस्तृत विवेचन किया है। तथा शब्दालंकार को विशेष महत्त्व प्रदान किया है। 'दण्डी' ने भामह की वक्रोक्ति के स्थान पर 'अतिशय' को अलंकार की आत्मा स्वीकार किया है। किन्तु वास्तव में दोनों का तात्पर्य एक ही है, केवल शब्द भेद ही दिखाई देता है, दण्डी ने तीन प्रकार के भाव परक अलंकार माने हैं–

   (क) प्रेमस–जो श्रृंगार से संबंधित है।

   (ख) रसवत–यह किसी भी रस से संबंध बना सकता है।

   (ग) ऊर्जस्वित–इसमें वीर, रौद्र रस का समावेश होता है।
4. **आचार्य उदभट्ट**–दण्डी के पश्चात इस सम्प्रदाय में उद्भट् का पदार्पण हुआ। इन्होंने 'काव्यालंकार' सार संग्रह की रचना की। इनका समस्त विवेचन 'भामह' का ही समर्थन करता है, पर उन्होंने जो विवेचन किया है वह सूक्ष्म और सटीक है। उन्होंने दृष्टांत, काव्यलिंग और पुनरूक्तिवाद भास अलंकार की सर्वथा नई उद्भावना की तथा अनुप्रास के भेदों में बढ़ोत्तरी की। इस प्रकार उद्भट् ने भामह के 38 अलंकारों की श्रृंखला को बढ़ाकर 41 कर दिया। उन्होंने श्लेष अलंकार के दो भेद-शब्द और अर्थ श्लेष किये हैं तथा दोनों को ही अर्थालंकार माना है। बाद में 'मम्मट' आदि ने इसकी आलोचना की।
5. **आचार्य रूद्रट**–इन्होंने 'काव्यालंकार सार' ग्रंथ की रचना की। अलंकार संप्रदाय में इनका अत्यंत महत्त्वपूर्ण स्थान है। इन्होंने अलंकारों का अत्यंत व्यापक और उदार दृष्टि से निरुपण किया। डॉ काणे के अनुसार, "रूद्रट अलंकारों का वर्गीकरण वैज्ञानिक रूप से करने वाले प्रथम आचार्य हैं। इन्होंने सर्वाधिक अलंकारों की उद्भावना की इनके अलंकार चार वर्गों में विभक्त हैं। इनका वर्गीकरण वास्तवोपम्य, अतिशय और श्लेष पर आधारित है।"
6. **आचार्य मम्मट**–अलंकार संप्रदाय की पूर्ण प्रतिष्ठा करने वाले आचार्य मम्मट ही थे। ये समन्वयवादी विचारक एवं ध्वनिवादी आचार्य थे। इनकी रचना 'काव्य प्रकाश' है। इसके नवम् व दसम् उल्लासों में अलंकारों का विवेचन है। इनकी विशिष्ट बात यह है कि इन्होंने अलंकारों को काव्य के लिए आवश्यक नहीं माना है। इन्होंने सहायक तत्वों के रूप में ही अलंकारों को स्वीकार किया है, मम्मट के अनुसार, "अलंकार काव्य के अंग अर्थात शब्दार्थ रूपी शरीर की शोभा बढ़ाते हुये काव्य का उपकार करते हैं। अलंकार को ये काव्य का अस्थिर धर्म मानते हैं।
7. **आचार्य वामन**–ने सौन्दर्य को ही अलंकार माना है। ये रीति संप्रदाय के प्रवर्तक आचार्य हैं। इन्होंने अलंकारों को काव्य के लिए महत्त्वपूर्ण माना है, पर काव्य की आत्मा नहीं माना।
8. **आचार्य जयदेव**–इन्होंने अपनी 'चन्द्रालोक' नामक कृति में अलंकारों का विवेचन किया है। इन्होंने खण्डन मण्डन रहित विवेचन किया है। अग्नि का रूपक देकर काव्य और अलंकार का संबंध बताया है। अग्नि और ऊष्णता का जो संबंध है वहां काव्य और अलंकार का है।
9. **विश्वनाथ**–'साहित्यदर्पणकार' ने साहित्यदर्पण के दशमृ स्कंध में अलंकारों का विवेचन करते हुये दो नवीन अलंकार निश्चय और अनुकूल की उद्भावना की।

रीतिकालीन हिन्दी कवियों का मत

रीतिकालीन सैंकड़ों आचार्यों ने संस्कृत के आचार्यों का अनुसरण करके, अलंकार का काव्य में महत्त्व निर्धारित किया। ये अपना कोई नवीन मत नहीं दे सके। इन्होंने संस्कृत आचार्यों के मतों को दोहराया है। केशवदास ने भामह के सूत्र का छायानुवाद करते हुये लिखा है–

"जदपि सुजाति सुलच्छणि, सुबरन सरस सुवृत।
भूषण बिनु न विराजहि कविता, बनिता मित्त।।

आधुनिक काल में हिन्दी आचार्य : आचार्य रामचन्द्र शुक्ल और डॉ. नगेन्द्र प्रमुख आचार्य हैं, जिन्होंने अलंकार का विवेचन किया। इनके अलावा मुरारीदास, भगवान दीन, कन्हैयालाल पौद्दार, रामदहीन मिश्र आदि ने खड़ी बोली में अलंकारों का विवेचन किया है।

अलंकार: परिभाषा एवं स्वरूप : अलंकार दो शब्दों अलन+कार के योग से बना है। जिसका अर्थ है आभूषण या जो अलंकृत या सुशोभित करे वह अलंकार है। जिस प्रकार आभूषण मानव शरीर के अंग नहीं होते, ऊपरी आवरणमात्र है, जो शैली से संबंधित तत्व माने जाते हैं, पर अलंकारवादी आचार्य अलंकार को काव्य की आत्मा स्वीकारते हैं यहां हम कुछेक परिभाषाओं पर विचार करेंगे।

1. "शब्द या अर्थ का वैचित्र्य ही अलंकार है जिस प्रकार स्त्री का सुन्दर मुख भी बिना आभूषण के नहीं सजता, उसी प्रकार अलंकार के बिना कविता कामिनी की शोभा नहीं बढ़ती।" –आचार्य भामह
2. "काव्य शोभाकरान् धर्मानूलंकारान् प्रचक्षते।"
   काव्य की शोभा बढ़ाने वाले धर्म ही अलंकार हैं।" –आचार्य दण्डी
3. "अभिधान पुकार विशेषा एवं चालंकाराः"
   "कवि प्रतिभा से सृजित विशेष कथन ही अलंकार है।" –आचार्य रूद्रट
4. "ऊष्णता का जो संबंध अग्नि से है वही संबंध अलंकार का काव्य से है।" –आचार्य जयदेव
5. "काव्य की शोभा बढ़ाने में कभी-कभी सहायक हुये धर्मो को ही अलंकार कहा जाता है।"–आचार्य रामचन्द्र शुक्ल

काव्य में अलंकारों का महत्त्व: एक सफल कवि की सफल कृति के पीछे अलंकारों का महत्त्वपूर्ण योगदान होता है। जिस प्रकार एक सुन्दर कामिनी ने अपने अंगों को अलंकारों से सुशोभित किया हो तो उसकी सुन्दरता पर चार चाँद लग जायेगें उसी प्रकार अलंकार अनुभूति को जैव बनाते हैं तथा कवि की मनोवृत्तियों का विस्तार करते हैं। इसी तथ्य को जानकर अलंकारवादियों ने अलंकार को काव्यात्मा माना है। "हालांकि इस विषय में काफी मतभेद है। आधुनिक आचार्यों ने अलंकार को बाह्य उपकरण या कवच के समान अलंकारों का महत्त्व माना है। अलंकार का प्रयोग कवि की प्रतिभा पर निर्भर करता है। अलंकार वे ही उचित और सार्थक हैं जो सहानुभूति में सहायक होते हैं। इस प्रकार अलंकार का प्रयोग दो प्रकार का होता है–एक बाह्य शोभाकार, दूसरा सहायक, आन्तरिक रूप में। चाहे जो हो अलंकार को बाह्य उपादान या आन्तरिक धर्म, काव्य में अलंकारों के महत्त्व को मुक्त होकर स्वीकारना पड़ेगा।

मनोवैज्ञानिक दृष्टि से अलंकारों का महत्त्व: भावोद्वेलन के अवसर पर हमारे मुख से जो शब्द निकलते हैं वे साधारण अवसरों पर कहे गये शब्दों से भिन्न होते हैं तथा उनके अर्थ में भी एक भिन्नता होती है, रोमांचकता आ जाती है। शब्द और अर्थ की यही भिन्नता अलंकारों को जन्म देती है। इसलिए सिद्ध कवियों की रचना में भावावेग के अवसरों पर स्वतः ही अलंकार स्वाभाविक रूप से आ जाते हैं और अपनी उपस्थिति से रचना के सौन्दर्य को बढ़ा देते हैं। पर कवि जब मात्र चमत्कार उत्पन्न करने के लिए अलंकारों का प्रयोग करता है तो भाषा में कृत्रिमता और अस्वाभाविकता आ जाती है। अतः साहित्य मनीषी अलंकारों के स्वाभाविक प्रयोग को उचित मानते हैं न कि बलात् प्रयोग को। यदि कवि अलंकार शास्त्र के ज्ञानानुसार अलंकारों का प्रयोग करता है तो उसकी रचना श्रेष्ठ बन जाएगी। इसके लिए शास्त्र का ज्ञान और अभ्यास आवश्यक है।

प्राचीन आचार्यों ने आवृति, सादृश्य, अतिशयोक्ति क्रम आदि को ही अलंकारों का आधार माना है। आवृत्ति चमत्कार उत्पन्न करती है चाहे वह ध्वनि की हो या शब्द की। यही ध्वनि की आवृत्ति काव्य में अनुप्रास के नाम से जानी जाती है। अर्थालंकारों में उपमा, रूपक आदि ऐसे ही अलंकार हैं। अतिशयोक्ति भी चमत्कार द्वारा सौन्दर्य उत्पन्न करती है। क्रम अलंकार का भी अपना महत्त्व है। सिद्ध है कि बिखरी वस्तुएं जब क्रम में सजा दी जाती हैं तो सौन्दर्य निखरेगा ही। प्राचीन आचार्यों ने इसी आधार पर अलंकारों का विवेचन किया है।

वस्तुतः अलंकार, (1) मन का विस्तार करते हैं, (2) अलंकार कवि की मनोवृत्ति से संबद्ध हैं।

अतः महाकवि केशवदास का यह सूत्र अलंकारों का काव्य में महत्व सिद्ध करता है–

"जदपि सुजाति सुलच्छनी, सुबरन सरस सुवृत।
भूषण बिनु न विराजहि, कविता बनिता मित्त।"

अलंकार काव्य रूपी दुर्वा पर बिखरे हुये तुहिन कणों के समान है।

ध्वनि संप्रदाय

ध्वनि संप्रदाय के प्रतिष्ठाता आचार्य आनन्दवर्द्धन माने जाते हैं। इन्होंने सन् 875 ई॰ के आस-पास अपने प्रसिद्ध ग्रंथ 'ध्वन्यालोक' द्वारा इस नवीन काव्य संप्रदाय की स्थापना कर ध्वनि को काव्य की आत्मा घोषित किया। आनन्दवर्द्धन के 'ध्वन्यालोक' से पूर्व ध्वनि संप्रदाय के अस्तित्व का कोई निश्चित प्रमाण अभी तक नहीं मिल सका है। परन्तु इस ग्रन्थ में ध्वनि संप्रदाय की जैसी विशद और पूर्ण विवेचना की गई है। उसे देखते हुये इस बात पर विश्वास करने को बाध्य होना पड़ता है, कि इसकी पूर्ववर्ती कोई परम्परा अवश्य रही होगी। 'ध्वन्यालोक' की पहली कारिका में कहा गया है–

"काव्यस्यात्मा ध्वनिरिति बुधैर्यः संभाम्नातपूर्व।"

अर्थात काव्य की आत्मा ध्वनि है। जिसे बुद्धिमान लोग पहले से कहते आये हैं, ध्वनि संप्रदाय संस्कृत काव्यशास्त्र का अत्यंत महत्त्वपूर्ण और प्रौढ़ संप्रदाय माना जाता है। वस्तुतः 'ध्वन्यालोक' ही 'ध्वनि' संप्रदाय का जनक है।

ध्वनि क्या है? स्वरूप : आनन्दवर्द्धन प्राचीन आचार्यों के संदर्भ में ध्वनि पर प्रकाश डालते हुए कहते हैं जिसका सार है–

(1) व्यंजक शब्द जो ध्वनित करे या कराये।
(2) वह व्यंजक अर्थ जो ध्वनित करे या कराये।
(3) वह (अर्थात् रस, वस्तु और अलंकार) जिसकी व्यंजना करायी जाए।
(4) वह (शब्द-शक्ति व्यंज़ना) जिसके द्वारा व्यंजना करायी जाए।
(5) वह काव्य जिसमें रस, वस्तु, अलंकार ध्वनित होते हैं।

अतः ध्वनि शब्द-व्यंजक शब्द, व्यंजक अर्थ, व्यंजना-व्यापार तथा व्यंग्य काव्य के अर्थों में प्रयुक्त होता है। स्पष्टतः ये पांचों अर्थ एक दूसरे से घनिष्ठ संबंध रखते हैं।

'हिन्दी साहित्य-कोश' में ध्वनि की व्याख्या इस प्रकार की गई है–

"सामान्य व्यवहार में कानों को सुनाई पड़ने वाले नाद को 'ध्वनि' कहते हैं।"

ध्वनि की परिभाषा : काव्य सिद्धान्त के रूप में 'ध्वनि' शब्द का सर्वप्रथम प्रयोग 'ध्वन्यालोक' में किया गया है।

"यत्रार्थः शब्दो वा तमर्थमुप सर्जनी कृत स्वार्थों।
व्यंजक्तः काव्य-विशेषः स ध्वनिरिति सुरिभिः कथितः।।"

अर्थात विद्वान उस काव्य को ध्वनि कहते हैं जिसमें कथित शब्द और अर्थ अपने को अप्रधान बनाकर व्यंग्यार्थ को अभिव्यक्त करते हैं। परन्तु प्रत्येक व्यंग्यार्थ को काव्य नहीं किया जा सकता-चमत्कारी व्यंग्य ही काव्य के रूप में समादृत हो सकता है।"

व्यंग्यार्थ ही काव्य है : शब्द की तीन शक्तियां मानी गई हैं- अभिधा, लक्षणा और व्यंजना। इनमें से ध्वनिवादी केवल व्यंजना को ही वास्तविक और उत्कृष्ट काव्य का मूलाधार मानते हैं। व्यंजना ही काव्य में निहित अकथित अर्थात् छिपे हुये अर्थ को स्पष्ट करने में समर्थ होती है, अभिधा और लक्षणा नहीं। 'ध्वनि सिद्धांत' वैयाकरणों के स्फोटवाद सिद्धान्त पर आधारित है। स्फोटवाद के अनुसार शब्द के दो रूप होते हैं। "शब्द का स्थूल उच्चारित रूप उच्चारण भेद के अनुसार बदलता रहता है। यह शब्द का विकृत रूप माना जाता है और उसे अनित्य माना गया है। इसके अतिरिक्त शब्द का सूक्ष्म प्रतिरूप भी होता है। जो मानव मन में विद्यमान रहता है-वह नित्य और अविभाज्य है। इसी सूक्ष्म एवं नित्य ध्वनि-बिंब को शब्द के स्फोट की संज्ञा दी गई है।

अलंकार शास्त्रियों ने इसी स्फोटवाद के आधार पर ध्वनि सिद्धांत की स्थापना की है। काव्य का ज्ञान व्यंजना शक्ति ही करा सकती है अतः व्यंजना का ध्वनि से अटूट बंधन है। व्यंजना काव्य में निहित जिस प्रच्छन्न अर्थ का बोध कराती है वस्तुतः उसी अर्थ में काव्य का संपूर्ण सौन्दर्य निहित है। उन्होंने व्यंजना शब्द शक्ति को ध्वनि सिद्धान्त की आधार शिला माना है।

ध्वनि के भेद (प्रकार)

आनन्दवर्द्धन ने ध्वनि काव्य के प्रधान दो ही भेद किए हैं जो इस प्रकार हैं–

1. अभिधा मूलक ध्वनि – (विवक्षितान्यपर वाच्य ध्वनि)
2. लक्षणा मूलक ध्वनि – (अविवाक्षित वाच्य-ध्वनि)

अभिधामूलक ध्वनि के दो उपभेद हैं–

असंलक्ष्य क्रम ध्वनि : जहां वाच्यार्थ के साथ-साथ व्यंग्यार्थ ध्वनित हो जाता है, दोनों के मध्य कोई अन्तर प्रतीत नहीं होता, वहां असंलक्ष्य क्रम ध्वनि होती है।

जैसे– **"अरे! घी तो यहां रूपये का दो छटांक मिलता है।"**

इसका व्यंग्यार्थ है कि यहां महंगाई बहुत है।

संलक्ष्य क्रम ध्वनि : जहां पहले वाच्यार्थ और फिर व्यंग्यार्थ का बोध हो वहां संलक्ष्य क्रम ध्वनि होती है। इसे (अनुराग) अनुरंजन ध्वनि भी कहते हैं, क्योंकि घण्टे पर चोट पड़ने के कारण टंकार के बाद झंकार की सूक्ष्म लहरें भी सुनाई पड़ती हैं, उसी प्रकार ध्वनि में वाच्यार्थ से व्यंग्यार्थ स्पष्ट हो जाता है।

"माली आवत देखकै, कलियन करे पुकार।
फूले-फूले चुनि लिए, कालि हमारी बार।।"

यहाँ माली के स्थान पर काल या मृत्यु से संबंधित जिस अर्थ का बोध होता है, वहीं व्यंग्यार्थ है। व्यंग्यार्थ वाच्यार्थ की अनुभूति से किंचित बाद में प्रतीत होता है।

लक्षणामूला या अविवक्षित वाच्य ध्वनि

आनंदवर्द्धन ने 'ध्वन्यालोक' में लक्षणा मूला ध्वनि के दो उपभेद किये हैं–

1. अर्थान्तर संक्रमित वाच्य
2. अत्यन्त तिरस्कृत वाच्य ध्वनि

1. अर्थान्तर संक्रमित वाच्य : जिस ध्वनि में वाच्यार्थ अपना पूर्ण विलय न करके अपना निजी अर्थ रखते हुये भी अन्य अर्थ में संक्रमण करता है, वह अर्थान्तर संक्रमित वाच्य ध्वनि होती है यथा–**"मैं हूं बहिन पर भाई नहीं है**
सजी है राखी पर कलाई नहीं है।"

यहां कलाई का व्यंग्यार्थ है भाई की कलाई या वह भाई जिस को राखी बांधी जा सके। एक अन्य निदर्शन दृष्टव्य है–

"यह घर अच्छा है।"

यहां पर घर अच्छा होने के साथ व्यंग्यार्थ यह भी है कि कुल और संपदा, प्रतिष्ठा भी अच्छी है।

2. अत्यंत तिरस्कृत वाच्य ध्वनि : इसमें वाच्यार्थ का सर्वथा तिरस्कार हो जाता है तथा व्यंग्यार्थ कुछ और ही प्रकट होता है जैसे–**"पेट में चूहे दौड़ रहे हैं।"**

यहां चूहे से तात्पर्य भूख से है। चूहे का वाच्यार्थ लोप होने पर ही व्यंग्यार्थ भूख स्पष्ट होगा।

निष्कर्षतः हम यह कह सकते हैं कि ध्वनि सिद्धान्त के प्रथम प्रामाणिक आचार्य प्रवर्तक (प्रतिष्ठाता) 'ध्वन्यालोककार' आनन्दवर्द्धन हैं। उनसे पूर्व इस सिद्धान्त का उल्लेख तो मिलता है। जैसा ध्वनि सिद्धांत में आनन्दवर्द्धन भी मानते हैं, पर इसका प्रभाव नहीं मिलता। अतः आनन्दवर्द्धन को ही ध्वनि सिद्धान्त का जनक मानना न्याय संगत होगा।

संभवतः इस सिद्धांत का प्रवर्तन तो आनन्दवर्द्धन से पूर्व भी था, इसका स्वरूप भी स्पष्ट था। इसके प्रमुख भेदों के साथ सैकड़ों उपभेद भी हैं। ध्वनि सिद्धान्त के प्राण शब्द शक्तियां हैं और शब्द शक्तियों में भी व्यंजना शब्द शक्ति इसका पोषण करती हैं। अन्य संप्रदायों की भांति ध्वनि संप्रदाय में भी त्रुटियां और असंगतियां हैं। फिर भी वाक्य में ध्वनि का स्थान महत्त्वपूर्ण है। हमें यह कहने में तनिक भी संकोच नहीं है कि वस्तुतः काव्य की आत्मा वह चारूता या सौन्दर्य ही है, जिसका उल्लेख बार-बार ध्वन्यालोककार द्वारा हुआ है तथा ध्वनि, अलंकार, रीति आदि में सब उसी चारूता की उपलब्धि के साधन मात्र हैं। ध्वनि का स्थान इन साधनों में महत्वपूर्ण है।

1. लक्षणामूलक ध्वनि
   - (1) अर्थान्तर संक्रमित वाच्य ध्वनि।
   - (2) अत्यंत तिरस्कृत वाच्य ध्वनि।

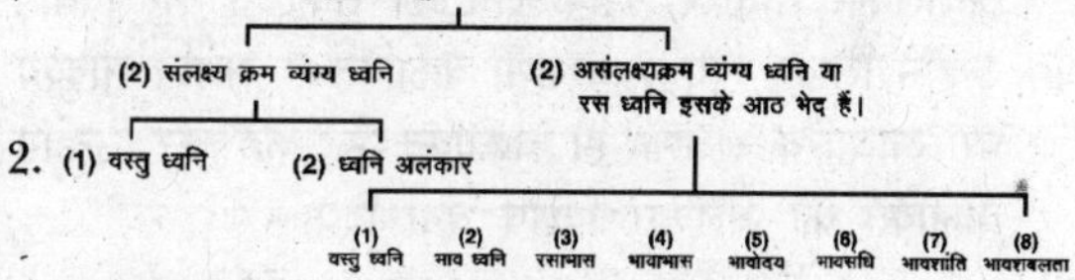

"वक्रोक्तिरेव वैदग्ध भंगी भणिति रुच्यतेः"–आचार्य कुन्तक
"वक्रोक्ति काव्य जीवितम्"
"सदृश्या लक्षणावक्रोक्ति।"–आचार्य वामन

वक्रोक्ति क्या है? स्वरूप एवं परिभाषा

वक्रोक्ति संप्रदाय की परम्परा : 'वक्रोक्ति जीवितम्' नामक ग्रंथ के रचयिता कुन्तक को ही वक्रोक्ति सिद्धान्त का वास्तविक प्रवर्तक माना जाता है। इनसे पूर्व काव्यशास्त्र के क्षेत्र में रस, अलंकार, रीति और ध्वनि संप्रदाय प्रतिष्ठित हो चुके थे। वक्रोक्ति को यद्यपि कुन्तक ने ही काव्य का मूलाधार घोषित किया था, परन्तु उससे पूर्व भी विद्वानों ने गौरवपूर्ण स्थान प्रदान कर रखा

था। वक्रोक्ति का इतिहास भी अलंकार सिद्धान्त की भांति काफी पुराना है। कुन्तक का समय 10वीं सदी था, पर उनसे 400 वर्ष पूर्व भामह ने (छठीशती) वक्रोक्ति का प्रयोग कुन्तक के समान व्यापक रूप में कर उसे मूल अलंकार मान, संपूर्ण अलंकारों की जननी घोषित किया था। यहां हम वक्रोक्ति संप्रदाय की (विधिवत) परम्परा का उल्लेख करेंगे।

1. **आचार्य भामह :** आचार्य भामह का समय छठी सदी है। वे अलंकार संप्रदाय के प्रवर्तक माने जाते हैं। भामह अलंकारवादी थे। उन्होंने वक्रोक्ति को अतिशयोक्ति का पर्याय मानकर अतिशयोक्ति (वक्रोक्ति) को समस्त अलंकारों की जननी माना है। भामह के अनुसार, "वक्रोक्ति रहित काव्य, काव्य न रहकर वार्ता मात्र रह जाता है।"

2. **आचार्य दण्डी :** भामह के उपरान्त दण्डी ने भी वक्रोक्ति को वही महत्त्व दिया जो भामह ने दिया था। अर्थात इनके अनुसार भी वक्रोक्ति काव्य की आत्मा थी। इन्होंने अपने 'काव्यादर्श' में वक्रोक्ति का विशद विवेचन किया है। उन्होंने भामह की तरह वक्रोक्ति एवं स्वाभावोक्ति को एक ही नहीं माना। स्वाभावोक्ति को भिन्न मानकर वक्रोक्ति की तुलना में उसका महत्व स्वीकार करते हैं। इस तरह रस को भी वक्रोक्ति से पृथक कर दिया गया, जिससे वक्रोक्ति की सीमा संकुचित होती गई और वह मात्र अलंकार बन गई।

3. **आचार्य वामन :** आचार्य वामन ने वक्रोक्ति को विशिष्ट अर्थालंकार मानकर, इसके क्षेत्र को संकुचित कर दिया। उन्होंने लिखा, "सादृश्यालक्षणा वक्रोक्ति।" अर्थात सादृश्य पर आधारित लक्षणा ही वक्रोक्ति है, कह कर उन्होंने वक्रोक्ति को अलंकार विशेष बना दिया।

4. **रूद्रट :** ये वामन के समकालीन थे। इनके समय तक आते-आते वक्रोक्ति केवल अलंकार रह गयी जो मात्र वाक् छल पर ही आश्रित हो उठी। रूद्रट ने वक्रोक्ति को केवल शब्दालंकार ही माना। इस तरह भामह से रूद्रट तक वक्रोक्ति का निरंतर ह्रास होता रहा।

5. **आचार्य भोजराज :** सरस्वती कंठाभरण में भोजराज ने वक्रोक्ति में रसोक्ति को महत्त्व देकर पुनः रस की प्रतिष्ठा करने का प्रयास किया।

   "वक्रोक्तिश्च रसोक्तिश्च, स्वाभावोक्तिश्च वाङमय।"

   इनका प्रभाव आनंदवर्द्धन ने ग्रहण किया तथा अपने 'ध्वन्यालोक' में वक्रोक्ति को नवजीवन दिया।

6. **आनन्दवर्द्धन :** ध्वनि संप्रदाय के अधिष्ठाता आचार्य आनन्दवर्द्धन ने वक्रोक्ति को उसकी सीमित कारा से मुक्त कर पुनः स्पष्ट महत्व प्रदान किया। आनन्दवर्द्धन ने इसे एक विशिष्ट अलंकार मानकर इसके सामान्य तथा व्यापक रूप को स्वीकार किया। उन्होंने वक्रोक्ति के संबंध में कहा, वक्रोक्ति के द्वारा अर्थ में एक अद्भुत चमक उत्पन्न हो उठती है, इसलिए कवियों को इसमें विशेष प्रयत्न करना चाहिए। आनंदवर्द्धन ने भामह के अनुसार ही अतिशयोक्ति और वक्रोक्ति को पर्याय माना। सभी अलंकारों को अतिशयोक्ति गर्भित स्वीकार किया। "इस प्रकार आनंदवर्द्धन ने वक्रोक्ति का पुनरुद्धार कर उसे गौरव प्रदान किया था। कुन्तक ने बाद में आनन्दवर्द्धन के वक्रोक्ति संबंधी विवेचना से प्रभावित होकर ही ध्वनि सिद्धान्त के विरोध में वक्रोक्ति को व्यापकता प्रदान कर उसे ही काव्य की आत्मा घोषित किया"–राजनाथशर्मा।

आचार्य कुन्तक का परवर्ती वक्रोक्ति का रूप

कुन्तक के 'वक्रोक्ति काव्य जीवितम्' सिद्धान्त से यह स्पष्ट हो जाता है कि इस वक्रोक्ति संप्रदाय के वास्तविक (जनक) प्रवर्तक, आचार्य कुन्तक ही हैं। इन्होंने ही वक्रोक्ति को काव्य की आत्मा सर्वप्रथम घोषित किया। कुन्तक ने ही वक्रोक्ति की विस्तृत और प्रौढ़ व्याख्या तथा विवेचन किया।

कुन्तक का वक्रोक्ति संप्रदाय आनन्दवर्द्धन के ध्वनि संप्रदाय के विरोध में ही उत्पन्न हुआ। कुन्तक ने वक्रोक्ति की परिभाषा एवं व्याख्या इस सूत्र द्वारा स्पष्ट की।

"वक्रोक्ति रैव वैदग्ध भंगी भणिति रूच्यते।"

अर्थात् कथन की विचित्रता ही वक्रोक्ति है। यह कवि प्रतिभा पर निर्भर करती है।

उपर्युक्त विवेचन द्वारा हमने देखा कि अलंकारवादी भामह ने वक्रोक्ति को महत्व प्रदान किया था तथा उसे संपूर्ण अलंकारों की जननी घोषित किया। परन्तु भामह के उपरान्त इसका महत्त्व गिरता चला गया और आनंदवर्द्धन (ध्वनिवादी) ने इसका पुनः उद्धार किया। बाद में कुन्तक ने इसे अत्यंत व्यापकता प्रदान कर, इसे काव्य की आत्मा घोषित किया। इस प्रकार वक्रोक्ति संप्रदाय की स्थापना हुई! परन्तु कुन्तक के बाद इसका पराभव होने लगा और यह एक अलंकार मात्र रह गया। इस प्रकार संस्कृत काव्यशास्त्रीय समीक्षा में वक्रोक्ति को अधिक सम्मान नहीं मिल सका। –राजनाथ शर्मा

–डॉ॰ जगदीश चन्द्र गुप्त

वक्रोक्ति के भेद

आचार्य कुन्तक ने वक्रोक्ति का विस्तार से विवेचन करते हुये उसके अनेक भेदोपभेद निश्चित किये हैं। उन्होंने प्रमुखरूप से वक्रोक्ति के छः भेद माने–

1. वर्ण विन्यास वक्रता 2. पद पराार्द्ध वक्रता
3. पद पूर्वार्द्ध वक्रता 4. प्रकरण वक्रता
5. प्रबन्ध वक्रता 6. वाक्य वक्रता

संक्षिप्त विवेचन : वक्रोक्ति के भेदोपभेदों का

1. वर्ण विन्यास वक्रता : आचार्य कुन्तक के शब्दों में, जिसमें एक या दो या बहुत से वर्ण थोड़े-थोड़े अन्तर में बार-बार रचित हों, वह वर्ण विन्यास वक्रता अथवा वर्ण रचना की वक्रता कही जाती है। यहां वर्षा का तात्पर्य व्यंजन से लिया गया है। व्यंजनों की यही आवृति अलंकार संप्रदाय में अनुप्रास मानी गई है। कुन्तक ने इसके 3 भेद किये हैं–

(क) वर्णान्त से युक्त स्पर्श अर्थात 'क' से 'म' तक व्यंजनों का योग।

(ख) तलनाद्य-अर्थात् त, ल, न वर्ण की द्वित आवृति हो।

(ग) इन दोनों से युक्त तीसरा भेद यह है कि जहां 'र' का बार-बार प्रयोग हो। वस्तुतः यह संप्रदाय रीति, गुणों, माधुर्य, ओज, प्रसाद के समन्वय से किए गये हैं। यथा–

"तुम तुंग हिमालय शृंग,
और मैं चंचल गति सुर सरिता।
तुम विमल हृदय उच्छवास,
मैं कान्त कामिनी कविता।।"

2. पद पूर्वार्द्ध वक्रता : संस्कृत में इसे प्रवृत्ति कहा जाता है। इससे शब्दों की वक्रता पर ही विचार किया जाता है। इसके भी प्रमुख 10 उपभेद माने गये हैं, जो निम्न हैं।

(क) रूढ़िवैचित्र्य वक्रता : जब कवि अपनी प्रतिभा के बल पर किसी शब्द के रूढ़ या वाच्य अर्थ को इस प्रकार परिवर्तित करके जिससे उक्ति में चमत्कार आ जाये तो रूढ़ि वैचित्र्य वक्रता होगी।

(ख) पर्याय वक्रता : अनेक पर्यायवाची शब्दों में ही कवि अपनी प्रतिभा के आधार पर एक ऐसा शब्द चुनता है, जो उक्ति में सौन्दर्य उत्पन्न कर देता है, जैसे–

"अबला जीवन हाय तुम्हारी यही कहानी,
आँचल में है दूध और आँखों में पानी।"

(ग) उपचार वक्रता : जहां भेद होते हुये भी अभेदता का अनुभव किया जाये वहां उपचार वक्रता है।

"पत्तों के आनन अधरों पर,
सो गया निखिल वन का मर-मर।"

(घ) विशेषण वक्रता : जहां विशेषण के प्रयोग के कारण उक्ति में सौन्दर्य उत्पन्न हो, वहां विशेषण वक्रता होती है, यथा–

"तुम पूर्ण इकाई जीवन की, जिसमें असार भव सिंघुलीन।"
–'पंत'

गांधी जी के व्यक्तित्व के लिए 'पूर्ण इकाई' का प्रयोग है।

(ङ) संवृत्ति वक्रता : जब सौन्दर्य का वैचित्र्य के प्रतिपादन के लिए सर्वनाम आदि के द्वारा वस्तु का संवरण या गोपन किया जाए, तब संवृत्ति वक्रता होगी। *उदाहरण*–

"धिक-धिक ऐसे प्रेम को कहा कहहुँ मैं नाथ।"

(च) वृत्ति वक्रता : जहां उक्ति में समासतद्धित आदि हों वहाँ वृत्ति वक्रता होती है–

"कौघटि ए वृष भानुजा, वे हलधर के बीर।"

(छ) लिंग वैचित्र्य वक्रता : जहां लिंग के चमत्कार पूर्ण प्रयोग से उक्ति में सौन्दर्य की सृष्टि हो–

"कौन हो तुम बसन्त के दूत, विरह पतझड़ में सुकुमार।' 'प्रसाद'
"सिखा दो ऐ ना मधुप कुमारी, मुझे भी अपने मीठे गान।' 'पंत'

(ज) क्रिया वैचित्र्य वक्रता : इसमें क्रिया के वैचित्र्य प्रयोग से सौन्दर्य में सृष्टि की जाती है।

"तिर रही अतृप्ति जलधि में नीलम की नाद निराली।"

(झ) भाववैचिक्रय वक्रता

(ञ) प्रत्यय वक्रता

3. पदपरार्ध वक्रता : इसका संबंध शब्द के उत्तरार्द्ध अंश या प्रत्यय आदि से है। इसके 6 (छः) उपभेद हैं।

"पिय सों कहहु सन्देसड़ा हे भोरा हे काग।"

उपभेद– 1. कालवैचित्र्य वक्रता चुग की चिड़ कलियां, 2. कारक वक्रता, 3. संख्या वक्रता, 4. पुरुष वक्रता, 5. उपग्रह वक्रता, 6. प्रत्यय वक्रता।

4. वाक्य वक्रता : यहां वाक्य वक्रता का आधार भूत वाक्य ही होता है। जहां चमत्कार द्वारा वाक्य में सौन्दर्य उत्पन्न

किया जाये। इसमें उपमा, रूपक आदि अर्थालंकारों का बहुतायत प्रयोग "शशि मुख पर घूंघट डाले।" इसके दो उपभेद हैं– 1. स्वाभावोक्ति। 2. अर्थालंकार।

5. प्रकरण वक्रता : अनेक वाक्यों के समूह या प्रबंध के देश या अंश या सर्ग को प्रकरण कहते हैं। वस्तुतः इसमें प्रसंग को ही प्रकरण नाम से अभिहित किया गया। जब कवि अपनी प्रतिभा से इस प्रकार के प्रकरण का चमत्कारपूर्ण वर्णन करता है तो प्रकरण वक्रता होती है। कुन्तक ने प्रकरण वक्रता के छः उपभेद किये हैं–1. भावपूर्ण स्थिति की उद्भावना, 2. प्रसंग की मौलिकता, 3. पूर्व प्रचलित प्रसंग में संशोधन, 4. रोचक प्रसंगों का विस्तृत वर्णन, 5. प्रधान उद्देश्य की सिद्धि के लिए उप प्रधान प्रसंग की उद्भावना, 6. विशिष्ट प्रकरण की अतिरंजना।

6. प्रबंध वक्रता : इसके छः उपभेद किए गये हैं। प्रबंध वक्रता के अन्तर्गत महाकाव्य, खण्डकाव्य, एवं नाटक का समस्त वस्तु कौशल आ जाता है। इसमें प्रबन्ध कल्पना की समस्त वक्रता अन्तर्निहित है। कुन्तक ने इसके छः उपभेद बताए हैं–

(क) मूल रस परिवर्तन : कथा के मूल रस में परिवर्तन करके नवीन रस की सृष्टि करना। जैसे उत्तर रामायण में 'शान्त' की जगह 'करूणरस' है।

(ख) नाटक के चरित्र में संशोधन : 'किरातार्जुनीयम' नाटक में अर्जुन को शिव द्वारा परास्त करना तथा 'पाशुपतास्त्र' प्राप्त करना।

(ग) कथा के माध्यम से किसी ऐसे कल की प्राप्ति जिसके प्रधान कार्य में सुविधा हो, जैसे शिशुपाल वध महाकाव्य में शिशुपाल का पहले ही मृत्यु को प्राप्त होना।

(घ) नायक द्वारा मुख्य फल के साथ अनेक फलों की प्राप्ति : 'नागानंद' नाटक के नायक के पिता की खोज में जाते हुये रास्ते में मलयावती से मिलन, प्रेम होना, विवाह होना, शंखचूक नाग की प्राण रक्षा में आहूति आदि फल प्राप्त होते हैं।

(ङ) प्रबंध का नामकरण प्रधान घटना का सूचक : मुद्राराक्षस, शिशुपाल वध, साकेत, कामायनी आदि।

(च) एक ही कथा पर आश्रित प्रबंधों की मूल कथा का वैचित्र्य वैविध्य है। उदाहरण–रामायण की रामकथा पर आधारित रघुवंश, भट्टी काव्य, उत्तर रामचरित, रामचरितमानस, रामचन्द्रिका, साकेत।

निष्कर्ष : छठी शताब्दी में भामह ने वक्रोक्ति का विस्तार से वर्णन किया था पर इन्होंने इसे कोई विशेष महत्त्व नहीं दिया। इनके बाद आचार्य कुन्तक ने 'वक्रोक्ति काव्य जीवितम्' ग्रंथ रचकर इसका वास्तविक प्रवर्तन किया। अतः कुन्तक ही वक्रोक्ति संप्रदाय के प्रवर्तक माने जाते हैं। कुन्तक के बाद वक्रोक्ति का महत्त्व निरन्तर कम होता गया। रूद्रट और रूय्यक ने वक्रोक्ति को अलंकार विशेष कहकर इसके महत्त्व को संकुचित कर दिया पर ध्वन्यालोककार आनन्दवर्द्धन ने वक्रोक्ति को नव जीवन दिया। उन्होंने इसे काव्य की आत्मा स्वीकार किया पर फिर भी वक्रोक्ति संप्रदाय आज बहुत अधिक महत्त्व नहीं पा सका। यह एक अलंकार मात्र बनकर रह गया।

कुंतक के द्वारा वक्रोक्ति के जो भेद दिये गये हैं, उनसे स्पष्ट हो जाता है कि उन्होंने वक्रोक्ति को कितना व्यापक स्वरूप प्रदान किया था। इन्होंने इसे व्यापक बनाकर काव्य के सभी अंगों और क्षेत्रों से सम्बद्ध कर दिया।

सहृदय की अवधारणा व साधारणीकरण

काव्यशास्त्रीय चिन्तकों ने यह पाया कि लोक व्यवहारगत अर्थों का स्वरूप लौकिक होता है जबकि उन्हीं अर्थों का काव्य रूप अलौकिक होता है।

आचार्य मम्मट कहते हैं-काव्य की अनुभूति का विषय बड़ा ही जटिल होता है। रसास्वादन में स्वत्व की भावना के कारण बाधा पड़ती है। काव्य में वर्णित व्यापार प्रवृत्ति निवृत्ति रूप ही रहता है अर्थात् वह व्यक्ति-संबद्ध नहीं रहता व्यक्ति संबद्धता लौकिक व्यवहार का रूप है और व्यक्ति निरपेक्षता काव्य का गुण है। काव्यगत अर्थों का सामान्यत्व से प्रतीति होना रसास्वादन के लिए आवश्यक है।

मम्मट कहते हैं- ये मेरे ही हैं अथवा मेरे नहीं हैं, ये शत्रु के ही है अथवा शत्रु के नहीं हैं, ये तटस्थ के ही हैं अथवा तटस्थ के नहीं हैं–इस प्रकार काव्यगत अर्थों में संबंध विशेष के स्वीकार की कल्पना नहीं होती अतएव इसकी प्रतीति भी साधारण की भूमि पर होती है।

काव्यास्वादन के समय पाठक के हृदय में वासनारूप संस्कार उद्‌बुद्ध होते हैं- ये संस्कार उसके हृदय में पहले से ही स्थित होते हैं।

काव्य-पाठन से जब वे उदित होते हैं तब स्वयं बद्ध अवस्था में ही उनके उद्‌बुद्ध होने की संभावना रहती है और

रसास्वादन के समय यह अपेक्षित है कि वे उद्‌बुद्ध तो हो पर स्वयं बद्ध न रहे।

उद्‌बुद्ध संस्कारों का विगलन होना ही पाठक के व्यक्तिगत संस्कारों का विगलन है स्वत्व की विस्मृति का अर्थ है स्वत्व का विस्तार होना। मम्मट इसे "अपरिमित प्रभातृत्व" कहते हैं। उद्‌बुद्ध होने वाला संस्कार मूलतः नियत प्रयातृगत होता है किन्तु तब भी विभावादि के साधारणत्व के कारण उस प्रमाता में परिमितत्व नष्ट होता है। इस प्रकार रसास्वादन के समय रसिक का उद्‌बुद्ध संस्कार भी साधारणीभूत होता है एवम् उसका सीमित व्यक्तिभाव भी विगलित होता है।

रस लौकिक प्रमाणों का बिषय नहीं बनता–रस लौकिक प्रत्यक्ष का विषय नहीं। वह अनुमित नहीं होता। वह स्व शब्दवाच्य नहीं होता वह स्मृति के अन्तर्गत नहीं। वह केवल "अनुभवैकगम्य" है। उसकी सत्ता अलौकिक है।

नाट्य शास्त्र में वर्णित राम एक व्यक्ति नहीं बल्कि एक अवस्था का प्रतिपादक है-

"धीरोदात्ताधवस्थानां रामादि प्रतिपादकः"

अतः कुमार संभव में वर्णित शिवपार्वती का प्रणय पुरातन काल में किए गए शिव पार्वती के विहार का रिपोर्ट नहीं, इतिहास नहीं। वह सामान्यत्व से प्रतीत होने वाला प्रणयी युगल का व्यवहार है। इस स्वप्न में भी वाच्य नहीं होता। अतः अलौकिक होता है। व्यवहार में देखे जाने वाले आरक्त नेत्र, कंप, पुलक आदि स्थायी के परिणाम अर्थात् कार्य हैं किन्तु जब ये ही अर्थ काव्य के अधीन आते हैं तो इनका प्रयोजन रसिक को चिन्तवृत्ति का अनुभव कराना होता है। लौकिक जीवन में इन्हें कार्य और काव्य में अनुभाव कहते हैं।

रस विवेचन के क्रम में एक बात ध्यान में रखनी चाहिए। विभाव, अनुभाव, व्यभिचारी स्थायी आदि का जो विवेचन किया जाता है वह नित्य अपोद्धार बुद्धि से किया जाता है। वस्तुतः रसास्वाद रसिक की अखंड घन प्रतीति है- यह प्रतीति खंडशः नहीं होती। ये विभाव, ये अनुभाव, ये संचारी.............. इस प्रकार अनुभूति खंडशः न होकर अखंड अनुभूति होती है। विभावादि की रस निरपेक्ष रूप में सत्ता नहीं होती।

रसिक में तीन विषयों का होना अनिवार्य है- नाट्य गत अर्थों का सामान्यत्व से ग्रहण, प्रतीति-विश्रंरति, तथा अनुमानपटुता।

नाट्यगत अर्थों का रसिक यदि सामान्यत्व से ग्रहण न कर सका तो नाट्य में व्यक्ति विशिष्ट के संबंधों की प्रतीति की संभावना उत्पन्न होती है–इससे रस विध्न होता है।

काव्य में कवि द्वारा जो प्रतीति अभिव्यक्त की जा रही है उसमें रसिक हृदय की विश्रांति होनी चाहिए। इस प्रतीति से कुछ सिद्ध या प्राप्त करना है–ऐसा मान रसिक को नहीं होना चाहिए। यदि यह मान रहा तो रसिक हृदय काव्य प्रतीति में विश्रांत नहीं हो सकता।

सामान्यत्व से ग्रहण करना तथा काव्य प्रतीति में विश्रांति ये दो धर्म जिस बुद्धि में होते हैं उसे आनन्दवर्द्धन ने तत्वार्थदर्शिनी बुद्धि कहा है।

तन्यमीभवन के लिए तीसरी चीज जो आवश्यक है, वह है अनुमान पटुता। यह अनुमान पटुता न हो तो पाठक को "झटिति प्रत्यय" (अर्थात् "अर्थ का कौंध जाना") नहीं होगा। रस के भाव के लिए उसका असंलक्ष्य क्रम होना अनिवार्य है। रसिक को होने वाला यह झटिनि प्रत्यय उतना ही सजीव होता है जितना कि स्वयं रसिक।

इसीलिए सहृदय की परिभाषा करते हुए अभिनवगुप्त ने कहा–

"अधिकारी चात्र विमल प्रतिभाशाली सहृदय"।

भट्टनायक ने जिन तीन काव्य व्यापारों–अभिधाव्याप भावकत्व व्यापार एवं भोजकत्व व्यापार की परिकल्पना की है, वे साधारणीकरण के तीन सोपान हैं। अभिधा व्यापार से सहृदय (सामाजिक) नायक-नायिका के संवादों का अर्थ ग्रहण करता है और फिर भावकत्व व्यापार से उनका भावन करता है। भावकत्व व्यापार से विभावादि का साधारणीकरण हो जाता है। भट्टनायक ने बल ही विभावादि के साधारणीकरण पर दिया हो, किंतु वे सहृदय के चित्त का भी साधारणीकरण स्वीकार करते हैं। स्पष्ट है कि साधारणीकरण के विवेचन में सहृदय पर सर्वाधिक बल दिया गया है।

रस सिद्धांत

भारतीय काव्यशास्त्रीय परम्परा में रस अति महत्त्वपूर्ण है। भारतीय काव्यशास्त्र में ही नहीं, प्राचीन भारतीय चिकित्सा पद्धतियों में भी और आधुनिक रसायन शास्त्र में भी रस अति महत्त्वपूर्ण है।

काव्यशास्त्रीय संदर्भों में रस को आनंद प्रदायी गुण माना जाता है। पाठक या श्रोता के मन में रस कैसे निष्पन्न होता

है? कैसे वह कविता के आंतरिक भावों से जुड़कर आनंद की प्राप्ति करता है। समग्रतः रस की निष्पत्ति की प्रक्रिया क्या है, इस विषय पर सर्वप्रथम नाट्यशास्त्र के प्रणेता आचार्य भरत ने एक सूत्र "विभावानुभावव्यभिचारीसंयोगाद्रसनिष्पतिः" में रस निष्पत्ति की प्रक्रिया को समझाते हुये, जो धारणा व्यक्त की है उसी के विस्तार विवेचन से भारतीय काव्यशास्त्र में रस सिद्धांत के विश्लेषण की या रस निष्पत्ति की प्रक्रिया के उद्घाटन की परम्परा विकसित हुई। भरत के परवर्ती सभी आचार्यों ने अपने-अपने विवेक के विश्लेषण के माध्यम से रस निष्पत्ति को विश्लेषित करने का प्रयास किया है।

भरतमुनि के सूत्र की व्याख्या करने पर स्पष्ट होता है कि उनके द्वारा निर्दिष्ट रस निष्पत्ति की प्रक्रिया पूर्णतः जैविक धरातल पर आधारित है। उन्होंने जिन विभावों, अनुभावों और संचारी भावों की बात की है, वह पूर्णतः मनुष्य के भौतिक शरीर में घटने वाली अंतः और बहिर्क्रियाएं हैं। आचार्य अभिनवगुप्त ने सबसे पहले रस निष्पत्ति की इस भौतिक और जैविक परम्परा को अध्यात्म और ईश्वरीय अंधकार में धकेलने की कोशिश की। उन्होंने कविता के आस्वादन से उत्पन्न रस को 'बह्मानंद सहोदर' कहकर उसे आध्यात्मिक, अलौकिक बना दिया है, दैवीय बना दिया है।

उन्होंने कविता के आनंद को जनजीवन से काटकर मनुष्य की आशाओं और आकांक्षाओं से दूर कर उसे मनुष्य के कर्ममय सौन्दर्य से काटकर परलोक की वस्तु बना दिया जबकि भरतमुनि ने स्पष्ट लिखा है कि रस निष्पत्ति की प्रक्रिया मनुष्य के मन और शरीर पर घटने वाली समस्त क्रियाओं का समुच्चय है। उनके सूत्र की व्याख्या करने से ये भली प्रकार स्पष्ट हो जायेगा।

विभाव– आलम्बन विभाव : नायक-नायिका।

उद्दीप्पन विभाव : वाद्ययंत्र, वीणा, बाँसुरी, मलय समीर, पुष्पित वन, नव पल्लवित वल्लरियां।

अनुभाव–कटाक्ष, नेत्रों का झुकना, अश्रु-श्वेद, कंपन, समस्त शारीरिक विकार और नायक नायिकाओं की ऐसी चेष्टायें जो रतिभाव के उद्दीप्पन में सहायक होती हैं।

व्यभिचारी भाव–यों तो साहित्य शास्त्र में असंख्य संचारीभावों की गणना की गई है, लेकिन भरत मुनि ने तैंतीस संचारी भाव मुख्यतः माने हैं।

भरत मुनि के इस सिद्धांत की व्याख्या से जो बात मुख्य रूप से सामने आती है, वह इस सूत्र के 'संयोग और निष्पत्ति' ही विवाद का केन्द्र बन जाती है, इन्हीं दो शब्दों पर परवर्ती आचार्यों के सिद्धांत निरूपित हुये हैं। प्रश्न यह उठता है कि भरत मुनि का संयोग और निष्पत्ति से क्या तात्पर्य था। इसी तात्पर्य की खोज में चार प्रमुख संस्कृत-आचार्य सामने आए। आचार्य भट्ट लोलट, उनके ही समान धर्मी आचार्य शंकुक, फिर आचार्य भट्ट नायक और अंतिम आचार्य के रूप में अभिनव गुप्त। 19वीं सदी के अंतिम दौर में कुछ हिन्दी आचार्यों ने भी रस निष्पत्ति में योगदान दिया, बाबू श्याम सुंदर दास, बाबू गुलाब राय, आचार्य रामचंद्र शुक्ल, आचार्य नगेन्द्र।

भट्ट लोलट का उत्पत्ति या आरोपवाद

भरतमुनि के सिद्धांत की सर्वप्रथम व्याख्या मीमांसा शास्त्र के प्रौढ़ आचार्य भट्ट लोलट ने की। 'मीमांसा दर्शन' के एक सिद्धांत उत्पत्तिवाद का आश्रय लेकर इन्होंने निष्पत्ति शब्द को उत्पत्ति के अर्थ में ग्रहण किया और संयोग का अर्थ लिया; कार्य-कारण संबंध से।

कार्य-कारण संबंध से तात्पर्य : कार्य–स्थायीभाव द्वारा रस की प्राप्ति।

कारण–विभाव (आलम्बन और उद्दीप्पन) और संचारी भाव।

(क) स्थायी भाव आलम्बन द्वारा उत्पन्न होकर, उद्दीपन द्वारा उद्दीप्त होकर संचारी भावों द्वारा पुष्ट होकर और अन्यभावों द्वारा व्यक्त होकर (प्रतीतियोग्य बनकर) अनुकार्य (मूलपात्र) में रस रूप में रहता है। अर्थात् स्थायी भाव उत्पन्न होता है जो रसरूप में सामने आता है। रस को उत्पन्न करने वाले कारण विभाव, अनुभाव और संचारीभाव हैं जो उसे प्रतीति योग्य बनाते हैं।

(ख) रसरूप, स्थायी भाव नट में उत्पन्न नहीं होता। हम नट में अभिनय और वेश-भूषा द्वारा उनका आरोपण कर लेते हैं।

(ग) स्थायी भाव तो प्रेक्षक या दर्शक में भी नहीं रहता, वह तो इस का नट पर आरोप करके चमत्कृत होता है और निष्कर्ष यह है कि रस अनुकार्य (मूलपात्र) में ही रहता है नट में चमत्कार आनंद रूप में परिवर्तित हो जाता है।

(घ) अभिनेता (अनुकर्ता) उसकी प्रतीति करवाने का माध्यम् है और प्रेक्षक गौण है।

(ङ) उपर्युक्त विवेचन के आधार पर भट्ट लोलट के रस विवेचन को तीन भागों द्वारा संबोधित किया जा सकता है–

(1) उत्पत्तिवाद– मूलनायक (अनुकार्य) के कारण

(2) आरोपवाद– नट (अनुकर्ता) के कारण

(3) चमत्कारवाद– प्रेक्षक (दर्शक) के कारण

भट्ट लोलट के सिद्धांत पर जो आपत्तियां लगायी जाती हैं या दोष बताये जाते हैं उनको हम निम्न प्रकार से अभिव्यक्त कर सकते हैं।

(1) **रस या स्थायीभाव संबंधी दोष**–भरतमुनि ने अपने सूत्र में कहीं भी स्थायी भाव का उल्लेख नहीं किया है। स्थायी भाव रस से भिन्न नहीं हो सकता और न ही इसे अलग से स्पष्ट किया जा सकता है अगर इसे मान भी ले तो फिर पुष्टि किस चीज की होती है।

(2) **कार्य कारण संबंधी**–इसमें भी महत्वपूर्ण है कार्य। भट्ट लोलट ने अपने विवेचन में स्थायी भाव या रस को कार्य मान लिया है जो उचित नहीं है क्योंकि रस तो विभाव और अनुभाव के बाद भी मन में विद्यमान रहता है। यदि रस कार्य है तो कारण (विभाव, अनुभाव) के बाद भी क्यों रहता है।

(3) भट्ट लोलट उत्पत्तिवाद के मानने वाले हैं अतः उनके अनुसार यह सिद्ध होता है कि रस वर्तमान नहीं होता अर्थात् वे यह नहीं मानते कि रस पहले से विद्यमान होता है वे तो बस इतना मानते हैं कि रस उत्पन्न होता है। उनका यह मानना नितांत अनुचित है।

(4) नट संबंधी अवधारणा में भी भट्ट लोलट ने गंभीरता से काम नहीं लिया है। उन्होंने यह माना है कि अनुकर्ता (नट, अभिनेता) अनुकार्य (मूलपात्र) का अनुभवजन्य अनुकरण करता है। अनुकरण चाहें गौण ही क्यों न हो नहीं किया जा सकता। एक नट मूल पात्र राम, कृष्ण या दुष्यंत का अभिनय करते हुये उनके रति भाव का अनुभव कैसे कर सकता है।

(5) प्रेक्षक संबंधी उनकी स्थापना भी भ्रामक है। भट्ट लोलट रस की उत्पत्ति मानते हैं यदि मान लेते हैं कि रस उत्पन्न होता है तो फिर दर्शक को कैसे आनंद मिलेगा, क्योंकि जहाँ रति होगी वहाँ रस भी होगा किन्तु वास्तविकता यह है कि दर्शकों के बीच रति आदि भावों की कोई क्रिया नहीं होती तो फिर वहां रस कैसे होगा। जहां रति नहीं है, जहाँ रस नहीं है तो फिर वहां आनंद ही कैसे प्राप्त हो सकता है। क्या दूसरों के भोजन से अपनी भूख तृप्ति संभव है।

(6) यदि हम नट के अभिनय को ही अनुकरण की सफलता मान लें तो बिना कार्य को देखे सफलता का पता किस प्रकार लगाया जा सकता है।

(7) आरोपित रस द्वारा दर्शकों में उत्पन्न हुआ चमत्कार मिथ्या भावना से रहित किस प्रकार हो सकता है। रस को अलौकिक आनंदमयी बताया गया है पर अनुकर्ता में रस सीमित रहता है तो वह सीमित हो जायेगा। तो फिर प्रेक्षक को रस अलौकिक आनंद की अनुभूति कैसे करा सकता है। विद्वान कहते हैं कि कार्य-कारण संबंधों के बीच किसी न किसी इकाई के रूप में समय का अंतर तो होता ही है लेकिन भट्ट लोलट की मान्यता के अनुसार नट के अभिनय करने और श्रोताओं के आनंदित होने की क्रिया में समय नहीं लगना बताया गया है।

आचार्य शंकुक का अनुमितिवाद या अनुभाववाद

भरत मुनि के सूत्र की व्याख्या के दूसरे चरण में जब आचार्य शंकुक ने भट्ट लोलट के सिद्धांतों की समीक्षा की तब उन्होंने न्यायदर्शन के अनुयायी होने के कारण भरत के सूत्र की व्याख्या न्याय सम्मत अनुमितिवाद सिद्धांत के आधार पर की। उन्होंने भट्ट लोलट के संबंध में उठी हुई समस्त आपत्तियों का निराकरण करने के लिए अपना अनुमितिवाद स्थापित किया।

अनुमिति का अर्थ है कि नट के कुशल अभिनय के कारण दर्शक नट में नायकत्व (अनुकार्यत्व) का अनुमान कर लेता है और उसे नायक समझकर "चित्रतुरंग न्याय" द्वारा उसके अभिनय के द्वारा व्यक्त किये गये अनुभावों में आनंद पाता है जिससे चमत्कार का अनुभव होता है और वही अनुभव आनन्दजन्य होता है, दूसरे शब्दों में कहें तो आचार्य शंकुक ने रस की निष्पत्ति गम्य-गमक भाव से मानी। इस गम्य-गमक का अर्थ भी भट्ट लोल्लट के कार्यकारण संबंध जैसा ही है। इसी कार्यकारण संबंध को आचार्य शंकुक के द्वारा गम्य-गमक भाव कहा गया है।

गमक– कारक या विभावादि का अनुमान करने वाले

गम्य– कार्य या रस का अनुमान किये जाने वाले या मुख्य विषय या अनुभव

अनुमान्य– (माध्यम) नट जिसके द्वारा या जिसमें रस का अनुमान कर लिया जाता है।

अनुमानक– दर्शक, प्रेक्षक, गौण।

अनुकार्य– मुख्य नायक। इसके अनुसार भी रस न तो नट में रहता है और न ही प्रेक्षक में केवल नट में उसके अनुमान के माध्यम से प्रेक्षक को चमत्कार होता है जिससे उसको आनंद प्राप्त होता है।

शंकुक के अनुमितिवाद की आपत्तियाँ: शंकुक ने दो बातों पर अत्यंत बल दिया है पहला अनुकरण दूसरा अनुमान, किंतु जो कठिनाइयाँ भट्ट लोलट के संबंध में उठी थी वे यहां भी विद्यमान हैं।

(क) अनुकरण न तो स्थायी भावों का हो सकता है और न ही सहकारी भावों का, नट केवल वेश-भूषा मात्र का अनुकरण कर सकता है।

(ख) अनुमान सत्य नहीं है फिर असत्य या मिथ्या के आधार पर सत्य की प्रतीति कैसे हो सकती है। प्रत्यक्ष ज्ञान से जो चमत्कार पूर्ण आनंद मिल सकता है वह अनुमान से कभी नहीं मिलता। "चित्र तुरंग न्याय" से चित्र का घोड़ा तो दिखाई दे सकता है किन्तु उस पर चढ़कर वह वास्तविक आनंद नहीं लिया जा सकता जो वास्तव में एक घोड़े की सवारी में मिलता है। वास्तव में रस या भाव सीधे अनुभव द्वारा ही भावना के विषय बन सकते हैं, अनुमान द्वारा नहीं और उत्पत्तिवाद और अनुमितिवाद दोनों में ही दोनों की सत्ता प्रेक्षक में गौण रूप में मानी गई है। तो फिर प्रश्न यह सामने आता है कि दूसरे के भावों को उसने किस प्रकार अपनाया।

(ग) यदि ऐसा मान लें कि रस की सत्ता गौण या प्रमुख रूप से प्रेक्षक में ही रहती है जैसा कि भट्ट लोलट और शंकुक मानते हैं तो फिर यह समस्या सामने आती है कि प्रेक्षक का हृदय यदि कल्पित नायकत्व से छा जाता है अर्थात् प्रेक्षक स्वयं पर मूल नायक का आरोपण कर लेता है या खुद को ही मूल नायक मान लेता है तो यह बात देवी-देवता और अन्य पूज्य व्यक्तियों के संदर्भ में कैसे लागू हो सकेगी। सीता के विषय में राम की रति का प्रेक्षक के हृदय में आना निःसंदेह दोषपूर्ण है और लोकमर्यादा के विपरीत है और फिर नायक के शौर्य एवं पराक्रम के असंख्य कार्य जिसकी कल्पना भी नहीं की जा सकती; प्रेक्षक के मन में किस प्रकार आ सकेंगे। क्या प्रेक्षक हनुमान जी की तरह उड़कर समुद्र लाँघ सकता है?

एक महत्वपूर्ण सवाल और उठता है कि नायक के दुख, शोक इत्यादि भाव प्रेक्षक को आनंद कैसे दे सकते हैं। जब नायक दुःखी होगा तो जाहिर है दर्शक भी रसानुभूति के कारण दुःखी होंगे। ऐसी स्थिति में प्रेक्षक का आनंद प्राप्त करना कैसे संभव है।

भट्ट नायक का भुक्तिवाद

भट्ट नायक सांख्य दर्शन के अनुयायी थे, अतः इन्होंने सांख्य दर्शन के केन्द्रीय सिद्धांतों के आधार पर भुक्तिवाद के सिद्धांत का प्रवर्तन किया। भुक्तिवाद से यहां तात्पर्य रस निष्पत्ति से है। इन्होंने अपने सिद्धांतों में यह स्थापना की कि रस की न तो प्रतीति होती है जैसा आचार्य शंकुक मानते हैं और न ही उत्पत्ति होती है जैसा आचार्य भट्ट लोल्लट मानते हैं। अभिनवगुप्त के समसामयिक होने के कारण और दोनों का रस विवेचन एक ही समय में सामने आने के कारण यह भी अस्वीकार किया कि रस की अभिव्यक्ति होती है। उन्होंने यह भी कहा कि अनुभव और स्मृति के बिना रस की प्रतीति किसी भी प्रकार नहीं हो सकती इसका कारण यह है कि इन सबसे दर्शक या पाठक बड़ी कठिनाई में पड़ जाता है यदि वह अनुकार्य तथा मूलनायक से तादात्म्य करता है तब उसे औचित्य की सीमा पार करके लज्जा का अनुभव करना पड़ेगा और यदि वह अपने को इस सारी प्रक्रिया से भिन्न रखता है तो वह प्रश्न एकदम समक्ष आता है कि दूसरे की रति से उसे क्या सरोकार है इस प्रकार पाठक, दर्शक या श्रोता यह समझ नहीं पाता कि वास्तव में वह अपने को कहाँ स्थित करे, किसके साथ रखने का प्रयत्न करे।

भट्टनायक ने पूर्व के रस विवेचन की कठिनाइयों को बड़ी सरलता से दूर करने का प्रयत्न किया है। उन्होंने रस निष्पत्ति पर विस्तारपूर्वक अध्ययन करते हुये रसनिष्पत्ति की तीन क्रियाएं मानी।

1. **अभिधा**–जिसके द्वारा शब्दार्थ का ज्ञान होता है।
2. **भावकत्व**–जिसके द्वारा विभावादि तथा रति आदि स्थायी भाव साधारणीकृत होकर सर्वसाधारण के भाव बनने की प्रक्रिया साधारणीकरण कहलाता है। मेरे या पराये, शत्रु के या मित्र के ऐसे बंधनों से मुक्त होकर उपभोग्य बन जाते हैं।
3. **भोजकत्व**–वह स्थायीभाव जो साधारणीकृत होकर उपभोग किया जाता है। भोजकत्व में नायक के रजोगुण, तमोगुण,

सतोगुण युक्त लौकिक भाव भोजकत्व व्यापार द्वारा रज, तम रहित शुद्ध सतोगुणमय हो जाने के कारण अत्यंत विशिष्ट हो जाते हैं। इस प्रकार वह सर्वजन के उपभोग्य बन जाते हैं।

इस प्रकार भट्ट नायक ने संयोग का अर्थ भोज्य और भोजकत्व का भाव और निष्पत्ति का भुक्ति माना है।

भट्ट नायक के मत की आलोचना

अभिनवगुप्त ने भट्ट के विषय में कहा है कि उन्होंने काव्य में दो ऐसे नये व्यापारों को स्थान दिया है जिनके लिए शास्त्र में कहीं भी कोई प्रमाण नहीं मिलता। अभिनवगुप्त के अनुसार उन दो क्रियाओं, भावकत्व और भोजकत्व का काम व्यंजना और ध्वनि से चल सकता है। भोजकत्व स्वयं ही रस निष्पत्ति है वास्तव में रस वही है जिसका आस्वादन किया जा सके। अतः भोग का अर्थ स्वयं रस के साथ है। फिर भट्ट नायक द्वारा भोजकत्व को पृथक शक्ति मानने का कोई उचित कारण नहीं था क्योंकि वह तो ध्वनि के द्वारा स्वयं ही संपन्न हो जाता है। अतः संयोग का अर्थ ध्वनित तथा व्यंजित होना और निष्पत्ति का अर्थ आनंदभाव से प्रकाशित होना निकलता है।

आचार्य अभिनवगुप्त का अभिव्यक्तिवाद

आचार्य अभिनवगुप्त ने भरत से लेकर भट्टनायक तक के रस विवेचन संबंधी मूल्यों का गंभीर विवेचन करते हुये अपने मतों का प्रतिपादन किया है। उनकी दृष्टि मूलतः उपर्युक्त तीनों आचार्यों के मतों का अध्ययन कर उसे व्यवस्था प्रदान करना रही है यह उनकी उपलब्धि समझी जानी चाहिए। रस सिद्धांत के क्षेत्र में उनकी सबसे बड़ी सीमा यह रही कि उन्होंने रस के आनंद को इस लोक के जीवनानुभव और प्रत्यक्षानुभव से काटकर परलोक की वस्तु बना दिया। उसका ब्रह्मानंदीकरण कर दिया। फिर भी उनके सिद्धांतों में एक व्यवस्था है एक मौलिक सोच है जिसे अनदेखा नहीं किया जा सकता।

अभिनवगुप्त का मानना है कि मनुष्य समय-समय पर भिन्न-भिन्न परिस्थितियों में पड़कर जिन-जिन भावों का अनुभव करता है वे सभी भाव वासना रूप या संस्कार रूप में उसके हृदय पर स्थिर होते जाते हैं। कहने का आशय यह है कि स्थायी भाव पहले से ही संस्कार या वासना रूप में मनुष्य के हृदय में स्थिर होता है। किन्तु सामान्य अवस्था में स्वाभाविकता के कारण उसका अनुभव मनुष्य को नहीं हो पाता। इसे अज्ञानता की अवस्था भी कहा जाता है और हृदय की प्रकृत अवस्था भी कहा जाता है किन्तु विशेष घटना, विशेष अभिनय या विशेष परिस्थिति में विभाव आदि भावों के प्रदर्शन के कारण वे समस्त सुप्त भाव व्यक्तावस्था में आ जाते हैं। इससे यही स्पष्ट होता है कि रस की अभिव्यक्ति केवल वासनाजन्य संस्कारों में या मानवीय मनोविकारों में होती है।

यदि वे संस्कार नहीं हैं तो रस की अभिव्यक्ति भी नहीं हो सकती। इस आधार पर उन्हीं व्यक्तियों को सहृदय कहा जाता है जिनके मन में संस्कार रूप में ये समस्त वासनाजन्य मनोविकार विद्यमान रहते हैं। जो मनुष्य वासना शून्य होता है (इच्छाओं से रहित) उसे साहित्य दर्पणकार ने लकड़ी की कुल्हाड़ी या पत्थर के समान संवेदना कहा है। मनुष्य के हृदय को संवेदनशील बनाने के लिए, मानव मात्र को सहृदय बनाने हेतु अभिनवगुप्त ने तीन प्रक्रियाओं का उल्लेख किया है। पहली प्रक्रिया में मनुष्य के सांसारिक अनुभव होते हैं, दूसरी प्रक्रिया में पूर्वजन्म के संस्कार होते हैं और अंतिम रूप से अपने अभ्यास से मनुष्य सहृदय बन सकता है। यह भी एक सच्चाई है कि अभिनवगुप्त ने शास्त्रकारों, मीमांसकों और वैयाकरणों को सहृदय मनुष्यों की कोटि में नहीं रखा है।

अभिनवगुप्त के सिद्धांत में यह बात मुख्य रूप से सामने आती है कि यह संस्कार रूप में सामाजिकता में पहले से विद्यमान रहता है। इस बात को उन्होंने मिट्टी और बरसात की पहली बूंदों से अभिव्यक्त किया है। मिट्टी के भीतर एक सौंधी महक हर समय विद्यमान रहती है लेकिन उसका अनुभव मनुष्य को साधारण अवस्था में नहीं हो पाता। जैसे ही पावस ऋतु की पहली फुहार पड़ती है, मिट्टी के भीतर स्थित वह सौंधी सुगंध प्रकट हो जाती है।

अभिनवगुप्त के मत की विशेषताएं

1. रस की उत्पत्ति सामाजिक के हृदय में मानते हैं।
2. सामाजिक के भीतर स्थायी भाव वासना रूप में सदैव विद्यमान रहता है किन्तु उद्‌बुध्दावस्था में साधारणीकृत विभावादि भावों के कारण उनके संयोग के कारण अव्यक्तावस्था से व्यक्तावस्था में उपस्थित हो जाते हैं जैसे मिट्टी और जल का संदर्भ दिखाया गया है।
3. सफल अभिनय से केवल सहृदय दर्शक ही तन्मय होते हैं और उन्हें ब्रह्मानंद सहोदर अखंड आनंद की प्राप्ति होती है।
4. संयोग का अर्थ व्यंजना और निष्पत्ति का अर्थ अभिव्यक्ति प्रकट होता है।

आलोचनाः यह पूर्व में कहा जा चुका है कि रस निष्पत्ति की प्रक्रिया की अनुसंधान प्रविधि में अभिनवगुप्त ने जो प्रयोग किये वह एकदम सटीक और तार्किक है। उनके सिद्धांत पर सबसे बड़ी आपत्ति यह है कि उन्होंने रस के आनंद को ब्रह्म के आनंद के समकक्ष बताया है जो विभाव, अनुभाव आदि समस्त रस के अवयवों की लौकिक अभिव्यक्ति पर प्रश्न चिह्न लगा देता है। जब रस निष्पत्ति की प्रक्रिया का सबसे बड़ा केन्द्र मानव मन और मानव शरीर है, उसके हाव-भाव, सुख-दुःख रस निष्पत्ति की प्रक्रिया के मूल सोपान हैं तो फिर उससे उत्पन्न होने वाला आनंद परलोक की वस्तु कैसे हो सकता है। ब्रह्मानंद सहोदर कैसे हो सकता है।

मनुष्य तो अपने प्रत्यक्षानुभव और जीवनानुभव द्वारा उसे इसी लोक में महसूस करता है, भोगता है।

रसनिष्पत्ति की इस प्रक्रिया में आचार्य भरत, आचार्य भट्ट लोलट, आचार्य शंकुक और आचार्य भट्टनायक का रस विवेचन संयोग और निष्पत्ति शब्दों पर केन्द्रित रहा। तीनों आचार्यों ने अपने-अपने ढंग से रस और निष्पत्ति शब्दों की व्याख्या की।

भरत सहित इन चारों आचार्यों का मूल चिंतन इस बात पर है कि अनुभाव, विभाव, स्थायी भाव और संचारी भाव सब मनुष्य के इस लोक के अनुभवों पर आधारित है लेकिन अभिनवगुप्त ने पहली बार इसे परलोक की वस्तु बना दिया। 'दसरूपककार धनंजय' ने बाद में रस विवेचन किया। लेकिन कुछ फेरबदल करने के बाद उन्होंने अभिनवगुप्त के मतों को ही स्पष्ट किया है।

आचार्य विश्वनाथ और पंडितराज जगन्नाथ ने भी कालांतर में रस विवेचन किया और आधुनिक हिन्दी के आचार्यों में श्यामसुंदर दास, बाबू गुलाबराय, आचार्य विश्वनाथ प्रसाद मिश्र, आचार्य रामचंद्र शुक्ल और आचार्य नगेन्द्र ने रस विवेचन किया है। पूरी रस प्रक्रिया को वैज्ञानिक पद्धति से देखा जाये तो हमें यही मानना होगा कि रस निष्पत्ति की प्रक्रिया का मूल स्रोत सामाजिक, प्रेक्षक, श्रोता, दर्शक, पाठक, अनुभावक, सहृदय है, यानी रस की निष्पत्ति उसी के मन में पहले से स्थित वासनारूप मनोविकार अर्थात् स्थायी भावों द्वारा होती है। यह भी एक सच्चाई है कि पाठक, श्रोता के साथ-साथ अनुकर्ता अर्थात नट भी अभिनय करते समय कुछ हद तक रसास्वादन करता है और सृष्टा अर्थात कवि या लेखक भी सृजन के क्षणों में रसास्वादन करता है। कहा भी गया है कि एक सर्जक के लिए अपनी रचना का सृजन प्रसवपीड़ा से कम नहीं होता। अतः हम रस निष्पत्ति प्रक्रिया से सर्जक को अलग नहीं कर सकते।

वर्ड्सवर्थ का काव्य–भाषा सिद्धांत

वर्ड्सवर्थ ने ग्रामीण जीवन को काव्य विषय बनाने के संबंध में कुछ बातें कहीं–कि ग्रामीण जीवन में

(i) मानव हृदय के भावों कें उपचय की अनुकूल भूमि मिलती है।

(ii) हमारे प्रारंभिक भावों, की सहस्थिति सरलतम रूप में पाई जाती है

(iii) प्रकृति के सरलतम, रमणीय और स्थायी रूपों के साथ मानवीय भावों का अधिक समंजन संभव है।

(iv) आचार-व्यवहार ऐसे नैसर्गिक अनुभवों से पैदा होते हैं जो आसानी से संवेद्य बन सके।

(v) ग्रामीण जीवन में मनुष्य के भाव सरल निष्कपट सच्चे होते हैं तथा प्रकृति के निरंतर सम्पर्क से विकसित होते हैं इसलिए उनमें तादात्म्य सुगम होता है।

इन भावों से प्रभावित होने के कारण वर्ड्सवर्थ में ग्रामीण जीवन के प्रति प्रबल आकर्षण तथा गहरी अनुरक्ति थी। वर्डसवर्थ की सम्पूर्ण काव्य-साधना की केन्द्र बिन्दु थी प्रकृति, जो निष्क्रिय और निष्पंद नहीं थी। वह सजीव और प्रेरक थी। उनके अनुसार ग्रामीण भाषा में सच्चाई और भावों के संप्रेषण की शक्ति होती है जो कृत्रिम भाषा में नहीं होती।

वर्ड्सवर्थ के पूर्व दाँते ने काव्य में ग्रामीण भाषा के प्रयोग को हेय माना था। बाद के कवियों ने भी इसका समर्थन किया। अभिजात्य भाषा और बोल-चाल की भाषा का यह द्वन्द्व पुराना है। इस द्वन्द्व को वर्डसवर्थ ने 'लिरिकल बैलेड्स' (Lyrical Ballads) के द्वारा पुनः विचारों का केन्द्र बनाया।

18वीं सदी के नव अभिजात्यवाद (Neo-Classicism) में भाषा के दो रूप प्रचलित थे। उच्च भाषा जिसे संस्कृत जनों की भाषा कहते थे तथा दूसरी निम्न भाषा जो साधारण जनों की भाषा थी। कालान्तर में उच्च भाषा कृत्रिम और दुर्बोध होती चली गई। इसीलिए भाषा के त्याग और ग्रामीण भाषा के प्रयोग पर वर्ड्सवर्थ ने बल दिया।

वर्ड्सवर्थ ने कहा-

(*i*) काव्य में ग्रामीणों की दैनिक भाषा का प्रयोग होना चाहिए।

(*ii*) गद्य और पद्य की भाषा में तात्विक भेद नहीं होता।

(*iii*) प्राचीन कवियों का भावाबोध जितना सरल था, उनकी भाषा उतनी ही सहज थी। भाषिक कृत्रिमता और आडंबर बाद के कवियों की देन है।

अब हम इन तीन बिन्दुओं पर विस्तार से विचार करेंगे-

वर्ड्सवर्थ जब कहते हैं कि ग्रामीण भाषा का प्रयोग इसीलिए किया जाना चाहिए कि ग्रामीण हर समय प्रकृति के सम्पर्क में रहते हैं। भाषा का उत्तमांश उनसे ही प्रसूत है।

समाज में उपेक्षित होने के कारण अपने सीमित क्षेत्र के कारण तथा पारस्परिक व्यवहार के कारण ग्रामीण जन अपने भावों को स्वाभाविक रूप से व्यक्त कर पाते हैं। वे बाहरी प्रभावों से अछूते रहते हैं। इसीलिए वे केवल अपने व्यक्तिगत अनुभवों को ही संप्रेषित करते हैं। उनकी वाणी में ईमानदारी और सच्चाई होती है जो कृत्रिम भाषा में संभव नहीं। विषय और अभिव्यक्ति का समन्वय आवश्यक है और वांछनीय भी। अतः उनकी भाषा काव्य-भाषा का आदर्श प्रस्तुत करती है।

वर्डसवर्थ कहते हैं कि अच्छे गद्य और अच्छे पद्य में तत्वतः कोई भेद नहीं होता। इस मान्यता का प्रत्यक्ष और परम्परा से ही विरोध नहीं है बल्कि वर्डसवर्थ की अच्छी कविता ही स्वयं इसका अपवाद है। वर्डसवर्थ का यह कहना कि गद्य और काव्य में भेद छन्द के कारण होता है एक अतिवादी दृष्टिकोण है। गद्य और काव्य का अन्तर केवल छन्द के कारण नहीं बल्कि शब्द चयन, वाक्य विन्यास आदि के कारण होता है। काव्य भाषा के इस बिन्दु पर कॉलरिज ने भी इस मान्यता की खूब आलोचना की है।

वर्डसवर्थ कहते हैं कि यदि कवि के हृदय में भाव का प्रबल उन्मेष है तथा विषय का चयन उचित हुआ है तो उसकी भाषा अनायास ही भव्य, सजीव और चित्र प्रधान होती है। क्लिष्ट भाषा उत्तरवर्ती अपकृष्ट कवियों के कारण होती है। सभी देशों के प्राचीन कवियों के वास्तविक घटनाओं से प्रेरित भावों का आधार लेकर काव्य रचना की। इसीलिए उनकी भाषा प्रभावी और अलंकृत हो गई है। प्राचीन कवियों के अलंकार सच्चे भावावेश से उत्पन्न हुए हैं, जबकि बाद के कवियों के काव्यालंकरण में यांत्रिकता है। इस क्रम में अचानक ऐसी भाषा उत्पन्न हो गई जिसकी कृत्रिम भाषा क्रमशः जटिल आडंबरपूर्ण होती चली गई-भावोद्दीपन क्षमता समाप्त होती गई।

वर्डसवर्थ ने बार-बार Real Language of man, in a selection of Language really used by man, the very language of man— आदि शब्दों का प्रयोग किया। –प्रत्येक जगह man से उनका तात्पर्य ग्रामीण मनुष्य से ही है।

कॉलरिज कल्पना और फैंटेसी

समालोचना की दुनिया में कॉलरिज का एक अत्यंत महत्त्वपूर्ण योगदान उनके द्वारा कल्पनाशक्ति का विवेचन है। काव्य तथा दर्शन से कल्पना को बहुत पहले से जोड़ा जाता रहा है किंतु कॉलरिज ने इसका विस्तार से विवेचन-विश्लेषण किया और इसे मुख्य तथा गौण कल्पना में वर्गीकृत किया। कल्पना (Imagination) तथा ललित कल्पना (fantacy) में अंतर दिखलाकर दोनों की भिन्न-भिन्न विशेषताओं पर भी इन्होंने प्रकाश डाला। कल्पना वह शक्ति है जो मस्तिष्क में संवेदनों से प्राप्त अनुभवों के बिम्ब बनाती है और उन बिम्बों का यथातथ्य नहीं, बल्कि अपने तरीके से नया और अनूठा संयोजन कर सकती है।

कल्पना को कॉलरिज ने ईश्वरीय शक्ति माना है जिसका गुण है सृजन। कल्पना सृजन के साथ-साथ समन्वय का कार्य भी करती है। कॉलरिज कविता में समन्वय का बहुत महत्त्व मानता है। जर्मन दर्शन के प्रभाव स्वरूप वे रचना में आवयविक अन्विति को बेहद महत्त्व देते थे। श्रेष्ठ कविता में यह सामंजस्य कल्पना के माध्यम से आता था। इसीलिए कविता बाह्य सृष्टि का प्रतिबिम्ब या अनुकरण मात्र न रहकर उससे कहीं ऊँची, कहीं श्रेष्ठ तथा भव्य सिद्ध होती है। विचार तथा भाव को कल्पना द्वारा समन्वय श्रेष्ठ कविता को मूर्तरूप देता है। कल्पना पदार्थ और चेतना का विचार तथा भाव का समन्वय करती है। इसीलिए कॉलरिज ने इसे 'समन्वयकारिणी शक्ति' कहा है।

सारांश रूप में देखा जाये तो कॉलरिज कल्पना को व्यक्ति के आत्म (Subject) तथा बाह्य प्रकृति और वस्तु (Object) के बीच समन्वय स्थापित करने वाली शक्ति के रूप में देखते हैं। कॉलरिज तथा वर्डसवर्थ की कविता में प्रकृति तथा मानव-जीवन का बाह्य तथा आंतरिक संसार इस प्रकार घुला-मिला था कि उन्हें अलग करके देखना संभव नहीं

था। वर्डसवर्थ तथा कॉलरिज के कल्पना संबंधी विचारों में कुछ बिंदुओं पर अंतर जरूर है पर दोनों ने ही कल्पना को सामान्यतः विपरीत या विरूद्ध माने जाने वाले इन तत्वों का समंजन तथा संलयन करने वाली शक्ति के रूप में देखा है।

मुख्य कल्पना तथा गौण कल्पना

मुख्य कल्पना–(Primary Imagination) : कॉलरिज के मत से, "समस्त मानवीय प्रत्यक्ष बोध की आद्य अभिकर्ता तथा जीवंत शक्ति है। यह सीमित मस्तिष्क में असीम अहमाहिन (मैं हूँ) के चिरंतन सर्जन कार्य का दोहराव है।"

गौण कल्पना–गौण कल्पना मुख्य कल्पना की 'प्रतिध्वनि' है। यह सचेत इच्छा के साथ चलती है। यह भी अभिकर्तृत्व का ही एक प्रकार है और गुण की दृष्टि से यह मुख्य कल्पना के समान है। दोनों में अंतर केवल परिमाण तथा कार्य प्रणाली के स्तर पर होता है। गौण कल्पना पुनर्रचना की खातिर (सामग्री को) बिखराती, फैलाती और पिघलाती है। जहाँ यह संभव नहीं होता, वहाँ भी यह प्रत्यक्षीकरण तथा एकत्व-स्थापन की चेष्टा करती है। यह शक्ति तत्वतः जीवंत होती है।

इस प्रकार मुख्य तथा गौण कल्पना दो अलग-अलग शक्तियां नहीं बल्कि एक ही शक्ति के दो रूप हैं जिनमें गुण का नहीं, मात्र परिमाण का अंतर है। कॉलरिज मुख्य कल्पना को समझ (Understanding) से तथा गौण कल्पना को 'तर्क' (Reason) से जोड़ते और इनमें एक उच्चताक्रम मानते हैं। मुख्य कल्पना की अपेक्षा ये गौण कल्पना को ऊँचा समझते हैं। मुख्य कल्पना जनसामान्य के मस्तिष्क में उपस्थित होती है जबकि गौण कल्पना मुख्यतः दार्शनिक तथा कलाकार की विशेषता है। मुख्य कल्पना का संबंध मुख्यतः भौतिक जगत से होता है, जबकि गौण कल्पना मनुष्य को उच्चतर आध्यात्मिक जगत का साक्षात्कार कराने में भी सक्षम है। वह अंतर्जगत के तथ्यों को गौण कल्पना प्रतीकों के माध्यम से व्यक्त करती है। मुख्य कल्पना सृजन है तो गौण कल्पना पुनः सृजन।

फैंटेसी (ललित कल्पना)

ललित कल्पना (फैंटेसी) पर विस्तार से विचार करते हुये Imagination या कल्पना से भिन्नता दिखाना सौन्दर्य शास्त्र के क्षेत्र में कॉलरिज का मौलिक योगदान है। "इमैजिनेशन का स्रोत लैटिन-शब्द 'इमैजिनेशिओ' (Imaginatio) है और फैंटेसी का स्रोत ग्रीक शब्द 'फैंटेसिआ' (Phantasia) है। शायद अलग-अलग भाषाओं के होने के कारण इन्हें एक ही अवधारणा का द्योतक माना जाता है।

कॉलरिज स्पष्ट करते हैं कि ललित कल्पना को भ्रमवश गौण कल्पना का समानांतर मान लिया जाता है क्योंकि दोनों ही कल्पना द्वारा प्रस्तुत तथ्यों को लेकर आगे बढ़ती हैं किन्तु वास्तव में दोनों में स्पष्ट अंतर है। गौण कल्पना तथ्यों की गहराई में जाकर रचना करती है जबकि ललित कल्पना तथ्यों का मात्र संयोजन करती है। कॉलरिज ने ललित कल्पना को स्मृति का ही एक रूप माना है जो देश और काल के क्रम से मुक्त होता है।

आई.ए. रिचर्ड्स : मूल्य सिद्धांत तथा काव्य भाषा सिद्धांत

आई॰ ए॰ रिचर्ड्स के अनुसार, आलोचना के दो आधार स्तम्भ हैं–

(*i*) मूल्य का लेखा-Account of value

(*ii*) संप्रेषण का लेखा-Account of Communication.

मूल्य की परिभाषा करते हुए वे कहते हैं कि मूल्य किसी वस्तु का वह गुण है जिसमें उसका परिशंसन (appreciation) तथा रूचि (interest) निहित होता है-अर्थात् कोई वस्तु हमें रूचिकर प्रतीत होती है तो वह हमारे लिए मूल्यवान है। ऐसी रूचि या प्रवृति का संबंध प्रथमतः अनुभूति से और अन्ततः इच्छा तथा प्रवृति (Tendency) से है। अर्थात् किसी वस्तु की इच्छा हुई फिर उसे प्राप्त करने की प्रवृति हुई–प्राप्त होने पर रूचिकर या अरूचिकर होने की अनुभूति हुई–रूचिकर होने से वह हमारे लिए मूल्यवान हो गई।

तात्पर्य यह है कि मूल्य और मूल्य की अनुभूति पर्याय है। मूल्य और अनुभूति में कोई भेद नहीं है। इसी आधार पर विकसित मूल्य सिद्धान्त को मनोवैज्ञानिक मूल्य सिद्धान्त कहा गया। मूल्य अनेक प्रकार के हो सकते हैं-आर्थिक, नैतिक, धार्मिक, राजनीतिक आदि।

रिचर्ड्स आलोचना को मनोविज्ञान की एक शाखा मानते हैं। स्वभावतः मूल्य सिद्धान्त की उनकी सारी संकल्पना मनोविज्ञान पर ही आश्रित हैं।

काव्यानुभूति के संबंध में रिचर्डस मानव-मन की क्रियाओं, प्रक्रियाओं की व्याख्या करते हैं। मानव-मन आवेगों का तंत्र है। आवेग वह प्रक्रिया है जिसमें कोई मानसिक घटना घटित

होती है। इस प्रक्रिया का आरंभ उद्दीपन से तथा अवसान किसी कार्य में होता है। उद्दीपनों का क्रम कभी अवरूद्ध नहीं होता। अतः आवेगों की उत्पत्ति भी कभी अवरूद्ध नहीं होती। चेतनावस्था में आवेगों की उत्पत्ति चलती रहती है।

रिचर्ड्स ने आवेगों के दो भेद किए हैं–

इच्छा प्रवृतिमूलक आवेग, द्वेष निवृतिमूलक आवेग

इसीलिए मनुष्य अपनी इच्छापूर्त्ति के लिए प्रवृत्त रहता है और द्वेष की निवृति के लिए उतना ही प्रयत्नशील रहता है।

रिड्चर्ड का मूल्य सिद्धान्त इच्छाओं की संतुष्टि से संबंधित है।

आवेगों की अनेकता से मन में दुविधा पैदा होती है और आवेगों का आपसी संघर्ष तब तक जारी रहता है जब तक कि किसी कार्य विशेष के पक्ष में निर्णय न हो जाए। किन्तु निर्णय होते ही नए संघर्ष शुरू हो जाते हैं– कारण है नई अनुभूतियाँ। अतः आवेगों की हलचल शान्त नहीं हो पाती तथा मन की प्रसन्नता असंभव लगती है अतः यह काव्य का प्रयास है कि अधिकतम आवेग संतुष्ट हो तथा न्यूनतम कुंठित हो।

कभी-कभी उद्दीपन के प्रति आवेगों की अनुक्रिया इतनी सुगठित तथा इतनी तीव्र होती है कि क्षणिक अनुभूति में ही युगों की अनुभूति समाहित हो जाती है। इस प्रकार की मनःस्थिति में उद्‌भूत कला भावक की मनःस्थिति को भी उसी रंग में रंग देती है और आवेगों के संघर्ष से भावक को परमशान्ति और विश्रांति की अनुभूति होती है।

रिचर्ड्स ने अपनी पुस्तक 'प्रिंसीपल' में पृष्ठ 47 तथा 48 में तीन बार मूल्य (Value) की परिभाषा दी है। पर तीनों का अभिप्राय एक ही है (i) कोई वस्तु जो इच्छा को संतुष्ट करे, वह मूल्यवान है (ii) विभिन्न जटिल रूपों में भावना और इच्छा की संतुष्टि क्षमता मूल्य है (iii) ऐसी कोई भी वस्तु मूल्यवान है, जो समान या अधिक महत्वपूर्ण इच्छा को कुंठित किए बिना इच्छा को संतुष्ट करती है।

इन परिभाषाओं में दो बातों पर बल दिया गया है– *(i)* इच्छा की तुष्टि; *(ii)* जिस इच्छा की तुष्टि हो रही है उससे महत्वपूर्ण इच्छा का दमन न हो।

इच्छाओं की तुष्टि को आधार मान लेने पर रिचर्ड्स ने नैतिकता को सिर्फ दुनियादारी माना है। रिचर्ड्स यह भी मानते हैं कि काव्यानुभूति के क्षणों में ऐसी मादकता छा जाती है कि आवेग अपना द्वन्द्व खड़ा कर देते हैं और रचना पूरी होने पर विक्षोभ पुनः आरंभ हो जाता है। आवेगों की विश्रांति में ही काव्य की महत्ता है- मूल्यवत्ता है।

मूल्य–सिद्धान्त की असंगतियाँ

(i) रिचर्ड्स का विज्ञान के प्रति अतिरिक्त आग्रह मनोविज्ञान से पूरा नहीं होता। मनोविज्ञान सच्चे अर्थों में विज्ञान नहीं है अतः इसके निष्कर्ष की सत्यता का दावा नहीं कर सकते।

(ii) मानसिक आवेगों के कार्य व्यापार की रहस्यमयता स्वीकार करने के बाद अचेतन के अगम्य गह्वरों का अनुमान ही संभव है। निश्चयात्मक वचन संभव नहीं है।

(iii) रिचर्ड्स आनन्द के लिए काव्य-पाठन को हास्यास्पद मानते हैं। कविता को आनन्द के लिए पढ़ना, वे कविता के प्रति अपूर्ण अभिवृत्ति का परिचायक मानते हैं। रिचर्ड्स की यह मान्यता सही नहीं है। यदि आवेगों की संतुष्टि ही काव्य प्रयोजन है तो वह बाजार में उपलब्ध अनेक वस्तुओं से संभव है–काव्य की फिर क्या उपादेयता?

काव्य–भाषा

रिचर्ड्स ने भाषा के दो भेद माने हैं–

(i) **वैज्ञानिक भाषा (Scientific Language)**

(ii) **रागात्मक भाषा (Emotive Language)**

वैज्ञानिक भाषा में निरूपण निर्देश अभिमत रहता है जबकि रागात्मक भाषा में भाव का उद्‌बोधन रहता है। एक में भाषा सीधी, सपाट तो दूसरी में रमणीयता सम्पन्न होती है। वैज्ञानिक भाषा का लक्ष्य है तथ्य को यथावत प्रस्तुत करना। न उसमें कुछ जोड़ना और न उसमें कुछ घटाना। इस भाषा में कल्पना से काम लेने की अनुमति नहीं होती। यदि तथ्य के निरूपण में अंतर आता है तो वैज्ञानिक भाषा की असफलता मानी जाएगी।

किन्तु रागात्मक भाषा में तथ्य विषय, भेद या असंगति का भी महत्व नहीं होता। उस भाषा की सफलता भावबोध में ही है। असत्य होने पर भी वह भाषा भाव जागृति में समर्थ होने के कारण सफल कही जा सकती है। इस भाषा का उद्देश्य तथ्य निरूपण करना नहीं है।

वैज्ञानिक भाषा के प्रयोग की सफलता के लिए निर्देशों का सही होना ही काफी नहीं बल्कि उनका परस्पर संबंध और संयोजन तार्किक होना चाहिए। यह जरूरी है कि वे एक दूसरे के बाधक न हों तथा आगे के निर्देशों में अवरोध न आने पाए। इसके विपरीत रागात्मक भाषा में तार्किकता की अनिवार्यता नहीं होती। बल्कि इतना ही वांछित होता है कि उत्पन्न मनोवृत्तियों के बीच भावात्मक अन्तः संबंध न हो।

शब्दों के क्रमभंग से, तथ्य निरूपक भाषा की स्पष्टता भी बाधित होती है। जबकि रागात्मक भाषा भावोद्बोधन के लिए क्रमभंग होना भी स्वीकार कर लेती है।

रिचर्ड्स ने जो भेद किए हैं वह भाषा-शास्त्रीय दृष्टि से पूर्णतः अतार्किक है। सामान्य भाषा से रागात्मक भाषा का शब्द भंडार भिन्न नहीं होता। रिचर्ड्स स्वयं कहते हैं कि "शब्द" अपने आप में न तो सुन्दर होता है न ही असुन्दर, न तो आह्लाद होता है न ही अनाह्लादक।

रागात्मक भाषा के होने के कुछ साधन होते हैं जिनसे रागात्मक भाषा सिद्ध होती है।

"The meaning of Meaning" के अन्तिम अध्याय में इसकी कुछ चर्चा की गई है। वे लिखते हैं- "भाषा में रागात्मक तत्व की उत्पत्ति का प्रथम साधन है शब्द विन्यास। शब्द साक्षात् ध्वनि के रूप में साथ ही साहूचर्य आदि के रूप में भी भाव जगाते हैं। शब्दों के ध्वनि गुणों का साक्षात् और प्रत्यक्ष प्रभाव तो कम ही पड़ता है किन्तु लय और तुक से जो संचित तथा सम्मोहक प्रभावोत्पन्न होता है वह अधिक महत्वपूर्ण होता है।

तात्पर्य यह है कि शब्द-विन्यास, लय, तुक भाषा को रागात्मक बनाने के साधन हैं। परोक्ष साधनों में बिम्ब विधान, लक्षणा आदि का भी उल्लेख रिचर्ड्स करते हैं।"

रिचर्ड्स के अनुसार शब्द से उत्पन्न होने वाला प्रभाव साक्षात् साधन है तथा अर्थ से होने वाला प्रभाव अप्रत्यक्ष (Indirect) साधन है।

"The Meaning of Meaning" में रिचर्ड्स ने अर्थमीमांसा की है। इसकी संक्षिप्त चर्चा "PRACTICAL CRITICISM" में भी है।

"प्रैक्टिकल क्रिटिसिज्म" में जो अर्थमीमांसा है वह काव्यालोचना की पृष्ठभूमि के रूप में है क्योंकि जब तक अर्थबोध न हो तब तक काव्य का आस्वाद संभव नहीं। बोध और आस्वाद की अनुपस्थिति में आलोचना भी संभव नहीं। रिचर्ड्स आलोचना के चार प्रकार्य (Function) मानते हैं– मुख्यार्थ, भावना, वचनभंगी, तथा उद्देश्य (Sense, feeling, tone and intention)

(1) मुख्यार्थ-हम जब भी बोलते है तो कुछ कहने के लिए और जब सुनते हैं तो इस आशा से कि कुछ कहा गया है। शब्दों का प्रयोग तीन बातों के लिए किया जाता है-
   - (a) श्रोता का ध्यानाकर्षण करने के लिए
   - (b) श्रोता के विचारार्थ कोई विषय प्रस्तुत करने के लिए
   - (c) इन विषयों के संबंध में कोई विचार जागृत करने के लिए

(2) भावना-इन कार्यों के संबंध में हमारी कुछ भावनाएँ होती हैं। भाषा का प्रयोग इन भावनाओं की अभिव्यक्ति के लिए होता है। बोलने और सुनने के समय यह प्रक्रिया काम आती है।

(3) वचनभंगी-श्रोता के अनुसार ही शब्दों का चयन होता है। बच्चों, वयस्कों तथा गुरूजनों को ध्यान में रखकर शब्दों के चयन से हमारी वचनभंगी (TONE) में अंतर आता है।

(4) उद्देश्य-अन्ततः भाषा के प्रयोग में जाने-अनजाने वक्ता का उद्देश्य प्रकट होता है। हमारे उद्देश्य के अनुसार ही हमारी भाषा तय होती हैं।

टी.एस. इलिएट : निर्वैयक्तिकता का सिद्धांत

"ट्रैडीशन एंड दि इंडिविजुअल टैलेंट" नामक लेख इलियट की समस्त आलोचना का आधार है अतः उसका विश्लेषण यहाँ प्रस्तुत किया जा रहा है।

इलियट का कहना है कि प्रत्येक राष्ट्र की, प्रत्येक प्रजाति (नस्ल-race) की अपनी सर्जनात्मकता ही नहीं बल्कि अपनी एक विशिष्ट आलोचनात्मक मनोवृत्ति भी होती है जिसमें उसकी समस्त विशेषताएँ प्रतिफलित होती हैं।

श्वसन की तरह आलोचना भी एक अनिवार्य और प्राकृतिक प्रक्रिया है। कुछ भी पढ़ते या सुनते या देखते समय उसके गुण-दोषों की विवेचना मन के अन्दर सहज भाव से चलती रहती है, जिसे भावक कभी अभिव्यक्त कर देता है तो कभी अभिव्यक्त नहीं करता।

किसी कवि की प्रशंसा या मूल्यांकन करते समय हम उस कवि की वैयक्तिक विशेषताएँ देखने का प्रयास करते हैं कि दूसरे कवियों से वह किन मामलों में अनूठा है–भिन्न है और इसी तथ्य से हम आनन्द प्राप्त करना चाहते हैं। किन्तु यदि हम रचना को ध्यानपूर्वक नहीं जो कवि का वैयक्तिक है बल्कि वह अंश ज्यादा महत्वपूर्ण तथा प्रभावी है जिनमें पूर्ववर्ती दिवंगत कवियों का प्रभाव जोरदार ढंग से व्यक्त हुआ। इलियट का मानना है कि वैयक्तिक प्रज्ञा परम्परा से असंबद्ध, निरपेक्ष या विच्छिन्न नहीं होती बल्कि परम्परा से जुड़कर ही रचनाकार अपनी प्रतिभा की रमणीयता को उजागर कर सकता है।

परम्परा के प्रति आसक्ति का अर्थ अंधानुकरण कतई नहीं। इलियट ने परम्परा को एक व्यापक अर्थ में ग्रहण किया है। वे कहते हैं कि परम्परा को एक दाय के रूप प्राप्त नहीं किया जा सकता, बल्कि इसके लिए कठोर परिश्रम ज़रूरी है। इसके लिए सबसे जरूरी चीज है–इतिहासबोध। वे कहते हैं कि इतिहास बोध का अर्थ अतीत के अतीत्व का बोध ही नहीं बल्कि उसके वर्त्तमानत्व का बोध भी है। केवल अपनी पीढ़ी की अनुभूति लेकर लिखना इतिहास-बोध नहीं। उस इतिहास बोध में होमर से लेकर पूरे यूरोप के साहित्य का, साथ ही अपने देश के सम्पूर्ण साहित्य का तथा समस्त युग का बोध निहित होता है। यह इतिहासबोध कालातीत तथा कालिक (Timeless and temporal) का अलग-अलग तथा उनका समग्र बोध होता है जो लेखक को उसकी सम्पूर्ण परम्परा से जोड़ता है।

इलियट कहते हैं कि परम्परा कोई मृत या अनुपयोगी चीज नहीं। परम्परा तो अविच्छिन्न प्रवाह है- जो अतीत के साहित्य-सांस्कृतिक दाय के उत्तमांश से वर्त्तमान को समृद्ध एवं सार्थक बनाती है और भविष्य का पथ प्रशस्त करती है। परम्परा देश और काल तक व्याप्त होती है।

इलियट किसी कवि की पूर्ण सार्थकता केवल उसकी निजता में नहीं मानते। उसकी सार्थकता तथा परिशंसा दिवंगत कलाकारों की सापेक्षता में ही होती है। उसका अकेला मूल्यांकन भी नहीं हो सकता। साम्य और वैषम्य के लिए उसे दिवंगत कवियों के साथ रखना आवश्यक है। परम्परा की एक बड़ी अच्छी व्याख्या इलियट करते हैं। नई कला-कृति के आविर्भाव के पहले विद्यमान महत्वपूर्ण कृतियों की एक स्थिर व्यवस्था होती है जो नवीन कृति के आने के कारण थोड़ा बहुत परिवर्त्तित हो जाया करती है जैसे रेल के डिब्बे में किसी नए यात्री के प्रविष्ट होने पर पहले से विराजमान यात्री कुछ-कुछ खिसककर नवागन्तुक के लिए जगह बनाते हैं।

परम्परा की आगे व्याख्या करते हुए वे कहते हैं कि कलाकार को परम्परा के भार से आक्रान्त नहीं होना चाहिए। इस भार के कारण या अत्यधिक ज्ञान के कारण काव्य संवेदना अस्त-व्यस्त हो जाती है। कवि को अतीत की चेतना को आजीवन विकसित करना होगा।

कलाकार की प्रगति सतत् आत्मोत्सर्ग है, व्यक्तित्व का सतत् निर्वापण (extinction) है। व्यक्तित्व के इसी निर्वैयक्तिकरण के कारण कला विज्ञान की स्थिति में पहुँच सकती है।

आगे इलियट निर्वैयक्तिकता की व्याख्या रचना की प्रक्रिया, रचनाकार के साथ रचना के संबंध आदि का विचार है।

इलियट कहते हैं–प्रौढ़ और अप्रौढ़ कवि में मौलिक अन्तर यह है कि प्रौढ़ कवि ऐसा सूक्ष्म और पूर्ण माध्यम् है जिसमें विविध या विशिष्ट संवेदन स्वच्छंदता पूर्वक नए रूप में संयोजित हो सकते हैं। ऑक्सीजन और सल्फरडॉय ऑक्साइड के किसी कक्ष में यदि प्लेटिनम का एक सूक्ष्म तार डाल दिया जाए तो ऑक्सीजन और सल्फर डायऑक्साइड की प्रतिक्रिया स्वरूप सल्फ्यूरस एसिड का निर्माण होता है। यह संयोजन प्लेटिनम की उपस्थिति के बिना संभव नहीं। साथ ही प्रतिफल के रूप में प्राप्त सल्फ्यूरस एसिड पर प्लैटिनम का कोई चिन्ह् नहीं दिखाई पड़ता है। प्लेटिनम इस पूरी प्रक्रिया में तटस्थ रहता है- प्रतिक्रिया में निष्क्रिय रहता है। इलियट कहते हैं कि कवि का मन प्लेटिनम का तार है। उसके सम्पर्क से विभिन्न अनुभूतियाँ नए-से-नए भाव ग्रहण करते हैं- किन्तु कवि इस पूरी प्रक्रिया में अछूता रहता है।

इलियट कहते हैं कि कलाकार जितना ही उत्कृष्ट होगा उसमें भोक्ता और स्रष्टा का अन्तर उतना ही स्पष्ट होगा अर्थात् उसके स्वानुभूत संवेदनों और भावों से काव्य में अभिव्यक्त संवेदना और भावों में सदा भिन्नता। इसके प्रतिकूल एक अप्रौढ़ और अपरिपक्व कवि अपने ही भावों और संवेदनों को व्यक्त करता है। फलतः उसका काव्य एक निम्न काव्य बनकर रह जाता है।

इलियट कहते हैं कि कवि के व्यक्तित्व की अभिव्यक्ति का प्रश्न बेमानी है क्योंकि उसे व्यक्तित्व की अभिव्यक्ति तो

करनी ही नहीं है। वह तो केवल माध्यम्-मात्र है, अभिव्यक्ति का माध्यम् मात्र। संभव है कि कवि के जीवन में जो अनुभूतियाँ महत्वपूर्ण हैं, उनका कवि के काव्य में कोई स्थान न हो। कवि का दायित्व नए भावों को ढूंढ़ना नहीं बल्कि साधारण भावों का उपयोग करके काव्य रूप देने की प्रक्रिया में उनसे ऐसे संवेदन को व्यक्त करना है जो वास्तविक भावों में अनुपस्थित थे।

आलोचना पर्र विचार करते हुए इलियट ने आलोचक के दायित्व पर भी विचार किया। उनके अनुसार आलोचक का कर्त्तव्य परम्परा को कायम रखना, साहित्य को स्थिर और अखंड रूप में देखना यानी उसे काल द्वारा नियंत्रित रूप में न देखकर कालातीत रूप में देखना है।

टी.एस. इलिएट : वस्तुनिष्ठ सहसम्बन्धी सिद्धांत

इलियट के अनुसार मूर्तविधान का सिद्धांत–अमूर्त का संप्रेषण नहीं हो सकता, यह सिद्ध है। ऐसी स्थिति में एक ही उपाय है कि किसी मूर्त वस्तु की सहायता से अमूर्त को संप्रेशित किया जाये।

"कला के रूप में भाव को अभिव्यक्त करने का एक ही उपाय है और वह है किसी सह संबंधी वस्तु (objective-corelative) जैसे वस्तु-समुदाय, परिस्थिति, घटना, शृंखला को ढूंढ निकालना जो उस विशिष्ट भाव का सूत्र हो, ऐसा सूत्र कि जब वे वाहृय वस्तुएं प्रस्तुत की जाएं तो ऐन्द्रिय अनुभूति में अवसित होकर वे भाव को सद्यः उद्बुद्ध कर दें।"

इलियट के सूत्र की व्याख्या

1. भाव अमूर्त होता है। अतः उसकी अभिव्यक्ति किसी मूर्त वस्तु की सहायता से ही संभव है।
2. जिस किसी वस्तु से जिस किसी भाव की अभिव्यक्ति नहीं हो सकती; अभिव्यंज्य भाव और अभिव्यंजक वस्तु में ऐसा संबंध होना चाहिए कि उस वस्तु से वह भाव अभिव्यक्त हो सके। यहाँ वस्तु शब्द से वैसी वस्तु अभिप्रेत है जो एक ओर तो कवि का भाव अभिव्यक्त करे और दूसरी ओर भावक के मन में तत्सदृश भाव उत्पन्न करे।
3. इस तरह की मूर्त-विधान का कोई निश्चित रूप या प्रकार नहीं है। या तो प्रकृत भाव से संबद्ध कोई वस्तु समुदाय हो सकता है, या कोई परिस्थिति हो सकती है, या कोई घटना शृंखला हो सकती है।
4. बाह्य वस्तुओं की सहायता से भावक के मन में वैसे ही भाव उद्बुद्ध होते हैं जैसे कवि के मन में उत्पन्न हुये थे। तात्पर्य है कि बाह्य वस्तुएं कवि एवं भावक के बीच भाव तादात्म्य स्थापित करने में माध्यम् का काम करती हैं।

वस्तुनिष्ठ पारस्परिकता का तात्पर्य है कि मनोभाव का निर्माण करने वाली वस्तुएं, जैसे कोई पदार्थ-समूह, परिस्थिति, घटना, शृंखला जैसे ही प्रस्तुत की जाये, ऐन्द्रिक अनुभूति से तिरोहित होकर, वह तुरंत मनोभाव को जाग्रत कर दे।

इलियट इसे और स्पष्ट करते हुये कहते हैं कि कविता एक ऐसी वाचिक संरचना होती है जिसके माध्यम से उन मनोभावों का संप्रेषण होता है जो कवि को अभीष्ट है। कवि, क्योंकि अपने मनोभावों को सीधे पाठक तक उसी तीव्रता के साथ नहीं पहुंचा सकता, अतः वह किसी प्रकार के माध्यम् का सहारा लेता है– यही वस्तुओं, स्थितियों और घटना-शृंखला के रूप में आता है और इसी माध्यम के कारण कवि जो कुछ कहना चाहता है, वह निजी न रहकर, वस्तुनिष्ठ हो जाता है। यह वस्तुनिष्ठ पारस्परिकता का सिद्धांत, फ्रांस के प्रतीकवादी साहित्यचिंतकों से प्रभावित है, जो कवि और कविता के पारस्परिक अविच्छिन्न संबंध को स्वीकार नहीं करते हैं। उनका मत है कि कवि अपनी कविता के माध्यम् से भावों को सीधे अभिव्यक्त नहीं करता, वरन् प्रतीकों के माध्यम् से उन्हें जाग्रत करता है।

इलियट कहता है कि कवि अपने व्यक्तित्व को नहीं, एक माध्यम को अभिव्यक्त करता है जिसमें उसके अनुभव और प्रभाव एक विलक्षण एवं अप्रत्याशित ढंग से संयुक्त हो जाते हैं। जो प्रभाव और अनुभव मनुष्य के लिए महत्त्वपूर्ण होते हैं, वे कविता में स्थान पाये यह आवश्यक नहीं और जो कविता में महत्त्वपूर्ण होकर आये हैं, वे मनुष्य और उसके व्यक्तित्व में नितांत उपेक्षणीय हो सकते हैं। इलियट ने 'हेमलेट' की कलात्मक असफलता का सबसे बड़ा उदाहरण कहा है और उसी प्रसंगाधार पर 'वस्तुमूलक प्रतिरूपण' का सिद्धांत प्रतिपादित किया। इलियट के इस वस्तुनिष्ठ-समीकरण के सिद्धांत को विभाजन-व्यापार कह सकते हैं। यह विभाव-विधान ऐसा होना चाहिए कि सामाजिकों में नाटककार के मानस-भाव जाग्रत कर सके।

टी.एस. इलिएट : परंपरा की अवधारणा

For Lancelot Andrews (1928 ई॰) की भूमिका में इलियट ने स्वयं को 'साहित्य में परम्परावादी राजनीति में रॉयलिस्ट (Royalist) तथा धर्म में एंग्लो कैथोलिक कहा है'। उसके अनुसार कवि कल्पना की शक्ति के द्वारा अपने वैयक्तिक (Highly Individualized) मस्तिष्क से काव्य रचना करता है। इलियट ने कला को कलाकार के आत्मप्रकाशन मानंने वालों की कड़ी आलोचना की है। उन्होंने प्रभाववाद को अस्वीकार किया और 'मिडल्टन मरे' जो वर्तमान (गत) शताब्दी के प्रमुख सौन्दर्यवादी, प्रभाववादी एवं आनंदवादी समीक्षक हैं, का विरोध किया। वैयक्तिकता का विरोध करते हुये उन्होंने परम्परा का सिद्धांत सामने रखा, उन्होंने कहा कि परम्परा का काव्य-रचना में प्रमुख स्थान है और कवि अभिव्यक्ति का माध्यम् मात्र रहा है।

वैयक्तिक प्रतिभा (Talent) के स्थान पर इलियट ने परम्परा (Tradition) को महत्त्व दिया। मस्तिष्क को सक्रिय शक्ति न मानकर उन्होंने उसे प्रभावों को ग्रहण करने वाली निष्क्रिय शक्ति (Passive recipient of Impressions) माना। काव्य को कवि के व्यक्तित्व की सीधी अभिव्यक्ति न मानकर उन्होंने व्यक्तित्व से पलायन की बात कही। परम्परा से उनका अभिप्राय पुरानी पीढ़ी या पीढ़ियों की काव्य-प्रवृत्तियों का निष्क्रिय अनुगमन नहीं। परंपरा हेतु ऐतिहासिक बोध का अर्थ केवल और केवल उसके अतीत में देखना नहीं है, उसे उसके वर्तमान रूप में भी देखना है। इलियट के अनुसार परम्परा और इतिहासबोध, काव्य का आधार बनता है। उनके समस्त काव्य चिंतन का प्रस्थान बिन्दु भी यही है। काव्य और परम्परा के वांछनीय और अनिवार्य संबंध पर उन्होंने अपने निबंध 'परम्परा और वैयक्तिक प्रतिभा (Tradition and Individual talent) में विस्तार से प्रकाश डाला है। इलियट वास्तव में परम्परा को ही संस्कृति के रूप में ग्रहण करते हैं। यह परंपरा किसी विशिष्ट जाति एवं समाज की समग्र सांस्कृतिक विरासत है। संस्कृति समाज के जीवन का एक विशिष्ट रूप या ढंग है, जो पूरे समाज के विचारों और रीति-रिवाजों को स्पष्ट करती है। वह अनेक रूपों में होती हुई भी समग्रता में एक है। इसी के परिज्ञान से काव्य के अंतर्गत कवि विभिन्नताओं का समाहार कर अनेकता में एकता की स्थापना करता है। इससे कलाकार और कवि एक समान लक्ष्य और इतिहास-बोध के सूत्र में बंध पाते हैं।

'After Strange Gods' में वर्णित किया है कि, "परम्परा से तात्पर्य उन सभी स्वाभाविक कार्यों, रीति-रिवाजों, धार्मिक कृत्यों से है, जो एक स्थान पर रहने वाले एक समुदाय के व्यक्तियों के रक्त संबंध को व्यक्त करती है। इसका स्पष्ट आशय यह है कि परम्परा का सम्बन्ध संस्कृति से है। वह अपनी प्रगति में जातीय जीवन, कला, दर्शन और साहित्य के उत्कृष्ट अंशों को सन्निविष्ट करती आती है। अर्थात् उसकी अविच्छिन्न धारा प्रवाहित होती रहती है जिसमें अतीत, वर्तमान और भविष्य परस्पर संबद्ध हैं। परम्परा दाय के रूप में स्वयं उपलब्ध नहीं होती, उसे प्राप्त करने के लिए सचेष्ट प्रयत्न किये जाते हैं। कोई भी कलाकार, चाहे वह कितना ही महान क्यों न हो, परम्परा से सम्बद्ध होने पर ही महत्त्वपूर्ण बनता है। तुलसी के समक्ष रामकाव्य की एक लम्बी शृंखला थी। जिससे उन्होंने बहुत कुछ ग्रहण किया। परम्परा वैयक्तिक प्रस्फुटन में साधक होती है, बाधक नहीं। प्राचीन कवियों के कृतित्व के आलोक में यदि वर्तमान का मूल्यांकन होना चाहिए, तो वर्तमान कलाकार की रचनाएं हमें प्राचीन कलाकारों को सही परिप्रेक्ष्य में देखने में सहायक होती हैं। इस प्रकार अतीत दिशा-निर्देश देता है। इस दृष्टि से परम्परा स्थिर न होकर गतिमान (dynamic) शक्ति है।

इलियट की एक महत्वपूर्ण स्थापना यह है कि समस्त साहित्य अखंड है, उसमें परम्परा की अखंड और अबाध अभिव्यक्ति होती रहती है। परम्परा के भीतर अतीत बोध भी है और वर्तमान बोध भी। वह शाश्वत होते हुये भी परिवर्तनशील है। उसकी गतिमय धारा निरंतर प्रवाहित होती रहती है तथा जातीय और सामाजिक जीवन के उत्कृष्ट रूपों को संजोती रहती है। जीवन के सामान्य और महत्त्वहीन अंश छूटते जाते हैं और नष्ट होते रहते हैं।

इस प्रकार इलियट के विचार से परम्परा का काव्य-रचना में महत्वपूर्ण स्थान है। वह परम्परा का अंधानुकरण नहीं, वरन् उसका वास्तविक बोध आवश्यक है। इतिहास बोध से उनका तात्पर्य अतीत को वर्तमान में देखने से है। वर्तमान के परिप्रेक्ष्य में अतीत का इतिहास-बोध काव्य में नयी दृष्टि भरता है, इलियट का यह सिद्धांत मौलिक दृष्टिकोण प्रस्तुत करता है।

रूसी : रूपवाद

रूसी रूपवादी समीक्षा 19वीं शती के उत्तरार्द्ध से शुरू होकर बीसवीं शती के दूसरे दशक तक विद्यमान रही। सन् 1930

में राजनीतिक कारणों से इसकी समाप्ति करनी पड़ी। किन्तु रूस के बाहर इसके प्रभाव का विस्तार 1965 ई. के पश्चात् हो पाया। इसी वर्ष तोदोरोव ने रूसीवादियों की समीक्षाओं का एक संकलन फ्रांसीसी भाषा में अनूदित किया। इसका प्रभाव पश्चिम की रूपवादी प्रणाली पर पड़ा। शैली विज्ञान, संरचनावाद आदि ने उससे प्रेरणा ग्रहण की। बोरिस एकेनवाम, विक्टर श्केलोवस्की, रोमन जैकोब्सन, बोरिस तोमस्जेवस्की आदि इसके प्रमुख प्रवक्ता थे। कुछ भाषाविद थे, कुछ साहित्य के इतिहासकार।

रूसी रूपवादी आंदोलन का आधार फ्रांसीसियों का प्रतीकवादी आंदोलन है। प्रतीकवाद में रूप पर ऐकांतिक बल दिया जाता है। परन्तु उसमें आत्मदर्शन और सपनों का समावेश रहता है। रूपवादियों ने काव्य को वैयक्तिकता और सौन्दर्यशास्त्र से मुक्त कर वैज्ञानिक बनाने की कोशिश की। उनका कहना था कि वे काव्यगत तथ्यों का वैज्ञानिक अनुसंधान करते हैं। इसे वे रूपात्मक अभिगम नाम देते हैं।

इनका मूल सरोकार साहित्यिक संरचना से है अर्थात् साहित्य सृजन में होने वाली समस्त तकनीकों से है। अन्य किसी से नहीं। श्लोवस्की के शब्दों में, "कला हमेशा जिन्दगी से मुक्त होती है। इसका ध्वज शहर की चारदीवारी पर फहराते हुये झंडे के रंग को प्रतिबिम्बित नहीं करता। कला-रूपों का विवेचन कला-नियमों द्वारा ही होना चाहिए।" साहित्य की साहित्यिकता पर रोमन जैकोबसन काफी बल देता है। कवि उसके लिए अविवेच्य है, विवेच्य है तो कविता। कविता भाषा से बनती है। उसकी विवेचना की परिधि में काव्य भाषा ही आती है। काव्य-भाषा भाषा का विशिष्ट प्रयोग है। इस प्रयोग की विशिष्टता उसके बिम्बों, अलंकारों, रूपकों, प्रतीकों आदि में नही है क्योंकि इनका प्रयोग तो सामान्य भाषा में भी होता है। वे सारी वस्तुएं जो साहित्य की साहित्यकता में सहायक हैं यही आलोच्य हैं, विवेच्य हैं।

श्लोवस्की अजनबीकरण (Making Strange) की बात करता है। इसमें परिचित अपरिचित हो जाता है। परिचित को रचनात्मक स्तर पर निरूपित करना उसका लक्ष्य होता है। प्रश्न होता है कि विरूपीकरण की प्रक्रिया द्वारा जो नयी दृष्टि मिलती है वह अर्थ की दृष्टि से और क्या होगी। ये रूपवादी नये यथार्थ का भी उल्लेख करते हैं जो पुराने यथार्थ से भिन्न होता है पर अंततोगत्वा वे डिजाइन और रूप तक ही अपने को सीमित कर लेते हैं। संस्कृत के आचार्यों ने 'चमत्कार', 'विचित्र अभिधा', 'लोकातिक्रांत गोचर' आदि शब्दों का प्रयोग विरूपीकरण के लिए ही किया है।

श्लोवस्की प्रगीतों और उपन्यासों पर एक ही प्रतिमान लागू करते हैं। यद्यपि प्रगीत और उपन्यास रचना की संरचना में काफी भेद है। प्रगीत की विषय वस्तु स्थिर होती है, इसका प्रभाव तात्कालिक होता है, उसे एक ही इकाई के रूप में आयत्त किया जाता है। उपन्यास में एक कथा होती है। वह एक कालावधि में गतिशील रहता है। अतः वह गत्यात्मक और क्रियात्मक होता है। श्लोवस्की को इसकी जानकारी थी। उपन्यासों पर किये गये उसके विचारों से ही औपन्यासिक सिद्धांतों की शुरुआत होती है। उपन्यास के काव्यशास्त्र का वह पहला प्रणेता है।"

रूपवादी समीक्षक-विचारक वस्तु को स्थगित करके रूप के पूर्ण आधिपत्य की वकालत करता है। उसका संबंध जैसा कहा जा चुका है सिर्फ साहित्यिकता से है जो अपने आप में पूर्ण इकाई है। रूपवाद की शक्ति कला की क्रियात्मक तकनीक पर निर्भर है। कला में तकनीक को आवृत भी किया जाता है और अनावृत भी। जहाँ तकनीक होती है वहां साहित्यिक पदार्थ का विकास अलक्षित रह जाता है।

जैकोब्सन का कहना है कि कवि भाषा का इस्तेमाल उसी तरह से करता है जिस तरह से चित्रकला रंगों का। ऐसी स्थिति में भाषा की संज्ञाहीनता या संवेदनाशून्यता से वह बचना चाहता है और बचता है। "जाहिर है कि रूपवादियों के लिए साहित्यिकता का मतलब है कवि-विशिष्ट भाषा-प्रयोग। जैकोब्सन के मतानुसार इसमें संकेत सांकेतिक में रूपांतरित हो जाता है। इसके अपने नियम होते हैं जिनके तहत संरचना की प्रकृति उजागर होती है। छंद, लय, अलंकार आदि कविता के भीतर किसी यथार्थ का बोध नहीं करते। ब्रिक जैसे रूपवादी कविता को आंतरिक और आत्मानुशासिक संरचना मानते हैं जिसमें छंद और रूप का समान दर्जा होता है। जैकोब्सन का कहना है कि कविता सामान्य भाषा का सचेत विरूपीकरण है। सामान्य भाषा के खिलाफ एक संघटित आक्रमण।

"वास्तविक रूप में रूपवाद कलावाद का ही दूसरा नाम है।" इस कलावाद ने समीक्षा के क्षेत्र में काफी कहर ढाया है। साहित्य को जीवन से अलग करके सिर्फ संरचना तक ही अपने को सीमित कर लेना प्रतिक्रियावादी मनोवृति की चरम सीमा है। साहित्य के आस्वाद से भी कुछ लेना-देना नहीं है। जिस संवेदन-शून्य भाषा यानी रोजमर्रा की भाषा को संवेदनपूर्ण

बनाने की चेष्टा की जाती है उसमें संवेदना क्या है? रूपवाद इस पर भी विचार नहीं करता।

सामाजिक परिवर्तन से इसका कोई सम्बन्ध नहीं है। साहित्यिक परिवर्तन अपने-आप होता रहता है- यह परिवर्तन सिर्फ पुरानेपन को अपदस्थ करने के लिए होता है। इसमें सिर्फ भौगोलिक परिवर्तन होता है यानी बिम्बों, प्रतीकों आदि की सीमा कभी बड़ी हो जाती है और कभी संकुचित। इतिहास से इनका कोई सरोकार नहीं होता। भाषा संबंधी उनके विचारों को अपनाया जा सकता है, आंशिक रूप में ही सही।

नयी समीक्षा

बीसवीं शती के आरंभ में परंपरागत कलामूल्यों, साहित्यिक अभिरूचि, कविता, काव्यभाषा सम्बन्धी धारणा में मौलिक परिवर्तन हुआ। स्वच्छंदतावादी युग से भिन्न अब कविता को व्यक्तिगत राग-द्वेष और विचार, कवि की अनुभूति और उसके भावावेगों की सहज अभिव्यक्ति मात्र न मानकर प्रमुख रूप से कलात्मक माना गया। इलियट ने कहा कि, "Poetry is not a truing loose of emotion but an escape from emotion, it is not the expression of personality but an escape from personality" हूल्मे ने कहा कि, "Poetry is a matter of images and metaphores–not personal expression but craft."

"बीसवीं शती आँग्ल-अमेरिकी साहित्य में आलोचना का युग है। सन् 1930-60 तक के समय को जॉन हॉलावे ने 'साहित्यिक आलोचना में क्रान्ति" का युग कहा है। कहना न होगा कि इस समय की सबसे महत्त्वपूर्ण और समृद्ध आलोचनात्मक प्रवृत्ति नयी समीक्षा है।" प्रवृत्ति विशेष हेतु यह नाम 1941 ई॰ में छपी 'जॉन क्रो रैंसम' की इसी शीर्षक रचना से हुआ। रैंसम की इस रचना में चार समसामयिक आलोचकों के अध्ययन के उपरांत एक 'औतरोलॉजिकल क्रिटिक' की वकालत की गयी है। नयी समीक्षा के जनक T.S. Iliot ने 1956 ई॰ में प्रकाशित अपने लेखा समीक्षा के सीमांत में मुक्त प्रयोग के विरूद्ध सावधान करते हुये कहा है कि, "लोग नयी समीक्षा शब्द का प्रयोग अक्सर यह बिना समझे करते हैं कि इस शब्द में कितनी विविधता का समावेश है परंतु इस शब्द का प्रचलन इस तथ्य को प्रमाणित करता है कि इस युग के अधिक प्रतिष्ठित आलोचकों में परस्पर कितना भी व्यापक अंतर क्यों न हो, वे सब के सब अपने से पहले की पीढ़ी के आलोचकों से किसी न किसी महत्त्वपूर्ण बात में भिन्न हैं।"

Columbia University में तुलनात्मक साहित्य के प्रोफेसर स्पिनगार्न ने सन् 1910 ई॰ इस पदबंध का प्रयोग अपने एक निबंध में किया। नयी समीक्षा का आरंभ निश्चित रूप से किस समय और किस रचना से हुआ, यह निष्कर्षतः चाहे नहीं कहा जा सके किन्तु उसकी प्रमुख प्रवृतियाँ और लक्षण टी॰एस॰इलियट की सेक्रेड वुड (1920), मिडलटन मरे की The Problems of Styles और आई॰ए॰ रिचर्डस की 'Principles of Literary criticism' (1924), जैसी रचनाओं में मिलने लगी थी। एफ॰आर॰ लीविस ने रिवेल्युएशंस में कहा कि काव्यालोचन परंपरा में उस नये दृष्टिकोण का अनुसरण कर रहे हैं जिसका शिलान्यास एजरा पाउंड, टी॰एस॰ इलियट और रिचर्डस ने किया था।"

नयी समीक्षा का आविर्भाव जिस समय हुआ, वह वैज्ञानिक विकास और औद्योगीकरण की तीव्र प्रगति का युग था। काव्य की महत्ता प्रमाणित करना इस युग में दुसाध्य हो गया। इस निराशा एवं आत्मघात की ओर प्रवृत युग में यूरोपीय सभ्यता की केन्द्रीय परम्परा को नकारने की प्रवृत्ति बल पकड़ रही थी। लायनल ट्रिलिंग ने द मॉडर्न एलिमेंट इन मॉडर्न लिटरेचर में इस मानसिकता को भटकन, अजनबीपन और निराशा का बोध कहा है। मनुष्य की इस दुरवस्था का वर्णन अनेक लेखकों ने अनेक रूपों में किया है। उसे समूह मानव, अ-मानवीकृत मानव, संकटकाल का मानव या दायवंचित मानव कुछ भी कहा जाये, पर बात लगभग वही है। यूजीन देलाक्रुआ ने मानव की इस नियति की व्याख्या करते हुये प्रश्न किया है कि, "क्या यह स्पष्ट नहीं हो चुका कि शुभ या अशुभ, अच्छी या बुरी दिशा में प्रगति ने समाज को एक ऐसे अतल के कगार पर ला खड़ा किया है जिसमें उसे गिरना ही होगा ताकि पूर्ण बर्बरता की स्थिति के लिए मार्ग साफ हो जाये"।

जीवन के स्थायी मूल्य जब धुंधले हो जायें या नाशोन्मुख हों तो मानवता की, समाज की रक्षा हेतु उनकी पुनः स्थापना या पुनःशोध और भी जरूरी हो जाता है। यही कारण था कि इस युग के लेखक ने उप परंपरा के विरोध की गहरी आवश्यकता अनुभव की जिसमें साहित्य को बैठे-ठाले का निरर्थक काम समझा जाता था। जब Mathew Arnold ने साहित्य को धर्म के स्थानापन्न का पद दिया था तो उसका मुख्य तर्क था कि डार्विन, मिल, स्पेंसर, हक्सले ओर कोंत के युग में धर्म का विनाश हो चुका है।

नयी समीक्षा के विद्वान आलोचकों ने अपने समय के समाज के महत्त्वपूर्ण दायित्व का वहन करने का प्रयत्न किया। एक ओर स्वच्छंदतावादी प्रवृतियों का विरोध करते हुए इन समीक्षकों ने उन सबका तिरस्कार किया। जो पलायनवादी अव्यवस्थित, दुरुह, क्षीण और इस सबके साथ भावुक भी था। दूसरी तरफ इन विद्वानों ने अपनी नवीन दृष्टि से विक्टोरियन साहित्य का विरोध भी किया।

ज्ञान की नई तकनीकी विधियों एवं साधनों के द्वारा इन विद्वान समीक्षकों ने साहित्य के पुनर्मूल्यांकन का साहस किया और परंपरा के संदर्भ में जीवन के मूल्यों पर पुनर्विचार किया। इनके सामने विज्ञान के समक्ष जीवन में कलाओं की उपयोगिता सिद्ध करने की चुनौती थी। जीवन में धर्म जैसी किसी केन्द्रीय शक्ति के अभाव में मनुष्य की संवेदनशीलता क्षीण हो चुकी थी, और वह अपनी पहचान भूलने लगा था। आधुनिक मानव के इस विकेन्द्रित जीवन का संप्रेषण कल्पना की क्रियाओं से ही किया जा सकता था। Science and Poetry में रिचर्डस ने मानव जीवन में मोह भंग करने वाले स्वरूप को स्पष्ट किया। Iliot ने After Strang guards में उसी प्रश्न पर ईसाई दृष्टि से विचार किया। उन्होंने कहा कि, "आधुनिक लेखकों ने प्रतिनिधि धर्मों या मिथकों का प्रयोग कलाकार के रूप में अपनी निजी समस्याओं को सुलझाने के लिए किया। निर्मला जैन ने कहा कि, "नयी समीक्षा का उदय स्वच्छंदतावाद के विरोध भर से नहीं हुआ। 19वीं शती के उत्तरार्द्ध और 20वीं शती के आरंभ में ज्ञान-विज्ञान की विविध भाषाओं के व्यापक और तीव्र प्रसार ने भी कलाकृति की प्रकृति और कार्य के संबंध में नयी समीक्षा को अंतर्दृष्टि प्रदान की। इतिहास, दर्शन, समाजशास्त्र, मनोविज्ञान, नृविज्ञान, सौंदर्यशास्त्र और अर्थ विज्ञान आदि ने कलाकृति की प्रकृति पर एक नया प्रकाश डाला।"

आधुनिक समाज के आलोचकों ने बल दिया कि साहित्यिक रचना एक भाषिक कृति या मासिक संरचना है और अपने इस रूप में वह मूलतः संप्रेषण की एक विधि है। संप्रेषण के माध्यम् से भाषा की प्रकृति की पहचान पर इस समय के अनेक लेखकों ने बल दिया। सतत रूप से भ्रष्ट एवं जड़ होती हुई भाषा को साहित्यिक संप्रेषण हेतु पुनः जीवित और प्रतिष्ठापित करे।

नयी समीक्षा में कृति की समझ हेतु साहित्य की पृष्ठभूमि और ऐतिहासिक वातावरण पर अतिरिक्त बल देने का भी विरोध किया गया और कृति से हटकर कृतिकार पर ध्यान देने का भी। रिचर्डस ने कविता के सही मूल्यांकन हेतु कविता को प्रतिक्रियाओं के लिए एक गुमनाम रचना के रूप में पेश किया। ये विद्वान समीक्षक कृति को स्वतंत्र रूप में आलोचना विषय बनाने के पक्ष में थे।

नये समीक्षकों ने कलावादियों के द्वाग प्रतिपादित स्वायत्तता से अलगकर इस विधि को प्रतिपादित करने का प्रयास किया। इसमें मानव और सभ्यता के प्रति गहरी चिंता है। कविता को ये एक स्वायत्त निरपेक्ष इकाई या रूप मानते थे। इस प्रकार नयी समीक्षा ने आलोचना में कविता के विस्तृत विश्लेषण और घनिष्ठ पाठ की परम्परा कायम की। परिणामतः पाठों की सूक्ष्म व्याख्याएं आने लगी।

मार्क शोरर ने नयी समीक्षा की उपलब्धियों का जिक्र करते हुये लिखा है कि, "साहित्यिक कृतियों के श्रम साध्य परीक्षण के द्वारा आधुनिक आलोचना ने निर्णयात्मक रूप से यह सिद्ध कर दिया है कि कला में सत्य और सौन्दर्य एक अविभाज्य इकाई है। यदि हम सौंदर्य के बजाय रूप का, और सत्य के बजाय कथ्य का प्रयोग करें तो इन शब्दों को कीट्स के द्वारा प्रदान की गयी अधिव्यंजनाएं कुछ कम हो सकती हैं और एक पुराने असमंजस का हल मिल सकता है। बिना किसी क्षति का खतरा मोल लिये हम उनको और सीमित करके प्रविधि और विषय-वस्तु की बात कर सकते हैं। आधुनिक आलोचना ने हमें दिखा दिया है कि केवल कथ्य की बात करने का मतलब एकदम कला की बात न करके अनुभव की बात करना है। जब हम सिद्ध कथ्य के रूप की अर्थात् कलाकृति के रूप में कलाकृति की बात करते हैं, तभी हम सही मानों में आलोचकों की तरह बात करते हैं। कथ्य और अनुभव तथा सिद्ध कथ्य अथवा कला के बीच जो बचा रहता है वह प्रविधि है।

जब हम प्रविधि की बात करते हैं तो लगभग सर्वस्व की बात करते हैं। क्योंकि प्रविधि ही वह माध्यम् है जिसके द्वारा लेखक का अनुभव जो उसकी विषय-वस्तु है, उसे अपनी तरफ ध्यान देने के लिए मजबूर करती है, प्रविधि वह एकमात्र माध्यम है जिसके द्वारा वह अपने विषय की खोज, छानबीन और विकास करता है; जिसके द्वारा वह विषय में अंतर्निहित अर्थ का संप्रेषण करता है, और अंततः उसका मूल्यांकन करता है।"

(नोट : इस अध्याय के विशेष अध्ययन के लिए भाग-A अध्याय-4 एवं भाग-B के अन्तर्गत इकाई-VII का अवलोकन करें)

अभ्यास प्रश्न

1. अलंकारवादी आचार्य इनमें से कौन हैं?
A. मम्मट B. कुन्तक
C. विश्वनाथ D. दण्डी

2. 'रीतिरात्मा काव्यस्य' किसका कथन है?
A. कुन्तक B. भोज
C. वामन D. भरत

3. 'शब्दार्थ शरीर तावत्काव्यम' किसने कहा है?
A. विश्वनाथ B. आनन्दवर्द्धन
C. महित भट्ट D. क्षेमेन्द्र

4. 'तद्दोषौ शब्दार्थौ सगुणावलंकृति पुनः क्वापि' किसका मत है?
A. भामह B. भरत
C. मम्मट D. विश्वनाथ

5. 'रमणीयार्थ प्रतिपादकः शब्द काव्य' किसका काव्य लक्षण है?
A. पंडित राज जगन्नाथ B. विश्वनाथ
C. मम्मट D. दण्डी

6. रीति के लिए वृत्ति शब्द का प्रयोग किस आचार्य ने किया?
A. आनन्दवर्द्धन B. मम्मट
C. अभिनव गुप्त D. शंकुक

7. काव्य गुणों की संख्या मानी जाती है
A. आठ B. सात
C. दस D. नौ

8. शान्त रस को महत्व देते हुए 'तत्व ज्ञान' को उसका स्थायी भाव किस आचार्य ने माना है?
A. भरतमुनि B. अभिनव गुप्त
C. मम्मट D. विश्वनाथ

9. रस सूत्र में किन दो शब्दों की व्याख्या जरूरी होती है?
A. संयोग और निष्पत्ति B. रस और स्थायी भाव
C. अनुभाव और विभाव D. इनमें से कोई नहीं

10. कुन्तक ने वैदर्भी, गौड़ी और पांचाली को कौन-सा नाम दिया है?
A. सत, रज, तम
B. सुकुमार, विचित्र, मध्यम मार्ग
C. उत्तम, मध्यम, अधम
D. अभिधा, लक्षणा, व्यंजना

11. 'भावकत्वं साधारणीकरणं' परिभाषा किसकी है?
A. अभिनव गुप्त B. भट्टनायक
C. आचार्य लोल्लट D. आचार्य शुक्ल

12. विभावादि का अपने पराये की भावना से मुक्त हो जाना साधारणीकरण है। परिभाषा किस आचार्य की है?
A. आचार्य लोल्लट B. कुन्तक
C. आचार्य विश्वनाथ D. इनमें से कोई नहीं

13. निम्नलिखित में से कौन-सा लेखक श्रोता के चित्त का साधारणीकरण मानते हैं?
A. आचार्य शुक्ल
B. बाबू श्यामसुन्दर दास
C. आचार्य हजारी प्रसाद द्विवेदी
D. बाबू गुलाबराय

14. कवि की अनुभूति का साधारणीकरण कौन मानता है?
A. डॉ. रामकुमार वर्मा B. डॉ. नामवर सिंह
C. आचार्य शुक्ल D. डॉ. नगेन्द्र

15. शुक्ल जी के मत पर विचार करें व बताएँ कि कौन-सा कथन असत्य है?
A. शुक्ल जी रसवादी आचार्य थे
B. 'कविता क्या है' उनकी प्रसिद्ध रचना है
C. कविता का मूल उद्देश्य रसानुभूति है
D. कविता का उद्देश्य केवल मनोरंजन है

16. निम्नलिखित में से कौन-सा एक विद्वान् सौन्दर्य को बाहर की वस्तु न मानकर मन के भीतर की वस्तु मानता है।
A. आचार्य शुक्ल B. आचार्य द्विवेदी
C. डॉ. नगेन्द्र D. इनमें से कोई नहीं

17. किसका मत है कि "काव्यशास्त्र के सिद्धांतों से ऊपर उठकर सौन्दर्य का उद्घाटन करना ही आलोचक का प्रधान कार्य है।"
A. आचार्य हजारी प्रसाद द्विवेदी
B. नंद दुलारे वाजपेयी

C. आचार्य रामचंद्र शुक्ल
D. बाबू श्यामसुन्दर दास

18. 'साहित्य सामाजिक मंगल का विधाता है।' कथन किसका है?
A. आचार्य हजारी प्रसाद द्विवेदी
B. आचार्य रामचंद्र शुक्ल
C. आचार्य महावीर प्रसाद द्विवेदी
D. नंद दुलारे वाजपेयी

19. आत्मा के स्थान पर 'जीवित' शब्द का प्रयोग किसने किया है?
A. कुन्तक B. दण्डी
C. भामह D. विश्वनाथ

20. इनमें से किस आचार्य ने 'वाक्यं रसात्मकं काव्यं' कहा है?
A. मम्मट B. विश्वनाथ
C. पंडित राज जगन्नाथ D. अभिनवगुप्त

21. रीति सम्प्रदाय के प्रवर्तक हैं
A. आचार्य वामन B. दण्डी
C. कुन्तक D. भामह

22. 'काव्यालंकार सूत्रवृत्ति' के लेखक हैं
A. भामह B. वामन
C. दण्डी D. मम्मट

23. अलंकार को काव्य की आत्मा किसने माना है?
A. भामह B. वामन
C. दण्डी D. मम्मट

24. कालक्रम निर्धारित करें
A. भामह, दण्डी, मम्मट, वामन
B. दण्डी, भामह, वामन, मम्मट
C. भामह, दण्डी, वामन, मम्मट
D. दण्डी, वामन, भामह, मम्मट

25. किसने काव्य का लक्षण दोषहीनता माना है?
A. दण्डी B. मम्मट
C. विश्वनाथ D. इनमें से कोई नहीं

26. 'रस से पूर्ण वाक्य ही काव्य है' परिभाषा किसकी है?
A. विश्वनाथ B. जगन्नाथ
C. दण्डी D. भामह

27. 'रस गंगाधर' ग्रंथ के लेखक हैं
A. पंडित जगन्नाथ B. विश्वनाथ
C. मम्मट D. वामन

28. 'कविता क्या है' के लेखक इनमें से है
A. आचार्य महावीर प्रसाद द्विवेदी
B. आचार्य शुक्ल
C. आचार्य हजारी प्रसाद द्विवेदी
D. इनमें से कोई नहीं

29. "रीति गुणों पर आश्रित है और गुण रस के धर्म हैं।" परिभाषा किसकी है?
A. कुन्तक B. दण्डी
C. भामह D. आनन्दवर्द्धन

30. 'रस सम्प्रदाय' के प्रवर्तक आचार्य हैं
A. आचार्य भरतमुनि B. कुन्तक
C. आनन्दवर्द्धन D. जगन्नाथ

31. रस सिद्धांत के प्रवर्तक माने जाते हैं :
A. भामह B. भरत
C. वामन D. शंकुक

32. भामह निम्न सिद्धांत के प्रवर्तक आचार्य हैं :
A. रस B. औचित्य
C. अनुमिति D. अलंकार

33. रीति के प्रवर्तक आचार्य माने जाते हैं :
A. धनंजय B. जयदेव
C. वामन D. कुन्तक

34. आनन्दवर्द्धन का सिद्धांत है :
A. औचित्य B. ध्वनि
C. वक्रोक्ति D. अलंकार

35. सही युग्म बताओ
A. रस सिद्धांत – भामह
B. औचित्य – वामन
C. रीति सिद्धांत – क्षेमेन्द्र
D. वक्रोक्ति – कुन्तक

36. गलत युग्म बताओ
A. रस सिद्धांत – भरत
B. अलंकार – वामन
C. ध्वनि – आनन्दवर्द्धन
D. वक्रोक्ति – कुन्तक

37. औचित्य सिद्धांत के प्रवर्तक हैं :

A. क्षेमेन्द्र B. कुन्तक
C. भामह D. उद्भट

38. कुन्तक निम्न सिद्धांत के प्रवर्तक माने जाते हैं :

A. रीति B. नीति
C. वक्रोक्ति D. औचित्य

39. नाट्यशास्त्र के रचयिता हैं :

A. भामह B. वामन
C. भरत D. जयदेव

40. ध्वन्यालोक किसकी कृति है?

A. अभिनवगुप्त B. रुय्यक
C. आनन्दवर्द्धन D. भामह

41. गलत युग्म बताओ

A. काव्यालंकार सार संग्रह – उद्भट
B. औचित्य विचार चर्चा – कुन्तक
C. उज्ज्वल नीलमणि – रूप गोस्वामी
D. अलंकार सर्वस्व – रुय्यक

42. गलत युग्म बताओ

A. चन्द्रालोक – जयदेव
B. वक्रोक्ति जीवितम – कुन्तक
C. दशरूपक – धनंजय
D. महाभाष्य – भरतमुनि

43. गलत युग्म बताओ

A. रसतरंगिनी – भानु मिश्र
B. सरस्वती कण्ठाभरण – रूप गोस्वामी
C. ध्वनि सिद्धांत – आनन्दवर्द्धन
D. रस सिद्धांत – भरतमुनि

44. भरतमुनि का समय माना जाता है

A. पहली शताब्दी B. दूसरी शताब्दी
C. चौथी शताब्दी D. पांचवीं शताब्दी

45. भरतमुनि ने रसों की संख्या मानी है :

A. नौ B. ग्यारह
C. आठ D. दस

46. रस सूत्र किस आचार्य ने दिया?

A. विश्वनाथ B. अभिनवगुप्त
C. मम्मट D. भरत

47. निम्न आचार्य रस सूत्र के व्याख्याता नहीं हैं?

A. लोल्लट B. अभिनवगुप्त
C. आनन्दवर्द्धन D. भट्टनायक

48. रस सूत्र की प्रथम बार व्याख्या किसने की है?

A. अभिनवगुप्त ने B. भरत ने
C. भट्टलोल्लट ने D. भट्टनायक ने

49. आरोपवाद किस आचार्य की अवधारणा है?

A. मम्मट B. रुद्रट
C. रुय्यक D. भट्टलोल्लट

50. साधारणीकरण सिद्धांत को सर्वप्रथम किसने प्रस्तावित किया?

A. भट्टनायक B. भरतमुनि
C. शंकुक D. दण्डी

51. कोमलकांत पदावली किस रीति से संबंधित है

A. वैदर्भी B. गौड़ी
C. पांचाली D. कोमला

52. शब्दाडम्बर व संयुक्ताक्षरों वाली रीति कौन-सी होती है?

A. वैदर्भी B. गौड़ी
C. पांचाली D. उपनागरिका

53. काव्य के आस्वादन में उद्वेग उत्पन्न करने वाला कारक क्या कहलाता है?

A. काव्य न्यूनता B. काव्य दोष
C. काव्य प्रदोष D. काव्य कारक

54. मम्मट ने कितने काव्य प्रयोजन माने?

A. सात B. छः
C. आठ D. पांच

55. डॉ. नगेन्द्र ने काव्य प्रयोजन माना है :

A. व्यवहार वर्णन B. धन प्राप्ति
C. आत्माभिव्यंजना D. रूपादि

56. रस निष्पत्ति के अंतर्गत रस को मूल पात्र में किस आचार्य ने माना है?

A. मम्मट B. भट्टनायक
C. भटतौत D. शंकुक

57. हिन्दी साहित्य में छंदशास्त्र की दृष्टि से प्रथम कृति कौन-सी मानी गई है?

A. छंदार्णव B. छंदविहार
C. छंदमाला D. छंदवीणा

58. अभिनव गुप्त किस रस सूत्र के व्याख्याता हैं
A. मुक्तिवाद B. अभिव्यक्तिवाद
C. अनुमानवाद D. आरोपवाद

59. इनमें से एक संस्कृत काव्यशास्त्रीय आचार्य नहीं है :
A. केशव B. विश्वनाथ
C. जगन्नाथ D. दण्डी

60. व्यक्तिविवेक ग्रंथ के रचयिता हैं :
A. महिम भट्ट B. विश्वनाथ
C. भरत D. मम्मट

61. संस्कृत काव्यशास्त्र में शील के आधार पर कितने नायक हैं?
A. छः B. पांच
C. तीन D. चार

62. 'विशिष्ट पद रचना रीतिः' किस काव्यशास्त्री का कथन है?
A. भामह B. वामन
C. महिम भट्ट D. भट्टतौत

63. 'शब्दार्थो सहितौ काव्यम्' के प्रणेता हैं :
A. भोज B. भानुदत्त
C. भानुमिश्र D. भामह

64. अलंकारवादी आचार्य हैं :
A. मम्मट B. कुन्तक
C. विश्वनाथ D. दण्डी

65. 'रीतिरात्मा काव्यस्य' किसका कथन है?
A. कुन्तक B. भोज
C. वामन D. भरत

66. 'शब्दार्थ शरीरं तावत्काव्यम्' किसने कहा है?
A. विश्वनाथ B. आनंदवर्द्धन
C. महिम भट्ट D. क्षेमेन्द्र

67. 'तद्दोषौ शब्दार्थों सगुणावनलंकृति पुनः क्वापि' किसका मत है?
A. भामह B. भरत
C. मम्मट D. विश्वनाथ

68. 'रमणीयार्थ प्रतिपादकः शब्द काव्यं' किसका काव्य लक्षण है?
A. पं. राज जगन्नाथ B. विश्वनाथ
C. मम्मट D. दण्डी

69. 'वाक्यं रसात्मकं काव्यं' किसका काव्य लक्षण है?
A. भामह B. वामन
C. विश्वनाथ D. मम्मट

70. 'कवि समय' का निरूपण किस आचार्य द्वारा किया गया?
A. राजशेखर B. जगन्नाथ
C. पंतजलि D. वामन

71. प्रतीक के कितने प्रकार माने जाते हैं?
A. दो B. तीन
C. पांच D. चार

72. रूढ़ा और प्रयोजनवती किस शब्द-शक्ति के प्रमुख भेद स्वीकार किए गए हैं?
A. तात्पर्य B. लक्षणा
C. व्यंजना D. अभिधा

73. अभिधा और लक्षणा द्वारा अपना-अपना अर्थ बताकर शांत हो जाना फिर किसी अन्य ही अर्थ का बोधन होता है–ऐसे में कौन-सी शब्द शक्ति काम कर सकती है?
A. अभिधा B. लक्षणा
C. व्यंजना D. मूला

74. निम्न में अलंकारवादी आचार्य नहीं माना जाता है
A. कुवल्लयानन्द B. दण्डी
C. भामह D. वामन.

75. किस आचार्य ने शब्दालंकारों को अधम काव्य, अर्थालंकारों को मध्यम काव्य तथा गुणीभूत व्यंग्य और ध्वनि को क्रमशः उत्तम और उत्तमोत्तम कहा है?
A. भोज B. भामह
C. मम्मट D. आनन्दवर्द्धन

76. जनश्रुति के आधार पर किस आचार्य को रस का प्रवर्तक माना जाता है?
A. भरत B. वामन
C. नंदिकेश्वर D. भामह

77. 'विभावानुभाव व्याभिचारि संयोद्रस रस निष्पत्ति' यह सूत्र किस आचार्य ने दिया?
A. वामन B. आनन्दवर्द्धन
C. भरत D. मम्मट

78. स्थायी भावों की संख्या मानी जा सकती है :
A. जितने रस उतने ही स्थायी भाव
B. चार
C. आठ
D. ग्यारह

79. रस को साहित्य का माना गया है :
A. कारक B. फल
C. प्राण D. आधार

80. भारतीय काव्यशास्त्र का सम्प्रदाय नहीं है :
A. भाव B. ध्वनि
C. वक्रोक्ति D. रीति

81. काव्य जीवन की आलोचना है किसका कथन है?
A. अरस्तु B. लौंजाइनस
C. आर्नल्ड D. रिचर्ड्स

82. मूलतः दार्शनिक और सौन्दर्यशास्त्री कौन थे?
A. इलियट B. प्लेटो
C. क्रोचे D. वामन

83. एस्थेटिक पुस्तक किसने लिखी है?
A. वर्ड्सवर्थ B. रिचर्ड्स
C. अरस्तु D. क्रोचे

84. अभिव्यंजनावाद सिद्धांत के प्रवर्तक कौन माने जाते हैं?
A. क्रोचे B. इलियट
C. आर्नल्ड D. वर्ड्सवर्थ

85. सहजानुभूति अभिव्यंजना को मानव मन की आंतरिक प्रक्रिया कौन मानता है?
A. मैथ्यू आर्नल्ड B. वर्ड्सवर्थ
C. क्रोचे D. कॉलरिज

86. क्रोचे के "अभिव्यंजना सिद्धांत" को किसके भारतीय काव्यशास्त्रीय सिद्धांत से जोड़ा जाता रहा है?
A. भोज B. क्षेमेन्द्र
C. कुन्तक D. वामन

87. अभिव्यंजनावाद को भारतीय वक्रोक्तिवाद का विलायती उत्थान मानने वाले विद्वान कौन हैं?
A. रामचन्द्र गुणचन्द्र B. हजारी प्रसाद द्विवेदी
C. महावीर प्रसाद द्विवेदी D. रामचन्द्र शुक्ल

88. टी.एस. इलियट कहां के निवासी थे?
A. अमेरिका B. इंग्लैण्ड
C. जर्मनी D. फ्रांस

89. नई समीक्षा के जन्मदाता कौन माने जाते हैं?
A. कॉलरिज B. क्रोचे
C. इलियट D. वर्ड्सवर्थ

90. 'परम्परा और व्यक्ति-पूजा' निबन्ध किसने लिखा है?
A. वर्ड्सवर्थ B. इलियट
C. आर्नल्ड D. इलान

91. असंगत अनुक्रम है :
A. फ्रायड – स्वच्छंदतावाद
B. राबर्ट पेन वारेन – आइरनी
C. डेकार्ट/लॉक – दार्शनिक यथार्थवाद
D. फ्लावर्ट – कुत्सित यथार्थवाद

92. इनमें से संगत चरण बताइए
A. अरस्तु – उदात्त
B. प्लेटो – अनुकरण
C. लौंजाइनस – विरेचन
D. रिचर्ड्स – त्रासदी

93. संगत कौन-सा है :
A. क्रोचे – मूल्य सिद्धांत
B. रिचर्ड्स – सम्प्रेषण
C. कार्ल मार्क्स – द्वंद्ववाद
D. हीगेल – द्वंद्वात्मक भौतिकवाद

94. सही अनुक्रम छांटिए :
A. इलियट – निर्वैयक्तिवाद
B. जार्ज लूकाच – विडम्बना
C. एलन टेट – विसंगति
D. जाक देरिदा – अंतर्विरोध

95. संगत चरण बताइये :
A. कॉलरिज – उत्तर संरचनावाद
B. क्लींथ ब्रुक्स – विडम्बना
C. विलियम एम्पसन – सार्वभौम मूर्तविधान
D. विमसाट – मिथकीय समीक्षा

96. संगत कौन-सा है :

A. अनेकार्थता – विलियम एम्पसन
B. स्वच्छंदतावाद – कॉलरिज
C. मिथकीय समीक्षा – वर्ड्सवर्थ
D. मार्क्सवाद – लारेंस

97. इनमें संगत है :

A. राबर्ट पेन वारेन – यथार्थवाद
B. डेकार्ट – आइरनी
C. लाक – कुत्सित यथार्थवाद
D. फ्रायड – फ्रायडियन यथार्थवाद

98. संगत बताइए :

A. स्वच्छंदतावाद – वर्ड्सवर्थ
B. कल्पना – फ्रायड
C. अन्तश्चेतनावादी यथार्थवाद – नार्थप फ्राई
D. दार्शनिक यथार्थवाद – विमसाट

99. संगत छांटिए :

A. लाक – मार्क्सवादी यथार्थवाद
B. नार्थप फ्राई – अनुकरण
C. डेकार्ट – विरेचन
D. विमसाट – सार्वभौम मूर्तविधान

100. संगत कौन-सा है :

A. क्रोचे – अभिव्यंजनावाद
B. हीगेल – यथार्थवाद
C. प्लेटो – विरेचन
D. कार्ल मार्क्स – सहजानुभूति

उत्तरमाला

1	2	3	4	5	6	7	8	9	10
D	C	A	C	B	B	B	A	C	B
11	**12**	**13**	**14**	**15**	**16**	**17**	**18**	**19**	**20**
B	C	B	D	D	A	B	A	A	B
21	**22**	**23**	**24**	**25**	**26**	**27**	**28**	**29**	**30**
A	B	D	C	B	A	A	B	D	A
31	**32**	**33**	**34**	**35**	**36**	**37**	**38**	**39**	**40**
B	D	C	B	D	B	A	C	C	C
41	**42**	**43**	**44**	**45**	**46**	**47**	**48**	**49**	**50**
B	D	B	B	C	D	C	C	D	A
51	**52**	**53**	**54**	**55**	**56**	**57**	**58**	**59**	**60**
A	C	B	B	C	B	C	B	A	A
61	**62**	**63**	**64**	**65**	**66**	**67**	**68**	**69**	**70**
D	B	D	D	C	B	C	A	C	A
71	**72**	**73**	**74**	**75**	**76**	**77**	**78**	**79**	**80**
A	B	C	D	C	C	C	A	B	A
81	**82**	**83**	**84**	**85**	**86**	**87**	**88**	**89**	**90**
C	C	D	A	C	C	D	A	C	B
91	**92**	**93**	**94**	**95**	**96**	**97**	**98**	**99**	**100**
A	B	B	A	B	A	D	A	D	A

महत्वपूर्ण बहु–विकल्पीय प्रश्न

1. 'पउमचरिउ' किसकी रचना है?
A. अब्दुल रहमान B. विद्यापति
C. स्वयम्भू D. चन्द वरदायी

2. गोस्वामी तुलसीदास की रचना 'कवितावली' किस भाषा की रचना है?
A. अवधी B. ब्रजभाषा
C. मैथिली D. बुन्देली

3. 'खड़ी बोली' के लिए सुनीतिकुमार चटर्जी ने किस शब्द का प्रयोग किया है?
A. जनपदीय हिन्दुस्तानी B. वर्नाक्युलर हिन्दुस्तानी
C. कौरवी D. रेख्ता

4. सूफी प्रेमाख्यानक काव्य-परम्परा में 'आराध्य' को प्रायः किस रूप में देखा गया है?
A. गुरु के रूप में B. प्रेमी के रूप में
C. सखा के रूप में D. प्रेमिका के रूप में

5. छायावाद को 'स्थूल के प्रति सूक्ष्म का विद्रोह' किसने कहा है?
A. सुमित्रानन्दन पन्त B. डॉ. नगेन्द्र
C. रामचन्द्र शुक्ल D. जयशंकर प्रसाद

6. निम्नलिखित में से कौन 'मिश्र बन्धुओं' में नहीं हैं?
A. कृष्णबिहारी मिश्र B. श्यामबिहारी मिश्र
C. गणेशबिहारी मिश्र D. शुकदेव बिहारी मिश्र

7. 'रसगंगाधर' के रचयिता कौन हैं?
A. अभिनवगुप्त B. दण्डी
C. पंडितराज जगन्नाथ D. आचार्य विश्वनाथ

8. निम्नलिखित में से कौन 'तार सप्तक' का कवि नहीं है?
A. शमशेर बहादुर सिंह B. गिरिजाकुमार माथुर
C. मुक्तिबोध D. प्रभाकर माचवे

9. 'शिवपालगंज' किस उपन्यास से संबंधित है?
A. बिश्रामपुर का सन्त B. राग दरबारी
C. आधा गाँव D. मैला आँचल

10. भरत मुनि के अनुसार काव्य में कुल कितने गुण होते हैं?
A. दस B. पाँच
C. तीन D. सात

11. हिन्दी वर्णमाला में 'अं' और 'अः' क्या हैं?
A. स्वर B. व्यंजन
C. अयोगवाह D. संयुक्ताक्षर

12. 'अन्धायुग' किस नाट्यविधा के अन्तर्गत आता है?
A. गीतिनाट्य B. नाटक
C. रूपक D. प्रहसन

13. "दो राह, समय के रथ का घर्घर नाद सुनो सिंहासन खाली करो कि जनता आती है।" उपर्युक्त पंक्तियाँ किसकी कविता से उद्धृत हैं?
A. शिवमंगल सिंह 'सुमन' B. रामधारी सिंह दिनकर
C. मैथिलीशरण गुप्त D. जानकीवल्लभ शास्त्री

14. हिन्दी के किस आलोचक ने 'देवरानी जेठानी की कहानी' को हिन्दी का प्रथम उपन्यास माना है?
A. नामवर सिंह B. रामविलास शर्मा
C. विजय मोहन सिंह D. गोपाल राय

15. 'समालोचनादर्श' के शीर्षक से 'एसे ऑन क्रिटिसिज्म' का अनुवाद किसने किया?

A. रामचंद्र शुक्ल B. डॉ. नगेन्द्र

C. जगन्नाथदास 'रत्नाकर' D. रमेश कुन्तल मेघ

16. 'शिखर से सागर तक'– किस रचनाकार की जीवनी है?

A. निराला B. मुक्तिबोध

C. अज्ञेय D. धर्मवीर भारती

17. (a) हिन्दी में भक्ति धारा का उदय बाहरी आक्रमण की प्रतिक्रिया है।

(b) यह भारतीय साधना परम्परा का स्वतः स्फूर्त विकास है।

इनमें से

A. (a) और (b) दोनों सही

B. (a) सही और (b) गलत

C. (a) गलत और (b) सही

D. (a) और (b) दोनों आंशिक सही

18. (a) 'विभावन व्यापार' रस प्रक्रिया की सुदृढ़ भूमिका है।

(b) विभाव ही रस का हेतु है।

A. (a) आंशिक सही और (b) गलत

B. (a) और (b) दोनों सही

C. (a) गलत और (b) आंशिक सही

D. (a) सही और (b) आंशिक सही

19. (a) 'छायावाद' और 'रहस्यवाद' में तात्त्विक भेद नहीं है।

(b) 'छायावाद' में अभिव्यक्ति की सूक्ष्मता और 'रहस्यवाद' में अज्ञात के प्रति जिज्ञासा है।

A. (a) गलत और (b) सही

B. (a) सही और (b) गलत

C. (a) आंशिक सही और (b) सही

D. (a) सही और (b) आंशिक सही

20. (a) 'नयी कविता' में निरूपित मनुष्य मात्र द्वन्द्वग्रस्त है।

(b) 'नयी कविता' मात्र व्यक्ति-चेतना की कविता नहीं है।

A. (a) और (b) दोनों सही

B. (a) सही और (b) गलत

C. (a) आंशिक सही और (b) सही

D. (a) सही और (b) आंशिक सही

21. निम्नलिखित इतिहास ग्रन्थों का कालक्रमानुसार सही क्रम कौन सा है?

A. मिश्रबन्धु विनोद–मॉडर्न वर्नाक्युलर लिटरेचर ऑफ नार्दर्न हिन्दुस्तान–शिवसिंह सरोज–इस्त्वार द ला लितरेत्यूर ऐंदुई ऐ ऐंदूस्तानी

B. इस्त्वार द ला लितरेत्यूर ऐंदुई ऐ ऐंदूस्तानी–शिवसिंह सरोज–मॉडर्न वर्नाक्युलर लिटरेचर ऑफ नार्दर्न हिन्दुस्तान–मिश्रबन्धु विनोद

C. शिवसिंह सरोज–इस्त्वार द ला लितरेत्यूर ऐंदुई ऐ ऐंदूस्तानी–मिश्रबन्धु विनोद–मॉडर्न वर्नाक्युलर लिटरेचर ऑफ नार्दर्न हिन्दुस्तान

D. मॉडर्न वर्नाक्युलर लिटरेचर ऑफ नार्दर्न हिन्दुस्तान–इस्त्वार द ला लितरेत्यूर ऐंदुई ऐ ऐंदूस्तानी–शिवसिंह सरोज-मिश्रबन्धु विनोद

22. नवजागरण कालीन सुधारवादी संस्थाओं की शुरूआत का सही क्रम कौन सा है?

A. ब्रह्म समाज–प्रार्थना समाज–आर्य समाज–रामकृष्ण मिशन

B. रामकृष्ण मिशन–आर्य समाज–बह्म समाज–प्रार्थना समाज

C. प्रार्थना समाज–आर्य समाज–रामकृष्ण मिशन-ब्रह्म समाज

D. आर्य समाज–ब्रह्म समाज–प्रार्थना समाज–रामकृष्ण मिशन

23. छायावादी काव्यधारा के प्रमुख स्तम्भों का जन्मतिथि के आधार पर सही क्रम कौन सा है?

A. सुमित्रानन्दन पंत–जयशंकर प्रसाद–सूर्यकांत त्रिपाठी 'निराला'–महादेवी वर्मा

B. जयशंकर प्रसाद–सूर्यकांत त्रिपाठी 'निराला' –सुमित्रानन्दन पंत–महादेवी वर्मा

C. सूर्यकांत त्रिपाठी 'निराला'–महादेवी वर्मा–जयशंकर प्रसाद–सुमित्रानन्दन पंत

D. महादेवी वर्मा–जयशंकर प्रसाद–सूर्यकांत त्रिपाठी 'निराला'–सुमित्रानन्दन पंत

24. प्रकाशन की दृष्टि से निम्न काव्य कृतियों का सही क्रम क्या है?

A. गीत फरोश–युगवाणी–हरी घास पर क्षण भर–कुकरमुत्ता

B. कुकुरमुत्ता–हरी घास पर क्षण भर–युगवाणी–गीत फरोश

C. हरी घास पर क्षण भर–कुकुरमुत्ता–युगवाणी–गीत फरोश

D. युगवाणी–कुकुरमुत्ता–हरी घास पर क्षण भर–गीत फरोश

25. निराला के उपन्यासों का प्रकाशन की दृष्टि से सही अनुक्रम कौन सा है?

A. अप्सरा– अलका–निरुपमा–प्रभावती

B. प्रभावती–निरूपमा–अप्सरा–अलका

C. निरूपमा–अलका–प्रभावती–अप्सरा

D. अलका–अप्सरा–निरूपमा–प्रभावती

26. आधुनिक हिन्दी कविता के प्रमुख आन्दोलनों का सही अनुक्रम कौन सा है?

A. प्रगतिवाद–प्रयोगवाद–नयी कविता– अकविता

B. प्रयोगवाद–प्रगतिवाद–अकविता– नयी कविता

C. नयी कविता–प्रगतिवाद–प्रयोगवाद–अकविता

D. अकविता–प्रगतिवाद–प्रयोगवाद–नयी कविता

27. भारतीय काव्यशास्त्र के प्रमुख काव्यशास्त्रियों का सही क्रम क्या है?

A. आनन्दवर्धन–भरत मुनि–जगन्नाथ– विश्वनाथ

B. भरत मुनि–आनन्दवर्धन–विश्वनाथ–जगन्नाथ

C. जगन्नाथ–विश्वनाथ–आनन्दवर्धन–भरत मुनि

D. विश्वनाथ–आनन्दवर्धन–भरत मुनि–जगन्नाथ

28. प्रकाशन वर्ष के आधार पर निम्नलिखित उपन्यासों का सही अनुक्रम क्या है?

A. आवाँ–चाक–आपका बंटी–रूकोगी नहीं राधिका

B. आपका बंटी–आवाँ–रूकोगी नहीं राधिका–चाक

C. रूकोगी नहीं राधिका–आपका बंटी–चाक–आवाँ

D. चाक–आवाँ–रूकोगी नहीं राधिका–आपका बंटी

29. प्रेमाख्यान काव्य परम्परा की प्रमुख रचनाओं का सही क्रम क्या है?

A. चन्दायन–मृगावती–पद्मावत–मधुमालती

B. मधुमालती–मृगावती–चन्दायन–पद्मावत

C. पद्मावत–चन्दायन–मृगावती– मधुमालती

D. मृगावती–पद्मावत–मधुमालती–चन्दायन

30. निम्नलिखित रचनाकारों के साथ उनकी रचनाओं का सुमेलन कीजियेः

सूची-I	सूची-II
(*a*) राजा शिवप्रसाद 'सितारे हिन्द'	(i) भाषा और संवेदना
(*b*) लक्ष्मीसागर वार्ष्णेय	(ii) फोर्ट विलियम कॉलेज
(*c*) मिश्रबंधु	(iii) भारतीय संस्कृति और हिन्दी प्रदेश
(*d*) रामविलास शर्मा	(iv) भूगोल हस्तामलक
	(v) हिन्दी नवरत्न

कूटः

	(*a*)	(*b*)	(*c*)	(*d*)
A.	(i)	(iv)	(iii)	(ii)
B.	(ii)	(iii)	(i)	(v)
C.	(iv)	(ii)	(v)	(iii)
D.	(i)	(iii)	(iv)	(v)

31. निम्नलिखित रचनाकारों के साथ उनकी रचनाओं का सुमेलन कीजिएः

सूची-I	सूची-II
(*a*) ज्योतिरीश्वर ठाकुर	(i) राउल वेल
(*b*) दामोदर भट्ट	(ii) उक्ति व्यक्ति प्रकरण
(*c*) नरपति नाल्ह	(iii) बीसलदेव रासो
(*d*) रोड	(iv) वर्ण रत्नाकर
	(v) खुमान रासो

कूटः

	(*a*)	(*b*)	(*c*)	(*d*)
A.	(iv)	(ii)	(iii)	(i)
B.	(i)	(iii)	(iv)	(ii)
C.	(ii)	(i)	(iii)	(iv)
D.	(iii)	(ii)	(i)	(iv)

32. निम्नलिखित कवियों को उनकी कृतियों के साथ सुमेलित कीजिए:

सूची-I	सूची-II
(*a*) सुमित्रानन्दन पंत	(i) कविप्रिया
(*b*) घनानन्द	(ii) मृगावती
(*c*) केश्वदास	(iii) इश्कलता
(*d*) कुतुबन	(iv) ग्राम्या
	(v) लहर

कूटः

	(*a*)	(*b*)	(*c*)	(*d*)
A.	(i)	(ii)	(iii)	(iv)
B.	(iv)	(iii)	(ii)	(i)
C.	(ii)	(i)	(iv)	(v)
D.	(iv)	(iii)	(i)	(ii)

33. निम्नलिखित कवियों को उनकी कृतियों के साथ सुमेलित कीजिए:

सूची-I	सूची-II
(*a*) रघुवीर सहाय	(i) माया दर्पण
(*b*) श्रीकान्त वर्मा	(ii) फूल नहीं रंग बोलते हैं
(*c*) दिनकर	(iii) आत्महत्या के विरूद्ध
(*d*) केदारनाथ अग्रवाल	(iv) अनामिका
	(v) परशुराम की प्रतीक्षा

कूटः

	(*a*)	(*b*)	(*c*)	(*d*)
A.	(iii)	(i)	(v)	(ii)
B.	(i)	(ii)	(iii)	(iv)
C.	(v)	(iv)	(iii)	(i)
D.	(ii)	(iii)	(iv)	(i)

34. निम्नलिखित कवियों को उनकी कृतियों के साथ सुमेलित कीजिए:

सूची-I	सूची-II
(*a*) नागार्जुन	(i) संशय की एक रात
(*b*) नरेश मेहता	(ii) अकाल में सारस
(*c*) भवानीप्रसाद मिश्र	(iii) सतपुड़ा के जंगल
(*d*) केदारनाथ सिंह	(iv) युगधारा
	(v) आत्मजयी

कूटः

	(*a*)	(*b*)	(*c*)	(*d*)
A.	(iii)	(iv)	(v)	(ii)
B.	(iv)	(i)	(iii)	(ii)
C.	(ii)	(iii)	(v)	(i)
D.	(i)	(ii)	(iii)	(iv)

35. निम्नलिखित गद्यकृतियों को उनके लेखकों के साथ सुमेलित कीजिए:

सूची-I	सूची-II
(*a*) साहित्यालोचन	(i) रामचन्द्र शुक्ल
(*b*) रस मीमांसा	(ii) विद्यानिवास मिश्र
(*c*) ठेले पर हिमालय	(iii) धर्मवीर भारती
(*d*) तमाल के झरोखे से	(iv) श्याम सुन्दर दास
	(v) विवेकी राय

कूटः

	(*a*)	(*b*)	(*c*)	(*d*)
A.	(i)	(ii)	(iii)	(v)
B.	(v)	(iv)	(ii)	(i)
C.	(ii)	(i)	(iii)	(iv)
D.	(iv)	(i)	(iii)	(ii)

36. निम्नलिखित कथाकारों को उनकी कृतियों के साथ सुमेलित कीजिये:

सूची-I	सूची-II
(*a*) कृष्णा सोबती	(i) कितने पाकिस्तान
(*b*) श्रीलाल शुक्ल	(ii) टोपी शुक्ला
(*c*) राही मासूम रजा	(iii) समय सरगम
(*d*) कमलेश्वर	(iv) विस्त्रामपुर का सन्त
	(v) जुलूस

कूटः

	(*a*)	(*b*)	(*c*)	(*d*)
A.	(iii)	(iv)	(ii)	(i)
B.	(i)	(ii)	(v)	(iv)
C.	(ii)	(i)	(iii)	(i)
D.	(iv)	(v)	(iii)	(i)

37. निम्नलिखित कहानीकारों को उनकी कहानियों के साथ समुलित कीजिए:

सूची-I	सूची-II
(*a*) चन्द्रधर शर्मा गुलेरी	(i) परदा
(*b*) रामचन्द्र शुक्ल	(ii) बुद्ध का काँटा
(*c*) यशपाल	(iii) दोपहर का भोजन
(*d*) अमरकान्त	(iv) ग्यारह वर्ष का समय
	(v) एक और जिन्दगी

कूटः

	(*a*)	(*b*)	(*c*)	(*d*)
A.	(i)	(iii)	(v)	(iv)
B.	(iv)	(v)	(i)	(ii)
C.	(ii)	(iv)	(i)	(iii)
D.	(iii)	(v)	(iv)	(i)

38. निम्नलिखित कहानीकारों को उनकी कहानियों के साथ सुमेलित कीजिए:

सूची-I	**सूची-II**
(*a*) निर्मल वर्मा	(i) कोसी का घटवार
(*b*) मार्कण्डेय	(ii) कसाईबाड़ा
(*c*) शिवमूर्ति	(iii) हंसा जाइ अकेला
(*d*) शेखर जोशी	(iv) लन्दन की एक रात
	(v) पालगोमरा का स्कूटर

कूटः

	(*a*)	(*b*)	(*c*)	(*d*)
A.	(iii)	(v)	(iv)	(i)
B.	(i)	(ii)	(iii)	(iv)
C.	(iv)	(iii)	(ii)	(i)
D.	(v)	(ii)	(i)	(iii)

39. निम्नलिखित पंक्तियों के साथ कवियों का सुमेलन कीजिए:

सूची-I	**सूची-II**
(*a*) ज्यों ज्यों निहारिये नेरे है नैननि	(i) पद्माकर
(*b*) ऊँचे घोर मन्दर के अन्दर रहनवारी	(ii) घनानन्द
(*c*) नैन नचाई कह्यौ मुसकाइ	(iii) मतिराम
(*d*) रावरे रूप की रीति अनूप	(iv) भूषण
	(v) ठाकुर

कूटः

	(*a*)	(*b*)	(*c*)	(*d*)
A.	(iii)	(iv)	(i)	(ii)
B.	(ii)	(iii)	(iv)	(v)
C.	(v)	(ii)	(i)	(iii)
D.	(i)	(ii)	(iii)	(iv)

40. **स्थापना (Assertion) (A) :** शासन की पहुँच प्रवृत्ति और निवृत्ति की बाहरी व्यवस्था तक ही होती है।

तर्क (Reason) (R) : भीतरी या सच्ची प्रवृत्ति निवृत्ति को जागृत रखने वाली शक्ति शासन में नहीं होती।

A. (A) सही (R) सही B. (A) गलत (R) गलत
C. (A) गलत (R) सही D. (A) सही (R) गलत

41. **स्थापना (Assertion) (A) :** कवि-वाणी के प्रसार से हम संसार के सुख-दुख, आनन्द-क्लेश आदि का शुद्ध स्वार्थमुक्त रूप में अनुभव करते हैं।

तर्क (Reason) (R) : इस प्रकार के अनुभव के अभ्यास से हृदय का बन्धन नहीं खुलता

A. (A) सही (R) सही B. (A) सही (R) गलत
C. (A) गलत (R) सही D. (A) गलत (R) गलत

42. **स्थापना (Assertion) (A) :** भक्ति में लेन-देन का भाव नहीं रहता।

तर्क (Reason) (R): समपूर्ण भक्ति का मूल है।

A. (A) गलत (R) सही B. (A) गलत (R) गलत
C. (A) सही (R) गलत D. (A) सही (R) सही

43. **स्थापना (Assertion) (A) :** प्रिय के वियोग से जो दुःख होता है, उसमें कभी-कभी दया या करूणा का भी कुछ अंश मिला रहता है।

तर्क (Reason) (R): प्रिय के वियोग पर उत्पन्न करूणा का विषय प्रिय के सुख का निश्चय है।

A. (A) सही (R) गलत B. (A) गलत (R) गलत
C. (A) सही (R) सही D. (A) गलत (R) सही

44. **स्थापना (Assertion) (A) :** दुष्कर्म के अनेक अप्रिय फलों में से एक अपमान है।

तर्क (Reason) (R): दुष्कर्म से उत्पन्न अपमान के प्रति स्वयं को चरित्रवान सिद्ध करना सदाचरण है।

A. (A) गलत (R) सही B. (A) सही (R) गलत
C. (A) गलत (R) गलत D. (A) सही (R) सही

45. **स्थापना (Assertion) (A) :** प्रेम का समाजीकरण होता है तो उसे भक्ति कहते हैं।

तर्क (Reason) (R): प्रेम सामाजिक भाव नहीं है।

A. (A) सही (R) गलत B. (A) गलत (R) सही
C. (A) सही (R) सही D. (A) गलत (R) गलत

निर्देश (प्र.सं. 46 से 50 तक) : *निम्नलिखित अवतरण को ध्यानपूर्वक पढ़ें और उससे सम्बन्धित प्रश्नों के उत्तरों के दिये गये बहु-विकल्पों में से सही विकल्प का चयन करें:*

प्राचीन और मध्यकालीन आर्य भाषाओं–संस्कृत, प्राकृत, अपभ्रंश का क्षेत्र सार्वदेशिक था। जिस रूप में वे उपलब्ध हैं उस रूप में उनका व्याकरणिक ढाँचा भी अलग था। इन भाषाओं में प्रादेशिक निष्ठा नहीं थी, किन्तु जातीय भाषाओं में यह निष्ठा बढ़ी। संस्कृत से प्राकृत, प्राकृत से अपभ्रंश

और अपभ्रंश से उत्तर भारत की आधुनिक आर्य भाषाओं का विकास हुआ। ऐसा विश्वास किया जाता रहा है और इसके लिये सिद्धान्त भी गढ़े गये थे। किन्तु अब यह धारणा कि हिन्दी या बंगला आदि अपभ्रंश से निकली, खंडित हो चुकी हैं। किन्तु, जातीय भाषाओं ने संस्कृत और अपभ्रंश से बहुत कुछ लिया है। हिन्दी ने उनकी विरासत को सबसे अधिक ग्रहण किया–विशेष रूप से अपभ्रंश की विरासत को। शब्द-समूह, उच्चारण तथा व्याकरणिक ढाँचे के अलग होने से अपभ्रंश साहित्य को हिन्दी साहित्य का अंग नहीं माना जा सकता। किंतु सांस्कृतिक नैरन्तर्य के लिये उसका अध्ययन आवश्यक है।

46. संस्कृत का क्षेत्र किस सीमा तक विस्तृत था?
A. प्रादेशिक B. सार्वदेशिक
C. मध्यदेशीय D. क्षेत्रीय

47. सांस्कृतिक नैरन्तर्य के लिए किसका अध्ययन आवश्यक नहीं है?
A. संस्कृत B. प्राकृत
C. ब्रजभाषा D. हिन्दी

48. जातीय भाषा के रूप में आज किस भाषा को मान्यता प्राप्त है?
A. प्राकृत B. बंगला
C. अपभ्रंश D. संस्कृत

49. अपभ्रंश को हिन्दी साहित्य के इतिहास का अंग मानने के लिये क्या आधार होना चाहिए?
A. शब्द-समूह में भिन्नता होनी चाहिए।
B. व्याकरणिक ढाँचे में भिन्नता होनी चाहिए।
C. उच्चारण में भिन्नता होनी चाहिए।
D. जातीयता में भिन्नता होनी चाहिए।

50. संस्कृत से सीधा संबंध किस भाषा का है?
A. प्राकृत
B. अपभ्रंश
C. आधुनिक भारतीय भाषाएँ
D. हिन्दी

51. ब्रजभाषा का विकास किससे हुआ?
A. मागधी B. पैशाची
C. शौरसैनी D. अर्धमागधी

52. अपभ्रंश की उत्तरकालीन अवस्था का नाम है:
A. पालि B. प्राकृत
C. संस्कृत D. अवहट्ठ

53. अपभ्रंश में कुल कितने स्वर थे?
A. आठ B. बारह
C. दस D. नौ

54. 'मगही' किस हिन्दी प्रदेश की बोली है?
A. मध्य प्रदेश B. बिहार
C. राजस्थान D. छत्तीसगढ़

55. भाषाओं के पारिवारिक वर्गीकरण का आधार है:
A. रूपरचना B. ध्वनि
C. इतिहास D. अर्थ

56. पुष्पदंत किस शताब्दी के कवि थे?
A. आठवीं शताब्दी B. सातवीं शताब्दी
C. दसवीं शताब्दी D. ग्यारहवीं शताब्दी

57. 'दोहाकोश' किसकी रचना है?
A. विद्याधर B. सरहपा
C. पुष्पदंत D. शबरपा

58. 'काव्य की रीति सिखी सुकबीन सों देखी सुनी बहुलोक की बातें'– इस काव्योक्ति के कवि हैं:
A. केशवदास B. मतिराम
C. पद्माकर D. भिखारीदास

59. "हरि रस पीया जानिए, जे कबहूं न जाय खुमार। मैमंता घूमत फिरै, नाहीं तन की सार।।"– इन काव्य पंक्तियों के कवि हैं:
A. सूरदास B. कबीरदास
C. रसखान D. नन्ददास

60. देवकवि की रचना है:
A. काव्यनिर्णय B. रसराज
C. श्रृंगार निर्णय D. भावविलास

61. 'साहित्य लहरी' के रचनाकार हैं:
A. तुलसीदास B. सूरदास
C. कृष्णदास D. सुन्दरदास

62. अष्टछाप की स्थापना किसने की?
A. विट्ठलनाथ B. वल्लभाचार्य
C. सूरदास D. रमानंद

63. सखी-सम्प्रदाय के संस्थापक हैंः

A. हित हरिवंश　　B. वल्लभाचार्य

C. स्वामी हरिदास　　D. मध्वाचार्य

64. गोस्वामी तुलसीदास की अन्तिम रचना कौन-सी है?

A. विनयपत्रिका　　B. दोहावली

C. कवितावली　　D. हनुमानबाहुक

65. मृगावती किसकी रचना है?

A. उसमान　　B. कुतुबन

C. मंझन　　D. जायसी

66. निम्नलिखित काव्योक्ति तुलसी की किस रचना से है?

''श्रुति सम्मत हरिभक्ति पथ संजुत विरति विवेक।''

A. रामचरितमानस　　B. कवितावली

C. विनयपत्रिका　　D. गीतावली

67. शब्दशक्ति के विषय में निम्नलिखित कथन किसका है?

''अभिधा उत्तम काव्य है, मध्य लक्षणा हीन।
अधम व्यंजना रस विरस, उलटी कहत नवीन।।''

A. केशवदास　　B. भिखारीदास

C. देवकवि　　D. चिंतामणि

68. निम्नलिखित में से कौन-सा मतिराम का ग्रंथ नहीं है?

A. रसराज　　B. रसविलास

C. ललित ललाम　　D. छंदसार

69. निम्नलिखित में से कौन रीतिमुक्त कवि नहीं हैं?

A. बोधा　　B. ठाकुर

C. पद्माकर　　D. आलम

70. 'चंडी चरित्र' किसकी रचना है?

A. गुरु गोविन्दसिंह　　B. भूषण

C. लालकवि　　D. सूदन

71. ''ज्यौं-ज्यौं बसे जात दूरि-दूरि प्रिय प्राण मूरि।
त्यौं-त्यौं धसे जात मन मुकुर हमारे मैं।।''

भ्रमरगीत प्रसंग से सम्बन्धित उपर्युक्त पंक्तियों के कवि हैंः

A. नन्ददास

B. सूरदास

C. सत्यनारायण कविरत्न

D. जगन्नाथदास रत्नाकर

72. निम्नलिखित में से किस गद्य कृति का निर्माण फोर्ट विलियम कॉलेज में हुआ था?

A. भाषा योग वाशिष्ठ　　B. भाषा पद्म पुराण

C. नासिकेतोपाख्यान　　D. दृष्टान्त सागर

73. 'निःसहाय हिंदू' उपन्यास के लेखक हैंः

A. श्रीनिवास दास　　B. राधाकृष्ण दास

C. बालकृष्ण भट्ट　　D. राधाचरण गोस्वामी

74. निम्नलिखित में से कौन-सा नाटक श्रीनिवास दास का नहीं है?

A. रणधीर प्रेममोहिनी　　B. महरानी पद्मावती

C. तप्ता-संवरण　　D. संयोगिता स्वयंवर

75. राजा लक्ष्मणसिंह ने 'अभिज्ञानशाकुन्तलम्' का अनुवाद कब किया?

A. 1863 ई.　　B. 1880 ई.

C. 1876 ई.　　D. 1881 ई.

76. निम्नलिखित में से भारतेन्दु का कौन-सा नाटक 'प्रबोध चन्द्रोदय' की प्रतीकात्मक शैली से प्रभावित है?

A. अंधेरी नगरी　　B. विषस्यविषमौषधम

C. भारत दुर्दशा

D. वैदिकी हिंसा हिंसा न भवति

77. बालकृष्ण भट्ट किसके सम्पादन कर्म से जुड़े थे?

A. ब्राह्मण　　B. सरस्वती

C. कविवचन सुधा　　D. हिंदी प्रदीप

78. निम्नलिखित में से कौन-सी रचना कृष्णकथा पर आधारित नहीं है?

A. प्रियप्रवास　　B. अग्निलीक

C. भ्रमरदूत　　D. अंधायुग

79. 'शिवशंभू के चिट्ठे' के निबन्धकार हैंः

A. बालमुकुन्द गुप्त　　B. बालकृष्ण भट्ट

C. अध्यापक पूर्णसिंह　　D. चन्द्रधर शर्मा गुलेरी

80. ''जो घनीभूत पीड़ा थी, मस्तक में स्मृति-सी छाई,
दुर्दिन में आँसू बनकर, वह आज बरसने आई।''

उपर्युक्त काव्य-पंक्तियाँ किस कवि की हैं?

A. मैथिलीशरण गुप्त　　B. महादेवी वर्मा

C. जयशंकर प्रसाद　　D. नरेन्द्र शर्मा

81. ''धिक्! धाए तुम यों अनाहूत,
धो दिया श्रेष्ठ कुल-धर्म धूत,
राम के नहीं, काम के सूत कहलाए।''
उपर्युक्त काव्य-पंक्तियों का सम्बन्ध किस काव्य रचना से है?

A. साकेत B. तुलसीदास
C. राम की शक्तिपूजा D. संशय की एक रात

82. 'कविता दो शब्दों के बीच की नीरवता में रहती है।' काव्य-भाषा के सम्बन्ध में उपर्युक्त मत किसका है?

A. नामवर सिंह B. रामस्वरूप चतुर्वेदी
C. शमशेर बहादुर सिंह D. अज्ञेय

83. 'अनन्तदेवी' प्रसाद के किस नाटक की पात्र है?

A. राज्यश्री B. स्कन्दगुप्त
C. ध्रुवस्वामिनी D. विशाख

84. निम्नलिखित में से कौन-सा खण्डकाव्य रामनरेश त्रिपाठी का नहीं है?

A. मिलन B. पथिक
C. नहुष D. स्वप्न

85. 'मुन्नी मोबाइल' किसका उपन्यास है?

A. प्रदीप सौरभ B. महुआ माजी
C. ऋता शुक्ला D. तुलसीराम

86. 'पिंजरे में मैना' किसकी आत्मकथा है?

A. चित्रा मुद्‌गल B. मैत्रेयी पुष्पा
C. चन्द्रकिरण सोनेरिक्सा D. मृदुला गर्ग

87. 'मंगल का विधान करने वाले दो भाव हैं'– किसका कथन है?

A. श्यामसुंदर दास B. रामचन्द्र शुक्ल
C. हजारीप्रसाद द्विवेदी D. नन्ददुलारे वाजपेयी

88. 'आलोचना का विषय कवि नहीं, कविता है'– किसका कथन है?

A. ड्राइडन B. टी.एस. इलियट
C. क्रोचे D. लांजाइनस

89. ''सत्त्वोद्रेकाद खण्ड स्वप्रकाशानन्द चिन्मयः।
वेद्यान्तरस्पर्शशून्यों ब्रह्मास्वादसहोदरः।
लोकोत्तर चमत्कार प्राणः कैश्चित्प्रमातृभिः।
स्वाकारवद भिन्नत्वेनायमास्वाद्यते रसः।''
रस के विषय में उपर्युक्त स्थापना किस आचार्य की है?

A. आचार्य भरत B. आचार्य भट्टनायक
C. आचार्य अभिनवगुप्त D. आचार्य विश्वनाथ

90. निम्नलिखित में से कौन-सा नाटक कालिदास के चरित्र से सम्बन्धित नहीं है?

A. आठवाँ सर्ग B. कन्धे पर बैठा था शाप
C. शकुन्तला की अँगूठी D. आषाढ़ का एक दिन

91. निम्नलिखित साहित्यिक वादों का सही अनुक्रम बताइए:

A. छायावाद, प्रगतिवाद, प्रपद्यवाद, प्रयोगवाद
B. छायावाद, प्रयोगवाद, प्रपद्यवाद, प्रगतिवाद
C. प्रपद्यवाद, छायावाद, प्रयोगवाद, प्रगतिवाद
D. छायावाद, प्रगतिवाद, प्रयोगवाद, प्रपद्यवाद

92. जीवनकाल की दृष्टि से निम्नलिखित कवियों का सही अनुक्रम है:

A. सोहनलाल द्विवेदी, सूरदास, केशवदास, जगन्नाथदास रत्नाकर
B. जगन्नाथदास रत्नाकर, सोहनलाल द्विवेदी, सूरदास, केशवदास
C. सूरदास, केशवदास, जगन्नाथदास रत्नाकर, सोहनलाल द्विवेदी
D. केशवदास, सूरदास, जगन्नाथदास रत्नाकर, सोहनलाल द्विवेदी

93. रचनाकाल की दृष्टि से निम्नलिखित कृतियों का सही अनुक्रम हैं:

A. कुवलयमालाकथा, राउलवेल, उक्तिव्यक्ति प्रकरण, वर्णरत्नाकर
B. राउलवेल, कुवलयमालाकथा, उक्तिव्यक्ति प्रकरण, वर्णरत्नाकर
C. उक्तिव्यक्ति प्रकरण, राउलवेल, कुवलयमालाकथा, वर्णरत्नाकर
D. वर्णरत्नाकर, उक्तिव्यक्ति प्रकरण, राउलवेल, कुवलयमालाकथा

94. रचनाकाल की दृष्टि से निम्नलिखित कृतियों का सही अनुक्रम बताइए:

A. साकेत, प्रियप्रवास, तुलसीदास, कृष्णायन
B. प्रियप्रवास, साकेत, तुलसीदास, कृष्णायन

C. कृष्णायन, प्रियप्रवास, साकेत, तुलसीदास
D. तुलसीदास, प्रियप्रवास, साकेत, कृष्णायन

95. रचनाकाल के आधार पर दिनकर की निम्नलिखित कृतियों का सही अनुक्रम है:
A. दिनकर की डायरी, वट पीपल, संस्कृति के चार अध्याय, मिट्टी की ओर
B. वट पीपल, संस्कृति के चार अध्याय, मिट्टी की ओर, दिनकर की डायरी
C. मिट्टी की ओर, संस्कृति के चार अध्याय, वट पीपल, दिनकर की डायरी
D. संस्कृति के चार अध्याय, मिट्टी की ओर, वट पीपल, दिनकर की डायरी

96. रचनाकाल की दृष्टि से निम्नलिखित कृतियों का सही अनुक्रम बताइए:
A. चित्रलेखा, विराटा की पद्मिनी, बूँद और समुद्र, सुहाग के नूपुर
B. विराटा की पद्मिनी, चित्रलेखा, बूँद और समुद्र, सुहाग के नूपुर
C. सुहाग के नूपुर, चित्रलेखा, विराटा की पद्मिनी, बूँद और समुद्र
D. बूँद और समुद्र, चित्रलेखा, सुहाग के नूपुर, विराटा की पद्मिनी

97. रचनाकाल की दृष्टि से प्रेमचन्द के उपन्यासों का सही अनुक्रम है:
A. गबन, गोदान, सेवासदन, रंगभूमि
B. रंगभूमि, गोदान, गबन, सेवासदन
C. गोदान, गबन, सेवासदन, रंगभूमि
D. सेवासदन, रंगभूमि, गबन, गोदान

98. रचनाकाल की दृष्टि से निम्नलिखित कहानियों का सही अनुक्रम है:
A. बड़े भाई साहब, वापसी, डेफोडिल जल रहे हैं, पाल गोमरा का स्कूटर
B. वापसी, बड़े भाई साहब, पाल गोमरा का स्कूटर, डेफोडिल जल रहे हैं
C. डेफोडिल जल रहे हैं, पाल गोमरा का स्कूटर, बड़े भाई साहब, वापसी
D. बड़े भाई साहब, डेफोडिल जल रहे हैं, वापसी, पाल गोमरा का स्कूटर

99. रचनाकाल की दृष्टि से सुरेन्द्र वर्मा के निम्नलिखित नाटकों का सही अनुक्रम बताइयेः
A. छोटे सैयद बड़े सैयद, द्रौपदी, आठवाँ सर्ग, शकुंतला की अँगूठी
B. शकुंतला की अँगूठी, द्रौपदी, आठवाँ सर्ग, छोटे सैयद बड़े सैयद
C. द्रौपदी, आठवाँ सर्ग, छोटे सैयद बड़े सैयद, शकुंतला की अंगूठी
D. आठवाँ सर्ग, द्रौपदी, छोटे सैयद बड़े सैयद, शकुंतला की अँगूठी

100. रचनाकाल की दृष्टि से निम्नलिखित कृतियों का सही अनुक्रम है:
A. कुकुरमुत्ता, दीपशिखा, पल्लव, कामायनी
B. दीपशिखा, पल्लव, कामायनी, कुकुरमुत्ता
C. कामायनी, पल्लव, दीपशिखा, कुकुरमुत्ता
D. पल्लव, कामायनी, दीपशिखा, कुकुरमुत्ता

101. रचनाकाल के आधार पर अज्ञेय की निम्नलिखित रचनाओं का सही अनुक्रम है:
A. आँगन के पार द्वार, हरी घास पर क्षण भर, भग्नदूत, बावरा अहेरी
B. भग्नदूत, हरी घास पर क्षण भर, बावरा अहेरी, आँगन के पार द्वार
C. हरी घास पर क्षण भर, भग्नदूत, बावरा अहेरी, आँगन के पार द्वार
D. बावरा अहेरी, हरी घास पर क्षण भर, भग्नदूत, आँगन के पार द्वार

102. जीवनकाल की दृष्टि से निम्नलिखित रचनाकारों का सही अनुक्रम है:
A. श्रीधर पाठक, मैथिलीशरण गुप्त, दिनकर, अज्ञेय
B. मैथिलीशरण गुप्त, श्रीधर पाठक, दिनकर, अज्ञेय
C. श्रीधर पाठक, दिनकर, मैथिलीशरण गुप्त, अज्ञेय
D. श्रीधर पाठक, अज्ञेय, दिनकर, मैथिलीशरण गुप्त

103. रचनाकाल की दृष्टि से निम्नलिखित कविताओं का सही अनुक्रम बताइए:
A. अंधेरे में, असाध्यवीणा, सरोज-स्मृति, पटकथा
B. असाध्यवीणा, सरोज-स्मृति, पटकथा, अंधेरे में

C. सरोज-स्मृति, असाध्यवीणा, अंधेरे में, पटकथा
D. पटकथा, सरोज-स्मृति, असाध्यवीणा, अंधेरे में

104. रचनाकाल की दृष्टि से निम्नलिखित कृतियों का सही अनुक्रम है:

A. सतरंगे पंखों वाली, युग की गंगा, फूल नहीं रंग बोलते हैं, मिट्टी की बारात
B. युग की गंगा, सतरंगे पंखों वाली, फूल नहीं रंग बोलते हैं, मिट्टी की बारात
C. मिट्टी की बारात, युग की गंगा, सतरंगे पंखों वाली, फूल नहीं रंग बोलते हैं
D. फूल नहीं रंग बोलते हैं, युग की गंगा, मिट्टी की बारात, सतरंगे पंखों वाली

105. ब्राह्मी लिपि के विकास का अनुक्रम है:

A. ब्राह्मी लिपि, गुप्त लिपि, कुटिल लिपि, देवनागरी लिपि
B. कुटिल लिपि, ब्राह्मी लिपि, गुप्त लिपि, देवनागरी लिपि
C. ब्राह्मी लिपि, देवनागरी लिपि, गुप्त लिपि, कुटिल लिपि
D. देवनागरी लिपि, ब्राह्मी लिपि, कुटिल लिपि, गुप्त लिपि

106. **स्थापना (Assertion) (A) :** बिम्ब में अर्थ की सम्भाव्यता निहित होती है।

तर्क (Reason) (R): क्योंकि अर्थ हमेशा निश्चित होता है।

A. (A) और (R) दोनों सही
B. (A) गलत (R) सही
C. (A) सही (R) गलत
D. (A) और (R) दोनों गलत

107. **स्थापना (Assertion) (A) :** जिस प्रकार आत्मा की मुक्तावस्था ज्ञानदशा कहलाती है, उसी प्रकार हृदय की मुक्तावस्था रसदशा कहलाती है।

तर्क (Reason) (R) : क्योंकि कविता में कवि हृदय लोक-सामान्य की भूमि पर पहुँच जाता है।

A. (A) अंशतः सही (R) सही
B. (A) और (R) दोनों सही
C. (A) सही (R) गलत
D. (A) गलत (R) सही

108. **स्थापना (Assertion) (A) :** प्रेमचन्द यथार्थवाद से आदर्शवाद को श्रेष्ठ समझते थे।

तर्क (Reason) (R) : क्योंकि आदर्शवाद उनकी दृष्टि से सम्पूर्ण जीवन-दृष्टि है।

A. (A) सही (R) गलत
B. (A) और (R) दोनों गलत
C. (A) और (R) दोनों सही
D. (A) गलत (R) सही

109. **स्थापना (Assertion) (A) :** कलामात्र के लिए वही साहित्य हो सकता है जो विचारशून्य हो।

तर्क (Reason) (R) : क्योंकि कला विचारों से पलायन है।

A. (A) और (R) दोनों सही
B. (A) और (R) दोनों गलत
C. (A) सही (R) गलत
D. (A) गलत (R) सही

110. **स्थापना (Assertion) (A) :** कहानी छोटे मुँह बड़ी बात करती है।

तर्क (Reason) (R) : क्योंकि कहानी लघुजीवन खण्ड के माध्यम से एक सम्पूर्ण जीवनबोध या सत्य को प्रकाशित करती है।

A. (A) गलत (R) गलत
B. (A) गलत (R) सही
C. (A) और (R) दोनों सही
D. (A) सही (R) गलत

111. **स्थापना (Assertion) (A) :** नाटक केवल चाक्षुष यज्ञ है।

तर्क (Reason) (R) : क्योंकि आधुनिक मान्यता है कि नाटक में दृश्य की तुलना में श्रव्य तत्त्व कम महत्वपूर्ण होता है।

A. (A) और (R) दोनों सही
B. (A) और (R) दोनों गलत
C. (A) गलत (R) सही
D. (A) सही (R) गलत

112. स्थापना (Assertion) (A) : साहित्य जनसमूह के हृदय का विकास है।

तर्क (Reason) (R) : क्योंकि साहित्य का लक्ष्य केवल मनुष्य का चरित्र निर्माण है।

A. (A) सही (R) सही
B. (A) और (R) दोनों गलत
C. (A) गलत (R) सही
D. (A) सही (R) गलत

113. स्थापना (Assertion) (A) : काव्य आत्मा की संकल्पात्मक अनुभूति है। जिसका सम्बन्ध विश्लेषण, विकल्प या विज्ञान से नहीं है।

तर्क (Reason) (R) : क्योंकि विज्ञान का सम्बन्ध संवेदना से नहीं होता।

A. (A) और (R) दोनों गलत
B. (A) गलत (R) सही
C. (A) सही (R) गलत
D. (A) और (R) दोनों सही

114. स्थापना (Assertion) (A) : संस्कृति के विकास के लिए मानसिक स्वतंत्रता अनिवार्य है।

तर्क (Reason) (R) : क्योंकि संस्कृति एक मानसिक व्यापार है।

A. (A) और (R) दोनों गलत
B. (A) गलत (R) सही
C. (A) सही (R) गलत
D. (A) और (R) दोनों सही

115. स्थापना (Assertion) (A) : स्त्री पैदा नहीं होती बनाई जाती है।

तर्क (Reason) (R) : क्योंकि समाज उसे जन्म से वहीं संस्कार प्रदान करता है।

A. (A) सही (R) गलत
B. (A) और (R) दोनों सही
C. (A) गलत (R) सही
D. (A) और (R) दोनों गलत

116. निम्नलिखित पंक्तियों को उनके कवियों के साथ सुमेलित कीजिएः

(*a*) शलभ मैं शापमय वर हूँ	(i) सुमित्रानंदन पंत
(*b*) दुःख ही जीवन की कथा रही	(ii) बच्चन
(*c*) वियोगी होगा पहला कवि	(iii) निराला
(*d*) जो बीत गयी सो बात गयी	(iv) महादेवी वर्मा
	(v) जयशंकर प्रसाद

	(*a*)	(*b*)	(*c*)	(*d*)
A.	(ii)	(i)	(iv)	(iii)
B.	(iii)	(iv)	(ii)	(i)
C.	(iv)	(iii)	(i)	(ii)
D.	(i)	(iv)	(iii)	(ii)

117. निम्नलिखित पात्रों को उनके नाटकों के साथ सुमेलित कीजिएः

(*a*) मल्लिका	(i) देहान्तर
(*b*) देवसेना	(ii) आषाढ़ का एक दिन
(*c*) शीलवती	(iii) स्कंदगुप्त
(*d*) शर्मिष्ठा	(iv) कोमल गांधार
	(v) सूर्य की अंतिम किरण से सूर्य की पहली किरण तक

	(*a*)	(*b*)	(*c*)	(*d*)
A.	(v)	(ii)	(i)	(iii)
B.	(iii)	(ii)	(i)	(v)
C.	(ii)	(iii)	(v)	(i)
D.	(i)	(ii)	(iii)	(v)

118. निम्नलिखित आंचलिक उपन्यासों को उनके लेखकों के साथ सुमेलित कीजिएः

(*a*) रतिनाथ की चाची	(i) रांगेय राघव
(*b*) परती परिकथा	(ii) नागार्जुन
(*c*) कब तक पुकारूँ	(iii) रामदरश मिश्र
(*d*) पानी के प्राचीर	(iv) फणीश्वरनाथ रेणु
	(v) हिमांशु श्रीवास्तव

	(*a*)	(*b*)	(*c*)	(*d*)
A.	(i)	(iii)	(iv)	(v)
B.	(ii)	(iv)	(v)	(iii)
C.	(iii)	(i)	(v)	(ii)
D.	(ii)	(iv)	(i)	(iii)

119. निम्नलिखित कवियों के साथ उनकी कृतियों को सुमेलित कीजिएः

(*a*) चिंतामणि (i) छत्रसाल दशक

(*b*) मतिराम (ii) काव्य मंजरी

(*c*) भूषण (iii) वृत्त कौमुदी

(*d*) बोधा (iv) विरह वारीश

(v) कविकुल कल्पतरु

	(*a*)	(*b*)	(*c*)	(*d*)
A.	(iii)	(ii)	(iv)	(v)
B.	(v)	(iii)	(i)	(iv)
C.	(iv)	(iii)	(i)	(ii)
D.	(ii)	(i)	(v)	(iv)

120. निम्नलिखित आचार्यों को उनके सिद्धान्तों के साथ सुमेलित कीजिए:

(*a*) वल्लभाचार्य (i) विशिष्टाद्वैतवाद

(*b*) निम्बार्काचार्य (ii) अद्वैतवाद

(*c*) रामानुजाचार्य (iii) द्वैतवाद

(*d*) मध्वाचार्य (iv) द्वैताद्वैतवाद

(v) शुद्धाद्वैतवाद

	(*a*)	(*b*)	(*c*)	(*d*)
A.	(v)	(iv)	(i)	(iii)
B.	(i)	(ii)	(iv)	(iii)
C.	(iii)	(iv)	(i)	(ii)
D.	(ii)	(i)	(iv)	(v)

121. निम्नलिखित कृतियों को उनके कवियों के साथ सुमेलित कीजिए:

(*a*) चांदायन (i) कुतुबन

(*b*) मृगावती (ii) मंझन

(*c*) अखरावट (iii) मुल्ला दाउद

(*d*) मधुमालती (iv) जायसी

(v) दामोदर कवि

	(*a*)	(*b*)	(*c*)	(*d*)
A.	(ii)	(iii)	(i)	(v)
B.	(i)	(ii)	(iii)	(iv)
C.	(ii)	(iv)	(v)	(i)
D.	(iii)	(i)	(iv)	(ii)

122. निम्नलिखित कवियों को उनकी कृतियों के साथ सुमेलित कीजिए:

(*a*) स्वयंभू (i) संदेशरासक

(*b*) पुष्पदंत (ii) पउम चरिउ

(*c*) अब्दुल रहमान (iii) महापुराण

(*d*) शबरपा (iv) राउलवेल

(v) चर्यापाद

	(*a*)	(*b*)	(*c*)	(*d*)
A.	(i)	(ii)	(iii)	(iv)
B.	(ii)	(iii)	(i)	(v)
C.	(v)	(ii)	(iii)	(i)
D.	(iii)	(ii)	(i)	(iv)

123. भाषा की उत्पत्ति के संबंध में निम्नलिखित सिद्धान्तों को उनके प्रतिपादकों के साथ सुमेलित कीजिए:

(*a*) धातु सिद्धान्त (i) स्वीट

(*b*) यो हे हो सिद्धान्त (ii) रेवेज

(*c*) इंगित सिद्धान्त (iii) राये

(*d*) सम्पर्क सिद्धान्त (iv) न्वायर

(v) हेज

	(*a*)	(*b*)	(*c*)	(*d*)
A.	(iii)	(ii)	(iv)	(v)
B.	(iv)	(v)	(iii)	(ii)
C.	(v)	(iv)	(iii)	(ii)
D.	(ii)	(iv)	(v)	(iii)

124. निम्नलिखित आचार्यों को उनके सिद्धान्तों के साथ सुमेलित कीजिए:

(*a*) भट्ट लोल्लट (i) अनुमितिवाद

(*b*) शंकुक (ii) अभिव्यक्तिवाद

(*c*) भट्टनायक (iii) भुक्तिवाद

(*d*) अभिनव गुप्त (iv) अभिव्यंजनवाद

(v) उत्पत्तिवाद

	(*a*)	(*b*)	(*c*)	(*d*)
A.	(i)	(v)	(iii)	(ii)
B.	(v)	(i)	(iii)	(ii)
C.	(iii)	(ii)	(v)	(i)
D.	(ii)	(iii)	(i)	(v)

125. निम्नलिखित पत्रिकाओं को उनके संपादकों के साथ सुमेलित कीजिए:

(*a*) प्रतीक (i) बनारसीदास चतुर्वेदी

(*b*) विशाल भारत (ii) अज्ञेय

(*c*) कर्मवीर (iii) महादेवी वर्मा

(*d*) चाँद (iv) माखनलाल चतुर्वेदी

(v) प्रेमचंद

	(*a*)	(*b*)	(*c*)	(*d*)
A.	(iv)	(iii)	(ii)	(i)
B.	(iii)	(i)	(iv)	(iii)
C.	(i)	(ii)	(iii)	(iv)
D.	(ii)	(i)	(iv)	(iii)

126. 'सरहपा' का सम्बन्ध निम्न में से किससे है?
A. सिद्ध साहित्य B. रासो काव्य
C. नाथ साहित्य D. जैन काव्य

127. निम्नलिखित में से कौन अष्टछाप के कवि नहीं हैं?
A. सूरदास B. कुंभनदास
C. नन्ददास D. सुन्दरदास

128. बिहारी किस धारा के कवि हैं?
A. रीतिसिद्ध B. रीतिमुक्त
C. स्वच्छन्द D. रीतिबद्ध

129. प्रेमचंद किस प्रवृत्ति के उपन्यासकार हैं?
A. आदर्शवादी
B. यथार्थवादी
C. आदर्शोन्मुख यथार्थवादी
D. यथार्थोन्मुख आदर्शवादी

130. अमृतलाल नागर के जीवनीपरक उपन्यास 'खंजन नयन' में किसके जीवन का चित्रण किया गया है?
A. सूरदास B. तुलसीदास
C. रैदास D. मीराबाई

131. अंग्रेजी स्वच्छन्दतावादी काव्य का प्रभाव हिन्दी की किस काव्यधारा पर दिखाई देता है?
A. प्रगतिवाद B. प्रयोगवाद
C. छायावाद D. नई कविता

132. ''दुःख ही जीवन की कथा रही,
क्या कहूँ आज जो नहीं कही।''
उपर्युक्त पंक्तियाँ किस कविता से उद्धृत हैं?
A. सरोज स्मृति B. राम की शक्तिपूजा
C. तुलसीदास D. कुकुरमुत्ता

133. 'रस आखेटक' के रचनाकार हैं:
A. हजारी प्रसाद द्विवेदी B. विद्यानिवास मिश्र
C. कुबेरनाथ राय D. शरद जोशी

134. निम्न में से कौन-सी हरिशंकर परसाई की रचना नहीं है?
A. विकलांग श्रद्धा का दौर
B. ठिठुरता हुआ गणतन्त्र
C. प्रेमचन्द के फटे जूते
D. जीप पर सवार इल्लियाँ

135. 'एक बूँद सहसा उछली' किस विधा की रचना है?
A. यात्रा-वृत्तान्त B. संस्मरण
C. रेखाचित्र D. निबंध

136. 'आलोचक के मुख से' किस आलोचक के व्याख्यानों का संकलन है?
A. नन्ददुलारे वाजपेयी B. रामस्वरूप चतुर्वेदी
C. नामवर सिंह D. प्रभाकर श्रोत्रिय

137. 'समय देवता' किस कवि की कविता है?
A. केदारनाथ अग्रवाल
B. नागार्जुन
C. माखनलाल चतुर्वेदी
D. नरेश मेहता

138. 'ऑफ ग्रैमेटॉलोजी' के लेखक कौन हैं?
A. जैक देरिदा B. रिचर्ड रोर्टी
C. फ्रेडरिक जेमसन D. पॉल दि मान

139. निम्नलिखित में से कौन मार्क्सवादी आलोचक नहीं है?
A. शिवदान सिंह चौहान B. शिवकुमार मिश्र
C. प्रकाशचंद्र गुप्त D. रामस्वरूप चतुर्वेदी

140. 'मेरे राम का मुकुट भीग रहा है' किसकी रचना है?
A. विद्यानिवास मिश्र B. विष्णुकान्त शास्त्री
C. कुबेरनाथ राय D. गुलाब राय

141. निम्नलिखित में से कौन-सी आलोचना कृति विजयदेव नारायण साही की है?
A. जायसी B. सूरदास
C. साहित्यालोचन D. रस मीमांसा

142. खड़ी बोली के विकास में फोर्ट विलियम कॉलेज का विशिष्ट योगदान है, क्योंकि :
(a) अंग्रेजों ने खड़ी बोली के विकास को प्रमुखता दी।
(b) खड़ी बोली के प्रशिक्षण से विविध साहित्यिक विधाओं में सृजन हुआ।
(c) खड़ी बोली में साहित्यिक लेखन युग की आवश्यकता थी।
A. (a) और (b) सही, (c) गलत
B. (a) और (c) सही, (b) गलत
C. (b) और (c) सही, (a) गलत
D. (c) सही, (a) और (b) गलत

143. (a) ब्रजभाषा में गीतात्मकता स्वाभाविक रूप से आ जाती है।

(b) ब्रजभाषा में परुष वर्णों का अभाव है।

A. (a) और (b) दोनों सही

B. (a) आंशिक सही, (b) सही

C. (a) और (b) दोनों गलत

D. (a) सही, (b) आंशिक सही

144. (a) नयी कविता में नये मनुष्य की प्रतिष्ठा हुई है।

(b) नयी कविता में व्यक्त मनुष्य का द्वन्द्व अंशतः आयातित है।

A. (a) सही, (b) गलत

B. (a) और (b) दोनों सही

C. (a) सही, (b) आंशिक सही

D. (a) गलत, (b) सही

145. छायावाद की निम्नलिखित विशेषताएँ हैं :

(a) आत्मानुभूति की अभिव्यक्ति।

(b) साम्राज्यवाद के प्रति विद्रोह।

(c) सौन्दर्य के प्रति अत्यधिक आकर्षण।

(d) छायावाद रहस्यवाद का पर्याय है।

A. सभी सही

B. (a), (c), (d) सही, (b) आंशिक सही

C. (c) आंशिक सही, (a), (b), (d) सही

D. (a), (b), (c) सही, (d) आंशिक सही

146. निम्नलिखित इतिहास ग्रन्थों का कालक्रमानुसार सही क्रम क्या है?

A. हिन्दी साहित्य का आलोचनात्मक इतिहास–हिन्दी साहित्य की भूमिका–हिन्दी साहित्य का इतिहास–मिश्रबंधु विनोद

B. हिन्दी साहित्य का इतिहास–हिन्दी साहित्य की भूमिका–मिश्रबंधु विनोद–हिन्दी साहित्य का आलोचनात्मक इतिहास

C. हिन्दी साहित्य की भूमिका–हिन्दी साहित्य का इतिहास– मिश्रबंधु विनोद–हिन्दी साहित्य का आलोचनात्मक इतिहास

D. मिश्रबंधु विनोद–हिन्दी साहित्य का इतिहास–हिन्दी साहित्य की भूमिका–हिन्दी साहित्य का आलोचनात्मक इतिहास

147. गोस्वामी तुलसीदास की रचनाओं का सही क्रम कौन-सा है?

A. गीतावली–दोहावली–विनय पत्रिका–रामचरित मानस

B. रामचरित मानस–दोहावली–गीतावली–विनय पत्रिका

C. दोहावली–गीतावली–रामचरित मानस–विनय पत्रिका

D. विनय पत्रिका–दोहावली–गीतावली–रामचरित मानस

148. जन्मतिथि की दृष्टि से द्विवेदी युगीन कवियों का सही क्रम कौन-सा है?

A. श्रीधर पाठक–अयोध्या सिंह उपाध्याय हरिऔध–मैथिलीशरण गुप्त–रामनरेश त्रिपाठी

B. मैथिलीशरण गुप्त–अयोध्या सिंह उपाध्याय हरिऔध–श्रीधर पाठक–रामनरेश त्रिपाठी

C. रामनरेश त्रिपाठी–श्रीधर पाठक–अयोध्या सिंह उपाध्याय हरिऔध–मैथिलीशरण गुप्त

D. अयोध्या सिंह उपाध्याय हरिऔध– मैथिलीशरण गुप्त–श्रीधर पाठक–रामनरेश त्रिपाठी

149. आधुनिक हिन्दी की निम्नलिखित कृतियों का प्रकाशन काल की दृष्टि से सही अनुक्रम क्या है?

A. आत्मजयी–कनुप्रिया–उर्वशी–यशोधरा

B. कनुप्रिया–उर्वशी–आत्मजयी–यशोधरा

C. उर्वशी–कनुप्रिया–यशोधरा–आत्मजयी

D. यशोधरा–उर्वशी–कनुप्रिया–आत्मजयी

150. निम्नलिखित पाश्चात्य समीक्षकों का जन्म की दृष्टि से सही अनुक्रम क्या है?

A. अरस्तू–प्लेटो–लोंजाइनस–कॉलरिज

B. प्लेटो–अरस्तू–लोंजाइनस–कॉलरिज

C. कॉलरिज–प्लेटो–अरस्तू–लोंजाइनस

D. लोंजाइनस–अरस्तू–प्लेटो–कॉलरिज

151. प्रकाशन वर्ष की दृष्टि से निम्न पत्रिकाओं का सही क्रम क्या है?

A. कवि वचन सुधा–सरस्वती–चाँद–हंस

B. सरस्वंती–हंस–चाँद–कवि वचन सुधा

C. हंस–चाँद–कवि वचन सुधा–सरस्वती

D. चाँद–हंस–सरस्वती–कवि वचन सुधा

152. निम्नलिखित उपन्यासों का प्रकाशन की दृष्टि से सही अनुक्रम कौन-सा है?

A. तमस–सूखा बरगद–आधा गांव–झूठा सच

B. झूठा सच–आधा गांव–सूखा बरगद–तमस

C. सूखा बरगद–झूठा सच–आधा गांव–तमस

D. झूठा सच–आधा गांव–तमस–सूखा बरगद

153. निम्नलिखित कवियों का सही क्रम क्या है?

A. पद्माकर–बिहारी–चिन्तामणि–केशवदास

B. बिहारी–पद्माकर–केशवदास–चिन्तामणि

C. चिन्तामणि–केशवदास–बिहारी–पद्माकर

D. केशवदास–चिन्तामणि–बिहारी–पद्माकर

154. निम्नलिखित काव्यों का सही अनुक्रम कौन-सा है?

A. लोकायतन–राम की शक्तिपूजा–झरना–प्रिय प्रवास

B. झरना–प्रिय प्रवास–लोकायतन–राम की शक्तिपूजा

C. प्रिय प्रवास–झरना–राम की शक्तिपूजा–लोकायतन

D. राम की शक्तिपूजा–लोकायतन–झरना–प्रिय प्रवास

155. निम्नलिखित पंक्तियों के साथ कवियों का सुमेलन कीजिए:

सूची-I	सूची-II
(*a*) घुन खाये शहतीरों पर	(i) केदारनाथ अग्रवाल
(*b*) एक बीते के बराबर	(ii) नागार्जुन
(*c*) किंतु हम हैं द्वीप	(iii) धूमिल
(*d*) भूख से रिरियाती हुई	(iv) अज्ञेय
	(v) लीलाधर जगूड़ी

कूटः

	(*a*)	(*b*)	(*c*)	(*d*)
A.	(ii)	(iii)	(iv)	(i)
B.	(v)	(iv)	(iii)	(i)
C.	(i)	(ii)	(iii)	(v)
D.	(ii)	(i)	(iv)	(iii)

156. निम्नलिखित सम्पादकों को उनकी पत्रिकाओं के साथ सुमेलित कीजिए :

सूची-I	सूची-II
(*a*) श्यामसुन्दर सेन	(i) कवि वचन सुधा
(*b*) राजा लक्ष्मण सिंह	(ii) समाचार सुधावर्षण
(*c*) भारतेन्दु हरिश्चंद्र	(iii) आनन्द कादम्बिनी
(*d*) बदरी नारायण चौधरी 'प्रेमघन'	(iv) प्रजा हितैषी
	(v) मतवाला

कूटः

	(*a*)	(*b*)	(*c*)	(*d*)
A.	(ii)	(iv)	(i)	(iii)
B.	(i)	(ii)	(iii)	(iv)
C.	(ii)	(iii)	(iv)	(i)
D.	(v)	(ii)	(i)	(iii)

157. निम्नलिखित पत्रिकाओं को उनके प्रकाशन वर्ष के साथ सुमेलित कीजिए :

सूची-I	सूची-II
(*a*) सार सुधा निधि	(i) 1877
(*b*) बंग दूत	(ii) 1930
(*c*) भारत मित्र	(iii) 1879
(*d*) हंस	(iv) 1829
	(v) 1931

कूटः

	(*a*)	(*b*)	(*c*)	(*d*)
A.	(i)	(iii)	(v)	(iv)
B.	(ii)	(i)	(iii)	(v)
C.	(i)	(ii)	(iii)	(iv)
D.	(iii)	(iv)	(i)	(ii)

158. निम्नलिखित आलोचनात्मक कृतियों को उनके लेखकों के साथ सुमेलित कीजिए :

सूची-I	सूची-II
(*a*) दूसरी परम्परा की खोज	(i) रामधारी सिंह दिनकर
(*b*) नये साहित्य का सौन्दर्यशास्त्र	(ii) नामवर सिंह
(*c*) हिन्दी साहित्य का आदिकाल	(iii) गजानन माधव मुक्तिबोध
(*d*) नया साहित्य : नये प्रश्न	(iv) नन्ददुलारे वाजपेयी
	(v) हजारी प्रसाद द्विवेदी

कूटः

	(*a*)	(*b*)	(*c*)	(*d*)
A.	(ii)	(iii)	(v)	(iv)
B.	(i)	(ii)	(iii)	(iv)
C.	(ii)	(i)	(v)	(iii)
D.	(iii)	(ii)	(v)	(iv)

159. निम्नलिखित कथनों को उनके लेखकों के साथ सुमेलित कीजिए :

सूची-I	सूची-II
(*a*) करुणा दुःखात्मक वर्ग में आने वाला मनोविकार है।	(i) डॉ. नगेन्द्र
(*b*) मनुष्य की श्रेष्ठ साधनाएं ही संस्कृति है।	(ii) हजारी प्रसाद द्विवेदी
(*c*) छायावाद स्थूल के प्रति सूक्ष्म का विद्रोह है।	(iii) रामचन्द्र शुक्ल
(*d*) भक्ति आन्दोलन एक जातीय और जनवादी आन्दोलन है।	(iv) रामविलास शर्मा
	(v) रामस्वरूप चतुर्वेदी

कूटः

	(*a*)	(*b*)	(*c*)	(*d*)
A.	(i)	(iii)	(v)	(iv)
B.	(iii)	(ii)	(i)	(iv)
C.	(iv)	(v)	(iii)	(ii)
D.	(ii)	(iv)	(i)	(v)

160. निम्नलिखित कृतियों को उनकी विधा के साथ सुमेलित कीजिएः

सूची-I	सूची-II
(*a*) लहरों के राजहंस	(i) नाटक
(*b*) आधा गांव	(ii) निबंध
(*c*) तुम चन्दन हम पानी	(iii) आत्मकथा
(*d*) मुर्दहिया	(iv) रेखाचित्र
	(v) उपन्यास

कूटः

	(*a*)	(*b*)	(*c*)	(*d*)
A.	(ii)	(v)	(iv)	(i)
B.	(v)	(iv)	(iii)	(i)
C.	(ii)	(iii)	(i)	(v)
D.	(i)	(v)	(ii)	(iii)

161. निम्नलिखित उपन्यासों को उनके पात्रों के साथ सुमेलित कीजिए :

सूची-I	सूची-II
(*a*) ग़बन	(i) मृणाल
(*b*) नदी के द्वीप	(ii) डॉ. प्रशान्त
(*c*) मैला आंचल	(iii) जालपा
(*d*) बाणभट्ट की आत्मकथा	(iv) भुवन
	(v) निपुणिका

कूटः

	(*a*)	(*b*)	(*c*)	(*d*)
A.	(iii)	(iv)	(ii)	(v)
B.	(ii)	(i)	(v)	(iii)
C.	(i)	(ii)	(iii)	(iv)
D.	(iv)	(v)	(ii)	(i)

162. निम्नलिखित पात्रों को नाटकों के साथ समुलित कीजिएः

सूची-I	सूची-II
(*a*) सिंहरण	(i) आधे-अधूरे
(*b*) युयुत्सु	(ii) हानूश
(*c*) जुनेजा	(iii) चन्द्रगुप्त
(*d*) दक्ष	(iv) अंधायुग
	(v) एक कंठ विषपायी

कूटः

	(*a*)	(*b*)	(*c*)	(*d*)
A.	(ii)	(i)	(iii)	(iv)
B.	(iv)	(iii)	(ii)	(i)
C.	(iii)	(iv)	(i)	(v)
D.	(i)	(ii)	(iii)	(iv)

163. निम्नलिखित आचार्यों को उनके सिद्धान्तों के साथ सुमेलित कीजिएः

सूची-I	सूची-II
(*a*) भट्ट लोल्लट	(i) स्फोटवाद
(*b*) शंकुक	(ii) अभिव्यक्तिवाद
(*c*) अभिनवगुप्त	(iii) अनुमितिवाद
(*d*) भट्ट नायक	(iv) आरोपवाद
	(v) भुक्तिवाद

कूटः

	(*a*)	(*b*)	(*c*)	(*d*)
A.	(iv)	(iii)	(ii)	(v)
B.	(i)	(ii)	(v)	(iv)
C.	(iv)	(iii)	(i)	(ii)
D.	(ii)	(i)	(iii)	(v)

164. निम्नलिखित आचार्यों को उनके कालखंड के साथ सुमेलित कीजिए:

सूची-I	सूची-II
(*a*) भामह	(i) दसवीं सदी
(*b*) क्षेमेन्द्र	(ii) सत्रहवीं सदी
(*c*) विश्वनाथ	(ii) ग्यारहवीं सदी
(*d*) पंडितराज जगन्नाथ	(iv) चौदहवीं सदी
	(v) छठी सदी

कूटः

	(*a*)	(*b*)	(*c*)	(*d*)
A.	(i)	(ii)	(v)	(iv)
B.	(v)	(iii)	(iv)	(ii)
C.	(iii)	(ii)	(i)	(v)
D.	(iv)	(i)	(iii)	(ii)

165. स्थापना (Assertion) (A) : किसी व्यक्ति का लोभ उस व्यक्ति से केवल बाह्य सम्पर्क रखकर ही तुष्ट नहीं हो सकता, उसके हृदय का सम्पर्क भी चाहता है।

तर्क (Reason) (R) : लोभ प्रेम का मूल है।

A. (A) गलत, (R) सही
B. (A) सही, (R) सही
C. (A) सही, (R) गलत
D. (A) और (R) दोनों गलत

166. स्थापना (Assertion) (A) : भरत मुनि के अनुसार स्थायी भाव ही रस रूप में परिणत होता है।

तर्क (Reason) (R) : उनके प्रसिद्ध रससूत्र में स्थायी भाव का स्पष्ट उल्लेख है।

A. (A) सही, (R) सही B. (A) सही, (R) गलत
C. (A) गलत, (R) गलत D. (A) गलत, (R) सही

167. स्थापना (Assertion) (A) : "बिनु पग चलै सुनै बिनु काना"–असंगति अलंकार का उदाहरण है।

तर्क (Reason) (R): असंगति अलंकार में कारण के बिना कार्य हो जाता है।

A. (A) गलत, (R) गलत
B. (A) सही, (R) गलत
C. (A) सही, (R) सही
D. (A) गलत, (R) सही

168. स्थापना (Assertion) (A) : भाषा वैज्ञानिकों की दृष्टि में हिन्दी और उर्दू अलग-अलग भाषाएँ हैं।

तर्क (Reason) (R): उनका व्याकरण एक ही है।

A. (A) सही, (R) सही
B. (A) गलत, (R) गलत
C. (A) गलत, (R) सही
D. (A) सही, (R) गलत

169. स्थापना (Assertion) (A) : मैथिली संविधान की आठवीं अनुसूची में शामिल भाषा है।

तर्क (Reason) (R): इसके शामिल होने से हिन्दी भाषियों की संख्या में वृद्धि हुई है।

A. (A) गलत, (R) सही
B. (A) गलत, (R) गलत
C. (A) सही, (R) सही
D. (A) सही, (R) गलत

170. स्थापना (Assertion) (A) : "हमारे मत में हिन्दी और उर्दू दो बोली न्यारी-न्यारी है।"–यह कथन राजा शिवप्रसाद 'सितारे हिन्द' का है।

तर्क (Reason) (R): यह कथन ईस्ट इंडिया कम्पनी की भाषा नीति के विरुद्ध है।

A. (A) सही, (R) गलत
B. (A) गलत, (R) सही
C. (A) गलत, (R) गलत
D. (A) सही, (R) सही

निर्देश (प्र.सं. 171 से 175 तक) : *निम्नलिखित अवतरण को ध्यानपूर्वक पढ़ें और उससे सम्बन्धित प्रश्नों के उत्तरों के दिये गए बहु-विकल्पों में से सही विकल्प का चयन करें:*

यूरोपीय उपन्यास के विकास में पूँजीवादी अर्थतन्त्र और मध्य वर्ग का योगदान बहुत महत्वपूर्ण माना जाता है और अक्सर इस अवधारणा को हिन्दी उपन्यास के इतिहास पर भी चस्पाँ कर दिया जाता है। पर हिन्दी क्षेत्र की परिस्थितियों को देखते हुए हिन्दी उपन्यास के सम्बन्ध में इस सामान्यीकरण को संगत नहीं माना जा सकता। 1870-90 की अवधि में हिन्दी क्षेत्र में न तो पूँजीवादी अर्थतन्त्र का कोई वर्चस्व था, न ही कोई मजबूत मध्य वर्ग पैदा हुआ था। इस समय भारत ब्रिटिश उपनिवेशवाद के चंगुल में तड़फड़ा रहा था और एक विदेशी

पूँजीवादी उसका चौतरफा शोषण कर रहा था। इस विदेशी पूँजीवाद की भाषा अंग्रेजी थी। इस व्यवस्था के पोषक और सहायक के रूप में अंग्रेजी पढ़ा-लिखा मध्य वर्ग वजूद में आ रहा था, पर वह अधिकतर अहिन्दी भाषी, विशेष रूप से बंगला भाषी था। दरअसल हिन्दी उपन्यास हिन्दी भाषी जनता की राष्ट्रीय आकांक्षाओं की अभिव्यक्ति था।

171. पूँजीवादी अर्थतन्त्र और मध्य वर्ग ने साहित्य की किस विधा के विकास में महत्वपूर्ण योगदान दिया?

A. यूरोपीय उपन्यास B. भारतीय उपन्यास
C. हिन्दी उपन्यास D. बंगला उपन्यास

172. हिन्दी उपन्यास के सम्बन्ध में किस सामान्यीकरण को संगत नहीं माना जा सकता?

A. हिन्दी उपन्यास के विकास पर पश्चिमी उपन्यासों का भी प्रभाव है।
B. हिन्दी उपन्यास पूँजीवाद की देन है।
C. हिन्दी उपन्यास में परम्परा से चली आती कथा का भी योगदान है।
D. हिन्दी उपन्यास भारतीय जनता की राष्ट्रीय आकांक्षाओं की अभिव्यक्ति है।

173. 1870-90 की अवधि में हिन्दी क्षेत्र में किस अर्थतन्त्र का वजूद नहीं था?

A. सामन्तवादी अर्थतन्त्र
B. जमींदारी अर्थतन्त्र
C. पूँजीवादी अर्थतन्त्र
D. वाणिज्यिक अर्थतन्त्र

174. 1870-90 की अवधि में भारत किसके चंगुल में तड़फड़ा रहा था?

A. ब्रिटिश उपनिवेशवाद B. फ्रांसीसी उपनिवेशवाद
C. जर्मन उपनिवेशवाद D. ब्रिटिश राष्ट्रवाद

175. हिन्दी उपन्यास किसकी राष्ट्रीय आकांक्षाओं की अभिव्यक्ति था?

A. हिन्दी भाषी जनता
B. अहिन्दी भाषी
C. अंग्रेजी पढ़ा-लिखा वर्ग
D. मध्य वर्ग

176. अपभ्रंश का मुख्य छंद है :

A. दोहा B. बरवै
C. कुंडलिया D. सवैया

177. आगरा का बोली-क्षेत्र है :

A. अवधी B. खड़ी बोली
C. ब्रज D. छत्तीसगढ़ी

178. 'पंडिअ सअल सन्त बक्खाणइ। देहहि बुद्ध बसंत न जाणइ' कथन है :

A. मीनपा B. शबरीपा
C. गोरक्षपा D. शबरपा

179. 'परमात्मप्रकाश' के रचनाकार हैं :

A. रामसिंह B. योगीन्द्र
C. हेमचन्द्र D. मेरुतुंग

180. 'गोरखबानी' के सम्पादक हैं :

A. रामचन्द्र शुक्ल B. हजारी प्रसाद द्विवेदी
C. श्यामसुंदर दास D. पीताम्बर दत्त बड़थ्वाल

181. किस रचना का दूसरा नाम 'आल्हा खंड' है?

A. पृथ्वीराज रासो B. परमाल रासो
C. विजयपाल रासो D. हम्मीर रासो

182. 'सजन सकारे जाँयगें नैन मरेंगे रोय' उक्ति है :

A. अमीर खुसरो B. कबीर
C. दादूदयाल D. रहीम

183. 'अष्टछाप' के कवि हैं :

A. स्वामी हरिदास B. हित हरिवंश
C. प्रियादास D. कुंभनदास

184. 'हेरी म्हा तो दरद दिवाणी म्हाराँ दरद न जाण्याँ कोय' उक्ति है :

A. सहजोबाई B. मीराबाई
C. दयाबाई D. मुक्ताबाई

185. 'माँगि के खैबो मसीत के सोइबो, लैबो को एक न दैबो को दोऊ।' पंक्ति का संबंध तुलसीदास की किस रचना से है?

A. रामचरितमानस B. विनयपत्रिका
C. गीतावली D. कवितावली

186. मुल्ला वजही की रचना है :

A. कुतुब मुश्तरी B. कदमराव व पदमराव
C. शिकारनामा D. इरशादनामा

187. प्रतापसाहि की रचना नहीं है :

A. काव्य विलास B. व्यंग्यार्थ कौमुदी
C. नवरस तरंग D. शृंगार मंजरी

188. 'छत्रप्रकाश' प्रबंध काव्य के रचनाकार हैं :

A. सूदन B. लालकवि
C. भूषण D. पद्माकर

189. निम्नलिखित में से कौन नीतिकार कवि नहीं है?

A. रहीमदास B. गिरधर कविराय
C. दीनदयाल गिरि D. गिरिधर दास

190. निम्नलिखित में से किन लेखकों का संबंध 'फोर्ट विलियम कॉलेज' से था?

A. राजा लक्ष्मण सिंह, शिवप्रसाद सिंह 'सितारे हिंद'
B. रामप्रसाद निरंजनी, वैकुंठनाथ मिश्र
C. जुगलकिशोर, बालमुकुंद गुप्त
D. लल्लूलाल, सदल मिश्र

191. 'गार्सां द तासी' ने 'हिन्दुस्तानी साहित्य का इतिहास' किस भाषा में लिखा है?

A. फ्रांसीसी B. जर्मन
C. अंग्रेजी D. हिन्दी

192. अंग्रेजी सरकार की ओर से अदालत का कामकाज देश की प्रचलित भाषाओं में करने का 'इश्तहारनामा' किस सन् में निकला?

A. सन् 1816 B. सन् 1826
C. सन् 1836 D. सन् 1946

193. 'लोगन कवित्त कीबो खेल करि जानो है' किसकी उक्ति है?

A. ठाकुर B. घनानंद
C. केशवदास D. मतिराम

194. इनमें से कौन-सी रचना तुलसीदास की है?

A. रामध्यान मंजरी B. रामसतसई
C. कृष्णगीतावली D. श्री रामार्चन पद्धति

195. यह काव्य पंक्ति–'हिन्दू मग पर पाँव न राखेउँ। का जौ बहुतै हिंदी भाखेउ।' किसकी है?

A. जायसी B. नूर मुहम्मद
C. मंझन D. कुतुबन

196. 'कबीर कानि राखी नहीं, वर्णाश्रम षट दरसनी' किसने कहा है?

A. रैदास B. मलूकदास
C. नाभादास D. प्रियादास

197. इनमें से किसका समय सबसे पहले है?

A. कबीरदास B. रैदास
C. धर्मदास D. दादूदयाल

198. इनमें किसका समय सबसे बाद में है?

A. केशवदास B. रहीमदास
C. घनानंद D. पद्माकर

199. इनमें से कौन-सा नाटक भारतेन्दु का नहीं है?

A. भारत जननी B. भारत दुर्दशा
C. भारत सौभाग्य D. अंधेर नगरी

200. इनमें से कौन-सी पत्रिका मासिक नहीं थी?

A. बालाबोधिनी B. हिन्दी प्रदीप
C. सरस्वती D. नागरी प्रचारिणी

201. निम्नलिखित में से कौन-सा उपन्यास काशीनाथ सिंह का है?

A. रेहन पर रग्घू
B. चाक
C. एक ब्रेक के बाद
D. ग्लोबल गाँव के देवता

202. निम्नलिखित में से किन साहित्यकारों का जन्म शताब्दी वर्ष सन् 2011 था?

A. बच्चन, दिनकर, रामकुमार वर्मा, सुभद्राकुमारी चौहान
B. अज्ञेय, त्रिलोचन, मुक्तिबोध, महादेवी वर्मा
C. नागार्जुन, अज्ञेय, केदारनाथ अग्रवाल, शमशेर
D. नागार्जुन, भैरवप्रसाद गुप्त, उपेन्द्रनाथ अश्क, भीष्म साहनी

203. 'दृग उरझत टूटत कुटुम, जुरत चतुर चित प्रीत' में कौन-सा अलंकार है?

A. विरोधाभास B. असंगति
C. विभावना D. निदर्शना

204. निम्नलिखित में से 'दस द्वारे का पिंजरा' उपन्यास के रचनाकार हैं :

A. अनामिका B. अलका सरावगी
C. मधु काँकरिया D. नासिरा शर्मा

205. 'कथासतीसर' की लेखिका हैं :

A. चित्रा मुद्गल B. क्षमा शर्मा
C. नीलाक्षी सिंह D. चन्द्रकांता

206. 'रससूत्र' के व्याख्याता कौन हैं?
A. भरत मुनि, महिम भट्ट, मम्मट, विश्वनाथ
B. लोल्लट, शंकुक, भट्टनायक, अभिनवगुप्त
C. विश्वनाथ, पं. जगन्नाथ, महिम भट्ट, अप्पय दीक्षित
D. केशव मिश्र, विद्याधर, राजशेखर, जयदेव

207. हिन्दी दैनिक 'समाचार सुधावर्षण' के सम्पादक हैं :
A. जुगल किशोर B. श्यामसुंदर सेन
C. बालमुकुंद गुप्त D. राधाकृष्ण दास

208. 'द न्यू क्रिटिसिज्म' पुस्तक के लेखक हैं :
A. जॉन क्रो रैंसम B. जाक देरीदा
C. रोला बार्थ D. सॉस्यूर

209. 'राइटिंग एंड डिफरेंस' पुस्तक किस आलोचक की है?
A. मिशेल फूको B. वर्जीनिया वुल्फ
C. सिमोन द बुआ D. जाक देरीदा

210. '' 'साधारणीकरण' आलम्बनत्व धर्म का होता है'' कथन किसका है?
A. आचार्य विश्वनाथ
B. आचार्य अभिनवगुप्त
C. आचार्य रामचन्द्र शुक्ल
D. आचार्य विश्वनाथ प्रसाद मिश्र

211. 'सूअरदान' के लेखक हैं :
A. मनोज सोनकर B. रूपनारायण सोनकर
C. तुलसीराम D. जयप्रकाश कर्दम

212. 'अन्न हैं मेरे शब्द' किस कवि की कृति है?
A. स्वप्निल श्रीवास्तव B. रवीन्द्र श्रीवास्तव
C. आलोक श्रीवास्तव D. एकान्त श्रीवास्तव

213. 'अनारो' किसका उपन्यास है?
A. ममता कालिया B. चित्रा मुद्गल
C. मंजुल भगत D. राजीसेठ

214. 'व्योमकेश दरवेश' किस विधा की रचना है?
A. आत्मकथा B. संस्मरण
C. जीवनी D. डायरी

215. 'सुचरिता' का संबंध किस उपन्यास से है?
A. शेखर एक जीवनी B. बाणभट्ट की आत्मकथा
C. पहला गिरमिटिया D. राग दरबारी

216. रचनाकाल की दृष्टि से निम्नलिखित रचनाओं का सही अनुक्रम बताइए :
A. कृष्णायन, कीर्तिपताका, रामचरितमानस, रामचन्द्रिका
B. कीर्तिपताका, रामचरितमानस, रामचन्द्रिका, कृष्णायन
C. रामचरितमानस, रामचन्द्रिका, कृष्णायन, कीर्तिपताका
D. रामचन्द्रिका, रामचरितमानस, कीर्तिपताका, कृष्णायन

217. रचनाकाल के आधार पर निम्नलिखित कृतियों का सही अनुक्रम है :
A. साकेत, कामायनी, कुरुक्षेत्र, अंधायुग
B. कामायनी, कुरुक्षेत्र, साकेत, अंधायुग
C. साकेत, कुरुक्षेत्र, अंधायुग, कामायनी
D. अंधायुग, कुरुक्षेत्र, साकेत, कामायनी

218. रचनाकाल की दृष्टि से निम्नलिखित ग्रन्थों का सही अनुक्रम है :
A. अनुराग बाँसुरी, मृगावती, ज्ञानदीप, इंद्रावती
B. ज्ञानदीप, मृगावती, अनुराग बाँसुरी, इंद्रावती
C. मृगावती, ज्ञानदीप, इंद्रावती, अनुराग बाँसुरी
D. इंद्रावती, मृगावती, ज्ञानदीप, अनुराग बाँसुरी

219. जीवनकाल की दृष्टि से निम्नलिखित निबन्धकारों का सही अनुक्रम बताइए :
A. रामचन्द्र शुक्ल, महावीर प्रसाद द्विवेदी, विद्यानिवास मिश्र, हजारी प्रसाद द्विवेदी
B. महावीर प्रसाद द्विवेदी, रामचन्द्र शुक्ल, हजारी प्रसाद द्विवेदी, विद्यानिवास मिश्र
C. हजारी प्रसाद द्विवेदी, महावीर प्रसाद द्विवेदी, रामचन्द्र शुक्ल, विद्यानिवास मिश्र
D. विद्यानिवास मिश्र, महावीर प्रसाद द्विवेदी, रामचन्द्र शुक्ल, हजारी प्रसाद द्विवेदी

220. रचनाकाल के आधार पर निम्नलिखित निबन्ध संग्रहों का सही अनुक्रम है :
A. अशोक के फूल, अर्द्धनारीश्वर, आत्मनेपद, शृंखला की कड़ियाँ
B. अर्द्धनारीश्वर, आत्मनेपद, शृंखला की कड़ियाँ, अशोक के फूल
C. आत्मनेपद, शृंखला की कड़ियाँ, अशोक के फूल, अर्द्धनारीश्वर
D. शृंखला की कड़ियाँ, अशोक के फूल, अर्द्धनारीश्वर, आत्मनेपद

221. रचनाकाल की दृष्टि से निम्नलिखित उपन्यासों का सही अनुक्रम बताइए:

A. परीक्षा गुरु, निस्सहाय हिन्दू, ठेठ हिन्दी का ठाठ, देहाती दुनिया

B. निस्सहाय हिन्दू, परीक्षा गुरु, ठेठ हिन्दी का ठाठ, देहाती दुनिया

C. देहाती दुनिया, परीक्षा गुरु, निस्सहाय हिन्दू, ठेठ हिन्दी का ठाठ

D. ठेठ हिन्दी का ठाठ, देहाती दुनिया, परीक्षा गुरु, निस्सहाय हिन्दू

222. रचनाकाल के आधार पर हजारी प्रसाद द्विवेदी के निम्नलिखित उपन्यासों का सही अनुक्रम बताइए :

A. अनामदास का पोथा, पुनर्नवा, बाणभट्ट की आत्मकथा, चारुचन्द्र लेख

B. पुनर्नवा, बाणभट्ट की आत्मकथा, चारुचन्द्र लेख, अनामदास का पोथा,

C. बाणभट्ट की आत्मकथा, चारुचन्द्र लेख, पुनर्नवा, अनामदास का पोथा

D. चारुचन्द्र लेख, बाणभट्ट की आत्मकथा, पुनर्नवा, अनामदास का पोथा

223. रचनाकाल की दृष्टि से निम्नलिखित कहानियों का सही अनुक्रम है:

A. ग्यारह वर्ष का समय, दुलाई वाली, पंच परमेश्वर, दोपहर का भोजन

B. दुलाई वाली, ग्यारह वर्ष का समय, पंच परमेश्वर, दोपहर का भोजन

C. दोपहर का भोजन, पंच परमेश्वर, दुलाई वाली, ग्यारह वर्ष का समय

D. पंच परमेश्वर, दुलाई वाली, ग्यारह वर्ष का समय, दोपहर का भोजन

224. रचनाकाल के आधार पर निम्नलिखित नाटकों का सही अनुक्रम है :

A. स्कंदगुप्त, झाँसी की रानी, चंद्रावली, कबिरा खड़ा बाजार में

B. चंद्रावली, कबिरा खड़ा बाजार में, स्कंदगुप्त, झाँसी की रानी

C. झाँसी की रानी, स्कंदगुप्त, चंद्रावली, कबिरा खड़ा बाजार में

D. चंद्रावली, स्कंदगुप्त, झाँसी की रानी, कबिरा खड़ा बाजार में

225. रचनाकाल के आधार पर प्रसाद के निम्नलिखित नाटकों का सही अनुक्रम है :

A. चन्द्रगुप्त, अजातशत्रु, राज्यश्री, ध्रुवस्वामिनी

B. अजातशत्रु, राज्यश्री, चन्द्रगुप्त, ध्रुवस्वामिनी

C. राज्यश्री, अजातशत्रु, चन्द्रगुप्त, ध्रुवस्वामिनी

D. अजातशत्रु, राज्यश्री, ध्रुवस्वामिनी, चन्द्रगुप्त

226. रचनाकाल की दृष्टि से निम्नलिखित आत्मकथाओं का सही अनुक्रम है :

A. मेरी जीवन-यात्रा, अर्धकथा, क्या भूलूँ क्या याद करूँ, टुकड़े-टुकड़े दास्तान

B. अर्धकथा, मेरी जीवन-यात्रा, क्या भूलूँ क्या याद करूँ, टुकड़े-टुकड़े दास्तान

C. टुकड़े-टुकड़े दास्तान, मेरी जीवन-यात्रा, अर्धकथा, क्या भूलूँ क्या याद करूँ

D. क्या भूलूँ क्या याद करूँ, टुकड़े-टुकड़े दास्तान, अर्धकथा, मेरी जीवन-यात्रा

227. रचनाकाल के आधार पर निम्नलिखित कृतियों का सही अनुक्रम है :

A. भारत भारती, रस कलश, उर्वशी, शम्बूक

B. रस कलश, भारत भारती, उर्वशी, शम्बूक

C. उर्वशी, शम्बूक, भारत भारती, रस कलश

D. शम्बूक, रस कलश, भारत भारती, उर्वशी

228. रचनाकाल की दृष्टि से निराला की निम्नलिखित कृतियों का सही अनुक्रम है :

A. तुलसीदास, परिमल, नए पत्ते, आराधना

B. आराधना, परिमल, नए पत्ते, तुलसीदास

C. नए पत्ते, आराधना, परिमल, तुलसीदास

D. परिमल, तुलसीदास, नए पत्ते, आराधना

229. रचनाकाल के आधार पर निम्नलिखित उपन्यासों का सही अनुक्रम है:

A. राग दरबारी, धरती धन न अपना, महाभोज, झीनी झीनी बीनी चदरिया

B. महाभोज, राग दरबारी, धरती धन न अपना, झीनी झीनी बीनी चदरिया

C. धरती धन न अपना, झीनी झीनी बीनी चदरिया, महाभोज, राग दरबारी
D. राग दरबारी, महाभोज, धरती धन न अपना, झीनी झीनी बीनी चदरिया

230. हिन्दी भाषा के विकास का सही क्रम है :
A. पालि, प्राकृत, संस्कृत, अपभ्रंश
B. संस्कृत, पालि, प्राकृत, अपभ्रंश
C. संस्कृत, अपभ्रंश, पालि, प्राकृत
D. अपभ्रंश, संस्कृत, प्राकृत, पालि

231. **स्थापना (Assertion) (A) :** साहित्य सामूहिक अवचेतन का निषेध है।
तर्क (Reason) (R): क्योंकि साहित्य में सिर्फ व्यक्ति मन की अभिव्यक्ति होती है।
A. (A) और (R) दोनों सही
B. (A) और (R) दोनों गलत
C. (A) सही, (R) गलत
D. (A) गलत, (R) सही

232. **स्थापना (Assertion) (A) :** विषमता और दुख-सुख का द्वंद्व विकास का मूलाधार है।
तर्क (Reason) (R) : क्योंकि समता से विकास असंभव है।
A. (A) सही, (R) गलत
B. (A) और (R) दोनों गलत
C. (A) और (R) दोनों सही
D. (A) गलत, (R) सही

233. **स्थापना (Assertion) (A) :** कला सामाजिक अनुपयोगिता की अनुभूति के विरुद्ध अपने को प्रणामित करने का प्रयत्न है।
तर्क (Reason) (R) : क्योंकि कलाकार सामाजिक अभावों के खिलाफ संघर्ष करता है।
A. (A) और (R) दोनों गलत
B. (A) गलत, (R) सही
C. (A) सही, (R) गलत
D. (A) और (R) दोनों सही

234. **स्थापना (Assertion) (A) :** सौन्दर्य बाहर की कोई वस्तु नहीं, मन के भीतर की वस्तु है।
तर्क (Reason) (R) : कारण कि सौन्दर्य की सत्ता मन के बाहर नहीं होती है।
A. (A) और (R) दोनों गलत
B. (A) गलत, (R) सही
C. (A) सही, (R) गलत
D. (A) और (R) दोनों सही

235. **स्थापना (Assertion) (A) :** नारीवाद का एक उद्देश्य पुरुष-सत्ता का निषेध है।
तर्क (Reason) (R) : क्योंकि नारीवाद का एकमात्र उद्देश्य यही है।
A. (A) सही, (R) गलत
B. (A) गलत, (R) सही
C. (A) और (R) दोनों सही
D. (A) और (R) दोनों गलत

236. **स्थापना (Assertion) (A) :** प्रेम न बाड़ी उपजै प्रेम न हाट बिकाय।
तर्क (Reason) (R) : क्योंकि प्रेम दो कौड़ी का होता है।
A. (A) और (R) दोनों गलत
B. (A) और (R) दोनों सही
C. (A) सही, (R) गलत
D. (A) गलत, (R) सही

237. **स्थापना (Assertion) (A) :** स्थायी साहित्य जीवन की चिरन्तन समस्याओं का समाधान है।
तर्क (Reason) (R) : क्योंकि स्थायी साहित्य का लोक जीवन की तात्कालिक समस्याओं से कोई संबंध नहीं होता।
A. (A) और (R) दोनों सही
B. (A) और (R) दोनों गलत
C. (A) सही, (R) गलत
D. (A) गलत, (R) सही

238. **स्थापना (Assertion) (A) :** लोकहृदय में हृदय के लीन होने का नाम रसदशा है।
तर्क (Reason) (R) : इसलिए साधारणीकरण के लिए कवि का लोकधर्मी होना आवश्यक नहीं है।
A. (A) सही, (R) गलत
B. (A) गलत, (R) सही
C. (A) और (R) दोनों सही
D. (A) और (R) दोनों गलत

239. स्थापना (Assertion) (A) : भारतेन्दु युग आधुनिकता का प्रवेशद्वार है।

तर्क (Reason) (R) : क्योंकि भारतेन्दुयुगीन कविता में मध्यकालीन भावबोध का नितांत अभाव है।

A. (A) सही, (R) गलत

B. (A) गलत, (R) सही

C. (A) और (R) दोनों सही

D. (A) और (R) दोनों गलत

240. स्थापना (Assertion) (A) : रस ब्रह्मास्वाद सहोदर है।

तर्क (Reason) (R) : क्योंकि रस में लौकिक विषयों का सर्वथा तिरोभाव होता है।

A. (A) और (R) दोनों सही

B. (A) सही, (R) गलत

C. (A) और, (R) दोनों गलत

D. (A) गलत, (R) सही

241. निम्नलिखित कवियों को उनके काव्य-संग्रहों के साथ सुमेलित कीजिए :

(*a*) बालकृष्ण शर्मा नवीन — (i) हिमतरंगिणी

(*b*) रामनरेश त्रिपाठी — (ii) प्रवासी के गीत

(*c*) माखनलाल चतुर्वेदी — (iii) हम विषपायी जनम के

(*d*) सोहनलाल द्विवेदी — (iv) पथिक

(v) भैरवी

	(*a*)	(*b*)	(*c*)	(*d*)
A.	(v)	(iv)	(iii)	(ii)
B.	(i)	(ii)	(iii)	(iv)
C.	(iii)	(iv)	(i)	(v)
D.	(ii)	(i)	(iii)	(iv)

242. निम्नलिखित साहित्यकारों को उनके द्वारा सम्पादित पत्रिकाओं के साथ सुमेलित कीजिए :

(*a*) भारतेन्दु हरिश्चन्द्र — (i) आनंद कादम्बिनी

(*b*) अंबिकादत्त व्यास — (ii) हिन्दी प्रदीप

(*c*) बदरीनारायण चौधरी 'प्रेमघन' — (iii) ब्राह्मण

(*d*) बालकृष्ण भट्ट — (iv) कवि वचन सुधा

(v) पीयूष प्रवाह

	(*a*)	(*b*)	(*c*)	(*d*)
A.	(iv)	(v)	(i)	(ii)
B.	(i)	(ii)	(iii)	(iv)
C.	(ii)	(iii)	(i)	(v)
D.	(iii)	(i)	(ii)	(iv)

243. निम्नलिखित उपन्यासकारों को उनके उपन्यासों के साथ सुमेलित कीजिए :

(*a*) भीष्म साहनी — (i) कटरा बी आरजू

(*b*) श्रीलाल शुक्ल — (ii) तमस

(*c*) राही मासूम रजा — (iii) शहर में कर्फ्यू

(*d*) शिवप्रसाद सिंह — (iv) राग दरबारी

(v) अलग-अलग वैतरणी

	(*a*)	(*b*)	(*c*)	(*d*)
A.	(ii)	(i)	(iii)	(iv)
B.	(i)	(iii)	(iv)	(v)
C.	(ii)	(iv)	(i)	(v)
D.	(iii)	(ii)	(i)	(v)

244. निम्नलिखित आलोचना ग्रंथों को उनके आलोचकों के साथ सुमेलित कीजिए :

(*a*) रस मीमांसा — (i) हजारी प्रसाद द्विवेदी

(*b*) नाथ सम्प्रदाय — (ii) नंददुलारे वाजपेयी

(*c*) आस्था और सौन्दर्य — (iii) रामचंद्र शुक्ल

(*d*) हिन्दी साहित्य : बीसवीं शताब्दी — (iv) रामविलास शर्मा

(v) देवीशंकर अवस्थी

	(*a*)	(*b*)	(*c*)	(*d*)
A.	(i)	(ii)	(iii)	(v)
B.	(iii)	(i)	(iv)	(ii)
C.	(ii)	(iii)	(iv)	(v)
D.	(iv)	(i)	(ii)	(iii)

245. निम्नलिखित पात्रों को उनके उपन्यासों के साथ सुमेलित कीजिए:

(*a*) गोबर — (i) नदी के द्वीप

(*b*) भुवन — (ii) बाणभट्ट की आत्मकथा

(*c*) महामाया — (iii) मृगनयनी

(*d*) कुमारगिरि — (iv) गोदान

(v) चित्रलेखा

	(*a*)	(*b*)	(*c*)	(*d*)
A.	(iv)	(i)	(ii)	(v)
B.	(iii)	(ii)	(i)	(iv)
C.	(v)	(iv)	(iii)	(ii)
D.	(iv)	(iii)	(v)	(ii)

246. निम्नलिखित पात्रों को उनके काव्यों के साथ सुमेलित कीजिए :

(*a*) प्रियंवद — (i) प्रलय की छाया
(*b*) कमला — (ii) उर्वशी
(*c*) औशीनरी — (iii) आत्मजयी
(*d*) नचिकेता — (iv) असाध्यवीणा
(v) अंधायुग

	(*a*)	(*b*)	(*c*)	(*d*)
A.	(iii)	(ii)	(iv)	(v)
B.	(iv)	(i)	(ii)	(iii)
C.	(i)	(ii)	(iii)	(iv)
D.	(ii)	(iii)	(v)	(i)

247. निम्नलिखित सिद्धांतों को उनके विचारकों के साथ सुमेलित कीजिए:

(*a*) अभिव्यंजनावाद — (i) टी.एस. इलियट
(*b*) अभिजात्यवाद — (ii) सार्त्र
(*c*) अस्तित्ववाद — (iii) जाक देरीदा
(*d*) विखण्डनवाद — (iv) क्रोचे
(v) मैथ्यू आर्नल्ड

	(*a*)	(*b*)	(*c*)	(*d*)
A.	(i)	(ii)	(iii)	(iv)
B.	(iv)	(iii)	(ii)	(i)
C.	(v)	(iii)	(ii)	(i)
D.	(iv)	(i)	(ii)	(iii)

248. निम्नलिखित कहानीकारों को उनकी कहानियों के साथ सुमेलित कीजिए :

(*a*) फणीश्वरनाथ रेणु — (i) दोपहर का भोजन
(*b*) अमरकांत — (ii) ठेस
(*c*) उषा प्रियंवदा — (iii) परदा
(*d*) यशपाल — (iv) वापसी
(v) पुरस्कार

	(*a*)	(*b*)	(*c*)	(*d*)
A.	(i)	(v)	(iv)	(iii)
B.	(ii)	(i)	(iv)	(iii)
C.	(ii)	(v)	(iv)	(iii)
D.	(ii)	(v)	(iv)	(i)

249. निम्नलिखित निबंधों को उनके निबंधकारों के साथ सुमेलित कीजिए:

(*a*) मजदूरी और प्रेम — (i) कुबेरनाथ राय
(*b*) कुटज — (ii) अध्यापक पूर्णसिंह
(*c*) मेरे राम का मुकुट भीग रहा है — (iii) विद्यानिवास मिश्र
(*d*) लोभ और प्रीति — (iv) हजारी प्रसाद द्विवेदी
(v) रामचंद्र शुक्ल

	(*a*)	(*b*)	(*c*)	(*d*)
A.	(ii)	(iv)	(iii)	(v)
B.	(iv)	(ii)	(iii)	(i)
C.	(v)	(ii)	(iv)	(iii)
D.	(iv)	(ii)	(iii)	(v)

250. निम्नलिखित उक्तियों को उनके लेखकों के साथ सुमेलित कीजिए:

(*a*) मैं उपन्यास को मानव चरित्र का चित्र समझता हूँ। — (i) महादेवी वर्मा
(*b*) अधिकार सुख कितना मादक और सारहीन है। — (ii) हजारी प्रसाद द्विवेदी
(*c*) करुणा संत का सौदा नहीं है। — (iii) प्रेमचंद
(*d*) मनुष्य ही साहित्य का लक्ष्य है। — (iv) जयशंकर प्रसाद
(v) रामचंद्र शुक्ल

	(*a*)	(*b*)	(*c*)	(*d*)
A.	(iii)	(iv)	(v)	(ii)
B.	(ii)	(iii)	(i)	(iv)
C.	(v)	(iv)	(iii)	(ii)
D.	(i)	(ii)	(iv)	(iii)

251. 'वट पीपल' के लेखक कौन हैं?

A. हरिवंशराय बच्चन
B. निर्मल वर्मा
C. रामधारी सिंह दिनकर
D. रामकुमार वर्मा

252. 'समांतर कहानी' के पुरस्कृता हैं

A. महीप सिंह
B. कमलेश्वर
C. मोहन राकेश
D. राजेन्द्र यादव

253. 'शेषयात्रा' की लेखिका कौन हैं?

A. उषा प्रियंवदा
B. कृष्णा सोबती
C. नासिरा शर्मा
D. मन्नू भण्डारी

254. हिन्दी साहित्य के प्रथम इतिहासकार हैं
A. जॉर्ज ग्रियर्सन B. रामचन्द्र शुक्ल
C. शिवसिंह सेंगर D. गार्सा द तासी

255. 'कुमारपाल प्रतिबोध' के रचनाकार कौन हैं?
A. हेमचन्द्र B. सारंगधर
C. सोमप्रभु सूरि D. विद्याधर

256. निम्नलिखित में कौन-सी रचना उपन्यास नहीं है?
A. अजय की डायरी
B. एक साहित्यिक की डायरी
C. जयवर्धन
D. पहला गिरमिटिया

257. इनमें से कौन नागरी प्रचारिणी सभा के संस्थापकों में नहीं हैं?
A. रामनारायण मिश्र B. श्यामसुन्दर दास
C. रामचन्द्र शुक्ल D. ठाकुर शिवकुमार सिंह

258. इनमें कौन वैष्णव भक्ति का आचार्य नहीं हैं?
A. शंकराचार्य B. रामानुजाचार्य
C. वल्लभाचार्य D. मध्वाचार्य

259. जगनिक की रचना कही जाती है
A. बीसलदेव रासो B. परमाल रासो
C. पृथ्वीराज रासो D. आल्ह खण्ड

260. 'झोपड़ी से राजभवन तक' के लेखक कौन हैं?
A. नैमिलराय B. माताप्रसाद
C. कंवल भारती D. सूरजपाल चौहान

261. 'राम की शक्तिपूजा' की यौगिक प्रक्रिया का स्रोत क्या है?
A. वेदान्त B. योगवाशिष्ठ
C. नव वेदान्त D. हठ योग

262. इनमें से कौन 'तार सप्तक' के कवि नहीं हैं?
A. भारत भूषण अग्रवाल
B. भवानी प्रसाद मिश्र
C. प्रभाकर माचवे
D. गिरिजाकुमार माथुर

263. 'एक हथौड़ा वाला घर में और हुआ' किसकी पंक्ति है?
A. केदारनाथ अग्रवाल
B. रामदरश मिश्र
C. रामकुमार वर्मा
D. शिवमंगलसिंह सुमन

264. प्रयोगवाद को 'बैठे ठाले का धंधा' किसने कहा है?
A. नगेन्द्र B. शिवदानसिंह चौहान
C. रामकुमार वर्मा D. नन्ददुलारे वाजपेई

265. 'अगले जनम मोहि बिटिया न कीजो' की लेखिका कौन हैं?
A. मधु कांकरिया B. अनामिका
C. उषा राजे सक्सेना D. मृणाल पाण्डेय

266. 'अग्निपथ के पार चंदन-चांदनी का देश' किसकी पंक्ति है?
A. हरिवंशराय बच्चन B. महादेवी वर्मा
C. रामनरेश त्रिपाठी D. नरेन्द्र शर्मा

267. 'आनंद कादम्बिनी' के संपादक कौन थे?
A. बाबू महादेव सेठ
B. चन्द्रधर शर्मा गुलेरी
C. बदरीनारायण चौधरी 'प्रेमधन'
D. अम्बिका प्रसाद व्यास

268. 'गोबर गणेश' उपन्यास के लेखक कौन हैं?
A. रमेशचन्द्र शाह B. विवेकीराय
C. शिवप्रसाद सिंह D. शैलेश मटियानी

269. 'फादर कामिल बुल्के' को हिन्दी साहित्य में महत्त्व दिए जाने का कारण है
A. कोश निर्माण
B. ये सभी
C. रामकथा लेखन
D. तुलसी साहित्य के विशेषज्ञ

270. 'आत्माराम की टें–टें' निबन्ध में आत्माराम के प्रतीक हैं
A. गोविन्द नारायण मिश्र B. गोपालराम 'गहमरी'
C. महावीर प्रसाद द्विवेदी D. बालमुकुन्द गुप्त

271. प्रकाशन के अनुसार इन आलोचना ग्रंथों का सही अनुक्रम कौन-सा है?
A. प्रेमचंद और उनका युग–हिन्दी साहित्य के अस्सी वर्ष–छायावाद–हिन्दी नवरत्न
B. हिन्दी नवरत्न–प्रेमचंद और उनका युग–हिन्दी साहित्य के अस्सी वर्ष–छायावाद
C. हिन्दी साहित्य के अस्सी वर्ष–छायावाद–हिन्दी नवरत्न–प्रेमचंद और उनका युग
D. छायावाद–हिन्दी नवरत्न–प्रेमचंद और उनका युग–हिन्दी साहित्य के अस्सी वर्ष

272. जन्म के आधार पर इन निबंधकारों का सही अनुक्रम कौन-सा है?

A. रामवृक्ष बेनीपुरी–वासुदेवशरण अग्रवाल–भगवतशरण उपाध्याय–डॉ. संपूर्णानन्द

B. वासुदेवशरण अग्रवाल–भगवतशरण उपाध्याय–डॉ. संपूर्णानन्द–रामवृक्ष बेनीपुरी

C. भगवतशरण उपाध्याय–डॉ. संपूर्णानन्द–रामवृक्ष बेनीपुरी–वासुदेवशरण अग्रवाल

D. डॉ. संपूर्णानन्द–रामवृक्ष बेनीपुरी–वासुदेवशरण अग्रवाल–भगवतशरण उपाध्याय

273. प्रकाशन वर्ष के आधार पर इन उपन्यासों का सही अनुक्रम क्या है?

A. रुकोगी नहीं, राधिका–आपका बंटी–सूरजमुखी अँधेरे के–चित्तकोबरा

B. आपका बंटी–सूरजमुखी अँधेरे के–चित्तकोबरा –रुकोगी नहीं, राधिका

C. सूरजमुखी अँधेरे के–चित्तकोबरा–रुकोगी नहीं, राधिका–आपका बंटी

D. चित्तकोबरा–रुकोगी नहीं, राधिका–आपका बंटी–सूरजमुखी अँधेरे के

274. प्रसाद के नाटकों का सही अनुक्रम कौन-सा है?

A. विशाख–अजातशत्रु–स्कन्दगुप्त–राज्यश्री

B. अजातशत्रु–स्कन्दगुप्त–राज्यश्री–विशाख

C. राज्यश्री–विशाख–अजातशत्रु–स्कन्दगुप्त

D. स्कन्दगुप्त–राज्यश्री–विशाख–अजातशत्रु

275. जैनेन्द्रकुमार के उपन्यासों का सही अनुक्रम कौन सा है?

A. त्यागपत्र–कल्याणी–सुखदा–सुनीता

B. सुनीता–त्यागपत्र–कल्याणी–सुखदा

C. कल्याणी–सुखदा–सुनीता–त्यागपत्र

D. सुखदा–सुनीता–त्यागपत्र–कल्याणी

276. काल के अनुसार निम्नलिखित आचार्यों का सही अनुक्रम क्या है?

A. भामह–दण्डी–आनन्दवर्द्धन–अभिनवगुप्त

B. दण्डी–आनन्दवर्द्धन–अभिनवगुप्त–भामह

C. आनन्दवर्द्धन–अभिनवगुप्त–भामह–दण्डी

D. अभिनवगुप्त–भामह–दण्डी–आनन्दवर्द्धन

277. चरण में वर्णों की संख्या (कम से अधिक) के आधार पर इन वर्णिक छंदों का सही अनुक्रम कौन-सा है?

A. वसन्त तिलका–मन्दाक्रान्ता–शार्दूल विक्रीडित–इन्द्रवज्रा

B. मन्दाक्रान्ता–शार्दूल विक्रीडित–इन्द्रवज्रा–वसन्त तिलका

C. शार्दूल विक्रीडित–इन्द्रवज्रा–वसन्त तिलका–मन्दाक्रान्ता

D. इन्द्रवज्रा–वसन्त तिलका–मन्दाक्रान्ता–शार्दूल विक्रीडित

278. आदिकाल के निम्नलिखित रचनाकारों का सही अनुक्रम क्या है?

A. गोरखनाथ–अमीर खुसरो–विद्यापति–सरहपा

B. अमीर खुसरो–विद्यापति–सरहपा–गोरखनाथ

C. सरहपा–गोरखनाथ–अमीर खुसरो–विद्यापति

D. विद्यापति–सरहपा–गोरखनाथ–अमीर खुसरो

279. स्थापना के आधार पर इन हिन्दी संस्थाओं का सही अनुक्रम कौन-सा है?

A. काशी नागरी प्रचारणी सभा–हिन्दी साहित्य सम्मेलन, प्रयाग–राष्ट्रभाषा प्रचार समिति, वर्धा–साहित्य अकादमी

B. हिन्दी साहित्य सम्मेलन, प्रयाग–राष्ट्रभाषा प्रचार समिति, वर्धा–साहित्य अकादमी–काशी नागरी प्रचारणी सभा

C. राष्ट्रभाषा प्रचार समिति, वर्धा–साहित्य अकादमी–काशी नागरी प्रचारणी सभा–हिन्दी साहित्य सम्मेलन, प्रयाग

D. साहित्य अकादमी–काशी नागरी प्रचारणी सभा–हिन्दी साहित्य सम्मेलन, प्रयाग–राष्ट्रभाषा प्रचार समिति, वर्धा

280. जन्म के आधार पर इन कवियों का सही अनुक्रम क्या है?

A. सूरदास–परमानंद दास–कृष्णदास–कुंभनदास

B. कुंभनदास–सूरदास–परमानंद दास–कृष्णदास

C. परमानंद दास–कृष्णदास–कुंभनदास–सूरदास

D. कृष्णदास–कुंभनदास–सूरदास–परमानंद दास

281. निम्नलिखित भाषा रूपों और उनके प्रयोक्ताओं को सुमेलित कीजिए:

सूची-I	**सूची-II**
(*a*) दक्खिनी	(*i*) दामोदर पंडित
(*b*) कोसली	(*ii*) कुतुबशाह
(*c*) ब्रजबुलि	(*iii*) सरहदपाद
(*d*) संधाभाषा	(*iv*) शंकर देव अवतरे
	(*v*) कुतुबन

कूट :

	(a)	(b)	(c)	(d)
A.	(i)	(ii)	(iii)	(iv)
B.	(ii)	(i)	(iv)	(iii)
C.	(ii)	(iii)	(iv)	(v)
D.	(v)	(iv)	(ii)	(i)

282. निम्नलिखित इतिहासग्रंथों को उनके लेखकों से सुमेलित कीजिए :

सूची-I	सूची-II
(a) हिन्दी साहित्य का अतीत	(i) रामस्वरूप चतुर्वेदी
(b) हिन्दी साहित्य और संवेदना का विकास	(ii) गणपति चन्द्र गुप्त
(c) हिन्दी साहित्य का वैज्ञानिक इतिहास	(iii) रामकुमार वर्मा
(d) हिन्दी साहित्य का आलोचनात्मक इतिहास	(iv) विश्वनाथ प्रसाद मिश्र
	(v) डॉ. नगेन्द्र

कूट :

	(a)	(b)	(c)	(d)
A.	(i)	(ii)	(iii)	(v)
B.	(ii)	(i)	(iv)	(iii)
C.	(iv)	(i)	(ii)	(iii)
D.	(iii)	(ii)	(i)	(iv)

283. निम्नलिखित रचनाओं को उनके कवियों के साथ सुमेलित कीजिए:

सूची-I	सूची-II
(a) बीजक	(i) जायसी
(b) अखरावट	(ii) कबीर
(c) भक्तमाल	(iii) नन्ददास
(d) श्याम सगाई	(iv) नाभादास
	(v) हितहरिवंश

कूट :

	(a)	(b)	(c)	(d)
A.	(i)	(iv)	(iii)	(ii)
B.	(iii)	(i)	(iv)	(ii)
C.	(ii)	(i)	(iv)	(iii)
D.	(iv)	(iii)	(ii)	(i)

284. निम्नलिखित रचनाओं को उनके कवियों के साथ सुमेलित कीजिए:

सूची-I	सूची-II
(a) छत्रसाल दशक	(i) घनानन्द
(b) कवि कुल कल्पतरू	(ii) देव
(c) भाव विलास	(iii) भूषण
(d) इश्कलता	(iv) चिन्तामणि
	(v) सूरदास

कूट :

	(a)	(b)	(c)	(d)
A.	(ii)	(i)	(iii)	(iv)
B.	(i)	(iii)	(iv)	(ii)
C.	(iv)	(i)	(ii)	(iii)
D.	(iii)	(iv)	(ii)	(i)

285. निम्नलिखित काव्य छंदों को उनके प्रयोक्ता कवियों के साथ सुमेलित कीजिए:

सूची-I	सूची-II
(a) सॉनेट	(i) अज्ञेय
(b) हाइकू	(ii) त्रिलोचन
(c) सवैया	(iii) गया प्रसाद शुक्ल 'सनेही'
(d) कवित्त	(iv) अयोध्यासिंह उपाध्याय 'हरिऔध'
	(v) मंगलेश डबराल

कूट :

	(a)	(b)	(c)	(d)
A.	(iii)	(i)	(iv)	(ii)
B.	(i)	(iii)	(ii)	(iv)
C.	(iv)	(ii)	(v)	(i)
D.	(ii)	(i)	(iii)	(iv)

286. निम्नलिखित काव्य पंक्तियों के साथ उनके कवियों को सुमेलित कीजिए:

सूची-I	सूची-II
(a) चिर सजग आँखें उनींदी आज कैसा व्यस्त बाना	(i) महावीर प्रसाद द्विवेदी
(b) रूपोद्यान प्रफुल्लप्राय कलिका राकेंदु बिम्बानना	(ii) मैथिलीशरण गुप्त
(c) वेदने! तू भी भली बनी	(iii) महादेवी वर्मा
(d) सुरम्य रम्ये, रस राशि रंजिते	(iv) अयोध्यासिंह उपाध्याय 'हरिऔध'
	(v) सुभद्राकुमारी चौहान

कूट :

	(*a*)	(*b*)	(*c*)	(*d*)
A.	(*iii*)	(*iv*)	(*ii*)	(*i*)
B.	(*v*)	(*iii*)	(*i*)	(*ii*)
C.	(*ii*)	(*i*)	(*v*)	(*iv*)
D.	(*iii*)	(*ii*)	(*i*)	(*v*)

287. निम्नलिखित नाटकों को उनके नाटककारों के साथ सुमेलित कीजिए:

सूची-I	सूची-II
(*a*) बंधन अपने-अपने	(*i*) सुरेन्द्र वर्मा
(*b*) सिन्दूर की होली	(*ii*) शंकर शेष
(*c*) अशोक का शोक	(*iii*) लक्ष्मी नारायण मिश्र
(*d*) नायक, खलनायक, विदूषक	(*iv*) मोहन राकेश
	(*v*) रामकुमार वर्मा

कूट :

	(*a*)	(*b*)	(*c*)	(*d*)
A.	(*i*)	(*iv*)	(*ii*)	(*iii*)
B.	(*ii*)	(*iii*)	(*v*)	(*i*)
C.	(*v*)	(*i*)	(*iii*)	(*ii*)
D.	(*iii*)	(*ii*)	(*i*)	(*v*)

288. निम्नलिखित कहानियों को उनके कहानीकारों के साथ सुमेलित कीजिए:

सूची-I	सूची-II
(*a*) लाल पान की बेगम	(*i*) रामदरश मिश्र
(*b*) एक औरत की जिन्दगी	(*ii*) निर्मल वर्मा
(*c*) लन्दन की एक रात	(*iii*) फणीश्वरनाथ रेणु
(*d*) शवयात्रा	(*iv*) श्रीकांत वर्मा
	(*v*) कृष्ण बलदेव वैद

कूट :

	(*a*)	(*b*)	(*c*)	(*d*)
A.	(*i*)	(*iii*)	(*iv*)	(*ii*)
B.	(*ii*)	(*i*)	(*iii*)	(*iv*)
C.	(*iv*)	(*iii*)	(*i*)	(*v*)
D.	(*iii*)	(*i*)	(*ii*)	(*iv*)

289. निम्नलिखित पंक्तियों को उनके लेखकों के साथ सुमेलित कीजिए:

सूची-I	सूची-II
(*a*) भक्ति धर्म की रसात्मक अनुभूति है।	(*i*) हजारी प्रसाद द्विवेदी
(*b*) श्रद्धेय बनने का मतलब है 'नान परसन' अव्यक्ति हो जाना।	(*ii*) रामचन्द्र शुक्ल
(*c*) काव्य आत्मा की संकल्पात्मक अनुभूति है।	(*iii*) बालमुकुन्द गुप्त
(*d*) पंडिताई भी एक बोझ है।	(*iv*) हरिशंकर परसाई
	(*v*) जयशंकर प्रसाद

कूट :

	(*a*)	(*b*)	(*c*)	(*d*)
A.	(*i*)	(*ii*)	(*iii*)	(*iv*)
B.	(*ii*)	(*iii*)	(*i*)	(*v*)
C.	(*ii*)	(*v*)	(*iv*)	(*iii*)
D.	(*ii*)	(*iv*)	(*v*)	(*i*)

290. निम्नलिखित अवधारणाओं के साथ उनके संस्थापकों को सुमेलित कीजिए:

सूची-I	सूची-II
(*a*) सहृदय	(*i*) भट्टनायक
(*b*) साधारणीकरण	(*ii*) आनन्दवर्धन
(*c*) मधुमती भूमिका	(*iii*) जगदीश गुप्त
(*d*) अर्थ की लय	(*iv*) केशवप्रसाद मिश्र
	(*v*) अभिनवगुप्त

कूट :

	(*a*)	(*b*)	(*c*)	(*d*)
A.	(*i*)	(*ii*)	(*iii*)	(*v*)
B.	(*iii*)	(*ii*)	(*i*)	(*iv*)
C.	(*ii*)	(*i*)	(*iv*)	(*iii*)
D.	(*i*)	(*ii*)	(*iii*)	(*iv*)

291. **स्थापना (Assertion) A :** उपमान को अप्रस्तुत विधान मानना हिन्दी का प्राचीन सिद्धान्त है।

तर्क (Reason) R : यह स्थापना आचार्य रामचन्द्र शुक्ल की है अर्थात् यह नवीन सिद्धान्त है।

A. A सही, R गलत

B. A गलत, R सही

C. A और R दोनों सही

D. A और R दोनों गलत

292. **स्थापना (Assertion) A :** अस्तित्ववाद विज्ञान विरोधी दर्शन है।

तर्क (Reason) R: यह 'चयन' की अगाध छूट देता है और अराजकता, अनास्था तथा अतिस्वच्छन्दता को प्रश्रय देता है। विज्ञान का भी यह अंध समर्थन नहीं करता।

A. A और R दोनों सही B. A और R दोनों गलत

C. A सही, R गलत D. A गलत, R सही

293. स्थापना (Assertion) A : काव्य का सर्वस्व है 'काव्यालंकार'। इसके रहते अन्य किसी की आवश्यकता नहीं।

तर्क (Reason) R: काव्यालंकार में 'रसध्वनि', 'रसवदलंकार' आदि समस्त सम्प्रदायों का स्वतः सन्निवेश हो जाता है। वही सच्चे अर्थों में शोभाकारक धर्म है।

A. A और R दोनों सही
B. A और R दोनों गलत
C. A सही, R गलत
D. A गलत, R सही

294. स्थापना (Assertion) A : बिंब का मुख्य ध्येय होता है, वर्ण्य विषय का ऐन्द्रिय प्रतिबिंबन।

तर्क (Reason) R: बिंब-विधायक रचनाकार ज्ञानेन्द्रियों के माध्यम से अपने भावों का सम्मूर्त्तन करके उनका संप्रेषण करता है और अपने बिंब से पाठक को जोड़ता है।

A. A सही, R गलत
B. A गलत, R सही
C. A और R दोनों सही
D. A और R दोनों गलत

295. स्थापना (Assertion) A : 'स्वच्छंदवाद' न छायावाद है, न रहस्यवाद।

तर्क (Reason) R: यह शास्त्रीय जड़ता की प्रतिक्रिया से उत्पन्न वैयक्तिक कल्पनातिरेक और निजी रहस्यानुभूति की उपज है।

A. A और R दोनों सही
B. A और R दोनों गलत
C. A सही, R गलत
D. A गलत, R सही

निर्देश *(प्र.सं. 296 से 300 तक) : निम्नलिखित अवतरण को ध्यानपूर्वक पढ़ें और उससे सम्बन्धित प्रश्नों के दिए गए बहु-विकल्पों में से सही विकल्प का चयन करें:*

व्यक्ति-सम्बन्ध-हीन सिद्धान्त-मार्ग निश्चयात्मिका बुद्धि को चाहे व्यक्त हो, पर प्रवर्तक मन को अव्यक्त रहते हैं। वे मनोरंजनकारी तभी लगते हैं, जब किसी व्यक्ति के जीवन-क्रम के रूप में देखे जाते हैं। शील की विभूतियाँ अनन्त रूपों में दिखाई पड़ती हैं। मनुष्य जाति ने जब से होश सँभाला, तब से वह इन अनन्त रूपों को महात्माओं के आचरणों तथा आख्यानों और चरित्र-सम्बन्धी पुस्तकों में देखती चली आ रही है। जब इन रूपों पर मनुष्य मोहित होता है, तब सात्विक शील की ओर आप से आप आकर्षित होता है। शून्य सिद्धान्त वाक्यों में कोई आकर्षण-शक्ति या प्रवृत्तिकारिणी क्षमता नहीं होती। 'सदा सत्य बोलो', 'दूसरों की भलाई करो', 'क्षमा करना सीखो' – ऐसे-ऐसे सिद्धान्त वाक्य किसी को बार-बार बकते सुन वैसा ही क्रोध आता है जैसे किसी बेहूदे की बात सुनकर। जो इस प्रकार की बातें करता चला जाय उससे चट कहना चाहिए– 'बस चुप रहो, तुम्हें बोलने की तमीज नहीं, तुम बच्चों या कोल-भीलों के पास जाओ। ये बातें हम पहले से जानते हैं। मानव-जीवन के बीच हम इसके सौन्दर्य का विकास देखना चाहते हैं। यदि तुम्हें दिखाने की प्रतिभा या शक्ति हो तो दिखाओ, नहीं तो चुपचाप अपना रास्ता लो।' गुण प्रत्यक्ष नहीं होता, उसके आश्रय और परिणाम प्रत्यक्ष होते हैं। अनुभावात्मक मन को आकर्षित करनेवाले आश्रय और परिणाम हैं, गुण नहीं। ये ही अनुभूति के विषय हैं। अनुभूति पर प्रवृत्ति और निवृत्ति निर्भर हैं। अनुभूति मन की पहली क्रिया है, संकल्प-विकल्प दूसरी। अतः सिद्धान्त-पथों के सम्बन्ध में जो आनन्दानुभव करने की बातें हैं, जो अच्छी लगने की बातें हैं, वे पथिकों में तथा उनके चारों ओर पाई जाएँगी। सत्पथ के दीपक उन्हीं के हाथ में हैं–या वे ही सत्पथ के दीपक हैं। सत्वोन्मुख प्राणियों के लिए ऐसे पथिकों के सामीप्य-लाभ की कामना करना स्वाभाविक ही है।

296. मनुष्य सात्विक शील की ओर आप ही आप आकर्षित कब होता है?

A. जब शील की विभूतियों के अनन्त रूपों पर मोहित होता है।
B. शून्य सिद्धान्त वाक्यों को सुनकर।
C. जब वह काव्य गुणों को पढ़ता है।
D. निश्चयात्मक बुद्धि का जब उदय होता है।

297. प्रवृत्ति और निवृत्ति किस पर निर्भर हैं?

A. कविता के आस्वादन पर।
B. कविता के गुणों पर।
C. अनुभूति पर।
D. महात्माओं के आचरण पर।

298. मन की दूसरी क्रिया क्या है?

A. अनुभूति
B. सौन्दर्य
C. प्रत्यक्षानुभूति
D. संकल्प-विकल्प

299. व्यक्ति-सम्बन्धहीन सिद्धांत मार्ग मनोरंजनकारी कब लगते हैं?

A. निश्चयात्मक बुद्धि के अभाव में
B. सिद्धांतकारी वाक्यों को सुनकर
C. जब वे किसी व्यक्ति के जीवनक्रम के रूप में देखे जाते हैं
D. सत्वोन्मुख प्राणियों के वचन सुनकर

300. मानव-जीवन के बीच हम किस सौन्दर्य का विकास देखना चाहते हैं?

A. संकल्प-विकल्प का

B. सिद्धांत-वाक्यों में निहित बातों का

C. बच्चों को अच्छे-अच्छे सिद्धांत वाक्य सुनाने का

D. गुण-कथन का

301. 'आल्हा' किस ऋतु में गाए जाते हैं?

A. वसन्त ऋतु में B. वर्षा ऋतु में

C. ग्रीष्म ऋतु में D. हेमन्त ऋतु में

302. आचार्य रामचन्द्र शुक्ल ने हिन्दी साहित्य का आविर्भाव किससे माना है?

A. प्राकृत से

B. संस्कृत से

C. पालि से

D. प्राकृत की अंतिम अपभ्रंश अवस्था से

303. नाट्यवृत्तियों की संख्या कितनी हैं?

A. पाँच B. सात

C. चार D. नौ

304. रस निष्पत्ति के सन्दर्भ में 'अनुमितिवाद' की स्थापना किसने की?

A. भट्ट लोल्लट B. अभिनव गुप्त

C. शंकुक D. भट्टनायक

305. 'साधारणीकरण आलम्बनत्व धर्म का होता है।' यह मान्यता किसकी है?

A. आचार्य विश्वनाथ B. आचार्य नगेन्द्र

C. आचार्य अभिनव गुप्त D. आचार्य रामचन्द्र शुक्ल

306. 'रणमल्ल छंद' नामक काव्य किसने रचा?

A. जगनिक ने B. श्रीधर ने

C. नरपति नाल्ह ने D. भट्ट केदार ने

307. 'गोरख जगायो जोग, भगति भगायो लोग'—यह उक्ति किसकी है?

A. गोरखनाथ की B. कबीरदास की

C. विट्ठलनाथ की D. तुलसीदास की

308. जयदेव से प्रभावित विद्यापति की कौन-सी रचना है?

A. पदावली B. कीर्तिलता

C. कीर्तिपताका D. कोई नहीं

309. 'उज्ज्वलनीलमणि' के रचयिता हैं:

A. वल्लभाचार्य B. स्वामी अग्रदास

C. रूप गोस्वामी D. नाभादास

310. आचार्य भरत के अनुसार नाट्य मंच कितने प्रकार के हैं?

A. तीन B. चार

C. पाँच D. छह

311. मीराबाई की उपासना किस प्रकार की थी?

A. सख्यभाव की B. दास्यभाव की

C. माधुर्यभाव की D. शान्तभाव की

312. निम्नलिखित में से कौन ज्ञानाश्रयी शाखा का कवि नहीं है?

A. सुन्दरदास B. मलूकदास

C. कबीरदास D. कुंभनदास

313. मधुमालती किसके काव्य की नायिका है?

A. उसमान B. मंझन

C. जायसी D. नूर मुहम्मद

314. भ्रमरगीत प्रसंग की कथा का वर्णन भागवत के किस स्कन्ध में है?

A. द्वादश स्कन्ध में B. दशम स्कन्ध में

C. नवम् स्कन्ध में D. अष्ट्म स्कन्ध में

315. "कर्म जोग पुनि ज्ञान उपासन सब ही भ्रम भरमायो।
श्री बल्लभ गुरु तत्व सुनायो लीला भेद बतायो।।"
यह काव्योक्ति किसकी है?

A. तुलसीदास की B. कबीरदास की

C. कुंभनदास की D. सूरदास की

316. 'रामाज्ञा प्रश्नावली' किसकी रचना है?

A. नाभादास B. अग्रदास

C. तुलसीदास D. हृदयराम

317. मलिक मुहम्मद जायसी ने 'आखिरी कलाम' में किस बादशाह की प्रशंसा की?

A. बाबर B. शेरशाह

C. हुमायूँ D. जहाँगीर

318. सूरदास की किस रचना में अलंकारों और नायिका भेदों के उदाहरण प्रस्तुत करने वाले कूट पद हैं?

A. सूर सारावली

B. सूरसागर

C. साहित्यलहरी

D. उपर्युक्त तीनों में से किसी में नहीं

319. रसखान किसके शिष्य थे?
A. स्वामी हरिदास B. गोस्वामी विट्ठलनाथ
C. वल्लभाचार्य D. गोविन्दस्वामी

320. 'शब्दार्थौ सहितौ काव्यम्'—काव्य लक्षण के प्रणेता हैं :
A. दण्डी B. वामन
C. आनन्दवर्द्धन D. भामह

321. बिहारीलाल किस राजा के आश्रित कवि थे?
A. महाराज भावसिंह B. महाराज जरवंत सिंह
C. महाराज जयसिंह D. महाराज देवीसिंह

322. "अभिधा उत्तम काव्य है; मध्य लक्षणा लीन।
अधम व्यंजना रस बिरस, उलटी कहत नवीन।।"
इस उक्ति में अभिधा, लक्षणा आदि शब्द शक्तियों का निरूपण किस रीति काव्य ने किया?
A. मतिराम B. कुलपति मिश्र
C. देव D. सुखदेव मिश्र

323. "अमिय, हलाहल, मदभरे, सेत स्याम रतनार।
जियत, मरत, झुकि झुकि परत, जेहि चितवत इकबार।।"
यह दोहा किस पुस्तक में वर्णित है?
A. अंग दर्पण B. रयपीयूषनिधि
C. बिहारी सतसई D. रसविलास

324. घनानंद किस वैष्णव सम्प्रदाय के थे?
A. राधा वल्लभ B. माधव सम्प्रदाय
C. सखी सम्प्रदाय D. निंबार्क सम्प्रदाय

325. "अपनी कहानी का आरंभ ही उन्होंने इस ढंग से किया है जैसे लखनऊ के भाँड़ घोड़ा कुदाते हुए महफिल में आते हैं।" आचार्य रामचन्द्र शुक्ल ने यह मत किसके सन्दर्भ में कहा?
A. मुंशी सदासुखलाल 'नियाज'
B. सदल मिश्र
C. इंशा अल्ला खाँ
D. लल्लू लाल जी

326. 'सखा प्यारे कृष्ण के गुलाम राधा रानी के'—यह पंक्ति किस कवि के बारे में है?
A. घनानन्द
B. भारतेन्दु हरिश्चन्द्र
C. गोपालचन्द्र 'गिरिधरदास'
D. प्रेमघन

327. 'कृष्णायन' किस विधा की रचना है?
A. नाटक B. महाकाव्य
C. उपन्यास D. खण्डकाव्य

328. निम्नलिखित में से कौन भारतेन्दु का परवर्ती गद्यकार है?
A. प्रताप नारायण मिश्र
B. राजा लक्ष्मण सिंह
C. राजा शिवप्रसाद सितारेहिन्द
D. श्रद्धाराम फुल्लौरी

329. निम्नलिखित में से कौन कालिदास के मेघदूत का अनुवादक नहीं है?
A. लाला सीताराम B. हजारीप्रसाद द्विवेदी
C. मोहन राकेश D. नागार्जुन

330. निम्नलिखित में से कौन-सा नाटक श्रीनिवासदास का नहीं है?
A. संयोगिता स्वयंवर B. महाराणा प्रताप
C. तप्ता संवरण D. रणधीर प्रेममोहिणी

331. 'भाग्यवती' किस प्रकार का उपन्यास है?
A. ऐतिहासिक B. मनोविश्लेषणात्मक
C. तिलस्मी-ऐयारी D. सामाजिक

332. खड़ी बोली में लिखित हिन्दी का प्रथम महाकाव्य कौन-सा है?
A. लोकायतन B. साकेत
C. प्रियप्रवास D. कामायनी

333. 'भारत भारती' का रचनाकाल है :
A. सन् 1909 ई. B. सन् 1910 ई.
C. सन् 1911 ई. D. सन् 1912 ई.

334. 'साधारणीकरण और व्यक्ति वैचित्र्यवाद' किसका निबन्ध है?
A. रामचन्द्र शुक्ल B. हजारीप्रसाद द्विवेदी
C. रामविलास शर्मा D. नन्ददुलारे वाजपेयी

335. 'इस करुणा कलित हृदय में
अब विकल रागिनी बजती
क्यों हाहाकार स्वरों में
वेदना असीम गरजती।'
—इन काव्य पंक्तियों के कवि हैं :
A. सूर्यकान्त त्रिपाठी 'निराला'
B. हरिवंशराय बच्चन
C. जयशंकर प्रसाद
D. महादेवी वर्मा

336. रंगदर्शन के लेखक हैं :

A. सीताराम चतुर्वेदी B. बलवन्त गार्गी

C. नेमिचन्द जैन D. सुरेश अवस्थी

337. 'हिन्दी जाति' की अवधारणा के प्रवर्तक हैं :

A. रामचन्द्र शुक्ल B. रामविलास शर्मा

C. हजारी प्रसाद द्विवेदी D. नगेन्द्र

338. निम्नलिखित में से कौन गांधीवादी साहित्यकार नहीं है?

A. उपेन्द्रनाथ अश्क B. प्रेमचन्द

C. विष्णु प्रभाकर D. जैनेन्द्र

339. कुन्तक ने वक्रोक्ति के कितने प्रधान भेद माने हैं?

A. सात B. चार

C. छह D. दो

340. प्रतीकवादी आन्दोलन का उदय कहाँ हुआ?

A. जर्मनी में B. फ्रांस में

C. इंग्लैंड में D. स्वीडन में

341. कालक्रमानुसार लल्लू लाल जी की रचनाओं का सही अनुक्रम है :

A. ब्रजभाषा व्याकरण, लाल चंद्रिका, प्रेमसागर, सिंहासन बत्तीसी

B. प्रेमसागर, ब्रजभाषा व्याकरण, सिंहासन बत्तीसी, लाल चंद्रिका

C. लाल चंद्रिका, प्रेमसागर, सिंहासन बत्तीसी, ब्रजभाषा व्याकरण

D. सिंहासन बत्तीसी, लाल चंद्रिका, प्रेमसागर, ब्रजभाषा व्याकरण

342. जीवनकाल के क्रमानुसार निम्नांकित कवियों का सही अनुक्रम है :

A. जगन्नाथदास रत्नाकर, रामनरेश त्रिपाठी, जयशंकर प्रसाद, सूर्यकांत त्रिपाठी 'निराला'

B. रामनरेश त्रिपाठी, सूर्यकांत त्रिपाठी 'निराला', जयशंकर प्रसाद, जगन्नाथदास रत्नाकर

C. सूर्यकांत त्रिपाठी 'निराला', जयशंकर प्रसाद, रामनरेश त्रिपाठी, जगन्नाथदास रत्नाकर

D. जयशंकर प्रसाद, सूर्यकांत त्रिपाठी 'निराला', रामनरेश त्रिपाठी, जगन्नाथदास रत्नाकर

343. जैनेन्द्र कुमार के निम्नांकित उपन्यासों का प्रकाशन काल के क्रम से सही अनुक्रम है :

A. सुनीता, दशार्क, परख, कल्याणी

B. कल्याणी, परख, दशार्क, सुनीता

C. परख, सुनीता, कल्याणी, दशार्क

D. दशार्क, परख, सुनीता, कल्याणी

344. जीवनकाल के क्रम से संस्कृत काव्यशास्त्र के निम्नांकित आचार्यों का सही अनुक्रम है :

A. भरतमुनि, शंकुक, भट्टनायक, भट्ट लोल्लट

B. भट्टनायक, भरतमुनि, भट्ट लोल्लट, शंकुक

C. भरतमुनि, भट्ट लोल्लट, शंकुक, भट्टनायक

D. शंकुक, भट्ट लोल्लट, भरतमुनि, भट्टनायक

345. प्रकाशन वर्ष के अनुसार निम्नांकित आंचलिक उपन्यासों का सही अनुक्रम है :

A. बलचनमा, मैला आंचल, देहाती दुनिया, सागर लहरें और मनुष्य

B. मैला आंचल, सागर लहरें और मनुष्य, बलचनमा, देहाती दुनिया

C. सागर लहरें और मनुष्य, देहाती दुनिया, मैला आंचल, बलचनमा

D. देहाती दुनिया, बलचनमा, मैला आंचल, सागर लहरें और मनुष्य

346. प्रकाशन वर्ष के अनुसार निम्नांकित पत्र-संग्रहों का सही अनुक्रम है :

A. चिट्ठी-पत्री, फाइल प्रोफाइल, दो सौ पत्र बच्चन के नाम, प्रसाद के नाम पत्र

B. फाइल प्रोफाइल, प्रसाद के नाम पत्र, चिट्ठी-पत्री, दो सौ पत्र बच्चन के नाम

C. प्रसाद के नाम पत्र, दो सौ पत्र बच्चन के नाम, चिट्ठी-पत्री, फाइल-प्रोफाइल

D. दो सौ पत्र बच्चन के नाम, फाइल प्रोफाइल, चिट्ठी-पत्री, प्रसाद के नाम पत्र

347. प्रकाशन वर्ष के अनुसार निम्नांकित साक्षात्कारों का सही अनुक्रम है :

A. रत्नाकर से बातचीत, मैं उनसे मिला, अपरोक्ष, बातों बातों में

B. मैं उनसे मिला, अपरोक्ष, रत्नाकर से बातचीत, बातों बातों में

C. बातों बातों में, रत्नाकर से बातचीत, अपरोक्ष, मैं उनसे मिला

D. अपरोक्ष, बातों बातों में, मैं उनसे मिला, रत्नाकर से बातचीत

348. प्रकाशन वर्ष के अनुसार निम्नांकित रिपोर्ताजों का सही अनुक्रम है :

A. वे तो लड़ेंगे हजारों साल, ऋण जल-धन जल, तूफानों के बीच, युद्ध यात्रा

B. तूफानों के बीच, वे तो लड़ेंगे हजारों साल, युद्ध यात्रा, ऋण जल-धन जल

C. तूफानों के बीच, ऋण जल-धन जल, युद्ध यात्रा, वे तो लड़ेंगे हजारों साल

D. वे तो लड़ेंगे हजारों साल, तूफानों के बीच, ऋण जल-धन जल, युद्ध यात्रा

349. सूर्यकांत त्रिपाठी 'निराला' की निम्नांकित रचनाओं का प्रकाशन-वर्ष के अनुसार सही अनुक्रम है :

A. अनामिका, तुलसीदास, अपरा, जूही की कली

B. जूही की कली, अपरा, तुलसीदास, अनामिका

C. अपरा, तुलसीदास, जूही की कली, अनामिका

D. जूही की कली, अनामिका, तुलसीदास, अपरा

350. निम्नांकित उपन्यासों का प्रकाशन-वर्ष के क्रमानुसार सही अनुक्रम है :

A. बहती गंगा, कंदील और कुहासे, सोया हुआ जल, सूरज का सातवाँ घोड़ा

B. कंदील और कुहासे, सूरज का सातवाँ घोड़ा, बहती गंगा, सोया हुआ जल

C. सोया हुआ जल, बहती गंगा, सूरज का सातवाँ घोड़ा, कंदील और कुहासे

D. सूरज का सातवाँ घोड़ा, बहती गंगा, सोया हुआ जल, कंदील और कुहासे

351. निम्नलिखित समाचार-पत्रों का प्रकाशन-वर्ष के क्रमानुसार सही क्रम है :

A. उदंत मार्तंड, प्रजामित्र, प्रजा हितैषी, आगरा अखबार

B. उदंत मार्तंड, प्रजा हितैषी, आगरा अखबार, प्रजामित्र

C. प्रजामित्र, उदंत मार्तंड, आगरा अखबार, प्रजा हितैषी

D. उदंत मार्तंड, आगरा अखबार, प्रजा हितैषी, प्रजामित्र

352. कुबेरनाथ राय के निबंधों का प्रकाशन-काल के क्रमानुसार सही अनुक्रम है :

A. गंध मादन, आगम की नाव, रस आखेटक, निषाद बांसुरी

B. निषाद बांसुरी, गंध मादन, आगम की नाव, रस आखेटक

C. रस आखेटक, गंध मादन, निषाद बांसुरी, आगम की नाव

D. रस आखेटक, आगम की नाव, निषाद बांसुरी, गंध मादन

353. जीवन-काल की दृष्टि से निम्नांकित निबंधकारों का सही अनुक्रम है :

A. बाल मुकुंद गुप्त, महावीर प्रसाद द्विवेदी, रामचंद्र शुक्ल, सरदार पूर्ण सिंह

B. रामचंद्र शुक्ल, सरदार पूर्ण सिंह, बाल मुकुंद गुप्त, महावीर प्रसाद द्विवेदी

C. महावीर प्रसाद द्विवेदी, बाल मुकुंद गुप्त, सरदार पूर्ण सिंह, रामचंद्र शुक्ल

D. सरदार पूर्ण सिंह, बाल मुकुंद गुप्त, महावीर प्रसाद द्विवेदी, रामचंद्र शुक्ल

354. हरिशंकर परसाई के निबंध-संग्रहों का प्रकाशन वर्ष के अनुसार सही अनुक्रम है :

A. पगडंडियों का जमाना, सदाचार का ताबीज, ठिठुरता हुआ गणतंत्र, सुनो भाई साधो

B. सदाचार का ताबीज, सुनो भाई साधो, ठिठुरता हुआ गणतंत्र, पगडंडियों का जमाना

C. ठिठुरता हुआ गणतंत्र, सुनो भाई साधो, पगडंडियों का जमाना, सदाचार का ताबीज

D. सुनो भाई साधो, पगडंडियों का जमाना, ठिठुरता हुआ गणतंत्र, सदाचार का ताबीज

355. निर्मल वर्मा के निम्नांकित निबंध संकलनों का प्रकाशन-वर्ष के अनुसार सही अनुक्रम है :

A. आदि अंत और प्रारम्भ, शब्द और स्मृति, शताब्दी के ढलते वर्षों में, कला का जोखिम

B. कला का जोखिम, आदि अंत और प्रारम्भ, शब्द और स्मृति, शताब्दी के ढलते वर्षों में

C. शब्द और स्मृति, कला का जोखिम, शताब्दी के ढलते वर्षों में, आदि अंत और प्रारम्भ

D. शताब्दी के ढलते वर्षों में, आदि अंत और प्रारम्भ, शब्द और स्मृति, कला का जोखिम

356. **स्थापना (Assertion) A :** रस ही ब्रह्म है। इस रस को पाकर पुरुष आनंदित हो जाता है। यह रस सब को आनंदित करता है।

तर्क (Reason) R : क्योंकि करुण रस की अनुभूति केवल पुरुष को होती है।

A. A गलत, R सही
B. A सही, R गलत
C. A और R दोनों गलत
D. A और R दोनों सही

357. **स्थापना (Assertion) A :** हिन्दी में स्वच्छन्दतावाद की अवधारणा इतनी व्यापक है कि वह सम्पूर्ण छायावादी कविताओं को अपने में समाविष्ट कर लेती है।

तर्क (Reason) R : क्योंकि छायावादी कविताओं में केवल रोमानियत की अभिव्यक्ति हुई है।

A. A और R दोनों सही
B. A गलत, R सही
C. A सही R गलत
D. A और R दोनों गलत

358. **स्थापना (Assertion) A :** काव्य का सत्य जीवन की परिधि में सौन्दर्य के माध्यम द्वारा व्यक्त अखंड सत्य है।

तर्क (Reason) R : क्योंकि सौन्दर्य कलामात्र का सत्य है।

A. A और R दोनों सही B. A गलत, R सही
C. A और R दोनों गलत D. A सही R गलत

359. **स्थापना (Assertion) A :** क्लासिक साहित्य जीवन की चिरन्तन समस्याओं का समाधान है।

तर्क (Reason) R : क्योंकि जीवन की मूल्य व्यवस्था अपरिवर्तनशील होती है।

A. A गलत R सही B. A और R दोनों सही
C. A सही R गलत D. A और R दोनों गलत

360. **स्थापना (Assertion) A :** नायक की मानसिक अवस्था की अनुकृति नाटक का लक्षण है।

तर्क (Reason) R : क्योंकि नाटक में नायक के जीवन की कार्यावस्थाओं का प्रदर्शन होता है।

A. A और R दोनों सही B. A और R दोनों गलत
C. A गलत R सही D. A सही R गलत

361. **स्थापना (Assertion) A :** दुष्कर कर्म करने की भावना ही उत्साह का आलम्बन है।

तर्क (Reason) R : क्योंकि दुष्कर कर्म का दायरा उत्साह तक सीमित है।

A. A गलत R सही B. A और R दोनों गलत
C. A और R दोनों सही D. A सही R गलत

362. **स्थापना (Assertion) A :** कृष्ण काव्य वृत्ति के उत्कर्ष का दर्शन है।

तर्क (Reason) R : क्योंकि कृष्णकाव्य अन्ततः भगवद् आसक्ति का समर्थन करता है।

A. A और R दोनों सही B. A और R दोनों गलत
C. A गलत R सही D. A सही R गलत

363. **स्थापना (Assertion) A :** अद्वैतवाद अनात्म को भ्रम कहता है।

तर्क (Reason) R : क्योंकि वह प्रकृति की सत्ता को स्वीकार नहीं करता।

A. A गलत R सही B. A और R दोनों गलत
C. A और R दोनों सही D. A सही R गलत

364. **स्थापना (Assertion) A :** आदर्शोन्मुख यथार्थवाद में यथार्थ और आदर्श का समावेश होता है।

तर्क (Reason) R : कारण कि आदर्श का जन्म यथार्थ से होता है।

A. A और R दोनों सही B. A गलत R सही
C. A सही R गलत D. A और R दोनों गलत

365. **स्थापना (Assertion) A :** प्रगतिवाद कलाकार की स्वतंत्रता का नहीं, परतंत्रता का शत्रु है।

तर्क (Reason) R : क्योंकि प्रगतिवाद कलाकार को समाज निरपेक्ष सच्चाई को अभिव्यक्त करने की स्वतंत्रता देता है।

A. A गलत R सही B. A सही R गलत
C. A और R दोनों गलत D. A और R दोनों सही

366. निम्नलिखित कवियों को उनकी कविताओं के साथ सुमेलित कीजिए:

सूची-I	सूची-II
(*a*) सुभद्राकुमारी चौहान	(*i*) भैंसागाड़ी
(*b*) महादेवी वर्मा	(*ii*) वीरों का कैसा हो वसन्त
(*c*) माखनलाल चतुर्वेदी	(*iii*) कैदी और कोकिला
(*d*) भगवतीचरण वर्मा	(*iv*) रश्मि
	(*v*) तुम और मैं

कूट :

	(*a*)	(*b*)	(*c*)	(*d*)
A.	(*iii*)	(*ii*)	(*v*)	(*iv*)
B.	(*iv*)	(*i*)	(*iii*)	(*ii*)
C.	(*ii*)	(*v*)	(*iv*)	(*iii*)
D.	(*ii*)	(*iv*)	(*iii*)	(*i*)

367. निम्नलिखित पत्रिकाओं को उनके सम्पादकों के साथ सुमेलित कीजिए:

सूची-I	सूची-II
(*a*) समालोचक	(*i*) अंबिका प्रसाद गुप्त
(*b*) इंदु	(*ii*) गणेश शंकर विद्यार्थी
(*c*) अभ्युदय	(*iii*) देवकी नन्दन खत्री
(*d*) प्रताप	(*iv*) मदन मोहन मालवीय
	(*v*) चन्द्रधर शर्मा गुलेरी

कूट :

	(*a*)	(*b*)	(*c*)	(*d*)
A.	(*v*)	(*i*)	(*iv*)	(*ii*)
B.	(*iv*)	(*v*)	(*i*)	(*iii*)
C.	(*i*)	(*iii*)	(*iv*)	(*ii*)
D.	(*ii*)	(*i*)	(*iii*)	(*v*)

368. निम्नलिखित उपन्यासकारों को उनके उपन्यासों के साथ सुमेलित कीजिए:

सूची-I	सूची-II
(*a*) मन्नू भंडारी	(*i*) चित्तकोबरा
(*b*) कृष्णा सोबती	(*ii*) छिन्नमस्ता
(*c*) मृदुला गर्ग	(*iii*) महाभोज
(*d*) प्रभा खेतान	(*iv*) आँवा
	(*v*) सूरजमुखी अंधेरे के

कूट :

	(*a*)	(*b*)	(*c*)	(*d*)
A.	(*ii*)	(*v*)	(*i*)	(*iii*)
B.	(*i*)	(*iii*)	(*iv*)	(*v*)
C.	(*iii*)	(*v*)	(*i*)	(*ii*)
D.	(*v*)	(*ii*)	(*iii*)	(*iv*)

369. निम्नलिखित आलोचनाग्रन्थों को उनके आलोचकों के साथ सुमेलित कीजिए:

सूची-I	सूची-II
(*a*) साहित्यालोचन	(*i*) रामकुमार वर्मा
(*b*) साहित्य समालोचना	(*ii*) रामविलास शर्मा
(*c*) निराला की साहित्य साधना	(*iii*) श्याम सुन्दर दास
(*d*) आलोचनादर्श	(*iv*) गुलाब राय
	(*v*) रमाशंकर शुक्ल 'रसाल'

कूट :

	(*a*)	(*b*)	(*c*)	(*d*)
A.	(*iv*)	(*v*)	(*ii*)	(*i*)
B.	(*iii*)	(*ii*)	(*i*)	(*v*)
C.	(*iii*)	(*i*)	(*ii*)	(*v*)
D.	(*v*)	(*iv*)	(*iii*)	(*ii*)

370. निम्नलिखित पात्रों को उनके उपन्यासों के साथ सुमेलित कीजिए:

सूची-I	सूची-II
(*a*) जालपा	(*i*) त्यागपत्र
(*b*) वर्षा	(*ii*) पर्दे की रानी
(*c*) मृणालिनी	(*iii*) अपने अपने अजनबी
(*d*) सेल्मा	(*iv*) गबन
	(*v*) मुझे चाँद चाहिए

कूट :

	(*a*)	(*b*)	(*c*)	(*d*)
A.	(*iv*)	(*v*)	(*i*)	(*iii*)
B.	(*v*)	(*i*)	(*ii*)	(*iv*)
C.	(*ii*)	(*iv*)	(*v*)	(*i*)
D.	(*iii*)	(*iv*)	(*ii*)	(*v*)

371. निम्नलिखित चरित्रों को उनके काव्यों के साथ सुमेलित कीजिए:

सूची-I	सूची-II
(*a*) मानव	(*i*) अंधायुग
(*b*) पुरुरवा	(*ii*) कामायनी
(*c*) युयुत्सु	(*iii*) प्रियप्रवास
(*d*) राधा	(*iv*) उर्वशी
	(*v*) अग्निलीक

कूट :

	(*a*)	(*b*)	(*c*)	(*d*)
A.	(*v*)	(*i*)	(*iii*)	(*ii*)
B.	(*ii*)	(*iv*)	(*i*)	(*iii*)
C.	(*ii*)	(*iii*)	(*i*)	(*iv*)
D.	(*i*)	(*ii*)	(*iii*)	(*iv*)

372. निम्नलिखित सिद्धान्तों को उनके विचारकों के साथ सुमेलित कीजिए:

सूची-I	सूची-II
(*a*) उदात्ततत्व	(*i*) जाक देरिदा
(*b*) संरचनावाद	(*ii*) लोंजाइनस
(*c*) विखंडनवाद	(*iii*) सार्त्र
(*d*) निर्वैयक्तिकता	(*iv*) सस्यूर
	(*v*) इलियट

कूट :

	(*a*)	(*b*)	(*c*)	(*d*)
A.	(*i*)	(*ii*)	(*iii*)	(*iv*)
B.	(*iii*)	(*ii*)	(*iv*)	(*v*)
C.	(*ii*)	(*iv*)	(*i*)	(*v*)
D.	(*v*)	(*iii*)	(*iv*)	(*i*)

373. निम्नलिखित कहानीकारों को उनकी कहानियों के साथ सुमेलित कीजिए:

सूची-I	**सूची-II**
(*a*) जैनेन्द्र कुमार	(*i*) ग्रामोफोन
(*b*) अज्ञेय	(*ii*) रोज
(*c*) भीष्म साहनी	(*iii*) चीफ की दावत
(*d*) मोहन राकेश	(*iv*) मिसपाल
	(*v*) ठेस

कूट :

	(*a*)	(*b*)	(*c*)	(*d*)
A.	(*ii*)	(*v*)	(*i*)	(*iii*)
B.	(*i*)	(*iv*)	(*v*)	(*ii*)
C.	(*iv*)	(*ii*)	(*i*)	(*v*)
D.	(*i*)	(*ii*)	(*iii*)	(*iv*)

374. निम्नलिखित निबन्धों को उनके निबन्धकारों के साथ सुमेलित कीजिए:

सूची-I	**सूची-II**
(*a*) कछुआधर्म	(*i*) बालकृष्ण भट्ट
(*b*) आचरण की सभ्यता	(*ii*) हजारी प्रसाद द्विवेदी
(*c*) तुम चंदन हम पानी	(*iii*) सरदार पूर्ण सिंह
(*d*) भारतीय संस्कृति की देन	(*iv*) विद्यानिवास मिश्र
	(*v*) चन्द्रधर शर्मा गुलेरी

कूट :

	(*a*)	(*b*)	(*c*)	(*d*)
A.	(*iv*)	(*v*)	(*iii*)	(*i*)
B.	(*ii*)	(*iii*)	(*v*)	(*i*)
C.	(*v*)	(*iii*)	(*iv*)	(*ii*)
D.	(*v*)	(*ii*)	(*i*)	(*iv*)

375. निम्नलिखित रसों को उनके स्थायीभावों के साथ सुमेलित कीजिए:

सूची-I	**सूची-II**
(*a*) रौद्र	(*i*) जुगुप्सा
(*b*) वीभत्स	(*ii*) विस्मय
(*c*) अद्भुत	(*iii*) क्रोध
(*d*) शान्त	(*iv*) शोक
	(*v*) निर्वेद

कूट :

	(*a*)	(*b*)	(*c*)	(*d*)
A.	(*iv*)	(*v*)	(*iii*)	(*i*)
B.	(*iii*)	(*i*)	(*ii*)	(*v*)
C.	(*iv*)	(*iii*)	(*ii*)	(*v*)
D.	(*ii*)	(*v*)	(*iv*)	(*iii*)

376. अपभ्रंश को 'प्राकृताभास' हिन्दी किसने कहा है?

A. चन्द्रधर शर्मा गुलेरी B. राहुल सांकृत्यायन
C. रामचन्द्र शुक्ल D. हजारी प्रसाद द्विवेदी

377. 'हिन्दी काव्यधारा' के सम्पादक हैं

A. राहुल सांकृत्यायन B. पीताम्बर दत्त बड़थ्वाल
C. श्री रामशर्मा D. रामचन्द्र शुक्ल

378. 'हबकि न बेलिबा ठबकि न चलिबा। धीरे धरिबा पावँ।' पंक्ति है

A. मत्स्येन्द्रनाथ B. गोरखनाथ
C. जालंधरनाथ D. निवृत्तनाथ

379. 'अस्त्रीय जनम कांइ दीधउ महेस। अवर जनम थारइ घणा रे नरेश' पंक्ति का संबंध किस कृति से है?

A. पृथ्वीराज रासो B. विजयपाल रासो
C. बीसलदेव रासो D. आल्ह खंड

380. 'कबीर की उक्तियों में कहीं-कहीं विलक्षण प्रभाव और चमत्कार है।' यह कथन है

A. रामचन्द्र शुक्ल B. हजारी प्रसाद द्विवेदी
C. धर्मवीर D. श्यामसुंदर दास

381. 'जेइ मुख देखा तेइ हँसा सुनि तेहि आउस आँसु' पंक्ति भक्तिकाल के किस कवि के बारे में है?

A. कबीर B. जायसी
C. सूरदास D. तुलसीदास

382. 'कलि कुटिल जीव निस्तार हित बाल्मीकि तुलसी भयो' कथन है

A. रामचरण दास B. नाभादास
C. रघुवर दास D. हरिराम व्यास

383. 'अष्टछाप' के संस्थापक इनमें से कौन हैं?

A. वल्लभाचार्य B. गोकुलनाथ
C. विट्ठलनाथ D. निम्बार्काचार्य

384. 'खेती न किसान को, भिखारी को न भीख,
बलि बनिक को न बनिज न चाकर को चाकरी'
पंक्ति तुलसी की किस कृति से संबद्ध है?

A. रामचरित मानस B. कवितावली
C. विनयपत्रिका D. गीतावली

385. 'जहाँगीर-जस-चन्द्रिका' रचना किसकी है?

A. केशवदास B. मतिराम
C. भूषण D. देव

386. 'ब्रजभाषा हेत ब्रजवास ही न अनुमानो' कथन रीतिकाल के किस कवि का है?

A. केशवदास
B. कालिदास त्रिवेदी
C. भिखारीदास
D. पद्माकर

387. 'देव की ध्वनि संवेदनशीलता समूचे रीतिकाल में अप्रतिम है'–कथन है

A. नगेन्द्र
B. विश्वनाथ प्रसाद मिश्र
C. बच्चन सिंह
D. रामस्वरूप चतुर्वेदी

388. हिन्दी के बारे में यह कथन किसका है कि–'रस्मोरिवाज भाषा का दुनिया से उठ गया'?

A. लल्लूलाल
B. सदल मिश्र
C. इंशा अल्ला खाँ
D. मुंशी सदासुख

389. निम्नलिखित में से कौन-सा नाटक भारतेंदु द्वारा अंग्रेजी से अनूदित है?

A. विद्यासुंदर
B. पाखंड-विडंबन
C. मुद्राराक्षस
D. दुर्लभ बंधु

390. 'उपन्यास मासिक पुस्तक' का प्रकाशन किस सन् से शुरू हुआ?

A. सन् 1901
B. सन् 1905
C. सन् 1907
D. सन् 1910

391. 'सम्पत्तिशास्त्र की भूमिका' लेख किस पत्रिका में छपा था?

A. हिन्दी प्रदीप
B. सरस्वती
C. ब्राह्मण
D. बिहार बंधु

392. 'भारत भारती' लिखने में उर्दू के किस ग्रंथ की प्रेरणा थी?

A. गुल-ए-नगमा
B. दीवान-ए-मीर
C. दीवान-ए-गालिब
D. मुसद्दसे-हाली

393. 'छायावाद' स्थूल के प्रति सूक्ष्म का विद्रोह है–यह स्थापना किसकी है?

A. नंददुलारे वाजपेयी
B. नगेन्द्र
C. रामविलास शर्मा
D. नामवर सिंह

394. 'प्रेम का पयोधि तो उमड़ता है। सदा ही निस्सीम भू पर' यह पंक्ति किस छायावादी कवि की है?

A. प्रसाद
B. पंत
C. निराला
D. महादेवी वर्मा

395. 'प्राचीन भारत के भाषा परिवार और हिन्दी' किस आलोचक का ग्रंथ है?

A. रामविलास शर्मा
B. धीरेन्द्र शर्मा
C. रामकुमार वर्मा
D. शिवकुमार मिश्र

396. नागार्जुन के उपन्यासों का सही कालानुक्रम है

A. बलचनमा, रतिनाथ की चाची, कुंभीपाक, वरुण के बेटे
B. रतिनाथ की चाची, बलचनमा, वरुण के बेटे, कुंभीपाक
C. रतिनाथ की चाची, कुंभीपाक, बलचनमा, वरुण के बेटे
D. वरुण के बेटे, बलचनमा, कुंभीपाक, रतिनाथ की चाची

397. जीवनकाल की दृष्टि से निम्नलिखित नाटककारों का सही क्रम है :

A. मोहन राकेश, भुवनेश्वर, सुरेन्द्र वर्मा, मीराकांत
B. मोहन राकेश, सुरेन्द्र वर्मा, भुवनेश्वर, मीराकांत
C. भुवनेश्वर, मोहन राकेश, सुरेन्द्र वर्मा, मीराकांत
D. मीराकांत, मोहन राकेश, सुरेन्द्र वर्मा, भुवनेश्वर

398. हिन्दी के मार्क्सवादी आलोचकों का सही कालानुक्रम है :

A. रामविलास शर्मा, शिवदान सिंह चौहान, नामवर सिंह, अमृतराय
B. अमृतराय, शिवदान सिंह चौहान, रामविलास शर्मा, नामवर सिंह
C. शिवदान सिंह चौहान, अमृतराय, रामविलास शर्मा, नामवर सिंह
D. शिवदान सिंह चौहान, रामविलास शर्मा, अमृतराय, नामवर सिंह

399. निम्नलिखित आत्मकथाओं का सही कालानुक्रम कौन-सा है?

A. लगता नहीं है दिल मेरा, कस्तूरी कुंडल बसै, हादसे, शिकंजे का दर्द
B. कस्तूरी कुंडल बसै, हादसे, शिकंजे का दर्द, लगता नहीं है दिल मेरा
C. शिकंजे का दर्द, हादसे, कस्तूरी कुंडल बसै, लगता नहीं है दिल मेरा
D. हादसे, शिकंजे का दर्द, कस्तूरी कुंडल बसै, लगता नहीं है दिल मेरा

400. निम्नलिखित यात्रा-वृतान्तों का प्रकाशन की दृष्टि से सही अनुक्रम है :

A. पैरों में पंख बाँधकर, मेरी तिब्बत यात्रा, एक बूँद सहसा उछली, चीड़ों पर चाँदनी

B. मेरी तिब्बत यात्रा, पैरों में पंख बाँधकर, एक बूँद सहसा उछली, चीड़ों पर चाँदनी

C. चीड़ों पर चाँदनी, मेरी तिब्बत यात्रा, एक बूँद सहसा उछली, पैरों में पंख बाँधकर

D. मेरी तिब्बत यात्रा, चीड़ों पर चाँदनी, पैरों में पंख बाँधकर, एक बूँद सहसा उछली

401. निम्नलिखित संस्मरण-कृतियों का सही कालानुक्रम कौन-सा है?

A. हम हशमत, काशी का अस्सी, तुम्हारा परसाई, लौट आ ओ धार

B. लौट आ ओ धार, काशी का अस्सी, हम हशमत, तुम्हारा परसाई

C. काशी का अस्सी, लौट आ ओ धार, तुम्हारा परसाई, हम हशमत

D. लौट आ ओ धार, हम हशमत, काशी का अस्सी, तुम्हारा परसाई

402. निम्नलिखित उपन्यासों का सही कालानुक्रम है :

A. परीक्षागुरु, नूतन ब्रह्मचारी, निस्सहाय हिन्दू, चंद्रकांता

B. चंद्रकांता, नूतन ब्रह्मचारी, परीक्षागुरु, निस्सहाय हिन्दू

C. निस्सहाय हिन्दू, परीक्षागुरु, नूतन ब्रह्मचारी, चंद्रकांता

D. नूतन ब्रह्मचारी, परीक्षागुरु, चंद्रकांता, निस्सहाय हिन्दू

403. निम्नलिखित संस्कृत आचार्यों का सही कालानुक्रम कौन-सा है?

A. मम्मट, दण्डी, विश्वनाथ, जयदेव

B. दण्डी, जयदेव, विश्वनाथ, मम्मट

C. दण्डी, मम्मट, जयदेव, विश्वनाथ

D. जयदेव, मम्मट, दण्डी, विश्वनाथ

404. निम्नलिखित पाश्चात्यवादों का सही कालानुक्रम है :

A. संरचनावाद, मार्क्सवाद, अस्तित्ववाद, स्वच्छंदतावाद

B. स्वच्छंदतावाद, मार्क्सवाद, अस्तित्ववाद, संरचनावाद

C. मार्क्सवाद, स्वच्छंदतावाद, संरचनावाद, अस्तित्ववाद

D. स्वच्छंदतावाद, अस्तित्ववाद, मार्क्सवाद, संरचनावाद

405. निम्नलिखित हिन्दी काव्यशास्त्रीय कृतियों का सही अनुक्रम कौन-सा है?

A. काव्यविवेक, भाषाभूषण, रसराज, काव्यरसायन

B. भाषाभूषण, काव्यविवेक, रसराज, काव्यरसायन

C. काव्यरसायन, काव्यविवेक, भाषाभूषण, रसराज

D. रसराज, भाषाभूषण, काव्यविवेक, काव्यरसायन

406. निम्नलिखित अलंकारों को उनके वर्ग के साथ सुमेलित कीजिए:

सूची-I	सूची-II
(*a*) उत्प्रेक्षा	(*i*) विरोध गर्भ
(*b*) वक्रोक्ति	(*ii*) औपम्यगर्भ
(*c*) विशेषोक्ति	(*iii*) सादृश्यमूलक
(*d*) श्लेष	(*iv*) गूढ़ार्थ प्रतीतिमूलक
	(*v*) न्यायमूलक

कूट :

	(*a*)	(*b*)	(*c*)	(*d*)
A.	(*v*)	(*iv*)	(*i*)	(*iii*)
B.	(*iii*)	(*ii*)	(*v*)	(*i*)
C.	(*iii*)	(*iv*)	(*i*)	(*ii*)
D.	(*iii*)	(*i*)	(*iv*)	(*ii*)

407. निम्नलिखित विशेषताओं को उनके वादों के साथ सुमेलत कीजिए

सूची-I	सूची-II
(*a*) प्रकृति और प्राचीन यूनानी ग्रंथों का अनुकरण	(*i*) अस्तित्ववाद
(*b*) बाह्य यथार्थ से व्यक्तिगत अनुभव को ज्यादा महत्व देना	(*ii*) स्वच्छंदतावाद
(*c*) चेतना को पदार्थ के अधीन मानना	(*iii*) आभिजात्यवाद
(*d*) व्यक्तिगत स्वातंत्र्य को विशेष महत्व देना	(*iv*) नव्यशास्त्रवाद
	(*v*) मार्क्सवाद

कूट :

	(*a*)	(*b*)	(*c*)	(*d*)
A.	(*iv*)	(*ii*)	(*v*)	(*i*)
B.	(*i*)	(*ii*)	(*v*)	(*iii*)
C.	(*iii*)	(*ii*)	(*i*)	(*v*)
D.	(*v*)	(*iii*)	(*ii*)	(*i*)

261	262	263	264	265	266	267	268	269	270
C	B	A	D	D	B	C	A	B	D
271	272	273	274	275	276	277	278	279	280
B	D	A	C	B	A	D	C	A	B
281	282	283	284	285	286	287	288	289	290
B	C	C	D	D	A	B	D	D	C
291	292	293	294	295	296	297	298	299	300
B	A	B	C	A	A	C	D	C	B
301	302	303	304	305	306	307	308	309	310
B	D	C	C	D	B	D	A	C	A
311	312	313	314	315	316	317	318	319	320
C	D	B	B	D	C	A	C	B	D
321	322	323	324	325	326	327	328	329	330
C	C	A	D	C	B	B	A	C	B
331	332	333	334	335	336	337	338	339	340
D	C	D	A	C	C	B	A	C	B
341	342	343	344	345	346	347	348	349	350
B	A	C	C	D	A	A	B	D	A
351	352	353	354	355	356	357	358	359	360
A	C	C	A	C	B	D	A	C	B
361	362	363	364	365	366	367	368	369	370
D	A	C	C	B	D	A	C	C	A
371	372	373	374	375	376	377	378	379	380
B	C	D	C	B	C	A	B	C	A
381	382	383	384	385	386	387	388	389	390
B	B	C	B	A	C	D	D	D	A
391	392	393	394	395	396	397	398	399	400
B	D	B	C	A	B	C	D	A	B
401	402	403	404	405	406	407	408	409	410
D	A	C	B	A	C	A	B	D	C
411	412	413	414	415	416	417	418	419	420
C	D	C	B	A	B	B	C	D	A
421	422	423	424	425					
D	B	A	B	D					

* कोई विकल्प सही नहीं है।

408. निम्नलिखित पत्रिकाओं को उनके सम्पादकों के साथ सुमेलत कीजिए

सूची-I	सूची-II
(*a*) भारतेन्दु हरिश्चन्द्र	(*i*) आनंद कादम्बिनी
(*b*) धर्मवीर भारती	(*ii*) ब्राह्मण
(*c*) प्रतापनारायण मिश्र	(*iii*) धर्मयुग
(*d*) बदरीनारायण चौधरी 'प्रेमघन'	(*iv*) बनारस अखबार
	(*v*) बालाबोधिनी

कूट :

	(*a*)	(*b*)	(*c*)	(*d*)
A.	(*iii*)	(*ii*)	(*v*)	(*i*)
B.	(*v*)	(*iii*)	(*ii*)	(*i*)
C.	(*i*)	(*iv*)	(*v*)	(*iii*)
D.	(*ii*)	(*iii*)	(*v*)	(*iv*)

409. निम्नलिखित काव्यकृतियों को उनके रचनाकारों के साथ सुमेलित कीजिए :

सूची-I	सूची-II
(*a*) भूरी भूरी खाक धूल	(*i*) कात्यायनी
(*b*) गंगातट	(*ii*) मुक्तिबोध
(*c*) स्त्री मेरे भीतर	(*iii*) ज्ञानेन्द्र पति
(*d*) इस पौरुषपूर्ण समय में	(*iv*) पवनकरण
	(*v*) उदय प्रकाश

कूट :

	(*a*)	(*b*)	(*c*)	(*d*)
A.	(*v*)	(*iv*)	(*iii*)	(*ii*)
B.	(*i*)	(*ii*)	(*iii*)	(*v*)
C.	(*v*)	(*iii*)	(*ii*)	(*iv*)
D.	(*ii*)	(*iii*)	(*iv*)	(*i*)

410. निम्नलिखित आलोचनात्मक पुस्तकों को उनके लेखकों के साथ सुमेलित कीजिए :

सूची-I	सूची-II
(*a*) कविता के नये प्रतिमान	(*i*) रघुवंश
(*b*) आलोचना के मान	(*ii*) लक्ष्मीकांत वर्मा
(*c*) नई कविता के प्रतिमान	(*iii*) शिवदानसिंह चौहान
(*d*) साहित्य का नया परिप्रेक्ष्य	(*iv*) नामवर सिंह
	(*v*) बच्चन सिंह

कूट :

	(*a*)	(*b*)	(*c*)	(*d*)
A.	(*iv*)	(*ii*)	(*i*)	(*v*)
B.	(*iii*)	(*i*)	(*v*)	(*ii*)
C.	(*iv*)	(*iii*)	(*ii*)	(*i*)
D.	(*v*)	(*iv*)	(*iii*)	(*ii*)

411. निम्नलिखित इतिहासग्रंथों को उनके लेखकों के साथ सुमेलित कीजिए :

सूची-I	सूची-II
(*a*) हिन्दी साहित्य का दूसरा इतिहास	(*i*) हजारी प्रसाद द्विवेदी
(*b*) हिन्दी साहित्य का उद्भव और विकास	(*ii*) रामकुमार वर्मा
(*c*) हिन्दी साहित्य का आलोचनात्मक इतिहास	(*iii*) सुमन राजे
(*d*) हिन्दी साहित्य का आधा इतिहास	(*iv*) बच्चन सिंह
	(*v*) नगेन्द्र

कूट :

	(*a*)	(*b*)	(*c*)	(*d*)
A.	(*iv*)	(*ii*)	(*i*)	(*v*)
B.	(*v*)	(*ii*)	(*i*)	(*iii*)
C.	(*iv*)	(*i*)	(*ii*)	(*iii*)
D.	(*iii*)	(*ii*)	(*v*)	(*i*)

412. निम्नलिखित निबन्ध संग्रहों को उनके लेखकों के साथ सुमेलित कीजिए :

सूची-I	सूची-II
(*a*) त्रिशंकु	(*i*) निर्मल वर्मा
(*b*) ठेले पर हिमालय	(*ii*) शिवप्रसाद सिंह
(*c*) कस्तूरी मृग	(*iii*) धर्मवीर भारती
(*d*) शब्द और स्मृति	(*iv*) अज्ञेय
	(*v*) कुबेरनाथ राय

कूट :

	(*a*)	(*b*)	(*c*)	(*d*)
A.	(*ii*)	(*iii*)	(*i*)	(*v*)
B.	(*i*)	(*v*)	(*iii*)	(*ii*)
C.	(*v*)	(*i*)	(*iii*)	(*ii*)
D.	(*iv*)	(*iii*)	(*ii*)	(*i*)

413. निम्नलिखित नाटककारों को उनकी नाट्यकृतियों के साथ सुमेलित कीजिए :

सूची-I	सूची-II
(*a*) मीराकांत	(*i*) ठहरा हुआ पानी
(*b*) कुसुम कुमार	(*ii*) जो राम रचि राखा
(*c*) मृणाल पाण्डेय	(*iii*) ईहामृग
(*d*) शांति महरोत्रा	(*iv*) दिल्ली ऊँचा सुनती है
	(*v*) बिना दीवारों का घर

कूट :

	(*a*)	(*b*)	(*c*)	(*d*)
A.	(*v*)	(*iii*)	(*ii*)	(*iv*)
B.	(*iv*)	(*ii*)	(*v*)	(*iii*)
C.	(*iii*)	(*iv*)	(*ii*)	(*i*)
D.	(*iii*)	(*v*)	(*i*)	(*ii*)

414. निम्नलिखित काव्यशास्त्रियों को उनकी कृतियों के साथ सुमेलित कीजिए :

सूची-I	सूची-II
(*a*) आई.ए. रिचर्ड्स	(*i*) सेवन टाइप्स ऑफ एंबिगुइटी
(*b*) विलियम एम्पसन	(*ii*) गॉड विदाउट थंडर
(*c*) जॉन क्रो रैंसम	(*iii*) ऑन द लिमिट्स ऑफ पोएट्री
(*d*) एलेन टेट	(*iv*) द फिलॉसफी ऑफ रेटरिक
	(*v*) सेलेक्टेड एसेज

कूट :

	(*a*)	(*b*)	(*c*)	(*d*)
A.	(*ii*)	(*iii*)	(*i*)	(*v*)
B.	(*iv*)	(*i*)	(*ii*)	(*iii*)
C.	(*v*)	(*iv*)	(*iii*)	(*i*)
D.	(*ii*)	(*iv*)	(*v*)	(*iii*)

415. निम्नलिखित काव्यशास्त्रीय आचार्यों को उनकी कृतियों के साथ सुमेलित कीजिए :

सूची-I	सूची-II
(*a*) राजशेखर	(*i*) ध्वन्यालोकलोचन
(*b*) अभिनव गुप्त	(*ii*) सरस्वती कण्ठाभरण
(*c*) भोजराज	(*iii*) नाट्यदर्पण
(*d*) रामचन्द्र गुणचन्द्र	(*iv*) काव्य मीमांसा
	(*v*) रस तरंगिणी

कूट :

	(*a*)	(*b*)	(*c*)	(*d*)
A.	(*iv*)	(*i*)	(*ii*)	(*iii*)
B.	(*i*)	(*iv*)	(*iii*)	(*ii*)
C.	(*v*)	(*ii*)	(*iii*)	(*i*)
D.	(*iv*)	(*iii*)	(*ii*)	(*v*)

416. **स्थापना (Assertion) (A) :** शाश्वत चेतनता जब श्रेय ज्ञान को मूल चारुत्व में ग्रहण करती है तब काव्य का सृजन होता है।

तर्क (Reason) (R) : क्योंकि काव्य में सिर्फ श्रेय अपेक्षित है न कि चारुत्व।

A. (A) गलत, (R) सही
B. (A) सही, (R) गलत
C. (A) सही (R) सही
D. (A) गलत (R) गलत

417. **स्थापना (Assertion) (A) :** रस स्थायीभाव से विलक्षण होता है।

तर्क (Reason) (R) : क्योंकि रस स्मृति, अनुमान और लौकिक अनुभव से परे होता है।

A. (A) गलत (R) गलत
B. (A) सही, (R) गलत
C. (A) सही (R) सही
D. (A) गलत, (R) सही

418. **स्थापना (Assertion) (A) :** क्षुद्र भावों के विरेचन द्वारा त्रासदी नैतिक प्रभाव उत्पन्न करती है।

तर्क (Reason) (R) : क्योंकि नैतिक प्रभाव उत्पन्न करने के लिए किसी भाव की जरूरत नहीं है।

A. (A) सही (R) सही
B. (A) गलत, (R) सही
C. (A) सही, (R) गलत
D. (A) गलत (R) गलत

419. **स्थापना (Assertion) (A) :** रसात्मक वाक्य ही काव्य है।

तर्क (Reason) (R) : क्योंकि हर वाक्य रसात्मक होता है, इसलिए वह काव्य कहलाने के योग्य होता है।

A. (A) गलत, (R) सही
B. (A) सही (R) सही
C. (A) गलत (R) गलत
D. (A) सही, (R) गलत

41	42	43	44	45	46	47	48	49	50
B	D	A	B	A	B	C	B	D	A
51	52	53	54	55	56	57	58	59	60
C	D	A	B	C	C	B	D	B	D
61	62	63	64	65	66	67	68	69	70
B	A	C	D	B	A	C	B	C	A
71	72	73	74	75	76	77	78	79	80
D	C	B	B	A	C	D	B	A	C
81	82	83	84	85	86	87	88	89	90
B	D	B	C	A	C	B	B	D	C
91	92	93	94	95	96	97	98	99	100
D	C	A	B	C	B	D	A	C	D
101	102	103	104	105	106	107	108	109	110
B	A	C	B	A	C	B	A	B	C
111	112	113	114	115	116	117	118	119	120
B	D	B	D	D	C	C	D	B	A
121	122	123	124	125	126	127	128	129	130
D	B	C	B	D	A	D	A	C	A
131	132	133	134	135	136	137	138	139	140
C	A	C	D	A	C	D	A	D	A
141	142	143	144	145	146	147	148	149	150
A	B	B	B	D	D	C	A	D	B
151	152	153	154	155	156	157	158	159	160
A	D	D	C	D	A	D	A	B	D
161	162	163	164	165	166	167	168	169	170
A	C	A	B	C	B	A	C	D	C
171	172	173	174	175	176	177	178	179	180
A	B	C	A	A	A	C	*	B	D
181	182	183	184	185	186	187	188	189	190
B	A	D	B	D	A	C	B	D	D
191	192	193	194	195	196	197	198	199	200
A	C	A	C	B	C	B	D	C	D
201	202	203	204	205	206	207	208	209	210
A	C	B	A	D	B	B	A	D	C
211	212	213	214	215	216	217	218	219	220
B	D	C	C	B	B	A	C	B	D
221	222	223	224	225	226	227	228	229	230
A	C	A	D	C	*	A	D	A	B
231	232	233	234	235	236	237	238	239	240
B	A	D	C	A	C	C	A	A	B
241	242	243	244	245	246	247	248	249	250
C	A	C	B	A	B	D	B	A	A
251	252	253	254	255	256	257	258	259	260
C	B	A	D	C	B	C	A	D	B

420. **स्थापना (Assertion) (A) :** ज्ञान राशि के संचित कोश को साहित्य कहते हैं।

तर्क (Reason) (R) : क्योंकि साहित्य में हृदय के लिए कोई जगह नहीं है।

A. (A) गलत (R) गलत

B. (A) सही (R) सही

C. (A) सही, (R) गलत

D. (A) गलत, (R) सही

निर्देश ***(प्र.सं. 421 से 425 तक) :*** *निम्नलिखित अवतरण को ध्यानपूर्वक पढ़ें और उससे सम्बन्धित प्रश्नों के दिए गए बहु-विकल्पों में से सही विकल्प का चयन करें:*

भूमंडलीकरण के नाम पर अब साम्राज्यवादी व्यवस्था और इसकी उपभोक्तावादी संस्कृति को संसार के उन हिस्सों पर लादने का प्रयास कर रहा है जहाँ अभी तक पारंपरिक या गैर-पूँजीवादी व्यवस्थाएँ थीं। अपने हित की रक्षा में अपने चरित्र के कारण, पूँजीवाद कहीं भी अनियोजित विकास ही करता है। इससे क्षेत्रीय विषमताएँ उभरती हैं और जहाँ भी इसका पैर पड़ता है वहाँ सम्पन्नता और विपन्नता के समूहों का विभाजन होता है। इससे हर जगह आंचलिक या समूहों के बीच संघर्ष उभरते हैं। छोटी खेती और किसानों का अस्तित्व समाप्त होने लगता है और विशाल पैमाने पर बेराजगारी फैलने लगती है। विशाल पूँजीवादी फार्मों का विकास होता है जिसमें नयी जैविक तकनीकों का बड़े पैमाने पर प्रयोग होता है और इससे संबद्ध बीज और रसायन उत्पादन करने वाली बहुराष्ट्रीय कंपनियों का विस्तार होता है। व्यापार के अन्तर्राष्ट्रीय पैमाने के साथ-साथ विनिमय की गति को तेज करना जरूरी होता है। इससे नये संचार माध्यमों का बड़े पैमाने पर विकास होता है। तत्काल इंटरनेट से ई-कामर्स की ओर संक्रमण इसी प्रक्रिया का परिणाम है। हालांकि, इससे यह भ्रम पैदा होता है कि संसार के लोग जुड़ रहे हैं और संसार एक 'वैश्विक गाँव' बन गया है, परन्तु, वास्तव में इससे सिर्फ संसार का एक सम्पन्नवर्ग ही अपनी व्यापारिक या व्यावसायिक हितों के लिए एक-दूसरे से जुड़ता है। प्रत्येक क्षेत्र और देश में नये संचार माध्यमों से संसार से जुड़े समूह अपने ही आस-पास के बहुसंख्यक वंचित समूहों से पूरी तरह कट जाते हैं। संसार का एक नया विभाजन सूचना समृद्ध और सूचना से वंचितों के बीच होता है।

421. भूमंडलीकरण किस प्रकार की संस्कृति को लादने का प्रयास करता है?

A. नस्लवादी संस्कृति B. कर्मवादी संस्कृति

C. मानवतावादी संस्कृति D. उपभोक्तावादी संस्कृति

422. पूँजीवाद से किस प्रकार का विकास होता है?

A. सुनियोजित B. अनियोजित

C. स्थानीय D. राष्ट्रीय

423. 'ई-कॉमर्स' के विकास की सुविधा सबसे ज्यादा होती है

A. बहुराष्ट्रीय कम्पनी व्यवस्था में

B. सामंतवादी व्यवस्था में

C. समाजवादी व्यवस्था में

D. लोकतंत्रात्मक व्यवस्था में

424. बहुराष्ट्रीय कंपनियों के विस्तार का संबंध है

A. यथार्थवाद से B. साम्राज्यवाद से

C. मार्क्सवाद से D. सामंतवाद से

425. सूचना-समृद्ध और सूचना-सेवा से वंचितों के बीच भेद किस कारण से खड़ा होता है?

A. स्थानीकरण से B. राष्ट्रीयकरण से

C. लोकतंत्रीकरण से D. भूमंडलीकरण से

उत्तरमाला

1	2	3	4	5	6	7	8	9	10
C	B	A	D	B	A	C	A	B	A
11	**12**	**13**	**14**	**15**	**16**	**17**	**18**	**19**	**20**
C	A	B	D	C	C	D	D	C	C
21	**22**	**23**	**24**	**25**	**26**	**27**	**28**	**29**	**30**
B	A	B	D	A	A	B	C	A	C
31	**32**	**33**	**34**	**35**	**36**	**37**	**38**	**39**	**40**
A	D	A	B	D	A	C	C	A	A

386. 'ब्रजभाषा हेत ब्रजवास ही न अनुमानो' कथन रीतिकाल के किस कवि का है?
A. केशवदास B. कालिदास त्रिवेदी
C. भिखारीदास D. पद्माकर

387. 'देव की ध्वनि संवेदनशीलता समूचे रीतिकाल में अप्रतिम है'–कथन है
A. नगेन्द्र B. विश्वनाथ प्रसाद मिश्र
C. बच्चन सिंह D. रामस्वरूप चतुर्वेदी

388. हिन्दी के बारे में यह कथन किसका है कि– 'रस्मोरिवाज भाषा का दुनिया से उठ गया'?
A. लल्लूलाल B. सदल मिश्र
C. इंशा अल्ला खाँ D. मुंशी सदासुख

389. निम्नलिखित में से कौन-सा नाटक भारतेंदु द्वारा अंग्रेजी से अनूदित है?
A. विद्यासुंदर B. पाखंड-विडंबन
C. मुद्राराक्षस D. दुर्लभ बंधु

390. 'उपन्यास मासिक पुस्तक' का प्रकाशन किस सन् से शुरू हुआ?
A. सन् 1901 B. सन् 1905
C. सन् 1907 D. सन् 1910

391. 'सम्पत्तिशास्त्र की भूमिका' लेख किस पत्रिका में छपा था?
A. हिन्दी प्रदीप B. सरस्वती
C. ब्राह्मण D. बिहार बंधु

392. 'भारत भारती' लिखने में उर्दू के किस ग्रंथ की प्रेरणा थी?
A. गुल-ए-नगमा B. दीवान-ए-मीर
C. दीवान-ए-गालिब D. मुसद्दसे-हाली

393. 'छायावाद' स्थूल के प्रति सूक्ष्म का विद्रोह है–यह स्थापना किसकी है?
A. नंददुलारे वाजपेयी B. नगेन्द्र
C. रामविलास शर्मा D. नामवर सिंह

394. 'प्रेम का पयोधि तो उमड़ता है। सदा ही निस्सीम भू पर' यह पंक्ति किस छायावादी कवि की है?
A. प्रसाद B. पंत
C. निराला D. महादेवी वर्मा

395. 'प्राचीन भारत के भाषा परिवार और हिन्दी' किस आलोचक का ग्रंथ है?
A. रामविलास शर्मा B. धीरेन्द्र शर्मा
C. रामकुमार वर्मा D. शिवकुमार मिश्र

396. नागार्जुन के उपन्यासों का सही कालानुक्रम है
A. बलचनमा, रतिनाथ की चाची, कुंभीपाक, वरुण के बेटे
B. रतिनाथ की चाची, बलचनमा, वरुण के बेटे, कुंभीपाक
C. रतिनाथ की चाची, कुंभीपाक, बलचनमा, वरुण के बेटे
D. वरुण के बेटे, बलचनमा, कुंभीपाक, रतिनाथ की चाची

397. जीवनकाल की दृष्टि से निम्नलिखित नाटककारों का सही क्रम है :
A. मोहन राकेश, भुवनेश्वर, सुरेन्द्र वर्मा, मीराकांत
B. मोहन राकेश, सुरेन्द्र वर्मा, भुवनेश्वर, मीराकांत
C. भुवनेश्वर, मोहन राकेश, सुरेन्द्र वर्मा, मीराकांत
D. मीराकांत, मोहन राकेश, सुरेन्द्र वर्मा, भुवनेश्वर

398. हिन्दी के मार्क्सवादी आलोचकों का सही कालानुक्रम है :
A. रामविलास शर्मा, शिवदान सिंह चौहान, नामवर सिंह, अमृतराय
B. अमृतराय, शिवदान सिंह चौहान, रामविलास शर्मा, नामवर सिंह
C. शिवदान सिंह चौहान, अमृतराय, रामविलास शर्मा, नामवर सिंह
D. शिवदान सिंह चौहान, रामविलास शर्मा, अमृतराय, नामवर सिंह

399. निम्नलिखित आत्मकथाओं का सही कालानुक्रम कौन-सा है?
A. लगता नहीं है दिल मेरा, कस्तूरी कुंडल बसै, हादसे, शिकंजे का दर्द
B. कस्तूरी कुंडल बसै, हादसे, शिकंजे का दर्द, लगता नहीं है दिल मेरा
C. शिकंजे का दर्द, हादसे, कस्तूरी कुंडल बसै, लगता नहीं है दिल मेरा
D. हादसे, शिकंजे का दर्द, कस्तूरी कुंडल बसै, लगता नहीं है दिल मेरा

400. निम्नलिखित यात्रा-वृतान्तों का प्रकाशन की दृष्टि से सही अनुक्रम है :

A. पैरों में पंख बाँधकर, मेरी तिब्बत यात्रा, एक बूँद सहसा उछली, चीड़ों पर चाँदनी

B. मेरी तिब्बत यात्रा, पैरों में पंख बाँधकर, एक बूँद सहसा उछली, चीड़ों पर चाँदनी

C. चीड़ों पर चाँदनी, मेरी तिब्बत यात्रा, एक बूँद सहसा उछली, पैरों में पंख बाँधकर

D. मेरी तिब्बत यात्रा, चीड़ों पर चाँदनी, पैरों में पंख बाँधकर, एक बूँद सहसा उछली

401. निम्नलिखित संस्मरण-कृतियों का सही कालानुक्रम कौन-सा है?

A. हम हशमत, काशी का अस्सी, तुम्हारा परसाई, लौट आ ओ धार

B. लौट आ ओ धार, काशी का अस्सी, हम हशमत, तुम्हारा परसाई

C. काशी का अस्सी, लौट आ ओ धार, तुम्हारा परसाई, हम हशमत

D. लौट आ ओ धार, हम हशमत, काशी का अस्सी, तुम्हारा परसाई

402. निम्नलिखित उपन्यासों का सही कालानुक्रम है :

A. परीक्षागुरु, नूतन ब्रह्मचारी, निस्सहाय हिन्दू, चंद्रकांता

B. चंद्रकांता, नूतन ब्रह्मचारी, परीक्षागुरु, निस्सहाय हिन्दू

C. निस्सहाय हिन्दू, परीक्षागुरु, नूतन ब्रह्मचारी, चंद्रकांता

D. नूतन ब्रह्मचारी, परीक्षागुरु, चंद्रकांता, निस्सहाय हिन्दू

403. निम्नलिखित संस्कृत आचार्यों का सही कालानुक्रम कौन-सा है?

A. मम्मट, दण्डी, विश्वनाथ, जयदेव

B. दण्डी, जयदेव, विश्वनाथ, मम्मट

C. दण्डी, मम्मट, जयदेव, विश्वनाथ

D. जयदेव, मम्मट, दण्डी, विश्वनाथ

404. निम्नलिखित पाश्चात्यवादों का सही कालानुक्रम है :

A. संरचनावाद, मार्क्सवाद, अस्तित्ववाद, स्वच्छंदतावाद

B. स्वच्छंदतावाद, मार्क्सवाद, अस्तित्ववाद, संरचनावाद

C. मार्क्सवाद, स्वच्छंदतावाद, संरचनावाद, अस्तित्ववाद

D. स्वच्छंदतावाद, अस्तित्ववाद, मार्क्सवाद, संरचनावाद

405. निम्नलिखित हिन्दी काव्यशास्त्रीय कृतियों का सही अनुक्रम कौन-सा है?

A. काव्यविवेक, भाषाभूषण, रसराज, काव्यरसायन

B. भाषाभूषण, काव्यविवेक, रसराज, काव्यरसायन

C. काव्यरसायन, काव्यविवेक, भाषाभूषण, रसराज

D. रसराज, भाषाभूषण, काव्यविवेक, काव्यरसायन

406. निम्नलिखित अलंकारों को उनके वर्ग के साथ सुमेलित कीजिए:

सूची-I	सूची-II
(*a*) उत्प्रेक्षा	(*i*) विरोध गर्भ
(*b*) वक्रोक्ति	(*ii*) औपम्यगर्भ
(*c*) विशेषोक्ति	(*iii*) सादृश्यमूलक
(*d*) श्लेष	(*iv*) गूढ़ार्थ प्रतीतिमूलक
	(*v*) न्यायमूलक

कूट :

	(*a*)	(*b*)	(*c*)	(*d*)
A.	(*v*)	(*iv*)	(*i*)	(*iii*)
B.	(*iii*)	(*ii*)	(*v*)	(*i*)
C.	(*iii*)	(*iv*)	(*i*)	(*ii*)
D.	(*iii*)	(*i*)	(*iv*)	(*ii*)

407. निम्नलिखित विशेषताओं को उनके वादों के साथ सुमेलत कीजिए

सूची-I	सूची-II
(*a*) प्रकृति और प्राचीन यूनानी ग्रंथों का अनुकरण	(*i*) अस्तित्ववाद
(*b*) बाह्य यथार्थ से व्यक्तिगत अनुभव को ज्यादा महत्व देना	(*ii*) स्वच्छंदतावाद
(*c*) चेतना को पदार्थ के अधीन मानना	(*iii*) आभिजात्यवाद
(*d*) व्यक्तिगत स्वातंत्र्य को विशेष महत्व देना	(*iv*) नव्यशास्त्रवाद
	(*v*) मार्क्सवाद

कूट :

	(*a*)	(*b*)	(*c*)	(*d*)
A.	(*iv*)	(*ii*)	(*v*)	(*i*)
B.	(*i*)	(*ii*)	(*v*)	(*iii*)
C.	(*iii*)	(*ii*)	(*i*)	(*v*)
D.	(*v*)	(*iii*)	(*ii*)	(*i*)

261	262	263	264	265	266	267	268	269	270
C	B	A	D	D	B	C	A	B	D
271	272	273	274	275	276	277	278	279	280
B	D	A	C	B	A	D	C	A	B
281	282	283	284	285	286	287	288	289	290
B	C	C	D	D	A	B	D	D	C
291	292	293	294	295	296	297	298	299	300
B	A	B	C	A	A	C	D	C	B
301	302	303	304	305	306	307	308	309	310
B	D	C	C	D	B	D	A	C	A
311	312	313	314	315	316	317	318	319	320
C	D	B	B	D	C	A	C	B	D
321	322	323	324	325	326	327	328	329	330
C	C	A	D	C	B	B	A	C	B
331	332	333	334	335	336	337	338	339	340
D	C	D	A	C	C	B	A	C	B
341	342	343	344	345	346	347	348	349	350
B	A	C	C	D	A	A	B	D	A
351	352	353	354	355	356	357	358	359	360
A	C	C	A	C	B	D	A	C	B
361	362	363	364	365	366	367	368	369	370
D	A	C	C	B	D	A	C	C	A
371	372	373	374	375	376	377	378	379	380
B	C	D	C	B	C	A	B	C	A
381	382	383	384	385	386	387	388	389	390
B	B	C	B	A	C	D	D	D	A
391	392	393	394	395	396	397	398	399	400
B	D	B	C	A	B	C	D	A	B
401	402	403	404	405	406	407	408	409	410
D	A	C	B	A	C	A	B	D	C
411	412	413	414	415	416	417	418	419	420
C	D	C	B	A	B	B	C	D	A
421	422	423	424	425					
D	B	A	B	D					

* कोई विकल्प सही नहीं है।

परिशिष्ट

समग्र हिन्दी साहित्य

पत्र-पत्रिकाएं

पत्र-पत्रिकाएं	सम्पादक या संस्थापक	प्रकाशन स्थान	प्रकाशन अवधि
(क) भारतेन्दु युग			
उदन्त मार्तण्ड	पं जुगल किशोर	कलकत्ता	साप्ताहिक
बंगदूत 1829	राजा राममोहन राय	कलकत्ता	साप्ताहिक
बनारस अखबार	राजा शिव प्रसाद सितारेहिंद	काशी	साप्ताहिक
सुधाकर	तारामोहन मिश्र	काशी	साप्ताहिक
प्रजा हितैषी	राजा लक्ष्मण सिंह	आगरा	साप्ताहिक
हिन्दी प्रदीप (1877 ई.)	बालकृष्ण भट्ट	इलाहाबाद	मासिक
ज्ञान प्रदायिनी	नवीनचन्द्र राय	लाहौर	मासिक
कविवचन सुधा (1868 ई.)	भारतेन्दु हरिश्चन्द्र	काशी	मासिक बाद में पाक्षिक एवं साप्ताहिक
हरिश्चन्द्र मैगजीन (1873 ई.)	भारतेन्दु हरिश्चन्द्र	काशी	साप्ताहिक
ब्राह्मण (1883 ई.)	पं. प्रतापनारायण मिश्र	कानपुर	मासिक
(ख) द्विवेदी युग			
हितवाणी (1904)	रुद्रदत्त शर्मा और सखाराम गणेश देउस्कर	कलकत्ता	साप्ताहिक
नृसिंह (1907)	अम्बिका प्रसाद वाजपेयी	कलकत्ता	साप्ताहिक
अभ्युदय (1907)	मदन मोहन मालवीय	प्रयाग	साप्ताहिक
कर्मयोगी (1909)	सुंदरलाल	प्रयाग	साप्ताहिक
पर्याप्त (1909)	कृष्णकांत मालवीय	प्रयाग	मासिक
प्रताप (1913)	गणेश शंकर विद्यार्थी	कानपुर	साप्ताहिक
प्रभा (1913)	कालूराम	खण्डवा	मासिक
सरस्वती (1900)	महावीर प्रसाद द्विवेदी (सन् 1903 में सम्पादक बने)	पहले काशी से बाद में इलाहाबाद से	मासिक
सुदर्शन (1900)	देवकीनन्दन खत्री, माधव प्रसाद मिश्र	काशी	मासिक
समालोचक (1902)	चन्द्रधर शर्मा गुलेरी	जयपुर	मासिक

पत्र-पत्रिका का नाम	सम्पादक	प्रकाशन स्थान	प्रकाशन अवधि
इन्दु (1909)	अम्बिका प्रसाद गुप्त	काशी	मासिक
पाटलिपुत्र (1914)	काशी प्रसाद जायसवाल	पटना	मासिक
बुद्धनागर (1907)	उमापतिदत्त शर्मा और यशोदानन्दन अखौरी	कलकत्ता	मासिक
(ग) छायावाद			
मर्यादा (1909)	1. कृष्णकांत मालवीय, 2. सम्पूर्णानन्द, 3. कुछ समय के लिए प्रेमचन्द	प्रयाग, काशी	मासिक
चांद (1923)	रामरख सहगल, चण्डी प्रसाद हृदयेश	प्रयाग	मासिक
प्रभा	बालकृष्ण शर्मा 'नवीन'	कानपुर	मासिक
माधुरी (1922)	दुलारेलाल भार्गव	लखनऊ	मासिक
सुधा	सूर्यकान्त त्रिपाठी 'निराला'	लखनऊ	मासिक
कल्याण (1925)		गोरखपुर	मासिक
विशाल भारत (1928)	बनारसीदास चतुर्वेदी	कलकत्ता	मासिक
द्वन्द्व	अम्बिकादत्त व्यास	लाहौर	
हंस (1930)	1. प्रेमचन्द, 2. शिवदान सिंह चौहान, 3. अमृतराय	बनारस	मासिक
समन्वय (1922)	स्वामी माधवानन्द, 2. निराला	कलकत्ता	मासिक
अखबारे चुनार, कोहिनूर	बालमुकुन्द गुप्त		
कल्पना	बदरी विशाल पित्ती	हैदराबाद	मासिक
साहित्य संदेश (1927)	बाबू गुलाबराय	आगरा	मासिक
मतवाला (1923)	1. महादेव प्रसाद सेठ, 2. शिवपूजन सहाय, 3. नवजादिक लाल श्रीवास्तव, 4. सूर्यकांत त्रिपाठी 'निराला'	कलकत्ता	साप्ताहिक
जागरण	शिवपूजन सहाय	बनारस	साप्ताहिक
भारत	नन्ददुलारे वाजपेयी	इलाहाबाद	अर्ध साप्ताहिक
कर्मवीर	1. माखनलाल चतुर्वेदी, 2. माधवराव सप्रे	जबलपुर	साप्ताहिक
श्रीकृष्ण संदेश (1925)	लक्ष्मणनारायण नर्दे	कलकत्ता	साप्ताहिक
हिन्दी नवजीवन (1921)	महात्मा गांधी	अहमदाबाद	साप्ताहिक
देश (1920)	राजेन्द्र प्रसाद	पटना	साप्ताहिक
आज (1920)	बाबूराव विष्णुराव पराड़कर	वाराणसी	दैनिक
घ. छायावादोत्तर काल			
धर्मयुग	डॉ. धर्मवीर भारती	मुम्बई	साप्ताहिक
साप्ताहिक हिन्दुस्तान	1. मनोहर श्याम जोशी, 2 मृणाल पाण्डेय	दिल्ली	साप्ताहिक
दिनमान	अज्ञेय, रघुवीर सहाय, घनश्याम पंकज	दिल्ली	साप्ताहिक
रविवार		दिल्ली	साप्ताहिक
पराग	डॉ. हरिकृष्ण देवसरे	दिल्ली	पाक्षिक
नन्दन	जयप्रकाश भारती	दिल्ली	पाक्षिक
कादम्बिनी	मृणाल पाण्डेय	दिल्ली	मासिक

पत्र-पत्रिका का नाम	सम्पादक	प्रकाशन स्थान	प्रकाशन अवधि
सारिका	1. कमलेश्वर, 2. अवध नारायण मुद्गल	दिल्ली	मासिक
नई कविता	जगदीश गुप्त	इलाहाबाद	
गंगा	कमलेश्वर	दिल्ली	मासिक
कथान्तर	अमर गोस्वामी	—	त्रैमासिक
नई कहानियां	भैरव प्रसाद गुप्त	इलाहाबाद	मासिक
ङ वर्तमान पत्रिकाएं			
साक्षात्कार	हरि भटनागर	भोपाल	मासिक
संचेतना	डॉ. महीप सिंह	दिल्ली	मासिक
आलोचना	नामवर सिंह (प्रधान सम्पादक)	दिल्ली	त्रैमासिक
समीक्षा	गोपाल राय	पटना	मासिक
आजकल	प्रवीण उपाध्याय	दिल्ली	मासिक
वैचारिकी	मणिका मोहिनी	मुम्बई	मासिक
वर्तमान साहित्य	नमिता सिंह और कुंवर पाल सिंह	इलाहाबाद	मासिक
विकल्प	—	इलाहाबाद	मासिक
वसुधा	कमला प्रसाद	भोपाल	मासिक
नया ज्ञानोदय	प्रभाकर श्रोत्रिय	नई दिल्ली	मासिक
कथान्तर	प्रताप सिंह	पटना	मासिक
उत्तर प्रदेश	विजयकुमार राय	लखनऊ	मासिक
नयी धारा	उदयराज सिंह	पटना	त्रैमासिक
स्वर्ण रेखा	कृष्णचन्द्र चौधरी	रांची	त्रैमासिक
गूंज	अकिंचन	दिल्ली	त्रैमासिक
पहल	ज्ञानरंजन	जबलपुर	अनियतकालीन
कखग	अखिलेश	लखनऊ	अनियतकालीन
पूर्वग्रह	अशोक वाजपेयी	भोपाल	त्रैमासिक
नए पत्ते		इलाहाबाद	
हंस	राजेन्द्र यादव	दिल्ली	मासिक
भाषा	शशि भारद्वाज केन्द्रीय हिन्दी निदेशालय	दिल्ली	त्रैमासिक
वागर्थ	रवीन्द्र कालिया	कलकत्ता	मासिक
कथादेश	हरिनारायण	नई दिल्ली	मासिक
समयान्तर	पंकज बिष्ट	नई दिल्ली	मासिक
तद्भव	अखिलेश	लखनऊ	त्रैमासिक
आलोचना	परमानंद श्रीवास्तव	नई दिल्ली	त्रैमासिक
जनमत	रामजी राम	पटना	मासिक
अपेक्षा	तेज सिंह	दिल्ली	द्विमासिक
दलित साहित्य	श्योराज सिंह बेचैन	दिल्ली	द्विमासिक
माध्यम	सत्यप्रकाश मिश्र (हिन्दी साहित्य सम्मेलन की पत्रिका)	इलाहाबाद	त्रैमासिक
अक्षरा	गोविन्द मिश्र	भोपाल	त्रैमासिक
अन्यथा	—	अमेरिका	—

आदिकाल

रचनाकार का नाम	रचनाओं के नाम
सरहपा	दोहाकोश
ज्योतिरीश्वर ठाकुर	वर्णरत्नाकर
देवसेन	श्रावकाचार, दर्शनसार, लघुनय चक्र, दब्ब सहाय पयास
शालिभद्र सूरि	भारतेश्वर बाहुबली रास, पंच पांडव चरितरास
दामोदर शर्मा	उक्ति व्यक्ति प्रकरण
जोइन्दु	योगसार, परात्म प्रकाश
हेमचन्द्र	प्राकृत व्याकरण, शब्दानुशासन, इयाश्रय, कुमार पाल चरित
स्वयंभू	हरिवंश पुराण, स्वयंभू छंद, पउम चरिउ, रिट्ठणेमि चरिउ, पंचमी चरिउ
आसुग	चन्दनबाला रास
लक्ष्मीधर	प्राकृत पैंगलम
मुनिराम सिंह	पाहुड़ दोहा
शबरपा	चर्यापद
भट्ट केदार	जयचंद प्रकाश
श्रीधर	रणमल्ल छंद
जगनिक	परमाल रासो (आल्हा खंड)
दलपति विजय	खुमान रासो
अब्दुल रहमान	संदेश रासक
सोमप्रभ सूरि	कुमारपाल प्रतिबोध
जिनदत्त सूरि	उपदेश रसायन रास
मधुकर कवि	जयमयंक जस चन्द्रिका
पुष्पदन्त	महापुराण, आदिपुराण, उत्तर पुराण, नाग कुमार चरिउ, जसहर चरिउ
विजयसेन सूरि	रेवंत गिरिरास
हाल कवि	गाथा सप्तशती
कनकामर मुनि	करकण्ड चरिउ
नल्ल सिंह	विजयपाल रासो
विद्यापति	पदावली, कीर्तिपताका, कीर्तिलता, भूपरिक्रमा, पुरुष परीक्षा, लिखनावली, शैवदर्शनसार, विभागसार, गंगा वाक्यावली
धनपाल	भविष्यत्त कथा
मेरुतुंग	प्रबंध चिंतामणि
व्यासकवि	नलदमयंती कथा
लालचन्द	पद्मिनी चरित
लालचदास	हरिचरित्र
रोड़ा कवि	राउल बेल
प्रथीराज	बेलिक्रिसन रुक्मिनी री
शार्गंधर	शार्गंधर पद्धति, हम्मीर रासो
अमीर खुसरो	खालिक बारी, दो सुखने, तुगलक नामा
राजशेखर	कर्पूर मंजरी
भीम कवि	दंगवै पुराण
जिनधर्म सूरि	स्थूलि भद्ररास
चन्दबरदाई	पृथ्वीराज रासो
नरपति नाल्ह	बीसलदेव रासो
कल्लोल	ढोला मारू रा दूहा
डोम्भिपा	अक्षर द्विकोपदेश, योगचर्या
सुमति गणि	नेमिनाथ रास
गोरखनाथ	नरवई बोध, गोरख बोध
क्षेमेन्द्र	औचित्य विचारचर्चा
पद्मनाभ	कान्हड़ दोहा

आदिकाल का नामकरण करने वाले विभिन्न विद्वान

नामकरण	विद्वान
चारणकाल	ग्रियर्सन
वीरगाथाकाल	आचार्य रामचन्द्र शुक्ल
आदिकाल	आचार्य हज़ारीप्रसाद द्विवेदी
बीजवपन काल	आचार्य महावीर प्रसाद द्विवेदी
प्रारंभिक काल	मिश्रबंधु
वीर काल	विश्वनाथ प्रसाद मिश्र
सिद्ध सामंत काल	राहुल सांकृत्यायन
आदिकाल	रमाशंकर शुक्ल 'रसाल'
संधिकाल	रामकुमार वर्मा
अपभ्रंश काल	धीरेन्द्र वर्मा

भक्तिकाल

रचनाकार का नाम	रचनाओं के नाम
कबीर	बीजक, मुहम्मद बोध
नानक	सोहिला, आसादीवार, रहिरास, जपुजी
नाभादास	भक्तमाल
अनन्तदास	कबीर परिचई
मोहसिन फानी	दबिस्तान
राघवानन्द	सिद्धांत पंच मात्रा

दादू	हरड़ेबानी
रज्जब	अंगवधू
मलूकदास	ज्ञान बोध, रत्नखान
अर्जुन देव	सुखमनी, बावन अखरी
ईश्वरदास	सत्यवती कथा
असाइत	हंसावली
मुल्ला दाऊद	चंदायन
दामोदर कवि	लखन सेन पद्मावती कथा
मंझन	मधुमालती
कल्लोल	माधवानल कामकंदला चौपाई
कुशललाभ	ढोला मारू रा दूहा
गणपति	माधवानल कामकंदला
कुतुबन	मिरगावत
नारायण दास	छिताई वार्ता
उसमान	चित्रावली
पुहकर	रस रतन
जायसी	अखरावट, पद्मावत, आखिरी कलाम, चित्रलेखा, कन्हावत, कहरनामा
जान कवि	कथा कनकावती
शेख नबी	ज्ञान दीप
बनारसी दास जैन	अर्द्ध कथानक
नरपति व्यास	नल दमयन्ती
वल्लभाचार्य	पूर्व मीमांसा-भाष्य, सुबोधिनी टीका, तत्वदीप निबंध, अणुभाष्य
विष्णु स्वामी	सर्वज्ञ सूक्त
रामानन्द	वैष्णव मताब्ज भास्कर, श्री रामार्चन पद्धति
नम्मालवार	तिरुवाय मोलि
अग्रदास	ध्यानमंजरी
बेनी माधव दास	गोसाईं चरित
ईश्वरदास	भरत-मिलाप, अंगद पैज
रघुबर दास	तुलसी चरित
तुलसीदास	पार्वती मंगल, बरवै रामायण, दोहावली, कवित्त रामायण, जानकी मंगल, वैराग्य संदीपिनी, रामललानहछू, रामाज्ञा प्रश्नावली, रामचरितमानस
प्राणचन्द चौहान	रामायण महानाटक
हृदयराम	हनुमन्नाटक
लाल दास	अवध विलास
जयदेव	गीत-गोविन्द
विद्यापति	शैवसर्वस्वसार
रूप गोस्वामी	उज्ज्वलनील मणि, हरिभक्ति रसामृत सिन्धु
सूरदास	सूरसागर, सूर सारावली, साहित्य लहरी
परमानन्द दास	परमानन्द सागर
गोकुल दास	चौरासी वैष्णव की वार्ता, दो सौ बावन वैष्णव की वार्ता
कृष्णदास	जुगलमान चरित
चतुर्भुजदास	भक्तिप्रताप, हितजू को मंगल
नंददास	मानमंजरी, रूपमंजरी, रसमंजरी, प्रेम बारह खड़ी, सुदामा चरित, भागवत दशम स्कंध, रुक्मिणीमंगल, अनेकार्थ मंजरी, सिद्धांत पंचाध्यायी
श्री भट्ट	युगल शतक
भगवत मुदित	रसिक अनन्यमाल
हरिदास	केलिमाल
गोस्वामी हित हरिवंश	राधा सुधानिधि, यमुनाष्टक
जगन्नाथ गोस्वामी	अनन्य सेवानिधि
ध्रुवदास	भक्तनामावली, हित शृंगार, नेह मंजरी, भजनसत
मीराबाई	नरसी जी का मायरा, मलार राग, नरसी मेहता की हुण्डी, गीत गोविन्द की टीका, राग गोविन्द, राग सोरठा के पद, सत्यभामानु रूसनु, मीरा की गरवी, चरीत और स्फुट पद
रसखान	प्रेम वाटिका, सुजान रसखान
रहीम	बरवै नायिका भेद, मदनाष्टक, खेल कौतुकम, शृंगार सोरठा
केशवदास	रामचन्द्रिका
भीम कवि	दंगवै पुराण
नूर मोहम्मद	अनुराग बांसुरी

भक्तिकाल के प्रमुख सम्प्रदाय

संस्थापक/प्रवर्तक	**सम्प्रदाय/दर्शन**
बाबा लाल दास	बाबा लाली सम्प्रदाय
वल्लभाचार्य	पुष्टिमार्ग
कील्हदास	तपसी शाखा
रामदास	रामदासी सम्प्रदाय
अग्रदास	रसिक शाखा
सहजानन्द	उद्धति सम्प्रदाय

रामचरण दास	स्वसुखी सम्प्रदाय
हरिदास	टट्टी सम्प्रदाय
जीवाराम	तत्सुखी सम्प्रदाय
पुण्डलिक	तारकरी सम्प्रदाय
चक्रधर	महानुभाव सम्प्रदाय
रामानुजाचार्य	विशिष्टाद्वैतवाद
मध्वाचार्य	द्वैतवाद
निम्बार्काचार्य	द्वैताद्वैतवाद
वल्लभाचार्य	शुद्धाद्वैतवाद
निम्बार्काचार्य	सनक सम्प्रदाय
रामानुजाचार्य	श्री सम्प्रदाय
मध्वाचार्य	ब्रह्म सम्प्रदाय
विष्णु स्वामी	रुद्र सम्प्रदाय
रामानन्द	रामावत सम्प्रदाय
श्रीचंद	उदासी सम्प्रदाय
जंभनाथ	विश्नोई सम्प्रदाय
हित हरिवंश	राधा वल्लभ सम्प्रदाय
शंकराचार्य	स्मार्त सम्प्रदाय
स्वामी हरिदास	हरिदासी सम्प्रदाय
चैतन्य महाप्रभु	गौड़ीय सम्प्रदाय
दादू दयाल	दादू पंथ
हरिदास निरंजनी	निरंजनी सम्प्रदाय
गुरु नानक	सिख सम्प्रदाय

रीतिकाल

रचयिता का नाम	**रचनाएं**
चिंतामणि	कविकुल कल्पतरु, छन्द विचार, काव्य-विवेक, काव्य प्रकाश, रामायण, रसमंजरी, पिंगल
कृपाराम	हिततरंगिणि, रस तरंगिणि
केशवदास	कविप्रिया, रसिकप्रिया, रामचन्द्रिका, वीरसिंह चरित, विज्ञानगीता, रतन बावनी, जहांगीर जस चन्द्रिका
मोहनलाल मिश्र	शृंगार सागर
पुहकर कवि	रसरत्न
करनेस	कर्णाभरण, श्रुतिभूषण, भूपभूषण
रहीम	रहीम सतसई, बरवै नायिका भेद, मदनाष्टक, शृंगार सोरठा, रासपंचाध्यायी, नगर शोभा, खेल कौतुकम्
जसवंत सिंह	भाषा भूषण, अपरोक्ष सिद्धांत, अनुभव प्रकाश, आनन्द विलास, सिद्धांत बोध, सिद्धांत सार
मुबारक	अलक शतक, तिलक शतक
सेनापति	कवित्त रत्नाकर, काव्य कल्पद्रुम
बनारसीदास जैन	अर्ध कथानक, नाटक समयसार, नाममाला, ध्रुववंदना
मतिराम	ललित ललाम, छन्दसार, रसराज, साहित्य सार, लक्षण शृंगार, मतिराम सतसई, अलंकार पंचाशिका
भूषण	शिवराज भूषण, छत्रसाल दशक, शिवा बावनी, भूषण उल्लास, दूषण उल्लास, भूषण हजारा
देव	भावविलास, भवानीविलास, अष्टयाम, सुजान विनोद, प्रेमतरंग, राग रत्नाकर, कुशल विलास, देव चरित, प्रेम चन्द्रिका, जाति-विलास, रसविलास, काव्यरसायन, शब्द रसायन, सुखसागर तरंग, वृक्षविलास, पावस विलास, प्रेम दीपिका, नखशिख, प्रेम दर्शन
बिहारी	बिहारी सतसई
कुलपति मिश्र	रस रहस्य
सुखदेव मिश्र	वृत्त विचार, छन्द विचार, फाजिल अलि प्रकाश, दशरथ राय, रसार्णव, शृंगार लता, अध्यात्म प्रकाश
श्रीधर (मुरलीधर)	जंगनामा
कालिदास त्रिवेदी	वर-वधू विनोद, जंजीरा बंद, राधामाधव, बुध मिलन विनोद, कालिदास हजारा
श्रीपति	कवि कल्पद्रुम, अनुप्रास विनोद, अलंकार गंगा, रस सागर, विक्रम विलास, सरोज कलिका
गोरेलाल कवि	छत्रप्रकाश, विष्णु विलास
तोष निधि	सुधा निधि, विनय शतक
ग्वाल कवि	रसिकानन्द, कृष्णजू को नखशिख, रसरंग, यमुना लहरी, दूषण दर्पण, गोपी पच्चीसी, हम्मीर हठ, भक्त भावन, राधा अष्टक, कवि हृदय विनोद, राधा माधव मिलन

भिखारीदास	काव्य निर्णय, शृंगार निर्णय, रस सारांश, छंदा कवि पिंगल, नाम प्रकाश, शतरंज शतिका, छंद प्रकाश, अमर प्रकाश
सोमनाथ	सुजान विलास, माधव विनोद नाटक, रस पीयूष निधि, कृष्णलीलावती पंचाध्यायी
दूलह	कविकुलकण्ठाभरण
प्रताप साहि	शृंगार मंजरी, व्यंग्यार्थ कौमुदी, जयसिंह प्रकाश, काव्य विलास, शृंगार शिरोमणि, काव्य विनोद, अलंकार चिंतामणि, जुगल नखशिख
रसलीन	रस प्रबोध, अंग दर्पण
बेनी प्रवीण	शृंगार भूषण, नवरस तरंग, नानाराव प्रकाश
पद्माकर	जगत विनोद, हिम्मत बहादुर विरुदावली, पद्माभरण, जमुनालहरी, लिलहारी लीला, गंगा लहरी, प्रबोध पचासा, राम रसायन
आलम	आलम केलि
रसनिधि	रतन हजारा
घनानंद	इश्कलता, विरहलीला, सुजानसागर, कृपाकांड, रसकेलिवल्ली, कोकसार
जोधराज	हम्मीर रासो
गुरु गोविन्द सिंह	चण्डी चरित्र, सुनीति प्रकाश, प्रेम सुमार्ग, सर्वलौह प्रकाश, बुद्धि सागर
हठी जी	राधासुधाशतक
बोधा	इश्कनामा, विरहवारीश (माधवानल कामकंदला)
ठाकुर	ठाकुर ठसक
सूदन	सुजान चरित
नागरीदास	सुजानानंद, मनोरथ मंजरी, जुगलरास माधुरी, इश्क चमन, फूल विलास, वैराग्य सागर, बिहार चन्द्रिका
द्विजदेव	शृंगार लतिका, शृंगार बत्तीसी
रसखान	प्रेमवाटिका, सुजान रसखान
महाराज विश्वनाथ सिंह	आनन्द रघुनंदन (नाटक), शब्द, ककहरा
नरोत्तमदास	सुदामा चरित्र, ध्रुव चरित्र
मंडन	रसरत्नावली, रस विलास, जनक पचीसी
नैवाज	शकुंतला (नाटक)
थान कवि	दलेल प्रकाश
बेनी बंदीजन	टिकैतराय प्रकाश, रसविलास, भड़ौवा संग्रह
करन कवि	साहित्य रस, रस कल्लोल
सबल सिंह चौहान	महाभारत
वृंद	वृंद सतसई, शृंगार शिक्षा, भाव पंचाशिका, वैताल विक्रम सतसई
गणेश कवि	प्रद्युम्न विजय
हरनारायण	माधवानल कामकन्दला, बैताल पच्चीसी
ब्रजवासीदास	ब्रजविलास
बाबा दीनदयाल गिरि	अन्योक्ति कल्पद्रुम
पजनेश	पजनेश प्रकाश
यशोदा नन्दन	बरवै नायिका भेद
भानकवि	राजविलास

रीतिकाल का नामकरण करने वाले विभिन्न विद्वान

विद्वान	**नामकरण**
आचार्य शुक्ल	रीतिकाल
मिश्रबंधु	अलंकृत मध्यकाल
ग्रियर्सन	रीतिकाव्य
विश्वनाथ प्रसाद मिश्र	शृंगार काल
रमाशंकर शुक्ल रसाल	कला काल

आधुनिक काल

काव्य

कवियों के नाम	**कविता/कविता संग्रह**
भारतेन्दु हरिश्चन्द्र	फूलों का गुच्छा, बकरी-विलाप, उर्दू का श्यापा, प्रेम-सरोवर
बद्रीनारायण चौधरी 'प्रेमघन'	जीर्ण जनपद, आनन्द अरुणोदय, हार्दिक हर्षादर्श, मयंक महिमा, वर्षा बिंदु, अलौकिक लीला
ठाकुर जगमोहन सिंह	प्रेमसंपत्तिलता, श्यामालता, श्यामा सरोजिनी, देवयानी
अंबिकादत्त व्यास	पावस पचासा, सुकवि सतसई, हो हो होरी, बिहारी-विहार, कंसवध
राधाकृष्ण दास	भारत बारहमासा, देश-दशा
नाथूराम शर्मा शंकर	अनुराग रत्न, शंकर-सरोज, गर्भरण्डा रहस्य
महावीर प्रसाद द्विवेदी	कुमारसंभवसार, कविताकलाप, काव्य-मंजुषा, कान्यकुब्ज-अबला-विलाप
गयाप्रसाद शुक्ल 'स्नेही'	कृषक क्रंदन, राष्ट्रीय वीणा, करुणा-कादंबिनी, प्रेम पचीसी, त्रिशूल तरंग

उदयशंकर भट्ट	राका, मानसी, विसर्जन, युगदीप, अमृत और विष
मोहनलाल महतो 'वियोगी'	निर्माल्य, एकतारा
अयोध्यासिंह उपाध्याय 'हरिऔध'	प्रियप्रवास, पद्यप्रसून, चुभते चौपदे, चौखे चौपदे, रस कलश, वैदेही वनवास
राय देवीप्रसाद पूर्ण	स्वदेशी कुण्डल, मृत्युंजय, राम रावण विरोध, बसन्त वियोग
रामचरित उपाध्याय	राष्ट्रभारती, देवदूत, देवसभा, रामचरित चिंतामणि, सूक्ति, मुक्तावली, विचित्र विवाह
रामनरेश त्रिपाठी	मिलन, पथिक, मानसी, स्वप्न
माखनलाल चतुर्वेदी/	हिमकिरीटिनी, हिमतरंगिनी, युगचारण, समर्पण, माता, वेणु लो गूंजे-धरा
सियारामशरण गुप्त	मौर्य विजय, दूर्वादल, विषाद, पाथेय, मृण्मयी, बापू, अनाथ, आर्द्रा
बालकृष्ण शर्मा 'नवीन'	कुंकुम, उर्मिला, अपलक, क्वासि, हम विषपायी जनम के, विनोबा स्तवन, रश्मि रेखा
सुभद्रा कुमारी चौहान	त्रिधारा, मुकुल
जगन्नाथ प्रसाद मिलिन्द	जीवन संगीत
मैथिलीशरण गुप्त	साकेत, रंग में भंग, जयद्रथ वध, विकट भट, भारत-भारती, द्वापर, यशोधरा, पंचवटी, झंकार, नहुष, जयभारत, विष्णु प्रिया
सोहनलाल द्विवेदी	वासवदत्ता, कुणाल, पूजागीत, युगधारा, प्रभावी, भैरवी, चित्रा
श्यामनारायण पाण्डेय	हल्दीघाटी, जौहर
श्रीधर पाठक	कश्मीर सुषमा, देहरादून, भारतगीत, एकान्तवासी योगी, ऊजड़ ग्राम, श्रान्तपथिक
मुकुटधर पाण्डेय	कानन कुसुम, प्रेम बन्धन, आंसू, पूजा फूल
जगन्नाथ दास रत्नाकर	उद्धव शतक, गंगावतरण, शृंगार लहरी, हिंडोला, हरिश्चन्द्र, बिहारी रत्नाकर, हम्मीरहठ, दीप प्रकाश
सत्यनारायण कविरत्न	प्रेमकली, भ्रमरदूत

जयशंकर प्रसाद	झरना, आंसू, लहर, कामायनी, कानन कुसुम, प्रेम पथिक, करुणालय, महाराणा का महत्व, उर्वशी, वन मिलन, प्रेम राज्य, अयोध्या का उद्धार
निराला	अनामिका, परिमल, गीतिका, तुलसीदास, कुकुरमुत्ता, बेला, नए पत्ते, अणिमा, सरोज स्मृति, आराधना, गीत गुंज, अपरा
सुमित्रानन्दन पंत	उच्छवास, ग्रन्थि, वीणा, पल्लव, गुंजन, ग्राम्या, युगान्त, युगवाणी, स्वर्ण किरण, स्वर्ण धूलि, उत्तरा, कला और बूढ़ा चांद, वाणी, लोकायतन, चिदम्बरा, किरण, वीणा, समाधिता, शशि की तरी, पौ फटने से पहले, गीत हंस, शंख ध्वनि
महादेवी वर्मा	नीहार, रश्मि, नीरजा, सांध्यगीत, यामा
दिनकर	रेणुका, प्रणभंग, रसवंती, कुरुक्षेत्र, हुंकार, परशुराम की प्रतीक्षा, रश्मिरथी, नील कुसुम, कोयल और कवित्व, उर्वशी, भृतितिलक, हारे को हरिनाम
हरिवंशराय बच्चन	मधुशाला, मधुबाला, मधुकलश, निशा निमंत्रण, एकांत-संगीत, आकुल अन्तर, प्रणय पत्रिका, सतरंगिणी, मिलन यामिनी, आरती और अंगारे, धार के इधर-उधर, बंगाल का काल, बुद्ध और नाचघर, त्रिभंगिमा, चार खेमे चौंसठ खूंटे, दो चट्टाने, जाल समेटा
रामेश्वर शुक्ल अंचल	अपराजिता, करील, किरण बेला, लाल चूनर, मधुलिका, विराम चिह्न, वर्षान्त के बादल
नरेन्द्र शर्मा	शूल फूल, प्रभातफेरी, द्रौपदी, सुवर्णा, उत्तरजय, रक्त चन्दन, प्रवासी के गीत, पलाशवन, मिट्टी और फूल, प्यासा निर्झर, अभिशस्य, कदलीवन
केदारनाथ अग्रवाल	युग की गंगा, नींद के बादल, फूल नहीं रंग बोलते हैं, आग का आईना, समय-समय पर, अपूर्वा, पंख और पतवार, गुलमेंहदी
त्रिलोचन	धरती, मिट्टी की बारात, मैं उस जनपद का कवि हूं, गुलाब और बुलबुल, ताप के तापे हुए दिन, शब्द तुम्हें सौंपता हूं, सबका अपना आकाश

रांगेय राघव	अजेय खण्डर, मेधावी, पांचाली, राह के दीपक
शिवमंगलसिंह सुमन	हिल्लोल, जीवन के गान, प्रलय सृजन, विश्वास बढ़ता ही गया, पर आंखें नहीं भरी, विंध्य हिमालय, एशिया जाग उठा है, वाणी की व्यथा
नागार्जुन	युगधारा, सतरंगे पंखों वाली, प्यासी पथराई आंखें, भस्मांकुर, तुमने कहा था, रत्न गर्भ, खिचड़ी विपलव देखा हमने, आखिर ऐसा क्या कह दिया हमने, हजार-हजार बाहों वाली, पुरानी जूतियों का कोरस, प्रेत का बयान, कालीमाई, अकाल और उसके बाद, आओ रानी हम ढोएं पालकी, वे और तुम, सिन्दूर तिलकित भाल, पाषाणी, रवीन्द्र के प्रति
सच्चिदानन्द हीरानन्द वात्स्यायन 'अज्ञेय'	हरी घास पर क्षण भर, बावरा अहेरी, इन्द्रधनुष रौंदे हुए थे, अरी ओ करुणा प्रभामय, आंगन के पार द्वार, कितनी नावों में कितनी बार, सागर मुद्रा, महावृक्ष के नीचे, क्योंकि मैं उसे जानता हूँ, नदी की बांक पर छाया, असाध्य वीणा, चिन्ता, इत्यलम
गजानन माधव 'मुक्तिबोध'	चांद का मुंह टेढ़ा है, भूरी-भूरी खाक धूल
गिरिजा कुमार माथुर	मंजीर, नाश और निर्माण, धूप के धान, साक्षी रहे, वर्तमान, भीतरी नदी की यात्रा, शिलापंख चमकीले, छाया मत छूना, पृथ्वीकल्प, कल्पान्तर
भवानी प्रसाद मिश्र	कलम के फूल, वाणी की दीनता, टूटने का सुख, सतपुड़ा के जंगल, सन्नाटा, गीतफरोश, चूंकि है दुःख, अन्धेरी कविताएं, गांधी पंचशती, बुनी हुई रस्सी, परिवर्तन जिए, खुशबू के शिलालेख, व्यक्तिगत, शतदल, कालजयी, अनाम तुम आते हो
धर्मवीर भारती	अन्धायुग, ठण्डा लोहा, कनुप्रिया, देशान्तर, सात गीत वर्ष
नरेश मेहता	वनपांखी सुनो, बोलने दो चीड़ को, पिछले दिनों नंगे पैरों, मेरा समर्पित एकान्त, उत्सवा, तुम मेरा मौन हो, आखिर समुद्र से तात्पर्य, देखना एक दिन, संशय की एक रात, महाप्रस्थान, प्रवाद पर्व, शबरी, अरण्या
सर्वेश्वर दयाल सक्सेना	काठ की घंटियां, बांस का पुल, एक सूनी नाव, गर्भ हवाएं, कुआनो नदी, जंगल का दर्द, खूटियों पर टंगे लोग
कुंवर नारायण	तीसरा सप्तक में संकलित कविताएं, चक्रव्यूह, आत्मजयी, परिवेश, हम तुम, आमने-सामने, कोई दूसरा नहीं
शमशेर बहादुर सिंह	चुका भी नहीं हूं मैं, इतने पास अपने, काल तुझसे होड़ है मेरी, बात बोलेगी, हम नहीं, उदिता
जगदीश गुप्त	हिम बद्ध, युग्म, छन्दशती, नाव के पांव, शब्द दंश, गोपा गौतम, बोधिवृक्ष, शम्बूक
दुष्यन्त कुमार	सूर्य का स्वागत, जलते हुए वन का बसन्त, साये में धूप, आवाजों के घेरे
श्रीकान्त वर्मा	भटका मेघ, मायादर्पण, जलसा घर, मगध, दिनारम्भ
डॉ. देवराज	इतिहास पुरुष
रघुवीर सहाय	सीढ़ियों पर धूप में, आत्महंत्या के विरुद्ध, हँसो-हँसो जल्दी हँसो, लोग भूल गए हैं, कुछ पत्ते कुछ चिट्ठियां
विजयदेव नारायण साही	साखी, मछली घर, संवाद तुमसे
हरिनारायण व्यास	मृग और तृष्णा, त्रिकोण पर सूर्योदय
अजित कुमार	अंकित होने दो, अकेले कंठ की पुकार
कीर्ति चौधरी	कविताएं
राजकमल चौधरी	मुक्तिप्रसंग, कंकावती
लक्ष्मीकान्त वर्मा	तीसरा पक्ष, अतुकान्त
रामदरश मिश्र	बैरंग बेनाम चिट्ठियां, पक गई है धूप, कंधे पर सूरज, दिन एक नदी बन गया
रणजीत मिश्र	इतिहास का दर्द, झुलसा हुआ रक्त कमल
लीलाधर जगूड़ी	नाटक जारी है, रात अब भी मौजूद है, बची हुई पृथ्वी, घबराए हुए शब्द
बालस्वरूप राही	जो नितान्त मेरी है

नरेन्द्र मोहन	इस हादसे में, एक अग्निकाण्ड जगहें बदलता
बिजेन्द्र	त्रास
ऋतुराज	अंगीरस, एक मरणधर्मा और अन्य
विष्णु चन्द्र शर्मा	आकाश विभाजित है
अरुण कमल	अपनी केवल धार, नये इलाके में, सबूत
कैलाश वाजपेयी	महास्वप्न का मध्यान्तर
केदारनाथ सिंह	यहां से देखो, अकाल में सारस, बाघ, जमीन पक रही है, उत्तर कबीर
धूमिल	सुदामा पाण्डेय का प्रजातन्त्र, कल सुनना मुझे, संसद से सड़क तक
ठाकुर प्रसाद सिंह	हारी हुई लड़ाई लड़ते हुए
उदय प्रकाश	क से कबूतर, सुनो कारीगर, रात में हारमोनियम, अबूतर कबूतर, महापुरुष
कुमार विकल	एक छोटी-सी लड़ाई
कुमार अबुंज	अनंतिम, किवाड़
बलदेव वंशी	बच्चे की दुनिया, कोई आवाज नहीं
मणि मधुकर	बलराम के हजारों हाथ
कन्हैयालाल नन्दन	मुझे मालूम है
चन्द्रकान्त देवताले	लकड़बग्घा हँस रहा है, रोशनी के मैदान की तरफ, दीवारों पर खून से, भूखण्ड तप रहा है
दिविक रमेश	खुली आंखों का आकाश
विश्वनाथ प्रसाद तिवारी	साथ चलते हुए, बेहतर दुनिया के लिए
प्रयाग शुक्ल	यह एक दिन है
मलयज	जख्म पर धूल
मंगलेश डबराल	पहाड़ पर लालटेन, घर का रास्ता, हम जो देखते हैं, अत्याचारी के प्रमाण, आवाज भी एक जगह है
श्याम विमल	इतना जो मिला
ललित शुक्ल	अन्तर्गत
विमल कुमार	सपने में एक औरत से बातचीत, यह मुखौटा किसका है
राजेश जोशी	एक दिन बोलेंगे पेड़, समरगाथा
आलोकधन्वा	दुनिया रोज बनती है
ज्ञानेन्द्रपति	प्रार्थना बन्द करो
एकांत श्रीवास्तव	अन्न हैं मेरे शब्द
संजय चतुर्वेदी	प्रकाशवर्ष

विनोद दास	खिलाफ हवा से गुजरते हुए, एक और अयोध्या
स्वप्निल श्रीवास्तव	ईश्वर एक लाठी है
लीलाधर मण्डलोई	घर-घर घूमा
कात्यायनी	इस पौरुषपूर्ण समय में
अनामिका शिव	कोई और नाम दो
गगन गिल	एक दिन लौटेगी लड़की
पंकज सिंह	कुछ आहटें आसपास, जैसे पवन पानी
वीरेन डंगवाल	दुष्चक्र में सृष्टा
भगवत रावत	ऐसी कैसी नींद
सर्वेन्द्र विक्रम	एक दिन दिल्ली में समय
सूर्यभानु गुप्त	एक हाथ की ताली
जितेन्द्रनाथ सचदेव	एक नयी शताब्दी की ओर
बर्तोल्त ब्रेख्त	एकोत्तरशती (जर्मन)
डॉ. महेश संतोषी	अलविदा बीसवीं सदी
बलदेव वंशी	अंधेरे के बावजूद (पुरस्कृत)
तेजी ग्रोवर	अंत की कुछ और कविताएं
ज़्बीग्न्येव हेर्बेर्त	अन्तःकरण का आयतन
राकेश श्रीमाल	अन्य
ज्योत्स्ना मिलन	अपने आगे-आगे
आशुतोष दुबे	असंभव सारांश
महेन्द्रप्रसाद सिंह	अश्वत्थ
विनोद कुमार शुक्ल	अतिरिक्त नहीं
फेडेरिक मायोर	और नहीं अब
के.एल. पांडेय	बांसुरी
सं. लार्स एन्डर्सन, तेजी ग्रोवर	बर्फ़ की खुशबू (स्वीडी कविताओं से अनुवाद)
रामदरश मिश्र	बारिश में भीगते बच्चे
ओम प्रकाश वाल्मीकि	बस्स! बहुत हो चुका
भारत यायावर	बेचैनी
प्रयाग शुक्ल	बीते कितने बरस
अनिल कुमार गंगल	भविष्य के लिए
रामविलास शर्मा	बुद्ध वैराग्य तथा प्रारंभिक कविताएं
हेमंत कुकरेती	चलने से पहले
मोहन किशोर दीवान	छोटी-छोटी सच्चाईयां
सर्वेश्वर दयाल सक्सेना	धूप की लपेट
बुद्धदेव भट्टाचार्य	दिन जाये राज जाये
राजेन्द्र घोड़पकर	दो बारिशों के बीच
अनिल जोशी	धरती एक पुल

मोहन राणा	इस छोर पर
नागार्जुन	इस गुब्बारे की छाया में
चन्द्रकान्त देवताले	इतनी पत्थर रोशनी
हरजिन्दर सिंह	फसलें अब भी हरी हैं
ध्रुव शुक्ल	फिर वही कविता वही कहानी
विश्वम्भरनाथ उपाध्याय	गंगा
सुनीता जैन	गंगा तट देखा
शैलप्रिया	घर की तलाश में यात्रा
अशोक वाजपेयी	घास में दुबका आकाश
रामविलास शर्मा	गीतिमाला
सुभाष जैरथ	गोली लगने से पहले
सं. हरमहेंद्र सिंह बेदी	गुरुवाणी प्रकाश (पंजाबी)
कैलास वाजपेयी	हवा में हस्ताक्षर
दीप्ति मिश्र	है तो है
भारत यायावर	हाल-बेहाल
अनु. विष्णु खरे	हम चीख़ते क्यों नहीं (जर्मन कविताएं)
भगवत रावत	हमने उनके घर देखे
विनोद भारद्वाज	होशियारपुर
कात्यायनी	जादू नहीं कविता
पद्‌मजा घोरपड़े	ज़ख़्मों के हाशिए
डॉ. मधुरिमा सिंह	जाने कब होगा फेरा (अंतर्राष्ट्रीय कबीर सम्मान, अमेरिका से सम्मानित कृति)
ज्बीग्येव हेर्बेर्त	जीवन के बीचों बीच
बार्बरा लौट्ज, सं. विष्णु खरे	जीवन्त साहित्य
प्रतापराव कदम	कहा उसने और हंसा
विष्णु खरे	काल और अवधि के दरमियान
अलका सिन्हा	काल की कोख से
अनु. विष्णु खरे	कालेवाला (फिनलैंड का राष्ट्रीय महाकाव्य)
दंगल झाल्टे	कौओं की पाठशाला
प्रयाग शुक्ल	कविता-93
ममता कालिया	खांटी घरेलू औरत
नेहा शरद	खुदा से ख़ुद तक
चेस्लाव मीलोष (नोवेल पुस्कार विजेता)	खुला घर
के.जी. शंकर पिल्लै	कोच्चि के दरख़्त

इन्दु जैन	कोना तेरा कौन-सा
गोविन्द प्रसाद	कोई ऐसा शब्द दो
वीस्वावा षिम्बोर्स्का	कोई शीर्षक नहीं
अनु. जी गोपीनाथ	क्रांतिकारी संत श्री नारायण गुरु की चुनी हुई कविताएं
धर्मवीर भारती	कुछ लम्बी कविताएं
उदयन वाजपेयी	कुछ वाक्य
हुल्लड़ मुरादाबादी	क्या करेगी चांदनी
सूरजपाल चौहान	क्यों विश्वास करूं
विक्रम सिंह	लकड़बग्घे शहर में
रामकुमार कृषक	लौट आएंगी आंखें
रामगोपाल शर्मा 'दिनेश'	लौट आओ वासंती
अर्चना शर्मा	लौटा है विजेता
विजयदेव नारायण	मछलीघर
भारत यायावर	मैं हूं यहां हूं
विश्वनाथ सचदेव	मैं जो हूं
रेखा मैत्र	मन की गली
अनु. विष्णु खरे	मेरे चेहरे के नुकूश (दो नोबेल पुरस्कार विजेताओं की कविताएं)
सुमन जैन	मेरे हिस्से की चांदनी
जसबीर सिंह आहलूवालिया	मेरी प्रतिनिधि कविताएं
संग्राम मिश्र	मृग-तृष्णा की छाया
तसलीमा नसरीन	मुझे मुक्ति दो
एम. बालामणि अम्मा	नैवेद्य (सरस्वती सम्मान से पुरस्कृत)
वास्को-पोपा	नन्ही डिबिया
हेमंत कुकरेती	नया बस्ता
शेषेन्द्र	नीलम के पंख
पद्‌मजा घोरपड़े	पारदर्शी आंधियां
बर्तोल्त ब्रेख्त	पता है तुम्हें उस देश का (जर्मन)
मानिक बच्छावत	पीड़ित चेहरों का मर्म
डॉ. तनवीर अलवी	प्रिय संदेश
अरुण कमल	पुतली में संसार
कन्हैया सिंह	राष्ट्रीय काव्य धारा
रेखा मैत्र	रिश्तों की पगडंडियाँ
रुस्तम	रुस्तम की कविताएं
प्रभात त्रिपाठी	सड़क पर चुपचाप

स्वाधीन	सड़क सिर्फ़ रास्ता नहीं
रामविलास शर्मा	सदियों के सोये जाग उठे
पद्मेश गुप्त	सागर का पंछी
इन्द्रकांत शुक्ल	सागर वेला
अजीत चौधरी	सन्नाटे में अलाव
विश्वनाथ प्रसाद तिवारी	शब्द और शताब्दी
बद्रीनारायण	शब्ददीयम्
संग्राम मिश्र	श्री योद्धा
आग्नेय	सिरहाने मीर के
मोहन राणा	सुबह की डाक
शमशेर बहादुर सिंह	सुकून की तलाश
विनय दुबे	तत्र कुशलम
तसलीमा नसरीन	तसलीमा नसरीन की कविताएं
उमाशंकर तिवारी	तोहफे कांच घर के
इन्दु सिन्हा	तुम्हारे जाने के बाद
वीणा सिन्हा	तुम्हें जाना है मैंने
विद्यानिवास मिश्र	उत्तरगीतगोविंद और कुछ अन्य कविताएं
शमशेर बहादुर सिंह	उदिताः अभिव्यक्ति का संघर्ष
महेन्द्र सिंह	उनकी आवाज़
बिन्दु अग्रवाल	उर्वर प्रदेश (भारत भूषण अग्रवाल सं. पुरस्कार प्राप्त कविताएं)
रेखा मैत्र	उस पार
चन्द्रकान्त देवताले	उसके सपने
केवल गोस्वामी	उसकी मां
बलदेव वंशी	वाक गंगा (पुरस्कृत)
ऐरिष फ्रीड	वतन की तलाश (जर्मन)
गंगाप्रसाद गुप्त वरसैयां	वीर विलास
नागार्जुन	विद्यापति के गीत
रामगोपाल शर्मा 'दिनेश'	विश्वज्योति बापू
हुल्लड़ मुरादाबादी	यह अन्दर की बात है
तसलीमा नसरीन	यह दुख यह जीवन
प्रयाग शुक्ल	यह लिखता हूं
जुडिथ हेर्त्जबर्ग	यह वह या फिर कुछ और
सुनीता जैन	यहीं कहीं पर (तीन खंड)
मनोरमा वि. महापात्र	वर्षा आए तो
ओमप्रकाश शर्मा	तेरा गान

जरमां ड्रोगनब्रोड	मार्ग तथा अन्य कविताएं
सं. प्रयाग शुक्ल	कविता नदी (काव्य-संचय)
राजनारायण बिसारिया	कुछ देश/कुछ विदेश (पुरस्कृत)
पद्मा सचदेव	अक्खर कुंड
अमृता प्रीतम	खामोशी से पहले
सं. केदारनाथ सिंह/ के. सच्चिदानंद	ताना-बाना (भारतीय भाषाओं की प्रतिनिधि कविताएं)
रवि शर्मा	संघर्ष-मीमांसा
सं. मुकुंद द्विवेदी	रजनी-दिन नित्य चला ही किया (हजारीप्रसाद द्विवेदी की मौलिक व अनूदित कविताएं)
अटल बिहारी वाजपेयी	मेरी इक्यावन कविताएं
अटल बिहारी वाजपेयी	न दैन्यं न पलायनम्
त्रिलोचन	जीने की कला
इब्बार रब्बी	वर्षा में भीगकर
आफ़ताब हुसैन	समुंदर से पहली मुलाकात
लीलाधर जगूड़ी	महाकाव्य के बिना
अशोक वाजपेयी	जो नहीं है
संजय कुंदन	कागज के प्रदेश में (पुरस्कृत)
स्नेहमयी चौधरी	हड़कंप
अजित कुमार	ऊसर (पुरस्कृत)
अजित कुमार	हिरनी के लिए
राधेश्याम तिवारी	बारिश के बाद
अमरनाथ 'अमर'	स्पंदित प्रतिबिम्ब
विनोद दास	वर्णमाला से बाहर (पुरस्कृत)
के. सच्चिदानंद	वह जिसे सब याद था
बिजेन्द्र	उदित क्षितिज पर
रमाकांत रथ	सप्तम ऋतु (पुरस्कृत)
रमेशचन्द्र शाह	प्यारे मुचकुन्द को
कैलाश वाजपेयी	पृथ्वी का कृष्णपक्ष (पुरस्कृत)
गंगाप्रसाद विमल	सन्नाटे से मुठभेड़
गंगाप्रसाद विमल	मैं वहां हूं
गंगाप्रसाद विमल	अलिखित अदिखित
प्रियदर्शी ठाकुर 'ख़याल'	यह ज़बान भी अपनी है
महाराज कृष्ण काव	चढ़ते पानी से बाख़बर
नीलेश रघुवंशी	पानी का स्वाद
नीलेश रघुवंशी	घर-निकासी (पुरस्कृत)

अनामिका	अनुष्टुप् (पुरस्कृत)
सं. विमल एवं साहा	तुलसी दास की कविताएं
हरिराम मीणा	रोया नहीं था यक्ष
हरिराम मीणा	हां, चांद मेरा है (पुरस्कृत)
रवीन्द्रनाथ त्यागी	कृष्ण पक्ष की पूर्णिमा
ओमप्रकाश मेहरा	सूखी घास पर शबनम
श्याम सिंह शशि	विश्व-कविता की ओर
श्याम सिंह शशि	यायावरी
श्याम सिंह शशि	अग्निसागर
संतोष शैलजा	कुहुक कोयलिया की
कुबेर दत्त	कविता की रंगशाला
कुसुम अंसल	समय की निरंतरता में
कीर्ति चौधरी	कीर्ति चौधरी की कविताएं
समीर रायचौधुरी/ ओम निश्चल	अधुनांतिक बांग्ला कविता
मोती भुवानिया	जहानाबाद का विलाप
मोती भुवानिया	मैला दर्पण
सुनीता जैन	सीधी कलम सधे न
सुनीता जैन	इस अकेले तार पर
विजय किशोर मानव	राजा को सब क्षमा है (पुरस्कृत)
प्रवेश चतुर्वेदी	पता नहीं कल
हीरालाल बाछोतिया	जनहित तथा अन्य कविताएं
सुरेशचन्द्र गुप्त	चित्रपर्णा (समग्र कविताएं)
सुरेशचन्द्र गुप्त	काल के भाल पर (चुनी हुई कविताएं)
सारस्वत मोहन मनीषी	वामन विराट
सारस्वत मोहन मनीषी	शब्द यज्ञ (मुक्तक)
सारस्वत मोहन मनीषी	एक हकीकत और
यतीन्द्र मिश्र	अयोध्या तथा अन्य कविताएं
यतीन्द्र मिश्र	यदा-कदा
झब्बर सिंह बैसोया	बैसोया काव्य-संग्रह
ओम भारती	वह छठवां तत्त्व
ओम भारती	जोखिम से कम नहीं
मधुर शास्त्री	प्रकारान्तर
मधुर शास्त्री	आँसू का वक्तव्य
सं. बलदेव वंशी	युवा कवि : नये हस्ताक्षर
देवेन्द्र दीपक	मास्टर धरमदास (कोलाज़ कविताएं)
सं. मैनेजर पाण्डेय	सीवान की कविता
बशीर अहमद मयूख	सूर्यबीज
मयंक श्रीवास्तव	सहमा हुआ घर
निशा निशांत	पगडंडी का सफर
नीलम कावड़िया	सूरज से पूछें
सुरेन्द्र पंत	अकस्मात् कुछ कविताएं
सुरेन्द्र पंत	पत्थरों पर टूटता जल
शशि सहगल	टुकड़ा-टुकड़ा वक्त
कुसुम कुमार	रास्ते भर जंगल
रामरज शर्मा पंकिल	पंकिल सतसई
जयप्रकाश मानस	तभी होती है सुबह
नरेन्द्र मोहन	दासत्व से उबारो
स्वराज्य शुचि	सूनी सन्ध्या
राजेश्वरप्रसाद शर्मा	ओस के रंग
रंजिता नायक	पद्मगंधा
रजिता नायक	दृश्य-दृश्यान्तर
मुनि रूपचंद्र	रूपांतर
पुष्पा राही	एक युग के बाद
सुधीर मोता	यह राग कठिन
सुधीर मोता	सिगड़ी
सुधीर मोता	इन दिनों की याद में
राकेश रेणु	रोज़नामचा
पी. एस. रामानुजं	कावेरी से सागर तक
पी. एस. रामानुजं	नदी के साथ बहते
जनार्दन मिश्र	वे लौटेंगे फिर
सतीश धर	कल की बात

नाटक

नाटककार	**नाटक/नाट्य संग्रह**
प्राणचंद चौहान	रामायण महानाटक
महाराज विश्वनाथ सिंह	आनन्द रघुनंदन
गोपालचंद्र गिरिधरदास	नहुष
भारतेन्दु हरिश्चन्द्र	विद्यासुन्दर, पाखण्ड विडंबन, कर्पूरमंजरी, रत्नावली, धनंजय विजय, भारत-जननी, मुद्राराक्षस, दुर्लभ बंधु, सत्य हरिश्चन्द्र, चन्द्रावली, वैदिकी हिंसा हिंसा न भवति, विषस्य विषमौषधम्, भारत दुर्दशा, नीलदेवी, अंधेर नगरी, सती प्रताप, प्रेम जोगिनी

राधाचरण गोस्वामी	अमरसिंह राठौर, बूढ़े मुंह मुंहासे
लाला श्रीनिवास दास	संयोगिता स्वयंवर, प्रह्लाद चरित्र, रणधीर और प्रेममोहिनी, तप्तासंवरण
शिवनन्दन सहाय	सुदामा
किशोरी लाल गोस्वामी	मयंक मंजरी, प्रणयिनी-परिणय
प्रतापनारायण मिश्र	संगीत शाकुंतल, हठी हम्मीर, गोसंकट, कलि कौतुक रूपक, कलि प्रभाव, जुआरी-खुआरी, भारत दुर्दशा
बालकृष्ण भट्ट	कलिराज की सभा, रेल का विकट खेल, नल-दमयंती स्वयंवर, जैसा काम वैसा परिणाम, नई रोशनी का विष, वेणु संहार, बाल विवाह, चन्द्रसेन
शीतलाप्रसाद त्रिपाठी	जानकी मंगल
राधाकृष्ण दास	महाराणा प्रताप, दुःखिनी बाला, पद्मावती
अयोध्या सिंह उपाध्याय 'हरिऔध'	प्रद्युम्न विजय व्यायोग, श्री रुक्मिणी परिणय
माखनलाल चतुर्वेदी	कृष्णार्जुन युद्ध
वृंदावनलाल वर्मा	सेनापति ऊदल
मैथिलीशरण गुप्त	अनघ, तिलोत्तमा, चंद्रहास
मिश्रबंधु	नेत्रोन्मीलन
जयशंकर प्रसाद	करुणालय, कल्याणी परिणय, प्रायश्चित्त, सज्जन, कामना, एक घूँट, विशाख, अजातशत्रु, जनमेजय का नागयज्ञ, स्कंदगुप्त, चन्द्रगुप्त, ध्रुवस्वामिनी
हरिकृष्ण प्रेमी	स्वर्णविहान, पाताल-विजय, प्रतिशोध, रक्षाबंधन, शिवासाधना, स्वप्नभंग, विषपान, सांपों की सृष्टि, उद्धार
लक्ष्मीनारायण मिश्र	संन्यासी, मुक्ति का रहस्य, अशोक, राक्षस का मन्दिर, राजयोग, आधी रात, सिंदूर की होली, अपराजित, चक्रव्यूह
रामनरेश त्रिपाठी	सुभद्रा, जयंत
प्रेमचन्द	कर्बला, संग्राम, प्रेम की वेदी
चतुरसेन शास्त्री	उत्सर्ग, अमर राठौर
पाण्डेय बेचन शर्मा उग्र	चुबंन, डिक्टेटर
सुदर्शन	अंजना, आनरेरी मजिस्ट्रेट, भाग्यचक्र
उदयशंकर भट्ट	विक्रमादित्य, मत्स्यगंधा, विश्वामित्र, शक-विजय, दाहर अथवा सिंधु पतन
सुमित्रानंदन पंत	शिल्पी, सौवर्ण, रजत शिखर, ज्योत्स्ना
उपेन्द्रनाथ अश्क	जय-पराजय, छठा बेटा, उड़ान, कैद, तौलिए, पर्दा उठाओं-पर्दा गिराओ, सूखी डाली, अलग- अलग रास्ते, कस्बे के डिसको क्लब का उद्घाटन, भंवर, अंधी गली, पैंतरे, लौटता हुआ दिन
विष्णु प्रभाकर	लिपस्टिक की मुस्कान, नवप्रभात, डॉक्टर, समाधि, रक्तचंदन, टूटते परिवेश, अब और नहीं, युगे-युगे क्रान्ति
जगदीशचंद्र माथुर	शारदीया, पहला राजा, दशरथ नंदन, कोणार्क
अज्ञेय	उत्तरप्रियदर्शी
धर्मवीर भारती	अंधा युग
मोहन राकेश	आषाढ़ का एक दिन, लहरों के राजहंस, आधे-अधूरे, पैर तले की ज़मीन
डॉ. लक्ष्मीनारायण लाल	अंधा कुआं, मादा कैक्टस, रक्तकमल, अब्दुल्ला दीवाना, तीन आंखों वाली मछली, सुंदर रस, सूखे सरोवर, रातरानी दर्पण, कलंकी, सूर्यमुख, मिस्टर अभिमन्यु, करफ्यू, शगुन पंछी, पंच पुरुष, गंगामाटी, व्यक्तिगत, सबरंग, मोह भंग, यक्ष प्रश्न, लड़ाई
सेठ गोविन्द दास	स्नेह या स्वर्ग
गिरिजाकुमार माथुर	कल्पांतर
दुष्यंत कुमार	एक कण्ठ विषपायी
सिद्धनाथ कुमार	सृष्टि की सांझ, लौह देवता, संघर्ष, विकलागों का देश, बादलों का शाप
शिवप्रसाद सिंह	घाटियां गूंजती हैं
मन्नू भण्डारी	बिना दीवारों के घर, रजनी दर्पण
नरेश मेहता	सुबह के घंटे, खंडित यात्राएं, उलझन
विपिन कुमार अग्रवाल	तीन अपाहिज, खोए हुए आदमी की खोज, लोटन
ज्ञानदेव अग्निहोत्री	नेफा की एक शाम, शुतुरमुर्ग

सुरेन्द्र वर्मा	द्रौपदी, आठवां सर्ग, सेतुबंध, छोटे सैयद बड़े सैयद, सूर्य की अंतिम किरण से सूर्य की पहली किरण तक, एक दूनी एक, नायक खलनायक विदूषक
सर्वेश्वरदयाल सक्सेना	बकरी, लड़ाई, कल भात आएगा
गिरीश कर्नाड	तुगलक, नागमंडल, रक्त कल्याण
मुद्राराक्षस	मरजीवा, तेंदुआ, तिलचट्टा, योअर्स फेथफुली, गुफाएं, आला अफसर
भीष्म साहनी	कबीरा खड़ा बाजार में, हानूश, आलमगीर, रंग दे बसंती चोला, माधवी
हबीब तनवीर	चरणदास चोर, मिट्टी की गाड़ी, आगरा बाजार
शंकर शेष	एक और द्रोणाचार्य, फंदी, बंधन अपने-अपने, घरौंदा
मणि मधुकर	रसगंधर्व, खेला पोलमपुर, इकतारे की आंख, बुलबुल सराय, दुलाई बाई
गिरिराज किशोर	नरमेघ, प्रजा ही रहने दो, घास और घोड़ा, बादशाह बेगम गुलाम
निर्मल वर्मा	तीन एकांत, बीक एण्ड, धूप का एक टुकड़ा, डेढ़ इंच ऊपर
गोविंद चातक	काला मुंह, अपने-अपने खूंटे
विजय तेंदुलकर	घासीराम कोतवाल, खामोश! अदालत जारी है, बेबी, कमला
गिरीश रस्तोगी	रंगनाथ की वापसी
लक्ष्मीकांत वर्मा	रोशनी एक नहीं है
नरेन्द्र कोहली	शंबूक की हत्या
ललित मोहन थपलियाल	काला राजा
रामकुमार वर्मा	अग्निशिखा, कैलेंडर का आखिरी पन्ना, संत तुलसीदास
उदय प्रकाश	फीनिक्स
अमृतलाल नागर	हम लोग, युगान्तर
अमृतराय	चिन्दियों की एक झालर, आज अभी
काशीनाथ सिंह	घोआस
दूधनाथ सिंह	यमगाथा
नरेन्द्र मोहन	कहत कबीर सुनो भई साधो

हमीदुल्ला	उत्तर उर्वशी, उलझी आकृतियां
बलराज पण्डित	पांचवां सवार
कुसुम कुमार	मादा मिट्टी, सुनो शेफाली, दिल्ली ऊंचा सुनती है
दयाप्रकाश सिन्हा	इतिहास चक्र और ओह अमेरिका, कथा एक कंस की
भारतभूषण अग्रवाल	अग्निलोक
सुशील कुमार सिंह	चार यारों की यार
रमेश बक्षी	वामाचार
जगदीश चतुर्वेदी	पीली दोपहर
शरद जोशी	अन्धों का हाथी
शान्ति मल्होत्रा	ठहरा हुआ पानी
फ़िराक़ गोरखपुरी	आदमी
मोहन महर्षि	आइन्स्टाइन
हबीब तनवीर	आग की गेंद
सर्वेश्वरदयाल सक्सेना	अब गरीबी हटाओ
डारियो फ़ो	एक और दुर्घटना (नोबेल पुरस्कार विजेता)
हबीब तनवीर	एक औरत हिपेशिया भी थी
जे. बी. प्रीस्टले	एक इंस्पेक्टर से मुलाकात ('एन इंस्पेक्टर काल्स' का रूपांतर)
सुशील कुमार सिंह	अलख आजादी की
माक्स फ्रिश	अंडोरा
शिशिर कुमार दास	बाघ
हबीब तनवीर	बहादुर कलारिन
सुशील कुमार सिंह	बाल लोक नाटिकाएं
सुशील कुमार सिंह	बापू के नाम
मोहन राकेश	बारह सौ छब्बीस बटा सात
सुशील कुमार सिंह	बेबी तुम नादान
डॉ. चरणदास सिद्धू	भगत सिंह शहीद
अनु. इंदुजा अवस्थी, कार्तिक अवस्थी	भगवदज्जुकम् और धूर्त्तसमागम
डॉ. मधु धवन	भारत कहां जा रहा है
जितेन्द्र सहाय	भटकते लोग
बेरनार-मारी कोल्तेस	भीड़ में अकेले
हबीब तनवीर	चांदी का चम्मच
किशोर कुमार सिन्हा	धारा एक सौ चवालीस
विनय दुबे	दो एकम दो

हबीब तनवीर	दूध का गिलास
इस्मत चुग़ताई	फ़सादी
हबीब तनवीर	गांव का नावं ससुरार मोर नाँव दामाद
सुशील कुमार सिंह	गुडबाई स्वामी
सर्वेश्वरदयाल सक्सेना	हवालात
कैफी आज़मी	हीर रांझा
सर्वेश्वरदयाल सक्सेना	होरी धूम मच्यो री
लक्ष्मीनारायण मिश्र	जगद्गुरु
कैफी आज़मी	जहर-ए-इश्क (मसनवीः ज़हर-ए-इश्क का ड्रामाई रूप)
हबीब तनवीर	जहरीली हवा
स्वदेश दीपक	जलता हुआ रथ
महेश दत्त शर्मा	जनता फ्लैट
आल्बेय कामू	जायज हत्यारे (द जस्ट एसेसिन्स का रूपांतर)
बुद्धदेव भट्टाचार्य	विजय की प्रतीक्षा
रामवृक्ष बेनीपुरी	विजेता
देवेन्द्रराज अंकुर/ वीरेन्द्र सक्सेना	ये आदमी ये चूहे
किशोर कुमार सिन्हा	झूसी का किला तथा अन्य नाटक
असग़र वजाहत	जिस लाहौर न देख्या ओ जम्याइ नइ
स्वदेश दीपक	काल कोठरी
जयवंत दलवी	कालचक्र
हबीब तनवीर	कामदेव का अपना वसंत ऋतु का सपना
हबीब तनवीर	कारतूस
दिविक रमेश	खण्ड खण्ड अग्नि
किशोर कुमार सिन्हा	किस्सा पंचायत राज का
रामकुमार वर्मा	कुन्ती का परिताप
यूरिपिडीजः अनु. देवेन्द्र राज अंकुर	मीडिया
सत्येन्द्र श्रीवास्तव	मिस वर्ल्ड अनडिक्लेयर्ड और अन्य लघु एकांकी
शिवाजी सावंत अनु.	मृत्युंजय
राजेश जोशी	
हरिमोहन	मुक्तिदूत
नाग बोडस	नरनारी (उर्फ थौंकू बाबा लोचन दास)
रामगोपाल बजाज	नटी विनोदिनी
हबीब तनवीर	पचरंगी
रामविलास शर्मा	पाप के पुजारी
हबीब तनवीर	परम्परा
सर्वेश्वरदयाल सक्सेना	पीला पत्तियां
अनु. नेमिचन्द्र जैन, उर्मिल भूषण गुप्ता	प्राचीन व्यंग्य नाटक
राहुल सांकृत्यायन	प्रभा
रामकुमार वर्मा	पृथ्वी का स्वर्ग
सुदर्शन मजीठिया	राजा नंगा
इन्दिरा पार्थसारथी	रामानुजर
सुरेन्द्र शर्मा	रंगभूमि
डॉ. चरणदास सिद्धू	सम्पूर्ण नाटक–चरणदास सिद्धू (चार खंड)
त्रिपुरारी शर्मा	सन् सत्तावन का किस्सा : अजीजुन्निसा
सुरेन्द्र वर्मा	शकुन्तला की अंगूठी
मृदुला बिहारी	सूर्यास्त से पहले तथा अन्य नाटक
हबीब तनवीर	तीन खेल
सुरेन्द्र वर्मा	तीन नाटक
सं. विभा रानी	तीन पुरस्कृत नाटक
विष्णु प्रभाकर	जादू की गाय तथा अन्य बाल-एकांकी
विष्णु प्रभाकर	केरल का क्रांतिकारी
सं. : डॉ. नरेन्द्र मोहन	सआदत हसन मंटो के नाटक
कुसुम कुमार	सुनो शेफाली
जि.जे. 'हरिजीत'	प्रिंसिपल परशुराम
हिमांशु जोशी	कगार की आग तथा अन्य रेडियो नाटक
शंकर शेष	कोमल गांधार
शंकर शेष	बिन बाती के दीप
शंकर शेष	अरे! मायावी सरोवर
शंकर शेष	खजुराहो का शिल्पी
शंकर शेष	राक्षस
शंकर शेष	नयी सभ्यता : नये नमूने

शंकर शेष	तिल का ताड़
शंकर शेष	आधी रात के बाद
डॉ. नरेन्द्र मोहन	सींगधारी
डॉ. नरेन्द्र मोहन	अभंग-गाथा
डॉ. नरेन्द्र मोहन	कलन्दर
प्रताप सहगल	पाँच रंग नाटक
प्रताप सहगल	नहीं कोई अंत
प्रताप सहगल	नौ लघु नाटक
प्रताप सहगल	अन्वेषक
प्रताप सहगल	अँधेरे में
प्रताप सहगल	मौत क्यों रात भर नहीं आती
प्रताप सहगल	रंग बसंती
प्रताप सहगल	[illegible]ार (पाँच बाल-नाटक)
डॉ. बानो सरताज	तीन एकांकी
द. श. बेन्द्रे	मेला तथा अन्य एकांकी
राजेश जैन	विष वंश (पुरस्कृत)
भगवतशरण उपाध्याय	कालिदास के नाटक
राजवीर सिंह 'दार्शनिक'	एक औरत
रामेश्वर प्रेम	लोमड़ वेश
रामेश्वर प्रेम	इलेक्ट्रा
चिरंजीव	सात राष्ट्रीय रेडियो-नाटक
चिरंजीव	गूँजती याद तथा अन्य रेडियो-नाटक
प्रभाकर श्रोत्रिय	इला
प्रभाकर श्रोत्रिय	साँ कहूँ तो...
मकरंद देशपांडे	सर-सर सरला
बसंतकुमार महापात्र	शृंगार शतक
राघव प्रकाश	तीसरा मचान
सं. : सुरेशचन्द्र गुप्त	शकुन्तला
सं. : सुरेशचन्द्र गुप्त	मुद्राराक्षस
शिवनारायण खन्ना	बैंगन शरणम् गच्छामि
सावित्री रांका	एक और आवाज
सीतेश आलोक	महागाथा
ज्ञानप्रकाश विवेक	अस्तित्व
राकेश कुमार सिंह	जो इतिहास में नहीं है
विद्यासागर नौटियाल	झुण्ड से बिछुड़ा
दामोदर दत्त दीक्षित	धुआं और चीखें
राधावल्लभ त्रिपाठी	विक्रमादित्यकथा

गोविन्द मिश्र	कोहरे में कैद रंग
भोलाशंकर व्यास	समुद्र-संगम
क्षमा कौल	दर्दपुर
भीमसेन त्यागी	जमीन
तेजिन्दर	हैलो सुजित
सुलोचना रांगेय राघव	बाते बारणा खोल दो
रामकृष्ण	फिल्मी जगत में अर्धशती का रोमांच
पद्‌मा सचदेव	जम्मू जो कभी शहर था
लवलीन	स्वप्न ही रास्ता है
अम्बिकाप्रसाद दिव्य	प्रेम तपस्वी
निर्मल कुमार	मेघवाहन
राकेश कुमार सिंह	पटार पर कोहरा
मिथिलेश्वर	सुंरग में सुबह
हरिशंकर परसई	ज्वाला और जल
नासिरा शर्मा	अक्षयवट
प्रियंवद	परछाईं नाच
पद्‌मा सचदेव	भटको नहीं धनंजय
रमाकांत	तीसरा देश
कृष्णावतार पाण्डेय	वंश-वृक्ष
कृष्णावतार पाण्डेय	रंग गई मोर चुनरिया
प्रेमलाल भट्ट	अश्वत्थामा हतः
प्रेमलाल भट्ट	यक्ष-प्रश्न
गोपाल उपाध्याय	एक टुकड़ा इतिहास (पुरस्कृत)
वीरेन्द्र सक्सेना	खोजा तिन पाइयां
वीरेन्द्र सक्सेना	खराब मौसन के बावजूद (पुरस्कृत)
वीरेन्द्र कुमार गौड़	अपरिचित परिचय (पुरस्कृत)
वीरेन्द्र कुमार गौड़	शर-शैया
वीरेन्द्र कुमार गौड़	दिशाहीन युद्ध
गोपाल उपाध्याय	राजुला-मालूशाही
हरिदत्त भट्ट 'शैलेश'	शिखर और शिखर
हरवंश कश्यप	गलतियों भरा इतिहास
देवेन्द्र उपाध्याय	आंखर
देवेन्द्र उपाध्याय	छपते-छपते
वी.एम. नल्ले	देवपुरुष
जवाहर सिंह	एक और मुख्यमंत्री
प्रह्लाद तिवारी	कालतत्रं

राधाचरण गोस्वामी	तन-मन-धन गुसाईं जी के अर्पण
बालकृष्ण भट्ट	शिक्षादान, कालिराज की सभा, रेल का विकट खेल
देवकीनंदन खत्री	जनेऊ का खेल
उग्र	अफजल वध, भाई मियां, चार बेचारे
जयशंकर प्रसाद	एक घूंट, कामना
सुदर्शन	ऑनरेरी मजिस्ट्रेट, राजपूत की हार, प्रताप प्रतिज्ञा
भुवनेश्वर	(कारवां-एकांकी संग्रह) तांबे के कीड़े, आजादी की नींद, सिकंदर, एक साम्यहीन साम्यवादी, स्ट्राइक, प्रतिभा का विवाह, बाजीराव की तस्वीर, लॉटरी, श्यामा, फोटोग्राफर के सामने
डॉ. रामकुमार वर्मा	रेशमी टाई, विभूति, चारुमित्रा, सप्तकिरण, औरंगजेब की आखिरी रात, पृथ्वीराज की आंखें, एक तोले अफीम की कीमत, दीपदान, दस मिनट, चंगेज खां, कौमुदी महोत्सव, मयूरपंख, जूही के फूल, एक्ट्रेस, अठारह जुलाई की शाम
उदयशंकर भट्ट	आत्मदान, विस्फोट, समस्या का अंत, दस हजार, एक ही कब्र में, निर्दोष की रक्षा, बीमार का इलाज, नेता
अश्क	लक्ष्मी का स्वागत, जोंक, अंधी गली, अंजो दीदी, सूखी डाली, अधिकार का रक्षक, स्वर्ग की झलक, भंवर, मोहब्बत, छः एकांकी, साहब को जुकाम है, देवताओं की छाया में, आपस का समझौता, विवाह के दिन
सेठ गोविंद दास	ईद और होली, फांसी, प्रायश्चित्त, एकादमी
जगदीशचन्द्र माथुर	भोर का तारा, रीढ़ की हड्डी, मकड़ी का जाला, ओ मेरे सपने, कबूतरख़ाना, मेरी बांसुरी
रामनरेश त्रिपाठी	स्वप्नों के चित्र, दिमागी ऐयाशी
भगवतीचरण वर्मा	सबसे बड़ा आदमी
विष्णु प्रभाकर	प्रकाश और परछाई, पापी इन्सान, दस बजे रात, गहरा सागर, वापसी, क्या वह दोषी था
लक्ष्मीनारायण मिश्र	पर्वत के पीछे, बहुरंगी, ताजमहल के आंसू, औलादी का बेटा, दूसरा दरवाजा
लक्ष्मीनारायण मिश्र	स्वर्ग में विप्लव, कटोरी में कमल, राजयोग, मुक्ति का रहस्य
हरिकृष्ण प्रेमी	मातृमंदिर, राष्ट्रमंदिर, न्यायमंदिर, वाणीमंदिर
प्रभाकर माचवे	गली के मोड़ पर, गांधी की राह पर, वधू चाहिए
धर्मवीर भारती	नदी प्यासी थी, संगमरमर पर एक रात, नीली झील, सृष्टि का आखिरी आदमी, आवाज का नीलाभ–
मार्कण्डेय	पत्थर और परछाईं
गिरिजाकुमार माथुर	उमरकैद
मोहन राकेश	अंडे के छिलके, सिपाही की मां, प्यालियां टूटती है, छतरियां, बहुत बड़ा सवाल, हां, कर्फ्यू

उपन्यास

उपन्यासकार	उपन्यास
श्रद्धाराम फिल्लौरी	भाग्यवती
लाला श्रीनिवासदास	परीक्षा गुरु
बालकृष्ण भट्ट	नूतन ब्रह्मचारी, सौ अजान एक सुजान
भारतेन्दु	एक कहानी कुछ आपबीती कुछ जग बीती, पूर्ण प्रकाश, चन्द्रप्रभा
देवकीनंदन खत्री	चन्द्रकांता, नरेन्द्र मोहिनी, वीरेन्द्रवीर, कटोरा भर खून, कुसुम कुमारी, भूतनाथ, चन्द्रकांता संतति
पंडित गौरीदत्त	देवरानी जेठानी की कहानी
जगमोहन सिंह	श्यामा स्वप्न
लज्जाराम शर्मा	धूर्त रसिक लाल, स्वतंत्र रमा और परतंत्र लक्ष्मी, हिन्दू गृहस्थ, आदर्श दम्पती, सुशीला, विधवा, आदर्श हिन्दू
किशोरीलाल गोस्वामी	प्रणयिनी-परिणय, त्रिवेणी, लवंगलता, लीलावती, तारा, चपला, मल्लिका देवी, बंगसरोजिनी, अंगूठी का नगीना, आदर्शरमणी
अयोध्या सिंह उपाध्याय हरिऔध	ठेठ हिन्दी का ठाठ, अधखिला फूल

गोपालराम गहमरी	अद्भुत लाश, अद्भुत खून, खूनी कौन, सरकटी लाश
सियारामशरण गुप्त	नारी, अंतिम आकांक्षा, गोद
शिवपूजन सहाय	देहाती दुनिया
ऋषभचरण जैन	दिल्ली का व्यभिचार, दिल्ली का कलंक, वेश्यायुग, रहस्यमयी
प्रेमचन्द	सेवासदन, वरदान, प्रेमा, प्रेमाश्रम, कायाकल्प, रंगभूमि, निर्मला, प्रतिज्ञा, गबन, गोदान, कर्मभूमि, मंगल सूत्र (अपूर्ण)
जयशंकर प्रसाद	कंकाल, इरावती, तितली
निराला	काले कारनामें, चोटी की पकड़, निरुपमा, प्रभावती, अलका, अप्सरा
पंत	हार
राधिकारमण प्रसाद सिंह	राम रहीम
इलाचन्द्र जोशी	भूत का भविष्य, सुबह के भूले, ऋतुचक्र, पर्दे की रानी, घृणामयी, संन्यासी, प्रेत और छाया, मुक्ति पथ, जिप्सी, जहाज का पंछी
आ. चतुरसेन शास्त्री	हृदय की परख, मंदिर की नर्तकी, नरमेघ, अपराजिता, धर्मयुग, वैशाली की नगरवधू
वृन्दावनलाल वर्मा	प्रत्यागत, कुण्डली चक्र, मृगनयनी, झांसी की रानी, गढ़ कुण्ड़ार, विराटा की पद्यमिनी
भगवतीचरण वर्मा	आखिरी दांव, सीधी सच्ची बातें, टेढ़े-मेढ़े रास्ते, चित्रलेखा, सबहिं नचावत राम गोसाईं, तीन वर्ष, भूले बिसरे चित्र
ब्रजनन्दन सहाय	लालचीन, राधाकांत, सौन्दर्योपासक
उदयशंकर भट्ट	एक नीड़ दो पंछी, नए मोड़, लोक परलोक, सागर लहरें और मनुष्य, डॉ. शेफाली, शेष अशेष
उपेन्द्रनाथ अश्क	पत्थर-अल-पत्थर, एक नन्हीं कंदील, गरम राख, बड़ी-बड़ी आंखें, गिरती दीवारें, शहर में घूमता आईना, सितारों का खेल
जैनेन्द्र कुमार	विवर्त, जयवर्धन, मुक्तिबोध, व्यतीत, सुखदा, अनामस्वामी, परख, त्यागपत्र, कल्याणी, सुनीता, दशार्क
यशपाल	बारह घंटे, मेरी तेरी उसकी बात, मनुष्य के रूप, दिव्या, अमिता, झूठा सच, दादा कामरेड, पार्टी कामरेड
अमृतलाल नागर	बूंद और समुद्र, अमृत और विष, करवट, नाच्यौ बहुत गोपाल, सुहाग के नूपुर, शतरंज के मोहरे
पाण्डेय बेचन शर्मा उग्र	दिल्ली का दलाल, फाल्गुन के दिन चार, शराबी, चन्द हसीनों के खतूत, बुधुआ की बेटी, जी जी जी
रांगेय राघव	अंधेरे के जुगनू, यशोधरा जीत गई, देवकी का बेटा, मुर्दों का टीला, कब तक पुकारूं, मेरी भव बाधा हरौ, लखिमा की आंखें, विषाद मठ
राहुल सांकृत्यायन	शैतान की आंखें, किन्नरों के देश में, सिंह सेनापति, जय यौधेय, बोल्गा से गंगा तक
हज़ारी प्रसाद द्विवेदी	पुनर्नवा, चारु चन्द्रलेख, बाणभट्ट की आत्मकथा, अनामदास का पोथा
फणीश्वरनाथ रेणु	परती परिकथा, मैला आंचल, जुलूस, कितने चौराहे, कलंक मुक्ति
नागार्जुन	कुंभीपाक, दुःख मोचन, वरुण के बेटे, बाबा बटेसरनाथ, बलचनमा, रतिनाथ की चाची, नई पौध, उग्रतारा
राजेन्द्र यादव	अनदेखे अनजाने पुल, मंत्रविद्ध, शह और मात, उखड़े हुए लोग, सारा आकाश, कुलटा
धर्मवीर भारती	सूरज का सातवां घोड़ा, गुनाहों का देवता
रामेश्वर शुक्ल अंचल	मरु प्रदीप, चढ़ती धूप, नई इमारत, उल्का
अज्ञेय	नदी के द्वीप, अपने-अपने अजनबी, शेखर : एक जीवनी
मुक्तिबोध	विपात्र
विष्णु प्रभाकर	स्वप्नमयी, अर्द्धनारीश्वर, निशिकांत, तट के बंधन
नरेश मेहता	यह पथ बंधु था, उत्तर कथा, प्रथम फाल्गुन, डूबते मस्तूल, धूमकेतू, नदी यशस्वी है

कमलेश्वर	एक सड़क सतावन गलियां, तीसरा आदमी, काली आंधी, डाक बंगला, समुद्र में खोया हुआ आदमी, सुबह दोपहर शाम
प्रभाकर माचवे	परन्तु, साचा, द्वाभा, दर्द के पैबंद
मोहन राकेश	अंतराल, कई एक अकेले, कांपता हुआ दरिया, अंधेरे बंद कमरे, न आने वाला कल, नीली बाहों की रोशनी
निर्मल वर्मा	वे दिन, लाल टीन की छत, रात का रिपोर्टर, एक चिथड़ा सुख, अंतिम अरण्य
सर्वेश्वरदयाल सक्सेना	सोया हुआ जल, पागल कुत्तों का मसीहा, अंधेरे पर अंधेरा, उड़ते हुए रंग
शरतचन्द्र	देवदास, श्रीकांत, चरित्रहीन, गृहदाह, परिणीता
मन्नू भंडारी	महाभोज, आपका बंटी, एक इंच मुस्कान
मार्कण्डेय	सेमल का फूल
उषा प्रियंवदा	पचपन खम्भे लाल दीवारें, रुकोगी नहीं राधिका, शेष-यात्रा, अन्तर्वंशी
भीष्म साहनी	तमस, झरोखे, कडियां, बसंती, मय्यादास की माड़ी
नरेन्द्र कोहली	दीक्षा, अवसर, युद्ध की ओर, अभिज्ञान, संघर्ष, आतंक, महासागर
शानी काला	जल, सांप और सीढ़ी, नदियां और सीपियां
राही मासूम रजा	ओस की बूंद, आधा गांव, सीन-75, असंतोष के दिन
श्रीलाल शुक्ल	आदमी का ज़हर, राग दरबारी, अज्ञातवास, सीमाएं टूटती हैं, बिस्रामपुर का रांत
हरिशंकर परसाई	रानी नागमती की कहानी, तट की खोज
देवराज	वे और आप, रोड़े और पत्थर, पथ की खोज, अजय की डायरी
दुष्यंत कुमार	छोटे-छोटे सवाल, दोहरी जिन्दगी, आंगन में एक वृक्ष
लक्ष्मीकांत वर्मा	टेराकोटा, खाली कुर्सी की आत्मा, एक कटा हुआ कागज, कोयल और आवृत्तियां
राजकमल चौधरी	मछली मरी हुई, एक अनार सौ बीमार, शहर था शहर नहीं था

लक्ष्मीनारायण लाल	बड़ी चम्पा छोटी चम्पा, धरती की आंखें, रूपाजीवा, प्रेम अपवित्र नदी, मन वृंदावन, काले फूल का पौधा, हरा समुन्दर गोपीचन्दर
भैरवप्रसाद गुप्त	गंगा मैया, सती मैया का चौरा, मशाल
मनोहरश्याम जोशी	कुरु-कुरु स्वाहा, कसप, नेताजी कहिन
कृष्णा सोबती	डार से बिछुड़ी, दिलो दानिश, यारों के यार तिन पहाड़, मित्रों मरजानी, हम हशमत, जिंदगीनामा, सूरजमुखी अंधेरे के
शिवप्रसाद सिंह	बहती गंगा, अलग-अलग वैतरणी
महेन्द्र भल्ला	एक पति के नोट्स
गिरिराज किशोर	पहला गिरमिटिया, यथा प्रस्तावित, ढाई घर, चिड़ियाघर, साहब, यात्राएं
मणि मधुकर	पत्तों की बिरादरी, खुले हुए दरीचे, मेरी स्त्रियां, सफेद मेमने
मंजुल भगत	अनारो, लेडी क्लब, गंजी
शैलेश मटियानी	सर्पगंधा, उगते सूरज की किरणें, मुठभेड़, आकाश कितना अनंत है, डेरेवाले, बावन नदियों का संगम, चंद औरतों का शहर, किस्सा नर्मदा विन गंगूबाई, बोरीवली से बोरीबंदर तक
देवेन्द्र सत्यार्थी	रथ के पहिये, कठपुतली, दूधगाछ, ब्रह्मपुत्र
विमल मित्र	हम चाकर रघुनाथ के, कैसे कैसे सच, मन क्यों उदास है, मुजरिम हाजिर है, साहब बीवी और गुलाम
जगदम्बा प्रसाद दीक्षित	मुर्दाघर
रघुवंश	अर्थहीन
बदीउज्जमां	छठा तंत्र, अपुरुष, छाको की वापसी, एक चूहे की मौत
मुद्राराक्षस	अचला एक मनः स्थिति, दण्ड विधान, पंचतंत्र
विवेकी राय	बबूल
हिमांशु राय	रथ के पहिए
गिरिधर गोपाल	चांदनी के खंडहर, कंदील और कुहासे
राजेन्द्र अवस्थी	जंगल के फूल, जाने कितनी आंखें
सच्चिदानंद धूमकेतु	माटी की महक
यादवेन्द्र शर्मा	पथहीन, दिया जला दिया बुझा, गुनाहों की देवी

सूर्यबाला	मेरे संधि पत्र, सुबह के इंतजार तक
मृदुला गर्ग	उसके हिस्से की धूप, चित्तकोबरा
मैत्रेयी पुष्पा	इदन्नमम, अल्मा कबूतरी, चाक
मायानंद मिश्र	माटी के लोग सोने की नैया
कुर्रतुल एन हैदर	एक लड़की की जिन्दगी, अगले जन्म मोहि बिटिया न कीजो, आग का दरिया
प्रकाश मनु	यह जो दिल्ली है
खुशवंत सिंह	पाकिस्तान मेल
कृष्ण चन्दर	एक करोड़ की बोतल, एक वायलिन समंदर के किनारे
केशव प्रसाद मिश्र	कोहबर की शर्त
काशीनाथ सिंह	अपना मोर्चा
राजीव सक्सेना	पणिपुत्री सोमा
मंजूर एहतेश्याम	सूखा बरगद
अब्दुल बिस्मिल्लाह	समर शेष है, जहरबाद
अलवेय कामू	अजनबी, प्लेग, पतन
बलवंत सिंह	किस्सा चार दरवेश
विनोद कुमार शुक्ल	दीवार में एक खिड़की रहती है, नौकर की कमीज
भगवान सिंह	अपने-अपने राम
भगवानदास मोरवाल	काला पहाड़
समरेश मजूमदार	अशुभ बेला
मोहनदास नैमिशराय	अपने-अपने पिंजरे
कमलाकांत त्रिपाठी	बेदखल
वीरेन्द्र जैन	सबसे बड़ा तिपहिया, शब्द बद्ध
नासिरा शर्मा	जिन्दा मुहावरे
मेहरुन्निसा परवेज	अकेला पलाश
तस्लीमा नसरीन	लज्ज़ा
नासिरा शर्मा	कुईयांजान
कांति देव	महिमामयी
शरद सिंह	पिछले पन्ने की औरतें
सुषमा जगमोहन	जिंदगी ई-मेल
के.एल. कमल	कर्मयोगी अम्बेडकर
सुरेन्द्र जोशी	लोई
चित्रा मुद्गल	आवां (पुरस्कृत)
चित्रा मुद्गल	गिलिगडु
चित्रा मुद्गल	एक जमीन अपनी (पुरस्कृत)
कुसुम कुमार	पूर्वी द्वार

विष्णु नागर	आदमी स्वर्ग में
निर्मला भुराड़िया	ऑब्जेक्शन मी लार्ड
राजेन्द्र प्रसाद शुक्ल	क्षितिज का विस्तार
आर. के. पालीवाल	अंग्रेज कोठी
प्रमोद कुमार तिवारी	डर हमारी जेबों में
राजेन्द्र अवस्थी	बहता हुआ पानी (पुरस्कृत)
विजय श्रीवास्तव	वक्त चलता है
रमा सिंह	कुतो पंथाः
रमा सिंह	तुम लिखोगी सत्यभामा
नीरजा माधव	यमदीप
राजकुमार सैनी	दीवार में तरेड़ (पुरस्कृत)
राजकुमार सैनी	खिड़की से झांकता है कौन
यादवेन्द्र शर्मा 'चन्द्र'	कुर्सी गायब हो गई
यादवेन्द्र शर्मा 'चन्द्र'	जीवन युद्ध
जवाहर सिंह	ज्वार-भाटा
विद्यावती दुबे	जनसेवक
ऋषिवंश	युद्धबीज
मृदुला गर्ग	कठगुलाब
गिरिराज किशोर	यातना घर
राजकिशोर	तुम्हारा सुख
नरेन्द्र कोहली	क्षमा करना जीजी
राजी सेठ	निष्कवच
प्रणवकुमार बन्द्योपाध्याय	पदातिक
मिथिलेश्वर	प्रेम न बाड़ी ऊपजै
जयनन्दन	श्रम एव जयते
गिरिराज किशोर	ढाई घर
चित्र चतुर्वेदी 'कार्तिका'	महाभारती
अमृता प्रीतम	अमृता प्रीतम–चुने हुए उपन्यास (आठ उपन्यासों का संकलन)
नीरज जैन	गोमटेश गाथा
हिमांशु जोशी	कगार की आग
हिमांशु जोशी	छाया मत छूना मन
ग. मा. मुक्तिबोध	विपात्र
शिवानी	कृष्णकली
रवीन्द्र कालिया	ए.बी.सी.डी.
सलमान रश्दी	आधी रात की संतानें
प्रणवकुमार बंद्योपाध्याय	आदिकांड
रामदरश मिश्र	आदिम राग

मोहनदास नैमिशराय	आज बाजार बंद है
रामदरश मिश्र	आकाश की छत
रमाशंकर श्रीवास्तव	आखि़र कब तक
राजीव कुमार	आर्तनाद
नागार्जुन	अभिनन्दन
निलय उपाध्याय	अभियान
नरेन्द्र कोहली	अभ्युदय–(रामकथा-1)
नरेन्द्र कोहली	अभ्युदय–(रामकथा-2)
मैत्रेयी पुष्पा	अग्नपाखी
एम. करुणानिधि	एक ही रक्त
मेहरुन्निसा परवेज़	अकेला पलाश
शशिप्रभा शास्त्री	अमलतास
सुरेन्द्र वर्मा	अंधेरों के परे
तसलीमा नसरीन	फ्रांसीसी प्रेमा
प्रमोद द्विवेदी	अंततोगत्वा
उषा प्रियंवदा	अन्तर्वंशी
मोहनदास नैमिशराय	अपनें अपने पिंजरे (आत्मकथा) भाग-1
मोहनदास नैमिशराय	अपने अपने पिंजरे (आत्मकथा) भाग-2
भगवान सिंह	अपने अपने राम
नमिता सिंह	अपने सलीबें
गिरिराज किशोर	असलाह
तसलीमा नसरीन	आत्मकथा-1 : मेरे बचपन के दिन
तसलीमा नसरीन	आत्मकथा-2 : उत्ताल हवा
तसलीमा नसरीन	आत्मकथा-3 :द्विखंडित
तसलीमा नसरीन	आत्मकथा-4 : वे अंधेरे दिन
समरेश मजूमदार	अशुभ बेला (साहित्य अकादमी पुरस्कृत)
नरेन्द्र कोहली	अवसर
ख़्वाजा हसन निज़ामी	बहादुरशाह का मुक़दमा
मदन दीक्षित	बाहर दरवाज़ा
मधुकर सिंह	बाजत अनहद ढोल
बाप्सी सिध्वा	बर्फ का गोला
कमलाकांत त्रिपाठी	बेदखल
रामदरश मिश्र	बीस बरस
शरद पगारे	बेगम जैनाबादी (पुरस्कृत)
किशोर कुमार सिन्हा	बेताज शहर

विद्यासागर नौटियाल	भीम अकेला
क्नूत हामसून	भूख (नोबेल पुरस्कार विजेता)
नज रुल इस्लाम	भूमिपुत्र
कोस्तोलान्यी देश्ज़ो	चकोरी
शैलेन्द्र सागर	चलो दोस्त सब ठीक है
डॉ. रामविलास शर्मा	चार दिन
शैलेन्द्र सागर	चतुरंग
भीष्म पितामह	चौधरी साहब(हरियाणा साहित्य अकादमी से सम्मानित)
दुर्गा हाकरे	दरकते कगार (पुरस्कृत)
राजकृष्ण मिश्र	दारुलशफ़ा (उपन्यासत्रयी-2)
ममता कालिया	दौड़
वीरेन्द्र जैन	दे ताली
सूर्यकांत बाली	दीर्घतमा
निदाफ़ज ली	दीवारों के बीच (आत्मकथा) भाग-1
निदा फ़ाज़ली	दीवारों के बाहर (आत्मकथा) भाग-2
यादवेन्द्र शर्मा 'चन्द्र'	देहगाथा माधवी की
सूर्यकांत त्रिपाठी निराला	देवी
प्रेमकुमार मणि	ढलान
सेस नोटेबूम	दो प्रेमियों का अजीब़ किस्सा
वीरेन्द्र जैन	डूब (पुरस्कृत)
रामदरश मिश्र	दूसरा घर
कृष्ण सुकुमार	इतिसिद्धम (पुरस्कृत)
तसलीमा नसरीन	फेरा
वीरेन्द्र जैन	गैल और गन
ज्ञान प्रकाश विवेक	गली नम्बर तेरह
शरद पगारे	गंधर्वसेन
नागार्जुन	ग़रीबदास
किशोर कुमार सिन्हा	गाथा भोगनपुरी
स्वदेश भारती	घटना-दुर्घटना
धीरेन्द्र अस्थाना	गुज़र क्यों नहीं जाता
के.एम. मुंशी	गुजरात के नाथ (गुजरात गाथा-4)
हरी मूलिश, अनु. विष्णु खरे	हमला
शशिप्रभा शास्त्री	हर दिन इतिहास
उषाकिरण खान	हसीना मंज़िल
शरणकुमार लिंबाले	हिन्दू
अब्दुल बिस्मिल्लाह	ज़हरबाद

तरसेम गुजराल	जलता हुआ गुलाब (पुरस्कृत)
चाणक्य सेन	जमाना बदल गया है
नागार्जुन	जमनिया का बाबा
देवेश ठाकुर	जंगल के जुगनू
जयहिन्द	आजाद हिंद फौज की एक महिला सिपाही
विश्वास पाटील	झाड़ाझड़ती (साहित्य अकादमी पुरस्कार से सम्मानित कृति)
इस्मत चुगताई	जिद्दी
फ़हमीदा रियाज़	जि न्दाबहार
जया मित्रा	जो मारे जायेंगे
रजनी गुप्ता	कहीं कुछ और
कामतानाथ	काल कथा (दो खंड)
प्रेमचन्द्र महेश	कलम और तलवार के धनी रहीम
हरिमोहन झा	कन्यादान
फ़हमीदा रियाज़	कराची
शशिप्रभा शास्त्री	कर्क रेखा
कस्तूरबा	डॉ. संध्या भराडे
देवेश ठाकुर	कातर बेला
राजकृष्ण मिश्र	काउंसिल हाउस (उपन्यासत्रयी-1)
डॉ. धनराज चौधरी	कीर्ति पुरुष खामोशी के उस पार
उर्वशी बुटालिया	भारत विभाजन के त्रासद स्वर
नवारूण भट्टाचार्य	खिलौना नगर
ज्ञान सिंह मान	खुले पैरों की बेड़ियां
माया प्रधान	कितनी दूर
अरुण प्रकाश	कोपल-कथा
मेहरुन्निसा परवेज़	कोरजा
विक्रम सेठ	कोई अच्छा सा लड़का
तहमीना दुर्रानी	कुफ़्र
जया जादवानी	कुछ न कुछ छूट जाता है
मनुभाई पंचोली	कुरुक्षेत्र
राजकृष्ण मिश्र	कुतो मनुष्यः
मनोहर श्याम जोशी	क्याप
भगवतीचरण मिश्र	लक्ष्मणरेखा
शरत् कुमार	लाल कोठी अलविदा
नरेन्द्र कोहली	महासमर 1 : बंधन
नरेन्द्र कोहली	महासमर 2 : अधिकार
नरेन्द्र केहली	महासमर 3 : कर्म
नरेन्द्र कोहली	महासमर 4 : धर्म
नरेन्द्र कोहली	महासमर 5 : अन्तराल
नरेन्द्र कोहली	महासमर 6 : प्रच्छन्न
नरेन्द्र कोहली	महासमर 7 : प्रत्यक्ष
नरेन्द्र कोहली	महासमर 8 : निर्बंध
रवीन्द्र वर्मा	मैं अपनी झांसी नहीं दूंगा
यादवेन्द्र शर्मा 'चन्द्र'	मैं रानी सुप्यार दे
पं. झावरमल्ल शर्मा	मालविका
राजीव कुमार	मामूली आदमी
रामदेव शुक्ल	मनदर्पन
महाश्वेता देवी	मर्डरर की मां
राजकृष्ण मिश्र	मत्रिमंडल (उपन्यासत्रयी-3)
यादवेन्द्र शर्मा चन्द्र	मरुकेसरी
नागार्जुन	मर्यादा पुरुषोतम
किशोर कुमार सिन्हा	मेला
तहमीना दूर्रानी	मेरे आक़ा
डॉ. महेन्द्रनाथ दुबे	मुक्ति
नरेन्द्र कोहली	न भूतो न भविष्यति
ज़ाहिदा हिना	न जुनूं रहा न परी रही
राजकमल चौधरी	नदी बहती थी
मनमोहन सहगल	नरमेध
वी.रा. जगन्नाथन	नवभारत
तेजी ग्रोवर	नीला
रवीन्द्र वर्मा	निन्यानवे
चाणक्य सेन	पाकिस्तान का सच
अजय मिश्र	पक्का महल
क्नूत हाम्सन	पान (नोबेल पुरस्कार विजेता)
विश्वास पाटील	पांगिरा
वीरेन्द्र जैन	पार (पुरस्कृत)
भगवान सिंह	परमगति
मेहरुन्निसा परवेज़	पांसग
के.एम. मुंशी	पाटन का प्रभुत्व (गुजरात गाथा-3)
रवीन्द्र वर्मा	पत्थर ऊपर पानी
अरुण अस्थाना	प्रणाम
विजयदान देथा	प्रतिशोध
के.एम. मुंशी	पृथ्वीवल्लभ (गुजरात गाथा-1)
नरेन्द्र कोहली	पुनरारम्भ
रणजीत देसाई	राजा रवि वर्मा

के.एम. मुंशी	राजाधिराज (गुजरात गाथा-2)
रामशंकर मिश्र	राजशेखर
स्वयं प्रकाश	ईंधन
वीरेन्द्र जैन	सबसे बड़ा सिपहिया (पुंरस्कृत)
मेहरून्निसा परवेज	समरांगण
नरेन्द्र कोहली	संघर्ष की ओर
वीरेन्द्र जैन	शब्द वध (पुरस्कृत)
राहुल सांकृत्यायन	शादी
स्वदेश भारती	शहरयार
सलमान रश्दी	शरम
देवेश ठाकुर	शिखर पुरुष
तसलीमा नसरीन	शोध
विक्रम ए. चंद्रा	श्रीनगर का षड्यंत्र
भगवान सिंह	शुभ्रा
विश्वम्भरनाथ उपाध्याय	सिद्ध सरहपा
भारतेन्दु विमल	सोन मछली (यू. के. हिन्दी समिति द्वारा सम्मानित कृति)
बच्चन सिंह	सूतो वा सूतपुत्रोः वा
सूर्यपाल शुक्ल	सुमंगलम से श्रद्धांजलि तक
नेताजी सुभाषचन्द्र बोस	तरुण के स्वप्न
राजकमल चौधरी	ताश के पत्तों का शहर
जया जादवानी	तत्वमसि
शीला रोहेकर	ताबीज़
सलाम आज़ाद	टूटा मठ
कमलिनी कौल	तृषिता
राजीव कुमार	टुकड़े
सुचित्रा भट्टाचार्य	उड़ते बादल
शरद पगारे	उजाले की तलाश
शिवप्रसाद सिंह	वैश्वानर : काशी-तीन
सुरेश चन्द्र	वनतरी
सुरेशचन्द्र श्रीवास्तव	विभीषिका
मैत्रेयी पुष्पा	विजन
रामबिहारी बेहरा	विजन
विश्वम्भरनाथ उपाध्याय	विश्वबाहु परशुराम
अमिता शर्मा	विस्थापित
चाणक्य सेन	ये दिन वे दिन
जया मित्रा	युद्ध पर्व
नरेन्द्र कोहली	युद्ध-एक
नरेन्द्र कोहली	युद्ध-दो
भैरप्पा	धिति (आत्मकथात्मक)
भैरप्पा	गर्व
भैरप्पा	तंतु
भैरप्पा	वंशवृक्ष
भैरप्पा	सार्थ
भैरप्पा	छोर
भैरप्पा	जिज्ञासा
भैरप्पा	उल्लंघन (पुरस्कृत)
भैरप्पा	साक्षी
भैरप्पा	निराकरण
भैरप्पा	गृहभंग
भैरप्पा	आधार
भैरप्पा	गोधूलि
आबिद सुरती	मेरे पापा की शादी
विष्णुचन्द्र शर्मा	दिल को मला करे है
हरिनारायण आप्टे	उषाकाल (मराठी से अनुवाद)
पन्नालाल पटेल	मेरा जीवन (दो भागों में आत्मकथात्मक उपन्यास)
श्रीलाल शुक्ल	राग विराग

स्वामी विवेकानंद की औपन्यासिक जीवनी

नरेन्द्र, कोहली	तोड़ो, कारा तोड़ो-1 : निर्माण
	तोड़ो, कारा तोड़ो-2 : साधना
	तोड़ो, कारा तोड़ो-3 : परिव्राजक
	तोड़ो, कारा तोड़ो-4 : निर्देश
	प्रीति-कथा
	पांच एब्सर्ड उपन्यास
शंकर बाम	ताना जी मालुसरे
	मर्द मराठा
खुशवंत सिंह	दिल्ली
मैक्सिम गोर्की	तीन पीढ़ी (पुरस्कृत)
अमृता प्रीतम	उनके हस्ताक्षर
	ना राधा ना रुकमणी
	कम्मी और नन्दा
	रत्ना और चेतना
	महाभारत पर आधारित बारह उपन्यास

रामकुमार भ्रमर	(रामकुमार भ्रमर रचनावली के तीन खंड)
	दूसरा सूरज
हिमांशु जोशी	महासागर
	अरण्य
	समय साक्षी है
	तुम्हारे लिए
	सु-राज
मनोहर श्याम जोशी	हमज़ाद
	ट-टा प्रोफेसर
	हरिया हरक्यूलीज़ की हैरानी
द्रोणवीर कोहली	नानी
द्रोणवीर कोहली	वाह कैंप
अभिमन्यु अनत	क्यों न फिर से
अभिमन्यु अनत	चलती रहो अनुपमा
अभिमन्यु अनत	घर लौट चलो वैशाली
अभिमन्यु अनत	अचित्रित
महाश्वेता देवी	कैवर्त खंड
महाश्वेता देवी	प्रति 54 मिनट
महाश्वेता देवी	आई.पी.सी. 375
महाश्वेता देवी	जकड़न
पन्नालाल पटेल	पार्थ से कहो चढ़ाए बाण-1 : पांडुकथा
पन्नालाल पटेल	पार्थ से कहो चढ़ाए बाण-2 : स्वयंवर
पन्नालाल पटेल	पार्थ से कहो चढ़ाए बाण-3 : चीरहरण
पन्नालाल पटेल	पार्थ से कहो चढ़ाए बाण-4 : अज्ञातवास
पन्नालाल पटेल	पार्थ से कहो चढ़ाए बाण-5 : कुरुक्षेत्र
सुनील गंगोपाध्याय	वक्ष-शिला (बांग्ला से अनूदित)
सुनील गंगोपाध्याय	सप्तम अभियान (बांग्ला से अनूदित)
महीप सिंह	अभी शेष है
शरद देवड़ा	प्रेमी-प्रेमिका संवाद
मिथिलेश्वर	यह अंत नहीं
ममता कालिया	एक पत्नी के नोट्स

गंगाप्रसाद विमल	मृगान्तक
गंगाप्रसाद विमल	कहीं कुछ और
गंगाप्रसाद विमल	अपने से अलग
शान्ता कुमार	मृगतृष्णा
शान्ता कुमार	कैदी
शान्ता कुमार	मन के मीत
शान्ता कुमार	लाजो
संतोष शैलजा	अंगारों में फूल
संतोष शैलजा	कनक छड़ी
दुर्वासा	दस दिन
दुर्वासा	तैंतीस परसेंट
छन रुड.	अधेड़ आयुवाले
राजेन्द्र अवस्थी	सूरज किरन की छांव
गिरीश पंकज	माफिया
एम.टी. वासुदेवन नायर	तुषार
भीमसेन त्यागी	वर्जित फल
प्रतिभा राय	नीलतृष्णा (उड़िया से अनूदित)
अजीत कौर	गौरी
कुसुम कुमार	परदा बाड़ी
नासिरा शर्मा	शाल्मली
नासिरा शर्मा	ठीकरे मंगनी
मैत्रेयी पुष्पा	बेतवा बहती रही (पुरस्कृत)
राज बुद्धिराजा	शंखनाद (स्वामी दयानंद की औपन्यासिक जीवनी)
राजेश जैन	बांध-वध
रामकृष्ण सुधाकर	सीमा
सुधाकर अदीब	हमारा क्षितिज
सुधाकर अदीब	अथ मूलक उवाच
प्रणव कुमार बंद्योपाध्याय	अरण्यकाण्ड
प्रणव कुमार बंद्योपाध्याय	पंचवटी
हृदयेश	पगली घंटी
पद्मा सचदेव	नौशीन
हबीब कैफ़ी	गमना
कौशल्या बैसंत्री	दोहरा अभिशाप
बालशौरि रेड्डी	भग्न सीमाएं
बालशौरि रेड्डी	जिंदगी की राह (पुरस्कृत)
बालशौरि रेड्डी	दावानल (पुरस्कृत)
लक्ष्मीनारायण लाल	कनाट प्लेस

मुद्राराक्षस	प्रपंचतंत्र
मुद्राराक्षस	एक और प्रपंचतंत्र
रवीन्द्र वर्मा	जवाहरनगर
जोतिष जोशी	सोनबरसा
वीणा सिन्हा	पथ प्रज्ञा (पुरस्कृत)
वीरेन्द्र कुमार भट्टाचार्य	अंधेरा उजाला (असमिया से अनूदित)
रघुवीर चौधरी	लगाव
जगदीश गोडबोले	आखेट (मराठी से अनूदित)
बेबी कांबले	जीवन हमारा (मराठी से अनूदित)
जान कोजाक	सफेद घोड़ा (चेक से अनूदित)
अरविन्द तिवारी	शेष मागले बक में
अनामिका	अवान्तर कथा
शशिप्रभा शास्त्री	मीनारें
अजित कुमार	छुट्टियां
यादवेन्द्र शर्मा 'चन्द्र'	चांदा सेठानी
यादवेन्द्र शर्मा 'चन्द्र'	मोह-भंग
राजकुमार गौतम	ऐसा सत्यव्रत ने नहीं चाहा था
शंकर शेष	धर्मक्षेत्रे-कुरुक्षेत्रे
जियालाल आर्य	सफेद चादर
प्रताप सहगल	अनहद नाद
प्रभाकर माचवे	सांचा
रमाकांत	बिस्तर और आकाश
वीरेन्द्र जैन	प्रतिदान
डॉ. विनयशंकर मिश्र ज्योतिपुंज	अपना-अपना धर्म
प्रकाश मनु	पापा के जाने के बाद
मस्तराम कपूर	विषय-पुरुष
मस्तराम कपूर	विपथगामी
मस्तराम कपूर	एक सदी बांझ
अश्विनी कुमार दुबे	शेष अंत में
दिनेश पाठक	यानी अंधेरा
विनोद कुमार तिवारी	मनुष्य वही जो मनुष्य के लिए जिए
विनोद कुमार तिवारी	कर चले हम फिदा
श्रवण कुमार	गणित
प्रभा खेतान	अपने-अपने चेहरे
रमणलाल वसंतलाल देसाई	कोकिला
रमेशदत्त	बिमला
राम प्रकाश अनुरागी	प्रातः की प्रतीक्षा
रज्जन त्रिवेदी	नदी फिर लौट आई
गुलशन राय मोंगा	ज़लज़ला
परमंहस प्रमोद	अकेला मुसाफिर
सूरजदेव प्रसाद	देसी और परदेसी
महावीर प्रसाद गैरोला	संसार-चक्र
महावीर प्रसाद गैरोला	बुद्धिमान मूर्ख
पीसीके 'प्रेम'	संज्ञाहीन
यशपाल वैद्य	समय के साथ-साथ
राम अवतार अग्निहोत्री	महाराज
शिवसागर मिश्र	प्रतिगत
प्रदीप अंश	निधि महागज
चन्द्रशेखर 'प्रेम'	विद्रोही
सुबोध गोविल	गहने
रत्नचंद धीर	पारसनाथ
कृष्णावतार पाण्डेय	सिर्फ अहसास
ब्रजभूषण	लोहे की लकीरें
कांतिदेव	चाबागान
रमाशंकर श्रीवास्तव	उत्तरघाट अधूरा
स्वदेश परमार	जीवन ध्रुव
परमहंस प्रमोद	आल्हा-ऊदल
मधुकर सिंह	कथा कहो कुंती माई
श्रवणकुमार गोस्वामी	हस्तक्षेप
विश्वनारायण शास्त्री	अविनाशी
कमलेश्वर	एक और चन्द्रकान्ता (भाग 1)
कमलेश्वर	एक और चन्द्रकान्ता (भाग 2)
अमर गोस्वामी	इस दौर में हमसफ़र
राजेन्द्रमोहन भटनागर	स्वराज्य
शांतिलाल भंडारी	भारतायण
कैलाश कल्पित	शुभ्रा
विष्णुकुमार जोशीला	चकाचौंध

कहानी

प्रमुख कहानीकार	**कहानी संग्रह/कहानियां**
इंशाअल्ला खां	रानी केतकी की कहानी
राजा शिवप्रसाद सितारेहिंद	राजा भोज का सपना
किशोरीलाल गोस्वामी	इन्दुमती, गुलबहार
राजेन्द्रबाला घोष	दुलाईवाली

माधवप्रसाद मिश्र	मन की चंचलता
लाला भगवानदीन	प्लेग की चुड़ैल
माधव प्रसाद सप्रे	एक टोकरी भर मिट्टी
चन्द्रधर शर्मा गुलेरी	उसने कहा था, बुद्धू का कांटा, सुखमय जीवन
रामचन्द्र शुक्ल	ग्यारह वर्ष का समय
राधिकारमण प्रसाद सिंह	कानो में कंगना
वृन्दावनलाल वर्मा	राखीबंध भाई
विश्वंभरनाथ शर्मा कौशिक	ताई, चित्रशाला, गल्प मंदिर, प्रेम प्रतिमा, मणिमाला, कल्लोल, विद्रोह, मंगली
जयशंकर प्रसाद	ग्राम, छाया, आंधी, सुनहरा सांप, इन्द्रजाल, सालवती, गुंडा, मधुआ, आकाशदीप, पुरस्कार, प्रतिध्वनि, देवरथ
मुंशी प्रेमचन्द	सौत, सज्जनता का दण्ड, आत्माराम, पंचपरमेश्वर, ईश्वरीय न्याय, रानी सारंधा, बूढ़ी काकी, ईदगाह, कजाकी, कफन, ठाकुर का कुआं, पूस की रात, बेटों वाली विधवा, परीक्षा
सुदर्शन	पनघट, गल्पमंजरी, पुष्पलता, तीर्थयात्रा, सुदर्शन सुधा, हार की जीत, कवि की स्त्री
चतुरसेन शास्त्री	दुखवा मैं कासो कहूं मोरी सजनी, अंब पालिका, भिक्षुराज, बाणवधू
पाण्डेय बेचन शर्मा उग्र	इन्द्रधनुष, बलात्कार, चाकलेट, जब सारा आलम सोता है, दोजख की आग, शैतानमंडली
जैनेन्द्र	हत्या, अपना-अपना भाग्य, बाहुबली, वातायन, दो चिड़ियां, पाजेब, ध्रुवयात्रा, एक दिन, राजीव और भाभी, जाह्नवी, नीलम देश की राजकन्या
अज्ञेय	त्रिपथगा, विपथगा, परंपरा, कोठरी की बात, शरणार्थी, ये तेरे प्रतिरूप, पठार का धीरज, रेल की सीटी, कविप्रिया, हरसिंगार, जयदोल, अमरवल्लरी, रोज

पंत	पानवाला
निराला	सुकुल की बीवी, श्रीमती गजानन्द शास्त्रीणीदेवी, लिली, चतुरी चमार
राहुल सांकृत्यायन	सतमी के बच्चे
भगवतीचरण वर्मा	दो बांके, उत्तमी की मां, प्रायश्चित्त, मुगलों ने सल्तनत बख्श दी, वो दुनिया
सुभद्राकुमारी चौहान	कौटुम्बिक स्वर, पापी पेट, बिखरे मोती, उन्मादिनी
उपेन्द्रनाथ अश्क	देशभक्त, डाची, कांगड़ा का तेली, आकाशचारी, टेबुल लैंप
मुक्तिबोध	काठ का सपना
भुवनेश्वर	सूर्यपूजा, भेड़िए
यशपाल	पिंजरे की उड़ान, कुत्ते की पूंछ, फूलों का कुर्ता, चिन्गारी, पराया सुख, पाप का कीचड़, तुमने क्यों कहा कि मैं सुंदर हूं
विष्णु प्रभाकर	धरती अब भी घूम रही है, संघर्ष के बाद
इलाचंद्र जोशी	एकांकी चोर, धन का अभिशाप, कापालिक, दिवाली, चरणों की दासी मैं, डायरी के नीरस पृष्ठ, आहुति और दिवाली
फणीश्वरनाथ रेणु	ठुमरी, तीसरी कसम, विघटन के क्षण, तीन बिंदिया, आदिम रात्रि की महक
भीष्म साहनी	चीफ की दावत, भटकती राख, खून का रिश्ता, वाङ्चू, पटरियां, मौकापरस्त
मोहन राकेश	जानवर और जानवर, मलबे का मालिक, एक और जिंदगी, परमात्मा का कुत्ता, फौलाद का आकाश, खोया हुआ शहर, आर्द्रा, वासना की छाया में
हरिशंकर परसाई	भोलाराम का जीव, सदाचार का ताबीज, निठल्ले की डायरी, एक फरिश्ते की कथा

निर्मल वर्मा	लवर्स, परिंदे, लंदन की एक रात, कुत्ते की मौत, जलती झाड़ी, माया दर्पण, धूप का एक-टुकड़ा, डेढ़ इंच ऊपर, बीच बहस में, कव्वे और कालापानी
कमलेश्वर	एक अश्लील कहानी, राजा निरबंसिया, नीली झील, देवा की मां, मांस का दरिया, बयान जो लिखा नहीं जाता, युद्ध, जार्ज पंचम की नाक
राजेन्द्र यादव	जहां लक्ष्मी कैद है, एक दुनिया, टूटना तथा अन्य कहानियां, प्रतीक्षा, छोटे-छोटे ताजमहल, एक दुनिया समानान्तर, एक कमजोर लड़की की कहानी, लहरें और परछाइयां
अमरकांत	जिंदगी और जोंक, डिप्टी कलेक्टर, बहादुर, दोपहर का भोजन
शेखर जोशी	कोसी का घटवार, बदबू, दाज्यू, प्रश्नवाचक आकृतियां, साथ के लोग, हलवाहा
मार्कण्डेय	गुलरा के बाबा, महुए का पेड़, साबुन, सेमल का फूल, हंसा आई अकेला
शिवप्रसाद सिंह	आरपार की माला, मुर्दा सराय, कर्मनाशा की हार, इन्हें भी इंतजार है
धर्मवीर भारती	गुलकी बन्नो, सावित्री नं. दो, मुर्दों का गांव, बंद गली का आखिरी मकान, चांद और टूटे हुए लोग
नरेश मेहता	निशाजी, तथापि, एक समर्पित महिला
मन्नू भंडारी	मैं हार गई, तीन निगाहों की एक तस्वीर, यही सच है, एक प्लेट सलाद, रानी मां का चबूतरा, गीत का चुंबन, त्रिशंकु
सर्वेश्वर दयाल सक्सेना	पागल कुत्तों का मसीहा, अंधेरे पर अंधेरा
उषा प्रियंवदा	जिंदगी और गुलाब के फूल, एक कोई दूसरा, चांदनी में बर्फ पर, मछलियां, फिर बसन्त आया, कितना बड़ा झूठ
कृष्णा सोबती	बादलों के घेरे, ऐ लड़की, यारों के यार तिन पहाड़
ज्ञानरंजन	घंटा, पिता, फेंस के इधर और उधर, बहिर्गमन, क्षणजीवी, सपना नहीं, यात्रा
गंगाप्रसाद विमल	एक और विदाई, प्रश्नचिह्न
ज्ञानप्रकाश	अंधेरे के सिलसिले, संबंध, शेष होते हुए
महेन्द्र भल्ला	एक पति के नोट्स, तीन चार दिन
काशीनाथ सिंह	चोट, हस्तक्षेप, चायघर में मृत्यु, लोग बिस्तरों पर, सदी का सबसे बड़ा आदमी
मंजुल भगत	मृत्यु की ओर, सफेद कौआ, कितना छोटा सफर, गुलमोहर के गुच्छे, क्या छूट गया, आत्महत्या के पहले
कुंवर नारायण	आकारों के आस-पास
ओम गोस्वामी	दर्द की मच्छली
मृदुला गर्ग	दुनिया का फायदा, उसका विद्रोह
गोविन्द मिश्र	खुद के खिलाफ, आसमान कितना नीला
मणिका मोहिनी	हम बुरे नहीं थे
राजी सेठ	तीसरी हथेली
गिरिराज किशोर	गाउन, पेपरवेट, चिड़ियाघर, दो आदमी अलग-अलग कद के, फ्राक वाला घोड़ा
रवीन्द्र कालिया	नौ साल छोटी पत्नी, काला रजिस्टर, गरीबी हटाओ, चकैया नाम
शैलेश मटियानी	महाभोज
मृणाल पाण्डेय	दरम्यान, एक नीच ट्रेजेडी, एक स्त्री का विदा गीत, शब्द बेधी
मधुकर सिंह	पूरा सन्नाटा, पहला पाठ
मेहरुन्निसा परवेज	आदम और ह्व्वा, फाल्गुन, गलत-पुरुष, अन्तिम चढ़ाई, टहनियों पर धूप
दूधनाथ सिंह	सपाट चेहरे वाला आदमी
महीप सिंह	उजाले के उल्लू, घिराव, सुबह के फल, कुछ और कितना, दिल्ली कहां है, कितने संबंध

राकेश वत्स	अंतिम प्रजापति, अभियुक्त, पहला पाठ, बुद्ध और एक शुरुआत
दिनेश पालीवाल	बंजर, गिरजा जटायु
निर्गुण	छोटा डॉक्टर
उदय प्रकाश	तिरिछ, पालगोमरा का स्कूटर, पीली छतरी वाली लड़की
सं. : कमलेश्वर	गुलमोहर फिर खिलेगा (पुरस्कृत)
कमलेश्वर	आज़ादी मुबारक
सं. : डॉ. नरेंद्र मोहन	सआदत हसन मंटो की कहानियां
शिवपूजन सहाय	विभूति
पद्मा सचदेव	बू तूं राजी
राजवीर सिंह दार्शनिक	कालचक्र
रांगेय राघव	संसार की प्राचीन कहानियां
रांगेय राघव	प्राचीन प्रेम और नीति की कहानियां
रांगेय राघव	प्राचीन यूनानी कहानियां
रांगेय राघव	प्राचीन ट्यूशन कहानियां
रांगेय राघव	प्राचीन ब्राह्मण कहानियां
अनु. : निर्मल वर्मा	कुप्रीन की कहानियां
शिवजी श्रीवास्तव	यक्ष प्रश्न
प्रवीण मिश्र	इनकांउटर
राजेश चंद्रा	कल्पवृक्ष की छांव में
सं. : ज्ञानचंद जैन	संसार की श्रेष्ठ कहानियां
सं. : अमृता प्रीतम	वर्जित बाग की गाथा
सं. : अमृता प्रीतम	बेवतना
अमृता प्रीतम	अलिफ़ लैला : हज़ार दास्तान
अमृता प्रीतम	कच्चे रेशम सी लड़की
नासिरा शर्मा	सबीना के चालीस चोर
नासिरा शर्मा	इब्ने मरियम
हिमांशु जोशी	अंतत : तथा अन्य कहानियां
हिमांशु जाशी	जलते हुए डैने तथा अन्य कहानियां
हिमांशु जोशी	मनुष्य-चिह्न तथा अन्य कहानियां
द्रोणवीर कोहली	जमा-पूंजी
अशोक गुप्ता	इसलिए
संतोष शैलजा	जौहर के अक्षर
संतोष शैलजा	टाहलियां
मिथिलेश्वर	तिरिया जनम

मिथिलेश्वर	एक थे प्रो. बी. लाल
भीमसेन त्यागी	कमजोर प्यार की कहानियां
कीर्ति चौधरी	कीर्ति चौधरी की कहानियां
मालती जोशी	रहिमन धागा प्रेम का
मालती जोशी	औरत एक रात है
मालती जोशी	पिया पीर न जानी
मालती जोशी	शापित शैशव तथा अन्य कहानियां
मालती जोशी	अंतिम संक्षेप
मालती जोशी	बोल री कठपुतली
मालती जोशी	मोरी रंग दी चुनरिया
कर्त्तार सिंह दुग्गल	पौष के ठिठुरते जाड़े में
मीनाक्षी स्वामी	अच्छा हुआ मुझे शकील से प्यार नहीं हुआ
रामदरश मिश्र	अपने लिए
सं. : डा. नरेन्द्र मोहन	समकालीन हिंदी कहानियां :2
इंतिज़ार हुसैन	मेरी चर्चित बीस कहानियां
सिद्धेश	सफर बावजूद
मैत्रेयी पुष्पा	गोमा हँसती है
मैत्रेयी पुष्पा	ललमुनियां
मैत्रेयी पुष्पा	चिन्हार (पुरस्कृत)
गंगाप्रसाद विमल	खोई हुई थाती
दीपक शर्मा	आपद्धर्म तथा अन्य कहानियां
दीपक शर्मा	रण-मार्ग
दीपक शर्मा	हिंसाभास
दीपक शर्मा	दुर्गभेद
मंगला रामचंद्रन	प्रश्नों का बरगद
मंगला रामचंद्रन	कथा समय
प्रेमचंद	प्रेमचंद की श्रेष्ठ कहानियां
यशपाल	यशपाल की कहानियां
मनोहर काजल	इनकिलाब जिंदाबाद
सरयू शर्मा	वा घर सबसे न्यारा
देविंद्र	देविंद्र की कहानियां
सं. : भगवती शरण मिश्र/जयप्रकाश भारती	ग्यारह श्रेष्ठ कहानियां
श्रीकांत वर्मा	साथ
गिरिराज किशोर	आन्द्रे की प्रेमिका तथा अन्य कहानियां

पंकज बिष्ट	टुंड्रा प्रदेश तथा अन्य कहानियां
संजीव	प्रेरणास्त्रोत तथा अन्य कहानियां
मोहन थपलियाल	छज्जूराम दिनमणि तथा अन्य कहानियां
प्रतिभा राय	कालांतर-कथा (उड़िया से अनूदित)
जोगिन्दर पाल	कहां
स्वयं प्रकाश	अगले जनम
स्वयं प्रकाश	आदमी जात का आदमी
अजीत कौर	कसाईबाड़ा
अजीत कौर	काले कुएं
राजकमल चौधरी	बंद कमरे में कब्रगाह
सं. : नवीन एवं चौधरी	राजकमल चौधरी की चुनी हुई कहानियां
अमर गोस्वामी	अपनी-अपनी दुनिया
से. रा. यात्री	खारिज और बेदखल
हृदयेश	सन् उन्नीस सौ बीस
हृदयेश	रामलीला तथा अन्य कहानियां
लक्ष्मीधर मालवीय	मक्रचांदनी
संजय खत्री	पिंटी का साबुन (पुरस्कृत)
मृदुला सिन्हा	स्पर्श की तासीर
रामकुमार	शिलालेख तथा अन्य कहानियां
असग़र वजाहत	सब कहां, कुछ...
शशांक	पर्व तथा अन्य कहानियां
राजकुमार गौतम	क़ब्र तथा अन्य कहानियां
राजकुमार गौतम	आधी छुट्टी का इतिहास (पुरस्कृत)
अलका सिन्हा	सुरक्षित पंखों की उड़ान
राजकुमार गौतम	क़ब्र तथा अन्य कहानियां (पुरस्कृत)
राजकुमार गौतम	आधी छुट्टी का इतिहास
अलका सिन्हा	सुरक्षित पंखों की उड़ान
क्षमा शर्मा	थैंक्यू सद्दाम हुसैन
महेश दर्पण	जाल
सीतेश आलोक	नासमझ
दिनेश पाठक	इन दिनों वे उदास हैं
पद्यचन्द्र काश्यप	हिमालय : ऐतिहासिक एवं पौराणिक कथाएं

रामधारी सिंह दिनकर	वर्णाश्रम
रामधारी सिंह दिनकर	माटी-पानी
सं. पुष्पपाल सिंह	महिला कहानीकार : प्रतिनिधि कहानियां
चन्द्रकान्ता	काली बर्फ
शान्ता कुमार	धरती है बलिदान की
श्रीनिवास वत्स	हिलने लगी धरती (बाल-कहानियां)
राजेन्द्र श्रीवास्तव 'रंजन'	अभी वे जानवर नहीं बने
मीरा कान्त	हाइफ़न
रामलाल	चुनिंदा कहानियां
चित्रा मुद्गल	जानवर
गंगाधर गाडगील	बिरवा (मराठी से अनूदित)
गंगाधर गाडगील	सिर्फ
मधुकर सिंह	माइकल जैक्सन की टोपी
जगदीश चतुर्वेदी	प्रेम सम्बन्धों की कहानियां
वीरेन्द्र जैन	मैं वहीं हूं
अमरेन्द्र मिश्र	उस रात की बात
अमरेन्द्र मिश्र	प्रेतछाया
देवेन्द्र चौबे	कुछ समय बाद
कृष्णावतार पाण्डेय	दो देवियां
कृष्णावतार पाण्डेय	कोइली
सं. : पुष्पपाल सिंह	कथा-दर्पण
मंगलदेव उपाध्याय	प्राचीन भारत की कथाएं
शोभनाथ पाठक	आक्रोश
मोहिनी छाबड़ा	टूटी हुई जिंदगी
रमेश गुप्त	मुट्ठी से झरती रेत
राजेश जैन	झूठे आकाश
शशिप्रभा शास्त्री	उस दिन भी
शशिप्रभा शास्त्री	पतझड़
उषा महाजन	और सावित्री ने कहा
संतोष गोयल	सीढ़ियां तथा अन्य कहानियां
श्रवण कुमार	स्पंदन
संतोष दीक्षित	बुलडोज़र और दीमक 24 ए
यशपाल वैद	जानेमन तथा अन्य कहानियां
बलराम	बलराम की कहानियां
इन्दु रश्मि	मोह-बंध
मनोरमा जफ़ा	परिचिता तथा अन्य कहानियां

जयनंदन	सल्तनत को सुनो गांव वालों
नरेन्द्र कोहली	समग्र कहानियां : नरेन्द्र कोहली-1
नरेन्द्र कोहली	समग्र कहानियां : नरेन्द्र कोहली-2
नरेन्द्र मौर्य	संवाद
उदयभानु पाण्डेय	सतवंती
सीमा शफ़क	शिकस्त
रत्नेश्वर	सिम्मड़ सफेद
महाश्वेता देवी	स्त्री पर्व
यादवेन्द्र शर्मा 'चन्द्र'	तपता समन्दर
श्रीकांत वर्मा	ठण्ड (सुपूर्ण कहानियां-2)
दिनेशनंदिनी डालमिया	तितिक्षा
उदयभानु पाण्डेय	उत्तर राग तथा अन्य कहानियां
श्री नाथ	उपहार
धीरेन्द्र अस्थाना	उस रात की गंध
महेन्द्र वशिष्ठ	उसकी कहानी
गिरिराज किशोर	जल्दरोजी
नागार्जुन	विद्यापति की कहानियां

आलोचना

रचनाकार	कृति
भारतेन्दु हरिश्चन्द्र	नाटक
शिवसिंह सेंगर	शिवसिंह सरोज
पद्मसिंह शर्मा	बिहारी सतसई की भूमिका
कृष्णबिहारी मिश्र	देव और बिहारी
गुलाब राय	नवरस, सिद्धांत और अध्ययन, काव्य के रूप
श्यामसुंदर दास	साहित्यालोचन, रूपक रहस्य, भाषा रहस्य
आचार्य रामचन्द्र शुक्ल	चिंतामणि (दो भाग), रसमीमांसा, जायसी ग्रंथावली, भ्रमरगीत सार, गोस्वामी तुलसीदास, सूरदास, हिन्दी साहित्य का इतिहास
आचार्य नंददुलारे वाजपेयी	हिन्दी साहित्य-बीसवीं सदी, आधुनिक साहित्य, प्रेमचन्द, जयशंकर प्रसाद, महाकवि सूरदास, कवि सुमित्रानंदन पंत, नया साहित्य—नये प्रश्न, राष्ट्रभाषा की समस्या, कवि निराला, प्रेमचंद साहित्यिक विवेचन
आचार्य हजारीप्रसाद द्विवेदी	हिन्दी साहित्य की भूमिका, हिन्दी साहित्य का आदिकाल, सूरसाहित्य, कबीर, हिन्दी साहित्य, मध्यकालीन बोध का स्वरूप, नाट्यशास्त्र की भारतीय परम्परा और दशरूपक
डॉ. नगेन्द्र	रस सिद्धांत, सुमित्रानंदन पंत, साकेतः एक अध्ययन, रीतिकाव्य की भूमिका, देव और उनकी कविता, आधुनिक हिन्दी नाटक, विचार और अनुभूति, आधुनिक हिन्दी कविता की प्रमुख प्रवृत्तियां, कामायनी के अध्ययन की समस्याएं, नयी समीक्षा-नये संदर्भ, भारतीय सौंदर्यशास्त्र की भूमिका, पाश्चात्य काव्यशास्त्र की परम्परा, शैली विज्ञान, भारतीय काव्यशास्त्र की भूमिका
डॉ. रामविलास शर्मा	प्रगति और परम्परा, प्रगतिशील साहित्य की समस्याएं, आस्था और सौंदर्य,भाषा साहित्य और संस्कृति, मार्क्सवाद और प्राचीन साहित्य का मूल्यांकन, आचार्य रामचन्द्र शुक्ल और हिन्दी आलोचना, प्रेमचन्द और उनका युग, भारतेन्दु युग, भाषा और समाज, महावीर प्रसाद द्विवेदी और हिन्दी नवजागरण, नयी कविता और अस्तित्ववाद, प्राचीन भारत के भाषा परिवार, मार्क्स और पिछड़े हुए समाज, निराला की साहित्य साधना, निराला
सूर्यकांत त्रिपाठी निराला	रवीन्द्र कविता कानन, पंत और पल्लव
सुमित्रानन्दन पंत	गद्यपथ, शिल्प और दर्शन, छायावाद : पुनर्मूल्यांकन
रामकुमार वर्मा	साहित्य समालोचना, कबीर का रहस्यवाद
डॉ. नामवर सिंह	कहानी और नयी कहानी, छायावाद, कविता के नए प्रतिमान, दूसरी परम्परा की खोज, इतिहास और आलोचना, आधुनिक साहित्य की प्रवृत्तियां, वाद-विवाद संवाद

मुक्तिबोध	कामायनी एक पुनर्विचार, नयी कविता का आत्मसंघर्ष, नए साहित्य का सौंदर्यशास्त्र, एक साहित्यिक की डायरी
नेमिचन्द्र जैन	अधूरे साक्षात्कार, बदलते परिदृश्य, जनांतिका
रमेश कुंतल मेघ	मध्यकालीन रस दर्शन और समकालीन सौंदर्यबोध, क्योंकि समय एक शब्द है, अथातो सौंदर्य जिज्ञासा
नन्दकिशोर आचार्य	अज्ञेय की काव्य तितीक्षा, रचना का सच, सर्जक का मन
प्रभाकर श्रोत्रिय	कविता की तीसरी आंख, संवाद, रचना एक यातना है
रमेशचन्द्र शाह	वागर्थ, समानांतर, सबद निरन्तर
परमानंद श्रीवास्तव	उपन्यास का यथार्थ और रचनात्मक भाषा, समकालीन कविता का व्याकरण, शब्द और मनुष्य, समकालीन कविता का यथार्थ
मलयज	कविता से साक्षात्कार, संवाद और एकालाप
जगन्नाथप्रसाद 'भानु'	काव्यप्रभाकर, छंद सारावली
लाला भगवानदीन	अलंकार मंजूषा
जगन्नाथदास 'रत्नाकर'	समालोचनादर्श (आलोचना कृति एस्से ऑन क्रिटिसिज़्म का पद्यात्मक अनुवाद)
अज्ञेय	त्रिशंकु, आत्मनेपद, हिन्दी साहित्य : एक आधुनिक परिदृश्य
रामदहिन मिश्र	काव्य दर्पण, काव्य विमर्श
भगीरथ मिश्र	हिन्दी काव्यशास्त्र का इतिहास
रामानंद तिवारी	सत्यं शिवं सुन्दरं
सुरेशचन्द गुप्त	आधुनिक हिन्दी कवियों के काव्य सिद्धांत
गिरिजाकुमार माथुर	नयी कविताः सीमाएं और संभावनाएं
धर्मवीर भारती	मानवमूल्य और साहित्य
विद्यानिवास मिश्र	रीतिविज्ञान
भोला नाथ तिवारी	अभिव्यक्ति विज्ञान
रघुवंश	आधुनिक साहित्य का परिप्रेक्ष्य
बच्चन सिंह	आधुनिक हिन्दी आलोचना के बीज शब्द, समकालीन साहित्य आलोचना की चुनौती, आलोचक और आलोचना
लक्ष्मीकांत वर्मा	नयी कविता के प्रतिमान, नये प्रतिमान पुराने निकष
गंगाप्रसाद विमल	समकालीन कहानी का रचना-विधान
विमल कुमार अग्रवाल	आधुनिकता के पहलू
जगदीश गुप्त	नयी कविता : स्वरूप और समस्याएं
विजयदेवनारायण साही	लघुमानव के बहाने हिन्दी कविता पर एक बहस, शमशेर की काव्यानुभूति की बनावट, जायसी
रामस्वरूप चतुर्वेदी	मध्ययुगीन हिंदी काव्य-भाषा, भाषा और संवेदना, अज्ञेय : आधुनिक रचना की समस्या, हिन्दी साहित्य और संवेदना का विकास
अशोक वाजपेयी	फिलहाल, कुछ पूर्वग्रह
निर्मल वर्मा	शब्द और स्मृति
शिवदान सिंह चौहान	प्रगतिवाद, साहित्य की परख, आलोचना के मान, हिन्दी साहित्य के अस्सी वर्ष, साहित्य की समस्याएं, साहित्यानुशीलन
अमृत राय	नयी समीक्षा
डॉ. देवराज	छायावाद का पतन, साहित्य चिंता, आधुनिक समीक्षा, प्रतिक्रियाएं
इलाचन्द्र जोशी	साहित्य सर्जना, विवेचना, साहित्य सन्तरण, विश्लेषण, साहित्य चिन्तन
बलदेव उपाध्याय	भारतीय साहित्यशास्त्र–दो भाग
लक्ष्मीनारायण 'सुधांशु'	काव्य में अभिव्यंजनावाद, जीवन के तत्व और काव्य सिद्धांत
डॉ. आनन्दप्रकाश दीक्षित	रस सिद्धांत-स्वरूप और विश्लेषण
डॉ. निर्मला जैन	आधुनिक साहित्य : मूल्य और मूल्यांकन, हिन्दी आलोचना : बीसवीं शताब्दी
डॉ. रवीन्द्रनाथ श्रीवास्तव	शैली विज्ञान और आलोचना की नयी भूमिका

अन्य आलोचनात्मक कृतियां

रचनाकार	कृति
विजयेंद्र स्नातक	कबीर
गोविंद त्रिगुणायत	कबीर की विचारधारा
परशुराम	कबीर साहित्य की परख
डॉ. उदयभानु सिंह	तुलसीदास
रमेशकुंतल मेघ	तुलसी : आधुनिक वातायन से

सुरेशचन्द्र गुप्त	तुलसी का काव्यादर्श
रामप्रसाद मिश्र	विश्वकवि तुलसी और उनके काव्य
हरवंशलाल शर्मा	सूर और उनका साहित्य
विश्वनाथ त्रिपाठी	मीरा का काव्य
भगवानदास तिवारी	मीरा की भक्ति और उनकी काव्य साधना का अनुशीलन
विश्वनाथप्रसाद मिश्र	बिहारी, भूषण, घनानंद, अनुसंधान के तत्व
डॉ. रामसागर त्रिपाठी	मुक्तकाव्य परंपरा और बिहारी
श्याममनोहर पाण्डे	मध्ययुगीन प्रेमाख्यान काव्य
विपिन बिहारी त्रिवेदी	चंदबरदाई और उनका काव्य
नरोत्तम स्वामी	रासो साहित्य और पृथ्वीराज रासो
त्रिभुवन सिंह	महाकवि मतिराम, हिन्दी उपन्यास और यथार्थवाद
डॉ. महेन्द्र कुमार	मतिराम कवि और आचार्य
डॉ. हरदयाल सिंह	देव दर्शन
प्रो. जनार्दन मिश्र	विद्यापति
विजयपाल सिंह	केशव का आचार्यत्व
भगवानदास तिवारी	भूषण
डॉ. राजमल बोरा	भूषण और उनका साहित्य
डॉ. मनोहरलाल गौड़	घनानंद और स्वच्छंद काव्यधारा
डॉ. कृष्णचन्द्र शर्मा	घनानंद
ब्रजनारायण सिंह	कवि पद्माकर और उनका युग
सत्यदेव चौधरी	भारतीय काव्यशास्त्र
कृष्णदेव झारी	भारतीय काव्यशास्त्र के सिद्धांत
शांतिस्वरूप गुप्त	पाश्चात्य काव्यशास्त्र
नगेन्द्र, सावित्री सिन्हा (संपादित)	पाश्चात्य काव्यशास्त्र का इतिहास
नगेन्द्र, राजकुमार कोहली	पाश्चात्य काव्यशास्त्र : सिद्धांत और वाद
देवेंद्रनाथ शर्मा	पाश्चात्य साहित्यालोचन
लक्ष्मीसागर वार्ष्णेय	भारतेन्दु हरिश्चंद्र
भानुदेव शुक्ल	भारतेन्दु के नाटक
सत्येन्द्र कुमार तनेजा	नाटककार भारतेन्दु की नाट्यशाला, प्रसाद के नाटक, प्रेमचंद
कमलाकांत पाठक	मैथिलीशरण गुप्त : व्यक्ति और काव्य
उमाकांत गोयल	मैथिलीशरण गुप्त की काव्य-साधना

हरिवंशराय बच्चन	कवियों में संत : सुमित्रानंदन पंत
शचीरानी गुर्टू	सुमित्रानंदन पंत : काव्य कला और जीवन-दर्शन
शांति जोशी	सुमित्रानंदन पंत : जीवन और साहित्य
ओमप्रकाश शर्मा	पंत काव्य के प्रेरणास्रोत
प्रेमशंकर	प्रसाद का काव्य
गोविंद चातक	प्रसाद के नाटक : स्वरूप संरचना
गंगाप्रसाद पाण्डेय	महाप्राण निराला
दूधनाथ सिंह	निराला : आत्महंता आस्था
सूर्यप्रकाश दीक्षित	निराला का गद्य
इंद्रनाथ मदान	महादेवी : चिंतन और कला, निराला, प्रेमचंद : एक विवेचन
विश्वंभर मानव	महादेवी की रहस्य और साधना
गंगाप्रसाद पाण्डेय	महादेवी का विवेचनात्मक गद्य
प्रतापनारायण टंडन	प्रेमचन्द
कमल किशोर गोयनका	प्रेमचन्द के उपन्यासों का शिल्प विधान
सुरेश सिन्हा	प्रेमचन्द : एक विवेचन
विश्वनाथप्रसाद तिवारी	अज्ञेय
गंगाप्रसाद विमल (संपादक)	अज्ञेय का रचना-संसार
राजेन्द्र प्रसाद	अज्ञेय : कवि और काव्य
लक्ष्मणदत्त गौतम	मुक्तिबोध
चंचल चौहान	मुक्तिबोध : प्रतिबद्ध कला के प्रतीक
विश्वनाथप्रसाद तिवारी	मुक्तिबोध
सुरेन्द्र प्रताप	मुक्तिबोध : विचारक, कवि और कथाकार
रामचन्द्र तिवारी	आचार्य रामचन्द्र शुक्ल, पत्रकारिता के विविध रूप, संपादन के सिद्धांत
कृष्णबिहारी मिश्र	हिन्दी पत्रकारिता
वेदप्रताप वैदिक	हिन्दी पत्रकारिताः विविध आयाम
अंबिकाप्रसाद वाजपेयी	समाचारपत्रों का इतिहास, समाचारपत्र : संपादन कला
कमलापति त्रिपाठी	पत्र और पत्रकार
शिवप्रसाद सिंह	आधुनिक परिवेश और अस्तित्ववाद
प्रभाकर माचवे	अस्तित्ववाद : पक्ष और विपक्ष
हृदयनारायण मिश्र	अस्तित्ववाद

देशराज उपाध्याय	आधुनिक हिन्दी कथा साहित्य और मनोविज्ञान
उदयभानु सिंह	अनुसंधान का विवेचन
नगेन्द्र, सावित्री सिन्हा	अनुसंधान और आलोचना
विजयेन्द्र स्नातक	अनुवाद की प्रक्रिया, महाकवि प्रसाद
सुरेशचन्द्र निर्मल	अनुसंधान प्रविधि
रामरतन भटनागर	उच्च साहित्यिक निबंध
गिरिजादत्त शुक्ल	हिन्दी के साहित्यिक निबंध
हरिमोहन	प्रतिनिधि हिन्दी निबंधकार
भगवतस्वरूप मिश्र	हिन्दी आलोचना : उद्‌भव और विकास
तारकनाथ बाली	आलोचना : प्रकृति और परिवेश
नरनारायण राय	नाटककार लक्ष्मीनारायण लाल की नाट्य-साधना
चन्द्रशेखर	हिन्दी नाटक और लक्ष्मीनारायण की रंग-यात्रा
डॉ. रघुवंश	कृतिकार लक्ष्मीनारायण लाल
गिरीश रस्तोगी	मोहन राकेश और उसके नाटक
सिद्धनाथ कुमार	चन्द्रगुप्त : संवेदना और शिल्प
रीता कुमार	स्वातंत्र्योत्तर हिन्दी नाटक : मोहन राकेश के विशेष संदर्भ में
शिवनारायण लाल श्रीवास्तव	हिन्दी उपन्यास
सुरेश सिन्हा	हिन्दी उपन्यास : उद्‌भव एवं विकास
भारतभूषण अग्रवाल	हिन्दी उपन्यास पर पाश्चात्य प्रभाव
प्रेमचंद श्रीवास्तव	हिन्दी के व्यक्तिवादी उपन्यास
रामदरश मिश्र	हिन्दी कहानी : अंतरंग, हिन्दी उपन्यास : एक अंतर्यात्रा, हिन्दी समीक्षा : स्वरूप और संदर्भ
राजेन्द्र यादव	कहानी : स्वरूप और संवेदना
देवीशंकर अवस्थी	हिन्दी कहानी : संदर्भ और प्रकृति
कमलेश्वर	नई कहानी की भूमिका
इंद्रनाथ मदान	हिन्दी कहानी : पहचान और परख
नामवर सिंह	कहानी नयी कहानी
लक्ष्मीनारायण लाल	पारसी-हिन्दी रंगमंच, हिन्दी कहानी की शिल्प-विधि का विकास
दशरथ ओझा	हिन्दी नाटकः उद्‌भव और विकास, आज का हिन्दी नाटक : प्रगति और प्रभाव, हिन्दी नाटक कोश
जगदीशचन्द्र माथुर	लोकधर्मी नाट्य परंपरा
गोविन्द चातक	रंगमंच कला और दृष्टि
बाबू गुलाब राय	हिन्दी नाट्य-विमर्श
नेमिचन्द्र जैन	रंग-दर्शन, भारतीय नाट्य परंपरा
मान्धाता ओझा	हिन्दी नाट्य समालोचना
गिरीश रस्तोगी	समकालीन हिन्दी नाटककार, मोहन राकेश और उसके नाटक
जयदेव तनेजा	समसामयिक हिन्दी नाटकों में चरित्र सृष्टि, लहरों के राजहंस : विविध आयाम
गोविन्द चातक	आधुनिक हिन्दी नाटक : भाषिक और संवादीय संरचना
सुरेशचन्द्र गुप्त	आधुनिक हिन्दी नाटक
डॉ. विनय कुमार	हिन्दी के समस्या नाटक
डॉ. गिरीश जोशी	स्वातंत्र्योत्तर हिन्दी नाटकों में यौन चेतना (शोध प्रबंध)
अवधेश चंद्रगुप्त	स्वातंत्र्योत्तर हिन्दी नाटक में विचार तत्व
सं. विद्यानिवास मिश्र	आचार्य देवेन्द नाथ शर्मा : समष्टिमय व्यक्तित्व
आचार्य किशोरीदास वाजपेयी	व्यक्तित्व और कृतित्व
डॉ. उमाशंकर तिवारी	आधुनिक गीति काव्य
बच्चन सिंह	आधुनिक हिंदी आलोचना के बीज शब्द
लक्ष्मीनारायण लाल	आधुनिक हिंदी कहानी
बलदेव वंशी	आधुनिक हिंदो कविता में विचार
डॉ. बी. के. अब्दुल जलील	आधुनिक हिंदी साहित्य : विविध आयाम
विद्या सिन्हा	आधुनिक परिदृश्य : आंचलिकता और हिंदी उपन्यास
सं. विनोद गोदरे	आधुनिक प्रबंध काव्यः संवेदना के धरातल
नित्यानंद तिवारी	आधुनिक साहित्य और इतिहास बोध

नरेन्द्र सिंह	आधुनिक साहित्य चिंतन और कुछ विशिष्ट साहित्यकार
सं. रमणिका गुप्ता	आदिवासी स्वर और नयी शताब्दी
आशा गुप्ता	आल्ह खण्ड
देवीशंकर अवस्थी	आलोचना और आलोचना
देवीशंकर अवस्थी	आलोचना का द्वंद्व
चन्द्रबली सिंह	आलोचना का जनपक्ष
सं. भारत यायावर	आलोचना के रचना पुरुष : नामवर सिंह
ज्योतिष जोशी	आलोचना की छवियां
विष्णु खरे	आलोचना की पहली किताब
कमला प्रसाद	आंखन देखी (हरिशंकर परसाई व्यक्तित्व व कृतित्व)
पंकज चतुर्वेदी	आत्मकथा की संस्कृति (पुरस्कृत)
दिनेश खन्ना	अभिनय चिन्तन
राममूर्ति त्रिपाठी	अर्द्धशती का भारतीय काव्य चिंतन : पक्ष और विपक्ष
नेमिचन्द्र जैन	अधूरे साक्षात्कार
भोलाभाई पटेल	अज्ञेय : एक अध्ययन
संजय कुमार	अज्ञेय : प्रकृति काव्य काव्य प्रकृति
प्रकाश मनु	एक दुर्जेय मेधा : विष्णु खरे
रामचरण महेन्द्र	एकांकी और एकांकीकार
गोपीचन्द्र नारंग	अमीर खुसरो का हिन्दी काव्य
जयदेव तनेजा	अंधायुग : पाठ और प्रदर्शन
मीरा गौतम	अंतिम दो दशकों का हिंदी साहित्य
डॉ. धर्मवीर	अशोक बनाम वाजपेयी : अशोक वाजपेयी
मस्तराम कपूर	अस्तित्ववाद से गांधीवाद तक
मंजुल उपाध्याय	अथातो काव्य जिज्ञासा
डॉ. भवदेव पाण्डेय	एवम् निराला
डॉ. भवदेव पाण्डेय	बंग महिला : नारी मुक्ति का संघर्ष
डॉ. रामविलास शर्मा	बड़े भाई
सं. अशोक वाजपेयी	बहुवचन (आलोचना, साहित्य भाषा व विचार)
मैनेजर पाण्डेय	भक्ति आंदोलन और सूरदास का काव्य

कुंवरपाल सिंह	भक्ति आंदोलन इतिहास और संस्कृति
देवीशंकर अवस्थी	भक्ति का संदर्भ
शिवकुमार मिश्र	भक्ति काव्य और लोक जीवन
प्रेमशंकर	भक्ति काव्य का समाज दर्शन
डॉ. पी. जयरामन	भक्ति के आयाम
मीना आहुजा	भारत भूषण अग्रवाल और उनका काव्य
राजमल बोरा	भारतीय भक्ति साहित्य
डॉ. नगेन्द्र	भारतीय काव्य में सर्वधर्म समभाव
राममूर्ति त्रिपाठी	भारतीय काव्य विमर्श
डॉ. वशिष्ठ नारायण त्रिपाठी	भारतीय लोक नाट्य
हरमोहन लाला सूद	भारतेन्दु मण्डल के सामान्तर और आपूरक मुरादाबाद मंडल
डॉ. रामविलास शर्मा	भाषा, युगबोध और कविता
विवेक द्विवेदी	भीष्म साहनी : उपन्यास साहित्य
राजेश्वर सक्सेना, प्रताप ठाकुर	भीष्म साहनी : व्यक्ति और रचना
बलदेव वंशी	दादू जीवन दर्शन
रवीन्द्र कुमार सिंह	दादू काव्य की सामाजिक प्रासंगिकता
डॉ. करुणा शर्मा	डॉ. लक्ष्मी नारायण लाल नाट्य साहित्य
शिवकुमार मिश्र	दर्शन साहित्य और समाज
नेमिचन्द्र जैन	दृश्य अदृश्य
डॉ. सरदार मुजावर	दुष्यन्त कुमार की ग़ज़लों का समीक्षात्मक अध्ययन
सं. शम्भुनाथ	दुस्समय में साहित्य (परंपरा का पुनर्मूल्यांकन)
भगवान सिंह	इन्द्रधनुष के रंग
डॉ. रामविलास शर्मा	इतिहास दर्शन
विष्णु प्रभाकर	गांधी : समय, समाज और संस्कृति
पद्मजा घोरपड़े	गंगाधर गाडगिल : प्रतिनिधि समीक्षा

सं. कुमुद शर्मा	गांव के मन से रू-ब-रू : विद्यानिवास मिश्र
स्मिता मिश्र	गीतफरोश : सवेंदना और शिल्प
सी. वसन्ता	गीतकार नीरज
चंद्रकांत बांदिवडेकर	गोविंद मिश्र : सृजन के आयाम
कृष्णदत्त पालीवाल	हिन्दी आलोचना का सैद्धांतिक आधार
कृष्णदत्त पालीवाल	हिन्दी आलोचना के नये वैचारिक सरोकार
डॉ. शिवकुमार मिश्र	हिन्दी आलोचना की परंपरा और आचार्य रामचन्द्र शुक्ल
डॉ. उषा ठाकुर	हिन्दी और नेपाली साहित्य के प्रतिनिधि हस्ताक्षर
पुष्पपाल सिंह	हिन्दी गद्य : इधर की उपलब्धियां
डॉ. नरेश	हिन्दी ग़ज़ल : दशा और दिशा
डॉ. सरदार मुजावर	हिंदी ग़ज़ल : ग़ज़लकारों की नजर में
डॉ. सरदार मुजावर	हिंदी ग़ज़ल का वर्तमान दशक
डॉ. साधना शाह	हिंदी कहानी : संरचना और संवेदना
वेदप्रकाश अमिताभ	हिन्दी के आंचलिक उपन्यासों में मूल्य संक्रमण
सं. विश्वनाथ त्रिपाठी, अरुण प्रकाश	हिन्दी के प्रहरी डॉ. रामविलास शर्मा
महावीर प्रसाद द्विवेदी/ बालमुकुन्द गुप्त	हिंदी की अनस्थिरता
गोविन्द नारायण	एक ऐतिहासिक बहस
रमेशचंद्र शाह	हिन्दी की दुनिया में
विकल गौतम	हिन्दी नाटक : रंग शिल्प दर्शन
डॉ. बाबूराम	हिन्दी निबंध साहित्य का सांस्कृतिक अध्ययन, हिन्दी राम काव्य का स्वरूप का और विकास
डॉ. प्रेमचन्द्र महेश	बदलते युगबोध के परिप्रेक्ष्य में
सं. नन्द किशोर नवल	हिन्दी साहित्य शास्त्र
	हिंदी सिनेमा का शास्त्र
	समकालीन सृजन
प्रेमशंकर	हिंदी स्वच्छंदतावादी काव्य
नरेन्द्र कोहली	हिन्दी उपन्यास : सृजन और सिद्धांत, जनता का नया साहित्य
रमेश उपाध्याय	जनवादी कहानी : पृष्ठभूमि से पुनर्विचार तक
शंकर राव कप्पीकेरी	कबीर और बसवेश्वर : तुलनात्मक अध्ययन
सरिता राय	कबीर और तुलसी की सामाजिक दृष्टि का तुलनात्मक अध्ययन
ब्रजभूषण शर्मा	कबीर चिन्तन
डॉ. धर्मवीर	कबीर के आलोचक-1
डॉ. धर्मवीर	कबीर के कुछ और आलोचक-2
बलदेव वंशी	कबीर की चिंता
सं. राजकिशोर	कबीर की खोज
अशोक वाजयेपी	कभी कभार (देश विदेश के सांस्कृतिक परिदृश्य पर वैचारिक टिप्पणियां)
नामवर सिंह	कहना न होगा
राजेन्द्र यादव	कहानी : अनुभव और अभिव्यक्ति
राजेन्द्र यादव	कहानी : स्वरूप और संवेदना
महेश आनंद	कहानी का रंगमंच
ई.एम.एस. नम्बूदरीपाद	कला साहित्य और संस्कृति
लू-शुन	कला साहित्य और संस्कृति
माओ-त्से-तुंग	कला साहित्य और संस्कृति
केदारनाथ सिंह	कल्पना और छायावाद
निर्मला जैन	कथा प्रसंग यथा प्रसंग
डॉ. रामविलास शर्मा	कथा विवेचना और गद्य शिल्प
मनमोहन सहगल	कवि हरिसिंह कृत आत्मरामायण
डॉ. भरत सिंह	कवि कहानीकार अज्ञेय और मुक्तिबोध : संवेदना और दृष्टि

सं. भारत यायावर	कवि केदारनाथ सिंह
अरुण कमल	कविता और समय
गोविन्द प्रसाद	कविता के सम्मुख
सं. नन्दकिशोर नवल	कविता की मुक्ति
चंद्रकांत बांदिवडेकर	कविता स्वभाव : चंद्रकांत देवताले की कविता
कमला प्रसाद	कविता तीरे
रंजना अरगड़े	कवियों का कवि शमशेर
डॉ. रामनिवास गुप्त	काव्यशास्त्र के मानदण्ड
शिवप्रसाद सिंह	कीर्तिलता और अवहट्ट भाषा
जी. गोपीनाथन	केरल की सांस्कृतिक विरासत
इजलाल मजीद/मंजूर एहतेशाम/ कमला प्रसाद	कि आती है उर्दू ज़बां आते बाते-2
प्रसिद्ध नारायण चौबे	लोक चेतना के राष्ट्रीय कवि शिवमंगल सिंह 'सुमन'
चन्द्रबली सिंह	लोक दृष्टि और हिन्दी साहित्य
कमला प्रसाद	मध्यकालीन रचना और मूल्य
सं. विष्णु खरे	महाकाव्य विमर्श
देवेश ठाकुर	मैला आंचल की रचना प्रक्रिया
कृष्णदत्त पालीवाल	मैथिलीशरण गुप्त : प्रासंगिकता के अंतःसूत्र
शिवकुमार मिश्र	मार्क्सवाद और काव्य
सं. एंजिल फलोरेन्स अनु. चंचल चौहान	मार्क्सवाद और साहित्य
रमेशकुंतल मेघ	मनखंजन किनके : मध्यकालीन साहित्य, संस्कृति और मूल्यांकन
डॉ. रामविलास शर्मा	मानव सभ्यता का विकास
जार्ज थामसन अनु गोरख पाण्डेय	मानवीय सारतत्व
चंद्रकांत बांदिवडेकर	मराठी साहित्य : परिदृश्य
विष्णुचन्द्र शर्मा	नागार्जुन : एक लम्बी जिरह
डॉ. सुरेश कुमार यादव	नागार्जुन का उपन्यास साहित्य : समसामयिक संदर्भ
अजय तिवारी	नागार्जुन की कविता
अब्दुल अलीम	नजीर अकबरावादी और उनकी विचारधारा
सं. कमला प्रसाद	नामवर सिंह : आलोचना की दूसरी परंपरा
डॉ. देवराज	नई कविता
उमाकांत गुप्त	नई कविता के प्रबंध काव्य शिल्प और जीवन दर्शन
विद्या सिन्हा	नई कविता : निराला, अज्ञेय और मुक्ति बोध
विवेकी राय	नरेन्द्र कोहली : अप्रतिम कथा यात्री
सुरेशकांत	नरेन्द्र कोहली : विचार और व्यंग्य
नरेन्द्र कोहली	नरेन्द्र कोहली ने कहा
सिद्धनाथ कुमार	नाटकालोचन के सिद्धांत
सं. प्रदीप साहिल	नये मौसम का पता : डॉ. बशीर बद्र
रश्मि कुमार	नयी कविता के मिथक काव्य
उषा चौहान	नयी कविता की चिन्तन भूमि
प्रभाकर मिश्र	निबंधकार अज्ञेय
डॉ. राजमल बोरा	निपट निरंजन की बानो
डॉ. सन्ध्या सिंह	निराला के काव्य का राजनीतिक संदर्भ
कृष्णनारायण कक्कड़	निराला से रघुवीर सहाय तक
राहुल सांकृत्यायन	पाली साहित्य का इतिहास
मीरा श्रीवास्तव	पंत का उत्तर काव्य
शिवदान सिंह चौहान	परिप्रेक्ष्य को सही करते हुए
सु.सक्सेना, कविता, सुरभि, हितेन्द्र यादव	पौराणिक उपन्यास
विश्वनाथ त्रिपाठी	पड़े का हाथ (केदारनाथ अग्रवाल पर आलोचना कृति)
राकेश वत्स	प्रेम पथिक परंपरा में चन्द्र कुंवर वर्त्वाल की मेघनन्दिनी
नरेन्द्र कोहली	प्रेमचन्द
शिवकुमार मिश्र	प्रेमचन्द्र : विरासत का सवाल
डॉ. राजमणि शर्मा	प्रसाद का गद्य साहित्य
जगन्नाथ प्रसाद शर्मा	प्रसाद के नाटकों का शास्त्रीय अध्ययन
डॉ. नगेन्द्र	पुनर्वाक
गोविन्द रजनीश	पुनश्चिन्तन
नामवर सिंह	पुरानी राजस्थानी
डॉ. उषा कीर्ति राणावत	प्रभा खेतान का औपन्यासिक संसार

देवीशंकर अवस्थी	रचना और आलोचना
कमला प्रसाद	रचना और आलोचना की द्वंद्वात्मकता
प्रेमशंकर	रचना और राजनीति
नंदकिशोर नवल	रचना का जनपक्ष
विश्वनाथ प्रसाद तिवारी	रचना के सरोकार
पुष्पा जतकर	रचनाकार रेणु
सुरेश शर्मा	रघुवीर सहाय का कविकर्म
प्रेमचन्द्र जैन	रहस्यवादी जैन अपभ्रंश काव्य का हिन्दी पर प्रभाव
उर्मिलेश	राहुल सांकृत्यायन : सृजन और संघर्ष
सं. डॉ. महेन्द्रनाथ दुबे	राजनीति के कवित
प्रकाश मनु	रामदरश मिश्र : एक अन्तर्यात्रा
महाबीर सिंह चौहान	रामदरश मिश्र की सृजन यात्रा
जगतसिंह/स्मिता मिश्र	रामदरश मिश्र व्यक्ति और अभिव्यक्ति
विश्वनाथ प्रसाद तिवारी	रामविलास शर्मा
विजय पंडित	रंगमंच और स्वाधीनता का आंदोलन
निर्मल गुप्ता	रांगेय राघव की नाट्य कला
सुधीन्द्र कुमार	रीति काव्य की इतिहास दृष्टि
सं. भारत यायावर	रेणु का जीवन
सं. भारत यायावर	रेणु के साथ
गोविन्द्र प्रसाद	त्रिलोचन के बारे में
सज्जाद ज़हीर	रोशनाई (तरक्कीपसन्द तहरीक़ की यादें)
डॉ. रामविलास शर्मा	रूप तरंग और प्रगतिशील कविता कीवैचारिक पृष्ठभूमि
गोपालशरण तिवारी	सहस्राब्दि का कवि तुलसीदास
डॉ. हरिमोहन	साहित्यिक विधाएं : पुनर्विचार
मैनेजर पाण्डेय	साहित्य और इतिहास दृष्टि
कुंवरपाल सिंह	साहित्य और हमारा समय
सं. बद्रीनारायण	साहित्य और सामाजिक परिवर्तन
हावर्ड फास्ट	साहित्य और यथार्थ
कर्णसिंह चौहान	साहित्य के बुनियादी सरोकार
कुंवरपाल सिंह	साहित्य समीक्षा और मार्क्सवाद
ए.ए. जुआनोव	साहित्य संगीत और दर्शन
राजकुमार सैनी	साहित्य सृष्टा निराला
महावीर प्रसाद द्विवेदी	साहित्य विचार
द्रमित्री मार्कोव अनु. निर्मला जैन	समाजवादी साहित्य : विकास की समस्याएं
शशि शर्मा	समकालीन हिंदी कविता : अज्ञेय और मुक्तिबोध के संदर्भ में
डॉ. हुकुमचंद राजपाल	समकालीन हिन्दी समीक्षा
रोहिताश्व	समकालीन कविता और सौंदर्य बोध
कुमार कृष्ण	समकालीन कविता का बीजगणित
नरेन्द्र मोहन	समकालीन कविता के बारे में
राजेश सिंह	समकालीन नवगीत का विकास
भारत भारद्वाज	समकालीन सृजन संदर्भ-1
भारत भारद्वाज	समकालीन सृजन संदर्भ-2
राजकुमार सैनी	समकालीन साहित्य
मैनेजर पाण्डेय	संकट के बावजूद
सं. शम्भुनाथ	संस्कृत की उत्तर कथा (पुरस्कृत)
चंद्रकांत बांदिवडेकर	संत ज्ञानेश्वर : जीवन और कार्य
रवीन्द्र कुमार सिंह	संत काव्य की सामाजिक प्रासंगिकता
नरेन्द्र सिंह	साठोत्तरी हिंदी कविता में जनवादी चेतना
प्रभाकर श्रोत्रिय	सौन्दर्य का तात्पर्य
डॉ. एस. टी. नरसिम्हाचारी	सौन्दर्यशास्त्रीय समीक्षा
अशोक वाजपेयी	सीढ़ियां शुरू हो गयी हैं
सं. लीला दुबे/सुधीश पचौरी	सीमांतों के अन्वेषक : श्यामाचरण दुबे
डॉ. धर्मवीर	सीमंतनी उपदेश (एक अनाम हिन्दू महिला की पुस्तक)
कृष्णदत्त पालीवाल	सीय राममय सब जग जानी
मैनेजर पाण्डेय	शब्द और कर्म
पांडय शशिभूषण 'शीतांशु'	शिवप्रसाद सिंह : स्रष्टा और सृष्टि
बैजनाथ सिंहल	शोध : स्वरूप एवं मानक व्यावहारिक कार्यविधि

सुमन वर्मा	श्रीकांत वर्मा की कविता
आचार्य रामचन्द्र शुक्ल	सूरदास
डॉ. धर्मवीर	सूत न कपास-3
ईशान महेश	सृजन साधना
स्तानिस्लाव्स्की	स्तानिस्लाव्स्की : अभिनेता की तैयारी
स्तानिस्लाव्स्की	स्तानिस्लाव्स्की : भूमिका की संरचना
स्तानिस्लाव्स्की	स्तानिस्लाव्स्की : रचना की प्रक्रिया
अपूर्वानन्द	सुन्दर का स्वप्न (मार्क्सवादी सौंदर्य दृष्टि से संबंधित लेख)
पद्‌मजा घोरपड़े	स्वातंत्र्योत्तर हिंदी कविता में प्रणय चित्रण
विद्या सिन्हा	स्वातन्त्र्योत्तर कहानी का परिदृश्य और फणीश्वरनाथ रेणु की कहानियां
डॉ. राजेन्द्र प्रसाद	तार सप्तक के कवियों की समाज चेतना
नेमिचन्द्र जैन	तीसरा पाठ
पुरुषोत्तम अग्रवाल	तीसरा रुख (पुरस्कृत)
डॉ. एस.टी. नरसिम्हाचारी	तेलुगु साहित्य : संदर्भ और समीक्षा
राजमल बोरा	तुलनात्मक अध्ययन : भारतीय भाषाएं और साहित्य
	तुलनात्मक अध्ययन : स्वरूप और समस्याएं
लल्लन राय	तुलसी की साहित्य साधना
डॉ. नगेन्द्र	तुलसी संदर्भ
सुधीश पचौरी	उत्तर यथार्थवाद
सुधीश पचौरी	उत्तर-आधुनिक साहित्यिक विमर्श
सं. देवीशंकर नवीन, सुशान्त कुमार मिश्र	उत्तर-आधुनिकता कुछ विचार
निर्मला जैन	उदात्त के विषय में
फ़िराक़ गोरखपुरी	उर्दू कविता
फ़िराक़ गोरखपुरी	उर्दू की इश्क़िया शायरी
वागीश शुक्ल	उर्दू साहित्य का देवनागरी में लिपिकरण
जानकी प्रसाद शर्मा	उर्दू साहित्य की परंपरा
चंद्रकांत बांदिवडेकर	उपन्यास : स्थिति और गति
राजेन्द्र यादव	उपन्यास : स्वरूप और संवेदना
परमानंद श्रीवास्तव	उपन्यास का पुनर्जन्म
डॉ. ए. अरविंदाक्षन	उपन्यास शिल्पी गिरिराज किशोर
सरिता राय	उपन्यासकार प्रेमचन्द की सामाजिक चिंता
विजयदेव नारायण साही	वर्धमान और पतनशील
डॉ. नलिनी श्रीवास्तव	वख्शी जी मेरे दादाजी
आचार्य विश्वनाथ प्रसाद मिश्र	वाङ्मय विमर्श
डॉ. चमनलाल	वर्तमान से रू-ब-रू : पाश
मनोहर लाल	वीरेन्द्र जैन का साहित्य
डॉ. रामविलास शर्मा	विराम चिन्ह
मदन सोनी	विषयान्तर
देवीशंकर अवस्थी	विवेक के रंग
रघुवीर सहाय	यथार्थ यथास्थिति नहीं

दलित साहित्य

रचनाकार	कृति
सं. अभय कुमार दुबे	आधुनिकता के आईने में दलित
सं. रमणिका गुप्ता	आदिवासी स्वर और नई शताब्दी
मोहनदास नैमिशराय	आल बाजार बंद है
मोहनदास नैमिशराय	अपने-अपने पिंजरे (भाग-1)
मोहनदास नैमिशराय	अपने-अपने पिंजरे (भाग-2)
पुन्नी सिंह, कमला प्रसाद, राजेन्द्र शर्मा	भारतीय दलित साहित्य : परिप्रेक्ष्य
शरणकुमार लिंबाले	दलित ब्राह्मण
शरणकुमार लिंबाले अनु. रमणिका गुप्ता	दलित साहित्य का सौंदर्य शास्त्र
डॉ. धर्मवीर	डॉ. अम्बेडकर के प्रशासनिक विचार
मीरा गौतम	गुरु रविदास की वाणी एवं महत्त्व
सं. राजकिशोर	हरिजन से दलित
शरण कुमार लिम्बाले	हिन्दू
डॉ. धर्मवीर	कबीर के आलोचक
डॉ. धर्मवीर	कबीर : डॉ. हजारीप्रसाद द्विवेदी का प्रक्षिप्त चिंतन–एक

डॉ. धर्मवीर	कबीर के कुछ और आलोचक-2
डॉ. धर्मवीर	कबीर और रामानंद : किंवदंतिया–दो
डॉ. धर्मवीर	कबीर बाज भी, कपोत भी, पपीहा भी–तीन
राजदेव सिंह	निर्गुण रामभक्ति और दलित जातियां
सं. शमीम शर्मा	पंचनाद : संतो की वाणी में क्रांति चेतना
नीतिश विश्वास	राष्ट्रनेता डॉ. बी.आर. अम्बेडकर

स्त्री–विमर्श

रचनाकार	कृति
तसलीमा नसरीन	औरत के हक में
विश्वमित्र शर्मा	औरतें पाकिस्तान बनाम हिन्दुस्तान
लुइस ब्राउन	यौन दासियां : विदेशों में स्त्री का क्रय-विक्रय
प्रभा खेतान	बाज़ार के बीच : बाज़ार के खिलाफ (भूमंडलीकरण और स्त्री के प्रश्न)
भवदेव पाण्डेय	बंग महिला : नारी मुक्ति का संघर्ष
साधना अग्रवाल	वर्तमान हिन्दी महिला कथा लेखक और दांपत्य जीवन
तसलीमा नसरीन	नष्ट लड़की नष्ट गद्य
लीला दुबे	लिंगभाव का मानव वैज्ञानिक अन्वेषण : प्रतिच्छेदी क्षेत्र
डॉ. धर्मवीर	सीमन्तनी उपदेश (एक अनाम हिन्दू महिला की पुस्तक)
सं. कामला प्रसाद	स्त्री : मुक्ति का सपना
महाश्वेता देवी	स्त्री पर्व
राधाकुमार	स्त्री संघर्ष का इतिहास (1800-1990)
राजकिशोर	स्त्री-पुरुष कुछ पुनर्विचार
मनमथनाथ गुप्त	स्त्री-पुरुष संबंधों का रोमांचकारी इतिहास
राजकिशोर	स्त्रीत्व का उत्सव
किरण बेदी	यह संभव है ('इट्स आलवेज पॉसिबल' का अनुवाद)

ग्रंथावली/रचनावली/समग्र

रचनाकार	कृति
आदिकवि सरलादास अनु. नीलाद्रि भूषण हरिचंदन	आदिपर्व (महाभारत)
आदिकवि सरलादास अनु. नीलाद्रि भूषण हरिचंदन	मध्यपर्व (महाभारत)
सं. विद्यानिवास मिश्र	आलम ग्रंथावली
डॉ. रामदेव शुक्ल	आनन्दघन
सं. मदन सोनी	अशोक वाजपेजी : चुनी हुई रचनाएं (दो खंड)
सं. विद्यानिवास मिश्र	भूषण ग्रंथावली
सं. विद्यानिवास मिश्र/ शिवदत्त चतुर्वेदी	देव की दीपशिखा
सं. चंद्रकांत वांदिवडेकर	धर्मवीर भारती ग्रंथावली (नौ खंड)
सं. भारत यायावर	फणीश्वरनाथ रेणु : चुनी हुई रचनाएं (तीन खंड)
गोविन्द मिश्र	गोविन्द मिश्र की चुनी हुई रचनाएं (तीन खण्ड)
सं. डॉ. राधावल्लभ त्रिपाठी	हजारीप्रसाद द्विवेदी संचयिता
सं. कमला प्रसाद	हरिशंकर परसाई : चुनी हुई रचनाएं (दो खंड)
राहुल सांकृत्यायन	हिमाचल : एक सांस्कृतिक यात्रा (दो खंड)
सं. रामविलास शर्मा	जहाज और तूफान (दो खंड)
सं. नन्दकिशोर	काव्य संमग्र : अलक्षित
नवल सिंह 'राकेश'	रामइकबाल
सं. यतींद्र मिश्र	कुंवर नारायण-संसार
सं. यतींद्र मिश्र	कुंवर नारायण-उपस्थिति
सं. निर्मला जैन	महादेवी साहित्य समग्र (तीन खंड)
सं. निर्मला जैन	महादेवी वर्मा संचयिता
सं. श्रीकांत	माखनलाल चतुर्वेदी ग्रंथावली (दस खंड)
सं. नामवर सिंह	मलयज की डायरी (तीन खंड)
कल्याण सिंह शेखावत	मीरा ग्रंथावली (दो खंड)
सं. शोभाकांत मिश्र	नागार्जुन : चुनी हुई रचनाएं (तीन खंड)
सं. रमेशचन्द्र शाह	निराला संचयिता
निर्मल वर्मा	निर्मल वर्मा-अंतर्यात्रा
सं. नन्द किशोर आचार्य	

निर्मल वर्मा	निर्मल वर्मा-अवलोकन
सं. नन्द किशोर आचार्य	
सं. अशोक वाजपेयी, अपूर्वानंद	पंत सहचर
सं. विद्यानिवास मिश्र, गोविंद रजनीश	रहीम ग्रंथावली
सं. रामचंद्र तिवारी	रामचंद्र शुक्ल संचयिता
टीकाकार विनायकराव	रामचरितमानस (तीन खंड)
सं. दिनेश शर्मा, आशा जोशी	रामप्रसाद बिस्मिल रचनावली
सं. विद्यानिवास मिश्र	रसखान रचनावली
सं. ध्रुव शुक्ल	त्रिलोचन संचयिता
इमरै बंघा	सनेह को मारग (घनानंद के पद व जीवनी)
सं. बिशन टंडन	सरस्वती सम्मान 1991-2000
सं. वीरन्द्र जैन	सर्वेश्वरदयाल सक्सेना ग्रंथावली (नौ खंड)
शिवमंगल सिंह 'सुमन'	शिवमंगल सिंह 'सुमन', समग्र (पांच खंड)
सं. बिशन टंडन	व्यास सम्मान

कोशग्रंथ

रचनाकार	कृति
गोविन्द झा	आरंभिक विज्ञान कोश
विमलाकांत राय चौधरी	भारतीय संगीत कोश
कमल नसीम	बृहत् उर्दू साहित्य कोश
पुष्कर सिंह कण्डारी	गढ़वाली मुहावरों-कहावतों का वृहद् संग्रह
डॉ. सी.ई. जीनी	हिंदी अंग्रेजी मिजो शब्द कोश
भोलानाथ तिवारी	हिंदी उच्चारण कोश
डॉ. सुधीन्द्र कुमार/ डॉ. रामप्रकाश	पत्रकारिता संदर्भ कोश
रूपनारायण बाथम	पारिभाषिक कला कोश
कुसुम खेमानी	सचित्र बाल हिंदी कोश
दु. का. संत	शोध विज्ञान कोश
हरदेव बाहरी	उच्चतर हिंदी अंग्रेजी कोश
हरदेव बाहरी	उच्चतर हिंदी कोश
कमल नसीम	उर्दू साहित्य कोश
सं. सूर्य प्रसाद दीक्षित	वृहद् हिंदी पत्र-पत्रिका कोश

मीडिया/पत्रकारिता

रचनाकार	कृति
प्रेमचन्द्र पातंजलि	आधुनिक विज्ञापन
राजीव चतुर्वेदी	आर्तनाद : (मानवाधिकारों की उपेक्षा और अपेक्षा)
घनश्याम पंकज	अग्रलेख
डॉ. ब्रह्मनंद	भारतीय स्वतन्त्रता आन्दोलन और उत्तर प्रदेश की हिंदी पत्रकारिता
श्रीकांत	बिहार में चुनाव : जाति, हिंसा बूथ लूट
डॉ. माणिक मृगेश	भूमंडलीकरण निजीकरण व हिन्दी
राही मासूम 'रजा'	सिनेमा और संस्कृति
सं. रविकांत	दीवान-ए-सराय : मीडिया विमर्श
अमृतलाल नागर	फिल्मक्षेत्रे-रंगक्षेत्रे
डॉ. ठाकुर दत्त आलोक	हिंदी पत्रकारिता और जनसंचार
अर्जुन तिवारी	हिंदी पत्रकारिता का वृहद् इतिहास
विनोद गोदरे	हिंदी पत्रकारिता स्वरूप और संदर्भ
सं. समकालीन सृजन	हिंदी सिनेमा का सच
मन्नू भंडारी	कथा-पटकथा
सुमित मोहन	मीडिया लेखन
कृष्ण बिहारी मिश्र	पत्रकारिता इतिहास और प्रश्न
राजकिशोर	पत्रकारिता के नये परिप्रेक्ष्य
कृपा शंकर चौबे	पत्रकारिता के उत्तर आधुनिक चरण
डॉ. सुधीन्द्र कुमार डॉ. रामप्रकाश	पत्रकारिता संदर्भ कोश
सुधीश पचौरी	प्रसार भारती प्रसारण नीति
सं. विष्णु खरे, सूर्यकांत बाली	राजेन्द्र माथुर संचयन (दो खंद)
मीरा रानी बल	राष्ट्रीय नवजागरण और हिंदी पत्रकारिता
माणिक मृगेश	समाचार पत्रों की भाषा
राजकिशोर	समकालीन पत्रकारिता मूल्यांकन और मुद्दे
हर्षदेव	उत्तर आधुनिक मीडिया तकनीक

प्रयोजनमूलक हिन्दी/भाषा विज्ञान/अनुवाद विज्ञान

रचनाकार	कृति
राजमणि शर्मा	आधुनिक भाषा विज्ञान
डॉ. रमण सिन्हा	अनुवाद और रचना का उत्तर जीवन
राजमल बोरा	अनुवाद क्या है
रीतारानी पालीवाल	अनुवाद प्रक्रिया एवं परिदृश्य
डॉ. सुरेश कुमार	अनुवाद सिद्धान्त की रूपरेखा
ब्रजमोहन	अर्थ विज्ञान
श्रीराम मुंढे	बीमा के तत्त्व
राजमल बोरा	भारत की भाषाएं

आचार्य किशोरीदास वाजपेयी	भारतीय भाषा विज्ञान
कैलाशचंद्र भाटिया	भारतीय भाषाएं और हिन्दी अनुवाद समस्या समाधान
डॉ. विनोद प्रसाद	भाषा और प्रौद्योगिकी
ब्रजमोहन	भाषा और व्यवहार
रवीन्द्रनाथ श्रीवास्तव	भाषा शिक्षण
डॉ. मधु धवन	भाषान्तरण कला एक परिचय
रवीन्द्रनाथ श्रीवास्तव	भाषाई अस्मिता और हिन्दी
डॉ. माणिक मृगेश	भूमंडलीकरण, निजीकरण व हिन्दी
सुवास कुमार	हिन्दी : विविध व्यवहारों की भाषा
महावीर प्रसाद द्विवेदी	हिन्दी भाषा
विजय अग्रवाल	हिन्दी भाषा अतीत से आज तक
राजमणि शर्मा	हिन्दी भाषा इतिहास और स्वरूप
भोलानाथ तिवारी	हिन्दी भाषा की संरचना
नारायण दास	हिंदी छंदोलक्षण
ब्रजमोहन	हिन्दी की प्रकृति और शुद्ध प्रयोग
आचार्य किशोरीदास वाजपेयी	हिन्दी की वर्तनी तथा शब्द विश्लेषण
आचार्य किशोरीदास वाजपेयी	हिन्दी निरुक्त
पी.सी.जैन	हिन्दी प्रयोग एक शैक्षिक व्याकरण
आचार्य किशोरीदास वाजपेयी	हिन्दी शब्द मीमांसा
शिवनारायण चतुर्वेदी	हिन्दी शब्द सामर्थ
रूपचंद गौतम	हिन्दी टंकण सिद्धान्त
उमेशचन्द्र शुक्ल	हिन्दी व्याकरण (रस छन्द अलंकार सहित)
तेजपाल चौधरी	हिन्दी व्याकरण विमर्श
त्रिलोकी नाथ गंजू	कश्मीरी भाषा का भाषा शास्त्रीय अध्ययन

रमेश मेहरोत्रा	मानक हिन्दी
भोलानाथ तिवारी/विजय कुलश्रेष्ठ	पत्र व्यवहार निर्देशिका
डॉ. सी.ई. जीनी	पूर्वांचल प्रदेश में हिन्दी भाषा और साहित्य (पुरस्कृत)
शिवनारायण चतुर्वेदी	प्रालेखन प्रारूप
भोलानाथ तिवारी/विजय कुलश्रेष्ठ	प्रारूपण टिप्पणी और प्रूफ पठन
डॉ. महेशचन्द्र गुप्त	प्रशासनिक हिन्दी ऐतिहासिक संदर्भ
विनोद गोदरे	प्रयोजनमूलक हिन्दी
सं. मदन मोहन उपाध्याय	पुरखौती (लोकोक्तियां, मुहावरे और पहेलियां)
एस.के. शर्मा	पुस्तकालय प्रशासन एवं प्रबंध
कैलाश चन्द्र भाटिया	राजभाषा हिन्दी
डॉ. राजकिशोर वासवानी	राजभाषा हिन्दी : विवेचना और प्रयुक्ति
माणिक मृगेश	राजभाषा विविधा
विद्यानिवास मिश्र	रीति विज्ञान
डॉ. आरसु	साहित्यानुवाद : संवाद और संवेदना
डॉ. सुभाष गौड़	सम्प्रेषण एवं बैंकिंग व्यवस्था
आचार्य किशोरीदास वाजपेयी	संस्कृति का पांचवां अध्याय
रूपचंद गौतम	सर्वोदय आशुलिपि
पाण्डेय शशिभूषण 'शीतांशु'	शैली और शैली विश्लेषण
डॉ. सुरेश कुमार	शैली विज्ञान
शिवनारायण चतुर्वेदी	टिप्पणी प्रारूप
ब्रजमोहन	विशेषण प्रयोग
रवीन्द्रनाथ श्रीवास्तव/भोलानाथ तिवारी	व्यावहारिक हिन्दी
कृष्ण कुमार गोस्वामी	व्यावहारिक हिन्दी और रचना
डॉ. प्रेमचन्द पातंजलि	व्यावसायिक हिन्दी
प्रो. रहमतुल्लाह	व्यावसायिक हिन्दी

आलोचना : अनुसंधान

रचनाकार	कृति
रुचिरा ढींगरा	गद्यकार बच्चन
देवेन्द्र इस्सर	आवारा हवाओं का मौसम
कृष्ण बिहारी मिश्र	परंपरा का पुरुषार्थ
सं. : गोपेश्वर सिंह	भक्ति आंदोलन के सामाजिक आधार
भारतभूषण अग्रवाल	हिंदी उपन्यास पर पाश्चात्य प्रभाव
अरविन्द तिवारी	आलोचना की साखी
शशिभूषण सिंहल	भारतीय स्वतंत्रता और हिंदी उपन्यास
सं. : डॉ. नगेन्द्र	विश्व साहित्यशास्त्र
ज्ञानचंद जैन	प्रेमचंद-पूर्व के हिन्दी उपन्यास
वीरभारत तलवार	राष्ट्रीय नवजागरण और साहित्य
श्रीचन्द्रधर शर्मा गुलेरी	पुरानी हिंदी और शेष रचनाएं
मधुरेश	राहुल का कथा-कर्म
विजयेन्द्र स्नातक	द्विवेदीयुगीन हिन्दी नवरत्न
सं. : डॉ. विष्णुदत्त शर्मा	गंगाष्टकम (रहीम विरचित)
काशीनाथ सिंह	आलोचना भी रचना है
कमल किशोर गोयनका	लघुकथा का व्याकरण
ए. अरविन्दाक्षन	कविता का कल और काल
दिविक रमेश	कविता के बीच से
वशिष्ठनारायण त्रिपाठी	रस और रस-परम्परा
देवेन्द्र चौबे	कथाकार अमृतलाल नागर
रमेश गौतम	भारत-दुर्दशा : सृजन-विश्लेषण और पाठ
रमेश गौतम	अंधेर नगरी : सृजन-विश्लेषण और पाठ
सुरेशचन्द्र चुलकीमठ	मोहन राकेश का साहित्य : समग्र मूल्यांकन
सं. : शशि मिश्र	शरद जोशी : एक यात्रा
कृपाशंकर सिंह/जगन सिंह	व्यवहारिक आलोचना
नन्दकिशोर नवल	समकालीन काव्य-यात्रा
नन्दकिशोर नवल	यथा प्रसंग
सं. : विभुकुमार	मिथक पुनर्सृजन : इला (प्रभाकर श्रोत्रिय का रंग-संसार)
रूपाली चौधरी	
मंजुलता विद्यार्थी	ऋषि दयानन्द की हिंदी भाषा और साहित्य को देन
सुनीता मंजनबैल	शंकर शेष : व्यक्तित्व एवं कृतित्व
प्रो. श्यामनंदन किशोर	छायावादी काव्य का मनोवैज्ञानिक विश्लेषण
जगदीशनारायण श्रीवास्तव	उपन्यास की शर्त
भक्तराम शर्मा	गांधीवाद और हिन्दी काव्य
भक्तराम शर्मा	प्रेमचंद और चेखव
ये.पी. चेलीशेव	प्रगतिशील भारतीय साहित्यकारों के छविचित्र (पुरस्कृत)
उषा सिंहल	निबंधकार हजारीप्रसाद द्विवेदी
रेखा शर्मा	निर्मल वर्मा और सुरेश जोशी का कथा-साहित्य
सुमन वर्मा	पढ़ने की कोशिश
केशव शर्मा	भारतीय दर्शन : एक अनुशीलन
सरिता वैद्य	नई कविता की भाषिक संरचना
सर्वेश कुमार दुबे	मध्यकालीन रामभक्ति साहित्य में सामाजिक चेतना
रणवीर रांग्रा	आस्वाद के आयाम
अजितकुमार	इधर की हिंदी कविता
राम अवतार अग्निहोत्री	शान्ता कुमार के उपन्यासों का सामाजिक एवं राजनीतिक विश्लेषण
वी. पी. मुहाम्मद कुंजमेत्तर	मसनवी कदमराव पदमराव
सं. : निशांत केतु	अग्निसागर की अग्निपरीक्षा
सं. : रमेशचन्द्र मिश्र	सुन्दर सवैया ग्रन्थ
सं. : रमेशचन्द्र मिश्र	सुन्दर साखी ग्रन्थ
सं. : रमेशचन्द्र मिश्र	सुन्दर पदावलीप्रौढ़ शिक्षार्थियों की शिक्षाप्राप्ति के
नसीम अहमद	वातावरण के घटक तत्त्व

निबंध

निबंधकार	निबंध/निबंध संग्रह
शिवप्रसाद 'सितारेहिंद'	राजा भोज का सपना
भारतेन्दु	कश्मीर कुसुम, बादशाह दर्पण, तदीय सर्वस्व, वैष्णवता और भारतवर्ष, जातीय संगीत, सूर्योदय, ईश्वर बड़ा विलक्षण है, एक अद्भुत अपूर्व स्वप्न, नाटकों का इतिहास, पांचवे पैगम्बर, स्वर्ग में विचार सभा
महावीर प्रसाद द्विवेदी	रसज्ञ रंजन, लेखांजलि, आत्मनिवेदन, कवि और कविता, सुतापराधे, जनकस्य दण्ड, नाट्यशास्त्र, कवि बनने के लिए सापेक्ष साधना, उपन्यास रहस्य

चंद्रधर शर्मा गुलेरी	अमंगल के स्थान पर मंगल शब्द, मारेसि मोहि कुठांव, कछुआ धर्म, विक्रमोर्वशी की मूल कथा
बालमुकुंद गुप्त	शिवशंभू का चिट्ठा, चिट्ठे और खत
बालकृष्ण भट्ट	साहित्य का सभ्यता से घनिष्ठ संबंध है, चन्द्रोदय, संसार महानाट्यशाला, साहित्य जनसमूह के हृदय का विकास है, आत्मगौरव, कालचक्र का चक्कर, एक अनोखा स्वप्न, साहित्य सरोज, भट्ट निबंधावली
प्रतापनारायण मिश्र	निबंध नवनीत, खुशामद, आप, बात, भौं, प्रताप पीयूष
सरदार पूर्ण सिंह	मजदूरी और प्रेम, सच्ची वीरता, अमेरिका का मस्त जोगी वाल्ट, ह्विटमैन, पवित्रता, कन्यादान, आचरण की सभ्यता
पद्मसिंह शर्मा	पद्म पराग
बाबू गुलाबराय	फिर निराश क्यों, मन की बातें, ढलुआ क्लब, मेरी असफलताएं, कुछ उथले कुल गहरे
रामचन्द्र शुक्ल	चिन्तामणि भाग-1, 2 (निबंध संग्रह) श्रद्धा और भक्ति, लज्जा और ग्लानि, कविता क्या है, उत्साह, करुणा, साधारणीकरण और व्यक्ति वैचित्र्यवाद, काव्य में रहस्यवाद, 'ईर्ष्या, लोभ और प्रीति', घृणा, काव्य में लोक मंगल की साधनावस्था, भारतेन्दु हरिश्चन्द्र, तुलसी का भक्ति मार्ग, मानस की धर्म भूमि, काव्य में अभिव्यंजनावाद
डॉ. संपूर्णानन्द	शिक्षा का उद्देश्य, समाजवाद, अधूरी क्रान्ति, आर्यों का आदि देश, भारत के देशी राज्य
पदुमलाल पुन्नालाल बख्शी	पंच पात्र
शिवपूजन सहाय	कुछ
माखनलाल चतुर्वेदी	साहित्य देवता, अमीर देवता, गरीब देवता
उग्र	बुढ़ापा, गाली
जयशंकर प्रसाद	काव्यकला तथा अन्य निबंध, यथार्थवाद और छायावाद, रस, रंगमंच, मौर्यों का राज्य-परिवर्तन
महादेवी वर्मा	साहित्यकार की आस्था तथा अन्य निबंध, काव्यकला, छायावाद, यथार्थ और आदर्श, शृंखला की कड़ियां, क्षणदा, चिंतन के क्षण, युद्ध और नारी, नारीत्व का अभिशाप, संधिनी, आधुनिक नारी, स्त्री के अर्थ स्वातन्त्र्य का प्रश्न, समाज और व्यक्ति, संस्कृति का प्रश्न, हमारा देश और राष्ट्रभाषा, संभाषण, भारतीय संस्कृति के स्वर
हजारीप्रसाद द्विवेदी	भारतीय संस्कृति की देन, काव्यकला, कविता का भविष्य, आम फिर बौरा गए, नई समस्याएं, अशोक के फूल, वसन्त आ गया, अवतारवाद, धर्म साधना का साहित्य, हिन्दी भक्ति साहित्य, साहित्य सहचर, नाखून क्यों बढ़ते हैं, ठाकुर की बटोर, प्राचीन भारत के कलात्मक विनोद, कुटज
नन्ददुलारे वाजपेयी	आधुनिक साहित्य, हिन्दी साहित्य, बीसवीं शताब्दी, नया साहित्य, नए प्रश्न, राष्ट्र भाषा की कुछ समस्याएं, रस सिद्धान्त, राष्ट्रीय साहित्य, हिन्दी साहित्य का आधुनिक युग
शान्तिप्रिय द्विवेदी	साहित्यिकी, संचारिणी, सामयिकी, जीवनयात्रा, धरातल, प्रतिष्ठान, साकल्य, आधान, समवेत, परिक्रमा, वृत्त और विकास
जैनेन्द्र कुमार	प्रस्तुत प्रश्न, जड़ की बात, मंथन, सोच विचार, पूर्वोदय, साहित्य का श्रेय और प्रेय, साहित्य और संस्कृति, इतस्ततः, समय और हम
दिनकर	मिट्टी की ओर, रेती के फूल, उजली आग, अर्द्धनारीश्वर, पंत, प्रसाद और मैथिलीशरण गुप्त
श्यामसुन्दर दास	हिन्दी साहित्य का वीरगाथा काव्य, भारतीय नाट्यशास्त्र, दिल्ली दरबार, बीसलदेव रासो, फतेहपुर सीकरी, देवनागरी और हिन्दुस्तानी
नगेन्द्र	विचार और अनुभूति, विचार और विवेचन, आलोचक की आस्था, आस्था के चरण, विचार विश्लेषण

लेखक	रचनाएं
रामवृक्ष बेनीपुरी	गेहूं और गुलाब, लाल तारा, बंदे वाणी विनायकौ
अज्ञेय	त्रिशंकु, सबरंग और कुछ राग, आत्मनेपद, आलवाल, लिखि कागद कोरे, छाया का जंगल, स्मृतिछन्दा, अद्यतन, भवंती, हिन्दी साहित्य : एक आधुनिक परिदृश्य
रामविलास शर्मा	प्रगति और परम्परा, भाषा साहित्य और संस्कृति, लोकजीवन और साहित्य, प्रगतिशील साहित्य की समस्याएं, विराम चिह्न, कथा विवेचन और गद्य शिल्प, स्वाधीनता और राष्ट्रीय मूल्य, परंपरा का मूल्यांकन
यशपाल	चक्कर क्लब, गांधीवाद की शव परीक्षा, बात-बात में मात, न्याय का संघर्ष, देखा सोचा समझा
कन्हैयालाल मिश्र प्रभाकर	महके आंगन चहके द्वार, बाजे पायलिया के घुंघरू, जिंदगी मुस्कराई
प्रभाकर माचवे	खरगोश के सींग
मुक्तिबोध	नई कविता का आत्मसंघर्ष तथा अन्य निबंध, नये साहित्य का सौंदर्यशास्त्र, एक साहित्यिक की डायरी, समीक्षा की समस्याएं, कला का तीसरा क्षण, सौंदर्य प्रतीति की प्रक्रिया, कलात्मक अनुभव, शमशेर : मेरी दृष्टि में, उर्वशी : मनोविज्ञान, उर्वशी : दर्शन और काव्य
विद्यानिवास मिश्र	छितवन की छांह, कदम की फूली डाल, वसन्त आ गया पर कोई उत्कंठा नहीं, परम्परा बंधन नहीं, मैंने सिल पहुंचाई, मेरे राम का मुकुट भीग रहा है, भ्रमरानन्द के पत्र, आंगन का पंछी और बेचारा मन, कंटीले तारों के पार पत्र, मेरा देश वापस लाओ
हरिशंकर परसाई	जैसे उनके दिन फिरे, पगडंडियों का जमाना, सदाचार का ताबीज, शिकायत मुझे भी, ठिठुरता हुआ गणतन्त्र, वैष्णव को फिसलन, विकलांग श्रद्धा का दौर, कहत कबीर, तब की बात और थी, तुलसीदास चंदन घिसे

लेखक	रचनाएं
देवेन्द्र सत्यार्थी	धरती गाती है, एक युग एक प्रतीक, रेखाएं बोल उठीं
उपेन्द्रनाथ अश्क	मंटोः मेरा दुश्मन
विजयदेवनारायण साही	लघुमानव के बहाने हिन्दी कविता पर एक बहस
धर्मवीर भारती	ठेले पर हिमालय, कहनी-अनकहनी, पश्यंती
शिवप्रसाद सिंह	शिखरों के सेतु
कुबेरनाथ राय	रस आखेटक, प्रिया नीलकंठी, विषाद योग
कृष्ण बिहारी मिश्र	बेहया का जंगल
लक्ष्मीकांत वर्मा	नये प्रतिमान पुराने निकष
निर्मल वर्मा	शब्द और स्मृति, कला का जोखिम, ढलान से उतरते हुए
डॉ. नामवर सिंह	बकलम खुद, इतिहास और आलोचना
विजयेंद्र स्नातक	चिंतन के क्षण
बनारसीदास चतुर्वेदी	हमारे आराध्य, साहित्य और जीवन
सं. प्रभाकर श्रोत्रिय	सर्जना का अग्निपथ
सं. प्रभाकर श्रोत्रिय	इक्कीसवीं शती का भविष्य
प्रभाकर श्रोत्रिय	समय समाज साहित्य
प्रभाकर श्रोत्रिय	समय का विवेक
एन.ई.विश्वनाथ अय्यर	घने केरतरुतले
सं. : ईश्वरप्रसाद वर्मा	मालवीय जी के सपनों का भारत
हजारीप्रसाद द्विवेदी	चुने हुए निबंध
हजारीप्रसाद द्विवेदी	पुनश्च
बाबू गुलाब राय	मेरे निबंध
बाबू गुलाब राय	राष्ट्रीयता
विद्या निवास मिश्र	अनछुए बिंदु
विद्या निवास मिश्र	बूंद मिले सागर में
विष्णु प्रभाकर	कलाकार का सत्य
रमेशचन्द्र शाह	नेपथ्य से
रमेशचन्द्र शाह	स्वधर्म और कालगति
श्रवणकुमार गोस्वामी	अटल जी के नाम एक धारावाहिक पत्र
अटल बिहारी वाजपेयी	नयी चुनौती : नया अवसर
अटल बिहारी वाजपेयी	विचार-बिन्दु
अटल बिहारी वाजपेयी	शक्ति से शान्ति
अटल बिहारी वाजपेयी	कुछ लेख कुछ भाषण
अटल बिहारी वाजपेयी	बिन्दु-बिन्दु विचार

अटल बिहारी वाजपेयी	राजनीति की रपटीली राहें
चन्द्रिकाप्रसाद शर्मा	अटल जी के पचहत्तर पड़ाव
चन्द्रिकाप्रसाद शर्मा	दुबरी दुबे
डॉ॰ शंकर दयाल शर्मा	हिन्दी भाषा और भारतीय संस्कृति
डॉ॰ शंकर दयाल शर्मा	एकत्व के मूल
डॉ॰ शंकर दयाल शर्मा	प्रगति के परिदृश्य
डॉ॰ शंकर दयाल शर्मा	हमारे पथ-प्रदर्शक
कन्हैयालाल नंदन	धार के आरपार
मुनमुन सरकार	तसलीमा का संघर्ष
विष्णुदत्त शर्मा	नारी और न्याय (पुरस्कृत)
विवेकी राय	गुरु गृह गयउ पढ़न रघुराई
अरविंद जैन	औरत होने की सज़ा (विधि लेख)
श्यामचन्द्र कपूर	आधुनिक निबंध
विजय अग्रवाल	निबंध सौरभ
मृदुला सिन्हा	क ख ग
शान्ता कुमार	क्रांति अभी अधूरी है
सं. : उमा शुक्ल/ माधुरी छेड़ा	गद्य-मालिका (गद्य-संग्रह)
जितेन्द्र सहाय	मनी प्लांट
सं. : डॉ. शिवगोपाल मिश्र	स्वतंत्रता परवर्ती हिंदी विज्ञान लेखक (भाग-1)
सं. : डॉ विष्णुदत्त शर्मा	स्वतंत्रता परवर्ती हिंदी विज्ञान लेखक (भाग-2)
शरद जोशी	नावक के तीर
मनोहर श्याम जोशी	उस देश का यारो क्या कहना
ज्ञान चतुर्वेदी	दंग में मुर्गा
राजेन्द्र अवस्थी	बैताल सुनो
सं. : प्रेमकिशोर पटाखा	हास्य-विनोद काव्य कोश
पी.एस. रामानुजं	बिल्ली की भाषा
हरिशंकर परसाई	पाखंड का अध्यात्म
राजेन्द्र त्यागी	खादी में पॉलिएस्टर
बरसानेलाल चतुर्वेदी	'द' से दलाल
बरसानेलाल चतुर्वेदी	हास्य-व्यंग्य के विविध रंग
रवीन्द्रनाथ त्यागी	लाल-पीले फूल
रवीन्द्रनाथ त्यागी	चम्पाकली
राजकुमार गौतम	वरंच
प्रेम जनमेजय	शर्म मुझको मगर क्यों आती ?
विजय अग्रवाल	राजनीति में रोमांस
ईशान महेश	प्रेरणा देने वाले
रामेश्वर काम्बोज 'हिमांशु'	खूंटी पर टंगी आत्मा
रमेश बक्षी	एक और पंचतंत्र
लतीफ घोंघी	नीर-क्षीर
प्रभाशंकर उपाध्याय	नाश्ता मंत्री का गरीब के घर
मुद्राराक्षस	मथुरादास की डायरी
अलका पाठक	समझौतों का देश (पुरस्कृत)
अश्विनी कुमार दुबे	अटैची संस्कृति
रामकुमार भ्रमर	चेहरे और चेहरे
सुदर्शन मजीठिया	छींटे
शरदेन्दु	चम्पतलाल जी
हरिकृष्ण तैलंग	जूता-चर्चा
गौरीशंकर राजहंस	प्रेक्टिस पोलिटिक्स की
सुधीर कुमार चौधरी	टोपीतंत्र जिन्दाबाद
आत्माराम	जब मैं लिखता हूं
डॉ0 मीनाक्षी स्वामी	लाला जी ने पकड़े कान
रघुनन्दन चिले	कदमताल
भरतराम भट्ट	अवसरवादी बनो
सुशांतकुमार डे/कलीम आनंद	हँसते-हँसते जीना

भारतीय काव्यशास्त्र

भरत मुनि का रस सूत्र

'तत्र विभावानुभाव व्याभिचारी संयोगाद्रस निष्पत्ति'

रस और उसके स्थायी भाव

स्थायी भाव	**रस**
रति	शृंगार
हास	हास्य
उत्साह	वीर
अमर्ष	रौद्र
भय	भयानक
विस्मय	अद्भुत
शोक	करुण
जुगुप्सा	वीभत्स
निर्वेद	शांत

रस सूत्र के व्याख्याता आचार्य	**सिद्धांत**
भट्ट लोल्लट	उत्पत्तिवाद
शंकुक	अनुमितिवाद
भट्टनायक	भुक्तिवाद
अभिनवगुप्त	अभिव्यक्तिवाद

प्रमुख सिद्धांत और उसके प्रवर्तक आचार्य

सिद्धांत	प्रवर्तक
रससिद्धांत	भरत
अलंकार सिद्धांत	भामह
रीति सिद्धांत	वामन
ध्वनि सिद्धांत	आनन्दवर्धन
वक्रोक्ति सिद्धांत	कुन्तक
औचित्य सिद्धांत	क्षेमेन्द्र

प्रमुख रचनाएं एवं उनके रचनाकार

नाट्यशास्त्र	भरतमुनि
लोचन	अभिनवगुप्त
ध्वन्यालोक	आनन्दवर्धन
काव्यालंकार	भामह
काव्यालंकार सूत्रवृत्ति	वामन
काव्यादर्श	दण्डी
काव्य प्रकाश	मम्मट
काव्यालंकार सारसंग्रह	उद्‌भट
औचित्य विचार चर्चा	क्षेमेन्द्र
चन्द्रालोक	जयदेव
वक्रोक्ति जीदितभ्	कुन्तक
दशरूपक	धनंजय
रसतरंगिनी	भानुमिश्र
सरस्वती कण्ठाभरण	भोजराज
शृंगार प्रकाश	भोजराज
काव्य मीमांसा	राजशेखर
काव्यालंकार	रुद्रट
अलंकार सर्वस्व	रुय्यक
उज्ज्वल नीलमणि	रूप गोस्वामी
साहित्य दर्पण	विश्वनाथ
रस गंगाधर	पं. राज जगन्नाथ

पाश्चात्य काव्यशास्त्र

आलोचक	पुस्तकें
प्लेटो	इओन, सिंपोसियोन, पोलितेइया, रिपब्लिक, फएद्रस
अरस्तु	पेरिपोइतिकेस (काव्यशास्त्र), भाषा शास्त्र
लौंजाइनस	पेरिइप्सुस
कॉलरिज	एड्स टू रिफ्लेक्शन, द फ्रेन्ड, बायोग्राफिया लिटरेरिया
वर्ड्सवर्थ	लिरिकल बैलेड्स
क्रोचे	एस्थेटिक
इलियट	एसेज एशेंट एंड माडर्न, द सेक्रेड वुड, ट्रेडिशन एण्ड इण्डिविजुअल टैलेण्ट
रिचर्ड्स	कॉलरिज ऑफ इमेजियान, प्रिंसिपल ऑफ लिट्रेरी क्रिटीसिज्म
पोप	ऐसे आन क्रिटिसिज्म
राल्फ फाक्स	नावल एण्ड द पीपल
लिविस	रिवेल्युएशंस, द कामन पर्स्यूट
जान क्रो रैन्सम	द वर्ल्डस बॉडी
विलियम एम्पसन	सेवेन टाइप ऑफ एंबिगुइटी
एलन टेट	दू फार लोन डेमन, ऑन दि लिमिट्स ऑफ पोयट्री
आर.पी. ब्लैकमर	लैंग्वेज एज जैसचर
केनेथ बर्क	ए ग्रामर ऑफ मोटिक्स
आर.एस. क्रेन	क्रिटिक्स एण्ड क्रिटिसिज्म

आलोचक	सिद्धांत
अरस्तु	अनुकरण, त्रासदी, विरेचन
लौंजाइनस	उदात्त
रिचर्ड्स	मूल्य सिद्धांत, सम्प्रेषण, अर्थमीमांसा
इलियट	निर्वैयक्तिकता का सिद्धांत, वस्तुनिष्ठ समीकरण
क्रोचे	अभिव्यंजनावाद, सहजानुभूति
हीगेल	द्वन्द्ववाद
कार्ल मार्क्स	द्वन्द्वात्मक भौतिकवाद
जार्ज लुकाच	यथार्थ
क्लींथ ब्रुक्स	विडम्बना और विसंगति, अंतर्विरोध
एलन टेट	तनाव
जाक देरिदा	उत्तर सरंचनावाद, विखण्डनवाद
कॉलरिज	कल्पना सिद्धांत
विलियम एम्पसन	एम्बीगुइटी, अनेकार्थता
वी.के. विमसाट	सार्वभौमिक मूर्तविधान
नार्थप फ्राई	मिथकीय समीक्षा
वर्ड्सवर्थ	स्वच्छन्दतावाद
लारेन्स	अन्तश्चेतनावादी यथार्थवाद
कार्ल मार्क्स	मार्क्सवादी यथार्थवाद
फ्रायड	फ्रायडियन यथार्थवाद
फ्लावर्ट	कुत्सित यथार्थवाद
डेकार्ट और लॉक	दार्शनिक यथार्थवाद
राबर्ट प्रेन वारेन	आइरनी

रेखाचित्र–संस्मरण

लेखक	रचना
महावीर प्रसाद द्विवेदी	अनुमोदन का अंत, सभा की सभ्यता, विज्ञानाचार्य बसु का विज्ञान-मंदिर
पदम सिंह शर्मा	पद्म पराग
बनारसी दास चतुर्वेदी	हमारे आराध्य, संस्मरण, रेखाचित्र, सेतुबन्ध
श्रीराम शर्मा	प्राणों का सौदा, जंगल के जीव, वे कैसे जीते हैं, बोलती प्रतिमा, शिकार
रामवृक्ष बेनीपुरी	लाल तारा, माटी की मूरतें, गेंहू और गुलाब, मील के पत्थर, जंजीरें और दीवारें
प्रकाशचन्द्र गुप्त	पुरानी स्मृतियां, रेखाचित्र, मिट्टी के पुतले
कन्हैयालाल मिश्र प्रभाकर	जिन्दगी मुस्कराई, माटी हो गई सोना, क्षण बोले कण मुस्कराए, भूले हुए चेहरे, दीप जले शंख बजे
विनयमोहन शर्मा	रेखा और रंग
शिवपूजन सहाय	वे दिन वे लोग
शान्तिप्रिय द्विवेदी	स्मृतियां और कृतियां, परिव्राजक की प्रजा, पथ चिह्न
देवेन्द्र सत्यार्थी	रेखाएं बोल उठी
उपेन्द्रनाथ अश्क	रेखाएं और चित्र, मंटो मेरा दुश्मन, ज्यादा अपनी कम परायी
विष्णु प्रभाकर	कुछ शब्द · कुछ रेखाएं, मेरे अग्रज मेरे गीत, यादों की तीर्थ यात्रा
भगवतशरण उपाध्याय	वो दुनिया
राहुल सांकृत्यायन	बचपन की स्मृतियां, जिनका मैं कृतज्ञ, मेरे असहयोग के साथी
नगेन्द्र	चेतना के बिम्ब
सेठ गोविन्द दास	स्मृति कण, चेहरे-जाने पहचाने
माखनलाल चतुर्वेदी	समय के पांव
रामधारी सिंह 'दिनकर'	लोकदेव नेहरू, संस्मरण और श्रद्धांजलि
कृष्णा सोबती	हम हशमत
अज्ञेय	स्मृतिलेखा
महादेवी वर्मा	अतीत के चलचित्र, स्मृति की रेखाएं, पथ के साथी, स्मारिका, मेरा परिवार
अजित कुमार	बच्चन निकट से
पदुमलाल पुन्नालाल बक्शी	अन्तिम अध्याय
अनीता राकेश	चंद संतरे और
कमलेश्वर	मेरा हमदम मेरा दोस्त
क्षेमचन्द्र सुमन	रेखाएं और संस्मरण
रामनाथ सुमन	मैंने स्मृति के दीप जलाए
विष्णुकांत शास्त्री	स्मरण को पाथेय बनने दो
शंकरदयाल सिंह	कुछ ख्वाबों में कुछ ख्यालों में
भगवतीचरण वर्मा	अतीत के गर्त से
मैथिलीशरण गुप्त	श्रद्धांजलि संस्मरण
हरिवंशराय बच्चन	नये पुराने झरोखे
राजेन्द्र यादव	औरों के बहाने
प्रतिभा अग्रवाल	सृजन का सुख-दुख
रामेश्वर शुक्ल अंचल	युगपुरुष
पद्मा सचदेव	दीवानखाना
भीमसेन त्यागी	आदमी से आदमी तक
फणीश्वरनाथ रेणु	वन तुलसी की गंध
राजा राधिकारमण प्रसाद सिंह	टूटा तारा, मौलवी साहेब, देवी बाबा
रामकुमार वर्मा	संस्मरणों के सुमन
भगवतीशरण सिंह	रस गगन गुफा में
ये.पी. चेलीशेव	निरालाः जीवन और संघर्ष के मूर्तिमान रूप
रवीन्द्र कालिया	गालिब घुटी शराब
कांति कुमार जैन	लौटकर आना नहीं होगा
पुष्पा भारती	ढाई आखर प्रेम के
मनोहर श्याम जोशी	लखनऊ मेरा लखनऊ
रमेशचन्द्र द्विवेदी	मैंने फिसक को देखा था
अमृता प्रीतम	अज्ञात का निमंत्रण
अमृता प्रीतम	सितारों के संकेत
अमृता प्रीतम	सपनों की नीली-सी लकीर
अमृता प्रीतम	अनंत नाम जिज्ञासा (आध्यात्मिक सत्य कथाएँ)
अमृता प्रीतम	सितारों के अक्षर किरनों की भाषा
अमृता प्रीतम	मन मिर्ज़ा तन साहिबाँ
अमृता प्रीतम	अक्षर-कुण्डली
सं. : इमरोज़	मन-मंथन की गाथा (अमृता प्रीतम की तकरीरें)
सं. : प्रो. मंगलमूर्ति	हिन्दी-भूषण शिवपूजन सहाय पत्रों के आईने में

राज बुद्धिराजा	स्वामी दयानंद सरस्वती
राज बुद्धिराजा	हाशिये पर
राज बुद्धिराजा	दिल्ली : अतीत के झरोखे से
डॉ. राज बुद्धिराजा	कुछ खरा, कुछ खोटा
रवीन्द्र कालिया	सृजन के सहयात्री
सं. : कमलकिशोर गोयनका	हजारीप्रसाद द्विवेदी : कुछ संस्मरण
सं. : कमलकिशोर गोयनका	जिज्ञासाएँ मेरी : समाधान बच्चन के
रमेश बक्षी	सूरज में लगे धब्बा
भानुप्रताप शुक्ल	कीर्तिकलश
भानुप्रताप शुक्ल	समर्पण
स्वामी सच्चिदानंद	मेरे अनुभव
माइ लंडन	[illegible]ना प्रभु
सं. : सुधीर विद्यार्थी	कर्मवीर पं. सुन्दरलाल : कुछ संस्मरण
सं. : हरगोविन्द गुप्त	कलानिधि-कौस्तुभ : राय कृष्णदास
सं. : ओंकार शरद	लोहिया स्मरण
सं. : श्रवण कुमार	मैं : मेरी कहानी
श्रवण कुमार गोस्वामी	लौह कपाट के पीछे
राममनोहर त्रिपाठी	रोज़नामचा (डायरी)
ललित शुक्ल	पार्वती के कंगन (रिपोर्ताज़)
गिरिराज किशोर	सप्तपर्णी
रामनिरंजन शर्मा 'ठिमाऊ'	एकांत के क्षण
सुरेन्द्र तिवारी	कथा रंग
सं. : विष्णु प्रभाकर	आशारानी व्होरा : एक सार्थक रचना-यात्रा
सं. : भरत यायावर	महावीरप्रसाद द्विवेदी का महत्त्व
नरेन्द्र मोहन	साथ-साथ मेरा साया
शान्ता कुमार	राजनीति की शतरंज
सं. : पूर्णिमा सेठी	समर्पण के प्रतिमान : सुंदरसिंह भंडारी
उषा महाजन	खुशवंत सिंह : जिन्हें मैंने जाना
शान्ता कुमार	दीवार के उस पार (जेल डायरी)
रणवीर रांग्रा	मनीषियों के संग
कन्हैयालाल नंदन	धार के आरपार
श्रीलाल शुक्ल	अगली शताब्दी का शहर
यह घर मेरा नहीं	श्रीलाल शुक्ल
सं. : कमलेश्वर	मेरा हमदम मेरा दोस्त
कमलेश्वर	अपनी निगाह में
खुशवंत सिंह	मेरे मित्र : कुछ महिलाएँ, कुछ पुरुष
शिवपूजन सहाय	जीवन-दर्पण
अमृता प्रीतम	एक थी सारा
अमृता प्रीतम	काया के दामन में
अमृता प्रीतम	शक्ति कणों की लीला
अमृता प्रीतम	काल चेतना

यात्रा–वृतांत

लेखक	**यात्रा वृतांत**
भारतेन्दु हरिश्चन्द्र	सरयूपार की यात्रा, लखनऊ की यात्रा, मेहदावल की यात्रा
स्वामी सत्यदेव परिव्राजक	मेरी कैलाश यात्रा, मेरी जर्मन यात्रा, यात्री मित्र
राहुल सांकृत्यायन	मेरी तिब्बत यात्रा, मेरी लद्दाख, यात्रा, तिब्बत में सवा वर्ष, चीन में कम्यून, चीन में क्या देखा, यात्रा के पन्नें, किन्नर देश में
रामवृक्ष बेनीपुरी	पैरों में पंख बांधकर, उड़ते चलो उड़ते चलो
यशपाल	लोहे की दीवार के दोनों ओर, राह बीती
अज्ञेय	अरे यायावर रहेगा याद, एक बूंद सहसा उछली
भगवतशरण उपाध्याय	कलकत्ता से पेकिंग, सागर की लहरों पर, वह दुनिया में
रामधारी सिंह 'दिनकर'	देश-विदेश, मेरी यात्राएं
प्रभाकर माचवे	गोरी नजरों में हम
मोहन राकेश	आखरी चट्टान तक
प्रभाकर द्विवेदी	पार उतरि कहं जइहौ, धूप में सोई नदी
रघुवंश	हरी घाटी
धर्मवीर भारती	यादें यूरोप की
निर्मल वर्मा	चीड़ों पर चांदनी, धुंध से उठती धूल
नगेन्द्र	आप्रवासी की यात्राएं, तंत्रलोक से यंत्र लोक तक
शंकरदयाल सिंह	गांधी के देश से लेनिन के देश में
श्रीकांत वर्मा	अपोलो का रथ
कमलेश्वर	खंडित यात्राएं

कन्हैयालाल नंदन	धरती लाल गुलाबी चेहरे
विष्णु प्रभाकर	ज्योतिपुंज हिमालय, हंसते निर्झर : दहकती भट्टी
अजित कुमार	सफरी झोले में
अंतहीन आकाश	विश्वनाथ प्रसाद तिवारी
यात्रा के पन्ने	राहुल सांकृत्यायन
राहुल सांकृत्यायन	एशिया के दुर्गम भूखण्डों में
विष्णु प्रभाकर	हंसते निर्झर : दहकती भट्ठी
कमलेश्वर	कश्मीर : रात के बाद,
संः डॉ. चन्द्रिका प्रसाद शर्मा	अटल जी की अमेरिका-यात्रा
कृष्णदत्त पालीवाल	जापान में कुछ दिन
हिमांशु जोशी	यात्राएं
शिवप्रसाद सिंह	साब्जा पत्र कथा कहे
विश्वनाथप्रसाद तिवारी	आत्म की धरती
प्रणवकुमार वंद्योपाध्याय	शायद वसंत
कृष्ण कुमार	अब्दुल मजीद का छुरा
गिरधर राठी	नये चीन में दस दिन
अजितकुमार	यहां से कहीं भी
प्रदीप पंत	महादेश की दुनिया
प्रदीप पंत	कुछ और सफर
प्रदीप पंत	लौटने से पहले
शुभ्रा मुखोपाध्याय	जाना-अनजाना चीन
सच्चिदानंद	विदेश यात्रा के प्रसंग
सच्चिदानंद	हिमालय के प्रांगण में
विजय सहगल	आस्था की डगर पर
सुदर्शन वशिष्ठ	कैलास पर चांदनी
केडिया ऋषि	हवा को आने दो
द्रोणवीर कोहली	देवताओं की घाटी
राजेन्द्र अवस्थी	हवा में तैरते हुए
इन्दु जैन	पन्नों की तरह चुप
रामदरश मिश्र	तना हुआ इन्द्रधनुष
सेठ गोविंददास	हमारा प्रधान उपनिवेश, पृथ्वी परिक्रमा, सुदूर दक्षिण पूर्व
शिवानी	यात्रिक
धर्मवीर भारती	यात्रा चक्र

आत्मकथाएं

लेखक	**आत्मकथा**
बनारसी दास जैन	अर्धकथानक (पद्यात्मक)
सत्यानन्द अग्निहोत्री	मुझमें देव जीवन का विकास
स्वामी दयानन्द	जीवन-चरित्र
श्यामसुन्दर दास	मेरी आत्मकहानी
राहुल सांकृत्यायन	मेरी जीवन यात्रा (पांच भाग)
वियोगी हरि	मेरा जीवन प्रवाह
यशपाल	सिंहावलोकनि (तीन खंड)
शान्तिप्रिय द्विवेदी	परिव्राजक की प्रजा
देवेन्द्र सत्यार्थी	चांद सूरज के बीरन (तीन खंड), नील यक्षिणी
चतुरसेन शास्त्री	यादों की परछाइयां, मेरी आत्मकहानी
सेठ गोविन्द दास	आत्मनिरीक्षण
देवराज उपाध्याय	बचपन के दो दिन, यौवन के द्वार पर
पदुमलाल पुन्नालाल बख्शी	मेरी अपनी कथा
पाण्डेय बेचन शर्मा उग्र	अपनी खबर
हरिवंशराय बच्चन	क्या भूलूं क्या याद करूं, नीड़ का निर्माण फिर, बसेरे से दूर, दशद्वार से सोपान तक
वृन्दावनलाल वर्मा	अपनी कहानी
नगेन्द्र	अर्धकथा
रामदरश मिश्र	जहां मैं खड़ा हूं (तीन भाग), सहचर है समय
हंसराज रहबर	मेरे सात जन्म, (चार भाग)
राजेन्द्र प्रसाद	आत्मकथा
बलराज साहनी	मेरी फिल्मी आत्मकथा
सुमित्रानन्दन पंत	साठ वर्ष : एक रेखांकन
रामविलास शर्मा	घर की बात
कन्हैयालाल मिश्र प्रभाकर	तपती पगडंडियों पर पदयात्रा
अमृतलाल नागर	टुकड़े-टुकड़े दास्तान
कमलेश्वर	गर्दिश के दिन
विष्णुचन्द्र शर्मा	मुक्तिबोध की आत्मकथा

रिपोर्ताज

लेखक	**रिपोर्ताज**
शिवदान सिंह चौहान	लक्ष्मीपुरा
रांगेय राघव	तूफानों के बीच
प्रकाशचन्द्र गुप्त	स्वराज्य भवन, अल्मोड़े का बाजार, बंगाल का अकाल
उपेन्द्रनाथ अश्क	पहाड़ों में प्रेममय संगीत
भदन्त आनन्द कौसल्यायन	देश की मिट्टी बोलती है

शिवसागर मिश्र	वे लड़ेंगे हजार साल
धर्मवीर भारती	युद्ध यात्रा
कन्हैयालाल मिश्र प्रभाकर	क्षण बोले कण मुस्कराए
शमशेर बहादुर सिंह	प्लाट का मोर्चा
श्रीकांत वर्मा	अपोलो का रथ, मुक्तिफौज
फणीश्वरनाथ रेणु	ऋणजल धनजल, नेपाल क्रांति कथा, श्रुत-अश्रुत पूर्व, एकलव्य के नोट्स
भगवतशरण उपाध्याय	खून के छींटे
रामकुमार वर्मा	पेरिस के नोट्स
विवेकी राय	बाढ़! बाढ़!! बाढ़!!!, जुलूस रुका है
कैलाश नारद	धरती के लिए
निर्मल वर्मा	प्राग : एक कथन
कमलेश्वर	क्रांति करते हुए आदमी को देखना

जीवनियां

लेखक	**जीवनी**
जैनेन्द्र कुमार	अकाल पुरुष : गांधी
हंसराज रहबर	उत्तरयोगी : श्री अरविन्द
अमृतलाल नागर	चैतन्य महाप्रभु
राधाकृष्ण दास	आर्य चरितामृत बप्पारावल, भारतेन्दु हरिश्चन्द्र
रामवृक्ष बेनीपुरी	जयप्रकाश नारायण, कार्ल मार्क्स, स्टालिन
राहुल सांकृत्यायन	कार्ल मार्क्स, स्टालिन, माओ त्से तुंग, लेनिन
शिवनन्द सहाय	हरिश्चन्द्र
ब्रजरत्न दास	भारतेन्दु हरिश्चन्द्र
शिवरानी देवी	प्रेमचन्द घर में (1944 ई)
अमृत राय	कलम का सिपाही (1962 ई.)
मदन गोपाल	कमल का मजदूर (1964 ई.)
रामविलास शर्मा	निराला की साहित्य साधना (1969 ई.)
शोभाकान्त	बाबूजी (नागार्जुन की जीवनी)
विष्णु प्रभाकर	आवारा मसीहा (शरतचन्द्र चट्टोपाध्याय की जीवनी)
विष्णुचन्द्र शर्मा	अग्नि सेतु, मुक्तिबोध की जीवनी
जगदीशचन्द्र माथुर	जिन्होंने जीना जाना
गंगाप्रसाद पाण्डेय	महाप्राण निराला
शान्ति जोशी	सुमित्रानन्दन पंत : जीवनी और साहित्य
शान्ता कुमार	विश्व-विजेता विवेकानंद
शान्ता कुमार	आजादी का मसीहा सुभाषचन्द बोस
परमहंस प्रमोद	आल्हा-ऊदल
शिवनाथ	श्री अरविन्द की साहित्य-चिंतन
दुर्गाप्रसाद नौटियाल	नारायणदत्त तिवारी : एक जीवनी
दुर्गाप्रसाद नोटियाल	वैज्ञानिकों के वैज्ञानिक : डॉ. आत्माराम
श्रवणकुमार	नेताजी सुभाषचन्द्र बोस : सूक्तियां एवं संदेश
जगतराम आर्य	स्वामी दयानंद की जीवन-यात्रा
सं. : प्रो. मंगलमूर्ति	हिन्दी-भूषण शिवपूजन सहाय
सुषमा विज	शान्ताकुमार : व्यक्तित्व एवं कृतित्व
विनोद कुमार मिश्र	महान तत्वज्ञानी अष्टावक्र
विनोद कुमार मिश्र	विकलांग विभूतियों की जीवनगाथाएं
विनोद कुमार मिश्र	कमजोर तन : मजबूत मन
विनोद कुमार मिश्र	नेपोलियन बोनापार्ट
श्रवण कुमार	भारतीय प्रक्षेपास्त्र के जनक भारतरल डॉ. ए.पी.जे. अब्दुल कलाम
नानकचंद रत्तू	डॉ. अम्बेडकर : जीवन के अंतिम कुछ वर्ष
श्रीरामवृक्ष बेनीपुरी	जयप्रकाश नारायण : एक जीवनी
विष्णु प्रभाकर	अमर शहीद भगतसिंह
लाला लाजपतराय	छत्रपति शिवाजी
लाला लाजपतराय	योगिराज श्रीकृष्ण
लाला लाजपतराय	युग-प्रवर्तक स्वामी दयानंद
लाला लाजपतराय	युवा मुनि पं. गुरुदत्त विद्यार्थी
राजेन्द्रमोहन भटनागर	अवधूत लोहिया
राजेन्द्रमोहन भटनागर	डॉ. अम्बेडकर : जीवन-मर्म
राजेन्द्रमोहन भटनागर	डॉ. अम्बेडकर : चिन्तन और विचार
राजेन्द्रमोहन भटनागर	वीरांगना लीला पाटील
सं. : बलदेव वंशी	संत कवि दादू
नवीन चावला	मात तेरेसा
डॉ. चन्द्रिका प्रसाद शर्मा	स्वामी पुनीताचारी
डॉ. चन्द्रिका प्रसाद शर्मा	कवि राजनेता : अटल बिहारी वाजपेयी

भेंटवार्ताएं

लेखक	भेंटवार्ता
बनारसी दास चतुर्वेदी	रत्नाकर जी से बातचीत, प्रेमचन्द जी के साथ दो दिन
पद्म सिंह शर्मा 'कमलेश'	मैं इनसे मिला
केशवचन्द्र वर्मा	शार्टकट की संस्कृति
बेनीमाधव 'शर्मा'	कवि दर्शन
मनोहर श्याम जोशी	बातों बातों में
कमल किशोर गोयनका	जिज्ञासाएं मेरी : समाधान बच्चन के, अभिमन्यु अनत : एक बातचीत
कर्णसिंह चौहान	साक्षात्कार : डॉ. रामविलास शर्मा से बातचीत
कैलाश कल्पित	साहित्यकारों के संग, साहित्य के साथी, साहित्य साधिकाएं
गोविन्द मिश्र	लेखक की जमीन
अज्ञेय	रचना क्यों और किनके बीच, अपरोक्ष
रामधारी सिंह 'दिनकर'	शेष निःशेष, वट पीपल
देवेन्द्र सत्यार्थी	कला के हस्ताक्षर
वीरेन्द्र कुमार गुप्त	समय और हम
सुरेश सिन्हा	हिन्दी कहानी और फैशन
माजदा असद	मेरी मुलाकातें
अमृता प्रीतम	शौक सुराही
प्रभाकर माचवे	जैनेन्द्र के विचार
रामावतार	समय, समस्या और सिद्धांत
ओमप्रकाश सिंघल	गद्य के नये आयाम

डायरियां

लेखक	डायरी
घनश्याम दास बिड़ला	डायरी के पन्ने
धीरेन्द्र वर्मा	मेरी कालिज डायरी
सियारामशरण गुप्त	दैनिकी
उपेन्द्रनाथ अश्क	ज्यादा अपनी कम परायी (कुछ अंश संकलित)
अज्ञेय	बर्लिन की डायरी (एक बूंद सहसा उछली में संकलित)
हरिवंशराय बच्चन	प्रवास की डायरी
रामधारी सिंह दिनकर	दिनकर की डायरी
रघुवीर सहाय	दिल्ली मेरा परदेश
राजेन्द्र अवस्थी	सैलानी की डायरी
मुक्तिबोध	एक साहित्यिक की डायरी
अजित कुमार	अंकित होने दो
मोहन राकेश	मोहन राकेश की डायरी
रवीन्द्र कालिया	स्मृतियों की जन्मपत्री
रामविलास शर्मा	पंचरत्न
फणीश्वरनाथ रेणु	वन तुलसी की गंध
शमशेर बहादुर सिंह	शमशेर की कुछ गद्य रचनाएं
शान्ता कुमार	एक मुख्यमंत्री की डायरी
जयप्रकाश नारायण	मेरी जेल डायरी
चन्द्रशेखर	मेरी जेल डायरी

निबंध/वैचारिक लेख/भेंटवार्ताएं

रचनाकार	रचना
धर्मवीर भारती	अक्षर अक्षर यज्ञ
भीष्म साहनी	अपनी बात
गोविन्द मिश्र	और यात्राएं...
विश्वनाथ प्रसाद	आम आदमी की लालटेन
विद्यानिवास मिश्र	आंगन का पंछी और बंजारा मन
वीरेन्द्र जैन	अभिवादन और खेद सहित
नागार्जुन	बम भोलेनाथ
विद्यानिवास मिश्र	भारतीयता की पहचान
रामदरश मिश्र	भोर का सपना
विश्वनाथ प्रसाद	चौरे का दीया
फणीश्वरनाथ रेणु	चिठिया हो तो हर कोई बांचें
विद्यानिवास मिश्र	गिर रहा है आज पानी
विद्यानिवास मिश्र	गांव का मन
प्रयाग शुक्ल	घर और बाहर
फ़िराक़ गोरखपुरी	गुफ्तगू
फ़िराक़ गोरखपुरी	हमारा सबसे बड़ा दुश्मन
नासिरा शर्मा	जहां फव्वारे लहू रोते हैं
रामविलास शर्मा	कवियों के पत्र (मैथिलीशरण गुप्त से शिवमंगलसिंह सुमन तक)
गिरिराज किशोर	कथ अकथ
राही मासूम रजा	खुदा हाफिज कहने का मोड़
शिवप्रसाद सिंह	किस-किसको नमन करूं (संपूर्ण निबंध) शिवप्रसाद सिंह
नरेन्द्र कोहली	किसे जगाऊं
के. विक्रम सिंह	कुछ ग़मे-दौरा

राही मासूम रजा	लगता है बेकार गए हम
फ़िराक़ गोरखपुरी	मन आनम (फ़िराक़ के पत्र)
शिवप्रसाद सिंह	मानसी गंगा
तसलीमा नसरीन	प्रिय तसलीमा नसरीन
विद्यानिवास मिश्र	पीपल के बहाने
नरेन्द्र कोहली	प्रतिनाद
विद्यानिवास मिश्र	राग बोध और रस
उदयप्रकाश	ईश्वर की आंख
सं. विद्या बिन्दु सिंह	साल भर पर्व
सुधाकर पाण्डेय	स्वाधीन भारत
पुष्पा भारती	सफर सुहाने
प्रयाग शुक्ल	सम पर सूर्यास्त
कृष्णदत्त पालीवाल	समय से संवाद
विद्यानिवास मिश्र	संचारिणी
महादेवी	संकल्पिता
विद्यानिवास मिश्र	सोहम्
धर्मवीर भारती	शब्दिता
नरेन्द्र कोहली	स्मरामि
कृपाशंकर चौबे	संवाद चलता रहे
विद्यानिवास मिश्र	शेफाली झर रही है
रामविलास शर्मा	तीन महारथियों के पत्र (वृंदावन लाल वर्मा, किशोरीदास वाजपेयी व बनारसीदास चतुर्वेदी
सुधाकर पाण्डेय	उग्र के पत्र
धर्मवीर भारती	यात्राचक्र
मधुरेश	यशपाल के पत्र

आत्मकथा/डायरी/जीवनी/संस्मरण

रचनाकार	**रचना**
विशन टंडन	आपात्काल एक डायरी : प्रधानमंत्री कार्यालय से (भाग-1)
महेश भट्ट	अब मैं कौन हूं ऐन फ्रैंक की डायरी (नाज़ियों के कत्लेआम की बर्बर दास्तान)
शिवाजी सावंत	ऐसे लोग ऐसी बातें
आलोक तोमर	एक हरा-भरा अकाल
एयर चीफ मार्शल पी.सी. लाल	एक वैमानिक की कथा
एम. एफ. हुसैन	एम.एफ. हुसैन की कहानी : अपनी ज़ुबानी
सौम्य वंद्योपाध्याय	अमिताभ बच्चन
के. जे. अल्फोंस	बदलाव के लिए
कुमार सुरेश सिंह	बिरसा मुण्डा और उनका आन्दोलन
रवीन्द्र जैन	सुनहरे पल
पुष्पा भारती	सरस संवाद
पूरन मुद्गल	शब्द के आठ कदम
डॉ. विक्रम सिंह	सूरज चांदनी रात में
भगवतीशरण सिंह	रस गगन गुफा में
राजेन्द्र यादव	वे देवता नहीं हैं
पद्मा सचदेव	बूंद बावड़ी
पुष्पा भारती	ढाई आखर प्रेम के
तसलीमा नसरीन	मेरे बचपन के दिन (आत्मकथा-1)
तसलीमा नसरीन	उत्ताल हवा (आत्मकथा-2)
तसलीमा नसरीन	द्विखंडित (आत्मकथा-3)
तसलीमा नसरीन	वे अंधेरे दिन (आत्मकथा-4)
रवीन्द्र कालिया	ग़ालिब छुटी शराब
आर. वेंकटरामन	जब मैं राष्ट्रपति था
महेश भट्ट	जागी रातों के किस्से
राजेन्द्र यादव	जवाब दो विक्रमादित्य
महेश भट्ट	ज़िद जीतने की
आशा प्रसाद	कस्तूरबा, कमला, प्रभावती
धर्मवीर भारती	कुछ चेहरे कुछ चिन्तन
कांति कुमार जैन	तुम्हारा परसाई
मनोहर श्याम जोशी	लखनऊ मेरा लखनऊ
कांति कुमार जैन	लौट कर आना नहीं होगा
रमेशचन्द्र द्विवेदी	मैंने फ़िराक़ को देखा था
हंसराज रहबर	मेरे सात जन्म-1
	मेरे सात जन्म-2
	मेरे सात जन्म-3
	मेरे सात जन्म-4
भागवत झा आजाद	मेरी भावयात्रा
तकपी शिवशंकर पिल्लै	मेरी स्मृतियां : मेरी कृतियां
किरण बेदी	मोर्चा दर मोर्चा
फीडमान्न श्लेंदर	मोक्ष के मूल की यात्रा (मैक्सम्युलर जीवन और कृत्य)
महेश भट्ट	न खत्म होने वाली कहानी
शोभाकांत	नागार्जुन मेरे बाबूजी
आलोक तोमर	पाष के दस्तावेज
फणीश्वरनाथ रेणु	प्राणों में घुले हुए रंग
मनोहर श्याम जोशी	एक स्मरण

एल.पी. सिंह	सर्वोत्कृष्ट गांधीवादी लाल बहादुर शास्त्री
सूर्यकांत त्रिपाठी निराला	स्मरण में है आज जीवन
सुधाकर पाण्डेय	स्मृति गंगा
रामदरश मिश्र	स्मृतियों के छंद

साहित्य अकादमी पुरस्कार से सम्मानित रचनाकार

रचनाकार	वर्ष	कृति
माखनलाल चतुर्वेदी	1955	हिम-तरंगिनी (कविता)
वासुदेवशरण अग्रवाल	1956	पद्मावत संजीवनी व्याख्या
आ. नरेन्द्र देव	1957	बौद्धधर्म दर्शन (दर्शन)
राहुल सांकृत्यायन	1958	मध्य एशिया का इतिहास (इतिहास)
रामधारी सिंह 'दिनकर'	1959	संस्कृति के चार अध्याय (भारतीय संस्कृति का सर्वेक्षण)
सुमित्रानन्दन पंत	1960	कला और बूढ़ा चांद (कविता)
भगवतीचरण वर्मा	1961	भूले बिसरे चित्र (उपन्यास)
अमृत राय	1963	प्रेमचन्द : कलम का सिपाही (जीवनी)
अज्ञेय	1964	आंगन के पार द्वार (कविता)
नगेन्द्र	1965	रस सिद्धांत
जैनेन्द्र कुमार	1966	मुक्तिबोध (उपन्यास)
अमृतलाल नागर	1967	अमृत और विष (उपन्यास)
हरिवंशराय बच्चन	1968	दो चट्टानें (कविता)
श्रीलाल शुक्ल	1969	राग दरबारी (उपन्यास)
रामविलास शर्मा	1970	निराला की साहित्य साधना (जीवनी)
नामवर सिंह	1971	कविता के नए प्रतिमान (साहित्यिक आलोचना)
भवानी प्रसाद मिश्र	1972	बुनी हुई रस्सी (कविता)
हजारीप्रसाद द्विवेदी	1973	आलोक पर्व (निबंध)
शिवमंगल सिंह सुमन	1974	मिट्टी की बारात (कविता)
भीष्म साहनी	1975	तमस (उपन्यास)
यशपाल	1976	मेरी तेरी उसकी बात (उपन्यास)
शमशेर बहादुर सिंह	1977	चुका भी हूं नहीं मैं (कविता)
भारत भूषण अग्रवाल	1978	उतना वह सूरज है (कविता)
धूमिल	1979	कल सुनना मुझे (कविता)
कृष्णा सोबती	1980	जिन्दगीनामा : जिन्दारुख (उपन्यास)
त्रिलोचन	1981	ताप के तापे हुए दिन (कविता)
हरिशंकर परसाई	1982	विकलांग श्रद्धा का दौर (व्यंग्य)
सर्वेश्वरदयाल सक्सेना	1983	खूँटियों पर टंगे लोग (कविता)
रघुवीर सहाय	1984	लोग भूल गए हैं (कविता)
निर्मल वर्मा	1985	कव्वे और काला पानी (कहानी)
केदारनाथ अग्रवाल	1986	अपूर्वा (कविता)
श्रीकांत वर्मा	1987	मगध (कविता)
नरेश मेहता	1988	अरण्य (कविता)
केदारनाथ सिंह	1989	अकाल में सारस (कविता)
शिवप्रसाद सिंह	1990	नीला चांद (उपन्यास)
गिरिजाकुमार माथुर	1991	मैं वक्त के हूँ सामने (कविता)
गिरिराज किशोर	1992	ढाई घर (उपन्यास)
विष्णु प्रभाकर	1993	अर्द्धनारीश्वर (उपन्यास)
अशोक वाजपेयी	1994	कहीं नहीं वहीं (कविता)
कुंवर नारायण	1995	कोई दूसरा नहीं (कविता)
सुरेन्द्र वर्मा	1996	मुझे चांद चाहिए (उपन्यास)
लीलाधर जगूड़ी	1997	अनुभव के आकाश में चांद (उपन्यास)
अरुण कमल	1998	नए इलाके में (कविता)
विनोद कुमार शुक्ल	1999	दीवार में एक खिड़की रहती थी (उपन्यास)
मंगलेश डबराल	2000	हम जो देखते हैं (कविता)
अलका सरावगी	2001	कलिकथा : वाया बाइपास (उपन्यास)
राजेश जोशी	2002	दो पंक्तियों के बीच (कविता)
कमलेश्वर	2003	कितने पाकिस्तान (उपन्यास)
बीरेन डंगवाल	2004	दुश्चक्र में स्रष्टा
मनोहरश्याम जोशी	2005	क्याप (उपन्यास)
ज्ञानेन्द्रपति	2006	संशयात्मा (कविता)
अमरकांत	2007	इन्हीं हथियारों से (उपन्यास)
गोविन्द मिश्र	2008	कोहरे में कैद रंग (उपन्यास)
कैलाश वाजपेयी	2009	हवा में हस्ताक्षर (कविता)
उदय प्रकाश	2010	मोहन दास (लघु कहानियाँ)
काशीनाथ सिंह	2011	रेहान पर रघ्घू (उपन्यास)
चन्द्रकांत देवताले	2012	पत्थर फेंक रहा हूँ (कविता)
मृदुला गर्ग	2013	मिल्जुल मन (उपन्यास)

भारतीय ज्ञानपीठ पुरस्कार से सम्मानित रचनाकार

कृति	वर्ष	रचनाकार
चिदम्बरा	1968	पंत
उर्वशी	1972	दिनकर
कितनी नावों में कितनी बार	1978	अज्ञेय
यामा	1982	महादेवी वर्मा

सम्पूर्ण साहित्य	1992	नरेश मेहता
सम्पूर्ण साहित्य	1999	निर्मल वर्मा
सम्पूर्ण साहित्य	2005	कुंअर नारायण
सम्पूर्ण साहित्य	2009	श्रीलाल शुक्ल
सम्पूर्ण साहित्य	2009	अमरकांत
सम्पूर्ण साहित्य	2013	केदारनाथ सिंह

भारत–भारती पुरस्कार

महादेवी वर्मा (प्रथम)	रामविलास शर्मा
नागार्जुन (1987)	डॉ. नगेन्द्र
विजयेन्द्र स्नातक (1996)	चन्द्रप्रकाश
विद्यानिवास मिश्र (1997)	शिवमंगल सिंह सुमन
धर्मवीर भारती (1990)	महीप सिंह (2009)
नरेश मेहता	कैलाश वाजपेयी (2010)
अज्ञेय	गोविन्द मिश्रा (2011)

पद्मभूषण पुरस्कार से सम्मानित साहित्यकार

हरिवंशराय बच्चन	महादेवी वर्मा
हजारीप्रसाद द्विवेदी	राहुल सांकृत्यायन
भगवती चरण वर्मा	गिरिराज किशोर
वृन्दावनलाल वर्मा	राजा राधिकारमण प्रसाद सिंह
शिवमंगल सिंह सुमन	विद्यानिवास मिश्र

शलाका सम्मान

लेखक	वर्ष	लेखक	वर्ष
कृष्णचन्द शर्मा 'भिक्खु'	1996-97	नरेन्द्र कोहली	1995-96
कृष्णा सोवती	1999	भीष्म साहनी	2000
रामदरश मिश्र	2001	रामविलास शर्मा	
नामवर सिंह			

शमशेर सम्मान

लेखक	वर्ष	लेखक	वर्ष
राजेश जोशी	1995	लीलाधर मंडलोई	1999
विजय कुमार	1996	सुदीप बनर्जी	2000
अरुण कमल	1997	वीरेन डंगवाल	2001
नरेन्द्र जैन	1998	अरविन्द जैन	2001

सरस्वती सम्मान

रचनाकार	वर्ष	कृति
हरिवंश राय बच्चन	1991	दशद्वार से सोपान तक
रमाकांत रथ	1992	श्री राधा (उड़िया कविता)
विजय तेंदुलकर	1993	कन्यादान (मराठी उपन्यास)
डॉ. हरभजन सिंह	1994	रुखते ऋषि (पंजाबी कविता)
बालामणि अम्मा	1995	निवेद्यम (मलयालम कविता)
शमशुर रहमान फारूखी	1996	शेरे-शोर-अंगेज (उर्दू)
मनुभाई पंचोली	1997	कुरुक्षेत्र (गुजराती)
शंख घोष	1998	गंधर्व कविता गुच्छा (बंगला)
इन्दिरा पार्थसारथी	1999	रामानुजर (तमिल नाटक)
मनोज दास	2000	अमृतफल (ओडिया उपन्यास)
दलीप कौर तिवाना	2001	कथा कहो उर्वशी (पंजाबी उपन्यास)
महेश एलकुंछवर	2002	युगान्त (मराठी नाटक)
गोविन्द चन्द्र पाण्डेय	2003	भागीरथी (संस्कृत कविता संग्रह)
सुनील गंगोपाध्याय	2004	प्रथम एलो (बंगला उपन्यास)
के. अयप्पा पानिक्कर	2005	अयप्पा पानी करूदे कृतिकाल (मलयालम कविता)
जगन्नाथ प्रसाद दास	2006	परिक्रमा (ओडिया कविता संग्रह)
नैयर मसूद	2007	ताऊस चमन की मैना (उर्दू लघु कथा)
लक्ष्मी नन्दन बोरा	2008	कायाकल्प (उपन्यास)
सुरजीत पातर	2009	लफजान दी दरगाह
एस.एल. भैरप्पा	2010	मुंद्र
ए.ए. मनवालन	2011	इरमा कथायुम इरमायाकलुम
सुगाथा कुमारी	2012	मनलेझुथु (कविता संग्रह)
गोविन्द मिश्र	2013	धूल पौधों पर

भारत भूषण अग्रवाल पुरस्कार

रचनाकार	वर्ष	कृति
अरुण कमल	1980	उर्वर प्रदेश (कविता)
विमल कुमार	1987	सपने में एक औरत से बातचीत
शिरीष ढोबले	1995	
अनामिका	1996	अनुवाद
नीलेश रघुवंशी	1997	हुंडा
संजय कुंदन	1998	अजनबी शहर में
गिरीराज किराडू	2000	मेज इतनी पुरानी थी कि उसका कोई वर्तमान नहीं था
हेमंत कुकरेती	2001	सिलबट्टा
आर. चेतनक्रांति	2003	सीलमपुर की लड़कियां

सुंदरचंद ठाकुर	2003	कविता के मुक्तिबोधों का समय नहीं ये
प्रेम रंजन उनिमेष	2004	इक्कीसवीं सदी की सुबह झाड़ू देती स्त्री
अनुज लुगुन	2011	अघोषित उलगुनान

व्यास सम्मान

कृति	वर्ष	रचनाकार
भारत के प्राचीन भाषा-परिवार और हिन्दी	1991	रामविलास शर्मा
नीला चांद	1992	शिवप्रसाद सिंह
मैं वक्त के हूं सामने	1993	गिरिजा कुमार माथुर
सपना अभी भी	1994	धर्मवीर भारती
आत्मजयी	1995	कुंवर नारायण
हिन्दी साहित्य और संवेदना का विकास	1996	रामस्वरूप चतुर्वेदी
उत्तर कबीर तथा अन्य कविताएं	1997	केदारनाथ सिंह
पांच आंगनों वाला घर	1998	गोविन्द मिश्र
विस्रामपुर का संत	1999	श्रीलाल शुक्ल
पहला गिरमिटिया	2000	गिरिराज किशोर
पृथ्वी का कृष्ण पक्ष	2002	कैलाश वाजपेयी
आवाँ	2003	चित्रा मुद्‌गल
कठगुलाब	2004	मृदुला गर्ग
कथा सतीसर	2005	चन्द्रकांत
–	2006	परमानंद श्रीवास्तव
एक कहानी यह भी	2008	मन्नू भंडारी
इन्हीं हथियारों से	2009	अमरकान्त
फिर भी कुछ रह जायेगा	2010	विश्वनाथ प्रसाद तिवारी
आम के पत्ते	2011	राम दरश मिश्र
ना भूतो ना भविष्यति	2012	नरेन्द्र कोहली
व्योमकेश दरवेश	2013	विश्वनाथ त्रिपाठी

मंगला प्रसाद पारितोषिक

रश्मि, नीरजा	महादेवी वर्मा
कामायनी	जयशंकर प्रसाद
उत्सवा	नरेश मेहता
प्रिय प्रवास	हरिऔध
वीर सतसई	वियोगी हरि
बिहारी सतसई	पद्‌मसिंह शर्मा
जीवन चक्र	गंगाप्रसाद उपाध्याय
रस मीमांसा	रामचन्द्र शुक्ल
परख	जैनेन्द्र कुमार
कबीर	हजारीप्रसाद द्विवेदी

भारतीय ज्ञानपीठ पुरस्कार से सम्मानित साहित्यकारों की कृतियां

राजेन्द्र शाह

साम्प्रत मैं चिरन्तन (कविता-संग्रह) : सन् 2001 के ज्ञानपीठ पुरस्कार से अलंकृत गुजराती के यशस्वी और शीर्षस्थ कवि राजेन्द्र शाह की सात दशकों की काव्य-यात्रा का सर्वोत्तम संचयन। डॉ. रघुवीर चौधरी द्वारा सम्पादित इस संग्रह में नागरी लिपि में मूल गुजराती कविताओं के साथ हिन्दी रूपान्तर प्रस्तुत किया गया है।

इन्दिरा गोस्वामी

लाल नदी (कहानी-संग्रह) : इस संग्रह में असम के लोगों के दुःख-दर्द, वहां के जन-जीवन की चुनौतियों को बहुत अन्तरंगता से चित्रित किया गया है। मूल असमिया से हिन्दी में अनूदित।

छिन्नमस्ता (उपन्यास) : असमिया साहित्यालोक में एक असाधारण सृष्टि। शक्तिपीठ कामाख्या की पृष्ठभूमि में 1921 से 1932 की अवधि की घटनाओं पर आधारित। दो विरोधी विचारधाराओं–अहिंसा और हिंसा–के टकरावों के बीच गरीबी, निरक्षरता, अज्ञान और अन्धविश्वासों से घिरे कामरूप के जन-जीवन की सच्ची कहानी।

निर्मल वर्मा

ग्यारह लम्बी कहानियां : निर्मल जी की कहानियां अक्सर सोचती हुई-सी (रिफ्लेक्टिव) कहानियां होती हैं। उनका चेहरा बाहरी दुनिया की ओर उन्मुख होता हुआ भी, आंखें कहीं भीतर की ओर झांकती-सी दिखाई देती हैं–चिन्तामग्न। पाठकों के लिए निर्मल जी की बेहतरीन कहानियां सब एक जगह।

दूसरे शब्दों में (निबन्ध-साक्षात्कार) : हिन्दी के वरिष्ठ चिन्तक-कथाकार की नवीनतम वैचारिक कृति।

गुरदयाल सिंह

रेत की इक्क मुट्ठी (उपन्यास) : एक ऐसे आदमी की संघर्ष-कथा जो अपने जीवन की आपाधापी एवं ऊहापोह की मानसिकता के कारण जीवन की अमूल्य उपलब्धियों को नकारते हुए उस बीहड़ में सब-कुछ खो देता है जो

केवल मनुष्य को प्राप्त है, मगर जिन्दगी उसकी मुट्ठी की रेत की तरह खिसकती चली जाती है। पंजाबी से हिन्दी में अनूदित।

गिरीश कर्नाड

नागमण्डल (नाटक) : प्रतिष्ठित नाटककार और रंगकर्मी गिरीश कर्नाड का एक कन्नड़ लोक-कथा पर आधारित बहुचर्चित नाटक। कन्नड़ से हिन्दी में।

अली सरदार जाफ़री

मेरा सफ़र (शायरी) : उर्दू के प्रतिष्ठित शायर अली सरदार जाफरी की स्वयं उनके द्वारा चुनी गयी प्रतिनिधि कविताओं का बेहतरीन संग्रह देवनागरी में।

महाश्वेता देवी

मास्टर साब (उपन्यास) : बंग्ला की महान कथाकार का बहुचर्चित उपन्यास। बंग्ला से हिन्दी में।

एम. टी. वासुदेवन नायर

अंधेरे की आत्मा (कहानी-संग्रह) : एम. टी. की कहानियों का एक और नया संग्रह नयी विशेषताओं के साथ। मलयालम से हिन्दी में।

वानप्रस्थ (कहानी-संग्रह) : मलयालम के प्रसिद्ध कथाकार की श्रेष्ठ कहानियों का संग्रह। मलयालम से हिन्दी में।

कालम् (उपन्यास) : अपनी मिट्टी की गन्ध में रचे-बसे चरित्रों का अन्तरंग और आत्मीय मनोविश्लेषण करता एक मर्मस्पशी उपन्यास। मलयालम से हिन्दी में।

यू. आर. अनन्तमूर्ति

भव (उपन्यास) : अप्रतिम साहित्यकार का नवीनतम उपन्यास, साथ ही तीन लम्बी कहानियां। कन्नड़ से हिन्दी में।

मौनी (कहानी-संग्रह) : अनन्तमूर्ति जी की बहुचर्चित कहानियों का संग्रह। कन्नड़ से हिन्दी में।

सीताकान्त महापात्र

कपटपासा (कविता संग्रह) : ख्यातिप्राप्त उड़िया कवि सीताकान्त महापात्र की कविताएं मनुष्य की गहरी संवेदनाओं और उसके अस्तित्व की जटिलताओं को निरन्तर अभिव्यक्त करती हैं। उनके नवीनतम संग्रह 'कपटपासा' की कविताओं में भी मानवीय चिन्ताओं के स्वर अपने वैभव के साथ उपस्थित हैं।

शब्द, समय और संस्कृति (निबन्ध) : उड़िया के प्रतिष्ठित कवि-लेखक डॉ. सीताकान्त महापात्र के चिन्तनपरक वैचारिक निबन्धों का संग्रह।

पदचिह्न (कविता-संग्रह) : डॉ. सीताकान्त महापात्र के बहुचर्चित कविता-संग्रह का उड़िया से हिन्दी रूपान्तर।

अनेक शरत् (यात्रा-वृत्तान्त) : डॉ. महापात्र की पूर्वी-यूरोपीय देशों की सांस्कृतिक एवं साहित्यिक यात्रा के मनोहारी विवरण। उड़िया से हिन्दी में।

तीस कविता वर्ष (कविता-संग्रह) : डॉ. सीताकान्त महापात्र की प्रतिनिधि कविताओं का भव्य संकलन। उड़िया से हिन्दी रूपान्तर।

लौट आने का समय (कविता-संग्रह) : सीताकान्त जी की मनोहारी कविताओं का संग्रह। उड़िया से हिन्दी में रूपान्तर।

समय का शेष नाम (कविता-संग्रह) : महापात्र की कविताओं की ज्ञानपीठ से प्रकाशित पहली काव्य-कृति। उड़िया से हिन्दी रूपान्तर।

नरेश मेहता

पुरुष (काव्य-खण्ड) : ज्ञानपीठ पुरस्कार से सम्मानित श्री नरेश मेहता के काव्य-खण्ड 'पुरुष' में प्रकृति ही नहीं, पुरुष-पुरातन की भी भाव-लीलाएं हैं, जिनमें सामान्य मनुष्य की सहभागिता है। इस कारण यह काव्य दर्शन जैसा बोझिल न होकर जीवन्-सौन्दर्य और भाषा के लालित्य से आप्लावित है।

कितना अकेला आकाश (यात्रा-वृत्तान्त) : हिन्दी के यशस्वी कवि श्रीनरेश मेहता का प्रथम यात्रा-संस्मरण, जिसमें उनकी अपनी सहज दृष्टि से यूरोपीय जीवनधारा को परखने की चेष्टा है।

चैत्या (कविता-संग्रह) : श्रीनरेश मेहता के दस काव्य-संग्रहों से चयन की गयी उनकी प्रतिनिधि कविताओं का संकलन।

एक समर्पित महिला (कहानी-संग्रह) : श्रीनरेश मेहता की श्रेष्ठ कहानियों का संग्रह।

सुभाष मुखोपाध्याय

अग्निगर्भ (कविता-संग्रह) : मां, माटी, मानवता और संघर्ष के कवि सुभाष दा की साठ प्रतिनिधि कविताओं का संकलन, बांग्ला मूल के साथ हिन्दी रूपान्तर।

कुर्रतुल ऐन हैदर

चांदनी बेगम (उपन्यास) : उर्दू की महान कथाकार का लखनऊ के परिवेश में रचा-बसा एक मर्मस्पर्शी उपन्यास। उर्दू से हिन्दी में।

निशान्त के सहयात्री (उपन्यास) : कुर्रतुल ऐन हैदर के उर्दू उपन्यास 'आखिर-ए-शब के हमसफ़र' का हिन्दी रूपान्तर, नयी साज-सज्जा के साथ।

यह दाग़ दाग़ उजाला (कहानी-संग्रह) : लेखिका की कहानी-कला और चिन्तन में केन्द्रबिन्दु की हैसियत रखती है, इन्सान और इन्सानियत पर गहरा विश्वास। सशक्त कथाकार की उर्दू कहानियों का यह संग्रह इसका प्रमाण है। हिन्दी में अनूदित।

सि. नारायण रेड्डी

कविता मेरी सांस (कविता-संग्रह) : प्रतिष्ठित कवि की कविताओं के संग्रह का तेलुगु मूल के साथ हिन्दी रूपान्तर।

वि. वा. शिरवाडकर 'कुसुमाग्रज'

इसी मिट्टी से (कविता-संग्रह) : मराठी के वरिष्ठ कवि 'कुसुमाग्रज' की प्रतिनिधि कविताओं का हिन्दी रूपान्तर।

मुख्यमन्त्री (नाटक) : महात्मा गांधी की सात्विक विचारधारा में रचे-बसे उन आदर्शोन्मुख राजनीतिज्ञों पर एक व्यंग्य, जो आज के राजनीतिक प्रपंचों में फंस, विवश एवं प्रभावहीन होकर छटपटाते रह जाते हैं और उबर नहीं पाते। मराठी से हिन्दी में।

विदूषक (नाटक) : एक सामाजिक व्यंग्य, जिसका नायक चार्ली चैप्लिन का प्रतिरूप है और जो सहज आचरण करते हुए भी हँसी का पात्र बन जाता है। मानवीय संवेदना जीते हुए भी जिसके हाथ शून्य ही लगता है। मराठी से हिन्दी में।

सच्चिदानन्द राउतराय

बसन्त के एकान्त जिले में (कविता-संग्रह) : उड़िया साहित्य में काव्यमुक्ति के अग्रदूत एवं यशस्वी कवि सच्ची बाबू की प्रतिनिधि कविताओं का संकलन। उड़िया से हिन्दी में।

अंधारुआ (कहानी-संग्रह) : श्रमिक, कृषक तथा अन्य पिछड़े वर्गों के अभावों, उत्पीड़नों और संघर्षों के बारे में लिखी गयी ये कहानियां समसामयिक जीवन की विद्रूपता और विकृतियों पर तीखा व्यंग्य करती हैं। उड़िया से हिन्दी में।

पन्नालाल पटेल

गूंगे सुर बांसुरी के (कहानी-संग्रह) : गुजराती कथाकार पन्नालाल पटेल की हृदयस्पर्शी प्रतिनिधि कहानियों का संकलन। गुजराती से हिन्दी में।

तकाजी शिवशंकर पिल्लै

मंगलसूत्र (कहानी-संगह) : केरल प्रदेश के जनजीवन के हर्ष-विषाद, आशा-आकांक्षाओं और राग-विराग की अनुभूति करानेवाली कहानियां। मलयालम से हिन्दी में।

मास्ति वेंकटेश आयंगर

चिक्क वीरराजेन्द्र (उपन्यास) : प्राचीन मैसूर राज्य के एक छोटे से भूभाग कोडग इतिहास का चित्रण करने वाला उपन्यास। कन्नड़ से हिन्दी में।

सुब्बण्णा (उपन्यास) : उन्नीसवीं सदी के पूर्वार्ध के प्राचीन मैसूर राज्य से सम्बद्ध कथा पर आधारित रोचक उपन्यास। कन्नड़ से हिन्दी में।

परकाय-प्रवेश (कहानी-संग्रह) : मास्ति जी की लोकप्रिय कहानियों का संग्रह। कन्नड़ से हिन्दी में।

महादेवी वर्मा

महादेवी : प्रतिनिधि कविताएं : महादेवी का सम्पूर्ण लेखन आस्था, उपासन और उत्सर्ग का साहित्य है। उनके कविता-संग्रहों–'नीहार', 'रश्मि', 'नीरजा', 'सान्ध्यगीत' और 'दीपशिखा' से संकलित श्रेष्ठ कविताएं।

महादेवी : प्रतिनिधि गद्य-रचनाएं : महादेवी की प्रमुख गद्य-कृतियां–'अतीत के चलचित्र', 'स्मृति की रेखाएं', 'क्षणदा', 'संकल्पिता', 'साहित्यकार की आस्था', 'मेरा परिवार' आदि से संकलित रचनाएं।

अमृता प्रीतम

अक्षरों की रासलीला (आलेख) : अमृता जी के ही शब्दों में–दुनिया के अदबी इतिहास को दर्द के मोती मिलते हैं, पर कोई नहीं जानता कि किसी कलम वाले की चेतना को ज़िन्दगी के कितने ग्रहण देखने और झेलने पड़ते हैं। विचार और संवेदना के स्तर पर अमृता जी के बेजोड़ आलेख।

अमृता प्रीतम : चुनी हुई कविताएं : अमृता प्रीतम की सम्पूर्ण काव्य में से चुनी हुई कविताओं का संकलन। अमृता की काव्यधारा की सही अर्थों में अनुभूति करानेवाली कृति। पंजाबी मूल (देवनागरी लिपि) के साथ हिन्दी रूपान्तर।

अमृता प्रीतम : सेलेक्टेड पोएम्स : अमृता जी की काव्ययात्रा के महत्वपूर्ण पड़ावों को देखने-समझने के लिए अंग्रेजी रूपान्तर के साथ पंजाबी मूल भी। जाने-माने लेखक-पत्रकार खुशवन्त सिंह द्वारा सम्पादित।

अमृता प्रीतम : चुने हुए उपन्यास : इसें अमृता प्रीतम के बहुचर्चित आठ उपन्यास–पिंजर, नागमणि, यात्री, आक के पत्ते, कोई नहीं जानता, यह सच है, तेरहवां सूरज, उनचास दिन संकलित हैं। ये केवल उपन्यास ही नहीं बल्कि वे आईने हैं, जिनमें आज की हांफती हुई जिन्दगी के झकझोर देने वाले अक्स झिलमिलाते हैं।

कोरे कागज़ (उपन्यास) : नाम ज़रूर है 'कोरे कागज़' लेकिन एक युवा-मन की कितनी कातरता, कितनी बेचैनी इसमें उभर आयी है, इसका अनुमान उपन्यास शुरू करते ही लग जाता है।

सत्रह कहानियां : अमृता की श्रेष्ठ कहानियों का संकलन।

सात सौ बीस कदम (कहानी-संग्रह) : अमृता जी के अब तक के सम्पूर्ण कहानी-साहित्य में से सर्वश्रेष्ठ कहानियों का संकलन। पंजाबी से हिन्दी में।

एस. के. पोट्टेक्काट

कथा एक प्रान्तर की (उपन्यास) : स्वाधीनता-पूर्व के केरल के ग्राम्य जीवन का रोचक चित्रण, जिसे लेखक ने स्वयं देखा, भोगा और जिया है। इसमें अपना-अपना इतिहास लिये हुए पचासों पात्रों, कितनी ही घटनाओं और जीवन के ताने-बाने बुनती हुई कितनी ही चर्चाओं का समावेश है। ज्ञानपीठ पुरस्कार से सम्मानित मलयालम कृति का हिन्दी रूपान्तर।

वीरेन्द्र कुमार भट्टाचार्य

मृत्युंजय (उपन्यास) : स्वाधीनता-आन्दोलन में असम की भूमिका पर लिखा गया एक श्रेष्ठ उपन्यास, जिसमें आरम्भ से अन्त तक प्रवाहमान रहता है। अंग्रेजी शासन का प्रतिकार करनेवाले नवयुवक 'धनपुर' और आदिवासी युवती 'डिमी' का अव्यक्त प्रबल प्रेम। साथ ही अनेक व्यथाकथाएं आ जुड़ी हैं इस प्रवाह में। ज्ञानपीठ पुरस्कार-प्राप्त कृति। असमिया से हिन्दी में।

पाखी घोड़ा (उपन्यास) : वीरेन्द्र कुमार भट्टाचार्य के नवीनतम उपन्यास का हिन्दी रूपान्तर।

स. ही. वात्स्यायन 'अज्ञेय'

कितनी नावों में कितनी बार (कविता-संग्रह) : 'अज्ञेय' द्वारा 1962 से 1966 के बीच रची गयी श्रेष्ठ कविताओं का संग्रह, जिसमें सतत खोज में लगी हुई कविता की जीवन-दृष्टि और उसकी खरी अनुभूति की टंकार गूंजती है। ज्ञानपीठ पुरस्कार से सम्मानित कृति।

आंगन के पार द्वार (कविता-संग्रह) : 1949 से 1961 के बीच लिखी गयी कविताओं का संग्रह। साहित्य अकादमी पुरस्कार से सम्मानित कृति।

अरी ओ करुणा प्रभामय (कविता-संग्रह) : 1955-56 की यूरोप-यात्रा ने 'अज्ञेय' की कविता को एक नया मोड़ दिया तथा 1956-57 की जापान एवं पूर्व एशिया की यात्राओं ने उनके चिन्तन और संवेदन की भारतीय भूमि को और मजबूत किया। इसी अन्तराल में लिखी गयी कविताओं का संकलन।

बावरा अहेरी (कविता-संग्रह) : इस प्रकाशन के पीछे अनवरत प्रयोग और संघर्ष के बीस वर्ष थे, कवि ने न केवल अपने काव्य-माध्यम को पूरी तरह स्वायत्त कर लिया था, वरन एक नयी धारा को मान्यता और प्रतिष्ठा भी दिलायी थी।

अपने-अपने अजनबी (उपन्यास) : मृत्यु से साक्षात्कार को विषय बनाकर मानव-जीवन और उनकी नियति का इतने कम और इतने सरल शब्दों में ऐसा मार्मिक विवेचन शायद ही कोई दूसरा लेखक कर सका है।

जयदोल (कहानी-संग्रह) : 'अज्ञेय' की बारह कहानियों का संकलन।

एक बूंद सहसा उछली (यात्रा-वृत्तान्त) : 'अज्ञेय' की यूरोप-यात्रा के वृत्तान्त और संस्मरण।

तार सप्तक (कविता-संग्रह) : 'अज्ञेय' द्वारा सम्पादित कृति का नया संस्करण, नयी साज-सज्जा के साथ।

दूसरा सप्तक (कविता-संग्रह) : 'अज्ञेय' द्वारा सम्पादित कृति का नया संस्करण।

तीसरा सप्तक (कविता-संग्रह) : 'अज्ञेय' द्वारा सम्पादित कृति का नया संस्करण, नयी साज-सज्जा के साथ।

आत्मनेपद (निबन्ध) : 'अज्ञेय' के श्रेष्ठ निबन्धों का संग्रह। नया संस्करण

के. शिवराम कारन्त

मूकज्जी (उपन्यास) : कन्नड़ के श्रेष्ठ साहित्यिक उपन्यास का हिन्दी रूपान्तर। इसमें मूकज्जी (मूक आजीमां) के अतीन्द्रिय ज्ञान को माध्यम बनाकर मानव-इतिहास एवं मानव की यौन-विषयक मूल चेतना की व्याख्या की गयी है।

पगले मन के दस चेहरे (आत्मकथा) : डॉ. कारन्त की आत्मकथा, जो संघर्षशील नयी पीढ़ी के लिए एक आलोक-स्तम्भ के समान है।

पी.वी. अकिलन

कहां जा रहे हैं हम (उपन्यास) : ज्ञानपीठ पुरस्कार से सम्मानित तमिल के प्रख्यात उपन्यासकार अखिलन के बहुप्रशंसित उपन्यास–'एंगे पोहिरोम्' का हिन्दी अनुवाद। एक अपने इस उपन्यास में तत्कालीन समाज के प्रत्येक क्षेत्र में व्याप्त भ्रष्टाचार और पाखण्ड का पूरी सजगता के साथ बेलौस पर्दाफाश करते हुए अखिलन ने गांधीवादी दर्शन को उसकी शालीनता के साथ अभिव्यक्त किया है।

आशापूर्णा देवी

ये जीवन है (कहानी-संगह) : इन कहानियों में जहां एक ओर समाज की खोखली रीतियों का पर्दाफाश है वहीं दूसरी ओर आधुनिक युग की नारी-स्वाधीनता के परिणामस्वरूप अधिकारों को लेकर उभर रहे नारी-पुरुष पर दृष्टिपात है। बंग्ला से हिन्दी में।

अविनश्वर (उपन्यास) : अपने अतीत की सुनहरी यादों में डूबे ज़मींदार राजाबहादुर शशिशेखर और उनके मन में रसी-बसी प्रियतमा सुधाहासिनी की मनोहारी प्रेम-कथा। 'अविनश्वर' में एक ऐसे भद्र समाज के सत्य का उद्घाटन है, जो सामाजिक मूल्यों को बचाये रखना चाहता है। बंग्ला से हिन्दी में।

लीला चिरन्तन (उपन्यास) : एक ज़िम्मेदार व्यक्ति द्वारा अपनी गृहस्थी का सब-कुछ छोड़कर अचानक संन्यास ले लेने से उपजी सामाजिक और सांसारिक तकलीफों के अतिरिक्त आसपास का बहुत कुछ देखने-समझने की गम्भीर कोशिश। बांग्ला उपन्यास का हिन्दी अनुवाद।

न जाने कहां-कहां (उपन्यास) : आशापूर्णा देवी का एक और नवीन उपन्यास। बांग्ला से हिन्दी में।

सुवर्णलता (उपन्यास) : एक अचल, निष्ठुर, जड़ युग के अन्धकार में पग-पग को उजालती चलनेवाली भारतीय नारी की जीवन्त कहानी। नारी के विद्रोह की कहानी, विद्रोह—रूढ़ि-बन्धन से, कालजर्जर पूर्वाग्रहों से, समाज की चिरसंचित अर्थहीन परम्पराओं से, और उन नाना अवमाननाओं से जो नारी पर पुरुषवर्ग द्वारा, स्वयं नारियों द्वारा और समाज-व्यवस्था द्वारा लादी गयी हैं। बांग्ला से हिन्दी में।

बकुलकथा (उपन्यास) : बीसवीं शती के आधुनिकतम चरण में समाज के बदलते आचार-विचार तथा युग के संघर्षों से उत्पन्न विसंगतियों का अद्भुत चित्रण। 'सुवर्णलता' की कथा की अगली और अन्तिम कड़ी है यह बकुलकथा। बांग्ला से हिन्दी में।

दृश्य से दृश्यान्तर (उपन्यास) : बांग्ला की सर्वाधिक लोकप्रिय लेखिका आशापूर्णा देवी का एक श्रेष्ठ उपन्यास। बांग्ला से हिन्दी में।

प्रारब्ध (उपन्यास) : आशापूर्णा देवी की एक और नवीन कृति। बांग्ला से हिन्दी में।

किर्चियां (कहानी-संग्रह) : आशापूर्णा देवी की प्रतिनिधि कहानियों का संग्रह। बांग्ला से हिन्दी में।

गोपीनाथ मोहन्ती

माटीमटाल (उपन्यास) : उड़िया की शीर्षस्थ कृतियों में से एक, जिसे कथा-विस्तार पात्र-बहुलता, अन्तर्द्वन्द्व एवं प्रकृति के नाना रूपों के जीवन्त चित्रण के कारण 'गद्य का महाकाव्य' कहा गया है। ज्ञानपीठ पुरस्कार से सम्मानित कृति। उड़िया से हिन्दी में।

द. रा. बेन्द्रे

चार तार (कविता-संग्रह) : कन्नड़ के कवि-मनीषी डॉ. बेन्द्रे की श्रेष्ठ कविताएं। देवनागरी में कन्नड़ मूल के साथ सुन्दर हिन्दी रूपान्तर। ज्ञानपीठ पुरस्कृत कृति।

रामधारी सिंह 'दिनकर'

संत्रयिता (कविता-संग्रह) : हिन्दी के प्रतिष्ठित कवि 'दिनकर' द्वारा स्वयं संजोया हुआ उनका सबसे बाद का काव्य-संकलन, जिसमें 'उर्वशी' के कतिपय अंशों के साथ कवि के समूचे काव्य-लेखन का प्रतिनिधित्व है।

विष्णु दे

स्मृति सत्ता भविष्यत् तथा अन्य श्रेष्ठ कविताएं (कविता-संग्रह): रवीन्द्रनाथ ठाकुर के उपरान्त बांग्ला साहित्य में आधुनिक भावबोध के सर्वाधिक ओजस्वी कवि का ज्ञानपीठ पुरस्कार से सम्मानित काव्य-संकलन। देवनागरी में बांग्ला मूल के साथ हिन्दी रूपान्तर।

विश्वनाथ सत्यनारायण

सहस्त्रफण (उपन्यास) : तेलुगु के कवि-सम्राट् का सर्वमान्य उपन्यास। भारत की प्राचीन संस्कृति के मूल्यों पर अंग्रेजी सरकार का सहारा लेकर किये गये आघात, अन्धानुकरण के कारण भारतीय जीवन की हुई दुर्गति, 'स्वधर्म' की वास्तविक महत्ता—इन सभी का अत्यन्त प्रभावपूर्ण चित्रण करनेवाले तेलुगु उपन्यास का पी. वी. नरसिम्हाराव द्वारा हिन्दी रूपान्तर।

'फ़िराक़' गोरखपुरी

बज़्मे-ज़िन्दगी : रंगे शायरी (शायरी) : 'फ़िराक'' की सभी काव्य-कृतियों से संगृहीत प्रतिनिधि शायरी का संकलन, देवनागरी लिपि में। 'फ़िराक़' के ही शब्दों में, 'जिसने इसे पढ़ लिया वह मेरी शायरी का हीरा पा गया।'

सुमित्रानन्दन पन्त

चिदम्बरा संचयन (कविता) : पुरस्कृत काव्यकृति 'चिदम्बरा' तथा अन्य कृतियों से संकलित पन्त जी की प्रतिनिधि कविताओं का संग्रह। इस कृति के भारत की अन्य

भाषाओं–कन्नड़, तेलुगु, गुजराती, मराठी, बांग्ला, मलयालम एवं अंग्रेजी के रूपान्तर ज्ञानपीठ से प्रकाशित हैं।

उमाशंकर जोशी

निशीथ (कविता) : इस युग के राष्ट्रीय चिन्तन और अन्तर्राष्ट्रीय घटनाओं की प्रतिक्रिया ने देश की मनीषा को जिस रूप में और जिन आयामों में प्रभावित किया है, उसका प्रतिफल है यह पुरस्कारजयी काव्य-कृति। गुजराती मूल के साथ हिन्दी रूपान्तर।

के.वी. पुट्टप्पा

शुद्र तपस्वी एवं अन्य दो नाटक (नाटक) : पुट्टप्पा के तीन विचारोत्तेजक नाटक–'शूद्र तपस्वी', 'श्मशान कुरुक्षेत्र' और 'अंगूठे के बदले...'। कन्नड़ से हिन्दी में।

ताराशंकर बन्द्योपाध्याय

गणदेवता (उपन्यास) : बंगाल के ग्राम्य जीवन पर आधारित उपन्यास। सदियों से चली ग्राम्य जीवन-धारा पश्चिमी औद्योगिक क्रान्ति से उत्पन्न यन्त्र-सभ्यता के संघात से किस प्रकार अस्त-व्यस्त होने लगी थी, यही इस उपन्यास का विषय है। विश्व के श्रेष्ठ उपन्यासों में गणनीय। ज्ञानपीठ पुरस्कार से सम्मानित कृति। बांग्ला से हिन्दी में।

हंसली बांक की उपकथा (उपन्यास) : इसमें दूसरे विश्व-युद्ध के बाद भारत के देहातों में घुसपैठ करती औद्योगिक सभ्यता, बड़े-बूढ़ों की अनुभवों से धूमिल आंखों में मोहक-सी तैरती परम्परा और युवकों की जीवन्त विद्रोह-भावना का अंकन। बांग्ला से हिन्दी में।

जलसाधर (कहानी-संग्रह) : ताराशंकर बन्द्योपाध्याय की तेरह सुप्रसिद्ध एवं लोकप्रिय कहानियों का संकलन। बांग्ला से हिन्दी में।

जी. शंकर कुरुप

ओटक्कुषल् (कविता-संग्रह) : ओटक्कुषल् अर्थात् 'बांसुरी'। भारतीय अद्वैत भावना का वह साक्ष्य, जिसे कवि ने परम्परागत रहस्यवादी मानवता के अंगीकरण द्वारा नहीं, प्रकृति के नाना रूपों में प्रतिबिम्बित आत्मछवि की वास्तविक अनुभूति द्वारा प्राप्त किया है। मलयालम मूल के साथ हिन्दी रूपान्तर। प्रथम ज्ञानपीठ पुरस्कार से सम्मानित कृति।

एक और नचिकेता (कविता-संग्रह) : ओटक्कुषल् के बाद महाकवि कुरूप द्वारा लिखी गयी कविताओं का एक और संकलन।

मूर्तिदेवी पुरस्कार से सम्मानित साहित्यकारों की कृतियां

श्यामाचरण दुबे

परम्परा और परिवर्तन (वैचारिक निबन्ध) : भारतीय समाज, संस्कृति और परम्परा से सम्बन्धित वैचारिक निबन्धों का संग्रह। इन निबन्धों में एक ऐसी विश्लेषणात्मक चेतना क्रियाशील है जो हमें अपने समय और समाज की समस्याओं के बारे में निरन्तर जागरूक बनाये रखने की कोशिश करती है।

शिवाजी सावन्त

मृत्युंजय (उपन्यास) : दानवीर कर्ण के जीवन-कर्म पर केन्द्रित, लोकप्रिय सांस्कृतिक उपन्यास। मराठी से हिन्दी में।

छावा (उपन्यास) : छत्रपति शिवाजी के पुत्र सम्भाजी के जीवन-सन्दर्भ पर आधारित एक ऐतिहासिक बृहत् उपन्यास। मराठी से हिन्दी में।

संघर्ष (नाटक) : शिवाजी सावन्त के छावा उपन्यास पर आधारित नाटक। मराठी से हिन्दी में।

युगन्धर (उपन्यास) : महाभारत के सशक्त मेरुदण्ड श्रीकष्ण के बहुआयामी जीवन का चित्रण करनेवाला बृहद उपन्यास, सावन्त की प्रसिद्ध कृति 'मृत्युंजय' की शैली में। मराठी से हिन्दी में।

कुबेरनाथ राय

रामायण महातीर्थम् (निबन्ध) : प्रख्यात ललित निबन्धकार और मनीषी चिन्तक कुबेरनाथ राय ने इसमें राम और रामकथा को नये बौद्धिक सम्मोहन से मण्डित करने की कोशिश की है–एक नयी लालित्यपूर्ण भंगिमा के साथ। उनका मानना भी है कि साधना के अनहद नाद के शिखर पर स्थित राम को पहचानने का अर्थ ही भारतीयता के सारे स्तरों के आदर्श रूप को, भारत के सहज चिन्मय रूप को पहचानना है। पुस्तक में रामकथा की आकृति-प्रकृति में निहित वैदिक भावसत्ता और विचारसत्ता का विस्तृत और गम्भीर विवेचन है।

मराल (निबन्ध) : हिन्दी के प्रतिष्ठित निबन्धकार के सांस्कृतिक निबन्धों का संग्रह।

प्रिया नीलकण्ठी (निबन्ध) : विशिष्ट ललित निबन्धों का संग्रह।

गन्धमादन (निबन्ध) : लोकप्रिय ललित निबन्धों का संग्रह।

रस-आखेटक (निबन्ध) : ललित निबन्धों का संग्रह।

डॉ. प्रतिभा राय

उत्तरममार्ग (उपन्यास) : उड़िया की प्रतिष्ठित कथाकार का बहुचर्चित उपन्यास। उड़िया से हिन्दी में।

आदिभूमि (उपन्यास) : उड़ीसा के बोंडा आदिवासी जनजीवन की जीवन्त गाथा। उड़िया से हिन्दी में।

निरुत्तर (कहानी-संग्रह) : नियति के शिकार लोगों की करुण कथा को व्यापकता प्रदान करने वाली मार्मिक कहानियां। उड़िया से हिन्दी में।

देवकी (कहानी-संग्रह) : प्रस्तुत कहानियों की विभिन्न घटनाओं से लेखिका का प्रत्यक्ष या परोक्ष सम्बन्ध रहा है। अर्थात् ये कहानियां उनकी अन्तरंग अनुभूतियों से जुड़ी हुई हैं।

डॉ. विद्यानिवास मिश्र

वाचिक कविता : अवधी (लोकगीत) : मिश्रजी द्वारा सम्पादित इस पुस्तक में अवधी की वाचिक परम्परा से जीवन्त-जाग्रत कविताएं संकलित हैं।

वाचिक कविता : भोजपुरी (लोकगीत) : मिश्रजी द्वारा सम्पादित इस पुस्तक में भोजपुरी की वाचिक परम्परा से जीवन्त जाग्रत कविताएं संकलित हैं।

राधा माधव रंग रंगी (व्याख्या) : संस्कृत के महाकवि जयदेव की प्रसिद्ध काव्यकृति 'गीतगोविन्द' की सरस व्याख्या। सचित्र।

व्यक्ति-व्यंजना (निबन्ध) : डॉ. मिश्र का लेखन भारतीय सौन्दर्यबोध का विशिष्ट प्रतीक है। प्रस्तुत पुस्तक में ऐसे ही श्रेष्ठ निबन्ध हैं।

स्वरूप-विमर्श (निबन्ध) : स्वरूप-विमर्श लेखक के इधर दो-तीन वर्षों के बीच लिखित वैचारिक निबन्धों का संकलन है।

कन्हैयालाल सेठिया

त्रयी (कविता-संग्रह) : जन-जीवन और जग की व्यथा-कथा से अनुप्राणित कवि की अनुभूतियां शब्दायित होकर सृजनात्मक साहित्य के रूप में इस कृति में अभिव्यक्त हुई हैं।

विष्णु प्रभाकर

सत्ता के आर-पार (नाटक) : वरिष्ठ हिन्दी साहित्यकार एवं गांधीवादी विचारक की मर्मस्पर्शी नाट्य-कृति।

वीरेन्द्र कुमार जैन

मुक्तिदूत (उपन्यास) : प्रख्यात कवि एवं कथाकार का अंजना-पवनंजय की कथा पर जीवन-दर्शन में आधुनिक और अधुनातन खूबियां समाविष्ट किये हुए हैं और इसलिए आज भी महान हैं, आज भी पहले से ज्यादा लोकप्रिय।

एक और नीलांज (कहानी-संगह) : भावभीनी कहानियों का संग्रह।

सी. के नागराज राव

पट्टमहादेवी शान्तला (उपन्यास) : प्रथम मूर्तिदेवी पुरस्कार से सम्मानित एक बृहत् ऐतिहासिक उपन्यास, चार भागों में। कन्नड़ से हिन्दी में।

संचयन

गणेश शंकर विद्यार्थी संचयन
चयन तथा संपादन : सुरेश सलिल

दलित कहानी संचयन
चयन एवं संपादन : रमणिका गुप्ता

नागार्जुन रचना संचयन
चयन एवं संपादन : राजेश जोशी

प्रसाद रचना संचयन
संपादन : विष्णु प्रभाकर तथा रमेशचंद्र शाह

प्रेमचंद रचना संचयन
संपादन : निर्मल वर्मा तथा कमलकिशोर गोयनका

महादेवी रचना संचयन
चयन एवं संपादन : विश्वनाथ प्रसाद तिवारी

रवीन्द्र रचना संचयन
संकलन : असित कुमार बंद्योपाध्याय

रामचन्द्र शुक्ल संचयन
(हिन्दी में समीक्षात्मक निबंधों का संकलन)
भूमिका एवं संकलनकर्ता : नामवर सिंह

रामवृक्ष बेनीपुरी रचना संचयन
(चुनी हुई हिन्दी रचनाओं का संकलन)
चयन एवं संपादन : मस्तराम कपूर

रेणु रचना संचयन
(हिन्दी में फणीश्वरनाथ रेणु की चुनी हुई रचनाओं का संचयन)
चयन एवं संपादन : भारत यायावर

श्रेष्ठ हिन्दी गीत संचयन
(चुने हुए गीतों का संचयन)
भूमिका, चयन एवं संपादन : कन्हैयालाल नंदन

हिन्दी के रचनाकार एवं उनकी रचनाएँ

भारतेन्दु युग

1. भारतेन्दु हरिश्चन्द्र (1850-1885) :- नाटक

(अ) मौलिक :- वैदिकी हिंसा हिंसा न भवति, चंद्रावली, विषस्य विषमौषधम्, भारत दुर्दशा (1876), नीलदेवी, प्रेमजोगनी और सती प्रताप (अधूरा), अंधेर नगरी (1881), सत्यवादीहरिश्चन्द्र तथा भारत जननी।

(ब) अनूदित :- विद्यासुंदर, पाखंड-विडम्बन, धनंजय-विजय, कर्पूरमंजरी, मुद्रा राक्षस, रत्नावली, दुर्लभ बंधु।

निबंध :- कातिक-कर्म-विधि, माघ-स्नान-विधि, अथ अंग्रेज स्तोत्र लिख्यते, पाँचवां पैगम्बर, वैष्णवता और भारतवर्ष आदि। चरितावली (जीवनियां), उदयपुरोदय (जीवनी), बूँदी का राजवंश (जीवनी), बादशाह दर्पण (इतिहास), कश्मीर कुसुम (इतिहास), जयदेव का जीवनवृन्त

उपन्यास :- पूर्णप्रकाश और चन्द्रप्रभा (बंगाली से अनुवाद)।

आलोचना :- नाटक (निबंध)—यह सैद्धान्तिक आलोचना की पहली हिन्दी रचना है।

कहानी :- 'एक कहानी कुछ आपबीती कुछ जगबीती'।

पत्र-पत्रिकायें :- कवि वचनसुधा (1868), हरिश्चन्द्र मैगजीन (मासिक, 1873), 1874 में 'हरिश्चन्द्र मैगजीन' का नाम बदल कर 'हरिश्चन्द्र चन्द्रिका' हो गया। 'बालाबोधिनी' (1874, स्त्री शिक्षा संबंधी)।

2. बाल कृष्ण भट्ट :-

आचार्य रामचन्द्र शुक्ल ने बालकृष्ण भट्ट और प्रताप नारायण मिश्र को हिन्दी का 'स्टील' और 'एडीसन' कहा है।

नाटक :- कविराज की सभा, रेल का विकट खेल, दमयन्ती स्वयंवर, बाल विवाह, चन्द्रसेन शर्मिन्दा, वृहभला, वेणुसंहार और जैसा काम वैसा परिणाम आदि।

निबंध :- भय, दृढता, प्रेम, भक्ति, चन्द्रोदय, रूचि, ईश्वर भी क्या ठठोल है, चली सो चली, देवताओं से हमारी बातचीत, नये तरह का जुनून, खटका, बाल विवाह आदि।

उपन्यास :- नूतन ब्रह्मचारी, सौ अजान एक सुजान

आलोचना :- सच्ची समालोचना (1886 : लाला श्रीनिवासदास के नाटक 'संयोगिता स्वयंवर' की 'हिन्दी प्रदीप' में समीक्षा, जहाँ से व्यावहारिक समीक्षा की हिन्दी में शुरूआत होती है।), रणधीर प्रेममोहिनी, नीलदेवी, परीक्षा गुरु तथा एकान्तवासी योगी की 'हिन्दी-प्रदीप' में आलोचनायें छपी।

(3) प्रताप नारायण मिश्र :-

नाटक :- भारतदुर्दशा, कलिकौतुक रूपक, संगीत शाकुन्तल, हठी हमीर, गोसंकट, जुआरी-खुआरी, कलि प्रभाव।

निबंध :- प्रायः 200 निबंध लिखे । कुछ हैं - धोखा, खुशामद, आप, बात, दांत, भौं, मुच्छ, नारी, परीक्षा, ह, द, मनोयोग, समझदार की मौत आदि।

उपन्यास :- बंकिम चंद्र चटर्जी के चार उपन्यासों 'राजसिंह', 'इन्दिरा', 'राधारानी' तथा 'युगलांगुरीय' का अनुवाद।

पत्र-पत्रिकायें :- ब्राह्मण (मासिक 1883, कानपुर) ; इस पत्र को चलाते रहने के लिए प्रताप नारायण मिश्र को एक बार इन शब्दों में चन्दा माँगना पड़ा था।

''आठ मास बीते जजमान। अब तो करौ दच्छिना दान।।''

कविता :- प्रेम पुष्पावली, मन की लहर, लोकोक्ति शतक, तृप्यन्ताम्, शृंगार विलास आदि। मिश्र जी कसीदा, शेर, मरसिया भी लिखते थे तथा लोकशैलियों लावनी, कजली, आल्हा का प्रयोग भी करते थे। उनकी एक समस्यापूर्ति 'पपीहा जब पूछिहै पीव कहाँ' बहुत प्रसिद्ध है। वह कानपुर के समस्या पूर्ति मंच 'रसिक समाज' के प्रधान कार्यकर्ता थे।

4. बदरीनारायण चौधरी 'प्रेमघन' :-
उर्दू में 'अब्र' उपनाम से कविता करते थे।

नाटक : भारत सौभाग्य, प्रयाग रामागमन, वीरांगना रहस्य, बुद्ध विलाप।

आलोचना : 'संयोगिता स्वयंवर' (लाला श्रीनिवासदास) तथा बाबू गदाधर सिंह के अनुवाद बंगविजेता की 'आनंद कादम्बिनी' में समीक्षा।

पत्र-पत्रिकायें : 'नागरी नीरद' तथा 'आनंद कादम्बिनी' (मासिक, 1881 मिर्जापुर)

कविता : जीर्ण जनपद (प्रबंधकाव्य), अलौकिक लीला (प्रबंधकाव्य), मयंक महिमा (प्रबंध अपूर्व) जैसे–आनन्द अरूणोदय, हार्दिक हर्षादर्श, वर्षाबिन्दु आदि इनकी एक समस्यापूर्ति प्रसिद्ध है–

'चरचा चलिबे की चलाइए ना'।

5. लाला श्रीनिवासदास :

नाटक :- प्रह्लाद चरित्र, तप्तासंवरण, रणधीर प्रेममोहिनी, संयोगिता स्वयंवर (1885)।

उपन्यास : परीक्षागुरू (1882, हिन्दी का पहला मौलिक उपन्यास है।)

पत्र-पत्रिकायें : सदादर्श (1874, दिल्ली)।

प्रमुख रचनायें : नाटक : हिन्दी का प्रथम नाटक 'आनन्दरघुनन्दन नाटक' (महाराजा विश्वनाथ सिंह रीतिकाल), खडी बोली हिन्दी का प्रथम नाटक 'शकुन्तला नाटक' (राजा लक्ष्मण सिंह अनुवाद, पूर्वाभास काल), 'नहुष' (बाबू गोपालचन्द्र गिरधर दास, पूर्वाभास काल)।

उपन्यास

'देवरानी जेठानी की कहानी' (गौरीदत्त शुक्ल), भाग्यवती (1871, श्रद्धाराम फिल्लौरी), परीक्षागुरू (1882 लाला श्रीनिवास दास), परीक्षागुरू हिन्दी का पहला मौलिक अंग्रेजी छन्द का उपन्यास है। भाग्यवती हिन्दी का पहला उपन्यास है।

उपदेश प्रधान सामाजिक उपन्यास : पूर्ण प्रकाश और चन्द्रप्रभा (भारतेन्दु), भाग्यवती (श्रद्धाराम फिल्लौरी), परीक्षागुरू (लाला श्रीनिवास दास), नूतन ब्रह्मचारी, सौ अजान एक सुजान (बालकृष्णभट्ट्ट), निस्सहाय हिन्दू (राधाकृष्णदास), विधवा विवाह (राधाकृष्ण गोस्वामी तथा देवी प्रसाद शर्मा), जया (कार्तिक प्रसाद खत्री), लवंग लतिका, कुसुम कुमारी, लीलावती वा आदर्श सती, पुनर्जन्मवा सौतिया डाह, अंगुठी का नगीना, त्रिवेणी वा सौभाग्य श्रेणी, ह्दाहारिणी वा आदर्श रमणी (किशोरी लाल गोस्वामी), सास पतोहू, बड़ा भाई, नये बाबू (गोपालराम गहमरी), धूर्त रसिकलाल, स्वतंत्र रमा और परतंत्र लक्ष्मी, चक्र, हिन्दू गृहस्थ, आदर्श दम्पति, बिगड़े का सुधार, सुशीला विधवा, आदर्श हिन्दू (मेहता लज्जाराम शर्मा), अधखिला फूल, ठेठ हिन्दी का ठाठ (हरिऔध), सौन्दर्योपासक, राधाकान्त (ब्रजनन्दन सहाय), रामलाल (मन्नन दुबे), वनजीवन वा प्रेमलहरी (राधिकारमण प्रसाद सिंह), वीरमणि (1917, मिश्रबंधु) - कोष्ठक के अन्दर की रचनायें द्विवेदी युग की हैं।

ऐतिहासिक उपन्यास : हृदयहारिणी वा आदर्शरमणी (1890), लवंगलता वा आदर्श बाला, तारा (1902), राजकुमारी (1902), कनक कुसुम वा मस्तानी (1903), लखनऊ की कब्र वा शाही महलसरा (1906), रजिया बेगम, प्रणयिनी परिणय, त्रिवेणी, चपला, मल्लिका देवी वा बंग सरोजनी, अंगूठी का नगीना (किशोरी लाल गोस्वामी)।

रोमानी उपन्यास : ठाकुर जगमोहन सिंह का 'श्यामा स्वप्न' आश्चर्य वृतान्त (अम्बिका दत्त व्यास)।

तिलस्मी-ऐयारी उपन्यास : चन्द्रकान्ता (1891), चन्द्रकान्ता सन्तति, नरेन्द्र मोहिनी, वीरेन्द्र वीर अथवा कटोरा भर खून, कुसुम कुमारी, काजर की कोठरी, अनूठी बेगम, गुप्त गोदना, भूतनाथ : छह भाग (देवकीनन्दन खत्री), कुसुमलता, मयंक्रमोहिनी या मायामहल, कमल कुमारी, निराला नकाबपोश, भयानक खून (हरिकृष्ण जौहर), तिलस्मी शीशमहल (किशोरीलाल गोस्वामी), पुतलीमहल (रामलाल वर्मा), भूतनाथ के शेष भाग (दुर्गाप्रसाद खत्री)।

जासूसी उपन्यास : अद्भुत लाश, बेकसूर की फाँसी, गुप्तचर, सरकती लाश, खूनी कौन, वेगुनाह का खून, जासूस की भूल, अद्भुत खून, खूनी का भेद, गुप्त भेद (गोपालराम गहमरी)।

अनूदित उपन्यास : बंगविजेता (गदाधर सिंह, बंगला), दुर्गेशनन्दिनी (गदाधर सिंह, बंगला), मृण्मयी (राधाचरण गोस्वामी, बंगला), आँख की किरकिरी (रवीन्द्र नाथ टैगोर), वृतान्तमाला (रामकृष्ण वर्मा, उर्दू), पूना में हलचल (गंगाप्रसाद गुप्त, उर्दू), छत्रसाल (रामचन्द्र मराठी), स्वर्णलता, मरता क्या न करता (राधाकृष्णदास, बंगला), दीपनिर्वाण (मुंशी उदित नारायण लाल), इला प्रमिला, जया, मधुमालती (कार्तिक प्रसाद खत्री), चतुरचंचला, भानमती, नये बाबू (गोपालराम गहमरी), वीरेन्द्र (पुरोहित गोपीनाथ), गुप्तचर (गोपालराम गहमरी), संसार दर्पण अमला वृतान्तमाला, ठग वृतान्तमाला, पुलिस वृतान्तमाला (रामकृष्ण वर्मा), बिरजा जावित्री (राधाचरण गोस्वामी, बंगला)।

यात्रावृत्त : सरयू पार की यात्रा, लखनऊ की यात्रा (भारतेन्दु), गया यात्रा (बालकृष्ण भट्ट्ट), विलायत यात्रा (प्रतापनारायण मिश्र), लन्दन यात्रा (श्रीमती हरदेवी), लन्दन का यात्री (भगवान दास वर्मा), मेरी पूर्व दिग्यात्रा, मेरी दक्षिण दिग्यात्रा (दामोदर शास्त्री), ब्रजविनोद (तोताराम वर्मा), बदरी-केदार यात्रा (कल्याण चन्द्र), ब्रजयात्रा (देवीप्रसाद)।

द्विवेदी युग

(1) आचार्य महावीर प्रसाद द्विवेदी (1864-1938)

मौलिक काव्य ग्रन्थ : काव्य मंजूषा, सुमन, कान्यकुब्ज, अबला-विलाप

अनूदित कविता : कुमारसंभवसार, कविता कलाप, गंगालहरी, ऋतुतरंगिणी।

विविध गद्य : सम्पत्तिशास्त्र (1908), हिन्दी महाभारत, बेकन विचार रत्नावली (अनुवाद)।

निबंध : रसज्ञ रंजन, लेखांजलि, कवि कर्त्तव्य, क्या हिन्दी नाम की कोई भाषा ही नहीं आदि।

समालोचना : हिन्दी भाषा की उत्पत्ति, कालिदास की निरंकुशता, कालिदास और उनकी कविता, सुकवि संकीर्तन, साहित्य संदर्भ, आलोचनांजलि, साहित्य सीकर, समालोचना समुच्चय (1930), विक्रमांक देव चरित चर्चा, नैषध चर्चा।

(2) श्रीधर पाठक

कवितायें : जगत सच्चाई सार, कश्मीर सुषमा, जार्ज वंदना, श्रीगोखले प्रशस्ति, साध्य अटन, गुनवंत हेमंत, भारतगीत, स्वर्गीय वीणा।

अनूदित : 'गोल्डस्मिथ' के 'हरमिट', 'डेजर्टेड विलेज' तथा 'ट्रैवलर' के अनुवाद क्रमशः एकान्तवासी योगी (1886, खडी बोली), ऊजड ग्राम (ब्रजभाषा), श्रांतपथिक (खडी बोली)।

(3) रामनरेश त्रिपाठी

काव्य : मिलन, पथिक (1920), स्वप्न (1939), मानसी

अन्य : बाल साहित्य, कविता कौमुदी (संकलन : इसके एक भाग में ग्रामगीत संकलित है जो हिन्दी में पहला प्रयास है।)

आलोचना : तुलसीदास और उनकी कविता

संस्मरण : तीस दिन : मालावीय जी के साथ (1942)

(4) अयोध्या सिंह उपाध्याय 'हरिऔध' : दो बार 'हिंदी साहित्य सम्मेलन' के सभापति रहे।

काव्य संग्रह : प्रियप्रवास (यह खडी बोली हिन्दी का पहला महाकाव्य है। इस पर मंगलाप्रसाद पारितोषिक मिला। वैदेही वनवास (खडी बोली, प्रबंधकाव्य), रसकलश (ब्रजभाषा), चोखे-चौपदे, चुभते चौपदे, पद्यप्रसून, बोलचाल।

नाटक : प्रद्युमन विजय व्यायोग, रूक्मिणी परिणय नाटक

उपन्यास : ठेठ हिन्दी का ठाठ (1899), अखखिला फूल (1907), वेनिस का बाँका (पहली गद्य पुस्तक)।

(5) मैथिलीशरण गुप्त (1886-1964)

गुप्तजी की पहली कविता 'हेमन्त' 1905 की सरस्वती में छपी। आरम्भिक रचनायें 'वैश्योपकारक' (कलकत्ता) से छपती थी।

काव्य ग्रन्थ : रंग में भंग (खण्डकाव्य, 1909), जयद्रथ-बध, भारत-भारती (1912), पंचवटी, साकेत (1932) महाकाव्य है। लक्ष्मण की पत्नी उर्मिला को नायिका बनाकर रामकथा कही गयी है। यशोधरा (1932) महाकाव्य है। नायिका गौतम बुद्ध की पत्नी यशोधरा है। नहुष, जयभारत (1952), विष्णुप्रिया (1957 महाकाव्य), विकट भट, गुरूकुल, किसान, सिद्धराज, जयिनी (यह मार्क्स की पत्नी जैनी पर रचित रचना है।), शकुन्तला, त्रिपथगा, झंकार, काबा और कर्बला, मंगलघट, स्वदेश संगीत, कुणाल गीत, अजित, द्वापर, वैतालिक।

अनुवाद : प्लासी का युद्ध, मेघनाद वध, वृत्त संहार।

नाटक : तिलोत्तमा, चन्द्रहास, अनघ (गीतिनाट्य)।

(6) बालमुकुंद गुप्त

निबंध : शिवशंभु के चिट्ठे (1905), चिट्ठे और खत

कविता : ब्रज और खडी बोली में स्फुट रचनायें

अनुवाद : मडेल भगिनी (1892, बंगला उपन्यास का अनुवाद), रत्नावली (हर्ष की नाटिका का अनुवाद)।

समाचार पत्र संपादन : उर्दू : अखबारे चुनार, कोहेनूर

हिन्दी : हिन्दोस्थान (1889-91), हिन्दी बंगवासी, भारत मित्र (1899-1907)।

(7) श्यामसुन्दर दास (1875-1945)

आलोचना : साहित्यालोचन (1922), रूपक रहस्य, भाषा विज्ञान, हिन्दी भाषा और साहित्य।

जीवनी : हिन्दी कोविद रत्नमाला : पहला भाग 1909, दूसरा भाग 1914

आत्मकथा : मेरी आत्मकहानी (1941)

पत्रकारिता : सरस्वती (1900-1902)

संपादन : हिन्दी शब्द सागर (1929), हस्तलिखित ग्रन्थों के खोज विवरण, रामचरितमानस, पृथ्वीराज रासो, कबीर ग्रन्थावली, द्विवेदी अभिनन्दन ग्रन्थ (1933)।

प्रमुख रचनायें : काव्य ग्रन्थ

नाथूराम शर्मा 'शंकर' : अनुराग रत्न, शंकर-सरोज, गर्भरण्डा रहस्य, शंकर सर्वस्व।

राय देवीप्रसाद पूर्ण : बसन्त वियोग, स्वदेशी कुण्डल, मृत्युंजय।

रामचरित उपाध्याय : रामचरित चिन्तामणि (महाकाव्य), राष्ट्रभारती, देवसभा, देवदूत, विचित्र विवाह।

गया प्रसाद शुक्ल 'सनेही' : ('सुकवि' पत्रिका के सम्पादक भी थे।) कृषक-क्रन्दन, प्रेम पचीसी, कुसुमांजलि, करूणा कादम्बिनी, राष्ट्रीय मंत्र, राष्ट्रीय वीणा, त्रिशूल तरंग (यह 'त्रिशूल' उपनाम से कविता करते थे।)

रूपनारायण पाण्डेय : पराग, वनवैभव

मुकुटधर पाण्डेय : पूजा-फूल, कानन कुसुम (द्विवेदी युग के सर्वश्रेष्ठ प्रगीतकार थे।)

रामचन्द्र शुक्ल : 'हृदय का मधुरभार', बुद्धचरित (लाइट ऑफ एशिया का ब्रजभाषा में अनुवाद), कल्पना का आनन्द (एडिसन के 'ऐसे आन इमेजिनेशन का अनुवाद)।

लाला भगवानदीन : वीर क्षत्राणी, वीर बालक, वीर पंचरत्न, नवीन बीन

सैयद अमीर अली मीर : अलाहनापंचक, अन्योक्तिशतक

लोचनप्रसाद पाण्डेय : प्रवासी, मेवाडगाथा, महानदी, पद्यपुष्पांजलि, मृगी दुःखमोचन

ठाकुर गोपालशरण सिंह : माधवी, मानवी, संचिता, ज्योतिष्मती

कामताप्रसाद गुरु : भौमासुर वध (ब्रजभाषा), विनयपचासा (ब्रजभाषा), पद्य पुष्पावली (खडी बोली) : इनका एक प्रसिद्ध व्याकरण ग्रन्थ भी है।

निबंध

सरदार पूर्णसिंह : 'सच्ची वीरता', 'कन्यादान', 'नयनों की गंगा', 'पवित्रता', 'आचरण की सभ्यता', 'मजदूरी और प्रेम', 'अमरीका का मस्त जोगी वाल्ट ह्विटमैन' नामक छह निबंध।

चन्द्रधर शर्मा 'गुलेरी' : 'पुरानी हिन्दी', 'काशी', 'जय जमुना मैया जी', 'कछुवा धरम', 'मारेसि मोंहि कुठाँव'। चर्चित कहानी 'उसने कहा था'।

महावीर प्रसाद द्विवेदी : म्युनिसपैलिटी के कारनामे, आत्मनिवेदन, प्रभात, सुतापराधे जनकस्य दण्ड, रसज्ञ रंजन, लेखांजलि, कवि कर्त्तव्य, 'क्या हिन्दी नाम की कोई भाषा ही नहीं' आदि।

माधव प्रसाद मिश्र : पुष्पांजलि (1916, संकलन)।

जगन्नाथ प्रसाद चतुर्वेदी : ब की बहार, पिक्वरपूजा, अनुप्रास का अन्वेषण।

गंगा प्रसाद अग्निहोत्री : निबंधमालादर्श (चिपलूणकर के मराठी निबंधों का अनुवाद।)

नाटक

मौलिक : वेणुसंहार (बालकृष्ण भट्ट), करूणालय, राज्यश्री (जयशंकर प्रसाद), कृष्णार्जुन युद्ध (माखनलाल चतुर्वेदी), सेनापति उदल (वृन्दावल लाल वर्मा), भारत दुर्दशा (प्रताप नारायण मिश्र), चुंगी की उम्मीदवारी (बदरीनाथ भट्ट), अलट फेर, नोंक झोंक (जी. पी. श्रीवास्तव), चौपट चपट, मयंक मंजरी (किशोरी लाल गोस्वामी), रूक्मिणी परिणय, प्रद्युमन विजय व्यायोग (हरिऔध), सुदामा (शिवनंदन सहाय), चंद्रकला भानुकुमार (राय देवीप्रसाद 'पूर्ण'), कुरूवनदन (बदरीनाथ भट्ट)।

उपन्यास

काजर की कोठरी (1902), अनूठी बेगम, गुप्त गोंदना, भूतनाथ : छह भाग (देवकीनन्दन खत्री), मयंक मोहिनी या मायामहल (1901), कमलकुमारी, निराला नकाबपोश, भयानक खून (हरे कृष्ण जौहर), तिलस्मी शीशमहल (किशोरी लाल गोस्वामी), पुतली महल (1908) (रामलाल वर्मा), सरकटी लाश, चक्करदार चोरी (1901), जासूस की भूल, जासूस पर जासूसी (1904), जासूस चक्कर में, इन्द्रजालिक जासूस, गुप्त भेद, जासूस की ऐयारी (1914) (गोपालराम गहमरी), प्रेम का फल या मिस जौहरा (निहालचन्द वर्मा), अद्भुत भूत (1916) (दुर्गाप्रसाद खत्री), नवजीवन वा प्रेमलहरी (राधिकारमण प्रसाद सिंह) : प्रेमा (1907), रूठी रानी (1907), सेवासदन (1918) (प्रेमचन्द)।

कहानी

किशोरीलाल गोस्वामी की कहानी 'इन्दुमति' (1900 ई0) को आचार्य शुक्ल ने हिन्दी की पहली कहानी माना है।

अन्य महत्वपूर्ण कहानियाँ : गुलबहार (किशोरीलाल गोस्वामी), पंडित और पंडितानी (गिरिजा दत्त), ग्राम (1911, जयशंकर प्रसाद की पहली कहानी), रसिया बालम (बालम), सौत (1915, प्रेमचंद), बडे घर की बेटी (1916, प्रेमचन्द), टोकरी भर मिट्टी (1901, माधवराव सप्रे), 'इन्दुमती' या 'प्रणयिनी-परिणय' (1900 किशोरीलाल गोस्वामी), सज्जनता का दंड (1916), ईश्वरीय न्याय (1917), दुर्गा का मंदिर (1917) (प्रेमचन्द), रानी सारंधा (प्रेमचन्द)।

आलोचना : 'अलंकार मंजूषा'–लाला भगवानदीन

छायावादी युग

1. **जयशंकर प्रसाद (1890-1937)**

   काव्य :- चित्राधर (1918, ब्रजनाथ), यह प्रसाद का पहला काव्य संग्रह है। इसमें एक साथ 10 ग्रन्थ संकलित थे। कानन कुसुम, प्रेमपथिक, महाराणा का महत्व, करूणालय, सम्राट चंद्रगुप्त मौर्य, छाया, उर्वशी (चंपू), राज्यश्री, प्रायश्चित और कल्याणी परिणय। पहले चार इसमें से कविता संग्रह हैं। कानन कुसुम (1912, खड़ी बोली तथा ब्रजभाषा), प्रेमपथिक (1909 ब्रजभाषा, 1914 खडी बोली), करूणालय (1913),

महाराणा का महत्व (1914), झरना (1918), आँसू (1925), लहर (1935), तथा कामायनी (1937, पांडुलिपि संस्करण 1971)।

नाटक : सज्जन कल्याणी-परिणय, प्रायश्चित, करूणालय, राज्यश्री, विशाख, अजातशत्रु (1922), कामना (अन्यापदेशिक नाटक या महानाटक), जनमेजय का नागयज्ञ, स्कन्दगुप्त (1928), चन्द्रगुप्त मौर्य (1931), ध्रुवस्वामिनी (1933), एक घूँट (एकांकी), अग्निमित्र (1980)।

उपन्यास : कंकाल (1929), तितली (1934), इरावती (अपूर्ण, 1940)

निबंध : काव्य और कला तथा अन्य निबंध (1939)

कहानियाँ : ग्राम (1911), पुरस्कार, आकाशदीप, मधुवा, गुंडा, सालवती आदि।

'ग्राम' प्रसाद की पहली कहानी थी। उनके कहानी संग्रह हैं–छाया, प्रतिध्वनि, आकाशदीप, आँधी, इन्द्रजाल।

2. सूर्यकान्त त्रिपाठी 'निराला' (1899-1961 ई०)

काव्यग्रन्थ : अनामिका (1923, प्राचीन), परिमल (1929), गीतिका (1936), तुलसीदास (1938), अनामिका (1938, नवीन), कुकुरमुत्ता (1942), अणिमा (1943), बेला (1946), नये पत्ते (1946), अर्चना (1950), आराधना (1953), गीतकुंज (1954), सांध्यकाकली (1969)।

उपन्यास : अप्सरा (1931), अलका (1933), प्रभावती (1936), निरूपमा (1937), चोटी की पकड़ (1946), काले कारनामे (1950)।

कहानी : लिली (1930), सुकुल की बीबी (1941) आदि।

संस्मरण : कुल्ली भाट (1939), बिल्लेसुर बकरिहा (1942)

समीक्षा : रवीन्द्र कविता कानन, पन्त और पल्लव (1928)

अन्य जानकारियाँ : निराला की अत्यधिक प्रसिद्ध कवितायें निम्नलिखित हैं - जूही की कली (परिमल, 1916,यह उनकी पहली रचना है।), रेखा, शेफालिका, जागो फिर एक बार, कवि, पंचवटी प्रसंग, जागरण, बादल राग, महाराज शिवाजी का पत्र (परिमल); वर दे वीणावादिनी वर दे (गीतिका), नव-बेला, सरोज-स्मृति, राम की शक्तिपूजा (अनामिका), सम्राट अष्टम एडवर्ड के प्रति, तोडती पत्थर (अनामिका), कुकुरमुत्ता (नये पत्ते) तथा तुलसीदास।

3. सुमित्रानन्दन पन्त (1900-1977 ई०)

काव्य ग्रन्थ : पहली कविता 'गिरजे का घण्टा' (1916), ग्रन्थि, पल्लव (1926), वीणा (1927), गुंजन (1932), युगांत (1936), युगवाणी (1939), ग्राम्या (1940), स्वर्णकिरण (1947), स्वर्णधूलि (1947), युगपथ (1949), उत्तरा (1949), अतिमा (1955), वाणी (1958), पतझर, कला और बूढा चाँद (1959), लोकायतन (1964, महाकाव्य), सत्यकाम (1975)।

काव्यनाटक : ज्योत्स्ना (1934), रजत शिखर (1952), शिल्पी (1952)

उपन्यास : हार (1960)

आलोचना : गद्यपथ (1953), शिल्प और दर्शन (1961), छायावाद : पुनर्मूल्यांकन (1965)

आत्मकथा : साठ वर्ष एक रेखांकन (1960)

अन्य जानकारियाँ :- पन्त जी की अत्यधिक प्रसिद्ध कवितायें ये हैं– उच्छ्वास, आँसू की बालिका, पर्वत प्रदेश में पावस, बादल, छाया, परिवर्तन, एक तारा, नौकाविहार, मधुस्मिति, भावी पत्नी के प्रति, अनंग, चाँदनी, अप्सरा आदि।

4. महादेवी वर्मा (1907-1987 ई०)

काव्य ग्रन्थ : नीहार (1930), रश्मि (1932), नीरजा (1934), सांध्यगीत (1936), यामा (इसमें ऊपर की चारों काव्य रचनाओं को एक साथ संकलित कर दिया गया), दीपशिखा (1942)।

रेखाचित्र संस्मरण : अतीत के चलचित्र (1941), स्मृति की रेखायें (1943), पथ के साथी (1956)।

निबंध : शृंखला की कड़ियाँ (1942), क्षणदा (1956)।

आलोचना : साहित्यकार की आस्था तथा अन्य निबंध (1962, सम्पादक–गंगाप्रसाद पाण्डेय)।

5. प्रेमचन्द (1880-1936 ई०) : पहले नवाबराय नाम से लिखते थे। प्रेमचन्द का लेखन उर्दू में 1905 से तथा हिन्दी में 1918 से 'सेवासदन' के साथ शुरू होता है।

उपन्यास : सेवासदन (1918, प्रमुख पात्र–सुमन, दरोगा कृष्णचन्द्र, वेश्या जीवन की समस्या पर रचित), वरदान (1921, पहले उर्दू में लिखा जा चुका था, बाद में हिन्दी में आया), प्रेमाश्रम (1921, प्रमुख पात्र–प्रेमशंकर, किसान जीवन पर रचित), रंगभूमि (1924, प्रमुख पात्र–सूरदास, विनय और सोफिया, सुभागी; राष्ट्र की बहुआयामी परिस्थितियों तथा चेतना पर लिखा गया एक राष्ट्रीय उपन्यास), कायाकल्प (1926, प्रमुख पात्र–चक्रधर-मनोरमा, शंखधर-देवप्रिया हिन्दू-मुस्लिम दंगा तथा पुनर्जन्म के साथ अनेक चीजें जैसे समाज-सेवा, राजसी विलास आदि समेटने की कोशिश की गयी है।), निर्मला (1927, निर्मला-तोताराम, रूक्मिणी, मंशाराम,

जियाराम और सियाराम दहेज और अनमेल विवाह की समस्या पर रचित), प्रतिज्ञा (1929, उर्दू में पहले ही रचा जा चुका था), गबन (1930, रमानाथ-जालपा, मनोवैज्ञानिक छवि से भरपूर मध्यवर्गीय जीवनयथार्थ पर केन्द्रित रचना है), कर्मभूमि (1932, अमरकान्त-सकीना, सुखदा, डॉ॰ शान्तिकुमार, एक बहुआयामी उपन्यास जिसमें राजनीतिक, सामाजिक तथा आर्थिक चेतना के स्वर गुथे हुए हैं), गोदान (1936, पात्र-होरी, धनिया, गोबर, सिलिया, रायसाहब, मालती तथा मेहता आदि, किसान जीवन पर की समानान्तर कथा), मंगलसूत्र (अपूर्ण, मरणोपरान्त प्रकाशन 1948)।

कहानी : सप्तसरोज (संकलन : 1917), मानसरोवर : आठ भाग।

6. **रामचन्द्र शुक्ल (1884-1941 ई॰)**

निबंध : आचार्य शुक्ल का निबंध 'कविता क्या है' (1909) पहली बार सरस्वती में छपा। उनके मनोविकार संबंधी निबंध हैं–भाव या मनोविकार, उत्साह, श्रद्धा-भक्ति, करूणा, लज्जा और ग्लानि, लोभ और प्रीति, ईर्ष्या, भय और क्रोध। अन्य महत्वपूर्ण निबंध हैं–मानस की धर्मभूमि, काव्य में लोकमंगल की साधनावस्था, साधारणीकरण और व्यक्ति वैचित्र्यवाद तथा रसात्मक बोध के विविधरूप।

संकलन : चिंतामणि, भाग-1 (1939), भाग-2(1945)।

कहानी : ग्यारह वर्ष का समय (1930 'सरस्वती' में छपी)।

कविता : मधुस्रोत (1971, संकलन)

आलोचना : गोस्वामी तुलसीदास (1923), जायसी ग्रन्थावली की भूमिका (1924), भ्रमरगीत सार (1925), रस मीमांसा (1949)।

इतिहास : हिन्दी साहित्य का इतिहास (मूल रूप 'हिन्दी शब्द सागर' की प्रस्तावना के रूप में) 1939, संशोधित-संवर्धित रूप 1940।

अनुवाद : प्रमुख हैं–विश्व प्रपंच (रिड्ल ऑफ दि यूनीवर्स का अनुवाद 1920), शशांक (राखालदास बंद्योपाध्याय के उपन्यास का अनुवाद 1922), बुद्धचरित ('लाइट आफ एशिया' का अनुवाद 'काव्यभाषा' शीर्षक मौलिक भूमिका सहित 1922)।

सम्पादन : हिन्दी शब्द सागर 1929 ।

उपन्यास

1. **विश्वम्भर नाथ 'कौशिक' :** भिखारिणी (1929), माँ (1929)
2. **जयशंकर प्रसाद :** कंकाल (1929, पात्र : निरंजन, वाथम आदि, धार्मिक विसंगतियों एवं वासनात्मक सांसारिक मनोवृत्तियों पर केन्द्रित), तितली (पात्र : मधुआ, इन्द्रदेव-शैला, नंदरानी, तितली आदि प्रसाद की भारतीय दृष्टि और कृषि सभ्यता की गहरी पहचान का उपन्यास), इरावती।
3. **पाण्डेय बेचन शर्मा 'उग्र' :** उग्र की सामाजिक यथार्थ दृष्टि कुछ अंश में प्रकृतिवाद की ओर उन्मुख है। उनके प्रधान उपन्यास हैं–
   चन्द हसीनों के खतूत (1927, पत्रात्मक शैली का पहला उपन्यास, हिन्दू युवक और मुसलमान युवती के प्रेम की कहानी), 'बुधुवा की बेटी' या 'मनुष्यानन्द' (1928, पात्र–भंगी बुधुवा, रधिया, अघोरी मनुष्यानन्द, अछूत समस्या के आर्थिक सामाजिक पहलुओं पर रचित), शराबी, घंटा, दिल्ली का दलाल, सरकार तुम्हारी आँखों में, जीजी जी, कढी में कोयला और फागुन के दिन चार।
4. **मन्नन द्विवेदी :** कल्याणी, रामलाल
5. **दुर्गाप्रसाद :** लालपंजा
6. **मदारीलाल गुप्त :** सखाराम
7. **चतुरसेन शास्त्री :** हृदय की प्यास, 'अमर अभिलाषा' या 'बहते आँसू' हृदय की परख, आत्मदाह
8. **ऋषभचरण जैन :** भाई, मंदिरदीप, सत्याग्रह, दिल्ली का कलंक, दिल्ली का व्यभिचार, वेश्यापुत्र, रहस्यमयी
9. **वृन्दावन लाल वर्मा :** लगन, संगम, प्रत्यागत, कुंडली चक्र, प्रेम की भेंट
10. **राधिकारमण प्रसादसिंह :** राम-रहीम
11. **प्रताप नारायण श्रीवास्तव :** विदा, विजय, विकास
12. **चंडीप्रसाद 'हृदयेश' :** मनोरमा, मंगलप्रभात
13. **सियाराम शरण 'गुप्त' :** गोद, अंतिम आकांक्षा
14. **शिवपूजन सहाय :** देहाती दुनिया (1926)
15. **अनूपलाल मंडल :** समाज की वेदी, रूपरेखा (दोनों उपन्यासों में पत्रात्मक प्रविधि का प्रयोग)।

नाटक

ऐतिहासिक-सांस्कृतिक नाटक :

1. **मिश्रबन्धु :** पूर्व भारत (1922), उत्तर भारत (1923)
2. **बदरीनाथ भट्ट :** कुरूवन दहन (1912), वेन चरित, तुलसीदास, चन्द्रगुप्त, दुर्गावती
3. **कौशिक :** भीष्म
4. **माखनलाल चतुर्वेदी :** कृष्णार्जुन युद्ध (1918)
5. **वियोगी हरि :** छद्मयोगिनी (1923)
6. **सियाराम शरणगुप्त :** पुण्य पर्व (1933)
7. **ब्रजनन्दन सहाय :** सत्यभामा (1930)
8. **जगन्नाथ प्रसाद मिलिन्द :** प्रताप प्रतिमा (1928)

एकांकी :
जयशंकर प्रसाद (एक घूँट - प्रथम एकांकी है), उग्र (चार बेचारेः संग्रह), भुवनेश्वर प्रसाद (कारवाँ : संग्रह), रामकुमार वर्मा (बादल की मृत्यु : आधुनिक ढंग की पहली एकांकी), जगदीश चन्द्र माथुर (भोर का तारा), भगवतीचरण वर्मा (सबसे बडा आदमी), भुवनेश्वर प्रसाद (स्ट्राइक), अश्क (लक्ष्मी का स्वागत)।

हास्य प्रहसन :
1. **बदरीनाथ भट्ट :** चुंगी की उम्मीदवारी (1919), चबडघोंघों (1926), विवाह का विज्ञापन (1927), मिस अमेरिका (1929)
2. **जी. पी. श्रीवास्तव :** गडबडझाला (1912), दुमदार आदमी (1917), उलटफेर (1918), मर्दानी औरत, न घर का न घाट का, भूलचूक (1926), साहित्य का सपूत
3. **सुदर्शन :** माई हेड (1926)

सामाजिक समस्या प्रधान नाटक :
1. **प्रेमचन्द :** संग्राम (1922), कर्बला (1924), प्रेम की बेदी (1933)
2. **सुदर्शन :** ऑनरेरी मजिस्ट्रेट (1927)
3. **रूपनारायण पाण्डेय :** प्रायश्चित (1928)
4. **रामनरेश त्रिपाठी :** वफाती चाचा (1927)
5. **लक्ष्मण सिंह 'चौहान' :** कुली प्रथा (1913), गुलामी का नशा (1924), उत्सर्ग, एक ही समाधि।

कहानी :
1. **गुलेरी :** उसने कहा था (1915), सुखमय जीवन (1911), बुद्धू का काँटा।
2. **प्रेमचन्द :** पंचपरमेश्वर, नमक का दरोगा, बडे घर की बेटी, रानी सारंधा, सारंगा सदावृक्ष, सवा सेर गेहू, दो बैलों की कथा, दतरी, जुलूस, दीक्षा, लाटरी, माता का ह्रदय, मैकू, शंखनाथ, अलग्योझा, बूढी काकी, आत्माराम, गरीब की हाय, दुर्गा का मंदिर, ब्रजपात,सेवामार्ग, आभूषण, ठाकुर का कुआँ, शतरंज के खिलाडी, दिल की रानी, रामलीला, ईदगाह, बडे भाई साहब, नशा, मिस पद्मा, पूस की रात, मोटेराम शास्त्री, इस्तीफा, तावान, कजाकी, कफन, दामुल का कैदी (इस कहानी में पुनर्जन्म का कथा में प्रयोग है।)
3. **'कौशिक' :** रक्षाबंधन, ताई, पगली, उद्धार
   कहानी संग्रह - चित्रशाला, मणिमाला, कल्पमंदिर, कल्लोल
4. **विश्वम्भरनाथ 'जिज्जा' :** संग्रह है - 'घूँघट वाली'
5. **सुदर्शन :** हार की जीत, कवि की स्त्री, एथेंस का सत्यार्थी, कमल की बेटी। संग्रह है–सुदर्शन सुधा, तीर्थयात्रा, पुष्पलता, गल्पमंजरी, सुप्रभात, परिवर्तन, पनघट
6. **उग्र :** देशभक्त
   संकलन–चिनगारियां, शैतान मंडली, इन्द्रधनुष, बलात्कार, चाकलेट, दोजख की आग, निर्लज्जा
7. **रायकृष्णदास :** अंतःपुर का आरम्भ, रमणों का रहस्य
8. **चतुरसेन शास्त्री :** दुखवा मै कासो कहूँ मोरी सजनी (हरिसाधन मुखोपाध्याय की कहानी 'सेलिसमा बेगम' का रूपांतर), अंबपालिका, प्रबुद्ध, भिक्षुराज, बावर्चिन, हल्दीघाटी में, बाणवधू।
9. **जयशंकर प्रसाद :** आकाशदीप, देवदासी, रसिया बालम, आँधी, मधुआ, पुरस्कार, ममता, इन्द्रजाल, सालवती, गुंडा।

निबंध :
1. **बाबू गुलाबराय :** ठलुआ क्लब, फिर निराशा क्यों, मेरी असफलताएं, कुछ उथले कुछ गहरे
2. **रघुवीर सिंह :** निबंध संग्रह हैं 'शेष स्मृतियाँ'
3. **शिवपूजन सहाय :** निबंध संग्रह है 'कुछ'
4. **निराला :** संग्रह है : प्रबंध प्रतिमा, चयन, चाबुक
5. **पदुमलाल पुन्नालाल बख्शी :** संग्रह हैं - 'पंचपात्र'। एक प्रसिद्ध निबंध है- 'क्या लिखूँ'
6. **गुलेरी :** विक्रमोवर्शी की मूल कथा, अमंगल के स्थान में मंगलशब्द।

छायावादोत्तर युग

कविता : प्रगति प्रयोग काल के समानान्तर अन्य कई तरह की काव्य रचनायें भी होती रहीं। इनका मुख्य स्वर या तो गाँधीवादी है या फिर विप्लव अथवा मस्ती का। हम पहले इन्हीं का परिचय यहाँ पर दे रहे हैं।

1. **हरिवंशराय बच्चन :** मधुशाला (1935), मधुबाला (1936), मधुकलश (1937), निशा-निमन्त्रण (1938), एकांत संगीत (1939), आकुल अंतर (1943), सतरंगिणी, मिलनयामिनी तथा प्रणय पत्रिका।
   अंतिम चरण में बच्चन ने सामाजिक-राजनीतिक कवितायें लिखीं। ये हैं–बंगाल का अकाल, खादी के फूल, सूत की माला, धार के इधर-उधर, आरती और अंगारे, बुद्ध और नाचघर, त्रिभंगिमा, चार खेमे चौसठ खूँटे, दो चट्टानें, जाल समेटा।
   बच्चन ने उमर खैय्याम की रूबाइयों का अनुवाद 1935 में 'खैय्याम की मधुशाला' नाम से किया।

2. **रामकुमार वर्मा :** रूपराशि, निशीथ, चित्ररेखा, आकाशगंगा, अंजलि, चन्द्रकिरण, एकलव्य (वर्मा जी छायावादी ढंग की ही कविता करते थे।)
3. **माखनलाल चतुर्वेदी :** हिमकिरीटिनी, हिमतंरगिणी, वेणु लो गूँजे धरा, माता, युगचरण, मरणज्वार, बिजुली काजल आँज रही, समर्पण। इनकी कविता 'पुष्प की अभिलाषा' अत्यंत प्रसिद्ध है।
4. **सियारामशरण गुप्त :** इनकी कविता 'एक फूल की चाह' बहुत प्रसिद्ध है। प्रमुख काव्य ग्रन्थ हैं–मौर्य विजय, अनाथ, दूर्वादल, विषाद, आर्द्रा, आत्मोत्सर्ग, पाथेय, मृष्मयी, बापू, उन्मुख, दैनिकी, नकुल, नोआखाली, गोपिका।
   प्रबंधकाव्य : उन्मुक्त (युद्ध की विभीषिका और मानवीय करुणा पर रचित ; अत्याचारी लौह द्वीप के लोग शान्तिप्रिय कुसुमद्वीप को युद्ध पर मजबूर कर देते हैं।)
5. **बालकृष्ण शर्मा 'नवीन' :** इनकी 'साकी' कविता अत्यन्त प्रसिद्ध है। 'आज खड्ग की धार कुंठिता' और 'कवि कुछ ऐसी तान सुनाओ' भी प्रसिद्ध कवितायें हैं। इनके काव्यग्रंथ है- उर्मिला (प्रबन्धकाव्य), कुंकुम (पहला काव्य संग्रह है), रश्मिरेखा और अपलक, विनोबास्तवन, क्वासि, हम विषपायी जन्म के।
6. **भगवती चरण वर्मा :** 'हम दीवानों की क्या हस्ती, हैं आज यहां कल वहां चले।' तथा 'चली आ रही भैंसागाडी' भी इनकी एक चर्चित कविता है। इनके काव्यग्रन्थ हैं–मधुकण, प्रेमसंगीत तथा मानव।
7. **सुभद्राकुमारी चौहान :** झाँसी की रानी, जलियाँवाला बाग में वसंत आदि कवितायें।
8. **रामधारीसिंह 'दिनकर' :** रेणुका (1935), हुंकार, सामधेनी, रसवन्ती, द्वन्द्वगीत, यशोधरा, कुरूक्षेत्र (युद्ध की समस्या पर रचित प्रबंधकाव्य है, जो मुख्यतः भीष्म-युधिष्ठिर संवाद पर आधारित है।), उर्वशी (ज्ञानपीठ पुरस्कार से सम्मानित प्रबंधकाव्य, जिसका उपजीव्य 'उर्वशी-पुरूरवा प्रेमाख्यान' है।), रश्मिरथी (महाभारत के 'कर्ण' को नायक बनाकर रचित प्रबंधकाव्य है।), आत्मा की आँखें, परशुराम की प्रतीक्षा (प्रबंधकाव्य) है। इतिहास के आँसू, धूप और धुआँ, दिल्ली, नीम के पत्ते तथा हारे को हरिनाम। 'संचयिता' हाल में किया गया संकलन है।
9. **नरेन्द्र शर्मा :** शूल-फूल, कर्णफूल, प्रभातफेरी, प्रवासी के गीत, पलाशवन, ग्राम्या, मिट्टी के फूल, हंसमाला, रक्तचंदन, अग्निशस्त्र, कदलीवन, उत्तरजय (प्रबंधकाव्य, युधिष्ठिर तथा अश्वत्थामा के खण्डित और पीड़ाभोगी व्यक्तियों की गाथा), द्रौपदी (महाभारत में 'द्रौपदी' के चरित्र पर आधारित खंडकाव्य।)
10. **रामेश्वर शुक्ल 'अंचल' :** मधुलिका, अपराजिता, लाल चूनर, किरणबेला, करील और वर्षान्त के बादल, अपराधिता (प्रबंधकाव्य)।
11. **सोहन लाल द्विवेदी :** कुणाल, चित्रा, युगाधार।
12. **श्यामनारायण पाण्डेय :** हल्दीघाटी, जौहर।
13. **उदयशंकर भट्ट :** विसर्जन, मानसी, अमृत और विष, युगदीप, यथार्थ और कल्पना, एकला चलो रे, विजयपथ।
14. **जानकी बल्लभ शास्त्री :** रूप-अरूप, शिप्रा, मेघगीत, अवन्तिका।
15. **गुरूभक्तसिंह 'भक्त' :** विक्रमादित्य (प्रबंधकाव्य, कथानक विशाखदत्त के 'देवी चन्द्रगुप्त' नाटक पर आधारित), नूरजहाँ (प्रबन्धकाव्य)।
16. **मोहनलाल महतो 'वियोगी' :** आर्यावर्त (पृथ्वीराज चौहान-गौरी युद्ध पर रचित प्रबन्धकाव्य)
17. **केदारनाथ मिश्र 'प्रभात' :** कैकयी (प्रबंधकाव्य), कर्ण (खण्डकाव्य), शुभ्रा (गीतिकाव्य), बैठो मेरे पास तथा ऋतम्बरा प्रबंधकाव्य है। प्रलयवर्णन से प्रारम्भ होकर मानव-सृष्टि के भविष्य पर रचित।
18. **ठाकुर प्रसादसिंह :** महामानव (प्रबंधकाव्य : गाँधी जी के जीवन पर।)

प्रगतिवादी युग

1. **नागार्जुन :** (वास्तविक नाम वैद्यनाथ मिश्र) इन्होंनें 'यात्री' नाम से मैथिली में भी कवितायें रची है। प्रमुख कविता-संग्रह हैं - सतरंगे पंखों वाली, प्यासी पथरायी आँखें, युगधारा, ऐसे भी हम क्या, ऐसे भी तुम क्या, आखिर ऐसा क्या कह दिया मैंने, पुरानी जूतियों का कोरस, रत्नगर्भ, तालाब की मछलियां, तुमने कहा था, खिचड़ी विप्लव देखा हमने, हजार-हजार बाँहों वाली, पका है यह कटहल, भूमिजा (खण्डकाव्य)। नागार्जुन की बहुत प्रसिद्ध कविताओं में से कुछ हैं–
   बादल को घिरते देखा है, पाषाणी, चन्दना, रवीन्द्र के प्रति, सिंदूर तिलकित भाल, तुम्हारी दंतुरित मुस्कान, ओ जन-मन के सजग चितेरे (यह केदारनाथ अग्रवाल पर लिखी गई है।), गुलाबी चूडियाँ, तन गयी रीढ़, यह तुम थी, जोत की फाँक, भादों की तलैया, प्रेत का बयान, मास्टर तथा अकाल।
2. **केदारनाथ अग्रवाल :** संग्रह है–युग की गंगा, फूल नहीं रंग बोलते हैं, पंख और पतवार, गुलमेंहदी, कहे केदार खरी-खरी, अपूर्वा, आत्मगंध, नीद के बादल, लोक तथा आलोक। केदार की प्रसिद्ध कवितायें हैं -
   बसंती हवा, चन्द्रगहना से लौटती बेर, आज नदी बिल्कुल उदास थी, केन किनारे पाल्थी मारे, केन हमारी तड़प रही है आदि।

3. **रांगेय राघव :** अजेय खंडहर, मेधावी, पांचाली (खंडकाव्य), पिघलते पत्थर, राह के दीपक (संकलन)।
4. **त्रिलोचन :** संग्रह है–धरती, मिट्टी की बारात, ताप के तापे हुए दिन, फूल नाम है एक, शब्द, उस जनपद का कवि हूँ, गुलाब और बुलबुल, दिगंत, अरघान, तुम्हें सौंपता हूँ, सबका अपना आकाश तथा अनकहनी भी कुछ कहनी है। त्रिलोचन का प्रिय छंद 'सॉनेट' है।
5. **'सुमन' :** संग्रह हैं–जीवन के गान, प्रलय-सृजन, हिल्लोल।
6. **रामविलास शर्मा :** ने भी कतिपय काव्य रचना की है, जो प्रगतिवादी काव्य के अंतर्गत ही आती है। इनके संग्रह का नाम है - 'रूपतरंग'।

प्रयोगवादी युग

अज्ञेय (1911-1987 ई०) : के कविता संग्रह है - भग्नदूत (1933), चिंता (1942), इत्यलम् (1946), हरी घास पर क्षण भर (1949), बावरा अहेरी (1954), इंद्रधनुष रौंदे हुए (1957), अरी ओ करूणा प्रभामय (1959), आँगन के पार द्वार (1961), कितनी नावों में कितनी बार (1967), क्योंकि मैं उसे जानता हूँ (1970), सागर मुद्रा (1970), पहले मैं सन्नाटा बुनता हूँ (1974), महावृक्ष के नीचे (1977), नदी की बाँक पर छाया (1981), प्रिजन डेज एण्ड अदर पोएम्स (अंग्रेजी, 1946)। चारों सप्तकों का संपादन।

अज्ञेय की अत्यधिक प्रसिद्ध कवितायें हैं - नदी के द्वीप (संग्रह- हरी घास पर क्षण भर), असाध्य वीणा (आँगन के पार द्वार : संग्रह)। यह दीप अकेला, पूर्वा, सुनहरे शैवाल आदि।

मुक्तिबोध (1917-1964) : के दो काव्य संग्रह है - चाँद का मुँह टेढा है (1964), भूरि-भूरि खाक धूल (1980)। अत्यधिक प्रसिद्ध कवितायें हैं - एक आत्मवक्तव्य, चाँद का मुँह टेढा है, चकमक की चिंगारियाँ, भूल-गलती, दिमागी गुहान्धकार, ब्रह्मराक्षस तथा अँधेरे में।

शमशेरबहादुर सिंह (1911-1993) : के काव्यसंग्रह हैं–सुकून की तलाश में, कुछ कविताएं, कुछ और कविताएं, चुका भी हूँ नही मैं, इतने अपने पास, बात बोलेगी, काल तुझसे होड़ है मेरी, टूटी हुई बिखरी हुई, विविध-शमशेर, कहीं बहुत दूर से सुन रहा हूँ। शमशेर की कुछ अत्यधिक प्रसिद्ध कविताएं हैं–

'वाम, वाम, वाम दिशा', अमनराग, उदिता, चुका भी हूँ नहीं मैं, टूटी हुई बिखरी हुई, एक पीली शाम, सलोना जिस्म आओ न तथा 'अभिव्यक्ति का संघर्ष'।

भवानीप्रसाद मिश्र : कमल के फूल, वाणी की दीनता, टूटने का सुख, सतपुड़ा के जंगल, सन्नाटा, गीतफरोश, असाधारण, स्नेहशपथ, आदि कवितायें दूसरा सप्तक में संग्रहीत हैं। 'सतपुड़ा के जंगल' में प्रबंधत्व की विशेषता है।

काव्य संग्रह हैं–अनाम तुम आते हो, त्रिकाल संध्या, परिवर्तन जिए, मानसरोवर दिन, बुनी हुई रस्सी, खुशबू के शिलालेख। कालजयी (प्रबन्धकाव्य है)।

नरेश मेहता : के काव्य ग्रन्थ हैं–बनपाखी सुनो (1957), बोलने दो चीड़ को (1962), संशय की एक रात (1962), उत्सवा, मेरा समर्पित एकांत (1953), महाप्रस्थान (1975), शबरी (1977), प्रवाद पर्व (1977), 'समय देवता' इनकी एक प्रसिद्ध लंबी कविता है, जो 'मेरा समर्पित एकांत' में संकलित हैं।

संशय की एक रात, महा प्रस्थान, शबरी तथा प्रवाद पर्व इनकी महत्वपूर्ण काव्य रचनायें हैं। 'संशय की एक रात' एक पौराणिक काव्य रूपक (नाट्य शैली में रचित लम्बी कविता) है, जिसमें राम-रावण युद्ध से पूर्व राम के मन का संशय चित्रित हुआ है। 'महाप्रस्थान' भी पौराणिक काव्य-रूपक है जिसमें पांडवों के हिमालय में गलने की प्रसिद्ध कथा वर्णित है। 'प्रवाद-पर्व' सीता-बनवास के करूण प्रसंग पर आधारित खण्डकाव्य है। 'शबरी' प्रबंधकाव्य में शबरी (राम कथा से सम्बद्ध) की कथा है। 'चैत्या' हाल में किया गया संग्रह है।

धर्मवीर भारती : की रचनायें हैं–ठंडा लोहा (काव्य संग्रह, 1952), अंधा युग (1955, प्रतीकवादी काव्य नाटक है, जिसमें महाभारत के अंतिम दिन के युद्ध से लेकर कृष्ण के गोलोकवास तक की घटनाओं को समेटा गया है।), सात गीत वर्ष (1959, 'प्रथुम्य गाथा' इस संग्रह की प्रसिद्ध लम्बी कविता है।), कनुप्रिया (1959, युद्ध और इतिहास की व्यर्थता को संकेतित करता, राधाकृष्ण-प्रेम पर रचित काव्य ग्रन्थ), संकलन : मेरी वाणी गैरिक वासना।

नेमिचन्द जैन : का कविता संग्रह है 'एकांत', 'अचानक हम फिर'।

कुँवरनारायण : की रचनायें हैं–चक्रव्यूह (काव्यसंग्रह), परिवेशः हम तुम (काव्य संग्रह), आत्मजयी (कठोपनिषद के 'नचिकेता-प्रसंग' पर आधारित चिंतनपरक प्रबंधकाव्य है), अपने सामने (काव्य संग्रह), कोई दूसरा नहीं (काव्य संग्रह)।

सर्वेश्वरदयाल सक्सेना : के कविता संग्रह है - काठ की घंटियाँ, बाँस का पुल, एक सूनी नाव में, कुआनों नदी, जंगल का दर्द, खूँटियों पर टंगे लोग। बाद में 'कवितायें-1' तथा 'कवितायें-2' नाम से दो भागों में कुछ रचनायें प्रकाशित हुई हैं।

रघुवीर सहाय (1929-1990) ई० : के कविता-संग्रह है - सीढ़ियों पर धूप में (1960), आत्महत्या के विरूद्ध (1967), हँसो हँसो जल्दी हँसो (1975), लोग भूल गये हैं (1982), कुछ पते कुछ

चिट्ठियाँ (1989)। रामदास की हत्या इनकी प्रमुख राजनीतिक कविता है।

केदारनाथ सिंह : के कविता संग्रह हैं–अभी बिल्कुल अभी (1960), जमीन पक रही है (1980), यहाँ से देखो, अकाल में सारस, उत्तर कबीर, 'बाघ' प्रसिद्ध लम्बी कविता है।

विजयदेवनारायण साही : कविता संग्रह हैं–'मछलीघर', 'साखी', तथा 'छठवाँ दशक'। हाल में किया गया संग्रह है 'संवाद तुमसे'।

गिरिजाकुमार माथुर : के काव्य संग्रह हैं–मंजीर (1941), नाश और निर्माण (1946), धूप के धान (1955), शिलापंख चमकीले (1961), छाया मत छूना मन, भीतरी नदी की यात्रा, साक्षी रहे वर्तमान, कल्पांतर, अभी कुछ और, मै वक्त के हूँ सामने, 'पृथ्वीकल्प', मुझे और अभी कहना है।

भारत-भूषण अग्रवाल : के काव्य संग्रह हैं–अनुपस्थित लोग, कागज के फूल, छवि के बन्धन, मुक्तिमार्ग, जागते रहो, ओ अप्रस्तुत मन, उतना वह सूरज है।

प्रबन्ध काव्य–'अग्निलीक' (सीता की अग्निपरीक्षा पर रचित)।

प्रभाकर माचवे : के काव्य संग्रह हैं–स्वप्नभंग, मेपल, क्षणभंगुर।

देवराज : दो प्रबंधकाव्य रचे–'आहत आत्माएं', 'इला और अमिताभ'। काव्य संग्रह हैं–धरती और स्वर्ग, उर्वशी ने कहा।

जगदीश गुप्त : काव्य-संग्रह हैं–'नाव के पांव', 'हिमदंश' तथा 'आदिम एकान्त'। प्रबन्धकाव्य 'शंबूक'।

लक्ष्मीकान्त वर्मा : काव्य संग्रह हैं–अतुकांत, तीसरा पक्ष तथा 'आधुनिक कवि - 15'।

इनकी कुछ कवितायें हैं–अपना-अपना जूता, सिर पर जूता पैर में टोपी। चित्रकूट चरित (खंडकाव्य)।

उपन्यास

प्रेमचन्द के बाद उपन्यास कई धाराओं में बँट गया। विभिन्न धाराओं को अलग-अलग देने के पहले हम यहां पर प्रेमचन्द के समकालीन अन्य उपन्यासकारों की रचनाओं की सूची संक्षेप में दे रहे हैं -

जयशंकर प्रसाद : कंकाल (धार्मिक पाखण्डों पर केन्द्रित), तितली (प्रमुख पात्रा - मधुवन और तितली, इन्द्रदेव और शैल), इरावती (अपूर्ण, पुष्यमित्र के पुत्र अग्निमित्र शुंग और इरावती की प्रेमकथा)।

'कौशिक' : माँ, भिखारिनी

चण्डीप्रसाद शर्मा 'हृदयेश' : मनोरमा, मंगलप्रभात

शिवपूजन सहाय : देहाती दुनियां

सियारामशरण गुप्त : गोद, अंतिम आकांक्षा, नारी

पाण्डेय बेचन शर्मा 'उग्र' : चन्द हसीनों के ख़तूत (हिन्दी में पत्रात्मक प्रविधि का पहला उपन्यास, 1927), 'बुधुआ की बेटी' या 'मनुष्यानन्द', शराबी, घंटा, दिल्ली का दलाल, सरकार तुम्हारी आँखों में, जीजी जी, कढ़ी में कोयला, फागुन के दिन चार।

वृन्दावनलाल वर्मा : लगन, संगम, प्रत्यागत, कुण्डलीचक्र, प्रेम की भेंट (1931), लोककथा पर आधारित - सोना (1950) तथा अमरबेल (1952)।

चतुरसेन शास्त्री : हृदय की परख (1931), अमर अभिलाषा, आत्मदाह (1934), बहते आँसू ; परवर्ती उप॰ - 'पत्थर युग के दो बुत' (1960, बंबई के नानावरी काण्ड पर)।

राजा-राधिकारमण प्रसाद सिंह : राम-रहीम (1936), पुरूष और नारी (1939), सूरदास, संस्कार, पूरब और पश्चिम।

भगवतीप्रसाद बाजपेयी : मीठी चुटकी, पतिता की साधना, पिपासा, निमंत्रण

प्रतापनारायण 'श्रीवास्तव' : विदा, विनाश के बादल, बेकसी का मज़ार

उषादेवी 'मित्रा' : वचन का मोल, जीवन की मुस्कान, पिया, पथचारी

भगवतीचरण वर्मा : चित्रलेखा (1934, पाप और पुण्य की समस्या पर रचित, प्रमुख पात्र–कुमारगिरि, चाणक्य, बीजगुप्त, चित्रलेखा और चन्द्रगुप्त।

रामेश्वर शुक्ल 'अंचल' : चढ़ती धूप, नयी इमारत, उल्का, मरूप्रदीप

जैनेन्द्र कुमार : (मनोवैज्ञानिक उपन्यासकार) : परख (पात्र : कट्टो), सुनीता (पात्र : श्रीकान्त, सुनीता और हरिप्रसन्न), त्याग पत्र (पात्र : मृणाल), जयवर्द्धन, कल्याणी, मुक्तिबोध, दशार्क, सुखदा, विवर्त, व्यतीत, अनंतर, अनामस्वामी।

इलाचन्द्र जोशी (मनो॰ उपन्यासकार) : संन्यासी (1941, पात्र ('रामदास की हत्या' कविता से) पर्दे की रानी (पात्र : निरंजना, मनमोहन तथा इन्द्रमोहन), प्रेतछाया (पात्र : पारसनाथ), निर्वासित (पात्रः महीप), जिप्सी (पात्र : रंजन, मनिया, शोभना), जहाज का पंछी, लज्जा, मुक्तिपथ, सुबह के भूले, भूत का भविष्य, ऋतुचक्र, घृणामयी (पात्र : लज्जा)

'अज्ञेय' (मनो॰ उपन्यासकार) : शेखर : एक जीवनी (दो भाग 1941-44, पात्र : शशि, शेखर), नदी के द्वीप (1951 : पात्र : भुवन, रेखा, गौरा और चन्द्रमोहन), अपने-अपने अजनबी (1961; पात्र : योटके, सेल्मा, अनेक आलोचक इसे अस्तित्ववादी उपन्यास भी मानते हैं।)

देवराज (मनो॰ उपन्यासकार) : अजय की डायरी, पथ की खोज, बाहर-भीतर, रोड़े और पत्थर, मै वे और आप, न भेजे गए पत्र।

मन्मथनाथ गुप्त : बहता पानी, शहीद और शोहदे

यशपाल (प्रगतिवादी उपन्यासकार) : अमिता, दिव्या (ऐतिहासिक उपन्यास ; पात्र : दिव्या, पृथुसेन, मारिश, रूद्रधीर तथा देवी मल्लिका), दादा कॉमरेड (पात्र : शैला, हरीश), पार्टी कॉमरेड, देशद्रोही, मनुष्य के रूप, झूठा-सच (देश विभाजन), मेरी तेरी उसकी बात, बारह घंटे, अप्सरा का श्राप, क्यों फँसे।

अमृतलाल नागर (सामाजिक यथार्थ-वादी उपन्यासकार) : महाकाल ('बंगाल के अकाल' पर ; 1946), सेठ बांकेमल, बूँद और समुद्र, शतरंज के मोहरे, सुहाग के नूपुर, अमृत और विष, सात घूँघट वाला मुखड़ा, एकदा नैमिषारण्ये, नाच्यो बहुत गोपाल, खंजन नयन, बिखरे तिनके, अग्निगर्भा, करवट, पीढ़ियाँ, मानस का हंस, नवाबी मसनद।

उपेन्द्रनाथ 'अश्क' (सामाजिक यथार्थवादी उपन्यासकार) : सितारों के खेल, गिरती दीवारें (1947 : पात्र चेतन), गर्म राख, बड़ी-बड़ी आँखें, पत्थर-अल-पत्थर, निमिषा, शहर में घूमता आईना, एक नन्हीं कन्दील, बाँधों न नाव इस ठाँव (दो भाग- 1974), पलटती धारा।

भगवती चरण वर्मा (सामाजिक यथार्थवादी उपन्यासकार) : पतन, धुप्पल (आत्मकथात्मक उपन्यास), चित्रलेखा (ऐतिहासिक उपन्यास), तीन वर्ष, टेढ़े-मेढ़े रास्ते, भूले बिसरे चित्र, सामर्थ्य और सीमा, रेखा, सीधी सच्ची बातें, सबहिं नचावत राम गोसाईं, प्रश्न और मरीचिका, आखिरी दाँव, युवराज चूण्डा, चाणक्य, अपने खिलौने।

धर्मवीर भारती (मनो॰ उपन्यासकार) : गुनाहों का देवता (पात्र : चन्दर, सुधा, पम्मी, गेसू, विनती), सूरज का सातवाँ घोड़ा (धर्म कथा शैली में रचित, पात्र : किस्सागो 'मणिक मुल्ला', यह एक प्रयोगधर्मी रचना है।)

वृन्दावन लाल वर्मा (ऐतिहासिक उपन्यासकार) : गढ़कुण्डार (बुन्देलों और अंगारों पर; पात्र : नागदेव, अग्निदत्त, हेमवती, मानवती), विराटा की पद्मिनी (पात्र : कुमुद, कुंजर), झाँसी की रानी, मृगनयनी (पात्र : राजा मानसिंह, मृगनयनी, अटल, लाखी), माधवजी, सिंधिया, टूटे कांटे (पात्र : मस्तानी), कीचड़ और कमल (पात्र : पद्मावती), कचनार, भुवनविक्रम (पात्र : रोमक, विक्रम, नील, फणिश, हिमानी), मुसाहिबजू, अचल मेरा कोई, अमरबेल, ललगन, प्रत्यागत, प्रेम की भेंट, कुण्डली चक्र, संगम, सोना, अहिल्याबाई, आहत, उदयकिरण।

राहुल सांकृत्यायन (प्रगतिवादी उपन्यासकार) : जीने के लिए (सामाजिक उपन्यास), सिंह सेनापति (ऐति. उप. ; लिच्छवि सेनापति, रोहिणी, आचार्य बाहुलाश्व, भामा आदि मुख्य पात्र हैं।) मधुर स्वप्न, जय यौधेय, विस्मृत यात्री, दिवोदास।

चतुरसेन शास्त्री (ऐतिहासिक उपन्यासकार) : वैशाली की नगरबधू (दो भाग, पात्र : अम्बपाली, बिम्बसार, सोम, बुद्ध आदि), वयं रक्षामः, सोमनाथ, आलमगीर, गोली, सोना और खून, धर्मपुत्र, मोती।

हजारीप्रसाद द्विवेदी (ऐतिहासिक उपन्यासकार) : बाणभट्ट की आत्मकथा (1944, बाण, भट्टिनी, निपुणिका), चारूचन्द्रलेख (सीदीमौला, राजा सातवाहन, चन्द्रलेखा), पुनर्नवा (समुद्रगुप्त, आर्थक, देवरात, सुमेर काका, चन्द्रा, लोरिक-चन्दा की कथा इसी में नियोजित की गई है।) अनामदास का पोथा।

रांगेय राघव (प्रगतिवादी उपन्यासकार) : घरौंदे, विषादमठ, हुजूर, सीधा-साधा रास्ता, राई और पर्वत, छोटी सी बात, प्रतिदान, उबाल शहरी जीवन से सम्बन्धित उपन्यास है।

पथ का पाप, आखिरी आवाज ग्राम जीवन से सम्बन्धित आवाज है।

कब तक पुकारूं (1957), धरती मेरा घर आंचलिक उपन्यास है।

ऐतिहासिक उपन्यास हैं–

मुर्दों का टीला (1948, मोहन जोदडो की पृष्ठभूमि में आर्य-आक्रमण को लेकर) चीवर, अंधेरे के जुगनू, पक्षी और आकाश, राह न रूकी जीवनचरितात्मक उपन्यास है–देवकी का बेटा, यशोधरा जीत गयी, लोई का ताना, रत्ना की बात, भारती का सपूत, लखिमा की आँखे, धूनी का धुँआ।

शिवप्रसाद मिश्र 'रूद्र' : बहती गंगा (ऐतिहासिक उपन्यास)

नागार्जुन (प्रगतिवादी उपन्यासकार) : इनके उपन्यासों में आंचलिकता के तत्व मिलते हैं, परन्तु वे पूरी तरह आंचलिक नहीं हैं। इनके उपन्यास रतिनाथ की चाची (1948), बलचनमा (1952), नई पौध, बाबा बटेसरनाथ (1954), दुखमोचन (1956), वरूण के बेटे (1957), कुंभीपाक, हीरक जयन्ती, उग्रतारा, इमरतिया, जमनिया के बाबा, चेहरे नए पुराने।

फणीश्वरनाथ रेणु (आंचलिक उपन्यासकार) : मैला आंचल (1954 ; मिथिला के पूर्णिया जिले के मीरगंज गाँव पर केन्द्रित प्रमुख पात्र : बालदेव, कालीचरण, लक्ष्मी, बावनदास, कमली तथा डॉक्टर) ; परती परिकथा, जुलूस, दीर्घतपा, पल्टू बाबू रोड, कितने चौराहे, कलंकमुक्ति।

उदयशंकर भट्ट (आंचलिक उपन्यासकार) : वह जो मैंने देखा, नये मोड, लोक-परलोक, सागर लहरें और मनुष्य, (1956, बम्बई की मछुवा बस्ती बरसोवा पर केन्द्रित, पात्र : रत्ना, माणिक, डॉक्टर पांडुरंग), एक नीड़ दो पंछी, शेष-अशेष।

लक्ष्मीनारायण लाल (प्रयोगशील उपन्यासकार) : धरती की आँखें, बया का घोंसला और साँप, रूपाजीवा, प्रेम : एक पवित्र नदी, काले फूल का पौधा, बसन्त की प्रतीक्षा, देवीना, मन वृन्दावन, बडी चम्पा-छोटी चम्पा।

विष्णुप्रभाकर : ढलती रात, निशिकांत, तट के बंधन, स्वप्नमयी, दर्पण का व्यक्ति, कोई तो, अर्द्धनारीश्वर, संकल्प (तीन उपन्यासों का संकलन)।

भैरवप्रसाद गुप्त (प्रगतिवादी उपन्यासकार) : शोले, मशाल, गंगा मैया, जंजीरें और नया आदमी, सत्ती मैया का चौरा, धरती, आशा, कालिन्दी, रंभा, बांदी, नौ जबान, भाग्यदेवता, अंतिम अध्याय (व्यंग्य उपन्यास), नौजवान, आदमी और जंजीरें।

अमृतराय (प्रगतिवादी उपन्यासकार) : बीज, हाथी के दांत, नागफनी का देश, धुआँ, सुख-दुख, भटियाली, जंगल।

भीष्मसाहनी (प्रगतिवादी उपन्यासकार) : झरोखे, कडियाँ, तमस (1973), बसन्ती, मय्यादास की माड़ी, कुंतो।

स्वातन्त्रयोत्तर हिन्दी साहित्य

उपन्यासकार

राही मासूम रजा : आधा गाँव, (गाजीपुर के एक गाँव गंगोली पर केन्द्रित), टोपी शुक्ला, हिम्मत जौनपुरी, ओस की बूँद, दिल एक सादा कागज, सीन-75, कटरा बी-आर्जू।

रामदरश मिश्र : पानी के प्राचीर, जल टूटता हुआ, सूखता हुआ तालाब।

विवेकी राय : बबूल, पुरुष पुराण, लोकऋण, श्वेत पत्रा, सोनामाटी, समर शेष है, मंगल भवन।

शैलेश मटियानी : हौलदार, चिट्ठी रसैन, चौथी मुट्ठी, मुख सरोवर के हंस, बोरीवली से बोरीबंदर तक, आकाश कितना अनन्त है, बावन नदियों का संगम, जलतरंग, छोटे-छोटे पक्षी, मुठभेड़, किस्सा नर्मदाबेन गंगूबाई।

राजेन्द्र अवस्थी : सूरज किरण की छाँव, जंगल के फूल।

सच्चिदानन्द धूमकेतु : माटी की महक।

उदयराज सिंह : अँधेरे के विरूद्ध।

हिमांशु जोशी : कगार की आग, बुराँश फूलते तो हैं, समय साक्षी है, छाया मत छूना मन।

हिमांशु श्रीवास्तव : रथ के पहिए, कथा सूर्य की नई यात्रा।

ठाकुरप्रसाद सिंह : सात घरों का गाँव, कुब्जा सुन्दरी।

प्रभाकर माचवे (प्रयोगधर्मी रचनाकार) : साँचा, परन्तु, जो, द्वाभा, किसलिए, द्यूत, दर्द के पैबंद, तीस-चालीस-पचास।

गिरिधर गोपाल (प्रयोगधर्मी रचनाकार) : चाँदनी रात के खण्डहर, कंदील और कुहासे।

लक्ष्मीकान्त वर्मा (प्रयोगधर्मी रचनाकार) : खाली कुर्सी की आत्मा, टेरीकोटा, एक कटी हुई जिन्दगी, एक कटा हुआ कागज।

भारतभूषण अग्रवाल (प्रयोगधर्मी रचनाकार) : लौटती लहरों की बाँसुरी।

सर्वेश्वर दयाल सक्सेना (प्रयोगधर्मी रचनाकार) : सोया हुआ जल, पागल कुत्तों का मसीहा, कच्ची सड़क, उड़ते हुए रंग, अंधेरे पर अन्धेरा।

रामदरश मिश्र : बीच का समय, अपने लोग, रात का सफर, आकाश की छत, बिना दरवाजे का मकान, दूसरा घर।

राजेन्द्र अवस्थी : बीमार शहर, जाने कितनी आँखें, मछली बाजार।

कृष्णचन्द्र शर्मा 'भिक्खु' : लाल ढांग, मौत की सराय (ऐतिहासिक उपन्यास)।

विश्वंभरनाथ उपाध्याय : रीछ, जोगी मत जा

नरेश मेहता : डूबते मस्तूल, यह पथ बंधु था, धूमकेतु : एक श्रुति, उत्तरकथा, दो एकान्त, नदी यशस्वी है।

चन्द्रकिरण सोनरिक्सा : चंदन चांदनी।

आनन्द प्रकाश जैन (ऐति॰ उपन्यासकार) : कुणाल की आँखें, ताँबे के पैंसे

नरेन्द्र कोहली : अवसर, युद्ध की ओर, युद्ध, अभिज्ञान, दीक्षा (इसमें रामकथा को वर्तमान परिप्रेक्ष्य में देखा गया है तथा अनेक राष्ट्रीय, अन्तर्राष्ट्रीय तथा मानवीय पक्षों से जोडा गया है।), जंगल की कहानी, साथ सहा गया दुख, टप्पर गाड़ी, शंखनाद, क्षमा करना जीजी।

वीरेन्द्रकुमार जैन : अनुत्तर योगी (तीन खंड, ऐतिहासिक उप॰, भगवान महावीर के जीवन पर), मुक्तिदूत।

कन्हैया लाल ओझा : मकड़ी का जाल, अर्थान्तर, सिन्धु-सीमान्त, सर्वनाम, सम्भवामि (ऐति॰ उपन्यास है, हड़प्पा सभ्यता पर केन्द्रित)

राजीव सक्सेना : पणिपुत्री सोमा (ऐतिहासिक उपन्यास)

मुक्तिबोध : विपात्र

कृष्णबलदेव वैद : उसका बचपन, गुज़रा हुआ ज़माना, नसरीन, विमल उर्फ जाएँ तो कहाँ, दर्द-ला-दवा, काला-कोलॉज, नर-नारी

मोहनराकेश : अँधेरे बन्द कमरे, न आने वाला कल, अन्तराल

राजेन्द्र यादव : उखड़े हुए लोग, सारा आकाश, मंत्रविद्ध, एक इंच मुस्कान, प्रेत बोलते हैं, अनदेखे अनजाने पुल, शह और मात

शानी : काला जल, कस्तूरी, साँप और सीढ़ी, पत्थरों में बंद आवाज, नदी और सीपियाँ।

निर्मल वर्मा : वे दिन (पात्र : मैं, रायना) लाल टीन की छत, एक चिथड़ा सुख, रात का रिपोर्टर।

गिरिराज किशोर : लोग, जुगलबंदी, यथा प्रस्तावित, यात्रायें, चिड़ियाघर, पहला गिरमिटिया (गाँधी जी के अफ्रीका प्रवास काल पर), दो परिशिष्ट, अंतर्ध्वंस, ढाई घर, इंद्र सुनें, दावेदार, तीसरी सत्ता।

गिरीश अस्थाना : धूप छाहीं रंग, धूलभरे चेहरे।

जगदम्बा प्रसाद दीक्षित (महानगरीय बोध के उपन्यासकार) : मुरदाघर, कटा हुआ आसमान, अकाल।

गोपाल उपाध्याय : एक टुकड़ा इतिहास।

महीपसिंह (महानगरीय बोध के उपन्यासकार) : यह भी नहीं।

श्रीकान्त वर्मा : दूसरी बार।

शिवसागर मिश्र : अक्षत, दूब जनम आयी, जनमेजय बचो, मगध की जय, अजन्मा वह, राज तिलक।

गंगाप्रसाद विमल : मृगांतक, मरीचिका, कहीं कुछ और, अपने से अलग

ख्वाज़ा बदी उज्जमा : एक चूहे की मौत (महानगरीय जीवन पर), छठा तन्त्र, सभापर्व, छाको की वापसी।

कमलेश्वर : एक सड़क सत्तावन गलियाँ, काली आँधी, समुद्र में खोया हुआ आदमी, डाक बँगला, आगामी अतीत, लौटे हुए मुसाफिर, तीसरा आदमी, कितने पाकिस्तान।

देवेश ठाकुर : भ्रमभंग, प्रिय शबनम

योगेश गुप्त : उनका फैसला

मनोहर श्याम जोशी : कुरू कुरू स्वाहा (व्यंग्य उप॰), कसप, ट-टा-प्रोफेसर, हरिया हरकुलिस की कहानी, हमजाद, नेता जी कहिन।

गोविन्द मिश्र : लाल-पीली जमीन, हुजूर दरबार, वह अपना चेहरा, उतरती हुई धूप, तुम्हारी रोशनी में, धीर-समीर, पाँच आंगनों वाला घर, फूल इमारतें और बंदर।

हरिशंकर परिसांई : रानी नागफनी की कहानी (व्यंग्य उप॰)

श्रीलाल शुक्ल (व्यंग्य उपन्यासकार) : अज्ञातवास, रागदरबारी (1968, रिपोर्ताज शैली का प्रयोग), पहला पड़ाव, मकान, सीमाएं टूटती हैं, आदमी का जहर, बिस्रामपुर का संत।

अमरकान्त : सूखा पत्ता, ग्राम सेविका, कंटीली राह के फूल, काल उजले दिन, दीवार और आँगन।

राजकमल चौधरी : नदी बहती थी, मछली मरी हुई, एक अनारः एक बीमार, देहगाथा, बीस रानियों का बाईस्कोप, अग्निस्नान, शहर था शहर नहीं था, ताश के पत्तों का शहर।

केवल सूद : मुर्गीखाना

महेन्द्र भल्ला : एक पति के नोट्स, दूसरी तरफ, उड़ने से पेश्तर, दो देश और तीसरी उदासी।

रमेश बक्षी : अठारह सूरज के पौधे, बैसाखियों वाली इमारत, खुले आम, चलता हुआ लावा, एक घिसा हुआ चेहरा, हम तिनके।

शिवप्रसाद सिंह : अलग-अलग वैतरणी, गली आगे मुड़ती है, शैलूष, औरत, मंजुशिमा, वैश्वानर, नीला चाँद, कुहरे में युद्ध, दिल्ली दूर है।

मार्कण्डेय : अग्निबीज, सानेल का फूल

हृदयेश : हत्या, एक कहानी अंतहीन, सफेद घोडा काला सवार, सांड, पुनर्जन्म, दंडनायक, पगली घंटी, गांठ।

जगदीश चन्द्र : यादों का पहाड़, आधा पुल, मुट्ठी भर काँकर, कभी न छोड़ें खेत, टुण्डा लाट, धरती धन न अपना, नरक कुण्ड में वास, घासगोदाम।

काशीनाथ सिंह : अपना मोर्चा (छात्र-आन्दोलन पर)

सतीश जमाली : प्रतिबद्ध

दुष्यन्त कुमार : आँगन में एक वृक्ष

रमाकान्त : जुलूस वाला आदमी, तीसरा देश, प्यारा फर्जी अदब, छोटे-छोटे महायुद्ध।

स्वयंप्रकाश : बीच में विनय

रमेश उपाध्याय : दण्डद्वीप, स्वप्नजीवी, हरे फूल की खुशबू

कामतानाथ : समुद्र तट पर खुलने वाली खिड़की, एक और हिन्दुस्तान, तुम्हारे नाम, कालकथा

पंकज बिष्ट : लेकिन दरवाजा (महानगरीय जीवन पर), उस चिड़िया का नाम

मंजूर एहतेशाम : सूखा बरगद, दास्तान-ए-लापता

अब्दुल बिस्मिल्लाह : झीनी-झीनी बीनी चदरिया, मुखडा क्या देखे

रमेशचन्द्र शाह : गोबर गणेश, किस्सा गुलाम, आखिरी दिन, पुनर्वास

संजीव : किसनगढ़ के अहेरी, सर्कस, सावधान ! नीचे आग है, धार, जंगल जहाँ से शुरू होता है

वीरेन्द्र जैन : डूब, पार, पंचनामा

सुरेन्द्र वर्मा : अंधेरे से परे, मुझे चाँद चाहिए (1993, पात्र : यशोदा, वर्षा वशिष्ठ (नायिका), दिव्या कात्याल, हर्ष (नायक)), दो मुर्दों के लिए गुलदस्ता

सुरेश कांत : धम्मं शरणम्

कमलाकान्त त्रिपाठी : पाहीघर (1857 के स्वाधीनता संग्राम की पृष्ठभूमि में अवध की जनता में मानसिक उद्वेलन की कथा), बेदखल

अजगर बजाहत : सात आसमान

विनोद कुमार शुक्ल : नौकर की कमीज (1979), खिलेगें तो देखेंगे (1996), दीवार में एक खिडकी रहती थी (1997)

मणि मधुकर : सफेद मेमने, पिंजरे में पन्ना

रामकुमार भ्रमर : कांच घर

शमशेरसिंह नरूला : एक पंखड़ी की तेज धार

प्रयाग शुक्ल : गठरी, लौट कर आने वाला दिन

श्याम व्यास : एक प्यासा तालाब

ओमप्रकाश दीपक : कुछ जिन्दगानियाँ बेमतलब

हरिप्रकाश त्यागी : दूसरा आदमी लाओ

सुरेन्द्र तिवारी : फिर भी कुछ

रवीन्द्र कालिया : खुदा सही सलामत है

यादवेन्द्र शर्मा चन्द्र : हजार घोडों का सवार, ढ़ोलन कुंजकली

सुदर्शन चोपडा : सम्मोहन

द्रोणवीर : टूटे हुए सूर्य

अनिरूद्ध पाण्डेय : पन्ना पुखराज

मुद्राराक्षस : हम सब मंसाराम, दण्डविधान

पानू खोलिया : बिम्ब

भगवानसिंह : अपने-अपने राम, महाभीषण

रवीन्द्र वर्मा : निन्यानबे

दूधनाथ सिंह : नमो अन्धकार

प्रकाश मनु : पापा के जाने के बाद

मायानंद मिश्र : पुरोहित

प्रियंवद : परछांई नाच

रामविलास शर्मा : चार दिन

भगवानदास मोरवाल : काला पहाड़

रघुवंश : अर्थहीन

जगदीश चतुर्वेदी : कनॉट प्लेस

महिला उपन्यासकार

कृष्णासोबती : मित्रो मरजानी (लंबी कहानी के रूप में चर्चित), डार से बिछुड़ी (1958), सूरजमुखी अँधेरे के (1972 पात्र : रती), जिंदगीनामा (1979, पंजाब के विभाजन की पूर्व स्थिति पर), दिल-ओ दानिश (1993), यारों के यार, आदमीनामा, ए-लड़की!

उषा प्रियंवदा : पचपन खंभे लाल दीवारें (सुषमा (नायिका)), रुकोगी नहीं .... राधिका ?, जय यात्रा

मन्नू भण्डारी : आपका बंटी (पात्र : शकुन और जय), महाभोज (राजनीतिक विसंगतियों पर रचित, पात्र : दा साहब, बिसेसर, बिंदा)

शशिप्रभा शास्त्री : अमलतास, नावें, सीढ़ियां, उम्र एक गलियारे की, मीनारें

ममता कालिया : बेघर, नरक दर नरक, प्रेम कहानी, एक पत्नी के नोट्स, साँची

मृदुला गर्ग : उसके हिस्से की धूप, चित्तकोबरा, अनित्य, मैं और मैं, कठगुलाब, वंशज

राजी सेठ : तत्सम्, निष्कवच

निरूपमा सेवती : पतझड़ की आवाजें, बंटता हुआ आदमी, मेरा नरक अपना है

मृणाल पाण्डेय : विरूद्ध, पटरंगपुर पुराण, देवी, रास्तों पर भटकते हुए

मंजुल भगत : अनारो, लेडी क्लब, गंजी

कमल कुमार : अपार्थ

कुसुम कुमार : हीरामन हाईस्कूल

चित्रा मुद्गल : एक जमीन अपनी

इला डालमियां : छत पर अपर्णा

नासिरा शर्मा : सात नदियाँ : एक समुन्दर, शाल्मली, जिंदा मुहावरे, ठीकर की मंगनी

प्रभा खेतान : आओ पेपे घर चलें, छिन्नमस्ता (पात्र : प्रिया), अपने अपने चेहरे, पीली आँधी, तालाबंदी

मैत्रेयी पुष्पा : बेतवा बहती रही, इदन्नमम् (नायिका : मंदा), चाक, झूला नट, स्मृतिदंश, विजन, अग्नपांखी, अल्मा कबूतरी

मेहरून्निसा परवेज : उसका घर, आँखों की दहलीज

सुनीता जैन : बिन्दु, तितिक्षा

सूर्यबाला : अग्निपंखी, दीक्षांत

कुसुम अंसल : अपनी-अपनी यात्रा, तापसी

अलका सरावगी : कलिकथा : वाया बाईपास, शेष कादम्बरी

शिवानी : चौदह फेरे, कृष्णकली

कृष्णा अग्निहोत्री : टपरेवाले

मालती लफकर : इन्नी

रजनी पणिक्कर : महानगर की गीता, दूरियाँ

मालती जोशी : पाषाण युग

मीनाक्षी पुरी : जाने पहचाने अजनबी

कांता भारती : रेत की मछली

मैत्रेयी देवी : झिपय्या, न हन्यते

पद्‌मा सचदेवा : भटको नही धनंजय

ऋता शुक्ल : अग्निपर्व, कितने जनम वैदेही

प्रतिभा डावर : वह मेरा चाँद

नाटककार

लक्ष्मीनारायण मिश्र (समस्यामूलक नाटककार) : अशोक, संन्यासी, राक्षस का मंदिर, मुक्ति का रहस्य, राजयोग, सिन्दूर की होली, आधीरात, गरूड़ध्वज, नारद की वीणा, वत्सराज, दशाश्वमेघ, कवि भारतेन्दु, वितस्ता की लहरें, चक्रव्यूह, वैशाली में वसन्त, जगतगुरू, अपराजिता, धरती का हृदय, चित्रकूट, मृत्युंजय।

हरिकृष्ण प्रेमी : रक्षाबन्धन, शिवसाधना, प्रतिशोध, आहुति, स्वप्नभंग, मित्र, विषपान, प्रथम जौहर, शतरंज के खिलाड़ी, प्रकाशस्तम्भ, भग्नप्राचीर, विदा, साँपों की सृष्टि, रक्तदान, सोहिनी-महिवाल, अमरगान, सीमा संरक्षण, अमर बलिदान, शक्तिसाधना, अमृतपुत्री, स्वर्णविहान, पातालविजय, आन का मान, जौहर, छाया उद्धार, बन्धन।

पाण्डेय बेचन शर्मा 'उग्र' : गंगा का बेटा, माधव महाराज, महात्मा ईसा

गोविन्द वल्लभ 'पंत' : वरमाला, अंतःपुर का छिद्र, ययाति, अप्सरा, तुलसीदास, काशी का जुलाहा, कंजूस की खोपड़ी, अंगूर की बेटी, राजमुकुट, सिंदूर की बिंदी, सुहागबिंदी।

वृन्दावनलाल वर्मा : सेनापति ऊदल, फूलों की बोरी, हंस मयूर, पूर्व की ओर, ललित विक्रम, झाँसी की रानी, बीरबल

आचार्य चतुरसेन शास्त्री : उत्सर्ग, अमर राठौर, मेघनाद, श्रीराम, अजीत सिंह, पग ध्वनि, छत्रसाल, गांधारी, शशि गुप्त, सन्तोष कहाँ

सेठ गोविन्ददास : कुलीनता, शेरशाह, कर्ण, कर्तव्य, सिंहल द्वीप, रहीम, कवि भारतेन्दु महाप्रभु, वल्लभाचार्य, अशोक, भिक्षु से गृहस्थ, गृहस्थ से भिक्षु, स्नेह या स्वर्ग (गीतिनाट्‌य)।

रामवृक्ष बेनीपुरी : अम्बपाली, तथागत, विजेता चाणक्य, सीता की माँ

चन्द्रगुप्त विद्यालंकार : अशोक, रेखा, देव और दानव, न्याय की रात

परिपूर्णानन्द वर्मा : नाना फड़नवीस, सन् सत्तावन की क्रान्ति, वाजिद अलीशाह

उदयशंकर भट्‌ट : सागर विजय, विक्रमादित्य, विद्रोहिणी, अम्बा, कमला, मुक्तिदूत, शक विजय, अंतहीन अंत, क्रान्तिकारी, नया समाज, पार्वती, यह स्वतंत्रता का युग है, दाहर अथवा सिन्ध पतन; इनके सात काव्य नाटक हैं–विश्वामित्र, मत्स्यगंधा, राधा, अशोक वननंदिनी, कालिदास, नहुषनिपात, एकला चलो रे

सिद्धनाथ कुमार : सृष्टि की साँझ और अन्य काव्य नाटक

बलराज साहनी : मशाल, जादू की कुर्सी

रामकुमार वर्मा : कौमुदी महोत्सव, विजय पर्व, अशोक का शोक, नौहर की ज्योति, नाना फड़नवीस, महाराणा प्रताप, जय आदित्य, जय बांग्ला, अग्निशिखा, पृथ्वी का स्वर्ग, संत तुलसीदास, समुद्रगुप्त पराक्रमांक, भगवान बुद्ध, अहिल्याबाई, स्वयंवरा, अनुशासन पर्व, सम्राट कनिष्क, कुन्ती का परिताप, सरजा शिवाजी, कर्मवीर कर्ण।

राधिकारमण प्रसाद सिंह : धर्म की धुरी, अपना पराया

रांगेय राघव : स्वर्गभूमि का यात्री, रामानुज, विरूढ़क

भगवती चरण वर्मा : कर्ण, सबसे बडा आदमी, रूपया तुम्हें खा गया, वसीयत, तारा (काव्यनाटक)।

उपेन्द्रनाथ अश्क : जय पराजय, अंधीगली, उड़ान, छठा बेटा, पैंतरे, कैद, अलग अलग रास्ते, बड़े खिलाडी, अंजोदीदी, तूफान से पहले, स्वर्ग की झलक, पड़ोसिन का कोट, भँवर, आपस का समझौता, पर्दा उठाओ पर्दा गिराओ, लौटता हुआ दिन।

जगदीश चन्द्र माथुर : कोणार्क, शारदीया, पहला राजा, दशरथनन्दन, रघुकुल रीति, कुँवरसिंह की टेक

भुवनेश्वर : ऊसर (1938, एकांकी), ताँबे के कीड़े, (1946), एकाकी, कारवां (संकलन)

विष्णु प्रभाकर : डॉक्टर, नव-प्रभात, समाधि, युगे-युगे क्रान्ति, टूटते परिवेश, कुहासा और किरण, सत्ता के आर-पार, अब और नहीं, गांधार की भिक्षुणी, श्वेतकमल, बंदिनी (प्रभात कुमार मुखोपाध्याय के 'देवी' का नाट्‌यानुवाद)

हंसकुमार तिवारी : कच-देवयानी

केदारनाथ मिश्र 'प्रभात' : अंगुलिमाल

देवराज दिनेश : मानव प्रताप, यशस्वी भोज

धर्मवीर भारती : अंधा युग

गिरिजाकुमार माथुर : इन्दुमती, पृथ्वीकल्प, रोटी और कमल

भारतभूषण अग्रवाल : पलायन, सेतुबंधन, अग्निलीक

दुष्यन्त कुमार : एक कंठ विषपायी, मसीहा मर गया

अज्ञेय : उत्तर प्रियदर्शी

अमृतलाल नागर : युगावतार, उतार-चढाव, बात की बात, चंदन वन, चक्करदार सीढ़ियाँ और अन्धेरा, नुक्कड़ पर

नरेश मेहता : खण्डित यात्राएं, संशय की एक रात, अपराधी कौन, सरोवर के फूल, महाप्रस्थान, सुबहे के घण्टे

भीष्म साहनी : हानुश, कबिरा खडा बाजार में, माधवी, मुआवजे

कमलेश्वर : अधूरी आवाज, चारूलता

शिवप्रसाद सिंह : घाटियाँ गूँजती हैं, चिरंजीत, तस्वीर उसकी

रमेश बक्शी : देवयानी का कहना है, तीसरा हाथी, बामाचार, कसे हुए तीर

ख्वाजा अहमद अब्बास : मैं कौन हूँ

शील : बेकारी, संघर्ष

गिरिराज किशोर : प्रजा ही रहने दो, घास और घोडा, चेहरे-चेहरे किसके चेहरे, नरमेध, केवल मेरा नाम लो, जुर्म आयद

मृणाल पाण्डेय : मौजूदा हालात को देखते हुए, जो राम रचि राखा, काजर की कोठरी, आदमी जो मछुवारा नहीं था, चोर निकल के भागा

नरेन्द्र कोहली : शम्बूक की हत्या

सुदर्शन चोपड़ा : अपनी पहचान

मन्नू भण्डारी : बिना दीवारों के घर, महाभोज (उपन्यास का नाट्य रूपान्तर)

भैरव प्रसाद गुप्त : चन्दवरदायी

सुरेन्द्र तिवारी : दीवारें

अमृत नाहटा : किस्सा कुरसी का

प्रियदर्शी प्रकाश : सभ्य साँप

गंगाप्रसाद विमल : आज नहीं कल

कृष्णबलदेव वैद : हाय हाय क्या

ममता कालिया : आप न बदलेंगे

रमेशचन्द्र शाह : मारा जाई खुसरो

विभु कुमार : तालों में बंद प्रजातंत्र, कहें ईसा सुनें मूसा

आशीष सिन्हा : एक उदास शाम

जगदीश चतुर्वेदी : पीली दोपहर

सुदर्शन नारंग : शवयात्रा

विश्वेश्वर : बहिष्कार

राजेश जोशी : जादू जंगल

मधुकर सिंह : सुबह के लिए

मोहन राकेश : आषाढ़ का एक दिन, लहरों के राजहंस, आधे-अधूरे, पैर तले की जमीन, छतरियाँ, रात बीतने तक (ध्वनि नाटक), पाँच परदे

लक्ष्मीनारायण लाल : अंधा कुआँ, सुन्दर रस, मादा कैक्टस, रातरानी, दर्पन, सूर्यमुख, कलंकी, मि॰ अभिमन्यु, कर्फ्यू, अब्दुला दीवाना, रक्तकमल, गंगाद्वार, व्यक्तिगत, खेल नहीं नाटक, यक्ष प्रश्न, चतुर्भुज राक्षस, एक सत्य हरिश्चन्द्र, संस्कार ध्वज, सगुन पंछी, गंगा माटी, पंच पुरूष, सूखा सरोवर, उत्तर युद्ध, नरसिंह कथा, राम की लड़ाई

दयाप्रकाश सिन्हा : साँझ सबेरा, भँवर, दुश्मन, इतिहास चक्र, ओह अमरीका, कथा एक कंस की, सादर आपका, मेरे भाई मेरे दोस्त, सीढियाँ

ललित सहगल : हत्या एक आकार की, वरदान, गुफावासी

नागबोडस : खूबसूरत बहू

अमृतराय : चिन्दियों की झालर, शताब्दी, हम लोग।

ललितमोहन थपलियाल : मछलियों का तालाब, सुबह होती है शाम होती है, काला राजा, चिमटे वाले बाबा, अलग-अलग राहें

ज्ञानदेव अग्निहोत्री : नेफा की एक शाम, वतन की आबरू, चिराग जल उठा, शुतुरमुर्ग, अनुष्ठान, माटी जागी रे

विपिन कुमार अग्रवाल : तीन अपाहिज, ऊँची नीची टाँग का जंघिया, उत्तर प्रश्न, उल्टा-सीधा स्वेटर, रेल कब आयेगी, यह पूरा नाटक एक शब्द है, कूड़े का पीपा, लोटन, खोये हुए आदमी की खोज।

शंकर शेष : मूर्तिकार, नयी सभ्यता के नये नमूने, रत्नगर्भा, विवाह मण्डप, बेटों वाला बाप, तिल का ताड, बिन बाती के दीप, बंधन अपने अपने, फन्दी, खजुराहों का शिल्पी, एक और द्रोणाचार्य, घरौंदा, अरे मायावी सरोवर, रत्नगर्भा, आधी रात के बाद, बाढ का पानी।

मृदुला गर्ग : एक और अजनबी, तुम लौट जाओ, जादू का कालीन।

असगर वजाहत : इन्ना की आवाज, वीरगति, फिरंगी लौट आये, सबसे सस्ता गोश्त (संकलन), पाँच नाटक (संकलन), जिस लाहौर नही देखया वो जन्मेई नई।

बृजमोहन शाह : त्रिशंकु, शह ये मात, युद्धमन, अलगोजा

मुद्राराक्षस : तिलचट्टा, योर्स फेथफुली, मरजीना, तेंदुआ, गुफाँए, सन्तोला, आला अफसर

हमीदुल्ला : समय संदर्भ, एक और युद्ध, उलझी आकृतियाँ, दरिन्दे, घरवन्द, दूसरा पक्ष, अपना अपना दर्द, उत्तर उर्वशी, हर बार

सुशील कुमार सिंह : बापू की हत्या हजारवीं बार, सूरज जल धरती पर, अँधेरे के राही, सिंहासन खाली है, चार यारों की यार, नागपाश, गुडबाई स्वामी, नारी की सलीब।

सर्वेश्वर दयाल सक्सेना : बकरी, लडाई, कल भात आयेगा, अब गरीबी हटाओ।

सुरेन्द्र वर्मा : सेतुबंध, 'नायक, खलनायक और विदूषक', द्रौपदी, सूर्य की अन्तिम किरण से सूर्य की पहली किरण तक, आठवाँ सर्ग, नींद क्यों रात भर नही आती, वे नाक से बोलते हैं, मरणोपरान्त, हरी घास पर घण्टे भर, शनिवार को दो बजे, छोटे सैयद बडे सैयद, शकुन्तला की अंगूठी, एक दूनी दो, कैद-ए-हयात

मणि मधुकर : रस गंधर्व, बुलबुल सराय, दुलारी बाई, खेला पोलमपुर, इकतारे की आँख, सारे सर्वनाम, इलायची बेंगम, सुने बोधिवृक्ष, छत्रभंग (संगीत), फूले मंदे (काव्यनाटिका), सलवटों में संवाद (एकांकी संग्रह)

कुसुम कुमार : ओम क्रान्ति-क्रान्ति, सुनो शेफाली, दिल्ली ऊँचा सुनती है, संस्कार को नमस्कार, रावणलीला, मरसिया, पवन चतुर्वेदी की डायरी, मादा मिट्टी।

चिरंजीत (हास्यनाटककार) : बेकारी, संघर्ष

बलराज पण्डित : पाँचवाँ सवार, लोग उदासी, एक और तथागत, जनाने दाँत का अस्पताल।

प्रभाकर श्रोत्रिय : इला, फिर से जहाँपनाह।

शरद जोशी : अंधों का हाथी, एक था गधा उर्फ अलादाद खाँ

शंकर पुण्ताम्बेकर : बचाओ मुझे डॉक्टरों से बचाओ, शीशे के टुकड़े।

विलास गुप्ते : आदमी का गोश्त, आपके कर कमलों से

सतीश जमाली : आदमी आजाद है

आलोक शर्मा : चेहरों का जंगल

लक्ष्मीकान्त वर्मा : आदमी का जहर, अपना अपना जूता

सत्यव्रत सिन्हा : अमृतपुत्र

विनोद रस्तोगी : आजादी के बाद, नया हाथ, बर्फ की मीनार

डॉ॰ विनय : एक प्रश्न मृत्यु, पहला विद्रोही

सन्तोषकुमार नौटियाल : चाय पार्टियाँ

कणद ऋषि 'भटनागर' : जहर, जनता का सेवक

रमेश उपाध्याय : पेपर वेट

हबीब तनवीर : आगरा बाजार, राज चम्बा और चार भाई, गाँव के नॉव ससुरार मोर नॉव दामाद, ख्याल ठाकुर पृथ्वीपालसिंह, चरनदास चोर

सत्यप्रकाश संगर : दीप से दीप जले

रेवतीशरण शर्मा : अपनी धरती

रघुवीर सहाय : बरनम वन

रामविलास शर्मा : पाप के पुजारी

काशीनाथ सिंह : घोआस

दूधनाथ सिंह : यमगाथा

शीला भाटिया : दर्द आएगा दबे पाँव (फैज के जीवन पर)

बलवन्त गार्गी : चाकू

राजेश जैन : कोयल चली हंस की चाल

शंभूनाथ सिंह : दीवार की वापसी

सुरेन्द्र गुलारी (हास्य नाटककार) : दाल में काला, शाबाश अनारकली

कहानीकार

उषादेवी मित्रा : पिंड कहाँ

राहुल सांकृत्यायन : सतमी के बच्चे, वोल्गा से गंगा

भगवती चरण वर्मा : दो बाँके, मुगलों ने सल्तनत बख्श दी, इन्स्टालमेन्ट, प्रायश्चित, राख और चिंगारी, प्रजेन्ट्स

राधिकारमण प्रसाद सिंह : दरिद्रनारायण, पैसे की घुघनी

भगवती प्रसाद बाजपेयी : मिठाई वाला, निंदिया लागी

सुभद्राकुमारी चौहान : बिखरे मोती, उन्मादिनी, पापी पेट

'उग्र' : देशभक्त, खुदाराम, चिन्गारियां, इन्द्रधनुष, चाकलेट, दोजख की आग, बलात्कार

अमृतलाल नागर : गरीब की हाय, नवाबी चक्कर, गोरखधन्धा, कालदण्ड की चोरी

उपेन्द्रनाथ 'अश्क' : गोखरू, अंकुर, चट्टान, डाची, पिंजरा, मेमने, काले साहब, कैप्टेन रशीद, टेबुल लैण्ड, जादुई शासन की गति, (संग्रह), कांगड़ा का तेली

जैनेन्द्र कुमार : तत्सत्, जाह्नवी, हत्या, खेल, वातायन, अपना-अपना भाग्य, बाहुबली, ध्रुवतारा,

नीलम देश की राजकन्या, कः पन्थः, फाँसी, एक रात, पाजेब, स्पर्धा, दो चिडियाँ, एक दिन, पत्नी

'अज्ञेय' : अमरवल्लरी, शरणार्थी, विपथगा, परम्परा, कोठरी की बात, जयदोल, पठार का धीरज, गैंग्रीन, ये तेरे प्रतिरूप, रोज, मेजर चौधरी की वापसी, शत्रु, हिली बोन की बतखें, पुलिस की सीट, कडियाँ, मैना, सिगनिलर, रेल की सीटी, हरसिंगार

'मुक्तिबोध' : काठ का सपना, क्लाड ईथरली, विपात्र, सतह से उठता आदमी

यशपाल : परदा, मक्रील, कुछ न समझ सका, सूखी गण्डेरी, ज्ञानदान, अभिशप्त, तर्क का तूफान, भस्मावृत चिनगारी, वो दुनियाँ, फूलों का कुर्ता, धर्मयुद्ध, उत्तराधिकारी, उत्तमी की माँ, तुमने क्यों कहा कि मैं सुन्दर हूँ, पिंजरे की उडान, चित्र का शीर्षक, दो मुँह की बात, पाप का कीचड, सच बोलने की भूल।

विद्यालंकार : एक और हिन्दुस्तानी का जन्म हुआ, हूक

विष्णुप्रभाकर : धरती अब भी घूम रही है

कमल जोशी : शीराजी, पत्थर की आँखें

निर्मल वर्मा : परिन्दे, दहलीज, लंदन की एक रात, कुत्ते की मौत, जलती झाडी, बीच बहस में, हिल स्टेशन, लवर्स, एक दिन का मेहमान, पिछली गर्मियों में, कव्वे और कालापानी

राजेन्द्र यादव : शहर के बीच एक वृक्ष, किनारे से किनारे तक, मेहमान, टूटना, अभिमन्यु की आत्महत्या, देवताओं की मूर्तियां, जहाँ लक्ष्मी कैद है, छोटे-छोटे ताजमहल, प्रतीक्षा, ढोल और अपने पार, एक दुनियां: समानान्तर (संग्रह), वहां तक पहुँचने की दौड

मोहन राकेश : कई एक अकेले, पाँचवें माले का लैट, मिस पाल, मलबे मालिक, सेफ्टीपिन, एक और जिन्दगी, जख्म, ठहरा हुआ चाकू, जानवर और जानवर, मवाली,

भीष्मसाहनी : चीफ की दावत, इन्द्रजाल, वांगचू, पहला पाठ, भटकी राख, शोभायात्रा, निशाचरी।

कमलेश्वर : राजा निरबंसिया, खोया हुआ आदमी, तलाश, पीला गुलाब, खोई हुए दिशाएं, एक अश्लील कहानी, नीली झील, मांस का दरिया, इतने अच्छे दिन, देवा की माँ, कस्बे का राजा, हमपेशा

अमरकान्त : जिन्दगी और जोंक, बहादुर, दोपहर का भोजन, डिप्टी कलक्टरी, खलनायक, हत्यारे, बस्ती, मूस, सप्ताहांत, मकान

फणीश्वरनाथ रेणु : तीसरी कसम, लाल पान की बेगम, ठुमरी

कमलाकान्त वर्मा : खंडहर, तकली, पगडण्डी

शैलेश मटियानी : प्यास, घोडे, हारा हुआ

मन्नू भण्डारी : क्षण, यही सच है, आकाश के आईने में, कृषक, मैं हार गयी, तीन निगाहों की एक तस्वीर, एक लैट सैलाब, आँखों देखा झूठ, रेत की दीवार, त्रिशंकु, अलगाव, तीसरा आदमी, एखाने आकाश नेई।

शिवानी : सती, करिये छिमा

नरेश मेहता : चाँदनी, अनबीता व्यतीत, तथापि, निशाजी, एक समर्पित महिला

श्रीकान्त वर्मा : टेरसो, टुकडों में बंटी जिन्दगी, ठंड

सुरेश सिन्हा : पानी की मीनारें, नीली धुंध के आरपार, कई कुहरे, एक अपरिचित दायरा

मार्कण्डेय : हंसा जाई अकेला, आदर्शों का नायक, बीच लोग, भूदान, माही, गुलरा के बाबा, महुए का पेड़, पानफूल

ज्ञानरंजन : फेस के इधर और उधर, घण्ट, बहिर्गमन, एक और अनुभव, पिता, संबंध, रचनाप्रक्रिया, यात्रा, शेष होते हुए, सपना नहीं

शेखर जोशी : दाज्यू, कोसी का घटवार, शुभो दीदी, प्रश्नवाचक आकृतियाँ, मेंटल, बोझ, बच्चे का सपना, गाइड, प्रथम साक्षात्कार, नौरंगी, बीमार है, विडुवा, संवादहीन, किस्सागो, बिरादरी, नेकलेस, निर्णय, आशीर्वचन, डांगरीवाले, बदबू, हलवाहा।

भैरव प्रसाद गुप्त : चाय का प्याला, मंगली की टिकुली, चुपचाप, ज्योतिष, झण्डा बाबा, लोहे की दीवार, सोने का पिंजडा, एक खामोश मौत, अपरिचय का घेरा, यही जिन्दगी है,

कदम के नीचे, घुरघुआ, फूल एक मकान एक मौत, आप क्या कर रहे हैं, आँख की पट्टी, चरम बिन्दु

रांगेय राघव : पंच परमेश्वर, गदल

सतीश जमाली : प्रथम पुरूष, सहपाठी, निर्णय, चुनौती

काशीनाथ सिंह : सुधीर घोषाल, कहानी सराय मोहन की, अपना रास्ता लो बाबा, चाय घर में मृत्यु चोट, हस्तक्षेप, सूचना, कविता की नई तारीख, लालकिले का बाज

रमेश उपाध्याय : किसी बहाने

गिरिराज किशोर : नया, चार मोती, बेआब, नीम के फूल, पेपरवेट, रिश्ता

भुवनेश्वर : सूर्यपूजा, भेडिये

इलाचन्द्र जोशी : खंडहर की आत्माएं, डायरी के नीरस पृष्ठ, आहुति, दीवाली और होली

भगवानदास मोरबाल : पहली हत्या, ललिहार, जीने के लिए, सूर्यास्त से पहले

उदयप्रकाश : डिबिया, तिरिछ, हीरालाल का भूत, दद्दू तिवारी, रामसजीवन की प्रेमकथा, टेपचू, वारेन हेस्टिंग्स का साँड, पॉलगोमरा का स्कूटर, दरियाई घोडा और अंत में प्रार्थना, पीली छतरी वाली लड़की, दिल्ली की दीवार

दूधनाथ सिंह : गुप्त दान, रीछ, इंतजार, दुःस्वप्न, आइसबर्ग, सपाट चेहरे वाला आदमी, माई का ,शोकगीत, सुखांत, ममी तुम उदास क्यों हो, प्रतिशोध, रक्तपात

रवीन्द्र कालिया : कहानी अधूरी ही है, छाया मद्ध

जितेन्द्र भादिया : शहादतनामा

मधुकर सिंह : तीसरी सांस, शिकस्त

नीरज सिंह : मोहभंग, उसकी वापसी, जमीन, एक होते हुए, तिलचट्टा

विवेकानन्द : गुंजन शर्मा बीमार है, देर से आई बारात, लाल लकीर, शरीफ लोग, शिवालिंगम्, चोंचले, मटुआ छाया

रघुवीर सहाय : रास्ता इधर से है, जो आदमी हम बना रहे हैं, सीढ़ियों पर धूप में (कहानी, कविता, संस्मरण आदि का संग्रह)

धर्मवीर भारती : गुलकी बन्नो, सावित्री नम्बर-2, बंद गली का आखिरी मकान, चाँद और टूटते हुए लोग, स्पर्श और पृथ्वी

रामदरश मिश्र : खाली घर, एक वह, दिनचर्या, सर्पदंश, सड़क

मृदुला गर्ग : कितनी कैदें, टुकड़ा-टुकड़ा आदमी उर्फ सैम, डैफोडिल जल रहे हैं,, ग्लेशियर से, शहर के राम, दुनिया का कायदा, उसका विद्रोह

मैत्रेयी पुष्पा : चिन्टार, ललमलियाँ

कृष्णा सोबती : मित्रो मरजानी, डार से बिछुड़ी, यारों के यार, तीन पहाड़, नामपट्टिका का, से लड़की (लंबी कहानियाँ हैं।), बादलों के घेरे (संग्रह)

शिवप्रसाद सिंह : खैरा पीपल कभी न डोले, नन्हो, आरपार की माला, मुर्दासराय, इन्हें इतजार है, दादी माँ, बिन्दा महाराज

उषा प्रियंवदा : वापसी, जिंदगी और गुलाब के फूल, एक कोई दूसरा, फिर बसंत आया

गंगाप्रसाद विमल : प्रश्नचिन्ह्, एक और विदाई

हरिशंकर परसाई : भोलाराम का जीव

अमृतराय : ओर से पहले

मुद्राराक्षस : मुठभेड़

अखिलेश : जलडमरूमध्य, शापग्रस्त

महेन्द्र भल्ला : तीन चार दिन

प्रकाश : अंधेरे के सिलसिले (संग्रह)

गोविन्द्र मिश्र : गिद्ध, आसमान कितना नीला, हताबाज

इसराइल : अर्थहीन

योगेश गुप्त : एन्क्लोजर

वेद राही : हर रोज

अजगर वजाहत : केक

अमितेश्वर : हुक्कापानी, तीलियाँ

दिनेश पालीवाल : तोताचश्य, स्वीकारोक्ति, गिरता जटायु

मंजुल भगत : सफेद कौआ, मृत्यु की ओर, बूँद, गुलमोह के गुच्छे

रमेश बत्तरा : थप्पड़, लडाई

सुरेन्द्र तिवारी : वार्ड नम्बर टू

यादवेन्द्र शर्मा 'चन्द्र' : स्वयं के निगलते हुए, महापुरूष

मंजूर एहतेशाम : तसबीह

विनोदकुमार शुक्ल : महाविद्यालय
अलका सरावगी : कहानी की तलाश में, दूसरी कहानी
मृणाल पाण्डेय : चार दिन की जवानी तेरी, यानि कि एक बात थी, बचुली चौकीदारिन
नाग बोडस : पाजामें में आदमी
कुँवरनारायण : अकारों के आसपास
संजीव : आप यहां हैं
विकल गौतम : शापित गंधर्व
नासिरा शर्मा : खुदा की वापसी
राजी सेठ : यह कहानी नहीं, पुल
विजयमोहन सिंह : शेरपुर 15 मील, एक बंगला बने न्यारा, गमे हस्ती का हो किसके
त्रिलोचन : देशकाल
शानी : इमारत ढहाने वाले
अब्दुल बिस्मिल्लाह : सुलह

निबन्धकार

गुलाबराय : ठलुवा क्लब, फिर निराशा क्यों, मेरी असफलताएं, कुछ उथल कुछ गहरे, मन की बातें, मेरे निबन्ध
निराला : प्रबंध प्रतिमा, चाबुक, चयन, संग्रह
रघुवीर सिंह : शेष कहानियाँ
पदुमलाल : पंचपात्र
पुन्नालाल बख्शी
जयशंकर प्रसाद : काव्य कला और अन्य निबंध
महादेवी वर्मा : शृंखला की कडियाँ, क्षणदा, साहित्यकार की आस्था और अन्य निबंध
प्रेमचन्द : साहित्य का उद्देश्य
गुलेरी : विक्रमादित्य की मूल कथा, अमंगल के स्थान में मंगल शब्द
'अज्ञेय' : आत्मनेपद, भवन्ती, त्रिशंकु, आलावाल, लिखि कागद कोरे, हिन्दी साहित्य, एक आधुनिक परिदृश्य, केन्द्र और परिधि अद्यतन, स्रोत और सेतु, युगसंधियों पर घाट के किनारे, सर्जना और संदर्भ, जाग लिखी, अन्तरा, सब रंग कुछ राग (कुट्टिचातन नाम से)
नन्ददुलारे वाजपेयी : जयशंकर प्रसाद, आधुनिक साहित्य, नया साहित्य : प्रश्न
हजारी प्रसाद द्विवेदी (ललित निबंधकार) : नाखून क्यों बढते हैं, ठाकुर की बटोर, कालिदास की लालित्य योजना, अशोक के फूल, विचार और वितर्क, कल्पता, विचार-प्रवाह, कुटज, मध्यकालीन धर्मसाधना, आलोकपर्व, शिरीष का फूल, बसंत आ गया, देवदारू, आम फिर बौरा गये आदि।
जैनेन्द्र कुमार : पूर्वोदय, मंथन, समय और हम, जड की बात, साहित्य का श्रेय और प्रेय, सोच-विचार, ये और वे इतस्ततः
शान्तिप्रिय द्विवेदी : संचारिणी, युग और साहित्य, सामयिकी, धरातल, प्रतिष्ठान, आधान, वृन्त और विकास, साकल्य।
दिनकर : अर्द्धनारीश्वर, मिट्टी की ओर, रेती के फूल, हमारी सांस्कृतिक एकता, पंत, प्रसाद और मैथिलीशरण, संस्कृति के चार अध्याय, शुद्ध कविता की खोज, राष्ट्रभाषा और राष्ट्रीय साहित्य
नगेन्द्र : यौवन के द्वार पर, चेतना के बिम्ब, आस्था के चरण, आलोचक की आस्था
रामवृक्ष बेनीपुरी : गेहूँ और गुलाब, बन्दे वाणी विनायकौ
देवेन्द्र सत्यार्थी : धरती गाती है, एक युग एक प्रतीक, रेखायें बोल उठी
भदन्त आनन्द कौसल्यायन : जो भूल न सका
वासुदेवशरण अग्रवाल : पृथ्वीराज, कला और संस्कृति
यशपाल : चक्कर क्लब, देखा सोचा समझ गया, बात बात में बात, गाँधी की शव परीक्षा, न्याय का संघर्ष
बनारसीदास चतुर्वेदी : साहित्य और जीवन, हमारे आराध्य
माखनलाल चतुर्वेदी : अमीर इरादे : गरीब इरादे
कन्हैयालाल मिश्र 'प्रभाकर' : जिन्दगी मुस्कराई, बाजे पायलिया के घुंघरू, कारवां आगे बढ गये, जिन्दगी लहलहायी, माटी हो गयी सोना, महके आँगन चहके द्वार
भगवतशरण 'उपाध्याय' : ठूँठा आम
'अश्क' : मंटो : मेरा दुश्मन

प्रभाकर माचवे : खरगोश के सींग

विद्यानिवास मिश्र (ललित निबंधकार) : तुम चन्दन हम पानी, मेरे राम का मुकुट भीग रहा है, जीवन अलभ्य है जीवन सौभाग्य है, शिरीष की याद आयी, चितवन की छाँह, आँगन का पंछी और बनजारा मन, मैने सिल पहुँचाई, हिन्दू धर्म : जीवन में सनातन की खोज, परम्परा बन्धन नही, बसन्त आ गया पर उत्कण्ठा नही, कँटीले तारों के आर पार, संचारिणी, कौन तू फुलवा बीननहारी, अस्मिता के लिये, भ्रमरानन्द के पत्र, अंगद की नियति, कदम की फूली डाल, साहित्य की चेतना, महाभारत का काव्यार्थ, लागौ रंग हरी, अग्निरथ, देश-धर्म और साहित्य, तमाल के झरोखे से, व्यक्ति व्यंजना

धर्मवीर भारती : ठेले पर हिमालय, कहनी-अनकहनी, पश्यन्ती

शिवप्रसाद सिंह : शिखरों के सेतु

कुबेरनाथ राय (ललित निबंधकार) : प्रिया नीलकण्ठी, रस आखेटक, गन्धमादन, निषाद, बाँसुरी, विषाद योग, दृष्टि अभिसार, कामधेनु

मुक्तिबोध : नयी कविता का आत्मसंघर्ष, नये साहित्य का सौन्दर्यशास्त्र, समीक्षा की समस्या, एक साहित्यिक की डायरी

विजयदेव नारायण : 'साही' लघुमानव के बहाने हिन्दी कविता पर एक बहस, शमशेर की काव्यानुभूति की बनावट, अपनी-अपनी ढपली अपना-अपना राग, हस्ताक्षर, ठलुवा बुद्धिजीवी, हँसना मना है अतिथि की मूर्खता पर

निर्मल वर्मा : शब्द और स्मृति, कला का जोखिम, हर बारिश में, शताब्दी के ढलते वर्षो में, दूसरे शब्दों में

नेमिचन्द्र जैन : अधूरे साक्षात्कार, रंगदर्शन, बदलते परिप्रेक्ष्य, जनान्तिक

रमेश कुन्तल मेघ : क्योंकि समय एक शब्द है, अथातो सौन्दर्य जिज्ञासा, साक्षी है सौन्दर्य प्राश्रिक

राहुल सांकृत्यायन : घुमक्कडशास्त्र, अथातो घुमक्कड जिज्ञासा

रामविलास शर्मा : आस्था और सौन्दर्य, भाषा साहित्य और संस्कृति, विराम चिन्ह, मार्क्सवाद और प्रगतिशील साहित्य, परम्परा का मूल्यांकन, मानव सभ्यता का विकास, भाषा युगबोध और कविता, कथा-विवेचना और गद्यशिल्प, भारत में अंग्रेजीराज और मार्क्सवाद, मार्क्स और पिछडे हुए समाज

विवेकीराय : बबूल, फिर बैतलवा डाल पर, जुलूस रूका है, गंवई पाँव की गंध में

रवीन्द्रनाथ त्यागी : शोकसभा, देवदार के पेड, अतिथिकक्ष

हरिशंकर परसाई (व्यंग्यकार) : भूत के पाँव पीछे, विन्दारस, सदाचार का ताबीज, निठल्ले की डायरी, जैसे उनके दिन फिरे

शरद जोशी (व्यंग्यकार) : तिलस्म, जीप पर सवार इल्लिया, यथासंभव, श्रीगणेशाय नमः, भैसन्ह मांह रहता नित, बकुला, हम भ्रष्टन के भ्रष्ट हमारे, सरकार का जादू, बिल्लियों का अर्थशास्त्र, दूतावासों के चक्कर, हर फूल दिल्लीमुख, बंसी वाले का पुजारी, साहित्य का महाबली, बुद्धिजीवी, अर्थब्रहम, नदी में खड़ा कवि, प्रभु हमें डॉक्ट्रेट से बचा, अब मै रीतिकाल की ओर लौट रहा हूँ, मधुबाला से टीवी बाला तक, नये मेघदूत, यत्र-तत्र सर्वत्र

भवानी प्रसाद मिश्र : जिन्होंने मुझे रचा, कुछ नीति कुछ राजनीति

रघुवीर सहाय : लिखने का कारण, दिल्ली मेरा परदेश, अर्थात्, और होगें जो मारे जायेंगे, ऊबे हुए सुखी, 'सीढियों पर घूप में'

श्रीकान्त वर्मा : जिरह

जगदीश चतुर्वेदी : दस्तावेज

अशोक वाजपेयी : फिलहाल, कवि कह गया है

रमेशचन्द्र शाह : समानान्तर, बागार्थ, शैतान के बहाने, साहित्य में आज का गतिरोध, समकालीन रचना में स्वतंत्रता का अर्थ

विष्णु प्रभाकर : हम जिनके ऋणी
जानकी वल्लभ शास्त्री : मन की बात, जो न बिक सकी
कृष्णदत्त पालीवाल : नया सृजन नया बोध
दूधनाथ सिंह : लौट आ ओ धार
गोविन्द मिश्र : परतों के बीच
श्रीनारायण चतुर्वेदी : राजभवन की सिगरेटदानी
लक्ष्मीचन्द्र : कागज की किश्तियां
लक्ष्मीकान्त : मैंने कहा
केदारनाथ अग्रवाल : समय-समय पर
नामवर सिंह : बकलमखुद
कृष्णबिहारी मिश्र : बेहया का जंगल, चुनाव जीत गया गाँव हार गया
विष्णुकान्त शास्त्री : कुछ चन्दन की कुछ कपूर की
मृदुला गर्ग : रंग ढंग
नन्दकिशोर नवल : कविता की मुक्ति, प्रेमचंद का सौन्दर्यशास्त्र, शब्द जहाँ सक्रिया हैं, दृश्यालेख

समालोचक

नंददुलारे वाजपेयी : आधुनिक साहित्य, नया साहित्य-नये प्रश्न, कवि निराला, जयशंकर प्रसाद, राष्ट्रीय साहित्य, प्रकीर्णिका, हिन्दी साहित्य-बीसवीं शताब्दी, महाकवि सूरदास, आधुनिक काव्यः रचना और विचार,
सम्पादन - सूरसागर, रामचरितमानस

शान्तिप्रिय द्विवेदी (प्रभाववादी समीक्षा के जनक) : साहित्यिकी, कवि और काव्य, सामयिकी, संचारिणी, युग और साहित्य, ज्योति विहग (सुमित्रानन्दन पन्त पर), हमारे साहित्य निर्माता

आचार्य हजारी प्रसाद द्विवेदी (1907-1979 ई॰) : हिन्दी साहित्य की भूमिका (1940), सूर-साहित्य, कबीर (1942), हिन्दी साहित्य का आदिकाल (1952), मध्यकालीन बोध का स्वरूप (1970), मेघदूत एक कहानी, कालिदास की लालित्य योजना, भाषा साहित्य और देश, हिन्दी साहित्य का उद्भव और विकास, संदेश रासक (आलोचना)

डॉ॰ नगेन्द्र (1915-2000 ई॰) : सुमित्रानन्दन पन्त (1938), साकेत : एक अध्ययन (1939), शोध और सिद्धान्त, काव्यबिम्ब, हिन्दी साहित्य की प्रवृतियां, विचार और अनुभूति, रीतिकाव्य की भूमिका, देव और उनकी कविता, रस सिद्धान्त (1964), मिथक और साहित्य, आधुनिक हिन्दी नाटक, कामायनी के अध्ययन की समस्यायें, नयी समीक्षा : नये संदर्भ, साहित्य का समाजशास्त्र, भारतीय सौन्दर्य की भूमिका, आधुनिक हिन्दी कविता की मुख्य प्रवृत्तियां, शैली विज्ञान, भारतीय समीक्षा और आचार्य शुक्ल की काव्य दृष्टि

अनुवाद : अभिनव भारती, वक्रोक्ति जीवत, ध्वन्यालोक तथा नाट्यदर्पण (नगेन्द्र की देख-रेख में आचार्य विश्वम्भर ने किया) अरस्तू का काव्यशास्त्र, काव्य में उदात्त तत्व (द सब्लाइम–लोंजाइनिस), काव्य कला (आर्स पोएतिका - होरेस), पाश्चात्य काव्यशास्त्र की परम्परा (लोसाई क्रिटिकाई - सेन्ट्सबरी)

निराला : रवीन्द्र कविता कानन, पन्त और पल्लव
सुमित्रानन्दन पन्त : गद्यपथ, शिल्प और दर्शन, छायावाद पुनर्मूल्यांकन
प्रेमचंद : साहित्य का उद्देश्य
दिनकर : पंत, प्रसाद और मैथिलीशरण, शुद्ध कविता की खोज
गुलाबराय : सिद्धान्त और अध्ययन, काव्य के रूप, अध्ययन और आस्वाद, नवरस
विश्वनाथ प्रसाद मिश्र : वाङ्मय विमर्श, बिहारी की वाग्विभूति, हिन्दी साहित्य का अतीत, हिन्दी का सम सामयिक साहित्य, हिन्दी नाट्य साहित्य का विकास
संपादन : घनानंद ग्रंथावली, पद्माकर ग्रन्थावली, केशव ग्रन्थावली, भिखारीदास ग्रन्थावली, रामचरित मानस
पं॰ कृष्णशंकर शुक्ल : केशव की काव्यकला, कविवर रत्नाकर
लक्ष्मीनारायण सुधांशु : काव्य में अभिव्यंजनावाद, जीवन के तत्व और काव्य के सिद्धान्त
रामकुमार वर्मा : साहित्य समालोचना, कबीर का रहस्यवाद, हिन्दी साहित्य का आलोचनात्मक इतिहास
जनार्दन प्रसाद झा 'द्विज' : प्रेमचंद की उपन्यास कला
गिरिजादत्त शुक्ल गिरीश : महाकवि हरिऔध, गुप्त की काव्य धारा
रामनाथ सुमन : प्रसाद की काव्य कला
सत्येन्द्र : गुप्तजी की कला

शिवदानसिंह चौहान (पहले मार्क्सवादी आलोचक) : 1937 ई॰ के 'विशाल भारत' में चौहान जी का एक महत्वपूर्ण लेख 'भारत में प्रगतिशील साहित्य की आवश्यकता' छपा था। इनकी प्रमुख पुस्तकें हैं : प्रगतिवाद, साहित्य की परख, आलोचना के मान,

साहित्य की समस्याएं, साहित्यानुशीलन

प्रकाशचंद्र गुप्त (मार्क्सवादी आलोचक) : नया हिन्दी साहित्य, आधुनिक हिंदी साहित्य, हिन्दी सहित्य की जनवादी परम्परा

रामविलास शर्मा (प्रगतिशील आलोचक) : भारत के प्राचीन भाषा-परिवार और हिन्दी, मार्क्स और पिछडे हुए समाज, प्रगति और परम्परा, प्रगतिशील साहित्य की समस्याएं, आस्था और सौन्दर्य, भाषा साहित्य और संस्कृति, मार्क्सवाद और प्राचीन साहित्य का मूल्यांकन, आचार्य रामचन्द्र शुक्ल और हिन्दी आलोचना, महावीर प्रसाद द्विवेदी और हिन्दी नवजागरण, निराला की साहित्य साधना, लोकजागरण और हिन्दी साहित्य, नयी कविता और अस्तित्ववाद, भारतेन्दु हरिश्चन्द्र, भारतेन्दु युग और हिन्दी भाषा की विकास परम्परा, भाषा और समाज, परम्परा का मूल्यांकन, भारतीय इतिहास की समस्याएं, मार्क्सवाद और प्रगतिशील साहित्य, स्वाधीनता और राष्ट्रीय साहित्य, कथा विवेचन और गद्य शिल्प, मार्क्स, त्रातस्की और एशियाई समाज, प्रगतिशील विचारधारा और केदारनाथ अग्रवाल, भारतीय इतिहास और ऐतिहासिक भौतिकवाद, निराला, भारत में अंग्रेजी राज्य और मार्क्सवाद, प्रेमचन्द और उनका युग

अमृतराय (मार्क्सवादी आलोचक) : नयी समीक्षा

नामवरसिंह (प्रगतिशील) : इतिहास और आलोचना, आधुनिक साहित्य की प्रवृत्तियां, छायावाद, कहानी : नई कहानी, कविता के नये प्रतिमान, दूसरी परम्परा की खोज, कला के विकास में अपभ्रंश का योग, वाद विवाद संवाद, काल मार्क्स : कला और साहित्यचिंतन, पृथ्वीराज रासो : भाषा और साहित्य

चन्द्रबली सिंह (प्रगतिशील आलोचक) : लोकदृष्टि और साहित्य

'अज्ञेय' : त्रिशंकु, आत्मनेपद, अद्यतन, संवतसर, कवि-दृष्टि, हिन्दी साहित्य : एक आधुनिक परिदृश्य, लिखि कागद कोरे, सर्जना और संदर्भ, जोग लिखी

पं॰ देवराज : छायावाद का पतन, साहित्य चिन्ता, आधुनिक समीक्षा प्रतिक्रियाएं

इलाचन्द्र जोशी : साहित्य सर्जना, विवेचना, साहित्य सन्तरण, विशेषण, साहित्य चिन्तन

देवराज उपाध्याय : आधुनिक हिन्दी कथा साहित्य और मनोविज्ञान

मुक्तिबोध : कामायनी : एक पुनर्विचार, एक साहित्यिक की डायरी, नयी कविता का आत्म संघर्ष, नये साहित्य का सौन्दर्यशास्त्र, भारत : इतिहास और संस्कृति (प्रतिबंधित)

विजयदेवनारायण साही : इतिहास और परम्परा, गोदान, राजनीति और साहित्य, जनवादी साहित्य, साहित्य क्यों, धर्मसापेक्ष और धर्मनिरपेक्ष तत्वों की तलाश हिन्दी साहित्य और उसके आसपास, 'पद्मावत' (जायसी की रचना 'पद्मावत' की समीक्षा है)

रमेशचन्द्र शाह : छायावाद की प्रासंगिकता, जयशंकर प्रसाद, वागर्थ, समानान्तर भारतीय साहित्य के निर्माता, अज्ञेय : वागर्थ का वैभव

रमेशकुन्तल मेघ : आधुनिकताबोध और आधुनिकीकरण, मध्ययुगीन रसदर्शन, अथातो सौन्दर्य जिज्ञासा, क्योंकि समय एक शब्द है, साक्षी है सौन्दर्य प्राश्निक

नेमिचन्द्र जैन : अधूरे साक्षात्कार, रंगदर्शन, बदलते परिप्रेक्ष्य, जनान्तिक

मैनेजर पाण्डेय : साहित्य का समाजशास्त्र, साहित्य और इतिहास दृष्टि, भक्ति आंदोलन और सूरदास का काव्य, शब्द और कर्म अनभै साँचा।

रामस्वरूप चतुर्वेदी : मध्ययुगीन हिन्दी काव्यभाषा, नवलेखन, भाषा और संवेदना, अज्ञेयः आधुनिक रचना की समस्या, कामायनीः पुनर्मूल्यांकन, हिन्दी साहित्य और संवेदना का विकास, समकालीन हिन्दी साहित्य : विविध परिदृश्य

लक्ष्मीकान्त वर्मा : नयी कविता के प्रतिमान, नये प्रतिमान पुराने निकष

रवीन्द्रनाथ श्रीवास्तव : शैलीविज्ञान की भूमिका, संरचनात्मक शैली विज्ञान, शैली विज्ञान और हिन्दी का समाजशास्त्र, हिन्दी भाषा की संरचना के विविध आयाम, आलोचना की नयी भूमिका, भाषा विज्ञान : सैद्धान्तिक चिन्तन

धर्मवीर भारती : साहित्य और मानव मूल्य, पश्यन्ती

रघुवंश : साहित्य का नया परिप्रेक्ष्य, आधुनिक साहित्य का परिप्रेक्ष्य

देवीशंकर अवस्थी : विवेक के रंग, नयी कहानी : संदर्भ और प्रकृति, साहित्य विधाओं की प्रकृति

इन्द्रनाथ मदान : प्रेमचन्द : एक विवेचन, आलोचना और काव्य, आधुनिक कविता का मूल्यांकन, आज का हिन्दी उपन्यास, आधुनिकता और हिन्दी आलोचना, महादेवी, कामायनी : मूल्यांकन और मूल्यांकन

बलदेव उपाध्याय : भारतीय साहित्यशास्त्र

रामदहिन मिश्र : काव्य दर्पण, काव्य विमर्श

बच्चनसिंह : समकालीन साहित्य : आलोचना को चुनौती, आलोचक और आलोचना, आधुनिक हिन्दी आलोचना के बीजशब्द, साहित्य का समाजशास्त्र और रूपवाद, आधुनिक हिन्दी साहित्य का इतिहास, हिन्दी साहित्य का दूसरा इतिहास, हिन्दी नाटक

निर्मला जैन : पाश्चात्य साहित्य चिन्तन, इतिहास और आलोचना के वस्तुवादी सरोकार, अंतस्थल का पूरा विप्लव : अंधेरे में, हिन्दी आलोचना की बीसवीं सदी, कविता का प्रतिसंसार, नयी समीक्षा के प्रतिमान, रस सिद्धान्त और सौन्दर्यशास्त्र, आधुनिक साहित्य : मूल्य और मूल्यांकन

विद्यानिवास मिश्र : रीतिविज्ञान, नयी कविता की मुक्तधारा, साहित्य का प्रयोजन

परमानन्द श्रीवास्तव : समकालीन कविता का व्याकरण, शेखर एक जीवनी का महत्व, काव्य शास्त्र

भगीरथ मिश्र : हिन्दी काव्यशास्त्र का इतिहास, हिन्दी रीतिसाहित्य, भारतीय काव्यशास्त्र

आनन्दप्रकाश दीक्षित : रस सिद्धान्त : स्वरूप और विश्लेषण, रस चिन्तन के विविध आयाम

रामानन्द तिवारी : सत्यं शिवम् सुन्दरम्

सुरेशचन्द गुप्त : आधुनिक हिन्दी कवियों के काव्यसिद्धान्त

गिरिजाकुमार माथुर : नयी कविता : सीमायें और संभावनायें

भोलानाथ तिवारी : अभिव्यक्ति विज्ञान

गंगाप्रसाद विमल : समकालीन कहानी का रचना विधान

रामचन्द्र तिवारी : आचार्य रामचन्द्र शुक्ल, हिन्दी गद्य साहित्य

कृष्णदत्त पालीवाल : आचार्य रामचन्द्र शुक्ल का चिन्तन जगत्

जगदीश गुप्त : नयी कविता : शक्ति और सीमा, नयी कविता: स्वरूप और समस्यायें

जगदीशकुमार : शमशेर का काव्यलोक

प्रभाकर श्रोत्रिय : संवाद, रचना एक यातना है, कालयात्री है कविता, मेघदूत : एक अन्तर्यात्रा, जयशंकर प्रसाद की प्रासंगिकता

नरेन्द्र मोहन : लंबी कविता का रचना विधान

केदारनाथ सिंह : आधुनिक हिन्दी कविता में बिम्बविधान, मेरे समय के शब्द

मलयज : कविता से साक्षात्कार

दूधनाथ सिंह : निराला : आत्महंता आस्था

अशोक बाजपेयी : फिलहाल, कविता का गल्प, कविता का जनपद, कवि कह गया है, कुछ पूर्वाग्रह

विश्वनाथ त्रिपाठी : लोकवादी तुलसीदास, हिंदी आलोचना

नन्दकिशोर नवल : निराला और मुक्तिबोध : चार लंबी कवितायें, हिन्दी आलोचना का विकास, महावीर प्रसाद द्विवेदी, मुक्तिबोध : ज्ञान और संवेदना, समकालीन हिन्दी कवि

राममूर्ति त्रिपाठी : भारतीय काव्यशास्त्र : नव मूल्यांकन

मार्कण्डेय : कहानी की बात

मधुरेश : आज की हिन्दी कहानी : विचार और प्रतिक्रिया, संप्रति, समकालीन कहानी की पहचान, हिन्दी कहानी : अस्मिता की तलाश, हिन्दी कहानी का विकास, हिन्दी उपन्यास का विकास, यशपाल : एक समर्पित व्यक्तित्व, राहुल का कथाकर्म

रामदरश मिश्र : हिन्दी उपन्यास : एक अन्तर्यात्रा

सुनीति कुमार चटर्जी : भारतीय आर्यभाषा और हिन्दी

हरदेव बाहरी : भाषा विज्ञान

कुमार विमल : सौंन्दर्यशास्त्र के तत्व, कला विवेचन

चंद्रभूषण तिवारी : आलोचना की धार

विजयमोहन सिंह : कथा समय

देवेन्द्रनाथ शर्मा : भाषा विज्ञान की भूमिका, पाश्चात्य काव्यशास्त्र, काव्य के तत्व

प्रेमशंकर : प्रसाद का काव्य, भक्ति काव्य का समाजशास्त्र, भक्तिकाव्य की भूमिका, हिन्दी स्वच्छंदतावादी काव्य

विजयेन्द्र स्नातक : कबीर

मन्नू भण्डारी : संकल्प का सौन्दर्यशास्त्र

शेफालिका : रेणु का कथा संसार

रेखा खरे : निराला की कवितायें और काव्य भाषा

गोपालराय : हिन्दी उपन्यास कोश, उपन्यास का शिल्प

अशोक चक्रधर : मुक्तिबोध की कविताई, मुक्तिबोध की समीक्षाई

नलिन विलोचन शर्मा : साहित्य का इतिहास-दर्शन

निर्मल वर्मा : शब्द और स्मृति

विपिन कुमार अग्रवाल : आधुनिकता के पहलू